Rupert Graf Strachwitz / Florian Mercker (Hrsg.)

Stiftungen in Theorie, Recht und Praxis

Rupert Graf Strachwitz / Florian Mercker (Hrsg.)

Stiftungen in Theorie, Recht und Praxis

Handbuch für ein modernes Stiftungswesen

Duncker & Humblot · Berlin

Bibliografische Information Der Deutschen Bibliothek

Die Deutsche Bibliothek verzeichnet diese Publikation in
der Deutschen Nationalbibliografie; detaillierte bibliografische
Daten sind im Internet über <http://dnb.ddb.de> abrufbar.

Redaktionelle Bearbeitung: Thomas Ebermann

Alle Rechte, auch die des auszugsweisen Nachdrucks, der fotomechanischen
Wiedergabe und der Übersetzung, für sämtliche Beiträge vorbehalten
© 2005 Duncker & Humblot GmbH, Berlin
Fremddatenübernahme: Berliner Buchdruckerei Union GmbH, Berlin
Druck: Color-Druck Dorfi GmbH, Berlin
Printed in Germany

ISBN 3-428-11680-1

Internet: http://www.duncker-humblot.de

Inhaltsverzeichnis

Einführung 1

1. Stiftungswesen und Stiftungspolitik

1.1	Stiftungen als Organisationen der Zivilgesellschaft Von Annette Zimmer	9
1.2	Leitbilder stiften – Acht Versuche über Probleme und Perspektiven des Stiftungswesens Von Frank Adloff	22
1.3	Traditionen des deutschen Stiftungswesens – ein Überblick Von Rupert Graf Strachwitz	33
1.4	Stiften in Deutschland Von Karsten Timmer	46
1.5	Stifterfreiheit – Bedingungen eines Grundrechts auf Stiftung Von Edzard Schmidt-Jortzig	55
1.6	Theorie der Besteuerung von Stiftungen Von Christian Flämig	66
1.7	Stiftungen in der Gesellschaft aus der Perspektive sozialwissenschaftlicher Statistik Von Rainer Sprengel	105

2. Stiftungsziele und Stiftungszwecke

2.1	Die Stiftung und ihre Idee Von Rupert Graf Strachwitz	123
2.2	Operative und fördernde Stiftungen Von Frank Adloff	135
2.3	Für das Leben lernen – Stiftungen als Triebkräfte der Erneuerung in Erziehung und Bildung Von Robert Picht	141

2.4	Die Förderung des Wohlfahrtswesens Von Arne von Boetticher	151
2.5	Förderung von Wissenschaft und Forschung Von Hagen Hof und Marcus Beiner	158
2.6	Die Förderung der Kultur als Stiftungszweck Von Florian Mercker und Fokke Peters	176
2.7	Die Förderung von kirchlichen oder religiösen Zwecken Von Marcus Nelles	187

3. Stiftungsrecht

3.1	Die Grundzüge des Stiftungsrechts Von Peter Lex	205
3.2	Die selbständige Stiftung bürgerlichen Rechts Errichtung – Laufende Geschäfte – Aufsicht – Auflösung Von Florian Mercker	210
3.3	Die unselbständige, nichtrechtsfähige Stiftung Von Nina Lorea Beckmann	220
3.4	Treuhandrecht und Treuhänderische Stiftung Von Petra A. Meyer	228
3.5	Die Stiftungs-GmbH Von Gabor Mues	241
3.6	Stiftungen in Vereinsform Von Claus Koss	251
3.7	Die Auswirkungen des Vereinsrechts im Stiftungsrecht Von Götz Freiherr von Rotenhan	257
3.8	Stiftungsgesetze der Bundesländer nach der Reform des Stiftungszivilrechts Von Christoph Lucks	269
3.9	Der Modellentwurf eines Landesstiftungsgesetzes Von Rainer Hüttemann und Peter Rawert	281
3.10	Behandlung von Stiftungen in der Rechtsprechung Von Gerhard Lingelbach	298

4. Besondere Stiftungsformen

4.1	Überblick über die verschiedenen Stiftungsformen Von Götz Freiherr von Rotenhan	307

4.2	Die Stiftung als Unternehmenseigentümerin Von Andreas Schlüter	315
4.3	Die Familienstiftung Von Florian Mercker	328
4.4	Die Bürgerstiftung – ein Sonderfall? Von Eva Maria Hinterhuber	337
4.5	Die Bürgerstiftung in der Praxis – aus juristischer Sicht Von Alexandra Schmied	343
4.6	Stiftung kirchlichen Rechts Von Claus Koss und Uwe Koß	351
4.7	Die Stiftung nach katholischem Kirchenrecht Von Stephan Haering	356
4.8	Die vom Staat gegründete Stiftung – Der Staat als Stifter und Anstifter Von Heide Gölz	365

5. Stiftungssteuerrecht

5.1	Grundlagen des Steuerrechts für Stiftungen Von Claus Koss	375
5.2	Die gemeinnützige Stiftung Von Maren Hartmann	381
5.3	Die mildtätige Stiftung Von Maren Hartmann	400
5.4	Die kirchliche Stiftung Von Claus Koss und Uwe Koß	409
5.5	Die Besteuerung der Spender und Destinatäre Von Claus Koss	413
5.6	Die Besteuerung von nicht steuerbegünstigten Stiftungen, insbesondere von Familienstiftungen Von Maren Hartmann und Andreas Richter	416
5.7	Stiftungssteuerrecht in der Rechtsprechung der Finanzgerichte und des BFH des Jahres 2003 Von Rainer Walz	433

6. Die Finanzen einer Stiftung

6.1	Stiftungsmittel Von Klaus Neuhoff	457

6.2	Steuerfreie oder -pflichtige Einkommenserzielung bei gemeinnützigen Stiftungen		
	Von Maren Hartmann	475	
6.3	Die Verwaltung des Stiftungsvermögens		
	Von Thomas R. Fischer und Sascha Sander	493	
6.4	Budgetplanung und -steuerung		
	Von Sabine Walker	517	
6.5	Controlling		
	Von Peter W. Weber	525	
6.6	Die Rechnungslegung der Stiftung		
	Von Claus Koss	537	
6.7	Die Prüfung von Stiftungen		
	Von Claus Koss	553	
6.8	Die Steuererklärung einer Stiftung		
	Von Joachim Doppstadt	557	
6.9	Rücklagen, Rückstellungen, Verbindlichkeiten, Wertberichtigungen		
	Von Joachim Doppstadt	568	

7. Die Stakeholder einer Stiftung

7.1	Stiftungen als Stakeholder und Stakeholder von Stiftungen	
	Von Rainer Sprengel	581
7.2	Kooperationen und Netzwerke im Stiftungswesen	
	Von Verena Freyer	594
7.3	Bürger und Organisationen als Projektpartner und Antragsteller	
	Von Simone Paar	606
7.4	Die Stiftung im Rahmen von Corporate Social Responsibility und Corporate Citizenship und verständigungsorientierter Öffentlichkeitsarbeit	
	Von Sabine Reimer	613
7.5	Die Wirtschaft als Stifter, Spender und Sponsor	
	Von Uli Kostenbader	621
7.6	Corporate Foundations – Teil zielgerichteter Unternehmenspolitik	
	Von Robert Wreschniok	629
7.7	Der Staat als Vertragspartner und Zuwendungsgeber	
	Von Fokke Peters	643
7.8	Stiftungen und Fundraising	
	Von Marita Haibach	655

8. Das Management einer Stiftung

8.1	Die Prozessorientierung in einer Stiftung – Management für mehr Wirkung Von Johannes Rüegg-Stürm, Niklas Lang und Peppi Schnieper	671
8.2	Transparenz / Öffentlichkeitsarbeit Von Ulrich Brömmling	692
8.3	Markenpolitik für Stiftungen Von Berit Sandberg	704
8.4	Events und Awards: Aktuelle Impulse für die Kommunikation Von Burkhardt Holze und Frank Schmidt	719
8.5	Praxis der Entwicklung von Fördergrundsätzen Von Fokke Peters	735
8.6	Krisenmanagement für Stiftungen Von Carolin Ahrendt	748
8.7	Evaluation und Effektivitätskontrolle Von Berit Sandberg	763

9. Die Mitarbeiter einer Stiftung

9.1	Grundsätze der Aufbauorganisation einer Stiftung Von Volker Then	779
9.2	Change Management für Stiftungen – Wenn interne Kommunikation Intervention braucht Von Robert Wreschniok	788
9.3	Ehrenamtliche Mitarbeit in der Stiftung Von Hugbert Flitner	796
9.4	Die Haftung der Stiftungsorgane Von Stefan Friederich	814
9.5	Das Arbeitsrecht für Stiftungsmitarbeiter Von Ingo Fessmann	827
9.6	Haftungsfragen bei der Insolvenz von Stiftung und gGmbH Von Andreas Richter	832
9.7	Fort- und Weiterbildung im Stiftungsmanagement Von Thomas Kreuzer	847

10. Stiftungen im internationalen Kontext

10.1	Die Zukunft der Stiftungen im internationalen Kontext Von Andreas Schlüter	855
10.2	Zweckerfüllung und Einnahmenerzielung über nationale Grenzen Von Veronika Hofmann	865
10.3	Österreich – Stiftungsrecht mit dem Schwerpunkt Privatstiftung Von Teresa Draxler	874
10.4	Liechtenstein Von Markus Wanger	889
10.5	Schweiz – Neues aus dem Land der Stifter und Banker. Eine Übersicht aus dem Blickwinkel der fördernden und operativen Stiftungen privaten Rechts Von Benno Schubiger	903
10.6	Italien Von Andrea Zoppini	921
10.7	Frankreich Von Rainer Sprengel	930
10.8	Großbritannien Von Richard Fries	938
10.9	Stiftungsreform in Europa Von Thomas von Hippel	950
10.10	Das Stiftungswesen in den USA Von Stefan Toepler	977
10.11	Stiftungen im Islam Von Franz Kogelmann, Astrid Meier und Johannes Pahlitzsch	986

11. Stiftungen in der Praxis

11.1	Externes Stiftungsmanagement Von Philipp Hof	1005
11.2	Die Gemeinschaftsstiftung – Ein Bericht aus der Praxis. CaritasStiftung in der Diözese Rottenburg-Stuttgart Von Thomas Reuther	1013
11.3	Zielsetzung der Organisationsentwicklung und deren Umsetzung: das Beispiel der Stiftung Liebenau Von Berthold Broll und Markus Nachbaur	1021
11.4	Nihals Schule Von Anetta Kahane	1032

12. Anhang A–Z für Stiftungen

12.1 Stiftungsaufsichtsbehörden der Länder
 Von Bernhard Matzak 1043

12.2 Interessenvertretungen, Initiativkreise
 Von Bernhard Matzak 1052

12.3 Forschung, Information, Dokumentation
 Von Bernhard Matzak 1056

12.4 Beratungs- und Dienstleistungseinrichtungen
 Von Bernhard Matzak 1061

12.5 Internationale Einrichtungen
 Von Bernhard Matzak 1064

12.6 Kirchliche Einrichtungen
 Von Bernhard Matzak 1068

12.7 Informationen im Internet: Stiftungsseiten, Stiftungsverzeichnisse, Recht
 Von Bernhard Matzak 1070

Bibliographie 1073

Autorenverzeichnis 1130

Stichwortverzeichnis 1145

Einführung

„Die Stiftung ist wie eine Giraffe: eigentlich dürfte es sie gar nicht geben, aber es gibt sie doch." Diese in den 70er Jahren des 20. Jahrhunderts durch den amerikanischen Sozialwissenschaftler Waldemar Nielsen geprägte Formulierung ist seitdem in der amerikanischen und europäischen Literatur immer und immer wieder zitiert worden. Sie bringt die Ratlosigkeit, die viele befällt, wenn von Stiftungen die Rede ist, auf den Punkt. Was ist eigentlich eine Stiftung? Was kann sie, was leistet sie? Wo hat sie in unserer Kultur, wo in einer modernen Gesellschaft ihren Platz? Was haben die Bürgerinnen und Bürger, was die Wirtschaft, was der Staat mit ihr zu schaffen? Und schließlich auch: wie entsteht, lebt und arbeitet sie?

All dies sind Fragen, die trotz einer inzwischen sprudelnden Stiftungsliteratur keine wirkliche Antwort gefunden haben, ein Umstand, der um so schwerer wiegt, als die Zahl der Neugründungen in Deutschland schon seit den 1990er Jahren, besonders aber seit dem Jahr 2000 erheblich angestiegen ist. Die Zeit, in der Stiftungen als Marginalien gelten konnten, ist auch im Urteil der Öffentlichkeit vorbei. Nicht nur richten sich an die Stiftungen in Zeiten leerer öffentlicher Kassen hohe, regelmäßig weit überzogene Erwartungen hinsichtlich der Finanzierung für wichtig erachtete Institutionen und Projekte; dadurch entsteht ein sehr einseitiges Bild dieses Handlungsinstruments. Auch Bürger und Unternehmen gleichermaßen werden, nicht zuletzt durch steuerliche Anreize geradezu zum Stiften gedrängt. Selbst die öffentlichen Gebietskörperschaften gefallen sich in der Rolle als Stifterinnen. Es scheint, als ob die Stiftung sich zum Inbegriff bürgerschaftlichen Handelns entwickelt, so sehr wird sie gegenüber anderen Formen bevorzugt, obwohl doch diese den integrativen und partizipatorischen Impetus, der allein zur Entwicklung einer Bürgergesellschaft führen kann, viel offensichtlicher verwirklichen können. Ob dahinter Methode steckt, ob die Stiftung den Verfechtern strukturkonservativer Gesellschaftsmodelle besser gefällt, kann zunächst dahinstehen. Sicher ist, daß Nielsens Definition, so witzig sie auf den ersten Blick erscheinen mag, letztlich sehr unbefriedigend ist. Wenn denn ein solches Phänomen wie die Stiftung in einer offenen, pluralistischen Gesellschaft an Bedeutung zunimmt, so erscheint es notwendig, darüber einen öffentlichen, auch kontroversen Diskurs zu führen. Eine wissenschaftliche Auseinandersetzung ist in diesem Rahmen gewiß unumgänglich.

Hier aber begegnen wir einer erheblichen Schwierigkeit. Es kann kein Zweifel bestehen, daß die Rechtswissenschaft zu dieser Auseinandersetzung einen unverzichtbaren Beitrag zu leisten hat. Ein Blick auf die Publikationen der letzten 100 und im engeren Sinn der letzten 10 Jahre zeigt jedoch, daß die juristische Literatur, von einigen bemerkenswerten Ausnahmen abgesehen[1], in so starkem Maße überwiegt, daß fast von einem Ausschließlichkeitscharakter gesprochen werden muß. In der Diskussion über das Stiftungswesen dominieren dementsprechend die juristischen Definitionen und Argumente; die Stiftung als historisches, als kulturelles Phänomen kommt im Vergleich dazu ebenso zu kurz wie ihre Beleuchtung nach den Maßstäben empirischer Sozialforschung[2] und die Entwicklung eines ökonomischen Theorieansatzes. Die Praktiker bleiben auf die Erläuterung von Rechtsvorschriften angewiesen, eine Orientierung im Hinblick auf die Zuordnung auf ein gesellschaftliches Leitbild bleibt ihnen ebenso versagt wie eine aus einem solchen Leitbild abgeleitete Diskussion zu Fragen des Managements oder der Zweckerfüllung.

Das hier vorgelegte Handbuch beansprucht keinesfalls, den skizzierten Defiziten umfassend zu begegnen. Absicht der Herausgeber ist es vielmehr, theoretische Überlegungen mit der Wirklichkeit des juristischen Fundaments einerseits und mit konkreten Erfahrungen und Entwicklungen aus der Praxis andererseits zu kontrastieren, um dadurch den notwendigen interdisziplinären Diskurs ein Stück voranzubringen. Zugleich sollen die Beiträge für Wissenschaft und Praxis Handreichungen für die Beantwortung spezifischer Fragestellungen bieten. Durch ein einheitliches Schlagwortverzeichnis soll der multidisziplinäre Zugang hierzu ermöglicht, durch die umfangreiche, am Schluß des Bandes zusammengefaßte Bibliographie zur weiteren Beschäftigung mit den einzelnen Themen angeregt werden.

Insofern bietet der Band einen Einblick in einen Prozeß, der in bezug auf diesen Band von den mit der Herausgabe betrauten Instituten[3] verantwortet wurde, aber keineswegs auf diese beschränkt ist. Die vorgestellten Werkstücke kommen aus ganz unterschiedlichen Werkstätten, sind in sich abgeschlossen und sollen die je eigene Handschrift der Autorinnen und Autoren nicht nur nicht verleugnen, sondern zur Schärfung des Problembewußtseins geradezu hervorheben. Nur dadurch wird es dem Leser ermöglicht, sich den Grundfragen dieses Bandes zuzuwenden: Sind Stiftungstheorie und Stiftungspraxis hinreichend aufeinander bezogen? Sind Theorie und Praxis des Stiftungswesens hinreichend in die Theorie und Wirklichkeit unserer Gesellschaft eingebettet?

Der Bezug der einzelnen Autorinnen und Autoren zum Stiftungswesen ist unterschiedlich. Während einige sich seit Jahrzehnten intensiv mit dem Stiftungswesen auseinandersetzen oder über langjährige Erfahrungen in der Praxis, z. B. als Verwalter oder Organmitglieder von Stiftungen verfügen, haben andere ihre hohe Fachkompetenz hier erstmals auf diese Thematik angewandt. Dies führt zu reiz-

---

[1] s. z. B. *Bertelsmann Stiftung* (Hrsg.), Handbuch Stiftungen.

[2] Die Tatsache, daß in dem vorliegenden Band unterschiedliche Angaben zur Zahl der in Deutschland bestehenden Stiftungen auftauchen, ist nur ein Zeichen für dieses Defizit. Trotz inzwischen fünfzehnjähriger Bemühungen ist mangels Auskunftsfreudigkeit und -verpflichtung der Stiftungen selbst die Erstellung valider Stistiken letztlich nicht gelungen.

[3] Maecenata Institut für Philanthropie und Zivilgesellschaft an der Humboldt Universität zu Berlin und Privates Institut für Stiftungsrecht e.V.

vollen Kontroversen; es lag ausdrücklich nicht in der Absicht der Herausgeber, diese aufzulösen. Auch die Einbeziehung älterer ebenso wie jüngerer Kolleginnen und Kollegen erfolgte vorsätzlich, nicht zuletzt in der Hoffnung, dadurch die erheblichen Veränderungen widerspiegeln zu können, die das allgemeine Verständnis von der Rolle der unterschiedlichen Akteure in der Gesellschaft im Verlauf der letzten 20–30 Jahre erfahren hat. Daß sich als roter Faden, zum Teil ganz explizit, eine Leitidee durch den Band zieht, die einerseits die Autonomie der Stiftungen gegenüber regulierenden Eingriffen des Staates, andererseits aber auch deren unmittelbare Verantwortlichkeit gegenüber allen Bürgerinnen und Bürgern betont, war nicht vorgegeben, sondern ist aus unserer Sicht ein interessantes Ergebnis der gemeinsamen Arbeit. Diese Gemeinsamkeit war nicht nur durch oft langjährige Freundschaften begründet, sondern entwickelte sich auch durch vielerlei Kontakte im Verlauf des Arbeitsprozesses und nicht zuletzt durch die Autorenkonferenz, die im September 2004 die Mehrheit der Beteiligten zusammenführte und zu weitreichenden Veränderungen in der Anlage des Bandes führte. An dieser Stelle ist es den Herausgebern ein Bedürfnis, allen Autorinnen und Autoren für ihr Engagement herzlich zu danken.

An einigen Punkten erschien es notwendig, denselben Aspekt der Thematik aus unterschiedlichen Blickwinkeln zu beleuchten: Die nicht rechtsfähige (unselbständige, treuhänderische) Stiftung war, ihrer altehrwürdigen Tradition zum Trotz, über so lange Zeit ein Stiefkind des Stiftungswesens, daß ihre förmliche Rehabilitierung einer besonderen Anstrengung zu bedürfen schien. Die Bürgerstiftung dagegen ist in vielfacher Hinsicht noch so neu, daß trotz umfänglich verfügbarer Spezialliteratur eine besonders ausführliche Würdigung geboten war. Die Rolle der Unternehmen schließlich galt es von verschiedenen Seiten her aufzugreifen, um der Rolle des Akteurs ‚Markt' in dem Dreigestirn ‚Zivilgesellschaft – Markt – Staat' angesichts der traditionellen Überbetonung des Verhältnisses zwischen Stiftungen und Staat gerecht werden zu können.

Zu den Schwerpunkten des Handbuchs gehört die Einbeziehung von Themen, die nicht auf den ersten Blick für die Beschreibung des deutschen Stiftungswesens relevant erscheinen, im Grunde aber für die kulturelle Einordnung unumgänglich sind. Dazu gehören die Kapitel über das kirchliche Stiftungswesen. Dieses bleibt seit langem faktisch aus der Betrachtung ausgeblendet, obwohl, allen Neugründungen zum Trotz, der Bestand an kirchlichen Stiftungen in Deutschland den an ‚weltlichen' nach wie vor um ein vielfaches übersteigt. Die kirchliche Stiftung eröffnet zudem exemplarisch den Zugang zu den Funktionen der Stiftung als operative Einheit nicht gewinnorientierten und nicht hoheitlichen Handelns sowie als Eigentumsträgerin, die im Lichte der angeblich modernen und im angeblichen Stiftungswunderland USA so prominenten Kapitalförderstiftung fast vollständig in Vergessenheit geraten sind. Darüber hinaus verweist dieser Ansatz auf grundsätzliche rechtspolitische und demokratietheoretische Fragen, denen in der aktuellen Diskussion um die Rolle der Zivilgesellschaft hohe Bedeutung zukommt. Ob sich die dem Staat übertragene Handlungsvollmacht nach heutigem Verständnis tatsächlich auf eine Regulierung des Stiftungswesens erstreckt, wo gegebenenfalls die Grenzen dieser Vollmacht liegen und wo wir uns in einem gewissermaßen transstaatlichen Bereich bewegen, ist eine Thematik, die von einigen Autoren erstmals grundlegend untersucht wird.

Diese Betrachtungsweise wird durch eine im Rahmen des hier möglichen ausführliche Würdigung des Instruments Stiftung in islamischen Kulturen unterstützt, wie überhaupt der Blick in das Ausland unseres Erachtens unerläßlich ist, um das Stiftungswesen in seiner Gesamtheit zu erschließen und dadurch über eine neuerliche, nach mehreren in den letzten Jahren erschienenen Publikationen vielleicht entbehrliche Untersuchung zum Stiftungsrecht hinauszugehen.

Gegenüber den theoretischen Fragestellungen sollten freilich, nicht zuletzt wegen der erstrebten Kontrastierung, praxisorientierte Beiträge keinesfalls zu kurz kommen. Allerdings konnte es, wegen der allgemeinen Relevanz ebenso wie im Hinblick auf einen gerade noch erträglichen Umfang, nicht darauf ankommen, alle erdenklichen Aspekte von Stiftungsarbeit abzuhandeln. Vielmehr sollen, wie etwa in dem Abschnitt über Stiftungsziele und -zwecke deutlich wird, die Problemfelder und Handlungsoptionen in charakteristischen Ausschnitten paradigmatisch dargelegt und wo immer möglich durch neue Gesichtspunkte angereichert werden. Die Phasen eines Stiftungslebens – Gründung, Arbeitsaufnahme, Übergang von der stiftergeführten zur von Fremden verwalteten Stiftung usf. – scheinen auf. Wie Stiftungen tatsächlich arbeiten, wie sie unter Umständen besser oder jedenfalls anders arbeiten könnten, wie sie Prozesse stiftungsgerecht befördern und Krisen stiftungsgerecht meistern können, letztlich auch wo durch Begrifflichkeit und kulturelles Kernverständnis Grenzen der Handlungsoptionen zu bestimmen sind, wird, so meinen wir, aus diesen Beiträgen deutlich. Sie am Ende des Bandes durch Berichte aus der unmittelbaren Praxis zu ergänzen, erschien wichtig.

In der Literatur wird gelegentlich auf die Komplementärfunktion von Stiftungen im Rahmen der Zivilgesellschaft verwiesen. Dabei wird unterstellt, Stiftungen seien gewissermaßen dazu verdammt, heute zivilgesellschaftliches Handeln ebenso wie früher staatliches immer nur zu ergänzen, d. h. immer in einer Minderheitsposition zu verharren. Aus demokratietheoretischer Perspektive scheint dies einleuchtend zu sein. Der ständigen demokratischen Willensbildung ist gewiß eine Qualität eigen, der eine an ihren Ursprung gebundene Einrichtung nichts adäquates entgegenzusetzen vermag. Und doch: Bei genauerer Untersuchung ist so zahlreichen Aspekten unserer Gesellschaftsordnung letztlich Stiftungscharakter zuzumessen, daß auch diese einfache Formel vielleicht der Überprüfung bedarf. Damit soll keinesfalls der überholten Position, Stiftungen seien etwas ganz und gar singuläres und könnten nicht Teil der Zivilgesellschaft sein, neuer Raum gegeben werden. Auch der Tendenz, den Stiftungen eine übersteigerte Bedeutung zuzumessen, soll durch die Detailanalysen eher entgegengetreten werden. Aber vielleicht ist es angebracht, die konkrete Stiftungswirklichkeit auch an dem Stiftungscharakter unserer Kultur insgesamt zu messen. Der Ägyptologe und Religionswissenschaftler Jan Assmann hat im Zusammenhang mit ägyptischen Rechtsinschriften darauf hingewiesen, daß ein erheblicher Teil von ihnen, namentlich Dekrete und Edikte, ursächlich etwas mit dem Stiften zu tun haben, wenngleich sicher nicht in dem Sinne, daß das Andenken an den Rechtsstifter wachzuhalten sei. „Hier handelt es sich im eigentlichen Sinne um die Sichtbarmachung und ‚Exkarnation' des rechtsetzenden Machtworts. Diese Gattung wird aber niemals zum Zwecke einer umfassenden Grundlegung geltenden Rechts – und nur dies wäre als Kodifizierung zu bezeichnen – eingesetzt, sondern immer nur zur Regelung begrenzter Bereiche, vorzugsweise zur Sicherung von Stiftungen, die deswegen Anspruch auf bindende, auch künftige Könige bindende Rechtsordnung erheben können, weil sie als die persönliche Schöpfung eines bestimmten Stifters gelten dürfen. Zur Schöpfer- und Stifterrolle des Königs, vor allem als Bau- und Kultherr, gehört auch die Aufgabe der Rechtssicherung des Geschaffenen."[4]

Hier schließt sich nicht nur der Kreis zwischen einem umfassenden Verständnis des Stiftungswesens und der Ausformung des Stiftungsrechts. Auch der nachhaltigen Wirksamkeit individuellen Handelns, welches in einer ausdifferenzierten, komplexen Gesellschaft wie der unseren zunehmend prominent wird, ist durch das Instrument der Stiftung ein Rahmen gesetzt, der mit langer historisch-kultureller Tradition dennoch keine Beschwernis, sondern geradezu einen Aufbruch zu neuen Ufern signalisiert.

Berlin / München, im April 2005   Die Herausgeber

---

[4] *Assmann,* Herrschaft und Heil, Politische Theologie in Altägypten, Israel und Europa, S. 180.

1. Stiftungswesen und Stiftungspolitik

1.1 Stiftungen als Organisationen der Zivilgesellschaft

Von Annette Zimmer

Von Politik und Wissenschaft lange Zeit eher vernachlässigt, wird die Stiftung in Deutschland als Organisations- und Rechtsform gerade wieder entdeckt.[1] Doch die öffentliche Diskussion ist nicht nur auf die Stiftung fokussiert. Stiftungen werden im Kontext der Zivilgesellschaft behandelt und damit als Teil einer gesellschaftspolitischen Reformbewegung gesehen.[2] Warum gerade die Stiftung als Träger von Innovation und Reform in der aktuellen Debatte einen besonderen Stellenwert genießt, steht im Zentrum des folgenden Beitrags, der die Stiftung als wichtigen und ältesten Teil der Zivilgesellschaft[3] behandelt und vor diesem Hintergrund nach ihrer aktuellen innovativen Rolle fragt. Hierzu wird zunächst auf das Konzept der Zivilgesellschaft eingegangen, und zwar sowohl in seiner programmatischen Bedeutung als auch in seiner infrastrukturellen Ausgestaltung.[4] Daran anschließend wird die „Sonderrolle" der Stiftung unter den zivilgesellschaftlichen Organisationen thematisiert.

Bei der Zivilgesellschaft handelt es sich um ein traditionsreiches normatives Konzept[5], das sich maßgeblich auf das kritische Selbstverständnis und die Fähigkeit zur Selbstreflexion von politischen Gemeinschaften bezieht[6]. Für die derzeitige Popularität von Zivilgesellschaft als positiv besetztes Leitbild lässt sich vor allem die krisenhafte Entwicklung unseres überkommenen Gesellschafts- und Staatsmodells der Industriemoderne anführen. In der aktuellen gesellschaftspolitischen Debatte wird insofern vor allem das in die Zukunft gerichtete dynamische Moment der Zivilgesellschaft und besonders ihr Potential zur Erarbeitung von Reformperspektiven herausgestellt. Zivilgesellschaft als Reformperspektive bedeutet einerseits kritische Auseinandersetzung mit dem Status quo von Politik und Gesellschaft sowie andererseits die Hoffnung auf ein Mehr an Demokratie und sozialer

---

[1] *Strachwitz*, Gestiegene Präsenz im öffentlichen Bewusstsein; *Bertelsmann Stiftung* (2003), Handbuch Stiftungen; *Adloff*, Wozu sind Stiftungen gut?.

[2] Vgl. *Enquete-Kommission „Zukunft des Bürgerschaftlichen Engagements" Deutscher Bundestag,* Bericht: Bürgerschaftliches Engagement, S. 243 ff.

[3] Ebd., S. 243.

[4] *Enquete-Kommission „Zukunft des Bürgerschaftlichen Engagements" Deutscher Bundestag,* Bürgerschaftliches Engagement und Zivilgesellschaft.

[5] *Priller,* Zum Stand empirischer Befunde und sozialwissenschaftlicher Theorie zur Zivilgesellschaft und zur Notwendigkeit ihrer Weiterentwicklung, S. 39.

[6] *Sachße,* Traditionslinien bürgerschaftlichen Engagements, S. 23.

Gerechtigkeit. Angesichts dieses Erwartungshorizontes stellt sich die Frage nach den Akteuren bzw. der organisatorischen Infrastruktur der Zivilgesellschaft.

Hierauf findet man in der Literatur je nach disziplinärer und ideengeschichtlicher Provenienz der Autoren zwar unterschiedliche Interpretationen, dennoch weisen diese eine gemeinsame Schnittmenge auf: Das gesellschaftliche Reformpotential wird immer in einem Bereich verortet, der als „Raum gesellschaftlicher Selbstorganisation zwischen Staat, Ökonomie und Privatheit"[7] definiert wird. Hierbei steht ganz eindeutig die Assoziation als eine spezifische Form der Vergemeinschaftung im Zentrum der zivilgesellschaftlichen Debatte. Wenn von Zivilgesellschaft die Rede ist, wird nicht primär auf die Stiftung Bezug genommen, sondern es werden vor allem assoziative Momente, die für Vereine als mitgliedschaftliche Organisationen typisch sind und die in der Literatur in besonderer Weise auch mit Blick auf soziale Bewegungen herausgestellt werden[8], thematisiert.

Erst wenn Zivilgesellschaft nicht vorrangig als normatives, sondern eher als deskriptiv-analytisches Konzept[9] betrachtet wird, rücken auch die Stiftungen in den Fokus. Mit diesem Perspektivenwechsel wird gleichzeitig ein disziplinärer Wechsel vorgenommen: Zivilgesellschaft wird jetzt nicht mehr als Gegenstand der Politischen Philosophie und insofern als eine in die Zukunft gerichtete Utopie vom gerechten und demokratischen Gemeinwesen behandelt, sondern es geht jetzt ganz konkret um die empirische Untersuchung der institutionellen Infrastruktur der Organisationen, Projekte und Initiativen der Zivilgesellschaft. Untersucht wird die Empirie der Zivilgesellschaft derzeit vor allem aus zwei Perspektiven: zum einen aus historischer Sicht unter dem Leitbild der Bürgergesellschaft[10] sowie zum anderen aus der Perspektive der Dritten Sektor- bzw. *Nonprofit*-Forschung.[11] Die Leistung der *Nonprofit*-Forschung besteht vor allem darin, empirisch-quantitativ den beachtlichen wirtschaftlichen Stellenwert zivilgesellschaftlicher Organisationen erfasst sowie ihren Facettenreichtum und ihre Multifunktionalität herausgearbeitet zu haben.[12]

Bislang gibt es zwar noch keine anerkannte Typologie der zivilgesellschaftlichen Organisationen, gleichwohl wird in aktuellen Publikationen zunehmend auf eine Klassifikation der zivilgesellschaftlichen Infrastruktur Bezug genommen, die vorrangig an den von den Organisationen wahrgenommenen Funktionen orientiert ist.[13] Danach wird Zivilgesellschaft differenziert in:

---

[7] *Kocka*, Das Bürgertum als Träger von Zivilgesellschaft – Traditionslinien, Entwicklungen, Perspektiven, S. 16.

[8] *Klein*, Der Diskurs der Zivilgesellschaft, S. 131 ff.

[9] Vgl. *Kocka*, loc cit. S. 16.

[10] Ebd.

[11] *Salamon et al.*, Global Civil Society. Dimensions of the Nonprofit Sector.

[12] Vgl. *Zimmer/Priller*, Gemeinnützige Organisationen im gesellschaftlichen Wandel, S. 20, 40.

[13] *Sachße*, Stufen der Gemeinwohlförderlichkeit; *Zimmer*, Future of Civil Society, S. 15 f.; *Handy*, Types of Voluntary Organizations.

Mitgliederorganisationen

Hier stehen die Mitglieder und ihr Engagement im Zentrum. Aktivitäten werden von und für Mitglieder geplant und durchgeführt. Das Aktivitätsspektrum der Mitgliederorganisation dient der Verwirklichung gemeinsamer bzw. von den Mitgliedern geteilter Anliegen. Gegenseitigkeit und gemeinschaftliches Miteinander charakterisiert diesen Organisationstyp. Es geht also um gemeinschaftlich organisierte Aktivitäten von und für Menschen mit ähnlichen Vorlieben, Problemen oder Ideen.

Lobby- bzw. Interessenvertretungsorganisationen

Für diese Organisationen ist die Außenorientierung gegenüber Staat und Gesellschaft zentral. Vertreten werden allgemeine gesamtgesellschaftliche Interessen sowie Anliegen und Belange einzelner Bevölkerungsgruppen und -schichten. Eine strategische Ausrichtung auf eine bestimmte Zielsetzung sowie eine spezifische normative, ideelle oder politische Orientierung ist typisch für diesen Organisationstyp. Es geht um Werben für und Artikulieren von bestimmten Ideen, Zielen und Interessen.

Dienstleistungsorganisationen

Die Erbringung von Diensten und Leistungen steht hier im Mittelpunkt, entweder für Dritte, bestimmte Zielgruppen und die allgemeine Öffentlichkeit, marktvermittelt oder im staatlichen Auftrag, oder auch für die Mitgliedschaft. Der Mitgliedsbeitrag hat in diesem Fall die Funktion einer Nutzungsgebühr.

Service- bzw. Unterstützungsorganisationen

Diese Organisationen sind dazu da, Unterstützung für die Verwirklichung von Anliegen und Projekte Dritter zu mobilisieren und bereitzustellen. Ihr Schwerpunkt liegt in der Bereitstellung materieller Ressourcen für fremde, d. h. nicht von der eigenen Organisation wahrgenommene Aufgaben bzw. die materielle oder ideelle Unterstützung bestimmter Einrichtungen oder Zwecke.

Bei den Mitgliederorganisationen handelt es sich um klassische Vereine. Ihnen liegt die von Robert Putnam beschriebene Handlungslogik der Reziprozität, des gegenseitigen Miteinanders zugrunde. Vereine sind insofern vor allem „Sozialkapitalerzeuger" im dem von Putnam beschriebenen Sinne.[14] Demgegenüber handeln Lobby- und Interessenvertretungsorganisationen entweder primär im Eigeninteresse ihrer Mitgliedschaft (Verbände und Gewerkschaften), oder aber sie sind

---

[14] *Putnam*, Making Democray Work.

themenanwaltlich im Dienst der Allgemeinheit sowie spezieller Gruppen und Anliegen tätig. Zu letzteren zählen solche Organisationen wie etwa Attac, Pro-Asyl, Greenpeace oder Amnesty International. Die Dienstleistungsorganisationen sind gemeinnützige bzw. *nonprofit* Unternehmen, die ein weites Spektrum von Tätigkeitsbereichen abdecken. Die Zugehörigkeit dieser Organisationen zur Zivilgesellschaft ist aufgrund ihres unternehmensähnlichen Charakters umstritten. Nicht zu bestreiten ist jedoch, dass die Mehrheit dieser Dienstleister ihre Existenz aufgrund zivilgesellschaftlicher und damit gegen den Status quo gerichteten Initiativen verdankt, wie sich am Beispiel des Internationalen Roten Kreuzes, der Caritas oder auch des YMCA zeigen lässt. Bei den Service- und Unterstützungsorganisationen handelt es sich zum einen um Fördervereine, die zu dem am stärksten wachsenden Segment der zivilgesellschaftlichen Infrastruktur zählen[15] sowie zum anderen um Stiftungen als sog. „Funding Intermediaries", d. h. als primär fördernde Organisationen, die in der Regel durch monetäre Leistungen die Arbeit anderer zivilgesellschaftlicher Organisationen unterstützen.

Wie die Typologie der zivilgesellschaftlichen Organisationen zeigt, decken sie ein breites Spektrum von gesellschaftlichen wie politischen und gemeinschaftlichen Funktionen ab. Doch auch in ökonomischer Hinsicht kommt ihnen, wie die Ergebnisse des international vergleichenden *Johns Hopkins Comparative Nonprofit Sector Project*[16] zeigen, eine beachtliche wirtschaftliche Bedeutung zu. Auch in Deutschland sind die zivilgesellschaftlichen Organisationen ein maßgeblicher Arbeitgeber.[17]. So arbeiten bei zivilgesellschaftlichen Organisationen in etwa so viele Vollzeitbeschäftige wie im Transportsektor. Zusammengenommen sind in zivilgesellschaftlichen Organisationen bei weitem mehr Personen beschäftigt als bei den größten privatwirtschaftlichen Arbeitgebern in Deutschland.[18] Auch lässt sich empirisch zeigen, dass im Unterschied zu den Organisationen der Konkurrenzsektoren Markt und Staat die wirtschaftliche und insbesondere die arbeitsmarktliche Bedeutung der zivilgesellschaftlichen Organisationen in den letzten Jahren kontinuierlich gestiegen, während die der Unternehmen und öffentlichen Einrichtungen prozentual betrachtet gefallen ist.[19] Schließlich lässt sich spätestens seit Mitte der 1970er Jahre eine stetige Gründungsaktivität zivilgesellschaftlicher Organisationen feststellen, die sich durch ein hohes Niveau und eine beachtliche Kontinuität auszeichnet.[20]

Dies trifft im Besonderen auch für die Stiftungen zu, die in Deutschland auf eine beachtliche Gründungsdynamik zurückblicken.[21] Übereinstimmend wird von

---

[15] *Zimmer/Hallmann*, Mit vereinten Kräften. Ergebnisse der Befragung „Vereine in Münster".

[16] *Salamon et al.*, Global Civil Society. Dimensions of the Nonprofit Sector.

[17] *Zimmer/Priller*, Gemeinnützige Organisationen im gesellschaftlichen Wandel, S. 54 ff.

[18] *Priller*, Germany, S. 101.

[19] *Zimmer/Priller*, loc. cit., S. 55.

[20] Ebd., S. 76.

Kennern des Stiftungswesens in Deutschland festgehalten, dass das Stiftungswesen derzeit boomt und sich durch Gründungsdynamik, Ausdifferenzierung und Facettenreichtum auszeichnet.[22] Nach den Ergebnissen der Deutschlandstudie des Johns Hopkins Projektes haben Stiftungen in den vergangenen Jahren nicht nur rein zahlenmäßig, sondern prozentual betrachtet auch im Hinblick auf ihre Beschäftigungspotentiale[23] deutlich zugelegt. Entsprechendes gilt für die in Stiftungen investierten Vermögenswerte.[24] So gesehen, zählt das Stiftungswesen zu den derzeit expandierenden Bereichen der Zivilgesellschaft.

Gleichzeitig ist jedoch einschränkend festzuhalten, dass rein ökonomisch betrachtet bzw. aus quantitativ-statistischer Perspektive Stiftungen in Deutschland eher eine ‚Quantité Negligiabl' der Zivilgesellschaft darstellen. Denn aus ökonomischer Sicht, gemessen an der Zahl der Beschäftigten, sind Stiftungen im Kontext der zivilgesellschaftlichen Organisationen ein fast zu vernachlässigender Faktor. Gemäß den Ergebnissen der Deutschlandstudie des Johns Hopkins Projektes lag ihr Anteil an der Gesamtbeschäftigung der zivilgesellschaftlichen Organisationen im Stichjahr 1995 bei lediglich 0,4 Prozent.[25] Der Grad der Professionalisierung des Stiftungswesens wird übereinstimmend als gering bis sehr gering eingeschätzt.[26] Doch auch wenn man die Organisationsdichte und damit die Anzahl der zivilgesellschaftlichen Organisationen in den Blick nimmt, kommt Stiftungen, zumindest quantitativ betrachtet, keine maßgebliche Bedeutung im Konzert der zivilgesellschaftlichen Organisationen zu. Aktuellen Angaben zufolge[27] sind in Deutschland rund 18.000 Stiftungen tätig. Demgegenüber geht man von bis zu 700.000 Vereinen aus.[28] Die gesellschaftspolitische Relevanz von Stiftungen wird weiter relativiert, wenn man berücksichtigt, dass rund jeder zweite Bundesbürger bzw. jede zweite Bundesbürgerin Mitglied in mindestens einem Verein ist. Stiftungen als primär nicht mitgliedschaftsbasierten Organisationen fehlt daher auch das Potential einer flächendeckenden Bindung bürgerschaftlichen Engagements. Es ist also weder ihre ökonomische Bedeutung und arbeitsmarktpolitische Relevanz noch ihr gemeinschaftliches mitgliedschaftlich basiertes Moment, das Stiftungen als Segment der Zivilgesellschaft besonders auszeichnet. Was macht die Stiftung als Teil der Zivilgesellschaft aber dennoch interessant?

Klassifikatorisch wird in der Regel zwischen zwei Grundtypen von Stiftungen unterschieden, und zwar Stiftungen, die fördernd tätig sind und mit ihren Leis-

---

[21] *Toepler,* Organisations- und Finanzstruktur der Stiftungen in Deutschland, S. 232; *Anheier,* Das Stiftungswesen in Deutschland, S. 74.
[22] *Strachwitz,* loc. cit.; *Anheier,* loc. cit.
[23] *Zimmer/Priller,* loc. cit. S. 57.
[24] *Anheier,* loc. cit., S. 62 f.
[25] *Zimmer/Priller,* loc. cit. S. 57
[26] *Anheier,* loc. cit. S. 64.
[27] s. Kapitel 1.7.
[28] *Braun,* Bürgerschaftliches Engagement, S. 26.

tungen, in der Regel monetäre Zuwendungen, Dritte unterstützen, sowie Stiftungen, die operativ handeln und damit ihren Stiftungszweck selbst und nicht durch die Vergabe von Bewilligungen verwirklichen.[29] Aus funktionalistischer Sicht sind daher Stiftungen als Teil der Zivilgesellschaft zum einen der Kategorie Dienstleistungsorganisationen sowie zum anderen der der Service- oder Unterstützungsorganisationen zuzuordnen. Einschränkend ist hierzu jedoch zu bemerken, dass auch die Stiftung – wie generell die zivilgesellschaftliche Organisation – sich einer eindimensionalen Kategorisierung entzieht. So gibt es auch im Stiftungswesen in beachtlichem Umfang „Mischformen" bzw. Sowohl-als-auch-Stiftungen, die fördernd wie operativ tätig sind.[30] Doch nicht vorrangig aufgrund ihrer Funktion, wohl aber hinsichtlich ihres Gründungsaktes sowie auch hinsichtlich ihrer gesellschaftlich-sozialen Einbindung kommt den Stiftungen unter den zivilgesellschaftlichen Organisationen eine Sonderrolle zu.

Im Unterschied zur Mehrheit der zivilgesellschaftlichen Organisationen, d. h. in Deutschland der Vereine und Verbände, sind Stiftungen keine Assoziationen und damit nicht mitgliedschaftsbasiert, sondern ihre conditio sine qua non beruht auf dem höchst individuellen Akt des Stiftens, und zwar in der Regel von Vermögenswerten. Stiftungen zeichnen sich daher im Vergleich zur Mehrheit der zivilgesellschaftlichen Organisationen durch eine sehr individualistische Note aus. Auch anders als der Verein, „der eine Vereinigung von Menschen (*universitas versitas bonorum*) darstellt, hat die Stiftung in der Regel eine materielle Basis (*universitas bonorum*).[31] Stiftungen sind daher auch nicht primär Ausdruck einer sozialen Bewegung. Vielmehr ist es der sehr individuelle Wille des Stifters bzw. der Stifterin, der hier wirksam wird und nicht die Dynamik einer sozialen Bewegung, deren Mitglieder und Sympathisanten vor allem gemeinsam etwas erreichen und gesellschaftliche wie politische Veränderung bewirken wollen.

Insofern ist Stiftungen sowohl eine individualistische wie auch eine eher materialistische Note zu eigen. Doch während Individualismus und Materialismus gemeinhin mit Egoismus in Verbindung gebracht werden, ist dies bei der Institution Stiftung gerade nicht der Fall. Vielmehr umgibt Stiftungen insofern eine „Aura des Guten und Nützlichen"[32], als mit ihnen eine Tradition der Stewardship, der Verantwortung für das Gemeinwesen in Verbindung gebracht wird. Es ist die Verbindung von Individualität und Gemeinwohlorientierung, die die Stiftung zu einer hochinteressanten und zu einer genuin zivilgesellschaftlichen Organisation macht. Die Stiftung bietet wie keine andere zivilgesellschaftliche Organisation die Möglichkeit, sowohl Individualist als gleichzeitig auch Utilitarist zu sein.

---

[29] *Anheier/Toepler*, Philanthropic Foundations, S. 9; *Zimmer*, Amerikanische Stiftungen, S. 62.

[30] *Anheier*, loc. cit. S. 53, 67.

[31] Enquete-Kommission *„Zukunft des Bürgerschaftlichen Engagements" Deutscher Bundestag*, loc. cit., S. 243.

[32] *Adloff*, loc. cit. S. 269.

1.1 Stiftungen als Organisationen der Zivilgesellschaft

Erst in der Sozialkapitaldebatte in der Lesart von Robert Putnam[33] wird die Verkoppelung von individuellen und gesellschaftlichen Interessen wieder in einer Weise auf den Punkt gebracht, wie dies der Idee der Stiftung a priori zugrunde liegt. Gemäß der Interpretation von Putnam muss die Verfolgung individueller Interessen nicht notwendigerweise zu negativen Folgen für die Gemeinschaft und Gesellschaft führen. Vielmehr kann individueller Nutzen sehr wohl mit gesellschaftlichem Nutzengewinn einhergehen. Die Schlüsselkategorie bei Putnam ist „Sozialkapital", das sich als „Kapitel des Vertrauens" sowohl für den einzelnen wie für die Gesellschaft auszahlt.[34] Warum Sozialkapital sowohl individuellen wie auch gesellschaftlichen Nutzen erzeugt, erklärt Putnam unter Bezugnahme auf mikroökonomische Überlegungen, die ihren Ursprung in der Transaktionskostenanalyse haben. Danach können Gesellschaften, die in hohem Maße über Sozialkapital verfügen, auf rigide Kontrollen, wie etwa bei der Einhaltung von Verträgen im Wirtschaftsleben oder der Überprüfung der Steuerzahlungen im staatlichen Bereich, verzichten. Generell ist die Ausübung von Kontrollleistungen mit hohen Kosten verbunden. D. h. wenn man auf Kontrolle verzichten kann, so kommt es gesamtgesellschaftlich betrachtet zu erheblichen Spareffekten. Doch auch individuell lohnt sich Sozialkapital, da – wie empirisch gezeigt werden konnte – vertrauensvolle Bürger und Bürgerinnen nicht nur gesellschaftlich aktiver, sondern auch im Vergleich zu anderen wesentlich zufriedener sind.[35]

Im Unterschied zum Sozialkapital, das seinen gesellschaftlichen Nutzen erst über den „Umweg" des Einsparens von Transaktions- bzw. Kontrollkosten herleitet, werden mit dem Akt des Stiftens für gemeinnützige Zwecke, Vermögenswerte direkt gemeinnutzwirksam eingesetzt. Stiften ist daher sowohl in einem sehr direkten Sinn nützlich für die Gesellschaft, gleichzeitig wird der Stifterpersönlichkeit ein beachtlicher Freiraum in der individuellen Gestaltung der Stiftungsziele und -zwecke eingeräumt. Es ist in diesem Kontext besonders hervorzuheben, dass unter den zivilgesellschaftlichen Organisationsformen nur die Stiftung einen derart großen, ausschließlich individuell zu bestimmenden Handlungsspielraum bietet. Ja, es ist geradezu das Charakteristikum der Stiftung, dass mit ihrer Gründung der sehr individuelle Stifterwille auf lange Zeit und unveränderbar festgelegt wird. Die Stiftung als sehr traditionsreiche Einrichtung[36] dient der Umsetzung des höchst individuell konnotierten Stifterwillens und gleichzeitig der Verwirklichung gemeinnütziger Ziele und Zwecke.

Schließlich zeichnet sich die Stiftung vor den anderen zivilgesellschaftlichen Organisationen auch dadurch aus, dass sie die Funktion der Interessenvertretung qua Gründungsakt wahrnimmt. Der Stifterwille ist Ausdruck einer spezifischen Ziel- und Zwecksetzung. Stiftungsgründung ist damit gleichzusetzen mit Interes-

---

[33] *Putnam*, loc. cit.
[34] *Braun*, loc. cit.
[35] *Gabriel et al.*, Sozialkapital und Demokratie.
[36] s. Kapitel 1.3.

senvertretung, und zwar im gesamtgesellschaftlichen Sinn oder je nach Stiftungszweck auch für bestimmte Zielgruppen. Welche spezifischen Anliegen eine Stiftung verfolgt, d. h. für welche Interessen sie sich stark macht, ist zum einen in hohem Maße kontextabhängig und von den jeweiligen gesellschaftlichen, politischen und sozialen Rahmenbedingungen geprägt. Zum anderen spiegelt sich darin der individuelle Ideenhorizont des Stifters oder der Stifterin wider.

Insofern sind Stiftungen in ihren Ziel- und Zwecksetzungen stets auch immer dem „Geist ihrer Zeit" verbunden. Stifterpersönlichkeiten geben in ihrem Stiftungsverhalten dem je spezifischen Ideenhorizont ihrer Zeit eine langfristige und auf Dauer angelegte Zielsetzung. Die Bedeutung der Stiftung wird daher in der Literatur auch nicht quantitativ, sondern primär qualitativ bewertet. Danach kommt Stiftungen als Akteuren der Zivilgesellschaft insofern eine herausgehobene Bedeutung zu, als sie, zwar eingebunden in gesellschaftlich-politische Rahmenbedingungen und durchaus geprägt durch den Zeitgeist, dennoch eher als Mitgliederorganisationen, die sich letztlich der Mehrheitsmeinung anpassen müssen, in der Lage sind, neue Themenfelder und Projekte aufzugreifen. Die Trias von Innovation bei gleichzeitiger Zeitgeistabhängigkeit und Einbindung in den gesellschaftlich-politischen Kontext der Stiftung als zivilgesellschaftlicher Organisation wird besonders im Rückblick deutlich.

Im Folgenden werden die beiden Grundtypen der Stiftung – die Anstaltsstiftung als klassische Form der Stiftung und die ausschließlich fördernde Stiftung in ihrer insbesondere in den USA entwickelten Ausprägung der *Private Independent Foundation*[37] – in den Blick genommen und jeweils nach der Anreizstruktur und dem individuellen Nutzen für die Stifterpersönlichkeit sowie der Stewardship und damit dem Nutzen für das Gemeinwesen gefragt.

Für das Stiftungswesen der Vormoderne waren zwei Arten des Stiftens charakteristisch: Zum einen die Errichtung einer operativen Stiftung oder Anstaltsstiftung, die ihre Ziele und Zwecke durch den Betrieb einer Einrichtung verwirklicht, sowie zum anderen das Stiften von Vermögen an bestehende Einrichtungen und Institutionen. Bereits seit dem frühen Mittelalter gab es in Europa eine weit verbreitete Kultur des Stiftens. Wohlhabende Bürger wie auch Geistliche und Stadtherren errichteten Anstaltsstiftungen oder übertrugen Klöstern, Kirchen und später auch Kommunen in erheblichem Umfang ihr Vermögen, wozu in erster Linie Ländereien zählten.[38]

Das Stiftungswesen der Vormoderne war jedoch in einem hohen Maße in den Ideenhorizont und Wertekanon einer religiös geprägten Gesellschaft eingebunden. Der Stiftungsimpetus resultierte damals in einem ganz beachtlichen Ausmaß aus der Sorge um das individuelle Seelenheil. In den Ländern des Heiligen Römischen Reiches Deutscher Nation hatte sich bereits im Frühmittelalter ein so genanntes

---

[37] *Zimmer*, loc. cit. S. 63 f.
[38] s. Kapitel 1.3; *Toepler*, loc. cit. S. 214 f.

Verbundsystem von *caritas* und *memoria* herausgebildet. Gemeint ist hiermit, dass Wohlhabende in beachtlichem Umfang *caritas* übten und Kirchensprengeln oder Klöstern ihr Vermögen und Vermächtnis für karitative Zwecke und zur Gründung von Anstalten für Notleidende, Kranke oder Alte hinterließen. Im Gegenzug waren Kirchen und Klöster verpflichtet, dem Spender zu gedenken und *memoria* zu üben, indem sie in bestimmten Abständen eine Messe für ihn lasen. Aus dem Motiv heraus, etwas für das persönliche Seelenheil zu tun, leisteten die damaligen Stifter einen beachtlichen Beitrag zur Armenfürsorge sowie Alten- und Krankenpflege und stabilisierten damit gleichzeitig religiös-christliche Verhaltensnormen. Auch heute noch sind in Deutschland zahlreiche Anstaltsstiftungen – Krankenhäuser, Alten- und Pflegeheime oder Waisenhäuser – zu finden, die ihre Gründung diesem Verbundsystem von *caritas* und *memoria* verdanken.[39]

Der Stiftungsboom des Früh- und Hochmittelalters bezog seine Dynamik aus der Koppelung von individuellem Anreiz (memoria) und gesellschaftlicher Solidarität bzw. gemeinnütziger Orientierung (caritas). Die Stifter sorgten *ad pias causas* für ihr Seelenheil, gleichzeitig trugen sie dazu bei, die Not der Armen, Alten und Kranken zu lindern. In Anlehnung an die Terminologie von Robert Putnam könnte man den Stiftungszweck *ad pias causas* auch als „kapitalisiertes Seelenheil" charakterisieren. In sehr deutlicher und direkter Form ist hier individueller Nutzen und Gemeinwohlorientierung miteinander verbunden. Zweifellos leisten die Stifterpersönlichkeiten damals einen ganz beachtlichen Beitrag zur Entwicklung der Armenfürsorge und des Gesundheitswesens auf kommunaler Ebene. Durchaus kann man diesem frühen Stiftungswesen den Verdienst zurechnen, wichtige Grundlagen der späteren Wohlfahrtsstaatlichkeit gerade im Bereich der sozialen Dienstleistungserstellung gelegt zu haben.[40]

Demgegenüber unterscheidet sich die Art des Stiftens, wie sie sich in idealtypischer Form in den USA gegen Ende des 19. und zu Beginn des 20. Jahrhunderts herausbildete, grundsätzlich sowohl von der Anstalts- als auch von der Zustiftung. Bei der *Private Independent Foundation,* dem Stiftungstyp der Industriemoderne, handelt es sich um eine rein fördernde Stiftung. D. h. dieser Stiftungstyp verwirklicht seinen Zweck ausschließlich durch die Vergabe von Bewilligungen oder Fördermitteln.[41] Diese stammen aus den Erträgen von Kapitalvermögen oder Fonds, die auf die Schenkung eines privaten Geldgebers oder einer Familie zurückgehen. Dem Stiftungstyp der *Private Independent Foundation* liegt zudem in vielen Fällen ein in hohem Maße unternehmerischer Impetus zugrunde: Man lässt sein Geld für einen guten Zweck arbeiten. Dabei ist die Zwecksetzung ausschließlich durch den individuellen Stifterwillen festgelegt und nicht an eine bereits bestehende Institution oder Einrichtung gebunden.

---

[39] *Jakobi,* Ein verpflichtendes Erbe, S. 251 f.
[40] *Sachße/Tennstedt,* Bettler, Gaukler und Proleten.
[41] s. Kapitel 2.2.

Der modernen Stiftung des Industriezeitalters ist zwar ebenfalls eine karitative Grundeinstellung zu eigen, doch fehlt sowohl die direkte Rückkoppelung an individuelle Nutzenkalküle wie auch die direkte Anbindung an bestehende Institutionen wie etwa Kirchen oder Klöster. Vielmehr war der neue Stiftungstyp Ausdruck einer pointiert positivistischen Grundeinstellung. Die Stifterpersönlichkeiten der damaligen Zeit glaubten, vorrangig mit wissenschaftlichen Erkenntnissen den Übeln dieser Welt Herr werden zu können. Darüber hinaus hatten sie ein tiefes Vertrauen in ihre unternehmerische Initiative. *„Put not your trust in money, but your money in trust"*[42] (zitiert nach Bulmer 1999: 27), lautete damals die Devise der Stifterpersönlichkeiten. Gemäß ihrer Überzeugung waren nur mit einem systematisch-wissenschaftlichen Zugriff die negativen Folgen von Industrialisierung und Urbanisierung zu beseitigen. Insofern spiegelt sich in den Stiftungszielen und -zwecken in hohem Maße der Ideenhorizont der Zeit. Es geht bei diesem Stiftungstyp um *„the advancement of knowledge throughout the world"* sowie um *„the advancement of social well-being"*.[43]

Verwirklicht wurde der neue Stiftungstyp von der neuen amerikanischen Industrieelite der Stahlmagnaten und Eisenbarone. Im Gegensatz zu den traditionellen Wohltätigkeitseinrichtungen traten die neuen Stiftungen mit einem umfassenden Anspruch auf. Es ging um *the betterment of mankind,* so die Zielsetzung der *Rockefeller Foundation*. Die neue amerikanische Industrieelite verfügte über den entsprechenden Reichtum, um Stiftungen mit erheblicher Kapitalausstattung und weitreichenden Zwecksetzungen zu gründen, die ein weitergehendes staatliches Engagement und insofern den Aufbau einer Sozialstaatsbürokratie zunächst für obsolet erscheinen ließen. Im deutlichen Unterschied zu den traditionellen Stiftungen, deren Wirkungskreis primär lokal oder regional begrenzt war, traten eine ganze Reihe, insbesondere der sehr großen Stiftungen *Private Independent Foundations* mit einem universellen und vor allem globalen Anspruch auf.

Zu den Pionieren der *Private Independent Foundations* zählt u. a. die Carnegie Corporation of New York. Ihr Stifter Andrew Carnegie ist als Stifterpersönlichkeit von besonderem Interesse, da er in seiner Schrift *The Gospel of Wealth* sein philanthropisches Engagement ausdrücklich begründet hat. Entscheidend war für Carnegie nicht Egalisierung und Distribution von Vermögen, sondern seine effektive Nutzung und Verwaltung. Almosengeben lehnte er daher ebenso ab wie die Weitergabe von Vermögenswerten in der Familie. Stattdessen schlug Carnegie vor, Reichtum effizient und daher quasi wissenschaftlich im Dienst der Allgemeinheit zu investieren, womit er die Überzeugung seiner Zeit teilte, dass man mit Hilfe von Technik und moderner Wissenschaft alle Übel beseitigen könne. Die maßgebliche Leistung der *Private Independent Foundations* in den USA war die Förderung eines hocheffizienten Wissenschaftsbetriebs, wobei sich dies nicht auf die

---

[42] Zitiert nach *Bulmer,* The History of Foundations in the United Kingdom and the United States, S. 27

[43] *Bulmer,* loc. cit. S. 29

1.1 Stiftungen als Organisationen der Zivilgesellschaft

Naturwissenschaften beschränkte, sondern in gleichem Maße für die Sozialwissenschaften zutraf.[44] Gemäß dem Urteil des Stiftungsspezialisten Martin Bulmer war die *Private Independent Foundation* zum einen Ausdruck eines extrem positivistischen Zeitgeistes[45] sowie zum anderen das Ergebnis einer deutlichen Ablehnung der damaligen amerikanischen Elite gegenüber dem Ausbau von Wohlfahrtsstaatlichkeit und weitergehenden kollektivistischen Lösungen. Anders ausgedrückt: Die Entstehung der *Private Independent Foundation* lässt sich als Reaktion der neuen wirtschaftlichen Elite der USA auf Marktversagen sowie als Präventivmaßnahme gegenüber etatistischen sozialpolitischen Reformansätzen interpretieren.

So unterschiedlich die Anreizstrukturen der Stifterpersönlichkeiten für die Errichtung einer *Private Independent Foundation* oder aber einer Anstaltsstiftung auch waren, sie spiegeln doch in hohem Maße den Zeitgeist wieder: Eine Gesellschaft, die noch stark von Religiosität und dem Glauben an sowie die Sorge für das Seelenheil nach dem Tode geprägt war in der Vormoderne und eine Gesellschaft, die deutlich utilitaristische Züge aufwies und in der ein heute kaum noch nachvollziehbarer Positivismus sowie eine klare Ablehnung kollektivistischer Lösungen gesellschaftlicher Probleme vorherrschte zur Blüte der Industriemoderne. Ihre spezifische Funktionszuweisung in der Zivilgesellschaft nahmen die Stiftungen sowohl in der Vormoderne als auch zu Beginn des 20. Jahrhunderts ein: Zu beiden Zeiten wirkten sie als Service- bzw. Unterstützungsorganisationen. Allerdings waren die Ziele sowie die Formen der Unterstützung sowie auch der innovative Gehalt der Stiftungstätigkeit sehr unterschiedlich. Im klassischen Stiftungswesen ging es primär um soziale Dienstleistungserstellung für Arme und Schwache, Kranke und Behinderte vor Ort im lokalen und regionalen Kontext. Demgegenüber waren die *Private Independent Foundations* hoch-ambitioniert und stark elitär geprägt. Ihrem Anspruch nach ging es um die Verwirklichung sehr weitreichender Zielsetzung. Ihre Agenda war ein *„knowledge-based social engineering"*[46], eine wissenschaftsbasierte Weiterentwicklung von Staat und Gesellschaft in den USA und weltweit, finanziert mit privaten Mitteln. Zweifellos und zu Recht wurden diese sehr ambitionierten Zielsetzungen, die der Tendenz nach auch von einem eher undemokratischen Grundzug geprägt waren, in der Folge heftig kritisiert.[47] Das positive Erbe der Tradition und des Ideenhorizontes der Private Independent *Foundations* ist jedoch das Vertrauen darin, dass der Nexus von individueller Initiative und systematischer Forschung einen gesamtgesellschaftlichen Nutzen zeitigen kann, der der Allgemeinheit zu Gute kommt. Da vor dem heutigen Erfahrungs- und Ideenhorizont weder jener eher unbedarfte Positivismus noch die Seelenberuhigung durch Almosengeben einen hinreichenden Anreiz sowie Legitimation des Stiftens bieten kann, stellt sich die Frage: Warum stiften wir heute?

---

[44] *Bulmer/Bulmer*, Philanthropy and the Social Science in the 1920's.
[45] *Bulmer*, loc. cit. S. 30 f.
[46] Ebd., S. 30.
[47] Vgl. *Zimmer*, loc. cit. S. 76 f.

Welches sind die zeitspezifischen Anreize, die individuellen aber gleichzeitig zeitgeistgeprägten Motive?[48]

Was Stifterpersönlichkeiten heute veranlasst, in größerem Umfang Vermögenswerte für die Allgemeinheit bereitzustellen, ist in engem Zusammenhang mit der Erschöpfung der Reformpotentiale von Markt und Staat zu sehen. Sowohl die sozialdemokratische Hoffnung auf eine bessere Gesellschaft mittels eines umfassenden Wohlfahrts- und Sozialstaates hat sich erschöpft, als auch die immer schon wenig realistische neo-liberale Zukunftsvision einer rein auf dem Marktmechanismus basierenden Gesellschaft. Zudem sind wir mit einem multiplen Krisenszenario konfrontiert: Das Vertrauen in die Problemlösungskapazität unserer politischen Eliten wird vor dem Hintergrund von Globalisierung und steigender Komplexität der Politikfelder zunehmend in Frage gestellt. Gleichzeitig sind wir inzwischen sehr skeptisch gegenüber den traditionellen Beschaffern von gesellschaftlicher Solidarität. Das Vertrauen in die mitgliedschaftlichen Großorganisationen, angefangen bei den Kirchen bis hin zu den Gewerkschaften, ist bereits seit einiger Zeit deutlich im Schwinden begriffen.

Vor dem Hintergrund von Globalisierung und Individualisierung hat der Soziologe Ralf Dahrendorf es als die große Herausforderung des 21. Jahrhunderts bezeichnet, Leistung und Wettbewerb zu garantieren und gleichzeitig gesellschaftliche Solidarität zu bewahren.[49] Als Reaktion auf diese Herausforderungen scheint einiges darauf hinzudeuten, dass die Stiftung als zivilgesellschaftliche Organisation derzeit zunehmend an Attraktivität gewinnt. Die Gründe hierfür sind sicherlich vielfältig und im Kontext der Popularität des zivilgesellschaftlichen Diskurs zu sehen, der insgesamt die öffentliche Aufmerksamkeit wieder verstärkt auf genuin gesellschaftliche Kräfte jenseits von Markt und Staat als Promotoren von gesellschaftlichen Reformen und politischen Veränderungen lenkt. Insofern ist es auch nicht verwunderlich, dass in empirischen Studien als wichtigste Funktion von Stiftungen heute ermittelt wird, dass sie „eine sichtbare Kraft unabhängig von Staat und Markt sein und Alternativen zu Mainstream-Lösungen bereitstellen (sollen)".[50]

Die besondere Attraktivität der Stiftung als Element der Zivilgesellschaft ist jedoch durch ihre Sonderrolle zu erklären. Sie sind im Konzert der zivilgesellschaftlichen Organisationen etwas Besonderes, da sie als Ausdruck des Stifterwillens in hohem Maße individuell konnotiert sind. Dies unterscheidet die Stiftung ganz wesentlich von den anderen zivilgesellschaftlichen Organisationsformen. Stiftungen passen daher in unsere Zeit und ihren Ideenhorizont, der vor allem individualistisch geprägt ist. Es ist die Verbindung von Individualismus und Gemeinwohlorientierung, die die Stiftung heute vor dem Hintergrund der Globalisierung

---

[48] s. Kapitel 1.4.
[49] *Dahrendorf*, Die Bürgergesellschaft.
[50] *Adloff/Schwertmann*, Leitbilder und Funktionen deutscher Stiftungen, S. 123.

als umfassender gesellschaftlicher, politischer und wirtschaftlicher Umbruchsituation interessant macht. In gewisser Weise sind Stiftungen daher eine Antwort auf das von Ralf Dahrendorf aufgezeigte Dilemma der Gleichzeitigkeit von Wettbewerbs- und Gemeinwohlorientierung. Stiften ist nur möglich auf der Basis einer soliden ökonomischen Grundlage. Stifterpersönlichkeiten sind daher in der Regel wirtschaftlich erfolgreiche Teilnehmer und Teilnehmerinnen unserer Gesellschaft und Marktwirtschaft. Zugleich bieten Stiftungen Möglichkeiten für hoch individualistische Gestaltungsformen gesellschaftlicher Solidarität. Sie passen daher wie kaum eine andere zivilgesellschaftliche Organisationsform in unsere Zeit.

1.2 Leitbilder stiften – Acht Versuche über Probleme und Perspektiven des Stiftungswesens

Von Frank Adloff

Es vergeht kaum ein Tag, an dem Stiftungen in der deutschen Tages- oder Wochenpresse nicht eine positive Erwähnung finden und auf die Notwendigkeit eines Ausbaus des Stiftungssektors hingewiesen wird. Doch weshalb? Die Stichworte sind hinlänglich bekannt: Es gehe um die Ausweitung von bürgerschaftlichem Engagement, um private Initiativen für das Gemeinwohl, die Stärkung der Bürger- bzw. Zivilgesellschaft, soziale Innovationen, um Ressourcen für das Gemeinwohl, eine Reaktion auf die Krise der öffentlichen Haushalte oder um die eigenverantwortliche Gestaltung des sozialen Miteinanders usw. usf. Dies mag *vielleicht* alles richtig sein, doch handelt es bei diesen Schlagworten eher um Wunsch- denn um Zustandsbeschreibungen. Darüber hinaus ist es keine ausgemachte Sache, dass die formulierten Wünsche normativ tatsächlich alle so wünschenswert sind.

Im Folgenden soll es darum gehen, in acht Anläufen einige prinzipielle Fragen – unabhängig von rein rechtswissenschaftlichen Problemen oder konkret-praktischen Analysen – nach dem Sinn (und Unsinn) von Stiftungen aufzuwerfen und dadurch Denkanstöße zur kritischen Reflexion der Institution Stiftung zu liefern.

1. Wirft man einen Blick auf die einschlägige sozialwissenschaftliche Literatur zum Thema, wird schnell deutlich, dass die positiven Aspekte von Stiftungen für die Gesellschaft die negativen oder zweifelhaften offenbar deutlich überwiegen. Der These, dass Stiftungen elitäre und undemokratische Institutionen seien, wird gegenüber gestellt, dass Stiftungen privates Vermögen für das Gemeinwohl nutzbar machen.[1] Als mögliche positive Nutzen von Stiftungen werden verschiedene Funktionen aufgeführt: Erstens gehe es um die freiwillige Umverteilung gesellschaftlichen Reichtums, zweitens um Innovation, drittens um die Unterstützung sozialen Wandels bei gleichzeitiger Sicherung des gesellschaftlichen und kulturellen Erbes, viertens um den Schutz von Minderheitenpräferenzen, fünftens um einen Einsatz für Pluralismus und sechstens um Komplementärfunktionen zu staatlicher Aktivität. Auf der potentiell kritikwürdigen Sollseite wird angeführt, dass Stiftungen keine demokratischen Institutionen seien und sich insofern stärker um Transparenz und Vertrauen bemühen sollten, um so möglichen Fehlentwicklungen vorzubeugen. Auch sind Stiftungsgründungen natürlich nicht immer frei von egoistischen

---

[1] *Anheier/Appel,* Stiftungen in der Bürgergesellschaft.

Motiven: So hat manch ein Stifter dynastische Motive oder zeigt den Wunsch, Kontrolle über das Vermögen zu behalten, sich selbst ein Denkmal zu setzen oder einen Ersatz für fehlende Erben zu schaffen. Der Idee, dass Stiftungen unabhängige Institutionen sind, die Spareinlagen für eine funktionierende Zivilgesellschaft bilden, kann man gegenüber stellen, dass sie zu Lasten der öffentlichen Hand eine ineffiziente Art darstellen, Geld für das Gemeinwohl zu akquirieren. Hier könnte man der Stiftungskritik der Ökonomen Porter und Kramer folgen, die besagt, dass der finanzielle Beitrag von Stiftungen für das Gemeinwohl in keinem angemessenen Verhältnis zum Verlust an Steuergeldern steht.[2] Bei einer Spende an eine andere gemeinnützige Organisation sei der gesellschaftliche Mehrwert höher als der Steuerverlust. Stiftungen sind aus dieser Sicht eine gesellschaftlich teure Organisationsform.

Doch all dies ist bislang in Deutschland nicht ernsthaft diskutiert worden. Ebenso wenig ist die amerikanische Debatte, ob die Öffentlichkeit nicht ein zentraler Stakeholder von Stiftungen sein sollte und diese insofern als quasi-öffentliche Institutionen anzusehen sind, in dieser Form hier angekommen. Statt dessen wird gebetsmühlenartig auf die zwei „Kernfunktionen" von Stiftungen verwiesen – auf Komplementarität und Innovation –, da Stiftungen „Projekte und deren Risiken schneller und flexibler aufgreifen können, als dies für Staat und Wirtschaft möglich wäre."[3]

Der Berliner Historiker Jürgen Kocka argumentiert ähnlich und hat das Für und Wider von Stiftungen wie folgt auf den Punkt gebracht[4]: Ein Motiv zur Gründung einer Stiftung könnte darin bestehen, dass Stiftungen ähnlich wie eine reiche Nachkommenschaft eine Wirksamkeit über den Tod hinaus bewirken können, ein Weiterleben in der Erinnerung anderer. Auf der Positivseite wird hervorgehoben, dass Stiftungen einen Schuss Nachhaltigkeit durch eine intergenerationelle Perspektive, also ein Stück Zukunft in das fluide bürgerschaftliche Engagement der Vereine bringen. Außerdem verfügen sie über eine herausragende finanzielle Kraft. Gegen eine Förderung des Stiftungswesens könne man einwenden, dass Stifter zu einer wohlhabenden Minderheit gehören, die ihren Einfluss und den ihrer Nachkommen stärkt, indem sie sozioökonomische Vorsprünge in politische oder kulturelle Macht überträgt. Dies sei allerdings kein wirklich ernst zu nehmendes Argument, da wir heute – so Kocka – eher davon bedroht sind, dass es zu wenig gesellschaftliche Dynamik und Gestaltungskreativität gibt. Innovationsfähigkeit könne durch ein ausgebautes und lebendiges Stiftungswesen zurück gewonnen werden, so die These.

2. Nicht selten wird in diesen aktuellen Debatten auf die Philanthropie in den Vereinigten Staaten verwiesen, wo die Privatinitiativen blühen und staatliches Han-

---

2 *Porter/Kramer,* Philanthropy's New Agenda.
3 *Anheier/Appel,* loc. cit S. 14.
4 *Kocka,* Die Rolle der Stiftungen in der Bürgergesellschaft der Zukunft.

deln durch privates Engagement entlastet werde. Die verbreitete Ansicht, dass die amerikanischen Stiftungen durchweg groß und einflussreich seien, liegt allerdings in einem institutionellen Mythos begründet. Das Bild der modernen philanthropischen Stiftung, wie es etwa von Carnegie, Rockefeller und Ford Anfang des 20. Jahrhunderts geprägt wurde, liefert bis heute das legitimatorische Paradigma für den amerikanischen Stiftungssektor.[5] Doch dieses Paradigma bezieht sich lediglich auf einige Dutzend Großstiftungen; denn die meisten amerikanischen Stiftungen sind organisatorisch nicht in der Lage, eine systematische und strategische Philanthropie zu entwickeln. Für das Jahr 2002 werden vom New Yorker *Foundation Center* fast 62.000 Förderstiftungen verzeichnet, deren Vermögen mit 480 Milliarden Dollar beziffert wird; ihre Ausgaben betrugen 30,3 Milliarden Dollar im Jahr 2002. Die fünf größten Stiftungen – allen voran die *Bill & Melinda Gates Foundation* – vereinigen ca. 15 Prozent des gesamten Stiftungsvermögens auf sich. Demgegenüber verfügt der überwiegende Teil der amerikanischen Stiftungen nur über kleine Vermögen und schüttet dem entsprechend relativ geringe Summen aus.

Wie in den USA stehen auch in Deutschland die großen Stiftungen im Mittelpunkt des öffentlichen Interesses, doch setzt sich das Stiftungswesen hauptsächlich aus Stiftungen mit kleinen Vermögen zusammen. 2001 lag bei knapp 50 Prozent der Stiftungen das Vermögen unter 250.000 Euro.[6] Der Beitrag von Stiftungen zum Finanzvolumen des deutschen *Nonprofit*-Sektors wird insgesamt auf etwa 0,3 Prozent geschätzt.[7] Eine Reduktion der staatlichen Finanzierung von gesellschaftlichen Aufgaben wäre also sicher nicht von Stiftungen kompensierbar – abgesehen davon, dass sie auch kaum gewillt wären, eine „Lückenbüßerfunktion" zu übernehmen. Die politischen Akteure haben denn auch zunehmend Abstand davon genommen, von Stiftungen den Ausgleich leerer Staatskassen zu erwarten.[8] Stattdessen wird heute das Stiftungswesen mit Vorliebe unter dem Gesichtspunkt der Stärkung der Demokratie und der Bürgergesellschaft diskutiert. Stimmen wie von Antje Vollmer – „Stiftungen sind im Dritten Sektor ein wichtiger Impulsgeber für Innovationen" – sind mittlerweile die Regel.

3. Man kann mit guten, nämlich empirischen Gründen bezweifeln, dass die Stiftungen für den deutschen *Nonprofit*-Sektor ein „wichtiger Impulsgeber für Innovationen" sind.[9] Setzt man die Ergebnisse einer qualitativen Untersuchung zum Selbstverständnis deutscher Stiftungen in Beziehung zu den vorhandenen quantitativen Daten, zeigt sich das Bild eines zweigeteilten Stiftungssektors.[10]

---

[5] *Toepler,* Foundations and Their Institutional Context, S. 165.

[6] *Sprengel,* Statistiken zum deutschen Stiftungswesen, S. 38.

[7] *Enquete-Kommission „Zukunft des Bürgerschaftlichen Engagements" Deutscher Bundestag,* Bericht: Bürgerschaftliches Engagement, S. 246.

[8] *Kalupner,* Das Stiftungswesen im politischen Diskurs, S. 26.

[9] Vgl. *Adloff,* Wozu sind Stiftungen gut?

[10] Das Forschungsprojekt „Visions and Roles of Foundations in Europe", an dem mehr als 20 Länder beteiligt waren, wurde von der London School of Economics unter der Leitung

Die meisten Stiftungen sind in einen staatsnahen „korporatistischen" Sektor eingebunden und erfüllen hauptsächlich soziale Aufgaben. Mit der Ausweitung der Staatstätigkeit seit etwa der Mitte des 19. Jahrhunderts, muss sich heute jede Stiftungstätigkeit gleichsam automatisch in ein Verhältnis zum staatlichen Handeln setzen. Wenn die Gründung der Fuggerei im Augsburg des 16. Jahrhunderts zunächst ein staatsferner Akt war, der auf sozialer Benevolenz und im Gegenzug erwarteter Memoria der Fuggerei-Bewohner beruhte, so geriet diese Stiftung Jahrhunderte später – etwa durch den Ausbau des sozialen Wohnungsbaus und der Einführung von Sozialhilfe – in die unmittelbare Nähe staatlichen Handelns. Deshalb würde man heute wohl auch sagen müssen, dass die soziale Wohnraumvergabe der Fuggerei gegenüber dem Staat komplementäre Aufgaben hat.

Ein Großteil der deutschen Stiftungen erfüllt heute gegenüber dem Staat solch komplementäre Aufgaben und ist eingebettet in das System des Korporatismus. Dies gilt insbesondere für Stiftungen, die im Sozialbereich tätig sind. Gewichtet man die Stiftungszwecke, so sind heute ein Drittel der ca. 15.000 existierenden deutschen Stiftungen im Sozialsektor engagiert. Unter den sozial tätigen Stiftungen befinden sich sehr viele operative, die ihre Leistungen von den Trägern der Sozial- und Krankenversicherungen finanziert bekommen. Diese Form der Einbettung in den Sozial-Korporatismus teilen jene Stiftungen mit anderen Organisationen des Dritten Sektors, die in den Bereichen Soziale Dienste und Gesundheitswesen tätig sind.[11] Die Zusammenarbeit von *Nonprofit*-Organisationen und Staat kann in Deutschland tatsächlich auf eine lange Tradition zurückblicken, die vor allem durch eine spezifische Interpretation des Subsidiaritätsprinzips befördert wurde, nun aber durch sozialpolitische Umorientierungen aus der bisherigen Balance gerät.

Daneben findet sich ein „liberal" verfasster Stiftungssubsektor, der seine Unabhängigkeit vom Staat betont: Paradigmatisch für diesen Stiftertyp sind wohlhabende Bürger, etwa Unternehmer, die in ihrer Stiftungsaktivität Freiheit, Autonomie und Staatsferne bei gleichzeitiger Sorge um das Gemeinwohl herausstellen. Doch auch hier entsprechen nur wenige der vorfindbaren Stiftungen dem Typ „innovative Ideenagenturen", und selten begreifen sie sich als zivilgesellschaftliche Akteure. Vielen geht es dagegen eher um die Erlangung von symbolischen Kapital, sprich: Prestige, oder um Identitätsvergewisserung.[12]

Schließlich soll auf die Funktion von Stiftungen als Instrument zur Grenzüberbrückung verschiedener gesellschaftlicher Teilbereiche hingewiesen werden – eine Funktion, die selten bemerkt wurde und die sich sowohl im korporatistisch verfassten Teil des Stiftungswesens als auch im liberalen findet, so ein Ergebnis der

---

von Helmut Anheier initiiert und koordiniert. Für den deutschen Projektteil zeichnete das Maecenata Institut für Philanthropie und Zivilgesellschaft verantwortlich. Vgl. *Adloff et al.*, Vision and Roles of Foundations in Europe.

[11] *Zimmer*, Public-Private Partnerships, S. 75.
[12] *Adloff*, loc. cit. S. 279.

Studie.[13] Was diese Funktion auszeichnet, ist die Möglichkeit, strukturelle Grenzen bestimmter Arbeitsgebiete durch die Organisationsform Stiftung zu überwinden. Deshalb sind Stiftungen nicht selten „zwischen" gesellschaftlichen Handlungsfeldern (Politik, Kultur, Wissenschaft, Recht, Religion, Sport, Medien usw.) mit Vermittlungsaufgaben betraut. Zu Stiftungen gehört also zumeist ihre Multifunktionalität. Interessant daran ist, dass hier ein Kennzeichen von Stiftungen selbst in der modernen Gesellschaft zum Tragen kommt, das man idealtypisch als historischen Ursprung von Stiftungen betrachten kann: Sie sind im Anschluss an den Soziologen und Anthropologen Marcel Mauss als totale soziale Tatsachen zu kennzeichnen.[14] Für Mauss beinhaltete der vormoderne Gabentausch rechtliche, politische, wirtschaftliche, religiöse, ästhetische und morphologische Aspekte. Michael Borgolte hat gezeigt, dass diese Kennzeichnung insbesondere für die mittelalterlichen Stiftungen zutreffend ist: Religiöses, Rechtliches, Soziales, Ökonomisches und Politisches durchdrang und bedingte sich in ihnen wechselseitig.[15] Diese Grundeigenschaft der mittelalterlichen Stiftungen scheint auch im Übergang zur Moderne nicht vollständig verloren gegangen zu sein: Deshalb bietet sich die Institution Stiftung Eliten – aus ihrer Perspektive betrachtet – als Einflussinstrument oder als Mittler an den Schnittstellen verschiedener gesellschaftlicher Sphären an.

4. Stiftungen könnten eine Lösungsmöglichkeit für ein soziales Problem darstellen, von dem alle modernen Leistungsgesellschaften betroffen sind. Denn die Weitergabe von Vermögen über den Tod hinaus an Familienangehörige oder an andere nahestehende Personen lässt sich innerhalb der Logik von Leistungsgesellschaften schwer legitimieren. Zwar ist in modernen Gesellschaften eine zentrale Wertvorstellung bezüglich Erbschaften, dass der Eigentümer auch nach dem Tod frei bestimmen können soll, wer in den Genuss des Vermögens kommt.[16] Dem steht aber zum einen das Interesse der Familie des Erblassers gegenüber, die Testierfreiheit in ihrem Sinne einzuschränken; zum anderen stehen Erbschaften im Widerspruch zum meritokratischen Selbstverständnis moderner Gesellschaften. Denn die Ungleichverteilung von Vermögen wird normalerweise dadurch legitimiert, dass die unterschiedlich Vermögenden angeblich unterschiedlich viel geleistet haben. Erbschaften sind dagegen nur schwer legitimierbare soziale Privilegierungen qua Geburt. Während in den USA die Befürchtung weit verbreitet ist, dass dynastische Vermögenskonzentrationen durch Erbschaften die Chancengleichheit als Legitimationsfigur sozialer Ungleichheit unterminieren könnten[17], betrachtet man in Deutschland Eigentum stärker als Familieneigentum, sodass quasi der juristische Eigentümer als Treuhänder für den Besitz der Sippe fungiert.[18]

---

[13] *Adloff et al.,* Vision and Roles of Foundations in Europe.
[14] *Mauss,* Die Gabe.
[15] *Borgolte,* „Totale Geschichte" des Mittelalters?
[16] *Beckert,* Unverdientes Vermögen, S. 25.
[17] Ebd., S. 19.
[18] Dies zeigte sich explizit in der institutionellen Extremform des Fideikommiss.

Wie eine Gesellschaft mit Erbschaften umgeht, ist keine unwesentliche Frage. Nicht nur werden in Deutschland jährlich 150 bis 200 Milliarden Euro und in den USA 600 bis 900 Milliarden Dollar vererbt, sondern Vermögen sind überall viel ungleicher als Einkommen verteilt.[19] Erbschaften tragen entscheidend zur Vermögensungleichheit in modernen Gesellschaften bei: In Deutschland konzentriert sich die Hälfte des vererbten Vermögens auf nur 16 Prozent der Erbfälle. Dagegen tritt der größte Teil der Bevölkerung entweder gar nicht oder nur in unbedeutendem Maße als Erbe auf. Das Erbrecht regelt also nicht nur familiäre Solidarität, sondern leistungsunabhängige Vermögenstransfers ermöglichen auch die intergenerationelle Kontinuität sozialer Positionierungen im Statusgefüge.

Hierzu gibt es zwei Alternativen: Entweder strebt der Staat eine egalitärere Vermögensverteilung durch Erbschaftsbesteuerung oder Steuergerechtigkeit an (momentan spricht wenig dafür, dass er dies angesichts der massiven Furcht vor Kapitalflucht ins Ausland tut); oder er hofft darauf, dass Vermögen, statt es dem Staat zu überlassen, freiwillig gespendet oder gestiftet wird. Eine soziale Lösung der Antinomie von Leistungsgerechtigkeit und Erbschaft könnte mithin in einer Kultur der Philanthropie bestehen. Dies hieße, dass man von Vermögenden erwartet (wenn auch nicht erzwingt), einen Teil ihres Vermögens dem Gemeinwohl zu widmen. Das wäre ganz im Sinne Andrew Carnegies, der darauf drängte, dass Reichtum weder an die Nachkommen weitergegeben noch dem Staat überlassen, sondern gestiftet werden solle. Die Spannung, die zwischen individuellen Eigentumsrechten und der Idee der Leistungsgerechtigkeit bzw. Chancengleichheit innerhalb des westlichen Liberalismus besteht, würde auf diese Weise deutlich abgemildert. Damit ist natürlich noch nicht sichergestellt, dass tatsächlich größere Summen gespendet oder gestiftet werden und ebenso wenig, dass die bereitgestellten Summen realiter dem Gemeinwohl auf einem demokratisch nachvollziehbaren Weg zukommen.

5. Die Zukunft der deutschen Stiftungen wird von einigen Stiftungsvertretern und vielen Experten in der Vertiefung des bürgerschaftlichen Engagements gesehen. Angesichts leerer öffentlicher Kassen scheint eine Belebung dieses Engagements notwendig zu sein, und Stiften wird in diesem Zusammenhang als ein Ausdruck desselben angesehen. Darüber hinaus wird die Zukunftsoption formuliert, dass Stiftungen eine Infrastruktur für freiwilliges Engagement darstellen könnten. Stiftungen, so lautet diese Vision, könnten zu „Kristallisationskernen in der Zivilgesellschaft" werden, da sie prinzipiell in der Lage wären, die Kontinuität von Inhalten unabhängig von tagespolitischen Konjunkturen sicherzustellen. Diese Fähigkeit von Stiftungen, zu Knotenpunkten einer zivilgesellschaftlichen Infrastruktur zu gerinnen, unterscheide sie von Vereinen. Die Zukunft der Stiftungen sollte dieser Expertenauffassung zufolge in der vermehrten Durchführung von kritischen und innovativen Modellprojekten und dem Bereitstellen von Kapital für neue Ideen liegen.

---

[19] Ebd., S. 26 ff.

Doch die Leitvorstellungen bezüglich der eigenen Zukunft sehen bei den meisten Stiftungen anders aus.[20] Ideal wäre es in den Augen finanzschwächerer Stiftungen, wenn sie die Arbeit allein aus den Kapitalerträgen finanzieren könnten. Eine Änderung der eigenen Handlungsansätze wird für die Zukunft nicht anvisiert: Dies tut auffälliger Weise keine der untersuchten Stiftungen – die eigene Tätigkeit scheint grundsätzlich nicht revisionsbedürftig. Geht es um den Entwurf von Visionen für das Stiftungswesen insgesamt, fällt auf, dass zumeist die eigene Tätigkeit und der Handlungsansatz extrapoliert und für die Stiftungen als Ganzes eingefordert werden. So wünschen sich die Stiftungen, die in ihrem Selbstverständnis von einer liberalen Trennung von Staat und Bürger ausgehen, auch für die Zukunft einen größeren Freiraum für das Individuum und einen stärkeren Rückzug des Staates. Stiftungen, die korporativ im Sozialsektor eingebunden sind, möchten dieses Arrangement möglichst nicht angetastet sehen. Dagegen stellen Stiftungen, die gesellschaftspolitisch arbeiten und sich stärker zivilgesellschaftlich vernetzen, genau dies als Forderung für das gesamte Stiftungswesen auf. Deutsche Stiftungen scheinen also zufrieden zu sein mit dem, was sie tun, und fordern „mehr von dem Selben"; grundsätzlich neue Perspektiven scheinen offenbar nicht notwendig zu sein.

Das zivilgesellschaftliche Leitbild verbindet sich regelmäßig mit der Forderung nach einer größeren Transparenz der Stiftungen; insbesondere kritische Beobachter des Stiftungswesens mahnen dies seit einigen Jahren an.[21] Ein Anspruch der Öffentlichkeit auf eine größere Transparenz ergibt sich für die Kritiker aus der Steuerbefreiung der gemeinnützigen Organisationen. Eine größere Transparenz wirke sich somit positiv auf die demokratische Legitimation der Stiftungen aus, hingegen drohe bei Intransparenz die Gefahr, dass nicht-legitimierte Macht ausgeübt werde und sich die Stiftungen privatistisch und elitär abschotten.

Die amerikanischen Stiftungen haben sich tatsächlich durch öffentlichen Druck zur größeren Transparenz zu Akteuren entwickelt, die sich als Teil der Zivilgesellschaft sehen, gesellschaftliche Aufgaben übernehmen und sich dabei stärker legitimations- und rechenschaftspflichtig zeigen.[22] Nach dem *Tax Reform Act* von 1969 setzte eine kritische öffentliche Beobachtung von Stiftungen ein, und über eine stärkere Rechenschaftspflicht hat sich der Legitimationszwang für amerikanische Stiftungen beachtlich erhöht. So gibt es in den USA zumindest Versuche, Stiftungen als Partner von *Nonprofit*-Organisationen in der Zivilgesellschaft zu verankern – auch mit dem expliziten Ziel, professionell-strategisch zu arbeiten, den inhärenten elitären Bias zu überwinden und eine Kultur der stifterischen Einflussbegrenzung aufzubauen.[23] Das deutsche Stiftungswesen ist hiervon noch weit entfernt. Eine Einwirkung auf das Gemeinwohl erfolgt eher über elitäre Netzwerke bürgerlicher Selbstbekräftigung als über öffentlich nachvollziehbare Kanäle.

---

[20] *Adloff et al.,* loc. cit.
[21] Vgl. *Strachwitz,* Die Zukunft des Stiftungswesens.
[22] *Frumkin,* Private Foundations as Public Institutions.
[23] *Joas,* Ungleichheit in der Bürgergesellschaft, S. 23.

6. Das Gründen einer Stiftung, die Bereitstellung von Mitteln zur Erfüllung eines Stiftungszwecks, ist als eine Gabe aufzufassen. Der Stifter oder die Stifterin gibt etwas an Dritte, ohne sicherstellen zu können, dafür überhaupt etwas bzw. etwas ganz Bestimmtes als Erwiderung zurückzuhalten. Die Gabe lässt sich schlechterdings nicht von der Identität des Gebenden abkoppeln, sie ist Ausdruck und dient der Bekräftigung von Identität.[24] Der französische Soziologe Alain Caillé drückt es so aus[25]: „Was als Gabe qualifiziert werden kann, ist jede geleistete Hilfe ohne Erwartung einer bestimmten Erwiderung und mit der Absicht die soziale Bindung zu nähren." Gaben sind immer auch Zeichensysteme und Träger von Identitäten, und selbst im Medium des gespendeten Geldes sind Fragen der persönlichen Bindung und Identität aufgehoben. Wahrscheinlich sind Fragen individueller Identität heutzutage stärker mit der Gabe verbunden als je zuvor: Die Gabe ist immer auch Ausdruck einer (dargestellten) Individualität und Personalisierung. Je größer sie ist, umso weniger will sie im schieren Kollektiv untergehen. Insbesondere für Eliten scheinen Gaben ein Vehikel ihrer Identität zu sein – ein Mittel zur Selbstdefinition und Expression.[26] Nicht zufällig stammen über 80 Prozent des amerikanischen Spendenaufkommens von Individuen und nicht von Unternehmen und Stiftungen. In diesem Sinne ist die Gabe auch heute – so wie es Mauss für vormoderne Gesellschaften beschrieb – ein totales soziales Phänomen: In ihr laufen ökonomische, politische, moralische, religiöse, expressive und ästhetische Aspekte zusammen.

In einer Studie zur Kultur der Elitenphilanthropie in New York City hat Francie Ostrower diese Thesen bestätigt gefunden.[27] Die von ihr interviewten Eliten beschrieben die Philanthropie als eine distinkte elitäre Kultur. Philanthropie ist – so Ostrower – einerseits Ausdruck einer Elitenkultur und -identität und zugleich Mittel zur Integration der philanthropischen Eliten. Gleichsam immobilisierte Gaben in Form von ausgestellten Kunstwerken in Museen oder eingerichteten Lehrstühlen an Universitäten sind klare Beispiele für die damit verbundene Darstellung von Identitätsbindungen.

Darüber hinaus stiftet und formt die Gabe soziale Beziehungen – solidarische, agonistische oder hierarchische – und ist zugleich auf diese angewiesen. Über die Gabe wird nicht nur ein materieller Wert weitergereicht, sie stellt auch soziale Beziehungen her und hat, mit Jacques Godbout gesprochen, einen „bonding-value".[28] Mehrere empirische Untersuchungen von Paul G. Schervish heben diesen zentralen Punkt hervor.[29] Schervishs „Identifikationsmodell" zur Erklärung von *charitable*

---

[24] *Silber,* Modern Philanthropy, S. 139; vgl. auch *Adloff / Sigmund:* Die *gift economy* moderner Gesellschaften.

[25] *Caillé,* Die doppelte Unbegreiflichkeit der Gabe, S. 181.

[26] *Silber,* loc. cit. S. 143.

[27] *Ostrower,* Why the Wealthy Give.

[28] *Godbout,* The World of the Gift, S. 173.

[29] *Schervish,* The Modern Medici; *Schervish / Havens,* Social Participation and Charitable Giving; *Schervish / Havens,* The Boston Area Diary Study and the Moral Citizenship of Care Schervish.

giving beruht auf der einfachen Einsicht, dass Spender und Stifter sich häufig mit anderen Menschen verbunden sehen. Entweder fühlen sie sich kognitiv-ideologisch bestimmten Gruppen verbunden und verpflichtet, oder aber sie sind praktisch in formelle und informelle Netzwerke eingebunden. Aus dieser Perspektive betrachtet kann man sagen, dass sich Philanthropen über die reale wie gedachte Einbindung in assoziative Bezüge immer schon in Netzwerken des Gebens, Annehmens und Erwiderns befinden. Oder anders ausgedrückt: Die Gabe drückt immer auch aus, mit welcher *imagined community* man sich relational verbunden fühlt (und mit welcher nicht).[30]

Ausrichtung und Umfang des Stiftungs- und Spendenverhaltens variieren dieser Perspektive nach also vor allem mit dem Grad der Ausdehnung der praktisch-realen wie gedachten Einbindungen von Stiftern und Spendern in verschiedene soziale Kreise bzw. *communities*. Aus diesem Gedanken hat Joseph Michalski ein einfaches soziologisches Modell der Erklärung von finanziellen Transferleistungen entwickelt.[31] Ceteris paribus gilt, dass Spenden und andere Unterstützungsleistungen eher zu den sozialen Kreisen fließen, die emotional, kulturell und normativ gesehen weniger weit von den Spendern entfernt sind als andere Gruppen. Angesichts eines solchen „moralischen Minimalismus" muss man folgern, dass bestimmte soziale Gruppen eher vom Spenden- und Unterstützungsstrom abgeschnitten bleiben, nämlich „*those who are less integrated, less intimate, less conventional, more culturally distant, more anonymous, and less respectable.*"[32] Eine lohnende Perspektive für Stifter und Stiftungen könnte darin bestehen, diese Theorie lügen zu strafen und solidarisch mehr zu leisten als ein moralischer Minimalismus nahe legt.

7. Zentral für eine Stiftung sind nach heutigem Verständnis die dauerhafte Bindung an den Erhalt und die Verwendung des Vermögens, die Bindung an den Stifterwillen und dass die Organe nicht über das Vermögen verfügen – dies kann in unterschiedlichen Rechtsformen geschehen. Doch faktisch ist auch die Existenz eines Vermögens, aus dessen Erträgen die Zweckverfolgung finanziert wird, in vielen Fällen eine Fiktion.[33] Operative Stiftungen im Sozialbereich finanzieren ihre Tätigkeit zumeist über Einkünfte aus den Sozialversicherungen, Stiftungen öffentlichen Rechts bekommen teilweise Zuwendungen aus den öffentlichen Haushalten, und viele kleine, zumeist unselbständige Stiftungen sind nichts anderes als Spendensammelorganisationen.

Entscheidender als die Verfügung über ein Vermögen scheint dagegen die Dauerhaftigkeit der Beziehung zwischen dem Stifterwillen und den Vertretern der Stiftung zu sein.[34] Die Stiftung beruht auf einer in der Satzung fixierten Willensbekundung des Gründers, die zu späteren Zeitpunkten von den Verwaltern der Stiftung

---

[30] *Anderson*, Die Erfindung der Nation.
[31] *Michalski*, Financial Altruism or Unilateral Resource Exchanges?
[32] Ebd., S. 355.
[33] *Adloff / Velez*, Operative Stiftungen.
[34] *Adloff / Velez*, Stiftungen in Körperschaftsform.

re-interpretiert werden muss. Die dauerhafte Verpflichtung zur Rückbesinnung, zur Bindung an den Stifterwillen und die damit einhergehende Interaktion zwischen Gegenwart, erwarteter Zukunft und Vergangenheit, die auf die kreative Fortschreibung des Willens drängt, scheinen ein entscheidendes Kriterium für Stiftungen zu sein, das sie auch soziologisch vom Verein unterscheidet. Im „geheiligten" Dokument, dem schriftlich fixierten Stifterwillen, wird eine Leitidee formuliert, die immer wieder über die intertemporale Interaktion der Stiftungsvertreter mit dieser Idee aktualisiert werden muss. Die Identität der Stiftung über die Zeit wird mithin über zwei „Sicherungsformen" gewährleistet: über die Dauer des schriftlich niedergelegten Stifterwillens und durch die Sicherungsform der Wiederholung; das heißt, es muss regelmäßig und konkret von den jeweiligen Stiftungsvertretern an den Stiftungszweck erinnert werden.

Doch was ist nun das Besondere am formulierten Stiftungszweck bzw. an der Satzung der Stiftung? Juristisch mag diese Frage durch den Hinweis auf die freie Entfaltung der Persönlichkeit ausreichend beantwortbar zu sein, aber gilt dies auch kultur- und sozialtheoretisch? Folgt man der wegweisenden Institutionentheorie Maurice Haurious, die er in den 1920er Jahren entwickelte, ist die Stiftung eine Institution *par excellence*.[35] Denn das wichtigste ihrer Elemente ist die „Idee des zu schaffenden Werkes", die Leitidee oder *idée directrice* der Stiftung, die in eigentümlicher Weise über den Zweck der Stiftung hinausgeht. Kategorien wie „Zweckverfolgung" oder „Funktion" sind zu eng, um zu verstehen, was bei der Schaffung der Institution Stiftung vor sich geht. Die Idee, die verwirklicht werden soll, muss ab einem gewissen Punkt der Loslösung von der Person des Stifters in sich selbst ruhen können – sie muss sich vom rein Subjektiven trennen und Objektivität erlangen. Damit eine Idee auch bei anderen Anerkennung findet – oder spezifischer: damit sie den Anspruch auf Gemeinwohlförderlichkeit erfüllen kann –, muss sich sie sich mitteilen können, muss sie ihren rein subjektiven und idiosynkratischen Charakter abstreifen und einen Grad an „intersubjektiver Geltung" erhalten, also eine legitime Ordnung (Max Weber) kreieren. Schließlich muss die Leitidee die Macht entfalten können, die Mitglieder der Organe zu Subjekten (*subject* oder *sujet*) der Stiftung in einem doppelten Sinne machen zu können. Sie müssen erstens zu Trägern der Stiftung und ihrer Leitidee werden und zweitens sich ihr unterwerfen bzw. sich in ihren Dienst stellen. Um der Stiftung Leben einzuhauchen, muss zu ihrer Verkörperung durch den rechtlichen Akt der Gründung ein Prozess der Personifizierung[36] hinzutreten: die Gemeinsamkeitsbekundung der Organmitglieder, der Leitidee der Stiftung folgen zu wollen. Wir können also von drei Stadien ausgehen[37]: Der subjektive Wille (1) des Stifters verkörpert sich objektiv im Akt der Stiftungsgründung (2) und personifiziert sich, indem die Leitidee im Inneren der Institution subjektive Gestalt annimmt (3).

---

35 *Hauriou,* Die Theorie der Institution und zwei andere Aufsätze.
36 Ebd., S. 49.
37 Ebd., S. 51 ff.

8. Trotz der empirischen Unsicherheit, wozu Stiftungen tatsächlich gut sind, umgibt sie in den letzten Jahren, in denen sie wieder verstärkt in das Interesse der Öffentlichkeit rückten, ein Nimbus des Guten und Nützlichen, häufig genährt von Vorurteilen und unhinterfragtem Wohlwollen. Rupert Graf Strachwitz moniert, dass sich nirgendwo Kritik finde und die Öffentlichkeit nicht genauer frage, was Stiftungen denn tatsächlich tun und wie weit ihr nach außen demonstriertes Selbstverständnis sich in den konkreten Handlungen niederschlage.[38] Nur ein kritischer Diskurs um die Rolle von Stiftungen könne ihr Anliegen und ihre Leistungsfähigkeit tatsächlich befördern.

Folglich stellt sich die Frage: Wieso sind Stiftungen – angesichts der ambivalenten Realität – eine Institution, die so viele Hoffnungen auf sich zieht? Und aus welchem Grund wird ein genaueres Hinschauen vermieden? Der bisherige Forschungsstand gibt darauf keine befriedigende Antwort. Es scheint vielmehr so zu sein, dass hier theoretisch wie empirisch wesentlich tiefer geschürft werden müsste. Mohammed Rassem hat vor Jahrzehnten[39] tentativ eine kultur- und religionssoziologische Antwort auf die Frage nach der Besonderheit von Stiftungen skizziert. Seine Antwort lautete: Stiftungen sind auf ein Heiliges bezogen. Den mittelalterlichen Bezug auf die Toten, den Glauben, das Erhabene und die christliche Caritas haben Stiftungen auch im Zuge der Säkularisierung nicht vollständig abgestreift. Die hochgradig individuelle Zwecksetzung versucht sich in der Regel mit etwas Höherem, das als unantastbar gilt, in Übereinstimmung zu bringen. Nicht jede Stiftung verfügt über ein abgegrenztes Heiligtum wie ein sakrales Kunstwerk, aber jede zeigt etwas Verletzliches, dessen Würde gehütet werden muss – sei es das Andenken des Stifters, sei es ein höherer sozialer oder kultureller Zweck.

Unabhängig vom konkreten Zweck liegt Stiftungen in Form der formulierten Zwecksetzung eine schriftliche Urkunde vor, die nicht geändert werden darf. Kulturgeschichtlich gehen derart kanonische Texte auf einen Prozess der „Heiligung" (Jan Assmann) zurück. Stiftungen beruhen auf einer kodifizierten Semantik, die nicht angetastet werden darf und geschützt werden muss. Stiftungen verlangen mithin auf Grund ihrer Aura und ihres Nimbus gesellschaftliche Achtung und Anerkennung, und diese scheint ihnen auch heutzutage erwiesen zu werden. Nun kommt es darauf an, dass dieser Nimbus nicht leichtfertig aufs Spiel gesetzt wird. Denn in der modernen Gesellschaft muss sich der Nimbus der individuellen Stiftung ins Verhältnis zur „höheren" Idee des Gemeinwohls setzen, welche idiosynkratische Partikularismen aufsprengt und nach diskursiv nachvollziehbaren Begründungen verlangt. In einer demokratischen Gesellschaft – so lautet die paradoxe Anforderung – muss sich der Nimbus, beruhend auf Heiligung, Repräsentation, Individualität, Dauer und einer herausgehobenen Stellung, auch intersubjektiv-demokratisch legitimieren können, sonst delegitimiert er sich.

---

[38] *Strachwitz,* Ein kritischer Diskurs ist erforderlich.

[39] *Rassem,* Stiftung und Leistung. (Einige der 1979 erschienenen gesammelten Aufsätze stammen schon aus den frühen 1950er Jahren.)

1.3 Traditionen des deutschen Stiftungswesens – ein Überblick

Von Rupert Graf Strachwitz

Stiftungen haben in Deutschland eine außerordentlich lange Tradition. Bedenkt man, wie sehr die Deutschen auch im Vergleich zu ihren Nachbarn über die letzten 1000 Jahre hinweg von politischen Umwälzungen, Kriegen, Zerstörungen, epidemischen Bevölkerungsschwankungen und radikalen Veränderungen politischer Affiliation und gesellschaftlicher Systeme betroffen waren, so muß den deutschen Stiftungen ein erstaunliches Maß an Beständigkeit, Überlebenswillen und Prosperität attestiert werden. Zwar sind in jüngster Zeit die Belege zu den Datierungen der frühesten bis heute bestehenden Gründungen in das 10. Jahrhundert mit guten Argumenten angezweifelt worden[1], doch ist es keineswegs ausgeschlossen, daß besonders einige im ersten Jahrtausend nach Chr. entstandene Kirchenstiftungen bis heute überlebt haben. Historisch nachgewiesen sind Gründungen aus der Merowinger-, Karolinger- und frühen Ottonenzeit, d. h. dem 7.–10. Jahrhundert. So hat etwa die ottonische Gründung Quedlinburg als Bauwerk, wenn auch nicht als rechtliches Konstrukt eine ungebrochene Tradition aufzuweisen. In Trier, im 4. Jahrhundert römische Kaiserresidenz, finden sich gut erhaltene Grabmonumente aus dieser Zeit, auf deren Stiftungscharakter noch einzugehen sein wird. Eine Stiftung aus dem 7. Jahrhundert, die ununterbrochen bis fast in das 19. bestanden hat und in gewisser Weise bis heute besteht, ist nachweisbar.[2]

Die Geschichte des Stiftungswesens, die freilich schon viel länger zurückreicht, zu beschreiben oder gar genauer zu untersuchen, stößt auf große Schwierigkeiten, da die Begrifflichkeit seit fast 200 Jahren von einer rein rechtshistorischen Betrachtungsweise beherrscht wird. Stiftungen in dem Sinne, in dem sie in verschiedenen Kodifizierungen des Rechts beschrieben sind, sind jedoch zum einen bei weitem nicht all das, was sich in einem allgemeineren Sinn als Stiftung definieren läßt. Der Gebrauch dieses Instruments zur Durchsetzung selbst definierter Ziele oder zur Sonderung bestimmter Vermögenswerte war und ist auch einem ständigen Wandel unterworfen, der zu zahlreichen, oft lang-, manchmal aber auch kurzlebigen Ausformungen geführt hat. Für die Frage, ob und inwiefern eine solche Ausformung als Stiftung zu betrachten ist, ist die Zuordnung zu einem juristisch defi-

---

[1] *Brinkhus,* Die älteste bestehende Stiftung Deutschlands.
[2] *Strachwitz,* Wie alt sind Deutschlands älteste Stiftungen?

nierten Regelwerk hinderlich. So geht Mohammed Rassems Definition, „eine unverrückbare Beziehung zu einem Leitbild ist eine Stiftung"[3] über Hans Liermanns Diktum, „wirkliche Stiftungen im Sinne des modernen Rechtsdenkens"[4] seien dem „Sieg des Christentums geschuldet"[5], schon deshalb weit hinaus, weil nur erstere das Stiftungswesen in anderen Kulturen sowie Stiftungen außerhalb des christlichen Liebesgebots mit einbeziehen.

Die weitere Schwierigkeit folgt unmittelbar aus der ersten. Über lange Zeit hat eine historisch-kritische Auseinandersetzung mit diesem, ohne Zweifel stets existenten Phänomen der Gesellschaft fast nicht stattgefunden. Erst in jüngster Zeit erscheint das Stiftungswesen im Gegensatz zum Stiftungsrecht wieder als Thema der Forschung. „Für das Stiftungswesen einzelner Weltkulturen gibt es allenfalls skizzenhafte Zusammenfassungen oder Entwürfe, während befriedigende Gesamtdarstellungen überall noch fehlen."[6] So kennzeichnet Michael Borgolte, der das Stiftungswesen als Mediävist zu einem Forschungsschwerpunkt gemacht hat, die Situation: „Statt die Geschichte der Stiftung in ihren großen Zusammenhängen zu schreiben, ist es der Lage der Forschung angemessen, von der Geschichte der Stiftungen zu erzählen."[7] Für die Beantwortung entscheidender Fragen, etwa, ob und inwiefern die Stiftung zum Grundkanon gesellschaftlicher Organisationsformen gehört, welche historischen Bedingungen dem Entstehen von Stiftungen zu- bzw. abträglich sind, welchen gesellschaftlichen Stellenwert sie genießen können und wo dieses Instrument an seine Grenzen stößt, schließlich auch, ob es eine alle Ausformungen umfassende Definition gibt oder nicht, fehlen, so scheint es, die Voraussetzungen, jedenfalls, soweit es das historische Stiftungswesen betrifft[8]. Da aber für Stiftungen auf Grund der fortdauernden Verpflichtung zur Erfüllung des bei Gründung artikulierten Stifterwillens, der Blick in die Vergangenheit einen ungleich höheren Stellenwert genießt als für andere Formen zivilgesellschaftlicher Organisationsbildung, ist dieses Defizit um so schmerzlicher.

Sicher ist inzwischen, daß „der moderne Stiftungsbegriff einer mit Rechtspersönlichkeit ausgestatteten Vermögensmasse"[9] historisch falsch ist und auch die gegenwärtige Vielfalt des Stiftungswesens nicht umfaßt, sondern lediglich „ein Ergebnis der Rechtsdogmatik ... des 19. Jahrhunderts"[10] darstellt, das selbst in jener Zeit das Stiftungswesen nicht in seiner Gesamtheit beschrieben hat, so daß

---

[3] *Rassem,* Die Stiftung als Modell, S. 193.

[4] *Liermann,* Geschichte des Stiftungsrechts, S. 24.

[5] Ibid.

[6] *Borgolte,* Von der Geschichte des Stiftungsrechts zur Geschichte der Stiftungen, S. 17* et passim.

[7] Ebd., S. 18*.

[8] Vgl. *Scheller,* Memoria an der Zeitenwende, S. 17 ff.

[9] *Campenhausen,* Geschichte des Stiftungswesens, S. 21.

[10] Ibid.

1.3 Traditionen des deutschen Stiftungswesens – ein Überblick

der vom Autor jenes Beitrags gewählte Titel „Geschichte des Stiftungswesens"[11] mehr verspricht, als er einlösen kann.

Auch der vorliegende Beitrag vermag dies nicht zu leisten. Er kann lediglich durch Hinweise auf einzelne Ereignisse und Entwicklungen versuchen, die These von der Notwendigkeit eines weiten Stiftungsbegriffs zu untermauern und skizzenhaft einige wichtige Entwicklungsstufen zu schildern. Er wird darüber hinaus zu zeigen versuchen, daß die Verbindung von Stiftung und Gemeinwohl in der Interpretation des säkularen Wohlfahrtsstaates des 20. Jahrhunderts ebensowenig für das Stiftungswesen insgesamt prägend ist, schon deshalb nicht, weil auch Gemeinwohl ein sich immer wandelnder Begriff ist.

Ohne Zweifel kannte die antike Welt Stiftungen. Die ägyptische Kultur verband bereits das Hineinwirken des Menschen in die diesseitige Gesellschaft, sein Gedächtnis in dieser und sein Heil in der jenseitigen Welt in einer Weise, die sich in ihrer konkreten Ausformung als Stiftung charakterisieren läßt.[12] Platons Akademie gilt ebenso als Stiftung. Mit seinem Tod (348/7 v. Chr.) fiel sein nicht unbeträchtliches Privatvermögen der Akademie zu, ausdrücklich mit dem Zweck, unbeeinflußt von äußeren Einflüssen ebenso wie frei von wirtschaftlichen Nöten sein Werk fortsetzen zu können. In der römischen Kaiserzeit sind zwei Arten von Stiftungen belegt. Zum einen wurden Vermögenswerte einem meist öffentlichen Treuhänder mit der Maßgabe übergeben, den vom Treugeber bestimmten Zweck, etwa die Ausbildung begabter Jugendlicher auch nach dessen Tod aus den Erträgnissen dieses Vermögens zu finanzieren[13]. Zum anderen spielen die sog. Memorialstiftungen eine herausragende Rolle. Griechische und römische Bürger sorgten bereits zu Lebzeiten für die Errichtung eines Grabdenkmals nach ihrem Tod[14]. Aus den zurückgelegten Mitteln wurde das Denkmal erstellt, um einerseits an den Verstorbenen zu erinnern, andererseits aber auch eine Gottheit zu verherrlichen. Die gewollte Dauerhaftigkeit dieses Unterfangens steht außer Zweifel. Komplexer ist die Frage, ob ein Stiftungsakt dieser Art eher dem Gemeinwohl oder eher dem eigenen Seelenfrieden galt. Eine erzürnte oder nicht hinreichend verehrte Gottheit konnte immerhin nach römischer Auffassung erhebliches Unheil über Stadt und Reich bringen. Schon im frühen Christentum entwickelte sich aus den Grabdenkmälern die Sitte, über den Gräbern der Märtyrer Gedenkkapellen, sogenannte Cömeterialkirchen, zu errichten[15]. Von dort führt eine geradlinige Entwicklung zur Bedeutung der Reliquienverehrung und der Errichtung von Stifts-, Bischofs- und Klosterkirchen, regelmäßig als Stiftungen. Die Kopie einer Stiftungsurkunde einer cella

---

[11] Ebd., S. 19.

[12] *Assmann,* Stein und Zeit, Mensch und Gesellschaft im alten Ägypten, S. 159.

[13] Ein Beispiel bei *Mommsen,* Römische Kaisergeschichte, S. 278.

[14] *Bringmann/v. Steuben,* Schenkungen hellenistischer Herrscher an griechische Städte und Heiligtümer, S. 2 und passim; s. a. *Laum,* Stiftungen in der griechischen und römischen Antike.

[15] *Bauerreiß,* Einführung, S. 9.

memoriae, eines Grabbaus aus dem 2. nachchristlichen Jhdt., ist fragmentarisch erhalten geblieben[16].

Ein für die spätere Entwicklung des europäischen Stiftungswesens wichtiger Vorgang war die Anerkennung des Anspruchs der christlichen Kirche, als Körperschaft im Sinne des geltenden Rechts bezeichnet zu werden. Dies geschah im Zusammenhang mit dem Konzil von Nikaia (325 n.Chr.). Seit dieser Zeit konnte die Kirche Treuhänderin (ebenso wie Erbin) von Vermögenswerten sein, die nicht den Amsträgern oder Mitgliedern persönlich zugerechnet wurden. Sie wurde es in zunehmend großem Stil, eine Entwicklung, die sich kontinuierlich bis in die Neuzeit fortsetzte. Die spätrömischen Kodifizierungen des Rechts unter den Kaisern Theodosius II. (*Codex Theodosianus*, ca. 430), der übrigens auch als Stifter einer Universität hervortrat, und vor allem Justinian (528/533) trugen dieser Entwicklung Rechnung. Bei Justinian findet sich erstmals der Begriff der *piae causae,* heute oft als frommes Werk im Sinne des Kults mißverstanden, in Wirklichkeit aber eine Sammelbezeichnung für ‚gottgefällige Werke' aller Art. Einige sind ausdrücklich genannt: Fremdenspitäler, Krankenspitäler, Armenhäuser, Waisenhäuser, Findelhäuser.[17] Nicht uninteressant ist besonders die Erwähnung der Fremdenspitäler, also die Schaffung von Unterkünften für Reisende, die zeigt, daß „wirtschaftliche Geschäftsbetriebe" durchaus ihren Platz in der Stiftungswelt hatten, da ja eine Entlohnung nicht ausgeschlossen war und daß sich die Frage der Erfüllung des Stiftungszwecks allein aus Erträgen eines rentierlichen Vermögens insofern nicht stellte. Justinian war es übrigens auch, der die Platonische Akademie schloß; ob dies als unzulässiger Eingriff der Staatsmacht in die Autonomie einer Stiftung oder zulässiger Eingriff angesichts eines nicht mehr erfüllten Stifterwillens zu werten ist, kann dahingestellt bleiben. Interessanter ist der Gedanke, daß die heute als *Corpus Iuris Civilis* bezeichnete Sammlung von Gesetzen und Rechtsmeinungen wohl auch in den islamischen Kulturkreis hinein gewirkt hat, so daß die überaus bedeutende islamische Tradition der Stiftungen (*wak'f*)[18] vermutlich auf die gleiche Wurzel zurückgeht wie die abendländische.

Auch wenn dennoch Liermanns These, „die große Wendung in der Geschichte des Stiftungsrechts (habe) der Sieg des Christentums"[19] gebracht, als überholt gelten kann, so verbindet sich doch die Idee des Stiftens im Übergang von der Antike zum Mittelalter in besonderem Maße mit der christlichen Kirche. Die Übergabe von Grundstücken, Gebäuden und liquiden Vermögenswerten an die Kirche und ihre Gliederungen wurde zu einem Vorgang, an dem sich Herrscher und dessen Familienangehörige ebenso beteiligten wie Mitglieder des Adels, Bürger und Bauern. Die Kirchenstiftung als rechtliche Eigentümerin eines Kirchenbaus, die Pfründestiftung als Einkommensquelle für die Pfarrer und die Stiftung kirchlichen

---

[16] *Borgolte,* Die Stiftungen des Mittelalters in rechts- und sozialhistorischer Sicht.
[17] Vgl. *Liermann,* loc. cit. S. 30.
[18] s. Kapitel 10.11.
[19] *Liermann,* loc. cit. S. 24.

Rechts mit allgemeinen sozialen oder kulturellen Aufgaben, häufig auch der des Betriebs einer sozialen Einrichtung sind bis heute die mit Abstand am häufigsten vorkommenden Stiftungen. Die im Grundgesetz von 1949 niedergelegte Stellung der großen Kirchen als Körperschaften öffentlichen Rechts mit weitgehenden autonomen Rechten hat diese Tradition fortgeführt.[20]

Das Stiften für eine *pia causa* gehörte seit dem frühen Mittelalter zum festen Kanon des Glaubensvollzugs, wobei das Stiften der Idee gegenüber dem Stiften von Vermögen schon deshalb eine nachrangige Bedeutung einnahm, weil sich die Stifter, in moderner Terminologie ausgedrückt, regelmäßig als Zustifter zu der bereits (von Jesus Christus) gegründeten Stiftung Kirche empfanden. Hierauf mag das Mißverständnis zurückgehen, das Stiften sei überhaupt nur eine Übergabe von Vermögen. Auch ist ein Grundsatzstreit in der Position der Kirche als Stiftungsträgerin angelegt, der bis heute viele Diskussionen um die Entwicklung des Stiftungswesens bestimmt: wer kann nach Gründung einer Stiftung auf sie Einfluß nehmen? Der Stifter bzw. seine Nachkommen, der Destinatär, also etwa der Pfründner, der Träger, also etwa der Bischof, der Verwalter oder die weltliche Gewalt, etwa der Kaiser? Sie spielt hinein in die Auseinandersetzungen um Eigenkirchen und kirchliche Hierarchie, ja überhaupt um Macht und Gewalt, denn es war nicht zu übersehen, daß ein kontinuierlich anwachsendes Vermögen, das seiner eigenen Gründung verpflichtet blieb und sich den politischen Zweckmäßigkeiten des Tages insoweit entzog, die fragilen Machtverhältnisse nicht unberührt ließ. Letztlich sind diese Fragen nie abschließend geklärt worden; im Einzelfall mußten Tradition und Recht der Macht eines Stärkeren oft genug weichen. Andererseits sind Stiftungen ohne jeden kirchlichen Bezug im frühen Mittelalter nicht nachzuweisen.

Mit der allmählichen Rezeption des Römischen Rechts seit dem 12. Jahrhundert setzt eine Verweltlichung des Stiftungswesens ein, die sich in der sich deutlich herausbildenden Treuhänderschaft der Städte, später auch der Universitäten zeigt. Die heute für die Beschreibung des deutschen Stiftungswesens so bedeutsame Unterscheidung zwischen rechtsfähigen und nichtrechtsfähigen Stiftungen war in dieser Zeit gewiß weniger augenscheinlich. In der frühen Zeit entstanden Stiftungen als beständige Konstrukte stets dadurch, daß ein schon vorhandener Treuhänder vom Stifter ein Vermögen unter genauer Angabe von Bestimmungen über dessen Verwendung übereignet bekam. Er war letztlich der Garant dafür, daß nicht versucht wurde, sich über den Stifterwillen hinwegzusetzen. Daß Stifter, die auf eine lange Lebensdauer ihrer Stiftung Wert legten, eine nicht von Tod oder Untergang bedrohte Körperschaft als Treuhänder auswählten, lag nahe. Dies erklärt die herausragende Stellung von Städten, Kirchen und Universitäten als Stiftungstreuhänder.

---

[20] Zur Problematik kirchlicher Stiftungen: vgl. *v. Campenhausen*, Geschichte des Stiftungswesens.

Für diese (nicht aber für die Städte) gilt, daß sie regelmäßig selbst als Stiftungen entstanden sind.[21] Das Beispiel zeigt, daß die Stiftung auch einer zu diesem Zweck eigens geschaffenen Korporation anvertraut werden konnte. Treuhandschaft und Destinatärsstellung vermischten sich hier, was naturgemäß auch zu Konflikten führen konnte, indem die sich über Generationen erneuernde Korporation nicht unbedingt in jeder Hinsicht von dem ursprünglichen Stifterwillen leiten lassen wollte, zumindest nicht in der Interpretation, die der Nachfolger des Stifters, als Herrscher zugleich Träger weltlicher Macht, diesem geben wollte[22].

Die Städte, die wirtschaftlich erstarkten und in vielfältiger Weise durch Gemeinsinn und Bürgerstolz aufblühten, bildeten attraktive Ziele von Stiftungsüberlegungen. Sie boten Entfaltungsmöglichkeiten für Stifter. Kein Wunder, daß Stadtverwaltungen, die häufig im Gegensatz zu Landesherren standen, auch als Stiftungsverwalter eingesetzt wurden. Besonders aus den reichsfreien Städten sind auch frühe Beispiele von allmählich wachsenden Stiftungskonglomeraten bekannt, die sich nur durch ihre enge Einbindung in die Stadtverwaltung von den Bürgerstiftungen unserer Tage unterscheiden.

Für die Entwicklung des deutschen Stiftungswesens bedeutet die Reformationsbewegung des 16. Jahrhunderts eine „Kulturrevolution"[23], indem die Reformatoren Luther, Zwingli und Calvin die Annahme verwarfen, daß durch gute Werke oder das Gebet anderer, schon gar nach dem Tod, Rechtfertigung der Sünder möglich sei. Damit war einem wesentlichen noch aus der Antike herrührenden Motiv des Stiftens der Boden entzogen; in der Tat ging die Übernahme der Reformation in Territorien und Städten vielfach mit der Aufhebung von Stiftungen einher[24]. Jakob Fuggers Stiftungen, heute oft (zu Unrecht) als älteste deutsche Stiftungen überhaupt bezeichnet, stellten etwas „außergewöhnliches normales"[25] dar, indem der prominenteste Vertreter der katholischen Minderheit in seiner Stadt gerade gegen den modernen Trend handelte, zugleich aber seine wichtigste Stiftung in eine neuartige und, wie sich zeigen sollte, zukunftsträchtige Form goß. U. a. verdient die Tatsache Erwähnung, daß an der Verwaltung der Fuggerei Nachkommen ebenso wie familienfremde Exekutoren beteiligt sein sollten, aber nicht die Kirche oder Stadtregierung, denen offenkundig wegen ihrer Konfession mißtraut wurde[26]. Damit war der Weg bereitet für die Entwicklung einer Stiftungsstruktur, die seit dem 17. Jahrhundert zunehmend an Bedeutung gewinnen sollte, indem statt einer bestehenden eine neue und nur für diesen Zweck geschaffene Korporation mit der Treuhandschaft betraut wurde, ohne daß diese, wie eine Universität, allgemeinen Regeln des Aufbaus, der Wirkungsweise usw. zu folgen hatte. Stärker als je zuvor

---

21 Vgl. *Liermann,* Geschichte des Stiftungsrechts.
22 *Börner,* Die Stiftungen der Stadt Memmingen.
23 *Scheller,* loc. cit. S. 24.
24 Ibid.
25 *Grendi,* Micro-analisi e storia sociale, S. 512, zit. nach *Scheller,* loc. cit. S. 28.
26 *Scheller,* loc. cit. S. 129, vgl. auch *Borgolte,* loc. cit. S. 49* ff.

beinhaltete das Stiften somit einen Akt eigener Rechtsetzung, der der Kreativität des Stifters und seiner Berater breiten Raum gab. Der von Jakob Fugger gewählte Terminus des Exekutors (des Ausführenden) macht im übrigen das Verhältnis dieser späteren Verwalter zum Stifter deutlich.

Das 16. Jahrhundert ist für die Entwicklung des europäischen Stiftungswesens auch deshalb von Bedeutung, weil im nach-reformatorischen England die Weichen für das ausgeprägte nicht-staatliche und vielfach stiftungs-charakter-tragenden Wohlfahrtswesens gestellt wurden, die letztlich in das rechtlich relativ enge, in der Praxis aber sehr ausgeprägte amerikanische Stiftungswesen mündeten. Von den Regelungen Königs Heinrich VIII. und insbesondere Königin Elizabeth I. (1601: Statut über *charitable uses*[27]) führt trotz des dezidierten Bruchs mit den Gebräuchen der ‚alten Welt', den die Auswanderer nach Nordamerika beabsichtigten, ein gerader Weg zu den *trusts* und *foundations* anglo-amerikanischer Prägung im 20. Jahrhundert.

Kontinentaleuropa beschritt einen anderen Weg. Zwar war das Stiftungswesen offenkundig in Deutschland so verankert, daß es auch in den nunmehr protestantischen Ländern und Städten nicht zu einer allgemeinen Beseitigung und auch weiterhin zu Neugründungen kam. Die Franckeschen Stiftungen in Halle, aus calvinistischem Geist geboren, für die übrigens der Druck und Verkauf von Bibeln höchst erfolgreich als Einnahmequelle konzipiert wurde, sind dafür nur ein Beispiel. Und wenn auch das von den Verwüstungen des Dreißigjährigen Krieges und dem dramatischen Bevölkerungsrückgang geprägte 17. Jahrhundert keine Hochzeit des Stiftungswesens sein konnte, so blieb es doch, wie die noch heute nachweisbaren Gründungen in ihrer Relation zur gesellschaftlichen „Großwetterlage" zeigen[28], im Bewußtsein präsent – so sehr, daß es ausdrücklich in das Visier der neuen Staatsrechtslehre geriet, die aus Frankreich kommend, jede nicht dem Staat unmittelbar zugeordnete und in seine Hierarchie fest eingefügte Organisation als für diesen gefährlich ansah. Erstmals gerieten die Stiftungen in sehr grundsätzlicher Weise gewissermaßen auf die Verliererseite der politischen Theorie. Sie waren ebenso wie Klöster, denen sie oft nahe verwandt waren, zu reich und zu unabhängig, sie folgten eigenen Regeln und setzten ihre Ressourcen für Dinge ein, deren Notwendigkeit von der Staatsmacht nicht gesehen wurde. Schon 1749 wurde in Frankreich die Tätigkeit von Stiftungen durch Gesetz stark eingeschränkt; schon kurze Zeit später forderte der königliche Finanzminister Turgot, das Stiftungswesen gänzlich zu vernichten („*il faut ... les détruire*"), mit der Begründung, sie beruhten „auf der Eitelkeit der Stifter, die in ihrem begrenzten Verstand Vermögen für die Ewigkeit festlegen wollen, obwohl es bald infolge der Veränderung der Verhältnisse durch seine Bindung unnütz und gesellschaftsschädlich werden muß"[29].

---

[27] s. Kapitel 10.8.
[28] *Sprengel*, Statistiken zum deutschen Stiftungswesen 2001.
[29] *Liermann*, loc. cit. S. 173.

Ganz so weit wollte Kant nicht gehen; aber immerhin: „Stiftungen können nicht auf ewige Zeiten fundiert und der Boden damit belästigt werden; sodann der Staat muß die Freiheit haben, sie nach dem Bedürfnisse der Zeit einzurichten."[30]

Hier bildet sich eine Betrachtungsweise heraus, die zwischen dem französischen und dem englischen Modell einen Mittelweg sucht[31]. Eingebettet in größere Zusammenhänge hinsichtlich des Umfangs von Staatsmacht und Staatstätigkeit behalten die Stiftungen eine Daseinsberechtigung, werden aber in jeder Generation der Aufsicht und Lenkung durch die Staatsmacht der Zeit unterworfen. Die Physiokraten haben dafür auch wirtschaftliche Gründe. „Ich bin fest überzeugt," schreibt Jakob Mauvillon analog über das Schulsystem, „daß wenn man das Erziehungsgeschäft der eigenen Industrie überließe; wenn man weder Professoren noch Rektoren und Konrektoren, weder öffentliche Schulen noch Universitäten hätte; wenn der Staat das Geld, das er dafür ausgibt, in die Hände der Privatpersonen ließe, um die Lehrer der Kinder nach Verdienst und nach der Konkurrenz zu belohnen, so würde dieses Geschäft einen ganz anderen und viel vortrefflicheren Schwung bekommen."[32]

Es kommt vermutlich ein weiteres hinzu. Stiftungen als städtisches und bürgerliches Phänomen waren im Deutschland des 18. Jahrhunderts bekannt. Sie standen den bürgerlichen Idealen der neuen Zeit nicht entgegen. Insofern hat die deutsche Kleinstaaterei, die den Städten einen relativ hohen Autonomiegrad bescherte, auch die Stiftungen geschützt, zumal die Städte regelmäßig durch einen anti-staatlichen Charakter geprägt waren. Für die ‚Vernichtung' der Stiftungen gab es überwiegend ebensowenig einen Nährboden wie für andere importierte Neuordnungen[33]. Die Stadt selbst als zivilgesellschaftlicher Akteur stellte sich vielfach schützend davor.

Frankreich hat in der Tat 1791 die Stiftung als Institut beseitigt und erst 1983 (!) wieder eingeführt. Unter den unerwünschten intermediären Organisationen galt sie als besonders gefährlich. Das deutsche Staatsmodell hat hingegen schon auf fiskalischen Gründen auf die zuarbeitende Tätigkeit solcher Organisationen und zugleich auf die Kontrollmöglichkeiten des Staatsapparates gebaut. Fügt man diesem Ansatz die Erfahrung und die theoretische Begründung der Verfügungsgewalt zumal protestantischer Landesherren hinzu (letztere hergeleitet aus dem 1555 reichsrechtlich zugestandenen *ius episcopale*[34]), so hat man in etwa die Elemente versammelt, die zu der im 19. Jahrhundert ausgebildeten Aufsicht des Staates über selbständig agierende Stiftungen geführt haben. Das Modell der rechtsfähigen Stiftung war andererseits durch die Gründungen vorgebildet, die die Stiftungsverwaltung in die Hände einer gesonderten Korporation gelegt hatten. Das Beispiel

---

30 *Kant,* Metaphysik der Sitten, zit. nach *Liermann,* loc. cit. S. 174.

31 Vgl. *Richter,* Rechtsfähige Stiftung und Charitable Corporation.

32 *Mauvillon,* Physiokratische Briefe, S. 265.

33 Vgl. *Adam,* Bürgerliches Engagement und Zivilgesellschaft in deutschen und amerikanischen Städten des 19. Jahrhunderts im Vergleich, S. 157 f.

34 *Liermann,* loc. cit. S. 175.

der Dr. Senckenbergischen Stiftung von 1763 zeigt, wie im eigenen Bewußtsein die Stiftungsadministration zunehmend als die Stiftung selbst empfunden wurde; Gründungsidee, Vermögen und Administration verschmolzen zu einem auch von außen als einheitlich gesehenen Gebilde, welches weder der Kirche noch der Stadt zu seiner Daseinsberechtigung bedurfte. Dementsprechend konnten, wie in Frankfurt geschehen, ab 1814 in der Stiftung Überlegungen zu einer neuen Stiftungseinrichtung, dem späteren Senckenberg-Museum einsetzen, wozu die Stadtspitze, der Senat, im wesentlichen nur Glückwünsche beizusteuern hatte[35].

Das Beispiel zeigt im übrigen, daß der oft zitierte Fall des Städelschen Kunstinstituts in seiner Bedeutung für die Entwicklung des Stiftungswesens überschätzt wird. Es gibt sowohl hinsichtlich des säkularen Stiftungszwecks als auch der autonomen Organisation bedeutende frühere Modelle. Städel ist hingegen (neben seiner Bedeutung für die Rechtsentwicklung) im Vergleich zu zeitgleichen Gründungsinitiativen in Siebenbürgen und England deswegen von Interesse, weil er unterschiedliche Konstruktionsmodelle für kulturell und gesellschaftlich gleiche Überlegungen und Vorgänge in gesamteuropäischer Tradition aufzeigt.[36] Wie stark der Stiftungsgedanke als bewußt zivilgesellschaftlich-antistaatlich aufgefaßter Impuls gerade in Städten wie Frankfurt am Main blieb, beweist die den preußischen Behörden abgetrotzte und vollständig von den Bürgern finanzierte Gründung der Universität Frankfurt als Stiftung zu Beginn des 20. Jahrhunderts[37]; das berüchtigte Diktum des Frankfurter Oberbürgermeisters Rudi Arndt in den 1970er Jahren, Stiftungen gehörten als Relikt der Feudalzeit abgeschafft, erscheint im Lichte der bürgerlichen Frankfurter Stiftungsgeschichte besonders absurd.

Das Konstrukt der rechtsfähigen Stiftung des bürgerlichen Rechts als Rechtsform *sui generis* verdankt sich letztlich der Zusammenführung unterschiedlicher Traditionsstränge. Es verfestigt sich die Idee der autonomen, nur auf die dauerhafte Verwaltung einer Stiftung bezogenen juristischen Person (die, wie das Beispiel der Hamburger Stiftung Fontenaysches Testament zeigt, aus einer Person bestehen kann); andererseits beansprucht die Staatsgewalt im Sinne Hegels als überwölbender Staat die Befugnis der Konzession und Beaufsichtigung solcher Stiftungen[38] – man sprach von Stiftungspolizey –, übrigens wie aller anderen juristischen Personen auch. Diese Form, wesentlich und bis heute kaum verändert von Savigny im 19. Jahrhundert definiert, findet ihren Niederschlag im Bürgerlichen Gesetzbuch von 1900 und wird seitdem oft, wenngleich nicht zu Recht, als Regelform der deutschen Stiftung angesehen. Die treuhänderische Stiftung, deren Verwaltung einem ohnehin bestehenden Träger obliegt, hat daneben ohne Unterbrechung fortgelebt. Auch das kirchliche Stiftungswesen ist keineswegs untergegangen und hat,

---

35 *Kretschmann,* Wissenskanonisierung und -popularisierung in Museen des 19. Jahrhunderts – das Beispiel des Senckenberg-Museums in Frankfurt am Main, S. 182 ff.

36 *Strachwitz,* Die Stiftung des Barons von Buchenthal.

37 *Kloetzer,* Über das Stiften – zum Beispiel Frankfurt am Main, passim.

38 s. *Richter,* loc. cit.

im katholischen ebenso wie im protestantischen Milieu im 19. Jahrhundert, zahlreiche Neugründungen erlebt, darunter, im besten physiokratischen Geist, einige der größten Anstaltsträgerstiftungen des Landes, die in der Regel ausdrücklich als Sozialunternehmungen und nicht etwa als verselbständigte Vermögensmassen konzipiert waren. Daß die Unterschiede zwischen diesen Formen und zu anderen Körperschaften noch nicht so grundsätzlich gesehen wurden wie in späterer Zeit, zeigt das Beispiel der „Königin-Elisabeth-Vereins-Stiftung", die nicht nur Stiftungs- und Vereinselemente in sich vereinigte, sondern auch im Hinblick auf ihren Zweck und deren Finanzierung an ältere Traditionen anknüpfte[39].

Daß aber auch der Aufstieg des Bürgertums und die Entstehung bedeutender privater Vermögen durch unternehmerische Erfolge im 19. Jahrhundert zu zahlreichen Stiftungsgründungen führt, verwundert nicht. Auch die oft als neu beschriebene Entwicklung, die reihenweise Kunststiftungen hervorbrachte, war letztlich so neu nicht. Denn solange Kunst selbst als *pia causa* anzusehen war, indem sie zum Lobe Gottes geschaffen wurde, gab es die Trennung nicht. Sie entstand nicht als stiftungsspezifisches Phänomen, sondern infolge einer seit dem 18. Jahrhundert zu beobachtenden allgemeinen Säkularisierung vieler Aspekte einschließlich der sozialen Fürsorge. Die Gründung des Roten Kreuzes (1859) ist dafür nur ein Beipiel. Erstaunlich allerdings ist, daß am Ende jenes Jahrhunderts, ganz anders als etwa in den USA, Kritik an den Stiftungen nicht etwa mit dem Argument der Machtkonzentration oder der Herrschaft der toten Hand laut wird, sondern diese vielmehr als zu progressiv beargwöhnt werden. Die Persönlichkeit des Stifters Ernst Abbe, des Gründers der Carl-Zeiss-Stiftung, der mit Persönlichkeiten wie August Bebel verkehrte und dem das Wohl der Arbeiterschaft ein ernstes Anliegen war, mag hierfür mitbestimmend gewesen sein.[40] Der erhebliche Einfluß, den das neue deutsche Stiftungswesen neben dem englischen auf das amerikanische ausgeübt hat, ist erst jetzt wieder aufgedeckt worden[41].

Einen Einfluß besonderer Art auf die Stiftungen gewann der Staat im frühen 20. Jahrhundert dadurch, daß er ihnen die Anlage ihres Vermögens in Staatsanleihen, die als „mündelsicher" herausgehoben wurden, aufnötigte. Dies führte dazu, daß in der Hyperinflation nach dem 1. Weltkrieg vermutlich die Mehrheit der Stiftungen durch Vermögensauszehrung untergegangen ist. Das Vorgehen der Nationalsozialisten gegen die durchaus zahlreichen jüdischen Stiftungen – die übrigen wurden geradezu überraschenderweise verschont, obwohl der Schutzschild der Städte durch die dem sog. Führerprinzip gehorchende Kommunalordnung von 1935 weggefallen war – und die fast ausnahmslose Enteignung bestehender Stiftungen verbunden mit der faktischen Unmöglichkeit von Neugründungen in der DDR haben dazu geführt, daß die Zahl der Stiftungen in Deutschland im 20. Jahrhundert insgesamt stark zurückgegangen ist, auch wenn die hierzu gelegentlich

---

[39] *Bayerische Vereinsbank* (Hrsg.), Münchner Biedermeier, Ausstellungskatalog, S. 12.
[40] *Strachwitz,* Ernst Abbe. 1840–1905, S. 135–159.
[41] *Adam,* loc. cit., S. 158 ff.

publizierten Zahlen übertrieben erscheinen. Genauere Untersuchungen hierzu fehlen, eine Tatsache, die schon in sich Rückschlüsse auf die bis noch vor wenigen Jahren geringe Bedeutung in der öffentlichen Wahrnehmung zulässt. Legt man die publizierten Verzeichnisse aus den Jahren zwischen 1900 und 1914, die zwar nicht gesamthaft aber für einzelne Städte, z. B. Dresden, Leipzig, Frankfurt am Main u. a., vorhanden sind, einem namensbezogenen Vergleich mit dem Bestand von ca. 1950 zugrunde, so kann vermutlich von einer Gesamtzahl ohne Kirchenstiftungen und treuhänderische Stiftungen von ca. 30.000 (1910) gegenüber 5.000 (1960) ausgegangen werden.

Nach wie vor bilden die Stiftungen kirchlichen Rechts bei weitem die größte Gruppe. Sie spiegeln die Stellung der großen christlichen Kirchen als autonome und dennoch staatsnahe Körperschaften wider, die in früheren Jahrhunderten ebenso wie im Nationalsozialismus und in Ostdeutschland alle Säkularisationsmaßnahmen des Staates überstanden haben. Bis heute steht fast jede katholische und evangelische Pfarrkirche im Eigentum einer Kirchenstiftung (die keine oder kaum eine weitere Funktion hat). Bis heute bestehen einige 10.000 kleine und kleinste Pfründenstiftungen, die zur Besoldung der Pfarrer einen zwar inzwischen kleinen aber doch messbaren Beitrag leisten. Seit dem 19. Jahrhundert hat die Zahl der kirchlichen Träger von sozialen Einrichtungen in Stiftungsform stark zugenommen. Sie haben, ebenso wie die kirchlichen Verbände, für die Erbringung der Leistungen des Wohlfahrtsstaates eine nicht zu unterschätzende Bedeutung. Wenn nur die letzte dieser Untergruppen im allgemeinen zur „Stiftungsfamilie" gerechnet wird, so hat dies im Hinblick auf die Bewertung von Stiftungsarbeit eine gewisse Berechtigung, verengt jedoch den Blick in Bezug auf historische Entwicklung, Stiftermotive und Eigentumsverhältnisse.

Zu den Besonderheiten des deutschen Stiftungswesens gehört, daß rund 98 % nach ihrer Satzung und ihrer tatsächlichen Tätigkeit in irgendeiner Weise dem allgemeinen Wohl dienen und daher steuerlich „begünstigt" sind (so die Formulierung der Abgabenordnung, die an anderer Stelle sogar von Vergünstigungen spricht), obwohl das Gesetz durchaus auch die Gründung einer Stiftung für private (steuerpflichtige) Zwecke zulässt. Die Gründe hierfür sind zum einen historisch, indem bis zu deren Abschaffung im 20. Jahrhundert größere gebundene Vermögen für private Zwecke in der Regel als Fideikomisse errichtet wurden, zum andern spiegeln sie auch das heutige Steuerrecht wider, da die Gründung einer privatnützigen Stiftung Schenkungssteuer auslöst und diese selbst nicht nur mit Körperschaftssteuer, sondern auch in Abständen von 30 Jahren mit einer sog. Erbersatzsteuer belastet wird. Daher spielt in Deutschland, im Gegensatz zu einigen seiner Nachbarländer das Stiftungswesen de facto nur im Bereich der Zivilgesellschaft eine Rolle.

Diese nicht sonderlich lange Tradition hat im Zuge der Reformdiskussionen von 2000/2002 zu Überlegungen geführt, Stiftungen für private Zwecke überhaupt nicht mehr zuzulassen. Es ist zu begrüßen, daß diese Überlegungen nicht weiter verfolgt worden sind, denn sie entsprechen nicht einem historischen und umfassenden Stiftungsverständnis. Es würde sich eine höchst problematische Gewichtung ergeben, indem etwa die Sorge für die eigenen Nachkommen für unzulässig, die für das eigene Seelenheil durch Verfolgung einer *pia causa* nach wie vor als zulässig gelten würde, obwohl unsere Gesellschaft andererseits die traditionelle Sorge für Ausbildung, Hilfe im Alter, in der Not usw. von nahen Angehörigen als gesellschaftspolitisch wünschenswert erachtet und hierzu gesetzlichen Zwang ausübt. Die Tradition der Stiftung besteht hingegen gerade darin, daß sie zeitbedingte Maßstäbe tendenziell mißachtet und gerade dadurch ihre zivilgesellschaftliche Komplementärfunktion ausfüllt. Insofern steht jede Stiftung auch in der Tradition der römischen Memorialstiftung, die ihren Zweck völlig losgelöst von den Zeitläuften erfüllen kann, zugegebenermaßen eine in der durch Kurzlebigkeit bestimmten modernen Gesellschaft schwer verdauliche Analogie.

Gerade gegen Ende des 20. Jahrhunderts haben einzelne große Stifter neben die Verfolgung des gemeinnützigen Zwecks oft ganz ausdrücklich weitere Intentionen gestellt, etwa die Kontinuität der Eigentümerverhältnisse in einem Unternehmen. Man mag dies als Verstoß gegen den Grundsatz des Stiftens als investives Geschenk ansehen. Tatsache ist, daß auf diese Weise eine Reihe von finanzstarken dynamischen Stiftungen entstanden ist, die (schon um steuerliche Schwierigkeiten zu vermeiden) aktive, wenngleich in den Einzelheiten durchaus diskussionswürdige Akteure in der Zivilgesellschaft darstellen. Nicht zuletzt diese Stiftungen haben bewirkt, daß seit dem Ende der 90er Jahre des 20. Jahrhunderts die öffentliche Aufmerksamkeit der Stiftungen in Deutschland stark zugenommen hat. Dies liegt freilich auch an der stark gewachsenen Zahl von Neugründungen, die aus dem starken Zuwachs an Vermögen in privater Hand und der starken Zunahme an Erbgängen erklärlich ist, wenngleich im Vergleich zum Volksvermögen der tatsächliche Umfang der Übertragung von Vermögenswerten an Stiftungen in den 1960er Jahren größer war als 30 Jahre später.[42] Die größere Aufmerksamkeit hängt jedoch auch damit zusammen, daß bürgerschaftliches Engagement durch das Schenken von Zeit, Geld und Ideen einen höheren gesellschaftlichen Stellenwert erlangte.[43] Dies war neben einigen grundsätzlichen Überlegungen gewiß der Tatsache geschuldet, daß der Staat sich immer weniger in der Lage sah, bisher angebotene Dienstleistungen weiter zu unterhalten oder zu finanzieren. Zumindest hat dieser sehr praktische Aspekt die Reformbemühungen beflügelt.

Nachdem schon 1997 hierzu erste Vorschläge vorgelegt worden waren, hat der 1998 gewählte 14. Deutsche Bundestag in zwei Schritten das Stiftungsrecht reformiert. Im Jahr 2000 wurden erhebliche steuerliche Anreize für die Gründung einer steuerbegünstigten Stiftung geschaffen. Im Jahr 2002 wurde das Zivilrecht der bürgerlich-rechtlichen Stiftungen, wenngleich etwas zaghaft, modernen Erfordernissen angepaßt, so daß die Bundesländer, denen die Aufsicht über diese Stiftungen

---

[42] *Sprengel,* Statistiken zum deutschen Stiftungswesen 2001.

[43] *Enquete-Kommission „Zukunft des Bürgerschaftlichen Engagements" Deutscher Bundestag,* Bericht: Bürgerschaftliches Engagement.

1.3 Traditionen des deutschen Stiftungswesens – ein Überblick

obliegt, ihre Landesgesetze nunmehr Zug um Zug novellieren müssen. Im Zusammenhang mit diesen Reformbemühungen hat Deutschland zwar erstmals seit langem eine relativ intensive öffentliche Debatte über das Stiftungswesen erlebt, jedoch erstaunlicherweise kaum eine kritische Stimme gehört. Ganz im Gegenteil: es bestand und besteht die Gefahr, daß die Stiftungen als quantitativ bedeutende alternative Finanzierungsquellen für öffentliche Aufgaben begrüßt werden, eine Funktion, die sie weder erfüllen können noch sollten.

1.4 Stiften in Deutschland

Von Karsten Timmer

Unter dem Titel: „Jackpot Millionengewinn? Vom plötzlichen Geldsegen der neuen Reichen" brachte die ZDF-Sendung 37° im Sommer 2004 ein Feature über Lottogewinner in Deutschland. Drei Lottomillionäre wurden vorgestellt. Zunächst ein Ehepaar, das alles richtig gemacht hatte: Abgesehen von einer Kreuzfahrt und einigen Extras hatten sie sich von dem Geld nicht beeindrucken lassen, so dass es ihnen gelungen war, ihren gewohnten Lebensstil und Freundeskreis beizubehalten. Der zweite Gewinner hatte es schlechter getroffen – bei ihm war über das viele Geld die Ehe zerbrochen. Besonders zweifelhaft schien der Redaktion allerdings die Idee des dritten Lottogewinners, denn der hatte den kompletten Gewinn gestiftet. Es ist durchaus bezeichnend, dass ausgerechnet demjenigen, der seinen Gewinn an das Gemeinwohl verschenkt hat, unlautere Motive unterstellt wurden: „Die Finanzspritze macht der 40-Jährige öffentlich – eine wohl nicht ganz selbstlose Entscheidung. Der angenehme Nebeneffekt: Politik- und Kunstszene wird auf den Gönner aufmerksam." Dass darüber hinaus auch neben der persönlichen Geltungssucht noch „steuerliche Gründe" als Antrieb vermutet wurden, erstaunt nicht – Steuern sparen gehört wie auch der Wunsch, sich zu profilieren, zu den maßgeblichen Gründen, die die Öffentlichkeit hinter Stiftungsgründungen vermutet.

Dieses Bild ist nicht nur unzutreffend, sondern auch in hohem Maße ärgerlich, hält es doch potentielle Stifter unter Umständen davon ab, die Idee einer Stiftungsgründung weiterzuverfolgen. Aus diesem Grund hat die Bertelsmann Stiftung das Projekt „StifterStudie" gestartet. Die Studie untersucht zum ersten Mal für Deutschland die Motive, Ziele, Einstellungen und Hintergründe von Stiftern. Mit den Ergebnissen dieser wissenschaftlichen Untersuchung wollen wir für den Stiftungsgedanken werben und Menschen zum Stiften anregen. Der folgende Beitrag stützt sich maßgeblich auf die Ergebnisse der Studie.[1]

Um ein möglichst umfassendes Bild von den Motiven und Erfahrungen deutscher Stifter zu gewinnen, hat die Studie zwei Vorgehensweisen miteinander verbunden. Zum einen wurden, beginnend im Herbst 2003, 22 ausführliche Interviews mit Stiftern, Stifterinnen und Stifterpaaren geführt. Die Auswahl der Interviewpartner sollte einerseits ein möglichst breites Spektrum von Stiftungstypen (Größe, Arbeitsweise, Rechtsform) abdecken und zum anderen unterschiedliche Stifter (Geschlecht, Alter, Vermögen, Motive) zu Wort kommen lassen.

---

[1] Vgl. *Karsten Timmer:* Stiften in Deutschland. Die Ergebnisse der StifterStudie, Gütersloh 2005.

1.4 Stiften in Deutschland

Um zum anderen auch repräsentative Aussagen treffen zu können, wurde im Februar 2004 ein Fragebogen an alle diejenigen Stifter versandt, die laut Auskunft des Bundesverbandes Deutscher Stiftungen seit 1990 eine Stiftung ins Leben gerufen haben. Nicht berücksichtigt wurden dabei die großen Stifterkreise von Gemeinschafts- und Bürgerstiftungen. 1666 Stifter haben den Fragebogen erhalten; davon waren 306 inzwischen verstorben. Von den 1360 noch lebenden Stiftern hat über die Hälfte den Bogen zurückgesandt; die Rücklauf-Quote verwertbarerer Bögen liegt bei 46 %.

Im Herbst 2004 wurde darüber hinaus unter 250 Stiftern eine Vertiefungsumfrage durchgeführt, die sich vor allem auf den Beratungs- und Informationsbedarf von Stiftern konzentrierte. Eine bevölkerungsrepräsentative Umfrage zum Thema „Stifter / Stiftungen" erlaubt schließlich einen Vergleich des Selbstbildes der Stifter mit dem Fremdbild in der Bevölkerung.

Der auffälligste Befund der Studie ist grundsätzlicher Natur: Die meisten deutschen Stifter gründen ihre Stiftung zu Lebzeiten. Hier hat sich in den letzten Jahren eine unübersehbare Trendwende vollzogen. Wurden Stiftungen über Jahrhunderte hin vorwiegend von Todes wegen gegründet, wollen Stifter heute bereits zu Lebzeiten Akzente setzen. Sie gründen ihre Stiftung deshalb frühzeitig, um sie durch ihr Engagement aktiv gestalten zu können.

Dabei bilden Stifter im Alter zwischen 60–69 Jahren die größte Gruppe. Das legt die Vermutung nahe, dass eine Stiftungsgründung häufig zu dem Zeitpunkt erwogen wird, bis zu dem man einerseits genug Zeit hatte, ein gewisses Vermögen aufzubauen. Andererseits hat man nach dem Ausscheiden aus dem Berufsleben oft erstmals die Muße, über die gemeinnützige Verwendung des Geldes nachzudenken, so dass die Dominanz dieser Altersgruppe nachvollziehbar ist.

Die Studie hat gezeigt, dass sich unter den deutschen Stiftern deutlich mehr Männer (70 %) als Frauen befinden. Die meisten von ihnen sind verheiratet (71 %) und die Mehrzahl hat Kinder, allerdings sind immerhin 42 % kinderlos. Dieser Anteil ist auffallend hoch, denn im Durchschnitt der Bevölkerung haben nur ca. 15 % der über 45-jährigen keine Kinder.

Hinsichtlich des Bildungsniveaus zeichnen sich Stifter durch einen hohen Bildungsgrad aus. Der überwiegende Teil besitzt einen Hochschul- oder Fachhochschulabschluss (37 %). Knapp ein Fünftel der Befragten hat promoviert und 7 % sind zusätzlich habilitiert. Der Anteil derjenigen ohne Abschluss bzw. mit Volks- / Hauptschulabschluss beträgt 8 %.

Das deutsche Stiftungswesen hat tiefe historische Wurzeln in der Religion. Tatsächlich spielt auch heute die Religiosität noch eine große Rolle, wie unsere Daten zeigen: Mehr als zwei Drittel der deutschen Stifter bezeichnen sich selbst als religiös (69 %). Dabei gehören die meisten von ihnen der evangelischen Konfession (41 %) an, 30 % sind katholischen Bekenntnisses. 26 % der Befragten sind konfessionslos. Diese Verteilung deckt sich in etwa mit der in der Gesamtbevölkerung;

der absolute Anteil von religiösen Menschen unter den Stiftern ist jedoch auffallend hoch.

Insgesamt sind oder waren die befragten Stifter fast ausnahmslos berufstätig. Lediglich 2 % von ihnen sind nie einer beruflichen Beschäftigung nachgegangen. Die mit Abstand größte Berufsgruppe unter den Stiftern bilden die Unternehmer (insgesamt 44 %), von denen über die Hälfte Unternehmen mit mehr als 50 Mitarbeitern führen. Einen vergleichsweise geringen Anteil machen demgegenüber Landwirte, Arbeiter, Sportler und Künstler aus (insgesamt nur 4 %).

Der berufliche Hintergrund der Stifter kommt deutlich zum Ausdruck, wenn man fragt, woher das Vermögen stammt, mit dem die Stiftungen errichtet wurden: Über die Hälfte der Stifter geben an, das Stiftungskapital zumindest teilweise aus selbständiger unternehmerischer Tätigkeit erwirtschaftet zu haben (52 %), gefolgt von der Gruppe derer, die ihr Vermögen aus einem Angestellten- oder Beamtenverhältnis bezogen haben (28 %). Ein Viertel der deutschen Stifter (25 %) hat für die Stiftungsgründung aber auch eine Erbschaft oder Schenkung verwendet.

Auch wenn viele Stiftungen in Deutschland zunächst mit relativ geringem Kapital ausgestattet werden, ist das Privatvermögen der Stifter doch vergleichsweise hoch. 40 % verfügten zum Zeitpunkt der Stiftungsgründung über ein Vermögen zwischen 250.000 und 2 Mio. Euro. Über ein Fünftel geben sogar an, über mehr als 4 Mio. Euro verfügt zu haben, während die Gruppe mit einem Vermögen zwischen 2 und 4 Mio. Euro 17 % ausmacht.

Die Tatsache, dass gut ein Fünftel der Befragten ein Privatvermögen von weniger als 250.000 Euro hat, zeigt auf der anderen Seite, dass Stiften heute nicht mehr ein Privileg der sehr reichen Bevölkerungsschichten ist. Im Gegenteil: Gerade in den letzten Jahren ist stifterisches Engagement auch für Menschen attraktiv geworden, die ihre Stiftung nur mit kleineren Beträgen ausstatten können. Bekannt war bislang, dass sich dieses Engagement vor allem in den Gemeinschafts- und Bürgerstiftungen niederschlug. Die Daten der Stifter-Studie belegen nunmehr, dass es auch viele selbständige Stiftungen gibt, deren Stifter nicht über erhebliche private Mittel verfügen.

Jeder Mensch hat bestimmte Vorstellungen, die sein Leben und sein Verhalten bestimmen. Charakteristisch für die Stifter, die an der Umfrage teilgenommen haben, ist eine hohe Wertschätzung von Leistung („etwas im Beruf zu leisten") einerseits und von Phantasie und Kreativität andererseits – eine Mischung, die sich in vielen Stiftungen beobachten lässt. Als wichtig erachten es Stifter darüber hinaus, sozial Benachteiligten zu helfen.

Weniger wichtig bewertet werden Vorstellungen wie „sich selbst verwirklichen" oder „fleißig und ehrgeizig" zu sein. Bei Zielen wie „Streben nach Sicherheit" und „einen hohen Lebensstandard pflegen" ergibt sich kein eindeutiges Bild, während Lebensziele wie „Macht und Einfluss haben" sowie „die guten Dinge des Lebens in vollen Zügen genießen" überwiegend als unwichtig oder eher unwichtig bewertet werden.

Fast einhellig (92 %) sind die Stifter der Meinung, dass man sich für das Gemeinwohl engagieren sollte, wenn man über die entsprechenden finanziellen Möglichkeiten verfügt. Stifter fühlen sich der Gesellschaft verpflichtet: Die Aussage „Eigentum verpflichtet" unterstützen die Befragten ebenso (80 %) wie die Auffassung, dass Stifter keine persönlichen Vorteile aus ihrem gemeinnützigen Engagement ziehen sollten (75 %). In der Regel finden die Stifter gemeinnütziges Engagement persönlich befriedigender als Konsum (70 %).

So, wie sich die Stifter selbst zum gemeinnützigen Engagement berufen fühlen, halten sie es generell für wichtig, dass Privatpersonen gesellschaftliche Verantwortung übernehmen, anstatt den Staat alle Probleme lösen zu lassen: „Wenn man gar nichts macht und jammert und schimpft und immer nach dem Staat ruft – da kommt nichts", sagte uns eine Stifterin im Interview: „Der Staat kann nicht alles bewältigen." Wichtig ist es dabei vielen Stiftern, dass gerade solche Projekte gefördert werden, die von staatlicher Seite vernachlässigt werden oder keine Möglichkeit auf finanzielle Unterstützung haben. Hier arbeiten Stiftungen in ihren Augen häufig effektiver als der Staat. Selbst wenn der Staat so wäre, wie er sein sollte, hätten Stiftungen daher nach Überzeugung der Mehrheit der Befragten noch immer einen berechtigten Platz in der Gesellschaft.

Wer eine Stiftung errichtet, trennt sich unwiederbringlich von einem Teil seines Vermögens. Bei einer Stiftungsgründung geht es aber immer um viel mehr als ‚nur' um Geld. Sehr persönliche Beweggründe, die jeweiligen Lebensumstände und die Pläne für die Zukunft spielen eine große Rolle. Jede Stiftung bringt die ganz individuellen Werte und Vorstellungen ihres Stifters oder der Stifterin zum Ausdruck.

Die Ergebnisse der Studie bestätigen zwei grundsätzliche Annahmen: Zum einen ist jeder Stifter mit seinen Motiven einzigartig. Zum anderen ist die Entscheidung, eine Stiftung ins Leben zu rufen, nur selten auf einen einzigen Grund zurückzuführen. Tatsächlich handelt es sich meistens um eine Mischung aus vielen Beweggründen, die weder nur eigennützig noch ausschließlich altruistisch sind. Die Studie zeigt dabei zahlreiche Trends, die sich verallgemeinern lassen.

So hat der überwiegende Teil der Stifter einen ganz konkreten Anlass, eine Stiftung zu gründen (82 %). Meist handelt es sich dabei um Anlässe, die eng mit der persönlichen Biographie der Stifter verknüpft sind: die Ordnung des Nachlasses, ein Schicksalsschlag oder ein plötzlicher Vermögenszuwachs, etwa durch eine Erbschaft. In vielen Fällen spielt das Nachdenken über die Zeit nach dem eigenen Leben eine wichtige Rolle: „Es kann niemand etwas mitnehmen ins Grab", wie es ein Stifter im Interview ausdrückte: „dann kann man es in einer Stiftung zurücklassen und einer sinnvollen Verwendung zuführen."

Auch das Fehlen von Erben, die das Vermächtnis bewahren könnten, ist oft ein Anlass, eine Stiftung ins Leben zu rufen. Aber auch Schicksalsschläge oder das Ende der aktiven Berufstätigkeit sind in vielen Fällen wichtige Impulse, die zur Gründung einer Stiftung führen: „Die Stiftung ist für mich wie ein neues Unternehmen auf meine älteren Tage hin, eben zu gemeinnützigen Zwecken – es reizt mich, wirklich phantasievoll gestalten zu können, etwas aufzubauen".

Neben diesen sehr individuellen Gründen gibt es eine gemeinsame treibende Kraft, die die meisten Stifter verbindet: Das Engagement für eine bestimmte Sache. Der überwiegende Teil der Stifter sucht nicht einfach nach einer sinnvollen Verwendungsmöglichkeit für Vermögen – den meisten geht es darum, sich durch eine Stiftung für eine bestimmte Sache, ein Anliegen, ein Thema einzusetzen. Die Gründung einer Stiftung ist für 79 % der Stifter ein Mittel zum Zweck, eine Plattform, die sie nutzen, um ein ganz bestimmtes Anliegen zu verfolgen. Nur 21 % hatten zuerst den Wunsch, eine Stiftung zu gründen, und haben daraufhin einen förderungswürdigen Zweck gesucht.

Dieses Verhältnis kommt deutlich zum Ausdruck, wenn man fragt, welche Faktoren die Gründung der Stiftung beeinflusst haben. Stifter wollen sich aktiv für ihr Anliegen einsetzen – sie wollen etwas bewegen, Verantwortung wahrnehmen oder der Gesellschaft etwas zurückgeben.

Alle diese gemeinnützigen Ziele könnte man natürlich auch verfolgen, ohne eine Stiftung zu gründen; etwa indem man einen Verein ins Leben ruft oder eine bereits bestehende gemeinnützige Organisation mit einer Spende unterstützt. Warum also entscheiden sich Menschen dazu, eine Stiftung zu gründen? Was ist – in den Augen der Stifter – das Besondere an dieser Rechtsform?

Die Ergebnisse zeigen deutlich, dass die Attraktivität von Stiftungen besonders auf ihrer Nachhaltigkeit beruht. Während eine Spende kurzfristig wirkt, sind Stiftungen – zumindest von der Idee her – auf die Ewigkeit angelegt. Der Stifter kann sicher sein, dass der Zweck, der ihm zu Lebzeiten am Herzen lag, auch nach seinem Tode weiterhin gefördert wird. Eng mit dieser Motivation verknüpft ist der Wunsch von immerhin fast der Hälfte der Stifter, der Nachwelt durch ihre Stiftung etwas Bleibendes zu hinterlassen. Diese Motivation ist besonders bei den Stiftern ausgeprägt, die keine eigenen Kinder haben: „Wissen Sie, meine Freunde haben Kinder, die bleiben, wenn sie selbst nicht mehr sind", sagte uns ein Stifter im Interview. „Ich habe meine Stiftung, die von mir bleibt und mein Geld verwendet."

Ein weiterer wichtiger Gesichtspunkt bei dem Entschluss, das eigene Engagement in Form einer Stiftung zu betreiben, ist die Kontrolle über die Mittel. Stifter wollen sich für die Gesellschaft einsetzen, aber: Sie wollen selbst entscheiden, wo ihr Engagement gebraucht wird und wie sie eingreifen wollen. Dies unterscheidet die eigene Stiftung zum einen vom Steuer zahlen – Steuern sind anonym und dienen mitunter für Dinge, die man vielleicht gar nicht unterstützen möchte. Zum anderen widerstrebt es vielen Stiftern, ihr Geld an die großen Wohlfahrtsorganisationen zu geben: „Ich habe ein Unternehmen aufgebaut und damit etwas erworben – und jetzt gebe ich das Geld einem anderen und der zieht da noch dreißig Prozent für seine Verwaltung ab? Der Gedanke würde mich vorzeitig ins Grab treiben; da mache ich es lieber selbst."

Noch in einer weiteren Hinsicht sind die Steuern von Belang: Seitdem im Jahr 2000 das Stiftungssteuerrecht reformiert worden ist, ist Stiften steuerlich weit attraktiver als Spenden. Betrachtet man nur die Stifter, die seit der Reform eine Stiftung gegründet haben, spielte diese Tatsache bei immerhin 41% eine ausschlaggebende Rolle. Hier ist eine Lenkungswirkung deutlich zu erkennen, die dem Stiftungssektor zugute kommt. Offen ist allerdings, ob diese Mittel an anderer Stelle – bei Vereinen, Verbänden, Initiativen – fehlen, oder ob die Steuerreform tatsächlich neue Mittel mobilisiert hat, die sonst nicht in den gemeinnützigen Sektor geflossen wären.

Die Diskussion um die steuerliche Abzugsfähigkeit zeigt, dass sich die selbstlose Förderung des Gemeinwohls nicht ausschließt mit persönlichen Vorteilen. Ganz im Gegenteil: Stifter, die ihre Stiftung zu Lebzeiten gründen, ziehen aus ihrer Stiftung großen Gewinn, allerdings keinen monetären. Dafür gibt die Stiftung Dinge, die man für Geld nicht kaufen kann: Zufriedenheit, eine erfüllende Beschäftigung, neue Kontakte und den Austausch mit Menschen: „So wie ich jetzt hier sitze", fasste eine Stifterin im Interview zusammen, „das war meine Erwartung: dass ich etwas tue, was Sinn hat, was mich begeistert. Ich gehe morgens an meinen Schreibtisch und ich weiß, was ich da tue und wofür ich es tue." Das Wissen, dass sie etwas Sinnvolles tun, ist für 98% der Stifter besonders wichtig bei der Stiftungsarbeit.

Und wie steht es schließlich um die Motivation, die im allgemeinen Vorurteil oft als wichtigste Triebfeder von Stiftern angenommen wird: die Schaffung eines Denkmals? Die Antwort auf diese Frage hängt stark davon ab, für wann das Denkmal gesetzt werden soll. Vielen Stiftern – das wurde oben bereits angesprochen – ist es sehr wichtig, der Nachwelt etwas Bleibendes zu hinterlassen, wenn sie einmal sterben (43%). Die Stiftung als Vermächtnis, als Denkmal für die Nachwelt, spielt daher bei vielen Gründungen eine große Rolle.

Zu Lebzeiten aber legen viele Stifter keinen Wert darauf, als Wohltäter in der Öffentlichkeit zu stehen. 45% der Stifter wollen eher anonym im Hintergrund wirken, und ein erheblicher Anteil der Stiftungen (42%) trägt gar nicht den Namen des Stifters. Die Tatsache, dass nur ein Bruchteil der Befragten die „Anerkennung bei Freunden und Bekannten" (4%) als Beweggrund der Gründung angibt, mag bei einer Umfrage erwartbar sein. Das Ergebnis scheint aber nicht zuletzt vor dem Hintergrund der Tatsache plausibel, dass sich der unmittelbare Bekanntenkreis der meisten Stifter nicht gemeinnützig engagiert (in 65% der Fälle), so dass dort keine Anerkennung zu erwarten ist.

Anerkennung und vor allem Dankbarkeit wird jedoch sehr wohl von den Empfängern erwartet, die von den Mitteln der Stiftung profitieren. Diese Anerkennung ist kaum eine Triebfeder, aber eine willkommene Bestätigung: „Das neue Haus, das meine Stiftung finanziert, soll mal meinen Namen tragen – ist doch schön. Ich meine, dafür gebe ich nicht so viel Geld aus, aber ich freue mich, wenn ich das als Belohnung kriege."

Der Großteil der Stifter, die an der Umfrage teilgenommen haben, engagiert sich in den klassischen Tätigkeitsfeldern Soziales, Bildung und Erziehung, Kunst und Kultur sowie Wissenschaft und Forschung. Für den Umweltschutz setzen sich 7 % der Stifter mit ihrer Stiftung ein.

Betrachtet man die Aktivitäten der Stiftungen unter geographischen Gesichtspunkten, zeigt sich eine gleichmäßige Verteilung auf lokale, regionale und bundesweite Aktionsradien (jeweils ca. 40 %, Mehrfachnennungen waren möglich). Immerhin ein Viertel der befragten Stifter ist auch im Ausland tätig.

Rund drei Viertel der Befragten haben sich entschieden, mit ihrer Stiftung eine fördernde Arbeitsweise zu verfolgen. Sie verwirklichen ihren Stiftungszweck, indem sie andere gemeinnützige Organisationen und Initiativen unterstützen oder Stipendien an junge Wissenschaftler und Künstler vergeben. 40 % der Stifter geben an, dass ihre Stiftung selbständig eigene Projekte durchführt, also operativ tätig ist. 11 % der Stifter tragen durch ihre Stiftung zum Unterhalt einer bestimmten Institution bei, z. B. eines Museums, eines Tierheims oder einer Universität.

Mit Stiftungen werden häufig sehr große Vermögenswerte assoziiert, insbesondere im Hinblick darauf, dass nur die Erträge aus dem Kapital für die Stiftungsarbeit verwendet werden dürfen. Betrachtet man jedoch die Ergebnisse der Stifter-Studie, zeigt sich, dass nur 7 % der Stiftungen mit Beträgen von 2,5 Millionen Euro und mehr gegründet wurden. 43 % der Befragten geben an, ihre Stiftungen mit weniger als 100.000 Euro gegründet zu haben.

Die Vermögensverteilung macht deutlich, dass es bei Stiftungen tatsächlich um mehr als ‚nur' ums Geld geht. Denn mit einer Vermögensausstattung von weniger als 100.000 Euro allein ist kaum eine Stiftung lebensfähig – bei einem durchschnittlichen Ertrag von 5 % bleiben abzüglich der Verwaltungskosten nur wenig Mittel für die Projektarbeit übrig.

Hier werden zwei Unterschiede zum klassischen Bild eines Stifters deutlich. Traditionell waren Stiftungen darauf angelegt, ausschließlich mit den Erträgen ihres Vermögens zu wirtschaften. Die Ergebnisse der Stifter-Studie zeigen allerdings, dass heutzutage nur 37 % der Stifter keinen Wert darauf legen, dass sich Andere finanziell an ihrer Stiftung beteiligen. 49 % der Stifter hoffen demgegenüber auf Spenden, die das Budget erhöhen, oder auf Zustiftungen zum Kapital (42 %). Während Stiftungen daher traditionell diejenigen Organisationen waren, die Geld gaben, ist heute Fundraising auch für Stiftungen und Stifter ein wichtiges Thema geworden.

Die Ergebnisse der Studie zeigen darüber hinaus, dass viele Stifter die knappen Projektmittel durch persönliches Engagement wettmachen. Im Gegensatz zum Bild des klassischen Mäzens, der Geld gibt, aber die Distanz wahrt, setzen sich die heutigen Stifter aktiv für ihre Sache ein. Tatsächlich geben knapp drei Viertel der Stifter an, sich stark bis sehr stark in ihrer Stiftung zu engagieren. Nur 9 % schätzen ihr Engagement als gering oder sehr gering ein. Die meisten Stifter prägen ihre Stiftung als Vorstände, darüber hinaus beteiligt sich über die Hälfte der Stifter an

1.4 Stiften in Deutschland

der Suche nach Projekten und Fördermittelempfängern. 42 % engagieren sich in der Projektarbeit und 32 % beim Fundraising.

Neben der Bereitstellung von finanziellen Mitteln sind viele Stifter heutzutage bereit, sich persönlich, mit ihrer Zeit und ihren Ideen und Vorstellungen in die Stiftung einzubringen. Stiftungen wandeln ihren Charakter: Finanzierten sie früher das Engagement anderer, werden sie zunehmend selbst zu einem Ort aktiven zivilgesellschaftlichen Engagements.

Stifter rechnen realistisch und überschreiben der Stiftung bei der Gründung zunächst nicht alles Vermögen, das zur Verfügung steht. Wenn sie zu einem späteren Zeitpunkt absehen können, dass sie weitere Teile des Vermögens nicht mehr benötigen, stocken sie ihre Stiftung weiter auf. Andernfalls wenden sie der Stiftung von Todes wegen einen Teil des übrigen Vermögens zu. Dementsprechend erklärt über die Hälfte der befragten Stifter, noch zu Lebzeiten aufstocken zu wollen. 44 % der Stifter geben an, dass sie planen, das Stiftungskapital testamentarisch aufzustocken.

Viele Stifter beginnen ihre Stiftung daher mit kleineren Beträgen. Zu Lebzeiten können Sie Einfluss auf die Stiftungsarbeit nehmen und Erfahrungen sammeln. Wenn sich die Stiftung bewährt hat und die Erfolge der Arbeit den Erwartungen des Stifters gerecht werden, wird entweder zu Lebzeiten und / oder testamentarisch weiteres Vermögen übertragen.

Die Umfrageergebnisse haben gezeigt, dass 49 % der Stifter ihre Stiftung mit anderen Personen zusammen gegründet haben. Davon gaben zwei Drittel an, die Stiftungen mit dem Lebenspartner gegründet zu haben und ein Viertel zusammen mit anderen. 14 % der Stifter haben mit ihrer Familie gegründet.

Vertrauten Personen kommt bei der Stiftungsgründung offenbar eine große Bedeutung zu. Diese wichtige Rolle zeigt sich auch, wenn man danach fragt, mit wem Stifter bei der Gründung zusammenarbeiten. Besonders unterstützt werden Stifter vor allem von ihren Partnern und Lebensgefährten (50 %), gefolgt von Freunden und Bekannten. Die eigenen Kinder sind demgegenüber nur an 11 % der Gründungen beteiligt.

Der Befund, dass Vertrauen und persönliche Bekanntschaften bei der Gründung einer Stiftung eine große Rolle spielen, setzt sich fort, wenn man einen Blick auf die Besetzung der Stiftungsgremien wirft.

84 % der Stifter haben sich selbst in die Gremien berufen, gefolgt von Freunden und Bekannten sowie dem Partner. Zu ungefähr einem Drittel sind die Gremien mit Fachexperten und Persönlichkeiten des öffentlichen Lebens besetzt. Rechtsanwälte, Bank- und Vermögensverwalter sind jeweils mit 17 % in den Gremien vertreten.

Die hohe Quote von 84 % der Stifter, die sich selbst in die Gremien berufen haben, verweist erneut auf das starke Engagement der Stifter – sie gründen ihre Stiftung zu Lebzeiten und möchten sie aktiv mitgestalten und die Kontrolle behalten.

Darüber hinaus spiegelt sich in der Gremienbesetzung die starke Bedeutung des Partners und des Freundes- und Bekanntenkreises wider. Das Vertrauen in nahe stehende Personen ist das wichtigste Kriterium bei der Auswahl der Gremienmitglieder. Fachexpertise spielt demgegenüber eine deutlich nachgeordnete Rolle.

Die Erwartungen und die Ziele, die Stifter mit ihren Stiftungen verbinden, sind äußerst unterschiedlich – genauso wie die Stiftungen selbst, die sich hinsichtlich der Zwecke, Vorgehensweisen und Vermögensausstattungen erheblich voneinander unterscheiden. Die Tatsache, dass trotzdem fast alle Stifter zufrieden mit ihrer Stiftung sind, zeigt, wie flexibel die Rechtsform Stiftung ist (62 % sind „sehr zufrieden" und weitere 27 % „eher zufrieden"). Die Ergebnisse der Studie zeigen, worauf es Stiftern besonders ankommt: Sie nutzen die Stiftung als Plattform für ein selbstbestimmtes, aktives Engagement. Sie legen Wert auf die Sicherheit, dass die einmal gewählte Form und der Zweck langfristig erhalten bleiben. Vor allem möchten sie mit der Stiftung einen sinnvollen und nachhaltigen Beitrag zum Gemeinwohl leisten.

1.5 Stifterfreiheit – Bedingungen eines Grundrechts auf Stiftung

Von Edzard Schmidt-Jortzig

Wenn die Errichtung einer Stiftung, d. h. die Zweckwidmung eines Vermögens unter Bindung an den Willen des Stifters[1], in Normen gefaßt und geordnet werden soll, ist von maßgeblicher Bedeutung, ob und inwieweit dabei der Staat den initialen, privaten Willensentschluß einschränken, konditionieren oder mitgestalten darf. Und ähnlich stellt sich die Frage, wenn sich die staatliche Genehmigungs- oder Anerkennungsbehörde bei einem konkreten Stiftungsgeschäft verstärkt einmischen will, Bedingungen stellt oder auch nur hinhaltend reagiert. Natürlich soll es dabei nur um die Einsetzung einer (selbständigen) bürgerlichrechtlichen Stiftung gehen, denn nur sie kann von einer Privatperson gegründet werden. Die Errichtung einer öffentlich-rechtlichen Stiftung folgt ganz anderen Gesetzen.

Ist also der individuelle Stiftungsimpuls ein dem persönlichen Freiheitsbedarf zurechnendes, vom Staat zu respektierendes Grundrecht, das gegen hoheitliche Zumutungen verteidigt werden muß? Oder stellt die Möglichkeit, überhaupt an ein solches Rechtsgeschäft zu denken, erst eine legislatorische Gewährung dar, die mithin auch zurückgenommen oder verändert werden könnte, ohne daß mehr als nur alltägliche Erwartung oder rechtspolitische Empörung dagegen mobilisiert werden könnten? Es liegt auf der Hand, daß von der Klärung dieser Grundfrage nicht nur eine Domestizierung und Kontrolle der staatlichen Stiftungsrechtsgesetzgebung abhängt, sondern auch die Durchsetzung privater Gestaltungsautonomie gegen alle möglichen behördlichen Unterbindungs- oder Gängelungsambitionen.[2]

---

[1] So die treffende Beschreibung des sozialen Sachverhalts „Stiftung" bei *Dieter Reuter,* Stiftungen, in: Münchner Kommentar zum BGB, Ergänzungsband (4. Aufl. 2005), Vorbem. Rn. 106; ähnlich *Bernd Andrick,* Stiftungsrecht und Stiftungsaufsicht unter besonderer Berücksichtigung der nordrhein-westf. Verhältnisse (1988), S. 35 unter Berufung auf *Klaus Neuhoff* und *Georg Strickrodt.*

[2] Schon 1961 notierte *Georg Strickrodt,* Stiftungsrecht und Stiftungswirklichkeit, in: JZ 1961, S. 111 (112 zu N. 3), daß rund um das Stiftungsgeschehen für die Juristen „noch große ungelöste Probleme (bestünden), die (insbesondere) auf dem Boden des Verfassungsrechts ... zu behandeln sind". Gegen ein Grundrecht auf Stiftung aber dezidiert *Jürgen Salzwedel,* Verfassungsrechtliche Fragen zur Reform des Stiftungswesens (Gutachten für den 44. DJT 1962), in: DJT (Hrsg.), Vhgn. des 44. DJT, Bd. I, 5. Teil (1962), S. 52 (67 ff.); *Gerrit Manssen,* Privatrechtsgestaltung durch Hoheitsakt (1994), S. 218 f.; *Michael Sachs,* Kein Recht auf Stiftungsgenehmigung, in: FS für Walter Leisner (1999), S. 955 (957 ff.); und wohl auch *Stefan Storr,* Der Staat als Unternehmer (2001), S. 215: „Die Stiftung ist im Kern kein auf

Man kann sich der Antwort von verschiedenen Seiten nähern. Zunächst mag die Grundrechtsberechtigung des Schöpfungsproduktes, also der Stiftung im organisatorischen, institutionellen Sinne, untersucht werden, um von dorther vielleicht den Weg zurück zum Stiftungsvorgang zu finden. Sodann läßt sich die Stiftungshandlung, das Ansteuern und Vornehmen eines Stiftungsgeschäfts als möglicher Grundrechtsgegenstand erörtern. Und schließlich kann der Stifter selber bei diesem schöpferischen Tun grundrechtlich unter die Lupe genommen werden.

Eine erste Annäherung an das Problem grundrechtlichen Schutzes für das Stiftungsgeschehen läßt sich vielleicht über die Grundrechtsgeltung für das organisatorische Produkt der Stiftertätigkeit, also die juristische Person „Stiftung" erreichen. Jedenfalls findet man hier auch eine Konstante in dem unübersichtlichen und instabilen Gelände, vielleicht die einzige sogar. Denn daß eine Grundrechtsgeltung für die rechtsfähige Stiftung des Privatrechts über Art. 19 Abs. 3 GG gegeben sei, ist einhellige Meinung.[3] Immerhin hatten ja schon die Schöpfer des Grundgesetzes bei der Abfassung von Art. 19 Abs. 3 GG betont, die jetzt gefundene Formel mit den ‚juristischen Personen' werde extra gewählt, weil der bisher in den Entwürfen verwendete Passus ‚Körperschaften und Anstalten' „nicht alle juristischen Personen, z. B. nicht die Stiftungen umfaßte".[4] Und 1972 hat das Bundesverwaltungsgericht in großer Eindringlichkeit skandiert: „Gerade eine Stiftung, die als ständige Einrichtung bei der Gestaltung von Gegenwart und Zukunft mitwirken soll, bedarf für die Betätigung im Rahmen der vom Stifter gesetzten Aufgaben des Schutzes der Grundrechte gegen unberechtigte Eingriffe des Staates".[5] Erst bei der Frage, wel-

---

menschliche Freiheit zurückgehendes Forum" (widersprüchlich allerdings S. 216: „... kann der Stiftung ... durch den Stifterwillen ein gewisser Grundrechtsschutz zuteil werden").

[3] BVerfGE 46, 73 (83); 57, 220 (240); 70, 138 (160). Aus der Literatur statt anderer *Sigfried Maser,* Die Geltung der Grundrechte für juristische Personen und teilrechtsfähige Verbände (Diss. Bonn 1964), S. 19 ff.; *Albert v. Mutius,* Zur Grundrechtssubjektivität privatrechtlicher Stiftungen, in: VwArch 65 (1974), S. 87 ff. m. Nachw. der früheren Literatur in N. 6; *Jochen A. Frowein,* Grundrecht auf Stiftung (1976), S. 19 f.; *Herbert Bethge,* Die Grundrechtsberechtigung juristischer Personen nach Art. 19 Abs. 3 Grundgesetz (1985), S. 27 f.; *Hagen Hof,* in: W. Seifart (Hrsg.), Handbuch des Stiftungsrechts (1987), § 4 Rn. 157; *Klaus Stern,* Das Staatsrecht der BR Deutschland, Bd. III/1 (1988), § 71 IV 4 (S. 1120); *Martin Schulte,* Staat und Stiftung (1989), S. 52 ff.; *Rupert Scholz/Stefan Langer,* Stiftung und Verfassung (1990), S. 38 ff.; *Stephan Dewald,* Die privatrechtliche Stiftung als Instrument zur Wahrnehmung öffentlicher Zwecke (1990), S. 71; *Andrick,* Stiftungsrecht (o. Fn. 1), S. 95 f.; *Wolfgang Rüfner,* Grundrechtsträger, in: J. Isensee/P. Kirchhof (Hrsg.), Handbuch des Staatsrechts, Bd. V (1992), § 116 Rn. 31; *Peter Rawert* (1995), in: J. v. Staudingers BGB-Kommentar (12. Auflage 1994 ff.), Vorbem. zu § 80 ff. Rn. 50 ff.; *Peter M. Huber,* in: H. v. Mangoldt/F. Klein/Chr. Starck (Hrsg.), Bonner Grundgesetz Kommentar (4. Aufl.), Bd. I (1999), Art. 19 Abs. 3 Rn. 256; *Horst Dreier,* in: ders. (Hrsg.), GG Kommentar, Bd. I (2. Aufl. 2004), Art. 19 III Rn. 44 ff.; *Reuter,* MüKo-ErgBd.(o. Fn. 1), Vorbem. Rn. 9; *Jörn Ipsen,* Staatsrecht II (7. Aufl. 2004), Rn. 52.

[4] Vorlage des Allg. Redaktionsausschusses: ParlRat-Drs. 543; vgl. *Klaus-Berto v. Doemming/Rudolf W. Füßlein/Werner Matz,* Entstehungsgeschichte der Artikel des Grundgesetzes, in: JöR N.F. 1 (1951), S. 182/3.

[5] BVerwGE 40, 347 (348).

1.5 Stifterfreiheit – Bedingungen eines Grundrechts auf Stiftung

che Einzelgrundrechte denn nun „ihrem Wesen nach" auf Stiftungen anwendbar seien, fächert sich der Grundsatzkonsens in vielfältige Urteile und Meinungen auf.

Der zutreffende Tatbestand, daß Art. 19 Abs. 3 GG auch auf rechtsfähige Stiftungen des Privatrechts anwendbar ist, stützt sich im übrigen nicht – wie vielfach gemeint wird[6] – auf die Bündelungseigenschaft der betreffenden juristischen Personen für die in ihr sich zusammenschließenden, hinter ihr stehenden Menschen und Grundrechtsträger. Es kommt nicht auf das „personelle Substrat" einer juristischen Person an, auf welches „durchgegriffen" werden könnte. Dies schon deshalb, weil Art. 19 Abs. 3 GG nicht auf das Wesen der juristischen Person abstellt, sondern auf das Wesen der möglicherweise anwendbaren Grundrechte. Auch hat das Bundesverfassungsgericht seine „Durchgriffsargumentation"[7] ja weniger generell für die Grundrechtsträgerschaft von Organisationseinheiten entwickelt als vielmehr speziell für eine Bestimmung der Ausnahmen von der Nichtanwendbarkeit der Grundrechte auf juristische Personen des *öffentlichen* Rechts. Insgesamt ist deshalb nur zu unterstreichen, was etwa Rüfner treffend zusammengefaßt hat:[8] Art. 19 Abs. 3 GG stellt nicht allgemein auf einen ‚Durchgriff' ab, „das heißt, es kommt nicht auf die grundrechtlich geschützten Rechte der hinter der juristischen Person stehenden Menschen an; die Bestimmung schützt nicht – was nur deklaratorische Bedeutung haben könnte – die kollektive Grundrechtsausübung als solche und sieht die juristische Person nicht nur als (Medium oder) Treuhänderin von Mitgliederrechten; vielmehr stehen nach Art. 19 Abs. 3 GG Grundrechte der juristischen Person selber zu; auf die Grundrechte etwaiger Mitglieder kommt es nicht an; es wird also eine eigene Grundrechtssubjektivität der juristischen Person anerkannt, mag auch der Schutz der menschlichen Persönlichkeit und ihrer Freiheit der letzte und eigentliche Zweck aller Grundrechte sein". Man kann nun statt der Durchgriffsüberlegung andere Kriterien für die Grundrechtsbeanspruchung von juristischen Personen bemühen, etwa eine „grundrechtstypische Gefährdungslage" oder einen „schutzgutspezifischen Mehrwert".[9] Aber es muß dabei immer um eine Bezugnahme auf das in Rede stehende Grundrecht und nicht um abstrakte Eigenschaften der juristischen Person gehen.

Ob freilich von der Grundrechtsfähigkeit der Stiftung auf den grundrechtlichen Schutz auch des Stiftungsaktes bzw. des Stifters geschlossen werden kann, ist eher

---

[6] Vgl. nur *Günter Dürig* (1977), in: Th. Maunz / ders. / R. Herzog (Hrsg.), GG Kommentar (6. Aufl. 1983 ff.), Art. 19 III Rn. 6, 31; *Maser,* Geltung der Grundrechte (o. Fn. 3), S. 19 ff.; *Willi Geiger,* Einige Probleme der Bundesverfassungsgerichtsbarkeit, in: DÖV 1952, S. 481 (487); und heute etwa *Theodor Maunz / Reinhold Zippelius,* Deutsches Staatsrecht (30. Aufl. 1998), § 19 II 2 c; auch wohl: *Scholz / Langer,* Stiftung (o. Fn. 3), S. 38 ff.; *Storr,* Staat als Unternehmer (o. Fn. 2), S. 205 ff.

[7] Dazu eingehend und kritisch *H. Dreier,* GG (o. Fn. 3), Art. 19 III Rn. 30 ff.

[8] HStR V § 116 Rn. 31.

[9] Zu ersterem (mit viel Gefolgschaft) *v. Mutius* (1974), in: Komm. zum Bonner Grundgesetz. Bonner Kommentar (1950 ff.), Art. 19 Abs. 3 Rn. 37, 114 f.; zu letzterem etwa *P. Huber,* in: v. Mangoldt / Klein / Starck I (o. Fn. 3), Art. 19 Abs. 3 Rn. 234 ff., 238.

zweifelhaft.[10] Frowein und andere scheinen dies aber anzunehmen.[11] Das wäre jedoch nur schlüssig, wenn die Grundrechtsträgerschaft der juristischen Person wirklich mit dem „Durchgriff" auf die hinter ihr stehenden Menschen begründet werden müßte. Denn dann würde gelten: „Ohne daß die Stiftungserrichtung für den Stifter Grundrechtsausübung ist, kann die Stiftung nach der Durchgriffstheorie nicht grundrechtsfähig sein".[12] Daß die Prämisse bezüglich der Grundrechtsfähigkeit juristischer Personen aber nicht zutrifft, wurde bereits festgestellt. Jedenfalls sollte auf diesen unsicheren Grund nicht das ganze Gewicht der Argumentation gelegt werden.

Immerhin mag man noch die Logik bemühen, daß ein Produkt keine anderen Fähigkeiten aufweisen könne, als seine Erzeugungsfaktoren in den Prozeß eingebracht hätten. Aber auch diese Überlegung ist – zumindest juristisch – nicht zwingend. Denn einem Rechtssubjekt können von der Rechtsordnung durchaus eigenständig und konstitutiv Merkmale und Qualitäten zugesprochen werden, unabhängig von seinen Entstehungsbedingungen. Die Grundrechtsträgerschaft juristischer Personen hängt eben beispielsweise vom Wesen der anzuwendenden Grundrechte, d. h. von „grundrechtstypischen Gefährdungslagen" oder schutzgutspezifischen Sonderbedarfen ab, setzt also neu ein und ist nicht von irgendwelchen Ursprungsfaktoren abgeleitet.

Um zu einem verfassungsrechtlichen Schutz der Stifterfreiheit vorzudringen, muß also eigenständig angesetzt werden. Die Stiftungserrichtung könnte als Grundrechtsausübung des Stifters erscheinen, wenn sie – vergleichbar dem Meinungäußern gemäß Art. 5 Abs. 1 Satz 1 GG oder dem Sich-Versammeln nach Art. 8 Abs. 1 GG – eine vom Grundgesetz als Ausdruck menschlicher Persönlichkeit und ihrer Freiheit geschützte Handlung darstellte. Die Stiftungserrichtung, d. h. die Vornahme des Stiftungsgeschäfts, müßte deshalb einen ähnlich schutzgutspezifischen Mehrwert aufweisen wie die anderen grundrechtlich abgesicherten Ausdrucksformen menschlicher Entfaltung. Vielleicht läßt sie sich aber auch gleich selbst einer derselben zuordnen.

Für das Stifterhandeln ist letzteres oft dadurch versucht worden, daß man auf den mit der Stiftung verfolgten Zweck abstellt. Die Widmung eines Vermögens für religiöse Zwecke (kirchliche Stiftung) soll dann den Schutz von Art. 4 Abs. 1 und 2 GG genießen, diejenige zur Weiterverfolgung und Verbreitung bestimmter Auf-

---

[10] Eindeutig dagegen beispielsweise *Sachs,* in: FS für Walter Leisner, S. 955 (964); oder *Anne Schöning,* Privatnützige Stiftungen im deutschen und spanischen Zivilrecht (2004), S. 117.

[11] *Frowein,* Grundrecht auf Stiftung (o. Fn. 3), S. 13: Bei Anerkennung eines Grundrechtsschutzes für die Stiftung werde „unausgesprochen vorausgesetzt, daß auch der Vorgang der Stiftungsgründung selbst Grundrechtsschutz genießt"; S. 20: Der „Grundrechtsschutz der Stiftung als mittelbarer weiterer Schutz der Grundrechtsausübung des Stifters"; auch *Sebastian Schwintek,* Vorstandskontrolle in rechtsfähigen Stiftungen bürgerlichen Rechts (2001), S. 71; oder *Reuter,* MüKo-ErgBd. (o. Fn. 1), Vorbem. Rn. 9.

[12] *Reuter,* a. a. O.

fassungen den aus Art. 5 Abs. 1 Satz 1 GG, eine solche zur Betreibung eines Presseunternehmens den aus Art. 5 Abs. 1 Satz 2 GG, jene zur Förderung bestimmter Forschungsaufgaben, der wissenschaftlichen Lehre oder der Kunst den aus Art. 5 Abs. 3 GG, die Errichtung einer Familienstiftung den aus Art. 6 Abs. 1 GG, diejenige zu Aufbau und Unterhaltung einer Privatschule den aus Art. 7 Abs. 4 Satz 1 GG und so weiter.[13] Solche Erwägungen können jedoch kaum überzeugen. Denn die aufgezählten speziellen Grundrechtszwecke zu verfolgen, ist eben nicht nur in Form einer Stiftungserrichtung möglich. Die Kaprizierung auf den Stiftungsweg stellt vielmehr eine eigenständige, zusätzliche Entfaltungsentscheidung dar, die ihrerseits grundrechtlich fundiert sein müßte. Die Schlüssigkeit der These, daß der Stifter sich für die Gründung einer privatrechtlichen Stiftung auf die zweckbezogenen Spezialgrundrechte berufen kann, würde also „den Nachweis voraussetzen, daß die rechtsfähige Stiftung des privaten Rechts notwendige Bedingung zur Verwirklichung der entsprechenden grundrechtlich gewährleisteten Freiheiten ist; dieser Nachweis läßt sich ... indes nicht erbringen."[14] Alternative Verwirklichungsformen – wie der Verein, die GmbH oder eine unselbständige Stiftung – mögen den Wünschen des jeweiligen Grundrechtsinhabers nicht so paßgenau entsprechen, wie er es gern hätte.[15] Aber diese seine Festlegung gerade auf die Stiftungsform entspringt eben einer anderen, dritten Willensentscheidung bzw. Gestaltungsabsicht, als gerade eine Religionsgemeinschaft, einen Forschungszweig oder eine Privatschule zu fördern.

Daß man ein „Grundrecht auf Stiftung" statt dessen gleich formspezifisch in Art. 9 Abs. 1 GG festmachen könnte, indem man das „Recht, Vereine und Gesellschaften zu bilden", interpretatorisch auf alle Entfaltungsformen jenseits der eigenen Einzelperson verallgemeinerte, scheitert ebenfalls rasch.[16] Die verfassungsrechtlich geschützte Vereinigung setzt nun einmal das Zusammenwirken mehrerer voraus. Sie ist eine zahlenmäßige Verbreiterung der individuellen Wirkungsmöglichkeiten und als solche grundrechtsgeschützt. Ein derartiger Personenzusammenschluß ist bei der Stiftung nicht gegeben, und es ist auch bei extensivster Auslegung nicht möglich, den quantitativen Multiplikationsansatz in einen qualitativen umzudeuten, der ein allgemeines Grenzüberwinden der Einzelpersonen thematisiert, wie man es bei einer Stiftung durch die Willensverstetigung über die eigene Existenz hinaus erreichen würde.

---

[13] So vor allem *Frowein*, Grundrecht auf Stiftung (o. Fn. 3), S. 12 ff.; *Georg Strickrodt*, Stiftungsrecht (1977), S. 69 ff.; oder *Hof/Seifart* (o. Fn. 3), § 4 Rn. 65 ff.

[14] *Rawert*, Staudinger (o. Fn. 3), Vorbem. zu §§ 80 ff. Rn. 42.

[15] Insofern ist das schlichte Ersatzformenargument von *Schulte*, Staat und Stiftung, S. 39 f.; *Jörn Ipsen*, Staat und Stiftung. Überlegungen zum verfassungsrechtlichen Standort der Stiftung des privaten Rechts, in: Deutsches Stiftungswesen 1977–1988 (1989), S. 151 (152 f.); oder *Rawert*, Staudinger (o. Fn. 3), Rn. 42, für sich allein nicht ausreichend; richtig *Reuter*, MüKo-ErgBd. (o. Fn. 1), Vorbem. Rn. 29.

[16] Einhellige Meinung; vgl. *v. Mutius*, Die Vereinigungsfreiheit gemäß Art. 9 Abs. 1 GG, in: Jura 1984, S. 193 (194 m. N. 7); *Scholz* (1999), in: Maunz/Dürig/Herzog (o. Fn. 6), Art. 9 Rn. 62; *Wolfram Höfling*, in: Sachs (Hrsg.), GG Kommentar (3. Aufl. 2003), Art. 9 Rn. 10.

Jenseits von Spezialgrundrechten könnte man die Stiftungserrichtung dann handlungsbezogen nur noch in Art. 14 Abs. 1 Satz 1 (1. und 2. Alternative) GG beziehungsweise Art. 2 Abs. 1 Satz 1 GG verankert sehen. Das Stiftungsgeschäft unter Lebenden wäre danach einerseits als Verfügung über Eigentum bzw. Vermögen des Stifters und das Stiftungsgeschäft von Todes wegen (§ 83 BGB) als Wahrnehmung des Erbrechts (genauer: des Vererbensrechts) grundrechtlich erfaßt.[17] Andererseits unterfielen beide der allgemeinen Handlungsfreiheit beziehungsweise Privatautonomie in Art. 2 Abs. 1 GG, sofern weniger auf die speziell vermögens- oder erbrechtliche Verfügungsbefugnis des Stifters als abstrakt-generell auf das obligatorisch sich uneingeengt Ausrichten- und Bindenkönnen abgestellt wird oder gerade jene Stiftungserrichtungen gemeint werden, deren Vermögen noch nicht dotiert ist bzw. von anderen Personen als dem Stifter aufgebracht wird.[18] An diesen prinzipiellen Einordnungen gibt es wenig zu beanstanden. Daß auch das allgemeine Vermögen (des Stifters) von der Eigentumsgarantie erfaßt wird[19], ist ebenso ganz überwiegende Auffassung wie der Standpunkt, daß Art. 2 Abs. 1 GG als Grundfreiheit das Recht thematisiert, sich generell so zu verhalten, wie man es wünscht, und darin auch der freie rechtsgeschäftliche Bindungswille, die Vertragsfreiheit, mit einbezogen ist.[20] Jedoch bieten diese Subsumtionen kaum wirklichen Schutz. Denn bei Art. 14 Abs. 1 GG werden „Inhalt und Schranken (des Schutzgutes) durch die Gesetze bestimmt", und bei Art. 2 Abs. 1 GG bildet „die verfassungsmäßige Ordnung", d. h. der allenthalben korrekt zustande gekommene Gesetzesbestand, den maßgeblichen Rechtsrahmen. Die konkrete Rechtsform der

---

[17] So, wenn auch meist undifferenziert bezüglich genauer Normaussage und Alternative, u. a. *Strickrodt,* Stiftungsrecht (o. Fn. 13), S. 72; *Frowein,* Grundrecht auf Stiftung, S. 16; *Hof,* in: Seifart, Handbuch (o. Fn. 3), § 4 Rn. 72 ff.; *Jörn Ipsen,* Staat und Stiftung (o. Fn. 15), 153 ff.; *Schulte,* Staat (o. Fn. 3), S. 41 ff.; *Peter Rawert,* Die Genehmigungsfähigkeit der unternehmensverbundenen Stiftung (1990), S. 67 f.; *ders.,* in: Staudinger (o. Fn. 3), Vorbem. zu §§ 80 ff. Rn. 43 ff.

[18] So etwa *Strickrodt,* Stiftungsrecht (o. Fn. 13), S. 69 ff.; *Frowein,* Grundrecht auf Stiftung, S. 16; *Volkram Gebel/Stephanie Hinrichsens,* SchlH Stiftungsgesetz. Kommentar (1994), Einführung Anm. 2; *Rawert,* a. a. O.; *Hof,* in: Seifart/A. v. Campenhausen (Hrsg.), Handbuch des Stiftungsrechts (2. Aufl. 1999), § 4 Rn. 10, 28; mit Einschränkungen auch *Reuter,* MüKo-ErgBd. (o. Fn. 1), Vorbem. Rn. 31 ff.

[19] Dies ist in der Literatur seit der Staatsrechtslehrertagung 1980 eigentlich Standardüberzeugung; den damaligen „Dammbruch" markierten die Referate von *Paul Kirchhof,* Besteuerung und Eigentum, in: VVDStRL 39 (1981), S. 213 (226 ff.); und *Hans Herbert v. Arnim,* loc. cit., S. 286 (299 ff.). *Otto Kimminich* (1992) hat den quälenden Gang der einschlägigen Diskussion eindringlich nachgezeichnet: Bonner Kommentar (o. Fn. 9), Art. 40 Rn. 50–64. Das Bundesverfassungsgericht hält indessen fast störrisch an seiner widersprüchlichen, ablehnenden Position fest; die in BVerfGE 93, 121 (137), endlich sich zeigende Bereitschaft zum Umschwenken wurde in BVerfGE 105, 17 (32), offenbar wieder relativiert.

[20] Zur Interpretation von Art. 2 I GG als „allgemeine Handlungsfreiheit" s. nur die stete Rechtsprechung des BVerfG seit E 6, 32 (36), über BVerfGE 70, 1 (25); 74, 129 (151); bis zuletzt beispielsweise E 109, 96 (109). Zur Privatautonomie als ebendort geschütztem Entfaltungsthema: *Hans-Uwe Erichsen,* Allgemeine Handlungsfreiheit, in: HStR, Bd. VI (2. Aufl. 2001), § 152 Rn. 56 ff. m. w. Nachw.

betreffenden Freiheitsentfaltung ist also gesetzlich disponibel. Sie kann so (etwa als Stiftung) oder anders zur Verfügung gestellt werden, und sie kann geändert, aufgehoben oder konditioniert werden.

Ein „Grundrecht auf Stiftung" hierauf zu gründen, trägt also immer den Keim zum Zirkelschluß in sich.[21] Man kann nicht eine Freiheit, im Rahmen der gesetzlich festgelegten bzw. limitierten Handlungsformen sich ungehindert bewegen zu dürfen, dann als verletzt sehen, wenn diese Handlungsformen eben gesetzlich eingeschränkt oder verändert werden. Die Gesetzesakzessorietät des Grundrechtsschutzes vermag nicht gleichzeitig eine Beschränkung zu sein, die Bedingtheit des Grundrechtsschutzes nicht gleichzeitig seine Folge. Niemand käme ja auch – um ein Beispiel zu nehmen – auf den Gedanken, aus der verfassungsrechtlich geschützten Privatautonomie einen grundrechtlichen Anspruch auf Beibehaltung oder, wenn es ihn nicht schon gäbe, Einführung etwa des spezifischen Reisevertrages (§§ 651a–m BGB) oder des Nießbrauchs an einem Vermögen (§§ 1085–1089 BGB) abzuleiten.

Aus dem circulus vitiosus läßt sich nur entkommen, sofern es gelingt, an einer Stelle eine verfassungsrechtliche Unterbrechung einzufügen, indem man eine feste Orientierungsmarke anbringt, von der aus das Gestaltungsgeschehen eine zwingende Ausrichtung erhält. Dies nun ist – was Sachs übersieht – auf dreierlei Weise möglich. Zunächst könnte das auf Rechtsstaatsargumenten gründende Vertrauensprinzip eine entsprechende Richtmarke abgeben, wenn sich argumentieren ließe, eine Handlungsform wie die der Stiftung sei schon seit langem (und vor allem schon vor dem Grundgesetz) vorhanden und man habe sich so darauf eingestellt, daß seine – wie im einzelnen immer ausgestaltete – Präsenz heute einfach zum Standard der betreffenden Grundrechtsausübung gehört. Ebenso ließe sich eine Bresche in den argumentativen Zirkel treiben, wenn den Grundrechten auf Dispositionsfreiheit über eigenes Vermögen, auf Vererbung von Eigentumssubstraten oder auf rechtsgeschäftliche Handlungsfreiheit bestimmte Mindestgehalte entnommen werden könnten, die sich realiter nur in der Möglichkeit einer Stiftungserrichtung wiederfinden. Und schließlich entkommt man dem Antilogismusvorwurf, wenn aus den gesetzesakzessorischen Freiheitsrechten ein verfassungsrechtlicher Anspruch herzuleiten wäre, daß das staatliche Recht geeignete Rechtsformen zu ihrer optimalen Ausübung zur Verfügung stellen muß[22] und dies eben für bestimmte Grundrechtsausübungswünsche mit einer anderen Rechtsform als der vorhandenen Stiftung einfach nicht zu erreichen sei. Solche Argumentationen sind bei

---

[21] Zutreffend *Sachs,* FS Leisner (o. Fn. 2), S. 955 (960 ff.); ebenso *Manssen,* Privatrechtsgestaltung (o. Fn. 2), S. 220.

[22] *Frowein,* Grundrecht auf Stiftung, S. 13: „daraus folgt aber, daß die Rechtsordnung Formen zur Verfügung stellen muß, die eine entsprechende Sicherheit gewährleisten", oder: „das Grundrecht (verlangt) zu seiner Ausübung nach einer Rechtsform ..., die im Rahmen der staatlichen Normen eine Gewähr für die Kontinuität der Gründerabsichten enthält"; *Höfling,* Sachs, GG (o. Fn. 16), Art. 9 Rn. 6, 30; oder *Reuter,* MüKo-ErgBd. (o. Fn. 1), Vorbem. Rn. 28 mit Nachw. in N. 125.

der bewährten Rechtsform „Stiftung" ohne weiteres möglich und von der Wissenschaft ja vielfach auch vorgebracht worden. Eine entsprechende Fundierung für die Stifterfreiheit bleibt aber immer ein empfindliches Konstrukt, das großen Begründungsaufwand braucht und manches Einfallstor für Gegenauffassungen bietet.

Eine stabilere Absicherung der Stifterfreiheit läßt sich indessen gewinnen, wenn weniger auf das Handeln des Stifters als auf seine entsprechende Willensentstehung abgestellt wird. Die Stiftungserrichtung stellt sich dann als eine Verwirklichung seines Personseins dar, als ein Ausdruck seiner unverwechselbaren Identität. Der Wunsch, die eigenen Ideen und Träume über den Tag hinaus zu verstetigen, den engen zeitlichen Grenzen der physischen Existenz zu entfliehen und bestimmte Anliegen gewissermaßen zu „verewigen", kann offenbar eine Grundsehnsucht des Menschen sein. Sie ist jedenfalls von der speziellen Persönlichkeit des Stifters bestimmt und getrieben. Mit Hilfe disponiblen Vermögens will er einem inneren Verlangen dauerhafte Geltung verschaffen, nicht nur womöglich über den Tod hinaus, sondern auch der Wechselhaftigkeit wirtschaftlicher Prosperität oder der eigenen Entschlüsse entrückt.[23]

Der stifterische Grundantrieb, der Wille zu stiften, läßt sich also als Ausdruck der spezifischen Persönlichkeit des Stifters verorten.[24] Er unterfällt damit dem engeren grundrechtlichen Persönlichkeitsrecht. Dies ist mehr als die „allgemeine Handlungsfreiheit", die den Anspruch auf Privatautonomie und Vertragsfreiheit trägt. Es wird deshalb als sog. „allgemeines" Persönlichkeitsrecht aus Art. 2 Abs. 1 GG „in Verbindung mit Art. 1 Abs. 1 GG" hergeleitet[25] und geht der allgemeinen Handlungsfreiheit vor.[26]

Daß ein solch grundrechtlicher Schutz des Stifterwunsches auch für die Stiftung von Todes wegen Geltung haben muß, bedarf eigentlich keiner Erwähnung mehr. Ohnehin wirkt ja das allgemeine Persönlichkeitsrecht auch über das Ende

---

[23] Insofern macht es keinen Unterschied, ob die Stiftung unter Lebenden oder von Todes wegen erfolgt.

[24] Ähnlich schon, allerdings ohne die verfassungsrechtliche Konsequenz zu ziehen: *Frowein,* Grundrecht auf Stiftung, S. 15 a. E.: „in verschiedenen Formen der Stiftung verwirklicht sich in besonderem Maße die Persönlichkeit des Stifters", u. zw. gerade auch hinsichtlich einer sehr spezifischen, sozialen Zielsetzung (so auch *Reuter,* MüKo-ErgBd., Vorbem. Rn. 31 ff.); *Andrick,* Stiftungsrecht (o. Fn. 1), S. 38: „Die Entscheidung über die Zweckbestimmung eines bestimmten Vermögens ist nämlich wesentliche Äußerungsform der sich im Eigentumsgebrauch manifestierenden Entfaltung der Persönlichkeit"; oder sogar *Sachs,* FS Leisner, S. 955 (964): es bestehe womöglich „das grundrechtlich schutzfähige menschliche Interesse, das eigene Wirken über den Tod hinaus verlängern zu wollen".

[25] Seit BVerfGE 27, 1 (6); erklärtermaßen 32, 373 (379); ständige Rspr. bis zuletzt etwa E 99, 185 (193 ff.) Ls. 1; 101, 361 (379 ff.) Ls. 1; 109, 256 (265), 279 (326). Zur methodischen Problematik solcher „Kombinationsgrundrechte" *Horst Dreier,* Konsens und Dissens bei der Interpretation der Menschenwürde, in: Chr. Geyer (Hrsg.), Biopolitik. Die Positionen (2001), S. 232 (236).

[26] *Jörn Ipsen,* Staatsrecht II (o. Fn. 3), Rn. 744; *Horst Dreier,* GG (o. Fn. 3), Art. 2 I Rn. 67 m. w. Nachw.

1.5 Stifterfreiheit – Bedingungen eines Grundrechts auf Stiftung

des Lebens hinaus, wenngleich dies im Einzelnen nicht unbestritten ist.[27] Für den Würdegehalt, d. h. den Anteil von Art. 1 Abs. 1 GG am „allgemeinen", engeren Persönlichkeitsrecht, erkennt dies auch das Bundesverfassungsgericht an.[28] Für den Anteil aus Art. 2 Abs. 1 GG soll es allerdings nicht so sein, „weil Träger dieses Grundrechts nur die lebende Person (sei), mit ihrem Tode erlischt der Schutz aus diesem Grundrecht"[29] – eine durchaus widersprüchliche, jedenfalls inkonsistente Position. Aber darauf muß ja gar nicht zurückgegriffen werden. Denn der grundrechtliche Schutz des Stiftungswunsches von Todes wegen erfüllt sich schon vor dem Tod des Stifters, nämlich zum Zeitpunkt seines Testierens und nicht erst danach.[30] Die postmortale Bindung anderer an den im Stiftungsgeschäft niedergelegten Stifterwillen ist nur das Ergebnis von Absicherungen, die gesetzlich dem noch lebenden Stifter für seine letztwillige Verfügung gegeben wurden, und die müssen sich dafür vor den Grundrechten jener anderen behaupten.

Ein Problem der Gesetzesakzessorietät stellt sich hier übrigens nicht, jedenfalls nicht durchschlagend wie bei der allgemeinen Handlungsfreiheit (oben zu Fn. 21). Denn die besondere Persönlichkeitsemanation des Stifters bezieht sich ja gerade darauf, einem bestimmten Sachanliegen mithilfe rechtlich-organisatorischer Vorkehrungen und einem gewissen Vermögenseinsatz zeitliche wie normative Beständigkeit zu geben. Die typischen Merkmale einer Stiftung sind also bereits im Stifterwillen enthalten, nur die Einzelausgestaltung der Rechtsform ist vom Gesetzgeber noch bestimmbar. Die maßgebliche prinzipielle Formgebung liegt damit schon der Grundrechtsausübung zugrunde und greift nicht erst gewissermaßen „nach" derselben ein.

Auch das allgemeine Persönlichkeitsrecht ist aber einschränkbar. Diese Bedingtheit fällt nur längst nicht so generell aus, wie es bekanntlich für die allgemeine Handlungsfreiheit der Fall ist, die von jedem Gesetz, das seinerseits der

---

[27] Dazu nur *Andreas Heldrich,* Der Persönlichkeitsschutz Verstorbener, in: Festschrift für Heinrich Lange (1970) S. 163 ff.; *Horst Dreier,* GG (o. Fn. 3), Art. 1 I Rn. 74 ff.; oder *Annette Fischer,* Die Entwicklung des postmortalen Persönlichkeitsschutzes (2004), jeweils m. w. Nachw.

[28] BVerfGE 30, 173 (174): „Es würde mit dem verfassungsverbürgten Gebot der Unverletzlichkeit der Menschenwürde unvereinbar sein, wenn der Mensch, dem Würde kraft seines Personseins zukommt, in diesem allgemeinen Achtungsanspruch nach seinem Tode (mißachtet) werden dürfte. Dementsprechend endet die in Art. 1 Abs. 1 GG aller staatlichen Gewalt auferlegte Verpflichtung, dem Einzelnen Schutz gegen Angriffe auf seine Menschenwürde zu gewähren, nicht mit dem Tode".

[29] BVerfG, loc. cit. (E 30, 173, 194). Hier sieht man die schon erwähnte (o. Fn. 25) Problematik von sog. „Kombinationsgrundrechten" deutlich: Je nachdem, welche Seite man beim allgemeinen Persönlichkeitsrecht betont, die aus Art. 1 I GG oder die aus Art. 2 I GG, sind unterschiedliche Ergebnisse bezüglich ihrer postmortalen Wirksamkeit abzurufen.

[30] Ähnlich auch etwa *Frowein,* Grundrecht auf Stiftung, S. 16: „Es geht darum, daß der Stifter, der seine Persönlichkeit in der Gründung einer sozialen Anstalt verwirklicht, *zu seinen Lebzeiten* die Möglichkeit haben muß, eine Sicherung dieser Anstalt auch für die Zeit nach seinem Tode zu erreichen" (Hervorhebung vom Verf.).

„verfassungsmäßigen Ordnung" Rechnung trägt, begrenzt, beschnitten und reglementiert werden kann. Und nicht viel besser stand es ja auch mit der Eigentums- und Erbrechtsgarantie, die sich gegenüber der Inhaltsbestimmungsoption des Gesetzgebers nur sehr begrenzt durchsetzen kann.[31] Für das „allgemeine" Persönlichkeitsrecht gilt statt dessen ein exklusives, richterlich geschöpftes Einschränkungsregime: Es stehe – so das Bundesverfassungsgericht – „nicht der gesamte Bereich des privaten Lebens unter dem absoluten Schutz des Grundrechts aus Art. 2 Abs. 1 in Verbindung mit Art. 1 Abs. 1 GG; als gemeinschaftsbezogener und gemeinschaftsgebundener Bürger muß vielmehr jedermann staatliche Maßnahmen hinnehmen, die im überwiegenden Interesse der Allgemeinheit unter strikter Wahrung des Verhältnismäßigkeitsgebots getroffen werden, soweit sie nicht den unantastbaren Bereich privater Lebensgestaltung beeinträchtigen".[32]

Hier also findet auch die Stifterfreiheit ihre Grenzen. Nur der letzte „unantastbare Bereich", d. h. der wirkliche Wesensgehalt ist absolut geschützt. Das im übrigen legt schon Art. 19 Abs. 2 GG fest, und dazu mag bei dem „Grundrecht auf Stiftung" die Verbindlichkeit des Stifterwillens gehören sowie die Verfügbarkeit irgendeiner Rechtsform, welche die ‚Verewigung' der betreffenden Vermögenswidmung verläßlich gewährleistet. In dem Bereich um den Wesenskern herum unterliegen Einschränkungen dann einem strengen Verhältnismäßigkeitsgebot. Ihm müssen sich alle gesetzlichen Ausgestaltungen der Stiftungsgrundform stellen, normative Neuschöpfungen ebenso wie Änderungen bisheriger Schranken. Das gilt auch für den Vorbehalt der behördlichen „Anerkennung" – früher: Genehmigung – nach § 80 Abs. 1 und 2 BGB. Und in gleicher Weise hat die praktische Wahrnehmung dieser Verwaltungsmitwirkung einer Verhältnismäßigkeitsprüfung standzuhalten. Auf jeden Fall trägt das Stiftergrundrecht sowohl den Rechtsanspruch auf die „Anerkennung", wenn die normierten Bedingungen erfüllt sind, als auch die Rückführung der Stiftungsaufsicht auf eine reine Rechtmäßigkeitskontrolle – beides Tatbestände, die nach der letzten Stiftungsrechtsreform allerdings schon gesetzlich sichergestellt sind[33].

Bereits auf Verfassungshöhe wird die Stifterfreiheit im übrigen durch kollidierende Grundrechte Dritter oder gegenläufige (sonstige) Verfassungspositionen begrenzt[34]. Mit ihnen muß ein verhältnismäßiger Ausgleich („praktische Konkor-

---

[31] Die Garantie aus Art. 14 I 1 GG gilt als die systematisch schwierigste Grundrechtskonstruktion der Verfassung. Ihr Dilemma ist, daß das Schutzgut vom selben Gesetzgeber bestimmt werden kann (Art. 14 I 2 GG), gegen den sie es schützen soll. Zum ganzen hier nur der Hinweis auf *Walter Leisner,* in: HStR VI (o. Fn. 20), § 149 und dort insb. Rn. 54 ff., 133 ff.

[32] BVerfGE 32, 373 (379) und als Erläuterung wird noch hinzugefügt: „dabei ist von den Grundsätzen auszugehen, die das Bundesverfassungsgericht in seiner bisherigen Rechtsprechung über die verfassungsrechtliche Zulässigkeit von Eingriffen in die körperliche Unversehrtheit entwickelt hat (BVerfGE 16, 194 [201 f.]; 17, 108 [117 f.]; 27, 211 [219])".

[33] Gesetz zur Modernisierung des Stiftungsrechts v. 15. 07. 2002 (BGBl. I S. 2634).

[34] Diese Kollisionsformel ist vom BVerfG bekanntlich 1970 entwickelt worden; E 28, 243 (261): „Nur kollidierende Grundrechte Dritter und andere mit Verfassungsrang ausgestat-

1.5 Stifterfreiheit – Bedingungen eines Grundrechts auf Stiftung

danz") gefunden werden, bei dem die zusammentreffenden Größen durch wechselseitige Aufeinandereinstellung und Begrenzung zu harmonisieren sind[35]. Ein entsprechend widerstreitendes Grundrecht kann etwa Art. 14 Abs. 1 GG bei jenen Erben sein, deren Erbschaft durch die stifterische Vermögenswidmung geschmälert wird, oder Art. 12 Abs. 1 und wiederum Art. 14 Abs. 1 GG in der Hand der Stiftung (Art. 19 Abs. 3 GG), die in ihrem wirtschaftlichem Entfaltungsdrang vom notifizierten Stifterwillen gebremst wird. Als kollidierende sonstige Verfassungsposition kommen sodann vor allem die staatliche Sicherheit und der Gemeinschaftsfriede in Betracht. Der gesetzliche Vorbehalt einer Nichtgefährdung des „Gemeinwohls" in § 80 Abs. 2 BGB ist insofern (aber auch nur dann) grundgesetzkonform, wenn man den zentralen Maßgabebegriff auf wirkliche Verfassungsnotwendigkeiten beschränkt[36] und jeweils im Lichte der Stifterfreiheit auslegt[37].

---

tete Rechtswerte sind mit Rücksicht auf die Einheit der Verfassung und die von ihr geschützte gesamte Wertordnung ausnahmsweise im Stande, auch uneinschränkbare Grundrechte in einzelnen Beziehungen zu begrenzen" (seitdem ständige Rechtsprechung). Zur Systematik vgl. nur *Peter Lerche,* Grundrechtsschranken, in: Isensee/P. Kirchhof (Hrsg.), HStR V (1992), § 122 Rn. 3 ff., 23 ff.

[35] Zum „Prinzip des schonenden Ausgleichs konkurrierender grundgesetzlich geschützter Positionen": BVerfGE 39, 1 (43); 41, 29 (50 f.). Die methodische Doktrin einer „praktischen Konkordanz" geht zurück auf *Konrad Hesse,* Grundzüge des Verfassungsrechts der Bundesrepublik Deutschland (zuletzt 20. Aufl. 1999), Rn. 28 f., 72, 317 ff.

[36] Etwa die Unversehrtheit der verfassungsmäßigen Grundordnung oder – s. o. – die staatliche Sicherheit bzw. der Gemeinschaftsfriede. Keinesfalls ist allein politische Konformität oder Korrektheit ein hinreichender Einschränkungszweck bzw. konkret ein verfassungsmäßig tragfähiger Grund, die Stiftungsanerkennung oder -genehmigung zu versagen; insofern beispielsweise problematisch die Entscheidungen OVG Münster, NVwZ 1996, 913, und in der Revision BVerwGE 106, 107 ff. (gegenteilig noch die erste Instanz: VG Düsseldorf, NVwZ 1994, 811).

[37] Zur „Wechselwirkungs-" oder „Pendeltheorie" zwischen Schutzgut und Einschränkungsmittel – zum begrenzenden Gesetz nach Art. 5 II GG entwickelt (BVerfGE 7, 198, 208 f.) – vgl. *Lerche,* in: HStR V, § 122 Rn. 21.

1.6 Theorie der Besteuerung von Stiftungen

Von Christian Flämig

Die Besteuerung von Stiftungen findet in den Steuerwissenschaften wenig Beachtung. Für die Finanzwissenschaft ist die Stiftung im Allgemeinen kein Gegenstand der Reflexion.[1] Allerdings dürfte der Einsatz der Stiftung als Rechtsform für den „dritten Sektor" in Zukunft vermehrt das Interesse der ökonomischen Theorie wecken.[2] Auch die Betriebswirtschaftliche Steuerlehre widmet der Stiftung keine Aufmerksamkeit.[3] Nur soweit die Stiftung auch als Unternehmensträger eingesetzt wird, bekundet die Betriebswirtschaftslehre ein gewisses Interesse an der Rechtsform „Stiftung".[4]

Lediglich die Steuerrechtswissenschaft schenkt der Besteuerung von Stiftungen ihr Augenmerk. Allerdings beschränkt sich die Aufmerksamkeit der Steuerrechtswissenschaft in der Regel auf eine Beschreibung des für die Stiftung geltenden Steuerrechts.[5] Mitunter findet im steuerrechtswissenschaftlichen Schrifttum jedoch auch eine analytische Durchdringung des geltenden Stiftungssteuerrechts

---

[1] Nur in ihrer Eigenschaft als intermediäre Finanzgewalt findet die Stiftung das Interesse der Finanzwissenschaft; vgl. *Totenhöfer-Just,* Gerald: Öffentliche Stiftungen – Ein Beitrag zur Theorie der intermediären Finanzgewalten, Baden-Baden 1973.

[2] Vgl. *Anheier,* Helmut K. u. a.: Der dritte Sektor in Deutschland – Organisationen zwischen Staat und Markt im gesellschaftlichen Wandel, Berlin 1997. Insoweit entspricht es der inneren Logik, dass sich das 2001 gegründete „Institut für Stiftungsrecht" an der Bucerius Law School auch dem „Recht der Non Profit-Organisationen" zuwendet.

[3] Für ein stärkeres Engagement der Betriebswirtschaftslehre s. *Koschmieder,* Kurt-Dieter: Plädoyer für eine ökonomische Analyse der Stiftung, in: ZSt 2004, S. 179 ff.; vgl. jedoch *Institut der Wirtschaftsprüfer* (Hrsg.): Stiftungen – Rechnungslegung, Kapitalerhaltung, Prüfung und Besteuerung, Düsseldorf 1997; *Orth,* Manfred: Zur Rechnungslegung der Stiftungen, in: DB 1997, S. 1341 ff.

[4] Vgl. *Berndt,* Hans: Stiftung und Unternehmen, 7. Aufl., Herne 2003; s. auch die Arbeiten von *Pavel,* Uwe: Eignet sich die Stiftung für den Betrieb erwerbswirtschaftlicher Unternehmen?, Bad Homburg / Berlin / Zürich 1967; *Steinhoff,* Heinrich: Die betrieblichen Stiftungen, Diss. rer. pol. Köln 1929; *Steuck,* Heinz-Ludwig: Die Stiftung als Rechtsform für wirtschaftliche Unternehmen, Berlin 1967; *Wiederhold,* Johannes: Stiftung und Unternehmen im Spannungsverhältnis, Diss. Mannheim 1971.

[5] Vgl. *Troll,* Max: Besteuerung von Verein, Stiftung und Körperschaft des öffentlichen Rechts, 3. Aufl., München 1983; dieses Werk wird fortgeführt von *Wallenhorst,* Rolf: Die Besteuerung gemeinnütziger Vereine, Stiftungen und der juristischen Person des öffentlichen Rechts, 5. Aufl., München 2004; s. auch *Milatz,* Jürgen: Stiftungen im Zivil- und Steuerrecht, Heidelberg 2003.

1.6 Theorie der Besteuerung von Stiftungen

statt.[6] Mit der Frage einer theoretischen Grundlegung der Besteuerung von Stiftungen hat sich aber die Steuerrechtswissenschaft – soweit ersichtlich – bislang noch nicht auseinandergesetzt. Dieser Befund ist um so überraschender, da in der Stiftungspraxis Fragen der Besteuerung von Stiftungen von erheblicher, oftmals sogar von entscheidender Bedeutung sind. Immer wieder wird das für die Stiftungen geltende Besteuerungssystem als der Dreh- und Angelpunkt für ein blühendes Stiftungswesen herausgestellt.[7]

Da somit der „Lebensraum" von Stiftungen letztlich von der Ausgestaltung im Steuerrecht bestimmt wird, findet das Stiftungssteuerrecht in der Stiftungsrechtswissenschaft große Beachtung.[8] Entsprechend intensiv setzt sich die Stiftungsrechtspolitik mit dem Besteuerungsgefüge von Stiftungen auseinander.[9] Lange Zeit dominierte jedoch die Forderung nach einer Stiftungsrechtsreform die rechtspolitische Diskussion.[10] Erst in den 80er Jahren des 20. Jahrhunderts fokussierte die Stiftungsrechtspolitik mehr und mehr ihr Interesse an einer Reform des Stiftungssteuerrechts.[11] Allerdings hat sich auch die Stiftungsrechtswissenschaft bislang nicht an eine theoretische Fundierung für die Besteuerung von Stiftungen herangewagt.[12]

---

[6] Speziell aus der Sicht der Familienstiftung s. *Schindler,* Ambros: Familienstiftungen – Recht, Steuer, Betriebswirtschaft –, Berlin 1975, S. 102 ff.; *Schrumpf,* Heinz: Familienstiftung im Steuerrecht, Köln 1979, S. 113 ff.

[7] Pars pro toto: *Karpen,* Ulrich: Gemeinnützige Stiftungen im pluralistischen Rechtsstaat, Frankfurt am Main 1980, S. 29.

[8] Vgl. *Ebersbach,* Harry: Handbuch des Deutschen Stiftungsrechts, Göttingen 1972, S. 271 ff.; *Hahn,* Ottokar / *Schindler,* Ambros: Die Besteuerung der Stiftungen, 2. Aufl., Baden-Baden 1977; *Pöllath,* Reinhardt: Stiftungssteuerrecht, in: Freiherr von Campenhausen, Axel (Hrsg.): Handbuch des Stiftungsrechts, 2. Aufl., München 1999, S. 661 ff.

[9] Vgl. *Strickrodt,* Georg: Stiftungsrecht, Baden-Baden 1977, S. 389; s. auch *Gather,* Gernot: Umrisse eines Bundesstiftungsgesetzes, in: Bürgerinitiative, Offene Welt Nr. 97/98 (1968), S. 352 (356 ff.).

[10] Bericht der Studienkommission des Deutschen Juristentages, Vorschläge zur Reform des Stiftungsrechts, München 1968; Bericht der interministeriellen Arbeitsgruppe Stiftungsrecht, in: Deutsches Stiftungswesen 1966–1976 (hrsg. von *Hauer,* Rolf u. a.), Tübingen 1977, S. 359 ff.

[11] Vgl. Gutachten der Unabhängigen Sachverständigenkommission zur Prüfung des Gemeinnützigkeits- und Spendenrechts, Bonn 1988; die Forderung nach einer Reform des steuerlichen Gemeinnützigkeitsrechts findet nunmehr auch im politischen Raum Widerhall, s. *Bericht der Enquête-Kommission „Zukunft des Bürgerschaftlichen Engagements",* in: Bundestags-Drucksache 14/8900. S. 10, 297 ff.

[12] *P. Rawert* diagnostiziert zu Recht manche Irrwege der Stiftungsdebatte, s. *Rawert,* Peter: Der Sinn des Stiftens, in: Bürgersinn – Stiftungssinn – Gemeinsinn (hrsg. von Kötz, Hein u. a.), Köln/Berlin/Bonn/München 2001, S. 19 (23). Erste Versuche von *Flämig,* Christian: Zur Interdependenz von Stiftungs- und Steuerrecht, in: Entwicklungstendenzen im Stiftungsrecht (hrsg. von der Arbeitsgemeinschaft Deutscher Stiftungen e.V.) Bonn 1987, S. 165 ff.; *derselbe,* Die intranationale Harmonisierung des Stiftungsrechts und des steuerlichen Gemeinnützigkeitsrechts, in: Anderbrügge, Klaus/Epping, Volker/Löwer, Wolfgang (Hrsg.), Dienst an der Hochschule, Festschrift für Dieter Leuze, Berlin 2003, S. 221 ff.

Die Zurückhaltung sowohl der Steuerrechtswissenschaft als auch der Stiftungsrechtswissenschaft an der Begründung einer Theorie der Besteuerung von Stiftungen ist allerdings nicht verwunderlich. Zum einen fehlt es schon an einer tragfähigen Bestimmung des Begriffes „Stiftung". So wird unterschieden zwischen öffentlichen und privaten, selbständigen und unselbständigen, rechtsfähigen und fiduziarischen, allgemeinen und örtlichen, weltlichen und kirchlichen, öffentlich-rechtlichen und privatrechtlichen Stiftungen.[13] Zum anderen ist die rechtsfähige Stiftung schon als Steuersubjekt ein recht exquisiter Gegenstand für eine steuertheoretische Betrachtung, da sie als juristische Person nicht über Mitglieder verfügt und sich damit den Kategorien von Anspruch und Verpflichtung, auf denen der selbsttätige Interessenausgleich im Privatrecht beruht, entzieht. Schließlich ist die gemeinnützige Stiftung mit ihrem Anspruch auf Steuerbefreiung für nicht wenige Steuerbürger ein „Ärgernis" im modernen Steuerstaat.

Umso dringender ist es geboten, im Sinne des Versuches einen Gegenstandsbereich umfassend wissenschaftlich zu erklären, eine „Theorie der Besteuerung von Stiftungen" zu begründen. Immerhin hat Kenneth E. Boulding seine Gedanken „Über eine Theorie der Stiftungen" schon 1973 veröffentlicht.[14] Dessen Warnung, dass das Rechtsinstitut „Stiftung" zum Selbstzweck zu werden drohe, lässt es mehr denn je angezeigt erscheinen, die „Stiftung" im Steuerrecht in ein ganzheitlich ausgerichtetes Blickfeld zu nehmen und von dort aus grundlegende steuerrechtliche Fragen zu stellen.

Der Beitrag über eine „Theorie der Besteuerung von Stiftungen" beschränkt sich dabei auf die rechtsfähige Stiftung des privaten Rechts. Dieser Vorbehalt gegenüber dem Idealtypus der Stiftungsarten bedarf deshalb besonderer Hervorhebung, da das Wort „Stiftung" sehr häufig nur als Bezeichnung für eine Leistungsabsicht oder einen Gestaltungsanspruch verwendet wird.[15]

---

[13] Vgl. *Neuhoff,* Klaus: Stiftungen §§ 80–88 BGB, in: Soergel, Theodor: Kommentar zum Bürgerlichen Gesetzbuch, Bd. 1 Allgemeiner Teil, 11. Aufl., Stuttgart/Berlin/Köln/Mainz 1978, Vor § 80 Rz. 53 ff. Zu der darüber hinausgehenden Frage einer „überschießenden Instrumentalisierung" der Stiftung (etwa in Gestalt der „Stiftung auf Zeit" sowie der „Stiftungsersatzformen") s. die Beiträge von *Mecking,* Christoph u. a., in: Grenzen der Instrumentalisierung von Stiftungen (hrsg. von Mecking, Christoph/Schulte, Martin), Tübingen 2003, S. 1 ff.

[14] *Boulding,* Kenneth E.: Über eine neue Theorie der Stiftungen, Essen-Bredeney 1973.

[15] Mit dieser m. E. nach geltendem Recht unverzichtbaren Positionierung soll keineswegs die Berechtigung der Kritik von *D. Pleimes* negiert werden, der die rechtsfähige Stiftung des BGB unter dem Eindruck ihrer Bedeutung in der deutschen Rechtsgeschichte als gesetzgeberischen Fehlgriff bezeichnet hat; s. *Pleimes,* Dieter: Die Rechtsproblematik im Stiftungswesen, Diss. Leipzig, Weimar 1938, S. 5; *derselbe,* Irrwege der Dogmatik, Köln 1954, S. 88.

Grundlegung für eine Theorie der Besteuerung von Stiftungen

Für eine theoretische Fundierung der Besteuerung von Stiftungen ist primär von der grundlegenden Frage auszugehen, ob die Erhebung von Steuern überhaupt gerechtfertigt ist. Selbst für die ältere Finanzwissenschaft war diese Frage nicht mehr ein Gegenstand von allzu tiefgehenden Begründungen.[16] Inzwischen hält man sie sogar „im Grunde für obsolet".[17] Hierfür kann auch die Feststellung von H. Fecher angeführt werden: „Im modernen, demokratischen Rechtsstaat bedarf die Steuererhebung keiner generellen Begründung. Sie ist durch die materielle Existenz des Staates hinreichend geklärt."[18]

Auch in der Steuerrechtswissenschaft wird es als selbstverständlich angesehen, dass die Erhebung von Steuern gerechtfertigt ist.[19] Bei den (mitunter dürren) Begründungsversuchen wird ebenfalls der Zusammenhang zwischen Staat und Steuern herausgestellt. So führt D. Birk als Begründung an: „Der Bürger ist Zeit seines Lebens der staatlichen Besteuerungsgewalt ausgesetzt, die Frage nach ihrer Rechtfertigung kommt der Frage nach der Rechtfertigung des Staates gleich und steht in Zusammenhang mit der Einsetzung des staatlichen Gewaltmonopols."[20] Auch K. Tipke stellt diese Konnexität mit den Worten heraus: „Ohne den Staat und seine Rechtsordnung ist ein geordnetes Zusammenleben von Menschen nicht möglich. Das geordnete Zusammenleben muss aber finanziert werden." Er beruft sich insoweit auf den Satz von Justice Holmes *„Taxes on what we pay to civilized societies".*[21]

Angesichts des offenkundigen Nexus zwischen Staat und Steuer besteht auch seitens der (ohnehin „finanzblinden") Staatsrechtswissenschaft wenig Neigung, sich vertiefend um die Frage einer Rechtfertigung der Erhebung von Steuern zu bemühen. In dem Standardwerk über das Staatsrecht der Bundesrepublik Deutschland erklärt K. Stern apodiktisch: „Die Steuer ist heute unentbehrliches Finanzmittel des Staates und damit ebenso gerechtfertigt wie er selbst."[22] J. Isensee be-

---

[16] Siehe die Ausführungen über „Die Rechtfertigung der Besteuerung" von *Gerloff,* Wilhelm: Steuerwirtschaftslehre, in: Handbuch der Finanzwissenschaft (hrsg. von Gerloff, Wilhelm / Neumark, Fritz), 2. Bd., 2. Aufl., Tübingen 1956, S. 240 (262 ff.).

[17] *Neumark,* Fritz, Steuern I: Grundlagen, in: Handwörterbuch der Wirtschaftswissenschaft (hrsg. von Albers, Willi u. a.), 7. Bd., Stuttgart / New York / Tübingen / Göttingen / Zürich 1977, S. 295 (300 f.).

[18] *Fecher,* Hans: Persönliche allgemeine Vermögensteuer, in: Handbuch der Finanzwissenschaft (hrsg. von Neumark, Fritz), Bd. II, 3. Aufl., Tübingen 1980, S. 454 (465); s. auch *Schmölders,* Günter: Finanzpolitik, 3. Aufl., Berlin / Heidelberg / New York 1970, S. 16 f.

[19] *Tipke,* Klaus: Die Steuerrechtsordnung, Bd. I, Köln 1993, S. 253 ff. mit weiteren Nachweisen.

[20] *Birk,* Dieter, Steuerrecht I, Allgemeines Steuerrecht, München 1988, § 1 Rnr. 2.

[21] *Tipke,* Klaus: Die Steuerrechtsordnung, Bd. I, Köln 1993 S. 253 f.

[22] *Stern,* Klaus: Das Staatsrecht der Bundesrepublik Deutschland, Bd. II, München 1989, S. 92.

hauptet sogar, dass es für die Steuer gar keiner besonderen Rechtfertigung bedürfe. Nach dessen Meinung rechtfertigt sich die Existenz der Steuer „aus dem allgemeinen legitimen Finanzbedarf des Staates. Soweit der Finanzbedarf legitim ist, ist er auch für die Steuer als Finanzquelle."[23] Die Zurückhaltung in der Staatsrechtswissenschaft wird offensichtlich auch vom Bundesverfassungsgericht geteilt, das ohne Rekurs auf die Grundrechte oder die Kompetenzvorschriften in Art. 105–108 GG apodiktisch ausgeführt hat: „Das – auch strafrechtlich sanktionierte – Verlangen des Staates nach steuerlichen Abgaben begründet sich aus dem Umstand, dass der Betroffene am staatlichen Leben teilnimmt, ihm der besondere Schutz, Ordnung und Leistungen der staatlichen Gemeinschaft zugute kommt. Deshalb darf ihm ein Anteil an den staatlichen Leistungen zur Aufrechterhaltung des staatlichen Lebens auferlegt werden".[24]

Einen neuen staatsrechtlichen Erklärungsversuch über die Rechtfertigung von Steuern bietet unter Berufung auf Lorenz von Stein[25] und dessen „Princip der Reproductivität" neuerdings K. Vogel in dem im „Handbuch des Staatsrechts" niedergelegten Beitrag „Der Finanz- und Steuerstaat". Auf der Grundlage der Reproduktivitätstherorie von L. v. Stein seien Steuern deshalb gerechtfertigt, „weil der Staat durch die Gesamtheit seiner Tätigkeit zum wirtschaftlichen Ertrag beigetragen hat", damit komme es nur darauf an, „dass durch die Leistung des Staates die Steuern an die Gesamtheit der Bürger zurückfließen"[26]; die Erhebung von Steuern wird hiernach allein von Überlegungen der austeilenden Lastengleichheit bestimmt.

Auch wenn mit den eben angeführten Überlegungen die Erhebung von Steuern im Allgemeinen gerechtfertigt werden kann, stellt sich gleichwohl die Frage, ob damit auch die Besteuerung von Stiftungen als gerechtfertigt angesehen werden kann. Immerhin könnte sich die allgemeine Rechtfertigung der Erhebung von Steuern allein auf die Menschen in ihrer Eigenschaft als Staatsbürger beziehen, denen gegenüber den Stiftungen eine solche Qualifikation nicht zuerkannt werden kann. Zudem muss kritisch vermerkt werden, dass die Deutung der Steuer als eine historische Erscheinung des Staates noch nicht die Rechtfertigung der Steuer und ihres Wesens beinhaltet. Im Wandel der Anschauungen bedarf auch und gerade die Steuer „immer wieder der erneuten Verantwortung vor dem Warum und Weshalb der kritischen Vernunft".[27]

---

[23] *Isensee,* Josef: in: Hansmeyer, Karl Heinrich (Hrsg.): Staatsfinanzierung im Wandel, Tübingen 1983, S. 441.

[24] BVerfGE 67, 100 (143); zu dem positiv verfassungsrechtlichen Prinzip des „Steuerstaates" s. BVerfGE 78, 249 (266 f.).

[25] *von Stein,* Lorenz: Lehrbuch der Finanzwissenschaft, Teil II, Abschn. 1, 5. Aufl., Leipzig 1885, S. 348 (358 f.).

[26] *Vogel,* Klaus: Der Finanz- und Steuerstaat, in: Handbuch des Staatsrechts (hrsg. von Isensee, Josef / Kirchhof, Paul), Bd. II, 3. Aufl., Heidelberg 2004, S. 843 (871 f.).

[27] So zu Recht *Gerloff,* Wilhelm: Steuerwirtschaftslehre, in: Handbuch der Finanzwissenschaft (hrsg. von Gerloff, Wilhelm / Neumark, Fritz), 2. Bd., 2. Aufl., Tübingen 1956, S. 203.

1.6 Theorie der Besteuerung von Stiftungen

Wenn sich die Rechtfertigung der Erhebung von Steuern auch auf die Stiftungen erstrecken sollte, kann man sich nicht allein mit dem aufgezeigten Nexus zwischen Staat und Steuern begnügen. Vielmehr bedarf es einer staatstheoretischen „Durchleuchtung" des Staates, der sich nicht nur als Rechtsstaat oder Sozialstaat, sondern – angesichts der Rechtfertigung der Erhebung von Steuern aus der Existenz des Staates – auch als Steuerstaat begreift. Die Kennzeichnung des Steuerstaates als eines Staates, der sich im wesentlichen über die Steuer finanziert, reicht allerdings nur geringfügig über eine Tautologie hinaus. Die Kenntnis von Inhalt und Struktur des Steuerstaates kann vielmehr nur aus dessen Voraussetzungen und Merkmalen vermittelt werden[28]; hiernach lässt sich auch der Standort der Stiftungen im Steuerstaat bestimmen.

Zunächst zeigt sich im Steuerstaat die eigentliche Souveränität des modernen Staates.[29] Zur Deckung seines Finanzbedarfs setzt er seine Geldforderungen durch hoheitlichen, einseitigen, zwingenden Befehl in Gestalt der Steuer fest. Im Steuerstaat hängt die Steuerforderung gegenüber dem Staatsbürger und seinen Organisationen nicht von einer Gegenleistung des Staates ab. Die Bindungen der Steuer an einen spezifizierten Ausgabenzweck, an Gegenseitigkeit und Äquivalenz – wie sie für die Zwecksteuer, Gebühr und Beitrag wesensgemäß sind – hat der Steuerstaat abgestreift[30]. Der Steuerstaat manifestiert damit seine Souveränität, in dem er seine Mittel selbst bestimmt und seine Ziele selbst wählt.

Weiterhin dokumentiert sich der Steuerstaat in dem Befund, dass er sich im Hinblick auf die Leistungen des Bürgers an die Gesellschaft nur mit einer Geldzahlung in Gestalt der Steuer begnügt. Für die Erfüllung seiner Aufgaben nimmt er nicht (mehr) Dienstleistungen oder Sachleistungen der Bürger – auch nicht von den durch Bürger errichteten Stiftungen – in Anspruch.[31] Vielmehr erbringt er seine Leistungen durch eigenes Personal. Somit manifestiert sich auch in der Etablierung der Beamtenschaft der moderne Steuerstaat.[32] Die Beamtenschaft bedient sich dabei mitunter der Stiftungen (insbesondere der Stiftungen des öffentlichen Rechts) als „verlängerter Arm der Verwaltung".[33]

---

[28] Grundlegend aus ökonomischem Blickwinkel *Schumpeter*, Josef: Die Krise des Steuerstaates, Graz/Leipzig 1918 (Nachdruck in: Hickel, Rudolf (Hrsg.): Die Finanzkrise des Steuerstaates. Beiträge zur politischen Ökonomie der Staatsfinanzen, Frankfurt am Main 1976, S. 329 ff.).

[29] *Schumpeter*, Josef: loc. cit., S. 341.

[30] Zu dem im modernen Steuerstaat eingeschränkten Anwendungsbereich des Äquivalenzprinzips s. *Schmehl*, Arndt: Das Äquivalenzprinzip im Recht der Staatsfinanzierung, Tübingen 2004.

[31] *Schumpeter*, Josef: loc. cit., S. 361.

[32] *Schumpeter*, Josef: loc. cit., S. 340.

[33] Vgl. dazu die Kritik von *Totenhöfer-Just*, Gerald: Öffentliche Stiftungen, Baden-Baden 1973, S. 24 ff.; das verfassungsrechtliche Pendant der finanzwissenschaftlichen Kritik bietet *Fiedler*, Albrecht: Staatliches Engagement im Stiftungswesen zwischen Formenwahlfreiheit und Formenmissbrauch, Berlin 2004, passim.

Schließlich zeigt sich das Wesen des Steuerstaates weiterhin in dem Verzicht, durch eigene ökonomische Betätigung seinen Finanzbedarf zu decken. Der Steuerstaat grenzt sich somit vom Unternehmerstaat ab, der von R. Goldscheid euphorisch wie folgt gepriesen wird: „Das gesellschaftlich kontrollierte, an Reichtum stetig zunehmende, sein wachsendes öffentliches Eigentum immer sorgsamer und tüchtiger verwaltende kapitalkräftige Gemeinwesen ist der Anfang zu ausreichend wirtschaftlich fundierter Demokratie, zu geordnetem Staatshaushalt, zu friedlichem Zusammenleben und fruchtbarem Zusammenarbeiten der in ihrem lebensnotwendigen Bedarf gesicherten Völker."[34] Im Steuerstaat bleibt hingegen die wirtschaftliche Betätigung den gesellschaftlichen Kräften überlassen[35]. Der Steuerstaat begnügt sich damit, am ökonomischen Erfolg des Staatsbürgers und den von ihnen begründeten Organisationen – so u. a. den Stiftungen – zu partizipieren. Mit der Steuer garantiert der Steuerstaat den Bürgern zugleich die Wirtschafts- und Berufsfreiheit. Insoweit ist die Steuer „geradezu Voraussetzung für Bestehen und Fortbestehen der Verkehrswirtschaft, eine Art Prämie oder Abfindung der Besteuerten an den Staat, welcher diese Organisationsform der Volkswirtschaft wählt oder lässt".[36]

Die staatstheoretische Begründung für den eben beschriebenen Steuerstaat ist die Distinktion von Staat und Gesellschaft, die ihre ideologische Grundlage im Liberalismus findet.[37] Dem „Staat" – verstanden als eine aus „gemeiner Not" geborene zweckrational organisierte Herrschaftsmacht[38] – steht in diesem staatstheoretischen Konzept gegenüber die „Gesellschaft" – verstanden als der Raum, in dem die selbstzweckhafte Freiheit der Individuen und deren Organisationen sich öffentlich entfaltet. Im Steuerstaat steht dem Staat die Steuergewalt bzw. -hoheit zu; den gesellschaftlichen Kräften obliegt die Verfügungsmacht über die Steuerobjekte. Deren Dispositionsfreiheit gründet sich auf den Rechtsinstituten Privatautonomie und Koalitionsautonomie, Berufs- und Gewerbefreiheit, Eigentum und

---

34 *Goldscheid,* Rudolf: Staat, öffentlicher Haushalt und Gesellschaft, in: Handwörterbuch der Finanzwissenschaft, Bd. 1, Tübingen 1926, S. 253 (315); *R. Goldscheid* sieht in einem wirtschaftlich starken „Unternehmerstaat" die Möglichkeit einer Überwindung des „verschuldeten Steuerstaates", s. *Goldscheid,* Rudolf: Staatssozialismus und Staatskapitalismus, Wien 1917 (Nachdruck in: Hickel, Rudolf (Hrsg.): Die Finanzkrise des Steuerstaates. Beiträge zur politischen Ökonomie der Staatsfinanzen, Frankfurt am Main 1976, S. 40 ff.)

35 *Krüger,* Herbert: Allgemeine Staatslehre, 2. Aufl., Stuttgart 1966, S. 897.

36 *Terhalle,* Fritz: Die Finanzwirtschaft des Staates und der Gemeinden, Berlin 1948, S. 176.

37 Zu den Ausprägungen des politischen Liberalismus s. *Huber,* Ernst R.: Deutsche Verfassungsgeschichte, Bd. 2, Stuttgart 1963, S. 371 ff.; die als Ergebnis der liberal-rechtsstaatlichen Entwicklung in Europa im 19. Jahrhundert zu konstatierende strenge Dichotonie zwischen Staat und Gesellschaft war in den USA niemals tragender Bestandteil des politischen Denkens und Handelns.

38 Zur Entstehung des modernen Staates s. *Böckenförde,* Ernst-Wolfgang: Die Entstehung des Staates als Vorgang der Säkularisation, in: Böckenförde, Ernst-Wolfgang: Staat, Gesellschaft, Freiheit, Frankfurt am Main 1976, S. 42 f.

1.6 Theorie der Besteuerung von Stiftungen

Erbrecht[39] – was auch das Recht zur Bildung von Personenvereinigungen, aber auch das zur Errichtung von Stiftungen einschließt.

Das staatstheoretische Konzept des Dualismus von Staat und Gesellschaft wirkt gegenüber der Gestaltungsmacht des Steuerstaates freilich insoweit begrenzend, als dem Staat kein Monopol über die gemeinwohl-bedeutsamen Dienste zusteht. „Das Grundgesetz setzt vielmehr voraus, dass der Großteil der Leistungen, auf die das Gemeinwesen angewiesen ist, von den freien Kräften der Gesellschaft, den Bürgern sowie deren Organisationen erbracht wird".[40] Der Staat darf nicht die Tätigkeiten an sich ziehen, die vom Schutzbereich der Grundrechte für die Bürger reserviert sind und damit von Verfassung wegen deren Privatinitiative obliegen. Die vielfältigen Bindungen des Staates, nicht zuletzt das Subsidiaritätsprinzip[41], gewährleisten das freie Engagement der Grundrechtsträger für die soziale Gerechtigkeit sowie den Vorrang vor sozialstaatlichem Reglement.[42] Mittels der Grundrechte der Berufs-, Koalitions- und Eigentumsfreiheit können die Bürger die in ihnen ruhenden Kräfte freisetzen, sich für gemeinwohlorientierte Aufgaben zu engagieren.

Auch wenn hiernach der Staat, um seine Aufgaben erfüllen zu können, notwendigerweise auf die Erhebung von Steuern angewiesen ist, bleibt gleichwohl den gesellschaftlichen Kräften im Steuerstaat der Freiraum vorbehalten, sich gemeinwohlkonformen Aufgaben unter Inanspruchnahme steuerstaatlicher Schonung zu widmen. Insoweit finden gerade die Stiftungen mit den von ihren Gründern bestimmten fremd- und gemeinnützigen Zwecksetzungen in dem modernen Steuerstaat den ihnen gemäßen Standort in der Erfüllung gemeinwohlbedeutsamer Dienste.[42a]

Über die allgemeine Rechtfertigung für die Erhebung von Steuern und die staatstheoretische Fundierung des Steuerstaates hinaus ist es geboten, sich weiter-

---

39 *Isensee,* Josef: Steuerstaat als Staatsform, in: Stödter, Rolf / Thieme, Werner (Hrsg.), Hamburg. Deutschland. Europa, Festschrift für Ipsen, Hans Peter, Tübingen 1977, S. 406 (417).

40 *Isensee,* Josef: loc. cit., S. 422.

41 *Isensee,* Josef: Subsidiaritätsprinzip und Verfassungsrecht, Berlin 1968, S. 268 ff.

42 Diese „Öffnung" der Bürger für gemeinwohlbedeutsame Dienste lässt sich nicht durchgängig für alle modernen Staaten beobachten. In dem von *M. Flory* verfassten OECD-Bericht wird zu Recht diagnostiziert, dass sich „... im öffentlichen Diskurs über die Jahrhunderte hinweg ... zwei Vorstellungen hinsichtlich der Bewältigung von Gemeinschaftsaufgaben" entwickelt haben. „In einigen Ländern, unter denen Frankreich ein extremer Fall ist, wird ... die Auffassung vertreten, dass das öffentliche Interesse in die direkte Verantwortlichkeit des Staates fällt". „In anderen Staaten, insbesondere in den angelsächsischen Ländern, ist es nicht das ausschließliche Vorrecht des Staates, das Gemeinwohl zu definieren", s. *Flory, Maurice:* Der Standort der Stiftungen im Forschungssystem, Essen-Bredeny 1974, S. 30.

42a Zu Recht hebt *J. Ipsen* in seinem Beitrag „Staat und Stiftung" abschließend hervor, dass „die Trennung von Staat und Gesellschaft ... eine Bedingung individueller Freiheit (ist), als deren gemeinwohlfördernder und gemeinwohlverträglicher Ausdruck uns die Stiftung entgegentritt", *Ipsen,* Jörn: Staat und Stiftung in: Deutsches Stiftungswesen 1977–1988 (hrsg. von Hauer, Rolf u. a.), Augsburg / Bonn 1989, S. 151 (163).

hin zu vergegenwärtigen, worin die Begründung für die Verteilung bzw. Aufteilung der Steuerlast auf die Bürger besteht.[43] Die Versuche einer Rechtfertigung für die Steuerlastverteilung auf die „besteuerungswürdigen Subjekte" spiegeln die jeweilige Staatsauffassung wider, wobei im Grundsatz zwei einander entgegengesetzte Richtungen zu erkennen sind, die man zum einen als sophistische Staatsauffassung und zum anderen als aristotelische Staatsauffassung bezeichnen kann.[44]

Die Sophisten der jüngeren Schule, ähnlich auch Cicero, sahen im Staat einen für ein gemeinsames Ziel organisierten Zweckverband, dem der Bürger als gleichberechtigter Partner gegenübersteht. Die sophistische Staatsauffassung liegt auch der von Jean J. Rousseau begründeten Vertragstheorie sowie der modernen „reinen Finanztheorie" zugrunde, die auf die „Steuerwertlehre" von E. Sax zurückzuführen ist.[45] Diesem gedanklichen Ansatz folgend ist die Steuer – ökonomisch betrachtet – als ein Monopolpreis eigener Art anzusehen, somit als ein Preis, der für Staatsleistungen aller Art zu erbringen ist.[46] Ihre Rechtfertigung erfährt die Steuer somit dadurch, dass sie als *Äquivalent* dafür gezahlt wird, dass der Staat bestimmte Aufgaben im Interesse der Bürger übernommen hat; die Steuerbelastung sei hiernach interpersonell nach dem Nutzen zu verteilen, der dem Bürger aus der Staatstätigkeit erwächst.

Diese als „Äquivalenz-Theorie" bezeichnete Steuerlastverteilungstheorie fand ihre älteste Ausprägung in der „Assekuranztheorie". Hiernach sind die Steuern gleichsam Versicherungsprämien, die für den Schutz des Lebens (Personalsteuern) und die Gewährleistung des Eigentums (Vermögensteuern), die der Bürger von Seiten des Staates genießt, entrichtet werden. Unter dem Einfluss der Ideen der Französischen Revolution wandelte sich diese Begründung zu der „Interessentheorie" bzw. „Genuss-Theorie" der Besteuerung und schließlich zu der modernen „Benefit-Theorie".[47] Danach ist die Steuer nicht nur der Preis für den Schutz von Leib und Leben, sondern für sämtliche Funktionen des Staates; sie bildet den Preis für die Vorzüge, die der Staat den Bürgern gewährt.

---

[43] Im Gegensatz zu einer allgemeinen Rechtfertigung der Besteuerung sieht *H. Fecher* in der Aufteilung der Steuerlast nach Maßgabe der vertikalen und horizontalen Gerechtigkeit das eigentliche Problem, s. *Fecher*, Hans: Persönliche allgemeine Vermögensteuer, in: Handbuch der Finanzwissenschaft (hrsg. von Neumark, Fritz), Bd. II, 3. Aufl., Tübingen 1980, S. 452 (465).

[44] *Schmölders*, Günter: Finanzpolitik, 3. Aufl., Berlin / Heidelberg / New York 1970, S. 305.

[45] *Sax*, Emil: Die Wertungstheorie der Steuer, in: Zeitschrift für Volkswirtschaft und Sozialpolitik, NF. Bd. 4, 1924, S. 191 ff.

[46] *De Viti de Marco*, Alberto: Grundlagen der Finanzwissenschaft, Tübingen 1932, S. 13 ff.

[47] *Haller*, Heinz: Die Steuern, Tübingen 1964, S. 12 ff.; kritisch über diese Steuerlastverteilungstheorie s. insbesondere *Neumark*, Fritz: Grundsätze gerechter und ökonomisch rationaler Steuerpolitik, Tübingen 1970, S. 42 ff.; *Schmidt*, Kurt: Grundprobleme der Besteuerung in: Handbuch der Finanzwissenschaft (hrsg. von Neumark, Fritz), Bd. II, 3. Aufl., Tübingen 1980, S. 137 ff.

1.6 Theorie der Besteuerung von Stiftungen

Im Gegensatz zu der sophistischen Staatsauffassung steht die aristotelische Staatsauffassung, die im Staat ein übergeordnetes Prinzip erkennt. Hiernach muss jeder nach seinen Kräften zum Erreichen der Staatszwecke beitragen. Diesem Denkansatz entspricht die Hegel'sche Staatsauffassung, nach der der Staat eine „hohe Macht" ist, die man nicht mit der „bürgerlichen Gesellschaft" verwechseln dürfe.[48]

Auf diesem Hintergrund leitet sich als Begründung für die Steuerlastverteilung ab, dass jeder Bürger nach der Höhe seiner *„wirtschaftlichen Leistungsfähigkeit"* zur Zahlung von Steuern verpflichtet ist[49]. Da die Steuer als von der Allgemeinheit aufzubringendes Opfer zu verstehen ist, tritt an die Stelle der „Äquivalenz-Theorie" somit die *„Opfer-Theorie"*[50], auf deren Grundlage im gegenwärtigen deutschen Steuersystem die Steuerlastverteilung grundsätzlich ausgerichtet ist[51], was notwendigerweise einschließt, dass der Besteuerung eine Umverteilungsfunktion beizumessen ist. Freilich wird insbesondere in der Finanzwissenschaft mit kritischen Bemerkungen über das Leistungsfähigkeitsprinzip nicht gespart.[52]

In der opfertheoretischen Begründung der Steuerlastverteilung findet grundsätzlich auch die Besteuerung von Stiftungen, in denen Bürger ihre fremd- und gemeinnützigen Ziele zu verwirklichen beabsichtigen, ihre Rechtfertigung. Insoweit ist auch die Besteuerung von Stiftungen Ausdruck staatlicher Verteilungspolitik.

Das nach der „Opfertheorie" ausgelegte System der Besteuerung entsprechend der wirtschaftlichen Leistungsfähigkeit der Staatsbürger bezieht sich auf den Menschen. Deshalb werden vom Staat die natürlichen Personen zur Besteuerung herangezogen, wenn sie – steuertechnisch gesprochen – den Tatbestand erfüllen, an denen das jeweilige Steuergesetz die Leistungspflicht knüpft (pars pro toto § 1 Abs. 1 EStG für die Einkommensteuer).

---

[48] *Schmölders,* Günter: Finanzpolitik, 3. Aufl., Berlin/Heidelberg/New York 1970, S. 305, 329.

[49] Grundlegend *Smith,* Adam: Finanzpolitik. Buch G, aus: Der Wohlstand der Nationen (Übertragung aus dem Englischen von H. C. Recktenwald), München 1974, S. 73; relativierend *Haller,* Heinz: Finanzpolitik, 3. Aufl., Tübingen 1965, S. 714 f.

[50] *Gerloff,* Wilhelm: Steuerwirtschaftslehre, in: Handbuch der Finanzwissenschaft (hrsg. von Gerloff, Wilhelm/Neumark, Fritz), Bd. II, 2. Aufl., Tübingen 1956, S. 272 ff.; *Haller,* Heinz: Rationales Steuersystem und empirische Steuerwirkungen, in: Handbuch der Finanzwissenschaft (hrsg. von Neumark, Fritz), Bd. II, 3. Aufl., Tübingen 1980, S. 182; *Schmidt,* Kurt: Grundlagen der Besteuerung, in: Handbuch der Finanzwissenschaft (hrsg. von Neumark, Fritz), Bd. II, 3. Aufl., Tübingen 1980, S. 145 f.

[51] Vgl. *Hensel,* Albert: Steuerrecht, Berlin 1924, S. 21; *ders.,* Steuerrecht, 3. Aufl., Berlin 1933, S. 60; *Neumark,* Fritz: Grundsätze gerechter und ökonomisch-rationaler Steuerpolitik, Tübingen 1970, S. 121 ff.; *Schmidt,* Kurt: Grundprobleme der Besteuerung, in: Handbuch der Finanzwissenschaft (hrsg. von Neumark, Fritz), Bd. II, 3. Aufl., Tübingen 1980, S. 141 ff.

[52] Vgl. die Bemerkung von *R. Goldscheid:* „So war z. B. die Parole „Besteuerung nach der Leistungsfähigkeit" das leerste Schlagwort, das sich denken lässt", s. *Goldscheid,* Rudolf: Staat, öffentlicher Haushalt und Gesellschaft, in: Hickel, Rudolf (Hrsg.): Die Finanzkrise des Staates, Frankfurt am Main, 1976, S. 253 (272).

Mit Rücksicht darauf, dass sich mehrere natürliche Personen zusammenschließen (können), werden allerdings auch die Personenzusammenschlüsse (z. B. nicht rechtsfähige Vereine) zur Besteuerung herangezogen, falls sie einen Tatbestand erfüllen, an denen das jeweilige Steuergesetz die Leistungspflicht knüpft (pars pro toto § 1 Abs. 1 Nr. 5 KStG). Eine solche „Steuerlastverteilungsentscheidung" nimmt der Gesetzgeber auch für die Personenvereinigungen, die von der Rechtsordnung mit selbständiger Rechtspersönlichkeit ausgestattet worden sind[53], in Anspruch. Auch und gerade die juristischen Personen werden der Besteuerung unterworfen, wenn sie den Steuertatbestand erfüllen, an denen das Gesetz die Leistungspflicht knüpft (pars pro toto § 1 Abs. 1 Nr. 4 KStG für die juristischen Personen des privaten Rechts).

Im finanzwissenschaftlichen Schrifttum wird allerdings zu Recht die Frage erhoben, ob das sog. Leistungsfähigkeitsprinzip auf juristische Personen Anwendung finden kann. Für F. Neumark vermögen die Argumente, die von Praktikern und Theoretikern für die Zweckmäßigkeit oder Notwendigkeit der Erhebung einer von der „eigentlichen" Einkommensteuer unterschiedenen Körperschaftsteuer vorgebracht werden, nicht zu überzeugen.[54] Mit einer gewissen Berechtigung weist F. Neumark darauf hin, dass „die „eigene Rechtspersönlichkeit" dem Juristen imponieren mag; für den Nationalökonomen ist von größerer Bedeutung, dass hinter einer *personne morale* stets *personnes physiques* stehen, die früher oder später, in dieser oder jener Gestalt an dem Gewinn (freilich auch an den Verlusten) der Gesellschaft partizipieren". Bei dem Versuch, für die Besteuerung von juristischen Personen gleichwohl eine opfertheoretische Begründung zu finden, rekurriert F. Neumark daher auf eine „direkte Erfassung sachlich-generischer Leistungsfähigkeit".[55] Diese Begründung findet ihre Unterstützung im steuerrechtswissenschaftlichen Schrifttum mit dem Hinweis, dass mit Rücksicht auf den Gleichheitssatz des Art. 3 Abs. 1 GG die Erfassung der objektiven Leistungsfähigkeit der juristischen Person geboten sei.[56]

Gleichwohl bleibt die Frage, ob das auf den Menschen bezogene Leistungsfähigkeitsprinzip es nicht gebietet, den von der Personenvereinigung als juristischer Person erwirtschafteten „Erfolg" allein bei deren Mitgliedern zu erfassen. Indes gilt es für die opfertheoretische Begründung der Besteuerung von juristischen Personen zu bedenken, dass eine solche Personenvereinigung ihren Mitgliedern selbständig gegenübersteht; sie kann daher im Geschäftsverkehr auch gegenüber ihren Mitgliedern selbständig auftreten. Deshalb kann – durchaus im Einklang

---

[53] Vgl. *Serick,* Rolf: Rechtsform und Realität zur juristischen Person, in: Beiträge zum ausländischen und internationalen Privatrecht, Bd. 26, Berlin / Tübingen 1955, S. 16 ff.

[54] *Neumark,* Fritz: Grundsätze gerechter und ökonomisch-rationaler Steuerpolitik, Tübingen 1970, S. 131 ff., insbesondere im Hinblick auf die Besteuerung von Kapitalgesellschaften.

[55] *Neumark,* Fritz: Wirtschafts- und Finanzprobleme des Interventionsstaates, Tübingen 1961, S. 349 (358 und 366).

[56] *Tipke,* Klaus / *Lang,* Joachim: Steuerrecht, 17. Aufl., Köln 2002, S. 82 f.

1.6 Theorie der Besteuerung von Stiftungen

mit der „Opfer-Theorie" – sowohl eine Besteuerung der juristischen Person als auch eine Besteuerung der Mitglieder der jeweiligen juristischen Person gerechtfertigt erscheinen.

Die opfertheoretische Begründung für die Besteuerung juristischer Personen zusätzlich zu der Besteuerung ihrer Mitglieder kann freilich nicht ohne weiteres auf die Besteuerung von Stiftungen übertragen werden. Denn die Stiftung ist kein zu einer juristischen Person erhobener Zusammenschluss von Menschen. Vielmehr ist sie ein rechtlich verselbständigtes Zweckvermögen ohne Mitglieder.[57] Die Stiftung ist somit in Überwindung der metaphysischen Konzeption im Stiftungsdenken, derzufolge der Stifter nach seinem Tode im sozialen Leben präsent bleibe[57a], der „gesetzliche Typus" einer mitgliederlosen juristischen Person.[58] Nur die Stiftung als juristische Person vermag die Lebensumstände natürlicher Personen zu überdauern, in dem sie selbst durch strenge rechtliche Zuordnung objektiviert ist. Im Gegensatz zu der Körperschaft als eigen-(mitglieder-)gesicherte Assoziation handelt es sich bei der Stiftung um durch den Willen eines Außenstehenden (Stifter) getrennte Institution, „verfasste Wirkungseinheit" ohne Organ, „das autonom für die Wirkungseinheit zu handeln befugt ist".[59]

Im Vergleich zu den von deren Mitgliedern getrennten juristischen Personen kann die Stiftung angesichts der Eigengesetzlichkeit dieser Institution daher zweifelsohne eine eigene wirtschaftliche Leistungsfähigkeit generieren. Deshalb werden auch Stiftungen der Besteuerung unterworfen, wenn sie den Tatbestand erfüllen, an denen das Steuergesetz die Leistungspflicht knüpft (pars pro toto § 1 Abs. 1 Nr. 4 KStG für „sonstige juristische Personen des privaten Rechts").

Die dem Zivilrecht für die juristische Person immanente Trennung zwischen der mit eigener Rechtsfähigkeit ausgestatteten Personenvereinigung und deren Mitgliedern gilt grundsätzlich auch im Steuerrecht. Deshalb werden – beispiels-

---

[57] Die Stiftung erhielt ihre endgültige Anerkennung als juristische Person durch *von Savigny,* Friedrich Carl: System des heutigen römischen Privatrechts, Berlin 1840–1849; s. hierzu *Liermann,* Hans: Handbuch des Stiftungsrechts, Bd. I Geschichte des Stiftungsrechts, Tübingen 1963, S. 237 f., 244, 250; zweifelnd *Schulze,* Reiner: Historischer Hintergrund des Stiftungsrechts in: Deutsches Stiftungswesen 1977–1988, (hrsg. von Hauer, Rolf u. a.), Augsburg/Bonn 1989, S. 33 f.; kritisch zu der Vorstellung einer Stiftung als juristischer Person s. *Pleimes,* Dieter: Die Rechtsproblematik des Stiftungswesens, Weimar 1938, S. 7; *ders.:* Weltliches Stiftungsrecht, Weimar 1938, S. 5 ff., 9 f.; *ders.:* Irrwege der Dogmatik des Stiftungsrechts, Köln 1954, passim.

[57a] Zu der Mystifizierung der Stiftung s. *Liermann,* Hans: Die Stiftung als Rechtspersönlichkeit, in: Deutsches Stiftungswesen 1948–1966 (hrsg. von Franz, Albert K. u. a.), Tübingen 1968, S. 153 ff.

[58] Bei dem diesen Beitrag zugrunde liegenden Stiftungsbegriff handelt es sich nach der juristischen Methodenlehre um den nach positivem deutschen Recht „gesetzlichen Typusbegriff", s. *Larenz,* Karl: Juristische Methodenlehre, 4. Aufl., München 1979, S. 200, 449; s. auch *Eichler,* Hermann: Die Verfassung der Körperschaft und Stiftung, Berlin 1986, S. 73 f.

[59] *Ferrara Sen.,* zitiert nach *Kronke,* Herbert: Stiftungstypus und Unternehmensträgerstiftung, Tübingen 1988, S. 120.

weise – Unternehmen in der Rechtsform einer Kapitalgesellschaft als eigene Steuersubjekte behandelt; aber auch deren Anteilseigner („Mitglieder") sind selbständige Steuersubjekte. Insoweit findet im Steuerrecht für juristische Personen generell das *„Trennungsprinzip"* Anwendung.[60] Hingegen werden Personenvereinigungen, die nicht als juristische Person organisiert sind, grundsätzlich nicht von dem Trennungsprinzip erfasst. So werden Gesamthandsgemeinschaften (insbesondere Personengesellschaften) nicht eigenständig besteuert. Das Steuersubjekt ist allein der jeweilige Gesamthänder bzw. Mitunternehmer. Insoweit ist die nicht rechtsfähige Personenvereinigung gegenüber dem steuerlichen Zugriff transparent (sog. *Transparenzprinzip).*[61] Dieser Unterscheidung folgt prinzipiell auch die Besteuerung von Stiftungen. Nach dem Trennungsprinzip erfolgt die Besteuerung allein bei der Stiftung. Somit unterscheidet sich deren Besteuerung prinzipiell von der Besteuerung des Stifters einerseits und der der Destinatäre von Stiftungen andererseits.[62]

Auf der Grundlage der opfertheoretischen Begründung einer selbständigen Besteuerung von Stiftungen stellt sich nunmehr die Frage nach dem für die Ausgestaltung des Stiftungssteuerrechts tragenden, zentralen Konstruktions- und Interpretationsprinzip. Ihren Ausgang nimmt die Beantwortung dieser Frage von dem materiellen Begriff der Stiftung.

Die drei Weseneelemente der Stiftung – Vermögensausstattung, Zwecksetzung und Eigenorganisation – stehen nicht unverbunden nebeneinander; sie sind aufeinander bezogen und können auch nur in ihrer wechselseitigen Beziehung richtig ausgebildet werden. In einer Stiftung ist hiernach das Merkmal unbedingter Eigenständigkeit für jedes der drei Wesensmerkmale bestimmend. Bei keinem dieser Wesenselemente darf eine Stiftung einer Abhängigkeit von irgendwelchen, sich außerhalb ihres autonom bestimmten Eigenbereichs abspielenden Willens – und Lenkungsprozessen unterworfen sein. Insgesamt gesehen ist die Qualifikation einer Stiftung entscheidend davon abhängig, dass

– ihre *Vermögensausstattung* der Zwecksetzung und der Eigenorganisation angemessen ist;
– die *Zweckerfüllung* aufgrund des Stiftungsvermögens und der Eigenorganisation gesichert ist;
– die *Eigenorganisation* aus ihrer personalen Qualifizierung für die mit Stiftungsmitteln zu bewirkende Zweckerfüllung heraus tätig werden kann,

somit nicht – weder was die Verfügung über die Stiftungsmittel noch die Zweckbeurteilung angeht – von fremden Willen abhängig ist und sich demzufolge auch gemäß eigener Entscheidung immer wieder in ihrem persönlichen Bestand erneuern kann.

---

[60] *Tipke*, Klaus / *Lang*, Joachim: Steuerrecht, 17. Aufl., Köln 2003, S. 198.
[61] *Tipke*, Klaus / *Lang*, Joachim: loc. cit., S. 198, 364 f.
[62] *Strickrodt*, Georg: Stiftungsrecht, Baden-Baden 1977, S. 454 b f.

1.6 Theorie der Besteuerung von Stiftungen

In Zurückweisung jeder Form von Fremdbestimmung, sei es bei der Vermögensausstattung, der Zweckbestimmung oder der Willensbildung in der Eigenorganisation, bietet sich zur Bestimmung des mittels eines jeden der drei Wesenselemente der Stiftung zu verwirklichenden Prinzips die objektiv und unabhängig von jeglicher Willkür zu bestimmende Leistung und der durch diese zu stiftende Nutzen an. Das die Konstruktion und Interpretation der Stiftung tragende Prinzip ist somit – im Gegensatz zur willkürlich betätigten *Eigennützigkeit* der Menschen und der von ihnen beherrschten Vereinigungen – die *Fremdnützigkeit* als das für jede auf Dauer gegründete Stiftung von dem jeweiligen speziellen gesetzlichen Qualitätsanforderungen unabhängige Konstruktionsprinzip sowie als Auslegungs- und Erneuerungshilfe.[63]

Mit dem Prinzip der Fremdnützigkeit distanziert sich das Stiftungswesen nicht nur von dem im Steuerrecht für die Besteuerung von Bürgern und den von ihnen geschaffenen Organisationen durchgängig zu beachtenden Ordnungsbild der „Eigennützigkeit" bzw. „Selbstnützigkeit"; es öffnet sich damit auch für das gesellschaftspolitische Postulat der steuerrechtlichen *„Gemeinnützigkeit"* und ihrer gesetzlichen Ausgestaltung.[64] Die in diesem Sinne als eine durchgehende ideelle Orientierung verstandene Fremdnützigkeit ist es hiernach auch, die den jeweils in einer bestimmten gesetzespolitischen Situation zu konstituierenden Gemeinnützigkeitsnormen des Steuerrechts ihre Rechtfertigung zu geben vermag und diesen auch durch längere Phasen der Entwicklung eine gewisse Beständigkeit verleihen kann.

„Wertungswidersprüche" bei der Besteuerung fremdnütziger Stiftungen

Im Steuerstaat der Bundesrepublik Deutschland werden fremdnützige Stiftungen dem „opfertheoretischen" Modell folgend regelmäßig der Besteuerung unterworfen. Allerdings gelten für sie besondere Besteuerungsregeln. Entsprechendes gilt für die Besteuerung der Stifter sowie für die Besteuerung der Leistungen von Stiftungen an Destinatäre. Die Abweichungen von der allgemeinen Besteuerung zeigen sich zum einen in dem Befund, dass sich die Besteuerung der Stiftungen nicht prinzipiell an dem „Trennungsprinzip" ausrichtet. Mitunter öffnet sich die Besteuerung von Stiftungen auch dem „Transparenzprinzip".[65] Zum anderen er-

---

[63] Die vorliegenden Gedanken hat erstmals *G. Strickrodt* entwickelt, s. *Strickrodt*, Georg: Stiftungsrecht, Baden-Baden 1977, S. 165 f., 509 ff.; s. auch *ders.:* Neues Stiftungswesen unter Gemeinnützigkeitsbewahrung, in: Archiv für öffentliche und freigemeinnützige Unternehmen, Bd. 8 (1966), S. 58 ff.

[64] Vgl. *Weisser,* Gerhard: Gemeinnützigkeit heute: in: Offene Welt Nr. 94 (hrsg. von Wirtschaftspolitischen Gesellschaft von 1947 e. V.), S. 11 ff.

[65] *Pöllath,* Reinhardt: Stiftungssteuerrecht, in: Handbuch des Stiftungsrechts (hrsg. von Freiherr von Campenhausen, Axel), 2. Aufl., München 1999, § 39 Rn. 2 ff., vertritt demgegenüber die Auffassung, dass insoweit ein „Durchgriff" erfolge. Dieser Begriff sollte je-

geben sich Friktionen im Steuerrecht fremdnütziger Stiftungen im Hinblick auf eine nicht immer stringente Beachtung des „Fremdnützigkeitsprinzips".

Die Besteuerung der rechtsfähigen Stiftung des bürgerlichen Rechts folgt im Körperschaftsteuerrecht durchgängig dem „Trennungsprinzip". Sie ist für den Geltungsbereich der Körperschaftsteuer ein eigenständiges Steuersubjekt (vgl. § 1 Abs. 1 Nr. 4 KStG). Auch die Stiftung des öffentlichen Rechts ist im Körperschaftsteuerrecht ein eigenes Steuersubjekt (vgl. § 1 Abs. 1 Nr. 6 KStG).

Das für die Besteuerung von juristischen Personen geltende „Trennungsprinzip" findet darüber hinaus sogar bei der Besteuerung der unselbständigen bzw. nicht rechtsfähigen Stiftungen Anwendung.[66] So sind auch solche Stiftungen gemäß § 1 Abs. 1 Nr. 5 KStG ein eigenständiges Steuersubjekt.[67] Allerdings greift deren Besteuerung nur dann ein, wenn das Einkommen der unselbständigen Stiftung nicht schon unmittelbar bei einem anderen Steuerpflichtigen der Besteuerung zu unterwerfen ist (vgl. § 3 Abs. 1 KStG). Insoweit findet das „Trennungsprinzip" bei der Besteuerung unselbständiger Stiftungen nur subsidiär Anwendung; primär ist hingegen die Besteuerung dieses Stiftungstyps mangels eigener Rechtsträgerschaft nach dem „Transparenzprinzip" ausgerichtet.[68]

Demgegenüber findet in der Besteuerung von Familienstiftungen[69] sowohl das „Trennungsprinzip" als auch das „Transparenzprinzip" Eingang. So ordnet § 1 Abs. 1 Nr. 4 ErbStG bei grundsätzlicher Wahrung des „Trennungsprinzips", aber dennoch schon dem Gedanken des „Transparenzprinzips" folgend für Familienstiftungen die Erhebung einer eigenen Erbersatzsteuer an, in dem in der steuerrechtlichen Zuordnung die Stiftung als dem Generationenwechsel unterworfen wird.[70] Auch wenn das Bundesverfassungsgericht in seiner Entscheidung vom 08. 03. 1983 (BVerfGE 63, 312) diese steuerliche Sonderbelastung der Familienstiftung als mit dem Grundgesetz vereinbar angesehen hat, stellt sich gleichwohl die Frage, ob es

---

doch dem Durchgriff auf die „hinter" den juristischen Personen stehenden Personen in Fällen der zivilrechtlichen Haftung reserviert bleiben.

[66] Im Zivilrecht finden die Vorschriften der §§ 80 ff. BGB keine – auch keine analoge – Anwendung auf die unselbständige Stiftung, s. RGZ 105, 305; *Reuter*, Dieter: Vorbemerkung § 80, in: Münchener Kommentar zum Bürgerlichen Gesetzbuch (hrsg. von Rebmann, Kurt/Säcker, Franz J.), Bd. 1, 4. Aufl., München 2001, Vor § 80 Rdz. 17.

[67] Vgl. *Neuhoff,* Klaus: Stiftungen §§ 80–88 BGB, in: Soergel, Theodor, Bürgerliches Gesetzbuch, Bd. I, Allgemeiner Teil, 13. Aufl., Stuttgart/Berlin/Köln/Mainz 1992, Vor § 80 Rz. 93.

[68] Zu dem „Auffangstatbestand" des § 3 Abs. 1 KStG s. BFH-Urt. vom 29. 01. 2003, in: ZSt 2003, S. 134 ff.

[69] Das für eine diskriminierende Besteuerung der Familienstiftungen mitunter herangezogene Fideikommißverbot ist mit der Inkorporierung der Familienstiftungen in §§ 80 ff. BGB obsolet geworden; s. hierzu *Schulze*, Reiner: Historischer Hintergrund des Stiftungsrechts, in: Deutsches Stiftungswesen 1977–1988 (hrsg. von Hauer, Rolf u. a.), Augsburg/Bonn 1989, S. 29 (41 ff.).

[70] *Strickrodt*, Georg: Stiftungsrecht, Baden-Baden 1977, S. 454.

1.6 Theorie der Besteuerung von Stiftungen

nicht Art. 6 Abs. 1 GG gebietet, die fremdnützige Sorge für das (materielle) Wohl der Familie sowie die derzeitigen und zukünftigen Familienmitglieder als dem Gemeinwohl entsprechend anzusehen.[71]

Bei den Objektsteuern findet im Rahmen der Besteuerung von Stiftungen ebenfalls grundsätzlich das „Trennungsprinzip" Anwendung. Die Gewerbesteuer knüpft allerdings nicht an ein Steuersubjekt; sie belegt vielmehr als Steuerobjekt den „stehenden wirtschaftlichen Geschäftsbetrieb". Insoweit gilt bei den rechtsfähigen Stiftungen des bürgerlichen Rechts und des öffentlichen Rechts der „wirtschaftliche Geschäftsbetrieb" – mit Ausnahme der Land- und Forstwirtschaft – als Steuerobjekt (vgl. § 1 Abs. 3 GewStG). Auch die Besteuerung unselbständiger bzw. nicht rechtsfähiger Stiftungen folgt im Gewerbesteuerrecht dem „Trennungsprinzip". Für deren Besteuerung kommt es allein auf die Gewerblichkeit (mit Gewinnerzielungsabsicht) dieser Stiftungen an.[72]

Unbeschadet einer Besteuerung von Stiftungen nach Maßgabe des „Trennungsprinzips" modifizieren die Steuergesetze mitunter die subjektive Steuerpflicht von Stiftungen auf den weiteren Ebenen des Steuertatbestandes nach Maßgabe des „Transparenzprinzips". Besonders problematisch schon aus „opfertheoretischer" Sicht ist die Abweichung von dem „Trennungsprinzip" in der Frage, ob die Leistungen einer Stiftung an Destinatäre, die mangels verbandsmäßigen Substrats der Stiftung keine Mitglieder sind, entweder bei der Stiftung oder bei den Destinatären oder sogar bei beiden einer Besteuerung zu unterwerfen sind (vgl. § 10 Abs. 1 Nr. 1 a, § 12 Nr. 2, § 20 Abs. 1 Nr. 9 sowie § 22 Nr. 1 S. 2 EStG).[73]

Eine Modifikation des „Trennungsprinzips" in Richtung des „Transparenzprinzips" greift auch bei der Besteuerung von Familienstiftungen Platz. So werden die Familienverhältnisse im Sinne einer Steuerminderung im Steuertatbestand bei der Festlegung der Erbschaftsteuer – bzw. Schenkungsteuersätze berücksichtigt (vgl. § 15 Abs. 2 ErbStG). Schließlich findet für die ausländische Familienstiftung nur

---

[71] *Neuhoff,* Klaus: Die gemeinwohlkonforme Allzweckstiftung als Gegenstand des Stiftungsrechts, in: Stiftungswesen 1977–1988 (hrsg. von Hauer, Rolf u. a.), Augsburg/Bonn 1989, S. 73 ff.; im Übrigen sieht *Kronke,* Herbert: Stiftungstypus und Unternehmensträgerstiftung, Tübingen 1988, S. 174, in der Erbersatzsteuer kein Hindernis für die Errichtung von Familienstiftungen.

[72] Vgl. Abschn. 18 Abs. 6 GewStR.

[73] Das Korrespondenzprinzip, d. h. die Besteuerung von Stiftungsleistungen beim Empfänger mit der Abziehbarkeit beim Geber auszugleichen, wird nicht vollständig beachtet; s. *Wacker,* Roland: in: Schmidt, Ludwig: Einkommensteuergesetz, 23. Aufl., München 2004, § 33 Rz. 56; zu der für das „Steuerchaos" in Deutschland beispielhaften Frage, ob für Leistungen fremdnütziger Stiftungen (u. a. auch nicht rechtsfähiger Stiftungen) an ihre Destinatäre § 20 Abs. 1 Nr. 9 EStG oder § 22 Nr. 1 S. 2 EStG (so die h. M.) anzuwenden ist, s. *Kirchhain,* Christian: Stiftungsbezüge als Einkünfte aus Kapitalvermögen? – „Völlige Verkennung des Rechtsinstituts der Stiftung?", in: ZSt 2004, S. 22 ff.; s. auch *Orth,* Manfred: Stiftungen und Unternehmenssteuerreform, in: DStR 2001, S. 325 (331 ff.); *Schiffer,* Jan: Stiftungen und Unternehmensnachfolge: Verständnis und Missverständnisse, in: BB 2002, S. 265 (267 f.).

das „Transparenzprinzip" Anwendung. So begründet § 15 Abs. 1 AStG für eine ausländische Familienstiftung eine unbeschränkte („inländische") Steuerpflicht, in dem unter Aufhebung des „Trennungsprinzips" das Vermögen und das Einkommen einer Familienstiftung dem Stifter zugeordnet wird, soweit dieser unbeschränkt steuerpflichtig oder erweitert beschränkt steuerpflichtig ist.

Bei der Besteuerung von Verkehrsvorgängen, an denen eine Stiftung als juristische Person beteiligt ist, liegt nach Maßgabe der „Opfertheorie" mit Rücksicht auf das „Trennungsprinzip" auch bei der fremdnützigen Stiftung grundsätzlich eine Steuerbarkeit vor. Diesem Prinzip folgend unterliegen unentgeltliche Vermögensübertragungen auf ein anderes Steuersubjekt – gerade auch im Verhältnis zu einer Stiftung – der Erbschaft- und Schenkungsteuer. Deshalb ordnet das Erbschaftsteuergesetz für Vermögensübertragungen auf Stiftungen sowohl von Todes wegen als auch unter Lebenden die Steuerpflicht an (vgl. § 3 Abs. 2 Nr. 1, § 7 Abs. 1 Nr. 8 ErbStG). Selbst der Erwerb bei Auflösung einer Stiftung wird der Erbschaftsteuer unterworfen (vgl. § 7 Abs. 1 Nr. 9 ErbStG).

Demgegenüber werden Verkehrsvorgänge mit Stiftungen mitunter von einer Besteuerung nicht erfasst. So unterliegt die Übertragung eines Grundstücks an eine oder von einer Stiftung – im Einklang mit dem „Trennungsprinzip" – zwar grundsätzlich der Grunderwerbsteuer (vgl. § 1 Abs. 1 Nr. 1 und 2 GrEStG); dieser Vorgang gilt jedoch mit Rücksicht auf die Belastung mit Erbschaft- bzw. Schenkungsteuer als unentgeltlich und ist somit von der Steuer befreit (vgl. § 3 Nr. 2 S. 1 GrEStG).[74]

Das für die Besteuerung der fremdnützigen Stiftungen tragende Strukturprinzip der „Fremdnützigkeit" findet im geltenden Stiftungssteuerrecht wenig Beachtung. Der der Erbschaft- bzw. Schenkungsteuer unterworfene Akt der Errichtung einer fremdnützigen Stiftung (vgl. § 3 Abs. 2 Nr. 1 ErbStG) wird nach Maßgabe des „Fremdnützigkeitsprinzips" nicht auf seine Belastungsgerechtigkeit hinterfragt, ob nämlich die Übertragung von Vermögen auf eine fremdnützige Stiftung der vollen erbschaftsteuerlichen Belastung ausgesetzt werden sollte. Zwar sieht § 13 Abs. 1 Nr. 16b ErbStG eine „Steuerbefreiung" für den Fall der Errichtung einer gemeinnützigen Stiftung vor. Hingegen wird die von einem Stifter bei der Gründung einer Stiftung dokumentierte „Fremdnützigkeit" nicht durch eine niedrigere erbschaftsteuerliche Belastung honoriert. Diese Weigerung des Steuergesetzgebers, die seitens eines Stifters vorgenommene Entäußerung seines Vermögens zu einem „fremden Nutzen" erbschaftsteuerlich nicht zu „begünstigen", ist umso weniger verständlich, weil die Errichtung einer „eigennützigen" Familienstiftung über eine Herabsetzung der Steuerklasse mit einer erbschaftsteuerlichen Entlastung bedacht wird (vgl. § 15 Abs. 2 ErbStG).

---

[74] Zu der besonderen Problematik einer Übertragung eines Grundstücks auf eine (gemeinnützige) Stiftung unter einer Nutzungs- und Duldungsauflage s. *Mecking,* Christoph: Keine Grunderwerbsteuer bei Übertragung von Immobilienvermögen auf gemeinnützige Stiftungen, in: ZSt 2003, S. 266.

Dem „Fremdnützigkeitsprinzip" wird auch bei der Besteuerung der Stiftungsleistungen an Destinatäre keine Aufmerksamkeit geschenkt. Dem Prinzip der „Fremdnützigkeit" würde es prinzipiell entsprechen, die Leistungen der Stiftungen an ihre Destinatäre nur bei dem Empfänger der Besteuerung zu unterwerfen und zugleich in Höhe der Leistung einen Abzug bei der Stiftung zuzulassen. Dieser Zurechnungsgrundsatz müsste ohne Rücksicht darauf gelten, ob die Destinatäre auf die Stiftungsleistungen einen Rechtsanspruch haben.[75] Die steuerrechtliche Zuordnung folgt nach geltendem Recht dem „Fremdnützigkeitsprinzip" nur in einem eingeschränkten Umfang.

Grundsätzlich sieht § 22 Nr. 1 S. 1 EStG eine Besteuerung wiederkehrender Stiftungsbezüge beim Empfänger vor; der Abzug von Renten und dauernden Lasten erfolgt je nach wirtschaftlichem Zusammenhang gem. § 4 Abs. 4, § 9 Abs. Nr. 1 oder § 10 Abs. 1 Nr. 1a EStG. Dieser Grundsatz erfährt bei stiftungsseitig gewährten Leistungen (z. B. einer Unterhaltsrente) eine Ausnahme dahingehend, dass die Zurechnung beim Empfänger entfällt, wenn

– die Stiftung unbeschränkt körperschaftsteuerpflichtig ist und
– wenn die Bezüge freiwillig oder aufgrund einer freiwillig begründeten Rechtspflicht gezahlt werden.

Davon gibt es allerdings wiederum eine Ausnahme nach § 22 Nr. 1 S. 2 HS. 2 Buchst. a i.V. m. § 3 Nr. 40 Buchst. i EStG. Hiernach werden einerseits Leistungen einer körperschaftsteuerbefreiten („gemeinnützigen") Stiftung als Bezüge des Empfängers erfasst. Andererseits unterliegen die durch steuerpflichtige („fremdnützigen") Stiftungen i. S. des § 1 KStG außerhalb der Erfüllung steuerbegünstigter Zwecke im Sinne der §§ 52–54 AO geleisteten wiederkehrenden Bezüge i. S. von § 22 Nr. 1 EStG bei diesen der ermäßigten Körperschaftsteuer von 25 v. H. Um die volle Einmalbesteuerung zu erreichen, werden diese Beträge dann jedoch beim Empfänger zur Hälfte besteuert (§ 3 Nr. 40 Buchst. i EStG).[76]

„Wertungswidersprüche" bei der Besteuerung gemeinnütziger Stiftungen

Die mangels einer durchgängigen Beachtung des für Stiftungen entwickelten Besteuerungskonzepts resultierenden Probleme bei der Besteuerung von fremdnützigen Stiftungen können sicherlich im Einzelfall gravierend sein. Dennoch sind die aus den Abweichungen sich ergebenden „Wertungswidersprüche" für die Besteuerung fremdnütziger Stiftungen in der Stiftungswirklichkeit nicht von großer Rele-

---

[75] Zur Rechtstellung der Destinatäre s. *Hof,* Hagen / *Hartmann,* Maren / *Richter,* Andreas: Stiftungen, München 2004, S. 50 f.

[76] *Wacker,* Roland: in: Schmidt, Ludwig, Einkommensteuergesetz. Kommentar, 23. Aufl. München 2004, § 22 Rz. 65 ff.

vanz. Denn das „Stiftungsleben" wird primär von den gemeinnützigen Stiftungen beherrscht.[77]

Im Hinblick auf das allgemein-sprachliche Verständnis des Wortes „Stiftung" und vor allem auf dem Hintergrund der Geschichte des Stiftungsgedankens („pia causa")[78] kann mit guten Gründen die Auffassung vertreten werden, dass die „gemeinnützige Stiftung" den Idealtypus der Stiftung darstellt[79]. Insoweit ist es durchaus verständlich, dass immer wieder die rechtspolitische Forderung aufgestellt wurde, in Zukunft nur noch den Typus einer „Stiftung des öffentlichen Wohls" zuzulassen.[79a] Deshalb ist ein allseits anerkanntes Besteuerungskonzept für die „gemeinnützige Stiftung" von essentieller Bedeutung. Um so bedauerlicher ist der Befund, dass es an einer überzeugenden Theorie der Besteuerung von gemeinnützigen Stiftungen mangelt[80], so dass im geltenden Stiftungssteuerrecht im Hinblick auf die gemeinnützigen Stiftungen mitunter fundamentale „Wertungswidersprüche" zu verzeichnen sind.

Das Bedürfnis, ein Besteuerungskonzept für die „gemeinnützige Stiftung" zu entwickeln, sieht sich aber vor allem mit der Tatsache konfrontiert, dass sich die „steuerliche Gemeinnützigkeit" i. S. des §§ 51 ff. AO nicht allein auf Stiftungen

---

[77] Am Ausgang des 20. Jahrhunderts können in der Bundesrepublik Deutschland mehr als 90 v. H. aller Stiftungen den Status der „Gemeinnützigkeit" für sich in Anspruch nehmen, s. *Bundesverband Deutscher Stiftungen e.V.* (Hrsg.): Verzeichnis deutscher Stiftungen 2000, S. A 25; insbesondere für den Bereich von Wissenschaft und Forschung sind die gemeinnützigen Stiftungen von zentraler Bedeutung, s. *Flory,* Maurice: Der Standort der Stiftungen im Forschungssystem, Essen-Bredeney 1974, S. 12 ff.; *Flämig,* Christian: Wissenschaftsstiftungen, in: Handbuch des Wissenschaftsrechts (hrsg. von Flämig, Christian u. a.), Bd. 2, Berlin/Heidelberg/New York 1982, S. 1197 ff.

[78] Zu dem Begriff der pia causa s. *Pleimes,* Dieter: Irrwege der Dogmatik im Stiftungsrecht, Köln 1954, S. 17 f.

[79] Das französische Recht kennt ohnehin nur die „gemeinnützige Stiftung", s. *Kronke,* Herbert: Stiftungstypus und Unternehmensträger Stiftung, Tübingen 1988, S. 58; stiftungstypologisch entspricht der „Stiftung des öffentlichen Wohls" vor allem die sog. Funktionsträgerstiftung, s. hierzu *Strickrodt,* Georg: Ordnungsaufgabe und Leistungsidee der Funktionsträgerstiftung – zugleich ein Beitrag zur speziellen Rechtstatsachenforschung, in: Deutsches Stiftungswesen 1966–1976 (hrsg. von Hauer, Rolf u. a.), Tübingen 1977, S. 323 (336); *ders.:* Stiftungen als urbildhaftes Geschehen im Gemeinwesen, Baden-Baden 1983, S. 15.

[79a] Vgl. *Ballerstedt,* Kurt: Soll das Stiftungsrecht bundesgesetzlich vereinheitlicht und reformiert werden, ggf. mit welchen Grundzügen?, in: Verhandlungen des 44. Deutschen Juristentages, Bd. I (Gutachten), Tübingen 1962, S. 38 ff.; s. demgegenüber die Einwendungen von *E. Mestmäcker* in dessen Referat vor dem 44. Deutschen Juristentag, in: Mestmäcker, Ernst: Soll das Stiftungsrecht bundesgesetzlich vereinheitlicht und reformiert werden, ggf. mit welchen Grundzügen?, in: Verhandlungen des 44. Deutschen Juristentages (Referat), Tübingen 1964, S. G 13 ff.; mit Rücksicht auf das „Grundrecht auf Stiftung" dürfte eine Beschränkung auf diesen Stiftungstypus verfassungsrechtlich nicht legitimiert sein, s. *Frowein,* Jochen Abraham: Grundrecht auf Stiftung, Essen-Bredeney 1976, S. 17 f.

[80] Siehe in diesem Kontext das von den gemeinnützig handelnden Organisationen am 12. 10. 2004 verabschiedete „Aktionsbündnis Gemeinnützigkeit und sein 10-Punkte-Programm", abgedruckt in: ZSt 2004, S. 318.

1.6 Theorie der Besteuerung von Stiftungen

bezieht, sondern auch die Körperschaften umfasst. Zudem wird die „steuerliche Gemeinnützigkeit" auch als Oberbegriff für die „gemeinnützigen", „kirchlichen" und „mildtätigen" Körperschaften, Anstalten und Stiftungen reserviert. Überdies ist „Gemeinnützigkeit" nicht allein ein steuerrechtlicher Typusbegriff. Zumindest im deutschsprachigen Schrifttum findet „Gemeinnützigkeit" oftmals als Gegenpol zur „Eigennützigkeit" Verwendung. Auch wenn somit steuerrechtspolitisch zumindest kurz– und mittelfristig keine allzu großen Hoffnungen bestehen, ist nicht auszuschließen, dass das „steuerliche Gemeinnützigkeitsrecht" allein deshalb unter rechtspolitischen Änderungsdruck geraten wird, weil die Beschränkung der Rechtsformwahl für gemeinnützige Nonprofit-Organisationen (NPO) in § 51 S. 2 AO völlig verfehlt ist.[81]

Das geltende Steuerrecht „privilegiert" – so die allgemeine Meinung[82] – die für das gemeine Wohl tätigen Stiftungen mittels der Gewährung von Steuerbefreiungen. Aus steuerrechtstechnischer Sicht bietet sich in der Tat eine solche Sichtweise an. So sind öffentlich-rechtliche Stiftungen – soweit sie nicht über einen Betrieb gewerblicher Art verfügen – von vornherein steuerbefreit (arg. aus § 1 Abs. 1 Nr. 6 KStG).[82a] Privatrechtliche Stiftungen, gleichgültig ob sie rechtsfähig oder nicht rechtsfähig sind, sind hingegen steuerpflichtig, soweit sie nicht wegen Verfolgung gemeinnütziger Zwecke von der Steuer befreit sind (vgl. § 1 Abs. 1 Nr. 4 und 5 KStG).

Allein schon mit Rücksicht auf das ihnen anhaftende Etikett einer „steuerbefreiten Stiftung" gelten die gemeinnützigen Stiftungen im Steuerstaat als Fremdkörper.[83] Die in Bereichen der Legislative und Exekutive des Steuerstaates mitunter unverhohlen bekundete „ideologische Aversion" (Zitat aus Frankfurter Allgemeine Zeitung vom 11. 06. 1976) gegen die gemeinnützigen Stiftungen („Steuerflucht in die Stiftung")[84] findet ihre Erklärung in der Entwicklung der

---

[81] s. *Rimmerl,* A. Stork: Wahl der Rechtsform im gemeinnützigen Nonprofit-Bereich, in: NZG 2001, S. 440 ff.

[82] Das „steuerliche Gemeinnützigkeitsrecht" wird durchgängig als „Privileg" qualifiziert, s. *Biedenkopf,* Kurt: Stiftungen in einer zukunftsorientierten Gesellschaft, in: Stiftungen in der Reformdiskussion (hrsg. vom Stifterverband für die Deutsche Wissenschaft), Essen-Bredeney 1972, S. 9 (12); *Kronke,* Herbert: Stiftungstypus und Unternehmensträgerstiftung, Tübingen 1988, S. 175; *Neuhoff,* Klaus: Stiftungen §§ 80–88 BGB, in: Soergel, Theodor: Bürgerliches Gesetzbuch, Bd. I Allgemeiner Teil, 13. Aufl., Stuttgart / Berlin / Köln / Mainz 1972, Vor § 80 Rz. 92. So ist es nur zu verständlich, dass die den gemeinnützigen Stiftungen gewährten Steuerbefreiungen von der Bundesregierung als „Subvention" diskreditiert werden; s. den Bericht der Bundesregierung über die Entwicklung der sichtbaren und unsichtbaren Finanzhilfen des Bundes (sog. Subventionsbericht), in: BT-Drucks. V/931 (Anl. 2).

[82a] Vgl. BFH-Urt. – I R 7/71 – vom 13. 03. 1974, BStBl. 1974 II, 391.

[83] *Flämig,* Christian: Der Fiskus straft die Wohltäter, in: Deutsche Universitätszeitung 1981, S. 330 f.; als ein Beispiel genügt der Hinweis, dass die von *Alfred Toepfer* gegründete F.V.S.-Stiftung mit dem Etikett „Frei von Steuern"-Stiftung diskreditiert wird.

[84] Vgl. *Karpen,* Ulrich: Gemeinnützige Stiftungen im pluralistischen Steuerstaat, Frankfurt am Main 1980, S. 7; s. auch *Rawert,* Peter: Stiftungen im Rahmen der Rechtsordnung,

Bundesrepublik Deutschland zu einem omnipotenten sozialen Steuerstaat.[85] Selbst die dem Stiftungswesen wohlgesonnenen Vertreter der staatlichen Besteuerungsgewalt erkennen den Stiftungen nur dann eine Funktion zu, wenn sie „staatserhaltend" wirken.[86] Die den gemeinnützigen Stiftungen (widerwillig) „zugestandenen" Steuerbefreiungen („Vorenthaltung von Steuern") entziehen dem Steuerstaat nicht nur Finanzmittel; vielmehr gibt der soziale Steuerstaat damit zugleich ein ihn konstituierendes Strukturmerkmal auf. Im Verständnis des modernen Steuerstaates hängt die Steuerschuld nicht (mehr) von einer Gegenleistung des sozialen Steuerstaates als Steuergläubiger und Zuwendungsgeber ab. Die einst vorgegebene Bindung der Steuer an einen spezifizierten Ausgabenzweck, an Gegenseitigkeit und Äquivalenz hat der Steuerstaat schon längst abgelegt. Vielmehr bestimmt der soziale Steuerstaat selbst über seine (sozialen) Ziele, für die sich Finanzmittel einzusetzen lohnen.[87]

Der in der „Steuerbefreiung" der gemeinnützigen Stiftungen sich dokumentierende Verzicht auf die sich in der Steuer manifestierende einzigartige und heute mehr denn je spürbare staatliche Befehls- und Entscheidungsmacht fordert daher den Sozialleistungsstaat heraus, der seinen im Wege kollektiver Willensbildungsprozesse entstandenen Alleinvertretungsanspruch der Herstellung sozialer Gerechtigkeit mit den aus privater Initiative entstandenen gemeinnützigen Stiftungen teilen muss.[88] Angesichts der Neigung des sozialen Leistungsstaats der Gegenwart zu einer alle Lebensbereiche umgreifenden Omnipotenz und damit universalen Präsenz wirken gemeinnützige Stiftungen, die als eine „Art privater Regierung"[89] öffentliche Aufgaben aber nach eigener Wahl der Bürger verfechten, wie der „Pfahl im Fleische". Nicht zuletzt die Tatsache, dass gemeinnützige Stiftungen in der Regel über ein rentierendes Stiftungsvermögen verfügen, erlaubt

---

in: Frankfurter Allgemeine Zeitung vom 08. 05. 1998, S. 10, mit dem Hinweis, dass der Staat der Stiftung nur mit „verhaltener Sympathie" begegnet.

85 Diese Entwicklung ist im übrigen nicht auf die Bundesrepublik Deutschland beschränkt, s. *Flory,* Maurice: Der Standort der Stiftungen im Forschungssystem, Essen-Bredeney 1974, S. 30 f.; s. demgegenüber die Entwicklung in den USA, in denen die Stiftungen von vornherein Aufgaben übernommen haben, die in Deutschland traditionell zu den Aufgaben des Staates gehören, vgl. *Karpen,* Ulrich: loc. cit., S. 41 ff.

86 Vgl. *von Rotberg,* Konrad / *Broe,* Volker: Stiftungsgesetz Baden-Württemberg, Kommentar, Essen-Bredeney 1997, Einl. 4.2; s. weiterhin *Burghartz,* Franz-Josef, in: Zur Reform des Stiftungsrechts in Nordrhein-Westfalen, Essen-Bredeney 1972, S. 18.

87 *Isensee,* Josef: Steuerstaat als Staatsform, in: Hamburg.Deutschland.Europa, Festschrift für Ipsen, Hans Peter, Tübingen 1977, S. 409 (416).

88 Zu Recht hebt *E. Mestmäcker* hervor, dass das deutsche Stiftungswesen mit der Auffassung konfrontiert wird, dass „jede auf die Förderung des öffentlichen Wohls gerichtete Tätigkeit als eine nach ihrer Nähe staatliche Aufgabe betrachtet" wird, s. *Mestmäcker,* Ernst: Soll das Stiftungsrecht bundesgesetzlich vereinheitlicht und reformiert werden, ggf. mit welchen Grundzügen?, in: Verhandlungen des 44. Deutschen Juristentages, Tübingen 1964, S. G 10.

89 *Boulding,* Kenneth E.: Über eine reine Theorie der Stiftungen, Essen-Bredeney 1973, S. 31.

1.6 Theorie der Besteuerung von Stiftungen

es ihnen mitunter, in eine gewisse „Frontstellung" zu den öffentlichen Händen zu treten.[90]

Die Anerkennung der in den gemeinnützigen Stiftungen institutionalisierten Initiativen für das Gemeinwohl im Steuerstaat ist somit – in Aufnahme der staatstheoretischen Gedanken zum Steuerstaat – eine Frage nach dem Verhältnis des Staates zu der Gesellschaft. Damit soll die heute tatsächlich bestehende „Verzahnung" von Staat und Gesellschaft („Osmose" nach Ernst Forsthoff; „Durchdringung" nach Konrad Hesse[91]) keineswegs in Abrede gestellt werden.[92] Deshalb stellt sich auch nicht (mehr) die grundsätzliche Frage nach einer absoluten Trennung von Staat und Gesellschaft, die sich verfassungsgeschichtlich lediglich für das 18. und 19. Jahrhundert belegen lässt.[93] Insoweit hat sich im übrigen die aristotelische Staatsauffassung und die ihr zugrunde liegende Rechtfertigungstheorie für die Steuerlastverteilung in der Verfassungswirklichkeit nicht durchgängig durchgesetzt.

Vielmehr erhebt sich die Frage, ob die Unterscheidung von Staat und Gesellschaft heute noch als verfassungstheoretisches Ordnungsprinzip Geltung beanspruchen kann. Angesichts der staatlichen Vereinnahmung von Bereichen, die früher autonomer gesellschaftlicher Regelung – wie etwa der Kranken- und Behindertenpflege durch die Wohltätigkeitsstiftungen des Mittelalters – vorbehalten waren, mündet dies in die Frage, ob das Prinzip der Unterscheidung von Staat und Gesellschaft eine die Freiheit der Bürger und der von ihnen errichteten gemeinnützigen Stiftungen sichernde Funktion vor dem Zugriff des Steuerstaates hat[94].

In dem von Ernst W. Böckenförde herausgearbeiteten institutionellen Staatsmodell wird das Verhältnis von Staat und Gesellschaft unter Rückbesinnung auf

---

[90] Zu den staatsfernen Funktionen insbesondere von Wissenschaftsstiftungen s. *Flämig, Christian:* Wissenschaftsstiftungen, in: Handbuch des Wissenschaftsrechts (hrsg. von Flämig, Christian u. a.), Bd. 2., Berlin / Heidelberg / New York 1982, S. 1197 (1216 ff.).

[91] *Hesse, Konrad:* Grundriss des Verfassungsrechts der Bundesrepublik Deutschland, 4. Aufl., Karlsruhe 1970, S. 8 ff.; s. auch von *Krockow, Christian:* Demokratisches Bewusstsein, in: PVS Heft 6 (1963), S. 113 ff.

[92] Vgl. *Häberle, Peter:* Grundrechte im Leistungsstaat, in: Veröffentlichung der Vereinigung Deutscher Staatsrechtslehrer, Bd. 30 (1972), S. 61; *Preuß, Ulrich Klaus:* Zum staatsrechtlichen Begriff des Öffentlichen, Stuttgart 1969, S. 81.

[93] Zu den Bedingungen, die im 18. und 19. Jahrhundert, vor allem in Deutschland, zur Herausbildung der Unterscheidung von Staat und Gesellschaft in der politisch-sozialen Wirklichkeit geführt haben, s. *Böckenförde, Ernst-Wolfgang:* Die Bedeutung der Unterscheidung von Staat und Gesellschaft im demokratischen Sozialstaat der Gegenwart, in: Staat, Gesellschaft, Freiheit, Frankfurt am Main 1976, S. 185 (186 ff.)

[94] Zu der Positionierung von Staat und Gesellschaft im Stiftungswesen s. *Strickrodt, Georg:* Stiftungen als urbildhaftes Geschehen im Gemeinwesen, Baden-Baden 1983, S. 19 ff. Demgegenüber rekurriert *P. Kirchhof* für die dogmatische Grundlegung der „Gemeinnützigkeit" ohne staatstheoretischen Rückgriff auf den Dualismus von Staat und Gesellschaft allein auf die „drei Sachbereiche des Staates, der Wirtschaft und der Gesellschaft", s. *Kirchhof, Paul:* Gemeinnützigkeit – Erfüllung staatsähnlicher Aufgaben durch selbstlose Einkommensverwendung, in: Gemeinnützigkeit (hrsg. von Jachmann, Monika), Köln 2003, S. 1 ff.

die zukunftsweisende Analyse von Lorenz von Stein in seiner „Geschichte der sozialen Bewegung Frankreichs seit 1789 bis auf unsere Tage"[95] als dialektisches stets vorhandenes Beziehungsverhältnis verstanden. Staat und Gesellschaft sind hiernach nicht zwei „geschlossene, voneinander isolierte Verbände oder Gemeinwesen"; vielmehr ist der Staat „die politische Entscheidungseinheit und Herrschaftsorganisation für eine Gesellschaft." Der Staat steht daher „in notwendiger und mannigfacher Wechselbeziehung" mit der Gesellschaft, „ohne darin aufzuhören, weiter organisatorisch und funktional verschieden und gesondert zu sein.[96]"

Nach Maßgabe des institutionellen Modells[97] verwirklicht sich in konkreten Institutionen – so auch in gemeinnützigen Stiftungen – das wechselseitige Beziehungsverhältnis zwischen Staat und Gesellschaft, ohne dass aber die Gesellschaft in den Staat („Verstaatlichung" der Gesellschaft) oder umgekehrt der Staat in die Gesellschaft („Vergesellschaftlichung" des Staates) aufgeht. Vor allem wegen der ansonsten nicht auszuschließenden Gefahr eines Umschlagens in ein totalitäres System sieht Ernst-W. Böckenförde in der Unterscheidung zwischen Staat und Gesellschaft für die Gegenwart ein die individuelle Freiheit sicherndes Postulat, das um der Freiheit willen nicht aufgegeben werden darf.[98] Nicht zuletzt aus Sorge um die staatliche Vereinnahmung der oftmals in „Staatsnähe" operierenden gemeinnützigen Stiftungen muss daher – entgegen der mancherorts als *communis opinio* verkündeten „Homogenisierung" von Staat und Gesellschaft" (Helmut Ridder) – am Dualismus Staat und Gesellschaft festgehalten werden, ohne dabei in einen ideologischen „Wettstreit" von Staat gegen Gesellschaft oder Gesellschaft gegen Staat zu verfallen.[99]

Denn dieses staatstheoretische Ordnungsprinzip erfüllt vor allem für gemeinnützige Stiftungen eine wichtige Ausgrenzungsfunktion.[100] Es verhindert, dass der

---

[95] *von Stein,* Lorenz: Geschichte der sozialen Bewegung Frankreichs von 1789 bis auf unsere Tage, Bd. III, Leipzig 1850, S. 218 f.

[96] *Böckenförde,* Ernst-Wolfgang, Die Bedeutung der Unterscheidung von Staat und Gesellschaft im demokratischen Sozialstaat der Gegenwart, in: Staat, Gesellschaft, Freiheit, Frankfurt am Main 1976, S. 185 (193 und 195); s. auch *H. H. Rupp* unter Berufung auf *J. Isensee* mit der abschließenden Feststellung in dem Beitrag „Die Unterscheidung von Staat und Gesellschaft", dass „Staat und Gesellschaft sich heute nicht mehr als autarke Ordnungen (darstellen), sondern als eine dialektische Einheit", *Rupp,* Hans Heinrich: Die Unterscheidung von Staat und Gesellschaft, in: Handbuch des Staatsrechts (hrsg. von Isensee, Josef / Kirchhof, Paul), Bd. II, 3. Aufl., Heidelberg 2004, S. 879 (896).

[97] In dem institutionellen Modell sieht *Ernst-W. Böckenförde* eine Zwischenform zwischen autoritärem und demokratisch-liberalem Modell, in der Institutionen die Vermittlungen zwischen Staat und Gesellschaft verkörpern, s. *Böckenförde,* Ernst-Wolfgang: loc. cit., S. 187.

[98] *Böckenförde,* Ernst-Wolfgang: loc. cit., S. 193

[99] Eine gewisse Folge der „ideologischen Aversion" gegenüber dem Staat zeigt sich allerdings bei den Stiftern, die mit ihren Stiftungsvorhaben in nicht vom Staat hierfür vorgesehene Organisationsformen, wie die der „Stiftungs-GmbH", ausweichen.

[100] Im Hinblick auf die „tatsächlich" gegebene „Vermischung beider Sphären" glaubt *M. Kilian* das staatstheoretische Konzept von Staat und Gesellschaft für seine Kritik staatlicher

Staat „als gesellschaftliches Gebilde mit besonderen Funktionen" und damit als übermächtiger Wettbewerber auf dem Feld der Gemeinwohlinitiativen in (Vernichtungs-)Konkurrenz zu anderen gesellschaftlichen Gruppen und Institutionen tritt und hierdurch die Gesellschaft nicht nur „durchstaatlicht", sondern in dem Staat aufgeht[101], in dem der Bürger und seine gesellschaftlichen Veranstaltungen – wie die der gemeinnützigen Stiftungen – nur noch zum Objekt sozialstaatlichen Geschehens degradiert werden. In dem nach dem institutionellen Staatsmodell strukturierten Staat beschränkt sich dieser – nicht nur um seiner selbst willen, sondern um den Individuen angesichts deren Selbstgestaltungsvorrechts bessere Entfaltungsmöglichkeiten zu geben – auf die ihm zustehende, von der Gesellschaft durch besondere Autorität abgehobene öffentliche Gewalt, die sich letztlich vor allem in einer Schiedsrichterfunktion gegenüber den gesellschaftlichen Kräften zeigt.

Mit Rücksicht auf die eben aufgezeigte Begrenzung des Staates auf in erster Linie ordnungspolitische Funktionen kommt den gemeinnützigen Stiftungen auf dem Sektor der Gemeinwohlinitiativen eine zentrale Bedeutung zu. Hierfür ist allerdings Voraussetzung, dass auch seitens des Steuerrechts den Stiftungen ein nicht durch Bevormundung eingeschränkter Rang institutionalisierter Gemeinwohlinitiativen eingeräumt wird.

Im geltenden Steuerrecht sind jedoch die Voraussetzungen für die Entfaltung gemeinnütziger Stiftungsinitiativen trotz einiger guter Ansätze[102] noch nicht in ausreichendem Maße angelegt.[103] Zunächst stellt sich für Stiftungen als Nachteil heraus, dass sie sich den Status der „Gemeinnützigkeit" mit Körperschaften, Per-

---

Stiftungen nicht aktivieren zu können, s. *Kilian,* Michael: Inhalt und Grenzen staatlicher Organisationshoheit im Bezug auf staatliche Stiftungen, in: ZSt 2003, S. 179 (187).

[101] *Flämig,* Christian: Glanz und Elend des Stiftungswesens in Deutschland, in: Wissenschaftsrecht, Bd. 34 (2001), S. 148 (149 f.); s. auch *Karpen,* Ulrich: Gemeinnützige Stiftungen im pluralistischen Rechtsstaat, Frankfurt am Main 1980, S. 75; zu der Entwicklung von der „Verkirchlichung zur Verweltlichung des Stiftungswesens und dem Schritt von der Verweltlichung zu der Verstaatlichung" des Stiftungswesens, s. *Schiller,* Theo: Stiftungen im gesellschaftlichen Prozess, Baden-Baden 1969, S. 200.

[102] s. *Crezelius,* Georg / *Rawert,* Peter: Das Gesetz zur weiteren Förderung von Stiftungen in: ZEV 2000, S. 421 ff.; *Hüttemann,* Rainer: Das Gesetz zur weiteren Förderung von Stiftungen, in: DB 2000, S. 1584 ff.; *Lex,* Peter: Steuerliche Änderungen für Stiftungen und Spenden durch das Gesetz zur weiteren steuerlichen Förderung von Stiftungen, in: DStR 2000, S. 1939 ff.; *Maier,* Jochen: Die Besteuerung der Stiftung nach der Reform, in: BB 2001, S. 494 ff.; *Orth,* Manfred: Stiftungen und Unternehmenssteuerreform, in: DStR 2001, S. 325 ff.; *Schindler,* Ambros: Auswirkungen des Gesetzes zur weiteren steuerlichen Förderung von Stiftungen, in: BB 2000, S. 2077 ff.; s. auch *Zeininger,* Emilio: Die deutsche Stiftung nach der Reform des Stiftungssteuerrechts durch das Gesetz vom 14. Juli 2000 und ihrer internationalen Offenheit anhand eines Vergleichs mit dem Stiftungsrecht in Österreich, Frankfurt am Main 2003.

[103] A. M. *Karpen,* Ulrich: Gemeinnützige Stiftungen im pluralistischen Rechtsstaat, Frankfurt am Main 1980, S. 22, 27 f.; *U. Karpen* geht sogar so weit, dass Staat und Stiftungen im Hinblick auf die steuerbegünstigten Stiftungen „in relativ harmonischer Ehe" leben würden (S. 93).

sonenvereinigungen und Vermögensmassen teilen müssen. Insofern kommt es auf die Rechtsform der betroffenen bzw. begünstigten Stiftung nicht an. Vielmehr gilt in dieser Hinsicht der Gleichbehandlungsgrundsatz des Art. 3 Abs. 1 GG, obwohl die gemeinnützige Stiftung als mitgliedloser Vermögensträger einen besonderen Charakter aufweist.

Die auf das gemeinnützige Stiftungswesen sich deformierend auswirkende Struktur des steuerlichen Gemeinnützigkeitsrechts offenbart sich schon in der vom (Steuer-)Gesetzgeber gewählten Ausgestaltung der Gemeinnützigkeitsvorschriften[104] in den einzelnen Steuergesetzen als eine „Steuerbefreiung". Mit Hilfe dieses steuerlichen Kunstgriffs wird nämlich – das ist die generelle Assoziation gegenüber einer „Steuerbefreiung" im Steuerstaat – der Eindruck einer den Stiftungen (widerwillig) erwiesenen „staatlichen Wohltat" erweckt, als gäbe der Träger der staatlichen Steuergewalt eine an sich ihm zustehende Steuerquelle preis bzw. verzichte auf die steuerstaatliche Inanspruchnahme der in einem besteuerungswürdigen Gut enthaltenen wirtschaftlichen Leistungsfähigkeit.[105]

Die üblicherweise im Schrifttum zu den §§ 51 ff. AO niedergelegte Auffassung von der Qualifikation des steuerlichen Gemeinnützigkeitsrechts als einer steuerstaatlichen „Begünstigung"[106] verkennt zunächst schon den Sinngehalt des steuerlichen Zugriffs auf das Einkommen und das Vermögen des Bürgers und damit auch des steuerlichen Gemeinnützigkeitsrechts. Es ist schon verfassungsrechtlich nicht zulässig, den Steuergesetzen nur die Funktion zuzuweisen, den Konflikt zwischen dem Interesse der öffentlichen Hand an möglichst hohen Einnahmen und den Interessen der einzelnen Steuerbürger, nämlich wenig Steuern zahlen zu müssen, zu entscheiden.[107] Denn das Interesse des Staates an einem möglichst hohen Steueraufkommen ist nicht Selbstzweck; die Steuern dienen – so bestimmt es auch § 3 Abs. 1 S. 1 AO – in erster Linie der Finanzbedarfsdeckung zur Erfüllung von staatlichen und anderen öffentlichen Aufgaben.

In Aufnahme des dargelegten staatstheoretischen Konzepts eines Dualismus von Staat und Gesellschaft kann der soziale Steuerstaat im Gegensatz zu der Ver-

---

[104] Zur Geschichte des steuerlichen Gemeinnützigkeitsrechts s. *Hillebrecht,* Arno: Zwei Menschenalter Gemeinnützigkeitsrecht der Stiftungen, Essen-Bredeney 1978; s. auch *Kirchhof,* Paul: Stifterengagement im Steuerrecht – Steuerliche Anerkennung privater Freiheitskultur, in: Bundesverband Deutscher Stiftungen (Hrsg.), Vom Steuerstaat zum Stifterengagement, Berlin 2003, S. 12 (13 f.)

[105] Lapidar wird von *Hensel,* Albert: Steuerrecht, Berlin 1924, S. 56; ders.: Steuerrecht, 3. Aufl. Berlin 1933, S. 68 f., vermerkt, dass die Steuerbefreiung an gemeinnützige Institutionen gewährt werde, weil der Steuergläubiger (sic!) deren Betätigung im gesellschaftlichen Interesse für wichtig halte.

[106] Vgl. *Tipke,* Klaus / *Kruse,* Heinrich Wilhelm: Abgabenordnung. Finanzgerichtsordnung, Kommentar, 11. Aufl., Köln 1983 ff., Vor § 51 AO Tz. 1 ff.; differenzierend *Pöllath,* Reinhardt: Stiftungssteuerrecht, in: Handbuch des Stiftungsrechts (hrsg. von Freiherr von Campenhausen, Axel), 2. Aufl., München 1999, S. 700 ff.

[107] *Kruse,* Heinrich Wilhelm: Steuerrecht, I. Allgemeiner Teil, 3. Aufl., München 1973, S. 94.

1.6 Theorie der Besteuerung von Stiftungen

pflichtung der Erfüllung *staatlicher Aufgaben* in Überwindung der seit Hegel traditionellen „Staatsvergötzung" kein Monopol für die Wahrnehmung *öffentlicher Aufgaben* in Anspruch nehmen.[108] Ob sich diese Auffassung auf eine verfassungsrechtliche Verankerung des Subsidiaritätsprinzips stützen kann, sei dahingestellt. Selbst wenn man der Ansicht derer folgt, die für das Subsidiaritätsprinzip einen verfassungsrechtlichen Geltungsgrund verneinen[109], ergibt sich zumindest aus den freiheitsschützenden Funktionen der Grundrechte die Legitimation der Bürger, auch öffentliche Aufgaben wahrzunehmen.[110] Das Grundgesetz setzt nämlich voraus, dass der Großteil der Leistungen, auf die das Gemeinwesen angewiesen ist, von den freien Kräften der Gesellschaft, den Grundrechtsträgern, selbst erbracht wird.[111] In diesem Zusammenhang darf auch daran erinnert werden, dass – entgegen mancher „Hypostasierung" des Staates als Wahrer des „Gemeinwohls" – der „Staatsapparat" seit Aufkunft der Staatlichkeit immer wieder als Instrument autoritärer oder sogar mitunter totalitärer Herrschaft eingesetzt worden ist, um die Gesellschaft untertänig zu halten oder die Menschen in ihrer freien Entfaltung übermäßig zu beeinträchtigen.

Auf diesem verfassungsgeschichtlichen und verfassungsrechtlichen Hintergrund muss daher den Bürgern, die sich um die Erfüllung gemeinwohlorientierter („öffentlicher") Aufgaben bemühen, die Verfügungsmacht über die an sich besteuerungswürdigen Güter verbleiben; die staatliche Steuergewalt verliert dann

---

[108] Die verfassungsrechtliche Bedeutung der Beibehaltung der Unterscheidung von Staat und Gesellschaft sieht *Ernst-W. Böckenförde* vor allem in der „Abgrenzung des staatlichen von dem öffentlichen Bereich", s. *Böckenförde,* Ernst-Wolfgang: Die Bedeutung der Unterscheidung von Staat und Gesellschaft im demokratischen Sozialstaat der Gegenwart, in: Staat, Gesellschaft, Freiheit, Frankfurt am Main 1976, S. 185 (199 ff.). Zu der mitunter diffusen Diskussion in der Staatsrechtswissenschaft über die Abgrenzung zwischen öffentlichen Aufgaben und staatlichen Aufgaben s. *Peters,* Hans: Öffentliche und staatliche Aufgaben, in: Festschrift für Nipperdey, Hans Carl zum 70. Geburtstag, Bd. 2, München 1965, S. 877 ff.; für *H. Krüger* ist es eine „Unmöglichkeit, die Aufgaben des Staates a priori und ein für allemal festzulegen", s. *Krüger,* Herbert: Allgemeine Staatslehre, 2. Aufl., Stuttgart 1964, S. 759 ff.; zu der Abgrenzungsproblematik s. auch *Bull,* Hans-Peter: Die Aufgaben nach dem Grundgesetz, Frankfurt am Main 1973, S. 48 ff.; *Häberle,* Peter: Öffentliches Interesse als Rechtsproblem, Bad Homburg v.d.H. 1970, S. 202, 214. Zu der parallel verlaufenden Diskussion in der Finanzwissenschaft über die Abgrenzung der öffentlichen von den privaten Bedürfnissen s. *Schumpeter,* Josef: Die Krise des Steuerstaats, in: Die Finanzkrise des Steuerstaats (hrsg. von Hickel, Rudolf), Frankfurt am Main 1976, S. 327 (335); s. auch *Musgrave,* Richard A., Finanztheorie, 2. Aufl., Tübingen 1969, S. 6 ff.

[109] Vgl. *Stern,* Klaus: in: Bonner Kommentar, Hamburg 1955 ff., Art. 28 Rdnr. 2; a. M. *Isensee,* Josef: Subsidiaritätsprinzip und Verfassungsrecht, Berlin 1968, passim; *Seer,* Roman: Gemeinwohlzwecke und steuerliche Entlastung, in: Gemeinnützigkeit (hrsg. von Jachmann, Monika), Köln 2003, S. 11 (22 ff. mit weiteren Nachweisen).

[110] *Karpen,* Ulrich: Gemeinnützige Stiftungen im pluralistischen Rechtsstaat, Frankfurt am Main 1980, S. 14, sieht die Begründung in dem im freiheitlichen Rechtsstaat geltenden Vorrang der Privatautonomie.

[111] *Isensee,* Josef: Steuerstaat als Staatsform, in: Hamburg. Deutschland. Europa, Festschrift für Ipsen, Hans Peter (hrsg. von Strödter, Rolf / Thieme, Werner), Tübingen 1977, S. 409 (422).

ihre Berechtigung, über die für öffentliche Aufgaben eingesetzten Güter – und sei es auch nur partiell – zu verfügen. Diesen Überlegungen entspricht auch die Forderung, die Existenzberechtigung der („gemeinnützigen") Stiftung als Rechtsinstitut, das ursprünglich und wesensmäßig in der privaten Sphäre begründet worden ist, nicht in Frage zu stellen.[112]

Damit offenbart sich auch Sinn und Zweck des steuerlichen Gemeinnützigkeitsrechts für die gemeinnützigen Stiftungen. Da von den gemeinnützigen Stiftungen *öffentliche Aufgaben* wahrgenommen werden, ist es dem Staat als Träger der Steuergewalt prinzipiell verwehrt, das von diesen hierfür eingesetzte Einkommen oder Vermögen als besteuerungswürdiges Gut ganz (so über die Enteignung[113]) oder partiell (so über die Steuer) zu okkupieren. Damit wird den gemeinnützigen Stiftungen mitnichten ein „Privileg" gewährt.[114] Vielmehr haben die Bürger mit Hilfe der Errichtung gemeinnütziger Stiftungen ihre Sorge um die Gesellschaft aus eigener Kraft organisiert, so dass die Gesellschaft hinsichtlich der Erfüllung bestimmter öffentlicher Aufgaben insoweit auf die staatliche (Für-)Sorge nicht mehr angewiesen ist. Deshalb ist es nicht gerechtfertigt, eine die „Anerkennung" einer öffentlichen Aufgabe dienende Tätigkeit, somit ein gemeinnütziges Engagement mit dem pejorativen Ausdruck einer (widerwillig) zugestandenen „Steuerbefreiung" zu belegen. Vielmehr liegt es in der Konsequenz einer Befreiung des Staates von einer öffentlichen Aufgabe durch eine gemeinnützige Stiftung dieser dann den Zugriff auf die der Stiftung zustehenden „Güter" zu verwehren[115] – mit der dann logischen Konsequenz, dass die gemeinnützigen Stiftungen von Seiten des Staates nicht mehr als Steuersubjekt erfasst werden dürfen.[116] Immerhin wird über die Gründung einer

---

[112] s. *Totenhöfer-Just,* Gerald: Öffentliche Stiftungen, Baden-Baden 1974, S. 174.

[113] Zu den Folgen der beiden Weltkriege im 20. Jahrhundert und der sich an den 1. Weltkrieg anschließenden Inflation auf die Stiftungen s. *Schiller,* Theo: Stiftungen als gesellschaftlicher Prozess, Baden-Baden 1969, S. 46 und 133; s. auch *Liermann,* Hans: Geschichte des Stiftungsrechts, 2. Aufl., Tübingen 2002, S. 283 f.; speziell für das Gebiet der (früheren) Deutschen Demokratischen Republik vgl. *Franz,* Albert K.: Das große Stiftungssterben in Mitteldeutschland, in: Deutsches Stiftungswesen 1948–1966 (hrsg. v. Franz, Albert K. u. a.), Tübingen 1968, S. 435 ff.

[114] Zu Recht kritisieren *C.-H. Heuer / O. Habighorst* diese Diskreditierung der gemeinnützigen Stiftungen unter Berufung auf staats- und steuerrechtliche Grundsätze, *Heuer,* Carl-Heinz / *Habighorst,* Oliver: Besteuerung steuerbegünstigter Stiftungen, in: Handbuch Stiftungen (hrsg. von der Bertelsmann Stiftung), 2. Aufl., Wiesbaden 2003, S. 917 (922).

[115] Vgl. *Flämig,* Christian: Die Erhaltung der Leistungskraft von gemeinnützigen Stiftungen, Materialien aus dem Stiftungszentrum, Heft 16, Essen-Bredeney 1984, S. 12 f. (Nachdruck in: Deutsches Stiftungswesen 1966–1976 (hrsg. von Hauer, Rolf u. a.), Tübingen 1977, S. 185 ff.). Vorsichtig formuliert *Jachmann,* Monika: Reformbedarf im Gemeinnützigkeitsrecht, in: ZSt 2003, S. 35 (36), dass der Bürger in dem Maße, in dem er „seiner Mitverantwortung für die Gemeinwohlverwirklichung schon unmittelbar durch gemeinnütziges Handeln nachkommt, er von der Steuerzahlung freigestellt werden (kann)".

[116] Diese Folgerung entspricht der früher in den USA vertretenen Rechtsauffassung, derzufolge nach der „income definition" Zuwendungen an Stiftungen nicht als Einkommen angesehen worden sind, s. *Karpen,* Ulrich: Gemeinnützige Stiftungen im pluralistischen Rechtsstaat, Frankfurt am Main 1980, S. 63.

1.6 Theorie der Besteuerung von Stiftungen

gemeinnützigen Stiftung nicht nur ein bezifferbarer „Anteil" an dem Vermögen, sondern durch die Bereitstellung des ganzen Vermögens seitens des Stifters unter höchstmöglicher Minderung seiner wirtschaftlichen Leistungsfähigkeit ein „Mehr" dem öffentlichen Wohl zur Verfügung gestellt.[116a] Insoweit ist es verfehlt, diese Dotation als ein dem Staat entgangenen Mittelzufluss und somit als Subvention zu qualifizieren.[116b] Für das Gemeinwohl ist die Gründung einer gemeinnützigen Stiftung allemal ein „Zusatzgewinn", da der Staat sich nicht via Steuer nur mit einem Teil des Vermögens bzw. Einkommens des Stifters bescheiden muss.

Auf dem Hintergrund der nach Maßgabe des Dualismus von Staat und Gesellschaft herausgearbeiteten „Steuerfreiheit" von gemeinnützigen Stiftungen weist das für gemeinnützige Stiftungen geltende Steuerrecht zum Teil fundamentale Friktionen auf. Ein „Fundamentalirrtum" offenbart sich vor allem in der Frage nach der Entscheidungsinstanz für die Anerkennung der „Gemeinnützigkeit" für Stiftungen. Die hierfür zuständige Finanzbehörde (Finanzamt) ist eindeutig überfordert. Immerhin hat der Gesetzgeber mit der Vorgabe, „die Allgemeinheit auf materiellem, geistigem oder sittlichem Gebiet selbstlos zu fördern" (§ 52 Abs. 1 S. 1 AO), eine für ideologische Verzerrungen anfällige Meßlatte für die Anerkennung des Wirkens einer Stiftung als „gemeinnützig" stipuliert. In einer pluralistischen Gesellschaft mit höchst unterschiedlichen Wertesystemen für Teilaspekte sind die Interessen der „Allgemeinheit" sozialdifferenziert und politisch kontrovers.[117] Sie können daher – in Aufnahme des Gedankens von P. Häberle – als nicht vorgegebene, letztlich nicht von oben bestimmte impermeable Größe nur in einem öffentlichen Prozess ihrer Herausbildung entschieden werden.[118] Angesichts dessen wird die Entfaltung von gemeinnützigen Stiftungsinitiativen über das in § 52 Abs. 1 S. 1 AO niedergelegte staatliche Diktum gemeinnütziger Zwecke[119] in nicht hinnehm-

---

[116a] Vgl. *Kirchhof*, Paul: Stifterengagement im Steuerstaat – Steuerliche Anerkennung privater Freiheitskultur, in: Bundesverband Deutscher Stiftungen (Hrsg.): Vom Steuerstaat zum Stifterengagement, Berlin 2003, S. 12 (15 f.).

[116b] *Kirchhof,* Paul: loc. cit., S. 18; *ders.:* Gemeinnützigkeit – Erfüllung staatsähnlicher Aufgaben durch selbstlose Einkommensverwendung, in: Gemeinnützigkeit (hrsg. von Jachmann, Monika), Köln 2003, S. 1 (5).

[117] s. demgegenüber die plakative Definition, die F. E. Andrews der Stiftung zuweist: „The Foundation may be defined as an instrument for the contribution of private wealth to public purposes", so *Andrews,* F. E.: Art. „Foundation", in: International Encyclopedia of the Social Science, Vol. 5, New York 1968, p. 542.

[118] *Häberle,* Peter: Öffentliches Interesse als juristisches Problem, Bad Homburg v.d.H. 1970, S. 200 ff.; s. demgegenüber die vordergründige Feststellung von *Felix,* Günter: Förderung der Allgemeinheit als Voraussetzung der Gemeinnützigkeit, in: FR 1961, S. 336, wenn er darauf hinweist, dass in der Regel ein gemeinnütziges Verhalten dann vorliege, wenn privaterseits selbstlos Zwecke verfolgt werden, die an und für sich der Staatstätigkeit zuzurechnen sind.

[119] Zu der zum Teil widersprüchlichen Kasuistik siehe den Überblick bei *Pöllath,* Reinhardt: Stiftungssteuerrecht, in: Handbuch des Stiftungsrechts (hrsg. von Freiherr von Campenhausen, Axel), 2. Aufl., München 1999, S. 770 ff.; zu den Auslegungsmöglichkeiten für den Begriff „Gemeinnützigkeit" aus sozialwissenschaftlicher Sicht s. *Schiller,* Theo: Stiftun-

barer Weise behindert. Der potentielle Stifter, der mit der Stiftung gemeinwohlverträgliche Ziele verfolgen will, muss regelmäßig befürchten, dass die von ihm vorgesehenen Stiftungszwecke in das Prokrustesbett staatlich dekretierter Gemeinwohlvorstellungen gepresst werden[120], weil immer noch die Einstellung vorherrscht, dass nicht der Staat am Gemeinwohl, sondern das Gemeinwohl am Staat zu messen sei[121].

Mitunter wird eine solche „Gefügigkeit" der Stiftungen gegenüber dem Staat in aller Offenheit postuliert. So hat K.-H. Sohn schon im Jahre 1971 unmissverständlich folgende Warnungen an die Stiftungen gerichtet: „Sollten deshalb ... Stiftungen auch weiterhin so unabhängig bleiben ... und in ihrer Zielsetzung als dritte Kraft wirken, müssen sie sich ... auch zu Offenheit der Gesellschaft im Ganzen gegenüber bekennen. Zur Autonomie von Stiftungen gehört nicht, dass sie alles und jedes in Angriff nehmen und den Staat damit präjudizieren ... Stiftungen haben ein um so offeneres Ohr beim öffentlichen Geldgeber, je mehr sie ... auch auf die allgemeinen Bedürfnisse und Prioritäten eingehen, die vom Staat gewollt sind".[121a] Indes muss man durchaus einräumen, dass die Zwecksetzungen gemeinnütziger Stiftungen mitunter so speziell sind, dass in der breiten Bevölkerung insoweit nicht immer ein Bedürfnis absoluter Befriedigung besteht. Gleichwohl sind die Stiftungszwecke in der Regel auf die meritorischen Bedürfnisse im Sinne von R. A. Musgrave ausgerichtet, die durch die Entscheidung informeller Gruppen langfristig für jeden in unserem Gemeinwesen von Nutzen sind.[122]

Der Gefahr steuerstaatlicher Bevormundung ist ein Stifter umso mehr ausgesetzt, weil die Frage der „selbstlosen Förderung der Allgemeinheit auf materiel-

---

gen als gesellschaftlicher Prozess, Baden-Baden 1969, S. 96 ff.; im übrigen wird auch im US-amerikanischen Recht seit dem Lead-Case Pemsel (s. Commissioners for Special Purposes of the Income Tax versus Pemsel, [1891] A. C. 531, 583) für „charitable" das konkrete Gemeinnützigkeitsmerkmal regelmäßig iterativ bestimmt.

[120] Vgl. demgegenüber die Forderung von *Karpen*, Ulrich: Gemeinnützige Stiftungen im pluralistischen Rechtsstaat, Frankfurt am Main 1980, S. 31: „Im Rahmen einer pluralistischen Gesellschafts- und Wertordnung muss die letzte Entscheidung darüber, was dem allgemeinen Besten dient, im Stiftungsrecht dem Stifter allein überlassen bleiben". Vgl. auch *Strickrodt*, Stiftungsrecht, Baden-Baden 1977, S. 400, mit dem Hinweis, dass die Stifter „ihre eigenen Ideen über die Aufgabe ihrer Stiftung zu entfalten haben, ohne dabei auf das Vorbild staatlicher Tätigkeit zu schauen".

[121] *Pross*, Harry: Gemeinnützige Aktivitäten sind kein Privileg der öffentlichen Hand, in: Offene Welt Nr. 94 (1977), S. 20; ein (abschreckendes) Beispiel bietet der in dem Kommentar „Stiftungserrichtung in Deutschland – ein bürokratischer Hindernislauf", in: Kölner Steuerdialog (KÖSDI) 2004, S. 14387 f. dargestellte Fall.

[121a] Vgl. *Sohn*, Karl-Heinz: Stiftungen in einer zukunftsorientierten Gesellschaft, in: Stiftungen in der Reformdiskussion (hrsg. vom Stifterverband für die Deutsche Wissenschaft), Essen-Bredeney 1972, S. 23 (25 f.). Zu Recht wendet sich demgegenüber *R. Graf Strachwitz* gegen die Stiftungen, die den staatlichem Handeln komplementär verpflichtet erachten, s. *Graf Strachwitz*, Rupert: Die Zukunft des Stiftungswesens – Anmerkungen aus sozialwissenschaftlicher Sicht, in: ZSt 2003, S. 197 (198).

[122] *Musgrave*, Richard A.: Finanztheorie, 2. Aufl., Tübingen 1969, S. 15.

lem, geistigem und sittlichem Gebiet" mittels einer Stiftung von der untersten Finanzbehörde im Sinne eines von ihr allein beanspruchten Definitionsmonopols entschieden wird.[122a] Der aufgeklärte Absolutismus des Finanzamtes, das die zum Teil extravaganten Vorstellungen von Stiftern in die phantasiearmen Vorstellungen staatlicherseits vorgegebener Mustersatzungen für Stiftungen zu zwingen versucht[123], ist sicherlich der entscheidende Grund dafür, dass bei Stiftungen als Emenation der Privatrechtsgesellschaft dennoch eine Denk- und Werthaltung – noch dazu bei einer Infiltration politischer Mandatsträger in die Stiftungsorganisationen – vorherrscht, wie sie sich insbesondere in der Vorstellung der milden Stiftung im Sinne des § 53 AO als dem „Idealtypus" der Stiftung dokumentiert.

Es kann jedoch nicht Aufgabe der Finanzbehörden sein, den Prozess der Individualisierung öffentlich wirksamer Stiftungsinitiativen aufzuhalten und ihn in globalen und pauschalen Zwecksetzungen abzuleiten. Vielmehr muss den in Stiftungsgründungen zum Ausdruck kommenden Eigenkräften der Gesellschaft die Fähigkeit zu individuellen Leistungen erhalten bleiben. Das Gemeinnützigkeitsrecht unterliegt gerade bei der Ausgestaltung individueller Stiftungszwecke der Verpflichtung zur Nichtbevormundung, anderenfalls sich die Finanzbehörde im Herrschaftsbereich der Grundrechte zum Schiedsrichter auf sozialen und kulturellen Gebieten machen würde.[124]

Ein weiterer „Fundamentalirrtum" zeigt sich in dem gesetzlich den gemeinnützigen Stiftungen auferlegten Zwang einer zeitnahen Mittelverwendung gemäß § 55 Abs. 1 Nr. 5 AO und in einer restriktiv gehaltenen Zulässigkeit der Bildung von Rücklagen. Die Forderung an die gemeinnützige Stiftung, „ihre Mittel grundsätzlich zeitnah für ihre steuerbegünstigten satzungsmäßigen Zwecke (zu) verwenden", verdient auf den ersten Blick durchaus Zustimmung. Aus der Sicht des Steuerstaates verbietet sich in der Tat, einer Stiftung den Status der „Gemeinnützigkeit" zuzuerkennen, wenn ihre Mittel thesauriert, somit nicht dem „Gemeinwohl" zugeführt werden. Aus diesem Blickwinkel wird jedoch allein eine Parallelwertung mit dem Staat und den von ihm für das „Gemeinwohl" zu verausgabenden Mitteln vorgenommen. Für den Staat verbietet sich – ungeachtet des haushaltsrechtlich gebotenen Prinzips der Nonaffektation (§ 8 BHO bzw. § 7 HGrG) – schon mit Rück-

---

[122a] Dies findet ihre Bestätigung in dem (nicht zum Stiftungssteuerrecht ergangenen) BFH-Urt. – I R 39/78 – vom 13. 12. 1978, BStBl. 1979 II, 482, dessen Leitsatz 2 wie folgt lautet: „Ob die Tätigkeit einer Körperschaft die Allgemeinheit fördert und dem allgemeinen Besten auf materiellem, geistigem oder sittlichem Gebiet nützt, beurteilt sich nach objektiven Kriterien. Bei der Beurteilung ist in der Regel an einzelne oder eine Vielzahl von Faktoren (Werte) anzuknüpfen (z. B. herrschende Staatsauffassung, geistige und kulturelle Ordnung, Wissenschaft und Technik, Wirtschaftsstruktur, Wertvorstellungen der Bevölkerung).

[123] Vgl. die im Anwendungserlass zur Abgabenordnung (AEAO) § 60 Anlage 1–3 aufgeführten Mustersatzungen.

[124] Einer Gemeinwohlprüfung durch die Finanzbehörde muss verfassungsrechtlich eine Absage erteilt werden, so schon *Frowein,* Jochen Abraham: Grundrecht auf Stiftungen, Essen-Bredeney 1976, S. 18.

sicht auf seine zeitlich fixierten Zahlungsverpflichtungen eine „Thesaurierungspolitik". Ohnehin ist ihm ein in diese Richtung gehender Zwang zur vorsorglichen Thesaurierung schon deshalb nicht auferlegt, weil der Staat aufgrund der Steuergesetze stets mit dem Zufluss von Mitteln rechnen kann. Selbst wenn das jährliche Steueraufkommen – etwa aus konjunkturpolitischen Gründen – „einbrechen" sollte, könnte der Steuerstaat die Instrumente seiner Schuldenpolitik aktivieren.

Der gemeinnützigen Stiftung ist allerdings eine solche „dynamische Finanzpolitik" versagt. Bei Lichte besehen könnte die Vorschrift des § 55 Abs. 1 Nr. 5 AO sogar zu einer Verschleuderung von Stiftungsmitteln führen. Denn zum einen könnten u. U. die jährlichen Mittel allein nicht ausreichen, um ein dem „Gemeinwohl" dienendes Projekt zu finanzieren. Zum anderen ist nicht ausgeschlossen, dass in dem „zeitnah" gelegenen Jahr ein förderungswürdiges Projekt überhaupt besteht. Letztlich könnte daher das zeitnahe Verwendungsgebot des § 55 Abs. 1 Nr. 5 AO zu einem unvernünftigen Aktionismus führen. Deshalb ist es stiftungsrechtlich nicht geboten, für Stiftungserträge ausnahmslos ein zeitnahes Ausschüttungsgebot zu begründen.[125]

Diese Erkenntnis hat sicherlich auch den Gesetzgeber geleitet, in dem er in § 55 Abs. 1 Nr. 5 S. 3 AO eine Streckung der zeitnahen Mittelverwendung dahingehend vorgesehen hat, dass die Mittel auch noch „spätestens in dem auf den Zufluss folgenden Kalender- oder Wirtschaftsjahr für die steuerbegünstigten satzungsmäßigen Zwecke verwendet werden" dürfen. Indes reicht auch dieses Zeitraum für eine Vielzahl von „gemeinnützigen Stiftungen" nicht aus. Erfahrungsgemäß wird auch ein solches auf maximal zwei Jahre ausgerichtetes Mittelverwendungsgebot zu einer „Gießkannenförderung" führen. Insbesondere sog. Programmstiftungen können mit dem Gebot des § 55 Abs. 1 Nr. 5 AO in erhebliche Schwierigkeiten geraten.

Auf diesem Hintergrund ist es verständlich, dass der Gesetzgeber nicht umhin konnte, das Mittelverwendungsgebot i. S. des § 55 Abs. 1 Nr. 5 AO durch die Zulässigkeit der Bildung von Rücklagen aufzuweichen. Insbesondere die nach § 58 Nr. 6 AO mögliche Bildung einer „gebundenen Rücklage" vermag in der Tat gemeinnützigen Stiftungen eine gewisse Erleichterung zu verschaffen. Indes zwingt nicht zuletzt die durch das Gesetz zur weiteren steuerlichen Förderung von Stiftungen vom 14. 07. 2000 (BGBl. I 2000, 1034) vorgenommene „vorsichtige" Erweiterung der Bildung von Rücklagen zu der Erkenntnis, die Rücklagenbildung für gemeinnützige Stiftungen gänzlich freizugeben und ihre Grenzen allein nach den im Handelsgesetzbuch festgelegten Grenzen vorzunehmen, was in nuce bedeuten würde, dass jede gemeinnützige Stiftung nach ihrem pflichtgemäßen Ermessen Rücklagen bilden könnte.

---

[125] *Hof,* Hagen: Vermögen und Erträge, in: Handbuch des Stiftungsrechts (hrsg. von Freiherr von Campenhausen, Axel), 2. Aufl., München 1999, S. 251 ff.; a. M. *Jansen,* Harald: Ersetzen Steuerbegünstigungen für gemeinnützige Stiftungen Ausschüttungsvorschriften?, in: ZSt 2004, S. 227 (230 f.).

1.6 Theorie der Besteuerung von Stiftungen

Ein weiterer „Fundamentalirrtum" dokumentiert sich in dem Befund, dass die gemeinnützigen Stiftungen besonders darunter leiden, weil es ihnen an der vollen Entscheidungsfreiheit und an ausreichendem Spielraum für eine Teilnahme am allgemeinen Wirtschaftsleben fehlt.[125a] Auch im Kontext von Unternehmensträgerstiftungen lassen sich aus dem Blickwinkel von gemeinnützigen Stiftungen (als Anteilseigner von Unternehmen) insoweit Wertungswidersprüche diagnostizieren.[126]

Diese Restriktion findet ihren Ausdruck in der gesetzlich dekretierten Forderung einer „selbstlosen" Förderung oder Unterstützung der steuerbegünstigten Zwecke.[126a] Daran mangelt es nach § 55 Abs. 1 S. 1 AO, wenn „in erster Linie eigenwirtschaftliche Zwecke – z. B. gewerbliche Zwecke oder sonstige Erwerbszwecke – verfolgt werden".[127] Die Stiftung darf um der Erhaltung des Status der „Gemeinnützigkeit" willen hiernach weder eigene noch wirtschaftliche Interessen des Stifters zum vorrangigen Ziel ihrer Betätigung machen. Die Betätigung um des Erwerbes willen, zum eigenen wirtschaftlichen Vorteil dient hiernach eigenwirtschaftlichen Zwecken.

In der Rechtsprechung und im Schrifttum wird daraus der Schluss gezogen, dass eine gemeinnützige Stiftung nicht in erster Linie auf die Mehrung ihres eigenen Vermögens bedacht sein dürfe.[128] Dabei wird jedoch verkannt, dass die Admasierung bzw. Thesaurierung von Vermögen bzw. die Einnahmen- oder Gewinnerzielung nicht dem „eigenwirtschaftlichen" Vorteil berühren, vielmehr erst die Verwendung zu nicht satzungsgemäßen Zwecken.[129] Denn der Thesaurierung erwirtschafteter Einnahmen bzw. Gewinne kann durch eine Rücklagenbildung gem. § 58 Nr. 6 oder 7 AO in dem gebotenen Maße begegnet werden.

[125a] Dieser Problematik des steuerlichen Gemeinnützigkeitsrechts widmet sich die dogmatisch angelegte Dissertation von *Hüttemann,* Rainer: Wirtschaftliche Betätigung und steuerliche Gemeinnützigkeit, Köln 1991, passim.

[126] *Kronke,* Herbert: Stiftungstypus und Unternehmensträgerstiftung, Tübingen 1988, S. 179.

[126a] Zu der besonderen Bedeutung des Grundsatzes der Selbstlosigkeit s. *Hüttemann,* Rainer: Zeitnahe Mittelverwendung und Erhaltung des Stiftungsvermögens nach zivilem Stiftungsrecht und steuerlichem Gemeinnützigkeitsrecht, in: Deutsches Stiftungswesen 1988 – 1998 (hrsg. von Freiherr von Campenhausen, Axel u. a.), Tübingen 2000, S. 191 (201 f.). Zu einem systemtauglichen Begriff für die Non-Profit-Organisationen entwickelt W. R. *Walz* die Selbstlosigkeit, s. *Walz,* W. Rainer: Die Selbstlosigkeit gemeinnütziger Non-Profit-Organisationen im Dritten Sektor zwischen Staat und Macht; in: JZ 2002, 268 ff.

[127] Vgl. bereits RFHE 7, 200; s. weiterhin *Jachmann,* Monika: Reformbedarf im Gemeinnützigkeitsrecht, in: ZSt 2003, S. 38 ff.

[128] BFH BStBl. II 1989, 670; *Koch,* Karl u. a.: Abgabenordnung AO 1977. Kommentar, 5. Aufl., Köln / Berlin / Bonn / München 1996, § 55 Rz. 4.

[129] *Hübschmann / Hepp / Spitaler:* Kommentar zur Abgabenordnung und Finanzgerichtsordnung (Loseblatt), 10. Aufl., Köln u. a., § 55 Rz. 75; *Tipke,* Klaus / *Kruse,* Heinrich Wilhelm: Abgabenordnung – Finanzgerichtsordnung. Kommentar (Loseblatt), Köln 2003, § 55 Rz. 5; *Pahlke,* Armin / *Koenig,* Ulrich: Abgabenordnung. Kommentar, München 2004, § 55 Rz. 5.

Wenn gemäß § 55 Abs. 1 AO „nicht in erster Linie" eigenwirtschaftliche Zwecke verfolgt werden dürfen, muss die Tätigkeit der Stiftung durch die Verfolgung des gemeinnützigen Zweckes „geprägt" sein. Hiernach dürfen eigenwirtschaftliche Zwecke eine in ihrer Bestimmung deutlich hinter dem steuerbegünstigten Zweck zurückstehende Begleiterscheinung sein; m. a. W. die selbstlose Tätigkeit muss den alleinigen Hauptzweck bilden.[130] Es geht dabei um eine Wertentscheidung, ob und inwieweit wirtschaftliche Vorteile, die durch die fördernde Tätigkeit entstehen, zugunsten der Stiftung noch im Interesse der Gemeinwohlförderung zu akzeptieren sind.[131]

Im Schrifttum und zum Teil in der Rechtsprechung wird deshalb die zulässige wirtschaftliche Betätigung in Gestalt eines wirtschaftlichen Geschäftsbetriebes i. S. des § 64 AO in den Abwägungsprozess über das Vorliegen „eigenwirtschaftlicher Zwecke" einbezogen[132]. Demgegenüber ist darauf hinzuweisen, dass § 64 AO die wirtschaftliche Betätigung aus der steuerbegünstigten Tätigkeit ausschließt, ohne diese im Verhältnis zum gemeinnützigen Handeln zu begrenzen.[133] Da die erzielten Gewinne zur gegenwartsnahen Erfüllung der satzungsgemäßen Zwecke einzusetzen sind, ist ein sachlicher Grund für eine Begrenzung wirtschaftlicher Tätigkeit nicht zu erkennen.[134] Insoweit dürfte die wirtschaftliche Betätigung in Form eines wirtschaftlichen Geschäftsbetriebes nicht in den Abwägungsprozess einbezogen werden.[135]

In diesem Kontext wird es auch als steuerschädlich angesehen, wenn die Unterhaltung eines wirtschaftlichen Geschäftsbetriebes durch die Stiftung in den Vordergrund des Wirkens tritt und ein Ausmaß annimmt, dass die wirtschaftliche Aktivität zum Selbstzweck werden lasse, den Umfang einer Nebentätigkeit überschreite.[136] Dementsprechend dürfen nach der Rechtsprechung die wirtschaftlichen Zwecke des Geschäftsbetriebes nicht in erster Linie verfolgt werden[137]; dabei werden ideeller Bereich und wirtschaftliche Aktivität nach Umfang und Leistung ohne

---

[130] *Tipke*, Klaus / *Kruse*, Heinrich Wilhelm: loc. cit., § 55 Rz. 3; s. auch BFH BStBl. II 1992, 62.

[131] *Hübschmann / Hepp / Spitaler:* loc. cit., § 55 Rz. 34; *Pahlke*, Armin / *Koenig*, Ulrich: loc. cit., § 55 Rz. 6; s. auch *Hüttemann*, Rainer: Das Merkmal der Selbstlosigkeit bei der Verfolgung steuerbegünstigter Zwecke i. S. der §§ 51 ff. AO 1977, in: DStJG 26 (2003), S. 49 (67 f.).

[132] *Tipke*, Klaus / *Kruse*, Heinrich Wilhelm: loc. cit., § 55 Rz. 4; s. auch RFH StuW II 1927, Nr. 746.

[133] *Pahlke*, Armin / *Koenig*, Ulrich: loc. cit., § 55 Rz. 6 unter Hinweis auf *Bopp*, Ulrich: Das Merkmal der Selbstlosigkeit bei der Verfolgung steuerbegünstigter Zwecke i. S. der §§ 51 ff. AO 1977, in: DStZ 1999, S. 123 ff.

[134] *Hüttemann*, Rainer: loc. cit., S. 53 ff.

[135] *Klein*, Friedrich (Hrsg.): Abgabenordnung 8. Aufl., München 2003, § 55 Rz. 2; *Pahlke*, Armin / *Koenig*, Ulrich: loc. cit., § 55 Rz. 6; s. auch BFH BStBl. II 1989, 670.

[136] Vgl. *Klein*, Friedrich: loc. cit., § 55 Rz. 2; *Koch*, Karl: loc. cit., § 55 Rz. 15.

[137] BFH BStBl. II 1989, 670.

1.6 Theorie der Besteuerung von Stiftungen

Rücksicht auf den verfolgten Zweck in ein Verhältnis gesetzt.[138] Demgegenüber ist herauszustellen, dass mit § 64 AO nicht die wirtschaftliche Betätigung als Mittel zur Erreichung des gemeinnützigen Zweckes verhindert werden soll; Ziel ist vielmehr die Verselbständigung des wirtschaftlichen Geschäftsbetriebs als Haupt- oder Nebenzweck, der nicht zielgerichtet der Förderung der gemeinnützigen Zwecke dient.[139] Denn der Einsatz der genannten erwirtschafteten Mittel zur Erfüllung der gemeinnützigen Zwecke steigert zugleich die selbstlose Förderung der Allgemeinheit.[140] Insoweit besteht kein Grund, durch Begrenzung der Mittelbeschaffung die Verwirklichung der ideellen Zwecke einzuschränken.[141]

Die Allzuständigkeit des Finanzamts für gemeinnützige Stiftungen ist auch deshalb prekär, weil sich das Gemeinnützigkeitsrecht durch einen besonderen moralischen Rigorismus auszeichnet. Angesichts des von den Finanzbehörden – wie in der Zeit des Absolutismus – beanspruchten Alleinvertretungsanspruchs bei der Bestimmung des „Gemeinwohls" werden die gemeinnützigen Stiftungen und ihre „nützlichen Aktivitäten" i. S. einer „Gesinnungsprüfung" einem ständigen Rechtfertigungsdruck unterworfen, von dem die staatlichen Institutionen mit Rücksicht auf das von ihnen beanspruchte „Faktum universaler Präsenz" glauben befreit zu sein.[141a] Deshalb kann ein einziger oftmals lange Jahre zurückliegender „Fehltritt" einer Stiftung zum „Verlust" der Gemeinnützigkeit führen und damit eine sämtliche Aktivitäten der gemeinnützigen Stiftung umfassende subjektive und objektive Steuerpflicht auslösen.[142]

Die demgegenüber vom Finanzamt den gemeinnützigen Stiftungen erteilte „vorläufige Bescheinigung" i. S. einer vorläufigen Anerkennung der Gemeinnützigkeit entfaltet keine Bindungswirkung für das folgende Veranlagungsverfahren. Auch aus der Freistellung für vorangegangene Jahre kann ein schutzwürdiger Vertrauenstatbestand nicht abgeleitet werden.[143]

---

138 BMF BStBl. I 2002, 267; a. A. BFH BStBl. II 2002, 162.

139 So RFHE 8, 339; RFH RStBl. 1935, 1439; s. auch *Hüttemann,* Rainer, Das Merkmal der Selbstlosigkeit bei der Verfolgung gemeinnütziger Zwecke i. S. v. §§ 51 ff. HO 1977, in: DStJG 26 (2003), S. 49 (69 f.).

140 *Hüttemann,* Rainer: loc. cit., S. 43 ff.

141 *Hübschmann / Hepp / Spitaler:* loc. cit., § 55 Rz. 93; *Tipke,* Klaus / *Kruse,* Heinrich Wilhelm, loc. cit. § 55 Rz. 5; s. auch *Jachmann,* Monika: Reformbedarf im Gemeinnützigkeitsrecht, in: ZSt 2003, S. 35 (38 f.).

141a Bemerkenswert ist insoweit die apodiktische Feststellung des BFH, dass „dem Stiftungszweck … kein Vorrang vor dem Anspruch des Staates auf die gesetzlichen Steuern" gebührt, s. BFH-Urt. – I 191 / 64 – vom 07. 03. 1968, in: Stiftungen in der Rechtsprechung, Bd. I, Heidelberg / Karlsruhe 1980, S. 151 (154).

142 Vgl. das BFH-Urt. – I R 156 / 94 – vom 15. 07. 1998, in: BB 1998, S. 2295; in diesem Verfahren wurde 1998 (!) der Stiftung die Gemeinnützigkeit, die ihr in den Streitjahren 1982 bis 1984 vom Finanzamt zugestanden wurde, aberkannt; s. auch *Kirchhof,* Paul: Stifterengagement im Steuerstaat – Steuerliche Anerkennung privater Freiheitskultur, in: Bundesverband Deutscher Stiftungen (Hrsg.): Vom Steuerstaat zum Stifterengagement, Berlin 2003, S. 12 (18 f.). Insoweit sollte dem Vorschlag von *M. Jachmann* gefolgt werden, § 63 Abs. 4 S. 1

Gemeinnützige Stiftungen müssen sich somit bei Wahrnehmung ihrer Aufgaben immer auf der „sicheren Seite" bewegen. Auf diese Weise wird bei den Mitgliedern der Stiftungsorgane eine etatistische Geisteshaltung erzeugt, die den gemeinnützigen Stiftungen als „gesellschaftliche Laboratorien," als Sauerteig der Privatrechtsgesellschaft für öffentliche Aufgaben, eben gerade nicht zukommen sollte.[144]

Besteuerung von Stiftungen – ein Fremdkörper im Steuerstaat?

Es ist mehr als eine Etikettierung, wenn gegenüber dem Steuerrecht in der Bundesrepublik Deutschland der Vorwurf der Systemlosigkeit erhoben wird.[145] Deshalb überrascht es nicht, wenn auch auf dem Gebiet der Besteuerung von Stiftungen Wertungswidersprüche diagnostiziert werden. Das gilt vor allem für den Bereich gemeinnütziger Stiftungen. Aber auch auf dem Gebiet der Besteuerung von fremdnützigen Stiftungen bestehen nicht unerhebliche Dissonanzen.

Der eigentliche Seinsgrund für die Wertungswidersprüche in der Besteuerung von Stiftungen beruht dabei offenkundig darauf, dass man sich des Standorts der Stiftungen innerhalb des (staatstheoretischen) Modells eines Dualismus von Staat und Gesellschaft noch immer nicht bewusst geworden ist. Dies zeigt sich in der vielleicht noch freundlich gemeinten Einordnung der gemeinnützigen Stiftungen als „verlängerter Arm" der Verwaltung.[146] Wenn aber sogar „die Stiftung im schlimmsten Falle entweder als sinnlos oder als verdächtig" angesehen wird[147], dokumentiert eine solche Haltung letztlich eine völlige Ignoranz über das Wirken von Stiftungen in dem verschiedenartigen, immer aber vorhandenen und wirksamen Beziehungsverhältnis zwischen Staat und Gesellschaft.[148]

Es dient daher nicht nur der Klarstellung, wenn der Hinweis angebracht wird, dass die nach § 80 BGB gegründete Stiftung der privaten Initiative entspringt und

---

AO als Sollvorschrift auszugestalten, *Jachmann,* Monika: Reformbedarf im Gemeinnützigkeitsrecht, in: ZSt 2003, S. 35 (43 f.).

[143] Vgl. *Pahlke,* Armin / *Koenig,* Ulrich: Abgabenordnung, Kommentar, München 2004, § 51 Rz. 24 mit weiteren Nachweisen.

[144] Vgl. *Flämig,* Christian: Wissenschaftsstiftungen, in: Handbuch des Wissenschaftsrechts (hrsg. von Flämig, Christian u. a.), Bd. II, Berlin / Heidelberg / New York 1982, S. 1197 (1223).

[145] Vgl. den programmatischen Beitrag von *Tipke,* Klaus: Steuerrecht – Chaos, Konglomerat oder System, in: StW 1971, S. 2 ff.; s. auch *Tipke,* Klaus / *Lang,* Joachim: Steuerrecht, 17. Aufl., Köln 2002, S. 61 ff.

[146] Vgl. *Karpen,* Ulrich: Der Standort der Stiftung im pluralistischen Rechtsstaat, Frankfurt am Main 1976, S. 78.

[147] Vgl. *Flory,* Maurice: Der Standort der Stiftungen im Forschungssystem, Essen-Bredeney 1974, S. 33; zurückhaltend *Karpen,* Ulrich: loc. cit., S. 75 mit dem Hinweis auf die „unerbetene Konkurrenz" seitens der Stiftungen.

[148] Vgl. *Böckenförde,* Ernst-Wolfgang: Die Bedeutung der Unterscheidung von Staat und Gesellschaft im demokratischen Sozialstaat der Gegenwart, in: Staat, Gesellschaft, Freiheit, Frankfurt am Main 1976, S. 185 (195).

1.6 Theorie der Besteuerung von Stiftungen

in ihrer Ausgestaltung von den Motiven und Entschlüssen des Stifters bestimmt ist. Die privaterseits errichteten Stiftungen fallen daher nicht aus dem gesellschaftlichen Gestaltungsbereich heraus, selbst wenn es sich um die Erfüllung öffentlicher Programme, entweder der allgemeinen oder speziellen Haushaltspolitik oder solche der Vermögens- und Eigentumsumschichtung oder der unternehmenswirtschaftlichen Strukturpolitik oder auch um sonstige im Rahmen aktueller Maßnahmen erstrebten gemeinwohlorientierten Ziele handelt. Vielmehr zeigt sich darin gerade die Wechselbeziehung zwischen Gesellschaft und Staat, als in der Tätigkeit der Stiftungen ihr Handeln bei Staat und Gesellschaft „Widerhall findet in einem lebendigen Engagement für die allgemeinen, d. h. alle gemeinsamen Angelegenheiten".[149]

Auf dem Hintergrund des Standortes der Stiftungen in Staat und Gesellschaft lassen sich auch die Steuerungs- und Wertungsprinzipien für die Besteuerung von Stiftungen ableiten. Sie nehmen ihren Ausgang von der Erkenntnis, dass im Steuerstaat der Staat nicht die Dienste seiner Bürger in Anspruch nimmt; er bemüht sich auch nicht um Hebung staatsbürgerlicher Tugenden wie die der Nächstenliebe und der sozialen Verantwortung. Der Steuerstaat sorgt vielmehr für die moralische Entlastung der Bürger; er gibt ihnen mit den Grundrechten der Berufs-, Gewerbe-, Eigentums- und Koalitionsfreiheit Raum für privates Erwerbsstreben.[150]

Daraus leitet sich das eigentliche Besteuerungsprinzip für den Steuerstaat ab. Wie schon J. Schumpeter herausgearbeitet hat, besteht dies in dem „Individualinteresse", das er als die besondere Kraft des Bürgers herausstellt.[151] Freilich verlangt der Steuerstaat von dem Bürger, wenn er dessen Eigennutz akzeptiert, einen Preis, nämlich einem Anteil an dem Ertrag. „Insoweit lebt der Steuerstaat kraft einer List der Vernunft: Je erfolgreicher die Wirtschaftssubjekte ihrem Eigennutz folgen und Einkommen wie Gewinn erzielen, um so reicher wird der Fiskus".[152] Zu Recht stellt J. Schumpeter heraus: „In dieser Welt lebt der Staat als Parasit. Nur so viel kann er der Privatwirtschaft entziehen, als mit dem Fortbestehen dieses Individualinteresses in jeder konkreten sozialpsychologischen Situation vereinbar ist".[153] Insoweit ist in der Tat der „Eigennutz" das „führende Prinzip" für die theoretische Erfassung der wirtschaftlichen Leistungsfähigkeit (der Bürger) im Steuerstaat.[154]

Für die Stiftungen als „Transmissionsriemen" zwischen Staat und Gesellschaft entfällt die „Eigennützigkeit" schon deshalb als Besteuerungsprinzip, weil es bei

---

[149] *Böckenförde,* Ernst-Wolfgang: loc. cit., S. 196.

[150] *Isensee,* Josef: Steuerstaat als Staatsform, in: Hamburg.Deutschland.Europa, Festschrift für *Ipsen,* Hans Peter (hrsg. von Stödter, Rolf / Thieme, Werner), Tübingen 1977, S. 409 (420).

[151] *Schumpeter,* Josef: Die Krise des Steuerstaats, in: Hickel, Rudolf (Hrsg.), Die Finanzkrise des Steuerstaats. Beiträge zur politischen Ökonomie der Staatsfinanzen, Frankfurt am Main 1976, S. 329 (345 f.)

[152] *Isensee,* Josef: loc. cit., S. 425.

[153] *Schumpeter* Josef: loc. cit., S. 346.

[154] *Schumpeter,* Josef: loc. cit., S. 345.

der Stiftung schon ex definitionem der ihr rechtlich vorbestimmte Nutzen ist, der als Stiftungszweck maßgebend sein soll.[155] Dies findet ihren Ausdruck in der Zurückweisung jeder Form von Fremdbestimmung, sei es bei der stiftungshaften Vermögensverwaltung, der Zweckinterpretation oder der Willensbildung in den Stiftungsorganen. Somit ist „Fremdnützigkeit" als Gegensatz zur willkürlich betätigten „Eigennützigkeit" das die rechtliche Konstruktion der Stiftung tragende Prinzip.[156] Damit ist auch der Weg frei für die Bestimmung der „Gemeinnützigkeit", deren Kennzeichnung grundsätzlich von dem rechtlich-konstruktiven Prinzip der „Fremdnützigkeit" auszugehen hat. Insoweit kommt unter dem gesellschaftspolitischen Postulat der egalitären Belastungsentscheidung in § 51 AO ein Ordnungsbild zum Tragen, das der parlamentarische Gesetzgeber entwickelt hat, um auch für den Bereich der gemeinnützigen Stiftungen „Eigennützigkeit" und Willkür auszuschließen.

Gleichwohl dürfte daraus nicht die Verpflichtung des Gesetzgebers erwachsen, ein für die Stiftung eigenes Gemeinnützigkeitsrecht zu schaffen. Auch wenn die Stiftung als Grundrechtsträger anzusehen ist[157], wird man mit J. A. Frowein davon ausgehen müssen, dass eine verfassungsrechtliche Verpflichtung insoweit nicht besteht.[158] Auch wenn hiernach ein Sonderrecht für gemeinnützige Stiftungen wohl kaum verfassungsrechtlich begründet werden kann, stellt sich dennoch die Frage, ob nicht angesichts der Grundrechte als Elemente objektiver Ordnung dem Gesetzgeber die Pflicht aufgegeben ist, ganz allgemein für altruistisches Handeln der Bürger steuerliche „Begünstigungen" vorzusehen, wenngleich dem Gesetzgeber hierfür eine weitgehende Gestaltungsfreiheit zugestanden werden muss.[158a]

Angesichts des für Stiftungen herausgearbeiteten Besteuerungsprinzips der „Fremdnützigkeit" für die fremdnützigen Stiftungen sowie des der „Gemeinnützigkeit" für die gemeinnützigen Stiftungen stellt sich im Spannungsfeld zwischen (Steuer-)Staat und Gesellschaft die Frage, ob das Definitionsmonopol für Fremd- und Gemeinnützigkeit dem parlamentarischen Gesetzgeber und – via Gemeinnützigkeitsrecht der Abgabenordnung – dem Finanzamt allein zugestanden werden

---

[155] *Rawert*, Peter, in: Staudinger, Bürgerliches Gesetzbuch, Kommentar, 13. Aufl., Berlin 1995, Vor §§ 80 ff. Rn. 9 mit weiteren Nachweisen.

[156] *Strickrodt*, Georg: Neues Stiftungswesen unter Gemeinnützigkeitsbewahrung, in: Archiv für öffentliche und freigemeinnützige Unternehmen, Bd. 8 (1966), S. 58 ff.

[157] BVerfGE 46, 73 (83); 57, 220 (240); 70, 138 (160) sowie BVerwG 40, 347 (348 f.); s. auch *Sachs*, Michael: Kein Recht auf Stiftungsgenehmigung, Festschrift für Leisner, Walter (hrsg. von Isensee, Josef / Lecheler, Helmut), Berlin 1999, S. 955 (964); *Andrick*, Bernd / *Süerbaum*, Joachim: Stiftung und Aufsicht, München 2001, S. 67 f.; a. M. *Walz*, Rainer: Grundrecht oder Menschenrecht auf Anerkennung der gemeinwohlkonformen Allzweckstiftung? in: ZSt 2004, S. 133.

[158] *Frowein*, Jochen Abraham: Grundrecht auf Stiftung, Essen-Bredeney 1976, S. 24 ff.

[158a] In dieser Hinsicht lässt *P. Kirchhof* eine vorsichtige Präferenz für die gemeinnützigen Stiftungen erkennen; *Kirchhof*, Paul: Gemeinnützigkeit – Erfüllung staatsähnlicher Aufgaben durch selbstlose Einkommensverwendung, in: Gemeinnützigkeit (hrsg. von Jachmann, Monika), Köln 2003, S. 1 (6 f.).

1.6 Theorie der Besteuerung von Stiftungen

kann. Immerhin bietet „Das Aktionsbündnis Gemeinnützigkeit und sein Zehn-Punkte-Programm" vom 12. 10. 2004 einen deutlichen Hinweis wie folgt: „Die Bestimmung der gemeinnützigen Zwecke ist – soweit wie möglich – den Finanzbehörden zu entziehen und einer generellen transparenten staatlichen Regelung zuzuweisen, um dem privaten Sektor mehr Raum zur Förderung der der Allgemeinheit dienenden Aufgaben einzuräumen".[159] Es dürfte sich zweifelsohne lohnen, diesen Vorschlag intensiv zu durchdenken und zu präzisieren. So könnte erwogen werden, anstelle des Finanzamtes einen „Stiftungssenat" über die Zuerkennung der Gemeinnützigkeit entscheiden zu lassen. Ein solcher mit richterlicher Unabhängigkeit ausgestatteten Stiftungssenat sollte aufgrund eines mit Verfassungsrang ausgestatteten Gesetzes errichtet werden.[159a] Beispielgebend insoweit ist das französische Recht, das für die rechtsfähige Stiftung, soweit sie die Gemeinnützigkeit in Anspruch nehmen will, die Anerkennung der *„utilité publique"* durch den Conseil d'Etat vorsieht.[160] Eine entsprechende Regelung ist in Großbritannien anzutreffen. Die *„Charity Commission"*, eine Behörde des Innenministeriums mit einem ausgeprägten Grad an Selbständigkeit, entscheidet über den Status der Gemeinnützigkeit.[161]

Der Vorschlag dürfte sicherlich nicht auf eine breite Zustimmung stoßen. Schon jetzt gibt es Stimmen, dass die in den letzten Jahren zu registrierende Zunahme von Stiftungsgründungen das Gleichgewicht zwischen Staat und Gesellschaft auf dem Gebiet der Gemeinwohlinitiativen – nicht allein im Hinblick auf zu registrierende Steuerausfälle – in mit feinsten Gewichten wägbarer Weise beeinflusst hat.[161a] Insoweit wird nicht allein auf die beträchtliche Zunahme der (rechtsfähigen) Stiftungen – zur Zeit 12.940 – hingewiesen. Es sind vor allem die Versuche, sog. Publikumsstiftungen zu begründen, die eine neue Qualität in der Stiftungslandschaft hervorrufen und insoweit nachdenklich stimmen.[162] Aber auch kritische

---

[159] „Das Aktionsbündnis Gemeinnützigkeit und sein Zehn-Punkte-Programm" vom 12. 10. 2004, abgedruckt in: ZSt 2004, S. 318.

[159a] Ein erster Schritt in diese Richtung wäre die von der Enquête-Kommission „Zukunft des Bürgerschaftlichen Engagements" vorgeschlagene „Schiedsstelle als Beschwerdeinstanz", s. den Bericht der *Enquête-Kommission „Zukunft des Bürgerschaftlichen Engagements",* in: Bundestagsdrucksache 14 / 8900, S. 300 f.

[160] *Kronke,* Herbert: Stiftungstypus und Unternehmensträgerstiftung, Tübingen 1988, S. 46, 58 (s. auch S. 74).

[161] *Richter,* Andreas / *Sturm,* Sebastian: Die Reform des englischen Gemeinnützigkeitsrechts, in: ZSt 2004, S. 127 (128).

[161a] In offiziösen Stellungnahmen wird demgegenüber beklagt, dass in der Bundesrepublik Deutschland „noch viel zu wenig Bürgerinnen und Bürger von ihrer verfassungsrechtlich geschützten Stifterfreiheit Gebrauch" machen; s. *Bopp,* Ulrich: Jenseits von Staatsfürsorge und Gewinnabsicht – Zur Bedeutung privater Stiftungen für die Bürgergesellschaft, in: ZSt 2005, S. 115 (118).

[162] Vgl. *Beitz,* Wolfgang: Ein Plädoyer für die Eigenverantwortung der Bürger – die Publikumsstiftung, in: Unternehmen Stiftung (hrsg. von Schatz, Roland), Bonn 1992, S. 97 (100.); zum rechtstatsächlichen Befund s. *Weger,* Hans-Dieter: Gemeinschaftsstiftungen – eine Form der Teilnahme an der Gesellschaftsentwicklung, in: Deutsches Stiftungswesen

Bemerkungen gegenüber der höchstrichterlichen Rechtsprechung lösen Nachdenken aus. So wird im Zusammenhang mit dem vom BGH entschiedenen Fall einer Schenkung von Todes wegen zu Gunsten des Wiederaufbaus der „Dresdener Frauenkirche" die Frage erhoben, ob es de lege ferenda richtig ist, dass eine offenbar vermögende Erbin von einer gemeinnützigen Stiftung einen ganz erheblichen Betrag wieder zurückfordern kann.[163] Deshalb wäre es mehr als eine Überraschung, wenn der Steuergesetzgeber die Anerkennung einer Stiftung als „gemeinnützig" einem „Stiftungssenat" übertragen und somit – in Aufnahme eines Gedankens von Werner Weber – „echt aus der Hand" an die Gesellschaft (zurück-)geben würde.[164]

1988–1998 (hrsg. von Freiherr von Campenhausen, Axel u. a.), Tübingen 2000, S. 63 ff.; *Bundesverband Deutscher Stiftungen* (Hrsg.): Bürgerstiftungen in Deutschland, in: Forum Deutsche Stiftungen, Bd. 15, Berlin 2002, passim.

[163] BGH-Urteil vom 10. 12. 2003, in: JZ 2004, S. 972 mit Anm. *Otte,* Gerhard, s. dazu die Kritik von *Kilian,* Michael: Der erbrechtliche Pflichtteilsanspruch aus der Sicht des Eigentums – und Erbrechtsgrundrechtes Art. 14 Abs. 1 GG, in: ZSt 2004, S. 204 ff.; *Saenger,* Ingo: Die Stiftung als Geldsammlerin für Pflichtteilsberechtigte, verarmte Schenker und Sozialkassen?, in: ZSt 2004, S. 183 (188).

[164] *Weber,* Werner: Rechtsgutachtliche Äußerung über die Frage, ob die „Stiftung Volkswagenwerk" der Rechnungsprüfung aufgrund der Reichshaushaltsordnung unterlag, Göttingen 1965, S. 21.

1.7 Stiftungen in der Gesellschaft aus der Perspektive sozialwissenschaftlicher Statistik

Von Rainer Sprengel

Die folgenden Ausführungen geben eine Einführung in statistische Daten zum Stiftungswesen in Deutschland. Diese fußen auf unterschiedlichen Informationsquellen: die beim Maecenata Institut geführte Datenbank deutscher Stiftungen, die darauf beruhenden analytischen Statistiken zum Deutschen Stiftungswesen 2001[1] sowie publiziertes Material anderer Institutionen, z. B. des Bundesverbandes Deutscher Stiftungen[2], sowie auf wissenschaftlichen Einzelstudien zu Einzelfragen des Stiftungswesens.[3] Gleichwohl muss von vornherein einschränkend darauf hingewiesen werden, dass die Belastbarkeit des jeweiligen Materials heterogen ist und manches Desiderat noch vollkommen unbearbeitet ist.[4] Zu letzterem gehört insbesondere der Bereich der Stiftungen kirchlichen Rechts. Wenn nicht anders angegeben, beziehen sich die folgenden Ausführungen denn auch auf den nicht kirchlichen Bereich, d. h. auf all jene Stiftungen, die nicht in unmittelbarer Verbindung zu den christlichen Kirchen stehen.

Im Rahmen dieses Handbuches kann es nicht darum gehen, möglichst viele Zahlen aneinander zu reihen, die als absolute Werte schon bei Erscheinen wieder überholt sind. Vielmehr sollen anhand von ausgewähltem Zahlenmaterial einerseits Strukturen und Tendenzen des Stiftungswesens erkennbar werden, aber andererseits auch dabei verdeutlicht werden, was bei der Interpretation von umlaufenden Zahlen zum Stiftungswesen gerade wegen dieser Strukturen zu beachten ist. Insofern geht es im Folgenden auch darum, den Leser in die Lage zu versetzen, die oftmals isoliert verwendeten Zahlen angemessen zu würdigen.

Die Frage nach der Rolle der *Stiftungen in der Gesellschaft* hat quantitative und qualitative Aspekte. So kann man die Anzahl an Stiftungen benennen und sie mit

---

[1] Vgl. *Sprengel*, Statistiken zum deutschen Stiftungswesen 2001.

[2] Vgl. *Bundesverband Deutscher Stiftungen e.V.*, Zahlen, Daten, Fakten zum deutschen Stiftungswesen.

[3] Genannt seien insbesondere: *Timmer*, Stifter in Deutschland; *Corsmeyer*, Der Beitrag von Stiftungen zum Denkmalschutz in den neuen Bundesländern und Berlin; *Schäfer*, Nichtfinanzielle Bestimmungsfaktoren; *Schäfer*, Anlageverhalten deutscher Stiftungen, *Adloff*, Untersuchungen zum deutschen Stiftungswesen; *Adloff/Schwertmann/Sprengel/Strachwitz*, Visions and Roles of Foundations in Europe. The German Report.

[4] Einen Vergleich der Aussagekraft der vorhandenen Datenbanken und der auf ihnen beruhenden Auswertungen findet sich bei *Anheier*, Das Stiftungswesen in Deutschland.

anderen Organisationsformen wie etwa dem Verein vergleichen, insofern beide Formen in Deutschland typischerweise zur Organisation bürgerschaftlichen Engagements genutzt werden: auf aktuell schätzungsweise 18.000 Stiftungen kommen dann mindestens 574.000 (2003) eingetragene Vereine, also ein Verhältnis von 1:30.[5] Nimmt man die geschätzten 350.000 nicht eingetragenen Vereine hinzu[6], kommt man auf eine Relation von gut 1:50.

Solche Zahlen zum Organisationsbestand bekommen, wie alle Zahlen, erst durch eine relationale Interpretation ihre angemessene Bedeutung. Dann erhält man schnell eine Vorstellung von der Intensität der Dynamik, mit der das Stiftungswesen wächst. So wurden im Zeitraum zwischen 1998 und 2003 insgesamt 4.152 rechtsfähige Stiftungen privaten Rechts errichtet.[7] Im Bereich der eingetragenen Vereine müssten im gleichen Zeitraum 124.560 e.V. neu gegründet worden sein, wenn dort die gleiche Dynamik herrschen würde. Auch wenn es für das Vereinswesen als Ganzes keine Entwicklungszahlen gibt, kann man anhand von vorhandenen Zahlen für relevante Teilbereiche des Vereinswesens eine auch nur ansatzweise vergleichbare Dynamik verneinen. Im Bereich des Sports wuchs der Bestand lt. Statistischem Bundesamt zwischen 1998 und 2003 von 86.237 auf 89.307 an, ein Wachstum von gerade einmal 3,2 % in diesen sechs Jahren.[8] In absoluten Zahlen betrachtet werden mehr Vereine als Stiftungen gegründet, relational aber indizieren die Zahlen sehr deutlich das erhebliche Ausmaß der Wachstumsdynamik im Stiftungswesen.

Ähnlich kann man versuchen, das Vermögen oder das Umsatzvolumen von Stiftungen zu analysieren[9], die Struktur des Stiftungswesens im Vergleich zum Dritten Sektor zu setzen[10] oder auch das Stiftungswesen als Elitenveranstaltung darzustellen[11].

Exemplarisch sollen folgende Fragen erörtert werden:

a) Wie viele Stiftungen wird es im Jahre 2010 geben?

b) Was tun eigentlich Stiftungen?

c) Wer bewohnt den Sozialraum Stiftung?

Die Beantwortung dieser Fragen wird zu einer Thematisierung von Strukturen des Stiftungswesens führen, die die zugrunde liegende Recheneinheit Stiftung problematisch werden lässt.

---

[5] Vgl. www.vereinskaufhaus.de / vereinsstatistik /.

[6] Vgl. *Enquete-Kommission „Zukunft des Bürgerschaftlichen Engagements" des Deutschen Bundestages,* Bericht: Bürgerschaftliches Engagement.

[7] Vgl. *Statistisches Bundesamt,* Statistisches Jahrbuch 2004, S. 174. Das sind keine vom Bundesamt originär ermittelten Zahlen, sondern es werden dabei die Angaben des Bundesverbandes Deutscher Stiftungen verwendet.

[8] Vgl. ebd. S. 177, sowie dies., S. 414.

[9] Vgl. z. B. *Sprengel,* loc. cit., S. 34 ff.

[10] Vgl. ebd. S. 89 ff.

[11] Vgl. ebd. S. 82 ff.

a) Wie viele Stiftungen wird es im Jahr 2010 geben? Zur Berechnung und Bedeutung einer sich stets ändernden Zahl

Die erhebliche Stiftungserrichtungsdynamik führt zu einem misslichen Phänomen. In Medien und Fachliteratur findet man jetzt die Zahlen, die im Jahr 2000 oder 2001 als damals aktuelle Schätzwerte in die Welt gesetzt wurden. Daher soll im Folgenden der Versuch gemacht werden, jetzt die Zahlen für 2010 zu fixieren. Zugleich wird dabei dargelegt, wie sich diese Zahlen zusammensetzen, was zugleich zu einer Problematisierung der Recheneinheit Stiftung führt.

Im Jahr 2010 wird das nicht kirchliche Stiftungswesen deutlich mehr als 20.000 Stiftungen umfassen. Schon im Jahr 2007 wird dieser Grenzwert von 20.000 überschritten sein. Auf welchen Zahlen und Tendenzen beruht eine solche Prognose? Und welche Unschärfe liegt in dieser Zahl, wie übrigens in jeder Wasserstandsmeldung zur absoluten Menge an Stiftungen in Deutschland?

Ausgangspunkt bei der Bildung solcher Zahlen sind die Erfassung bzw. Schätzung der Ist-Bestände für die Formen der rechtsfähigen wie unselbständigen Stiftungen bürgerlichen Rechts, der Stiftungen in Körperschaftsform (AG, GmbH, Verein) und der Stiftungen öffentlichen Rechts. In die Schätzung des Ist-Bestandes gehen unterschiedliche Werte ein. Als Basiswert dient die jeweils neueste Zahl zum Gesamtbestand der rechtsfähigen Stiftungen bürgerlichen Rechts sowie die repräsentativ ermittelte Zahl zu den unselbständigen Stiftungen in kommunaler Verwaltung. Für die rechtsfähigen Stiftungen bürgerlichen Rechts wird für 2003 vom Bundesverband Deutscher Stiftungen der Wert mit 12.193 Stiftungen angegeben; das Maecenata Institut hat seinerseits als Wert für die unselbständigen Stiftungen in kommunaler Trägerschaft 1.800 bis 2.000 für das Jahr 2000 ermittelt. Da es sich hierbei im starken Maße um Altstiftungen handelt, gibt es keinen Grund diese Zahl permanent nach oben oder unten korrigieren zu wollen. Beide Zahlen ergeben zusammen gesicherte 14.000 Stiftungen.

Schwieriger gestaltet sich die Schätzung der Werte für die Stiftungen öffentlichen Rechts, die unselbständigen Stiftungen in privater Trägerschaft sowie in öffentlicher Trägerschaft jenseits der Kommunen, z. B. bei Universitäten, sowie schließlich der Stiftungen in Körperschaftsform (GmbH, Verein, AG u. ä.). Die Greifbarkeit dieser Formen ist deutlich schwieriger und bleibt unsystematisch, weil eine kanalisierende Institution wie die Stiftungsaufsicht fehlt. Zugleich hat man es bei all diesen Formen mit erkennbar dynamischen Subsektoren zu tun, ohne aber wirklich feststellen zu können, ob die jeweilige Dynamik höher und niedriger als in anderen Teilbereichen des Stiftungswesens ist. Ganz orientierungslos ist man gleichwohl nicht. So waren von den genannten Formen 1998 in der Maecenata Datenbank 894 Stiftungen erfasst, drei Jahre später 1.056. Das entspricht einer Steigerung um 18 % während im gleichen Zeitraum die erfassten rechtsfähigen Stiftungen bürgerlichen Rechts in der Datenbank um 15 % zunahmen. Nun ist die Erfassung von Dingen etwas anderes als die Dinge selbst, aber man kann zumindest vertreten, dass es keinen Grund gibt anzunehmen, dass es bei all den Stiftungsformen jenseits der rechtsfähigen Stiftung weniger dynamisch zugeht. Mit den definitiv erfassten Stiftungen kommt man auf eine gesicherte Ist-Zahl im Jahre 2003 von über 15.000 Stiftungen, ohne dabei irgendwelche Schätzungen über nicht erfasste Stiftungen anzustellen.

Aus der Untersuchung zu nicht rechtsfähigen Stiftungen in kommunaler Trägerschaft weiß das Maecenata Institut, dass in diesem Fall die Erfassungsquote bei 10 % lag. Es gibt zwar Gründe anzunehmen, warum dies für die nicht rechtsfähigen Stiftungen in privater Trägerschaft etwas besser aussieht, aber mit Sicherheit bilden die 350 entsprechend zugeordneten Stiftungen eher nur einen kleinen Teil der Gesamtmenge ab. Je nach Charakter wird man entsprechend 1.000 bis 2.000 Stiftungen zu addieren, sowie für 2004 700 bis 800 erwartbar neu errichtete Stiftungen. Damit kommt man dann auf einen Wert zwischen 17.000 und 18.000 Stiftungen Ende 2004. Werden wie in den letzten Jahren 700 bis 800 Stiftungen neu errichtet, überschreitet man entsprechend im Jahr 2007 die Grenze von 20.000.

Bestätigt und verfeinert wird diese Überlegung, wenn man langjährige Trends beachtet. Dann lässt sich für die Zeit seit 1970 mindestens eine Verdopplung der Neuerrichtungszahlen pro Jahrzehnt feststellen. Im Durchschnitt 79 neue Stiftungen wurden pro Jahr in den 1970er Jahren, 158 in den 1980er Jahren und 347 in den 1990er Jahren errichtet.[12] Von den für eine Verdopplung mindestens nötigen 6.940 Stiftungen zwischen 2000 und 2009 sind schon allein in der Form der rechtsfähigen Stiftung bürgerlichen Rechts 3.083 zwischen 2000 und 2003 errichtet worden (also 44 %).

Mit wenigen Ausnahmejahren stellt sich diese Zunahme rein quantitativ betrachtet als ein kontinuierlich anwachsender Vorgang dar.[13] Man kann, ja muss darauf insistieren, dass man es hier offenbar mit einer *sozialen Grundströmung* zu tun hat, einer aus Modernisierungs- und Bereicherungsvorgängen entstehenden *Philanthropisierung* des gesellschaftlichen Institutionengefüges im Rahmen der deutschen Nachkriegsdemokratie.

Lediglich zwei Ausschläge bei den absoluten Errichtungszahlen gegenüber dem Vorjahr sind bemerkenswert. Zum einen das Jahr 1990, zum anderen das Jahr 2000 mit seinen Nachwehen. Beide messen auf ihre Art die Reichweite der Empfänglichkeit der evozierten sozialen Grundströmung für politische Interventionen.

Das Jahr 1990 führte zu einem leichten Rückgang statt eines Zuwachses der Errichtungszahl. Hierfür kann man die Wiedervereinigung und darüber hinaus den gesamten Prozess der Auflösung des Ostblocks verantwortlich machen. Eine genauere Betrachtung kann zeigen, dass der Zeitraum von 1987 bis 1994 insgesamt

---

[12] Vgl. *Sprengel,* loc. cit., S. 104 und *Statistisches Bundesamt,* Statistisches Jahrbuch 2004, S. 174. Letztere Angabe ermöglicht die Aktualisierung des Durchschnittswertes für die 1990er Jahre.

[13] Vgl. ebd., die ausführliche Diskussion in *Sprengel,* Statistiken zum deutschen Stiftungswesen 2001, S. 104–113.

nicht jene dynamische Steigerung aufweist, wie sie bei langjähriger Betrachtung vorgezeichnet scheint.[14] War das der Unsicherheit über den weiteren Verlauf der Dinge geschuldet? Oder machte sich hierbei bemerkbar, dass es für einen kurzen Augenblick so scheinen konnte, als ob mit dem Aufbau Ost(Europa) Business und Philanthropie ein und dasselbe zu sein schienen?

Ging von der Zeitenwende um 1990 eine kurzfristige Bremswirkung aus, deren Ursache im politischen Raum zu suchen ist, so führte die bundespolitische Stiftungsrechtsreformdebatte seit etwa 1997/1998 mit ihren Hauptkulminationspunkten der steuerrechtlichen Förderung im Jahr 2000 zu einer zusätzlichen Dynamisierung der Neuerrichtungen. Wenn man versucht, die für eine Verdopplung notwendigen Zahlen gleichmäßig über den Zeitraum 2000 bis 2009 abzubilden und dabei den Wert für 2000 höher als den Wert von 1999 (564 Stiftung) setzt, dann kommt man zu einer Reihe folgender Form: 590 Neuerrichtungen im Jahr 2000, 615 im Jahr 2001 usw. Pro Jahr addiert man 25 Stiftungen hinzu und kommt dann auf 815 Neuerrichtungen im Jahr 2009 und einen Gesamtwert von 7.025 Neurrichtungen im Zeitraum 2000–2009.

Tatsächlich liegen alle Errichtungszahlen seit 2000 deutlich über den Werten, die es erwartbar ohne irgendeine Reform gegeben hätte. 681 Neuerrichtungen im Jahr 2000 statt 590, 829 in 2001 statt 615, 789 in 2002 statt 640 und 784 in 2003 statt 665 lt. Kalkül. Die Jahre 2001 bis 2003 repräsentieren Werte, die bei normaler Fortsetzung des langjährigen Trends erst 2008/2009 erreicht worden wären. Im Saldo sind zwischen 2000 und 2003 insgesamt 573 Stiftungen mehr als normal erwartbar errichtet worden. Und das Erwartbare setzt ja schon die ungebrochene Fortdauer einer Dynamisierung des Stiftungswesens voraus!

Die Abb. 1 präsentiert die entsprechenden Durchschnittswerte für die Jahrzehnte der Bundesrepublik seit 1950. Die beiden rechten Säulen stellen dar, wie sich die Errichtungszahlen im laufenden Jahrzehnt aus der Sicht des Jahres 2010 darstellen werden. Die Säule mit 694 durchschnittlichen Neuerrichtungen von Stiftungen pro Jahr schreibt in defensiver Weise eine Verdopplung im Sinne eines langfristigen Trends seit den 1970er Jahren fort fort. Die Säule mit 825 Neuerrichtungen jährlich berücksichtigt demgegenüber in besonderer Weise die Jahre 2000 bis 2003. Mit ziemlicher Sicherheit werden die tatsächlichen Zahlen zwischen beiden Werten liegen.

Erkennbar ist zugleich, dass diese Art der Dynamik irgendwann an natürliche Grenzen stoßen wird. Schreibt man die defensive Trendvoraussage gedanklich fort, so müssten zwischen 2040 und 2049 jährlich 10.104 Stiftungen neu errichtet werden. In diesem Jahrzehnt müsste dann jene fantastische Zahl von 100.000 Stiftungen errichtet werden, von der immer wieder behauptet wird, sie hätten Anfang des 20. Jahrhunderts in Deutschland einmal existiert. Wahrscheinlich hat dabei lediglich die vermutete Anzahl der Kirchen- und Kirchenpfründestiftungen, die auch

---

[14] Vgl. ebd.

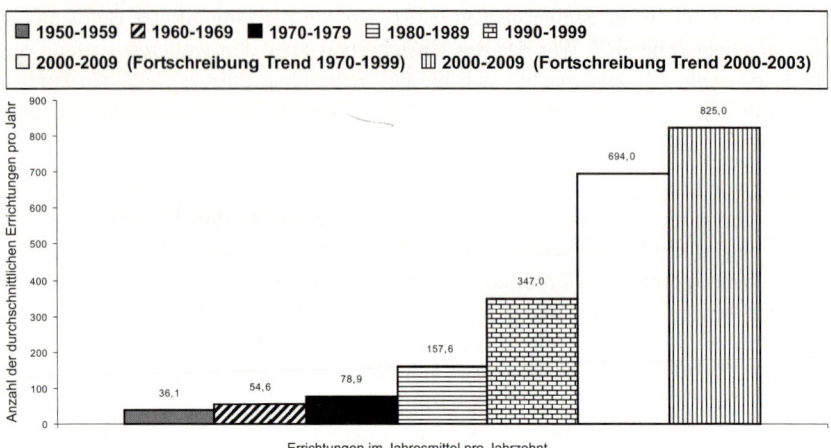

Abb. 1: Durchschnittliche Stiftungserrichtungen pro Jahr, Mittelwerte nach Jahrzehnten berechnet

häufig mit 100.000 angegeben wird, einfach den Ort im Diskurs gewechselt. Im Jahre 2050 wird man gewiss wissen, ob und wann die Wachstumsdynamik des Stiftungswesens abgeflacht ist – und vielleicht hat man bis dahin auch erforscht, wie viele Stiftungen es dereinst im Wilhelminischen Deutschen Reich gegeben haben mag. Wie auch immer, käme es zu keiner Abflachung, würde man Ende des 21. Jahrhunderts etwa 6.500.000 Stiftungen in Deutschland zählen. Mit anderen Worten: Wenn die Kurve tatsächlich anfängt abzuflachen, muss man nicht gleich alarmiert sein, über das Ende der Philanthropie nachdenken oder Steuererleichterungen fordern.

Schon jetzt kann man allerdings die *Philanthropisierung des Institutionengefüges der Gesellschaft* als eine erkennbare soziale Grundströmung differenzierter betrachten.

So kann man zeigen, dass das Stiften von Stiftungen durch private und öffentliche Körperschaften keine Ausnahme und auch keine kürzliche Entdeckung ist, sondern selbst Ausdruck einer Grundstruktur. Der Anteil körperschaftlicher Stifter an der Errichtung neuer Stiftungen schwankt in der Geschichte der Bundesrepublik zwischen 29 % im Fünfjahresintervall zwischen 1965 und 1969 und 48 % im Zeitraum von 1950 und 1954. Wichtig ist auch hier der Trend seit den 1960er Jahren, d. h. nach der Überwindung der unmittelbaren Kriegsfolgen: Zwischen 1960 und 1979 liegt der Anteil der Privatpersonen bei der Neuerrichtung zwischen 69 % und 71 %, derjenige der Körperschaften zwischen 29 % und 31 %. In den Jahren 1980 bis 1999 hingegen nimmt der Anteil der Körperschaften signifikant zu und liegt zwischen 35 % und 40 %, während der Wert für die Privatstifter zwischen 60 % bis 65 % schwankt.

Erkennbar ist es also, dass das heute ja zu mehr als 80 % aus in der Bundesrepublik errichteten Stiftungen bestehende Stiftungswesen zwar mehrheitlich von Stiftungen von Privatstiftern geprägt ist, gleichzeitig aber die von Körperschaften errichteten Stiftungen von Beginn an einen in der Bundesrepublik immer wesentlichen und in den letzten zwei Jahrzehnten gewachsenen Anteil am Stiftungswesen behaupten.

Allerdings darf man die Bedeutung solcher Zahlen nicht überstrapazieren. So kann man den Unterschied zwischen den 1980er und 1990er Jahren einerseits und den Jahrzehnten davor vor allem auf einen Faktor zurückführen: Die Sonderstiftungsbewegung der Sparkassen, in deren Zuge mittlerweile in den letzten zwei Jahrzehnten mehr als 500 Sparkassenstiftungen entstanden sind. Nicht alle, aber die meisten dieser Stiftungen gleichen sich bis in die Details ihrer Satzung wie ein Ei dem anderen, d. h. die große Zahl ist vor allem Ausdruck des spezifischen Organisationsprinzips der Sparkassen. Würden sich die Sparkassen in Form der privaten Geschäftsbanken organisieren, dann hätte man wie bei der Deutschen Bank einige wenige Stiftungen. Insofern ist es auch für die weitere statistische Entwicklung nicht uninteressant, dass die Volks- und Raiffeisenbanken zur Zeit als Kurs verfolgen, nicht wie die Sparkassen eigene Stiftungen zu gründen, sondern sich an Bürgerstiftungen zu beteiligen. Da sie wie Sparkassen eine lokale Organisationsweise haben, hätte das ansonsten vielleicht eine weitere Multiplizierung des Stiftungswesens zur Folge gehabt.

Heißt das nun, dass man zu viele Stiftungen zählt? Nein, denn man kann ja genauso gut umgekehrt argumentieren, dass man einzelne Großstiftungen von (inter)nationalen Geschäftsbanken bei einer Zählung multiplizieren müsste, z. B. mit der Anzahl vorhandener Regionaldirektionen. Dabei würde sich dann zugleich das gestiftete Vermögen, Ausgaben usw. entsprechend auf mehrere Einheiten verteilen. Man zählt dann also zu wenige Stiftungen.

Diese Überlegung führt dazu, die Recheneinheit ‚Stiftung' als adäquate Messgröße grundsätzlich in Frage zu stellen. Tatsächlich kann man über dieses Problem aus zwei Gründen nicht einfach hinweggehen.

Erstens gehört zum Grundbegriff der Stiftung die Bindung an den Ursprung und damit an die stifterische Idee. Wenn sich nun bei den meisten (nicht allen!) Sparkassenstiftungen diese Idee bis in Details der Zweckformulierungen und Organstrukturen gleicht, ist es sehr unbefriedigend, jede dieser Einrichtungen als originäre Schöpfung zu zählen.

Der Eindruck einer etwas künstlichen Vermehrung kommt zweitens daher, dass das Regionalprinzip dieser Sparkassenstiftungen mit dem Ausschluss der Förderung in den anderen Regionen einhergeht: Alle zusammen haben so nicht mehr mögliche Destinatäre als eine einzige große nationale Stiftung. Diese Überlegung gilt natürlich genereller.

Die Recheneinheit Stiftung fokussiert die statistische Aufmerksamkeit und damit auch die öffentliche Kommunikation auf Fragen der Institutionenmenge, des

Ursprungs und der Vermögens-*Ausstattung*. Eine analoge statistische Erfassung der Aktivitätsdimensionen fehlt hingegen, bzw. ist nur in Form von Hilfswerten etwa zu den Zwecksetzungen oder der regionalen Reichweite erfasst.

Eine *destinatärorientierte* Statistik hätte eine ganz andere Grundrecheneinheit, nämlich die Populationsmenge, die von einer Stiftung zu einem gegebenen Zeitpunkt profitieren könnte, wobei man hier erkennbar den unterschiedlichen Qualitäten der Destinatäre Rechnung tragen, also etwa zwischen Menschen, Institutionen, Objekten und nicht menschlichem Leben unterscheiden muss. Solch eine Statistik hätte Vorbilder etwa aus Untersuchungen in England.[15] Für die Bildung des Ausgangswertes würde im Übrigen das vorhandene Material in Form der erfassten Satzungen sogar reichen, da in ihnen die relevanten Vorgaben stehen.

Viele geläufige und eingeschliffene Vorstellungen würden sehr schnell auf diesem Wege problematisch werden, z. B. die Vorstellung davon, was eine große, was eine mittlere und was eine kleine Stiftung ist?

Bei einer *stiftungsfokussierten Statistik* steht die große Stiftung mit 50 Millionen Euro Vermögen oder mehr der kleinen Stiftung gegenüber, die vielleicht nur über 200.000 Euro Vermögen verfügt. Analog kann man groß vs. klein auch an Ausgaben festmachen. Die immer wieder gern publizierten Rankinglisten der zehn größten Stiftungen nach Vermögen oder nach Ausgaben sind die Spitze des bei diesem Verfahren entstehenden Eisberges, bei dem es in Deutschland dann tatsächlich viele ‚kleine' Stiftungen als Basis und einige wenige ganz große Stiftungen als herausragende Spitze gibt.

Eine *destinatärorientierte Statistik* würde das Feld ganz anders sortieren. Viele der jetzt als klein geltenden Stiftungen würden ganz anders aussehen: Eine regional beschränkt tätige Stiftung in einer Kleinstadt mit vielleicht 20.000 Einwohnern als maximal möglichen Destinatären würde bei einer Dotation mit 250.000 Euro pro Destinatär über eine Ausstattung mit 12 Euro 50 verfügen – während eine national ausgerichtete Stiftung mit vergleichbarer Zwecksetzung bei 50 Millionen Euro Dotation zu einer Stiftung schrumpft, die pro möglichen Destinatär über eine Ausstattung mit knappen 60 Cent verfügt. Die scheinbar kleine Stiftung ist in dieser Perspektive also ein Riese, die momentan als groß geltende Stiftung hingegen wird zum Zwerg!

Heißt das nun, dass die destinatärorientierte Statistik besser wäre? Nein, aber sie gäbe einen anderen Blick und ein anderes Verständnis des Stiftungswesens als diejenige Statistik, die in Deutschland in den letzten 20 Jahren ausschließlich dominiert, nämlich die stiftungsorientierte Statistik. Letztere ist Ausdruck einer Phase, in der es vornehmlich darum ging, den Platz des Stiftungswesens in der Gesellschaft als solches zu festigen und auszubauen. In dem Maße jedoch, wie die Frage drängend werden wird, was denn die Stiftungen tatsächlich in und für die

---

15 Vgl. *Vincent / Pharoah*, Patterns of Independent Grant-Making in the UK.

Gesellschaft leisten, wird man nicht umhin können, die Recheneinheit Stiftung durch andere Bezugsgrößen zu ergänzen oder zu ersetzen.

b) Was tun eigentlich Stiftungen?

Angesichts der großen und ständig größer werdenden Zahl an Stiftungen des nicht-kirchlichen Bereichs stellt die Frage nach dem, was Stiftungen tun, eine große Herausforderung für die statistische Beschreibung und die sozialwissenschaftliche Analyse dar. Der Versuch wie in den USA, wo auf die ausführlichen Steuererklärungen der Stiftungen zurückgegriffen werden kann, alle Einzelprojekte und Fördermaßnahmen von Stiftungen zu erfassen, scheitert an ressourcentechnischen Gründen. Insbesondere die Tatsache, dass die Daten in Deutschland freiwillig mitgeteilt werden, führt neben dem erheblichen Erfassungsaufwand zugleich zu einem erheblichen Erhebungsaufwand, um zu halbwegs belastbaren Daten zu kommen. Gewiss ist es für die Publikation von regionalen und nationalen Stiftungsverzeichnissen interessant, wenn die vielleicht sperrigen oder dürren Äußerungen aus einer Stiftungssatzung durch Beispiele aus der Förderpraxis oder durch Benennung aktueller Schwerpunkte illustriert wird, eine Statistik kann man auf diesem Wege realistisch betrachtet nicht gewinnen.

Tatsächlich wird die Beforschung des Tuns von Stiftungen in den letzten zwei Jahrzehnten über zwei unterschiedliche und einander ergänzende Wege vorangetrieben.

Beim ersten Weg handelt es sich um die Generierung von statistischen Zahlen, die auf einer Befragung bzw. Beobachtung möglichst aller Stiftungen beruhen. Entsprechend der dabei verfolgten Erhebungs- und Beobachtungsstrategien, die zugleich viele unterschiedliche Aspekte jeder einzelnen Stiftung abfragen, bleiben die Möglichkeiten, die Tätigkeiten in diesem Rahmen zu beschreiben, notwendig rudimentär. Ausgehend von diesen Erhebungen werden Aussagen über die unterschiedliche Relevanz von Zweckbereichen (Soziales, Umwelt usw.) für das Stiftungswesen gemacht[16] oder ebenso wie sich die Stiftungen dieser Bereiche grundsätzlich strategisch annehmen (fördernd, operativ)[17].

Beim zweiten Weg handelt es sich um Einzelstudien zu besonderen Segmenten des Stiftungswesens, etwa um die Frage nach dem Handeln von Stiftungen im Bereich der Denkmalpflege.[18] Es sei hier deutlich unterstrichen, dass die Tatsache, beim Bundesverband Deutscher Stiftungen oder beim Maecenata Institut in der Datenbank erfasst zu sein, eben solche Feldforschung nicht ersetzen kann! Die über solche Datenbanken erfassten Inhalte bleiben zu rudimentär, um vertiefende Feld-

---

[16] Vgl. *Anheier,* loc. cit.; *Sprengel,* loc. cit.

[17] Vgl. *Bundesverband Deutscher Stiftungen e.V.,* loc. cit.; *Anheier,* loc. cit.; *Sprengel,* loc. cit.

[18] Vgl. z. B. *Corsmeyer,* loc. cit.

forschung zu ersetzen. So wurde in der evozierten Arbeit zur Denkmalpflege nicht nur untersucht, welche denkmalpflegerischen Maßnahmen durchgeführt wurden, sondern auch wie die Entscheidungen für diese zustande kamen, wie die Durchführung der denkmalpflegerischen Maßnahme begleitet und wie die Qualität gesichert wird. Die Analyse machte erhebliche Qualitätsunterschiede und insgesamt Schwächen in der Arbeit von Stiftungen erkennbar, wobei als Maßstab von Qualität internationale Vereinbarungen über gute Denkmalpflege zugrunde gelegt wurden.[19]

Erwarten kann man allerdings grundsätzlich, dass Feldstudien wie auch allgemeine öffentliche Information auf die in den erwähnten Datenbanken erfassten Daten Bezug nehmen. Dabei zeigt sich aber gerade im Bereich der Aussagen zur Tätigkeit von Stiftungen eine gewisse Mehrdeutigkeit der kommunizierten Zahlen.

Einen spezifischen Weg schlägt die Analyse der Tätigkeit von Stiftungen ein, wenn man nicht nach den verfolgten Zwecken, sondern nach der strategischen Art der Anlage der Verfolgung dieser Zwecke fragt. Dies wird typischerweise mit dem Begriffspaar fördernd und operativ getan.[20] Diese klassische Unterscheidung kennt vier Fälle: Eine Stiftung ist nur fördernd tätig und vergibt z. B. auf Antrag Projektmittel an Dritte; eine Stiftung ist nur operativ tätig und betreibt zum Beispiel ein Altenheim; eine Stiftung ist in einem Bereich operativ tätig und in einem anderen Bereich fördernd; eine Stiftung ist in den gleichen Bereichen sowohl fördernd als auch operativ tätig. Die Fälle drei und vier werden regelmäßig zusammen erfasst und auch in der Rubrik ‚zugleich fördernd und operativ tätig' dargestellt. Man kommt dann z. B. zu der Aussage, dass 61 % der Stiftungen rein fördernd, 22 % operativ und 17 % sowohl operativ als auch fördernd tätig sind.[21] Solch ein Zahlenwert ist insofern wichtig, als dadurch die herausragende Bedeutung operativer Tätigkeit für das deutsche Stiftungswesen deutlich zu Tage tritt: fast 40 % haben zumindest anteilsmäßig einen operativen Part. Mit anderen Worten: Die Vorstellung von der Stiftung als an Personen und Projekte Mittel verteilende Geldmaschine ist eben grundfalsch.

Allerdings ist die Arbeit mit diesem Begriffspaar sehr unbefriedigend und erzeugt seinerseits ein Verständnis des Stiftungswesens, das nur begrenzt realitätsgerecht ist. So haben empirische Studien gezeigt, dass nicht zuletzt frei fördernde Stiftungen einen erheblichen Anteil operativer Tätigkeit entfalten.[22] Umgekehrt ist bei operativen Projektträgerstiftungen die Bearbeitung von Projekten immer wieder mit konkreten Förderungen verbunden.[23]

Eine ganz andere Dimension der Tätigkeitsanalyse von Stiftungen besteht in der Betrachtung der von diesen verfolgten Zwecken. An anderer Stelle habe ich

---

[19] Vgl. ebd., S. 127 ff.
[20] Vgl. z. B. *Strachwitz,* Strategische Optionen für Stifter.
[21] Vgl. *Sprengel,* loc. cit. S. 12.
[22] Vgl. *Adloff,* Förderstiftungen.
[23] Vgl. *Adloff / Velez,* Operative Stiftungen.

ausführlich dargestellt, wie in den letzten 15 Jahren welche konstitutiv fehlerhaften Zahlen dabei kommuniziert wurden.[24] Es ist nicht notwendig, an dieser Stelle darauf noch einmal zurückzukommen. Bei jeder publizierten Statistik sollte man jedoch ganz genau das Kleingedruckte beachten, um zu sehen, ob man es nicht mit einer falschen Zahl bzw. einer an sich richtigen, aber falsch überschriebenen Zahl zu tun hat.

Es gibt zwei ‚Traditionen' der Berechnung und Darstellung. Bei der einen werden alle von den Stiftungen verfolgten Zwecke addiert und dann wird die Relevanz der jeweiligen Zweckbereiche in Prozentzwecken ausgedrückt. Eine korrekte Überschrift für darauf beruhende Grafiken würde lauten: „Anteil der verfolgten Zwecke an der Gesamtheit aller Zwecke". Leider steht hier häufig ‚Stiftungen' darüber, was solche Grafiken dann falsch macht, denn es wird hier eben nicht ausgesagt, wie hoch der Anteil der Stiftungen ist, die diese Zwecke verfolgen. Trotz aller Vorsicht ist es auch dem Statistischen Bundesamt nicht gelungen, diesen Fehler zu vermeiden.[25]

Rechentechnisch ist es für die Besitzer der Datenbanken nur ein kleiner Schritt, um von der vorherigen Darstellung zu derjenigen zu kommen, bei der der Anteil der Stiftungen dargestellt wird, die einen Zweckbereich verfolgen. Soziale Zwecke liegen dann bei gut 50 %, Bildung und Erziehung bei ca. 35 %, Kunst / Kultur ebenso bei gut 20 % wie auch Wissenschaft und Forschung. Die Abb. 2 zeigt die aktuellen Werte aus der Datenbank beim Maecenata Institut im Vergleich zu den Werten 2001 und 1998. Erkennbar wird dabei, dass die allgemeine Wachstumsdynamik zugleich mit einer internen Bedeutungsverschiebung der Zwecke verbunden ist. Soziale Zwecke (–7,1 %), Bildung und Erziehung (–3,4 %) und Betriebsangehöige (–17,7 %) haben deutlich seit der Auswertung 1998 an relativem Gewicht verloren, während Sport mit +79 %, Umwelt / Naturschutz mit +19,9 %, Gesundheit mit +9,4 %, Kunst und Kultur mit +7,7 %, Internationale Verständigung mit +5,9 % sowie Wissenschaft und Forschung mit +3,3 % an relativem Gewicht zugelegt haben. Diese Plus- und Minuswerte bedeuten ausschließlich, dass die Plus-Bereiche relativ zu ihrem Bestand noch mehr zugelegt haben als die scheinbar stagnierenden oder rückläufigen Bereiche. So nahm die Anzahl der erfassten Stiftungen im Bereich Soziales um 13,7 % und im Bereich Bildung und Erziehung um 10,1 % zu, in den Bereichen Kunst und Kultur hingegen um 14,5 % und im Bereich Gesundheit um 15,9 %. Abgesehen vom Bereich Betriebsangehörige legen also alle Zwecke dynamisch zu, dabei aber eben unterschiedlich stark.

---

[24] Vgl. *Sprengel,* loc. cit., S. 54 ff.

[25] Vgl. *Statistisches Bundesamt,* loc. cit., S. 174. Das Bundesamt übernimmt eine entsprechend falsch benannte Tabelle aus *Bundesverband Deutscher Stiftungen e.V.* Hinzu kommt, dass sie in sich Zahlen präsentiert, die auf drei unterschiedlichen Wege zustande kommen, ohne dass dies erkennbar gemacht wird. Es kann von daher auch keine ‚richtige' Beschriftung geben bzw. diese wäre dann so verwirrend, dass das Ziel solch einer Grafik, nämlich einen klar strukturierten und fassbaren Überblick zu geben, völlig verfehlt wird. Vgl. zur ausführlichen Kritik meine Ausführungen in *Sprengel,* loc. cit., S. 54 ff.

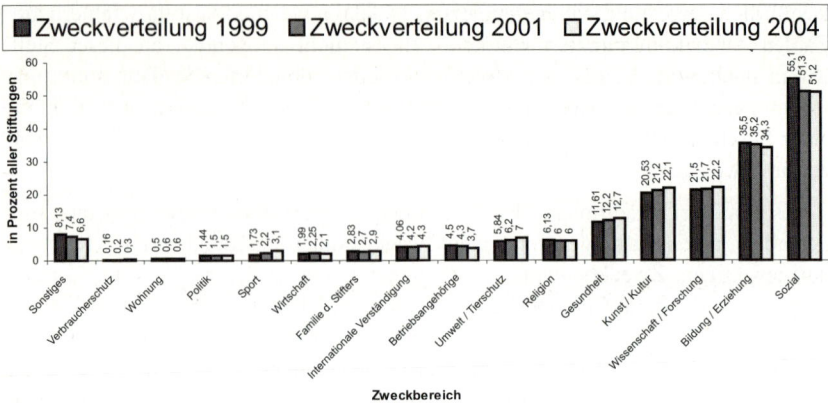

Abb. 2: Entwicklung Stiftungszwecke

Weil diese Zahlen ausdrücken, wie hoch der Anteil der Stiftungen ist, die diesen Zweckbereich verfolgen, würde die Addition aller Prozentwerte nur einer Bedingung 100 % ergeben, nämlich dass jede Stiftung lediglich in einem Zweckbereich tätig ist. Tatsächlich ist das nicht der Fall. Vielmehr kann man feststellen, dass das Stiftungswesen in zwei annähernd gleich große Teilbereiche zerfällt: Im einen Bereich hat man es mit ‚Einzweckstiftungen' in dem Sinne zu tun, dass man ihre Tätigkeit einem einzelnen Zweckbereich zuordnen kann. Im anderen Bereich befinden sich die Stiftungen, deren Zwecksetzungen zwei, drei, vier, fünf oder noch mehr Bereiche umfassen. Diese Aussage wäre nicht weiter aufregend, wenn in beiden Teilgebieten des Stiftungswesens analoge Verteilungen herrschen würden. Tatsächlich aber sehen die Verhältnisse anders aus.

Während knapp 44 % der Sozialstiftungen ausschließlich in diesem Feld tätig sind und 56 % daneben noch andere Zwecke verfolgen, sehen die Verhältnisse im Bereich Gesundheit ganz anders aus: Lediglich 9 % sind ausschließlich diesem Bereich gewidmet, 91 % der Gesundheitsstiftungen machen zugleich noch andere Dinge.[26] Im Bereich Kunst und Kultur verfolgen 34 % nur Aufgaben in diesem Bereich, 66 % machen daneben noch anderes.[27] Nicht nur unterscheiden sich diese Zahlen bei allen Zweckbereichen, sondern bei den Stiftungen, die unterschiedliche Bereiche kombinieren, treten die Kombinationen nicht gleichmäßig verteilt auf. Es gibt wahrscheinlichere und unwahrscheinlichere Kombinationen.

Im Sozialbereich kommt z. B. die Kombination mit Bildung und Erziehung vier Mal so häufig vor wie die Kombination mit Forschung und Wissenschaft.[28] Im Bereich von Kunst und Kultur hingegen liegen die Kombination mit Bildung und

---

26 Vgl. *Sprengel,* loc. cit., S. 63.
27 Ebd.
28 Ebd., S. 64–66.

Erziehung sowie Wissenschaft und Forschung praktisch gleich auf. Der Bundesverband Deutscher Stiftungen hat in seinen neuesten Statistiken den Vorschlag für eine fallzahlorientierte Statistik aufgegriffen, die ich 2001 als weitere Darstellungsmethode vorgeschlagen habe, um dem dargestellten Problem zu begegnen.[29]

Was kann man aus solchen Zahlen folgern?

Zunächst einmal wird erkennbar, dass die Steuerungsprobleme einer Stiftung, insofern sie mit ihrer Zielerreichung zu tun haben, differenziert betrachtet werden müssen. Was bedeutet es denn als Qualitätsanspruch, wenn eine Stiftung Kunst und Kultur verfolgt: Einzelne der mit der Stiftung verbundenen Personen (Stiftungsvorstand, -rat, -personal usw.) sollten über entsprechende Expertise verfügen. Wenn nun eine Kunststiftung diesen Bereich mit Bildung und Erziehung kombiniert, kann dies auf zwei unterschiedlichen Fällen beruhen: Bei paralleler Verfolgung der Zwecke muss man entsprechend Expertise für die beiden Sachbereiche organisieren. Wenn diese Zwecke in konkreter Verbindung miteinander verfolgt werden sollen, kommt sogar noch eine weitere Expertiseaufgabe hinzu, nämlich die Beurteilung der Probleme, die aus einer Kombination unterschiedlicher Systemlogiken folgen können.

Eine ganz andere Betrachtung der dargestellten Unterscheidung zwischen Ein- und Mehrzweckstiftung ergibt sich, wenn man die Zweckkombinationen als stifterische Hypothesen über die Probleme von Gesellschaft und deren Lösung interpretiert. Nicht nur ist es so, dass Bildung und Erziehung der bedeutendste Kombinationszweck bei Sozialstiftungen ist, sondern umgekehrt ist es sogar so, dass bei den Bildungs- und Erziehungsstiftungen die Kopplung mit sozialen Fragen mehr als doppelt so häufig ist wie die Alleinverfolgung des Zwecks Bildung und Erziehung.[30] Offenkundig folgt das Stiftungswesen als Ganzes einer Hypothese, nach der Bildung und Erziehung erhebliche soziale Implikationen hat bzw. auch umgekehrt soziale Probleme und deren Bewältigung erhebliche Bildungsimplikationen haben. Richtig erkennbar wird dies im Vergleich: die Kombination von Gesundheit einerseits, Kunst und Kultur andererseits ist vollkommen marginal. Im Bewusstsein der Stifter und ihrer Stiftungen gehören diese beiden Bereiche einfach nicht zusammen, und zwar weder im Sinne einer parallelen noch gar einer verbundenen Verfolgung.

c) Wer bewohnt eigentlich den Sozialraum Stiftung?

Das Stiftungswesen bedarf nicht nur stiftender Personen und Körperschaften, sondern auch derjenigen, die die Stiftungen im Auftrage und irgendwann im Namen des Stifters machen. Dabei obliegt es in der Regel dem Stifter, die Zusammensetzung und Struktur der Organe festzulegen, mit anderen Worten den

---

[29] Ebd., S. 68 ff.
[30] Ebd., S. 66.

Raum zu definieren, in dem sich die Personen begegnen sollen, die die Stiftungsarbeit machen: Wer hat gegenüber wem welche Befugnisse und wie erhält wer welche Befugnisse? Wer soll entscheiden, wer soll beraten, wer soll kontrollieren und wie sollen die jeweiligen Personen rekrutiert werden? Aus der Antwort aus solchen Fragen entsteht der soziale Raum einer Stiftung in Abgrenzung zur umgebenden Welt, um dann in dieser Welt entsprechend der festgelegten Agenda zu handeln.

Gesellschaftstheoretisch, stiftungspolitisch und stiftungspraktisch ist es dabei eine interessante Frage, ob die *Zusammensetzung des Sozialraums Stiftung eher ein repräsentatives Abbild der Umwelt ist oder nicht?* Hier kann man sowohl für die Stifter als auch für die Gremien ziemlich sicher sagen, dass es sich beim Stiftungswesen um einen sehr besonders strukturierten sozialen Raum handelt.

Auf der Ebene der Privatstifter dominiert eindeutig der Typus des Unternehmers, während Arbeiter und Angestellte zwar vorkommen, aber im Verhältnis zur Gesamtbevölkerung deutlich unterrepräsentiert sind[31]. Das korrespondiert mit einer zentralen Aussage, warum viele Privatstifter eine eigene Stiftung gründen und nicht in eine vorhandene Einrichtung spenden, nämlich dass sie kontrollieren wollen, was mit ihrem Geld gemacht wird.[32] Das Unternehmen Stiftung garantiert das besser als die Spende an eine schon bestehende Organisation.

Auch auf der Ebene der Ansprechpartner für die Stiftung und der Stiftungsorgane lässt sich ein spezifisches Gepräge darstellen. So konnte ausgehend von der Datenbank beim Maecenata Institut 2001 gezeigt werden, dass fast die Hälfte der Ansprechpartner einer Stiftung mindestens über einen Doktortitel verfügen, gut 7 % über einen Professorentitel und 9 % über einen Adelstitel. Auch auf der Ebene der einzelnen Organe sind deren Vorsitzende zu 40 % mit einem Doktortitel ausgestattet.

Interessant an diesen Zahlen ist insbesondere, dass dies auf der Ebene der Stifter anders aussieht. Dort führten lediglich gut 17 % einen Doktortitel, aber, auch bedingt durch Altstiftungen, annähernd 14 % einen Adelstitel. Mit anderen Worten: der soziale Ursprungsraum von Stiftungen und die Stiftung als soziale Praxis sind nicht deckungsgleich – und beide Räume stellen keinen auch nur annähernd repräsentativen Querschnitt unserer oder auch früherer Gesellschaften dar.

Würden wir über eine destinatärorientierte Statistik verfügen, könnte man danach fragen, ob dieser spezifischen Zusammensetzung auch eine spezifische Krümmung in den verfolgten Zielen entspricht. Anders gesagt: Wie ausgeprägt werden Stiftungen Zwecke verfolgt, die in besonderer Weise von einem akademisch gebildeten Bürgertum nachgefragt werden, etwa im Sinne der Reproduktion von Bildungseliten durch Stipendienprogramme? Wie wichtig sind die Organisation von Veranstaltungen und die Förderung von künstlerischen Darbietungen

---

[31] Vgl. *Timmer,* loc. cit.
[32] Ebd.

1.7 Stiftungen in der Gesellschaft aus der Perspektive sozialwissenschaftlicher Statistik

und Einrichtungen, die in besonderer Weise von gesellschaftlichen Eliten frequentiert werden? Wie steht es um die Relevanz der Organisation gesellschaftlicher Events, zu denen geladen wird, z. B. eine Preisverleihung?

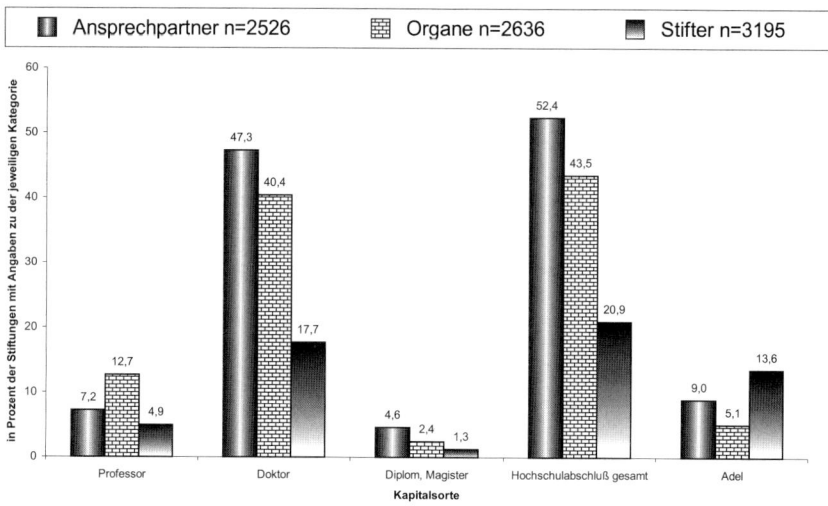

Abb. 3: Kulturelles Kapital im Stiftungswesen

Eine Antwort auf solche Fragen hat Konsequenzen für die Frage der Förderung des sozialen Kapitals einer Gesellschaft durch Stiftungen. Mit Putnam, auf den insbesondere in der stiftungs- und engagementorientierten Diskussion Bezug genommen wird, kann man bridging social capital und bonding social capital unterscheiden. Die angeführten Zahlen rechtfertigen es auf jeden Fall, dem Stiftungswesen insofern einen bridging-Charakter zuzuweisen, als sich ohne Zweifel Eliten unterschiedlicher Herkunft und Natur in ihm als Sozialraum begegnen: Unternehmer, Akademiker, Adelige seien hier exemplarisch genannt. Natürlich handelt es sich dabei nicht um einander auf individueller Ebene ausschließende Kategorien: Ein Unternehmer kann promoviert und adelig sein. Doch auch dann weiß dieses Individuum, dass es sich jeweils unterschiedlichen sozialen Funktionslogiken unterwerfen muss, um im jeweiligen Bereich anerkannt zu sein. Das Stiftungswesen stellt in dieser Hinsicht einen Begegnungsraum dar, in dem es auf der Ebene gesellschaftlicher Eliten einen bridging-Charakter hat.

Eine ganz andere Frage ist allerdings, ob darüber hinaus solch ein bridging-Charakter existiert. Diese Frage ist im Moment kaum wissenschaftlich zu beantworten. Immerhin kann man anhand von empirischen Untersuchungen sagen, dass die Umverteilung von oben nach unten von kaum einem Stiftungsbeteiligten als Funktion und Leitbild von Stiftungen, als die ihnen angemessene ‚vision and role', wie es in einem international vergleichenden Forschungsprojekt hieß, verstanden wird.[33] Nimmt man Bekenntnisse etwa zum innovativen Charakter hinzu, kann man ohne Zweifel davon sprechen, dass man es hier im Unterschied zum 19. Jahrhundert nicht mit einem paternalistisch-fürsorgenden Bürgertum zu tun hat.

Der vorliegende Beitrag konnte und wollte nicht mehr leisten, als an einzelnen Zahlen exemplarisch zu diskutieren, welche Perspektiven diese auf das Stiftungswesen heute und im 21. Jahrhundert freigeben können. Insofern ist er auch als Plädoyer für ein Mehr an Beforschung des Stiftungswesens zu verstehen, aber auch als ein Plädoyer gegen eine reine Reduzierung auf die Mitteilung roher Daten und die unkommentierte und uninterpretierte Aneinanderreihung von Zahlenmitteilungen, ob mit oder ohne grafische Präsentation.

---

[33] Vgl. *Adloff / Schwertmann / Sprengel / Strachwitz,* loc. cit.

2. Stiftungsziele und Stiftungszwecke

2.1 Die Stiftung und ihre Idee

Von Rupert Graf Strachwitz

Zu den am weitesten verbreiteten Irrtümern zum Wesen von Stiftungen gehört die Auffassung, sie seien wesentlich von ihrem Vermögen her bestimmt. Aus diesem Irrtum erwachsen so seltsame Fehleinschätzungen wie die, Stiftungen, die die Verfolgung ihrer Ziele nicht oder nicht nur aus Erträgen eigenen Vermögens finanzieren, seien unechte Stiftungen, Stiftungen müßten oder gar würden ihre Ziele allein mit den Erträgen eines rentierlichen Vermögens verwirklichen oder Stiftungen bedürften selbst dann, wenn ihnen Immobilien oder Kunstwerke übereignet seien, eines liquiden Vermögens, um überhaupt entstehen zu können.

Nichts von alledem hat tatsächlich mit dem Wesen einer Stiftung zu tun. Die Auffassung wirft vielmehr die interessante Frage auf, warum denn in einer Gesellschaft, zu deren Leitbild die Chancengleichheit gehört, wohlhabende Bürger, die eine Stiftung gründen und dotieren, steuerlich präferiert und geehrt werden, während der ideenreiche, aber vermögenslose Bürger, der in Vereinsform oder wie auch immer eine gemeinwohlorientierte Unternehmung begründet, davon aber zugleich leben muß, besteuert und nicht selten scheel angesehen wird. Soll also Stiftung ein in der modernen Bürgergesellschaft legitimer Ausdruck von Gemeinsinn und Bürgerengagement sein, muß ihr Wesenskern ein anderer sein.

Bedeutende Behinderteneinrichtungen in Stiftungsform, etwa die katholische Stiftung Liebenau oder die evangelische Stiftung Neuerkerode[1], wurden von Pfarrern gegründet, die selbst in keiner Weise über das notwendige Vermögen verfügten, um die ersten Gebäude zu errichten, von einer Finanzierung des Betriebs ganz zu schweigen. Die Wittelsbacher Landesstiftung für Kunst und Wissenschaft sieht ihre Aufgabe allein in der Wahrung von Eigentumsrechten, die im einzelnen durch den Gründungsakt bestimmt sind[2]. Ähnliche Stiftungsziele sind zig-tausenden von Kirchenstiftungen in Deutschland eigen, die oft vor Jahrhunderten entstanden sind[3]. Und selbst ein nicht geringer Teil der Stiftungen, die tatsächlich das tun, was in der Öffentlichkeit allen Stiftungen unterstellt wird, nämlich Dritten Mittel zuzuwenden, damit diese irgendein Projekt durchführen oder eine Investition tätigen können, nimmt hierfür keine Anträge entgegen, weil der Destinatär bereits durch

---

[1] Vgl. *Adloff/Velez*, Operative Stiftungen S. 63 ff. u. 67 ff.
[2] Vgl. *Strachwitz*, Mäzenatentum und Kunst – zur Förderung der Kunst durch Stiftungen, S. 22–26.
[3] s. Kapitel 5.4.

die Satzung bestimmt und insoweit fester Bestandteil des Stifterwillens, anders ausgedrückt der Stiftungsidee ist. Betrachtet man dazu noch die Stiftungen, die an Personen, die sie selbst bestimmt haben, Stipendien vergeben oder die mildtätig bedürftige Personen unterstützen, oder solche, die etwa mit Hilfe einer von ihnen hierfür eingesetzten Jury Preise ausloben, die keineswegs immer einen Geldpreis enthalten, so wird deutlich, daß Gründungsimpuls, Verwirklichung und notwendige Ressourcen drei Aspekte eines Gründungsaktes darstellen, die nicht vom Wesen her einheitliche Lösungen bedingen.

Was also, so ist zu fragen, ist dann das verbindende Merkmal der Stiftung? Gibt es überhaupt einen solchen? Welches ist der zentrale Aspekt? Welche Ausformungen können daraus legitimerweise erwachsen? Antworten auf diese Grundfragen eines umfassenden Zugangs zum Stiftungswesen zu suchen, ist das Thema dieses Beitrags. Die Bearbeitung wird durch die Tatsache erschwert, daß das Stiftungswesen in den vergangenen Jahrzehnten fast ausschließlich unter dem Gesichtspunkt des Stiftungsrechts behandelt worden ist[4]. Auch haben die wirtschaftliche Bedeutung und wohl auch der missionarische Eifer einiger US-amerikanischer Stiftungen fast weltweit den Eindruck entstehen lassen, diese (etwa die Rockefeller, Ford, Mott oder Carnegie Foundation) folgten einem in den USA entwickelten und überall nachzuahmenden Modell – der mit liquiden Vermögenswerten ausgestatteten Antragsförderstiftung. Beredtes Zeugnis dafür ist die in Deutschland bis heute immer wieder auftauchende Forderung, der Rechtsrahmen für Stiftungen müsse an den US-amerikanischen angepaßt werden. Wer dies fordert, weiß nicht, welch einschneidenden Beschränkungen und Regulierungen die amerikanischen private foundations unterworfen sind[5]. Für die Erarbeitung einer Theorie der Stiftung ist daher eine vom geltenden Stiftungsrecht losgelöste Betrachtung ebenso unerläßlich wie ein Rückgriff auf Jahrtausende europäischer Stiftungstradition.

Richtig ist freilich, daß amerikanische Stifter freier sind, den Teil ihrer Stiftungsidee, der sich auf die Ziele bezieht, unmittelbar in die Gründungsdokumente einmünden zu lassen. Die berühmte Formulierung John D. Rockefellers, das Ziel seiner Stiftung sei, ohne jeden einschränkenden Zusatz, „the betterment of mankind", würde kein europäischer Stifter so wählen – und gewiß keine damit befaßte Behörde so akzeptieren. Und doch geht es auf irgendeine Weise jedem Stifter um eine solche Verbesserung des Menschengeschlechts, wenngleich oft aus sehr subjektiver Sicht und nur in bezug auf einen winzigen Ausschnitt.

In der klassischen Theologie wurde die Kirche oft als die Stiftung Jesu Christi bezeichnet. In der Tat: es bedarf nicht einmal theologischer Argumente, um zu erkennen, daß die christliche Kirche auf dem Willen eines Stifters gründet und kein Mitglied der Kirche von diesem abweichen kann, ohne diese Kirche zumindest innerlich zu verlassen. Ihre Mitglieder sind nach eigenem Selbstverständnis

---

[4] s. Kapitel 1.3.
[5] s. Kapitel 10.10.

nicht ermächtigt, sich über den Stifterwillen hinwegzusetzen. Sie können ihn lediglich interpretieren und haben dies bekanntermaßen oft höchst streitig getan. Die Kirche ist aber keineswegs die einzige Gründung, der dieses Grundprinzip zugrunde liegt. So hat beispielsweise jedes Bauwerk in gewisser Hinsicht Stiftungscharakter. Es unterliegt nur innerhalb gewisser Grenzen späteren Veränderungen; werden diese überschritten, fällt es – ganz buchstäblich – in sich zusammen, hört es auf zu bestehen. Auch ist eine Rechtsordnung ohne Stiftungscharakter nicht denkbar. Zwar verfügt der Gesetzgeber, sei er nun demokratisch oder anders bestimmt, im Erlaß verbindlicher Gesetze über ein hohes Maß an Gestaltungsfreiheit; erlassene Gesetze sind aber zu ihrer Wirksamkeit, ja ihrer Legitimität davon abhängig, daß sie fortgelten und nicht alsbald wieder umgestürzt werden – eine Tatsache, deren Verkennung viele sich allmächtig fühlende Diktatoren ebenso wie Revolutionäre ihren Untergang schulden. Gesellschaftliches Leben ohne ein gewisses Maß an Vertrauen in Normen und Institutionen ist schlechthin unmöglich, während es andererseits ohne Würdigung permanenter Veränderung nicht lebenswert erscheint. In einem sehr weiten Sinn hat jedes zielgerichtete Handeln Stiftungscharakter; es gilt, eine Idee in die Zukunft zu projizieren. „Alles, was zu machen ist, geht vom Stiften der Menschen aus, und alles Gestiftete ist eine Macht, die unvermutete Kräfte birgt."[6]

Somit ordnet sich die Stiftung in ein Spannungsfeld von kaum zu überbietender Grundsätzlichkeit ein – das Spannungsfeld zwischen dem wünschbaren, ständigen, möglichst demokratisch organisierten Willensbildungsprozeß einerseits und der notwendigen Beständigkeit des durch einzelne Initiative oder kollektiven Prozeß Geschaffenen andererseits. Die beiden wesentlichen Ausprägungen bürgerschaftlichen Handelns, der Verein und die Stiftung, sind insofern nicht zufällig zustande gekommen, sondern Ausdruck dieser Dualität, in der letztere der beständigen Ordnung, ersterer der von nicht zu unterbrechender Wandlung beherrschten Freiheit zuzuordnen ist. Kein Wunder, daß Vereine tendenziell immer mit Volatilität, Stiftungen dagegen mit Autismus zu kämpfen haben. Während Vereine, sofern ihnen an Beständigkeit gelegen ist, versuchen werden, stiftungsähnliche Elemente der Traditionspflege und historischen Rückkoppelung zu entwickeln, werden sich die Stiftungen, denen eine fortdauernde Effektivität aufgegeben ist, in jeder Generation um Vernetzung mit den Gleichzeitigen zu bemühen haben, um inhärente Defizite zu kompensieren.

Die in der Vertikalität der Zeit stehende Stiftung bleibt auf die Dauer ihrer Existenz an den Stifterwillen gebunden. Löst sie diese Bindung, verliert sie ihre Daseinsberechtigung. Stiftungsverwalter sind insoweit, ganz anders als Vereinsmitglieder, in ihrer Entscheidungsfreiheit grundsätzlich unfrei; der Grad ihres Ermessensspielraums bestimmt sich danach, wieviel ihnen der Stifter bei der Gründung zugemessen hat. Spricht er „nur" von der Verbesserung des Menschengeschlechts, ist der Spielraum groß. Bestimmt er ausdrücklich die Unterstützung

---

[6] *Rassem*, Entwurf einer Stiftungslehre, S. 180.

eines ganz bestimmten Lehrstuhls an einer ganz bestimmten Universität, ist er, wenn überhaupt vorhanden, minimal.

Gebunden an den Stifterwillen ist das Geschöpf, nicht, wenn auch nur im Augenblick der Gründung, deren Schöpfer, der Stifter. Er nimmt für sich – zu Recht – die Freiheit in Anspruch, in viel größerem Maß sogar als der Mitgründer eines Vereins. Während dieser nämlich schnell an der Freiheit der Mitgründer seine Grenzen findet, kann jener seine Freiheit in hohem Maße ausleben, vorausgesetzt, es gelingt ihm, für die Umsetzung seiner Idee die erforderlichen strukturellen, wirtschaftlichen und menschlichen Ressourcen aufzubieten. Spätestens hier wird deutlich, daß die Bereitstellung eigener Vermögenswerte zwar in der Regel eine wichtige Facette des Gründungskonzepts darstellt, aber in zweifacher Hinsicht eben nicht definitorisch das Wesen einer Stiftungsgründung beschreibt. Zum einen ist prinzipiell ein Verwirklichungskonzept vorstellbar, das ohne bei der Gründung eingebrachte materielle Vermögenswerte, erst Recht ohne rentierliche Vermögenswerte realisierbar ist. Die Kirche Jesu Christi ist dafür ein Beispiel; es gibt zahllose andere. Zum anderen ist ohne weiteres ein gemeinsames Handeln eines stiftenden Ideengebers und eines oder mehrerer Mitstreiter denkbar, die die materielle Basis bereitstellen, ohne auf die Idee Einfluß zu nehmen. Auch dafür können viele Beispiele genannt werden. Daß in der Praxis meistens die Verwirklichung einer ganz eigenen Idee in eine zeitlich in der Regel nicht bestimmte Zukunft hinein davon abhängig ist, daß diesem Vorhaben eigene wirtschaftliche Ressourcen in ausreichender Höhe unwiderruflich gewidmet werden, ändert an dieser Zweitrangigkeit nichts.

Der Stifter ist im Kern frei, eine Idee so zu verankern, daß sie in die Zukunft hinein Bestand hat. Eine freiheitliche Gesellschaftsordnung schützt gerade diese Freiheit. Ebensowenig wie ein Bauherr befürchten muß, sein gesetzeskonform legitimierter Bau würde auf Grund einer neuen Entscheidung einer wie immer gearteten Mehrheit alsbald wieder abgetragen, darf ein Stifter in Angst versetzt werden, sein Ideenbau könne durch politische Opportunität gefährdet sein. Das Grundgesetz hat unter anderem diese Freiheit im Blick, wenn es das Grundrecht auf freie Entfaltung der Persönlichkeit verankert. Dieses Recht findet erst dort seine Grenzen, wo die Gesamtheit der Mitglieder der Gesellschaft negativ tangiert oder gar gefährdet ist, freilich ein Begriff, dessen Interpretation ständige Wachsamkeit im Hinblick auf mögliche Übergriffe von Teilhabern der Macht erfordert. Die Freiheit zu stiften und deren Grenzen sind daher jenseits konventioneller Begriffe von Organisationsformen der Gesellschaft wichtige Gradmesser für das rechte Maß im Verhältnis von Freiheit und Ordnung.

Die Idee, die jeder Stiftung wesentlich innewohnt, beinhaltet gewiß nicht immer, auch nicht notwendigerweise, ein großes, auf Veränderung der Welt abzielendes Konzept. Die beherrschende Idee fast jeder klassischen Stiftung der Antike beinhaltete nicht mehr als die immerwährende Erinnerung an den Stifter selbst, die memoria, die sich mit dem Gedanken verband, die Position des Stifters im Jenseits dadurch zu verbessern, daß zugleich einer Gottheit Reverenz erwiesen wurde.

2.1 Die Stiftung und ihre Idee

Diese Idee formte sich aus, indem aus dem bereitgestellten Vermögen ein Epitaph geschaffen wurde[7]. Jeder künftige Betrachter würde, so die Idee, durch die Betrachtung selbst zur Gottesverehrung und zur Erinnerung an den Stifter gemahnt. Tausende solcher Memorialstiftungen sind uns erhalten geblieben. Interessanterweise wird die nachhaltige Erfüllung des Stiftungszwecks in keiner Weise davon berührt, ob sie an ihrem ursprünglichen Standort oder in einem Museum stehen; zu dieser Erfüllung ist im übrigen das tauschfähige Stiftungsvermögen regelmäßig einmal und abschließend eingesetzt worden[8]. Wenn allerdings der Stein, wie vielfach geschehen, zerteilt und etwa als Baumaterial verwendet wird, erlischt die Stiftung.

Daß statt des Steins auch ein ganzer Tempel errichtet werden konnte, stellt nur eine Erweiterung der Ausformung dar. Bis heute zeugen etwa in Deutschland rd. 50.000 Kirchenstiftungen davon, wie lebendig diese Form geblieben ist, legt man nur den Maßstab zugrunde, daß das Leben einer Stiftung das des Stifters bei weitem überdauern kann, ja, soll und nur von der fortwährenden Erfüllung der Idee bestimmt wird. In der Regel seit vielen Jahrhunderten erfüllen diese Kirchenstiftungen ihre Aufgabe, die darin besteht, zur Verherrlichung Gottes durch den Bau selbst aufzurufen, die gemeinschaftliche Anbetung in dem geschaffenen Kultraum zu ermöglichen und die Erinnerung an den in der Regel durch sein Grabmal, bildlich oder symbolisch, etwa durch ein Wappen präsenten Stifter wachzuhalten[9].

Die hier dargestellte Definition einer Stiftung bedarf weder des Jenseits noch eines Zwecks, der in der Definition der Mitwelt dem allgemeinen Wohl dient, um ihre Gültigkeit zu untermauern. Eine Stiftung zur langfristigen materiellen Versorgung der Abkömmlinge, in Deutschland Familienstiftung, in Österreich Privatrechtsstiftung genannt, mag politisch wünschbar erscheinen oder nicht, an der Legitimität im Sinne der Konformität mit dem Wesen einer Stiftung kann kein Zweifel bestehen. Auch die in der Schweiz große, wenngleich abnehmende Bedeutung der Stiftungsform für Pensionskassen widerspricht dieser Definition nicht, auch wenn hier gewissermaßen eine standardisierte Idee immer wieder realisiert worden ist und dabei die Beständigkeit des Konstrukts den Vorrang vor einem je originären Stifterimpuls bekommen hat[10]. Gleiches läßt sich nämlich mit Fug und Recht für zahlreiche kleine gemeinnützige Förderstiftungen sagen.

Daß die Kapital-Förderstiftung dieser Definition gehorcht, ist offensichtlich. Sie ist nur ebensowenig eine Regelform wie sie eine Erfindung des Industriezeitalters ist. Schon aus der römischen Antike sind Stiftungen dieser Art belegt[11]. Ihre heutige Bedeutung, gerade in den USA, verdankt sie vielmehr der Skepsis der

---

[7] s. Kapitel 1.4.

[8] *Strachwitz,* Wie alt sind Deutschlands älteste Stiftungen? S. 6–8.

[9] *Fuhrmann,* Überall ist Mittelalter, von der Gegenwart einer vergangenen Zeit, S. 100 und passim.

[10] s. Kapitel 4.3; 10.3; 10.5.

[11] s. Kapitel 1.3.

amerikanischen Gesellschaft gegenüber in Generationen wachsenden Industriekomplexen in privater Hand, so daß amerikanischen Stiftungen zunehmend verwehrt wurde, Vermögenswerte dieser Art zu halten und sie gar nicht anders konnten, als in liquides Vermögen zu investieren. Zahl und Größe US-amerikanischer Stiftungen taten dann ein übriges, um diesen Typus zu popularisieren und die Identifizierung von private foundation und donor als angeblicher Regelform zu bewerkstelligen[12]. In der Praxis folgen die amerikanischen Stiftungen keineswegs alle dieser Regel. Nicht nur sind beispielsweise die privaten Universitäten nach unserer Begrifflichkeit Stiftungen, genau gesagt Stiftungskonglomerate, mit erheblichen Vermögenswerten, sowohl als Anlage- als auch als Betriebsvermögen, und sind nur in der amerikanischen steuerrechtlichen Terminologie als educational institutions ausdifferenziert. Auch die „klassischen" Stiftungen unterhalten durchaus Einrichtungen; so betreibt die Rockefeller Foundation ein großes Archiv, das neben dem eigenen Familien- und Firmenarchiv – einer geradezu exemplarischen Akzentuierung des Memoria-Gedankens – auch andere Bestände betreut. Sie unterscheidet sich insofern nicht von den sogenannten Anstaltsträgerstiftungen europäischer Prägung, von denen einige viele hundert Jahre zurückgehen, andere, wie die eingangs genannten, aber auch parallel zu den Gründungen industrieller Magnaten vor und nach 1900 entstanden sind[13].

Die Parallelität der Formen läßt sich an einem weiteren Beispiel zeigen. Gerade in Deutschland galt im 20. Jahrhundert der Satz, die Regelform sei die eigentümer- und mitgliederlose Stiftung als selbständige juristische Person, die wegen ihrer Eigentümer- und Mitgliederlosigkeit, so die klassische Stiftungsrechtslehre, einer besonderen staatlichen Aufsicht unterworfen sein müsse. Ob diese Begründung stichhaltig ist, kann dahinstehen. Es sei hier nur darauf hingewiesen, daß einerseits die staatliche Beaufsichtigung in ihrer Entstehungszeit für alle Körperschaften galt, aber sowohl für wirtschaftlich tätige Kapital- und Personengesellschaften als auch für Vereine inzwischen weitestgehend beseitigt und nur den Stiftungen als Relikt des Obrigkeitsstaates verblieben ist, andererseits diese fortdauernde Aufsicht aus der Sicht mancher Stifter eine durchaus erwünschte staatliche Dienstleistung darstellt.

Für unseren Zusammenhang ist der Rückgriff auf die Feststellung bedeutender, daß zum Konzept einer Stiftung auch eine Vorgabe zu den notwendigen Humanressourcen gehört. Hierbei geht es nicht nur um die handelnden Personen selbst, sondern im Hinblick auf das Überdauern des Konstrukts Stiftung nach dem Tod des Stifters und natürlich auch der weiteren handelnden Personen besonders um Modelle, wie diese bereitgestellt werden können. Daß eine Idee dann Menschen benötigt, um sich zu artikulieren, wenn die Verwirklichung Prozesse beinhaltet (das Grabdenkmal kann in diesem Sinn darauf verzichten), ist offenkundig. Ob hierzu ein bereits bestehender Personenkreis (auch eine Einzelperson) gewählt

---

[12] s. Kapitel 10.9.
[13] *Adloff / Velez,* loc. cit.

2.1 Die Stiftung und ihre Idee

wird, der sich der Idee und der wirtschaftlichen Ressourcen treuhänderisch annimmt, oder ob eine besondere Berufung handelnder Personen Teil des Konzepts wird, ist ein geringerer Unterschied, als die landläufige Unterscheidung der nicht rechtsfähigen oder unselbständigen Stiftung von der beschriebenen rechtsfähigen Stiftung auf den ersten Blick vermuten läßt[14]. Auch Zwischen- und Mischformen kommen vielfach vor. Sie sind, ebenso wie beide Grundformen, schon in der Antike und durchgängig bis heute, übrigens auch in anderen Kulturen, nachweisbar.

Insofern ist die im deutschen Steuerrecht normierte Gleichstellung beider Formen schlüssig, die in der Privatrechtslehre gängige Geringschätzung der treuhänderischen Stiftung nicht. Inwieweit die in den letzten Jahrzehnten entstandenen Stiftungen in der Rechtsform der Kapitalgesellschaft oder gar des Vereins den Namen Stiftung zu Recht tragen, ist weniger offenkundig und kann nur im Einzelfall durch das Anlegen des dargestellten prinzipiellen Maßstabs entschieden werden[15].

Das theoretische Leitbild der Stiftung bedarf, so ist zu folgern, einer Wiederentdeckung. Gerade weil sich Stiftungen unbestritten historisch verorten, sowohl durch die Bindung an den Stifterwillen als auch durch den Anspruch der „ewigen", modern ausgedrückt nachhaltigen Präsenz, kann der Rückgriff auf historische Vorbilder nicht im Jahr 1900 enden. Nicht Abbe, Carnegie oder Wellcome haben die Stiftung „erfunden", ebensowenig Jakob Fugger[16], was ihre Verdienste als große Stifter in keiner Weise schmälert[17]. Der Anspruch, einen Stiftungstyp allein und gerade mit der Begründung zu legitimieren, er stelle die der Moderne gemäße Form dar, diffamiert nicht nur die zahllosen anderen, sondern sägt gewissermaßen den Begründungsast ab, auf dem die Stiftung selbst sitzt. Heute gegründet, will sie auch in 100 Jahren noch präsent sein und nicht als nicht mehr zeitgemäß abqualifiziert werden. Es bleibt dabei: Drang und Chance, die Zukunft zu gestalten, ist Urgrund des Stiftens; die Freiheit, dies allein tun zu können, bildet den wesentlichen Antrieb; und die Gewähr der fortdauernden Bindung an den Stifterwillen führt zu der Befriedigung, die dem Stiftungsakt innewohnt[18]. Sie ist in gewissem Sinne tatsächlich „Lehrmodell der gesellschaftlichen Institution überhaupt"[19]. Es ergibt sich daraus, daß zwischen der Stiftung selbst als dem Auftrag an (eine hierzu geschaffene oder bereits vorhandene) Person oder Korporation, die Idee zu verwirklichen, den Willen des Stifters zu vollziehen, und der Bereitstellung der hierzu notwendigen Ressourcen ein Unterschied besteht. Gewiß bedürfen die meisten Ideen zu ihrer Verwirklichung ebendieser Ressourcen, gewiß steigt die Durchsetzungskraft, wenn für die Bereitstellung von Ressourcen weniger Konsens erzielt werden muß, weniger Kompromisse eingegangen werden müssen. All dies beflügelt den

---

[14] s. Kapitel 1.2.
[15] *Strachwitz,* Reform des Stiftungs- und Gemeinnützigkeitsrechts.
[16] Vgl. *Scheller,* Memoria an der Zeitenwende.
[17] Vgl. *Fest,* Die großen Stifter.
[18] s. Kapitel 1.3 und 1.4.
[19] *Rassem,* loc. cit. S. 180.

Stifter – und hebt selbst kleine Stiftungen in ihrer Wirksamkeit potentiell über selbst große und vermögende Mitgliedervereinigungen hinaus.

Ob die Gestaltung gelingt, läßt sich nicht vorherbestimmen. Die Qualität der Idee und ihrer Durchformung bilden dafür wichtige Voraussetzungen, aber keine Garantie. Die zu geben, wäre nicht menschengerecht. Was die Zukunft wirklich bringt, bleibt uns, verborgen, aber, so Martin Luther, „selbst wenn ich wüßte, daß morgen die Welt untergeht, würde ich heute noch ein Bäumchen pflanzen". Aus dem bisher ausgeführten ergibt sich, daß dieses Bäumchen sehr unterschiedlicher Art sein kann. Ist einmal definiert, daß die Stiftungsidee den gemeinsamen Nenner bildet, so kann es über die Umsetzung nicht mehr die grundsätzliche Auseinandersetzung geben. Die Geschichte der Stiftungen hat drei markante Erscheinungsformen hervorgebracht, wobei sich einzelne Stiftungen durchaus in mehreren Formen verwirklichen. Eigentumsstiftungen, operative Stiftungen und Förderstiftungen stehen gleichberechtigt nebeneinander.

Die Eigentumsträgerstiftungen bilden, was manchen überraschen mag, im heute nachweisbaren Bestand wahrscheinlich die größte Gruppe. Betrachtet man nämlich neben der „engeren Stiftungsfamilie" die große Zahl der Kirchenstiftungen, so ergibt sich, daß bis heute fast jede katholische und evangelische Pfarrkirche eine Stiftung als Eigentümerin hat. Schon seit langem ist die faktische Verfügungsmacht über diese Stiftungen an die kirchlichen Hierarchien übergangen, womit ein uralter Traum ebendieser Hierarchien in Erfüllung gegangen ist. Die Last des Unterhalts wird überwiegend aus Kirchensteuermitteln getragen. Das Grundbuch allerdings weist nach wie die Kirchenstiftung als Eigentümerin aus, und Reste einer eigenen Verwaltung (mit unterschiedlichen Bezeichnungen, aber nicht zu verwechseln mit den Gremien, die pastorale Aufgaben wahrnehmen) sind erhalten geblieben. In Einzelfällen sind aus unterschiedlichen historischen Gründen die Verhältnisse komplizierter. So kann die Baulast beim Staat liegen, obwohl dieser nicht Eigentümer ist.

Die Stifter, in der Regel bekannt und häufig in der Kirche symbolisch vertreten, sind von den gleichen Gedanken ausgegangen wie alle anderen. Es besteht also kein Grund, diese Stiftungen auszuschließen. Dies gilt um so mehr, als Eigentumsträgerstiftungen auch außerhalb des kirchlichen Bereichs, wenn auch selten, vorkommen – und zur Zeit eine Art Renaissance erfahren. Ein Beispiel aus dem frühen 20. Jahrhundert ist die erwähnte Wittelsbacher Landesstiftung für Kunst und Wissenschaft mit Sitz in München. Sie ist Eigentümerin großer Teile des früheren Wittelsbachischen Kunstbesitzes, also etwa von rd. 60% der Bestände der Alten Pinakothek. Ihre Aufgabe ist es, dafür zu sorgen, daß diese Bestände zusammen in dieser Pinakothek verbleiben. Dadurch verhindert sie beispielsweise die Erfüllung einer immer wieder erhobenen politischen Forderung, Dürers Apostelbilder an die Stadt Nürnberg zurückzugeben.[20]

---

[20] *Strachwitz*, Mäzenatentum und Kunst – zur Förderung der Kunst durch Stiftungen, S. 22–26.

2.1 Die Stiftung und ihre Idee

Die Aktualität der Eigentumsträgerstiftung kommt zum einen von den Überlegungen einiger bedeutender Stifter der Zeit nach 1945, ihre Unternehmen in das Eigentum einer Stiftung zu überführen, um ihren Bestand zu sichern. Zwar gebietet das deutsche Steuerrecht, daß der ausgewiesene Stiftungszweck nicht dieser sein darf. Die Intentionen von Robert Bosch, Reinhard Mohn, Kurt Körber und anderen war jedoch klar. Hier gilt es, zwischen den Erwägungen der Gesellschaft und ihrer Protagonisten in einer bestimmten Epoche und der Grundidee der Stiftung zu unterscheiden. Erstere bedingen Anpassungen, um der letzteren im Grundsatz folgen zu können. Zum anderen erleben Anstaltsträgerstiftungen, daß ihnen aus betriebswirtschaftlichen Gründen zu einer auch in der Wirtschaft üblichen strategischen Maßnahme geraten wird: der Trennung von Eigentum und Betrieb. Dies führt dazu, daß die Stiftungen ihre Betriebe in Kapitalgesellschaften ausgliedern, als deren Gesellschafter sie eine wichtige Steuerungsfunktion behalten und im Kern zu Eigentumsträgerstiftungen mutieren. Ähnliche Erwägungen führen auch zu dem umgekehrten Weg. Trägervereine übertragen das Eigentum an ihren Betrieben auf Stiftungen, die sie für diesen Zweck gegründet haben. In beiden Fällen darf die gesetzlich erforderliche Formulierung eines anderen Stiftungszwecks nicht über den Kern der Stiftungsidee hinwegtäuschen.

Anstaltsträgerstiftungen bilden eine weitere mögliche Ausformung der Gruppe der operativen Stiftungen. Diese sind in der Regel dadurch gekennzeichnet, daß sie für die Aufrechterhaltung ihrer Betriebe (Anstalten) auf laufende Einnahmen aus ebendiesem Betrieb angewiesen sind, insofern also auf den ersten Blick dem Modell der vermögenden Stiftung besonders wenig entsprechen. Daß es sich bei den Einnahmen häufig um Leistungsentgelte aus öffentlichen Kassen handelt, die fälschlicherweise als Zuschüsse bezeichnet werden, ändert daran nichts. Bei genauerer Betrachtung allerdings finanzieren gerade diese Stiftungen ihre Tätigkeit aus Erträgen auf das eingesetzte Kapital (return on investment), so wie jedes andere Unternehmen. Eine Museumsträgerstiftung, die ihren Betrieb aus Eintrittsgeldern, öffentlichen Subventionen, Spenden und sonstigen Erträgen finanziert, als unechte Stiftung zu bezeichnen, verbietet sich insofern schon aus diesen betriebswirtschaftlichen Gründen[21], von den dargestellten übergeordneten Merkmalen einer Stiftung ganz abgesehen.

Operative Stiftungen kommen heute zunehmend auch in der Form der Projektträgerstiftung vor. Die Bertelsmann Stiftung ist ein typisches Beispiel für eine Stiftung, die mit eigenen Mitarbeitern (und Kooperationspartnern) selbst definierte Projekte durchführt, nicht aber Dritte bei der Durchführung ihrer Projekte finanziell unterstützt[22]. In der Praxis finanzieren diese Stiftungen ihre Projekte ganz überwiegend aus Erträgen ihres Vermögens, allerdings versuchen sie zunehmend, Mitstreiter in inhaltlicher und finanzieller Hinsicht zu gewinnen. Diese Strategie optimiert zweifellos das Verhältnis zwischen dem sichtbaren Ertrag und den einge-

---

[21] s. *Strachwitz / Then,* Kultureinrichtungen in Stiftungsform.
[22] *Mohn,* Die Rolle von Stiftungen in einer modernen Gesellschaft, S. VII.

setzten Eigenmitteln; ob die Stifteridee sich in solchen Konstellationen hinreichend durchsetzen kann und nicht korporationstypische Konsens- und Kompromißprozesse die Oberhand gewinnen, ist eine offene Frage. Einige Zweifel erscheinen angebracht.

Zur Gruppe der operativen Stiftungen zählen bei genauer Betrachtung auch diejenigen, die auf der Grundlage eigener Auswahlverfahren und Jurierungen Preise und Stipendien vergeben. Auch sie entfalten, mit Hilfe oft gut dotierter Berater, eine eigene Tätigkeit, an der sie erkannt werden. Das Element der Erkennung spielt sogar in einigen Stiftungskonzepten eine herausragende Rolle. Stiftungen, die Teil einer Kommunikationsstrategie eines Unternehmens bilden, verwirklichen ihre Idee relativ häufig gerade durch Preisverleihungen, wobei in Einzelfällen Preisträger und Jury den Interessen der Stiftung dienen sollen anstatt umgekehrt. Die altbekannte memoria lebt unverhofft wieder auf.

Bei den fördernden Stiftungen ist zwischen denen, deren Destinatär bereits durch Satzung bestimmt ist, und denen, die ihre Destinatäre immer wieder neu wählen können, zu unterscheiden. Erstere, meist klein, erscheinen, was die Umsetzung der Stiftungsidee betrifft, idealtypisch zu sein. Die Stiftungsverwalter haben lediglich dafür zu sorgen, daß das Vermögen rentierlich bleibt und die Erträge dem Destinatär tatsächlich zufließen. Von Bedeutung sind Stiftungen dieser Art im Bereich der sogenannten Familienstiftungen. Hier hat der Stifter fast immer genau bestimmt, wer die Destinatärseigenschaft besitzt, bzw. unter welchen Umständen er diese erlangen kann. Schon hier kann es freilich geschehen, und außerhalb der Familie ist es fast unausweichlich, daß sich Verhältnisse ändern und die Stiftungsorgane auf einmal doch in die Situation geraten, Entscheidungen treffen zu müssen, obwohl sie hierfür keine Tradition entwickelt haben. Insofern stößt die Beratungspraxis, einen festen, noch dazu möglichst einfachen Zweck und Destinatär durch Satzung zu bestimmen, die Stiftungsorganisation nur rudimentär auszugestalten und de facto eine vom Berater (oft allein) zu betreibende Dauervermögensverwaltung einzurichten, auf Bedenken grundsätzlicher und praktischer Art.

Demgegenüber beanspruchen Stiftungen, die stets neu nach Projektpartnern zu suchen haben, einen größeren Freiraum. In der aktivsten Form betreiben sie diese Suche selbst; etwas passiver sind die, die Anträge entgegennehmen und bearbeiten. Die großen Stiftungen des 20. Jahrhunderts folgen überwiegend diesem Modell. Es hat sich bewährt, enthält aber auch Fallen und Schwierigkeiten. Eine der häufigsten ist, daß bei den Stiftungsverwaltern ihre Popularität als Finanzierungsgeber die notwendige Bescheidenheit und den klaren Blick für Bedarf und Leistung ihrer Partner verkümmern läßt. Das berühmte Diktum, nicht die Fördermittelempfänger seien auf die Stiftungen angewiesen, sondern die Stiftungen auf ihre Partner, weil sie ohne diese ihre Aufgabe nicht erfüllen können, gerät allzu leicht in Vergessenheit, zumal dann, wenn kleine, sich oft selbst ergänzende Gremien über große Beträge verfügen können. Hier gilt es, der Idee neben den Ressourcen auch Mechanismen mitzugeben, die die Stiftung zwingen, jung zu bleiben, sich als

Partner ohne Vorrechte zu empfinden und dem drohenden Autismus entgegenzuarbeiten, ohne den Stifterwillen zu verraten.

Sehr große Förderstiftungen haben oft darüber hinaus ein Strategiedefizit. Die Menge der positiv beantworteten Anträge kann zu einer Verwässerung der Idee führen, das Profil wird immer weniger erkennbar. Strategische Verfahren der Schwerpunktbildung können dem ebenso abhelfen wie die in der Praxis immer häufiger zu beobachtenden Versuche, teilweise in die operative Umsetzung der Idee zu wechseln. Dient dieser Weg tatsächlich der strategischen Optimierung, ist er zu begrüßen. Die Erfahrungen der letzten Jahre lassen gelegentlich daran zweifeln. Nur wenige große Förderstiftungen scheinen darüber zu reflektieren, von welchem gesellschaftlichen Leitbild sie ausgehen und wie sie ihre Gründungsidee dazu in Beziehung setzen sollen.

Hier wird ein Dilemma deutlich, das im Grunde jeder Stiftung anhaftet. Viele Fragen lassen sich im Diskurs, in Entscheidungsprozessen und durch Mehrheitsentscheidungen lösen; unser Leitbild einer guten politischen Ordnung verlangt die Beteiligung aller an solchen Entscheidungen. Und doch: ein englischer Spottvers fragt: „Was ist ein Kamel?" Die Antwort: „Ein Pferd, das von einem Ausschuß entwickelt wurde." Das heißt: manche Idee bedarf der unmittelbaren, ungehinderten Umsetzung. Sie wirkt nur durch ihre Mißachtung von Einwänden. Diese Konsequenz ist das Faszinosum der Stiftung. Diese bedarf, wie es der Präsident der Fondazione Cariplo, der größten italienischen Stiftung einmal ausgedrückt hat, keiner Zustimmung; sie verfolgt keine Ziele außerhalb ihres Satzungszwecks. Indem sich eine Stiftungsidee nicht selbstredend einem transparenten Diskurs unterwirft, ist sie aber stets in der Gefahr, mit Schiller zu fragen: „Was ist die Mehrheit? Mehrheit ist der Unsinn; Verstand ist stets bei Wen'gen nur gewesen."[23]

Dies verführt zu Hybris. Die Stiftung bedarf daher zur fortgesetzten Entfaltung ihrer Idee der ständigen Auseinandersetzung mit der sie umgebenden Welt. Ihr strukturelles Defizit ist ihr tendenzieller Autismus, so wie ihre Treue zur Gründung ihre tendenzielle Stärke darstellt. Die richtige Balance zwischen Aktion und Reaktion, Autonomie und Kommunikation zu finden und zu halten, ist eine immerwährende Anstrengung. Sie ruht in der Zeitachse; das verleiht ihr Beständigkeit. Sie bildet ein individualistisches Korrektiv zur Kollektivität des Handelns, ein Korrektiv, das einerseits notwendig ist, aber ebenso notwendigerweise stets in der Minderheit bleiben muß. Diese Konstellation treibt sie anderen Minderheiten zu, den Minderheiten der Kreativität und des besonderen Engagements zum Beispiel, auch einer Minderheit, die sich vom mainstream der Philanthropie absetzen will, die nicht Moden folgt, auch nicht denen des Engagements, sondern gerade die Themen aufgreift, die nicht in Mode sind. Es gibt Hinweise, daß die amerikanischen Stifter des 19. Jahrhunderts, die den Ruhm des amerikanischen Stiftungswesens begründet haben, bewußt ein Gegengewicht gegen modische charity setzen wollten, so wie sich zu erweisen scheint, daß ein kleiner Kreis von US-amerika-

---

[23] *v. Schiller,* Demetrius, S. 268.

nischen Stiftungen mit großer Konsequenz und einer ausgefeilten Strategie über mehr als zwei Jahrzehnte der Idee des Neokonservativismus den Weg geebnet haben, unbemerkt von ihren liberalen Konkurrenten, die eine Strategie der immer wieder neuen Anschubfinanzierung zur Ideologie des modernen Stiftungswesens erhoben haben. Der Erfolg mag uns gefallen oder nicht. Vornehmes Kennzeichen einer pluralistischen, offenen Gesellschaft ist nun einmal die Verteidigung der Freiheit der Andersdenkenden. Auch dies ist den Stiftungen in ihrer Individualität gemäß.

Ob die öffentliche, zumal staatliche Anerkennung und Förderung, die das Stiftungswesen seit einigen Jahren erfährt, von diesen Gedanken geleitet ist, mag wohl bezweifelt werden. Dort geht es nicht um die Schaffung von nachhaltigen alternativen Ideenbanken, sondern um Entlastung der öffentlichen Haushalte (eine aberwitzige Vorstellung) oder gar um eine Förderung des Strukturkonservativismus, den ein großer Teil der bestehenden Stiftungen zu verkörpern scheint[24]. In der Tat: da sie nun einmal ständig zurückblicken muß, da sie gebunden ist an die Idee, die der Stifter ihr mitgegeben hat, ist sie stets in der Gefahr, in der Vergangenheit zu verweilen. Dabei ist ihre vornehmste Aufgabe doch, die Zukunft in die Gegenwart zu bringen, indem sie Ideen entfaltet und befördert.

Warum also wollen Stiftungen so gern auf der Seite der kurzfristigen Gewinner stehen? Alle historische Erfahrung lehrt, daß zwar Victor Hugos berühmtes Wort zutrifft: „Nichts ist stärker als eine Idee, deren Zeit gekommen ist." Ebenso richtig ist aber, daß sich große Ideen nur selten sofort durchsetzen. Viele benötigen dazu mehr als die Lebenszeit des Stifters. Die besten Stifter sind daher weder Missionare für das Stiftungswesen – sie nutzen dieses Instrument zur Beförderung ihrer Idee. Noch ist ihnen an schnellem Ruhm gelegen – sie vertrauen auf die Qualität ihrer Idee und die Kraft, die sie in der Zukunft entfalten wird. Sie vertrauen ihre Idee der Welt an; dort muß sie sich bewähren, nicht weil sie von Ressourcen gestützt wird, sondern weil ihr Beitrag Anerkennung findet.

Das Bäumchen Stiftung muß gedeihen können, kein Stifter kann wissen, wohin es austreiben wird; in jeder Generation ist die Auseinandersetzung zwischen Stifteridee und Wirklichkeit neu auszutragen und kreativ umzusetzen. Rockefellers Idee, the betterment of mankind, räumt diesem Prozeß den breitestmöglichen Raum ein; aber auch mit weniger Ressourcen und mit etwas ausgeprägterer Vorfestlegung läßt sich eine Stiftung als ständiger Ideenraum einrichten. Unter dem Eindruck der Notwendigkeiten des beginnenden 21. Jahrhunderts erscheint diese Aufgabe als besonders stiftungsgemäß. Unsere Gesellschaft bedarf wie vielleicht kaum eine vor ihr der Kreativität, um die Herausforderungen zu meistern, die die nachhaltige Entwicklung der Menschheit erfordern.

---

[24] *Adloff / Schwertmann / Sprengel / Strachwitz,* Visions and Roles of Foundations in Europe. The German Report.

2.2 Operative und fördernde Stiftungen

Von Frank Adloff

Es ist üblich, die Arbeitsweise von Stiftungen genauer zu kennzeichnen, indem man angibt, ob sie ihre Zwecke fördernd oder operativ verwirklichen. Auf den ersten Blick scheint dies eine einfache und brauchbare Unterscheidung zu sein. Operative Stiftungen verwirklichen ihre Zwecke selbst, fördernde Stiftungen nehmen Anträge entgegen und unterstützen Dritte, und Mischformen stellen eine Kombination beider Arbeitsweisen dar. Doch ist die Sache komplizierter. Die Einschätzung, ob eine Tätigkeit als fördernd oder operativ einzuordnen ist, schwankt, je nachdem, ob man ein Alltagsverständnis oder rechtliche Kriterien – nämlich die Abgabenordnung – zu Grunde legt. Des Weiteren ist es ein weit verbreitetes Missverständnis, dass sich die Aufgabe einer fördernden Stiftung darauf beschränkt, Anträge entgegenzunehmen und dann gleichsam automatisch finanzielle Mittel zuzuteilen. Dabei wird oft übersehen, dass schon die Entscheidung für die konkreten Förderkriterien und das Auswahlverfahren operative Tätigkeiten sind, die nur für die Stiftungen entfällt, die einen vom Stifter festgelegten Destinatär aufweisen. Eine Förderstiftung, die Anträge entgegennimmt und eine intensive Projektauswahl betreibt, nähert sich in der Arbeitsweise operativen Stiftungen an. Stiftungen mit festen Destinatären betreiben dagegen einen wesentlich geringeren operativen Aufwand; die Arbeit beschränkt sich idealtypisch auf eine reine Verwaltungstätigkeit. Eine Stiftung mit festem Destinatär schließlich, die bspw. einen Lehrstuhl oder eine Sozialeinrichtung finanziert, zeigt eine gewisse Nähe zu einer operativen Stiftung, die durch Auslagerung etwa einer gemeinnützigen GmbH zu einer Förderstiftung wird. Der Arbeitsaufwand der Förderstiftung mit wechselnden Destinatären ist ungleich höher, und die strikte Unterscheidung zwischen operativer und fördernder Tätigkeit wird in diesem Fall quasi künstlich durch die Abgabenordnung produziert.

In den USA hat die (steuer-)rechtliche Unterscheidung zwischen fördernden und operativen Stiftungen eine relativ große Bedeutung. Im Gegensatz dazu verwendet das deutsche Recht die Begriffe „operativ" und „fördernd" nicht ausdrücklich.[1] Die Frage, ob die Stiftung selbst oder durch Dritte ihre Zwecke verfolgt, findet sich allerdings im steuerlichen Gemeinnützigkeitsrecht wieder. Der so genannte „Grundsatz der Unmittelbarkeit" in § 57 Abgabenordnung (AO) verpflichtet eine steuerbegünstigte Körperschaft, ihre (gemeinnützigen, mildtätigen oder

---

[1] Die folgenden Ausführungen beruhen auf *v. Hippel*, Einleitung zu: Operative Stiftungen.

kirchlichen) Zwecke „unmittelbar", d. h. „selbst" oder durch „Hilfspersonen" zu verwirklichen. Von diesem Grundsatz macht § 58 Nr. 1 – 4 AO mehrere Ausnahmen. Die Körperschaft darf hiernach in bestimmten, praktisch wichtigen Fällen auch anderen steuerbegünstigten Körperschaften materielle Vorteile gewähren („Geld, Arbeitskräfte, Räume").

Man kann daher im Falle des § 57 AO von einer „operativen" Tätigkeit und im Falle des § 58 Nr. 1 – 4 AO von einer fördernden Tätigkeit der gemeinnützigen Stiftung sprechen. Das Unmittelbarkeitsgebot des Gemeinnützigkeitsrechts unterteilt also die Stiftungen in solche, die ihren Zweck durch eigene Maßnahmen verwirklichen, und in jene, die durch finanzielle Zuwendung eine Mittlerposition einnehmen.

Es stellt sich allerdings die Frage, ob eine solche Unterscheidung in der Praxis hilfreich oder nicht vielmehr missverständlich ist. Denn das Adjektiv „unmittelbar" bezieht sich auf eine Tätigkeit, die final einen Zweck erfüllen soll. Die Einordnung „unmittelbar" – „mittelbar" hängt damit im Ergebnis davon ab, wie der Zweck formuliert wird. Mit anderen Worten, dieselbe Tätigkeit lässt sich je nach der Gestaltung der Satzung als fördernd oder als operativ definieren.

Gleichwohl arbeiten empirische Untersuchungen zum deutschen Stiftungswesen mit der Unterscheidung operativ / fördernd, wobei sie sich auf die Angaben der Stiftungen verlassen. Operative Stiftungen sind laut Bundesverband Deutscher Stiftungen solche, die ihre Aufgaben durch Eigenprojekte erfüllen, fördernde vergeben ihre Mittel nach außen an Dritte. Die statistischen Angaben des Bundesverbandes weisen bei einer Gesamtheit von 8.263 Stiftungen 60,9 Prozent fördernde Stiftungen aus.[2] Die operativen Stiftungen werden mit einem Anteil von 21,8 Prozent ausgewiesen, die Mischform „operativ und fördernd tätig" mit 17,3 Prozent. Die Statistik des Maecenata Instituts kommt zu vergleichbaren Ergebnissen, allerdings wurde weitgehend auf die Zweiteilung des Stiftungswesens in operative und fördernde Stiftungen verzichtet.[3] Stattdessen wird das Feld in Anstalten (1759 Nennungen), Preise (630 Nennungen), Eigenprojekte (477), Projektförderung (1978), institutionelle Förderung (1325), Personenförderung (3262) und Stipendien (562 Nennungen) differenziert.[4] Beiden statistischen Erhebungen ist zu entnehmen, dass operative Stiftungen – wie die Anstaltsträgerstiftungen – und die Mischtypen eine wichtige Größe in Deutschland sind.

Einerseits gehen die meisten Beobachter des Stiftungswesens davon aus, dass die operative Stiftung die ältere Form ist, andererseits kennzeichnet das 20. Jahrhundert das Verständnis, dass die fördernde Stiftung der dominierende und moderne Stiftungstyp sei. Beide Sichtweisen sind nicht unproblematisch. Strachwitz

---

[2] *Bundesverband Deutscher Stiftungen*, Daten, Fakten zum deutschen Stiftungswesen, S. 34.
[3] *Sprengel*, Statistiken zum deutschen Stiftungswesen 2001, S. 73.
[4] Mehrfachnennungen waren möglich. Die Angaben beziehen sich auf 6441 Stiftungen.

2.2 Operative und fördernde Stiftungen

hat darauf aufmerksam gemacht, dass aus der Existenz der ältesten deutschen Stiftungen – den Anstaltsträgerstiftungen wie die im Jahre 917 gegründete Bürgerspitalstiftung in Wemding – geschlossen wird, dass diese Stiftungen die ursprüngliche Form der Stiftung darstellen und Förderstiftungen erst zu einem späteren Zeitpunkt entstehen.[5] Doch schon im 13. Jahrhundert finden sich neben den Anstaltsstiftungen so genannte Hauptgeldstiftungen. In den meisten Fällen dürfte es schwerlich möglich sein, die mittelalterlichen Stiftungen der Kategorie „fördernd" oder „operativ tätig" zuzuordnen.

Diese Unterscheidung hat sich Kritikern zufolge allein über das deutsche Gemeinnützigkeitsrecht in das Stiftungswesen eingeschlichen. Gegen diese These spricht freilich, dass auch im juristischen Schrifttum die Unterscheidung kaum eine Rolle spielt. M.E. sind für die Ubiquität der Unterscheidung auch Entwicklungen innerhalb des amerikanischen Stiftungswesens verantwortlich. Die amerikanische Entwicklung ließ die Förderstiftungen in den Fokus der Aufmerksamkeit rücken. Die großen philanthropischen Stiftungen wie Ford, Rockefeller und Carnegie, die Anfang des 20 Jahrhunderts entstanden, haben das größte Interesse auf sich gezogen – und damit auch deren Fördertätigkeit. Die Dominanz der großen US-Stiftungen in der internationalen Philanthropie nach 1945 ließ die Förderstiftung als den modernen Prototyp der Stiftung erscheinen.[6]

Die um 1910 entstandene, moderne amerikanische Förderstiftung beruht auf breiten gemeinwohlorientierten Zwecksetzungen, wissenschaftlichen Methoden und einem großen industriellen Reichtum.[7] Dabei bezieht sich dieses Paradigma eigentlich nur auf einige wenige Großstiftungen; der Großteil der amerikanischen Stiftungen ist organisatorisch nicht in der Lage, eine systematische und strategische Philanthropie zu entwickeln. Operative Stiftungen werden in der öffentlichen Diskussion nahezu gänzlich vernachlässigt.[8] In den USA kommt hinzu, dass es tatsächlich eine handfeste rechtliche Unterscheidung zwischen operativen und fördernden Stiftungen gibt. In dem Internal Revenue Code finden sich Regelungen, die die operative Stiftung von der fördernden Stiftung unterscheiden. Operativen Stiftungen kommt in den USA damit ein anderer rechtlicher Status als Förderstiftungen zu.

Die Ausführungen zeigen, dass die Unterscheidung von operativer und fördernder Stiftungstätigkeit keine historisch-traditionelle Unterscheidung ist. Die Unterscheidung ist vielmehr jüngeren Datums und weist einen steuerrechtlichen Charakter auf. Bestimmte Interessen der Öffentlichkeit an der (amerikanischen) Förderstiftung und dadurch bestimmte Aufmerksamkeitsverschiebungen trugen mit dazu bei, die Unterscheidung festzuschreiben. Es ist allerdings sinnvoll, die Unterschei-

---

[5] *Strachwitz,* Operative und fördernde Stiftungen: Anmerkungen zur Typologie, S. 677 f.

[6] Vgl. *Anheier,* Foundations in Europe, S. 48.

[7] *Bulmer,* Some Observations on the History of Large Philanthropic Foundations in Britain and the United States, S. 277.

[8] Vgl. *Toepler,* Operating in a Grantmaking World.

dung aufzuweichen und den Blick auf die vielfältigen vorfindbaren Stiftungsaktivitäten zu richten, ohne sie in dichotome Raster zu pressen. Die Sammelbegriffe „operativ" und „fördernd", die sich ausschließlich auf die Art der Zweckverwirklichung richten, umfassen organisatorisch und inhaltlich sehr verschieden agierende Stiftungen.[9]

Es lassen sich folgende Arbeitsweisen von Stiftungen bzw. Verwirklichungsformen von Zwecken beispielhaft unterscheiden. Ob man diese als fördernd oder operativ ansieht, hängt vor allem davon ab, ob man sich an der formalrechtlichen Definition der Abgabenordnung orientiert.

Projektträgerstiftungen, die ihre Projekte selbst konzipieren und durchführen, kommen dem Ideal der operativen Stiftung als autonomer Gestalterin der eigenen Zweckverwirklichung am nächsten.

Stiftungen, die mit einem hohen Eigenarbeitsanteil Projektarbeit fördern, kommen zum Teil in ihrer inhaltlich-konkreten Arbeit der operativen Stiftung sehr nahe.

Die Preisstiftungen fallen zwar steuerrechtlich in den Bereich der operativen Stiftungen, und Beispiele zeigen auch, dass die Ermittlung der Preisberechtigten eine aufwändige operative Tätigkeit sein kann. Dennoch fällt die Preisstiftung natürlich nach intuitivem Verständnis in die Kategorie der Förderstiftungen.

Als klassisch operativ tätig gelten die Anstaltsträgerstiftungen. Hier hat der Stifter z. B. ein Gebäude für eine bestimmte Nutzung oder bestimmte Vermögenswerte ausdrücklich für den Betrieb einer Anstalt übertragen. Derzeit bestehen allerdings Tendenzen, Eigentum und Betrieb strukturell voneinander zu trennen und Betriebsteile in einer handelsrechtlichen Organisationsform (insbesondere der GmbH) neu zu organisieren. Auf diese Weise wird formalrechtlich der Unterschied zur Förderstiftung durch die Ausgründung beseitigt.

Der soeben genannte Typ unterscheidet sich im Fall der Ausgründung nicht von dem Typus der institutionellen Fördertätigkeit, etwa wenn eine Stiftung einen Universitätslehrstuhl finanziert. Destinatäre sind bei solchen Stiftungen nicht auszuwählen, da sie immer schon feststehen.

Personenförderung und die Vergabe von Stipendien zählen zu den Bereichen, die man gemeinhin mit der Institution der Förderstiftung verbindet.[10] Mildtätige Stiftungen, die personenbezogene Hilfe geben, werden tatsächlich rechtlich in der Regel zu den Förderstiftungen gezählt. Die Vergabe von Stipendien gilt dagegen als eine operative Tätigkeit, da in diesem Fall eine Förderung nur an eine gemeinnützige Körperschaft und nicht an eine natürliche Person gehen darf. Im allgemeinen Sprachgebrauch ist die Stipendienvergabe zwar eine Form der Förde-

---

[9] Vgl. *Adloff/Velez,* Operative Stiftungen, S. 54 ff.; sowie *Sprengel,* loc. cit., S. 73.

[10] Zu den Stiftungen, die Stipendien vergeben, vgl. vor allem *Rindt/Sprengel,* Stipendien deutscher Stiftungen.

2.2 Operative und fördernde Stiftungen

rung, doch ist es auch unglücklich, durch den Terminus „Förderung" den operativen Vorlauf, den die Auswahl von Stipendiaten erfordert, zu vernachlässigen und stattdessen den Schwerpunkt auf den letzten Schritt – die Überweisung des Geldes – zu legen.

Das Interesse der Öffentlichkeit hat nicht unerheblich zur Verankerung der Unterscheidung „operativ-fördernd" im Stiftungswesen beigetragen. Für sie ist es von entscheidender Bedeutung, ob man einer Stiftung Anträge auf Fördergelder stellen kann oder nicht. Die Bezeichnung „Förderstiftung" erweckt aber oft eine falsche Erwartung, die von vielen der sogenannten Förderstiftungen enttäuscht werden muss, weil sie festgelegte Destinatäre haben und dem entsprechend keine Anträge entgegennehmen. Dies bestätigt wiederum, dass die Unterscheidung „operativ-fördernd" über die tatsächliche Aktivität der jeweiligen Stiftung wenig aussagt.

Auch das Selbstverständnis der Stiftungen bezüglich der Frage, ob sie operativ oder fördernd tätig sind, schwankt beträchtlich und Stiftungsvertreter zeigen nicht selten eine gewisse Unsicherheit im Umgang mit der Unterscheidung.[11] Der eigene Gebrauch der Bezeichnungen „operativ-fördernd" zeigt eine extreme Spannbreite von der Orientierung an der Abgabenordnung bis hin zu unternehmerischen Deutungen. So ist das Bild weit verbreitet, dass eine Tätigkeit dann fördernd ist, „wenn bezahlt oder überwiesen wird", während bei den operativen Tätigkeiten „selbst Hand angelegt wird". Dies übersieht beispielsweise, dass Geldüberweisungen weitreichende Operationen von der Strategieentwicklung bis hin zur Testphase vorausgehen können oder dass bei einer Preisverleihung zwar Geld fließt, die Zweckverwirklichung aber rechtlich als operativ eingestuft werden muss.

Jenseits von „operativ" und „fördernd" liegen die EU-Richtlinien über die verschiedenen Arten von gemeinnützigen Organisationen. Die EU-Kommission[12] unterscheidet zwischen dienstleistenden, interessenpropagierenden, vermittelnden Organisationen und Selbsthilfegruppen. Diese Kategorisierung bringt deutlicher als die vorhergehenden eine Output-Orientierung zum Ausdruck. Im Unterschied zu Kategorisierungen, die die Modi der Zweckverwirklichung zum Hauptkriterium machen, basiert diese auf der Funktion und dem Zweck der Stiftungtätigkeit und ist daher am ehesten in der Lage, die derzeitige Spannung der Stiftungen zwischen Praxis, Justiz und öffentlicher Wahrnehmung zu minimieren.

Ganz gleich, ob eine Stiftung steuerrechtlich als operativ oder fördernd gilt – jede Stiftung hat sich mit der Frage auseinander zu setzen, welchen internen Arbeitsaufwand sie zur Verfolgung ihre Zwecks betreiben muss oder will. Bei Förderstiftungen mit festen Destinatären dürfte der Arbeitsaufwand minimal sein. Ganz anders dagegen die operativ zu leistende Arbeit bei Förderstiftungen mit wechselnden Destinatären und Projektträgerstiftungen. Hier stellen sich dem Stifter sehr

---

[11] Siehe *Adloff/Velez,* loc. cit.

[12] *EU-Kommission,* Die Förderung der Rolle gemeinnütziger Vereine und Stiftungen in Europa, S 7.

ähnliche Fragen[13]: Braucht es zur Verwirklichung des Zwecks hauptamtliche Mitarbeiter, findet sich genügend Expertise innerhalb der Stiftung, oder muss sie von außen herangezogen werden? Stehen die zu verfolgenden Zwecke und die finanzielle Ausstattung in einem vernünftigen und realistischen Verhältnis zueinander? Besteht eine Strategie der Förderung oder der Projektarbeit, die angibt, auf welche Weise die angestrebten Ziele erreicht werden können? Sollen die geförderten oder selbst durchgeführten Projekte durch Monitoring oder Evaluation begleitet werden? Gibt es Kriterien für den Erfolg oder Misserfolg der Stiftungsarbeit?

Die inhaltliche Unschärfe der Dichotomie von „operativ-fördernd" und die Zunahme der so genannten Mischtypen deuten eine Entwicklung an, in deren Folge die strikte Unterscheidung zwischen „fördernd" und „operativ" immer schwieriger durchzuhalten sein wird. Es scheint schon heute der tatsächlichen Praxis der Stiftungen mehr gerecht zu werden, wenn von tendenziell fördernden bzw. tendenziell operativen Stiftungen die Rede ist und man sich bei dieser Kennzeichnung an der Arbeitsweise der Stiftungen statt an der Abgabenordnung orientiert. M.E. sollte die Unterscheidung „operativ-fördernd" ganz aus den Stiftungscharakteristika getilgt werden, um den notwendigen Operationsbedarf und ein Strategiebewusstsein für alle gemeinnützigen Organisationen geltend zu machen. Anstelle der groben, missverständlichen und von der Praxis überholten Unterscheidung „operativ-fördernd" wird für eine Typologie plädiert, die sich an Zielgruppe, Thematik und Funktion der Stiftungstätigkeit orientiert. Hier kann die EU-Typologie weiterhelfen. Das jeweilige Selbstverständnis der Stiftungen erscheint dagegen zu disparat, um eine einhellige Definition zu erzielen.

---

[13] Vgl. hierzu die instruktiven Beiträge von *Kennedy u. a.,* The Organization of Foundations; sowie von *Breiteneicher / Marble,* Strategic Programme Management.

2.3 Für das Leben lernen – Stiftungen als Triebkräfte der Erneuerung in Erziehung und Bildung[1]

Von Robert Picht

Beim „Megathema Bildung" wollte Bundespräsident Herzog am Ende seiner Amtszeit den „Ruck" auslösen, dessen die deutsche Gesellschaft so bitter bedarf. Auf die Regierungsapparate von Bund und Ländern konnte sich der Bundespräsident dabei nicht stützen. Zur Schaffung dessen, was in Großbritannien eine Royal Commission wäre, brauchte man eine private Stiftung. Die Bertelsmann Stiftung bildete unter Schirmherrschaft des Bundespräsidenten einen Initiativkreis Bildung, der im April 1999 ein umfassendes Memorandum vorlegte. Es fordert – wie schon so viele vor ihm – das vor allen Einzelheiten Entscheidende: eine neue Lernkultur.

Das Ausmaß der Herausforderung ist bekannt: „Der gesellschaftliche Wandel führt zu grundlegenden Veränderungen in der Lebensgestaltung sowie zu einer Vielfalt der Lebensentwürfe und beruflichen Karrierewege ... Wurde bisher für einen definierten Katalog von Berufen ausgebildet, wobei handwerkliche und technische Kenntnisse im Vordergrund standen, gewinnen heute Lernfähigkeit sowie soziale und organisatorische Fähigkeiten enorm an Bedeutung. Weil Wissen immer schneller generiert wird und in der Wirtschaft immer neue Kenntnisse gefordert werden, kann heute niemand mehr davon ausgehen, mit dem in Schule und Ausbildung Gelernten die Anforderungen zu bewältigen, die sich ihm in rascher Veränderung in Wissenschaft, Beruf und Lebenspraxis stellen ...Weil in Zukunft die Schlüsselkompetenzen über den Erfolg von Bildungskarrieren entscheiden, muß auf ihren Erwerb ebensoviel Sorgfalt verwandt werden wie auf das Erlernen von Wissensstoff. Die hohe Lernfähigkeit und -begeisterung von Kindern sollte in der Wissensgesellschaft aktiv unterstützt werden."[2]

Herbst 1998 hatte die Freudenberg Stiftung dem Bundespräsidenten das Memorandum ihres Forums „Jugend – Bildung – Arbeit: Startchancen für alle Jugendlichen" vorgelegt, das stärker als die Bertelsmann-Kommission auf die Gefahren

---

[1] Der folgende Beitrag stützt sich auf die umfassenden Ergebnisse einer 1999 abgeschlossenen Bestandsaufnahme von Stiftungen in Europa, die in den Bereichen Bildung und Ausbildung tätig sind. *Robert Picht,* Education Funding in Europe. A Pilot Study on Innovating Education and Learning – The Role of Foundations and Corporate Funders. Brüssel: European Foundation Centre 1998. Der Abdruck erfolgt mit freundlicher Genehmigung von Merkur – Deutsche Zeitschrift für europäisches Denken, Klett-Cotta Stuttgart

[2] Initiativkreis Bildung, *Zukunft gewinnen – Bildung erneuern.* Gütersloh: Verlag Bertelsmann Stiftung 1999.

sozialer Ausgrenzung durch mangelnde Qualifikation und Jugendarbeitslosigkeit eingeht. Auch hier ist die Aussage klar: „Jugendprobleme sind Schlüsselprobleme der Gesellschaft. Ausbildungs- und Chancenlosigkeit für junge Menschen darf es nicht geben und braucht es in einer entwickelten Gesellschaft nicht zu geben. Die öffentliche Verantwortung für die nachwachsende Generation hat Priorität."[3]

Diese öffentliche Verantwortung aber läßt sich, soweit sie staatlich und verbandlich verfaßt ist, viel Zeit und stellt erneut die ungeheuerliche Beharrungskraft und Reformresistenz von Bildungs- und Ausbildungssystemen unter Beweis. Im überregulierten und in fragmentiertem Wirrwarr der Kompetenzen ineinander verkrallten System des deutschen Bildungsföderalismus bewegt sich institutionell wenig.

Das Sofortprogramm der Bundesregierung zum Abbau der Jugendarbeitslosigkeit vom Herbst 1998 packt ein brennendes Problem an, leitet aber weitgehend nur zusätzliche Mittel in die alten Förderungsprogramme, deren Versagen gegenüber den schwierigsten Problemen der Jugendarbeitslosigkeit bekannt ist. Von einer umfassenden Bildungspolitik der Bundesregierung hört man schon seit einigen Legislaturperioden nichts mehr. Die vor Wahlen gemachten bildungspolitischen Ankündigungen der Parteien verschwinden rasch wieder in den Schubladen. Die einzelnen Bundesländer, Hochschulen, Bildungs- und Ausbildungsinstitutionen aller Art bemühen sich unter dem Druck der Probleme und den Zwängen der Finanznot um einzelne, jeweils nur mit großer Mühsal durchsetzbare Reformschritte. Ist das deutsche Bildungssystem also in sich selbst verstrickt und damit hoffnungslos blockiert, ein besonders tragisches Beispiel für den Zustand einer Gesellschaft, die in der Bewahrung veralteter Regelungen und Besitzstände ihre Zukunft verpaßt? Dies mag so scheinen, wenn man die Vorstellung vom großen Wurf einer obrigkeitlich gesteuerten oder gesamtgesellschaftlich getragenen Bildungspolitik zum Maßstab setzt. Ein solcher radikaler Neuanfang wird nicht zu erreichen sein. Im einzelnen aber ändert sich manches und meist – trotz aller ständischen und ideologischen Grabenkämpfe – in der gleichen Richtung. Wo heute etwas im Bildungswesen reformiert wird, geht es nicht mehr um die Anlegung neuer Zwangsjacken der Vereinheitlichung, sondern um die Schaffung von Freiräumen.

Die Institutionen des Bildungswesens brauchen selbst konkrete Chancen für Eigenverantwortlichkeit, Lernfähigkeit, Flexibilität, Kreativität und reaktionsfähige Effizienz, auf die sie vorbereiten sollen. Trotz aller Schwerfälligkeit der Institutionen und mancher ihrer Repräsentanten ist an vielen Stellen ein Bewußtseins- und oft auch ein Verhaltenswandel im Gange, der hoffen läßt. Hierzu tragen Stiftungen wesentlich bei. Denn Stiftungen verfassen nicht nur Memoranden: Sie handeln aus eigener Kraft und erproben in der Vielzahl ihrer Programme und Projekte neue Ansätze, die Schule machen. Hierzu einige deutsche und europäische

---

[3] *Flitner / Petry / Richter* (Hrsg.), Wege aus der Ausbildungskrise. Opladen: Leske + Budrich 1999.

Beispiele.[4] So begrenzt sie im einzelnen sein mögen, zeigen sie im Mosaik und in ihrem möglichen Zusammenwirken den europaweiten Aufbruch in eine aktive und lernfähige Gesellschaft, die Chancen bietet und diese zu nutzen versteht.

Der Einsatz von Stiftungen für Schulen und Hochschulen und für die Förderung besonders begabter oder bedürftiger Schüler und Studenten ist alte Tradition. Sie war in vieler Hinsicht die vorstaatliche Form des Chancenausgleichs zwischen Reich und Arm und ein wichtiges Instrument der Elitenerneuerung.

Auch heute steht die Förderung von Bildung und Ausbildung nach Auskunft des Bundesverbands Deutscher Stiftungen an zweiter Stelle aller Stiftungszwecke. Er verzeichnet in Deutschland 1847 Stiftungen mit Schwerpunkten im Bildungsbereich. Das entsprechende Stiftungsvermögen wird auf 17,4 Milliarden DM geschätzt. Das Engagement für diesen Bereich wächst: Allein seit 1989 sind 448 neue Stiftungen mit Stiftungszwecken im Bereich Bildung, Ausbildung und Erziehung gegründet worden. Ähnlich ist die Entwicklung in manchen anderen europäischen Ländern wie insbesondere in Großbritannien mit seiner alten, heute im Bemühen um neue Formen von „private public partnership" höchst aktiven Charity-Tradition. Aber auch in Belgien und in den Niederlanden, in Italien, Frankreich, Portugal und Spanien entwickelt sich ein aktives Stiftungswesen.

Während sich die größte Zahl kleiner Stiftungen auf die Förderung von bestimmten Bildungsinstitutionen und die Finanzierung von Stipendien beschränkt und damit oft besondere Lieblingsschwerpunkte beispielsweise im Bereich Musik verbindet, ist ein kleiner, aber potenter Kreis von Stiftungen und Unternehmen darum bemüht, weiterführende Strategien zur Erschließung und langfristigen Förderung von Begabungen und besonderen Leistungsprofilen zu entwickeln. Traditionsreiche Institutionen wie der Stifterverband für die Deutsche Wissenschaft und die Studienstiftung des deutschen Volkes haben seit den siebziger Jahren dazu beigetragen, Begabtenförderung und Begabungsforschung auf das schulische Vorfeld des Hochschulbereichs auszudehnen. Durch Wettbewerbe wie die Bundeswettbewerbe für Sprachen und für Mathematik und durch die Einrichtung einer Deutschen Schülerakademie werden Impulse gegeben, die weit über die Routine schulischen Lernens hinausführen. Das mit der Studienstiftung verbundene Institut für Test- und Begabungsforschung untersucht die biographischen Bedingungen für die Entfaltung von Begabungen und entwickelt Methoden ihrer Bewertung und Auslese.

In den siebziger Jahren waren dies reine Stiftungsinitiativen. Inzwischen haben sie zu erheblicher Beteiligung von Bundes- und Länderinstitutionen und zur Mitfinanzierung durch öffentliche Träger geführt. Die Förderung besonderer Be-

---

[4] Die folgende Auswahl von Stiftungsprojekten stützt sich auf die Bestandsaufnahme von *Robert Picht,* Education Funding in Europe. A Pilot Study on Innovating Education and Learning – The Role of Foundations and Corporate Funders. Brüssel: European Foundation Centre 1998. Eine vorzügliche Zusammenfassung für Deutschland bietet *Christoph Walter,* Lernen für Zukunft und Wandel. Bildung und Erziehung im deutschen Stiftungswesen 1989 – 1998. In: *Neue Sammlung,* Herbst 1999.

gabung und Leistung ist damit nicht mehr – wie so lange – ein bildungspolitisches Tabuthema. Auch in der öffentlichen Debatte bezieht sich das Bestreben nach Chancengleichheit immer weniger auf schonende Nivellierung, sondern auf geeignete Formen der Leistungsförderung. Pädagogischer Innovation und der Förderung politischen und sozialen Engagements dienen die kleinen, aber wirksamen Stipendienprogramme der Theodor Heuss Stiftung und der Dornier Stiftung an ausgewählten privaten Landerziehungsheimen in Ost und West, die die Einheit von Leben und Lernen erproben. Stiftungen fördern auch die Entwicklung innovativer Privatschulen wie die Neue Schule Wickersdorf.

Aber auch dem öffentlichen Bildungswesen gelten inzwischen die kritische Aufmerksamkeit und die aktive Mitwirkung von Stiftungen. In Nordrhein-Westfalen ist die Bertelsmann Stiftung intensiv daran beteiligt, das Management von Schulen zu verbessern und ein bundesweites und internationales Netzwerk innovativer Schulen aufzubauen. In Frankreich setzt eine kleine, von der Fondation de France unterstützte Fondation de l'Ecole Efficace (FEE) durch die Mobilisierung unabhängiger Experten die öffentliche Schulverwaltung unter Druck. In Belgien hat die Roi Baudouin Stiftung durch ihre Initiative „Die Schule steht nicht allein" wesentliche Impulse zur Öffnung und inneren Demokratisierung der öffentlichen Schulen gegeben. In Spanien hat die Fundación Encuentro durch einen bildungspolitischen Runden Tisch weitgehenden Konsens über die Fortführung der von der sozialistischen Regierung begonnenen Bildungsreform herbeigeführt.

Die Bildungs- und Ausbildungsgänge, die in unseren Schulen und Hochschulen tradiert sind und scheinbar unbeirrbar weitergeführt werden, wurden für eine ganz andere Welt entwickelt als die, auf die wir unsere Jugend vorzubereiten haben. Dies betrifft sowohl die durch Lehrpläne, Prüfungsordnungen und Notensysteme kanonisierten Inhalte wie die Formen des Lehrens und Lernens: die von der Bertelsmann-Kommission geforderte Lernkultur als Voraussetzung lebenslangen eigenständigen Lernens und Handelns. Auch hier geht es nicht um Totalreform, sondern an vielen Stellen um die konkrete Entwicklung zusätzlicher Ansätze zur Aktivierung neuer, oft auch ganz traditioneller, inzwischen aber erodierender Formen von Bildung. Mehr denn je gilt es, die Kräfte und Methoden der Lernfähigkeit zu pflegen.

Grundvoraussetzung allen Lernens ist auch heute noch Lesen, die Nutzung nicht nur der neuen, sondern auch alter Medien. Zur Förderung des Lesens im schulischen und außerschulischen Raum wurde von einer Gruppe von Unternehmen insbesondere aus dem Verlagsbereich, von kulturellen und öffentlichen Institutionen die Stiftung Lesen gegründet. Sie fördert die Lese- und Erzählkultur in Kindergärten und Schulen und bemüht sich darum, Eltern gemeinsam mit ihren Kindern zu intelligenterer Mediennutzung zu veranlassen. Die Stiftung Lesen ist ein Beispiel dafür, wie für dringliche Anliegen immer wieder spezialisierte Stiftungen gegründet werden – wie beispielsweise die Studienstiftung des deutschen Volkes oder die Deutsche Kinder- und Jugendstiftung. Die Rechts- und Finanzierungsform der Stiftung erweist sich als besonders geeignet für innovatives und flexibles Handeln.

Ergänzend betreibt die Bertelsmann Stiftung ein Programm zur Erforschung des Leseverhaltens und zur Leseförderung an Schulen. Auch in diesem scheinbar so traditionellen Bereich ist intensive Lehrerfortbildung erforderlich. Dies gilt noch mehr für den Einsatz und die Nutzung der neuen Medien, für den die Bertelsmann Stiftung und die Nixdorf Stiftung gemeinsam ein Programm „Bildungswege in der Informationsgesellschaft" entwickelt haben. Denn alleine mit „Schule ans Netz", wie es inzwischen auch die öffentlichen Schulträger betreiben, ist es nicht getan.

In Portugal hat die Gulbenkian Stiftung ein umfangreiches Programm zur Leseförderung entwickelt. Sie verbindet es mit innovativen Initiativen zur „Visuellen und narrativen Schulung" aus der Erfahrung heraus, wie wichtig ästhetische und affektive Sensibilisierung und Reflexionsfähigkeit gegenüber den modernen Medien sind.

Gerade in einer sich rasch verändernden Welt ist Geschichtsbewußtsein wichtige Orientierungsgrundlage. Der schulische Geschichtsunterricht bedarf deshalb der Ergänzung durch aktive Geschichtserkundung. Die Körber Stiftung hat in ihrem Schülerwettbewerb um den Preis des Bundespräsidenten Themen ausgeschrieben wie „Denkmal: Erinnerung – Mahnung – Ärgernis " oder „Vom Armenhaus zur Suchtberatung. Zur Geschichte des Helfens ". Sie hat eine europaweite Untersuchung zum Geschichtsbewußtsein von Jugendlichen veranlaßt. Die Robert Bosch Stiftung führt seit 1994 ein Programm „Orte deutscher Geschichte in den neuen Bundesländern" durch. Orte wie Schmalkalden, Wismar, Dessau, Jena und Eisenhüttenstadt werden zum Gegenstand historischer Erkundung vor Ort und mit Partnerstädten in Westdeutschland.

Aber Geschichte sollte heute nicht mehr nur als National- oder Lokalgeschichte angesehen werden. So offensichtlich dies auch ist, taten sich die nationalen Lehrpläne doch in allen Ländern schwer, den Schritt in eine transnational europäische Geschichte zu wagen und diese gemeinsam mit Partnern aus anderen europäischen Ländern zu konzipieren. Auch hier griff mit Unterstützung der Haniel Stiftung private Initiative ein. Auf Betreiben des in Frankreich wie England gleichermaßen beheimateten Bankiers Frédéric Delouche schrieb eine Gruppe von Historikern aus zwölf Ländern eine für Schulen bestimmte gemeinsame europäische Geschichte, die heute in sechzehn Sprachen übersetzt ist und besonders in Mittel- und Osteuropa weite Verbreitung findet. Um ihm mehr öffentliche Aufmerksamkeit zu erschließen, erhielt das Projekt die Medaille der Theodor Heuss Stiftung. Noch immer ist Wirtschaft ein Thema, dessen konkreten Ausformungen Schulen meist aus dem Wege gehen. Erst die Notwendigkeit, die neuen Bundesländer nach dem Fall der Mauer an westliche Marktwirtschaft zu gewöhnen, hat auch zu neuartigen Bildungsinitiativen geführt. Die Deutsche Kinder- und Jugendstiftung hat eine Form von Schülerfirmen entwickelt, in denen Schüler selbständig und oft höchst erfolgreich Wirtschaftsaktivitäten meist im Dienstleistungsbereich entfalten. Gemeinsam mit der Ludwig Erhard Stiftung und der Bertelsmann Stiftung betreibt die Nixdorf Stiftung ein Modellprojekt „Wirtschaft in die Schule".

Umweltbildung dagegen wird auch in den öffentlichen Schulen mit erheblicher Intensität betrieben. Sie erhalten wichtige Anregungen von der Umweltstiftung der Allianz und der Deutschen Bundesstiftung Umwelt, die heute von einem erweiterten Ansatz einer „Bildung für Nachhaltigkeit" ausgehen.

All diese Beispiele zeigen, wie einzelne Innovationsschritte zur Erneuerung und Ergänzung traditioneller Bildungskonzepte beitragen. Sie sollen diese zugleich vertiefen und den Bildungsprozeß wieder für die Lebenswirklichkeit öffnen. Weit getrieben wurde dieser Ansatz schon seit den siebziger Jahren im Projekt der Robert Bosch Stiftung „Praktisches Lernen". Hier wird das Bildungsziel so formuliert: „Sinnerfüllt-lebensdienliches Lernen muß Erfahrungen ermöglichen, die aus eigenem Tätigsein in gesellschaftlich bedeutsamen Zusammenhängen erwachsen. Zu ihm gehören nicht nur die kognitiv orientierten, sprachlich-literarisch-mathematischen Wege, sondern auch das Probieren und Erkunden handwerklicher Tätigkeit, technisches Konstruieren, ästhetisches Gestalten, ökonomisches Handeln und soziales Lernen. Zu dem Bildungsziel einer vernünftigen menschlichen Praxis führen neben Wissen auch Erfahrungen und eigenes Tätigsein. Als gebildet kann dann gelten, wer gelernt hat, in mündiger Selbstverantwortung zu handeln."

Beides, die wissenschaftliche Leistungsfähigkeit und der Bildungsauftrag der Hochschulen, sind entscheidend für die Zukunft eines Landes. Aber auch Hochschulen haben eine besondere Neigung zu Erstarrung und Stagnation. Um sie auf Trab zu bringen und besondere Projekte fördern zu können, wurden schon Ende des 19. Jahrhunderts die Vorformen des heutigen Stifterverbandes für die Deutsche Wissenschaft gegründet. Seit Beginn der neunziger Jahre setzt er sich verstärkt für eine Reform der Hochschulen durch stärkeren Leistungswettbewerb ein. In einem Symposium „Qualitätsentwicklung in einem differenzierten Hochschulsystem" wurden 1997 die Ergebnisse eines Wettbewerbs zwischen Hochschulen zur Entwicklung innovativer Studiengänge vorgestellt. Sie umfassen Bereiche wie die Verbindung von Chemie mit praxisbezogener wirtschaftlicher Ausbildung, eine dreijährige BA-Ausbildung in Geisteswissenschaften mit integrierten Praktika, neue Formen naturwissenschaftlicher Ausbildung und besondere Anwendungen der Informationstechnologien.

Die Bertelsmann Stiftung hat 1994 in Verbindung mit der Hochschulrektorenkonferenz das Gemeinnützige Centrum für Hochschulentwicklung (CHE) gegründet. Es beschäftigt sich vor allem mit Fragen des Hochschulmanagements und setzt sich für einen stärkeren Wettbewerb zwischen den Universitäten ein. Ähnliche Initiativen werden auch von der Volkswagenstiftung gefördert.

In der schwierigen Situation der spanischen Massenuniversitäten hat die Stiftung Universidad y Empresa neue Brücken zwischen Hochschulen und der Welt der Unternehmen errichtet. Hochschulen und Firmen betreuen gemeinsam Aufbaustudiengänge in Wirtschaftswissenschaften, Psychologie, Marketing, Human

Resources und Geisteswissenschaften, die akademisches Studium und Berufspraxis vereinen – sozusagen das Prinzip der dualen Lehrlingsausbildung auf Hochschulebene. Sie haben eine erhebliche Ausstrahlung auf andere Traineeprogramme und auf die Weiterentwicklung der Hochschulcurricula.

Der Zusammenbruch der kommunistischen Regime in Mittel- und Osteuropa schuf nicht nur ein politisches, wirtschaftliches und soziales Vakuum, sondern bedeutet auch eine ungeheure Herausforderung an Bildung und Ausbildung. Es geht um nichts Geringeres als um die Entwicklung einer neuen Gesellschaft aus meist brüchig gewordenen historischen Wurzeln. Die alten Traditionen sind aber ebenso wenig wie die Denk-, Verhaltens- und Organisationsmuster des realen Sozialismus geeignet, die Herausforderungen der modernen Welt zu meistern. Dies gilt auch für viele westliche Modelle, vor allem, wenn sie mechanisch imitiert werden. Sofort nach 1989 entwickelten deshalb viele europäische, amerikanische und auch japanische Stiftungen Bildungsinitiativen für und in Mittel- und Osteuropa. Manche Stiftungen wie die Robert Bosch Stiftung, die Krupp Stiftung oder die Europäische Kulturstiftung in Amsterdam konnten dabei auf die intensiven Kontakte zurückgreifen, die sie schon seit langem in Ländern wie Polen aufgebaut hatten. Für Deutschland verstärkte sich die Herausforderung durch den raschen Zusammenschluß der neuen mit den alten Ländern. Schnell entstanden staatliche Strukturen nach westdeutschen Vorbildern, die die Arbeit der Erneuerung einerseits beschleunigen, aber durchaus auch erschweren. Gerade im Bildungsbereich wurden deshalb viele Chancen eines wirklichen Neuanfangs nicht genutzt.

Doch auch hier setzen die Stiftungen ihre besondere Weise stimulierender Projektarbeit und bildungspolitischer Anregungen fort. Gemeinsam mit der sächsischen Landesregierung betreibt die Freudenberg Stiftung ein Bildungsforum, das beispielsweise ein Regionalprojekt „Jugend – Bildung – Arbeit" entwickelt. Die Robert Bosch Stiftung veranstaltete 1998 auf Einladung des Bundespräsidenten ein Symposium „Schule und deutsche Einheit. Einig werden über die Herausforderungen der Zukunft".

Seit Beginn der neunziger Jahre wurden in den neuen Bundesländern viele der Ansätze weiterentwickelt, die sich in der Stiftungsarbeit im Westen bewährt hatten. In der Zusammenführung junger Deutscher aus Ost und West nutzte beispielsweise die Robert Bosch Stiftung Erfahrungen und Methoden aus Programmen zur Völkerverständigung mit Frankreich und Polen. In der ersten Ausschreibung ihres Förderwettbewerbs „Gemeinsam Handeln –Voneinander Lernen – Zusammenwachsen" formulierte sie das zugrunde liegende Bildungsverständnis: „Wir müssen Gegenwart und Geschichte des anderen kennenlernen. Wir müssen vor allem gemeinsam handeln, um unser alltägliches Umfeld zu gestalten ebenso wie unsere Zukunft. So können wir die Erfahrung machen, daß wir zusammengehören in einer freiheitlichen Gesellschaft und in einem staatlichen Gemeinwesen mit seiner Kultur und Geschichte, aber auch mit seinen nachbarschaftlichen und weltweiten Aufgaben und Beziehungen." Seit 1997 trägt ein Stiftungskonsortium diesen Förderwettbewerb, der Anreize für die Beschäftigung mit Themen wie Leben in der Demokratie, Fremde – Nachbarn – Freunde, Umwelt und Gesundheit etc. bietet.

In ganz Mittel- und Osteuropa und besonders in den neuen Bundesländern wurden Stipendienprogramme und Stiftungsprofessuren dazu eingesetzt, die Entwicklung in Schlüsselfächern wie Rechts- und Wirtschaftswissenschaften voranzutreiben. Von Stiftungen geförderte Institutionen wie das Budapester Civic Education Project und die Projekte der Soros Stiftung schaffen Netzwerke zur Aktivierung der Sozialwissenschaften und ihrer Anwendung auf die Entwicklung der Zivilgesellschaft.

Wie sehr diese auch zehn Jahre nach dem Fall der Mauer im argen liegt, zeigt sich am Vordringen eines gewalttätigen Rechtsradikalismus in den neuen Bundesländern. Die von der Freudenberg Stiftung geförderten Regionalen Arbeitsstellen für Ausländerfragen, Jugendarbeit und Schule (RAA) betreiben vor Ort präventive Jugendarbeit zur Überwindung von Ausländerfeindlichkeit und zur sozialen Integration und Aktivierung von Jugendlichen. Gemeinsam mit der Deutschen Kinder- und Jugendstiftung fördern sie die Entwicklung von Schülerklubs, die die Schule als Ort kultureller Begegnung und Lebensgestaltung im Austausch mit dem sozialen Umfeld über den Unterricht hinaus nutzen. Der Aufklärung über Fragen des Rechtsradikalismus dient das ebenfalls von der Freudenberg Stiftung geförderte Demokratische Forum. Zur direkten Bekämpfung von Ausländerfeindlichkeit wurde im gleichen Umkreis die Amadeu Antonio Stiftung gegründet.

Zahlreiche Stiftungsprojekte beschäftigen sich exemplarisch mit der Bekämpfung der in den neuen Bundesländern besonders gravierenden Jugendarbeitslosigkeit. Wo es noch kaum ein Geflecht kleiner und mittlerer Unternehmen gibt, kann auch die traditionelle Form der dualen Berufsausbildung nicht greifen. Neue Wege lokaler Wirtschafts- und Beschäftigungsentwicklung müssen gefunden werden, um die Jugendlichen integrieren zu können. Sie brauchen darüber hinaus ein soziales und kulturelles Umfeld, das anderes bietet als die in von ihnen so genannten „national befreiten Zonen" immer weiter um sich greifenden rechtsradikalen Jugendgangs.

Die Integration von Immigranten, die Überwindung von Jugendarbeitslosigkeit und das Auseinanderbrechen sozialer und kultureller Bindungen stellen auch die reichen Gesellschaften des Westens vor immer größere Schwierigkeiten. „Youth at risk" ist keineswegs mehr ein sozialpflegerisch zu bewältigendes oder zu verdrängendes Randgruppenproblem. Die wirtschaftliche und soziale Entwicklung führt dazu, daß immer mehr Jugendliche vor prekären Ausbildungs- und Berufshorizonten stehen. Drogen, Jugendkriminalität und Radikalismus sind nur die auffälligsten Symptome einer wachsenden Desorientierung. Die bisherigen Formen von Bildung und Ausbildung, von Jugendarbeit und sozialer Betreuung sind ihr unter anderem deshalb immer weniger gewachsen, weil sie zwar eine Vielzahl von Förderungsmaßnahmen entwickelt haben, diese aber in bürokratischer Überreglementierung und Fragmentierung gerade nicht die nachhaltigen Integrationsleistungen bringen, auf die es ankäme.

"Jugendliche wachsen nicht in Programmen auf, sondern im inneren Kreis von Familien, Gleichaltrigen und für sie einflußreichen Erwachsenen. Von oben verordnete Lösungen, die dies verkennen und übergehen, statt diese Bezugsgruppen anzuerkennen, zu stärken und mit ihnen zusammenzuarbeiten, sind zum Scheitern verurteilt", erklärte die International Youth Foundation angesichts der katastrophalen amerikanischen Situation. Beim von ihr und anderen amerikanischen Stiftungen 1997 veranstalteten Jugendgipfel des amerikanischen Präsidenten wurde eine Initiative „America's Promise" ausgerufen, die deutlich ausspricht, was zu erreichen wäre. Jeder Jugendliche braucht „einen Erwachsenen, der verläßlich für ihn da ist – einen Mentor, einen Tutor, einen Trainer; sichere Orte und sinnvolle Aktivitäten, um auch außerhalb der Schulzeit lernen und wachsen zu können; einen gesunden Start für eine gesunde Zukunft; auf dem Arbeitsmarkt einsetzbare Qualifikationen durch wirksame Erziehung und Ausbildung; die Gelegenheit, durch eigene Leistung der Gemeinschaft etwas zurückzugeben."

Dies ist auch in den strukturierteren und mit einem wohlfahrtsstaatlichen Netz versehenen westeuropäischen Gesellschaften immer weniger der Fall. Die Zahl der Drop-outs nimmt zu, sie finden immer schwerer den Weg in ein sinnvolles Leben und einen langfristig tragfähigen Beruf. Auch hier greifen Stiftungen schon seit den siebziger Jahren ein und entwickeln Projekte, die ergänzend und unter Nutzung der Möglichkeiten öffentlich finanzierter Sozialarbeit ganzheitlich an die Probleme herangehen. So hat die Robert Bosch Stiftung nach Vorschlägen einer Fachkommission „Beschäftigungsprojekte in der Jugendhilfe" das Modell des Jugendberufshilfebetriebs entwickelt, das beispielsweise von der Berliner „Zukunftsbau GmbH" mit großem Erfolg betrieben wird. Die Freudenberg Stiftung setzt sich intensiv für die Integration von Immigranten ein und hat einen Mannheimer Projektverbund geschaffen, der Beratung, Ausbildung unter Einbeziehung ausländischer Selbständiger, neue Dienstleistungen wie beispielsweise die Altenbetreuung für Ausländer, Sozial- und Kulturarbeit miteinander verbindet.

Immer mehr kommen die Erfahrungen in den neuen Bundesländern und in Mittel- und Osteuropa auch der Förderung sozialer Kohäsion im Westen zugute. Dies gilt insbesondere für die Entwicklung von Freiwilligendiensten, die ein besonderes Schwerpunktthema der Robert Bosch Stiftung darstellt. In einem Manifest appelliert sie „an Bürgerinnen und Bürger, an Verbände und Kommunen, an Schulen und kulturelle Einrichtungen, aber auch an Wirtschaft und Politik, in einer gemeinsamen Anstrengung der jungen Generation das Einüben in Gemeinschaft und gesellschaftliche Teilhabe in der ganzen Breite möglicher Tätigkeitsfelder wie Umwelt, Soziales, Bildung, Sport und Kultur zu ermöglichen". Gerade in europäischen Ländern, wo Integrationsprobleme besonders drastisch sind und das soziale Netz weniger umfassend und reguliert ist, wurden von Stiftungen geförderte Wege ganzheitlicher sozialer Integration von Jugendlichen entwickelt, die vorbildlich sind. Von den italienischen Cooperative sociali wäre viel zu lernen, ebenso von der schon seit den sechziger Jahren bestehenden portugiesischen Community-Stiftung CEBI in Alverca. Die Freiwilligenprogramme des britischen Prince's Trust vereinen arbeitslose Jugendliche und Jungmanager mit großem Erfolg in gemeinsamen Projekten. Die Bedeutung der Arbeit von Künstlern mit Jugendlichen wird immer mehr erkannt. Auch sie wird von Stiftungen gefördert und hat zu einer Vielfalt von Projekten geführt. In „Art for Social Change" bildet beispielsweise die Europäische Kulturstiftung Künstler in Mittel- und Osteuropa für Projekte aus, die den Jugendlichen Gelegenheit bieten, durch die Steigerung ihrer Ausdrucksfähigkeit zu sich selbst und zum Austausch mit anderen zu kommen.

Seit langem schon haben sich Stiftungen immer besonders für internationalen Schüler- und Hochschulaustausch, für Fremdsprachen, Völkerverständigung und für interkulturelles Lernen eingesetzt. Was ursprünglich Beschäftigung mit dem Ausland war, ist immermehr auch zum Bestandteil der Programme im Inland geworden. Dies gilt, wie wir gesehen haben, sowohl für den Prozeß der deutschen Vereinigung wie für die Integration von Immigranten und die Bekämpfung von Fremdenfeindlichkeit und Rechtsradikalismus. Betrachtet man die Vielfalt der Stiftungsprogramme, fällt allerdings auf, daß offenbar noch immer zu wenig realisiert wird, daß unser „Inland" heute Europa ist. Nicht nur das Europa des Euro oder der Brüsseler Europäischen Union, sondern auch das zugleich weitere und ältere Europa unseres östlichen und mediterranen Umfelds. Spätestens die Krise im Balkan nötigt uns zur Überprüfung unseres Geschichts- und Zukunftsbildes. Die Vielfalt und Einheit europäischer Traditionen zu begreifen, zu erfahren und neu zu gestalten, ist eine der wichtigsten Bildungsaufgaben der nächsten Jahre. Wie die Europäische Kommission zu Recht fordert, brauchen wir eine europäische Wissensgesellschaft. Die nationalstaatlichen Bildungssysteme werden sie nach den bisherigen Verfahrensweisen kaum schaffen. Darüber hinaus stellt die Globalisierung Anforderungen, auf die zu wenig vorbereitet wird. Die Haniel Stiftung hat deshalb ein Asienprogramm und die Robert Bosch Stiftung ein Stiftungskolleg für internationale Aufgaben geschaffen. Sie bieten erste Ansätze zu einer projektorientierten Postgraduateausbildung, die weiterentwickelt werden sollten.

Die hier skizzierte Auswahl einiger Stiftungsprogramme zeigt die Spitze des Eisbergs. Programme und Projekte sind aber nur eine Form der Wirkung von Stiftungen. Fast einflußreicher noch ist ihr Beitrag zur allgemeinen Meinungsbildung nicht nur in Form bildungspolitischer Kommissionen und Manifeste, sondern in der täglichen Arbeit ihrer Gremien und Auswahlkommissionen. Hier beschäftigen sich besonders engagierte Vertreter aller Bereiche des öffentlichen Lebens mit den Fragen der Stiftungsstrategie und mit einzelnen Anträgen. Dies führt zu einem ständigen Dialog über Bewertungen und Prioritäten, der über die in Stiftungen mitwirkenden Multiplikatoren weit auf andere Bereiche ausstrahlt. Stiftungen sind ein informeller Think-tank unserer Gesellschaften.

Dabei können Stiftungen ebenso einseitig oder verblendet sein wie alle anderen Institutionen. Auch sie sind jeweils sehr spezielle Ausdrucksformen bestimmter Aspekte des Zeitgeists. Ihr Vorzug aber ist ihre Vielfalt und Experimentierfreude. Stiftungen suchen Neues zu verarbeiten, wo viele andere Institutionen sich abschirmen. Sie sind damit selbst Instrumente des Lernens.

2.4 Die Förderung des Wohlfahrtswesens

Von Arne von Boetticher

Um den steuerprivilegierten Status der Gemeinnützigkeit zu erlangen, muss eine Stiftung unmittelbar, selbstlos und ausschließlich einen gemeinwohlorientierten Zweck verfolgen[1]. Während allgemein von „gemeinnützigem Zweck" oder „der Gemeinnützigkeit im weiteren Sinn" gesprochen wird, ist es zutreffender, insoweit von steuerbegünstigten Zwecken im Sinne der §§ 51 ff. AO[2] zu sprechen, die wiederum in gemeinnützige (§ 52 AO), mildtätige (§ 53 AO) und kirchliche Zwecke (§ 54 AO) untergliedert sind[3]. § 52 Abs. 1 AO enthält dabei eine allgemeine Definition der gemeinnützigen Zwecke, der vorliegt, wenn die Tätigkeit der Körperschaft objektiv auf die Förderung der Allgemeinheit auf materiellem, geistigem oder sittlichem Gebiet gerichtet ist. Im Anschluss daran enthält Absatz 2 einen in vier Nummern untergliederten Katalog mit Beispielen, die unter den weiteren Voraussetzungen des Absatzes 1 als Förderung der Allgemeinheit anerkannt sind. In dessen Nr. 2 ist dabei die Förderung der Jugendhilfe, der Altenhilfe, des öffentlichen Gesundheitswesens, des Wohlfahrtswesens und des Sports angesprochen. Im Folgenden soll versucht werden, den Begriff des Wohlfahrtswesens zu erläutern, um den Leser in die Lage zu versetzen, abschätzen zu können, welche konkrete Zwecksetzung darunter zu fassen ist.

Das Wohlfahrtswesen hat mit der Neufassung der Abgabenordnung im Jahr 1977 Eingang in § 52 AO gefunden. Dessen Absatz 1 entsprach dabei der Vorläuferregelung des § 17 Abs. 3 StAnpG. Die Hinzufügung des Beispielkataloges in Absatz 2 sollte an dessen Regelungsgehalt nichts ändern, sondern nur der Erläuterung der gemeinnützigen Zwecke dienen[4]. Der Eindruck beim ersten Lesen der Ziffer 2, dass die dort genannten Zwecke nicht wirklich aufeinander abgestimmt sind, wird beim Studium der Materialien zur Neufassung des § 52 AO bestätigt: Während sich im Verlauf des Gesetzgebungsverfahrens der Bundestag und der Bundesrat heftig darüber stritten, ob denn der Motorsport ausdrücklich als gemeinnütziger Zweck aufzuführen sei[5], finden sich weder erhellende Ausführungen zum

---

[1] Siehe Kapitel 5.1.

[2] Abgabenordnung vom 16.03.1976 (BGBl. I S. 269) letzte Änderung vom 19.12.2001 (BGBl. I S. 3922).

[3] Vgl. das Schaubild bei *Melchior*, in: Ax/Große/Melchior, Rn. 377 sowie die Kapitel 5.2; 5.3; 5.4.

[4] *Mittelsteiner/Schaumburg*, S. 77.

Inhalt des Begriffes des Wohlfahrtswesens noch zu dessen Verhältnis gegenüber der Jugend- und der Altenhilfe oder dem Gesundheitswesen[6], obwohl mit Abstand die meisten Stiftungen Ziele in diesem Bereich verfolgen.[7]

Der Begriff des Wohlfahrtswesens ist weder im Text der Abgabenordnung selbst noch in anderen Gesetzen näher definiert. Auch der Anwendungserlass zur Abgabenordnung (AEAO), eine vom BMF als Leitlinie für die Finanzbehörde herausgegebene Verwaltungsvorschrift[8], schweigt sich insoweit aus.

Anhaltspunkte zur Auslegung bietet aber der ebenfalls in der Abgabenordnung verwendete Begriff der Wohlfahrtspflege. Dieser ist in § 66 Abs. 2 AO definiert als „die planmäßige, zum Wohle der Allgemeinheit und nicht des Erwerbs wegen ausgeübte Sorge für notleidende oder gefährdete Mitmenschen. Die Sorge kann sich auf das gesundheitliche, sittliche, erzieherische oder wirtschaftliche Wohl erstrecken und Vorbeugung oder Abhilfe bezwecken". Der Terminus der Wohlfahrtspflege hat dabei eine noch längere Tradition als der des Wohlfahrtswesens. Er findet sich bereits in § 2 Abs. 1 der Dritten DVO zum Gesetz über die Ablösung öffentlicher Anleihen vom 4. 12. 1926[9] und seine Definition wurde in wesentlichen Punkten in § 8 Abs. 2 der Gemeinnützigkeitsverordnung vom 24. 12. 1953[10] übernommen, welcher wiederum in dem zitierten § 66 Abs. 2 AO aufgegangen ist.

Das Verhältnis des Begriffes des Wohlfahrtswesens zu demjenigen der Wohlfahrtspflege wird unterschiedlich beurteilt. Zum Teil wird in der Literatur anstelle eigener Ausführungen zum Wohlfahrtswesen schlichtweg auf die Kommentierung zur Wohlfahrtspflege verwiesen und somit werden beide Termini gleichgesetzt[11]. Gegen eine Deckungsgleichheit der Begrifflichkeiten spricht dem Anschein nach, dass der Gesetzgeber unterschiedliche Begriffe im Rahmen des selben gesetzlichen Kontextes gewählt hat. Zudem müssten auch inhaltliche Unterschiede bestehen, denn während die Förderung des Wohlfahrtswesens als gemeinnütziger Zweck nach § 52 Abs. 2 Nr. 2 AO gefasst ist, werden die Einrichtungen der Wohlfahrtspflege gemäß § 66 Abs. 1 AO vorrangig mit mildtätigen Zwecken zugunsten der in § 53 AO genannten Personen in Verbindung gebracht.

---

[5] Man einigte sich darauf, nur den Oberbegriff Sport zu verwenden. Für die Freunde des Motorsports sei hinzugefügt, dass auch diese Sportart gemeinnützig sein kann, BFH Urteil vom 29. 10. 1998, BStBl. II 1998, S. 9.

[6] Vgl. *Mittelsteiner/Schaumburg*, S. 78 f.

[7] s. Kapitel 1.7.

[8] In der Fassung vom 15. 7. 1998, BStBl I S. 630, zuletzt geändert am 5. 1. 2005, einzusehen unter: www.bundesfinanzministerium.de / Steuern / abgabenordnung-.624.13540 / Artikel / AO-Anwendungserlass-AEAO.htm.

[9] RGBl. I S. 494.

[10] BGBl. I S. 1952.

[11] *Schauhoff*, in: Schauhoff, § 5 Rn. 66; *Reichert*, Rn. 3193.

2.4 Die Förderung des Wohlfahrtswesens

So wird überwiegend formuliert, dass der Begriff des Wohlfahrtswesens weiter sei als derjenige der Wohlfahrtspflege[12], Letzteren also einschließe, aber noch darüber hinaus gehe. Worin dieses überschießende Element aber besteht, ist völlig offen. Der Ansatz, wonach das Wohlfahrtswesen weiter gefasst sei, weil es auch die staatliche Fürsorge für hilfsbedürftige Menschen umfasse[13], ist jedenfalls verfehlt, da auch der Wortlaut des § 66 AO an keiner Stelle allein auf die freie – im Sinne von privatrechtlich verfasster – Wohlfahrtspflege[14] beschränkt ist und somit auch dort die öffentlich-rechtliche Wohlfahrtspflege ebenso erfasst ist.

Festzuhalten ist, dass Wohlfahrtswesen und -pflege jedenfalls eine große inhaltliche Schnittmenge gemein haben. Dem steht auch die angeführte unterschiedliche Anknüpfung einerseits an die gemeinnützigen Zwecke in § 52 AO (Wohlfahrtswesen) und andererseits an die mildtätigen Zwecke in § 53 AO (Wohlfahrtspflege) nicht entgegen, denn Überschneidungen der verschiedenen, gleichberechtigt nebeneinander stehenden steuerbegünstigten Zwecke sind keineswegs ausgeschlossen, sondern bei Wohlfahrtsverbänden durchaus üblich[15], deren Leistungsangebot traditionell über das der Mildtätigkeit hinausgeht[16].

Damit ist auch angesprochen, was nach einhelliger Auffassung den Begriff der Wohlfahrtspflege mit Leben füllt, nämlich insbesondere die Tätigkeit der gemäß § 23 UStDV[17] amtlich anerkannten Verbände der freien Wohlfahrtspflege[18], als da wären:

1. Diakonisches Werk der Evangelischen Kirche in Deutschland e.V.;
2. Deutscher Caritasverband e.V.;
3. Deutscher Paritätischer Wohlfahrtsverband e.V.;
4. Deutsches Rotes Kreuz e.V.;
5. Arbeiterwohlfahrt – Bundesverband e.V. –;
6. Zentralwohlfahrtsstelle der Juden in Deutschland e.V.;
7. Deutscher Blindenverband e.V.;

---

[12] *Scholtz*, in: Koch / Scholtz, § 52 Rn 22 a. E. und § 66 Rn. 3; *Buchna*, S. 253; *Pahlke / Koenig*, § 52 Rn. 47.

[13] *Fischer*, in: Hübschmann u. a., § 66 Rn. 20.

[14] Somit sind von dem traditionell geprägten Begriff der freien Wohlfahrtspflege rechtlich keineswegs nur die gemeinnützigen Träger erfasst, sondern ebenso die gewerblichen Träger. Diesen beiden Gruppen steht die öffentlich-rechtliche Wohlfahrtspflege begrifflich gegenüber. *Boetticher*, Die frei-gemeinnützige Wohlfahrtspflege und das europäische Beihilfenrecht, S. 12 Fn. 12.

[15] FG Berlin vom 6. 10. 2003, Az.: 8 K 8844 / 99.

[16] *Boettcher / Leibrecht*, Anm. 3.

[17] Umsatzsteuergesetz in der Fassung der Bekanntmachung vom 09. 06. 1999 (BGBl. I S. 1270) letzte Änderung vom 9. 12. 2004 (BGBl. I S. 3310).

[18] *Scholtz*, in: Koch / Scholtz, § 66 Rn. 3. *Giersch*, in: Klein / Orlopp, § 52 Rn. 35. *Heuer / Habighorst*, in: Bertelsmann Stiftung, S. 1099.

8. Bund der Kriegsblinden Deutschlands e.V.;
9. Verband Deutscher Wohltätigkeitsstiftungen e.V.;
10. Bundesarbeitsgemeinschaft „Hilfe für Behinderte" e.V.;
11. Sozialverband VdK – Verband der Kriegs- und Wehrdienstopfer, Behinderten und Rentner Deutschland e.V.[19]

Die vielgestaltigen Zwecksetzungen dieser Verbände sind also jedenfalls vom Begriff des Wohlfahrtswesens nach § 52 Abs. 2 Nr. 2 AO erfasst[20]. Interessant ist insoweit, dass zur Ausfüllung dieses gesetzlichen Begriffes – über den § 66 AO – das Selbstverständnis privatrechtlicher Organisationen in Bezug genommen und somit dem zivilgesellschaftlichen Engagement ein breiter Spielraum eingeräumt wird. Um dies zu verstehen, muss man sich vor Augen führen, dass diese Organisationen (insbesondere die sogenannten unter Nr. 1–6 der obiger Liste genannten Spitzenverbände der freien Wohlfahrtspflege) im Verlauf ihres über 100-jährigen Bestehens das Sozialwesen in Deutschland maßgeblich geprägt haben[21] und über eine partnerschaftliche Zusammenarbeit über Jahrzehnte hinweg eng in das System staatlicher Leistungen integriert worden sind. Dieses als Korporatismus bezeichnete Verhältnis ist mit der Einführung wettbewerblicher Strukturen bei der Erbringung sozialer Dienste[22] zunehmend in Auflösung begriffen[23]. Gleichwohl dominieren die Spitzenverbände der freien Wohlfahrtspflege den Bereich sozialer Dienste nach wie vor[24].

Zu den Zwecken der genannten Organisationen gehören allerdings u. a. auch die Jugend- und die Altenhilfe[25] sowie die Trägerschaft von Krankenhäusern, wie schon der Verweis in § 66 Abs. 3 S. 2 AO verdeutlicht.[26] Diese Zwecke sind jedoch in § 52 Abs. 2 Nr. 2 AO gerade als eigenständige gemeinnützige Zwecke neben jenem der Förderung des Wohlfahrtswesens aufgeführt. Folglich führt auch die Inbezugnahme der Tätigkeit der Wohlfahrtsverbände nicht zur Identifizierung eines klar abgegrenzten Teilbereiches des Wohlfahrtswesens, sondern diese liefert

---

[19] Diese Liste ist im Übrigen deckungsgleich zu derjenigen in Nr. 6 der Anlage 1 zu § 48 Abs. 2 EStDV (neugefaßt durch Bek. v. 10. 5. 2000, BGBl. I S. 717, zuletzt geändert am 9. 12. 2004, BGBl. I S. 3310), in der die allgemein als besonders förderungswürdig im Sinne des § 10b Abs. 1 des Einkommensteuergesetzes anerkannten Zwecke aufgeführt sind.

[20] Allein die Mitgliedschaft in einem dieser Verbände reicht jedoch zur Anerkennung der Gemeinnützigkeit nicht aus, vielmehr muss die Stiftung selber eigene steuerbegünstigte Zwecke verfolgen, BFH vom 28. 8. 1968, BStBl. II 1969 S. 145.

[21] Vgl. *Boetticher*, S. 21 ff. mit weiteren Nachweisen.

[22] *Boetticher*, S. 27.

[23] *Münder*, in: Birk, § 10 Rn. 20 ff.

[24] Vgl. *Münder*, in: Birk, § 10 Rn. 11 f.

[25] *Pahlke/Koenig*, § 66 Rn. 3.

[26] Vgl. dazu beispielhaft § 2 Nr. 1 der Satzung der Arbeiterwohlfahrt, § 2 Anstrich 3 der Satzung des Roten Kreuzes sowie die Anstriche 1, 8 und 10 der Tätigkeitsbeschreibung des Diakonischen Werkes, einzusehen über die Internetseiten der Bundesverbände.

2.4 Die Förderung des Wohlfahrtswesens

einen Beleg für die inhaltlichen Überschneidungen der beiden Begrifflichkeiten und damit der gemeinnützigen und mildtätigen Zwecke[27].

Also lässt sich der Begriff des Wohlfahrtswesens schwerlich über die formelhafte Umschreibung hinaus konkretisieren, dass davon jede Maßnahme umfasst sei, „die der allgemeinen Fürsorge hilfsbedürftiger Menschen dient"[28]. Noch etwas pauschaler drückt sich die Bundesarbeitsgemeinschaft der freien Wohlfahrtspflege aus, wenn sie die Gesamtheit aller sozialen Dienstleistungen, die in organisierter Form freiwillig und gemeinnützig in Deutschland erbracht werden, wird als freie Wohlfahrtspflege bezeichnet[29].

Allerdings ist diese Unschärfe für das Ansinnen einer Stiftung, sich einen im Sinne des § 52 Abs. 2 Nr. 2 AO anerkannten Zweck zu setzen, nicht allzu problematisch angesichts der Eingangs erwähnten Tatsache, dass es sich bei den in Abs. 2 genannten Zwecken nur um Beispiele handelt. D. h. der dort aufgeführte Katalog ist nicht abschließend, sondern weitere, den genannten vergleichbare Zwecke sind ebenso anerkennenswert[30]. Aufgrund jedenfalls der rein formalen Verschiedenheit der Begriffe des Wohlfahrtswesens und der Wohlfahrtspflege wird es den Finanzämtern unmöglich gemacht, einen gemeinnützigen Zweck sozialer Prägung nur deswegen nicht anzuerkennen, weil er nicht auch von einem der genannten Verbände der Wohlfahrtspflege verfolgt wird. Diesbezüglich könnte die Ungenauigkeit des Begriffs des Wohlfahrtswesens mit Blick auf zukünftige Entwicklungen und neu auftretende Bedarfslagen[31] durchaus von Vorteil sein.

Da die begriffliche Annährung nicht zu einer praktikablen Definition geführt hat, folgt noch eine typologische Annäherung im Sinne bereits anerkannter Zwecke[32]:

– Arbeitstherapeutische Betreuung von Suchtkranken, Arbeitsentwöhnten und/ oder Behinderten zum Zwecke der Eingliederung in den Arbeitsmarkt[33], wobei das Schwergewicht auf der beruflichen Qualifizierung, Umschulung oder sozialen Betreuung liegen muss und nicht auf der wirtschaftlichen Tätigkeit als solches liegen darf[34],

---

[27] Dabei ist die Abgrenzung der verschiedenen Zwecke durchaus von Bedeutung, insbesondere bei der Frage der Abzugsfähigkeit von Spenden nach § 10b EStG. Siehe dazu Kapitel 5.5.

[28] *Pahlke / Koenig*, § 52 Rn. 47.

[29] BAGFW, S. 11.

[30] BFH vom 14. 9. 1994, BStBl. II 1995 S. 499.

[31] Vgl. z. B. die Vereinsinitiative B.I.G. – Bleib im Geschäft, die sich laut § 2 der Satzung zur Förderung des Wohlfahrtswesens zum Ziel gesetzt hat, eine Anlaufstelle für alle von Insolvenz bedrohte oder betroffene natürliche Personen einzurichten. Näheres unter www.bleibim-geschaeft.de / pdf / satzung.pdf.

[32] In diesem Sinne auch *Fischer* in: *Hübschmann u. a.*, § 66 Rn. 20

[33] BFH I R 35 / 93, BStBl. II 1995, S. 767.

[34] OFD Cottbus, DB 1991 S. 1601.

- Jugendheime[35],
- Kinderbetreuung und Tagesmütter[36],
- Lehrwerkstätten[37],
- Schülerbetreuung / Hort[38],
- Spendensamlung zur Förderung einer Arbeitslosen-Inititative[39],
- Überlassen von Wohnraum an Hilfsbedürftige[40].

Ausdrücklich sei an dieser Stelle auch noch auf die Satzungen der oben genannten anerkannten Wohlfahrtsverbände verwiesen, die bereits ein breites Spektrum an sozialen und karitativen Zwecken abdecken[41].

Zusätzlich wird in der Literatur unter Hinweis auf den nicht abschließenden Charakter des Beispielkataloges in § 52 Abs. 2 AO als weitere Quelle für anzuerkennende gemeinnützige Zwecke im engeren Sinne auf die in § 10b EStG genannten, als besonders förderungswürdig anerkannten gemeinnützigen Zwecke verwiesen[42]. Diese sind in der bereits erwähnten Anlage 1 zu § 48 der EStDV aufgeführt. Neben der Aufzählung der amtlich anerkannten Wohlfahrtsverbände in Nr. 6 (s. o.) finden sich dort folgende Zwecke, die sich mit dem Begriff des Wohlfahrtswesens zumindest in Verbindung bringen lassen, auch wenn z.T. Überschneidungen mit anderen ausdrücklich in § 52 Abs. 2 AO genannten Zwecken bestehen:

[. . .]

2. Förderung der Jugend- und der Altenhilfe;

---

[35] BFH vom 18. 1. 1995, BStBl. 1995 II S. 446.

[36] OFD Frankfurt am Main vom 9. 10. 1998, DB 1998, S. 2245. Kindergärten sind bereits vom Gesetzgeber in § 68 Abs. 1 AO als Zweckbetrieb definiert.

[37] BMF vom 11. 3. 1992, BStBl. 1993 I S. 214. BFH 26. 4. 1995, BStBl. II S. 767. Dabei ist die Abgrenzung zum Zweck der Bildung nach § 52 Abs. 2 Nr. 1 AO fließend.

[38] OFD Düsseldorf 11. 11. 1996, DB 1996 S. 2364.

[39] BMF vom 11. 3. 1992, BStBl. 1993 I S. 214. OFD Frankfurt am Main vom 15. 12. 1994, FR 1995 S. 287.

[40] BFH I R 35 / 94, BStBl. II 1996, S. 583.

[41] Folgende Satzungen sind im Internet abrufbar: Diakonisches Werk der EKD e.V.: www.diakonie.de / de / html / diakonie / 1654.html Deutscher Caritasverband e.V.: www.caritas.de / 8833.html DPWV e. V / Landesverband B.-W.: www2.paritaet-bw.de / ueberuns / anlagen / satzung.pdf?PHPSESSID=cca517cd28e85b2066740a17c72a8779 Deutsches Rotes Kreuz e.V.: www.drk.de / generalsekretariat / satzung.htm Arbeiterwohlfahrt – Bundesverband e.V.: www.awo.org / pub / awo_bv / bv / satzung.html / view Zentralwohlfahrtsstelle der Juden e.V.: www.zwst.org / wirueberuns / wirueberuns03.html (Leitbild) Deutscher Blindenverband e.V.: www.dbsv.org / dbsv / dbsv.html #satz Bund der Kriegsblinden Deutschlands e.V.: www.kriegsblindenbund.de / satzung.htm BAG „Hilfe für Behinderte" e.V: www.bagh.de / ueberuns / satzung / Sozialverband VdK e.V.: www.vdk.de / perl / CMS_Page.cgi?ID=de260&SID=CTKez3raI9jCjDZskig1b5JuL6BYiq.

[42] *Scholtz,* in: Koch / Scholtz, § 52 Rn. 19; *Seifart / Campenhausen,* Handbuch des Stiftungsrechts, § 8 Rn. 89.

2.4 Die Förderung des Wohlfahrtswesens

[...]
4. Förderung der Erziehung, Volks- und Berufsbildung einschließlich der Studentenhilfe;

[...]
7. Förderung der Hilfe für politisch, rassisch oder religiös Verfolgte, für Flüchtlinge, Vertriebene, Aussiedler, Spätaussiedler, Kriegsopfer, Kriegshinterbliebene, Kriegsbeschädigte und Kriegsgefangene, Zivilbeschädigte und Behinderte sowie Hilfe für Opfer von Straftaten; Förderung des Andenkens an Verfolgte, Kriegs- und Katastrophenopfer einschließlich der Errichtung von Ehrenmalen und Gedenkstätten; Förderung des Suchdienstes für Vermisste;

[...]
14. Förderung der Fürsorge für Strafgefangene und ehemalige Strafgefangene;
15. Förderung der Gleichberechtigung von Männern und Frauen;
16. Förderung des Schutzes von Ehe und Familie;

[...][43]

Eine eigenständige Definition des in § 52 Abs. 2 Nr. 2 AO u. a. erwähnten Wohlfahrtswesens ist nicht vorhanden. Der Begriff der Wohlfahrtspflege ist hingegen in § 66 Abs. 2 AO definiert als planmäßige, d. h. professionelle, zum Wohle der Allgemeinheit und nicht des Erwerbs wegen ausgeübter Sorge für notleidende oder gefährdete Mitmenschen. Entgegen des durch den Verweis in § 66 Abs. 1 und 3 AO auf die hilfsbedürftigen Personen im Sinne des § 53 AO entstehenden Eindrucks, ist die Wohlfahrtspflege keineswegs nur auf mildtätige Zwecke beschränkt. Vielmehr deckt sie ein breites Spektrum an karitativen Zwecksetzungen ab, die auch gemeinnützige Zwecke im Sinne des § 52 AO umfassen, so dass sich nicht mit Rechtssicherheit eigenständige Zwecksetzungen herausarbeiten lassen, die zwar dem Wohlfahrtswesen, nicht aber der Wohlfahrtspflege unterfallen. Aus historischen und daraus folgernd strukturellen Gründen kommt den Zwecksetzungen der amtlich anerkannten freien Wohlfahrtsverbänden im Sinne des § 23 UStDV – und unter diesen insbesondere den sechs sogenannten Spitzenverbänden der freien Wohlfahrtspflege – eine Indizwirkung bei der Begriffsauslegung zu. Letztere haben insoweit jedoch kein Definitionsmonopol. Der in § 52 Abs. 2 AO enthaltene Katalog von Beispielen gemeinnütziger Zwecke ist nach dem Willen des Gesetzgebers der Neufassung der Abgabenordnung im Jahr 1977 nicht abschließend. Dementsprechend kann dies auch keine wie auch immer geartete Liste der zulässigen Zwecke im Sinne der Förderung des Wohlfahrtswesens sein. Dementsprechend ist der Begriff des Wohlfahrtswesens zukunftsoffen für Einrichtungen und Initiativen, die neue soziale Notlagen identifizieren und entsprechende Abhilfetätigkeiten bzw. Selbsthilfeaktivitäten initiieren und / oder fördern.

---

[43] Vgl. auch die sehr gute Übersicht bei *Fischer*, in: Hübschmann u. a., § 66 Rn. 20.

2.5 Förderung von Wissenschaft und Forschung

Von Hagen Hof und Marcus Beiner

Ein prominenter Stiftungszweck

Dieser Beitrag gliedert sich in zwei große Abschnitte. Im ersten stellt Hagen Hof den Stiftungszweck „Förderung von Wissenschaft und Forschung" in wesentlichen inhaltlichen Grundzügen und Möglichkeiten seiner Umsetzung vor. Anschließend behandelt Marcus Beiner eingehender die Stiftungsprofessuren als ein spezielles, besonders anspruchsvolles Förderinstrument dieser Zwecksetzung.

Unter den Zwecksetzungen von Stiftungen nimmt die Förderung von Wissenschaft und Forschung traditionell einen der vorderen Plätze ein.[1] Sie ist unzweifelhaft gemeinnützig im Sinne des § 52 Abs. Nr. 1 AO und dabei in die Zukunft orientiert. Sie zielt darauf ab, bisher wissenschaftlich unzureichend erfasste Bereiche zu erschließen, Nichtwissen und unsicheres Wissen umzuwandeln in Wissen mit einem höheren Grad an Verlässlichkeit, ungelöste Probleme einer Lösung näher zu führen. Es handelt sich um eine offene Zwecksetzung, die Fachgebieten aller Art Spielräume bietet. Offen auch insofern, als ein abschließender Erfolg nicht denkbar ist,[2] jedes Forschungsergebnis stellt eine Stufe zu weiter führender, vielleicht auch gegensätzlicher Erkenntnis dar. Für die grundsätzlich auf unbegrenzte Dauer konzipierte Stiftung ist die Förderung von Wissenschaft und Forschung so eine typische Zwecksetzung.

Nicht immer begnügen sich Stifter damit, sie ihren Stiftungen in dieser Grundform aufzugeben. Eine weitere Ausdifferenzierung weist beispielsweise die Satzung der VolkswagenStiftung auf, der die „Förderung von Wissenschaft und Technik in Forschung und Lehre" vorgegeben ist.[3] Das umfasst auch die Vermittlung von mit wissenschaftlicher Methodik und Systematik erarbeiteten Ansätzen und Befunden insbesondere an Universitäten und sonstigen Hochschulen.

Nicht selten beschränken Stifter die Zwecksetzung ihrer Stiftung auf bestimmte Fachgebiete, um dort mit den allemal begrenzten Stiftungsmitteln einen besonde-

---

[1] Nach *Anheier* (2002), S. 66 gab es im Jahre 2000 rund 2900 Stiftungen mit dieser Zielsetzung in Deutschland, die zweitstärkste Gruppe nach den auf Soziale Dienste ausgerichteten Stiftungen. Vgl. ferner *Krull* (2002) S. 98.

[2] Vgl. auch *Hof / Hartmann / Richter* (2004), S. 28.

[3] Enger ist demgegenüber der Zweck der Fritz-Thyssen-Stiftung bestimmt: „Unmittelbare Förderung der Wissenschaft an Hochschulen und gemeinnützigen Forschungseinrichtungen vornehmlich in Deutschland, unter besonderer Berücksichtigung des wissenschaftlichen Nachwuchses."

2.5 Förderung von Wissenschaft und Forschung

ren Förderbedarf zu decken, vor allem eine Vertiefung wissenschaftlicher Erkenntnis herbeizuführen. So konzentrieren sich vor allem im medizinischen Bereich Stiftungen oft im Anschluss an persönliche Erfahrungen des Stifters auf die Förderung von Forschungen zu bestimmten Erkrankungen und ihrer Therapie.

Mit der Zwecksetzung allein ist allerdings auch im Rahmen einer Stiftung noch nichts bewirkt. Zu klären ist daher die Frage ihrer Umsetzung.

Auf welchen Wegen lässt sich dieser Stiftungszweck erfüllen?

Darauf lassen sich grundsätzlich drei Antworten geben:

Zunächst kann der Stiftungszweck „Förderung von Wissenschaft und Forschung" dadurch erfüllt werden, dass die Stiftung selbst Forschung betreibt. Das kann je nach Fachgebiet einen sehr unterschiedlichen Mittelaufwand erfordern. Während ein Rechtswissenschaftler in erster Linie Bücher, freie Zeit zum Schreiben, Mittel für Schreibarbeiten und eventuell Reisen benötigt, sind etwa in der Chemie vor allem Labore, Geräte, Verbrauchsmaterialien und oft Personalstellen erforderlich.

Der Stifter kann seine Stiftung auch darauf beschränken, die von anderen betriebene Forschung finanziell zu unterstützen. Das ist „Förderung" im engeren, gebräuchlichen Sinn.

Denkbar, aber selten ist auch die Kombination beider Vorgehensweisen: Die Stiftung unterhält eine eigene Forschungseinrichtung und finanziert zugleich Forschungsinstitute mit einer diese ergänzenden Zielrichtung.[4]

Damit ist der Rahmen für den Einsatz der verfügbaren Förderinstrumente abgesteckt.

Das verfügbare Instrumentarium

a) Zwei der vorgenannten Alternativen nennen ein Förderinstrument, das hier „vor die Klammer gezogen" werden kann: Die *Errichtung eines eigenen Forschungsinstituts*. Sie ist sehr aufwändig und legt die Stiftung, wenn sie in der Satzung als einzige Möglichkeit des Mitteleinsatzes vorgesehen ist, auf Dauer fest. Allerdings ist nicht auszuschließen, dass die Entwicklung der Wissenschaft an den Vorstellungen des Stifters „vorbeizieht," dass die Ausstattung des Instituts mit Personal und Geräten neu entwickelten Standards nicht mehr entspricht, oder die Zuwendungen der Stiftung nicht ausreichen, es auf den aktuellen Stand zu bringen.

Alle diese Aspekte sprechen eher dafür, die Stiftung auf die Förderung im engeren Sinne zu beschränken, also auf die Finanzierung der von anderen betriebenen Forschung. Das dazu verfügbare Instrumentarium ist reichhaltig.

---

[4] Vgl. auch *Hof/Hartmann/Richter* (2004), S. 300 m. Verweis auf BFH BStBl. II 1979, 482.

b) In erster Linie ist dabei an die *Förderung von Projekten* zu denken. Sie werden typischerweise auf ein bestimmtes Forschungsfeld zugeschnitten und zeitlich wie finanziell auf einen überschaubaren Zeitraum von 2 – 5 Jahren beschränkt. Sie dienen vor allem dazu, ein bisher unzureichend erschlossenes Gebiet anzugehen. Allerdings geschieht das in der Regel nur punktuell, erst in der Summe mehrerer derartiger Vorhaben treten sachliche Zusammenhänge deutlicher hervor. Projekte sind damit geeignet, einem entwicklungsfähigen Forschungsgebiet auch fächerübergreifend eine breitere Grundlage zu schaffen, auf der dann die heute allzu häufig in den Vordergrund gestellte „Exzellenz" wachsen kann.

c) Die danach häufigste Form der Förderung ist die Finanzierung von *Veranstaltungen*. In Betracht kommen kleine Arbeitstreffen, Workshops, Symposien, Sommerschulen, Fachkongresse und Ausstellungen und die Verknüpfung solcher Vorhaben. Häufig dienen sie einer sachlichen Bestandsaufnahme, die allerdings auch mit der Erörterung von Zukunftsperspektiven verbunden werden sollte. Hier können Stifter oder Stiftungsvorstand von vornherein eine Auswahl treffen, um zu verhüten, dass die Mittel der Stiftung über eine Vielzahl unterschiedlicher Tagungen verstreut „versickern". Sie können bestimmte Typen von Veranstaltungen aus dem Förderprogramm ausgrenzen, sich auf andere Gestaltungsformen festlegen, aber für Varianten offen bleiben. In aller Regel empfiehlt sich, eine Förderung von „Eintagsfliegen", also von Tagungen ohne absehbare Fortwirkung, zu vermeiden. Die Drucklegung der Tagungsbeiträge ist oft eine wesentliche Voraussetzung für die Gewinnung hochqualifizierter Teilnehmer, mit deren Auftreten letztlich auch die Stiftung selbst sich „schmücken" kann.

d) Für die Förderung des wissenschaftlichen Nachwuchses wichtig ist die Vergabe von *Stipendien*. Hier sind die steuerlichen Restriktionen des § 3 Nr. 11 EStG zu beachten. In Betracht kommen insbesondere die Förderung der Aufnahme bestimmter Studien, um auf neue oder von Studenten und Studentinnen vernachlässigte Fachgebiete aufmerksam zu machen, und die Förderung von Doktoranden und Habilitanden. Es handelt sich durchweg um arbeitsintensive, aber finanziell wenig aufwändige Fördermaßnahmen, die eine beträchtliche Fernwirkung entfalten können. Um diese verfolgen zu können, sollte die Stiftung sich nicht auf eine einmalige Unterstützung beschränken, sondern mit den Geförderten weiter Kontakt halten.

e) Nur große Stiftungen mit einer beträchtlichen Ausschüttung an Fördermitteln können *Graduiertenkollegs* fördern. Diese ermöglichen Nachwuchsförderung in einem auf eine bestimmte Thematik ausgerichteten und dabei fächerübergreifend angelegten Verbund.[5]

f) Durch Förderung kleinerer *Nachwuchsgruppen* können herausragend qualifizierte Wissenschaftler beiderlei Geschlechts Gelegenheit bekommen, frühzeitig eigenständig zu forschen mit einer von ihnen geleiteten und mit eigenem Budget ausgestatteten Arbeitsgruppe.[6]

---

[5] Vgl. auch *Krull* (2002), S. 101.

g) Im Interesse einer internationalen Vernetzung kommt ferner die Finanzierung von *Forschungsreisen und Forschungsaufenthalten* in Betracht. So kann es sinnvoll sein, einzelnen Wissenschaftlern, insbesondere dem wissenschaftlichen Nachwuchs einen *Gastaufenthalt* oder ein *Fellowship* an einer in- oder ausländischen Forschungseinrichtung zu ermöglichen. In etlichen Fachgebieten ist Feldforschung erforderlich, die die Stiftung als solche, aber auch im Rahmen eines Projekts ermöglichen kann.

h) Die Stiftung kann für bestimmte Forschungsaufgaben benötigte *Geräte* finanzieren. Hier empfiehlt sich darauf zu achten, dass diese an der vorgesehenen Forschungseinrichtung die erforderlichen technischen Voraussetzungen finden, und dass sie von den geförderten Wissenschaftlern mitgenommen werden können, wenn diese an eine andere Forschungseinrichtung wechseln.

i) Nach wie vor hat die Gewährung von *Druckkostenzuschüssen* hohe Bedeutung nicht nur in der deutschen Wissenschaft und Forschung. Druckwerke sind *der* Ausweis geleisteter Forschungsarbeit, unverzichtbar zur Überprüfung der vorgelegten Ergebnisse, als Grundlage der weiter führenden wissenschaftlichen Diskussion und nicht zuletzt auch im Zeitalter des Internet für die Lehre unentbehrlich. Allerdings scheuen manche Stiftungen davor zurück, die unüberschaubare Flut der Druckschriften durch finanzielle Unterstützung weiter zu vermehren. Doch können sie nur so der von ihnen geförderten Forschung Fortwirkung sichern.

j) Ein gerade bei fächerübergreifender Forschung flexibel einsetzbares Instrument ist die Förderung von *Forschergruppen*. Im einfachsten Fall werden zwei in verschiedenen Ländern ansässigen Wissenschaftlern Reise- und Sachkosten finanziert und so ermöglicht, wechselseitig am Institut des anderen mit diesem gemeinsam zu forschen. Weiter reichende Bedeutung gewinnt diese Art der Förderung, wenn Wissenschaftler unterschiedlicher Fachgebiete mit hochqualifizierten Studenten und Vertretern des wissenschaftlichen Nachwuchses gemeinsam ein wissenschaftliches Problemfeld erschließen. Anreize zu dieser Organisationsform bestehen auch darin, dass sie mit einem Minimum an Verwaltungsaufwand auskommt und den Beteiligten weitgehend Freiheit lässt, ihre Forschung nach den sachlichen Anforderungen zu gestalten, ohne Rücksicht auf institutionelle Verflechtungen nehmen zu müssen.

k) Wenn nicht die Satzung entgegensteht, ist es der Stiftung auch unbenommen, *Forschungseinrichtungen neu in die Welt zu setzen* oder *bestehende um zusätzliche Abteilungen oder Labors zu ergänzen*. Das kann auch durch Errichtung von Forschungsstationen, von „Laborschulen" oder durch zusätzliche Ausstattung einer Bibliothek geschehen. Allerdings findet bei der Förderung solcher Infrastrukturmaßnahmen üblicherweise eine Beschränkung auf eine Startfinanzierung für einen Zeitraum von drei bis fünf Jahren statt, um die Mittel der Stiftung nicht auf Dauer an diese eine Einrichtung zu binden.

---

6 Dazu eignen sich vor allem neue und zwischen etablierten Disziplinen liegende Forschungsthemen. Vgl. auch *Krull* (2002), S. 101.

l) Auch die *Startfinanzierung wissenschaftlicher Zeitschriften* kommt in Betracht. Um zu verhüten, dass ein solches Publikationsorgan nach kurzer Zeit wieder vom Markt verschwindet, sollte allerdings Sorgfalt auf Klärung des Bedarfs und der Marktchancen verwendet werden.

m) Angesichts vielfach hoher Lehrverpflichtungen von Professoren gewinnt die *Freistellung von der Lehre* zur Ermöglichung von Forschungsarbeiten zunehmend Bedeutung. Bei etablierten Professoren ist dieser Weg dadurch geebnet, dass sie Freisemester beanspruchen können, deren Wahrnehmung durch zusätzliche Reise-, Sach- oder auch Personalmittel unterstützt werden kann. Allerdings sind Vorkehrungen dagegen zu treffen, dass die gewährte Freistellung für Forschung durch zeitraubende Gremientätigkeit konterkariert wird.

n) Auch die Finanzierung der *Einrichtung neuer oder der Ergänzung bestehender Studiengänge* kommt als Fördermaßnahme in Betracht. Hier ist allerdings wie bei der sonstigen Förderung der Institutionalisierung von Wissenschaft Vorsorge zu treffen, dass nach Auslaufen der Förderung durch die Stiftung der betreffende Studiengang durch die Hochschule mit eigenen Mitteln fortgeführt wird, um zu verhüten, dass er dann endet.

o) Als Marksteine der Förderung sind in aller Regel *Stiftungsprofessuren* gedacht. Sie können helfen, bis dahin vernachlässigte Forschungs- und Lehrgebiete zu etablieren oder zu stärken und bieten zugleich der begünstigten Universität Gelegenheit zu einer strategischen Neuorientierung ihres Angebotes. Im Einzelnen wird darauf im anschliessenden Teilbeitrag von Marcus Beiner eingegangen.

p) Besondere Aufmerksamkeit erregen in der Öffentlichkeit *Forschungspreise,* die Nachwuchs- oder etablierten Forschern beiderlei Geschlechts für herausragende Arbeiten verliehen werden. Angesichts der Kurzlebigkeit solcher Aufmerksamkeit dienen diese Preise letztlich der weiteren Karriere der so Ausgezeichneten.

q) Spektakulär können auch Fördermaßnahmen sein, die *mobile Forschungseinrichtungen* schaffen wie beispielsweise mobile Labors, Forschungsschiffe, Forschungsflugzeuge oder Forschungssatelliten. Das ist allerdings vor allem in den letztgenannten Fällen durchweg mit so hohen Kosten verbunden, dass für eine auf die Förderung von Wissenschaft und Forschung ausgerichtete Stiftung nur die Finanzierung von Teilbereichen in Betracht kommt. Allerdings ist denkbar, dass sie sich dazu mit anderen Fördereinrichtungen zusammentut.

r) Diese Aufzählung ist keineswegs abschließend und vollständig. Insbesondere ist auch daran zu denken, dass fast alle diese Fördermaßnahmen auch miteinander kombiniert werden können. So hat sich bewährt, eine breiter angelegte Förderung von Projekten über Tagungen zu bündeln, bei denen Geförderte ihre Forschungen und Ergebnisse vorstellen und mit Gutachtern und Experten auch anderer Fachgebiete erörtern können. Entscheidend für Konzeption und Ausgestaltung aller Fördermaßnahmen ist immer der festgestellte Förderbedarf.

Zuschnitt auf den festgestellten Förderbedarf

Förderung, die nicht benötigt wird, ist vergeudetes Geld. Vor einer Festlegung auf bestimmte Förderinstrumente ist daher der Förderbedarf festzustellen. Er ist grundsätzlich nicht gegeben, wenn der betreffende Bereich durch staatliche Stellen oder Private ausreichende Finanzierung erfährt. Großen Stiftungen wie beispielsweise der VolkswagenStiftung ist daher in ihrer Satzung vorgegeben, dass sie nur „zusätzlich" fördern, also insbesondere den Staat nicht mit ihren Mitteln entlasten dürfen.

Der Stifter kann den Förderbedarf in eigener Erfahrung festgestellt haben. Das enthebt den Stiftungsvorstand aber nicht der Aufgabe, den Fortbestand dieses Bedarfs und seine Entwicklung etwa infolge einer Schwerpunktverlagerung in dem geförderten Bereich zu überprüfen. Hat der Stifter in der Satzung keine konkrete Festlegung für die Förderung in einem benannten Forschungsfeld getroffen, ist der Vorstand erst recht verpflichtet, eine Konkretisierung des Stiftungszwecks „Förderung von Wissenschaft und Forschung" herbeizuführen.

Grundsätzlich sollten Stifter wie Stiftungsvorstand einen Bedarf für Leistungen der Stiftung nicht nach eigenem Gutdünken postulieren, sondern Berater hinzuziehen, von denen auch Vorschläge erwartet werden können, die von denen des Stifters oder Vorstands divergieren. Selbst wenn es sich dabei um Voten „großer" Namen handelt, sollten Stifter oder Vorstand sich ihnen nicht ohne sorgfältige Prüfung von Alternativen anschließen. Der Vorstand der Stiftung nimmt hier eine eigene, nicht delegierbare Verantwortung wahr, zumal die Fördermaßnahmen auch auf die dieser Stiftung verfügbaren Mittel abgestimmt werden müssen.

In diesem Rahmen ist das in dem jeweiligen Bereich einzusetzende Förderinstrumentarium auf den festgestellten Bedarf zuzuschneiden. Hier können dafür nur einige aus der Erfahrung vor allem der VolkswagenStiftung gewonnene Leitlinien geboten werden:

– Steckt das *Forschungsgebiet noch in den Anfängen,* empfiehlt sich, es durch kleinere Veranstaltungen zu erschließen, die etablierte und Nachwuchsforscher sowie aufgeschlossene Wissenschaftler beiderlei Geschlechts aus angrenzenden Gebieten zusammenführen. Sie können helfen, die sachgerechten Forschungsfragen zu formulieren, das Forschungsfeld deutlicher zu konturieren, Parallelen in anderen Disziplinen aufzufinden und Perspektiven zu entwickeln. Daran anknüpfend kann das Forschungsgebiet dann über Maßnahmen der Nachwuchsförderung wie Doktoranden- und Habilitandenstipendien und über Forschergruppen, die auch fortgeschrittene Studenten einbeziehen, weiter gefördert werden. Ergänzend ist an Forschungsaufenthalte an Einrichtungen im In- und Ausland zu denken, die inhaltlich oder in Methodenfragen weiter führen können. Eine strategische Entscheidung für ein solches Forschungsgebiet und seine Lehre stellen Stiftungsprofessuren dar.

– Ist der *Forschungsbereich bereits weitgehend abgegrenzt,* bedarf er aber in seinen Strukturen und in seinem Entwicklungspotenzial weiterer Klärung und Vertiefung, kann diese vor allem über Forschungsprojekte, Dissertationen, Habilitationen und Graduiertenkollegs, über Forschergruppen und über Tagungen unternommen werden, die eine Bestandsaufnahme des bisherigen Forschungsstandes verbinden mit Fragen nach absehbaren Entwicklungstendenzen, oder der Ausdifferenzierung des Begrifflichen und der Methoden dienen. Ansätze, Vorgehensweisen und Befunde können dabei auch fächerübergreifend Sommerschulen vermitteln helfen.

– Bei *etablierten Forschungsgebieten* kann sich die Förderung vor allem darauf konzentrieren, ihre Denkansätze, Methoden und Befunde für angrenzende und neue Fachgebiete fruchtbar zu machen zum Beispiel über Sommerschulen, Tagungen und Forschergruppen.

Bei alledem verdient eine Besonderheit der Forschung besondere Beachtung: Ein Forschungsvorhaben ist nicht gescheitert, wenn in seinem Verlauf festgestellt wird, dass der von den daran beteiligten Wissenschaftlern eingeschlagene Weg nicht zum gewünschten Ziel führt. Auch das Finden von „Sackgassen" ist wissenschaftlich ein Erfolg, da es anderen Forschern und Förderern zeigen kann, welche Ansätze und Methoden nicht Erfolg versprechend sind.

Der Ablauf der Förderung

Nach Sichten des Instrumentariums geht es nun um dessen Einsatz im konkreten Einzelfall, um die Umsetzung in konkrete Fördermaßnahmen. Dazu beschränkt sich dieser Beitrag auf Darstellung einer Abfolge der wohl wichtigsten Phasen:

a) Vor allem große Stiftungen konkretisieren den sehr allgemeinen Zweck „Förderung von Wissenschaft und Forschung" in Untergliederungen, die häufig als *Schwerpunkte, Programme, Förderbereiche oder Förderinitiativen* bezeichnet werden. Bei kleinen Stiftungen mit enger begrenztem Wirkungsbereich wird auf solche Ausdifferenzierung eher verzichtet, um dessen weitere Einengung zu vermeiden.

Solche Untergliederungen entstehen vor allem auf drei Wegen: Die Stiftung greift Anregungen aus ihrem Kuratorium oder Stiftungsrat auf, sie geht Empfehlungen aus dem Kreis ihrer Destinatäre oder von Dritten nach, oder ihre Mitarbeiter entwickeln aus der Förderpraxis eigenständig Vorschläge. In jedem Fall empfiehlt sich, solche Vorhaben mit einschlägig ausgewiesenen Experten zu erörtern. Doch muss die Stiftung sich an deren Ratschläge nicht gebunden sehen, sie kann sich auch vorbehalten, anderweitig zu entscheiden.

b) *Auch Förderstiftungen agieren zwangsläufig in gewissem Rahmen operativ,* zum Beispiel wenn sie nach ihren eigenen Vorstellungen Veranstaltungen durchführen, Starthilfen vergeben oder Projekte initiieren, die neue Förderbereiche erkunden oder weiter erschließen helfen sollen. Die vielfach versuchte begriffliche Trennung von operativ und fördernd tätigen Stiftungen hat daher nur begrenzten Wert.

2.5 Förderung von Wissenschaft und Forschung

c) Soweit die Förderung von Forschungsarbeiten anderer vorgesehen ist, gilt es *Anträge der potenziellen Destinatäre einzuwerben*. Dazu kann die Stiftung ihr Förderangebot in den Medien, durch Annoncen und Versand von Informationsmaterial bekannt machen. An den Rückmeldungen kann sie nicht nur das Interesse an ihrem Förderangebot ablesen, sondern auch, ob es ihr gelungen ist, ihr Anliegen potenziellen Adressaten zu verdeutlichen.

d) Es folgt die *Antragsbearbeitung*. Dabei werden eingegangene Anträge zunächst intern daraufhin geprüft, ob sie den generellen Anforderungen des betreffenden Förderangebots entsprechen. Lässt sich das bejahen, folgt in aller Regel eine Begutachtung mit Befragung externer Experten. Sie kann schriftlich mit Einzelgutachten, aber auch mündlich durch einen speziell gebildeten Gutachterkreis mit oder ohne persönliche Vorstellung der Antragsteller erfolgen. Eine weitere Alternative ist die Prüfung durch einen die Arbeit der Stiftung in diesem Bereich länger begleitenden Gutachterkreis. Nicht selten führt dies aber zur Bildung von Gutachterkartellen, die in dem von der Stiftung gebotenen Rahmen eine eigene Forschungsrichtung bevorzugen. Solcher Verzerrung des Angebots lässt sich vor allem durch einen an den fachlichen Anforderungen der Anträge orientierten Wechsel der Gutachter entgegenwirken. Ferner sollte die Stiftung im Interesse sachgerechter Entscheidungen darauf hinwirken, dass die Gutachter sich in Inhalt und Methodik mit den Anträgen auseinandersetzen, und sich nicht auf eine gefühlsmäßige oder kursorische Prüfung an Hand indirekter Kriterien[7] beschränken.

Die im Antrag veranschlagten Kosten muss die Stiftung grundsätzlich selbst prüfen, zumal sie aus ihrer Förderpraxis über Vergleichsmöglichkeiten verfügt. Allerdings können die Gutachter sie auf Notwendigkeit oder Entbehrlichkeit bestimmter Mittel hinweisen.

e) Anschließend sind die *Entscheidungen vorzubereiten*. Dazu kann das einzelne Vorhaben nach der fachlichen Prüfung noch mit anderen verglichen werden, um Präferenzen zu ermitteln. Vor dem Hintergrund aller Prüfungsschritte ist dann über die grundsätzliche Förderwürdigkeit des Vorhabens zu entscheiden und unter Berücksichtigung der Grundsätze der Wirtschaftlichkeit und Sparsamkeit unter den Fördermöglichkeiten der Stiftung die dem Einzelfall angemessene und effektivste auszuwählen. Dabei kann die Stiftung im Gegensatz zur öffentlichen Hand auch Vorhaben mit hohen Erfolgsrisiken unterstützen. Die für die Stiftungen charakteristische Risikobereitschaft prägt sich gerade darin aus.

f) Dann gilt es, die *Entscheidungen herbeizuführen*. Hier hat der Vorstand der Stiftung insbesondere dafür zu sorgen, dass die Beschlüsse zeitgerecht und inhaltlich sachgerecht ergehen. So kann es nicht darum gehen, möglichst schnell zu entscheiden und darüber zum Schaden der Stiftung die sachliche Prüfung zu vernach-

---

[7] Z. B.: Bei wem hat der Antragsteller gearbeitet? Wie viele Veröffentlichungen hat er in welchen Publikationsorganen aufzuweisen? An welcher Stelle wird er dabei unter mehreren Autoren genannt?

lässigen. Ebenso falsch wäre es, ein Vorhaben umfassend zu prüfen und dabei so viel Zeit verstreichen zu lassen, dass die Antragsteller sich anderen Themen zuwenden, oder die an dem Vorhaben interessierten Nachwuchswissenschaftler andere Aufgabenbereiche gefunden haben. Als Faustregel für Förderstiftungen hat sich bewährt, dass Entscheidungen etwa ein halbes Jahr nach Eingang des Antrags ergehen sollten.

Bei den Entscheidungen besteht ein breites Spektrum von Alternativen:
– Sofortige Ablehnung, weil im Förderangebot nicht vorgesehen.
– Sofortige Ablehnung, weil schon einmal entschieden.
– Ablehnung.
– Ablehnung in vorliegender Form, unter Erklärung der Bereitschaft der Stiftung, einen überarbeiteten oder neuen Antrag zu prüfen.
– Zurückstellen einer Entscheidung, beispielsweise bis eine Forschungsgenehmigung in Aussicht gestellt oder erteilt worden ist.
– Eine positive Entscheidung wird in Aussicht gestellt, aber von ergänzenden Ausführungen, von Vorleistungen des Antragstellers oder von der Mitwirkung von Fachleuten bestimmter Ausrichtung abhängig gemacht.
– Bewilligung unter Freigabevorbehalt: Eine Bewilligung wird ausgesprochen, doch bleiben die Mittel bis zur Vorlage und Prüfung von Antragsergänzungen oder eines präzisierten Arbeits- und Kostenplanes gesperrt.
– Bewilligung unter Kürzungen bei Personal- oder Sachmitteln.
– Bewilligung eines Pilotprojekts oder einer Veranstaltung zur weiteren Vorbereitung breiter angelegter Forschungen.
– Zeitlich gestaffelte Bewilligung: Zur Verfügung gestellt werden Mittel für die erste Projektphase, über die zweite wird nach Vorlage und Prüfung eines Ergebnisberichtes zu der ersten entschieden.
– Bewilligung wie beantragt.
– Aufstockung der Bewilligung über die Antragssumme hinaus, zum Beispiel zur Durchführung von Gutachtern empfohlener zusätzlicher Untersuchungen.

Bei operativ tätigen Stiftungen ist vor allem zu entscheiden, ob das geplante Vorhaben überhaupt durchgeführt werden soll, ob zunächst nur eine Tagung, ein Pilotprojekt oder eine Erkundung des Forschungsfeldes durchgeführt wird, ob die Vernetzung mit anderen Akteuren in diesem Bereich gesucht oder aufgeschoben werden soll. Auch hier kommen das Zurückstellen der Entscheidung und die zeitliche Staffelung des Vorhabens, die Kürzung oder Aufstockung der veranschlagten Mittel in Betracht.

Reichen die der Stiftung für die Zweckerfüllung verfügbaren Mittel für ein Vorhaben nicht aus, ist an eine vorübergehende Ansammlung der Erträge zu denken. Alternativ kommt die Kooperation mit anderen Stiftungen oder sonstigen Einrichtungen in Betracht. Dabei sollte der Anteil der eigenen Stiftung identifizierbar bleiben, vor allem darf es nicht zur verdeckten Finanzierung einer der Stiftung fremden Zwecksetzung kommen.

g) Die *Durchführung der getroffenen Entscheidungen* beinhaltet zunächst ihre Übermittlung an die Adressaten und deren weitere Betreuung bei der Inanspruchnahme der Zuwendung. Unvorhergesehene Probleme im Projektverlauf können inhaltliche, zeitliche oder finanzielle Umdispositionen, ein unabweisbarer Mehrbedarf an Mitteln kann eine Nachbewilligung erforderlich machen.

h) Der *Kontrolle zweckentsprechender Mittelverwendung* dient die Verpflichtung der Geförderten, der Stiftung jährlich über den Bearbeitungsstand, über Schwierigkeiten z. B. bei der Datenerhebung, über unerwartete Erkenntnisse und absehbare Entwicklungen des Forschungsgegenstandes zu berichten. Bei inhaltlich und methodisch anspruchsvollen Vorhaben kommt die Zwischenschaltung von Veranstaltungen in Betracht, die eine Bilanzierung des Erkenntnisfortschritts auch in Relation zum finanziellen und Zeitaufwand ermöglichen.

i) Weniger bei einzelnen Fördermaßnahmen als bei ganzen Schwerpunkten oder Programmen ist vielfach eine *Evaluation* angezeigt, damit die Stiftung feststellen kann, ob sie mit ihrer Förderung den früher festgestellten Bedarf getroffen oder verfehlt, zu einer wissenschaftlichen Fortentwicklung beigetragen hat oder nicht. Allerdings treten die wirklichen Fortwirkungen solcher Initiativen durchweg erst nach fünf bis zehn Jahren oder später zu Tage. Das relativiert die Aussagekraft früherer Evaluationen beträchtlich.[8]

Öffentlichkeitsarbeit

Gerade Stiftungen, die der Förderung von Wissenschaft und Forschung verschrieben sind, benötigen eine intensive und effektive Öffentlichkeitsarbeit. Sie hilft einerseits, ihr Förderangebot bekannt zu machen und potenzielle Antragsteller auf Fördermöglichkeiten hinzuweisen. Andererseits ist es auch ihre Aufgabe, auf die mit Mitteln der Stiftung erzielten Forschungsergebnisse hinzuweisen, sie weiter zu verbreiten und so das Wirkungsfeld der Stiftung zu verdeutlichen. Nicht zuletzt kann die Stiftung dabei auch in ihrem eigenen Interesse aufmerksam machen auf Personen, die sie mit herausragendem Ergebnis gefördert hat, und ihnen so für ihre weitere Forscherkarriere Wege bahnen.

Das alles kann insbesondere durch Pressemitteilungen, Jahresberichte, Informationsbroschüren, den Versand von Merkblättern zu den Förderangeboten, durch Ausschreibungen, Veranstaltungen zu Beginn, während der Laufzeit oder zum Ende von Projekten oder Schwerpunkten, aber auch durch Pressekonferenzen, Publikationen der Stiftung, Filme und Ausstellungen sowie natürlich im Internet

---

[8] Zur Wirkungskontrolle bei Stiftungen vgl. auch *Hof / Hartmann / Richter* (2004): Stiftungen. Errichtung – Gestaltung – Geschäftstätigkeit. S. 137 ff.

geschehen. Das wichtigste Instrument stellen neben alledem Publikationen der Forschungsergebnisse dar. Sie können über die notwendig kurzlebige herkömmliche Öffentlichkeitsarbeit hinaus die sachlichen Impulse der Stiftung einbringen in die weitere fachliche Diskussion und kommen so gleichermaßen den Geförderten wie der Stiftung selbst zugute.

Ein Beispiel: Stiftungsprofessuren

Stiftungsprofessuren sind ein wichtiges Beispiel für die Förderung von Wissenschaft und Forschung. Sie sind ein relativ bekanntes und beliebtes Instrument für die Fördertätigkeit von Stiftungen in diesen Bereichen und fordern Stiftungen bei der Gestaltung und Umsetzung in besonderer Weise heraus. Sie eignen sich daher auch, um exemplarisch auf einige Schwierigkeiten im Rahmen der Fördertätigkeit von Stiftern[9] hinzuweisen, die mit den Eigentümlichkeiten des Wissenschaftssystems zusammenhängen. Zugleich stellen sich von den Implementationsfragen dieses Förderinstruments her grundsätzliche Fragen zur Wirkungsweise und Legitimität des Wirkens von Stiftern.

Anders als die Projektförderung, in der üblicherweise Mittel zur Durchführung eines zuvor in einem Antrag dargelegten, zeitlich befristeten Forschungsvorhabens gewährt werden, zielen Stiftungsprofessuren in der Regel auf die dauerhafte Unterstützung eines Forschungsgebietes. In der Denomination (Benennung) einer Professur ist das in Lehre und Forschung zu bearbeitende Gebiet eines durch verschiedene Qualifikationsarbeiten ausgewiesenen Wissenschaftlers umrissen. In diesem Rahmen steht es dem Inhaber einer Professur unter Berücksichtigung von Abstimmungserfordernissen im universitären Rahmen frei, welche einzelnen Vorhaben er verfolgt. Dabei gehört neben der Forschung die Lehre mit gleichem Gewicht zu seinen Aufgaben. Außer der unterschiedlichen Zeitdauer der geplanten Fördertätigkeit unterscheidet sich die Stiftungsprofessur von den meisten Arten der Projektförderung also noch durch eine verhältnismäßig vage Festlegung der geförderten Tätigkeiten und die gleichzeitige Förderung von Forschung und Lehre. Der besondere Reiz von Stiftungsprofessuren besteht in der engen Verknüpfung des Förderinteresses von Stiftern mit den Forschungsinteressen eines Wissenschaftlers, der als Inhaber einer Stiftungsprofessur für den Stifter dauerhafter Ansprechpartner bleibt.

Anhand der unterschiedlich langen Förderdauer und der Intensität ihrer Verankerung an Forschungseinrichtungen lassen sich verschiedene Arten von Stiftungsprofessuren unterscheiden. Sie werden an staatlichen oder privaten Hoch-

---

[9] Im Folgenden wird der Begriff „Stifter" im Sinne von „Mittelgeber" verwendet. Das umfasst Stiftungen ebenso wie Personen und Institutionen, die Gründer einer Stiftung sind oder sich für ihre zweckbestimmte Förderung anderer Mittel bedienen. Insbesondere eine Spende zur Förderung wissenschaftlicher Zwecke ist eine gern genutzte Alternative zur Stiftung. So wird die Mehrzahl der Stiftungsprofessuren in Deutschland über Spenden finanziert (*Radlanski* (2003), S. 8).

2.5 Förderung von Wissenschaft und Forschung

schulen eingerichtet. Mit der Bereitstellung von Mitteln für eine Stiftungsprofessur nehmen Stiftungen Einfluss auf die inhaltliche Ausrichtung von Hochschulen.

Bei der *Stiftungsgastprofessur* geschieht dies auf die zurückhaltendste Weise: Gastprofessuren werden meistens für ein oder zwei Semester an wechselnde Wissenschaftler vergeben, die sich nicht an den administrativen Aufgaben der universitären Selbstverwaltung beteiligen müssen. Sie ergänzen das reguläre Lehrangebot einer Hochschule und bieten für die Inhaber Gelegenheit zu einer zeitlich befristeten, meist durch wenig Vorgaben beeinflusste Forschungsarbeit. Stiftungsgastprofessuren sind eher lose an die sie beherbergenden universitären Einrichtungen (Fachbereiche, Fakultäten oder der Hochschulleitung zugeordnete sog. zentrale Einrichtungen) angebunden. Es besteht wenig Abstimmungsbedarf mit dem Lehr- und Forschungsprofil der Forschungseinrichtung; auf der anderen Seite sind die Lehrangebote von Gastprofessuren für Studierende meist nur fakultativ zu besuchen. Stiftungsgastprofessuren werden zumeist mit einem relativ breiten Aufgabenfeld betreut und häufig nach dem jeweiligen Stifter oder nach dessen Wünschen benannt. Die Forschungs- und Lehraufgaben richten sich innerhalb dieses breiten Rahmens nach den Forschungsinteressen des jeweiligen Inhabers. Stiftungsgastprofessuren sind oftmals auf eine öffentliche Rezeption hin angelegt, welche die einer regulären Professur deutlich überschreitet. Gerne werden renommierte Wissenschaftler aus dem In- und Ausland berufen, deren Präsenz für eine verstärkte öffentliche Wahrnehmbarkeit der gastgebenden Institution und des Stifters sorgen. Auch Publizisten, Schriftsteller oder andere Nicht-Wissenschaftler können auf Gastprofessuren berufen werden. Da wegen der lockeren Anbindung der Stiftungsgastprofessur an die Hochschule deutlich weniger Abstimmungsbedarf mit dieser besteht, ist sie auch unter dem Gesichtspunkt der Praktikabilität für Stifter attraktiv.

Stiftungsprofessuren in der Form regulärer Professuren eignen sich demgegenüber besser für eine nachhaltige Unterstützung eines Forschungsgebietes. Sie sind auf Dauer angelegt und müssen daher in das Profil ihrer wissenschaftlichen Umgebung am jeweiligen Institut und in der jeweiligen Fakultät eingepasst werden. Ihre Inhaber sind in der Regel Beamte auf Lebenszeit und müssen bei Antritt der Professur die im Wissenschaftsbereich üblichen Qualifikationsleistungen (Promotion, Habilitation oder vergleichbare Leistung) erbracht und ein reguläres Berufungsverfahren durchlaufen haben. Die Einrichtung einer Stiftungsprofessur erfordert bereits im Vorfeld eine intensive Absprache zwischen dem Stifter und der Hochschule, bei der die Professur eingerichtet werden soll. Diese Absprache betrifft organisatorische und finanzielle Fragen ebenso wie die inhaltliche Ausrichtung der Professur. Dabei ist offen zu klären, ob die Interessen beider Seiten soweit zur Deckung gebracht werden können, dass Stifter wie Hochschule die Einrichtung der Stiftungsprofessur für sinnvoll erachten. Dies gilt umso mehr, als in der Regel Stiftungsprofessuren in der Form der regulären Professur üblicherweise von Stiftern mit einer (zumeist fünfjährigen) Startfinanzierung ausgestattet werden, die mit der Auflage verbunden wird, dass die Hochschule die Professur und ihre Ausstattung nach Ablauf der Startfinanzierung in ihren Haushalt übernimmt und aus eigenen (bzw. staatlichen) Mitteln weiterführt. Stifter haben auf diese Weise die Möglichkeit, über die Startfinanzierung Anreize zu einer fachlichen Neuorientierung zu geben oder bestimmte Forschungsgebiete besonders zu unterstützen. In aller Regel wird den Hochschulen für die Folgefinanzierung keine neue Professorenstelle zur Verfügung gestellt. Von daher handelt es sich aus Sicht der Hochschule um eine Möglichkeit, eine, oft mit einer Änderung der Ausrichtung einhergehende, vorzeitige Berufung für eine Stelle aus dem regulären Etat durchzuführen. Bei dieser Art der Förderung agieren Stiftungen mit nachhaltigen Folgen für die Hochschulen als Destinatäre und engagieren sich finanziell in einem Bereich, der traditionell in vielen Staaten als Domäne staatlicher Finanzierung gilt, die unabhängig von privaten Interessen ist.

Diesbezüglich weniger Überschneidungen liegen bei der Form der *Stiftungsprofessur* vor, *die dauerhaft aus einem zu diesem Zweck bereitgestellten Kapitalstock unterhalten werden kann.*[10] Auch bei dieser Form der Stiftungsprofessur empfiehlt sich eine genaue Absprache des Aufgabenprofils mit der beheimatenden Hochschule; das größere finanzielle Engagement des Stifters erhöht hier aber die Spielräume. Um die wirtschaftliche Unabhängigkeit der mit einem Kapitalstock ausgestatteten Professur auf Jahre (und Jahrzehnte) sicherzustellen, muss dessen Höhe den Faktor zwanzig des jährlichen Bedarfs[11] noch übersteigen und professionell bewirtschaftet werden; nur so kann die Weiterführung der Professur angesichts des inflationsbedingten realen Wertverlusts des gestifteten Kapitals gesichert werden. Diese Form der Stiftungsprofessur spielt wegen des hohen finanziellen Aufwandes für den Stifter im deutschen Sprachraum nur eine untergeordnete Rolle.[12]

Stiftungsprofessuren auf Zeit stellen eine Variante dar, bei welcher der Stifter zwar für die volle Laufzeit der Professur Mittel bereitstellt, die Laufzeit aber (meistens auf fünf Jahre) begrenzt ist. Die Möglichkeiten zur strukturellen Verankerung an der aufnehmenden Hochschule, insbesondere in der Lehre, sind dabei eingeschränkter als bei auf Dauer angelegten Professuren, aber in der Regel besser als bei Gastprofessuren. Stiftungsprofessuren auf Zeit sind für habilitierte Wissenschaftler weniger attraktiv als Dauerstellen; von daher muss mit einem Abwandern der zumeist noch am Anfang ihrer Karriere stehenden Inhaber auf eine Lebenszeitprofessur gerechnet werden. Andererseits lassen sich befristete Professuren leichter und auch schneller an den Hochschulen einrichten, weil sie nicht mit langfristigen

---

[10] Für die Ausgestaltung dieser Form der Stiftungsprofessur wird häufig auf die Bereitstellung eines „endowment" nach dem Muster des amerikanischen Rechts verwiesen, aus dem eine Stiftungsprofessur langfristig unterhalten wird. Allerdings ist eine Übertragung dieses Musters in das deutsche (Steuer- und Stiftungs-)Recht kaum möglich.

[11] Das entspricht einer Rendite von fünf Prozent aus der Bewirtschaftung des Kapitalstocks und ist nach den Erfahrungen großer Stiftungen mittelfristig erreichbar.

[12] *Radlanski* (2003), S. 8, spricht von drei über „endowments" unterhaltene Stiftungsprofessuren in Deutschland.

2.5 Förderung von Wissenschaft und Forschung

Strukturentscheidungen verbunden sind. So können aufstrebende Forschungsgebiete für eine begrenzte Zeit relativ zügig unterstützt werden.

Stiftungsprofessuren können auch danach unterschieden werden, ob von Seiten des Stifters bereits mit bestimmten inhaltlichen Vorstellungen für die Ausgestaltung der Professur eine Möglichkeit zur Ansiedlung an einer Forschungseinrichtung gesucht wird oder ob der Stifter im Rahmen einer Ausschreibung und verbunden mit einem Wettbewerbsverfahren um die Vorlage von Anträgen für die Einrichtung von Stiftungsprofessuren bittet, für die nur wenige oder keine inhaltlichen Vorgaben gemacht werden. Im Einzelnen abhängig von den Motiven und Zweckbestimmungen des Stifters, lässt sich für Stiftungen feststellen, dass der erste Weg eher von kleinen Stiftungen gewählt wird, die zum Teil auch durch ihren Stiftungszweck entsprechend eingegrenzt sind, während der zweite Weg eher von den großen wissenschaftsfördernden Stiftungen beschritten wird, die von ihrer wirtschaftlichen Potenz und ihrem Selbstverständnis als Förderinstitution für alle oder weite Teil der Wissenschaft her Stiftungsprofessuren für verschiedenen Fachgebiete unterstützen.

Eine weitere Unterscheidungsmöglichkeit für Stiftungsprofessuren ergibt sich über die Höhe der Vergütung für deren Inhaber. Auch nach dem in Deutschland vollzogenen Wechsel in ein Besoldungssystem für Professoren, in dem leistungsbezogene Komponenten berücksichtigt werden (W-Besoldung), gibt es drei Besoldungsklassen für Professuren, welche deren „Wertigkeit" anzeigen. Von besonderem Interesse ist die mit der Einführung der Juniorprofessur in den letzten Jahren geschaffene Möglichkeit für Stifter, mit der Unterstützung von Stiftungsjuniorprofessuren den Ausbau einer neuen Forschungsrichtung mit der Förderung von Nachwuchswissenschaftlern zu verbinden.

Für die Einrichtung von Stiftungsprofessuren können je nach Stifter und wissenschaftspolitischer Situation verschiedene Anlässe bestehen. Stiftungsprofessuren im medizinischen Bereich[13] entstehen beispielsweise häufig durch die Förderung relativ kleiner, eigens zu diesem Zweck gegründeter Stiftungen und verfolgen die Erforschung von Krankheiten, deren Bekämpfung Stiftern aus persönlicher Betroffenheit ein Anliegen ist. Unternehmen engagieren sich oftmals für Fachgebiete, die eng mit der eigenen Tätigkeit verbunden sind, teilweise verbunden mit der Hoffnung, selbst von im Rahmen der Professur erzielten Forschungsergebnissen profitieren zu können.[14] Die thematischen Vorstellungen von Stiftern, die mit der Förderung eines bestimmten Fachgebietes eng definierte Erwartungen hegen oder selbst mittelbar oder unmittelbar von den entsprechenden Forschungsergebnissen profitieren wollen, stehen dabei nicht immer im Einklang mit den strukturellen, organisatorischen oder fachlichen Erfordernissen der zu fördernden Einrichtung.

---

[13] Vgl. z. B. *Deutsches Stiftungszentrum* (Hrsg.), 2002.
[14] Hier ergibt sich eine Nähe zum Sponsoring, von dem man spricht, wenn Gegenleistungen (z. B. die Verwendung eines Logos oder spezielle Veranstaltungen für den Mittelgeber) mit der unterstützten Hochschule vertraglich vereinbart werden.

Allerdings sorgt in aller Regel die prinzipielle Offenheit des Erkenntnisprozesses und die Langwierigkeit erfolgreicher Forschung selbst in diesbezüglich problematischen Fällen für ein Gegengewicht. Größere wissenschaftsfördernde Stiftungen, die für alle oder eine breite Palette von Fachgebieten ansprechbar sind, hegen eher generelle oder spezifische wissenschaftspolitische Intentionen mit der Förderung von Wissenschaft und Forschung durch Stiftungsprofessuren. So geht es zumeist um die Förderung von Fachgebieten, die jenseits der lange etablierten Disziplinen und deren anerkanntem Wissensbestand liegen, die neue Perspektiven für die Forschung bieten, die einen besonderen Erkenntnisfortschritt oder besonders attraktive Anwendungsmöglichkeiten in Aussicht stellen und die möglicherweise bei der Fortentwicklung der Disziplinen ohne entsprechende Unterstützung an den Rand gedrängt würden. Mit dem Herausgreifen bestimmter Fachgebiete oder der besonderen Unterstützung bestimmter neuer Formen von Stiftungsprofessuren können auch gezielt Akzente in inhaltlicher oder struktureller Hinsicht gesetzt werden.

Diese Art der Impulssetzung ist für Stiftungsprofessuren auch deshalb von besonderer Wichtigkeit, weil sie im hiesigen Kulturkreis quantitativ im Vergleich zur Gesamtzahl der Professuren nur eine untergeordnete Rollen spielen. So stehen in Deutschland einer Gesamtzahl von deutlich über 30.000 Professuren Stiftungsprofessuren in der Größenordnung von einigen Hundert[15] gegenüber. Damit handelt es sich nur um einen Bruchteil der existierenden Professuren. Nicht zuletzt vor diesem Hintergrund ist das Bemühen von Stiftungen nachvollziehbar, mit der Förderung von Stiftungsprofessuren öffentlich wahrnehmbare Akzente zu setzen, die über die Forschung und Lehre einer einzelnen Professur nach Möglichkeit hinausgehen.

Eine Vielzahl von Stiftungsprofessuren wird unmittelbar nach einer Stifterpersönlichkeit oder einer Stiftung benannt oder von Stiftungen unter einem bestimmten Namen ausgeschrieben, der sich dann in der Benennung der Professur wiederfindet, zumeist nach dem Muster „xy-Professur für (Fachgebiet)". Stifter weisen so auf ihre Unterstützung dauerhaft öffentlich hin und verbinden ihren Namen mit den wissenschaftlichen Leistungen des geförderten Wissenschaftlers; Hochschulen würdigen so die Unterstützung durch den Stifter.

Unabhängig davon, von wem im Einzelfall die Initiative zur Einrichtung einer Stiftungsprofessur ausging – sei es ein Stifter, der ein bestimmtes Fachgebiet fördern möchte, sei es eine Hochschule, die sich auf die Ausschreibung einer Stiftung bewirbt oder einen Förderantrag im Rahmen eines einschlägigen Programms vorlegt –, wird in der Regel mit Hilfe der Stiftungsprofessur (vorläufig) eine weitere

---

[15] Im Rahmen einer Umfrage der Hochschulrektorenkonferenz und des Stifterverbandes der Deutschen Wissenschaft im Jahr 1997 sind 159 Stiftungsprofessuren an 86 (von 252 befragten) Hochschulen ermittelt worden. Eine Umfrage des Stifterverbandes ermittelte im Jahr 2000 300 Stiftungsprofessuren. Insgesamt ist von einer steigenden Tendenz auszugehen. Vgl.: Stiftungsprofessuren als Instrument privater Wissenschaftsförderung, in: Wirtschaft und Wissenschaft, Heft1 1998, sowie: *Radlanski* (2003).

2.5 Förderung von Wissenschaft und Forschung

Professorenstelle an einer Hochschule geschaffen, die nach den im Wissenschaftsbetrieb üblichen Verfahren besetzt wird. Das bedeutet, dass die Hochschule sich mit dem Stifter auf die Finanzierung der Professur eines bestimmten Zuschnitts einigt. Sofern, wie bei Stiftungen zumeist üblich, die Hochschule zuvor einen Antrag auf Förderung vorgelegt hat, wird dieser, gegebenenfalls mit Auflagen oder durch Hinweise aus der wissenschaftlichen Begutachtung ergänzt, einem Bewilligungsschreiben zugrunde gelegt. Auf diese Weise wird die Ausrichtung der Professur festgeschrieben. Die weiteren Schritte unterscheiden sich nicht von den an Hochschulen üblichen Berufungsverfahren, abgesehen von der manchmal vorgesehenen Beteiligung von Vertretern des Förderers oder von ihm benannter Gutachter: Die Professur wird ausgeschrieben, die zuständige Fakultät erstellt auf der Grundlage von Gutachten eine Berufungsliste, diese wird in der Hochschule abgestimmt und dem zuständigen Landesministerium vorgelegt, das eine Berufung ausspricht[16]. Dieses Verfahren kann bis zu zwei Jahre dauern (und für den Fall, dass sich die zuständigen Gremien nicht auf eine Berufungsliste einigen, dazu führen, dass die Professur über einen langen Zeitraum unbesetzt bliebt). Für die Funktionsfähigkeit der Professur ist von Hochschule und Stifter darauf zu achten, dass über die Stelle des Professors bzw. der Professorin hinaus Mittel für Mitarbeiterstellen und Sachaufwendungen sowie ggf. Geräte zur Verfügung stehen. Für den schließlich berufenen Professor oder die schließlich berufene Professorin macht es zunächst keinen Unterschied, ob sie einem Ruf auf eine reguläre oder auf eine Stiftungsprofessur folgt (Ausnahme: die Stiftungsgastprofessur); im Verlauf der Förderung ergeben sich in der Regel gewisse Berichts-, manchmal auch weitere Kooperationspflichten mit Blick auf den Förderer. Bei dieser üblichen Art der Implementation von Stiftungsprofessuren kommt es zu einer Trennung des formellen Destinatärs, der Hochschule, und des von der Förderung unmittelbar begünstigten Wissenschaftlers.

In der Praxis schwerwiegender als dieser formale Umstand ist die Zeitverzögerung, mit der der profitierende Wissenschaftler mit dem Stifter in Verbindung kommt: Er hat den Antrag nicht verfolgt und kommt erst in Kontakt mit dem Stifter, wenn die wesentlichen Absprachen zwischen Hochschule und Stifter bereits erfolgt sind. Zudem liegen bei diesem Implementationsweg nach den erfolgten Absprachen aus Sicht des Stifters die Anreizstrukturen insofern ungünstig, als die Hochschule selbst für *den* Fall die von anderer Seite finanzierte Professur wird besetzen wollen, dass sich kein Kandidat findet, der die vorgesehene Ausrichtung der Professur mit seinen Forschungsinteressen und -kompetenzen in vollem Umfang leisten kann. Hier besteht die Gefahr, dass die geplanten Arbeitsgebiete der Stiftungsprofessur und die wissenschaftlichen Interessen des Inhabers in einem Spannungsverhältnis stehen, das sich negativ auf die mit der Einrichtung der Professur verfolgte Innovationsidee und deren Realisierung in Forschung und Lehre auswirkt.

---

16 Im Zuge der Stärkung der Autonomie von Hochschulen wird ihnen in Einzelfällen bereits das Recht eingeräumt, Professoren zu berufen und zu ernennen.

Auf diese Schwierigkeiten wird in jüngerer Zeit mit einer neuen Art der Stiftungsprofessur reagiert, welche die größte deutsche wissenschaftsfördernde Stiftung, die Volkswagenstiftung in Hannover, seit 2002 als „Lichtenberg-Professur" anbietet. Mit einem Förderangebot für Stiftungsprofessuren, das für besonders innovative Forschungsbereiche aus allen Fachgebieten offen ist und sich an potenzielle Inhaber auf jeder der möglichen Besoldungsstufen (und damit Qualifikationsstufen) richtet, wird versucht, das Innovationspotential des vorgesehenen Forschungsbereichs und gleichzeitig die persönliche Qualifikation des vorgesehenen Inhabers zum Gegenstand der wissenschaftlichen Begutachtung und im positiven Fall in dieser Kombination von inhaltlicher Ausrichtung und Inhaber der Professur zur Bewilligungsgrundlage zu machen. Da der entsprechende Antrag zwar zwischen der Hochschule und dem vorgesehenen Inhaber der Professur abgestimmt werden muss, aber der Stiftung gegenüber ausschließlich von letzterem vertreten wird, sind Diskrepanzen zwischen dem wissenschaftlichen Auftrag der Stiftungsprofessur und den Forschungsinteressen des Inhabers nicht zu erwarten.

Allerdings ergeben sich an anderer Stelle Schwierigkeiten, die exemplarisch verdeutlichen, wie stark auch Stifter sich einerseits mit den Besonderheiten und strukturellen Bedingungen von Gesellschaftsbereichen auseinandersetzen müssen, die durch ihre Förderung ja unterstützt werden sollen, und wie nötig andererseits Stifter als Impulsgeber sind, um mit ihren Mitteln Verkrustungen aufzubrechen und Anstöße für Verbesserungen zu geben. Bei der neuen Form von Stiftungsprofessuren tritt der profitierende Wissenschaftler als Antragsteller auf und unterzieht sich einem zweistufigen, auch auf seine persönliche wissenschaftliche Qualifikation bezogenen Prüfverfahren, das eine schriftliche Fachbegutachtung und im Falle eines positiven Resultats eine persönliche Präsentation vor einem Gutachterkreis beinhaltet. Dieses Verfahren ersetzt aus Sicht der anbietenden Stiftung die üblichen Verfahren der Qualitätssicherung vor der Berufung von Professuren, die Habilitation und das Berufungsverfahren. Insofern lässt sich die Stiftung auf die in der Wissenschaft geltenden Ansprüche an die Qualitätssicherung ein. Andererseits verfolgt sie mit den neuen Verfahren auch wissenschaftspolitische Zielsetzungen, die über die Optimierung des Zusammenspiels von innovativer Forschungsrichtung und einschlägigem Inhaber der Stiftungsprofessur hinausgehen. So sollen mit dem neuen Verfahren den Hochschulen Anreize gegeben werden, ihre Personalpolitik in Richtung auf eine aktive Rekrutierung von Professoren und Professorinnen, auf eine Kopplung mit der mittelfristigen Strukturplanung, auf eine Stärkung der Selbständigkeit jüngerer Wissenschaftler und auf die Bereitstellung von konkreten Karriereperspektiven für Inhaber von Stiftungsjuniorprofessuren hin zu gestalten. Implementationsschwierigkeiten ergeben sich dabei insbesondere, weil jene in der Wissenschaft üblichen Verfahren der Qualitätssicherung, die mit dem Angebot der neuen Art der Stiftungsprofessur durch (vermeintlich oder tatsächlich) bessere ersetzt werden sollen, in der einschlägigen Landesgesetzgebung ihren Niederschlag gefunden haben und auch von Hochschulen, die dem neuen Angebot aufgeschlossen gegenüber stehen, nicht übergangen werden können.

2.5 Förderung von Wissenschaft und Forschung

Anhand der neuen Form der Stiftungsprofessur ist bereits deutlich geworden, wie eng Stiftungen gerade im Wissenschaftsbereich in Interaktion mit staatlichen Einrichtungen treten und es dabei auch zu Reibungspunkten kommt, die nicht zuletzt der gesellschaftlich gewünschten Rolle Stiftern (und insbesondere Stiftungen) als Impulsgeber und Veränderungsmotor geschuldet sind.

Ein grundsätzliches Problem, das sich auch von der Satzung vieler Stiftungen her stellt, ist die Zusätzlichkeit der bereitgestellten Förderung. Mit dem Gedanken der Zusätzlichkeit wird davon ausgegangen, dass von anderer (insbesondere staatlicher) Seite die Grundausstattung wissenschaftlicher Einrichtungen zur Verfügung steht und Förderungen von daher immer als Ergänzung hinzutreten und Forschungen ermöglichen, die ohne Unterstützung der Stiftung nicht zustande kommen. Gerade bei der Einrichtung von Professuren lässt sich vor diesem Hintergrund aus zwei Richtungen fragen, ob nicht entweder der Staat entgegen dem Auftrag vieler Stiftungen lediglich von seinen Aufgaben entlastet wird oder die Einrichtung von zusätzlichen Professuren eher auf das Wirken in einem randständigen Bereich der Wissenschaft und auf Fachgebiete zielt, die als Ergebnis des Aushandlungsprozesses zwischen Staat und Wissenschaft mit Recht nicht prioritär unterstützt werden. Allerdings lehrt die Erfahrung, dass gerade in der Wissenschaft Impulse für die Forschung oft aus vermeintlichen Randgebieten kommen und eine entsprechende Förderung insofern auch den Eigentümlichkeiten dieses Fördergebietes gerecht wird.

Problematischer mit Blick auf die Legitimität des Eingreifens von Stiftern in das Wissenschaftssystem ist die gängige Praxis, für Professuren einerseits nur eine fünfjährige Startfinanzierung zur Verfügung zu stellen und andererseits eine Weiterfinanzierung der Stiftungsprofessur durch die Universität bzw. den Staat zur Bewilligungsauflage zu machen. Zwar wird aus Sicht des Stifters die angestrebte Veränderung so auf Dauer gestellt. Andererseits ermächtigt sich der Stifter, die langfristige Ausrichtung von Universitäten mitzubestimmen, ohne in entsprechendem Ausmaß Mittel zur Verfügung zu stellen. Versuche von Destinatären, Stifter zu einer längerfristigen Finanzierung heranzuziehen sind daher ebenso verständlich wie das Pochen auf der universitären bzw. staatlichen Autonomie in Bezug auf die Strukturplanung. Bei der neuen Form der Stiftungsprofessur äußern sich auch derartige Legitimitätsprobleme in der Durchführung eines Berufungsverfahrens in Ergänzung zum stiftungsinternen Auswahlprozess, der dieses eigentlich ersetzen sollte. Unter Hinweis auf weitgehende Mitbestimmungsansprüche von Stiftern kommt es auch zum Zurückweisen von Förderangeboten durch Hochschulen.

Insgesamt ändert das aber nichts an der Attraktivität von Stiftungsprofessuren für Stifter wie Hochschulen: Es ist im Gegenteil davon auszugehen, dass in einer reicher werdenden Gesellschaft, die sich einen armen Staat erlaubt, sowohl die Prestige- und Gestaltungsmöglichkeiten auf Seiten der Stifter als auch die Möglichkeiten zur Einwerbung einer umfassenden Finanzierung für innovative Forschungen auf Seiten der Hochschulen künftig noch verstärkt genutzt werden.

2.6 Die Förderung der Kultur als Stiftungszweck

Von Florian Mercker und Fokke Peters

Stiftungen als Teil des Gemeinwesens dienen der Verwirklichung unterschiedlichster Ziele und Vorhaben. Die Förderung der Kultur stellt dabei neben Themen der Gesundheitsversorgung und solchen der Wissenschaft und Bildung einen der wichtigsten Bereiche privater Finanzierung durch Stiftungen dar. Der Kulturbegriff beschreibt dabei in der allgemeinsten Form geistige Werte, Gestaltungsregeln und Sprachebenen als Gesamtheit aller Lebensäußerungen. Ein einheitlicher oder abgegrenzter Kulturbegriff besteht hingegen nicht. Jede Institution und Organisation legt sich einen auf die jeweiligen Bedürfnisse zugeschnittenen Kulturbegriff zu. So grenzt die Kultusministerkonferenz ihren Kulturbegriff anders ab als beispielsweise der Deutsche Städtetag oder das Statistische Bundesamt.[1] Die UNESCO teilt die Kulturförderung ein in die Kategorien:

– Kulturelles Erbe (Denkmalschutz, Museen),
– Druckerzeugnisse und Literatur,
– Musik,
– Darstellende Kunst (Theater, Ballett),
– Bildende Kunst,
– Film und Photographie,
– Hörfunk und Fernsehen,
– Soziokulturelle Aktivitäten (Vereine, religiöse Gruppen),
– Sport und Spiele (Sportvereine, Sportanlagen),
– Natur und Umwelt (Parks und Spielplätze),
– Allgemeine Kulturverwaltung.

Auf der Grundlage dieser weiten Definition der UNESCO wären aber nahezu alle Lebensbereiche, die der privaten Förderung zugänglich sind, als Teilbereiche der Kultur zu verstehen. Diese Weite ist der Abgrenzung zu anderen Förderungszwecken aber nicht dienlich. Der Kulturbegriff dieses Beitrages umfasst aber dennoch ersichtlich mehr als die darunter meist allein subsumierte Förderung der Kunst. Er orientiert sich insoweit an der in der juristischen Diskussion entwickelten Feststellung, nach der die kulturellen Aktivitäten bei aller Unterschiedlichkeit das gemeinsame Merkmal aufweisen, sich zentral mit geistigen Objekten zu be-

---

[1] Vgl. hierzu die tabellarische Übersicht bei *Naumann,* Kulturförderpolitik, S. 9.

2.6 Die Förderung der Kultur als Stiftungszweck

fassen.[2] Die Förderung der Kunst stellt insoweit nur einen – wenn auch äußerst wichtigen – Teilbereich der Förderung durch Stiftungen dar.

In rechtlicher Hinsicht ist der Zweck der Förderung der Kultur eingeordnet in den Dritten Abschnitt der Abgabenordnung (AO), den steuerbegünstigten Zwecken der §§ 51 ff. Diese geben den rechtlichen Rahmen vor. In den Genuss dieser Steuervergünstigungen kommen generell Körperschaften, die – so das Gesetz – ausschließlich und unmittelbar gemeinnützige, mildtätige oder kirchliche Zwecke verfolgen. Eine solche Körperschaft ist dann gemeinnützig, wenn deren Tätigkeit darauf gerichtet ist, die Allgemeinheit auf materiellem, geistigem oder sittlichem Gebiet selbstlos zu fördern. Die Förderung kultureller Aktivitäten fällt somit als gemeinnütziger Zweck der Förderung von Kunst und Kultur unter die Einreihung des § 52 Abs. 2 Nr. 1 AO. Die Förderung der Allgemeinheit liegt aber nur dann vor, wenn die Tätigkeit auch jedermann zugute kommt. In der Praxis lässt sich die Zweckverfolgung häufig aber nur einschränkend beschreiben, sodass im Einzelfall die Erfüllung des unbestimmten Rechtsbegriffes Allgemeinheit zu überprüfen ist. Auf der anderen Seite ermöglicht § 10b Abs. 1 des Einkommensteuergesetzes (EStG) mit seinen Sätzen 1 und 2 die steuerbegünstigte Förderung mildtätiger, kirchlicher, religiöser, wissenschaftlicher Zwecke in bestimmten Umfang. Für wissenschaftliche, mildtätige und die als besonders förderungswürdig anerkannten kulturellen Zwecke verdoppelt sich diese Höhe der Fördermöglichkeit sogar.

Das Abgabenrecht unterscheidet so in § 52 Abs. 2 Nr. 1 AO zwischen der Förderung von Kunst und Kultur. Kultur umfasst nach der Abgabenordnung alles das, was Menschen ohne Zutun der Natur gestalten.[3] Hierzu zählt nicht nur die Kunst, sondern auch Wissenschaft, Philosophie, Ethik, Religion, Sprache, Literatur, Bildung und Erziehung, Politik, Recht, Technik, aber – obwohl in § 52 Abs. 2 Nr. 1 besonders benannt – auch der Umwelt-, Landschafts- und Denkmalschutz sowie die Pflege des Heimatgedankens.

Nach der einkommenssteuer- bzw. spendenrechtlichen Definition, die ergänzend herangezogen werden kann, stellt die Förderung kultureller Zwecke die ausschließliche und unmittelbare Förderung der Kunst, die Förderung der Pflege und Erhaltung von Kulturwerten sowie die Förderung der Denkmalpflege dar.[4] Die Förderung der Kunst umfasst die Bereiche der Musik, der Literatur, der darstellenden und der bildenden Kunst und schließt die Förderung von kulturellen Einrichtungen wie Theater und Museen sowie von kulturellen Veranstaltungen wie Konzerten und Kunstausstellungen mit ein. Kulturwerte sind in diesem Zusammenhang

---

[2] Vgl. *Grimm,* Kulturauftrag im staatlichen Gemeinwesen, S. 46, 60; eine Übersicht zu der Verknüpfung zwischen geisteswissenschaftlichem Kulturbegriff liefert *Thiel,* Die verwaltete Kunst; S. 49 ff.; zur Entwicklung eines spezifisch rechtlichen Kulturbegriffs vgl. *Naucke,* Der Kulturbegriff in der Rechtsprechung des Bundesverfassungsgerichts, S. 19 ff.

[3] *Tipke/Kruse,* Kommentar zur Abgabenordnung und Finanzgerichtsordnung, Loseblattslg., 1961/2003 ff., Tz. 11 zu § 52.

[4] Vgl. hierzu Anlage 7 zu Abschnitt 111 Abs. 1 der Einkommensteuerrichtlinie (EStR).

Gegenstände von künstlerischer und sonstiger kultureller Bedeutung, Kunstsammlungen und künstlerische Nachlässe, Bibliotheken, Museen, Archive sowie andere vergleichbare Einrichtungen. Die Förderung der Denkmalpflege bezieht sich auf die Erhaltung und Wiederherstellung von nach den jeweiligen landesrechtlichen Vorschriften anerkannten Baudenkmälern.

Die Anforderungen an die potentiell Begünstigten, die Destinatäre, sollen durch Kriterien wie die Schlüssigkeit des geförderten Konzeptes, die Transparenz der Mittelverwendung, eine übersichtliche Verwaltung und eine wirksame Effizienzkontrolle bestimmt sein.[5]

Sponsoring kann ebenfalls ein Mittel der Kulturförderung darstellen. Sponsoring ist aber deutlich von der Förderung der Kultur durch gemeinnützige Organisationen abzugrenzen. Da das Ziel des Sponsoring das Erreichen eines unternehmerischen Marketing- oder Kommunikationsergebnisses ist, kommen diese Aktivitäten nicht in den Genuss einer steuerlichen Begünstigung zur Förderung gemeinnütziger Vorhaben. Der Sponsor investiert dort, wo die Aktivität einen unternehmerischen Erfolg nach sich ziehen kann und soll. Die Förderung dient der Reputation und dem Imagegewinn. Somit ist sie nicht selbstlos. Die Aufwendungen sollen als Betriebsausgaben steuerlich absetzbar sein. Eine daraus folgende Steuerbegünstigung setzt dazu in aller Regel eine konkrete Gegenleistung des Gesponserten voraus.

Aber auch eine zu enge Anbindung an ein Unternehmen, das die fördernde Stiftung trägt, kann für die Anerkennung einer gemeinnützigen Förderung gefährlich sein. Auch hier kann die Selbstlosigkeit der Förderung aus steuerlicher Sicht fraglich sein.

Über die von Stiftungen betriebene Kulturförderung sind Daten kaum verfügbar. Die genaue Anzahl der Stiftungen, die in diesem Bereich tätig sind, liegt ebenso im Dunkeln wie ihr jährliches Gesamt-Ausgabenvolumen. Diese Defizite hängen zunächst mit der grundsätzlichen Schwierigkeit zusammen, „Kultur" als Förderungsziel trennscharf einzugrenzen. Etwa im Bereich der Soziokultur, in dem viele Stiftungen sich erfolgreich engagieren, fällt es nicht selten schwer zu entscheiden, ob eine Maßnahme noch dem Gebiet der „Kultur" zugeordnet werden soll. Diese Abgrenzungsschwierigkeit betrifft weitere Grenzbereiche des Sektors Kultur ganz ähnlich, etwa die Bildung. Zu dieser methodischen Schwierigkeit tritt hinzu, dass die reiche deutsche Stiftungslandschaft nach wie vor statistisch nicht vollständig erschlossen ist. Für wichtige Teilbereiche, wie etwa die Tätigkeit der „unselbständigen Stiftungen", liegen bis heute nahezu keine Daten vor.

Immerhin haben vor allem der Bundesverband Deutscher Stiftungen und das Maecenata Institut die zahlenmäßige Situation der selbständigen Stiftungen besser erschließen können, danach geben rund 15 % der Stiftungen die Kulturförderung

---

[5] s. Kapitel 8.5. Zu den Anforderungen nach der Abgabenordnung an die fördernde Institution s. Kapitel 5.1; zur Besteuerung der Destinatäre s. Kapitel 5.5.

2.6 Die Förderung der Kultur als Stiftungszweck

als ihren Zweck an.[6] Hierbei ist allerdings zweierlei zu bedenken: Wie bereits angesprochen wurde, verwirklichen auch diejenigen Stiftungen, die Kulturförderung nicht als ihren spezifischen Stiftungszweck bezeichnen würden, häufig Projekte, die durchaus in den kulturellen Bereich hineinragen. Zudem umfassen die aktuell verfügbaren Daten zwar die Mehrheit der Stiftungen in Deutschland, aber keineswegs alle, so dass sich über Anzahl und Zielsetzung der nicht erfassten Stiftungen spekulieren lässt.

Bedauerlicherweise ist der finanzielle Umfang der Stiftungsförderung für die Kultur noch weniger statistisch erfasst. Eine plausible Schätzung könnte gering unterhalb von 100 Millionen Euro jährlich liegen.[7] Damit bewegt sich die altruistische Förderung der Kultur durch Stiftungen weit unterhalb der privaten Kulturförderung im Wege des Sponsoring oder aufgrund von vergleichbaren Förderbeziehungen (entsprechend einer auf Umfragen des ifo-Institutes basierenden Hochrechnung 1990: ca. 180 Mio. Euro[8]; 1994: ca. 255 Mio. Euro[9]; nach anderen Zahlen für 1994 etwa 415 Millionen Euro[10]).

Bei allen Aktivitäten von Stiftungen stellt sich die Frage nach ihren Motiven in zweifacher Richtung, in Richtung des Ziels der Förderung und in Richtung des fördernden Subjekts. Für die Kultur also: Warum fördern Stiftungen gerade die Kultur[11]? Oder in der Gegenrichtung: Warum sollten besonders Stiftungen die Kultur fördern?

Die möglichen Antworten auf die Frage „Warum gerade Kulturförderung als Stiftungsziel?" umfassen ein breites Spektrum: Auf der einen Seite steht die traditionelle Vorstellung, der Stifter sei im Rahmen von Wirtschaftsfreiheit und Privatautonomie schlicht frei, seinen persönlichen Zielsetzungen Dauer zu verleihen. Welche Ziele er auswähle, berühre zwar auch die Gesellschaft insgesamt, bleibe aber gleichwohl seine freie Entscheidung, solange die Stiftung das Gemeinwohl nicht gefährde. Diese Vorstellung mag wenig modisch erscheinen, stimmt aber

---

[6] *Bundesverband Deutscher Stiftungen,* Verzeichnis Deutscher Stiftungen 2005, XVI; *Anheier,* Das Stiftungswesen in Deutschland. S. 41, 66; *Sprengel,* Statistiken zum Deutschen Stiftungswesen.

[7] *von König,* in: Bundesverband Deutscher Stiftungen und Kulturkreis der Deutschen Wirtschaft, Kulturstiftungen als Impulsgeber in einem zusammenwachsenden Europa, S. 26, 30, operiert für die zweite Hälfte der neunziger Jahre mit begründeten Schätzungen zwischen 100 und 184 Millionen DM.

[8] *Hummel,* in: Strachwitz / Toepler; Kultur-Förderung: mehr als Sponsoring, S. 57, 65; dort: 360 Mio. DM.

[9] *Ebker,* Politische Ökonomie der Kulturförderung, S. 70; dort: 510 Mio. DM.

[10] *von König,* in: Bundesverband Deutscher Stiftungen und Kulturkreis der Deutschen Wirtschaft, Kulturstiftungen als Impulsgeber in einem zusammenwachsenden Europa, S. 30.

[11] Die Darstellung folgt bewusst nicht der verbreiteten Sichtweise, die Kunst als den Schwerpunkt und „Kultur" in der Art einer zweifelhaften Erweiterung betrachtet (so *Schmidt,* in: Bertelsmann Stiftung, Handbuch Stiftungen, 2. Aufl., S. 97 ff.), sondern sieht „Kultur" als den maßgeblichen Leitbegriff an, für den die Förderung der Kunst nur einen wichtigen Teilaspekt bildet.

immerhin mit der historischen Entstehung der Rechtsinstitution „Stiftung" überein. Schließlich war es gerade eine Kulturstiftung, die in der deutschen Rechtsgeschichte den ersten großen Leitfall dafür lieferte, dass der Stifter frei ist, auch außerhalb der traditionellen kirchlichen und mildtätigen Zwecke ein Ziel nach seinem Ermessen – gerade auch im Bereich der Kultur – auf Dauer festzulegen.[12] Allerdings bleibt dieser Ansatz unbefriedigend, da er der heutigen Auffassung, das Eigentum sei sozial gebunden (Art. 14 Abs. 2 GG), nicht Rechnung trägt.[13]

Am anderen Ende des Spektrums findet sich die in jüngster Zeit vordringende Auffassung, Stiftungen sollten in Zeiten leerer öffentlicher Kassen die vormals vom Staat ausgefüllten Funktionen im Kulturbereich übernehmen. In dieser Sichtweise ist die Aktivität von Stiftungen nicht frei, sondern muss sich zwangsläufig, weil sie dem „Ersatz" des Staates dienen soll, vorrangig auf Maßnahmen richten, die dem Gemeinwohl dienen. Niemand wird ernstlich bestreiten, dass der Bedarf für eine solche Hilfeleistung besteht, nachdem sich das staatliche Engagement auf dem Gebiet der Kultur wie auch in vielen anderen Sektoren wohl auf Dauer verringern wird. Mag man in einem solchen Rückzug des Staates den notwendigen Abbau wohlfahrtsstaatlicher Überversorgung sehen oder ihn als ein Folgeübel der Globalisierung geißeln, die Hoffnung liegt nahe, dass Stiftungen einspringen könnten, um hier neue, adäquatere Handlungsformen und Schwerpunkte zu entwickeln.[14]

Allerdings: Für den Kulturbereich, soweit es das Gebiet Deutschlands betrifft, ist es illusorisch, eine solche Übernahme staatlicher Funktionen durch Stiftungen anzustreben. In den letzten Jahren hat sich die staatliche Kulturfinanzierung – wenn auch jüngst mit deutlichem Abwärtstrend – in einer Höhe von immerhin etwa acht Milliarden Euro pro Jahr eingependelt.[15] Hält man sich die oben genannten Schätzungen der Kulturausgaben durch Stiftungen vor Augen (100 Millionen Euro, also rund 1 % der staatlichen Ausgaben), ist offensichtlich selbst bei gleichzeitiger massiver Verringerung staatlicher Finanzierung und Erhöhung der Stiftungsausgaben eine Substituierung schlicht undenkbar. Betont man – zu Recht[16] – die zentrale Rolle der Kultur für unser Gemeinwesen, dann wäre es außerdem systematisch

---

12 Vgl. zur Stiftung des 1816 verstorbenen J. F. Städel und zum jahrzehntelangen Streit um ihre Genehmigung *v. Campenhausen,* in: Bertelsmann Stiftung (Hrsg.), Handbuch Stiftungen, 2. Aufl., S. 35.

13 Ebenso wenig dem internationalen Vergleich, innerhalb dessen die Zulassung privatnütziger Stiftungen nach deutschem Recht als ein Fremdkörper erscheint, vgl. dazu die ausführliche Untersuchung bei *Schlüter,* Stiftungsrecht zwischen Privatautonomie und Gemeinwohlbindung; S. 4, 333 ff..

14 In diese Richtung *Bertelsmann Stiftung* (Hrsg.), Handbuch Stiftungen, Einleitung, S. 3 unter Berufung auf den ehemaligen Bundespräsidenten Herzog.

15 Vgl. *Statistische Ämter des Bundes und der Länder* (Hrsg.), Kulturfinanzbericht 2003, S. 22.

16 Vgl. etwa *v. König,* Kulturstiftungen in Deutschland, in: Aus Politik und Zeitgeschichte, Bd. 49/2004, S. 18.

inkonsequent, den kulturellen Bereich damit einerseits zur staatlichen Aufgabe zu erklären und andererseits seine Aufrechterhaltung privaten Stifterinteressen zu überantworten. Aus beiden Gründen kann es also für Stiftungen nicht das Ziel sein, die herkömmlichen staatlichen Aufgaben zu übernehmen, also ein flächendeckendes Kulturangebot sicherzustellen. Als Ziel für die Stiftungsarbeit eignet sich nur die Durchführung einzelner, dafür besonders pointierter Maßnahmen.

Umso schärfer drängt sich die Frage auf: warum und mit welchen spezifischen Zielsetzungen dann Kulturförderung gerade durch Stiftungen? Diese Frage trifft vor allem die klassischen Förderstiftungen und operativen Stiftungen. Anstaltsstiftungen, die der dauerhaften Erhaltung einer Gesamtheit bereits vorhandener Gegenstände dienen, über deren kulturellen Wert weitgehender Konsens besteht, sind von dieser Fragestellung dagegen kaum betroffen. Der fortlaufende Betrieb etwa privater Sammlungsstiftungen entsprechend den großen Vorbildern der Stiftungsgeschichte (z. B. jüngst Stiftung Frieder Burda) oder auch öffentlicher Stiftungen wie der Stiftung Preußischer Kulturbesitz erfordert allenfalls langfristige Kurskorrekturen. Dagegen starten operative Stiftungen und Förderstiftungen mit jedem kommenden Projekt jeweils neu, so dass sie stets erneut zur Selbstreflexion über ihre Ziele aufgerufen sind.[17]

Ihnen hilft die Tatsache weiter, dass Stiftungen im Normalfall Initiativen aus dem privaten Bereich sind.[18] Aus dieser Charakteristik leitet sich eine negative und eine positive Forderung ab: Private Kulturstiftungen sollten zum einen das nicht tun, was der Staat als seine eigene Aufgabe begreifen sollte. Sie sollten, verkürzt gesprochen, nicht versuchen, flächendeckend kulturelle Daseinsvorsorge zu betreiben, sondern die „Besonderheiten" unterstützen, die sich der generalisierenden, oft schwerfälligen staatlichen Unterstützung, die es bei knappen Kassen möglichst allen recht machen will, stets entziehen werden. Positiv gewendet sollten Stiftungen das tun, was die private Initiative auszeichnet, sie sollten innovativ und flexibel sein, konkurrenzbewusst, um einen Wettbewerb der Ideen bemüht. Gleichzeitig sind Stiftungen durch ihre rechtliche Konstruktion auf langfristigen Einsatz, auf Nachhaltigkeit ausgerichtet. Diese Spannung zwischen Innovation und Orientierung an langfristigem Denken und dem Einbezug der Tradition findet im Sektor „Kultur" ein besonders dankbares Feld, da hier eine ganz ähnliche Spannung ständig wirksam ist, die stärker ausgeprägt erscheint als in anderen Gebieten der Stif-

---

[17] Umso erstaunlicher ist es, dass namhafte Vertreter privater Kulturstiftungen selbst bei einer Darstellung dieses Unterschiedes jede Äußerung zur Frage „Warum Kulturförderung durch private Stiftungen?" vermissen lassen, vgl. *v. König,* Kulturstiftungen in Deutschland, in: Aus Politik und Zeitgeschichte, Bd. 49/2004, S. 13–18.

[18] Es sei allerdings nicht unterschlagen, dass gerade im Bereich der Kultur die öffentlich errichteten Stiftungen eine maßgebliche Rolle spielen, seien es Einrichtungen wie die Stiftung Preussischer Kulturbesitz, die Kulturstiftung der Länder oder die jüngere Kulturstiftung des Bundes. Für diese Stiftungen, die in enger Nähe zum Staat operieren, stellen sich die Fragestellungen zu kulturpolitischer Funktion und Ausrichtung in ganz spezifischer Weise, die von dem hier diskutierten Normalfall deutlich abweicht.

tungsarbeit. Sei es soziales Engagement oder Forschung, zumeist überwiegt in diesen Gebieten entweder der bewahrende oder der innovative Aspekt – im Bereich der Kultur sind diese Kräfte dagegen in ständiger Auseinandersetzung, wie auch in der inneren Struktur einer privaten Stiftung.

Vertiefung für diesen Ansatz bieten die Begriffe „Ergänzungsfunktion" und „Innovationsfunktion", die in der allgemeinen Diskussion über mögliche Zielsetzungen des dritten Sektors erarbeitet wurden.[19] Sie lassen sich ausgezeichnet auf die Förderung der Kultur durch Stiftungen übertragen: Die Ergänzungsfunktion dient der Unterstützung gesellschaftlicher Bedürfnisse, denen die übliche staatliche Unterstützung nicht gerecht werden kann. Sie stellt Möglichkeiten bereit, durch das feine Sensorium vielfältiger privater Initiativen diejenigen wünschenswerten Ziele zu erkennen und zu verwirklichen, denen der Staat nicht gerecht wird, sei es, weil er aus Finanznot nicht kann, sei es, weil er aufgrund kulturpolitischer Prioritätensetzung nicht will.[20] Hier finden sich Handlungsformen wieder, die, wie etwa die Gewährung von Künstler-Stipendien, nur einem kleinen Teil der Allgemeinheit dienen und daher kaum als Daseinsvorsorge vom Staat eingefordert werden könnten. Stiftungen sollten im Sinn der Ergänzungsfunktion nach ihrem ganz individuellen Ziel suchen, ihrem „Alleinstellungsmerkmal". Allerdings darf dabei das Gemeinwohl nicht aus den Augen geraten. Zugespitzt: Wenn die Stiftung einen Bedarf fördert, den niemand anders als der Stifter selbst sieht, dann verlangt dies schon nach besonders durchdachter Begründung, um die Öffentlichkeit davon zu überzeugen, dass ein Anliegen des Gemeinwohls im Zentrum steht.

Die Innovationsfunktion, generell als die Unterstützung von risikoreichen, durch das Marktgeschehen oder die Politik nicht realisierbaren Initiativen verstanden, findet im Bereich der Kultur einen besonders passenden Ort: Innovative Formen des Kunstschaffens, politisch für staatliche Stellen zu brisant erscheinende Formen kulturellen Dialogs oder neue Formen des sozialen Engagements von Kunst sind geradezu das ideale Ziel für die Verwirklichung des stifterischen Engagements.[21] Zwar ist ein gesundes Maß an Skepsis angebracht, ob die zeitgenössische Kultur nicht zur Scheininnovation neigt[22], doch zeigt die Erfahrung immer wieder, dass sie auf der anderen Seite kreatives Potential mit beachtlicher Ausstrahlungswirkung besitzt.

Es wird kaum einen Stifter geben, der sich den Leitlinien nicht freudig anschlösse, die sich aus der Ergänzungsfunktion und der Innovationsfunktion ableiten lassen. Allein: So abstrakt sie sind, sie bergen auch einiges kritisches Potential

---

[19] Vgl. *Anheier*, in: Bertelsmann Stiftung (Hrsg.), Handbuch Stiftungen, 2. Aufl., S. 47; ähnlich *Naumann*, Kulturförderpolitik, S. 22 ff.

[20] In diesem Sinn z. B. *Strachwitz*, in: Strachwitz / Toepler, Kulturförderung, S. 15 ff., 22.

[21] Vgl. z. B. *Wemmer*, in: Strachwitz / Toepler, a. a. O., S. 151, 155 f.

[22] Lesenswert hierzu die grundlegende Kritik des „Neuen" in der Kunst bei *Groys*, Über das Neue, Versuch einer Kulturökonomie, insbesondere S. 33 ff.

gegenüber der Stiftungspraxis.[23] Z. B. ist die Frage durchaus angebracht, ob es Innovation oder Ergänzung des Kulturlebens fördert, wenn ein Stifter ein neues städtisches Ausstellungshaus einrichtet, dessen Konzeption nicht erkennbar über die Anliegen der fast benachbarten, von traditionsreichem Bürgerengagement getragenen Kunsthalle hinausgeht. Ein anderes Beispiel ist die Vergabe von Preisen, die nur in einem Teil der Fälle – z. B. wenn das Preisgeld für die Entwicklung eines herausragenden Vorhabens zweckgebunden ist, das im Grunde erst einer Preisverleihung würdig sein wird – eine der beiden genannten Funktionen erfüllt. In vielen dieser Konstellationen werden sich Stifter und Stiftung die Frage gefallen lassen müssen, ob die Arbeit der Stiftung primär Interessen der Allgemeinheit befördert oder im Wesentlichen ihre eigenen.

Praxis der Kulturförderung durch Stiftungen

Zwingt schon das „Warum" der Kulturförderung durch Stiftungen zur ständigen Überprüfung der eigenen Ziele und Legitimation, gilt dies beim „Was" nicht minder. Ist nur die klassische Hochkultur ein legitimes Ziel? Dürfen es, müssen es zeitgenössische, experimentelle Kunstformen sein? Muss Kultur sich als Eingriff in die Gesellschaft verstehen, oder ist das Etikett „Kultur" allein ästhetisierenden, vom Alltagsleben abgehobenen Handlungsformen vorbehalten? Hier, wo die Zielsetzungen der Stiftungsarbeit praktisch werden sollen, ist die Stiftung in der Wahl ihrer Prioritäten und Handlungsweisen ganz frei. Dies folgt schon aus der inzwischen generellen Akzeptanz des weiten Kulturbegriffs[24]. Das gleichberechtigte Nebeneinander von Ergänzungsfunktion und Innovationsfunktion verdeutlicht zudem, dass die Orientierung an der innovativen, zeitgenössischen Kultur nur eine Seite der Medaille darstellt; die Erhaltung des kulturellen Erbes steht gleichberechtigt daneben, soweit diese nicht ohnehin staatliche Aufgabe ist.

Die Nagelprobe für die Zielsetzung einer Stiftung, auch und gerade im kulturellen Bereich, bietet die Umsetzung eigener Projekte. Anders als bei Förderung von Projekten Dritter erlebt die Stiftung hier unmittelbar, ob die gesetzten Ziele als Teil des Stiftungszwecks angemessen realisierbar sind, und ob die gewählten Wege zum Ziel dem eigenen Selbstverständnis in der Praxis entsprechen. Allerdings bringt diese Nähe zu Prozess und Ergebnis eines Projektes auch größere Risiken mit sich, sei es mögliche öffentliche Kritik bei Misserfolgen oder im schlimmsten Fall wirtschaftliche Schwierigkeiten, die etwa aus mangelnder Publikumsresonanz resultieren können. Die erhebliche Arbeitsbelastung, die die Betreuung eigener

---

[23] Aufschlussreich ist hier etwa, dass Autoren, die entsprechende Überlegungen ebenfalls als Ausgangspunkt wählen, diese jedoch in den von ihnen angeführten Beispielen für erfolgreiche Stiftungsarbeit nur marginal berücksichtigen, vgl. z. B. *v. König,* Kulturstiftungen in Deutschland, in: Aus Politik und Zeitgeschichte, Bd. 49 / 2004, S. 13, 14.

[24] Vgl. *Thiel,* Die verwaltete Kunst; Rechtliche und organisatorische Aspekte öffentlicher Kulturverwaltung, S. 53 ff.

Projekte mit sich bringt, sollte ebenfalls nicht verschwiegen werden. Stiftungen, deren Vorstand ehrenamtlich arbeitet, können hier bei größeren Vorhaben überfordert sein.

Für die Förderung fremder Projekte als Alternative oder Ergänzung zu dieser operativen Tätigkeit spricht daher einiges, nicht zuletzt die Möglichkeit, durch eine Vielzahl von Kontakten zu Antragstellern eigene Anregungen zu erhalten. Bei der Eröffnung von Fördermöglichkeiten für die Allgemeinheit ist allerdings gute Planung besonders wichtig, um Frustration auf beiden Seiten zu vermeiden: Auf der Seite des Einsenders, der angesichts geringer Mittel möglicherweise keine reale Chance auf Förderung hat, auf der Seite der Stiftungsmitarbeiter, die sich im schlimmsten Fall statt um Inhalte um Massen-Antragsverfahren kümmern müssen. Ein interessanter Kompromiss zwischen beiden Wegen kann es sein, wenn der Stiftungsvorstand gezielt Drittprojekte auswählt, ohne zuvor unbeschränkt Anträge der Öffentlichkeit zuzulassen, und diese von Partnern durchführen lässt, deren Autonomie unangetastet bleibt. Dieses Verfahren hält den Verwaltungsaufwand gering und erreicht gleichzeitig große inhaltliche Wirkung. Nachteile bestehen allerdings darin, dass diese Variante mit Person und Sachkunde des Vorstands steht und fällt; auch besteht strukturell eine gewisse Gefahr, mangels von außen kommender Einflüsse die eigenen Zielsetzungen und Ansichten zu „betonieren".

In beiden Bereichen, der operativen Realisierung eigener Projekte und der Förderung Dritter, stehen Stiftungen vor der gleichen Frage, welche Kriterien den Ausschlag dafür geben sollen, inwieweit ein bestimmtes Projekt mit ihren Zielsetzungen zusammenpasst. Diese Frage stellt sich sowohl bei der anfänglichen Entscheidung für ein individuelles Projekt als auch bei der nachträglichen Überprüfung des Projekterfolges.

Idealtypisch liegt vor der Entscheidung für ein bestimmtes Projekt die Formulierung derjenigen Arbeitsziele für die Stiftung, die einen Ausschnitt der allgemeinen Stiftungsziele bilden, also z. B. die gezielte Förderung des grenzüberschreitenden Austauschs junger Komponisten als Arbeitsziel, wenn allgemeines Stiftungsziel die Förderung der Musikausbildung ist. Nächster Zwischenschritt ist die Formulierung spezifischer Projektziele, die die Stiftung mit dem individuellen Projekt verfolgen will. Um im Beispiel zu bleiben: Reicht es für das Arbeitsziel „Austausch junger Komponisten" schon aus, wenn das spezifische Projektziel darin liegt, durch den Austausch allgemeine internationale Erfahrung zu fördern, oder soll das Arbeitsziel erst dann als erreicht gelten, wenn es einer relevanten Zahl von Teilnehmern gelingt, im Ausland beruflich Fuß zu fassen? Nur wenn die Stiftung vor Projektstart ihre Zieldefinitionen in dieser Weise verfeinert, wird es gelingen, messbare Kriterien für Erfolg oder Misserfolg eines Projektes zu formulieren.

Die damit angesprochene Evaluation von Fördermaßnahmen für den Kulturbereich ist nach wie vor kaum verbreitet. Der Sinn von Evaluation ist jedoch offensichtlich: Stiftungen verteilen knappe Ressourcen. Wenn sie ihren Erfolg auch nicht nach wirtschaftlichen Gesichtspunkten messen müssen, kann eine Evaluation vorangegangener Projekte doch entscheidende Hinweise dafür liefern, welche Arten von Projekten zur Erreichung der Stiftungsziele geeigneter bzw. weniger geeignet sind, oder, in ökonomischer Terminologie: Ob die Allokation der Ressourcen im Interesse der Strategie angepasst werden sollte. Dabei ergibt sich schon aus der prinzipiellen Struktur von Stiftungen ein Kriterium, das in der Evaluation stets eine Rolle spielen wird – Stiftungen sind auf Dauer angelegt, auch ihre Fördermaßnahmen müssen daher in langfristiger Perspektive überzeugen. Zielsetzungen und Praxis der Stiftung sollten zusammenstimmen, sie sollten verlässlich sein und nicht kurzfristigem Wechsel unterliegen. Nachhaltigkeit ist damit eine strukturelle Forderung an die Ergebnisse von Stiftungsarbeit insgesamt.

Unter der unüberschaubaren Flut kultureller Aktivitäten bleibt die Auswahl von Beispielen gelingender Stiftungsarbeit zwangsläufig subjektiv geprägt. Immerhin lässt sich mit ihnen verdeutlichen, dass es in der Praxis sehr wohl gelingen kann, die oben angesprochenen Kriterien mit Leben zu erfüllen:

Im Rahmen der klassischen Projektarbeit liegt etwa das von der Allianz-Kulturstiftung verfolgte Projekt einer Internationalen Dirigenten Akademie, die ausgewählten Nachwuchsdirigenten eine Ausbildung im direkten Kontakt mit den großen Dirigenten ihrer Zeit ermöglicht, die durch Musikhochschulen oder staatliche Unterstützung nicht leistbar wäre. Hintergrund ist der für die großen Orchester spürbar werdende Mangel an Dirigenten herausragender Klasse. Folgerichtig wird das Projekt in enger Kooperation zweier bedeutender britischer Orchester realisiert, die den Kandidaten erste Dirigate vor großem Publikum ermöglichen können. Es ist auf eine dreijährige Laufzeit befristet und wird damit im Idealfall einer Gruppe von neun jungen Dirigenten den Start in eine internationale Karriere ermöglichen. Gerade diese Zuspitzung auf eine extrem kleine Zielgruppe macht den Reiz des Projektes aus: Einerseits ist selbstverständlich, dass nur wenige herausragende Talente für die ambitionierte Zielsetzung geeignet sind, andererseits reicht diese Anzahl aus, um das internationale Konzertgeschehen in der gewünschten Weise zu befruchten. Die Kooperation mit herausragenden Orchestern und Dirigenten sichert dabei die Qualität. Positiv auch, dass andere Musikprojekte der Allianz-Kulturstiftung vergleichbare Kennzeichen aufweisen, wie z. B. ein durch das Ensemble Modern getragenes Internationales Kompositionsseminar, das durch eine nachhaltige Ausbildung in einem sehr trennscharf definierten Bereich neue Berufsmöglichkeiten für eine Spitzengruppe eröffnet.

Im Bereich der Sammleraktivitäten, der seit jüngster Zeit deutlich kritischer betrachtet wird als in früheren Jahren (siehe die Diskussion um die Sammlung Flick), lassen sich ebenfalls herausragende Beispiele finden. Genannt sei hier etwa das Museum der Fondation Beyeler bei Basel, dessen stifterische Konzeption in vielfacher Hinsicht überzeugt. Zum einen ist die Zielsetzung eindeutig definiert – eine Stiftersammlung, die herausragende Künstler des 20. Jahrhunderts kanonartig umfasst, soll der Öffentlichkeit zugänglich sein – und mit der Person des Stifters, der diese Sammlung als Nebenergebnis seiner außergewöhnlich erfolgreichen Galeristentätigkeit über Jahrzehnte zusammengetragen hat, untrennbar verbunden, von seiner Geschäftstätigkeit jedoch streng getrennt. Die Stiftung hat sich zudem die Unterstützung der entscheidenden Partner gesichert, indem die Errichtung des Museums an eine langfristige Mitfinanzierung laufender Ausgaben durch die Kommune gebunden wurde, die wiederum durch einen Volksentscheid mit großer Mehrheit getragen wird.[25] Der Stifter steuerte im Gegenzug nicht nur die hohen Kosten der Gebäudeerrichtung bei, sondern trägt auch das verbleibende jährliche Defizit, hat also ein bleibendes Interesse, das Florieren zu unterstützen. Qualität der Arbeit und große Publikumsresonanz verdeutlichen das Gelingen eines solchen Modells, das trotz seiner nahezu idealen Vorbedingungen nicht singulär bleiben müsste.

---

[25] Zu Einzelheiten vgl. *Frey,* Arts & Economics: Analysis & Cultural Policy, S. 94 ff.

2.7 Die Förderung von kirchlichen oder religiösen Zwecken

Von Marcus Nelles

In Deutschland widmen sich zahlreiche private und öffentliche Stiftungen in unterschiedlichster Weise kirchlichen oder religiösen Zwecken. Die kirchlichen Stiftungen zu religiösen, aber auch wohltätigen oder gemeinnützigen Zwecken zählen zu den ältesten Stiftungen überhaupt. Erst seit der Säkularisierung übernahmen auch weltliche Stiftungen Aufgaben der Gemeinnützigkeit und Wohlfahrtspflege.[1] Heute existieren neben einigen privaten und zahlreichen öffentlichen kirchlichen Stiftungen, zu denen insbesondere die unzähligen Pfründe- und Ortskirchenstiftungen zu rechnen sind,[2] auch vereinzelt religiös motivierte Stiftungen, die nicht von einer Kirche, sondern von einer privaten oder einer staatlichen bzw. kommunalen Stelle verwaltet werden.[3] Und schließlich fördern private Stiftungen wie etwa die Deutsche Stiftung Denkmalschutz und ebenso öffentliche Stiftungen wie die Kulturstiftung der Länder oder die Deutsche Bundesstiftung Umwelt durch großangelegte Projekte oder Einzelleistungen gezielt kirchliche Institutionen und Einrichtungen, ohne jedoch selbst als Stiftung zur Förderung kirchlicher oder religiöser Zwecke oder gar als kirchliche Stiftung zu gelten.[4]

In diesem Beitrag soll der Begriff der kirchlichen und religiösen Zwecke im Stiftungsrecht definiert sowie dargestellt werden, welche Stiftungen sich der Förderung dieser Zwecke verschrieben haben und auf welcher rechtlichen Grundlage sich die Gründung, Aufsicht, Änderung und Aufhebung solcher Stiftungen vollziehen.

Daß der Begriff der kirchlichen Zwecke nicht ohne weiteres synonym zu dem der religiösen Zwecke verwendet werden kann, verdeutlicht die Formulierung in

---

[1] Vgl. schon OLG Celle, Urteil vom 5. 1. 1959 – I U 13/58, abgedr. in: Niedersächsischer Rechtspfleger 1959, S. 81.

[2] Die Einordnung der Pfründe- und Ortskirchenstiftungen als Stiftungen nicht des privaten, sondern des öffentlichen Rechts rechtfertigt sich aus dem öffentlich-rechtlichen Körperschaftsstatus der Kirche und dem Umstand, daß die Aufgaben der Kirche grundsätzlich als öffentliche Aufgaben anerkannt sind; siehe dazu das Urteil des Obersten Finanzgerichtshofs vom 12. 2. 1946, abgedr. in: Entscheidungen in Kirchensachen 1,1. Zur Anerkennung der Pfründestiftungen als öffentlich-rechtliche Körperschaften siehe auch das Urteil des OLG Zweibrücken vom 10. März 1966 – 2 U 150/65, abgedr. in: Monatsschrift für Deutsches Recht 1966, S. 672.

[3] Vgl. *Krag,* Kirchliche Stiftungen: Tradition mit Zukunft, S. 228.

[4] Vgl. *Frerk,* Finanzen und Vermögen der Kirchen in Deutschland, S. 334 ff.

Art. 38 Abs. 4 bayStiftG und Art. 20 Abs. 1 HessStiftG, in denen von „kirchlichen oder religiösen Zwecken" kirchlicher Stiftungen gesprochen wird.[5] Diese offensichtliche Unterscheidung zwischen religiösen und kirchlichen Zwecken legt die Vermutung und Deutungsmöglichkeit nahe, daß „kirchlich" als Oberbegriff, „religiös" als Unterbegriff möglicher Zweckbestimmungen zu verstehen ist, und daß als religiöse Zwecke nur solche bezeichnet werden können, die in unmittelbarem Zusammenhang mit dem religiösen Leben und der religiösen Betätigung der Kirche stehen, also dem Gottesdienst und der Verkündigung (einschließlich der religiösen Erziehung) dienen.[6] Die kirchlichen Zwecke wären demgegenüber weiter zu fassen.

Nach dem Selbstverständnis der Kirche ist diese dazu berufen, Gott und den Menschen in der Verkündigung der Botschaft des Glaubens, durch die Feier der göttlichen Geheimnisse in Gottesdienst und Liturgie, aber auch durch die Erziehung von Kindern und Jugendlichen und Werke der Nächstenliebe in gemeinnützigen und wohltätigen Einrichtungen zu dienen. Es liegt nicht im Verantwortungsbereich und auch nicht in der Kompetenz des Staates, über die Vielfalt kirchlicher Aufgaben zu urteilen und zu bestimmen, was als kirchliche oder religiöse Zwecksetzung anzuerkennen ist. Vielmehr ist es den Kirchen oder Religionsgemeinschaften selbst überlassen, ihre Aufgaben und Ziele zu benennen. Diese umfassen letztlich den gesamten Betätigungsbereich der jeweiligen Kirche oder Religionsgemeinschaft und können durch staatliche Gesetze nicht eingeschränkt werden.[7]

Konkret kommen als kirchliche Zwecke im Sinne des Stiftungsrechts neben der unmittelbaren Förderung des Gottesdienstes und der Glaubensverkündigung vor allem Aufgaben der Erziehung, des Unterrichts und der Wohlfahrtspflege in Betracht, ebenso die Unterhaltung von Kirchen und anderen kirchlichen Gebäuden, die Versorgung von Geistlichen und kirchlichen Angestellten sowie deren Hinterbliebenen, nicht zuletzt auch die Verwaltung des kirchlichen Vermögens.[8] Augenscheinlich ist damit der Begriff der kirchlichen Zwecke und Aufgaben im Stiftungsrecht weiter gefaßt als in der Definition des § 54 der Abgabenordnung, in der die kirchlichen von mildtätigen und gemeinnützigen Zwecken abgegrenzt und nur die unmittelbar einer Kirche zukommenden Förderungen als kirchliche Zwecke genannt werden. Es fehlen somit im Abgabenrecht jene Aufgabenbereiche der Wohltätigkeit (Krankenhäuser, Altenheime, Hospize etc.), die die Kirche aufgrund

---

[5] In den Stiftungsgesetzen der anderen Bundesländer findet der Begriff der religiösen Zwecke gar keine Erwähnung.

[6] So auch *Voll/Voll,* Die Verfassungsmäßigkeit der Vorschriften des Bayerischen Stiftungsgesetzes über die kirchlichen Stiftungen, S. 151 f.

[7] Vgl. *v. Campenhausen,* Kirchliche Stiftungen, S. 476 und 479.

[8] Vgl. ebd. 477. Daß die Kirche in der Verfolgung nicht unmittelbar religiöser, sondern im weiteren Sinne kirchlicher Aufgaben wie etwa dem schulischen Unterricht die ausdrückliche Anerkennung des Staates besitzt, wird beispielsweise aus der Bestimmung des Art. 133 Abs. 1 S. 3 der bayerischen Verfassung ersichtlich, demzufolge die Religionsgemeinschaften und weltanschaulichen Gemeinschaften als Bildungsträger anerkannt sind.

2.7 Die Förderung von kirchlichen oder religiösen Zwecken

ihres Selbstverständnisses und ihres religiösen Auftrags seit jeher als Teil ihres Betätigungsfeldes versteht. Im Stiftungsrecht hingegen sind diese Aufgaben der sozialen Fürsorge mit umfaßt.[9]

Liegen die Hauptaufgaben kirchlicher Stiftungen in heutiger Zeit auch in den Bereichen der kirchlichen Vermögensverwaltung (vor allem der Pfründestiftungen), der kirchlichen Verkündigung, der Wohltätigkeit, dem Unterricht und der Erziehung, sind auch Stiftungen zur Förderung kirchlicher Zwecke mit anderen, etwa musischen oder medialen Zielsetzungen denkbar.[10] Und schließlich gilt nicht nur die eigene, unmittelbare Verfolgung kirchlicher oder religiöser Ziele als Erfüllung des satzungsmäßigen Stiftungszwecks, sondern auch die Leistungsgewährung einer Stiftung an eine andere Institution, die ihrerseits ausschließlich Zwecke der Wohltätigkeit oder Gemeinnützigkeit verfolgt.[11]

Die Aufgabe einer Stiftung besteht nur dann in der Förderung kirchlicher oder religiöser Zwecke, wenn diese Zielsetzung von der Stiftung ausschließlich oder doch zumindest überwiegend verfolgt wird. Grundsätzlich ist die Zweckbestimmung einer Stiftung nach dem allgemeinen Sprachgebrauch dann als „überwiegend" anzusehen, wenn mehr als die Hälfte der Stiftungsgeschäfte der Förderung des angestrebten Zweckes dient.[12]

Auch kirchliche oder religiöse Zwecke können kaum wirksam verfolgt und gefördert werden, ohne sich finanzieller Mittel zur Deckung jener Personal- und Sachkosten zu bedienen, die zur Verwirklichung der angestrebten Aufgaben erforderlich scheinen. Daß eine Stiftung kirchliche oder religiöse Zwecke verfolgt, schließt darum eine wirtschaftliche Betätigung dieser Stiftung nicht aus; nur darf der Anteil des Geschäftsbetriebes am Stiftungsgeschäft die eigentliche kirchliche Zweckbestimmung nicht überlagern.

Der Bundesfinanzhof hat in einem Fall, in dem es um den Betrieb eines kirchlichen Erholungsheims ging, geurteilt, daß eine Einrichtung, die nach der Art ihrer Leitung nicht nur als Stiftung mit einer kirchlichen oder religiösen Zwecksetzung, d. h. beispielsweise als religiöse, gemeinnützige oder wohltätige Einrichtung, sondern auch als Geschäftsbetrieb anzusehen ist, nicht in größerem Maße, als dies zur Erfüllung des kirchlichen Zwecks der Ausübung der Seelsorge und der religiösen Belehrung notwendig scheint, in Konkurrenz zu anderen, nicht steuerbegünstigten Wirtschaftsbetrieben treten darf.[13] Als wesentlich sah das Gericht die Beantwortung der Frage an, ob sich der angestrebte Zweck, Personen seelsorgerisch zu be-

---

[9] Vgl. *Krag*, Kirchliche Stiftungen: Tradition mit Zukunft, S. 229.

[10] *Krag* nennt beispielhaft die Bereiche Kunst und Architektur, Musik und Kirchenmusik, Erwachsenenbildung, Jugend- und Medienarbeit, siehe S. 235 f.

[11] Urteil des Bundesfinanzhofs vom 8. Juli 1971 – V R 1/68, abgedr. in: BFHE S. 103, 247.

[12] Vgl. *v. Campenhausen*, Kirchliche Stiftungen, S. 479.

[13] Urteil des Bundesfinanzhofs vom 28. Oktober 1960 – III 134/56 U, abgedr. in: Entscheidungen in Kirchensachen 5, S. 248.

treuen und religiös zu belehren, nicht auch auf andere Weise als durch ihre Unterbringung und Bewirtung in einem Erholungsheim verwirklichen läßt.[14] Bei der Anerkennung einer Stiftung als kirchlich ist darum hinsichtlich ihrer Zweckbestimmung zu untersuchen, inwieweit bei ihrer Betätigung eher die Wirtschaftlichkeit oder die Erfüllung spezifisch kirchlicher Aufgaben im Vordergrund steht.

Auch bei der Frage, ob ein einzelnes Rechtsgeschäft einer kirchlichen Stiftung in den Genuß von Steuer- oder Gebührenbefreiungen kommen kann, ist das Verhältnis zwischen dem Stiftungszweck und dem Zweck des konkreten Rechtsgeschäfts zu ergründen. Wird etwa ein Grundstück nur erworben, um als Vermögensanlage zu dienen oder Einnahmen aus seiner Verpachtung zu erzielen, so kann der Erwerb nicht als Mittel zur kirchlichen Zweckerfüllung angesehen werden.[15] Nur wenn auf dem Grundstück unmittelbar kirchliche oder karitative Bauten, also beispielsweise eine Kirche, ein Pfarrzentrum, eine Schule, ein Krankhaus oder Altenheim, errichtet werden, zählt bereits der Grunderwerb zur Aufgabenerfüllung der Stiftung und rechtfertigt die Befreiung von der Grunderwerbssteuer.[16]

Die Rechtsgrundlagen für die Gründung und den Bestand von Stiftungen mit kirchlicher oder religiöser Zwecksetzung sind äußerst vielfältig.[17] Die wichtigste Quelle für den Bestand kirchlicher Stiftungen stellen die Ausführungen des Grundgesetzes zur Unantastbarkeit des Kirchengutes in Art. 140 GG i.V.m. Art. 138 Abs. 2 WRV dar. Durch diese grundgesetzliche Garantie des kirchlichen Eigentums besitzen die Kirchen die Freiheit, ihr Vermögen in der ihr angemessen erscheinenden Weise zu organisieren und zu verwalten. Im übrigen ist der Kirche die konkrete Befugnis zur selbständigen Errichtung, Veränderung und Aufhebung ihrer Stiftungen durch die umfangreichen Gewährleistungen des Art. 137 Abs. 3 und 5 WRV eingeräumt. Insoweit jedoch die kirchlichen Organisations- und Verwaltungsakte in den weltlichen Rechtsbereich hineinreichen, ist die Anerkennung durch die staatliche Aufsichtsbehörde erforderlich.[18] Die Erfordernisse der Zustimmung, Mitwirkung oder gar Initiative staatlicher Organe im Zusammenhang mit der Errichtung kirchlicher Stiftungen sind in den Stiftungsgesetzen der Länder normiert, die die neben der Verfassungsgarantie wichtigste Rechtsgrundlage für kirchliche Stiftungen bilden. Daneben behandeln auch Staatskirchenverträge sowie einzelne Bestimmungen anderer staatlicher Gesetze wie beispielsweise der Abga-

---

14 So schon eine Entscheidung des Bundesfinanzhofs vom 14. November 1958 – III 303/56, abgedr. in: Bundessteuerblatt 1959 III, S. 81.

15 Urteil des Finanzgerichts Münster vom 11. Dezember 1969 – IV 3/67 GrE, abgedr. in: Entscheidungen der Finanzgerichte 1970, S. 412; bestätigt durch den Bundesfinanzhof am 11. August 1976 – II R 26/70 – amtlich nicht veröffentlicht.

16 Beschluß des OLG München vom 23. Juni 1959 – WXV 130/59, abgedr. in: Recht der Landwirtschaft 1959, S. 268.

17 So auch *v. Campenhausen,* Kirchliche Stiftungen, S. 484.

18 Vgl. *Busch,* Die Vermögensverwaltung und das Stiftungsrecht im Bereich der katholischen Kirche, S. 959. Zu Recht wird dort darauf verwiesen, daß die Notifizierung nicht konstitutiv für die Wirksamkeit kirchlicher Organisationsakte ist.

2.7 Die Förderung von kirchlichen oder religiösen Zwecken

benordnung die Gebührenbefreiungen und Steuerbegünstigungen für kirchliche und andere gemeinnützige und wohltätige Stiftungen und Vereine.

Ausdrücklich erwähnt jedoch werden kirchliche und religiöse Zwecke im Zusammenhang des Stiftungsrechts nur in den Stiftungsgesetzen der Länder. Dort findet die Förderung kirchlicher Zwecke ausschließlich im Rahmen der Ausführungen zu kirchlichen Stiftungen Erwähnung. Durch diese Einordnung ist zwar die Gründung weltlicher Stiftungen bürgerlichen oder öffentlichen Rechts zur Förderung solcher Zwecke nicht ausgeschlossen, jedoch dem Umstand Rechnung getragen, daß 99 Prozent aller Stiftungen mit kirchlicher oder religiöser Zweckbestimmung auch kirchlicher Natur sind.

Als Handreichung für die stiftungsrechtliche Praxis und zugleich als aufschlußreiche Synopse über den Umgang der einzelnen Bundesländer mit ihren kirchlichen Stiftungen scheint eine Betrachtung der verschiedenen Stiftungsgesetze der Bundesländer hinsichtlich der Definition der kirchlichen oder religiösen Zwecke sowie der Gründung, Beaufsichtigung und des Erlöschens kirchlicher Stiftungen sinnvoll.

Baden-Württemberg

In Baden-Württemberg sind die Regelungen bezüglich der kirchlichen Stiftungen vergleichsweise umfangreich. Konkret enthalten die §§ 22–30 ausführliche Bestimmungen zu ihrer Begriffsdefinition, Entstehung, Genehmigung, Umwandlung und Aufsicht. So wird die kirchliche Stiftung in § 22 zunächst als öffentlich-rechtlich rechtsfähige Stiftung bezeichnet, die überwiegend kirchliche Aufgaben verfolgt und entweder der Aufsicht einer Kirche oder einer als Körperschaft des öffentlichen Rechts anerkannten Religionsgemeinschaft untersteht oder ihren Zweck nur sinnvoll in organisatorischer Verbundenheit mit der jeweiligen Kirche oder Religionsgemeinschaft erfüllen kann. Erwähnenswert erscheint im Hinblick auf die Begriffsdefinitionen der Stiftungsgesetze anderer Länder, daß die kirchlichen Aufgaben beispielhaft aufgezählt werden: Gottesdienst, Verkündigung, Wohlfahrtspflege, Erziehung und Bildung werden als mögliche kirchliche Zwecke benannt. Der Antrag auf Anerkennung durch die Kirche sowie die öffentliche Zweckdienlichkeit der Stiftung sind nach § 24 StiftGBW Voraussetzung für die Erlangung der öffentlich-rechtlichen Rechtsfähigkeit einer kirchlichen Stiftung. Gemäß § 25 Abs. 1 StiftGBW obliegt die Aufsicht über eine kirchliche Stiftung der Stiftungsbehörde der jeweiligen Religionsgemeinschaft. Nur soweit diese keine eigenen Vorschriften bezüglich der Stiftungsaufsicht erlassen hat, sind die Vorschriften des Stiftungsgesetzes über die Beaufsichtigung der Stiftung anzuwenden. Bemerkenswert erscheinen die in Abs. 2 und 3 des genannten Paragraphen formulierten Sonderregelungen für kirchliche Stiftungen, die ihren Zweck in der Durchführung des Gottesdienstes und der Verkündigung haben. Diese Stiftungen sind von der Verpflichtung zur Erteilung von Auskunft über ihre Vermögensverhältnisse, die

Stiftungsbehörde aus wichtigem Grund verlangen kann, sowie von der Pflicht der Aufstellung einer Satzung nach § 81 Abs. 1 Satz 3 BGB durch den Ersatz durch eigene allgemeine Regelungen befreit. Eine Bevorzugung der kirchlichen Stiftung bezüglich der Erstellung einer Satzung stellt im übrigen auch § 39 Abs. 2 StiftGBW dar, demzufolge bestehende kirchliche Stiftungen nicht wie die sonstigen Stiftungen bereits nach einem, sondern erst nach zwei Jahren zur Vorlage einer Satzung verpflichtet sind.

§ 26 StiftGBW regelt die Zweckänderung, Zusammenlegung und Aufhebung kirchlicher Stiftungen sowie den Vermögensanfall im Falle ihres Erlöschens.[19] Nach Abs. 1 liegen die drei erstgenannten Maßnahmen bei kirchlichen Stiftungen, die Zwecke des Gottesdienstes und der Verkündigung verfolgen, in der Eigenverantwortung der zuständigen kirchlichen Behörde, bei den übrigen kirchlichen Stiftungen kann die staatliche Stiftungsbehörde die Maßnahmen zwar selbst, jedoch nur im Einvernehmen mit der jeweiligen Kirche oder Religionsgemeinschaft vornehmen. Die Bestimmung, daß für die Umwandlung jener Stiftungen, die ausschließlich Zwecke des Gottesdienstes oder der Verkündigung verfolgen, nicht die staatliche Aufsichtsbehörde, sondern die Kirche selbst zuständig ist, stellt eine Besonderheit des baden-württembergischen Stiftungsrechts dar, die sich in den Stiftungsgesetzen der anderen Länder nicht findet. Diese Sonderregelung erscheint auch sachgemäß, da sie insoweit den grundgesetzlichen Verbürgungen des Art. 140 GG i.V.m. Art. 137 Abs. 3 WRV entspricht, als Stiftungen mit einem solchen Stiftungszweck rein innerkirchliche Angelegenheiten regeln und nicht in den staatlichen Rechtsbereich hineinreichen, folglich ein Eingreifen des Staates nicht erforderlich ist. Nur Stiftungen, die Aufgaben übernehmen, die zum Teil auch von staatlichen Stellen wahrgenommen werden, sind sinnvollerweise zumindest insoweit der Aufsicht des Staates unterstellt, als ihre Änderung, Umwandlung und Aufhebung durch die staatliche Behörde vorgenommen werden.

§ 29 StiftGBW normiert in Abs. 1 den Fortbestand der nach bisherigem Recht als rechtsfähig anerkannten kirchlichen Stiftungen und Anstalten und überträgt die Entscheidung über die Eigenschaft einer Stiftung als kirchlich in Abs. 2 der staatlichen Stiftungsbehörde im Einvernehmen mit dem für den Zweck der Stiftung am ehesten zuständigen Ministerium. Hier wäre der Verweis denkbar und sinnvoll gewesen, daß die Entscheidung für eine Anerkennung als kirchliche Stiftung auch der Zustimmung der Kirchenbehörde bedarf.

---

[19] Der Vermögensanfall an die Kirche im Fall des Erlöschens einer kirchlichen Stiftung ist in allen Stiftungsgesetzen inhaltlich identisch geregelt, siehe § 26 Abs. 2 StiftGBW, Art. 17 Abs. 1 BayStiftG, § 11 Nr. 2 StiftGBbg, § 16 Abs. 2 Nr. 6 BremStiftG, § 23 Abs. 1 Nr. 3 HessStiftG, § 26 Abs. 2 Nr. 3 StiftGMV, § 15 Abs. 1 b) StiftGNRW, § 9 Abs. 1 Nr. 2 NiedersStiftG, § 10 Abs. 3 bzw. 12 Abs. 4 StiftGRP, § 19 Abs. 5 SaarlStiftG, § 23 Abs. 1 Nr. 2 der Stiftungsgesetze von Sachsen, Sachsen-Anhalt und Thüringen, § 7 Abs. 1 Nr. 2 StiftGSH.

Bayern

Die kirchlichen Stiftungen und Reichnisse sind im bayerischen Stiftungsgesetz in den Art. 29–39 geregelt. Der erste Titel enthält in den Art. 29–32 allgemeine Ausführungen über die kirchliche Stiftung, so zunächst eine Begriffsdefinition, den Vorgang der Genehmigung sowie die Aufsicht über die kirchliche Stiftung. Art. 29 Abs. 1 bezeichnet von einer Kirche errichtete oder gemäß dem Stifterwillen mit ihr verbundene oder ihrer Aufsicht unterstellte Stiftungen als kirchlich, sofern sie den kirchlichen Zwecken der katholischen, der evangelisch-lutherischen oder der evangelisch-reformierten Kirche gewidmet sind. Wegen ihres historisch bedingten häufigen Vorkommens im Freistaat Bayern werden ortskirchliche und Pfründestiftungen eigens namentlich erwähnt. Eine solche Erwähnung findet sich ansonsten nur im hessischen Stiftungsgesetz. Einschränkend weist das Gesetz in Abs. 2 darauf hin, daß nicht die ausschließliche Begünstigung Angehöriger einer bestimmten Konfession oder die Einsetzung eines kirchlichen Amtsträgers als Stiftungsorgan eine Stiftung zu einer kirchlichen macht.

Die Genehmigung einer kirchlichen Stiftung erfolgt gemäß Art. 30 Abs. 1 auf Antrag bzw. mit Zustimmung der betreffenden Kirche, sofern die Erfüllung des Stiftungszwecks durch ein ausreichendes Stiftungsvermögen oder die Gewährleistung der Kirche gesichert erscheint. Ebenso wie die Errichtung bedarf auch die Umwandlung oder Aufhebung einer kirchlichen Stiftung gemäß Abs. 2 des Einvernehmens mit der Kirche. Gleiches gilt gemäß Abs. 3 für die Ergänzung der Satzung bei ihrer Genehmigung, weitere Änderungen der Satzung bedürfen der Genehmigung durch die zuständige kirchliche Behörde. Art. 30 Abs. 3 bestimmt darüber hinaus, daß die Genehmigung einer kirchlichen Stiftung in Bayern stets dem Staatsministerium für Unterricht und Kultus obliegt.

Art. 31 Abs. 1 unterstellt die kirchlichen Stiftungen der Aufsicht der betreffenden Kirche und überträgt ihr zugleich die Aufgabe, genauere Vorschriften über die Stiftung (Namen, Sitz, Zweck, Vertretung, Verwaltung und Beaufsichtigung) zu erlassen. Gemäß Abs. 2 bleiben die Regelungen bezüglich der staatlichen Baupflicht an kirchlichen Gebäuden unberührt.

Auf die detaillierten Ausführungen des bayerischen Stiftungsgesetzes über die bestehenden Reichnisse Geistlicher und weltlicher Kirchendiener in den Art. 33–37 ist an dieser Stelle nicht einzugehen. Art. 38 Abs. 1 sichert die Rechtsstellung der bisher als rechtsfähig anerkannten Stiftungen, Abs. 2 überträgt die Entscheidung in Zweifelsfällen dem für den Zweck der Stiftung zuständigen Staatsministerium, also entweder dem Ministerium für Wissenschaft, Forschung und Kunst, dem Ministerium für Unterricht und Kultus oder dem Ministerium des Innern. Abs. 3 und 4 legen fest, daß die bisher durch kirchliche Organe verwalteten Stiftungen weiterhin als kirchliche Stiftungen, die von einer staatlichen oder kommunalen Behörde verwalteten Stiftungen trotz ihrer kirchlichen oder religiösen Zweckbestimmung weiterhin nicht als kirchliche Stiftungen gelten.

Art. 39 schließlich bestimmt, daß die Vorschriften des Stiftungsgesetzes bezüglich der Verwaltung und Vertretung der kirchlichen Stiftungen sowie der Stiftungsaufsicht bis zum Inkrafttreten eigener kirchlicher Normen fortgelten, wobei jedoch die Aufgabe der Stiftungsaufsicht bereits von kirchlichen Behörden wahrgenommen wird.

Brandenburg

In § 2 StiftGBbg werden die kirchlichen Stiftungen gemeinsam mit den Familienstiftungen behandelt und in Abs. 1 als selbständige Stiftungen definiert, die überwiegend kirchlichen Aufgaben dienen und gemäß des Stifterwillens von der Kirche verwaltet werden. Nach § 4 Abs. 3 StiftGBbg unterstehen kirchliche Stiftungen folgerichtig nicht der Aufsicht des Landes, und § 5 Abs. 2 bestimmt, daß zur Anerkennung einer Stiftung als kirchlich die Zustimmung der Kirche bzw. der von ihr mit dieser Aufgabe betrauten Behörde erforderlich ist.

Bremen

Gemäß § 16 Abs. 1 BremStiftG werden jene Stiftungen als kirchlich bezeichnet, die überwiegend kirchlichen Aufgaben dienen und entweder von einer Kirche errichtet oder ihr durch die Stiftungssatzung unterstellt wurden oder mit ihr organisatorisch verbunden sind bzw. ihren Zweck sinnvoll nur durch diese organisatorische Verbindung erfüllen können. Abs. 2 der Vorschrift bestimmt die grundsätzliche Anwendbarkeit des Stiftungsgesetzes auf kirchliche Stiftungen und formuliert darüber hinaus unter anderem weitere Maßgaben: die Erforderlichkeit der Genehmigung der Stiftung und späterer Satzungsänderungen durch die zuständige Kirchenbehörde, die vorgängige Anwendbarkeit von kirchlichen Verwaltungsvorschriften vor den Bestimmungen des Gesetzes sowie die nach kirchlichem Recht erfolgende Aufsicht über die Stiftung durch die zuständige Kirchenbehörde.

Hessen

Die Definition der kirchlichen Stiftung ist im hessischen Stiftungsgesetz vergleichsweise kurz gehalten. So bestimmt § 20 Abs. 1 HessStiftG, daß jene Stiftungen als kirchlich bezeichnet werden, die überwiegend kirchlichen oder religiösen Zwecken dienen, einer Kirche organisatorisch eingegliedert sind oder ihren Zweck nur in Verbindung mit ihr erfüllen können. Die Anerkennung, Umwandlung, Zusammenlegung, Aufhebung solcher Stiftungen oder auch Änderungen ihres Stiftungszwecks dürfen nach Abs. 2 nur im Einvernehmen mit der Kirche erfolgen. Der großen Bedeutung der ortskirchlichen Stiftungen und der Pfründestiftungen im Land Hessen trägt Abs. 3 durch die eigens für diese vorgesehene Regelung Rechnung, daß die Gründung, Umwandlung, Zusammenlegung und Aufhebung solcher

Stiftungen durch die Bekanntmachung im Staats-Anzeiger für das Land Hessen – veranlaßt durch den zuständigen Minister auf Antrag der Kirchenbehörde – Rechtskraft erlangt. Nach Abs. 4 obliegt es den Kirchen in eigener Verantwortung, die Stiftungsaufsicht über ihre Stiftungen zu regeln. Abs. 5 betont eigens die Weitergeltung etwaiger Kirchenverträge.

Gemäß § 22 entscheidet in Zweifelsfällen allein die Aufsichtsbehörde über die Rechtsnatur einer Stiftung. Hier fehlt erstaunlicherweise ein Hinweis auf das Mitspracherecht der Kirche, deren Einvernehmen ja nach § 20 Abs. 2 zur Anerkennung einer Stiftung als kirchlich vorausgesetzt ist.

Mecklenburg-Vorpommern

Die Ausführungen des Stiftungsgesetzes des Landes Mecklenburg-Vorpommern über die kirchliche Stiftung in § 26 sind äußerst knapp gehalten. Neben dem Erfordernis, ausschließlich oder überwiegend kirchlichen Zwecken zu dienen, alternativ der Kirche durch die Stiftungssatzung unterstellt oder organisatorisch mit ihr verbunden zu sein oder ihre Zweckerfüllung nur durch diese Verbundenheit erreichen zu können, normiert bereits Abs. 1 des Paragraphen die Notwendigkeit der Anerkennung einer kirchlichen Stiftung durch die zuständige Kirchenbehörde. Abs. 2 bestimmt in einer dem bremischen Stiftungsgesetz vergleichbaren Weise die grundsätzliche Anwendbarkeit der staatlichen Vorschriften mit der Einschränkung, daß die Kirche für die Verwaltung ihrer Stiftungen eigene Vorschriften erlassen kann, die Stiftungsaufsicht übernimmt und auch Satzungsänderungen autonom genehmigen kann, sofern diese den kirchlichen Bereich nicht verlassen. Als konsequente Folge aus dem Umstand, daß die Zustimmung der Kirche zu allen Gründungs-, Änderungs- und Auflösungsmaßnahmen bei kirchlichen Stiftungen erforderlich ist, bestimmt § 28 StiftGMV, daß die Kirche bei Zweifeln über die Rechtsnatur einer Stiftung und ihrer Stellung als kirchliche Stiftung zu hören ist.

Niedersachsen

Das niedersächsische Stiftungsgesetz enthält in § 20 Abs. 1 die Begriffsbestimmung der kirchlichen Stiftung als einer ausschließlich oder überwiegend zur Erfüllung kirchlicher Aufgaben bestimmten Stiftung, die von einer Kirche gegründet, ihr organisatorisch verbunden oder ihr durch die Stiftungssatzung unterstellt ist, oder die ihre Zwecke nur sinnvoll in der Verbindung zu einer Kirche erfüllen kann. Abs. 2 setzt bei Entscheidungen über die Stiftung das Einvernehmen der staatlichen und kirchlichen Stiftungsbehörde voraus. Etwaige kirchliche Vorschriften treten an die Stelle der Regelungen des § 6 NiedersStiftG, die Genehmigung von Satzungsänderungen obliegt der zuständigen Kirchenbehörde, die auch im übrigen die Stiftungsaufsicht übernimmt.

Nordrhein-Westfalen

Im StiftGNRW finden sich zahlreiche die kirchliche Stiftung betreffende Bestimmungen über den gesamten Gesetzestext verstreut. In § 2 Abs. 4 wird die kirchliche Stiftung zunächst als überwiegend kirchlichen Aufgaben dienende und gemäß dem Stifterwillen von einer Kirche verwaltete oder zumindest beaufsichtigte selbständige Stiftung definiert. Die Genehmigung der Gründung einer kirchlichen Stiftung setzt gemäß § 4 Abs. 3 StiftGNRW die Zustimmung der jeweiligen Kirche voraus. Nach § 11 unterstehen kirchliche Stiftungen nicht der staatlichen Aufsichtsbehörde. Unnötigerweise wird in § 17 die Befreiung der kirchlichen Stiftungen von der Rechtsaufsicht des Staates und die Unterstellung unter die Aufsicht einer kirchlichen Behörde nochmals geregelt. Außerdem wird eigens darauf hingewiesen, daß entsprechend auch die Kirche bzw. die von ihr bestimmte Aufsichtsbehörde für die Genehmigung der in § 21 StiftGNRW genannten Rechtsgeschäfte, also von Vermögensumschichtungen, Vertretungsgeschäften und bedeutenderen Veräußerungen zuständig ist. Nach § 27 StiftGNRW schließlich ist bei Zweifeln über die Bezeichnung und Behandlung einer Stiftung als kirchlich die Anhörung der Kirche erforderlich.

Rheinland-Pfalz

§ 3 Abs. 6 StiftGRP definiert kirchliche Stiftungen äußerst kurz als bürgerlich- oder öffentlich-rechtliche Stiftungen, die mit der Erfüllung kirchlicher Aufgaben betraut sind und „als kirchliche Stiftung errichtet oder anerkannt worden sind". Erwähnenswert ist, daß in Abs. 3 des gleichen Paragraphen bei der Definition öffentlicher Stiftungen zwischen gemeinnützigen, mildtätigen und kirchlichen Zwecken im Sinne der Abgabenordnung unterschieden wird. Der Begriff der „kirchlichen Aufgaben", den Abs. 6 verwendet, ist somit bewußt gewählt und weiter gefaßt, da er eben nicht nur die in der Abgabenordnung als kirchlich angegebenen Zwecke umfaßt, sondern auch alle weitergehenden Aufgaben der Kirche, die unter den Begriff der Gemeinnützigkeit oder Mildtätigkeit fallen können.

Im Gegensatz zu der knappen Definition des § 3 normiert § 12 StiftGRP ausführlich die Voraussetzungen, nach denen die Anerkennung einer Stiftung als kirchlich durch die zuständige staatliche Stiftungsbehörde erfolgen kann. So ist dazu vorausgesetzt, daß die Kirche eine Stiftung errichtet hat oder einer nicht durch sie erfolgten Errichtung einer Stiftung zugestimmt hat, die Erfüllung des das Gemeinwohl nicht gefährdenden Stiftungszwecks durch die Kirchenbehörde gewährleistet wird und das Stiftungsgeschäft die Bedingungen des § 81 Abs. 1 BGB erfüllt. Im Gegensatz zum baden-württembergischen Stiftungsgesetz läßt das StiftGRP keine Ausnahmen von den Anforderungen an die Stiftungssatzung nach § 81 Abs. 3 BGB zu. Deutlich merkt man der Formulierung des § 12 Abs. 1 StiftGRP, konkret der Erwähnung der Gemeinwohlgefährdung, die Neufassung des Stiftungsgesetzes nach der Änderung der stiftungsrechtlichen Vorschriften des

BGB in § 80 Abs. 2 an. Der Zusammenlegung oder Aufhebung der Stiftung sowie Änderungen des Stiftungszwecks oder der Satzung muß die Kirchenbehörde vorgängig zustimmen, um gemäß § 12 Abs. 2 StiftGRP die Anerkennung durch die Stiftungsbehörde beantragen zu können. Diese hat dem Antrag stattzugeben. Nach Abs. 3 des § 12 ist die kirchliche Stiftung der staatlichen Aufsicht entzogen. Bei Zweifelsfällen über die Rechtsnatur einer möglicherweise kirchlichen Stiftung besitzt die Kirche gemäß § 13 Abs. 2 StiftGRP ein Anhörungsrecht.

Saarland

Das saarländische Stiftungsrecht bezeichnet in § 19 jene Stiftungen als kirchlich, die gemäß ihrer Satzung vorrangig kirchlichen Aufgaben dienen und entweder von der Kirche oder einer ihrer Einrichtungen selbst errichtet wurden oder durch den Stifterwillen organisatorisch mit ihr verbunden sind. Kumulativ, nicht wie bei den übrigen Stiftungsgesetzen alternativ, muß zu der letztgenannten Variante das Erfordernis treten, daß die Stiftung ihren Zweck sinnvoll nur dank der Verbindung mit der Kirche erfüllen kann. Die Anerkennung der Stiftung setzt nach Abs. 3 das Einvernehmen zwischen staatlicher und kirchlicher Behörde voraus, die Aufsicht über die Stiftung ist gemäß Abs. 4 der Kirche bzw. der von ihr bestimmten Behörde anvertraut. Fehlt eine Regelung des Anfallberechtigten in der Satzung, fällt das Vermögen der Stiftung im Falle ihrer Aufhebung nach Abs. 5 der Kirche zu. Allerdings ist die Kirche im Gegensatz zu den Regelungen in den anderen Landesstiftungsgesetzen hier dazu aufgefordert, „das Vermögen der Stiftung zu einem dem Stiftungszweck möglichst nahe kommenden Zweck zu verwenden."

Sachsen, Sachsen-Anhalt und Thüringen

Sachsen, Sachsen-Anhalt und Thüringen haben in ihren gemeinsam erlassenen Stiftungsgesetzen gleichlautende Regelungen bezüglich der kirchlichen Stiftungen in den §§ 26 und 27 erlassen. § 26 Abs. 1 der Stiftungsgesetze definiert kirchliche Stiftungen im Hinblick auf ihre ausschließliche oder doch zumindest überwiegende Zielsetzung der Erfüllung kirchlicher Aufgaben. Zusätzlich ist die Errichtung durch oder die organisatorische Bindung an die jeweilige Kirche gefordert, alternativ auch die Unterstellung unter die kirchliche Autorität nach dem Stifterwillen oder die zur Zweckerfüllung notwendige Verbindung mit einer Kirche.

§ 27 der Stiftungsgesetze behandelt die Vorgehensweise der Genehmigung von kirchlichen Stiftungen. Nach Abs. 1 ist diesbezüglich zunächst ein Antrag der zuständigen Kirchenbehörde vorausgesetzt, dessen Genehmigung im Falle der finanziellen Sicherung der Stiftung durch das Stiftungsvermögen selbst oder die Gewährleistung der Kirche zu erteilen ist. Nach Abs. 2 setzen die Gründung, die Aufhebung und Umwandlung einer kirchlichen Stiftung die Genehmigung der Kirche voraus. Abs. 3 schließlich legt fest, daß kirchliche Stiftungen im Falle der ausreichenden und kirchenrechtlich geregelten Beaufsichtigung durch die Kirche nicht der staatlichen Aufsicht unterliegen.

Schleswig-Holstein

Das StiftGSH enthält in § 18 eine Definition der kirchlichen Stiftung. In Abs. 1 sind zur Anerkennung einer Stiftung als kirchlich die Erfordernisse genannt, daß die Stiftung neben ihrer ausschließlichen oder doch überwiegenden kirchlichen Zwecksetzung entweder a) organisatorisch mit der Kirche verbunden, b) gemäß ihrer Satzung der Kirchenaufsicht unterstellt oder c) zur Erfüllung der ihr anvertrauten Zielsetzung notwendigerweise mit der Kirche verbunden sein muß. Außerdem ist ebenfalls nach Abs. 1 die Anerkennung durch die zuständige Kirchenbehörde vorausgesetzt. Nach § 18 Abs. 2 StiftGSH ist nicht allein die kirchliche Aufsichtsbehörde, sondern auch die staatliche Aufsicht für die kirchliche Stiftung betreffende Maßnahmen zuständig. Zwischen beiden Behörden ist durch die staatliche Stiftungsaufsicht ein Einvernehmen herbeizuführen, zu dem bei zweckändernden Satzungsänderungen, Zusammenlegungen, Auflösungen und Aufhebungen von kirchlichen Stiftungen auch noch die Zustimmung des Wissenschaftsministeriums treten muß.

Berlin und Hamburg

Die Bundesländer Berlin und Hamburg haben keine ausdrücklichen Bestimmungen bezüglich der Förderung kirchlicher oder religiöser Zwecke und der kirchlichen Stiftung getroffen. Während in Berlin ein eigenes Stiftungsgesetz erlassen wurde, das jedoch die Förderung von kirchlichen oder religiösen Zwecken nicht als mögliche Stiftungsaufgabe nennt und folglich auch die Rechtsform der kirchlichen Stiftung nicht behandelt, gelten in Hamburg für das Stiftungsrecht die Bestimmungen des Ausführungsgesetzes zum Bürgerlichen Gesetzbuch in Ermangelung einer eigenen gesetzlichen Grundlage fort. Um dennoch Richtlinien für die Behandlung kirchlicher Stiftungen in diesen Ländern zu erhalten, ist weder eine Analogie zu den Regelungen anderer Bundesländer noch ein Rückblick auf den Umgang mit kirchlichen Stiftungen in der Vergangenheit zu bemühen, sondern vielmehr auf Art. 140 GG i.V. m. Art. 137 Abs. 3, 138 Abs. 2 WRV zurückzugreifen.[20] Diesen Rückgriff erfordert die Anerkennung der Freiheit der kirchlichen Organisations- und Verfügungsgewalt über ihr Vermögen und die Ausgestaltung ihrer rechtlichen Institutionen und Untergliederungen.

---

20 So auch *v. Campenhausen,* Kirchliche Stiftungen. S. 476.

Zusammenfassende Würdigung

In den Stiftungsgesetzen spiegelt sich deutlich die unterschiedliche geschichtliche Entwicklung und auch Bedeutsamkeit der Förderung kirchlicher und religiöser Zwecke durch kirchliche Stiftungen in den jeweiligen Bundesländern wider. Unschwer kann man etwa aus den umfangreichen Regelungen in Bayern, Baden-Württemberg und Hessen die politische, gesellschaftliche und nicht zuletzt auch finanzielle Bedeutung der kirchlichen Stiftungen, insbesondere der ja auch namentlich im bayerischen und hessischen Stiftungsgesetz erwähnten Pfründestiftungen und ortskirchlichen Stiftungen ablesen, oder auch aus den verstreuten Vorschriften im nordrhein-westfälischen und rheinland-pfälzischen Stiftungsgesetz auf die enge Verflechtung von weltlichen und kirchlichen Stiftungen in diesen Ländern schließen. Umgekehrt zeigt sich an der kompakten, meist in einem einzigen Artikel bzw. Paragraphen erfolgenden Abhandlung der kirchlichen Stiftung in Ländern wie Schleswig-Holstein, Niedersachsen, Bremen oder auch dem Saarland die vergleichsweise geringere Bedeutung der dortigen kirchlichen Stiftungen. In den jungen Stiftungsgesetzen der neuen Bundesländer sticht wiederum die Genauigkeit und Prägnanz der Begriffsdefinition hervor, die sich augenscheinlich an den Gesetzen von Niedersachsen und Schleswig-Holstein orientiert hat. Einzig Brandenburg hat auf eine ausführliche Definition der kirchlichen Stiftung verzichtet und neben der kirchlichen Zwecksetzung nur auf den Stifterwillen als Kriterium der Zugehörigkeit einer Stiftung zu einer kirchlichen Gemeinschaft abgehoben.

Insgesamt kann man feststellen, daß trotz der genannten Unterschiede in der Regelungsart, der Struktur und der inhaltlichen Ausformung der kirchlichen Stiftung in den verschiedenen Ländergesetzen doch die Gemeinsamkeiten überwiegen: so stellen alle Länder die kirchliche Stiftung unter die Aufsicht der kirchlichen Aufsichtsbehörde, regeln nahezu gleichlautend den Vermögensanfall an die Kirche im Falle der Auflösung der Stiftung, und stimmen vor allem in der Definition der kirchlichen Stiftung in wesentlichen Punkten überein. Prinzipiell können kirchliche Stiftungen nach den Aussagen der Ländergesetze als Stiftungen definiert werden, „deren Zweck es ist, ausschließlich oder überwiegend kirchlichen Aufgaben zu dienen, und die eine besondere organisatorische Verbindung zu einer Kirche aufweisen"[21].

Ausweislich dieser Definition sind die wichtigsten Unterscheidungsmerkmale somit die Zweckbestimmung und die organisatorische Verbindung mit einer Kirche. Zudem ist stets die Anerkennung der Stiftung als kirchlich durch die jeweilige Kirche oder Religionsgemeinschaft erfordert, damit dieser keine Institution gegen ihren Willen unterstellt werden kann.

Allein die Zwecksetzung einer Stiftung reicht folglich nicht aus, um diese als kirchliche Stiftung zu definieren. Vielmehr sind auch Stiftungen mit einem kirchlichen oder religiösen Zweck denkbar, die privatrechtlich organisiert und verwaltet

---

[21] *v. Campenhausen,* Kirchliche Stiftungen, S. 475.

sind. Wesentlich für die Definition einer Stiftung als kirchlich ist ihre enge organisatorische Verbindung mit der Kirche.[22] Diese besondere organisatorische Verbindung kann zunächst dadurch grundgelegt sein, daß die Kirche selbst die Stiftung gegründet hat. Wurde sie hingegen durch einen privaten Stifter ins Leben gerufen, ist die organisatorische Verbindung der Stiftung mit einer Kirche dann zu bejahen, wenn die Stiftung der Kirche oder einer ihrer Institutionen satzungsgemäß ein- oder spezifisch angegliedert ist. Als hinreichend ist anzusehen, wenn die Verwaltung und Beaufsichtigung der Stiftung nach dem Willen des Stifters von kirchlichen Organen vorgenommen wird, sich das Stiftungsorgan aus Personen zusammensetzt, die selbst Kirchenorgane sind oder auf die Beschlüsse eines Kirchenorgans entscheidenden Einfluß nehmen.[23] Stets genügt der ausdrückliche Hinweis in der Stiftungssatzung, daß die Stiftung dem Tätigkeits- und Wirkungsbereich der Kirche angegliedert sein soll.[24] Hingegen reicht es nicht aus, wenn neben weiteren Personen auch der Ortspfarrer im Stiftungsorgan vertreten ist, da dieser nicht notwendigerweise als Kirchenorgan, sondern womöglich vielmehr als öffentliche Person der Gemeinde in das Stiftungsgremium berufen wurde.

Die Förderung kirchlicher oder religiöser Zwecke, die in den Stiftungsgesetzen der Länder stets im Zusammenhang mit der Vorstellung der Rechtsform der kirchlichen Stiftung als mögliches Stiftungsziel benannt wird, umfaßt alle Betätigungsbereiche der Kirchen und Religionsgemeinschaften und erfährt durch diese selbst ihre nähere inhaltliche Ausgestaltung. Traditionell erstrecken sich kirchliche Zwecke und Aufgaben auf die Vermögensverwaltung, die Durchführung des Gottesdienstes und der Verkündigung, den Unterricht und die Wohlfahrtspflege, doch sind daneben auch andere Betätigungsmöglichkeiten, etwa in den Bereichen der Denkmalpflege, der modernen Medien oder der Kirchenmusik, denkbar.

Die Notwendigkeit einer wechselseitigen Zusammenarbeit von Staat und Kirche und einer gegenseitigen Beachtung der rechtlichen und organisatorischen Vorgaben auch im Bereich des Stiftungsrechts ergibt sich daraus, daß der Kirche zwar ihre Eigenständigkeit und Selbstverwaltung als Körperschaft des öffentlichen Rechts grundgesetzlich garantiert ist, der Staat aber die Betätigung der Kirche ordnen und regeln muß, soweit diese in seinen Zuständigkeitsbereich und den weltlichen Rechtsverkehr eingreift.[25] Umgekehrt liegt es im Interesse der Kirche, ihre Rechtsgeschäfte in einer auch für den Staat und die Gesellschaft wirksamen und rechtskräftigen Weise abzuschließen. Dies gilt auch für die Gründung von Stiftungen, sofern diese nach dem Willen der Kirche im staatlichen Rechtsbereich handelnd auftreten können sollen.[26]

---

22 Vgl. *Krag,* Kirchliche Stiftungen, S. 227.

23 Vgl. *v. Campenhausen,* Kirchliche Stiftungen, S. 480.

24 Siehe BayVerfGHE 37, 184 (198 f.).

25 Vgl. *Busch,* Die Vermögensverwaltung und das Stiftungsrecht im Bereich der katholischen Kirche, S. 953.

26 Vgl. ebd. S. 958.

2.7 Die Förderung von kirchlichen oder religiösen Zwecken

Es gilt gerade auch im Stiftungsrecht, einen Ausgleich zwischen staatlicher Aufsicht und kirchlichem Selbstbestimmungsrecht zu finden, der den Staat nicht als Eindringling „im kirchlichen Gefilde"[27] erscheinen läßt und dennoch seiner Organisationsgewalt im weltlichen Rechtsbereich gerecht wird, der die Kirchen nicht von der staatlichen Anerkennung ihrer Stiftungsgeschäfte ausschließt und zugleich nicht in die Rolle privater Stifter drängt. Dem öffentlich-rechtlichen Körperschaftsstatus der Kirchen ist durch die gesonderte Behandlung der Förderung kirchlicher oder religiöser Zwecke und der kirchlichen Stiftung in den Stiftungsgesetzen der Länder gebührend Rechnung getragen.

---

[27] *v. Campenhausen,* Kirchliche Stiftungen, S. 473.

3. Stiftungsrecht

3.1 Die Grundzüge des Stiftungsrechts

Von Peter Lex

Grundzüge des Stiftungsrechts ausfindig zu machen, ist ein schwieriges Unterfangen. Wer unter Stiftungsrecht die Rechtsmaterie versteht, die sich auf Stiftungen bezieht, wird an jeder Ecke unseres Rechtssystems fündig.

Bundesrecht und Landesrecht, Verfassungsrecht, privates und öffentliches Recht, Kirchenrecht und Steuerrecht begleiten die Stiftungen von ihrer Errichtung bis zu ihrer Aufhebung.

Verfassungsrecht

Durch das Gesetz zur Modernisierung des Stiftungsrechts vom 15. 07. 2002 wurde endgültig festgeschrieben, dass dem Stifter, vorausgesetzt, er erfüllt die gesetzlichen Voraussetzungen hierfür, ein Anspruch auf Anerkennung der Stiftung zusteht. Dadurch wurde formell das Konzessionssystem zu Gunsten des Normativsystems aufgegeben. Materiell war der Anspruch des Stifters bis dahin längst anerkannt und über das Grundrecht des Art. 2 Abs. 1 Grundgesetz (GG) abgesichert.

Die Kirchen regeln ihre Angelegenheiten über Art. 140 GG i.V. m. Art. 137 Abs. 3 der Weimarer Reichsverfassung innerhalb der geltenden Gesetze autonom. Auf der Grundlage dieser Verfassungsbestimmungen und der jeweiligen landesstiftungsrechtlichen Sonderregelungen gelten für die Bereiche der evangelischen Landeskirchen und der nach Bundesländern zusammengefassten Diözesen der katholischen Kirche die jeweiligen Stiftungsordnungen für kirchliche Stiftungen.

Die Grenzen der Stiftungsfreiheit werden dort gezogen, wo der Stifterwille mit dem Gemeinwohl in Konflikt gerät. Der Begriff ist problematisch, unterliegt er doch unter verschiedenen politischen Systemen unterschiedlicher Auslegung. Gleichwohl gilt für die Anwendung des Gemeinwohlbegriffes wie für die Stiftungsaufsicht und die sonstigen staatlichen Eingriffsrechte das Grundgesetz als Rahmen, insbesondere das Recht auf freie Entfaltung der (Stifter-)Persönlichkeit, soweit nicht die Rechte anderer verletzt und nicht gegen die verfassungsmäßige Ordnung oder das Sittengesetz verstoßen wird (Art. 2 Abs. 1 GG).

Ein neuer verfassungsrechtlicher Aspekt ist neuerdings Gegenstand der Diskussion geworden: Der Konflikt zwischen der Freiheit des Stifters, sein Eigentum dem Gemeinwohl in Form einer Stiftung zu widmen, und den Pflichtteilsergänzungsansprüchen benachteiligter Erben. Mit der Entscheidung des Bundesgerichtshofes (BGH) vom 10. 03. 2003 zu Gunsten des Pflichtteilsergänzungsanspruches eines Erben, dessen Erbteil durch vorangegangene Zustiftungen des Erblassers an die Stiftung Dresdner Frauenkirche geschmälert wurde, ist das Problem nicht gelöst; die Frage, ob die Stiftungsdotierung (anders als die Zustiftung) analog als Schenkung im Sinne des Pflichtteilsrechts angesehen werden kann oder ob die Dotierung einer gemeinnützigen Stiftung den Ergänzungsanspruch unter anderem rechtlichen Gesichtspunkt beeinträchtigen kann, wird verfassungsrechtlich innerhalb des Art. 14 GG auszutragen sein: Hier die Sozialpflichtigkeit des Eigentums gemäß Art. 14 Abs. 2, dort das Erbgrundrecht des Pflichtteilsberechtigten nach Art. 14 Abs. 1 Satz 2 GG.

Bürgerliches Recht

Die §§ 80 ff. des BGB stellen nur einen Teil der gesetzlichen Stiftungsregelung dar. Der BGB-Gesetzgeber hat sich darauf beschränkt, nur das privatrechtliche Stiftungsrecht zu regeln und die einzelnen Erfordernisse der Anerkennung sowie die Stiftungsaufsicht der Regelung durch die Länder zu überlassen. Gleichwohl haben auch die im BGB normierte Anerkennung gemäß § 80 BGB als konstitutives Errichtungsmerkmal und die staatlichen Eingriffsmöglichkeiten bei der Umwandlung, der Zusammenlegung und der Aufhebung der Stiftung nach § 87 BGB öffentlich-rechtlichen Charakter.

Ansonsten greifen die bürgerlich-rechtlichen Stiftungsregeln der §§ 80 bis 88 BGB, die sich auf die Entstehung der Stiftung zu Lebzeiten des Stifters oder von Todes wegen, auf den Inhalt des Stiftungsgeschäftes, den Übergang des Stiftungsvermögens und die Aufhebung und Umwandlung der Stiftung beziehen, auch auf andere privatrechtliche Bereiche über.

So schließt die Verweisungsnorm des § 86 BGB das Vereinsrecht bei den Vorschriften über den Vorstand und die gesetzliche Vertretung (§§ 23, 29, 30 BGB), die Beschlussfassung (§§ 28, 32, 34 BGB), die Haftung (§ 31 BGB) und die Insolvenz (§ 42 BGB) ein. Der ebenfalls auf Stiftungen anwendbare § 27 Abs. 3 BGB leitet auf die für die Geschäftsführung des Vorstandes maßgeblichen Bestimmungen für den Auftrag gemäß §§ 664 bis 670 BGB über. Die weitere Verweisungsnorm des § 88 Satz 3 BGB nimmt die Liquidationsregeln der §§ 46–53 BGB über den Verein in das Stiftungsrecht auf.

Erbrechtlich ist die Fiktion des § 84 BGB maßgeblich: Auch wenn die Stiftung ihre rechtliche Existenz erst nach dem Tod des Stifters erlangt, gilt sie als Empfänger der Stiftungsdotation und vor seinem Tod errichtet.

Öffentliches Recht

Die öffentlich-rechtlichen Regelungen über das Anerkennungsverfahren, den Satzungsinhalt, die Vermögensverwaltung, die Stiftungsaufsicht sowie die Umwandlung, Zusammenlegung und Aufhebung der Stiftung treffen die Ländergesetze. In der Folge des (Bundes-)Gesetzes zur Modernisierung des Stiftungsrechts vom 15. 07. 2002 wurden eine Reihe von Landesgesetzen überarbeitet und gestrafft. Weitere Neufassungen stehen an und werden zur Belebung des Wettbewerbs um den Titel des stiftungsfreundlichsten Bundeslandes beitragen.

Welche Materien behandeln die Landesstiftungsgesetze nun mit teilweise unterschiedlichen Ergebnissen? Anhand einzeln herausgegriffener Beispiele sei dies kurz beleuchtet.

Definitionen der privaten und der öffentlich-rechtlichen Stiftungen

Während das BGB nur auf privatrechtliche Stiftungen Bezug nimmt und lediglich bei der Organhaftung und im Insolvenzrecht über § 89 die Stiftungen des öffentlichen Rechts anspricht, gehen die Landesstiftungsgesetze ins Detail: So erklärt das Berliner Stiftungsgesetz vom 22. 07. 2003 in § 1, dass Stiftungen in seinem Sinne nur rechtsfähige Stiftungen des bürgerlichen Rechts sind, während das Bayerische Stiftungsgesetz in der Fassung vom 19. 12. 2001 als Stiftungen im Sinne des Gesetzes die rechtsfähigen Stiftungen des bürgerlichen und des öffentlichen Rechts bezeichnet. Brandenburg hat insoweit den Berliner Text im Gesetz vom 20. 04. 2004 übernommen, ebenso Schleswig-Holstein und Nordrhein-Westfalen, letzteres in der Gesetzesneufassung vom 15. 02. 2005. Hingegen bezieht Hessen in der Gesetzesfassung vom 26. 11. 2002 wie Bayern die Stiftung des öffentlichen Rechts ein.

Bayern und Rheinland-Pfalz kennen neben der Stiftung des öffentlichen Rechts noch die öffentliche Stiftung, die als bürgerlich-rechtliche Stiftung „nicht ausschließlich private Zwecke" (Version Bayern) oder, wie Rheinland-Pfalz, „überwiegend gemeinnützige, mildtätige oder kirchliche Zwecke im Sinne der Abgabenordnung" verfolgt.

Stiftungsaufsicht

Auch hier herrscht auf der föderalen Spielwiese ein buntes Treiben. Die Stiftungsaufsicht in Berlin nennt sich Staatsaufsicht (§ 7 Abs. 1 StiftG Berlin) und überwacht die Rechtmäßigkeit der Verwaltung. In Brandenburg hat „die Rechtsaufsicht sicher zu stellen, dass die Stiftungen im Einklang mit den Gesetzen und der Stiftungssatzung verwaltet werden und den in Stiftungsgeschäft und Stiftungssatzung zum Ausdruck gekommenen Stifterwillen beachten" (§ 6 Abs. 1 StiftGBbg vom 20. 04. 2004). Das Hessische Stiftungsgesetz erklärt sich noch nicht eindeutig zur Rechtsaufsicht; § 10 Abs. 1 lautet: „Die Stiftungen unterstehen der Aufsicht des Landes. Sie soll sicherstellen, dass die Stiftungen im Einklang mit den Gesetzen und der Verfassung der Stiftung verwaltet werden."

Wie Hessen sieht auch Bayern eine Aufgabe der Stiftungsaufsicht darin, die Stiftungen bei der Erfüllung ihrer Aufgaben verständnisvoll zu beraten, zu fördern und zu schützen sowie die Entschlusskraft und die Selbstverantwortung der Stiftungsorgane zu stärken. Die so vorgesehene Obhut über die Stiftungen vermisst man in den meisten übrigen Stiftungsgesetzen.

Erlöschen der Stiftung

Als letzter Punkt seien die Regelungen herausgegriffen, die sich mit der Aufhebung und dem Erlöschen der Stiftung befassen. Bayern verweist über Art. 15 Abs. 1 auf § 87 BGB: Ist die Erfüllung des Stiftungszwecks unmöglich geworden oder gefährdet sie das Gemeinwohl, so kann die zuständige Behörde der Stiftung eine andere Zweckbestimmung geben oder sie aufheben. Die Verweisung ist klug, da eine abweichende Regelung aufgrund des Vorranges des Bundesrechts nicht getroffen werden kann. Diese Erkenntnis, dass die Aufhebung als contrarius actus der Anerkennung nur von der Aufsichtsbehörde verfügt werden, eine Beschlussfassung hierüber durch die Stiftungsorgane lediglich die Antragstellung betreffen kann, hat sich Hessen angeschlossen (§ 9 HessStiftG), ebenso Niedersachsen (§ 8 Abs. 1 NStiftG), während Nordrhein-Westfalen in § 5 Abs. 2 StiftGNRW die Zweckänderung und die „Auflösung" der Stiftung der Beschlussfassung der zuständigen Stiftungsorgane überlässt und lediglich die staatliche Genehmigung des Beschlusses vorbehält. Diesem System schließt sich auch Rheinland-Pfalz in § 8 Abs. 2 LStiftG RhPf an.

Die Reihe der Unterschiedlichkeiten lässt sich beliebig fortsetzen, und man weiß nicht recht, ob man sie als Frucht oder als Auswuchs der föderalistischen Gesetzgebung betrachten soll. Der bereits angesprochene Wettbewerb um leistungsfähige Stiftungen wird künftig sicher noch zunehmen, und das Bundesland wird erfolgreich sein, das den Stiftungen ein richtiges Maß zwischen liberaler Hilfe, fürsorglicher Obhut und Sicherheit der nachhaltigen Erfüllung des Stifterwillens anbietet.

Stiftungs- und Steuerrecht

Ohne den weiteren steuerlichen Ausführungen vorgreifen zu wollen, sei darauf hingewiesen, dass eine unvermeidliche Verknüpfung von Stiftungsrecht und Steuerrecht dort besteht, wo das Gesetz entweder auf die jeweils andere Materie verweist oder ihre Einbindung in das eigene Rechtsgebiet verlangt.

Wir haben bei der Darstellung der unterschiedlichen Begriffsbestimmungen das neue Landesstiftungsgesetz von Rheinland-Pfalz mit § 3 Abs. 3 zitiert, wonach als

3.1 Die Grundzüge des Stiftungsrechts

öffentliche Stiftungen unter anderem solche bezeichnet werden, die überwiegend gemeinnützige, mildtätige oder kirchliche Zwecke im Sinne der Abgabenordnung verfolgen. Hier sind deutlich steuerrechtliche Begriffe Gegenstand des Stiftungsrechts geworden.

Die Abgabenordnung setzt für die Steuerbegünstigung in §§ 59 und 60 voraus, dass sich aus der Satzung ergeben muss, welchen Zweck die Stiftung verfolgt, dass dieser Zweck den Anforderungen der §§ 52 bis 55 AO entspricht und dass er ausschließlich und unmittelbar verfolgt wird. Die Satzungszwecke und die Art ihrer Verwirklichung müssen so genau bestimmt sein, dass aufgrund der Satzung geprüft werden kann, ob die satzungsmäßigen Voraussetzungen für die Steuerbegünstigung gegeben sind. Der Anwendungserlass zu § 60 AO enthält drei Anlagen mit Mustersatzungen, deren Formulierung wir in fast jeder der heutigen Stiftungssatzungen wieder finden.

Ist aber z. B. der Satz: „Es darf keine Person durch Ausgaben, die dem Zweck der Stiftung fremd sind, oder durch unverhältnismäßig hohe Vergütungen begünstigt werden" einmal Bestandteil der Satzung und damit zum Stiftungsrecht geworden, so hat auch die Stiftungsaufsicht über seine Einhaltung zu wachen.

Es wird klar, dass eine Tour d'horizon durch das Stiftungsrecht beliebig ausgedehnt werden könnte. Das soll aber Aufgabe der folgenden Beiträge sein.

3.2 Die selbständige Stiftung bürgerlichen Rechts
Errichtung – Laufende Geschäfte – Aufsicht – Auflösung

Von Florian Mercker

Die selbständige oder rechtsfähige Stiftung des bürgerlichen Rechts der Paragraphen 80 ff. BGB ist die gesetzliche Grundform der Stiftung und wohl die in Deutschland am häufigsten gewählte Rechtsform im Stiftungsrecht. Sie ist gleichzeitig auch die Grundlage besonderer Stiftungsformen wie beispielsweise die der Familienstiftung oder der Bürgerstiftung. Dabei stellt die Errichtung einer Stiftung in Deutschland, anders als in vielen anderen Staaten, immer noch ein Zusammenspiel zwischen Privatrecht einerseits und öffentlichem Recht anderseits dar: Das BGB unterscheidet so auch zwischen dem privatrechtlichen Stiftungsgeschäft, das den Grundsätzen der Privatautonomie unterliegt, und der aus dem Akt der Anerkennung folgenden Rechtsperson der Stiftung.[1]

Zu trennen von den Fragen der Errichtung ist die Frage der Gemeinnützigkeit. Diese wird allein vom Finanzamt nach den Tatbeständen der Abgabenordnung festgelegt. Auch wenn die meisten rechtsfähigen Stiftungen in Deutschland gemeinnützig sind, stellt dies grundsätzlich kein Errichtungserfordernis dar. In der Praxis lassen sich viele Stiftungsaufsichtsbehörden die Gemeinnützigkeit vor der Anerkennung vom Finanzamt bestätigen.

Errichtung

Die rechtsfähige Stiftung des bürgerlichen Rechts entsteht durch das Stiftungsgeschäft und die staatliche Anerkennung – früher Genehmigung – der Stiftung durch die zuständige Stiftungsbehörde in Form eines Verwaltungsaktes. Grundsätzlich bedarf das Stiftungsgeschäft als einseitiges Rechtsgeschäft eines gewissen Mindestinhaltes:

Der Stifter erklärt verbindlich, eine festgelegte Summe dauerhaft einem oder mehreren von ihm festgelegten Zwecken zur Verfügung zu stellen. Dabei geht das Stiftungsrecht davon aus, dass diese festgelegte Summe in ihrem Bestand erhalten bleibt und allein die Erträge den vom Stifter vorgegeben Zwecken zu Gute kommt. In letzter Zeit sind jedoch auch so genannte Verbrauchsstiftungen entstanden.

---

[1] A. a. O.

3.2 Die selbständige Stiftung bürgerlichen Rechts

Diese Stiftungen verbrauchen – auch als „spending down" bezeichnet – das gestiftete Kapital in einer vorgegebenen Zeit zur Erfüllung eines zeitlich abgrenzbaren Zweckes, etwa der Renovierung einer Kirche oder der Erreichung eines bestimmten Forschungszieles. Da die Stiftungen mit Verbrauch des Geldes erlöschen, werden sie auch Stiftungen auf Zeit genannt.

Außerdem muss das Stiftungsgeschäft die eindeutige Erklärung des Stifters enthalten, eine selbständige Stiftung errichten zu wollen. Dies dient der Abgrenzung zu den unselbständigen Stiftungen, bei denen das Vermögen einem Treuhänder übergeben wird und die weder eine eigene juristische Person darstellen noch in der Folge einer staatlichen Stiftungsaufsicht unterliegen.

Unabhängig von diesem Mindestinhalt des Stiftungsgeschäftes unterscheidet das bürgerliche Recht zwei grundlegende Formen selbständiger Stiftungen: das Stiftungsgeschäft unter Lebenden gemäß Paragraph 81 BGB und das Stiftungsgeschäft von Todes wegen gemäß Paragraph 83 BGB.

Die Stiftung unter Lebenden ist mittlerweile mit gutem Grund die häufigere Form des Stiftens. Der Vorteil besteht darin, dass der Stifter schon zu Lebzeiten auf die Gestaltung des Zwecks und die Stiftungsarbeit selbst Einfluss nehmen und so der Stifterwille meist besser umgesetzt werden kann. Bei testamentarischen Stiftungen ergeben sich hingegen oft Probleme bei der täglichen Stiftungsarbeit, die zu Lebzeiten des Stifters nicht bedacht wurden. Eine Anpassung – auch der Satzung – ist dann aber mit Schwierigkeiten verbunden. Zu empfehlen ist in den Fällen, in denen eine testamentarische Stiftung aus den unterschiedlichsten Gründen bevorzugt wird, zunächst eine Stiftung zu Lebzeiten mit einem geringen Anfangsvermögen auszustatten und diese dann als Erben einzusetzen, wenn die Stiftungsarbeit bereits erfolgreich angelaufen ist.

Das Stiftungsgeschäft unter Lebenden enthält gemäß Paragraph 81 Abs. 1 S. 1 – 3 BGB eine einseitige, nicht empfangsbedürftige Willenserklärung des Stifters. Die einfache Schriftform gemäß Paragraph 126 BGB genügt.[2] Eine notarielle Beurkundung ist selbst dann entbehrlich, wenn das Stiftungsgeschäft die Übertragung von Immobilien oder Gesellschaftsanteilen als Stiftungsvermögen vorsieht.[3]

Das Stiftungsgeschäft umfasst sämtliche vom Stifter im Hinblick auf die künftige Stiftung getroffenen Bestimmungen.[4] Regelmäßig wird daher auch die Satzung der zukünftigen Stiftung mit in das Stiftungsgeschäft aufgenommen. Die Satzung stellt dabei als zentraler Bestandteil des Stiftungsgeschäfts gleichsam die Verfassung der Stiftung dar. Auf deren Erstellung ist daher die größte Sorgfalt zu verwenden. Änderungen lassen sich später nur sehr schwierig und unter Beteiligung der Stiftungsaufsicht durchführen.

---

[2] *Meyn/Richter,* Rn. 100.

[3] *Hof,* in: Seifart/v. Campenhausen, § 7 Rnr. 15 m. w. N.; a. A. *Rawert,* in: Staudinger, § 81 Rnr. 3.

[4] RGZ 158, S. 185, S. 187 f.

Nach Paragraph 81 Abs. 1 Satz 3 BGB sind in der Stiftungssatzung mindestens folgende Regelungen zwingend vorgeschrieben: Name, Sitz und Zweck der Stiftung sowie deren Vermögen und Vorschriften über die Bildung des Stiftungsvorstandes. Besonderes Augenmerk ist dabei auf die Formulierung des Stiftungszweckes zu verwenden. Paragraph 80 Abs. 2 BGB fordert dazu, dass der Stiftungszweck das Gemeinwohl nicht gefährdet. Eine Gemeinwohlgefährdung liegt dann vor, wenn der Zweck der Stiftung selbst gegen Gesetze verstößt.

Bei der Wahl des Namens der Stiftung ist der Stifter grundsätzlich frei. Der Begriff „Stiftung" muss dabei nicht zwingend verwandt werden. Von der Bestimmung des satzungsmäßigen Sitzes hängt es ab, welches Landesstiftungsrecht Anwendung findet. Danach richtet sich auch die Zuständigkeit der Stiftungsaufsichtsbehörde und des Finanzamtes. Die Genehmigungs- und Aufsichtspraxis der unterschiedlichen Bundesländer sowie die Praxis der Finanzämter können stark voneinander abweichen.

Neben der sorgfältigen Beschreibung des Stiftungszweckes sollte die Art der Zweckerreichung in die Satzung aufgenommen werden. Für die Anerkennung der Gemeinnützigkeit wird dies unter steuerrechtlichen Gesichtspunkten sogar vorausgesetzt. Darüber hinaus erleichtert dies zudem den Stiftungsorganen, nach dem Tod des Stifters die Stiftung in dessen Sinne weiterzuführen. Die Satzung muss aber noch genügend Flexibilität zur Verwirklichung des Stiftungszwecks vorsehen, sodass auch nach längerer Zeit dieser noch erfüllbar ist. Hier sind vor allem „insbesondere"-Regelungen zur Schwerpunktsetzung in Zusammenhang mit den entsprechenden Vorgaben eine gute Gestaltungsmöglichkeit. Schwierigkeiten bei der Gestaltung der Satzung ergeben sich aus dem Spannungsfeld, satzungsmäßig das „Ewige" des Stiftungszwecks zu fixieren, gleichzeitig aber die Gestaltungsspielräume zu dessen Erreichung auch für die Zukunft zu erhalten.

Auch die Formulierung mehrerer Stiftungszwecke, die inhaltlich in keinem Zusammenhang stehen müssen, ist zulässig. Dem Stifter bleibt es auch unbenommen, eine Reihenfolge der Stiftungszwecke oder eine Verteilung der zur Verfügung stehenden Mittel auf die einzelnen Zwecke vorzusehen.[5]

Bei gemeinnützigen Stiftungen enthält die Satzung notwendigerweise neben einem an der Abgabenordnung orientierten Stiftungszweck weitere Vorschriften zur Gemeinnützigkeit, insbesondere Vorschriften zur Mittelverwendung und Vermögensbindung. Die Satzung sollte so gestaltet werden, dass den Organen der Stiftung bei Bedarf ermöglicht wird, Rücklagen zu bilden. Bei gemeinnützigen Stiftungen ist zu beachten, dass das Gebot der zeitnahen Mittelverwendung nur in eingeschränktem Umfang eine solche Rücklagenbildung zulässt. Die Stiftung kann daneben aber auch bis zu einem Drittel ihrer Vermögenserträge für den angemessenen Unterhalt des Stifters und seiner engsten Angehörigen bzw. zur Gräberpflege oder zur Ehrung des Andenkens verwenden, ohne damit ihre Gemeinnützigkeit zu gefährden.[6]

---

[5] *Meyn/Richter*, Rn. 122.

Die Satzung kann ein Klagerecht für die Destinatäre der Stiftung vorsehen. Grundsätzlich erhalten die Begünstigten einer Stiftung keine klagbaren Ansprüche gegen die Stiftung, da deren konkrete Auswahl durch die Stiftungsorgane erfolgen sollte. Den Begünstigten kann aber ausnahmsweise ein Rechtsanspruch auf Stiftungsleistungen zustehen, sofern der Kreis der Begünstigten in der Satzung objektiv bestimmt ist und den Stiftungsorganen keine Möglichkeit zur Auswahl eingeräumt ist.[7] Ebenso können den Destinatären, die selbst keine Organe der Stiftung sind, in der Satzung Mitwirkungs- und Verwaltungsrechte zugestanden werden.[8]

Die Satzung hat darüber hinaus die Stellung der Stiftungsorgane, deren Aufgaben und Befugnisse zu regeln. Das Stiftungsrecht schreibt in den Paragraphen 81 Abs. 1 Nr. 5, 86, 26 BGB lediglich einen Vorstand der Stiftung vor. Dieser kann auch aus einer einzigen Person bestehen, welche selbst der Stifter persönlich sein kann. Der Stifter kann aber ebenso weitere Entscheidungs-, Kontroll- oder Beratungsgremien in der Satzung vorsehen. Die Bezeichnung dieses Gremiums als Stiftungsrat, Beirat oder Kuratorium kann der Stifter frei bestimmen. Ebenso die Aufgaben und Befugnisse, die er diesem Gremium zuweist.

Des Weiteren kann der Stifter in der Satzung die Voraussetzungen der Auflösung der Stiftung festlegen. Denkbare Fälle sind die Unmöglichkeit oder die Sinnlosigkeit der Zweckerfüllung. Davon unberührt bleibt die Möglichkeit der Auflösung durch die Stiftungsaufsicht unter den Voraussetzungen des Paragraphen 87 BGB. Falls die Stiftung aufgelöst wird, sollte der Stifter zweckmäßigerweise einen Anfallsberechtigten für das Stiftungsvermögen benennen – anderenfalls das Vermögen an den Staat fiele. Handelt es sich bei der aufzulösenden Stiftung um eine gemeinnützige, so hat auch der in der Satzung vorgesehene Anfallsberechtigte als gemeinnützig anerkannt zu sein.

Im Regelfall enthält die Satzung auch Vorschriften über Satzungsänderungen. Unterschieden werden muss dabei zwischen Änderungen des Stiftungszweckes und sonstigen Änderungen der Satzung. Selbst durch entsprechende Klauseln kann den Organen der Stiftung nicht die Befugnis eingeräumt werden, den Stiftungszweck nach Belieben zu verändern. Die Zweckänderung ist nur mit Zustimmung der Stiftungsaufsicht möglich, wenn die ursprüngliche Zweckerreichung nach Paragraph 87 Abs. 1 Alt. 1 BGB unmöglich geworden ist, nach Paragraph 87 Abs. 1 Alt. 2 BGB die Erfüllung des Stiftungszwecks das Gemeinwohl gefährdet, die Zweckerfüllung sinnlos geworden oder die Bedingungen für eine Änderung bereits in der Satzung bestimmt worden sind.[9] Die übrigen Satzungsbestimmungen – wie etwa die Besetzung der Stiftungsorgane – können ebenfalls nur mit Geneh-

---

[6] *Müller/Schubert,* DStR 2000, S. 1289, S. 1294; *Hennerkes/Schiffer,* S. 198; *Schauhoff,* DB 1996, S. 1694.
[7] BGH NJW 1952, S. 708.
[8] OLG Hamburg, ZIP 1994, S. 1950 m. Anm. Rawert.
[9] *Rawert,* in: Staudinger, § 87 Rn. 19.

migung der Stiftungsaufsicht geändert werden, wobei die Anforderungen an die Genehmigungsfähigkeit bedeutend niedriger liegen.

Der Stifter ist zur ausreichenden Vermögensausstattung der Stiftung verpflichtet. Das BGB stellt hierzu keine Untergrenze auf, sondern gibt in Paragraph 80 Abs. 2 BGB vor, dass „die dauernde und nachhaltige Erfüllung des Stiftungszweckes gesichert" zu sein hat. In der Praxis wird von den Stiftungsbehörden eine gleitende Minimalgrenze zwischen 25.000 und 50.000 Euro angesetzt.[10] Bei besonderen Stiftungszwecken wird teilweise auch ein Höheres gefordert. Eine gesetzliche Grundlage für diese geübte Verwaltungspraxis besteht jedoch nicht.

Das Stiftungsgeschäft von Todes wegen regelt Paragraph 83 BGB. Die Errichtung der Stiftung erfolgt durch Testament oder – seltener – durch Erbvertrag. Die Stiftungserrichtung entspricht insoweit dem Stiftungsgeschäft unter Lebenden. Der Erblasser kann aber auch seinem Erben im Rahmen einer Auflage oder eines Vermächtnisses die Errichtung einer Stiftung aufgeben. Stifter ist dann jedoch der mit der Auflage belastete Erbe oder Vermächtnisnehmer.[11]

Die Vermögensübertragung selbst erfolgt dann durch Auflage, Vermächtnis, Erbeinsetzung oder Erbvertrag. Der Staat verzichtet bei dieser Form des Stiftens aber ebenfalls nicht auf seine Mitspracherechte und fordert daher eine stiftungsaufsichtliche Anerkennung auch der Stiftung von Todes wegen.

Die letztwillige Verfügung muss alle im Sinne des Paragraph 81 BGB erforderlichen Angaben enthalten und ebenso der erbrechtlichen Form des Testaments der Paragraphen 2247 ff. BGB bzw. des Erbvertrages nach den Paragraphen 2274 ff. BGB entsprechen. Unzureichend ist der reine Verweis auf eine maschinengeschriebene Satzung im Testament.[12] Die Stiftungsaufsichtsbehörde kann eine unvollständige Satzung zwar ergänzen, wobei gemäß Paragraph 83 S. 2 BGB der Wille des Stifters berücksichtigt werden soll. Fehlen jedoch wesentliche Angaben, wie beispielsweise notwendige Angaben zum Stiftungszweck, kann die Stiftungserrichtung insgesamt scheitern. Stiftungen sollten so möglichst schon zu Lebzeiten – mit einem Mindestvermögen ausgestattet – errichtet und gleichzeitig dann als späterer Erbe eingesetzt werden. Ein Stifter ist so in der Lage, Fragen, die im Anerkennungsverfahren aufkommen und unter Umständen die Stiftungserrichtung insgesamt gefährden könnten, noch eigenständig in seinem Sinne zu regeln.

Die Stiftung entsteht mit der staatlichen Anerkennung als juristische Person mit eigenen Rechten und Pflichten. Gegen die Anerkennung kann mit Widerspruch vorgegangen werden. Die h. M. geht dabei mittlerweile von einem Grundrecht auf Stiftung aus und leitet dieses aus dem Grundrechtskatalog ab.[13] Der Gesetzgeber

---

[10] Für eine Übersicht über die Verwaltungspraxis der einzelnen Bundesländer: *Damrau/Wehinger*, ZEV 1998, S. 178.

[11] *Hof*, in: Seifart/v. Campenhausen, § 7 Rn. 87 f.

[12] LG Berlin v. 26. 5. 2000, Az. 87 T 708/99 (unveröffentlicht).

3.2 Die selbständige Stiftung bürgerlichen Rechts

hat dann auch in Paragraph 80 Abs. 2 BGB einen Rechtsanspruch auf Anerkennung normiert. Im Rahmen des Anerkennungsverfahrens wird geprüft, ob das Stiftungsgeschäft den Anforderungen des Paragraph 81 Abs. 1 BGB genügt, der Stiftungszweck das Gemeinwohl nicht gefährdet und die dauernde und nachhaltige Erfüllung des Stiftungszwecks gesichert ist. Die Stiftungsaufsichtsbehörden fordern, gelegentlich darüber hinausgehende Regelungen obgleich sich der Prüfungsumfang abschließend auf die genannten Punkte erstreckt.[14]

Laufende Geschäfte

Soweit die Satzung nichts anderes bestimmt, führt der Vorstand die Geschäfte der Stiftung. Die Satzung kann vorsehen, dass bestimmte Entscheidungen nur von mehreren Vorstandsmitgliedern gemeinsam oder vom Vorstand im Zusammenwirken mit einem anderen Stiftungsorgan getroffen werden können. Ebenso kann die Geschäftsführung ganz oder teilweise einem einzelnen Vorstandsmitglied oder einem angestellten Geschäftsführer übertragen werden. Innerhalb des Vorstandes können die Zuständigkeiten nach Ressorts aufgeteilt werden. Eine detaillierte Geschäftsordnung kann bereits in der Satzung vorgesehen und bereits schon mit dem Stiftungsgeschäft erlassen werden.

Über Paragraph 86 BGB gelten die Paragraphen 28 Abs. 1, 32 und 34 BGB für die Beschlussfassung innerhalb der Organe entsprechend, soweit die Satzung nichts anderes vorsieht. Nach Paragraph 32 Abs. 1 BGB werden Beschlüsse mit der Mehrheit der anwesenden Stimmen in einem Organ gefällt. Diese Vorschrift ist dispositiv. Zwingend hingegen ist gemäß den Paragraphen 40, 34 BGB das Abstimmungsverbot für ein Organmitglied, falls die Abstimmung die Vornahme eines Rechtsgeschäfts mit dem Mitglied oder die Einleitung oder Erledigung eines Rechtsstreits zwischen diesem und der Stiftung betrifft.[15]

Der Vorstand vertritt die Stiftung gemäß Paragraph 86 i. V. m. Paragraph 26 Abs. 2 BGB in allen Angelegenheiten nach außen. Diese Vertretungsmacht kann jedoch begrenzt werden. Im Außenverhältnis gilt für Rechtsgeschäfte zwischen der Stiftung und ihren Vorstandsmitgliedern die Schranke des Paragraphen 181 BGB. Einzelne Mitglieder oder der Vorstand können jedoch vom Verbot des Selbstkontrahierens befreit werden.[16] Hierbei ist jedoch auch wieder das am jeweilige Sitz der Stiftung geltende Landesrecht zu beachten. Beispielsweise sind Insichgeschäfte in Rheinland-Pfalz gemäß Paragraph 18 Abs. 1 RPStiftG grundsätzlich unzulässig und in Nordrhein-Westfalen nach Paragraph 21 Abs. 1 Nr. 5 NWStiftG anzeigepflichtig. In Bayern muss die Befreiung von dem Verbot des Selbstkontra-

---

[13] Beachte insbesondere Kapitel 1.5; *Hof,* in: Seifart / v. Campenhausen § 4 Rn. 3 ff.; *Rawert,* in: Staudinger, § 80 Rn. 40 ff.

[14] *Heinrichs,* in: Palandt, § 80 Rn. 4.

[15] *Meyn / Richter,* Rn. 153 f.

[16] *Rawert,* in: Staudinger, § 86 Rn. 7.

hierens gemäß Art. 22 Abs. 2 BayStiftG in der Satzung geregelt sein. Aber auch die Satzung selbst kann Beschränkungen der Vertretungsmacht enthalten und beispielsweise für grundlegende Geschäfte Gesamtvertretung anordnen.[17]

Besteht der Vorstand aus mehren Personen, so gilt das Prinzip der Mehrheitsvertretung, es sei denn, in der Satzung wurde eine abweichende Regelung getroffen. Die Stiftung kann dann von der Anzahl an Personen gemeinsam vertreten werden, die nach der Satzung bzw. nach den Paragraphen 86, 28 Abs. 1 BGB für eine wirksame Beschlussfassung notwendig sind.[18]

Ob die Beschränkungen der Vertretungsmacht auch Dritten gegenüber wirksam sind, sofern diese die Beschränkungen weder kennen noch kennen müssen, ist häufig problematisch. Hier zeigt sich ein großer Nachteil des Verzicht auf ein allgemeines Stiftungsregister mit Publizitätswirkung. Obwohl es für Stiftungen keine Registerpublizität gibt, verweist Paragraph 86 auch auf Paragraph 26 Abs. 2 BGB. Danach gilt eine satzungsmäßige Beschränkung der Vertretungsmacht im Außenverhältnis auch gegenüber gutgläubigen Dritten. In der Praxis erteilen die Stiftungsaufsichtsbehörden bei Bedarf so genannte Vertretungsbescheinigungen. Dies gehört zum Aufgabenbereich der Stiftungsaufsicht.[19]

Die Stiftung haftet mit ihrem Vermögen für Verbindlichkeiten aus Rechtsgeschäften ihrer Organe mit Vertretungsmacht. Darüber hinaus, haftet sie auch nach den Paragraphen 86, 31 BGB für Schäden, die ein Organ oder sonstiger Vertreter in Ausübung seiner Stiftungstätigkeit verursacht.[20] Deliktsrechtlich haftet die Stiftung gemäß Paragraph 831 BGB für das Handeln ihrer Verrichtungsgehilfen in Ausübung ihrer Aufgaben. Organmitglieder werden dabei nicht als Verrichtungsgehilfen der Stiftung angesehen.[21] Zwar haftet die Stiftung grundsätzlich nicht für Verbindlichkeiten des Stifters, eine Ausnahme besteht aber in den Fällen der Gläubigeranfechtung nach den Paragraphen 3 ff. AnfG sowie bei Insolvenz des Stifters gemäß den Paragraph 129 ff. InsO.[22]

Stiftungsaufsicht

Die Stiftungsaufsicht garantiert die Rechtmäßigkeit des Organhandelns und die Verwirklichung des Stifterwillens. Die Befugnisse der Stiftungsaufsicht beschränken sich dabei auf eine reine Rechtsaufsicht.[23] Spätestens seit diesem Urteil des

---

[17] Vgl. Kapitel 3.7.
[18] *Reuter,* in: MüKo BGB, § 86 Rn. 8; *Weick,* in: Staudinger, § 26 Rn. 12; a. A., d. h. Gesamtvertretung als Regelfall: *Hof,* in: Seifart / v. Campenhausen, § 9 Rn. 31.
[19] *Reuter,* in: MüKo BGB, § 86 Rn. 8.
[20] *Hof,* in: Seifart / v. Campenhausen, § 9 Rn. 213.
[21] Vgl. Kapitel 9.4. *Thomas,* in: Palandt, § 831, Rn. 8.
[22] Einzelheiten bei *Fritsche,* ZSt 2003, S. 113, S. 118 f.
[23] *Reuter,* in: MüKo BGB, Vor § 80 Rn. 82; wegweisend BVerwGE 40, S. 347 ff.

Bundesverwaltungsgerichts besteht für eine über die Rechtmäßigkeitskontrolle hinausgehende Kontrolle der Stiftungsaufsicht keine Grundlage mehr.[24] Die häufig von der Stiftungsaufsicht noch geübte gegenteilige Ansicht erschwert nicht selten einer Vielzahl von Stiftungen die Erfüllung ihres Stiftungszwecks.

Gegenstand der Aufsicht sind nur Maßnahmen der Stiftung, die nicht mit der Satzung, insbesondere dem Stiftungszweck, oder dem geltenden Stiftungsrecht übereinstimmen.[25] Die Stiftungsaufsicht vertritt dabei alleine das öffentliche Interesse. Sie ist nicht Sachwalter von Einzelinteressen, etwa der der Destinatäre.[26] Diese haben auch keinen Rechtsanspruch auf das Tätigwerden der Stiftungsaufsicht.[27] Falls die Satzung die Organe zur Beachtung des Gemeinnützigkeitsrechts verpflichtet, so fällt auch dies in den Bereich der Rechtsaufsicht durch die Stiftungsbehörde.

Welche Mittel und Rechte den Stiftungsbehörden zur Erfüllung ihrer Aufgaben zur Verfügung stehen, regelt das jeweilige Landesrecht. Im Wesentlichen sind in allen Landesrechten die Instrumente der Beanstandung, Aufhebung oder Anordnung von Maßnahmen der Stiftung genannt. Zur Durchsetzung kann die Behörde die Zwangsmittel der Verwaltungsvollstreckung, wie Zwangsgeld oder Ersatzvornahme einsetzen. Stärkstes Aufsichtsmittel ist die Auflösung einer Stiftung wegen der Gefährdung der Allgemeinheit. Für die Ausübung dieser Rechte gelten die Grundsätze der Subsidiarität und der Verhältnismäßigkeit.[28] Zur frühzeitigen Verhinderung rechtswidriger Maßnahmen enthalten einige Landesstiftungsgesetze Genehmigungsvorbehalte für besondere Rechtsgeschäfte.[29] Auch können Organe abberufen werden, sofern sich diese eine grobe Pflichtverletzung haben zuschulden kommen lassen oder zu erwarten ist, dass ihr Handeln der Stiftung auch in Zukunft Schaden zufügen wird. Damit kann die Behörde auch die Bestellung eines neuen Organmitgliedes verbinden. Gegen Berichtspflichten gegenüber der Stiftungsaufsicht bestehen aufgrund der erwünschten Transparenz keine grundsätzlichen Vorbehalte. Es erscheint allerdings unzweckmäßig, Stiftungen finanzielle Berichtspflichten nach Maßgabe der Kameralistik aufzuerlegen, wenn diese beispielsweise selbst bereits eine – deutliche aussagekräftigere – doppelte Buchführung eingeführt haben. Diese Auflage führt häufig zu einer Erschwerung der Stiftungsarbeit.

Insgesamt bleibt die Abschaffung des bestehenden Konzessionssystems und die Schaffung eines Normativsystems hinsichtlich der Stiftungserrichtung wünschenswert. Die Eintragung in ein öffentliches Stiftungsregister soll für die Stiftung konstitutiv sein. Die Aufgabe der Stiftungsaufsicht sollte aus Gründen der Transparenz

---

[24] Vgl. Fn. 23; entgegen *Andrick/Suerbaum,* § 4 Rn. 14.
[25] *Kilian,* Stiftung und Sponsoring, 5/2002, Beilage Die Roten Seiten.
[26] OVG Lüneburg, NJW 1985, S. 1572.
[27] BVerwG, NJW 1985, S. 2964.
[28] *Hof,* in: Seifart/v. Campenhausen, § 4 Rn. 114.
[29] So Art. 27 BayStiftG, § 13 BWStiftG, § 20 MVStiftG, § 21 NWStiftG, § 9 SHStiftG.

und der klareren Aufgabenteilung dann von den politisch unabhängigen Gerichten wahrgenommen werden.[30] Der Gesetzgeber hat bei der Reform des Stiftungsrechtes im Jahre 2003 jedoch an der bestehenden Eingriffsverwaltung festgehalten. Die Reform führte auch nur in wenigen Bundesländern zu tatsächlichen Verbesserungen im Stiftungswesen, jedoch kaum zu Änderungen in der bisherigen Verwaltungspraxis.[31] Teilweise enthalten veraltete Landesstiftungsgesetze sogar noch über die reformierten Bestimmungen des BGB hinaus gehende Anforderungen an die Satzung und Stiftungsverwaltung, die einer Anerkennung entgegengehalten werden könnten.[32] Ein Ausweg ist die frühzeitige Absprache mit der Stiftungsaufsichtsbehörde oder die Wahl eines bestimmten Bundeslandes als Sitz der Stiftung. Dabei werden die Bundesländer mit BGB-konformen Stiftungsrecht und kurzen Bearbeitungszeiten als Stiftungssitz bevorzugt. Auch hier könnte ein wünschenswerter Wettbewerb unter den Bundesländern unter Umständen zu einem Umdenken in der geübten Stiftungspraxis einiger Verwaltungen führen.

Auflösung der Stiftung

Die Stiftung besteht solange, bis sie durch einen staatlichen Akt aufgehoben worden ist.[33] Die Stiftungsaufsicht kann die Stiftung gemäß Paragraph 87 BGB auflösen, sofern die Erfüllung des Stiftungszwecks unmöglich geworden ist oder die Erfüllung des Stiftungszweckes zu einer Gefährdung der Allgemeinheit führt. Gefährdet eine Stiftung die Allgemeinheit ist sie aufzulösen. Vor einer Auflösung soll der Vorstand der Stiftung gemäß Paragraph 87 Abs. 3 BGB von der Aufsichtsbehörde gehört werden.

Die Unmöglichkeit der Zweckerfüllung bestimmt sich nach allgemeinen zivilrechtlichen Grundsätzen.[34] Fälle der Unmöglichkeit sind insbesondere der Verlust des Stiftungsvermögens, der Wegfall der Destinatäre und die Zweckerreichung.[35]

Die Stiftungsaufsicht ist zuvor jedoch gehalten zu prüfen, ob eine Änderung des Stiftungszweckes nicht in stärkerem Maße dem Stifterwillen entspricht. Der Stifterwille ist ohnehin bei allen Entscheidungen der Stiftungsaufsicht zentraler Auslegungsmaßstab für die Entscheidung der Behörde.[36] Einige Landesrechte

---

[30] *Mestmäcker,* S. 254, S. 275 f.

[31] Vgl. Kapitel 3.9.

[32] Bei diesen Regelungen ist strittig, ob diese noch mit dem BGB vereinbar oder wegen Art. 31 bzw. Art. 72 Abs. 1 GG als nichtig zu betrachten sind. Zum Entwurf eines neuen Landesstiftungsrechtes siehe Kapitel 3.9 in diesem Buch; zum weiteren Anpassungsbedarf der Landesrechte: *Schwarz,* ZEV 2003, S. 306 ff.

[33] *Rawert,* in: Staudinger, § 88 Rn. 2; a. A. *Reuter,* in: MüKo BGB, § 88 Rn. 1 für zeitlich befristete Stiftungen.

[34] *Reuter,* in: MüKo BGB, § 87 Rn. 3.

[35] *Schwarz,* in: Bamberger/Roth, § 87 Rn. 2.

[36] *Reuter,* in: MüKo BGB, § 87 Rn. 2.

3.2 Die selbständige Stiftung bürgerlichen Rechts

sehen – rechtlich umstritten – darüber hinaus die Möglichkeit einer Zusammenlegung der aufzulösenden Stiftung mit einer anderen vor.[37]

Aber auch die Satzung kann bestimmen, dass die Organe der Stiftung diese per Beschluss auflösen können. Voraussetzung hierzu ist die Genehmigung der Stiftungsaufsicht, die prüft, ob die satzungsmäßigen Voraussetzungen einer Auflösung vorliegen. Schließlich kann die Stiftung wegen Insolvenz gemäß den Paragraphen 86, 42 BGB aufgelöst werden.

Die Stiftung verliert mit der Auflösung ihre Rechtspersönlichkeit.[38] Das Stiftungsvermögen fällt dann an den in der Satzung benannten Anfallsberechtigten. Im Falle eines Insolvenzverfahrens gehen die jeweiligen Vorschriften der InsO vor.[39] Ist in der Satzung kein Anfallsberechtigter benannt, so richtet sich die Anfallsberechtigung nach Landesrecht. Enthält das Landesrecht keine besondere Regelung, so fällt das Vermögen an den Fiskus des Landes, in dem die Stiftung ihren Sitz hatte.

---

[37] So z. B. Art. 16 BayStiftG, § 8 StiftG Nds., § 14 Abs. 3 StiftG BW.
[38] *Rawert,* in: Staudinger, BGB, § 88 Rn. 5.
[39] *Reuter,* in: MüKo BGB, § 88 Rn. 2.

3.3 Die unselbständige, nichtrechtsfähige Stiftung

Von Nina Lorea Beckmann

Neben der Gründung einer rechtsfähigen Stiftung gibt es auch andere Gestaltungsmöglichkeiten für Stifter, ihr Vermögen dauerhaft einem wohltätigen Zweck zuzuwenden. Eine solche Gestaltungsmöglichkeit wäre die Errichtung einer unselbständigen Stiftung, auch „fiduziarische" Stiftung genannt.

Unter der Errichtung einer unselbständigen Stiftung versteht man eine dauerhafte Vermögensübertragung auf vertraglicher Grundlage: Der Stifter (Treugeber) überträgt sein Vermögen auf einen Treuhänder (Stiftungsträger) mit der Maßgabe, daß der Treuhänder die übertragenen Werte dauerhaft zur Verfolgung eines vom Stifter festgelegten Zweckes erfolgt.[1] Der Stifter muß eine andere Person sein als der Stiftungsträger.[2] Genau wie eine rechtsfähige Stiftung wird auch die unselbständig Stiftung durch die Dauerhaftigkeit des verfolgten Zweckes, das Fehlen einer verbandsmäßigen Struktur und einer Vermögensübertragung gekennzeichnet.[3] Daher ist auch die unselbständige Stiftung nach ganz h. M. Stiftung im Rechtssinne.[4] Auch eine unselbständige Stiftung darf die Bezeichnung „Stiftung" im Namen führen.[5]

Es besteht jedoch, gekennzeichnet durch das Anerkennungsverfahren und die Eigenschaft als juristische Person, eine deutliche Zäsur zwischen selbständiger und unselbständiger Stiftung: Die unselbständige Stiftung ist nicht etwa ein Vorläufer oder ein Durchgangsstadium auf dem Weg zu einer selbständigen Stiftung, sondern ist davon streng zu unterscheiden.[6] Der grundlegende Unterschied zwischen einer selbständigen und einer unselbständigen Stiftung liegt darin, daß die selbständige Stiftung im Gegensatz zur unselbständigen Stiftung über eine eigene Rechtspersönlichkeit verfügt. Die unselbständige Stiftung ist hingegen kein Rechtssubjekt, sondern ein Rechtsverhältnis zwischen Stifter und Stiftungsträger.[7]

---

[1] Erman/*O. Werner,* Vor § 80 Rn. 12.; MünchKomm/*Reuter,* Vor § 80 Rn. 84; Seifart/*v. Campenhausen,* § 2 Rn. 4; Staudinger/*Rawert,* Vorb. 151 zu §§ 80 ff.

[2] Bamberger/Roth – *Schwarz,* Vor § 80 Rn. 22; Erman/*O. Werner,* Vor § 80 Rn. 12.; Seifart/ v. Campenhausen – *Hof,* § 36 Rn. 46; Staudinger/*Rawert,* Vorb. 152 zu §§ 80 ff.

[3] Seifart/*v. Campenhausen,* § 2 Rn. 4.

[4] s. bereits RGZ 88, 335, 338 f.

[5] Bamberger/Roth – *Schwarz,* Vor § 80 Rn. 22; Erman/*O. Werner,* Vor § 80 Rn. 12.

[6] Seifart/v. Campenhausen – *Hof,* § 36 Rn. 2.

[7] *Hüttemann/Herzog,* DB 2004, 1001, 1002.

3.3 Die unselbständige, nichtrechtsfähige Stiftung

Der Vertrag zwischen Stifter und Treuhänder (Stiftungsgeschäft) wird vielfach als Treuhandvertrag qualifiziert, nach a. A. handelt es sich um eine Schenkung unter Auflage.[8] Diese rechtliche Qualifizierung ist anhand des Parteiwillens vorzunehmen. Besondere Bedeutung erlangt diese Qualifizierung, wenn es um Fragen der Auflösung der Stiftung oder um insolvenzrechtliche Fragestellungen geht.

Treuhänder kann jede juristische und natürliche Person sein.[9] Um eine Dauerhaftigkeit der Stiftung sicherzustellen („Verewigungsfunktion"), werden meist juristische Personen als Treuhänder ausgewählt.[10]

Der Treuhänder wird neuer Eigentümer des Vermögens, so daß auf die Auswahl seiner Person größtmögliche Sorgfalt zu verwenden ist. Im Innenverhältnis zum Treugeber ist der Treuhänder durch die getroffenen vertraglichen Regelungen gebunden. Er verwaltet das Vermögen im Sinne des Stifters, so wie es in einer dem Treuhandvertrag beigefügten Satzung festgehalten wurde (Verwaltungstreuhand).[11] Nach außen hin ist eine Beschränkung der Verfügungsbefugnis mit dinglicher Wirkung nicht möglich. Der Treuhänder, der Träger des Vermögens ist, handelt nach außen hin in eigenem Namen und nicht als Organ der unselbständigen Stiftung.[12]

Es kann für Stifter aus mehreren Gründen von Interesse sein, sich gegen die Gründung einer rechtsfähigen Stiftung und für die Errichtung einer unselbständigen Stiftung zu entscheiden:

- Das für die Gründung einer rechtsfähigen Stiftung empfohlene Mindestkapital von € 50.000 ist (noch) nicht vollständig vorhanden. Aus diesem Grund soll zuerst eine nichtrechtsfähige Stiftung gegründet werden. Später kann diese unselbständige Stiftung in eine rechtsfähige Stiftung umgewandelt werden.[13]

- Es soll schnell etwas geschehen: Das für eine rechtsfähige Stiftung vorgeschriebene Anerkennungsverfahren, das oft bis zu einem Jahr dauert, wird als zu langwierig empfunden. Eine unselbständige Stiftung hingegen kann sofort nach Abschluß des Stiftungsgeschäfts mit der Arbeit beginnen.

- Die Stiftung soll nicht der staatlichen Aufsicht unterliegen: Da für unselbständige Stiftungen nach h.M. mangels Rechtsfähigkeit weder die §§ 80 ff. BGB noch die Landesstiftungsgesetze[14] anwendbar sind[15], unterliegt eine unselb-

---

[8] Palandt / *Heinrichs*, Vorb v § 80 Rn. 10; Seifart / v. Campenhausen – *Hof*, § 36 Rn. 4 ff.

[9] Bamberger / Roth – *Schwarz*, Vor § 80 Rn. 22; Palandt / *Heinrichs*, Vorb v § 80 Rn. 10; Seifart / v. Campenhausen – *Hof*, § 36 Rn. 44.

[10] MünchKomm / *Reuter*, § 80 Rn. 43; Seifart / v. Campenhausen – *Hof*, § 36 Rn. 44.

[11] s. Kapitel 3.4.

[12] Seifart / v. Campenhausen – *Hof*, § 36 Rn. 106; Staudinger / *Rawert*, Vorb. zu §§ 80 ff. Rn. 151.

[13] *Strickrodt*, S. 118.

[14] Einzige Ausnahme ist § 28 Abs. 2 Stiftungsgesetz Sachsen-Anhalt, der eine partielle Anwendbarkeit des sächsisch-anhaltinischen Stiftungsgesetzes regelt.

[15] RGZ 88, 335, 339.

ständige Stiftung nicht der staatlichen Stiftungsaufsicht. Sowohl die laufende Stiftungstätigkeit als auch Satzungsänderungen und die Auflösung der Stiftung finden ohne staatliche Aufsicht statt.[16]

– Der Verwaltungsaufwand für eine rechtsfähige Stiftung wäre in Anbetracht der Höhe des Stiftungsvermögens zu hoch; die Einschaltung eines Treuhänders erscheint sinnvoller, um den Verwaltungsaufwand möglichst gering zu halten.

– Bei einer unselbständigen Stiftung können nicht nur die Erträge, sondern auch die Substanz des Stiftungsvermögens zur Zweckerfüllung eingesetzt werden, wenn eine solche Aufzehrung im Sinne des Stifters ist.[17] Allerdings ist zu beachten, daß der Erhalt des Stiftungsvermögens über einen gewissen Zeitraum nötig ist[18], denn die Dauerhaftigkeit der Zweckverfolgung ist eines der wesentlichen Elemente einer Stiftung.

Die Gründung einer unselbständigen Stiftung kann sowohl unter Lebenden wie auch von Todes wegen erfolgen.

Die Gründung einer selbständigen Stiftung ist ein einseitiger Errichtungsakt, wohingegen die Gründung einer unselbständigen Stiftung unter Lebenden durch einen schuldrechtlichen Vertrag[19], also ein zweiseitiges Rechtsgeschäft zwischen Stifter und Stiftungsträger, geschieht. Das Stiftungsgeschäft bedarf somit der Annahme durch den Stiftungsträger.[20]

Die unselbständige Stiftung hat im BGB keine eigenständige Regelung erfahren. Da die unselbständige Stiftung auch nicht rechtsfähig ist, sind die Regelungen der §§ 80 bis 88 BGB weder direkt noch entsprechend anwendbar.[21]

Hinsichtlich des schuldrechtlichen Vertrags, der der Gründung der unselbständigen Stiftung zugrunde liegt, ist umstritten, ob es sich um den Abschluß eines Treuhandvertrages in Form eines Auftrags oder eines Geschäftsbesorgungsvertrags handelt oder ob eine Schenkung unter Auflage nach den §§ 518, 525 BGB gewollt ist.[22] Sicher ist, daß sich eine schematische Anwendung von Vorschriften eines bestimmten Rechtsgebietes verbietet.[23] Entscheidend für die rechtliche Qualifikation ist der Parteiwille.

K. Schmidt entwickelte ein neues Modell, das die herrschenden Meinungsstreitigkeiten dadurch löst, daß es zu einer Anwendbarkeit des Stiftungsrechts führt.

---

16 Seifart / v. Campenhausen – *Hof,* StiftungsR Hdb. § 36 Rn. 10; *Pues / Scheerbarth,* S. 78.

17 *Pues / Scheerbarth,* S. 78 f.

18 Staudinger / *Rawert,* Vorb. zu §§ 80 ff. Rn. 164.

19 RGZ 105, 305, 308.

20 Staudinger / *Rawert,* Vorb. zu §§ 80 ff. Rn. 156; Seifart / v. Campenhausen – *Hof,* § 36 Rn. 23.

21 Grundlegend hierzu bereits RGZ 105, 305, 306 f.

22 Vgl. dazu ausführlich Kapitel 3.4; Bamberger / Roth – *Schwarz,* Vor § 80 Rn. 22; *Pues / Scheerbarth,* S. 75; Staudinger / *Rawert,* Vorb. zu §§ 80 ff. Rn. 158 ff.

23 Vgl. *Richter / Meyn,* S. 48 ff.

3.3 Die unselbständige, nichtrechtsfähige Stiftung

Ausgehend davon, daß bei einer unselbständigen Stiftung versucht wird, mit den Mitteln des Schuldrechts (Treuhandvertrag) eine mitgliederlose Rechtsperson (Stiftung) zu simulieren, spricht er nunmehr von der unselbständigen Stiftung als einer „virtuellen Stiftung".[24] So wird der unselbständigen Stiftung eine stiftungsmäßige Organisation gegeben. Auch nach diesem Modell bleibt der Stiftungsträger alleiniges Zuordnungsobjekt von Rechten und Pflichten. Der Stiftungsträger sei „Als-ob-Organ" einer „Als-ob-Stiftung".

Gegen dieses Modell spricht jedoch, daß es letztendlich dazu führen würde, die Unterschiede zwischen selbständiger und unselbständiger Stiftung, z. B. hinsichtlich des Anerkennungsverfahrens und des Aufsichtsrechts, zu verwischen. In diesem Bereich ist jedoch noch vieles strittig. Um Unklarheiten und daraus resultierende Streitigkeiten und Gerichtsverfahren zu vermeiden, sollten deshalb im Treuhandvertrag möglichst detaillierte Regelungen getroffen werden.

Der schuldrechtliche Vertrag, der die Grundlage des Stiftungsgeschäfts bildet, muß (ebenso wie bei einer rechtsfähigen Stiftung) Regelungen über *Namen, Zweck und Sitz* sowie über die Widmung von *Vermögen zu einem vorgegebenen Zweck* enthalten.

In dem Vertrag sollte ausdrücklich festgelegt werden, daß das Stiftungsvermögen *gesondert zu verwalten* und auch als solches zu *bilanzieren* ist, wenn der Stiftungsträger Bücher führt. Die Existenz solcher Regelungen ist insbesondere dann von großer Bedeutung, wenn es zu einer Insolvenz des Stifters oder des Stiftungsträgers kommt.

Da in einigen Konstellationen das Auftragsrecht nicht unmittelbar anwendbar ist und auch kein Treuhandverhältnis vorliegt, sollte ein *Aufwendungsersatzanspruch* für den Treuhänder unbedingt ausdrücklich geregelt werden.

Weiterhin sollten *Regelungen über Widerrufs- und Rücktrittsmöglichkeiten* vorgesehen werden, etwa für den Fall der Verarmung des Stifters oder eines Unmöglichwerdens des Stiftungszweckes. Es kann ein Katalog von Widerrufs- bzw. Kündigungsgründen „aus wichtigem Grund" vereinbart werden, der die Auflösung der unselbständigen Stiftung erschwert.[25]

In einer ebenfalls auszuhandelnden Satzung sollten Regelungen über eine *Organisationsstruktur* getroffen werden, wenn geplant ist, daß nicht allein der Stiftungsträger für die unselbständige Stiftung tätig werden soll. Die Installation eines Kontrollorgans ist bei einer unselbständigen Stiftung noch wichtiger als bei einer selbständigen rechtsfähigen Stiftung, da keine Stiftungsaufsicht über die Einhaltung der Stiftungssatzung wacht.[26] Insbesondere bei einer Identität der Stiftungs-

---

[24] Dazu grundlegend *K. Schmidt*, in: Hopt/Reuter, Stiftungsrecht in Europa, S. 175 ff., 177 ff.

[25] *Pues/Scheerbarth,* S. 76; Seifart/v. Campenhausen – *Hof,* § 36 Rn. 41.

[26] *Pues/Scheerbarth,* S. 83.

zwecke von unselbständiger Stiftung und Stiftungsträger ist die Installation eines Kontrollgremiums dringend zu empfehlen.

Das Stiftungsgeschäft unter Lebenden ist, wenn es sich um eine Schenkung unter Auflage handelt, formbedürftig gem. § 518 Abs. 1 BGB, da es sich um eine dauerhafte freiwillige Vermögensübertragung handelt. Sobald es zu einer Übertragung des Vermögens kommt, tritt allerdings gem. § 518 Abs. 2 BGB Heilung einer evtl. Nichtbeachtung der Formvorschrift des § 518 Abs. 1 BGB ein.

Erfolgt eine Übertragung von Grundstücken, so ist in jedem Fall das Formerfordernis des § 311b Abs. 1 BGB zu beachten. Bei einer Übertragung von GmbH-Geschäftsanteilen gelten die § 15 Abs. 3, 4 GmbHG.

Soll eine unselbständige Stiftung von Todes wegen gegründet werden, so kann dies in Form einer Erbeinsetzung gem. §§ 1940 ff. BGB oder in Form eines Vermächtnisses unter Auflage gem. §§ 2192 ff. BGB geschehen.[27] Wenn die Erbeinsetzung oder das Vermächtnis angenommen werden, gilt die Stiftung als mit dem Tode des Stifters entstanden.[28]

Da, wie bereits erwähnt, die so gegründete unselbständige Stiftung kein behördliches Anerkennungsverfahren durchläuft, ist es sinnvoll, Testamentsvollstreckung anzuordnen, um eine Umsetzung zu gewährleisten, die möglichst genau den Stifterwillen verwirklicht.

Die erbrechtliche Formvorschrift des § 2247 BGB für die Errichtung von Testamenten ist zu beachten. Auch die Satzung der Stiftung ist vollständig handschriftlich abzufassen.

Wenn durch das Stiftungsgeschäft ein Pflichtteilsberechtigter beschwert wird, so ist auf Pflichtteils- und Pflichtteilsergänzungsansprüche Rücksicht zu nehmen.[29]

Nach noch h. M. kann eine nichtselbständige Stiftung keinen Vorstand i. S. d. §§ 88, 26 BGB haben, da alleiniges Zuordnungssubjekt und Vermögensinhaber der Treuhänder als Stiftungsträger ist und das Stiftungsrecht keine Anwendung findet. Der Stiftungsträger ist wegen der fehlenden Rechtspersönlichkeit der unselbständigen Stiftung nicht deren Vertreter, sondern handelt in eigenem Namen und in Erfüllung seiner eigenen Verpflichtungen aus dem Stiftungsgeschäft.[30]

Folgt man jedoch dem neuen, von K. Schmidt entwickelten Konzept, so ergibt sich, daß der Stiftungsträger und seine Organe verpflichtet sind, die Stiftung so zu führen, als seien sie Stiftungsvorstand des virtuellen Rechtsträgers „unselbständige Stiftung".[31]

---

[27] Vgl. Staudinger/*Rawert*, Vorb. zu §§ 80 ff. Rn. 166; Seifart/v. Campenhausen – *Hof*, § 36 Rn. 80 ff.; MünchKomm/*Reuter*, Vor § 80 Rn. 90 ff.

[28] Staudinger/*Rawert*, Vorb. zu §§ 80 ff. Rn. 166.

[29] Dazu ausführlicher *Pues/Scheerbarth*, S. 78.

[30] Seifart/v. Campenhausen – *Hof*, § 36 Rn. 106; Staudinger/*Rawert*, Vorb. zu §§ 80 ff. Rn. 151.

[31] *K. Schmidt*, in: Hopt/Reuter, Stiftungsrecht in Europa, S. 175, 179.

Da viele unselbständige Stiftungen unter dem „Dach" einer selbständigen Stiftung als Stiftungsträger angesiedelt sind, werden in der Praxis auch unselbständige Stiftungen mit Kontrollgremien ausgestattet. Die Schaffung von Kontrollgremien ist insbesondere dann sinnvoll, wenn zwischen der Satzung der „Dachstiftung" und der unselbständigen Stiftung inhaltliche Übereinstimmung vorliegt.

Die Errichtung einer unselbständigen Stiftung birgt Risiken. Diese Risiken liegen in der Konstruktion selbst bedingt:

Der Stiftungsträger, dem eine Schenkung unter Auflage gemacht wurde, kann aufgrund seiner Eigenschaft als Eigentümer des Stiftungsvermögens nach außen hin völlig frei handeln, da durch den schuldrechtlichen Vertrag sein rechtliches Können nicht beschränkt werden kann. Der abgeschlossene Vertrag beschränkt lediglich das rechtliche Dürfen. Bei Überschreiten der Grenzen des rechtlichen Dürfens kommen Schadensersatzansprüche des Stifters in Betracht. Aus diesem Grunde sollte bei der Gestaltung der Satzung darauf geachtet werden, möglichst genaue Richtlinien für das Handeln des Stiftungsträgers zu treffen. Es sollte außerdem geregelt werden, ob der Stiftungsträger für jegliches Verschulden haftet oder nur für Vorsatz und grobe Fahrlässigkeit.

Der Stiftungsträger haftet aus Rechtsgeschäften, die er im Rahmen der Stiftungsverwaltung vorgenommen hat, persönlich und mit seinem gesamten Vermögen, es sei denn, er hat anderweitige Abreden getroffen.[32] Das Stiftungsvermögen, das mit der Übertragung aufgrund einer Schenkung unter Auflage Teil des Vermögens des Stiftungsträgers geworden ist, haftet auch für diejenigen Verbindlichkeiten des Stiftungsträgers, die keinen Bezug zur Stiftungstätigkeit haben.[33]

Sehr umstritten sind diejenigen Konstellationen, die sich bei einer *Insolvenz des Stiftungsträgers* ergeben können. Fraglich ist, ob dem Stifter das Instrument der Drittwiderspruchsklage gem. § 771 ZPO zusteht. Weiterhin wird über die Frage eines Aussonderungsrechts des Stifters gem. § 47 InsO gestritten.

Entscheidende Unterschiede ergeben sich hier je nachdem, ob das Stiftungsgeschäft als Treuhandvertrag oder als Schenkung unter Auflage gestaltet wurde. Bei einer Gestaltung als *Treuhandverhältnis,* in der eine gesonderte Verwahrung des Stiftungsvermögens innerhalb des Vermögens des Stiftungsträgers vereinbart wurde, stehen dem Stifter im Falle einer Insolvenz des Stiftungsträgers die Möglichkeiten der Drittwiderspruchsklage offen und er verfügt über ein Aussonderungsrecht gem. § 47 InsO.[34] Diese Ansprüche des Stifters können auch von den Gläubigern des Stifters gepfändet und zur Verwertung an diese überwiesen werden. Die Gläubiger können daraufhin den Treuhandvertrag kündigen und somit auf die Vermögensmasse zugreifen.[35]

---

[32] Statt vieler Staudinger / *Rawert,* Vorb. zu §§ 80 ff. Rn. 167 m. w. N.

[33] Staudinger / *Rawert,* Vorb. zu §§ 80 ff. Rn. 168; MünchKomm / *Reuter,* Vor § 80 Rn. 44; Seifart / v. Campenhausen – *Hof,* § 36 Rn. 113 ff.

[34] Seifart / v. Campenhausen – *Hof,* § 36 Rn. 136; *Pues / Scheerbarth,* S. 80.

[35] Vgl. Seifart / v. Campenhausen – *Hof,* § 36 Rn. 63, 137 ff.

Wurde die Form einer *Schenkung unter Auflage* gewählt, so kommt es – anders als bei einer Gestaltung als Treuhandverhältnis – zu einer dauerhaften Vermögensübertragung auf den Stiftungsträger. Das Stiftungsvermögen haftet in vollem Umfang für Verbindlichkeiten des Stiftungsträgers.[36] Da dem Stifter im Falle einer *Insolvenz des Stiftungsträgers* die Möglichkeiten der § 771 ZPO nicht zustehen, fehlt auch den Gläubigern des Stifters jede Möglichkeit, auf das Stiftungsvermögen zuzugreifen.[37]

Kommt es zu einer *Insolvenz des Stifters* und wurde die unselbständige Stiftung als *Treuhandvertrag* ausgestaltet, so erlischt das Treuhandverhältnis gem. §§ 115, 116 InsO. Infolge dieses Erlöschens ist das Stiftungsvermögen gem. § 667 BGB an den Stifter zurückzugeben und fällt damit in die Insolvenzmasse, aus der sich die Gläubiger des Stifters befriedigen können.[38] Dem Stiftungsträger stehen keinerlei Rechte zu, weil das Treuhandverhältnis durch die Insolvenz beendet wurde.[39]

Gleichgültig, welche Konstruktion zur Errichtung der unselbständigen Stiftung gewählt wurde, können bestehende Pflichtteils- und Pflichtteilsergänzungsansprüche die unselbständige Stiftung schmälern.[40]

Die Voraussetzungen für die Auflösung einer unselbständigen Stiftung bestimmen sich grundsätzlich nach den für das jeweilige Stiftungsgeschäft geltenden Vorschriften des BGB, wenn und soweit die Satzung nicht vorrangig anzuwendende Vorgaben enthält.[41]

Als Gründe für die Beendigung einer unselbständigen Stiftung kommen insbesondere Widerruf, Kündigung oder einvernehmliche Aufhebung in Betracht.[42] Daneben kommen dieselben Beendigungstatbestände wie bei einer selbständigen Stiftung in Betracht: Hier sind Zweckerfüllung, Unmöglichkeit der Zweckerfüllung, Fristablauf, Vermögensaufzehrung oder ein Wegfall des Stiftungsträgers zu nennen.[43]

Wegen der besonderen Konstruktion der unselbständigen Stiftung soll hier auf die Problematik des *Erlöschens des Stiftungsträgers* eingegangen werden. Die Fortexistenz des Stiftungsträgers ist Bedingung für ein Fortbestehen der Stiftung.[44] Endet die rechtliche Selbständigkeit des Trägers oder kündigt dieser den Treuhand-

---

[36] *Pues/Scheerbarth*, S. 81.
[37] Ebd., S. 81.
[38] Ebd., S. 80.
[39] Ebd., S. 80.
[40] Seifart/v. Campenhausen – *Hof*, § 36 Rn. 84; *Pues/Scheerbarth*, S. 80 f.
[41] Seifart/v. Campenhausen – *Hof*, § 36 Rn. 142.
[42] Dazu ausführlich Seifart/v. Campenhausen – *Hof*, § 36 Rn. 143 ff.
[43] Ebd., § 36 Rn. 143.
[44] Ebd., § 36 Rn. 63 Rn. 127.

3.3 Die unselbständige, nichtrechtsfähige Stiftung

vertrag, so endet die Stiftung, wenn nicht eine Rechtsnachfolge im „Amt" in der Satzung vorgesehen wurde.[45]

Problematisch kann auch die Konstellation sein, in der eine natürliche Person Stiftungsträger ist. Da die Fortexistenz der Stiftung gewollt sein wird, sollte nach Möglichkeit eine juristische Person als Träger eingesetzt werden. Ist dies nicht erwünscht und wird eine natürliche Person Träger der unselbständigen Stiftung, so sollte die Satzung Regelungen über eine Rechtsnachfolge treffen.[46] Es ist für solche Fälle genau zu unterscheiden, auf welcher Konstruktion die unselbständige Stiftung beruht. Je nachdem, ob man zur Anwendung von Treuhand- oder Schenkungsrecht gelangt, sind unterschiedliche Konstellationen zu beachten, in denen die unselbständige Stiftung entweder auf die Erben als Rechtsnachfolger übergeht (Schenkung unter Auflage) und die Erben in die Rechtsposition des Stiftungsträgers eintreten, wenn nichts anderes bestimmt wurde, oder in denen das Treuhandverhältnis gem. § 673 BGB im Zweifel mit dem Tode des Stiftungsträgers endet.

Im Unterschied zu den selbständigen rechtsfähigen Stiftungen kann der Stifter die unselbständige Stiftung *widerrufen bzw. kündigen*. Neben in der Satzung enthaltenen Regelungen kommt hier ein Widerruf gem. § 671 BGB in Betracht. Die unselbständige Stiftung bleibt daher auch nach ihrer Errichtung vom Belieben ihres Stifters abhängig.[47]

Die unselbständige Stiftung kann ebenso wie eine rechtsfähige Stiftung gemäß § 5 Abs. 1 Nr. 9 KStG von der Körperschaftssteuer befreit werden, da die unselbständigen Stiftung gemäß § 1 Abs. 1 Nr. 5 KStG eigene Körperschaftsteuersubjekte darstellen können.[48] Die Qualifizierung als eigenständiges Körperschaftsteuersubjekt erfolgt unabhängig vom Steuerstatus des Stiftungsträgers. Wenn die unselbständige Stiftung nach Einbeziehung aller Umstände als selbständiges Körperschaftssteuersubjekt anzusehen ist, dann muß demzufolge auch über ihre Steuerbefreiung wegen Gemeinnützigkeit unabhängig vom Steuerstatus des Trägers entschieden werden.[49]

Sollen steuerbegünstigte Zwecke nach Maßgabe der §§ 51 ff. AO verfolgt werden, so sollte der Stifter möglichst frühzeitig die in der Satzung zu treffenden Regelungen hinsichtlich der Formulierung des Stiftungszwecks mit den Finanzbehörden abstimmen. Wenn die unselbständige Stiftung steuerbegünstigte Zwecke verfolgt, sind Zuwendungen an sie ebenfalls entsprechend § 10b Abs. 1 S. 3 und Abs. 1a EStG abzugsfähig.[50]

---

[45] Dazu Seifart / v. Campenhausen – *Hof*, § 36 Rn. 127 f.
[46] Ebd., § 36 Rn. 127.
[47] Ebd., § 36 Rn. 144.
[48] *Hüttemann / Herzog*, DB 2004, 1001, 1005.
[49] Ebd., 1001, 1006.
[50] Zur Vertiefung der steuerrechtlichen Fragestellungen *Hüttemann / Herzog*, Steuerfragen bei gemeinnützigen nichtrechtsfähigen Stiftungen, DB 2004, S. 1001–1009.

3.4 Treuhandrecht und Treuhänderische Stiftung

Von Petra A. Meyer

Die treuhänderische Stiftung erfreut sich in der Praxis großer Beliebtheit. Dieser Beitrag soll jenen, die sich mit der treuhänderischen Stiftung näher befassen wollen, eine Hilfe sein, die rechtlich schwierige und ungewöhnliche Konstruktion der treuhänderischen Stiftung besser zu verstehen. Voraussetzung dafür ist, das Recht der Treuhand näher kennen zu lernen. Nur dieses Verständnis wird es ermöglichen, in der Praxis die kritischen Aspekte in der Gestaltung einer treuhänderischen Stiftung selbst zu identifizieren und sich entsprechend zu rüsten.

Gegenstand der nachfolgenden Erörterung ist das Recht der Treuhand und das Recht der treuhänderischen Stiftung. Die Treuhand fungiert im System des Stiftungsrechts als „Trägerin" einer nicht rechtsfähigen Stiftung. Eine solche sog. „treuhänderische Stiftung" ist damit eine Form *neben* der rechtsfähigen Stiftung nach §§ 80 ff. Bürgerliches Gesetzbuch (BGB).

Es sollen also folgende Fragen geklärt werden:
- Was ist eine Treuhand und was ist eine Stiftung?
- Welche Interessenlage prägt das Recht der Treuhand und welche das der Stiftung?
- Wie stehen Treuhand und Stiftung zueinander und wie werden sie verknüpft?
- Welches Recht ist auf die treuhänderische Stiftung anwendbar?

Zu Beginn wird das Recht der Treuhand vorgestellt werden, das für die anschließende Erklärung der treuhänderischen Stiftung und ihrer rechtlichen Probleme unerlässlich ist. Im Zweiten Teil wird zunächst auf die Wesenszüge der Stiftung eingegangen, um darauf aufbauend die rechtliche Einordnung der treuhänderischen Stiftung vorzunehmen.

Das Recht der Treuhand

Die Treuhand ist nicht gesetzlich definiert. Um ihr Wesen zu erfassen, müssen wir uns daher zunächst mit ihrem privatrechtlichen Zweck vertraut machen. Wozu gibt es eine Treuhand und wem dient sie?

Die Treuhand entspricht einem im Privatrecht immer wiederkehrenden Bedürfnis, eigenes Vermögen vorübergehend einer anderen Person zu treuen Händen zu

3.4 Treuhandrecht und Treuhänderische Stiftung

übertragen, damit diese es im Interesse des Übertragenden verwaltet. Ob ein Bürger des alten Rom, der für längere Zeit abwesend sein musste, sein Vermögen im Wege der *fiducia cum amico* seinem Freund anvertraute, im England des Mittelalters ein Kreuzfahrer seinen Grundbesitz einem Freunde *in Trust* gab, oder eine österreichische Familie während der Bedrohung durch Hitler ihren Aktienbesitz schweizerischen Freunden übertrug, immer besteht ein Bedürfnis nach einer verlässlichen, unkomplizierten Vermögensverwaltung auf Zeit. In Deutschland hat sich aus diesem Bedürfnis das gewohnheitsrechtlich anerkannte Institut der sog. (fiducarischen) Treuhand herausgebildet.[1] Da mit Hilfe dieser Treuhand ein Verhältnis zweier Personen zueinander geregelt wird, liegt der Treuhand stets ein Vertrag – ein Treuhandvertrag (auch Treuhandabrede genannt) – zugrunde.

Durch den Treuhandvertrag soll grundsätzlich der folgende Ablauf geregelt und gestaltet werden:

Der Treuegeber überträgt durch (Treuhand-)Vertrag sein Treuegut auf den Treuhänder, so dass der Treuhänder Eigentümer und allein Verfügungsbefugter des Treuegutes wird (sachenrechtliches Element). Das Treuegut kann aus beweglichem oder unbeweglichem Vermögen sowie aus Rechten bestehen. Gleichzeitig wird in diesem Treuhandvertrag die Treuepflicht und die Verwaltungspflicht des Treuhänders geregelt (schuldrechtliches Element). Mit Wirkung des Treuhandvertrages geht das Treuegut als Sondervermögen in das Eigentum des Treuhänders über. Der Treuhänder handelt nun in Erfüllung seiner schuldrechtlichen Pflicht aus dem Treuhandvertrag, jedoch im eigenen Namen und auf eigene Rechnung und zwar mit Wirkung für das Sondervermögen. Er handelt also nach außen hin als Eigentümer des Sondervermögens, ist aber im Innenverhältnis (Treuegeber – Treuhänder) durch die Treuhandabrede in seinem rechtlichen Dürfen beschränkt.[2]

Eine abstrakte Charakterisierung der Treuhand lautet daher wie folgt:

„Die Treuhand ist ein Vertrag zwischen zwei Parteien, in welchem jemandem Rechte anvertraut werden, über die er selbst verfügen kann, die er aber nicht im eigenen Interesse, sondern im Interesse anderer Personen oder objektiver Zwecke ausüben soll."[3]

Treuhänderische Rechtsverhältnisse tauchen in den verschiedensten Rechtsgebieten auf. So sind dem Wesen nach auch die Kapitalanlagegesellschaft, die Konkursverwaltung, die Vor- und Nacherbschaft, die Testamentsvollstreckung sowie die Sicherungsübereignung Rechtsverhältnisse mit treuhänderischem Charakter.[4]

---

[1] Neben der fiducarischen Treuhand existieren weitere Spielarten der Treuhand. Beispielsweise die Ermächtigungstreuhand, bei der kein Eigentum auf den Treuhänder übertragen wird. Diese Formen sollen hier keine Rolle spielen. Zur Vertiefung *Coing* (siehe Literaturverzeichnis).

[2] Vgl. *Coing*, S. 3.

[3] Vgl. ebd., S. 1.

[4] Vgl. ebd., S. 33.

Alle diese Treuhandtypen lassen sich unterscheiden in Verwaltungs- und Sicherungstreuhand.[5] Bei der Verwaltungstreuhand genießt die reine Dienstleistung Priorität – so etwa bei der treuhänderischeren Stiftung oder der treuhänderischen Vermögensverwaltungen (Bsp.: treuhänderische Verwaltung von Vermögen durch Banken, oder die Verwaltung von Nutzungsrechten durch urheberrechtliche Verwertungsgesellschaften). Sie ist von ihrem Charakter her vornehmlich uneigennützig angelegt, während bei der Sicherungstreuhand der eigennützige Sicherungsaspekt des Treuhänders überwiegt.

Die Sicherungsübereignung gehört heute zu den wichtigsten Sicherungsinstrumenten der Banken und ist nichts anderes als eine Sicherungstreuhand. Hier werden, beispielsweise zur Sicherung eines Darlehens, der Bank Eigentumsrechte an einem Sicherungsgut übertragen, über die die Bank zwar als Eigentümer verfügen kann, die sie aber nicht im eigenen Interesse, sondern im Interesse des Sicherungsgebers, im Sinne des Sicherungsvertrags ausüben soll.

Die Treuhand ist nicht allgemein gesetzlich geregelt. Anders als der Miet-, der Kauf-, der Werkvertrag findet sich im Zivilrecht keine Regelung zur Treuhand. Natürlich kann es sie trotzdem geben, denn ähnlich wie der Leasingvertrag, der auch nicht gesetzlich geregelt ist, gelten in diesem Falle die im Vertrag vereinbarten Regeln und nur wenn und soweit der Gesetzgeber für typische Konstellationen (etwa Kauf, Miete, Pacht, Schenkung) besondere Regelungen vorgesehen hat, sind diese auf die entsprechenden Verträge anwendbar.

Die Treuhand entsteht nicht durch konstitutiven Gründungsakt (wie etwa die rechtsfähige Stiftung nach §§ 80 ff. BGB), sondern durch zweiseitiges Rechtsgeschäft. Damit unterfällt die Treuhand dem Vertragsrecht und nicht dem Gesellschaftsrecht, was dem Spielraum bei der rechtlichen, finanziellen und organisatorischen Gestaltung der Treuhand sehr zugute kommt.[6]

Die Treuhand als ein Vertrag bestimmten charakteristischen Inhalts kann keine juristische Person sein. Der Begriff „Treuhand" ist insofern irreführend, als dass man dahinter etwas Eigenes, Selbständiges vermutet. Dies ist jedoch nicht der Fall.

Aufgrund der fehlenden Rechtspersönlichkeit, ist das Treuegut abhängig vom Treuhänder, dem es als Sondervermögen zugeordnet ist. Sondervermögen muss isoliert vom eigenen Vermögen gehalten werden und ist in der Bilanz kenntlich zu machen.

Das Treuhandrecht als eigenes Rechtsgebiet beschäftigt sich damit, den Inhalt und das Wesen der Treuhand rechtlich zu beschreiben und zu definieren.[7] Das Ziel

---

[5] *Wolter*, S. 5.

[6] Das Gesellschaftsrecht regelt das Recht der rechtsfähigen Körperschaften. Diese sind abschließend definiert und eingehend geregelt. Insbesondere sind die Bereiche Haftung, Organisation und Publizität stark gesetzlich reglementiert. Das Vertragsrecht unterliegt der Privatautonomie, wodurch der Wille der Vertragsparteien im Mittelpunkt steht und nur durch wenige zwingende gesetzliche Regeln begrenzt wird.

3.4 Treuhandrecht und Treuhänderische Stiftung

des Treuhandrechtes ist es, unter Ausschöpfung aller Möglichkeiten, *Vertragsgestaltungen* für den Treuhandvertrag aufzuzeigen, die der Interessenlage der Treuhand gerecht werden. Wo diese Möglichkeiten aufgrund von zwingendem Recht an ihre Grenzen stoßen, überlegt der „Treuhandrechtler", wie er durch die Anwendung der gesetzlichen Vertragstypen zu treuhandgerechten Lösungen kommen kann. Hierbei treten rechtliche Schwierigkeiten auf, die sich aus dem Wesen der Treuhand, nämlich aus der Verknüpfung von schuldrechtlichen und sachenrechtlichen Aspekten ergeben. Darauf soll später näher eingegangen werden.

In der Rechtsprechung ist immer wieder betont worden, es gäbe keinen typischen Treuhandvertrag. Dies ist insofern richtig, als die Treuhand wie dargestellt, verschiedenen Zwecken dienen kann. Trotzdem gibt es eine Reihe von Elementen, die regelmäßig in jedem Treuhandvertrag enthalten sind:

– Bestimmung des Treuhänders sowie seiner Stellung (Entlohnung, Kündigungsrecht, etc.),
– Bestimmung des Treuegutes,
– Bestimmung des Treuhandzwecks,
– Bestimmung der Treuhandpflichten.

Nicht in allen Treuhandverträgen sind all diese Elemente ausgestaltet oder sie sind nur undeutlich ausgestaltet. In diesem Fall muss zunächst ermittelt werden, was sich aus dem von den Parteien gewollten Zweck der Treuhand ergibt.

Nachrangig zu den Vertragsregeln und nachrangig zur Vertragsauslegung sind gesetzliche Regeln anzuwenden, wenn *Regelungsinhalt* und *Interessenlage* eines Vertrages einem gesetzlich geregelten Vertragstyp entsprechen.[8]

Die schuldrechtliche Treuhandabrede entspricht mit der Beauftragung, das Treuegut in einer bestimmten Art und Weise zu verwalten, dem Regelungsinhalt des Auftrags gem. § 662 BGB (bei Unentgeltlichkeit) bzw. der Geschäftsbesorgung gem. § 675 BGB (bei Entgeltlichkeit). Auch das Schutzinteresse ist ähnlich. Auftraggeber und Treuegeber sollen gegenüber dem Auftragnehmer / Treuhänder in ihrem Interesse auf ordnungsgemäße Durchführung des Auftrags / der Treuhandabrede und auf ordnungsgemäße Verwendung der Finanzen geschützt werden. Die herrschende Meinung zieht daher nachrangig zu den Vertragsregeln die Regeln des Auftragsrechtes bzgl. der Geschäftsbesorgung heran.

Durch die Anwendung der Regeln des Auftragsrechts bzw. der Geschäftsbesorgung wird auch die Möglichkeit des Widerrufs gem. § 671 BGB und der Heraus-

---

[7] Der Vollständigkeit halber soll erwähnt werden, dass einzelne Treuhandverhältnisse durchaus spezialgesetzlich geregelt sind. So etwa die Nach- und Vorerbschaft, die Insolvenzverwaltung oder die Testamentsvollstreckung oder die rechtsfähige Stiftung nach §§ 80 ff. BGB. Für sie gelten die nachfolgenden Erörterungen nicht.

[8] Die Nachrangigkeit der gesetzlichen Regelungen entfällt, wenn in dem anwendbaren Recht Regeln enthalten sind, die nicht abbedungen werden dürfen.

gabe gem. § 667 sowie der Kündigung aus wichtigem Grund gem. § 314 BGB ermöglicht.

Das Auftragsrecht deckt mit seinem Regelungsbereich nur den schuldrechtlichen Teil des Treuhandvertrages ab. Schuldrechtliche Verträge sind Verträge *inter partes* und ohne Wirkung gegenüber Dritten. Aus diesem Grund lassen sich auch unter Anwendung dieser Regeln keine passenden Ergebnisse für Problemkonstellationen finden, die die Beziehung des Treuhandvermögens zu Dritten – in der Regel Gläubigern – betreffen. Vergegenwärtigen wir uns die Interessenlage in der Treuhand, so wird klar, wo die Probleme liegen. Auch für den späteren Vergleich mit der Interessenlage der Stiftung ist es erforderlich, noch einmal ausführlicher auf die Interessenlage in der Treuhand einzugehen.

Der Treuegeber beansprucht ein besonderes Schutzinteresse gegenüber dem Treuhänder, nämlich auf abredegemäße Verwaltung des Treuegutes. Er kann selbst bestimmen, wann das Treuegut an ihn zurückfällt. Um den Treuegeber bei Missbrauch durch den Treuhänder schützen zu können, soll der Treuegeber in Deutschland grundsätzlich auch den Treuhandvertrag kündigen dürfen und sein Treuegut an sich herausverlangen. In Deutschland wird das Interesse des Treuegebers von der herrschenden Meinung als schützenswert angesehen.[9]

Dem Interesse des Treuegebers steht u. U. das Schutzinteresse der Gläubiger des Treuhänders gegenüber. Sie haben ein berechtigtes Interesse daran, sich auf die nach außen hin sichtbare, unbeschränkte Verfügungsbefugnis des Treuhänders zu verlassen.[10] Zudem kann es für die Gläubiger grundsätzlich keine Rolle spielen, dass ein Teil des Vermögens des Treuhänders aufgrund der Treuhandabrede dem Treuhänder nicht wirtschaftlich zugeordnet ist. Im Rahmen einer Vollstreckung kommt es ja grundsätzlich nur auf die rechtliche Zuordnung des Vermögens an, und diese kann aufgrund des Treuhandvertrags nicht wirksam nach außen beschränkt werden.

Das Schutzinteresse des Treuegebers und das der Gläubiger stehen im Widerspruch zueinander. In dem Moment, in dem ein Gläubiger auf das Sondervermögen des Treuhänders zugreift, widerspricht dies dem Interesse des Treuegebers an der abredegemäßen Verwendung des Treuegutes. Unter welchen Bedingungen dieser Zugriff auf das Vermögen stattfinden kann und wie dieses Spannungsverhältnis rechtlich gelöst wird, wird im Folgenden erläutert.

Die juristischen Schwachstellen des Treuhandrechts tauchen überall dort auf, wo die Reduzierung oder Vernichtung des Treuegutes durch vorbeugende Vertragsgestaltung nicht beseitigt wird oder werden kann.[11]

---

[9] A. A. stellvertretend *Coing*, S. 100. Er bezieht sich vor allem auf die Wertung im angloamerikanischen Recht, die die Rechtsposition des Treuegebers grundsätzlich nur dann als schützenswert ansieht, wenn der Treuegeber auch Begünstigter der Treuhand ist.

[10] Siehe *Coing*, S. 156.

[11] Neben diesem Hauptproblem tun sich einige weitere Probleme auf wie beispielsweise die Haftung des Treueguts gegenüber den Gläubigern des Treuegebers. Da es hier aber primär

Dazu kann es unter den folgenden Bedingungen kommen:
- Der Treuhänder verfügt wirksam als Eigentümer über das Treuegut jedoch außerhalb seiner ihm nach Treuhandabrede zustehenden Befugnis.
- Es wird aufgrund von Verbindlichkeiten des Treuhänders in das Treuegut vollstreckt.
- Der Treuhänder wird insolvent.

In allen drei Konstellationen kann der Treuegeber vertraglich keinen wirksamen Schutz zugunsten des Treuhandvermögens vereinbaren, da wie bereits gesagt, eine schuldrechtliche Abrede nicht gegenüber Dritten wirksam ist. Ein effektiver Vollstreckungsschutz bzw. ein Verfügungsschutz besteht auch nicht durch Gesetz, da für die Treuhand keine passenden Regeln existieren. Insbesondere die Anwendung des Auftragsrechts hilft hier nicht weiter, da das Auftragsrecht auf dingliche Aspekte nicht eingeht.

Dennoch lassen sich Lösungen finden, die zumindest auf der Rechtsfolgenseite schützen. Im Falle der treuewidrigen Verfügung über das Treuegut kann der Treuegeber Vertragsstrafen oder Schadenersatz zu seinen Gunsten vertraglich vereinbaren. So kann der (Teil-)Verlust des Treueguts gegenüber dem Treuegeber ausgeglichen werden.

Bezüglich einer Vollstreckung in das Treuegut, die aufgrund von Verbindlichkeiten des Treuhänders entstanden ist, hat sich nunmehr eine gefestigte Rechtsprechung entwickelt. Danach steht dem Treuegeber die Drittwiderspruchsklage gem. § 771 Zivilprozessordnung (ZPO) zu.[12] Das die Vollstreckung hindernde Recht wird mit der wirtschaftlichen Zuordnung des Treugutes zum Treuegeber begründet. Rechtlich stehe das Treuegut zwar dem Treuhänder zu, aber da er es „nur" im Interesse des Treuegebers verwalten soll, gehöre es wirtschaftlich weiter zum Treuegeber.

Im Fall der Insolvenz des Treuhänders steht ebenfalls nach nunmehr gefestigter Rechtsprechung dem Treuegeber ein Aussonderungsrecht gem. § 47 Insolvenzordnung (InsO) für das Treuegut zu.[13] Als Argument für dieses Aussonderungsrecht wird ebenfalls angeführt, dass dem Treuegeber das Treuegut wirtschaftlich zuzuordnen sei und er daher auch geschützt werden müsse.

In jedem der aufgezählten Fälle stehen die Rechte stets dem Treuegeber zu und gelten unmittelbar zu seinen Gunsten. Das Treuegut wird wirtschaftlich vollständig dem Treuegeber zugeordnet bzw. mit ihm identifiziert.[14] Wie im Anschluss

---

darum geht, die grundsätzliche Problemstellung im Treuhandrecht darzustellen, soll an dieser Stelle zur Vertiefung auf die Lektüre von *Richter/Mey* verwiesen werden.

[12] *Rawert,* in: Staudinger BGB vor § 80 Rn. 168, *Seifart/v. Campenhausen,* § 36 Rn. 136, *Westebbe* S. 145.

[13] *Seifart/v. Campenhausen,* § 36 Rn. 136, *Reuter,* in: Münchner Kommentar, vor § 80 Rn. 87 m. w. N.

[14] Hier sei noch einmal darauf hingewiesen, dass diese Wertung im englischen Trust nicht gilt. Dort wird vielmehr das Treuegut isoliert gesehen, so dass Rechte zur Wiederaufstockung

gezeigt wird, ist hier ein entscheidender Unterschied zur treuhänderischen Stiftung zu sehen.

Die treuhänderische Stiftung[15]

Wie passen Treuhand und Stiftung zusammen?

Eine Stiftung ist eine auf Dauer angelegte, zweckgebundene Vermögensmasse.[16] Diese Vermögensmasse wird steuerrechtlich als Körperschaft (§ 1 Nr. 5 KStG, § 2 UStG[17]), also als Steuersubjekt anerkannt. Zivilrechtlich liegt jedoch ein sog. rechtliches Nullum vor, denn die Vermögensmasse (Stiftung) an sich entspricht weder einer der bekannten Rechtsformen noch ist sie ein Vertrag, so dass sie auch nicht rechtlich agieren kann, also auch nicht Träger von Rechten und Pflichten sein kann. Die Stiftung als Vermögensmasse benötigt daher einen „Träger". „Im Falle der rechtsfähigen Stiftung gem. § 80 BGB besteht eine Kongruenz zwischen der Stiftung als Stiftungsvermögen und der Stiftung als Stiftungsträger. Denn die rechtsfähige Stiftung *ist* nicht ein rechtsfähiges Vermögen, sondern sie ist juristische Person und *hat* ein rechtsfähiges Vermögen."[18] Karsten Schmidt nennt die Trägerformen, die jenseits der rechtsfähigen Stiftung gem. § 80 ff. als Stiftungsträger in Frage kommen, „Ersatzformen".

Eine solche Ersatzform ist die treuhänderische Stiftung.[19] Die Stiftung, die nicht nach §§ 80 ff. BGB selbst rechtsfähig ist, also Rechte und Pflichten nicht für sich selbst wahrnehmen, bezeichnet man als „unselbständige Stiftung" oder als „nicht rechtsfähige Stiftung". Wird die unselbständige oder nicht selbständige Stiftung von einem Treuhänder entsprechend einer Treuhandabrede getragen, wird sie zur „treuhänderischen Stiftung".

Entscheidend für die Beurteilung, ob eine (gemeinnützige) Stiftung vorliegt, ist allein das Steuerrecht.

Für die Gemeinnützigkeit wird eine Körperschaft im Sinne des Körperschaftssteuerrechts (§ 1 Nr. 5 KStG) benötigt, die ausschließlich und unmittelbar gemeinnützige, mildtätige oder kirchliche also steuerbegünstigte Zwecke verfolgt (§ 51 AO). Die Zuordnung des Vermögens zu einem bestimmten Träger wird durch das

---

des Treuegutes zugunsten des Treuegutes geltend gemacht werden müssen und nicht zugunsten des Treuegebers.

[15] Unter Stiftung ist im Folgenden die gemeinnützige Stiftung gemeint.

[16] *Schmidt*, S. 176, 177.

[17] Unter einer Vermögensmasse im Sinne des § 2 UStG ist ein selbständiges, einem bestimmten Zweck dienendes Sondervermögen zu verstehen, das aus dem Vermögen des Widmenden ausgeschieden ist und aus dem eigene Einkünfte fließen. BFH BStBl. II 1993; 388 = DB 1993, 1456.

[18] *Schmidt*, S. 176.

[19] *Schmidt*, S. 175 ff.

3.4 Treuhandrecht und Treuhänderische Stiftung

Steuerrecht (Abgabenordnung oder KStG) nicht verlangt. Nach all dem ist auch die treuhänderische Stiftung eine Stiftung im Rechtssinne, so dass auch die speziellen steuerlichen Begünstigungen für Stiftungen auf sie anwendbar sind.[20] Die Stiftung als Vermögensmasse ist daher trotz fehlender Rechtspersönlichkeit ein eigenes Steuersubjekt und zwar unabhängig von ihrem jeweiligen Träger.[21] Die Stiftung ist daher als Sondervermögen des Treuhänders auch gesondert zu veranlagen. Die Selbständigkeit der Stiftung im Rahmen eines Treuhandvertrages wird auch in dem Recht einen eigenen Namen zu führen, deutlich.[22] Diese „Selbständigkeit" ist aber nicht mit rechtlicher Selbständigkeit zu verwechseln, die die treuhänderische Stiftung nämlich nicht hat. Rechtsträger ist allein der Treuhänder.

Die treuhänderische Stiftung ist also steuerrechtlich eine Stiftung, zivilrechtlich aber ein Vertrag.[23] Damit gilt für die treuhänderische Stiftung der Vorteil des Vertragsrechts und der damit verbundene breite Gestaltungsspielraum. Außerdem sind wegen der fehlenden Rechtsfähigkeit weder die Regelungen der § 80 ff. BGB noch die Landesstiftungsgesetze auf sie anwendbar.[24] Die Kontrolle der Stiftungsaufsicht entfällt ebenfalls. Wegen der Behandlung der Stiftung als eigenes Steuersubjekt besteht die Möglichkeit zur Steuerbegünstigung nach dem Gemeinnützigkeitsrecht.

Im Rahmen des Gründungsaktes einer gemeinnützigen treuhänderischen Stiftung wird eine Treuhand gebildet, deren Zweck es ist, ein Stiftungsvermögen (Treuhandvermögen) entsprechend einer gemeinnützigen Satzung (Treuhandabrede) zu verwalten[25]. In diesem Vertrag müssen mithin alle Elemente enthalten sein, die eine Stiftung ausmachen.

---

[20] *Westebbe*, S. 35 ff., *Soergel*, BGB vor § 80 Rn. 23 m. w. N., *Rawert*, in: Staudinger BGB, vor § 80 Rn. 151.

[21] *Schauhoff*, § 3 Rn. 181.

[22] BGHZ 103, 171 Namensschutz für unselbständige Stiftungen

[23] Im Laufe des letzten Jahrhunderts gab es immer wieder Überlegungen, die treuhänderische Stiftung gesetzlich zu regeln. Es herrscht jedoch allgemeiner Konsens in der Ablehnung einer solchen Idee. Als Argument gegen eine Kodifikation wird die jahrhunderte alte Tradition, die guten Erfahrungen, die man allgemein mit der treuhänderischen Stiftung gemacht hat und der großen Gestaltungsfreiheit im Rahmen der Treuhand angeführt. Siehe ausführlich *Westebbe*, S. 23, 24.

[24] *Schauhoff*, § 3 Rn. 184. Daher kann im Rahmen einer treuhänderischen Stiftung grundsätzlich auch die Stiftungsmasse für die Zweckverwirklichung *verbraucht* werden, was auf Grund der Landesstiftungsgesetze für die rechtsfähigen Stiftungen ausgeschlossen ist. Vgl. *Hof*, in: Seifert / Campenhausen S. 533.

[25] Im Folgenden wird um den Rahmen zu wahren allein Bezug auf die Stiftungsgründung unter Lebenden also durch Vertrag behandelt. Daneben ist auch die Gründung von Todes wegen möglich. Ihre rechtliche Konstruktion wirft grundsätzlich die gleichen Probleme auf wie die Stiftungsgründung unter Lebenden. Zur Vertiefung sei empfohlen *Richter / Meyn*.

Die konstitutiven Elemente der Stiftung sind[26]:

- Stiftungszweck,
- Dauerhaftigkeit,
- Stiftungsvermögen,
- Organisation.

Als treuhänderisches Element muss das Stiftungsvermögen auf den Treuhänder übertragen werden (auch Stiftungsgeschäft genannt). Und schließlich muss im Rahmen der Treuhandabrede geregelt werden, nach welchen Maßgaben mit dem Treuegut / der Stiftung zu verfahren ist. Stiftungsrechtlich spricht man von der Satzung. Alle diese Elemente können in einem Vertrag oder auch in mehreren Verträgen geregelt werden.

Welches Recht auf die treuhänderische Stiftung anzuwenden ist, wenn es zu Schwierigkeiten kommt, bedarf einiger Erläuterung. Zur Vorbereitung erscheint es wichtig, sich die Interessenlage im Stiftungsrecht zu vergegenwärtigen.

In Gegenüberstellung zur oben behandelten Interessenlage im Treuhandrecht ist zu fragen, wie die Interessenlage im Stiftungsrecht zu bewerten ist.

Im Zentrum des Schutzinteresses im Stiftungsrecht steht der *dauerhafte* Erhalt und die *dauerhafte* Zweckbindung des Stiftungsvermögens. Entfällt eines dieser Kriterien, entfällt auch die steuerliche Behandlung als Stiftung und damit auch die Anerkennung der Gemeinnützigkeit.

Dass die dauerhafte Zweckbindung gewährleistet wird, steht auf den ersten Blick im Interesse des Stifters, denn er hat ja die Stiftung gegründet und ist an ihrem Erfolg interessiert. Rechtlich jedoch kann ihm kein schützenswertes Interesse zugesprochen werden, denn er hat das Vermögen wirksam auf den Treuhänder übertragen. Auch wirtschaftlich gesehen verfolgt er kein eigenes Interesse mehr, denn dadurch, dass er sein Vermögen *dauerhaft* einem bestimmten (gemeinnützigen) Zweck gewidmet hat, ist es seiner wirtschaftlichen Sphäre entzogen. Mit der Stiftungsgründung gehört das Stiftungsvermögen zumindest wirtschaftlich betrachtet nur noch „sich selbst".[27] Der Stifter hat, anders als bei der Treuhand, grundsätzlich kein *eigenes* Interesse, sondern vielmehr ein Interesse *für* die Stiftung. Der dauerhafte satzungskonforme Erhalt der Stiftung steht als Selbstzweck im Vordergrund.

Welches Recht ist nun auf die treuhänderische Stiftung anzuwenden? Gesetzliche Regelungen für die treuhänderische Stiftung bestehen nicht. In der Literatur herrscht Einigkeit in der Erkenntnis, dass auch die Lösungen des Treuhandrechtes nicht für die treuhänderische Stiftung übernommen werden können, zumindest nicht, ohne sich auf rechtsdogmatisches „Glatteis" zu wagen.[28]

---

[26] *Westebbe* S. 35.

[27] Dies entspricht auch dem Wesen der rechtsfähigen Stiftung, denn auch sie hat weder einen rechtlichen noch einen wirtschaftlichen Eigentümer.

[28] Stellvertretend *Reuter,* in: Münchner Kommentar, vor § 80 Rn. 1 ff.

3.4 Treuhandrecht und Treuhänderische Stiftung

Gegen die Anwendung des Treuhandrechts spricht zunächst eine rechtstechnische Erwägung.

Für die Anwendung der für die Treuhand gefundenen Regeln wäre ein identischer Regelungsinhalt und eine identische Interessenlage erforderlich. Zwar entspricht der Regelungsinhalt der Treuhand dem der treuhänderischen Stiftung grundsätzlich, die Interessenlage von Treuhand und treuhänderischer Stiftung entsprechen sich jedoch nicht. In der Treuhand steht der Treuegeber im Mittelpunkt des Schutzinteresses, denn ihm steht das wirtschaftliche Interesse zu. In der Stiftung steht der Erhalt und die Dauerhaftigkeit des Stiftungsvermögens im Vordergrund, ein wirtschaftliches Interesse des Stifters liegt nicht vor. Da das Steuerrecht die Anforderung an die Stiftung vorgibt, dominiert die Stiftung die Gestaltung der Treuhand. Was die Interessenlage in der treuhänderischen Stiftung angeht, ist folglich die stiftungsrechtliche Wertung ausschlaggebend.

Das Schutzinteresse im Stiftungsrecht richtet sich auf die steuerrechtlich geforderte Dauerhaftigkeit. Die Dauerhaftigkeit der Zweckwidmung und des Erhalts der Stiftung kann nicht gewährleistet werden, wenn das Stiftungsvermögen vom Stifter zurückgefordert werden kann. Wie wir oben gesehen haben, wird im Treuhandrecht nachrangig zu den Vertragsregeln das Auftragsrecht oder das Recht der Geschäftsbesorgung angewendet. Zieht man diese Regelungen auch für die treuhänderische Stiftung heran, führt dies dazu, dass das Stiftungsgeschäft gem. § 671 BGB grundsätzlich durch den Auftraggeber (Stifter oder seine Erben gem. § 672 BGB) frei widerrufbar wäre. Diese Widerrufsmöglichkeiten sind nur eingeschränkt abdingbar. Auch die für Dauerschuldverhältnisse anwendbare Kündigung aus wichtigem Grund gem. § 314.[29] mit der Folge der Herausgabe des Stiftungsvermögens nach § 667 BGB kann nicht ausgeschlossen werden. Ein Verzicht auf dieses Recht kann gem. § 671 BGB nicht wirksam vereinbart werden. Das Auftragsrecht ist also für die treuhänderische Stiftung ungeeignet.

Die Interessenlage einer Stiftung erfordert zudem, dass die Stiftung sozusagen als Selbstzweck erhalten wird. In den Missbrauchsfällen, in denen das Stiftungsvermögen durch den Treuhänder geschmälert oder vernichtet wird, treten die gleichen rechtlichen Schwierigkeiten auf, wie sie oben im Rahmen der Treuhand dargestellt wurden. Weder Vollstreckungsschutz noch Verfügungsschutz lassen sich wirksam gegenüber Dritten vereinbaren. Im Rahmen der Treuhand hat die Rechtsprechung dem Treuegeber das Recht zur Drittwiderspruchsklage und das Recht zur Aussonderung eingeräumt.

Das Argument der wirtschaftlichen Zuordnung, welches für die Ansprüche des Treuegebers herangezogen wird, vermag aber im Bereich der treuhänderischen Stiftung nicht zu überzeugen. Die wirtschaftliche Zuordnung ist ja gerade durch die dauerhafte Widmung des Stiftungsvermögens nicht mehr gegeben. Der Stifter entlässt das Vermögen aus seinem Bereich, sein Wille wird durch die Satzung ersetzt.[30]

---

[29] *Reuter*, in: Münchner Kommentar vor § 80 Rn. 85.
[30] Vgl. *Reuter*, in: Münchner Kommentar zum BGB, vor § 80 Rn. 88.

Rechtlich stehen zum Schutz des Stiftungsvermögens keine Rechtsmittel zur Verfügung, denn eine Grundlage für einen Anspruch des Stifters auf Wiederaufstockung des Stiftungsvermögens existiert nicht. *Westebbe* hat in einer genauen Analyse alle rechtlichen Möglichkeiten geprüft, die im Falle des Missbrauchs zur Wiederaufstockung des Stiftungsvermögens führen.[31] Er stellt fest, dass im Falle eines Schadens rechtlich gesehen, der Treuhänder geschädigt ist, also dem Stifter mangels Schaden kein Anspruch zusteht. Für den Fall, dass dem Stifter dennoch ein Anspruch zusteht, beispielsweise aus § 812 Abs. 1 Satz 2 2. Halbsatz BGB oder aus § 822 BGB, so gilt dieser allein zugunsten des Stifters und richtet sich nicht auf Wiederaufstockung des Stiftungsvermögens.[32]

Auch die Destinäre (Begünstigten) und die Gremien der Stiftung kommen grundsätzlich als Anspruchsberechtigte in Betracht. Gegen die Destinäre als Anspruchsberechtigte spricht, dass sie zumeist nicht im Vorhinein bekannt sind. Darüber hinaus würde sich ihr Anspruch nur auf Schadensersatz bezüglich ihres eigenen Verlustes richten, nicht aber auf Ausgleich des Stiftungsvermögens.[33] Ebenso verhält es sich mit den Gremienmitgliedern einer Stiftung. Auch sie haben nur insoweit eine rechtliche Möglichkeit, Pflichtverletzungen des Trägers zu beanstanden, wie ihnen eigene Rechte aus dem Stiftungsgeschäft oder ihrem Auftragsverhältnis zum Träger zustehen.

Es wurde daher in der Literatur vorgeschlagen, das Recht der Schenkung unter Auflage gem. §§ 516 ff. BGB für die treuhänderische Stiftung anzuwenden, soweit vertragliche Regelungen nicht greifen oder nicht ausreichen.[34] Grundsätzlich entspricht die Schenkung unter Auflage zwar dem Regelungsinhalt des Stiftungsgeschäfts. Der Stifter übereignet sein Vermögen ohne Gegenleistung auf den treuhänderischen Träger (= Schenkung) jedoch mit dem Zweck, das Vermögen satzungskonform zu verwalten (= Auflage). Gegen die Anwendung der Schenkung unter Auflage spricht allerdings die Einrede und das Rückforderungsrecht wegen Notbedarfs (§§ 519, 528 BGB) sowie das Widerrufsrecht des Schenkers gem. § 530 BGB. Auch diese Regelungen sind nur eingeschränkt abdingbar. Damit kann die stiftungsrechtlich geforderte Dauerhaftigkeit nicht gewährleistet werden. Gegen die Schenkung unter Auflage spricht außerdem, dass eine Bereicherung des Bedachten eintreten muss. Gerade das ist aber bei der treuhänderischen Übereignung nicht der Fall.[35] Folglich ist es auch mit den Regeln der Schenkung unter Auflage nicht möglich, angemessene Lösungen für die oben beschriebenen Missbrauchsfälle anzubieten.

Nachvollziehbar scheint daher die Meinung *Reuters,* der letztlich zu der Auffassung gelangt, dass interessengerechte Lösungen in der Konstruktion der treu-

---

[31] *Westebbe,* S. 135 ff.
[32] Ebd., S. 113–114.
[33] Vgl. *Westebbe,* S. 115.
[34] *Schmidt,* S. 180–181, *Reuter,* in: Münchner Kommentar vor § 80 Rn. 90 m. w. N.
[35] A. A. *Reuter,* in: Münchner Kommentar vor § 80 Rn. 90.

3.4 Treuhandrecht und Treuhänderische Stiftung

händerischen Stiftung mit dem geltenden Recht nicht vereinbar sind. Er lehnt die treuhänderische Stiftung daher als Umgehung der Vorschriften über die rechtsfähige Stiftung ab.[36]

Nach dem bisher Gesagten hat *Reuter* mit der größten Schärfe zum Ausdruck gebracht, was das Treuhandrecht und noch mehr das Recht der treuhänderischen Stiftung prägt: nämlich eine grundsätzliche Unvereinbarkeit mit dem geltenden deutschen Recht.

Demgegenüber steht jedoch die lange Tradition der Treuhand sowie der treuhänderischen Stiftung und ihre allgemeine Anerkennung in Rechtsprechung und Lehre. Hinzu kommt, dass die treuhänderische Stiftung sich in der Rechtspraxis bewährt hat und insbesondere für kleinere Vermögen eine vorteilhafte Konstruktion bietet. Aus diesem Grunde ist es geboten, angesichts der fast dramatischen rechtlichen Lage nicht zu verzweifeln. Im Folgenden werden Lösungsansätze vorgestellt, die versuchen, einen gangbaren Weg im Recht der treuhänderischen Stiftung zu finden.

Die Mehrheit der Stimmen in der Literatur spricht sich gegen eine schematische Anwendung eines bestimmten Vertragstyps aus.[37] Neben dem vorrangig zu behandelnden Willen der Parteien sei daher nur in dem Fall auf die Regeln von Schenkung oder Auftrag einzugehen, wenn keine oder eine unwirksame Regelung getroffen wurde. Das Schuldrecht kenne keinen Typenzwang. Aus diesem Grund sei es für die stiftungsrechtlich korrekte Gestaltung des Treuhandvertrags erforderlich, dass alle Widerrufs- bzw. Rücktritts- oder Kündigungsrechte mit dem Recht auf Rückübertragung auf den Stifter ausgeschlossen werden. Für die Fälle des Missbrauchs durch den Treuhänder kann im Innenverhältnis ein Regress zugunsten des Stiftungsvermögens vereinbart werden, der durch den Stifter, dessen Erben oder einen Dritten eingefordert werden kann. Es seien also bei der treuhänderischen Stiftung besonders in Bezug auf Haftungsfälle des Stiftungsvermögens zumindest im Innenverhältnis Regelungen zu treffen, die das Stiftungsvermögen schützen. Auch die Kündigung und die Herausgabe des Stiftungsvermögens sollten geregelt werden, jedoch mit der Rechtsfolge, dass das Stiftungsvermögen einem anderen Treuhänder und nicht dem Stifter übergeben werden muss.

Für die Fragen der Haftung des Stiftungsvermögens durch Vollstreckung oder Insolvenz schlägt *Westebbe* vor, dass als Anknüpfungspunkte für §§ 47 InsO und 771 ZPO nicht die wirtschaftliche Zuordnung gelten solle wie im Treuhandrecht, sondern dass als Rechtfertigung ausreiche, dass das Sondervermögen „dem Treuhänder bzw. seinen Gläubigern *nicht gebühre*".[38] Dementsprechend sollen Aussonderungsrecht und Recht zur Drittwiderspruchsklage auch gar nicht dem Stifter oder seinen Rechtsnachfolgern, sondern etwaigen forderungsberechtigten Destinären

---

[36] *Reuter*, a. a. O. Rn. 88.
[37] So vor allem *Richter/Meyn*, S. 48 ff., *Schmidt*, S. 175 ff.
[38] *Westebbe*, S. 155.

und nach Beendigung des Treuhandverhältnisses Anfallsberechtigten zustehen. Inhaltlich sollen das Aussonderungsrecht und das Drittwiderspruchsrecht nicht auf Herausgabe des Stiftungsvermögens an die Aussonderungsberechtigten, sondern auf seine Freigabe durch den Insolvenzverwalter bzw. Vollstreckungsgläubiger zum Zwecke der Weiterverwaltung durch den Stiftungsträger gerichtet sein.[39]

Schmidt hat einen weiteren Vorstoß in Richtung Autonomie der Stiftung gewagt, indem er das Modell einer treuhänderischen Stiftung als „virtuelle juristische Person" vorschlägt. Er möchte die treuhänderische, das heißt alle unselbständigen Stiftungen als virtuelle Rechtsträger denken und sie so in eine Reihe mit der Gesellschaft bürgerlichen Rechts (GbR) und dem nicht rechtsfähigen Verein stellen. Neben den Vertragsabreden sei seiner Meinung nach zwar das Recht der Schenkung unter Auflage anzuwenden, mit der Gründung entstehe aber eine sog. „Alsob-Stiftung". Folgerichtig verwaltet der Träger (der Treuhänder) das Stiftungsvermögen in eigenem Namen, jedoch für Rechnung einer „virtuellen Stiftung". Das Stiftungsvermögen hafte nur für Schulden des Treuhänders im Rahmen der Stiftungstätigkeit. Aussonderungsrecht und Drittwiderspruchsrecht mache der Stifter nur zur Verteidigung der Rechte der „virtuell rechtsfähigen Stiftung" geltend. Die Kontrolle des Treuhänders solle entsprechend dem Auflagenrecht vom Stifter oder der Behörde gem. § 525 BGB wahrgenommen werden.

Es zeigt sich, dass bezüglich des gewünschten Ergebnisses Einigkeit herrscht, in der Art und Weise wie dieses Ergebnis juristisch zu rechtfertigen ist, jedoch nicht. Eine Bewertung der vorangestellten Vorschläge soll hier nicht vorgenommen werden. Auch die Rechtsprechung hat sich in den wenigen Urteilen, die sie zur treuhänderischen Stiftung gefällt hat, der oben beschriebenen Zielrichtung angeschlossen, ohne jedoch auf die dogmatischen Schwierigkeiten näher einzugehen. Ob sie in Zukunft die Vorschläge von *Westebbe* und *Schmidt* aufnehmen wird, bleibt abzuwarten.

Obwohl es also keine Rechtssicherheit gibt, kann an dem grundsätzlichen Bekenntnis zur treuhänderischen Stiftung nicht gezweifelt werden.[40] Die rechtsdogmatischen Probleme sollten daher in der Praxis nicht zur Verunsicherung führen, sondern das Bewusstsein für die eigene Regelungskompetenz stärken. Die Treuhand als Träger einer Stiftung bietet aufgrund des breiten vertraglichen Gestaltungsspielraums zahlreiche Vorteile und ein genügendes Maß an Sicherungsmodalitäten.

---

[39] Vgl. *Reuter*, in: Münchener Kommentar vor § 80 Rn. 88, Die Meinung *Westebbes* orientiert sich am anglo-amerikanischen Trust-Recht, welches das Trust-Vermögen mit zahlreichen eigenständigen Erhaltungsrechten ausstattet, die aber durch unterschiedliche Personen geltend gemacht werden.

[40] *Westebbe*, S. 23, 24.

3.5 Die Stiftungs-GmbH[1]

Von Gabor Mues

In der Stiftungspraxis ist das Phänomen der Stiftung – verstanden als selbständige Vermögensmasse, die der Förderung eines vom Stifter festgelegten, meist gemeinnützigen Zweckes dient – nicht auf die Rechtsform der Stiftung nach den §§ 80 ff. BGB beschränkt. Die mit der Stiftung bürgerlichen Rechts verbundene staatliche Aufsicht und die erheblichen Vermögenswerte, die für die Errichtung einer solchen Stiftung erforderlich sind, bewegen vor allem Stifter kleinerer Vermögen dazu, auf alternative Rechtsformen auszuweichen. Als „Ersatzformen" zur Stiftung des bürgerlichen Rechts haben sich u. a. Stiftungen in Körperschaftsform entwickelt.[2] Dabei handelt es sich um eingetragene Vereine und GmbHs, die den Namen „Stiftung" tragen.

Ob sie diese Bezeichnung auch zu Recht tragen, kann man in Zweifel ziehen. Denn als Körperschaften haben sowohl der Verein als auch die GmbH Mitglieder bzw. Gesellschafter, die die Satzung und damit den Zweck der Körperschaft beliebig ändern oder gar die Körperschaft auflösen können. Beiden fehlt gegenüber der Stiftung bürgerlichen Rechts die Gewähr für den Erhalt der Vermögenszweckbindung. Dies mag man als Widerspruch zur „Ewigkeit" sehen, wenn diese konstitutives Wesensmerkmal der Stiftung ist.

Daneben stellt sich bei der Stiftungs-GmbH die Frage, inwiefern Unternehmertum – der Gründung einer GmbH liegt ja zumeist der Gedanke unternehmerischen Handelns zugrunde – und der Wille zur Errichtung einer Stiftung, der ja aus idealistischen Motiven herrührt – in Einklang gebracht werden können.

Dass es sich hier nur um scheinbare Widersprüche handelt, zeigt die Praxis. Prominente Beispiele der Stiftungs-GmbH wie die Robert Bosch Stiftung GmbH, auf die unten noch näher eingegangen werden soll, und die Mahle Stiftung GmbH zeigen, dass diese Rechtsform nicht nur rechtlich gestaltbar ist, sondern auch dauerhaft unternehmerischen Erfolg erzielen und gleichzeitig nachhaltig gemeinnützige Zwecke verfolgen kann.

Wenn von einer Stiftungs-GmbH die Rede ist, so ist damit regelmäßig eine von den drei nachstehend beschriebenen Konstruktionen gemeint:

---

[1] Für die kundige und engagierte Mitarbeit danke ich dem Rechtsreferendar *Clemens Regehr.*

[2] Hierzu ausführlich *Adloff / Velez,* S. 1 ff.

Eine GmbH kann den Begriff „Stiftung" in der Firma führen und durch entsprechende Ausgestaltung ihrer Satzung Stiftungszwecke verfolgen. Eine solche Stiftung ist eine Gesellschaft mit beschränkter Haftung im Sinne des GmbHG. Sie ist rechtsfähige juristische Person und haftet ihren Gläubigern nur mit ihrem Gesellschaftsvermögen (§ 13 GmbH). Von der rein erwerbswirtschaftlichen GmbH unterscheidet sich die Stiftungs-GmbH in erster Linie durch eine fremdnützige Zielsetzung – es gibt keine Gewinnausschüttung an die Gesellschafter.

Häufig handelt es um eine „gesellschafterlose" GmbH. Denn im Gegensatz zu anderen Stiftungen sind in der Stiftungs-GmbH Gesellschaftsanteile vorhanden. Folglich müssen auch Gesellschafter vorhanden sein, die diese Anteile halten. In vielen Fällen halten Vertrauenspersonen des Stifters als Treuhänder die Geschäftsanteile einer Stiftungs-GmbH. Nach dem Tod des Stifters als erstem Treuhänder können Nachfolger bzw. Erben in die Stellung eines Treugebers nachrücken.

Im Extremfall führt diese Struktur irgendwann zu einer „Treuhand ohne Treugeber", dann nämlich, wenn kein Erbe bzw. Nachfolger mehr vorhanden ist. Die Durchsetzung der Treupflichten wird dann praktisch unmöglich. Für den Fall, dass der letzte Treugeber oder durchsetzungsberechtigte Erbe wegfällt, kann der Stifter von vorneherein eine Ersatzeinheit zur Verfügung stellen, z. B. eine weitere GmbH. Alternativ werden im Rahmen einer so genannten „In-Sich-Konstruktion" die Anteile an der Stiftungs-GmbH von Anfang an von einer weiteren, „normalen" GmbH, gehalten, deren Anteile wiederum von der Stiftungs-GmbH gehalten werden.[3]

Die zweite Variante, die ebenfalls unter dem Namen „Stiftungs-GmbH" firmiert, ist eine Stiftung bürgerlichen Rechts im Sinne von §§ 80 ff. BGB die als (Allein-)Gesellschafterin die Anteile an einer GmbH hält. Man spricht hierbei auch von einer „Beteiligungsträgerstiftung".[4]

Schließlich kann auch eine GmbH als Trägerin einer Stiftung eingesetzt werden. Bei der „getragenen" Stiftung handelt es sich dann um eine unselbständige Stiftung, die wie die Stiftung bürgerlichen Rechts über ein Stiftungsvermögen verfügt, das den vom Stifter gesetzten Zweck dauerhaft gewidmet ist, jedoch mangels eigener Rechtsfähigkeit eines rechtsfähigen Trägers bedarf.[5]

Keine eigenständige Variante der Stiftungs-GmbH ist hingegen die so genannte gemeinnützige GmbH (gGmbH). Diese ist vielmehr eine „gewöhnliche" GmbH, die ausschließlich und unmittelbar gemeinnützige, mildtätige oder kirchliche Zwecke verfolgt (§ 51 AO). Die Tätigkeit der GmbH muss dabei darauf gerichtet sein, die Allgemeinheit auf materiellem, geistigen oder sittlichen Gebiet selbstlos zu fördern (§ 52 Abs. 1 S. 1 AO). In der Praxis ist ein Großteil der „echten" Stif-

---

[3] *Pöllath*, § 13, Rdnr. 121 ff.

[4] s. Kapitel 4.2.

[5] Zur Rechtsnatur der unselbständigen Stiftung vgl. *Schlüter*, GmbHR 2002, S. 578, 580 ff.

tungs-GmbHs gleichzeitig gemeinnütziger Natur. Dafür muss in der Satzung eine Festlegung gemeinnütziger Zwecke und der Art ihrer Verwirklichung erfolgen und die tatsächliche Geschäftsführung muss auf die ausschließliche und unmittelbare Erfüllung der steuerbegünstigten Zwecke gerichtet sein [6]

Die Errichtung der Stiftungs-GmbH erfolgt durch Abschluss des Gesellschaftsvertrages (Satzung) und Eintragung in das Handelsregister. Die Satzung muss zu ihrer Wirksamkeit notariell beurkundet sein und folgenden Mindestinhalt haben (§ 3 GmbHG):

1. die Firma und den Sitz der Gesellschaft,
2. den Gegenstand des Unternehmens,
3. den Betrag des Stammkapitals,
4. den Betrag der von jedem Gesellschafter auf das Stammkapital zu leistenden Einlage (Stammeinlage).

Die Firma der Stiftungs-GmbH kann dabei die Bezeichnung „Stiftung" führen, da diese nicht auf die Stiftungen bürgerlichen Rechts beschränkt ist.

Ebenso wie bei der Ausgestaltung der Satzung einer Stiftung bürgerlichen Rechts müssen auch bei der Satzung der Stiftungs-GmbH entsprechende Vorkehrungen dafür getroffen werden, dass die dauerhafte Bindung an den Stifterwillen gewährleistet ist. Anders ausgedrückt: Mit den Mitteln des Gesellschaftsrechts muss bei einer GmbH die Stiftungsnatur hergestellt werden.[7] Für den Berater stellt sich dabei das Problem, dass die GmbH nach ihrer gesetzlichen Konzeption eigentlich nicht dazu bestimmt ist, der dauerhaften Erfüllung eines vom Gründer vorgegebenen Zwecks zu dienen. Die Gesellschafter genießen vielmehr weitgehende Freiheit, die Satzung und damit den Gesellschaftszweck bzw. die Vorschriften über die Übertragbarkeit von Gesellschaftsanteilen etc. jederzeit abzuändern.[8] In der Krise oder bei grundlegend geänderten Verhältnissen kann sich diese Flexibilität mitunter sogar als Vorteil der Stiftungs-GmbH erweisen. Vorrangiges Ziel der Gestaltung muss es dennoch sein, Satzungsänderungen, die den Bestand der GmbH als stiftungsähnliche Organisation gefährden können, soweit rechtlich zulässig, auszuschließen, um so dem Stifterwillen möglichst optimal und dauerhaft gerecht zu werden.

Konstitutives Merkmal der rechtsfähigen Stiftung ist die dauerhafte Zweckbindung des vom Stifter übertragenen Vermögens. Diese wird vom Stifter vorgegeben und kann nur im Rahmen der von ihm gesetzten Grenzen geändert werden.

Bei der Stiftungs-GmbH liegt die größte Gefahr für die dauerhafte Verwirklichung des Stifterwillens in der bereits erwähnten Befugnis der Gesellschafter, die Satzung und damit auch die Zweckrichtung der Körperschaft durch satzungs-

---

[6] §§ 60 Abs. 1 AO; 63 Abs. 1 AO.
[7] *Meyn,* in: Meyn/Richter, S. 118.
[8] § 53 GmbHG.

ändernde Mehrheitsentscheidung zu ändern (§ 53 GmbHG). Es liegt daher nahe, in die Satzung eine Bestimmung aufzunehmen, wonach die Satzung selbst oder einzelne Bestandteile unabänderlich sind. Die Wirksamkeit derartiger „Ewigkeitsklauseln" wird im Schrifttum jedoch allgemein angezweifelt.[9] Ebenfalls unwirksam sollen Klauseln sein, wonach ein satzungsändernder Beschluss eines Gesellschafters die Pflicht zur unentgeltlichen Übertragung des Gesellschaftsanteils auf Dritte auslöst. Diskutiert wird in diesem Zusammenhang auch die Variante, die Kompetenz für Satzungsänderungen auf Dritte zu übertragen oder von ihrer Zustimmung abhängig zu machen. Auch diese Lösung wird mit Verweis auf die Verbandsautonomie der Gesellschafter von Teilen des Schrifttums abgelehnt.[10]

Zulässig hingegen ist es, in der Satzung zusätzliche Hindernisse für eine Satzungsänderung festzulegen. Hierzu gehört neben der Erhöhung der vom Gesetz vorgesehenen Mehrheiten für Satzungsänderungen bis hin zum Einstimmigkeitsprinzip die Pflicht zur wiederholten Abstimmung in zeitlichen Abständen. Faktisch kann so eine Satzungsänderung erheblich erschwert werden.

Angesichts der breiten Ablehnung der oben beschriebenen „Ewigkeitsklauseln" wird unter dem Stichwort „Perpetuierung einer GmbH durch Stiftungsträgerschaft" eine Konstruktion diskutiert, bei der durch Einbringung einer Unternehmens-GmbH bzw. der Gesellschafteranteile in eine Stiftung bürgerlichen Rechts im Ergebnis eine umfangreiche Sicherung gegen Zweckänderungen, Auflösungen und Veräußerungen erzielt werden kann.[11] Erreicht wird dies durch entsprechende Bestimmungen in der Stiftungssatzung, wonach beispielsweise das in der Trägerschaft der Stiftung befindliche Unternehmen bzw. Teile davon nicht veräußert werden darf. Diese Anordnung ist im Übrigen unverjährbar und hat damit Dauerbestand.

Für die Anerkennung einer Stiftung bürgerlichen Rechts, die ja mit den Erträgen ihres Vermögens die Stiftungsziele dauerhaft und nachhaltig erfüllen soll, hat sich in der Praxis der Stiftungsbehörden ein Mindestkapital von etwa 50000 Euro als Untergrenze herausgebildet. Ein großer Vorzug der Stiftungs-GmbH gegenüber der Stiftung bürgerlichen Rechts ist mit Sicherheit die Tatsache, dass es mit Ausnahme der bei der GmbH gesetzlich geforderten Stammeinlage von 25000 Euro (§ 5 Abs. 1 GmbHG) kein Erfordernis einer solchen Mindestvermögensausstattung gibt.

Auf der anderen Seite wird eine mit einem geringen Kapitalstock ausgestattete Stiftungs-GmbH bei der effektiven Verfolgung des Stiftungszwecks regelmäßig auf weitere Zuwendungen durch den Stifter angewiesen sein. Solche Leistungen des Stifters werden in der Regel aber nicht das haftende Kapital der Gesellschaft erhöhen. Häufig erhält die Stiftungs-GmbH ihre endgültige Vermögensausstattung

---

[9] Vgl. die Nachweise bei *Wochner,* DStR 1998, S. 1835, 1836.
[10] *Meyn,* in: Meyn/Richter, S. 130 m. w. N.
[11] *Werner,* GmbHR 2003, S. 331 ff.

3.5 Die Stiftungs-GmbH

erst mit dem Tod des Stifters, der ihr durch Verfügung von Todes wegen Vermögen zuwendet.

Gibt es bei der Stiftungs-GmbH zwar keine Anforderungen an das Mindestvermögen, so gilt es doch, die Grundsätze der Kapitalerhaltung und Kapitalaufbringung bei der GmbH einzuhalten. Problematisch kann insofern das schon eingangs erwähnte, in der Praxis nicht selten anzutreffende Kombinationsmodell sein. Dabei hält eine Stiftungs-GmbH als Beteiligungsträger (alle oder nur bestimmte) Anteile an einer Unternehmens-GmbH, während die Gesellschaftsanteile der Stiftungs-GmbH ihrerseits bei der Unternehmens-GmbH liegen. Dass eine solche In-Sich-Konstruktion grundsätzlich möglich ist, ergibt sich aus § 33 GmbHG. Nach § 33 GmbHG besteht die Möglichkeit des (derivativen) Erwerbs eigener Gesellschaftsanteile durch die GmbH wenn die Einlage vollständig erbracht ist. § 33 Abs. 1 GmbHG dient damit der Sicherung der realen Kapitalaufbringung; denn die GmbH kann sich selbst nichts schulden oder leisten, also auch nicht die restliche Einlage. Dabei ist ohne Belang, ob die GmbH entgeltlich oder unentgeltlich erwirbt. Allerdings wird in aller Regel ein originärer Erwerb bei der Gründung und vor allem bei der Kapitalerhöhung nicht möglich sein. § 33 Abs. 2 GmbHG ist eine Vorschrift zur Kapitalerhaltung; Geschäftsanteile, die vollständig eingezahlt sind, können unter zwei Voraussetzungen von der GmbH erworben werden. Zum einen muss der Erwerb aus dem über den Betrag des Stammkapitals hinaus vorhandenen Gesellschaftsvermögen geschehen. Zum anderen muss die Rücklage nach § 272 Abs. 4 HGB gebildet werden können, ohne die satzungsmäßigen Rücklagen, die nicht zu Zahlungen an die Gesellschaft verwendet werden dürfen, zu mindern.[12]

Im Rahmen von Unternehmensverbindungen, die bei solchen wechselseitigen Beteiligungen entstehen, findet § 33 GmbHG analoge Anwendung.[13]. Denn wirtschaftlich wirken sich solche wechselseitigen Erwerbe wie ein Erwerb eigener Anteile aus („mittelbare Selbstbeteiligung"). Die Geschäftsanteile der Stiftungs-GmbH müssten also voll eingezahlt sein (§ 33 Abs. 1 GmbHG). Der Erwerbspreis für die zu übernehmenden Anteile sollte am besten auf Null gesetzt sein; andernfalls ist gemäß § 33 Abs. 2 GmbHG auf den Erhalt des Stammkapitals und der eventuell gesellschaftsvertraglichen Rücklage für eigene Anteile zu achten, wobei ein solcher Erwerb die Gefahr mit sich bringt, dass die Rechte aus den erworbenen Anteilen verloren gehen.[14]

Die wechselseitige Beteiligung von GmbH und Stiftungs-GmbH fällt nicht unter das Verbot der sog. „Kein-Mann-GmbH".[15] Mit dem Begriff der Kein-Mann-GmbH wird die Situation bezeichnet, die entsteht, wenn die Gesellschaft sämtliche Geschäftsanteile erworben hat, so dass keine weitere Person mehr als Gesellschaf-

---

[12] *Lutter/Hommelhoff*, GmbHG, § 33 Rdn. 2 ff.
[13] *Baumbach-Hueck*, GmbHG, § 33 Rdn. 16.
[14] *Pöllath*, § 13, Rdn. 127.
[15] So auch *Pöllath*, § 13, Rdn. 128.

ter vorhanden ist. Eine GmbH ohne Gesellschafter als verselbständigtes Zweckvermögen zur Erfüllung eines Stiftungszwecks wird aber als unvereinbar mit der körperschaftlichen Struktur der GmbH angesehen.[16] Ein solcher Fall ist aber bei der In-Sich-Konstruktion gerade nicht gegeben.

Praktiker raten jedoch von derartigen „In-Sich-Konstruktionen" ab, da die rechtlichen und sonstigen Folgen im Krisen- und Streitfall nicht mit Sicherheit vorhersehbar sind. Die Rechtsstruktur bei solchen Sonderkonstruktionen erscheint sehr unübersichtlich und ist mit unvorhersehbaren Risiken behaftet.[17]

Die Willensbildung in der GmbH erfolgt durch die Gesellschafterversammlung als oberstem Organ der Gesellschaft. Ihr obliegt die Entscheidung in bedeutenden Angelegenheiten der Stiftungs-GmbH (vgl. § 46 GmbHG). Die Gesellschafter oder die Treuhänder, die die Geschäftsanteile der Stiftung GmbH halten und als Gesellschafter auftreten, überprüfen die Geschäftsführung und sind berechtigt, den Geschäftsführern Weisungen zu erteilen (§ 37 Abs. 1 GmbHG). Die Leitungsmacht der Gesellschafter kann jedoch über eine treuhänderische Bindung der Gesellschafter beschränkt werden.

Denn bei einer Stiftungs-GmbH halten die Gesellschafter bisweilen die Anteile an einer GmbH des Treugebers, der bei der Gründung zumeist Stifter ist.[18] Die Gesellschaftsanteile werden von einem einzelnen Treuhänder – zumeist eine Vertrauensperson des Stifters – gehalten; mehrere Gesellschafter in der Stiftungs-GmbH einzurichten erweist sich normalerweise als nicht erstrebenswert, da in erster Linie dem Stiftungszweck und nicht dem Eigeninteresse des Gesellschafters entsprochen werden muss. Mit dem Tod des Stifters als Treugeber kann die Rechtsstellung des Treugebers auf dessen Erben übergehen.[19] An der Gesellschafterstellung des Treuhänders ändert sich durch den Tod des Stifters in der Regel nichts.

Bei der Stiftungs-GmbH ergeben sich verglichen zu einer „normalen" GmbH keine großen Unterschiede in Hinblick auf die organschaftliche Struktur. Falls mehrere Gesellschafter vorhanden sind, werden Beschlüsse der Gesellschafterversammlung mit einfacher Mehrheit gefasst, sofern Gesetz oder Satzung nichts anderes bestimmen (§ 47 Abs. 1 GmbHG). Es ist möglich, die Stimmrechtsmacht durch Mehrfachstimmrechte oder Höchststimmrechte vom Kapitalanteil abzukoppeln, um einzelnen Gesellschaftern (bzw. Treuhändern) einen stärkeren Einfluß auf die Willensbildung auf die Gesellschaft zu gewähren.[20] Der Beschluss der Satzungsänderung ist zwingend der Gesellschafterversammlung vorbehalten; andere Beschlusskompetenzen der Gesellschafterversammlung können auf die Geschäftsführung oder einen Beirat übertragen werden. Da die Gründer einer Stiftungs-GmbH

---

[16] Vgl. die Nw. bei *Wochner,* DStr 1998, S. 1339.
[17] *Pöllath,* § 13, Rdn. 129.
[18] Kritisch zu dieser Konstruktion: MüKo/*Reuter,* vor § 80 n. 82 f. m. w. N.
[19] Ablehnend *Reuter,* a. a. O.
[20] *Wochner,* DStR. 1998, S. 1835 f.

normalerweise sicherstellen wollen, dass die Einhaltung des Stiftungszwecks von den Gesellschaftern (bzw. Treuhändern) wirksam überwacht wird, sollte eine Beschränkung der Kontrollbefugnisse der Gesellschafterversammlung möglichst ausbleiben.[21] Stimmbindungsvereinbarungen zwischen den Treuhändern sind möglich, doch erscheint es sinnvoller, dass die Gesellschaftsanteile von Anfang an nur von einem einzigen Treuhänder gehalten werden, der dann im Sinne des Stiftungszwecks entscheidet.

Wie bei einer normalen GmbH kann bei einer Stiftungs-GmbH nur eine natürliche Person zum Geschäftsführer bestellt werden (§ 6 Abs. 2 S. 1 GmbHG). Da die Bestellung und Abberufung von Geschäftsführern in der Zuständigkeit der Gesellschafterversammlung (§ 46 Nr. 5 GmbHG) fällt, wird die Stellung des Geschäftsführers im Normalfall von der Entscheidung des Gesellschafters bzw. des Treuhänders der Anteile der Stiftungs-GmbH abhängen. Die Zuständigkeit kann aber durch Satzungsermächtigung auch auf einzelne Gesellschafter übertragen werden. Zudem kann die Satzung einzelnen Gesellschaftern auch als Sonderrecht zugestehen, dass die Bestellung der Geschäftsführer von ihrer Zustimmung abhängt. Auf außenstehende Dritte kann die Zuständigkeit zur Bestellung und Abberufung des Geschäftsführers nicht übertragen werden.[22]

Die Verfassungen rechtsfähiger und unselbständiger Stiftungen sehen regelmäßig ein Kontrollgremium vor, das überwacht, ob nach dem Stiftungszweck gehandelt wird. Ein solches Aufsichtsorgan (Beirat, oder Kuratorium) sollte auch bei einer Stiftungs-GmbH eingerichtet werden. Dies empfiehlt sich vor allem bei großen Stiftungs-GmbHs, denn bei einer Gesellschaft, bei der der Gesellschafterkreis nicht vollkommen überschaubar ist, wird die Gesellschafterversammlung ihre Aufsichtsbefugnisse nicht ausreichend wahrnehmen können. Auch wenn Gesellschafter und Geschäftsführung personell miteinander verflochten sind, empfiehlt sich die Einrichtung eines solchen Aufsichtsgremiums.[23]

Ein Grund für die Attraktivität der Stiftungs-GmbH ist die Tatsache, dass sie, anders als die Unternehmensträgerstiftung, nicht staatlich anerkannt werden muss und auch nicht der Stiftungsaufsicht unterliegt. Dieser Vorteil wird vor allem dort relevant, wo die staatliche Anerkennung einer privaten Unternehmensträgerstiftung durch die Behörde versagt werden kann. In den Bundesländern Brandenburg und Mecklenburg-Vorpommern beispielsweise steht die Versagung der Genehmigung im Ermessen der Behörde, wenn „der Hauptzweck der Stiftung in dem Betrieb oder der Verwaltung eines erwerbswirtschaftlichen Unternehmens besteht, das ausschließlich oder überwiegend eigennützigen Interessen oder Erben des Stifters dient."[24]

---

[21] Vgl. Scholz / *K. Schmidt*, § 46 Rn. 3.
[22] Scholz / *K. Schmidt*, § 46 Rn. 72.
[23] *Wochner*, DStR 1998, S. 1838.
[24] Bdb StiftG § 6 Abs. 3b und M-V StiftG § 7 Abs. 3a.

Allerdings hat die Stiftungs-GmbH die für jede GmbH geltenden Publizitäts-, Rechnungslegungs- und Registerpflichten nach dem GmbHG und dem Handelsrecht zu beachten. Die Stiftungs-GmbH ist insbesondere zur kaufmännischen Rechnungslegung verpflichtet und muss einen Jahresabschluss (Bilanz, Gewinn- und Verlustrechnung) sowie – je nach Größe – einen Lagebericht erstellen.

Als eines der bekanntesten Beispiele einer Stiftungs-GmbH sei abschließend die Robert Bosch Stiftung GmbH[25] skizziert, die zugleich auch einen Sonderfall bildet. Der Unternehmer Robert Bosch[26] gründete im Jahre 1921 die Vermögensverwaltung Bosch GmbH, die seinen gemeinnützigen Bestrebungen dienen sollte. Die Robert Bosch Stiftung GmbH in ihrer heutigen Form geht auf diese Vermögensverwaltungs-GmbH zurück. Die Vermögensverwaltung sollte nach Boschs Tod seine Beteiligung an der Robert Bosch AG übernehmen.

Nach Auffassung von Robert Bosch sollten Unternehmensgewinne nur zu zwei Zwecken verwendet werden: zum einen zur Stärkung des Unternehmens für Krisenzeiten, zum anderen für gemeinnützige Stiftungen im Dienste der Gesellschaft. Die Richtlinien für die Errichtung der Bosch Stiftungs-GmbH hatte Robert Bosch wie folgt definiert: *„Neben der Linderung von allerhand Not, vor allem auf Hebung der sittlichen und geistigen Kräfte des Volkes hinzuwirken. Es soll gefördert werden: Gesundheit, Erziehung, Bildung, Förderung Begabter, Völkerversöhnung und dergleichen ... Bei der Hingabe von Geldern für gemeinnützige Zwecke kann in manchen Fällen durch geschicktes Vorgehen darauf hingewirkt werden, dass durch das eigene Beispiel private und öffentliche Kräfte angespornt werden."*[27]

Da Bosch die Unternehmenskonzeption und die gemeinnützigen Tätigkeiten nicht der staatlichen Aufsicht unterstellen wollte, kam für Bosch die Errichtung einer rechtsfähigen Stiftung nicht in Frage. Er übertrug die Aufsicht auf die Gesellschafter der Bosch Vermögensverwaltungs-GmbH. Die Gesellschafter der Bosch Stiftung GmbH wurden auch als seine Testamentsvollstrecker eingesetzt. Innerhalb der gesetzlichen Frist von 30 Jahren sollten die rund 86 Prozent Geschäftsanteile, die zunächst nach seinem Tod im Jahre 1942 auf die Erben übergegangen waren, auf die Vermögensverwaltung übertragen werden. Schon zur Zeit der Gründung war die Vermögensverwaltung Bosch GmbH zu 22 Prozent am Unternehmen beteiligt. In den Jahren 1962 bis 1964 übertrugen die Erben von Robert Bosch ihre Anteile an die Vermögensverwaltung, so dass der Anteil an den Beteiligungen anschließend auf rund 86 Prozent stieg. Um die Gemeinnützigkeit nicht zu verlieren, wurde eine stärkere institutionelle Trennung zwischen den erwerbswirtschaftlichen und den gemeinnützigen Interessen vollzogen.[28] Zu diesem Zweck wurde

---

[25] Die Robert Bosch Stiftung GmbH wurde 1964 errichtet – allerdings zunächst als Robert Bosch Vermögensverwaltungs GmbH – und erst 1969 umbenannt.

[26] * 1861 in Albeck bei Ulm; † 12. März 1942 in Stuttgart.

[27] Zitiert nach: *Heuel*, S. 114.

[28] *Adloff/Velez*, S. 12.

3.5 Die Stiftungs-GmbH

eine zweite GmbH gegründet, die Robert Bosch Industriebeteiligung GmbH[29]. Anschließend erfolgte eine Aufteilung der Geschäftsanteile auf beide GmbHs. Dabei wurde strikt zwischen der unternehmerischen und der gemeinnützigen Tätigkeit getrennt. Die Aufteilung der Anteile war erforderlich geworden, um die steuerliche Anerkennung der Gemeinnützigkeit der Stiftung GmbH erreichen zu können. Die Bosch Stiftung GmbH erhielt nahezu alle Geschäftsanteile, diese waren aber stimmrechtslos gestellt. Die Robert Bosch Industriebeteiligung GmbH wiederum erhielt nur einen verschwindend geringen Prozentsatz des Unternehmensvermögens, allerdings genügend Stimmrechte, um das Unternehmen lenken zu können.[30] Gesellschafter der Industriebeteiligung waren Boschs Testamentsvollstrecker.

Bei Errichtung der gemeinnützigen Bosch Stiftung GmbH (mit dem Hauptziel der Förderung des homöopathischen Krankenhauses) und der Bosch Industriebeteiligung GmbH (dem Kopf der Unternehmensgruppe)[31] wurden die Richtlinien von Robert Bosch umgesetzt. Allerdings hatte das Ziel der Stärkung der Unternehmensgruppe eindeutig Vorrang. Die Zuweisung finanzieller Mittel an die gemeinnützige Stiftung GmbH steht im Ermessen der Unternehmensführung und kann von dem Finanzbedarf des Unternehmens abhängig gemacht werden.[32]

Die Bosch Stiftung GmbH hat wie eine normale GmbH Gesellschafter und Geschäftsführer als Organe. Um die Stiftungsaktivitäten besser überwachen zu können, ist ein Kuratorium eingerichtet. Allerdings ist dieses Kuratorium von den Gesellschaftern der Stiftungs-GmbH besetzt, so dass die beiden Entscheidungsorgane (Gesellschafterversammlung und Kuratorium) identisch sind. Initiativorgan und Verwaltung werden durch die Geschäftsführung repräsentiert. Die Geschäftsführung entwickelt neue Konzepte, über die dann das Kuratorium entscheidet.[33]

Die Bosch Stiftung GmbH ist nicht als typische Unternehmensträgerstiftung[34] zu qualifizieren. Allerdings konnten durch das Zusammenspiel mit der unternehmerisch tätigen GmbH ähnliche Ziele angestrebt werden wie mit Hilfe einer Unternehmensträgerstiftung.

Die GmbH kann eine geeignete Alternative zur Stiftung bürgerlichen Rechts bieten. Neben der relativ geringen Mindestkapitalausstattung erweist sich auch die Nichtanwendbarkeit von Stiftungszivilrecht und Landesstifungsrecht als Vorteil dieser Rechtsform. Anders als bei der rechtsfähigen Stiftung wacht nicht die Stiftungsaufsicht, sondern die Gesellschafterversammlung und ein evtl. bestehender

---

[29] Heute Robert Bosch Industrietreuhand KG.

[30] Der Robert Bosch Industrietreuhand GmbH standen 60 von 70 Stimmrechte zu, die restlichen 10 wurden von Familienangehörigen ausgeübt. Vgl. *Heuel*, S. 113.

[31] Die Robert Bosch Industrietreuhand AG ist nur mit 0,01 Prozent an der Robert Bosch GmbH beteiligt; die Familie Boschs ist weiterhin mit 8 Prozent am Unternehmen beteiligt.

[32] *Heuel*, S. 115.

[33] *Adloff / Velez,* Stiftungen in Körperschaftsform, S. 12.

[34] Zur Definition s. Kapitel 4.2.

Beirat über die Einhaltung des Stifterwillens. Durch treuhänderische Verpflichtungen der Gesellschafter kann die Bindung an den Willen des Stifters noch verstärkt werden. Nach dem Tod des Stifters als erstem Treugeber können seine Nachfolger in die Treugeberstellung einrücken.

Auf der anderen Seite sollte der potentielle Stifter bedenken, dass die Gesellschafter einer Körperschaft gegenüber dieser souverän sind und ihren Zweck ändern oder diese gar auflösen können. Daran ändern auch treuhänderische Verpflichtungen nichts, da diese nur das Innenverhältnis zwischen Treugeber und Treuhänder betreffen. Eine Stiftung bürgerlichen Rechts hat dagegen keine Mitglieder oder Eigentümer; ihre Organe haben nur dienende Funktion.

3.6 Stiftungen in Vereinsform

Von Claus Koss

In der Praxis werden die Rechtsformen Stiftung und Verein als Alternativen betrachtet. Für die wirtschaftliche Betätigung kommt auch die Gesellschaft mit beschränkter Haftung (GmbH) in Betracht. Teilweise firmieren Organisationen in einer Rechtsform in der anderen. So sind die sogenannten „Parteienstiftungen"[1] mit Ausnahme der Friedrich Naumann Stiftung keine Stiftungen, sondern – rechtlich betrachtet – eingetragene Vereine. Die Robert-Bosch-Stiftung ist eine GmbH. Umgekehrt sind Bürgerstiftungen – rechtlich betrachtet – (rechtsfähige) Stiftungen, haben aber Elemente von Vereinen, z. B. eine „Stifterversammlung". Ziel dieses Beitrags ist der Vergleich der beiden Rechtsformen Verein und Stiftung.

Die Zahlen sprechen für den Deutschen als „Vereinsmeier": 574.359 eingetragene Vereine wurden in 2003 gezählt, 29.658 mehr als in 2001, ein jährliches Wachstum von rund 2,8 %.[2] Demgegenüber zählte die Bund-Länder-Arbeitsgruppe zum 31. Dezember 2000 in Deutschland 9.674 rechtsfähige Stiftungen des Privatrechts.[3] Die Wachstumsraten bei der Rechtsform der Stiftung stiegen jedoch schätzungsweise schneller als bei den Vereinen. Ein möglicher Grund hierfür ist die steuerliche Begünstigung dieser Rechtsform und die größeren zur Verfügung stehenden Vermögen.

Die Rechtsform ist sozusagen das Kleid einer Organisation. Wie bei der Bekleidung kommt es auch darauf an, das richtige Modell zu wählen. Für steuerbegünstigte Organisationen stellt das deutsche Recht im Wesentlichen zwei Modelle zur Verfügung. Aufgrund der Begrenzung der Rechtsformen („numerus clausus") kann das „Modell" in „Schnitt" und „Farbe" abgewandelt werden, es muss aber das gleiche „Modell" bleiben (um im Bild zu bleiben).

Rechtsfähigkeit bedeutet, selbstständig im Rechtsverkehr auftreten zu können, mit anderen Worten: selber Träger von Rechten und Pflichten zu sein. Natürliche Personen sind mit Eintritt der Volljährigkeit (18 Jahre) grundsätzlich rechtsfähig. Juristische Personen, insbesondere Zusammenschlüsse von natürlichen Personen, erlangen die Rechtsfähigkeit entweder durch Eintragung in ein öffentliches Regis-

---

[1] *v. Campenhausen,* 1999, § 2, Rz. 19.
[2] *Willmann,* S. 38.
[3] *Mecking,* 2001, S. 80.

ter: das Vereinsregister für „eingetragene Vereine" bzw. das Handelsregister für Gesellschaften mit beschränkter Haftung (GmbH). Stiftungen dagegen erlangen Rechtsfähigkeit durch staatliche Anerkennung (§ 80 BGB).

Hintergrund für diese Formstrenge ist der Schutz des Rechtsverkehrs. Hat eine juristische Person einmal ihre Rechtsfähigkeit erlangt, haftet nurmehr das Vermögen der juristischen Person, Verein oder Stiftung und nicht mehr das Vermögen der dahinter stehenden natürlichen Personen. Damit jeder über diese Haftungsbeschränkung informiert ist, tragen die rechtsfähigen juristischen Personen des privaten Rechts Namenszusätze, so der eingetragene (rechtsfähige) Verein den Zusatz „e.V." und die Kapitalgesellschaften Zusätze wie „GmbH" oder „AG" für Aktiengesellschaft. Bei den Stiftungen ist im Namen die Rechtsfähigkeit nicht sofort zu erkennen.

Der „Vorteil" der rechtlichen Selbstständigkeit juristischer Personen des privaten Rechts, verbunden mit der Haftungsbegrenzung auf das Vermögen der juristischen Person, wird erkauft mit den „Nachteilen" bestimmter Formalitäten und – bei den Kapitalgesellschaften und Stiftungen der grundsätzlichen Pflicht zur Kapitalerhaltung.

In der Einleitung wurde das Bild vom „Kleid" eingeführt. Wie die Bekleidung muss auch die Rechtsform „passen". Da die Rechtsform grundsätzlich für alle Ewigkeit passen muss, ist hier „Maßarbeit" gefragt.

Zu berücksichtigen sind insbesondere folgende Punkte:

Die formalen Voraussetzungen

Aufgrund der Pflicht zur Kapitalerhaltung benötigen Kapitalgesellschaften und Stiftungen eine bestimmte Mindestausstattung an Vermögen. Bei Vereinen ist dagegen keine Vermögensausstattung erforderlich, um die Eintragung in das Vereinsregister eingetragen zu werden.

Die Einflussmöglichkeiten der Mitglieder auf die laufenden Geschäfte

Während bei einem Verein grundsätzlich die Mitglieder über alles bestimmen können, haben bei den anderen Rechtsformen die Gründer das erste und gleichzeitig auch das letzte Wort. Bei einer Stiftung ist allein der Wille des Stifters maßgebend. Im Verein kann die Satzung von den Mitgliedern jederzeit nahezu beliebig geändert werden.

3.6 Stiftungen in Vereinsform

Die steuerliche Behandlung

Grundsätzlich können alle Körperschaften (Verein, Stiftung, GmbH) als steuerbegünstigt anerkannt werden. Das bedeutet: Sie sind im Wesentlichen von der Körperschaft- und Gewerbesteuer befreit. Zuwendungen an steuerbegünstigte Körperschaften können von den Spendern in deren Einkommen-, Körperschaft- oder Gewerbesteuererklärung steuermindernd geltend gemacht werden. Unterschiede bestehen jedoch zwischen den einzelnen Körperschaften bezüglich der Höchstgrenze für diese abzugsfähigen Zuwendungen. Für Zuwendungen an Stiftungen gelten seit 2000 höhere Beträge.

Die Anforderungen an die laufende Geschäftsführung

Während Verein und Stiftung für gemeinnützige Organisationen und als Träger sozialer Einrichtungen gemacht sind, sind die Kapitalgesellschaften vor allem für gewerbliche Unternehmen vorgesehen. Daraus ergeben sich bei den Kapitalgesellschaften wie GmbH oder Aktiengesellschaft höhere Anforderungen an die laufende Geschäftsführung.

Bei Verein und Stiftung können sowohl als nicht rechtsfähige Vereinigungen oder als rechtsfähige juristische Personen des privaten Rechts vorkommen. Das bedeutet: es gibt auch nicht-rechtsfähige Vereine oder nicht-rechtsfähige Stiftungen. Diese Organisationen benötigen jedoch einen Rechtsträger, der für sie im Rechtsverkehr auftritt. Bei nicht-rechtsfähigen Vereinen ist dies in der Regel eine natürliche Person, bei nicht-rechtsfähigen Stiftungen kann dies entweder ein eingetragener Verein oder eine rechtsfähige Stiftung sein. Vorstellbar sind die nicht rechtsfähigen Gebilde wie ein „Sondervermögen".

Steuerlich ist die Unterscheidung zwischen rechtsfähigen und nicht rechtsfähigen Stiftungen bzw. Vereinen unerheblich. Denn in § 1 Körperschaftsteuergesetz (KStG) sind sowohl die rechtsfähigen wie die nicht rechtsfähigen Körperschaften genannt.

Die Stiftung

Kennzeichnend für die Rechtsform der Stiftung ist ein der Stiftung zur Verfügung gestelltes Vermögen. Dieser Kapitalstock muss grundsätzlich in seinem Bestand erhalten bleiben. Lediglich die Erträge aus diesem Vermögen müssen für die vom Stifter bestimmten Zwecke verwendet werden. Kennzeichnend für die Stiftung sind somit:

1. die Bestandserhaltung des Vermögens,
2. die zweckentsprechende Mittelverwendung.

Diese Vermögenswidmung für einen bestimmten Zweck kann entweder in einer eigenen juristischen Person (rechtsfähige Stiftung) oder als unselbständiges Zweckvermögen (nicht-rechtsfähige oder fiduziarische Stiftung) erfolgen. Diese beiden Erscheinungsformen der Stiftung unterscheiden sich in erster Linie durch die Rechtsfähigkeit, also die Fähigkeit, im Rechtsverkehr selbstständig aufzutreten, d. h. Rechte und Pflichten zu haben. Die rechtsfähige Stiftung ist als juristische Person des Privatrechts selbstständig rechtsfähig. Die fiduziarische Stiftung dagegen benötigt eine andere juristische Person als Rechtsträger. Dieser Rechtsträger handelt sozusagen für die Stiftung. Rechtsträger kann jede rechtsfähige juristische Person sein, z. B. ein eingetragener Verein, eine andere rechtsfähige Stiftung, eine Kapitalgesellschaft oder eine Körperschaft des öffentlichen Rechts (wie z. B. Städte und Gemeinden). Gemeinsam sind beiden Erscheinungsformen das Entstehen durch das Rechtsgeschäft durch den Stifter. Der Stifter legt in einer Urkunde den Stiftungszweck fest und verpflichtet sich, die Stiftung mit einem Anfangsvermögen auszustatten. Diese Anfangsvermögensausstattung heißt „Grundstockvermögen". Dieses muss nicht ausschließlich in Barvermögen bestehen. In Frage kommen beispielsweise auch Sammlungen von Kunstgegenständen, Immobilien, ja sogar Pferde sind schon als Anfangsvermögensausstattung zur Verfügung gestellt worden.

Der grundsätzliche Unterschied beim Entstehen der beiden Erscheinungsformen der Stiftung liegt darin, dass die rechtsfähige Stiftung von der Aufsichtsbehörde anerkannt werden muss. Sie erlangt dadurch ihre Rechtsfähigkeit. Die zuständige Aufsichtsbehörde ist unterschiedlich in den einzelnen Bundesländern geregelt. In Bayern sind beispielsweise die Bezirksregierungen zuständig.

Das Stiftungsgeschäft muss nur dann notariell beurkundet werden, wenn Immobilien oder GmbH-Anteile als Grundstockvermögen zur Verfügung gestellt werden sollen.

Die Errichtung einer Stiftung kann von Todes wegen oder unter Lebenden erfolgen. Eine Errichtung von Todes wegen kann bereits zu Lebzeiten, der Vermögensübergang jedoch nach seinem Tode erfolgen.

Nachdem die Stiftung grundsätzlich für die Ewigkeit bestimmt ist, verlangen die Aufsichtsbehörden in der Regel eine Ausstattung mit ausreichendem Vermögen. Die Höhe richtet sich grundsätzlich nach der Art des übertragenen Vermögens und dem verfügten Zweck. Als Anhaltewert werden 25.000 Euro als Anfangsausstattung mit Kapitalvermögen genannt. Die Festlegung dieser Zahl beruht offenbar auf einer entsprechenden Anwendung der Vorschriften des GmbH-Gesetzes.

Die Geschäftsführung der Stiftung, also ihr auftretender Rechtsverkehr ist bei rechtsfähiger und nicht-rechtsfähiger Stiftung unterschiedlich. Die rechtsfähige Stiftung als eigene juristische Person hat einen eigenen Stiftungsvorstand, der für die juristische Person handelt. Für die fiduziarische Stiftung handelt dagegen der Rechtsträger.

3.6 Stiftungen in Vereinsform

Aufgrund des Fehlens von Mitgliedern unterliegt die rechtsfähige Stiftung der Kontrolle durch die Stiftungsaufsichtsbehörde. Die Landesstiftungsgesetze haben hier unterschiedliche Regelungen getroffen. Kirchliche Regelungen unterliegen in der Regel der kirchlichen Stiftungsaufsicht.

Kein Unterschied zwischen beiden Erscheinungsformen besteht im Steuerrecht: beide Zweckvermögen sind jeweils eigenständiges Steuersubjekt.

Der Verein

Der Verein wird nicht durch mindestens einen Stifter errichtet, sondern von mindestens sieben Gründungsmitgliedern gegründet (§ 56 BGB). In der Gestaltung der Gründungssatzung sind die Mitglieder grundsätzlich frei. Die Satzung kann durch Beschluss der Mitgliederversammlung auch jederzeit geändert werden.

Rechtsfähigkeit erlangt der Verein durch die Anmeldung (§§ 59, 60 BGB) und Eintragung (§ 65 BGB) beim Vereinsregister. Dieses wird in der Regel beim Amtsgericht geführt. Das Gericht verlangt zur Anmeldung ein schriftliches Protokoll der Gründungsversammlung mit der Gründungssatzung als Anlage. Auf der Gründungssatzung sollen mindestens die sieben Gründungsmitglieder unterschrieben haben. Beim Protokoll sind die Unterschriften des Vorsitzenden und des Protokollführers ausreichend. Zusätzlich verlangt das Register die notarielle Beglaubigung der Unterschrift des Vorsitzenden.

Der Verein entsteht somit in einem demokratischen Willensbildungsprozess der Mitglieder und erlangt Rechtsfähigkeit durch die Eintragung im Vereinsregister. Der Verein trägt dann den Zusatz „eingetragener Verein" (e.V.), § 65 BGB.

Die Geschäftsführung erfolgt beim eingetragenen (rechtsfähigen) Verein durch den Vereinsvorstand. Dabei bleibt es den Mitgliedern überlassen festzulegen, wer dem Vorstand angehören soll und wie die Vertretungsmacht geregelt ist. Beim nichtrechtsfähigen Verein erfolgt die Geschäftsführung grundsätzlich durch alle Mitglieder. Es steht den Mitgliedern jedoch frei, Regelungen über die Geschäftsführungsbefugnis zu treffen.

Mit Ausnahme der allgemeinen Gesetze (z. B. Strafrecht) unterliegen Vereine keiner Kontrolle.

Im Steuerrecht gibt es wiederum keine Unterschiede zwischen rechtsfähigen und nicht-rechtsfähigen Vereinen. Beide werden als eigenständige Steuersubjekte behandelt.

Hier noch einmal die wesentlichen Unterschiede zusammengefasst:

	Stiftung		Verein	
	Rechtsfähig	Fiduziarische	Rechtsfähig	Nicht-rechtsfähig
Rechtsfähigkeit = Fähigkeit, im Rechtsverkehr selbstständig aufzutreten, d. h. Rechte und Pflichten zu erwerben	Juristische Person des Privatrechts	Keine Rechtsfähigkeit, d. h. braucht Rechtsträger	Juristische Person des Privatrechts	Keine Rechtsfähigkeit, d. h. braucht Rechtsträger
Entstehen	(1) Stiftungsgeschäft durch den Stifter		(1) Gründungssatzung	
			von min. sieben Mitgliedern	von min. zwei Mitgliedern
	(2) Anerkennung durch die Stiftungsbehörde		(2) Eintragung in das Vereinsregister	
Geschäftsführung = Auftreten im Rechtsverkehr	Eigener Stiftungsvorstand	Rechtsträger	Vereinsvorstand	Rechtsträger
Kontrolle	Stiftungsaufsicht		Mitgliederversammlung	
Steuerrecht	Jeweils eigenständiges Steuersubjekt			
Steuerbegünstigung	Jeweils Befreiung von der Körperschaft- und Gewerbesteuer möglich			

Abb. 1: Unterschiede der Rechtsformen Stiftung und Verein

Die Rechtsform kann nicht „wie das Hemd" täglich gewechselt werden. Andererseits muss die Rechtsform „wie das Gewand" passen. Da die meisten Zuwendenden die Höchstbeträge ohnehin nicht ausschöpfen, spielen die höheren Abzugsbeträge bei Zuwendungen an Stiftungen i. d. R. eine nachrangige Rolle. Entscheidend für die Entscheidung „Stiftung" oder „Verein" ist nach Einschätzung des Verfassers die größere Möglichkeit der Partizipation beim Verein bzw. die Möglichkeit, Zweck und Organisation, durch eine einzelne Person festlegen zu können, bei der Stiftung.

3.7 Die Auswirkungen des Vereinsrechts im Stiftungsrecht

Von Götz Freiherr von Rotenhan

Das Stiftungsrecht wird durch den Verweis der §§ 86, 89 BGB auf das Vereinsrecht stark von selbigem geprägt. So finden zahlreiche vereinsrechtliche Vorschriften hinsichtlich der Stiftungsorgane und deren Geschäftsführung, aber auch bezüglich anderer Aspekte Anwendung, etwa der Haftung oder der Auflösung einer Stiftung.

Der Beitrag stellt im Folgenden die wichtigsten Auswirkungen des Vereinsrechts für Stifter und Stiftungsorgane dar. Ein Schwerpunkt liegt hierbei auf der Geschäftsführung des Stiftungsvorstandes, die wesentlich vom Vereinsrecht bestimmt wird. Da es sich oft um dispositive Normen des Vereinsrechts handelt, mithin solche, die durch andere Regelungen in der Stiftungssatzung verdrängt werden können, wurden auch Gestaltungshinweise zur Satzung in den Beitrag mit aufgenommen. Vorauszuschicken ist, dass die maßgebliche Verweisung des § 86 Satz 1 BGB ins Vereinsrecht nur für selbstständige Stiftungen des bürgerlichen Rechts gilt. Die analoge Anwendung der §§ 80–88 BGB auf die unselbständige Stiftung ist nach herrschender Meinung unzulässig.[1]

Bestellung und Geschäftsführung des Stiftungsvorstandes

Die §§ 86, 26 BGB statuieren als zwingende Mindestanforderung zur Errichtung einer Stiftung, dass die selbstständige Stiftung gleich dem Verein einen Vorstand erhält. Er ist – mangels abweichender Regelung in der Satzung – das entscheidende Gremium der Stiftung und handelt im Rahmen der Satzung für die Stiftung in eigener Verantwortung.[2] Dem Stifter ist es jedoch unbenommen, über diese gesetzliche Mindestanforderung hinaus noch weitere Stiftungsorgane zu errichten. In der Praxis haben sich dabei zwei Grundmodelle herausgebildet.

Beim so genannten Vorstandsmodell ist einziges Organ der Vorstand, der in diesem Fall aus mehreren Personen bestehen sollte, aber selbstverständlich auch nur

---

[1] Grundlegend RGZ 105, 305, 306 f.; vgl. auch *Rawert*, in: Staudinger, Vorbem. zu §§ 80 ff., Rdnr. 153; *Seifart/Hof*, § 36 Rdnr. 9; kritisch: *Neuhoff*, in: Soergel, Vorbem. zu § 80, Rdnr. 23, 27.

[2] *Hof*, in: Seifart/v. Campenhausen (Hrsg.), Handbuch des Stiftungsrecht, § 9 Rdnr. 9.

den Stifter als Einzelvorstand vorsehen kann.[3] Eine Kontrolle findet in diesem Fall nur im Rahmen der Rechtsaufsicht nur durch die Stiftungsbehörde statt.

Das Kuratoriumsmodell hingegen zeichnet sich durch den Bestand eines weiteren Gremiums aus. Es liegt im Belieben des Stifters, wie er dieses Organ bezeichnet (Stiftungsrat, Kuratorium, Beirat) und welche Rechte er ihm zubilligt. In der Regel wird er dem Stiftungsrat[4] nur Kontroll- und Beratungsrechte einräumen, die eigentliche Exekutive jedoch beim Vorstand belassen.[5] Dieses Modell bietet dem Stifter den praktischen Vorteil, möglichst viele Persönlichkeiten (etwa Kapazitäten auf dem Gebiet des Stiftungszwecks, Personen des öffentlichen Lebens oder andere Multiplikatoren) unproblematisch in die Stiftungsarbeit zu integrieren.

Die Vorschriften des § 27 Abs. 1 und Abs. 2 BGB über die Bestellung des Vorstandes und den Widerruf der Bestellung gelten nach § 86 Satz 1 BGB nicht für Stiftungen. Der Stifter hat daher die Freiheit, selbst die Besetzung der Organe in der Satzung zu regeln. Die Stiftungsbehörden legen in ihren Anerkennungsverfahren jedoch erfahrungsgemäß großen Wert darauf, dass der Vorstand zu jeder Zeit entscheidungsfähig bleibt. Die Satzung muss daher Vorschriften über die Berufung und Besetzung des Vorstandes und eventuell weiterer Organe enthalten. Dabei bestehen unterschiedliche Möglichkeiten der Berufung:

Im Rahmen der so genannten Kooptation beruft der Vorstand die zu ersetzenden Mitglieder selbst durch Mehrheitsbeschluss. Der erste Vorstand wird in der Regel in diesem Fall vom Stifter selbst berufen. Denkbar ist auch, dass Vorstandsmitglieder durch ein anderes Stiftungsorgan berufen werden, etwa den Stiftungsrat. Ebenfalls kann der Stifter festlegen, dass Vorstandsmitglieder durch Dritte bestimmt werden, etwa eine Kirche oder eine dem Stiftungszweck nahestehende andere Organisation.[6]

Weiterhin ist zu regeln, unter welchen Voraussetzungen ein Vorstand oder Stiftungsrat ausscheidet oder die Abberufung eines Stiftungsvorstandes zulässig ist.

Nach § 86 BGB sind einzelne Vorschriften des Vereinsrechts für die Geschäftsführungsbefugnis des Vorstandes anwendbar. Dies betrifft zum einen das Innenverhältnis zwischen Stiftung und Organmitglied und zum anderen die Vertretungsmacht, die das Außenverhältnis der Stiftung zu Dritten regelt. Diese können, müssen aber nicht deckungsgleich sein.[7]

---

[3] *Meyn/Richter*, Die Stiftung, Rdnr. 143.

[4] Soweit hier im Folgenden von Stiftungsrat gesprochen wird, umfasst dies alle anderen Bezeichnungen (Kuratorium, Beirat, etc.), da eine einheitliche Terminologie insoweit nicht besteht.

[5] Ausführlich dazu *Meyn/Richter*, Die Stiftung, Rdnr. 143; *Meyn/v. Rotenhan*, Rechtshandbuch für Stiftungen, Kapitel 4, S. 7.

[6] *Meyn/Richter*, Die Stiftung, Rdnr.148.

[7] *Hof*, in: Seifart/v. Campenhausen (Hrsg.), Handbuch des Stiftungsrechts, § 9, Rdnr. 26.

Für die Geschäftsführung des Vorstandes im Innenverhältnis findet gemäß § 86 BGB der § 27 Abs. 3 BGB Anwendung, der auf die Regeln des Auftragsrechts gemäß § 664 bis § 670 BGB verweist. Der Stifter kann in der Satzung abweichende Regelungen aufstellen, jedoch darf er die Grundsätze des Auftragsrechts nur modifizieren und nicht völlig ausschließen.

Da es keinen Auftraggeber im Sinne der §§ 27 Abs. 3, 665, 666 BGB gibt, ist der Vorstand grundsätzlich mit einem größeren Handlungsspielraum ausgestattet als herkömmlich Beauftragte.[8] Jedoch ist zu beachten, dass der Entscheidungsspielraum des Stiftungsvorstandes durch den Stiftungszweck beschränkt ist. Es handelt sich daher auch nicht um eine autonome Willensbildung, wie sie beim Vereinsvorstand in der Mitgliederversammlung statt findet, sondern stets allein um die Umsetzung des Stifterwillens. Dies gilt auch dann, wenn der Stifter selbst noch Vorstandsmitglied ist. Auch er ist an den Stiftungszweck gebunden und kann ihn gegebenenfalls nur unter den landesrechtlichen Voraussetzungen unter Beteiligung der Stiftungsaufsicht ändern.[9] Wegen der überragenden Bedeutung des Stifterwillens ist auch § 665 BGB nur dergestalt anwendbar, dass der Vorstand für jede Abweichung von seinem Stiftungszweck die Satzung ändern und hierfür die Genehmigung der Stiftungsaufsicht einholen muss.[10] Duldet die Stiftungsaufsicht ein eigenmächtiges Abweichen des Stiftungsvorstandes, so begeht sie eine Amtspflichtverletzung.[11]

Ohne weitere Regelungen in der Satzung ist der Stiftungsvorstand für alle Geschäfte der Stiftung zuständig. Dies umfasst vor allem die ordnungsgemäße Verwaltung des Stiftungsvermögens und die Bestimmung der Finanzmittel zur Erfüllung des Stiftungszwecks.[12] Die Satzung kann jedoch vorsehen, dass einige Geschäfte auf andere Organe übergehen. Im Interesse einer effizienten Stiftungsarbeit sollten die unterschiedlichen Geschäftsbereiche in diesem Fall in der Satzung genau bezeichnet sein.

Nach §§ 86, 26 Abs. 2 BGB hat der Vorstand die Stellung eines gesetzlichen Vertreters, der die Stiftung gerichtlich und außergerichtlich vertritt. Das Gesetz lässt jedoch offen, wer die Stiftung vertritt, wenn der Vorstand – wie üblich – aus mehreren Personen besteht. Grundsätzlich sollte dies durch die Satzung geregelt werden, die bestimmt, ob alle Vorstandsmitglieder gemeinsam (Gesamtvertretung) oder jedes Mitglied allein (Alleinvertretung) Vertretungsmacht haben soll. Denkbar ist auch, jeweils zwei Vorstandsmitgliedern gemeinsame Vertretungsmacht einzuräumen.[13]

---

[8] Ebd., § 9 Rdnr. 44.
[9] *Meyn / Richter,* Die Stiftung, Rz. 560.
[10] *Neuhoff,* in: Soergel, § 86 Rdnr. 12.
[11] BGHZ 68, 142.
[12] *Rawert,* in: Staudinger, BGB, § 86 Rz. 12.
[13] *Weik,* in: Staudinger, § 26 Rdnr.12; *Hadding,* in: Soergel § 26 Rdnr. 16 f.

Probleme ergeben sich, falls in der Satzung keine Aussagen über die Vertretungsregelungen getroffen werden. In diesem Fall gilt nach der Verweisung des § 86 BGB auf § 28 Abs. 1 BGB das vereinsrechtliche Prinzip der Mehrheitsvertretung. Nach umstrittener Ansicht ist dieses, an sich nur für das Innenverhältnis vorgesehene Prinzip auch auf die Stellvertretung entsprechend anzuwenden.[14] Danach ist grundsätzlich Gesamtvertretungsmacht anzunehmen. Wenn aber ein zur Gesamtvertretung notwendiges Vorstandsmitglied gegen die Maßnahme stimmt und dann seine Mitwirkung bei der Gesamtvertretung verweigert, so bleibt nach richtiger Ansicht die Handlungsfähigkeit des Vereins durch die Erklärungen der übrigen Vorstandsmitglieder gewahrt.[15]

Ebenfalls umstritten ist, ob ein aufgrund unwirksamen Beschlusses handelnder Vorstand in der Folge ohne Vertretungsmacht handelt. Der BGH hat diese Frage bislang ausdrücklich offengelassen.[16] Die herrschende Meinung lehnt dies zu Recht ab, da ansonsten der Dritte gezwungen wäre, auch noch die Rechtmäßigkeit der Beschlussfassung zu überprüfen, auf der die ihm gegenüber abgegebenen Willenserklärungen beruhen.[17] Auch dem (ehrenamtlichen) Stiftungsvorstand, der unter Umständen keine Kenntnis von der Unwirksamkeit des Vorstandsbeschlusses hat, ist eine Haftung nach § 179 Abs. 2 BGB nicht zuzumuten. Dies gilt insbesondere, da § 31 BGB nach einhelliger Ansicht auf § 179 BGB nicht anzuwenden ist.[18]

Geschäften zwischen der Stiftung und den Mitgliedern ihrer Organe steht grundsätzlich das Selbstkontrahierungsverbot des § 181 BGB entgegen. Hiervon sind grundsätzlich zwei Ausnahmen denkbar: Erstens kann die Satzung vorsehen, dass einzelne oder alle Stiftungsvorstände vom Verbot des § 181 BGB befreit sind. Zweitens sieht § 181 BGB selbst eine Öffnungsmöglichkeit vor, wenn es sich bei dem vorgenommenen Rechtsgeschäft nur um die Erfüllung einer Verbindlichkeit handelt.

Es hat sich bewährt, die Erlaubnis zum Selbstkontrahieren für Vorstandsmitglieder einem Kontrollorgan, etwa dem Kuratorium zu übertragen.[19] Einige Bundesländer haben in ihren Landesstiftungsgesetzen darüber hinaus Genehmigungsvorbehalte für derartige Geschäfte.[20]

---

[14] Strittig ist hierbei bereits, ob ohne Regelung in der Satzung Gesamtvertretung allgemein anzunehmen ist oder wie bei der hier vertretenen Ansicht Vertretung durch die Mehrheit der Vorstandsmitglieder ausreicht. Innerhalb der letzteren Ansicht besteht zudem Streit über die Berechnung der Mehrheit. Eine ausführliche Darstellung des Meinungsstandes bei *Weik*, in: Staudinger, § 26, Rdnr. 14.

[15] *Reuter*, in: MüKo § 86 Rdnr. 8; § 26 Rdnr. 16 f.; *Weik*, in: Staudinger, § 26 Rdnr. 17; *Palandt/Heinrichs* § 26 Rdnr. 6; *Stöber*, Handbuch zum Vereinsrecht, Rdnr. 331.

[16] BGH in BGHZ 69, 250.

[17] *Weik*, in: Staudinger, § 28 Rdnr. 11 m. w. N; a. A. *Stöber*, Handbuch zum Vereinsrecht, Rdnr. 331.

[18] *Hof*, in: Seifart/v. Campenhausen (Hrsg.), Handbuch des Stiftungsrechts, § 9 Rdnr. 214.

[19] *Hof*, a. a. O., § 9, Rdnr. 193.

[20] Beispielsweise Art. 22 BayStiftG.

3.7 Die Auswirkungen des Vereinsrechts im Stiftungsrecht

Nach § 26 Abs. 2 Satz 2 BGB kann der Umfang der Vertretungsmacht in ihrem Umfang durch die Satzung mit Wirkung gegen Dritte beschränkt werden. Problematisch hieran ist, dass dies für den Rechtsverkehr in der Regel nicht erkennbar ist.[21] Im Gegensatz zum Vereinsrecht fehlt es an einem Stiftungsregister, aus dem der Geschäftspartner Bestand und Umfang der Vertretungsmacht erkennen kann. Umstritten ist denn auch, ob ein gutgläubiger Dritter eine solche Beschränkung gegen sich gelten lassen muss. Zum Teil wird vertreten, dass der Dritte in diesem Fall die Beschränkung der Vertretungsmacht nur dann gegen sich gelten lassen muss, wenn er diese kannte oder kennen musste.[22] Dem ist nicht zu folgen. Die Gegenansicht verweist zu Recht darauf, dass § 86 BGB gerade auch auf § 26 Abs. 2 Satz 2 BGB verweist, nach dessen Inhalt eine Beschränkung der Vertretungsmacht auch ohne Kenntnis des Dritten möglich ist.[23] Letztlich zeigt sich hier eine der Schwächen des Stiftungsrechts: trotz des Fehlens eines einheitlichen Stiftungsregisters wird in § 86 BGB auf vereinsrechtliche Normen Bezug genommen, die – wie etwa § 26 Abs. 2 Satz 2 BGB – notwendig ein solches Institut voraussetzen. De lege ferenda bleibt nur die Einführung eines solchen Stiftungsregisters zu fordern.[24] In der Praxis hilft die Stiftungsbehörde mit so genannten Vertretungsbescheinigungen. In einigen Bundesländern bestehen darüber hinaus Stiftungsregister, die auch Aussagen über die Vertretungsregelungen treffen, allerdings ohne konstitutive Wirkung.[25]

Nach der Rechtsprechung und der bislang herrschenden Lehre soll sich eine Beschränkung der Vertretungsmacht bereits aus dem Stiftungszweck, bzw. seiner Auslegung, ergeben können.[26] Zu Recht lehnt die neuere stiftungsrechtliche Literatur diese Ansicht ab und fordert vielmehr, dass die Begrenzung der Vertretungsbefugnisse nur durch klar abgegrenzte Regelungen in der Satzung und nicht durch die reine Auslegung des Stiftungszweckes erreicht werden dürfe.[27] Die neuere vereinsrechtliche Rechtsprechung[28] scheint dieser Tendenz ebenfalls zu folgen und drängt somit die systemwidrige Rezeption der ultra-vires-Lehre aus dem amerikanischen Recht zurück.[29] Zwar ist zuzugeben, dass mangels eines Stiftungs-

---

[21] *Hof,* in: Seifart / v. Campenhausen (Hrsg.), § 9, Rdnr. 32.

[22] *Hof,* a. a. O., § 9 Rdnr. 30; *Pues / Scheerbarth,* Gemeinnützige Stiftungen im Zivil- und Steuerrecht, S. 30; Wachter, Stiftungen: Zivil- und Steuerrecht in der Praxis, Rdnr. 72.

[23] *Reuter,* in: MüKO § 86, Rdnr. 7; *Heinrich,* in: Palandt, § 86 Rdnr. 1, der auf die Bedenklichkeit des Verweises auf § 26 Abs. 2 Satz 2 BGB angesichts eines fehlenden Stiftungsregisters hinweist.

[24] *Rawert,* in: Staudinger, BGB, § 86 Rdnr. 8; Richter, Rechtsfähige Stiftungen, S. 417.

[25] § 8 IV StiftG SH, § 17 AG-BGB HH, weiter Nachweise bei *Orth,* in: Seifart / v. Campenhausen (Hrsg.). Handbuch des Stiftungsrechts, § 38 Rdnr.14 ff.

[26] BGH NJW 1957,708; *Ebersbach,* Handbuch des deutschen Stiftungsrechts, S. 108.

[27] *Reuter,* in: MüKO, § 86 Rz. 7; *Rawert,* in: Staudinger § 86 Rdnr. 8; *Hof,* a. a. O, § 9 Rdnr. 33.

[28] BGH, NJW 1980, 2799: fehlt es an einer klaren Regelung, so kann die Vertretungsmacht des Vorstandes im Zweifel als nicht beschränkt angesehen werden.

[29] *Reuter,* a. a. O.

registers mit Publizitätswirkung die Sicherheit im Rechtsverkehr durch diese Ansicht nicht automatisch erhöht wird, jedoch ist dem Dritten zumutbar, Einblick in die Stiftungssatzung zu verlangen und eine dort formulierte Beschränkung der Vertretungsmacht zu erkennen. Eine Auslegung des Stiftungszweckes in Hinblick auf eine mögliche Beschränkung der Vertretungsmacht darf dem Dritten dagegen nicht abverlangt werden.

Ohne Rücksicht auf die Regelungen zur Aktivvertretung hat jedes Vorstandsmitglied nach §§ 86, 28 Abs. 2 BGB zwingend Passivvertretungsmacht.[30] Somit genügt bei Willenserklärungen deren Abgabe gegenüber einem von mehreren Vorstandsmitgliedern. Daher wirkt auch die Kenntnis oder das Kennenmüssen, die Arglist, der böse Glauben oder die Verletzung von Treu und Glauben durch ein aktives Organmitglied im Rahmen der Passivvertretung stets gegen die Stiftung.[31]

Die Regelung zur Passivvertretung in § 28 Abs. 2 BGB findet gem. § 86 Satz 2 BGB bei Stiftungen, deren Verwaltung von einer öffentlichen Behörde geführt wird, keine Anwendung.

Entscheidungsverfahren des Stiftungsvorstandes

Trifft die Satzung keine abweichenden Regelungen, so gelten die vereinsrechtlichen Vorschriften auch für die Entscheidungsverfahren des Stiftungsvorstandes. Gem. § 86 Satz 1 BGB kommen die §§ 28 Abs. 1, 32, 34 BGB für die Willensbildung innerhalb eines mehrgliedrigen Vorstandes zur Anwendung. Nach den Regelungen dieses dispositiven Rechts bedarf es zur Beschlussfassung durch den Vorstand einer ordnungsgemäß einberufenen Versammlung, die mit der Mehrheit der erschienenen Mitglieder entscheidet (§ 32 Abs. 1 BGB). Dabei kann sowohl im mündlichen als auch im schriftlichen Verfahren entschieden werden.[32] Letzteres erfordert ohne nähere Satzungsbestimmungen gem § 32 Abs. 2 BGB Einstimmigkeit.

Im Übrigen bedarf es der Regelung des Entscheidungsverfahrens innerhalb der Organe in der Satzung. Dabei können für bestimmte Rechtsgeschäfte besondere Mehrheitserfordernisse festgelegt werden, etwa für Grundstücksverkäufe. Auch kann der Stifter bei Pattentscheidungen dem Vorsitzenden ein Entscheidungsrecht einräumen. Ist der Stifter selbst Vorstandsmitglied wird er sich bei wichtigen Entscheidungen ein Vetorecht vorbehalten.[33] In der Praxis enthalten viele Satzungen auch ein Anwesenheitsquorum für die Mitglieder des Vorstandes.[34] Darüber hinaus kann sich die Stiftung auch bereits mit der Satzung eine Geschäftsordnung geben.

---

30 *Reuter,* in: MüKo, § 86 Rdnr. 8, *Meyn/Richter,* Die Stiftung, Rdnr. 551.
31 *Hof,* in: Seifart/v. Campenhausen (Hrsg.); Handbuch des Stiftungsrechts, § 9 Rdnr. 35.
32 *Hof,* a. a. O., § 9 Rdnr. 138 ff.
33 Vgl. *Pues/Scherbarth,* Die gemeinnützige Stiftung im Zivil- und Steuerrecht, S. 38.
34 *Rawert,* in: Staudinger, § 86 Rdnr. 14.

3.7 Die Auswirkungen des Vereinsrechts im Stiftungsrecht

Für Stiftungen unter öffentlicher Verwaltung gilt § 86 Satz 1 BGB nur eingeschränkt. Für sie kommt grundsätzlich das öffentliche Recht der sie verwaltenden Behörde zur Anwendung, es sei denn die Stiftungssatzung sieht abweichende Regelungen vor.[35]

Nach den §§ 86 S. 1, 28 Abs. 1, 34 BGB sind Organmitglieder von der Abstimmung ausgeschlossen, wenn es bei der Abstimmung um die Vornahme eines Rechtsgeschäftes mit ihm selbst geht oder um die Einleitung eines Rechtsstreites zwischen ihm und der Stiftung. Darüber hinaus sind Organmitglieder ausgeschlossen, die an dem Gegenstand der Beschlussfassung selbst oder als Vertreter eines Dritten nur beteiligt sind.[36] Dies ergibt sich aus dem allgemeinen Rechtsgedanken des § 34 BGB, dessen zwei Fallvarianten von der wohl herrschenden Meinung im Vereinsrecht als nicht abschließend angesehen werden.[37] Die hierzu von der Rechtsprechung und Literatur entwickelten Fallgruppen zur Beteiligung lassen sich auch auf Interessenkonflikte im Stiftungsvorstand übertragen.[38] Im Interesse einer reibungslosen Vorstandsarbeit sollte der Stifter jedoch in der Satzung mögliche über den Wortlaut des § 34 BGB hinausgehende Interessenkonflikte selbst mit einem Stimmrechtsausschluss belegen.[39]

Hat sich das betroffene Vorstandsmitglied an der Entscheidungsfindung dennoch beteiligt, so ist der Beschluss nur dann unwirksam, wenn dessen Stimme entscheidend für die konkrete Beschlussfassung war. Gleiches gilt, wenn der Stimmabgabe ein Wirksamkeitshindernis entgegensteht, etwa fehlende Geschäftsfähigkeit oder Nichtigkeit wegen Anfechtung der Stimmabgabe.[40] Ein Organmitglied kann Beschlüsse des Organs, dem es angehört jedoch gerichtlich im eigenen Namen nur überprüfen lassen, wenn es durch sie in eigenen organschaftlichen Rechten beeinträchtigt wird. Ein allgemeines Recht zur Beschlussanfechtung besteht dagegen nicht.[41]

Das Stimmverbot gilt nicht, wenn der Beschlussgegenstand lediglich eine Person betrifft, die dem Vorstandsmitglied persönlich oder rechtlich nahe steht.[42] Stimmrechtsausschluss wird jedoch angenommen, wenn ein Vorstandsmitglied mittelbar an einem Vertrag auf der Gegenseite beteiligt ist, z. B. durch Einschaltung eines Treuhänders.[43]

---

[35] *Neuhoff*, in: Soergel, § 86 Rdnr. 5 f.

[36] *Hof*, in: Seifart/v. Campenhausen (Hrsg.), Handbuch des Stiftungsrechts, § 9 Rdnr. 142, a. A. *Ebersbach*, Handbuch des deutschen Stiftungsrechts, S. 104.

[37] *Weick*, in: Staudinger, § 34 Rdnr. 4 m. w. N.

[38] *Staudinger*, a. a. O., Rdnr. 9 ff.

[39] Vgl. dazu *Meyn/Richter*, Die Stiftung, Rdnr. 154.

[40] *Hof*, in: Seifart/v. Campenhausen (Hrsg.), Handbuch des Stiftungsrechts, § 9 Rdnr. 142.

[41] BGH NJW 1994, 184, 185; *Rawert*, in: Staudinger, § 86 Rdnr. 14.

[42] Vgl. BGHZ 56, 47, 54 (für Erbengemeinschaft).

[43] BGH in: Der Betrieb, 1971 S. 910.

Die Vorschrift des § 34 BGB ist nicht dispositiv. Sie kann daher nicht durch den Stifter in der Satzung abbedungen werden (§ 40 BGB). Allerdings ist der Stifter nicht gehindert, über § 34 BGB hinaus weitere Interessenkonflikte in der Satzung mit einem Stimmrechtsverbot zu belegen. Empfehlenswert ist dies etwa, wenn Stiftungsvorstände auch Positionen in anderen Organisationen besetzen und im Vorstand über finanzielle Zuwendungen an diese Organisationen entschieden wird.[44]

Vereins- und Stiftungsregister

Das Bürgerliche Gesetzbuch sieht kein bundesweites Stiftungsregister vor, das nach Art des Vereinsregisters Publizitätswirkung hat. Einige Bundesländer führen Stiftungsregister, jedoch ohne Publizitätswirkung und nur mit eingeschränkten Informationen. Die Arbeitsgruppe zur Stiftungsreform konnte sich nicht dazu durchringen, das bisherige Genehmigungsverfahren durch ein solches Stiftungsregister – mit konstitutiver Wirkung der Eintragung – zu ersetzen und damit das Stiftungsrecht entscheidend fortzuentwickeln. Auch die Forderung nach einem bundesweiten Stiftungsregister – wenn auch ohne konstitutive Wirkung – konnte sich nicht durchsetzen. Dabei besteht bei Stiftungen gegenüber den Vereinen ein sogar noch erhöhter Bedarf an Registerpublizität, kommt doch für sie mangels öffentlichen Verbandslebens eine natürliche Publizität, die ein Stiftungsregister ersetzen könnte, noch weniger in Betracht.[45] Die von den Stiftungsbehörden erteilten Vertretungsbescheinigungen sind für diesen gravierenden Mangel des geltenden Rechtszustandes bezeichnend. Abgesehen von den praktischen Überlegungen der Rechtswirklichkeit ist das Fehlen eines solchen Registers auch aus dogmatischer Sicht zu beklagen, werden doch durch diese Regelung gleichartige Probleme im Stiftungsrecht und im Vereinsrecht grundlegend anders beurteilt, ohne dass diese gesetzgeberische Differenzierung gerechtfertigt wäre. Die Argumentation der Arbeitsgruppe, ein Stiftungsregister sei mit unverhältnismäßigen Kosten für Stiftungen und Stiftungsbehörden verbunden,[46] erscheint aus der Erfahrung mit dem Vereins- und Handelsregister dagegen schwer nachvollziehbar.[47]

Bestellung von Notvorstand und besonderer Vertreter

Soweit die erforderlichen Mitglieder des Vorstandes einer Stiftung zur Entscheidungsfindung fehlen, wird in dringenden Fällen gem § 86 S. 1 i.V.m. § 29 BGB ein Notvorstand durch das Amtsgericht bestellt. Diese Regelung ist insbeson-

---

[44] Vgl. dazu *Meyn/Richter,* Die Stiftung, Rdnr. 154.

[45] *Reuter,* Neue Impulse für das gemeinwohloientierte Stiftungswesen, in: Yearbook Nonprofit Law 2001, S. 42.

[46] Bericht der Bund-Länder Arbeitsgruppe vom 19. 10. 2001, (FN 3) FI.

[47] *Reuter,* a. a. O., S. 42 f.

dere für Stiftungen von Bedeutung, deren Vorstand entsprechend den gesetzlichen Mindestvorgaben nur aus einer Person besteht. Fällt diese Person aus welchen Gründen auch immer aus, so ist die Handlungsfähigkeit durch den Notvorstand gewahrt. Da diese Vorschrift neben den Interessen der Stiftung auch dazu geeignet ist, dritte Interessen, etwa diejenigen potentieller Gläubiger zu schützen, kann sie nicht in der Satzung abbedungen werden.

Das Fehlen des Vorstandes oder eines seiner Mitglieder i. S. d. § 29 BGB kann beispielsweise auf Geschäftsunfähigkeit, Tod, längerer Abwesenheit oder Krankheit beruhen. Der Vorstand, aber auch jeder im Rechtsverkehr mit der Stiftung beteiligte Dritte ist in diesem Fall grundsätzlich berechtigt einen entsprechenden Antrag auf Bestellung an das Amtsgericht zu stellen. Nach der Rechtsprechung soll dieses Antragsrecht jedoch nicht für den Stiftungsbeirat gelten[48]. Diese Rechtsprechung erscheint jedenfalls dann fraglich, wenn der Stiftungsbeirat auf bloße Kontrollrechte beschränkt ist und der Vorstand sich im Wege der Kooption selbst wählt. Dann sollte auch dem Stiftungsbeirat ein Antragsrecht eingeräumt werden. Aber auch in anderen Konstellationen ist denkbar, dass der Stiftungsbeirat als Kontrollorgan ein rechtliches Interesse an dem Bestand eines funktionierenden Vorstandes hat. Dies ist beispielsweise dann anzunehmen, wenn ein satzungsmäßiges Auskunftsrecht des Stiftungsrates gegenüber dem Vorstand ausgeübt werden soll, dieser aber mangels Besetzung nicht reagieren kann.

Ein dringender Fall liegt vor, wenn ohne die Notbestellung der Stiftung oder einem Beteiligten Schaden droht.[49] Er ist hingegen nicht anzunehmen, wenn das nach der Satzung zuständige Organ (zum Beispiel der Stiftungsrat) das Vorstandsmitglied rechtzeitig ersetzen kann.[50]

Zuständig für die Notbestellung ist das Amtsgericht. Das Verfahren bestimmt sich nach den Vorschriften der FGG. Schreibt die Satzung der Stiftung eine bestimmte Qualifikation des Vorstandes vor, so soll auch der Notvorstand diese so weit wie möglich erfüllen.[51]

Auch einige landesrechtliche Vorschriften sehen Ergänzungsverfahren bezüglich des Vorstandes vor.[52] Hierbei ist zu berücksichtigen, dass die Bestellung eines Notvorstandes durch das Amtsgericht als vorrangig gegenüber den landesrechtlichen Vorschriften zur Ergänzung des Vorstandes durch die Stiftungsaufsicht anzusehen ist.[53] Dies gilt umso mehr, als die Stiftungsaufsicht auch Beteiligter im Sinne von § 29 BGB sein kann und daher auch vordringlich auf diesen Weg verwiesen werden sollte. Der Anwendungsbereich dieser landesrechtlichen Vorschrif-

---

[48] BayObLG 93, 348.
[49] So für den Verein: *Palandt,* Heinrichs § 29 Rz. 3.
[50] BayObLG DB 95, 2364 für den Verein.
[51] BayObLG in: Rechtspfleger 1992, 114 für den Verein.
[52] Z. B. § 14 BremStiftG, § 15 NdsStiftG.
[53] *Rawert,* in: Staudinger, § 86 Rdnr. 17; a. A. *Neuhoff,* in: Soergel, § 86 Rdnr. 3.

ten dürfte bei verfassungskonformer Auslegung in Hinblick auf Art. 74 I GG mittlerweile ohnehin sehr gering sein.

Zu beachten ist weiterhin, dass die Regelung zur Notbestellung gem. § 86 Satz 2 BGB bei Stiftungen, deren Verwaltung von einer öffentlichen Behörde geführt wird, keine Anwendung findet.

Für besondere Geschäfte kann die Satzung so genannte besondere Vertreter gem. §§ 86, 30 BGB bestimmen. Deren Vertretungsmacht bestimmt sich ohne nähere Bestimmung in der Satzung nach der Vermutung des § 30 Satz 2 BGB auf die Rechtsgeschäfte, die der ihm zugewiesene Geschäftsbereich gewöhnlich mit sich bringt. Über seinen Geschäftskreis hinaus kann die Satzung dem besonderen Vertreter jedoch keine Vertretungsmacht einräumen.[54] Die originäre Vertretungsmacht des Stiftungsvorstandes ist im Falle der Bestellung eines besonderen Vertreters – mangels anderer Regelungen in der Satzung – gem. § 26 Abs. 2 Satz 2 BGB im Umfang beschränkt.[55]

In der Praxis wird von der in § 30 BGB eingeräumten Möglichkeit zur Bestellung besonderer Vertreter in Form von Kuratorien, Stiftungsräten, Beiräten, Stifterversammlungen und ähnlich bezeichneten Organen zahlreich Gebrauch gemacht.[56] Dabei ist der Stifter frei in der Bestimmung des Umfangs der zugedachten Aufgaben. Erst die Bestellung eines besonderen Vertreters für alle Vorstandsaufgaben ist unzulässig.[57] Zu beachten ist jedoch, dass falls der Stifter die Möglichkeit der Bestellung eines besonderen Vertreters i. S. v. § 30 BGB nutzt, notwendige Konsequenz hieraus auch eine Haftung der Stiftung für dessen Handeln ist. Dabei schließt die Tatsache, dass der Stifter entgegen der dispositiven gesetzlichen Regelungen etwa dem Stiftungsrat keine Vertretungsmacht eingeräumt hat, die haftungsbegründende Annahme eines besonderen Vertreters nicht aus.

Auf eine genaue Kompetenzzuweisung in der Satzung sollte geachtet werden, um spätere Streitigkeiten zwischen Vorstand und besonderem Vertreter zu vermeiden. Dabei dürfen insbesondere die Kompetenzen des Vorstandes nicht unterlaufen werden. Da § 30 BGB insofern von „gewissen Geschäften" spricht, darf sich der Aufgabenkreis etwa des Stiftungsrates nur auf einen Teil der Vorstandsaufgaben beschränken.[58]

Mit der Reform des Stiftungsrechts wurde 2002 eine weitere vereinsrechtliche Bestimmung in den Verweisungskatalog des § 86 Satz 1 BGB aufgenommen. Die Vorschrift des § 23 BGB hat wenig praktische Bedeutung. Ausländische Stiftun-

---

[54] *Stöber,* Handbuch des Vereinsrechts, Rdnr. 387.
[55] *Hadding,* in: Soergel, BGB, § 30 Rz. 9 für den Verein.
[56] Wobei strittig ist, ob diese als besondere Vertreter zu bezeichnen sind. Dafür *Rawert,* in: Staudinger, § 86 Rdnr. 19, dagegen *Pues/Scherbarth,* Gemeinnützige Stiftungen im Zivil- und Steuerrecht, S. 33.
[57] OLG Hamm, OLGZ 78, 21, 24; *Heinrichs,* in: Palandt, BGB, § 30 Rdnr. 6.
[58] *Weik,* in: Staudinger, § 30 Rdnr. 6.

gen, die nach ihrem Heimatrecht wirksam entstanden sind, besitzen auch ohne die Anerkennung des § 23 BGB Rechtsfähigkeit in Deutschland.[59] Die Vorschrift greift jedoch ein, wenn die Stiftung bereits in ihrem Heimatland keine Rechtsfähigkeit besitzt. In diesem Fall ist der Bundesminister des Innern für die Verleihung der Rechtsfähigkeit im Sinne von § 23 BGB zuständig.[60] Nach den ersten Referentenentwürfen zum neuen Vereinsrecht soll nunmehr wohl auch § 23 BGB abgeschafft werden.

Die Haftung des Stiftungsvorstandes

Auch in haftungsrechtlichen Fragen verweist § 86 BGB auf Vereinsrecht, namentlich auf § 31 BGB. Dabei ist zu unterscheiden zwischen der Außenhaftung, daher der Frage wer für Schäden aufzukommen hat, die Stiftungsorgane im Rahmen ihrer Tätigkeit bei Dritten verursacht haben und der Innenhaftung zwischen Vorstand und Stiftung.[61]

Die Auflösung der Stiftung

Auch im Falle der Auflösung einer Stiftung findet Vereinsrecht Anwendung. Dabei ist zu unterscheiden, ob die Stiftung insolvent geworden ist oder aus anderen Gründen aufgelöst wird. Im Falle der Insolvenz wird die Stiftung mit der Eröffnung des Insolvenzverfahrens gem. §§ 86, 42 Abs. 1 aufgelöst, ohne dass es eines weiteren behördlichen Aktes bedürfte.[62] Da sie anders als der rechtsfähige Verein nicht etwa als unselbständige Stiftung weiterexistieren kann, endet ihre Rechtsfähigkeit. Allein für die Abwicklung des Insolvenzverfahrens wird die Stiftung als rechtlich fortbestehend angesehen.[63]

Eine Stiftung kann jedoch auch aus anderen Gründen als der Insolvenz aufgelöst werden. So kann die Stiftungsbehörde die Stiftung gem. § 87 BGB auflösen, wenn die Erfüllung des Stiftungszwecks unmöglich geworden ist oder das Gemeinwohl gefährdet. Auch kann die Stiftungssatzung vorsehen, dass die Stiftung durch Mehrheitsbeschluss des Stiftungsvorstandes aufgelöst werden kann. Dieser Beschluss bedarf zu seiner Wirksamkeit der Genehmigung durch die Stiftungsaufsicht.[64] Dies ist vor allem bei so genannten Verbrauchsstiftungen der Fall, wobei zu beachten ist, dass selbst der dauerhafte und endgültige Verlust des Stiftungsver-

---

[59] BGHZ 53, 181 für den Verein.
[60] *Heinrichs,* in: Palandt, § 23, Rdnr. 2.
[61] Weitere Ausführungen s. Kap. 9.4.
[62] *Meyn/Richter,* Die Stiftung, Rdnr. 898.
[63] *Rawert,* in: Staudinger § 86 Rdnr. 23; *Reuter,* in: MüKo, § 86 Rdnr. 8, *Neuhoff,* in: Soergel, § 86 Rdnr. 17.
[64] *Meyn/Richter,* Die Stiftung, Rdnr. 892.

mögens nicht eo ipse zur Auflösung der Stiftung führt. Er stellt lediglich einen Auflösungsgrund im Sinne des § 87 BGB dar.[65]

Für den Umgang mit dem Stiftungsvermögen bei Erlöschen der Stiftung außerhalb der Stiftungsinsolvenz findet § 88 BGB Anwendung. Dieser verweist auf die §§ 46–53 BGB. Die Vorschrift gilt für alle Erlöschenstatbestände, nicht nur für die des § 87 BGB.[66] Grundsätzlich fällt das Stiftungsvermögen an den in der Satzung bezeichneten Anfallsberechtigten. Schweigt die Satzung hierzu, richtet sich die Anfallsberechtigung nach Landesrecht, enthält auch dieses keine Regelung, fällt das Vermögen nach § 88 Satz 2 BGB an den Fiskus des Bundeslandes, in dem die Stiftung ihren Sitz hatte. Ist der Fiskus Anfallsberechtigter, so findet eine Gesamtrechtsnachfolge gemäß § 46 BGB statt. In allen anderen Fällen ist gemäß §§ 48–53 BGB eine Liquidation des Stiftungsvermögens durchzuführen. Der satzungsmäßige Anfallsberechtigte hat dann nach der einjährigen Wartezeit des § 51 BGB einen klagbaren Anspruch auf Auskehrung des nach der Liquidation verbleibenden Überschusses aus § 88, 47 BGB.[67]

Die Stiftung gilt gemäß §§ 88, 49 Abs. 2 BGB für die Zwecke der Liquidation als fortbestehend. Anders als beim rechtsfähigen Verein, der auch als nichtrechtsfähiger weiterbestehen kann, geht die Stiftung im Übrigen mit ihrer Auflösung vollständig unter.[68] Für die Bestellung der Liquidatoren gilt § 48 Abs. 1 BGB. Regelmäßig werden die Vorstandsmitglieder gemäß § 48 Abs. 1 Satz 1 BGB zu solchen bestellt. Aber auch andere Personen können durch das Amtsgericht zu Liquidatoren berufen werden (§ 48 Abs. 1 Satz 2 BGB). Aufgabe der Liquidatoren ist es, die laufenden Geschäfte der Stiftung zu beenden, die Gläubiger zu befriedigen und dazu notfalls auch das Stiftungsvermögen zu veräußern. Reichen die flüssigen Geldmittel, so muss kein Stiftungsvermögen veräußert werden. Es kann vielmehr mit dem Überschuss an die Anfallsberechtigten ausgekehrt werden.[69] Besondere Pflichten der Liquidatoren, etwa hinsichtlich der Insolvenz oder der öffentlichen Bekanntmachung der Stiftungsauflösung ergeben sich aus §§ 42 und 50 ff. BGB.

---

[65] *Hof,* in: Seifart/v. Campenhausen (Hrsg), Handbuch des Stiftungsrechts, § 12 Rdnr. 2.

[66] Vgl. *Reuter,* in: MüKo, § 88 Rdnr. 1; *Neuhoff,* in Soergel, § 88 Rdnr. 1, *Heinrichs,* in: Palandt § 88 Rdnr. 1.

[67] Vgl. *Hof,* a. a. O., § 12 Rdnr. 18.

[68] Vgl. *Hof,* a. a. O, § 12, Rdnr. 10.

[69] *Reuter,* in: MüKo, § 49 Rdnr.6; *Meyn/Richter,* Die Stiftung, Rdnr. 903.

3.8 Stiftungsgesetze der Bundesländer nach der Reform des Stiftungszivilrechts

Von Christoph Lucks

Die rechtliche Ordnung des deutschen Stiftungswesens fußt auf den bundesgesetzlichen Regelungen des Bürgerlichen Gesetzbuches (BGB) und den Stiftungsgesetzen der Bundesländer. Der Bundesgesetzgeber hat nach langer Reformdiskussion von seiner konkurrierenden Gesetzgebungskompetenz für das bürgerliche Recht nach Art. 74 Ziffer 1, Art. 72 Grundgesetz Gebrauch gemacht und die Vorschriften des (Bundes-)Stiftungsrechts erweitert und präzisiert. Am 1. September 2002 ist das Gesetz zur Modernisierung des Stiftungsrechts (Bundesgesetzblatt I, S. 2634) in Kraft getreten, mit dessen Artikel 1 die stiftungsrechtlichen Vorschriften der §§ 80 bis 88 BGB geändert worden sind. Damit hat die Diskussion um eine Reform des Stiftungszivilrechts des Bundes ihr vorläufiges Ergebnis gefunden. Die Reformdiskussion stand und steht im Zeichen des Bemühens, die Rahmenbedingungen für das Entstehen von Stiftungen stetig zu verbessern, und ist von Schlagworten wie Entbürokratisierung, Deregulierung, Transparenz und Stärkung der Stifterfreiheit geprägt.

Das Gesetz beruht im Wesentlichen auf den Empfehlungen der Bund-Länder-Arbeitsgruppe Stiftungsrecht, die unter Federführung des Bundesministeriums der Justiz von Juli 2000 bis Oktober 2001 getagt hat und deren Auftrag es war, ergebnisoffen den Reformbedarf auf dem Gebiet des Stiftungszivilrechts zu untersuchen.

Das Gesetz zur Modernisierung des Stiftungsrechts verankert erstmals ausdrücklich das „Recht auf Stiftung" jedes Bürgers im BGB. § 80 Abs. 2 BGB lautet nunmehr: „Die Stiftung *ist als rechtsfähig anzuerkennen,* wenn das Stiftungsgeschäft den Anforderungen des § 81 Abs. 1 genügt, die dauernde und nachhaltige Erfüllung des Stiftungszwecks gesichert erscheint und der Stiftungszweck das Gemeinwohl nicht gefährdet.". Mit dieser Klarstellung des Bundesgesetzgebers ist der alte Streit in der stiftungsrechtlichen Literatur darüber, ob die Stiftungsbehörden trotz der grundrechtlich geschützten und auf Art. 2 Abs. 1 und Art. 14 Abs. 1 Grundgesetz fußenden Stifterfreiheit ein Genehmigungsermessen haben oder ob es bei Erfüllung der von der Rechtsordnung vorgesehenen Voraussetzungen einen Anspruch des Stifters auf Genehmigung seiner Stiftung gibt, entschieden[1].

---

[1] Zum früheren Diskussionsstand ausführlich *Peter Rawert,* in: Staudinger, Bürgerliches Gesetzbuch, 13. Bearbeitung 1995, Vorbem. zu §§ 80 ff. Rn. 48.

Weiterhin ist der bisherige, obrigkeitsstaatlich besetzte Begriff der Genehmigung durch den Begriff „Anerkennung" ersetzt worden. Die Bewertung der neuen Terminologie schwankt zwischen „bloßer Euphemismus" (so die Reaktion des Stifterverbandes für die Deutsche Wissenschaft) auf der einen und „wichtiges Signal für die Kooperationsbereitschaft des Staates mit seinen Stifterinnen und Stiftern auf partnerschaftlicher Ebene" (der baden-württembergische Innenminister Heribert Rech auf der Eröffnung der Ausstellung „Stifterland Baden-Württemberg" am 15. Oktober 2004) auf der anderen Seite.

Und schließlich sind die Voraussetzungen für die Errichtung einer Stiftung bürgerlichen Rechts nun bundeseinheitlich geregelt. Nach § 81 Abs. 1 BGB bedarf es zur Errichtung einer Stiftung eines Stiftungsgeschäftes in schriftlicher Form, das die verbindliche Erklärung des Stifters enthält, ein Vermögen zur Erfüllung des von ihm vorgegebenen Zwecks zu widmen. Ferner muss die Stiftung eine Satzung erhalten mit Regelungen über den Namen der Stiftung, ihren Sitz, den Stiftungszweck, die Vermögensausstattung und die Bildung des Vorstandes.

Die Änderungen im BGB, das für die landesrechtlichen Regelungen einen Rahmen vorgibt, bringen es mit sich, dass die Länder aufgerufen sind, ihre Landesstiftungsgesetze dem neuen Recht anzupassen. Der oftmals beklagte Partikularismus in Rechtsetzung und Rechtsanwendung mit dem Ergebnis der regionalen Ungleichbehandlung stiftungsrechtlicher Sachverhalte wird dadurch erheblich vermindert.

Als erstes Bundesland hat *Hessen* die Änderungen des BGB durch das Gesetz zur Änderung des Hessischen Stiftungsgesetzes vom 26. November 2002 (Hessisches Gesetz- und Verordnungsblatt I S. 700) nachvollzogen, das am 4. Dezember 2002 in Kraft getreten ist. In den §§ 2, 3 17, 18, 19 und 20 des Hessischen Stiftungsgesetzes ist nun von „Anerkennung" statt von „Genehmigung" die Rede und damit die Vorgabe des BGB zu einer Änderung der Begrifflichkeit umgesetzt. Der bisherige § 4 des Gesetzes, der Bestimmungen über den Inhalt der Verfassung der Stiftung, d. h. der Stiftungssatzung enthielt, ist angesichts der neuen bundeseinheitlichen Regelung der notwendigen Inhalte der Stiftungssatzung aufgehoben worden. Dabei sind nicht nur die nach der Regelung im BGB in jedem Falle entbehrlichen Regelungen zum notwendigen Inhalt der Satzung – die „Muss"-Bestimmungen – entfallen, sondern auch die „Soll"-Bestimmungen des bisherigen § 4 Abs. 3 des Hessischen Stiftungsgesetzes. Danach sollte die Satzung z. B. Bestimmungen enthalten über die Anzahl, Berufung, Amtsdauer und Abberufung der Stiftungsorgane, deren Geschäftsbereich und Vertretungsmacht und den Vermögensanfall nach dem Erlöschen der Stiftung. In der Praxis wird es vielfach sinnvoll und anzuraten sein, diese Dinge in der Satzung zu regeln, das Hessische Stiftungsgesetz verzichtet aber – ganz im Sinne einer Beschränkung auf das unabdingbar Notwendige und im Hinblick darauf, dass der Bundesgesetzgeber den notwendigen Inhalt der Satzung hat abschließend regeln wollen – darauf, dies gesetzlich vorzuschreiben.

3.8 Stiftungsgesetze der Bundesländer nach der Reform des Stiftungszivilrechts

Neu ist § 17a des Hessischen Stiftungsgesetzes. Danach führt die Aufsichtsbehörde ein Verzeichnis über die Stiftungen des Bürgerlichen Rechts, das den Namen, den Sitz, den Zweck, die Vertretungsberechtigten, den Tag der Anerkennung und die Anschrift der Stiftung enthält. Änderungen zu diesen Angaben haben die Stiftungen der Aufsichtsbehörde unverzüglich mitzuteilen. Eintragungen im Stiftungsverzeichnis begründen nicht die Vermutung der Richtigkeit. Die Einsicht in das Stiftungsverzeichnis ist jedem gestattet. Hessen hat damit eine Empfehlung der Bund-Länder-Arbeitsgruppe Stiftungsrecht aufgegriffen, dass in jedem Bundesland öffentlich zugängliche Stiftungsverzeichnisse geführt werden sollten. Wegen verfassungsrechtlicher Bedenken im Hinblick auf eine entsprechende Gesetzgebungskompetenz des Bundes hatte die Bund-Länder-Arbeitsgruppe davon abgesehen, gegenüber dem Bundesgesetzgeber einen solchen Vorschlag zu machen.

Als nächstes Bundesland hat *Berlin* sein Stiftungsgesetz an das geänderte Stiftungszivilrecht des Bundes angepasst (Berliner Stiftungsgesetz in der Fassung vom 22. Juli 2003, Gesetz- und Verordnungsblatt für Berlin S. 293). Das Berliner Stiftungsgesetz formuliert allerdings nach wie vor in § 4 Abs. 1 über die bundeseinheitlich vorgeschriebenen Inhalte hinaus weitere Anforderungen an die Satzung einer Stiftung, wenn neben dem Vorstand weitere Organe vorgesehen sind. In diesem Fall hat die Satzung Regelungen über deren Bildung, Aufgaben und Befugnisse zu enthalten. Berlin hat bei der Novellierung seines Stiftungsgesetzes auch darauf verzichtet, die vielfach kritisierten Regelungen in § 8 zur Rechnungslegung der Stiftungen zu ändern. Nach § 8 Abs. 1 Nr. 2 Satz 2 des Berliner Stiftungsgesetzes müssen die von den Stiftungen bei der Aufsichtsbehörde einzureichenden Jahresberichte „den Anforderungen der Aufsichtsbehörde" entsprechen. Weiterhin kann die Aufsichtsbehörde nach § 8 Abs. 2 Satz 2 voraussetzungslos verlangen, dass sich eine Stiftung durch eine Behörde der öffentlichen Verwaltung, einen Prüferverband, einen öffentlich bestellten Wirtschaftsprüfer oder eine anerkannte Wirtschaftsprüfungsgesellschaft prüfen lässt. Dies bedeute – so die Kritiker dieser Regelung – einen nicht gerechtfertigten Eingriff in die Stiftungsautonomie und verursache der Stiftung Kosten, die zu Lasten ihrer gemeinnützigen Tätigkeit gingen.

Eine Änderung des Berliner Stiftungsrechts ist im Zusammenhang mit der Anerkennung von Familienstiftungen notwendig geworden. Bisher machte § 10 des Berliner Stiftungsgesetzes die Genehmigung einer Familienstiftung davon abhängig, dass die Familienstiftung über ein in bestimmter Weise ausgestaltetes Aufsichtsorgan verfügte. Sinn dieser Regelung war es, auch bei Familienstiftungen, die nur einer sehr eingeschränkten *staatlichen* Aufsicht unterlagen, eine Kontrolle des Stiftungsvorstands zu gewährleisten. Da das Bundesrecht die Anerkennungsvoraussetzungen nunmehr abschließend regelt, ist diese Anforderung nicht mehr zulässig. Es bleibt allerdings bei der eingeschränkten staatlichen Aufsicht über Familienstiftungen, die dadurch kompensiert werden soll, dass bei der zu errichtenden Familienstiftung durch die Stiftungsbehörde möglichst auf die Schaffung eines internen Aufsichtsorgans hingewirkt wird.

Schleswig-Holstein hat die notwendigen Anpassungen an das Bundesrecht mit dem Gesetz zur Änderung des Stiftungsgesetzes vom 7. Oktober 2003 (Gesetz- und Verordnungsblatt Schleswig-Holstein S. 516) vorgenommen.

Änderungen wegen der Umbenennung des bisher „Genehmigung" genannten Verwaltungsaktes zur Erlangung der Rechtsfähigkeit in „Anerkennung" ergeben sich bei den §§ 2 und 15 des Schleswig-Holsteinischen Stiftungsgesetzes. § 2 hat eine Änderung ferner insofern erfahren, als das Innenministerium als zuständige Stiftungsbehörde die Anerkennung nunmehr nicht mehr im *Einvernehmen* mit dem fachlich zuständigen Ministerium oder – bei einer staatlichen Beteiligung an der Stiftung – dem Finanzministerium erteilt, sondern nur noch im *Benehmen*. In der Gesetzesbegründung wird dazu ausgeführt, dass das Einvernehmen eine positive Äußerung des jeweils fachlich zuständigen Ministeriums erforderte, an die das Innenministerium als Anerkennungsbehörde gebunden gewesen sei. Wenn das Einvernehmen versagt worden sei, habe die Stiftung nicht genehmigt werden können. Die Beibehaltung dieser Vorschrift würde daher bedeuten, dass das Einvernehmen eine zusätzliche, über das BGB hinausgehende Voraussetzung für die Anerkennung der Stiftung darstelle. Dies sei nach der nun erfolgten abschließenden Normierung der Anerkennungsvoraussetzungen in § 80 Abs. 2 BGB nicht zulässig[2].

Im Hinblick darauf, dass der Bundesgesetzgeber in § 81 BGB den Inhalt der Stiftungssatzung abschließend normiert und auf die unbedingt notwendigen Regelungen beschränkt hat, hat Schleswig-Holstein § 3 seines Stiftungsgesetzes, wo bisher der Inhalt der Stiftungssatzung geregelt war, ersatzlos gestrichen. Über den vom Bundesgesetzgeber vorgegebenen Katalog hinausgehende Satzungsbestimmungen könnten dem Stifter lediglich empfohlen werden. Neu in das Stiftungsgesetz aufgenommen worden ist in § 8 Abs. 3 eine Bestimmung über die Ausstellung sog. Vertretungsbescheinigungen. Zwar habe die Erteilung solcher Bescheinigungen schon herkömmlich zu den Aufgaben der Stiftungsaufsichtsbehörde gehört, damit sich die Organe der Stiftung im Rechtsverkehr legitimieren könnten. Jedoch habe es bislang keine rechtlichen Vorgaben über Inhalt und Form einer Vertretungsbescheinigung gegeben[3].

In § 15 Abs. 2 des Schleswig-Holsteinischen Stiftungsgesetzes wird schließlich geregelt, dass das Innenministerium berechtigt ist, das Stiftungsverzeichnis, das Angaben zu Name, Sitz, Anschrift und Zweck der Stiftung, zum im Stiftungsgeschäft angegebenen Vermögen, zur Vertretungsberechtigung und zur Zusammensetzung der vertretungsberechtigten Organe sowie zum Tag der Anerkennung sowie ggf. des Erlöschens der Stiftung enthält, in geeigneter Weise, insbesondere auch auf elektronischem Weg, zu veröffentlichen. Schleswig-Holstein folgt damit einer Anregung des Deutschen Bundestages, für die Stiftungsverzeichnisse der

---

[2] *Schleswig-Holsteinischer Landtag,* Drucksache 15/2831 vom 12. August 2003, S. 8.
[3] Ebd., S. 9.

Länder die Möglichkeiten der modernen Kommunikationstechnologie zu nutzen und Bürgerinnen und Bürgern eine rasche und einfache Recherche zu ermöglichen.

Weitere Änderungen des Schleswig-Holsteinischen Stiftungsgesetzes sind durch Art. 12 des Gesetzes zur Förderung der rechtsverbindlichen elektronischen Kommunikation in der Verwaltung vom 15. Juni 2004 (Gesetz- und Verordnungsblatt Schleswig-Holstein S. 153) vorgenommen worden. Sie betreffen aber keine materiell stiftungsrechtlichen Regelungen, sondern stellen lediglich klar, dass Verwaltungsakte wie die Anerkennung der Stiftung oder die Genehmigung von Satzungsänderungen, Zulegungen, Zusammenlegungen mit einer anderen Stiftung oder Auflösungsbeschlüssen schriftlich, aber nicht in elektronischer Form zu erteilen sind.

Baden-Württemberg folgte mit der Änderung seines Stiftungsgesetzes am 16. Dezember 2003 (Gesetzblatt für Baden-Württemberg S. 720). Wesentlicher Inhalt des Änderungsgesetzes sind die Harmonisierung des Stiftungsgesetzes für Baden-Württemberg mit dem Bundesrecht und die Einführung des voraussetzungslosen Rechts zur Einsicht in das Verzeichnis nichtkirchlicher Stiftungen für jedermann zur Schaffung von mehr Transparenz im Stiftungswesen[4].

Unverändert stellt das Stiftungsgesetz für Baden-Württemberg in § 2 unter der Überschrift „Auslegungsgrundsatz" ausdrücklich klar, dass der wirkliche oder mutmaßliche Stifterwille bei der Anwendung des Gesetzes zu beachten ist. Die §§ 4 Abs. 2 Nr. 5, 5, 16 und 24 Satz 1 werden an den neuen Begriff „Anerkennung" angepasst. In § 4 Abs. 4 Satz 1 heißt es nun, dass die Einsicht in das Stiftungsverzeichnis jedem gestattet ist. Damit entfällt das bisherige Erfordernis der Glaubhaftmachung eines berechtigten Interesses. In der Begründung des Gesetzes zur Änderung des Stiftungsgesetzes wird dazu ausgeführt, dass ein wachsender Bedarf an Informationen über bestehende Stiftungen und deren spezifische Zwecke sowohl bei Bürgern als auch bei Firmen und Verbänden zu verzeichnen sei. Grund dafür sei zum einen die Suche nach geeigneten Fördermöglichkeiten für spezielle Projekte, zum anderen aber auch das Bedürfnis, durch eventuelle Zustiftungen zur Verwirklichung bereits bestehender Projekte von Stiftungen beizutragen. Und schließlich sei es auch angesichts des Umstandes, dass nach Erhebungen des Bundesverbandes Deutscher Stiftungen über 94% der Stiftungen den Status der Gemeinnützigkeit besäßen und deswegen ganz oder überwiegend von der Entrichtung bestimmter Steuern befreit seien, sachgerecht, der Allgemeinheit einen Überblick über bestehende Stiftungen zu geben[5]. Baden-Württemberg deutet damit an, dass ein gewisses Maß an Transparenz durchaus auch als ein Preis staatlich gewährter Steuerbegünstigung begriffen werden kann[6].

---

[4] *Landtag von Baden-Württemberg,* Drucksache 13/2622 vom 18. November 2003, S. 1.

[5] Ebd., S. 9.

[6] Weitergehend *Rupert Graf Strachwitz,* Ein Reförmchen für die Stiftungen, 2002, S. 3, der die Auffassung vertritt, Stiftungen, die aus guten Gründen Steuerbegünstigungen in Anspruch nähmen, sollten gehalten sein, den Bürgerinnen und Bürgern über ihre Tätigkeiten

Auch für kirchliche Stiftungen gilt im Übrigen, dass eine Einsicht in das bei der obersten Behörde der jeweiligen Religionsgemeinschaft geführte Stiftungsverzeichnis möglich ist, jedoch nur dann, wenn ein berechtigtes Interesse glaubhaft gemacht wird (§ 27 Satz 3 des Stiftungsgesetzes für Baden-Württemberg).

Die bisherigen Bestimmungen über den notwendigen Inhalt von Stiftungsgeschäft und Stiftungssatzung in § 6 Abs. 1 bis 3 des Stiftungsgesetzes für Baden-Württemberg sind aufgehoben, da der Bund von seiner Gesetzgebungskompetenz im Bereich der konkurrierenden Gesetzgebung insoweit Gebrauch gemacht hat. In der Gesetzesbegründung wird ausgeführt, dass für die Funktionsfähigkeit der Stiftung und zur dauerhaften Erfüllung des Stiftungszwecks auch zukünftig Satzungsregelungen erforderlich sein können, die über den durch das Bundesrecht vorgegebenen Katalog hinaus gehen, etwa bei einer mehrstufigen Stiftungsorganisation mit mehreren Organen. Der Stifter könne aber nunmehr selbst entscheiden, ob und in welcher Regelungsdichte solche Bestimmungen in die Stiftungssatzung aufgenommen werden. Der Beratungsaufgabe der Stiftungsbehörden komme insoweit besondere Bedeutung zu. Sofern der Stifter jedoch von weiteren Satzungsregelungen bewusst absehen sollte, sei die Stiftung dennoch grundsätzlich nach § 80 Abs. 2 BGB anzuerkennen, wenn der Stifter die Mindestregelungen nach § 81 Abs. 1 Satz 1 bis 3 BGB in Stiftungsgeschäft und Stiftungssatzung getroffen habe.

Baden-Württemberg hat davon Abstand genommen, im Rahmen der Novellierung seines Stiftungsrechts Wünschen nach einer weiter gehenden, grundlegenden Änderung des Stiftungsgesetzes im Hinblick auf eine elementare Reduzierung der Handlungsmöglichkeiten der Stiftungsaufsicht Rechnung zu tragen. Für ein solches Vorgehen bestehe keine Veranlassung, da die Stiftungsaufsicht sich bewährt habe und in Baden-Württemberg schon bisher mit Zurückhaltung ausgeübt werde. Darüber hinaus sei es Aufgabe der Stiftungsaufsicht, sicher zu stellen, dass der Stifterwille bei der Tätigkeit von Stiftungen beachtet werde, und dies gewährleisten die diesbezüglichen Regelungen des Stiftungsgesetzes[7].

Brandenburg hat die Anpassung seines Stiftungsrechts an das geänderte Bundesrecht durch das Stiftungsgesetz für das Land Brandenburg vom 20. April 2004 (Gesetz- und Verordnungsblatt I S. 150) zum Anlass genommen, es gleichzeitig von entbehrlichen Regelungen zu befreien und in der praktischen Anwendung festgestellte Regelungsdefizite und Unklarheiten zu beseitigen, was mit einer Reduzierung der Anzahl der Paragraphen von 33 auf 16 einherging. Insbesondere wurden alle Regelungen gestrichen, die die Voraussetzungen für eine Errichtungsgenehmigung enthielten oder den Inhalt von Stiftungsgeschäft und Stiftungssatzung bestimmten. Diese Voraussetzungen wurden vom Bundesgesetzgeber in den §§ 80

---

und Finanzen öffentlich Auskunft zu geben. Weiter gehöre Transparenz zu den entscheidenden Attributen der Zivilgesellschaft. Die aus Transparenz erwachsende Möglichkeit zum öffentlichen Diskurs sei der Ausgleich für die fehlende demokratische Legitimation von Stiftungen.

[7] *Landtag von Baden-Württemberg,* Drucksache 13/2622 vom 18. November 2003, S. 8.

3.8 Stiftungsgesetze der Bundesländer nach der Reform des Stiftungszivilrechts

bis 88 BGB nunmehr abschließend geregelt, so dass den Ländern diesbezüglich kein eigener Gestaltungsraum mehr verbleibe. Auch die bisher im brandenburgischen Landesstiftungsgesetz enthaltenen weit reichenden Regelungen über Vermögenserhaltung und Ertragsverwendung wurden gestrichen. Entscheidend sei letztlich der Stifterwille. Zudem gebe es kein gesetzlich vorzuschreibendes Konzept der Vermögenserhaltung und Ertragsverwendung, da es allein Sache des Stifters sei, ein Vermögenserhaltungskonzept festzulegen, solange die dauernde und nachhaltige Erfüllung der Stiftungszwecke gesichert erscheine[8].

Eine aus der besonderen Historie der ostdeutschen Bundesländer zu erklärende Regelung findet sich in § 9 Abs. 3 des Stiftungsgesetzes für das Land Brandenburg. Danach kann die Stiftungsbehörde bei Stiftungen, die ihre Rechtsfähigkeit vor dem 8. Mai 1945 erhalten haben und seitdem ihren Stiftungszweck nicht oder nicht dauerhaft erfüllen konnten und die nicht über handlungsfähige Organe verfügen, bei denen eine Wiederaufnahme der Stiftungstätigkeit aber Aussicht auf Erfolg verspricht, bis zur Neubestellung dieser Organe einen Beauftragten bestimmen, der vorläufig auf Kosten der Stiftung die Stiftungsgeschäfte führt. Es soll so versucht werden, noch lebensfähige Alt-Stiftungen wieder zu beleben.

In § 14 schließlich regelt das Stiftungsgesetz für das Land Brandenburg die Führung eines Stiftungsverzeichnisses durch die Stiftungsbehörde, in das Einsicht zu nehmen jedem zu Informationszwecken gestattet ist.

Wegen der weit reichenden und umfassenden Änderungen hat Brandenburg einem Ablösungsgesetz den Vorzug vor einem bloßen Änderungsgesetz gegeben. Erklärtes Ziel des neuen Stiftungsgesetzes ist es, durch eine Vereinfachung der rechtlichen Rahmenbedingungen dem Stifterwillen sowie der Autonomie der Stiftungsorgane den notwendigen Freiraum zu schaffen. Mit der Vereinfachung des Gesetzes ist ferner die Hoffnung verbunden, das Interesse potenzieller Stifter zu stärken und eine spürbare Zunahme von Stiftungsneugründungen im Land Brandenburg zu erreichen[9].

Rheinland-Pfalz hat sein Stiftungsrecht durch das Landesstiftungsgesetz vom 19. Juli 2004 (Gesetz- und Verordnungsblatt für das Land Rheinland-Pfalz S. 385) grundlegend reformiert. Die 54 Paragraphen des alten Stiftungsgesetzes sind auf 15 reduziert und zugleich wesentliche Erleichterungen und Vereinfachungen für das Anerkennungsverfahren, etwaige spätere Satzungsänderungen und die Beaufsichtigung von Stiftungen geschaffen worden.

Das zentrale Anliegen des neuen rheinland-pfälzischen Stiftungsgesetzes ist in § 1 verankert. Das Gesetz soll danach sicherstellen, dass der Stifterwille vorrangig beachtet und gleichzeitig die Handlungs- und Entscheidungsfreiheit der Stiftungsorgane gestärkt wird. Zur Umsetzung dieses Gesetzeszwecks sind insbesondere die Vorschriften über die Verwaltung der Stiftung (§ 7 Landesstiftungsgesetz) und die

---

[8] *Landtag Brandenburg,* Drucksache 3 / 7024 vom 10. Februar 2004.
[9] Ebd.

Änderung der Satzung bzw. Aufhebung der Stiftung (§ 8 Landesstiftungsgesetz) so ausgestaltet, dass es zukünftig vorrangig dem Stifter überlassen bleibt, welche diesbezüglichen Festlegungen er in der Stiftungssatzung treffen will. In § 9 Abs. 1 Satz 2 Landesstiftungsgesetz wird darüber hinaus ausdrücklich festgestellt, dass die Rechtsaufsicht so zu führen ist, dass die Entschlusskraft und die Eigenverantwortung der Stiftungsorgane gefördert wird. Lediglich für den Fall, dass nicht in der Satzung einer Stiftung etwas anderes bestimmt ist, werden in den §§ 7 bis 9 Landesstiftungsgesetz allgemeine Grundsätze geregelt, die eine ordnungsgemäße Verwaltung der Stiftung sicherstellen. Bemerkenswert ist in diesem Zusammenhang insbesondere die Vorschrift des § 7 Landesstiftungsgesetz. Nach § 7 Abs. 2 Satz 1 ist das Stiftungsvermögen möglichst ungeschmälert zu erhalten – die stiftungsrechtliche Grundregel der Vermögenserhaltung, die aber nach dem rheinland-pfälzischen Landesstiftungsgesetz nur gilt, soweit nicht in der Satzung etwas anders bestimmt ist oder der Stifterwille nur auf andere Weise verwirklicht werden kann. In diesen Fällen sind die Stiftungsorgane nämlich nicht nur berechtigt, sondern auch verpflichtet, gegebenenfalls auch das Vermögen zur Verwirklichung des Stiftungszwecks zu verwenden. Es entsprach bislang gängiger Praxis und teilweise auch der geltenden Rechtslage zumindest in einigen Ländern, Ausnahmen vom Grundsatz der Vermögenserhaltung unter bestimmten Voraussetzungen unter Beachtung des Stifterwillens zuzulassen. Rheinland-Pfalz stellt den absoluten Vorrang des Stifterwillens nun in wünschenswerter Weise unmissverständlich klar.

Nach § 7 Abs. 3 Satz 1 Landesstiftungsgesetz sind die Erträge des Stiftungsvermögens und die nicht zu seiner Erhöhung bestimmten Zuwendungen Dritter – also Spenden, die nicht Zustiftungen sein sollen – zur Verwirklichung des Stiftungszwecks und zur Deckung der Verwaltungskosten bestimmt, aber auch insoweit gilt: Soweit nicht in der Satzung etwas anderes bestimmt ist. Nach § 7 Abs. 3 Satz 2 können die Erträge auch dem Stiftungsvermögen zugeführt werden, soweit dies der nachhaltigen Erfüllung des Stiftungszwecks dient.

Auch in Rheinland-Pfalz wird im Übrigen nach § 5 Landesstiftungsgesetz ein Stiftungsverzeichnis geführt. Die Einsicht ist nach § 5 Abs. 5 jedermann gestattet. Um eine Einsichtnahme auch in elektronischer Form zu ermöglichen, ist das Stiftungsverzeichnis in das Internetangebot der Stiftungsbehörde einzustellen.

Auch das S*aarland* hat eine Neufassung seines Stiftungsgesetzes verabschiedet (Saarländisches Stiftungsgesetz vom 9. August 2004, Amtsblatt des Saarlandes S. 1554). Durch das Gesetz soll zum einen das materielle Stiftungsrecht des Saarlandes an das Gesetz zur Modernisierung des Stiftungsrechts angepasst werden. Außerdem werden in dem Gesetz Empfehlungen der Bund-Länder-Arbeitsgruppe Stiftungsrecht, Erfahrungswerte aus der Verwaltungspraxis sowie der Beschluss der Deregulierungskommission im Saarland zum Saarländischen Stiftungsgesetz umgesetzt[10].

---

[10] *Landtag des Saarlandes,* Drucksache 12/1086 vom 3. März 2004, S. 1.

3.8 Stiftungsgesetze der Bundesländer nach der Reform des Stiftungszivilrechts

Neben der terminologischen Anpassung an die neuen stiftungsrechtlichen Vorschriften des BGB und der Streichung der nun im BGB abschließend geregelten Anforderungen an den Satzungsinhalt enthält das Saarländische Stiftungsgesetz insbesondere folgende neue Regelungen:

Da das BGB nunmehr abschließend alle zur Anerkennung einer Stiftung notwendigen Voraussetzungen normiert, wurde die bislang in § 3 enthaltene Regelung, dass die Genehmigung bzw. Anerkennung auch das Einvernehmen mit dem Ressort voraussetzte, in dessen Aufgabenbereich der Stiftungszweck überwiegend fiel, ersatzlos gestrichen. Anders als Schleswig-Holstein verzichtet das Saarland darauf, den Begriff „Einvernehmen" durch „Benehmen" zu ersetzen.

In § 6 Abs. 2 Satz 1 heißt es nun, dass die Erträge des Stiftungsvermögens und Zuwendungen an die Stiftung ausschließlich für den Stiftungszweck und zur Deckung der Verwaltungskosten der Stiftung sowie zur Bildung *angemessener* Rücklagen (zuvor: *notwendiger* Rücklagen) zu verwenden. Zur Begründung wird ausgeführt, dass die Prüfung, ob zur wirkungsvollen Zweckerfüllung die Bildung von Rücklagen notwendig ist, die Stiftung eigenverantwortlich vorzunehmen habe.

Nach § 7 Absatz 2 Satz 2 können sich Stifterinnen und Stifter in der Satzung das Recht vorbehalten, zu Lebzeiten Satzungsänderungen, Zusammenschlüsse mit anderen Stiftungen und Auflösungsbeschlüsse von ihrer Zustimmung abhängig zu machen. Das bisherige zwingende Zustimmungserfordernis entfällt, da es oftmals zu starr gewesen sei und den Anforderungen der Praxis insbesondere bei Stiftungen, die von einer Vielzahl von Stiftern gegründet wurden (Stichwort: Bürgerstiftungen) nicht immer gerecht geworden sei[11].

Der neue § 10 Abs. 3 beschränkt die staatliche Stiftungsaufsicht für ausschließlich oder überwiegend privatnützige Stiftungen – sog. „Familienstiftungen" – darauf, dass die Stiftungsbehörde in dringenden Fällen zur Sicherung der Handlungsfähigkeit der Stiftung fehlende Mitglieder von Stiftungsorganen bestellt. Das Saarländische Stiftungsgesetz greift damit eine Empfehlung der Bund-Länder-Arbeitsgruppe Stiftungsrecht auf. Bei privatnützigen Stiftungen bestehe kein öffentliches Interesse an staatlicher Stiftungsaufsicht, da nicht das Gemeinwohl im Vordergrund stehe[12].

In § 11 Abs. 3 des Saarländischen Stiftungsgesetzes wird nun der Fall ausdrücklich geregelt, dass die Rechungslegung der Stiftung durch Wirtschafts- oder Buchprüfer geprüft wird. Sofern eine Stiftung von dieser Möglichkeit Gebrauch macht, muss sich der Prüfvermerk auch auf die Erhaltung des Stiftungsvermögens und die satzungsgemäße Verwendung der Stiftungsmittel beziehen. Die Stiftungsbehörde sieht in diesen Fällen grundsätzlich von einer eigenen Prüfung ab. Damit wird der

---

[11] Ebd., S. 8.

[12] Ebd., S. 9; vgl. zur Begründung der Rücknahme der Stiftungsaufsicht für Familienstiftungen auch *Christoph Lucks,* Stadt der Stiftungen, in: Bürger und Gesellschaft – Stiftungen in Hamburg, Convent Verlag Hamburg 2003, S. 27.

Verwaltungsaufwand sowohl für die Stiftung als auch für die Aufsichtsbehörde verringert.

In § 18 wird das Stiftungsverzeichnis geregelt, dass nach Abs. 2 Satz 1 künftig öffentlich ist. Die bisherige Angabe der Vertretungsberechtigten im Stiftungsverzeichnis wurde gestrichen, da sein Inhalt keinen öffentlichen Glauben genießt.

Das Stiftungsrecht *Niedersachsens* ist durch das Gesetz zur Änderung des Niedersächsischen Stiftungsgesetzes vom 23. November 2004 (Niedersächsisches Gesetz- und Verordnungsblatt S. 514) an das neue Stiftungsrecht des Bundes angepasst worden. Neben terminologischen Anpassungen und weiteren Änderungen redaktioneller Natur sind die Grundsätze über die Gleichbehandlung von Frauen und Männern in der Rechtssprache berücksichtigt worden: Das Gesetz kennt nun nicht mehr nur Stifter, sondern – der Wirklichkeit entsprechend – auch Stifterinnen und trägt damit dem Umstand Rechnung, dass Stiften in der Tat keine männliche Domäne ist[13].

Die wesentlichen materiellen Änderungen des Niedersächsischen Stiftungsgesetzes sind folgende: Auch in Niedersachsen ist eine gesetzliche Regelung über das Führen von Stiftungsverzeichnissen geschaffen worden. Bislang wurden Stiftungsverzeichnisse nur auf der Grundlage von Erlassen der Bezirksregierungen geführt; durch den neuen § 17a sind die Stiftungsbehörden nun zur Führung von Stiftungsverzeichnissen verpflichtet, in die der Name, der Sitz, der wesentliche Zweck und die Anschrift der Stiftung aufzunehmen sind. Zur Vermeidung von Irreführung des Rechtsverkehrs und wegen des nicht unerheblichen Verwaltungsaufwandes für die laufende Aktualisierung hat Niedersachsen davon abgesehen, auch Angaben über die zur Vertretung der Stiftung berechtigten Personen aufzunehmen[14]. Mit § 11 Abs. 2 Satz 2 des Niedersächsischen Stiftungsgesetzes gibt es aber nun eine ausdrückliche gesetzliche Grundlage für die Ausstellung von Vertretungsbescheinigungen durch die Stiftungsbehörden auf Antrag.

Eine wesentliche Neuerung betrifft die Verpflichtung der Stiftungsaufsicht zur Prüfung der von der Stiftung einzureichenden Jahresabrechnung mit Vermögensübersicht und einem Bericht über die Erfüllung des Stiftungszwecks. Nach § 11 Abs. 4 soll die Stiftungsaufsicht von einer eigenen Prüfung absehen, wenn die Stiftung durch eine (andere) Behörde, eine Wirtschaftsprüferin oder einen Wirtschaftsprüfer oder eine andere zur Erteilung gleichwertiger Prüfvermerke befugte Person oder Institution geprüft wird und sich die Prüfung auch auf die Erhaltung des Stiftungsvermögens und die satzungsgemäße Verwendung des Stiftungsvermögens erstreckt (und mit einem entsprechenden Testat bestätigt wird). Ziel ist die Vermeidung von Doppelprüfungen und Entlastung der Stiftungsaufsicht. Nach § 11 Abs. 4

---

[13] Vgl. dazu *Helga Stödter, Marita Haibach* und *Rainer Sprengel,* Frauen im deutschen Stiftungswesen, Arbeitshefte des Maecenata Instituts für Dritter-Sektor-Forschung, Heft 6, Maecenata Verlag Berlin 2001.

[14] *Niedersächsischer Landtag,* Drucksache 15/1129 vom 15. Juni 2004, S. 5.

Satz 2 kann die Stiftungsbehörde die Stiftung auf deren Kosten durch eine der genannten Personen und Institutionen prüfen lassen, wobei die Gesetzesbegründung klarstellt, dass dies nicht willkürlich geschehen darf, sondern nur dann, wenn Anlass zu der Annahme besteht, dass gegen Rechtsvorschriften oder Satzungsbestimmungen verstoßen wird[15].

In der Gesetzesbegründung wird interessanter Weise auch ausgeführt, welche über das Gesetz zur Modernisierung des Stiftungsrechts hinausgehenden Reformideen bewusst nicht aufgegriffen worden sind. Insbesondere wird Überlegungen zu einer noch konsequenteren Deregulierung durch Verzicht auf jegliche Vorschriften über die Vermögensverwaltung und Ertragsverwendung eine Absage erteilt. Der Grundsatz der ungeschmälerten Erhaltung des Stiftungsvermögens sei ein tragender Grundsatz des Stiftungsrechts, der nicht zur Disposition der Stifterin oder des Stifters stehe[16].

Als bislang letztes Bundesland hat *Nordrhein-Westfalen* sein Landesstiftungsgesetz geändert. Das neue Stiftungsgesetz für das Land Nordrhein-Westfalen (Gesetz- und Verordnungsblatt S. 52) ist am 15. Februar 2005 in Kraft getreten. Seine Geltungsdauer ist übrigens auf fünf Jahre beschränkt. In der Gesetzesbegründung heißt es dazu, dass die im Anhörungsverfahren von Seiten des Bundesverbandes Deutscher Stiftungen und des Städtetages Nordrhein-Westfalen gegen eine Befristung des Gesetzes erhobenen Einwendungen („falsches Signal" im Hinblick auf das Interesse der Stifter und Stiftungen an einer dauerhaften, verlässlichen Rechtsgrundlage) als nicht so gewichtig erschienen, dass von der politischen Grundsatzentscheidung des Landes, die Geltungsdauer aller neuen Gesetze zu befristen, abgewichen werden müsste[17].

Das Stiftungsgesetz für das Land Nordrhein-Westfalen hat neben notwendigen Anpassungen an das geänderte materielle Stiftungsrecht des BGB eine umfassende Überarbeitung erfahren mit dem erklärten Ziel, Regelungen über die Verwaltung und Beaufsichtigung der Stiftung zu reduzieren, dadurch die Eigenverantwortung der Stifterinnen und Stifter zu stärken und die Handlungs- und Entscheidungsfreiheit der Stiftungsorgane unter Beachtung des Stifterwillens zu gewährleisten. Dass an einer Vereinfachung des Gesetzes ernsthaft gearbeitet worden ist, macht bereits die Reduzierung der Paragrafen von 37 auf 17 deutlich.

Die wesentlichen Änderungen sind die Beschränkung des Regelungsbereichs des Gesetzes auf selbständige rechtsfähige Stiftungen des privaten Rechts und die Streichung der bisherigen Regelungen über unselbständige Stiftungen, da es sich bei Letzteren um Rechtsinstitute des Vertrags- und Erbrechts handele, eine nur sehr beschränkte Stiftungsaufsicht für ausschließlich oder überwiegend privatnützige Stiftungen (§§ 6 Abs. 3 und 7 Abs. 4), das Entfallen der bisherigen Zustimmungs-

---

[15] Ebd., S. 13.
[16] Ebd., S. 6.
[17] *Landtag Nordrhein-Westfalen,* Drucksache 13/5987 vom 22. September 2004, S. 19.

vorbehalte für die Verwaltung des Stiftungsvermögens, der Vermögenserträge und der Zuwendungen Dritter, die Streichung der im bisherigen § 21 enthaltenen Genehmigungsvorbehalte bei vorgesehenen Vermögensumschichtungen, Grundstücksveräußerungen und -belastungen sowie vergleichbaren Rechtsgeschäften und schließlich die Einführung eines zentral geführten, auch im Internet zugänglichen Stiftungsverzeichnisses (§ 12), das auch Angaben zu den vertretungsberechtigten Organen und ihrer Zusammensetzung enthält (allerdings ohne die Vermutung der Richtigkeit der Eintragungen). Interessant und Beleg dafür, dass die Eigenverantwortlichkeit der Stiftungsorgane ernst genommen wird, ist die neue Regelung in § 5 des Stiftungsgesetzes für das Land Nordrhein-Westfalen zu Satzungsänderungen. War nach bisherigem Recht für jede Änderung der Stiftungssatzung die Genehmigung der Stiftungsaufsicht erforderlich, differenziert die neue Regelung zwischen Satzungsänderungen, die die Zweckbestimmung der Stiftung und ihre Organisationsstruktur nicht wesentlich tangieren (§ 5 Abs. 1) – hier genügt eine Unterrichtung der Stiftungsaufsichtsbehörde – und solchen, mit denen wesentliche Änderungen der Stiftungszwecke einhergehen oder Entscheidungen getroffen werden, die die Eigenständigkeit oder gar die Existenz der Stiftung betreffen (§ 5 Abs. 2) – in den letztgenannten Fällen bleibt es bei der Notwendigkeit der aufsichtsbehördlichen Genehmigung.

Resümee

Insgesamt lassen die Stiftungsgesetze der Bundesländer – bei aller der Pflicht geschuldeten Anpassung an das vom Bundesgesetzgeber Vorgegebene – erkennen, dass die Länder jedenfalls bemüht sind, ihre Stiftungsgesetze weitgehend „zu entrümpeln" und den verfassungsrechtlichen Auftrag der Gewährleistung der Stifterfreiheit und das Ziel der Deregulierung umzusetzen. Manches Bundesland – wie z. B. Rheinland-Pfalz oder auch Nordrhein-Westfalen – geht hier zweifelsohne forscher und konsequenter vor als andere, und man wünschte sich fraglos an der einen oder anderen Stelle mehr Mut, Überkommenes über Bord zu werfen und die Freiheit und Verantwortung von Stiftern und Stiftungen noch ernster zu nehmen. Gleichwohl: Im deutschen Stiftungsrecht vollzieht sich insgesamt ein behutsamer, aber unaufhaltsamer Wandel, und die Rahmenbedingungen für Stifter verbessern sich. Die Zahl der neu errichteten Stiftungen bürgerlichen Rechts für 2003 lässt erkennen, dass das hohe Niveau der Neuerrichtungen gehalten werden konnte (784 neu errichtete Stiftungen gegenüber 789 in 2002[18]). Und führt man sich vor Augen, dass in den Jahren 1990 bis 1999 in Deutschland 3651 Stiftungen neu errichtet wurden, im Zeitraum von 2000 bis 2003 aber bereits 3083[19], so wird deutlich, dass das Stiftungswesen in Deutschland auch in wirtschaftlich schwierigeren Zeiten eine gute Zukunft hat. Liberale Stiftungsgesetze der Länder tun das ihrige dazu.

---

[18] *Bundesverband Deutscher Stiftungen,* 2004.
[19] Ebd.

3.9 Der Modellentwurf eines Landesstiftungsgesetzes[1]

Von Rainer Hüttemann und Peter Rawert

Seit In-Kraft-Treten des Gesetzes zur Modernisierung des Stiftungsrechts am 1. 9. 2002 sind die Voraussetzungen für das Entstehen einer rechtsfähigen Stiftung, die bisher zum Teil landesrechtlich geregelt wurden, abschließend im BGB normiert. Die Länder stehen jetzt vor der Aufgabe, ihre Stiftungsgesetze an die Änderungen des BGB anzupassen. Außerdem sind sie aufgerufen, die Empfehlungen der Bund-Länder-Arbeitsgruppe Stiftungsrecht zu prüfen. Diese hatte in ihrem Abschlussbericht vom 19. 10. 2001 dazu aufgefordert, Stiftungsverzeichnisse auf landesrechtlicher Grundlage einzuführen, um ein Mindestmaß an Publizität im Stiftungswesen zu gewährleisten. Der Bundestag hat sich dieser Empfehlung angeschlossen. Neben den notwendigen Anpassungsmaßnahmen haben die Länder jetzt die Chance, ihre Stiftungsgesetze grundlegend zu überarbeiten, überflüssige Regelungen zu streichen und der Gestaltungsfreiheit von Stifterinnen und Stiftern den notwendigen Freiraum zu schaffen. Die Autoren legen dazu einen „Modellentwurf" vor, der das Ziel verfolgt, durch konsequente Deregulierung das Verwaltungsverfahren für die Errichtung einer Stiftung zu vereinfachen und die Stifterautonomie zu stärken.

I. Einführung

Am 1. 9. 2002 ist die Reform des Stiftungsprivatrechts in Kraft getreten.[2] Durch das „Gesetz zur Modernisierung des Stiftungsrechts" werden die Entstehungsvoraussetzungen einer rechtsfähigen Stiftung des privaten Rechts abschließend und bundeseinheitlich im BGB geregelt. Die Errichtung setzt wie schon bisher neben einem Stiftungsgeschäft einen staatlichen Mitwirkungsakt voraus, der aber nicht mehr Genehmigung, sondern „Anerkennung" heißt (§ 80 Abs. 1 BGB). Ferner hat der Stifter nunmehr nach § 80 Abs. 2 BGB einen Rechtsanspruch auf Verleihung der Rechtsfähigkeit, wenn die Anerkennungsvoraussetzungen nach § 80 Abs. 2 BGB vorliegen: Das Stiftungsgeschäft muss den Anforderungen des § 81 BGB genügen, insbesondere eine Stiftungssatzung mit bestimmten Angaben enthalten. Ferner muss die dauernde und nachhaltige Erfüllung des Stiftungs-

---

[1] Bereits erschienen in der Zeitschrift für Wirtschaftsrecht 23. Jahrgang, Heft 45/2002, S. 2019–2028. Abdruck mit freundlicher Genehmigung des RWS Verlags.

[2] BGBl. I 2002, 2634.

zweckes gesichert erscheinen, und schließlich darf der Stiftungszweck das Gemeinwohl nicht gefährden. Neben der Neuregelung der §§ 80, 81 BGB enthält das Gesetz nur noch einige weitere unbedeutende, überwiegend redaktionelle Änderungen der §§ 80 ff. BGB.[3]

Das „Gesetz zur Modernisierung des Stiftungsrechts" bleibt erheblich hinter den Erwartungen zurück, die in der stiftungsrechtlichen Reformdebatte der letzten Jahre an den Gesetzgeber gerichtet worden sind.[4] Die Liste der nicht verwirklichten Reformvorschläge ist lang.[5] Dazu zählt u. a. die Forderung nach einem Übergang vom geltenden Konzessionssystem zu einem Registrierungssystem, durch das die Zuständigkeit für die Errichtung von Stiftungen – wie bei Vereinen und Kapitalgesellschaften – den Amtsgerichten übertragen worden wäre. Auch ein Stiftungsregister mit öffentlichem Glauben zum Schutz des Rechtsverkehrs wurde ebenso wenig eingeführt wie besondere Regelungen zur Zulässigkeit von unternehmensverbundenen Stiftungen und Versorgungsstiftungen. Diese und andere Reformansätze hat man nicht umgesetzt, weil sich das bisherige Bundes- und Landesrecht nach Ansicht der Bund-Länder-Arbeitsgruppe, die die Bundesministerin der Justiz zur Vorbereitung einer Reform eingesetzt hatte, „grundsätzlich bewährt" hat.[6]

II. Die Reformbedürftigkeit der Landesstiftungsgesetze

1. Anpassung der Landesstiftungsgesetze an das neue Stiftungsprivatrecht im BGB

Mit dem Gesetz zur Modernisierung des Stiftungsrechts ist die Reformdiskussion auf Bundesebene abgeschlossen. Dagegen stehen die Bundesländer nun vor der Aufgabe, ihre Landesstiftungsgesetze an die Änderungen im BGB anzupassen. Auch wenn das Modernisierungsgesetz weitgehend nur geltendes Recht kodifiziert hat, führt die neue abschließende Regelung der Anerkennungsvoraussetzungen in den §§ 80, 81 BGB zu einer wesentlichen Veränderung im Verhältnis von Bundes- und Landesstiftungsrecht. Während sich der historische Gesetzgeber in den §§ 80 ff. BGB noch auf die Regelung des Genehmigungserfordernisses als solches beschränkt hatte, hat der Bund mit dem Modernisierungsgesetz seine konkurrierende Gesetzgebungskompetenz im Stiftungsrecht nach Art. 74 Abs. 1 Nr. 1 GG

---

[3] Zu den Änderungen vgl. *Karsten Schmidt,* ZHR 166 (2002), 145 ff.; *Burgard,* NZG 2002, 697 ff.; *Andrick/Suerbaum,* NJW 2002, 2905 ff.; *Schwarz,* DStR 2002, 1718 ff., 1767 ff.

[4] Siehe z. B. die Kritik von *Reuter,* Non Profit Law Yearbook 2001, S. 27 ff.; *Rawert,* Frankfurter Allgemeine Zeitung v. 23. 4. 2002, 51.

[5] Zu den Änderungsvorschlägen vgl. Bericht der Bund-Länder-Arbeitsgruppe Stiftungsrecht vom 19. Oktober 2001.

[6] Bericht der Bund-Länder-Arbeitsgruppe Stiftungsrecht (Fußn. 5), S. 4; BT-Drucks. 14/8765, S. 7.

weitgehend ausgeschöpft. Durch die geänderten §§ 80, 81 BGB sind viele landesrechtliche Vorschriften in den Landesstiftungsgesetzen ungültig geworden.[7] Dies gilt zum einen für Regelungen über die Genehmigungsvoraussetzungen, z. B. das Erfordernis einer ausreichenden Vermögensausstattung, den Gemeinwohlvorbehalt oder die Zulässigkeit von unternehmensverbundenen Stiftungen.[8] Aber auch die Vorschriften des Landesrechts zum notwendigen Inhalt von Stiftungsgeschäft und Stiftungssatzung[9] sind durch die Änderungen in § 81 BGB nicht mehr wirksam. Es ist ein Gebot der Rechtssicherheit und Rechtsklarheit, dass die obsoleten Vorschriften aus den Landesstiftungsgesetzen entfernt und die Gesetze in Aufbau und Inhalt an das neue Stiftungsprivatrecht im BGB angepasst werden. Der Reform des Stiftungsrechts im BGB muss also eine Reform der Landesstiftungsgesetze folgen.

2. Empfehlungen der Bund-Länder-Arbeitsgruppe

Eine Reform der Landesstiftungsgesetze kann sich aber nicht darauf beschränken, die landesrechtlichen Regelungen lediglich an das neue Stiftungsprivatrecht anzupassen. Vielmehr sind die Bundesländer aufgerufen, die Empfehlungen der Bund-Länder-Arbeitsgruppe Stiftungsrecht zu prüfen, die diese in ihrem Abschlussbericht für eine Weiterentwicklung der Landesstiftungsgesetze ausgesprochen hat. So hat die Arbeitsgruppe die Bundesländer aufgefordert, in allen Ländern Stiftungsverzeichnisse (wenngleich ohne öffentlichen Glauben) einzuführen, um eine gewisse Mindestpublizität im Stiftungswesen zu gewährleisten.[10] Der deutsche Bundestag hat sich dieser Empfehlung ausdrücklich angeschlossen.[11] Die Bund-Länder-Arbeitsgruppe hatte sogar zunächst eine bundeseinheitliche Regelung im BGB erwogen. Diese Überlegung wurde aber nicht weiter verfolgt, da nach Ansicht der Arbeitsgruppe erhebliche Zweifel an der konkurrierenden Gesetzgebungskompetenz des Bundes bestanden.[12] Damit fällt es nunmehr den Bundesländern zu, entsprechende Verzeichnisse einzurichten bzw. bestehende Verzeichnisse an die Empfehlungen der Arbeitsgruppe hinsichtlich der aufzunehmenden Angaben und der Einsichtsmöglichkeiten anzupassen.

3. Weiter gehender Reformbedarf auf Länderebene

Die notwendige Anpassung des Landesrechts an das neue Stiftungsrecht im BGB gibt den Ländern schließlich die Gelegenheit zu einer grundlegenden Über-

---

[7] Zur Nichtigkeit von Landesrecht nach Erlass eines Bundesgesetzes vgl. nur *Degenhardt*, in: Sachs, Grundgesetz, 2. Aufl., 1999, Art. 72 Rz. 30 m. w. N.
[8] Vgl. z. B. Art. 5 BayStiftG; § 6 Abs. 3 BrbgStiftG; § 4 NRWStiftG.
[9] Vgl. z. B. § 6 BadWürttStiftG; Art. 9 BayStiftG; § 5 NdsStiftG.
[10] Bericht der Bund-Länder-Arbeitsgruppe Stiftungsrecht (Fußn. 5), S. 36 f.
[11] Entschließungsantrag vom 25. 4. 2002, BT-Drucks. 14/8926.
[12] Siehe oben Fußn. 10.

arbeitung ihrer Stiftungsgesetze.[13] Diese weichen in Umfang und Inhalt immer noch erheblich voneinander ab.[14] So begnügt sich z. B. das „Hamburger Ausführungsgesetz zum BGB" aus dem Jahr 1958 mit gerade einmal 15 Vorschriften zu Stiftungen, während das Stiftungsgesetz Rheinland-Pfalz in seiner geltenden Fassung 58 Vorschriften umfasst. Solche gravierenden Unterschiede sind weder durch den Föderalismus geboten noch ein positives Beispiel für einen funktionierenden Systemwettbewerb. Sie sind vor allem darauf zurückzuführen, dass die geltenden Landesgesetze zahlreiche Vorschriften enthalten, deren Regelungsgehalt sich bereits aus dem bürgerlichrechtlichen Stiftungsbegriff und aus allgemeinen zivilrechtlichen Grundsätzen ergibt oder die nur einem „mutmaßlichen Stifterwillen" Ausdruck verleihen. Nachdem der Bundesgesetzgeber den Kernbereich des materiellen Stiftungsrechts im BGB vereinheitlicht hat, sollten sich auch die Länder auf die eigentliche Funktion ihrer Stiftungsgesetze besinnen. Diese besteht zunächst in der Regelung der Behördenzuständigkeit, insbesondere für die Anerkennung von Stiftungen und die Stiftungsaufsicht. Zum anderen sind Zweck und Umfang der Stiftungsaufsicht und die Befugnisse der Aufsichtsbehörden zu regeln. Schließlich müssen – wenn die Empfehlung der Bund-Länder-Arbeitsgruppe umgesetzt werden soll – Regelungen über ein Stiftungsverzeichnis getroffen werden. Soweit die Landesstiftungsgesetze darüber hinaus allerdings weitere Vorschriften – z. B. über die Befugnisse und Verantwortlichkeiten der Organe, die Verwaltung von Stiftungen, die Auflösung von Stiftungen – enthalten, bedürfen diese Regelungen der Überprüfung. Denn das Ziel des Modernisierungsgesetzes, die Errichtung von Stiftungen „einfacher und transparenter" zu machen,[15] richtet sich auch an die Bundesländer. Sie sollten das Modernisierungsgesetz als Chance begreifen, ihre eigenen Gesetze grundlegend zu überarbeiten, überflüssige Regelungen zu streichen und der Privatautonomie sowie dem Stifterwillen den notwendigen Freiraum zu schaffen. Der hier vorgelegte Entwurf versteht sich als „Modell" für eine Novellierung der Landesstiftungsgesetze, die diesen Vorgaben Rechnung trägt.

III. Die Grundlinien des Modellentwurfs eines Landesstiftungsgesetzes

1. Das Anliegen

Der Entwurf verfolgt das Ziel, die rechtlichen Rahmenbedingungen für Stiftungen weiter zu vereinfachen und die Stifterfreiheit zu stärken. Er umfasst nur 12 Paragraphen.[16] Diese Prägnanz ist möglich, weil er lediglich Vorschriften enthält, die im Interesse der Stifter und des Rechtsverkehrs für ein funktionsfähiges

---

[13] Über den aktuellen Stand der Modernisierung des Stiftungsrechts informiert die Homepage des Bundesverbands Deutscher Stiftungen unter www.stiftungen.org.
[14] Dazu *Härtl*, Ist das Stiftungsrecht reformbedürftig?, 1990.
[15] BT-Drucks. 14/8765, S. 1.
[16] Die geltenden Landesstiftungsgesetze enthalten insgesamt 497 Vorschriften.

3.9 Der Modellentwurf eines Landesstiftungsgesetzes

Stiftungswesen erforderlich sind. Insoweit bedarf es zunächst näherer Regelungen darüber, welche Landesbehörden für Maßnahmen nach den §§ 80 ff. BGB, die Stiftungsaufsicht und die Führung der Stiftungsverzeichnisse zuständig sind. Ferner sind Regelungen über den Zweck und die Befugnisse der Stiftungsaufsicht erforderlich. Schließlich enthält der Modellentwurf Vorschriften über ein Stiftungsverzeichnis.

Der Geltungsbereich des Modellentwurfs (ME) beschränkt sich bewusst auf rechtsfähige Stiftungen des privaten Rechts (§ 1 ME). Auf Vorschriften zu unselbständigen Stiftungen des privaten Rechts wird verzichtet, da es sich um Rechtsinstitute des Vertrags- bzw. des Erbrechts handelt, für die den Ländern die Gesetzgebungskompetenz fehlt. Ausgeklammert sind auch die Stiftungen des öffentlichen Rechts, die vorrangig der mittelbaren Landesverwaltung zuzuordnen sind und daher im vorliegenden Zusammenhang außer Betracht bleiben können. Zu kirchlichen rechtsfähigen Stiftungen des privaten Rechts nimmt der Entwurf nur insoweit Stellung, als diese aus der staatlichen Stiftungsaufsicht ausgenommen werden (§ 3 Abs. 1 Satz 1 ME).

Schließlich sind auch viele Vorschriften der geltenden Landesstiftungsgesetze nicht in den Modellentwurf übernommen worden. Dies hat verschiedene Gründe: Zunächst sind alle Regelungen entbehrlich, die – wie z. B. Vorschriften über die Genehmigungsvoraussetzungen, den Inhalt des Stiftungsgeschäfts und der Stiftungssatzung – durch die geänderten §§ 80, 81 BGB ungültig geworden sind. Des Weiteren verzichtet der Entwurf auf die landesrechtlichen Vorschriften, deren Regelungsgehalt sich bereits aus dem bürgerlichrechtlichen Stiftungsbegriff und sonstigen Vorschriften des BGB ergibt. Die Landesstiftungsgesetze dienen nicht der Belehrung potenzieller Stifter oder ihrer Berater, sondern der Ausfüllung der verbliebenen landesrechtlichen Gesetzgebungskompetenzen im Stiftungsrecht. Regelungen, die nur Selbstverständlichkeiten enthalten, sind überflüssig. Dazu zählen z. B. die Vorschriften über die Haftung von Organmitgliedern,[17] die mit Rücksicht auf das BGB nicht erforderlich sind. Zudem ist zweifelhaft, ob die Länder für solche Regelungen überhaupt eine Gesetzgebungskompetenz haben.

Entfallen sind schließlich auch solche Vorschriften, die – wie z. B. die Regelungen über die Vermögenserhaltung und Ertragsverwendung[18] – unter dem Vorbehalt eines abweichenden Stifterwillens stehen, sowie die an sie anknüpfenden Anzeigepflichten und Genehmigungsvorbehalte für bestimmte Rechtsgeschäfte.[19] Soweit das Gesetz dem Stifter die Kompetenz zu autonomen Regelungen zuweist, sollte der Gesetzgeber sich mit Vermutungen und Auslegungsregeln zurückhalten. Auf diese Weise werden zukünftige Stifter wieder verstärkt an ihre Verantwortung für eine zweckgerechte Ausgestaltung des Stiftungsgeschäfts und der Stiftungssatzung

---

[17] Vgl. z. B. Art. 14 BayStiftG; § 8 HessStiftG; § 19 RhPfStiftG.
[18] Vgl. z. B. § 7 BadWürttStiftG; Art. 11, 13 BayStiftG; §§ 7, 8 NRWStiftG; §§ 14, 15 RhPfStiftG.
[19] § 13 BadWürttStiftG; § 20 MecklVorPStiftG; § 9 SchlHolStiftG.

erinnert. Die entsprechenden Regelungen sind auch deshalb entbehrlich, weil für die ganz überwiegende Zahl gemeinnütziger Stiftungen ohnehin die besonderen Vorgaben des steuerlichen Gemeinnützigkeitsrechts (z. B. zeitnahe Mittelverwendung, Verbot unangemessener Ausgaben etc.) in die Satzung aufzunehmen sind.[20]

2. Anerkennung der Stiftung als rechtsfähig

Der Modellentwurf beschränkt sich darauf, in § 2 ME festzulegen, welche Behörde für die Anerkennung einer Stiftung als rechtsfähig nach § 80 BGB und eine etwaige Satzungsergänzung nach § 83 Satz 2, § 81 Abs. 1 Satz 4 BGB zuständig ist. Weitere Vorschriften zur Anerkennung von Stiftungen sind verzichtbar. Damit wird der Tatsache Rechnung getragen, dass die Entstehungsvoraussetzungen einer rechtsfähigen Stiftung des bürgerlichen Rechts nunmehr abschließend in den §§ 80, 81 BGB geregelt sind. Dies gilt auch für die Anforderungen an das Stiftungsgeschäft und die Stiftungssatzung sowie die Befugnis der Stiftungsbehörde zur Ergänzung einer unvollständigen Satzung. Durch die Änderung des § 81 BGB hat sich folglich die aus § 85 BGB abgeleitete Gesetzgebungskompetenz der Länder erledigt.

3. Umfang und Befugnisse der Stiftungsaufsicht

Die staatliche Aufsicht über die Stiftungen ist durch die Reform des Stiftungsrechts unverändert geblieben. Sie gehört auch künftig zu den unverzichtbaren Elementen der rechtsfähigen Stiftung des privaten Rechts. Nur durch eine staatliche Aufsicht wird die dauerhafte Verfolgung des Stifterwillens gewährleistet und der Schutz der Stiftung und des Rechtsverkehrs vor rechtswidrigem Organhandeln sichergestellt. Dies gilt nicht nur für Stiftungen mit „öffentlichen Zwecken", sondern in gleicher Weise auch für Stiftungen, die ganz oder überwiegend privaten Zwecken dienen. Daher ist auch – entgegen der Ansicht der Bund-Länder-Arbeitsgruppe – eine Einschränkung der Stiftungsaufsicht bei privatnützigen Stiftungen, insbesondere Familienstiftungen, nicht zu empfehlen. Wenn die Arbeitsgruppe eine solche Beschränkung mit dem Hinweis rechtfertigt, „der Staat braucht den von ihm zu Gunsten der Bürger geleisteten Service einer Aufsicht nicht auch rein privatnützigen Stiftungen zur Verfügung zu stellen",[21] so verkennt sie die Funktion der Stiftungsaufsicht. Abgesehen davon, dass der Stifter und die Destinatäre einer privatnützigen Stiftung ebenfalls „Bürger" sind und die Selbststeuerungskräfte von Familienstiftungen nicht überschätzt werden sollten, geht es bei der Stiftungsaufsicht auch um den Schutz des Rechtsverkehrs vor den Risiken, die mit der Zulassung von rechtsfähigen Stiftungen dadurch verbunden sind, dass Organhandeln nicht durch die Richtigkeitsgewähr einer Mitgliederentscheidung legitimiert

---

[20] Vgl. §§ 59 ff. AO.
[21] Bericht der Bund-Länder-Arbeitsgruppe Stiftungsrecht (Fußn. 5), S. 59.

wird.[22] Die „Bürger" haben deshalb sehr wohl ein Interesse daran, dass der Staat auch die Rechtmäßigkeit des Handelns der Organe privater Stiftungen überwacht.

Der Modellentwurf regelt den Umfang und die Befugnisse der Stiftungsaufsicht in Anlehnung an die geltenden Landesstiftungsgesetze. Die staatliche Stiftungsaufsicht ist als eine reine Rechtsaufsicht ausgestaltet. Sie wacht darüber, dass die Stiftungsorgane den Stifterwillen und die Gesetze beachten (§ 3 Abs. 1 ME). Die Aufsichtsbehörde führt auch das Stiftungsverzeichnis und ist zugleich zuständig für Maßnahmen nach § 87 BGB (§ 2 Abs. 2 ME). Die Aufsichtsbehörde kann – wenn dies dem Behördenaufbau eines Landes besser entspricht – mit der Anerkennungsbehörde identisch sein. Zentrales präventives Aufsichtsinstrument ist die jährliche Rechnungslegungs- und Berichtspflicht des Stiftungsvorstandes (§ 3 Abs. 2 ME). Es wird ergänzt durch ein Unterrichtungs- und Prüfungsrecht, das unter einem Erforderlichkeitsvorbehalt steht (§ 4 ME). Um die Rechtmäßigkeit der Stiftungsverwaltung zu gewährleisten, kann die Aufsichtsbehörde rechtswidrige Beschlüsse und Maßnahmen beanstanden und rechtlich gebotene Maßnahmen anordnen (§ 5 ME). Ferner kann sie Organmitglieder aus wichtigem Grund abberufen und – vorbehaltlich der §§ 86, 29 BGB – bestellen (§ 6 ME). Satzungsänderungen bedürfen grundsätzlich der Genehmigung der Aufsichtsbehörde. Diese kann selbst unter bestimmten Voraussetzungen die Satzung ändern (§ 7 ME).

Der Modellentwurf macht den Umfang der Stiftungsaufsicht nicht davon abhängig, ob ein in der Satzung vorgesehenes unabhängiges Kontrollorgan besteht, das die Verwaltung durch den Stiftungsvorstand überwacht. Eine solche Einschränkung der Aufsichtsbefugnisse ist ohnehin nur für die präventiven Aufsichtsbefugnisse denkbar. Insoweit beschränkt der Entwurf die Aufsicht jedoch bereits auf eine regelmäßige jährliche Rechnungslegungs- und Berichtspflicht. Diese Pflicht der Stiftungsorgane ist aber unverzichtbar, wenn die Aufsichtsbehörden ihre gesetzlichen Aufgaben erfüllen sollen.

4. Stiftungsverzeichnis

Der Modellentwurf greift die Empfehlung der Bund-Länder-Arbeitsgruppe Stiftungsrecht auf, „in jedem Bundesland öffentlich zugängliche Verzeichnisse über die bestehenden rechtsfähigen Stiftungen des privaten Rechts" ohne Publizitätswirkung einzuführen (vgl. §§ 8, 9 ME).[23] Nach dem Vorschlag der Arbeitsgruppe sollen die Stiftungsverzeichnisse Angaben enthalten zum Namen, den Zwecken, dem Sitz und der Anschrift der Stiftungen (vgl. §§ 8, 9 ME). Des Weiteren hat die Arbeitsgruppe empfohlen, zum Schutz des Rechtsverkehrs die Ausstellung so genannter Vertretungsbescheinigungen gesetzlich vorzusehen.[24] Der Modellent-

---

[22] Vgl. *Staudinger/Rawert,* BGB, 13. Bearb., 1995, Vorbem. zu §§ 80 ff. Rz. 64.
[23] Bericht der Bund-Länder-Arbeitsgruppe Stiftungsrecht (Fußn. 5), S. 36.
[24] Ebd., S. 37.

wurf verbindet beide Anliegen in der Weise, dass in das Stiftungsverzeichnis auch Angaben über die Personen der Vorstandsmitglieder und die Vertretungsbefugnis aufzunehmen sind (§ 8 Abs. 1 und 5 ME). Gleichzeitig können von den Eintragungen beglaubigte Abschriften gefordert werden, die praktisch die Funktion von Vertretungsbescheinigungen übernehmen sollen. Darüber hinaus ist – entsprechend den Empfehlungen der Bund-Länder-Arbeitsgruppe [25] – die Einsicht in das Stiftungsverzeichnis jedermann zu Informationszwecken gestattet (§ 8 Abs. 5 ME). Hinsichtlich der näheren Ausgestaltung der Stiftungsverzeichnisse enthält der Modellentwurf eine Verordnungsermächtigung (§ 9 Abs. 1 ME). Gleiches gilt – in Anlehnung an die Regelungen zum Vereins- und Handelsregister – für die Einführung elektronischer Stiftungsverzeichnisse (§ 9 Abs. 2 ME).[26]

5. Schlussbestimmungen

Um die Durchsetzung der gesetzlichen Rechnungslegungs-, Berichts- und Anzeigepflichten zu gewährleisten, wird ein Ordnungswidrigkeitentatbestand vorgeschlagen (§ 11 ME).

6. Nicht übernommene Regelungen der Landesstiftungsgesetze

Der Modellentwurf ist kürzer als alle derzeit geltenden Landesstiftungsgesetze. Dies ist möglich, weil er auf Vorschriften verzichtet, deren Inhalt sich bereits aus dem BGB und dem Stiftungsbegriff ergibt. Da es sich insoweit um „Bürgerliches Recht" im Sinne von Art. 74 Abs. 1 Nr. 1 GG handelt, fehlt den Ländern hierzu ohnehin die Gesetzgebungskompetenz. Der Entwurf verzichtet auch auf subsidiäre Bestimmungen zu Fragen, die allein der Stifter im Stiftungsgeschäft und der Stiftungssatzung regeln muss. Auf diese Weise wird die Stifterfreiheit gestärkt und der Vorrang des Stifterwillens gewährleistet.

a) Stifterwille als oberster Auslegungsgrundsatz

Einige Landesstiftungsgesetze stellen ausdrücklich fest, dass bei der Auslegung des Gesetzes „der Stifterwille in erster Linie maßgebend" sei.[27] Die Vorschriften drücken etwas Selbstverständliches aus. Sie sind deshalb nicht in den Modellentwurf übernommen worden.

---

[25] Ebd., S. 36.
[26] Vgl. § 55a BGB, § 8a HGB.
[27] So z. B. § 2 BadWürttStiftG; Art. 2 BayStiftG; § 2 NdsStiftG; § 3 RhPfStiftG.

b) Vermögenserhaltung und Ertragsverwendung

Mit Rücksicht auf den Vorrang des Stifterwillens verzichtet der Modellentwurf auf Regelungen zur Erhaltung des Stiftungsvermögens und zur Verwendung seiner Erträge. Entsprechende Regelungen finden sich bisher in den meisten Landesstiftungsgesetzen. So ist z. B. nach § 7 Abs. 1 NRWStiftG das Stiftungsvermögen, „soweit die Satzung nichts Abweichendes bestimmt, ungeschmälert zu erhalten". Nach § 8 Abs. 1 NRWStiftG sind „Erträge des Stiftungsvermögens und die nicht zu seiner Vermehrung bestimmten Zuwendungen an die Stiftung – entsprechend dem Stiftungszweck zu verwenden". Erträge können aber nach § 8 Abs. 2 lit. b NRWStiftG auch dem Vermögen zugeführt werden, wenn „es die Satzung zulässt". Wie diese Einschränkungen zeigen, gibt es kein gesetzliches Konzept der Vermögenserhaltung und Ertragsverwendung. Vielmehr ist es allein Sache des Stifters, ein bestimmtes Vermögenserhaltungskonzept festzulegen, solange die dauernde und nachhaltige Erfüllung der Stiftungszwecke gesichert erscheint.[28] Nach § 81 Abs. 1 Satz 3 Nr. 3 BGB muss die Stiftungssatzung nähere Angaben zur Vermögensausstattung der Stiftung enthalten. Mit Rücksicht auf diese Satzungsregelungen bedarf es keiner gesetzlichen Vorschriften zur Vermögenserhaltung und Ertragsverwendung. Auch die in einigen Ländern bestehenden Anzeigepflichten und Genehmigungsvorbehalte für bestimmte Arten von Rechtsgeschäften[29] können entfallen. Auf diese Weise wird nicht nur die Stifterautonomie gestärkt, sondern auch der (falsche) Eindruck vermieden, als würde in Hinsicht auf die Vermögenserhaltung, Rücklagenbildung und Ertragsverwendung in den einzelnen Bundesländern ein unterschiedliches Stiftungsrecht gelten.

c) Rechtsstellung der Stiftungsorgane

Die meisten Landesstiftungsgesetze enthalten eingehende Vorschriften über die Rechtsstellung der Stiftungsorgane, insbesondere ihre Sorgfaltspflichten, die Pflicht zur Vertraulichkeit, den Ersatz von Aufwendungen, die Haftung der Organmitglieder und das Verbot von Insichgeschäften.[30] Diese Regelungen sind in den Modellentwurf nicht übernommen worden, weil sie entbehrlich sind. Denn für die Rechtsstellung des Stiftungsvorstands gelten kraft Verweisung nach § 86 BGB die Vorschriften des Vereinsrechts (§§ 26, 27 Abs. 3, §§ 28 bis 31 BGB), die wiederum auf das Auftragsrecht verweisen (§§ 86, 27 Abs. 3 BGB). Für die Vertretungsmacht

---

[28] So schon die Vorentwürfe der Redaktoren zum BGB, Abschnitt II., Titel 1.II. § 27 Stiftungen sub I.7., wiedergegeben bei Schubert, Die Vorlagen der Redaktoren für die Erste Kommission zur Ausarbeitung des Entwurfs eines Bürgerlichen Gesetzbuches, 1980, S. 705: „So lange die Stiftung besteht, muss das Vermögen nach Maßgabe der vom Stifter getroffenen Bestimmungen verwendet werden." Zur Vermögenserhaltung im Stiftungsrecht *Hüttemann*, in: Festgabe für Werner Flume zum 90. Geburtstag, 1998, S. 59 ff.

[29] Siehe oben Fußn. 19.

[30] Vgl. Art. 14, 22 BayStiftG; § 8 BrbgStiftG; § 6 NdsStiftG; § 18 RhPfStiftG; § 5 SaarlStiftG; § 4 SchlHolStiftG.

des Vorstandes bei Insichgeschäften ist die allgemeine Vorschrift des § 181 BGB maßgebend. Schließlich kann der Stifter in der Satzung die Rechtsstellung der Stiftungsorgane abweichend von den gesetzlichen Vorschriften ausgestalten, soweit sie dispositiver Natur sind. Angesichts dieser Ausgangslage ist ein Regelungsbedarf für landesrechtliche Vorschriften nicht zu erkennen. Da es sich um „Bürgerliches Recht" im Sinne von Art. 74 Abs. 1 Nr. 1 GG handelt, dürfte den Ländern mit Rücksicht auf das BGB die Gesetzgebungskompetenz für eigene Regelungen ohnehin fehlen.

d) Aufhebung der Stiftung nach § 87 BGB, Zusammenlegung, Zulegung, Zweckänderungen

Nach § 87 BGB kann die zuständige Behörde der Stiftung „eine andere Zweckbestimmung geben oder sie aufheben", wenn die Erfüllung des Stiftungszwecks unmöglich geworden ist oder sie das Gemeinwohl gefährdet. Das Landesrecht muss nur die Behörde festlegen, die für Maßnahmen nach § 87 BGB zuständig ist. Die geltenden Landesstiftungsgesetze gehen jedoch zumeist darüber hinaus und enthalten ergänzende Vorschriften zur Zusammenlegung und Zulegung von Stiftungen sowie zu Zweck- und Satzungsänderungen.[31] Ferner wird in einzelnen Landesgesetzen für den Fall einer Zusammenlegung und Zulegung sogar Gesamtrechtsnachfolge angeordnet.[32]

Der Modellentwurf beschränkt sich auf eine Vorschrift zu Satzungsänderungen (§ 7 ME) und die Regelung der Zuständigkeit (§ 2 Abs. 2 ME). Die weiteren Regelungen in den geltenden Landesstiftungsgesetzen sind nicht übernommen worden, da § 87 BGB eine ausreichende und abschließende Regelung für alle von der Stiftungsbehörde zu treffenden Maßnahmen enthält. Dies gilt auch für die Zusammenlegung und Zulegung, die nach richtiger Ansicht als „Aufhebung" der Stiftung im Sinne von § 87 BGB zu qualifizieren sind, da die Stiftung als solche erlischt, auch wenn ihr Vermögen auf eine andere Stiftung mit gleichartigen Zwecken übergeht. Eine solche Zusammenlegung oder Zulegung ist auch kein „milderes" Mittel gegenüber der Aufhebung. Sie kommt nur in Betracht, wenn sie dem mutmaßlichen Stifterwillen entspricht.[33]

e) Vermögensanfall

Nachdem in § 88 Satz 2 BGB eine besondere Bestimmung über den Vermögensanfall bei Aufhebung einer Stiftung aufgenommen worden ist, sind die entsprechenden Regelungen in den Landesstiftungsgesetzen ungültig geworden. Ein

---

[31] Vgl. z. B. § 14 Abs. 3 BadWürttStiftG; Art. 16 BayStiftG; § 9 HessStiftG; § 6 SchlHolStiftG.

[32] Vgl. z. B. § 14 Abs. 2 Satz 4 BadWürttStiftG; § 12 Satz 4 MecklVorPStiftG

[33] Zum Ganzen *Lutter/Rawert*, Umwandlungsgesetz, 2. Aufl., 2000, § 161 Rz. 62 ff.

Regelungsbedarf besteht für den Landesgesetzgeber nur noch, soweit für bestimmte Stiftungen (z. B. kommunale Stiftungen) ein besonderer Anfallberechtigter bestimmt werden soll. In diesem Fall wäre der Modellentwurf um eine entsprechende Vorschrift zu ergänzen.

f) Privatnützige Stiftungen

Der Modellentwurf verzichtet auf besondere Regelungen zu privatnützigen Stiftungen, insbesondere Familienstiftungen. Derartige Vorschriften sind entbehrlich, weil für solche Stiftungen nach dem Entwurf keine Besonderheiten gelten. Insbesondere besteht – wie oben dargelegt[34] – kein Anlass, die Stiftungsaufsicht für privatnützige Stiftungen gesetzlich einzuschränken.

g) Unselbständige Stiftungen

In einzelnen Landesstiftungsgesetzen finden sich auch Vorschriften zu unselbständigen Stiftungen.[35] Es handelt sich zumeist nur um (deklaratorische) Begriffsbestimmungen, die – wie auch ihr Fehlen in den meisten Landesgesetzen zeigt – praktisch entbehrlich sind. Darüber hinaus fehlt den Ländern die Gesetzgebungskompetenz für solche Regelungen, da sie ausschließlich Rechtsverhältnisse des Vertrags- und Erbrechts betreffen (s. o. III. 1).

IV. Schlussbemerkung

Nach der Verbesserung der steuerlichen Rahmenbedingungen[36] und der eher verhaltenen Modernisierung des Stiftungsprivatrechts ist es jetzt Sache der Länder, einen mutigen Beitrag zur Reform des Stiftungsrechts zu leisten. Die ohnehin erforderliche Anpassung der Landesstiftungsgesetze an das neue Stiftungsrecht im BGB eröffnet ihnen die Möglichkeit, durch eine konsequente Deregulierung das Verwaltungsverfahren zu vereinfachen und die Stifterautonomie zu stärken. Die Länder, die die Erforderlichkeit weiterer Reformen des Stiftungsrechts auf Bundesebene in der Vergangenheit stets unter Hinweis auf ihre eigene Fähigkeit zur Selbstkoordination verneint haben, haben jetzt die Gelegenheit, genau diese Fähigkeit unter Beweis zu stellen.

---

[34] Vgl. oben III. 3.
[35] §§ 2, 32, 33 NRWStiftG; § 28 DDRStiftG.
[36] Vgl. das Gesetz zur weiteren steuerlichen Förderung von Stiftungen vom 14. 7. 2000, BGBl. I 1034.

Modellentwurf eines Landesstiftungsgesetzes

Gesetzestext

1. Teil. Allgemeine Bestimmungen

§ 1 Geltungsbereich. Dieses Gesetz gilt für die rechtsfähigen Stiftungen des Bürgerlichen Rechts, die ihren Sitz in [...] haben.

§ 2 Stiftungsbehörden. (1) Zuständige Behörde im Sinne der § 80 Abs. 1, § 81 Abs. 2 Satz 2 BGB (Anerkennungsbehörde) ist [...]. Sie ist auch zuständig für Maßnahmen nach § 83 Satz 2 BGB.

(2) Zuständige Behörde für die Rechtsaufsicht über die Stiftungen (§§ 3 bis 7) ist [...] (Aufsichtsbehörde). Sie führt auch das Stiftungsverzeichnis (§§ 8, 9) und ist ferner zuständig für Maßnahmen nach § 87 BGB.

2. Teil. Stiftungsaufsicht

§ 3 Rechtsaufsicht. (1) Stiftungen unterliegen der Rechtsaufsicht des Landes, soweit sie nicht der Aufsicht einer Kirche oder einer anderen Religionsgemeinschaft, die Körperschaft des öffentlichen Rechts ist, unterliegen. Die Rechtsaufsicht beschränkt sich darauf, zu überwachen, dass die Organe der Stiftung den in Stiftungsgeschäft und Stiftungssatzung zum Ausdruck gekommenen Stifterwillen sowie die Gesetze beachten.

(2) Der Stiftungsvorstand ist verpflichtet, der Aufsichtsbehörde zur Wahrnehmung der Rechtsaufsicht eine Jahresabrechnung mit einer Vermögensübersicht und einen Bericht über die Erfüllung der Stiftungszwecke vorzulegen. Dies soll innerhalb von sechs Monaten nach Abschluss des Rechnungsjahres geschehen.

§ 4 Unterrichtung und Prüfung. Soweit es zur ordnungsgemäßen Aufsicht erforderlich ist, kann sich die Aufsichtsbehörde über Angelegenheiten der Stiftung unterrichten, die Verwaltung der Stiftung prüfen oder auf Kosten der Stiftung prüfen lassen.

§ 5 Beanstandung und Anordnung. (1) Die Aufsichtsbehörde kann Beschlüsse und andere Maßnahmen der Stiftungsorgane, die dem Stifterwillen oder den Gesetzen widersprechen, beanstanden und verlangen, dass sie innerhalb einer angemessenen Frist aufgehoben oder rückgängig gemacht werden. Beanstandete Beschlüsse und Maßnahmen dürfen nicht vollzogen werden.

(2) Unterlässt ein Stiftungsorgan eine rechtlich gebotene Maßnahme, kann die Aufsichtsbehörde anordnen, dass die Maßnahme innerhalb einer angemessenen Frist durchgeführt wird.

(3) Kommt die Stiftung einer Anordnung nach Abs. 1 oder 2 nicht fristgemäß nach, kann die Aufsichtsbehörde beanstandete Beschlüsse aufheben und angeordnete Maßnahme auf Kosten der Stiftung durchführen oder durchführen lassen.

§ 6 Abberufung und Bestellung von Organmitgliedern. (1) Die Aufsichtsbehörde kann Mitglieder eines Stiftungsorgans aus wichtigem Grund abberufen oder ihnen die Ausübung ihrer Tätigkeit einstweilen untersagen. Ein solcher Grund ist insbesondere grobe Pflichtverletzung oder Unfähigkeit zur ordnungsmäßigen Geschäftsführung.

(2) Vorbehaltlich §§ 86, 29 BGB kann die Aufsichtsbehörde Mitglieder eines Stiftungsorgans bestellen, sofern sie nicht innerhalb einer von der Aufsichtsbehörde gesetzten angemessen Frist im satzungsmäßigen Bestellungsverfahren bestellt werden.

§ 7 Satzungsänderungen. (1) Satzungsänderungen bedürfen der Genehmigung durch die Aufsichtsbehörde.

(2) Die Aufsichtsbehörde kann die Satzung einer Stiftung mit Ausnahme des Stiftungszwecks ändern, wenn dies aufgrund einer wesentlichen Veränderung der Verhältnisse erforderlich ist.

(3) Sofern der Stifter noch lebt, ist er vor einer Satzungsänderung anzuhören.

3. Teil. Stiftungsverzeichnis

§ 8 Stiftungsverzeichnis. (1) Die Aufsichtsbehörde führt ein Verzeichnis der rechtsfähigen Stiftungen.

(2) In das Stiftungsverzeichnis sind einzutragen der Name und der Sitz der Stiftung, die Stiftungszwecke, die Vertretungsbefugnis der Mitglieder des Vorstands (§§ 86, 26 BGB) und die Personen der Vorstandsmitglieder. Einzutragen sind ferner der Tag der Anerkennung und des Erlöschens der Rechtsfähigkeit sowie der Tag der Genehmigung von Satzungsänderungen. Satz 1 gilt entsprechend für besondere Vertreter im Sinne des § 30 BGB.

(3) Der Stiftungsvorstand ist verpflichtet, der Aufsichtsbehörde unverzüglich die Personen der Vorstandsmitglieder und besonderer Vertreter anzuzeigen.

(4) Eintragungen in das Stiftungsverzeichnis sind von der Aufsichtsbehörde im [Staatsanzeiger / Amtlichen Anzeiger] bekannt zu machen.

(5) Die Einsicht in das Stiftungsverzeichnis sowie die Stiftungssatzung ist jedem zu Informationszwecken gestattet. Von den Eintragungen und der Stiftungssatzung kann eine Abschrift gefordert werden. Diese ist auf Verlangen zu beglaubigen.

§ 9 Verordnungsermächtigung. (1) Die Landesregierung wird ermächtigt, durch Rechtsverordnung nähere Vorschriften über die Einzelheiten der Errichtung und Führung des Stiftungsverzeichnisses zu erlassen.

(2) Die Landesregierung kann durch Rechtsverordnung bestimmen, dass und in welchem Umfang das Stiftungsverzeichnis in maschineller Form als automatisierte Datei geführt wird. Hierbei muss gewährleistet sein, dass

1. die Grundsätze einer ordnungsgemäßen Datenverarbeitung eingehalten, insbesondere Vorkehrungen gegen einen Datenverlust getroffen sowie die erforderlichen Kopien der Datenbestände mindestens tagesaktuell gehalten und die originären Datenbestände sowie deren Kopien sicher aufbewahrt werden;

2. die vorzunehmenden Eintragungen alsbald in einen Datenspeicher aufgenommen und auf Dauer inhaltlich unverändert in lesbarer Form wiedergegeben werden können;

3. die nach der Anlage zu § 126 Abs. 1 Satz 2 Nr. 3 GBO gebotenen Maßnahmen getroffen werden.

4. Teil. Übergangs- und Schlussbestimmungen

§ 10 Bestehende Stiftungen. (1) Auf die beim In-Kraft-Treten dieses Gesetzes bestehenden rechtsfähigen Stiftungen des bürgerlichen Rechts sind außer § 2 Abs. 1 die Vorschriften dieses Gesetzes anzuwenden.

(2) Die Eintragung bestehender Stiftungen in das Stiftungsverzeichnis erfolgt durch die Aufsichtsbehörde. Die Vorstände bestehender Stiftungen haben die notwendigen Angaben für

die Eintragung ihrer Personen innerhalb von sechs Monaten nach In-Kraft-Treten dieses Gesetzes zu machen.

§ 11 Ordnungswidrigkeiten. (1) Ordnungswidrig handelt, wer vorsätzlich oder fahrlässig seinen Verpflichtungen nach § 3 Abs. 2, § 8 Abs. 3 und § 10 Abs. 2 dieses Gesetzes nicht, nicht richtig, nicht vollständig oder nicht rechtzeitig nachkommt.

(2) Die Ordnungswidrigkeit kann mit einer Geldbuße bis zu Euro [...] geahndet werden.

(3) Verwaltungsbehörde im Sinne des § 36 Abs. 1 Nr. 1 des Gesetzes über Ordnungswidrigkeiten ist [...].

§ 12 In-Kraft-Treten. Aufhebung bisher geltenden Rechts. (1) Dieses Gesetz tritt am Tage nach seiner Verkündung in Kraft.

(2) Mit In-Kraft-Treten dieses Gesetzes treten außer Kraft [...].

Begründung

Zu § 1 ME (Geltungsbereich)

Das Gesetz gilt lediglich für die rechtsfähigen Stiftungen i. S. d. §§ 80 bis 88 BGB. Stiftungen des öffentlichen Rechts sind Teile der mittelbaren Staatsverwaltung. Ihre Rechtsverhältnisse sind vom öffentlichen Organisationsrecht der Länder ausreichend geregelt. Das gilt insbesondere, weil sie typologisch eher den Anstalten des öffentlichen Rechts als den Stiftungen des Privatrechts nahe stehen. Die Begrenzung des Geltungsbereiches der Landesstiftungsgesetze auf die bürgerlich-rechtlichen Stiftungen wird damit dem Anliegen gerecht, Stiftungen primär als Instrument privater Gemeinwohlpflege zu definieren.

Der Entwurf verzichtet auf Sonderregelungen zu kirchlichen und kommunalen Stiftungen. Für die Rechtsverhältnisse der kirchlichen Stiftungen ist in erster Linie das autonome Kirchenrecht maßgebend. Auf der Grundlage der staatskirchenrechtlichen Bestimmungen des Grundgesetzes (Art. 140 GG i.V. m. Art. 137 bis 139 WRV), der Landesverfassungen, der Konkordate, der Kirchenverträge sowie der Landesstiftungsgesetze ist den Kirchen das Recht zur eigenverantwortlichen Regelung des Kirchstiftungsrechts eingeräumt. Im Rahmen seines Anwendungsbereichs verdrängt das Kirchenrecht die Sonderregeln des staatlichen Rechts. Das gilt zwar nicht für die Teilnahme kirchlicher Stiftungen am allgemeinen weltlichen Rechtsverkehr. Insoweit ist die Anerkennung einer rechtsfähigen Stiftung bürgerlichen Rechts auch dann Sache der Landesbehörden, wenn es sich um eine kirchliche Stiftung i. S. d. Kirchenrechts handelt. Wird eine Stiftung durch die zuständige kirchliche Behörde jedoch als kirchliche Stiftung anerkannt, verdrängen kirchliche Regelungen über die Verwaltung und Aufsicht das staatliche Recht (vgl. § 3 Abs. 1 Satz 1 ME).

Die Rechtsverhältnisse kommunaler Stiftungen werden durch ihre Einbindung in das Gefüge der öffentlichen Verwaltung geprägt. Entsprechend der Tradition des deutschen Kommunalrechts sowie im Anschluss an die Regelung des § 66 der Deutschen Gemeindeverordnung von 1935 werden sie grundsätzlich nach den Regeln des Gemeinderechts verwaltet (vgl. z. B. § 18 Abs. 2 HessStiftG i.V. m. §§ 116, 120 Abs. 1 HessGO; § 35 NRWStiftG; §§ 39, 40 RhPfStiftG). Regelungstechnisch ist es Sache des jeweiligen Kommunalrechts, gegebenenfalls die Anwendung des Landesstiftungsgesetzes zu bestimmen.

Zu § 2 ME (Stiftungsbehörden)

Die von § 2 vorgesehene Unterscheidung zwischen Anerkennungsbehörde und Aufsichtsbehörde ist nicht zwingend. Die Zuständigkeiten können entsprechend der geltenden Rechts-

3.9 Der Modellentwurf eines Landesstiftungsgesetzes

lage in den Stadtstaaten und einigen anderen Bundesländern (z. B. Brandenburg, Mecklenburg-Vorpommern, Sachsen) auch bei einer Behörde konzentriert werden. Die Entscheidung ist ausschließlich von Praktikabilitätsgesichtspunkten abhängig.

Zu § 3 ME (Rechtsaufsicht)

Die Stiftungsaufsicht ist reine Rechtsaufsicht (BVerwGE 40, 347). Maßstab der Aufsicht sind der Stifterwille sowie die Gesetze. Die zuständigen Behörden sind nicht befugt, an die Stelle des Ermessens der Stiftungsorgane ihr eigenes Ermessen zu setzen. Kirchliche Stiftungen unterliegen nicht der Rechtsaufsicht des Staates (s. o. zu § 1 ME).

Für die Feststellung des Stifterwillens ist auf den in Stiftungsgeschäft und Stiftungssatzung verobjektivierten ursprünglichen Stifterwillen abzustellen. Der aktuelle subjektive Wille eines noch lebenden Stifters ist unerheblich. Auch der noch lebende Stifter steht der Stiftung im Grundsatz wie ein fremder Dritter gegenüber.

Das zentrale präventive Instrument der Stiftungsaufsicht ist die jährliche Rechnungslegungs-und Berichtspflicht des Stiftungsvorstandes (Abs. 2). Die Regelung nimmt das bestehende Landesrecht auf (vgl. z. B. § 7 Abs. 3, § 9 Abs. 2 Nr. 2 BadWürttStiftG; Art. 25 BayStiftG; § 4 Abs. 7, § 10 Abs. 1 SchlHolStiftG). Mangels abweichender Festlegungen in der Stiftungssatzung hat die Rechnungslegung nach Maßgabe der §§ 86, 27 Abs. 3, § 666 BGB zu erfolgen.

Die Anordnung einer obligatorischen Prüfung – z. B. für bestimmte Stiftungsarten wie die unternehmensverbundenen Stiftungen (vgl. § 10 Abs. 1 S. 2 NRWStiftG) – erscheint im Hinblick auf die erheblichen Kosten einer solchen Prüfung unverhältnismäßig. Es ist im übrigen Sache des Stifters, entsprechende Anordnungen gegebenenfalls in der Stiftungssatzung vorzusehen.

Zu § 4 ME (Unterrichtung und Prüfung)

überwiegend räumen die Stiftungsgesetze der Länder den Aufsichtsbehörden das Recht ein, sich über die Angelegenheiten einer Stiftung jederzeit zu unterrichten (vgl. § 9 Abs. 1 BadWürttStiftG; § 12 Abs. 1 Satz 1 BremStiftG; § 32 RhPfStiftG). Die Festlegung der dazu erforderlichen konkreten Maßnahmen obliegt dem pflichtgemäßen Ermessen der Behörden. Die vom geltenden Landesrecht zum Teil normierten Unterrichtungsformen wie die Besichtigung der Einrichtungen einer Stiftung (vgl. § 12 Abs. 1 Satz 2 HessStiftG; § 8 Abs. 2 SchlHolStiftG), die Geschäfts-und Kassenprüfung (vgl. § 8 Abs. 2 SchlHolStiftG), die Einsicht in Akten und sonstige Unterlagen (vgl. § 9 Abs. 1 BadWürttStiftG; § 11 Abs. 1 Satz 2 NdsStiftG) etc. sind lediglich beispielhafte Erwähnungen. Für die Intensität der jeweiligen Maßnahme gilt der Grundsatz der Verhältnismäßigkeit. Die Möglichkeit, eine Prüfung durch externe Sachverständige ... z. B. Wirtschaftsprüfer ... anzuordnen, entspricht bereits bisher dem Recht einiger Bundesländer (vgl. z. B. Art. 25 Abs. 4 BayStiftG; § 11 Abs. 1 Satz 3 NdsStiftG).

Zu § 5 ME (Beanstandung und Anordnung)

Durch eine Beanstandung kann die Aufsichtsbehörde rechtswidrigen Beschlüssen und anderen rechtswidrigen Maßnahmen der Stiftungsorgane widersprechen. Die Organe erhalten damit die Möglichkeit der Selbstkorrektur. Im übrigen ergeht ein Vollzugsverbot. Ferner können rechtlich gebotene, aber pflichtwidrig unterlassene Maßnahmen angeordnet werden.

Kommt die Stiftung einer Anordnung nach § 5 Abs. 1 oder 2 ME nicht nach, hat die Aufsichtsbehörde die Möglichkeit, einen rechtswidrigen Beschluss der Stiftungsorgane aufzuheben oder angeordnete Maßnahmen im Wege der Ersatzvornahme durchzuführen. Sie kann die Anordnung selbst durchführen oder durch einen Dritten durchführen lassen. Die Ersatzvornahme steht im Ermessen der Aufsichtsbehörde. Es besteht keine Vorrangigkeit der allgemeinen Zwangsmittel nach dem Verwaltungsvollstreckungsrecht. Insbesondere ist die Ersatzvornahme nach dem Landesstiftungsgesetz der Anordnung von Zwangsgeldern gegenüber nicht subsidiär (vgl. Andrick / Suerbaum, Stiftung und Aufsicht, 2001, § 8 Rz. 13).

Zu § 6 ME (Abberufung und Bestellung von Organmitgliedern)

Bereits bisher sind die Behörden der Stiftungsaufsicht nach den Gesetzen der meisten Länder befugt, Organmitglieder einer Stiftung abzuberufen, wenn diese sich einer groben Pflichtverletzung schuldig gemacht haben oder zur ordnungsgemäßen Geschäftsführung der Stiftung unfähig sind. Zum Teil ordnet das Landesrecht in diesem Zusammenhang an, dass die Aufsichtsbehörde zunächst die Entfernung des betreffenden Organmitglieds von der Stiftung selbst verlangen muss (vgl. Art. 21 Abs. 1 BayStiftG). Erst wenn die Stiftung binnen einer ihr gesetzten angemessenen Frist der getroffenen Anordnung nicht nachkommt, kann die Entfernung des Mitglieds unmittelbar verfügt werden. Ganz überwiegend kann ein Organ dagegen direkt behördlich abberufen werden.

In Übereinstimmung mit der großen Mehrheit der bisherigen Landesstiftungsgesetze sieht der Entwurf die Möglichkeit der direkten Abberufung eines Organmitglieds durch die Aufsichtsbehörden vor. Abberufungstatbestand ist der „wichtige Grund". Dieses Tatbestandsmerkmal wird durch Regelbeispiele in Anlehnung an § 712 Abs. 1 BGB und § 117 HGB konkretisiert. Als mildere Maßnahme kommt die einstweilige Untersagung der Amtsausübung in Betracht.

Für die Bestellung fehlender Organmitglieder gilt der Vorrang des satzungsmäßigen Bestellungsverfahrens. Fehlt einer Stiftung die erforderliche Anzahl von Vorstandsmitgliedern, ist im übrigen das Amtsgericht, in dessen Bezirk die Stiftung ihren Sitz hat, nach § 86 i.V.m. § 29 BGB berechtigt, für die Zeit bis zur Behebung des Mangels Vorstandsmitglieder zu bestellen. Die von §§ 86, 29 BGB eingeräumte Möglichkeit der Bestellung geht als Bundesrecht für ihren Anwendungsbereich den landesrechtlichen Regelungen über die Bestellung von Organmitgliedern durch die Stiftungsaufsicht vor. § 6 Abs. 2 ME stellt dies klar. Dementsprechend kommt die Bestellung von Mitgliedern der Stiftungsorgane im Rahmen von Aufsichtsmaßnahmen nur in Betracht, wenn in einem anderen Organ als dem Vorstand, z. B. im Kuratorium, die zur Beschlussfassung erforderliche Zahl der Mitglieder fehlt.

Zu § 7 ME (Satzungsänderung)

§ 7 Abs. 1 ME stellt klar, dass Satzungsänderungen grundsätzlich der Genehmigung durch die Aufsichtsbehörde bedürfen, und zwar unabhängig davon, ob sie auf behördlicher Anordnung oder auf eigenem Satzungsrecht der Stiftung beruhen.

§ 7 Abs. 2 ME ermächtigt die Aufsichtsbehörde, die Satzung einer Stiftung zu ändern, wenn dies aufgrund einer wesentlichen Veränderung der Verhältnisse erforderlich ist (vgl. dazu Staudinger / Rawert, BGB, 13. Bearb., 1995, § 87 Rz. 14). Die Zuständigkeit der Aufsichtsbehörde für Zweckänderungen nach § 87 BGB folgt aus § 2 Abs. 2 Satz 2 ME.

§ 7 Abs. 3 ME schreibt vor, dass der noch lebende Stifter vor einer Satzungsänderung anzuhören ist. Während dies für die Stiftung selbst bei behördlich veranlassten Maßnahmen schon aus allgemeinem Verwaltungsverfahrensrecht folgt (§ 28 Abs. 2 VwVfG), bedarf es für den Stifter, der nach Errichtung seiner Stiftung dieser wie ein fremder Dritter gegenübersteht, einer ausdrücklichen gesetzlichen Anordnung.

Zu § 8 ME (Stiftungsverzeichnis)

Die Aufsichtsbehörden führen ein Verzeichnis der rechtsfähigen Stiftungen (§ 8 Abs. 1 ME). Entsprechend den Vorschlägen der Bund-Länder-Arbeitsgruppe Stiftungsrecht (Bericht vom 19. 10. 2001, S. 37) enthält dieses Verzeichnis Angaben über Namen und Sitz der Stiftung, die Stiftungszwecke, die Vertretungsbefugnisse der Mitglieder des Stiftungsvorstands sowie die Personen der Vorstandsmitglieder. Auch besondere Vertreter der Stiftung und ihre Befugnisse (vgl. § 30 BGB) sind zu registrieren. Eintragungspflichtig sind ferner der Tag der Anerkennung und des Erlöschens der Rechtsfähigkeit sowie der Tag der Genehmigung von Satzungsänderungen (§ 8 Abs. 2 ME). Nicht zur Eintragung vorgesehen sind Angaben über das Vermögen der Stiftung. Anders als das Grund-oder Stammkapital im Recht der Kapitalgesellschaften hat das Vermögen einer Stiftung nicht primär die Funktion eines Haftungsfonds. Würden Angaben zum Vermögen in das Stiftungsregister eingetragen, müsste auch das Stiftungsrecht Regelungen über die Kapitalaufbringung und -erhaltung festlegen, die dem Recht der Kapitalgesellschaften entsprechen. Das BGB enthält solche Vorschriften jedoch nicht. Durch Landesrecht können sie nicht normiert werden.

§ 8 Abs. 3 regelt Anzeigepflichten des Stiftungsvorstands, die durch den Ordnungswidrigkeitentatbestand des § 11 Abs. 1 ME bußgeldbewehrt sind. Eintragungen in das Stiftungsverzeichnis sind im Veröffentlichungsorgan des jeweiligen Bundeslandes bekannt zu machen (§ 8 Abs. 4 ME).

Die Einsicht in das Stiftungsverzeichnis sowie die Satzung der Stiftung ist jedem zu Informationszwecken gestattet. Weitere Dokumente, wie insbesondere das Stiftungsgeschäft oder die vom Vorstand der Stiftung nach § 3 Abs. 2 ME einzureichenden Unterlagen, sind der Öffentlichkeit nicht zugänglich zu machen. Von den Eintragungen in das Stiftungsregister können beglaubigte Abschriften gefordert werden. Sie haben die Funktion von Vertretungsbescheinigungen. Zwar geht von ihnen kein dem Vereins-oder Handelsregisterrecht entsprechender Vertrauensschutz aus (vgl. § 68 BGB, § 15 HGB). Falsche Eintragungen in das Register können jedoch zur Staatshaftung führen.

Zu § 9 ME (Verordnungsermächtigung)

Die Norm entspricht den Parallelregelungen in § 55a BGB, § 8 a HGB.

Zu § 10 ME (Bestehende Stiftungen)

Die Regelung stellt klar, dass mit Ausnahme des Anerkennungsverfahrens nach § 2 Abs. 1 ME sämtliche Normen des Entwurfs auch für bestehende Stiftungen gelten. Bestehende Stiftungen sind durch die Aufsichtsbehörde in das Stiftungsverzeichnis einzutragen. Die Vorstände bestehender Stiftungen treffen bußgeldbewehrte Mitwirkungspflichten (§ 10 Abs. 2 i.V. m. § 11 Abs. 1 ME).

Zu § 11 ME (Ordnungswidrigkeiten)

Die Pflichten des Vorstands nach § 3 Abs. 2, § 8 Abs. 3 und § 10 Abs. 2 werden von der Norm bußgeldbewehrt.

Zu § 12 ME (In-Kraft-Treten. Aufhebung bisher geltenden Rechts)

Mit In-Kraft-Treten eines am Modellentwurf orientierten Landesstiftungsgesetzes müssen alte Landesstiftungsgesetze wegen des unterschiedlichen Geltungsbereiches (siehe § 1 Abs. 1 ME) ausdrücklich außer Kraft gesetzt werden.

3.10 Behandlung von Stiftungen in der Rechtsprechung

Von Gerhard Lingelbach

Die mit der zunehmenden Errichtung von Stiftungen sich ergebenden rechtlichen Probleme schlagen sich – soweit diese über die Judikatur ausgetragen werden – vor allem in der höchstrichterlichen Rechtsprechung nieder. Bei den übrigen Gerichten sind Entscheidungen zum Stiftungsrecht eher selten.

Entscheidungen des Bundesverfassungsgerichts (BVerfG)

Von den grundlegenden Entscheidungen des Bundesverfassungsgerichts sollen hier die nur wichtigsten vorgestellt sein. So hat das BVerfG jüngst die Verfassungsbeschwerde abgewiesen, die sich unmittelbar gegen das Gesetz zur Errichtung einer Stiftung „Erinnerung, Verantwortung und Zukunft" vom 2. August 2000 – Stiftungsgesetz 2000 (BGBl. I S. 1263) richtete und den in § 16 Abs. 1 des Gesetzes geregelten Ausschluss etwaiger weitergehender Ansprüche als Verletzung in ihrem Eigentumsgrundrecht aus Art. 14 GG ansah.[1] Grundsätzlich ist zu ähnlichen Klagen vor anderen deutschen Gerichten bislang keine einzige rechtskräftige Entscheidung bekannt, die den Anspruch eines Zwangsarbeiters für begründet erachtet.[2] Vielmehr bestätigte etwa der Bundesgerichtshof (BGH) in jüngster einschlägiger Entscheidung die Wirksamkeit des Ausschlusses von Ansprüchen ehemaliger Zwangsarbeiter gegen die I.G. Farbenindustrie Aktiengesellschaft in Abwicklung gemäß Gläubigeraufrufgesetz von 1957 und dem Stiftungsgesetz aus dem Jahr 2000.[3] Hintergrund für diese Entscheidungen ist: Nach der Rechtsprechung des Bundesverfassungsgerichts fallen unter den Schutz des Art. 14 Abs. 1 GG im Bereich des Privatrechts grundsätzlich alle vermögenswerten Rechte, die dem Berechtigten von der Rechtsordnung in der Weise zugeordnet sind, dass er die damit verbundenen Befugnisse nach eigenverantwortlicher Entscheidung zu seinem privaten Nutzen ausüben darf.[4] Die Eigentumsgarantie schützt damit nicht nur dingliche oder sonstige gegenüber jedermann wirkende Rechtspositionen, sondern auch schuldrechtliche Forderungen,[5] wobei sich dieser Schutz allerdings nur auf solche Rechtspositionen bezieht, die einem Rechtssubjekt bereits zustehen.[6]

---

[1] BVerfG, 1. Senat, 2001-04-25, 1 BvR 132/01; NJW 2001, 2159–2160.
[2] Vgl. *Hahn,* Hugo J., NJW 2000, 3521.
[3] BGH, 6. Zivilsenat, 2003-05-27, VI ZR 389/02; BGHR ZPO § 543 Abs. 2 S. 1 Nr. 1.
[4] Vgl. BVerfGE 83, 201 (209); 101, 239 (258).
[5] Vgl. BVerfGE 42, 263 (293); 45, 142 (179); 83, 201 (208).
[6] Vgl. BVerfGE 68, 193 (222) m. w. N.

Entscheidungen des Bundesgerichtshofes (BGH)

Ein besonderes Problem stellen die in der ehem. DDR unwirksam aufgelösten und damit fortbestehenden Stiftungen dar. Mit diesen Problemen hatte sich der BGH mehrfach zu beschäftigen. So in einer angestrebten Entscheidung zur Rechtsnachfolge von Stiftungen, die in der früheren DDR für obsolet erklärt wurden, nunmehr aber Fragen des Umgangs mit dem einstigen Vermögen stehen. Das Vermögen solcher Stiftungen wurde von den früheren Gemeinden zunächst auf einem besonderen Stiftungskonto verwaltet bzw. nach Auflösung der Stiftung dann entweder in Volkseigentum oder auf andere Konten der Gemeinde überführt. Die Nachfolgegemeinden der ehem. Räte der Gemeinden in der DDR sind nach ständiger Rechtsprechung jedoch keine Rechtsnachfolger und haften folglich nicht für Verbindlichkeiten der früheren Gemeinde gegenüber einer Stiftung.[7] Mit seiner in diesem Sinne getroffenen Entscheidung hält der BGH an früherer Entscheidung fest.[8] Einer Stiftung steht gegen die neu gegründete Nachfolgegemeinde kein Anspruch auf Auskunft und Rechenschaftslegung über die Vermögensverwaltung bzw. die verwalteten Forderungen der Stiftung zu, wenn sie nicht nachweist, dass sich noch Stiftungsvermögen im Vermögen der Gemeinde befunden hat bzw. noch befindet. Verbindlichkeiten der früheren Gemeinden sind jedoch dem Verwaltungsvermögen der neu gegründeten Gemeinden dann im Wege der Einzelrechtsnachfolge zuzurechnen, wenn sie mit dem übernommenen Aktivvermögen in einem engen unmittelbaren Zusammenhang stehen, d. h. einen engen Bezug zu bestimmten Verwaltungsaufgaben aufweisen.

Von weitreichender Bedeutung und Meinungsstreit auslösend ist die Entscheidung, dass endgültige unentgeltliche Zuwendungen an Stiftungen (hier: Stiftung Dresdner Frauenkirche) in Form von Zustiftungen oder freien oder gebundenen Spenden pflichtteilsergänzungspflichtige Schenkungen im Sinne der §§ 2325, 2329 BGB sind.[9]

Ein besonderes Problem stellen die Fragen nach der Rechtsaufsicht in Bezug auf Stiftungen dar. Nach allgemeiner Rechtsauffassung kann die kommunale Rechtsaufsicht Amtspflichten der Aufsichtsbehörde gegenüber der zu beaufsichtigenden Gemeinde als einem geschützten Dritten begründen. Schutzpflichten der Aufsicht gegenüber der Gemeinde können auch bei begünstigenden Maßnahmen bestehen, also solchen, die von der Gemeinde selbst angestrebt werden, etwa bei der Genehmigung eines von der Gemeinde abgeschlossenen Rechtsgeschäfts. Ver-

---

[7] BGH, 3. Zivilsenat 2004-05-06, III ZR 248/03).
[8] BGH, 7. Zivilsenat, 1997-01-23, VII ZR 218/95, in: WM 1997, 1028.
[9] BGH, 4. Zivilsenat, 2003-12-10, IV ZR 249/02, in: BGHZ 157, 178–187; auch ZERB 2004, 45; WM 2004, 332–335; ZNotP 2004, 152–155; ZERB 2004, 129–132; NJW 2004, 1382–1384; ZEV 2004, 115–117; FamRZ 2004, 453–455; DNotZ 2004, 475–478; Anm. dazu: *Waldner,* Wolfgang, BGHReport 2004, 447–448; *Kollhosser,* Helmut, ZEV 2004, 117–118; *Hartmann,* Winfried, ZERB 2004, 179–187; *Schiffer,* K. Jan, NJW 2004, 1565–1567; *Saenger,* Ingo, ZSt 2004, 183–190.

letzungen dieser Pflichten vermögen Amts- oder Staatshaftungsansprüche der Gemeinde gegen die Aufsichtsbehörde auszulösen.[10]

Neben dem BVerfG hatte auch der BGH sich im Zusammenhang mit dem Stiftungsgesetz aus dem Jahre 2000 mit Fragen der Entschädigung ehemaliger Zwangsarbeiter zu beschäftigen. So ist nach der Rechtsprechung des BGH die (weitere) außerordentliche Beschwerde gegen die Ablehnung von Prozesskostenhilfe für eine beabsichtigte Entschädigungsklage eines ehemaligen ukrainischen Zwangsarbeiters gegen ein deutsches Unternehmen, in dessen Betrieb er zu Zeiten des Nationalsozialismus nach der Zwangsdeportation arbeitete, unzulässig. Die ablehnende Prozesskostenhilfeentscheidung, die sich auf § 16 Stiftungsgesetz vom 2000 stützt, wonach (weitergehende) Ansprüche ausgeschlossen sind, sei nicht greifbar gesetzwidrig. Nach dem eindeutigen Wortlaut des Stiftungsgesetzes, das auch und gerade dem Anliegen deutscher Unternehmen, umfassenden und dauerhaften Rechtsfrieden in und außerhalb Deutschlands zu erhalten, Rechnung tragen will, stehen dem Kläger – so der BGH – Forderungen gegen das Unternehmen, das ihn in den Kriegsjahren als Zwangsarbeiter beschäftigt hat, nicht zu.[11]

Entscheidungen des Bundesverwaltungsgerichts (BVerwG)

Das BVerwG bejaht die Restitutionsberechtigung einer Landeskirche i. S. d. § 2 Abs. 1 Satz 5 VermG als Nachfolgeorganisation einer aufgelösten, ehemals rechtlich selbstständigen kirchlichen Einrichtung.[12]

Die von der Klägerin begehrte Anerkennung einer von ihr verwalteten Familienstiftung als kirchliche Stiftung wies das BVerwG unter Bezug auf die den Begriff „kirchliche Stiftung" umschreibende Bestimmung nach fr. DDR-Recht des § 26 des Gesetzes über die Bildung und Tätigkeit von Stiftungen vom 13. Sept. 1990 i. d. F. des Rechtsbereinigungsgesetzes vom 26. Juni 1996 zurück, da dieses zu

---

[10] BGH, 3. Zivilsenat, 2002-12-12, III ZR 201/01; in: BGHZ 153, 198–204; auch: UPR 2003, 110–111; DVBl. 2003, 400–401; FiWi 2003, 110–111; NJW 2003, 1318–1319; Info BRS 2003, Heft 2, 16–18; NVwZ 2003, 634–635; DÖV 2003, 415–416; DÖD 2003, 117–119; DVP 2003, 198–200; LKV 2003, 343–344; BauR 2003, 858–860; KommunalPraxis Bayern 2003, 269–271; BayVBl 2003, 537–538; Gemeindehaushalt 2003, 233–234; JZ 2003, 958–960; ZfBR 2003, 828–830; EBE/BGH 2003, BGH-Ls 43/03; ZfIR 2003, 123; BGHReport 2003, 274; NJ 2003, 260–261; NZBau 2003, 408; VR 2004, 251; Entscheidungsbesprechungen dazu in: KommunalPraxis MO 2003, 153–157, *Ilg*, Karl; KommunalPraxis MO 2003, 155–157, *ders.*, DÖD 2003, 97–99, *Metzmacher*, Falk; LKV 2003, 314–316, *Sponer*, Wolf-Uwe; IBR 2003, 381, NVwZ 2003, 818–821, *Meyer*, Hubert; Gemeindehaushalt 2003, 181–183, *Müller*, Jürgen; LKV 2003, 451–455, *Pegatzky*, Claus.

[11] BGH, 3. Zivilsenat, 2000-11-30, III ZB 46/00; in: AP Nr. 62 zu § 612 BGB; NJW 2001, 1069–1070; ArbuR 2001, 77; AP Nr. 2 zu § 611 BGB; AP Nr. 9 zu § 78 ArbGG 1979.

[12] BVerwG, 7. Senat, 2001-08-02, 7 C 28/00, in: ZOV 2001, 422–425; VIZ 2002, 225–228; ZevKR 47, 101–108 [2002]; NJ 2002, 50 mit Anm. *Schmidt*, Udo Michael; Entscheidungsbesprechung in: ZOV 2002, 10–12, *Kapischke*, Markus / *Kästner*, Karl-Hermann, in: ZevKR 47, 90–100 (2002).

irrevisiblem Landesrecht i. S. v. § 137 Abs. 1 VwGO gehört.[13] Allein die Tatsache, dass eine Stiftung aus der Sicht des Bundesverfassungsrechts (Art. 140 GG i.V. m. Art. 137 Abs. 3 WRV) nicht schon deshalb eine kirchliche Stiftung ist, weil sie von der Kirche selbst als solche betrachtet wird, vermag zu überzeugen.[14]

Entscheidungen des Bundesfinanzhofes (BFH)

Nach BFH-Rechtsprechung fördert eine Stiftung auch dann die Allgemeinheit i. S. des § 52 Abs. 1 AO 1977, wenn sie ihre Zwecke ausnahmslos oder überwiegend im Ausland erfüllt und ihre Förderung vorzugsweise auf die Jugend eines Staates (hier: der Schweiz) oder einer Stadt (hier: Bern) beschränkt ist,[15] wobei die formelle Satzungsmäßigkeit nach § 59 AO 1977 hinsichtlich der steuerbegünstigten Zweckverfolgung nicht die ausdrückliche Verwendung der Begriffe „ausschließlich" und „unmittelbar" erfordert.

Die damit verbundene Frage, ob und inwieweit die satzungsmäßige Vermögensbindung (§ 61 Abs. 1 AO 1977) bei einer staatlich beaufsichtigten Stiftung auch dann nach § 62 AO 1977 entbehrlich ist, wenn es sich um eine Stiftung ausländischen Rechts handelt, die der Stiftungsaufsicht eines EU-Mitgliedstaates unterfällt, wurde dem EuGH als folgende Frage zur Vorabentscheidung vorgelegt: Widerspricht es Art. 52 i.V. m. Art. 58, Art. 59 i.V. m. Art. 66 und 58 sowie Art. 73b EGV, wenn eine gemeinnützige Stiftung privaten Rechts eines anderen Mitgliedstaates, die im Inland mit Vermietungseinkünften beschränkt steuerpflichtig ist, anders als eine im Inland gemeinnützige unbeschränkt steuerpflichtige Stiftung mit entsprechenden Einkünften nicht von der Körperschaftsteuer befreit ist? (Az. EuGH: C-386 / 04).

Das Urteil des FG München vom 30. Oktober 2002 – Az. 7 K 1384 / 00, bezieht sich inhaltlich weitgehend auf den vorangegangenen Gerichtsbescheid vom 17. Juli 2002.[16]

Entscheidungen von Oberlandesgerichten (OLG)

Nach der Rechtsprechung des OLG Dresden hat eine gemeinnützige Stiftung ihr Vermögen zur Prozessfinanzierung einzusetzen. Eine Gewährung von Prozesskostenhilfe kann nicht mit dem stiftungsrechtlichen Vermögenserhaltungsgebot begründet werden. Die stiftungsrechtliche Verpflichtung, den Vermögensstock zu erhalten, hat nicht zur Folge, dass eine bei der Anlage des Stiftungsvermögens beratende Bank der Stiftung von einer Anlage in Aktien- oder Rentenfonds abraten muss. Die Einhaltung der stiftungsrechtlichen Vorschriften obliegt allein der Stiftung selbst.[17]

---

[13] BverwG, 7. Senat, 1999-12-21, 7 B 116/99; in: KirchE 37, 463–466 (1999).
[14] s. Fn 13.
[15] BFH, 1. Senat, 2004-07-14, I R 94 / 02.
[16] Auszugsweise in Entsch. d. Finanzgerichte 2003, 481.

Entscheidungen von Oberverwaltungsgerichten (OVG)

Auch wenn die Satzung einer Stiftung des Privatrechts nur eine Vertretung durch den Vorstand regelt, kann einem Aufsichts- oder Kontrollorgan ausnahmsweise die Prozessführungsbefugnis für ein gerichtliches Vorgehen gegen die staatliche Stiftungsaufsicht zustehen, wenn ohne die Zuerkennung einer solchen Befugnis nicht gewährleistet wäre, dass die Stiftungsaufsicht im Einzelfall ihrer Verpflichtung nachkommt, den Stifterwillen und den Stiftungszweck gegenüber der Stiftung und ihren Organen durchzusetzen. Für ein gerichtliches Vorgehen gegen die Stiftungsaufsicht aus eigenem Recht ist ein Stiftungsorgan weder beteiligungsfähig noch klagebefugt.[18] Nach Art. 1 § 1 Abs. 1 S. 1 RBerG darf die Besorgung fremder Rechtsangelegenheiten einschließlich der Rechtsberatung und der Einziehung fremder oder zu Einziehungszwecken abgetretener Forderungen nur von Personen geschäftsmäßig betrieben werden, denen dazu von der zuständigen Behörde die Erlaubnis erteilt worden ist. Ergänzend dazu bestimmt § 1 Abs. 1 S. 1 RBerGAV, dass auch der rechtsgeschäftliche Erwerb von Forderungen zum Zwecke der Einziehung auf eigene Rechnung der Erlaubnis nach Art. 1 § 1 RBerG bedarf. Damit erweitert diese Bestimmung die gesetzliche Erlaubnispflicht auf den Forderungserwerb.[19]

Verfassungsrechtliche Bedenken gegen die Anwendung von § 5 Abs. 1 RBerG-AV bestehen nicht.[20]

Entscheidungen von Landgerichten (LG)

Eine aufgrund einer Stiftungsvereinbarung gezahlte Invalidenpension ist gemäß § 850 b Abs. 1 Nr. 1 ZPO unpfändbar, sofern ihr Bezug durch ein Arbeitsverhältnis begründet ist.[21] Das Mitglied eines Stiftungsbeirats einer Familienstiftung ist im Fall der Auflösung der Stiftung in seinem statuarischen Mitwirkungsrecht betroffen. Es ist deshalb für eine die Unwirksamkeit der Auflösungsbeschlüsse feststellende Klage aktivlegitimiert. Ein Stiftungsbeiratsmitglied, dem infolge der Auflösung einer Familienstiftung ein Vermögensanteil anfallen würde, hat wegen Interessenkollision kein Stimmrecht (§ 18 II Stiftungsgesetz Rheinland-Pfalz). Eine Ausschlagung dieses Vermögensanfalls kann wegen des dann eintretenden Vermögensanfalls der Nächstberufenen das Stimmverbot nicht beseitigen (§ 18 II Alt. 2 StiftungsG Rheinland-Pfalz, § 1953 II 1 BGB entsprechend).

---

17 OLG Dresden, 8. Zivilsenat, 2004-02-10, 8 U 2225/03; OLG-NL 2004, 139–141; WM 2004, 1278–1280; ZIP 2004, 1498–1500; weiterhin DB 2004, 923–924)

18 OVG Berlin, 2. Senat, 2002-11-01, 2 S 29.02; DVBl. 2003, 342–345; NVwZ-RR 2003, 323–326.

19 OVG Lüneburg, 8. Senat, 2002-01-29, 8 MA 4171/01; NJW 2002, 2808–2809.

20 Vgl. BVerwG, 1977-08-16, I C 23.69, in: BVerwGE 54, 264–271; anders VG Bremen, 1996-06-13, 2 A 131/95; NJW 1997, 604–609.

21 LG Mainz, 8. Zivilkammer, 2003-03-06, 8 T 169/02, in: ZVI 2003, 174–175.

3.10 Behandlung von Stiftungen in der Rechtsprechung

Eine Auflösung von Familienstiftungen ist nach Maßgabe der Stiftungssatzungen nur zulässig, wenn eine schwerwiegende Veränderung der Verhältnisse im Sinne eines Wegfalls der Geschäftsgrundlage eingetreten ist.[22] Geschäftsgrundlage sind die nach Abschluss des Vertrages zutage getretenen, dem anderen Teil erkennbar gewordenen und von ihm nicht beanstandeten Vorstellungen der einen Partei oder die gemeinsamen Vorstellungen beider Parteien von dem Vorhandensein oder dem künftigen Eintritt bestimmter Umstände, sofern der Geschäftswille der Parteien auf diesen Vorstellungen aufbaut.[23] Eine „schwerwiegende Veränderung" der Verhältnisse (§ 313 BGB n.F.), mithin eine wesentliche Änderung der Verhältnisse i. S. v. § 13 Abs. 1 der Stiftungssatzung der Beklagten muss nach der Überzeugung der Kammer festgestellt werden, um eine Auflösung der Stiftung als zulässig ansehen zu können. Denn nur dann sei eine unveränderte Durchführung der ursprünglich geschaffenen Stiftung unangemessen oder unzumutbar.[24] und würde auch den Stiftungszwecken zuwider laufen.

Soll eine noch nicht errichte Stiftung durch letztwillige Verfügung als Alleinerbin eingesetzt werden, so bedarf auch das Stiftungsgeschäft selbst der Testamentsform. Zu den notwendigen Voraussetzungen eines Stiftungsgeschäfts von Todes wegen gehört es, dass der Stifter die Verfassung der Stiftung, den Stiftungszweck festlegt und eine Vermögenszuwendung vornimmt. Ist der Stiftungszweck nicht in dem (handschriftlichen) Testament enthalten, so genügt es nicht den Formanforderungen an die Erbeinsetzung der Stiftung, wenn im Testament lediglich auf die maschinenschriftlich abgefasste Stiftungssatzung Bezug genommen wird.[25] Wird durch eigenhändiges Testament eine noch zu errichtende Stiftung zum Alleinerben eingesetzt und hierbei auf eine anliegende maschinenschriftliche Stiftungssatzung Bezug genommen, ist das Stiftungsgeschäft und damit auch die Erbeinsetzung unwirksam.[26]

Der Schenkungsbegriff des § 2314 Abs. 1 BGB ist entsprechend dem Sinn und Zweck dieser Norm auch auf Ausstattungsversprechen des Stifters zugunsten einer Stiftung anzuwenden. Eine als Erbin eingesetzte Stiftung muss gem. § 2325 Abs. 3 BGB nicht nur über unentgeltliche Zuwendungen des Erblassers an sie selbst Auskunft erteilen, sondern auch über solche an Dritte, die vor dem Zeitpunkt ihrer Errichtung liegen, sofern sie in den 10-Jahres-Zeitraum des § 2325 Abs. 3 BGB fallen. Ist ein Rechtsanwalt zum Vorstand der Stiftung berufen, steht dessen Verschwiegenheitspflicht dem Auskunftsanspruch des Pflichtteilsberechtigten grundsätzlich nicht entgegen.[27]

---

[22] LG Mainz, 2. Kammer für Handelssachen, 2002-05-23, 12 HKO 70/01, in: NZG 2002, 738–741; weiterhin ZEV 2002, 418; vgl. dazu *Seifart / von Campenhausen / Hof,* Handbuch des Stiftungsrechts, 2. Aufl., § 12, Rn. 6, S. 353.

[23] Vgl. Palandt-Heinrichs, BGB, 64. Aufl., § 242, Rn. 113 m. w. N.

[24] Vgl. auch Münchener Kommentar zum BGB-Roth, 4. Aufl., § 242, Rn. 589.

[25] LG Berlin, 87. Zivilkammer, 2000-05-28 87, T 708/99, in: FamRZ 2001, 450–452.

[26] LG Berlin, 87. Zivilkammer, 2000-05-26 87, T 708/99, in: NJWE-FER 2000, 293–294; ZEV 2001, 17.

Spezielle Probleme

Versagen der Anerkennung der Stiftung nach § 80 Abs. 1 BGB:

Die Anerkennung der Stiftung nach § 80 Abs. 1 BGB ist zu versagen, wenn der Stiftungszweck das Gemeinwohl gefährdet (§ 80 Abs. 2 BGB).[28]

Stiftungsgeschäft:

Wirksamkeitsvoraussetzung des Stiftungsgeschäfts unter Lebenden ist ein einseitiges Rechtsgeschäft gem. § 80 BGB, wobei das Geschäft auch von einem Vertreter vorgenommen werden kann.[29]

Das Stiftungsgeschäft von Todes wegen kann nach dem durch das Reformgesetz geänderten § 83 BGB auch in einem Erbvertrag bestehen (BGHZ 70, 313 [322]). Dabei muss es ebenso wie das Stiftungsgeschäft unter Lebenden die Satzung der Stiftung festlegen.[30]

Stiftungsverfassung:

Die Rechtsprechung hat hier insbesondere für die möglichen Satzungsänderungen die Voraussetzungen näher definiert, so muss die Änderung dem erklärten oder mutmaßlichen Willen des Stifters entsprechen.[31] Unwirksam ist sie, wenn sie dem Willen des Stifters entsprechende Verwaltungs- und Mitwirkungsrechte der Destinatäre einschränkt.[32]

Einstehen der Stiftung für das Verhalten ihrer Organe:

Für die Stiftungen ihrer Organe bestehen erhebliche Haftungsrisiken, die insbesondere durch Rechtsprechung zu § 31 BGB i.V.m. § 280 Abs. 1 BGB ihre nähere Ausgestaltung erfahren haben. Nach § 31 BGB sind als Haftungssubjekte neben dem Vorstand die erfasst, die das Gesetz unter Vertreter fasst.[33]

---

[27] LG Baden-Baden, 2. Zivilkammer, 1998-07-31, 2 O 70/98, in: ZEV 1999, 152–153, mit Anmerkung *Rawert,* Peter, ZEV 1999, 153–154; FamRZ 1999, 1465–146.

[28] OVG Münster, NVwZ 1996, 913; BVerwG NJW 1998, 2545; *Antrick,* Bernd/*Suerbaum,* NJW 2002, 2908.

[29] BayObLG NJW-RR 1991, 523; *Staudinger/Rawert* § 80 Rn. 4.

[30] BayObLG 65, 77, OLG Zweibrücken NJW-RR 2000, 815.

[31] BGHZ 99, 344; BVerwG NJW 1991, 713.

[32] OLG Hamburg, ZIP 1994, 1950–1952; vgl. *Mankowski,* Peter, FamRZ 1995, 851–854.

[33] BGHZ 49, 19 (21); vgl. BGH, WM 1968, 35–38; NJW 1980, 2810/2811; NJW 1986, 2640–2642.

4. Besondere Stiftungsformen

4.1 Überblick über die verschiedenen Stiftungsformen

Von Götz Freiherr von Rotenhan

Stiftungen treten in Deutschland in vielfältigen Erscheinungsformen auf. Sie lassen sich funktional beschreiben als Einrichtungen, die einen bestimmten, zumeist altruistischen Zweck mit eigenen finanziellen Mitteln – typischerweise Erträgen aus eigenem Vermögen – nachhaltig verfolgen und dazu über ein Mindestmaß an Organisation verfügen.[1] Der Begriff „Stiftung" ist durch diese Definition nicht allein auf eine einzige Rechtsform beschränkt. Neben der klassischen selbstständigen Stiftung des bürgerlichen Rechts, wie sie die §§ 80 ff. BGB beschreiben, bestehen zahlreiche andere Gestaltungsmöglichkeiten, die ebenfalls das Prädikat „Stiftung" führen. So verbirgt sich hinter der Robert Bosch Stiftung eine gemeinnützige GmbH und firmiert die Konrad Adenauer Stiftung als eingetragener Verein. Für den Stiftungswilligen stellt jedoch die Wahl der richtigen Rechtsform eine entscheidende Weichenstellung für seine zukünftige Stiftungsarbeit dar.[2]

Vor Errichtung einer Stiftung sollte sich jeder Stifter aber auch über die Alternativen einer Stiftungsgründung klar werden. So kann eine Spende unter Umständen sinnvoller sein, insbesondere dann, wenn nur kleinere Beträge zur Verfügung stehen. Gerade in Bereichen, in denen bereits erfolgreiche Stiftungen tätig sind, wie etwa der Jugendfürsorge und dem Umweltschutz, sollte auch über Zustiftungen nachgedacht werden. Zuletzt besteht in solchen Bereichen auch die Möglichkeit unselbständige Stiftungen bei erfahrenen Treuhändern zu errichten, die sogar den Namen des Stifters tragen können.

Der Beitrag gibt einen kurzen Überblick über die verschiedenen Stiftungsformen und beschreibt deren Einsatzmöglichkeiten sowie Alternativen. Dabei sollen die Einzelheiten den folgenden Beiträgen überlassen bleiben.

Selbständige und unselbständige Stiftungen

Die selbständige Stiftung ist eine juristische Person. Sie ist damit ein rechtlich selbständiges Vermögen, das nach außen von ihrem Vorstand vertreten wird und ein Mindestmaß an Organisation aufweist. Sie entsteht durch Stiftungsgeschäft und staatliche Genehmigung.

---

[1] *Meyn/Richter*, Die Stiftung, Rdnr. 2.
[2] Übersicht über die Kriterien hierzu bei *Meyn/Richter*, loc. cit., Rdnr. 27.

Unselbständige Stiftungen werden hingegen durch eine Vereinbarung zwischen dem Treuhänder und dem Stifter sowie durch die Übertragung des Stiftungsvermögens auf den Treuhänder gegründet. Dabei entstehen keine eigenen juristischen Personen. Der Treuhänder verspricht lediglich, das Vermögen zu verwalten und die Erträge hieraus für den Stiftungszweck zu verwenden. Deshalb wird die unselbständige Stiftung oft auch als treuhänderische Stiftung oder Treuhandstiftung bezeichnet. Im Folgenden sollen diese beiden Rechtsformen sowie die Ersatzformen des Stiftungsvereins und der Stiftungs-GmbH näher beleuchtet werden.

Die selbständige Stiftung des bürgerlichen Rechts

Die selbständige Stiftung des bürgerlichen Rechts kann sowohl unter Lebenden als auch von Todes wegen begründet werden. Ihre Errichtung ist in den §§ 80 ff. BGB geregelt, ergänzend dazu tritt das jeweilige Landesstiftungsrecht als Rechtsgrundlage. Die Stiftung des BGB ist eine juristische Person und entsteht durch das Stiftungsgeschäft sowie die Anerkennung der zuständigen Stiftungsaufsicht. Der Stifter formuliert in der Satzung einen Zweck, zu dessen Gunsten die Erträge des gestifteten Vermögens verwendet werden. Dabei geht das deutsche Stiftungsrecht grundsätzlich von dem Leitbild der „gemeinwohlkonformen Allzweckstiftung" aus. Daraus abgeleitet lässt es alle Zwecke zu, die nicht gegen Gesetze oder die guten Sitten verstoßen.[3]

Zu trennen ist die Frage der Anerkenntnisfähigkeit nach Stiftungsrecht stets von der Frage der Gemeinnützigkeit nach steuerrechtlichen Aspekten. Letztere wird durch die Finanzämter nach den Vorschriften der Abgabenordnung bestimmt und führt zu den in den einzelnen Steuergesetzen vorgesehenen Privilegien. Unabhängig davon werden Stiftungen, die allein dem Stifter, seiner Familie oder Dritten dienen, und damit nicht gemeinnützig sind, von den Behörden grundsätzlich auch anerkannt.

Die selbständige Stiftung setzt ein verhältnismäßig hohes Kapital bei Stiftungsgründung voraus; soll doch der Stiftungszweck von Anfang an allein mit den Erträgen aus dem Stiftungsvermögen erfüllt werden. Eine Mindestsumme ist schwer zu nennen, hängt sie doch stark von dem beabsichtigten Stiftungszweck ab. Auch divergieren die Vorstellungen der Bundesländer hier erheblich. Jedoch wird ein Stiftungskapital von unter 25.000 Euro bei konservativer Anlage kaum geeignet sein, irgendeinen Stiftungszweck nachhaltig zu erfüllen. Ausnahmen bestehen dort, wo in kurzer Zeit Zustiftungen oder hohe Spenden zu erwarten sind oder es sich um so genannte Verbrauchsstiftungen handelt. Sollte kein entsprechendes Vermögen bereitstehen, ist zu überlegen, ob nicht zunächst andere Rechtsformen gesucht werden, um ausreichend Kapital anzuwerben. Hier bietet sich vor allem die unselbständige Stiftung, aber auch der Verein an.

---

[3] *Hof / Hartmann / Richter,* Stiftungen, Beck-Rechtsberater dtv, S. 7.

4.1 Überblick über die verschiedenen Stiftungsformen

Weiterhin ist die Stiftung des bürgerlichen Rechts grundsätzlich partizipatorischen Elementen schwerer zugänglich als der Verein. Zwar kann versucht werden, durch die Schaffung bestimmter Organe große partizipatorische Elemente in die Stiftung einzuführen, jedoch wird äußerste Grenze immer der von der Stiftungsaufsicht geschützte Wille des Stifters sein. Erfahrungsgemäß sind solche – meist großen – Gremien der effizienten Stiftungsarbeit nicht immer zuträglich. Wünscht der Stifter jedoch gerade solche Elemente, so ist u. U. auch hier ein Verein die bessere Rechtsform.

Auf diesem Grundmodell bauen nunmehr zahlreiche Sonder- und Mischformen des Stiftungsrechts auf. Diese können auf unterschiedlichen Stiftungszwecken, aber auch auf unterschiedlicher Kapitalausstattung oder Stiftermotivation beruhen. Gemeinsam ist ihnen die rechtliche Grundlage in den §§ 80 ff. BGB, die Entstehung durch Stiftungsgeschäft und Anerkennung sowie die Aufsicht durch den Staat. Im Folgenden werden die unterschiedlichen Spielarten kurz angesprochen. Eine ausführliche Beschreibung bleibt den einzelnen Beiträgen vorbehalten. Für einige gilt, dass sie nicht auf die Rechtsform der selbständigen Stiftung beschränkt sind, sondern auch als unselbständige Stiftungen, Stiftungsvereine oder Stiftungs-GmbH erscheinen können.

Stiftungen zu Lebzeiten und von Todes wegen

Die Unterscheidung betrifft vor allem den Zeitpunkt der Stiftungserrichtung. Der Stifter kann sowohl zu Lebzeiten als auch durch letztwillige Verfügung seine Stiftung errichten. Dabei ist zu trennen: Die Stiftung kann direkt durch Testament oder Erbvertrag errichtet werden. Dies entspricht dem Stiftungsgeschäft unter Lebenden. Der Erblasser kann aber auch seine Erben oder Vermächtnisnehmer mit der Auflage belasten, eine Stiftung zu errichten. Stifter im Sinne des BGB werden dann jedoch der Erbe oder der Vermächtnisnehmer und nicht der Erblasser.

Es hat sich bewährt, von der Stiftung von Todes wegen abzusehen und vielmehr Stiftungen mit einer geringeren Summe zu Lebzeiten zu gründen und dann testamentarisch mit dem Hauptvermögen zu bedenken. Nur so können Fragen, die gegebenenfalls im Anerkenntnisverfahren auftauchen und die Stiftungserrichtung insgesamt gefährden, vom Stifter selbst beantwortet werden[4] und die Stiftungsarbeit auf einen – in den Augen des Stifters – guten Weg gebracht werden.

Familienstiftungen

Auch die Familienstiftung ist eine reine Anwendungsform der selbständigen Stiftung des bürgerlichen Rechts. Sie kann darüber hinaus auch in jeder anderen

---

[4] *Meyn/v. Rotenhan,* Grundlagen des Stiftungsrechts, in: Weitz/Martin/Pues, Rechtshandbuch für Stiftungen, 2004, Kapitel 4/1.2 S. 11.

Rechtsform ausgestaltet sein, insbesondere auch als unselbständige Stiftung. Nach dem Stiftungszweck einer Familienstiftung dienen ihre Erträge ausschließlich oder weit überwiegend dem Interesse einer oder mehrerer Familien. Da hier privatnützige Interessen im Vordergrund stehen, besteht kaum ein Interesse der Stiftungsbehörden an Aufsicht, zumal die durch die Stiftung begünstigten Familienmitglieder (Destinatäre) auf die Einhaltung ihrer Rechte regelmäßig selbst achten werden. Die meisten Bundesländer führen daher nur eine sehr eingeschränkte Stiftungsaufsicht durch.

Die Familienstiftung bietet steuerrechtlich interessante Aspekte und kann einer Erhaltung des Familienvermögens dienen. Diese Vorteile werden jedoch mit der endgültigen Hingabe des Familienvermögens an eine selbständige juristische Person erkauft. Vor- und Nachteile sind daher sorgfältig abzuwägen.

Unterscheidung nach der Kapitalverwendung

Auch hier betrifft die Unterscheidung nicht notwendig die Rechtsform, sondern vielmehr die Frage, wie das gestiftete Vermögen verwendet wird. Üblicherweise handelt es sich bei Stiftungen des bürgerlichen Rechts um Kapitalstiftungen. Dabei werden die Erträge eines gestifteten Vermögens Jahr um Jahr für die in der Satzung vorgesehenen Zwecke verbraucht. Diese klassische Gestaltung kann jedoch auch abweichen. Man spricht von so genannten Verbrauchsstiftungen, deren gestiftetes Vermögen ausreicht, um den satzungsmäßigen Zweck endgültig zu erfüllen und hierfür das gestiftete Vermögen aufzubrauchen. Denkbar sind zeitlich oder inhaltlich begrenzbare Projekte (Wiederaufbau einer Kirche o. ä.). Die Stiftung endet dann mit der Erfüllung des Zwecks und / oder des Verbrauchs der Mittel. Damit verwandt existieren auch so genannte Vorratsstiftungen, deren Vermögen ausreicht, um erste Erfahrungen mit dem Stiftungszweck zu sammeln. Sie werden später vom Stifter oder Dritten aufgestockt.[5]

Die unternehmensverbundene Stiftung

Unternehmensverbundene Stiftungen können wiederum in allen Rechtsformen erscheinen. Ihr Merkmal ist, dass sie als Gesellschafter oder Aktionäre maßgeblich an einem Unternehmen beteiligt sind. Nur selten führen Stiftungen Unternehmen selbst. Die Motivation der Stifter sind häufig Nachfolgeprobleme im Unternehmen oder der Wunsch nach Reduzierung der Erbschaftssteuerlast. Diese lässt sich jedoch nur dann effektiv verringern, wenn die bedachte Stiftung als gemeinnützig anerkannt wird. Daher ist häufig ein so genanntes Doppelstiftungsmodell anzutreffen: In einer Familienstiftung (oder einer Familiengesellschaft) werden so viele Anteile gehalten, wie für den Unterhalt der Stifterfamilie erforderlich sind. Da-

---

[5] *Hof / Hartmann / Richter,* loc. cit, S. 11.

neben wird das Gros der Anteile an dem Unternehmen einer gemeinnützigen, und daher erbschaftssteuerbefreiten Stiftung zugeteilt. Jedoch werden diese Anteile ohne dazugehörige Stimmrechte übertragen, die bei der Familienstiftung verbleiben. Diese entscheidet in der Folge über die Ausschüttungen zugunsten der gemeinnützigen Stiftung. Außerdem wird verhindert, dass die Stiftungsaufsicht auf die Geschicke des Unternehmens, wenn auch nur mittelbar, Einfluss nehmen kann.

Bürgerstiftungen

Bürgerstiftungen stellen eine moderne Form bürgerlichen Engagements dar. Merkmal ist zunächst die regionale Begrenzung des Stiftungszwecks. Innerhalb einer Gemeinde, Landkreis oder Region werden ausschließlich gemeinnützige Zwecke verfolgt. Dabei tritt die Bürgerstiftung als Dienstleister gegenüber den unterstützungswilligen Bürgern auf. Als Dachstiftung ist sie Treuhänderin unselbständiger Stiftungen. Gleichzeitig kann sie auch Zustiftungen oder Spenden entgegennehmen und – falls gewünscht – auch nur zweckgebunden verwenden. Das Engagement vor Ort bietet die Möglichkeit, viele Menschen in die Stiftungsarbeit mit ein zubinden. Wichtiges Merkmal der Bürgerstiftung sollte auch die Unabhängigkeit von staatlichen, insbesondere kommunalen Einflüssen sein.

Die unselbständigen Stiftungen

Unselbständige Stiftungen unterliegen nicht den §§ 80 ff. BGB und nicht der Staatsaufsicht. Vielmehr finden auf sie die allgemeinen zivilrechtlichen Vorschriften Anwendung. Die Einzelheiten hierzu – insbesondere zur Rechtsnatur des Treuhandvertrages – sind in der Literatur nach wie vor umstritten.[6] Jedoch hat dies für die Praxis wenig Auswirkungen. Unselbständige Stiftungen erfreuen sich nach wie vor großer Beliebtheit.

Die unselbständige Stiftung entsteht durch Stiftungsvertrag. Dieser enthält üblicherweise vier Elemente: das eigentliche Stiftungsgeschäft, in dem der Stifter erklärt, eine Stiftung errichten zu wollen, und hierzu ein Vermögen zu übertragen, die Treuhandvereinbarung, die Satzung der Stiftung sowie sonstige Bestimmungen etwa zur Vermögensverwaltung oder der Beendigung der Stiftung. Dabei entsteht jedoch keine eigene juristische Person, so wie im Fall der oben beschriebenen selbständigen Stiftung des bürgerlichen Rechts, sondern lediglich Vertragsbeziehungen zwischen dem Treugeber und dem Treunehmer sowie etwa bedachten Dritten.

Ein großer Vorteil dieser Stiftungsform liegt in der Möglichkeit, bereits mit kleinen Summen beginnen zu können. Dabei ist jedoch zu bedenken, dass der Stiftungszweck von den Erträgen erfüllt werden sollte, insbesondere wenn die Ge-

---

[6] Vgl. Kapitel 3.4.

meinnützigkeit im Sinne der Abgabenordnung gewünscht wird. Das Erfordernis der „dauernden und nachhaltigen" Zweckerfüllung, wie bei selbstständigen Stiftungen besteht jedoch nicht. Staatliche Kontrolle findet nur im Fall der Gemeinnützigkeit und nur durch das Finanzamt statt. Viele Stifter erachten hierin den größten Vorteil der unselbständigen Stiftung.

Jedoch sind auch Nachteile zu bedenken. So ist die dauerhafte Erfüllung des Stifterwillens auch über des Stifters Tod hinaus nicht im selben Maße garantiert wie bei der selbständigen Stiftung. Vielmehr bedarf es sorgfältiger Vertragsgestaltung, um den Missbrauch der Stiftung oder eine vom Stifterwillen abweichende Mittelverwendung auch in späteren Zeiten zu verhindern. Außerdem ist zu bedenken, dass eine unselbständige Stiftung keine eigene Rechtspersönlichkeit hat und daher weder Vertragspartner noch (in der Folge) Arbeitgeber sein kann.

Der Stiftungsverein

Wie bereits erwähnt, können Stiftungen auch andere Rechtsformen annehmen. Eine Möglichkeit stellt dabei die Gründung eines eingetragenen Vereins dar. Die §§ 80 ff. BGB sowie das Landesstiftungsrecht und die damit verbundene staatliche Stiftungsaufsicht kommen in diesem Fall nicht zur Anwendung. Der Charakter der Stiftung ergibt sich in diesem Fall allein aus der Ausgestaltung der Vereinssatzung.[7] Auch dem Stiftungsverein wird ein dauerhaftes Vermögen zur Verfügung gestellt. Die Verwendung der Erträge erfolgt dann nach den in der Satzung festgeschriebenen Regeln. Die Mitglieder betrachten sich dabei in der Regel als Treuhänder des Stifterwillens.

Diese Konstruktion bietet gewisse Vorteile. Zum einen können über Mitgliedsbeiträge weitere Mittel eingeworben werden. Zum anderen ermöglicht es die Vereinsstruktur, unproblematisch viele Personen oder ganze Gruppen in die Stiftungsarbeit mit ein zu beziehen und demokratisch an den Entscheidungsfindungen zu beteiligen. Auch kann der Stiftungszweck wesentlich einfacher geändert werden und besteht weder Genehmigungspflicht noch Aufsicht durch die Stiftungsbehörde. Auch bezüglich der Publizität hat der Verein große Vorteile, findet doch eine Eintragung in Vereinsregister statt – ein Umstand, der dem Stiftungsrecht leider trotz Reform fremd geblieben ist. Auf der anderen Seite bringen diese Vorteile auch unbestreitbare Nachteile mit sich. Die Grundidee einer Stiftung, einen dauerhaften Zweck nach dem Willen des Stifters zu verfolgen, ist durch die Möglichkeit der Mitgliederentscheidung regelmäßig gefährdet. Die Satzung kann die vom Stifterwillen abweichende Entscheidung der Mitgliederversammlung nur erschweren, jedoch nicht endgültig verhindern. Auch die partizipatorischen Elemente des Vereinsrechts können eine effiziente Stiftungsarbeit erschweren. Daher bedarf es bei der Satzungsgestaltung eines Stiftungsvereins, juristische Vertragstechnik um

---

[7] *Meyn/Richter*, loc cit., Rdnr. 66.

die an sich stiftungsfremden vereinsrechtlichen Vorschriften weitgehend zu unterdrücken.[8]

Die Stiftungs-GmbH

Neben dem Stiftungsverein kommen auch noch andere gesellschaftsrechtliche Rechtsformen für die Gründung einer Stiftung in Betracht. Gewisse Beliebtheit hat hierbei die Stiftungs-GmbH erlangt, deren wohl bekanntester Vertreter die Robert-Bosch-Stiftung ist. Auch bei ihr werden die Erträge eines gestifteten Vermögens zur Erreichung eines vorgegebenen Zweckes verwendet. Die Stiftungs-GmbH unterscheidet sich dabei von der klassischen Stiftung des bürgerlichen Rechts durch das Vorhandensein von Gesellschaftsanteilen und dem Bedürfnis nach Gesellschaftern, die diese halten. Diese halten die Geschäftsanteile jedoch in der Regel nur als Treuhänder des Stifters.[9] Die Entscheidungsstrukturen und der Zweck der Stiftung werden durch den Gesellschaftsvertrag festgeschrieben.

Die Vorteile entsprechen im Wesentlichen denen des Stiftungsvereins. So kann je nach Gesellschaftsvertrag der Stiftungszweck leichter verändert werden und findet keine staatliche Genehmigung und Aufsicht über die Stiftung statt. Wünscht der Stifter nur eine Stiftung auf Zeit, so kann eine Stiftungs-GmbH unter Umständen geeigneter sein als eine bürgerlich-rechtliche Stiftung. Auch wenn der Stifter hinsichtlich der Entscheidungsstrukturen flexibel bleiben möchte, kann sich eine Stiftungs-GmbH anbieten, da diese die Entscheidungsstrukturen per Gesellschafterbeschluss ändern kann.

Dem Stifter muss jedoch die Ungewissheit einer solchen Konstruktion bewusst sein. Insbesondere kann durch die Gesellschafterbeschlüsse der ursprüngliche Stifterwille verändert werden. Gleiches gilt für die Entscheidungsstrukturen. So kann – gerade im Fall von Unternehmensstiftungen – der an sich als Vorteil bezeichnete größere Spielraum sich schnell zu einem Nachteil auswachsen. An die Konstruktion einer solchen Stiftung sind deshalb besonders hohe Anforderungen hinsichtlich des Gesellschaftsvertrages zu stellen.

Staatliche Stiftungen

Zahlreiche Stiftungen sind von der öffentlichen Hand gegründet worden. Dies geschieht durch Gesetz, Verordnung oder Verwaltungsakt. Sie werden durch übergeordnete Behörden überwacht. Die Zwecke sind meist dem öffentlichen Recht zuordenbar. In diesem Zusammenhang sind auch kommunale Stiftungen zu nennen, wie sie in zahlreichen Gemeinden bestehen. Sie sind von den einzelnen

---

[8] *Hennerkes/Schiffer,* Stiftungsrecht, S. 36.
[9] *Pöllath,* in: Seifart/v. Campenhausen (Hrsg), Handbuch des Stiftungsrecht, § 13 Rdnr. 384.

Gebietskörperschaften gegründet worden und unterstehen regelmäßig der Kommunalaufsicht.[10] Nicht zu verwechseln sind diese staatlichen Stiftungen mit privaten Stiftungen, die unter öffentlicher Verwaltung stehen. Für letztere gelten grundsätzlich die §§ 80 ff. BGB.

Kirchliche Stiftungen

Kirchliche Stiftungen sind nach überwiegender Definition solche Stiftungen, deren Zweck es ist, ausschließlich oder überwiegend kirchlichen Aufgaben zu dienen und die eine besondere organisatorische Verbindung zu einer Kirche aufweisen. Darüber hinaus ist auch die Anerkennung der Stiftung durch die eigene kirchliche Stiftungsaufsicht erforderlich. Dieser Grundsatz ist in den staatlichen Landesstiftungsgesetzen ebenso festgehalten wie die eigene Stiftungsaufsicht durch die Kirche.[11]

---

[10] *Hof/Hartmann/Richter,* loc cit., S. 14 f.

[11] *Seils,* in: Rechtshandbuch für Stiftungen, Besondere Stiftungsformen und ihre Organisation, Kapitel 5.1, S. 8.

4.2 Die Stiftung als Unternehmenseigentümerin

Von Andreas Schlüter

Formen der Verbindung zwischen Stiftung und Unternehmen

Unternehmensträgerstiftung

Stiftungen sind juristische Personen des Privatrechts. Als solche sind sie in der Lage, selbstständig Handelsgewerbe im Sinne des HGB zu betreiben oder sich an Unternehmen zu beteiligen. Sie können Inhaber von GmbH-Anteilen oder einer Aktiengesellschaft sein. Sie können sich mit anderen zu einer offenen Handelsgesellschaft oder KG zusammenschließen. Die Rechtsform als juristische Person des Privatrechts im Sinne der §§ 80 ff. BGB setzt einer solchen Betätigung oder Anlage des Vermögens zunächst keine Grenzen. Beschränkungen können sich gleichwohl aus dem Stiftungszivilrecht des BGB, den Landesstiftungsgesetzen oder speziell bei gemeinnützigen Stiftungen aus den Regelungen der Abgabenordnung ergeben.

Stiftungen, die im Besitz von Unternehmen sind oder Beteiligungen an solchen halten, werden unterschiedlich bezeichnet. Teilweise spricht man von Unternehmensträgerstiftungen, aber auch Unternehmensstiftungen, gewerblichen, unternehmensbezogenen oder unternehmensgebundenen Stiftungen.[1] Diese Bezeichnungen haben indes keine rechtliche Bedeutung. Zu den Unternehmensstiftungen in einem weiteren Sinne zählen alle Stiftungen, die selbst ein Unternehmen als Inhaber betreiben, sowie die Stiftungen, die persönlich haftende Gesellschafterin einer offenen Handelsgesellschaft oder einer Kommanditgesellschaft sind und die Stiftungen, die unmittelbar einen beherrschenden Einfluss auf Unternehmen ausüben können.

Weit verbreitet ist die Diskussion um die so genannte Unternehmensträgerstiftung. Bereits die DJT-Studienkommission beschäftigte sich in den sechziger Jahren intensiv mit diesem Typus von Stiftungen. Eine Unternehmensträgerstiftung im engeren Sinne liegt dann vor, wenn Stiftung als juristische Person unmittelbar unter ihrer Rechtsform ein Unternehmen betreibt. Von Unternehmensträgerstiftung kann man dann nicht sprechen, wenn die Stiftung lediglich Beteiligungen an anderen Unternehmen hält. Für die Frage dieser Beteiligung spielt es keine Rolle, ob es sich um eine Minderheits- oder Mehrheitsbeteiligung handelt.

Im Anschluss an Rawert sind folgende Typen voneinander abzugrenzen: unter einer unternehmensverbundenen Stiftung sind alle Stiftungen zu verstehen, die als

---

[1] *Strickrodt,* Stiftungsrecht, S. 226.

juristische Person des Privatrechts selbst ein Unternehmen betreiben (Unternehmensträgerstiftung im engeren Sinne) oder Beteiligungen an Personen oder Kapitalgesellschaften halten (Unternehmensträgerstiftung im weiteren Sinne oder Beteiligungsträgerstiftung). Bei den Unternehmensbeteiligungen durch Stiftungen ist für deren Zulässigkeit und insbesondere die steuerliche Behandlung nach der Bindung zum Stiftungszweck zu differenzieren. Zu unterscheiden sind Beteiligungen im Sinne einer reinen Vermögensanlage, Beteiligungen, die unmittelbar der Zweckverfolgung dienen sowie wirtschaftliche Geschäftsbetriebe.

Es lassen sich grundsätzlich zwei Arten der Verbindung zum Stiftungszweck unterscheiden:

Als Zweckverwirklichungsbetrieb hat die Beteiligung am Unternehmen die Funktion, mittelbar die Stiftungszwecke zu realisieren. Die Unternehmensbeteiligung ist unmittelbar abgeleitet aus dem Stiftungszweck. Unternehmensgegenstand und Stiftungszweck stimmen überein. Der Stiftungszweck bestimmt gleichzeitig die Führung des Beteiligungsunternehmens.

Der zweite Fall der Verbindung zwischen Unternehmensbeteiligung und Stiftungszweck liegt in einer reinen Vermögensanlage und Vermögensverwaltung. Die Beteiligung am Unternehmen dient zur Erzielung von Einnahmen bei der Stiftung. Diese Einnahmen stehen unmittelbar für die Erfüllung der eigentlichen Unternehmenszwecke zur Verfügung. Hier besteht keine Identität von Unternehmenszielen und Stiftungszwecken. Die Beteiligung an Unternehmen ist grundsätzlich austauschbar. Die Stiftung hält die Anteile lediglich im Rahmen einer allgemeinen Vermögensverwaltung.

Unternehmensselbstzweckstiftung

Einen – freilich nur gedanklichen – Sonderfall stellt die Unternehmensselbstzweckstiftung dar. Hier sind Stiftungszweck und Unternehmensgegenstand identisch. Die Zielsetzung der Stiftung liegt lediglich in der eigenen Perpetuierung.[2] Mit der herrschenden Meinung in der Literatur ist eine solche Konstruktion als unzulässig abzulehnen. Eine Zulassung von Stiftungen, die keinen transzendenten Stiftungszweck kennen und in ihrer Zielsetzung darauf reduziert sind, das eigene Vermögen zu verwalten, ist ein funktionsloses Gebilde, das gleichsam ein juristisches „Perpetuum mobile" darstellen würde.[3]

---

[2] Für deren Zulässigkeit *Kronke*, Stiftungstypus und Unternehmensträgerstiftung, S. 140; *Seifart/Hof*, Handbuch des Stiftungsrechts, § 8, Rz. 57.

[3] *Riemer*, ZBernJV 116, S. 505.

Die Diskussion um die Unternehmensträgerstiftung

Stiftungen unterscheiden sich von GmbHs und Aktiengesellschaften durch das Maß und den Umfang der Vorschriften, mit denen der Gesetzgeber auf Struktur und Ordnungsprinzipien der unterschiedlichen Rechtsformen Einfluss nimmt. Das Kapitalgesellschaftsrecht ist geprägt durch die Vorschriften über die Kapitalausstattung und -erhaltung, Grundsätze über die Haftung, insbesondere in der Gründungsphase, die Vertretung der Körperschaft sowie unterschiedliche Publizitäts- und Mitbestimmungsregelungen. Die dem gegenüber in der Stiftung bestehende Gestaltungsfreiheit scheint geradezu eine Einladung zur Gründung einer Stiftung darzustellen.[4] Obwohl keine empirischen Analysen vorliegen, erscheint nur in ganz geringem Umfang davon Gebrauch gemacht worden zu sein, die Stiftung als Trägerin eines Unternehmens zu konzipieren und auszugestalten. Der Grund für diese zurückhaltende Praxis ist nicht zuletzt die über Jahrzehnte andauernde Diskussion über die grundsätzliche Zulässigkeit der Unternehmensträgerstiftung.

Die vor In-Kraft-Treten des Gesetzes zur Reform des Stiftungsrechts ganz herrschende Meinung hielt die Stiftung, die allein dem Zweck einer Unternehmensperpetuierung verfolgt, für nicht genehmigungsfähig. Das gleiche gilt für den Einsatz einer Stiftung als bloße Haftungsträgerin in Rahmen einer Personenhandelsgesellschaft (Stiftung & Co.)[5]. Diese Auffassung fand Unterstützung im Recht mehrerer Bundesländer. Die einzelnen Landesstiftungsgesetze enthielten Regelungen, die die Genehmigungsfähigkeit von Stiftungen mit Unternehmensbeteiligungen an enge Grenzen knüpften[6]. Darüber hinaus stand eine derartige Konstruktion immer unter dem Verdacht des Missbrauchs der Gestaltungsfreiheit. Gestützt wurde die Ablehnung einer Unternehmensträgerstiftung auf eine analoge Anwendung des § 22 BGB. Letzterer unterscheidet zwischen wirtschaftlichen und nichtwirtschaftlichen Vereinen und macht die wirksame Gründung eines wirtschaftlichen Vereins von einer zusätzlichen staatlichen Genehmigung abhängig. Nach einer vielfach vertretenen Auffassung[7] ist diese dem Vereinsrecht zu Grunde liegende Unterscheidung auch für das Stiftungsrecht maßgeblich. Idealstiftungen sind danach grundsätzlich genehmigungsfähig im Sinne der Landesstiftungsgesetze, nicht dagegen wirtschaftlich tätige Stiftungen, die als Träger eines Unternehmens konzipiert sind. Eine Genehmigungsfähigkeit ist nur in den Fällen gegeben, in denen die Führung des verbundenen Unternehmens der nichtwirtschaftlichen Haupttätigkeit der Stiftung untergeordnet ist. Hier könne wegen der nichtwirtschaftlichen Haupttätigkeit der Stiftung auf die im Übrigen zwingenden Bestimmungen verzichtet werden[8].

---

[4] *Rawert,* Vorbem. Zu §§ 80 ff., Rz. 90.
[5] Nachweise bei *Rawert,* Vorbem. Zu §§ 80 ff., Rz. 88, 92.
[6] Vgl. § 6 Abs. 3 StiftG Brandenburg; § 4 Abs. 2 StiftG NRW.
[7] *Reuter,* MünchKom, 3. Aufl., Vor § 80 BGB, Rz. 49 ff.
[8] *Rawert,* Stiftung und Unternehmen, Nonprofit Law Yearbook, 2004, S. 4.

Die gegen Ende der 90er Jahre vorgelegten Entwürfe zur Reform des deutschen Stiftungsrechts haben die Figur der Unternehmensträgerstiftung aufgegriffen und in Ansätzen zum Gegenstand einer Regelung gemacht[9]. Die eingesetzte Bund-Länder-Arbeitsgruppe Stiftungsrecht hat diese Überlegungen indes nicht aufgegriffen. Die im Vorfeld unterbreiteten Vorschläge für eine Sonderregelung des Verhältnisses von Stiftung und Unternehmen fanden keinen Eingang in das Gesetzgebungsverfahren. Dementsprechend enthält das Gesetz zur Modernisierung des Stiftungsrechts vom 15. 07. 2002 keine Bestimmungen zur Unternehmensträgerstiftung.

Gleichwohl lässt sich nach der Reform des Stiftungsrechts die Auffassung von einer analogen Anwendung des § 22 BGB auf die Unternehmensträgerstiftung nicht mehr durchhalten[10]. Zu Recht wird darauf hingewiesen, dass das „Schweigen" des Gesetzgebers zur Unternehmensträgerstiftung lediglich dahin zu interpretieren ist, dass derartige Stiftungen in Zukunft ausschließlich am allgemeinen Stiftungsbegriff zu orientieren sind und ihre Genehmigungsfähigkeit ausschließlich nach den Regeln des § 80, Abs. 2 BGB zu beurteilen ist[11]. Die Auseinandersetzung um die Zulässigkeit einer Unternehmensträgerstiftung wurde in soweit durch die Reform des Stiftungszivilrechts nicht beendet.

Ausgangspunkt für die Überlegungen zur Anerkennungsfähigkeit derartiger Stiftungen ist weiterhin das Konzept der Selbstzweckstiftung. Nach weiterhin herrschender Auffassung ist eine Stiftung, die lediglich zu dem Zweck gegründet wird, ihr eigenes Vermögen zu verwalten, auch nach neuer Rechtslage nicht genehmigungsfähig[12]. Von dieser Annahme geht auch die Bund-Länder-Arbeitsgruppe Stiftungsrecht aus[13]. Diese grundsätzliche Unzulässigkeit der so genannten „reinen" Selbstzweckstiftung ist nach einer neueren Lehre auch auf die so genannten „verdeckten" Selbstzweckstiftungen auszudehnen[14]. Nach Rawert ist für den Fall, dass der Stifter trotz vorgeblich ideeller Stiftungszwecke das unausgesprochene Gestaltungsziel verfolgt, sein in eine Stiftung direkt oder über Beteiligungen eingebrachtes Unternehmen auch um den Preis der Existenzvernichtung seiner Stiftung zu halten, die Stiftung nicht anerkennungsfähig[15]. Nach Rawert sprechen zwei Indizien für das Vorliegen einer verdeckten Selbstzweckstiftung. Dies ist zum einen die unauflösliche Bindung einer Stiftung mit nicht unternehmensbezogenen Zwecken an ein bestimmtes Unternehmen. Das zweite Indiz liegt in der Identität

---

[9] s. insbesondere Entwurf der FDP-Fraktion vom 29. 01. 99, dazu auch *Crezelius / Rawert,* Stiftungsrecht – Quo Vadis? ZIP 1999, S. 342 f.

[10] *Rawert,* Nonprofit Law Yearbook, 2004, S. 4; a. A. *Reuter,* MünchKom, Erg.-Band, §§ 80, 81, Rz. 19 f.

[11] *Hüttemann,* Das Gesetz zur Modernisierung des Stiftungsrechts, ZHR 167 (2003), S. 35, 60, s. Kapitel 3.9.

[12] Statt vieler, *K. Schmidt,* Wohin steuert die Stiftungspraxis?, DB 1987, S. 261.

[13] Bund-Länder-Arbeitsgruppe Stiftungsrecht, Abschnitt G.I.

[14] *Rawert,* Nonprofit Law Yearbook, 2004, S. 9.

[15] Ebd., S. 15.

von Stiftungsorganen und Unternehmensführung. Liegt eines dieser Indizien (die allerdings widerleglich sind) vor, ist die Stiftung nicht genehmigungsfähig[16].

Die Stiftung & Co. KG

Immer wieder umstritten ist die Frage, ob die Stiftung die Stellung einer Komplementärin innerhalb einer Kommanditgesellschaft übernehmen kann. Ausgangspunkt für die Beantwortung dieser Frage ist die Bestimmung des § 80 Abs. 2 BGB. Ein überwiegender Teil der Lehre geht davon aus, dass eine dauernde und nachhaltige Zweckerfüllung nicht möglich ist, wenn sich die Funktion der Stiftung darauf beschränkt, die Komplementärstellung in einer KG zu übernehmen[17]. Nach einer zunehmend vertretenen Ansicht steht die Konstruktion einer Stiftung & Co. KG mit dem stiftungsrechtlichen Bestandserhaltungsgebot dann in Einklang, wenn die Stiftungssatzung dies ausdrücklich vorsieht oder der Stifterwille nicht anders zu verwirklichen ist[18]. Vielfach üblich ist die Praxis, nach der die Kommanditisten die Stiftung durch entsprechende Regelungen im Gesellschaftsvertrag von der Haftung für Gesellschaftsverbindlichkeiten freistellen[19].

Die Stellung als Komplementär in einer KG ist mit erheblichen unternehmerischen Risiken behaftet. Die unbeschränkt persönliche Haftung als Komplementär nach den § 161, Abs. 2, 128 HGB für Schulden des Unternehmens setzt die Stiftung einem wirtschaftlichen Risiko aus, das im Regelfall mit den Grundsätzen einer nachhaltigen und dauernden Zweckerfüllung nicht in Einklang zu bringen ist. Dies gilt insbesondere dann, wenn die Rechtsform der Stiftung gerade deshalb gewählt wird, um eine haftungsrechtliche Privilegierung der Kommanditisten zu ermöglichen. Zwar lässt sich aus diesen Überlegungen nicht die generelle Unzulässigkeit einer Stiftung & Co. herleiten; gleichwohl ist eine Stiftungserrichtung, die ausdrücklich oder erkennbar das Ziel verfolgt, die Stiftung als Komplementärin einer KG einzusetzen, nur dann zuzulassen, wenn aufgrund der sonstigen Umstände erkennbar wird, dass diese Konstruktion eine nachhaltige und dauerhafte Zweckerfüllung ermöglicht und auf der anderen Seite keine außergewöhnlichen Risiken erkennbar sind, die eine Substanzerhaltung auf Dauer gefährden können.

Beteiligungen im Besitz von gemeinnützigen Stiftungen

Die Hauptfunktion einer gemeinnützigen Stiftung liegt in der unmittelbaren und selbstlosen Verwirklichung der in der Satzung festgelegten gemeinnützigen Zwecke. Sämtliche Aktivitäten der Stiftung sind diesen Zielen untergeordnet. Alle

---

[16] Ebd., S. 15.
[17] *Wochner,* MittRhNotK 1994, S. 94; *Zimmermann,* ZGR 1976, S. 300.
[18] *Hennerkes / Binz / Sorg,* DB 1986, S. 2269; *Hennerkes / May,* DB 1988, S. 483.
[19] *Hof,* Münch. Vertragshandbuch, Bd. 1, VII, 2.

wirtschaftlichen Betätigungen einer gemeinsamen Stiftung müssen mittelbar oder unmittelbar mit der satzungsmäßigen Zweckbestimmung korrespondieren. Soweit wirtschaftliche Aktivitäten Renditen oder Erträge abwerfen, dürfen sie nicht für stiftungsfremde Zwecke verwendet werden, sondern müssen als Dotationsquelle für die gemeinnützige Zweckverwirklichung eingesetzt werden.[20]

In steuerlicher Hinsicht sind vier Arten der Unternehmensbeteiligung von Stiftungen im Hinblick auf den unmittelbaren Stiftungszweck zu differenzieren.

Der ideelle Bereich ist der Bereich der eigentlichen Stiftungszwecke. Hier dient die Unternehmensbeteiligung unmittelbar der Erreichung der satzungsmäßigen Ziele. Unternehmensgegenstand bzw. Unternehmenszweck auf der einen Seite und Stiftungsziele im Sinne der §§ 51 ff. AO sind identisch. Hauptbeispiele für diese Art von Verbindung der unternehmerischen Beteiligung zum Stiftungszweck ist die Beteiligung an Körperschaften (GmbH, AG) die auf dem Gebiet der Stiftungszwecke tätig sind. Hierzu zählen insbesondere Einrichtungen im Gesundheitswesen, wie Krankenhäuser oder Reha-Einrichtungen, aber auch Einrichtungen im Kultur- oder Bildungsbereich. Eine Reihe von Museen, Theatern oder auch Schulen oder Hochschulen sind mittlerweile in der Rechtsform einer GmbH (selten Aktiengesellschaft) organisiert. Stiftungen, die in diesem Tätigkeitsbereich nach ihrer Zielsetzung engagiert sind, erfüllen ihre Aufgaben nicht unmittelbar durch den Betrieb dieser Einrichtung (Museen, Theater oder Bildungseinrichtungen), sondern beteiligen sich an entsprechenden Einrichtungen in einer selbstständigen Rechtsform.

Die davon grundsätzlich zu unterscheidende Form der Unternehmensbeteiligung ist die einer reinen Vermögensanlage. Stiftungen investieren ihr Stiftungsvermögen in GmbH oder AG-Anteile. Der Zweck des Unternehmens, an dem die Stiftung beteiligt ist, korrespondiert nicht mit den Stiftungszielen. Bei der Beteiligung geht es aus Sicht der Stiftung lediglich um die Investition des eigenen Kapitals und die Erzielung nachhaltiger Einnahmen, die wiederum für die Erfüllung der Stiftungszwecke zur Verfügung stehen. Als Form der Vermögensanlage nutzen Stiftungen immer mehr die Möglichkeit, ihr Kapital in börsennotierten Aktiengesellschaften zu investieren.

Hierbei stellt sich immer wieder die Frage nach der Zulässigkeit solcher Anlageformen mit Blick auf die stiftungsrechtlichen Grundbestimmungen, nach der das Stiftungskapital werterhaltend, sicher und rentierlich anzulegen ist.[21] Zwar verzichten die meisten Landesstiftungsgesetze auf spezielle Anlagevorschriften für das Stiftungsvermögen. Dennoch gilt allgemein, dass Stiftungsgelder nach den Grundsätzen einer sicheren und wirtschaftlichen Vermögensverwaltung zu investieren sind. Ökonomisch geht es dabei um eine Balance zwischen Rendite und Risiko. Gerade die Anlage in Unternehmensbeteiligungen ist dabei mit einem nicht

---

[20] *Berndt,* in: Bertelsmann Stiftung (Hrsg.), Handbuch Stiftungen, S. 1133.
[21] *Carstensen,* in: Bertelsmann Stiftung (Hrsg.), Handbuch Stiftungen, S. 537.

4.2 Die Stiftung als Unternehmenseigentümerin

unerheblichen Anlagerisiko verbunden. In Extremfällen kann dieses Risiko sich auch in einer Vernichtung von Stiftungskapital realisieren. Aus diesem Grunde sind die Stiftungsorgane gehalten, der Werthaltigkeit einer Anlage in Unternehmensbeteiligungen hohes Gewicht beizumessen. Auch die Stiftungsaufsicht macht dies regelmäßig zum Gegenstand ihrer Überprüfung der laufenden Stiftungstätigkeiten.[22]

Abzugrenzen ist die reine Vermögensverwaltung von einem wirtschaftlichen Geschäftsbetrieb nach § 14 AO. Eine Vermögensverwaltung liegt im Allgemeinen vor, wenn das Vermögen genutzt wird, um in Form von festen Beteiligungen nachhaltige Zinserträge zu erwirtschaften. Um einen wirtschaftlichen Geschäftsbetrieb im Sinne des § 14 AO handelt es sich dagegen, wenn eine selbständige nachhaltige Tätigkeit betrieben wird, durch die Einnahmen oder andere wirtschaftliche Vorteile erzielt werden und die über den Rahmen einer reinen Vermögensverwaltung hinaus gehen. Im Gegensatz zu einer verzinslichen Kapitalanlage in Kombination mit einer gelegentlichen Vermögensumschichtung, die dem steuerfreien Bereich der Vermögensverwaltung zuzuordnen sind, liegt in einer dauernden Vermögensumschichtung ein wirtschaftlicher Geschäftsbetrieb.[23] Dabei ist die Unterhaltung eines Gewerbebetriebes im Sinne der §§ 15 GewSPG, Abschnitt 8 ff. GewSPR stets ein wirtschaftlicher Geschäftsbetrieb. Dies gilt auch für die Beteiligung an einer gewerblichen Personengesellschaft, die eine Mitunternehmerschaft darstellt.

Auch das Halten von Beteiligungen an Kapitalgesellschaften mit einem tatsächlich beherrschenden Einfluss stellt einen wirtschaftlichen Geschäftsbetrieb dar.[24]. Dabei kommt es nicht auf die tatsächliche Ausgestaltung der Anteilsverhältnisse, die Rechtsform (GmbH oder AG) sowie auf die Art der Ausübung des unternehmerischen Einflusses an. Einen beherrschenden Einfluss hat bereits die Personalunion in den Entscheidungsgremien der Stiftung.[25] Eine Ausgründung der steuerpflichtigen wirtschaftlichen Betätigung in eine Personen- oder Kapitalgesellschaft geht nur dann in den Bereich der steuerfreien Vermögensverwaltung über, wenn durch die Ausgestaltung der rechtlichen oder tatsächlichen Verhältnisse eine beherrschende Machtausübung nicht möglich wird.

Den vierten Bereich möglicher Beteiligungen durch eine gemeinnützige Stiftung stellt der so genannte Zweckbetrieb dar (§ 64 Abs. 1, 2 AO). Es handelt sich dabei um eine besondere Art des wirtschaftlichen Geschäftsbetriebes. Ein Zweckbetrieb nach § 65 AO liegt dann vor, wenn der Betrieb der unmittelbaren Verwirklichung der satzungsmäßigen gemeinnützigen Zwecke dient und diese nur durch einen solchen zu erreichen sind. Weitere Voraussetzung ist, dass der Zweckbetrieb nicht in einem größeren Umfang zu steuerbefreiten Betrieben in

---

[22] Ebd. S. 565 ff.
[23] *Berndt,* loc. cit., S. 1134.
[24] *Kiesling / Buchna,* Gemeinnützigkeit im Steuerrecht, S. 107.
[25] *Berndt,* loc. cit., S. 1134.

Wettbewerb tritt.²⁶ Ein unvermeidbares Maß an Wettbewerb ist hinzunehmen²⁷. So handelt es sich nicht um Zweckbetriebe bei reinen Einrichtungen zur Mittelbeschaffung oder selbständige Einrichtungen wie Heizkraftwerke, Abfallentsorgungsbetriebe oder Hausdruckereien.²⁸ Der Begriff des § 68 Abgabenordnung ist per Gesetz auch auf Wissenschafts- und Forschungseinrichtungen ausgedehnt worden²⁹. Soweit es sich um die Anwendung gesicherter wissenschaftlicher Erkenntnisse handelt, zählen diese Aktivitäten nicht zum Zweckbetrieb. Das gleiche gilt für die Übernahme von Projektträgerschaften und wissenschaftliche Tätigkeiten ohne Forschungsauftrag.

Stiftung und Unternehmensbeteiligungen im deutschen und im US-amerikanischen Recht

Die Entwicklung führender U.S.-amerikanischer Stiftungen steht historisch in engem Zusammenhang mit der Erfolgsgeschichte großer Wirtschaftsunternehmen.³⁰ Stiftungen entstanden vielfach durch die Übertragung von Anteilen des Unternehmens durch den oder die Unternehmer(-familien) auf eine für diesen Zweck gegründete Stiftung. Private Stiftungen wurden so zum Träger großer unternehmerischer Vermögen. Zu Beginn der sechziger Jahre begann der amerikanische Kongress, sich intensiv mit ihnen zu befassen, nachdem der Abgeordnete Patman eine Reihe von Fällen aufgedeckt hatte, die die Verbindung von Stiftungen und großen Unternehmen in einem teilweise kritischen Licht erscheinen ließen.³¹ Die hierdurch ausgelöste Missbrauchsdiskussion der sechziger Jahre³² führte zu einer grundlegenden Veränderung der gesetzlichen Rahmenbedingungen für Stiftungen und hat durch die umfassenden inhaltlichen Beschränkungen nicht nur die Verwaltung und Art der Aufgabenerfüllung von Stiftungen, sondern auch die Zahl der Neugründungen nachhaltig beeinflusst. An der Spitze standen Regelungen, die einen möglichen Missbrauch von Stiftungen durch eine enge wirtschaftliche und personelle Verknüpfung mit Unternehmen zum Gegenstand hatten.³³ Bestehende Verflechtungen mussten innerhalb kurzer Übergangsfristen aufgelöst werden. Die maximale Beteiligungsquote an einem Unternehmen wurde auf 20 Prozent fest-

---

26 *Hüttemann,* loc. cit., S. 165 ff.

27 Ebd. S. 165 ff.

28 Siehe die Auflistung bei *Pöllath,* Handbuch des Stiftungsrechts, § 43, Rz. 135.

29 Gesetz vom 20. 12. 1996, BGBL I. S. 2049.

30 Siehe unter anderen die Stiftungsportraits von Rockefeller, Mellon, Guggenheim, Kellogg, Morgan und Ford in *Fest,* Die grossen Stifter, Lebensbilder – Zeitbilder, 1997.

31 *Dale,* U.S.-Gesetzgebung zu Stiftungen und Unternehmensbeteiligungen, in: Bertelsmann Stiftung, Operative Stiftungsarbeit, S. 57 ff.

32 *Troyer,* The 1969 Private Foundation Law: Historical Perspective on its Origins and Underpinnings, S. 9 ff.

33 *Buchalter Adler,* A Guide to the Law of Charities in the United States, S. 33 f.; *Hopkins / Blazek,* Private Foundations, S. 203 ff.

4.2 Die Stiftung als Unternehmenseigentümerin

gelegt.³⁴ Eine zweite potenzielle Gefährdung der Stiftung und damit ihrer Aufgabenerfüllung wurde in Rechtsgeschäften zwischen der Stiftung und den ihr nahestehenden Personen (Stifter, Gründer, Verwalter) erkannt.³⁵ Das erklärte gesetzgeberische Ziel³⁶ aller Beschränkungen war die Begrenzung gesellschaftlicher Macht von Stiftungen. Rechtspolitisch gewünscht war allein die Verwendung der Unternehmenserträge für Aufgaben im allgemeinen Interesse, gleichzeitig sah es der Gesetzgeber als seine Aufgabe, die mit der Kumulation von Vermögen einhergehende Machtkonzentration in ihren Wirkungen zu begrenzen.³⁷

Die Beobachter des amerikanischen Stiftungswesens weisen auf der Grundlage ihrer Erfahrungen darauf hin, es gäbe auch in Deutschland gute Gründe dafür, Vorkehrungen gegen eine von Unternehmen ausgeübte de facto Kontrolle über Stiftungen zu treffen, die wiederum eine Beteiligung an Unternehmen besitzen.³⁸ Es müsse insbesondere sichergestellt werden, dass von Stiftungen kontrollierte Unternehmen ihren Eigentümern Erträge auf die Investitionen auszahlen, die der Erfüllung der gemeinnützigen Zwecke wenigstens ungefähr angemessen sind.³⁹ Gestützt wird diese Argumentation mit einem Hinweis auf die typische Gefährdungslage bei Stiftungen: Die zeitliche Existenz einer Stiftung ist nicht begrenzt. Sie ist nicht auf die Zustimmung einer Bezugsgruppe angewiesen, die die Macht hätte, von ihr Rechenschaft einzufordern. Anders als politische Vertreter oder Vorstände einer Aktiengesellschaft können die Vertreter der Stiftung nicht abgewählt oder vom Aufsichtsrat abberufen werden. Eine Verantwortlichkeit ergibt sich nur gegenüber dem sich selbst erneuernden Vorstand oder Kuratorium. Würde in Deutschland zugelassen, dass die Unternehmen die Interessen von Stiftungen beherrschen können, die an ihnen beteiligt sind, würden in demselben Maße die allgemein akzeptierten Grundregeln verletzt, nach denen Stiftungen nicht als Instrumente benutzt werden dürfen, um private oder persönliche Vorteile zum Nutzen interessierter Parteien zu erlangen. Das dem Stiftungswesen zu Grunde liegende Prinzip des gesellschaftlichen Nutzens wird in dem Maße missachtet, in dem es den Unternehmensmanagern möglich ist, die Entscheidungen der Stiftung entsprechend den Interessen des Unternehmens zu beeinflussen. Die amerikanischen Erfahrungen

---

34 *Section 4943 Internal Revenue Code.*

35 *Beckwith / Marshall / Rodriguez,* Company Foundations and the Self-Dealing Rules, S. 9 ff.

36 Joint Committee on Internal Revenue Taxation, General Explanation of the Tax Reform Act of 1969, 91st Cong. 2d Sess. (1970), S. 41.

37 Zur rechtspolitischen Begründung der Regeln über die Unternehmensbeteiligung siehe *Dale,* U.S.-Gesetzgebung zu Stiftungen und Unternehmensbeteiligungen, in: Bertelsmann Stiftung, Operative Stiftungsarbeit, S. 57, 62 ff.; *Fleishman,* Stiftungsführung und Unternehmenskontrolle in Deutschland und den Vereinigten Staaten, in: Bertelsmann Stiftung, Handbuch Stiftungen, S. 359, 387 f.

38 *Fleishman,* loc. cit., S. 359, 362.

39 Berechnungsbeispiele bei *Doppstadt,* Zur Bewertung von Stiftungsvermögen unternehmensverbundener Stiftungen, in: Doppstadt / Koss / Toepler, Vermögen von Stiftungen, Bewertung in Deutschland und den USA, S. 77 ff.

verleiten zu der Vermutung, dass ein Unternehmen, dessen Management die Kontrolle über eine Stiftung ausübt und dies auf Dauer auch tun wird, einen für beide Seiten sicheren Weg in die Katastrophe darstellt.[40]

Bislang konnten in der Entwicklung des Stiftungswesens in der Bundesrepublik solche Tendenzen nicht nachgewiesen werden. Dies ist gleichwohl kein Beweis für die Unbegründetheit der auf den amerikanischen Erfahrungen beruhenden Vermutungen. Neben der in Deutschland im Verhältnis zum Amerika der sechziger Jahre deutlich geringeren Zahl von Unternehmen, die im Mehrheitsbesitz großer Stiftungen standen, kann eine weitere Ursache in der spezifischen Unternehmenskontrolle in Deutschland gesehen werden. Die Regeln über die Stiftungskontrolle (Bindung an das Stiftungsrecht und den Stifterwillen) sowie die steuerliche Kontrolle (Bindung an die gemeinnützige Zielsetzung) werden ergänzt durch die von den Eigentümern unabhängige Kontrolle des Unternehmens selber. Im Vordergrund stehen hier die Regeln über die betriebliche Mitbestimmung und die Mitbestimmung durch die Mitwirkung von Arbeitnehmervertretern in den Aufsichtsgremien der Unternehmen. Diese Regeln können Missbrauch zwar nicht verhindern, erschweren ihn gleichwohl insoweit, als sie zu einer Transparenz unternehmerischer Entscheidungen gegenüber Nicht-Eigentümern führen und gleichzeitig verhindern, dass die Eigentümer ihre persönlichen Zielsetzungen ohne eine Vertretung der Arbeitnehmergruppe durchsetzen können.

De lege lata haben Stiftungsaufsichtsbehörden keine Möglichkeit, eine maßgebliche Unterbeteiligung von Stiftungen zu verhindern. Auch einer – in den USA weitgehend unzulässigen[41] – personellen Identität in den Gremien einer Stiftung und einem von ihr abhängigen Unternehmen sind keine Schranken gesetzt. De lege ferenda sind in der jüngsten Reformdiskussion erste Tendenzen erkennbar, auch diesen Bereich möglicher Stiftungsaktivitäten zu thematisieren. Der Reformentwurf der Fraktion Bündnis 90/Die Grünen forderte ein weitgehendes Verbot der privatnützigen unternehmensverbundenen Stiftung,[42] der Vorschlag wurde in der weiteren Diskussion aber nicht wieder aufgegriffen.

Die Frage, ob eine solche Begrenzung vermuteten Missbrauchs sinnvoll ist, ergibt sich aus einer rechtspolitischen Abwägung: Auf der einen Seite steht ein gesellschaftspolitisches Anliegen, die Errichtung von Stiftungen zu fördern. Die Gründung von Stiftungen wird als ein gesellschaftlich wünschenswertes Ergebnis angesehen. Insbesondere im Rahmen einer gemeinnützigen Zielsetzung – eine

---

[40] *Fleishman,* loc. cit., S. 359, 391.

[41] Vgl. dazu die Regeln über die *disqualified persons,* zu denen nach Einführung der Höchstbeteiligung von 20 % am Unternehmen auch die Personen und Unternehmen gehören, die weitere 20 % der Anteile besitzen; Einzelheiten bei *Hopkins/Blazek,* Private Foundations, S. 108 ff.

[42] Text in: *Bertelsmann Stiftung/Maecenata Institut für Dritter Sektor Forschung,* Expertenkommission zur Reform des Stiftungs- und Gemeinnützigkeitsrechts, S. 154, mit kritischer Anmerkung *Kögel,* S. 142, 144 ff.

solche verfolgen in Deutschland mehr als 95 % der Stiftungen – dienen sie unmittelbar dem öffentlichen Wohl. Sie leisten einen Beitrag bei der Produktion öffentlicher Güter und Dienstleistungen, fördern die gesellschaftliche Innovation und sind Bestandteil einer pluralistischen Gesellschaftsordnung. Mit der so verstandenen gesellschaftlichen Rolle von Stiftungen ist ein Stiftungsrecht verbunden, dessen erklärte rechtspolitische Zielsetzung die Förderung des Stiftungswesens darstellt. Auf der anderen Seite steht das Bemühen, die von einer freien Stiftungsbildung ausgehenden vermuteten Gefahren oder den möglichen Missbrauch dieser Gestaltungsform für andere – nicht am Gemeinwohl orientierte Zielsetzungen – zu verhindern. Dieses gesetzgeberische Anliegen beherrscht das US-amerikanische Recht. Beide Ansätze stehen in einem gegenseitigen Abhängigkeitsverhältnis und sind unmittelbar miteinander verbunden; in ihrer Wirkung sind sie nur begrenzt in Einklang zu bringen.

Eine weitgehende Stifterfreiheit ist Grundlage für ein expandierendes Stiftungswesen; auf der anderen Seite führen Beschränkungen möglicher Stiftungsgründungen (durch Einbringung von Unternehmensbeteiligungen) zu einem unmittelbar spürbaren Rückgang von Stiftungsneugründungen.[43] Dies zeigt eine Gegenüberstellung der Stiftungsneugründungen in den USA und in Deutschland in der Zeit nach dem zweiten Weltkrieg. Ein großer Teil der Neugründungen von Stiftungen erfolgt durch wohlhabende Unternehmer. Sie sind geradezu der Motor des Stiftungswesens in einer modernen Gesellschaft. Die Errichtung dieser Stiftungen basiert im Regelfall nicht auf der Ausstattung mit freiem eigenen Kapital, sondern durch Einbringung von Unternehmensanteilen in die Stiftung. Mit dem an die amerikanischen Stiftungen gerichteten Verbot, mehr als 20 % an einem Unternehmen zu halten, ging die Zahl der Neugründungen großer Stiftungen in unmittelbarer zeitlicher Folge der gesetzlichen Änderung spürbar zurück. Dies ist deutlich aus der zahlenmäßigen Entwicklung in abzuleiten: Im Jahr 1993 existierten in den USA insgesamt 35.000 Stiftungen, in Deutschland betrug die Zahl 6.500. Unter diesen Stiftungen waren in den USA 9.424 Stiftungen mit Vermögenswerten von mehr als einer Mio. Dollar; in Deutschland hatten 478 Stiftungen ein Kapital über eine Mio. DM.[44] In dieser letzteren Vergleichsgruppe betrug die Wachstumsrate in den USA in der Zeit von 1950 bis 1959 insgesamt 140 %. In Deutschland wuchs

---

[43] Ein Beleg für den Zusammenhang zwischen Stiftungsgründungen und staatlicher Kontrolle ist auch die im internationalen Vergleich geringe Zahl französischer Stiftungen; sie wird im Wesentlichen auf die umfassenden staatlichen Kontrollmaßnahmen zurückgeführt; vgl. die Gegenüberstellung der Wachstumsraten in Europa bei *Anheier*, Foundations in Europe: a comparative Perspective, in: Schlüter/Then/Walkenhorst, Foundations in Europe, S. 35, 66 und die absolute Entwicklung der Zahl französischer Stiftungen bei *Archambault*, ebd., S. 127.

[44] *Toepler*, Distant Relatives, A Comparative Analysis of the German and U.S. Foundation Sector, in: 1995 ARNOVA, Conference Proceedings, S. 111; siehe auch die Gegenüberstellung der Neugründungen in den USA und in Deutschland bei *Anheier/Romo*, Foundations in Germany and the United States, in: Anheier/Toepler, Private Funds, Public Purpose, S. 79, 106 f.

die Vergleichszahl nur um 20 %. In der Dekade von 1960 bis 1969 lag die Zuwachsrate in beiden Ländern bei 50 %. Ganz anders verlief die Entwicklung in der Folgezeit. In den siebziger Jahren sank die Zuwachsrate in den USA auf 20 %, während sie in Deutschland auf 60 % anstieg. Ähnlich war die Entwicklung in den achtziger Jahren (Deutschland 60 % und USA wieder 50 %).[45] Diese negative Wirkung der Gesetzgebung zur Unternehmensbeteiligung auf die Zahl der Stiftungsneugründungen wurde nochmals durch eine Umfrage Mitte der achtziger Jahre bestätigt. Als häufigste Ursache für eine Barriere bei der Gründung von Stiftungen werden die bundesstaatlichen Gesetze, darunter die Beschränkungen der höchstzulässigen Unternehmensbeteiligungen genannt.[46] Es gilt als wahrscheinlich, dass in den letzten drei Jahrzehnten des zwanzigsten Jahrhunderts sehr viel mehr große Stiftungen in den USA gegründet worden wären, wenn es die Bestimmungen über die *excess business holdings* im Gesetz von 1969 nicht gegeben hätte.[47]

Die Stiftung als Instrument der Unternehmensnachfolge

Nicht zuletzt die Diskussion über die Zulässigkeit der Unternehmensträgerstiftung im Rahmen der Reformüberlegung zum Stiftungsrecht haben dazu beigetragen, die Stiftung erneut in den Blick zu nehmen, wenn es darum geht, langfristig die Unternehmensnachfolge zu sichern. Häufig ist das gesamte Vermögen eines Unternehmers oder einer Unternehmerfamilie im Unternehmen gebunden. Es soll sichergestellt werden, dass mit der Nachfolgekonstruktion sowohl der Fortbestand des Unternehmens gesichert ist, als auch die Versorgungsbedürfnisse der Erben und der sonstigen Angehörigen in ausreichender Weise gesichert werden.

Aus Sicht des Unternehmers – und potentiellen Stifters – reichen die erbrechtlichen Möglichkeiten zur Sicherung der Kontinuität der Unternehmensfortführung häufig nicht aus. Zwar besteht die Möglichkeit, im Rahmen der Testamentsvollstreckung (§§ 2197 ff. BGB) für einen Übergangszeitraum auf die Bestellung der Unternehmensleitung Einfluss zu nehmen. Sie endet jedoch mit dem Ablauf der Frist des § 2210 BGB (30 Jahre). Auch die Übertragung im Rahmen der Erbfolge unter einer Auflage (§§ 2291 ff. BGB) ist nicht geeignet, die langfristige Kontinuität der Unternehmensleitung zu sichern – anders dagegen in der Stiftung. Mit der Stiftung als Unternehmensträger wird auf Dauer das unternehmerische Vermögen einem Träger zugewiesen, dessen Regeln über die Besetzung der Unternehmensleitung vom Stifter festgesetzt und auf Dauer gültig sind. Ein Einfluss der Familienmitglieder auf die Besetzung von Leitungspositionen im Unternehmen ist auf Dauer ausgeschlossen. Damit bietet sich insbesondere die Möglichkeit, das im Unternehmen gebundene Vermögen wertmäßig langfristig der Familie zu sichern,

---

[45] *Toepler,* loc. cit., S. 114.

[46] *Odendahl,* Wealthy Donors and Their Charitable Attitudes, in: Odendahl, America's Wealthy and the Future of Foundations, S. 226, 237.

[47] *Fleishman,* loc. cit., S. 359, 383.

4.2 Die Stiftung als Unternehmenseigentümerin

gleichzeitig aber die Familienmitglieder von der Besetzung der Leitungsfunktionen im Unternehmen weitgehend auszuschließen[48].

Gestaltungsüberlegungen, die zur Wahl der Rechtsform einer Stiftung führen, sind häufig auch aus Liquiditätsgesichtspunkten abgeleitet. Ein Liquiditätsentzug durch Familiengesellschaften ist in der Konstruktion bei einer Unternehmensträgerstiftung ausgeschlossen. Zu berücksichtigen ist allerdings, dass bei einer vollständigen Übertragung sämtlicher Anteile auf die Stiftung unter Ausschluss der gesetzlichen Erben ein Pflichtteilsanspruch zu bedienen ist, der die Liquidität u. U. erheblich belasten kann. Auf der anderen Seite ist eine Zersplitterung der Anteile am Unternehmen ausgeschlossen. Damit kann insbesondere keine Situation eintreten, nach der durch einen – auch mehrfach – Verkauf von Anteilen am Unternehmen unterschiedliche Mehrheitskonstellationen entstehen. Insbesondere der Einfluss von – aus Sicht der Eigentümerfamilie – Fremdgesellschaftern ist mit dieser Konstruktion zu verhindern.

Die Gestaltungsmöglichkeiten für den Stifter im Rahmen einer Unternehmensträgerstiftung unterliegen nicht den engen formellen Anforderungen wie bei der Errichtung einer GmbH oder einer AG. Der Stifter bestimmt über die Organstruktur, die Vertretungsregelung und die zukünftige Veränderung der Statuten, insbesondere der Stiftungssatzung. Diese weitreichende Gestaltungsfreiheit für den Stifter sollte jedoch in der Kautelarpraxis nicht dazu führen, dass Regeln geschaffen werden, die unveränderbar sind und sich zu einem späteren Zeitpunkt als undurchführbar oder unpraktikabel erweisen. Die Stiftungsgestaltung sollte die für ein Unternehmen erforderliche Flexibilität nicht unberücksichtigt lassen. Der grundsätzlich statische Ansatz in der Stiftungsstruktur ist daher durch Konstruktionen zu ergänzen, die auf Änderungen des Umfelds und insbesondere eine Veränderung der wirtschaftlichen Rahmendaten ausreichend schnell reagieren können. Dies bedeutet insbesondere eine Regelung der Frage, in welchen Fällen mit welchen Mehrheiten und in welchem Umfang die Möglichkeit besteht, diese an eine Veränderung der wirtschaftlichen Verhältnisse anzupassen ist.

---

[48] Zu Einzelheiten s. *Schwarz,* Die Stiftung als Instrument für die mittelständische Unternehmensnachfolge, Betriebsberater 2001, S. 2383 ff.

4.3 Die Familienstiftung

Von Florian Mercker

Unter einer Familienstiftung versteht man eine rechtsfähige Stiftung, die im besonderen Maße ausschließlich oder teilweise den Interessen oder dem Wohl einer oder mehrerer Familien dient.[1] Nach Ansicht des Bundesfinanzhofes (BFH)[2] ist eine Familienstiftung dann gegeben, wenn das Wesen der Stiftung nach der Satzung und gegebenenfalls nach dem Stiftungsgeschäft darin liegt, es den Familienangehörigen zu ermöglichen, das Vermögen der Stiftung, soweit es der Nutzung zu privaten Zwecken zugänglich ist, zu nutzen und die Erträge aus diesem Vermögen an sich zu ziehen. Ob dann schließlich auch tatsächlich von dieser Möglichkeit Gebrauch gemacht wird, ist nicht von Belang. Maßgebend für die Begriffsbestimmung ist allein der satzungsmäßig formulierte Zweck der Stiftung *für* eine Familie. Welchen Umfang der Grad der Familienförderung haben muss, ist umstritten und ist im Stiftungssteuerrecht anders zu beantworten als im Stiftungszivilrecht. Vorzugswürdig ist die Auffassung, die eine Familienstiftung in den Fällen vorsieht, in denen die Stiftung in den nach der Satzung festgelegten Zwecken den Stifter, dessen Angehörige oder deren Abkömmlinge zu mehr als 75 v.H. begünstigt, die so genannte „Löwenanteilstheorie". Nichtsdestotrotz sehen einige Stiftungsbehörden die Grenze zur Familienstiftung schon bei einer Begünstigung der Familie von 25 v.H. als überschritten an, um die Stiftung den erbrechtlichen Bestimmungen zu unterwerfen. Die Familienstiftung stellt dabei aber insgesamt betrachtet – das gilt es zu beachten – keine gesonderte Stiftungsart dar, sondern in aller Regel lediglich eine Unterart der rechtsfähigen Stiftung bürgerlichen Rechts im Sinne der §§ 80 ff. BGB.[3]

---

[1] Vgl. Art. I § 1 PrAGBGB, § 2 Abs. 5 NRWStiftG.

[2] BFH, Urteil vom 10. 12. 1997 – II R 25/94, BStBl. II 1998, S. 114 = BB 1998, 466 zu § 1 Abs. 1 Nr. 4 Erbschaftssteuergesetz (ErbStG).

[3] Die Stiftung privaten Rechts wurde zum 1. September 2002 durch Umgestaltung der §§ 80 ff. BGB reformiert; dabei wurde der Begriff der Genehmigung durch den der Anerkennung ersetzt. In der Genehmigungspraxis hat sich hierdurch nichts geändert. Ob diese Änderung eine psychologische Wirkung hin zu einer vermehrten Stiftungsgründung hat, bleibt abzuwarten, vgl. hierzu statt vieler: Münchener Kommentar zum BGB-*Reuter,* kurz: MüKo-*Reuter,* 4. Auflage 2001, vor § 80 Rdnr. 110 ff. m. w. N.; *Andrick/Suerbaum,* Das Gesetz zur Modernisierung des Stiftungsrechts, NJW 2002, 2905 ff.; *Mercker/Mues,* Große Spendierhosen, FAZ Nr. 174 vom 30. 7. 2002 S. 41 und die Leserbriefe von *Strachwitz,* Reförmchen des Stiftungsrechts, FAZ vom 3. 8. 2002 S. 6 und von *Meyn,* Die Natur der Stiftung, FAZ vom 7. 8. 2002 S. 6.

Die Familienstiftung kann – je nach intendierter Zweckausrichtung – in verschiedenen Formen auftreten. Ist die Stiftung Rechtsform für ein Unternehmen, handelt es sich um eine Unternehmensträgerstiftung. Auch als Beteiligungsträgerstiftung ist eine Familienstiftung unternehmerisch tätig; sie ist aber nicht Träger des Unternehmens selbst, sondern hält lediglich eine Kapitalbeteiligung an diesem. Familienstiftungen, die ihren Zweck mit der Erwirtschaftung von Erträgen aus rentierlichem Vermögen bestreiten, bezeichnet man als Kapitalfondsträgerstiftungen. Als Träger einer Sacheinrichtung – wie z. B. Krankenhäuser, Schulen, Wohnstifte u. ä. – ist die Familienstiftung Anstaltsträgerstiftung. Meist tritt eine Familienstiftung aber als Kombination dieser Formen in Erscheinung.

Nach Bundes- und Landesrecht sind Familienstiftungen als privatnützige Stiftungen in fast allen Bundesländern zulässig. Die jeweiligen Stiftungsgesetze behandeln sie in unterschiedlicher Regelungsausgestaltung und stellen die Familienstiftungen zum Teil von einer staatlichen Stiftungsaufsicht frei.[4] Nur im Land Brandenburg *ist* die staatliche Genehmigung zwingend zu versagen, „wenn die Stiftung ausschließlich dem Wohl der Mitglieder einer oder mehrerer bestimmter Familien dienen soll".[5] Und die Genehmigung der Stiftungserrichtung *kann* versagt werden, „wenn der Hauptzweck der Stiftung überwiegend eigennützigen Interessen der Mitglieder einer oder mehrerer bestimmter Familien oder dem privaten Wohl bestimmter oder bestimmbarer Personen dienen soll". Diese Regelung des Landes Brandenburg ist aber schlicht verfassungswidrig.

Andererseits begegnet die Familienstiftung auch in der stiftungsrechtlichen Literatur[6] einigen Bedenken hinsichtlich ihrer Zulässigkeit. Diese bestehen vor allem darin, dass möglicherweise erhebliche Vermögensmassen vom Übergang der vorbürgerlich-statischen zur bürgerlich-marktwirtschaftlich-dynamischen Gesellschaft unberührt und so in den Interessenkreis einer Familie oder eines Unternehmens-Stifters eingeschlossen bleiben könnten.[7] Dies wird letztlich in die Frage des Fideikomissverbotes eingebunden. Dabei ist aber nicht zu übersehen, dass Fideikomisse und Familienstiftungen wesensverschieden sind. Die Familienstiftung ist gerade kein dem Rechtsverkehr entzogenes, vom jeweiligen Erben beherrschtes Sondervermögen.[8] Eine grundsätzliche Gleichbehandlung erscheint daher unsachgemäß. Insbesondere das durch die in Artikel 14 grundgesetzliche Eigentums-

---

[4] Vgl. Art. 34 BayStiftG, § 13 Abs. 2 BWStiftG, § 14 Abs. 2 HambAGBGB.

[5] § 6 Abs. 2 lit. d) BrbStiftG.

[6] Staudinger-*Rawert,* Kommentar zum BGB, 13. Bearbeitung (1995), vor §§ 80 ff. Rdnr. 132 ff.; MüKo-*Reuter,* vor §§ 80 ff. Rdnr. 18 ff.

[7] *Kronke,* Familien- und Unternehmensträgerstiftungen, in: Hopt/Reuter (Hrsg.), Stiftungsrecht in Europa – Stiftungsrecht und Stiftungsrechtsreform in Deutschland, den Mitgliedsstaaten der Europäischen Union, der Schweiz, Lichtenstein und den USA, Schriftenreihe des Instituts für Stiftungsrecht der Bucerius Law School, Köln u. a. 2001, S. 159 ff., S. 160.

[8] So auch Seifart/v. Campenhausen-*Pöllath,* Handbuch des Stiftungsrechts, 2. Auflage, 1999, § 14 Rdnr. 29.

garantie geschützte „Recht auf Stiftung" spricht für die Zulässigkeit einer Familienstiftung.

Hauptzweck einer Familienstiftung ist die Versorgung von Familienmitgliedern und kommender Generationen aus den Erträgen des der Stiftung zuvor übertragenen Vermögens in der satzungsmäßig näher bestimmten Form. Denn, zivilrechtlich bewirkt die Familienstiftung eine wirtschaftliche Absicherung der betreffenden Familie über die lebende Generation hinaus in dem Maße, in dem die Erträge aus dem Vermögen der Stiftung reichen. Diese Versorgung kann im Einzelnen so verschiedenartig gestaltet sein, wie es Familien mit ihren jeweiligen Eigenarten und ihren sie zusammensetzenden Charakteren sind. Ein bedeutendes Ziel der Familienstiftung kann so auch die Sicherstellung der bestmöglichen Ausbildung von Familienangehörigen sein. Die Familienstiftung dient aber so auch der Pflege des Familienzusammenhalts oder der Fortführung einer Familientradition.

Die Übertragung eines bestimmten Vermögens auf eine Familienstiftung verhindert dessen Auseinanderfallen. Die Familienstiftung ist nach ihrer Errichtung aber eine zweckgebundene Vermögensmasse, die dem Zugriff des Gründers und dessen Erben insgesamt entzogen ist. Anders als bei anderen Gesellschaftsformen existieren an einer Stiftung keine Beteiligungsrechte in Form von Gesellschafteranteilen, die selbständig veräußert werden können. Die Familienstiftung bietet den Vorteil, dass deren Gründer in der Stiftungssatzung Anordnungen treffen kann, die die Verwaltung des übertragenen Vermögens detailliert regeln. Eine sinnvoll gefasste Satzung hat aber auch der Gefahr der Überoptimierung zu entgehen. Klar strukturiert schafft eine solche Satzung so den Ausgleich innerhalb des Spannungsfeldes, satzungsmäßig das „Ewige" des Stiftungszwecks zu fixieren, gleichzeitig aber die Gestaltungsspielräume zu dessen Erreichung auch für die Zukunft zu erhalten. Eine Familienstiftung kann eine sinnvolle Lösung sein, dem Zusammenhalt des Vermögens, aber auch von Kunstsammlungen etc. zu dienen.[9]

Bei den allgemeinen Stiftungsvoraussetzungen bestehen keine grundlegenden Unterschiede zu anderen Stiftungsformen, da die Familienstiftung sich nur durch die Zweckbestimmung von anderen Stiftungsformen unterscheidet.[10]

Die zivilrechtlichen Besonderheiten der Familienstiftung gegenüber anderen Stiftungsformen betreffen vorrangig die Problematik der staatlichen Genehmigung und Aufsicht. So wird die Familienstiftung mit ihrem abgegrenzten Kreis von Begünstigten, der im eigenen Interesse als Destinatär die Erfüllung des Stiftungszwecks und damit ihrer Rechte kontrollieren wird, entweder von der Stiftungsaufsicht ganz ausgenommen[11] oder die Aufsicht auf ein Mindestmaß begrenzt. Den Begünstigten kann in der Satzung z. B. ein einklagbarer Anspruch gegen die

---

[9] *Mercker/Mues,* Große Spendierhosen – Endlich kommt die Reform des Stiftungsprivatrechts, FAZ Nr. 174 vom 30. Juli 2002, S. 41.

[10] Vgl. zu den Voraussetzungen Kapitel 3.2.

[11] So in Bayern, Hamburg, Hessen, Rheinland-Pfalz, Schleswig-Holstein.

4.3 Die Familienstiftung

Stiftung auf Auskunft und Rechnungslegung eingeräumt werden. Teilweise hat der Stifter auch die Möglichkeit, bestimmte Aufsichtsfunktionen auf andere Institutionen wie einen Stiftungsaufsichtsrat oder einen Wirtschaftsprüfer zu übertragen.[12] Aber auch in der Besteuerung unterscheidet sich die Familienstiftung als privatnützige Stiftung von anderen Stiftungsformen.

Der Familienstiftung drohen gerade durch die weitgehende Ausnahme von der Stiftungsaufsicht von innen drei Gefahren, die Missachtung des Stifterwillens, Angriffe auf das Stiftungsvermögen und u. U. mangelnder Einsatz der Stiftungsorgane. Maßgeblich für das Wirken der Familienstiftung im Stifterinteresse daher ist die satzungsmäßige Ausgestaltung der Kontrolle zur Gewährleistung der ordnungsgemäßen Umsetzung der Stiftungsziele über die Generation der Stifter hinaus. Grundsätzlich werden die Geschicke der Stiftung damit nach deren Errichtung, die sie zu einer dem Zugriff auf das Vermögen entzogenen eigenen Rechtspersönlichkeit macht, durch das selbstverantwortliche Handeln der Stiftungsorgane gelenkt. Diese sind in ihrem Handeln der Satzung der Stiftung verpflichtet. Die Kontrolle der Stiftung ist somit Dritten übertragen, die aber durchaus der Familie angehören können. Die stiftungsrechtlich zulässige Ausgestaltung der Satzung bietet zudem die Möglichkeit, Familienmitglieder und externe Dritte gemeinsam zu Organen der Stiftung zu bestellen. Dabei sind Zwischenstufen und verschiedene Mischungen zwischen Familien- und Drittkontrollrechten möglich. Hierzu gehören neben einer gemischten Besetzung von Stiftungsorganen die Festlegung von Benennungs- und Kontrollrechten zugunsten einzelner Familienmitglieder oder bestimmter Dritter. Darüber hinaus besteht auch die Möglichkeit, der Stiftung neben dem Vorstand weitere Organe zu geben, die mit bestimmten Einzelbefugnissen ausgestattet und mit Familienmitgliedern besetzt werden können. Dies geschieht in der Praxis meist durch einen so genannten „Familienrat", dem die Befugnisse zur Ernennung, Überwachung und Abberufung des Vorstandes übertragen werden. Auch können bestimmte Entscheidungen von der Zustimmung des in der Satzung näher ausgestalteten Familienrates abhängig gemacht werden.

Die Familienstiftung kann zudem eine praktikable Möglichkeit sein, durch den Ausschluss einzelner Familienmitglieder von der Entscheidungsfindung den Zugriff Einzelner auf das Vermögen zu verhindern. Die Familienstiftung bietet so die Chance, eine langfristige Kontinuität in der Erhaltung dieses Vermögens und somit auch eine langfristige Versorgung der Familienangehörigen im Sinne des Stifters zu sichern.

Grundsätzlich unterliegt die Familienstiftung der allgemeinen Steuerpflicht, sowohl hinsichtlich der Besteuerung der Stiftung bei deren Errichtung als auch bei der laufenden Besteuerung. Hier seien nur die Gründzüge in der gebotenen Kürze erläutert:[12a] Zunächst, der Übergang von Vermögen auf die Stiftung löst je nach rechtlicher Qualifikation des Erwerbsvorganges Erbschafts- oder Schenkungs-

---

[12] Vgl. § 8 Abs. 2 Satz 2 BWStiftG, § 19 Abs. 2 NRWStiftG.
[12a] Vgl. Kap. 5.6.

steuer aus. Nach dem Erbschaftssteuergesetz (ErbStG) richtet sich die anzuwendende Steuerklasse als Begünstigung für die Familienstiftung nach dem Verwandtschaftsverhältnis zwischen Stifter und entferntest verwandtem Begünstigten, dem so genannten Destinatär. Als Besonderheit besteht für die Familienstiftung aber die Pflicht zur Abgabe der Erbersatzsteuer, die alle dreißig Jahre einen Erbfall fingiert. Diese – umstrittene, aber höchstrichterlich als verfassungsgemäß anerkannte[13] – Steuer soll verhindern, dass in Familienstiftungen gebundenes Vermögen auf Generationen hinaus der Erbschaftssteuer entzogen wird. Der Vorteil besteht insbesondere darin, dass bei der Festsetzung der Steuerlast zwei Erben fingiert werden, insofern auch dann die doppelten Freibeträge in Ansatz gebracht werden können. Gesetzlich besteht dann unter bestimmten Umständen auch die Möglichkeit der Stundung und Verrentung dieser Steuerlast. Bei großen Vermögen lässt sich auch eine erhebliche Minderung der Erbersatzsteuer durch eine Verteilung des Vermögens auf mehrere Stiftungen erreichen, um so eine Kappung der Progression und eine Vervielfachung der Freibeträge herbeizuführen. Denkbar ist aber auch eine Kombination einer gewerblichen oder Familienstiftung mit einer gemeinnützigen Stiftung, einer so genannten Doppelstiftung.

Bei der laufenden Besteuerung unterliegt eine Familienstiftung mit Sitz oder Geschäftsführung im Inland der Körperschaftssteuer. Die nur vermögensverwaltende bzw. nur Kapitalbeteiligungen haltende Stiftung dagegen ist nicht gewerbesteuerpflichtig, da sie keinen Geschäftsbetrieb im Sinne des Gewerbesteuergesetzes unterhält.[14] Bei den Verkehrssteuern ist für eine etwaige Besteuerung die Art der jeweiligen Zuwendung maßgeblich. Die an die Begünstigten auszuschüttenden Erträge der Familienstiftung, bereits mit der Körperschaftssteuer belastet, sind einkommens- und kirchensteuersteuerfrei.[15] Vorteilhaft ist dies insbesondere für Destinatäre, deren Einkommenssteuerlast bei über 25 Prozent liegt.

Die steuerlichen Besonderheiten der Familienstiftung können somit gegenüber anderen Rechtsformen und steuerlichen Gestaltungen sowohl vor- als auch nachteilig sein. Entgegen der verbreiteten Meinung ist die Errichtung einer Stiftung aber auch mehr als die Frage nach der für den Stifter steuerrechtlich optimalen Gestaltung. Das Stiften setzt wesensmäßig einen über die Steuerersparnis hinausgehenden Leitgedanken und Werte des Stifters voraus, deren Verwirklichung das Anliegen des Stifters ist. Die Stiftung ist somit stets auch Ausdruck der besonderen Verantwortung des Einzelnen für die Allgemeinheit.

Familienstiftungen erfreuen sich gerade auch im Unternehmensbereich wachsender Beliebtheit. Bekannt sind so insbesondere die Bertelsmann-Stiftung, die Carl-Zeiss-Stiftung, die Robert-Bosch-Stiftung oder die Würth-Stiftung. Über eine Familienstiftung als Unternehmensbeteiligungsträger kann die von der Familie

---

[13] Siehe hierzu *Sorg,* Die Familienstiftung, Baden-Baden 1984, S. 76 ff.
[14] Vgl. § 2 GewStG.
[15] § 22 Nr. 1 Satz 2 EStG.

4.3 Die Familienstiftung

unabhängige Sicherung der Zukunft des Unternehmens bei gleichzeitiger Absicherung der Familienangehörigen erreicht werden. Die rechtliche Zulässigkeit gerade einer unternehmensverbundenen Familienstiftung ist in Praxis und Rechtstheorie aber umstritten. Die Genehmigung unterliegt in einigen Bundesländern gewissen Vorbehalten. Für die Zulässigkeit einer Familienstiftung als Unternehmens(beteiligungs-)träger spricht aber bei allen Vorbehalten letztlich das auf die grundgesetzlich geschützte Eigentumsgarantie zurückgehende Recht des Einzelnen zur Errichtung einer Stiftung. Grenze ist dabei nach der Rechtsprechung des Bundesverwaltungsgerichtes nur die notwendige Gemeinwohlkonformität des geplanten Stiftungszwecks. Zu beachten ist aber, dass durch die Rechtsformwahl der Stiftung die Kapitalaufnahme erschwert und die Flexibilität zur Reaktion auf wirtschaftliche Marktveränderungen eingeschränkt sein kann. Ein Unternehmen kann daher in aller Regel wirkungsvoll nicht in Stiftungsform geführt werden. Sinnvoll kann aber in vielen Fällen die Beteiligung einer Stiftung an einem Unternehmen sein. Hier ist dann besonderes Augenmerk auf die Satzungsgestaltung zu legen.

Die stiftungsrechtliche Dauerhaftigkeit der Satzungsgestaltung bietet Stiftern die Möglichkeit, unternehmenspolitische Grundsätze und Überzeugungen verbindlich und dauerhaft weit über ihre Generation hinaus schriftlich zu verankern. Die Stiftungssatzung ist Änderungen aber gerade nicht in dem Maße zugänglich wie ein Gesellschaftsvertrag und bedarf der Genehmigung der staatlichen Aufsichtsbehörden, die dem erklärten oder zumindest mutmaßlichen Willen des Stifters verpflichtet sind. Daher ist die Stiftungssatzung so zu gestalten, dass die Stiftung sich auch nach längerer Zeit flexibel auf geänderte Rahmenbedingungen anpassen kann. Dies kann entweder durch eine entsprechend detaillierte Satzung geschehen, die versucht, sich auf alle denkbaren Änderungen und Entwicklungen einzustellen oder aber durch die Einräumung der Möglichkeit, bei einer erheblichen Änderung der Gegebenheiten die Satzung im Rahmen der Notwendigkeit zu ändern. Meist bietet sich eine Kombination dieser Möglichkeiten in Form einer Beteiligungsträgerstiftung an.

Im Einzelnen ist auf dem Gebiet der Unternehmensträgerstiftung vieles streitig und die Genehmigungspraxis der verschiedenen Stiftungsgenehmigungsbehörden weist manche Unterschiede auf. Es haben sich dennoch gewisse Grundsätze dieser rechtlichen Gestaltungsform herausgebildet.[16]

Gerade bei großen Vermögen kann die gemeinnützige Familienstiftung die Versorgung von Familienangehörigen unter steuerlicher Privilegierung gewährleisten. Die Anerkennung der Gemeinnützigkeit nach den §§ 51 ff. Abgabenordnung (AO) ist das bedeutendste steuerliche Privileg einer Stiftung überhaupt. Steuerlich privilegiert sind Körperschaften, die ausschließlich und unmittelbar gemeinnützige, mildtätige oder kirchliche Zwecke verfolgen. Diese Privilegierung macht die Institution der Stiftung häufig erst sinnvoll. Die Anerkennung der Gemeinnützigkeit

---

[16] Vgl. Kapitel 4.2.

ergibt aus dem von der Stiftung verfolgten Zweck. Nach § 52 Abs. 1 AO verfolgt eine Stiftung gemeinnützige Zwecke, wenn ihre Tätigkeit darauf gerichtet ist, die Allgemeinheit auf materiellem, geistigem oder sittlichem Gebiet zu fördern. Die Förderung darf sich also gerade nicht auf einen abgeschlossenen Personenkreis beschränken.[17] Daher ist es für Familienstiftungen häufig schwierig den Status der Gemeinnützigkeit zu erhalten und bedarf einer sorgfältigen Satzungsgestaltung. Entscheidend ist nicht, ob die Förderung der Allgemeinheit dient, sondern ob die Förderung im Interesse der Allgemeinheit ist.[18] Mit der Anerkennung als gemeinnützige Stiftung sind dann eine Reihe steuerlicher Vorteile verbunden. Zu beachten ist dabei, dass die Finanzbehörden diese Vorteile auch dann gewähren, wenn diese Stiftung mit bis zu einem Drittel ihrer Erträge Familienmitglieder fördert. Gerade bei größeren Vermögen stellt diese Möglichkeit meist einen ausschlaggebenden Grund für die Errichtung einer gemeinnützigen Familienstiftung dar.

Als gemeinnützige Stiftung ist eine solche gemeinnützige Familienstiftung in vollem Umfang von der Körperschaftssteuer und von der Gewerbesteuer befreit. Im Gegensatz zur privatnützigen oder reinen Familienstiftung fällt bei der gemeinnützigen Familienstiftung dann auch weder eine Erbschaftssteuer, noch alle 30 Jahre eine Erbersatzsteuer an. Die Errichtung einer gemeinnützigen Familienstiftung kann darüber hinaus auch als Sonderausgabe in der Berechnung der Einkommens- oder Körperschaftssteuer geltend gemacht werden. Für neu errichtete Stiftungen sieht das Gesetz einen Abzugsbetrag von EUR 307.000,00 vor, der über einen Zeitraum von 10 Jahren verteilt geltend gemacht werden kann. Zuwendungen an gemeinnützige Stiftungen können jährlich bis zu einer Höhe von EUR 20.450,00 als Sonderausgabe geltend gemacht werden.

Eine unselbständige Stiftung ist ebenso wie die rechtsfähige durch die dauerhafte Widmung eines bestimmten Vermögens zu den vom Stifter gesetzten Zwecken charakterisiert. Von der selbständigen Stiftung unterscheidet sie sich in der Weise, dass es sich nicht um eine eigene juristische Person handelt. Sie bedarf daher zum rechtswirksamen Handeln eines rechtsfähigen Trägers. Dieser verwaltet das übertragene Vermögen dann als Treuhänder i. R. e. Treuhandvertrages oder einer Schenkung unter Auflage. Die unselbständige, nicht rechtsfähige Stiftung kann so grundsätzlich auch als Familienstiftung errichtet werden. Die unselbständige Stiftung hat zudem gegenüber der selbständigen einige beachtenswerte Vorteile. So bedarf es nicht eines langwierigen behördlichen Genehmigungsverfahrens, die staatliche Aufsicht über die laufende Stiftungstätigkeit entfällt, sie genießt Freiheit von staatlicher Einwirkung bei etwaigen Satzungsänderungen und wird in der Regel von den Finanzbehörden relativ unkompliziert als gemeinnützig anerkannt. Außerdem gelten für die unselbständige Stiftung nicht die Einschränkungen der jeweiligen Stiftungsgesetze der Länder. Die unselbständige Stiftung hat aber

---

[17] Hierzu aktuell insbesondere der Anwendungserlass des BMF zur AO vom 10. September 2002.

[18] Vgl. *Sorg,* Die Familienstiftung, S. 114.

4.3 Die Familienstiftung

den Nachteil, dass sie mit dem Wegfall des Trägers erlischt. Ebenso ist die unselbständige Stiftung auch kündbar.

Keine andere westeuropäische oder amerikanische Rechtsordnung mit Ausnahme der Deutschlands und Liechtensteins kennt die voraussetzungslos berechtigende – also ohne zusätzliche Kriterien wie Bedürftigkeit, Würdigkeit, etc. zulässige – Familienstiftung ohne zeitliche Begrenzung. Auch das österreichische Privatstiftungsgesetz begrenzt die Dauer der Familienstiftung auf (verlängerbare) 100 Jahre.[19] Daneben kennen ausländische Rechtsordnungen das Institut des Trusts, der aber in Abgrenzung zur Familienstiftung keine selbständige Rechtspersönlichkeit hat. Zu überlegen ist, ob sich für Stiftungsvorhaben unter Umständen eine Errichtung der Stiftung unter einer ausländischen Rechtsordnung oder die Sitzverlegung einer bereits bestehenden Familienstiftung in das Ausland als sinnvolle Alternative zur Gründung nach deutschem Recht darstellt. Die Sitzverlegung einer bestehenden Familienstiftung in das Ausland bedarf der Genehmigung der Stiftungsaufsichtsbehörde. Deren Zustimmung wird bei rein steuerlicher Motivation der Sitzverlegung eher schwierig zu erreichen sein.

Eine ausländische Familienstiftung wird im deutschen Einkommensteuerrecht nicht als eigenständige juristische Person und damit nicht als Steuersubjekt anerkannt. Es findet vielmehr gemäß § 15 Außensteuergesetz (AStG) ein Durchgriff der Finanzverwaltung direkt auf den Stifter oder die Destinatäre bzw. Anfallberechtigten statt. Das Vermögen und das Einkommen einer Familienstiftung wird den Stiftern zugerechnet, sofern diese unbeschränkt steuerpflichtig sind, oder aber den unbeschränkt steuerpflichtigen Destinatären bzw. Anfallberechtigten entsprechend ihrem jeweiligen Anteil. Somit unterliegt die ausländische Familienstiftung aber auch nur der deutschen Körperschaftssteuer, soweit sie inländische Einkünfte hat.[20] Im deutschen Erbschafts- und Schenkungssteuerrecht ist die ausländische Familienstiftung dagegen als eigenständige juristische Person anerkannt. Zu beachten ist aber: Das Vermögen einer ausländischen Familienstiftung unterliegt nicht der Erbersatzsteuer nach § 1 Abs. 4 ErbStG, da § 2 Abs. 1 Nr. 1 ErbStG nur die Stiftungen erfasst, deren Geschäftsleitung oder deren Sitz im Inland liegen. Die ausländische Familienstiftung ohne Geschäftsleitung oder Sitz in Deutschland bietet so den Vorteil, dass die deutsche Erbschaftssteuer bei bestimmten Konstellationen völlig umgangen werden kann.

Die Familienstiftung kann sich als sinnvolle und rechtlich zulässige Möglichkeit der Nachlassgestaltung erweisen. Sie kann der Versorgung von Familienangehörigen bei weitestgehender Zusammenfassung und Erhalt des Vermögens und damit auch der Unternehmensfortführung dienen. Sie ist aber nicht immer die zweckmäßigste Lösung. Häufig lassen sich die Interessen auch in anderen erbrechtlichen oder gesellschaftsrechtlichen Konstruktionen verwirklichen. Entscheidend sind

---

[19] Vgl. § 35 Abs. 2 ÖsterrPrStiftG.
[20] Vgl. § 49 EStG.

dafür stets die individuellen Interessen und die Gegebenheiten im Einzelfall. Stellt sich die Errichtung einer Familienstiftung als die im gegebenen Fall zweckmäßigste dar, ist besondere Sorgfalt auf die Satzungsgestaltung zu verwenden. Ist deren vornehmliche Aufgabe doch Flexibilität für die Zukunft bei verbindlicher Umsetzung des Stifterwillens auch nach Jahren noch zu gewährleisten.

Die für die Satzungsgestaltung wichtigste Aufgabe ist daher nach steuerkonzeptionellen Überlegungen die gedankliche Formulierung der angestrebten Stiftungszwecke, deren Verhältnis zueinander, die Frage der zur Verwirklichung ausreichenden Vermögensgrundlage und letztlich die exakte und weitsichtige Fixierung der erstrebten Ziele in der Stiftungssatzung. Dabei spielen drei Bereiche bei der Satzungsgestaltung zentrale Rolle, um eine möglichst effektive Gestaltung der Familienstiftung gewährleisten zu können: erstens die Frage der Ausschüttungspolitik der Familienstiftung, also die Frage nach dem Verfahren zur Absicherung der Familienmitglieder, zweitens – sofern vorhanden – die jeweiligen Beteiligungsverhältnisse im Verhältnis zwischen Stiftung und Unternehmen und daraus folgend drittens dann die Frage nach der Regelung der unternehmerischen Verantwortung einschließlich der Beteiligung von Familienmitgliedern an der Besetzung von Führungspositionen und deren Beteiligung an unternehmerischen Entscheidungen.

Durch die im Laufe der Jahre sich erfahrungsgemäß eher noch verstärkenden Spannungskräfte innerhalb des Familienverbandes empfiehlt sich des Weiteren eine ausreichende – familienfremde – Drittkontrolle der Familienstiftung. Diese wird in aller Regel bei der Errichtung der Stiftung als Vorstand durch den oder die Stifter in notwendiger Anzahl bestimmt und kann später von einem einzurichtenden Familienrat gewählt werden. Dieser Familienrat kontrolliert somit wiederum das Einhalten der satzungsmäßigen Aufgaben des Vorstandes. Wichtig erscheint aus dem Gesichtspunkt der Stiftungspraxis aber vor allem, dass eine Kontrolle der Gewährleistung des Stiftungszwecks im Stifterinteresse erfahrungsgemäß unabhängig vom Kreis der *Destinatäre* erfolgen sollte. Diese Kontrolle erfolgt sinnvollerweise eben durch den Vorstand der Stiftung, der zu Lebzeiten aus dem oder den Stiftern und zu bestellenden Dritten bestehen kann.

4.4 Die Bürgerstiftung – ein Sonderfall?

Von Eva Maria Hinterhuber

Bürgerstiftungen sind in der deutschen Stiftungslandschaft ein relativ neues Phänomen. Auch wenn es in der Vergangenheit zum Teil weit zurückreichende Beispiele von Stiftungen gegeben hat, die in ihrem Charakter einer Bürgerstiftung entsprechen, so hat sich die Bezeichnung und der entsprechende Stiftungstypus, der bestimmte Merkmale aufweist, erst Mitte der 1990er Jahre in Deutschland durchgesetzt. Dabei ist die rasche Verbreitung des an die US-amerikanische *community foundation* angelehnten Modells auch hierzulande nicht zuletzt auf den Einsatz mehrerer Großstiftungen und Mittlerorganisationen[1] zurückzuführen.

Was macht das Wesen einer Bürgerstiftung aus? Die Merkmale, die eine Organisation aufweisen muss, um sich Bürgerstiftung nennen zu können, sind unter den Bürgerstiftungen selbst, bei den Mittlerorganisationen und in der Wissenschaft nicht unumstritten. Die meisten Definitionen stimmen jedoch dahingehend überein, dass eine Stiftung dann eine ‚Bürgerstiftung' darstellt, wenn sie in politischer, wirtschaftlicher und konfessioneller Hinsicht unabhängig ist, von einer Vielzahl an Stiftern und Stifterinnen errichtet und getragen wird, einen breiten Stiftungszweck verfolgt, ihren Wirkungsbereich territorial eingrenzt und einen langfristigen Vermögensaufbau betreibt.[2] Darüber hinaus werden weitere Punkte wie Gemeinnützigkeit, Innovation bei der Projektförderung, Öffentlichkeitsarbeit, die Koordination von Netzwerken und bezüglich der internen Arbeit Transparenz und Partizipation angeführt.[3] Auch die Förderung bürgerschaftlichen Engagements wird stark gemacht.[4]

---

[1] Hierzu zählen zuvorderst die Bertelsmann Stiftung, die Körber Stiftung, die Klaus-Tschira-Stiftung und die US-amerikanische Charles-Stuart-Mott-Foundation, außerdem die Karl-Konrad-und-Ria-von-der-Groeben-Stiftung. Die Amadeu-Antonio-Stiftung ist ihrem Tätigkeitsprofil nach eher den *community foundation support organizations* zuzurechnen. Zu diesen Mittlerorganisationen gehören weiters der Arbeitskreis Bürgerstiftungen des Bundesverbandes Deutscher Stiftungen, die Initiative Bürgerstiftungen, die Aktive Bürgerschaft e.V. und der Wissenschaftsladen Bonn. Das Interesse an Bürgerstiftungen nimmt in Deutschland stetig zu, sodass zu den genannten noch weitere Unterstützer hinzu kommen können.

[2] Vgl. exemplarisch für die Mittlerorganisationen: *Arbeitskreis Bürgerstiftungen; Aktive Bürgerschaft e.V.,* S. 24; für die Wissenschaft: *Kaper,* S. 28.

[3] *Arbeitskreis Bürgerstiftungen;* letzteres – das aktive Mitgestalten der Stifter – findet sich bspw. auch bei *Fischbach,* S 35.

[4] Vgl. exemplarisch: *Aktive Bürgerschaft e.V.,* S. 24.

Eine klare juristische oder verwaltungswissenschaftliche Definition von ‚Bürgerstiftung' existiert bislang noch nicht.[5] Im Gegenteil, aus rechtswissenschaftlicher Sicht wird die Bürgerstiftung kritisch betrachtet, da befürchtet wird, dass in ihr zwei Rechtsformen, die der Stiftung und die körperschaftsrechtlicher Organisationen, vermischt werden. Im Zentrum der Diskussion steht dabei die spezifische Organisationsstruktur von Bürgerstiftungen: Im Unterschied zur typischen Stiftung bürgerlichen Rechts, die gesetzlich zwingend lediglich einen Vorstand als Vertretungs- und Geschäftsführungsorgan aufweist (in der Praxis meist ergänzt durch einen Stiftungsrat als internes Aufsichts- und Kontrollorgan), richten Bürgerstiftungen in der Regel ein weiteres Stiftungsorgan ein, die Stifterversammlung.[6] Sie gibt den zahlreichen an einer Bürgerstiftung beteiligten Stiftern und Stifterinnen die Möglichkeit, sich auch über ihren finanziellen Beitrag hinaus in das Stiftungsgeschäft einzubringen, und weckt daher Assoziationen an vereinsähnliche Strukturen.

Die Kompetenzzuweisung und personelle Zusammensetzung dieses Gremiums fallen bei den einzelnen Bürgerstiftungen allerdings sehr unterschiedlich aus. In manchen Fällen spielt die Stifterversammlung eine untergeordnete Rolle, indem sie einzig das Recht hat, vom Vorstand (oder, falls eingerichtet, vom Stiftungsrat) in regelmäßigen Abständen über das Stiftungsgeschäft informiert zu werden. Weit häufiger wird der Stifterversammlung jedoch eine stärkere Position eingeräumt. Vielfach sehen Satzungen die Wahl des Stiftungsrats durch die Stifterversammlung vor, wodurch diese die Kompetenz erhält, indirekt auf die personelle Besetzung des Vorstands einzuwirken. Sie hat also die Möglichkeit, mittelbar Aufsicht und Kontrolle auszuüben. Im Fall des Verzichts auf die Einrichtung des Stiftungsrats gehen die Befugnisse der Stifterversammlung noch weiter: Das Gremium erhält auf diese Weise direkten Einfluss auf die Zusammensetzung des Vorstands und übt unmittelbar Kontrolle aus. Während in der Regel den Gründungs- und Zustiftenden die Zugehörigkeit zur Stifterversammlung offen steht, können bei einzelnen Bürgerstiftungen sogar diejenigen, die der Stiftung ihre Zeit oder Expertise zur Verfügung stellen, unter bestimmten Bedingungen dem in diesem Falle als ‚Stiftungsversammlung' bezeichneten Gremium angehören.

Damit weisen Bürgerstiftungen als ‚Stiftungen von Bürgern für Bürger' ein starkes partizipatorisches Element auf, das dem Prinzip der Mitgliederlosigkeit von Stiftungen zu widersprechen scheint. Dem ersten Anschein nach rücken sie in die Nähe von anderen Körperschaftsformen wie dem Verein oder der Bürgerinitiative. Vom Verein unterscheiden sich Bürgerstiftungen jedoch durch den langfristigen

---

5 Vgl. *Fauser/Wierth,* S. 13.

6 Auch ungeachtet des Spezifikums der Stifterversammlung sind Bürgerstiftungen gegenüber auf den ersten Blick ähnlich anmutenden Stiftungstypen abzugrenzen: Obwohl sie eine Vielzahl an Stiftern und Stifterinnen aufweisen, heben sie sich von Gemeinschaftsstiftungen durch ihren breiten Zweck ab, und ungeachtet ihrer ebenfalls territorialen Begrenzung unterscheiden sie sich von kommunalen Stiftungen durch ihre politische Unabhängigkeit *(Fischbach,* S. 42; vgl. auch *Schlüter/Walkenhorst,* S. 16).

4.4 Die Bürgerstiftung – ein Sonderfall?

Vermögensaufbau, von der Bürgerinitiative durch „Nachhaltigkeit als Organisations- und Arbeitsprinzip von Stiftungen".[7]

Diese Unterschiede zu anderen Stiftungs- und (körperschaftsrechtlichen) Organisationsformen machen die Spezifik von Bürgerstiftungen aus. Dem Modell sind zwar Grenzen auferlegt, es bietet aber auch Chancen, die es zu nutzen gilt.

Bürgerstiftungen unterliegen dem Bindungsprinzip wie jede andere Stiftung auch, der Miteinbeziehung der Stifterversammlung sind dadurch bestimmte Grenzen gesetzt. Aber für Bürgerstiftungen als „Ausdrucksform kontinuierlichen bürgerschaftlichen Engagements"[8] ist es naheliegend, dass sie Interesse an einer binnendemokratischen Ausrichtung haben und den an ihr Beteiligten stärkere Mitwirkungsrechte zugestehen wollen. Die Einrichtung einer Stifterversammlung entspricht dem Charakter der Bürgerstiftung als einem an Nachhaltigkeit orientierten Gemeinschaftswerk für eine bestimmte Stadt oder Region – besonders in Hinblick auf die angestrebte Anwerbung von Zustiftern, welche sich entsprechend in der Stiftung auch gut eingebunden fühlen sollen.[9] Die Stifterversammlung sollte daher als Chance wahrgenommen werden, denn eine Bürgerstiftung lebt von der Auseinandersetzung und Aushandlung, nicht zuletzt von Kompromissen. Wer sich darauf nicht einlassen kann oder will, sollte der Gründung einer Einzelstiftung den Vorzug geben.

Bezüglich der Genese wird zwischen zwei Errichtungsmodellen differenziert: Um ein Top-down-Errichtungsmodell handelt es sich, wenn ein oder mehrere Großstiftende (natürliche oder juristische Personen) den Anstoß zur Gründung einer Bürgerstiftung geben. Sie stellen in der Regel das Gründungskapital zur Verfügung, das durch die Einwerbung weiterer Zustiftungen vermehrt wird. Bei einem Bottom-up-Modell hingegen setzt sich das Gründungskapital aus Einzelbeträgen zusammen (nicht selten in unterschiedlicher Höhe), die eine Gruppe von Gründungsstiftern und -stifterinnen zusammengetragen haben.[10]

Eine Bürgerstiftung wird also *qua definitionem* von einer Vielzahl von Stiftenden ins Leben gerufen und getragen. Ungeachtet der beiden Entstehungswege kann dabei als Idealfall die Heterogenität der Gruppe von Gründungs- und Zustifter – also sowohl eine Viel*zahl* an Stiftenden als auch eine Stifterviel*falt* – nicht nur im monetären Sinne, sondern auch darüber hinaus gelten: Zum einen bedarf die Bürgerstiftung prominenter und/oder finanzkräftiger ‚Türöffner'. Gleichzeitig wirkt sich die Reflektion der Heterogenität der lokalen Bevölkerung im Sinne der bewußten Einbeziehung verschiedener Bevölkerungsgruppen und -schichten positiv auf die Akzeptanz und Verankerung der Bürgerstiftung in ihrem lokalen bzw. regionalen Wirkungsbereich aus.

---

[7] *Schwertmann* (2002).
[8] *Strachwitz,* S. 113.
[9] Vgl. *Strachwitz,* S. 128–129.
[10] Vgl. *Schmied,* S. 10.

Eine Bürgerstiftung bietet eine Vielzahl an Möglichkeiten, sich an der Stiftungstätigkeit aktiv zu beteiligen. Zum einen bietet sie verschiedene Optionen, sich finanziell einzubringen, sei es bei der Gründung, sei es mit einer zum zeitnahen Verbrauch bestimmten (einfachen oder zweckgebundenen) Spende, einer nachhaltigen (ebenfalls einfachen oder zweckgebunden) Zustiftung zum Grundstockvermögen oder mittels der Einrichtung einer Unterstiftung unter dem Dach der Bürgerstiftung.

Eine Bürgerstiftung bietet jedoch darüber hinaus weitere Partizipationsmöglichkeiten für Personen, die Zeit, Ideen und Expertise einbringen wollen. Nicht zuletzt angesichts des Umstands, dass eine dauerhafte Besetzung der Geschäftsstelle mit hauptamtlichen Mitarbeitenden einerseits notwendig ist, andererseits gerade anfangs finanziell oft nicht zu bewerkstelligen ist, ist eine Bürgerstiftung auf Ehrenamtliche angewiesen. Freiwillige können die Stiftung auf verschiedene Weise mitgestalten, in der Geschäftsstelle, in den Gremien oder in operativen Projekten, um nur einige Möglichkeiten zu nennen. Stifter und Zustifter – in manchen Fällen auch Zeitgebende – können sich darüber hinaus in der Stifterversammlung einbringen. Um die notwendige Kontinuität und Professionalität gewährleisten zu können, ist die Anleitung, Betreuung und Koordinierung der Freiwilligen bzw. Ehrenamtlichen zentral.

Über ihre Projekttätigkeit können Bürgerstiftungen gestaltend tätig sein, Innovationen voranbringen, zu Integration beitragen und Partizipation ermöglichen. Gemäß ihrem breiten Stiftungszweck werden Bürgerstiftungen in verschiedensten Tätigkeitsbereichen aktiv, sie setzen sich für soziale Belange ebenso ein wie für Gesundheit, Kultur oder Ökologie, um nur einige Beispiele zu nennen. Eine prominente Rolle spielt häufig der Bereich der Kinder- und Jugendhilfe, ebenso wie die Förderung bürgerschaftlichen Engagements. Bei der Festlegung für den im Stiftungsgeschäft vordringlichen Tätigkeitsbereich empfiehlt sich eine so genannte *need study* als Entscheidungshilfe: Gemeint ist eine vorhergehende Bedarfserhebung in der Region, die eine durchdachte Entscheidung über die Wahl der Zielgruppe der geförderten sowie der eigenen Projekte ermöglicht. Bei der Erstellung einer *need study* kann ein Rückgriff auf die Expertise anderer ortsansässiger Institutionen, wie bspw. einer Fachhochschule oder Universität, von Wohlfahrtsverbänden oder auch der Kommunalverwaltung, zielführend sein.

In Übereinstimmung mit der deutschen Stiftungstradition, aber auch mit neueren Trends in der Philanthropie[11], sind Bürgerstiftungen in Deutschland in der Regel sowohl operativ als auch fördernd tätig. Dabei gilt eine begrenzte Anzahl von eigenen Projekten als ausreichend und machbar. Ihr Nutzen liegt nicht zuletzt in der Öffentlichkeitswirksamkeit: Sie dienen neben inhaltlichen Gesichtspunkten auch zur Profilierung der Bürgerstiftung.

Formalisierte Kriterien sowohl bei der Auswahl von operativen als auch von Förderprojekten sind für die Innen- ebenso wie für die Außenwirkung der Stiftung im Sinne von mehr Transparenz sinnvoll.

---

[11] Vgl. *Strachwitz*, S. 114.

4.4 Die Bürgerstiftung – ein Sonderfall?

Die Stärke von Bürgerstiftungen liegt allem voran in der Schaffung von nachhaltigem zivilgesellschaftlichen Eigenkapital[12] zur Sicherung zivilgesellschaftlicher Aktivitäten auf lokaler Ebene, unabhängig von staatlicher Förderpolitik, von der wirtschaftlichen Lage und vom Spendenaufkommen.

Um effektiv fördernd und/oder operativ tätig sein, also ihre Zwecke verwirklichen zu können, bedarf die Bürgerstiftung ihres Stiftungskapitals. Je höher dessen Umfang, desto größer ist ihr Handlungsspielraum, desto mehr Projekte können gefördert werden. Aber auch Bürgerstiftungen mit niedrigerem Vermögen können bereits mit geringen Summen (und der Einwerbung von Spenden, die direkt in die jeweiligen Projekte fließen) eine aktive und vor allem kreative Förderpolitik betreiben. Angestrebt wird letztlich, mittels Zu- und Unterstiftungen ein Vermögen in einer Höhe zu erlangen, das die Stiftung von externer Unterstützung unabhängig macht.[13]

Als besonders erfolgversprechend hat sich die Bereitstellung eines *matching fund* heraus gestellt: Eine Großstiftung, eine Mittlerorganisation, die Stadt oder auch ein Unternehmen verdoppelt bis zu einer gewissen Höhe jede zugestiftete Summe. Dadurch wird zum einen das Vermögenswachstum beschleunigt, und gleichzeitig ist die Verdopplung der eingebrachten Summe ein Anreiz für die (Zu-)Stiftenden. Ein weiterer erfolgversprechender Weg zur Vermehrung des Stiftungskapitals ist die Einrichtung von Unterstiftungen unter dem Dach der Bürgerstiftung. Parallel muß jedoch über Zustiftungen die Vermehrung des Grundstockvermögens weiter betrieben werden, denn nur über dieses kann die Bürgerstiftung frei verfügen und ihre eigene Linie verfolgen.

Die Ziele, die sich Bürgerstiftungen setzen, gehen über die Vermehrung des Stiftungskapitals hinaus. Sie betreffen verschiedene Ebenen – die Stiftung selbst, ihren Output im Sinne des Stiftungsgeschäfts, die (Zivil-)Gesellschaft. Obwohl die jeweiligen Zielsetzungen vielfältig sind, gibt es Ähnlichkeiten unter den Bürgerstiftungen. Sie wollen in ihrer Stadt oder Region bürgerschaftliches Engagement unterstützen und selbst Raum dafür bieten. Sie möchten Bürgerinnen und Bürger zur Übernahme von mehr Eigenverantwortung und -initiative motivieren. Und sie teilen das Ziel, zur Festigung des Gemeinwesens beizutragen und Gemeinsinn zu fördern. Sie streben an, das Stiftungskapital zu vermehren, um ihre Zwecke verwirklichen zu können. Vielfach wird in der Zielsetzung auch regionalen Spezifika Rechnung getragen. So halten vor allem ostdeutsche Bürgerstiftungen – in Reaktion auf die Verbreitung von Rechtsextremismus, Fremdenfeindlichkeit und Antisemitismus (nicht nur) in den neuen Bundesländern – in ihren Satzungen ausdrücklich fest, sich für die Stärkung der demokratischen Kultur einbringen zu wollen.

---

[12] Vgl. *Nährlich*, S. 22.

[13] Bei US-amerikanischen Bürgerstiftungen wird das für das Erreichen des sogenannten *take-off point* notwendige Stiftungskapital mit 5 Mio. USD angesetzt; vgl. *Adloff/Becker* (2000).

Um die selbst gesteckten Ziele zu erreichen, ist die Ausrichtung am Konzept der ‚strategischen Philanthropie' zielführend. Strategische Philanthropie meint die Arbeitsphilosophie und die Strategien von Stiftungen, deren Aktivitäten auf eine wünschenswerte soziale Entwicklung (z. B. in Hinblick auf einen Zuwachs an sozialer Gerechtigkeit) zielen. Sich über ihre eigene Zielrichtung im Klaren zu sein und auf dem Weg dorthin strategisch vorzugehen, unterstützt Bürgerstiftungen darin, dem eigenen Anspruch gerecht werden können, der sich in den sich selbst gegebenen Zielen äußert – nämlich gesellschaftlichen Wandel zu initiieren statt Mildtätigkeit zu praktizieren.

In diesem Zusammenhang stellt die Evaluation einer Bürgerstiftung eine sinnvolle Möglichkeit für ihre Weiterentwicklung dar. Sie kann je nach Bedarf und Interessenslage verschiedene Bereiche der Stiftungsarbeit betreffen, sei es die Projekttätigkeit, interne Abläufe, die Vermögensentwicklung oder auch ihre Stellung in der lokalen Zivilgesellschaft. Der Zweck von Evaluation im Bereich der strategischen Philanthropie besteht nicht zuletzt darin, die Stiftungen in ihrem Bestreben, soziale Veränderungen voranzubringen, beratend zu unterstützen.[14]

Das Potential, Teilhabe zu ermöglichen, stellt das Besondere an Bürgerstiftungen dar. Die Eröffnung von verschiedenartigen Beteiligungsmöglichkeiten zieht sich wie ein roter Faden durch die Stiftungstätigkeit, in der Organisationsstruktur, bei der Gründung ebenso wie im laufenden Stiftungsgeschäft, und nicht zuletzt in der Projekttätigkeit. Das partizipatorische Element ist zwar jeweils unterschiedlich ausgestaltet, aber immer erkennbar. Insofern stellen Bürgerstiftungen tatsächlich einen Sonderfall in der Stiftungslandschaft dar, deren Chancen zu nutzen und Limitationen es zu achten gilt.

---

[14] Vgl. *Pauly* (2002).

4.5 Die Bürgerstiftung in der Praxis – aus juristischer Sicht

Von Alexandra Schmied

Eine Bürgerstiftung ist eine Sonderform der Gemeinschaftsstiftung, die selbständig und von einzelnen Personen oder Organisation unabhängig agiert.[1] Sie fördert in einem geographisch begrenzten Wirkungsraum verschiedene gemeinnützige (manchmal auch mildtätige) Zwecke. Sie betreibt einen langfristigen Vermögensaufbau und versteht sich als Dienstleisterin für Stifter, Spender und Ehrenamtliche. Gegenüber vielen anderen Stiftungen zeichnet sie sich dadurch aus, dass sie ihre Organisationsstruktur, Rechnungslegung und Mittelvergabe transparent macht und über ein internes Kontrollorgan verfügt. Das Ziel einer Bürgerstiftung ist es, einer möglichst großen Zahl von Bürgerinnen und Bürgern sowie Unternehmen zu ermöglichen, ihre spezifischen philanthropischen Interessen unter einem gemeinsamen Dach zu verfolgen. Auf diese Weise wird es Bürgerinnen und Bürgern ermöglicht, auch mit kleinsten Beträgen Stifter zu werden und einen nachhaltigen Beitrag zu leisten.[2]

Die erste Bürgerstiftung dieser Art wurde 1996 mit der Stadt Stiftung Gütersloh gegründet. Bereits Ende 1997 folgte die Bürgerstiftung Hannover. Ende 2004 verzeichnet die Initiative Bürgerstiftungen in Deutschland 80 Bürgerstiftungen nach dem amerikanischen Vorbild der *Community Foundation* mit einem Gesamtvermögen von über 30 Millionen Euro. Im weltweiten Vergleich ist der deutsche Sektor damit der am schnellsten wachsende unter den über 35 Nationen, in denen es vergleichbare Stiftungen gibt.[3]

Im Mai 2000 hat der Arbeitskreis Bürgerstiftungen im Bundesverband Deutscher Stiftungen mit den „Merkmalen einer Bürgerstiftung" zehn Kriterien festgelegt, an denen die Bürgerstiftungen sich messen lassen wollen. Im Herbst 2003 kam das Gütesiegel „Deutsche Bürgerstiftung" hinzu, das der Arbeitskreis jedes

---

[1] Zur Abgrenzung zu anderen Formen der Gemeinschaftsstiftungen siehe: *Schmied*, Handbuch Stiftungen, S. 227, 237 f.

[2] Grundlegende Informationen dieser in Deutschland neuen Stiftungsform bieten: Handbuch Bürgerstiftungen, Bertelsmann Stiftung (Hrsg.), 2. erweiterte und aktualisierte Auflage, Gütersloh 2004.

[3] Die erste Community Foundation wurde 1914 in Cleveland, USA, gegründet. Siehe auch: WNGS-CF 2004 Community Foundation Global Status Report www.wings-cf.org. Zur Entwicklung der Bürgerstiftungen in Deutschland siehe ausführlich: *Peter Walkenhorst*, in: Handbuch Bürgerstiftungen, S. 61 bis 102.

Jahr zum Tag der Bürgerstiftungen am 1. Oktober an solche Bürgerstiftungen vergibt, die diesen zehn Merkmalen entsprechen.[4]

Rechtlich unterliegt die Gründung einer Bürgerstiftung – wie bei jeder anderen Stiftung des bürgerlichen Rechts – den Regeln der §§ 80 ff. BGB. Der Gründungsprozess selbst unterscheidet sich allerdings in einigen Punkten von der Gründung eines Einzelstifters.[5]

Die Initiative zur Gründung geht zwar auch hier zumeist von einzelnen Initiatoren (dem Bürgermeister, einem Unternehmen, einer Bank oder auch einer Privatperson) aus – aber bereits im fortschreitenden Gründungsprozess werden nach und nach weitere Mitstreiter gewonnen und der ursprüngliche Initiator wird gleichberechtigtes Teil einer heterogenen Gründungsinitiative. In vielen Fällen wird zunächst die Gründung von engagierten Freiwilligen vorbereitet, die das Leitbild, die Satzung und erste Informationsmaterialien erstellen. Oft werden erst in einem zweiten Schritt Stifter und Stifterinnen gewonnen, die die eigentliche Gründung der Stiftung vollziehen. Im Idealfall wird die Bürgerstiftung von unterschiedlichen Stiftertypen gegründet, die die Beiträge in dem ihnen jeweils möglichen Umfang leisten: vom kleinen Einzelstifter, über einzelne Großstifter bis hin zum ortsansässigen Unternehmen.

Der erste Schritt zur Gründung einer Bürgerstiftung sollte eine Machbarkeitsstudie sein, d. h. die Überprüfung der Voraussetzungen der Stadt oder Region. Der Schwerpunkt liegt dabei auf einer Einschätzung der zur Verfügung stehenden finanziellen Ressourcen. In einem zweiten Schritt wird dann die zukünftige Bürgerstiftung anhand der örtlichen Notwendigkeiten und Vorstellungen maßgeschneidert.[6]

Die Bürgerstiftung verfolgt die von den Gründungsstiftern festgeschriebenen Zwecke. Da die Stifter hierin ihren jeweiligen eigenen Willen hinsichtlich des Wirkens der Stiftung zum Ausdruck bringen und eine Bürgerstiftung zudem in ihrer Zwecksetzung offen für die Wünsche möglicher Zustifter sein muss, ist es folgerichtig, dass sie einer Vielzahl von Zwecken dienen sollte.

Nach herrschender Meinung muss der Stiftungszweck jedoch so eindeutig gefasst sein, dass den Organen bei der Zweckverwirklichung der Vollzug eines konkreten Gründerstifterwillens möglich ist. Dabei darf den Stiftungsorganen durch eine zu breite Zwecksetzung nicht eine vereinsähnliche Willensbildung ermöglicht werden.[7] Die Zwecksetzung bei der Gründung einer Bürgerstiftung ist daher in

---

[4] Siehe www.die-deutschen-buergerstiftungen.de.

[5] Zu den Rechtsverhältnissen in der Gründungsphase siehe: *Rawert*, Handbuch Bürgerstiftungen S. 151, 156 f.

[6] Siehe „Zehn Schritte zur Gründung einer Bürgerstiftung" und „Hinweise für eine Machbarkeitsstudie", Handbuch Bürgerstiftungen, S. 467 ff.; weitere Hinweise zur Gründung einer Bürgerstiftung unter www.buergerstiftungen.de.

[7] *Rawert*, Handbuch Bürgerstiftungen S. 151, 164 f.

vielen Fällen vergleichbar mit einer Gradwanderung: Auf der einen Seite muss der Wille der Gründungsstifter endgültig und hinreichend konkretisiert werden. Auf der anderen Seite ist es aber gerade eines der entscheidenden Merkmale einer Bürgerstiftung, für Wünsche der Bürgerinnen und Bürger offen zu sein. Auch wenn in einigen Fällen eine allzu breite Zwecksetzung nicht anerkannt wird, so gelingt es doch in der Regel, eine sinnvolle Kombination von Zwecken einen geeigneten Spielraum für die Tätigkeit einer Bürgerstiftung zu erreichen.

Gängige Zwecke einer Bürgerstiftung:
- Bildung und Erziehung,
- Jugend- und Altenhilfe,
- Kultur und Kunst,
- Umwelt- und Naturschutz,
- Landschafts- und Denkmalpflege,
- das traditionelle Brauchtum und Heimatpflege,
- das öffentliche Gesundheitswesen,
- die Völkerverständigung,
- allgemeine Förderung des demokratischen Staatswesens.

Die staatliche Annerkennung ist zu erteilen, wenn der Stiftung vom Stifter ein Stiftungsvermögen zugewendet wird und die Stiftung ihre Zwecke mit den daraus resultierenden Erträgen dauerhaft und nachhaltig verwirklichen kann.[8] Da die Bürgerstiftung aber gerade auf den Vermögensaufbau ausgerichtet ist, ist es von Region zu Region unterschiedlich, ab welcher Schwellengrenze die zuständige Behörde die Annerkennung erteilt. Als problematisch wird oft die Vielzahl der zu verwirklichenden Zwecke angesehen. Aus diesem Grund werden in Einzelfällen in den Satzungen Schwellenwerte für die Erweiterung des Zweckekatalogs vorgesehen (so z. B. in der Satzung der Bürgerstiftung Berlin.)

In einigen bevölkerungsarmen oder strukturschwachen Gebieten ist es unter Umständen sinnvoll, eine Bürgerstiftung für eine größere Region oder für ein ganzes Bundesland zu gründen. In diesen Fällen können sich in einzelnen Orten Tochterstiftungen unter dem Dach der Bürgerstiftung gründen. Der Vorteil liegt darin, dass die Bürgerstiftung in diesem Fall die aufwendigen Verwaltungsaufgaben der einzelnen Unterstiftungen Kosten sparend bündeln kann und die Tochterstiftungen trotzdem eine regionale Identität aufbauen können, indem sie die Zuwendungen gezielt in ihrem Gebiet verwenden.

Eine Bürgerstiftung verfügt zwingend über zwei Organe: einen Vorstand und ein internes Kontrollorgan.[9] Der Stiftungsvorstand führt die Stiftung und vertritt

---

[8] § 80 Abs. 2 n. F. BGB.

[9] Siehe Merkmal Nr. 10 der „Merkmale einer Bürgerstiftung" des Arbeitskreises Bürgerstiftungen im Bundesverband Deutscher Stiftungen.

sie nach außen. Das interne Kontrollorgan wird oft als Stiftungsrat oder Kuratorium bezeichnet. Es verkörpert die Schnittstelle zur Bevölkerung und ist in der Regel ein Expertengremium. Sie hat neben der Kontrollfunktion beratende Funktion.

Um der Vielfalt der Stiftermeinungen Rechnung zu tragen und ihnen ein Mitwirken hinsichtlich Zweckverwirklichung zu ermöglichen, verfügen einige Bürgerstiftungen zudem über ein Stiftergremium, oft Stifterversammlung genannt. Dieses Gremium setzt sich aus Gründungsstiftern und Zustiftern zusammen. Es gibt darüber hinaus in Einzelfällen „Stiftungsversammlungen", in denen auch Spender und so genannte „Zeitstifter" einen Sitz erhalten (z. B. Bürgerstiftung Nürnberg). Die Kritik, eine Gemeinschaftsstiftung würde durch dieses partizipative Element die Rechtsform der Stiftung untergraben bzw. in Vereinsnähe rücken, ist in einigen Fällen nicht von der Hand zu weisen. Immer häufiger kommt es in der Praxis zu einer Vermischung stiftungs- und vereinsrechtlicher Elemente, die das Stiftungsrecht nicht vorsieht. Es kann sich bei der Stifterversammlung, anders als es der Name vermuten lässt, aber gerade nicht um ein der Mitgliederversammlung eines Vereins vergleichbares Organ handeln; schließlich kennt eine Stiftung keine Mitglieder.

Die Mitgliederversammlung des Vereins ist mit wesentlichen Mitbestimmungsrechten ausgestattet und hat weit reichende Entscheidungsrechte. Bei einer Stiftung gilt dagegen die Bindung „an den Anfang", d. h. an den Gründungsstifterwillen. Nach der Gründung einer Stiftung können Entscheidungen nur noch im Rahmen der von den Gründungsstiftern in der Satzung festgelegten Grenzen getroffen werden. Vereinsähnliche Organisationsstrukturen sind folglich nicht auf eine Stiftung übertragbar.

Die Einrichtung einer vereinsähnlichen Stifter- oder gar Stiftungsversammlung gilt daher als problematisch.[10] So ist Rawert der Ansicht,[11] die ‚Stifterversammlungen' gäben den Organen die Möglichkeit einer quasi autonomen Willensbildung. Besonders die in das Belieben der Stifterversammlung gestellte Möglichkeit der Abberufung von Geschäftsführungs- und Vertretungsorganen wird als stiftungsuntypische Struktur angesehen.[12] Diese führen insbesondere in Verbindung mit dem bürgerstiftungstypischen breit angelegten Stiftungszweck zu einer unzulässigen Vermischung dieser beiden Rechtsformen.[13]

Der Sinn eines Stiftergremiums kann vielmehr darin liegen, Stiftern bzw. Stifterinnen und Zustiftern bzw. Zustifterinnen ein Forum innerhalb der Stiftungsorganisation zu bieten, in dem der Informationsaustausch zwischen ihnen und der Stiftung gewährleistet wird. Hier werden sie über Stiftungsaktivitäten sowie die Rech-

---

[10] Siehe *Rawert,* Handbuch Bürgerstiftungen S. 151, 173 m. w. N.

[11] *Rawert,* Handbuch Bürgerstiftungen S. 151, 173 f.; a. A. *Hof,* Stiftungsrecht in Europa, S. 301, 336 f.

[12] *Rawert,* Handbuch Bürgerstiftungen, S. 151, 173.

[13] Vgl. *Rawert,* Stiftungsrecht in Europa, Köln / Bonn / Berlin / München 2001, S. 128 f.

nungslegung informiert und ihr stifterisches Engagement gewürdigt. Darüber hinaus können dem Stiftergremium konkrete Grundsatzfragen zur Entscheidung vorgelegt werden (z. B. Fragen der Satzungsänderung oder der Zusammensetzung der Organe). Stiftern, die sich über die reine Bereitstellung von Mitteln innerhalb der Stiftung hinaus engagieren wollen, stehen zahlreiche Möglichkeiten offen, dies zu tun; z. B. durch ehrenamtliche Mitarbeit oder durch die Errichtung eines sog. „stifterbestimmten Fonds".

Bei der Entwicklung der mehrgliedrigen Organstruktur stoßen die Bürgerstiftungsinitiativen sehr schnell auf die Frage, wie sie die Bestellung der unterschiedlichen Organe regeln sollen. In der Regel sind Bürgerstiftungen von dem Gedanken der Partizipation beseelt – was sich nach dem Wunsch der Gründungsstifter auch in der Bestellung der Organe widerspiegeln soll. Dies ist oft, insbesondere bei größeren Initiativgruppen, einer der kritischsten Punkte bei der Willensbildung. Der Grund liegt darin, dass die Ansichten über den Grad der Partizipation manchmal sehr weit auseinander liegen und von einigen Initiatoren eine sehr starke Annäherung an die Rechtsform des Vereines gewünscht wird. Dass dies aufgrund der Rechtsform der Stiftung höchst problematisch sein kann, wurde bereits ausgeführt (s. o.).

Es gibt grundsätzlich folgende Möglichkeiten, die Organe zu besetzen:

a) Der Vorstand ergänzt sich bzw. bestimmt seine Nachfolger selbst und wählt die Mitglieder des Stiftungsrates.

b) Der Stiftungsrat ergänzt sich bzw. bestimmt seine Nachfolger selbst und wählt dann den Vorstand.

c) Das Stiftergremium wählt den Stiftungsrat und dieser wählt dann den Vorstand.

Alle drei Möglichkeiten haben ihre Vor- und Nachteile, die jede Gründungsinitiative sorgfältig bedenken sollte. Die Möglichkeit a) hat den Vorteil, dass diejenigen, die im Tagesgeschäft die meisten Erfahrungen sammeln konnten, in der Regel auch die höchste Kompetenz haben, passende Stiftungsratmitglieder zu finden. Der Nachteil dieses Verfahrens ist allerdings, dass der Vorstand auf diese Weise die Mitglieder seines eigenen Kontrollorgans bestimmen würde.

Die Möglichkeit b) wird besonders dann erfolgreich funktionieren, wenn die Gründungsstifter die Mitglieder des Gründungsstiftungsrates sorgfältig ausgesucht haben und zudem in der Satzung sinnvolle Hilfestellungen für die Auswahl formuliert haben (z. B. „Wählbar sind Experten aus folgenden Gebieten ..." etc.).

Die Möglichkeit c) räumt den Stiftern die meisten Mitbestimmungsrechte ein. Um sicherzustellen, dass tatsächlich Personen zur Wahl stehen, die die notwendigen Befähigungen oder Expertenwissen mitbringen, sollte bei dieser Vorgehensweise ein Vorschlagsrecht des Vorstandes oder des Stiftungsrates eingeräumt werden.[14]

---

[14] Zu den Grenzen dieser Option vgl. ausführlich *Rawert*, Handbuch Bürgerstiftungen, S. 173.

Die Arbeit einer Bürgerstiftung besteht aus zwei Hauptaufgaben: der eigentlichen Zweckverwirklichung und der Betreuung der Stifter und Spender.

Die Zweckverwirklichung kann durch die Förderung anderer Organisationen und Projekte erfolgen oder aber durch die Initiierung eigener (operativer) Projekte. Da Bürgerstiftungen das bereits vorhandene bürgerschaftliche Engagement erhalten und fördern wollen, steht die Förderung anderer Organisationen bzw. Initiativen im Vordergrund. Nur dann, wenn sie eine Versorgungslücke, einen Bedarf oder eine innovative Idee identifiziert, greift die Bürgerstiftung in eigener Regie Projektideen auf. Eigene Projekte werden oft in Zusammenarbeit mit anderen Organisationen durchgeführt, um die entstehenden Synergien zu nutzen und um mit gemeinsamen Kräften bisher scheinbar Unmögliches bewältigen zu können.

Die Bürgerstiftung ist aber auch per Definition dem Vermögensaufbau und der Pflege der Stifter und Spender verpflichtet. Sie versteht sich daher ebenso als Dienstleisterin und bietet neben einer ausgeprägten Anerkennungskultur für jedwedes Engagement auch unterschiedliche Beteiligungsmöglichkeiten.

Als eine neue Form der Gemeinschaftsstiftung bietet eine Bürgerstiftung Serviceleistungen an, die auf die jeweiligen philanthropischen Interessen der Bürgerinnen und Bürger, Organisationen oder Institutionen zugeschnitten sind. So können sich Interessierte als so genannte Zeit- oder Ideenspender bei der Projektarbeit bzw. in den Gremien engagieren,[15] oder sich in unterschiedlichen Formen finanziell an einer Bürgerstiftung beteiligen:

– Die einfache Spende.
– Die zweck- oder projektgebundene Spende.
– Die einfache Zustiftung.
– Die zweckgebundene Zustiftung.
– Die „eigene" Treuhandstiftung unter dem Dach der Bürgerstiftung.

Neben der Zustiftung zum allgemeinen Vermögen einer bestehenden Bürgerstiftung kann eine Zuwendung auch zweckgebunden erfolgen.[16] Die meisten Bürgerstiftungen räumen Zustiftern hierbei folgende Möglichkeiten ein:

Die Bürgerstiftung kann im Rahmen ihres Zweckekatalogs unterschiedliche ‚Themenfonds' einrichten (z. B. einen Jugendfonds, Kulturfonds oder Heimatpflegefonds). Die Zustifter können mit der zweckgebundenen Zuwendung an einen dieser Themenfonds auch mit kleineren Beträgen zielgerichtet Beiträge leisten, ohne dass dies für die Bürgerstiftung verwaltungstechnisch besonders aufwendig ist. Die Zuwendungen sind dann einzelnen Themen gewidmet und müssen von der Bürgerstiftung entsprechend verwendet werden. Da einzelne Zwecke steuerrechtlich unterschiedlich gewichtet werden, kann die Einrichtung von Themenfonds

---

[15] *Schmied,* Die Roten Seiten, Seite 6.
[16] Vgl. vertiefend: *Schmied,* Handbuch Bürgerstiftungen, S. 215 bis 242.

auch zu einer Erleichterung des Umgangs mit besonders steuerbegünstigten Zwecken dienen.

Viele Bürgerstiftungen bieten auch die Errichtung eines ‚Stifterfonds' an.[17] In diesem Falle richten sie im Namen des Zustifters einen Fonds innerhalb des Stiftungsvermögens ein, der mit dem vom Stifter festgelegten Namen und Zweck versehen wird.[18] Bei stifterbestimmten Fonds, so genannten ‚donor advised funds',[19] kann der Zustifter darüber hinaus noch Personen festlegen, die über die Mittelverwendung mitbestimmen. In der Regel ist die Einrichtung eines Stifterfonds erst ab einer bestimmten Höhe der Zustiftung möglich.

Bürgerstiftungen können auch andere – sowohl *rechtsfähige* als auch *nichtrechtsfähige Stiftungen*[20] – verwalten. Eine nichtrechtsfähige Stiftung unter dem Dach einer Bürgerstiftung bietet sich an, wenn der Stifter mit einem relativ geringen Betrag eine eigene Stiftung errichten möchte, sich mit der Bürgerstiftung verbunden fühlt und von ihrer Kompetenz auf dem Gebiet des bürgerschaftlichen Engagements profitieren will. Anders als bei dem *Stifterfonds* kann der vom Stifter bestimmte Zweck in dieser Konstellation auch außerhalb des Bürgerstiftungszwecks liegen.

Eine weitere Möglichkeit ist die Verwaltung *anderer rechtsfähiger Stiftungen*. Kleinere ortsansässige Stiftungen nutzen immer häufiger dieses Angebot und schließen mit der passenden Bürgerstiftung einen Kooperationsvertrag, der die Aufgaben, Rechte und Pflichten beider Partner regelt. Sinnvoll ist eine solche Kooperation insbesondere dann, wenn der Aufbau einer eigenständigen Verwaltung zu aufwendig ist oder ohnehin ein ähnlicher Zweck verfolgt wird, da diese Kooperationsvereinbarungen einen möglichst effizienten Einsatz der Ressourcen gewährleisten.

Praxisbeispiele

Die Stadt Stiftung Gütersloh wurde von dem Unternehmer Reinhard Mohn initiiert und mit einem Grundkapital von 1 Million Euro ausgestattet. Da es das Ziel war, möglichst schnell weitere Bürgerinnen und Bürger „zum Stiften anzustiften" und in die Arbeit einzubeziehen, wurden Vorstand und Beirat mit gut vernetzten Güterslohern besetzt. Um die Idee der Bürgerstiftung in die lokale Öffentlichkeit zu tragen, wurde als erstes Projekt ein Jugendforum durchgeführt. An diesem

---

[17] Es besteht bei einigen Bürgerstiftungen auch die Möglichkeit, diese Summe über einen bestimmten Zeitraum in Raten einzuzahlen.

[18] Der Zweck des Fonds muss innerhalb der breiten Zwecksetzung der Bürgerstiftung liegen.

[19] Der Begriff *donor advised fund* stammt aus dem anglo-amerikanischen Stiftungsraum. Die Bürgerstiftungen dort bieten ihren Stiftern an, bei der Mittelvergabe mitzubestimmen. Vgl. hierzu den Beitrag von *Helen Monroe*, Handbuch Bürgerstiftungen S. 181 ff.

[20] Auch Treuhandstiftung oder unselbständige Stiftung genannt.

Projekt waren viele unterschiedliche Akteure beteiligt: ortsansässige Unternehmen, die mit Sachspenden die Veranstaltung ermöglichten; Vereine die das Rahmenprogramm gestalteten; engagierte Helfer, die die Workshops leiteten und hunderte Jugendliche, die das Programm mit Leben füllten.

Acht Jahre nach ihrer Gründung verzeichnet die Stadt Stiftung Zustiftungen unterschiedlicher Bürgerinnen und Bürger in Höhe von über 3 Millionen Euro und erfreut sich eines hohen Bekanntheitsgrades in der Stadt. Sie verfügt über eine professionell arbeitende Geschäftsstelle und bietet neben zahlreichen eigenen Projekten auch ein Förderprogramm für andere gemeinnützige Institutionen vor Ort an.

Die Gründung der Bürgerstiftung für den Landkreis Fürstenfeldbruck wurde von einer Gruppe von Stiftern betrieben. 146 Einzelstifter, Privatpersonen und von im Landkreis ansässigen Unternehmen errichteten die Stiftung aus Anlass des 175. Geburtstages des Landkreises im Jahre 1999 und statteten sie mit einem Stiftungsvermögen von 68.500 € aus. Jeder Einzelstifter hatte dabei einen Mindestbeitrag von 500,- Euro zum Gründungsvermögen beigetragen. Auch diese Bürgerstiftung konnte zahlreiche Zustifter gewinnen. Die Geschäftsstelle befindet sich im Aufbau.

Ein besonderes Projekt ist das „nahtourBand". Durch Ausschilderungen werden im Landkreis verschiedene Touren zusammengestellt. So wird ein Netzwerk geschaffen, das charakteristische Punkte der Region auf bestimmten Wegen miteinander verbindet. Hierzu gehören geologische und vorgeschichtliche Sehenswürdigkeiten, Biotope, traditionelles Handwerk und Kunstdenkmäler. Ein weiteres Projekt ist die von der Bürgerstiftung unterstützte Tafel des Landkreises. Neben den operativen Projekten ist die Stiftung auch fördernd tätig.

4.6 Stiftung kirchlichen Rechts

Von Claus Koss und Uwe Koß

Die Stiftung kirchlichen Rechts gehört zu den traditionsreichsten Vertretern der Rechtsform Stiftung. Das gesamte Stiftungswesen der mittelalterlichen Zeit war vom Grundsatz der so genannten „ad pias causas", also frommen Beweggründen, geprägt.[1] Mit Blick auf die zahlreichen Pfarrkirchen- und Pfründestiftungen dürfte die Rechtsform der Stiftung auch die zahlenmäßig bedeutendste kirchliche Organisationsform sein. Die Tradition und geschichtliche Entwicklung bedingt eine rechtliche Sonderstellung der Stiftung kirchlichen Rechts. Hinzu kommt, dass die Stiftung kirchlichen Rechts sich heute im Schnittpunkt von staatlichem und kirchlichem Recht befindet.

Aufgrund der besonderen rechtlichen Stellung von kirchlichen Stiftungen gewinnt die Abgrenzung besondere Bedeutung. Kirchliche Stiftungen sind nach dem im Wesentlichen übereinstimmenden Definitionen in den einschlägigen Landes-Stiftungsgesetzen solche Stiftungen, deren Zweck es ist, ausschließlich oder überwiegend kirchlichen Aufgaben zu dienen und die eine besondere organisatorische Verbindung zu einer Kirche aufweisen.[2]

Diese spezifische Zweckbestimmung und organisatorische Zuordnung der Stiftung zu einer Kirche werden an folgenden Kriterien festgemacht:

– Gründung der Stiftung durch eine Kirche,
– die satzungsmäßige Unterstellung einer Stiftung unter kirchlicher Aufsicht (d. h. der Wille des Stifters)
– oder eine Zwecksetzung, die sinnvoll nur in Verbindung mit einer Kirche erfüllt werden kann.[3]

Unstreitig ist die kirchliche Zweckbestimmung bei Stiftungszwecken wie der Unterhaltung von kirchlichen Gebäuden, der Verwaltung von Kirchenvermögen, der Besoldung und Versorgung von Geistlichen, Kirchenbeamten, Kirchendienern und deren Hinterbliebenen. Ebenfalls zu den kirchlichen Zwecken gehören die Er-

---

[1] *Röder*, S. 129.

[2] *Seifart/v. Campenhausen*, Handbuch des Stiftungsrechts, § 23, Rz. 1.

[3] *Seifart/v. Campenhausen*, a. a. O. unter Hinweis auf § 22 StiftG BaWü, Art. 30 BayStiftG, § 4 Abs. 1 StiftG HamAGBGB, § 16 Abs. 1 StiftG Bremen, § 20 Abs. 1 Hess StiftG, § 26 Abs. 1 StiftG M-V, § 20 Abs. 1 Nds StiftG, § 2 Abs. 4 S. 1 StiftG NRW, § 41 StiftG Rh-Pf, § 19 Abs. 1 Saarl StiftG, § 18 Abs. 1 StiftG S-H, § 26 Abs. 1 StiftG DDR.

ziehung, der Unterricht und die Wohlfahrtspflege.[4] Problematisch an den letztgenannten Zwecken ist, dass diese auch aus anderen Gründen verfolgt werden können.

Aus der schwierigen Abgrenzung ergibt sich auch eine Reihe von – teilweise langwierigen – Rechtsstreitigkeiten. Beispiele:[5]

- vormalige Johannishof-Stiftung in Hildesheim – eine 1805 säkularisierte kirchliche Stiftung, die in einer kommunalen Armenstiftung aufgegangen ist; Dauer des Rechtsstreits: über 100 Jahre;
- Evangelische Stiftungen Osnabrück, 1994 rechtskräftig entschieden;
- Evangelische Wohltätigkeitsstiftung in Regensburg, die entgegen ihrem Namen eine kommunale Stiftung ist.

Zweites Kriterium für eine kirchliche Stiftung ist die Eingliederung in die kirchliche Organisation. Je enger dieser organisatorische Zusammenhang ist, desto eindeutiger ist der Charakter als kirchliche Stiftung. Dabei kann die Anlehnung eine unterschiedliche Intensität haben.[6] Nicht ausreichend ist jedoch, dass kirchliche Amtsträger zu den Mitgliedern der Stiftungsorgane gehören (so ausdrücklich § 41 Abs. 2 StiftG Rh-Pf, § 30 Abs. 2 BayStiftG). Ebenfalls nicht ausreichend ist die religiöse Motivation des Stifters alleine[7] oder die Begünstigung von Gläubigen einer Glaubensgemeinschaft (beispielsweise werden von den Fuggerstiftungen in Augsburg nur katholische Bewohner in die Fuggerei aufgenommen – die Stiftungen sind aber mildtätig). Denn gerade im Bereich der Wohlfahrtspflege sind derartige Motivationen nur sehr schwer von anderen Motiven zu trennen. Allerdings ist hier der Begriff „kirchlicher Zweck" in Folge des Selbstverständnisses der Kirchen nach dem Grundgesetz und der daraus folgenden Rechtssprechung des Bundesverfassungsgerichtes weit auszulegen. Nach einem Urteil des Bayerischen Verfassungsgerichtshofes aus dem Jahr 1985 sei in strittigen Fragen, ob eine der Wohltätigkeit dienende Stiftung eine kirchliche Stiftung sein könne, letzten Endes der Stifterwille entscheidend.

Um den Religionsgemeinschaften keine Stiftung aufzudrängen, bedarf es bei einer kirchlichen Stiftung der Anerkennung durch die zuständige kirchliche Behörde.[8]

Bei der Errichtung einer neuen Stiftung sollte immer geprüft werden, ob die Anerkennung als kirchliche Stiftung vorteilhaft ist. Nach dem Kenntnisstand der

---

[4] *Seifart/v. Campenhausen*, a. a. O. unter Hinweis auf Reichsdeputationshauptschluss von 1803.

[5] *Seifart/v. Campenhausen*, a. a. O., Rz. 2.

[6] Ebd., Rz. 19.

[7] Ebd., Rz. 22.

[8] Ebd., Rz. 21 unter Hinweis auf Art. 31 Abs. 1 BayStiftG, § 24 StiftG Ba-Wü, § 16 Abs. 2 Nr. 1 StiftG Bremen, § 20 Abs. 2 S. 1 HessStiftG, § 26 Abs. 1 S. 2 StiftG M-V, § 20 Abs. 1 S. 2 Nds StiftG, § 4 Abs. 3 S. 1 StiftG NRW, § 42 Abs. 2, 3 StiftG Rh-Pf, § 19 Abs. 2 Nr. 1 Saarl StiftG, § 18 Abs. 1 S. 2 StiftG S-H und § 27 Abs. 2 StiftG DDR.

4.6 Stiftung kirchlichen Rechts

Verfasser wurde die Bürgerstiftung in Lüneburg, obwohl sie auch kirchlichen Zwecken dient (hier: Erhaltung eines Gotteshauses), bewusst nicht als kirchliche Stiftung errichtet.

Die Tradition der kirchlichen Stiftungen reicht bis in das Jahr 321 n. Chr. zurück: Ein unter dem Kaiser Konstantin erlassenes Gesetz ermächtigt die damaligen Kirchengemeinden zur Annahme von Schenkungen und Vermächtnissen mit dem Zweck, daraus die Ausstattung und die Fürsorgetätigkeit der Kirchengemeinde zu finanzieren.[9] Die Rechtsform der Stiftung war bis in die Mitte des 19. Jahrhunderts die Hauptquelle der Finanzierung kirchlicher Aufgaben, der nach dem Reichsdeputationshauptschluss von 1803 durch die staatliche Finanzierung, später durch die Finanzierung mittels Kirchensteuer abgelöst wird.[10] Die christlichen Kirchen verstanden von Anfang an kirchliches Handeln als caritatives Handeln.[11]

Der Reichsdeputationshauptschluss vom 25. Februar 1803 führte zur Säkularisation der Kirchengüter und damit zu einer Überführung kirchlicher Stiftungen in staatliche Aufsicht. Dies führte dazu, dass bis zum Ende des Kaiserreichs im Wesentlichen Kirchen-, Pfründe- und sonstige für den Gottesdienst unmittelbar bestimmte kirchliche Stiftungen blieben.[12] Artikel 138 der Weimarer Reichsverfassung (WRV) garantierte den Religionsgemeinschaften ihr Eigentum und andere Rechte an ihren Kultus-, Unterrichts- und Wohltätigkeitsstiftungen. Artikel 149 Grundgesetz (GG) übernahm diese Bestandsgarantie in das Recht der Bundesrepublik.

In der geschichtlichen Entwicklung stehen somit die Rückführung der kirchlichen Stiftungen am Anfang des 19. Jahrhunderts und die Bestandsgarantie im ersten Viertel des 20. Jahrhunderts. Zum Ende des 20. / Beginn des 21. Jahrhunderts ist eine Renaissance der kirchlichen Stiftung zu beobachten.[13] Offensichtlicher Zweck ist die Erschließung zusätzlicher Finanzmittel für die Kirchengemeinden.[14]

Als Zwecke kirchlicher Stiftungen werden genannt:[15]

– *Kirchliche Verkündigung.* Dieser Zweck gehört den Kernbereichen kirchlichen Handelns. Diese kann in Wort, Schrift und Bild erfolgen.

– *Wohltätigkeit.* Die in diesem Bereich tätigen kirchlichen Stiftungen sind in der Regel Träger von Einrichtungen Alten- und Pflegeheimen, Kindergärten oder

---

[9] *Hesse,* S. 145 m. N.
[10] *Hesse,* S. 145.
[11] Vgl. schon die Wahl von Armenpflegern in der Urgemeinde (Apostelgeschichte 6, 1 ff.).
[12] *Krag,* S. 230.
[13] So auch: *Hesse,* S. 158.
[14] *Hesse,* S. 161, formuliert dieses Anliegen als „ausdrücklich auf Zustiftungen angelegt" und sieht die kirchlichen Stiftungen als eine Bürgerstiftung.
[15] Darstellung in Anlehnung an: *Krag,* S. 233 ff.

Krankenhäusern. Die Spitzenverbände, der Deutsche Caritasverband und das Diakonische Werk sind jedoch als eingetragene Vereine organisiert.
- *Unterricht und Erziehung.* Auch hier sind kirchliche Stiftungen in der Regel Anstaltsstiftungen für Schulen und Hochschulen.
- *Kunst und Architektur, Denkmalschutz.* Für diesen Zweck gewinnt die Stiftung neue Bedeutung. Denn die Baulast an Kirchengebäuden sowie der Unterhalt und die Restaurierung von sakralen Kunstgegenständen überfordern die finanziellen Möglichkeiten von Kirchengemeinden, nachdem die Einnahmen aus Kirchensteuermitteln zurückgehen. Durch unselbständige Stiftungen können diese Zusatzaufgaben finanziert werden.[16]
- *Musik und Kirchenmusik.* Auch hier eröffnet die unselbständige Stiftung neue Fördermöglichkeiten für Kirchengemeinden.
- *Erwachsenenbildung und Jugendarbeit.* Wenngleich die Abgrenzung zur kirchlichen Verkündigung schwierig ist, können diese Bereiche kirchlichen Handelns in eigene Organisationen ausgelagert werden.

Art. 140 GG i.V. m. Art. 138 Abs. 2 WRV eröffneten den Kirchen rechtlichen Gestaltungsspielraum. Hierzu haben die meisten Landeskirchen und (Erz-)Bistümer Deutschlands eigene kirchliche Stiftungsgesetze bzw. Stiftungsordnungen erlassen. Die kirchlichen Vorschriften regeln insbesondere die Anerkennung als kirchliche Stiftung, die Stiftungsaufsicht und die Verwaltung kirchlicher Stiftungen.

Die unselbständige kirchliche Stiftung

Unselbständige Stiftungen eröffnen den Kirchengemeinden die Möglichkeit, bestimmte Bereiche auf ein Sondervermögen auszulagern. Da die unselbständige Stiftung selber keine Rechtsfähigkeit hat, bedarf sie eines Rechtsträgers. Sie unterliegen daher nur der indirekten Aufsicht durch die Aufsicht über den Rechtsträger. Sie können daher ohne Genehmigungsverfahren errichtet werden. Da das kirchliche Recht nicht zwischen selbstständigen und unselbständigen Stiftungen unterscheidet, gilt das kirchliche Recht in vollem Umfang.[17]

Für Kirchengemeinden hat die Verlagerung von Bereichen in die Stiftung insbesondere zwei Vorteile:
- Erhöhung der Spendenbereitschaft. Nicht jeder Spender möchte alle Tätigkeitsbereiche einer Kirchengemeinde fördern. So gibt es Spender, die ausschließlich die Kirchenmusik oder die Jugendarbeit fördern möchten. Durch eine unselbständige Stiftung für diesen Zweck kann diese Förderung sichergestellt werden.

---

[16] s. hierzu *Koss/Koß*.
[17] Vgl. hierzu insbesondere: *Achilles*, S. 30 ff.

4.6 Stiftung kirchlichen Rechts

- Steuerliche Vorteile. Auf Grund der Abzugsbegrenzung von Spenden an Kirchengemeinden kann durch die Auslagerung auf eine unselbständige Stiftung ein Steuervorteil für den Spender erzielt werden.
- Freiere Möglichkeit der Entscheidungsgestaltung. In die Stiftungsgremien können neben den normalen gewählten Gremien einer Kirche andere Personen organisatorisch eingebunden werden und so zu ehrenamtlichem Engagement motiviert werden.
- Dauerhafte Zweckbindung für gewisse Bereiche, um diese auch in Zeiten von Kürzungen abdecken zu können.

Um rechtlichen, kirchenrechtlichen und steuerrechtlichen Anforderungen zu genügen, sind dabei folgende Punkte zu beachten:

- Die klare Trennung des Vermögens vom Vermögen des Rechtsträgers.
- Die Trennung der Aufwendungen / Ausgaben bzw. Erträge / Einnahmen in der Verwendung von denen des Rechtsträgers.
- Die Abgrenzung der Zwecke von denen des Rechtsträgers.

Im Einzelfall können sich hieraus Probleme ergeben. Zum einen muss eine gewisse organisatorische Trennung der unselbständigen Stiftung vom Rechtsträger erfolgen. Andererseits darf die organisatorische Trennung auch nicht zu groß sein, um die Anerkennung als kirchliche Stiftung zu ermöglichen bzw. nicht zu gefährden.

Kirchliche Stiftungen sind ein traditionsreicher Teil der Rechtsform Stiftung. Hatte diese Ausprägung bis in die Neuzeit Monopolcharakter, gewinnt die kirchliche Stiftung wieder zunehmend Bedeutung. Problematisch ist in der modernen Zeit die Abgrenzung der Zwecke kirchlicher Zwecke. War die Kirche Monopolträger auf dem Gebiet der Wohlfahrtspflege, haben in einer säkularen Welt andere Träger diese Aufgaben ebenfalls übernommen.

4.7 Die Stiftung nach katholischem Kirchenrecht

Von Stephan Haering

Stiftungen spielen im Bereich der Kirche seit jeher eine wichtige Rolle als rechtliche Einrichtungen, die der Verwirklichung von Aufgaben der kirchlichen Sendung dienen.[1] Von dem Instrument der Stiftung können sowohl kirchliche Institutionen als auch einzelne Gläubige (allein oder in Gruppen) Gebrauch machen, um ihrem jeweiligen Auftrag nachzukommen oder um religiös motivierte Initiativen zu verwirklichen. Angesichts solcher Bedeutung des Stiftungswesens für die Kirche überrascht es nicht, daß die kirchliche Rechtsordnung der Stiftung Aufmerksamkeit widmet.

I. Die Stiftung nach dem allgemeinen kanonischen Recht des Codex Iuris Canonici[2]

Das geltende kirchliche Gesetzbuch Codex Iuris Canonici (CIC), das Papst Johannes Paul II. 1983 erlassen hat, regelt die Stiftungen speziell in cc. (c./cc. = Kanon/-es) 1303–1310.[3] Der Gesetzgeber spricht in der Überschrift zum betreffenden Abschnitt sowie in c. 1303 von frommen Stiftungen (*piae fundationes*) und gibt damit zu erkennen, daß solche Institutionen jenen Zwecken dienen müssen, die der Sendung der Kirche und damit der Zweckbestimmung jeglichen kirchlichen Vermögens entsprechen: geordnete Durchführung des Gottesdienstes; angemessener Unterhalt des Klerus und anderer Kirchenbediensteter; Ausübung der Werke des Apostolats und der Caritas, besonders gegenüber den Armen (vgl. c. 1254 § 2).

---

[1] Vgl. als zusammenfassenden historischen Überblick: *Borgolte/Becker.*

[2] Zum ganzen Abschnitt: *Heimerl/Pree,* S. 553–593; *Althaus,* Kommentar zu cc. 1299–1310; *Althaus,* Stiftung; *Marcuzzi;* äußerst knapp: *Puza,* Erwerb, S. 1075 ff.

[3] Der CIC gilt für die katholische Kirche des lateinischen Ritus, dem die weit überwiegende Zahl der Katholiken zugehört. Für die katholischen Kirchen des Orients gibt es im Codex Canonum Ecclesiarum Orientalium (CCEO; 1990) ein eigenes Gesetzbuch, das in seinen cc. 1047–1054 Normen über Stiftungen enthält, die den genannten Bestimmungen des CIC weitestgehend entsprechen; auf das orientalische Recht wird hier aus Platzgründen nicht weiter eingegangen. Auf die Legalordnung des Stiftungsrechts des CCEO geht ein: *Marcuzzi;* zu einigen Aspekten vgl. *Menges,* S. 108–110.

1. Stiftungsformen

Als selbständige (rechtsfähige) Stiftung (*fundatio autonoma*) werden im kanonischen Recht Sachgesamtheiten (Immobilien, Mobilien, geldwerte Rechte) bezeichnet, deren Ziel mit der Sendung der Kirche in Übereinstimmung steht und die von der zuständigen kirchlichen Autorität als juristische Person (kirchlichen Rechts) errichtet werden (c. 1303 § 1, 1°).[4] Mit der Errichtung entsteht eine selbständige Rechtsperson, die entweder als öffentliche oder als private juristische Person ausgestaltet sein kann. Wird die Stiftung als öffentliche juristische Person errichtet, unterliegt sie gemäß c. 1258 zur Gänze den vermögensrechtlichen Bestimmungen des CIC, während für eine Stiftung, die als private juristische Person konstituiert ist, nur bestimmte Normen des kirchlichen Vermögensrechts gelten, weshalb Struktur und Arbeitsweise der Stiftung freier gestaltet werden können. Der Vorgang der Errichtung als juristische Person, der wesentlich zur selbständigen Stiftung gehört, weist darauf hin, daß sie dauerhaften Charakter besitzt (vgl. c. 120 § 1, Satz 1).

Die unselbständige (nichtrechtsfähige, angelehnte) Stiftung (*fundatio non autonoma*), auch Zustiftung genannt, ist dadurch gekennzeichnet, daß einer bereits bestehenden öffentlichen juristischen Person in der Kirche Vermögenswerte mit der Auflage übergeben werden, für eine bestimmte Zeit kirchliche Funktionen zu erfüllen (c. 1303 § 1, 2°).[5] Ausdrücklich nennt der Gesetzgeber gottesdienstliche Zwecke (Meßstiftungen u. ä.), die in der Praxis am häufigsten mit solchen Stiftungen verfolgt werden. Daneben kommen aber auch alle übrigen Zwecke in Betracht, die mit der Sendung der Kirche übereinstimmen (Werke der Frömmigkeit, des Apostolats und der Caritas). Im Unterschied zur selbständigen Stiftung besitzt die unselbständige Stiftung keine eigene Rechtspersönlichkeit und ist, was damit bis zu einem gewissen Grad zusammenhängt, nicht auf Dauer, sondern nur auf längere Zeit (*in diuturnum tempus*) angelegt. Welche Zeitspanne für die Existenz von Zustiftungen in Betracht kommt, ist vom Partikularrecht genauer zu bestimmen. Da der Gesetzgeber des CIC von „längerer Zeit" spricht, ist von einem Zeitraum von einigen Jahren bis zu einigen Jahrzehnten auszugehen.

In welcher Form die Zustiftung übergeben wird, läßt der Gesetzgeber offen. Das Stiftungsvermögen kann z. B. erst nach Erfüllung der Stiftungsverpflichtungen dem Stiftungsnehmer gehören. Es kann aber auch sogleich in das Eigentum der betreffenden juristischen Person übergehen, sollte aber, solange Verpflichtungen aus der Stiftung erfüllt werden müssen, als Sondervermögen behandelt werden.

Wenn die Zustiftung einer juristischen Person übergeben wird, die dem Diözesanbischof unterstellt ist (z. B. einer Pfarrei), fällt das Stiftungsvermögen nach Erfüllung der Stiftungsverpflichtungen dem Vermögensfonds zur Klerikerversor-

---

[4] Zum Begriff der „fundatio autonoma" vgl. auch *Menges,* S. 31–33.
[5] Vgl. auch *Menges,* S. 34–36.

gung zu, sofern es der Stifter nicht anders verfügt hat. Dem Stiftungsnehmer verbleiben in diesem Fall nur die Erträge, die während der Laufzeit der Stiftung aus dem Stiftungsvermögen aufgelaufen sind. Wenn es sich um eine Gebrauchsstiftung gehandelt hat, endet mit Ablauf der Stiftungsdauer das Gebrauchsrecht des Stiftungsnehmers.

2. Errichtung und Verwaltung einer Stiftung

Eine fromme Stiftung kann von jeder Person eingerichtet werden, die die freie Verfügung über ihr Vermögen besitzt (c. 1299 § 1). Es kommen nicht nur Katholiken oder andere Christen als Stifter in Betracht, sondern jeder Mensch mit der genannten Voraussetzung. Zur Verwirklichung einer frommen Stiftung bedarf es aber auch der Mitwirkung der kirchlichen Autorität und, im Fall von unselbständigen Stiftungen, des Stiftungsnehmers. Insoweit hat die Schaffung einer Stiftung den Charakter eines Vertrags zwischen dem Stifter und dem zuständigen kirchlichen Organ.[6]

Die selbständige Stiftung tritt nicht schon mit dem erklärten Willen des Stifters, bestimmte Vermögenswerte zu stiften, rechtlich ins Dasein, sondern erst mit der förmlichen Errichtung durch die zuständige kirchliche Autorität. Letztere ist in der Regel der Ortsordinarius (Diözesanbischof bzw. General- / Bischofsvikar), in dessen Zuständigkeitsbereich die Stiftung angesiedelt werden soll. Es kommt aber auch ein Personalordinarius (z. B. höherer Ordensoberer eines klerikalen Ordensinstituts päpstlichen Rechts) oder, besonders im Hinblick auf überregional tätige Stiftungen, eine diözesanübergreifende Autorität (Apostolischer Stuhl; Bischofskonferenz) in Frage. Bevor die Errichtung erfolgt, müssen bestimmte Schritte eingehalten werden. Zunächst ist zu prüfen, ob die Sachgesamtheit, die als Stiftung errichtet werden soll, in ihrer Zielsetzung den rechtlichen Voraussetzungen entspricht und wirtschaftlich existenzfähig ist (c. 114). Außerdem sind Statuten für die Stiftung erforderlich, welche die Billigung der errichtenden Autorität haben (c. 117). In den Statuten sind Zielsetzung, Verfassung, Organe und Arbeitsweise der Stiftung näher zu bestimmen (c. 94 § 1); insbesondere sollte darin auch berücksichtigt werden, daß die Erfüllung der Stiftungsverpflichtungen unmöglich oder nutzlos werden könnte, und für diesen Fall Regelungen getroffen werden.[7] Wenn die Prüfung der Voraussetzungen positiv ausfällt und geeignete Statuten vorliegen, kann das Errichtungsdekret ausgestellt werden. Darin sind der Name der Stiftung, die Zweckbestimmung, der Umfang des Stiftungsvermögens und die Prinzipien der Stiftungsverwaltung zu benennen. Bei der Errichtung ist auch festzulegen, ob es sich bei der neuen Stiftung um eine öffentliche oder eine private juristische Person handelt. Der gesamte Stiftungsvorgang ist schriftlich zu dokumentieren (c. 1306 § 1); Exemplare des Dokuments sind im Archiv der Stiftung und im

---

[6] Vgl. *Heimerl / Pree,* S. 570.
[7] Siehe dazu unten S. 361.

4.7 Die Stiftung nach katholischem Kirchenrecht

Archiv der Kurie (bzw. der für die Stiftung zuständigen Autorität) zu hinterlegen (c. 1306 § 2).

Die unselbständige Stiftung entsteht durch die Absicht eines Stifters, einer öffentlichen juristischen Person bestimmte Vermögenswerte als Stiftung zu übergeben, und durch die Annahme dieser Stiftung seitens der betreffenden Rechtsperson. Durch das Partikularrecht können Regelungen getroffen sein, die bei der Annahme von Stiftungen beachtet werden müssen (c. 1304 § 2); solche Regelungen können z. B. zulässige Stiftungszwecke näher bestimmen oder einen zeitlichen Rahmen für die Dauer einer Zustiftung angeben. Auf jeden Fall muß die juristische Person, der eine Stiftung zugedacht ist, vor der Annahme die schriftliche Erlaubnis des zuständigen Ordinarius einholen. Der Ordinarius hat seinerseits vor Erteilung der Erlaubnis zu prüfen, ob der Stiftungsnehmer in der Lage ist, die Verpflichtungen aus der neuen Stiftung neben seinen bereits bestehenden Verpflichtungen anderer Herkunft zu erfüllen. Gegenstand der Prüfung ist darüber hinaus die Frage, ob der Stiftungsertrag den Verpflichtungen, die zu übernehmen sind, entspricht. So soll sichergestellt werden, daß die Erfüllung der Stiftungsverpflichtungen nicht aus der Substanz des Vermögens des Stiftungsnehmers getragen werden muß. Nur wenn die genannten Voraussetzungen erfüllt sind, darf der Ordinarius die Erlaubnis erteilen (c. 1304 § 1). Nach Eingang der Erlaubnis des Ordinarius kann die juristische Person förmlich die Annahme der Zustiftung erklären. Der Stiftungsvorgang ist, genauso wie bei Errichtung einer selbständigen Stiftung, schriftlich festzuhalten (c. 1306 § 1); Exemplare des Dokuments werden im Archiv der betroffenen juristischen Person und im Archiv der Kurie (bzw. der für die Stiftung zuständigen Autorität) hinterlegt (c. 1306 § 2).[8]

Die Verwaltung einer selbständigen Stiftung obliegt den Organen, die in den Statuten der Stiftung benannt werden. Da die selbständige Stiftung als öffentliche juristische Person auf die Vorgaben des Vermögensrechts des CIC verpflichtet ist, sind bei der Gestaltung der Statuten die entsprechenden Normen zu beachten. Das bedeutet im Hinblick auf die Organstruktur, daß die Stiftung einen Verwalter haben muß, der bei der Ausübung seiner Aufgabe von einem Verwaltungsrat oder wenigstens zwei Ratgebern unterstützt wird (c. 1280). In der Regel wird der Vorstand der Stiftung selbst der Verwalter sein (vgl. c. 1279 § 1). Die Statuten können allerdings auch vorsehen, daß die Aufgabe der unmittelbaren Vermögensverwaltung von einem eigenen Ökonomen wahrgenommen wird. Möglicherweise bestehen vom Stifterwillen her Vorgaben, die bei der Gestaltung der Statuten berücksichtigt werden müssen.

---

[8] Es ist denkbar, daß jemand eine Zustiftung zu einer selbständigen Stiftung, die als private juristische Person errichtet worden ist, oder zugunsten einer anderen privaten juristischen Person machen möchte. Nach dem Wortlaut des CIC handelt es sich dabei nicht um eine „fromme Stiftung", weil solche nur als selbständige Stiftungen errichtet oder öffentlichen juristischen Personen als Zustiftungen übergeben werden können (c. 1303 § 1). Es ist angezeigt, darauf zu achten, daß die Statuten privater juristischer Personen Regelungen enthalten, die der Regelung des c. 1304 § 1 entsprechen und für die Gültigkeit der Annahme die Erlaubnis des Ordinarius vorsehen.

Bei der Verwaltung der Stiftung ist neben den allgemeinen Bestimmungen des CIC, insbesondere cc. 1284–1289[9], mit größter Sorgfalt vor allem der Stifterwille zu beachten, sowohl was die Art der Verwaltung als auch die Verwendung des Stiftungsvermögens bzw. der Stiftungserträge angeht (c. 1300).

Für die Verwaltung unselbständiger Stiftungen sind in der Regel die Organe jener juristischen Person zuständig, die nach deren eigener Organstruktur für solche Aufgaben eingerichtet sind. Diese sind ebenfalls an das allgemeine Recht und die eigenen Statuten gebunden. Die strenge Bindung an den Stifterwillen kann allerdings u.U. dazu führen, daß jemand anderer als der Vermögensverwalter der juristischen Person mit der Verwaltung der Zustiftung betraut werden muß.

3. Stiftungsaufsicht

Gemäß dem kanonischen Recht ist der Ordinarius (Orts- oder Personalordinarius) der Vollstrecker aller frommen Willensverfügungen (c. 1301 § 1), zu denen auch die frommen Stiftungen zählen. Dieser Aufgabe kommt der Ordinarius zum einen dadurch nach, daß er selbständige Stiftungen errichtet oder die Annahme unselbständiger Stiftungen erlaubt. Zum anderen wird diese Funktion in der Wahrnehmung einer Aufsicht über die Stiftungen seines Zuständigkeitsbereichs wirksam (cc. 1276 § 1, 1301 § 2).[10]

Konkret verpflichtet der Gesetzgeber den Ordinarius, die Aufsicht über die Stiftungen auch durch die Visitation der Einrichtungen auszuüben, bei der er die Amtsführung der unmittelbaren Stiftungsverwalter und die Erfüllung des Stiftungszweckes prüfen kann. Die unmittelbaren Verwalter sind als Vollstrecker frommer Verfügungen gesetzlich gehalten, dem Ordinarius nach Erfüllung ihrer Aufgabe Rechenschaft zu geben (vgl. c. 1301 § 2). Diese ausdrücklich benannte Rechenschaftspflicht wird bei den unmittelbaren Verwaltern von Stiftungen wirksam, wenn sie die Stiftungsverwaltung abgeben, sei es mit Ablauf der Stiftungsdauer (bei unselbständigen Stiftungen), sei es mit Übergabe der Verwaltung an einen Nachfolger. Der Ordinarius kann aber auch im Zusammenhang mit einer Visitation einen Rechenschaftsbericht verlangen. Soweit Stiftungen der Aufsicht des Ortsordinarius unterstehen, müssen ihre Verwalter diesem darüber hinaus jährlich Rechenschaft ablegen (vgl. c. 1287 § 1).

Ausdrücklich benennt der Gesetzgeber die Verantwortung des Ordinarius für die sichere Aufbewahrung und Anlage des mobilen Stiftungsvermögens (vgl. c. 1305). Man kann darin einen konkreten Aspekt der Stiftungsaufsicht sehen. Der Ordinarius hat nach Übernahme des Stiftungsvermögens durch die Kirche zunächst zu genehmigen, wie das mobile Stiftungsgut vorläufig, d. h. bis zu einer dauerhaften Regelung, aufbewahrt wird. Möglichst bald soll, sofern die Stiftung

---

[9] Vgl. dazu *Heimerl/Pree*, S. 271–289; *Puza*, Verwaltung.

[10] Vgl. dazu *Pree*, Aufsicht.

definitiv angenommen wird, für eine dauernde Anlage des Stiftungsvermögens gesorgt werden. Die Entscheidung darüber liegt beim Ordinarius, der unter Einbeziehung der Beteiligten (nicht zuletzt des Stifters und bei unselbständigen Stiftungen der Vertreter der juristischen Person, der die Zustiftung übergeben werden soll) und nach Anhörung seines Vermögensverwaltungsrates zu handeln hat. Wenn der Stifter bezüglich der Anlage des Stiftungsvermögens eine ausdrückliche Verfügung getroffen hat, muß diese, soweit es möglich ist, beachtet werden. Im Zusammenhang mit der Anlage müssen die Belastungen, die mit dem Vermögen verbunden sind, ausdrücklich und detailliert benannt werden.

Der Aufsicht über die Erfüllung der Stiftungsverpflichtungen dient auch die gesetzliche Vorschrift, daß alle Verpflichtungen, die aus Stiftungen erwachsen, in ein öffentlich zugängliches Stiftungsverzeichnis eingetragen werden müssen (c. 1307 § 1). Auf diese Weise behalten die für die Stiftung Verantwortlichen die Übersicht über die Leistungen, die erbracht werden müssen. Darüber hinaus können sich alle Interessierten Kenntnis über die Existenz und den genauen Umfang von Stiftungsverpflichtungen verschaffen und auf deren korrekte Erfüllung achten.

*4. Reduzierung, Änderung und Umwandlung
von Stiftungsverpflichtungen*

Die kirchliche Rechtsordnung kennt auch Regelungen für den Fall, daß eine erhebliche Änderung der Verhältnisse die genaue Erfüllung von Verpflichtungen aus einer Stiftung unmöglich machen sollte (cc. 1308–1310).[11] Wegen des Grundsatzes der gewissenhaften Erfüllung des Stifterwillens (vgl. c. 1300) dürfen solche Veränderungen nur bei einer unabweisbaren Notwendigkeit vorgenommen werden. Insbesondere hat der Gesetzgeber die Reduzierung oder Umwandlung von Meßstiftungen im Blick.

Die Kompetenz zur Reduzierung, Änderung und Umwandlung von Stiftungsverpflichtungen liegt allgemein beim Apostolischen Stuhl und unter gewissen Voraussetzungen beim Diözesanbischof bzw. beim obersten Leiter eines klerikalen Ordensinstituts päpstlichen Rechts. Andere Ordinarien dürfen die Reduzierung von Meßverpflichtungen nur dann vornehmen, wenn die Stiftungsbestimmungen dies für den Fall verminderter Stiftungserträge vorsehen. Eine Herabsetzung, Änderung oder Umwandlung von Stiftungsverpflichtungen anderer Art durch einen Ordinarius kommt dann in Betracht, wenn der Stifter die entsprechende Kompetenz zugestanden hat und ein gerechter und notwendiger Grund vorliegt.

Falls jedoch die Erträge des Stiftungsvermögens zur Erfüllung der Verpflichtungen nicht ausreichen oder ein anderer Grund, der nicht auf das Verschulden des Verwalters zurückzuführen ist, die Erfüllung der Verpflichtungen unmöglich gemacht hat, kann der Ordinarius auch ohne ausdrückliche Ermächtigung des Stif-

---

[11] Vgl. die Einzelheiten bei *Althaus,* Kommentar zu cc. 1308–1310.

ters, aber nach Anhörung der Beteiligten und seines eigenen Vermögensverwaltungsrates Veränderungen vornehmen, wobei der Stifterwille bestmöglich gewahrt werden soll; diese Kompetenz bezieht sich nicht auf die Veränderung von Meßverpflichtungen.

5. Beendigung von Stiftungen

Für die Aufhebung bzw. die Beendigung von Stiftungen trifft die kirchliche Rechtsordnung keine speziellen Regelungen. Es empfiehlt sich, in die Statuten von Stiftungen Bestimmungen über deren Beendigung aufzunehmen. Dabei sollte vor allem auf die Wahrung des Stifterwillens Bedacht genommen werden.

Selbständige Stiftungen können nach den allgemeinen Regeln für die Aufhebung bzw. das Erlöschen juristischer Personen ihre Existenz verlieren (cc. 120–123). Wenn die Stiftung eine öffentliche juristische Person ist, kann sie erlöschen durch Aufhebung seitens der zuständigen Autorität oder aufgrund eigener Untätigkeit über hundert Jahre hin. Eine als private juristische Person errichtete Stiftung kann auch nach Maßgabe ihrer Statuten zu bestehen aufhören (z. B. mit Zeitablauf). Dies ist von der zuständigen Autorität förmlich festzustellen. Ferner kann eine selbständige Stiftung enden durch den Zusammenschluß mit einer anderen juristischen Person. Dies ist statthaft, sofern der Stiftungszweck gewahrt wird und die Erfüllung der Verpflichtungen gesichert bleibt (c. 121). Gleiches gilt im Hinblick auf die Teilung einer Stiftung in mehrere juristische Personen (c. 122).

Unselbständige Stiftungen erlöschen mit Ablauf des Zeitraums, für den sie errichtet worden sind, bzw. mit Erfüllung des Stiftungszweckes. Eine – allerdings wohl nur theoretische – Möglichkeit für die Beendigung unselbständiger Stiftungen ist die Ersitzung des Stiftungsvermögens durch den Stiftungsnehmer oder einen anderen Rechtsträger (vgl. cc. 197–199, 1270). Die Verjährung von Meßverpflichtungen, wie sie häufig aus Zustiftungen erwachsen, ist jedoch gesetzlich ausdrücklich ausgeschlossen (c. 199, 5°), und auch für andere Stiftungen dürfte angesichts der Sorge des Gesetzgebers für die genaue Erfüllung des Stifterwillens die Beendigung einer Stiftung nicht in Betracht kommen. In vielen Fällen wird sogar der Zeitraum, für den unselbständige Stiftungen eingerichtet sind, unter der gesetzlichen Verjährungsfrist liegen.

II. Teilkirchliche Stiftungsordnung und Gesetze

Neben den Bestimmungen des allgemeinen kirchlichen Rechts gibt es in Deutschland stiftungsrechtliche Normen, die von partikularen kirchlichen Gesetzgebern erlassen worden sind. Sie regeln die Verwaltung des lokalen Kirchenvermögens, das sich herkömmlich in das Vermögen des Gotteshauses („fabrica ecclesiae", Kirchenfonds, Kirchenstiftung), das mit dem Amt des verantwortlichen Seelsorgers verbundene Stellenvermögen („beneficium", Pfründe, Pfründestiftung) und in weiteres Stiftungsvermögen gliedert.[12] Traditionell wurden die Kirchen- und Pfründestiftungen – wie die örtliche kirchliche Vermögensverwaltung überhaupt – aufgrund des staatlichen Anspruchs, die Aufsicht über die Kirche auszuüben (staatliche Kirchenhoheit) und das Stiftungswesen zu regeln, vor allem durch staatliche Gesetze geordnet. Kirchliche Normen stellten allenfalls eine Ergänzung im Rahmen der staatlichen Vorgaben dar und regelten Details.

Die geltenden Stiftungsgesetze der Länder[13] tragen nunmehr jedoch dem verfassungsrechtlichen Grundsatz der kirchlichen Selbstverwaltung (Art. 140 GG i.V.m. Art. 137 Abs. 3 WRV) Rechnung und überlassen die rechtliche Gestaltung der kirchlichen Stiftungen und die Aufsicht über diese Stiftungen den (Groß-) Kirchen.[14] Die katholische Kirche ist auch nach staatlichem Recht befähigt, im weitgesteckten Rahmen der Stiftungsgesetze eigenes Stiftungsrecht zu schaffen.

Die Diözesanbischöfe haben im Hinblick auf die Verwaltung des Ortskirchenvermögens Stiftungsordnungen oder kirchliche Vermögensverwaltungsgesetze erlassen, die weitgehend Elemente der früheren staatlichen Regelungen dieser Materie übernehmen. Dazu zählt vor allem die Verwaltung der Kirchenstiftungen bzw. des lokalen Kirchenvermögens durch Gremien, die überwiegend durch Wahl der Gläubigen der örtlichen Kirchengemeinde legitimiert sind (Kirchenvorstand, Kirchenverwaltung, Verwaltungsrat). Insoweit weicht die lokalkirchliche Vermögensverwaltung in Deutschland von Grundsätzen des allgemeinen kanonischen Rechts ab. Denn nach kodikarischem Recht sind nicht von der Pfarrei zu unterscheidende Stiftungen oder andere Rechtspersonen Träger des örtlichen Kirchenvermögens, sondern die Pfarrei als solche. Ferner liegt gemäß CIC die Verwaltung des Pfarrvermögens allein beim Pfarrer, allerdings unter Beteiligung eines Vermögensverwaltungsrates (vgl. cc. 515 § 3, 532, 537).

Die kirchlichen Stiftungsordnungen, z. B. die „Ordnung für kirchliche Stiftungen in den bayerischen (Erz-)Diözesen (KiStiftO)", bzw. kirchlichen Vermögensverwaltungsgesetze (Vermögensverwaltungsordnungen) sind diözesane Gesetze, die vor allem die Verwaltung des lokalen Kirchenvermögens ordnen.[15] Darüber hinaus enthalten sie Grundsätze für die rechtliche Gestaltung weiterer kirchlicher Stiftungen und stellen insoweit eine Ergänzung der Vorgaben des CIC für Stiftungen dar, die nach kirchlichem Recht errichtet werden.[16]

---

12 Vgl. *Pree,* Ortskirchenvermögen.
13 Vgl. Kapitel 2.7, S. 191 ff.
14 Vgl. *v. Campenhausen,* S. 474.
15 Vgl. Codex Iuris Canonici; Ordnung für kirchliche Stiftungen in den bayerischen (Erz-) Diözesen; Ordnung über die Verwaltung katholischen Kirchenvermögens; Gesetz über die Verwaltung und Vertretung des Kirchenvermögens; Gesetz über die Verwaltung des katholischen Kirchenvermögens; Kirchenvermögensverwaltungsgesetz; Diözesanbestimmungen über Stiftungen und Stiftungsvermögen. Fortlaufende Dokumentation kirchlicher Rechtsquellen in der Zeitschrift „Archiv für katholisches Kirchenrecht".
16 Überblick über die Rechtslage zur lokalen kirchlichen Vermögensverwaltung bei *Busch,* S. 969–1005.

Einen Sonderfall stellen die Bistümer des Landes Nordrhein-Westfalen dar. In diesen Diözesen folgt die lokale kirchliche Vermögensverwaltung immer noch den Regelungen des Preußischen Kirchenvorstandsgesetzes vom 24. Juli 1924.[17] Die Anwendung dieses Gesetzes wird seitens der Kirche akzeptiert.

III. Die Stiftungen kirchlichen Rechts und die weltliche Rechtsfähigkeit

Nach dem Recht des CIC ist für die Errichtung von Stiftungen im Unterschied zu anderen Rechtsgeschäften mit vertraglichem Charakter nicht die Einhaltung der Förmlichkeiten des weltlichen Rechts vorgeschrieben (vgl. c. 1290). Die kirchliche Rechtsordnung enthält – unter Einbeziehung partikularer und statutarischer kirchlicher Normen – ein eigenes, sachlich insgesamt vollständiges Stiftungsrecht.

Die nach kirchlichem Recht errichteten Stiftungen können ausschließlich kirchliche Zwecke verfolgen.[18] Sie sind organisatorisch mit der katholischen Kirche verbunden und der Aufsicht kirchlicher Organe unterstellt. Damit erfüllen sie wesentliche Anforderungen, welche die staatlichen Stiftungsgesetze für eine „kirchliche Stiftung" aufstellen. Die Rechtsfähigkeit für den staatlichen Bereich erlangen nach kirchlichem Recht errichtete Stiftungen indes in der Regel nicht ohne weiteres. Es bedarf zumeist eines staatlichen Hoheitsaktes, damit eine solche Stiftung für den weltlichen Bereich rechtsfähig wird.[19] Diese Rechtsfähigkeit wird gewöhnlich für selbständige Stiftungen kirchlichen Rechts erforderlich sein. Die Voraussetzungen für die Zuerkennung der staatlichen Rechtsfähigkeit, namentlich die nachhaltige Erfüllung des Stiftungszwecks aus den Erträgen der Stiftung, dürften immer dann gegeben sein, wenn die kirchlichen Normen für die Errichtung einer Stiftung beachtet worden sind.

Für unselbständige Stiftungen kirchlichen Rechts, die auch nach kanonischem Recht keine eigene Rechtsfähigkeit besitzen, kommt die staatliche Rechtsfähigkeit nicht in Betracht.

---

[17] Vgl. *Althaus,* Preußisches Kirchenvorstandsgesetz; zur praktischen Handhabung der Vorschriften: *Emsbach* (mit Abdruck des Gesetzes, S. 136–140).

[18] Cc. 1303, 1254 § 2.

[19] Vgl. *v. Campenhausen,* S. 488 f.; *Röder,* S. 159 f. – Das BGB verlangt nach der 2002 in Kraft getretenen Neuregelung des Stiftungsrechts keine staatliche Genehmigung mehr, sondern lediglich die Anerkennung durch die zuständige Landesbehörde vor; vgl. *Andrick,* S. 16.

4.8 Die vom Staat gegründete Stiftung – Der Staat als Stifter und Anstifter

Von Heide Gölz

Staatliche Stiftungen ausschließlich als staatliche Einrichtungen anzusehen, hieße einen wesentlichen Teil ihres Wirkens zu vernachlässigen. Wie in der geschichtlichen Entwicklung der staatlichen Stiftungen an anderer Stelle beschrieben,[1] bewegte sich das Wirken von Stiftungen stets im Grenzbereich zwischen Staat und Gesellschaft, öffentlichem und privatem Sektor. Ihren vom staatlichen Stifter festgelegten Stiftungszweck verfolgen die Stiftungen ggf. unter Beteiligung von Industrie, Verbänden und Privatpersonen / Familien und nehmen damit eine Mittlerfunktion zwischen unmittelbarer Staatsverwaltung[2] und den genannten Sektoren ein.

Eine Bestandsaufnahme für den Bundesbereich und die grundsätzlichen Rechtsfragen sind in meiner Dissertation aus dem Jahr 1999 nachzulesen.[3] Kilian hat die Bestandsaufnahme bis September 2001 fortgeschrieben und ebenso wie ich verschiedene rechtspolitische Forderungen an den Bundesgesetzgeber gerichtet.[4] Demgegenüber will ich mit diesem Beitrag denjenigen, die den Auftrag zur Errichtung einer staatlichen Stiftung haben, und denjenigen, die hierbei beratend tätig sind, eine praktische Hilfestellung zur Wahl zwischen den beiden zur Verfügung stehenden Organisationsformen, der Stiftung öffentlichen Rechts und der Stiftung bürgerlichen Rechts, zu geben versuchen.

Bekanntlich können Bund, Länder, Gemeinden und Gemeindeverbände zur Erfüllung ihrer Aufgaben an Stelle einer klassischen Behörde auch eine öffentlich-rechtliche Stiftung errichten, soweit sie die Verwaltungskompetenz hierfür besitzen (Art. 83 ff., 86 ff. GG) oder an sich ziehen können (Art. 87 Abs. 3 GG). Die übertragenen Aufgaben werden dann in relativer Unabhängigkeit vom Muttergemein-

---

[1] *Gölz,* Der Staat als Stifter. Bundesstiftungen als Organisationsform mittelbarer Bundesverwaltung und gesellschaftlicher Selbstverwaltung, Bonn 1999. Zur Geschichte der staatlichen Stiftungen siehe S. 24 ff. Zur Geschichte des Stiftungsrechts seit der Antike siehe auch das Handbuch des Stiftungsrechts von *Liermann,* 2. Band sowie die Monografie von *Schiller.*

[2] Das heißt der rechts- und ggf. auch fachaufsichtsführenden Behörde.

[3] *Gölz,* S. 41 ff. (Bestandsaufnahme) und S. 193 ff. (Organisationswahlfreiheit des Bundes bei Stiftungserrichtungen). Zu Stiftungen des öffentlichen Rechts siehe insbesondere aber auch *Seifart / v. Campenhausen* (1999), S. 443 ff. und zur Bundesverwaltung allgemein die Monografie von *Dittmann.*

[4] *Kilian,* S. 102 ff. (Bestandsaufnahme) und S. 100 f. (rechtspolitische Forderungen), *Gölz,* S. 279 ff.

wesen in so genannter mittelbarer Staatsverwaltung wahrgenommen.[5] Länder und Kommunen als Stifter haben dabei ihr öffentlich-rechtliches Landesstiftungs- bzw. Organisationsgesetz mit bestimmten Formvorschriften zu beachten, für den Bund als Stifter gilt Artikel 87 Abs. 3 Satz 1 GG: Die Stiftungserrichtung bedarf materiell der zumindest konkurrierenden Gesetzgebungskompetenz des Bundes und formell eines speziellen Bundesgesetzes.[6]

Gesetze benötigen parlamentarische Mehrheiten und langwierige Verfahren, welche vermieden werden, indem anstelle einer öffentlich-rechtlichen Stiftung eine Stiftung privaten Rechts nach §§ 80 ff. BGB errichtet wird. Stifter einer bürgerlich-rechtlichen Stiftung kann jede natürliche und juristische Person des privaten wie des öffentlichen Rechts sein, also auch jede Gebietskörperschaft. Und der Staat als Stifter kann kraft seiner Organisationsgewalt ebenso wie eine Privatperson zwischen beiden Stiftungsformen wählen – frei wählen – ist zu ergänzen. Das ist nach wie vor herrschende Meinung in Rechtsprechung und Literatur,[7] und dieser entspricht auch die Staatspraxis.[8]

Nach einer im Vordringen befindlichen Literaturmeinung, der ich mich angeschlossen habe, sind herrschende Meinung und Staatspraxis korrekturbedürftig. Denn anders als Privatpersonen ist der Staat als Stifter an die gesamte Rechtsordnung – an privates wie an öffentliches Recht – gebunden. Staatliche Stifter, die die Privatrechtsform wählen, bewegen sich daher „zwischen Scylla und Charybdis":[9] Dem Demokratieprinzip genügende staatliche Einflussnahmen auf seine Stiftung, sog. Ingerenzen, bedingen zwangsläufig eine Denaturierung der privatrechtlichen Stiftungsform. Zur Lösung des Dilemmas ist für den Bundesbereich insbesondere der Gesetzgeber gefordert.

Vorgeschlagen wird u. a. der gesetzlichen Schutz der Bezeichnung als „Stiftung", klarstellende Ergänzungen von Art. 83 ff. und 87 Abs. 3 GG, der Erlass eines Bundes-Organisationsgesetzes mit Regelung auch der Stiftung sowie

– die Ausdehnung des institutionellen Gesetzesvorbehalts auch auf bürgerlich-rechtliche Stiftungen,

– die Ergänzung der BHO und des BRHG um spezielle Aufsichts-, Kontroll- und Finanzierungs-Vorschriften für Stiftungen,

---

[5] Siehe *Seifart/v. Campenhausen* (1999), S. 443 ff. und das Kapitel Ingerenzen bei *Gölz*, S. 88 ff., sowie die Tabellen auf S. 133 und 134.

[6] Herrschende Meinung, vgl. *Gölz*, S. 194 m. w. N.

[7] Siehe *Gölz*, S. 201 ff. m. w. N. Zur staatlichen Organisationsgewalt siehe insbesondere auch *Böckenförde*, Organisationsgewalt, zur staatlichen Privatrechtsfähigkeit die Monografie von *Burmeister*.

[8] Siehe die Bestandsaufnahme für den Bundesbereich von *Gölz*, S. 47, 53 f. und von *Kilian*, S. 102 ff.

[9] Siehe diese Anlehnung an die griechische Mythologie schon im Titel des Kurzberichts von *Sendler* über ein Göttinger Symposium zum Thema „Die öffentliche Verwaltung zwischen Gesetzgebung und richterlicher Kontrolle", NJW 1986, 1084 ff.

4.8 Die vom Staat gegründete Stiftung – Der Staat als Stifter und Anstifter

- der Erlass eines speziellen Bundes-Stiftungsgesetzes,
- mehr Transparenz durch das Führen einer offiziellen „Bundesstiftungsliste",
- die Erarbeitung eines Kriterienkatalogs für staatliche Stiftungen, die „echt aus der Hand gegeben wurden", somit keine staatlichen Verwaltungsaufgaben wahrnehmen.[10]

Denjenigen, die den Auftrag zu Errichtung einer staatlichen Stiftung erhalten haben, ist mit diesen in die Zukunft weisenden rechtspolitischen Forderungen nicht geholfen. Sie brauchen aktuelle praktische Handlungsanleitungen ausgehend von den geradezu banalen Fragestellungen:

- Wozu will mein staatlicher Stifter etwas stiften?
- Wem will er das stiften?
- Stehen ausreichende Haushaltsmittel für ein dem Stiftungszweck angemessenes Stiftungskapital zur Verfügung?

Die Frage des Wozu ist dem mit der Stiftungserrichtung Beauftragten zumeist vorgegeben. Vielfach geht es um kurzfristig zu lösende politisch hochaktuelle, um nicht zu sagen brisante Probleme auf Bundes-, Landes- oder kommunaler Ebene. Die Stiftung ist diejenige Organisationsform, die hierfür in den letzten Jahren geradezu in Mode gekommen ist, was mit ihrem positiven Image der Staatsferne bei gleichzeitiger staatlicher finanzieller Großzügigkeit zusammen hängen könnte. Darüber hinaus bietet die bürgerlich-rechtliche Stiftung ihrem staatlichen Stifter vermeintlich viele Möglichkeiten zur Umgehung einengender öffentlich-rechtlicher Bestimmungen.[11] Ältere Beispiele für Stiftungen mit hochpolitischer Zweckbestimmung sind die Stiftung Hilfswerk für behinderte Kinder und die Stiftung Humanitäre Hilfe für durch Blutprodukte HIV-infizierte Personen, neuere die Stiftung zur Aufarbeitung der SED-Diktatur und die Stiftung Erinnerung, Verantwortung, Zukunft.[12]

Ausschließlich mit dem von Politikerinnen und Politikern festgelegten konkreten Zweck sollte die Frage nach dem Wozu aber nicht beantwortet werden. Damit erweist sich diese Frage als nur vordergründig einfach zu beantworten. Mit ihr sollte nämlich auch geklärt werden, ob der staatliche Stifter eine eigene staatliche Aufgabe erfüllen oder unter Beachtung des sozialrechtlichen Subsidiaritätsprinzips[13] dem 2. bzw. 3. Sektor deren Aufgaben zu erfüllen helfen will.

Wenn es beispielsweise um die Förderung des bürgerschaftlichen Engagements geht, kann ich dies sowohl als staatliche Verpflichtung und Aufgabe betrachten als auch als (gesamt-)gesellschaftliche Aufgabe.

---

[10] Ebd. und *Gölz*, S. 279 ff. Zu einem wünschenswerten Bundes-Organisationsgesetz siehe auch die gleichnamige Monografie von *Loeser*.

[11] Kritisch dazu *Schiffer*, S. 7 und S. 13, *Loeser*, S. 51, ebenso kritisch bereits *Cartellieri*, Großforschung 1963, S. 7

[12] *Gölz*, S. 47 und *Kilian*, S. 108 ff.

[13] Siehe dazu *Gölz*, S. 231.

Die Notwendigkeit einer Unterscheidung von Staat und Gesellschaft und daran anknüpfend die Abgrenzung der staatlichen von den nicht-staatlichen Aufgaben ist eine äußerst schwierige und insbesondere im sozialwissenschaftlichen Schrifttum hoch kontrovers diskutierte Frage, die ich an anderer Stelle vertieft habe.[14] Durch eine Verwendung der unscharfen Begriffe des öffentlichen Interesses und der öffentlichen Aufgabe[15] wird die Abgrenzung nicht erleichtert. Grundlage meiner weiteren Empfehlungen für die Stiftungspraxis soll auch hier die positivistische, staatsrechtliche Betrachtungsweise sein, wonach unsere geltende Verfassungsordnung, ungeachtet vielfältiger verfahrensmäßiger und institutionell ausgeformter Wechselbeziehungen die organisatorische Trennung zwischen Staat und Gesellschaft voraussetzt.

Für die Stiftungspraxis ist die tiefer gehende Frage nach dem Wozu eine für die Wahl der richtigen Stiftungsform eminent wichtige Frage: Möchte ich keine eigene staatliche, sondern eine nicht-staatliche, gleichwohl im öffentlichen Interesse liegende Aufgabe fördern, sollte ich die zu errichtende Stiftung nicht in einen öffentlich-rechtlichen Rahmen zwängen. Vielmehr sollte ich in diesem Fall die bürgerlich-rechtliche Stiftungsform wählen, wenn ich die Frage nach einem ausreichenden Stiftungsvermögen positiv beantworten kann.

Keine größeren Schwierigkeiten macht die Aufgabenkritik bei schon länger im gesellschaftlichen Bewusstsein als staatlich zu erledigenden Aufgaben. Denn diese sind in aller Regel rechtlich geregelt. Hieraus ergibt sich, wer für die Aufgabenwahrnehmung verantwortlich ist. Schwieriger ist die Situation bei neuen Aufgaben wie der oben genannten Förderung des Bürgerschaftlichen Engagements. Hier muss ich mich entscheiden, ob ich diese neue Aufgabe als staatliche ansehe oder nicht, denn letztlich bleibt die Aufgabenkritik nach dem herrschenden Universalitätsprinzip dem Staat selbst überlassen.[16]

Im Anschluss an die erforderliche Aufgabenkritik ist die sektorenadäquate Stiftungsform zu wählen.

Auch die Frage: Wem will ich etwas stiften? sollte nicht nur vordergründig mit den vorgesehenen Destinatären der Stiftung beantwortet werden. Sie ist eng verknüpft mit der vorangegangenen Aufgabenkritik.

Erste Antwortalternative ist somit: als Staat stifte ich mir meine Stiftung selbst zur Erfüllung meiner als staatliche anerkannten Aufgabe. Vorausgesetzt, ich habe die entsprechende Verwaltungskompetenz, sollte ich daher eine öffentlich-recht-

---

[14] Siehe *Gölz*, S. 226 sowie aus der unübersehbaren sozial- und staatswissenschaftlichen Literatur die Beiträge zum Thema von *Andersen, v. Arnim*, Rechtsfragen, *Böckenförde*, Staat und Gesellschaft, *Bull, Ehmke, Ellwein, Hesse, Karpen, Kaufmann, Kempen, Köck, Lange, Ossenbühl*.

[15] Siehe dazu *Gölz*, S. 223 ff. unter Hinweis u. a. auf die Monografien von *Martens* und *Rinken sowie den Festschriftbeitrag von Peters* sowie auch den Begriff der öffentlichen Stiftung im Landesstiftungsrecht.

[16] Siehe *Gölz*, S. 229 m. w. N.

liche Stiftung als Einrichtung mittelbarer Staatsverwaltung errichten.[17] Von der bürgerlich-rechtlichen Stiftungserrichtung als „Verwaltung in Privatrechtsform"[18] sollte ich hingegen – jedenfalls im Bundesbereich – absehen, wenn ich die Stiftung nicht auf eine spezialgesetzliche Grundlage stellen will. Denn andernfalls setze ich mich dem Vorwurf einer Denaturierung der bürgerlich-rechtlichen Stiftungsform, der Umgehung von Rechtsvorschriften oder gar des Verfassungsverstoßes aus.[19]

Zweite Antwortalternative: ich betrachte den vorgesehenen Stiftungszweck als öffentliche, gleichwohl nicht-staatliche Angelegenheit, die ich auch nicht an mich ziehen will. Vorausgesetzt, dieser staatlichen Abstinenz stehen keine Rechtsvorschriften entgegen, sollte ich hier die bürgerlich-rechtliche Stiftungsform wählen, weiter vorausgesetzt, die noch anstehende Frage nach dem ausreichenden Stiftungskapital kann ich positiv beantworten. Die öffentlich-rechtliche Stiftung als mittelbare Staatsverwaltung scheidet aus.

Dritte Antwortalternative: Über eine Stiftungserrichtung kann ich auch ehemals staatlich wahrgenommene Aufgaben als Aufgabe des dritten Sektors weiterverfolgen lassen. Beispiel: Wird die allgemeine Wehrpflicht abgeschafft, entfällt auch die staatliche Aufgabe der Zurverfügungstellung eines staatlichen Ersatzdienstes für aus Gewissensgründen anerkannte Kriegsdienstverweigerer. Diesen staatlichen Zivildienst im sozialen Bereich könnte ich, wie die von der Bundesministerin für Familie, Senioren, Frauen und Jugend eingesetzte Kommission „Impulse für die Zivilgesellschaft – Perspektiven für Freiwilligendienste und Zivildienst in Deutschland –" in ihrem Bericht vom 15. Januar 2004 empfohlen hat, über den Arbeitsmarkt, z. T. auch über neue generationsübergreifende Freiwilligendienste ersetzen, d. h. über den 2. und 3. Sektor. Dementsprechend hat eine von der Robert Bosch Stiftung eingesetzte Kommission Jugendgemeinschaftsdienste aus jungen Bundestagsabgeordneten sowie Politikerinnen und Politikern aus dem Europaparlament und den Parteien, Expertinnen und Experten schon 1998 in ihrem „Manifest für Freiwilligendienste in Deutschland und Europa" die Errichtung einer Stiftung für Freiwilligendienste aus den dann für den Zivildienst ersparten Haushaltsmitteln vorgeschlagen.[20]

---

[17] A. A. *Mittmann*, S. 30, für die öffentlich-rechtliche Bundesstiftung, die er als Organisationsform mittelbarer Bundesverwaltung generell ablehnt.

[18] Zur herrschenden Meinung wie zur grundsätzlichen rechtlichen Problematik siehe *Gölz*, S. 159 ff.

[19] So schon ältere und die neuere im Vordringen befindliche Literaturmeinung, vgl. *Strickrodt*, JZ 1961, 111 ff. und *Wolff*, AfK 1963, 149, 154 f., *Totenhöfer-Just*, S. 147, *Schiller*, S. 200, *v. Strachwitz* (1994), S. 78, *Ehlers*, S. 280, *Thomsen*, S. 214, *Dewald*, S. 170 ff., *Twehues*, S. 163 f. und 185 ff., *Gölz*, S. 207 ff., 259 und *Schulte*, S. 69. *Schulte* hat seine kritische Sicht in seinem Vortrag „Chancen und Risiken der Stiftungen des öffentlichen Rechts" auf der Tagung „Die Autonomie der Stiftungen der öffentlichen Hand" am 11. 10. 2004 nochmals bekräftigt.

[20] *Robert Bosch Stiftung*, Jugend erneuert Gemeinschaft, S. 4.

Beschreitet der Staat als Stifter diesen Weg, muss er ebenso wie der private Stifter, der dem staatlichen Sektor etwas stiften will, seine Stiftung mit dem Stiftungsakt in den fremden Sektor mit aller Konsequenz entlassen und sich jeden weiteren Einflusses enthalten. Nach der Wesentlichkeitstheorie und nach den für Aufgabenprivatisierungen geltenden Grundsätzen kann der staatliche Stifter dies allerdings nicht ohne Legitimation durch den Gesetzgeber. Dies wird von der neueren Literaturmeinung so gefordert.[21] In der staatlichen Stiftungspraxis finden sich hierfür z. B. mit der VolkswagenStiftung[22], der Deutschen Bundesstiftung Umwelt[23] und der Stiftung Industrieforschung[24] gute gesetzgeberische Beispiele.

Auch von der Frage ausreichend zur Verfügung stehender Haushaltsmittel hängt aus meiner Sicht die Wahl der Rechtsform entscheidend ab.

Bei der privaten Stiftung wird erwartet, dass sie den Stiftungszweck aus den Erträgnissen ihres Stiftungsvermögens verfolgen kann. Ansonsten wäre ihr Kapital bald erschöpft und die Erfüllung des Stiftungszwecks nicht nachhaltig gesichert (§ 80 Abs. 2 BGB). Handelt es sich nicht ohnehin um eine Stiftung von Todes wegen, kann der private Stifter jedenfalls nach seinem Tod keine neuen Gelder nachschießen.

Demgegenüber gibt es bei der staatlichen Stiftung kein solches Problem, denn der Staat ist grundsätzlich unsterblich und hat damit die Möglichkeit, in die jährlichen Haushaltsplänen stets neue Haushaltsmittel zur Erfüllung des Stiftungszwecks einzustellen. Wenn diese jährlichen Zahlungen nicht gesetzlich oder vertraglich festgelegt sind, können sie der allgemeinen Haushaltslage angepasst und ggf. zurückgefahren werden. Bei solchen staatlichen Stiftungen ist daher eine lebenslange finanzielle und, daran anknüpfend, auch institutionelle Abhängigkeit vom staatlichen Stifter gegeben. Sie kann kein wirkliches Eigenleben führen, wie es ihre Bezeichnung als Stiftung suggeriert.[25]

Wie ich für den Bundesbereich aufgezeigt habe, sind nur wenige Stiftungen – wie es ihrem privatrechtlichen Idealtyp entspricht – finanziell unabhängig und leben aus ihren Erträgen. Dies gilt für beide Stiftungsorganisationsformen.[26]

---

[21] *Gölz*, S. 207 m. w. N. und *Kilian*, S. 88 ff. m. w. N. Zur Wesentlichkeitstheorie des Bundesverfassungsgerichts siehe auch *v. Arnim*, DVBl. 1987, 1241 ff.

[22] Vertrag über die Regelung der Rechtsverhältnisse bei der Volkswagenwerk Gesellschaft mit beschränkter Haftung und über die Errichtung einer „Stiftung Volkswagenwerk", BGBl. I 1960, S. 301.

[23] Gesetz zur Errichtung einer Stiftung „Deutsche Bundesstiftung Umwelt", BGBl. I 1990, S. 1448.

[24] Gesetz über die Verwendung des Vermögens der Deutschen Industriebank, BGBl. I 1974, S. 1037.

[25] Siehe die beiden Übersichten zu institutionellen Ingerenzen bei öffentlich-rechtlichen und bei bürgerlich-rechtlichen Bundesstiftungen, die nicht hinreichend dotiert sind, in *Gölz*, S. 133, 134.

[26] *Gölz*, S. 110.

4.8 Die vom Staat gegründete Stiftung – Der Staat als Stifter und Anstifter

Auch bei der derzeitigen Haushaltslage von Bund und Ländern gibt es aber durchaus Fälle, in denen der staatliche Stifter ein hinreichendes Stiftungskapital einbringen kann, sogar ohne dass der allgemeine Staatshaushalt seinerseits darauf verzichten muss. Beispiele aus der Vergangenheit sind die im vorangegangenen Abschnitt genannten. Alle drei Bundesstiftungen wurden aus Privatisierungserlösen errichtet, die VolkswagenStiftung aus der Privatisierung des Volkswagenwerks, die Deutsche Bundesstiftung Umwelt aus der Privatisierung der Salzgitterwerke und die Stiftung Industrieforschung aus dem aus Zwangsabgaben der gewerblichen Wirtschaft angesammeltem und mit der Stiftung reprivatisiertem Vermögen[27]. Die VolkswagenStiftung und die Deutsche Bundesstiftung Umwelt haben ihrem Stifter Bund das eingebrachte Stiftungskapital in Höhe von rd. 3,2 bzw. 2,5 Mrd. DM zum Großteil als Darlehen wieder zur Verfügung gestellt, die VolkswagenStiftung für die Dauer von 20 Jahren. Ob es auch bei der Stiftung Industrieforschung eine solche Darlehenslösung gegeben hat, ließ sich nicht nachvollziehen. Während der Laufzeit der Darlehen an den Bund konnten VolkswagenStiftung und Deutsche Bundesstiftung Umwelt ihren Stiftungszweck zu einem erheblichen Teil aus den Darlehenszinsen erfüllen, mit den Tilgungsleistungen erhielten sie Teile ihres Stiftungsvermögens de facto in Raten ausbezahlt.[28]

Bei Wegfall staatlicher Aufgaben erscheint mir auch der Weg gangbar, dass die ersparten Haushaltsmittel – ebenfalls verbunden mit einer Darlehenslösung – als Stiftungskapital in eine neue staatliche oder öffentliche Stiftung eingebracht werden.

Kann die Frage nach einem hinreichend großen Stiftungskapital auch unter Nutzung der oben aufgezeigten Möglichkeiten nicht positiv beantwortet werden, sollte von der Errichtung einer bürgerlich-rechtlichen Stiftung abgesehen werden. Ohnehin ist diese als Organisationsform für den Staat rechtlich höchst problematisch, wie eingangs schon erwähnt. Dem Stifter Staat bleibt die Möglichkeit der Errichtung einer öffentlich-rechtlichen Stiftung nach Maßgabe von Landes- bzw. Bundesrecht und den danach auch zu beachtenden Formvorschriften.

Wenn ich nicht-staatliche Zwecke fördern will, aber kein hinreichend großes Stiftungskapital für eine bürgerlich-rechtliche Stiftung zur Verfügung stellen kann und gleichwohl an der Stiftungsform festhalten will, kann die Antwort nur lauten: Ich suche mir weitere Mit-Stifter und hoffe, dass auf diese Weise ein ausreichend großes Stiftungskapital für eine bürgerlich-rechtliche Stiftung doch noch zusammen kommt. Paradox, wenngleich rechtlich unbedenklich wäre es hingegen, wenn

---

[27] *Gölz,* S. 81 ff.

[28] § 3 des „Vertrages über die Regelung der Rechtsverhältnisse bei der Volkswagenwerk Gesellschaft mit beschränkter Haftung und über die Errichtung einer „Stiftung Volkswagenwerk" vom 11./12. 11. 1959, BGBl. I 1960, S. 301, 302. Zur Deutschen Bundesstiftung Umwelt siehe *Gölz,* S. 107 m. w. N. Ihr Stiftungsvermögen in Raten erhielten auch die Stiftung Hilfswerk für behinderte Kinder, die Stiftung Humanitäre Hilfe für durch Blutprodukte HIV-infizierte Personen und die Stiftung CAESAR, siehe *Gölz,* S. 104 ff.

ich eine bislang nicht als staatliche angesehene Aufgabe nur zum Zweck der Errichtung einer öffentlich-rechtlichen Stiftung an mich ziehe.

Eine weniger öffentlichkeitswirksame Alternative zur Förderung öffentlicher, nicht staatlicher Zwecke ist die institutionelle oder quasi-institutionelle Förderung von Einrichtungen des dritten Sektors.

Empfehlungen für die staatliche Stiftungspraxis: Der Staat als Stifter und Anstifter

Will der Staat eigene staatliche Aufgaben erfüllen, sollte er die aufgaben- und sektorengemäße öffentlich-rechtliche Stiftungsform, d. h. die Stiftung als mittelbare Staatsverwaltung wählen. Im Bund muss dann auch der Gesetzgeber aktiv werden, um die Verwaltungskompetenz der Länder an sich zu ziehen (Art. 87 Abs. 3 S. 1 GG).

Will der Staat die Wahrnehmung öffentlicher, nicht staatlicher Aufgaben durch den dritten Sektor in gesellschaftlicher Selbstverwaltung finanziell unterstützen, sollte er sich hingegen als bloßer „Anstifter" in sektorengemäß privater Rechtsform betätigen. Dabei muss er auch und gerade als Anstifter auf eine insgesamt ausreichende Kapitalausstattung seiner Stiftung achten, will er nicht deren absehbares Siechtum riskieren und staatliche Haushaltsmittel auf Kosten der Steuerzahlerinnen und Steuerzahler mittelfristig in den Sand setzen. Hat der Staat die Aufgabe bislang selbst wahrgenommen und/oder will er dem 3. Sektor erhebliche finanzielle Mittel stiften, ist auch für diese bürgerlich-rechtliche Stiftungserrichtung ein besonderes Stiftungsgesetz erforderlich.

5. Stiftungssteuerrecht

5.1 Grundlagen des Steuerrechts für Stiftungen

Von Claus Koss

Es ist ein weit verbreiteter Irrtum, dass Stiftungen grundsätzlich steuerbefreit sind. Zwar sind die meisten Stiftungen als steuerbegünstigte Körperschaften von der Körperschaft- und Gewerbesteuer befreit. Auch sind die meisten wirtschaftlichen Aktivitäten von Stiftungen üblicherweise von der Umsatzsteuer befreit. Daraus lässt sich jedoch keine Regel ableiten – und es gibt nicht steuerbegünstigte Stiftungen. Dieser Beitrag gibt einen Überblick über die Grundlagen der Besteuerung von Stiftungen.[1]

Ertragsteuern

Körperschaftsteuer

Gemäß § 1 Abs. 1 Nr. 5 Körperschaftsteuergesetz (KStG) unterliegen Stiftungen und andere Zweckvermögen mit Geschäftsleitung oder Sitz im Inland unbeschränkt der deutschen Körperschaftsteuer. Der Sitz einer Stiftung bestimmt sich nach ihrer Satzung (§ 11 Abgabenordnung [AO]). Ort der Geschäftsleitung ist der Ort, an dem der Stiftungsvorstand im Wesentlichen tätig wird (§ 10 AO). Dabei ist es unerheblich, dass eine Stiftung evtl. nicht rechtsfähig ist. Denn gemäß § 3 Abs. 1 KStG unterliegen auch nicht-rechtsfähige Stiftungen der Körperschaftsteuer.

Gemäß § 5 Abs. 1 Nr. 9 S. 1 KStG sind jedoch Stiftungen, die nach dem Stiftungsgeschäft und nach der tatsächlichen Geschäftsführung ausschließlich und unmittelbar gemeinnützigen, mildtätigen oder kirchlichen Zwecken dienen (§§ 51 bis 68 AO), von der Körperschaftsteuer befreit. § 5 Abs. 1 Nr. 9 S. 2 KStG schließt diese Steuerbefreiung für den wirtschaftlichen Geschäftsbetrieb (§ 14 AO) aus.[2]

Das Körperschaftsteuergesetz geht also von folgender Systematik aus:
1. Wenn eine Stiftung ihren Sitz oder ihre Geschäftsleitung im Inland hat, unterliegen alle ihre Einkünfte der Körperschaftsteuer.

---

[1] In diesem Beitrag wird vom Regelfall (Stiftung nach deutschem Recht, Sitz in der Bundesrepublik) ausgegangen. Wenn nicht ausdrücklich anders ausgeführt, bezeichnet „Stiftung" sowohl die rechtsfähige wie die nicht-rechtsfähige Stiftung. Zur steuerbegünstigten Stiftungen im Speziellen s. Kapitel 5.2 und 5.3.

[2] Davon ausgenommen ist selbst bewirtschafteter Forstbesitz, § 5 Abs. 1 Nr. 9 S. 3 KStG.

2. Dient die Körperschaft nach Satzung und tatsächlicher Geschäftsführung einem oder mehreren steuerbegünstigten Zwecken, fällt diese Steuerpflicht grundsätzlich weg (Steuerbefreiung).
3. Die Steuerbefreiung fällt jedoch für den wirtschaftlichen Geschäftsbetrieb wiederum weg. Damit gilt für diesen wieder die Körperschaftsteuerpflicht.

Bemessungsgrundlage für die Körperschaftsteuer ist das zu versteuernde Einkommen (§ 7 Abs. 1 KStG). Dieses wird wie folgt ermittelt:

		Rechtsquelle
+/−	Einkünfte aus Land- und Forstwirtschaft	§ 2 Abs. 1 S. 1 Nr. 1 EStG / § 8 Abs. 1 S. 1 KStG
+/−	Einkünfte aus Gewerbebetrieb	§ 2 Abs. 1 S. 1 Nr. 2 EStG / § 8 Abs. 1 S. 1 KStG
+/−	Einkünfte aus selbständiger Arbeit	§ 2 Abs. 1 S. 1 Nr. 3 EStG / § 8 Abs. 1 S. 1 KStG[3]
+/−	Einkünfte aus nicht-selbständiger Arbeit	§ 2 Abs. 1 S. 1 Nr. 4 EStG / § 8 Abs. 1 S. 1 KStG[4]
+/−	Einkünfte aus Kapitalvermögen	§ 2 Abs. 1 S. 1 Nr. 5 EStG / § 8 Abs. 1 S. 1 KStG
+/−	Einkünfte aus Vermietung und Verpachtung	§ 2 Abs. 1 S. 1 Nr. 6 EStG / § 8 Abs. 1 S. 1 KStG
+/−	Sonstige Einkünfte im Sinne des § 22 EStG	§ 2 Abs. 1 S. 1 Nr. 7 EStG / § 8 Abs. 1 S. 1 KStG
+	Negative ausländische Einkünfte, die nach einem Doppelbesteuerungsabkommen (DBA) nicht zu berücksichtigen sind	Doppelbesteuerungsabkommen
−	Positive ausländische Einkünfte, die nach einem DBA – ggfs. i. V. m. § 8 b Abs. 5 KStG – steuerfrei sind	Doppelbesteuerungsabkommen ggfs. i. V. m. § 8 b Abs. 5 KStG
−	Verlustabzug nach § 2 a Abs. 1 S. 3 EStG bei ausländischen Einkünften	§ 2 a Abs. 1 S. 3 EStG / § 8 Abs. 1 S. 1 KStG
+	Hinzurechnungsbetrag (§ 2 a Abs. 3 S. 3, Abs. 4 EStG) bei ausländischen Einkünften	§ 2 a Abs. 3 S. 3, Abs. 4 EStG / § 8 Abs. 1 S. 1 KStG

---

[3] M. E. nur in Ausnahmefällen möglich, da eine Körperschaft grundsätzlich nicht eigenverantwortlich tätig werden kann, vgl. § 18 Abs. 1 Nr. 1 S. 3 HS 2 EStG.

[4] M. E. nur in seltenen Ausnahmefällen möglich, da eine Körperschaft nicht „angestellt" werden kann. Vorstellbar ist eigentlich nur der Fall der Rechtsnachfolge, z. B. nachträgliche Zahlung einer Pensionskasse an einen Verein zur Altenbetreuung, der von einem ehemaligen Versorgungsempfänger als Erbe eingesetzt worden ist, so das Beispiel von *Geiger,* in: Dötsch / Eversberg / Jost / Pung / Witt, KStG n. F. § 8 Abs 2, Rz. 40.

−	Ausländische Verluste bei DBA (§ 2a Abs. 3 S. 1 EStG)	§ 2a Abs. 3 S. 1 EStG / § 8 Abs. 1 S. 1 KStG
=	**Summe der Einkünfte**	
−	Freibetrag bei Einkünften aus Land- und Forstwirtschaft	§ 13 Abs. 3 EStG / § 8 Abs. 1 S. 1 KStG
−	Zuwendungen an steuerbegünstigte Körperschaften	§ 9 Abs. 1 Nr. 2 KStG
=	**Gesamtbetrag der Einkünfte**	
−	Verlustabzug	§ 10d EStG, § 2a Abs. 3 S. 2 EStG, jeweils i.V. m. § 8 Abs. 1 S. 1 KStG
=	**Einkommen**	
−	Freibetrag von 3.835 Euro, maximal Höhe des Einkommens	§ 24 S. 1 KStG
=	**Zu versteuerndes Einkommen**	

Abb. 1: Ermittlung des zu versteuernden Einkommens (§ 7 Abs. 1 KStG)

Dieses Schema gilt für alle nicht von der Körperschaftsteuer befreiten Stiftungen uneingeschränkt, für die gemäß § 5 Abs. 1 Nr. 9 S. 1 KStG von der Körperschaftsteuer befreiten Stiftungen, soweit ein wirtschaftlicher Geschäftsbetrieb unterhalten wird. Hierbei ist jedoch zu beachten, dass eine zusätzliche Freigrenze gemäß § 64 Abs. 3 AO besteht: betragen die Einnahmen aus dem wirtschaftlichen Geschäftsbetrieb einschließlich der Umsatzsteuer nicht mehr als 30.678 Euro im Jahr, unterliegen diese nicht der Körperschaftsteuer und Gewerbesteuer. Bei der steuerbegünstigten Stiftung und dem Vorliegen eines wirtschaftlichen Geschäftsbetriebs gilt als weitere Besonderheit, dass es sich bei der Summe der Einkünfte ausschließlich um Einkünfte aus Gewerbebetrieb handelt. Im Wesentlichen entspricht das Schema der unbeschränkt körperschaftsteuerpflichtigen Stiftung der Ermittlung des zu versteuernden Einkommens bei der Einkommensteuer der natürlichen Person. Für die Ermittlung der Einkünfte zur Summe der Einkünfte gilt damit das gleiche wie in der Einkommensteuererklärung natürlicher Personen.

Beteiligt sich eine Stiftung an einer Personen(handels)gesellschaft (z. B. „Stiftung & Co. KG") ist die Gesellschaft hinsichtlich der Einkommen- und Körperschaftsteuer der Gesellschafter „durchsichtig". Die Besteuerungsgrundlagen werden auf Ebene der Gesellschaft (hier: KG) gesondert und einheitlich festgestellt (§ 180 Abs. 1 Nr. 2 lit. a AO) und dann den Gesellschaftern (hier: Stiftung als Vollhafterin und Kommanditisten) zugerechnet. Anders ist dies hinsichtlich der Gewerbe- und Umsatzsteuer. Bei diesen Steuerarten ist die Gesellschaft (im Beispiel: Kommanditgesellschaft) selber Steuersubjekt.

Gewerbesteuer

Gemäß § 2 Abs. 1 Gewerbesteuergesetz (GewStG) unterliegt jeder Gewerbebetrieb im Inland der Gewerbesteuer. Soweit die (steuerpflichtige) Stiftung Einkünfte aus Gewerbebetrieb hat, unterliegt sie mit diesem Gewerbebetrieb der Gewerbesteuer. Gemäß § 2 Abs. 3 GewStG gilt der wirtschaftliche Geschäftsbetrieb der steuerbegünstigten Stiftungen als Gewerbebetrieb und unterliegt damit der Gewerbesteuer. Die Gewerbesteuer ist als Objektsteuer (Gewerbebetrieb) von der Bemessungsgrundlage der Körperschaftsteuer abzugsfähig.[5]

Da die Gewerbesteuer von der jeweiligen Gemeinde erhoben wird, besteht für die Gewerbesteuer eine verfahrensrechtliche Besonderheit: Die Besteuerungsgrundlage (Gewerbesteuermessbetrag) wird vom Finanzamt festgestellt (Gewerbesteuermessbescheid). Aus diesem Feststellungsbescheid sind keine Zahlungen zu leisten. Steuerpflichtige legen diesen daher leicht zur Seite. Der Bescheid über die Gewerbesteuer selber kommt von der Gemeinde. Dieser enthält – vereinfacht gesagt – nur die Multiplikation des (vom Finanzamt festgestellten) Messbetrages mit dem örtlichen Hebesatz. Nachdem aus diesem Bescheid Zahlungen zu leisten sind, fällt erst zu diesem Zeitpunkt auf, dass der Messbetrag unzutreffend zu hoch ist. Da der Feststellungsbescheid als Grundlagenbescheid jedoch den Gewerbesteuerbescheid (Folgebescheid) bindet, kann der Gewerbesteuerbescheid nicht geändert werden. Denn die Multiplikation im Steuerbescheid ist nur in Ausnahmefällen unzutreffend. Die Stiftung muss daher bereits gegen den Feststellungsbescheid als Grundlagenbescheid Einspruch einlegen, wenn dieser unzutreffend ist.

Bei kleinen Stiftungen kann die Festsetzung der Gewerbesteuer unterbleiben, wenn die Kosten für den Fiskus aus der Steuerfestsetzung in einem Missverhältnis zum Steuerertrag stehen (§ 156 Abs. 2 AO). Die Finanzverwaltung nimmt Stiftungen von der Festsetzung der Gewerbesteuer aus, wenn der Gewinn aus Gewerbebetrieb (wirtschaftlichen Geschäftsbetrieb) offensichtlich unter 511,29 EUR liegt.[6]

Die Bemessungsgrundlage für die Gewerbesteuer ist der Gewerbesteuermessbetrag. Dieser ermittelt sich aus dem Gewinn aus Gewerbebetrieb (§ 7 S. 1 GewStG), erhöht um die Hinzurechnungen gemäß § 8 GewStG und vermindert um die Kürzungen gemäß § 9 GewStG. Eine wichtige Hinzurechnung sind die hälftigen sog. Dauerschuldzinsen (§ 8 Nr. 1 GewStG), eine wichtige Kürzung ist der 1,2 %ige Abzug des Einheitswerts der Betriebsgrundstücke (§ 9 Nr. 1 GewStG). Der so ermittelte Betrag ist auf volle 100 Euro abzurunden (§ 11 Abs. 1 S. 3 GewStG) und beim wirtschaftlichen Geschäftsbetrieb von Stiftungen um einen Freibetrag in Höhe von 3.900 Euro zu vermindern (§ 11 Abs. 1 S. 3 Nr. 2 GewStG). Dieser Betrag ist mit 5 % zu multiplizieren (§ 11 Abs. 2 GewStG) und

---

[5] Arg. ex § 10 Nr. 2 KStG, § 3 Abs. 2 AO.

[6] A. 45 S. 3 GewStR 1990 sprechen noch von 1.000 DM (umgerechnet 511,29 EUR).

ergibt damit den (vorläufigen) Steuermessbetrag. Multipliziert mit dem Hebesatz (§ 16 GewStG) ergibt sich die (vorläufige) Gewerbesteuerschuld. Bei bilanzierenden Stiftungen ist bei der Berechnung der Rückstellung für die Gewerbesteuer die Abzugsfähigkeit der Gewerbesteuer von ihrer eigenen Bemessungsgrundlage zu berücksichtigen. Dies erfolgt entweder durch die sog. „5/6-Methode" oder die sog. „exakte Methode". Im Regelfall ermitteln Stiftungen jedoch den Gewinn aus Gewerbebetrieb (wirtschaftlichen Geschäftsbetrieb) aus dem Überschuss der Betriebseinnahmen über die Betriebsausgaben (§§ 4 Abs. 3 EStG / 8 Abs. 1 S. 1 KStG). Somit mindert die Gewerbesteuer entsprechend ihrer Zahlung den Gewinn.

Bei der Gewerbesteuer gilt das Gleiche wie für die Körperschaftsteuer: Gemäß § 3 Nr. 6 GewStG sind steuerbegünstigte Stiftungen von der Gewerbesteuer befreit, soweit sie nicht einen wirtschaftlichen Geschäftsbetrieb unterhalten.

Bauabzugsteuer

Da die Stiftung i. d. R. Unternehmerin i. S. d. § 2 Abs. 1 UStG ist, hat sie bei Bauleistungen 15 % von der Vergütung an den leistenden Bauunternehmer einzubehalten (§ 48 Abs. 1 EStG). Legt der Bauunternehmer jedoch eine gültige Freistellungsbescheinigung vor, entfällt diese Pflicht (§ 48 Abs. 2 EStG). Da die meisten Leistungserbringer eine solche haben, entfällt praktisch in den meisten Fällen diese Einbehaltungspflicht.

Lohnsteuer

Die Lohnsteuer ist eine Art Vorauszahlung des Arbeitnehmers auf seine persönliche Einkommensteuerschuld. Da die Lohnsteuer jedoch als Quellensteuer direkt bei der Zahlung erhoben wird, hat der Arbeitgeber diese für den Arbeitnehmer einzubehalten und an das Finanzamt abzuführen (§ 38b EStG). Die Stiftung ist Arbeitgeberin, wenn sie mindestens einen Arbeitnehmer hat. Arbeitnehmer ist, wer dem Arbeitgeber seine Arbeitskraft schuldet, in ihrer Betätigung ihres geschäftlichen Willens unter der Leitung des Arbeitgebers steht oder im geschäftlichen Organismus des Arbeitgebers dessen Weisungen zu folgen verpflichtet ist (§ 1 Abs. 2 Lohnsteuerdurchführungsverordnung [LStDV]). Dabei ist es unerheblich, ob die Betätigung des Arbeitnehmers ehrenamtlich oder haupt- oder nebenberuflich erfolgt. Sobald für die Tätigkeit eine Vergütung gezahlt wird, ist die Lohnsteuerschuld entstanden.

Steuerfrei sind die in Abb. 2 dargestellten Einnahmen eines Arbeitnehmers und unterliegen damit nicht dem Lohnsteuerabzug.

Steuerfreie Einnahme	Rechtsquelle
Im Haushaltsplan ausgewiesene Aufwandsentschädigungen, die aus einer Bundes- oder Landeskasse gezahlt werden, soweit diese nicht den Verdienstausfall oder Zeitverlust vergüten oder den tatsächlich entstandenen Aufwand des Empfängers offenbar übersteigen.	§ 3 Nr. 12 EStG
Aus öffentlichen Kassen gezahlten Reisekostenvergütungen, Umzugskostenvergütungen und Trennungsgelder, soweit diese die steuerlichen Höchstbeträge nicht übersteigen.	§ 3 Nr. 13 EStG
Reisekosten, Umzugskosten oder Mehraufwendungen bei doppelter Haushaltsführung, soweit diese die gesetzlichen Pauschbeträge nicht übersteigen.	§ 3 Nr. 16 EStG
Einnahmen aus nebenberuflichen Tätigkeiten als Übungsleiter, Ausbilder, Erzieher, Betreuer oder vergleichbaren nebenberuflichen Tätigkeiten, aus nebenberuflichen künstlerischen Tätigkeiten oder der nebenberuflichen Pflege alter, kranker oder behinderter Menschen im Dienst oder im Auftrag einer inländischen juristischen Person des öffentlichen Rechts oder einer unter § 5 Abs. 1 Nr. 9 des Körperschaftsteuergesetzes fallenden Einrichtung zur Förderung gemeinnütziger, mildtätiger und kirchlicher Zwecke (§§ 52 bis 54 der Abgabenordnung) bis zur Höhe von insgesamt 1.848 Euro.	§ 3 Nr. 26 EStG

Abb. 2: Steuerfreie Einnahmen eines Arbeitnehmers

Umsatzsteuer

Da die rechtsfähige Stiftung selbständig nachhaltig tätig wird, ist sie Unternehmerin im Sinne des § 2 Abs. 1 Umsatzsteuergesetz (UStG). Wenn die Stiftung somit eine im Inland umsatzsteuerbare und -pflichtige Leistung ausführt, muss sie grundsätzlich Umsatzsteuer an das Finanzamt abführen. Dies gilt unabhängig von einer evtl. Steuerbefreiung von der Körperschaft- oder Gewerbesteuer.

Lediglich bei den Leistungen außerhalb des wirtschaftlichen Geschäftsbetriebs einer steuerbegünstigten Stiftung gilt immer der ermäßigte Umsatzsteuersatz (§ 12 Abs. 2 Nr. 8 UStG) in Höhe von derzeit 7,0 %.

5.2 Die gemeinnützige Stiftung

Von Maren Hartmann

Nach jüngsten Untersuchungen sind fast 95 % aller deutschen Stiftungen gemeinnützig. Mit Gemeinnützigkeit ist im allgemeinen Sprachgebrauch regelmäßig der weite Begriff der Gemeinnützigkeit gemeint, der häufig mit „Steuerbefreiung" gleichgesetzt wird. Dieser umfasst neben den gemeinnützigen Zwecken im engeren Sinne (§ 52 AO) auch mildtätige und kirchliche Zwecke (§§ 53, 54 AO). Gemeinnützigen Zwecken im engeren Sinne dient eine Stiftung, wenn ihre Tätigkeit nach Satzung und tatsächlicher Geschäftsführung ausschließlich und unmittelbar darauf gerichtet ist, die Allgemeinheit auf materiellem, geistigem oder sittlichem Gebiet selbstlos zu fördern.

Stiftungen,[1] die nach der Satzung, dem Stiftungsgeschäft und nach der tatsächlichen Geschäftsführung ausschließlich und unmittelbar gemeinnützigen, mildtätigen oder kirchlichen Zwecken dienen, sind von der Steuer befreit.[2] Die Steuervergünstigungen, in der Regel die Befreiung von der jeweiligen Steuer, werden durch die Einzelsteuergesetze, wie Körperschaftsteuergesetz, Gewerbesteuergesetz, Grundsteuergesetz, Grunderwerbsteuergesetz, Erbschaft- und Schenkungsteuergesetz und Umsatzsteuergesetz gewährt. Diese setzen auch die Voraussetzungen für die entsprechende Steuerbefreiung fest.

Auch eine als gemeinnützig anerkannte Stiftung ist jedoch nicht immer vollumfänglich steuerbefreit. Hinsichtlich ihrer Aktivitäten gilt die Steuerbegünstigung grundsätzlich nur, soweit sie ihrem Kernbereich zuzuordnen sind. Der so genannte ideelle Bereich umfasst das Tätigkeitsfeld, auf dem eine gemeinnützige Stiftung unmittelbar ihre steuerbegünstigten, d. h. gemeinnützigen, mildtätigen oder kirchlichen Zwecke selbstlos verfolgt. Die gemeinnützige Stiftung muss die steuerbegünstigten Zwecke auch ausschließlich verfolgen (vgl. §§ 59, 56 AO). Der ideelle Bereich als Kernbereich verleiht der gemeinnützigen Stiftung regelmäßig das besondere Gepräge.

Die einzelnen Steuervergünstigungen gemeinnütziger Stiftungen sind in den jeweiligen Einzelsteuergesetzen geregelt. Die Voraussetzungen dafür knüpfen an

---

[1] Neben rechtsfähigen Stiftungen können insbesondere nicht rechtsfähige Stiftungen, eingetragene Vereine, Kapitalgesellschaften (Gesellschaften mit beschränkter Haftung oder Aktiengesellschaften) sowie Betriebe gewerblicher Art von Körperschaften des Öffentlichen Rechts Gegenstand der Steuerbefreiung sein (§ 1 KStG). Personengesellschaften und natürliche Personen kommen für die Steuerbegünstigung nicht in Betracht.

[2] Vgl. z. B. § 5 Abs. 1 Nr. 9 KStG und § 3 Nr. 6 GewStG.

die Gemeinnützigkeit im weiteren Sinne an. Soweit im Folgenden der Begriff der Gemeinnützigkeit gebraucht wird, ist damit Gemeinnützigkeit im weiteren Sinne gemeint, wenn nicht ausdrücklich anderes dargestellt wird.

Die Gewährung von Steuervergünstigungen setzt die Gemeinnützigkeit der Stiftung voraus. Die Voraussetzungen der Gemeinnützigkeit lassen sich in die Anforderungen an die Einkommens- oder Mittelverwendung („subjektiv") und die Anforderungen an die Einkommenserzielung („objektiv") der Körperschaft untergliedern.

Die subjektive Steuerbegünstigung der Körperschaft liegt vor, wenn sie selbstlos, ausschließlich und unmittelbar steuerbegünstigte Zwecke verwirklicht.[3] Das bedeutet auch, dass die gemeinnützige Körperschaft ihr Einkommen sowie sämtliche Mittel nur im Rahmen der gemeinnützigen Zwecke verwenden darf. Danach knüpft der Gesetzgeber die Steuerbefreiung zum einen an einen Katalog gemeinwohlfördernder Zwecke und zum anderen an bestimmte Modalitäten der Zweckverwirklichung. Die formelle Satzungsmäßigkeit und die tatsächliche Geschäftsführung dienen der Überprüfung dieser Voraussetzungen und sollen sie gewährleisten.

Die objektive Steuerbegünstigung bezieht sich hingegen auf die Art der Einkommenserzielung oder Mittelgewinnung.[4] Sie ist gegeben, soweit die Stiftung ihr Einkommen nur aus dem ideellen Bereich, vermögensverwaltender Tätigkeit oder aus dem steuerbefreiten Zweckbetrieb erzielt.

Während die Anforderungen an die Mittelverwendung der Stiftung zwingend sind – bei Verstoß entfallen die Steuervergünstigungen insgesamt – führt die Einkommenserzielung außerhalb der begünstigten Einkünfte lediglich zur üblichen Besteuerung dieses Einkommens. Das Gemeinnützigkeitsrecht spricht in diesen Fällen von einem steuerpflichtigen wirtschaftlichen Geschäftsbetrieb. Die steuerliche Begünstigung der Stiftung insgesamt bleibt dadurch jedoch unberührt.[5]

Rechtsfolge der Gemeinnützigkeit sind verschiedene Steuervergünstigungen, welche für die Errichtung, die laufende Tätigkeit sowie die Beendigung und Auflösung der gemeinnützigen Körperschaft gelten.

Bei Zuwendungen im Rahmen der Errichtung einer gemeinnützigen Stiftung ebenso wie bei Spenden oder Zustiftungen, die nach Errichtung der Erhöhung des Stiftungsvermögens dienen, liegt die Steuervergünstigung in der Befreiung des Vermögensübergangs von der Erbschaft- oder Schenkungsteuer sowie ggf. der Grunderwerbsteuer (§ 13 Abs. 1 Nrn. 16, 17 ErbStG; § 3 Nr. 2 GrEStG). Auf der anderen Seite ist der Spender wegen der Gemeinnützigkeit des Empfängers zum Spendenabzug gemäß § 10b Abs. 1 Einkommensteuergesetz (EStG) berechtigt.

---

[3] *Hof/Hartmann/Richter*, S. 292.
[4] s. Kapitel 6.2.
[5] *Hof/Hartmann/Richter*, S. 293.

Für die laufende Tätigkeit einer gemeinnützigen Körperschaft ist vor allem die Befreiung von Steuern auf den Ertrag (§ 5 Abs. 1 Nr. 9 KStG; § 3 Nr. 6, 20 lit. b, c GewStG) sowie die Befreiung von oder die Ermäßigung der Umsatzsteuer auf 7 % (§ 4 Nrn. 18, 22, 25; § 12 Abs. 2 Nr. 8 UStG) von Bedeutung. Außerdem sind gemeinnützige Körperschaften von der Grundsteuer befreit (§ 3 Abs. 1 Nr. 3 GrStG).

Bei der Auflösung der Stiftung ist vor allem die Vermögensbindung für gemeinnützige Zwecke zu beachten. Der Vermögensübergang auf eine steuerbegünstigte Körperschaft ist jedenfalls von der Erbschaft- und Schenkungsteuer sowie ggf. der Grunderwerbsteuer (§ 13 Abs. 1 Nrn. 16, 17 ErbStG; § 3 Nr. 2 GrEStG) befreit.

Gemeinnützigkeit im engeren Sinne (§ 52 AO)

Die allgemeinen Voraussetzungen der Gemeinnützigkeit richten sich nach den §§ 51 bis 68 AO. Gemeinnützigkeit im engeren Sinne liegt vor, wenn eine Körperschaft ihre Tätigkeit darauf gerichtet hat, die Allgemeinheit auf materiellem, geistigem oder sittlichem Gebiet selbstlos zu fördern (§ 52 Abs. 1 Satz 1 AO).

Förderung der Allgemeinheit

Das gesamte Handeln der Stiftung muss nach seiner Ausrichtung dem allgemeinen Besten dienen und objektiv auf die Förderung der Allgemeinheit gerichtet sein. Das ist nicht der Fall, wenn der Kreis der Personen fest abgeschlossen ist, weil er z. B. die Zugehörigkeit zu einer Familie oder zur Belegschaft eines Unternehmens voraussetzt oder der Kreis infolge seiner Abgrenzung, insbesondere nach räumlichen oder beruflichen Merkmalen, dauernd nur klein sein kann, § 52 Abs. 1 S. 2 AO. Trotz allem ist der Aspekt des „allgemeinen" im Gegensatz zum „einzelnen" oder „individuellen" Wohl zu sehen. Das gemeine Wohl muss daher nicht notwendigerweise das Wohl aller bedeuten.[6]

So kann die Förderung eines Personenkreises, der infolge seiner Abgrenzung aufgrund abstrakt formulierter, objektiv nachprüfbarer Kriterien dauernd nur klein sein kann, durchaus mit der Förderung des Gemeinwohls im Einklang stehen. Neben den objektiven Kriterien ist ebenfalls die Wertvorstellung der Bevölkerung angemessen zu berücksichtigen,[7] wobei eine solche Meinung als subjektives Element nur Indizwirkung haben kann.

Die Anzahl der Personen, die diese Voraussetzungen erfüllen, darf sehr klein sein, wenn gewährleistet ist, dass der geförderte Kreis einen Ausschnitt aus der Allgemeinheit darstellt.[8] Abgrenzungskriterien, die gegen das Gebot der Selbst-

---

[6] Hof/Hartmann/Richter, S. 295.
[7] BFH, Urt. v. 13. 12. 1978, BStBl II 1979, S. 482 ff.
[8] BFH, Urt. v. 13. 12. 1978, BStBl II 1979, S. 482 ff.

losigkeit verstoßen, sind jedoch gemeinnützigkeitswidrig.[9] Andererseits stehen weder eine Begrenzung in regionaler Hinsicht im Inland noch eine Verfolgung steuerbegünstigter Zwecke im Ausland dem Grundsatz der Allgemeinheit entgegen. Die Förderung im Ausland ist auch dann möglich, wenn dies nicht ausdrücklich in der Satzung enthalten ist.[10]

Die Tätigkeit der Körperschaft muss auf die Förderung der Allgemeinheit gerichtet und zur Zweckerreichung objektiv geeignet sein. Fördern bedeutet, etwas voranzubringen, zu vervollkommnen oder zu verbessern.[11] Vollendung oder Erfolg der Tätigkeit sind jedoch nicht zwingend erforderlich.

Gemeinwohl

Regelbeispiele gemeinnütziger Zwecke (§ 52 Abs. 2 Nr. 1 und 2 AO) sind Wissenschaft und Forschung, Bildung und Erziehung, Kunst und Kultur, Religion, Völkerverständigung, Entwicklungshilfe, Umwelt- und Landschaftsschutz, Denkmalschutz, Heimatgedanke, Jugendhilfe, Altenhilfe, öffentliches Gesundheitswesen, Wohlfahrtswesen und Sport einschließlich Schach. Der Katalog der Regelbeispiele ist nicht abschließend.

Neben dem nicht abschließenden Katalog von Regelbeispielen kommt eine Förderung der Allgemeinheit auch durch die Verfolgung von Zwecken in Betracht, die den in § 52 Abs. 2 Nr. 1 und 2 AO aufgeführten Zwecken ähnlich sind. Auf der Basis der allgemeinen Definition des § 52 Abs. 1 S. 1 AO werden ähnliche förderungswürdige Zwecke unter Berücksichtigung neuer und sich ändernder Entwicklungen, insbesondere durch die Finanzverwaltung regelmäßig ergänzt.[12] Besonders förderungswürdige Zwecke sind in der Anlage 1 zu § 48 Abs. 2 Einkommensteuer-Durchführungsverordnung (EStDV) i. V. m. § 10b Abs. 1 S. 1 EStG definiert, die vor allem für das Spendenrecht, insbesondere den Spendenabzug von Bedeutung sind.[13]

Darüber hinaus ist auch die Förderung des demokratischen Staatswesens (§ 52 Abs. 2 Nr. 3 AO) steuerbegünstigt, soweit sie nicht nur Einzelinteressen stützt.[14] Anders als der Katalog von Regelbeispielen, ist die Aufzählung der in § 52 Abs. 2

---

[9] So befindet der BFH mangels Selbstlosigkeit weder die Förderung von Existenzgründern noch den Bereich der Wirtschaftsförderung als gemeinnützig; BFH, Urt. v. 21. 5. 1997, BFH/NV 1997, S. 904.

[10] BFH, Beschl. v. 14. 7. 2004, HFR 2004, S. 1121, 1122; bei diesem Beschluss handelt es sich um einen Vorlagebeschluss an den EuGH über die Europarechtskonformität der Besteuerung von ausländischen Stiftungen. Zu weiteren Ausführungen vgl. auch *Wachter,* FR 2004, S. 1220 ff.

[11] BFH, Urt. v. 13. 12. 1978, BStBl II 1979, S. 482 ff.

[12] AEAO Nr. 2 – 6 zu § 52 AO.

[13] *Hof/Hartmann/Richter,* S. 381 ff.

[14] AEAO Nr. 8 zu § 52 AO.

5.2 Die gemeinnützige Stiftung

Nr. 4 AO genannten Freizeitaktivitäten abschließend. Die Förderung der Allgemeinheit ist nur dann anzuerkennen, wenn Freizeitaktivitäten hinsichtlich der Merkmale, die die Steuerbegünstigung rechtfertigen, mit den Merkmalen der Zwecke gemäß § 52 Abs. 2 Nr. 4 AO identisch sind. Bloße Ähnlichkeit reicht nicht aus.[15]

Modalitäten der Zweckerfüllung

Verfolgt eine Körperschaft steuerbegünstigte Zwecke im Sinne der Abgabenordnung, so müssen diese Zwecke selbstlos, ausschließlich und unmittelbar verfolgt werden.

Selbstlosigkeit (§ 55 AO)

Selbstlosigkeit ist gleichbedeutend mit Uneigennützigkeit. Selbstlosigkeit setzt voraus, dass die besonderen Anforderungen an die Mittelverwendung und die Vermögensbindung nicht verletzt werden und die Mittel überdies zeitnah, d. h. grundsätzlich ohne Rücklagenbildung bis zum Ende des Folgejahres, verwendet werden. Sämtliche Voraussetzungen der Selbstlosigkeit müssen gleichzeitig und dauernd vorliegen.

Im Widerspruch zur Selbstlosigkeit steht die Verfolgung eigenwirtschaftlicher Zwecke einer Stiftung, d. h. wenn ihre Tätigkeit darauf gerichtet ist, Vermögen und Einkünfte zu mehren. Um die Anerkennung der Gemeinnützigkeit nicht zu gefährden, darf die Stiftung daher weder für sich selbst noch zu Gunsten ihrer Stifter oder deren Erben eigenwirtschaftliche Zwecke verfolgen, § 55 Abs. 1 Nr. 1 i.V. m Abs. 3 AO.

Die eigenwirtschaftlichen Zwecke dürfen jedenfalls nicht in „erster Linie" verfolgt werden. Die Grenzen der wirtschaftlichen Tätigkeit gemeinnütziger Stiftungen sind besonders bedeutsam, wenn die Stiftung einen wirtschaftlichen Geschäftsbetrieb unterhält. Für eine Abgrenzung soll zwischen der steuerbegünstigten und der wirtschaftlichen Tätigkeit der Stiftung gewichtet werden. Danach ist die Stiftung insgesamt nicht steuerbegünstigt, wenn ihr die wirtschaftliche Tätigkeit bei einer Gesamtbetrachtung das Gepräge gibt.[16]

---

[15] AEAO Nr. 9 zu § 52 AO.

[16] AEAO Nr. 2 zu § 55 AO. Dieser Grundsatz setzt einen Nicht-Anwendungserlass (BMF, Schr. v. 15. 2. 2002, FR 2002, S. 592 ff.) als Reaktion auf ein Urteil des BFH (BFH, Urt. v. 15. 7. 1998, BStBl. II 2002, S. 162 ff.) um. Danach hatte der BFH nicht schon deshalb eine Verfolgung wirtschaftlicher Zwecke in erster Linie angenommen, weil die Körperschaft einen wirtschaftlichen Geschäftsbetrieb unterhielt und die unternehmerischen Aktivitäten die gemeinnützigen überstiegen. Vielmehr laufe es auch dem Ziel der steuerlichen Förderung der gemeinnützigen Zwecke zuwider, Körperschaften allein wegen der Größe der von ihnen unterhaltenen Geschäftsbetriebe die Möglichkeit gemeinnütziger Tätigkeiten vorzuenthalten. Entscheidend für die Beurteilung der Gemeinnützigkeit sei, ob die Körperschaft die aus dem

Welche Kriterien für diese Gesamtbetrachtung von Bedeutung sind, wurde durch das BMF jedoch nicht geregelt.[17] Allerdings hat die OFD Koblenz verfügt,[18] dass in diese Gesamtbetrachtung nicht nur die durch die verschiedenen Tätigkeitsbereiche erzielten Einnahmen, sondern auch die Gesamtaktivitäten der Körperschaft, ihrer Organe und Mitglieder sowie deren zeitliche Gewichtung mit einzubeziehen sind. Danach ist jedenfalls bei einer unmittelbar tätigen Körperschaft – im Gegensatz zur reinen Förderkörperschaft – von einem gemeinnützigen Gepräge auszugehen.

Eine Ausnahmeregelung zum Grundsatz der Selbstlosigkeit enthält § 58 Nr. 5 AO. Soweit in der Satzung ausdrücklich vorgesehen, darf eine Stiftung bis zu einem Drittel ihres Einkommens für freiwillige Zuwendungen an den Stifter und seine nächsten Angehörigen verwenden. Für die Erfüllung von Ansprüchen dieses Personenkreises, die aus der Übertragung von Vermögen rühren, muss sie nicht das belastete oder anderes zulässiges Vermögen einzusetzen, sondern darf auch Erträge verwenden.[19]

Als Angehörige im Sinne dieser Vorschrift gelten lediglich Ehegatten, Eltern, Großeltern, Kinder, Enkel, Geschwister, Pflegeeltern und Pflegekinder.[20] Weitere Verwandte oder Abkömmlinge nach den Enkeln sind dabei ausgeschlossen. Der Begriff der nächsten Angehörigen ist damit enger als der Begriff der Angehörigen nach § 15 AO.

Soweit Unterhaltsleistungen im Sinne des § 58. Nr. 5 AO geleistet werden, ist zu beachten, dass diese auch „angemessen" sein müssen. Dabei ist auf den Lebensstandard des Zuwendungsempfängers abzustellen.[21] Kann der Lebensunterhalt auch mit sonstigen Mitteln der Stifterfamilie bestritten werden, steht das der Annahme der Angemessenheit in der Regel entgegen.[22]

Soweit keine ausdrücklichen Ausnahmen zulässig sind wie die Rücklagen im Rahmen des § 58 Nr. 6 und 7 AO, müssen sämtliche Mittel der Stiftung ausschließ-

---

wirtschaftlichen Geschäftsbetrieb erhaltenen Mittel ausschließlich für ihre satzungsmäßigen Zwecke verwende.

[17] BMF, Schr. v. 15. 2. 2002, FR 2002, S. 592 ff. Die Literatur begegnet dem BMF-Schreiben überwiegend mit Ablehnung, insbesondere weil es wichtige Kriterien für eine effektive Umsetzung unberücksichtigt lässt. Vor allem aber auch weil die Geprägetheorie außer Acht lässt, dass sich das Selbstlosigkeitsgebot nur auf die eigenwirtschaftlichen Zwecke der Mitglieder, nicht jedoch auch auf die wirtschaftliche Tätigkeit der Körperschaft selbst bezieht und gerade nicht zwischen Einkommenserzielung und Mittelverwendung unterschieden wird. Vgl. *Hüttemann*, FR 2002, S. 1337, 1338 ff.; *Schiffer*, DStR 2002, S. 1206, 1207; *Strahl*, KÖSDI 2004, S. 14291 ff.; *Eversberg*, Die roten Seiten zu Stiftung & Sponsoring 5 / 2001; a. A. *Schäfers / Walz*, FR 2002, S. 499, 505.

[18] OFD Koblenz, Vfg. v. 26. 4. 2002, DB 2002, S. 1585.

[19] AEAO Nr. 14 zu § 55 AO.

[20] AEAO Nr. 6 zu § 58 AO.

[21] AEAO Nr. 7 zu § 58 AO.

[22] *Hof / Hartmann / Richter*, S. 323 f.

5.2 Die gemeinnützige Stiftung

lich für die satzungsmäßigen Zwecke verwendet werden. Mittel im Sinne der Abgabenordnung sind sämtliche Vermögenswerte einer steuerbegünstigten Körperschaft. Dazu gehören neben Spenden auch Gewinne aus Zweckbetrieben und aus steuerpflichtigen wirtschaftlichen Geschäftsbetrieben sowie Überschüsse aus der Vermögensverwaltung.

Zum Gebot der ausschließlich gemeinnützigen Mittelverwendung gehört das Verbot, gemeinnützig zu verwendende Mittel im wirtschaftlichen Geschäftsbetrieb zu verwenden, insbesondere nicht für Investitionen oder zum Ausgleich von Verlusten. Allerdings ist keine unzulässige Mittelverwendung anzunehmen, wenn dem ideellen Bereich in den sechs vorangegangenen Jahren Gewinne des steuerpflichtigen wirtschaftlichen Geschäftsbetriebs in mindestens gleicher Höhe zugeführt worden sind. Insoweit ist der Verlustausgleich als Rückgabe früherer Gewinnabführungen zu sehen.[23] Der Verlustausgleich ist ebenfalls steuerunschädlich, wenn der Verlust auf einer Fehlkalkulation beruht und Mittel in entsprechender Höhe innerhalb von zwölf Monaten nach Ende des Wirtschaftsjahres, in dem der Verlust entstanden ist, dem ideellen Bereich wieder zugeführt werden. Die zugeführten Mittel dürfen nicht aus Zweckbetrieben, dem Bereich der Vermögensverwaltung oder aus anderen gemeinnützigen Zuwendungen stammen.[24] Bei dem Aufbau neuer Betriebe gilt eine 3-Jahresfrist, innerhalb derer Verluste noch nicht gemeinnützigkeitsschädlich sind.[25] Die Regelungen zum Vermögensausgleich bei wirtschaftlichen Geschäftsbetrieben gelten für die Vermögensverwaltung entsprechend.[26]

Der Stifter und seine Erben dürfen keine Zuwendungen aus Mitteln der Körperschaft erhalten, § 55 Abs. 1 Nr. 1 i.V. m. Abs. 3 AO. Eine Zuwendung ist ein wirtschaftlicher Vorteil, den die Stiftung bewusst unentgeltlich oder gegen zu niedriges Entgelt begibt. Keine steuerschädliche Begünstigung liegt hingegen bei bloßen Annehmlichkeiten vor, wie sie im Rahmen der Betreuung von Mitgliedern allgemein üblich und nach allgemeiner Verkehrsauffassung als angemessen anzusehen sind.[27] Ebenfalls keine Zuwendung ist anzunehmen, wenn ein Leistungsaus-

---

[23] AEAO Nr. 4 zu § 55 AO; BMF, Schr. v. 19. 10. 1998, BStBl. I 1998, S. 1423 f.; kritisch dazu *Schäfers/Walz,* FR 2002, S. 499, 505 f.; *Hüttemann,* FR 2002, S. 1337, 1340 f.

[24] AEAO Nr. 6 zu § 55 AO; OFD Frankfurt, Vfg. v. 16. 11. 2000, § 5 KStG Karte H 7 123. Dieser Grundsatz beruht auf einem Urteil des BFH (BFH, Urt. v. 13. 11. 1996, DStR 1997, S. 278 ff.) und wird in der Literatur zum Teil kritisch gesehen, da jede wirtschaftliche Tätigkeit auch Risiken des Fehlschlagens birgt und damit wirtschaftliche Verluste nicht ausgeschlossen werden können. Ein Ausgleich innerhalb nur eines Jahres ausschließlich aus Gewinnen oder nicht spendenbegünstigten Zuwendungen Dritter wird als zu eng angesehen, *Schäfers/Walz,* FR 2002, S. 499, 506; *Schauhoff,* DStR 1998, S. 701, 706; *Richter,* in: Bertelsmann Stiftung, Handbuch Stiftungen 2003, S. 955, 978.

[25] AEAO Nr. 8 zu § 55 AO.

[26] AEAO Nr. 9 zu § 55 AO; OFD Hannover, Vfg. v. 29. 7. 1999, § 5 KStG Karte H 7 b; *Stahlschmidt,* BB 2003, S. 665, 667.

[27] AEAO Nr. 10 zu § 55 AO.

tauschverhältnis die Leistungspflicht der Körperschaft begründet, z. B. bei Kauf-, Dienst- oder Werkverträgen und die Werte von Leistung und Gegenleistung nach wirtschaftlichen Grundsätzen ausgewogen sind.[28] Im Übrigen gelten die Grenzen der Familienbegünstigung gemäß § 58 Nr. 5 AO.

Darüber hinaus darf die Stiftung niemanden durch zweckfremde Ausgaben oder durch unverhältnismäßig hohe Vergütungen begünstigen. Eine Vergütung an einen Vorstand einer steuerbegünstigten Körperschaft, der laut Satzung ehrenamtlich tätig sein soll, ist in jedem Fall ein Verstoß gegen das Mittelverwendungsgebot, soweit sie über eine reine Aufwandsentschädigung hinausgeht, unabhängig davon, ob sie auch angemessen ist.[29]

Wird einer Stiftung Vermögen zugewendet, das vor der Übertragung wirksam mit Ansprüchen belastet wurde, so mindern diese Ansprüche den Wert des übertragenen Vermögens zum Zeitpunkt der Übertragung. Der Wert des übertragenen Vermögens entspricht dann dem Nettovermögen, d. h., das Vermögen, das nach Abzug der Beträge, die für die Erfüllung der Ansprüche erforderlich sind, verbleibt. Nur dieser Wert ist auch für den Spendenabzug zu berücksichtigen. Die Erfüllung der Ansprüche aus dem zugewendeten Vermögen stellt keine steuerschädliche Zuwendung dar. Das Gleiche gilt, soweit anderes zulässiges Vermögen einschließlich der Rücklagen oder Erträge verwendet werden. Allerdings ist zu berücksichtigen, dass die Drittel-Grenze nach § 58 Nr. 5 AO[30] für die gesamten Zahlungen nicht überschritten wird.

Der Grundsatz der Vermögensbindung ist einer der zentralen Grundsätze der Selbstlosigkeit und damit im Gemeinnützigkeitsrecht, § 55 Abs. 1 Nr. 4 AO. Dadurch soll sichergestellt werden, dass Vermögen, das sich aufgrund der Steuervergünstigungen gebildet hat, im Falle der Auflösung oder Aufhebung der Körperschaft oder bei Wegfall ihres bisherigen Zwecks nicht für andere als für begünstigte Zwecke verwendet wird.[31] Die satzungsmäßigen Anforderungen an die Vermögensbindung sind in den §§ 61 und 62 AO geregelt. Die Bindung bezieht sich grundsätzlich auf das gesamte Vermögen einschließlich des Grundstockvermögens. Ein Verstoß gegen die satzungsmäßige Vermögensbindung aufgrund der tatsächlichen Geschäftsführung oder aufgrund einer Satzungsänderung führt dazu, dass die Stiftung als von Anfang an als nicht steuerbegünstigt angesehen wird. Ohne

---

[28] AEAO Nr. 11 zu § 55 AO.

[29] FG München, Urt. v. 21. 11. 2000, EFG 2001, S. 538 f.

[30] AEAO Nr. 12, 13 zu § 55 AO. Dieser Grundsatz setzt einen Nicht-Anwendungserlass (BMF, Schr. v. 6. 11. 1998, BStBl I 1998, S. 1446) als Reaktion auf ein Urteil des BFH (BFH, Urt. v. 21. 1. 1998, BStBl II 1998, S. 758 ff.) um. Danach hielt der BFH die Drittel-Grenze nicht für relevant, ebenso wenig wie die Tatsache, ob nach Erfüllung der Ansprüche noch ausreichende Mittel für die Zweckverwirklichung der Stiftung verbleiben. Die Ansicht des BFH ist vorzugswürdig. Die Erfüllung der Ansprüche wird bereits bei der Bewertung des übertragenen Vermögens mindernd berücksichtigt, der Stiftung steht daher von Anfang an nur ein entsprechend verkürztes Nettovermögen zur Zweckverwirklichung zur Verfügung.

[31] AEAO Nr. 24 zu § 55 AO.

5.2 Die gemeinnützige Stiftung

Rücksicht auf die Festsetzungsverjährung führt dies zu einer Nachbesteuerung für die letzten 10 Jahre.

Der Stifter hat jedoch die Möglichkeit, im Falle der Beendigung der Stiftung die Rückübertragung des von ihm eingebrachten Vermögens zu fordern, § 55 Abs. 1 Nr. 4 i.V.m. § 55 Abs. 3 AO. Bei Sacheinlagen ist der gemeine Wert der Einlage im Zeitpunkt ihrer Einbringung, nicht im Zeitpunkt ihrer Rückgabe maßgeblich. Dadurch sollen jedenfalls Wertsteigerungen für gemeinnützige Zwecke gebunden bleiben. An die Stelle des gemeinen Werts tritt der Buchwert, wenn dieser im Zeitpunkt der Sacheinlage bei einer Entnahme aus dem Betriebsvermögen gemäß § 6 Abs. 1 Nr. 4 S. 4 und 5 EStG angesetzt worden war. Erfolgt die Rückgabe des Wirtschaftsguts als solchem, hat der Empfänger die Differenz in Geld auszugleichen. Damit bleiben auch hier Wertsteigerungen und eventuelle stille Reserven für steuerbegünstigte Zwecke gebunden. Ist der Wert des Vermögens unter den ursprünglichen Wert des Stiftungsvermögens gesunken, so ist es insgesamt auf den Stifter ohne Wertausgleich zurück zu übertragen.

Da das nur unter Vorbehalt übertragene Vermögen nicht endgültig gemeinnützigen Zwecken zugute kommt, kann der Stifter den entsprechenden Spendenabzug nach § 10 b EStG nicht in Anspruch nehmen.[32]

Sowohl die Bindung des Vermögens als Grundsatz der Selbstlosigkeit (Anfallklausel) als auch der Vorbehalt des Stifters für die Rückübertragung des Vermögens als Ausnahme müssen ausdrücklich in der Satzung enthalten sein. Den Anforderungen ist Genüge getan, wenn entweder als Empfänger eine andere steuerbegünstigte Körperschaft oder eine Körperschaft des öffentlichen Rechts genau bezeichnet und das Vermögen für steuerbegünstigte Zwecke übertragen wird oder wenn das Vermögen zugunsten steuerbegünstigter Körperschaften für genau bezeichnete gemeinnützige Zwecke übertragen wird.[33]

Die Vermögensbindung zugunsten einer Körperschaft ohne Sitz oder Geschäftsleitung im Inland ist grundsätzlich unzulässig. Die Beschränkung auf unbeschränkt steuerpflichtige Empfängerkörperschaften ist insoweit gerechtfertigt, als die inländischen Steuerbehörden im Ausland weder die ordnungsgemäße Mittelverwendung kontrollieren, noch Sanktionen bei einer Fehlverwendung erlassen können.[34] Eine Ausnahme gilt im Rahmen des Doppelbesteuerungsabkommens zwischen den USA und der Bundesrepublik Deutschland für einen amerikanischen Vermögensempfänger.[35] Das DBA USA ist das bisher einzige, das eine gegenseitige Steuerbefreiung für Körperschaften vorsieht, die ausschließlich religiöse, mildtätige, wissenschaftliche, erzieherische oder öffentliche Zwecke verfolgen (Art. 10 Abs. 2

---

[32] Vgl. z. B. *Thiel,* DB 1992, S. 1900, 1901.
[33] BFH, Urt. v. 21. 7. 1999, HFR 2000, S. 245, 246.
[34] OFD Hannover, Vfg. v. 17. 2. 2000, DB 2000, S. 597, 598; BFH, Urt. v. 11. 11. 1966, BStBl. III 1967, S. 116.
[35] *Jost,* in: Dötsch / Eversberg / Jost / Witt, § 5 Abs. 1 Nr. 9 KStG Tz. 303, 109.

DBA Deutschland – USA auf dem Gebiet der Nachlass-, Erbschaft- und Schenkungsteuer).[36]

Die Körperschaft hat ihre Mittel auch zeitnah zu verwenden. Das Verbot der Mittelansammlung wird nur durch die Bildung zulässiger Rücklagen gemäß § 58 AO durchbrochen. Die Verwendung ist zeitnah, wenn die Mittel spätestens in dem auf den Zufluss folgenden Kalender- oder Wirtschaftsjahr für die steuerbegünstigten satzungsmäßigen Zwecke verwendet werden, § 55 Abs. 1 Nr. 5 AO. Die Tatsache, dass die Stiftung ihre Überlegungen zur Mittelverwendung noch nicht abgeschlossen hat, berechtigt diese weder, Mittel in eine Projektrücklage einzustellen noch begründet sie eine Fristverlängerung.[37]

Zu den zeitnah zu verwendenden Mitteln gehören insbesondere Spenden aber auch Erträge aus der Vermögensverwaltung oder einem wirtschaftlichen Geschäftsbetrieb.[38] Soweit am Ende des Kalender- oder Wirtschaftsjahres noch Mittel vorhanden sind, müssen diese in der Bilanz oder Vermögensaufstellung zulässigerweise dem Vermögen oder einer zulässigen Rücklage zugeordnet werden. Im Übrigen müssen sie als im zurückliegenden Jahr zugeflossene Mittel, die im folgenden Jahr für die steuerbegünstigten Zwecke zu verwenden sind, ausgewiesen sein.[39] Der Nachweis dafür erfolgt durch eine so genannte Mittelverwendungsrechnung.[40] Ein geringer Überhang kann steuerunschädlich im folgenden Kalender- oder Wirtschaftsjahr verwendet werden.

Nicht zu den zeitnah zu verwendenden Mitteln gehört jedenfalls das Stiftungsvermögen, auch wenn der Stifter unter Umständen den Verbrauch des Kapitals grundsätzlich bis auf ein so genanntes Grundstockvermögen für Stiftungszwecke zulässt.[41] In diesem Fall kann das zulässigerweise verwertbare Stiftungsvermögen steuerunschädlich außerhalb der Jahresfrist verwendet werden. Ebenfalls von der zeitnahen Verwendung ausgenommen sind Mittel, die zulässigerweise in Rücklagen eingestellt wurden.[42] Das Gleiche gilt für Vermögen, soweit es durch Umschichtungen im Rahmen der Vermögensverwaltung entstanden ist oder bestimmte Mittel dem Vermögen zulässigerweise zugeführt wurden,[43] § 58 Nr. 11 und 12 AO.

---

36 *Jost*, in: Dötsch / Eversberg / Jost / Witt, § 5 Abs. 1 Nr. 9 KStG Tz. 303, 109.
37 BMF, Schr. v. 15. 2. 2002, DB 2002, S. 456.
38 *Tipke*, in: Tipke / Kruse, § 55 AO, Tz. 8.
39 AEAO Nr. 27 zu § 55 AO.
40 *Ley*, BB 1999, S. 626.
41 Bekanntes Beispiel für eine Verbrauchsstiftung ist die Stiftung „Erinnerung, Verantwortung und Zukunft". Bis auf den Fonds „Erinnerung und Zukunft", der Teil, der auf Dauer angelegt ist, wurde das Stiftungsvermögen für den Bereich „Verantwortung" für Gewährung von Leistungen an ehemalige Zwangsarbeiter aus der Zeit des Nationalsozialismus verbraucht; *Lehmann*, Stiftung & Sponsoring 6 / 2004, S. 22.
42 *Thiel*, DB 1992, S. 1900, 1902; *Kümpel*, DStR 2001, S. 152, 153.
43 AEAO Nr. 28 zu § 55 AO.

Zuwendungen können steuerunschädlich dem Vermögen zugeführt werden, soweit es sich um Zuwendungen von Todes wegen handelt und der Erblasser nicht ausdrücklich etwas anderes bestimmt hat. Die Möglichkeit entsprechender Zustiftungen muss in der Satzung jedoch ausdrücklich vorgesehen sein. Auch Zuwendungen aufgrund eines Spendenaufrufs, wenn aus dem Spendenaufruf ersichtlich ist, dass Beträge zur Aufstockung des Vermögens erbeten werden oder Zustiftungen und Einzelzuwendungen, bei denen der Zuwendende ausdrücklich erklärt, dass sie zur Ausstattung der Körperschaft mit Vermögen oder zur Erhöhung des Vermögens bestimmt sind. Sachzuwendungen, die ihrer Natur nach der Vermögensbildung dienen, z. B. ein Mietwohngrundstück, können ebenfalls dem Vermögen zugeschlagen werden (§ 58 Nr. 11 lit. a–d AO). Außerdem darf eine Stiftung im Jahr ihrer Errichtung und in den zwei folgenden Kalenderjahren Überschüsse aus der Vermögensverwaltung und Gewinne aus wirtschaftlichen Geschäftsbetrieben ganz oder teilweise ihrem Vermögen zuführen, § 58 Nr. 12 AO.

Eine Stiftung verwendet ihre Mittel auch dann zeitnah, wenn sie sie nicht endgültig, sondern Darlehensweise zur Verfügung stellt und dadurch unmittelbar ihre steuerbegünstigten satzungsmäßigen Zwecke verwirklicht. Im Rahmen der Zweckverwirklichung ist jedoch zu beachten, dass die Darlehensvergabe nicht gewerbsmäßig erfolgen darf, sondern zu günstigeren Bedingungen als zu den allgemeinen Bedingungen am Kapitalmarkt erfolgen muss, z. B. Zinslosigkeit oder Zinsverbilligung.[44] Soweit die Darlehensvergabe an andere steuerbegünstigte Körperschaften erfolgt, muss gewährleistet sein, dass diese die Darlehensweise erhaltenen Mittel unmittelbar und zeitnah für steuerbegünstigte Zwecke verwenden. Darlehen, die im Rahmen der gemeinnützigen Mittelverwendung vergeben werden, sind in der Rechnungslegung entsprechend kenntlich zu machen.

Werden die Darlehen hingegen aus dem Vermögen einschließlich zulässig gebildeter Rücklagen vergeben, müssen die Bedingungen, insbesondere die Zinsen, kapitalmarktüblich sein. Keinesfalls dürfen Maßnahmen, für die eine zulässige Projektrücklage (§ 58 Nr. 6 AO) gebildet worden ist, durch die Gewährung von Darlehen verzögert werden.[45]

Ausschließlichkeit (§ 56 AO)

Eine gemeinnützige Stiftung muss ihre steuerbegünstigten satzungsmäßigen Zwecke ausschließlich verfolgen. Es ist zulässig, mehrere steuerbegünstigte Zwecke gleichzeitig zu verfolgen, jedoch nur, soweit diese auch sämtlich von der Satzung gedeckt sind. Soweit eine Stiftung künftig weitere oder andere steuerbegünstigte Zwecke fördern will, muss sie ihre Satzung entsprechend ändern und anpassen (§ 60 AO), um eine steuerschädliche Mittelverwendung zu vermeiden.[46]

---

[44] AEAO Nr. 15, 16 zu § 55 AO; *Thiel,* DB 1992, S. 1900, 1904.
[45] AEAO Nr. 18 zu § 55 AO.
[46] *Kümpel,* DStR 2001, S. 152.

Da es sich bei dem Grundsatz der Ausschließlichkeit um eine Voraussetzung der subjektiven Steuerbegünstigung der Stiftung handelt, ist eine Aufteilung der Betätigung in einen steuerfreien und einen steuerpflichtigen Teil nicht möglich. Die Steuerbegünstigung würde insgesamt entfallen. Im Rahmen der objektiven Steuerbegünstigung gilt das Aufteilungsverbot hingegen nicht. Auf der Seite der Einkommenserzielung ist es ausdrücklich zulässig, dass Einnahmen innerhalb gewisser Grenzen mittels eines steuerpflichtigen wirtschaftlichen Geschäftsbetriebes erzielt werden.

Unmittelbarkeit (§ 57 AO)

Die Stiftung muss ihre steuerbegünstigten satzungsmäßigen Zwecke unmittelbar verfolgen, d. h. sie muss diese Zwecke selbst verwirklichen. Die Stiftung ist selbst tätig, wenn sie entweder direkt, durch ihre Organe, handelt oder wenn sie sich einer Hilfsperson bedient. Die lediglich finanzielle, sachliche oder personelle Unterstützung der gemeinnützigen Zweckverfolgung anderer Körperschaften ist grundsätzlich nicht unmittelbar.

Bedient sich eine Körperschaft einer Hilfsperson, handelt sie nur dann unmittelbar, wenn ihr deren Wirken bzw. die Rechtsfolgen des Handelns der Hilfsperson wie eigenes Wirken zugerechnet werden können.[47] Die Hilfsperson muss im Namen und für Rechnung der Körperschaft tätig werden. Obwohl sie in ihrem Handeln weisungsgebunden sein muss, ist eine Beschränkung auf nichtselbstständige Beschäftigte, die einer persönlichen Weisungsgebundenheit unterliegen, nicht erforderlich. Das Handeln dieser Personen ist der Körperschaft aufgrund sachlicher Weisungsgebundenheit zuzurechnen.

Eine inländische steuerbegünstigte Körperschaft kann ihre satzungsmäßigen Zwecke auch im Ausland verfolgen. Die Körperschaft kann die Zwecke im Ausland entweder selbst oder unter Einschaltung einer ausländischen Körperschaft verfolgen, wenn diese als Hilfsperson anzusehen ist.

Die Abgabenordnung sieht einige Ausnahmen zum Grundsatz der Unmittelbarkeit vor, § 57 Abs. 2, § 58 Nrn. 1–4, 8, 10 AO. Die wichtigsten Ausnahmen betreffen die Überlassung von Mitteln an andere Körperschaften für deren gemeinnützige Zwecke.

So genannte Fördervereine und Spendensammelvereine können als steuerbegünstigte Körperschaften anerkannt werden, wenn die Mittelbeschaffung für gemeinnützige Tätigkeiten anderer Körperschaften ausdrücklich in der Satzung verankert ist.[48] Soweit die Empfängerkörperschaft eine inländische Körperschaft ist, muss diese selbst steuerbegünstigt sein, § 58 Nr. 1 AO. Die Weitergabe an eine ausländische nicht steuerbegünstigte Empfängerkörperschaft ist unbedenklich,

---

[47] AEAO Nr. 2 zu § 57 AO.
[48] AEAO Nr. 1 zu § 58 AO; BFH, Beschl. v. 14. 7. 2004, HFR 2004, S. 1121 ff.

wenn deren Tätigkeit im Einklang mit deutschem Gemeinnützigkeitsrecht steht und eine Befreiung nach § 5 Abs. 1 Nr. 9 KStG nur deshalb nicht möglich ist, da die Körperschaft weder Sitz noch Geschäftsleitung im Inland hat.[49] Insbesondere muss die ausländische Empfängerkörperschaft einer Körperschaft i. S. d. KStG entsprechen. An die Nachweise einer Mittelverwendung für steuerbegünstigte Zwecke werden im Fall einer ausländischen Körperschaft erhöhte Anforderungen gestellt.[50]

Die teilweise, nicht überwiegende Weitergabe eigener Mittel (auch Sachmittel) ist ebenfalls unschädlich, § 58 Nr. 2 AO. Der Zuwendungsempfänger muss eine steuerbegünstigte Körperschaft oder eine Körperschaft des öffentlichen Rechts sein. Die Förderung einer ausländischen Körperschaft kommt hier nicht in Betracht. Eine Förderung im Ausland kann nur durch Hilfspersonen und damit unmittelbar durchgeführt werden.[51]

Die empfangenen Mittel müssen ausschließlich für steuerbegünstigte Zwecke verwendet werden. Allerdings ist es nicht erforderlich, dass der Zuwendungsempfänger denselben satzungsmäßigen Zweck wie die zuwendende Körperschaft verfolgt. Die geförderte Körperschaft ist nicht als Hilfsperson der fördernden Stiftung anzusehen. Als teilweise Förderung wird auch anerkannt, wenn die Förderkörperschaft in einigen Jahren ausschließlich andere gemeinnützige Körperschaften unterstützt und später wieder unmittelbar tätig wird.[52] Die teilweise Förderung kann daher nicht durch Abstellen auf einen einzelnen Veranlagungszeitraum bestimmt werden.

Formelle Voraussetzungen für die Steuerbegünstigung

Während bisher die materiellen Voraussetzungen der Steuervergünstigung erläutert wurden (§§ 52 bis 58 AO) soll im Folgenden kurz auf die formellen Voraussetzungen eingegangen werden, unter denen die Steuervergünstigungen der jeweiligen Einzelsteuergesetzes gewährt werden (§§ 59 bis 63 AO). Die formellen Voraussetzungen der Steuervergünstigung lassen sich inhaltlich unterteilen in eine formelle und eine materielle Satzungsmäßigkeit. Formelle Satzungsmäßigkeit ist gegeben, wenn die Satzung dem Gesetz entspricht, insbesondere Regelungen zur Zweckverfolgung (§§ 59, 60 AO), Vermögensbindung (§ 61 AO) und deren Ausnahmen (§ 62 AO) enthält. Materielle Satzungsmäßigkeit liegt vor, wenn die tatsächliche Geschäftsführung der Körperschaft der Satzung entspricht (§ 63 AO).

---

[49] *Jost,* in: Dötsch / Eversberg / Jost / Witt, § 5 Abs. 1 Nr. 9 KStG, Tz. 126 b.

[50] OFD Frankfurt am Main, Vfg. v. 20. 7. 1998, § 5 KStG, Karte H 103; OFD München, Vfg. v. 23. 11. 2001, DStR 2002, S. 806.

[51] OFD Frankfurt am Main, Vfg. v. 20. 7. 1998, § 5 KStG, Karte H 103; OFD München, Vfg. v. 23. 11. 2001, DStR 2002, S. 806.

[52] *Schauhoff,* in: Handbuch der Gemeinnützigkeit, § 8 Rn. 56; BFH, Urt. v. 15. 7. 1998, DStR 1998, S. 1710.

Diese so genannten Anwendungsvoraussetzungen beziehen sich alle auf die Satzung der steuerbegünstigten Körperschaft. Trotz dieses formalen Einschlags sind sie jedoch nicht Verfahrensvoraussetzungen zur Anerkennung der Steuervergünstigung, sondern materielle, d. h. tatbestandliche Voraussetzungen.

Formelle Satzungsmäßigkeit (§ 60 AO)

Aus der Satzung muss sich ergeben, dass die Körperschaft einen oder mehrere gemeinnützige Zwecke verfolgt und dass dies selbstlos, ausschließlich und unmittelbar erfolgt. Die gesetzlichen Voraussetzungen der Gemeinnützigkeit müssen sich ausschließlich aufgrund der Satzung ergeben (Buchnachweis).[53] Der Satzungszweck muss als begrifflich fest umrissenes gedankliches Konzept in der Satzung dargestellt sein. Ob sich alle notwendigen Bestimmungen aus der Satzung ergeben, ist im Wege der Satzungsauslegung zu ermitteln. Umstände außerhalb der Satzung oder die Bezugnahme auf weitere Regelungen oder Satzungen dürfen nicht bei der Auslegung berücksichtigt werden.[54]

Aus der Satzung muss sich ergeben, welchen begünstigten Zweck die Körperschaft verfolgt und auf welche Art. Die Verfolgung mehrerer Zwecke ist möglich, diese müssen einzeln angegeben werden. Außerdem muss dargelegt werden, durch welche Tätigkeiten die näher konkretisierten gemeinnützigen, mildtätigen und/ oder kirchlichen Zwecke verwirklicht werden. Die genaue Bestimmung wird vor allem dann relevant, wenn bezüglich verschiedener Zwecke unterschiedliche Spendenhöchstbeträge i. S. d. § 10b EStG (5 % oder 10 %) gelten.[55]

Die satzungsmäßige Vermögensbindung im Falle der Auflösung oder Aufhebung der Körperschaft oder bei Wegfall ihres bisherigen Zwecks wird ausdrücklich und ausführlich im Gesetz geregelt (§ 61 AO). Eine steuerlich ausreichende Vermögensbindung (§ 55 Abs. 1 Nr. 4 AO) liegt vor, wenn der maßgebende Verwendungszweck des Vermögens im Falle einer Beendigung so genau bestimmt ist, dass seine Steuerbegünstigung aufgrund der Satzung geprüft und bejaht werden kann. Gesichtspunkte außerhalb der Satzung werden in die Auslegung nicht mit einbezogen.[56] Eine Überlassung nur für satzungsmäßige Zwecke ist nicht ausreichend, da diese nicht zwangsläufig auch gemeinnützig sein müssen.

Für die Formulierung einer Anfallklausel gibt es zwei Alternativen. Die Stiftung kann entweder den Empfänger, eine juristische Person des öffentlichen Rechts oder eine andere steuerbegünstigte Körperschaft genau bezeichnen. In diesem Fall

---

[53] FG Berlin, Urt. v. 18. 12. 2001, EFG 2002, S. 519 ff.; BFH, Urt. v. 21. 7. 1999, HFR 2000, S. 245, 246.

[54] FG Nürnberg, Urt. v. 29. 8. 2000, EFG 2000, S. 1351 ff.

[55] *Hof/Hartmann/Richter*, S. 386 f.

[56] BFH, Urt. v. 21. 7. 1999, HFR 2000, S. 245, 246; FG Niedersachsen, Urt. v. 18. 3. 2004, EFG 2004, S. 916, 917.

sind allgemeine weitere Bestimmungen hinsichtlich der zu fördernden gemeinnützigen Zwecke ausreichend. Allerdings ist zu berücksichtigen, dass der Anfallsbegünstigte einer entsprechenden Regelung zustimmen muss. Die Stiftung kann jedoch auch allgemeine Angaben hinsichtlich der Körperschaft des öffentlichen Rechts oder einer anderen steuerbegünstigten Körperschaft in ihrer Satzung machen, dann jedoch unter genauer Nennung eines bestimmten steuerbegünstigten Zwecks.[57]

Materielle Satzungsmäßigkeit (§ 63 AO)

Die tatsächliche Geschäftsführung der Körperschaft muss auf die ausschließliche und unmittelbare Erfüllung der steuerbegünstigten Zwecke gerichtet sein und der Satzung entsprechen. Verstößt die tatsächliche Geschäftsführung bei ihrer Tätigkeit gegen die formelle Satzungsmäßigkeit oder gegen die Rechtsordnung, liegt ein Verstoß gegen die Gemeinnützigkeit vor.[58]

Bei der Verwirklichung ihrer Zwecke ist zu beachten, dass eine an sich steuerbegünstigte Tätigkeit der Stiftung, die nicht oder nicht mehr von den Satzungsbestimmungen gedeckt ist, die Steuervergünstigung für den betreffenden Zeitpunkt oder Zeitraum entfallen lässt. Sie greift erst wieder ein, wenn entweder die nicht steuerschädliche Tätigkeit zugunsten einer steuerbegünstigten, satzungsmäßigen Tätigkeit aufgegeben oder die Satzung entsprechend angepasst wurde. Andererseits sieht die Finanzverwaltung es als zulässig an, wenn eine Körperschaft mit mehreren Zwecken nicht alle davon jedes Jahr verfolgt. Damit ist es möglich, dass die Stiftung einen oder mehrere Zwecke über einen gewissen Zeitraum nicht fördert. Eine Satzungsänderung ist erst nach endgültiger Aufgabe dieses Zwecks erforderlich.[59]

Die tatsächliche Geschäftsführung muss auf die Zweckerfüllung gerichtet sein. Sie muss jedoch den verfolgten Zweck nicht notwendigerweise erreichen.[60] Für die übrigen Voraussetzungen der Steuervergünstigung, wie die Selbstlosigkeit, ist das bloße Bemühen nicht ausreichend. Hier ist jeder Verstoß steuerschädlich.

Besteht der Vorstand einer Stiftung aus mehreren Mitgliedern, so entfällt die Steuerbegünstigung nicht schon bei dem Verstoß eines einzelnen Mitglieds, soweit es nicht einzelvertretungsberechtigt ist oder mit Zustimmung der übrigen Mitglieder handelt. Ist das Handeln der Körperschaft jedoch zuzurechnen, unter Umständen auch aufgrund Organisationsverschuldens, ist der Verstoß der Organe steuerschädlich.[61]

---

[57] *Hof/Hartmann/Richter*, S. 339 f.; vgl. auch Mustersatzung gemäß AEAO Anlage 2 zu § 60 AO.

[58] BFH, Urt. v. 27. 9. 2001, BB 2002, S. 289, 291; *Jansen*, FR 2002, S. 996 ff.; AEAO Nr. 3 zu § 63 AO.

[59] FinMin. Bayern, Erl. v. 25. 6. 1997, DB 1997, S. 1746 f.; *Jost*, in: Dötsch/Eversberg/Jost/Witt, § 5 Abs. 1 Nr. 9 KStG Tz. 209.

[60] BFH, Urt. v. 23. 7. 2003, HFR 2004, S. 159 ff.

Hat die Körperschaft Mittel angesammelt, ohne dass die Voraussetzungen für eine zulässige Rücklagenbildung vorliegen, kann das Finanzamt eine Frist für die Mittelverwendung setzen (§ 63 Abs. 4 AO). Werden die Mittel daraufhin fristgemäß verwendet, gilt die Geschäftsführung als ordnungsgemäß. Hat die Geschäftsführung jedoch wissentlich oder wiederholt die Mittel nicht zeitnah verwendet, braucht das Finanzamt keine Frist zur Verwendung zu setzen. In diesem Fall ist der Körperschaft die Gemeinnützigkeit zu versagen.

Die tatsächliche Geschäftsführung umfasst auch das Ausstellen von Zuwendungsbestätigungen. Nach Auffassung der Finanzverwaltung führt das Ausstellen von unzutreffenden oder so genannten bloßen Gefälligkeitsbescheinigungen zum Verlust der Steuerbefreiung. Der Empfänger der Zuwendungsbestätigung hingegen genießt grundsätzlich Vertrauensschutz, wenn er nicht die Falschheit kannte, grob fahrlässig nicht kannte oder sie veranlasst hat. Für den Steuerausfall auch auf Seiten des Spenders haftet die ausstellende Körperschaft (§ 10b Abs. 4 Satz 2). Die falsche Verwendung von Spendenmitteln außerhalb des ideellen Bereichs ist ebenfalls steuerschädlich.[62]

Zeitpunkt des Vorliegens der Voraussetzungen und Rechtsfolgen bei Verstoß

Grundsätzlich müssen die Voraussetzungen der Steuervergünstigung bei der Stiftung entweder bei Entstehen der Steuer, z. B. Schenkung- oder Erbschaftsteuer sowie Umsatzsteuer oder bei zeitraumbezogenen Steuern, z. B. Körperschaft- oder Gewerbesteuer im jeweiligen Veranlagungszeitraum vorliegen. Die Bestimmungen über die formelle und materielle Satzungsmäßigkeit wiederholen diese Voraussetzungen teilweise (§ 60 Abs. 2, 2. Hs. AO), teilweise enthalten sie Verschärfungen (§ 60 Abs. 2, 1. Hs. AO, § 61 Abs. 3 AO). Zu unterscheiden ist zwischen allgemeinen zeitlichen Anforderungen und zeitlichen Anforderungen an die Vermögensbindung.

Hinsichtlich der formellen und materiellen Satzungsmäßigkeit gelten grundsätzlich die gleichen Voraussetzungen wie für die Steuervergünstigung als solche, nämlich, dass diese im Zeitpunkt der Entstehung der Steuer vorliegen müssen. Maßgeblicher Zeitpunkt ist daher der Zeitpunkt des Erwerbs bei Erbschaft- oder Schenkungsteuer (§ 9 ErbStG), der Beginn des Kalenderjahres bei der Grundsteuer (§ 9 Abs. 2 GrStG) oder das Ende des Voranmeldungszeitraums bei der Umsatzsteuer (§ 13 UStG).

Für die Körperschaft- und Gewerbesteuer (§ 31 KStG, § 14 Satz 2 GewStG) entfällt die Steuervergünstigung für den gesamten Veranlagungs- bzw. Bemes-

---

[61] BFH, Urt. v. 27. 9. 2001, BB 2002, S. 289, 291; zu allgemeinen Haftungsfragen bei der Stiftung: *Schiffer,* Stiftung & Sponsoring 5 / 2004, S. 15 ff.

[62] *Jost,* in: Dötsch / Eversberg / Jost / Witt, § 5 Abs. 1 Nr. 9 KStG Tz. 213 ff.

sungszeitraum, wenn Satzung oder tatsächliche Geschäftsführung die Anforderungen an die Steuervergünstigung zu irgendeinem Zeitpunkt während dieses Zeitraums verletzen. Eine korrigierende Satzungsänderung oder die korrekte Wiederaufnahme der tatsächlichen Geschäftsführung bewirkt die Vorteile der Steuerbegünstigung erst wieder ab Beginn des folgenden Veranlagungszeitraums. Bei jedweden Satzungsänderungen ist auf deren Rechtswirksamkeit abzustellen. Bei der Stiftung muss die Genehmigung durch die Stiftungsaufsicht vorliegen.

Liegt ein Verstoß vor, entfällt die Steuerbegünstigung für den Zeitraum des Verstoßes. Für diese Zeit ist die Stiftung wie eine normale steuerpflichtige Körperschaft zu behandeln.[63]

Deutlich schärfere zeitliche Anforderungen gelten für die zeitlichen Voraussetzungen der Vermögensbindung nach Satzung (§ 61 Abs. 3 AO) und tatsächlicher Geschäftsführung. Wird die satzungsmäßige Vermögensbindung aufgehoben oder verletzt,[64] gilt sie von Anfang an als steuerlich nicht ausreichend.[65] Die Steuervergünstigung entfällt rückwirkend für sämtliche Steuern von Anfang an. Die Festsetzungsverjährung (§§ 169 ff. AO) bietet in diesem Fall keinen Schutz. Steuerbescheide für Steuern, die innerhalb von 10 Jahren vor der Verletzung der Vermögensbindungsregelung entstanden sind, können erlassen, aufgehoben oder geändert werden.[66]

Auch Verstöße der tatsächlichen Geschäftsführung gegen die Vermögensbindung sieht die Finanzverwaltung unter Umständen als so schwerwiegend an, dass sie einer Verwendung des gesamten Vermögens für satzungsfremde Zwecke gleichkommen können.[67] Ein solcher Verstoß kann bei dem Verlust des ideellen Gepräges der Stiftung angenommen werden.[68]

Nachweis

Die Körperschaft hat den Nachweis, dass ihre tatsächliche Geschäftsführung auf die ausschließliche und unmittelbare Erfüllung der steuerbegünstigten Zwecke gerichtet ist, insbesondere durch ordnungsmäßige Aufzeichnungen über Einnahmen wie Spenden sowie Ausgaben zu führen.[69] Außerdem sind dem Finanzamt weitere Nachweise wie Protokolle und Tätigkeitsberichte vorzulegen. Für rechtsfähige Stiftungen greifen ggf. weitere Vorgaben aufgrund der Landesstiftungsgesetze.

---

[63] *Kümpel,* DStR 2001, S. 152, 157; *Herbert,* BB 1991, S. 178, 189.
[64] BFH, Urt. v. 25. 4. 2001, HFR 2001, S. 825 ff.
[65] AEAO Nr. 4 zu § 61 AO.
[66] AEAO Nr. 5 zu § 61 AO; *Herbert,* BB 1991, S. 178, 189.
[67] AEAO Nr. 8 zu § 61 AO.
[68] *Strahl,* KÖSDI 2004, S. 14291, 14294.
[69] AEAO Nr. 1 zu § 63 AO; *Herbert,* BB 1991, S. 178, 189.

Verwirklicht die Körperschaft ihre steuerbegünstigten Zwecke im Ausland, so besteht insoweit eine erhöhte Nachweispflicht (§ 90 Abs. 2 AO). Die satzungsgemäße Mittelverwendung im Ausland kann nachgewiesen werden durch entsprechende Unterlagen, die im Zusammenhang mit der ausländischen Mittelverwendung stehen.[70] Diese Unterlagen sind ggf. ins Deutsche zu übersetzen. Die Körperschaft kann sich jedenfalls nicht darauf berufen, eine entsprechende Mittelverwendung nicht aufklären oder Beweismittel nicht beschaffen zu können.

Verfahren

Für die Prüfung der Gemeinnützigkeit einer zu errichtenden Stiftung gibt es kein gesondertes Anerkennungsverfahren. Ob eine Körperschaft die Voraussetzungen der Gemeinnützigkeit erfüllt, wird im Veranlagungsverfahren zur Körperschaftsteuer geprüft und durch den Körperschaftsteuerbescheid festgestellt.[71] Liegt ein so genannter Freistellungsbescheid noch nicht vor, kann die Stiftung eine vorläufige Bescheinigung über das Vorliegen der satzungsmäßigen Voraussetzungen für die Steuervergünstigung beantragen. Die vorläufige Bescheinigung ist abgabenrechtlich eine unverbindliche Auskunft, zu deren Erteilung das Finanzamt nicht verpflichtet ist und die frei widerruflich ist.[72] Die vorläufige Bescheinigung, die Mitteilung über die Nichterteilung einer Bescheinigung sowie die Mitteilung über den Widerruf der vorläufigen Bescheinigung sind keine Verwaltungsakte i. S. d. des § 118 AO und können daher nicht mit einem Rechtsbehelf angefochten werden.[73] Weder die vorläufige Bescheinigung noch ein Freistellungsbescheid schaffen einen schutzwürdigen Vertrauenstatbestand für künftige Veranlagungszeiträume. Allerdings dürfen aus Vertrauensschutzgründen keine nachteiligen Folgen für die Vergangenheit gezogen werden, sondern die Stiftung ist mit angemessener Frist zur Satzungsanpassung aufzufordern.[74]

Die tatsächliche Bedeutung der vorläufigen Bescheinigung liegt in dem Recht, Spenden entgegenzunehmen und Zuwendungsbestätigungen ausstellen zu dürfen. Ist die steuerbegünstigte Körperschaft zur Erfüllung ihrer gemeinnützigen satzungsmäßigen Zwecke auf den Erhalt von Spenden angewiesen und sonst in ihrer

---

[70] Als Nachweis dienen insbesondere die hinsichtlich der Mittelverwendung abgeschlossenen Verträge, Belege über Mittelabfluss ins Ausland sowie Quittungen des Zahlungsempfängers, ausführliche Tätigkeitsbeschreibungen der im Ausland entfalteten Tätigkeiten, Material über die getätigten Projekte wie Prospekte und Presseveröffentlichungen, Gutachten z. B. eines örtlichen Wirtschaftsprüfers, Zuwendungsbescheide ausländischer Behörden, wenn die Maßnahmen dort öffentlich durch Zuschüsse gefördert werden oder Bestätigungen der deutschen Auslandsvertretung; OFD Frankfurt am Main, Vfg. v. 20. 7. 1998, § 5 KStG, Karte H 103; OFD München, Vfg. v. 23. 11. 2001, DStR 2002, S. 806.

[71] OFD Hannover, Vfg. v. 14. 2. 2000, § 5 KStG, Karte H 2; AEAO Nr. 3 zu § 59 AO.

[72] AEAO Nr. 5 zu § 59 AO.

[73] OFD Hannover, Vfg. v. 14. 2. 2000, § 5 KStG, Karte H 2.

[74] BMF, Schr. v. 17. 11. 2004, IV C 4 – S 0171 – 120 / 04.

5.2 Die gemeinnützige Stiftung

wirtschaftlichen Existenz bedroht, kann das zuständige Finanzamt im Rahmen einer einstweiligen Anordnung verpflichtet werden, eine vorläufige Bescheinigung auszustellen.[75]

Über die Steuerbefreiung der Körperschaft ist im Veranlagungsverfahren für die jeweilige Steuer zu entscheiden.[76] Wird die Steuerbefreiung abgelehnt, so ist der Steuerbescheid auch dann anfechtbar, wenn die Steuer mit Null festgesetzt wird, da der Frage der Steuerbefreiung eine selbständige, nur im Rahmen des Steuerbescheids überprüfbare Beschwer zukommt.[77]

Die Überprüfung der Gemeinnützigkeit ist erst nach Aufnahme der tatsächlichen Geschäftsführung möglich. Hier gelten die gleichen allgemeinen Regeln wie für die Überprüfung jedes Steuerfalls und die gleichen Voraussetzungen hinsichtlich Steuerpflicht und Steuerfreiheit. Die Steuerbefreiung soll spätestens alle drei Jahre überprüft werden.[78]

---

[75] AEAO Nr. 6 zu § 59 AO; BFH, Urt. v. 23. 9. 1998, BB 2001, S. 454; BMF, Schr. v. 15. 5. 2000, BStBl I 2000, S. 814 f.

[76] BFH, Urt. v. 13. 7. 1994, BStBl II 1995, S. 134 ff.; BFH, Urt. v. 21. 10. 1999, BStBl II 2000, S. 325 ff.

[77] FG Nürnberg v. 29. 8. 2000, EFG 2000, 1351.

[78] AEAO Nr. 7 zu § 59 AO.

5.3 Die mildtätige Stiftung

Von Maren Hartmann

Eine Körperschaft verfolgt mildtätige Zwecke, wenn ihre Tätigkeit darauf gerichtet ist, Personen selbstlos zu unterstützen, die infolge ihres körperlichen, geistigen oder seelischen Zustandes auf die Hilfe anderer angewiesen sind oder deren Bezüge im Grundsatz nicht höher sind als das Vierfache des Regelsatzes der Sozialhilfe i. S. d. § 22 BSHG (§ 53 AO). Die Hilfe muss erforderlich sein, nicht nur zweckmäßig. Die Hilfsleistung muss darüber hinaus unmittelbar auf die Verbesserungen des Wohlbefindens der geförderten Person gerichtet sein und sich nicht in einer reinen finanziellen Unterstützung erschöpfen. Eine rein finanzielle Hilfe ist lediglich im Rahmen der Förderung einer wirtschaftlich hilfsbedürftigen Person möglich. Die Hilfsbedürftigkeit muss auf den beiden abschließend aufgezählten Ursachen, der persönlichen oder wirtschaftlichen Situation der Person, beruhen.[1]

Obwohl Mildtätigkeit auch die Beachtung der allgemeinen Selbstlosigkeitsregeln voraussetzt, so ist es doch nicht erforderlich, dass die mildtätige Körperschaft ihre Leistungen unentgeltlich erbringt.[2] Allerdings darf die mildtätige Zuwendung nicht nur des Entgelts wegen erfolgen.[3] Mildtätigkeit setzt begrifflich ein Vermögensopfer voraus.[4]

Soweit eine Stiftung Wohnraum an soziale Randgruppen vermietet, die ansonsten nur schwerlich Wohnmietraum auf dem regulären Markt erhalten würden, wie z. B. Strafentlassene, Obdachlose, Behinderte, kinderreiche Familien usw., ist die Erhebung einer Miete, die einer reinen Kostenmiete entspricht, d. h. unter Berücksichtigung der Kostenaufwendungen und Abschreibungen ohne Gewinnaufschlag, kein Verstoß gegen die Mildtätigkeit. Auch ist eine „nachrangige" Vermietung eines Teils der Wohnungen an nicht begünstigte Personen unschädlich. Hierbei muss die Miete jedoch marktüblich sein, da es sich insoweit um Vermögensverwaltung der Körperschaft und nicht um Zweckverfolgung handelt.[5]

---

[1] *Pöllath,* in: Seifarth / v. Campenhausen, § 43 Rz. 37.
[2] AEAO Nr. 2 zu § 53 AO.
[3] AEAO Nr. 2 zu § 53 AO.
[4] *Buchna,* S. 79.
[5] BFH v. 24. 7. 1996, BStBl II 1996, 583.

Das Verhältnis von Mildtätigkeit und der Förderung der Allgemeinheit

Eine Körperschaft, die mildtätige Zwecke verfolgt, muss diese Zwecke auch ausschließlich, unmittelbar und selbstlos verwirklichen.[6] Obwohl insoweit auch die aufgrund mildtätiger Zwecke steuerbefreite Körperschaft die allgemeinen Gemeinnützigkeitskriterien zu beachten hat, setzt die Verfolgung mildtätiger Zwecke grundsätzlich nicht auch die Förderung der Allgemeinheit voraus.[7] Allerdings hat die Finanzverwaltung neuerdings in dem Anwendungserlass zur Abgabenordnung (AEAO) ausdrücklich festgeschrieben, dass keine mildtätigen Zwecke verfolgt werden, soweit die bedürftigen Personen einem abgeschlossenen Personenkreis wie der Familie angehören. Danach kann eine Körperschaft nicht mehr als steuerbegünstigt anerkannt werden, wenn der Satzungszweck der Körperschaft auf die Unterstützung von hilfsbedürftigen Verwandten der Mitglieder, Gesellschafter, Genossen oder Stifter gerichtet ist. In diesen Fällen stehe nicht die Förderung mildtätiger Zwecke, sondern die Förderung der Verwandtschaft im Vordergrund. Damit fehle es an dem Kriterium des „selbstlosen" Handelns (§ 55 Abs. 1 S. 1 AO).[8]

Die von der Finanzverwaltung dargelegte Rechtsauffassung ist umstritten. Im Unterschied zur Gemeinnützigkeit nach § 52 AO ist es bei der Verfolgung mildtätiger Zwecke nach § 53 AO gerade zulässig, den Kreis der Begünstigten willkürlich festzulegen und trotzdem als selbstlos zu gelten, solange bei der Beschränkung keine eigennützigen Motive, wie z. B. die Abwendung eigener gesetzlicher Unterhaltspflichten, verfolgt werden.[9] Nach der Grundwertung des § 53 AO stellt der Kreis der geförderten bedürftigen Personen keinen Ausschnitt aus der Allgemeinheit dar. Der Einwand der Finanzverwaltung, es fehle in den Fällen von begünstigten Familienangehörigen an dem Erfordernis des selbstlosen Handelns, ist nicht gerechtfertigt. Ein eigennütziges Handeln liegt bei der Unterstützung bedürftiger Verwandter grundsätzlich nur dann vor, wenn dadurch eigene gesetzliche Unterhaltspflichten abgewendet werden sollen (vgl. § 1601 BGB). Liegt jedoch keine gesetzliche Unterhaltspflicht vor, kann aus dem bloßen Verwandtschaftsverhältnis nicht auf eine fehlende Selbstlosigkeit geschlossen werden.[10]

Nachdem in diesem Bereich noch keine Rechtsprechung vorliegt, die den bisherigen Status quo der Voraussetzungen der mildtätigen Körperschaften bestätigt oder sich der Finanzverwaltung anschließt, ist jedenfalls für künftige Gründungen zu empfehlen, auch bei mildtätigen Zwecken insoweit die Förderung der Allgemeinheit zu berücksichtigen, als kein abgeschlossener Personenkreis, jedenfalls

---

6 FG Berlin, Urt. v. 23. 3. 2004, EFG 2004, S. 1338, 1340.
7 *Hüttemann,* S. 1338; *Stahlschmidt;* S. 667; *Schiffer,* S. 18.
8 AEAO Nr. 3 zu § 53 AO.
9 *Richter,* in: Meyn/Richter, S. 156.
10 *Hof/Hartmann/Richter,* S. 303 f.

keine Familie, ausschließlich begünstigt wird. Für bereits bestehende Stiftungen, die trotz Begünstigung einer abgeschlossenen Gruppe bisher als mildtätig anerkannt waren, sollte eine entsprechende Satzungsänderung in Erwägung gezogen werden. Ansonsten wäre die Konsequenz, dass diese Körperschaften körperschaftsteuerpflichtig würden und Spenden an diese Körperschaften nicht mehr einkommensteuermindernd geltend gemacht werden könnten.[11] Darüber hinaus folgt aus dieser Änderung der Rechtsauffassung, dass die getätigten Zuwendungen an die Körperschaft nunmehr als schenkungs- bzw. erbschaftsteuerpflichtig gelten.

Allerdings besteht bei Stiftungen weiterhin die Besonderheit, dass die Förderung (wirtschaftlich hilfsbedürftiger) Familienangehöriger des Stifters durch Unterhaltsleistungen in den Grenzen des § 58 Nr. 5 AO möglich ist. Danach kann die Stiftung, bis zu einem Drittel ihres Einkommens, als Ausnahme von dem Gebot der Selbstlosigkeit, an Familienangehörige des Stifters ausschütten.[12] Im Übrigen ist im Rahmen der tatsächlichen Geschäftsführung die Unterstützung hilfsbedürftiger Angehöriger zulässig, sofern die Verwandtschaft zum Stifter kein Auswahlkriterium ist.[13]

Persönliche Hilfsbedürftigkeit (§ 53 Nr. 1 AO)

Eine Person ist hilfsbedürftig, wenn sie infolge ihres körperlichen, geistigen oder seelischen Zustandes auf die Hilfe anderer angewiesen ist. Für die Beurteilung der Bedürftigkeit in diesem Sinne kommt es nicht darauf an, dass die Hilfsbedürftigkeit dauernd oder für längere Zeit besteht. Auch kommt es nicht darauf an, ob diese Person auch gleichzeitig wirtschaftlich bedürftig ist.

Bedürftig wegen körperlicher Hilfsbedürftigkeit sind u. a. Personen, die pflegebedürftig im Sinne des § 68 Abs. 1 BSHG sind. Danach sind Personen pflegebedürftig, die wegen einer körperlichen, geistigen oder seelischen Krankheit oder Behinderung für die gewöhnlichen und regelmäßig wiederkehrenden Verrichtungen im Ablauf des täglichen Lebens der Hilfe bedürfen.[14] Hilfsbedürftigkeit ist jedoch auch dann gegeben, wenn die Person zwar zu den Verrichtungen imstande ist, aber infolge geistiger oder seelischer Regelschwierigkeiten und einer dadurch hervorgerufenen Antriebsschwäche diese nur unter Anleitung und Aufsicht durchführen kann.[15] Die Finanzverwaltung[16] nimmt bei Personen, die das 75. Lebensjahr vollendet haben, körperliche Hilfsbedürftigkeit ohne weitere Nachprüfung an.

---

[11] Ebd., S. 304.
[12] AEAO Nr. 3 zu § 53 AO.
[13] AEAO Nr. 3 zu § 53 AO.
[14] *Buchna*, S. 80.
[15] Ebd., S. 80.
[16] AEAO Nr. 4 zu § 53 AO.

Ist nur eine partielle Hilfsbedürftigkeit gegeben, da die entsprechende Person nur in einzelnen Bereichen des täglichen Lebens der Hilfe bedarf, handelt die Körperschaft dennoch mildtätig, soweit sich die Hilfeleistungen lediglich auf diese Bereiche beschränken. Erfolgt jedoch einen umfassende Unterstützung, ist der Bereich der Mildtätigkeit gemäß § 53 Nr. 1 AO überschritten.

Bei Hilfeleistungen wegen persönlicher Hilfsbedürftigkeit durch eine Stiftung können zum Nachweis sowohl ein entsprechender Behindertenausweis des Versorgungsamtes, die Einstufung der Pflegeversicherung, ärztliche Gutachten oder sonstige amtliche Unterlagen dienen.[17]

Wirtschaftliche Hilfsbedürftigkeit (§ 53 Nr. 2 AO)

Eine wirtschaftliche Hilfsbedürftigkeit liegt vor, wenn die Einkünfte und Bezüge der zu unterstützenden Person nicht höher sind als das Vierfache der von den zuständigen Landesbehörden festgesetzten Regelsätze der Sozialhilfe i. S. d. § 22 BSHG. Bei Alleinstehenden oder dem Haushaltsvorstand erhöht sich dieser Betrag auf das Fünffache des Regelsatzes.[18] Der Regelsatz wird gemäß § 22 BSHG durch Rechtsverordnung jährlich neu festgesetzt und beträgt für Haushaltsvorstände und Alleinstehende zwischen 282 und 297 € (gültig 1. Juli 2003 bis 30. Juni 2004. Die Regelsätze zum 1. Juli 2004 sind unverändert geblieben, da sich auch der aktuelle Rentenwert in der gesetzlichen Rentenversicherung nicht geändert hat.). Außerdem darf die zu unterstützende Person nicht über Vermögen verfügen, das zur nachhaltigen Verbesserung des Unterhalts ausreicht.

Die Grenzen der wirtschaftlichen Hilfsbedürftigkeit richten sich nach der Höhe der zusammengerechneten Bezüge aller Haushaltsangehörigen. Dabei bleiben Zuschläge wegen Mehrbedarfs, z. B. Personen über 60 Jahre, Erwerbsunfähige und werdende Mütter oder Blinde und Behinderte außer Betracht. Bei Alleinstehenden oder beim Haushaltsvorstand tritt an die Stelle des Vierfachen das Fünffache des Regelsatzes, um so die anfallenden Mietbelastungen abzugelten.[19]

Für die Begriffe „Einkünfte" und „Bezüge" (§ 53 Nr. 2 Satz 4 AO) sind die Ausführungen in H 180 e EStR (Anrechnung eigener Einkünfte und Bezüge) und H 190 EStR maßgeblich.[20]

Einkünfte sind grundsätzlich alle Einkünfte im Sinne des § 2 Abs. 1 EStG. Sie sind in vollem Umfang zu berücksichtigen, auch wenn die Verfügbarkeit unter Umständen beschränkt ist. Bezüge, die zur Bestreitung des Unterhalts bestimmt und geeignet sind, sind auch Zuflüsse in Geld oder Geldeswert, die nicht im Rahmen der einkommensteuerlichen Einkunftsermittlung erfasst werden. Unter die

---

[17] *Pues/Scheerbarth*, S. 118.
[18] AEAO Nr. 5 zu § 53 AO.
[19] *Fischer*, in: Hüschmann/Hepp/Spitaler, § 53 AO Rz. 22.
[20] AEAO Nr. 5 zu § 53 AO.

anzurechnenden Bezüge fallen insbesondere steuerfreie Veräußerungs- oder Aufgabegewinne gemäß §§ 16 Abs. 4, 17 Abs. 3 und 18 Abs. 3 EStG, pauschal versteuerte Bezüge, § 40 a EStG, der Sparer-Freibetrag oder die steuerfrei bleibenden Teile von Leibrenten.[21] Sonderausgaben oder außergewöhnliche Belastungen dürfen bei der Ermittlung der anrechenbaren Einkünfte nicht abgezogen werden.[22]

Leistungen, die als Zuwendungen von mildtätigen Körperschaften an die Hilfsbedürftigen erfolgen, sind bei den Bezügen mit zu berücksichtigen. Wegen der Folgen für die Steuerbegünstigung, muss die mildtätige Körperschaft immer darauf achten, dass durch ihre Leistungen nicht die Grenze der Bedürftigkeit überschritten wird. In diesem Fall würde die Stiftung nicht hilfsbedürftige Personen unterstützen.

Nicht anzurechnen sind insbesondere steuerfreie Aufwandsentschädigungen und Vergütungen (§ 3 Nr. 12, 13 und 26 EStG), Sozialhilfeleistungen im Rahmen der Altenhilfe (§ 75 Abs. 2 Nr. 3 BSHG) und das Erziehungsgeld.[23] Leistungen der Sozialhilfe sowie Unterhaltsleistungen anstelle von Leistungen der Sozialhilfe sind ausdrücklich nicht in die Berechnung einzubeziehen, § 53 Nr. 2 AO. Die im Rahmen der Sozialhilfe geleisteten Beiträge für Krankenhilfe, häusliche Pflege und Mehrbedarf einschließlich Mehrbedarfszuschlag sind ebenfalls nicht zu berücksichtigen.

Nicht bedürftig sind Personen, deren Vermögen zur nachhaltigen Verbesserung ihres Unterhalts ausreicht und denen zugemutet werden kann, es dafür zu verwenden (§ 53 Nr. 2 Satz 2 AO). Für die Bestimmung ist auf die jeweiligen Umstände des Einzelfalls abzustellen. So sind insbesondere Umfang und Art des Vermögens sowie die Lebensumstände der betreffenden Personen zu berücksichtigen.

In der Regel wird es nicht zumutbar sein, ein Eigenheim oder eine selbst bewohnte Eigentumswohnung zu veräußern. Ebenso wenig ist es zumutbar, auf eine für den Notfall angesparte Rücklage zurückzugreifen.[24] Vermögen bis zu einem Verkehrswert von etwa 15.000 € wird noch als geringfügig angesehen und gilt daher als so genanntes Schonvermögen.[25]

Eine mildtätige Körperschaft muss sich von dem Vorliegen der wirtschaftlichen Hilfsbedürftigkeit vor Bewilligung von Hilfeleistungen überzeugen. Dazu reicht eine Erklärung, in der von der unterstützten Person nur das Unterschreiten der Grenzen des § 53 Nr. 2 AO mitgeteilt wird, nicht aus.[26] Ebenso wenig genügen Angaben über die Berufsbezeichnung und eine danach vorgenommene Zuordnung zum Personenkreis der wirtschaftlich Hilfsbedürftigen i. S. d. § 53 Nr. 2 AO.[27]

---

[21] *Buchna,* S. 83; AEAO Nr. 7 zu § 53 AO.
[22] *Fischer,* in: Hüschmann / Hepp / Spitaler, § 53 AO Rz. 24.
[23] *Buchna,* S. 84.
[24] Ebd., S. 87.
[25] *Fischer,* in: Hüschmann / Hepp / Spitaler, § 53 AO Rz. 27; H 190 EStR.
[26] AEAO Nr. 9 zu § 53 AO.
[27] BFH, Urt. v. 28. 10. 1960, BStBl. III 1961, S. 109.

Vielmehr ist stets eine Berechnung der maßgeblichen Einkünfte und Bezüge beizufügen.[28] Die Stiftung muss also aufgrund ihrer Unterlagen nachweisen können, dass die Höhe der Einkünfte und Bezüge sowie das Vermögen der unterstützten Person die Grenzen des § 53 Nr. 2 AO nicht übersteigen.

Darüber hinaus muss das Vorliegen der wirtschaftlichen Hilfsbedürftigkeit regelmäßig überprüft werden. Es ist nicht ausreichend, dass die Bedürftigkeit nur am Anfang der Hilfeleistung vorliegt. Vielmehr müssen die Voraussetzungen während der gesamten Unterstützungszeit im jeweiligen Veranlagungszeitraum gegeben sein.[29] Liegt die wirtschaftliche Hilfsbedürftigkeit nicht mehr vor, erfolgen die Leistungen nicht mehr im Rahmen der mildtätigen Zweckverwirklichung.

Wirtschaftlich bedürftig ist auch eine Person, deren wirtschaftliche Lage aus besonderen Gründen zu einer Notlage geworden ist (§ 53 Nr. 2 Satz 3 AO). Besondere Gründe in diesem Sinne sind z. B. Naturkatastrophen oder lange Krankheit. Die Höhe ihrer Bezüge bzw. ihres Vermögens sind in diesen Fällen nicht zu prüfen bzw. sind unbeachtlich. Hier können Hilfeleistungen mildtätig sein, obwohl die Einkommensgrenzen der allgemeinen wirtschaftlichen Bedürftigkeit überschritten sind.

Abgrenzung zu anderen Zwecken

Eine Abgrenzung von mildtätigen zu anderen „nur" gemeinnützigen Zwecken ist insbesondere hinsichtlich der unterschiedlichen Gewährung von Spendenabzug und Großspendenregelung von Bedeutung. Spenden sind in der Regel bis zu 5% des Gesamtbetrages der Einkünfte bzw. des Einkommens oder bis zu 0,2% des Umsatzes einschließlich Löhne und Gehälter abzugsfähig, § 10b Abs. 1 S. 2 EStG.[30] Bei Zuwendungen für mildtätige, wissenschaftliche und als besonders förderungswürdig anerkannte kulturelle Zwecke verdoppelt sich hingegen der Abzugsbetrag auf 10% des Gesamtbetrages des Einkommens. Nur für letztere ist auch die Großspendenregelung zulässig. Soweit eine Zuwendung nicht unter Berücksichtigung des Spendenabzugs vollständig in einem Veranlagungszeitraum angesetzt werden kann, so ist ein Vor- und Rücktrag möglich, § 10b Abs. 1 S. 4 EStG.

Nachdem der erhöhte Spendenabzug sowie die Großspendenregelung einen besonderen Anreiz für die Förderung mildtätiger Zwecke schaffen, ist in diesem Zusammenhang darauf zu achten, dass die mildtätigen Zwecke nicht mit anderen gemeinnützigen Zwecken vermischt werden. Spenden zur Förderung von Mildtätigkeit als der speziellere Zweck dürfen nur bescheinigt werden, wenn die Empfängerkörperschaft nach ihrer Satzung und tatsächlichen Geschäftsführung zumindest in einem abgegrenzten Teilbereich mildtätige Zwecke verwirklicht und

---

[28] *Hüttemann*, S. 1338; *Stahlschmidt*, S. 667.
[29] *Schauhoff*, in: Schauhoff, § 5 Rz. 86.
[30] *Hof / Hartmann / Richter*, S. 386.

die Spenden tatsächlich dafür verwendet.[31] Die Zwecke müssen daher einwandfrei abgrenzbar sein.

Vor diesem Hintergrund sollte die Verfolgung von mildtätigen Zwecken in der Satzung besonders herausgestellt und klar definiert werden, um etwaige Differenzen mit der Finanzverwaltung zu vermeiden. Die Satzung ist bestimmt genug (§ 60 Abs. 1 AO), wenn sich die satzungsmäßigen Voraussetzungen für die steuerliche Begünstigung jedenfalls auf Grund der Auslegung aller Satzungsbestimmungen ergeben.[32]

Altenhilfe

Der Begriff der Altenfürsorge lehnt an den Begriff der Altenhilfe an. Konkretisiert wird der Begriff Altenhilfe durch § 75 BSHG. Danach soll die Altenhilfe dazu beitragen, Schwierigkeiten, die durch das Alter entstehen, zu verhüten, zu überwinden oder zu mildern sowie alten Menschen die Möglichkeit zu erhalten, am Leben der Gemeinschaft teilzunehmen. Unabhängig von strikten Altersgrenzen sollen alte Menschen entsprechend der sozialhilferechtlichen Gepflogenheiten betrachtet werden. Danach sind alte Menschen Personen, bei denen altersbedingte körperliche oder geistige Beschwerden oder Anpassungsschwierigkeiten auftreten.[33]

Altenhilfe dient der Vorbereitung auf das Alter und ist unabhängig von der wirtschaftlichen Situation des Leistungsempfängers zu leisten, soweit im Einzelfall persönliche Hilfe erforderlich ist. Ist der Leistungsempfänger jedoch persönlich hilfsbedürftig, ist die Grenze zur Mildtätigkeit fließend. Handelt es sich bei den geförderten Personen um Menschen, die das 75. Lebensjahr vollendet haben, geht die Finanzverwaltung in jedem Fall von einer persönlichen Hilfsbedürftigkeit und damit von Mildtätigkeit aus.[34]

Außerhalb dieses formalen Kriteriums der Altersgrenze ist auf den Empfängerkreis und die Art der erbrachten Hilfsleistungen abzustellen. Der Altersfürsorge dienen Maßnahmen, die den typischen Problemen der älteren Generation Rechnung tragen. Mildtätigkeit hingegen trägt den grundsätzlich altersunabhängigen (atypischen) Not- und Konfliktfällen Rechnung.[35] Persönliche oder wirtschaftliche Hilfsbedürftigkeit müssen vorliegen.

Um den erhöhten Spendenabzug zu gewährleisten, ist im Bereich der Mildtätigkeit gemäß § 53 AO eine genaue Bezeichnung der von der gemeinnützigen Kör-

---

[31] *Kirchhof,* in: Kirchhof / Söhn, § 10 b EStG Rdnr. B 275; FG Berlin, Urt. v. 6. 10. 2003, EFG 2004, S. 316, 317.
[32] FG Berlin, Urt. v. 23. 3. 2004, EFG 2004, S. 1338, 1340.
[33] *Kirchhof,* in: Kirchhof / Söhn, § 10 b EStG Rdnr. B 286.
[34] AEAO Nr. 4 zu § 53 AO.
[35] *Kirchhof,* in: Kirchhof / Söhn, § 10 b EStG Rdnr. B 288.

perschaft verfolgten Ziele in der Satzung zu empfehlen. Deshalb sollte der geförderte Personenkreis, wenn auch abstrakt beschrieben, sowie der genaue Charakter des Hilfsangebots in der Satzung mit aufgenommen werden.

Entwicklungshilfe

Eine rein finanzielle Hilfe ist lediglich im Rahmen der Förderung einer wirtschaftlich hilfsbedürftigen Person möglich. Dabei ist zu berücksichtigen, dass die zur Annahme der wirtschaftlichen Hilfsbedürftigkeit von der Finanzverwaltung herangezogenen Einkommensgrenzen auch dann angewendet werden, wenn sich die unterstützte Person im Ausland befindet. Infolge des regelmäßig geringeren Einkommensniveaus in Entwicklungsländern kann die wirtschaftliche Hilfsbedürftigkeit dort regelmäßig bejaht werden.[36]

Während grundsätzlich mildtätige Maßnahmen im Ausland erfolgen können, so ist zu berücksichtigen, dass Maßnahmen, die auch der wirtschaftlich-technischen Vorsorge gegen künftige Gefahrenlagen dienen, nicht einem mildtätigen Zweck, sondern der Entwicklungshilfe dienen.[37] Mildtätig sind hingegen Hilfeleistungen, die der Befriedigung eines elementaren persönlichen Bedarfs, etwa der unmittelbaren Bekämpfung einer Hungersnot dienen.[38]

Wohlfahrt

Die Förderung des Wohlfahrtswesens umfasst die öffentliche Fürsorge und die Wohlfahrtspflege. Die Wohlfahrtspflege ist die planmäßige, zum Wohle der Allgemeinheit und nicht des Erwerbs wegen ausgeübte Sorge für notleidende oder gefährdete Menschen, § 66 Abs. 2 Satz 2 AO. Der Begriff der Wohlfahrtspflege ist weiter gefasst als der der Mildtätigkeit. Während sich mildtätige Aktivitäten ausschließlich auf bereits hilfsbedürftige Personen erstrecken dürfen, können Leistungen der Wohlfahrtspflege auch an nur gefährdete Personen erfolgen. Eine tatsächliche Hilfsbedürftigkeit muss noch nicht vorliegen. Lediglich zwei Drittel der Leistungsempfänger müssen tatsächlich hilfsbedürftig i. S. d. § 53 AO sein (§ 66 Abs. 3 AO). Dadurch rechtfertigt sich auch der unterschiedliche Spendenabzug für mildtätige und wohltätige Zwecke.

Eine Überschneidung mit anderen Zwecken ist nicht ausgeschlossen und bei Wohlfahrtseinrichtungen durchaus üblich. Daher muss gerade in diesem Bereich die Verfolgung mildtätiger Zwecke von den übrigen Tätigkeiten nach Satzung und tatsächlicher Geschäftsführung klar abgegrenzt sein.[39]

---

[36] Hof/Hartmann/Richter, S. 302.
[37] Kirchhof, in: Kirchhof/Söhn, § 10 b EStG Rdnr. B 125.
[38] Ebd., § 10 b EStG Rdnr. B 125.
[39] FG Berlin, Urt. v. 6. 10. 2003, EFG 2004, S. 316, 317

Bei der Abgrenzung ist jedoch nicht nur auf die verschiedenen Zwecke, sondern auch auf die Zuwendungsempfänger zu achten. So sind z. B. Spenden, die zur Linderung von Not in Katastrophenfällen (§ 53 Nr. 2 Satz 3 AO) an eine juristische Person des öffentlichen Rechts oder eine öffentliche Dienststelle gegeben werden, mit dem erhöhten Spendenabzug für Mildtätigkeit absetzbar.[40] Zuwendungen an Wohlfahrtsverbände für die Verwendung zur Katastrophenhilfe sind hingegen lediglich als gemeinnützige Spenden abziehbar.[41]

Der einfache Spendenabzug für gemeinnützige Zuwendungen an Spitzenverbände der Wohlfahrtspflege und ihre Unterverbände gilt auch dann, wenn die Spenden tatsächlich für mildtätige Zwecke verwendet werden.[42] Für den Fall, dass die Zuwendung höherer Spenden geplant ist, es also einen Unterschied machen kann, ob die Zuwendungen mit dem erhöhten oder dem regulären Spendenabzug berücksichtigt werden, sollte daher auch genau darauf geachtet werden, an welche Organisation gespendet wird. In diesem Fall und wenn verschiedene Zuwendungsempfänger u. U. den gleichen Zweck verfolgen, sollte die Zuwendung an einen Empfänger erfolgen, der den höheren Spendenabzug ermöglicht.

Gaben von Mensch zu Mensch hingegen sind niemals abzugsfähig.[43] Die körperschaftliche Verfasstheit des Spendenempfängers ist unverzichtbare Voraussetzung der Abziehbarkeit. Dadurch ist die Aufgaben- und Zweckbindung des Spendenempfängers verfestigt und nachprüfbar.

---

[40] *Schiffer*, S. 14 f.
[41] *Kirchhof* in: Kirchhof / Söhn, § 10 b EStG Rdnr. B 130.
[42] Ebd., § 10 b EStG Rdnr. B 132.
[43] Ebd., § 10 b EStG Rdnr. B 132.

5.4 Die kirchliche Stiftung

Von Claus Koss und Uwe Koß

Neben der Förderung gemeinnütziger oder mildtätiger Zwecke ist auch die ausschließliche und unmittelbare Förderung kirchlicher Zwecke im Sinne von § 54 AO steuerbegünstigt. Kirchliche Zwecke werden gemäß § 54 Abs. 1 AO verfolgt, wenn die Tätigkeit einer Körperschaft darauf gerichtet ist, eine Religionsgemeinschaft, die Körperschaft des öffentlichen Rechts ist, selbstlos zu fördern.

Der Grundtatbestand des § 54 Abs. 1 AO umfasst demnach zwei Merkmale:
1. Es muss sich um eine Religionsgemeinschaft handeln.
2. Diese muss als Körperschaft des öffentlichen Rechts anerkannt sein.

Hierzu gehören die evangelischen Landeskirchen und z. T. ihre Untergliederungen wie Kirchengemeinden, die katholischen (Erz-)Bistümer, Pfarrgemeinden, die jüdischen Kultusgemeinden (Synagogengemeinden) und andere kirchliche Gemeinschaften, die in einem Land der Bundesrepublik als Körperschaft des öffentlichen Rechts anerkannt sind. Neben der Dauerhaftigkeit und gewissen Größe einer Religionsgemeinschaft ist für die Anerkennung als Körperschaft des öffentlichen Rechts das Bekenntnis zum Grundgesetz maßgeblich. Strittig ist derzeit der Status der Zeugen Jehovas.[1]

Bei Religionsgemeinschaften, die nicht Körperschaften des öffentlichen Rechts sind, kann wegen der Förderung der Religion (§ 52 Abs. 2 Nr. 1 AO) eine Anerkennung als gemeinnützige Körperschaft in Betracht kommen (AEAO zu § 54, S. 2).[2]

Das Gesetz zählt beispielhaft folgende kirchliche Zwecke auf:

– Errichtung, Ausschmückung und Unterhalt von Gotteshäusern und kirchlichen Gemeindehäusern,

– Abhaltung von Gottesdiensten: als Förderung kirchlicher Zwecke,

– Ausbildung von Geistlichen,

– Erteilung von Religionsunterricht,

– Beerdigung und Pflege des Andenkens der Toten,

---

[1] Zur steuerrechtlichen Behandlung sei auf eine Anweisung der Oberfinanzdirektion Münster vom 15. August 2002, S. 2729-120-St 13–31, SIS 029736 = StEd 2002, S. 662 verwiesen.

[2] Zur verfassungsrechtlichen Problematik s. *Tipke/Kruse,* § 54, Rz. 1.

- Verwaltung des Kirchenvermögens,
- Besoldung der geistlichen Kirchenbeamten und Kirchendiener,
- die Alters- und Behindertenversorgung für diese Personen und die Versorgung ihrer Witwen und Waisen.

Abgrenzung von anderen steuerbegünstigten Zwecken

Da auch Kirchgemeinden selten einen Zweck alleine fördern, ist die Abgrenzung von den beiden anderen steuerbegünstigten Zwecken erforderlich.

Förderung der Religion (§ 52 Abs. 2 Nr. 1 AO)

Kirchliche Zwecke sind gleichzeitig auch religiöse und damit gemeinnützige Zwecke.[3] Der gemeinnützige Zweck „Förderung der Religion" ist daher einerseits weiter als der Begriff „Kirchlicher Zweck". Denn der gemeinnützige Zweck ist nicht auf die Förderung einer Religionsgemeinschaft des öffentlichen Rechts beschränkt. So fällt die Herausgabe und Verbreitung religiöser Bücher und Schriften, die Förderung der Mission, die Abhaltung von Exerzitien und Einkehrtagen unter den gemeinnützigen Zweck.[4] Religiöse Zwecke müssen aber nicht auf die Förderung einer Körperschaft des öffentlichen Rechts beschränkt sein. Der Begriff des kirchlichen Zweckes ist auf der anderen Seite aber auch weiter als der religiösen Zwecke. Die Errichtung eines Wohnhauses für die evangelische oder katholische Kirche ist als kirchlicher Zweck steuerbegünstigt. Die Förderung von Wohnungen für Geistliche ist aber nur mittelbar eine religiöse Betätigung und sind daher nach hier vertretener Auffassung nicht gemeinnützig im Sinne des § 52 Abs. 2 Nr. 1 AO. Die Übernahme von Bauaufgaben für eine öffentlich-rechtliche Kirche dagegen gehört zu den kirchlichen Zwecken (BFH vom 26. 07. 1996, BStBl II 1996, 583 [584, 586]).

Förderung von Kunst und Kultur

Der Unterhalt und die Pflege von Kirchengebäuden fällt sowohl in die Kategorie „Förderung von Kunst und Kultur" (§ 52 Abs. 2 Nr. 1 AO) wie auch der kirchlichen Zwecke (§ 54 AO; vgl. BFH vom 26. 7. 1996, BStBl. 1996 II, S. 583). Nicht zu den kirchlichen Zwecken gehören jedoch die Durchführung von Kirchenbesichtigungen und Kirchturmbesteigungen (RFH vom 25. 10. 1938, RStBl. 1938, S. 1189, und vom 27. 6. 1939, RStBl. 1939, S. 9110). Ebenfalls in beide Kategorien „Kunst und Kultur" und „Kirche" fällt die Förderung der Kirchenmusik. Nachdem beides steuerbegünstigte Zwecke sind, ist dies für die Spendenempfan-

---

[3] *Buchna*, S. 88.
[4] Ebd.

gende Körperschaft unproblematisch. Das Problem entsteht auf der Geber-Seite. Denn die Spenden für die als besonders förderungswürdig anerkannten kulturellen Zwecke haben eine höhere Abzugsbegrenzung als die kirchlichen Zwecke (§ 10b Abs. 1 EStG und § 9 Abs. 1 Nr. 2 KStG). Mit Urteil vom 15. 12. 1999 entschied der BFH (Az. XI R 93/97, BStBl II 2000, S. 608), dass dem Spender der höhere Spendenabzug zusteht, wenn er für einen solchen spendet.

Beispiel: Die Kirchengemeinde erhält eine Spende mit der ausdrücklichen Auflage, diese für einen bestimmten kulturellen Zweck zu verwenden, beispielsweise zur Finanzierung eines Brunnens, der dem Andenken einer bestimmten Heiligen dient (so der mit o. g. Urteil entschiedene Fall). Die Finanzverwaltung hat auf dieses Urteil hin, in einem Schreiben die Voraussetzungen definiert, nach denen eine kirchliche Stiftung eine Zuwendungsbescheinigung ausgeben kann, die zu einem höheren Spendenabzug berechtigt:

1. Die Stiftung verfolgt nach Satzung und tatsächlicher Geschäftsführung unterschiedlich begünstigte Zwecke, d. h. das Finanzamt hat der Stiftung bescheinigt, dass sie nicht nur kirchliche Zwecke verfolgt.
2. Die Förderung von wissenschaftlichen, mildtätigen oder als besonders förderungswürdig anerkannten kulturellen Zwecken lässt sich nach der tatsächlichen Geschäftsführung von den übrigen Tätigkeiten trennen.
3. Diese Trennung ist anhand der entsprechenden Aufzeichnungen nachprüfbar.
4. Die Spende wird tatsächlich für den stärker begünstigten Zweck verwendet. Die Höhe des Abzugssatzes beim Zuwendenden richtet sich nach dem Verwendungszweck, der auf der Zuwendungsbestätigung entsprechend der tatsächlichen Verwendung bescheinigt ist.

Beispiel: Für die Förderung der Kirchenmusik errichtet die Kirchengemeinde eine eigene, unselbständige Stiftung in ihrer Verwaltung. Die Stiftung ist wegen der Förderung der als besonders förderungswürdig anerkannten kulturellen Zwecke steuerbegünstigt. Ein Unternehmer stiftet eine größere Summe mit der ausdrücklichen Auflage, diese nur für die Renovierung der Orgel zu verwenden.

Der Unternehmer hat folgende Abzugsmöglichkeiten:

a) Im Rahmen des § 10b Abs. 1, S. 2 EStG liegt die Obergrenze der als Sonderausgaben abziehbaren Spenden bei 10 Prozent des Gesamtbetrags der Einkünfte oder 2 Promille der Summe aus Umsätzen und aufgewendeten Löhne und Gehälter.
b) Darüber hinaus kann er Spenden bis zu 20.450 EUR im gleichen Jahr gemäß § 10b Abs. 1, S. 3 EStG abziehen.
c) Außerdem kann er bei einer Zuwendung innerhalb eines Jahres nach der Neugründung der Stiftung einmalig den Betrag von 307.000 EUR, verteilt auf bis zu zehn Jahre abziehen (Zuwendung in den Vermögensstock einer Stiftung gemäß § 10b, Abs. 1a EStG).

d) Über die bereits genannten Vergünstigungen hinaus kann der Unternehmer bei einer Spende über 25.565 EUR die sog. „Großspenden-Regelung" gemäß § 10 b Abs. 1, S. 4 EStG in Anspruch nehmen. Innerhalb der bereits genannten Obergrenze kann er die Spende auf den vorangegangenen Veranlagungszeitraum und die folgenden fünf Veranlagungszeiträume verteilen.

Mildtätige Zwecke

Beispiel: An der Tür des Pfarramtes klingelt ein Obdachloser. Er erhält aus der Kasse „Für ‚wo am nötigsten'" einen Betrag.

Die Versorgung der Bedürftigen gehört zwar mit zu den klassischen kirchlichen Aufgaben. Steuerrechtlich betrachtet macht es jedoch einen Unterschied. Eine Organisation verfolgt mildtätige Zwecke gemäß § 53 AO, wenn ihre Tätigkeit darauf gerichtet ist, Personen selbstlos zu unterstützen,

1. die infolge ihres körperlichen, geistigen oder seelischen Zustandes auf die Hilfe anderer angewiesen sind oder
2. deren Bezüge nicht höher sind als das Vierfache des Regelsatzes der Sozialhilfe i. S. d. § 22 BSHG.

Das Steuerrecht unterscheidet in seiner Abgrenzung somit nicht danach, aus welchem Motiv heraus Hilfsbedürftige oder Arme unterstützt werden.

Für die empfangende kirchliche Stiftung macht es wiederum keinen Unterschied, ob sie mildtätige oder andere Zwecke verfolgt. Der Unterschied liegt wiederum auf der Geberseite. Denn für die Verfolgung mildtätiger Zwecke gilt wiederum die höhere Obergrenze von 10 Prozent des Gesamtbetrags der Einkünfte.

Auch bei den kirchlichen Zwecken zeigt sich: Entscheidend ist die Zweckverwirklichung. Hierfür erhält die Stiftung ihre Steuervergünstigung. Die Abgrenzung der unterschiedlichen Zwecke mag im Einzelfall schwierig sein. Für die empfangende Körperschaft macht es auch keinen Unterschied. Denn sie bewegt sich ja im Rahmen der steuerbegünstigten Zwecke. Den Unterschied machen die unterschiedlichen Obergrenzen beim Spender. Die kirchliche Stiftung ist daher gut beraten, hier genau darauf zu achten, dass auch der richtige Zweck bescheinigt wird. Ansonsten kommt die Spendenhaftung gemäß § 10b EStG in Betracht.

5.5 Die Besteuerung der Spender und Destinatäre

Von Claus Koss

Der erste Teil beschäftigt sich mit den steuerlichen Auswirkungen von Spenden an die Stiftung beim Spender. Zwar geht es hier nicht um die Steuer der Stiftung, jedoch ist eine zum Ausfüllen von Zuwendungsbestätigungen berechtigte Stiftung gut beraten, auch die steuerlichen Auswirkungen „der Geberseite" zu berücksichtigen. Auch dieser Teil teilt sich in die drei Abschnitte Ertragssteuern, Umsatzsteuer und Erbschaft- und Schenkungssteuer. Ein kurzer Abschnitt beschäftigt sich mit der Besteuerung der Leistungsempfänger der Stiftung. Die Darstellung ist auf Stiftungen des privaten Rechts beschränkt. Für juristische Personen des öffentlichen Rechts gelten teilweise Sonderregelungen.

Die Besteuerung der Spender

Ertragsteuerliche Auswirkungen von Zuwendungen an steuerbegünstigte Stiftungen

Schon aus Gründen des Fundraising sollte sich die steuerbegünstigte Stiftung mit den Folgen von Zuwendungen beim Spender beschäftigen. Die folgenden Ausführungen betreffen nur Zuwendungen an eine steuerbegünstigte Stiftung, das heißt, wenn Zuwendungen zur Förderung mildtätiger, kirchlicher oder gemeinnütziger Zwecke gespendet werden. Soweit nicht ausdrücklich anders vermerkt, gelten die Ausführungen für Spenden (= zum sofortigen Verbrauch bestimmte Mittel) und (Zu-)Stiftungen (= dauerhaft in das Vermögen der Stiftung geleistete Zuwendungen).

Buchwertprivileg: Gehört der gespendete Gegenstand zu einem Betriebsvermögen des Zuwendenten, so kann der Zuwendende diese Entnahme aus dem Betriebsvermögen mit dem Buchwert bewerten (§ 6 Abs. 1 Nr. 4 S. 4 EStG). Dies hat zur Folge, dass er den Entnahmegewinn nicht versteuern muss. Werden Nutzungen und Leistungen zugewendet, z. B. die unentgeltliche Nutzung von Firmenfahrzeugen, so muss für diese Entnahme der Teilwert (= ein Zeitwert) angesetzt werden (§ 6 Abs. 1 Nr. 4 S. 6 EStG). Das bedeutet: der Gewinn des Zuwendenden erhöht sich um die Differenz zwischen dem was er üblicherweise für diese Leistung oder Nutzung bekommen würde, und den Selbstkosten. Dieser Gewinn wird jedoch durch die Abzugsmöglichkeit der Spende kompensiert.

Sonderausgabenabzug: Der Abzug von Spenden als Sonderausgaben bei der Einkommensteuer natürlicher Personen ist jedoch begrenzt: Zusätzlich zu den in

Abb. 1 genannten Spenden können Spenden an Stiftungen mit Ausnahme der so genannten „Freizeitbeschäftigung" bis zu 20.450 EUR abgezogen werden.

Förderungszweck:	Obergrenze Sonderausgabenabzug:	
Kirchliche, religiöse und der als besonders förderungswürdig anerkannte gemeinnützigen Zwecke	2 ‰	der Summe von Umsätzen und Löhne und Gehälter
	5 %	des Gesamtbetrags der Einkünfte
Wissenschaftliche, mildtätige und als besonders förderungswürdig anerkannte kulturelle Zwecke	10 %	

Abb. 1: Obergrenzen Sonderausgabenabzug für natürliche Personen

Darüber hinaus besteht noch eine Großspendenregelung: Spenden über 25.565 EUR für wissenschaftliche, mildtätige oder als besonders förderungswürdig anerkannte kulturelle Zwecke können bei Überschreiten der Höchstsätze auf sechs Jahre verteilt werden (§ 10b Abs. 1, S. 4 EStG). Für die Vermögensausstattung einer Stiftung (unabhängig, ob es sich um eine selbstständige oder unselbstständige Stiftung handelt) besteht eine weitere Abzugsmöglichkeit bis zu 307.000 EUR. Diese Zuwendungen können zusätzlich als Sonderausgaben auf bis zu zehn Jahre verteilt abgezogen werden. Als Vermögensausstattung gelten Zuwendungen anlässlich der Neugründung einer Stiftung bis zum Ablauf eines Jahres nach Errichtung der Stiftung (§ 10b Abs. 1a, S. 2 EStG).

Körperschaften als Spender

Spendet eine Aktiengesellschaft, eine GmbH oder eine andere, der Körperschaftsteuer unterliegende Organisationen an eine steuerbegünstigte Körperschaft, so kann sie diese Zuwendungen innerhalb der in Abb. 2 genannten Höchstgrenzen gemäß § 9 Abs. 1 Nr. 2 KStG steuerlich geltend machen: Darüber hinaus gilt für (Zu-)Stiftungen eine Abzugsmöglichkeit in Höhe von 20.450 EUR. Dies gilt nicht für die so genannten „Freizeitzwecke" (§ 52 Abs. 2 Nr. 4 AO). Die erweiterte Abzugsmöglichkeit bei der Anfangsausstattung, wie sie für natürliche Personen besteht, gibt es für spendende Körperschaften nicht.

Förderungszweck:	Obergrenze:	
Kirchliche, religiöse und der als besonders förderungswürdig anerkannte gemeinnützigen Zwecke	2 ‰	der Summe von Umsätzen und Löhne und Gehälter
	5 %	des Gesamtbetrags der Einkünfte
Wissenschaftliche, mildtätige und als besonders förderungswürdig anerkannte kulturelle Zwecke	10 %	

Abb. 2: Obergrenzen Ausgabenabzug für eine der Körperschaftsteuer unterliegende Körperschaft

Überschreitet die Spende einer Körperschaft an die Stiftung den Betrag von 25.565 EUR und ist die Stiftung wegen der Förderung wissenschaftlicher, mildtätiger oder als besonders förderungswürdig anerkannten kulturellen Zwecke steuerbegünstigt, so können Spenden im Rahmen der genannten Höchstsätze auf das Jahr der Zuwendung und die folgenden sechs Jahre verteilt werden (§ 9 Abs. 1 Nr. 2, S. 4 KStG).

Umsatzsteuer bei Zuwendungen

Für die Umsatzsteuer gibt es keine Spendenregelungen („grundsätzlich keine Gemeinnützigkeit im Umsatzsteuerrecht!"). Selbst bei der Anwendung des Buchwertprivilegs und der Spendenabzugsmöglichkeiten bei den Ertragsteuern fällt beim Zuwendenden Umsatzsteuer nach den allgemeinen Regeln an.

Besteuerung der Destinatäre

Bei von der Körperschaft- und Gewerbesteuer befreiten Stiftungen gibt es regelmäßig keine Destinatäre. Denn diese steuerbegünstigten Stiftungen dürfen niemanden aus den Stiftungsvermögen heraus begünstigen, es sei denn es ergebe sich aus dem Stiftungszweck (z. B. Zuwendungen an Bedürftige).

Bei der nicht-steuerbegünstigten Stiftung hingegen halten Destinatäre satzungsmäßig Zuwendungen. Diese sind bei der Stiftung nicht steuermindernd abzugsfähig (§ 8 Abs. 3 KStG).

Beim Destinatär gibt es jedoch keine „Spiegelbildmethode". Die Zuwendungen an Destinatäre unterliegen daher grundsätzlich der Einkommensteuer bei natürlichen Personen als Empfängern bzw. der Körperschaftsteuer bei Körperschaften als Empfängern. Insoweit bestehen keine Besonderheiten.

Ausblick

Das Thema Steuern hat besondere Bedeutung für den Stiftungsvorstand. Nicht nur, dass bei den meisten Stiftungen die Steuerbegünstigung eine Rolle spielt, als gesetzlicher Vertreter im Sinne des § 34 AO haftet der Stiftungsvorstand auch für die Ansprüche aus dem Steuerschuldverhältnis (also Steuern und Nebenleistungen), die der Fiskus gegen die Stiftung hat. Voraussetzung für diese Haftung ist, dass der Stiftungsvorstand seine steuerrechtlichen Pflichten vorsätzlich oder grob fahrlässig verletzt und Steuern und Nebenleistungen nicht oder nicht rechtzeitig festgesetzt oder erfüllt oder Steuererstattungen ohne rechtlichen Grund gezahlt werden.

Um unberechtigten Ängsten vorzubeugen: Bei der Besteuerung der Stiftung ist es wie bei der privaten Einkommensteuererklärung. Die Erfahrung wächst mit jedem Jahr.

5.6 Die Besteuerung von nicht steuerbegünstigten Stiftungen, insbesondere von Familienstiftungen

Von Maren Hartmann und Andreas Richter

Die wichtigste Erscheinungsform der nicht steuerbegünstigten Stiftung ist die Familienstiftung. Stiftungen, die weder gemeinnützigen noch Familienzwecken gewidmet sind, sind äußerst selten. Ihr einziger Steuervorteil liegt darin, dass ihre Steuerpflicht sich nicht auf die besondere Erbschaftsteuer für Familienstiftungen (sog. Erbersatzsteuer) erstreckt. Allerdings unterliegen Zustiftungen in die Stiftung und Zuwendungen aus der Stiftung der Schenkungsteuer mit der ungünstigen Steuerklasse III. Ansonsten gilt für nicht gemeinnützige Stiftungen und Familienstiftungen gleichermaßen, dass sie alle Einkunftsarten verwirklichen können. Insoweit stehen sie steuerlich wie ein Individuum und nicht wie die Kapitalgesellschaften (z. B. GmbH, AG). Letztere können nur gewerbliche Einkünfte erzielen (vgl. § 8 Abs. 2 KStG). Da Stiftungen juristische Personen sind, gilt für sie bei der Ertragbesteuerung der Körperschaftsteuertarif, und sie kommen in den Genuss der Befreiung von Körperschaftsteuer für Dividenden und Veräußerungserlöse (vgl. § 8 b Abs. 1, 2 KStG).

Die rechtsfähige Familienstiftung ist eine juristische Person und wird regelmäßig wie eine solche besteuert. Besonderheiten ergeben sich jedoch, da wegen des Familienbezuges ein „Durchgriff" durch die ansonsten steuerlich verselbstständigte Stiftung auf die begünstigten Familienmitglieder erfolgt. Bei Errichtung und Aufhebung der Stiftung führt dies zu einer Steuererleichterung, da sich die anzuwendende Steuerklasse bei der Erbschaftsteuer nach dem Verwandtschaftsverhältnis der beteiligten Familienmitglieder richtet. Nach Errichtung der Stiftung wirkt sich dieser Durchgriff auf die Familie hingegen nachteilig aus, da bei inländischen Familienstiftungen eine Erbersatzsteuer erhoben wird, die generell alle 30 Jahre einen „Erbgang" zum Zwecke der Erbschaftsbesteuerung fingiert.[1] In ihrer laufenden Besteuerung unterliegen die Familienstiftungen dem vollen Körperschaftsteuersatz.[2] Auf die Einkünfte der Destinatäre findet das so genannte Halbeinkünfteverfahren Anwendung. Unentgeltliche Übertragungen von Vermögen auf Familienstiftungen sind in vollem Umfang schenkung- und erbschaftsteuerpflichtig. Daneben kann die Stiftungserrichtung auch für den Stifter ertragsteuerliche Folgen haben.[3]

---

[1] *Pöllath,* in: Seifart / v. Campenhausen (Hrsg.), § 14 Rn. 25, 43.

[2] *v. Oertzen,* Stiftung & Sponsoring Heft 2 / 2001, S. 24.

[3] *Richter,* in: Meyn / Richter, Rn. 484 ff.

Besteuerung der Familienstiftung bei Errichtung

Stiftungen werden im Erbschaft- und Schenkungsteuergesetz (ErbStG) an mehreren Stellen angesprochen.[4] Besondere Steuertatbestände existieren für den Erwerb der Erstausstattung von Todes wegen und durch Rechtsgeschäft unter Lebenden. Dabei ist der Empfang einer unentgeltlichen Zuwendung grundsätzlich erbschaft- und schenkungsteuerpflichtig.[5] Die Zuwendung einer Erstausstattung als notwendiger Bestandteil des Ausstattungsversprechens sowie jede Zustiftung sind regelmäßig freigebige Zuwendungen in diesem Sinne.

An der die Steuerpflicht begründenden Freigebigkeit fehlt es jedoch, wenn die Zustiftung objektiv oder subjektiv entgeltlich erfolgt.[6] Eine objektive Entgeltlichkeit liegt vor, wenn der Vermögenshingabe eine adäquate Gegenleistung gegenübersteht.[7] Versorgungsleistungen, die nicht in der Satzung vorgesehen sind, sondern anlässlich der Zustiftung auferlegt oder vereinbart werden, können als Gegenleistungen zu bewerten sein.[8] Soweit hier der Verkehrswert des zugestifteten Vermögens den Verkehrswert der Versorgungsleistungen übersteigt, handelt es sich insoweit um eine teilentgeltliche Zuwendung.[9] Gleiches gilt, wenn von der Stiftung in rechtlichem Zusammenhang mit der Zustiftung Abstands- oder Ausgleichszahlungen zu erbringen sind.[10]

Zeitpunkt der Steuerentstehung

Wird eine Stiftung von Todes wegen errichtet, ist die Zuwendung erbschaftsteuerpflichtig, § 3 Abs. 2 Nr. 1 ErbStG. Diese Steuerpflicht besteht auch dann, wenn der Erbe aufgrund einer ihn beschwerenden Auflage des Erblassers die Stiftung erst noch durch eigenes Stiftungsgeschäft unter Lebenden errichten muss, § 3 Abs. 2 Nr. 1 i.V.m. Nr. 2 ErbStG. Der Zeitpunkt der Entstehung der Erbschaftsteuer hängt davon ab, ob die Stiftung als Erbe oder Vermächtnisnehmer einerseits oder als Auflagenbegünstigter andererseits eingesetzt ist.

Ist die Stiftung Erbe oder Vermächtnisnehmer, entsteht die Erbschaftsteuerpflicht im Zeitpunkt der Anerkennung der Stiftung durch die Stiftungsaufsicht (vgl. § 9 Abs. 1 Nr. 1 c ErbStG).[11] Damit sieht das Erbschaftsteuergesetz eine Rechtsfolge vor, die der Regelung des § 84 BGB, die eine zivilrechtliche Rückwirkung der Anerkennung seitens der Stiftungsaufsicht bewirkt, entgegenläuft.

---

[4] Zur Verfassungsmäßigkeit der geltenden Erbschaftsteuer vgl. *Richter/Welling,* S. 2305.
[5] *Pöllath,* in: Seifart/v. Campenhausen (Hrsg.), § 40 Rn. 6.
[6] *Gebel,* Betriebsvermögensnachfolge, Rn. 1257.
[7] Ebd., Rn. 1258.
[8] Ebd., Rn. 1259.
[9] Ebd., Rn. 1259.
[10] Ebd., Rn. 1259.
[11] *Richter,* in: Meyn/Richter, Rn. 460; anderer Ansicht *Orth,* ZEV 1997, S. 327, 328.

Aufgrund dieser Fiktion ist die Stiftung bereits erbfähig, auch wenn sie, soweit das Stiftungsgeschäft auf einer letztwilligen Verfügung beruht, erst später durch Anerkennung der Stiftungsaufsicht entsteht.[12] Steuerrechtlich ist jedoch der Zeitpunkt des Eintritts aller tatbestandlichen Voraussetzungen für die Steuerpflicht maßgeblich, § 38 AO.

Erfolgt die Erstausstattung durch eine Auflage, entsteht die Steuer erst mit der Vollziehung des letztwilligen Ausstattungsversprechens, d. h. im Zeitpunkt der Übertragung des der Stiftung zugedachten Vermögens durch den auflagenbeschwerten Erben oder Vermächtnisnehmer, § 9 Abs. 1 Nr. 1 d ErbStG.[13]

Zustiftung ist eine Zuwendung in das Stiftungsvermögen einer bereits bestehenden Stiftung. Die Steuerpflicht für Zustiftungen von Todes wegen ergibt sich im Falle der Erbeinsetzung oder Vermächtnisanordnung aus § 3 Abs. 1 Nr. 1 ErbStG. Zeitpunkt der Steuerentstehung ist der Todestag des Erblassers, § 9 Abs. 1 Nr. 1 ErbStG.

Beruht die Zustiftung auf einer Auflage greift der Steuertatbestand des § 3 Abs. 2 Nr. 2 ErbStG. Bei dieser Zuwendung entsteht die Steuer zum Zeitpunkt der Vollziehung der Auflage, § 9 Abs. 1 Nr. 1 d ErbStG.

Bei der Errichtung der Stiftung zu Lebzeiten des Stifters qualifiziert die Übertragung der Erstausstattung als Schenkung unter Lebenden. Die Vermögensausstattung unterliegt daher der Schenkungsteuer, § 7 Abs. 1 Nr. 8 Satz 1 ErbStG. Die lebzeitige Zustiftung ist ebenfalls als freigebige Zuwendung steuerpflichtig, § 7 Abs. 1 Nr. 1 ErbStG.

Sowohl bei der unentgeltlichen Zuwendung einer Erstausstattung als auch einer Zustiftung unter Lebenden entsteht die Steuer im Zeitpunkt der Ausführung der Zuwendung, d. h. mit Übertragung des Stiftungsvermögens, § 9 Abs. 1 Nr. 2 ErbStG.

Bemessungsgrundlage und Bewertung

Die Bemessungsgrundlage der Erbschaft- und Schenkungsteuer bei der Erstausstattung oder Zustiftung ist der Gesamtsteuerwert der auf die Stiftung übergehenden Vermögensgegenstände zum Zeitpunkt der Entstehung der Steuer, §§ 9, 11 ErbStG.[14] Die Berechnung des Gesamtsteuerwerts beruht auf den Bewertungsmaßstäben des § 12 ErbStG i.V.m. den Vorschriften des Bewertungsgesetzes.

Die Stiftung ist um den Mehrbetrag der Aktiva über die Passiva bereichert.[15] Wird die anfallende Steuer durch den Zuwendenden übernommen, so erhöht sich der steuerpflichtige Erwerb entsprechend, § 10 Abs. 2 ErbStG.[16]

---

[12] *Gebel*, BB 2001, S. 2554.

[13] *Gebel*, Betriebsvermögensnachfolge, Rn. 1227; *Richter*, in: Meyn/Richter, Rn. 461.

[14] Ebd., Rn. 1226.

[15] *Pöllath*, in: Seifart/v. Campenhausen (Hrsg.), § 40 Rn. 25. Die Fortgeltung dieser Regel ist aufgrund eines Vorlagebeschlusses des BFH zweifelhaft; vgl. *Richter/Welling*, S. 2305.

5.6 Die Besteuerung von nicht steuerbegünstigten Stiftungen

Eine Besonderheit ergibt sich bei der Übertragung von Todes wegen, da Nachlassverbindlichkeiten die Bemessungsgrundlage der Erbschaftsteuer mindern, § 10 Abs. 5 ErbStG. Zu den Nachlassverbindlichkeiten gehören Erblasserschulden als vom Erblasser begründete Schulden, Erbfallschulden, die sich aus beschwerenden Vermächtnissen oder Auflagen des Stifters ergeben sowie Erbfallverbindlichkeiten.

Für den Wert der Erstausstattung sind auch Vermögensgegenstände zu berücksichtigen, die zwar erst nach dem Tode des Stifters aber vor Rechtsfähigkeit der Stiftung, in das Stiftungsvermögen gelangen (z. B. durch Surrogation), da die Erbschaftsteuer frühestens mit dem Zeitpunkt der Anerkennung durch die Stiftungsaufsicht entsteht. Auch die Wertermittlung ist regelmäßig auf diesen Stichtag vorzunehmen, § 11 i.V. m. § 9 Abs. 1 Nr. 1c ErbStG.[17] Die Frage, ob auch Erträge, die nach dem Tode des Stifters bis zur Anerkennung mit dem Stiftungsvermögen erwirtschaftet worden sind, werterhöhend zu berücksichtigen sind, hat der Bundesfinanzhof bejaht.[18] Aus den strikt an den Zeitpunkt der Steuerentstehung anknüpfenden Bestimmungen der §§ 11 und 12 ErbStG ergebe sich, dass auch zwischenzeitliche Vermögensänderungen zu berücksichtigen seien.[19] In der Literatur wird diese Entscheidung kritisiert.

Namentlich Gebel lehnt die Rechtsprechung mit einem Verweis auf die Notwendigkeit einer verfassungsgemäßen Abgrenzung von Erbschaftsteuer und Schenkungsteuer ab.[20] Die doppelte Erfassung ein und desselben Vermögenszuwachses bei ein und demselben Steuerpflichtigen, wie sie hier aufgrund der Doppelbelastung mit Erbschaft- und Schenkungsteuer einerseits und der Ertragsteuer andererseits gegeben sei, sei verfassungsrechtlich inakzeptabel. Die mit dem Stiftungsvermögen bis zur Anerkennung der Stiftung erwirtschafteten Erträge seien nach dem Tod des Stifters erzieltes Markteinkommen, das der Stiftung zuzurechnen sei und daher bei ihr der Körperschaftsteuer unterliege. Es dürfe mithin nicht in den die Bemessungsgrundlage der Schenkungsteuer bildenden Gesamtsteuerwert der Erstausstattung einbezogen werden.

Zwar erscheint die mehrfache Erfassung von Vermögenszuwächsen, die von verschiedenen Personen aus unterschiedlichen Gründen in zeitlicher Abfolge erzielt werden, durchaus systemgerecht. Die Erfassung eines identischen Vermögenszuwachses bei ein und demselben Steuerpflichtigen gleichzeitig durch mehrere Steuerarten, welche sich nach den Vorstellungen des Gesetzgebers nur tat-

---

[16] Dennoch ist die Steuerübernahme durch den Zuwendenden steuerlich günstiger als eine Erhöhung der Zuwendung um den für die Steuerzahlung erforderlichen Betrag, da dann wiederum der Gesamtbetrag für die Berechnung der Steuer zugrunde gelegt würde; vgl. *Pöllath*, in: Seifart / v. Campenhausen (Hrsg.), § 40 Rn. 25.

[17] *Gebel*, Betriebsvermögensnachfolge, Rn. 1232.

[18] BFH Urt.v. 25. 10. 1995 – II R 20 / 92, BStBl. II 1996, S. 99 ff.

[19] BFH Urt.v. 25. 10. 1995 – II R 20 / 92, BStBl. II 1996, S. 99, 101.

[20] *Gebel*, Betriebsvermögensnachfolge, Rn. 1233; *Richter*, in: Meyn / Richter, Rn. 469.

bestandlich, nicht aber hinsichtlich ihrer Belastungswirkung ergänzen sollen, ist als systemwidriger Verstoß gegen den Grundsatz der steuerlichen Gleichbehandlung zu werten, der nicht das Ergebnis einer sachgerechten Gesetzesinterpretation sein könne.[21]

Soweit zur Erstausstattung oder Zustiftung ein Betrieb oder Mitunternehmeranteil gehören, umfasst der Gesamtsteuerwert der Zuwendung auch den nach § 12 Abs. 5 ErbStG ermittelten Reinwert des Betriebsvermögens bzw. den nach § 97 Abs. 1 BewG ermittelten Anteilsteuerwert. Bei beiden Werten dürfen etwaige passive Wertansätze, die für die Verpflichtung der Stiftung zur Erfüllung ihrer satzungsmäßigen Zwecke gebildet werden, nicht wertmindernd berücksichtigt werden.[22]

Führt die Stiftung die unternehmerische Tätigkeit des Stifters fort, kann sie bei entsprechender Erklärung des Stifters den Betriebsvermögensfreibetrag in Höhe von 225.000 Euro und den Bewertungsabschlag von 35 % in Anspruch nehmen, § 13a Abs. 1 und 2 ErbStG. Setzt die Stiftung das Unternehmen jedoch innerhalb von fünf Jahren nach dem Erwerb nicht fort, droht eine Nachversteuerung, § 13a Abs. 5 ErbStG. Die Stundungsregelung (§ 28 ErbStG), die bei einem Nachlass, der Betriebsvermögen enthält, eine zinslose Stundung der Erbschaftsteuer für bis zu zehn Jahre vorsieht, ist dann ebenfalls nicht anwendbar.[23]

Gehören zur Erstausstattung Anteile an einer Kapitalgesellschaft, ist deren Steuerwert nach § 12 Abs. 2 ErbStG i.V.m. § 11 Abs. 2 BewG zu ermitteln, wobei das Stuttgarter Verfahren anzuwenden ist.[24] Dies gilt auch dann, wenn die Anteile an der Kapitalgesellschaft nach dem Vermögensübergang zum (Sonder-)Betriebsvermögen der Stiftung gehören (§ 12 Abs. 5 Satz 3 ErbStG).[25] Wurde ein solcher Anteil zuvor vom Stifter im Privatvermögen gehalten, greifen die Steuerbegünstigungen für Betriebsvermögen bei der Stiftung nur ein, wenn die Beteiligung unmittelbar an einer inländischen Kapitalgesellschaft bestand und mehr als ein Viertel des Nennkapitals betrug (§ 13a Abs. 4 Nr. 3 ErbStG).[26] Ist der Anteil als Sonderbetriebsvermögen einem gleichzeitig zugewendeten Mitunternehmeranteil zugeordnet, kann es sich auch bei niedrigerer Beteiligung um insgesamt begünstigtes Betriebsvermögen i. S. d. § 13a Abs. 4 Nr. 1 ErbStG handeln.[27]

---

[21] *Richter*, in: Meyn/Richter, Rn. 471.
[22] *Gebel*, Betriebsvermögensnachfolge, Rn. 1228.
[23] Ebd., Rn. 1228.
[24] Ebd., Rn. 1230.
[25] Ebd., Rn. 1230.
[26] Ebd., Rn. 1230.
[27] Ebd., Rn. 1230.

5.6 Die Besteuerung von nicht steuerbegünstigten Stiftungen

Berechnung der Steuer

Das Erbschaftsteuer- und Schenkungsteuergesetz enthält für die Bestimmung der Steuerklasse bei inländischen Familienstiftungen eine Sonderregelung. Für Vermögenszuwendungen an eine Familienstiftung wäre mangels Verwandtschaftsverhältnisses zwischen Stifter und Stiftung an sich stets die ungünstige Steuerklasse III[28] anzuwenden.[29] Der Gesetzgeber sieht jedoch insoweit eine Privilegierung der Familienstiftung vor, als für die Ermittlung der Steuerklasse ein Durchgriff auf die begünstigten Familienmitglieder erfolgt. Die Steuerklasse für Vermögenszuwendungen im Zuge der Errichtung einer Familienstiftung richtet sich nach dem Verwandtschaftsverhältnis[30] des nach der Stiftungsurkunde entferntest Berechtigten zu dem Stifter, § 15 Abs. 2 Satz 1 ErbStG.[31] Die ungünstige Steuerklasse III ist damit nicht zwingend.

Von einer Familienstiftung ist auszugehen, wenn eine inländische Stiftung wesentlich im Interesse einer Familie oder bestimmter Familien errichtet ist, § 15 Abs. 2 Satz 1 ErbStG. Unter „Familie" ist der Stifter, seine Angehörigen und deren Abkömmlinge im Sinne des § 15 AO zu verstehen.[32]

Nach Ansicht des Bundesfinanzhofs ist eine Stiftung dann „wesentlich" im Interesse einer Familie oder bestimmter Familien errichtet, wenn nach der Satzung und ggf. dem Stiftungsgeschäft das Wesen der Stiftung darin besteht, den berechtigten Familien zu ermöglichen, das Stiftungsvermögen, soweit es einer privaten Nutzung zugänglich ist, zu nutzen und die Stiftungserträge an sich zu ziehen. Auf tatsächliche Ausschüttungen von Erträgen oder Nutzungen des Stiftungsvermögens soll es dabei nicht ankommen.[33]

Die Finanzverwaltung nimmt ein „wesentliches" Familieninteresse in Anlehnung an § 15 Abs. 2 AStG stets an, wenn nach der Satzung der Stifter und seine Familie zu mehr als der Hälfte hinsichtlich der Ausschüttungen bezugs- oder anfallsberechtigt sind, vgl. R 2 Abs. 2 Satz 1 ErbStR 2003. Treten weitere besondere Merkmale hinzu z. B. wesentlicher Einfluss der Familie auf die Geschäftsführung der Stiftung[34], kann eine Familienstiftung sogar bereits bei einem Bezugs- und Anfallsrecht von nur 25 % angenommen werden, R 2 Abs. 2 Satz 2 ErbStR 2003.

---

[28] Bei Steuerklasse III kann nur ein Freibetrag von 5.200 Euro abgezogen werden (§ 16 Abs. 1 Nr. 5 i.V.m. § 15 Abs. 1 ErbStG). Die Steuersätze steigen in Steuerklasse III von 17 bis 50 % an (vgl. § 19 ErbStG).

[29] *Wachter*, in: DAI e.V. (Hrsg.), S. 140; *Meincke*, § 15 Rn. 19.

[30] Abgestellt wird insofern auf das persönliche Verhältnis im Sinne des § 15 Abs. 1 ErbStG.

[31] *Jülicher*, S. 363, 367.

[32] R 2 Abs. 2 Satz 1 ErbStR 2003.

[33] BFH, Urt. v. 10. 12. 1997 – II R 25/94, BStBl. II 1998, S. 114, 116; R 2 Abs. 3 Satz 6 ErbStR 2003.

[34] So bereits FinMin. S-H vom 14. 11. 1983, VI 330 a – S 3800–28, WPg 1984, 23.

Die in der Literatur verwendete „Löwenanteil"-Theorie[35] konnte sich in der Praxis nicht durchsetzen. Die von der Finanzverwaltung vertretene Grenze von 25 % wird jedoch als zu niedrig erachtet.[36]

Nach Ansicht der Finanzverwaltung ist zur Ermittlung des „entferntest Berechtigten" nicht allein auf die derzeit Berechtigten (sprich die lebenden Familienmitglieder), sondern auf alle potenziell Berechtigten künftiger Generationen abzustellen, R 73 Abs. 1 ErbStR 2003.

In der Beratungspraxis sollte daher bei der Gestaltung der Stiftungssatzung sichergestellt werden, dass die Anwendung der Steuerklasse I möglich ist. Dazu sollte die Stiftungssatzung vorsehen, dass nur der überlebende Ehegatte, die Kinder und die Abkömmlinge der Kinder des Stifters bezugsberechtigt sind.[37] Werden laut Stiftungssatzung weitere Personen begünstigt, ist die Steuerklasse für den Vermögensübergang aufgrund deren Verhältnisses zum Stifter zu bestimmen.[38]

Das Steuerklassenprivileg wirkt sich vor allem bei der Ermittlung des Steuersatzes aber auch im Rahmen der steuersatzabhängigen Freibeträge nach § 16 ErbStG sowie bei allen anderen Regelungen, in denen das Erbschaft- und Schenkungsteuergesetz nach dem persönlichen Verhältnis unterscheidet, aus.[39] Wird die Begünstigung eines weiten Personenkreises beabsichtigt, kann die Errichtung mehrerer Familienstiftungen günstiger sein. Dadurch können Freibeträge optimal ausgeschöpft und die starke Progressionswirkung erheblich vermindert werden.[40]

Bei Zustiftungen gilt das Steuerklassenprivileg grundsätzlich nicht. Spätere Zuwendungen des Stifters oder Dritter gelten als gewöhnliche Schenkungen im Sinne des § 7 Abs. 1 Nr. 1 ErbStG und unterliegen damit stets der Steuerklasse III.[41] Die Anwendung des Steuerklassenprivilegs auf Zustiftungen kann jedoch dadurch erreicht werden, dass sich der Stifter bereits mit dem Stiftungsgeschäft verbindlich zur Vornahme der Zustiftungen verpflichtet.[42] Alternativ zur Zuwendung nach Stiftungserrichtung kann eine neue Stiftung gegründet werden, für welche wiederum das Steuerklassenprivileg gilt. Diese kann später steuerfrei mit der älteren Stiftung verschmolzen werden.[43] Diese Möglichkeiten sind jedoch nicht unumstritten. Der Stifter sollte daher jedenfalls eine entsprechende verbindliche Auskunft

---

35 *Pöllath*, in: Seifart / v. Campenhausen (Hrsg.), § 14 Rn. 92 ff.

36 *Berndt*, Stiftung und Unternehmen, Rn. 813.

37 *Wachter*, in: DAI e.V. (Hrsg.), S. 141.

38 So greift beispielsweise bei einer Bezugsberechtigung der Schwiegerkinder Steuerklasse II und im Falle der Einbeziehung von Ehegatten der weiteren Abkömmlinge Steuerklasse III; vgl. *Meincke*, § 15 Rn. 19; *v. Oertzen / Müller*, S. 6.

39 *Pöllath*, in: Seifart / v. Campenhausen (Hrsg.), § 14 Rn. 107.

40 *Berndt*, Stiftung und Unternehmen, Rn. 811.

41 *Pöllath*, in: Seifart / v. Campenhausen (Hrsg.), § 14 Rn. 102.

42 *Berndt*, Stiftung & Sponsoring Heft 4 / 2004, S. 15; *Gebel*, Betriebsvermögensnachfolge, Rn. 1246; *Wachter*, in: DAI e.V. (Hrsg.), S. 143.

43 *Pöllath*, in: Seifart / v. Campenhausen (Hrsg.), § 14 Rn. 102.

der Finanzverwaltung einholen.[44] Der Zustifter kann schließlich durch die Übertragung von Betriebsvermögen in den Genuss der Steuerklasse I gelangen (vorbehaltlich der Beachtung der Regeln in §§ 13a, 19a ErbStG).

Zur Anwendung der Freibeträge und zur Bestimmung der Steuersätze werden Erwerbe von demselben Zuwendenden innerhalb von zehn Jahren zusammengerechnet, § 14 Abs. 1 Satz 1 ErbStG.

Laufende Besteuerung der Familienstiftung

Die Familienstiftung ist als juristische Person unbeschränkt körperschaftsteuerpflichtig. Je nach den Umständen fällt auch Gewerbesteuer, Umsatzsteuer, Grundsteuer und Erbschaft- und Schenkungsteuer insbesondere in Form der Erbersatzsteuer an.[45]

Körperschaftsteuer

Das Einkommen einer Familienstiftung unterliegt dem vollen Körperschaftsteuersatz in Höhe von 25 % (§§ 1 Abs. 1 Nr. 4, 23 Abs. 1 KStG) sowie der Belastung durch den Solidaritätszuschlag in Höhe von 5,5 % auf den Körperschaftsteuerbetrag (§ 2 Nr. 3, § 3 Nr. 1 und 4 SolZG).

Die Familienstiftung kann grundsätzlich steuerbare Einkünfte in allen sieben Einkunftsarten des § 2 Abs. 1 EStG erzielen.[46] Sofern in der Satzung einer Familienstiftung allerdings steuerbegünstigte Sukzessiv- bzw. Ersatzzwecke vorgesehen sind, entsteht ab Eintritt der Sukzession keine Körperschaftsteuer mehr.[47]

Die satzungsgemäße Verwendung des Einkommens der Familienstiftung für Geld- oder Sachzuwendungen an die Begünstigten mindert das steuerpflichtige Einkommen der Stiftung nicht, § 10 Nr. 1 KStG. Ebenso wenig ist ein Abzug der Erbersatzsteuer von der Körperschaftsteuerbemessungsgrundlage zulässig.[48]

Eine Familienstiftung, die Anteile an einer Kapitalgesellschaft hält,[49] wird regelmäßig Einkünfte aus Vermögensverwaltung haben. Dazu gehören die Einkünfte aus Kapitalvermögen (§ 20 Abs. 1 Nr. 1 EStG) sowie die Einkünfte aus Veräuße-

---

[44] BMF-Schreiben vom 24. 07. 1987, BStBl. I 1987, S. 474; vgl. *v. Oertzen/Müller,* S. 6.

[45] Z. B. §§ 1 Abs. 1, 2 Abs. 1 Nr. 1d ErbStG; § 2 Abs. 1 GewStG i.V.m. § 15 Abs. 2 EStG, § 2 Abs. 3 GewStG; § 1 Abs. 1 Nr. 1 UStG; § 2 Nr. 2 GrStG.

[46] *Müller/Schubert,* S. 1289, 1292; *v. Oertzen/Müller,* S. 7; *Richter,* in: Meyn/Richter, Rn. 840.

[47] Vgl. Erlass des FM Baden-Württemberg vom 28. 10. 1983, DStR 1983, S. 745; *Berndt,* Stiftung & Sponsoring Heft 3/2004, S. 18.

[48] Vgl. § 10 Nr. 2 KStG für die sofort entrichtete Steuer; ansonsten BFH, Urt. v. 14. 9. 1994 – I R 78/94, BStBl. II 1995, S. 207, 208; OFD Düsseldorf, StEK § 10 KStG Nr. 2.

[49] *Gebel,* Betriebsvermögensnachfolge, Rn. 1189 ff.

rungsgewinnen bei der Veräußerung einer qualifizierten Beteiligung (§ 17 EStG) oder innerhalb der Spekulationsfrist (§ 23 Abs. 1 S. 1 Nr. 2 EStG). Diese Einkünfte unterliegen nach dem so genannten Halbeinkünfteverfahren lediglich zur Hälfte der Steuer. Zur Vermeidung einer Doppel- bzw. Mehrfachbesteuerung greifen hier jedoch die Befreiungsvorschriften des § 8 b Abs. 1 und 2 KStG i. d. F. des StSenkG ein, wenn derartige Einkünfte von inländischen Körperschaften, Personenvereinigungen und Vermögensmassen erzielt werden.[50] Sie bleiben daher auch bei einer Familienstiftung steuerfrei. Die vom Kapitalertrag abzuziehende Kapitalertragsteuer von 20 % ist anzurechnen und im Rahmen der Körperschaftsteuerveranlagung zu erstatten.

Erzielt die Familienstiftung Dividenden bzw. veräußert sie ihre Anteile an einer Kapitalgesellschaft, so werden von den Bezügen, die bei der Ermittlung des Einkommens außer Ansatz bleiben, pauschal 5 % als nicht abzugsfähige Betriebsausgaben angesehen und unterliegen somit der Besteuerung bei der Familienstiftung als Gesellschafterin, vgl. § 8 b Abs. 3, 5 KStG. Das Abzugsverbot ist auf jeden Gewinn im Sinne des § 8 b Abs. 2 Satz 1 und 3 KStG anzuwenden und gilt daher auch für Gewinne aus Wertaufholungen im Sinne des § 6 Abs. 1 Nr. 2 Satz 3 EStG und Gewinne im Sinne des § 21 Abs. 2 UmwStG.

Von der Steuerbefreiung nach § 8b KStG sind regelmäßig einbringungsgeborene Anteile (§ 21 UmwStG), die innerhalb von sieben Jahren nach dem Erwerb veräußert werden, ausgenommen, § 8b Abs. 4 KStG.[51]

Erlangt die Familienstiftung die Erstausstattung oder spätere Zustiftungen durch Erwerb von Todes wegen, sind einige ertragsteuerliche Besonderheiten zu berücksichtigen.

Die als Erbe eingesetzte Familienstiftung kann Aufwendungen, die ihr im Zusammenhang mit der Erfüllung von Vermächtnissen oder Pflichtteilsansprüchen entstehen, grundsätzlich nicht als Werbungskosten oder Betriebsausgaben abziehen.[52] Diese Lasten können nicht dem unternehmerischen Bereich der Stiftung zugeordnet werden, da sie von vornherein mit dem Erbe verbunden waren. Ist die Stiftung als Erbe eines Betriebsvermögens o. ä. verpflichtet, in Erfüllung eines Vermächtnisses einzelne Wirtschaftsgüter an Dritte weiterzugeben, so stellt dies regelmäßig eine Entnahme dar,[53] die mit dem Teilwert anzusetzen ist. Handelt es sich bei den betreffenden Einzelwirtschaftsgütern um wesentliche Betriebsgrundlagen, so kann die Weitergabe sogar eine Betriebsaufgabe zur Folge haben.[54]

---

[50] Vgl. Verfügung der Oberfinanzdirektion Kiel v. 19. 9. 2002, FR 2002, S. 1255; a. A. *Frotscher,* in: Frotscher / Maas, § 8b Rn. 56e.

[51] *Richter,* in: Meyn / Richter, Rn. 734 ff.; *Richter,* Stiftung & Sponsoring Heft 5 / 2003, S. 15.

[52] *Gebel,* Betriebsvermögensnachfolge, Rn. 1183.

[53] Ebd., Rn. 1184.

[54] Ebd., Betriebsvermögensnachfolge, Rn. 1184.

5.6 Die Besteuerung von nicht steuerbegünstigten Stiftungen

Erbersatzsteuer

Inländische Stiftungen, die wesentlich im Interesse einer Familie oder bestimmter Familien errichtet worden sind, unterliegen in 30-jährigem Turnus der Erbersatzsteuer, die das Stiftungsvermögen der Erbschaftsteuer unterwirft, § 1 Abs. 1 Nr. 4 ErbStG. Dadurch soll verhindert werden, dass das in den Familienstiftungen gebundene Vermögen auf Generationen der Erbschaftsteuer entzogen wird.[55]

Der Gesetzgeber hat im Jahre 1974 die Erbersatzsteuer eingeführt. Das Bundesverfassungsgericht hat die Verfassungsmäßigkeit dieser Bestimmung ausdrücklich bestätigt.[56] Trotz ihrer Belastung kann die Erbersatzsteuer in einzelnen Fällen günstiger sein als die Erbschaftsteuer auf den normalen Erbgang. Dies gilt z. B. bei einer kürzeren Erbfolge als 30 Jahre, bei Eingreifen einer ungünstigeren Steuerklasse als Klasse I oder bei nur einem oder gar keinem Kind als Erben.[57] Darüber hinaus ist wegen des bekannten Zeitpunkts des Anfalls eine bessere Planung und Gestaltung möglich wie die Umschichtung in Vermögen mit niedrigen Steuerwerten oder negatives Betriebsvermögen etc.

Die Erbersatzsteuer fällt an, wenn eine wesentliche Familienbegünstigung zum Zeitpunkt des Ablaufs des 30-Jahres-Zeitraums vorliegt, R 2 Abs. 1 Satz 2 ErbStR 2003.

Die Höhe der Erbersatzsteuer bemisst sich so, als entfalle das Gesamtvermögen der Familienstiftung auf zwei Kinder, § 15 Abs. 2 Satz 3 ErbStG. Dies gilt ungeachtet der tatsächlichen Verwandtschaftsverhältnisse und auch, wenn gar keine oder weniger als zwei Kinder begünstigt sind.[58]

Entsprechend ist der doppelte Kinderfreibetrag in Höhe von jeweils 205.000 € vom Wert des Stiftungsvermögens abzuziehen, § 16 Abs. 1 Nr. 2, § 15 Abs. 2 Satz 3 Hs. 1 ErbStG. Die Steuer für den danach verbleibenden Gesamtwert bemisst sich nach dem %-Satz der Steuerklasse I, der für die Hälfte dieses Gesamtwertes gelten würde, § 15 Abs. 2 Satz 3 Hs. 2 ErbStG.

Die so berechnete Steuer kann auf Antrag über 30 Jahre verrentet werden (§ 24 ErbStG). Diese Jahresraten setzten sich aus der Tilgungsleistung und einer Verzinsung in Höhe von 5,5 % p.a. zusammen.[59]

Die Bemessungsgrundlage der Erbersatzsteuer erstreckt sich auf das gesamte Stiftungsvermögen zum Zeitpunkt des Entstehens der Steuerpflicht.[60] Zustiftungen nach Errichtung der Stiftung werden demnach unabhängig von dem Zeitpunkt

---

[55] BFH, Urt. v. 10. 12. 1997 – II R 25/94, BStBl. II 1998, S. 114, 115; *Wachter,* in: DAI e.V. (Hrsg.), S. 154.
[56] BVerfGE 63, S. 312 ff.; siehe auch *Sorg,* S. 79 ff. m. w. N.
[57] *Pöllath,* in: Seifart/v. Campenhausen (Hrsg.), § 14 Rn. 112.
[58] Ebd., § 14 Rn. 123.
[59] Ebd., § 14 Rn. 124.
[60] Ebd., § 14 Rn. 117.

ihres Zugangs von der Erbersatzsteuer erfasst. Das ist bei der Gründung einer so genannten Stufenstiftung zu berücksichtigen. In diesem Fall gründet der Stifter die Familienstiftung noch zu Lebzeiten und überträgt ihr vorerst geringe Vermögenswerte. Vorteile dabei sind, dass der Stifter bei aufkommenden Schwierigkeiten selbst eingreifen kann und auch den Wert des übertragenen Vermögens durch Bestimmung des Zeitpunkts beeinflussen kann. Die Steuer entsteht mit dem Zeitpunkt der Übertragung, unüberschaubare Vermögensentwicklungen zwischen dem Anfall der Zuwendung und der Anerkennung der Stiftung von Todes wegen können daher vermieden werden. Allerdings beginnt die 30-Jahresfrist ab dem Zeitpunkt der ersten Vermögensübertragung zu laufen. Liegt daher zwischen der anfänglichen Zuwendung unter Lebenden und der bedeutenderen Zuwendung von Todes wegen, ein längerer Zeitraum, wird die Erbersatzsteuer bereits verhältnismäßig früh auf den Gesamtwert ausgelöst. Die Vor- und Nachteile einer solchen Stufengründung sind daher im Einzelfall sorgfältig abzuwägen.

Eine Beschränkung auf die Vermögensteile, die dem Interesse der Familie dienen, findet nicht statt.[61] Ebenso wenig kann der Kapitalwert künftiger Leistungen an satzungsmäßig Begünstigte abgezogen werden, § 10 Abs. 7 ErbStG.[62] Das Abzugsverbot gilt grundsätzlich auch für Versorgungsleistungen an den Stifter oder seine Angehörigen, zu denen die Stiftung anlässlich einer zur Erstausstattung gehörenden Betriebsübergabe verpflichtet worden ist. Bei Zustiftungen kann die Sachlage jedoch anders zu bewerten sein.[63] Die Koppelung der Zustiftung an die Verpflichtung zu künftigen Versorgungsleistungen kann eine Last darstellen, die von vornherein das für satzungsmäßige Zwecke zur Verfügung stehende Vermögen mindert. Eine solche Leistungspflicht ist bei der Ermittlung der Bemessungsgrundlage zu berücksichtigen.

Die Familienstiftung kann die Bemessungsgrundlage jedoch durchaus gestalten und entsprechend mindern.[64] Insbesondere kann sie die satzungsmäßigen Mittelabflüsse an die Begünstigten vor Ablauf der 30 Jahre intensivieren oder auch die „normalen" Zuwendungen der nächsten Folgejahre vorziehen.[65] Zu einer Optimierung der Bemessungsgrundlage können zudem Umschichtungen von Vermögenswerten (z. B. von Geldvermögen in Grundvermögen oder von Privatvermögen in Betriebsvermögen) erfolgen oder der fremdfinanzierte Erwerb vermieteter Grundstücke genutzt werden.[66] In diesem Zusammenhang kamen Formen des Kommunalleasing auf, insbesondere durch Sale-and-Lease-Back Modelle. Dadurch sollten die Kommunen neue Liquidität gewinnen und die steuerpflichtigen Familienstiftungen Erbersatzsteuer sparen. Spektakulärstes Beispiel war wohl der ge-

---

[61] Ebd., § 14 Rn. 117.
[62] *v. Oertzen / Müller*, S. 8.
[63] *Gebel*, Betriebsvermögensnachfolge, Rn. 1214.
[64] *Pöllath*, in: Seifart / v. Campenhausen (Hrsg.), § 14 Rn. 118 ff.
[65] *Hof / Hartmann / Richter*, S. 204.
[66] *Wachter*, in: DAI e.V. (Hrsg.), S. 156.

plante Verkauf des Münchener Rathauses. Derartige Gestaltungen sind jedenfalls für Bayern ausdrücklich steuerlich nicht anzuerkennen.[67]

Bereits bei Errichtung der Familienstiftung empfiehlt sich im Hinblick auf die Erbersatzsteuer nicht eine Stiftung für mehrere Kinder gemeinsam, sondern für jedes Kind einzeln zu gründen.[68] Die steuerliche Privilegierung des Betriebsvermögens gilt auch im Rahmen der Erbersatzsteuer, § 13 a Abs. 1, 2, 7 ErbStG.

Besteuerung der Familienstiftung bei Auflösung und „Umwandlung"

Die Besteuerung bei Aufhebung einer Familienstiftung ist ähnlich der bei der Errichtung der Stiftung, es greift das Steuerklassenprivileg. Ebenfalls als Auflösung wird die Änderung des Stiftungscharakters (so genannte „Umwandlung") angesehen.

Die vollständige Auflösung der Familienstiftung gilt als Schenkung unter Lebenden und ist als solche steuerpflichtig, § 7 Abs. 1 Nr. 9 ErbStG. Als Schenker gilt nicht die Stiftung, sondern der Stifter. Für die Bestimmung der Steuerklasse des Anfallsberechtigten ist daher auf dessen Verhältnis zum Stifter abzustellen. Dadurch gilt als anzuwendende Steuerklasse nicht zwingend die ungünstige Steuerklasse III.[69] Die persönlichen Freibeträge des Anfallsberechtigten bestimmen sich ebenfalls nach seinem Verhältnis zum Stifter. Der Rückfall des Stiftungsvermögens an den Stifter selbst ist grundsätzlich nicht steuerfrei oder -privilegiert, sondern unterliegt der Besteuerung nach Steuerklasse III.[70]

Soweit die Rückübertragung auf den Stifter grundsätzlich angedacht ist, sollte sich der Stifter zur Vermeidung einer doppelten Besteuerung ein Rückforderungsrecht ausdrücklich vorbehalten oder seine Anfallsberechtigung vorgeben bzw. die Übertragung unter einer aufschiebenden Bedingung vornehmen. In diesen Fällen würde die ursprünglich für die Übertragung durch die Stiftung getragene Steuer rückwirkend erlöschen, § 29 Abs. 1 Nr. 1 ErbStG. Der Rückfall an den Stifter bliebe steuerfrei.[71]

Erfolgt die Auflösung der Familienstiftung zeitnah nach dem Stichtag der Erbersatzsteuer, kann die Steuer ermäßigt werden, § 26 ErbStG. Liegen zwischen Stiftungsauflösung und Stichtag für die Erbersatzsteuer höchstens zwei Jahre, wird die Erbersatzsteuer auf die Schenkungsteuer zu 50 % angerechnet. Bei einem Zeitraum von höchstens vier Jahren erfolgt eine Anrechnung in Höhe von 25 %.

---

[67] Erlass des FM Bayern vom 19. 11. 2002, ZEV 2003, S. 73; Pressemitteilung der Bayerischen Staatskanzlei Nr. 400 vom 3. 12. 2002.

[68] *v. Oertzen/Müller*, S. 8.

[69] *Meincke*, § 15 Rn. 24; *Pöllath*, in: Seifart/v. Campenhausen (Hrsg.), § 14 Rn. 136.

[70] BFH, Urt. v. 25. 11. 1992 – II R 77/90, BStBl. II 1993, S. 238, 239; ablehnend *Binz/Sorg*, S. 229, 232.

[71] *Busch/Heuer*, S. 7; *Jülicher*, S. 363, 371; *Wachter*, in: DAI e.V. (Hrsg.), S. 202.

Ein Sonderproblem ergibt sich beim Übergang von der Familienstiftung zur gewöhnlichen Stiftung. Motivation kann z. B. das Aussterben der Familie sein, das den Charakter als Familienstiftung entfallen lässt. Die Finanzverwaltung behandelt die „Umwandlung" einer Familienstiftung in eine gewöhnliche Stiftung durch Satzungsänderung als Aufhebung der Familienstiftung und Errichtung einer neuen Stiftung, R 2 Abs. 4 ErbStR 2003. Der Erwerb der neuen Stiftung unterliegt der Schenkungsteuer nach Steuerklasse III, § 7 Abs. 1 Nr. 9 ErbStG i.V. m. § 15 Abs. 1 ErbStG.

Entsprechendes gilt, wenn durch Satzungsänderung lediglich bisher nicht bezugs- oder anfallsberechtigte Familienmitglieder, die mit dem Stifter entfernter verwandt sind, in den Kreis der Destinatäre aufgenommen werden und durch ihre Zugehörigkeit zu diesem Personenkreis bereits zum Zeitpunkt der Besteuerung der Erstausstattung sich damals eine ungünstigere Steuerklasse ergeben hätte, R 2 Abs. 4 Satz 2 bis 5 ErbStR 2003.

Die Umwandlung in eine gemeinnützige Stiftung ist allerdings steuerfrei möglich, § 13 Abs. 1 Nr. 16b ErbStG.[72] Eine derartige Umwandlung kann steuerlich interessant sein, um vor Ablauf der 30-Jahresfrist den Anfall der Erbersatzsteuer zu verhindern.[73]

Besteuerung des Stifters

Die unentgeltliche Übertragung von Vermögenswerten auf eine Familienstiftung – ob als Erstausstattung, Zustiftung, Spende oder sonstige Zuwendung – können beim Zuwendenden grundsätzlich dieselben ertragsteuerlichen Rechtsfolgen auslösen wie eine entgeltliche Veräußerung. Dieser realisiert unter Umständen durch die Entnahme des Vermögensgegenstandes etwaige bestehende stille Reserven, wenn nicht das Gesetz im Einzelfall auf die steuerliche Realisierung verzichtet und die Entnahme zum Buchwert zulässt.[74] Während die Gewinnrealisierung im steuerlichen Privatvermögen regelmäßig steuerfrei möglich ist (Ausnahmen lediglich innerhalb der Spekulationsfrist, bei qualifizierten Beteiligungen oder einbringungsgeborenen Anteilen), ist sie beim steuerlichen Betriebsvermögen selbst bei unentgeltlicher Übertragung, in der Regel steuerpflichtig.[75]

Für den unentgeltlichen Übergang eines Betriebes, Teilbetriebs oder Mitunternehmeranteils gilt jedoch die Pflicht zur Buchwertfortführung, § 6 Abs. 3 EStG.[76] Die Familienstiftung als Zuwendungsempfänger ist somit an die Wertansätze des Rechtsvorgängers gebunden. Die Aufdeckung der stillen Reserven, die an sich mit einem Subjektwechsel verbunden ist, wird hierdurch vermieden.

---

[72] *v. Oertzen / Müller,* S. 8.
[73] *Pöllath,* in: Seifart / v. Campenhausen (Hrsg.), § 14 Rn. 137.
[74] Ebd., § 40 Rn. 2.
[75] Ebd., § 40 Rn. 44.
[76] *Brandmüller / Lindner,* S. 53.

Die Buchwertfortführungspflicht gilt dagegen nicht, wenn der Familienstiftung nur ein Teil eines Mitunternehmeranteils unentgeltlich zugewendet wird.[77] In diesem Fall ist eine Buchwertfortführung nur vorgesehen, wenn der Erwerb durch natürliche Personen erfolgt, § 6 Abs. 3 Satz 1 Hs. 1 EStG. Der Erwerb eines Teilanteils durch eine Stiftung führt somit beim Stifter bzw. Zustifter zu einer anteiligen Entnahme des Gesamthandvermögens mit der Folge einer eventuellen Gewinnrealisierung durch Aufdeckung stiller Reserven.[78]

Andererseits können Zuwendungen an die Stiftung zum steuerlichen Abzug als Betriebsausgabe oder Werbungskosten berechtigen, sofern diese für den Stifter oder Zustifter der Erzielung von Einkünften in einer bestimmten Einkunftsart dienen.[79]

Besteuerung der Destinatäre

Satzungsmäßige Zuwendungen aus dem Vermögen von Familienstiftungen fallen den Begünstigten unentgeltlich zu. Dennoch sind sie schenkungsteuerfrei, da sie nicht um der Bereicherung der Bedachten willen, sondern zur Erfüllung des Stiftungszwecks geleistet werden.[80] Allerdings unterliegen die Einkünfte der Destinatäre dem Halbeinkünfteverfahren. Das bedeutet, dass die Einkünfte zur Hälfte einkommensteuerpflichtig sind, § 3 Nr. 40 EStG. Entsprechend sind Betriebsausgaben und Werbungskosten lediglich hälftig abzugsfähig, §§ 3c Abs. 2 Satz 1, 52 Abs. 8a EStG.

Nicht abschließend geklärt ist, welcher Einkunftsart die Ausschüttungen einer steuerpflichtigen Familienstiftung zuzuordnen sind und ob es sich hierbei um Einkünfte aus Kapitalvermögen nach § 20 Abs. 1 Nr. 9 EStG oder um sonstige Einkünfte im Sinne des Auffangtatbestandes des § 22 Nr. 1 Satz 2 Hs. 2 EStG handelt.[81] Dieser Streit ist nur insoweit relevant, als der Anfall der Kapitalertragsteuer nur im Rahmen von § 20 Abs. 1 Nr. 9 EStG, nicht dagegen bei Anwendung des § 22 Nr. 1 Satz 2 Hs. 2 EStG einschlägig ist. Dabei ist zu beachten, dass § 22 Nr. 1 Satz 1 EStG formell subsidiär gegenüber anderen Einkunftsarten ist. Außerdem ist § 20 Abs. 1 Nr. 9 EStG gerade als Spezialnorm zur Regelung der Besteuerung der Ausschüttungen von Stiftungen (und sonstigen juristischen Personen des privaten Rechts) eingeführt worden.[82] Für die Anwendung des § 22 Nr. 1 Satz 1 EStG bleibt daher kein Raum.[83] Somit führen die Ausschüttungen

---

[77] *Gebel*, Betriebsvermögensnachfolge, Rn. 1202.
[78] Ebd.
[79] *Pöllath*, in: Seifart / v. Campenhausen (Hrsg.), § 40 Rn. 42, 49.
[80] *Gebel*, Betriebsvermögensnachfolge, Rn. 1260.
[81] *Wachter*, in: DAI e.V. (Hrsg.), S. 153; *Schauhoff*, in: Schaumburg / Rödder (Hrsg.), S. 315.
[82] *Schiffer / v. Schubert*, S. 265, 268.
[83] *Wachter*, in: DAI e.V. (Hrsg.), S. 154.

bei den Destinatären zu Einkünften aus Kapitalvermögen gemäß § 20 Abs. 1 Nr. 9 EStG. Als solche unterliegen sie der Kapitalertragsteuer (§§ 43 Abs. 1 Nr. 7a, 52 Abs. 53 EStG).

Von dem Begünstigten geleistete Kapitalertragsteuer kann er vollständig auf seine Steuerschuld anrechnen, § 36 Abs. 2 Nr. 2 Satz 1 EStG. Das gilt auch für den Teil der Kapitalertragsteuer, der auf die steuerfreie Hälfte der Ausschüttung entfällt. Ist der Bedachte steuerbegünstigt, kann vom Kapitalertragsteuerabzug Abstand genommen werden, § 44a Abs. 7 EStG.

Steuerliche Gestaltungsmodelle

Unter Berücksichtigung des Einzelfalls kann statt der Errichtung einer reinen Familienstiftung auch eine gemeinnützige Stiftung mit Familienbezug oder eine Kombination aus beidem denkbar sein.

Gemeinnützige Stiftung mit Familienbegünstigung

Die Familienstiftung kann grundsätzlich aufgrund ihres auf das Familienwohl und nicht das Allgemeinwohl gerichteten Zwecks nicht gemeinnützig sein, § 52 AO. Trotzdem ist eine so genannte „gemeinnützige Familienstiftung" möglich. Diese verfolgt ausschließlich gemeinnützige, mildtätige bzw. kirchliche Zwecke. Sie darf jedoch bis zu einem Drittel ihres Einkommens dazu verwenden, um in angemessener Weise den Stifter und seine nächsten Angehörigen zu unterhalten, deren Gräber zu pflegen und deren Andenken zu ehren, ohne dadurch ihre Steuerbegünstigung zu gefährden, § 58 Nr. 5 AO. Es ist stets die Drittel-Grenze einzuhalten.[84] In diesem Fall entfallen alle Belastungen auf Seiten der Stiftung durch Erbschaft- und Schenkungsteuer, Körperschaftsteuer und Erbersatzsteuer. Die Ausschüttungen an die Begünstigten bleiben hingegen bei diesen steuerpflichtig.[85] Allerdings darf eine Unterstützung hilfsbedürftiger Angehöriger des Stifters nicht der alleinige Satzungszweck der Stiftung sein.[86]

Der Begriff der „nächsten Angehörigen" im Sinne des § 58 Nr. 5 AO ist enger gefasst als der allgemeine Begriff der Angehörigen gemäß § 15 AO. Die Finanzverwaltung beschränkt die für die Anerkennung der Gemeinnützigkeit unschädliche Familienbegünstigung auf die Ehegatten, Eltern, Großeltern, Kinder (auch bei Adoption), Enkelkinder (auch im Fall der Adoption), Geschwister, Pflegekinder und Pflegeeltern. Weitere Verwandte oder Abkömmlinge nach den Enkeln sind dabei ausgeschlossen.[87]

---

[84] AEAO Nr. 5 zu § 58 Nr. 5 AO; Nr. 14 zu § 55 AO.
[85] *Pöllath*, in: Seifart / v. Campenhausen (Hrsg.), § 14 Rn. 18.
[86] AEAO Nr. 8 Satz 2 zu § 58 Nr. 5 AO.
[87] *v. Oertzen*, Stiftung & Sponsoring Heft 3/1998, S. 16; *Hof/Hartmann/Richter*, S. 323.

5.6 Die Besteuerung von nicht steuerbegünstigten Stiftungen

Allerdings lässt sich der Kreis der Begünstigten bei Stiftungserrichtung durch den Umweg der „Miterrichtung" erweitern.[88] Gleiches gilt, wenn der Begünstigte selbst Zustifter wird, indem er selbst oder der Testamentsvollstrecker für ihn der Stiftung Vermögen zustiftet.[89] Das soll auch dann gelten, wenn das Vermögen zuvor vom Erststifter an ihn übertragen worden ist.[90]

Die Begünstigung der nächsten Angehörigen ist auf ein Drittel des Einkommens[91] der gemeinnützigen Stiftung begrenzt. Diese Regelung bezieht sich auf den jeweiligen Veranlagungszeitraum. Nachholung und Vortrag sind nicht gestattet. Bei wechselnden Einkünften ist eine Grundversorgung des Stifters und seiner Angehörigen unter Umständen nicht gesichert.[92]

Außerdem müssen die einzelnen Aufwendungen angemessen sein. Abzustellen ist dabei auf den Lebensstandard des Zuwendungsempfängers, AEAO Nr. 7 zu § 58 Nr. 5 AO.[93] Aufgrund der Drittel-Regelung hat die gemeinnützige Familienstiftung an Stelle der reinen Familienstiftung in der Praxis regelmäßig nur geringe Bedeutung. Auch wenn zwischen der Stifterfamilie und der Finanzverwaltung Einigkeit über die Angemessenheit des Lebensunterhalts erzielt würde, wäre weiterhin zu klären, ob dieser Lebensunterhalt nicht bereits aus den sonstigen Mitteln der Begünstigten bestritten werden kann.[94]

Doppelstiftung

Soll die Familie tatsächlich über Zuwendungen der Stiftung versorgt werden, bietet die so genannte Doppelstiftung für Unternehmerfamilien die Möglichkeit, Steuervorteile einer gemeinnützigen Stiftung zu erlangen und dennoch die Familieninteressen zu wahren.[95]

Auf die Familienstiftung werden so viele Anteile des Unternehmens übertragen, wie für die in der Satzung vorgesehene Unterstützung von Familienmitgliedern und der nachfolgenden Generationen erforderlich ist. Die restlichen Anteile hält die gemeinnützige Stiftung. Für sie werden Stimmrechte zugunsten der Familienstiftung ausgeschlossen oder beschränkt.[96]

---

[88] *Pöllath,* in: Seifart / v. Campenhausen (Hrsg.), § 14 Rn. 18.

[89] Ebd., § 43 Rn. 57.

[90] Ebd., § 43 Rn. 57.

[91] Zur Auslegung des Begriffs „Einkommen" vgl. *Berndt,* Stiftung und Unternehmen, Rn. 1168; *Müller/Schubert,* S. 1289, 1295 f.

[92] *Richter,* in: Meyn / Richter, Rn. 393.

[93] Anderer Ansicht *Müller/Schubert,* S. 1289, 1296 f.; *Tipke,* in: Tipke / Kruse, § 58 Tz. 6.

[94] *Hof/Hartmann/Richter,* S. 323; *Richter,* in: Meyn / Richter, Rn. 392.

[95] Zur Doppelstiftung vgl. *Wachter,* in: DAI e.V. (Hrsg.), S. 173 f.; *Richter,* Berater-Brief Vermögen 2004, S. 17 ff.; *Richter/Sturm,* S. 13.

[96] *Wachter,* in: DAI e.V. (Hrsg.), S. 173 f.; *Richter/Sturm,* S. 13.

Durch die Errichtung einer Doppelstiftung kann es je nach den konkreten Umständen möglich sein, die gemeinnützigkeitsbezogenen Steuervorteile zu nutzen, die Erbschaft- und Schenkungsteuerlast bei Stiftungserrichtung zu minimieren, die Erbersatzsteuer auf die notwendigen Vermögensteile zu beschränken und die unternehmerische Verantwortung bei der Familie zu bündeln.[97]

Ausblick

Die Vorzüge der Familienstiftung liegen im Zivilrecht aufgrund der Bestandsfestigkeit dieser Rechtsform ohne Gesellschafterpositionen, Pflichtteilsansprüche etc. Steuerlich ist die Familienstiftung selten attraktiv. Das liegt vor allem an der Erbersatzsteuer. Zum Beispiel durch Übertragung auf Enkel statt auf Kinder können schenkungsteuerpflichtige Vorgänge seltener als 30 Jahre vorkommen. Bei der laufenden Besteuerung fehlt der Familienstiftung diejenige Flexibilität, die in einer sich rasch ändernden Landschaft erforderlich ist. Daher fällt oftmals für Familienvermögen die Entscheidung zugunsten anderer Rechtsformen (insbesondere steuerlich transparente Personengesellschaften). In diesen Fällen ist die Familienbindung durch die Vertragsgestaltung (Gesellschaftsverträge, Eheverträge, Erbverträge, Testamentsvollstreckung etc.) sicherzustellen.

---

[97] Ein bekanntes Beispiel einer Doppelstiftung war die ursprüngliche Struktur der Gemeinnützigen Hertie-Stiftung und der Hertie-Stiftung als Familienstiftung. Nach der Veräußerung von Beteiligungen besteht die Struktur als Doppelstiftung nicht mehr.

5.7 Stiftungssteuerrecht in der Rechtsprechung der Finanzgerichte und des BFH des Jahres 2003[1]

Von Rainer Walz

Anders als ein systematischer Bericht über das Steuerrecht der Stiftungen ist ein aktueller Rechtsprechungsbericht nur fragmentarisch. Dieser Mangel wird freilich kompensiert durch den Nachdruck auf der Aktualität der Fragestellungen und eine anschauliche Präzision, die den Stellungsbezug eines Gerichts zu einer rechtlichen Kontroverse eng mit dem konkreten Sachverhalt verbindet. Das juristische Gedächtnis stützt sich hier weniger auf eine hierarchische Ordnung von Prinzipien und Rechtssätzen als auf den konkreten Fall und seine Lösung. Wie allerdings auch die systematische Darstellung eines Rechtsgebiets nicht ganz ohne Anschauungsfälle und Beispiele auskommen kann, so der Fall- und Rechtsprechungsbericht nicht ohne ein Mindestmaß an systematischer Ordnung.

Um Präzision und Fallanschaulichkeit möglichst nah aufeinander abzustimmen, soll hier eine im angelsächsischen Fallrecht erprobte Analysetechnik verwendet werden. Zuerst muss man wissen, worüber in dem Fall verhandelt wird. Die Angabe der *Streitfrage* oder der Streitfragen zielt auf die Herauspräparierung der englisch sog. „issue", der möglichst genauen normativen Frage, vor die sich das entscheidende Gericht gestellt sah. Das ist die Frage nach dem Kern dessen, was zu entscheiden war. Zur Erläuterung und Veranschaulichung der Fragestellung(en) folgt dann der *Sachverhalt,* soweit man ihn braucht, um die Frage und die darauf zu gebende Antwort konkret zu verstehen. In der sog. *Entscheidungsregel* beantwortet das Gericht die ihm gestellte fallentscheidende Frage. Im Hinblick auf den konkreten Sachverhalt wird die normative Aussage getroffen, die unter dem Maßstab des Gleichheitsgebots für andere gleiche Fälle jetzt und zukünftig gelten soll. Weil die in der Entscheidungsregel gegebene Antwort auf die Rechtsfrage auch hätte anders ausfallen können, bedarf es einer Ergänzung durch die *tragenden Entscheidungsgesichtspunkte.* Das sind die wichtigsten Argumente, auf die das Gericht die getroffene Entscheidung stützt. Stark zurückgenommen legt am Schluss der Autor in einer *Anmerkung* seine eigene Einschätzung dar, stellt Beziehungen her oder macht auf Neues aufmerksam. Da der Fall im Vordergrund stehen soll, wird auf eine wissenschaftlich systematische Verarbeitung und einen entsprechenden Fußnotenapparat verzichtet.

---

[1] Unter Einbeziehung von Entscheidungen aus dem Gemeinnützigkeitsrecht, die zwar zu einer anderen Rechtsform (meist eines Vereins) ergangen sind, aber genauso zu Stiftungen hätten ergehen können.)

Die Entscheidungsregel ist die Aufbereitung der Gesetzesnorm auf den konkreten Fall.[2] Die Entscheidungswiedergabe wird unter grundsätzlicher Übernahme des Urteilstextes formuliert mit einigen das Verständnis erleichternden spärlichen Zusätzen und gelegentlichen Satzumstellungen. Die Ergänzungen sollen nichts am gemeinten Sinn der Aussage ändern, sondern nur die zentrale Information verständlich und in gebotener Kürze aus dem Gesamttext heraus isolieren. Zu berücksichtigen ist, dass dieses Verfahren in Kauf nimmt, dass Interpretationsspielräume hinsichtlich der Auswahl des entscheidenden gedanklich normativen Kerns manchmal unvermeidlich sind und dass Satzumstellungen einen Gedanken klarer und eindeutiger ausdrücken als er vielleicht gemeint war.

Die Einbeziehung von Entscheidungen zur Rechtsform des Vereins ist deshalb nötig, weil die Finanzgerichte, gestützt auf den Wortlaut des § 51 S. 2 AO häufig nur von der gemeinnützigen Körperschaft sprechen, was sowohl auf einen Verein wie auf eine Stiftung gemünzt sein kann. Nicht behandelt werden gemeinnützigkeitsrechtliche Fragen, die das Verhältnis zu Mitgliedern und die Probleme der Mitgliederbeiträge behandeln, da Stiftungen als Organisationen ohne Mitglieder definiert sind.

Der Ertrag der Rechtsprechung der Finanzgerichte und des BFH im Jahr 2003 lässt sich, wenn man die jeweils im Vordergrund der Entscheidungen stehende Problematik zur Leitschnur nimmt, in fünf stiftungssteuerrechtlichen Kapiteln darstellen. Es geht erstens um den Beginn der Steuerbefreiung einer gemeinnützigen Stiftung, dann um Probleme der Verbindung von Satzungsinhalt, tatsächlicher Geschäftsführung und Gemeinnützigkeit, darauf folgend um Fragen der steuerlichen Haftung gegenüber dem Fiskus und schließlich um die wirtschaftliche Tätigkeit von gemeinnützigen Organisationen. Es folgt noch mehr am Rande eine Entscheidung zur Steuerpflicht einer alten nicht gemeinnützigen, nicht rechtsfähigen Stiftung mit zweifelhafter Einordnung als öffentlich-rechtliche oder private Stiftung.

Beginn der Steuerbefreiung der Stiftung im Errichtungszeitraum

Weder regelt das Gesetz den Beginn der subjektiven Steuerpflicht noch den Beginn der Steuerbefreiung ausdrücklich. Für beide kann es nicht auf die Erlangung der privatrechtlichen Rechtsfähigkeit ankommen, da in § 1 Abs. 1 Nr. 5 KStG auch nicht rechtsfähige Zweckvermögen steuerpflichtig sind, die demnach auch steuerbefreit sein können. Zwei der folgenden Entscheidungen gehen auf das Problem ein, dass bei Stiftungserrichtung von Todes wegen das Zivilrecht in § 84 BGB eine fiktive Rückwirkung anordnet, um zu vermeiden, dass das Vermögen zwischen dem Tod des Erblassers und der Entstehung der juristischen Person durch staatliche

---

[2] Zur dahinterstehenden Theorie der Fallnorm vgl. *W. Fikentscher,* Methoden des Rechts in vergleichender Darstellung, Band 4, 1977, S. 185 ff.

Anerkennung in ein Vakuum fällt. Die dritte Entscheidung beschäftigt sich mit der Frage, ob Aktivitäten, die die eigentliche Zweckverwirklichung der Stiftung erst vorbereiten, schon Ansatzpunkt für die Steuerbefreiung sein können und welche rechtlichen Folgerungen daraus entstehen, dass der zu Beginn bestehende Enthusiasmus bei der Vorbereitung später weitgehend erlahmt, sobald größere Schwierigkeiten bei der Ausführung auftauchen.

Zentraler Normzusammenhang:
§ 1 Abs. 1 Nr. 4 i.V. m. § 5 Abs. 1 Nr. 9 KStG

Datum: 20. 3. 2003

Gericht: FG Düsseldorf

Streitfrage:
Unter welchen Umständen erstreckt sich die Steuerbefreiung einer Stiftung gemäß § 5 Abs. 1 Nr. 9 KStG auch auf Einkünfte der Stiftung von Todes wegen, wenn diese Einkünfte im Zeitraum zwischen dem Todestag des Stifters und der Erstellung der Stiftungsurkunde erzielt werden [also zu einer Zeit, in der die Stiftung real noch nicht besteht]?

Sachverhalt:
Nach einem formgültigen Testament der 1994 verstorbenen Erblasserin sollte das gesamte Vermögen zweier Familien als Ausstattung einer Stiftung dienen. Der Erbschein des Amtsgerichts weist eine „noch zu gründende Stiftung des Vermögens der Familien ..." als Alleinerbin aus. Der Nachlasspfleger hatte nach § 1960 BGB den Nachlass zu sichern. Verfügungsmöglichkeiten Dritter bestanden von Anfang an nicht. In der Folgezeit ersuchte der Nachlasspfleger und spätere Vorstand der Stiftung das Amtsgericht, die Genehmigung der Stiftung zu beantragen. 1998 genehmigte die Bezirksregierung die Stiftung. Zum Nachlass gehören verzinsliche Kapitalforderungen, deren Erträge das Finanzamt der Körperschaftsteuer unterwarf. Erst vom Zeitpunkt, in dem eine bestehende Stiftungssatzung vorlag, wurde die Gemeinnützigkeit anerkannt

Entscheidungsregel:
Wenn das [testamentarische] Stiftungsgeschäft durch die Benennung der Zuwendungsempfänger, die ihrerseits zu einem im Sinn der Gemeinnützigkeitsvorschriften begünstigten Kreis von Empfängern gehören, auf die gemeinnützige Ausrichtung der zu errichtenden Stiftung verweist, so besteht schon im Zeitpunkt des Erbfalls eine [der Anerkennung als gemeinnützig genügende] Vermögensbindung

Tragende Entscheidungsgesichtspunkte:
Die zivilrechtliche Rückwirkung nach § 84 BGB ist im Steuerrecht trotz des hier geltenden Rückwirkungsverbots nicht generell unbeachtlich. Das steuerliche Rückwirkungsverbot soll verhindern, dass eine im maßgebenden Zeitpunkt noch nicht getroffene Vereinbarung zu einem späteren Zeitpunkt nachgeholt wird. Liegt dagegen im maßgebenden Zeitpunkt bereits eine klare und eindeutige Abrede vor und ist diese lediglich in Folge des fehlenden Formerfordernisses noch nicht wirksam, so ist sie auch steuerlich anzuerkennen, wenn der Schwebezustand im Einklang mit den zivilrechtlichen Vorgängen rückwirkend beendet wird und die Vereinbarung dadurch endgültige Wirksamkeit erlangt.

Anmerkung:

Die §§ 59, 60 AO stellen Anforderungen an die Satzung, die grundsätzlich von Anfang an gegeben sein müssen, wenn nicht die Ausnahme des § 62 für staatlich anerkannte rechtsfähige Stiftungen vorliegt. Hier geht es um den zeitlichen Zwischenraum zwischen Stiftungsgeschäft und Genehmigung. Der BFH wird in seiner Entscheidung vom 17. 09. 2003 – BFH – I R 85/02 zu einem anders gelagerten Fall ausführen, die Rückwirkung des § 84 BGB wirke sich nicht auf die in § 5 Abs. 1 Nr. 9 KStG geregelte Steuerbefreiung aus. Aus der Entscheidung des FG Düsseldorf muss wohl eine andere Schlussfolgerung gezogen werden. Vorzugswürdig wäre in beiden Fällen eine Besinnung auf § 1 Abs. 1 Nr. 5 KStG: ein verselbständigtes Zweckvermögen kann bereits ab dem Übergang auf den Nachlasspfleger angenommen werden, sobald eine effektive Vermögenstrennung erfolgt und sofern das Stiftungsgeschäft rudimentär die gemeinnützigkeitsrelevanten Regelungen trifft.[3]

Zentraler Normzusammenhang:
§ 1 Abs. 1 Nr. 4 i. V. m. § 5 Abs. 1 Nr. 9 KStG

Datum: 17. 09. 2003

Gericht: BFH – I R 85/02

Streitfrage:
Ist eine von Todes wegen errichtete Stiftung des privaten Rechts im Fall ihrer Genehmigung auf Grund der in § 84 BGB angeordneten Rückwirkung ihrer Entstehung bereits in dem Zeitpunkt des Vermögensanfalls gemäß § 1 Abs. 1 Nr. 4 KStG subjektiv körperschaftsteuerpflichtig?

Sachverhalt:
Eine Stiftung beantragte am 6. 9. 1996 beim Finanzamt ihre Anerkennung als gemeinnützige Körperschaft. Daraufhin wurde sie vom FA aufgefordert, in ihrer Satzung eine noch fehlende Regelung über den Vermögensanfall bei Wegfall des gemeinnützigen Stiftungszwecks aufzunehmen. Dem kam die Stiftung mit Schreiben vom 22. 3. 1996 nach. Die Stiftung wurde am 11. 7. 996 genehmigt. Bis zu diesem Zeitpunkt übte die Stiftung keinerlei als Zweckverwirklichung einzuordnende Tätigkeiten aus. Erträgnisse aus dem Vermögen wurden vom Testamentsvollstrecker zinsgünstig angelegt und nach der Genehmigung an die zur eigenständigen juristischen Person gewordenen Stiftung ausgezahlt.

Entscheidungsregel:
Die subjektive Steuerpflicht der [von Todes wegen errichteten] Stiftung beginnt in Fällen der Genehmigung rückwirkend in dem durch § 84 BGB bestimmten Zeitpunkt unmittelbar vor dem Tod des Stifters. Die Rückwirkungsfiktion des § 84 BGB wirkt sich nicht auf die in § 5 Abs. 1 Nr. 9 KStG geregelte Steuerbefreiung aus. Allerdings bleibt die Steuerpflicht der Stiftung vermieden, wenn die Stiftung von Anfang an die materiellen Voraussetzungen der §§ 51 ff. AO erfüllt.

Tragende Entscheidungsgesichtspunkte:
Gemäß § 84 BGB gilt eine Stiftung für die Zuwendungen des Stifters als schon vor dessen Tod entstanden. Diese Fiktion löst das Dilemma, dass eine Stiftung erst genehmigt (heute

---

[3] Siehe dazu *H. Fischer,* Stiftung & Sponsoring 4/2003, S. 21 ff.

anerkannt) werden muss, um als rechtsfähige Einheit zu entstehen. Wenn sie z. B. in einem Testament angeordnet wird, kann dieser staatliche Akt zeitlich erst nach dem Tod liegen. Gleichzeitig muss verhindert werden, dass unmittelbar zwischen dem Tod und der Genehmigung (Anerkennung) eine Zuordnungslücke entsteht. Es ist nicht ersichtlich, warum diese Zuordnung für das Steuerrecht nicht gelten sollte.

Anmerkung:

Der Fall des FG Düsseldorf unterscheidet sich vom Fall des BFH dadurch, dass einmal gar keine Satzung, das andere Mal eine unvollständige Satzung vorlag. Das FG Düsseldorf nimmt steuerrechtliche Rückwirkung an, der BFH stellt auf einen früheren realen Entstehungszeitpunkt ab. Solange noch überhaupt keine Satzung da ist, kann eine reale Entstehung nicht angenommen werden. Insoweit müsste der Ansatzpunkt des BFH zu einer anderen Entscheidungsregel im Fall des FG Düsseldorf führen. Das ist allerdings nicht sicher, weil der BFH in unklarer Weise doch die Rückwirkungsfiktion heranzieht.

Ob die zivilrechtliche Zuordnung des § 84 BGB für das Steuerrecht übernommen werden sollte, war bisher streitig. Manche Autoren stellen auf das Tätigwerden der Stiftungsorgane nach der staatlichen Genehmigung ab, andere auf die wirtschaftliche Existenz der Stiftung. Für seine Entscheidung, die Fiktion des § 84 BGB zugrunde zu legen, gibt der BFH keine eigene Begründung. Der entscheidende körperschaftsteuerliche Gesichtspunkt der wirtschaftlichen Verselbständigung einer Vermögensmasse als sachlicher und zeitlicher Anknüpfungspunkt wird zugunsten einer zivilrechtlichen Fiktion verlassen und damit ein möglicher Widerspruch zu den unter Lebenden errichteten Stiftungen aufgerissen: Diese können vor ihrer Anerkennung allenfalls als verselbständigtes Zweckvermögen über § 1 Abs. 1 Nr. 5 KStG steuerpflichtig werden, da für sie der Weg über die Nr. 4 mangels Geltung der Fiktion des § 84 BGB nicht gangbar ist.[4] Die materiellen Voraussetzungen für die Steuerbefreiung müssen in beiden Fällen vom Beginn der subjektiven Steuerpflicht an vorliegen, wobei im Hinblick auf die Aufnahme einer zweckverwirklichenden Tätigkeit eine begrenzte Zusammenschau der Zeiträume vor und nach der Genehmigung (Anerkennung) vorgenommen werden. Deshalb ist es unschädlich, wenn die Einkünfte aus Vermietung zunächst nur eingenommen und erst nach der Genehmigung zweckentsprechend ausgegeben werden. Welche zeitlichen Grenzen hier einzuhalten sind, ist noch nicht entschieden.

Zentraler Normzusammenhang:

§ 63 Abs. 1, Abs. 2, Abs. 3 AO i.V. m. § 5 Abs. 1 Nr. 9 KStG; § 58 Nr. 6 AO; § 52 Abs. 1 S. 2 AO

Datum: 23. 07. 2003

Gericht: BFH I R 29 / 02

Streitfragen:

a) Kann eine Körperschaft erst dann, wenn sie mit der Verwirklichung ihrer Satzungszwecke begonnen hat, gemäß § 5 Abs. 1 Nr. 9 S. 1 KStG steuerbefreit sein oder reichen dafür schon rein vorbereitende Maßnahmen zur späteren Verwirklichung des Satzungszwecks aus?

b) Welche Auswirkungen auf die Gemeinnützigkeit hat es, wenn zweckverwirklichende Tätigkeiten zwischenzeitlich erlahmen oder völlig eingestellt werden?

---

[4] Anmerkung *H. Fischer,* ZEV 2004, S. 86 f.

c) Wie wird der Nachweis der auf die Erfüllung der steuerbegünstigten Zwecke gerichteten tatsächlichen Geschäftsführung gemäß § 63 Abs. 1 AO erbracht?

d) Muss das Finanzamt mit Nachweisen in die Vorhand treten, wenn es zuvor einer Körperschaft vorläufig bescheinigt hat, sie sei wegen Verfolgung gemeinnütziger Zwecke von der Steuer befreit oder wenn insoweit sogar bereits ein vorläufiger Freistellungsbescheid erteilt wurde? Genießt die Körperschaft insoweit einen gewissen Vertrauensschutz?

Sachverhalt:

Geklagt hat ein im Frühjahr 1989 gegründeter Verein, der sieben Mitglieder hatte, von denen mindestens 6 miteinander verwandt oder verschwägert waren. Sein Zweck war die Förderung und Pflege des Segelsports u. a. als Freizeit- und Breitensport. Das Finanzamt bescheinigte dem Verein im Jahr 1990 zunächst vorläufig, dass er wegen Verfolgung gemeinnütziger Zwecke steuerbefreit sei. 1994 erließ das Finanzamt einen entsprechenden, allerdings vorläufigen Freistellungsbescheid (§ 165 Abs. 1 AO) für die Jahre 1990 bis 1992.

In den Streitjahren 1990–1995 führte der Verein seine im Wesentlichen durch Spenden erlangten Mittel nahezu vollständig einer Rücklage zu, die er u. a. zum Erwerb eines Segelbootes verwenden wollte. Nach den Aufzeichnungen des Vereins über Einnahmen und Ausgaben beschränkten sich die Aufwendungen, die mit dem Segelsport in Verbindung standen, im Wesentlichen auf geringe Ausgaben für Fachzeitschriften.

Nachdem Mitte 1995 keine Aussicht mehr auf Zuteilung eines Bootsliegeplatzes bestand, erlahmten die Vereinsaktivitäten. Detaillierte Geschäfts- und Tätigkeitsberichte oder Protokolle für diesen Zeitraum wurden nicht angefertigt.

Das Finanzamt versagte für die Streitjahre die beantragte Steuerbefreiung gemäß § 5 Abs. 1 Nr. 9 S. 1 KStG und änderte die ergangenen vorläufigen Feststellungsbescheide entsprechend ab.

Entscheidungsregeln:

zu a) Zur tatsächlichen Geschäftsführung im Sinn des § 63 Abs. 1 gehören alle der Körperschaft zuzurechnenden Handlungen und somit auch die Tätigkeiten und Handlungen, die der Verwirklichung des Satzungszwecks vorausgehen und sie vorbereiten Die vorbereitenden Handlungen müssen allerdings ernsthaft auf die Erfüllung eines steuerbegünstigten satzungsmäßigen Zwecks gerichtet und hierzu objektiv geeignet sein. Die bloße Absicht zu einem unbestimmten Zeitpunkt einen der Satzungszwecke zu verwirklichen, genügt nicht.

zu b) Bei Erlahmen der Tätigkeit ist zu unterscheiden, ob die Vereinsaktivitäten völlig eingestellt und somit die Voraussetzungen des § 63 Abs. 1 AO nicht mehr gegeben sind oder ob lediglich der ursprüngliche Plan aufgegeben wird und danach andere Bemühungen nachgewiesen werden, die satzungsmäßigen Zwecke alsbald zu verwirklichen.

zu c) § 63 Abs. 3 verlangt lediglich einen Nachweis durch ordnungsmäßige Aufzeichnungen über die Einnahmen und Ausgaben. Geschäfts- und Tätigkeitsberichte und Protokolle sind nicht unerlässlich. Die Körperschaft kann den Nachweis über ihre Tätigkeit auch durch andere Unterlagen (z. B. Schriftverkehr und Notizen über vorbereitende Maßnahmen) führen.

zu d) Der Verein trägt die Feststellungslast dafür, dass seine tatsächliche Geschäftsführung den Anforderungen des § 63 Abs. 1 AO entspricht. Weder eine vorläufige Bescheinigung noch ein vorläufiger Feststellungsbescheid des Inhalts, dass die Voraussetzungen der Steuerbefreiung vorliegen, führen zu einer Umkehr der Beweislast.

Tragende Entscheidungsgesichtspunkte:

zu a) Die Steuerbefreiung setzt u. a. voraus, dass die tatsächliche Geschäftsführung auf die ausschließliche und unmittelbare Erfüllung steuerbegünstigter Zwecke gerichtet ist und den Bestimmungen entspricht, die die Satzung über die Voraussetzungen für Steuervergünstigungen enthält (§ 63 Abs. 1 AO). In der Rechtsprechung und im Schrifttum ist umstritten, ob eine nach ihrer Satzung steuerbegünstigte Zwecke verfolgende Körperschaft erst dann steuerbefreit sein kann, wenn sie mit der Verwirklichung ihrer Satzungszwecke begonnen hat. Das fordert die Vorschrift nicht, sondern nur, dass die tatsächliche Geschäftsführung und somit die Gesamtheit aller der Körperschaft zuzurechnenden Handlungen (einschließlich der vorbereitenden) auf die Erfüllung der steuerbegünstigten Zwecke gerichtet sind und den Bestimmungen der Satzung entsprechen. § 63 Abs. 1 AO unterscheidet nicht zwischen Handlungen, die die Verwirklichung eines Satzungszwecks nur vorbereiten, und solchen, durch die ein Satzungszweck bereits verwirklicht wird.

zu b) Die Körperschaft muss sich freilich aktiv und nachweisbar bemühen, alsbald die organisatorischen und wirtschaftlichen Voraussetzungen für die Verwirklichung der steuerbegünstigten Zwecke zu schaffen. Die Vorbereitungs- und Planungsphase darf einen – von den Umständen des Einzelfalls abhängigen – angemessenen Zeitraum nicht überschreiten.

zu c) Dass Art und Umfang der Tätigkeiten nur durch Geschäfts- und Tätigkeitsberichte nachgewiesen werden können, lässt sich dem Gesetz nicht entnehmen, wenn in § 63 Abs. 3 AO nur ein Nachweis durch ordnungsmäßige Aufzeichnungen über die Einnahmen und Ausgaben verlangt wird. Andere schriftlich fixierte Unterlagen genügen deshalb.

zu d) Vorläufige Bescheinigungen und vorläufige Freistellungsbescheide ändern die materielle Rechtslage nicht und beeinflussen deshalb die Feststellungslast nicht. Es bleibt dabei, dass der Kläger im finanzgerichtlichen Verfahren die Feststellungslast dafür trägt, ob seine tatsächliche Geschäftsführung den tatsächlichen Anforderungen des § 63 Abs. 1 AO entsprach.

Anmerkung:

Neugegründete gemeinnützige Organisationen bedürfen häufig einer Anlaufphase, in der das erforderliche Vermögen entweder noch angespart oder doch durch Anschaffungen und Anstellungen auf die gemeinnützige Zweckverwirklichung zugeschnitten werden muss. Es wäre geradezu dysfunktional, wollte man ausgerechnet diesen schwierigen Vorbereitungszeitraum von der Steuerbefreiung ausnehmen. Ob und welche Rücklagen über welchen Zeitraum gebildet werden dürfen, ist nach BFH v. 13. 9. 1989 – I R 19/85 hinsichtlich Grund, Höhe und zeitlichem Umfang „nach objektiven Kriterien des konkreten Falles" zu überprüfen. Die Entscheidung hier verweist auf § 58 Nr. 6 AO, der auch schon für die Anlaufphase gilt: danach darf eine Körperschaft ihre Mittel einer Rücklage zuführen, soweit dies erforderlich ist, um ihre steuerbegünstigten satzungsmäßigen Zwecke nachhaltig erfüllen zu können.

Dies ist freilich nur eine Klarstellung innerhalb des in § 55 Abs. 1 Nr. 5 festgehaltenen Grundsatzes, dass Mittel zeitnah zu verwenden sind und Ansammlungen ohne besondere Rechtfertigung vermieden werden müssen. Das erklärt, warum der BFH für wirkliche oder auch nur behauptete Anlaufphasen eine von Fall zu Fall zu ziehende zeitliche Grenze einzieht. Um sie zu konkretisieren, muss die Körperschaft von Anfang an nachweisen, dass sie sich konkrete Vorstellungen über ihre gemeinnützigen Aktivitäten und deren Finanzierung gemacht hat und dass sie dieses Konzept gegenwärtig und zielstrebig verfolgt.[5] Eine bloß unbestimmte Absicht, die sich nicht objektiv klar festmachen lässt, reicht nicht.

---

[5] *P. Fischer,* FR 2004, 148.

Es kommt immer wieder vor, dass sich kürzere oder längere Zeit nach Gründung oder Errichtung einer gemeinnützigen Körperschaft herausstellt, dass die ursprünglich ins Auge gefasste Art der Zweckverwirklichung nicht möglich sein wird. Hier muss die Konzeption alsbald geändert und die Aktivität ohne lange Pause auf das neue Konzept umgestellt werden.

Beides muss nachweisbar sein, also seine Spuren im Rahmen einer beweisbaren Realität hinterlassen haben. Bloße Inaktivität führt zum Verlust der Gemeinnützigkeit.

Der BFH ist sichtlich darum bemüht, die Nachweiserfordernisse nicht unnötig zu formalisieren. Dem Gesetz lasse sich nicht entnehmen, dass Geschäftsberichte und Protokolle beigebracht werden müssen. Das ändert aber nichts daran, dass die Grenze zwischen beweiskräftigem Nachweis und bloßer Behauptung dadurch nicht verwischt wird.

Kritisch lässt sich einwenden: Der BFH argumentiert immer wieder mit dem Wortlaut des Gesetzes, aus dem sich die von ihm abgelehnten Schlussfolgerungen nicht entnehmen lassen. Dabei kommen aber dogmatische oder am Zweck der Regelung ausgerichtete Begründungen für die eigene Lösung häufig zu kurz. Die Rechtsprechung, die dem Fall mehr Zeit widmen kann als die Finanzverwaltung, sollte bei der Suche nach der richtigen Gesetzesauslegung die Folgen auf das Verhalten der Steuerpflichtigen stärker beachten: Im Bereich der Non-Profit-Organisationen bedürfen die handelnden Akteure der richtigen Anreize, um nicht eine natürliche Tendenz zum Liegenlassen, Abwarten und Ansammeln zu begünstigen. Sanktionen, konkretisierte Nachweispflichten und die Regelung der Feststellungslast lassen sich hierauf einstellen.

Erhöhter Vertrauensschutz wird inzwischen gewährt, wenn eine vorläufige Bescheinigung über die Gemeinnützigkeit erteilt oder die Steuervergünstigung anerkannt wurde, später aber festgestellt wird, dass die Satzung doch nicht den Anforderungen entspricht (BMF 17. 11. 2004 – IV C 4 – S 0171-120/04).

Satzungsinhalt, tatsächliche Geschäftsführung und Gemeinnützigkeit

Die tatsächliche Geschäftsführung der Körperschaft muss nach § 63 AO auf die ausdrückliche und unmittelbare Erfüllung der steuerbegünstigten Zwecke gerichtet sein und den Bestimmungen der Satzung über die Voraussetzungen der Steuervergünstigung entsprechen. Ein Verein oder eine Stiftung, die schlichtweg untätig ist, kann daher grundsätzlich nicht gemeinnützig sein. Gibt es dennoch Ausnahmen, wenn besondere Gründe der Untätigkeit vorliegen?

Die Tätigkeit der Stiftung ist nur insoweit, als sie einen in der Satzung enthaltenen Zweck verwirklicht, der steuerbegünstigt ist, von der Steuer befreit. Es stellt sich nun einmal die Frage, ob ein Verstoß gegen die Gemeinnützigkeit vorliegt, wenn zusätzlich andere als in der Satzung enthaltene gemeinnützige Zwecke verfolgt werden. Die Steuergesetze sehen für die Höhe des Spendenabzugs beim Einkommen des Spenders unterschiedliche Prozentsätze vor. Bis zu 5 % des Einkommens abziehbar sind u. a. Spenden zur Förderung der Völkerverständigung. Für wissenschaftliche, mildtätige und andere Zwecke erhöht sich der Spendenabzug im Rahmen der oben genannten gesetzlichen Bestimmungen auf 10 % des Einkommens (Gewinns). Kann eine gemeinnützige Körperschaft, deren Zwecke an sich nicht zu einem 10-prozentigen Abzug berechtigen, dies im gegebenen Einzelfall dennoch bestätigen?

Drittens muss die Satzung nach § 61 AO grundsätzlich Bestimmungen darüber enthalten, was mit dem Vermögen geschehen soll, wenn der gemeinnützige Zweck einmal nicht mehr verfolgt wird oder werden kann. Für staatlich beaufsichtigte rechtsfähige Stiftungen macht § 62 AO allerdings eine Ausnahme im Vertrauen darauf, dass eine Durchbrechung der Vermögensbindung von der Behörde nicht zugelassen würde.

Zentraler Normzusammenhang:
§ 5 Abs. 1 Nr. 9 KStG, §§ 52, 63 AO

Datum: 10. 06. 2003

Gericht: FG München

Streitfrage:
Kann eine Körperschaft, die keine Tätigkeiten entsprechend ihrem Satzungszweck unternommen hat, dennoch als steuerlich gemeinnützige Körperschaft anerkannt werden?

Sachverhalt:
Nach ihrer Satzung verfolgte die Körperschaft gemeinnützige Zwecke im Sinne des § 52 Abs. 1 i.V. m. Abs. 2 Nr. 1 AO in Form der Förderung des Natur- und Umweltschutzes sowie der Landschaftspflege. Das Finanzamt widerrief dennoch die vorläufig ergangene Anerkennung der Gemeinnützigkeit für mehrere Streitjahre und setzte eine Körperschaftsteuerpflicht im Grundsatz fest, weil die Körperschaft den Nachweis der Erfüllung ihres Satzungszwecks nicht erbracht hatte, sondern nur die Vereinnahmung von Zinsen als einzige Tätigkeit dargelegt wurde.

Entscheidungsregel:
Gemäß § 63 Abs. 1 AO muss die tatsächliche Geschäftsführung der gemeinnützigen Körperschaft auf die ausschließliche und unmittelbare Erfüllung der steuerbegünstigten Zwecke gerichtet sein, was bei bloßer Untätigkeit nicht gegeben ist. Nur ausnahmsweise ist von diesem Erfordernis bei außergewöhnlichen, von der Körperschaft nicht zu beeinflussenden Umstände abzusehen, wenn zugleich die Körperschaft dann bestrebt und fähig ist, diese Schwierigkeiten zu beseitigen.

Tragende Entscheidungsgesichtspunkte:
Die tatsächliche Geschäftsführung einer Körperschaft, die sich gemeinnützigen Zwecken verschrieben hat, muss auf Erfüllung dieser Zwecke ausgerichtet sein (§ 63 Abs. 1 AO). Der Nachweis, dass die Geschäftsführung den Erfordernissen des § 63 Abs. 1 AO entspricht muss die Körperschaft durch ordnungsgemäße Aufzeichnungen über ihre Einnahmen und Ausgaben erbringen (§ 63 Abs. 3 AO). Vorliegend ergab sich aus den eingereichten Unterlagen, dass die Körperschaft keine nennenswerten und substantiellen Aktivitäten zur Erfüllung des Satzungszwecks durchgeführt hat. Vielmehr beschränkten sich die Tätigkeiten auf die Vereinnahmung von Festgeldzinsen und die Körperschaft war ausweislich eines Beschlusses ihrer Organe im Übrigen „ruhig gestellt". Dies genügt für die Anforderungen des § 63 Abs. 1 AO nicht.

Eine Ausnahme kann im Sinne einer BFH-Entscheidung vom 11. 12. 1974 (BStBl. II 1975, S. 458) nur dann gelten, wenn die Erfüllung des Satzungszwecks durch außergewöhnliche, von der Körperschaft nicht zu beeinflussende Umstände verhindert wird und die Körperschaft ernsthaft bestrebt und in der Lage ist, die Schwierigkeiten aus dem Wege zu räumen. Nachvollziehbare Darlegungen in diesem Sinne hat im vorliegenden Fall die Körperschaft nicht erbracht, so dass auch diese Ausnahmesituation nicht vorlag.

Anmerkung:

Das FG München entscheidet zu einer Selbstverständlichkeit. Ohne Aktivitäten, die versuchen, den Satzungszweck einer gemeinnützigen Körperschaft zu erfüllen, sind steuerliche Privilegien nicht gerechtfertigt. Ausnahmen hierzu sind – wie durch den BFH und das FG München bestätigt – nur äußerst restriktiv und nur dann anzuerkennen, wenn die Aktivitäten der Körperschaft dann darauf gerichtet sind, die bestehenden Hindernisse aus dem Weg zu räumen und somit mittelbar versucht wird, die Erfüllung der satzungsgemäßen Zwecke durch die tatsächliche Geschäftsführung zu erbringen.

Zentraler Normzusammenhang:

§ 9 Abs. 1 Nr. 2 S. 2 KStG; § 9 Nr. 5 S. 2 GewStG
(entspricht § 10b EStG i.V. m. § 48 EStDV)

Datum: 16. 07. 2003

Gericht: Niedersächsisches FG

Streitfrage:

Kann eine Körperschaft, die nach ihrer Satzung den Zweck der „Förderung der internationalen Gesinnung", also einen gemeinnützigen Zweck verfolgt, bescheinigen, eine Spende zu mildtätigen Zwecken, nämlich zur Verwendung in einem Katastrophenfall, verwandt zu haben, mit der Wirkung, den Spender zum erhöhten Spendenabzug zu berechtigen?

Sachverhalt:

Nach ihrer Satzung verfolgte die Körperschaft den Zweck der „Förderung der internationalen Gesinnung". Sie erhielt und bescheinigte Spenden, die sie zur unmittelbaren unbürokratischen Hilfe in einem Katastrophenfall einsetzte. Dafür machte die Spenderin, eine steuerpflichtige Körperschaft, den erhöhten Spendenabzug von 10 % geltend. Das Finanzamt hielt das für nicht zulässig.

Entscheidungsregel:

Nach § 48 Abs. 3 Nr. 2 EStDV [a. F.] sind Zuwendungen für gemeinnützige und mildtätige Zwecke nur dann abzugsfähig, wenn der Empfänger der Zuwendungen eine in § 5 Abs. 1 Nr. 9 KStG bezeichnete Körperschaft ist und bestätigt, dass sie den zugewendeten Betrag nur für ihre satzungsmäßigen Zwecke verwendet. Im Gegensatz zur mildtätigen Förderung erlaubt die Förderung der Völkerverständigung keine materielle Unterstützung einzelner Personen oder Personengruppen, wie dies im Bereich der Mildtätigkeit der Fall ist. Verwendet eine Körperschaft eine Spende nicht zu ihren satzungsmäßigen Zwecken, entspricht ihre tatsächliche Geschäftsführung nicht den Anforderungen des § 63 AO. Die satzungszweckwidrige Verwendung ist nicht begünstigungsfähig.

Tragende Entscheidungsgesichtspunkte:

Entsprechend ihrer Satzung und der Freistellungsbescheinigung konnte die Körperschaft unabhängig von der tatsächlichen Verwendung der Spende nur die Verwendung der Spende für ihre satzungsmäßigen Zwecke bescheinigen. Sofern eine Körperschaft mildtätige Zwecke fördern will muss sie diesen Zweck als eigenständigen Zweck in ihre Satzung aufnehmen.

Eine Verwendung der Spende für den Katastrophenfall im Ausland kann mittelbar auch positive Wirkungen auf die Einstellung des Geberlandes und seiner Bevölkerung haben. Diese mittelbare Wirkung bedeutet indes nicht, dass der gemeinnützige Zweck der Völkerverständigung auch mildtätige Zwecke umfasst.

Die beiden Zwecke sind klar von einander abzugrenzen. Zur Völkerverständigung zählen alle Maßnahmen, die eine Begegnung der Angehörigen verschiedener Völker, des gegenseitigen Kennen- und Verstehenlernens und die Entwicklung zwischenmenschlicher Beziehungen fördern, zur Wissenserweiterung über andere Völker und ihre Kulturen beitragen sowie die Einsicht in die Notwendigkeit einer friedlichen Koexistenz der Völker stärken.

Hingegen verfolgt eine Körperschaft mildtätige Zwecke, wenn ihre Tätigkeit darauf gerichtet ist, Personen selbstlos zu unterstützen, die infolge ihres körperlichen, geistigen oder seelischen Zustandes auf die Hilfe anderer angewiesen sind oder wirtschaftlicher Hilfe bedürfen.

Anmerkung:

Abweichend hat der BFH v. 15. 12. 1999, XI R 93/97 für den Fall einer Spende an eine Kirche für kulturelle Zwecke ausgeführt: „In welcher Höhe Spenden nach § 10b Abs. 1 EStG abziehbar sind, richtet sich nach dem Zweck, der dem Willen des Spenders entsprechend durch die Spende tatsächlich gefördert wird. Der vom Spendenempfänger verfolgte Hauptzweck überlagert nicht generell andere Zwecke, die durch die konkrete Tätigkeit verwirklicht werden. Wendet darum ein Spender einer Kirchengemeinde einen Betrag mit der ausdrücklichen Weisung zu, diesen für einen bestimmten kulturellen Zweck zu verwenden und geschieht dies auch, so fördert er ausschließlich und unmittelbar kulturelle Zwecke."

Die vorliegende Entscheidung des niedersächsischen FG stützt sich für ihre abweichende Ansicht auf ehemalige Unterschiede im Wortlaut der verschiedenen Nummern des alten § 48 Abs. 3 EStDV Durch die Neufassung des § 48 EStDV hat sich der Wortlaut geändert und gibt künftig nichts mehr für die getroffene Entscheidung her. Die zitierte BFH-Entscheidung wich ihrerseits von einer älteren Rechtsprechung ab, nach der – unabhängig vom tatsächlichen Verwendungszweck – eine Zuwendung an eine Körperschaft, die kirchlichen Zwecken dient, zunächst und unmittelbar diese Zwecke fördern soll (sog. Überlagerungs- oder Abfärbetheorie). Der Grund für den XI. Senat, diese Rechtsprechung zu ändern, war, dass diese Auffassung im Bereich der Kulturförderung zu unterschiedlichen steuerlichen Abzugsmöglichkeiten führen würde, je nachdem ob eine kirchliche oder eine andere (weltliche) juristische Person des öffentlichen Rechts die Spende zur Förderung kultureller Zwecke verwendet. Das wäre verfassungsrechtlich nicht zu rechtfertigen gewesen. Allerdings kann man diese Fallgruppe vom hier besprochenen Fall unterscheiden. Während einer Kirche staatskirchenrechtlich kulturelles Engagement erlaubt sein muss, gilt dies nicht in gleicher Weise für zweckwidrige, wenngleich grundsätzlich gemeinnützige Tätigkeiten anderer (weltlicher) Körperschaften. Für eine Differenzierung sprechen die Gründe der formellen Satzungsmäßigkeit.

Für die Sammlung und Weitergabe von Spenden für die Tsunami Katastrophe 2005 hat das BMF-Schreiben vom 14. 1. 2005 – IV C 4 – S 2223-48/05 Ausnahmen vom Gebot der formellen Satzungsmäßigkeit zugelassen.

Zentraler Normzusammenhang:

§§ 61, 62 AO in Verbindung mit § 5 Nr. 9 KStG

Datum: 17. 09. 2003

Gericht: BFH – I R 85 / 02

Streitfrage:
Gemeinnützigkeit setzt die Einhaltung der Vermögensbindung voraus, was in der Satzung angeordnet sein muss. Das ist in § 61 AO festgelegt mit einer Ausnahmeregelung in § 62 AO unter anderem für staatlich beaufsichtigte Stiftungen. Scheitert die Anerkennung der Gemeinnützigkeit einer gerade subjektiv steuerpflichtig gewordenen „staatlich beaufsichtigten Stiftung", wenn ihre Satzung eine den Anforderungen des § 61 AO nicht voll entsprechende Regelung enthält?

Sachverhalt:
Eine Stiftung beantragte am 6. 9. 1996 beim Finanzamt ihre Anerkennung als gemeinnützige Körperschaft. Daraufhin wurde sie aufgefordert, in ihrer Satzung eine noch fehlende Regelung über den Vermögensanfall bei Wegfall des gemeinnützigen Stiftungszwecks aufzunehmen. Dem kam die Stiftung mit Schreiben vom 22. 03. 1996 nach. Die Stiftung wurde am 11. 7. 1996 genehmigt. Bis zu diesem Zeitpunkt übte die Stiftung keinerlei als Zweckverwirklichung einzuordnende Tätigkeiten aus. Erträgnisse aus dem Vermögen wurden vom Testamentsvollstrecker zinsgünstig angelegt und nach der Genehmigung an die zur eigenständigen juristischen Person gewordenen Stiftung ausgezahlt.

Entscheidungsregel:
Ein Verstoß gegen §§ 60 Abs. 2, 61 Abs. 1 AO liegt nicht vor, wenn zwar die satzungsmäßig getroffene Regelung zur Vermögensbindung den Vorgaben des § 61 AO nicht voll entspricht, § 62 AO aber insoweit eine Befreiung von der satzungsmäßigen Festlegung der Vermögensbindung vorsieht.

Tragende Entscheidungsgesichtspunkte:
Die in § 62 AO angeordnete Befreiung von der satzungsmäßigen Festlegung der Vermögensbindung beruht darauf, dass es dem Gesetzgeber auch ohne solche Festlegung gewährleistet erschien, dass das Restvermögen für gemeinnützige Zwecke verwendet wird, weil die staatlichen Aufsichtbehörden andernfalls der Auflösung nicht zustimmen würden.

Anmerkung:
§ 62 AO sieht vor, dass in den dort geregelten Fällen eine Vermögensbindung in der Satzung überhaupt nicht vorgesehen sein muss. Wird sie zwar vorgesehen, aber unvollständig geregelt, so sollte das zwar korrigiert werden (formeller Fehler). Der Grundgedanke hinter § 62 trifft jedoch auch diesen Fall.

Haftung

Haftung für die Nichterfüllung steuerlicher Pflichten

Dem Steuerfiskus haftet der Stiftungsvorstand bei vorsätzlicher oder grob fahrlässiger Verletzung der steuerrechtlichen Pflichten der Stiftung (§§ 69, 34 AO). Infolge dieses Fehlverhaltens entgehen dem Fiskus Steuern, die durch die hier normierte Ausfallhaftung abgesichert werden. Diese Haftung gegenüber dem Fiskus ist von der zivilrechtlichen Regresshaftung zu unterscheiden, die die Stiftung gegen ihren Vorstand geltend machen kann, falls ihr durch Versäumnisse desselben gegenüber dem Fiskus ein Schaden erwächst.

Zentraler Normzusammenhang:
§§ 34 Abs. 1, 35, 69 S. 1, 191 Abs. 1 AO; §§ 26 Abs. 2 S. 1, 30 BGB

Datum: 13. 03. 2003

Gericht: BFH VII R 46/02

Streitfrage:
Macht es für die Haftung des Vorstands eines Sportvereins, der sich als solcher wirtschaftlich betätigt und zur Erfüllung seiner Zwecke Arbeitnehmer beschäftigt, einen Unterschied, dass er ehrenamtlich und unentgeltlich tätig ist? Unter welchen Umständen kann die Haftung für die Einbehaltung und Abführung von Lohnsteuer vom Verein und Vereinsvorsitzenden auf Abteilungen des Vereins und deren Vorsitzenden abgewälzt werden? Ist ein ehrenamtlicher Vereinsvorsitzender von der Verantwortung für die Erfüllung steuerlicher Pflichten des Vereins frei, wenn die Lohnzahlungen überwiegend aus dem Haushalt und der Kasse der wirtschaftlich tätigen Zweigvereine getätigt werden und die Zweigvereine auch sonst in die Anbahnung und Abwicklung der Vertragsverhältnisse mit den Spielern intensiv eingeschaltet sind oder diese sogar als offene oder verdeckte Vertreter des Hauptvereins abgeschlossen haben?

Sachverhalt:
Der Sportverein, dessen ehrenamtlicher 1. Vorsitzende der Kläger war, widmete sich in verschiedenen Abteilungen der Pflege unterschiedlicher Sportarten. Die Satzung des Vereins übertrug dem 1. und 2. Vorsitzenden dessen Vertretung. Ferner sah die Satzung als Organe einen Hauptvorstand, Abteilungsvorstände und Abteilungsvorsitzende als besondere Vertreter nach § 30 BGB mit beschränkter Vertretungsmacht vor. Aufgabe der Abteilungsvorstände war im Wesentlichen die Organisation des Sportbetriebs sowie die Erledigung von Mitgliederangelegenheiten. Der Hauptvorstand hatte umfassende Informations-, Kontroll- und Eingriffsrechte gegenüber den Abteilungsvorständen und war insbesondere für die Buchhaltung des Vereins zuständig.

Das Finanzamt hat gegen den Verein erhebliche Steuerforderungen aus Lohnsteuerhaftungs- und Nachforderungsbescheiden, die darauf beruhen, dass der Verein Lohnzahlungen an seine Spieler ohne Steuereinbehalt geleistet hat. Nachdem die Eröffnung des Konkursverfahrens über das Vermögen des Vereins mangels Masse abgelehnt worden war, hat das Finanzamt den 1. Vorsitzenden als Haftungsschuldner in Anspruch genommen. Dieser ist der Auffassung, nicht er, sondern der Abteilungsvorsitzende hafte. Die originäre Vertretungszuständigkeit des Abteilungsvorsitzenden verdränge, soweit sie reicht, die Vertretung des Hauptvorstands nach § 26 BGB.

Entscheidungsregel:
Wer als 1. Vorsitzender eines eingetragenen Vereins gesetzlicher Vertreter dieser juristischen Person gem. §§ 21, 26 Abs. 2 BGB ist, ist nach § 34 Abs. 1 S. 1 AO verpflichtet, deren steuerliche Pflichten zu erfüllen.

Der nach § 34 Abs. 1 S. 1 AO Verantwortliche kann sich grundsätzlich seiner steuerrechtlichen Pflichten nicht dadurch entledigen, dass er dessen Erfüllung Dritten überlässt. Allenfalls kann er seine Verantwortung beschränken, was jedoch voraussetzt, dass für die Aufgabenverteilung klare schriftliche Regeln bestehen.

Wenn jedoch Anlass besteht, an der Pflichterfüllung derjenigen zu zweifeln, auf die solche steuerlichen Pflichten delegiert worden sind, so wird jede Aufgabenteilung obsolet und der gesetzliche Vertreter muss sich selbst um die steuerlichen Pflichten der von ihm vertretenen juristischen Person kümmern.

Grobe Fahrlässigkeit liegt vor, wenn der 1. Vorsitzende die vollständige Übertragung der in den Lohnjournalen enthaltenen Aufzeichnungen in die Lohnsteueranmeldungen nicht in geeigneter und ausreichender Weise überprüft.

Tragende Entscheidungsgesichtspunkte:

Den Hauptverein traf die Pflicht, für die von den Zweigvereinen auf Grund von Arbeitsverträgen mit Spielern geleisteten Lohnzahlungen Lohnsteueranmeldungen abzugeben, Lohnsteuer einzubehalten und an das Finanzamt abzuführen. Auch wenn der Zweigverein eigenständig rechtsfähig sein sollte, kann der Hauptverein als Arbeitgeber i. S. d. § 38 EStG und des § 1 LStDV anzusehen sein, so dass er die Lohnsteueranmeldung abzugeben, darin die Lohnsteuer der Zweigvereine in richtiger Höhe zu erfassen, die Lohnsteuer einzubehalten und an das Finanzamt abzuführen hat. Arbeitgeber in diesem Sinne ist, wer die Schuldnerposition, in dem die Rechtsgrundlage der Arbeitslohnzahlung bildenden Rechtsverhältnis innehat.

Wenn der Verein den Spielern in den verschiedenen Abteilungen gegenüber als Vertragspartner auftritt, hat er die Arbeitgeberstellung inne. Der Senat entscheidet allerdings ausdrücklich die Frage nicht, ob die Abteilungen hätten Arbeitgeber sein können, wenn sie als solche aufgetreten wären und ob in diesem Fall die lohnsteuerrechtliche Verantwortlichkeit ganz auf sie hätte abgewälzt werden können.

Wenn für einen Verein mehrere gesetzliche Vertreter bestellt sind, so ergibt sich der Grundsatz der Gesamtverantwortlichkeit aller Vorstandsmitglieder für die Erfüllung der steuerlichen Pflichten unmittelbar aus § 34 Abs. 1 AO. Gilt dies schon im Verhältnis mehrerer an sich gleich verantwortlicher Vertreter eines Vereins, kann ein gesetzlicher Vertreter erst recht nicht damit Gehör finden, er dürfe für die Nichterfüllung der steuerlichen Pflichten des Vereins nicht zur Verantwortung gezogen werden, weil der Steuerausfall von einem zur Vertretung des Vereins nicht befugten anderen Organ des Vereins verschuldet sei.

Anmerkung:

Der Stiftungsvorstand haftet nach §§ 69, 34 AO, wenn er vorsätzlich oder grob fahrlässig die steuerrechtlichen Pflichten der Stiftung verletzt und das Recht des Staates auf Steuern in bestimmter Höhe verkürzt wird. Es handelt sich dabei um eine Ausfallhaftung. Der normative Maßstab an das Verhalten der verantwortlichen Personen wird nicht dadurch gemindert, dass anders als bei einer typischen unternehmerisch aktiven GmbH kein geschulter Kaufmann als Vorstand agiert, sondern diese Position ehrenamtlich wahrgenommen wird und die jeweilige Vorstandsperson diese Position nicht erlangt hat, weil sie effizient zu wirtschaften versteht, sondern weil sie Verdienste für die ideelle Tätigkeit der Organisation entweder bereits erworben hat oder jedenfalls noch erwerben soll. Wer wirtschaftlich tätig ist, für den gilt ein typisierter Fahrlässigkeitsmaßstab für das, was als grob fahrlässig gelten soll, der davon absieht, das Ehrenamt haftungsrechtlich zu privilegieren.

Ob dies das letzte Wort sein kann, ist fraglich. Das Ehrenamt und die freiwillige unentgeltliche Mitarbeit gehören zu den Legitimationsgrundlagen des gesamten Non-Profit-Sektors. Dass Menschen sich ideell für bestimmte öffentliche Zwecke engagieren, ist Teil der Rechtfertigung dafür, dass weder der Staat selbst noch der renditeorientierte Markt, sondern steuerbegünstigte Organisationen bestimmte Aufgaben wahrnehmen sollen. Deshalb sollte sowohl eine organisatorische Delegation bestimmter Verantwortlichkeiten eher möglich sein als bei Handelsgesellschaften und bei der Zugriffsmöglichkeit auf mehrere Haftungsschuldner sollte das Ermessen der Finanzbehörde stärker auf diese Eigenheiten eingestellt werden.

Spendenhaftung

Während der Steuerpflichtige sich im Regelfall darauf verlassen kann, dass die ihm übergebenen Steuerbescheinigungen zutreffend ausgestellt sind (§ 10b Abs. 4 S. 1 EStG, 9 Abs. 3 S. 2 KStG, 9 Nr. 5 S. 9 GewStG), muss auf der Seite der Stiftung und ihrer Organpersonen mit Haftung gerechnet werden, wenn entweder eine falsche Tatsache in vorsätzlicher oder grob fahrlässiger Weise ausgewiesen wird (Ausstellerhaftung) oder wenn die Zuwendungen fehlverwendet, d. h. zu anderen Zwecken ausgegeben werden als denen, die bestätigt wurden (Veranlasserhaftung). Ob die Spendenhaftung auch ausgelöst wird, wenn zwar die Spende wie bescheinigt verwendet wird, die Gemeinnützigkeit aber nachträglich aberkannt wird, war bisher umstritten.

Zentraler Normzusammenhang:
§ 10b Abs. 4 S. 2, 2. Alt EStG;
entsprechend § 9 Abs. 3 S. 2 Alt. 2 KStG;
§ 9 Nr. 5 S. 5 GewStG

Datum: 3. 6. 2003

Gericht: FG München

Streitfrage:
Erfasst die Vorschrift des § 10b Abs. 4 S. 2 EStG auch Fälle, in denen Spenden für Zwecke verwendet werden, die zwar in der Bescheinigung genannt sind, die aber infolge einer nachträglichen Aberkennung der Gemeinnützigkeit der Empfängerorganisation bei ihrer Verwendung nicht steuerbegünstigt sind?

Sachverhalt:
Zweck des 1983 gegründeten Vereins war die Ausübung des Segelsports. Das Finanzamt hatte die Gemeinnützigkeit unter Vorbehalt des Widerrufs bis 31. Mai 1997 anerkannt. Mit Bescheid vom 29. 9. 1997 wurde die Gemeinnützigkeit für 1993 bis 1995 wegen fehlender Förderung der Allgemeinheit aberkannt. Das Finanzamt erließ gegen den Verein ein auf die oben genannten Vorschriften gestützten Haftungsbescheid.

Entscheidungsregel:
Die Fälle des Unrichtigwerdens einer Bestätigung wegen rückwirkender Aberkennung der Gemeinnützigkeit des Spendenempfängers sind als Fälle der Unrichtigkeit der ersten – auf Verschulden abstellenden – Alternative des § 10b Abs. 4 S. 2 EStG zuzuordnen. Eine Fehl-

verwendung von Spenden im Sinn der eng auszulegenden zweiten Alternative des § 10b Abs. 4 S. 2 EStG ist nur gegeben, wenn der Spendenbetrag nicht zu dem in der Spendenbestätigung angegebenen steuerbegünstigten Zweck verwendet wurde

Tragende Entscheidungsgesichtspunkte:
Die Ausstellerhaftung umfasst auch diejenigen Fälle, in denen eine ursprünglich richtige Bestätigung später unrichtig wird, weil sich die für die Steuerentlastung erhebliche Sach- und Rechtslage nach dem Ausfertigen der Bescheinigung ändert. Dieses Ergebnis wird nicht durch den Umstand in Frage gestellt, dass in Fällen der rückwirkenden Aberkennung der Gemeinnützigkeit der Fiskus das Ausfallrisiko für die auf Grund der Spendenbestätigungen gewährten steuerlichen Vorteile zu tragen hat. Wollte man anders entscheiden, würde der Empfängerkörperschaft und den für sie handelnden Personen das Risiko aufgebürdet, dass die für die Anerkennung der Gemeinnützigkeit zuständige Finanzbehörde weiter bei ihrer bisherigen rechtlichen Einschätzung bleibt oder dass sie ihre rechtliche Beurteilung – auch rückwirkend – ändert. Eine derart weitgehende Auslegung des § 10 b Abs. 2 Alt. 2EStG hätte einer ausdrücklichen Regelung im Gesetzestext bedurft.

Zentraler Normzusammenhang:
§ 10b Abs. 4 S. 2, 2. Alt EStG; entsprechend § 9 Abs. 3 S. 2 Alt. 2 KStG;
§ 9 Nr. 5 S. 5 GewStG

Datum: 10. 09. 2003

Gericht: BF H X R 58 / 01

Streitfrage:
Haftet eine Körperschaft nach § 10b Abs. 4 S. 2 Alt. 2 EStG wegen Fehlverwendung, wenn sie die Spenden zwar zu dem in der Spendenbestätigung angegebenen Zweck verwendet, selbst aber nicht als gemeinnützig anerkannt ist?

Sachverhalt:
Durch Freistellungsbescheid wurde ein Golfclub vorläufig als gemeinnützig anerkannt. Nach einer Außenprüfung wurde die Gemeinnützigkeit jedoch versagt. Das Finanzamt erließ gegen den Verein einen Haftungsbescheid nach § 10b Abs. 4 S. 2 EStG und § 9 Abs. 3 S. 2 KStG, da die an den Verein geleisteten Spenden nicht für steuerbegünstigte Zwecke verwendet wurden.

Entscheidungsregel:
Eine Fehlverwendung im Sinne von § 9 Abs. 3 S. 2 2. Alt. KStG ist nicht gegeben, wenn der Spendenempfänger die Zuwendung zu dem in der Bestätigung angegebenen steuerbegünstigten Zweck verwendet hat, auch wenn er im Körperschaftsteuerveranlagungsverfahren nicht als gemeinnützig anerkannt wird.

Tragende Entscheidungsgesichtspunkte:
Gegen eine andere Auslegung des Begriffs „steuerbegünstigte Zwecke" in § 10b Abs. 4 S. 2 EStG spricht, dass in den Fällen, in denen die Körperschaft selbst die Spendenbestätigungen ausstellt, die Ausstellerhaftung, die Verschulden voraussetzt, ins Leere ginge, weil stets die Voraussetzungen für die Veranlasserhaftung erfüllt wären.

5.7 Stiftungssteuerrecht in der Rechtsprechung der Finanzgerichte und des BFH

Wirtschaftliche Tätigkeit von NPOs

Betätigt sich eine gemeinnützige Organisation unternehmerisch, erbringt sie also Waren oder Leistungen gegen Entgelt, liegt entweder ein partiell besteuerter wirtschaftlicher Geschäftsbetrieb vor oder ein steuerbefreiter Zweckbetrieb. Zweckbetriebe werden in § 65 AO allgemein durch bestimmte Merkmale und Voraussetzungen umgrenzt, während der Gesetzgeber für besondere Fälle in § 68 AO einen Katalog von Zweckbetrieben aufgestellt hat.

Es stellt sich die Frage, ob die allgemeinen Voraussetzungen des § 65 AO auch für die speziell enumerierten Zweckbetriebe in § 68 AO gelten. § 65 Nr. 3 verlangt, dass die von dem Betrieb ausgehende Wettbewerbswirkung auf das zur Erfüllung des steuerbegünstigten Zwecks unvermeidbare Maß begrenzt werden muss.

Zentraler Normzusammenhang:
§§ 65 Nr. 1 – 3 i. V. m. 68 Nr. 3 AO

Datum: 4. 6. 2003

Gericht: BFH I R 25 / 02

Streitfrage:
Behält eine Behindertenwerkstätte, besonders erwähnt in § 68 Nr. 3 AO, ihren Status als steuerbefreiter Zweckbetrieb, auch wenn sie gegen den Wettbewerbsschutz verstößt, den § 65 Nr. 3 AO den nicht steuerbefreiten Konkurrenten zukommen lässt?

Sachverhalt:
Der als gemeinnützig anerkannte Verein verfolgte den Zweck der „Schaffung, Unterhaltung und Förderung von Lebens- und Arbeitsgemeinschaften, in denen seelisch und geistig behinderte junge Menschen leben und arbeiten, die auf Grund ihrer Behinderung nicht oder noch nicht in der Lage sind, sich in die Gesellschaft einzugliedern. Sie sollen von einem fachlich qualifizierten Personenkreis betreut werden". Seit 1986 betrieb der Verein in einer dazu umgebauten Scheune mit ausgelagerter Lagerhalle eine Süßmosterei. Grundlage für die Existenz der Süßmosterei war eine pädagogisch therapeutische Ausrichtung zur Betreuung der physisch und psychisch Behinderten, die in normalen Betrieben nicht arbeiten könnten. Die Süßmosterei erzielte in den Jahren 1987 – 1993 steigende Umsätze zwischen 30.000 und 750.000 DM, die Betriebsergebnisse schwankten in diesem Zeitraum zwischen einem Verlust von 49.000 und einem Gewinn von 66.000 DM. 1998 gab der Verein die Süßmosterei auf, die von Dritten fortgeführt wurde. Die beschäftigten Behinderten schieden aus der Betreuung aus.

Entscheidungsregel:
§ 68 AO ist gegenüber § 65 AO als rechtssystematisch vorrangige Spezialvorschrift zu verstehen. Allerdings kann nicht jede Tätigkeit einer Einrichtung, die ihrem Wortlaut nach unter die Regelung des § 68 Nr. 3 Alt. 2 AO fällt, uneingeschränkt begünstigt sein. Die steuerliche Begünstigung setzt voraus, dass die Einrichtung sich in ihrer Gesamtrichtung noch als Zweckbetrieb darstellt. Dies ist nur dann anzunehmen, wenn sie erkennbar darauf abzielt, die satzungsmäßigen Zwecke der Körperschaft zu verwirklichen. Sie muss diesen Zwecken im Sinne des § 68 Nr. 3 AO dienen.

Tragende Entscheidungsgesichtspunkte:

Der systematische Vorrang des § 68 AO, der einzelne Zweckbetriebe enumeriert, ergibt sich aus der Gesetzesbegründung zu § 68 AO i. d. F. des Vereinsförderungsgesetzes vom 18. 12. 1989 (BGBl. I 1989, S. 2212).

Die in der Entscheidungsregel getroffene Einschränkung soll verhindern, dass Betriebe steuerbegünstigt werden, die lediglich wenig Betreute beschäftigen, unter Mitwirkung sonstiger Beschäftigter aber bedeutende Umsätze erzielen. Damit wären sie im Vorteil gegenüber vergleichbaren nicht steuerbegünstigten privaten Wettbewerbern. Dies bedeutet zumindest im Ergebnis eine entsprechende Berücksichtigung der für einen Zweckbetrieb grundlegenden Erfordernisse des § 65 Nr. 1 AO auch im Rahmen des § 68 AO.

Solange die nach außen tretende „Gesamtrichtung" der Mosterei offensichtlich dazu diente, den steuerbegünstigten Zweck der Körperschaft zu erfüllen, ist es nicht erforderlich, dass der Betrieb nicht „wettbewerbsrelevant" in Erscheinung tritt und die von ihm ausgehende Wettbewerbswirkung das zur Erfüllung des begünstigten Zwecks unvermeidbare Mindestmaß übersteigt.

Anmerkung:

Der BFH erhält auch für die speziell in § 68 AO aufgezählten Zweckbetriebe die erste Voraussetzung des § 65 AO aufrecht, dessen Nr. 1 fordert, dass der Betrieb in seiner Gesamtrichtung dem gemeinnützigen Zweck dienen muss. Die Wettbewerbsklausel in § 65 Nr. 3 AO soll dort jedoch keine Wirkung entfalten. Für die Süßmosterei soll also nicht gefragt werden, ob sie mehr als vermeidbar den Wettbewerb mit nicht steuerbegünstigten Konkurrenten beeinträchtigt. Die Vorentscheidung des schleswig-holsteinischen FG hatte das anders gesehen, seine Auffassung jedoch schwach begründet. Der Grundsatz der aus Art. 3 GG abgeleiteten Wettbewerbsneutralität des Staates müsse auf Grund des sehr weit gefassten Wortlauts des § 68 Nr. 3 Alt. 2 AO bei der Auslegung zu einer restriktiven Anwendung dieser Begünstigungsnorm führen. Sonst könne es geschehen, dass bei einer Beschäftigung nur eines Behinderten und gleichzeitiger Beschäftigung von 20 Nichtbehinderten und der Erzielung eines Millionenumsatzes ebenfalls ein steuerbegünstigter Zweckbetrieb gegeben sei. Dieses Argument nimmt der BFH auf und legt dar, dass man ihm gerecht werden kann, wenn man besondere Anforderungen daran stellt, dass die Betriebsaktivitäten den gemeinnützigen Zwecken dienen, also von ihnen geprägt und ihnen untergeordnet sein müssen.

Zentraler Normzusammenhang:

§§ 60, 65, 68 Nr. 1 lit. b AO

Datum: 04. 08. 2003

Gericht: FG des Saarlandes (vorläufiger Rechtsschutz: Antrag auf Aussetzung der Vollziehung, Hauptverfahren läuft)

Streitfragen:

Sind

a) ein Kindergarten und
b) eine Cafeteria / ein Kiosk

als Zweckbetriebe oder partielle Steuerpflicht auslösende wirtschaftliche Geschäftsbetriebe zu behandeln?

5.7 Stiftungssteuerrecht in der Rechtsprechung der Finanzgerichte und des BFH

Sachverhalt:

Es geht um eine Heimbetriebsgesellschaft in der Form einer gemeinnützigen GmbH, die Ende 1977 44 Einrichtungen (Altenheime, Altenwohnheime, Pflegeheime) betrieb. In ihrer Satzung heißt es u. a.: Zweck der Gesellschaft ist die Förderung der Alten-, Kranken- und Behindertenhilfe sowie die Betreuung pflegebedürftiger Menschen. Die Gesellschaft kann ihre Betreuungsmaßnahmen in Form der offenen, der halboffenen und der geschlossenen Fürsorge durchführen.

Der Unternehmenszweck wird verwirklicht insbesondere durch die Unterhaltung der offenen und stationären Altenhilfe und die soziale und ambulante und stationäre Betreuung jeder Art.

Eine Betriebsprüfung beanstandete die Behandlung eines Kindergartens sowie einer Cafeteria, eines Kiosks u. Ä. als steuerbefreite Zweckbetriebe, woraufhin das Finanzamt Änderungsbescheide erließ.

Entscheidungsregeln:

Eine Aussetzung der Vollziehung wegen unbilliger Härte ist nur dann vertretbar, wenn zugleich auch Zweifel an der Rechtmäßigkeit der angefochtenen Bescheide bestehen. Solche Zweifel bestehen hier nicht:

zu a) Unter keiner der in der Satzung genannten Zweckbestimmungen lässt sich der Betrieb eines Kindergartens subsumieren und zwar weder in unmittelbarer noch in mittelbarer Anwendung dieser Satzungstexte. Entsprechen die Satzung oder die tatsächliche Geschäftsführung diesen Anforderungen nicht, so kann die Tätigkeit des Steuerpflichtigen für die Bereiche nicht begünstigt werden, die nicht durch die Satzung gedeckt sind, und zwar auch nicht nach §§ 65, 68 AO.

zu b) Zur Cafeteria / Kiosk: Die Existenz eines Zweckbetriebs scheitert an § 65 Nr. 2 AO. Ein wirtschaftlicher Geschäftsbetrieb – wie es Cafeterien und Kioske sind – ist hiernach nur dann steuerunschädlich, wenn er sich von der Verfolgung des steuerbegünstigten Zwecks nicht trennen lässt, vielmehr als das unentbehrliche und einzige Mittel zur Erreichung des steuerbegünstigten Zwecks anzusehen ist.

Tragende Entscheidungsgesichtspunkte:

zu a) Die gesetzlich geforderte Festschreibung der Satzungszwecke und der Art ihrer Verwirklichung in der Satzung hat die Funktion eines Buchnachweises. Die zuständige Finanzbehörde soll in die Lage versetzt werden, schon an Hand der Satzung prüfen zu können, ob die Körperschaft ausschließlich steuerbegünstigte Zwecke verfolgt. Außerhalb der Satzung getroffenen Vereinbarungen oder die Bezugnahme auf Regelungen in anderen Satzungen dürfen bei der Auslegung nicht berücksichtigt werden, da § 60 Abs. 1 AO eine Prüfungsmöglichkeit „auf Grund der Satzung" fordert.

zu b) Die Existenz eines Zweckbetriebs ist nur unter engen Voraussetzungen anzunehmen. Sie können nicht dadurch ausgehöhlt werden, dass man die fragliche Einrichtung unmittelbar in den gemeinnützigen Bereich eingliedert. Cafeterien und Kioske sind nicht untrennbarer Bestandteil von Pflege- und Betreuungseinrichtungen, auch wenn sie häufig im Zusammenhang mit ihnen betrieben werden mögen.

Anmerkung:

zu a) Das FG stützt seine Entscheidung bezüglich des Kindergartens auf den Grundsatz der formellen Satzungsmäßigkeit. Dieser lässt sich durch das Erfordernis der Praktikabilität legitimieren, der für das Steuerverfahren Gewicht hat. Für die Versagung des vorläufigen Rechtsschutzes reicht das aus. Im endgültigen Verfahren sollten aber auch die ein Gegengewicht bildenden normativen Ansätze berücksichtigt werden: § 68 Nr. 1 lit. b AO nennt als mögliche Zweckbetriebe Kindergärten ausdrücklich. Und wenn man bedenkt, dass der wichtigste Grund der Einbeziehung wirtschaftlicher Geschäftsbetriebe in die Besteuerung der ist, den Wettbewerb zu steuerpflichtigen Konkurrenten nicht zu verzerren, so dürfte der für den Betrieb eines Kindergartens nicht einschlägig sein.

zu b) Das ist bei Cafeterien und Kiosken anders. Hier ist stets möglicher Wettbewerb mit im Spiel. Eine Grenzlinie wird durch die Freibetragsregelung des § 64 Abs. 3 AO gezogen, die in Deutschland im Vergleich zu anderen Ländern allerdings zu wenig großzügig ausgestaltet ist.

Zur Besteuerung der privatrechtlichen nicht rechtsfähigen nicht gemeinnützigen Stiftung

Zentraler Normzusammenhang:

§ 122 FGO; §§ 1 Abs. 1 Nr. 5, 3 Abs. 1 KStG

Datum: 29. 1. 2003

Gericht: BFH I R 106 / 00

Streitfragen:

a) Bei nichtrechtsfähigen Gebilden, die jedoch steuerpflichtig sind, bestehen Unsicherheiten, ob der für sie auftretende Treuhänder oder das Gebilde selbst Kläger im finanzgerichtlichen Verfahren ist. Kann, wenn in der Vorinstanz eine Kommune als der fiduziarische Träger einer unselbständigen Stiftung als Kläger bezeichnet wurde, im Revisionsverfahren die Beteiligtenbezeichnung noch dahin berichtigt werden, dass die unselbständige Stiftung selbst als Klägerin behandelt wird?

b) Wann gehört eine im Jahr 1858 errichtete unselbständige Stiftung, die von einer Kommune treuhänderisch verwaltet wird, dem öffentlichen und wann dem privaten Recht an?

c) § 3 Abs. 1 KStG besagt u. a., dass nichtrechtsfähige Stiftungen (nur dann) körperschaftsteuerpflichtig sind, wenn ihr Einkommen nicht bei einem anderen Steuerpflichtigen zu besteuern ist. Hindert § 3 Abs. 1 KStG die Besteuerung einer Stiftung, wenn die Destinatäre im Hinblick auf die empfangenen Zuwendungen aus den Erträgen der Stiftung gemäß § 22 Nr. 1 EStG steuerpflichtig sind?

Sachverhalt:

Die Errichtung der nichtrechtsfähigen Stiftung beruht auf einem vom Stifter im Jahr 1858 erstellten Testament. Darin vermachte er der Stadt A ein Landgut zum Zweck einer zu verwaltenden besonderen Stiftung. Die Erträge der Stiftung sollen für Stipendien für die Erziehung und Ausbildung von jeweils drei Kindern aus der Nachkommenschaft der fünf Söhne des Stifters verwendet werden. Sollten diese Nachkommen aussterben, sollten die Erträge der Stiftung den Bürgerkindern der Stadt A zugute kommen. Die Stadt A nahm die Stiftung an. Die Königliche Regierung erteilte im Jahr 1873 die dazu erforderliche Genehmigung. Zum Zeitpunkt der Annahme der Stiftung waren 16 Enkel des Stifters vorhanden. Das Stiftungsvermögen wurde fortan von der Stadt A getrennt von ihrem übrigen Vermögen entsprechend den Anordnungen des Stifters verwaltet.

5.7 Stiftungssteuerrecht in der Rechtsprechung der Finanzgerichte und des BFH

Im Jahr 1967 beschloss der Rat der Stadt A für die Stiftung eine Satzung, wonach nur noch bedürftige Nachkommen des Stifters bis zur Höhe des Sozialhilfesatzes gefördert werden sollten. Die überschießenden Mittel sollten zur Unterstützung von Kindern der Stadt A verwandt werden. Auf Grund der Satzungsänderung erkannte das Finanzamt die Stiftung als gemeinnütziges Zweckvermögen an. Das OVG Münster hat die geänderte Satzung jedoch im Jahr 1984 für nichtig erklärt. Dieses Urteil ist rechtskräftig. In den Streitjahren 1991–1994 erzielte die Stiftung Einkünfte aus Kapitalvermögen und aus Vermietung und Verpachtung. Sie verneinte jedoch ihre Körperschaftsteuerpflicht unter Hinweis auf § 3 Abs. 1 KStG. Das Finanzamt hielt die Stiftung jedoch für steuerpflichtig.

Im Verfahren vor dem Finanzgericht wurde die Stadt als Klägerin behandelt.

Entscheidungsregeln:

zu a) Ungeachtet der Handhabung durch die Vorinstanz kann die Beteiligtenbezeichnung (Stadt als Klägerin) auch im Revisionsverfahren noch berichtigt werden (in Stiftung als Klägerin). Entscheidend ist dabei nicht die unzutreffende äußere Bezeichnung eines Beteiligten, sondern die Person, die erkennbar durch die Beteiligtenbezeichnung betroffen sein soll.

zu b) Die rechtliche Charakterisierung einer (unselbständigen) Stiftung richtet sich nicht nach der Zugehörigkeit des Trägers zum Bereich der öffentlichrechtlichen oder privatrechtlichen Körperschaften, sondern neben dem Stiftungszweck nach den Rechtsformen ihrer eigenen Entstehung.

zu c) § 3 Abs. 1 KStG führt nicht zu einer Einschränkung des allgemeinen Besteuerungstatbestandes in dem Sinn, dass eine Besteuerung des Einkommens der Stiftung gemäß § 1 Abs. 1 Nr. 5 KStG im Hinblick auf eine Besteuerung der Zuwendungen aus den Erträgen der Stiftung bei den Destinatären gemäß § 22 Nr. 1 EStG vermieden werden soll.

Tragende Entscheidungsgesichtspunkte:

zu a) Nach § 1 Abs. 1 KStG sind auch Vermögensmassen körperschaftsteuerpflichtig; wegen § 1 Abs. 1 Nr. 5 KStG gilt dies unabhängig davon, ob sie rechtsfähig oder nicht rechtsfähig sind. Die mit der Klage angefochtenen Bescheide sind an die Stadt A – Stiftung B adressiert; in den Einspruchsentscheidungen wurde die Stiftung B als Einspruchsführerin bezeichnet. Daraus folgt das Recht der Stiftung B, persönlich zu klagen und Rechtsmittel einzulegen. Aus der Klagebegründung und dem Klageziel ergibt sich, dass sie sich gegen die Annahme ihrer persönlichen Steuerpflicht richtet.

zu b) Für die körperschaftsteuerliche Behandlung ist eine Stiftung als solche des privaten Rechts anzusehen, wenn sich ihre Organisationsform ebenso auf das Privatrecht gründet wie in den § 1 Abs. 1 Nr. 1–4 KStG bezeichneten Körperschaften. Die klagende Stiftung wurde auf Grund zivilrechtlicher Rechtsgestaltung (letztwillige Verfügung des Stifters in Form eines Vermächtnisses mit Auflage) mit der Zuwendung des Landgutes zu einer bestimmten Zweckbestimmung als (nichtrechtsfähige) Stiftung errichtet und von der Stadt A angenommen. Der privatrechtliche Charakter ergibt sich auch aus dem Stiftungszweck. Danach sind primär die Nachkommen des Stifters begünstigt. Die Stiftung bildet somit keinen organischen Bestandteil der staatlichen Ordnung. Ihre Aufgaben fallen nicht in den Funktionsbereich der öffentlichen Verwaltung.

zu c) Zweck des § 3 Abs. 1 KStG ist, das in bestimmten Personenvereinigungen und Vermögensmassen erzielte Einkommen jeweils einmal entweder bei dem Rechtsgebilde selbst oder bei den dahinter stehenden Personen zu unterwerfen. Eine doppelte Besteuerung soll ausgeschlossen werden. Das liegt aber nicht vor, wenn die bei den Destinatären besteuerten Zuwendungen der Stiftung aus dem Einkommen der Stiftung stammen und somit Ausschüttungen vergleichbare Zahlungen darstellen, die eine vorherige Zurechnung zum Einkommen der Stiftung voraussetzen. Eine Besteuerung bei den Destinatären würde deshalb deren eigenes Einkommen, nicht aber dasjenige der Stiftung betreffen.

Anmerkung:
Öffentlichrechtliche Stiftungen sind nicht steuerbar, ausgenommen mit ihren Betrieben gewerblicher Art. Privatrechtliche Stiftungen, ob rechtsfähig oder nicht, sind dagegen steuerpflichtig, wenn und soweit sie nicht durch das Gemeinnützigkeitsrecht steuerbefreit sind, was hier nicht der Fall war.

Im Fall eines zivilrechtlich nicht selbständigen Zweckvermögens handelt dies im Finanzgerichtsverfahren selbst. Der zivilrechtlich im eigenen Namen handelnde treuhänderische Träger mutiert steuerverfahrensrechtlich zum Vertreter der Stiftung.

Die Entscheidung stellt klar, dass sich die privatrechtliche oder öffentlichrechtliche Charakterisierung, auf die es steuerrechtlich ankommt, nicht nach dem Träger der Stiftung, hier einer Kommune, richtet. Hier wiesen sowohl der Entstehungstatbestand wie die Art des verfolgten Zwecks ins Privatrecht. Offen bleibt, wie zu entscheiden ist, wenn der Entstehungstatbestand zivilrechtlich ist, die Zweckwidmung aber, z. B. universitäre Lehre, dem Hoheitsbereich zuzuordnen ist.

Schließlich legt der BFH den § 3 Abs. 1 KStG zutreffend dahin aus, dass er nur die Ungewissheit der Einkommenszuordnung bei unklar strukturierten Zweckvermögen in einer Weise überwinden soll, die nicht zu einem doppelten steuerlichen Zugriff führt. § 3 Abs. 1 KStG verhindert aber weder die Erfassung von Unternehmensgewinn auf der Gesellschaftsebene und der Dividende auf der Gesellschafterebene, noch die gleichzeitige Erfassung der Erträge auf der Ebene der Stiftung und die der Zuwendungen auf der Ebene der Destinatäre.

6. Die Finanzen einer Stiftung

6.1 Stiftungsmittel

Von Klaus Neuhoff

Die gängige steuerrechtliche „Sphärenmusik"

Die Beratungspraxis (Kautelarjuristerei) in Stiftungsangelegenheiten, die herrschende Lehre und die Finanzverwaltung gehen bei der Erfassung von bestimmten steuerrelevanten finanziellen Phänomenen, d. h. zunächst einmal unabhängig davon, ob es sich um ‚Vermögen' oder ‚Mittel' handelt, in der Szene der Gemeinnützigen generell (und damit auch bei den Stiftungen) von einer 4-Sphären-Konstellation aus. Es sind dies:

– die ideelle Sphäre,
– die Sphäre der Vermögensverwaltung,
– die Sphäre des Zweckbetriebs,
– die Sphäre des wirtschaftlichen Geschäftsbetriebs.

Überwiegend wird mit dieser Methodik auf Mittel-Zufluss-Sphären abgestellt, denn die stiftungsseits gefürchtete und – gegenüber der Länder-Stiftungsaufsicht – zu Recht mehr zu fürchtende Finanzverwaltung (mit ihrem einnehmenden Wesen) interessiert primär die Mittelherkunft oder die Art der Mittelerzielung – wegen ihrer möglichen Besteuerbarkeit. Das ist jedoch zu kurz gegriffen, gibt es doch diese (und ggfs. weitere) Sphären teilweise auch beim Stiftungsvermögen und auf der Mittelverwendungsseite, die der Gemeinnützigkeit erst ihr Gepräge gibt.

Und um das Ganze noch komplizierter zu machen: auch die stiftungsrechtliche Behandlung der Trias von Stiftungsvermögen, Mittelherkunft und Mittelverwendung, die mehr ist als nur Mittelvergabe, will im Tagesgeschäft beachtet werden, was übrigens auch für Stiftungen jenseits der klassischen Gemeinwohlwidmung bzw. der Gemeinnützigkeit gilt, seien diese nun privatnützige Familienstiftungen, steuerpflichtige sonstige Stiftungen oder steuerbefreite Stiftungen außerhalb des eigentlichen Gemeinnützigkeitsrechts (z. B. Unterstützungskassen von Unternehmen oder Verbänden).

Es scheint so etwas wie professionelle Einhelligkeit in der Szene zu herrschen, dass Gemeinnützige, zwar nicht alle, in einer vierdimensionalen Welt leben und wirken. An dieser quasi-naturgesetzlichen Konstante soll hier u. a. gerüttelt werden; denn es gibt entweder vier anders strukturierte oder gar fünf Sphären.

Stiftungsrechtliche „Sphärenmusik"

In der Literatur wird die Stiftung u. a. als ein Vermögen-Zweck-Konstrukt der Rechtsordnung bezeichnet: nicht Körperschaft / Korporation, also kein Zusammenschluss von (natürlichen und / oder juristischen) Personen und damit deren Identität irgendwie in sich tragend, und für deren Funktionieren auch nicht auf den persönlichen oder finanziellen Einsatz von Mitgliedern oder eines diesen gegenüber etwas eingeschränkteren Personenkreises (Organmitglieder) angewiesen. Vielmehr war (Privat-)Vermögen von einem – zumeist schon verstorbenen – Stifter in einem zivilrechtlichen Akt der natürlichen oder ansonsten individuell gewollten Erbfolge entzogen und einem bestimmten – gemeinwohlkonformen – Zweck gewidmet worden. Für die Verwaltung dieses Gedankenkonstrukts, bei dem zunächst Rechtsfähigkeit oder nicht keine Rolle spielt, musste dann ein kleiner (homogener) Kreis von Personen als Amtswalter eingesetzt werden. Über deren Tun stiftungshalber wacht die staatliche Stiftungsaufsicht als (Quasi-)Vertreter des Stifters und Garant der öffentlichen Ordnung.

Die Sphäre Vermögensverwaltung

Bei dieser Sicht der Dinge überwiegt zunächst die Vermögenssphäre der Stiftung; sie gibt ihr bzw. den im Stiftungsorgan waltenden Amtsträgern erst das Instrument an die Hand, quasi in einem zweiten Akt (erster Akt: Vermögen verwalten) mit Vermögenserträgen Gutes zu tun, für das Gemeinwohl zu wirken. Und um das Stiftungsvermögen ist dann auch das Stiftungsrecht in Bund (BGB = Zivilrecht) und Ländern (Stiftungsgesetze = Verwaltungsrecht) besonders besorgt: wie es in die Stiftung gelangt, wie es gegen Zweckänderungen (d. h. Umwidmung) zu schützen und wie es bei der Beendigung der Stiftung zu behandeln ist.

Dementsprechend ist das Stiftungsvermögen (und sein Erhalt) im gesetzlich vorgeschriebenen Rechenwerk (Bilanz oder Bestandsverzeichnis) einer Stiftung eine, die wichtigste Position, (Hauptsache i. S. d. § 97 BGB; früher im Landesrecht gelegentlich auch Grundstockvermögen genannt = Gesamtheit von – zunächst gestifteten – Sachen / Rechten / Werten). Üblicherweise handelt es sich dabei um fungibles Vermögen, das banktechnisch die unterschiedlichsten – und austauschbaren – Erscheinungsformen annehmen kann. Wenn im Steuerrecht die Mittelverwendungsseite als prägend für die Gemeinnützigkeit einer Stiftung angesehen wird, so gilt im Stiftungsrecht als prägend für alle Stiftungen (!) die Kombination aus Vermögenswidmung und Mittelverwendung für den Stiftungszweck.

Immobilienvermögen

Eine Sonderform dieses Vermögenstypus, weil zivil- wie auch meistens stiftungsrechtlich besonders herausstypisiert, ist das Immobilienvermögen. Das hat historische Gründe (Grundvermögen als praktisch einziges ertragbringendes Vermögen in der Anfangsphase des Stiftungswesens), die heute für Stiftungen nicht mehr relevant sind und daher auch im modernen (Landes-)Stiftungsrecht mehr und mehr abgebaut werden (z. B. bei den sog. genehmigungsbedürftigen Geschäften).

Vermögensbewirtschaftung im Wettbewerb am Markt

Daneben gibt es dann noch für die moderne Kapitalstiftung eher untypische Vermögensformen, die als Sondervermögen aufscheinen und mit dem Zweck verbunden oder auch nicht verbunden sein können. Was beim Verein gem. § 22 BGB den wirtschaftlichen Geschäftsbetrieb ausmacht oder bei einer natürlichen Person das Erwerbsgeschäft (so z. B. § 112 Abs. 1 S. 1 BGB), das kann auch zum – zumeist gestifteten – Vermögen einer Stiftung gehören. Dieses Sondervermögen, wenn dem Zweck inhaltlich nicht verbunden, ist bei einer Kapitalstiftung wie die zuvor erwähnten Vermögensformen zur Fruchtgewinnung (aus Sachen und Rechten) gem. § 99 BGB bestimmt. Die Früchte (Erträge / Überschuss-Einnahmen) sind gem. § 80 Abs. 2 BGB n. F. zweite Alternative zur Erfüllung des Stiftungszwecks bestimmt (verbrauchbare Sachen i. S. d. § 92 Abs. 1 BGB). Bevor der dort postulierte und vom Stifterwillen in der Satzung näher umschriebene ‚bestimmungsgemäße Gebrauch' vonstatten geht, sind allerdings noch die Kosten der Stiftungsverwaltung abzusetzen; das folgt aus § 102 BGB.

Zweckbetriebe als Vermögen

Den Zweckbetrieb des Steuerrechts als speziell organisationsrechtlich abzuhandelnde Einheit kennt weder das Zivilrecht noch das Landesstiftungsrecht (ansonsten spricht das BGB in § 1906 Abs. 4 einmal unspezifisch von ‚Anstalt, Heim oder einer sonstigen Einrichtung'). In letzterem wäre es historisch als Anstaltsrecht zu bezeichnen, stammt doch die heutige Stiftung von der frühmittelalterlichen Anstalt her, dem Spital oder der Spitalstiftung. Das Phänomen, dass der Stiftungszweck vermittels einer aufwendigen Vermögen-Personal-Struktur zu verwirklichen ist, kam dem BGB-Gesetzgeber seinerzeit (vor 1900) schon so öffentlich-rechtlich besetzt vor, dass er meinte, diesen Stiftungstypus im BGB nicht mehr eigenständig regeln zu sollen, ihn folglich den allgemeinen stiftungsrechtlichen Vorschriften unterwarf.

Die Landesgesetzgeber mussten dieser Vorgabe folgen, haben sich also eigener rechtlicher Ausformungen der Anstaltstiftung enthalten. Dementsprechend sind die Forschungsanstalt oder Schule, das Krankenhaus, Altenheim oder Museum, der Blutspenden- oder Mahlzeitendienst, Kindergarten oder Ökohof zivilrechtlich, wenn gegen Entgelt mit ihren Produkten oder Dienstleitungen auf dem Markt aktiv, auch ‚nur' ein wirtschaftlicher Geschäftsbetrieb.[1]

---

[1] Bei der überwiegenden Zahl der Zweckbetriebe in Stiftungen ist anzunehmen, dass diese damit am Markt Anbieter von – in ökonomischer Begrifflichkeit – Dienstleistungen

Allerdings ist dessen *raison d'être* (einzig aufgrund des gesetzlich besonders geschützten Stifterwillens) nicht die Fruchtziehung für außerhalb seiner selbst liegende Zwecke, sondern die unmittelbare Zweckverwirklichung (ohne Einnahmen- / Ausgaben-Überschuss- bzw. Gewinnabsicht; evtl. Überschüsse werden bilanziell in eine Rücklage zur Stärkung der Lebens- oder Überlebensfähigkeit eingestellt bzw. auf neue Rechnung vorgetragen). Da der Stifterwille sowohl für die mit der Stiftungsaufsicht betrauten Behörden wie auch für die in der Stiftung handelnden Personen oberstes Datum ist, also eine Art Rechtskraft hat, kann von einer indirekten zivil- und stiftungsrechtlichen Anerkennung des Zweckbetriebs einer Stiftung gesprochen werden.

Eine fünfte Vermögenssphäre?

Dass es daneben noch Vermögenswerte gibt, die nicht dem Stiftungszweck dienen und auch keine Mittel erwirtschaften (diese aber gemeinhin ‚konsumieren‘), weil vom Stifter im Stiftungsgeschäft über eine Auflage an die Stiftung gebunden, darauf soll später noch eingegangen werden. Zumindest hier wird schon deutlich, dass die Abgrenzung von ‚Mitteln‘ vom ‚Vermögen‘ wichtig ist, ein Anliegen der Rechtsordnung, um für klare Verhältnisse in der Stiftung und hinsichtlich ihrer Außenbeziehungen zu sorgen.

Stiftung als Vermögensmasse

In einem Kapitel über ‚Stiftungsmittel‘ zu schreiben, kann deren Herkunft nicht ausklammern, d. h. ihre – vornehmlich – Generierung aus dem Stiftungsvermögen, wenngleich die ökonomische Theorie solches nur als eine Zeitreihe von periodisch zur Verfügung stehenden Erträgen definiert. Die moderne (Förder-)Stiftung als – zunächst einmal – Vermögensmasse ist also auch von dieser materiellen Seite her

---

sind und auf ein austausch-, d. h. zahlungsbereites allgemeines Publikum abzielen, wenngleich häufig auch die Sozialkassen stellvertretend für dieses die Engelte leisten. Sie sind damit nach § 14 BGB ‚Unternehmer‘ im Sinne des (neuen) europäischen Verbraucherschutzrechts. Für Vereine (und Stiftungen), die nicht unternehmerisch / gewerblich tätig werden, schlägt *P. Krebs* (Verbraucher, Unternehmer oder Zivilpersonen, in: DB 2002, S. 517, 520) vor, sie als ‚Zivilpersonen‘ einzuordnen, da sie weder ‚Verbraucher‘ (natürliche Person) gem. § 13 BGB noch ‚Unternehmer‘ gem. § 14 BGB seien. Er plädiert diesbezüglich für eine enge Auslegung von § 14 Abs. 1 BGB, denn es sei geboten, dass über eine „geringfügige anbietende Tätigkeit" hinaus für die Qualifizierung als ‚Unternehmer‘ mindestens „planmäßig und dauerhaft auf Einnahmenerzielung" (S. 519) hingewirkt werde. Das ist bei Zweckbetrieben weitgehend der Fall: Einsatz (mit Dauer- oder Wiederholungsabsicht) von (zumeist bezahltem) Personal und Sachmitteln zum Zwecke der Einnahmenerzielung / Kostendeckung unter mehr oder weniger marktwirtschaftlichen Bedingungen; bezüglich Idealvereine s. *Soergel/ Pfeiffer:* BGB (14. Aufl. – 2000) § 14 Rdnr. 16: „Auch der eingetragene Idealverein (§ 21 BGB) ist Unternehmer, soweit er planmäßig am Markt entgeltliche Leistungen anbietet." – vgl. auch *Verf.:* Nonprofit-Insolvenzen (bei so genannten Idealvereinen), in: NZI 2004, S. 486.

zu betrachten. Erst aus dieser heraus, ihrer Fundierung, kann sie aufgrund erwirtschafteter Mittel Gemeinwohlwirkungen entfalten, kann sie den ihr aufgegebenen (gemeinwohlkonformen) Zweck, *ratio legis* ihrer Existenz, erfüllen bzw. verfolgen (durch Mitteleinsatz).

Denn ehrenamtliche oder freiwillige Mitarbeit der wenigen Gremienmitglieder darf bei ihr nicht erwartet werden, sind diese doch nicht aus eigenem Antrieb in ihr tätig, sondern vollstrecken eines anderen (des Stifters/der Stifterin) Willen, der sich mit dem ihren mehr oder weniger deckt (Amtsverständnis vs. Voluntarismus). Vielmehr hat der Stifter/die Stifterin, damit überhaupt langfristig in seinem/ihren Sinne etwas für das Gemeinwohl getan werden kann, ein Vermögen bereitgestellt, das die mit dessen Verwaltung (primär zwecks Einnahmenerzielung) beauftragten Personen erst in die Lage versetzt, bestimmte Initiativen zur Verwirklichung des Stiftungszwecks zu ergreifen, also als (Förder- oder Wohltaten-)Stiftung tätig zu werden. Dabei sind sie dann fremdbestimmt, daher immer in Gefahr, ihre eigenen Vorstellungen als vorrangig vor den Stifterauflagen zu sehen, was für bestimmte (auch steuerliche) Behörden die Grundlage besonders kritischer Durchsicht der von den Stiftungen einzureichenden Rechenschaftslegungen ist (dabei insbesondere die Mittelverwendung betrachtend), eine ihnen von der Rechtsordnung auferlegte Amtspflicht.

Ein dominantes Vermögen in der Stiftung, das auf lange Sicht als Beschwer oder sonstige Last empfunden wird (ertraglose Wirtschaftsgüter), ist nicht stiftungsfähig, weil seine Verwaltung (Hege und Pflege) ein ideelles Engagement, ggfs. sogar noch eigenen Mitteleinsatz der Verwalter bzw. deren aktives Bemühen um Spenden o.ä. erfordern würde. Das kann schlechterdings von einem Stiftungsvorstand nicht erwartet werden. Das Vermögen muss also, im Idealfall und heute das Leitbild der Stiftung, (Brutto-)Erträge (Mittel) abwerfen, die nach Abzug der (tunlichst geringen) Verwaltungskosten eine materielle Förderung des Gemeinwohls ermöglichen. Die Amerikaner haben dafür den inzwischen weltweit prägenden Begriff von der *modern grant-making foundation* gefunden, obwohl sie diese natürlich nicht erfunden haben. Das *grant-making* wird durch die Anlage des fungiblen Stiftungsvermögens ermöglicht, weswegen die Amerikaner diesen Typus Stiftung dann auch *capital foundation* nennen, wofür ‚wir' dann eine akzeptable Übersetzung mit ‚Kapitalstiftung' gefunden haben. Auch dies keine Erfindung der neuen Welt; und der durchaus ältere deutsche Begriff (Hauptgeldstiftung) hätte gut und gerne den Amerikanern als Vorbild dienen können.

„Mittel" als gemeinnützigkeitsrechtlicher Begriff

Der Mittel-Begriff ist zunächst einmal ein steuerlicher Terminus, und zwar speziell des Gemeinnützigkeitsrechts (vgl. §§ 52 Abs. 1 S. 3, 55 Abs. 1 Nr. 1 S. 1, Nr. 5, 58 Nr. 1 f., 6, 7 b), 11, 63 Abs. 4 AO). Er wird nur dort gebraucht, und zwar in Abgrenzung zum Vermögen bzw. zum Zweckbetrieb und zum wirtschaftlichen

Geschäftsbetrieb, die alle Bestandsgrößen sind. ‚Mittel' sind dagegen Fließ-, Fluss- oder Stromgrößen, sie kommen herein und fließen (jedoch nicht generell!) wieder ab.

Dem BGB ist dieser Begriff fremd, ebenso den meisten Stiftungsgesetzen der Länder (Ausnahmen: § 8 Abs. 2 AGBGB Hamburg, § 13 Abs. 1 StiftG Sachsen-Anhalt und StiftG Thüringen, wo aber ein anderer Sachverhalt beschrieben wird). Insofern liegt es nahe, dass in einem Beitrag über ‚Stiftungsmittel' vorrangig nur diese steuerrechtliche Problematik abgehandelt wird. Da aber Stiftungsrecht wie auch Steuerrecht eine starke, wenn nicht dominierende kameralistische Komponente (Einnahmen-/Ausgaben- bzw. Zufluss-/Abfluss-Sichtweise) enthalten, ist es durchaus angebracht, die nicht zu leugnende logische Systematik des Steuerrechts auch auf stiftungsrechtliche Tatbestände anzuwenden, d. h. den Mittel-Begriff auch dort wirken zu lassen, insbesondere beim Nachweis der ordentlichen und satzungsmäßigen Mittelgenerierung, -verwaltung und -verwendung. Der Praktiker kann da nichts falsch machen, ‚spricht' er doch zu Mitmenschen in Ämtern, die mehr oder weniger von einem gleichen Grundverständnis der zu behandelnden Sachverhalte ausgehen.

Träger von „Mitteln"

Die AO kennt mit dem Oberbegriff ‚Körperschaft', worunter Personenvereinigungen (Zusammenschlüsse/Korporationen von sowohl natürlichen wie juristischen Personen) und Vermögensmassen fallen, nur juristische Personen (bzw. ganz nahe dabei: ihnen vergleichbare Gebilde[2]) als steuerbegünstigte Zwecke verfolgende oder verwirklichende Organisationen. Diese sind Zweckgebilde (oder Konstrukte) der Rechtsordnung, die nicht selbstvergessen, wie eine natürliche Person, vor sich hinzudösen in der Lage sind. Sie sind (nicht situationsbedingt weisungs-, aber satzungsgebundene) Stellvertreter oder handeln (situationsbedingt) in Stellvertretung von Personen oder Personengesamtheiten, wenn diese in freier Entscheidung das für sinnvoller halten als den Einzelauftritt vor oder in der Öffentlichkeit. Auf sie wird – zumeist unter Lebenden, aber auch von Todes wegen – Entscheidungsmacht und Substanz verlagert, um aus unterschiedlichen Gründen in anderer Gestalt aufzutreten und (öffentliche wie private) Interessen, Glaubensgrundsätze oder andere Einstellungen zu vertreten bzw. durchzusetzen.

Theoretisch bedarf es bei der Korporation und ihren Tätigkeiten keiner materiellen Fundierung oder laufenden Alimentierung. Zahlreiche gesellige Vereinigungen sind ein Beispiel dafür, dass es für deren Funktionieren weder eines Vermögens noch regelmäßiger Beiträge oder sonstiger Zuwendungen bedarf. Eine Vereinskasse ist da eher zufällig denn notwendig.[3]

---

[2] Rechtsgrundlage dafür ist das KStG, wo in § 1 Abs. 1 Ziff. 5 auch „nichtrechtsfähige Vereine, Anstalten, Stiftungen und andere Zweckvermögen des privaten Rechts" als körperschaftsteuerpflichtige Gebilde definiert werden (= Gesetzesanalogie).

Anders bei, wie es die steuerrechtliche Begriffsbildung schon eindeutig erfasst hat, Vermögensmassen (bzw. ‚anderen Zweckvermögen des privaten Rechts'). Stiftungsrechtlich setzt die hierunter subsumierte Stiftung nachgerade ein (substantielles) Vermögen voraus; ohne dieses keine Stiftung! Das gilt dann auch im Steuerrecht, wo selbst die im KStG erwähnte nichtrechtsfähige Stiftung, ob nun in öffentlich-rechtlicher oder in privatrechtlicher Trägerschaft, nicht ohne ein Vermögen denkbar ist (Rechtsformvoraussetzung). Auch das schon erwähnte ‚Zweckvermögen des privaten Rechts' bedarf einer materiellen Fundierung, wie hoch auch immer, bei dem allerdings das Moment ‚ewiger Dauer' nicht vorausgesetzt wird.

Mittel in den verschiedenen Sphären

Zunächst soll hier, entgegen der zu Anfang aufgezeigten Sphären-Systematik, der Stiftungsnormalfall abgehandelt werden. Das der Stiftung vom Stifter / von der Stifterin gewidmete Vermögen erwirtschaftet (vornehmlich mit Hilfe des Bankenapparats) die Stiftungsmittel. Das ist der Normalfall. Das Landesstiftungsrecht spricht dann vornehmlich von den Erträgen des Stiftungsvermögens und meint damit einen Netto-Betrag, denn diese sind ausschließlich für den Stiftungszweck zu verwenden. Von einem (vorgeschalteten) Brutto-Betrag, so die Logik der Gesetze, sind zuvor noch die Verwaltungskosten abzusetzen, die nach Ansicht der Gesetzgeber auf ein Mindestmaß zu beschränken sind.

Das Steuerrecht (vornehmlich in der Abgabenordnung) folgt dieser Logik, setzt also auch voraus, dass die Stiftung ein Vermögen zugewendet bekommen hat, das ‚Einnahmen' erwirtschaftet. Auch hier wird anerkannt, dass Verwaltungskosten (‚Ausgaben / Vergütungen') von den Einnahmen vorab (vor dem Mitteleinsatz für die satzungsmäßigen Zwecke) abzusetzen sind. Von den so definierten Stiftungsmitteln ist es erlaubt, (als steuerlich unschädlich) noch weitere Absetzungen (als ‚Verwendung') vorzunehmen, was hier deutlicher beschrieben wird als im diesbezüglich recht vagen Landesstiftungsrecht. Das Ergebnis dieser Prozeduren sind dann die vergabefähigen Mittel, die zeitnah für die satzungsmäßigen Zwecke auszugeben / zu verwenden sind (vgl. § 55 Abs. 5 S. 1 AO), und zwar bei einer Förderstiftung in der Regel durch Zuwendungen (*grants*) und bei einer operativen Stiftung, die kein Zweckbetrieb ist oder einen solchen nicht unterhält, durch hausinternen Projekt-Output, Publikationen o. ä. (§ 57 Abs. 1 S. 1-Typ).

Zwischen Stiftungsrecht und Steuerrecht gibt es diesbezüglich jedoch Differenzen, die für eine gemeinnützige Stiftung keineswegs Wahlfreiheit bedeuten. Sie ist gut beraten, hier mehr den steuerrechtlichen denn den stiftungsrechtlichen Vorgaben zu folgen. So können stiftungsrechtlich Teil-Beträge (aus den Netto-Erträ-

---

[3] Bezeichnenderweise findet sich im BGB nur ein Passus über die Refinanzierung der Vereinsaktivitäten, und der auch nur in der Form einer Soll-Vorschrift: § 58 – Soll-Inhalt der Satzung: „Die Satzung soll Bestimmungen enthalten: 2. darüber, ob und welche Beiträge von den Mitgliedern zu leisten sind."

gen/Mitteln) zum Ausgleich von Vermögensverlusten abgesetzt werden, was dem Steuerrecht fremd ist. Eine Grenze, wie bei der Bildung von ‚freien Rücklagen' nach § 58 Nr. 7 a) AO („ein Drittel des Überschusses der Einnahmen über die Unkosten aus Vermögensverwaltung"; dazu noch eine Sonderregelung für eher kleine Stiftungen: 10 % der ansonsten zeitnah auszugebenden (Netto-)Mittel[4]) ist dafür in dem jeweiligen Landesstiftungsgesetz im Allgemeinen nicht vorgesehen.

Auch erlaubt das Landesrecht gelegentlich, nicht verwendete Mittel (so z. B. § 10 Abs. 2 Buchst. a) StiftGBrandenburg) oder generell Mittel aufgrund (steuerlich heutzutage nicht akzeptablen) Satzungsauftrags (zeit- oder betragsmäßig unbegrenzt?) dem Vermögen zuzuführen, statt sie, was zivilrechtlich angemessener wäre, als Übertrag auf neue Rechnung zu behandeln. Hier bieten die Landesstiftungsgesetze also deutlich mehr an Spielraum als der Steuergesetzgeber, der jedoch in dieser Welt fiskalischer Interessendominanz das letzte Wort hat.

Dagegen ist die o. a. steuerrechtliche ‚freie Rücklage' (des § 58 Nr. 7 a) AO) dem Stiftungsrecht fremd, ebenso die des § 58 Nr. 7 b) AO, die es einer Körperschaft erlaubt, Rücklagen zu bilden und bei Gelegenheit davon Gebrauch zu machen, damit die bisherige Beteiligungsquote in einer Kapitalgesellschaft erhalten bleibt. Dies gilt sowohl für eine 100 %-Beteiligung (z. B. bei einer GmbH) wie für den – eher theoretischen – Besitz einer Aktie. Im Gegensatz zur ‚freien Rücklage', die bei ihrer Auflösung wieder zu ‚Mitteln' wird (weil unter diesem Titel zwischenzeitlich ja nur ‚geparkt'), kann die Stiftung die mit der Kapitalerhöhungsansparrücklage gewonnene Substanz als Vermögen behalten, sollte die Gesellschaft oder das Aktienpaket später einmal verkauft werden. Die Bäume wachsen jedoch nicht in den Himmel; und so sind die hier gebildeten Buchst. b) – Rücklagen auf die Buchst. a) – ‚freie Rücklage' anzurechnen.

An diesem Punkt wird schon deutlich, dass Vermögensumschichtungen und die dabei ‚gewonnenen' Verkaufserlöse über dem jeweils in den Büchern geführten Einstandspreis auf keinen Fall zu den Mitteln gehören, sondern stiftungsrechtlich wie steuerrechtlich als Vermögensmehrung zu behandeln sind (gilt ebenso für Bezugsrechte-Verkaufserlöse bei Kapitalerhöhungen von Aktiengesellschaften). Diese, die Vermögensmehrung war ja schon vor der Umschichtung im Vermögen vorhanden, nur nicht so deutlich erkennbar (weil bilanziell unterbewertet), wie sie nun bar auf dem Tisch liegt.

---

[4] Entgegen dem Postulat in Nr. 11 b), dass der/die Zuwendende bestimmen muss, dass seine/ihre Spende oder sein/ihr Nachlassgegenstand dem Vermögen zugeschlagen werden soll, wird hier fingiert, dass die (alle!) Spender/Erblasser mit einer Teil-Thesaurierung einverstanden sind, was zivilrechtlich unmöglich ist. Selbst verwaltungs-/stiftungsrechtlich könnte nicht dermaßen in die grundgesetzlich geschützte Autonomie des Individuums eingegriffen werden. Bußgelder sind nach der kameralistischen der Logik der öffentlichen Verwaltung aussen vor, kommen sie doch ansonsten im laufenden Haushalt des Fiskus herein und werden dort auch sofort verausgabt. Einer Stiftung ist also entgegen dem Tenor dieses steuerrechtlichen Passus nach übergeordneten fiskalischen Prinzipien die Thesaurierung von 10 % der eingeworbenen Bußgelder verwehrt (quasi-eingebaute Auflage der zeitnahen Vergabe).

Stiftungsrechtlich bedenklich oder nicht, jedenfalls gibt es auf der Verwaltungsebene eine Übereinkunft der zuständigen Länderreferenten, dass die Vorgaben des (Bundes-)Steuergesetzgebers stillschweigend und aufgrund alten Stiftungsgewohnheitsrechts akzeptiert werden können. Die Entscheidung der Stiftung, aus den speziell definierten Mitteln des laufenden Jahres eine Rücklage zu bilden bzw. diesen Betrag sofort dem Stiftungsvermögen zuzuschlagen, ist also auch für diese Behörde bindend. Das gilt auch für weisungsfreie Zuwendungen von Todes wegen, die aufgrund Vorstandsbeschlusses ins Stiftungsvermögen hineingenommen werden (§ 58 Nr. 11 a) AO).

Mit der Erwähnung von Verwaltungskosten ist schon angeklungen, dass Brutto und Netto bei den Stiftungsmitteln zwei durchaus unterschiedliche Paar Schuhe sind. Bisher war hier nur generell von Verwaltungskosten die Rede. Will man diese aufschlüsseln, was bei größeren (und komplizierteren) Stiftungen aus Gründen der Überschaubar- und Steuerbarkeit des ‚Apparats' durchaus Sinn macht, so wird leicht ersichtlich, dass es abgrenzbare Kosten der Vermögensverwaltung(en) betr. Einnahmenerzielung gibt, Kosten der Zweckverwirklichung (betr. Mittelvergabe), vielleicht noch sonstige Kosten und nicht so ohne weiteres abgrenzbare oder zuzuordnende Kosten im Verwaltungsbereich. Letztere sind dann ggfs. nach ihrer Gewichtigkeit voll oder teilweise einer der gebildeten Sphären zuzuschlagen.

Immobilien sind eine besondere Kategorie des allgemeinen Stiftungsvermögens, die steuerrechtlich Einnahmen aus Vermietung und Verpachtung (V+V) generieren. Da sowohl das Zivil- wie auch das Verwaltungsrecht (Stiftungsgesetze) hier Besonderheiten vermuten, ist es angebracht, diese Mittel gesondert zu betrachten (und ggfs. in einer Nebenrechnung der Rechnungslegung abzuhandeln). Die mit ihrer Verwaltung anfallenden Kosten liegen, kaum zu glauben, im Branchenvergleich gemeinhin unter denen der klassischen Vermögensverwaltung zwecks Einnahmenerzielung.[5] Und als Besonderheit kommt noch hinzu, dass hier Abschreibungen für den Werteverzehr über die Lebenszeit des jeweiligen Objekts anzusetzen sind. Es werden also Einnahmen/Mittel zurückbehalten, verbleiben in der Stiftung, die damit nicht dem Stiftungszweck zur Verfügung stehen. Sie werden mit anderen Vermögensarten angelegt und erwirtschaften in der Folgezeit (bis zu ihrem ‚Verbrauch' = Wiederaufbau/Neukauf/Grundsanierung o. ä.) sozusagen Zinseszinsen.

Schon an dieser Stelle wird deutlich, dass die Vermögensverhältnisse einer – auch mittleren und ggfs. sogar kleinen – Stiftung in einer dem Handelsrecht

---

[5] Immobilienspezialfonds, die z. B. für Versicherungen o. ä. grosse Kapitalanleger aufgelegt werden, beeindrucken heute (Stand 2003) mit einem Verwaltungskostendurchschnitt von 0,53 % des mittleren Fondsvermögens (total expense ratio/TER). Offene Immobilienfonds, die sich am Markt verkaufen müssen, verlangen dagegen 0,93 %. Offensichtlich gönnt sich die Branche der professionellen Anleger am viel breiteren Kapitalmarkt einen besonders großen Schluck aus der Pulle. So haben deutsche Aktienfonds eine TER von insgesamt rd. 1,8 %, europäische Rentenfonds hingegen eine von gut 1 % und europäische Geldmarktfonds nur eine von knapp 0,7 %. (Quelle: *Fitzrovia, Feri Trust*)

nachgebildeten und eventuell dem Bedarf der jeweiligen Stiftung angepassten Bilanz klarer / deutlicher / besser erfasst und von den unterschiedlichen Mittelkategorien abgegrenzt werden können als in einem in den meisten Stiftungsgesetzen vorgeschriebenen Bestandsverzeichnis.

Der stiftungsgesetzlichen Vorgabe der ungeschmälerten Bestandserhaltung würde bei Grundstücken beispielsweise schon Genüge getan, wenn in der Vermögensübersicht nachgewiesen wird, dass die Immobilie sich noch im Eigentum der Stiftung befindet. Damit könnte die Stiftungsaufsicht jedoch nicht nachvollziehen, dass die Wirtschaftsführung der Stiftung die Gebote der Dauer und Nachhaltigkeit erfüllt hat. Diesen kommt sie nach, wenn sie Abschreibungen vornimmt und den Abschreibungsbetrag auf der Passivseite der Bilanz als eine eigenständige Position ‚Rücklage für Substanzverzehr bzw. Wiederbeschaffung' o. ä. ausweist. Ggfs. kann dieser Betrag auch als Unterposition des Stiftungsvermögens verbucht werden, handelt es sich doch letzten Endes um selbiges.

Auch für das Management einer Stiftung ergeben sich so klarere Verhältnisse, was dieses Instrument des Rechenwerks / der Rechnungslegung zudem als ein intelligentes Steuerungsmittel für die Entscheidungsfindung erweist.

Wird die Immobiliensphäre getrennt abgerechnet, so sind die ihr zuzurechnenden Verwaltungskosten sowie die Abschreibungen schon in dem betreffenden Nebenrechenwerk (Nebenbuchhaltung) erfasst und verrechnet. Es findet dann so etwas wie ein ‚innerbetrieblicher' Transfer aus dieser Sphäre, wie wenn es sich um eine rechtlich selbständige Tochtergesellschaft handelt, in die ideelle Sphäre statt.

Die ideelle Sphäre ist für Stiftungen eigentlich untypisch. Sie ist vornehmlich körperschafts- / vereinsbezogen. Denn in dieser Sphäre ‚erwirtschaften' gemeinnützige Vereine als Mittel Mitgliedsbeiträge, Umlagen, kleinere Gebühren, Spenden, zweck- oder projektgebundene Zuwendungen (z. B. von Förderstiftungen, von der öffentlichen Hand o. ä.), Bußgelder etc. Stiftungen stehen einige dieser Einkommensquellen konstitutionell nicht zur Verfügung, die meisten hingegen doch.

Die Stiftungsgesetze wie auch das Steuerrecht anerkennen, dass die Stiftung auch gewisse Zuwendungen (in ihren ideellen Bereich hinein) erhalten kann. Von wem diese stammen und wie sie hereinkommen, interessiert dabei nicht. Allerdings gilt es auch hier wieder, einige Besonderheiten zu beachten. So können der Stiftung – eher zufällig – Spenden zugewandt werden, die (brutto = netto) der Mittel-Kategorie zuzurechnen sind.

Sie kann aber auch aktiv um Spenden werben (Spendenwerbung / Fundraising). Meistens handelt es sich dann auch um Stiftungsmittel, die allerdings mit einem gewissen Verwaltungsaufwand hereinkommen. Stiftungen die sich derart aktiv (einwerbend) um Mittel bemühen, sollten diese Aktivitäten, schon um der Ordnungsmäßigkeit ihrer Rechenschaftslegung willen und weil hier sensibles Territorium zu vermuten ist, zunächst in einem Nebenrechenwerk erfassen und darstellen. Sensibel ist das Fundraising von Stiftungen deshalb, weil es für sie (als Institution im Recht) zum einen untypisch, d. h. begründungsbedürftig ist, was bei einer Anstaltsstiftung unschwer darstellbar ist, und weil hier zum anderen bei zu hohem Verwaltungsaufwand (Fundraising-Kosten) leicht die zuständigen Behörden (Stiftungsaufsicht, Finanzamt) unruhig werden können. Allgemein werden nach den *good governance*-Richtlinien (zur Erlangung des sog. Spendensiegels) des Deutschen Zentralinstituts für Soziale Fragen (DZI) in Berlin insgesamt (d. h. für Verwaltung und Spendenwerbung) 35 % der eingeworbenen Mittel als gerade noch akzeptabel genannt. Aber das ist nur eine Richtschnur, an die sich Behörden und Gerichte zwar meistens halten, aber nicht halten müssen, was dann für die Stiftung zumeist mit Schwierigkeiten verbunden ist.[6]

Wirbt die Stiftung solche Zuwendungen im Rahmen einer Kampagne zur Erhöhung des Stiftungsvermögens oder zum Aufbau eines vom Satzungszweck gedeckten Sondervermögens ein (sog. Kapital-Kampagne, insbesondere durch das sog. Erbschaftsmarketing), so gehören diese Zuwendungen der Vermögenssphäre an. Hier hat das Steuerrecht erst jüngstens (im Jahre 2000) in einer gesetzestextlichen Klarstellung (in § 58 Nr. 11 c) AO) nachvollzogen (zuvor jedoch schon längere Zeit Standard im Anwendungserlass zur AO/AEAO), was zivilrechtlich schon immer außer Frage stand. Selbiges gilt natürlich – und noch eindeutiger – für den Fall, dass der Stifter/die Stifterin selbst im Zuwendungsakt (unter Lebenden oder von Todes wegen) verfügt haben, dass die Zuwendung ins Vermögen genommen werden soll (§ 58 Nr. 11 b) AO).

Wenn es sich bei solchen (letztwilligen oder unter Lebenden) Zuwendungen um Sachzuwendungen, insbesondere Immobilien handelt, unterstellt das Steuerrecht (in § 58 Nr. 11 d) AO) neuerdings, dass es sich hierbei von der Natur der Sache her um Vermögensbereicherungen handelt, vorausgesetzt die Stiftung beschließt dies letztendlich auch so bei der Annahme des ‚Geschenks'. Das ist allerdings eine – nicht exklusiv – stiftungsfreundliche Auslegung dieses Sachverhalts. Denn es macht ökonomisch und auch rechtlich keinen Unterschied, ob ein Aktienpaket, ein €-Betrag, ein Gerät, ein Fahrzeug oder ein Grundstück zugewendet werden und ob das jeweilige Objekt materiell von substantieller Natur ist oder betragsmäßig nur eines armen Mütterchens durchschnittliche milde Gabe erreicht. Aber dies ist, wie schon ausgeführt, Ausfluss einer Denke der Kameralisten, dass es sich bei bestimmten Sachzusammenhängen und vor allem bei Grundstücken jeweils um ein besonderes ökonomisches (Langzeit-)Gut handelt.

---

[6] Zwar hat der BFH in seinem Beschluss vom 23. 09. 1998 (I B 82/98, in: DB 1998, S 2249) ausgeführt, dass insgesamt (d. h. Verwaltungskosten im engeren Sinne, Kosten der Spendenwerbung, Kosten der Zweckverwirklichung) die Kosten eines Fördervereins bis zu 50 % der Mittel betragen können und damit als im Rahmen der Gemeinnützigkeit liegend und nicht die Selbstlosigkeit verletzend anzusehen sind (und in den ersten zwei bis drei Jahren der Aufbauphase sogar noch darüber), doch stellt dies keinesfalls einen Freibrief aus, die Verwaltungskosten nun bis zu dieser Grenze hochzufahren. Die Finanzverwaltung tendiert im Tagesgeschäft dahin, die Grenzen deutlich tiefer anzusetzen und verlangt im Zweifelsfall von den Gemeinnützigen einen nachvollziehbaren Nachweis dahingehend, dass hohe Kosten dieser Art unumgänglich waren.

Der Steuergesetzgeber wollte im Jahre 2000 den (exklusiv!) Stiftungen besonders gut sein. So verfügte er dann noch eine Abweichung von der Norm (Gebot der zeitnahen Mittelverwendung gem. § 55 Abs. 1 Nr. 5 S. 1 AO), die verfassungsmäßig höchst bedenklich ist. Gem. § 58 Nr. 12 AO kann eine Stiftung bestimmte Mittel (Überschüsse der Vermögensverwaltung sowie Gewinne aus wirtschaftlichen Geschäftsbetrieben) im Jahr der Errichtung und in den zwei Folgejahren ganz oder teilweise dem Vermögen zuführen. Es ist damit beabsichtigt, die anfänglich geringe Dotierung einer Stiftung (beispielsweise die eines armen Schluckers, der unter dem Verfassungsgrundsatz der Gleichbehandlung vom Stiften nicht ausgeschlossen werden sollte), durch nicht zweckgerecht verausgabte, dafür aber thesaurierte Mittel aufzustocken. Allerdings hätte der Gesetzgeber nur einmal nachrechnen müssen, um festzustellen, dass auf diese Art und Weise ein geringes Stiftungsvermögen von 100 höchstens auf 115 hochgefahren werden kann (mit folglich bescheidenem Mehrerlös für die Zweckverwirklichung danach). Und bei einer neu am Markt auftretenden Institution dürfte die Option der Thesaurierung von Gewinnen eines wirtschaftlichen Geschäftsbetriebs nur von untergeordneter Bedeutung sein. Aber selbst ein in die Stiftung eingebrachter wirtschaftlicher Geschäftsbetrieb wird kaum mehr an Gewinnen abwerfen als eine klassische Vermögensverwaltung bei der Bank.

Es klingt nicht nach dem, dennoch ist die aktive Mittel- bzw. Vermögenseinwerbung auch im ideellen Bereich mit speziellen Kosten verbunden. Es ist ein Gebot der Rechnungslegungsklarheit und -wahrheit, dass diese im Rechenwerk einer größeren Stiftung jeweils getrennt erfasst und ausgewiesen werden. Die ‚politische' Klugheit gebietet es, das Zahlenwerk einer Stiftung nicht nur vor den Behörden, sondern auch vor der Öffentlichkeit so zu präsentieren, dass da nichts zu hinterfragen und zu vermuten ist. Wenn eine (zumeist Anstalts- oder dieser vorgeschaltete Förder-)Stiftung auf die laufende Zuführung von Mitteln angewiesen ist, bedarf sie des Vertrauens der Öffentlichkeit allgemein und insbesondere dessen ihrer treuen Spender.

Übrigens, die AO stellt nun unter dem Obertitel ‚Selbstlosigkeit' klar (in § 55 Abs. 1 Nr. 5 S. 2), was eigentlich selbstverständlich war und ist, dass Mittelverwendungen im Sinne von Anschaffungen langlebiger Wirtschaftsgüter für Verwaltungszwecke (Baulichkeiten, Fahrzeuge, Einrichtungsgegenstände etc.) oder für sonstige, im engen Zusammenhang mit der Zweckverwirklichung stehende Vermögensgegenstände als ordnungsgemäß und satzungsmäßig gelten.

Bisher wurden nur Mittelverwendungen behandelt, die die Stiftung nicht verließen, bei denen ‚nur' eine Umbuchung von der Mittelsphäre in die Vermögenssphäre stattfand. Nun sind noch steuerliche Besonderheiten anzusprechen, die z. T. sogar nur für Stiftungen eingeführt wurden und wo Erträge nicht zur Verwirklichung des eigentlichen Stiftungszwecks ausgegeben oder verwendet werden können. Es handelt sich dabei um einige der steuerlich unschädlichen Betätigungen gem. 58 AO, also um Abweichungen vom eigentlich dominierenden Gepräge auf gemeinnützige Mittelverwendungen. Nicht ganz korrekt kann von (gemeinnützigen) Haupt- und (nicht gemeinnützigen) Hilfstätigkeiten gesprochen werden.

Eine Stiftung kann einer anderen gemeinnützigen öffentlich-rechtlichen oder privatrechtlichen Anstalt (z. B. Universität, kirchliche Schule, städtisches Tierheim o. ä.), Körperschaft (z. B. Krankenhaus gGmbH, Sportverein) oder Stiftung (z. B. Altenstift) als Förderinstrument (vermögensverwaltend oder spendenwerbend) vorgeschaltet sein. Sie kann diese Beschaffung exklusiv oder auch nur teilweise (= nicht überwiegend) bewerkstelligen. Im ersten Falle (§ 58 Nr. 1 AO) tut sie selbst in Richtung ihres Kern-Satzungszwecks kaum etwas (außer vielleicht eine gewisse Öffentlichkeitsarbeit für den institutionellen Destinatär), im zweiten Fall (§ 58 Nr. 2 AO) hat sie daneben noch weitere eigene Aktivitäten entfaltet. Das Gesetz selbst sagt nichts darüber aus, dass diese Beschaffungstätigkeiten in der Satzung verankert sein müssten; der AEAO stellt jedoch klar (vgl. Zu § 58 Nr. 1 S. 2), dass zumindest die vollständige Weitergabe der Mittel in der Satzung zum Ausdruck gebracht werden muss. Hingegen muss der (gemeinnützige) Destinatär nicht unbedingt benannt werden. Werden in diesem Zusammnhang gelegentlich steuerpflichtige Körperschaften oder ansonsten nicht steuerbefreite Körperschaften oder nicht unbedingt steuerrechtlich gemeinnützige öffentlich-rechtliche Einrichtungen gefördert oder eher: bedacht, so ist analog zu § 57 Abs. 1 S. 2 (eine Hilfsperson wird stellvertretend für die Förderstiftung tätig) eine Mittelverwendung zu den (eigenen) satzungsmäßigen steuerbegünstigten Zwecken eindeutig und nachvollziehbar zu belegen, was übrigens auch für Mittelverwendungen im Ausland gilt.

Dann kann (nur!) eine Stiftung (gem. § 58 Nr. 5 AO) bis zu einem Drittel ihres Einkommens (was durchaus etwas anderes zu sein scheint als ‚Mittel'[7]) dazu verwenden, den Stifter und seine nächsten Angehörigen (bis in die Enkel-Generation) in angemessener Weise zu unterhalten, sein Grab zu pflegen und anderseits sein Andenken zu ehren. Letztere zwei Ausgabenkategorien würden, wenn nicht überzogen, zivil- und stiftungsrechtlich ohne weiteres als Verwaltungskosten verbucht werden können, weil selbstverständlich, denn auch juristische Personen, zumindest Stiftungen, haben so etwas wie ‚moralische' Verpflichtungen. Die erste Ausgabenkategorie findet jedoch im Stiftungsrecht keine Entsprechung, zumal der Paragraphen-Titel ‚Steuerlich unschädliche Betätigungen' suggeriert, dass diese außerhalb des Satzungsauftrags absolviert werden können. Hier kann eine Stiftung leicht ins Schleudern geraten, wenngleich nach diesem Schnittmuster wohl nur ganz wenige gemeinnützige Stiftungen verfahren werden.

Denn eigentlich wird durch diese Klausel die gemeinwohlorientierte Stiftung zu einer Teil-Familienstiftung auf Zeit gemacht. Und das nur, weil der Gesetzgeber ein Lockmittel auslegen und sich den Stiftern gegenüber entgegenkommend zeigen wollte: der Vermögens‚verlust' durch den Stiftungsakt soll zumindest nicht die

---

[7] Die AO gebraucht für die Ressourcen einer Stiftung in diesem Paragraphen 5 (!) verschiedene Begriffe: Mittel, Einkommen, Einnahmen, Überschüsse, Gewinn.

unmittelbar (negativ) davon Betroffenen (Kinder und Enkel), wenn vorhanden, gänzlich enterben; dafür gäbe es in der Öffentlichkeit kein Verständnis, insbesondere dann nicht, wenn dieser Personenkreis im Extremfall der öffentlichen Wohlfahrt anheim fiele. Im Notfall ist da noch des Patriarchen Stiftung (mit dessen ehemaligem Privatvermögen), die für eine angemessene (Renten-)Ausstattung für die Lebensführung sorgen kann. Wann sie das kann und was sie dabei zu beachten hat, darüber schweigt des Sängers Höflichkeit, will sagen, der Gesetzgeber. Also ist alles weitere Verhandlungssache mit dem Finanzamt.

Zweckbetriebe

Anderseits kann das Stiftungsvermögen auch dermaßen strukturiert sein, dass diese spezifische Sachgesamtheit zusammen mit einem Stab von – vorwiegend spezialisierten – Mitarbeitern gemeinhin Dienstleistungen oder Güter gegen Entgelt anzubieten in der Lage ist, die auf einem – zumeist – besonderen Markt als gemeinwohldienlich definiert werden (meritorische ‚Güter' oder *public goods*) und von daher meistens besonders privilegiert sind (anstaltliches oder institutshaftes Wirtschaften, der steuerrechtliche Zweckbetrieb des § 65 AO). Die Privilegierung kann eine steuerliche sein oder eine über sonstige Mechanismen der Rechtsordnung (Wettbewerbsrecht, Vergaberecht, Sozialrecht, Subventionsrecht etc.). Es ist dies der Vorgängertypus der heutigen Kapitalstiftung: Spitalstiftung bzw. Anstaltsstiftung, die historisch allerdings zum ordnungsmäßigen Funktionieren neben der Fundation (Anstalt auf eigenem Grund) auch noch einer Dotation (zumeist Immobilien, Wertpapiere etc.) bedurfte.

Wiewohl der Zweckbetrieb eigentlich ein wirtschaftlicher Geschäftsbetrieb ist (vgl. § 65 AO), mit allerdings risikoreicherer bzw. risikoärmerer Wirtschaftsführung als in der Vermögensverwaltung bzw. am Markt, ist es wegen der besonderen Natur der Sache angebracht, ihn – nicht nur buchhalterisch – als eine eigenständige Sphäre zu betrachten, was sich inzwischen auch allgemein durchgesetzt hat. Steuerrechtlich ist es auch kein Bruch in der Geprägetheorie, dass eine gemeinnützige Körperschaft oder Stiftung einen Zweckbetrieb unterhält, weil er wie ‚Förderung / Verfolgung / Unterstützung' mit Mitteln auf die Verwirklichung / Erreichung steuerbegünstigter Zwecke ausgelegt ist. Er ist mit seinen Sachwerten, den Einnahmen wie Ausgaben und sonstigen Ressourcenverwendungen unbedingt in einem eigenständigen Rechenwerk zu erfassen. Erst nachdem in diesem Rechenwerk (auch wieder inkl. Abschreibungen) ein Schlussstrich gezogen wurde, ist zu entscheiden, wie ein Defizit oder ein Überschuss zu behandeln ist.

Aus der ideellen Sphäre wie auch aus der der Vermögensverwaltung können zur Unterhaltung (Trägerschaft) des Zweckbetriebs beliebig Mittel und u. U. sogar Vermögen in die Sphäre des Zweckbetriebs fließen. Das wäre dann so, als wenn eine vorgeschaltete Förderstiftung eine Anstaltsstiftung unterstützt. Und im Zweckbetrieb können diese Mittel dann abfließen (z. B. in der Form von Löhnen und Gehältern, oder für Sachmittelanschaffungen) bzw. auch dort verbleiben (z. B. bei Baumaßnahmen, bei sonstigen Investitionen in die Infrastruktur der Anstalt).

Eventuelle Überschüsse solchen Wirtschaftens in Anstalten, Instituten, Schulen, Museen etc., um den hier unzutreffenden Begriff ‚Gewinn' zu vermeiden, sind nach der *ratio* der Gemeinnützigkeit oder der von gemeinwohlorientierten Stiftungen nicht an Management und Mitarbeiter zu verteilen, nicht zu sprechen von – nicht existenten – Mitgliedern (weil es originäre *property rights owners* mit einem ‚geborenen', aus Gesetz oder Satzung abgeleiteten Recht auf Auskehrung von Gewinnen/Überschüssen rechtsformspezifisch nicht gibt), sondern als Vortrag auf neue Rechnung für zukünftige Phasen eines vielleicht auch mal/sicherlich irgendwann mal zu erwartenden Verlustes in Reserve vorzuhalten. Sie könnten auch in die ideelle Sphäre transferiert werden, wenn denn die Satzung solches vorsieht bzw. es sich aus der Satzung erschließen lässt.

Die Logik der Anstalt stellt solche – sicherlich nur gelegentlich anfallenden – Überschüsse nicht primär für Wachstum (was neue Risiken bedeuten würde) bereit (betr. Umsatz, Mitarbeiter bzw. Produkte/Dienstleistungen) oder für die Etablierung neuer Geschäftsfelder (alte, ausgebrannte ersetzend), wie das der weitverbreiteten Logik gewinnorientierten Handelns entspräche, sondern soll dem der deutschen Stiftung innewohnenden Gesichtspunkt der (natürlich relativen) ‚ewigen Dauer' Nachdruck verleihen. Die Einführung des Instituts der freien Rücklage (gem. § 58 Ziff. 7 a) AO) ist übrigens diesem (Ewigkeits-, Nachhaltigkeits- oder Sicherheits-)Prinzip geschuldet.

Wirtschaftliche Geschäftsbetriebe

Die auch in der Gemeinnützigkeit steuerpflichtigen (bis auf eine Geringfügigkeitsgrenze von 30.678 € – vgl. § 64 Abbs. 3 AO) wirtschaftlichen Geschäftsbetriebe von steuerbefreiten Körperschaften des privatern Rechts bzw. Betriebe gewerblicher Art von Körperschaften, Stiftungen und Anstalten des öffentlichen Rechts (i. S. d. §§ 14, 64 AO) stellen sich eigentlich nur als eine Unterart der schon zuvor erwähnten Überschusserzielung durch Vermögensbewirtschaftung dar. Dieser in einer gesonderten Rechenschaftslegung ermittelte – so hoffen die Gemeinnützigen – Überschuss/Gewinn einer besonderen (risikoreichen) Art des Wirtschaftens wird an die (virtuelle) Sphäre der Gemeinnützigkeit in der Stiftung (normalerweise ideelle Sphäre, aber auch Zweckbetrieb) ‚ausgeschüttet' und dort dann als ‚Mittel' zur Zweckverfolgung eingesetzt. Aus kaufmännischer Sicht notwendige (und steuerrechtlich akzeptable) Rücklagen für den wirtschaftlichen Geschäftsbetrieb sind vorab zu bilden. Ein Defizit/Verlust darf nicht mit Mitteln aus der gemeinnützigen Sphäre abgedeckt werden (geringfügige Ausnahmen an Mittelrückfluss auf dem Verordnungswege zugestanden in: Zu § 55 Nrn. 4 – 8 AEAO).

In den letzten Jahren hat das Sponsoring bei den Gemeinnützigen als Maßnahme der Mittelakquisition sehr an Bedeutung gewonnen, bei dem sich diese mit ihrem guten Namen (ein virtuelles Vermögen!) in den Dienst kommerzieller Interessen stellen. Bis auf geringfügige Betätigungen, was häufig zu Abgrenzungsproblemen Anlass gibt, handelt es sich dabei gemeinhin um einen wirtschaftlichen Geschäftsbetrieb. Er ist mit ggfs. weiteren solchen oder anderen Wirtschaftskomplexen zu einem Rechenwerk zusammenzuführen (§ 64 Abs. 2 AO). Hier sind daher Quer-Subventionierungen möglich. Ein wirtschaftlicher Geschäftsbetrieb (ggfs. sogar als BGB-Gesellschaft) entsteht gemeinhin auch, wenn weitere Zusammenarbeitsverhältnisse vereinbart werden, bei denen eine (z. B. operative) Stiftung oder der Zweckbetrieb einer Stiftung für einen ‚fördernden' / bezahlenden Dritten ohne Sponsoringabsicht tätig werden (z. B. aus Gründen der besseren Auslastung der eigenen Infrastruktur oder bei der Auftragsforschung von Instituten in Stiftungsform).

Sphären – neu / anders gesehen

Nach dem bisher Gesagten wäre hier von einer Drei-Sphären-Welt zu sprechen: ideelle Sphäre[8], Sphäre der (umfassenden) Vermögensverwaltung (zwecks Überschusserzielung), Zweckbetrieb. Eine andere Sichtweise kennt dagegen die ideelle Sphäre, die Sphäre der Vermögensverwaltung und die Sphäre des Wirtschaftens, diese wiederum unterteilt in die Sphäre marktwirtschaftlichen Wirtschaftens und die Sphäre des ideellen / steuerlich unschädlichen / gemeinwohlorientierten Wirtschaftens (Zweckbetrieb).

Allerdings wird dabei seitens des Gesetzgebers unterstellt, gemeinwohlorientierte Betätigungen unterlägen gar nicht oder nur peripher den Zwängen des Marktes. Not generell und individuelle Notlagen speziell wird es immer geben; die Gemeinnützigen werden also immer gebraucht. Daher seien die Gesetze dieses besonderen ‚Marktes' der gemeinnützigen Anbieter von Gütern und Dienstleistungen andere als in der (klassischen) Marktwirtschaft, wo am Ende der Mehrwert eines Investments oder einer Transaktion zählt. Spender und Stifter vergehen, sind an diesem (materiellen) Mehrwert ihres ‚Investments' nicht interessiert, dürfen daran auch nicht interessiert sein, wenn sie sich auf dieses Terrain begeben. Sie erwarten also keinen *return on investment* klassischer Art.

Ein Teil dieser Erwartungshaltung des Gesetzgebers bei der Formulierung verhaltenssteuernder Gesetze und Verordnungen basiert allerdings auf einem Irrtum. Auch Wirtschaften in der Gemeinnützigkeit, wozu ja schon die Vermögensverwal-

---

[8] Steuertechnisch sind etliche der ‚Mittel der Körperschaft' (i. S. d. § 55 Abs. 1. Ziff. 1 AO) zum Zeitpunkt der Rechenschaftslegung (Bilanzstichtag oder Stichtag der ‚Vermögensübersicht') nicht der Sphäre der Vermögensverwaltung zuzurechnen. Noch nicht verausgabte Spenden, Bußgelder, öffentliche Zuschüsse etc. bilden, weil z. T. anderen (nicht nur steuerrechtlichen) Normen unterworfen (vgl. nur § 58 Ziffn. 7 a), 11 f. AO), eine eigenständige, von der Vermögenssphäre und von der Sphäre der Vergabe-Mittel (z. B. Übertrag auf neue Rechnung) getrennte Mittelsphäre (zumeist im ideellen Bereich).

tung zählt, ist den Gesetzen des Marktes unterworfen. Und selbst in der ideellen Sphäre gelten diese Gesetze; Spenden, Bußgelder, letztwillige Verfügungen etc. erfolgen nur, wenn die Erwartungen von Mitmenschen getroffen werden. ‚Man' muss also in die Menschen hineinhören, um von ihnen eine befriedigende Antwort zu bekommen: eine materielle Zuwendung. Entsprechend diesen Erwartungen des allgemeinen Publikums oder einer besonders ausgesuchten Zielgruppe ist u. a. auch das Wirtschaften, und sei das ‚nur' das sog. Fundraising (Spendeneinwerbung, Bußgeld- oder Erbschaftsmarketing), in solchen Nonprofit-Einheiten zu gestalten. Insofern gibt es in Amerika nicht nur theoretische Überlegungen, besonders die agressive Einwerbung von Mitteln im Wege des Fundraising als eine wirtschaftliche Betätigung anzusehen, es also aus der ideellen Mittelsphäre herauszunehmen.

Mittelverwendungen für dauerhaft ertragloses Stiftungsvermögen – eine fünfte Sphäre

Insbesondere bei Stiftungen kann es Vermögenskomplexe geben, die von Anfang an nicht der Einnahmenerzielung dienen sollen. Sie gehören (aufgrund einer Auflage nicht als Stiftungszweck) zu des Stifters Grundausstattung ‚seines' Ideenkonstrukts, sind also materielles Erbe eines – zunächst – immateriellen Konstrukts. Eine kostbare Kunstsammlung war beispielsweise zu Zeiten des lebenden Stifters in der Öffentlichkeit kaum bekannt und nur seinem Freundes- und Bekanntenkreis zugänglich. Für Haus und Interieur sowie umgebende Parkanlage hat der Stifter nun in seinem letzten Willen verfügt, dass alles so bleiben soll, wie er es eingerichtet hatte. Die Stiftung soll darin ihre Verwaltung einrichten, was sie dann auch tut und was auch durchaus Sinn macht. Allerdings dürften nun die Kosten der Stiftungsverwaltung etwas höher liegen als bei einem der Zweckverwirklichung eher angemessenen Verwaltungssitz. Weitere solche Vermögenspositionen sind denkbar, die nicht unbedingt Zusatzkosten verursachen müssen, es meistens aber tun.[9]

Wir haben es hier mit einer eigenständigen Kategorie zu tun: weder Vermögen in der ideellen Sphäre (weil nicht auf den Zweck bezogen) noch Vermögen in der Zweckbetriebssphäre, noch, mangels Fähigkeit der Einnahmenerzielung, Ver-

---

[9] Der BFH (Beschl. vom 12. 5. 2003 – GrS 1/00 = DB 2003, S. 2149, 2152) nennt solche Vermögen „ihrer Art nach ertraglose Wirtschaftsgüter", wozu er u. a. ‚unbebaute Grundstücke, Kunst- oder Sammlerobjekte' zählt. Sie sind steuerlich relevant, wenn sie im Zusammenhang mit einer unentgeltlichen Vermögensübergabe beim Übernehmer eine abziehbare dauerhafte Last begründen sollen. Historisch ist ein nicht ertragbringendes, aber zur ideellen Sphäre zählendes Stiftungsvermögen allerdings nicht selten. Es sei hier nur auf das Institut der Kirchenstiftung (auch Kirchenfabrik genannt, eine Gebäudestiftung, die an sich ertraglos ist) verwiesen, von der aber auch z. T. recht wertvolle Kultusgegenstände für den Gebrauch im Gottesdienst oder für sonstige religiöse Handlungen verwaltet werden. Zusammen mit der/n Pfründestiftung/en (Unterhaltsstiftung/en) und den gemeindlichen Armenstiftungen (*piae causae*) bildet diese Trias in der katholischen Kirche heute noch das Gemeindevermögen.

mögen in der Vermögensverwaltungssphäre oder in der Sphäre des wirtschaftlichen Geschäftsbetriebs. – Liebhaberei (einer Stiftung – aber auflagenbedingt)?

Solche eher der Sphäre des Ästhetischen zuzuordnenden Werte sind in reichen Gesellschaften natürlich in den zu Stiftungsinitiativen materiell befähigten Kreisen *en masse* vorhanden. Und die grundrechtlich geschützte Privatautonomie verbietet es auch nicht, sie zusammen mit ‚nützlichen' (ertragbringenden) Werten in eine Stiftung einzubringen, wo sie dann zu deren unveräußerlichen, ‚ewigen' (Vermögens-)Bestand zählen. Ihre Öffentlichkeits- oder gar Gemeinwohlwirkung mögen dann u. U. gering sein, was im Gegensatz zur prägenden *raison d'être* des Rechtsinstituts steht.

Auch bei einer isolierten Betrachtung der Tätigkeitsbereiche bietet sich keine befriedigende Lösung für ihre Einordnung an. Die Einnahmenseite kann, wie zuvor dargestellt, sofort außen vor bleiben, außer wenn diese Objekte bei Gelegenheit verkauft werden können bzw. müssen; dann gehört der Verkaufserlös eher in die Vermögenssphäre. Und auf der Ausgabenseite, wo diese Objekte zwecks Hege und Pflege im Mittelverbrauch schon ins Gewicht fallen können, greift auch keine der bekannten Begrifflichkeiten: weder mit der ideellen Sphäre zusammenhängende (zumeist allgemeine Verwaltungs-)Kosten, noch Kosten einer ggfs. ganz speziellen Zweckverwirklichung; und auch nicht Kosten im Zweckbetrieb, nicht zu reden von Kosten eines wirtschaftlichen Geschäftsbetriebs. Es handelt sich um Vermögensverwaltungskosten der besonderen Art.

Da bei den hier in Frage stehenden Vermögenspositionen in der ideellen Sphäre aber nicht gewirtschaftet wird, somit auch keine Einnahmen erzielt werden, scheint es sich *prima vista* um steuerlich unschädliche Vermögenspositionen und Mittelverwendungen (aus anderen Sphären) zu deren Vorhaltung, Nutzung, Pflege und Unterhaltung zu handeln. Allerdings setzen diese Vermögenspositionen voraus, dass weiteres, ertragbringendes Vermögen vorhanden ist, dessen Erträge teilweise für nicht dem eigentlichen Stiftungszweck gedachte Nebenzwecke eingesetzt werden, eine Art dauernde Last, bei der die eine (fünfte) Sphäre der Stiftung eine andere (oder gleich mehrere) in deren Erträgen / Mitteln belastet (eine Art Quer-Subvention).

6.2 Steuerfreie oder -pflichtige Einkommenserzielung bei gemeinnützigen Stiftungen

Von Maren Hartmann

Eine gemeinnützige steuerbegünstigte Körperschaft genießt sowohl die subjektive Steuerbegünstigung aufgrund ihrer Einkommens- und Mittelverwendung als auch die objektive Steuerbegünstigung im Rahmen ihrer Einkommenserzielung. Während die subjektive Steuerbegünstigung absolut ist, d. h. die Stiftung verliert ihre Gemeinnützigkeit insgesamt, sobald sie ihre Mittel nicht ausschließlich unmittelbar und selbstlos für satzungsgemäße Zwecke verwendet, ist die objektive Steuerbegünstigung relativ. Die Einkommenserzielung außerhalb der begünstigten Einkünfte führt zwar zu der üblichen Besteuerung dieses Einkommens, die steuerliche Begünstigung der Stiftung insgesamt bleibt dadurch jedoch unberührt.

Im Rahmen der Einkommenserzielung sind die Tätigkeitsbereiche der Stiftung in vier Bereiche zu gliedern, nämlich in

– den steuerbegünstigten gemeinnützigen oder ideellen Bereich,
– den steuerbefreiten Bereich der Vermögensverwaltung,
– den Bereich des steuerpflichtigen wirtschaftlichen Geschäftsbetriebes als Ausnahme von der Steuerfreiheit und
– den Bereich des steuerbefreiten Zweckbetriebs, wobei hier die Steuerfreiheit als Rückausnahme wieder erreicht wird.

Abgrenzung Mittelverwendung und Einkommenserzielung

Eine Stiftung ist gemeinnützig und damit subjektiv steuerbegünstigt, wenn sie ihre satzungsgemäßen gemeinnützigen Zwecke selbstlos, unmittelbar und ausschließlich verwirklicht. Die Stiftung muss daher sämtliche Mittel, nicht nur ihr Einkommen, für diese Zwecke verwenden. Liegen die Voraussetzungen der subjektiven Steuerfreiheit nicht vor, so entfällt die Steuerbegünstigung insgesamt.

Anders die Voraussetzungen der objektiven Steuerfreiheit: Sie beziehen sich auf die Einkommenserzielung bzw. Mittelgewinnung der Stiftung. Insoweit kommt es auf die Abgrenzung zwischen steuerfreier Vermögensverwaltung und Zweckbetrieb sowie dem steuerpflichtigen wirtschaftlichen Geschäftsbetrieb an.

Der wirtschaftliche Geschäftsbetrieb ist als solcher vollumfänglich steuerpflichtig. Durch die Verwendung von Ausschüttungen oder Dividendenzahlungen für gemeinnützige Zwecke werden seine Einnahmen nicht etwa steuerbefreit. Genauso wenig ist die Steuerbefreiung der Stiftung durch die Annahme solcher Mittel gefährdet. Die subjektiv steuerbefreite Stiftung genießt auch weiterhin den Vorzug der Spendenbegünstigung oder der Schenkung- bzw. Erbschaftsteuerfreiheit als Begünstigte von Übertragungen. Das Betreiben eines wirtschaftlichen Geschäftsbetriebs beeinträchtigt nicht die ausschließliche Verfolgung steuerbegünstigter Zwecke, solange er nicht zum Satzungs- oder Selbstzweck erhoben wird.

Der wirtschaftliche Geschäftsbetrieb gefährdet die subjektive Steuerfreiheit nicht, da er nicht Teil der Verfolgung des steuerbegünstigten Zwecks (Mittelverwendung), sondern allein Medium zur Erwirtschaftung von Mitteln ist (Einkommenserzielung). Soweit die so erwirtschafteten Mittel ausschließlich für die steuerbegünstigten Zwecke der Stiftung verwendet werden und diese weder für nicht gemeinnützige Zwecke verwendet noch angesammelt werden, wird die Begünstigung der Stiftung nicht berührt. Die Stiftung darf zweckgebundene Mittel wie Spenden nicht in wirtschaftliche Geschäftsbetriebe investieren oder deren Verluste ausgleichen. Handelt es sich dagegen um Zuschüsse, für die keine Spendenbescheinigung ausgestellt wird, ist die Verwendung im wirtschaftlichen Geschäftsbetrieb zulässig.[1] Die Bildung von Rücklagen im wirtschaftlichen Geschäftsbetrieb ist nur in engen Grenzen zulässig.

Die Differenzierung zwischen der Mittelverwendung einerseits und der Einkommenserzielung andererseits ist daher entscheidend für Steuerbegünstigung oder Steuerpflicht.

Gemeinnütziger oder ideeller Bereich

Der ideelle Bereich ist der Kernbereich der Betätigung steuerbegünstigter Körperschaften. Er umfasst die unmittelbare und selbstlose Verwirklichung steuerbegünstigter, d. h. gemeinnütziger, mildtätiger oder kirchlicher Zwecke. Einnahmen werden hier lediglich durch Tätigkeit im Rahmen der Nutzung des Vermögens erzielt. Die Nutzung steht gegenüber der Tätigkeit im Vordergrund. Hier fehlt jede Einnahmeerzielungsabsicht bzw. Erlangung wirtschaftlicher Vorteile aus dem Austausch von Leistungen.

Einnahmen, die dem ideellen Bereich zuzuordnen sind, sind insbesondere Spenden, das Stiftungsvermögen, außerdem Zustiftungen, Schenkungen, Erbschaften und Vermächtnisse sowie öffentliche Fördermittel, die nicht für eine Gegenleistung der steuerbegünstigten Körperschaft gegeben werden. Die Verwaltung dieser Einnahmen ist dann dem Bereich der Vermögensverwaltung zuzuordnen.[2]

Die Steuerbefreiung der jeweiligen Einnahmen hängt von deren Zuordnung zu den verschiedenen Tätigkeitsbereichen ab. Sie basiert auf der jeweiligen Tätigkeit,

---

[1] *Hof/Hartmann/Richter,* Stiftungen, S. 352.
[2] Ebd., S. 353.

insbesondere deren Art und Umfang, die die Einnahmen auslöst. Soweit Tätigkeiten sowohl dem ideellen als auch dem wirtschaftlichen Bereich zuzuordnen sind, sollte letztere Tätigkeit in einen wirtschaftlichen Geschäftsbetrieb ausgegliedert werden, um nicht die Steuerbegünstigung auch des anderen Teils zu gefährden.

Steuerfreie Vermögensverwaltung (§ 14 Satz 3 AO)

Vermögensverwaltung ist faktisch die wichtigste Art der Einkommenserzielung einer steuerbegünstigten Stiftung. Dennoch darf sie weder zum Satzungs- noch zum Selbstzweck erhoben werden. Vielmehr dient sie lediglich der Einnahmeerzielung aus den Stiftungsmitteln, um die satzungsgemäße Zweckverwirklichung zu gewährleisten.

Vermögensverwaltung bedeutet insbesondere die Anlage eigenen Vermögens, d. h. des Stiftungsvermögens und anderer Mittel, bis zu deren bestimmungsgemäßer Verwendung. Als Mindestinhalt der Steuerbegünstigung soll die Stiftung im Rahmen der Steuerfreiheit jedenfalls ihre Mittel anlegen können. Hierzu ist sie genau genommen sogar gehalten, da die Erträge zur Zweckverwirklichung erforderlich sind und die Stiftung ihre Zwecke sonst nicht nachhaltig verwirklichen könnte.[3]

Bei der Vermögensanlage ist zu berücksichtigen, dass eine möglichst hohe Rendite bei möglichst geringem Risiko erzielt wird. Außerdem müssen die Mittel verfügbar sein, wenn sie für die Zweckverwirklichung benötigt werden. Die Nutzung von Vermögen, z. B. durch verzinsliche Anlage von Kapitalvermögen oder Vermietung und Verpachtung von unbeweglichem Vermögen, bedeutet regelmäßig Vermögensverwaltung (§ 14 Satz 3 AO). Dennoch gibt es keine abschließende Definition des Begriffs „Vermögensverwaltung".[4] Wichtig wäre eine solche Definition insbesondere bei der Abgrenzung von Vermögensverwaltung zum wirtschaftlichen Geschäftsbetrieb und damit von steuerfreien zu steuerpflichtigen Einnahmen. Eine Abgrenzung erfolgt jedenfalls negativ vom Begriff des wirtschaftlichen Geschäftsbetriebes aus. Ein wirtschaftlicher Geschäftsbetrieb liegt vor, wenn durch selbständige nachhaltige Tätigkeit, die über den Rahmen einer Vermögensverwaltung hinausgeht, Einnahmen oder andere wirtschaftliche Vorteile erzielt werden (§ 14 Satz 1 AO). Das Vorliegen eines wirtschaftlichen Geschäftsbetriebs schließt Vermögensverwaltung daher begrifflich aus.

Die Rechtsprechung[5] versucht eine Abgrenzung anhand einkommensteuerrechtlicher Kriterien zur Abgrenzung des wirtschaftlichen Geschäftsbetriebs von der Vermögensverwaltung vorzunehmen. So kennzeichnet Vermögensverwaltung die Nutzung von Wirtschaftsgütern durch Fruchtziehung aus zu erhaltender Sub-

---

[3] Ebd., S. 353.
[4] Vgl. vor allem R, H 137 EStR, Abschn. 15 GewStR.
[5] BFH, Urt. v. 21. 5. 1997, BFH/NV 1997, 825.

stanz. Ein wirtschaftlicher Geschäftsbetrieb soll hingegen vorliegen, wenn substanzielle Vermögenswerte durch Umschichtung genutzt werden.

Auch die Begriffe „wirtschaftlicher Geschäftsbetrieb" (§ 14 AO) und „Gewerbebetrieb" (§ 15 EStG) werden herangezogen, dürfen jedoch nicht gleichgesetzt werden. Der wirtschaftliche Geschäftsbetrieb setzt keine Gewinnerzielungsabsicht, sondern lediglich Einnahmeerzielungsabsicht voraus. Diese ist bereits dann gegeben, wenn nur eine Deckung der Selbstkosten angestrebt wird. Eine Teilnahme am allgemeinen wirtschaftlichen Verkehr ist nicht erforderlich. Jedenfalls liegt ein wirtschaftlicher Geschäftsbetrieb stets vor, wenn die Voraussetzungen eines Gewerbebetriebs gegeben sind.

Für die Abgrenzung zwischen wirtschaftlichem Geschäftsbetrieb und Gewerbebetrieb kommt es auf das Gesamtbild der Verhältnisse und auf die Verkehrsanschauung an.[6] In Zweifelsfällen ist maßgebend, ob die Tätigkeit dem Bild entspricht, das nach der Verkehrsanschauung einen Gewerbebetrieb ausmacht und einer privaten Vermögensverwaltung fremd ist.[7]

Vermögensnutzung statt Tätigkeit

Ein wichtiges Abgrenzungskriterium zwischen Vermögensverwaltung und wirtschaftlichem Geschäftsbetrieb ist die passive Vermögensnutzung im Gegensatz zu aktiver Tätigkeit. Danach ist Vermögensverwaltung das Ziehen von Nutzungen des Vermögens, wenn auch unter Einsatz einer Tätigkeit, wohingegen ein wirtschaftlicher Geschäftsbetrieb die Einkunftserzielung durch Betätigung, wenn auch unter Einsatz von Vermögen oder Kapital ist.[8] Bei der Erzielung der Rendite ist daher darauf abzustellen, ob die Tätigkeit oder die bloße Nutzung des Vermögens überwiegt. Nutzung bedeutet jedoch nicht, dass nur die Minimalanlage auf dem Sparbuch oder in Schuldverschreibungen möglich ist. Vielmehr sind anspruchsvolle Vermögensanlagen durchaus zulässig[9]. Eine gewisse Tätigkeit ist solange steuerunschädlich, als sie bloßes Mittel der Vermögensanlage bleibt.

Im Rahmen der Anlage des Stiftungsvermögens sind Kauf und Verkauf von Aktien zulässig. Es sollte jedoch beachtet werden, dass der von der Praxis als üblich akzeptierte Anteil am Vermögen der Stiftung ein Viertel bis ein Drittel nicht übersteigt. Bei höherer Aktienquote sollte eine verbindliche Auskunft der Finanzverwaltung eingeholt werden. Ob auch Kauf und Verkauf von Wandelschuldverschreibungen, Bezugsrechten, die Nutzung von Wertpapiervermögen als Stillhalter (Einräumen von Optionen auf vorhandene Wertpapiere), der Abschluss von Devisen- und Zinsdifferenzgeschäften, so genannte Wagniskapitalanlagen oder andere

---

[6] BFH, Urt. v. 6. 3. 1991, BStBl II 1991, S. 631, 632.
[7] BFH, Urt. v. 19. 2. 1997, BStBl II 1997, S. 399, 402.
[8] *Pöllath,* in: Seifarth/v. Campenhausen (Hrsg.), § 43, Rz. 125.
[9] *Hof/Hartmann/Richter,* Stiftungen, S. 354.

Beteiligungen an Kapitalgesellschaften usw. im Rahmen der Vermögensverwaltung zulässig sind, ist bisher noch nicht entschieden. Die Literatur bejaht die Zulässigkeit solcher Anlagen zu Recht.

Derartige Anlagen entsprechen inzwischen dem Leitbild der bei Privatanlagen üblichen privaten Vermögensverwaltung. So sind z. B. Private-Equity Beteiligungen zulässig und bei vielen größeren Stiftungen z. T. seit Jahrzehnten üblich.[10] Im Rahmen einer ausgewogenen Mischung verschiedener Anlagen sind grundsätzlich auch alternative Investments möglich. Unter Berücksichtigung der Besonderheiten bei Hedgefonds, wird auch diese Anlage als zulässig angesehen.[11] Für den An- und Verkauf von börsennotierten Optionsscheinen wie auch für Termingeschäfte hat der Bundesfinanzhof[12] deren vermögensverwaltende Natur ausdrücklich anerkannt. Neben der ausreichenden Streuung der Anlagen ist zu beachten, dass die Anlagen nicht stark risikobehaftet sind und jedenfalls erhebliche Verluste auszuschließen sind.

Die Vermögensverwaltung muss grundsätzlich Überschüsse erzielen, die dem ideellen Bereich zugeführt werden können. Dauerverluste sind schon nach wenigen Jahren gemeinnützigkeitsschädlich. Wenn Vermögensanlagen gewünscht werden, die sich häufig erst nach vielen Jahren rechnen, wie z. B. Immobilien, sollte jedenfalls vorher eine verbindliche Auskunft eingeholt werden.

Die Stiftung muss die Vermögensverwaltung nicht selbst ausüben, sondern kann Angestellte oder andere Hilfspersonen, z. B. unabhängige externe Vermögensverwalter wie Banken oder ihre Vermögensverwaltungsgesellschaften, bestellen.[13] Während Tätigkeiten weisungsgebundener Hilfspersonen der Stiftung als Vermögensinhaber grundsätzlich zuzurechnen sind, erfolgt eine Zurechnung der Tätigkeit insbesondere professioneller Vermögensverwalter nur sehr eingeschränkt. Obwohl sie vom Vermögensinhaber sachlich weisungsabhängig sind, ist der Stiftung die nachhaltige Tätigkeit der Vermögensverwalter aufgrund deren grundsätzlicher Selbständigkeit und Unabhängigkeit nicht als eigene zuzurechnen.[14] Insoweit ist es unschädlich, wenn deren Tätigkeit über die bloße Vermögensnutzung hinausgeht.

Vermögensnutzung statt Vermögensumschlag

In der Regel ist der häufige Vermögensumschlag steuerschädlich, da er über die zulässige Vermögensnutzung hinausgeht. Insbesondere wenn eine Tätigkeit als gewerblich anzusehen ist, weil sie eine Beteiligung am allgemeinen Geschäfts-

---

[10] *Kayser / Richter / Steinmüller,* Die Roten Seiten zum Magazin Stiftung & Sponsoring Heft 4 / 2004, S. 9.

[11] Ebd., S. 10.

[12] BFH, Urt. v. 19. 2. 1997, BStBl II 1997, S. 399, 401; BFH, Urt. v. 20. 12. 2000, BStBl II 2001, S. 706, 708.

[13] *Pöllath,* in: Seifarth / v. Campenhausen (Hrsg.), § 43, Rz. 123.

[14] Ebd., § 43, Rz. 123.

verkehr darstellt (§ 2 Abs. 1 Satz 2 GewStG, § 15 Abs. 2 EStG), ist der Bereich der Vermögensverwaltung überschritten. Bei Tätigkeiten, die auf einen Leistungs- oder Güteraustausch gerichtet sind, ist regelmäßig von einer Beteiligung am wirtschaftlichen Verkehr auszugehen.[15]

Soweit die Umschichtung von Vermögenswerten und die Verwertung der Vermögenssubstanz in den Vordergrund treten, ist die Grenze der Vermögensverwaltung in der Regel überschritten. Anderes gilt nur, wenn An- und Verkauf lediglich den Beginn und das Ende einer in erster Linie auf Fruchtziehung gerichteten Tätigkeit darstellen und nicht die Umschichtung von Vermögenswerten und die Verwertung der Vermögenssubstanz entscheidend in den Vordergrund treten.[16] Damit können auch Wertpapiergeschäfte, selbst in größerem Umfang aber für eigene Rechnung, zur steuerfreien Vermögensverwaltung gehören. Knapp 50 Geschäfte innerhalb von vier Jahren, An- und Verkauf von Aktien sowie Geschäfte mit Optionsscheinen und Devisentermingeschäfte sind durchaus noch als Vermögensverwaltung anzusehen.[17] Soweit die Stiftung in größerem Umfang Vermögen umschlägt, sollte sie Umfang und Grenzen der steuerfreien Vermögensverwaltung rechtzeitig und unter Umständen regelmäßig mit den Finanzbehörden abstimmen.

Erlöse aus Vermögensanlagen, z. B. Wertpapiere, können durchaus in andere Anlagen, z. B. Immobilien,[18] wiederangelegt werden. Insoweit besteht eine Ausnahme zum Gebot der zeitnahen Mittelverwendung erzielter Erträge.[19] Sogar eine Pflicht zur Wiederanlage des gesamten Erlöses besteht aufgrund der Stiftungsgesetze einiger Länder,[20] soweit es sich um Anlagen des Grundstockvermögens handelt, da hier der substanzielle Erhalt des Vermögens zu berücksichtigen ist. Bei der Veräußerung von sonstigem Vermögen gilt das Substanzerhaltungsgebot nicht, der Erlös kann auch den zeitnahen Mitteln zufließen.[21] Dies gilt auch für die bei einer Vermögensumschichtung aufgedeckten stillen Reserven.

Steuerschädlich ist jedenfalls der häufige Vermögensumschlag bei Immobilien. Neben häufigem Erwerb und Veräußerung von Gebäuden,[22] wird auch bei unbebauten Grundstücken das Hinzutreten einer Tätigkeit, insbesondere Parzellierung und weitere Entwicklung der Grundstücke negativ berücksichtigt. Das gleiche gilt im Falle der Renovierung eines Hauses und Aufteilung in Sondereigentum.

---

[15] BFH, Urt. v. 24. 1. 1990, BFH/NV 1990, S. 798.
[16] BFH, Urt. v. 4. 3. 1980, BStBl II 1980, S. 389 ff.; BFH, Urt. v. 24. 1. 1996, BStBl II 1996, S. 303, 304; BFH, Urt. v. 19. 2. 1997, BStBl II 1997, S. 399 ff.
[17] BFH, Urt. v. 19. 2. 1997, BStBl II 1997, S. 399, 402.
[18] *Hof/Hartmann/Richter*, Stiftungen, S 357.
[19] *Ley*, KÖSDI 2000, 12663.
[20] Z. B § 11 Abs. 2 StGBay.
[21] *Koppenhöfer*, Stiftung & Sponsoring 2/2000, 24 f.
[22] Bis 2003 galt hier die sog. Drei-Objekte-Grenze; vgl. BMF v. 20. 12. 1990, BStBl I 1990, S. 884; Schmidt EStG § 15 Rdnr. 50 ff.

6.2 Steuerfreie oder -pflichtige Einkommenserzielung bei gemeinnützigen Stiftungen 481

Artspezifische Besonderheiten der einzelnen Wirtschaftsgüter

Ob eine Tätigkeit bereits gewerblich oder noch der Vermögensverwaltung zuzuordnen ist, lässt sich nicht einheitlich für alle Wirtschaftsgüter beurteilen. Die artspezifischen Besonderheiten müssen für die jeweiligen Wirtschaftsgüter beachtet werden.

Der An- und Verkauf von Wertpapieren gehört, auch in größerem Umfang, grundsätzlich zum Bereich der Vermögensverwaltung. Ist es doch gerade eine der „artspezifischen Besonderheiten" von Wertpapieren, dass man sie leicht und schnell erwerben und veräußern kann. Der Vermögensanlage in Wertpapieren ist nach Auffassung der Rechtsprechung eigen, dass gerade bei häufigem und kurzfristigem Umschlag die „Fruchtziehung" nicht notwendigerweise nur im Bezug von Dividenden und Bezugsrechten besteht, da diese Gewinnausschüttungen regelmäßig stichtagsbezogen sind, sondern sich vielmehr die Ertragserwartung des Anlegers auch aus der Kursentwicklung ergibt.[23] Bei Wertpapieren liegt es in der Natur der Sache, den Bestand zu verändern, schlechte Papiere abzustoßen, gute zu erwerben und Kursgewinne zu realisieren. Die Rechtsprechung beschränkt den Begriff der „Fruchtziehung" bei Wertpapieren gerade nicht auf die laufenden Erträge, sondern subsumiert auch Kursgewinne unter die Vermögensverwaltung. Anderes gilt nur, soweit sich die Umschichtung der Wertpapiere als „händlertypischer Umschlag von Waren" darstellt.[24]

Die Grenze zur gewerblichen Betätigung wird bei Wertpapiergeschäften jedoch nur in besonderen Fällen überschritten. Dies ist vor allem der Fall, wenn sich der Steuerpflichtige wie ein Wertpapierhändler verhält. Dieses Kriterium erfüllt, wer planmäßig und auf Dauer mit auf Güterumschlag gerichteter Absicht tätig ist.[25]

Das Unterhalten eines Büros oder einer Organisation zur Wertpapierverwaltung kann ein Indiz für die Überschreitung der Grenzen der Vermögensverwaltung sein.[26] Dies gilt insbesondere dann, wenn die Geschäfte einen solchen Umfang haben, dass sie einen in kaufmännischer Weise eingerichteten Geschäftsbetrieb erfordern, obwohl dies außer Verhältnis zur Größe des Vermögens steht. Es muss immer eine angemessene Relation zu der Größe des verwalteten Vermögens stehen.[27]

Der Bereich bloßer Vermögensverwaltung wird ebenfalls verlassen, wenn die Wertpapiergeschäfte auch Dritten gegenüber angeboten werden. Das Tätigwerden

---

[23] BFH, Urt. v. 20. 12. 2000, BStBl II 2001, S. 706, 708.
[24] BFH, Urt. v. 31. 7. 1990, BStBl. II 1991, S. 66 ff.; BFH, Urt. v. 15. 3. 1994, BFH/NV 1994, S. 850 ff.; BFH, Urt. v. 19. 2. 1997, BStBl II 1997, S. 399, 402.
[25] BFH, Urt. v. 26. 2. 1992, BStBl II 1992, S. 693 ff.; BFH, Urt. v. 29. 10. 1998, BStBl. II 1999, S. 448 ff.; FG des Saarlands, Urt. v. 7. 12. 1999, EFG 2000, S. 314 ff.; BFH, Urt. v. 20. 12. 2000, BStBl II 2001, S. 706 ff.
[26] FG München, Urt. v. 17. 11. 1998, EFG 1999, S. 282 ff.; BFH, Urt. v. 4. 3. 1980, BStBl. II 1980, S. 389 ff.; BFH, Urt. v. 6. 3. 1991, BStBl. II 1991, S. 631 ff.
[27] BFH, Urt. v. 11. 7. 1968, BStBl. II 1968, S. 775 ff.

(auch) für fremde Rechnung stellt ein starkes Indiz für die Gewerblichkeit dar.[28] In der neueren Rechtsprechung wird dies dahingehend konkretisiert, dass dieses Tätigwerden nach Art von Finanzkommissionsgeschäften (§ 1 Abs. 1 Satz 2 Nr. 4 KWG) oder anderen Wertpapierdienstleistungen erfolgen müsse.

Der vollständigen oder teilweisen Fremdfinanzierung des Wertapiergeschäfts kommt nach neuerer Rechtsprechung keine entscheidende Indizwirkung für die Gewerblichkeit mehr zu. Dies gilt jedenfalls dann, wenn eine Eigenfinanzierung keine mögliche Alternative gewesen wäre.[29]

Unter Berücksichtigung sämtlicher Kriterien ist in einer wertenden Gesamtbetrachtung zu beurteilen, ob die steuerbegünstigte Körperschaft ein für Vermögensverwaltung untypisches Verhalten an den Tag legt, welches eher dem Gepräge des wirtschaftlichen Geschäftsbetriebs entspricht.

Für die Frage, ob der Handel mit Grundstücken gewerblich ist oder noch im Rahmen der privaten Vermögensverwaltung liegt, ist unter anderem auf die Häufigkeit, mit der Immobilien innerhalb eines bestimmten Zeitraums umgeschlagen werden, abzustellen. Bisher wurde dazu von der Rechtsprechung die Drei-Objekte-Grenze herangezogen. Veräußerte der Steuerpflichtige innerhalb eines überschaubaren Zeitraums von regelmäßig nicht mehr als fünf Jahren mehr als drei Objekte und bestand zwischen Anschaffung bzw. Herstellung dieser Objekte und ihrer Veräußerung ebenfalls ein enger zeitlicher Zusammenhang (fünf bis zehn Jahre), war von der Gewerblichkeit auszugehen.[30] Objekte in diesem Sinne sind Grundstücke jeder Art. Hierzu zählen Wohneinheiten, unbebaute Grundstücke, Mehrfamilienhäuser und Gewerbebauten, sowie Miteigentumsanteile an diesen Objekten.

Allerdings stellt die Drei-Objekte-Grenze nach der neuesten BFH-Rechtsprechung des X. Senats keine verlässliche Grenze mehr dar. Von weitaus größerer Bedeutung als die Anzahl der veräußerten Objekte sei die von Anfang an bestehende Veräußerungsabsicht, die der Senat anhand objektiver Kriterien in jedem Einzelfall feststellen will.[31] Diese Abweichung von der bisherigen Auffassung durch den Großen Senat bedeutet eine erhebliche Rechtsunsicherheit, da nun auch Veräußerungen unterhalb der Drei-Objekte-Grenze eine Gewerblichkeit begründen können.[32]

Anders als die Beteiligung an einer Personengesellschaft stellt das Halten einer Beteiligung an einer Kapitalgesellschaft grundsätzlich Vermögensverwaltung der

---

[28] FG des Saarlands, Urt. v. 7. 12. 1999, EFG 2000, S. 314 ff.

[29] BFH, Urt. v. 19. 2. 1997, BStBl II 1997, S. 399 ff.

[30] Ständige Rechtsprechung zur Drei-Objekts-Grenze: vgl. z. B. BFH, Urt. v. 18. 1. 1989, BStBl. II 1990, S. 1051, 1052; BFH, Urt. v. 28. 10. 1993, BStBl. II 1994, S. 463, 465; BFH, Beschluss v. 3. 7. 1995, BStBl. II 1995, S. 617, 619.

[31] BFH, Urt. v. 18. 9. 2002, NJW 2003, S. 1141 ff.; BFH, Urt. v. 16. 10. 2002, DStR 2003, S. 327 ff.

[32] *Weber-Grellet,* in: Schmidt, § 15 Rdnr. 48.

6.2 Steuerfreie oder -pflichtige Einkommenserzielung bei gemeinnützigen Stiftungen 483

steuerbegünstigten Körperschaft dar. Dies gilt unabhängig von den Beteiligungsverhältnissen und ist daher auch bei mehrheitlichen oder gar 100 %-Beteiligungen gegeben.[33] Übt die Stiftung jedoch entscheidenden Einfluss auf die laufende Geschäftsführung der Kapitalgesellschaft aus,[34] wird die Grenze zum wirtschaftlichen Geschäftsbetrieb überschritten. Laufende Geschäftsführung sind die tatsächlichen und rechtsgeschäftlichen Handlungen, die der gewöhnliche Betrieb des Handelsgewerbes der Gesellschaft mit sich bringt, und solche organisatorischen Maßnahmen, die zur Verwaltung der Gesellschaft gehören (Tagesgeschäft).[35] Greift die gemeinnützige Stiftung über ihre Organe aktiv in laufende Geschäftsführung der Beteiligungsgesellschaft ein, insbesondere im Fall der Personenidentität der jeweiligen Geschäftsführung, ist eine entscheidende Einflussnahme gegeben.[36] Dadurch nimmt die Stiftung über die Beteiligungsgesellschaft selbst am allgemeinen Geschäftsverkehr teil. Steuerunschädlich ist lediglich die Wahrnehmung der normierten Zuständigkeiten eines Gesellschafters der Kapitalgesellschaft.[37]

Liegt ausnahmsweise ein wirtschaftlicher Geschäftsbetrieb vor, so hat dies grundsätzlich die Steuerpflicht von Gewinnausschüttungen oder Dividenden, die der gemeinnützigen Körperschaft zufließen, zur Folge (§ 64 Abs. 1 AO i.V. m. § 5 Abs. 1 Nr. 9 KStG). Allerdings erhöht sich durch die Einführung des Halbeinkünfteverfahrens und der definitiven Körperschaftsteuerbelastung auf der Ebene der Kapitalgesellschaft, die den Gewinn erzielt, die ertragsteuerliche Belastung der Stiftung nicht zwingend. Die Ausschüttungen des Gewinns sind bei der empfangenden Körperschaft gemäß § 8 b Abs. 1 KStG von der Körperschaftsteuer befreit. Praktisch hat dies zur Folge, dass die Gewinnausschüttungen bei der Ermittlung der Körperschaftsteuer außer Ansatz bleiben und das zu versteuernde Einkommen null beträgt.[38] Die Veräußerung einer solchen Beteiligung ist ebenfalls steuerfrei möglich, § 8 b Abs. 2 KStG.

Die einbehaltene Kapitalertragsteuer von 20 % auf die Gewinnausschüttung wird im Rahmen der Körperschaftsteuerveranlagung erstattet.[39] Anders als bei der Ertragsteuer unterliegen die im Rahmen eines wirtschaftlichen Geschäftsbetriebs erzielten Dividenden jedoch der Gewerbesteuer gemäß § 2 Abs. 3 GewStG.

Unabhängig von einer Einflussnahme auf die laufende Geschäftsführung der Kapitalgesellschaft, führt eine Betriebsaufspaltung in jedem Fall zum Vorliegen eines wirtschaftlichen Geschäftsbetriebs.[40]

---

[33] *Schick*, DB 1985, 1812 ff.; a. A. *Roolf*, DB 1985, 1156, 1157.
[34] AEAO Nr. 3 zu § 64 Abs. 1 AO.
[35] *Scholz*, § 37 Rdnr. 11.
[36] *Lex*, DB 1997, S. 349, 350.
[37] Das gesetzliche Leitbild der Zuständigkeiten für eine GmbH ist in § 46 GmbHG normiert.
[38] *Richter*, in: Bertelsmann Stiftung, Handbuch Stiftungen, S. 972.
[39] Ebd., S. 973.
[40] *Lex*, DB 1997, S. 349, 352.

Durch das Konstrukt der Betriebsaufspaltung findet eine Gewerblichkeitsfiktion statt. Einkünfte einer gemeinnützigen Stiftung, die ansonsten steuerbefreit sind, werden als gewerbliche und damit in steuerpflichtige Einkünfte umqualifiziert.

Die Betriebsaufspaltung ist eine von der Rechtsprechung entwickelte Rechtsfigur. Dabei handelt es sich um ein wirtschaftlich einheitliches Unternehmen in einer doppelten Rechtsform (meistens als Doppelgesellschaft). Eine so genannte echte Betriebsaufspaltung liegt vor bei der Aufteilung eines bestehenden Betriebes in ein Besitz- und ein Betriebsunternehmen. Die Aufteilung erfolgt so, dass das Besitzunternehmen das Anlagevermögen (insbesondere Betriebsgrundstücke, Werberechte, Lizenzen, Veranstalter- und Vermarktungsrechte) und das Betriebsunternehmen das Umlaufvermögen hält. Während das Betriebsunternehmen das operative Geschäft des ursprünglichen Unternehmens führt, beschränkt sich die Tätigkeit des Besitzunternehmens darauf, wesentliche Betriebsgrundlagen, die das Betriebsunternehmen für die Betriebsführung benötigt, an dieses zu verpachten. Die Rechtsformen der Unternehmen sind prinzipiell unerheblich.

Neben haftungsrechtlichen Vorteilen (die Risiken liegen bei der Betriebsgesellschaft, die Haftungsmasse aber beim Besitzunternehmen, das regelmäßig als Kapitalgesellschaft geführt wird) besteht der steuerliche Vorteil einer Betriebsaufspaltung darin, dass Gehälter von Gesellschafter-Geschäftsführern einer Betriebsgesellschaft als Betriebsausgaben den Gewinn und den Gewerbeertrag der Kapitalgesellschaft mindern und gewinnmindernde Pensionsrückstellungen gebildet werden können.[41]

Von einer Betriebsaufspaltung ist nach ständiger Rechtsprechung des BFH auszugehen, wenn eine sachliche und personelle Verflechtung zwischen dem Besitz- und dem Betriebsunternehmen besteht. Diese muss derart sein, dass ein einheitlicher geschäftlicher Betätigungswille auf die Ausübung einer gewerblichen Tätigkeit gerichtet ist.

Personelle Verflechtung ist gegeben, wenn die Beteiligungsverhältnisse in beiden Unternehmen identisch sind (Beteiligungsidentität) oder die Personen, die im Besitzunternehmen die Mehrheit haben, auch mehrheitlich an der Betriebsgesellschaft beteiligt sind (Beherrschungsidentität), so dass in Besitz- und Betriebsunternehmen der einheitliche Betätigungswille besteht.[42] Eine sachliche Verknüpfung ist gegeben, wenn das Besitzunternehmen dem Betriebsunternehmen wesentliche Betriebsgrundlagen, auch unentgeltlich, zur Verfügung stellt.

Auch bei gemeinnützigen Körperschaften kann eine Betriebsaufspaltung vorliegen. So ist von einer personellen Verflechtung insbesondere auszugehen, wenn zwischen den Mitgliedern der Stiftungsorgane und den Organen der Tochtergesellschaft Personenidentität besteht. Eine auch sachliche Verflechtung liegt vor, wenn die steuerbegünstigte Körperschaft als Mehrheitsgesellschafterin ihrer gewerb-

---

[41] *Hof / Hartmann / Richter,* Stiftungen, S. 367.
[42] Ebd., S. 368.

6.2 Steuerfreie oder -pflichtige Einkommenserzielung bei gemeinnützigen Stiftungen

lichen Tochtergesellschaft Wirtschaftsgüter zur Verfügung stellt, die wesentliche Betriebsgrundlage für diese sind. In diesem Fall werden die überlassenen Wirtschaftsgüter der Besitzgesellschaft in Betriebsvermögen umqualifiziert. Die Einnahmen daraus sind gewerblich und damit voll steuerpflichtig.

Kein Fall der Betriebsaufspaltung liegt vor, wenn sowohl das Besitz- als auch das Betriebsunternehmen steuerbegünstigt sind.[43] Dabei ist zu beachten, dass die Besitzkörperschaft auch nach einer Ausgliederung des bisher von ihr selbst betriebenen Zweckbetriebes weiterhin eine eigene gemeinnützige Tätigkeit unmittelbar entfaltet. Die Einschaltung einer Hilfsperson ist ausreichend, § 57 Abs. 1 Satz 2 AO.[44]

Noch bis vor einigen Jahren wurde bei der Verpachtung reiner Standardbüroflächen keine Betriebsaufspaltung angenommen, weil diese nicht als wesentliche Betriebsgrundlage galten und die Verpachtung somit der steuerfreien Vermögensverwaltung der Trägerstiftung zuzuordnen war.[45] Allerdings haben Rechtsprechung[46] und Finanzverwaltung[47] die Voraussetzungen hinsichtlich der sachlichen Verflechtung bzw. des Vorliegens einer wesentlichen Betriebsgrundlage in den letzten Jahren erheblich reduziert und damit den Anwendungsbereich der Betriebsaufspaltung deutlich erweitert.

Danach sollen bereits Standardbüroflächen im Regelfall die Voraussetzungen einer wesentlichen Betriebsgrundlage erfüllen. Insgesamt wird daher bei Büro- und Verwaltungsflächen nur noch in seltenen Ausnahmefällen, in denen Mitarbeiter und Standort problemlos verlagert werden könnten, die sachliche Verflechtung zu verneinen sein. Eine Betriebsaufspaltung ist daher nur durch personelle Entflechtung zu vermeiden. Ansonsten unterliegen die Mieteinnahmen aus Vermietung und Verpachtung nicht dem Bereich der Vermögensverwaltung, sondern als wirtschaftlicher Geschäftsbetrieb der Körperschaft- und Gewerbesteuer.

Steuerfreie Vermögensverwaltung scheidet auch aus, wenn die Stiftung so genannte einbringungsgeborene Anteile veräußert. Der Veräußerungsgewinn aus einbringungsgeborenen Anteilen gilt als im wirtschaftlichen Geschäftsbetrieb entstanden (§ 21 Abs. 3 Nr. 2 UmwStG) und ist damit auch für steuerbegünstigte Stiftungen körperschaftsteuerpflichtig.

Einbringungsgeborene Anteile sind Anteile an Kapitalgesellschaften, die als Gegenleistung für eine Sacheinlage (§ 20 Abs. 1 UmwStG) bzw. Einbringung (§ 23

---

[43] Verfügung der OFD Münster v. 26. 7. 1995, DB 1995, S. 1785 ff.; Strahl, KÖSDI 2000, 12531

[44] BFH, Urt. v. 10. 11. 1998, BFH/NV 1999, S. 739 ff.; vgl. auch Vorinstanz: FG Baden-Württemberg, Außensenate Freiburg, v. 31. 7. 1997, EFG 1997, S. 1341 f.

[45] Bitz, DStR 2002, S. 752, 752.

[46] BFH, Urt. v. 23. 5. 2000, BStBl 2000 II, S. 621 ff.; BFH, Urt. v. 16. 10. 2000, BFH/NV 2001, S. 438 ff.; BFH, Urt. v. 23. 1. 2001, BFH/NV 2001, S. 894 f.

[47] Schreiben des BMF v. 18. 9. 2001, DStR 2001, S. 1703.

Abs. 1–4 UmwStG) erworben wurden oder im Zuge eines Formwechsels (§ 25 UmwStG) entstanden sind. Außerdem muss die Sacheinlage von der aufnehmenden Kapitalgesellschaft unter dem Teilwert angesetzt worden sein. Durch die Besteuerung einbringungsgeborener Anteile soll sichergestellt werden, dass auch stille Reserven der Sacheinlage besteuert werden.

Einbringungsgeborene Anteile können auch entstehen, wenn ein steuerpflichtiger wirtschaftlicher Geschäftsbetrieb in eine Kapitalgesellschaft ausgegliedert wird. Das ist der Fall, wenn ein Betrieb, Teilbetrieb, Mitunternehmeranteil oder eine mehrheitsvermittelnde Beteiligung an einer Kapitalgesellschaft gegen Gewährung von Gesellschaftsrechten in eine Kapitalgesellschaft eingebracht wird, ohne dass dabei sämtliche stillen Reserven aufgedeckt werden. Wird die eingebrachte Sacheinlage hingegen zum Teilwert fortgeführt, werden die stillen Reserven aufgedeckt und eine Qualifizierung als einbringungsgeborener Anteil scheidet aus.

Steuerpflichtig ist der Veräußerungsgewinn. Das ist der Betrag, um den der Veräußerungspreis nach Abzug der Veräußerungskosten die Anschaffungskosten übersteigt.[48] Im Gegensatz zum Veräußerungsgewinn sind Dividenden aus einbringungsgeborenen Anteilen stets steuerfrei, da sie der Vermögensverwaltung zuzuordnen sind. Der Veräußerungsgewinn wird steuerfrei, wenn die Veräußerung nach Ablauf einer siebenjährigen Sperrfrist nach der Sacheinlage erfolgt, § 8b Abs. 4 Satz 1 Nr. 1, Satz 2 Nr. 1 KStG.

Die Beteiligung an einer vermögensverwaltenden Personengesellschaft kann auch von der Stiftung im Rahmen ihrer Vermögensverwaltung gehalten werden. Ist die Personengesellschaft dagegen gewerblich tätig oder liegt eine gewerblich geprägte Personengesellschaft vor, handelt es sich um einen wirtschaftlichen Geschäftsbetrieb.[49] Die daraus bezogenen Gewinnanteile sind gewerbliche Einkünfte des Gesellschafters.[50] Anders als bei der Beteiligung an einer Kapitalgesellschaft gilt dies stets, auch wenn die Beteiligung keinen Einfluss auf die Geschäftsführung ermöglicht.

Ob die an einer Personengesellschaft beteiligte Stiftung tatsächlich gewerbliche Einkünfte bezieht und damit einen wirtschaftlichen Geschäftsbetrieb unterhält, wird im einheitlichen und gesonderten Gewinnfeststellungsbescheid der Personengesellschaft bindend festgestellt. Die Frage, ob der wirtschaftliche Geschäftsbetrieb tatsächlich steuerpflichtig ist oder ob eventuell ein Zweckbetrieb (§§ 65 bis 68 AO) vorliegt, wird hingegen bei der Körperschaftsteuerveranlagung der steuerbegünstigten Körperschaft entschieden.[51] Schließen sich z. B. mehrere steuerbegünstigte Körperschaften zu einer GbR zusammen, um gemeinsam steuerbegünstigte Zwecke zu verwirklichen (z. B. gemeinsame Durchführung von Bil-

---

[48] *Wachter,* DStZ 2003, S. 63, 65.
[49] *Schick,* DB 1999, S. 1187, 1188.
[50] BFH, Urt. v. 27. 3. 2001, FR 2001, S. 836 ff.
[51] AEAO Nr. 3 zu § 64 Abs. 1 AO.

dungsveranstaltungen, gemeinsame Unterhaltung von Museen, Bibliotheken etc.), wird regelmäßig ein Zweckbetrieb anzunehmen sein.[52]

Steuerpflichtige wirtschaftliche Geschäftsbetriebe (§ 64 AO)

Der Begriff des wirtschaftlichen Geschäftsbetriebs umfasst jede selbständige nachhaltige Tätigkeit, durch die Einnahmen oder andere wirtschaftliche Vorteile erzielt werden. Die Absicht, Gewinn zu erzielen, ist nicht erforderlich. Allein die Einnahmeerzielung ist im Wettbewerb mit anderen, nicht steuerbegünstigten Anbietern, bereits relevant. Nachhaltig ist eine Tätigkeit, wenn sie grundsätzlich auf Wiederholung angelegt ist, wobei es auf eine tatsächliche Wiederholung nicht ankommt. Außerdem muss sie über den Rahmen einer Vermögensverwaltung hinausgehen. Eine nachhaltige und selbständige Tätigkeit, die von den inneren und gemeinnützigen Angelegenheiten der Stiftung getrennt sein muss, wird regelmäßig vorliegen. Damit nimmt der wirtschaftliche Geschäftsbetrieb in der Regel am allgemeinen Geschäftsverkehr teil. Die Einkünfte aus dem wirtschaftlichen Geschäftsbetrieb sind für die steuerbegünstigte Stiftung steuerpflichtig.[53]

Wie in allen anderen Bereichen einer steuerbegünstigten Körperschaft gilt auch für den steuerpflichtigen wirtschaftlichen Geschäftsbetrieb der Grundsatz der Selbstlosigkeit. Sämtliche erwirtschafteten Mittel müssen der gemeinnützigen Zweckverwirklichung zugeführt werden. Verluste und Gewinnminderungen in den wirtschaftlichen Geschäftsbetrieben dürfen nicht durch Zuwendungen an Mitglieder oder unverhältnismäßig hohe Vergütungen entstanden sein. Außerdem dürfen sie nicht durch Mittel anderer Bereiche ausgeglichen werden.

Nachdem der wirtschaftliche Geschäftsbetrieb voll steuerpflichtig ist, ist es für die ansonsten steuerbegünstigte Körperschaft relevant, welche Wirtschaftsgüter, Einkünfte bzw. Umsätze den Besteuerungsgrundlagen des steuerpflichtigen wirtschaftlichen Geschäftsbetriebs zuzuordnen sind. Es kommt daher darauf an, ob Einnahmen oder Aufwendungen mit der Tätigkeit des wirtschaftlichen Geschäftsbetriebs zusammenhängen. Wirtschaftsgüter müssen dazu bestimmt sein, für den wirtschaftlichen Geschäftsbetrieb verwendet oder genutzt zu werden. Die entsprechende Zuordnung für Umsätze erfolgt, soweit diese für Leistungen im Rahmen des wirtschaftlichen Geschäftsbetriebs erzielt werden.

Sind Aufwendungen, einschließlich Gemeinkosten, gemischt veranlasst, müssen diese nach objektiven Kriterien auf die betroffenen Bereiche aufgeteilt werden.[54] Nur soweit Ausgaben dem Betrieb unmittelbar zuzuordnen sind, weil sie ohne den Betrieb nicht oder nicht in dieser Höhe angefallen wären, sind diese in vollem Umfang abziehbar.[55]

---

52 *Buchna*, S. 214; *Schick*, DB 1999, S. 1187, 1189.
53 *Buchna*, S. 206 ff.
54 AEAO Nr. 6 zu § 64 Abs. 1 AO; *Stahlschmidt*, BB 2003, S. 668.
55 AEAO Nr. 4 zu § 64 Abs. 1 AO.

Angesichts des Grundsatzes der Selbstlosigkeit dürfen sämtliche Mittel, die in den vier Bereichen einer Stiftung vereinnahmt werden, ausschließlich für gemeinnützige Zwecke verwendet werden. So müssen Mittel, die aus einem wirtschaftlichen Geschäftsbetrieb stammen, nach deren Versteuerung dem ideellen Bereich zugeführt werden. Solche Ausschüttungen schmälern jedoch nicht die steuerliche Bemessungsgrundlage des wirtschaftlichen Geschäftsbetriebs. Auch sind sie nicht im Rahmen des § 10b Abs. 1 EStG spendenbegünstigt. Umgekehrt dürfen Einkünfte aus dem ideellen Bereich oder aus Zweckbetrieben nicht in den wirtschaftlichen Geschäftsbetrieb transferiert werden, da die Mittel der Körperschaft lediglich für satzungsmäßige Zwecke verwendet werden dürfen.[56]

Mehrere wirtschaftliche Geschäftsbetriebe einer steuerbegünstigten Körperschaft, die keine Zweckbetriebe sind, werden für steuerliche Zwecke wie ein einziger behandelt (§ 64 Abs. 2 AO). Diese Annahme wirkt sich insbesondere auf die Ermittlung des steuerpflichtigen Einkommens der Körperschaft aus. Für die Frage, ob gemeinnützigkeitsschädliche Verluste vorliegen, ist daher nicht auf das Ergebnis einzelner steuerpflichtiger wirtschaftlicher Geschäftsbetriebe abzustellen, sondern auf das Gesamtergebnis aller Betriebe. Dabei ist zu berücksichtigen, dass die einzelnen Geschäftsbetriebe ihre Überschüsse und Verluste untereinander verrechnen dürfen. Eine genaue Aufteilung der Kosten auf die einzelnen Geschäftsbetriebe kann insoweit unterbleiben. Die Gemeinnützigkeit einer Körperschaft ist jedoch gefährdet, wenn die steuerpflichtigen Geschäftsbetriebe insgesamt Verluste erwirtschaften. Ein solcher Verlust darf nicht durch Überschüsse aus den steuerbegünstigten Bereichen ausgeglichen werden.[57]

Bisher wurde eine Ausnahme dieses Ausgleichsverbots durch die Rechtsprechung nur als Billigkeitsentscheidung und sehr restriktiv zugelassen.[58, 59] Nach Ansicht der Finanzverwaltung ist die Verwendung von Mitteln des ideellen Bereichs zum Ausgleich von Verlusten hingegen solange unschädlich, wie dem ideellen Bereich in den sechs vorangegangenen Jahren Gewinne des wirtschaftlichen Geschäftsbetriebs in mindestens gleicher Höhe zugeführt worden sind. Für Anlaufverluste eines neu gegründeten Geschäftsbetriebs soll ein Dreijahreszeitraum maßgebend sein.[60]

§ 64 Abs. 3 AO enthält eine Freigrenze für wirtschaftliche Geschäftsbetriebe. Soweit Einnahmen, einschließlich Umsatzsteuer, insgesamt 30.678 € im Jahr nicht

---

[56] *Hof/Hartmann/Richter,* Stiftungen, S. 363.

[57] Zu Dauerverlustbetrieben vgl. *Wallenhorst,* DStZ 2004, S. 713 f.

[58] BFH, Urt. v. 2. 10. 1968, BStBl II 1969, S. 43 ff.; BFH, Urt. v. 13. 11. 1996, BStBl II 1998, S. 711 ff. Danach sollte der Ausgleich des Verlusts des wirtschaftlichen Geschäftsbetriebes dann kein Verstoß gegen das Mittelverwendungsverbot sein, wenn der Verlust auf einer Fehlkalkulation beruhte und der wirtschaftliche Geschäftsbetrieb bis zum Ende des dem Verlustentstehungsjahr folgenden Kalender- oder Wirtschaftsjahres dem ideellen Tätigkeitsbereich wieder Mittel in entsprechender Höhe zugeführt hatte.

[59] *Schauhoff,* DStR 1998, S. 701 ff.

[60] AEAO Nr. 8 zu § 55 Abs. 1 Satz 1 AO; *Hüttemann,* FR 2002, S. 1341.

übersteigen, sind sie steuerneutral zu behandeln, sie unterliegen nicht der Körperschaft- und Gewerbesteuer. Allerdings wird der Betrieb bei Unterschreiten der Freigrenze nicht zu einem steuerbefreiten Zweckbetrieb. Die Gewinne sind in den entsprechenden Veranlagungszeiträumen lediglich nicht steuerpflichtig. Verluste bleiben jedoch ebenfalls unberücksichtigt und können weder vor- noch zurückgetragen werden.

Die Ermittlung der Einnahmen richtet sich nach den allgemeinen Grundsätzen der steuerlichen Gewinnermittlung. Die Überprüfung, ob die Besteuerungsgrenze überschritten wurde, erfolgt jedes Jahr neu. Das Ergebnis der wirtschaftlichen Tätigkeit muss ermittelt werden, um festzustellen, ob die wirtschaftlichen Geschäftsbetriebe unter Umständen insgesamt zu dauerhaften steuerschädlichen Verlusten führen.

Da § 64 Abs. 3 AO eine Freigrenze darstellt, ist die Stiftung mit dem Ergebnis aus allen steuerpflichtigen wirtschaftlichen Geschäftsbetrieben nach den allgemeinen Grundsätzen steuerpflichtig, wenn diese Grenze auch nur um einen Euro überschritten wird. Allerdings können andere Freibeträge (§ 24 KStG, § 11 Abs. 1 Satz 3 Nr. 2 GewStG) eingreifen.

Unabhängig vom Erreichen der Besteuerungsgrenze gilt regelmäßig der volle Umsatzsteuersatz, sofern nicht aus anderen Gründen der ermäßigte Steuersatz oder eine andere Steuerbefreiung greift.[61]

Steuerfreie Zweckbetriebe (§ 65 AO)

Zweckbetriebe sind als wirtschaftliche Geschäftsbetriebe besonderer Art steuerbefreit. Damit bilden sie die Rückausnahme zu den ausnahmsweise steuerpflichtigen wirtschaftlichen Geschäftsbetrieben. Obwohl sie nachhaltig wirtschaftlich tätig sind, zeichnen sie sich durch den besonders engen Bezug zum ideellen Bereich aus. Die wirtschaftliche Tätigkeit des Zweckbetriebs dient neben der Einkünfteerzielung in erster Linie der Verwirklichung der satzungsgemäßen Zwecke der gemeinnützigen Körperschaft. So stellt z. B. der entgeltliche Musikunterricht einer gemeinnützigen Musikschule einen Zweckbetrieb dar[62]. Der Zweckbetrieb genießt die Steuerfreiheit, weil die Wettbewerbsrelevanz ihrer wirtschaftlichen Tätigkeit vom ideellen Bereich deutlich überlagert wird. Neben der Befreiung von der Körperschaft- oder Gewerbesteuer greift für den Zweckbetrieb auch der ermäßigte Umsatzsteuersatz von 7 %.

Eine Definition des Zweckbetriebes gibt § 65 AO. Danach liegt ein Zweckbetrieb vor, wenn er insgesamt steuerbegünstigte satzungsmäßige Zwecke verwirklicht, die Verwirklichung durch den Zweckbetrieb unabdingbar ist und Wettbewerb

---

[61] Vgl. zu Beispielen für wirtschaftliche Geschäftsbetriebe i. S. d. § 64 AO: *Richter*, in: Meyn/Richter, S. 391 ff.
[62] Erlass des FM Niedersachsen v. 9. 10. 1980, DB 1981, S. 819.

mit nicht begünstigten Betrieben nur soweit unvermeidbar erfolgt. Diese drei Voraussetzungen müssen gleichzeitig vorliegen.

Ein Zweckbetrieb muss tatsächlich und unmittelbar die gemeinnützigen Zwecke der Körperschaft verwirklichen, die ihn betreibt (§ 65 Nr. 1 AO). Ebenso wie bei der Trägerstiftung selbst, müssen die verfolgten gemeinnützigen Zwecke ausdrücklich in seiner Satzung verankert sein. Verfolgt ein Geschäftsbetrieb sowohl begünstigte als auch rein wirtschaftliche Zwecke, wird die gesamte Tätigkeit als gewerblich angesehen und er wird insgesamt als steuerpflichtiger wirtschaftlicher Geschäftsbetrieb behandelt. Soweit eine Aufteilung der Tätigkeitsbereiche möglich ist, sollten diese auf separate Betriebe übertragen werden, um zumindest für einen Teil die Vorteile eines Zweckbetriebs zu bewahren.

Die Verwirklichung der steuerbegünstigten Zwecke und der Geschäftsbetrieb müssen untrennbar sein. Der Zweckbetrieb deckt die steuerbegünstigten Zwecke ab und erfüllt sie unmittelbar. Eine lediglich mittelbare Zweckverwirklichung, z. B. durch Abführung der Erträge, begründet dagegen keinen Zweckbetrieb. Insoweit handelt es sich um so genannte Mittelbeschaffungsbetriebe, die lediglich den Zweck haben, durch ihre wirtschaftlichen Aktivitäten der steuerbegünstigten Trägerkörperschaft, zusätzliche Einkommensquellen zu erschließen.[63]

Darüber hinaus muss die Zweckverwirklichung durch den Zweckbetrieb unabdingbar sein (§ 65 Nr. 2 AO). Die Stiftung muss für die Erfüllung ihrer Zwecke unbedingt und unmittelbar auf den Zweckbetrieb angewiesen sein.[64] Kann die Stiftung ihre Zwecke jedoch auch durch unabhängige, nicht begünstigte Unternehmer erfüllen, handelt es sich gerade nicht um einen „unentbehrlichen Hilfsbetrieb".[65] Im Bereich des öffentlichen Gesundheitswesens, des Wohlfahrts- oder Fürsorgewesens und des Bildungswesens ist regelmäßig von einer Unabdingbarkeit auszugehen.

Der Wettbewerb durch einen Zweckbetrieb muss unvermeidbar sein (§ 65 Nr. 3 AO). Er darf im Vergleich zu nicht begünstigten Betrieben derselben oder ähnlicher Art das zur Erfüllung der steuerbegünstigten Zwecke grundsätzlich unvermeidbare Maß nicht überschreiten.[66] Wettbewerb liegt vor, wenn der Zweckbetrieb und der nicht begünstigte Betrieb dem gleichen Kundenkreis im gleichen Einzugsgebiet gleiche Leistungen anbieten oder anbieten könnten. Eine tatsächliche Beeinträchtigung ist unerheblich.[67] Die Einstufung als Zweckbetrieb kann bereits dann versagt werden, wenn dadurch Marktzutrittsschranken errichtet würden.[68]

---

[63] *Hof/Hartmann/Richter,* Stiftungen, S. 370.
[64] BFH, Urt. v. 13. 8. 1986, BStBl II 1986, S. 831 f.; BFH, Urt. v. 15. 10. 1997, DStRE 1997, S. 1014 ff. m. w. N.
[65] *Hof/Hartmann/Richter,* Stiftungen, S. 370.
[66] FG Berlin, Urt. v. 15. 1. 2002, EFG 2002, S. 518, 519.
[67] BFH, Urt. v. 30. 3. 2000, DStR 2000, S. 1256 ff.; AEAO Nr. 4 zu § 65 AO.
[68] BFH, Urt. v. 27. 10. 1993, BStBl II 1994, S. 573, 575; *Walz,* in: Kötz/Rawert/Schmit/Walz (Hrsg.), 2001, 218.

Der Begriff der Unvermeidbarkeit ist unter Berücksichtigung des grundgesetzlichen Gleichheitsgrundsatzes zu definieren. Unter Abwägung sämtlicher sachlicher Gründe und der staatlich gebotenen Wettbewerbsneutralität muss der Eingriff in den Wettbewerb hinreichend gerechtfertigt und verhältnismäßig sein.[69] Das Interesse der Allgemeinheit an einem nicht durch steuerliche Begünstigungen beeinträchtigten Wettbewerb und dem Interesse an der Förderung von steuerbegünstigten Zwecken sind sorgfältig abzuwägen. Können danach die steuerbegünstigten Zwecke ebenso durch nicht begünstigte Betriebe verwirklicht werden, ist der Wettbewerb vermeidbar. Zur Wahrung der Wettbewerbsneutralität ist eine Steuerbegünstigung zu versagen und der Betrieb als steuerpflichtiger wirtschaftlicher Geschäftsbetrieb zu behandeln. Im Wege der Konkurrentenklage können nicht steuerbegünstigte Wettbewerber den entsprechenden Freistellungsbescheid eines Zweckbetriebes anfechten.[70] Der Wettbewerb von Zweckbetrieben untereinander, die denselben steuerbegünstigten Zwecken dienen, ist unschädlich.[71]

Die in §§ 66 bis 68 AO aufgeführten Zweckbetriebe sind teilweise konstitutiv, d. h. bei den aufgezählten Beispielen ist stets von einem Zweckbetrieb auszugehen, auch wenn die allgemeinen Voraussetzungen des § 65 AO nicht gegeben sind.[72] Es ist unerheblich, ob der Zweckbetrieb tatsächlich auch die allgemeinen Bedingungen des § 65 AO erfüllt. Der Bundesfinanzhof hat die Stellung des § 68 AO als rechtssystematisch vorrangige Spezialvorschrift gegenüber § 65 AO kürzlich bestätigt. Allerdings muss die Einrichtung sich in ihrer Gesamtrichtung als Zweckbetrieb darstellen, indem sie die satzungsmäßigen Zwecke der Körperschaft verwirklicht.[73]

a) Bei *Einrichtungen der Wohlfahrtspflege* (§ 66 AO) handelt es sich um Zweckbetriebe, die der Sorge für notleidende oder gefährdete Menschen dienen. Als ein Unterfall der Mildtätigkeit, darf die Wohlfahrtspflege nicht des Erwerbs wegen ausgeübt werden. Die Leistungen müssen zu mindestens zwei Drittel dem begünstigten Personenkreis (notleidende und gefährdete Personen) zugute kommen.[74]

b) Ein *Krankenhaus* ist ein Zweckbetrieb (§ 67 AO), wenn mindestens 40 % der jährlichen Pflegetage auf Patienten entfallen, bei denen im Anwendungsbereich der Bundespflegesatzverordnung nur Entgelte für allgemeine Krankenhausleistungen oder, außerhalb dieses Anwendungsbereichs, keine höheren Entgelte für Krankenhausleistungen berechnet werden.

---

[69] BVerfG, Entsch. v. 26. 10. 1976, BVerfGE 43, 58 ff.; BFH, Urt. v. 26. 4. 1995, BStBl. II 1995, S. 767, 769.

[70] BFH, Urt. v. 15. 10. 1997 BStBl. II 1998, S. 63 ff.

[71] Vgl. zu Beispielen für Zweckbetriebe i. S. d. § 65 AO: *Richter*, in: Meyn/Richter, S. 401 ff.

[72] *Fischer*, in: Hübschmann/Hepp/Spitaler, § 68 AO, Rz. 11; BFH, Urt. v. 18. 1. 1995, BStBl. II 1995, S. 446 ff.

[73] BFH, Urt. v. 4. 6. 2003, BFH/NV 2003, S. 1458.

[74] BFH, Urt. v. 26. 4. 1995, BStBl. II 1995, S. 767, 768.

Hinsichtlich der in § 68 AO genannten Zweckbetriebe soll nachfolgend lediglich auf die Auftragsforschung kurz eingegangen werden.

Die Auftragsforschung wurde als Zweckbetriebsfiktion in § 68 Nr. 9 AO aufgenommen, um bei den gemeinnützigen Forschungseinrichtungen, vor allem im Bereich von Abgrenzungsfragen (steuerfreier bzw. steuerpflichtiger Geschäftsbetrieb) und damit bei der Planungssicherheit große Probleme zu vermeiden.[75] Die Fiktion ist auf Forschungseinrichtungen beschränkt, deren Träger sich überwiegend aus Zuwendungen der öffentlichen Hand oder Dritter oder aus Vermögensverwaltung finanzieren. Sind die Einnahmen aus Auftragsforschung jedoch nicht nur von untergeordneter Rolle, sind sie schädlich. Damit ist auch dem Gedanken des Wettbewerbs ausreichend Rechnung getragen, da damit die ausschließliche Auftragsforschung für Unternehmen ausgeschlossen ist.[76] Nicht zum Zweckbetrieb gehören Tätigkeiten, die sich auf die Anwendungen gesicherter wissenschaftlicher Erkenntnisse beschränken, die Übernahme von Projektträgerschaften sowie wirtschaftliche Tätigkeiten ohne Forschungsbezug richten.[77]

Die Einstufung als Zweckbetrieb ist vor allem für den Ausgleich von Verlusten und die Verwendung zeitnah verwendbarer Mittel von Bedeutung. Anders als bei einem wirtschaftlichen Geschäftsbetrieb ist der Verlustausgleich durch die Stiftung bei einem Zweckbetrieb zulässig. Außerdem gilt der ermäßigte Umsatzsteuersatz. Das ist vor allem für Auftraggeber, die nicht vorsteuerabzugsberechtigt sind, z. B. die öffentliche Hand, relevant.[78]

---

[75] Kritisch dazu *Walz,* in: Kötz / Rawert / Schmit / Walz (Hrsg.), Nonprofit Law Yearbook 2001, S. 216.

[76] *Fischer,* in: Hübschmann / Hepp / Spitaler, § 68 AO, Rz. 25.

[77] Schreiben des BMF v. 22. 9. 1999, BStBl I 1999, S. 944.

[78] BFH, Urt. v. 30. 11. 1995, BStBl II 1997, S. 189;

6.3 Die Verwaltung des Stiftungsvermögens

Von Thomas R. Fischer und Sascha Sander

Das vorliegende Kapitel beschreibt die Verwaltung von Stiftungsvermögen und die damit einhergehenden Fragestellungen. Im Gegensatz zu der einschlägigen Literatur, die dieses Thema primär aus juristischer Sicht behandelt, steht in diesem Beitrag die Anwendung ökonomischer Grundlagen auf die für gemeinnützige Stiftungen gültigen Vorgaben im Vordergrund. Die Darstellung der rechtlichen Anforderungen erfolgt dementsprechend in Anlehnung an die bestehenden Ausführungen und Meinungen der Literatur, ergänzt um eigene Abbildungen.

Darüber hinaus wird die Eignung verschiedener Anlageformen im Hinblick auf die Herausforderungen der Finanzmärkte (deutliche Kursverluste von Aktien zu Beginn dieses Jahrzehntes, Renditeverfall festverzinslicher Wertpapiere, hohe Staatsverschuldung um nur einige zu nennen) beispielhaft diskutiert.

Als adäquater Lösungsvorschlag wird der Aufbau eines Gesamtvermögenskonzeptes erläutert.

Das Vermögen der Stiftung als finanzielle Grundlage der Geschäftstätigkeit

Zur Abgrenzung umgangssprachlich häufig synonym verwendeter Begriffe soll folgendes Schaubild die verschiedenen Vermögensströme, die im Rahmen der Vermögensverwaltung einer Stiftung entstehen können, aufzeigen.

Das *Stiftungsvermögen* umfasst alle Vermögenswerte der Stiftung. Hierzu zählen sowohl die Vermögensausstattung der Stiftung mit Grundstücken, Gebäuden, Anlagen, Wertpapieren, Beteiligungen und Forderungen aller Art als auch die daraus gezogenen Erträge und ihre Rücklagen.

Die vom Stifter bei Errichtung der Stiftung zugewendeten materiellen Werte, die nicht zum Verbrauch bestimmt sind, werden als *Grundstockvermögen* bezeichnet. Es ist die finanzielle Grundlage der Stiftung, aus der sie die Erträge ziehen kann, die sie zur Erfüllung der vom Stifter vorgegebenen Zwecke benötigt. In diesem Zusammenhang sind *Erträge* die Früchte des Grundstocks, also insbesondere Zinsen, Dividenden und die Entgelte der Mieter und Pächter des Grundbesitzes der Stiftung. Während diese in erster Linie zur Mittelverwendung herangezogen werden, sind Erträge aus Vermögensumschichtungen grundsätzlich dem Grundstockvermögen zuzuordnen.

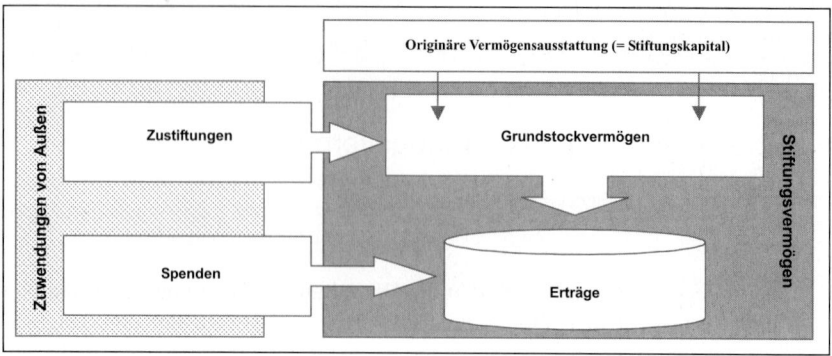

Abb. 1: Vermögensströme innerhalb einer Stiftung

Nachträgliche Zuwendungen des Stifters oder Dritter, die den Grundstock erhöhen, werden als Zustiftungen bezeichnet. Spenden hingegen sind Zuwendungen, die in Erfüllung der Stiftungszwecke zum zeitnahen Verbrauch bestimmt sind und nicht dem Grundstock zufließen sollen.[1]

Im Hinblick auf die Frage, welche Vermögensgegenstände dem Grunde nach eingebracht werden können, ist zu bedenken, dass deren Erträge für die Verwirklichung der Stiftungsziele genutzt werden sollen. Dabei kann es sich um Geld, Wertpapiere, Aktien, Gesellschaftsanteile oder auch bebaute oder unbebaute Grundstücke handeln. Werden bebaute Grundstücke in die Stiftung eingebracht, verlangen manche Genehmigungsbehörden den Nachweis einer Kapitalausstattung, die eine Instandhaltung der Gebäude gewährleisten kann.[2]

Regelungen über die Höhe des zur Errichtung einer Stiftung erforderlichen Stiftungsvermögens sind weder im BGB noch in den jeweiligen Stiftungsgesetzen enthalten. Im Hinblick darauf, dass das Vermögen im Bestand ungeschmälert zu erhalten ist und für die Verwirklichung des Stiftungszwecks nachhaltig Erträge zu erwirtschaften sind, wird von den jeweiligen Aufsichtsbehörden häufig eine Mindestausstattung zwischen 25.000 und 50.000 Euro gefordert.

Folgende Abbildungen sollen einen Eindruck über die Höhe der Vermögensausstattung und das Volumen der Vermögensanlagen deutscher Stiftungen geben.[3]

Bei der Vermögensausstattung der selbständigen Stiftung bürgerlichen Rechts hat der Stifter zu beachten, dass die Stiftung grundsätzlich auf unabsehbare Dauer angelegt ist.[4] Dieser Tatsache ist bei der Einbringung der Vermögenswerte und hinsichtlich der Vorgaben der Verwaltung des Stiftungsvermögens Rechnung zu tragen.

---

[1] Vgl. *v. Campenhausen* (1999), Rz. 4–10.
[2] Vgl. ebd., Rz. 14.
[3] Vgl. *Heissman* (2003), Tabelle 1 S. 2 und Tabelle 6 S. 11.
[4] Vgl. *v. Campenhausen* (1999), Rz. 19.

6.3 Die Verwaltung des Stiftungsvermögens

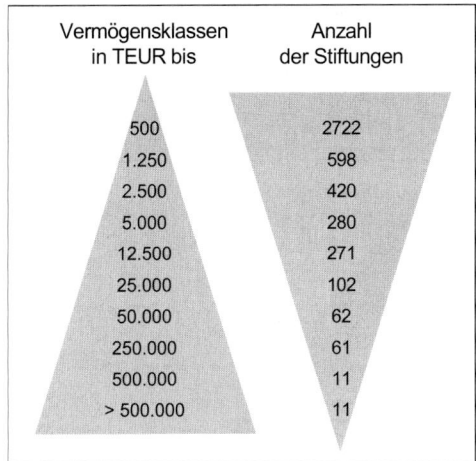

Quelle: Bundesverband Deutscher Stiftungen, 2000.

Abb. 2: Stiftungen nach Vermögensklassen

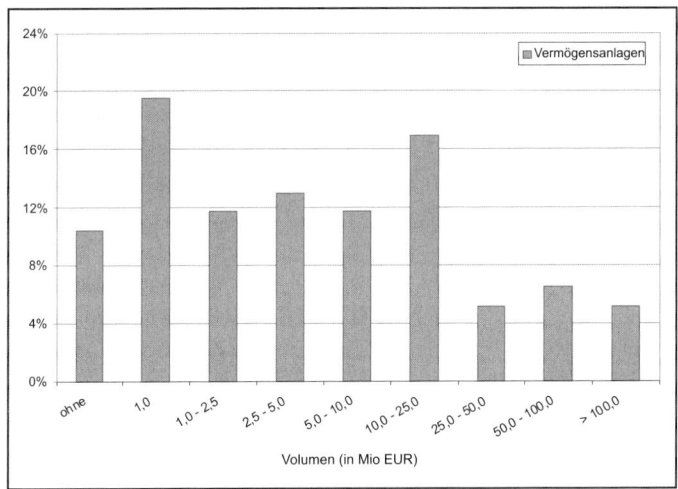

Abb. 3: Volumina der freien Vermögensanlagen (Ultimo 2002)

Bestimmungsfaktoren der Verwaltung des Stiftungsvermögens

Während bis Ende 1995 im bayerischen Stiftungsgesetz bestimmt war, dass das Stiftungskapital nur in mündelsichere Wertpapiere angelegt werden darf, sind Stiftungen heute in der Anlage ihres Vermögens grundsätzlich frei.[5] Dennoch wird

---

[5] Vgl. *Wachter* (2002), S. 4.

dieses hohe Maß an Freiheit in der Praxis eingeschränkt, da die dauernde und nachhaltige Erfüllung des Stiftungszwecks durch die Anlage zu gewährleisten ist. Folgendes Schaubild beschreibt die Bestimmungsfaktoren der Verwaltung des Stiftungsvermögens.

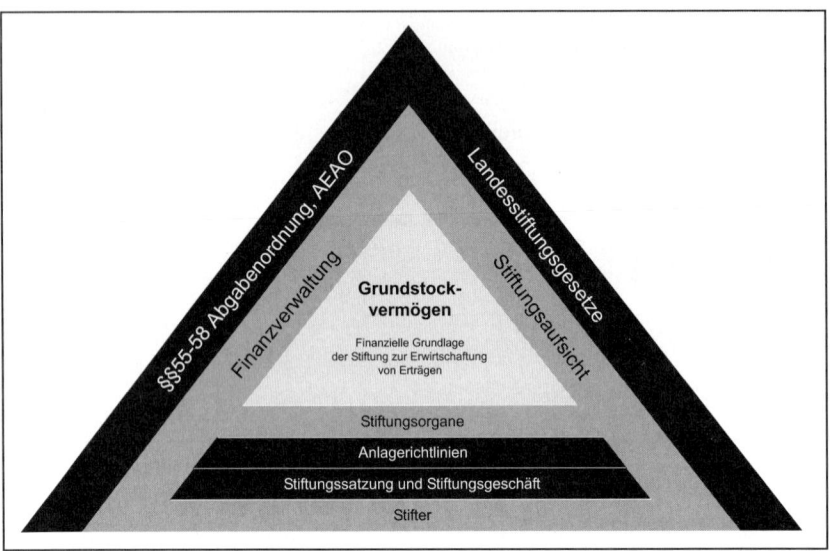

Abb. 4: Einflussgrößen auf das Stiftungsvermögen

Durch das Stiftungsgeschäft und die Stiftungssatzung kann der Stifter Einfluss auf die Kapitalanlage der Stiftung nehmen. Die praktische Umsetzung sollte mittels Anlagerichtlinien erfolgen, die den Stiftungsorganen konkrete Handlungsanweisungen vorgeben. Der grundsätzlich entfaltbaren Stifterfreiheit wird jedoch ein Rahmen durch das Stiftungs- und Gemeinnützigkeitsrecht (Abgabenordnung) gesetzt, in dem sich die Vorstellungen des Stifters hinsichtlich der Anlage des Vermögens zwingend bewegen müssen. Die Einhaltung wird durch die Stiftungsaufsicht und die Finanzbehörden überwacht.

Die in allen Stiftungsgesetzen enthaltene Forderung „das Stiftungsvermögen ist in seinem Bestand (ungeschmälert) zu erhalten"[6] ist der zentrale Grundsatz für die Verwaltung des Stiftungsvermögens.

Dabei genügt es nicht, wenn das Stiftungsvermögen lediglich nominell erhalten bleibt. Der Erhalt des Stiftungsvermögens „in seinem Bestand" bedeutet vielmehr Erhalt in seinem wirtschaftlichen Bestand bzw. in seinem (wirtschaftlichen) Wert und damit seiner Ertragskraft.[7] Aus dem Gebot der Wahrung des Stiftungsver-

---

[6] Vgl. beispielsweise Bayrisches Stiftungsgesetz vom 19. 12. 2001.
[7] Vgl. *Hof / Hartmann / Richter* (2003), S. 83; *Carstensen* (1996), S. 45.

6.3 Die Verwaltung des Stiftungsvermögens

mögens in seinem realen Wert ergibt sich die Notwendigkeit, im Rahmen der Bewirtschaftung des Vermögens grundsätzlich allen Wertminderungen entgegenzuwirken und einen Ausgleich des allgemeinen Geldwert-/Kaufkraftschwundes herzustellen. Inflationsbedingte Wertverluste sind durch Nichtausschüttung von Erträgen und Bildung von Rücklagen innerhalb der Grenzen der sowohl stiftungsrechtlich als auch steuerrechtlich vorgesehenen sogenannten Admassierungs- oder Thesaurierungsverbote auszugleichen.[8]

Der Grundsatz der Bestandserhaltung erfordert aber nicht zugleich, dass das Vermögen der Stiftung auch in seiner Zusammensetzung unverändert erhalten werden muss.[9] Dagegen werden laufende Vermögensumschichtungen großen Stils, die den „schnellen Gewinn" zum Ziel haben, verwehrt.[10] Vermögenserhaltung gebietet auch die weitgehende Vermeidung finanzieller Risiken.[11] Die Stiftung darf daher keine Spekulationsgeschäfte eingehen, sondern ist zu einer „Anlagepolitik der ruhigen Hand" verpflichtet.

Für die Wahrung des Vermögensbestands ist bei gemeinnützigen Stiftungen die Erhaltung der Steuerbegünstigung wesentlich. Gemeinnützige Stiftungen müssen ihre Satzungszwecke selbstlos, ausschließlich und unmittelbar verfolgen. Sie sind verpflichtet, ihre Mittel zu erhalten, um die begünstigten Zwecke erfüllen zu können. Deshalb kann man auch steuerrechtlich von einem Gebot zur Bestandserhaltung sprechen. Entspricht die Geschäftstätigkeit der Stiftung nicht den steuerrechtlichen Vorgaben der Selbstlosigkeit, Ausschließlichkeit und Unmittelbarkeit, kann der Stiftung die Gemeinnützigkeit rückwirkend aberkannt werden. Durch die dann ausgelösten Steuernachzahlungen und den damit verbundenen Abfluss an Vermögen wäre ein Fortbestand der Stiftung insgesamt nicht mehr gegeben.[12]

Neben dem Grundsatz der Vermögenserhaltung müssen im Rahmen der Vermögensbewirtschaftung aus dem Grundstockvermögen Erträge generiert werden, insbesondere zur Finanzierung der Aufwendungen zur Erreichung des Stiftungszwecks.[13]

Zur kontinuierlichen Erfüllung des Stiftungszwecks ist die Vermögensverwaltung gefordert, nachhaltig angemessene laufende Einkünfte auf möglichst hohem Niveau sicherzustellen. Die damit einhergehende notwendige Optimierung von Ertrag und Werterhaltung unter Berücksichtigung von Risiken ist nur durch eine sorgfältige Auswahl, Mischung und Streuung der Vermögensanlagen zu erzielen.[14]

---

[8] Vgl. *Pues/Scherbarth* (2004), S. 50.
[9] Die Stiftungsgesetze der Länder schließen Vermögensumschichtungen nicht aus.
[10] Vgl. *Hof*, in: v. Campenhausen (1999) § 10 Rdn. 56.
[11] Vgl. ebd., § 10 Rdn. 39.
[12] Vgl. ebd., § 10 Rdn. 52.
[13] Vgl. ebd., § 10 Rdn. 33.
[14] Vgl. ebd., § 10 Rdn. 56, 57.

Zur Wahrung der steuerlichen Begünstigung muss sich die Ertragserwirtschaftung im Rahmen der steuerunschädlichen Vermögensverwaltung (Einkünfte aus Kapitalvermögen, Vermietung und Verpachtung) bewegen. Entscheidend für die steuerrechtliche Beurteilung ist nach § 55 AO, dass die Stiftung „nicht in erster Linie" eigenwirtschaftliche Zwecke verfolgt (z. B. gewerbliche oder sonstige Erwerbszwecke). Ihre Geschäftstätigkeit hat vielmehr ausschließlich der Erfüllung der gemeinnützigen Stiftungszwecke zu dienen. Hieraus folgt, dass der betriebene Aufwand für die Ertragserwirtschaftung nicht Hauptzweck der Stiftung sein darf und die Stiftung mit ihrer Vermögensverwaltung insgesamt oder mit Teilen davon keinen wirtschaftlichen Geschäftsbetrieb (Einkünfte aus Land- und Forstwirtschaft, Gewerbebetrieb) begründen darf, da dieser von den Steuervergünstigungen für die Stiftung ausgeschlossen ist. Die Kriterien zur Begründung eines wirtschaftlichen Geschäftsbetriebs leiten sich aus den steuerrechtlichen Abgrenzungsgrundsätzen von Gewerbebetrieb und Vermögensverwaltung des Steuerrechts ab.[15] Hier seien insbesondere die ergangenen Entscheidungen zum Gewerbebetrieb[16], Wertpapierhandel[17] und gewerblichen Grundstückshandel (3-Objekt-Grenze)[18] genannt.

Die erwirtschafteten Erträge müssen aus stiftungsrechtlicher und steuerrechtlicher Sicht grundsätzlich für die Erfüllung der Satzungszwecke zeitnah verwendet werden. Unter zeitnaher Mittelverwendung ist die satzungsgemäße Verwendung des Stiftungseinkommens im Geschäftsjahr des Zuflusses oder im darauffolgenden Geschäftsjahr zu verstehen. Allerdings unterliegen Erträge, die aus notwendigen Vermögensumschichtungen entstehen, nicht dem Gebot der zeitnahen Mittelverwendung, sondern fließen dem Grundstock zu.[19]

An dieser Stelle stellt sich die Frage, inwieweit Mittel, die der Erfüllung der Satzungszwecke vorbehalten sind, zum Ausgleich von Verlusten herangezogen werden können. Das Gemeinnützigkeitsrecht schließt eine Subvention von Verlusten in satzungsfremden Bereichen (z. B. in steuerpflichtigen wirtschaftlichen Geschäftsbetrieben) mit zweckgebundenen Mitteln aus. Durch die Änderung des Anwendungserlasses (AEAO Nr. 9 zu § 55 AO)[20] wurden die Grundsätze für die Behandlung von Verlusten aus wirtschaftlichen Geschäftsbetrieben jedoch entsprechend auf die Vermögensverwaltung übertragen.

Die stiftungs- und steuerrechtlichen Admassierungs- und Thesaurierungsverbote, die eine Zuführung von Erträgen zum Grundstockvermögen grundsätzlich ausschließen, werden durch den generellen Grundsatz des Vermögenserhalts teil-

---

[15] AEAO Nr. 1 zu § 55 AO, vgl. *Hof,* in: v. Campenhausen (1999) § 10 Rdn. 68.
[16] Vgl. § 15 Abs. 2 EStG, R 137 EStR.
[17] Vgl. insbes. BFH Urteil vom 20. 12. 2000, BStBl 2001 II S. 706.
[18] Vgl. BMF, Schreiben vom 20. 12. 1990, BStBl 1990 I S. 884, Schreiben vom 9. 7. 2001, BStBl 2001 I S. 512, Schreiben vom 19. 2. 2003, BStBl 2003 I S. 171.
[19] Vgl. *Hof,* in: v. Campenhausen (1999) § 10, Rdn. 74, § 37, Rdn. 228.
[20] Vgl. BMF, Schreiben vom 19. 10. 1998, übernommen in AEAO Nr. 4 – 8 zu § 55 AO.

6.3 Die Verwaltung des Stiftungsvermögens

weise durchbrochen, wenn Vermögensverluste zum Erhalt des Stiftungsvermögens ausgeglichen werden müssen oder die Satzung dieses vorsieht. Steuerrechtlich können gemeinnützige Stiftungen freie Rücklagen nur nach § 58 Nr. 7a AO zur Erhaltung der Leistungskraft der Stiftung bilden.[21] Dies führt dazu, dass Stiftungen ihre Erträge aus Vermögensumschichtungen für Verluste in der Vermögenssubstanz zur Erhaltung des Grundstockvermögens einsetzen dürfen und müssen, um einen Ausgleich sowohl von noch nicht realisierten Verlusten (z. B. Wertberichtigungen, inflationsbedingte Wertverluste) als auch realisierten Verlusten aus Vermögensumschichtungen herbeiführen zu können. Dieser Ausgleich hat nach überwiegender Auffassung keine Auswirkungen auf die Gemeinnützigkeit.[22]

Die Ausgleichsmöglichkeit von laufenden Verlusten aus der Vermögensverwaltung (z. B. nicht kostendeckende Immobilien) ist demgegenüber grundsätzlich anders zu beurteilen. Die gegenwärtige Fachliteratur kann für dieses Problem nur Lösungsansätze aufzeigen, ohne es abschließend regeln zu können.

In der Frage, unter welchen Bedingungen Verluste aus der Vermögensverwaltung die Gemeinnützigkeit gefährden, bleibt für Stiftungen nach wie vor eine Rechtsunsicherheit bestehen, da sich bis heute keine Praxis herausgebildet hat und eine Klarstellung durch das BMF nicht erfolgt ist.

Im Ergebnis decken sich die rechtlichen und steuerrechtlichen Grundsätze zur Bestandserhaltung und zur Anlage von Vermögen bei gemeinnützigen Stiftungen nicht vollkommen. Unterschiedliche Auffassungen ergeben sich insbesondere in der Beurteilung von Ausgleichsmöglichkeiten von Verlusten aus der Vermögensverwaltung, so dass sich hier Konflikte mit den unterschiedlichen Anforderungen der Stiftungsaufsicht (Erhaltung des Stiftungsvermögens zur nachhaltigen Erfüllung des Stiftungszwecks) und der Finanzverwaltung (zeitnahe Verwendung der laufenden Erträge für die satzungsgemäßen Zwecke) ergeben können.

Nach Maßgabe einiger Landesstiftungsgesetze ist für die Errichtung und die Verwaltung der Stiftung der Stifterwille die „oberste Richtschnur".[23] Die Verwirklichung seines Willens kann der Stifter mittels Stiftungsgeschäft und Stiftungssatzung realisieren.

Gemäß der gesetzlichen Bestimmungen kommen jedoch grundsätzlich nur sichere und ertragbringende Vermögen in Frage. Mangels gesetzlicher Vorgaben zum Einsatz der einzelnen Anlageformen sollte der Stifter die ihm überlassene Freiheit nutzen und bestimmen, welche Kapitalanlagen in welcher Zusammensetzung das Ziel der sicheren und ertragbringenden Anlage nach seiner Auffassung erfüllen.

---

[21] Vgl. *Hof,* in: v. Campenhausen (1999) § 10, Rdn. 95; *Pues/Scherbach* (2004) S. 50, 52.

[22] Vgl. AEAO Nr. 28 zu § 55 AO, *Koppenhöfer* (2003), S. 31 mit dem Hinweis, dass Erträge aus Umschichtungen steuerlich unschädlich einer „Umschichtungsrücklage" zugeführt werden können, mit der spätere Verluste aus Umschichtungen ausgeglichen werden können.

[23] Vgl. Art. 2 Bayrisches Stiftungsgesetz vom 19. 12. 2001

Dies könnte bereits durch konkrete Zusammensetzung und Einbringung der Vermögen im Rahmen des Stiftungsgeschäfts erfolgen. Mittels der Stiftungssatzung sollte der Stifter generell den ihm zur Verfügung gestellten Rahmen ausfüllen. So kann er seine Auffassung, in welcher Form die Vermögensanlage zu erfolgen hat, um die langfristige Erreichung des Stiftungszwecks gewährleisten zu können, zum Ausdruck bringen.

Die sich ändernde Attraktivität von Anlageformen sowie die Veränderung gesetzlicher Rahmendaten im Zeitablauf erfordert, dass der Stifter keine Einzelheiten über den Einsatz von Vermögensanlagen in der Satzung festhalten sollte. Somit kann die Stiftungssatzung sinnvoller Weise nur strategische Leitlinien vorgeben, während die konkrete Ausgestaltung dieser Leitsätze durch Anlagerichtlinien praktisch das Anlageuniversum bestimmt. Diese werden vom Stifter festgelegt und im Zeitablauf vom Stiftungsvorstand in Abstimmung mit dem Kuratorium als Kontrollorgan (fakultativ) angepasst.

Schließlich kann der Stifter, sofern nicht bereits im Rahmen des Stiftungsgesetzes geregelt, in der Satzung klarstellen, ob das der Stiftung zur Verfügung gestellte Vermögen in seinem Nominalwert oder in seiner Substanz nach Möglichkeit auf Dauer erhalten werden soll.

Gleiches gilt für die ursprüngliche Zusammensetzung des Stiftungsvermögens. Vermögensumschichtungen sind gleichermaßen ein Instrument zur Wahrung des Grundstocks in seinem Wert, zur Steigerung der Erträge und zur Vorsorge gegen deren Verringerung. Daher empfiehlt es sich, dass der Stifter sie in der Satzung ausdrücklich gestattet.[24]

Die Wahl der Vermögensklasse sowie des einzelnen Anlageinstruments dem Grunde und der Höhe nach sollte durch die Formulierung von Anlagerichtlinien[25] bestimmt werden. Während die Satzung die strategischen Grundsätze vorgibt, wird mit den Anlagerichtlinien das Ziel verfolgt, den Stiftungsorganen konkrete Handlungsanweisungen vorzugeben. Hierdurch ist auch eine klare Abgrenzung der Verantwortungsbereiche möglich.

Daneben soll ebenfalls die Anpassungsmöglichkeit des so bestimmten Anlageuniversums aufgrund der dynamischen Entwicklung der Finanzmärkte und Änderungen von rechtlichen Rahmendaten erreicht werden.

Auch die Prüfung der Frage, ob ein Mitglied der Stiftungsorgane für eine fehlerhafte Anlageentscheidung haftet, kann durch Anlagerichtlinien einfacher beantwortet werden, da mit ihrer Hilfe Anlageentscheidungen auf einer verlässlichen Grundlage getroffen werden und somit klar feststellbar ist, ob gegen eine Vorgabe verstoßen wurde und eine Pflichtverletzung vorliegt[26].

---

[24] Vgl. *v. Campenhausen* (2003), Rz 74.
[25] Beispiel vgl. *Wachter* (2002), S. 6.
[26] Vgl. *Wachter* (2002), S. 9.

Anlageformen aus Bankensicht

Aus dem vorherigen Kapitel leitet sich der Anlageauftrag mit den Zielen des realen Kapitalerhalts und der Erwirtschaftung von möglichst hohen Cash Flows ab. Die Forderung, vor allem stetige und sichere Einnahmen bei gleichzeitigem realen Kapitalerhalt zu erwirtschaften, hat in der Vergangenheit zu einem relativ statischen Anlagemuster geführt.

Häufig wurden 70 % in konservative Anleihen mit mittlerer Laufzeitstruktur und ca. 30 % in Blue Chip-Aktien investiert. Das hat in den letzten 10 Jahren zu folgendem Renditerisikoprofil geführt.[27]

Tab. 1: Renditerisikoprofil

Gebot der Ertragserwirtschaftung		Gebot des Kapitalerhalt		
Gesamtertrag	Einnahmen	Volatilität[28]	Höchster Jahresverlust	Wahrscheinlichkeit eines Jahres mit Verlust
7,85 %	4,5 %	7,88 %	–5,9 %	22,2 %

Hier kann man erkennen, dass nur ca. 4,5 % Einnahmen jährlich mit fallender Tendenz erwirtschaftet werden konnten. Auch negative Jahre waren möglich. Über die Einnahmen hinaus konnte ein nominaler Wertzuwachs von 3 % zur Abdeckung der Zielsetzung des realen Kapitalerhalt erreicht werden.

Bessere Ergebnisse könnten mit der strukturierten Kombination von Kapitalanlageformen (Asset Allocation) erreicht werden, die breiter diversifiziert ist und sich im Zeitablauf dynamisch ändert. Die Vorgehensweise einer erfolgversprechenden Asset Allocation wird im Folgenden näher ausgeführt.

Für die zielgerichtete Verwaltung von Stiftungsvermögen ist es notwendig, einen Steuerungsprozess aufzubauen, der sich an den rechtlichen Erfordernissen und Vorgaben des Stifters orientiert. Ein derartiger Prozess wird typischerweise von Family Offices[29] in den Banken unterstützt.

Das Ergebnis des Prozesses ist ein breiter diversifiziertes Portfolio, dass in den Gewichtungen der Assetklassen dynamisch angepasst wird. Durch zielgerichtete Planung und den systematischen Aufbau der Vermögensallokation sowie unterjähriger Controllingmaßnahmen sollen insbesondere die Aufsichtsbehörden davon

---

[27] Simulation der optimalen Asset Allocation unter Verwendung historischer Renditen, Volatilitäten und Korrelationen. Vgl. *M. M. Warburg Investment Research* (2004).

[28] Vgl. *Steiner/Bruns* (1998), S. 57 ff. Mittels der Standardabweichung werden die Schwankungen der Renditen eines Anlagetitels um ihren Mittelwert gemessen.

[29] Ganzheitliche und neutrale Bankdienstleistung zur Steuerung komplexer Familienvermögen durch ein Expertenteam.

überzeugt werden, die Zulässigkeit von Anlageformen im Gesamtvermögenskontext und weniger auf Einzelvermögensbasis zu beurteilen.

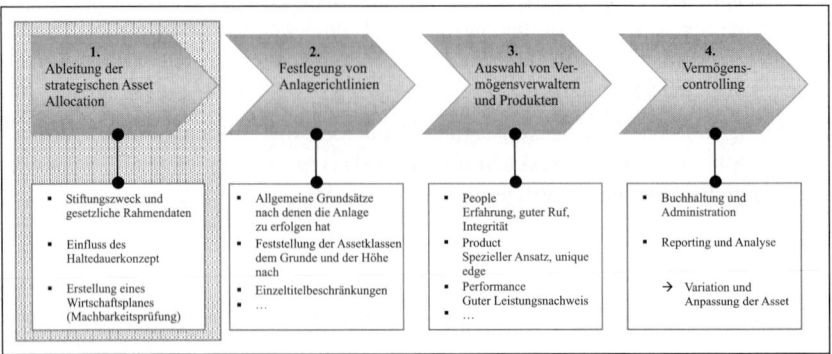

Abb. 5: Steuerungsprozess einer Vermögensverwaltung

Der gesamte Prozess kann im Detail nicht erschöpfend im Rahmen dieses Beitrags dargestellt werden. Vielmehr konzentriert sich im Folgenden die Darstellung auf die erste Phase des Prozesses, auf die Ableitung einer strategischen Asset Allocation.

Zunächst soll die Einsatzfähigkeit einzelner Anlageformen für Stiftungszwecke diskutiert werden. Zur Systematisierung wird eine Gliederung nach Vermögensklassen (Assetklassen)[30] vorgenommen. Dabei wird unterschieden in Anlagegattungen mit standardisierter Handelbarkeit und solche mit nicht standardisierter Handelbarkeit (oder auch weniger liquide „Assets"). Dieses Differenzierungsmerkmal ist vor allem deshalb geeignet, da für die standardisiert handelbaren Anlagegattungen börsentägliche Marktpreise gestellt werden. Dies ist insbesondere für die Beurteilung der Frage nach der Einhaltung des Kapitalerhaltgebots von Vorteil.

In den folgenden Ausführungen wird ausschließlich die Allokation ausgewählter handelbarer Assets beurteilt. Im Umkehrschluss bedeutet diese Verfahrensweise jedoch nicht, dass der Einsatz weniger liquider Assets im Rahmen der Stiftungsvermögen nicht möglich wäre.

Vielmehr werden die späteren Ausführungen deutlich machen, dass insbesondere ein konkreter Bedarf an Immobilien und Beteiligungen besteht. In diesem Zusammenhang sei auf zwei Problemfelder hingewiesen, deren Ausführung den Rahmen dieses Beitrags sprengen würde. Zunächst wäre das Problemfeld der Wertermittlung und die damit verbundene Beurteilung hinsichtlich des Kapitalerhalts aufzugreifen. Daneben ergibt sich durch den Einsatz von Immobilien und

---

[30] Vgl. *Steiner / Bruns* (1998), S. 90 erweitert um eigene Zuordnung von Kapitalanlagefaszilitäten.

6.3 Die Verwaltung des Stiftungsvermögens

Beteiligungen verstärkt die Frage der steuerlichen Abgrenzung des Gewerbebetriebs von der Vermögensverwaltung, die für die Stiftung von existenzieller Bedeutung ist.

Tab. 2: Systematisierung ausgewählter Assetklassen

Assetklassen	
Standardisierte Handelbarkeit	Nicht standardisierte Handelbarkeit
Geldmarktanlagen / Cash Anleihen Aktien Edelmetalle Commodities Derivative Instrumente Hedge Funds etc.	Immobilien Private Equity Beteiligungen (auch geschlossene Fonds) Antiquitäten Kunst Briefmarken Münzen etc.

Daneben muss beim Einsatz von Immobilien insbesondere geprüft werden, ob die Verwaltung des Immobilienbestands nachhaltig in einem mehr als kostendeckenden Rahmen gewährleistet werden kann.

Zur Prüfung, ob die betreffende Anlageform für Stiftungszwecke geeignet ist, ist auf die spezifischen Ertrags- und Risikokomponenten abzustellen. Hierfür ist zwischen Einnahmen und Wertveränderungen des Vermögensbestands zu differenzieren. Die Einnahmen werden regelmäßig der Mittelverwendung im Rahmen des Stiftungszwecks unterliegen, während Kursgewinne sowie Kursverluste Auswirkungen auf das Stiftungskapital haben und somit in erster Linie die Beurteilung des realen Kapitalerhalts bestimmen.

Dabei ist die Volatilität das nicht alles entscheidende Risikomaß für eine Stiftung. Jedoch kann mit ihrer Hilfe die zu erwartende Wertschwankung der einzelnen Anlageformen vergleichbar quantifiziert werden. Durch den langfristigen Anlagehorizont relativiert sich die Gefahr von Kursverlusten, da diese grundsätzlich ausgesessen werden können. Von essentieller Bedeutung ist es jedoch, dass die fundamentalen Daten im Auge behalten werden und bei ebenfalls negativer Entwicklung Vermögensumschichtungen vorgenommen werden. Hierdurch sollte auch der Totalausfall vermieden werden.

Nach diesem Schema werden die nun folgenden Assetklassen näher beleuchtet.

Ertrags- / Risikoprofil Anleihen

Das Rendite-/Risikoprofil der jeweiligen Anleihe oder eines Anleihenportfolios wird primär durch *die Restlaufzeit,* den *sich verändernden Marktzins* und die *Bonität des Emittenten* bestimmt.

Tab. 3: Charakteristika Anleihen

Anlagemöglichkeit (nach Emittenten)	Staat (Öffentliche Anleihen) Banken (Bankschuldverschreibungen und Pfandbriefe) Industrieunternehmen (Industrieobligationen)
Ertragskomponenten	Kursgewinn Zinsertrag
Risikokomponenten	Kursänderungsrisiko (Kursverlust) Bonitätsrisiko (Ausfallrisiko) Währungsrisiko
Anlageinstrumente in der Praxis	Direktanlage in einzelne Anleihen Rentenfonds Indexzertifikate

Anhand einer normal verlaufenden Zinsstrukturkurve lässt sich ablesen, dass mit steigender *Restlaufzeit* die Rendite der Anleihen gleicher Bonität grundsätzlich ansteigt. Dies begründet sich darin, dass der steigende Zins als Liquiditätsprämie für eine längere Hinweggabe des Kapitals verstanden wird.

Ein sich *verändernder Marktzins* hat bis zur Tilgung der Anleihe ausschließlich Auswirkungen auf den Kurs der Anleihe. Wie stark der Kurs der Anleihe oder eines Anleiheportfolios hiervon betroffen ist, wird durch die Restlaufzeit der Anleihe und die Höhe des Kupons bestimmt. Wie stark der Kurs steigt oder fällt, lässt sich näherungsweise durch die *modified Duration* berechnen. So fällt beispielsweise aktuell der Kurs einer Staatsanleihe mit einer Restlaufzeit von einem Jahr um ca. 0,9 % während eine Anleihe mit einer Restlaufzeit von zehn Jahren ca. 8,1 % im Wert verliert, wenn das allgemeine Zinsniveau (Marktzins) um 1 % steigt[31]. Diese Wertschwankungen haben jedoch für die Stiftung eine eher untergeordnete Bedeutung, da die Anleihen am Fälligkeitstermin zum Nennwert zurückgezahlt werden.

Eine höhere Rendite bei gleicher Laufzeit kann grundsätzlich durch eine schlechtere *Bonität des Emittenten* „erkauft" werden. Die Beurteilung der Zahlungsfähigkeit des Schuldners wird anhand von Ratings vorgenommen. Das hierdurch in Kauf genommene Risiko lässt sich mittels Ausfallwahrscheinlichkeiten quantifizieren.

Folgende Tabelle[32] zeigt in Abhängigkeit von Restlaufzeit und S&P-Rating die durchschnittlichen Ausfallraten in Prozent.

---

[31] Vgl. *M. M. Warburg Investment Research* (2004).
[32] Vgl. *Brady/Bos* (2002), S. 5 ff.

6.3 Die Verwaltung des Stiftungsvermögens

Tab. 4: Ratings und Ausfallraten

	Beurteilung	Rating	1 J	2 J	3 J	...	7 J	8 J	9 J	10 J
Investment grade	Beste Schuldnerqualität	AAA	0,00	0,00	0,03	...	0,27	0,41	0,46	0,52
		AA+	0,00	0,00	0,00	...	0,42	0,42	0,42	0,42
		AA	0,00	0,00	0,00	...	0,25	0,36	0,44	0,57
		AA–	0,03	0,08	0,21	...	0,89	1,06	1,19	1,35
	Gute Schuldnerqualität	A+	0,06	0,13	0,24	...	0,98	1,15	1,40	1,62
		A	0,04	0,12	0,18	...	0,72	0,92	1,16	1,38
		A–	0,05	0,17	0,34	...	1,25	1,46	1,69	1,89
	Mittlere Schuldnerqualität	BBB+	0,18	0,47	0,83	...	2,48	2,74	2,88	3,21
		BBB	0,29	0,68	0,98	...	2,84	3,36	3,89	4,42
		BBB–	0,33	0,70	1,17	...	5,01	5,72	6,17	6,79
Speculative grade	Spekulativer Charakter	BB	1,07	2,97	5,27	...	11,82	13,11	13,98	14,62
		B	9,29	18,21	24,22	...	33,99	35,29	36,49	37,44
		CCC	24,72	33,06	38,40	...	49,62	50,02	51,28	52,22
	Investment grade		0,10	0,24	0,39	...	1,38	1,62	1,84	2,08
	Speculative grade		4,72	9,46	13,67	...	23,19	24,48	25,61	26,56

Durch die Wahl von so genannten High Yield-Anleihen (speculative grade) ließe sich die Rendite zu Lasten des Risikos weiter verbessern. Während auch der Einsatz von Genussscheinen mit Fremdkapitalcharakter vorstellbar wäre, scheinen Zerobonds sowie Zertifikate auf ausgewählte Rentenindizes mangels Zinsertrag wenig sinnvoll.

Ertrags- / Risikoprofil Aktien

Das Rendite-/Risikoprofil der jeweiligen Aktie oder eines Aktienportfolios wird grundsätzlich durch die *Kursentwicklung* und die *Dividende* der Aktie bestimmt.

Der *Kurs* einer Aktie wird durch betriebswirtschaftliche Faktoren aus dem Unternehmen, volkswirtschaftliche Rahmendaten, die Verfassung des Kapitalmarktes, politische Einflüsse, dem Einfluss der sog. Charttechnik und der Marktpsychologie bestimmt. Die Zahlung der *Dividende* ist dem Grunde und der Höhe nach von unternehmensspezifischen Erfolgsfaktoren determiniert.

Tab. 5: Charakteristika Aktien

Anlagemöglichkeit	Value versus Growth, large, mid, small caps Branchendiversifikation Länderdiversifikation
Ertragskomponenten	Kursgewinn Dividenden
Risikokomponenten	Kursänderungsrisiko (Kursverlust) Dividendenausfallrisiko Insolvenzrisiko des Unternehmens
Anlageinstrumente in der Praxis	Direktanlage in einzelne Aktien Aktienfonds Index-, Discount-, Garantie-, Bonuszertifikate u. a.

In der folgenden Tabelle[33] wird der durchschnittliche annualisierte Ertrag, der mit Aktienanlagen in den vergangenen 25 Jahren erzielt werden konnte, differenziert nach Regionen und Investmentschwerpunkt (*Value* oder *Growth*), dargestellt.

Tab. 6: Durchschnittliche Erträge

Region / Investmentstil	Anlageperiode				
	1 Jahr	3 Jahre	5 Jahre	7 Jahre	10 Jahre
Aktien Welt Value	14,50%	13,36%	13,85%	13,53%	12,61%
Aktien Welt Growth	12,17%	10,91%	11,67%	11,42%	10,38%
Aktien Europa Value	14,97%	14,38%	15,35%	15,36%	14,38%
Aktien Europa Growth	12,44%	11,66%	12,63%	12,77%	11,94%

Für die Beurteilung der Frage, wie viel des erwirtschafteten Ertrags auf Dividenden entfällt, ist erneut zwischen *Value* und *Growth* Aktien zu differenzieren. Zur Messung bietet sich die Dividendenrendite der jeweiligen Aktie bzw. eines Aktienindizes (stellvertretend für ein Aktienportfolio) an. Zur Darstellung wird in folgender Tabelle[34] vereinfachend die bis auf Ausnahmen realitätsnahe Annahme getroffen, dass Stoxx 50 und Dow Jones eher Value Aktien repräsentieren, während TecDAX und Nasdaq 100 ein Portfolio von Growth Aktien abbilden.

Es wird deutlich, dass die Dividendenrendite nur einen geringen Teil des Ertrages bei Aktienanlagen ausmacht. Zudem wird ebenfalls belegt, dass bei Value Aktien die Dividendenrendite deutlich höher ist als bei Growth Aktien.

---

[33] Vgl. *Warburg Invest Kapitalanlagegesellschaft* (2004).
[34] Vgl. *M. M. Warburg* (2004).

6.3 Die Verwaltung des Stiftungsvermögens

Tab. 7: Dividendenrenditen

	Aktienportfolio (Index)	Dividendenrendite
Value	Stoxx 50	3,4%
	Dow Jones	2,1%
Growth	TecDAX	0,4%
	Nasdaq 100	0,4%

Die für den Ertrag der Aktienanlage entscheidende Komponente ist primär die Kursentwicklung. Zur Beurteilung des Risikos wird neben der Volatilität das schlechteste Ergebnis in den nachfolgenden Tabellen dargestellt[35]. So betrug beispielsweise in einem Zeitraum von 25 Jahren das schlechteste Ergebnis bei einer Haltedauer von 3 Jahren – 16,87% (p. a.).

Tab. 8: Europa Value

Risikomaß	Anlageperiode				
	1 Jahr	3 Jahre	5 Jahre	7 Jahre	10 Jahre
Schlechtestes Ergebnis	–41,02%	–16,87%	–6,31%	6,10%	8,34%
Volatilität	20,55%	12,24%	8,52%	5,42%	2,84%

Tab. 9: Europa Growth

Risikomaß	Anlageperiode				
	1 Jahr	3 Jahre	5 Jahre	7 Jahre	10 Jahre
Schlechtestes Ergebnis	–9,91%	–26,39%	–9,85%	0,72%	5,59%
Volatilität	20,68%	13,16%	8,95%	5,63%	3,29%

Im Ergebnis bleibt festzuhalten, dass langfristig sowohl mit einem diversifizierten Value als auch Growth Aktienportfolio zweistellige Renditen im Durchschnitt erwirtschaftet werden konnten. Dafür mussten jedoch deutliche Wertschwankungen in Kauf genommen werden. Es wird jedoch auch deutlich, dass bei einem kurzfristigen Anlagehorizont deutliche Kursverluste eintreten können, während sich die Wertschwankungen im Zeitablauf deutlich verringern. Selbst die Wahl des ungünstigsten Einstiegszeitpunkts zu Börsenhöchstständen und der damit verbundene Kursverlust relativiert sich im Zeitablauf deutlich und liefert am Ende positive Ertragsbeiträge.

---

[35] Vgl. *Warburg Invest* (2004).

Auf die Beurteilung des *Dividendenausfall-* und *Insolvenzrisikos* wird im Rahmen dieses Beitrags indes nicht gesondert eingegangen. Mittels des fundamentalen Aktienresearch sollten ausführliche unternehmensspezifische Informationen vor und nach der Investition eingeholt werden. Zur Vermeidung des völligen Kapitalverlustes durch Insolvenz eines Unternehmens ist ein möglichst breit diversifiziertes Portfolio aufzubauen. Auf Basis empirischer Untersuchungen geht man bei einem Portfolio von 20 – 25 Einzeltiteln von einem hinreichend gut diversifizierten Portfolio aus.

Ertrags- / Risikoprofil Hedge Funds

Tab. 10: Charakteristika Hedge Funds

Anlagemöglichkeit	Relative Value-Strategien Long-Short-Equity, Equity Market Neutral, Convertible Arbitrage, Fixed Income Arbitrage Event-Driven-Strategien Merger Arbitrage, Distressed Securities, Special Situations Opportunistische Strategien Global Macro, Short Biased (Short Selling), Market Timing Multi Strategy Managed Futures Systematische Futures-Fonds, Diskretionäre Futures-Fonds
Ertragskomponenten	Kursgewinn
Risikokomponenten	Kursänderungsrisiko (Kursverlust) Informationsrisiko Grundsätzlich ist die Hedge Fund Industrie nur wenig reguliert. Je nach Anlageinstrument gilt, dass der Anleger de facto keine genaue Übersicht über die Details zur Anlagestrategie wie Portfoliozusammensetzung, Fremdkapitaloperationen oder Leerverkäufe besitzt. Managerrisiko Die Performance hängt stärker von den Fähigkeiten des Managers als von der Allgemeinen Marktentwicklungen ab. Event Risiko Hedge Funds leben häufig in einer Nische und nutzen spezielle Situationen; Ändern sich diese, können sie sehr stark betroffen sein.
Anlageinstrumente in der Praxis	Investmentaktiengesellschaften Sonder- und Dach-Sondervermögen mit zusätzlichen Risiken (Hedge Fonds) Indexzertifikate Genussscheine

6.3 Die Verwaltung des Stiftungsvermögens

Das Rendite-/Risikoprofil von Hedge Fund Anlagen wird maßgeblich von der Wahl der Strategie bestimmt. In der folgenden Beurteilung wird ausschließlich auf die Strategie *Equity Market Neutral* und die *Portfoliobildung mittels Indizes* eingegangen, da diese nach Auffassung des Autoren[36] das vermeintlich geeigneteste Ertrags-/Risikoprofil im Kontext der Vermögensverwaltung von Stiftungen darstellen.

Die Grundidee der Equity Market Neutral Strategie ist es, einen großen Teil des Aktienmarktrisikos (systematisches Risiko) zu senken oder zu eliminieren und trotzdem einen kontinuierlichen Ertrag zu erwirtschaften. Vereinfacht dargestellt, soll dies dadurch erreicht werden, indem der Hedge Fund Manager zwei Aktien (im Idealfall einer Branche) „gegeneinander laufen lässt". Er geht davon aus, dass unabhängig von der Entwicklung des gesamten Aktienmarktes, die Aktie A steigen während die Aktie B an Wert verlieren wird. Somit wird er die Aktie A kaufen (er geht „long") und die Aktie B verkaufen, obwohl er sie nicht besitzt (er geht „short")[37]. Das Risiko dieser Position besteht darin, dass die gekaufte Aktie A im Kurs fällt und die verkaufte Aktie B im Kurs steigt, da der „Leerverkäufer" die Aktien dem Eigentümer zu einem definierten Zeitpunkt zurück übertragen muss. Im Ergebnis hätte er dann einen Kursverlust durch den Kursverfall der gekauften Aktie und einen Kursverlust durch den teureren Neuerwerb der verkauften geliehenen Aktie. Im umgekehrten Fall gewinnt er doppelt, wenn seine Einschätzung stimmt.

Es wird deutlich, dass die gesamte Aktienmarktentwicklung die Rendite und das Risiko dieser Position nur bedingt beeinflusst. Vielmehr muss sich der Anleger auf die Kenntnisse und vor allem die Sicherungsmechanismen des Managers verlassen, sollte der Markt gegen seine Einschätzung verlaufen.

Anhand des HEDG Equity Market Neutral Index[38] wird der Erfolg dieser Strategie beispielhaft dargestellt.

Die im Markt in der jüngeren Vergangenheit am häufigsten entwickelten Hedge Fund Produkte sind jedoch Dachhedgefunds, die häufig in der rechtlichen Konstruktion des Zertifikates angeboten werden und einen Index von verschiedenen Strategien und Hedge Fund Managern abbilden. Hierin kommen meist die oben genannten Strategien zum Einsatz. Ziel ist zum einen die Risikodiversifikation, und zum anderen sollen die aus den unterschiedlichen Managementansätzen resultierenden Ertragsquellen zur Verstetigung des Gesamtertrages genutzt werden.

---

[36] Eine erschöpfende Darstellung und Diskussion aller Strategien ist in Anbetracht der Länge des Beitrags nicht möglich.

[37] Der Leerverkäufer von Aktien leiht sich diese von jemandem, der tatsächlich über diese Aktien verfügen kann. Hierfür muss er dem tatsächlichen Eigentümer der Aktien eine Leihgebühr zahlen.

[38] Vgl. *Credit Suisse* (2004).

Tab. 11+12: Renditen und Risikobeurteilung der Equity Market Neutral Strategie

Jahr	Rendite p.a.
1995	11,0%
1996	16,6%
1997	14,8%
1998	13,3%
1999	15,3%
2000	15,0%
2001	9,3%
2002	7,4%
2003	7,1%

Kennzahlen zur Risikobeurteilung	
Volatilität p.a.	3,05%
Maximaler Verlust p.a. seit Auflage	–2,00%
Negative Monate seit Auflage	20
Schlechtester Monat	–1,15%

Einfluss des Zeithorizonts auf die Wahrscheinlichkeit des Kapitalausfalls

Für die Beurteilung der Wahrscheinlichkeit des Kapitalausfalls ist zum einen auf das Risiko des Kapitalverlustes aufgrund eines ungünstigen Kaufzeitpunktes (z. B. Börsenhöchststand) einzugehen. Zum anderen stellt sich die Frage, wie hoch die Gefahr einer Insolvenz des Anlagegegenstands im Zeitablauf zu beurteilen ist.

Zur Beantwortung der ersten Frage bietet sich die Entwicklung der Volatilität und die Kennzahl des Shortfallrisk[39] an. Die Darstellung des Risikoprofils der bereits beschriebenen Anlageformen hat gezeigt, dass die Volatilität im Zeitablauf abnimmt und sich mit steigender Laufzeit dem Nullpunkt nähert. Anhand des Shorfallrisk soll nun für Anleihen und Aktien bestimmt werden, welche Laufzeit für eine Anlage gewählt werden muss, damit eine beispielhafte Mindestrendite von 5 %[40] nicht verfehlt wird.

Im Ergebnis zeigt sich, dass mit einer Rentenanlage in den vergangenen 20 Jahren bei einem Anlagehorizont von 10 Jahren die geforderte Mindestrendite erwirtschaftet werden konnte. Nahezu gleiches konnte mit Value Aktien in Europa erreicht werden. Lediglich Growth Aktien haben das Ziel leicht verfehlt.

Gegenläufig verhält sich dagegen die Ausfallwahrscheinlichkeit von Anleiheschuldnern. Die S&P Ergebnisse zeigen, dass selbst bei AAA-Schuldnern nach drei Jahren im Durchschnitt ein Ausfall, wenn auch sehr gering, zu verzeichnen ist. Die Ausfälle nehmen bei steigender Laufzeit und schlechterer Bonität naturgemäß zu.

---

[39] Vgl. *Steiner/Bruns* (1998), S. 62 ff. Sie beziffert das Risiko, eine unterhalb der individuellen Mindestrendite liegende Verzinsung zu erzielen.

[40] Vgl. *Warburg Invest* (2004).

Selbst bei einem ausreichend gut diversifizierten Portfolio scheint das Risiko des Ausfalls somit gegeben zu sein. Obige Zahlen scheinen jedoch auch zu belegen, dass ein solcher Ausfall durch den Mehrertrag der im Portfolio gehaltenen solventen Titel kompensiert werden kann.

Tab. 13: Shortfallrisk im Zeitablauf

Region / Investmentstil	Anlageperiode				
	1 Jahr	3 Jahre	5 Jahre	7 Jahre	10 Jahre
Renten Deutschland	32,28%	22,91%	13,09%	2,44%	0,00%
Aktien Europa Value	31,38%	22,18%	11,23%	2,79%	0,05%
Aktien Europa Growth	35,94%	30,64%	19,68%	8,39%	1,75%

Kritische Würdigung im Hinblick auf die Vorgaben des Stiftungs- und Gemeinnützigkeitsrechts

Auf den ersten Blick scheinen Anleihen die geeigneteste Anlageform im Rahmen der Verwaltung des Stiftungsvermögens zu sein. Die Anlage in festverzinslichen Werten setzt das Stiftungsvermögen jedoch voll der Gefahr des Geldwertverlustes aus.[41] Daneben wird selbst das Gebot des nominellen Kapitalerhalts nicht erreicht, wenn die Anleihen über pari erworben werden, da die Rückzahlung der Anleihe zum Nennwert erfolgt und somit im Ergebnis einen Kapitalverlust darstellt. Dieses Problem stellt sich insbesondere in der aktuellen Situation der Kapitalmärkte dar.

Hinsichtlich der Ertragserwirtschaftung weisen zinstragende Anlageformen durch ihre planbaren Einnahmen ein optimales Profil auf. Die Höhe dieser Einnahmen wird durch die gewählten Schuldnertitel und die Laufzeitenstruktur des Portfolios bestimmt. Das optimale Rendite-/Risikoverhältnis ist im Rahmen der Portfoliobildung aus Staatsanleihen, Corporate Bonds, High Yield Anleihen und Genussscheinen zu berechnen und nach den Markterfordernissen dynamisch anzupassen. Für die beschriebene reale Gefahr von Kapitalausfällen sollten jedoch Rücklagen im zulässigen Rahmen[42] gebildet werden. Dementsprechend ist der Fokus der Prüfung nicht auf die Einzeltitelebene zu richten, sondern vielmehr auf die Zusammensetzung des Portfolios und die Wirkungen die sich dadurch entfalten.

Der Einsatz von Aktien als Substanzwert zielt hingegen auf den langfristigen realen Kapitalerhalt des Stiftungsvermögens. Die vorgenannten Ausführungen belegen, dass trotz der deutlichen Kursverluste in der jüngeren Vergangenheit lang-

---

[41] Vgl. *v. Campenhausen* (1999), § 10 Rdn. 58.
[42] § 58 Nr. 7a AO.

fristig deutliche Wertsteigerungen erreicht werden konnten. So sollte sich die „Vermögensverwaltung der ruhigen Hand" der Vorteile des langfristigen Anlagehorizonts bewusst sein und weniger die deutlichen Kursschwankungen im Zeitablauf im Blick haben. Dies erfordert jedoch, dass bei der Auswahl der im Portfolio gehaltenen Aktien Wert auf Qualität und Solvabilität gelegt wird, um einem möglichen Insolvenzrisiko entgegenwirken zu können. Insoweit kommt es zu einem erfreulichen Synergieeffekt, da diese Aktientitel häufig durch eine hohe Dividende gekennzeichnet sind.

Somit empfiehlt sich für die Bildung des Aktienportfolios die Auswahl von Value Aktien ohne regionale Beschränkung. Der Einsatz der „in Mode gekommenen" Zertifikate wäre eher ineffizient und ist wegen der fehlenden Einnahmenkomponente nicht zu empfehlen.

Durch die fehlende Einnahmenkomponente scheint der Einsatz von Hedge Funds isoliert betrachtet nicht möglich. Wir haben jedoch auch gesehen, dass der Hedge Fund in Abhängigkeit zur gewählten Strategie einen vorbildlichen Beitrag hinsichtlich der langfristigen kontinuierlichen Wertentwicklung liefert und hierdurch das Ziel der Kapitalerhaltung unterstützt. Auch scheint nach näherem Hinsehen, bedingt durch die automatischen Sicherungsmechanismen und den kombinierten Einsatz der derivativen Instrumente, der Totalausfall des eingesetzten Kapitals gebannt.

Unter der Voraussetzung eines detaillierten Auswahlprozesses, aus dem die Vorgehensweise und das Absicherungskonzept des Managers deutlich wird, ist der Einsatz zu befürworten. Als konkrete Anlageinstrumente bieten sich Einzelfonds der Equity Market Neutral Strategie oder Dachfondskonzepte an.

Generell sollte der Aufbau der einzelnen Assetklassenportfolios keinen regionalen Beschränkungen unterliegen. Da der Stiftungszweck jedoch häufig in Euro zu erbringen ist, sollten generell Währungsabsicherungen vorgenommen werden.

Strukturierte Kombination von Kapitalanlageformen (Asset Allocation)

Am Beispiel des Hedge Fund wird durch die fehlende Einnahmenkomponente deutlich, dass das Spannungsverhältnis aus Kapitalerhalt und Ertragswirtschaftung nicht mit einer Vermögensklasse erreicht werden kann. Vielmehr wird der Bedarf einer dynamischen Asset Allocation deutlich.

Verstärkt wird diese Forderung durch das aktuell niedrige Zinsniveau, welches in Form von niedrigeren Einnahmen auf die Stiftung durchschlägt. Somit benötigt die Stiftung neben substanziell im Wert steigenden Vermögensklassen ebenfalls solche, die kontinuierlich hohe Einnahmen erwirtschaften. Diese unterliegen jedoch regelmäßig dem höheren Risiko des Kapitalausfalls. Hierfür ist es notwendig, auch auf Beteiligungen zurückzugreifen. Auf die damit verbundenen Probleme wurde bereits hingewiesen. Ein Lösungsansatz ist jedoch gerade in der Kombination aus wertsteigernden und einnahmeorientierten Vermögensklassen zu sehen.

6.3 Die Verwaltung des Stiftungsvermögens

Die Ermittlung des optimalen Portfolios erfolgt auf Grundlage der Portfoliotheorie.[43] Dabei wird nicht nur auf die absolut erzielbare Rendite abgestellt, sondern auch das Risiko (Volatilität) und die Abhängigkeiten der einzelnen Wertpapiere bzw. Assetklassen untereinander fließen in die Bestimmung der optimalen Vermögensallokation ein.

Auf diese Weise lässt sich zeigen, dass durch Bildung eines Portfolios verschiedener Vermögensklassen eine Risikoreduktion im Vergleich zu den Einzelanlagen eintritt. Ob und wie hoch die Risikoreduktion ist, lässt sich anhand der Korrelation der einzelnen Assetklassen messen und beschreiben. Sie drückt aus, ob die Kursentwicklung von zwei Anlageinstrumenten gleichlaufend, von einander unabhängig oder gegenläufig ist. Dies wird mathematisch anhand des Korrelationskoeffizienten beschrieben. Er nimmt bei Gleichlauf einen Wert von 1, bei unabhängigem Verlauf von 0 und bei gegenläufigem Verlauf einen Wert von −1 an.

Das folgende Beispiel soll die Wirkungsweise der Theorie anhand eines zwei Assetklassenportfolios (Aktien und Anleihen) im Überblick verdeutlichen.

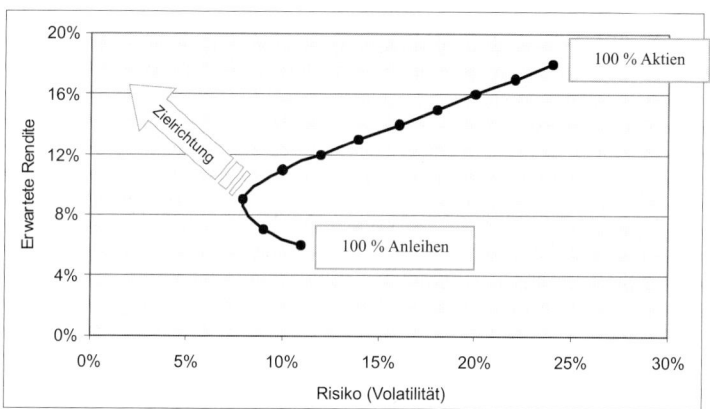

Abb. 6: Effizienzkurve der Portfoliotheorie mit zwei Assetklassen

Die Rendite (Ordinate) und das Risiko (Abszisse) der jeweiligen Portfolios wird aus dem Diagramm deutlich. Das Aktienportfolio befindet sich rechts oberhalb des Anleihenportfolios und beschreibt, dass unter Inkaufnahme des höchsten Risikos auch die höchste Rendite erwirtschaftet werden kann. Während das ausschließlich in Anleihen diversifizierte Portfolio die niedrigste Rendite aufweist, kann es jedoch nicht das Ziel des niedrigsten Risikos erreichen.

Jedes Portfolio, das anteilig in Aktien und Staatsanleihen investiert, wird durch einen Punkt auf der Linie zwischen den beiden Endpunkten dargestellt. Für den theoretischen Fall einer vollständigen linearen Abhängigkeit, also einem Gleich-

---

[43] Die Portfoliotheorie geht auf H. M. Markowitz zurück. Vgl. *Markowitz* (1959).

lauf von Aktien und Anleihen, ergibt sich eine Gerade zwischen den beiden Endpunkten. Je weniger das Aktienportfolio mit dem Anleihenportfolio positiv korreliert, desto weiter „dehnt" sich diese Linie nach links zu einer Kurve, mit dem Ergebnis, dass das Risiko durch eine Mischung beider Assetklassen reduziert werden kann.

So besteht das unter Rendite-/Risikogesichtspunkten effizienteste Portfolio überwiegend aus Anleihen unter der Beimischung von Aktien.

Durch diesen Diversifikationseffekt ist die Aufnahme von weiteren Assetklassen sinnvoll. Hierdurch soll im Idealfall das Ziel erreicht werden, dass sich die Effizienzkurve nach links oben verschiebt. Somit werden alternative Investments gesucht, die schwach mit den traditionellen Anlageformen korrelieren und daneben ein geeignetes Renditeprofil aufweisen.

Die folgende Matrix gibt einen Überblick über die Korrelationen alternativer und traditioneller Investments der Jahre 1980 bis 1998.[44]

Tab. 14: Korrelation alternativer und traditioneller Assetklassen (1980–1998)

Assetklassen	S&P 500	U.S. Bonds 30 Jahre	Hedge Fund Fund of Funds	Immobilien	Private Equity
S&P 500	1,00				
U.S. Bonds 30 Jahre	0,31	1,00			
Hedge Fund Fund of Funds	–0,03	0,18	1,00		
Immobilien	0,62	0,36	–0,03	1,00	
Private Equity	0,30	–0,16	–0,17	0,31	1,00

Die Ibbotson Associates Studie belegt, dass die alternativen Assetklassen nur schwach mit den traditionellen Aktien- und Rentenmärkten korrelieren (hier grau unterlegt). Somit könnte deren Einsatz grundsätzlich die Rendite-/Risikosituation des Portfolios verbessern.

Naturgemäß bestimmt die Güte der Daten die Güte des Optimierungsprozess. Bei unzureichender Güte der verwendeten Daten werden die Ziele der Asset Allocation regelmäßig verfehlt. Dies erschwert die praktische Umsetzung der Berechnung von effizienten Portfolios über alle Assetklassen. Insbesondere ist die Datenqualität bei Anwendung des Modells auf beispielsweise Schiffsbeteiligungen, Sekundärmarktlebensversicherungen sowie den verschiedenen Formen der Immobilie kritisch zu hinterfragen.

---

[44] Vgl. *Morgan Stanley* (2002), S. 89.

6.3 Die Verwaltung des Stiftungsvermögens

Im Ergebnis bleibt festzuhalten, dass grundsätzlich durch den Einsatz alternativer Assetklassen die Optimierung des Rendite-/Risikoprofils von Portfolios betrieben werden kann. Es liegen jedoch nur in seltenen Fällen verwertbare Daten eines repräsentativen Zeitraums sowie Marktvolumens vor, die die Verwendung im Optimierungsmodell seriös erlauben.

Selbst wenn einwandfreie Daten eines repräsentativen Zeitraums vorliegen, muss bemerkt werden, dass es sich um optimale Portfolios der Vergangenheit handelt. Es ist somit zwingend notwendig, die eigene Markterwartung über die Entwicklung und das Zusammenwirken der einzelnen Märkte in der Zukunft in das Asset Allocation Modell mit einfließen zu lassen.

Es wurde gezeigt, dass durch die Streuung das Risiko des Gesamtportfolios gesenkt werden kann, ohne zusätzliche Absicherungskosten hierfür aufbringen zu müssen.

Die Erkenntnisse der Portfoliotheorie können jedoch nur modifiziert auf die Anlage des Stiftungskapitals angewandt werden. Grund hierfür ist in erster Linie der stetige Cash Flow Bedarf und mögliche steuerliche Probleme, die durch den Einsatz alternativer Assetklassen entstehen können.

So sollte die Asset Allocation für einen langfristigen Anlagehorizont aufgebaut werden. Daneben haben die quantifizierten Cash Flow Bedürfnisse deutlichen Einfluss auf die konkrete Bestimmung und Gewichtung der Vermögensklassen.

In einem Anlageuniversum aus Aktien, Anleihen, Hedge Funds sowie einnahmeorientierten Beteiligungen wäre von 1994 bis heute ex post folgende Portfoliostruktur optimal gewesen.[45]

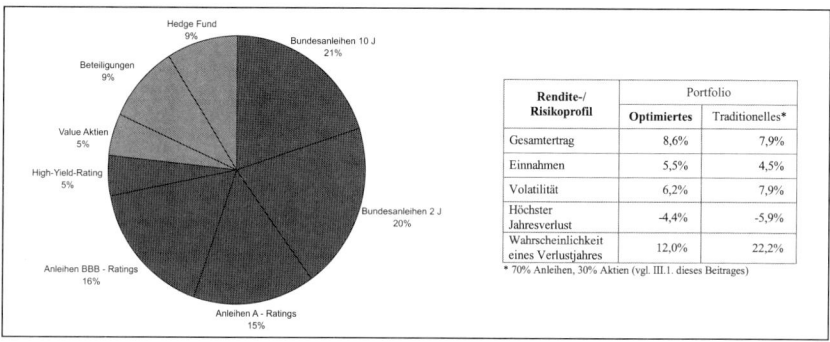

Abb. 7: Zusammensetzung und Kennzahlen eines optimierten Portfolios der vergangenen zehn Jahre

---

[45] Simulation der optimalen Asset Allocation unter Verwendung historischer Renditen, Volatilitäten und Korrelationen. Vgl. *M. M. Warburg Investment Research* (2004).

Es wird deutlich, dass ein höherer Gesamtertrag bei gleichzeitig niedrigerem Risiko hätte erwirtschaftet werden können. Insbesondere das Ziel der Cash Flow Verbesserung konnte erreicht werden.

Für die Zukunft ist die Portfolioallokation jedoch anzupassen. Die enorme Nachfrage nach Rentenpapieren hat zu einer deutlichen Verschiebung des Rendite-/Risikoprofils der Assetklasse Anleihen geführt. Durch die deutlichen Kursaufschläge, die hier zu zahlen sind, muss das Anleihenportfolio deutlich reduziert werden. Stattdessen werden Rentensurrogate gesucht. Als Beispiel seien an dieser Stelle offene Immobilienfonds, Wandelanleihen und Inflation-Linked-Bonds genannt. Daneben sollte grundsätzlich auch das alternative Investmentportfolio zu Lasten der Rentenquote weiter aufgebaut werden.

Eine mögliche geeignete Asset Allocation wird in folgender Abbildung dargestellt. Dabei ergibt sich die konkrete Gewichtung der einzelnen Assetklassen aus der erwarteteten Kurs- und Cash Flow Entwicklung der im Modell verwendeten Assetklassen. Die ermittelten Asset Allocation Quoten bilden eine grobe Vorgabe. Insbesondere unter Einsatz von Immobilien wird es zu Verschiebungen zwischen den Portfoliogewichtungen kommen.

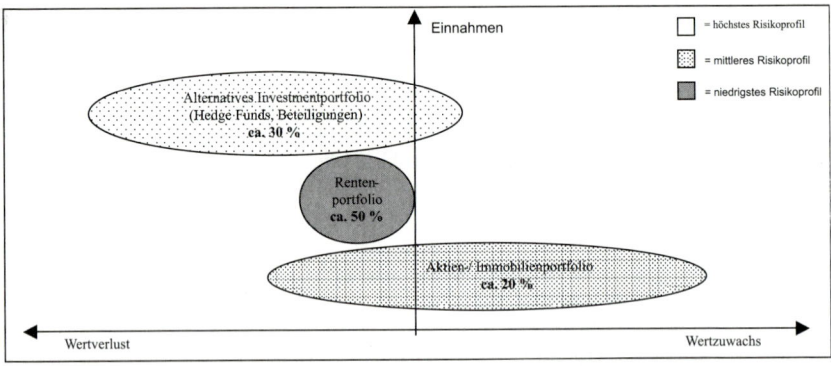

Abb. 8: Beispiel einer Asset Allocation

Bei Beteiligungen scheinen sich solche zu empfehlen, die stetige Ausschüttungen zum Ziel haben (z. B. Genussscheine mit Eigenkapitalcharakter, die im Rahmen der Mezzanine Kapitalvergabe immer häufiger eingesetzt werden) und weniger solche, deren Rückflusszeitpunkt der Höhe und dem Zeitpunkt nach ungewiss sind (z. B. Private Equity). In dem Zusammenhang übernimmt der Hedge Fund die Aufgabe des kontinuierlichen Wertzuwachs, um mögliche Kapitalverluste der Beteiligungen aufzufangen.

Im Ergebnis können die im Spannungsverhältnis stehenden Ziele des Kapitalerhalts und der Ertragserwirtschaftung langfristig erreicht werden, wenn sich die Beurteilung der Vermögensanlage auf das Gesamtportfolio richtet und weniger auf Einzelanlagen.

6.4 Budgetplanung und -steuerung

Von Sabine Walker

Wieviel Geld ist in diesem Jahr auszugeben? Eine grundlegende Frage auch in der Stiftungsarbeit. Nicht nur wird sie gestellt im Hinblick darauf, wie viele Mittel ausgegeben werden können. Sie wird und muß vor allem gestellt werden, um zu wissen, wie viele Mittel unmittelbar für den Stiftungszweck aufgewendet werden müssen. Denn die gesetzlichen Bestimmungen verlangen, daß die freien Mittel einer Stiftung zeitnah verwendet werden[1].

Um also den gesetzlichen Bestimmungen zu genügen und optimale Stiftungsarbeit leisten zu können, ist eine genaue Kenntnis der vorhandenen finanziellen Ressourcen unerläßlich. Dieses Kapitel soll einen praktischen Überblick darüber geben, wie eine solche Budgetplanung bewerkstelligt werden kann, welche Steuerungsmöglichkeiten zur Verfügung stehen und wie Unsicherheiten in der Planung entgegengewirkt werden kann.

Obwohl in diesem Kapitel das Augenmerk insbesondere auf die praktische Umsetzung der Budgetplanung gelegt sein soll, sei zunächst ein kurzer Überblick über die gesetzlichen Anforderungen bei der Budgetplanung gegeben. Zu Pflicht und Umfang der Rechnungslegung von Stiftungen, zu der auch die Budgetplanung bzw. die Aufstellung eines Haushaltsplanes zählt, müssen sowohl stiftungsrechtliche als auch nicht stiftungsspezifische Rechtsnormen betrachtet werden. Zu suchen sind relevante Bestimmungen nicht nur im BGB, den Landesstiftungsgesetzen oder der Stiftungssatzung. Auch im Handels- und Steuerrecht finden sich entsprechende Paragraphen, die jedoch insbesondere Stiftungen betreffen, die durch den Betrieb eines Geschäftes Kaufmann geworden sind bzw. unter das Publizitätsgesetz fallen[2]. Letztere seien jedoch lediglich der Vollständigkeit halber erwähnt und sollen im folgenden nicht weiter betrachtet werden.[3]

In bezug auf die Budgetplanung läßt sich nach Prüfung oben genannter Stellen feststellen, daß gesetzlich die Erstellung eines Haushaltsplanes nur mehr in dem Stiftungsgesetz eines Landes festgeschrieben ist. Lediglich in Bayern wird die Vorlage eines Voranschlages, welcher die Grundlage für die Verwaltung aller Ein-

---

[1] AO § 55 Abs. 1 Ziffer 5.
[2] §§ 238 ff. HGB bzw. §§ 264 ff. HGB.
[3] s. Kapitel 6.6.

nahmen und Ausgaben bildet, erbeten[4]. Weitere Anforderungen sind jedoch auch hier nicht beschrieben. Selbstverständlich müssen allerdings auch bei der Budgetplanung etwaige Vorgaben des Stifters beachtet werden.

Einer Stiftung steht also meist frei, ob und wie sie einen Haushaltsplan erstellt. Dessenungeachtet sind viele kleinere Stiftungen auch ohne Verpflichtung dazu übergegangen, einen Haushaltsplan zumindest für das Folgejahr zu erstellen; ist er doch eine unerläßliche Grundlage für die Entscheidungsfindung der Gremien. Für größere Stiftungen ist er inzwischen ein unabdingbares Planungsinstrument geworden, welches aus der Tätigkeit der Geschäftsführung nicht mehr wegzudenken ist.

Budgetplanung

Einige Stiftungen erstellen immer noch eine Einnahmen / Ausgabenrechnung. Zwar erfüllt diese die gesetzlichen Erfordernisse, jedoch ist sie – vor allem bei größeren Stiftungen – nicht mehr als das Mittel der Wahl anzusehen. Immer mehr Stiftungen gehen daher zu der doppelten Buchführung über. Die Erstellung eines Jahresabschlusses bzw. die verschiedenen Möglichkeiten der Rechnungslegung bei Stiftungen sind an anderer Stelle dieses Buches ausführlich erläutert und sollen aus diesem Grunde hier nicht weiter ausgeführt werden.[5] Erwähnt sei lediglich eines: Eine differenzierte und transparente Rechnungslegung ist sowohl Ergebnis als auch Grundlage einer guten Planung.

Haushaltsplan

Als Haushaltsplan ist die zahlenmäßige Erfassung sämtlicher angenommener Tätigkeiten einer Stiftung in der Zukunft zu verstehen, d. h. die Erfassung sämtlicher Einnahmen und Ausgaben. Diese umfassen die Erträge des Stiftungsvermögens genauso wie eingegangene Spenden, die unmittelbaren Aufwendungen für den Stiftungszweck ebenso wie Ausgaben für Verwaltung oder Kontoführung. Der Haushaltsplan bietet also eine – wenngleich oftmals zunächst grobe – Orientierung über die Finanzlage der Stiftung im Folgejahr. Je genauer die einzelnen Positionen bekannt sind, desto besser kann der Haushaltsplan als Basis exakter Planung dienen.

Ein Haushaltsplan kann auf verschiedene Weisen dargestellt werden. Sinnvoll erscheint es jedoch, ob der Vergleichbarkeit eine einmal gewählte Darstellungsweise beizubehalten. Die folgende Abbildung zeigt einen Haushaltsplan, wie er vor allem bei kleinen bis mittleren Stiftungen ausreichend erscheint: Als kompakte Zusammenfassung aller Planungen des Folgezeitraumes (wie z. B. den einzelnen

---

[4] Artikel 24, Bayerisches Stiftungsgesetz in der Fassung der Bekanntmachung vom 19. Dezember 2001, geändert durch § 1 Nr. 84 des Gesetzes vom 7. August 2003.

[5] s. Kapitel 6.6.

Projektbudgetierungen) ist er ein Produkt dessen, was in den einzelnen Bereichen detailliert aufgeführt worden ist bzw. werden muß.

Haushaltsplan 2005

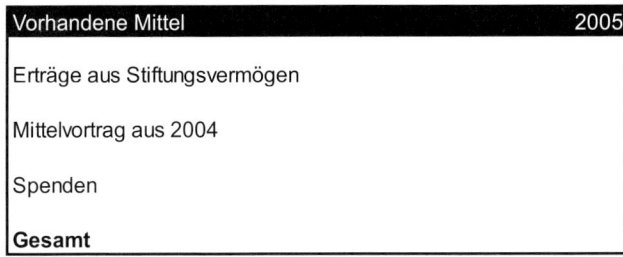

Abb. 1: Haushaltsplan

Gerade bei – in bezug auf die finanzielle Ausstattung – kleineren Stiftungen bzw. insbesondere bei Stiftungen, die wenige Projekte (oder sogar nur einen einzigen Destinatär) fördern bzw. keine eigenen Projekte selbst durchführen, reicht ein solcher für das kommende Jahr erstellter Haushaltsplan oftmals aus, um den finanziellen Rahmen für unmittelbare Ausgaben für den Stiftungszweck bestimmen zu können. Für eine Abfrage der Liquidität zu einem beliebigen Zeitpunkt in dem entsprechenden Jahr sind lediglich die Zahlen zu aktualisieren.

Speziell aber bei Stiftungen, die viele – zu Anfang des Jahres womöglich noch unbekannte – Mittelempfänger haben, oder Stiftungen, deren Haupteinkünfte aus Spenden bestehen, genügt die einmalige Erstellung eines solchen eindimensionalen Haushaltsplanes nicht. Es bedarf vielmehr einer ausführlicheren Darstellung der einzelnen Positionen und einer regelmäßigen Anpassung.

Rolling Forecast

Bereits in der Bezeichnung zeigt sich der entscheidende Unterschied eines Rolling Forecasts zu dem oben dargestellten statischen Haushaltplan. Unterscheidet sich sein Grundprinzip nicht von dem des Haushaltsplanes (Gegenüberstellung der Einnahmen und Ausgaben), lebt er aber gerade von der regelmäßigen Anpassung der einzelnen Positionen in gewissen Zeitabständen. Durch die ausführlichere Darstellung der einzelnen Positionen wird zudem nicht nur die Transparenz erheblich erhöht. Auch die für die Planung so notwendige Evaluation vergangener Stadien der Projekte wird so erheblich vereinfacht bzw. erst ermöglicht, sich ändernde Bedingungen, aktuelle Einflüsse können besser nachvollzogen und in die Planung miteinbezogen werden.

Die Struktur eines Rolling Forecasts läßt sowohl kurz- und mittelfristige wie auch langfristige Planung zu.

Für die Kurz- und mittelfristige Planung erscheint, wie auch bei dem Haushaltsplan, der Zeitraum eines Jahres sinnvoll. Da das Rechnungsjahr einer Stiftung meist dem Kalenderjahr entspricht, ist jede Aufteilung in Zeitabschnitte eines Jahres (Tage, Wochen, Monate, Halbjahre) möglich. Dies ist jeweils dem Informationsbedürfnis der Gremien oder Projektverantwortlichen anzupassen. In der folgenden Abbildung 2 wurde ob der Lesbarkeit die Darstellung in Quartalen gewählt.

Obgleich die Positionen selbsterklärend sind, seien hier einige Punkte angemerkt:

1. Es erscheint in der Praxis sinnvoll, die Zahlen des Vorjahres zum Vergleich aufzuführen.
2. Sowohl bei den Erträgen als auch bei den Verwaltungskosten wurde lediglich eine Auswahl der am häufigsten aufgeführten Positionen getroffen.
3. Die Spalte BUDGET wird vor Beginn des Jahres anhand der bereits beschlossenen Punkte ausgefüllt und sollte dann nicht mehr verändert werden.
4. Die Soll-Positionen der einzelnen Quartale wandeln sich nach Ablauf eines jeden Quartals in IST-Positionen. Die grau unterlegte IST-Position ist zu diesem Zeitpunkt zu aktualisieren.
5. Die entsprechenden Werte können nach Belieben verformelt werden.

Die Darstellung des obigen Forecasts ist die der Gesamtausgaben einer Stiftung. Auch der Rolling Forecast stellt also eine Zusammenfassung dessen dar, was von den jeweiligen Projektverantwortlichen in detaillierterer Weise bereits budgetiert worden ist, ersetzt also in keinem Fall die gerade bei operativen Stiftungen wichtige Budgetierung der Einzel-Projekte.

Insbesondere bei Stiftungen, welche mehrjährige Projekte fördern oder anderweitig langfristige Kooperationen eingegangen sind, ist eine weitergehende, mehrjährige Planung unabdingbar. Hier sollte nicht nur eine detaillierte Jahresplanung, sondern eine Planung auch über einen längerfristigen Zeitraum (z. B. über die

6.4 Budgetplanung und -steuerung

Dauer des längsten Projektes) vorgenommen werden. Denn je langfristiger geplant wird, desto besser lassen sich die Zwecke der Stiftung erfüllen.

Stiftung								
Verwendbare Erträge in TEUR	IST Vorjahr	SOLL I. Quartal	SOLL II. Quartal	SOLL III. Quartal	SOLL IV. Quartal	IST lfd. Jahr	BUDGET lfd. Jahr	Diff.
Erträge Wertpapiere/Zinsen								
Spenden								
Mittelvortrag aus Vorjahr								
Summe Erträge								

Aufwendungen in TEUR	IST Vorjahr	SOLL I. Quartal	SOLL II. Quartal	SOLL III. Quartal	SOLL IV. Quartal	IST lfd. Jahr	BUDGET lfd. Jahr	Diff.	Verbindlichkeit Jahre	Ende
Eigene Projekte										
Projekt										
Projekt										
Projekt										
Summe Eigene Projekte										
Förderungen										
Förderung										
Förderung										
Förderung										
Summe Förderungen										
Verwaltungskosten										
Geschäftsführung										
Personal										
Vermögensverwaltung										
Buchhaltung										
Beratungs- und Prüfungskosten										
Abschreibungen										
Reisekosten										
Andere Kosten										
Summe Verwaltungskosten										
Summe Gesamtaufwendungen										

Abb. 2: Rolling Forecast

Darstellen läßt sich diese langfristige Planung im Grunde ebenso wie die oben bereits beschriebene kurz- und mittelfristige Planung. So werden anstatt der Quartale lediglich beispielsweise Jahre eingesetzt.

Budgetsteuerung

Wie aber ist es nun möglich, das Budget nicht nur zu planen, sondern auch gezielt steuern zu können? Die Stiftung erfüllt ihren Zweck aus den Erträgen des Stiftungsvermögens – dieser Grundsatz führt an den Punkt, an welchem mit der Steuerung begonnen werden kann und muß.

Vermögensanlage

Bei der Vermögensanlage läßt sich sowohl lang- wie mittelfristig, aber auch kurzfristig steuern und so auf die Wünsche und Gegebenheiten der jeweiligen Stiftung abzielen. Da über die Vermögensanlage bei Stiftungen anderenorts in diesem Buch Ausführlicheres beschrieben ist, sei hier nur kurz darauf eingegangen.

Selbstverständlich bestimmen die zu erwartenden Erträge einer Stiftung die Möglichkeiten der Erfüllung des Stiftungszweckes. Die Anlage des Stiftungsvermögens kann nun von zwei Seiten angegangen werden. Soll der Zeitpunkt der Erträge die Tätigkeit bzw. den Auszahlungstermin einer Förderung bestimmen oder sollen vielmehr kurzfristig beschlossene Förderungen auch kurzfristig ausgezahlt werden können?

Diese Frage läßt sich sicher leichter für eine Stiftung beantworten, welche beispielsweise nur einen Destinatär hat und nur ein oder zwei Auszahlungen an diesen tätigt. Selbst bei etwas breiter gefächerten Tätigkeiten sollte die Anlage des Vermögens kein großes Problem darstellen.

Vielmehr ist die geplante und durchdachte Anlage des Vermögens wichtig für diejenigen Stiftungen, die flexibel sein und bleiben wollen. Gemeint sind solche, welche beispielsweise unterjährig mehrfach Förderungen beschließen und zeitnah auszahlen wollen. Hier ist dann nicht mehr die lediglich an den Erträgen gemessene optimale Anlage von Bedeutung, sondern gleichzeitig auch die Verfügbarkeit der Mittel. So kann neben langfristigen Anlagen auch in Fonds, in Papiere mit kurzer Laufzeit oder in Festgeld investiert werden. Wichtig ist also hier die gleichzeitig ertragsreiche wie auch flexible Anlage des Vermögens.

Rücklagen

Die Möglichkeit der Bildung von Rücklagen spielt für die Steuerung des Budgets wie auch für die Planung der Strategie der Stiftung oftmals eine wichtige Rolle, bietet der Gesetzgeber doch hier einen gewissen Raum für Handlungsfreiheit.[6] Nicht nur besteht die Möglichkeit, Rücklagen zur Werterhaltung einer Stiftung, d. h. zum Aufbau des Stiftungsvermögens gemäß § 58 Nr. 6 AO zu bilden und diese dann dem Vermögen zuzuführen. Der Entscheidung der Gremien kann nach einer Übereinkunft der Stiftungsreferenten der Länder auch obliegen, ob die realisierten Kursgewinne dem Stiftungsvermögen zugeführt werden oder in die freien Mittel fließen sollen. Dies muß jedoch in der Satzung so vorgesehen sein.

Spendenaufruf

Für spendensammelnde Organisationen ist der Spendenaufruf oftmals die einzige, wenngleich auch unsichere (siehe unten) Möglichkeit, das Budget zu steuern.

---

[6] s. Kapitel 6.9.

Er ermöglicht einen gezielten Abruf von Mitteln, bezogen meist auf ein konkretes Projekt.

Projektauswahl

Die Auswahl einzelner Projekte zu einem bestimmten Zeitpunkt ist eine Steuerungsmöglichkeit an sich. Jedoch können auch durch die Betrachtung von Teilaspekten eines Projektes – also eben nicht nur der tatsächlichen Gesamtkosten – Zeit, Aufwand und Kosten minimiert werden. So können – gerade bei operativen Stiftungen – durch Synergieeffekte z. B. Mitarbeiter, Räume bzw. Ausstattung für andere Projekte genutzt werden.

Projektmanagement

Ein flexibles Projektmanagement ist ein wichtiges Instrument zur Budgetsteuerung. Erscheint dieser Punkt zunächst klar, wird er dennoch in der Praxis des öfteren außer acht gelassen oder kann ob festgefahrener Strukturen nicht in die Tat umgesetzt werden: Selbst trotz guter Planung mit exakt austariertem Zeitplan verschieben sich gesteckte Ziele, die Kosten steigen aufgrund unerwarteter Vorkommnisse in die Höhe oder weitere Unwägbarkeiten treten auf. Hier ist entscheidend, kurzfristig Entscheidungen treffen, rechtzeitig gegensteuern und damit den Zeit- und Kostenrahmen für ein Projekt einhalten zu können.

Das Problem der spendensammelnden Stiftungen

Eine spendensammelnde Organisation kann oftmals so exakt wie nur möglich planen, es wird ihr aber nur selten gelingen, korrekte Aussagen über kommende Einnahmen und Möglichkeiten zur Verwirklichung des Stiftungszweckes treffen zu können. Einfach zu unplanbar sind oft die eingehenden Spenden.

Wie also kann dennoch die Zukunft planbarer gemacht werden? Den Verantwortlichen bleibt hier nur, auf Erfahrungswerte zurückzugreifen, um sich den real zu erwartenden Zahlen zumindest annähern zu können. Dabei kommt im besonderen die Fundraisingstrategie zum Tragen: Wenn Mittel vor allem durch persönliche Ansprache oder Spendenaufrufe zu einem bestimmten Zeitpunkt im Jahr (z. B. Weihnachten) generiert werden, kann zur Vergleichbarkeit der Ertrag der letzten Jahre im Mittel angenommen werden. Dies gilt in gewissem Umfang sicher auch, wenn unterjährig regelmäßig, jedoch nicht intensiv geworben wird.

Schwieriger gestaltet sich jedoch ein Spendenaufruf für ein bestimmtes Projekt. Spielen doch hier zu viele Faktoren (Kommt das Projekt bei den potentiellen Spendern an? Macht eine andere Organisation ein ähnliches Projekt? Macht eine andere Organisation zu dem selben Zeitpunkt ein Projekt, das besser ankommt?) eine große Rolle. Meist muß hier der tatsächliche Eingang der Spenden abgewartet werden, um dann auf einer gesicherten Grundlage entscheiden zu können.

Zusammenfassend läßt sich aber sagen: Je besser die Strategie ist, Spenden einzuwerben, desto besser läßt sich diese Position auch in die Budgetplanung einbeziehen.

Schlußbemerkung

Als Grundlage für das Wirken einer Stiftung muß ein besonderes Augenmerk auf die genaue und detaillierte Planung der Finanzen gelegt werden. Aber nur durch eine gute Organisation kann auch eine solche Planung vollzogen werden. Dies beinhaltet nicht nur die jeweilige Stiftungsorganisation mit ihren hierarchischen Aspekten und somit die Planungsverantwortung. Gerade auch ein allen bekannter (und einzuhaltender!) Zeitplan, eine einheitliche Kontenvergabe oder eine gute Kommunikation sind unabdingbar. Umgekehrt läßt sich sogar darauf schließen, daß sich in der Planung der Finanzen die Güte der Organisationsstruktur einer Stiftung widerspiegelt.

Es läßt sich also die Wechselwirkung zwischen Budget- und Strategieplanung erkennen. Nur wer genau weiß, welche Mittel zur Verfügung stehen, kann eine tragfähige Strategie in der Stiftungsarbeit entwickeln und danach handeln. Aber auch nur, wer eine Strategie entwickelt, kann dann wiederum die Budgetplanung optimieren. Es bedarf also einer genauen Kenntnis dessen, was in der Stiftung gemacht wird sowie der Bereitschaft, diese Tätigkeiten auch zahlenmäßig zu strukturieren. Nur durch eine enge Verzahnung von Projektmanagement und Controlling kann eine solche Basis geschaffen werden.

6.5 Controlling

Von Peter W. Weber

Controlling steht für Regeln und Steuern von Organisationen. Zu definieren ist daher zunächst das Spielfeld Organisation. Was soll denn geregelt und gesteuert werden, was sind die mess- und bewertbaren Organisationseinheiten?

Controlling beginnt mit der verbindlichen Vereinbarung des Organisationsziels und der Strategie als Weg zur Erreichung des Ziels. Erst danach schließen sich Planung, Budgetierung und Soll-Ist-Vergleiche zwischen Geplantem und Erreichtem an. Unabdingbar setzt Controlling also sowohl eine genaue Kenntnis der Organisation als auch die Urbarmachung der Organisation für Steuerungszwecke voraus. Die folgenden Ausführungen sind auf nicht-gewinnorientierte Einrichtungen und hier im Besonderen auf Stiftungen ausgelegt.

Jeder kommt täglich mit gemeinnützigen Stiftungen oder, um den Überbegriff zu wählen, mit Nonprofit-Organisationen (NPOs) in Berührung. Fragt man nach ihrer Stellung im Wirtschaftsgefüge, ist die Antwort nicht immer exakt. Sie sind weder eindeutig der marktlich organisierten Wirtschaft noch dem öffentlichen Sektor zuzuordnen. Auch der informellen Sphäre (Familie, Nachbarschaft usw.) sind sie schwer zuzurechnen.

Stiftungen befinden sich zwischen den Polen Markt und Staat auf der einen und Familie auf der anderen Seite. Sie haben Brückenfunktion; denn sie sind ein wichtiges Bindeglied zwischen privatwirtschaftlichen und öffentlichen Organisationen[1]. Unschwer wird schon aus der Vielfalt deutlich, dass es nicht nur *ein* Controlling-Konzept für *alle* Stiftungen geben kann. Zur grundsätzlichen Gemeinsamkeit gehört jedoch die Orientierung am gemeinnützigen Stiftungszweck und nicht am Gewinn; daraus definiert sich auch die überlagernde Maßgabe für die controlling-spezifischen Ziele, nämlich *den Grad und die Qualität der Zweckerfüllung zu messen und zu steuern.*

Im Unterschied zu Firmen und Behörden spielt der ideelle Zweck bzw. die vom Stifter definierte Zielsetzung (*Mission*) die tragende Rolle. Das prägt selbstverständlich Organisationsziele, Finanzierung und Einflussnahme, die Mitarbeiter und interne Willensbildung, den Technologieeinsatz, die Produkte und eben, nicht zuletzt, die Steuerungsanforderungen an das Controlling.

---

[1] Vgl. hierzu: *Weber,* P. W.: Controlling in Nonprofit Organisationen, in: Der Controlling-Berater, Freiburg i. Br. 2001, Heft 7.

Dem ideellen Ziel ordnet sich die Produktion von Gütern und Dienstleistungen als Mittel zum Zweck unter[2]. Hieraus begründet, besteht die Schwierigkeit einer zielorientierten Führung und Steuerung im Sinne des klassischen Controlling darin, dass ideelle Ziele schwerer zu operationalisieren sind als Rendite, Umsatz oder Gewinn. Hinzu kommt, dass der Grad der Zielerreichung zumeist nach subjektiven Wertvorstellungen bestimmt wird. In der Praxis ist zu beobachten, dass Defizite nicht erkannt, geschweige denn behoben werden; wegen der vermeintlichen Unverträglichkeit fehlt vielfach das eben dafür erforderliche Controlling-Instrumentarium.

Die Tätigkeit von Stiftungen wird meist sowohl aus den Erträgen des Stiftungskapitals als auch aus ergänzenden Zuwendungen finanziert. Die Einnahmen bleiben zwar immer zweckgebunden, können jedoch in ihrer Höhe deutlich schwanken. Das controlling-immanente Planen wird deshalb finanzierungsbedingt umgepolt: der Umfang von Dienstleistungen definiert sich nicht über Preise bzw. durch Angebot und Nachfrage, sondern über die Höhe der finanziellen Ressourcen, die zufließen bzw. bereitgestellt werden. Trotz Maßgabe der Unabhängigkeit kann letztlich, aus der Finanzierung begründet, die externe Einflussnahme eher umfangreicher sein als die auf erwerbswirtschaftliche Unternehmen. Für das Controlling-Konzept bedeutet dies, flexibel und bedarfsgerecht anpassungsfähig zu sein. Eine jeweils projektorientierte Steuerung hat sich hier gut bewährt.

Die Rolle der Mitarbeiter wird stärker als in der übrigen Wirtschaft von der Identifikation mit den Stiftungszielen bestimmt. Vor diesem Hintergrund finden Mitbestimmungsrechte, z. B. Vorschriften des Betriebsverfassungsgesetzes nur eingeschränkte Anwendung. Aus Controllersicht sind hieraus also eher keine Einflussgrößen zu beachten. Praktische Führungs- bzw. Prozessprobleme entstehen jedoch vielfach daraus, dass die Aufgaben, ebenso wie die Aufgabenverteilung, nicht klar definiert sind; Koordination und Ressourcenzuordnung können danach erheblich erschwert werden. Gleichzeitig ist die Leistungserstellung in der großen Mehrheit nicht durch den Einsatz von Technologien rationalisierbar; Stiftungsarbeit zeichnet sich überwiegend durch hohe Personalintensität aus. Gerade auch für Stiftungen muss daher die Prämisse Geltung haben, dass Kosten, Leistung, Kompetenz und Verantwortung personell zusammengeführt werden müssen, um Erfolge individuell messen zu können.

Die Strukturbesonderheiten drücken der Führung und dem steuernden Management (Controlling Management) den Stempel auf; sie sind bei Einsatz und Anpassung von Controlling-Instrumenten stets zu berücksichtigen, um die erforderliche Akzeptanz in der Organisation und in Bezug auf das Umfeld zu erhalten. Abbildung 1 fasst die Strukturbesonderheiten zusammen.

---

[2] Vgl. auch: *Nährlich,* S.: Innerbetriebliche Reformen in Nonprofit-Organisationen, Wiesbaden 1998, S. 9 f.

Ziele	Ambivalente, weitgefasste und auch konfliktionäre Ziele, z. B. Schutz der Natur → *Fehlende Kriterien zur Evaluierung*
Finanzierung	Kapitalerträge, Beiträge, Spenden, Sponsoring, öffentliche Subventionen, Gebühren → *Teilweise Inkongruenz zwischen Stifter, Finanziers und Leistungsnutzern*
Einflussnahme	Stifter, Sponsoren, Mäzene Vorstand, Beiräte Allgemeine Öffentlichkeit Staatliche Instanzen Verbände
Mitarbeiter	Hauptamtliche Mitarbeiter / Vorstände Ehrenamtliche Mitarbeiter / Vorstände Externe Dienstleister → *Multifunktional und nicht ausdifferenziert*
Interne Willensbildung	Wertorientierung und Verpflichtung gegenüber den Zielsetzungen der Institution → *Weg oft wichtiger als das Ziel*
Technologieeinsatz und Größe	Kleine und mittlere Organisationen Keine Großtechnologie → *Nur begrenzt rationalisierbar*
Produkte	Dienstleistungen Ideen, Konzepte Einstellungen immaterielle Produkte

Abb. 1: Strukturbesonderheiten von Stiftungen[3]

Steuerungsdeterminanten

Das Sachziel von Stiftungen ist, generell ausgedrückt, Bedarfsdeckung durch Erbringen spezifischer Leistungen. Diese Leistungen sind, ebenso wie in erwerbswirtschaftlichen Unternehmen, immer das Ergebnis aus der Kombination von Produktionsfaktoren. Auch für Stiftungen gilt: Sie benötigen Geld und Arbeitskräfte und sind darauf angewiesen, dass die Managementaufgaben erfüllt werden, um Sachziel und Mission zu erreichen. In diesem Sinne haben wir es zu tun mit zielgerichteten, produktiven und sozialen Systemen, die wie Unternehmen geführt und gesteuert werden müssen.

Der Druck auf das Management von NPOs und Stiftungen im Besonderen wird immer stärker, die Bereitstellung privater Mittel wird differenzierter, öffentliche

---

[3] In Anlehnung an: *Nährlich, S.*: ebenda S. 71.

Gelder werden knapper und selektiver verteilt und der Zwang zur Professionalisierung wächst. Die Gründe sind u. a.:[4]

- *Rechtfertigungsdruck:* Die Stifter und Unterstützer verlangen immer öfter Rechtfertigung des Mitteleinsatzes und Transparenz über den Grad der Zielerreichung.
- *Zeitdruck:* Die modernen Informationsmittel ermöglichen und erzwingen, dass immer effizienter und schneller agiert wird.
- *Mittelknappheit:* Immer vielfältigere Aufgaben sind mit (tendenziell) immer geringeren Mitteln zu lösen; finanzieller und Leistungsdruck nehmen zu.
- *Personalprobleme:* Viele NPOs / Stiftungen stützen sich auf ehrenamtliche Arbeit. Diese verliert an Attraktivität, der Wettbewerb um ehrenamtliche Mitarbeit verschärft sich. Darüber hinaus ist die Führung Ehrenamtlicher diffizil.
- *Krisenanfälligkeit:* NPOs / Stiftungen müssen zunehmend bislang geschützte Nischen verlassen und sich dem Wettbewerb stellen.

Die Lösung dieser Aufgaben erfordert den Einsatz von Management-Tools sowie konsequente Markt- und Zukunftsorientierung. Das bezieht sich insbesondere auf die Managementfelder Entscheidung, Führung, Organisation, Steuerung und Innovation. *Transparenz zu schaffen, mit welchen Mitteln welche Erfolge in welchen Tätigkeitsfeldern und mit welchen Projekten erzielt werden, ist hierbei vornehmliche Aufgabe des Controlling.*

Abbildung 2 enthält eine Übersicht zu den Managementaufgaben und -instrumenten sowie zur Einbettung des Controllerdienstes.

Das vorwiegend geforderte Kostenmanagement greift aus moderner Controlling-Sicht zu kurz. Auch für Stiftungsarbeit gilt, dass nachhaltige Existenzsicherung zunehmend auf wettbewerbsfähigen Leistungen beruht. Das bedeutet für sie wie für die übrige Wirtschaft:

- Bedienung von Knappheiten statt Mühen, Kosten und Opfer,
- Leistungs- statt Kostenführerschaft, gemessen an Zweck, Zielen und Mission,
- Konzentration auf Leistungsoptimierung statt auf Kostensenkung,
- Ausbau der Stärken statt Schwachstellenfokussierung,
- Freisetzen von Mitarbeiterenergien mittels positiver Konzentration auf Bedarfsdeckung durch Leistung.

Die Leistung bestimmt den Erfolg. Das heißt: Der vom Stifter definierte Bedarf ist mit konformer Leistung zu besetzen; die Zweckerfüllung ist nur durch die richtige Leistung nachzuweisen, und hier ist auch der besondere Ansatz für Controlling

---

[4] Vgl. *Horak,* C. / *Heimerl-Wagner,* P.: Management von NPOs – eine Einführung, in: Badelt, C. (Hrsg.), Handbuch der Nonprofit Organisation, Stuttgart 1999, S. 142 f.

6.5 Controlling

zu finden[5]. Abbildung 3 ordnet die Leistung in das Zielsystem von NPOs / Stiftungen ein.

Management-Aufgabe	Management-Instrumente
Entscheidung	Entscheidungsbäume Bewertungstabellen Verfahrensrichtlinien
Führung	Führungsrichtlinien Leistungsbewertungssysteme Personalreglements
Organisation	Statut, Satzung Geschäftsordnung Stellenbeschreibung Funktionsdiagramm, Organigramm
Steuerung	*Controlling-System mit* *Leitbild und Strategie* *Plänen und Budgets* *Rechnungswesen* *Finanzierung*
Innovation	Projektmanagement Vorschlagswesen

Abb. 2: Managementaufgaben und -instrumente[6]

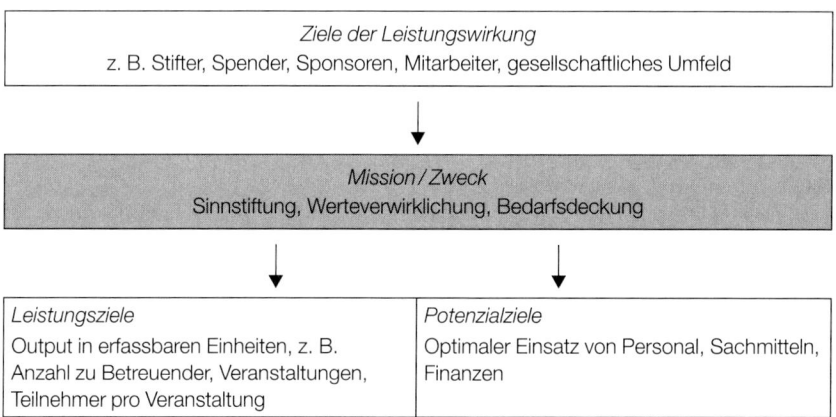

Abb. 3: Leistung im Zielsystem von NPOs / Stiftungen

---

[5] In Anlehnung an: *Schwarz, P.*: Management-Brevier für Nonprofit-Organisationen, Bern / Stuttgart / Wien 1996, S. 53.

[6] Vgl. hierzu auch: *Weber, P. W.*: Controlling in Nonprofit-Organisationen – ein leistungsorientiertes Steuerungskonzept, in: R. v. Benningsen (Hrsg.), Neue Wege in der Führung von Stiftungen, München 1999.

Die Abbildung verdeutlicht die für Management und Controllerdienst maßgebliche Richtung[7]:

- Alle Leistungen und der entsprechende Instrumenteneinsatz müssen sich an der *Mission* d. h. dem definierten Stiftungszweck orientieren.
- Die *Wirkungsziele* der Leistung bestimmen, welche Wirkungen bei Klienten, Mitarbeitern und im Umfeld erzielt werden sollen.
- Die *Leistungsziele* legen den Output in Form erfassbarer Leistungseinheiten fest.
- Die notwendigen *Ressourcen* für die Leistungserstellung werden in Gestalt von Personal sowie Sach- und Finanzmitteln als Potenzialziele fixiert.

Stiftungen haben, wie alle wirtschaftlichen Organisationen, Erfolg, wenn die Leistung stimmt. Auch für sie gilt, dass Leistung das (bewertete) Ergebnis derjenigen Tätigkeiten in der Organisation ist, die einen Beitrag zum Zweck-Erfolg erbringen, letztlich die Mission erfüllen und einen Bedarf decken. Es liegt auf der Hand, dass der richtigen Leistung zur falschen Zeit in ungenügender Qualität nur ein kleiner oder, im ungünstigsten Fall, gar kein Erfolgsbeitrag beizumessen ist. Insofern sind Erfolg und Leistung zwei Seiten einer Controlling-Medaille.

Die Leistung muss aus der Sicht des Controllers das Orientierungskriterium für die Steuerung sein; an ihr müssen sich auch die Managementfunktionen und -aufgaben ausrichten. Von der Leistung bestimmte formale Erfolgsziele sind Effektivität und Effizienz.

- *Effektivität:* Wirkung erzielen, Nutzen stiften, Mission erfüllen (Ergiebigkeitsprinzip oder: *Tun wir die richtigen Dinge?*)
- *Effizienz:* Wirtschaftlichkeit, Produktivität, optimales Kosten-/Nutzenverhältnis (Sparsamkeitsprinzip oder: *Tun wir die richtigen Dinge richtig?*)

Anders als in erwerbswirtschaftlichen Unternehmen sind, wie bereits angesprochen, die Ziele gemeinnütziger Stiftungen zumeist nicht in leicht messbarer Form anzugeben, sondern sind eher qualitativ positioniert. Außerdem sind sie aufgrund des Stifterwillens und ihres Missions-Charakters starrer und können nicht flexibel und rasch an neuen Gegebenheiten ausgerichtet werden.

Die Herausforderung für Controlling und Controllerdienst ist es, die maßgeblichen Leistungseinheiten bzw. Leistungsmengen zu definieren bzw. zu erfassen. Die Kosten dann den Leistungen zuzuordnen ist mit Hilfe einer Kostenstellenrechnung für NPOs/Stiftungen genauso unproblematisch zu realisieren wie für erwerbswirtschaftliche Unternehmen.

---

[7] Vgl. *Horak, C.*: Besonderheiten des Controlling in Nonprofit-Organisationen, in: Eschenbach, R. (Hrsg.): Controlling, Stuttgart 1994, S. 603.

Instrumentenset zur Steuerung

Leitbild und Strategie

Jede Stiftung sollte über jederzeit präsente, ideale Vorstellungen darüber verfügen, warum sie existiert und wie sie sich gegenwärtig und zukünftig verhalten will. Das kann implizit erfolgen, indem Leitbild und Mission formuliert werden; für die Stiftung liegen diese mit ihrer Begründung fest. Explizite Ausdrucksformen sind entsprechend Grundsätze, Charta, Satzung oder Statut. Im *Leitbild* werden die Grundwerte festgehalten; es ist somit ein strategisches Führungs- und Controllinginstrument; es beschreibt den Sollzustand der Organisation im Hinblick auf ihre Kultur und die zu messenden und zu steuernden Leistungsziele. Orientierungshilfe für die Entwicklung eines Leitbildes kann folgendes Anforderungsprofil geben:

– Das Leitbild beantwortet für alle Interessensgruppen die Fragen „Wer sind wir?", „Wofür sind wir da?", „Wo wollen wir hin?",
– Leitbilder sind der Rahmen für den Interessenausgleich,
– Leitbilder dienen zur Orientierung für interne und externe Interessenten,
– Leitbilder stellen einen zukünftigen Idealzustand und die zu erreichende Wirkung dar,
– Leitbilder werden gemeinsam getragen und operationalisiert,
– Leitbilder sind Entscheidungs- und Controllinggrundlage.

Praxisgerecht interpretiert und eingesetzt, eignet sich das Leitbild hervorragend dafür, die Vorstellungen vom Geben und Nehmen zu verbinden, die Mission („Wozu sind wir da?") zu transportieren und letztlich auch den Umsetzungserfolg zu messen.

Die Strategiefindung in einer Stiftung weist hinsichtlich des Prozesses keine prinzipiellen Unterschiede zu erwerbswirtschaftlichen Unternehmen auf. Strategieentwicklung ist missionsorientiertes, aktives Gestalten der Zukunft durch Schaffen und Sichern von Erfolgspotenzialen und Wegen zum Ziel. Grundlage für die Strategieentwicklung ist die Analyse des gesellschaftlichen Umfeldes (z. B. Politik- und Rechtsentwicklung, Finanzierungsmöglichkeiten) und der Wettbewerbssituation (z. B. Konkurrenz um ehrenamtliche Mitarbeiter, Sponsoren und Spenden). Zur Messung und Steuerung strategischer Erfolge hält Controlling die sich zunehmend auch in erwerbswirtschaftlichen Unternehmen etablierende *Balanced Scorecard* bereit; es werden hier strategisch orientierte, eher weiche Faktoren zur Steuerung aufbereitet; als Beispiele sind Messgrößen wie Zielgruppenzufriedenheit, Besuchsfrequenz, Anzahl Interessenten, Ergebnisse aus sich wiederholenden Befragungen etc. zu nennen.

Abbildung 4 stellt ausgewählte Ziele und Funktionen der strategischen Instrumente für NPOs / Stiftungen dar.

Instrument	Ziel	Controlling-Funktion
Leitbild	Fixierung der Grundwerte	Grundlage zur Konkretisierung von Aufgaben und Handlungen
Mission	Definition des Zwecks	Kommunikation nach außen und innen; Ableitung von Einzelzielen
Potenzialanalyse	Identifikation von Stärken und Schwächen, Aufzeigen von Entwicklungspotenzial	Sensibilisierung für Stärken, Schwächen, Chancen und Risiken; Investition in die Stärken
Szenariotechnik	Trendanalyse, Generierung diverser Zukunftsperspektiven	Grundlage zur Strategieentwicklung
Portfoliotechnik	Entwicklung von Teilstrategien	Übersichtliche Darstellung komplexer Zusammenhänge
Balanced Scorecard	Umsetzung der Strategie	Implementierung von Strategien; Kommunikationsinstrument; Grundlage für zielorientierte Detailplanung

Abb. 4: Strategische Instrumente für NPOs / Stiftungen[8]

Pläne und Budgets

Pläne und Budgets sind die Hauptinstrumente des operativen Controllings in Stiftungen ebenso wie in erwerbswirtschaftlichen Unternehmen. Besondere Anforderungen an den Planungsprozess ergeben sich jedoch aus folgenden Spezifika[9]:

- *Sachziel-Dominanz.* Wegfall des Oberzieles Gewinn; keine Messgröße für die Gesamteffizienz; der außerhalb der Stiftung anfallende Nutzen kann nicht ohne weiteres innerhalb der Organisation mittels Kosten und Erlösen gemessen werden.
- *Ziel-Planung.* Das zu planende Nutzenziel ist meist qualitativ; die Zielerreichung muss deshalb zumindest auch durch alternative Indikatoren indirekt gemessen werden.
- *Prioritätensetzung und Mittelumverteilung.* Das Beharrungsvermögen oft starrer Budgets und Widerstände gegen Leistungsoptimierung gilt es zu überwinden.

Durch den Wegfall der Gewinnorientierung besteht in NPOs generell und in Stiftungen im Besonderen die Tendenz, dass sie in ihrem Selbstzweck erstarren, Leistungen und Strukturen den Umfeldveränderungen nicht angepasst werden und echte Planungsaktivitäten, wie es das Controlling als Voraussetzung für die Steue-

---

[8] In Anlehnung an: *Eschenbach,* R.: Führungsinstrumente für die Nonprofit Organisation, Stuttgart 1998, S. 14.

[9] In Anlehnung an: *Schwarz,* P.: Management-Brevier, a. a. O., S. 73.

rung fordert, zu kurz kommen. Damit besteht die Gefahr, Problemlösungschancen zu vergeben, weil Planung nicht als aktive Bewältigung früh entdeckter Probleme verstanden wird.

Trotz der genannten Planungshürden wird kaum eine Stiftung ohne operative Soll-Stellung und Budgetierung zu führen sein. Die Controlling-Instrumente Budgets, Finanzplan und Planbilanz verstehen sich als Bestandteile einer abgestimmten Vorgabe von Erfolg, Liquidität und Vermögen.

Auf die Stiftung bezogen, bieten sich beim Einsatz des Planungsinstrumentariums die folgenden Regeln an:

– Konzentration auf das Planbare; nur das planen, was vom Wesen her planbar ist (z. B. individuelle Leistungen in produzierenden Bereichen, Investitionen, Liquidität, Projekte),

– Einrichtung einer Planungshierarchie,

– Operationalisierung des Leitbilds / der Mission,

– Vorwärts-Entwicklung strategischer Eckdaten,

– operative Planung von Schwerpunkten,

– dispositiv-kurzfristige Planung von Budgets und Aktivitäten.

Rechnungswesen

Auch Stiftungen sind als Einrichtung Käufer von Gütern und Leistungen, Arbeitgeber, Bankkunde, Mieter und Eigentümer[10]. Deswegen unterliegen sie, soweit es die Buchhaltung betrifft, selbstverständlich entsprechenden gesetzlichen Vorschriften. Nichts jedoch hält eine Stiftung davon ab, zusätzliche, der Steuerung dienende Rechenwerke einzusetzen. Zentrale Instrumente sind

– Finanzbuchhaltung (Aufwands- / Ertrags- und Vermögensrechnung),

– Einnahmen- / Ausgabenrechnung (Finanzbedarfs- und -verwendungsrechnung),

– Kosten- / Leistungsrechnung (Ist-Kosten- und Plan-Kostenrechnung),

– Deckungsbeitragsrechnung (Projekt- und Spartenergebnisrechnung).

Es ist zu konstatieren, dass die Kosten- und Leistungsrechnung oftmals stark kostendominiert ist, weil Erlöse zeitweise nicht erzielt werden können oder unzureichend steuerbar sind. Deshalb bietet es sich für Stiftungen ganz besonders an, das Instrument *Target Costing* einzusetzen; an der Beantwortung der Frage, was eine bestimmte Leistung bzw. ein bestimmter Output kosten darf, kann sich die Gestaltung des Leistungsprogramms orientieren.

---

[10] Vgl. hierzu und im Folgenden auch : *Eschenbach, R. / Horak,* C.: Rechnungswesen und Controlling in NPOs, in: Badelt, C.: (Hrsg.): Handbuch der Nonprofit Organisation, a. a. O., S. 331 ff.

Üblicherweise obliegt das Rechnungswesen und damit verbunden auch die Aufbereitung steuerungsorientierter Rohdaten in funktional organisierten Stiftungen der kaufmännischen Verwaltung, in kleineren Stiftungen der Leitung (z. B. dem Vorstand). Zur Professionalisierung und Kostenoptimierung bietet es sich auch an

- das Rechnungswesen und, wenn Controlling denn installiert ist, den Controllerdienst vollständig oder teilweise an externe Stellen auszulagern,
- Tätigkeiten, die Spezialkenntnisse erfordern, qualifizierten, nach Möglichkeit ehrenamtlichen Stellen zu übertragen.

Als herausragendes Controlling-Instrument ist die Deckungsbeitragsrechnung (Projekt- und Spartenergebnisrechnung) vorzustellen; sie ist, angepasst an die besonderen Leistungswerte und Erlös- bzw. Einnahmenstrukturen, auch für NPOs das unverzichtbare Management-Informationsinstrument. Controlling ist ohne differenzierte Kenntnisse über die Deckungsbeiträge aus Projekten oder Tätigkeitsfeldern schlicht nicht möglich; dies gilt ohne Einschränkung und im Besonderen auch für Stiftungen. Abbildung 5 verdeutlicht die Zusammenhänge.

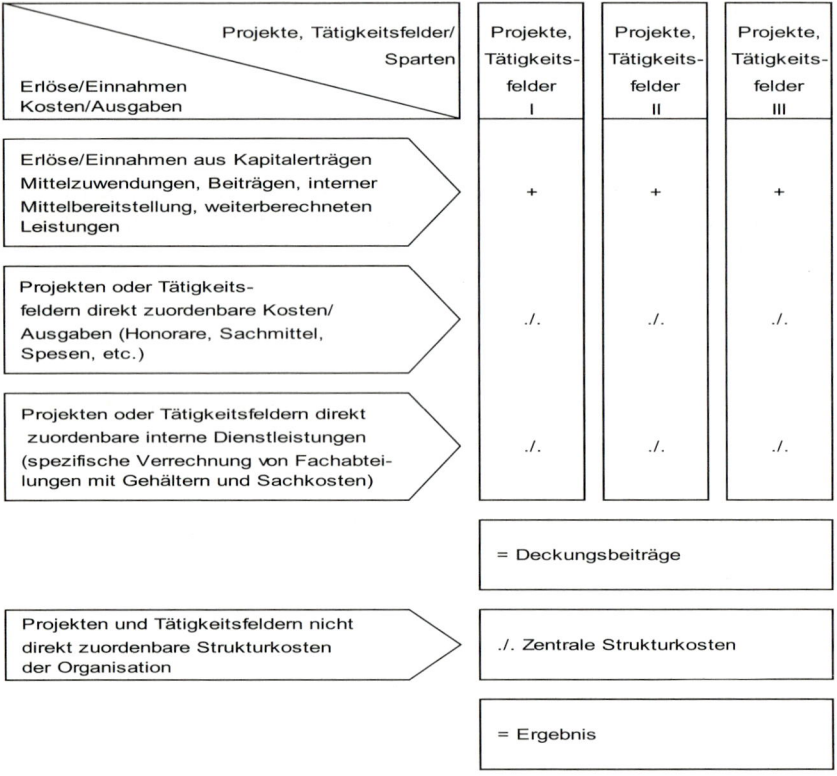

Abb. 5: Abrechnungsstruktur mit Deckungsbeiträgen

Finanzierung

Hinreichend bekannt, steht im Zentrum der Tätigkeit von Stiftungen zunächst nicht das Erwirtschaften eines finanziellen Überschusses, sondern die Erfüllung des Zweckes bzw. der Mission. Für die Mitarbeiter ist es oft weniger bedeutsam, in einer wirtschaftlich erfolgreichen Organisation zu wirken; wichtig ist für sie, gemeinnützige Ziele zu erreichen. Aus diesem Selbstverständnis heraus müssen die Wahrung der Liquidität und Finanzierungsfragen absolute Schwerpunkte der Steuerung sein, um so über der Zweck-/Missions-Erfüllung nicht die Existenzsicherung zu vergessen. *Finanzcontrolling* mit der Planung und Dokumentation von periodischen Einnahmen-/Ausgabenströmen, Mittelherkunfts-/Mittelverwendungsrechnungen und einer zeitlich aussagefähigen Finanzbedarfsermittlung sind hier angesagt. Monatlich oder zumindest vierteljährlich rollierende Planungen und Ist-Aufzeichnungen sind für die nachhaltige Liquiditätssicherung bedingende Voraussetzung.

Die Finanzwirtschaft von Stiftungen unterscheidet sich zwar stärker als alle anderen Bereiche von erwerbswirtschaftlichen Unternehmen; nicht Rentabilität hat Priorität, sondern finanzielle Stabilität; gerade deshalb dürfen aber Finanzierungsfragen und die dafür erforderlichen Instrumente nicht als notwendiges Übel, sondern als bewährte Hilfsmittel zur Existenzsicherung und als strategische Erfolgs- und Wachstumsfaktoren gesehen werden.

In der Finanzierung sind aktuell die größten Bewegungen zu beobachten:

- *Sponsoring* wird als Finanzierungsalternative immer attraktiver; es ist ein kommunikationspolitisches Angebot an erwerbswirtschaftliche Unternehmen; die Einwerbung von Sponsorengeldern erfordert jedoch regelmäßig, dem Sponsor ein Kosten-Nutzen-Kalkül anzubieten; Controlling-Daten helfen hier, den Anforderungen gerecht zu werden.
- Auch *Fundraising* (Spendenakquisition) hat im NPO-Sektor an Bedeutung gewonnen. In der Bearbeitung des Spendenmarktes zeichnet sich zunehmende Professionalisierung ab; es ist zu erwarten, dass nach amerikanischem Vorbild zukünftig mehr und mehr Fundraising-Spezialisten aktiv werden.

Ohne ein auf Controlling-Instrumenten basierendes Finanzberichtswesen, eine differenzierte Projektergebnisrechnung und eine strategische Erfolgsmessung (Balanced Scorecard) sind weder Sponsoring noch Fundraising vorstellbar. Der Sponsor oder Spender möchte Auskunft erhalten über die Verwendung und Effizienz der übertragenen Mittel.

Resümee

Gemeinnützige Stiftungen zeichnen sich durch eine auf dem Stifterwillen beruhende Zweckbindung und die Nicht-Gewinnorientierung aus. Im Unterschied zu Firmen und Behörden gebührt der Mission eine tragende Rolle; sie prägt Organisationsziele, Strategie, Finanzierung und interne Willensbildung. Diese Spezifik strahlt wiederum auf die Führungs- und Steuerungserfordernisse aus.

Trotz oder gerade wegen ihrer gemeinnützigen Zielstellungen ist es angezeigt, Stiftungen, wie erwerbswirtschaftliche Unternehmen, als zielgerichtete soziale Systeme professionell zu führen und zu steuern; ihr Erfolg bestimmt sich aus zielkonformen Leistungen und dem effizienten Einsatz der verfügbaren Ressourcen. Gemeinnützigkeit kann man auch effizient betreiben. Unverzichtbar zur Steuerung sind ein für die Praxis operationalisiertes Leitbild, die Umsetzung begleitende Strategien, Pläne und Budgets sowie ein aussagefähiges Rechnungs- und Steuerungswesen mit Soll-Ist-Vergleichen, Deckungsbeitragsberichten, Kennzahlen und einer rollierenden Einnahmen-/Ausgabenrechnung. Das teilweise Fehlen buchhalterischer Messgrößen ist durch geeignete Indikatoren, wie sie die Balanced Scorecard liefern kann, zu kompensieren.

Grundsätzlich sind die für erwerbswirtschaftliche Unternehmen konzipierten Controlling-Instrumente einsetzbar; um den Spezifika gerecht zu werden, sind sie im Einzelfall jedoch stiftungsorientiert zu modifizieren. Das Controlling-Leitbild die richtigen Dinge zur rechten Zeit richtig zu tun ist dabei aber, wie der Stiftungszweck, unumstößlich.

6.6 Die Rechnungslegung der Stiftung

Von Claus Koss

Wer sich in einer Stiftung engagieren möchte oder für Stiftungsvermögen verantwortlich ist, sollte sich eines als erstes vergegenwärtigen: es ist nicht *sein* Vermögen, das er verwaltet, sondern das der Stiftung. Schon im eigenen Interesse sollte er daher den Nachweis über den guten Umgang damit führen. Hierzu dient die Rechnungslegung der Stiftung. Der Vorstand der Stiftung sollte darin aber nicht nur eine Informationsquelle für die Vermögens-, Finanz- und Ertragslage der Stiftung sehen, sondern das Rechnungswesen zur Information über die Effizienz eigenen Handelns nutzen. Darüber hinaus gehört die Rechnungslegung zu den gesetzlichen Pflichten eines Stiftungsvorstandes.

Einführung in das Rechnungswesen

Der Begriff des ‚Rechnungswesens' wird im Folgenden als Oberbegriff verwendet. Die fortlaufende Erfassung der Geschäftsvorfälle wird als ‚Buchführung' bezeichnet. Am Ende einer Periode, i. d. R. zum 31. Dezember, erfolgt ein Abschluss der Bücher, d. h. eine Zusammenfassung der gebuchten Geschäftsvorfälle. Damit verbunden ist eine Aggregation der Information. Dieser periodische Abschluss wird als ‚Rechnungslegung' bezeichnet. Abhängig vom Hauptverwendungszweck wird zwischen dem internen und dem externen Rechnungswesen unterschieden. Das externe Rechnungswesen soll vor allem die Stiftungsaufsicht und die Finanzbehörden über die Einhaltung gesetzlicher Vorschriften durch die Stiftung informieren. Aber auch die (Zu-)Stifter und die Öffentlichkeit haben ein Interesse an der Stiftung. Während sich Stiftungsaufsicht und Finanzbehörden jedoch vor allem für die „harten Fakten" und detaillierte Angaben aus dem Zahlenwerk interessieren, wird sich die Öffentlichkeit mit zusammengefassten Zahlen zufrieden geben, sich aber für ergänzende Informationen interessieren, z. B. Erläuterungen zu den Zahlen in einem Bericht über die Erfüllung des Stiftungszwecks. Für den Stiftungsvorstand selbst ist dagegen ist das interne Rechnungswesen bestimmt. Hierfür bestehen keine gesetzlichen Vorschriften. Das interne Rechnungswesen, auch „Kostenrechnung" oder „Betriebsbuchhaltung" genannt, sollte daher konsequent an den Informationsbedürfnissen des Stiftungsvorstandes und/oder anderer Organe der Stiftung ausgerichtet werden. Darüber hinaus wird vorgeschlagen, das interne Rechnungswesen für den Nachweis steuerlicher Rechnungslegungspflichten zu nutzen.

Die Organisation des Rechnungswesens liegt in der Verantwortung des Stiftungsvorstandes. Das bedeutet nicht, dass der Stiftungsvorstand dieses selber durchführen muss, z. B. selber buchen. Wenngleich jedes Vorstandsmitglied in gleicher Weise verantwortlich ist, empfiehlt sich die Zuordnung des Verantwortungsbereiches.

Idealtypisch können drei Formen der Buchführung und korrespondierend drei Methoden der Rechnungslegung unterschieden werden.[1]

Buchführung	Rechnungslegung	Rechnungslegungsinstrumente
Einfache Buchführung	Einnahmen- / Ausgaben-Rechnung	Einnahmen- / Ausgaben-Rechnung Vermögensübersicht
Doppelte Buchführung	Jahresabschluss	Bilanz Gewinn- und Verlustrechnung Anhang (mit Anlagespiegel) Lagebericht
Kameralistische Buchführung / Kameralistik	Haushalt	Haushaltsplan Rechnungslegung der Verwaltung durch eine Gegenüberstellung der Einnahmen und Ausgaben mit dem Haushaltsplan (Verwaltungshaushalt) Vermögensübersicht (Vermögenshaushalt)

Abb. 1: Formen der Buchführung

In der einfachen Buchführung werden ausschließlich die Einnahmen und Ausgaben erfasst. Deren Name, „einfache Buchführung", beruht darauf, dass sämtliche Buchungen nur auf einem Konto, nämlich dem Finanzmittelkonto, erfasst werden. Da somit nur die Veränderungen der flüssigen Mittel (Bankkonto und Kasse) gebucht werden, ist nur eine einzige Aussage am Ende möglich: es ist mehr / weniger Geld am Ende der Periode vorhanden als am Anfang. Diese „Geldverkehrsrechnung" hat schon auf Grund der Buchungstechnik einen entscheidenden Nachteil: bei einem wachsenden oder umfangreichen Vermögen kann der Überblick verloren gehen. Eine Variation der Einnahmen-/Ausgaben-Rechnung ist die vor allem im Steuerrecht verbreitete „Einnahmen-Überschuss-Rechnung". Dabei werden Ausgaben für Investitionen nicht im Jahr der Bezahlung oder Anschaffung abgezogen, sondern über die Jahre der voraussichtlichen Nutzung verteilt („abgeschrieben").

---

[1] *Koss* (2002), S. 5 f.

6.6 Die Rechnungslegung der Stiftung

Der Verfasser rät grundsätzlich zur doppelten Buchführung. Ist nur Geldvermögen vorhanden, unterscheiden sich doppelte und einfache Buchführung kaum. Der Vorteil der doppelten Buchführung liegt jedoch darin, dass diese Methode der Buchführung bzw. der Rechnungslegung beliebig ausbaubar ist. Schon auf Grund der Buchungstechnik werden Unstimmigkeiten schneller erkannt. Denn in die Geschäftsvorfälle werden stets auf zwei Konten („doppelt") erfasst. In der doppelten Buchführung werden stets Aufwendungen und Erträge erfasst, d. h. sie stellt auf die wirtschaftliche Betrachtungsweise ab. Bereits durch die Methode der Erfassung ist bei der doppelten Buchführung die Vollständigkeit der Erfassung sichergestellt. Sämtliche Geschäftsvorfälle werden auf zwei Konten erfasst. Neben der Veränderung der Bestandskonten lassen sich die erfolgswirksamen Veränderungen des Stiftungsvermögens verfolgen. Außerdem versucht die doppelte Buchführung, die Aufwendungen und Erträge in der gleichen Periode zu erfassen. Die noch nicht erhaltene Zahlung, z. B. auf einen Zuschuss, wird als Forderung bis zum Ausgleich erfasst.

Insbesondere Stiftungen, die mit starker Beteiligung der Kommune wirtschaften, könnten auch an eine kameralistische Buchführung denken. Zentral für diese Methode der Buchführung ist der Haushaltsansatz: den auf einzelnen Haushaltstiteln gebuchten Beträge werden die verwendeten bzw. die eingenommenen Geldmittel gegenübergestellt. Die Aussage dieser Methode der Rechnungslegung ist: es sind mehr/weniger Mittel verbraucht worden als veranschlagt wurden. Diese Methode birgt die Gefahr in sich, dass die Orientierung vor allem an den geplanten Mitteln erfolgt und wirtschaftliche Notwendigkeiten außer Acht gelassen werden. Weil Mitarbeiter von Kommunen vertrauter mit der Kameralistik sind, empfehlen diese zuweilen auch Stiftungen diese Methode der Rechnungslegung. Aber selbst die Kommunen gehen auf die kaufmännische Buchführung über, so die bayerische Landeshauptstadt München oder Kommunen in Nordrhein-Westfalen.

Der Verzicht auf eine kameralistische Buchführung bzw. den Haushalt bedeutet nicht, auf eine vernünftige Planung zu verzichten. Denn auch der Jahresabschluss kann mit einer Planung („Haushalt") verbunden werden.

Die Jahresrechnung der Stiftung unterliegt nach den Landesstiftungsgesetzen der Rechnungsprüfung durch die staatliche Stiftungsaufsicht. Diese kann die Jahresrechnung der Stiftung auch durch einen Wirtschaftsprüfer oder andere zur Erteilung eines gleichwertigen Bestätigungsvermerks befugte Person oder Gesellschaft prüfen lassen. Darüber hinaus kann die Satzung eine Prüfungspflicht durch einen externen Prüfer und/oder den Beirat vorsehen. Da es sich bei der Prüfung einer Stiftung nicht um eine Pflichtprüfung im Sinne der §§ 317 ff. HGB handelt, kann grundsätzlich jeder Abschlussprüfer einer Stiftung sein.

Auf Grund der nachgewiesenen Fachkunde kommen in Frage:
– Wirtschaftsprüfer/Wirtschaftsprüfungsgesellschaften,
– verteidigte Buchprüfer/Buchprüfungsgesellschaften,

– Steuerberater / Steuerberatungsgesellschaften,
– Rechnungsprüfungsämter und Prüfungsverbände.

Die Verantwortlichen in einer Stiftung sollten in der Prüfung der Jahresrechnung vor allem die Möglichkeit der eigenen Entlastung sehen. Wenn der Abschlussprüfer die Ordnungsmäßigkeit der Jahresrechnung bestätigt, ist der Verantwortliche hinsichtlich dieses Punktes entlastet.

Gesetzliche Vorschriften zur Rechnungslegung

Stiftungsrecht

Fünf Landes-Stiftungsgesetze sehen die Pflicht zur Buchführung für Stiftungen ausdrücklich vor.[2] Mit Ausnahme des in den Ländern Sachsen, Sachsen-Anhalt und Thüringen noch geltenden Stiftungsgesetzes der DDR sehen die übrigen Landes-Stiftungsgesetze explizite Regelungen zur Rechnungslegung von Stiftungen vor.[3] Das Stiftungsgesetz der DDR enthält keine Regelungen zur Rechnungslegung. Es gelten für Stiftungen daher die allgemeinen Regelungen der §§ 259, 260 BGB.

Wie bereits an anderer Stelle nachgewiesen, stellt der von den Landes-Stiftungsgesetzen verwendete Begriff der „Jahres[ab]rechnung" einen unscharfen Begriff dar.[4] Dieser soll wohl deutlich machen, dass die Stiftung jede Methode der Rechnungslegung verwenden kann. Dies sieht jetzt ausdrücklich die Neufassung des Art. 25 Abs. 1, Satz 2 BayStiftG vor. Stiftungen können somit die für sie zweckmäßige Methode wählen.

Handelsrecht

Das Handelsgesetzbuch knüpft seine Rechnungslegungspflichten an die Kaufmannseigenschaft an. Da die Stiftung kein Kaufmann kraft Rechtsform ist (§ 6 HGB), wird sie zum Kaufmann durch das Betreiben eines Handelsgewerbes (§ 1 HGB) oder die Eintragung in das Handelsregister (§ 5 HGB). Bei Stiftungen dürfte beides in den wenigsten Fällen zutreffen. Mangels Betreiben eines Unternehmens dürften Stiftungen in den wenigsten Fällen unter das Publizitätsgesetz (Gesetz über die Rechnungslegung von bestimmten Unternehmen und Konzernen [Publizitätsgesetz] vom 15. August 1969) fallen.

---

2 § 7 Abs. 3 StiftG BaWü, Art. 25 Abs. 1 BayStiftG, § 12 Abs. 1 StiftGBbg, § 10 Abs. 1 StiftG NRW und § 14 Abs. 4 StiftG RhPf.

3 § 2 Abs. 2 Nr. 2 StiftG BaWü, Art. 25 Abs. 2, S. 1 BayStiftG, § 8 Abs. 1 BlnStiftG, §§ 12 Abs. 1, 19 Abs. 1 StiftGBbg, § 12 Abs. 2 BremStiftG, § 14 AGBGBHmbg, § 7 HStG, § 15 Abs. 2 StiftG MV, § 11 Abs. 2 Nr. 2 NdsStiftG, § 10 Abs. 1 StiftG NRW, § 17 StiftG RhPf und § 11 Abs. 2 Saarl-StiftG.

4 *Koss,* (2003); *Merl / Koss* (1998), S. 1060 f.),

Die Stiftung unterliegt daher in der Regel nicht der handelsrechtlichen Pflicht zur kaufmännischen Rechnungslegung.

Steuerrecht

Für die steuerlichen Rechnungslegungsvorschriften sind folgende Arten von Stiftungen zu unterscheiden:
1. Stiftungen mit Rechnungslegungspflichten außerhalb des Steuerechts,
2. Stiftungen ohne Einkünfte aus Gewerbebetrieb,
3. Gemeinnützige Stiftungen.

Die (zivilrechtliche) Rechtsfähigkeit spielt für die Rechnungslegung nach Steuerrecht keine Rolle. Denn § 1 Abs. 1 KStG bezieht sämtliche Stiftungen mit Vorstand oder Sitz im Inland in die unbeschränkte Körperschaftsteuerpflicht ein – unabhängig von der Rechtsfähigkeit, oder ob sie juristische Person des privaten oder öffentlichen Rechts sind.[5] Auch das Ziel der Rechnungslegung für steuerliche Zwecke ist ein anderes: steht für das Stiftungszivilrecht der Erhalt der Stiftung als juristische Person im Vordergrund, dient die Rechnungslegung im Steuerrecht letztlich der gleichmäßigen Steuerfestsetzung. Die Rechnungslegung soll dabei den Überschuss (Gewinn) ermitteln, der der Besteuerung unterliegt. Mit anderen Worten: Dient die Rechnungslegung im Stiftungsrecht dem Nachweis des Erhalts des Vermögens und der zweckentsprechenden Mittelverwendung, dient sie im Steuerrecht der Ermittlung der Bemessungsgrundlage für die Steuer.

Für von Ertragsteuern (Körperschaftsteuer und Gewerbesteuer) befreite Stiftungen spielt die zweckentsprechende Mittelverwendung ebenfalls die entscheidende Rolle: Mit dem Zahlenwerk weist der Stiftungsvorstand nach, dass er die Mittel nicht gemeinnützigkeitsschädlich verwendet hat. Mit § 140 AO übernimmt der Fiskus Rechnungslegungspflichten Steuerpflichtiger auch in das Steuerrecht. Wer nach anderen Gesetzen Bücher und Aufzeichnungen zu führen hat, die für die Besteuerung von Bedeutung sind, hat diese Verpflichtungen auch für die Besteuerung zu erfüllen (§ 140 AO, sogenannte „derivative" (= abgeleitete) Rechnungslegungspflicht). Nach derzeitigem Recht können Stiftungen ihre Methode der Rechnungslegung frei wählen, sodass sie ihr Rechenwerk auch für steuerliche Zwecke führen müssen.

Stiftungen unterliegen aufgrund ihrer Rechtsform grundsätzlich nicht der Pflicht zur kaufmännischen Bilanzierung. Sie unterliegen somit nicht der derivativen Buchführungspflicht gemäß § 140 AO. Für sie käme für ihren Gewerbe- oder land- / forstwirt-schaftlichen Betrieb evtl. die originäre Buchführungspflicht gemäß § 141 AO in Betracht. Demnach kann das Finanzamt die Stiftung zur doppelten

---

[5] s. Kapitel 5.1.

Buchführung und Gewinnermittlung mittels Betriebsvermögensvergleich (Bilanzierung) auffordern, wenn der einzelne Betrieb die Größenordnungen des § 141 AO übersteigen. Die Umsätze wirtschaftlicher Geschäftsbetriebe von Stiftungen dürften aber in den wenigsten Fällen 260.000 Euro im Kalenderjahr übersteigen und somit eine Pflicht zur Bilanzierung auslösen.

Stiftungen ermitteln ihre Einkünfte somit entsprechend § 2 Abs. 2 EStG i.V. m. 8 Abs. 2 KStG mittels Einnahme-Überschuss-Rechnung oder Betriebsvermögensvergleich. Stiftungen unterscheiden sich dabei nicht von natürlichen Personen. Die meisten Stiftungen werden ausschließlich und unmittelbar gemeinnützige, mildtätige oder kirchliche Zwecke (steuerbegünstigte Zwecke) i. S. d. §§ 51 ff. AO verfolgen. Sie sind gemäß § 5 Abs. 1 Nr. 9 KStG von der Körperschaftsteuer und gemäß § 3 Nr. 6 GewStG von der Gewerbesteuer befreit. Ziel der Rechnungslegung dieser steuerbegünstigten Organisationen ist der Nachweis, dass die tatsächliche Geschäftsführung den gemeinnützigkeitsrechtlichen Anforderungen entspricht.[6] Dieses Ziel entspricht der stiftungsrechtlichen Pflicht zum Nachweis der zweckentsprechenden Mittelverwendung.

Grundsätzlich verlangt die Finanzverwaltung den lückenlosen Nachweis über die zeitnahe Verwendung der vereinnahmten Mittel.[7] Vorschriften, wie diese zu gestalten ist, gibt es jedoch nicht. Mittel im Sinne der steuerrechtlichen Vorschriften (§ 55 Abs. 1 Nr. 1 Abgabenordnung) sind sämtliche Vermögenswerte der steuerbegünstigten Körperschaft, die im Eigentum und in der Verfügungsmacht der Körperschaft stehen und zur Erfüllung des Satzungszweckes geeignet sind.[8] Mit Blick auf die Bilanz der Stiftung ist dieser Wert gleichbedeutend mit dem Zuwachs des Eigenkapitals. Dies wird wiederum durch das Jahresergebnis aus der Gewinn- und Verlustrechnung ausgedrückt. Denn soweit Aktivvermögen durch Verbindlichkeiten oder Rückstellungen belastet ist, ist dieses bereits „verwendet", da es der Verfügungsmacht der Bürgerschaft entzogen ist. In Diskussionen wird vertreten, dass solche Vermögensmehrungen, die noch nicht zugeflossen sind, (noch) keine Mittel darstellen. Erträge aus Zuschüssen, die noch nicht bezahlt wurden, sind (bereits) zu dem Zeitpunkt der Realisation als Forderung einzubuchen. Dieser Anspruch hat in Gewinn- und Verlustrechnung das Jahresergebnis erhöht. Im Rahmen einer Überleitungsrechnung müsste diese „zu frühe Vermögensmehrung" wieder eliminiert werden. Dieses Ergebnis überzeugt nicht. Denn der Gewinn aus wirtschaftlichem Geschäftsbetrieb stellt unstreitig Mittel i. S. d. § 55 Abs. 1 Nr. 1 AO dar. Es gibt keinen wirtschaftlichen Grund, warum für Forderungen im ideellen Bereich etwas anderes gelten sollte. Nach hier vertretener Auffassung bestimmen sich die zeitnah zu verwendenden Mittel im Jahresabschluss der Stiftung aus dem Jahresergebnis. Verbleibt ein Überschuss (Gewinn), so bildet dieser die Grundlage für die Berechnung der steuerrechtlichen Rücklagen.

---

6 AEAO zu § 63, Nr. 1, S. 1; BFH vom 17. August 1954, BStBl 1954 III, S. 324.

7 „Mittelverwendungsrechnung", AEAO zu § 55, Nr. 9, S. 3.

8 BFH vom 23. Oktober 1991, BStBl II 1992, 62.

6.6 Die Rechnungslegung der Stiftung

Eine einfache Aufzeichnung über die Art und Höhe der Einnahmen und Ausgaben soll für den Nachweis der gemeinnützigkeitsrechtlichen Anforderungen ausreichen.[9] Eine doppelte Buchführung wird für nicht erforderlich gehalten.[10] Eine einfache Aufzeichnung durch eine Einnahmen- / Ausgaben-Rechnung reicht in den Fällen aus, in denen sämtliche Mittel der Stiftung im Jahr des Zuflusses verwendet werden. Ist eine Rücklage nach gemeinnützigkeitsrechtlichen Vorschriften zu bilden, ist zu deren Nachweis eine gesonderte Nebenrechnung erforderlich.

Für Zwecke des Gemeinnützigkeitsrechts von entscheidender Bedeutung ist die Aufteilung in die vier Bereiche („Sphären"):

- (steuerbefreiter) ideeller Bereich,
- Vermögensverwaltung,
- Zweckbetriebe und steuerpflichtiger wirtschaftlicher Geschäftsbetrieb.

Die vier Bereiche können entweder in der Finanzbuchhaltung abgebildet werden. Zu denken ist etwa an die Zuordnung bestimmter Konten (oder Kontengruppen).[11] Diese Lösung hält der „DATEV-Kontenrahmen zur Branchenlösung für Vereine (Basis SKR 99)",[12] und der für Stiftungen von der DATEV eG entwickelte Kontenrahmen für Stiftungen (SKR 49) bereit.

Es empfiehlt sich jedoch nach hier vertretener Meinung, diese Zuordnung über die Kosten- und Leistungsrechnung im internen Rechnungswesen zu erfassen. Manche Aufwendungen und Erträge sind einer Aufwandsart bzw. Ertragsart zuzuordnen, gehören jedoch zu unterschiedlichen Bereichen. Bei der hier vorgeschlagenen Erfassung werden sie (in der Finanzbuchhaltung) auf den entsprechenden Aufwandskonten erfasst und dann in der Kostenrechnung auf die vier Bereiche aufgeteilt. Bewerkstelligen ließe sich dieses durch die gesonderte Kennzeichnung von vier Kontengruppen in der Kostenrechnung. Fördert eine Stiftung steuerlich unterschiedlich behandelte Zwecke, so kann der ideelle Bereich nochmals untergliedert werden. Nicht zulässig ist nach hier vertretener Auffassung die Abbildung der von der Stiftung getragenen unselbständigen Stiftungen nur in der Kostenrechnung. Da auch die unselbständigen Stiftungen eigenes Steuersubjekt sind, ist für sie eine eigene steuerliche Rechnungslegung erforderlich. Diese könnte aus dem Zahlenwerk der Trägerstiftung abgeleitet werden. Schon allein aus diesem Grund empfiehlt sich die Erfassung der unselbständigen Stiftungen in einem eigenen Buchungskreis.

Eine weitere steuerliche Verpflichtung zur Rechnungslegung ergibt sich aus dem Recht von steuerbegünstigten Stiftungen, Zuwendungsbescheinigungen auszustellen. Ist die Stiftung wegen unterschiedlicher Zwecke steuerbegünstigt, so

---

[9] BFH vom 17. August 1954, BStBl 1954 III, S. 324, 326, ebenso: IDW, RS HFA 5 (2000), Tz. 26; *Buchna* (2000), S. 60; *Buchna* (2003), S. 194; *Galli* (1997), S. 1725; *Langenbeck* (1990), S. 1428.

[10] BFH vom 17. August 1954, BStBl 1954 III, S. 324, 326.

[11] *Buchna* (2003), S. 197; *Buchna* (2000), S. 60; *Galli* (1997), S. 1725.

[12] Auszugsweise abgedruckt als Anhang 13 in *Buchna* (2003).

müssen sich Hereinnahme und Verwendung für unterschiedliche Zwecke aus dem Rechnungswesen nachweisen lassen.[13]

Ebenfalls aus dem Rechnungswesen klar hervorgehen muss die Bildung der Rücklagen. Eine Kontrolle der Rücklagenverwendung muss jederzeit und ohne besonderen Aufwand für die Finanzverwaltung möglich sein.[14] In der Bilanz sollten die Rücklagen offen, d. h. als eigene Position im Eigenkapital ausgewiesen werden.[15] Genügt die Rechnungslegung einer steuerbegünstigten Stiftung nicht den gemeinnützigkeitsrechtlichen Anforderungen, so ist der Nachweis einer korrekten Geschäftsführung i. S. d. §§ 51 ff. AO nicht erbracht und eine Steuerbefreiung kann nicht gewährt werden.[16]

Neben den genannten Rechnungslegungspflichten legt das Steuerrecht Stiftungen noch weitere Aufzeichnungspflichten auf:[17]

Rechtsnorm	Anwendungsbereich
§ 50 Abs. 4 EStDV	Aufzeichnung von Zuwendungen (Spenden) und deren zweckentsprechende Mittelverwendung durch steuerbegünstigte Stiftungen[18]
§§ 140, 141 AO, § 4 Abs. 3, S. 5 EStG i. V. m. § 240 Abs. 2 HGB	Bestandsverzeichnis des beweglichen Anlagevermögens (EStR 31 Abs. 1).
§ 6 Abs. 2, S. 4 EStG	Verzeichnis der geringwertigen Wirtschaftsgüter
§ 6c Abs. 2 EStG	Verzeichnis als Voraussetzung zur steuerfreien Übertragbarkeit stiller Reserven auf Reinvestitionsobjekte
§ 7a Abs. 8 EStG	Verzeichnis der Wirtschaftsgüter bei Anwendung geometrisch-degressiver Abschreibung sowie bei Inanspruchnahme erhöhter Absetzungen oder Sonderabschreibungen
§ 4 Abs. 7 EStG	Aufzeichnung nur beschränkt abzugfähiger Betriebsausgaben

---

[13] s. Schreiben des Bundesministeriums der Finanzen, – IV C 4 – S 2223 – 568 / 00, BStBl 2000 I, S. 592, Tz. 5 und weitere Hinweise bei *Buchna* (2003), S. 368.

[14] AEAO zu § 58, Nrn. 6 + 7 unter Hinweis auf BFH-Urteil vom 20. Dezember 1978, BStBl 1979 II, S. 496; ebenso: *Buchna* (2003), S. 164.

[15] Ebenso *Buchna* (2003), S. 164.

[16] So zutreffend *Buchna* (2003), S. 199 f. unter Hinweis auf BFH vom 17. 08. 1954, BStBl 1954 III, S. 324.

[17] Zusammenstellung in Anlehnung an *Galli* (1997), S. 1725 und *Reuber* (1996), S. 16.

[18] Siehe hierzu: *Thiel* (2000), S. 393 f., *Myßen* (2000), S. 866 und *Augsten* (2000), S. 623 f. sowie zur praktischen Durchführung: OFD Nürnberg, Merkblatt (2000); *Orth* (1998), S. 335, weist zutreffenderweise auf die Bedeutung einer klaren Zuordnung von Spenden und Verwendungszwecken hin, da unterschiedliche Höchstbeträge für Abzugsfähigkeit bestehen (Vgl. §§ 10 b Abs. 1, S. 1 EStG, § 9 Abs. 1, Nr. 2, S. 1 KStG gegenüber §§ 10 b Abs. 1, S. 2 EStG, § 9 Abs. 1, Nr. 2, S. 2 KStG mit einer höheren Abzugsfähigkeit).

§§ 143, 144 AO	Aufzeichnung des Warenein- bzw. -ausgangs bei gewerblichen Unternehmen. Dabei ist zu beachten, dass die selbständige Stiftung bereits durch den Verkauf von Getränken mit entsprechendem Wareneinkauf oder die Vermietung zum Unternehmer im umsatzsteuerlichen Sinne wird.
§ 22 UStG	Aufzeichnungen zur Feststellung der Umsatzsteuer und der Grundlagen ihrer Berechnung
§ 41 EStG	Führung eines Lohnkontos als Arbeitgeber
§ 12 Abs. 3, S. 2 UmwStG	Nachweis des verbleibenden Verlustes in Fällen der Verschmelzung[19]

Abb. 2: Aufzeichnungspflichten

Die steuerlichen Rechnungslegungsvorschriften verfolgen die Ermittlung der Besteuerungsgrundlagen. Art und Umfang der steuerrechtlich vorgeschriebenen Rechnungslegung hängen somit von den Einkünften ab. Stiftungen können für ihre Zwecke die Methode ihrer Rechnungslegung frei wählen können, müssen jedoch für steuerliche Zwecke die Einkunftsermittlung daraus ableiten. Die Erhaltung des Stiftungsvermögens spielt in den steuerrechtlichen Vorschriften keine Rolle, der Nachweis der zweckentsprechenden Mittelverwendung hat für die Rechnungslegung der steuerbegünstigten Stiftungen entscheidende Bedeutung.

IDW Standards

Da die Regelungen zur Rechnungslegung und Prüfung von Stiftungen als unzureichend empfunden wurden, verabschiedete der Hauptfachausschuss des Instituts der Wirtschaftsprüfer in Deutschland e.V. (IDW) in 2000 Stellungnahmen jeweils zur Rechnungslegung und zur Prüfung von Stiftungen.[20, 21] Für Stiftungen entfalten diese Stellungnahmen indirekte Wirkung. Mangels gesetzlicher Ermächtigung stellen diese Äußerungen des Berufsstandes der Wirtschaftsprüfer keine Gesetze oder Verordnungen dar. Sie bieten zunächst jedoch eine Orientierungshilfe mangels anderer Autoritäten. Darüber hinaus muss der Wirtschaftsprüfer bei der Abschlussprüfung eine Stiftung diese beiden Stellungnahmen beachten. Weicht die zu prüfende Stiftung von der Stellungnahme ab, muss der Abschlussprüfer Gründe haben, diese Abweichung zu akzeptieren. Anderenfalls muss er dies in seinem Bestätigungsvermerk / Bescheinigung zum Ausdruck bringen. Anderenfalls kann

---

[19] s. hierzu: BMF vom 16. April 1999, BStBl 1999 I, 455, Tz. 38 a. E.

[20] IDW Stellungnahme zur Rechnungslegung: Rechnungslegung von Stiftungen (IDW RS HFA 5), abgedruckt als Anhang zu: *Koss* (2003) und IDW Prüfungsstandard: Prüfung von Stiftungen (IDW PS 740).

[21] Zu einer umfassenden Darstellung der IDW Stellungnahme zur Rechnungspflege s. *Koss* (2003).

dies für den Abschlussprüfer nachteilige Folgen – sowohl bei der zivilrechtlichen Haftung als auch bei einer berufsrechtlichen Würdigung – haben.[22]

Was dies konkret bedeutet, soll am Beispiel der Methode der Rechnungslegung diskutiert werden: der Stiftungsvorstand hat die Einnahmen-/Ausgaben-Rechnung gewählt. Gemäß Tz. 33 der IDW-Stellungnahme RS HFA 5 „kann [die Einnahmen-/Ausgaben-Rechnung] nur für leicht zu überschauende Verhältnisse empfohlen werden, in denen sich die Zufälligkeiten der Zahlungszeitpunkte nicht wesentlich auswirken." Angenommen, der Abschlussprüfer kommt zu der Überzeugung, dass bei der Stiftung keine leicht zu überschauenden Verhältnisse vorliegen und sich Zahlungszeitpunkte wesentlich auswirken. Konsequenterweise sollte er zunächst in seinem Prüfungsbericht darauf hinweisen. Da es sich jedoch nur um eine „Empfehlung" handelt, könnte dies nach hier vertretener Auffassung keine Auswirkungen auf die Bescheinigung als Wiedergabe des abschließenden Prüfungsergebnisses. Fraglich ist die Pflicht der Stiftungsaufsichtsbehörde zum Einschreiten, etwa, den Stiftungsvorstand zu einem Methodenwechsel zu verpflichten. Denn die Landes-Stiftungsgesetze lassen sämtliche Methoden der Rechnungslegung zu. Aufgrund des Empfehlungscharakters lässt sich grundsätzlich aus der Anwendung der Einnahmen-/Ausgaben-Rechnung alleine nicht eine nicht-ordnungsgemäße Jahresrechnung ableiten. Denkbar, aber sehr unwahrscheinlich, sind allenfalls Extremfälle, in denen die angewandte Methode zu einer vorsätzlichen Verschleierung der Vermögensverhältnisse führt.

Die IDW-Stellungnahme geht von der fehlenden abschließenden gesetzlichen Regelung der Rechnungslegung von Stiftungen aus.[23] Entgegen der in Diskussionen geäußerten Kritik beschränkt sich die Stellungnahme auf rechtsfähige Stiftungen des Privatrechts[24] und bezieht sich nicht auf steuerliche Rechnungslegungspflichten.[25] In einem ersten Abschnitt beschäftigt sich die Stellungnahme zur Rechnungslegung von Stiftungen mit den zivilrechtlichen Grundlagen der Stiftung. Daraus abgeleitet wird der Nachweis der Substanzerhaltung und der zweckentsprechenden Mittelverwendung als Ziel der Rechnungslegung definiert.[26] Als Normen der Rechnungslegung werden die Landes-Stiftungsgesetze, die Stiftungssatzung, das Handels- und das Steuerrecht aufgelistet.

Das Institut der Wirtschaftsprüfer geht davon aus, dass es sich bei dem in den Landes-Stiftungsgesetzen verwendeten Begriff der „Jahres[ab]rechnung" um einen Oberbegriff handelt. Dementsprechend ist nach der Stellungnahme sowohl eine Einnahmen-/Ausgaben-Rechnung mit Vermögensrechnung als auch ein kaufmännischer Jahresabschluss zulässig.[27] Die Wirtschaftsprüfer empfehlen jedoch die

---

[22] *Wirtschaftsprüferkammer* (1987), (S. 11).
[23] IDW, RS HFA 5 (2000), Tz. 1.
[24] Ebd., Tz. 2.
[25] Ebd., Tz. 3.
[26] Ebd., Tz. 8.
[27] Ebd., Tz. 20.

Einnahmen- / Ausgaben-Rechnung nur bei leicht zu überschauenden Verhältnissen.[28] Aus dem Umkehrschluss folgt, dass das IDW die kaufmännische Rechnungslegung stets zulässt. Der Begriff der „leicht zu überschauenden Verhältnisse" ist jedoch nicht definiert.[29] Schon allein um in Diskussionen über die „Verhältnisse" zu vermeiden, wird Stiftungen zur doppelten Buchführung und einer kaufmännischen Rechnungslegung geraten.

Das IDW spricht sich bei bilanzierenden Stiftungen grundsätzlich für die Anwendung der Vorschriften für Kapitalgesellschaften aus.[30] Diese Forderung hat in Diskussionen immer wieder Kritik gefunden. Es würden Stiftungen Pflichten auferlegt, die nur Kapitalgesellschaften zu erfüllen hätten. Diese Kritik geht jedoch ins Leere, wenn man berücksichtigt, dass die Gliederungsvorschriften der §§ 266, 275 HGB von vielen freiwillig angewendet werden.

Weiterer wesentlicher Streitpunkt bei der Anwendung der Vorschriften für Kapitalgesellschaften zur Rechnungslegung sind die unterschiedlichen Vorschriften zur Bewertung. Während die Vorschriften für alle Kaufleute die Bildung stiller Reserven eher zulassen, z. B. die Abschreibungen nach § 253 Abs. 4 oder das Wertbeibehaltungswahlrecht gemäß § 253 Abs. 5 HGB, besteht für Kapitalgesellschaften ein Wertaufholungsgebot (§ 280 Abs. 1 HGB). Das bedeutet: tendenziell stehen die Vermögensgegenstände mit niedrigeren Werten in den Büchern, wenn die Vorschriften für Kapitalgesellschaften nicht angewendet werden. Die Vehemenz von Vertretern von Stiftungen gegen die Anwendung der Vorschriften für Kapitalgesellschaften lässt vermuten, dass sich viele Stiftungen ärmer gerechnet haben, als sie tatsächlich sind. Das Legen solcher stiller Reserven kann jedoch nicht im Sinne einer ordnungsmäßigen Rechnungslegung von Stiftungen sein. Denn der Stiftungsvorstand weist damit die Ordnungsmäßigkeit seiner Tätigkeit nach. Bewertet er in guten Zeiten die Vermögensgegenstände niedriger, um diese stillen Reserven in schlechten Zeiten wieder gewinnerhöhend aufzulösen, verschleiert er damit die tatsächliche Lage der Stiftung. Unter Hinweis auf den Bundesgerichtshof[31] begründet das IDW dieses Verbot der Legung stiller Reserven auch mit einem Verstoß gegen die Pflicht zur zweckentsprechenden Mittelverwendung.[32] Durch die Bildung stiller Reserven werden Mittel im Vermögen der Stiftung gebunden, die für die zweckentsprechende Mittelverwendung nicht zur Verfügung stehen. Der Stiftungsvorstand hätte damit gegen Willen des Stifters verstoßen. Denn die Mittelverwendung hat Vorrang gegenüber der Vermögenserhaltung.

Die Anwendung der Vorschriften für Kapitalgesellschaften bringt die Pflicht zur Aufstellung eines Anhangs und bei mittelgroßen und großen Stiftungen mit sich. Die Abgrenzung der Größenkriterien erfolgt nach dem IDW ausschließlich

---

[28] Ebd., Tz. 33.
[29] s. zu den Problemen: *Koss* (2000), S. 51.
[30] IDW, RS HFA 5 (2000), Tz. 36.
[31] BGH vom 24. März 1996, BGHZ 132, 262.
[32] IDW, RS HFA 5 (2000), Tz. 36.

anhand der Bilanzsumme.[33] Stiftungen sollten nach hier vertretener Auffassung unabhängig von ihrer Größe ihre Bilanz und Gewinn- und Verlustrechnung in einem Anhang erläutern. Im ersten Jahr mag dies zusätzlichen Aufwand für den Stiftungsvorstand bedeuten. Einmal eingerichtet, werden die Erläuterungen von Jahr zu Jahr ohne größeren Aufwand fortgeschrieben. Den Informationsgewinn hat jedoch nicht nur der (externe) Leser, sondern auch der Stiftungsvorstand. Denn alleine das Zusammentragen der Informationen kann dem Stiftungsvorstand bewusst machen, welche Informationen er noch benötigt.

Rechnungswesen

Nach der Entscheidung über die Methode der Rechnungslegung (Einnahmen- / Ausgaben-Rechnung oder Jahresabschluss) steht die Wahl eines geeigneten Kontenplans an.[34] Dieser sortiert die einzelnen Konten, auf denen die Geschäftsvorfälle verbucht werden. In dem Plan sind die Konten in Kontenklassen, Kontengruppen und Konten gegliedert. Dabei kann entweder ein Kontenplan für Stiftungen verwendet werden. Die DATEV eG bietet beispielsweise einen Kontenrahmen für Stiftungen an (SKR49). Eine Alternative stellt die Verwendung eines allgemein gebräuchlichen Industrie-Kontenrahmen dar, z. B. den „SKR03" oder „SKR04". Im einen wie im anderen Fall müssen diese vorgefertigten Kontenpläne jedoch an Stiftung-spezifische Besonderheiten angepasst werden. Zu denken ist beispielsweise an den besonderen Eigenkapitalausweis.

Einzelfragen des Jahresabschlusses einer Stiftung

Im Folgenden werden Sonderfragen diskutiert, die für den Jahresabschluss der Stiftung von besonderer Bedeutung sind.

Freigiebige Zuwendungen

Bei den freigiebigen Zuwendungen an die Stiftung kann es sich um dreierlei Sachverhalte handeln: Spenden oder Zuschuss, Zustiftungen oder Grundstockvermögenszuwendungen.

Für den Zuwendenden macht es i. d. R. keinen Unterschied. Er kann seine Zuwendung in der Regel als Spende steuerlich geltend machen. Bei gewissen Zuschüssen kann es sich auch um eine Betriebsausgabe handeln. Da es kein Spiegelbildprinzip bei der Verbuchung gibt, wird sich die Stiftung in den wenigsten Fällen für die Behandlung beim Zuwendenden (Spender) interessieren.

---

[33] IDW, RS HFA 5 (2000), Tz. 38.

[34] Zu einer detaillierten Darstellung siehe: *Koss* (2002) und *Koss* (2003).

Für die Bilanz der Stiftung ist jedoch zu unterscheiden, ob der Zuwendende einen Beitrag zur Förderung des laufenden Betriebs der Stiftung leisten wollte (Zuschuss oder Spende). Denn die freigiebige Zuwendung kann auch zum (dauerhaften) Verstärkung der Vermögensausstattung der Stiftung bestimmt sein (Zustiftung). Nach der mit der Zuwendungen bezweckten Absicht richtet sich auch die bilanzielle Behandlung bei der Stiftung. Zuschüsse und Spenden werden erfolgswirksam in der Gewinn- und Verlustrechnung gebucht. Sie beeinflussen damit den Jahresüberschuss des Geschäftsjahres. Zustiftungen hingegen beeinflussen nicht den Jahresüberschuss der Stiftung, sondern werden direkt in das Eigenkapital der Stiftung gebucht.

Die Richtigkeit dieser unterschiedlichen buchhalterischen Behandlung zeigt sich an folgender Überlegung: mit den Zuschüssen und Spenden soll der laufende Betrieb unterstützt werden. Die damit verbundenen Aufwendungen haben den Jahresüberschuss gemindert. Daher ist es angemessen, auch in die Zuschüsse ertragswirksam zu vereinnahmen. Es geht letztlich darum, den Aufwendungen die entsprechenden Erträge gegenüberzustellen. Dieses Prinzip wird auch als „Matching Principle" bezeichnet.

Bei Zustiftungen soll nicht das zugewendete Vermögen (Vermögensstock), sondern die daraus resultierenden Erträge den Jahresüberschuss beeinflussen. Weil eine Zustiftung die Ertragskraft der Stiftung auf lange Sicht fördern soll, ist sie im Eigenkapital auszuweisen. Die Pflicht zur Erhaltung des Stiftungskapitals bezieht sich nur auf dieses Eigenkapital der Stiftung. Spenden und Zuschüsse sind von vorneherein zum Verbrauch bestimmt.

Zuschüsse und Spenden

Nach hier dargestelltem Verständnis sollen Zuschüsse den laufenden Betrieb der Stiftung fördern. Zuschüsse können wiederholt oder nur einmalig geleistet werden. Sie sind i. d. R. für einen bestimmten Zweck bestimmt und werden oft nur bei entsprechenden Anträgen oder Nachweisen gewährt. Im Unterschied zu zweckgebundenen Spenden hängen Zuschüssen jedoch meist an bereits angefallenen Aufwendungen. Dieser Zusammenhang mit bestimmten Aufwendungen ist bei Spenden i. d. R. nicht so stark. Gerade bei zweckgebundenen Spenden ist jedoch eine Abgrenzung zu Zuschüssen schwierig. Bei nicht zweckgebundenen Spenden besteht kein Zusammenhang mit bestimmten Aufwendungen. Für die Verbuchung spielt die Abgrenzung von Zuschüssen und Spenden keine Rolle. Entscheidend ist, dass beide Arten freigiebiger Zuwendungen für den fortlaufenden Verbrauch bestimmt sind. Der Ertrag hieraus wird in jedem Fall in der Gewinn- und Verlustrechnung in der Position „sonstige betriebliche Erträge" ausgewiesen. Aus Gründen des Nachweises sollte bei wesentlichen Beträgen ein gesonderter Ausweis von Zuschüssen und Spenden (jeweils unterschieden nach zweckgebundenen und nicht zweckgebundenen Spenden) erfolgen. Entscheidend für die Erfassung ist die Zusage, nicht die tatsächliche Zahlung. Zugesagte, aber noch nicht bezahlte freigiebige Zuwendungen werden als „sonstige Forderung" unter den „sonstigen Vermögensgegenständen" ausgewiesen. Bei Zahlung werden diese Forderungen gegen das Bankkonto/Kasse ausgebucht. Entscheidend für die Darstellung der Ertragslage der Stiftung ist die Gegenüberstellung der Aufwendungen mit den entsprechenden Erträgen aus Zuwendungen. Die geförderten Aufwendungen können im gleichen Jahr/vorher/nach der Zusage der Zuwendung anfallen. Fallen Aufwand und Ertrag im gleichen Jahr an, ist nichts veranlasst. Fällt der Aufwand im Jahr vor dem Ertrag an, so muss nach dem Imparitätsprinzip der Aufwand vollständig verbucht werden, der Ertrag aber erst bei Zusage eingebucht werden. Erfolgt die Zuwendung vor dem Aufwand, so wird die Gegenüberstellung von Aufwand und Ertrag durch die Bildung von Sonderposten für noch nicht verbrauchte Zuwendungen erreicht. Ein ähnliches Verfahren gilt bei der Investitionsförderung. In Höhe der geförderten Investitionen wird ein Sonderposten gebildet. Dieser wird entsprechend der Abschreibungen aufgelöst. Per Saldo haben diese Aufwendungen zwar keine Auswirkung, trotzdem zeigt die Gewinn- und Verlustrechnung die wirtschaftliche Belastung (durch die Abschreibungen). Diese werden lediglich durch die Investitionsförderung aufgehoben. Bedeutung kann diese Aufgliederung insbesondere bei Zuschussanträgen haben.

Zustiftungen

Zustiftungen sind alle Zuwendungen, wird die vom Zuwendenden dazu bestimmt sind, das Stiftungskapital langfristig zu vermehren oder zu stärken. Abgesehen vom Sonderfall der Verbrauchsstiftung ist dieses Kapital in seinem Bestand zu erhalten.

Bestehen bei der Stiftung Zweifel über die Bestimmung der Zuwendung, so haben sich die Verantwortlichen Gewissheit zu verschaffen. Zustiftungen können in Geld- oder Sachwerten bestehen. Während die Bewertung von Geldwerten i. d. R. keine Schwierigkeiten bereitet, muss Sachwerten ein bestimmter Wert zugeordnet werden. Nach hier vertretener Auffassung muss er die Stiftung unentgeltlich erworbene Vermögensgegenstände mit dem vorsichtig geschätzten Zeitwert bilanzieren.[35] Dieser Wert ist i. d. R. mit dem Betrag identisch, den die Stiftung bei entgeltlichem Erwerb hätte aufwenden müssen.[36] Die Bewertung in der Bilanz der Stiftung erfolgt jedoch unabhängig von der Bewertung beim Zuwendenden. Abweichungen können sich insbesondere bei der unentgeltliche Überlassung von Betriebsvermögen ergeben. Nach den steuerlichen Vorschriften kann der Stifter der Betriebsvermögen zum Buchwert spenden.[37] Dadurch wird bei ihm die Aufdeckung (und damit Versteuerung) stiller Reserven vermieden.

---

[35] Ebenso: IDW, RS HFA 5 (2000), Tz. 50.
[36] IDW, RS HFA 5 (2000), Tz. 50.
[37] § 6 Abs. 1, Nr. 4, S. 4 EStG (Buchwertprivileg).

Bei der Bewertung bei der Stiftung geht es jedoch darum, den Erhalt und die Verwendung der empfangenen unentgeltlichen Leistungen wertmäßig vollständig nachzuweisen.[38] Es gibt auch kein „Spiegelbild-Prinzip" für die Bilanzierung von Spenden. Der auf der Zuwendungsbescheinigung maßgebende Betrag für die steuerliche Abzugsfähigkeit beim Spender muss nicht notwendigerweise mit dem Bilanzansatz bei der Stiftung übereinstimmen.

Diese Darstellung zeigt wie die Problematik der Kapitalerhaltung. Stiftungen sind zur Erhaltung des Grundstockvermögens und der Zustiftungen verpflichtet. Nach bereits an anderer Stelle vertretener Auffassung[39] hängt der Inhalt dieser Verpflichtung nur vom Willen des Stifters ab. Kam es dem Stifter nur darauf an, das Vermögen als solches (hier: Grundstück) zu erhalten, hat der Stiftungsvorstand seiner Verpflichtung bereits durch die Erhaltung des Vermögensgegenstandes als solches in Genüge getan. Ist jedoch erkennbar, dass der Stifter das gestiftete Vermögen in seinem Wert erhalten wollte, muss die Stiftung durch die Bildung einer entsprechenden Rücklage sicherstellen, dass der durch die Abschreibungen dargestellte ökonomische Wertverlust kompensiert werden kann.

Unselbständige Stiftungen

Gerade bei Stiftungen ist die Abgrenzung der Zustiftung von der unselbständigen Stiftung von Bedeutung. Nach hier vertretener Auffassung entscheidendes Abgrenzungskriterium ist, ob der Stifter möchte, dass seine Zuwendung als Zweckvermögen mit eigener Satzung auftritt. Um die Trennung des Vermögens der unselbständigen Stiftung von Vermögen der Stiftung auch buchhalterisch deutlich zu machen, wird empfohlen, unselbständige Stiftungen jeweils in einem eigenen Buchungskreis zu führen. Zwar bedeutet dies einen Mehraufwand für die Buchhaltung, entspricht jedoch dem Grundsatz der Transparenz. Auch sind so Vermögensvermischungen schwerer möglich.

In Gegensatz zur unterjährigen Trennung in der laufenden Buchhaltung ist das unselbständige Vermögen in der Bilanz der Trägerstiftung als Treuhandvermögen und Treuhand-Verpflichtung auszuweisen.[40] Das Institut der Wirtschaftsprüfer in Deutschland e.V. (IDW) lässt die Aufgliederung dieses gesonderten Postens in der Bilanz, im Anhang oder unter der Bilanz der Trägerstiftung zu.[41] Aus Gründen der Übersichtlichkeit wird eine Aufgliederung im Anhang vorgezogen.

In der Gewinn- und Verlustrechnung der Trägerstiftung sind die Erträge und Aufwendungen der unselbständigen Stiftung nach Ansicht des IDW ebenfalls als letzter Posten gesondert zu erfassen.[42] Entgegen dieser Auffassung des Berufsstan-

---

[38] Ebenso: IDW, RS HFA 5 (2000), Tz. 50.
[39] *Koss* (2003).
[40] IDW, RS HFA 5 (2000), Tz. 70.
[41] Ebd., Tz. 70.
[42] Ebd., Tz. 70.

des der Wirtschaftsprüfer wird vom Verfasser vorgeschlagen, in der Bilanz der Trägerstiftung Treuhandvermögen und Treuhand-Verpflichtung in gleicher Höhe auszuweisen. Das Jahresergebnis der unselbstständigen Stiftung wird lediglich als Passivposten unter der Treuhand-Verpflichtung aufgenommen. Die Gewinn- und Verlustrechnung der unselbstständigen Stiftung wird als Anlage zum oder im Anhang der Trägerstiftung beigefügt. Durch diese teilweise Einbeziehung in den Jahresabschluss der Stiftung wird das Treuhandverhältnis in der Bilanz zum Ausdruck gebracht. Das eigenständige Wirtschaften in der unselbstständigen Stiftung wird jedoch durch die Trennung der Gewinn- und Verlustrechnung zum Ausdruck gebracht. Diese Aufspaltung dient somit der größeren Transparenz.

Schlussbetrachtung

Viele Vorstände von Stiftungen sehen in der Rechnungslegung in erster Linie eine Pflichtübung für Stiftungsaufsicht und Finanzverwaltung. Tatsächlich ist die Rechnungslegung jedoch eine Managementaufgabe. Der Stiftungsvorstand muss kein Buchhalter sein. Er muss aber verstehen, wie der Jahresabschluss „gemacht wird". Ansonsten wird es ihm schwer fallen, die Informationen, die aus dem Rechnungswesen kommen, zu verstehen. Damit wird er seine Stiftung auch nicht verstehen. Denn die Informationen aus dem Rechnungswesen dienen zum einen rückblickend der Überprüfung der eigenen Effizienz. Zum anderen – vorausschauend – sollen die Zahlen eine Planung ermöglichen. Die Organisation des Rechnungswesens ist daher in erster Linie nicht „Buchhalter-", sondern „Chefsache".

6.7 Die Prüfung von Stiftungen

Von Claus Koss

Rechtsfähige Stiftungen unterliegen der Stiftungsaufsicht. Diese Pflicht zur Prüfung ist in den Landesstiftungsgesetzen unterschiedlich geregelt. Das bayerische Landesstiftungsgesetz normiert ausdrücklich die Prüfungspflicht der Rechnungslegung durch die Stiftungsaufsichtsbehörden.[1] Aber auch in den anderen Landes-Stiftungsgesetzen sind Prüfungsrechte explizit erwähnt. Der Wortlaut umschreibt den Prüfungsgegenstand jedoch unterschiedlich.[2] So hat die Stiftungsaufsicht im Rahmen ihrer Rechtsaufsicht die allgemeine Befugnis, sich über alle Angelegenheiten der Stiftung unterrichten zu lassen und Prüfungen an Ort und Stelle vornehmen zu dürfen (§ 32 StiftG Rh-Pf) bzw. der Prüfung der Verwaltung der Stiftung (§ 9 Abs. 3 StiftG Ba-Wü, Art. 20 Abs. 1 BayStiftG, § 12 Abs. 1 StiftG Bremen, § 15 Abs. 1 StiftG MV, § 11 Abs. 3 SaarlStiftG) bis zur Prüfung der Geschäfts- und Kassenführung (Art. 20 Abs. 3 BayStiftG, § 12 HessStiftG). Allerdings normieren die meisten Stiftungsgesetze die Pflicht der Stiftung, Bücher zu führen und Rechnungslegungsunterlagen bei der Stiftungsaufsicht einzureichen.[3] Aus dieser Pflicht ist jedoch zu schließen, dass die Prüfung der Rechnungslegung Bestandteil der staatlichen Stiftungsaufsicht ist.[4] Diese Überlegung ergibt sich schon aus praktischen Notwendigkeiten. Wie anders, wenn nicht durch die vorzulegende Rechnungslegung, könnte die Stiftungsaufsicht die Ordnungsmäßigkeit der Geschäftsführung durch den Stiftungsvorstand prüfen. Die Rechnungslegung bildet somit die Grundlage jeglicher Stiftungsaufsicht.

Da die staatliche Stiftungsaufsicht reine Rechtsaufsicht (nicht Fach- oder Zweckmäßigkeitsaufsicht) ist, stellt auch die Prüfung der Rechnungslegung in erster Linie eine Ordnungsmäßigkeitsprüfung dar. Die Stiftungsaufsicht hat die Jahresrechnung darauf zu prüfen, ob diese den gesetzlichen Anforderungen genügt. Prüfung bedeutet den Vergleich eines Ist-Objekts (Prüfungsgegenstand, hier: die vorgelegte Jahresrechnung) mit einem Soll-Objekt (Prüfungsmaßstab; hier: gesetzliche Vorschriften). Da die gesetzlichen Vorschriften zur Rechnungslegung ungenügend sind, ergibt sich ein unklares Soll-Objekt.[5] Die Verwaltungsbehörden be-

---

[1] Art. 25 Abs. 1 S. 2 BayStiftG.
[2] IDW, PS 740, Tz. 4.
[3] s. Kapitel 6.6.
[4] Ebenso: IDW, PS 740, Tz. 5.
[5] Vgl. *Koss* (2003), S. 75 f.

helfen sich daher in vielen Fällen mit eher informellen Absprachen bzw. Merkblättern. Nach hier vertretener Auffassung können die Anforderungen an die Rechnungslegung von Stiftungen (Prüfungsnormen) indirekt aus anderen gesetzlichen Normen abgeleitet werden. Denn der Stiftungsvorstand muss sich für eine Methode der Rechnungslegung entscheiden. Grundsätzlich kann er dabei frei zwischen der Einnahmen-/Ausgaben-Rechnung, dem Jahresabschluss oder dem Haushalt wählen. Hat er sich einmal für eine Methode entschieden, gelten die für diese Methode maßgeblichen Rechnungslegungsvorschriften. Hat sich der Stiftungsvorstand beispielsweise für die kaufmännische Rechnungslegung entschieden, so muss sich die Ordnungsmäßigkeit seiner Rechnungslegung an den einschlägigen Vorschriften des Handelsgesetzbuches messen lassen. Die Einnahmen-/Überschussrechnung hat gemäß § 4 Abs. 3 EStG zu erfolgen. Lediglich für die Einnahmen-/Ausgaben-Rechnung gibt es keine expliziten gesetzlichen Normen.[6] In einem zweiten Schritt hat die Stiftungsaufsicht die für ordnungsgemäß befundene Rechnungslegung zu beurteilen. Mit anderen Worten: erst wenn die Ordnungsmäßigkeit der Rechnungslegung (= Übereinstimmung mit den gesetzlichen Vorschriften) festgestellt ist, kann die eigentliche stiftungsaufsichtsrechtliche Prüfung beginnen.

Im Rahmen der Rechtsaufsicht hat die Stiftungsaufsicht insbesondere folgende Fragestellungen zu prüfen:

1. Erhalt des Stiftungsvermögens, d. h. ist das Grundstockvermögen und die Zustiftungen entsprechend dem Stifterwillen erhalten geblieben?
2. Zweckentsprechende Verwendung der Erträge, d. h. wurden die Erträge aus dem Stiftungsvermögen entsprechend dem Stifterwillen verwendet?

Da Rechtaufsicht, steht auch hier die Frage der Ordnungsmäßigkeit, nicht der Wirtschaftlichkeit im Vordergrund. Keine Rolle spielt somit die Frage: wäre das vom Stifterwillen vorgegebene Ziel nicht mit einem geringeren Mittelaufwand erreichbar gewesen?

Die Prüfung der unselbständigen Stiftung

Da kein eigenes Rechtssubjekt, ist die Prüfung der Rechnungslegung der unselbstständigen Stiftung nicht ausdrücklich vorgesehen. Die Prüfung des Treuhandvermögens und die zweckentsprechende Mittelverwendung erfolgen jedoch in der Regel indirekt über die Prüfung des Rechtsträgers.

Um die Prüfungsrechte sicherzustellen, kann bei der Errichtung einer unselbstständigen Stiftung ein entsprechendes Prüfungsrecht vereinbart werden.

---

6 Vgl. als Anhaltspunkt die Ausführungen in: *Koss* (2003), Teil 3, Abschnitt 8, S. 154 ff.

Prüfung durch externe Prüfer

Die Stiftungsaufsicht kann die Prüfung der Ordnungsmäßigkeit der Rechnungslegung (rechnerische Prüfung) auch an einen externen Prüfer delegieren. Der Externe muss sich jedoch auf eine Aussage zur Ordnungsmäßigkeit, d. h. der Übereinstimmung der geprüften Rechnungslegung mit den gesetzlichen Vorschriften, ggfs. vertraglichen Erweiterungen des Prüfungsauftrages, beschränken. Die abschließende Beurteilung der Kapitalerhaltung und der zweckentsprechenden Ertragnisverwendung ist der Stiftungsaufsicht vorbehalten. Hier kann der externe Prüfer die Entscheidungsfindung durch die Stiftungsaufsicht nur vorbereiten.

Dementsprechend räumen einige Stiftungsgesetze eine entsprechende Delegation ein: ausdrücklich genannt sind die Prüfung der Verwaltung der Stiftung (§ 9 Abs. 3 StiftG Ba-Wü, § 12 Abs. 1 StiftG Bremen, § 15 Abs. 1 StiftG MV, § 11 Abs. 3 StiftG Saar), auf die Geschäfts- und Kassenführung bzw. Wirtschaftsführung (§ 12 StiftG Hess, § 11 Abs. 1 StiftG Nds, § 33 Abs. 2 StiftG Rh-Pf) oder auf die Rechnungslegung, Erhaltung des Stiftungsvermögens und die satzungsgemäße Verwendung der Stiftungsmittel (Art. 25 Abs. 3 BayStiftG § 8 Abs. 2, S. 3 StiftG Berlin, § 10 Abs. 3 StiftG S-H). Nach der vom Institut der Wirtschaftsprüfer in Deutschland e.V. (IDW) geäußerten Ansicht kommen als Abschlussprüfer von Stiftungen nur Wirtschaftsprüfer bzw. Wirtschaftsprüfungsgesellschaften in Betracht.[7] Die Stiftungsaufsicht bedient sich bei der Beauftragung eines externen Prüfers dessen Sachverstandes und dessen Ressourcen. Die Entscheidung über den Abschlussprüfer ist damit eine Frage der Praktikabilität. Aufgrund gesetzlicher Vorschriften kann jedoch bei einem Wirtschaftsprüfer oder einer Wirtschaftsprüfungsgesellschaft eine entsprechende Qualifikation unterstellt werden. In Frage kommen aber auch Steuerberater, Steuerberatungsgesellschaften, vereidigte Buchprüfer oder Buchprüfungsgesellschaften.

Anders ist dies bei Stiftungen, die auch ein Gewerbe betreiben. Wenn sie die Größenmerkmale des Publizitätsgesetzes überschreiten und somit einer Prüfungspflicht unterliegen, kommt als Abschlussprüfer nur ein Wirtschaftsprüfer bzw. Wirtschaftsprüfungsgesellschaft in Frage.[8] Ähnliches gilt bei Stiftungen in Nordrhein-Westfalen, für die § 10 StiftG NRW gilt.

Gleiches gilt für prüfungspflichtige Unternehmen in der Rechtsform der Stiftung und Co. KG, die einer gesetzlichen Prüfungspflicht nach dem HGB unterliegen.

Prüfungsumfang

Anders als in den §§ 316 HGB bestehen für die Prüfungen von Stiftungen nur in Ausnahmefällen gesetzliche Vorschriften über den Prüfungsumfang. Es emp-

---

[7] IDW, PS 740, Tz. 6.
[8] Ebenso: IDW, PS 740, Tz.7.

fiehlt sich daher, dass Prüfungsgegenstand und Umfang zwischen dem Abschlussprüfer und dem Auftraggeber vertraglich festgelegt werden.[9]

Ausblick

Die Prüfung einer Stiftung hat zwei Aspekte für den Stiftungsvorstand: einen belastenden wie einen entlastenden. Zunächst bedeutet die Prüfung eine zusätzliche Arbeitsbelastung. Zum anderen ist der Stiftungsvorstand in der Ordnungsmäßigkeit seiner Arbeit bestätigt, wenn diese im Rahmen einer Prüfung bescheinigt wird.

---

[9] Ebd., Tz.10.

6.8 Die Steuererklärung einer Stiftung

Von Joachim Doppstadt

Die Gründung einer steuerbegünstigten Stiftung

Steuerbegünstigte Stiftungen sind grundsätzlich von der Körperschaftsteuer und von der Gewerbesteuer befreit.[1] Eine Stiftung erhält diese Steuerbegünstigung jedoch nur dann, wenn sich aus ihrer Satzung und dem Stiftungsgeschäft ein Zweck ergibt, der den Anforderungen der §§ 51 bis 55 AO entspricht und wenn dieser Zweck ausschließlich und unmittelbar verfolgt wird.[2] Wird eine Stiftung neu gegründet, welche nach ihrer Satzung ausschließlich und unmittelbar gemeinnützigen, mildtätigen oder kirchlichen Zwecken dienen soll, muss ihre Satzung im Vorfeld nicht nur mit der zuständigen Stiftungsaufsichtsbehörde, sondern auch mit der Finanzverwaltung abgestimmt werden. Zuständig hierfür sind in den meisten Bundesländern die örtlichen Finanzämter. In einigen Bundesländern wird die Überprüfung der Satzung durch das jeweilige Finanzministerium durchgeführt. Entspricht die Stiftungssatzung nach Überprüfung durch die Finanzbehörde den Vorschriften der §§ 51 bis 55 AO, wird ihr nach der staatlichen Anerkennung als Ergebnis die vorläufige Bescheinigung über Ihre Steuerbegünstigung erteilt.

Die Überwachung der steuerbegünstigten Stiftung durch die Finanzverwaltung

Die Abgabenordnung sieht als weitere Voraussetzung für die Gewährung der Steuerbegünstigung vor, dass die Stiftung nicht nur formal den Anforderungen der §§ 51 bis 55 AO genügt, sondern auch die tatsächliche Geschäftsführung der Stiftung den Satzungsbestimmungen entsprechen muss.[3] Im Gegensatz zur rein formellen Überprüfung der Satzung hat die Finanzverwaltung hier die Handlungen der Organe darauf hin zu überprüfen, ob diese im Einklang mit den Satzungsbestimmungen stehen. Außerdem wird die Finanzverwaltung bei ihrer Überprüfung darauf achten, ob Steuern, die bei umfangreichen wirtschaftlichen Betätigungen der an sich steuerbefreiten Stiftung anfallen können, festzusetzen sind. Diese Tätigkeit kann zwangsläufig nur ex post erfolgen. Die Finanzverwaltung überprüft

---

[1] Vgl. § 5 Ziff. 9 KStG und § 3 Ziffer 6 GewStG.
[2] Vgl. § 59 Satz 1 AO.
[3] Vgl. § 59 Satz 2 AO.

die Stiftungen in der Regel in einem Turnus von 3 Jahren. Bei größeren Stiftungen kann es auch zu einer jährlichen Überprüfung kommen. Die Finanzverwaltung führt ihre Tätigkeit nach Einreichung bestimmter Unterlagen grundsätzlich im Amt durch. Bei sehr großen Stiftungen kann es allerdings auch zu einer steuerlichen Außenprüfung kommen. Dies ist insbesondere dann zweckmäßig, wenn die Überprüfung nur anhand der Sichtung zahlreicher Akten erfolgen kann und ein Transport nicht sinnvoll erscheint. Diese Prüfung wird dann in einem bei der steuerlichen Betriebsprüfung gewerblicher Unternehmen vergleichbaren Verfahren durchgeführt.

Die Steuererklärung von steuerbegünstigten Stiftungen

Die steuerbegünstigte Stiftung wird in regelmäßigem Abstand (1–3 Jahre) von der Finanzverwaltung aufgefordert, eine Steuererklärung abzugeben. Hierfür hat die Finanzverwaltung das Formular KSt-Gem 1 entwickelt: „Erklärung zur Körperschaftsteuer und Gewerbesteuer von Körperschaften, die gemeinnützigen, mildtätigen oder kirchlichen Organisationen dienen". Das Formular ist als Anlage am Ende dieses Beitrags abgedruckt.

Die wesentlichen Informationen, die mit diesem Formular abgefragt werden, sind im Folgenden erläutert:

Auf der ersten Seite der Steuererklärung sind unter der Rubrik A die wesentlichen Angaben zu den rechtlichen Verhältnissen, Bankverbindung, steuerlicher Zustellungsvollmacht etc. zu machen. Diese Angaben unterscheiden sich nicht von den sonstigen Steuererklärungen.

Unter der Rubrik B auf der zweiten Seite sind die Unterlagen aufgeführt, welche zusätzlich zu dem Erklärungsvordruck beim Finanzamt einzureichen sind. Hierbei handelt es sich zunächst einmal um eine möglichst weitgehend aufgegliederte Zusammenstellung der Einnahmen und Ausgaben und eine Vermögensaufstellung zum 31. 12. des jeweiligen Kalenderjahres. Sofern die Stiftung einen nach kaufmännischen Grundsätzen aufgestellten Jahresabschluss aufstellt, ist dieser einzureichen. Zusätzlich ist ein Geschäfts- bzw. Tätigkeitsbericht der Stiftung vorzulegen. Der Hinweis darauf, dass diese Unterlagen auch für die beiden vorangegangenen Jahre beizufügen sind, stellt darauf ab, dass die Überprüfung der tatsächlichen Geschäftsführung in der Regel in einem 3-jährigen Turnus stattfindet.

In der Rubrik C werden Einzelinformationen abgefragt. Hierbei geht es zunächst um die Abgrenzung eventuell vorhandener wirtschaftlicher Geschäftsbetriebe. Die Tätigkeit einer steuerbegünstigten Stiftung kann aus steuerlicher Sicht grundsätzlich in vier Bereiche eingeteilt werden: Die ideelle Tätigkeit, die Vermögensverwaltung und der wirtschaftliche Geschäftsbetrieb der sowohl steuerbefreiter Zweckbetrieb als auch steuerpflichtiger wirtschaftlicher Geschäftsbetrieb sein kann. Ein wirtschaftlicher Geschäftsbetrieb ist eine selbständige nachhaltige Tätigkeit, durch die Einnahmen oder andere wirtschaftliche Vorteile erzielt werden und die über den Rahmen einer Vermögensverwaltung hinausgeht. Die Absicht, Gewinn zu erzielen, ist nicht erforderlich.[4] Die Beteiligung an einer Personengesellschaft begründet in der Regel einen wirtschaftlichen Geschäftsbetrieb. In diesem Fall sind für die Beurteilung, ob die Besteuerungsgrenze überschritten wird, die der Stiftung entsprechend ihrer Beteiligungsquote zurechenbaren Einnahmen, nicht der ihr zustehende Gewinnanteil, maßgeblich. Ein wirtschaftlicher Geschäftsbetrieb kann sowohl steuerpflichtig als auch als sog. Zweckbetrieb steuerbegünstigt sein. Ein Zweckbetrieb ist gegeben, wenn der wirtschaftliche Geschäftsbetrieb in seiner Gesamtrichtung dazu dient, die steuerbegünstigten satzungsmäßigen Zwecke der Stiftung zu verwirklichen, die Zwecke nur durch diesen erreicht werden können und der wirtschaftliche Geschäftsbetrieb zu nicht begünstigten Betrieben derselben oder ähnlicher Art nicht in größerem Umfang in Wettbewerb tritt, als bei der Erfüllung der steuerbegünstigten Zwecke unvermeidbar ist.[5]

In Zeile 18 wird sodann abgefragt, ob die Gesamteinnahmen der Stiftung, d. h. Einnahmen aus Spenden, Zuschüssen, aus Vermögensverwaltung und aus wirtschaftlichen Betätigungen, mehr als EUR 30.678 betragen haben. Hierbei handelt es sich um die Grenze, bis zu der die Einnahmen aus einem wirtschaftlichen Geschäftsbetrieb nicht besteuert werden.[6] Sofern diese Grenze nicht überschritten wird, kann die Stiftung die Zeilen 19 bis 39 überspringen und direkt bei Zeile 40 fortfahren. Sofern die Gesamteinnahmen der Stiftung die Grenze von EUR 30.678 überschritten haben ist zunächst zu untersuchen, ob die Einnahmen aus steuerpflichtigen wirtschaftlichen Geschäftsbetrieben die Grenze von EUR 30.678 überschritten haben. In Zeile 20 wird auf Einnahmen hingewiesen, hinter denen sich in der Regel ein wirtschaftlicher Geschäftsbetrieb verbirgt. Sofern die Einnahmen aus wirtschaftlichen Geschäftsbetrieben insgesamt den Betrag in Höhe von EUR 30.678 nicht überschreiten, kann auch in diesem Fall mit Zeile 40 fortgefahren werden. Für den Fall, dass die Grenze überschritten wurde, sind in Zeile 21 schließlich die Ergebnisse der einzelnen wirtschaftlichen Geschäftsbetriebe zu ermitteln, indem die Einnahmen den Ausgaben gegenübergestellt werden. Der Gesamtgewinn aus allen wirtschaftlichen Geschäftsbetrieben bildet die Grundlage für die Besteuerung. Zu beachten ist allerdings, dass die Gewinne grundsätzlich der Körperschaft- und der Gewerbesteuer unterliegen, jedoch Freibeträge in Höhe von EUR 3.835 bei der Körperschaftsteuer und EUR 3.900 bei der Gewerbesteuer in Abzug gebracht werden.[7]

Sofern die Stiftung einen oder mehrere Zweckbetriebe betreibt, sind die Einnahmen der einzelnen Betriebe (gegebenenfalls einschließlich Umsatzsteuer) in Zeile 23 aufzuführen. Die Charakterisierung des Zweckbetriebes wurde bereits oben dargestellt. Für die Zweckbetriebseigenschaft bestimmter wirtschaftlicher

---

[4] Vgl. § 14 AO.
[5] Vgl. § 65 AO.
[6] Vgl. § 64 Abs. 3 AO.
[7] Vgl. § 24 KStG und § 11 Abs. 1 Nr. 2 GewStG.

Betätigungen enthalten die §§ 66 bis 68 AO Sonderregelungen. So sind kulturelle Einrichtungen wie z. B. Museen, Theater und kulturelle Veranstaltungen wie z. B. Konzerte oder Kunstausstellungen Zweckbetriebe, auch wenn sie die allgemeinen Voraussetzungen des § 65 AO nicht erfüllen.[8] Kulturelle Einrichtungen in diesem Sinne können jedoch nur dann vorliegen, wenn die Förderung der Kultur Satzungszweck der Stiftung ist.

Die Zeilen 25 bis 30 beziehen sich auf die Sonderbehandlung von Einnahmen aus der Verwertung von Altmaterial. Hier kann beantragt werden, dass der Überschuss aus der Verwertung des Altmaterials in Höhe des branchenüblichen Reingewinns geschätzt wird.[9] Bei der Verwertung von Altpapier beträgt der branchenübliche Reingewinn 5 % und bei sonstigen Altmaterialien 20 % der Einnahmen. Die entsprechenden Einnahmen und die mit den Einnahmen in Zusammenhang stehenden Ausgaben sind aus den Gesamtbeträgen aus Zeile 21 auszusondern und in die Zeilen 27 bis 29 einzutragen.

Eine weitere Erleichterung für steuerbegünstigte Einrichtungen, die wirtschaftliche Geschäftsbetriebe unterhalten, wird in den Zeilen 31 bis 39 der Steuererklärung abgehandelt. Auf Antrag des Steuerpflichtigen kann der Gewinn aus den folgenden wirtschaftlichen Geschäftsbetrieben pauschal mit 15 % der Einnahmen angesetzt werden: Werbung für Unternehmen, die im Zusammenhang mit der steuerbegünstigten Tätigkeit einschließlich der Zweckbetriebe stattgefunden hat, Totalisatorbetriebe sowie die zweite Fraktionierungsstufe der Blutspendedienste.[10] Die Erleichterung tritt für die Körperschaft dadurch ein, dass auf der einen Seite die exakte Ermittlung des Überschusses dieser wirtschaftlichen Geschäftsbetriebe nicht notwendig ist und auf der anderen Seite für den Fall, dass die mit den Einnahmen in Zusammenhang stehenden Ausgaben weniger als 85 % der Einnahmen betragen. Wenn z. B. eine Stiftung, die medizinische Forschungskongresse veranstaltet, im Rahmen der Veranstaltungen Werbung für bestimmte Pharma-Unternehmen betreibt und daraus Einnahmen erzielt, so kann der Gewinn daraus mit 15 % der Einnahmen angesetzt werden. In den Zeilen 33 bis 35 ist der jeweilige Geschäftsbetrieb anzukreuzen. Die Einnahmen und die Ausgaben sind aus Zeile 21 zu extrahieren und in den Zeilen 37 und 38 auszuweisen.

In den Zeilen 40 bis 42 haben Stiftungen je nach den durch sie verfolgten Zwecken weitere Erklärungen abzugeben. Stiftungen, die mildtätige Zwecke verfolgen, haben in Zeile 40 zu erklären, dass sie sich von der Hilfsbedürftigkeit des von ihr betreuten Personenkreises überzeugt haben und entsprechende Aufzeichnungen darüber vorliegen. Eine Stiftung verfolgt mildtätige Zwecke, wenn ihre Tätigkeit darauf gerichtet ist, Personen selbstlos zu unterstützen, die infolge ihres körperlichen, geistigen oder seelischen Zustandes auf die Hilfe anderer angewiesen sind oder deren Bezüge nicht höher sind als das vierfache des Regelsatzes der Sozial-

---

[8] Vgl. § 68 Nr. 7 AO.

[9] Vgl. § 64 Abs. 5 AO.

[10] Vgl. § 64 Abs. 6 AO.

6.8 Die Steuererklärung einer Stiftung

hilfe im Sinne des § 28 der zwölften Buches Sozialgesetzbuch.[11] Stiftungen, die als Einrichtungen der Wohlfahrtspflege gelten, haben zu erklären, dass mindestens zwei Drittel der Leistungen der Einrichtung hilfsbedürftigen Personen (§ 53 Nr. 1 und 2 AO) zugute kommen, dass sie sich von der Hilfsbedürftigkeit überzeugt haben und auch entsprechende Aufzeichnungen darüber vorliegen. Stiftungen die ein Krankenhaus betreiben, haben zu erklären, dass die Voraussetzungen des § 67 AO für die Annahme eines Zweckbetriebes erfüllt sind. Ein Krankenhaus gilt als Zweckbetrieb, wenn mindestens 40 vom Hundert der Pflegetage auf Patienten entfallen, bei denen nur Entgelte bzw. keine höheren Entgelte als die für allgemeine Krankenhausleistungen berechnet werden.

Die Zeilen 43 bis 48 der Erklärung haben lediglich diejenigen Stiftungen auszufüllen, die Rücklagen gebildet haben. Die Möglichkeit der Rücklagenbildung ist in Kapitel 6.9 im Einzelnen dargestellt. Sofern eine Stiftung Ansparrücklagen gebildet hat, sind diese getrennt nach einzelnen Vorhaben in Zeile 44 aufzuführen. In Zeile 45 ist der Gesamtbetrag der freien Rücklage gemäß § 58 Nr. 7a AO einzutragen. Hierunter fällt sowohl die Substanzerhaltungsrücklage als auch die sog. Zehntel-Rücklage. Sofern eine Rücklage für Kapitalerhöhungen gemäß § 58 Nr. 7 b AO gebildet wurde ist der Bestand am jeweiligen Jahresende in Zeile 47 unter Nennung der Beteiligungsgesellschaft aufzuführen. Die Finanzverwaltung verlangt außerdem eine Darstellung der Entwicklung der Rücklagen nach § 58 Nr. 7 a und b AO und deren Berechnungsgrundlagen seit der Abgabe der letzten Steuererklärung. Diese wird sich in der Regel schon aus den Jahresrechnungen bzw. den Jahresabschlüssen ableiten lassen.

Zuführungen zum Vermögen nach § 58 Nr. 11 und 12 sind in Zeile 49 der Erklärung einzutragen. Hierbei handelt es sich um erlaubte Zuführungen zum Stiftungsvermögen bei

a) Zuwendungen von Todes wegen, bei denen der Erblasser keine Verwendung für den laufenden Aufwand der Stiftung vorgeschrieben hat,

b) Zuwendungen, bei denen der Zuwendende ausdrücklich erklärt, dass sie zur Ausstattung der Stiftung mit Vermögen oder zur Erhöhung des Vermögens bestimmt sind,

c) Zuwendungen aufgrund eines Spendenaufrufes der Stiftung, wenn aus dem Aufruf ersichtlich ist, dass Beträge zur Aufstockung des Stiftungsvermögens erbeten werden,

d) Sachzuwendungen, die Ihrer Natur nach zum Vermögen gehören.[12]

Außerdem können Stiftungen im Jahr ihrer Gründung und in den folgenden beiden Jahren die Überschüsse aus Vermögensverwaltung und die Überschüsse aus wirtschaftlichen Geschäftsbetrieben ganz oder teilweise ihrem Vermögen zuführen.[13]

---

[11] Vgl. § 53 AO.
[12] Vgl. § 58 Nr. 11 AO.
[13] Vgl. § 58 Nr. 12 AO.

In Zeile 50 ist zu erklären, ob Mitglieder, Gesellschafter oder außenstehende Personen unentgeltliche Zuwendungen, die nicht in Erfüllung des Satzungszwecks geleistet wurden, erhalten haben. Da die Stiftung weder Mitglieder noch Gesellschafter hat, kann für sie die Erklärung nur im Hinblick auf außenstehende Personen in Betracht kommen. Die Stiftung darf ihre Mittel nur für die satzungsmäßigen Zwecke verwenden. Sie darf keine Person durch Ausgaben, die dem Zweck der Stiftung fremd sind, oder durch unverhältnismäßig hohe Vergütungen begünstigen.[14] Sofern eine Stiftung in ihrer Satzung die Möglichkeit von Unterhaltsleistungen an den Stifter und seine nächsten Angehörigen[15] vorsieht, sind Beträge die im Besteuerungszeitraum geleistet wurden, auch unter dieser Rubrik zu vermerken.

Zuletzt weist die Finanzverwaltung in Abschnitt D der Erklärung auf bestimmte Mitteilungspflichten des Steuerpflichtigen hin. Danach sind Umstände innerhalb eines Monats seit dem meldepflichtigen Ereignis anzuzeigen, welche für die steuerliche Erfassung von Bedeutung sind. Hierzu gehören insbesondere der Erwerb der Rechtsfähigkeit bisher unselbständiger Stiftungen und Beschlüsse, durch die für steuerliche Vergünstigungen wesentliche Satzungsbestimmungen geändert werden, die Verlegung der Geschäftsleitung oder des Sitzes sowie die Zusammenlegung oder Auflösung der Stiftung.

Die Umsatzsteuererklärung

Die Steuerbefreiung einer steuerbegünstigten Stiftung bezieht sich lediglich auf die Körperschaftsteuer und die Gewerbesteuer. Eine generelle Befreiung der Stiftung von der Umsatzsteuer existiert nicht. Sofern die Stiftung als Unternehmer auftritt, unterliegt sie der Umsatzsteuer. Unternehmer im umsatzsteuerlichen Sinne ist, wer eine gewerbliche oder berufliche Tätigkeit selbständig ausübt. Gewerblich oder beruflich ist dabei jede nachhaltige Tätigkeit zur Erzielung von Einnahmen, auch wenn die Absicht, Gewinn zu erzielen, fehlt.[16] Der Umsatzsteuer unterliegen dabei sämtliche nach dem Umsatzsteuerrecht steuerbaren und nicht steuerbefreiten Umsätze. Diese können in allen Bereichen der Stiftung vorkommen. Sofern die Grenzen für Kleinunternehmer (Umsatz im vorangegangenen Kalenderjahr geringer als EUR 17.500 und im laufenden Kalenderjahr voraussichtlich nicht größer als EUR 50.000)[17] nicht überschritten werden hat die Stiftung die Möglichkeit, von der Kleinunternehmer-Regelung Gebrauch zu machen. Die Umsatzsteuer wird in diesem Fall nicht erhoben; die Stiftung ist nicht berechtigt, Rechnungen mit Umsatzsteuerausweis zu erstellen, kann aber analog dazu auch keine Vorsteuer abziehen. Bei Überschreiten dieser Grenzen tritt Umsatzsteuerpflicht ein. Die Stiftung erfährt allerdings insofern eine umsatzsteuerliche Begünstigung, als lediglich die Umsätze,

---

14 Vgl. § 55 AO.
15 Vgl. § 58 Nr. 5 AO
16 Vgl. § 2 Abs. 1 UStG.
17 Vgl. § 19 Abs. 1 UStG.

die in einem wirtschaftlichen Geschäftsbetrieb erzielt werden, dem Regelsatz von z. Zt. 16 vom Hundert unterliegen. Die übrigen Umsätze unterliegen dem ermäßigten Steuersatz von z. Zt. 7 vom Hundert.[18] Hierunter fallen zunächst die Leistungen, die im ideellen Bereich und im Zweckbetrieb erbracht werden. Auch die Leistungen, die im Bereich der Vermögensverwaltung erbracht werden, sind, sofern nicht sowieso aus anderen Gründen befreit, mit dem ermäßigten Steuersatz zu besteuern.[19] Bedingt durch die Möglichkeit, trotz einer ermäßigten Besteuerung der Umsätze die vollen Vorsteuerbeträge dagegen zu rechnen, können sich für steuerbegünstigte Stiftungen je nach Lage ganz interessante Konstellationen ergeben.

Sofern die nachfolgend im Einzelnen erläuterten Grenzen in Bezug auf die Umsatzsteuer für das vorangegangene Kalenderjahr überschritten werden, hat die Stiftung unterjährig Umsatzsteuer-Voranmeldungen abzugeben. Voranmeldungszeitraum ist grundsätzlich das Kalendervierteljahr. Beträgt die Steuer für das vorangegangene Kalenderjahr mehr als EUR 6.136, so ist der Kalendermonat der Voranmeldungszeitraum. Beträgt die Steuer für das Vorjahr weniger als EUR 512, so kann das Finanzamt die Stiftung von der Abgabe von Voranmeldungen befreien.[20] Die Voranmeldung ist bis zum 10. Tag nach Ablauf des Voranmeldungszeitraums nach amtlich vorgeschriebenen Vordruck abzugeben. Ab 1. 1. 2005 ist der Steuerpflichtige verpflichtet, diese grundsätzlich auf elektronischem Weg an die Finanzverwaltung zu übermitteln. Zur Vermeidung von unbilligen Härten kann die Finanzverwaltung jedoch auf die elektronische Abgabe verzichten.[21] Auf Antrag kann diese Frist im Rahmen einer sog. Dauerfristverlängerung um einen Monat verlängert werden.[22] Sofern es sich um die Dauerfristverlängerung bei monatlicher Abgabe handelt, hat die Stiftung zu Beginn des Jahres mit Abgabe des Antrags eine Sondervorauszahlung in Höhe von 1 / 11der Steuerschuld des Vorjahres zu leisten.[23]

Nach Ablauf eines Kalenderjahres ist eine Umsatzsteuerjahreserklärung auf amtlich vorgeschriebenem Formular abzugeben. Die Stiftung hat die Steuer selbst zu ermitteln und zu erklären. Dies geschieht in der Regel, nachdem die Erstellung der Jahresrechnung oder des Jahresabschlusses erfolgt ist. Die unterjährig vorangemeldeten Umsatzsteuerbeträge werden in diesem Zusammenhang noch einmal einer Verprobung unterzogen. Die Beträge, welche im Rahmen der unterjährigen Voranmeldungen bereits an die Finanzverwaltung entrichtet wurden, werden von der Jahressteuerschuld in Abzug gebracht. Die Umsatzsteuererklärung ist im Rahmen der allgemeinen Abgabefristen für Steuererklärungen einzureichen. Abgabetermin ist in der Regel der 31. Mai des Folgejahres. Sofern Angehörige der steuerberatenden Berufe die Erklärung erstellen, gewährt die Finanzverwaltung von sich aus eine Frist bis zum 30. September.

---

[18] Vgl. § 12 Abs. 1 Nr. 8 UStG.
[19] Vgl. A 170 Abs. 3 UStR.
[20] Vgl. § 18 Abs. 2 UStG.
[21] Vgl. § 18 Abs. 1 UStG.
[22] Vgl. § 46 UStDV.
[23] Vgl. § 47 Abs. 1 UStDV.

Anlage: Formular KSt-Gem 1

Finanzamt
Steuernummer
Verzeichnisnummer

Erklärung

zur Körperschaftsteuer und Gewerbesteuer von Körperschaften, die gemeinnützigen, mildtätigen oder kirchlichen Zwecken dienen

(§§ 51–68 Abgabenordnung, § 5 Abs. 1 Nr. 9 Körperschaftsteuergesetz und § 3 Nr. 6 Gewerbesteuergesetz)

für das Kalenderjahr 200___

A. Allgemeine Angaben

Zeile		
1	Bezeichnung der Körperschaft, Personenvereinigung oder Vermögensmasse	
2		
3	Straße, Hausnummer und Postfach	
4	Postleitzahl / Ort	tagsüber telefonisch erreichbar unter Nr.
5	Ort der Geschäftsleitung / des Sitzes	
6	Rechtsform (z.B. Verein, Stiftung, Kapitalgesellschaft)	
7	Vorsitzender oder Geschäftsführer (mit Anschrift)	
8		tagsüber telefonisch erreichbar unter Nr.
9	Gegenstand des Unternehmens oder Zweck der Körperschaft	
10		
11	Bankverbindung — Nummer des Bankkontos / Bankleitzahl	
12	Geldinstitut (Zweigstelle) und Ort	
13	Name eines von Zeile 1 abweichenden Kontoinhabers (bitte Abtretungserklärung beifügen)	
14	Der Steuerbescheid soll einem von den Zeilen 1 bis 8 abweichenden Empfangsbevollmächtigten/Postempfänger zugesandt werden	
15	Zustellungs- bzw. Empfangsvollmacht	ist beigefügt. / liegt dem Finanzamt vor.
16	Abschrift der Satzung in der zur Zeit gültigen Fassung vom	ist beigefügt. / liegt dem Finanzamt vor.
17	Abschrift des Beschlusses über die Festsetzung der Mitgliederbeiträge, Umlagen und Aufnahmegebühren für das o.g. Kalenderjahr	ist beigefügt. / liegt dem Finanzamt vor.

Gem 1 – Erklärung
Juli 01

6.8 Die Steuererklärung einer Stiftung

B. Einzureichende Unterlagen

Bitte reichen Sie eine möglichst weitgehend aufgegliederte Gegenüberstellung der Einnahmen und Ausgaben und eine Aufstellung über das Vermögen am 31.12. des o.g. Kalenderjahres bzw. den Jahresabschluss (Bilanz und Gewinn- und Verlustrechnung) sowie den Geschäfts- oder Tätigkeitsbericht ein.
Fügen Sie bitte auch die entsprechenden Unterlagen für die beiden vorangegangenen Jahre bei. ①

C. Einzelangaben

18 Die Gesamteinnahmen (einschließlich Beiträge, Spenden, Zuschüsse, Einnahmen aus der Vermögensverwaltung und aus wirtschaftlichen Betätigungen, Umsatzsteuer) betragen:

☐ nicht mehr als 60 000 DM / 30 678 € (weiter in Zeile 40)

☐ mehr als 60 000 DM / 30 678 € (weiter in Zeile 19)

19 Die Einnahmen (einschließlich der Umsatzsteuer) aus steuerpflichtigen wirtschaftlichen Geschäftsbetrieben ② betragen:

☐ nicht mehr als 60 000 DM / 30 678 € (weiter in Zeile 40)

☐ mehr als 60 000 DM / 30 678 € (weiter in Zeile 21)

20 Hinweis:
Dazu gehören auch
a) Einnahmen aus sportlichen Veranstaltungen, die nach § 67a Abs. 1 oder 3 Abgabenordnung (AO) ein steuerpflichtiger wirtschaftlicher Geschäftsbetrieb sind, ③
b) Einnahmen aus geselligen Veranstaltungen,
c) Einnahmen aus der Verwertung von Altmaterial (dies gilt auch dann, wenn beantragt wird, den Überschuss aus der Verwertung von Altmaterial nach § 64 Abs. 5 AO in Höhe des branchenüblichen Reingewinns zu schätzen)
d) Einnahmen aus steuerpflichtigen wirtschaftlichen Geschäftsbetrieben, bei denen der steuerpflichtige Gewinn nach § 64 Abs. 6 AO pauschal mit 15% der Einnahmen angesetzt wird (z.B. Werbung für Unternehmen, die im Zusammenhang mit der steuerbegünstigten Tätigkeit einschließlich der Zweckbetriebe stattgefunden hat)
und
e) die anteiligen Einnahmen aus Beteiligungen an Personengesellschaften und Gemeinschaften (auch Fest- bzw. Arbeitsgemeinschaften), soweit die Beteiligungen einen steuerpflichtigen wirtschaftlichen Geschäftsbetrieb darstellen.

21	Art der steuerpflichtigen wirtschaftlichen Geschäftsbetriebe ②	Einnahmen (einschließlich Umsatzsteuer) ☐ DM ☐ €	Ausgaben ☐ DM ☐ €	Überschuss / Fehlbetrag ☐ DM ☐ €
22	Summe			

23	Art der Zweckbetriebe ②	Einnahmen (einschließlich Umsatzsteuer) ☐ DM ☐ €
24	Summe	

Die mit einem Kreis versehenen Zahlen beziehen sich auf die beiliegenden Erläuterungen zu dieser Erklärung.

Zeile		
25	▼	Nur ausfüllen, wenn die Einnahmen aus steuerpflichtigen wirtschaftlichen Geschäftsbetrieben (siehe Zeile 22) 60 000 DM / 30 678 € übersteigen und darin Einnahmen aus der Verwertung von Altmaterial enthalten sind.
26	☐	Wir beantragen, den Überschuss aus der Verwertung des Altmaterials nach § 64 Abs. 5 AO in Höhe des branchenüblichen Reingewinns zu schätzen. Wir erklären, dass das Altmaterial nicht im Rahmen einer ständig dafür vorgehaltenen Verkaufsstelle gesammelt und verwertet wurde.
27		Einnahmen aus der Verwertung von ☐ Altpapier ⬜ DM ⬜ €
28		☐ anderem Altmaterial
29		In den in Zeile 22 angegebenen Ausgaben enthaltene Ausgaben, die mit den Einnahmen aus der Verwertung des Altmaterials in Zusammenhang stehen ⬜ DM ⬜ €
30		Hinweis: – Der branchenübliche Reingewinn beträgt bei der Verwertung von Altpapier 5% und bei der Verwertung von anderem Altmaterial 20% der Einnahmen. Zu den maßgeblichen Einnahmen gehört nicht die im Bruttopreis enthaltene Umsatzsteuer. – Wenn Sie keinen Antrag auf Schätzung des Überschusses aus der Verwertung von Altmaterial nach § 64 Abs. 5 AO stellen, wird der Überschuss nach den allgemeinen Grundsätzen ermittelt (Gegenüberstellung der gesamten Einnahmen und Ausgaben – siehe Zeile 21 – der steuerpflichtigen wirtschaftlichen Geschäftsbetriebe).
31	▼	Nur ausfüllen, wenn die Einnahmen aus steuerpflichtigen wirtschaftlichen Geschäftsbetrieben (siehe Zeile 22) 60 000 DM / 30 678 € übersteigen und darin Einnahmen aus Werbung für Unternehmen, die im Zusammenhang mit der steuerbegünstigten Tätigkeit einschließlich der Zweckbetriebe stattgefunden hat, aus Totalisatorbetrieben oder aus der Zweiten Fraktionierungsstufe der Blutspendedienste enthalten sind.
32	☐	Wir beantragen, den Gewinn aus dem steuerpflichtigen wirtschaftlichen Geschäftsbetrieb
33		☐ Werbung für Unternehmen, die im Zusammenhang mit der steuerbegünstigten Tätigkeit einschließlich der Zweckbetriebe stattgefunden hat
34		☐ Totalisator
35		☐ Zweite Fraktionierungsstufe
37		nach § 64 Abs. 6 AO pauschal mit 15% der Einnahmen in Höhe von ⬜ DM ⬜ € anzusetzen.
38		In den in Zeile 22 angegebenen Ausgaben enthaltene Ausgaben, die mit diesen Einnahmen in Zusammenhang stehen ⬜ DM ⬜ €
39		Hinweis: Wenn Sie nicht beantragen, den Gewinn des steuerpflichtigen wirtschaftlichen Geschäftsbetriebs nach § 64 Abs. 6 AO pauschal mit 15% der Einnahmen anzusetzen, wird er nach den allgemeinen Grundsätzen ermittelt (Gegenüberstellung der gesamten Einnahmen und Ausgaben – siehe Zeile 21 – des steuerpflichtigen wirtschaftlichen Geschäftsbetriebs).
	▼	**Nur für Körperschaften, die mildtätige Zwecke verfolgen** ④
40		Wir erklären, dass wir uns von der Hilfsbedürftigkeit (§ 53 Nr. 1 und 2 AO) des von uns betreuten Personenkreises überzeugt haben und Aufzeichnungen darüber vorliegen.
	▼	**Nur für Einrichtungen der Wohlfahrtspflege** ⑤
41		Wir erklären, dass mindestens zwei Drittel der Leistungen der Einrichtung hilfsbedürftigen Personen (§ 53 Nr. 1 und 2 AO) zugute kommen. Von der Hilfsbedürftigkeit haben wir uns überzeugt. Aufzeichnungen darüber liegen vor.
	▼	**Nur für Krankenhäuser** ⑥
42		Wir erklären, dass die Voraussetzungen des § 67 AO für die Annahme eines Zweckbetriebes erfüllt sind.
	▼	**Nur für Körperschaften, die Rücklagen gebildet haben** ⑦
43		Am Ende des o.a. Jahres bestanden folgende Rücklagen:
44	☐	Rücklagen nach § 58 Nr. 6 AO für die folgenden Vorhaben: ⑧ ⬜ DM ⬜ €
45	☐	Freie Rücklage nach § 58 Nr. 7 a AO ⑨ ⬜ DM ⬜ €
46	☐	Rücklage für den Erwerb von Gesellschaftsrechten zur Erhaltung der prozentualen Beteiligung nach § 58 Nr. 7 b AO ⑨
47		an der Kapitalgesellschaft ⬜ DM ⬜ €
48		Hinweis: Bitte erläutern Sie auf einem gesonderten Blatt, wie sich die Rücklagen nach § 58 Nr. 7 a und b AO seit der letzten Erklärung entwickelt haben. Geben Sie dazu bitte auch an, wie hoch die Einnahmen, Ausgaben und Überschüsse aus der Vermögensverwaltung und – bei Rücklagenzuführung ab dem 1.1.2000 – die sonstigen nach § 55 Abs. 1 Nr. 5 AO zeitnah zu verwendenden Mittel in den Jahren waren, in denen Zuführungen zu der freien Rücklage vorgenommen wurden, und ob in diesen Jahren Mittel für den Erwerb von Gesellschaftsrechten ausgegeben wurden.

6.8 Die Steuererklärung einer Stiftung

Zeile			
49	Zuführungen zum Vermögen nach § 58 Nr. 11 und 12 AO ⑩ ⑪ (ggf. 0 DM / € eintragen)		☐ DM ☐ €
50	**Zuwendungen** ⑫ Mitglieder, Gesellschafter oder außenstehende Personen haben unentgeltliche Zuwendungen, die nicht in Erfüllung des Satzungszweckes geleistet wurden, erhalten:		
	☐ Nein ☐ Ja ▼		
	Grund	Betrag	☐ DM ☐ €

D. Sonstiges

Es wird darauf hingewiesen, dass dem zuständigen Finanzamt nach § 137 AO die Umstände anzuzeigen sind, die für die steuerliche Erfassung von Bedeutung sind, insbesondere der Erwerb der Rechtsfähigkeit, die Änderung der Rechtsform, die Beschlüsse, durch die für steuerliche Vergünstigungen wesentliche Satzungsbestimmungen geändert werden, die Verlegung der Geschäftsleitung oder des Sitzes und die Auflösung. Mitteilungen dieser Art sind innerhalb eines Monats seit dem meldepflichtigen Ereignis zu erstatten (§ 137 Abs. 2 AO).

Diese Erklärung ist eine Steuererklärung im Sinne der Abgabenordnung.

Unterschrift

Ich versichere, dass die tatsächliche Geschäftsführung den satzungsmäßigen Zwecken entspricht und dass ich die Angaben in dieser Erklärung und in den ihr beigefügten Anlagen nach bestem Wissen und Gewissen richtig und vollständig gemacht habe.

Ort, Datum

Bei der Ausfertigung dieser Erklärung hat mitgewirkt:
(Name, Anschrift, Rufnummer)

(Unterschrift)

Die Steuererklärung muss vom gesetzlichen Vertreter bzw. vom Vertretungsberechtigten der Körperschaft eigenhändig unterschrieben sein.

▌ Hinweis nach den Datenschutzgesetzen: Die mit der Steuererklärung angeforderten Daten werden auf Grund der §§ 149 ff. der Abgabenordnung erhoben.

6.9 Rücklagen, Rückstellungen, Verbindlichkeiten, Wertberichtigungen

Von Joachim Doppstadt

Grundlagen der Rechnungslegung

Die Begriffe stammen aus dem Bilanzrecht. Dort wird ihre Bedeutung genau definiert und abgegrenzt. Die kaufmännische Rechnungslegung ist jedoch für Stiftungen grundsätzlich nicht gesetzlich vorgeschrieben. Auf der anderen Seite entspricht die Verwendung dieser handelsrechtlichen Grundbegriffe in anderen Rechnungslegungsformen den Grundsätzen einer ordnungsmäßigen Rechnungslegung. Damit die Rechnungslegung einer Stiftung, die nicht oder nicht voll an die handelsrechtlichen Gepflogenheiten angelehnt ist, für den Empfänger verständlich ist, ist es allerdings notwendig, dass bestimmte Mindestanforderungen betreffend die Verwendung von Begriffen und deren Inhalten eingehalten werden.

Rücklagen

Rücklagen sind grundsätzlich dem Eigenkapital zuzuordnen. Im handelsrechtlichen Gliederungsschema für die Bilanz wird unterschieden zwischen der Kapitalrücklage und Gewinnrücklagen.[1] Als Kapitalrücklage sind Zuzahlungen der Gesellschafter in das Eigenkapital einer Kapitalgesellschaft auszuweisen, die über das gezeichnete Kapital hinausgehen.[2] Diese Form der Rücklage ist für eine Stiftung untypisch. Der Zuwendende stiftet entweder direkt in das Stiftungskapital oder er spendet zur zeitnahen Mittelverwendung. Als Gewinnrücklagen dürfen im handelsrechtlichen Jahresabschluss nur Beträge ausgewiesen werden, die im Geschäftsjahr oder in einem früheren Geschäftsjahr aus dem Ergebnis gebildet worden sind.[3] Diese Form der Rücklage ist für Stiftungen typisch.

Die Bildung von Rücklagen einer steuerbegünstigten Stiftung ist sehr stark durch steuerliche Vorschriften bestimmt. Steuerbegünstigte Stiftungen haben ihre Mittel grundsätzlich zeitnah für satzungsmäßige Zwecke zu verwenden. Eine zeitnahe Verwendung der Mittel ist dann gegeben, wenn die Mittel spätestens in dem auf den Zufluss folgenden Kalender- oder Wirtschaftsjahr für die steuerbegünstig-

---

[1] Vgl. § 266 Abs. 3 HGB.
[2] Vgl. § 272 Abs. 2 HGB.
[3] Vgl. § 272 Abs. 3 HGB.

ten satzungsmäßigen Zwecke verwendet werden.[4] Ausnahmen vom Gebot der zeitnahen Mittelverwendung sind in § 58 AO geregelt. Danach sind Zuwendungen von Todes wegen, Zuwendungen aufgrund eines Spendenaufrufes zur Stärkung des Vermögens der Stiftung, Zustiftungen, bei denen der Zuwendende ausdrücklich die Bestimmung zur Erhöhung des Vermögens erklärt und Sachzuwendungen, die ihrer Natur nach zum Vermögen gehören (z. B. Mietwohngrundstück) von der zeitnahen Mittelverwendungspflicht ausgenommen.[5] Neu gegründete steuerbegünstigte Stiftungen haben zusätzlich die Möglichkeit, im Jahr ihrer Entstehung und in den zwei folgenden Kalenderjahren Überschüsse aus der Vermögensverwaltung und die Gewinne aus wirtschaftlichen Geschäftsbetrieben ganz oder teilweise ihrem Vermögen zuzuführen.[6] Neben diesen Möglichkeiten darf die Stiftung im Rahmen der Steuergesetze Rücklagen bilden.

Ansparrücklage

Die Steuerbegünstigung der Stiftung wird nicht dadurch ausgeschlossen, dass sie ihre Mittel ganz oder teilweise einer Rücklage zuführt, soweit es erforderlich ist, um ihre steuerbegünstigten satzungsmäßigen Zwecke nachhaltig erfüllen zu können.[7] Diese sog. Ansparrücklage ermöglicht es Stiftungen, größere Projekte, für die der Ertrag eines oder weniger Jahre nicht ausreicht, durchzuführen. Die Rücklage darf grundsätzlich nur für Vorhaben gebildet werden, für die bereits konkrete Zeitvorstellungen bestehen. Besteht noch keine konkrete Zeitvorstellung, ist eine Rücklagenbildung zulässig, wenn die Durchführung des Vorhabens glaubhaft und bei den finanziellen Verhältnissen der Stiftung in einem angemessenen Zeitraum möglich ist.[8]

Betriebsmittelrücklage

Die Möglichkeit der Bildung einer Betriebsmittelrücklage ist nicht ausdrücklich im Gesetz geregelt. Die Finanzverwaltung lässt diese aber dennoch zu und subsumiert sie unter § 58 Nr. 6 AO. Danach kann eine Rücklage für periodisch wiederkehrende Ausgaben (z B. Löhne, Gehälter, Mieten) in Höhe des Mittelbedarfs für eine angemessene Zeitperiode bilden.[9] Für die Länge des Zeitraumes (ein bis drei, ggf. bis zu 12 Monaten) für den die Rücklage gebildet werden darf, können keine allgemein gültigen Aussagen getroffen werden. Es ist das Gesamtbild der Stiftung zu berücksichtigen. In jedem Einzelfall ist darauf abzustellen, in welchem Maß

---

[4] Vgl. § 55 Abs. 1 Nr. 5 AO.
[5] Vgl. § 58 Nr. 11 AO
[6] Vgl. § 58 Nr. 12 AO.
[7] Vgl. § 58 Nr. 6 AO.
[8] Vgl. AEAO Nr. 10 zu § 58 Nr. 6.
[9] Vgl. dazu AEAO Nr. 10 zu § 58.

bzw. in welcher Höhe die Körperschaft mit regelmäßigen Einnahmen rechnen kann und in welchem Umfang sie nach den Erfahrungen der Vergangenheit tatsächlich mit einer Gefährdung der Einnahmen rechnen muss.[10]

Substanzerhaltungsrücklage

Steuerbegünstigte Stiftungen dürfen zusätzlich ein Drittel ihres Einnahmenüberschusses aus Vermögensverwaltung einer freien Rücklage zuführen.[11] Eine Vermögensverwaltung liegt in der Regel dann vor, wenn Vermögen genutzt wird, z. B. Kapitalvermögen verzinslich angelegt oder unbewegliches Vermögen vermietet oder verpachtet wird.[12] Diese Möglichkeit der Rücklagenbildung wurde 1985 zunächst mit der Obergrenze von einem Viertel der Einnahmenüberschüsse in die Abgabenordnung aufgenommen. Sie soll steuerbegünstigten Körperschaften ermöglichen, ihr Vermögen gegen inflationäre Tendenzen zu schützen, um so dauerhaft ihre Leistungsfähigkeit zu erhalten. Nach jahrelanger Diskussion in der Literatur über die nicht hinreichende Möglichkeit, das Vermögen einer Stiftung im Rahmen der Viertelregelung gegen Inflation zu schützen, hat der Gesetzgeber mit Wirkung vom 1. 1. 2000 die Grenze auf ein Drittel der Einnahmenüberschüsse erhöht.[13]

Zehntel-Rücklage

Darüber hinaus darf die Stiftung höchstens 10 vom Hundert ihrer sonstigen nach § 55 Abs. 1 Nr. 5 AO zeitnah zu verwendenden Mittel einer freien Rücklage zuführen.[14] Diese Möglichkeit wurde zusammen mit der Verbesserung der Rücklagenbildung aus den Vermögenserträgen in das Gesetz aufgenommen. Dadurch soll es auch Körperschaften, deren Existenz nicht in erster Linie auf einem Vermögen beruhen (z. B. steuerbegünstigte Vereine), ermöglicht werden, ebenfalls ihre Substanz zu verbessern. Sie soll auch sog. Endowments ermöglichen, d. h. die Weiterleitung an sich zeitnah zu verwendender Mittel zur Kapitalausstattung anderer steuerbegünstigter Körperschaften. Diese Möglichkeit steht, da sie rechtsformneutral in das Gesetz aufgenommen wurde, auch Stiftungen zu. Zu den sonstigen Mitteln, aus denen diese Rücklage gebildet werden kann, gehören Spenden, die jeweils miteinander saldierten Gewinne aus Zweckbetrieben und aus wirtschaftlichen Geschäftsbetrieben, nicht jedoch die Überschüsse aus Vermögensverwaltung, da diese sonst doppelt erfasst würden. Sowohl die Drittel-Rücklage als auch die

---

10 Vgl. *Buchna:* Gemeinnützigkeit im Steuerrecht, 2003, S. 162.

11 Vgl. § 58 Nr. 7a 1. Halbsatz AO.

12 Vgl. § 14 Satz 3 AO.

13 Gesetz zur weiteren steuerlichen Förderung von Stiftungen v. 14. 7. 2000 (BGBl. I 2000, 1034).

14 Vgl. § 58 Nr. 7a 2. Halbsatz AO.

10 vom Hundert Rücklage sind in ihrer Gesamthöhe unbegrenzt. Limitiert ist jeweils nur die Jahreshöchstgrenze für die Zuführung. Die Stiftung ist in der Verwendung der Rücklage frei. Sie kann diese Mittel vorübergehend der Vermögensverwaltung zuführen, endgültig das Stiftungskapital erhöhen, mit den Mitteln eine andere Körperschaft mit Kapital ausstatten oder die Rücklage wieder auflösen und für satzungsmäßige Zwecke verwenden. Lediglich der Ausgleich des Verlustes aus einem wirtschaftlichen Geschäftsbetrieb ist ausgeschlossen. Sofern die Stiftung die Maximalbeträge für die Zuführung zu der Substanzerhaltungsrücklage und der Zehntel-Rücklage in einem Jahr nicht voll ausnutzt, lässt die Finanzverwaltung eine Nachholung in Folgejahren nicht zu.[15]

Rücklage für Kapitalerhöhungen

Diese Rücklage kann bei Unternehmensträgerstiftungen eine große Rolle spielen. Die Stiftung kann Mittel zum Erwerb von Gesellschaftsrechten zur Erhaltung der prozentualen Beteiligung an Kapitalgesellschaften ansammeln oder im Jahr der Vereinnahmung verwenden.[16] Der Gesetzgeber hat diese Vorschrift 1985 in die Abgabenordnung aufgenommen, um den steuerbegünstigten Körperschaften die Möglichkeit zu geben, sich an Kapitalerhöhungen von Beteiligungsgesellschaften zu beteiligen, um bei Ausgabe neuer Gesellschaftsanteile keine Vermögensverluste zu erleiden. Im Gegensatz zur Bildung der freien Rücklage nach § 58 Nr. 7a AO dürfen die Mittel hier aus allen Bereichen der Stiftung kommen. Diese Vorschrift ist nicht auf den erstmaligen Erwerb von Anteilen anzuwenden. Solche dürfen nur mit freien Rücklagen finanziert werden. Die Höhe der Rücklage ist vom Gesetz her nicht begrenzt. Die Mittel, die zur Kapitalerhöhung eingesetzt oder zurückgelegt wurden sind jedoch auf die aktuellen und zukünftigen Beträge anzurechnen die nach § 58 Nr. 7 zurückgelegt werden können. Für den Fall, dass sich eine steuerbegünstigte Stiftung an einer größeren Kapitalerhöhung eines Beteiligungsunternehmens beteiligt und für diese erhebliche Mittel eingesetzt werden müssen, kann unter Umständen die Bildung einer freien Rücklage auf viele Jahre ausgeschlossen sein.

Rücklage für gebundene Mittel

Die Stiftung hat ihre Mittel grundsätzlich zeitnah für ihre steuerbegünstigten Zwecke zu verwenden. Verwendung in diesem Sinne ist auch die Verwendung der Mittel für die Anschaffung oder Herstellung von Vermögensgegenständen, die satzungsmäßigen Zwecken dienen (z. B. Bau eines Altenheims, Kauf von medizinischen Geräten).[17] Aber auch die Anschaffung der für den Betrieb der Stiftung

---

[15] Vgl. AEAO Nr. 15 zu § 58.
[16] Vgl. § 58 Nr. 7b AO.
[17] Vgl. AEAO Nr. 26 zu § 55.

notwen-digen Geschäftsausstattung gehört dazu. Sofern die Stiftung in Anlehnung an die handelsrechtlichen Vorschriften Rechnung legt hat sie in ihrer Bilanz in Höhe der Investitionen in das Anlagevermögen auf der Passivseite einen Gegenposten zu bilden. Ansonsten würde der noch zeitnah für satzungsmäßige Zwecke zu verwendende Mittelvortrag zu hoch ausgewiesen. Dies geschieht zweckmäßigerweise durch die Bildung einer Rücklage für gebundene Mittel. Diese Rücklage soll immer der Höhe des Anlagevermögens entsprechen. Im Falle von Investitionen werden folglich die entsprechenden Beträge in diese Rücklage eingestellt. In Höhe der vorgenommenen Abschreibungen sind Entnahmen zu tätigen.

Umschichtungsrücklage

Die bei der Umschichtung des Vermögens einer Stiftung (z. B. Grundbesitz wird veräußert, der Erlös wird in Wertpapiere investiert) erzielten Buchgewinne unterliegen nicht dem Gebot der zeitnahen Mittelverwendung.[18] Um diese Mittel nicht in der Jahresrechnung der Stiftung als verwendungspflichtiger Mittelvortrag auszuweisen ist es notwendig, diese Mittel in eine Rücklage einzustellen. Diese Rücklage ist in den Folgejahren fortzuführen. Es ist immer die Saldogröße aus Veräußerungsgewinnen bzw. Zuschreibungen auf der einen und Veräußerungsverlusten bzw. Abschreibungen auf der anderen Seite einzustellen bzw. aus der Rücklage zu entnehmen. Auf diese Weise wird als Stiftungskapital lediglich der Betrag ausgewiesen, der bei Gründung der Stiftung oder durch Zustiftungen von außen in die Stiftung eingebracht wurde. Mit der Umschichtungsrücklage wird die Änderung des Vermögens innerhalb der Stiftung dokumentiert.

Rückstellungen

Das Bilanzrecht schreibt die Bildung von Rückstellungen zwingend vor für ungewisse Verbindlichkeiten und drohende Verluste aus schwebenden Geschäften, sowie für im Geschäftsjahr unterlassene Instandhaltungen, die in den ersten drei Monaten des Folgejahres nachgeholt werden, Abraumbeseitigung, die im folgenden Geschäftsjahr nachgeholt wird und Gewährleistungen, die ohne rechtliche Verpflichtung erbracht werden.[19] Es handelt sich also um eine Bilanzposition, die dem Fremdkapital zuzurechnen ist im Gegensatz zu den Rücklagen, welche Eigenkapitalcharakter haben. Rückstellungen haben wie Verbindlichkeiten immer eine Außenverpflichtung als Grundlage. Im Gegensatz zu diesen steht bei Rückstellungen der Grund der Verpflichtung fest, nicht jedoch die genaue Höhe. Aus diesem Grund kann die Bildung von Rückstellungen nicht ohne eine Schätzung des in der Zukunft aus der Verpflichtung entstehenden Aufwandes erfolgen. Rückstellungen

---

[18] Vgl. *Hübschmann / Hepp / Spitaler:* Abgabenordnung, Finanzgerichtsordnung, Rz. 108 zu § 55.

[19] Vgl. § 249 Abs. 1 HGB.

dürfen nur aufgelöst werden, soweit der Grund hierfür entfallen ist.[20] In dieser Vorschrift kommt das im Bilanzrecht des HGB dominierende Vorsichtsprinzip zum Ausdruck.

Pensionsrückstellungen

Sofern eine Stiftung Ihren Mitarbeitern Pensionszusagen gemacht hat, sind die Pensionsverpflichtungen in der Jahresrechnung in Form von Pensionsrückstellungen zu berücksichtigen. Die Bewertung hat entsprechend den handelsrechtlichen Grundsätzen durch ein versicherungsmathematisches Gutachten zu erfolgen. Da die steuerbegünstigte Stiftung grundsätzlich nicht an die restriktiven steuerlichen Berechnungsgrundlagen des § 6b EStG mit einem Abzinsungssatz von 6 von Hundert gebunden ist, empfiehlt sich die Anwendung eines Zinssatzes von 3 vom Hundert, wie er auch in den Handelsbilanzen von gewerblichen Unternehmen in der Regel angewandt wird. Dieser Zinssatz entspricht gerade in Zeiten niedriger Zinsen eher den tatsächlichen Gegebenheiten und der Wert der Verpflichtung wird durch den höheren Rückstellungsbetrag realistischer wiedergegeben.

Steuerrückstellungen

In der Rechnungslegung einer steuerbegünstigten Stiftung können Steuerrückstellungen in der Regel nur dann vorkommen, wenn ein steuerpflichtiger wirtschaftlicher Geschäftsbetrieb vorliegt. Unter den Rückstellungen ist dann die sich aus den Ergebnissen der steuerpflichtigen Betrieben ergebende Gewerbe- und Körperschaftsteuerbelastung auszuweisen, soweit nicht bereits Vorauszahlungen im laufenden Jahr geleistet wurden. Eine Umsatzsteuerschuld, welche sich auch bei Stiftungen ohne steuerpflichtigen wirtschaftlichen Geschäftsbetrieb ergeben kann, ist nicht hier sondern unter den Verbindlichkeiten auszuweisen, da die Anmeldung der Umsatzsteuer einer Festsetzung der Steuer unter dem Vorbehalt der Nachprüfung gleichgestellt ist.[21]

Sonstige Rückstellungen

Die sonstigen Rückstellungen bilden bei einer steuerbegünstigten Stiftung in der Regel den wichtigsten Posten innerhalb der Rückstellungen. Hierunter hat die Stiftung Zusagen an Außenstehende für laufende und künftige Projekte auszuweisen, die aus bestimmten Gründen noch nicht genau in der Höhe feststehen. Außerdem sind aufschiebend bedingte Förderverpflichtungen, d. h. bereits durch vorläufige oder auch feste Mittelzusagen, bei denen die Mittelauszahlung noch

---

[20] Vgl. § 249 Abs. 3 Satz 2 HGB.
[21] Vgl. § 168 AO.

von aufschiebenden Bedingungen (z. B. Erbringung von Nachweisen über Aufwendungen) abhängig gemacht wird, wegen ihres Charakters als aufschiebend bedingte und damit ungewisse Verbindlichkeiten noch nicht als Verbindlichkeiten, sondern als Rückstellungen auszuweisen.[22] Die Rückstellung wird in der Regel als Rückstellung für satzungsmäßige Leistungen bezeichnet. In der Praxis empfiehlt sich die Bildung eines Rückstellungsspiegels. Darin werden jährlich nach einzelnen Projekten getrennt ausgewiesen der Stand der Rückstellung zu Beginn des Jahres, die Zuführung durch Bewilligungen, der Verbrauch durch Auszahlung an Projektnehmer, eine eventuelle Auflösung nicht mehr für das Projekt benötigter Mittel und der Stand am Ende des Geschäftsjahres. Durch diese Übersicht können sich Stiftungsvorstand und eventuelle Kontrollgremien schnell einen guten Überblick über das eigentliche Stiftungsgeschehen, nämlich den ideellen Bereich mit der Verfolgung der Satzungszwecke bilden.

Weitere bei steuerbegünstigten Stiftungen typische Gründe für Rückstellungen können Nachlassverpflichtungen oder Auflagen sein. Außerdem werden dem abgelaufenen Geschäftsjahr zuzuordnende Verwaltungskosten wie z. B. Steuerberatungs- und Prüfungskosten Gründe für Rückstellungen sein. Stiftungen, die einen umfangreichen Zweckbetrieb wie z. B. ein Krankenhaus betreiben, haben in der Regel auch Rückstellungen für im abgelaufenen Geschäftsjahr unterlassene Instandhaltungen zu bilden.

Verbindlichkeiten

Der Begriff der Verbindlichkeiten ergibt sich aus dem bilanzrechtlichen Schuldbegriff. Dieser ist im HGB nicht definiert. Er steht als Oberbegriff für Verbindlichkeiten und Rückstellungen.[23] Im Gegensatz zu den Rückstellungen ist die Höhe der Schuld bei den Verbindlichkeiten eindeutig zu ermitteln. Bis zum Abschlussstichtag rechtlich begründete Verbindlichkeiten sind im Jahresabschluss oder in der Jahresrechnung der Stiftung auszuweisen. Die Bewertung hat mit dem Rückzahlungsbetrag zu erfolgen.[24]

Das handelsrechtliche Gliederungsschema für die Bilanz teilt die Verbindlichkeiten in acht Gruppen ein.[25] Von diesen Gruppen sind in der Regel nur drei bei steuerbegünstigten Stiftungen vorzufinden. Verbindlichkeiten gegenüber Kreditinstituten sind zuweilen bei Anstaltsstiftungen, welche z. B. ein Altenheim oder ein Krankenhaus betreiben, anzutreffen, wenn die Investitionen nicht voll aus dem Stiftungskapital finanziert werden können. Unter den Verbindlichkeiten aus Lieferungen und Leistungen werden sämtliche Verpflichtungen aus von Vertragspart-

---

[22] *Orth,* in: Seifarth / v. Campenhausen, Handbuch des Stiftungsrechts, 1999, Rz. 165 zu § 37.
[23] Vgl. Beck'scher Bilanzkommentar, 1995, Rz. 201 zu § 247.
[24] Vgl. § 253 abs. 1 HGB.
[25] Vgl. § 266 Abs. 3 C.

nern bereits erfüllten Umsatzgeschäften ausgewiesen, bei denen die Gegenleistung der Stiftung noch aussteht.[26] Bei Stiftungen sind unter dieser Position in der Regel noch nicht bezahlte Rechnungen von Dienstleistern oder Lieferanten auszuweisen. Unter den sonstigen Verbindlichkeiten werden z. B. noch nicht beglichene Löhne und Gehälter, Lohnsteuern, Sozialabgaben und Umsatzsteuer gezeigt.

Für steuerbegünstigte Stiftungen empfiehlt sich grundsätzlich eine Erweiterung des gesetzlich vorgeschriebenen Gliederungsschemas für die Verbindlichkeiten um eine Sonderposition Verbindlichkeiten aus satzungsmäßigen Leistungen.[27] Aufgrund der großen Bedeutung dieser Position erscheint die Erweiterung sachgerecht. Unter diesen Verbindlichkeiten sind alle festen Zusagen an außenstehende Projektnehmer zu bilanzieren, die eine in der Höhe feststehende Verpflichtung der Stiftung begründen. Auch hier wird zur Erhöhung der Transparenz der Jahresrechnung ein ähnlicher Spiegel wie bei den Rückstellungen empfohlen, in dem die unterjährige Entwicklung der Verbindlichkeiten für die einzelnen Projekte dargestellt wird.

Wertberichtigungen

Bis zum Inkrafttreten des Bilanzrichtliniengesetzes im Jahr 1985 konnten Wertberichtigungen auf der Passivseite der Bilanz ausgewiesen werden. Diese Möglichkeit ist seitdem nicht mehr gegeben. Wertberichtigungen zu bzw. Abschreibungen auf Vermögensgegenstände sind zwingend von den Vermögensgegenständen aktivisch abzusetzen.

Die Aktivseite einer Bilanz oder Vermögensaufstellung einer Stiftung besteht in der Regel im wesentlichen aus dem in Wertpapieren, Grundstücken oder sonstige Investments angelegten Stiftungskapital. In diesem Bereich kann es unter Umständen zur Notwendigkeit von Wertberichtigungen kommen. In analoger Anwendung der handelsrechtlichen Regelungen ist bei der Untersuchung, ob ein Vermögensgegenstand wertberichtigt werden muss, zunächst einmal zu unterscheiden, ob es sich um einen Vermögensgegenstand des Anlagevermögens oder des Umlaufvermögens handelt. Während für die Bewertung des Umlaufvermögens das sog. strenge Niederstwertprinzip gilt, können die Vermögensgegenstände des Anlagevermögens nach dem sog. gemilderten Niederstwertprinzip bewertet werden. Das bedeutet, dass bei Vermögensgegenständen des Umlaufvermögens die Anschaffungskosten oder der Buchwert stets mit dem Börsen- oder Marktpreis zu vergleichen sind und gegebenenfalls eine Abschreibung bzw. Wertberichtigung auf den niedrigeren Wert vorzunehmen ist. Vermögensgegenstände des Umlaufvermögens können bei einer Stiftung Wertpapiere oder sonstige Anlagen sein, die nur vorübergehend gehalten werden oder zum Verkauf bestimmt sind. Des Weiteren

---

[26] Vgl. Beck'scher Bilanzkommentar, Rz. 228 zu § 266.
[27] Diese mögliche Änderung der Darstellungsform ist im HGB ausdrücklich festgelegt (§ 265 Abs. 7).

können auch Forderungen von einer Wertberichtigung betroffen sein. Wertberichtigungen im Vorratsvermögen sind im Bereich von Anstaltsstiftungen denkbar.

Die Hauptproblematik im Zusammenhang mit Wertberichtigungen wird sich in Abschlüssen von Stiftungen in der Regel im Anlagevermögen der Stiftung ergeben. Die Zuordnung von Vermögensgegenständen der Stiftung zum Anlagevermögen hängt von deren Zweckbestimmung ab. Sofern sie dazu bestimmt sind, der Stiftung dauerhaft zur Verfügung zu stehen, sind sie dem Anlagevermögen zuzuordnen. Sofern die Nutzung von Vermögensgegenständen des Anlagevermögens zeitlich begrenzt ist, sind die Anschaffungs- oder Herstellungskosten um planmäßige Abschreibungen zu mindern. Ohne Rücksicht darauf, ob die Nutzung zeitlich begrenzt ist, können außerplanmäßige Abschreibungen vorgenommen werden, um die Vermögensgegenstände mit dem niedrigeren Wert anzusetzen, der ihnen am Abschlussstichtag beizulegen ist. Bei voraussichtlich dauernder Wertminderung sind diese außerplanmäßigen Abschreibungen in jedem Fall vorzunehmen.[28] Mitte der neunziger Jahre des vergangenen Jahrhunderts wurden die Anlagemöglichkeiten betreffend das Stiftungsvermögen für die Vorstände liberalisiert. Bis 1994 waren beispielsweise Vorstände von Stiftungen, die unter das Bayerische Stiftungsgesetz fallen, dazu verpflichtet, die Vermögensanlage ausschließlich im Rahmen der Vorschriften der §§ 1806 ff. BGB (mündelsichere Anlage) zu gestalten. Nach der Freigabe gingen Stiftungen mehr und mehr dazu über, ihre Vermögensanlage im Rahmen der allgemein anerkannten Grundsätze für eine ordnungsgemäße Vermögensverwaltung zu gestalten. Neben festverzinslichen Wertpapieren wurden mehr oder weniger große Teile des Vermögens in Aktien bzw. Aktienfonds investiert. In der zweiten Hälfte der neunziger Jahre haben die Stiftungen durch die positive Entwicklung an den Kapitalmärkten mit dieser Form der Kapitalanlage im Durchschnitt sehr gute Ergebnisse erzielt. Durch die Realisierung von Kursgewinnen konnten zum Teil nicht unerhebliche Beträge in die Umschichtungsrücklage eingestellt werden. Die Entwicklung an den Kapitalmärkten hat sich zu Beginn dieses Jahrhunderts in einen Negativtrend umgekehrt. Dieser hat sich angesichts der Ereignisse des 11. September 2001 noch beschleunigt. Die Stiftungen mussten in dieser Zeit zum Teil nicht unerhebliche Buchverluste hinnehmen. Seit den Jahresabschlüssen 2001 und spätestens seit 2002 stehen diese Stiftungen vor der Problematik der Bewertung ihres Wertpapierportfolios. Dabei stellt sich die Frage, ab wann von einer nicht mehr nur vorübergehenden, sondern von einer dauernden Wertminderung eines Wertpapiers auszugehen ist. Nicht nur Stiftungen hatten unter diesen Entwicklungen zu leiden. Vor allem Versicherungsunternehmen waren davon ebenfalls betroffen. Aus diesem Grund hat sich das Institut der Wirtschaftsprüfer in Deutschland e.V. mit der Thematik auseinandergesetzt und für Versicherungsunternehmen Grundsätze für die Bewertung der Wertpapiere herausgegeben.[29] Wegen der Ähnlichkeit der Situation insbesondere im Hinblick auf die

---

[28] Vgl. § 253 Abs. 2 HGB.
[29] IdW, Fachnachrichten 2002, 667.

6.9 Rücklagen, Rückstellungen, Verbindlichkeiten, Wertberichtigungen

Langfristigkeit der Anlagepolitik sind diese Grundsätze auf Stiftungen übertragbar. Die Stellungnahme geht von zwei Aufgreifkriterien aus. Wenn der Zeitwert des Wertpapiers in den dem Bilanzstichtag vorangehenden sechs Monaten permanent um 20% oder innerhalb eines Jahres um 10% unter dem Buchwert liegt, ist das Wertpapier im Hinblick auf einen Abschreibungsbedarf zu untersuchen. Außerdem sind zusätzliche Erkenntnisse bis zum Zeitpunkt der Aufstellung des Jahresabschlusses zu berücksichtigen. Wird ein Aufgreifkriterium erfüllt, so ist das Wertpapier auf den Stichtagskurs abzuschreiben, es sei denn es kann davon ausgegangen werden, dass der Stichtagskurs in Teilen auf einer nur vorübergehenden Wertminderung beruht. Die Stiftung wird folglich nicht daran vorbeikommen, an jedem Bilanzstichtag ihr Wertpapierportfolio einer genauen Überprüfung zu unterziehen. Sofern Abschreibungen vorgenommen werden müssen, mindern diese zwar das Jahresergebnis. Sie dürfen jedoch nicht den Mittelvortrag schmälern, da ansonsten die steuerliche Vorschrift verletzt würde, wonach die Stiftung ihre Mittel grundsätzlich zeitnah verwenden muss.[30] Aus diesem Grund ist als Korrekturposten die Umschichtungsrücklage zu vermindern. Für den Fall, dass ein wertberichtigtes Wertpapier in späteren Jahren im Wert wieder steigen sollte, kann der niedrigere Wert grundsätzlich beibehalten werden bis das Wertpapier veräußert und die stillen Reserven realisiert werden. Es ist jedoch nach handelsrechtlichen Grundsätzen auch möglich, den Wert bis zur Höhe der Anschaffungskosten im Rahmen einer Zuschreibung wieder anzupassen. Der Zuschreibungsbetrag ist dann wieder in die Umschichtungsrücklage einzustellen.

---

[30] Vgl. § 55 Abs. 1 Nr. 5 AO.

7. Die Stakeholder einer Stiftung

7.1 Stiftungen als Stakeholder und Stakeholder von Stiftungen

Von Rainer Sprengel

Stiftungen *sind* Stakeholder und Stiftungen *haben* Stakeholder. Insofern Stiftungen Stakeholder sind, werden sie, vielleicht ohne es zu wissen, zu Objekten strategischen Managements von Wirtschaftsunternehmen wie von öffentlichen Institutionen. Insofern Stiftungen Stakeholder haben, stellt sich ihnen, genauer: den für die Stiftung verantwortlich Entscheidenden die Frage nach der Art des Umgangs mit den diversen ‚Anspruchsgruppen'.

Stakeholder ist als Begriff in den letzten Jahrzehnten zu einer Schnittstelle von Wirtschaft, Politik und Drittem Sektor, dem organisatorischen Kern von Zivilgesellschaft, geworden. Dabei lassen sich insbesondere drei Verwendungskontexte unterscheiden:

– Der erste Kontext führt in den betriebswirtschaftlichen Bereich strategischen Managements von Unternehmen jeglicher Art im Allgemeinen, gewinnorientierten Wirtschaftsunternehmen im Speziellen.[1] Diese betriebswirtschaftliche Sicht spielt auch für staatliche Organisationen und Organisationen des Dritten Sektors eine gewisse Rolle.[2]

– Darüber hinaus jedoch erhält der Begriff im politischen und zivilgesellschaftlichen Bereich noch weitere Bedeutungen. Im politischen Bereich spielt er erstens eine Rolle im Kontext von global governance, also der Frage, wie legitimiertes Regieren jenseits des Nationalstaates und ohne Weltstaat möglich ist[3], zweitens eine Rolle in der Frage nach erweiterten Partizipationsverfahren[4] und drittens eine Funktion im Rahmen einer kooperativ angelegten Entwicklungszusammenarbeit.[5]

– Im zivilgesellschaftlichen Bereich wiederum wird der Begriff zudem im Sinne einer Brücke zwischen Protest und Beteiligung verwendet, d. h. im Sinne einer Legitimationsressource.[6]

---

[1] Vgl. z. B. *Carroll/Buchholtz,* S. 63 ff.
[2] Vgl. z. B. *Biesecker/Elsner/Grenzdörffer.*
[3] Vgl. z. B. *Hemmati.*
[4] Vgl. etwa *Ackerman/Alstott.*
[5] Vgl. etwa *Smillie/Helmich.*
[6] Vgl. *Long.*

Betrachtet man die angedeuteten Verwendungskontexte, so wird schon erkennbar, warum der Stakeholder-Begriff eine besondere Neugier bei Stiftungen erregen sollte und in der Tat bei vielen Stiftungen auch in Deutschland erregt: Offenbar handelt es sich um ein *Managementkonzept* für die Ausgestaltung der Arbeit einer einzelnen Institution, das zugleich irgendwie eine *Brücke zur Gestaltung von Gesellschaft und Politik* schlägt.[7]

Und in der Tat: Was wäre günstiger für eine Stiftung als ein Konzept, das ebenso bei der Frage hilft, wie einerseits das Management des eigenen Vermögens, des Personals, der Gremien usw. zu handhaben ist und andererseits zugleich eine Richtschnur für die Formen fördernder und operativer Arbeit der Stiftung bietet, ja darüber hinaus erlaubt, in nationalen wie internationalen Diskussionen die eigene Einrichtung und die eigenen Werte und Ansätze gesellschaftspolitisch zu positionieren?

Im Folgenden wird der Begriff selbst geklärt und begründet, welche Argumente für eine aktive Stakeholderpolitik sprechen. Anschließend werden einige Grundunterscheidungen des Stakeholder-Managements, wie sie im Kontext gewinnorientierter Unternehmen entwickelt wurden eingeführt und deren Grenzen für den Nonprofitbereich aufgezeigt. Abschließend wird für den Stiftungsbereich dargestellt, welche Art von Fragen, Entscheidungen und Strategien relevant werden, wenn sich eine Stiftung sowohl in ihrer Rolle als Stakeholder als auch ihre eigenen Stakeholder ernst nimmt. Im letzten Teil werden erweiterte Perspektiven der Stakeholder-Diskussion und einer ihr angemessenen Praxis angedeutet.

Das Missliche an Fremdworten ist ihre Unvermeidlichkeit: Wo sie notwendig sind, sind sie schlicht Ausdruck der Vielschichtigkeit eines Begriffs, der natürlich übersetzt, aber eben in der anderen Sprache, in diesem Fall im Deutschen, nicht in die Dichtigkeit eines Begriffs übertragen werden kann. Das ist beim Stakeholder-Begriff der Fall. Eine Übersetzung mit dem Wort ‚Anspruchsgruppe', wie z. B. bei Theuvsen, Schäfer u. a. gängig verwendet[8], überzeugt letztlich nicht. Assoziativ führt der Begriff der Anspruchsgruppe schon seit vielen Jahren zu Anspruchsmentalität, Anspruchshaltung u. ä.: Ansatzpunkt von Stakeholder-Prozessen sind aber nicht Ansprüche, sondern eine wie auch immer geartete Betroffenheit oder Berührtheit von Entscheidungen und ihren Folgen – Worte wie ‚betroffen' aber erzeugen eine zu starke emotionale Auflagung. Biesecker et al. sprechen deshalb von der ‚Ökonomie der Betroffenen und Mitwirkenden', wenn sie Stakeholder-Prozesse meinen.[9]

Ein ‚stake' ist ein Interesse oder eine Form der Anteilnahme an einer beliebigen Unternehmung.[10] Solch ein ‚stake' kann in einem Rechtstitel bzw. Eigentümertitel

---

[7] Wie intensiv diese Brücke sein kann, zeigt Großbritannien. Vgl. *Prabhakar*.
[8] Vgl. *Theuvsen*.
[9] Vgl. *Biesecker / Elsner / Grenzdörffer*.
[10] Vgl. zum Folgenden: *Carroll / Buchholtz*, S. 65 ff.

7.1 Stiftungen als Stakeholder und Stakeholder von Stiftungen

mit den damit verbundenen, verbrieften Rechten bestehen. Ebenso aber kann es sich dabei um ein gemeinsames Essen oder einen gemeinsamen Filmbesuch handeln: Jeder aus der handelnden Gruppe hat ein ureigenes Interesse an den damit verbundenen Entscheidungen: wohin geht man zum Essen, in welchen Film usw. In solchen Fällen geht es bei dem Interesse (‚stake'), was man geltend macht, offenbar nicht um einklagbare Rechtstitel, sondern um gesellschaftliche Regeln und Normen, auf die man Bezug nimmt.

Ein *Stakeholder* ist entsprechend eine Person oder eine Gruppe, deren Interessen von Handlungen irgendwelcher Natur berührt werden und die deshalb ein Interesse haben können, gehört zu werden. Um auch nichtmenschliche Interessen zu berücksichtigen, wäre der Begriff der Person durch Individualität zu ersetzen und unter dem Begriff der Gruppe wäre jede Form der lebendigen Gemeinschaft zu verstehen.

Typische Definitionen des Begriffs Stakeholder lauten:

– „In short, a stakeholder may be thought of as „an individual or group who can affect or is affected by actions, decisions, policies, practices, or goals of the organization."[11]

– „Stakeholder sind in definitorischer Verallgemeinerung „any group or individual who can affect, or is affected by, the achievement of a corporation's purpose."[12]

– „Stakeholders are those who have an interest in a particular decision, either as individuals or representatives of a group. This includes people who influence a decision, or can influence it, as well as those affected by it."[13]

– „Stakeholder sind Anspruchsgruppen im Umfeld oder innerhalb einer Organisation. (...) Bei weiter Auslegung sind als Stakeholder alle Individuen und Gruppen zu kennzeichnen, die auf die Erreichung der Organisationsziele Einfluss nehmen können oder selbst durch die Verfolgung der Organisationsziele betroffen sind. (...) Für NPOs ist die weite Stakeholder-Definition zweckmäßiger. Sie verhindert, dass beispielsweise Personen, für die unentgeltlich Leistungen bereitgestellt werden, aus der Betrachtung herausfallen."[14]

– „Stakeholder-Ansatz: Verständnis von Unternehmen als Koalition von verschiedenen Anspruchsgruppen. (...) Alle Gruppen verbindet mit einem Unternehmen der Wunsch nach Befriedigung von finanziellen und nicht-finanziellen Forderungen. Der Unternehmensleitung fällt die Aufgabe zu, Ansprüche so zu befriedigen, dass die Existenz des Unternehmens gesichert bleibt."[15]

---

[11] *Carroll/Buchholtz,* S. 66. Sie greifen hier die Definition von *Freeman,* S. 25 auf.
[12] *Freimann,* S. 16. Auch hier wird Freeman aufgegriffen.
[13] *Hemmati,* S. 2.
[14] *Theuvsen,* S. 2.
[15] *Schäfer,* S. 171.

Trotz erkennbarer Unterschiede in den Definitionen, tritt ein zentraler Aspekt des Stakeholder-Konzepts hervor: die Interessen / Ansprüche / Betroffenheiten sollen auch dann prinzipiell berücksichtigt werden, wenn es sich nicht um rechtlich kodifizierte Ansprüche auf Gehör oder Mitentscheidung handelt, sondern dies aus anderen Gründen, etwa der managerialen Klugheit oder ethischer Überzeugungen geboten erscheint.

Ob nun in der betriebswirtschaftlichen Managementdiskussion oder in Diskussionen um globales Regieren, allen Stakeholder-Ansätzen ist daher vom Prinzip eines gemeinsam: Sie überschreiten den Bereich der rechtlich abgesicherten Entscheidungs- und Mitsprachetitel.

Letzteres führt auf die Frage, wen ich um seine Meinung oder eventuell notwendige Zustimmung fragen *muss,* damit mein Handeln eine *legale* Grundlage hat. Darüber hinaus ist es gewiss in mein Belieben gestellt, Dritte zu konsultieren, ob sie nun davon betroffen sind, was ich vorhabe oder nicht.

Orientiert man sich hingegen am Begriff des Stakeholder, dann geht es darum, dass alle diejenigen um ihre Meinung oder eventuell als notwendig erachtete Zustimmung gefragt werden sollen, die irgendwie von meinem Tun betroffen sind bzw. sein könnten. Das schließt naturgemäß diejenigen ein, die über Rechtstitel verfügen und insofern stellt man auch über diesen Weg die Legalität des Handelns her.

Gleichzeitig aber wird das Handeln noch auf ein breiteres Fundament gestellt. Da es sich offenkundig um einen Mehraufwand handelt, zu dem man rechtsstaatlich nicht gezwungen ist, stellt sich die Frage, warum man sich diesem Aufwand unterziehen sollte? Dieser Aufwand ist zumal deshalb hoch und vielleicht auch unangenehm, weil es eben nicht darum geht, diesen oder jenen zusätzlich nach seinem Rat zu fragen, sondern darum auch mit Personen und Gruppen zu reden, mit denen man aus freien Stücken nicht reden möchte oder würde: lässt man sich auf einen Stakeholder-Prozess ein, enthält dies von vornherein eine Selbstbindung. Für solch eine Selbstbindung und die damit verbundene Mühe kann man vier zentrale Argumente benennen: Klugheit, Fairness, Subsidiarität und Not:

- Das Argument der Klugheit meint im betriebswirtschaftlichen Rahmen Kosten- und Gewinnoptimierung durch strategisches Management, im politischen Kontext ein höherer Grad an Befriedung und Konfliktvermeidung in komplexen Systemen mit antagonistischen Interessen; mit dem Begriff der Klugheit wird insbesondere der Einsicht Rechnung getragen, dass jeder, der von etwas betroffen ist, deshalb wahrscheinlich versuchen wird, Einfluss darauf zu nehmen. In betriebswirtschaftlichen Überlegungen heißt es entsprechend: „Just as stakeholders may be affected by the actions, decisions, policies, or practices of the business firm, these stakeholders also may affect the organization's actions, decisions, policies, or practices."[16]

---

[16] Ebd., S. 65 f.

- Das Argument der Fairness meint zunächst eine Vorstellung von dem Umgang mit Anderen, bei dem man sich auch davon leiten lässt, was man als fairen Umgang verstehen würde, wenn man in der Situation des Anderen wäre. Solch ein virtueller Rollentausch führt nicht zu einer Umkehrung der Wahrnehmung, sondern zum Beispiel zu der Vorstellung eines fairen Prozesses vor Gericht mit seinen Bestandteilen wie der Unschuldsvermutung, der Möglichkeit zur effektiven Verteidigung (Recht auf einen Anwalt, Möglichkeit zu reden oder zu schweigen usw.) oder dem Übermaßverbot bei der Bestrafung. In diesem Sinne wird eine Vorstellung von Gesellschaft erkennbar, die von einem grundsätzlichen Gebot der Rücksicht auf die Interessen anderer geprägt ist;

- Das Argument der Subsidiarität dreht sich um die Funktion des (National)Staates: Wenn man will, dass dieser subsidiär nur das regelt, was unvermeidlich durch das staatliche Machtmonopol abgesichert werden muss, dann kann man sich andererseits im Rahmen moderner, dynamischer Gesellschaften nicht auf den Standpunkt stellen, dass auf jeden Fall dann schon alles in Ordnung ist, wenn man nach den Buchstaben des Gesetzes handelt. Im subsidiär verfassten Staat ist das zwar eine notwendige, aber für das gesellschaftliche Zusammenleben nicht hinreichende Haltung.

- Das Argument der Not setzt schließlich an dem Befund an, dass es insbesondere im internationalen bzw. transnationalen Bereich zwar viele Aufgaben und Probleme gibt, die bearbeitet werden müssen, aber auch auf absehbare Zeit keine dementsprechenden internationalen politischen Institutionen existieren, die dazu machtpolitisch in der Lage und auch entsprechend legitimiert wären. In dieser Notlage kommen Einrichtungen wie die UNO, Unesco oder die Weltbank darauf, ‚multistakeholder-Prozesse' zu organisieren.

Wie jede Managementkonzeption hat auch der Stakeholder-Ansatz unterschiedliche Ausprägungen und prinzipielle Gegner.[17] Zu einem zentralen Begriff in Managementdiskussionen wurde ‚Stakeholder' 1984 durch R. Edward Freeman's Arbeit über *Strategic Management: A Stakeholder Approach*. Freeman selbst führte den Begriff auf Diskussionen Anfang der 1960er Jahre am Stanford Institute zurück.

Nimmt man die Grunddefinition für einen Stakeholder ernst, dann wird sofort ersichtlich, dass man sich auf ein komplexes, wenn nicht gar unüberschaubares Unterfangen einlässt[18]. Mit unterschiedlichen Begriffs- und Analysestrategien kann man versuchen, dieser Komplexität gerecht zu werden.

---

[17] Zu letzteren gehört etwa *Fredmund Malik,* Direktor des Management-Zentrums St. Gallen. Für ihn ist der Stakeholder-Value-Ansatz ebenso falsch wie der Shareholder-Value-Ansatz. Vgl. *ders.*

[18] Tatsächlich werden in Managementdiskussionen shareholder-Ansätze oder auch balanced-scorecard mit dem Argument bevorzugt, dass sie aufgrund geringerer Komplexität für das Management eines Unternehmens einfacher zu handhaben seien.

Dabei muss man allerdings zwei Aspekte auseinander halten: die Komplexität des Modells einerseits und die Analysestrategien, um zu praxistauglichen Umsetzungen zu kommen andererseits.

Das Modell als solches muss offensichtlich so komplex angelegt sein, dass es allen möglichen Fällen gerecht werden kann. Auf der Ebene der alltagspraktischen Umsetzung hingegen kommt es auf die Anwendung von Urteilskriterien an, die den Eigenarten und Zielen einer Organisation entsprechen. Letzteres ist hier besonders bedeutsam, weil das, was anhand der Umsetzungsmatrixen für Wirtschaftsunternehmen gesagt wird nicht zwingend auf zivilgesellschaftliche Organisationen allgemein und (gemeinnützige) Stiftungen speziell übertragen werden kann.

Im betriebswirtschaftlichen Managementdiskurs wurden tatsächlich einige Grundunterscheidungen und Strategien entwickelt, um das Konzept überhaupt alltagstauglich zu machen. Diese stellen gewiss zwar Ausgangspunkte für ein Stakeholder-Management in CSO (Civil Society Organization) dar, müssen aber kreativ angeeignet werden, um im Rahmen von CSO nicht zu falschen Weichenstellungen zu führen. Einige zentrale Unterscheidungen sollen im Folgenden problematisiert werden:

Unproblematisch sind Trennungen deskriptiver Natur, wenn etwa interne und externe Stakeholder unterschieden werden. Typische interne Stakeholder können bei Wirtschaftsbetrieben etwa Eigentümer und Mitarbeiter inkl. Manager sein. Bei CSO kämen dann noch weitere Gruppen in Betracht wie die Ehrenamtlichen, und statt von Eigentümern würde man häufig eher von Mitgliedern sprechen. Im Fall rechtsfähiger Stiftungen fällt die Kategorie der Eigentümer ersatzlos weg, gleichwohl lassen sich in Form der Gremien und der ehrenamtlichen wie hauptamtlichen Mitarbeiter interne Stakeholder identifizieren – und eine interessante Diskussion ließe sich über Status und Selbstverständnis von Stiftungsaufsichten führen. Als Rechtsaufsicht wären sie zwar ein externer Stakeholder, aber wenn diese Aufsicht mit der Anwaltschaft für den ursprünglichen Stifterwillen legitimiert wird, ist das nicht mehr so eindeutig.

Primär und sekundär stellen eine alternative Grundunterscheidung dar, die auf die Frage zurückführt, ob das Interesse unmittelbar oder mittelbar berührt ist. Typische primäre Stakeholder sind neben Mitarbeitern und Eigentümern die Konsumenten der jeweiligen Produkte oder Dienstleistungen, Wirtschaftspartner, Zulieferer oder auch die Kommune. Sekundäre Stakeholder wären etwa Medien, Gesetzgeber, Aufsichtsbehörden, Bürgergruppen oder Konkurrenten.

Die Unterscheidung von gesellschaftlich und außergesellschaftlich ist zumal im Hinblick auf Stiftungen von besonderem Interesse. Legt man vor dem Hintergrund der Diskussionen um Umweltschutz, Nachhaltigkeit und Generationengerechtigkeit den Akzent in der Definition eines Stakeholders nicht auf die Subjektplatzhalter ‚Individuum' und ‚Gruppe', sondern darauf, dass ein ‚stake' von einer Entscheidung und seinen Konsequenzen betroffen ist oder sein wird, dann macht es Sinn, den Blick über die jeweils existente Gesellschaft der Zeitgenossen hinaus zu wer-

7.1 Stiftungen als Stakeholder und Stakeholder von Stiftungen

fen. In Form von ‚primary nonsocial stakeholder' wurden entsprechend die natürliche Umwelt, künftige Generationen und nichtmenschliche Gattungen und Individuen in die betriebswirtschaftliche Analyse eingeführt, ergänzt um die sekundären ‚nonsocial stakeholder' in Form von Umwelt- und Tierschutzgruppen – erkennbar wurde hier provisorisch versucht, eine (teilweise schockierende) Erfahrung von Wirtschaftsunternehmen mit der Macht von zivilgesellschaftlichen Organisationen theoretisch besonders zu würdigen. Wie auch immer wird durch diese Erweiterung eine immanente Zeitbegrenzung erkennbar, die der bertriebswirtschaftlichen Fassung des Stakeholder-Begriffs zu eigen war, nämlich ein Horizont, der mit wenigen Jahren rechnet. Ob die gewählte Unterscheidung zwischen social and nonsocial glücklich ist, kann dahingestellt bleiben: ohne die Möglichkeit solch einer Erweiterung des Stakeholder-Begriffs über die Gegenwart und nahste Zukunft hinaus, bliebe die mögliche Reichweite des Stakeholder-Begriffs besonders für Stiftungen äußerst beschränkt, da weder die Bindung an den möglicher Weise jahrhundertealten Ursprung, noch an die in der Regel vorsätzliche Langfristigkeit (‚eine Stiftung währet ewiglich') realisierbar wäre.

Als anwendungsorientierte Theorie für praktisches Management muss der Stakeholder-Ansatz Kriterien entwickeln, die von der Bestandsaufnahme und Katalogisierung der Fülle an Stakeholder unter den Bedingungen knapper Zeit und knapper materieller Ressourcen zu optimalen Prozessen und Ergebnissen führt. Dazu benötigt man Kriterien, die das aufgemachte Feld an menschlichen und außermenschlichen Akteuren und an Interessen nach Graden der Wichtigkeit und/oder der Repräsentativität gewichten helfen, zumal diese ja nicht nur aus der Gegenwart, sondern aus Vergangenheit und Zukunft herrühren können.

Savage et al. schlagen ein Diagnoseset vor, dass in der Koppelung von Kooperationsneigung und Schadenspotential für die eigene Organisation besteht. Wer hohe Kooperationsneigung zur eigenen Organisation und zugleich über hohes Schadenspotential verfügt, muss in dieser Sicht dringend und eng eingebunden werden, während man sich gegen jemand mit hohem Schadenspotential und geringer Kooperationsneigung (z. B. ein Konkurrent) entschieden verteidigen muss – wer hingegen über geringes Schadenspotential verfügt, kann entweder als Unterstützer interessieren (wenn er kooperationsbereit ist) oder muss als marginaler Stakeholder lediglich beobachtet werden (bei geringer Kooperationsneigung – doch wer weiß, vielleicht ändert sich diese Neigung oder aber sein Schadenspotential).

Etwas komplexer gehen Mitchell et al. an dieses Thema heran und machen mit drei Begriffen ein Feld mit acht Unterscheidungen auf. Dieses Feld wird mit den Begriffen Macht, Legitimität und Dringlichkeit gebildet. Die einzelnen Stakeholdergruppen sortieren sich dann danach, ob auf sie alle drei Begriffe (1 Fall), zwei Begriffe (3 Fälle), ein Begriff (3 Fälle) oder gar kein Begriff (1 Fall) zutreffen. Die entscheidende Stakeholdergruppe ist dann diejenige, die zugleich über Macht und Legitimität verfügt und ihre Ansprüche gegenüber einer Organisation als dringlich geltend macht; als gefährliche Stakeholdergruppe erscheinen dann diejenigen, die über Macht und Dringlichkeit ihres Anliegens verfügen, aber ohne Legitimität sind usw. Letztlich entsteht auf diesem Wege ein hierarchisches System, in das die jeweiligen Stakeholder einsortiert werden.

Der Nutzen solcher Kriteriensets liegt erkennbar darin, dass man am Ende einer deskriptiven Bestandsaufnahme aller Stakeholder diese danach unterscheiden kann, welcher Art das eigene Verhältnis zu ihnen sein und wie intensiv dieses Beziehungsverhältnis ausgestaltet werden sollte. Allerdings kann man zugleich erkennen, dass spezifische Erfolgskriterien und Rahmenbedingungen, wie sie für gewinnorientierte Wirtschaftsunternehmen charakteristisch sind, in diesen Kriterien präsent sind, weshalb sie nicht einfach umstandslos in den zivilgesellschaftlichen Bereich übernommen werden können. Die Unterscheidungen sind besonders dann plausibel, wenn man sich im Konkurrenzkampf auf freien Märkten befindet: Diese Art der Stakeholder-Analyse dient offenkundig der Gefahrenabwehr und Gefahrenbekämpfung, dem Schmieden von Allianzen und dem Vermeiden unnützer Kosten für die Auseinandersetzung mit letztlich unwichtigen Stakeholdern.

Diese Logik des (zivilisierten) Kampfes kann nicht eins-zu-eins ins Feld der Nonprofit-Organisationen übertragen werden, auch wenn es Bereiche, Orte und Konstellationen geben mag, in denen sie für das Überleben einer CSO nützlich oder zwingend sind – wenn auch um den Preis der Frage, ob dort dann noch Platz für eine CSO ist.

Wohlgemerkt geht es hier nicht um besser oder schlechter, sondern um die Frage der Angemessenheit der gewählten Kategorien. Und an diesem Punkt kommt die Bedeutung zur Geltung, die das Insistieren auf der *Zielorientierung* statt der *Gewinnorientierung* bei CSO hat: Bei dieser Unterscheidung zwischen dem zivilgesellschaftlichen, dritten Sektor und dem gewinnorientierten Wirtschaftssektor geht es um die Kennzeichnung, dass einer CSO eine ganz spezifische Bindung an ihre konkrete Agenda zu eigen ist, die nicht durch eine sei es ergänzende, sei es fundierende Bindung an die Erwirtschaftung von Gewinnen überwölbt ist. Entsprechend muss eine CSO die für sie anwendbaren Kriterien aus der Satzung einerseits, aus ihrer Einbettung in Zivilgesellschaft andererseits entnehmen – entnehmen meint hierbei eine interpretierende Aneignung von Satzung und Geschichte sowie des zivilgesellschaftlichen Kontextes.

Ein Beispiel soll das verdeutlichen. Ginge eine mildtätige, fördernde Stiftung bei ihrer Stakeholder-Analyse nach Savage vor, würde sie zwingend die von ihr bedachten Destinatäre als marginale Stakeholder behandeln, da diese weder über Schadensfähigkeit noch aber über große Kooperationsfähigkeit verfügen – mehr als Beobachtung wäre Zeit- und Geldverschwendung. Abgesehen davon, dass das durchaus der Anlage einiger solcher Stiftungen entsprechen mag, läge darin ein strukturelles Dementi der eigenen Agenda: sie würde so ein rein instrumentelles Verhältnis gegenüber der Klientel dokumentieren, für die sie andererseits da zu sein vorgibt.

Etwas anders sieht dies schon mit Mitchell et al. aus, da man hier zumindest darüber nachdenken kann, ob sie zur Gruppe der ‚demanding stakeholder' oder der

‚depending stakeholder' gehören. Bei den nachfragenden Stakeholdern liegt die dringende Nachfrage vor, aber es fehlt, neben Macht, die Legitimität ihrer Nachfrage – letztere liegt bei den depending stakeholder zusätzlich zur dringliche Nachfrage vor. Je nachdem wie man den Status von Destinatären angeht, würde man zu unterschiedlichen Resultaten kommen. Reduziert man sie auf eine rechtliche Legitimität ihres Anspruchs, wären sie lediglich nachfragende Stakeholder, die nachrangig in Stakeholder-Prozesse einzubinden wären – als abhängige Stakeholder hingegen haben sie einen analogen Status zu den gefährlichen oder den dominierenden Stakeholdern.

Man sieht, wie die Wahl der expliziten und impliziten (Erfolgs-)Kriterien den Status der jeweiligen Stakeholdergruppen erheblich beeinflusst. Im Unterschied zu Wirtschaftsunternehmen können CSO gar nicht anders, als zunächst nach solchen Erfolgskriterien in ihrer eigenen konkreten Agenda zu suchen. Darüber hinaus werden sie sich in ihrem Selbstverständnis auf Bereichskulturen bzw. auf allgemeine zivilgesellschaftliche Standards beziehen. Erst durch diese interpretative Arbeit werden sie über Kriteriensets verfügen, die ihnen gemäß sind und ihnen bei der pragmatischen Analyse ihrer Stakeholder helfen.

Insofern der Begriff des Vermögens, so klein dieses auch sein mag, konstitutiv für den Stiftungsbegriffs ist, haben Stiftungen in systematischer Hinsicht einen spezifischen Bezug zum gewinnorientierten Wirtschaftsbereich, der vielen anderen zivilgesellschaftlichen Organisationen fehlt: Sie sind Stakeholder der Wirtschaft in der Form, das sie ein unmittelbar finanzielles Interesse am wirtschaftlichen Erfolg von Unternehmen haben. Das gilt eben nicht nur für den Typus der Unternehmensträgerstiftung, bei der dieser Sachverhalt typologisch im Vordergrund steht. Banken und Sparkassen, Vermögensverwaltungsgesellschaften, Indexe und Fonds, Immobilien und Grundbesitz: Wie auch immer der konkrete Bezug zur Wirtschaft aussieht, er ist vorhanden und im Regelfall hat die Rendite, die erwirtschaftet wird, zentrale Bedeutung für die Arbeitsfähigkeit der Stiftung.

Damit ist eine Stiftung potentiell Gegenstand strategischen Managements. Es erscheint daher sinnvoll, dass sie ihre eigene Stakeholderposition im Verhältnis zu den Akteuren, an denen sie ein unmittelbar finanzielles Interesse hat, reflektiert. Diese Reflexion hat drei Stufen.

Die erste ist stiftungsimmanent und besteht in einem Blick in die Satzung. In dieser können verbindliche Vorgaben stehen, z. B. im Sinne der Stiftung als „bescheidener Eigentümer" (Reinhard Mohn), was typischerweise bei Stiftungen der Fall ist, die zugleich oder hauptsächlich den Fortbestand eines Unternehmens sichern sollen. Der Stifter kann dort aber auch andere Vorgaben im Umgang mit der Vermögensbewirtschaftung niedergelegt haben, etwa in Form von Kriterien ökologischer Nachhaltigkeit.

Die zweite Reflexionsebene sollte die Position der Stiftung als Stakeholder aus der Sicht der gewinnorientierten Unternehmen betrachten, mit denen man zu tun hat. Wie wichtig ist eigentlich die eigene Stiftung als Kapitalgeber für den / die

Kapitalnehmer bzw. deren Vermittler? In den Termini strategischen Managements ausgedrückt: Wie groß ist mein Schadenspotential? Dabei stellt eine Ebene ohne Zweifel das Vermögensvolumen dar. Eine Stiftung mit wenigen hunderttausend Euro Stammvermögen hat in dieser Hinsicht weniger Machtpotential als eine millardenschwere Stiftung. Unberührt davon bleibt aber das generelle Schadenspotential von CSO, das an ihrer Agenda hängt und aus der erworbenen Reputation resultiert – das kann je nach Konstellation auch die Position einer kleinen Stiftung bei ihrem Vermögensmanagement verbessern helfen, im Sinne einer Verwandlung von symbolischen oder sozialem Kapital in finanzielle Rendite.

Die dritte Reflexionsebene schließlich befasst sich mit der eigenen Praxis. Entspricht diese den identifizierten Möglichkeiten? Und lassen sich die Bedingungen für die eigene Praxis noch verbessern?

Mit der ersten Frage prüft man, ob man nicht zu bescheiden ist. Das Weiterkommen, um das es dabei gehen, dreht sich nicht ausschließlich um Renditemaximierung bei größtmöglicher Sicherheit, sondern ebenso um die Frage, ob man nicht ohne Not Möglichkeiten verschenkt, die eigene Agenda auch auf der Ebene der Vermögensbewirtschaftung schon zu erfüllen. Dabei geht es nicht nur um das Verhältnis Umweltschutzstiftung / ökologische Anlagekriterien. Warum sollte nicht eine Kulturstiftung zur Kapitalisierung von Unternehmen besonders beitragen, die sich ihrerseits z. B. via Corporate Philanthropy besonders um Kunst und Kultur verdient machen? Und könnte es nicht für eine Sozialstiftung für die Integration benachteiligter Jugendlicher ein wesentliches Kriterium sein, ob sich Unternehmen um Chancen Jugendlicher entsprechend bemühen? Ganz von selbst wird dabei fast nebenbei ihr ‚Schadenspotential' größer, zumal wenn sie ihre positiven Anlageentscheidungen entsprechend verbreitet. Der mögliche Schaden, falls ein Unternehmen plötzlich die eigene Strategie wechselt und z. B. more sports statt Kunst finanzieren will, geht dann weiter über den eigentlich immer ersetzbaren finanziellen Bezug hinaus.

Damit ist schon die Frage berührt, wie eine Stiftung die eigenen Handlungschancen optimieren kann. Im Grunde kann man als Regel setzen, dass dies umso besser gelingt, wenn sie sich aller Instrumente bürgerschaftlichen Engagements bedienen darf und dies auch in der jeweils angemessenen Kombination von Einzelelementen tut. Das Dürfen weist wieder auf Einschränkungen hin, die aus ihrer Satzung folgen können.[19] Ansonsten aber kann man sich auf das ganze Repertoire besinnen: Netzwerkbildung, Agenda-Setting, Voice-Funktion usw.

Eine erfolgreiche Netzwerkbildung, bei der viele kleine Stiftungen als potentiell miteinander verbundene Kunden auftreten, hat gegenüber einer Vermögensverwaltung schon erkennbar eine stärkere Stellung. Wenn sie dies noch mit einer verwandten Agenda, etwa als Verbund von Kulturstiftungen tun, gibt es Chancen

---

[19] So ist nicht zu sehen, was eine Stiftung, deren Erträgnisse von vornherein und ausschließlich einer einzigen Institution, etwa einem universitären Institut, gewidmet sind, für einen Handlungsspielraum haben sollte.

der öffentlichen Wahrnehmung ihrer Wahl (agenda-setting). Wenn sie sich dabei noch erfolgreich Forderungen aus dem Raum der Kunst und der Kunstorganisationen zu eigen machen (voice-Funktion als Verstärkung einer Aktion ‚Fördert Kunstförderer'), verstärken sie noch mal ihre Position. Kurzum: aus vielen kleinen Zwergen, die am Rande der Wahrnehmungsschwelle gewinnorientierter Unternehmen liegen, könnten auf solch einem Weg einer Stakeholder-Assoziation durchaus machtvolle Akteure werden – und dabei nicht nur ihre Rendite optimieren, sondern ihre satzungsgemäße Agenda, also den Stifterwillen effektiver verwirklichen.

Was an dieser Stelle über das Sein von Stiftungen als Stakeholder anhand der Dimension des Vermögensmanagements exemplifiziert wurde, kann sich entsprechend auch in anderen Zusammenhängen stellen, die von fachspezifischen Kontexten (z. B. Entwicklung der Altenpflege, Mitarbeit in Kulturverbänden) bis hin zu globalen Strukturen (z. B. Global Compact) reichen. Auch wenn die Antworten im Detail sich je nach Stiftung ausdifferenzieren, bleibt das aufgezeigte Schema der Verortung identisch. Worauf es ankommt ist letztlich eines: Die Entscheidung einer Stiftung, also der für sie Verantwortlichen in Rückbindung an den niedergelegten Stifterwillen, für oder gegen eine aktive Wahrnehmung der Rolle als Stakeholder.

Eine Stiftung ist nicht nur Stakeholder, sondern sie hat ebenso solche. Dies anzuerkennen, enthält mehrere Herausforderungen.

Die erste Herausforderung besteht in einer Überwindung eines rechtlich fokussierten Stiftungsbegriffs. Natürlich meint das nicht, wie oben auch dargestellt, die Absage an die Legalität des Stiftungshandelns, sondern die Anerkenntnis, dass die Herstellung von Legalität aus vielerlei Gründen nicht als Handlungsmaxime ausreicht.

In systematischer Hinsicht ist dies für alle Stiftungen in zweierlei Hinsicht bedeutsam.

Erstens für den Begriff des Destinatärs. In legaler Hinsicht hat dieser in der Regel keine konkretisierbaren Rechtsansprüche. Wer immer aber der oder die Destinatäre sind, ob es sich dabei um soziale oder außersoziale Individuen und Gruppen handelt, von ihnen her bezieht eine Stiftung ihren Daseinszweck. Kommen sie abhanden (Entfall des Stiftungszwecks), begründet dies zumindest bei den rechtsfähigen Stiftungen privaten Rechts die gleichen Konsequenzen wie ein Totalverlust der Einnahmequellen: Die Möglichkeit der Aufhebung der Stiftung.

Allerdings sollte sich beim Umgang der Stiftung mit dieser und anderen Stakeholder-Gruppen die Differenz bemerkbar machen, dass sie diesen nicht als gewinnorientierter Wirtschaftsbetrieb gegenüber tritt, sondern als eine zivilgesellschaftliche Organisation. Die Destinatäre sind weder ‚Kunden' noch Kapitalgeber, sondern sie begründen den Daseinszweck der Stiftung objektiv (während der Stifterwille dies subjektiv tut). Allerdings tun sie dies im Normalfall in einer anonymen Form: bedürftige Kinder, junge Wissenschaftler bis 31 Jahre usw. Eine Beteiligung dieser Stakeholder-Gruppe an der Stiftungsarbeit kann nur über Formen der Repräsentanz funktionieren.

Eine andere besondere Stakeholder-Gruppe für eine Stiftung sind andere Stiftungen und zwar im Hinblick auf ihren Charakter als Stiftung. Gemeint ist damit insbesondere, dass das Stiftungswesen und damit alle Stiftungen in Deutschland wie in vielen anderen Ländern einen besonderen Ruf (zu verteidigen) haben, der positiv besetzt ist. Damit verfügt jede einzelne Stiftung über ein gewisses Potential, diesen Ruf auch zu beschädigen, wodurch alle anderen Stiftungen auch beschädigt würden.

Wie auch im vorigen Abschnitt erläutert, verfügen Stiftungen im Einzelnen über viele weitere Stakeholder, angefangen von Pächtern und Mietern von Stiftungseigentum über öffentliche Institutionen wie Schulen und Universitäten oder Wohlfahrtsverbänden bis hin zu Medien und Politik im kommunalen, regionalen, nationalen oder globalen Raum.

Der Stiftung stellt sich hier die Aufgabe, die Vielzahl von Stakeholderbeziehungen so zu managen, dass die Stiftung optimale Wirksamkeit erreicht. Am Anfang steht damit auch die Frage, ob man dieses Thema offensiv-aktiv angeht oder nicht. Für den Bereich der dreifachen Reflexion und der daran anschließenden Handlungsperspektiven stellt sich die Situation gegenüber der Position der Stiftung als stakeholder etwas verändert dar.

Die erste Ebene führt natürlich wieder in die Satzung: Was erschließt sich hieraus an Vorgaben? Ist dort z. B. von einer sachgerechten Denkmalpflege die Rede, stellt das für die Stiftung eine deutliche Handlungsanweisung dar, die sie zu einem systematischen Einbezug einer ganzen Reihe von stakeholdern zwingt, angefangen vom Denkmalamt über universitäre Einrichtungen bis hin zur ausschließlichen Zusammenarbeit mit entsprechend zertifizierten Handwerkern.

Die zweite Reflexionsstufe dreht sich um die Frage, wer alles Stakeholder der Stiftung ist und ob diese in einer ihrer Bedeutung angemessenen Weise berücksichtigt werden. Dazu muss man die Perspektive der jeweiligen Stakeholder einnehmen und versuchen, deren Interesse an der Stiftung zu identifizieren und auch die Reichweite der Legitimität dieses Interesses zu bestimmen. Berücksichtigen impliziert dabei im Kontext von Stakeholder-Ansätzen ein aktives Verhältnis, wenn man den jeweiligen Stakeholdern eine gewisse Bedeutung zumisst. Eine rein gedankliche Berücksichtigung der Interessen etwa von Destinatären reicht nicht, man muss schon Verfahren ersinnen, wie diese Gruppe ihr teilhabendes Interesse an der Stiftung als Mitwirkende geltend machen können.

Auf der dritten Reflexionsstufe wird der Unterschied zu dem, wie sich die Stiftung selbst als Stakeholder benimmt, am deutlichsten. Dort war sie von einem unübersehbaren Eigennutz etwa in Form einer Renditeoptimierung getrieben. Jetzt aber handelt sie selbst als zivilgesellschaftlicher Akteur jenseits von Staat und Markt. Es macht keinen Sinn, wenn sie dabei einem Stakeholder-Ansatz im Sinne

7.1 Stiftungen als Stakeholder und Stakeholder von Stiftungen

einer Schadensvermeidung folgen würde, wie sie nicht zuletzt durch die Aktivität von NGOs einem Wirtschaftsunternehmen zugefügt werden können.

Kooperationsorientierung, Anwaltschaftlichkeit usw. schlagen sich jetzt nieder darin, dass die Stiftung die vielfältigen Interessen der Stakeholder nicht deshalb aufgreift, weil sie als Institution überleben will, sondern weil durch das bürgerschaftliche Engagement die Welt ein wenig besser oder zumindest ein wenig weniger schlecht werden soll. Ziel der Identifikation und des Aufgreifens der Ansprüche und Teilhabe von Stakeholdern der Stiftung ist die Verbesserung der Zweckverwirklichung: Die (gemeinnützige) Stiftung ist nicht eine gewinnorientierte, sondern eine zielorientierte Einrichtung.

Der Stakeholder-Ansatz steht an der Schnittstelle von Staat, Wirtschaft und Zivilgesellschaft. An der stiftungsbezogenen Erörterung des Begriffs wird erkenntlich warum: Er ist beweglich genug, damit er unter unterschiedlichen Funktionslogiken unterschiedliche Handlungsperspektiven ermöglicht. Unter Konkurrenzbedingungen am Markt kann man ihn anders ausbuchstabieren als im Kontext zielorientiert ausgerichteter Organisationen jenseits von Staat und Markt. Analoges gilt auch für die hier nicht zu vertiefende Verwendung des Begriffs im politischen Raum, um politische Partizipations- und Legitimationsprozesse zu organisieren. Das macht ihn unter Bedingungen knapper Zeitressourcen gerade auch für Verantwortliche in Institutionen attraktiv, die sich gleichzeitig in sozialen Räumen verorten und kompetent bewegen müssen, denen eine gewisse Gegensätzlichkeit zu eigen ist. Das ist bei Stiftungen ohne Zweifel der Fall: Eine mildtätige Stiftung sollte den Respekt gegenüber ihren (potentiellen) Destinatären mit der Rücksichtslosigkeit des (zivilisierten) Haifisches bei der Rendite- und Vermögensmehrung verbinden können, auf jeden Fall aber nicht mildtätig-nachsichtig oder respektlos bei der falschen Gelegenheit sein.

7.2 Kooperationen und Netzwerke im Stiftungswesen

Von Verena Freyer

Vor einiger Zeit plädierte die Vorstandsvorsitzende der Stiftung Deutsche Schlaganfall-Hilfe, Brigitte Mohn, in einem Interview für mehr gemeinsame Öffentlichkeitsarbeit von Stiftungen. Angesichts sinkender Möglichkeiten für kostenfreie Werbung sollten gemeinnützige Organisationen ihre Werbe- und Spendekampagnen zusammen planen und durchführen[1]. Dies ist vereinzelt auch geschehen, denkt man beispielsweise an den Arbeitskreis „Zukunft vererben", der von mehreren Berliner Stiftungen und gemeinnützigen Organisationen zur Information in Sachen Erbschaftsspenden ins Leben gerufen wurde und die gleichnamige Internetplattform betreibt. Oder an die Aktion „Gemeinsam für Afrika", bei der sich verschiedene Stiftungen und Hilfsorganisationen mit einem gemeinsamen Auftritt und Spendenkonto für die Verbesserung der Lebensbedingungen in Afrika einsetzen.

Die Zusammenarbeit von Stiftungen sollte jedoch nicht nur vor dem Hintergrund zunehmender Konkurrenz auf dem Spendenmarkt betrachtet werden. Das Thema Kooperationen im Stiftungswesen ist in den letzten Jahren auch im Zusammenhang mit der strategischen Gesamtausrichtung von Stiftungsarbeit und deren inhaltlicher Profilierung diskutiert worden. Viele Stiftungen verstehen sich als Innovatoren und Förderer gesellschaftlichen Wandels. Sie müssen sich von daher überlegen, wie sie diesem Anspruch angesichts großer gesellschaftlicher Probleme gerecht werden können. Ob Jugendarbeitslosigkeit, Integration von Zuwanderern oder Reformen des Bildungssystems, die Wirkungsmöglichkeiten von Stiftungen auf diesen komplexen Feldern sind naturgemäß begrenzt. Eine einzelne, auch vermögende Stiftung wird die anstehenden Fragen mit ihren Ressourcen nicht bewältigen können.

Ein weiterer Grund dafür, dass Kooperationen von Stiftungen an Bedeutung gewonnen haben, liegt in der zunehmenden Anzahl von länderübergreifend tätigen Stiftungen. Viele Neugründungen in den neunziger Jahren – so zum Beispiel die Deutsche Stiftung Weltbevölkerung oder die Sparkassenstiftung für internationale Kooperation – sind von vornherein mit globaler und internationaler Ausrichtung erfolgt. Gleichzeitig wurden Stiftungen, die sich bisher auf den nationalstaatlichen Rahmen konzentriert haben, auf ihren Themenfeldern mit transnationalen Problemstellungen konfrontiert. Dies sind beispielsweise Fragen des Umweltschutzes,

---

[1] Handelsblatt, 9. Juli 2003, S. 15 „Nachgefragt: Brigitte Mohn. Konkurrenz bei Stiftungen wächst".

der Bevölkerungsentwicklung oder der politischen Transformation in Mittel- und Osteuropa. Stiftungen wie die 1988 gegründete Haniel Stiftung suchen sich Partner für die Umsetzung und Gestaltung ihrer international ausgerichteten Förderschwerpunkte und können so beispielsweise neue Stipendienprogramme auflegen.

Sicherlich stellen die operativ tätigen Stiftungen aufgrund ihrer Arbeitsweise denjenigen Teil der Stiftungswelt dar, der am stärksten an Kooperationen interessiert ist. Sie wollen zukunftsweisende Modellprojekte initiieren, die nach erfolgreicher Durchführung Nachahmer finden. Dazu gehört ein gewisser Grad an öffentlicher Wirkung, der systematische PR voraussetzt, aber auch durch Zusammenarbeit verstärkt werden kann. Unterschiedliche Kooperationspartner eröffnen den Zugang zu Adressaten, die man sonst nicht erreichen würde. Außerdem können mehrere Partner die Reputation einer Kampagne oder Aktion erhöhen. Doch nicht nur operative Stiftungen nutzen die Vorzüge partnerschaftlicher Zusammenarbeit. Auch Förderstiftungen finanzieren gemeinsam mit anderen Organisationen Einrichtungen oder Lehrstühle, vereinbaren Projekte mit Unternehmen, kooperieren mit staatlichen und wissenschaftlichen Institutionen, Vereinen und Medien. Die Formen möglicher Zusammenarbeit sind vielfältig und nicht abschließend definierbar.

Definition und Begriffserklärung

Das im Folgenden verwendete Verständnis von „Kooperation" soll dieses breite Spektrum aufnehmen. Kooperation wird als Oberbegriff für alle Formen der Zusammenarbeit von Stiftungen untereinander oder mit Dritten aufgefasst, die freiwillig und auf der Grundlage einer Absprache oder Vereinbarung zum Zwecke der Erreichung eines gemeinsamen Ziels erfolgt. Zweitrangig ist hier zunächst die Dauer der Zusammenarbeit und in welcher rechtlichen Form diese erfolgt. Konstituierendes Element von Kooperationen ist die Freiwilligkeit der Partner und Parität der in die Kooperation eingebrachten Leistungen. Dies setzt eine rechtliche und wirtschaftliche Unabhängigkeit voraus. Nach diesem Verständnis ist das Franchising als Instrument der Übertragung von Stiftungsprogrammen und -konzepten in die Fläche eine Form der Kooperation[2].

Der Begriff der „Allianz" wird manchmal im Zusammenhang mit strategischen Partnerschaften, die intensiven und langfristigen Charakter haben, verwendet[3]. Er hat sich im Stiftungsbereich im Gegensatz zur Wirtschaft allerdings nicht als systematische Bezeichnung durchgesetzt. Ein solches Stiftungsbündnis haben fünf parteinahe sowie drei parteiunabhängige Stiftungen mit der Stiftungsallianz „Bürgernaher Bundesstaat" gegründet, die die Arbeit der „Kommission zur Moderni-

---

[2] Dabei stellt die Stiftung den Franchisegeber dar, der die für das geschaffene System wesentlichen Entscheidungen trifft und die Aktivitäten der Kooperationspartner koordiniert. Ein Beispiel ist das Projekt „notinsel", das bundesweit durch die Stiftung Hänsel+Gretel implementiert wurde. Vgl. *Braun/Lotter.*

[3] Vgl. dazu auch *Weger.*

sierung der bundesstaatlichen Ordnung" begleitet[4]. Ziele von Stiftungsallianzen könnten in der dauerhaften Zusammenarbeit zugunsten der Verbesserung der eigenen Position in einem bestimmten Tätigkeitsfeld liegen. Dies wäre beispielsweise der Fall, wenn zwei Stiftungen, die eine bestimmte Krankheit bekämpfen, den dauerhaften Austausch zu den Förderschwerpunkten und den Abgleich von Forschungsaktivitäten vereinbaren. Hier handelt es sich nicht um eine kurzfristige und zeitlich abgeschlossene Projektkooperation, sondern um eine strategische Allianz. Die beteiligten Stiftungen haben dauerhaft Zugang zu strategisch relevantem Know-how ihres Allianzpartners und können mögliche eigene Schwächen durch die Stärken des Anderen ausgleichen.

Allianzen können sowohl bilaterale Kooperationen als auch Multi-Partner-Beziehungen darstellen. Da die dauerhafte Zusammenarbeit von mehreren Partnern auch in Form von Netzwerken stattfindet, ist eine Abgrenzung in der Praxis möglicherweise nur anhand der Zeitdimension und der Anzahl der Bindungen vorzunehmen. Ein Netzwerk ist eine auf langfristige Zusammenarbeit angelegte Organisationsform mehrerer unterschiedlicher Akteure mit einem gemeinsamen Interesse. Dabei konstituieren die direkten und indirekten Beziehungen zwischen den beteiligten Personen das Netzwerk und ermöglichen eine neue Qualität von Kommunikation und Austausch. Netzwerke im Stiftungsbereich werden insbesondere im Rahmen der Projektarbeit von Stiftungen, aber auch im Zusammenhang mit der nationalen und internationalen Vernetzung von Stiftungen bedeutsam.

Voraussetzungen und Motive für Kooperationen

Auch wenn die Anbahnung von Kooperationen im Stiftungswesen oftmals das Ergebnis einer spontanen Verabredung im informellen Rahmen ist, sollten die Verantwortlichen in einer Stiftung ein aktives Kooperationsmanagement betreiben. Dazu gehört, sich der Voraussetzungen einer Zusammenarbeit mit Dritten bewusst zu werden sowie das Kooperationspotenzial der eigenen Stiftung und gleichartiger Organisationen zu analysieren. Eine Kooperation ist nur dann sinnvoll, wenn die jeweilige Stiftung ihre eigenen Interessen und Ziele kennt, eine stabile Identität aufgebaut und Verantwortlichkeiten innerhalb der Organisation definiert hat. Sie ist auf jeden Fall eine anspruchsvolle Managementaufgabe, die nicht ohne systematische Planung und Steuerung auskommt. Vor der Entscheidung, eine Kooperation einzugehen, sollte deshalb eine Überprüfung der eigenen Situation erfolgen. Sie hat zu klären, ob die Ergebnisse der durchgeführten Fördermaßnahmen und Projekte den Stiftungszielen entsprechen und ob das von der Stiftung formulierte Leitbild noch mit den tatsächlichen Bedingungen übereinstimmt.

---

4 Friedrich-Ebert-Stiftung, Friedrich-Naumann-Stiftung, Hanns-Seidel-Stiftung, Heinrich-Böll-Stiftung, Konrad-Adenauer-Stiftung, Ludwig-Erhard-Stiftung, Bertelsmann Stiftung, Stiftung Marktwirtschaft. Vgl. *Schick,* Gerhard.

7.2 Kooperationen und Netzwerke im Stiftungswesen

Wegen des dynamischen Umfeldwandels müssen die Grundannahmen der Stiftung über sich und ihr Tätigkeitsfeld laufend auf ihre Realisierbarkeit und Zukunftsbezogenheit überprüft werden. Zum Beispiel: Sind wir noch eine der größten privaten Bildungsstiftungen Deutschlands, die dem Anspruch, Plattformen für den innovativen bildungspolitischen Dialog bereitzustellen, gerecht wird? Erreichen wir die wirklich Hilfe bedürftigen Kinder und Jugendlichen im schul- und berufsschulpflichtigen Alter? Haben wir in den letzten fünf Jahren kulturpolitische Themen besetzt, die wegweisend für die weitere Entwicklung der Museen in Deutschland sind? Haben die von uns unterstützten Projekte nach dem Ende der Förderung weiterhin Wirkung entfaltet?

Gleichzeitig muss gefragt werden, welche Aufgaben und Ziele der Stiftung am ehesten durch Kooperationen zu gestalten sind. Möglicherweise gibt es ungenutzte stiftungsinterne oder -externe Potenziale, deren Aktivierung einen ähnlichen oder besseren Effekt hätte als eine Kooperation. Zu denken ist dabei an die Erschließung zusätzlicher Finanzquellen durch Fundraising oder die Gewinnung von hoch motivierten und qualifizierten Mitarbeitern durch innovative Personalkonzepte oder Dezentralisierung von Entscheidungsstrukturen. Fehlt einer Stiftung die für die erfolgreiche Umsetzung ihrer Ziele notwendige Bekanntheit und Kommunikation mit ihren Zielgruppen, wäre die Überarbeitung des PR-Konzepts eine mögliche Alternative. Die Kooperation stellt nicht immer das am besten geeignete Instrument dar, um eigene Schwächen auszugleichen. Sie sollte vor allem nicht aus einem allgemeinen Gefühl der Machtlosigkeit bzw. wegen genereller Ressourcenknappheit eingegangen werden. Auch wenn eine Kooperation mit größeren Partnern für eine Stiftung, die (noch) nicht über die erforderlichen Mittel verfügt, reizvoll erscheint, bleibt eine Profilbildung und Erhöhung der eigenen Kompetenz unabdingbar. Ansonsten fehlt der Zusammenarbeit von vornherein das partnerschaftliche, gleichberechtigte Element bzw. es kommt mangels Interesse gar nicht erst zu einer solchen.

Ausnahmen bilden hier so genannte Senior-Partnerschaften, bei der eine ‚ältere', erfahrene Stiftung einer ‚jüngeren' Stiftung beim Aufbau von Kompetenz auf einem bestimmten Tätigkeitsfeld hilft. Solche einfachen Formen der Zusammenarbeit auf der Basis von Informations- und Erfahrungsaustausch können sowohl bei den Sekundär- als auch bei den Primärprozessen einer Stiftung ansetzen[5]. Erstere umfassen die technisch-organisatorischen Abläufe wie Vermögensbewirtschaftung, Beschaffung oder Fundraising, letztere die eigentliche Zweckerfüllung, also das ‚Kerngeschäft' der Stiftung. Dieser Bereich ist in der Praxis weitaus häufiger Gegenstand eines Austausches. Hier lassen sich Arbeits- und Förderprofil der Stiftung entwickeln, die richtigen Methoden für die Umsetzung der Gesamtstrategie erarbeiten sowie Fachkompetenz aufbauen.

Der Austausch von organisationseigenen Fähigkeiten und Kompetenzen spielt bei Kooperationen von Stiftungen untereinander oder mit Dritten regelmäßig eine

---

[5] Zu dieser Unterscheidung vgl. *Heimerl-Wagner / Simsa*, S. 189.

Rolle. Kooperation ist eine sehr gute Möglichkeit für Stiftungen, neues Wissen zu akquirieren und für die Erreichung der eigenen Ziele zu nutzen. Außerdem können Kooperationen die für die Lösung einer bestimmten Problemstellung erforderlichen fachlichen und sozialen Kontakte erweitern – gerade wenn unterschiedliche Partner ihre Beziehungsnetze in eine Zusammenarbeit einbringen. Die bessere Ansprache der Zielgruppen erleichtert die Akzeptanz und Verbreitung des eigenen Anliegens. Diese „Breitenwirkung" benötigen insbesondere Projekte, die nach erfolgreichem Modellverlauf bundesweit implementiert werden sollen. Dazu bieten sich Partner an, die sich vor Ort auskennen, ihre Strukturen zur Verfügung stellen und die Zugang zu den entsprechenden Zielgruppen haben. Sie ermöglichen die Zusammenführung der notwendigen Ressourcen, so dass auch finanziell aufwändige Projekte durchführbar werden oder Initiativen langfristig finanziell abgesichert werden können. Die kooperierende Stiftung optimiert auf diese Weise ihre eigene Zweckerfüllung und spart möglicherweise Zeit und Geld. In diesem Sinne stellt die Kooperation ein mögliches Instrument nachhaltiger Wirkung von Stiftungen dar[6].

Hinzu kommt, dass durch die Zusammenarbeit mit externen Partnern auch die Vermittelbarkeit eines Projektes in der Öffentlichkeit steigen kann. Tritt beispielsweise eine unternehmensnahe Stiftung mit einer bildungspolitischen Forderung nach mehr schulischer Beschäftigung mit Wirtschaftsthemen allein auf, wird eine gewisse Skepsis der Kultus- und Bildungsministerien ob der Kompetenz dieser Stiftung vorhanden sein. Vereinbart diese Stiftung jedoch eine Partnerschaft mit weiteren Bildungsstiftungen und erarbeiten diese zusammen mit einem wissenschaftlichen Institut einen konkreten Problemlösungsbeitrag, würden die Verhandlungen mit den Ministerien auf einer breiteren Basis stehen. Die versammelte Kompetenz der Stiftungen und weiterer Partner erhöht die Glaubwürdigkeit des Projektvorhabens und führt auch im politischen Umfeld zu einer stärkeren Beachtung[7].

Partnerwahl

Einer der wichtigsten Erfolgsfaktoren für eine gut funktionierende Kooperation ist der richtige Partner. Die Wahl sollte auf eine Organisation fallen, deren Aktivitäten und Kompetenzen auf dem zu bearbeitenden Aufgabenfeld tatsächlich eine Ergänzung und Erweiterung des eigenen Profils darstellen. Nur so kann sichergestellt werden, dass für die Partner entsprechende Anreize geschaffen werden, ihre Beiträge für die Erreichung des gemeinsamen Ziels zu leisten. Dabei ist von einer grundsätzlichen Übereinstimmung der Strategien der Partner auszugehen, ohne die sich eine erfolgreiche Zusammenarbeit von vornherein schwierig gestaltet. Jede Stiftung hat einen eigenen Ansatz, wie das in der Stiftungssatzung individuell formulierte gesellschaftliche Problem angegangen wird. Diese zugrunde liegende „Theorie des Wandels" kommt in der konkreten Projekt- und Fördertätigkeit

---

[6] Vgl. *Petry.*
[7] Vgl. auch *Schlüter,* S. 846 f.

der jeweiligen Stiftung zum Ausdruck[8]. Hat die eine Stiftung beispielsweise den Ansatz, Frauen und Mädchen durch Förderung von Anti-Diskriminierungsprojekten zu stärken, handelt es sich um ein anderes Wirkungsmodell als bei einer Stiftung, die Frauen in sozialen Notlagen einmalige finanzielle Hilfen bewilligt.

Voraussetzung für eine Zusammenarbeit zur Umsetzung einer inhaltlichen Zielsetzung bei Stiftungen sind ähnliche Zwecke. Eine solche horizontale Kooperation stellt die wohl häufigste Form der Zusammenarbeit dar, da die Zweckverwirklichung das eigentliche Ziel der Stiftungstätigkeit ist. Stiftungen dürfen keine Kooperationen eingehen, die ihren in der Satzung festgelegten Zwecken zuwiderlaufen bzw. die eine verdeckte Finanzierung einer der Stiftung fremden Zwecksetzung sind[9]. Eine vertikale Kooperation liegt vor, wenn sich Stiftungen und andere Organisationen zusammenfinden, um Informationen in den verschiedenen technisch-organisatorischen Funktionsbereichen wie Marketing oder Mittelbewirtschaftung auszutauschen oder um gemeinsam Leistungen zu erbringen (z. B. gemeinsame medizinische Versorgung von Patienten durch zwei Einrichtungsträgerstiftungen).

Ein weiterer Aspekt der Partnerwahl ist die Kompatibilität der jeweiligen Organisationskulturen. Die in einer Stiftung gepflegten Werte, Stile und Verhaltensweisen sollten nicht im Widerspruch zur Kultur des Kooperationspartners stehen. Gibt es grundlegende Unterschiede, beispielsweise in Bezug auf die Dauer von Entscheidungen, sollten diese gleich am Anfang geklärt werden. Ansonsten sind Koordinationsprobleme und -konflikte nicht zu vermeiden, die den Erfolg einer Zusammenarbeit gefährden können. Dimensionen unterschiedlicher kultureller Profile sind Internationalität, Mitarbeiterbeteiligung, Lernverhalten, Informationspolitik, Kostenorientierung usw. Die für Kooperationsprojekte notwendige Offenlegung von internen Strukturen und Entscheidungen wird von einigen Stiftungen gescheut, ist aber notwendige Voraussetzung für die Entwicklung einer guten Kooperationskultur.

Ausgestaltung der Kooperation

Nachdem die Entscheidung für eine Kooperation gefallen ist, müssen die Partner sich über die Art und Weise der geplanten Zusammenarbeit verständigen. Dazu gehört vor allem die Verflechtungsintensität einer Kooperation, die durch den Zeithorizont, die Ressourcenzuordnung und den Formalisierungsgrad beeinflusst wird.

Zunächst sollte der Zeithorizont der Kooperation festgelegt werden. Ob eine kurzfristige oder eine längerfristige Bindung angestrebt wird, hängt vom strategischen Ziel der Kooperation ab. Know-how-Zuwächse lassen sich möglicherweise im Rahmen eines kurzfristigen Austausches eher realisieren als die Sensibilisie-

---

[8] Zu den unterschiedlichen Modellen der „Theorie des Wandels" vgl. *Prewitt,* S. 338 ff. Dazu auch *Eilinghoff/Meyn,* S. 733 f.

[9] *Schwintek,* S. 134.

rung der Öffentlichkeit für ein bestimmtes Thema. Im Allgemeinen kann behauptet werden, dass mit zunehmender Dauer einer Kooperation die Verflechtungsintensität zunimmt. Dies gilt insbesondere für die Häufigkeit der Interaktionen zwischen den Partnerorganisationen, für die gegenseitige Einflussnahme sowie den Grad der Verbindung der eingesetzten Ressourcen.

Bei Letzteren geht es um die von den Partnern zur Verfügung gestellten Mittel an Finanzen, Wissen und Personal. Dabei können beide Partner bestimmte Ressourcen in einen mehr oder weniger eigenständigen Pool einbringen oder die Durchführung der gemeinschaftlichen Aktivitäten mit Hilfe getrennter Ressourcen vereinbaren. Je nach Ziel und Dauer der Kooperation empfiehlt sich jedoch eine direkte Zuordnung adäquater Ressourcen. So werden einfache Gemeinschaftsfinanzierungen, also das Zusammenwirken von Stiftungen bei der Finanzierung eines Projekts, mit einer Vereinbarung über den von jeder beteiligten Stiftung aufzubringenden Teilbetrag auskommen. Eine langfristige, enge Zusammenarbeit, z. B. in Form einer gemeinsam gegründeten Einrichtung, in das die Partner finanzielle Beiträge sowie geldwerte Vorteile wie Wissen und Personal einbringen, kommt nicht ohne genaue Zuordnung der zu verwendenden Ressourcen und die klare Definition der Verantwortlichkeiten aus. Dazu gehören insbesondere die personelle Ausstattung und die Budgetierung des Vorhabens[10].

Ausrichtung und Zielsetzung der Kooperation bestimmen auch maßgeblich deren Formalisierungsgrad. Befristete Formen der Zusammenarbeit in klar umrissenen Projekten oder als Informationsaustausch benötigen keine eigene Rechtsform und keine maßgebliche Veränderung der Strukturen der jeweiligen Organisation. Meist genügen die Implementierung eines Projektmanagements bei einem der Partner sowie die Festlegung grundlegender Kommunikations- und Verfahrensregeln. Die Zusammenarbeit kommt hier oftmals auch ohne schriftliche Vereinbarung aus. Vertragliche Bindungen sind jedoch bei komplexeren Formen der Zusammenarbeit unverzichtbar. Gerade wenn es sich um langfristige und strategisch motivierte Kooperationen handelt, sollten schriftliche Verträge geschlossen werden. Wichtige Bestandteile des Vertrages und der vorausgehenden Verhandlungen sind die Entscheidungs- und Arbeitsstrukturen, die Kommunikationskanäle und die Vertretung der Kooperation nach außen. Auch das Eigentum der in der Kooperation erzielten Ergebnisse und das Recht zu deren Vermarktung gehört zu den zentralen Fragen, die zu Beginn geklärt werden sollten.

Bei der praktischen Gestaltung des Rechts- und Vertragsgefüges der Kooperation gibt es verschiedene Möglichkeiten, deren steuerrechtliche Konsequenzen jeweils mitgedacht werden sollten[11]. Die Zusammenarbeit kann im Rahmen eines Zuwendungsverhältnisses oder auf der Grundlage einer Beauftragung erfolgen. Bei der ersten Gestaltungsvariante stellt eine Stiftung für ein eigenes Projekt einen För-

---

[10] Diese Fragen werden in der Phase der Vorbereitung einer Kooperationsvereinbarung relevant. Zu den Phasen einer Kooperation vgl. auch *Eilinghoff/Meyn*.

[11] Ausführlich dazu *Schick,* Stefan.

derantrag bei einer anderen Stiftung und führt nach der Bewilligung der Mittel das Projekt durch. Der Abschluss eines Geschäftsbesorgungs- oder Dienstvertrags stellt eine zweite Variante der Kooperation durch Einschaltung einer anderen Stiftung dar. Bei beiden Formen können sich gemeinnützigkeitsrechtliche und umsatzsteuerliche Probleme ergeben, da die finanzielle Unterstützung der gemeinnützigen Zweckverfolgung anderer Körperschaften nicht dem in der Abgabenordnung niedergelegten Grundsatz der Unmittelbarkeit der gemeinnützigen Zweckverwirklichung entspricht. Die Aufgabenerfüllung im Rahmen einer Gesellschaft bürgerlichen Rechts (GbR) hat den Vorteil, dass die Partner ihre gemeinnützigen Aufgaben jeweils unmittelbar wahrnehmen. Die beteiligten Stiftungen verpflichten sich dabei gegenseitig, einen gemeinsamen Zweck zu verfolgen und die dafür benötigten finanziellen Beiträge zu leisten.

Kooperationen in Form von gemeinsam gegründeten neuen Rechtspersonen sind im Stiftungsbereich seltener anzutreffen. Eine langfristige Bindung an einen Projektpartner ist meist nicht erwünscht und manchmal durch die Stiftungssatzung begrenzt, um die für die Erfüllung des Zwecks notwendige Flexibilität zu bewahren. Ein weiterer Grund hierfür ist auch das Endowment-Verbot, das den Stiftungen verbietet, Vermögen auf eine andere steuerbegünstigte Körperschaft zu übertragen.

Ist die Kooperationsvereinbarung getroffen, geht es darum, die Vereinbarungen umzusetzen, die Zielsetzungen laufend zu überprüfen und anzupassen. Dazu gehört ein aktives Konsens- und Krisenmanagement zur Früherkennung von Problemen und Diskrepanzen. Denn nach der Phase der Euphorie und Zuversicht können sich Probleme einstellen, die beispielsweise mit der Arbeitsbelastung der die Kooperation begleitenden Mitarbeiter oder mit falsch verstandenen Vorstellungen über die Art und Weise der Zusammenarbeit in Zusammenhang stehen.

Netzwerke

Wie schon weiter oben bemerkt, stellen Netzwerke eine Form der Kooperation und Koordination von mehreren Akteuren dar. Von Netzwerken ist immer dann die Rede, wenn mehr als zwei Partner zusammenarbeiten und sowohl direkte als auch indirekte Beziehungen bilden. Diese Vielzahl an Handlungsmöglichkeiten macht auch den Vorteil von Netzwerken aus: es können sich immer wieder neue Konstellationen zwischen den Beteiligten ergeben. Das Netzwerk bietet den Rahmen für den freiwilligen Austausch, die Kommunikation auf Augenhöhe sowie mögliche daraus folgende Aktivitäten.

Netzwerke sind in den vergangenen Jahren für die Arbeit von Stiftungen und gemeinnützigen Organisationen immer bedeutender geworden. Stiftungen sind selbst Initiatoren von Netzwerken, Mitglieder in Arbeitsgemeinschaften und Verbänden. Manche bilaterale Kooperation hat sich aus diesen Strukturen entwickelt – und umgekehrt sind aus einer Zweierbeziehung schon Netzwerke entstanden. Der Formalisierungsgrad und die Stabilität der einzelnen Netzwerke variiert genau so wie ihre geografische Erstreckung. Es finden sich regionale, nationale und internationale Zusammenschlüsse. Stiftungen bilden Netzwerke nach Zwecken, Rechtsformen, Arten der Vermögensanlage etc. So heterogen sich die Landschaft der Stiftungsnetzwerke auch darstellt, die Gemeinsamkeit aller Netzwerke besteht im Interesse der Mitglieder an einem bestimmten Thema und am Erreichen eines von allen geteilten Ziels.

Die im Stiftungswesen vorhandenen Netzwerke lassen sich am besten nach ihrer geografischen Ausdehnung analysieren. Dabei werden Stiftungsnetzwerke als eine Organisationsform charakterisiert, die sich auf allen räumlichen Ebenen zur Koordination und Kommunikation von Stiftungen eignet und eine hohe Flexibilität aufweist. Netzwerke sind von festen Organisationen zu unterscheiden, in denen man eine formelle Mitgliedschaft erwerben kann. Die Zugehörigkeit zu Netzwerken wird im Allgemeinen über eine gemeinsame Vision und Intention geregelt. Dies trifft beispielsweise auf lokale bzw. regionale Stiftungsnetzwerke zu. Mit dem Ziel, die Stiftungen vor Ort und den Stiftungsgedanken bekannter zu machen, gemeinsame Projekte zu initiieren und sich gegenseitig zu unterstützen, haben sich in Deutschland in einigen Städten und Regionen verschiedene Initiativkreise gegründet[12]. Die Koordinationsverantwortlichkeit liegt bei Vertretern der Kommune, von Stiftungen, bürgerschaftlichen Vereinen oder Beratern. Die meisten Netzwerke auf lokaler und regionaler Ebene zeichnen sich durch eine hohe Informalität und Offenheit aus. Einige wenige Initiativkreise haben die Rechtsform des Vereins gewählt, um die Kontinuität und Finanzierung der Arbeit sowie die Identifizierbarkeit des Netzwerks zu gewährleisten.

Während die Vorteile der dezentralen Vernetzung von Stiftungen in der genauen Kenntnis der Situation und Menschen vor Ort, der Möglichkeit zum direkten Austausch und der persönlichen Begegnung bestehen, setzen nationale Netzwerke meist bei identischen Stiftungszwecken und -formen an. Als solche Netzwerke lassen sich die Arbeitskreise des Bundesverbandes Deutscher Stiftungen e.V. verstehen, der als Interessenverband der Stiftungen fungiert. Die Arbeitskreise zu den Stiftungszwecken Internationales, Bildung und Ausbildung, Wissenschaft und Forschung, Soziales, Kunst und Kultur, Umwelt, Natur, Gesundheit, zu den Rechtsformen und Typen kommunale, kirchliche und Bürgerstiftungen sowie zu einer Form der Vermögensanlage von Stiftungen, den Immobilien, bieten Mitgliedsstiftungen des Verbandes sowie anderen Interessierten die Möglichkeit der Begegnung und des Informationsaustauschs. Ziele dieser themen- und problembezogenen Netzwerkarbeit sind die Ideensammlung, die Verbreitung von exemplarischen Lösungen sowie die gemeinsame Öffentlichkeitsarbeit. Auf den regelmäßigen Tagungen, darunter die einmal jährlich stattfindende Verbandstagung mit weiteren Foren und Gesprächskreisen, können die Teilnehmer gemeinsam lernen und die Erfahrungen anderer in die Entwicklung der eigenen Organisationen einbringen.

---

12 Unter anderem in Augsburg, Frankfurt am Main, Hamburg, Stuttgart, Hannover, Freiburg i. Br., Berlin, Nordrhein-Westfalen. Eine Übersicht findet man auf der Homepage www.stiftungen.org.

Hat eine Stiftung eine über den nationalen Rahmen hinausgehende Zwecksetzung, wird sie möglicherweise auch in europäischen oder internationalen Netzwerken mitarbeiten wollen. So hält das European Foundation Centre (efc), ein internationaler Verein nach belgischem Recht mit Sitz in Brüssel, verschiedene Netzwerke bereit, die die Zusammenarbeit von Stiftungen zu bestimmten Themen oder in bestimmten geografischen Gebieten fördern[13]. Die Grantmakers East Group als eine Arbeitsgruppe sieht ihre Aufgabe beispielsweise darin, die Zivilgesellschaft in Mittel- und Osteuropa und der Gemeinschaft unabhängiger Staaten zu stärken. Der Zugang zu den europäischen Stiftungsnetzwerken bleibt angesichts z. T. nicht unerheblicher Beiträge den finanziell stärksten Stiftungen vorbehalten, die auch von der Mitarbeiterzahl ein solches Engagement ermöglichen können.

Dies gilt auch für internationale Netzwerke im Stiftungswesen wie das International Network on Strategic Philanthropy (INSP), das 2001 von sieben Stiftungen aus Europa und den USA ins Leben gerufen wurde und z. Zt. ca. 60 aktive Mitglieder umfasst. Den Mitgliedern von INSP – darunter viele operativ tätige Stiftungen – ist es ein besonderes Anliegen, Stiftungsarbeit zu professionalisieren und Fragen des strategischen Stiftungsmanagements, wie z. B. Evaluation und Kommunikation, zu systematisieren. Die Ergebnisse werden in Form von Arbeitspapieren und Empfehlungen zu Schlüsselfragen des Stiftungsmanagements veröffentlicht. Davon profitieren wiederum auch Stiftungen, die an den Treffen aus o. g. Gründen nicht teilnehmen können.

Im Bereich der relativ jungen Bürgerstiftungen existieren sowohl nationale als auch internationale Netzwerke. In Deutschland können sich Bürgerstiftungen im Rahmen der Initiative Bürgerstiftungen, einem Gemeinschaftsprojekt der Bertelsmann Stiftung, Klaus Tschira-Stiftung, Körber-Stiftung und des Bundesverbandes Deutscher Stiftungen, zusammenfinden. Bürgerstiftungen, die im Umfeld der Volksbanken und Raiffeisenbanken errichtet werden, sind im Verein „Aktive Bürgerschaft" vernetzt. Der Austausch zwischen europäischen und amerikanischen Vertretern von Bürgerstiftungen findet im Transantlantic Community Foundation Network (TCFN) statt, das die Bertelsmann Stiftung mit Unterstützung der Charles Stewart Mott Foundation 1999 initiiert hat.

Doch der Bedarf an Kooperation geht bei den meisten Stiftungen über das eigene Segment hinaus. Viele arbeiten in bereichs- und organisationsübergreifenden Netzwerken mit. So nehmen Umweltstiftungen an den Treffen des Dachverbandes der im Natur- und Umweltschutz tätigen Verbände und Organisationen, Deutscher Naturschutzring, teil. Die Deutsche Kinder- und Jugendstiftung ist beispielsweise Mitglied des International Youth Foundation Global Network mit Sitz in Baltimore, USA. Stiftungen mit Schwerpunkt in der Demokratieerziehung arbeiten im bundesweiten „Bündnis für Demokratie und Toleranz – gegen Gewalt und Extremismus" mit.

---

[13] Vgl. *Surmatz / Wehmeier.*

Stiftungen können aber auch selbst Initiatoren und Koordinatoren von Netzwerken sein. Insbesondere operative Stiftungen wie die Bertelsmann Stiftung nutzen themenbezogene Netzwerke als Instrumente des Projektmanagements[14]. Dabei sollen unterschiedliche Akteure – zum Beispiel Vertreter verschiedener Disziplinen oder Theoretiker und Praktiker – zusammengebracht werden, um ein bestimmtes Thema zu bearbeiten, sich auszutauschen und Lösungen zu finden. Die Stiftung stellt dabei die organisatorische Infrastruktur für die Kommunikation bereit, übernimmt die Steuerung der Netzwerkarbeit und sorgt für die Erreichung der Netzwerkziele.

Unabhängig davon, ob die Initiative zu einem Netzwerk von einer Stiftung ausgeht oder mehrere Stiftungen zusammenarbeiten wollen, sind beim Prozess der Netzwerkbildung ähnliche Überlegungen zu berücksichtigen wie bei einer Kooperation von zwei Partnern. Die Idee zu einem Netzwerk kann erst einmal über die persönliche Ansprache von Personen getestet und verbreitet werden. Die Einladung zu einem ersten Arbeitstreffen sollte dann anschließend erfolgen. Der Erfolg eines solchen Vorstoßes wird oftmals von der Überzeugungskraft und der Reputation der betreffenden Person oder Stiftung sowie der Ausstrahlungskraft der Idee abhängen. Aber auch hier gilt: eine gute Idee sollte zur richtigen Zeit, am passenden Ort, bei einer adäquaten Zielperson vorgetragen werden, damit sie auf fruchtbaren Boden fällt. Je größer das Vorhaben, je komplexer die Aufgabenstellung, desto mehr systematische Recherche und Vorarbeit wird für die Gewinnung geeigneter Netzwerkpartner nötig sein.

In der Initiierungsphase müssen die Netzwerkakteure umfangreiche Abstimmungsleistungen hinsichtlich der Struktur und sozialen Organisation des Netzwerkes bewältigen. Dazu gehört die Frage, ob das Netzwerk offen für neue ‚Mitglieder' ist und ob natürliche Personen oder Körperschaften die Zugehörigkeit beanspruchen können. Diese Frage stellt sich insbesondere auch bei der Beteiligung profitorientierter Organisationen wie Banken, Unternehmen etc., für die Stiftungsnetzwerke entweder aus Absatzgründen interessant sind oder die im Rahmen ihres gesellschaftlichen Engagements Kooperationen mit unternehmensexternen Partnern eingehen wollen. Eine Einbindung kann z. B. zur Finanzierung der Aktiväten des Netzwerks sinnvoll sein, sollte aber von den beteiligten Stiftungen mehrheitlich gewünscht sein. Gerade hier zeigt sich die in der Anfangsphase notwendige Verständigung über Erwartungshaltungen, Wertevorstellungen und grundsätzliche Ziele der Netzwerkidee. Dann können erste Themen- bzw. Aufgabenstellungen abgesprochen und das Vorgehen bei deren Erledigung festgelegt werden.

Besondere Aufmerksamkeit ist der Kommunikations- und Interaktionsstruktur zu widmen. Die Häufigkeit der Treffen, die Regelungen der Entscheidungsfindung sowie der Vertretung des Netzwerkes nach außen sind festzulegen. Das Problem der Führung und Steuerung von Netzwerken stellt sich insbesondere bei sich selbst organisierenden Zusammenschlüssen, in denen mehrere Partner gleichberechtigt

---

[14] Zum Beispiel *Walkenhorst*.

zusammenarbeiten. Ein oder mehrere Koordinatoren bzw. Projektleiter sollten hier für Kontinuität der Netzwerkarbeit, die Bereitstellung entsprechender Ressourcen und Betreuung der am Netzwerk Beteiligten sorgen. Dabei stehen sowohl informale als auch formale Koordinationsmechanismen zur Verfügung. Zu Letzterem gehört beispielsweise die schriftliche Vereinbarung in Form einer Präambel oder eines Statuts, auf das sich die Netzwerkakteure einigen. Eine viel größere Bedeutung für die Netzwerkrealität spielen jedoch das gegenseitige Vertrauen, reziproke Verhaltensnormen sowie soziale Beziehungen. Der Aufbau solcher informaler Strukturen, die das persönliche Commitment und Vertrauen verstärken, Zugang zu persönlichen Informationen schaffen, ermöglichen eine weit gehende Selbststeuerung und -entwicklung des Netzwerks. Vertrauen entsteht durch positive Erfahrung mit den Kooperationspartnern und hängt daher oft mit der Dauer der Zusammenarbeit zusammen. Die „innere" Verpflichtung gegenüber dem gemeinsamen Projekt und den Partnern ist die Basis, auf der mögliche auftretende Probleme gelöst werden können.

In der Stabilisierungsphase bilden die Akteure eine ‚gemeinsame' Sprache heraus und können erste Ergebnisse ihrer Kooperation in koordinierte Strukturen überführen. Dazu gehört beispielsweise eine Dokumentation der Aktivitäten in Form eines Flyers oder einer Publikation. Im Fokus der nun anschließenden Phase der Verstetigung stehen alle Maßnahmen, die die nachhaltige Wirkung der Netzwerkergebnisse garantieren (sowohl nach innen als auch nach außen in das Umfeld) oder die auf eine Erweiterung des Netzwerkes zielen. Die Netzwerkkoordinatoren sorgen nun für das „laufende" Management des Netzwerkes und die Anwendung von Controlling- und Evaluationsinstrumenten. Wenn die gesetzten Ziele nicht erreicht werden, Konflikte auftreten oder sich sonstige, unvorhergesehene Defizite zeigen, sollte das Netzwerk möglicherweise noch einmal restrukturiert werden.

Jede Kooperation ist eine Gratwanderung zwischen der Bewahrung eigener Interessen und der Erreichung gemeinsamer Ziele. Das gilt auch für Stiftungen, haben sie doch einen individuellen, vom Stifter vorgegebenen Zweck und ein spezielles Förder- bzw. Aktivitätsprofil, das es auch im Rahmen von Kooperationen zu erhalten gilt. Trotz dieser Eigeninteressen können gemeinnützige Stiftungen „Pioniere" der partnerschaftlichen Zusammenarbeit sein, ermöglicht ihre ideelle, nicht auf Nutzenmaximierung ausgerichtete Arbeitsweise das Engagement für und mit Anderen für ein übergeordnetes Ziel. Stiftungen können sich aufeinander einlassen, Entscheidungen gemeinsam fällen und eine Kooperationskultur entwickeln, ohne Angst vor übermäßigem opportunistischem Verhalten oder finanziellen Verlusten zu haben. Diese Offenheit für den kooperierenden Partner wird als Vorteil bei der Beziehungsgestaltung gesehen, ist damit doch die Fähigkeit zur Empathie und zum Anschluss an unterschiedliche Partner verbunden. Geht dies mit klaren, eindeutigen Kooperationsregelungen einher, werden diese Chancen nicht zu Risiken. Bewahrung der Individualität bei gleichzeitiger Öffnung – das ist die Formel für erfolgreiche Kooperationen im Stiftungswesen.

7.3 Bürger und Organisationen als Projektpartner und Antragsteller

Von Simone Paar

Der Destinatär einer Förderstiftung

Die Mittelvergabe ist die zentrale Aktivität einer Förderstiftung.[1] Anders als operative Stiftungen, die eigene Projekte durchführen oder selbst Einrichtungen unterhalten, verwirklichen fördernde Stiftungen ihren Stiftungszweck indirekt, indem sie die Projekte Dritter – ihrer *Destinatäre* – unterstützen.[2] Diese stellen den ausführenden Arm der Förderstiftung dar. Die Qualität der Stiftungsarbeit, d. h. der Zweckverwirklichung, hängt somit in hohem Maße von der Qualität der Fördermittelempfänger bzw. ihrer Projekte ab.[3]

Je nach Stiftung verläuft die Mittelvergabe unterschiedlich. Dies beginnt bei der Auswahl der Begünstigten: Den geringsten Aufwand hat die Stiftung, wenn ein konkreter Empfänger bereits in der Stiftungssatzung festgelegt ist. Ist dies nicht der Fall, so nimmt die Stiftung in der Regel Anträge potenzieller Destinatäre entgegen und wählt unter diesen aus. In großen Stiftungen verläuft das Auswahlverfahren häufig nach standardisierten Richtlinien und anhand von formalisierten Anträgen. Kleinere Institutionen entscheiden teilweise noch eher intuitiv.[4] Grundsätzlich kann die Wahl auf lediglich einen Empfänger fallen, der mit einem hohen Betrag kontinuierlich unterstützt wird. Das andere Extrem stellt die Förderung einer Vielzahl von Begünstigten mit kleineren Summen und kürzerem Zeithorizont dar.

Auch können die Destinatäre auf verschiedene Arten unterstützt werden. Besonders verbreitet sind die institutionelle Förderung sowie die alleinige oder anteilige zweckgebundene Finanzierung bestimmter Projekte. Die Vergabe günstiger Kredite ist eine weitere Alternative.[5] Darüber hinaus kann gesteuert werden, welcher Anteil der Mittel für Sach- respektive Personalkosten verwendet werden darf.[6]

---

[1] Unter Mitteln werden neben den anfallenden Erträgen des Stiftungskapitals auch sämtliche weiteren Vermögenswerte verstanden: Spenden sowie Gewinne aus Zweckbetrieben und aus steuerpflichtigen wirtschaftlichen Geschäftsbetrieben; vgl. *Hof/Hartmann/Richter*, S. 311 f.

[2] Vgl. *Anheier*, S. 51.

[3] Vgl. *Eilinghoff/Meyn/Timmer*, S. 46 f.

[4] Vgl. *Strachwitz*, Strategische Optionen, S. 643.

[5] Vgl. *Breiteneicher/Marble*, S. 517 f.

[6] Vgl. *Eilinghoff/Meyn/Timmer*, S. 53.

Diese Beispiele verdeutlichen, wie unterschiedlich die Beziehung zwischen Stiftung und Destinatär in der Praxis ausgestaltet sein kann. Handelt es sich um eine rechtsfähige Stiftung, so gibt der Gesetzgeber allerdings gewisse Rahmenbedingungen vor. Einschlägige Regelungen finden sich in der Abgabenordnung sowie den Stiftungsgesetzen des Bundes und der Länder.[7] Sie treffen im Wesentlichen Aussagen zum zulässigen Kreis sowie den Pflichten der Destinatäre.

Rahmenbedingungen der Beziehung zwischen Stiftung und Destinatär

Im Falle steuerbegünstigter Stiftungen sind insbesondere die Regelungen der Abgabenordnung von Bedeutung.[8] So dürfen nach § 55 Abs. 1 Nr. 1 die Mittel der steuerbegünstigten Körperschaft lediglich für *satzungsmäßige Zwecke* verwendet werden. Die Förderstiftung, die ihren Zweck nicht selbst erfüllt, darf demnach keine außerhalb dieses Bereichs stehenden Destinatäre aus den Mitteln der Stiftung begünstigen. Andernfalls riskiert sie, ihren steuerbegünstigten Status zu verlieren.

Darüber hinaus regelt § 58 der Abgabenordnung die Anforderungen an die *Rechtspersönlichkeit* des Destinatärs. So kommen als Begünstigte neben natürlichen Personen auch andere steuerbegünstigte Körperschaften oder Körperschaften des öffentlichen Rechts in Betracht. Eine von einer Gebietskörperschaft errichtete Stiftung kann nach § 58 Nr. 10 zur Erfüllung ihrer steuerbegünstigten Zwecke auch Zuschüsse an Wirtschaftsunternehmen vergeben.

Die Stiftungsgesetze des Bundes und der Länder enthalten keine Aussagen zum Kreis der Begünstigten. So schreibt § 81 Abs. 1 BGB keine Satzungsbestimmungen zu den Destinatären vor. Es steht dem Stifter jedoch frei, konkretisierende Vorgaben zu machen. Handelt es sich beim Stifter um eine juristische Person des öffentlichen Rechts, so ist er allerdings zur Einhaltung der Grundrechte und insbesondere zur Beachtung des Gleichbehandlungsgrundsatzes verpflichtet. Der private Stifter sowie juristische Personen des Privatrechts sind an dieses Gleichheitsgebot nicht gebunden.[9]

Gemäß § 63 Abs. 1–3 der Abgabenordnung muss die tatsächliche Geschäftsführung der steuerbegünstigten Stiftung auf die ausschließliche und unmittelbare Erfüllung der *steuerbegünstigten Zwecke* gerichtet sein. D. h. sie muss den Bestimmungen entsprechen, welche die Satzung über die Voraussetzungen der Steuerbegünstigung enthält. Den Nachweis, dass die tatsächliche Geschäftsführung diese Erfordernisse erfüllt, hat die Stiftung durch *ordnungsmäßige Aufzeichnungen* über Einnahmen und Ausgaben zu erbringen.

---

[7] Vgl. §§ 51–68 AO, §§ 80–88 BGB sowie die einschlägigen Paragraphen der Landesstiftungsgesetze.

[8] Steuerbegünstigte Körperschaften zeichnen sich nach § 51 Abs. 1 AO dadurch aus, dass sie ausschließlich und unmittelbar gemeinnützige, mildtätige oder kirchliche Zwecke selbstlos verfolgen.

[9] Vgl. *Seifart / v. Campenhausen / Hof,* § 8 Rdn. 134 und 137.

Die Berichtspflichten werden durch die Bestimmungen der Landesstiftungsgesetze konkretisiert. So verlangen die meisten Länder, dass die Stiftungen der Aufsichtsbehörde nach Ablauf des Geschäftsjahres einen Bericht über die Erfüllung des Stiftungszwecks vorlegen.[10] Inhalt und Form dieses Berichts sind gesetzlich nicht geregelt. Üblicherweise sollte er Informationen zu den Stiftungsaktivitäten, den Leistungsempfängern sowie zur Höhe der verplanten, bewilligten und ausgezahlten Mittel enthalten.[11] Die entsprechenden Sach- und Finanzberichte werden als *Mittelverwendungsnachweise und -rechnungen* bezeichnet. Sie sind von der Zuwendungsbescheinigung eines gemeinnützigen Projektträgers für Spenden zu unterscheiden: Zum einen möchte die gemeinnützige – und damit nicht körperschaftssteuerpflichtige – Stiftung ihre Zuwendung nicht steuerlich als Sonderausgabe absetzen. Zum anderen stellt die Zuwendung keine Spende dar, sondern dient der Erfüllung des Stiftungszwecks.

Im Fall einer Förderstiftung besteht die Herausforderung nun darin, dass die Mittel nicht von ihr selbst, sondern von ihren Begünstigten ausgegeben werden. Dennoch verbleibt die Berichterstattungs- und Nachweispflicht bei ihr, wobei sich die konkreten Berichtspflichten je nach Rechtspersönlichkeit des Destinatärs unterscheiden:

– Wird eine andere steuerbegünstigte Körperschaft gefördert, so genügt in der Regel die Vorlage des aktuellen Freistellungsbescheids dieser Organisation als Nachweis ihrer Steuerbegünstigung. Macht die Zuwendung allerdings den überwiegenden Teil der Stiftungsmittel aus, so ist der Einzelnachweis aller Ausgaben über Belege und Quittungen erforderlich.

– Auch im Fall der zweckgebundenen Förderung von Einrichtungen der öffentlichen Hand ist die Vorlage von Einzelbelegen erforderlich. Auf diese Weise wird sichergestellt, dass die Mittel für einen steuerbegünstigten Zweck verwendet werden.

– Gleiches gilt für die zweckgebundene Förderung einer nicht gemeinnützigen Organisation oder Initiative.

– Besteht die Förderung aus Stipendien an Einzelpersonen, wird damit üblicherweise der allgemeine Lebensunterhalt bestritten. In der Regel ist daher eine zu Anfang unterschriebene Vereinbarung ausreichend, welche die Bedingungen der Förderung regelt.

Es obliegt den Destinatären, der Stiftung die entsprechenden Dokumente zur Verfügung zu stellen. Grundsätzlich ist schon für die Bewilligung der Förderung die Zusicherung einer späteren Vorlage des Mittelverwendungsnachweises mit Sach- und Finanzinformationen eine notwendige Voraussetzung.[12] Anforderungen an Form, Inhalt und Zeitpunkt der Berichterstattung können in der Satzung oder

---

[10] Vgl. bspw. § 9 Abs. 2 Nr. 2 BadWürttStiftG.
[11] Vgl. *Bundesverband Deutscher Stiftungen,* S. 25 f.
[12] Vgl. *Strachwitz,* Stiftungen, S. 143.

den Förderrichtlinien bzw. -verträgen konkretisiert werden. Ebenso sind an dieser Stelle Regelungen für den Fall aufzustellen, dass der Destinatär den Berichtspflichten nicht oder nicht rechtzeitig nachkommt bzw. die Mittel gar nicht oder für nichtsatzungsmäßige Zwecke verwendet.[13] All dies kann die Pflicht zur Rückerstattung der Mittel zur Folge haben.

Das Gesetz gibt somit indirekt *Berichtspflichten* der Destinatäre vor. Im Gegensatz zu den Mitgliedern eines Personenverbands sind die Destinatäre lediglich Nutznießer des Stiftungsvermögens und haben daher keine mitgliedschaftsähnlichen *Rechte*.[14] Die gesetzlich verankerten Rechte der Destinatäre beschränken sich im Wesentlichen auf die in § 87 Abs. 2 Satz 1 BGB auferlegte Pflicht der Stiftung, die Erträge des Stiftungsvermögens auch nach einer Zweckumwandlung dem durch den Stifter bestimmten Personenkreis zu erhalten.

Es steht dem Stifter zwar grundsätzlich frei, den Begünstigten in der Satzung einen klagbaren Anspruch auf bestimmte Leistungen der Stiftung zuzugestehen oder ihnen gewisse Mitwirkungs-, Verwaltungs- und Informationsrechte einzuräumen.[15] Seine Autonomie in der Formulierung derartiger Rechte stößt lediglich dort an ihre Grenzen, „wo den Destinatären eine Einflussnahme ermöglicht wird, die auf eine vom ursprünglichen Stifterwillen gelöste autonome Willensbildung der Stiftung hinausläuft"[16]. Diese Option hat in der Praxis gemeinnütziger Stiftungen jedoch nur geringe Relevanz, da die wenigsten Stifter von der Möglichkeit Gebrauch machen, Leistungen an bestimmte Destinatäre in der Satzung festzulegen.[17] Sie entsprechen damit den Empfehlungen einiger Stiftungsbehörden, welche zugunsten der Stiftungsautonomie von der Einräumung derartiger Leistungsansprüche abraten.[18]

Potenziale einer erweiterten Rolle des Destinatärs: vom Leistungsempfänger zum Kooperationspartner

Die dargestellten und gesetzlich geregelten Austauschprozesse zwischen Stiftung und Destinatär beziehen sich im Wesentlichen auf den Transfer von Mitteln einerseits sowie die gesetzlich geforderten Gegenleistungen andererseits. Sie betreffen das Verhältnis zum Destinatär in seiner Rolle als *Empfänger von Stiftungsmitteln*. Aus Perspektive der Stiftung ist die Mittelvergabe allerdings eingebettet in eine Vielzahl vor- und nachgelagerter Prozesse. Dies sind zum einen weitere Leistungserbringungsprozesse, welche direkt zur Erfüllung des Stiftungszwecks beitra-

---

[13] Vgl. *Eilinghoff/Meyn/Timmer*, S. 58.
[14] Vgl. *v. Staudinger/Rawert*, Vorbem. zu §§ 80 ff. Rdn 4.
[15] Vgl. *Seifart/v. Campenhausen/Hof*, § 8 Rdn. 135; *Sontheimer*, S. 44.
[16] Vgl. *Staudinger/Rawert*, § 85 Rdn. 11.
[17] Vgl. *Seifart/v. Campenhausen/Hof*, § 8 Rdn.141.
[18] Vgl. *v. Staudinger/Rawert*, § 85 Rdn. 13.

gen: Definition der Förderbereiche, Auswahl der Destinatäre, Projektbegleitung, Evaluation etc. Zum anderen tragen die so genannten Unterstützungsprozesse – Personalmanagement, Facility Management, Kommunikation etc. – indirekt dazu bei, dass der Stiftungszweck möglichst effizient und effektiv erfüllt wird.[19]

Es stellt sich vor diesem Hintergrund die Frage, inwieweit eine verstärkte Integration der Destinatäre in die weiteren, über die unmittelbare Mittelvergabe hinausgehenden, Stiftungsprozesse und -aktivitäten Chancen für die Stiftungsarbeit birgt. Aufbau und Pflege einer vertieften Kooperation bedingen den Einsatz – meist ohnehin sehr knapper – finanzieller und personeller Stiftungsressourcen, den es zu rechtfertigen gilt.[20] Ein *Anreiz* zu Kooperation und Interaktion besteht nur dann, wenn die Stiftung davon Vorteile bei der Bewältigung ihrer *grundlegenden Herausforderungen* erwarten kann. Zwei elementare Herausforderungen sind im Fall gemeinnütziger Stiftungen die Sicherung der gesellschaftlichen Akzeptanz sowie die effektive Erfüllung des Stiftungszwecks.

Stiftungen sind, wie andere Organisationen auch, in vielfältiger Weise auf die Akzeptanz und Unterstützung ihres Umfelds angewiesen.[21] Grundsätzlich ist die Legitimation der einzelnen Stiftung durch die Gesellschaft eine notwendige Voraussetzung für ihren steuerbegünstigten Status und damit für ihre *license to operate*, d. h. ihre Existenz- und Handlungsberechtigung.[22] Im Fall der Förderstiftung hängt die Qualität ihrer Arbeit außerdem konkret davon ab, dass kompetente Antragsteller um eine Förderung ansuchen.

In diesem Zusammenhang wird gefordert, dass eine Stiftung ihre Entscheidungen gegenüber ihrem Umfeld transparent macht und nachvollziehbar begründet.[23] Zur Sicherung gesellschaftlicher Akzeptanz kann eine Stiftung noch einen Schritt weitergehen und gesellschaftliche Vertreter direkt in die eigenen Aktivitäten einbeziehen. Den Destinatären kommt in diesem Zusammenhang eine entscheidende Rolle zu, da sie ein unmittelbares und legitimes Interesse an den Stiftungsaktivitäten aufweisen und im Gegenzug Auswirkungen auf diese haben können: Sie sind somit eine der wichtigsten Stakeholdergruppen einer Stiftung.[24] Unterwirft sich die Stiftung ihrer kontinuierlichen Kontrolle, verdeutlicht sie damit die *Integrität ihrer Intentionen*. Selbst wenn einzelne Außenstehende die Strategie oder bestimmte Projekte der Stiftung nicht befürworten, so kann es ihre Einstellung dennoch positiv beeinflussen, wenn sie wissen, dass Dritte – im Rahmen des Stiftungszwecks und unter Wahrung der Stiftungsautonomie – an Entscheidung und Durchführung beteiligt waren und sind.[25]

[19] Vgl. *Rüegg-Stürm/Lang/Schnieper*, S. 64 f.
[20] Vgl. *Backer/Smith/Barbell*, S. 14.
[21] Vgl. *Silberer*, S. 143.
[22] Vgl. *Backer/Smith/Barbell*, S. 5.
[23] Vgl. *Strachwitz*, Zukunft des Stiftungswesens, S. 201.
[24] Vgl. *Kotler*, S. 19.
[25] Vgl. *Backer/Smith/Barbell*, S. 8.

Eine ganzheitliche und kontinuierliche Kooperation mit den Destinatären kann auf diese Weise zur unmittelbaren *Legitimierung des eigenen Handelns* beitragen. Hinzu kommt ein zukunftsbezogenes Nutzenpotenzial für die Stiftung. So kann eine – sei es gewinnorientierte oder gemeinnützige – Organisation immer wieder in Situationen geraten, in welchen sie in besonderer Weise auf die wohlwollende Haltung des Umfelds angewiesen ist, das über Handlungsspielräume und Freiheitsgrade verfügt, die es mehr oder weniger stark ausschöpfen kann.[26] Scheitert beispielsweise ein Stiftungsprojekt oder müssen Förderungen aufgrund rückläufiger Vermögenserträge abgebrochen oder heruntergedimensioniert werden, so besteht die Gefahr einer negativen Wahrnehmung der Stiftung in ihrem Umfeld.[27] In solchen Fällen ist anzunehmen, dass der kooperative „Mitbürger" wohlwollender behandelt wird als der „egoistische Misanthrop", und die kooperative Grundhaltung kann somit eine „Versicherungsfunktion" ausüben.[28] Dieses Phänomen wird auch als *goodwill bank* bezeichnet, die eine Organisation aufbaut und auf die sie im Bedarfsfall „zugreifen" kann.[29] Über die Einzelstiftung hinaus und bezogen auf den Stiftungssektor als Ganzes birgt ein solcher Vertrauensvorschuss das Potenzial, mittel- und langfristig zu einer weiteren Senkung der gesetzlichen Regulierungen und damit Flexibilisierung des stifterischen Handelns zu führen.[30]

Die Destinatäre der Förderstiftung zeichnen sich häufig durch langjährige Erfahrungen in ihrem jeweiligen Aktivitätsfeld sowie eine entsprechend *hohe Kompetenz* aus.[31] Auch verfügen sie aufgrund ihrer operativen Aktivitäten über einen hohen Praxisbezug und sind über die Bedürfnisse vor Ort informiert. Somit können sie Rückmeldungen über die konkreten Auswirkungen der Projekte liefern.

Je intensiver der Dialog und Informationsaustausch zwischen Stiftung und Destinatären, desto größer ist die Chance, *Synergien* zugunsten der Erfüllung des Stiftungszwecks zu schaffen. Zum einen ist denkbar, dass die Stiftung auf Basis der Rückmeldung der Destinatäre ihre Vorgehensweisen und inhaltlichen Entscheidungen optimiert. Die Effektivität der Stiftungsaktivitäten wird in diesem Fall gesteigert, wenn die verfügbaren Mittel dort investiert werden, wo sie größten Wert schaffen.[32] Zum anderen verfügt auch die Förderstiftung in der Regel über ein spezifisches Wissen, welches sie den Destinatären im Sinne eines Beraters zur Verfügung stellen kann. Von diesem Wissenstransfer profitieren indirekt die von den Destinatären konzipierten und durchgeführten Projekte, was wiederum der Qualität der Zweckerfüllung zugute kommen kann.[33]

---

[26] Vgl. *Silberer*, S. 143 f.
[27] Vgl. *Backer / Smith / Barbell*, S. 2.
[28] *Habisch*, S. 75.
[29] Vgl. *Willmott*, S. 367.
[30] Vgl. *Backer / Smith / Barbell*, S. 2.
[31] Vgl. *Eilinghoff / Meyn / Timmer*, S. 58.
[32] Vgl. *Backer / Smith / Barbell*, S. 7 f.
[33] Vgl. *Strachwitz*, Stiftungen, S. 142.

Hinzu kommt, dass im Zuge einer verstärkten Interaktion zwischen der Stiftung und ihren Destinatären die Bildung von *Sozialkapital* gefördert wird. Sozialkapital basiert auf Netzwerken, gemeinsamen Normen und gegenseitigem Vertrauen. Je besser diese Voraussetzungen erfüllt sind, desto effektiver können gemeinsame Ziele verfolgt werden.[34] Konkret hilft Sozialkapital, Kooperationsdilemmata, wie sie im Kontext arbeitsteiliger Gesellschaften – auch aufgrund wechselseitiger Vorbehalte und Vorurteile – entstehen, zu überwinden.[35] Es übt auf diese Weise eine vereinfachende Funktion aus.

Schlussbemerkung

Die Erweiterung der Rolle des Destinatärs vom Leistungsempfänger zum Kooperationspartner ist kein rein formaler Akt. Zwar gibt die Stiftung durch eine verstärkte Integration der Destinatäre in ihre Prozesse und Aktivitäten nicht ihre grundsätzliche Entscheidungsautonomie auf. Zum einen muss sie jedoch transparent machen, wie sie die Beiträge der Destinatäre anzuerkennen und zu verwerten plant. Zum anderen wird sie gegebenenfalls genötigt sein zu begründen, warum Ratschläge der Destinatäre nicht berücksichtigt werden.

Dies greift insofern besonders stark in bestehende Strukturen innerhalb der Förderstiftung ein, als die Beziehung zwischen Stiftung und Destinatär bislang in der Regel durch ein Machtgefälle charakterisiert ist. Schließlich verfügt die Stiftung über Ressourcen, auf die der Destinatär mehr oder weniger stark angewiesen ist. Diese Tatsache steht häufig einer Begegnung auf gleicher Augenhöhe im Wege. So versteht sich die Förderstiftung zuweilen als Gnadenspender, der Almosen gewährt.[36] Auch auf Seiten der Destinatäre ist das ungleiche Kräfteverhältnis nicht selten bereits derart verinnerlicht, dass sie sich von vornherein in die Rolle des Bittstellers fügen. Ebenfalls ist zu bedenken, dass eine verstärkte Interaktion mit den Destinatären kaum rückgängig gemacht werden kann – zumindest nicht ohne das Risiko einer negativen gesellschaftlichen Resonanz. Vielmehr werden die Destinatäre erwarten, auch zukünftig in die Stiftungsaktivitäten und -prozesse einbezogen zu werden. Diese Reduktion an Flexibilität auf Seiten der Stiftung wird dementsprechend als *expectation cost* bezeichnet.[37]

Die Neudefinition der Beziehung zu ihren Destinatären bedeutet für die Stiftung somit eine tief greifende Verpflichtung, die Mut erfordert sowie die Überzeugung, mittel- und langfristig von dem partnerschaftlichen Verhältnis profitieren zu können. Diese Entscheidung setzt die Bereitschaft der Stiftung voraus, sich selbst in Fragen zu stellen – eine Bereitschaft, welche Stiftungen als „Katalysatoren des Wandels" zugunsten von Weiterentwicklung und Fortschritt ihrerseits von der Gesellschaft fordern.

---

[34] Vgl. *Putnam,* S. 664 f.
[35] Vgl. *Habisch,* S. 81.
[36] Vgl. *Eilinghoff / Meyn / Timmer,* S. 58.
[37] Vgl. *Backer / Smith / Barbell,* S. 11 ff.

7.4 Die Stiftung im Rahmen von Corporate Social Responsibility und Corporate Citizenship und verständigungsorientierter Öffentlichkeitsarbeit

Von Sabine Reimer

Im folgenden Beitrag soll es um die Frage gehen, inwieweit Unternehmensstiftungen zu Corporate Social Responsibility / Corporate Citizenship beitragen können. Dabei versuche ich zu zeigen, daß ein gesellschaftsbezogenes unternehmerisches Engagement (Corporate Citizenship) immer auf der Grundlage einer gesellschaftlich verantwortlichen Unternehmensführung (Corporate Social Responsibility) stattfindet und diese Ansätze kompatibel sind mit einer verständigungsorientierten Ausrichtung von Öffentlichkeitsarbeit. Zu dieser kann die Unternehmensstiftung als Teil von Corporate Citizenship einen Beitrag leisten.

Zu Begriff und Ansätzen von Öffentlichkeitsarbeit

Öffentlichkeitsarbeit bzw. Public Relations kann verstanden werden als das „Management von Kommunikationsprozessen für eine Organisation (und Personen) und deren Bezugsgruppen" – so das Selbstverständnis der Berufsverbände.[1] Hier soll insbesondere von der Öffentlichkeitsarbeit von Unternehmen die Rede sein. Im Unterschied zum Marketing, das sich etwa auf ein Produkt oder eine Dienstleistung bezieht und mit dem in der Regel absatzbezogene Ziele verfolgt werden, steht bei der Öffentlichkeitsarbeit die Organisation als Ganzes im Vordergrund. Eine wegweisende Unterscheidung in verschiedene Ansätze von Öffentlichkeitsarbeit wurde von Grunig / Hunt getroffen. Sie unterscheiden in vier verschiedene Modelle.[2] Auf der Ebene der *Publicity* wird versucht, über einseitige Kommunikationsprozesse Aufmerksamkeit für das Unternehmen zu erzeugen.

Bei dem Modell der *Information* steht nicht mehr nur die Erzeugung von Aufmerksamkeit, sondern die Vermittlung von Informationen im Vordergrund. Es handelt sich auch hier um Kommunikation auf einseitigem Wege.

Bei dem Modell der *zweiseitigen asymmetrischen Kommunikation* geht es darum, ein bestimmtes Verhalten der Zielgruppen zu erreichen. Hierfür wird zum

---

[1] Vgl.: *Baerns,* 1995, S. 5, vgl. auch http://www.dprg.de, Zugriff Januar 2005, grundlegend vgl.: *Grunig / Hunt,* 1984; für eine Typologisierung unterschiedlicher Ansätze, teils jedoch aus betriebswirtschaftlicher und nicht aus kommunikationswissenschaftlicher Sicht vgl. auch *Marquardt,* 2001, S. 9 – 16.

[2] *Grunig / Hunt,* 1984.

einen versucht, Eigenschaften der Zielgruppen zu analysieren. Zum anderen werden Kommunikationsprozesse in Gang gesetzt, die zwar zweiseitig stattfinden, jedoch auf eine einseitige Verhaltensänderung der Zielgruppe abzielen. Im Unterschied dazu soll beim Modell der *zweiseitigen symmetrischen Kommunikation* ein tatsächlicher Austausch zwischen den Bezugsgruppen (und dies drückt auch der Begriff der Bezugsgruppe im Unterschied zur Zielgruppe aus) und dem Unternehmen stattfinden. Hierbei soll es zu einem Interessenausgleich kommen. Eine entsprechende Verhaltensänderung kann beide Seiten treffen. Aufgrund der Kritik der Konzeption des zweiseitigen Modells symmetrischer Kommunikation und der Weiterentwicklung durch Murphy („Mixed Motives Modell") schlagen Grunig / Grunig / Dozier letztlich ein *„zweiseitiges Modell exzellenter Public Relations"* vor, das Elemente symmetrischer und asymmetrischer zweiseitiger Kommunikation kombiniert und eine „Win-Win-Zone" definiert, in der es zu einem Interessenausgleich von Unternehmen und Bezugsgruppe kommt.[3] Das Modell kann um die Aspekte von Publicity und Information als einseitiger Kommunikation, die von Unternehmen und ggf. auch Bezugsgruppe genutzt werden können, ergänzt werden. Auch wenn hier verschiedene Ansätze der Öffentlichkeitsarbeit einfließen und genutzt werden können, bleibt die Konzeption insgesamt der zweiseitigen symmetrischen Kommunikation und letztlich einer verständigungsorientierten Ausrichtung von Public Relations verpflichtet.

Ein Management von Kommunikationsprozessen kann mit allen vorgestellten Modellen von Öffentlichkeitsarbeit erreicht werden. Hinter den verschiedenen Ansätzen von Öffentlichkeitsarbeit steht die Frage, inwieweit Öffentlichkeitsarbeit ein Mittel zur Durchsetzung von (unternehmerischen) Interessen ist oder einer tatsächlichen Verständigung und einem Ausgleich der Interessen von Unternehmen und Bezugsgruppen dienen soll. Somit wird die (grundsätzlichere) Frage aufgeworfen, inwieweit die Unternehmenspolitik (auch) auf gesellschaftliche Belange orientiert ist oder anders ausgedrückt: welche Rolle Unternehmen in der Gesellschaft zugesprochen wird.

Zu Corporate Citizenship / Corporate Social Responsibility

Eine Orientierung des Unternehmens (auch) auf gesellschaftliche Belange ist ein Grundanliegen in den Konzepten von Corporate Citizenship und Corporate Social Responsibility. Hierbei geht es darum, daß sich Unternehmen auf unterschiedlichem Wege – etwa über den Einsatz von Personal, Geld- oder Sachleistungen – für gesellschaftsbezogene Zwecke engagieren, die über ihre (eigentlichen) Geschäftsinteressen hinausgehen. Oder aber es geht darum, daß diese Unternehmen im Rahmen ihrer Geschäftstätigkeit gesellschaftlich verantwortlich handeln, was unter den Begriff Corporate Social Responsibility fällt.[4]

---

[3] *Grunig / Grunig / Dozier,* 1996.

[4] Die Begriffe werden allerdings weder in der Debatte noch von den Unternehmen selbst eindeutig verwandt. So werden sie teils synonym, teils in sich widersprechender Abgrenzung

In der Debatte geht es grundsätzlich um die Frage nach der Rolle von Unternehmen in der Gesellschaft.[5] Hier können drei Positionen unterschieden werden.[6] Vertreter einer *wirtschaftsliberalen Position* lehnen eine über die Verfolgung des Zieles der Gewinnmaximierung hinaus gehende Verantwortung grundsätzlich ab.[7] Demnach besteht die Aufgabe und gesellschaftsbezogene Verantwortung von Unternehmen darin (und nur darin), im Rahmen bestimmter Regeln Gewinne zu erzielen und diese an die Shareholder weiterzuleiten. Dieser grundsätzlich ablehnenden Position gegenüber steht die Auffassung, die eine *gesellschaftliche Verantwortung von Unternehmen ethisch begründend* voraussetzt.[8] Demnach sind Unternehmen im und womöglich über den Rahmen der Geschäftstätigkeit hinaus auch der Gesellschaft verpflichtet. Unternehmerisches Handeln berühre gesellschaftliche Interessen genuin und demnach sei das Unternehmen in seiner Entscheidungsfindung, aber auch im Rahmen der Rechenschaft den unternehmerischen gesellschaftlichen Bezugsgruppen verpflichtet. Weiterhin wird etwa die Annahme, daß das Gewinnprinzip dem Gemeinwohlprinzip dienlich sei, insofern kritisiert, als dieses die Gerechtigkeitsproblematik nicht berücksichtige. So werde Gemeinwohl als Summe der Interessen aller definiert, womit die Vorteile der einen mit den Nachteilen der anderen verrechnet würden. Als *Mittelweg* zwischen diesen beiden Positionen bietet sich eine Auffassung an, die in der Übernahme gesellschaftsbezogener Verantwortung und/oder dem Ausüben von Engagement einen betriebswirtschaftlichen Nutzen erkennen will.[9] Dieser wird etwa in strategischen Investitionen ins Umfeld der Firmen, in einem Beitrag zur Lösung von Konflikten in diesem Umfeld, in positiven Auswirkungen auf die Mitarbeiterführung oder aber in einem Zugewinn an Reputation[10] gesehen. Hier wird sozusagen der „happy case" konstruiert: eine gesellschaftlich verantwortliche Unternehmensführung und/oder ein über die Geschäftstätigkeit hinausgehendes gesellschaftsbezogenes Engagement soll sowohl den unternehmerischen Bezugsgruppen als auch den Unternehmen selbst dienlich sein. Das marktwirtschaftliche Grundprinzip der Gewinnmaximierung wird nicht in Frage gestellt. Es findet gewissermaßen eine Verkehrung statt: Das Gemein-

---

(vgl. hierfür z. B. die entgegengesetzte Verwendung bei *Wood/Logsdan,* 2001 und *Ulrich,* 2000) gebraucht.

[5] Grundlegend zur Diskussion im Rahmen der Unternehmensethik vgl.: *Homann/Bloome-Drees,* 1992; *Steinmann/Löhr,* 1994; *Ulrich,* 1993.

[6] Vgl. zu dieser Unterscheidung auch *Seitz,* 2002 a).

[7] So etwa der Ökonom *Milton Friedman.* Dessen Position wird in aller Kürze etwa dargestellt bei *Seitz,* 2002 a).

[8] Für viele: *Ulrich,* 2000; *Wood/Logsdan,* 2001.

[9] Für viele: *Davenport,* 2000; *Westebbe/Logan,* 1995.

[10] Aufbauend auf *Fombrun,* der ein dreidimensionales Konzept von Corporate Citizenship zugrunde legt, wird der Vorteil für das Unternehmen in der Bildung und dem Aufbau von Reputation gesehen: ‚A citizenship outlook is consistent with stakeholder models that expect managers to balance the interests of all groups affected by the actions, decisions, policies, or practices of a company. [...] Reputational capital is built up from the quality and kind of repeated experiences a company has had with all of its stakeholders.' (*Fombrun,* 1997, S. 38).

wohlprinzip wird direkt auf Unternehmen angewandt und soll dem Gewinnprinzip dienlich sein. Unternehmen sollen gemeinwohlorientiert handeln, nicht obwohl, sondern gerade weil damit langfristig höhere Gewinne erzielt werden könnten. Das Engagement wird dabei als Win-Win-Situation interpretiert, die allen Beteiligten – Unternehmen, gemeinnützigen Organisationen und Betroffenen – Vorteile bringe.

Bezieht man die Positionen analog auf die *Stakeholder-Shareholder-Debatte,* wird in der Perspektive der gesellschaftliche Verantwortung ablehnenden Ansätze die Steigerung des Shareholder Value betont. Im Unterschied dazu fordern die anderen beiden Ansätze die Einbeziehung der Stakeholder, d. h. der unternehmerischen Bezugsgruppen. Diese müssen für jedes Unternehmen analysiert werden. Dies können u. a. die Mitarbeiter, Zulieferer, Konsumenten oder auch Umweltschutzgruppen, aber auch die Aktionäre selbst sein. Bei ethisch orientierten Ansätzen liegt ein normatives Stakeholder Konzept zugrunde. Die unternehmerischen Bezugsgruppen sollen nach der Berechtigung ihrer Ansprüche einbezogen werden.[11] Demgegenüber steht ein strategisches Stakeholder Konzept in Ansätzen, die eine gesellschaftliche Verantwortung von Unternehmen auch aus deren Eigeninteresse fordern.[12] Unternehmerische Bezugsgruppen werden aufgrund der Durchsetzungsfähigkeit ihrer Ansprüche gegenüber dem Unternehmen einbezogen.

Corporate Social Responsibility, Corporate Citizenship und Öffentlichkeitsarbeit

Corporate Citizenship / Corporate Social Responsibility – gleich aufgrund welcher Argumentation – entspricht einer Perspektive von Öffentlichkeitsarbeit, die nicht nur auf die Durchsetzung unternehmerischer Interessen abhebt, sondern sich auch auf gesellschaftsbezogene Aspekte bezieht. Andere als unternehmerische Interessen sollen im Falle des strategischen Ansatzes aufgrund ihrer Durchsetzungsfähigkeit gegenüber dem Unternehmen, im Falle des normativen Ansatzes aufgrund ihrer Richtigkeit berücksichtigt werden.

Die Ansätze von Corporate Citizenship / Corporate Social Responsibility reichen allerdings über Öffentlichkeitsarbeit hinaus. Sie betreffen grundlegende Fragen der Unternehmensführung. Corporate Social Responsibility ist, wie erläutert, als gesellschaftlich verantwortliche Unternehmensführung zu verstehen. Corporate Citizenship bezeichnet das über den Geschäftsprozeß hinausgehende Engagement von Unternehmen. Eine gesellschaftlich verantwortliche Unternehmensführung ist als (ethisch zu begründende) Grundlage und Voraussetzung jeglichen weitergehenden Engagements zu sehen. Auch eine Reihe von auf den betriebswirtschaftlichen Nutzen zielenden Ansätzen verweist auf die Notwendigkeit eines von Verantwortung getragenen Engagements und einer ebensolchen Unternehmensführung. Westebbe / Logan etwa verstehen Corporate Citizenship als ein über die Geschäftstätigkeit

---

[11] Vgl. etwa: *Ulrich,* 1999.
[12] Für viele: *Davenport,* 2000; *Frooman,* 1999.

hinausgehendes Engagement, das dem Unternehmen und der Gesellschaft nutzen soll, jedoch nicht auf den Geschäftsprozeß als solchen bezogen ist.[13] Sie verweisen jedoch darauf, daß eine glaubhafte Unternehmenskommunikation die Unterlassung von Handlungen, die der bewußten Nichtkommunikation unterlägen, voraussetzte. Unter Corporate Citizenship ist das aus einer ethisch begründeten gesellschaftlich verantwortlichen Unternehmensführung nicht zwingend hervorgehende gesellschaftsbezogene Engagement zu verstehen, das dem Unternehmen Wettbewerbsvorteile einbringen kann. Corporate Citizenship ist dabei als gebündelte Strategie zu sehen.[14] Hierbei ist allerdings zu bedenken, daß sowohl im Rahmen unternehmerischen Engagements als auch im Sinne einer verständigungsorientierten Öffentlichkeitsarbeit Konflikte erst offen gelegt werden und zum Tragen kommen könnten.

Die Unternehmensstiftung als Teil von Corporate Citizenship und Öffentlichkeitsarbeit

Corporate Citizenship als das über die Geschäftstätigkeit hinausgehende Engagement für die Gesellschaft kann in verschiedenen Formen seinen Ausdruck finden. Eine Form ist etwa die Bereitstellung von Geld- und Sachmitteln, neudeutsch: *Corporate Giving*. Hierunter fallen etwa das Spenden oder Sponsoring. Eine weitere Form des Engagements ist die des *Corporate Volunteering*. Der Begriff bezeichnet die Initiierung von (gemeinnützigen) Projekten mit Einbeziehung der eigenen Mitarbeiter bzw. die Förderung des bürgerschaftlichen Engagements der Mitarbeiter durch Freistellungen. Eine althergebrachte und etablierte Möglichkeit, Engagement über die Unternehmenstätigkeit hinaus zu realisieren und zu dokumentieren, stellt die Errichtung einer *Unternehmensstiftung* dar. Anders als bei Marquardt wird die Stiftung hier nicht als Corporate Giving Instrument betrachtet. Die Stiftung wird nicht nur als Empfänger von Spenden gesehen, sondern als langfristiger Partner im Engagement. Diese Form des Engagements geht über das reine Zurverfügungstellen von Finanzmitteln hinaus.[15]

Die Unternehmensstiftung: Begriff, Rahmenbedingungen und Verbreitung

Unter dem Begriff Unternehmensstiftung wird hier die von einem Unternehmen gegründete gemeinnützige rechtsfähige Stiftung bürgerlichen Rechts verstanden. Im Focus steht die Stiftung bürgerlichen Rechts, deren *Stifterin ein Unternehmen*, nicht jedoch ein Unternehmer als Privatperson ist.[16] Die vom einzelnen Unterneh-

---

[13] *Westebbe/Logan*, 1995.
[14] Vgl. hierzu *Westebbe/Logan*, 1995.
[15] *Marquardt*, 2001.
[16] Anders hierzu vgl. *Marquardt*, 2001, S. 74, der unter dem Begriff „Corporate Foundation" vom Unternehmen und von Unternehmern als Privatpersonen gegründete Stiftungen behandelt.

mer als Privatperson, einem Unternehmensmitglied oder einem Personenverbund gegründete Stiftung wird gerade deshalb nicht unter die Unternehmensstiftung im hier verstandenen Sinne subsumiert, da es sich ja ausdrücklich um eine Form des Engagements von Unternehmen, strategisch umgesetzt und auf einer verantwortungsorientierten Unternehmenspolitik beruhend, handeln soll. Es ist somit auch nicht die Rede von Unternehmensstiftungen, wie sie in der Literatur gemeinhin definiert werden, nämlich als

> Stiftungen, zu deren Vermögen ein Unternehmen oder eine Beteiligung an einem Unternehmen gehört. Sie werden auch Unternehmensträgerstiftungen, gewerbliche, unternehmensbezogene oder unternehmensverbundene Stiftungen genannt.[17]

Es wird die öffentliche, d. h. im Sinne der Abgabenordnung *gemeinnützige Stiftung*, betrachtet.[18] Es soll ja gerade eine Gesellschaftsorientierung mit der Stiftung realisiert und dokumentiert und nicht ein privatnütziger Zweck verfolgt werden. Dabei wird nicht davon ausgegangen, daß Gemeinwohl – dem die Unternehmensstiftung ja dienen soll – und Gemeinnützigkeit im hier verstandenen Sinne immer gleichzusetzen seien. Im Falle der vom Unternehmen gegründeten Stiftung ist die gemeinnützige, selten die mildtätige und kaum die kirchliche Siftung von Belang. Zwecke werden dann als gemeinnützig verstanden, wenn die Tätigkeit darauf gerichtet ist, die Allgemeinheit auf materiellem, geistigem oder sittlichen Gebiet selbstlos zu fördern. Das Kriterium der Selbstlosigkeit deutet schon auf das Spannungsfeld zwischen Gemeinwohlorientierung und Unternehmnensinteresse, in dem die Unternehmensstiftung steht, hin.

Die Erstdotierung einer steuerbegünstigten Stiftung mit Stiftungskapital und weitere Zustiftungen sind – wie Spenden aller Art – als Sonderausgaben bei der Körperschaftssteuer abzugsfähig. Die Höchstquote beträgt im Regelfall 5 % vom steuerpflichtigen Gewinn. Für Kunst und Kultur, Wissenschaft und Forschung sowie bei Mildtätigkeit beträgt sie 10 %. Unternehmen haben die Möglichkeit, für eine andere Berechnungsgrundlage, 0,2 % vom Umsatz, zu optieren. Hinzu kommen besondere Steuervorteile für Stifter und Zustifter.

Grundsätzlich stellt sich, insbesondere bei den großen Publikumsgesellschaften die Frage, inwieweit das Management berechtigt ist, andere als die Interessen der Shareholder – nämlich (antizipierte) Interessen der Gesellschaft im allgemeinen oder bestimmter unternehmerischer Bezugsgruppen im besonderen – zu berücksichtigen. Dies ist in Deutschland strittig. Allerdings besteht nach herrschender Meinung *kein ausschließlicher Vorrang des Aktionärsinteresses.*[19] Darüber hinaus soll mit dem Engagement und also auch mit der Errichtung einer Unternehmensstiftung nicht nur dem Allgemeinwohl gedient, sondern auch ein unternehmerisches Interesse verfolgt werden. Auch hier deutet sich das Spannungsfeld zwischen Unternehmensinteresse und Gemeinwohlbezug an.

---

[17] *Seifart / v. Campenhausen,* 1999, S. 10.

[18] Vgl. zu dieser Gleichsetzung *Seifart / von Campenhausen,* 1999, S. 6 f.

[19] *Empt,* 2004, S. 119. *Empt* selbst wendet sich allerdings kritisch gegen diese Auffassung.

7.4 Stiftung im Rahmen von Corporate Social Responsibility und Corporate Citizenship

Umfassende Informationen etwa zur Zahl der Unternehmensstiftungen gibt es nicht. Nach einer Schätzung waren 2001 von 5270 Stiftungen 360 von Unternehmen gegründet worden, d. h. 6,46 %. Im Vergleich mit den Vorjahren (Erfassungsstand 1996, 1998) ist dabei eine Zunahme der von Unternehmen gegründeten Stiftungen zu verzeichnen. Allerdings verringert sich der prozentuale Anteil der Stiftungen, die von Unternehmen gegründet wurden, an den insgesamt gegründeten Stiftungen gegenüber anderen Stiftern.[20] Nach Maaß/Clemens, deren Untersuchung allerdings hauptsächlich auf den Mittelstand abzielte, wird die Gründung einer Stiftung als Form von Corporate Citizenship in 14,9 % der Fälle gewählt.[21] Es handelt sich also nicht um eine sehr typische Form des Corporate Citizenship. Die Studie ist jedoch mit dem Problem einer sehr geringen Rücklaufquote von 6 % behaftet. Es können keinerlei Aussagen über die Gesamtheit der Unternehmen in Deutschland getroffen werden.

Die Unternehmensstiftung: Funktionen und Anforderungen

Aufgabe der Unternehmensstiftung ist es, ein gesellschaftsbezogenes unternehmerisches Engagement im Rahmen einer gesellschaftlich verantwortlichen Unternehmensführung zu realisieren und zu dokumentieren und dem Interessenausgleich mit unternehmerischen Bezugsgruppen zu dienen. Entsprechend muß die Stiftung zum einen dem Unternehmen zurechenbar sein. Zum anderen sollte sie tatsächlich zur Minderung gesellschaftlicher Probleme beitragen. Dies muß wiederum durch die Öffentlichkeitsarbeit der Stiftung vermittelt werden. Im Rahmen der Öffentlichkeitsarbeit des Unternehmens ist zwischen Stiftungserrichtung und Beziehungspflege zur Stiftung zu unterscheiden. Dabei kann sowohl bei der Gründung als auch bei im Fortlauf kleineren Projekten zur weiteren Unterstützung der Stiftung und zur Pflege der Beziehungen das grundsätzliche Prozeßmodell von Planung, Konzeption, Umsetzung und Evaluation dienen.[22] Im Prozeß der Gründung ist eine Nähe zum Unternehmen auf verschiedenen Ebenen herstellbar. So kann z. B. auf personeller Ebene eine Verknüpfung durch ein Engagement von Mitarbeitern in der Stiftung hergestellt werden.[23] Weiterhin sollte das Engagement des Unternehmens mittels der Stiftung mit anderen gesellschaftsbezogenen Maßnahmen abgestimmt sein. Ein tatsächlich gesellschaftsbezogenes Engagement ist etwa durch eine Vorabanalyse gesellschaftlicher Problemstellungen, möglicherweise

---

[20] *Sprengel*, 2001, S. 15, 16.

[21] *Maaß/Clemens*, 2002. Auf die genaueren Begriffsdefinitionen dieser Studie kann an dieser Stelle nicht eingegangen werden.

[22] Vgl. hierzu auch die sogenannte AKTIONsformel der Kernaufgaben der Öffentlichkeitsarbeit (*A*nalyse und Strategie, *K*onzeption, *T*ext und Kreative Gestaltung, *I*mplementierung, *O*perative Umsetzung, *N*acharbeit und Evaluation), ausführlicher auf den Seiten des Berufsverbandes: www.dprg.de, Zugriff Januar 2005.

[23] Vgl. für inhaltliche, personelle, finanzielle, zeitliche und räumliche Verbindungen: *Marquardt*, 2001, 75 f.

auch indem dies durch ein sozialwissenschaftliches Institut übernommen wird, realisierbar. Der Bezug zu den unternehmerischen Bezugsgruppen ist durch eine Ermittlung derselben und gegebenenfalls eine Befragung hinsichtlich kritischer Aspekte der Unternehmenspolitik oder hinsichtlich dringender Problemstellungen, zu deren Lösung das Unternehmen durch die Stiftungsgründung etwas beitragen kann, möglich. Auf diese Weise kann eine Kongruenz zwischen unternehmerischen Bezugsgruppen und Bezugsgruppen der Stiftung hergestellt werden und die Stiftung später eine Plattform zur Lösung möglicher Konflikte bieten. Im Rahmen der späteren Beziehungspflege sind verschiedene Möglichkeiten denkbar. Das Engagement kann z. B. durch gemeinsame Projekte mit der Stiftung als eigenständigem Partner im zivilgesellschaftlichen Bereich fortgesetzt werden. So sind gemeinsame Veranstaltungen, zum Beispiel in Form von Preisverleihungen, denkbar.

Die Unternehmensstiftung im Spannungsfeld von Unternehmensinteresse und Gemeinwohlorientierung

Die Unternehmensstiftung bietet, auch gegenüber anderen Formen des Corporate Citizenship, den Vorteil eines kontinuierlichen Engagements. Weiterhin stellt die spätere Kooperation mit einem Partner aus dem zivilgesellschaftlichen Bereich die Möglichkeit eines professionellen Engagements dar. Auch dürfte hiermit eine relativ hohe Glaubwürdigkeit verbunden sein. Umgekehrt ist zu bedenken, daß bei einer „Auslagerung" des Engagements in eine Stiftung die Zurechnung des Engagements zu dem und die umfassende Einlagerung in das Unternehmen im Sinne des Corporate Citizenship zumindest deutlich begrenzt ist. Weiterhin können auch die Unternehmensmitarbeiter nur in einem beschränkteren Umfang, als dies bei anderen Engagementformen der Fall ist, eingebunden werden.

Die Unternehmensstiftung steht besonders im Spannungsfeld von Unternehmens- und Gemeinwohlbezug.[24] So soll durch die Stiftung ein Engagement des Unternehmens umgesetzt werden und diesem auch zurechenbar sein. Auf der anderen Seite soll die Stiftung dem Gemeinwohl dienen. Dies ist nicht zuletzt auch insofern relevant, um den Status der Gemeinnützigkeit nicht zu verlieren. Das unternehmerische Interesse darf also nicht zum „heimlichen Stiftungszweck" werden. Bei einer wohlverstandenen Stiftungsgründung im Rahmen einer verständigungsorientierten Öffentlichkeitsarbeit, werden mit der Gründung von und der Pflege der Beziehungen zu einer Stiftung nicht schlicht Unternehmensinteressen im Sinne des Marketing verfolgt. Vielmehr handelt es sich ja um einen verständigungsorientierten Ansatz, dessen Ziel es ist, zum Ausgleich der unternehmerischen Interessen und der anderer gesellschaftlicher Gruppen beizutragen und nicht schlicht Unternehmensinteressen durchzusetzen. Idealiter hat die Stiftung demnach eine Integrationsfunktion inne.

---

[24] Vgl. zu dieser Problematik bereits *Strachwitz,* 1995.

7.5 Die Wirtschaft als Stifter, Spender und Sponsor

Von Uli Kostenbader

Das Bild ist verwirrend und widersprüchlich. „Geld geben und gutes Image gewinnen – die Bedeutung von Sponsoring steigt" schreibt die Financial Times am 15. 2. 2002.[1] Und, so eine Hochrechnung der Beratungsagentur Kohtes & Klewes aus dem Jahr 1997 für den Bereich kulturellen Unternehmensengagements: „Unter Berücksichtigung des kulturellen Engagements der mittleren und kleinen Unternehmen dürften die in ihrer Gesamtheit tatsächlich aufgebrachten Mittel für Kulturförderung / Kultursponsoring der deutschen Wirtschaft die Milliardengrenze (DM. Anmerkung des Verfassers) deutlich überschreiten."[2]

Soweit so gut. In der Tat begründen die Apologeten eines verstärkten gesellschaftlichen Engagements durch die Wirtschaft ihre Forderungen landauf landab und seit Jahren mit spannenden Thesen, etwa im Kunst- und Kulturbereich: Kulturförderung durch Unternehmen rechtfertige sich aus der „Bemühung um die jeweiligen Kategorien der Ästhetik", sie leite einen „kritischen Dialog um das gemeinsame Projekt der Vernunft" ein, sie erlaube die Verbindung mit „den ästhetischen Qualitäten in Produkten und Fabriken" und sei Teil eines Forschens in Unternehmen „... um sich an die ständig in Veränderung befindliche Wirklichkeit neu anzunähern"[3]. Einerseits. Und andererseits liest man, Wirtschaft sei keine philanthropische Veranstaltung, kein Lückenbüßer für staatliche Finanzierungsprobleme.[4]

Man wird, um etwas Klarheit in das Bild zu bringen, zunächst wohl drei Fragestellungen nachgehen müssen:

---

[1] *Prellberg,* Michael: Geld geben und gutes Image gewinnen. In: Financial Times Deutschland, 15. 5. 2002.

[2] *Kohtes & Klewes:* Kulturinvest Top 500. Kohtes&Klewes Studie zum Status quo von Kulturförderung und Kultursponsoring in 15 Branchen und den 500 größten Unternehmen Deutschlands. Düsseldorf 1977, S. 5.

[3] Vgl. *Reuter,* Edzard: Wirtschaft und Kunst. Ein neuer Feudalismus? Schriftenreihe des Verbandes der Wirtschaft Baden-Württemberg. Stuttgart 1989, S. 5 ff.

[4] Vgl. *Delhaes,* Daniel: Die Welt in der Welt sichtbar machen. In: Die Kultur AG, hrsg. von Grosz, Andreas / Delhaes, Daniel. München 1999, S. 9; vgl. zu einem Überblick über Formen eines unternehmerischen Engagements im gesellschaftlichen Bereich ferner: *Strachwitz,* Rupert Graf: Unternehmen als Sponsoren, Förderer, Spender und Stifter. In: Strachwitz, Rupert Graf / Toepler, Stefan (Hrsg.): Kulturförderung. Mehr als Sponsoring. Wiesbaden 1993, S. 251–263.

1. Wieviel Geld wird für Sponsoring und Mäzenatentum denn de facto von der Wirtschaft ausgegeben? Dies mit allem Vorbehalt gegenüber den wenigen empirischen Untersuchungen / Umfragen hierzu.
2. Welchen Stellenwert räumen Unternehmen einem gesellschaftlichen Engagement selbst ein und welche Ziele verfolgen sie?
3. Gibt es demnach tatsächlich so etwas wie eine Konvergenz-Entwicklung zwischen den Interessen von Wirtschaft und Kultur und wie rechtfertigen sie sich?

Das jährliche Sponsoringvolumen betrage, so liest man, weltweit derzeit rd. 25 Mrd. USD[5], in Europa allein ca. 7,4 Mrd. USD[6]. Für Deutschland gehen Experten von einem Betrag von rd. 3 Mrd. € aus, für 2006 werden 3,3 Mrd. € prognostiziert.[7] In der Tat stolze Summen. Addiert man hierzulande ein geschätztes Spendenvolumen (rd. 5 Mrd. €)[8] und die Ausschüttungen fördernder Stiftungen in Deutschland (ca. 7 Mrd. €)[9] zu den Sponsoringleistungen, sind das immerhin 15 Mrd. €, die von privater Seite in die Förderung von Kunst und Kultur, Wissenschaft und Sport, Umwelt, Erziehung, Soziales oder auch Medien(sponsoring) fließen. Der Anteil von Kultur am Sponsoringtopf dürfte bei rd. 25 %, der des Sports bei ca. 60 %, der des Umweltsponsorings bei rd. 6 % liegen.[10] Die Zahl der Unternehmen, die sich ein Sponsoring leisten wollen, hat Untersuchungen entsprechend deutlich zugenommen: bei nahezu 70 % liege der Anteil der Unternehmen, die ein Sponsoring einsetzen, etwas über 30 % waren es noch in 1990.[11] 45 % befragter Unternehmen bestätigen ferner eine steigende Bedeutung von Sponsorings, 15 % durchschnittlich mache das Sponsoring mittlerweile an den Marketing-Etats der Unternehmen aus.[12] Merke: selbst in Zeiten wirtschaftlicher Flaute scheint sich dieses Sponsoring entgegen allen wirtschaftlichen Trends stetig weiterzuentwickeln.

Das Thema gewinnt in Chefetagen und Marketingbereichen der Wirtschaft also an Bedeutung, auch wenn für klassische Werbung in Deutschland mindestens

---

[5] Vgl. *Herb*, Wolfgang / *Zecha*, Michael: Aufbau und Gestaltung von Sponsoringverträgen. In: Herb, Wolfgang / Zecha, Michael: Rechtliche und steuerliche Rahmenbedingungen für Sonderwerbeformen (Sponsoring etc.). O. O. (Stuttgart), o. D. (2003), S. 8.

[6] *Feil*, Hubert G.: The Power of Sponsoring. Vortrag. Deutscher Sponsoring Kongress, Nov. 2002 in Augsburg.

[7] Vgl. *Herb*, Wolfgang / *Zecha*, Michael: Rechtliche und steuerliche Rahmenbedingungen für Sonderwerbeformen (Sponsoring etc.). O. O. (Stuttgart), o. D. (2003), S. 8.

[8] Vgl. „Rupert Graf *Strachwitz* im Gespräch mit Daniel *Delhaes*": Der Staat hat einfach versagt. In: *Grosz*, Andreas / *Delhaes*, Daniel: Die Kultur AG. Wiesbaden 1999, S. 61.

[9] Vgl. Bundesverband Deutscher Stiftungen e.V.: Zahlen, Daten, Fakten zum deutschen Stiftungswesen. Berlin 2005, S. XIV.

[10] Vgl. *Feil*, Hubert G.: The Power of Sponsoring. Vortrag. Deutscher Sponsoring Kongress, Nov. 2002, Augsburg, sowie *Bruhn*, Manfred: Sponsoring. Systematische Planung und integrativer Einsatz. 4. Auflage. Wiesbaden 2003, S. 25 ff.

[11] Vgl. *Prellberg*, Michael: Geld geben und gutes Image gewinnen. In: Financial Times Deutschland, 15. 5. 2002.

[12] Vgl. ebd.

zwölfmal so viel ausgegeben wird. Zwei Motive liegen auf der Hand: die Wirkung klassischer Werbung relativiert sich bei zunehmender Intensität; es gibt damit gute Gründe, nach neuen Wegen zu suchen. Wenn dabei Effekte gar messbar gemacht und den eigenen Leistungen werbliche Gegenleistungen eines Sponsoringpartners gegenüber gestellt werden, gewinnt die Sache an Attraktivität. Und ein zweiter Punkt: allem shareholder value zum Trotz setzt sich mancherorts die Erkenntnis durch, dass gesellschaftliches Engagement den Dialog mit kritischen Öffentlichkeiten zumindest erleichtert. Natürlich hat Good Corporate Citizenship seinen Hintergrund in mäzenatischem Altruismus; aber eben nicht nur. Werden die Unterscheidungsmerkmale auch hochwertiger Konkurrenzprodukte geringer, fragen Konsumenten (und Investoren) auch nach anderen Pluspunkten eines Unternehmens, z. B. solchen, die sich in Sozialbilanzen widerspiegeln. Immerhin liegt die befragte Wahrnehmungsquote bei Sponsoring bei über 60 %[13] und die Kaufbereitschaft ratloser Konsumenten scheint auf Basis eines Sponsorings höher zu liegen (18 %) wie bei Anzeigenwerbung (14 %)[14]. Die hohen Wahrnehmungsquoten gelten übrigens gleichermaßen für Kultur- wie für Sportsponsoring. Und: das sog. Programm- oder Mediensponsoring im Fernsehen wird ebenfalls bereits von 43 % des deutschen Fernsehpublikums bewusst beachtet.[15] Als Ergebnis eines kulturellen Engagements sehen heute ebenfalls immerhin 43 % aller befragten Unternehmen einen eindeutigen Wettbewerbsvorteil bezogen auf Unternehmensimage und gesellschaftliches Wohlwollen.[16]

Empirisch eigens erfasste Akzeptanzwerte eines Sponsorings bestätigen eine hohe Zustimmung für Unternehmenssponsoring bei Verbrauchern: „So ist die Akzeptanz von Umwelt- und Sozialsponsoring mit 80 % ebenso hoch wie im Sport. Das Interesse für soziale Themen (39 %) ist zudem nur geringfügig niedriger als für Sport (40 %). Für Ökologie liegt es sogar höher (46 %). Sponsoring bei Forschung und Kultur begrüßen 77 % bzw. 74 %".[17]

Und dennoch ist das Bild auf Unternehmensseite keineswegs einheitlich und klar. Eine neuere Untersuchung betrieblichen Kulturengagements in Deutschland, Österreich und in der Schweiz kommt beispielsweise zu dem ernüchternden Schluss, „... dass die Kulturaktivitäten und somit auch das gesamte unternehmerische Kulturengagement in den meisten Fällen bisher nicht in einer expliziten Stra-

---

[13] Vgl. *Raggamby,* Nikolaus von: Punktstrahler statt Flutlicht. Kultursponsoring hat sich als Alternative zur klassischen Werbung etabliert. Firmen profitieren vom Imagetransfer. In: Financial Times Deutschland, 10. 4. 2002.

[14] Vgl. *Feil,* Hubert G.: The Power of Sponsoring. Vortrag Deutscher Sponsoring Kongress 2002, Augsburg.

[15] Vgl. o. N.: Wahrnehmung von Sponsoring. In: Sponsor 7/2003, S. 32.

[16] Vgl. *Heusser,* Hans-Jörg / *Wittig,* Martin / *Stahl,* Barbara: Kulturengagement von Unternehmen- integrierter Teil der Strategie. Schweizerisches Institut für Kunstwissenschaft. Published by Roland Berger Strategy Consultants. München 2004, S. 11.

[17] O. N.: Kalkulierte Wohltat pflegt Marken. In: Horizont. Weekly Marketing Magazine, 29. 11. 2001, S. 7.

tegie verankert sind".[18] Immerhin: als Bereiche mit dem größten Wettbewerbsvorteil aufgrund eines kulturellen Engagements sehen die Unternehmen „Unternehmensimage" (22 %) und „gesellschaftliches Wohlwollen" (19 %). Deutlich geringere Wettbewerbsvorteile durch Sponsoring werden bei den Faktoren „Vorteile bei Medienauftritten", „Arbeitgeberattraktivität", „Produkt- oder Markenauftritt" oder „Investoreneinstellungen" gesehen. Die wichtigsten Erfolgsfaktoren eines entsprechenden Kulturengagements (und es kann angenommen werden, dass dies auch für Sport, Umwelt, Soziales etc. gilt) sind demnach, so die befragten Unternehmen und ihre Manager, „übereinstimmende Werte", „gezielte Kommunikation", „erzieltes Leistungsniveau der Geförderten", „glaubwürdige Ausgestaltung" des Sponsorings, „Identifikation" zwischen Förderer und Gefördertem etc.[19]

Trotz großer Worte und zunehmenden Mitteleinsatzes ist Nüchternheit angebracht. Wären Sponsoring und Spenden, Sport oder andere Formen gesellschaftlichen Engagements denn tatsächlich ein Zaubermittel der Umsatzsteigerung, dann wären diese Instrumente sehr viel häufiger und systematischer in betriebliche Strategien, Strukturen und Verantwortlichkeiten eingebunden. Stattdessen weist die o.g. Umfrage in deutschen, schweizerischen und österreichischen Unternehmen nach: „(1) Es gibt keine eindeutigen Strukturen und Verantwortlichkeiten. (2) Bezüglich der Entscheidungsbefugnis über die Leitlinien der Kulturaktivitäten gibt es kein klares Bild. (3) Ebenso sind oftmals auffallend viele Stellen bei der Umsetzung involviert ... (4) Es besteht kein Zusammenhang zwischen der Existenz von Koordinationsorganen bzw. ihrer Art und der Anzahl der Umsetzungsstellen".[20] Deutlich wird auch hier: Vielfalt und Ambivalenz beherrschen das Bild. Nicht nur hinsichtlich der Instrumente an sich und ihrer Wirksamkeit, sondern auch hinsichtlich einer klaren, zielorientierten und arbeitsteiligen Einbindung in betriebliche Strukturen.

Differenzierung tut not. Folgt man einer idealtypischen Unterscheidung in Grundtypen fördernder Unternehmen, nämlich

- *kommerziell ausgerichteten Förderern* (starke Wettbewerbsorientierung mit kommunikativen Zielen),
- *patronal handelnden Unternehmen* (starkes persönliches Interesse von Unternehmern, besondere Mitarbeiterorientierung) oder
- Unternehmen, die primär aus *gesellschaftlicher Verantwortung* heraus handeln (Good Corporate Citizenship),[21]

dann resultieren aus diesen Grundtypen auch unterschiedliche Ziele, Inhalte, Umsetzungsstrukturen und Erfolgskriterien einer Förderung in Form von Spenden,

---

[18] *Heusser,* Hans-Jörg / *Wittig,* Martin / *Stahl,* Barbara: Kulturengagement von Unternehmen – integrierter Teil der Strategie. Schweizerisches Institut für Kulturwissenschaft. Published by Roland Berger Consultants. München 2004, S. 8.

[19] Vgl. ebd., S. 8 f.

[20] Ebd., S. 19.

[21] Vgl. zu dieser Aufteilung ebd., S. 23.

7.5 Die Wirtschaft als Stifter, Spender und Sponsor

Sponsoring oder auch Unternehmensstiftungen. Das Bild ist offenbar so bunt (im besten Sinne des Wortes) und vielgestaltig wie die Wirtschaft selbst und die Möglichkeiten ihres gesellschaftlichen Engagements. Mit dieser Sichtweise relativiert sich eine Notwendigkeit, nach allgemeingültigen Konvergenzen der Interessen von Wirtschaft und geförderten Institutionen zu forschen. Imagekongruenz ist eine Frage des Einzelfalls, Gemeinsamkeiten finden sich immer wieder, Dialog über die Grenzen der eigenen, unternehmerischen Kernkompetenz hinaus, also mit Sport oder Wissenschaft, Bildungswesen, Sozialem oder Kultur, sind stets aufs Neue identitätsstiftend. Dass dabei Nachwuchsförderung (im kulturellen Bereich über 70 % befragter Unternehmen) und – ebenfalls im kulturellen Bereich – ein Engagement im regionalen Umfeld von Unternehmen (80 %) eine besondere Rolle spielen, ist leicht nachvollziehbar[22]: regionales Sponsoring wird in der Regel anlassbezogen sein und verspricht hohen Aufmerksamkeitswert direkt vor der Haustüre. Nachwuchsförderung erscheint sympathisch, ohne dass dabei allzu kritische Diskussionen um Sinn und Zweck einer Förderung zu befürchten sind.

Spannender wird unternehmerisches Engagement, wenn Projekte selbst entwickelt werden. Im Kultursponsoring scheinen es schon 70 % der entsprechenden Unternehmen zu sein, die Projekte selbst initiieren.[23] „Führend sind die Branchen Finanzdienstleistungen (89 %), Mobilität (79 %) und Energie / Chemie / Rohstoffe (77 %)".[24]

Häufig unterschätzt wird die Bedeutung von Sachspenden. Sach- und Materialspenden werden bei bis zu 40 % der fördernden Unternehmen trotz der damit verbundenen steuerlichen Besonderheiten immer wieder geleistet.[25] Im kulturellen Bereich tummelt sich im Übrigen auch schon jedes dritte Unternehmen einer Umfrage durch den Ankauf von Kunstwerken auch auf diesem Markt, oder es engagiert sich bei der Ausrichtung von Kunstpreisen und Wettbewerben (32 %).[26]

Schmidt & Kaiser; eine der renommiertesten Kommunikationsberatungsagenturen in Deutschland, nennt Erfolgsfaktoren, die bei einem gesellschaftlichen Engagement von Unternehmen immer wieder auftauchen bzw. von Verantwortlichen und Spendern / Sponsoren regelmäßig genannt werden, u. a.:

– ein schlüssiges Konzept, das auf eine langfristige, kontinuierliche Entwicklung setzt,
– eine kontinuierliche Ansprache und Betreuung von Spendern / Sponsoren,

---

[22] Vgl. *Kohtes & Klewes:* Kulturinvest Top 500. Kohtes&Klewes Studie zum Status quo von Kulturförderung und Kultursponsoring in 15 Branchen und den 500 größten Unternehmen Deutschlands. Düsseldorf 1997, S. 6.
[23] Vgl. ebd., S. 7.
[24] Ebd.
[25] Vgl. ebd., S. 20.
[26] Vgl. ebd., S. 20.

- die kontinuierliche Information über Prozesse und Ergebnisse eines geförderten projektes,
- individuell auf einen Förderer zugeschnittene Konzepte,
- die Glaubwürdigkeit einer Zusammenarbeit und ihrer Ziele, die Herstellung von Identifikation, Zugehörigkeit und Verbundenheit,
- eine Verbindung zu bekannten oder beliebten Persönlichkeiten,
- Medienpräsenz.[27]

Alles in allem gibt es in anderen Worten also genügend Wissen um die Rahmenbedingungen eines erfolgreichen unternehmerischen Engagements im gesellschaftlichen Bereich und genügend Gründe, dieses „Wagnis" eines Dialogs einzugehen:[28]

Wie wird idealtypischerweise vorgegangen? Wer auf Spenden oder Sponsoring, Fundraising oder die Unterstützung durch (Unternehmens-)Stiftungen angewiesen ist, tut gut daran, das Rollenverständnis möglicher Partner in der Wirtschaft und ihre Instrumente einer Programmentwicklung zu kennen. Worauf achten also Wirtschaftsunternehmen, wenn „Engagement aus Verantwortung" eine „Wirkung für das Unternehmen" einschließen soll?

Im Sinne einer ersten Plausibilitätsprüfung der Wirkung eines Spenden- oder Sponsoringengagement wird es in der Regel um drei Faktoren gehen:[29]

Vernetzung: wer kann und soll im gemeinsamen Auftritt erreicht werden? Sind die Zielgruppen beider Partner identisch, klar umrissen, erreichbar?

Organisation: stimmen Erwartungen und Möglichkeiten hinsichtlich organisatorischem Vermögen, Personalausstattung und finanziellen Ressourcen überein?

Glaubwürdigkeit: sind die beiderseitigen Ziele und Qualitätsstandards identisch? Geht man in einer Zusammenarbeit von denselben Grundwerten hinsichtlich Partnerschaft, Zusammenarbeit und angestrebtem (gemeinsamen) Erscheinungsbild aus?

Es geht, in anderen Worten, um Glaubwürdigkeit und Umfeldanalyse. Dies noch vor der Ziel- und Programmplanung eines Spenden- oder Sponsoringengagements. Ziele gesellschaftlichen Engagements werden häufig anhand einer allgemeinen Taxonomie identifiziert und präzisiert, beispielsweise nach folgendem Schema:[30]

---

[27] Schmidt & Kaiser GmbH: Fundraising. Beispiele in der Kultur. Unveröffentlichtes Manuskript. Frankfurt am Main 2002, S. 30.

[28] Vgl. zu einer entsprechenden Begründung ferner: *Strachwitz,* Rupert Graf / *Toepler,* Stefan (Hrsg.): Kulturförderung. Mehr als Sponsoring. Wiesbaden 1993, S. 15 ff.

[29] Vgl. hierzu auch *Püttmann,* Michael: Sponsoring: Erfolgreiche Symbiose zwischen Wirtschaft und Gesellschaft. In: Loock, Friedrich (Hrsg.): Kulturmanagement. Kein Privileg der Musen. Wiesbaden 1991, S. 243.

[30] Vgl. *Haibach,* Marita: Handbuch Fundraising. Spenden, Sponsoring, Stiftungen in der Praxis. Frankfurt am Main 1998, S. 87.

- *Dialogziele:* „crossborder networking" heißt hier immer mehr das Stichwort. Hintergrund ist die Erfahrung, dass eine von Kommunikationsbotschaften unterschiedlichster Art überfütterte Öffentlichkeit weniger auf Fakten reagiert (das schöne Konzert, die besondere wissenschaftliche Erkenntnis, das sportliche Event), sondern auf Signale. Nicht „was ist" lautet die Frage, sondern „was bedeutet dies", in welchem Problemkontext steht eine Botschaft? Kommunikationsziele einer betrieblichen Förderungsleistung werden sich konsequenterweise an einem übergeordneten Erkenntniswert, ggf. an Gegensätzen, einer „Kultur des Dissens" oder gesellschaftlichen Problemlösungen ausrichten. Unter anderem wird dies durch einen „Zielgruppen-Mix" erreicht. Die Förderung von Kirchenmusik wird so in einen erweiterten Kontext gestellt, z. B. ideologischer, interkultureller Art etc. „Music meets Ecology" verspricht mehr Aufmerksamkeit als „Die vier Jahreszeiten" Zu Vivaldi gesellen sich Ausstellungen und Podiumsdiskussionen zum Klimawechsel. Und schon verjüngert sich der Besucherkreis, Medieninteresse geht über das Feuilleton hinaus, Aufmerksamkeit ist sicher...

- *Innovationsziele:* wer sich mit Fortschritt und Entwicklung, Kreativität und forschender Neugierde identifiziert sehen möchte, wird diese Attribute bei seinem Partner und dessen Projekten ebenfalls erwarten. Förderung wird zur gesellschaftlichen Problemlösung, mit neuen Ideen, neuen Inhalten und Projekten. Und wieder stehen Kommunikation und Image-Assoziation im Vordergrund.

- *Struktur- und Nischenziele:* „Strukturmängelausgleich" ist ein beliebtes Motiv bei Spendern und Sponsoren. Wo die Grenzen der finanziellen Möglichkeiten staatlicher oder kommunaler Einrichtungen erschöpft sind oder auch, wo staatliche Einrichtungen nicht aktiv werden können (oder dürfen), gewinnt privates Engagement durch Unternehmen an Bedeutung. Private Schulen und Hochschulen, Armutsbekämpfung, Forschungseinrichtungen, Museen. Kurz, es geht um einen Ausgleich von Subsidiaritätsmängeln, um Freiräume für dezentrales gesellschaftliches Engagement, strukturschwache Regionen, die Kommunalisierung von Kultur etc. etc.

Marketingverantwortliche in Unternehmen verarbeiten Ziele dieser und ähnlicher Art, bei denen Zeithorizonte betrieblichen Engagements und Ziele, die sich aus ihrem geographischen Einzugsgebiet ergeben, in mehr oder weniger komplexe Entscheidungsmatrixen. Aus betrieblichen Image- und Produktzielen werden formale Auswahlkriterien einer Förderung abgeleitet und Projektmerkmalen gegenübergestellt. Dieser Ziele-Abgleich ermöglicht ein transparentes Bild hinsichtlich der angestrebten Imagekongruenz von Förderer und Gefördertem.[31]

Der Ausblick ist also alles in allem so schlecht nicht: in unseren Betrieben verlieren Spendenwesen, Sponsoring und Unternehmensstiftungen keineswegs an

---

[31] Vgl. hierzu auch *Hummel*, Marlies: Quantitative Aspekte privater Kulturförderung. In: Strachwitz, Rupert Graf / Toepler, Stefan (Hrsg.): Kulturförderung. Mehr als Sponsoring. Wiesbaden 1993, S. 60 f.

Bedeutung. Ob mäzenatisches Handeln, Öffnung für gesellschaftspolitischen Dialog als good corporate citizen oder professionell geplantes Sponsoring, das Engagement ist unübersehbar und nimmt tendenziell zu, allen gesamtwirtschaftlichen Widrigkeiten zum Trotz. Vielleicht eben gerade wegen dieser Widrigkeiten. Die Moderne mit all ihrer Komplexität und Ambivalenz braucht den Flexiblen. Und dies in allen gesellschaftlichen Bereichen. Gerade die Wirtschaft findet in dieser Situation dann auch aus durchaus funktionalen Notwendigkeiten heraus Zugang zu gesellschaftlichen Nachbarbereichen, zu Sport, Wirtschaft, Kultur, Wissenschaft, Ökologie, Sozialwesen, Erziehung etc. etc. Und dies zunehmend ohne ideologische Vorbelastungen. Globalisierung, wirtschaftliche und soziale Unsicherheiten, aber auch viele andere Aspekte unserer „modern times", insbesondere der Wertewandel hin zu Selbstentfaltung und individualistisch erscheinenden Tendenzen, bedingen Flexibilität, Eigeninitiative, Kreativität und Eigenverantwortung. So entstehen in unseren Unternehmen neue Verantwortungsrollen, die den Herausforderungen im hier und heute mit einer Grunddisposition zur Übernahme eines freiwilligen, zusätzlichen gesellschaftlichen Dialogs und flexibler Eigeninitiative begegnen. Ob der damit verbundene Anspruch immer eingelöst werden kann, sei dahingestellt. Es gilt, Chancen zu nutzen, Beliebigkeit durch kreative Professionalisierung zu ersetzen und Außenseiterrollen abzulegen.

7.6 Corporate Foundations – Teil zielgerichteter Unternehmenspolitik

Von Robert Wreschniok

Reputation und Moral

Früher oder später wird sich jedes Unternehmen, das die Gründung oder Weiterentwicklung einer Unternehmensstiftung ins Auge fasst, mit zwei Konzepten auseinander setzen: Reputation und Moral. Auf den ersten Blick sind es zwei vertraute Begriffe, auf den zweiten Blick zwei wesentliche Aspekte, die heute eine ebenso neue, wie zentrale Rolle in der *modernen* Unternehmenspolitik spielen.

Reputation, die einem Unternehmen oder Akteur von Dritten zugesprochene Vertrauenswürdigkeit, sowie Moral, ein soziales Regime[1], welches das Handeln von Unternehmen oder Akteuren allgemein akzeptierten gesellschaftlichen Normen und Regeln zuordnet. Beide sozialen Konstrukte sind durch die moderne, wettbewerbsgetriebene Leistungsgesellschaft einem grundlegenden Wandel unterworfen.

In der vormodernen Ständegesellschaft wurde aus heutiger Sicht *Reputation* als eine Form der Ehre verstanden und war Vertretern des Adel oder Klerus vorbehalten. Reputation war ein standesbezogenes Gut, das durch Geburt zugeteilt wurde[2]. Erst im Zuge der Aufklärungsbewegung wurde der „Adel der Herkunft" durch den „Adel der Bildung" ersetzt[3]. Aber erst die Normen und Regeln unserer heutigen Leistungsgesellschaft wandelten Reputation zu ihrer modernen Form, einem *erwerbbaren* Gut, das grundsätzlich *allen* Gesellschaftsmitgliedern offen steht. Und, seitdem Reputation nicht mehr „von Gottes Gnaden" und damit von Geburt an, an einen Stand gebunden ist, steht sie auch Akteuren wie zum Beispiel Unternehmen „zum Erwerb" offen[4]. Unternehmen können in ihre Reputation investieren, sie pflegen und gegen Verlust absichern. Die Reputation eines Unternehmens stellt damit einen eigenen (immateriellen) Unternehmenswert dar[5]. Laut einer

---

[1] Der in der Politologie verwendete Begriff Regime verweist darauf, dass im Folgenden das Konzept Moral nicht nur als reine Handlungsethik verstanden wird, sondern um den Gedanken der Ordnungs- und Bedingungsethik ergänzt wurde. Siehe hierzu auch *Homann*, in: Pierer / Homann / Lübbe Wolf 2003, S. 48.

[2] s. *Eisenegger*, 2003.

[3] *Imhof / Romano*, 1996, S. 68–129.

[4] s. *Voswinkel* 1999, ff 12.

[5] *Kaplan / Norton*, S. 18–33.

Umfrage unter Spitzenmanagern wird Reputation inzwischen als die wichtigste immaterielle Ressource angesehen[6]. In Cultural Due Diligence Prozessen, die im Rahmen von Fusionen durchgeführt werden, besteht zum Beispiel die Notwendigkeit, ihr einen finanziellen Wert zuzuweisen[7]. Unternehmen sind sich durchaus der Werthaltigkeit der Reputation bewusst und setzen sie heute aktiv ein, wie Delahaye Medialink herausgestellt, um ihre Position im Markt zu stärken und um über Krisen hinweg zu kommen, die Unternehmensverkäufe, -zukäufe und Zusammenschlüsse sowie den Aktienpreis beeinflussen[8]. Fombrun und Wiedmann führen eine Erleichterung bei der Neukundengewinnung, Hilfe bei der Gewinnung guter Mitarbeiter, verstärkte Kundenloyalität und Unterstützung bei der Kapitalbeschaffung auf die Reputation eines Unternehmens zurück[9]. Zinnbauer und Schwaiger weisen in aktuellen Studien die Rolle der Reputation für die Kundenbindung nach. [10] Es verwundert daher nicht, dass zwei Drittel[11] der befragten Manager angaben, dass das Reputationsmanagement in ihrem Unternehmen eine hohe oder sehr hohe Bedeutung einnimmt und Reputationsziele demnach expliziter Bestandteil der Unternehmensstrategie sind[12].

Einem offensichtlichen Wandel und neuer, zentraler Bedeutung ist jedoch nicht nur der Begriff der *Reputation,* sondern auch die Auffassung von *Moral* unterworfen – ein heute ständig strapazierter Begriff. Man begegnet ihr im nationalen politischen Rahmen, beispielsweise bei den Auseinandersetzungen um die Reform der staatlichen Sozialsysteme, auf der internationalen Ebene bei der Diskussion um Corporate Governance Leitlinien, wie der Offenlegung von Managergehältern oder im transnationalen Bereich im Kontext der Globalisierungsdebatte. Alle diese öffentlichen Auseinandersetzungen haben eines gemeinsam: die Meinungs- und Wortführer, Mitglieder einer auf Selbstverwirklichung ausgerichteten Wettbewerbsgesellschaft, argumentieren mit einem Moralbegriff, der sich an einem *vormodernen* Verständnis von Moral orientiert: Einem Moralkonstrukt, geprägt durch eine Ständegesellschaft, in der sich die abendländische Ethik der Mäßigung entwickelt hat, in der die Tugend des Verzichts und des Gemeinwohls dominierten und in dem individuelles Vorteilsstreben aus gutem Grund keinen gesellschaftlich legitimierten Platz hatte[13]. Denn diese vormoderne Gesellschaft war auf Bestand und nicht auf Fortschritt programmiert. Ein Regime moralischer Traditionen und Normen diente der Sicherung des Status Quo[14].

---

[6] Hall, zitiert nach *Schwalbach,* 2004.

[7] s. *Pfannenberg,* 2004.

[8] *Delahaye,* S. 1.

[9] *Fombrun/Wiedmann,* S. 60.

[10] *Zinnbauer/Schwaiger,* S. 572–575 s. auch *Zinnbauer/Bakay/Schwaiger,* S. 271–274.

[11] s. *Wiedmann/Buxel,* 2004.

[12] Zum positiven Zusammenhang zwischen Unternehmensgröße, -wert und -reputation s. auch *Schwallbach,* 2000 und 2002; sowie *Schwaiger,* 2003a/b, 2004.

[13] *Homann* nach Neue Zürcher Zeitung 18. 01. 2002.

[14] *Wreschniok,* S. 44 ff. (n.v.).

7.6 Corporate Foundations – Teil zielgerichteter Unternehmenspolitik

Ganz anders ist die Situation heute. Die vormoderne Ständegesellschaft hat sich in eine moderne Wettbewerbsgesellschaft verwandelt, die mittels verschiedener marktwirtschaftlicher Systeme[15] versucht, allen Teilen der Gesellschaft Wohlstand zugänglich zu machen[16]. Wachstum und Wandel sind dabei die bezeichnenden Begriffskonzepte einer im heutigen Sinn modernen Gesellschaft. Deren Mitglieder sind mit stetem Wandel konfrontiert und sie sind zugleich Motor des Wandels. Nicht die Sicherung des gesamtgesellschaftlichen Status Quo, sondern der Umgang mit dem Wandel bestimmt dabei ihr Handeln. Die Tatsache, dass in dieser neuen gesellschaftlichen Realität handelnde Individuen und nicht mehr ein statisches Ständesystem im Mittelpunkt stehen, verdeutlicht, worauf Prof. Karl Homann, Ordinarius für Wirtschaftsethik an der Universität München hinweist, wenn er konstatiert: „Eine traditionelle [vormoderne] Ethik kann den Gedanken nicht denken, dass individuelles Vorteilsstreben zum Motor einer Solidaritätsmoral wird, dass Markt und Wettbewerb zur effizienteren Form der Caritas geworden sind"[17]. Aber genau hier gewinnt die moderne Moral unmittelbare Bedeutung für die Unternehmenspolitik. Das gesellschaftliche Engagement von Unternehmen muss nicht *gegen* den Markt und den Herausforderungen des Wettbewerbes zum Trotz ausgeübt werden, sondern kann bei nachhaltig gemanagten Unternehmen als integraler Bestandteil wertorientierter Unternehmenspolitik gezielt und strategisch eingesetzt werden.

Besonders interessant wird dieser Gedanke dadurch, dass er nicht nur im „akademische Elfenbeinturm" erdacht wurde, sondern – und das mag verwundern – bereits von den Stakeholdern[18], durch veränderte Erwartungshaltungen gegenüber Unternehmen gelebt wird. Stakeholder begreifen nämlich moralisches Verhalten eines Unternehmens nicht mehr als von den Unternehmenszielen losgelöstes „Gutmenschentum", sondern als eine bewusst getroffene unternehmerische Entscheidung – die damit gleichzeitig unter Begründungsdruck gerät. Die erste global durchgeführte Stakeholderbefragung zum „Non-Financial-Reporting"[19], also zu dem Teil der Unternehmensberichterstattung, der sich explizit mit Auskünften zum gesellschaftlichen Engagement auseinandersetzt, zeigt, dass sich Unternehmen dann besonders positiv und vertrauensbildend bei den Stakeholdern verankert haben, wenn sie ihren so genannten „Business Case" deutlich gemacht haben. Mit anderen Worten: Unternehmen agieren in den Augen ihrer Stakeholder dann besonders glaubwürdig und moralisch integer, wenn die mit ihren Handlungen und ihrem Engagement verbundenen unternehmerischen Zielsetzungen deutlich werden.

Auch aktuelle Untersuchungen des Instituts für Öffentlichkeits- und Gesellschaftsforschung der Universität Zürich zur Reputationsbildung zeigen: Mitarbei-

---

[15] Z. B. das System der Sozialen Marktwirtschaft in Deutschland.
[16] *Homann,* in: Pierer / Homann / Lübbe-Wolf, S. 42.
[17] *Homann* nach Süddeutsche Zeitung 12. 02. 2002.
[18] s. *Füser,* S. 172.
[19] *PLEON Kohtes Klewes* 2003.

ter eines Unternehmens, genau wie Aktionäre, Verbraucher und Medien erwarten heute nicht mehr von Unternehmen nur „Gutes zu tun, um darüber sprechen zu können", sondern darüber hinaus, sich auch im gesellschaftlichen Engagement der Wertsteigerung des Unternehmens verpflichtet zu fühlen[20]. Man könnte mit Blick auf dieses moderne Phänomen der Stakeholder-Society von einem weiteren Moment der Reflexivität der Moderne sprechen.[21]

Reputation und Moral – zwei Begriffe in einem neuem gesellschaftlichen Kontext, dessen Verständnis zentral für die Konzeption und strategische Ausrichtung moderner Unternehmenspolitik ist. Reputation als erwerbbares Gut, das ständig gepflegt wird. Moral als ein Konzept, das mit Vorteilsstreben vereinbar ist und sich für Unternehmen auszahlen darf.

Einige Argumente sprechen nun dafür, dass Unternehmensstiftungen entscheidende Wettbewerbsvorteile eröffnen, wenn sie als Instrumente einer moralisch begründeten Unternehmenspolitik zugleich auf den Reputationsaufbau abzielen.

Die Unternehmensstiftung als Teil der Unternehmenspolitik

Die zunehmende Orientierung von Unternehmen an Prinzipien der „Corporate Social Responsibility" (CSR) haben zur Folge, dass sich immer mehr Unternehmen als Corporate Citizen, als „Unternehmens-Bürger", in der Gesellschaft engagieren. Lag der Anteil der Unternehmen, die sich mit finanziellen Mitteln um gesellschaftliche Belange kümmerten, 1990 noch bei 30%, so gaben 2002 bereits über 70% der Unternehmen an, dies zu tun[22]. Hand in Hand mit dieser Entwicklung geht der Trend dahin, dieses unternehmerische Engagement in einer eigenen Stiftung zu bündeln. Als ein prominentes Beispiel ist der Konzern AOL Time Warner zu nennen, der einen Großteil seiner sozialen Aktivitäten über die AOL Time Warner Stiftung (www.aoltwfoundation.org) koordiniert. Hauptziel ist das bürgerschaftliche Engagement unter Einbindung der AOL Mitarbeiter. So werden die Andrew-Heiskill-Awards für besonders aktive Mitarbeiter oder die ECHO-Grants an engagierte Mitarbeiter vergeben, die an gemeinnützigen Projekten mitwirken. Corporate Citizenship wird hier klassisch als „das gesamte über die eigentliche Geschäftstätigkeit hinaus gehende Engagement des Unternehmens zur Lösung gesellschaftlicher Probleme bzw. zur Bewältigung gesellschaftlicher Aufgaben"[23] verstanden. Aber erst wenige Stiftungen, wie beispielsweise die Citigroup Foundation, machen auch Ernst mit dem Anspruch, ihr gesellschaftliches Engagement als integralen Teil der eigenen Unternehmensstrategie entwickelt zu haben. Die amerikanische Bank setzt mit dem Stiftungsschwerpunkt „Financial Education" ein

---

[20] *Eisenegger,* 2004 laufende Reputationsreporte (n. v.).
[21] s. *Beck* 1996.
[22] s. *Prellberg,* in: FTD, 15. 5. 2002.
[23] s. *Westebbe / Logan* 1995.

7.6 Corporate Foundations – Teil zielgerichteter Unternehmenspolitik

klares Zeichen für ein modernes Stiftungsverständnis, im Sinne eines „multi-faceted concept that brings together the self-interest of business and its stakeholders with the interests of society".[24] Nur folgerichtig weist die Bank den Business-Erfolg ihres Engagements in Form von erzielten Neuabschlüssen zum Beispiel im Bereich der Eigenheimfinanzierung oder bei Unternehmenskrediten in ihrem Corporate Reporting gleich mit aus[25]. Hier ist die Stiftung nicht als *add on* im Sinne eines ausgelagerten Konzerngewissens, sondern als Teil der Unternehmensstrategie konzipiert, um bewusst eine „Win-Win-Situation zu schaffen, die sowohl den eigenen, vorwiegend betriebswirtschaftlich definierten Zielen dient, als auch Erwartungen der Gesellschaft gerecht wird"[26]. Die Citigroup fährt gut mit diesem Ansatz, der authentisch die Unternehmenspolitik einer Bank verdeutlicht, die sich in den letzten 10 Jahren aus dem Mittelfeld hinauskatapultiert und nun zum weltweit führenden Institut entwickelt hat.

Ziel und Zweck einer Unternehmensstiftung

Den Reputationsaufbau im Blick ist es also wichtig, die Stiftung in die eigene Unternehmensstrategie zu integrieren, um so gesellschaftliche Interessen mit einem auf Nachhaltigkeit und Dauer angelegten Wertzuwachs für das eigene Unternehmen zu verknüpfen. Dies mündet im Stiftungszweck, der die vom Unternehmen der Stiftung zugedachten Aufgaben und Ziele definiert. Der Stiftungszweck muss dabei nicht nur präzise und flexibel zugleich definiert werden, um auch auf Dauer erfüllbar zu sein, sondern er muss so bestimmt werden, dass er auf Dauer eine für das Unternehmen reputationsbildende Wirkung entfalten kann. Hier liegt die größte Herausforderung bei der Konzeption einer Unternehmensstiftung. Unternehmensziele, Reputationsfaktoren, gesellschaftlicher Wandel und deren wechselseitiges Wirkungsverhältnis müssen analysiert werden. Die Ergebnisse des Foundation-Audits sind Grundlage aller weiteren Überlegungen, wie zum Beispiel zur rechtlichen Ausgestaltung, als Stiftung Bürgerlichen Rechts (selbständige Stiftung), Treuhandstiftung (unselbständige Stiftung), Gemeinnützige GmbH mit einem festen Gesellschafterkreis und Gesellschaftskapital oder eingetragenem Verein.

Sind Stiftungszweck und Rechtsform gefunden, muss geprüft werden, ob die künftige Stiftung auch in ihrer operativen Tätigkeit mit einem – im modernen Wortsinn – moralischen Anspruch zur Verwirklichung der Unternehmensziele beitragen kann. Die künftige Stiftungstätigkeit lässt sich dabei idealtypisch in operative Stiftung, Förderstiftung und Anstaltsträgerstiftung unterscheiden. In der Praxis sind hier Mischformen gang und gäbe, die sich aus der strategischen Ausrichtung der Unternehmensstiftung ergeben.

---

[24] *Logan,* in: Gazdar/Kirchhoff, S. 81.
[25] *Citigroup,* S. 19.
[26] *Kluge* (CEO McKinsey & Company) 2004.

Die Unternehmensstiftung als Wettbewerbsinstrument und effiziente Form unternehmerischer Caritas

Strategische Ausrichtung: Das Ziel Reputation

Unternehmensstiftungen können wesentlich mehr als reine Imageträger eines Unternehmens sein, werden jedoch häufig nur als Instrumente der Unternehmenskommunikation genutzt. Der hier verfolgte Zweck ist schnell gefunden: die gesellschaftlichen Aktivitäten des Unternehmens sollen wirksam für die interne und externe Öffentlichkeit unter dem Dach einer Stiftung gebündelt werden. Die Unternehmensstiftung wird so zu einer Art Themenmaschine umfunktioniert, die Informationen über soziale Aktivitäten des Unternehmens in Form von Themen in die verschiedenen Teilöffentlichkeiten überführt. Betrachtet man diese Themen als die *Produkte* der Stiftung, die gezielt über verschieden Kommunikationskanäle distribuiert und vermarktet werden, wird schnell offensichtlich, dass die bloße Bündelung sämtlicher „Produktgruppen" unter dem Dach einer Unternehmensstiftung nicht automatisch zum Erfolgstreiber oder Reputationsfaktor einer aktiven Unternehmenspolitik werden muss.

Eine Unternehmensstiftung ist mehr als ein Instrument der Imagebildung und der Unternehmenskommunikation. Sie ist die Institutionalisierung einer an langfristigen Zielen ausgerichteten Unternehmenspolitik. Eine Professionalisierung unternehmerischen Stiftungswesens beginnt deshalb auch nicht bei einer effizienteren Bündelung der Produktgruppen oder einer Optimierung der Distributionswege, sondern bei der strategischen (Neu-)Ausrichtung der Unternehmensstiftung und bei der damit verbundenen Diskussion innerhalb der Unternehmensführung nach den Werten und Zielen, nach der gesellschaftlichen Orientierung und Verantwortung des Unternehmens. Sobald diese kritische Selbstreflexion bezüglich der Unternehmensziele und deren nachhaltiger Ausrichtung abgeschlossen ist, geht es bei der strategischen Ausrichtung der Stiftung im Kern um zwei Fragen, erstens: Ist die Unternehmensstiftung so konstituiert, dass sich ihr Ziel, ihr Zweck und ihre Ressourcen auf die Aktionsfelder und Geschäftsbereiche des Unternehmens konzentrieren, um die dort festgelegten Unternehmensziele schneller zu verwirklichen? Erst als operativer Teil eines Unternehmens, das nachhaltige und integre Geschäftsziele verfolgt, wird eine Unternehmensstiftung legitimiert, glaubwürdig Themen in den Meinungsmarkt zu spielen. Zweitens: Ist die Unternehmensstiftung prägnant nach außen positioniert? Erst durch eine Unique Communication Proposition (UCP) kann die Stiftung dem Unternehmen neues Potenzial am (Meinungs-)Markt gegenüber dem Wettbewerb, innerhalb der Public Agenda sowie in politischen Entscheidungsprozessen eröffnen.

Sind diese strategischen Voraussetzungen erfüllt, ist zu erwarten, dass die Stiftung positive Impulse für die eigene Reputation freisetzt. Schließlich trägt eine Unternehmensstiftung auch dazu bei, das ganz elementare Ziel eines jeden nachhaltig gemanagten Unternehmens zu verwirklichen: die fortwährende Schaffung echter Werte und wettbewerblicher Vorteile[27]. Diese Wettbewerbsvorteile von Unternehmen, die durch den strategischen Einsatz einer Stiftung aus der evolutionären Marktentwicklung ausscheren und sich gegenüber dem Wettbewerb am Meinungsmarkt profilieren, lassen sich auch an Hand aktueller Studien nachvollziehen: Aus unternehmenspolitischer Sicht wird eine Erhöhung des Unternehmenswerts mit CSR-Strategien, in deren Mittelpunkt eben auch eine Unternehmensstiftung stehen kann, insbesondere erzielt durch „Investitionen in intangibles Vermögen, insbesondere Humankapital, die sich auf die Motivation und Innovationsfreudigkeit der Beschäftigten auswirken"[28]. In einer auf Tiefeninterviews gestützten Arbeit von Jens Marquard stimmen 89 % der befragten Stakeholder zu, dass es grundsätzlich positiv ist, wenn ein Wirtschaftsunternehmen eine gemeinnützige Stiftung errichtet[29]. Prellberg kam zu dem Ergebnis, dass die Kaufbereitschaft unentschlossener Kunden stärker durch das soziale Engagement (18 %) als durch Anzeigenwerbung (14 %) eines Unternehmens stimuliert wird[30]. Eine Umfrage unter 25 000 Bürgern in 23 Ländern zeigte, dass eine überwiegende Mehrheit der Menschen Unternehmen stärker nach sozialen Wohltaten als nach Markenidentität oder Financial Performance bewertet. Zwei Drittel forderten gesellschaftliches Engagement. Über 2 Prozent der Befragten berichteten, dass sie bereits durch ihr Konsumverhalten Unternehmen hinsichtlich ihrer gesellschaftlichen Perfomance belohnt oder bestraft haben[31]. All diese Punkte führen vielleicht dazu, dass 43 % der Unternehmenslenker in puncto gesellschaftliches Wohlwollen einen eindeutigen Wettbewerbsvorteil sehen[32].

Operative Ausrichtung: Der Weg Integrität

Ob als Stiftung, die durch die aktive Tätigkeit ihrer Mitarbeiter wirkt, ob als Förderstiftung oder Anstaltsträgerstiftung, Anspruch jeder Unternehmensstiftung sollte es sein in ihrer operativen Tätigkeit mit einem – im modernen Wortsinn – moralischen Anspruch zur Verwirklichung der Unternehmensziele beizutragen. Auch hier gibt es empirisch erhobene Erfahrungswerte zu besonders erfolgreich arbeitenden Unternehmensstiftungen oder zu herausragenden Einzelmaßnahmen. Branchenanalysen und Best-Practice-Benchmarks[33] in den Industriesektoren Automotive, Utilities, Healthcare, Öffentlicher Sektor, Food & Beverage sowie Energie im Bereich sozialen unternehmerischen Engagements führten hier zu immer

---

[27] s. *v. Oetinger,* S. 17.
[28] *Schäfer/Hauser-Ditz* u. a., S. 4.
[29] *Marquard,* S. 169.
[30] s. *Prellberg,* in: FTD, 15. 5. 2002.
[31] *Gazdar/Kirchhoff,* S. 85.
[32] s. *Heusser/Wittig* u. a., 2004.
[33] s. *PLEON Kohtes Klewes* Erhebungen in den vergangenen 12 Jahren im Rahmen von Beratungsmandaten im CSR-Bereich (n.v.).

wiederkehrenden Mustern und Gesetzmäßigkeiten. Einige der Key-Findings werden im Folgenden kurz erläutert, da sich aus deren Be- oder Missachtung Schlussfolgerungen für die moralische Bewertung der Stiftungsarbeit durch die Stakeholder des Unternehmens ziehen lassen.

Den Business Case verdeutlichen: Ganz abgesehen davon, dass in börsennotierten Unternehmen finanzielle Aufwendungen vom Aufsichtsrat nur freigegeben werden können, wenn sie den Geschäftszielen des Unternehmens förderlich sind, ist es für jedes Unternehmen gerade in wirtschaftlichen Krisenzeiten mit Blick auf die eigenen Mitarbeiter und Aktionäre elementar, den so genannten Business Case hinter dem Stiftungsengagement klar zu machen. Die Erfahrung zeigt, dass das so genannte „Chairman's-Wife-Syndrome" selbst bei gut gemeinten sozialen Aktivitäten auf massiven Widerstand innerhalb der Stakeholder stößt, wenn beispielsweise dieses Engagement im Gleichschlag mit betriebsbedingten Kündigungen erfolgt. Nur wenn Ziel und Zweck des sozialen Engagements allen Betroffenen klar und überzeugend vermittelt wurden, ist es auch in Krisensituationen haltbar. Dieser Punkt ist selbstverständlich bei einer Stiftung, die man nicht ohne weiteres abschalten kann, umso bedeutender. Die Erfahrung zeigt, dass ein ehrlich begründetes Engagement auch in schwierigen Zeiten zu vermitteln ist, ja sogar als moralische Stütze und Identifikationssymbol, als Wert für den es sich zu kämpfen lohnt, verstanden wird[34]. Dies kommt übrigens nicht zuletzt den Projekten und Personen zu Gute, die durch das Unternehmen gefördert werden. Ein klarer Business Case gibt hier Sicherheit und Verlässlichkeit, die über die nächsten Quartalszahlen hinausgehen. Firmenlenker, die in diesem Sinn die operative Nachhaltigkeitsebene berücksichtigen, können selbstbewusst und verantwortungsvoll die Stiftungsarbeit ihres Unternehmens gegenüber ihren Stakeholdern vertreten. Ein hervorragendes Beispiel hierfür ist die betapharm Nachsorgestiftung, eine Stiftung der betapharm Arzneimittel GmbH. Die von den Mitarbeitern gegründete Stiftung stellt das in der Praxis entstandene „Augsburger Nachsorgemodell" für chronisch krebskranke Kinder und ihre Familien auf eine wissenschaftliche Basis. Oder auch die Stiftung der BOV AG aus Essen, ein Informationstechnologieunternehmen, das mit Gründung der Stiftung „FAIRNETZEN" zeigt, dass sich soziale Verantwortung und Wirtschaftlichkeit nicht widersprechen müssen.

Kernkompetenzen aufgreifen: Es gilt, auch im sozialen Bereich zu den gleichen Mitteln, Methoden und Stärken zu stehen, die den Konzern in der unternehmerischen „Echtwelt" stark gemacht haben. Dies führt die bereits erwähnte Citigroup Foundation ebenso überzeugend vor, wie zum Beispiel das US-Musikkonglomerat VH1, das weltweite Anerkennung durch die „Save the Music Foundation" erlangt hat. Hier werden Kindern aus amerikanischen Ghettos neue Perspektiven gegeben, indem ihnen VH1 das Erlernen eines Musikinstruments ermöglicht. Die Suche nach jungen Talenten, der Aufbau neuer Musikstars und die Vermarktung der Musik sind die Kernkompetenzen von VH1 und – ohne Frage – sie werden von

---

[34] s. *Schwaiger* 2004.

7.6 Corporate Foundations – Teil zielgerichteter Unternehmenspolitik

dem Konzern selbstbewußt und verantwortlich eins zu eins in seinem sozialen Engagement umgesetzt.

Auf Ressourcen zurückgreifen: Stellt man reputative Aspekte in das Zentrum der Überlegungen, ist in diesem Sinne eine operative Stiftung, die Mitarbeiter, Räumlichkeiten oder sogar unternehmenseigene Produkte nutzt, einer reinen Förderstiftung vorzuziehen, die bei der Vergabe von Mitteln in Form von Corporate Sponsoring oder Corporate Donations eine eher administrative Rolle spielt. Die Wahl der Stiftungsform ist eine der derzeit wichtigsten Fragen im Bereich der Unternehmensstiftungen. Wurde in den 80er Jahren ein soziales Engagement mit dem Ziel der Imagebildung von den Stakeholdern noch akzeptiert, hat inzwischen ein tiefgreifender Umorientierungsprozess stattgefunden[35]. „Gutes tun, um darüber sprechen zu können", das stößt heute bei vielen Stakeholdern und Medien auf Unverständnis. Das Follower- oder Me-too-Prinzip – also unfokussiertes soziales Engagement ohne ersichtlichen Grund, abgesehen von dem Ziel der Imagebildung – ist heute ein Problem für die Reputationsperformance vieler Unternehmen.

Nicht soziale Probleme an sich, sondern den Operationsbereich des Unternehmens zum Verantwortungsbereich machen: Unternehmen dürfen die Verantwortung nicht an ihre Stiftung abgeben. Im Gegenteil: Unternehmen müssen ihre Stiftung genau dort einsetzen, wo das Unternehmen gesellschaftlich interagiert. Die Stiftung muss sich dort Gedanken zu sozialen Problemen und dem unternehmerischen Handeln des Konzerns machen, wo direkt oder indirekt durch die Geschäftspraxis des Unternehmens gesellschaftliche Wirkung erzeugt wird. Längst sind die Geschäftsprozesse global agierender Unternehmen zu komplex, um jedem Mitarbeiter die Konsequenzen seines Handelns deutlich zu machen. Ein eigens entwickeltes Environmental Management System[36] und Business Practice Komitees bei der CitiBank sorgen dafür, dass ihren Arbeitnehmern die Konsequenzen ihres Handelns, beispielsweise eines Kredites für ein Pipeline-Projekt in Afrika, verdeutlicht werden. Die Bank durchleuchtet systematisch alle Geschäftsprozesse nach sozialen und ökologischen Implikationen, die mit Transaktionen oder dem „Corebusiness" der Bank zusammenhängen, um negative Wirkungen zu erkennen und ihnen entgegenzuwirken. Gemeinsam mit ihren Mitarbeitern arbeitet die CitiBank an der Minimierung dieser unerwünschten „Nebeneffekte" des Daily Business. Charles V. Raymond, Präsident der Citigroup Foundation New York konstatierte hierzu in einer öffentlichen Stellungnahme: „Ein wesentliches Ziel unserer Stiftung ist es, unternehmerische Kenntnisse zu fördern und wirtschaftliche Zusammenhänge zu verdeutlichen."

Über Themen profilieren: Besonders erfolgreiche Stiftungsarbeit wird von den Stakeholdern denjenigen Unternehmen zugeschrieben, denen es gelingt, die Stiftung stimmig in die Gesamtkommunikationsstrategie des Unternehmens einzubinden. Erst über Themen, die explizit mit einem Unternehmen verbunden werden,

---

[35] *PLEON Kohtes Klewes* 2003 und fög Reputationsmonitoring 2004 (n. v.).
[36] *CitiGroup*, S. 27.

wird eine maximale Profilierung an den Meinungsmärkten erreicht. Die Gottlieb Daimler und Karl Benz Stiftung mit ihrem Themenfokus „Mensch, Umwelt, Technik", der sich nahtlos in das Konzernleitthema Mobilität einreiht, ist hier ebenso zu erwähnen wie die Deutsche Bank Stiftung Alfred Herrhausen „Hilfe zur Selbsthilfe" mit ihren Leitthemen „Zukunft und Chancengleichheit", die eng mit der thematischen Programmatik der Bank abgestimmt sind und gleichzeitig ein extrem flexibles und vorbildliches Themenmanagement erlauben. Die Deutsche Bank zeigt, wie sehr flexibel immer wieder neue Themen der Public Agenda unter das Dach der Stiftung gehoben werden können: Die Rolle der Jugend oder der Frauen seien hier als mögliche Subthemen zu den Leitthemen „Zukunft und Chancengleichheit" genannt.

Die Unternehmensstiftung: Kein Imagefaktor, sondern Zentrum angewandten Reputation Managements

Reputation Management berücksichtigt immer auch Prozesse innerhalb des Unternehmens und nicht nur die Kommunikation nach außen. Dieses einfache Prinzip, das Reputation von reinem Kommunikation Management unterscheidet, ist von zentraler Bedeutung. Denn moderne Reputation steht als „erwerbbares Gut" unter ständigem Inszenierungsverdacht[37]. Der Versuch, rein kommunikativ eine Sozialreputation aufzubauen, wird in aller Regel umgehend „mit einem negativen Medienecho"[38] quittiert. Paul Kohtes, einer der Gründer von PLEON Kohtes Klewes, veranschaulicht dies an einem Beispiel aus der eigenen Beraterpraxis: Ein Unternehmen, das Dünnsäure in der Nordsee verklappte, wollte Greenpeace und lästige Gesetze verhindern. Doch allein der Versuch durch Imagekampagnen und Lobbying die öffentliche Meinung zu verändern, wäre naiv und aussichtslos gewesen. Paul Kohtes riet dem Unternehmen stattdessen, das Verfahren zu ändern. Tatsächlich baute das Unternehmen daraufhin die ersten Anlagen, die die Entsorgung im Meer überflüssig machten. Damit erst wurde ein konstruktiver Dialog mit den Zielgruppen möglich.

Richtig verstandene unternehmerische Stiftungsarbeit macht an dieser Stelle den Unterschied zwischen echtem Reputation Management gegenüber reinen Imagekampagnen und PR-Aktionen deutlich: Durch ihre institutionelle Verfassung eignet sich eine Unternehmensstiftung hervorragend, ein nachhaltiges Reputation Management zu koordinieren. Der Baukasten hierfür ist komplex und extrem vielseitig. Er reicht von der funktionalen Reputation, die besonders für finanzielle Stakeholder relevant ist, über die Interne Reputation gegenüber den Mitarbeitern bis zu der Oberflächenreputation, die auf spontanen Bewertungen im Zusammenhang aktueller Ereignisse oder auch Imagekampagnen basiert. Sie wirkt langfristig auf die Tiefenreputation ein, die auf tradierten Images beruht, wie sie dauerhaft im

---

[37] *Eisenegger*, S. 3.
[38] Ebd., S. 20.

kollektiven Gedächtnis der Stakeholder verankert sind. Aber auch personale, organisatorische, Wirtschafts- und Sozialreputation wirken sich auf die Gesamtreputation eines Unternehmens aus. Diese Reputationsfaktoren und Wirkungsverhältnisse müssen bei der Gründung und Führung einer Unternehmensstiftung berücksichtigt werden, soll sie den Reputationsaufbau des Unternehmens voranbringen[39].

Im Gegensatz zum Imageaufbau braucht es beim Reputation Management weit mehr, als kreative Ideen und bunte Bilder. Ein Image oder ein oft angesprochener Imagewechsel ist mit entsprechendem Werbedruck in wenigen Monaten zu erreichen. Stiftungen hingegen sind auf Dauer angelegt und Reputation entwickelt sich über Jahre und Jahrzehnte. Das hat Vor- und Nachteile. Kein Unternehmen, das unter einem schlechten Ruf leidet, wird durch die Gründung einer Stiftung seinen Ruf nachhaltig aufpolieren können. Die Gründung einer Stiftung ist erst der Beginn einer gemeinsamen, integrierten Reputationsarbeit. Eine Stiftung kann dabei, vielleicht wie kein anderes Instrument der Unternehmensführung, Umdenken und strukturelle Umorientierung eines Unternehmens markieren. Sie manifestiert und institutionalisiert das soziale Engagement und kann so nachweislich zum Reputationsaufbau beitragen.

Das Leitbild des Telekommunikationskonzernes O_2 bringt es auf den Punkt: „Ein nachhaltiger Ruf fällt einem nicht zu. Er muss erarbeitet werden – Tag für Tag – durch Taten, nicht durch Worte, und wenn er erst einmal erarbeitet worden ist, muss man ihm gerecht werden."[40] Gleiches gilt für die Arbeit einer Unternehmensstiftung und den Nachweis ihres Erfolges. Denn nicht nur der ständige Inszenierungsverdacht, dem Unternehmensreputation ausgesetzt ist, spricht dafür, die Reputationswirkung einer Unternehmensstiftung und den Reputationsaufbau für das Unternehmen zu messen. Das Institut für Öffentlichkeits- und Gesellschaftsforschung der Universität Zürich bestimmt beispielsweise seit Jahren einen wissenschaftlich verifizierten Reputationsindex, der tagesaktuell und in Kennziffern die Entwicklung der Wirtschafts- und Sozialreputation von Unternehmen ausweist. Zentral ist, dass hier die Reputationsperformance eines Unternehmens nicht isoliert, sondern immer im Branchen- und Wettbewerbskontext ermittelt wird. Strategische Fragen für die Unternehmensführung unter anderem nach den Reputationsdynamiken, die die Branche prägen, wie sich der Personalisierungsgrad (CEO Positionierung) des Unternehmens auf die Gesamtreputation auswirkt oder ob es Unterschiede zwischen der Bewertung der Produkte eines Unternehmens und der Gesamtreputation eines Unternehmens gibt, sowie die Frage nach reputationsfördernden und -hemmenden Themen, werden in detaillierten Reports kontinuierlich verfolgt und monatlich erläutert. Die Ergebnisse solcher Analysen sind nicht nur von zentraler Bedeutung zum Zeitpunkt der Gründung einer Unternehmensstiftung, sondern auch bestimmend für ihre tägliche Arbeit und Führung.

---

[39] Ein Umstand der im Übrigen bei dem Großteil der aktuellen Literatur zum Thema Corporate Foundations fast völlig missachtet wird.

[40] O_2 Gemany, S. 4.

Die Kommunikation einer Stiftung:
Von der Positionierung zur (Themen-)Profilierung

> Fünf Vorausetzungen damit Kommunikation
> zum Erfolgsfaktor der Unternehmenspolitik wird
>
> 1. Systematische und integrierte Planung im Hinblick auf Unternehmens- und Marktziele
> 2. Differenzierung über Positionierung, Inhalte und Themen
> 3. Prozessorientierte Organisation, flexible Kapazitäten
> 4- Zielorientierter Kommunikationsmix, Wechselwirkung intern-extern
> 5. Effizientes Controlling als Erfolgsnachweis und Planungsinstrument
>
> Quelle: Robert Wreschniok, PLEON Kohles Klewes

Abb. 1: Erfolgsfaktoren

Viele Unternehmen, die mit ihrer Stiftung bis zu diesem Punkt alles richtig gemacht haben, also sie als integralen Bestandteil der eigenen Unternehmensstrategie konzipiert, sie strategisch auf den Reputationsaufbau des Unternehmens eingestellt und ihre Stiftertätigkeit an den Regeln modernen moralischen Handelns ausgerichtet haben, scheitern leider oft auf der Zielgeraden, wenn es darum geht, die Stiftung auch zur Profilierung und Positionierung des Unternehmens auf dem Meinungsmarkt zu nutzen. Die Beratung Roland Berger kommt ob dieses Problems in einer aktuellen Studie deshalb zu gewagten Thesen: „Kulturaktivitäten [werden] kaum zur Gewinnung von Wettbewerbsvorteilen genutzt, [sind] aber wichtig als Kommunikationsinstrument."[41] Kommunikationsprofis fragen sich hier freilich, was die Wichtigkeit eines Kommunikationsinstruments wohl bestimmt, wenn nicht seine Bedeutung für die Schaffung von Wettbewerbsvorteilen. Richtig ist in jedem Fall, dass zu viele Unternehmensstiftungen sich die entscheidenden kommunikationsstrategischen Fragen „Where to compete?" (Positionierung) und „How to compete?" (Profilierung) erst gar nicht stellen. Welchen kommunikativen Mehrwert bringt eine weitere Kulturstiftung einer Bank, deren einzige Positionierungs-Botschaft im Wettbewerbsumfeld lautet: Wir haben jetzt auch eine Kulturstiftung. Jedes Unternehmen ist gut beraten, sein Stiftungsengagement regelmäßig in den Profilierungsdimensionen Relevanz und Erwartung (Bezug auf Öffentliches Interesse und Bedürfnisse), Uniqueness (Wettbewerbsdifferenzierung durch trennscharfe Positionierung), Perspektive (Besetzung von Themen mit Zukunftspoten-

---

[41] s. *Heusser/Wittig* u. a., 2004.

zial) und Selbstähnlichkeit (Abbildung der charakteristischen Elemente des Unternehmens) zu überprüfen. Dieser Prozess der Selbstkontrolle und kommunikativen Rejustierung ist auch bestimmend für die interne Organisation der Kommunikation zwischen Stiftung und Unternehmen. Hier gilt es, die Kommunikation stringent zu organisieren, Kommunikationsstrukturen schlank zu halten und durch ein einheitliches Branding geschlossen aufzutreten. Hat sich erst einmal das Bild einer vom Unternehmen losgelöst agierenden Stiftung in der Öffentlichkeit verankert, einer beständigen Gefahr vor der auch die großen Unternehmensstiftungen nicht gefeit sind, dann steht das Unternehmen vor einem ähnlichen kommunikativen Dilemma, wie ein Konzern, dessen exzellenter Ruf in der Branche maßgeblich durch seinen CEO geprägt wurde und der diesen an den Wettbewerb verliert. Gelungene Beispiele für eine Integration von Konzern und Stiftungskommunikation liefert dagegen die Deutsche Bank mit ihrem „Corporate Cultural Affairs" Ansatz. Die Deutsche Bank führt hier exemplarisch vor, dass aus kommunikativer Sicht eine Unternehmensstiftung nicht mehr, aber auch nicht weniger ist als ein integraler Bestandteil der Corporate Communications eines Unternehmens. Eine solche Stiftung ist damit Teil der Gesamtheit aller Kommunikationsinstrumente und Maßnahmen, die eingesetzt werden, um ein Unternehmen und seine Leistungen den relevanten internen und externen Zielgruppen zu präsentieren[42]. Die Kommunikationsarbeit einer Stiftung im Rahmen der Corporate Communications bezieht alle Stakeholder des Unternehmens in den Dialog ein und ermöglicht eine Meinungsführerschaft im Markt. Sie gestaltet wirtschaftliche, gesellschaftliche und politische Diskurse, belegt Uniqueness, stellt das Verbindende und Verbindliche in dezentralen Unternehmen heraus und stiftet Identität als Gegengewicht zu den Zentrifugalkräften wachstumsdynamischer Unternehmen[43].

Die Gründung einer Unternehmensstiftung wirkt sich auch auf kommunikativer Ebene entscheidend auf die Organisation und strukturelle Aufstellung eines Unternehmens, auf die Positionierung und Differenzierung nach außen und auf die Integration und Identifikation nach innen aus.

Fazit: Reputation durch integres unternehmerisches Handeln

Entweder gelingt es dem Unternehmen, eine plausible Verbindung zwischen der Stiftung, ihrem sozialen Wirken und dem Unternehmen herzustellen – und damit auch offen über Ziele und Motive zu reden – oder es lässt es lieber bleiben. Im Sinne eines aktiven Reputation Managements genügt es nicht mehr, das Image eines sozial engagierten Unternehmens in den Köpfen der Zielgruppen zu verankern, sondern die Ziele, Kompetenzen und Visionen des Unternehmens müssen sich nachvollziehbar in dessen Stiftungsengagement wiederfinden. Erst dann ist

---

[42] s. *PLEON Kohtes Klewes* 2004: In Geheimer Mission. Deutsche Unternehmen im Dialog mit kritischen Stakeholdern.

[43] *Langen* u. a., S. VII ff.

eine Akzeptanz bei wichtigen Bezugsgruppen zu erwarten, die in der Stiftungsarbeit des Unternehmens eine Bestätigung der von ihnen in das Unternehmen gesetzten Erwartungen erleben. Dies dient dem Reputationsaufbau und setzt auf Wirkung bei den Zielgruppen.

Dementsprechend spielt das integre und in den Augen der Stakeholder moralisch korrekte Verhalten eines Unternehmens im Prozess des Reputationsaufbaus eine zentrale Rolle. Für die Arbeit einer Corporate Foundation und ihre Einbindung in die zielgerichtete Unternehmenspolitik bedeutet dies, dass der Einsatz einer Stiftung erst dann sinnvoll ist, wenn nicht beliebige Ziele verfolgt, sondern das Erreichen explizit langfristiger und nachhaltig begründeter Unternehmensziele durch die Gründung einer Unternehmensstiftung unterstützt werden soll. Nur von Unternehmen, die nachhaltig geführt werden, ist zu erwarten, dass sie sich auf Dauer in die moderne Gesellschaft einbringen können. Kurzfristig gedachte Unternehmenspolitik hingegen, die sich an den nächsten Quartalszahlen orientiert, ist *mit oder ohne Stiftung* für den Aufbau einer stabilen Reputation problematisch. Unternehmen, die dies nicht beherzigen, handeln wider einer soliden unternehmerischen Wertsteigerung und damit schlicht unmoralisch.

7.7 Der Staat als Vertragspartner und Zuwendungsgeber

Von Fokke Peters

Im Idealfall finanzieren Stiftungen alle Bereiche ihrer Zweckerfüllung, sei es in der Förderung von Projekten Dritter, sei es bei der eigenen operativen Tätigkeit, aus den Erträgen ihres Grundstockvermögens.[1] In der Rechtswirklichkeit setzen Stiftungen allerdings für die Zweckverfolgung häufig auch Mittel ein, die von Dritten bereitgestellt werden.

Hinsichtlich der Dauer der Zusammenarbeit lassen sich zwei Hauptfälle unterscheiden: Nicht selten kommt es vor, dass die Stiftung nur bei der Realisierung eines spezifischen Projektes oder einer Reihe von Projekten mit Dritten zusammenarbeitet. Dies mögen Mäzene sein oder gewerbliche Sponsoren, in vielen Fällen aber auch die öffentliche Hand in Gestalt der Kommunen, der Länder oder des Bundes. Dem gegenüber steht der zweite Fall, die längerfristige Finanzierung, wobei hier vor allem die langfristige Förderung durch die öffentliche Hand zu erwähnen ist, die dann meist unter dem Stichwort „institutionelle Förderung" nicht für einzelne Projekte, sondern zur Unterstützung der Tätigkeit einer Stiftung insgesamt gewährt wird.

Eine zweite Differenzierung betrifft die rechtlichen Grundlagen: Die Zusammenarbeit mit privaten Mäzenen oder Sponsoren ist im Fall des Mäzens rechtlich meist als Schenkung unter Auflage zu bewerten, wogegen das Sponsoring eine Zuwendung von privater Seite darstellt, die nicht als Spende gewährt wird, sondern gegen die Einräumung bestimmter Sonderrechte (vor allem werblicher Art). Allen Formen der Zusammenarbeit mit privaten Geldgebern ist gemeinsam, dass sie sich im Rahmen der Privatautonomie bewegen, so dass die rechtlichen Gestaltungen äußerst vielfältig sein können. Anders ist es bei der Zusammenarbeit mit der öffentlichen Hand: Für sie gelten Grundsätze und Regelungen, die teilweise zwingend und zudem zu einem gewissen Grad in allen Verwaltungsbereichen vereinheitlicht sind. Rechtliche Literatur zu diesem Spezialgebiet, das für die Praxis in einigen Bereichen (z. B. Förderung der Bildung, Wissenschaft und Kultur) außerordentlich hohe Bedeutung hat, steht nur eingeschränkt zur Verfügung.[2] Dies

---

[1] Seifart/v. Campenhausen-*Hof*, Handbuch des Stiftungsrechts, 2. Aufl. 1999, § 8 RdNr. 25 ff.

[2] Die Standardliteratur ist in den Kommentierungen zu § 44 BHO zu finden, vor allem bei *v. Köckritz/Ermisch/Dittrich/Lamm,* Bundeshaushaltsordnung, Kommentar, Loseblatt-

macht einige Hinweise zur Vorbereitung und Durchführung von Projekten sinnvoll, die Mittel der öffentlichen Hand einsetzen.

Das „Förderrecht[3]" ist auf der höchsten Ebene in der Bundeshaushaltsordnung (BHO) sowie den Landeshaushaltsordnungen (LHO) geregelt. Nur wenige dieser Vorschriften sind jedoch für die Förderung relevant. Dies sind vor allem die §§ 23 und 44 der Bundeshaushaltsordnung (BHO) bzw. der Landeshaushaltsordnungen, deren knapp formulierte Regelungen zur Regelung der Praxis jedoch viel zu schematisch sind. Wesentlich größere Praxisrelevanz besitzen deshalb die untergesetzlichen Normen, die zu ihrer Ausführung geschaffen wurden, insbesondere:

– die Verwaltungsvorschriften (VV) zu § 44 BHO bzw. den Landeshaushaltsordnungen,

– die Allgemeinen Nebenbestimmungen für die Projektförderung (ANBest-P) bzw. für die institutionelle Förderung (ANBest-I).[4]

Während die Haushaltsordnungen als Parlamentsgesetze der parlamentarischen Kontrolle unterliegen, gilt dies für die drei genannten Regelungswerke nicht. Diese Normstruktur bleibt nicht ohne Schwierigkeiten: Die „VV" und die „ANBest-P" sind verklausuliert, für den Außenstehenden schwer verständlich und umständlich ineinander verschränkt; Überschneidungen und Wiederholungen erschweren das Verständnis zusätzlich.[5] Nur zum Teil ist dies der Komplexität der möglichen Fördersituationen geschuldet. Eine größere Rolle dürfte spielen, dass diese Regelungen nicht nach eingehender Diskussion im formellen Gesetzgebungsverfahren systematisiert wurden, sondern als Binnenrecht der Verwaltung in Form praktischer Wegweiser entwickelt worden sind.

---

slg., Stand: Januar 2003, mitsamt eines umfangreichen Teils zum Zuwendungsrecht sowie bei *Heuer,* Kommentar zum Bundeshaushaltsrecht, Loseblattslg., Stand: Dezember 2004, wo zusätzlich zuwendungsrechtliche Gerichtsentscheidungen aufgeführt werden (Abschnitt IX.). Zu Einzelheiten bietet das Werk von *Krämer/Schmidt,* Zuwendungsrecht, Zuwendungspraxis, Loseblattslg., Stand Dezember 2004, eine gut dokumentierte Aufbereitung der Rechtsprechung (Bd. 5, Abschnitt K). Eine praxisnahe Darstellung der Projektförderung anhand eines Beispiels liefert *Nagel,* in: Röckrath/Unverzagt (Hrsg.), Kultur & Recht, Loseblattslg., Stand: November 2004, I.2.1., S. 16 ff. Recht selten werden zuwendungsrechtliche Themen in Aufsatzform diskutiert; z. B. die von Krämer/Schmidt bereitgestellte Literaturübersicht dokumentiert vor allem Aufsätze aus dem Bereich der Wirtschaftssubventionen.

[3] Der gebräuchliche Begriff „Zuwendungsrecht" wird an dieser Stelle bewusst nicht verwendet. Er macht in einer veralteten Sichtweise einen „freigebigen" Akt des Staates zum Ausgangspunkt. Aus heutiger Sicht ist jedoch kein derartiges „Staatsmäzenatentum" Grund von Fördermaßnahmen etwa im Kulturbereich, sondern die *Förderung* derjenigen Aktivitäten der Gesellschaftsmitglieder, die verfassungsmäßig vorgeprägten Staatszielen dienen.

[4] Z. B. abgedruckt bei *v. Köckritz* u. a., a. a. O., Kommentierung zu § 44 BHO.

[5] Zusätzliche Unsicherheiten entstehen dadurch, dass die §§ 23, 44 BHO/LHO sowie die Nebenbestimmungen (VV und ANBest-P bzw. ANBest-I) textlich zwar weitgehend wortgleich sind, jedoch im Vergleich zwischen Land/Bund oder Ländern untereinander einzelne Regelungen fehlen können oder zusätzliche Regelungen existieren. Im einzelnen Problemfall kann dies entscheidend sein. Vgl. dazu die umfassende Synopse bei *Krämer/Schmidt,* a. a. O., Bd. 5 Abschnitt J.

7.7 Der Staat als Vertragspartner und Zuwendungsgeber 645

Vorstöße, zentrale Regelungen für Projektförderungen im Interesse des Dritten Sektors zu vereinfachen[6], blieben bislang ohne nachhaltigen Erfolg, nicht zuletzt, weil ein Gesetzgebungsverfahren für diese Normen nicht vorgeschrieben ist[7] und das Verständnis vorherrscht, bei ihnen handele es sich um bloßes Binnenrecht der Verwaltung, das dem Einfluss der Judikative entzogen sei[8]. Der tatsächlichen Außenwirkung dieser Regelungen entspricht diese Einschätzung kaum.[9] Die öffentliche Förderung von Projekten wird grundsätzlich auf der Basis dieser Regelungen ausgezahlt und abgewickelt, wobei ein erheblicher Teil der jährlichen Kulturausgaben von ca. 8 Milliarden Euro[10] betroffen sein dürfte. Auch rechtlich ist die Annahme, diese Normen seien allein Binnenrecht der Verwaltung, eine Fiktion: Nach einem Leiturteil des Bundesverwaltungsgerichtes[11] gelten derartige Regelungen zwar nicht für Außenstehende, sondern binden nur die Verwaltung intern. Gerichte, die zuwendungsrechtliche Fälle zu beurteilen haben, entscheiden daher nicht generell auf der Basis der ANBest-P oder ANBest-I, sondern „nur" dann, wenn diese zur Grundlage eines Zuwendungsbescheides oder -vertrages werden. Da die öffentlichen Zuwendungsgeber aber selbst gezwungen sind, die Nebenbestimmungen (z. B. die ANBest-P für Projektförderung) *stets* zum Bestandteil ihrer Förderzusagen zu machen (VV zu § 44 BHO Nr. 5.1 S. 2; Nr. 12.6), gelten diese faktisch wie ein Gesetz für die Förderung der öffentlichen Hand generell.

Der Gesamtbestand der förderrechtlichen Regelungen ist zu umfangreich, um an dieser Stelle eine eingehende Darstellung zu ermöglichen – eine Kommentierung der Verwaltungsvorschriften zu § 44 BHO kann sich durchaus auf mehr als

---

[6] *Graf Strachwitz,* Die Kultur der Zivilgesellschaft stärken – ohne Kosten für den Staat, Gutachten für den Deutschen Kulturrat, Abschnitt X., 10 Reformen im Zuwendungsrecht. Es bleibt zu hoffen, dass von einem in vielen Punkten weiterführenden Gutachten zu diesem Bereich, das der Enquete-Kommission des Deutschen Bundestages „Kultur in Deutschland" jüngst vorgelegt wurde, neue Anstöße ausgehen werden, vgl. *Sievers/Wagner/Wiesand,* Objektive und transparente Förderkriterien staatlicher Kulturfinanzierung – Vergleiche mit dem Ausland, November 2004 (noch unveröffentlicht).

[7] Die Regelungen werden von den Finanzministerien der Länder bzw. des Bundes erlassen, wobei das sehr wünschenswerte Streben nach Einheitlichkeit in der jüngeren Zeit zurückzutreten scheint, vgl. *Krämer/Schmidt,* a. a. O., Abschnitt D, Ziff. 2.2.

[8] Vgl. *Krämer/Schmidt,* a. a. O., Abschnitt D, Ziff. 2.3; *Heuer,* Kommentar zum Bundeshaushaltsrecht, Loseblattslg., Stand: Dezember 2004, § 44 BHO S. 6.

[9] Ein praktischer Fall verdeutlicht dies: So legt etwa die Kulturstiftung des Bundes diese Regelungen für ihre Fördertätigkeit zugrunde, wobei ein großer Anteil der Projektträger als Stiftung organisiert ist. In konkreten Zahlen heißt dies für den Stiftungssektor: Allein hinsichtlich dieser einen Förderinstitution sind etwa 80 Förderempfänger pro Jahr gehalten, sich mit den Nebenbestimmungen auseinanderzusetzen, um ein Gesamt-Fördervolumen von ca. 35 Millionen Euro ordnungsgemäß zu verwenden und zu verwalten. Etwa ein Fünftel davon sind Stiftungen.

[10] *Statistische Ämter des Bundes und der Länder,* Kulturfinanzbericht, 2004, S. 22.

[11] Urteil des BVerwG v. 26. 6. 2002, zitiert nach *Heuer,* Kommentar zum Bundeshaushaltsrecht, Loseblattslg., Stand: Dezember 2004, IX/69, S. 1.

200 Seiten ausweiten.[12] Für die Praxis ist allerdings nur ein Teil der Regelungen wirklich relevant; einige dabei herausragende Stichworte werden anschließend erörtert.

Am häufigsten und daher für die Praxis von Stiftungen am bedeutendsten sind die verschiedenen möglichen Gestaltungsformen der Projektförderung. Der häufig verwendete Begriff der „Subvention" ist bei derartiger öffentlicher Förderung nur dann angebracht, wenn diese gerade zur Förderung wirtschaftlicher Aktivität gewährt wird.[13] Bei der hier dargestellten Zusammenarbeit von Stiftungen mit der öffentlichen Hand ist daher im Kulturbereich die Bezeichnung „Subvention" fast immer unpassend, da derartige wirtschaftliche Ziele meist nicht im Vordergrund stehen.

Die Projektförderung unterscheidet sich von der „institutionellen" Förderung durch die Begrenzung auf ein konkretes Vorhaben. In der Praxis spielt diese Abgrenzung eine wichtige Rolle: Institutionelle, also auf Dauer angelegte Förderung ohne konkrete Zweckbindung, ist nur unter erschwerten Bedingungen erhältlich. Auf Bundesebene ist z. B. die Zustimmung des Finanzministeriums erforderlich, die nur erteilt wird, sofern eine bisherige Förderung eingestellt wird.[14] Es überrascht nicht, dass auf Seiten der Empfänger erhebliches Interesse an einer solchen Verstetigung der Förderung besteht. Die Abgrenzung beider Förderungsmöglichkeiten ist zudem keineswegs immer eindeutig, so dass hier weiter Raum für Interpretation besteht. Nicht selten sind daher die Fälle, in denen die öffentliche Hand „verdeckte" institutionelle Förderung betreibt. Die Risiken für den Förderempfänger, die durch eine nachträgliche Korrektur einer derartigen „Fehleinstufung" eintreten können, beschränken sich auf den möglichen späteren Fortfall der Förderung.

Anders ist es bei der Durchführung von Projekten – hier bestehen eine Reihe typischer, risikoreicher Fehlerkonstellationen.

Das Förderrecht lässt nur die Förderung von Projekten zu, die zum Zeitpunkt der formalen Mittelgewährung (diese kann durch Verwaltungsakt, also „Bescheid", oder in Form eines Vertrages durchgeführt werden) noch nicht begonnen sind (VV zu § 44 BHO Nr. 1.3). Stellt sich im Nachhinein heraus, dass ein Projekt schon vor der formalen Mittelgewährung begonnen wurde, kann schlimmstenfalls die gesamte Förderung nachträglich wegfallen.[15] Die bloße schriftliche oder gar nur

---

12 Vgl. die Kommentierung bei *v. Köckritz* u. a., zu § 44 BHO.

13 *v. Köckritz* u. a., a. a. O., § 23 BHO Rn. 3.7.

14 Sog. „Omnibusprinzip" – nur bei Freiwerden eines Platzes ist die Förderung eines neuen Empfängers möglich. Vgl. ferner *v. Köckritz* u. a., a. a. O., § 23 BHO Rn. 6.1.3. unter Verweis auf das Haushaltsaufstellungsschreiben Nr. 15.1. des Bundesministeriums der Finanzen für das Haushaltsjahr 2004.

15 „Begonnen" in diesem Sinn ist ein Projekt, sobald der Durchführende vertragliche Verpflichtungen abschließt oder Ausgaben tätigt, vgl. *v. Köckritz* u. a., a. a. O., § 44 BHO Rn. 16.2.1. Diese Einschränkung ist notwendig, da die öffentliche Hand ansonsten allzu häufig in faktische Förderzwänge geriete.

mündliche Zusage einer Förderung genügt daher in keinem Fall, um den Beginn eines Projektes risikolos zu ermöglichen. Stiftungen, die Projektbeziehungen eingehen, sollten deshalb strikt darauf achten, nicht durch Vertragsabschlüsse oder Ausgaben für ihr Projekt Fakten zu schaffen, bevor ein solcher formaler Akt (Bescheid, Vertrag) zustande gekommen ist. Ansonsten können erhebliche finanzielle Risiken resultieren. Das in der Praxis häufige Bedürfnis nach einem schnellen Projektstart (z. B. während der noch laufenden Verhandlungen über einen Vertrag nach einer informellen Zusage des Förderers) kann gewahrt werden, indem beim Förderer ein „vorzeitiger Maßnahmebeginn" beantragt wird, den der Förderer oft schnell und ohne Formalismus genehmigt. Ist diese Genehmigung bei Projektstart nicht erhältlich, können erforderliche Verträge risikolos nur unter der auflösenden Bedingung abgeschlossen werden, dass die Förderung nicht wie erwartet zu Stande kommt.[16]

Für die formale Förderentscheidung bzw. einen Vertragsabschluss ist die Vorlage einer nach Einnahmen und Ausgaben gegliederten Finanzplanung erforderlich (eingebürgert hat sich die Bezeichnung „Kosten- und Finanzierungsplan"[17]). Einige Grundanforderungen sind leicht nachvollziehbar: Die Planung muss alle im Zusammenhang mit der Projektdurchführung realistisch zu erwartenden Zahlungsvorgänge zusammenfassen, klar aufgebaut und hinreichend detailliert sein. Ferner muss die Finanzierung gesichert sein – sie darf keine höheren Ausgaben als Einnahmen veranschlagen. Auf der anderen Seite sind nach der Zielrichtung öffentlicher Förderung im Normalfall keine Gewinne vorgesehen, so dass die Einnahmen nicht höher als die Ausgaben sein dürfen. In den meisten Fällen ist es sinnvoll, früh den Kontakt mit dem staatlichen Förderer zu suchen, um die erforderlichen Details der Finanzplanung abzustimmen.

Selbstverständlich muss die Finanzplanung wirtschaftlich und knapp kalkulieren. Bis auf eng begrenzte Ausnahmen sind mit der öffentlichen Förderung außerdem besondere Anforderungen für die Vergütung von Mitarbeitern und ähnliche Leistungen verbunden. Hier gilt das so genannte „Besserstellungsverbot", nach dem die für das Projekt tätigen Personen aus öffentlichen Mitteln keine besseren Leistungen als entsprechende staatliche Bedienstete erhalten dürfen. Diese auf den ersten Blick plausible Regelung führt zu einer Fülle von Problemsituationen, die hier nur gestreift werden können.[18] Schwierigkeiten gibt es bereits bei der Mitarbeitervergütung, für die die engen Grenzen des öffentlichen Vergütungssystems (BAT; BAT-O) eine Orientierung an der Leistung der Mitarbeiter zur Zeit noch ausschließen. Nahezu bei jedem Projekt entstehen ferner Probleme im Bereich der Reisekosten – hier gelten für alle Projektteilnehmer die strikten Vorgaben der Rei-

---

[16] *Krämer/Schmidt,* a. a. O., Abschnitt D, Ziff. 4.2.1.

[17] Die Bezeichnung ist nicht ganz trennscharf, so dass z. B. *v. Köckritz* u. a., a. a. O., § 44 BHO Rn. 9.2.1. den Begriff „Finanzierungsplan" vorzieht.

[18] Eingehend und kritisch hierzu *Sacksofsky/Arndt,* Das haushaltsrechtliche Besserstellungsverbot – ein geeignetes Steuerungsmodell?, Die öffentliche Verwaltung 2003, S. 561 ff.

sekostengesetze des Bundes bzw. der Länder, die häufig schwer vermittelbar sind und hohen Verwaltungsaufwand mit sich bringen.

Eine wichtige Sonderfrage betrifft den Bereich Steuern: Da Kosten- und Finanzierungspläne vollständig sein müssen, ist es nur folgerichtig, dass sie auch alle Ausgaben umfassen müssen, die der Projektträger als Steuern abführen wird. Ist eine Stiftung für das von ihr verfolgte Projekt zum Vorsteuerabzug berechtigt, wäre ihre Finanzplanung dagegen ohne Einbezug der Umsatzsteuer darzustellen. In der Praxis führt diese abstrakt recht übersichtliche Konstellation nicht selten zu schweren Problemen für den Projektträger: Stellt sich bei einem größeren Projekt im Nachhinein heraus, dass auf Verträge mit Leistungserbringern (z. B. bei Druckaufträgen) die Umsatzsteuer nicht einkalkuliert war, kann z. B. eine Stiftung, die durch Fördervertrag die Realisierung des Projektes zugesichert hat, in erhebliche Zahlungsschwierigkeiten geraten. Auch im umgekehrten Fall, in dem einer Stiftung zu ihrer Freude nachträglich die Vorsteuerabzugsberechtigung eingeräumt wird, ist Vorsicht angebracht: Die entsprechenden Vorteile stehen nicht etwa der Stiftung zu und mehren das Projektbudget, sondern sind nach Förderrecht dem öffentlichen Förderer herauszugeben.

Bei der Planung von mehrjährigen Projekten unter Einsatz öffentlicher Mittel stellen sich zwei Sonderprobleme: Von seltenen Ausnahmen abgesehen sind der öffentlichen Hand mehrjährige Finanzzusagen unmöglich. Die Entscheidungshoheit darüber, welche Ausgaben in den kommenden Jahren getätigt werden, liegt nach dem Haushaltsrecht beim Parlament, so dass Zusagen meist nur das laufende und das darauf folgende Jahr betreffen können. Förderverträge bzw. -bescheide enthalten daher im Normalfall entsprechende Einschränkungen, die den Abbruch einer langfristig geplanten Projektförderung theoretisch möglich machen. Obwohl derartige Fälle kaum auftreten, bleibt hier ein unvermeidbares Restrisiko, wenn überhaupt öffentliche Förderung in Anspruch genommen werden soll.

Ein anderer Gesichtspunkt ist zumindest in manchen Fällen steuerbar: Die öffentliche Förderung unterliegt einer strikt jährlichen Budgetierung. Bei mehrjährigen Projekten, deren Durchführung sich verzögert, entsteht damit oft Unsicherheit, ob ein Betrag, der im Lauf eines Projektjahrs ungeplant „übrig geblieben" ist, auch im anschließenden Jahr zur Verfügung stehen wird. Dies ist nach Haushaltsrecht nicht selbstverständlich, lässt sich aber z. B. in Förderverträgen dadurch sichern, dass die Aufnahme einer Formulierung wie etwa „die Mittel werden zur Selbstbewirtschaftung bereitgestellt" verlangt wird. Mit dieser Vorgabe kann die Übertragbarkeit eines möglichen Rests aus einem Kalenderjahr in das darauf folgende Jahr zugelassen werden.[19]

---

[19] Zurückhaltend hierzu *Heuer,* Kommentar zum Bundeshaushaltsrecht, Loseblattslg., Stand: Dezember 2004, § 15 BHO S. 14 sowie *Piduch,* Bundeshaushaltsrecht, Kommentar, Loseblattslg., Stand: August 2003, § 15 BHO Rn. 7.

7.7 Der Staat als Vertragspartner und Zuwendungsgeber

Für die Projektförderung mit öffentlichen Mitteln kommen hauptsächlich folgende Finanzierungsarten in Betracht:

- Festbetragsfinanzierung: Der staatliche Förderer gewährt einen festen Betrag, unabhängig davon, ob die Ausgaben gegenüber der Planung steigen oder sinken bzw. die Einnahmen sich verringern oder erhöhen.
- Anteilsfinanzierung: Der staatliche Förderer gewährt einen Anteil, meist als Prozentsatz der veranschlagten Gesamtausgaben. Erhöhen sich die Ausgaben gegenüber der Planung oder verringern sich die Einnahmen, muss der Geförderte dies ausgleichen. Verringern sich die Ausgaben, sinkt die Förderung anteilsmäßig; erhöhen sich nur die Einnahmen, bleibt die Fördersumme gleich.
- Fehlbedarfsfinanzierung: Der staatliche Förderer trägt den Bedarf, den der Geförderte nicht selbst bereitstellen kann. Auch hier muss grundsätzlich der Geförderte einstehen, wenn sich die Ausgaben gegenüber der Planung erhöhen oder die Einnahmen verringern. Erhöhen sich die Einnahmen gegenüber der Planung (z. B. durch höhere Eintrittseinnahmen oder nachträglich hinzukommende Sponsoren), verringert sich die Fördersumme um den gleichen Betrag.

Gemeinsam ist allen drei Finanzierungsarten, dass der staatliche Förderer einen Teil der Ausgaben übernimmt, die tatsächlich zur Verwirklichung des Projektes geleistet werden.[20] Staatliche Förderer werden dazu neigen, die Fehlbedarfsfinanzierung in Verträgen vorzuschlagen bzw. in Bescheiden festzulegen. Sie entspricht dem Subsidiaritätsgedanken und sichert dem Staat die Vorteile wirtschaftlichen Verhaltens des Geförderten. Auf der Basis der Fehlbedarfsfinanzierung ergeben sich allerdings häufig Konsequenzen, die von den privaten Akteuren als frustrierend empfunden werden: Nicht selten gelingt es z. B. einer besonders aktiven Stiftung, für ihr Projekt nachträglich private Spenden oder Zuwendungen weiterer Stiftungen einzuwerben. Basiert die Projektförderung auf der Fehlbedarfsfinanzierung, kann dies jedoch die erhofften positiven Effekte vollständig zunichte machen: Die Fehlbedarfsfinanzierung führt dazu, dass nachträgliche Einnahmensteigerungen (vor allem Finanzierungsbeiträge Dritter) nicht etwa dem Empfänger weiteren finanziellen Spielraum eröffnen. Vielmehr verringert sich die staatliche Fördersumme im gleichen Maß, in dem Mittel nachträglich hinzutreten. Im Grunde ist diese Rechtsfolge zwingend (ANBest-P Nr. 2.1.2.). Immerhin, die staatlichen Förderer sind in derartigen Fällen häufig bereit, Sonderlösungen zuzulassen, sofern die Möglichkeit hierfür besteht (möglich ist z. B. die Definition zusätzlicher inhaltlicher Ziele, für die die zusätzlichen Mittel eingesetzt werden, wobei das Gesamtbudget angehoben wird).

---

[20] Grundsätzlich anders ist dies bei der „Förderung auf Kostenbasis". Hier beteiligt sich der öffentliche Förderer an allen Kosten, die der betriebswirtschaftlichen Kalkulation eines Unternehmens zugrunde liegen. Die Förderung erreicht damit einen Lenkungseffekt, weil sie durch Veränderung der Wirtschaftlichkeit bestimmte Vorhaben erleichtert. Das Instrument der Förderung auf Kostenbasis ist daher primär im Wirtschaftsleben angesiedelt und spielt für die von Stiftungen realisierten Projekte nur in seltenen Ausnahmefällen eine Rolle.

Für die Verwirklichung eines Projektes ist die Fehlbedarfsfinanzierung damit häufig eine ungünstige Basis. Hier bestehen jedoch Gestaltungsmöglichkeiten, die Stiftungen nutzen sollten: Die Verwaltungen neigen zwar gewohnheitsmäßig zur Fehlbedarfsfinanzierung, diese ist jedoch seit längerem nicht mehr zwingend als Regel-Finanzierungsart festgelegt.[21] Gerade bei größeren Projekten kann es sich auszahlen, den Kontakt mit dem staatlichen Förderer zu suchen, um ihn vor Vertragsabschluss oder Erteilung von Bescheiden zur Anwendung einer anderen Finanzierungsart (vorzugsweise der Festbetragsfinanzierung) zu bringen. Allerdings ist dies ausgeschlossen, wenn bereits bei Projektstart konkrete Anhaltspunkte dafür bestehen, dass Finanzierungsbeiträge von dritter Seite hinzutreten werden, deren Höhe sich noch nicht kalkulieren lässt (VV zu § 44 BHO Nr. 2.2.3.).

Während der Projektdurchführung genießt der Förderempfänger nach der Konzeption des öffentlichen Förderrechts nahezu vollständige Autonomie, zumindest in inhaltlicher Hinsicht. Nur wenige Gesichtspunkte zwingen überhaupt zu Kontakt mit dem Fördermittelgeber. Hierzu gehört vor allem der Erhalt der Fördergelder.

Im Regelfall erhält der Geförderte die Mittel nicht zu Beginn des Projektes vollständig überwiesen, sondern in einzelnen Tranchen auf individuellen Abruf. Zwei Gesichtspunkte sind hier für die Geschäftsführung einer Stiftung wesentlich, um überraschende Rückforderungen nach Projektabschluss zu vermeiden: Zum einen dürfen Fördermittel nur insoweit eingesetzt werden, wie der Geförderte nicht über eigene Mittel verfügt. Er muss also vorrangig die bei ihm noch vorhandenen, nicht für einen anderen Zweck bereits gebundenen Mittel für das Projekt verwenden[22], bevor er die staatlichen Gelder in Anspruch nimmt (ANBest-P Nr. 1.4.). Zum anderen darf der Geförderte die staatlichen Gelder nur in der Höhe abrufen, in der er sie innerhalb von zwei Monaten nach Empfang für das Projekt benötigt (ANBest-P Nr. 1.4). Beide Anforderungen können zu Rückzahlungsansprüchen an die Projektträger-Stiftung führen, wenn diese Gelder zu früh abgerufen oder zu spät eingesetzt hat. Der Geförderte ist nämlich durch den Förderbescheid oder -vertrag verpflichtet, in diesem Fall den potentiellen Zinsvorteil herauszugeben. Bei größeren, vor allem langfristigen Projekten können derartige Ansprüche überraschende Größenordnungen annehmen. Auch sie sind allerdings durch gute Argumentation gegenüber dem Förderer oft ausräumbar. Eine solche Argumentation muss darlegen, dass der Geförderte die Verzögerung nicht zu vertreten hat und insbesondere auch bei akkurater Planung nicht vorhersehen konnte.

Im Laufe der Projektdurchführung bestehen ferner Mitteilungspflichten gegenüber dem Förderer. Hauptfall ist hier die Abweichung vom ursprünglichen Kosten- und Finanzierungsplan. Stellt die Stiftung während der Realisierung ihres Projektes fest, dass ein veranschlagter Budgettitel (z. B. die „Presse- und Öffentlichkeits-

---

[21] v. *Köckritz* u. a., a. a. O., § 44 BHO Rn. 24.4.5.

[22] In den seltenen Fällen der Anteils- und der Festbetragsfinanzierung gelten abweichende Regelungen, ANBest-P Nr. 1.4.1.

arbeit") erhöht oder verringert werden muss, muss sie die Zustimmung des Förderers einholen, sofern der neue Ansatz mehr als 20 % vom ursprünglichen Ansatz abweicht. Im Normalfall wird der öffentliche Förderer ohne weiteres zustimmen, wenn eine nachvollziehbare Begründung vorgebracht wird. Dies kann allerdings kostbare Zeit in Anspruch nehmen. Hier hilft es, für das Projektbudget von vornherein eine Darstellungsform zu wählen, die nur wenige, dafür größere Posten zeigt – umso seltener greift die Anzeigepflicht (z. B. lassen sich „Raummiete", „Technik", „Strom" von je 1.000 Euro durchaus unter „Veranstaltungskosten" von 3.000 Euro zusammenfassen, so dass die 20 %-Schwelle von einem höheren Ausgangswert berechnet wird und damit höhere Abweichungen zustimmungsfrei werden). Vor allem bei größeren Projekten verhilft dieser Kunstgriff – der mit dem Förderer offen besprochen werden sollte – zu erheblichen Vereinfachungen für beide Seiten.

Für den Fördermittelempfänger ist es aufgrund der größeren Gestaltungsfreiräume häufig vorteilhaft, wenn der staatliche Förderer keinen Bescheid erlässt, sondern eine vertragliche Beziehung eingeht. Allerdings können diesen Vorteilen auch erhebliche steuerrechtliche Risiken gegenüberstehen. Sie resultieren daraus, dass die vertragliche Förderbeziehung im Unterschied zur Förderung auf Basis eines Verwaltungsaktes Spielraum für die umsatzsteuerliche Interpretation bietet. Begründet eine Vertragsbeziehung einen Leistungsaustausch, dann fällt auf die „Fördersumme" (die dann als Entgelt verstanden wird) Umsatzsteuer von meist 16 % an.[23] Diese Konsequenz wird sich aufgrund der Laufzeiten steuerrechtlicher Bewertungen häufig erst nach Abschluss eines Projektes ergeben. Steuerschuldner ist der „Leistende" (§§ 13a Abs. 1 Nr. 1, 1 Abs. 1 Nr. 1 UStG), also z. B. eine Stiftung, die ein öffentlich gefördertes Projekt realisiert. Verfügt sie in dieser Situation nicht über größere Rücklagen, können Nachzahlungen der in Frage kommenden Größenordnung massive Folgen für sie haben.

Zu bedenken ist hier die für den Geförderten oft überraschende Tatsache, dass der Umstand, Fördermittel gerade aus öffentlichen Kassen zu erhalten, für die steuerliche Bewertung kaum eine Rolle spielt. Entscheidend ist allein, ob die Beziehung als Leistungsaustausch anzusehen ist. Häufig angewandte Kriterien[24] sind hier:

– erhält der Förderer das Verfügungsrecht über „Produkte" (z. B. bei der Förderung von Veröffentlichungsprojekten)?
– räumt der Geförderte dem Förderer urheberrechtliche Verwertungsrechte ein (z. B. Senderechte nach Realisierung eines Film- oder Musikprojektes)?
– werden dem Förderer Werberechte eingeräumt? (Jüngst wurden hierzu Entscheidungen der Steuerbehörden bekannt, die bereits die Erwähnung eines öffentlichen Förderers im Abspann eines Filmprojektes als Leistungsaustausch ansehen wollten.)

---

[23] Anschaulich zu einer solchen Konstellation BFH HFR 2001, 481 f.
[24] Vgl. ergänzend Umsatzsteuerrichtlinien, Abschnitt 150, Zuschüsse.

Nur wenn kein Gesichtspunkt des Vertragsverhältnisses einen Leistungsaustausch nahe legt, wird die Finanzverwaltung annehmen, dass der öffentliche Förderer das Projekt eines anderen – unserer „Beispielsstiftung" – fördert, weil diese Förderung im öffentlichen Interesse liegt. Nur dann bleibt die vertragliche Beziehung umsatzsteuerfrei. In jüngster Zeit zeigt die Finanzverwaltung in diesem Bereich eine deutliche Tendenz, vermehrt Leistungsaustausch und Steuerpflicht anzunehmen. Dies mag angesichts der öffentlichen Finanzknappheit verständlich sein, bringt jedoch für die Geförderten schwere Risiken mit sich. Zur Risikominimierung im Vorfeld größerer Projekte trägt es bei, im frühzeitigen Kontakt mit den Steuerbehörden auszuloten, wie der Sachverhalt voraussichtlich zu interpretieren und möglicherweise anzupassen wäre.

Die Förderung von Projekten aus öffentlichen Mitteln führt nicht selten nach ihrem Abschluss zu größeren Problemen als während der Durchführung, die weitgehend unabhängig von staatlichen Einflüssen oder Nachfragen stattfindet. Enger Kontakt wird dagegen in der „Nachbereitungsphase" notwendig: Nach den zwingenden Regelungen für die Förderung von Projekten – also unabhängig davon, ob ein Förderbescheid ergangen ist oder ein Fördervertrag zugrunde lag – ist die Erstellung eines sog. „Verwendungsnachweises" unerlässlich (ANBest-P Nr. 6). Diese Verpflichtung kann bei groß angelegten Projekten durch ihren Umfang nahezu das Maß des Leistbaren übersteigen. Der Standard-Verwendungsnachweis umfasst nicht nur die Erstellung eines Sachberichtes, sondern vor allem die geordnete Vorlage aller (bei großen Projekten durchaus mehrerer tausend) Zahlungsbelege im Original. Teilweise kann diese geordnete Aufbereitung eines Projektes die temporäre Einstellung von zusätzlichen Mitarbeitern und damit unvorhergesehene Kosten erforderlich machen.

Schlimmstenfalls kommt der staatliche Förderer erst nach langer Prüfung des Nachweises zu der Entscheidung, Mittel zurückzufordern. Stiftungen mit geringen Rücklagen können hier in erhebliche Schwierigkeiten geraten. Typische Problemkonstellationen sind:

– Ausgaben für das Projekt liegen außerhalb des Förderzeitraums. Unproblematisch ist dies noch, soweit die Stiftung für ihr Projekt Ausgaben *nach* dem für die Förderung veranschlagten Zeitraum durchführt. Der Förderer ist grundsätzlich frei, den Zeitraum zu verlängern, sofern gute Sachgründe dafür sprechen. Werden dagegen Ausgaben *vor* Beginn des Förderzeitraums geltend gemacht, können unlösbare Probleme eintreten: Die öffentliche Förderung ist generell für Projekte ausgeschlossen, die zum Entscheidungszeitpunkt bereits begonnen sind.

– Reisekosten oder Bewirtungskosten liegen über den zulässigen Grenzwerten.

– Verträge mit Mitarbeitern verletzen das Besserstellungsverbot.

– Der Geförderte hat Mittel zu früh eingesetzt oder abgerufen.

Auch in diesem Bereich kann es dem Geförderten wie auch dem Förderer die Arbeit erheblich erleichtern, wenn der Förderempfänger vor Erlass von Zuwendungsbescheiden oder Abschluss von Förderverträgen darauf hinwirkt, die vorhandenen Gestaltungsmöglichkeiten auszuschöpfen. Viele öffentliche Förderer sind gerade bei kleineren Projekten bereit, den sog. „einfachen Verwendungsnachweis" zuzulassen, was für den Geförderten entscheidende Erleichterungen mit sich bringt. Er muss in diesen Fällen nicht mehr jede einzelne Buchung angeben, sondern nur deren summarische Darstellung; zudem unterbleibt die Einreichung von Belegen. Erfahrungsgemäß reduziert sich damit zugleich die Anzahl der Nachfragen massiv. Eine Stiftung, die öffentliche Förderung für ein Projekt erhalten möchte, sollte also darauf drängen, dass der Förderer nur einen solchen einfachen Nachweis verlangt.

Überraschenderweise treten auch bei umfangreichen Projekten in der Praxis nicht selten erhebliche Probleme dadurch auf, dass ein Förderempfänger nicht schon im Vorfeld mit dem Förderer abstimmt, ob die Nachweise in einer spezifischen Form vorgelegt werden müssen. Ist eine komplette Projektbuchführung erst einmal in einer bestimmten, von derartigen Anforderungen abweichenden Form erstellt, kann dies zu umfangreichen Nachfragen führen, die die Geschäftsführung einer Stiftung vorübergehend nahezu lahm legen können (viele Förderer bieten zur Erleichterung mittlerweile Formulare für Abrechnungen an, die über Email abgerufen werden können).

Nur in seltenen Fällen erhält eine Stiftung Fördermittel nicht für ein einzelnes Projekt, sondern als institutionelle Förderung, also für alle laufenden Ausgaben. Diese Fördervariante, also der laufende Erhalt von Mitteln zur Verwirklichung der Stiftungszwecke ohne nähere Bindung, ist in stiftungsrechtlicher Hinsicht nicht unproblematisch: In den jüngsten Zeit wurde vielfach angenommen, Stiftungen, die ihre Zwecke allein aus derartigen Zuwendungen verwirklichen, könnten nicht als Stiftungen im Sinn der zivilrechtlichen Dogmatik angesehen werden.[25] Fälle dieser Art sind zwar in der Praxis eher selten, betreffen dann aber meist größere Summen.[26]

Eines der Hauptthemen bei derartiger institutioneller Förderung ist die Bildung von Rücklagen, die gerade für geförderte Stiftungen interessant sein kann. Sie ist jedoch nach dem Förderrecht ausgeschlossen (ANBest-I Nr. 1.8, Nr. 1.2); die theoretisch bestehende Möglichkeit, Ausnahmen unter Zustimmung des Rechnungshofes zuzulassen, ist für die Praxis schon wegen der Schwerfälligkeit dieses Verfahrens kaum relevant.[27]

Einen zweiten Konfliktpunkt bildet nicht selten die Erstellung von Nachweisen für die Verwendung der öffentlichen Mittel. Private Stiftungen müssen ohnehin schon gegenüber den Steuerbehörden und gegenüber der Stiftungsaufsicht ihre

---

[25] Vgl. etwa *Mecking/Schulte* (Hrsg.), Instrumentalisierung von Stiftungen, 2003.

[26] Ansätze zu einer statistischen Untersuchung liefert *Kilian*, in: Mecking/Schulte (Hrsg.), Instrumentalisierung von Stiftungen, 2003, S. 87 ff..

[27] *v. Köckritz* u. a., a. a. O., § 44 BHO Rn. 14.6.

Finanzen offen legen, also zwei unterschiedliche Zahlenwerke anfertigen. Erhalten sie zudem auch noch öffentliche Mittel als Dauerförderung, sind sie zu einer dritten Art von Darstellung gezwungen. Im schlimmsten Fall kann dieser Nachweis dem bei Projektförderung zu erstellenden Verwendungsnachweis entsprechen, so dass alle Belege für jeden einzelnen gebuchten Betrag zusammengestellt werden müssten. Auch in derartigen Fällen lohnt es sich, mit dem Fördermittelgeber auszuloten, ob auch die ohnehin gegenüber der Stiftungsaufsicht abzuliefernde Bilanz ebenfalls akzeptiert würde.

7.8 Stiftungen und Fundraising

Von Marita Haibach

Mit Fundraising wird die systematische und professionelle auf Marketingprinzipien basierende Einwerbung von Ressourcen für gemeinnützige Zwecke bezeichnet, und zwar vor allen Dingen für Mittel, die nicht nach klaren Förderkriterien vergeben werden und nicht regelmäßig fließen. Zwar steht beim Fundraising die Einwerbung von Finanzleistungen im Vordergrund, doch auch Sach- und Dienstleistungen sind dem Fundraising zuzurechnen.

Seit Mitte der 1990er Jahre zeichnet sich in Deutschland ein Einstellungswandel ab. Stichworte wie aktive Bürgergesellschaft, Revitalisierung der Demokratie, Zivilgesellschaft, bürgerschaftliche Partizipation und Gemeinsinn machen die Runde. Das Interesse der Menschen, sich für das Gemeinwohl zu engagieren, ist vorhanden, sofern sich Möglichkeiten auftun, die ihr Interesse wecken. Traditionell sind staatliche Fördermittel das wichtigste finanzielle Standbein von Nonprofit-Organisationen (NPOs) in Deutschland. Noch ist der Begriff *Philanthropie* hierzulande weitgehend unbekannt, doch philanthropisches Handeln befindet sich im Aufwärtstrend. Zugleich stößt das Fundraising im deutschsprachigen Raum auf ständig wachsendes Interesse. Angesichts der Sparzwänge der öffentlichen Haushalte und das daraus resultierende Bestreben von gemeinnützigen Organisationen, doch auch von Einrichtungen in staatlicher Trägerschaft, ihre Einnahmen aus privaten Förderquellen zu steigern, setzen sich immer mehr Einrichtungen mit der Frage auseinander, wie sie effizient und wirkungsvoll Fundraising betreiben können. Doch parallel dazu ist die Bedeutung bürgerschaftlichen Engagements als gesellschaftlicher Wert gewachsen, wobei dem Fundraising in diesem Kontext die Rolle eines stimulierenden Instruments zukommt.

Werden Stiftungen mit dem Begriff Fundraising in Verbindung gebracht, so richtet sich das Interesse meist auf die Frage: Wie können Stiftungen als Förderer gewonnen werden? Neben Privatpersonen und Unternehmen bildet der Stiftungsbereich einen Pfeiler der Zielgruppen der Mitteleinwerbung von privaten Förderern. In diesem Beitrag aber geht es nicht um das „Fundraising bei Stiftungen", sondern um das „Fundraising für Stiftungen". Zwar handelt es sich bei dem Gros der gemeinnützigen Organisationen, die hierzulande Fundraising betreiben, um Vereine, doch darin spiegelt sich die Tatsache wider, dass die Mehrzahl der Nonprofit-Organisationen in Deutschland diese Rechtsform besitzt. Aber auch Stiftungen agieren als Organisationen, die Fundraising betreiben – und dies in wachsendem Maße. Im Mittelpunkt dieses Beitrags steht das Fundraising für Stiftungen:

Besonderheiten, Voraussetzungen für Fundraising-Erfolge, Zielgruppen, Fundraising-Instrumente und Fördererbetreuung.

Besonderheiten des Fundraising für Stiftungen

Stiftungen sind, was die Erfolgsaussichten auf dem Fundraising-Markt angeht, keine Selbstläufer, die per se bessere Chancen besitzen. Die in den nachfolgenden Abschnitten dargelegten Aspekte des professionellen Fundraising gelten für alle Organisationen, die Fundraising betreiben. Dabei ist es allerdings notwendig, die Wirkung der jeweiligen Rechts- und Organisationsform zu bedenken, auch im Hinblick auf die Positionierung gegenüber privaten Förderern.

Es lassen sich im Hinblick auf das Betreiben von Fundraising drei Grundformen von Stiftungen unterscheiden:

a) Operative Stiftungen, deren Zweck in der Unterhaltung von Einrichtungen oder in der Durchführung von Programmen liegt und die auf Mittel von außen angewiesen sind, weil sie über kein ausreichendes Stiftungskapital verfügen,

b) Stiftungen, die bei ihrer Errichtung über eine Kapitalausstattung verfügen, die zu gering ist, um den Stiftungszweck nachhaltig zu erfüllen und bei denen von vornherein davon ausgegangen wurde, dass zusätzliche Mittel eingeworben werden sollen,

c) Stiftungen, die von bestehenden Institutionen (ob Vereinen oder öffentlichen Körperschaften, z. B. Hochschulen) als Fundraising-Instrument errichtet werden sowie die Umwandlung von bereits existierenden Einrichtungen in Stiftungen.

In den folgenden Abschnitten wird, wo relevant, auf die jeweiligen Spezifika des Fundraising für Stiftungen eingegangen, doch vorab ist es notwendig, einige grundsätzliche Anmerkungen zu machen.

Seit dem Jahr 2000 erfahren Zuwendungen an Stiftungen in Deutschland eine besondere steuerliche Begünstigung. Auch wenn davon durchaus stimulierende Wirkungen auf die Zahl der errichteten Stiftungen ausgehen mögen, so bestätigt die Praxis immer wieder, dass Steuervorteile alleine bei der Entscheidung, ob jemand spendet oder stiftet, nicht den Ausschlag geben. Die Steuerersparnis macht ohnehin nur einen Teil dessen aus, wenn Spender/innen bzw. Stifter/innen geben. Die Motive, die Menschen zum Spenden bewegen, sind komplex und vielfältig. Individuen wollen in der Regel mit der Schaffung einer Stiftung bzw. mit ihrer Zuwendung zum Kapital einer Stiftung etwas Dauerhaftes bewirken. Menschen werden oft dann zu Stifter/innen, wenn sie Vermögen besitzen und ein ideelles Anliegen verfolgen wollen. Doch zunehmend sind auch Menschen ohne größeres Vermögen daran interessiert, sich als Stifter/innen zu engagieren, indem sie sich beispielsweise bei einer Bürgerstiftung mitstiften.

Ob jemand als Erststifter/in oder als Zustifter/in aktiv wird, bewirkt einen großen Unterschied bezüglich der Identifikation mit der Stiftung, auch und gerade was die Höhe der finanziellen Zuwendungen angeht. Bei Neuerrichtung einer Stiftung ist es meist sinnvoll, die Beantragung der Anerkennung durch die Stiftungsbehörde erst dann auf den Weg zu bringen, wenn genügend Erststifter/innen gefunden sind. Ein Zusatzeffekt ist hierbei die steuerliche Absetzbarkeit des „Gründungshöchstbetrags" von 307.000 Euro für alle Zuwendungen, die innerhalb der ersten zwölf Monate nach der Genehmigung einer Stiftung in deren Vermögensstock geleistet werden. Aufgrund der relativ langen Vorlaufzeit bei der Einwerbung von hohen Fördersummen sollte nicht darauf gesetzt werden, die Mehrzahl der Anfangsstifter/innen nach Genehmigung der Stiftung zu suchen und zu finden.

Was die Errichtung einer Stiftung durch eine bestehende Institution bzw. deren Umwandlung in eine Stiftung angeht, so kann es, was das Fundraising angeht, dafür durchaus gute Gründe geben, doch es sollte keineswegs grundsätzlich davon ausgegangen werden, dass eine Entscheidung „pro Stiftung" immer sinnvoll ist. Gründet ein gemeinnütziger Verein, der ohnehin bereits mit Erfolg Fundraising betreibt, zusätzlich eine Stiftung, dann muss sichergestellt werden, dass sich Verein und Stiftung nicht in Bezug auf die Gewinnung von Förderer wechselseitig Konkurrenz machen und zudem die Spender irritieren. Es gilt, deutlich zu machen, welche unterschiedlichen Möglichkeiten des Engagements und dessen, was damit bewirkt wird, sich für Spender bzw. Stifter eröffnen. Die Errichtung einer Stiftung als Fundraising-Instrument für eine öffentliche Institution, beispielsweise eine Hochschule oder ein Museum, kann im Hinblick darauf sinnvoll sein, dass hierdurch flexibleres und schnelleres Handeln ermöglicht und der Befürchtung von privaten Förderer entgegengewirkt wird, die Fundraising-Einnahmen im Gesamtvolumen der öffentlichen Einnahmen „untergehen".

Voraussetzungen für Fundraising-Erfolge

Fundraising basiert auf Marketingdenken. Die eigene Leistung muss immer wieder gegenwärtigen und potenziellen Förderern angeboten werden und zwar auf eine Weise, die diese verstehen. Damit eine *Botschaft* überhaupt angesichts der tagtäglichen Informationsflut ankommt, ist kontinuierliche Kommunikation auf der Grundlage eines gut durchdachten, auf die unterschiedlichen Zielgruppen abgestellten Konzeptes notwendig. Dennoch lautet die häufigste Antwort im Fundraising: „Nein". Wer aber das Nein zum Anlass nimmt, die Aktivitäten einzustellen, vertut seine Chancen. Überhöhte Erwartungen sind ein Kardinalfehler beim Fundraising.

Fundraising ist eine komplexe Angelegenheit und basiert auf dem gelungenen Zusammenspiel verschiedener Elemente. Regelmäßige Einnahmen kommen nur dann zustande, wenn Fundraising als ein strategisch angelegter Managementprozess behandelt wird, dessen einzelne Schritte und deren Umsetzung genau geplant sind und auf Analysen der eigenen Einrichtung, des Umfelds und der Märkte beruhen. Der Erfolg von Fundraising-Aktivitäten ist von fünf wesentlichen Elementen abhängig.

1. Ein überzeugendes und motivierendes Fundraising-Zielbild

Das Fundraising-Zielbild einer Institution (Englisch: *case for support*) setzt sich aus allen Faktoren zusammen, für die diese steht: ihren Traditionen und Erfolgen in der Vergangenheit, in ihrem Nutzen heute, ihren gegenwärtigen Leistungen, und, was am wichtigsten ist, ihren Plänen, Ambitionen und ihrer Zukunftsvision. *„People give to make the world better"*, Menschen engagieren sich, um ihren Beitrag dazu zu leisten, die Welt zu verändern. Es besteht daher die Notwendigkeit der Formulierung von überzeugenden Argumenten, um potenzielle Förderer vom Finanzbedarf einer Institution und der Notwendigkeit von Zuwendungen zu überzeugen. Stifter/innen und Spender/innen wollen nicht dazu funktionalisiert werden, Haushaltslücken zu füllen. Vielmehr geht es ihnen darum, mit ihrer Zuwendung tatsächlich einen Unterschied zu bewirken.

Was das Fundraising-Zielbild von Stiftungen angeht, so ist eine zentrale Herausforderung, Argumente dafür zu formulieren, warum ein Förderer dem Stiftungskapital Mittel zukommen lassen sollte oder aber warum er bestimmte Förderprojekte oder -schwerpunkte unterstützen sollte. Bei öffentlichen Stiftungen ist es von besonderer Bedeutung herauszuarbeiten, dass staatliche Repräsentanten nicht das alleinige Sagen besitzen und private Zustifter nicht lediglich als Geldgeber funktionalisiert werden sollen.

2. Dringliche Förderprojekte und plausibler Finanzbedarf

Im Fundraising stellen sich meist dann die besten Erfolge ein, wenn nicht für eine Einrichtung als Ganzes, sondern für ganz klar definierte Projekte um Unterstützung geworben wird und noch dazu ein einleuchtender Geldbetrag, der erreicht werden soll, genannt wird. Erfolgreiches Fundraising setzt voraus, dass die Bedarfe einer Organisation und die in diesem Zusammenhang genannten finanziellen Erfordernisse Nachfragen standhalten können. Sie müssen plausibel sein und auf anschauliche Weise erklärt werden. Wichtig Faktoren sind dabei Exklusivität und Vorreiterfunktion. Von großer Bedeutung in diesem Zusammenhang sind individuelle Würdigungsmöglichkeiten für Spender, Stifter und Sponsoren (im letzteren Falle Gegenleistungen).

Eine besondere Herausforderung beim Fundraising von Stiftungen liegt darin, dass zwischen Zuwendungen zum Stiftungskapital und Spenden unterschieden werden muss. Die unmittelbar fassbaren Auswirkungen einer Spende sind in der Regel für den Förderer größerer als bei einer (Zu-)Stiftung, da lediglich die Erträge des Stiftungskapitals und nicht, wie bei einer Spende, der Gesamtbetrag für ein bestimmtes Förderprojekt eingesetzt werden kann. Es ist daher bei der Einwerbung von Kapitalstockmitteln unbedingt notwendig, überzeugend darzulegen, warum ein höheres Stiftungskapital Sinn macht und wofür die Erträge eingesetzt werden sollen. Gerade wenn es um hohe Beträge geht, ist es erforderlich, potenzielle Stifter davon zu überzeugen, dass sie zusammen mit anderen Stiftern mehr bewirken können, als wenn sie dies über eine eigene Stiftung tun. Eine Möglichkeit, Menschen zum Zu- bzw. Mitstiften zu motivieren und ihnen zugleich die Möglichkeit zu geben, ihren eigenen Beitrag herauszuheben, ist die Errichtung von Stiftungsfonds und Unterstiftungen.

3. Zugang zu Förderern

Die privaten Förderer und Förderinnen lassen sich in drei große Gruppen unterteilen: Einzelpersonen, Unternehmen, Stiftungen. Die wichtigste Zielgruppe auf dem privaten Fundraising-Markt sind Individuen; der größte Teil des Fundraising-Volumens (mindestens 75 Prozent) kommt von ihnen. Dies gilt auch und gerade für Stiftungen.

Die Identifikation von möglichen Unterstützer/-innen, also das Zusammentragen von Namen und Anschriften, ist eine zentrale Fundraising-Aufgabe, die jede Einrichtung selbst leisten muss. In der Fundraising-Fachsprache wird unterschieden zwischen *kalten* und *warmen* Kontakten, wobei die Erfolge bei Letzteren weit höher liegen. Mit kalten Kontakten bestand vor der Erstansprache noch keinerlei Verbindung, während es sich bei warmen Adressen um Personen handelt, die schon in irgendeiner Weise mit Menschen, die mit dieser Organisation in Verbindung stehen, in Berührung kamen.

4. Engagement von ehrenamtlichen Führungspersönlichkeiten und Fürsprecher/innen

Ehrenamtliche Führungskräfte von außen, Persönlichkeiten, die hinter der Zielsetzung stehen, der Arbeit Prestige und Ansehen verleihen, die Kontaktarbeit mit tragen und unterstützen sowie Türen zu weiteren Zustiftern und Großspender/innen öffnen, bilden den Schlüssel für jede groß angelegte Fundraising-Aktivität.

5. Interne Fundraising-Bereitschaft

Ein weiterer Faktor für Fundraising-Erfolge ist die interne Bereitschaft innerhalb einer Organisation oder Institution, tatsächlich Fundraising zu betreiben. Voraussetzung dafür ist das Vorhandensein von klaren Vorstellungen über die Prioritäten der Organisation und eine breite Unterstützung des Fundraising innerhalb der Organisation. Hinzu kommt die Notwendigkeit einer klaren, konsequenten und inspirierenden Führung innerhalb der Institution.

Die besten Fundraising-Konzepte sind vergebens, wenn es nicht Menschen gibt, die sich kontinuierlich um deren Umsetzung kümmern (Fundraising-Personal). Professionelles Fundraising führt zu einer Erhöhung des Gesamtvolumens der privaten Fördermittel. Die Professionalisierung des Fundraising in Deutschland schreitet voran. 1993 wurde in Frankfurt am Main der Deutsche Fundraising Verband e.V. (Name bis 2003: Bundesarbeitsgemeinschaft Sozialmarketing – BSM) gegründet, ein Berufsverband, in dem sich die hauptberuflich mit der Einwerbung von Spenden- und Sponsorenmitteln Tätigen zusammengeschlossen haben. Die Zahl der Mitglieder ist von 38 Gründungsmitgliedern auf fast 1.000 (Stand Sommer 2005) angestiegen.

Um Spendeneinnahmen zu erzielen, muss in das Fundraising investiert werden. Dies gilt nicht nur für Personalkosten, sondern auch für Werbe- und Verwaltungskosten. Bei der Mehrzahl der Fundraising-Aktivitäten fallen Vorlaufkosten an (z. B. Kosten für Gestaltung und Druck oder Veranstaltungen). Selbstverständlich muss sich das Ganze rechnen. Aufwand und Ertrag müssen in einem angemessenen Verhältnis stehen.

Beim Start ins professionelle Fundraising gilt es in der Regel, zahlreiche Hürden zu nehmen. Vielerorts stellt die Vorfinanzierung der Fundraising-Kosten eine große Herausforderung dar. Es ist normal, dass zumindest in den ersten beiden Jahren rote Zahlen geschrieben werden. Allerdings sollten die Fundraising-Kosten auf Dauer gesehen 25 % der Einnahmen (im Gesamtdurchschnitt) nicht überschreiten. Fundraising ist immer eine Form von Organisationsentwicklung, die Rollenänderungen beinhaltet, auch und gerade auf der Leitungsebene. In diesem Zusammenhang muss erwähnt werden, dass Berater/innen und Agenturen am effizientesten genutzt werden können, wenn ihnen qualifizierte Fachkräfte in der Institution gegenüberstehen. Die Annahme, Fundraising-Berater/innen könnten quasi freischwebend, auf der Basis von Erfolgsbeteiligung Spender zu gewinnen und dies noch dazu für unterschiedliche Organisationen, beruht auf einer Illusion.

Namen und Adressen sind das Betriebskapital des Fundraisers. Die gewissenhaft geführte Fördererkartei bildet die Grundlage für die Kommunikation mit den Förderern. Die Fördererkartei sollte in Form einer computergeführten Datenbank aufgebaut werden, am besten mit einer Fundraising-Software. Nach der Erfassung der Stammdaten für jeden einzelnen Förderer ist es notwendig, fortlaufend sämtliche Kontakte (ob persönliches Gespräch, Spendenbrief, Telefonat, Spendeneingang, Versand der Zuwendungsbestätigung) mit dieser Person oder auch Organisation (bei Unternehmen oder Stiftungen) in der Datenbank festzuhalten. Dadurch entsteht eine Kontakthistorie, aus der sich viele für das Fundraising relevante Details ablesen lassen. Hinzu kommt, dass sich viele der Tätigkeiten, die mit dem Zahlungsverkehr zusammenhängen, einfacher und effizienter erledigen lassen, wenn die geeigneten Softwarevoraussetzungen vorhanden sind.

Fundraising-Instrumente

Fundraising richtet sich an eine breite Palette von potenziellen Förder/innen, insbesondere an Privatpersonen, Unternehmen und Stiftungen. Meist wird angenommen, die wichtigste Zielgruppe seien Unternehmen. Vielen ist nicht bekannt, dass ein großer Teil des gesamten Fundraising-Aufkommens von privaten Spen-

7.8 Stiftungen und Fundraising

dern kommt. Die Instrumente zur Gewinnung von privaten Förderern sind vielfältig, ob Spenden-Mailing, Fundraising-Event, Erbschaftsmarketing oder Telefon-Fundraising und andere mehr.

Im Folgenden werden Fundraising-Methoden beschrieben, deren Ziel es in erster Linie ist, Privatpersonen als Stifter und Spender zu gewinnen. Ein Teil der Methoden (insbesondere Fundraising-Gespräche, Fundraising-Events) kann zudem eingesetzt werden, um Unternehmer und Unternehmen dazu zu bewegen, sich für die jeweilige Organisation zu engagieren. Die Wahl der Fundraising-Methode sowie die Art und Weise ihrer Umsetzung in die Praxis ist von der Zielgruppe abhängig, doch auch Kostengesichtspunkte spielen eine wichtige Rolle. Oberstes Ziel sollte immer der Aufbau von wirklichen Beziehungen zu den Förderern und Förderinnen sein. Persönliche Kontakte stoßen auf die größte Resonanz und sind, wenn möglich, anderen Fundraising-Methoden vorzuziehen.

1. Das Fundraising-Gespräch

Fundraising-Gespräche sind besonders dann, wenn Personen um größere Förderbeträge gebeten werden, unumgänglich. Eine große Schwierigkeit besteht darin, dass viele gerade da, wo man sich persönlich kennt, eine direkte Ansprache scheuen – und sich damit die besten Fundraising-Chancen verbauen.

Von großer Bedeutung ist, wer wen fragt. Bei der fragenden Person sollte es sich um jemanden handeln, der vom Gegenüber als Gesprächspartner akzeptiert wird und sich eignet, dessen Vertrauen zu gewinnen. Dabei können auch Statusfragen und Äußerlichkeiten eine Rolle spielen. Dem Fundraiser kommt oft die Rolle zu, der Person, die das Gespräch führt, vorher ein genaues Briefing zu geben.

Das Fundraising-Gespräch bedarf einer guten Vorbereitung. Die gesprächsführende Person sollte nicht nur über den Gesprächspartner Bescheid wissen, sondern auch in der Lage sein, die Institution und das Vorhaben, für das Fördermittel benötigt werden, gut darstellen zu können. Soll die Person um eine Großspende gebeten werden, so empfiehlt es sich, bereits vor dem eigentlichen Fundraising-Gespräch deren Interesse an der Sache zu wecken, z. B. durch Einladungen zu besonderen Veranstaltungen.

Vor dem Gespräch ist es wichtig, sich mental auf unterschiedliche Gegebenheiten einzustellen. Die fundraisende Person sollte eine Gesprächsstrategie im Kopf haben und versuchen diese, auch wenn es nicht immer leicht ist, in die Praxis umzusetzen. In der Eröffnungsphase geht es darum, in Kontakt miteinander zu treten und eine gute Gesprächsatmosphäre herzustellen. Als nächstes gilt es, die potenzielle Spenderin gezielt für das Projekt in seinen Einzelheiten zu interessieren und ihr möglichst viel Gelegenheit geben, nachzufragen, aber auch über sich selbst und ihr Interesse an der Sache zu reden. In der Schlussphase geht es dann darum, die Bitte um eine Spende direkt zu formulieren. Drei Antworten sind möglich: „Ja",

„Nein" oder „Bedenkzeit erforderlich". Besonders bei hohen Beträgen ist ein sofortiges Ja selten.

2. Großspenden-Fundraising

Für den Stiftungsbereich besonders relevant ist das Großspenden-Fundraising, wobei die Kontaktpflege und die tatsächliche Spendenbitte meist in persönlichen Gesprächen erfolgen. Eine spezifische Form des Major-Donor-Fundraising, die auch für den Kapitalaufbau von Stiftungen geeignet ist, ist die Capital Campaign, eine Großspenden-Kampagne über einen Zeitraum von zwei bis fünf Jahren. Hierbei ist es unabdingbar, systematisch und geplant vorzugehen. Notwendig ist gerade bei solchen Kampagnen die Schaffung eines mit hochkarätigen Ehrenamtlichen besetzten Fundraising-Gremiums, die entweder selbst über Vermögen verfügen und in der Lage sind, sich mit hohen Summen zu engagieren oder aber in Führungspositionen in der Wirtschaft sitzen und so in der Lage sind, in dem Unternehmen hohe Förderbeträge zu initiieren.

Beim Großspenden-Fundraising sollte grundsätzlich entlang der folgenden sieben Schritte vorgegangen werden:

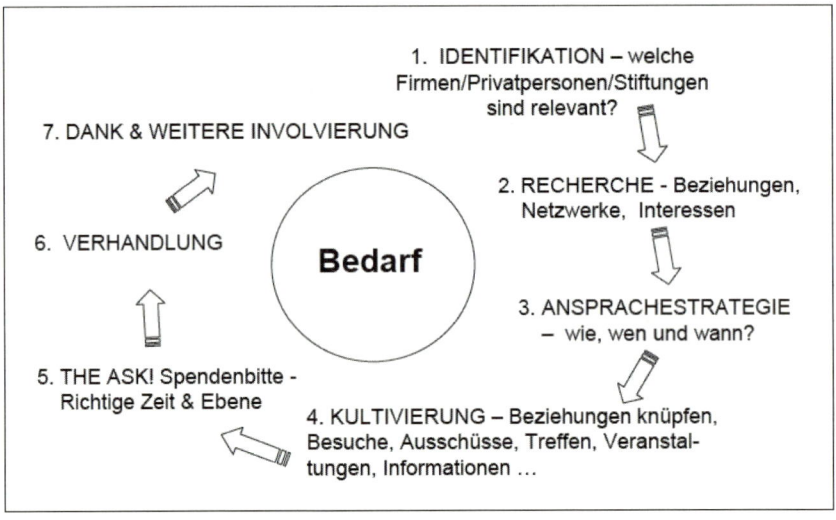

Abb. 1: Major Donor Fundraising

Identifikation möglicher Stifter und Spender

Personen und Organisationen müssen identifiziert werden, von denen angenommen werden kann, dass sie in der Lage sind, hohe Zuwendungen leisten zu können. Hierbei gilt es unter anderem eine Art Schneeballsystem zu initiieren und die persönlichen Netzwerke von relevanten Personen zusammenzutragen. Das Prinzip lautet hier: „Von innen nach außen". Jeder Mensch hat über die verschiedenen Bereiche, in die er involviert ist, zahlreiche Kontakte.

Recherche und Evaluation

Recherchen über mögliche Spender / -innen sind eine der wichtigsten Aufgaben im Großspenden-Fundraising. Insbesondere durch das Internet sind die Informationsquellen auch hierzulande in den vergangenen Jahren enorm gewachsen. Es ist wichtig, die Art und Weise der Beziehung einer Person oder einer Organisation zu der jeweiligen Stiftung zu kennen, und eine realistische Einschätzung vorzunehmen, wie viel sie geben können.

Planen der Ansprachestrategie

Die Ansprache muss sowohl strategisch (wann und wie die Ansprache einer Spenderin oder Zustifterin von der Gesamtplanung her sinnvoll ist), wie auch taktisch (die Art und Weise, in der der Kontakt zu jedem potenziellen Förderer gepflegt wird) geplant werden.

Kultivierung und Involvierung der potenziellen Zustifter

Einer der häufigsten Fehler im Fundraising ist, dass die Spendenbitte zu früh erfolgt. Erst nach einer ausreichenden Zahl an persönlichen Kontakten mit möglichen Zustifter / innen bzw. Spender / innen (bei hohen Beträgen bis zu fünf und mehr) und dem dadurch bewirkten Heranführen an die Stiftung und ihre Bedarfe sollte die eigentliche Spendenbitte erfolgen. Der potenzielle Spender muss auf den Gedanken, dass er die Institution mit einer signifikanten Spende unterstützen könnte, vorbereitet werden. Wenn er schließlich um die Spende gebeten wird, sollte der Vorschlag nicht überraschend kommen. Der Spender sollte so vorbereitet sein, dass sich die Anfragende über den erfolgreichen Ausgang ziemlich sicher sein kann.

The Ask – die Spendenbitte

Wichtig ist hierbei sowohl der richtige Zeitpunkt als auch die richtige Ebene, als wer wen fragt. Derjenige, der den Kontakt zu einer möglichen Spenderin bzw. Zustifterin gepflegt hat, wird in den meisten Fällen auch derjenige sein, der um die Spende bittet.

Verhandlung: Die Spendenbitte zum Abschluss bringen

Die Person, die um die Spende gebeten hat, muss mit dem möglichen Zustifter in Kontakt bleiben und zu gegebener Zeit nachfassen. Welche Würdigung ein Spender erhalten sollte und die Art und Weise, in der die Spende öffentlich gemacht wird, ist Teil des Gesprächs mit der potenziellen Spenderin. Dies setzt ein gewisses Verhandlungsgeschick voraus. Es ist ratsam, im Voraus hier eine klare, aber flexible Haltung zu formulieren, um sicher zu stellen, dass die Art der Anerkennung einer Spende zu der Spenderin passt.

Dank und weitere Involvierung des Zustifters

Es ist unbedingt wichtig – wird aber oft vernachlässigt – Förderer auch nach ihrer Zusage involviert zu halten. Wenn der Spender eine größere Spende tätigt, erwächst unweigerlich die Erwartung, dass dies den Beginn einer intensiveren Beziehung zu der Stiftung markiert. Der Spender wird Teil der Community der Organisation und wäre enttäuscht, wenn diese nicht Schritte unternähme, um ständige Wertschätzung für die Spende auszudrücken, den Spender bei wichtigen Entscheidungen zu konsultieren und sie als jemanden zu behandeln, die künftig eine weitere Spende machen könnte.

3. Spendenbriefaktionen

Spendenmailings dienen in erster Linie der Einwerbung von Kleinspenden durch Privatpersonen. Sie werden entweder mit dem Ziel der Gewinnung von neuen Spendern oder der Pflege und Bindung der bestehenden Spender eingesetzt. Für die Ansprache von Unternehmen sind Spendenbriefe meist nicht die geeignete Fundraising-Methode. Spendenbriefe führen allerdings nur wenigen Fällen dazu, dass Zuwendungen von hohen Summen erfolgen. Auch Kapitalstockmittel lassen sich nur in Ausnahmefällen mit diesem Fundraising-Instrument einwerben. Ein wichtiger Erfolgsfaktor bei Mailings ist die Zielgruppenauswahl.

Immer mehr gemeinnützige Organisationen in Deutschland haben in den vergangenen zehn Jahren das Mailing als Fundraising-Methode entdeckt. Dies hat mittlerweile dazu geführt, dass sich mehr und mehr Menschen negativ darüber äußern, so viel unerwünschte Post zu bekommen und die Rücklaufquoten besonders bei *Kaltmailings* (an Fremde, deren Adressen bei Adresshändlern gemietet wurden) stark abgenommen haben. Dennoch wird der Spendenbrief auch künftig eine wichtige Fundraising-Methode bleiben, weil man damit auf relativ preisgünstige Weise einer großen Zahl von Menschen direkt und ungefiltert Informationen zukommen lassen kann. Allerdings ist es entscheidend, dass in der Palette der Ansprachemethoden von spendensammelnden Organisationen möglichst viele unterschiedliche Instrumente zum Tragen kommen.

7.8 Stiftungen und Fundraising

4. Der Fundraising-Event

Eine wichtige Fundraising-Methode sind Fundraising-Events, also Benefizveranstaltungen. Die häufigsten Formen sind Essen, Musik- und Theaterveranstaltungen, Basare, Versteigerungen und Sportveranstaltungen (wie etwa Laufwettbewerbe). Je kreativer und ansprechender die Idee, desto größer sind die Erfolge. Es gibt Events, die Überschüsse von Hunderttausenden von Euro erbringen, aber auch kleinere Veranstaltungen, bei denen Beträge zwischen 500 und 10.000 Euro erwirtschaftet werden. Benefizveranstaltungen haben eine Doppelfunktion: Sie dienen der Geldeinnahme sowie persönlichen Kontaktpflege und der Öffentlichkeitsarbeit.

Vor der Festlegung auf die Art und Ausrichtung der Veranstaltung sollte geklärt werden, welches Publikum angesprochen werden soll, was genau diese Zielgruppen anspricht, was diese bereit sind zu zahlen und wie sie am besten zu erreichen sind. Erfolgreiche Events können zu einer Tradition werden und alljährlich erneut angeboten werden. Größere Events bedürfen einer langfristigen Planung. Die Organisation von Benefizveranstaltungen ist arbeitsintensiv. Es empfiehlt sich die Bildung eines aus Haupt- und Ehrenamtlichen bestehenden Organisationskomitees, wobei die Steuerung in der Regel bei Hauptamtlichen verankert werden sollte.

5. Unternehmen als Kooperationspartner

Unternehmen können als Spender, Sponsoren oder Zustifter, in Betracht kommen, wobei die beiden ersten Varianten wahrscheinlicher sind. Wenn sich Unternehmen als Stifter betätigen, dann tun sie dies meist für eine eigene Stiftung. Während (Zu-)Stiftungen und Spenden das Prinzip der Freiwilligkeit zugrunde liegt und keine Gegenleistung verlangt werden darf, handelt es sich bei dem Sponsoring um ein Geschäft, dem das Prinzip Leistung – Gegenleistung zugrunde liegt. Ziel ist die öffentliche Kommunikation der Sponsoringmaßnahme. Die Stiftung wird damit praktisch zum Werbeträger für die Firma. Steuerlich gesehen ist Sponsoring für die Unternehmen günstiger, weil sie dies als Betriebsausgabe laufen lassen können, während Spenden Teil der Gewinnverwendung sind und deren Absetzbarkeit begrenzt ist. Für die Sponsoringnehmer sind Sponsoringeinnahmen Einnahmen im Rahmen eines wirtschaftlichen Geschäftsbetriebes, und es fallen unter Umständen Steuern an. Bei der Entscheidung *Spende oder Sponsoring* ist ein zentraler Punkt: Was hat die Stiftung überhaupt an Werbemöglichkeiten für ein Unternehmen zu bieten? Öffentlicher Dank gilt in diesem Zusammenhang nicht als Gegenleistung im Sinne der Finanzbehörden.

Ob Spende oder Sponsoring, Sach- oder Dienstleistungen von Unternehmen sind oft leichter zu bekommen als Geld. Außerdem sollten lokale Stiftungen nicht von großen multinationalen Unternehmen träumen, denn diese suchen Partner mit überregionaler Werbewirksamkeit. Ausnahmen werden nur dann gemacht, wenn Unternehmen eine Niederlassung in der Kommune haben. Viel interessanter, auch für Sponsoringprojekte, sind die vielen kleinen und mittelständischen Unternehmen vor Ort. Was die Ansprache angeht, so sollte diese möglichst immer persönlich erfolgen.

Einbindung und Betreuung von Förderern

Fundraising bedeutet Beziehungspflege: regelmäßige Interaktionen mit den aktuellen und potenziellen Förderern. Jede Aktivität sollte darauf abgestellt werden, dass sich Spender bzw. Stifter wichtig, geschätzt und beachtet fühlen. Der Betreuung der Förderer und der Kommunikation mit diesen kommt in diesem Zusammenhang eine große Bedeutung zu. Das zuverlässige, kontinuierliche und auf die jeweilige Person zugeschnittene Management der Beziehungen ist ein wesentlicher Bestandteil eines jeden professionellen Fundraisings.

1. Fördererbindung

Eine häufig praktizierte Form der Fördererbindung ist es, der Beziehung zu der Organisation einen formelleren Status, beispielsweise als Mitglied, anzubieten als dies bei Einmalspendern der Fall ist. Da Stiftungen anders als Vereine über keine Mitglieder verfügen, ist es sinnvoll, andere Möglichkeiten der Identifikation mit der Institution zu schaffen. In den Anfangsjahren einer neu errichteten Stiftung ist es üblich und zugleich zweckmäßig, dass der/die Stifter in den zentralen Stiftungsgremien, ob Vorstand oder Stiftungsrat, mitarbeiten. Dadurch wird das Gefühl der *ownership* mit der Tätigkeit der Stiftung gefördert; die Stifter/innen erhalten konkrete Einblicke in die Alltagsarbeit der Stiftung und deren finanzielle Notwendigkeiten. Spender hoher Beträge sind zudem meist daran interessiert, die Umsetzung des Vorhabens mit zu verfolgen und in gewisser Weise auch eine Kontrollfunktion auszuüben. Diese Einbeziehung wiederum bewirkt oft weitere finanzielle Zuwendungen, doch sie hat zugleich ihre Grenzen. Ehrenamtliche Arbeit stößt oft schnell an ihre Grenzen; zudem fehlt es gerade Neustiftern vielfach an professioneller Erfahrung in der Stiftungsarbeit. Letzteres mag sich zwar im Laufe der Zeit verbessern, doch es kommt hinzu, dass die Zahl der Plätze in den Stiftungsorganen ohnehin begrenzt ist.

Bürgerstiftungen, doch auch andere Stiftungen, die von vornherein das Mit- und Zustiften vieler Menschen anstreben, schaffen oft gleich zu Anfang ein zusätzliches Stiftungsorgan, dem ausschließlich Stifter und Zustifter angehören und das oft als Stifterversammlung bezeichnet wird. Dieses Gremium hat üblicherweise überwiegend beratende Funktion, doch vielfach besitzt es das Recht, das Aufsichtsgremium der Stiftung, den Stiftungsrat, nach Ablaufen der jeweiligen Amtsperiode neu zu wählen. Auch unter Fundraising-Aspekten kann eine Stifterversammlung insofern von Bedeutung sein, dass die Dauer der Zugehörigkeit an eine Bestimmung Zustiftungssumme gebunden ist. Durch erneutes Zustiften ist es ggf. möglich, die weiter Mitglied zu bleiben.

2. Dankstrategien

Philanthropisches Engagement bedeutet für viele Menschen eine persönliche Bereicherung. Es wirkt sinn- und identitätsstiftend. Steuervorteile alleine motivieren, wie bereits erwähnt, niemanden zum Spenden oder Stiften. Für jede Zuwendung sollte gedankt werden, denn dadurch erfahren die Spender nicht nur die Wertschätzung, sondern spüren zugleich, dass die Stiftung aktiv ist. Es gibt viele Möglichkeiten, sich bei den Spendern zu bedanken. Formelle Dankschreiben sind die häufigste Form, doch gerade bei Zustiftungen ist es unumgänglich, sich bei den Stiftern mit persönlichen Briefen und ggf. auch mit Besuchen zu bedanken. Auch das Telefon gehört in das Repertoire der Dankstrategien. Weitere Formen sind: besondere Veranstaltungen für Spender, Abdruck der Namen im Jahresbericht oder bei Großspendern Danktafeln in der Eingangshalle oder Benennung eines Gebäudes nach dem Spender.

Der Dank sollte unmittelbar nach dem Eingang der Spende erfolgen. Besonders wichtig ist das sofortige Bedanken bei der ersten Spende, denn hier nimmt die Beziehung ihren Anfang oder eben nicht. Es gibt Spendenorganisationen, die nach Eingang der Erstspende ein Begrüßungsschreiben versenden, das den neuen Spender willkommen heißt sowie eine Broschüre und andere Informationsmaterialien. Es geht darum, ein Zugehörigkeitsgefühl zu erzeugen bzw. dieses zu bestärken, der Neuling soll sich orientieren können, seine Ansprechperson kennenlernen und erfahren, welche Möglichkeiten ihm nun eröffnet werden, sei es durch Informationsmaterial oder telefonische Auskünfte.

3. Zuwendungsbestätigung, Beschwerde-Management, Informationspolitik

Eine besondere Anerkennungsform stellt die Zuwendungsbestätigung dar, welche die Spender benötigen, um dem zuständigen Finanzamt nachzuweisen, dass die Voraussetzungen für den Abzug als Sonderausgaben erfüllt sind. Spendenbestätigungen sollten entweder unmittelbar nach dem Erhalt der Spende zugesandt werden oder aber, insbesondere wenn mehrere Spenden pro Jahr zu erwarten sind, am Anfang des neuen Kalenderjahres zusammen mit einem Dankschreiben. In diesem Fall sollte den Förderern vorab davon Mitteilung gemacht werden.

Ein zentraler Punkt im Zusammenhang mit der Pflege der Spender ist der Umgang mit Beschwerden. Ruft beispielsweise ein Spender an, um sich zu beschweren, dass er noch keine Spendenbestätigung erhalten hat und erhält als Antwort: „Das kann nicht sein. Schauen Sie noch mal genau nach", dann kann dies eine große Verärgerung bewirken. Besser ist es, dem Anrufenden das Bedauern kundzutun und sofortige Überprüfung zuzusichern. Grundsätzlich sollte freundlich auf Beschwerden reagiert werden, um den Förderer das Gefühl zu vermitteln, dass man sie ernst und wichtig nimmt.

Ein wichtiger Bestandteil der Beziehungspflege ist es, die Spender regelmäßig mit Informationen zu versorgen, beispielsweise über einen Jahresbericht, regelmäßige Informationsbriefe oder eine ansprechende, doch zugleich nicht zu teuer erscheinende Zeitschrift. Je höher die Zuwendung, um so persönlicher sollte die Versorgung mit Informationen sein, ggf. auch durch persönliche Gespräche mit dem höchsten Repräsentanten der Organisation.

Ausblick

Die Bedeutung des Fundraising für Stiftungen wird zunehmen. Voraussetzung für die Erzielung regelmäßiger und berechenbarer Einnahmen ist der professionelle Umgang mit dem Fundraising. Viele gute Fundraising-Ideen scheitern daran, dass sich niemand kontinuierlich um deren Umsetzung kümmert. Fundraising verursacht Kosten, doch nach einer Anlaufzeit müssen Kosten und Einnahmen in einem vertretbaren Verhältnis stehen. Wichtig ist in diesem Zusammenhang das Zusammenspiel zwischen Hauptamtlichen und Ehrenamtlichen. Fundraising ist eine komplexe Management-Aufgabe. Zu den entscheidenden Erfolgsfaktoren gehören öffentliches Ansehen der Einrichtung, Profil und Marketingdenken.

8. Das Management einer Stiftung

8.1 Die Prozessorientierung in einer Stiftung – Management für mehr Wirkung

Von Johannes Rüegg-Stürm, Niklas Lang und Peppi Schnieper

Im Zentrum eines systematischen Stiftungsmanagements steht die wirkungsvolle Erfüllung des Stiftungszwecks. Hierzu muss eine Vielfalt von Aufgaben professionell bearbeitet werden. Die Aufbauorganisation einer Stiftung ordnet diese Aufgaben bestimmten Personen und Gremien oder Organen zu.[1] Im Mittelpunkt stehen die Stellenbildung und die organisatorische Bereichsbildung, wobei unbedingt eine Kongruenz von Aufgaben, Zuständigkeiten und Verantwortlichkeiten anzustreben ist. Ebenso wichtig ist aber auch die *sachlogische und zeitliche Verknüpfung* der Aufgabenerfüllung, d. h. eine prozessorientierte Strukturierung der Wertschöpfung einer Organisation.

Im folgenden Beitrag wird erstens begründet, warum es auch für Stiftungen hilfreich sein kann, sich verstärkt mit ihren Prozessen auseinanderzusetzen. Zweitens werden auf eine verallgemeinernde Weise die wichtigsten Prozesse beschrieben, mit denen eine Stiftung wirkungsvoll ihren Stiftungszweck erfüllen kann. Drittens wird ein Prozessmodell skizziert, welches das Zusammenspiel der einzelnen Prozesse verdeutlicht.

Trends in Richtung Prozessorientierung

Über lange Jahre wurde die Organisationsarbeit dominiert durch Festlegungen im Bereich der *Aufbauorganisation*. Eine möglichst kongruente Zuordnung von Aufgaben, Kompetenzen und Verantwortlichkeiten zu Personen und Organisationsbereichen wird aus dieser Perspektive als zentrales Gestaltungsfeld des Organisierens in Unternehmen, öffentlichen Verwaltungen und weiteren Institutionen, wie z. B. auch Stiftungen betrachtet. Die Entwicklung einer angemessenen Aufbauorganisation ist gekennzeichnet durch eine *Analyse* des Zwecks einer Institution und dessen Aufgliederung in Teilaufgaben. Anschliessend daran erfolgt die *Integration* (Synthese) der identifizierten Teilaufgaben durch Bildung von Stellen und Organisationsbereichen im Sinne einer Bündelung von sachlich zusammenhängenden Aufgaben und deren führungsmässiger Zuordnung zu Stellen und Organisationsbereichen. Mit den Instrumenten Stellenbeschreibung, Funktionendiagramm und Organigramm können diese Festlegungen, die Aufschluss über die *Zuständig-*

---
[1] s. Kapitel 9.1.

keits-, Verantwortungs- und Informationsregelungen innerhalb einer Organisation geben, visualisiert werden. Stiftungen können ihre Aufbauorganisation nach Tätigkeitsschwerpunkten (z. B. Robert Bosch Stiftung – vgl. Abbildung 1) oder nach geographischen Aktivitätsfeldern strukturieren. Durch die Aufbauorganisation erfolgt auch eine Strukturierung der Kommunikations- und Führungsbeziehungen (Weisungs- und Berichtslinien).

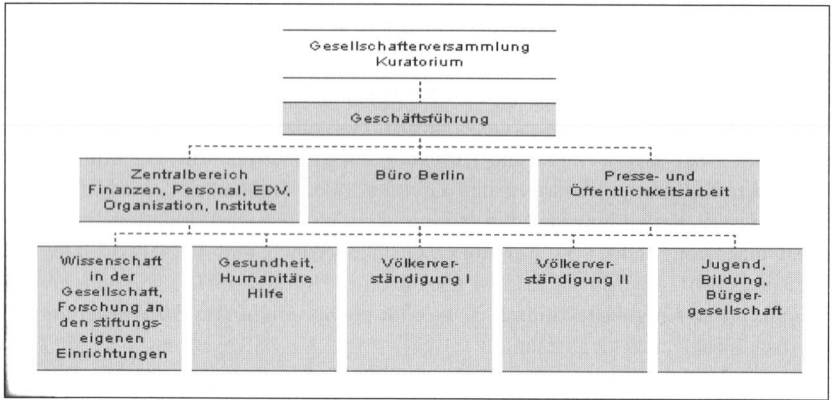

Abb. 1: Beispiel einer nach Tätigkeitsbereichen organisierten Stiftung: Organigramm der Robert Bosch Stiftung

Im Gegensatz zu Zuständigkeits-, Verantwortungs- und Informationsregelungen bei der Aufbauorganisation dient die Ablauforganisation einer systematischen sachlichen und zeitlichen Verknüpfung von Aufgaben. Mit anderen Worten steht eine aus Sicht der Nutzniesser der Wertschöpfung effektive und aus Sicht der Organisation effiziente Aufgabenerfüllung im Vordergrund des Interesses. Die Bedeutung der Ablauforganisation hat seit Anfang der neunziger Jahre stark an Bedeutung gewonnen. Unternehmungen, Spitäler und öffentliche Verwaltungen werden zunehmend systematisch als prozessorientierte Organisationen gestaltet.[2] Bei prozessorientierten Organisationsformen steht die *angestrebte Wirkung bei den Anspruchsgruppen* im Mittelpunkt der Strukturierungsanstrengungen.[3]

---

[2] *Pettigrew/Fenton,* 2001. Zwei zentrale Gründe können für diesen Wandel geltend gemacht werden: Erstens haben moderne Informations- und auch Transporttechnologien zu einem veränderten Umgang mit der Zeit geführt, was Geschwindigkeit und Pünktlichkeit zu kritischen Erfolgsfaktoren im Wettbewerb macht. Zweitens wird die Arbeitsteilung immer feiner und damit verbunden entsteht immer mehr Spezialistenwissen, doch für die Erfüllung der Kundenbedürfnisse bedarf es der Ermöglichung und Förderung *abteilungsübergreifender* Kommunikation zur Ausschöpfung von Expertise und zur Erzielung maximaler Kundenzufriedenheit. Im Fokus der Anstrengungen steht eine konsequente Lösungs- und Wirkungsorientierung aller Aktivitäten.

[3] *Rüegg-Stürm,* 2003.

Was bedeutet prozessorientiertes Organisieren für das Stiftungsmanagement? Stiftungen sind – abgesehen von einer relativ geringen Anzahl sehr grosser Stiftungen – vergleichsweise kleine Organisationen mit einem überschaubaren Ausmass an Arbeitsteilung. Aus aufbauorganisatorischer Sicht ist vor allem die Zusammenarbeit zwischen Stifter, Stiftungsrat und der Geschäftsführung (und allenfalls weiterer Gremien, z. B. wissenschaftlicher Beirat) einer Stiftung ein relevantes organisatorisches Gestaltungsfeld. Eine sorgfältige und ehrliche Erwartungsklärung zwischen diesen „Organen" mit einer entsprechenden Ausdifferenzierung und Zuordnung von Aufgaben, Kompetenzen und Verantwortlichkeiten im Sinne einer professionellen „Foundation Governance" ist konstitutiv für ein konstruktives Stiftungsmanagement. Damit erschöpft sich in den meisten Fällen die aufbauorganisatorische Gestaltungsarbeit in Stiftungen.

Ungleich wichtiger dürfte zukünftig demgegenüber das Prozessmanagement von Stiftungen werden, d. h. eine *systematische, prozessorientierte Gestaltung aller Aufgabenfelder*, mit dem Bestreben, eine *optimale Wirkung* zu erzielen, was die Umsetzung des Stiftungszwecks und Nutzung des Stiftungsvermögens betrifft. Dabei geht es um die sachliche und zeitliche Koordination von Aktivitäten: die richtigen Dinge richtig und auch *zum richtigen Zeitpunkt* tun.

Ein Prozess wird hier verstanden als ein *System von Aktivitäten*, zwischen denen sachlogische und zeitliche Abhängigkeiten bestehen. Gewisse Dinge können dabei sequentiell getan werden, andere müssen parallel vollzogen werden. Prozessorientierung bedeutet, dass alle beteiligten Akteure ein detailliertes, *gemeinsames Verständnis* über das Zustandekommen der Wertschöpfung bei den Anspruchsgruppen erlangen und dass für diese Akteure die Abhängigkeiten und Wirkungen ihres eigenen Handelns transparent werden. Diese *Transparenz* ist unabdingbare Voraussetzung für eine zielgerichtete, zeitgerechte und koordinierte Einflussnahme aller Akteure zum Zweck der Optimierung aller zu erbringenden Leistungen im Wertschöpfungsprozess.[4]

Zur Gewinnung von Transparenz über die einzelnen Wertschöpfungsaktivitäten und zur Dokumentation ihrer wechselseitigen Abhängigkeiten können z. B. Prozessbeschreibungen (process maps), Checklisten und Aufgabendiagramme dienen. Der „Mehrwert" einer konsequenten Prozessorientierung von Stiftungen müsste sich mit anderen Worten darin zeigen, dass

— über eine geschickte Analyse und Optimierung des sachlichen und zeitlichen Zusammenspiels aller Tätigkeiten,
— mit dem Ziel einer durchgängigen, verzögerungs- und friktionsfreien sachlogischen Abfolge von Tätigkeiten,

---

[4] Einen zentralen Beitrag zur Gewährleistung von Transparenz und Steuerbarkeit leistet die Informationstechnologie. Besonders in hocharbeitsteiligen Wertschöpfungsprozessen der Industrie spielt die informationstechnologische Unterstützung der Führungsarbeit (SAP etc.) eine bedeutende Rolle.

– eine konsequente Ausrichtung aller Wertschöpfungsaktivitäten auf die Wertschöpfung für die Gesellschaft durch ihre Destinatäre erwirkt werden kann.

Eine so verstandene Prozessorientierung bezweckt in erster Linie eine *kontinuierliche Optimierung* der Prozessqualität. Prozessqualität manifestiert sich vor allem in *Zuverlässigkeit*, d. h. in der verbindlichen Klärung und Einlösung der Erwartungen der internen und externen Nutzniesser (Kunden) einer Leistung. Zuverlässigkeit schafft auf diese Weise Vertrauen. Zuverlässigkeit ermöglicht auch schnellere Abläufe (z. B. Zeit zwischen Antragseingang und Förderbescheid), weil man auf Zeitpuffer verzichten kann. Durch diesen Gewinn an *Geschwindigkeit* kann sich auch eine *Flexibilitätssteigerung* (z. B. Reaktionsfähigkeit auf veränderte gesellschaftliche Bedürfnisse) ergeben.[5]

Die Prozessorientierung trifft damit exakt das Anliegen einer Professionalisierung der Stiftungstätigkeit: Management für mehr Wirkung. Bereits heute ist ansatzweise zu beobachten, dass die Öffentlichkeit auch privaten Stiftungen zunehmend den Status quasi-öffentlicher Institutionen[6] zuschreibt. Damit erwächst diesen ein steigender Legitimationsdruck, der sich aufgrund ihrer steuerlich privilegierten Stellung noch verstärkt. Die moderne demokratische Gesellschaft will die Professionalität und Wirkung von staatlichen, staatlich geförderten oder staatlich privilegierten Institutionen umfassend sichergestellt wissen, worauf beispielsweise die vielen Qualitätszertifizierungen von Nonprofit-Organisationen hindeuten. Genau vor diesem Hintergrund kommt einem systematischen Prozessmanagement von Stiftungen eine zentrale Bedeutung zu, um eine optimale Wirkung zu erzielen. Die wachsende Notwendigkeit

– einer systematischen Identifikation förderungswürdiger Tätigkeitsfelder, Projekte und Institutionen zur Realisation des Stiftungszwecks,

– eines raschen Aufbaus von Kooperationen mit anderen Stiftungen zur Bündelung und Wirkungssteigerung von Know-how und Ressourcen,

– einer gezielten temporären oder langfristigen Mobilisierung und Einbindung externer Expertise zur Auswahl und Betreuung von Förderschwerpunkten,

– einer raschen Selektion und Abwicklung von Unterstützungsgesuchen,

– einer systematischen Betreuung und Unterstützung geförderter Projekte und

– einer zeitverzugslosen Evaluation laufender und abgeschlossener Projekte mit dem Ziel einer kontinuierlichen Verbesserung und Wirkungssteigerung der eigenen Stiftungstätigkeit.

sind nur ein paar ausgewählte Anwendungsbeispiele, warum gerade im Stiftungskontext ein systematisches Prozessmanagement einen Eckstein eines professionellen Stiftungsmanagements bilden muss.

---

[5] *Rüegg-Stürm et al.*, 2004.
[6] *Ulrich*, 1977.

Prozessorientierung in Stiftungen

Eingebettet in die Umwelt und konfrontiert mit den Anliegen der Stakeholder gilt es für die Stiftung je nach Zweck und Grösse und der damit verbundenen Komplexität der Stiftungstätigkeit die Ausgestaltung der generischen Prozessarchitektur (prozessorientierte Organisation) vorzunehmen. Hierbei ist zu unterscheiden zwischen den drei Prozesskategorien auf normativer, strategischer und operativer Ebene.

Der *normative Orientierungsprozess* umfasst alle Aktivitäten, bei denen es um grundlegende Festlegungen der Stiftungstätigkeit geht. Diese Festlegungen werden in der *Stiftungspolitik* verbindlich festgehalten. Sie besteht aus drei Elementen: aus einer *Vision,* aus den grundlegenden Angaben zu den *inhaltlichen Eckpfeilern* und *Rahmenbedingungen* der Stiftungstätigkeit und einem *Ethical Code of Conduct.*

Im normativen Orientierungsprozess wird somit als erstes der Stiftungszweck interpretiert und daraus idealerweise eine Vision entwickelt. Auf dieser Grundlage muss sich die Stiftung Klarheit verschaffen, welche gesellschaftlichen Knappheiten sie aufgreifen möchte. Daraus sind Festlegungen zu den inhaltlichen Eckpfeilern und Rahmenbedingungen der Stiftungstätigkeit abzuleiten. Schliesslich muss sich eine Stiftung in einem Ethical Code of Conduct auch Klarheit darüber verschaffen, wie sie mit konfligierenden Anliegen und Interessen von externen und internen Anspruchsgruppen umzugehen gedenkt und welche Werte der praktischen Tätigkeit der Stiftung zugrunde liegen sollen. Diejenigen Festlegungen der Stiftungspolitik, die auch einer breiteren internen und externen Öffentlichkeit kommuniziert werden sollen, sind in einem *Leitbild* zusammenzufassen.

Der *strategische Entwicklungsprozess* dient dazu, die Voraussetzungen und den Weg zu spezifizieren, *wie* die normativen Festlegungen in die Alltagspraxis umgesetzt werden können. Mit anderen Worten geht es um den Aufbau von Voraussetzungen (Schlüsselkompetenzen, Netzwerke, Ressourcen) für eine möglichst wirkungsvolle und auch effiziente Umsetzung des Stiftungszwecks. Dazu gehört eine genaue Spezifikation der Wirkungsfelder einer Stiftung und zumindest ein Grunddesign der einzelnen Wertschöpfungs- und Unterstützungsprozesse.

Die effiziente Umsetzung der getroffenen Festlegungen in den normativen und strategischen Prozessen erfolgt in *operativen Vollzugsprozessen* welche unterteilt werden können in:
- den Wertschöpfungsprozess, der unmittelbar auf die Realisation des Stiftungszwecks gerichtet ist und
- die Unterstützungsprozesse, welche alle Aktivitäten umfassen, die der Schaffung geeigneter Voraussetzungen für die Wahrnehmung des Wertschöpfungsprozesses gewidmet sind.

Im Folgenden werden die drei Prozesskategorien im Einzelnen erläutert und mit Beispielen illustriert. In der Alltagspraxis einer Stiftung dürfte es nicht immer möglich sein, diese Prozesse exakt abzugrenzen. Umso wichtiger ist eine sorgfältige konzeptionelle Darstellung derjenigen Prozesse, in denen massgebliche Beiträge der angestrebten Wertschöpfung einer Stiftung erbracht werden. Dies erlaubt es Mitarbeitenden einer Stiftung, systematisch ihre eigenen Prozesse und Wertschöpfungsbeiträge zu analysieren und auf diese Weise optimal auf den Stiftungszweck auszurichten und weiterzuentwickeln („Management für mehr Wirkung").

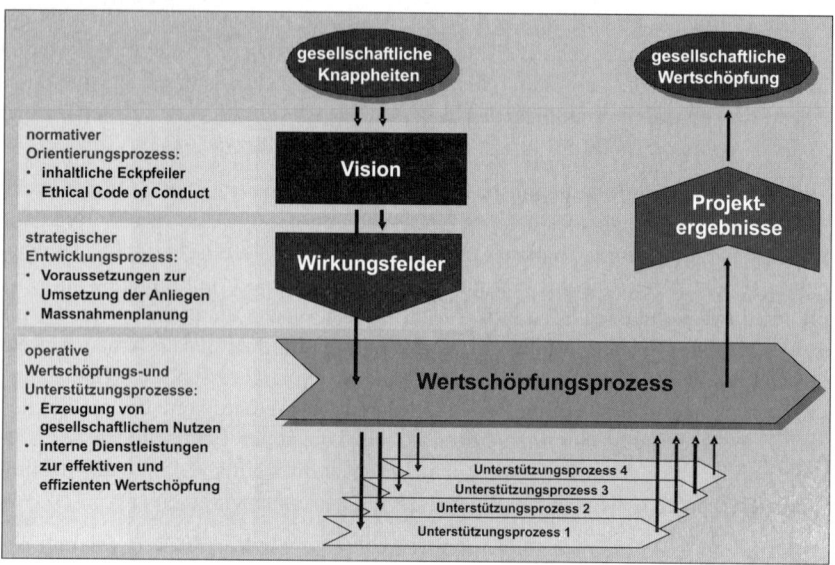

Abb. 2: Prozesse in einer Stiftung („klassische Vergabestiftung")

Der normative Orientierungsprozess

Aus dem normativen Orientierungsprozess resultiert die Stiftungspolitik einer Stiftung. Hierbei wird das *Selbstverständnis* einer Stiftung zum Ausdruck gebracht, insbesondere was ihre Rolle und Verantwortung in der Gesellschaft betrifft. Die Stiftungspolitik stellt den *grundlegenden Orientierungsrahmen* für die gesamte Stiftungstätigkeit dar und hat als „Leitplanke" prägenden Einfluss auf die daraus abgeleiteten strategischen Entscheidungen hinsichtlich effektiver Stiftungsarbeit und deren effizienter Umsetzung im „Alltagsbetrieb" auf der Ebene der operativen Vollzugsprozesse.

Dabei muss erstens Konsens über eine *Vision* erreicht werden, die das Grundanliegen der Stiftung prägnant zum Ausdruck bringt. Zweitens müssen grundlegende Angaben zu den *inhaltlichen Eckpfeilern und Rahmenbedingungen* der Stiftungstätigkeit erarbeitet werden. Drittens muss in einem *Ethical Code of Conduct* spezifiziert werden, welche Werthaltungen der eigenen Alltagspraxis zugrunde liegen sollen und wie mit potentiell konfligierenden Anliegen und Interessen von externen und internen Anspruchsgruppen verfahren werden soll.

a) Die auf der Basis des Stiftungszwecks (Manifestation des Stifterwillens) formulierte Vision (*Was* wollen wir erreichen?) beantwortet folgende Fragen:
- Welche gesellschaftliche Knappheit soll mit der Stiftungstätigkeit aufgegriffen werden?
- Wie soll der Stiftungszweck „in der heutigen Zeit" interpretiert werden?

Die Vision einer Stiftung, im Sinne der Explizierung eines „Traums" nach Veränderung in einem Bereich der Gesellschaft, soll Richtungen weisen und kreative Denkräume und Perspektiven eröffnen. Sie soll emotional berühren und mobilisieren, eine tragende Identität stiften und Sinn in der Aufgabenerfüllung vermitteln.[7] Sie bedarf der Konkretisierung durch die Mitarbeitenden in ihren eigenen Entscheidungs- und Handlungsfeldern, um nicht als „wohlklingende" Absichtserklärung zu enden. Im Gegensatz zum nur schwer veränderbaren Stiftungszweck bedarf die Vision einer periodischen Reflexion, woraus gegebenenfalls eine Anpassung der Stiftungstätigkeit (Neuinterpretation des Stiftungszwecks) an veränderte Rahmenbedingungen resultieren kann. Die abgelaufenen Prozesse zur Gestaltung der Vision einer Stiftung im Sinne eines „Leitsterns" der Stiftungstätigkeit können am folgenden Beispiel einer Stiftung verdeutlicht werden:

„Wir haben ein programmatisches Gebäude [Wirkungsfelder]. Und über diesem gibt es ein Dach. Und dieses Dach heisst „Stopp der Ausgrenzung, Werte schaffen" [Vision]. Heute in der Welt gibt es die, welche etwas haben und die, welche nichts haben. Es gibt jene, die Zugang haben und jene, die keinen Zugang haben usw. Und diese Ausgrenzungen wollen wir mit unseren Programmen überbrücken und Werte schaffen. Das Thema ist für uns zur Grossbaustelle geworden."[8]

b) Die Festlegung und Begründung inhaltlicher Eckpfeiler und Rahmenbedingungen umfasst einerseits originäre Entscheidungen hinsichtlich anzustrebender Ziele der Stiftung auf Basis der in der Vision aufgegriffenen gesellschaftlichen Knappheit. Diese inhaltlichen Festlegungen (Welche grundlegenden Stossrichtungen und Ziele der Stiftungstätigkeit lassen sich aus dem Stiftungszweck und der Vision ableiten?) dienen als Zielvorgaben für nachfolgende Entscheidungen im Rahmen der Festlegung von Vorgehensweisen zur Realisation des Stiftungszwecks und zur Evaluation der Stiftungsaktivitäten. Andererseits umfasst eine Konkretisierung der Rahmenbedingungen im Sinne von Entscheidungsregeln Bereiche wie z. B. die Vermögensanlage (Nach welchen Grundsätzen legen wir unser Stiftungsvermögen an?) oder die organisatorische Gestaltung der Stiftung (Wie soll das Verhältnis zwischen Stifter, dessen (z. B. familiärem) Umfeld, Stiftungsrat und Geschäftsführung gestaltet werden? Wie werden die Aufgaben und Kompetenzen

---

[7] *Heintel*, 1993.
[8] Interview mit dem Direktor einer grossen Schweizer Stiftung, 18. 03. 2004.

innerhalb der Stiftung verteilt?).[9] Die Wichtigkeit solcher „unternehmungspolitischer Entscheidungen"[10] wird auch von einem Mitglied der Kommission zur Schweizer Stiftungsrechtsrevision bekräftigt:

„Für Stiftungen ist es unverzichtbar, dass sie eine professionelle Organisation aufbauen. Schon um die seriöse Handhabung der Gelder einfach sicher zu stellen. Ich sehe es an sich so wie in einer Aktiengesellschaft. In dem Sinne, dass der Stiftungsrat die Funktion des Verwaltungsrates ausübt und die operative Ebene, die Geschäftsleitung à la Verwaltungsratsdelegierter. Und dort, im Aktienrecht, haben wir eigentlich bewährte Instrumente, die man im Stiftungsrecht analog einsetzen kann, z. B. das Organisationsreglement. Das Aktienrecht sieht vor, dass es gewisse unentziehbare Kompetenzen des Verwaltungsrats gibt. Dann gibt es aber auch Delegierte. Das muss dann im Organisationsreglement klar geregelt sein. Welche Aufgaben und Kompetenzen sind delegiert, damit eine saubere Kompetenzabgrenzung stattfindet."[11]

c) Der Ethical Code of Conduct umfasst Angaben zum Selbstverständnis einer Stiftung, was ihre Rolle und Verantwortung in der Gesellschaft betrifft. Der Ethical Code of Conduct sollte zudem eine – auch durch Dritte – nachvollziehbare umfassende Begründung der Gemeinnützigkeit der angestrebten Tätigkeit einer Stiftung enthalten.

– Wie versteht sich eine Stiftung? (z. B. als mehr oder weniger durch die Stifterin bzw. den Stifter kontrollierte *private* Institution ohne Rechenschaftspflicht gegenüber irgendwelchen Dritten oder als *quasi-öffentliche* Institution mit breit gefasster Rechenschaftspflicht gegenüber der Gesellschaft)

– Welche guten Gründe für die Wahl bestimmter Wirkungsfelder können vor einer kritischen Öffentlichkeit geltend gemacht werden?

– Wie soll mit potentiell konfligierenden Anliegen und Interessen aller Anspruchsgruppen einer Stiftung umgegangen werden? (machtorientiert oder verständigungsorientiert)

Ein Vertreter einer Stiftung formuliert die Pflicht und deren Umfang zur Begründung der Aktivitäten folgendermassen:

„Ich denke, letzten Endes muss sich eine Stiftung legitimieren, jawohl, gegenüber der Öffentlichkeit. Es gibt sonst einfach Probleme, denn wenn eine Stiftung steuerbefreit ist, dann hat sie eine Verantwortlichkeit gegenüber der Öffentlichkeit. Dann ist sie für das verantwortlich. Ich verstehe nicht, weshalb Stiftungen, die steuerbefreit sind, nicht rechtlich gezwungen sind, ihren Jahresbericht und ihre

---

[9] Vgl. hierzu auch die Empfehlungen zur Foundation Governance, die zur Zeit von einer schweizerischen Expertengruppe unter dem Patronat von SwissFoundations erarbeitet werden.

[10] *Ulrich,* 1987.

[11] Interview mit einem Mitglied der Kommission zur Schweizer Stiftungsrechtsrevision, 02. 04. 2004.

8.1 Die Prozessorientierung in einer Stiftung – Management für mehr Wirkung

Jahresrechnung vorzulegen. Das kann ich nicht nachvollziehen. Das kann ich nicht nachvollziehen, weil sich dort der Kreis schliesst. Und wir haben seit dem ersten Jahr, seit der Gründung, jedes Jahr einen Jahresbericht publiziert. Und das finde ich nicht nur ‚in Ordnung', sondern notwendig! Weil die Stiftung steuerbefreit ist, soll sie im Minimum durch die Offenlegung ihrer Tätigkeiten und Finanzen der Öffentlichkeit gegenüber Rechenschaft ablegen. Und das ist heute natürlich sehr leicht machbar: wir stellen unseren Jahresbericht mit dem Revisionsbericht auf unsere Web-Site, dann kann jeder nachschauen; er kann nachschauen, welche Projekte wir unterstützt haben. Sie sagen Legitimierung, ich sage Rechenschaft ablegen über das, was man macht."[12]

Neben eher nach aussen gerichteten Rechenschaftspflichten und Transparenzgrundsätzen geht es im Ethical Code of Conduct auch um die Werte der Zusammenarbeit innerhalb der Stiftung sowie um wichtige Werthaltungen der Mitarbeitenden. Diesbezüglich gilt es z. B. folgende Fragen zu beantworten:

– Wie sollen Entscheidungen getroffen werden und welche Ausstandsregelungen gibt es?
– Wie wird mit potentiellen Interessenskonflikten umgegangen?

Ein Stiftungsmanager formuliert pointiert das seiner Meinung nach notwendige Selbstverständnis in einer Stiftung:

„Jede Stiftung erbringt eine Dienstleistung, das ist einmal entscheidend. Und zwar eine Dienstleistung letztendlich im Interesse oder gemäss dem Willen des Stifters oder der Stifterin oder des Landes oder wer auch immer die Stiftung errichtet hat. Das erscheint mir ganz zentral. Man läuft, glaube ich, als Stiftungsmitarbeiter oder als Beirats- oder Vorstandsmitglied sehr leicht Gefahr, in eine Arroganz zu verfallen, weil man ja ausser dem eigenen Gremium niemandem Rechenschaft schuldig ist. Und wie gesagt, diese Arroganz zu vermeiden und mit gutem Management den Willen des Stifters oder der Stifterin zum Wohl der Gesellschaft umzusetzen, das erscheint mir zentral zu sein."[13]

Es empfiehlt sich, die Festlegungen der Stiftungspolitik in schriftlicher Form festzuhalten. Durch den Erarbeitungsprozess soll bei allen Organen und Mitarbeitenden einer Stiftung eine einheitliche Orientierung erlangt und die Identifikation mit der Stiftung unterstützt werden. Die Spezifizierung der Stiftungspolitik – und damit verbunden die Findung eines gemeinsamen Nenners unter den Stiftungsmitarbeitenden – muss ein erstes Mal während der Gründungsphase einer Stiftung stattfinden. Bei bereits bestehenden, aktiven Stiftungen findet ein solcher normativer (Re-)Orientierungsprozess jeweils dann statt, wenn sich das Umfeld ändert oder wenn zunehmend kontroverse Auseinandersetzungen bezüglich einer angemessenen Interpretation des Stiftungszwecks stattfinden.

---

[12] Interview mit dem Direktor einer grossen Schweizer Stiftung, 18. 03. 2004.
[13] Interview mit dem Geschäftsführer einer mittelgrossen Deutschen Stiftung, 30. 03. 2004.

Mit diesen Ausführungen soll keineswegs der Eindruck erweckt werden, eine Stiftung müsse vollständig transparent sein. Es gibt auch bei Stiftungen Themen und Entscheidungen, die sozusagen unter das Geschäftsgeheimnis einer Stiftung fallen. Dazu können auch bestimmte Festlegungen der Stiftungspolitik gehören. Grundsätzlich wird in dieser Arbeit aber die Position vertreten, *dass alles, was nicht ausdrücklich unter dieses Geschäftsgeheimnis fällt, auch in angemessener Form der Öffentlichkeit kommuniziert werden soll.* Dies dokumentiert Kompetenz und vermittelt Vertrauen.

Konkret bedeutet dies, alle zentralen Aussagen der Stiftungspolitik, die nicht den Charakter eines Geschäftsgeheimnisses haben, kurz und einprägsam in einem *Leitbild* zusammenzufassen. Ein attraktives Leitbild, welches das Grundanliegen und die Grundorientierung der Stiftung prägnant zum Ausdruck bringt, kann auf diese Weise als wichtige Leitschnur für die Mitarbeitenden und für interessierte Kreise der Öffentlichkeit dienen. In diesem Sinne ist der Wert eines überzeugenden Leitbilds vor dem Hintergrund eines wachsenden Legitimationsdrucks für Stiftungen nicht zu unterschätzen.

Der strategische Entwicklungsprozess

Im strategischen Entwicklungsprozess geht es um den Aufbau von *Voraussetzungen* (z. B. Schlüsselkompetenzen, Zugang zu Netzwerken, Ressourcen), die eine Umsetzung des Stiftungszwecks und eine langfristige, wirkungsvolle Arbeit erlauben. Der strategische Entwicklungsprozess bildet das Bindeglied zwischen dem normativen Orientierungsprozess und den operativen Vollzugsprozessen. Ausgehend vom Stiftungszweck und der Vision werden Wirkungsfelder definiert. Daran anschliessend stellt sich die Frage, welche Fähigkeiten und Schlüsselkompetenzen bereits in der Stiftung vorhanden sind, respektive welche für die Wertschöpfung aufgebaut werden müssen, um den Destinatären und somit der Gesellschaft einen nachhaltigen Nutzen stiften zu können. Massnahmenpläne beschreiben den konkreten Weg zur Erreichung der entwickelten strategischen Ziele. Ein Stiftungsmanager beschreibt die in seiner Stiftung ablaufenden strategischen Entwicklungsprozesse folgendermassen:

„Also, wir haben in den Statuten ein Ziel formuliert: den Stiftungszweck. Und um diesen Zweck zu erreichen, muss man zuerst Ziele herunter brechen, eine Vision dazu entwickeln: ‚Es wäre schön, wenn wir ...' Und nachher geht es wirklich darum, wie wir dorthin kommen. Und die Strategie, das sind dann viele Wahlentscheide. [...]. Und nachher wählt man das oder das, man hat vielleicht drei, vier Möglichkeiten zur Auswahl und sagt: ‚Also wir nehmen das und das'. Und so haben wir, nach den Statuten, ein Reglement und wir haben ein Visionspapier. Und dann gibt es für die einzelnen Bereiche Strategiepapiere. [...] Und so brechen wir das hinunter, so dass wir am Schluss zu Massnahmenplänen kommen. Was sind die Massnahmen am Schluss, damit das Ziel, das wir haben, möglichst gut erreicht werden kann. Diese Massnahmenpläne, das sind vielleicht zuerst noch Konzepte und dann sind das Jahrespläne."[14]

Der Strategieprozess einer Stiftung beinhaltet somit folgende fünf zentrale Elemente:

(1) Interpretation von Stiftungszweck und Stiftungspolitik

Den Ausgangspunkt der Entwicklung einer wirkungsvollen Stiftungsstrategie bildet eine sorgfältige Reflexion des *Stiftungszwecks* (Was war die Intention des Stifters?) und der *Stiftungspolitik* mit Vision, grundlegenden inhaltlichen Festlegungen und Ethical Code of Conduct (Was wollen wir unter Beachtung welcher Verhaltensgrundsätze erreichen?). Diese verbindlichen normativen Festlegungen sind ein unverzichtbarer Orientierungsrahmen für die Entwicklung einer nachhaltigen Stiftungsstrategie.

An die Auseinandersetzung mit den normativen Grundlagen einer Stiftung schliessen die folgenden Entwicklungsschritte an.

(2) Spezifikation der Wirkungsfelder

Um dem Anspruch der Erzielung gesellschaftlicher Wertschöpfung gerecht zu werden gilt es, sich den in der Stiftungsvision identifizierten Knappheiten anzunehmen und daraus abgeleitet konkrete Wirkungsfelder der Stiftung zu spezifizieren. Hierzu müssen sowohl stiftungsinterne als auch stiftungsexterne Gegebenheiten berücksichtigt werden. Die externe Analyse (Umweltanalyse) umfasst eine intensive Auseinandersetzung mit Umweltbedingungen und Trends in den Bereichen *Gesellschaft* (demografischer Wandel, Doppelgesicht der Individualisierung als Emanzipation auf der einen Seite sowie Überforderung und Vereinsamung auf der anderen Seite), *Politik* (Staatsverständnis, Entwicklung der öffentlichen Haushalte), *Technologie* (Unterstützungsmöglichkeiten durch neue Informations- und Kommunikationstechnologien), *Recht* (Gemeinnützigkeitsdefinition und Publizitätsvorschriften) und *Wirtschaft* (Globalisierung, Konzentration auf Kernkompetenzen, wachsender Leistungsdruck auf die Mitarbeitenden, finanzmarktorientierte Führung).

Die Umweltanalyse soll eine Stiftung dahingehend befähigen, geeignete Wirkungsfelder zu identifizieren. Anschliessend sind für jedes Wirkungsfeld Ziele zu definieren und die spezifischen Schlüsselkompetenzen und Ressourcen zu bestimmen, die zu seiner Bearbeitung notwendig sind. Ein Wirkungsfeld zeichnet sich einerseits durch die Möglichkeit aus, die Vision der Stiftung optimal umzusetzen. Andererseits dienen klar abgrenzbare Wirkungsfelder dazu, sich innerhalb der Stiftungslandschaft wirkungsvoll zu positionieren – und zwar nicht im Sinne eines

---

[14] Interview mit dem Geschäftsführer einer grossen Schweizer Stiftung, 23. 03. 2004.

„Verdrängungswettbewerbs" zwischen Stiftungen, sondern um die *gesamtgesellschaftlich verfügbaren* Stiftungsressourcen optimal zur Beseitigung gesellschaftlich bedeutsamer Knappheiten einzusetzen. Nachhaltige Stiftungsstrategien sind in diesem Sinne nie Wettbewerbs-, sondern immer *Kooperationsstrategien* mit dem Ziel einer Nutzung von Synergien.

Positionierungsentscheidungen bei der Wahl von Wirkungsfeldern können in zwei Richtungen erfolgen: Entweder können solche Entscheidungen auf *Pionierarbeit (Social Entrepreneurship)* und *Einzigartigkeit* der Stiftungstätigkeit abzielen. Dann wird ein Wirkungsfeld gewählt, in dem sich noch keine Stiftung engagiert, das jedoch eine relevante gesellschaftliche Knappheit darstellt. Oder es kann ein Wirkungsfeld gewählt werden, in dem bereits ein Engagement von Stiftungen besteht. In einem solchen Fall gilt es, sich „synergetisch" so zu positionieren, dass die spezifischen Anstrengungen aller Stiftungen die gesellschaftliche Wertschöpfung im identifizierten Wirkungsfeld erhöhen und nicht auf Grund von „Doppelspurigkeiten" wichtige Ressourcen suboptimal eingesetzt werden. Mit anderen Worten geht es in einer solchen Konstellation darum, Nischen zu besetzen oder gezielte Kooperationen mit anderen Stiftungen (oder weiteren gesellschaftlichen Institutionen) einzugehen.

Kooperationsstrategien sollten bei jeglichen Positionierungsentscheidungen geprüft werden, denn sie sind insbesondere dann sehr sinnvoll, wenn durch ein Pooling von Ressourcen (Schlüsselkompetenzen, Betreuungskapazitäten oder Finanzen) eine kritische Masse von nachhaltiger Wirkung erreicht werden kann, die ein solches Wirkungsfeld zunehmend auch für Andere attraktiv erscheinen lässt.

(3) Analyse der Fähigkeiten

Eine optimale Ausschöpfung der identifizierten und ausgewählten Wirkungsfelder bedarf einer Vielzahl von spezifischen Fähigkeiten. Ausgehend von den definierten Wirkungsfeldern und Wirkungszielen einer Stiftung muss ein Soll-Profil an Fähigkeiten spezifiziert werden, die für eine kompetente Abwicklung des Wertschöpfungsprozesses (Projektakquisition und Antragsbearbeitung, Projektselektion und Entscheid, Projektcoaching und Evaluation sowie Projektabschluss und Ergebnissicherung) unerlässlich sind. Dieses Soll-Profil wünschbarer Fähigkeiten muss dem Ist-Profil verfügbarer Fähigkeiten gegenübergestellt werden. Deshalb müssen mit Hilfe einer internen Analyse die in der Stiftung bestehenden und historisch entwickelten Fähigkeiten, Schlüsselkompetenzen und Stärken identifiziert werden. Daraus kann der Qualifizierungs- und Entwicklungsbedarf einer Stiftung abgeleitet werden, d. h. eine Spezifikation der zusätzlich benötigten, noch aufzubauenden Fähigkeiten.

Darüber hinaus muss sich eine Stiftung basierend auf dieser Fähigkeitenanalyse Gedanken über die vertikale Wertschöpfungstiefe machen, d. h. was will man als

Stiftung selbst durchführen oder welche strategisch nicht relevanten Aktivitäten können ausgelagert werden („Outsourcing", z. B. Finanzanlage, IT-Betreuung).

(4) Bereitstellung der Ressourcen

Um die Wirkungsfelder effektiv bearbeiten zu können, müssen neben spezifischen Fähigkeiten auch Überlegungen zu den benötigten Ressourcen angestellt werden. Ressourcen bestehen sowohl aus materiellen (z. B. Geld, Infrastruktur) als auch aus immateriellen Mitteln (z. B. Kontakte, Wissen, Zugang zu Netzwerken oder potentiellen Zustiftern). Die erforderlichen Entscheidungen der Allokation von Ressourcen zu Wirkungsfeldern und Projekten müssen dabei unter Beachtung der gesamten Stiftungsaktivität erfolgen. Einerseits binden bestehende Verpflichtungen Ressourcen, andererseits erfordern mögliche weitere Wirkungsfelder zur effektiven Bearbeitung zusätzliche oder andersartige Ressourcen.

(5a) Erstellung eines Massnahmenplans und eines strategischen Projektportfolios

Strategische Ziele bleiben kaum mehr als hehre, unverbindliche Absichtserklärungen, wenn sie nicht in Arbeitspaketen operationalisiert werden. In diesem Sinne kann die Bearbeitung jedes Wirkungsfelds einer Stiftung in ein oder mehrere strategische(s) Projekt(e) münden, für die Ziele sowie konkrete Aktivitäten und Meilensteine formuliert werden müssen. Wegleitend sind hierzu die Stiftungspolitik und die strategischen Wirkungsziele der Stiftung insgesamt. In die einzelnen Projektpläne gehören zusätzlich Angaben zu den benötigten Fähigkeiten und Ressourcen, zu möglichen Abhängigkeiten zwischen den einzelnen Wirkungsfeldern und Projekten und zu den Verantwortlichkeiten für die einzelnen Projekte. Projekte sind erst dann umgesetzt, wenn die definierten Meilensteine und angestrebten Wirkungen (Ziele) erreicht sind. Das Erarbeiten eines Portfolios aufeinander abgestimmter strategischer Projekte muss daher zwingend auch Angaben zur *Form der Evaluation* der Wirkungen der geleisteten Arbeit einer Stiftung enthalten.

(5b) Strukturierung der operativen Abläufe

Eine sorgfältige Strukturierung der operativen Vollzugsprozesse, verstanden als Festlegung von Grunddesign und Führungskenngrössen dieser Prozesse, schliesst den strategischen Entwicklungsprozess ab. Dazu gehören auch Vorgaben, die z. B. Selektionskriterien zur Projektauswahl, ein Evaluationskonzept zur Bewertung der Projektergebnisse und der Stiftungstätigkeit insgesamt betreffen. Am Beispiel der Selektionskriterien zur Projektauswahl bedeutet dies die Erarbeitung eines kohärenten Kriterienrasters, das aus dem Stiftungszweck und der daraus entwickelten Vision abzuleiten ist.

Ein strategischer Entwicklungsprozess muss ohne Zeitdruck und losgelöst vom operativen Druck des Alltagsgeschäfts durchgeführt werden können, z. B. im Rahmen eines Strategie-Workshops. Es gilt Rahmenbedingungen zu schaffen, die der Stärkung von Kreativität und Vorstellungskraft aller Beteiligten förderlich sind. Strategie-Workshops sind nach Venzin oft geprägt durch hohe Komplexität, Unsicherheit, politische Prozesse, starke Emotionen oder gar persönliche Eitelkeiten.[15] Durch professionelles Vorbereiten, Moderieren und Nachbereiten können diese Herausforderungen bewältigt werden. Strategie-Workshops sind keine „Zeitverschwendung" oder rein formale Veranstaltungen, die wenig mit dem „wirklichen" Geschäft zu tun haben, vielmehr zwingen sie die Entscheidungsträger in einer Stiftung, sich systematisch und kreativ mit der Stiftung und ihrem Umfeld auseinander zu setzen. Eine Stiftung muss sorgfältig klären, wie der Ablauf der einzelnen Schritte zur Strategieentwicklung aussehen soll, wer in einen solchen Strategiefindungsprozess einbezogen und wie viele Ressourcen (Geld und Zeit) für einen solchen Prozess bereitgestellt werden sollen.

Die operativen Vollzugsprozesse

Der Wertschöpfungsprozess dient der Umsetzung der im Verlauf der Strategieentwicklung festgelegten Ziele zur Umsetzung des Stiftungszwecks. Der Prozess ist unmittelbar auf die Erzeugung von gesellschaftlichem Nutzen ausgerichtet. Unterstützungsprozesse dienen der Bereitstellung der Infrastruktur und der Erbringung interner Dienstleistungen, die notwendig sind, damit der Wertschöpfungsprozess effektiv und effizient vollzogen werden kann.

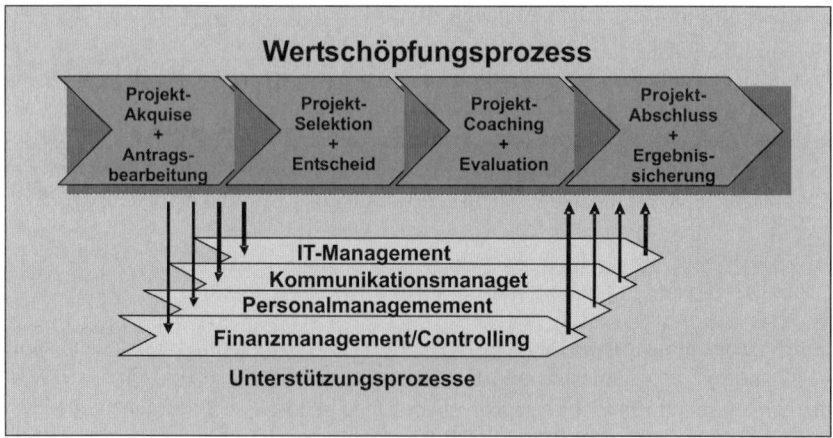

Abb. 3: Ausdifferenzierter Wertschöpfungsprozess und die dazugehörigen Unterstützungsprozesse in Stiftungen

---

[15] *Venzin,* 2003.

Die Festlegungen auf normativer und strategischer Ebene strukturieren die Arbeit der Entwicklung und Optimierung der operativen Vollzugsprozesse.

Der Wertschöpfungsprozess

Vergabestiftungen sind nicht blosse Finanzintermediäre, Kapitalprovider oder Umverteiler finanzieller Mittel, auch wenn der Umverteilungsgedanke durchaus seine Berechtigung hat und immer wieder zitiert wird.[16] Bei einer Positionierung eher als Katalysator einer gesellschaftlichen Entwicklung und weniger als Finanzintermediär, haben sie jedoch mit dem „Handicap" der „creating value through others"[17] zu kämpfen. Es gilt, „dass moderne Stiftungen keine Intermediäre zwischen den Handelnden im gemeinnützigen Sektor und ihren Förderern, sondern selbst Handelnde in der Arena [der gesellschaftlichen Weiterentwicklung, Anm. d. Autoren] sind – oder zumindest sein sollten".[18] Die im Laufe der Stiftungstätigkeit von der Stiftung in Zusammenarbeit mit externen Partnern hergestellten „Produkte", wie z. B. Anwaltschaft für Themen, Dienstleistung für die Allgemeinheit und organisierte Selbsthilfe, oder allgemein: „soziales Kapital"[19], weisen auf das Projektmanagement als zentralen Wertschöpfungsprozess einer Stiftung hin.

Durch die Besonderheit des „creating value through others" weist der Prozess eine hohe Komplexität mit vielen Einflussfaktoren auf. Neben der grundsätzlichen Unsicherheit bei der Stiftungstätigkeit durch unvorhersehbare Umweltentwicklungen (z. B. Hundefängerstiftung[20], Säkularisierung[21]) besteht insbesondere bei Vergabestiftungen durch die Zusammenarbeit mit externen Personen oder Institutionen eine Principal-Agent-Problematik.[22] Diese Problematik bezieht sich auf die Schwierigkeiten, die bei unvollständiger und asymmetrischer Information zwischen der Stiftung (Principal) und dem Destinatär (Agent) entstehen können. Die Stiftung braucht qualifizierte Destinatäre, um den Stiftungszweck realisieren zu können. Die Schwierigkeit besteht darin, dass die Stiftung das Engagement und / oder die Qualitäten eines Destinatärs nur mit Einschränkungen erkennen kann.

---

[16] *Prewitt,* 1999 und die dort angegebene Literatur.

[17] *Porter / Kramer,* 1999, S. 123.

[18] *Strachwitz,* 1998, S. 25; ähnlich auch *Anheier,* 2000.

[19] Vgl. *Strachwitz,* 2001, S. 3.

[20] Die Hundefängerstiftung aus dem Nürnberg des 16. Jahrhunderts verfolgte den Zweck, die Anzahl streunender Hunde in der Stadt und den Kirchen einzudämmen. Aufgrund fehlender streunender Hunde (Wegfall des Stiftungszwecks) wurde das Stiftungskapital zugunsten eines Spitals umgewidmet (vgl. *Borgolte,* 2001).

[21] Mit Säkularisierung wird der Übergang von Begriffen und Vorstellungen aus einem primär religiösen in einen allgemeineren Kontext von Philosophie und Zeitgeist bezeichnet. Dies bewirkt z. B. im Stiftungsbereich ein zunehmendes Transparenz- und Informationsbedürfnis einer allgemeinen, zunehmend kritischen, Öffentlichkeit als „Nutzniesser" und „Träger" einer Stiftung.

[22] Vgl. *Jensen / Meckling,* 1976; *Eisenhardt,* 1989.

Gegenseitiges Vertrauen und angemessene Verfahren der projektbegleitenden Evaluation sind somit unverzichtbar. Allerdings können zwischen Förderungsaktivitäten und erkennbarer Wirkung bei den Adressaten dieser Förderaktivitäten (z. B. Völkerverständigung) erhebliche Time Lags bestehen.

Vor diesem Hintergrund lässt sich der Wertschöpfungsprozess (Projektmanagement) in vier wichtige Teilprozesse unterteilen:

(1) Projekt-Akquisition und Antragsbearbeitung

Was in der Geschäftswelt die Kundenakquisition darstellt, verkörpert in Stiftungen die Projektakquisition, d. h. die gezielte Ansprache geeigneter Destinatäre, die Suche von Projekten und die Spezifikation von Projektanträgen, die dem kommunizierten Stiftungszweck und dessen strategischer Konkretisierung in Wirkungsfeldern gerecht werden können. Zunehmend verschwinden jedoch die Grenzen zwischen einer klassischen Vergabestiftung (sie trifft ihre Auswahl aufgrund eingegangener Projektanträge) und einer operativen Programmstiftung (sie bearbeitet ihre Themen selbst), indem Vergabestiftungen verstärkt auch eigene Themen lancieren – im Sinne eines aktiven „change agents" zur Weiterentwicklung der Gesellschaft – und mögliche Partner gezielt identifizieren und proaktiv zur Antragsstellung auffordern.

Der Eingang des Projektantrages wird dem Antragssteller bestätigt, zusammen mit einer Beschreibung des weiteren Bearbeitungsprozesses und -zeitraumes. In dieser ersten Phase kann auch eine Vorselektion erfolgen, wobei die offensichtlich nicht unter den Stiftungszweck fallenden Projekte ohne weitere interne Prüfung eine Absage erhalten. Um einen effizienten Selektionsprozess zu ermöglichen, empfiehlt es sich, die potentiellen Projekte für die weitere Prüfung in geeigneter Weise aufzubereiten, z. B. Erfassung bestimmter Inhalte in einem Formular, rechtzeitige Versendung der Unterlagen an die zuständigen Personen und Gremien.

(2) Projekt-Selektion und Entscheid

Die Selektion erfolgt aufgrund vorgängig entwickelter, auf den Stiftungszweck und daraus abgeleiteter Wirkungsfelder angepasster Kriterien. Der Selektionsprozess kann mehrstufig ablaufen, indem neben der Geschäftsführung und dem Stiftungsrat zusätzlich externe Gutachter oder ein institutionalisierter Beirat eine fachliche Beurteilung des Antrages vornehmen.

Ein Beispiel eines Selektions- und Entscheidungsprozesses beschreibt das folgende Zitat eines Stiftungsmanagers:

> „Ich leite die Anträge von den Bereichssparten her auf die Mitarbeiter weiter und sage in vielen Fällen bereits einen Kurzkommentar [...] Das ist so die erste Vorselektion. Das Dossier als solches geht also zur zuständigen Sachbearbeiterin, die dann in direktem Ge-

spräch mit dem Gesuchsteller – dort wo wir das Gefühl haben, es ist positiv – Kontakt aufnimmt. Bei jedem Gesuch hat es noch gewisse Fragen, haben wir Kriterien. Und wir wollen auch ein wenig im persönlichen Gespräch herausspüren, mit welcher Art von Leuten wir es zu tun haben. Man bekommt ein wenig ein Gespür. Und dann ist es so, dass man bei grösseren Projekten – ich sage 50.000 und aufwärts – vor Ort gewesen sein muss, einfach um die ganze Geschäftsleitung vor Ort gesehen zu haben. Da gibt es Überraschungen auf beiden Seiten. Das Gesuch sieht z. B. formal super aus, aber dass was dann eigentlich da gemacht wurde, nicht dem entspricht, wir uns darunter vorstellen. Oder, und das ist noch mehrfach der Fall, gerade im sozialen Bereich, dass schlechte Unterlagen abgegeben wurden, aber vor Ort ist es eigentlich eine hervorragende Organisation. Anschliessend kommen die Sachbearbeiter dann zu mir, auch für die Absagen. Sie teilen mir einfach schnell mit – in Kürze – wo das Problem ist und dann wird denen effektiv gleich abgesagt. Das passiert also innert weniger Tage. Die positiven besprechen wir dann noch einzeln – da will ich wissen, was die genau machen, weshalb kostet es so viel usw. Das sind einfach so die Fragen. Also Sie sehen: eine Trennung eigentlich, ja es ist dreifach, es ist einmal die Sachbearbeiterstufe, dann ich – ich sehe meine Aufgabe darin, einfach als Gesprächpartner da zu sein, weil vielfach ist man manchmal auch froh, wenn ein anderer auch noch eine Meinung dazu gibt. [...] Und dann geht es auf die Stufe des Stiftungsratsausschuss bestehend aus drei Stiftungsräten. [...] Das ist das Gremium, das definitiv entscheiden kann bis zu einer Limite von 100.000 Franken. Also 98 Prozent wird dort erledigt – alles darüber geht in den Stiftungsrat. [...] Das ist die Arbeitsteilung – und wir haben das Gefühl, dass wir Absagen relativ schnell haben, dass gibt eine gewisse Planungssicherheit. Wir haben vier Sitzung pro Jahr – man kann damit rechnen, immer vorausgesetzt die Unterlagen sind vollständig, dass innerhalb von drei Monaten ein Entscheid vorliegt.".[23]

Neben den inhaltlichen Kriterien muss das beantragte finanzielle Projektvolumen in einem sinnvollen Verhältnis zum Budget des jeweiligen Arbeitsschwerpunktes stehen. Basierend auf diesen Beurteilungen erfolgt vom Stiftungsrat ein anhand der Auswahlkriterien begründeter Entscheid über den Projektantrag. Zur Spezifikation der gegenseitigen Erwartungen werden in Form eines Vertrages dezidierte (Teil-)Projektziele, Milestones, Publikations- und Kommunikationsvereinbarungen formuliert.

(3) Projekt-Coaching und Evaluation

Die Projektbegleitung durch eine Stiftung kann vom reinen Financier einer Projektidee bis hin zum inhaltlichen und / oder methodischen Coach reichen.

Ähnliches gilt auch für die Evaluation, die laufend, periodisch oder einmalig am Ende des Projekts erfolgen kann. Hierbei ist jedoch anzumerken, dass eine periodische Evaluation, angepasst an die Laufzeit des Projekts sinnvoll erscheint, um etwaige Fehlentwicklungen hinsichtlich der vereinbarten Projektziele frühzeitig erkennen zu können und gegebenenfalls Anpassungen zu initiieren. Ein Stiftungs-

---

[23] Interview mit dem Geschäftsführer einer mittelgrossen Schweizer Stiftung, 23. 03. 2004.

manager formuliert einen möglichen Ansatz für die Projektevaluation folgendermassen:

„Also, es gibt diese Schenkungsvereinbarung, in dieser Schenkungsvereinbarung gibt es Pflichten, z. B. zweimal im Jahr einen Report, also das Reporting ist ganz genau geregelt, auch mit von uns vorgegebenen Formularen. Da kann einer nicht einfach schreiben, was ihm in den Sinn kommt. Diese werden zu uns zurückgesendet und dann werden die durchgelesen vom Programmleiter. Da werden Notizen gemacht, Fragezeichen, dann wird angerufen, der Zwischenbericht oder der Jahresbericht wird diskutiert, meistens telefonisch, ab und zu kommen die Projektnehmer auch vorbei. Und dann klärt man diese Sachen. Entweder muss der Partner etwas ändern, weil wir das Gefühl haben, das ist nicht so, wie geplant Wir haben ja dann das Proposal, das er eingegeben hat und dann fragt man, ja was ist denn das? Warum ist das anders? Das ist das, was wir selbst machen. Und das andere ist, wir suchen Experten zu den einzelnen Projektthemen. Wir schlagen diese dem Partner vor und fragen: ‚Sind Sie einverstanden?' Der muss einverstanden sein mit diesem Partner, also mit diesem Experten. Und sie sagen ‚Ja, ich finde der ist kompetent, ist gut usw.'. Dann geht der mit einem Tool, das wir ihm vorgegeben haben – also wir sind der Auftraggeber nach z. B. Südafrika. Und er läuft durch diese Projekte hindurch, fragt die Sachen, die wir im Vorfeld besprochen haben, schaut. Das wollen wir dann wissen. Den Evaluationsbogen sieht der Partner nicht, sondern den sehen nur der Experte und wir".[24]

(4) Projekt-Abschluss und Ergebnissicherung

Damit die Stiftung durch die Förderung von Projekten ihrer Rolle als Katalysator gesellschaftlicher Innovationen wirkungsvoll gerecht werden kann, bedarf es bei Projekt-Abschluss einer umfassenden, transparenten Ergebnissicherung. Sie bietet die Chance, in Folgeprojekten auf die bisherigen Erkenntnisse und Erfahrungen zurückzugreifen. Dies gilt nicht nur für eigene Projekte, sondern für alle jene, welche sich ebenfalls mit diesen Themen auseinander setzen. Die Stiftung wird so zu einem in der „Wissensgesellschaft" immer wichtig werdenden Knowledge-Generator und Knowledge-Broker mit dem Potential der aktiven Gestaltung und Weiterentwicklung der im Stiftungszweck liegenden Themengebiete.

Die Unterstützungsprozesse

Zu den Unterstützungsprozessen in einer Vergabestiftung, die notwendig sind, damit der Wertschöpfungsprozess effektiv und effizient vollzogen werden kann, gehören folgende Bereiche:

(1) Finanzmanagement und Controlling

Die hier zusammengefassten Prozesse umfassen zum einen die auf Kriterien basierende Anlageentscheide des Stiftungsvermögens, z. B. dem Stiftungszweck

---

[24] Interview mit dem Geschäftsführer einer grossen Schweizer Stiftung, 23. 03. 2004.

zuträgliche Investments. Dazu zählen auch Entscheide über das Outsourcing der Vermögensbewirtschaftung sowie eine periodische Überwachung der Vermögensentwicklung. Für spendensammelnde Stiftungen sowie Stiftungen in Erwartung von Zustiftungen stellen sich besondere Anforderungen, z. B. Prüfung der Herkunft der Gelder, und Verknüpfungen mit anderen Unterstützungsprozessen, z. B. Kommunikationsmanagement.

Zum anderen sind Prozesse des Budgetierens und der Buchhaltung angesprochen, die eine wichtige Grundlage für ein reibungsloses Funktionieren der Stiftungstätigkeit notwendig sind. Im Bereich der Budgetierung erfolgt die Zuteilung der einer Stiftung zur Verfügung stehenden Gelder zu den jeweiligen Tätigkeitsbereichen oder Arbeitsschwerpunkten. Damit verbunden muss auch eine Liquiditätsplanung erfolgen, die garantiert, dass die benötigten Förderbeträge zum richtigen Zeitpunkt verfügbar sind.

(2) Personalmanagement

Prozesse des Personalmanagements beziehen sich auf die Auswahl und Weiterbildung der Stiftungsmitglieder im Hinblick der notwendigen Kompetenzen, die in einer Stiftung vertreten sein müssen. Dieser Personenkreis umfasst die Geschäftsführung und den Stiftungsrat einer Stiftung, aber auch weitere Gremien (Beirat) und externe Experten (Gutachter), für die jeweils spezifische Anforderungskriterien erarbeitet werden müssen. Besondere Überlegungen sind erforderlich im Bereich der ehrenamtlichen Tätigkeit, respektive Entlohnung / Entschädigung von im Dienste der Stiftung stehenden Personen.

(3) Kommunikationsmanagement

Dieser Unterstützungsprozess dient extern dem Aufbau von Verständigungspotentialen mit der kritischen Öffentlichkeit respektive den relevanten Stakeholdern, wobei Rechenschaft über die Stiftungstätigkeit abgelegt wird. Das Kommunikationsmanagement wirkt aber ebenso intern, indem der Stiftungszweck, die langfristigen Stiftungsziele, sowie die ausgewählten Wirkungsfelder den Mitarbeitern deutlich werden und bei der täglichen Arbeit als handlungsleitende Orientierungspunkte dienen.

(4) IT-Management

Das IT-Management dient der informationstechnologischen Aufbereitung von Projekt-, Finanz- und Geschäftsdaten der Stiftung sowie deren zeitgerechte Bereitstellung als Führungsgrössen zur Prozessführung. Zusätzlich zu den Führungsgrössen ergeben sich durch die heute zur Verfügung stehenden Informations- und Kommunikationstechnologien Potentiale zur Steigerung der Effizienz und Effektivität, z. B. bei der Bekanntmachung der Förderschwerpunkte und Auswahlkriterien im Internet zur Vermeidung einer „Antragsflut" nicht dem Stiftungszweck entsprechender Projekte.

Zusammenfassend kann festgestellt werden, dass die operativen Vollzugsprozesse in einer Stiftung sich wechselnden Anforderungen anpassen müssen. Die Prozessgrenzen der Teilprozesse der Wertschöpfung, wie auch jene zwischen diesen und den Unterstützungsprozessen sollten dabei klar definiert, jedoch so aufeinander abgestimmt werden, dass eine optimale Durchgängigkeit erreicht werden kann.

Ausblick

Die Auseinandersetzung mit den eigenen Abläufen und Alltagsroutinen gehört zu den anspruchsvollsten Managementaufgaben.[25] Menschen denken eher in Bildern als in Filmen. Deshalb arbeiten wir lieber an der Aufbauorganisation als an der Strukturierung von Abläufen. Genau dort aber, in den einzelnen Prozessen, die wir als Aufgabensysteme begreifen, entscheidet sich, ob die Anstrengungen der Beteiligten zu einer anerkannten Wertschöpfung bei den Anspruchsgruppen führen oder wirkungslos verpuffen.

Die Forderung nach systematischem Prozessmanagement impliziert nicht den Aufbau einer unnötigen Bürokratie, sondern eine – von der angestrebten Wirkung der Stiftung her begründete – systematische Auseinandersetzung mit dem, was Menschen im Alltag oft in einer mehr oder weniger selbstverständlichen Weise tun. Prozessmanagement meint deshalb methodisch angeleitete Reflexion von Selbstverständlichkeiten mit dem Ziel einer nachhaltigen Ausschöpfung von Optimierungspotentialen in der alltäglichen Wertschöpfung.[26]

Den Ausgangspunkt bilden hierzu die normativen Festlegungen der Stiftungstätigkeit, d. h. die Stiftungspolitik. Diese bildet die Grundlage für die Strategie einer Stiftung und diese wiederum die Grundlage für die Gestaltung und Entwicklung von operativen Vollzugsprozessen, die gleichermassen wirkungsorientiert und effizient sein sollten. Um die Abläufe herum, d h. um klare Vorstellungen, wie die Wertschöpfung idealerweise erbracht werden sollte, ist schliesslich die Aufbauorganisation einer Stiftung zu bauen.

In Erweiterung von Chandler gilt somit: *Structure* (Aufbauorganisation) follows *Processes* (operative Wertschöpfungs- und Unterstützungsprozesse) follow *Strategy* (strategische Ziele) follows *Identity* (Stiftungspolitik).[27] Mit anderen Worten muss auf Basis des (normativ und strategisch begründeten) Aufgabenportfolios

---

[25] *Weick/Sutcliffe,* 2003.
[26] Vgl. hierzu ausführlich *Rüegg-Stürm et al.,* 2004.
[27] *Chandler,* 1962.

einer Stiftung zuerst die Ablauforganisation (Prozesse) entwickelt und dann die dazu „passende" Aufbauorganisation (Strukturen) festgelegt werden. Prozesse und Strukturen stehen ihrerseits im Dienste einer wirkungsvollen Zweckerfüllung einer Stiftung.

8.2 Transparenz / Öffentlichkeitsarbeit

Von Ulrich Brömmling

Mit dem rasanten Anstieg der Stiftungserrichtungszahlen in den vergangenen dreißig Jahren und hier vor allem in den Jahren seit der Wiedervereinigung kommt den Stiftungen eine größere Bedeutung in der Gesellschaft zu. Die Politik erkennt verstärkt die Chancen, die durch Stiftungen für die Gestaltung des Gemeinwohls bestehen. Über die Sonntagsreden hinaus ist zu erkennen, dass der Staat in Stiftungen gesellschaftliche Akteure begrüßt, die Finanzierungslücken des Staates zumindest teilweise schließen. Dabei ist es unerheblich, ob sich die Stiftungen in diese Pflicht nehmen lassen wollen oder gar können.

Gleichwohl loben Politiker Stiftungen auch als wichtiges ordnungspolitisches Element der demokratischen Gesellschaft. Der selbstlose Einsatz der Stifterinnen und Stifter für Dritte zeige gleichzeitig die Zustimmung der stiftenden Bürger zur Staatsordnung.

Mit den neuen Aufgaben und der gewachsenen Bedeutung der Stiftungen in Deutschland beginnt sich auch die Öffentlichkeit für das Wesen und die Arbeit von Stiftungen zu interessieren. Verhältnismäßig spät haben diesen Trend auch die Medien erkannt, deren Berichterstattung über das Stiftungswesen nun einen ernst zu nehmenden Umfang erreicht hat.

Obgleich Stiftungen verglichen mit anderen Organisationen einen guten Leumund haben – Stiften gilt allgemein als Großtat, als gesellschaftlich anerkennenswert –, ist das Interesse der Öffentlichkeit nicht ausschließlich wohlmeinend. Mit den Lobrednern auf das Stiftungswesen, mit der zunehmenden Berichterstattung melden sich auch die Kritiker von Stiftungen zu Wort. Fragen nach der Berechtigung von Steuervergünstigungen für Stifter und Stiftungen, nach der Reziprozität von Eliten im Stiftungswesen, nach demokratischem Willensbildungsprozess in Stiftungen und der Kontrollierbarkeit von Missbrauch finden Eingang in die Kommentare von Politikern, Experten und Journalisten.

Die Stiftungen reagieren sowohl auf das grundsätzlich positive Stiftungsklima als auch auf kritisches Nachfragen und informieren stärker als vor 20 Jahren die Öffentlichkeit über ihre Tätigkeit. Von professioneller Öffentlichkeitsarbeit ist die Mehrzahl der Stiftungen allerdings noch weit entfernt. Häufig fehlt ein Bewusstsein für die Rolle, die die Stiftung in der Gesellschaft einnimmt, nicht einmal die Funktion im lokalen Zusammenspiel der Kräfte ist diskutiert. Oft fehlt sogar eine Positionierung zu Art und Inhalt der Tätigkeit; dies gilt vor allem für die kleineren

8.2 Transparenz / Öffentlichkeitsarbeit

Förderstiftungen. Die Achtung des Stifterwillens beschränkt sich in der Regel auf das Selbstvertrauen, mit der Befolgung des Stiftungszweckes dem Stifterwillen Genüge zu tun.

Die heutige Öffentlichkeitsarbeit von Stiftungen ist daher als willkürlich und zufällig zu bezeichnen, auch wenn immer mehr Stiftungen professionelle Public Relations betreiben. Aus unterschiedlichen Gründen bleiben Stiftungen häufig Antworten über Höhe des Stiftungsvermögens oder Umfang der Ausgaben für den Stiftungszweck und weitere Daten schuldig.[1] Zum einen verweisen die Stiftungsvertreter in diesen Fällen auf die Unmöglichkeit der Bewertung von Teilen des Vermögens (Kunstgegenstände, historische Bauwerke), zum anderen scheuen sie die Vergleichbarkeit mit anderen Förderungen oder An- und Einsprüche Dritter. Häufig bezweifelt, aber dennoch nicht völlig von der Hand zu weisen ist die Berechtigung einer Angst von nicht zu bewältigenden Bergen von Förderanträgen, wenn Medien über Stiftungen berichten oder Stiftungsverzeichnisse und Register Stiftungen mit Adressangaben führen.

Eng verbunden mit der Öffentlichkeitsarbeit einer Stiftung ist die Frage nach der Transparenz im Stiftungswesen. Sie geht zum einen der Forderung nach verstärkter Öffentlichkeitsarbeit von Stiftungen voraus. Zum anderen ist sie ein tatsächliches Motiv der Stiftungen, die in Medien und Gesellschaft in besonderer Weise präsent sind. Es geht hier um das Einlösen der Verpflichtung, die eine Stiftung mit der Freistellung von Steuern eingegangen ist. Mit der Dokumentation ihrer Tätigkeit können Stiftungen zeigen, dass sie mit ihren operativen Projekten oder der Fördervergabe das Gemeinwohl fördern und damit die steuerliche Sonderbehandlung zu Recht genießen.[2]

Die wissenschaftliche Erkenntnis über Öffentlichkeitsarbeit von Stiftungen ist dürftig. Bis auf eine Pilotstudie von Jens Marquardt an der Universität Göttingen aus dem Jahr 1999 liegen kaum belastbare Ergebnisse vor. Der Studie vorausgegangen war eine 3-Monats-Arbeit desselben Autors über die „PR-Arbeit von Stiftungen".[3] Auch aus den Göttinger Studien lässt sich eine Entwicklung kaum nachvollziehen – bis auf die Erkenntnis, dass Stiftungen ihre Öffentlichkeitsarbeit intensiviert haben. Ernst zu nehmende Erkenntnisse zum Themenbereich gibt es ohnehin erst seit 1994 mit dem Handbuch „Stiftungen – nutzen, führen und errichten", das die Öffentlichkeitsarbeit speziell von Stiftungen erwähnt. Dem Handbuch

---

[1] So macht die Fuggerei mit Hinweis auf die Nichtbewertbarkeit von Kirchen und denkmalgeschützten Bauwerken keine Angaben zur Höhe des Stiftungsvermögens; die Stuttgarter Breuniger Stiftung veröffentlicht keine Zahlen zur operativen Tätigkeit und zur Projektförderung sowie zur namentlichen Zusammensetzung des Kuratoriums.

[2] *Helmut Anheier:* „Hier sind Stiftungen und ihre Verbandsvertreter dazu aufgerufen, durch Öffentlichkeitsarbeit und erhöhte Transparenz zu einem besseren Verständnis von Stiftungen beizutragen." Helmut Anheier Zukunftsinvestitionen in die Gesellschaft. Renaissance des Stiftungswesens, in: Das Parlament 32 / 33. 3. / 10. August 2001.

[3] *Jens Marquart:* PR-Arbeit mit Stiftungen. 3-Monats-Arbeit im Rahmen der Prüfung für Diplom-Kaufleute an der Georg-August-Universität Göttingen. 10. Dezember 1996

Stiftungen der Bertelsmann Stiftung aus dem Jahr 1998 ist ein umfassender Aufsatz über Public Relations für Stiftungen zu verdanken, der unter anderem die Unterscheidung von Projekt-PR und Cororate-PR vornimmt. Weitere Publikationen erschöpfen sich in der Regel auf die Darstellung der Öffentlichkeitsarbeit einzelner Stiftungen.[4]

Die Anforderungen an die Öffentlichkeitsarbeit von Stiftungen unterscheiden sich stark von denen an gelungene Public Relations von Unternehmen. Gleichzeitig krankt sie genau an diesen Unterschieden: Ratgeber gehen selten auf die Besonderheiten von Stiftungs-PR ein, selbst wenn sie sich mit der Öffentlichkeitsarbeit von gemeinnützigen Organisationen beschäftigen. Ähnlich wie in nebengeordneten Gestaltungssegmenten (Personalführung, Controlling) und in Teilen der Kommunikation (Beschwerdemanagement, Krisen-PR) stehen Stiftungen auch bei der Öffentlichkeitsarbeit vor der schwierigen Aufgabe, einerseits zwar professioneller zu arbeiten als bisher, andererseits nicht die Managementmodelle aus dem Sektor der Privatwirtschaft unmodifiziert zu übernehmen.

Unkenntnis über den Umgang mit der Öffentlichkeitsarbeit im Allgemeinen und den Medien im Besonderen herrscht bei den Verantwortlichen in den Stiftungen, die häufig ehrenamtlich die Geschäfte der Stiftung führen, oft aber auch als Hauptamtliche bislang wenig Erfahrung mit den gängigen Kommunikationstechniken haben. Selbst Geschäftsführer der größten Stiftungen sagen Journalisten, was sie schreiben sollen. Das mag man im Hinterkopf haben; man spricht es aber auf keinen Fall aus.

Viele Stiftungen arbeiten auch heute noch ohne ein Selbstverständnis ihrer Aufgabe für die Gesellschaft. Dennoch bildet sich ein entsprechendes Bewusstsein bei immer mehr Stiftungen. Stiftungen sind inzwischen häufig nicht nur zu transparenten Angaben zur eigenen Stiftung bereit; sie fordern auch Transparenz für das Stiftungswesen als Ganzes.[5] Mit der Formulierung eines entsprechenden Leitbildes, eines Mission Statement, ist ein wichtiger Schritt für mehr Transparenz geschaffen: Die Arbeit der Stiftung kann sich an dieser Selbstverpflichtung messen lassen. Ist ein Leitbild gefunden und hat man sich über die Grundlinien der Stiftungsstrategie entschieden, sollte sich diese Philosophie sowohl inhaltlich als auch ästhetisch einheitlich im Auftritt der Stiftung gegenüber der Öffentlichkeit wiederfinden. Dazu gehört die inhaltliche Übereinstimmung aller Stiftungsangaben in den Äußerungen von Gremienmitgliedern und Stiftungsmitarbeitern wie die Informationsidentität von Schriftstücken aller Art, angefangen von jedem kurzen Schreiben der Stiftung bis hin zum Jahresbericht. Die ästhetische und optische Übereinstimmung erreicht

---

[4] Z. B. Bundesverband Deutscher Stiftungen (Hrsg.): Öffentlichkeitsarbeit für Umweltstiftungen.

[5] Vgl. Etwa die Rede von Maira Weigand zur Vorstellung der Bayerischen Stiftung Hospiz vom 1. Oktober 2001: „Für mehr Transparenz im Stiftungswesen ist ein öffentlich zugängliches Stiftungsverzeichnis mit einem festgelegten Datenbestand im Bayerischen Stiftungsgesetz vorgesehen, das beim Landesamt für Statistik und Datenverarbeitung in München erhältlich sein wird.

die Stiftung durch ein klares Corporate Design (CD). Hier ist eine Abstimmung mit einem Grafiker sinnvoll; das CD sollte bis in die Verwendung von Schriftart und festgelegten Farben (HKS oder Pantone) gehen.

Eine wirkungsvolle Öffentlichkeitsarbeit von Stiftungen erfordert vorab Entscheidungen in folgenden Punkten:

Leitbild der Stiftung – Was will die Stiftung vermitteln?

Vor Aufnahme der Arbeit sollte jede Stiftung ein Mission Statement formulieren. Ein solches Leitbild geht weit über das hinaus, was die Satzung als bloßen Stiftungszweck formuliert. Es enthält zusätzlich Angaben zur Verpflichtung auf den Stifterwillen, zur Transparenz der Arbeit, zur internen Struktur der Stiftung, zur Bearbeitung von Anträgen.

Für Stiftungen in den Vereinigten Staaten ist die Formulierung eines Leitbildes eine Selbstverständlichkeit. Als Beispiel sei das Mission Statement der Ford Foundation zitiert: „Die Ford Foundation ist eine Hilfsquelle für innovative Menschen und Institutionen weltweit. Unsere Ziele: die Stärkung demokratischer Werte, die Bekämpfung von Armut und Ungerechtigkeit, die Förderung internationaler Zusammenarbeit und die Verbesserung menschlicher Leistungen. Diese Ziele verfolgen wir seit mehr als einem halben Jahrhundert." Ein Mission Statement kann aber noch knapper sein, wie das Beispiel der Information Systems Audit and Control Foundation (ISACA), Rolling Meadows / Illinois, zeigt: „Durch Forschungsarbeit und fachliche Weiterentwicklung fördern wir die ständige Fortbildung des Berufsstandes hinsichtlich IT-Prüfung und IT-Revision." Diese Stiftung beschäftigt sich schon in ihrem Stiftungszweck mit der Überprüfung und Formulierung von Leitlinien, was die Formulierung eines Mission Statements selbstverständlich erscheinen lässt.

Die Öffentlichkeitsarbeit kann das Leitbild der Stiftung in den Mittelpunkt der Kommunikation stellen. Auf den Internetseiten steht es entweder auf der Startseite oder ist spätestens auf der folgenden Ebene zu finden. Das Leitbild ist Bestandteil jeder Pressemappe, des Jahresberichtes und jeder Informationsschrift über die Stiftung. Aus den Vereinigten Staaten sind auch verkürzte Leitbilder, Stiftungsmottos, so genannte „Tag lines", bekannt.[6] Entsprechende kurzgefasste Slogans sind in Deutschland eher eine Seltenheit, obgleich sie ein Identifikationsmoment für verschiedene Zielgruppen bilden können.[7]

---

[6] Beispiele von Tag lines amerikanischer Community Foundations: „The Business of Giving" (Delaware Community Foundation), „Keeping up the Good Work" (Lord Mayor's Charitable Fund), „Making the Dream a Reality" (Cleveland Foundation), „Building Community – Mobilizing Philantropy" (Community Foundation for Greater New Heaven), „How Trust can touch" (Greater Kanawha Valley Foundation).

[7] Das gemeinsame Motto der deutschen Bürgerstiftungen ist ein seltenes Beispiel für die Verwendung von Tag lines bei Stiftungen in Deutschland: „Gemeinsam Gutes anstiften".

Zur Frage nach den Inhalten der Stiftungsarbeit und der Formulierung eines Leitbildes gehört auch die Überlegung, ob eine Stiftung über die eigene Stiftungstätigkeit hinaus auch das Stiftungswesen im Allgemeinen in der Öffentlichkeitsarbeit thematisieren soll. Dass die PR die Information der Öffentlichkeit über die geförderten und die eigenen Projekte umfassen soll (Tätigkeits-PR), steht außer Zweifel. Soll aber auch das Etikett „Stiftung" für die Öffentlichkeitsarbeit umfassend genutzt werden (Corporate-PR[8]), sind andere Ansätze notwendig. Hierzu zählt eine stärkere Vernetzung mit anderen Stiftungen. Schließlich muss sich die Stiftung entscheiden, ob sie im Rahmen der Corporate-PR nur auf die Besonderheit der Rechtsform oder des Namens „Stiftung" hinweisen will oder ob sie damit eine Werbung für den Stiftungsgedanken verbinden will.[9]

Zielgruppen der Kommunikation – Wen will die Stiftung erreichen?

Aus einem Leitbild heraus lassen sich Zielgruppen der Kommunikation entwickeln. Diese können Politiker, Medien, Destinatäre, Förderer, Wissenschaftler und die breite Öffentlichkeit sein.

Aus der Definition der Zielgruppen ergibt sich die genaue Benennung der Ansprechpartner für die Öffentlichkeitsarbeit. Ein Beispiel aus der Arbeit mit den Medien: Häufig schließen Stiftungsvertreter von ihren eigenen Lesegewohnheiten auf die Lesegewohnheiten der Allgemeinheit. Will man aber die Stiftung in ihrem Wirkungskreis bekannt machen, können Medien geeignet sein, die man ansonsten nicht beachtet. Für die Berichterstattung über ein Projekt ist weder die „Zeit" noch die „Frankfurter Allgemeine Zeitung" ein passendes (und wünschenswertes!) Medium der Veröffentlichung. Adäquater erscheint eine Reportage oder ein Projektporträt im Lokalteil der Hauszeitung. Anzeigenblätter, die auf dem Wochenmarkt verteilt werden oder wöchentlich in den Briefkästen aller Bewohner einer Gemeinde oder einer Stadt landen, übernehmen häufig auch eingesandte Berichte.

Zu den Zielgruppen der Öffentlichkeitsarbeit gehören auch Personengruppen, die man nicht in erster Linie dazurechnen würde. Dies betrifft Projektpartner ebenso wie Förderempfänger. Im Verhältnis zwischen Stiftung und Förderempfänger hat sich in den jüngsten Jahren eine neue Antragskultur herausgebildet. Die

---

[8] Zu Corporate-PR zählt aber auch die Information über Satzung, Gremienmitglieder, Leitbild und Zweckverwirklichung.

[9] Ob und inwieweit die Werbung für den Stiftungsgedanken, verbunden mit einem Appell an die Gesellschaft, ebenfalls zu stiften, vom Stiftungszweck in der Regel gedeckt ist, ist noch nicht hinreichend untersucht. Zwar kann dies gegenüber der Öffentlichkeit plausibel begründet werden: Fördert etwa eine Stiftung den Tierschutz, kann der Einsatz für das Stiftungswesen im Allgemeinen dazu führen, dass weitere Personen sich zur Errichtung einer Stiftung entschließen, die wiederum dem Schutz der Tiere zu Gute kommen. Wo die Satzung aber die Tätigkeit auf die Vergabe von Fördergeldern an Tierheime beschränkt, gehören Aktivitäten zur Stärkung des gemeinnützigen Stiftungswesens nicht zu den Aufgabenfeldern der Stiftung.

Formulierung von Fördergebieten und Antragsbedingungen ist daher Pflicht jeder Stiftung und Voraussetzung für eine gelungene Kommunikation zwischen Stiftung und Destinatären.[10] Die Auswahl der Förderempfänger kann für die gesamte Stiftungsstrategie entscheidend sein. Hier muss die Öffentlichkeitsarbeit unmittelbar mit den Stiftungsgremien zusammenarbeiten, etwa wenn es darum geht, höchstmögliche Qualität der zur Förderung ausgewählten Projekte zu erreichen.

Grad der Transparenz – Wie offen will die Stiftung berichten?

Nicht jede Stiftung benötigt den gleichen Grad an Transparenz. Allerdings muss sich jede Stiftung vorab darüber im Klaren sein, wer aus der Stiftung welche Information weitergeben darf. Nicht vom Grad der Transparenz abhängig ist die Menge der veröffentlichten Information. Mit allzu starker Präsenz in der Öffentlichkeit, mit zu vielen Pressemitteilungen und unverhältnismäßig vielen Seiten im Internet kann das Interesse der Öffentlichkeit an der Stiftung auch wieder abnehmen. Daher sollten sich Stiftungen vor jedem Schritt in die Öffentlichkeit überlegen, ob die Inhalte der neuen Information tatsächlich für Personen außerhalb des engen Kreises der Gremienmitglieder und Stiftungsmitarbeiter von Interesse sind. Die Wahl des richtigen Mittels ist dabei Voraussetzung für den Erfolg. Buchvorstellungen etwa bei der Herausgabe von Tagungsdokumentationen sind selten der richtige Weg für die Vermittlung der entsprechenden Inhalte.

Interne Kommunikation vor externer Kommunikation

Bevor die Stiftung mit Informationen an die Öffentlichkeit geht, ist sicherzustellen, dass die Personen aus dem engeren Umkreis der Stiftung ebenfalls Kenntnis von den Nachrichten haben. Zumindest gleichzeitig sollte informiert werden. Dies gilt nicht nur für Stiftungen mit fest angestellten Mitarbeitern. Auch ehrenamtliche Helfer, Gremienmitglieder, Zustifter und weitere befreundete Personen sind in die Kommunikation einzubeziehen. Ein Gremienmitglied sollte nicht unbedingt erst aus der Lokalpresse erfahren, dass sich die Stiftung neue Förderschwerpunkte gesetzt hat.

Für die erfolgreiche Kommunikation mit der Öffentlichkeit sind weiterhin vier Grundsätze unbedingte Voraussetzung.

1. Öffentlichkeitsarbeit versus Fundraising

Öffentlichkeitsarbeit (Public Relations) ist etwas anderes als Fundraising. Wo die Wirtschaft Öffentlichkeitsarbeit mit Werbung verwechselt, tut die Stiftungswelt

---

[10] s. *Brömmling* (2002), S. 75 f.

dies mit Fundraising. Mittelbares Ziel der Öffentlichkeitsarbeit kann durchaus die Einwerbung von Zustiftungen und Spenden sein. Allerdings setzt Öffentlichkeitsarbeit an einem neutraleren Punkt an als das Fundraising. Hier geht es um Kontinuität und Verlässlichkeit in der Berichterstattung. Das schließt ein, auch zu berichten, wenn einmal ein Projekt gegen die Wand gefahren wurde.

2. Bezahlte Stiftungsarbeit nicht gemeinnützig

Wer im gemeinnützigen Bereich angestellt ist, arbeitet selbst keineswegs gemeinnützig. Hier liegt ein großes Missverständnis vieler hauptamtlicher Geschäftsführer und Stiftungsmitarbeiter vor. Auch wenn die Stiftung Gutes tut und die Projekte vorbildlich sind: Den Mitarbeiter der Stiftung unterscheidet zunächst nichts von einem Mitarbeiter eines Unternehmens, den Leiter einer PR-Agentur oder einen Vertreter der Politik. Ganz im Gegenteil: Wenn man sich in der Professionalität der Arbeit als kritischer Beobachter und Gesprächspartner erweist, hilft man den gemeinnützigen Zielen der Stiftung eher, als wenn man die Notwendigkeit zur Berichterstattung mit der Güte und Menschenfreundlichkeit der Stiftung und ihrer Projekte erklärt.

3. Unterschiedliche Ansprache für unterschiedliche Zielgruppen

Die Öffentlichkeitsarbeit ist im Zeitalter der Globalisierung vor neue Herausforderungen gestellt. Mit dem Leben im „Global Village" gibt es nicht mehr eine einzige Öffentlichkeit, sondern eine Fülle von Teilöffentlichkeiten, zu denen man sich unterschiedlich verhalten muss. Unterschiedliche Zielgruppen erfordern unterschiedliche Ansprache. Was Journalisten interessiert, interessiert Destinatäre noch lange nicht – und wofür sich Zustifter interessieren, das lässt potenzielle ehrenamtliche Mitarbeiter kalt. Selbst zwischen den verschiedenen Gruppen Spendern und Zustiftern gilt es zu unterscheiden: Eine einsame ältere Dame wird man mit einem Appell an christliche Fürsorgepflicht und Mitleid eher für eine Spende gewinnen können als einen kulturinteressierten Mäzen oder ein Unternehmen, das wiederum mit den Projekten der Stiftung punkten will, die es unterstützt. Auch Journalisten sind unterschiedlich zu bedienen. Den Lokalreporter interessieren die Projekte, die überregionalen Zeitungen berichten eher über Gesamtzusammenhänge wie Tendenzen im Stiftungswesen oder aktuelle politische Forderungen.

Die Form der Kommunikation muss also auf die jeweilige Zielgruppe abgestimmt sein. Die Inhalte der Information aber müssen deckungsgleich sein. Zahlen, Leitbild, Tätigkeitsbereiche der Stiftung müssen sich auf der Homepage ebenso wiederfinden wie in der Pressemappe, im Jahresbericht und in Briefen, die der Spendenakquise dienen. Die Übereinstimmung der Inhalte erreicht man in der Wirtschaft in jüngster Zeit verstärkt durch eine so genannte integrale Öffentlichkeitsarbeit.[11] Danach sind alle Mitarbeiter mit direktem Außenkontakt in einen gemeinsamen Arbeitsbereich zu integrieren. Eine stärkere Abstimmung unterschiedlicher Zuständigkeitsbereiche ist auch Stiftungen zu empfehlen: Zum einen verhindert es Doppelansprachen durch verschiedene Abteilungen; zum anderen kann der Kontakt dann gezielter genau auf seine Funktion hin angesprochen werden.

Auch Stiftungen mit nur einem Ansprechpartner oder einem (ehrenamtlichen oder hauptamtlichen) Mitarbeiter können sich das Prinzip der integralen Öffentlichkeitsarbeit zueigen machen: Der Mitarbeiter muss sich in diesem Fall überlegen, in welcher Funktion er jeweils sein Gegenüber anspricht. So etwa lässt sich die Unsitte verschiedener Spenden sammelnden Stiftungen vermeiden, jeden Kontakt gleichzeitig in die Fundraising-Datenbank aufzunehmen. Kein Journalist wünscht sich die Aufnahme in den Verteiler für Spendenbriefe, nur weil er einmal um Informationen zur Stiftung gebeten hat.[12]

4. Dienende Öffentlichkeitsarbeit

Es hat nichts mit der Verankerung der Stiftungen im gemeinnützigen Bereich zu tun: Wie in der Wirtschaft ist auch bei Stiftungen und Vereinen der Öffentlichkeitsarbeiter nicht Herr, sondern Diener. Die Zielgruppen wollen nicht überredet, sondern überzeugt werden. Selbst bei den Antragstellern oder festen Destinatären soll auf Stiftungsseite für eine gelungene Öffentlichkeitsarbeit der Servicegedanke im Vordergrund stehen. Vor allem das Verhältnis gegenüber den Medien ist oft noch gestört: Bislang herrscht im Stiftungswesen eher Misstrauen gegenüber den Medien. Doch wer einen Artikel zum Gegenlesen einfordert, bevor er gedruckt wird, macht sich keine Freunde unter den Journalisten. Hier hilft die dienende Denkweise: Man bietet an, noch einmal über den Artikel zu schauen, falls es ein inhaltliches Missverständnis gab.

Die personellen Ressourcen, die den meisten Stiftungen zur Verfügung stehen, sind für die Öffentlichkeitsarbeit äußerst begrenzt. Dennoch sollte man sieben Sachen mit im Werkzeugkasten der Öffentlichkeitsarbeit haben.

a) Gespür für die deutsche Sprache

Unerlässlich ist das richtige Gespür für die deutsche Sprache. Das setzt nicht nur richtiges und gutes Deutsch voraus, sondern erfordert ebenso einen Sinn für

---

[11] Vgl. *Thomas Gauly:* „Das Ende der Öffentlichkeitsarbeit. Die digitale Revolution bedeutet das Ende der klassischen Presse- und Öffentlichkeitsarbeit von Unternehmen". In: Frankfurter Allgemeine Zeitung, 22. Januar 2001.

[12] Renovabis, eine Solidaritätsaktion der deutschen Katholiken mit den Menschen in Mittel- und Osteuropa mit eigener Stiftung, nimmt zum Beispiel an Stiftungsdaten interessierte Journalisten in die Fundraising-Datenbank auf. Spendenaufrufe können an die Medien gesandt werden, allerdings mit dem Hinweis, sie dienten als Beispiel für die Art der Ansprache der Öffentlichkeit.

den Textzusammenhang und die Beherrschung der Grundkoordinaten effektiver Medienarbeit. Wer eine Pressemitteilung zum Tod des Kuratoriumsvorsitzenden mit dem Satz beginnt, der Verstorbene hätte zum 1. 8. 1999 seine Arbeit aufgenommen, wird bei Journalisten Intersse gar nicht erst wecken. Das wichtige einer Meldung muss am Anfang stehen – in diesem Falle der Tod und ob er plötzlich kam oder lange erwartet. Häufig interessiert die Medien aber auch der Tod eines Kuratoriumsvorsitzenden nicht, so bitter er auch für die Stiftung sein mag.

Auch wenn es banal klingen mag: Jeder Text ist auf seine Zielgruppe zuzuschneiden. Fachbegriffe wie „Destinatäre", „Anwendungserlass zur Abgabenordnung" und „Gremienvorbehalt" sind auf wissenschaftlicher Ebene oder in der internen Stiftungskommunikation Bestandteil sinnvoller Texte. In Pressemitteilungen oder Infobroschüren erschweren sie die Lesbarkeit. Ebenso sei jede Stiftung vor der Formulierung allzu großer Allgemeinplätze gewarnt, sei es in Zitaten oder im weiteren Text. Hier kann ein einzelner Satz einen ganzen Text wertlos für eine erfolgreiche Öffentlichkeitsarbeit machen.

b) Neugier und Mut für neue Entwicklungen

Dass die immer noch so genannten „neuen" Medien elementarer Bestandteil jedweder Kommunikation geworden sind, ist unstrittig. Inwieweit E-mail-Nutzung und Internetauftritt in die Öffentlichkeitsarbeit integriert werden, muss jede Stiftung selbst entscheiden. Dennoch gilt es, neue Entwicklungen aufmerksam zu verfolgen, da sich hierdurch gerade in der Medienarbeit bislang nicht realisierbare Elemente verwirklichen lassen. Als Beispiel sei der neue Beruf des Videojournalisten genannt. Wo es früher eines Autors, eines Kameramanns, eines Assistenten, eines Cutters und unter Umständen noch eines Redakteurs bedurfte, genügt heute eine einzige Person. Die Produktionskosten sinken auf bis zu einem Fünftel des üblicherweise zu veranschlagenden Betrages. Ein dreiminütiger Fernsehbeitrag kostet danach nicht mehr 3000 EUR, sondern nach Schätzung von Experten nur noch 600 bis 1000 EUR.[13] Dies bedeutet für die Öffentlichkeitsarbeit auch von kleinen Stiftungen, dass man sowohl über kleine Beiträge für das Lokalfernsehen nachdenken kann als auch die Produktion eines Imagefilmes über die Stiftung planen kann.

c) Legitimität

Wenn Stiftungen einen Ansprechpartner für die Öffentlichkeitsarbeit haben, sollte dieser legitimiert sein, für die Stiftung zu sprechen. Der Verantwortliche sollte sich vorab bis ins Detail der Themen versichern, zu denen er im Gespräch

---

[13] Schätzung nach *Andre Zalbertus,* AZ Media TV. Vgl. Frankfurter Rundschau 17. 11. 2004. Der Hessische Rundfunk bildet als erste Sendeanstalt im neuen Beruf des Videojournalisten aus.

informieren kann. Der Hinweis darauf, man müsse erst noch einmal beim Vorstand nachfragen, ob man die Zahl der Stiftungsmitarbeiter nennen dürfe oder nicht, ist wenig hilfreich. Der Rückhalt der Gremien macht dagegen den Öffentlichkeitsarbeiter zu einem beliebten Gesprächspartner bei den Zielgruppen, die er erreichen will. Journalisten nehmen ungern Rücksicht auf Hierarchien in Stiftungen. Sie sind an schneller und verlässlicher Information interessiert – diese muss nicht unbedingt von der Vorstandsvorsitzenden kommen.

d) Material

Unabhängig von der Größe der Stiftung sollte wenigstens eine Grundausstattung von Informationsmaterial vorhanden sein. Hierzu gehört eine kurze Broschüre, in der die Stiftung ihr Leitbild vorstellt, über Strukturen (Rechtsform, Gremien, Arbeitsweise) berichtet und Beispiele aus der Stiftungsarbeit nennt. Weiterhin ist eine zumindest kleine Auswahl von Fotos sinnvoll – in brauchbarer Auflösung für Grafiker und Printmedien (300 dpi bei einer Breite von 20 cm). Ein Foto eines stiftungseigenen oder geförderten Projektes ist aussagekräftiger als ein Foto des Stiftungsvorstandes. Fördert die Stiftung auf Antrag, kann ein eigens dafür gestaltetes Antragsformular dem Antragsteller dabei helfen zu erkennen, ob das Projekt des potenziellen Antragstellers mit dem Stiftungszweck übereinstimmt. Dies beugt einer Antragsflut vor.

e) Internetauftritt

Nicht jede Stiftung benötigt einen aufwändigen Internetauftritt. Wer sich für die Präsenz im Netz entscheidet, sollte auf Erreichbarkeit, Übersichtlichkeit und Aktualität achten. Erreichbar ist man zum einen über Suchmaschinen, zum anderen sollte die Web-Adresse dem Stiftungsnamen gleichen. Hier empfiehlt sich die Erreichbarkeit über mehrere Internetadressen.[14] So führt bei der Gemeinnützigen Hertie-Stiftung sowohl die Eingabe von www.gemeinnuetzige-hertie-stiftung.de als auch von www.hertie-stiftung.de als auch von www.ghst.de zur Startseite der Stiftung.

f) Verteiler

Um verschiedene Zielgruppen mit verschiedenen Mitteln der Öffentlichkeitsarbeit anzusprechen, bedarf es eines verlässlichen und stets aktuell gehaltenen Verteilers. Nur so lässt sich verhindern, dass ein Journalist etwa Informationsmaterial erhält, das eigentlich für potenzielle Zustifter aufbereitet ist. Nichts ist bei Public Relations so wertvoll und wichtig wie ein persönlicher Kontakt. Verstärkt gilt der Vorrang des persönlichen Kontaktes bei den Journalisten. Doch auch Ressorts, bei

---

[14] Zusätzliche Domains kosten bei günstigen Anbietern nur einige Cent im Monat mehr.

denen kein Mitarbeitername bekannt ist, sind in die Medienarbeit einzubeziehen. Für alle Kontakte, persönlich oder telefonisch bekannt oder aus Kaltakquise gewonnen, ist ein Verteiler zu erstellen. Für jeden Kontakt ist dabei Thema und Art des Informationsmaterials zu benennen, die der Kontakt erhalten soll.

g) Präsenz

Medienvertreter benötigen Informationen spontan und häufig unerwartet. Sie warten nicht, bis die Stiftung die nächste Pressemitteilung herausgibt. Für eine professionelle Öffentlichkeitsarbeit ist es unerlässlich, das tagesaktuelle Geschehen zu verfolgen und sich bei relevanten Themen selbst als Experte ins Gespräch zu bringen. So suchten die Medienredaktionen verhältnismäßig erfolglos nach Gesprächspartnern, als am 26. April 2002 bei einem Amoklauf in einer Erfurter Schule 17 Menschen starben. Hier hätten Bildungsstiftungen, Schulstiftungen und Stiftungen zur Friedensforschung erfolgreich in der Öffentlichkeit auch über eigene Projekte berichten können. Zur Präsenz gehört auch die Bereitschaft eines Öffentlichkeitsarbeiters zur steten Erreichbarkeit. In der Regel wird kein Medienvertreter nachts Kontakt aufnehmen; die Angabe einer Handynummer auf Homepage und Visitenkarte ist daher empfehlenswert.

Zusammenarbeit von Stiftungen

Eines der wirksamsten Momente der Öffentlichkeitsarbeit von Stiftungen ist die gemeinsame Vermittlung von Information durch mehrere Stiftungen. Dazu gehören zum einen Netzwerke von Stiftungen; über einen Stiftungstag oder ein Treffen mehrerer Stiftungen, über einen gemeinsamen Appell verschiedener Stiftungen an die Politik wird eher in den Medien berichtet als über eine einzelne Stiftung und ihre Tätigkeit. Zum anderen finden Stiftungen in Publikationen, hinsichtlich der Printmedien vor allem in Sonderbeilagen, Sondernummern, Schwerpunktthemen und Serien einen prominenten Platz. Entsprechende Ansprachen von Printmedien sollten erst nach vorheriger Verständigung mit anderen Stiftungen erfolgen, ebenso die Vorbereitung von Veranstaltungen wie etwa parlamentarischen Abenden.

Ausblick

Es gibt keine Stiftung, die ohne Public Relations existiert. Auch die ausschließliche Beschränkung auf Fördertätigkeit kann eine bewusste Entscheidung gegen intensive Öffentlichkeitsarbeit sein und beschreibt einen bestimmten Grad des Verhältnisses zwischen Stiftung und Öffentlichkeit.

Bei den Überlegungen, wie breit angelegt die Öffentlichkeitsarbeit einer Stiftung sein soll, ist stark darauf zu achten, welche Experten man um Rat fragt. Selbstverständlich haben PR-Agenturen ein Interesse daran, dass Stiftungen größtmögliche Öffentlichkeitsarbeit betreiben, gerne mit professioneller Hilfe.[15] Jede Stiftung benötigt eine andere Öffentlichkeitsarbeit. Voraussetzungen und Werkzeuge können also immer nur Anregungen sein. Das kann durchaus bedeuten, dass eine Stiftung im Ausnahmefall auf einen Internetauftritt verzichten kann, dass sich die Information auf wenige Angaben beschränken kann. Auch damit kann eine kleine Stiftung die Transparenz steigern. Die grundsätzliche Verbesserung der Transparenz im Stiftungswesen sollte Selbstverständnis jeder Stiftung sein. Dies nutzt dem Ansehen des Stiftungswesens in der Öffentlichkeit im Allgemeinen – und nützt damit auch der einzelnen Stiftung. Hier gelten auch in Zeiten des schnelllebigen Informationsflusses mit geringer Halbwertzeit von Informationen die alten drei Tugenden der Öffentlichkeitsarbeit für die Zukunft: Verlässlichkeit, Klarheit, Aktualität.

---

[15] Vor diesem Hintergrund zu verstehen ist die so genannte Studie von Claudia Cornelsen: Bei vielen Stiftungen liegt PR-Potenzial brach. Studie: Öffentlichkeitsarbeit könnte noch erfolgreicher sein. PR-Guide 2001. Cornelsen ist Inhaberin der Art d'Eco GmbH für Kommunikation und kommt zu dem Schluss, dass die PR-Ziele oft zu bescheiden sind. Nachzulesen unter www.pr-guide.de.

8.3 Markenpolitik für Stiftungen

Von Berit Sandberg

„Eine Stiftung kann eine Marke sein wie ein Softdrink oder ein Schokoriegel."

Auf den ersten Blick mag diese Behauptung irritieren, da mit dem *Begriff* „Marke" häufig allein gewinnorientiertes Marketing für Konsumgüter und der klassische Markenartikel assoziiert werden. Doch auch Dienstleistungen und Ideen können im Rahmen eines Non-Business Marketing Gegenstand von Markenpolitik sein, und Markenpolitik kann unter bestimmten Voraussetzungen und mit auf stiftungsspezifische Bedingungen abgestimmten Konzepten einen Beitrag zum Erreichen von Stiftungszielen leisten.

Marken existieren in den Köpfen der Konsumenten. Das gilt auch für Stiftungen. Eine Stiftungsmarke ist ein unverwechselbares Vorstellungsbild von einer Stiftung, ihren Leistungen und/oder ihren Anliegen, das in der Psyche von Destinatären, Mittelgebern, Mitarbeitern, allgemeiner Öffentlichkeit und anderen Anspruchsgruppen der Stiftung verankert ist.[1] Nach diesem subjektiven, wirkungsorientierten Markenverständnis ist eine Stiftung dann eine Marke, wenn sie als solche wahrgenommen wird.

Nicht jede Stiftung, die sich ambitioniert als Marke bezeichnet, verdient diese Bezeichnung tatsächlich. Die meisten Stiftungen haben ein diffuses Image, das auf heterogenen Kenntnissen und Assoziationen beruht. Umgekehrt verstehen nur wenige Stiftungen, die Markenstatus haben, wie die Stiftung Warentest oder die Bertelsmann Stiftung, sich selbst bzw. ihre Leistungen ausdrücklich als Marken. Existierende Stiftungsmarken haben sich i. d. R. eher zufällig entwickelt als dass ihr vergleichsweise hoher Bekanntheitsgrad und ihr klares, profiliertes Fremdbild mit einer strategischen Markenführung und einem gezielten Instrumenteneinsatz erreicht worden wären.

Erst mit zunehmendem Wettbewerb um Ressourcen, Aufmerksamkeit und Klienten wächst auch bei Stiftungen das Bewusstsein für den Nutzen einer strategischen Markenführung, die über die bloße Markierung mit einem Logo und die Entwicklung eines Corporate Design weit hinausgeht. Vielmehr umfasst Markenpolitik alle strategischen Entscheidungen und operativen Maßnahmen einer markenführenden Stiftung, mit denen markenpolitische Ziele erreicht werden sollen.

---

[1] Vgl. *Meffert/Burmann/Koers*, S. 6; *Sandberg*, Stiftungen, S. 29.

Die Frage nach der Gestaltung stiftungsbezogener Markenpolitik stellt sich in folgenden Situationen:

- Bei Stiftungsgründung wird der Gedanke berücksichtigt, eine Marke zu etablieren.
- Für eine bestehende Stiftung soll eine Marke aufgebaut werden.
- Eine eingeführte Stiftungsmarke, die sich über die Jahre eher zufällig entwickelt hat, soll gezielt gepflegt oder ggf. umpositioniert werden.

Vor diesem Hintergrund soll der Beitrag folgende Fragen beantworten:

1. Warum sollten Stiftungen überhaupt Markenstatus anstreben? Welcher Nutzen für ihre Adressaten und für sie selbst ist damit verbunden?
2. Weisen Stiftungen strukturelle Besonderheiten auf, die den Aufbau einer Marke erschweren? Welche Stiftungen haben Markenpotenzial?
3. Wie sehen die Grundzüge einer stiftungsbezogenen Markenführung aus?

Der Nutzen von Stiftungsmarken ergibt sich aus den *Funktionen,* die sie aus der Perspektive der Anspruchsgruppen und aus Sicht der Stiftung selbst erfüllen.[2]

Bei aktuellen und potenziellen Klienten, bei Spendern, bei ehrenamtlichen, freiwilligen und fest angestellten Mitarbeitern, bei staatlichen Auftrag- bzw. Mittelgebern und anderen hat eine Marke folgende Wirkungen.

Identifizierungsfunktion: Durch die Markierung von Leistungen bzw. der Stiftung werden Leistungsangebote unterscheidbar und wiedererkennbar. Marken bieten Klienten, Mittelgebern, Mitarbeitern und anderen bei ihren Entscheidungen Orientierungshilfen.

Entlastungsfunktion: Indem Marken Informationen verdichten, vereinfachen sie Prozesse der Informationsbeschaffung und -beurteilung. Marken vermitteln komplexe Wissensinhalte über die besondere Kompetenz der Stiftung, der Wirkungen ihrer Arbeit und den Nutzen von Zuwendungen und Freiwilligenarbeit.

Vertrauensfunktion: Stiftungsmarken repräsentieren Bekanntheit und Reputation der Stiftung und dienen als Vertrauen weckende Qualitätssignale. Als Informationsersatz gleichen sie das Informationsgefälle zwischen der Stiftung und ihren Zielgruppen aus und mindern das von den Adressaten subjektiv wahrgenommene Risiko (z. B. Spendenrisiko).

Identifikationsfunktion: Marken repräsentieren vor allem bei ideologisch motivierten Stiftungen Wertvorstellungen, die den Zielpersonen Selbstbestätigung, Zugehörigkeit zu Bezugsgruppen und soziale Anerkennung vermitteln können.

Imagefunktion: Marken bieten insbesondere bei klarer Wertorientierung der Stiftung einen emotionalen oder erlebnisbezogenen Zusatznutzen, der über das

---

[2] Vgl. zum Folgenden *Meffert/Burmann/Koers,* Markenmanagement, S. 9–11; *Sandberg,* Nonprofit Branding, S. 230–247; *dies.,* Stiftungen, S. 29–31.

Anliegen der Stiftung bzw. ihre Leistungen hinausgeht. Die Unterstützung einer bestimmten Stiftung kann als Demonstration sozialer Verantwortung gedeutet werden.

Die Wirkungen von Marken auf die Anspruchsgruppen spiegeln sich in den markenpolitischen Zielen von Stiftungen und den Funktionen, die Marken aus Stiftungssicht erfüllen.

Aufbau und Sicherung von Wettbewerbsvorteilen: In Situationen, in denen Zielgruppen die Wahl zwischen Stiftungen mit vergleichbaren Zwecken und ähnlichen Anliegen haben und konkurrierende Organisationen zunehmend austauschbar werden, ist eine systematische Markenpolitik Ausdruck einer Differenzierungsstrategie. Sie ermöglicht es der Stiftung, sich über die Positionierung der Marke als stiftungsspezifisches Wertesystem zu profilieren und Ansprüche, die nicht ihrem Selbstverständnis entsprechen, abzuwehren (*Differenzierungsfunktion*). Aus dem rechtlichen Schutz von Marken ergeben sich ggf. kapitalisierbare, exklusive Nutzungsrechte (*Monopolisierungsfunktion*). Außerdem wirkt Markenreputation als *Markteintrittsbarriere* für potenzielle Wettbewerber, was vor allem für Spenden sammelnde Stiftungen relevant ist.

Marken sichern die *Überlebensfähigkeit* der Stiftung *bei Vertrauenskrisen,* die z. B. durch negative Schlagzeilen über vergleichbare Organisationen ausgelöst werden.

Wachstumsmöglichkeiten durch Markendehnung: Starke Marken bieten eine Plattform für Markenerweiterungen. Marken erleichtern eine strategische Neupositionierung und können als Basis für Partnerschaften mit kommerziellen Anbietern dienen.

Aufbau und Erhalt eines Markenwertes: Stiftungsmarken generieren durch markenspezifische Erlöse und Ersparnisse einen finanziellen Markenwert, wenn bei ihren Zielgruppen verhaltensrelevante markenbezogene Assoziationen, Kenntnisse und Einstellungen vorhanden sind. So erhöht Markenpolitik den Fundraising-Erfolg. Spenderloyalität und regelmäßige Freiwilligenarbeit sind im Grunde ein Ausdruck von Markentreue.

Die Marke als unverwechselbares Vorstellungsbild konstituiert sich über Gelegenheiten, Markenkenntnisse zu erwerben und positive Erfahrungen zu sammeln. Eine Stiftungsmarke entsteht erst, wenn die Anspruchsgruppen wiederholten Kontakt mit der markierten Stiftung bzw. ihren Leistungen haben. Dabei verhält sich die Kontakthäufigkeit proportional zur Anzahl der Leistungen oder Projekte, die unter einer Stiftungsmarke geführt werden. Kleine Stiftungen haben es schwerer, sich als Marken zu etablieren.

Je überschaubarer und persönlicher die Beziehungen zu Mittelgebern und Begünstigten desto geringer ist das *Markenbildungspotenzial*. Ist der Adressatenkreis der Stiftung eng gefasst und somit eine breite Verkehrsgeltung ihrer Leistungen nicht zu erreichen, sind die Möglichkeiten, eine starke Marke aufzubauen, von vornherein beschränkt. Beispielsweise ist das Markenpotenzial bei Stiftungen mit ausschließlich lokalem Bezug tendenziell geringer als das von Stiftungen mit überregionalem Wirkungskreis. Gleiches gilt für Stiftungen, deren Anliegen von geringer gesellschaftlicher Relevanz sind. Viele Stiftungsgründungen werden allerdings gerade durch die Vernachlässigung bestimmter Aufgaben seitens anderer gesellschaftlicher Akteure motiviert. Solche Stiftungen bringen keine guten Voraussetzungen für eine stetige Öffentlichkeitswirkung und damit eine Markenbildung mit.

Ein unverwechselbares Vorstellungsbild bildet sich nur dann heraus, wenn sich wesentliche Merkmale der Marke über die Zeit entweder gar nicht oder nur allmählich verändern. Eine starke Marke setzt vor allem ein stabiles Niveau der subjektiv wahrgenommenen Leistungsqualität voraus. Die Voraussetzungen für eine Kontinuität der Markeneigenschaften sind in der Stabilität des Stiftungszwecks angelegt, werden jedoch überwiegend durch einen geringen Konkretisierungsgrad der satzungsmäßigen Aufgaben relativiert. Zudem weisen Dienstleistungen von Stiftungen mangels Standardisierbarkeit nicht unbedingt gleich bleibende Eigenschaften auf. So unterliegen z. B. anlassgebundene Projektarbeit oder Förderung einer permanenten Modifikation. Insofern können Stiftungen die für eine Markenbildung erforderliche Kontinuität eher hinsichtlich ihrer Eigenschaften als Organisation erreichen. Das Markenvertrauen verlagert sich bei Stiftungen tendenziell von der Leistungsebene auf die Ebene der Stiftung selbst.

Bei kleinen Stiftungen mit überschaubarem Adressatenkreis ist der potenzielle Mehrwert markenpolitischer Maßnahmen gering. Mitunter widersprechen typische markenpolitische Ziele, wie eine breite Öffentlichkeitswirkung, sogar den Zielen der Stiftung, so z. B. bei Förderstiftungen mit geringem Ausschüttungsvolumen. Im Übrigen ist eine gezielte Markenpolitik nur solchen Stiftungen zu empfehlen, die mit angemessenem finanziellen Aufwand eine Marke etablieren können.

Der *identitätsorientierte Ansatz der Markenführung* geht davon aus, dass eine Marke eine Einheit darstellen kann, die wie ein Mensch mit einer unverwechselbaren Identität wahrgenommen wird, und zwar sowohl von außen (von Destinatären, Zuwendungsgebern etc.) als auch aus der Binnenperspektive (von Stiftungsmanagement, ehrenamtlichen und freiwilligen Mitarbeitern etc.).[3] Somit steht die Markenidentität im Mittelpunkt des Markenmanagements.

Die Markenidentität drückt aus, wofür die Marke steht. Sie umfasst die Summe der Merkmale, mit denen sich die Marke von anderen Marken abgrenzt. Kern der Markenidentität ist die Markenphilosophie.[4] Die Markenphilosophie wird bei Stiftungen maßgeblich vom Stiftungszweck geprägt, denn sie bündelt die Inhalte, die die Marke repräsentiert. Bei Stiftungen sind dies grundlegende Wertvorstellungen

---

[3] Vgl. *Meffert/Burmann*, S. 44.
[4] Vgl. ebd., S. 52.

und Anliegen, die i. d. R. mit dem Stiftungszweck verknüpft sind (z. B. Humanität, soziales Engagement). Die Markenphilosophie drückt die spezifische Kompetenz der Marke und das Nutzenversprechen an die Zielgruppen aus; sie verknüpft die zentralen Eigenschaften der Marke.

Neben der Markenphilosophie umfasst die Markenidentität weitere Elemente.[5] Dazu gehören Markenname, Markenzeichen und -symbole sowie die Art und Weise, in der die Marke bzw. die Stiftung mit ihren Zielgruppen kommuniziert. Deutlich wird dies z. B. bei den Jugend- und Kulturstiftungen der Sparkassen. Weitere Identitätskomponenten sind Historie und Traditionen der Stiftung sowie ihre geographische und kulturelle Verankerung (z. B. Bürgerstiftungen). In hohem Maße identitätsbildend wirken zudem Leistungsprogramm und Tätigkeitsfelder der Stiftung und die Qualität ihrer Arbeit (z. B. Bertelsmann Stiftung). Zu nennen sind ferner der für Dienstleistungsmarken charakteristische Einfluss der Mitarbeiter, die sich für die Stiftung bzw. deren Anliegen engagieren, und die typischen Zielgruppen (z. B. Deutsche AIDS-Stiftung). Bei allen Stiftungsmarken macht nicht zuletzt die Rechtsform „Stiftung" einen Teil der Identität aus.

Bei einem integrierten Markenführungskonzept geht es darum, das Zusammenspiel dieser verschiedenen Komponenten zielgerichtet zu gestalten. Spielen markenpolitische Ziele bereits bei Stiftungsgründung eine Rolle, ist die Wahl von Identitätskomponenten wie Name, Sitz und Zwecksetzung der Stiftung bereits aus der Perspektive des Markenmanagements zu betrachten, was aber wohl eher die Ausnahme sein wird. Im Normalfall ist der Gestaltungsspielraum bei den einzelnen Identitätskomponenten unterschiedlich groß. Bei der Markenphilosophie ist er aufgrund des unmittelbaren Bezuges zum Stiftungszweck am geringsten. Der Markenname und die kulturelle und geographische Verankerung der Stiftung sind in der Regel ebenfalls kaum änderbar. Der größte Gestaltungsspielraum besteht bei der Kommunikationspolitik.

Nur durch eine glaubwürdige Markenidentität entsteht Markenvertrauen. Eine starke Stiftungsmarke kann nur dann aufgebaut werden, wenn sich die Markenphilosophie – idealerweise unterstützt durch die Symbolik der Marke – in allen Leistungen, Projekten, Maßnahmen und Geschäftsprozessen widerspiegelt. Die identitätsorientierte Markenführung zielt darauf ab, die langfristige Übereinstimmung zwischen dem Selbstbild der Marke (Eigenwahrnehmung durch das Stiftungsmanagement) und ihrem Fremdbild (Image bei den Anspruchsgruppen der Stiftung) zu erreichen, den so genannten Fit, der Stärke und Prägnanz der Markenidentität ausmacht.

Den Facetten ihrer Markenidentität kann sich die Stiftung mit Hilfe der folgenden Fragen nähern, die nicht allein aus Stiftungsperspektive, sondern auch aus Sicht der Adressaten der Stiftung beantwortet werden sollten:[6]

---

[5] s. dazu *Meffert/Burmann*, S. 51–65.
[6] s. dazu im Einzelnen *Esch*, S. 101–112.

- „Wer bin ich?": Was sind Mission und Vision der Stiftung? Worin besteht die Kernkompetenz und spezifische Leistungsfähigkeit der Stiftung? Welche Rolle spielt sie im Wettbewerbsumfeld?
- „Was tue ich?": Wem hilft die Stiftung? Welche Leistungen und welchen Nutzen bietet sie ihren Zielgruppen? Worin ist sie besser bzw. schlechter als konkurrierende Anbieter?
- „Wie bin ich?": Welche Emotionen löst die Stiftung bzw. ihre Anliegen aus? Mit welchen menschlichen Eigenschaften (seriös, erfahren etc.) lässt sich die Stiftung beschreiben (Markenpersönlichkeit)? Wie intensiv und dauerhaft sind die Beziehungen zwischen der Stiftung und ihren Zielgruppen?
- „Wie trete ich auf?": Welche Eindrücke (z. B. durch Kommunikation, Kontakt mit freiwilligen Helfern) prägen das Bild der Stiftungsmarke? In welchen Punkten (Inhalte, Bilder, Sprache) stimmen die Kommunikationsmittel überein?

Antworten lassen sich durch eine systematische Dokumentenanalyse (Stiftungssatzung, Programme, Pressemitteilungen etc.) und – etwa im Rahmen von Befragungen und abteilungsübergreifenden internen Workshops – mit Hilfe von Kreativitätstechniken finden (z. B. Nennung von Begriffen, die mit der Stiftung assoziiert werden; Imagination der Stiftung als Tier, Prominenter etc.; Kurzvorstellung der Stiftung). Bei der Analyse ist außerdem ein Benchmarking mit bekannten und erfolgreichen Stiftungs- oder Nonprofit-Marken hilfreich.

Erst eine durchgängige Markenidentität führt zu einer echten Differenzierung und Profilierung der Stiftung und ihrer Leistungen. Starke Marken bergen klare, prägnante Vorstellungsbilder. Sie zeichnen sich durch einen hohen Bekanntheitsgrad und ein klares Markenimage aus. Eine starke Stiftungsmarke wird von den Zielgruppen als einzigartig erlebt. Sie spielt innerhalb des Aufgabenfeldes, in dem sie angesiedelt ist, eine Führungsrolle. Sie wirkt lebendig und langlebig.[7] Aus den Charakteristika starker Marken ergeben sich folgende Leitlinien, die bei der *Führung einer Stiftungsmarke* zu beachten sind.

Differenzierung: Die Markierung soll den Markenträger, d. h. die Stiftung oder ihre Leistungen, im Wettbewerb um Aufmerksamkeit und Ressourcen unterscheidbar machen. Die Eigenschaften der Stiftungsmarke müssen entsprechend klar profiliert und unverwechselbar sein. Hauptaufgabe der identitätsorientierten Markenführung ist es, eine eigenständige Markenpersönlichkeit zu schaffen, die zusammen mit der Markenfähigkeit das Markenimage konstituiert.

Vermittlung einer konstanten Qualitätsvermutung: Die Markenfähigkeit basiert auf funktionalen Eigenschaften, die die spezifische Kompetenz einer Stiftungsmarke ausmachen, wie z. B. Zuverlässigkeit, Hilfsbereitschaft oder Reaktionsfähigkeit. Die Marke soll mit Kompetenz und Leistungsfähigkeit assoziiert werden, die Voraussetzungen für Markenvertrauen sind.

---

[7] Vgl. *Esch*, S. 89.

Zielgruppenbezogener Markenaufbau: Die Marke muss die Zielgruppen ansprechen und ihnen einen Nutzen versprechen. Insofern müssen die Aussagen der Marke problemlösungs- und zielgruppenorientiert sein. Mit einer Stiftungsmarke können vielfältige Botschaften und spezifische Informationen in Richtung verschiedener Anspruchsgruppen kommuniziert werden. Um dabei einen einheitlichen Auftritt zu wahren, sollte sich die zielgruppenbezogene Ansprache auf Basiswerte beziehen, die für verschiedene Zielgruppen der Stiftung gleichermaßen relevant sind.

Markenevolution: Die Marke muss mit sich wandelnden Anforderungen und Erwartungen seitens der Zielgruppen und der Stiftung selbst modifiziert werden, vor allem wenn sich die öffentliche Meinung über die Anliegen der Stiftung verändert. Um auf Dauer die angestrebte Übereinstimmung zwischen Selbst- und Fremdbild der Marke zu erreichen, muss sich die Markenphilosophie behutsam an die Entwicklungen im Markenumfeld anpassen, ohne das Markenimage zu verwässern. Die Marke muss sich im Zeitablauf harmonisch und folgerichtig entwickeln (Markenkontinuität).

Konsistenter Markenauftritt: Erfolgreiche Markenführung ist konsistent, d. h. der Markenauftritt darf nicht widersprüchlich sein. Konsistenz wird durch eine integrierte Abstimmung aller Markeneigenschaften erreicht. Da der Aufbau einer starken Stiftungsmarke Zeit braucht, müssen die Marketingmaßnahmen, insbesondere die Maßnahmen der Kommunikationspolitik, über einen längeren Zeitraum konstant und aufeinander abgestimmt sein, um die mit der Marke verknüpften positiven Assoziationen aufzubauen und zu intensivieren. Die Marke soll schließlich eine Kohäsion zwischen allen Aktivitäten der Stiftung schaffen und deren Anliegen und Ziele verstärken. Auf Basis des bei den Zielgruppen vorhandenen Markenwissens lassen sich Markenkonstanten identifizieren, die erhalten werden müssen.[8] Zu diesen Konstanten, die über entsprechende Botschaften konsistent und nachhaltig zu vermitteln sind, gehören vor allem die in der Markenphilosophie verankerten Anliegen und Basiswerte der Stiftung, denn vor allem Stiftungen mit verschiedenen Programmbereichen und heterogenen Betätigungsfeldern erreichen Konsistenz über verbindende Werte oder eine gemeinsame Grundidee.

Die Prinzipien der Markenführung fordern von der Stiftung „einen Spagat zwischen Kontinuität und Anpassung"[9]. Gerade „betagte", traditionsreiche Stiftungsmarken stehen vor der Herausforderung, sich an gewandelte Bedürfnisse und Wünsche ihrer Anspruchsgruppen anzupassen, ohne ihre Persönlichkeit zu verlieren. Es kann in solchen Fällen ratsam sein, ein veraltetes Image aufzufrischen und zu verjüngen, um neue Zielgruppen zu erschließen. Unter Umständen muss die Marke, weil die ursprüngliche Zielgruppe nicht mehr tragfähig ist, im Rahmen des Stiftungszwecks aktualisiert werden, etwa durch Erweiterung der Tätigkeitsfelder um weitere Leistungsangebote oder die Verlagerung auf andere Projektbereiche und

---

[8] Vgl. *Esch/Wicke,* S. 53.
[9] Ebd., S. 42, i. O. z. T. hervorgehoben.

Förderschwerpunkte. Allerdings ist die Gefahr des Identitätsverlusts umso größer je stärker die Markeneigenschaften verändert werden. Daher müssen die zentralen Werte der Stiftungsmarke, die Markenphilosophie, immer erhalten bleiben.

Der Aufbau einer Marke erfordert verschiedene Arbeitsschritte in den Phasen Analyse, Planung, Umsetzung und Kontrolle. Dabei bilden Basisentscheidungen über Markenziele, -positionierung und -strategie die Grundlage für die Ausgestaltung des Marketing-Mix im Sinne eines integriertes Markenkonzepts.

Zur Fundierung der Basisentscheidungen sind zunächst die Rahmenbedingungen zu klären, unter denen die Stiftung agiert. Dabei sind Markt- und Umweltbedingungen, wie z. B. demographischer Wandel, und stiftungsbezogene Faktoren, wie das verfügbare Budget und Know how, zu betrachten.

Zur *Situationsanalyse* gehört auch die Bestimmung von Selbstbild und Image der Marke. Vom Ausmaß der Übereinstimmung hängt es ab, ob eine Marke auf bestehenden Merkmalen aufgebaut werden kann oder ob sich die Stiftung repositionieren muss. Markenpolitische Maßnahmen setzen voraus, dass die Stiftung die Erwartungen ihrer Zielgruppen erforscht und herausfindet, ob sie noch mit dem Auftritt der Stiftungsmarke übereinstimmen. Eine Stiftung sollte wissen, wer ihre Marke unterstützt und warum und wie die Marke im Vergleich mit Konkurrenzmarken dasteht.

Neben der Analyse der Rahmenbedingungen setzt die Festlegung markenstrategischer Optionen voraus, dass Stiftungsziele, Marketingziele und *Markenziele* aufeinander abgestimmt werden.

Die wichtigsten Ziele einer stiftungsbezogenen Markenführung sind:[10]

– Identifizierbarkeit und Differenzierung im Wettbewerb,

– Erhöhung der Markenbekanntheit,

– Erhöhung des Markenwissens,

– Verbesserung des Markenimage,

– Präferenzbildung,

– Aufbau von Markentreue.

Das Erreichen solcher verhaltensorientierter Markenziele dient zum einen unmittelbar der Verwirklichung des Stiftungszwecks, indem Anliegen der Stiftung verbreitet und fremdnützige Leistungen vermittelt werden. Zum anderen wird dadurch mittelbar der finanzielle Wert der Stiftungsmarke gesteigert.

Eine wichtige Rolle im Zielsystem spielt die Markenbekanntheit, ohne die sich ein verhaltensrelevantes Markenimage gar nicht herausbilden kann. Bei Stiftungen kommt es nicht auf bloßes Wiedererkennen, sondern auf aktive Markenbekanntheit an. Wenn die Stiftungsmarke frei und ungestützt erinnert werden kann, wird sie zu

---

[10] Vgl. *Esch/Wicke*, S. 42–52.

den wahrgenommenen und akzeptierten Alternativen gehören, wenn sich eine Person mit einem bestimmten Anliegen beschäftigt. Mit zunehmender Markenbekanntheit steigt auch die Wahrscheinlichkeit, dass solche Personen Leistungen der Stiftung in Anspruch nehmen oder sie (finanziell) unterstützen, die ein vergleichsweise schwaches persönliches Interesse an den Anliegen der Stiftung haben und wenig Zeit und Mühe auf deren Beurteilung verwenden.[11]

Markenpositionierung bedeutet, die Stellung der Marke in der Vorstellungswelt der Zielgruppen aktiv zu gestalten, so dass diese mit der Stiftungsmarke prägnante Vorstellungen und Bilder verbinden. Die Marke soll in der Wahrnehmung der Zielgruppen ein eigenständiges, unverwechselbares Profil haben, so dass sie eine einzigartige Position und eine Vorzugsstellung gegenüber Konkurrenzmarken erlangt.[12] Klare Images sind die Grundlage einer erfolgreichen Markenführung. Insofern setzt Markenpositionierung voraus, dass die Stiftung ihren Existenzzweck, ihre Anliegen, Werte und Überzeugungen, ihre Ziele und ihre Kernbotschaften pointiert formulieren kann.

Die Stiftungsmarke ist ein Nutzenversprechen. Sie soll einen Mehrwert vermitteln, der über die eigentliche Leistung hinausgeht. Zum Aufbau einer Stiftungsmarke muss frühzeitig deren zentraler Nutzen fest gelegt werden, und zwar ausgehend vom Stiftungszweck und einem möglichst ausgeprägten Leistungsprofil. Um die Marke imageprägend zu positionieren, müssen die dominierenden und differenzierenden Eigenschaften der Stiftung bzw. ihrer Leistungen identifiziert werden.[13]

Dabei kommt es nicht unbedingt darauf an, welche Eigenschaften das Stiftungsmanagement für wesentlich hält. Entscheidend ist vielmehr, wie die Idealvorstellungen der Zielgruppen hinsichtlich bestimmter, verhaltensrelevanter Merkmale aussehen. Es kann sein, dass manche Merkmale, die für Zielgruppen unwichtig sind, vom Stiftungsmanagement überschätzt werden und umgekehrt. So haben z. B. Studien zur Relevanz bestimmter Eigenschaften für das Spendenverhalten ergeben, dass Nonprofit-Organisationen, die ihre Anliegen in den Mittelpunkt eines aggressiven kommunikativen Auftritts stellen, im Fundraising erfolgreicher sind als Organisationen, die sich gegenüber Spendern in erster Linie als effizient und sparsam hinsichtlich der Verwaltungskosten positionieren.[14]

Die Positionierungseigenschaften müssen den Bedürfnissen der Zielgruppen entsprechen und sich in deren subjektiver Wahrnehmung von den Merkmalen konkurrierender Marken unterscheiden, so dass mit der Positionierung eine unique selling proposition bzw. eine unique donor's proposition besetzt werden kann.

---

[11] Vgl. *Esch,* S. 235, 71 f.

[12] Vgl. ebd., S. 134.

[13] Zur Entwicklung eines Markenleitbildes für die Bertelsmann Stiftung s. *Meffert,* Markenarchitektur, S. 175–178; *ders.,* Markenführung, S. 6–8.

[14] Vgl. *Frumkin/Kim,* p. 271.

Da bei der Positionierung die Besonderheiten der Marke herausgearbeitet werden sollen, empfiehlt sich die Beschränkung auf eine einzige Eigenschaft oder einige wenige Nutzenmerkmale, die für die Zielgruppen relevant und attraktiv sind. Ansatzpunkte sind zum einen sachliche bzw. funktionale Eigenschaften der Marke (z. B. zuverlässig, innovativ) und zum anderen emotionale Merkmale (z. B. hilfsbereit, mutig). Die gewählte Positionierung sollte langfristig beibehalten werden.[15]

Nach der Anzahl der Leistungen, die unter einer Marke angeboten werden, lassen sich *Markenstrategien* unterscheiden:

– *Einzel- bzw. Mono-Markenstrategie:* Für jedes Produkt wird eine eigene Marke geschaffen. Bei einer Stiftung würden dementsprechend einzelne Dienstleistungen jeweils unter einem Markennamen geführt.
– *Markenfamilien- bzw. Produktlinienmarkenstrategie:* Mehrere Produkte, die aus einer Produktlinie stammen, werden unter einer einheitlichen Marke geführt. Bei Stiftungen lassen sich u. a. Projektgruppen markieren.
– *Dachmarken- bzw. Programmmarkenstrategie:* Sämtliche Leistungen des Anbieters werden unter einer Marke geführt. Dementsprechend erscheint die Stiftung selbst als Marke.

Bei der Entscheidung zwischen der Markierung der Stiftung und einer Markierung z. B. von Projekten und Projektlinien sind neben grundsätzlichen Vor- und Nachteilen der verschiedenen strategischen Optionen[16] die situativen Bedingungen der Stiftung zu berücksichtigen.

I. d. R. ist bei Dienstleistungen eine Dachmarkenstrategie, bei der sich die Profilierung auf die Kompetenz des Anbieters richtet, vorteilhafter. Auch bei Stiftungen entwickeln sich eher abstrakte, stiftungsbezogene als leistungsgebundene Markenimages, und das Vertrauen in die Organisation spielt auch beim Fundraising eine größere Rolle als das Vertrauen in einzelne Leistungen.

Eine Dachmarkenstrategie ist sinnvoll, wenn der Programmumfang zu groß für eine ökonomische Einzelmarkenstrategie ist, wenn die Zielgruppen bzw. die Positionierung der Programmteile relativ homogen sind oder wenn das Leistungsprogramm oder Teile starken Schwankungen unterliegen. Das sind Bedingungen, die auf die meisten Stiftungen zutreffen. Bei vielen Stiftungen haben einzelne Leistungen etwa in Form von Projekten eine relativ kurze Lebensdauer, was mit einer aufwändigen Einzelmarkenstrategie nicht zu vereinbaren wäre. Eine Dachmarkenstrategie erlaubt Stiftungen ein Engagement in Nischen.

Stiftungen weisen traditionell ein niedriges markenpolitisches Aktivitätsniveau auf. Bei einem begrenzten verfügbaren Budget hat die Dachmarkenstrategie den Vorteil, dass alle Leistungen der Stiftung den Aufwand für Markenaufbau und Markenführung gemeinsam tragen. Es ist daher kein Zufall, dass bei Stiftungen,

---

[15] Vgl. *Esch,* S. 137.
[16] s. dazu ebd., S. 273.

wenn überhaupt, historisch gewachsene Dachmarkenstrategien zu beobachten sind.

Bei größeren Stiftungen mit umfangreichem Leistungsspektrum kommen auch markenstrategische Kombinationen in Frage, und zwar dann, wenn Synergien zwischen den Marken erzielt werden können, indem die Einzelmarken die Dachmarke der Stiftung stützen.[17] Beispiele sind die Stiftung Warentest mit einzelnen Produkten, wie den Zeitschriften „Test" und „Finanztest", und die Stiftung Preußischer Kulturbesitz mit den zugehörigen Einrichtungen. Die Kombination aus Dach- und Einzelmarkenstrategie eignet sich auch zur Profilierung einzelner Projektmarken. Denkbar ist ferner die Zusammenarbeit verschiedener Stiftungen im Rahmen einer gemeinsamen markierten Kampagne oder der Aufbau zeitlich begrenzter Projektmarken. Dadurch, dass zwei oder mehr Marken auf verschiedenen Ebenen einander über- bzw. untergeordnet werden (Stiftung, Projektbereich etc.), entstehen komplexe Markenarchitekturen, die allerdings vergleichsweise anspruchsvoll in der Pflege sind.

Gegenstand der *Markengestaltung* ist der Aufbau des äußeren Leistungsprofils und Erscheinungsbildes der Marke durch Markenname, Markenzeichen (Logo) und Produktdesign, d. h. bei (immateriellen) Dienstleistungen die Gestaltung der tangiblen Leistungsaspekte.

Die formale Gestaltung der Marke ist auf einen hohen Wiedererkennungswert gerichtet. Sie soll die Erinnerung an die Marke erleichtern und damit letztlich die aktive Markenbekanntheit fundieren. Insofern sollten die sichtbaren Elemente der Markierung prägnant gestaltet sein und durch charakteristische Merkmale eine Differenzierung ermöglichen, aber auch positionierungsrelevante Assoziationen vermitteln.

Der *Markenname* ist eine wesentliche Identitätsquelle der Marke. Er repräsentiert quasi die Markenphilosophie. Bereits das Element „Stiftung" als Namenskomponente ist ein Identitätsmerkmal. Ein guter Markenname ist eigenständig, gut unterscheidbar und merkfähig. Im Idealfall fasst er die zentralen Leistungseigenschaften zusammen.[18] Diese Anforderungen erfüllen vor allem bildhafte Namen, die die Anliegen der Stiftung verbalisieren, wie z. B. die Bezeichnung „Stiftung Deutsche Schlaganfall-Hilfe".

Viele Stiftungen bringen angesichts eines vom Stifter abgeleiteten Namens in diesem Punkt vergleichsweise schlechte Voraussetzungen mit. Insofern ist die Namensgebung der Stiftung bereits ein Akt der Markengestaltung, der – markenpolitische Ziele vorausgesetzt - wohl überlegt sein will. Ein abstrakter Stiftungsname kann jedoch durch das Markenzeichen, genauer, durch ein auf den Stiftungszweck bezogenes, konkretes Symbol mit Bedeutung aufgeladen werden, wie z. B. bei der Degussa Stiftung (s. Abb. 1).

---

[17] Vgl. *Meffert,* Markenarchitektur, S. 178 f.; *ders.,* Markenführung, S. 8 f.
[18] Vgl. *Esch,* S. 172.

8.3 Markenpolitik für Stiftungen

Abb. 1: Markenzeichen von Stiftungen

Ein *Markenzeichen* wird aus Bildelementen und Symbolen, aus Farbe(n) und ggf. aus Akustik-Signalen (Text und/oder Musik, Slogan, Jingle) gebildet. Das verbalisierte oder stilisierte Markenlogo und die anderen Zeichenelemente drücken zusammen mit dem Namen häufig Charakter und Werte der Marke aus. Ähnlich wie der Markenname soll das Logo positionierungsrelevante Assoziationen kommunizieren, Aufmerksamkeit und Gefallen erregen sowie leicht wahrnehmbar und erinnerbar sein.[19]

Konkrete Bildlogos, d. h. Zeichenelemente, die reale Gegenstände abbilden, sind wirksamer als abstrakte, die keinen Bezug zu einem realen Gegenstand haben, und wirken besser als Schriftlogos, die überwiegend auf Schriftzeichen basieren.[20] Beispiele sind das konkrete Wort-Bildlogo der Deutschen Bundesstiftung Umwelt, das abstrakte Wort-Bildlogo der Schering Stiftung und das Schriftlogo der Gemeinnützigen Hertie Stiftung (s. Abb. 1).

Bei Stiftungen treten aufgrund der Immaterialität von Dienstleistungen markierungstechnische Probleme auf, die über die *Gestaltung tangibler Dienstleistungskomponenten* gelöst werden können. Da das Markenzeichen nicht auf dem Produkt selbst visualisiert werden kann, müssen stattdessen potenzielle Informationsträger markiert werden. Zur Markengestaltung gehört bei Stiftungen insofern auch die Gestaltung des Erscheinungsbildes von Einrichtungen und Ausrüstungsgegenständen (z. B. Gebäude, Fahrzeuge), von Mitarbeitern (z. B. Bekleidung) und gedruckten Kommunikationsmitteln.

---

[19] Vgl. *Esch,* S. 190–196.
[20] Vgl. ebd., S. 189 f.

Allerdings macht der Einsatz von Zeichen allein noch keine Marke, wenn keine besondere Profilierung über Anliegen und Werte der Stiftung erfolgt. Markenname und -zeichen werden erst durch die Kommunikationspolitik lebendig. Insofern kann eine schwache Markierung, etwa eine schwache Namensbezeichnung der Stiftung, durch eine aufwändigere Kommunikation ausgeglichen werden.[21]

Auch wenn die Marke wesentlich über die Markierung und die markenbezogene Kommunikation aufgebaut wird, wird ein widerspruchsfreier Markenauftritt erst durch die integrierte Abstimmung aller Markeneigenschaften erreicht. *Integrierte Markenführung* bedeutet, dass alle markenbezogenen Aktivitäten der Stiftung miteinander verknüpft und die Marketingmaßnahmen aufeinander abgestimmt werden, um ein definiertes Soll-Image der Marke zu erreichen. Im Mittelpunkt stehen die kommunikationspolitischen Maßnahmen, die Gestaltung des Leistungsangebotes der Stiftung sowie auf die Mitarbeiter der Stiftung bezogene Aspekte des internen Marketing.

Die Aufgabe der integrierten *Markenkommunikation* besteht darin, alle Kommunikationsmaßnahmen formal und inhaltlich abzustimmen.[22] Dies ist u. a. durch den Einsatz formaler Mittel des Corporate Design sowie durch Verwendung identischer Aussagen und Bildinhalte (Schlüsselbilder) zu erreichen, die die Positionierung der Marke transportieren.[23] Auch bei den kommunikativen Maßnahmen ist Kontinuität wichtig. Eine konfuse Außendarstellung ist unbedingt zu vermeiden. Vielmehr muss die Stiftung in allen Medien der Selbstdarstellung – von der Visitenkarte, über Geschäftsbericht und Printanzeige bis zur Internet-Homepage – ein einheitliches Erscheinungsbild anstreben. Markenname und -zeichen müssen durchgängig verwendet werden. Inhaltlich kommt es entscheidend darauf an, mit Hilfe konsistenter Botschaften das mit der Stiftungsmarke verknüpfte Wertesystem darzustellen. Kommunikation soll die Marke nicht nur sichtbar machen, sondern auch ihre Identität vermitteln.

Eine wichtige Rolle bei der Markengestaltung und der Gestaltung des kommunikativen Auftritts spielen markenbezogene Themen, die dem Adressaten durch ständige Wiederholung Orientierungspunkte geben und es ihm so ermöglichen, die Stiftung einzuordnen. Die Themen müssen die Anliegen und die zentralen Werte der Stiftung ausdrücken sowie die Eigenschaften der Stiftung und ihrer Leistungen porträtieren. Solche thematischen Images können sich auch auf Personen (z. B. den Stifter) beziehen, die die Marke personifizieren und so als Assoziationshilfe wirken. Trotz eventueller Variationen in der Umsetzung stellt ein durchgängiges Thema z. B. bei einer Kampagne sicher, dass der Auftritt konsistent bleibt.

---

[21] Vgl. *Esch,* S. 173.

[22] Zur integrierten Markenkommunikation der Bertelsmann Stiftung s. *Meffert,* Markenführung, S. 9 – 10.

[23] Vgl. *Esch,* S. 251 f.

Da Stiftungsmarken im Wettbewerb um Aufmerksamkeit stehen, muss die Marke Mittelpunkt der Kommunikationspolitik sein. Erst die ständige Wiederholung markenbezogener Botschaften schafft Markenbekanntheit und Markenwissen. Gerade für kleine Stiftungen mit begrenztem Budget stellt die Tatsache, dass manche Zielgruppen nur noch über eine starke Präsenz zu erreichen sind, eine besondere Herausforderung dar.

Allerdings geht Markenpolitik über rein kommunikationspolitische Maßnahmen weit hinaus. Bei Dienstleistern wie Stiftungen sind die *Mitarbeiter* mit Kunden- bzw. Klientenkontakt wichtige Kommunikationsmittler. Die Beziehung zwischen Mitarbeitern und Klienten hat – bei operativen Stiftungen ausgeprägter als bei Förderstiftungen – großen Einfluss auf die wahrgenommene Markenidentität und das Image der Stiftung. Einstellungen und Verhalten der Mitarbeiter sollten die Identität der Stiftungsmarke widerspiegeln. Dies erfordert Markenbewusstsein und Akzeptanz des Markenmanagements bei allen Beteiligten. Die Marke muss also auch nach innen kommuniziert werden; Maßnahmen der Personalauswahl und -entwicklung sind markenpolitisch durchaus relevant.

Zentral ist das *Leistungsprogramm* der Stiftung und ggf. die einzelne Dienstleistung, die als Marke etabliert wird. Da es sich dabei überwiegend um Erfahrungs- und Vertrauensgüter handelt, deren Qualität die Adressaten im Vorfeld nicht beurteilen können, werden die tatsächliche Qualität der von einer Stiftung erbrachten Leistungen und ihr Arbeitsstil zu einem wesentlichen Aspekt der Markenkonzeption. Wird eine Stiftung dem, was ihre Marke verspricht, nicht gerecht, beschädigt sie ihr Markenimage.

Über diese Planungsschritte hinaus gehören zum Markenmanagement die Durchsetzung der Marke am Markt (Markenpenetration), die Anpassung an Veränderungen im Konsumenten- und Konkurrentenverhalten (Markenadaption) und schließlich Steuerung und Kontrolle des Erfolgsbeitrages der Markenführung für die Stiftung (Markencontrolling).

Bei Stiftungen, für die Markenpolitik ein neues Feld ist, besteht die Gefahr, dass viel Mühe auf den Aufbau einer Marke verwandt wird, die Stiftungsmarke anschließend aber nicht systematisch weiterentwickelt und gepflegt wird. Botschaft und Bedeutung der Marke weiter auszuarbeiten, ist eine Daueraufgabe, vor allem, wenn die Stiftung neue strategische Tätigkeitsfelder erschließt. Und Markenmanagement ist – ein entsprechendes Selbstverständnis und eine hinreichende Marketingorientierung der Stiftung vorausgesetzt – Chefsache.

Markenpolitik ist nicht für alle Stiftungen gleichermaßen sinnvoll. Doch selbst bei Stiftungen, die vom Aufbau bzw. der Pflege einer Marke profitieren könnten, muss womöglich zunächst Überzeugungsarbeit geleistet werden, bevor markenpolitische Aktivitäten aufgenommen werden, und zwar sowohl intern (Professionalisierungsbarrieren) als auch extern (Rechtfertigung markenpolitischer Aufwendungen gegenüber Zuwendungsgebern). Erfolge sind nicht nur schwer zurechenbar, sondern stellen sich erst mit der Zeit ein. Markenpolitik braucht Geduld, doch angesichts ihres typischen Lebenszyklus sollte dies gerade Stiftungen nicht abschrecken.

8.4 Events und Awards: Aktuelle Impulse für die Kommunikation

Von Burkhardt Holze und Frank Schmidt

In der Ausgabe 12/2004 der Marketing-Fachzeitschrift Absatzwirtschaft fordert ein Urgestein der Kommunikationsbranche, der Chef-Kreative der französischen Werbeagentur Havas Advertising S.A., *Jacques Séguéla*, offensiv eine Umdenken bei den Absendern kommerzieller Kommunikation. Sinngemäß sagt Séguéla: „Wir müssen wieder zu einer menschlicheren Kommunikation finden, die das reine Gelddenken ... ergänzt, im Sinne einer besseren Konsumwelt, in der nicht Gier, sondern auch Gönnen, nicht nur Nehmen, sondern auch Geben, nicht Egoismus und Eigennutz eine Rolle spielen. Die Unternehmen müssen verstehen, dass ihnen in Zukunft nur Ehrlichkeit nützen wird. Ethik und Moral müssen wieder zentrale Bedeutung erhalten."[1]

So dürfte es in *Séguélas* Sinne sein, dass sich zahlreiche Unternehmen bereits dieser Notwendigkeit bewusst geworden sind und in den vergangenen Jahren auch schon Schritte in die von ihm so vehement geforderte Richtung eingeleitet haben. Diese Unternehmen verstehen sich zunehmend nicht mehr nur als Akteure auf bestimmten eingegrenzten Märkten, sondern als verantwortungsbewusste Player in einem hybriden Geflecht aus Beziehungen zu den unterschiedlichsten Gruppen. „Corporate Citizenship", „Corporate Responsibility" oder auch „Corporate Community Investment" sind nur einige Begriffe, die in den internen Strategiediskussionen dieser Häuser verstärkt thematisiert wurden und werden.

Auf der Suche nach dem passenden Konzept, wie diesen Anforderungen zu begegnen ist, werden die Verantwortlichen über kurz oder lang mit dem Thema „Stiftung" konfrontiert. Sei es als Gründungsinitiative oder in Form der Revitalisierung bereits bestehender Stiftungen, die unternehmensnahe oder -verbundene Stiftung (im Folgenden „Corporate Foundation") bietet für viele Unternehmen die überzeugendsten Voraussetzungen, eine starke Säule in den sich häufig überschneidenden Tätigkeitsbereichen von Corporate Sponsoring, Spendenwesen usw. zu etablieren.

Corporate Foundations bewegen sich mit ihren Kommunikationsaktivitäten im Spannungsfeld zwischen Glaubwürdigkeit bei der Erfüllung des Stiftungszwecks einerseits und der Generierung von Kommunikationseffekten für die Foundation bzw. das stiftende Unternehmen. Allein vor dem Hintergrund einer juristischen

---

[1] *Schrader*, S. 8.

Unbedenklichkeit ist es von grundlegender Bedeutung, dass natürlich die Glaubwürdigkeit und der soziale / gemeinnützige Charakter der Foundation-Tätigkeit gewahrt bleibt. Dennoch haben gerade Corporate Foundations, neben ihrem inhaltlichen Tätigkeitsbereich im Sinne der Erfüllung des Stiftungszwecks, eine kommunikative Aufgabenstellung in zweierlei Hinsicht zu erfüllen (in seiner Konkretisierung des Begriffs der Corporate Foundation legt Marquardt das Betreiben von „Kommunikationsarbeit in eigener Sache" sogar als definitorische Merkmal zugrunde[2]):

Zunächst ist natürlich der positive Abstrahleffekt auf das dahinter stehende Unternehmen zu erzeugen. Dies erfolgt sowohl über die Einbindung des Unternehmens in den Namen der Stiftung, die Gestaltung des Corporate Designs, das sich üblicherweise an den formalen Auftritt des stiftenden Unternehmens anlehnt sowie die Hervorhebung der Nähe zwischen Stiftung und Unternehmen durch inhaltliche Bezugnahmen, personelle Durchmischungen etc.

Zweitens muss sich gerade eine Corporate Foundation aber auch selbst profilieren, um eine Akzeptanz in ihrem fachlichen und gesellschaftlichen Umfeld zu erreichen. Diese Vorgabe impliziert gleichermaßen Bekanntheits- wie auch Imageziele bei verschiedenen Zielgruppen. So bewegt sich auch die Corporate Foundation in unterschiedlichen Kommunikationsbeziehungen. Grob gegliedert müssen hier zwei Stränge bedient werden:

1. Die „Fachkommunikation": Hier tritt die Corporate Foundation in Kontakt mit Experten, Fachjournalisten und -institutionen, Kooperationspartnern, aber vor allem auch mit ihrer Primärzielgruppe, d. h. denjenigen, die durch die Stiftungstätigkeit unterstützt werden sollen. Dieser Strang ist das Pflichtprogramm einer jeden Stiftung. Die Maßnahmen dienen dazu, den Stiftungsbetrieb zu gewährleisten und die Stiftung als festen Bestandteil bei den wesentlichen Akteuren innerhalb eines Förderungsbereichs zu institutionalisieren.

2. Die „Breitenkommunikation": Über die Maßnahmen dieses Stranges wendet sich die Stiftung an ein weiter gefasstes Zielpublikum, bestehend z. B. aus den Kunden des stiftenden Unternehmens, bei denen über die Stiftungstätigkeit positive Wahrnehmungseffekte generiert werden sollen. Dieser Strang verdient auch deshalb besondere Aufmerksamkeit, weil hier der eingegrenzte Zirkel der Fachkommunikation aufgebrochen und ein Publikum adressiert wird, das bisher mit hoher Wahrscheinlichkeit noch nicht in die durch die Stiftung bearbeitete Thematik involviert war. Die Ansprache eines größeren Publikums dient also nicht nur Bekanntheits- und Imagezielen. Sie ebnet außerdem den Weg zu potenziell an der Stiftungsarbeit Interessierten, aus denen wiederum in der Folge z. B. Personen für ehrenamtliche oder freiwillige Stiftungsaufgaben rekrutiert werden können. Im günstigsten Fall gelingt es sogar, den Kontakt zu neuen Geldgebern zu initiieren.

---

[2] *Marquardt*, S. 74.

8.4 Events und Awards: Aktuelle Impulse für die Kommunikation

Bereits auf der Ebene der Fachkommunikation kann es zu einem Kommunikationswettbewerb kommen. *Marquardt* veranschaulicht dies wie folgt[3]: „Nahezu jede deutsche Großbank hat in den vergangenen Jahren eine oder mehrere gemeinnützige Stiftungen mit ähnlichen Stiftungszwecken errichtet. Und auch auf regionaler Ebene setzen immer mehr Unternehmen aus verschiedenen Branchen auf die eigene gemeinnützige Stiftung als Kommunikationsinstrument. Derartige Entwicklungen im Markt können dazu führen, dass das reine Stiftungsengagement keinen strategischen Kommunikationsvorteil mehr darstellt, sondern erste eine differenzierte und wohlgeplante Stiftungsarbeit zu einer kommunikativen Sonderstellung im Markt und somit zu Gratifikationen, wie z. B. positive Imagewerte hinsichtlich wahrgenommener sozialer Verantwortung, führen könnte." Hierbei tragen die Corporate Foundations nicht nur, stellvertretend für die Unternehmen, die hinter ihnen stehen, ihren Kommunikationswettbewerb untereinander aus. Sie treten darüber hinaus in den Wettbewerb u. a. mit Stiftungen anderen Typs, die in denselben oder angrenzenden Themenbereichen aktiv und ebenfalls um Profilierung bemüht sind.[4]

Spätestens in der Breitenkommunikation verlassen Corporate Foundations ihre durch ihren Stiftungszweck definierte Nische und treten in den Wettbewerb mit den unterschiedlichsten Kommunikationsabsendern. Mit der Aufgabe, in diesem Wettbewerb klare Botschaften zu platzieren und ein unverwechselbares Profil zu hinterlassen, haben aber bereits große Markenartikler, denen allein für die klassische Mediawerbung meist mehrstellige Millionen-Bugdets zur Verfügung stehen, ernste Schwierigkeiten. Werbereaktanz, Information Overload und Inflation der Kommunikationskanäle und -instrumente sind nur wenige Schlagworte, die zur Beschreibung der Mega-Trends in der Kommunikationslandschaft herangezogen werden können. Eine Umgebung, die auch die Corporate Foundations bei der Konzeption ihrer Kommunikationsmaßnahmen vor besondere Herausforderungen stellt.

Die Unternehmen hinter den Corporate Foundations können vor allem dann Abstrahlungseffekte von ihrem Stiftungsengagement erwarten, wenn die Foundation innerhalb des gewählten Betätigungsfelds zu einem bekannten und akzeptierten Akteur wird und dieses Engagement in der Folge auch an ein breiteres Publikumssegment kommuniziert wird. Voraussetzung hierfür ist jedoch zunächst eine möglichst tiefe Verankerung innerhalb des zu besetzenden Themenfeldes. Diese Verankerung kann über Aktivitäten auf einer möglichst großen Anzahl von Ebenen innerhalb eines Themenfeldes, einer Branche oder auch einer gesellschaftlichen Szene realisiert werden. Abbildung 1 zeigt die fünf zu berücksichtigenden Ebenen im Überblick[5].

---

[3] Ebd., S. 100.

[4] Die Frage, inwieweit z. B. auch private oder öffentliche Stiftungen kommunikativ in Erscheinung treten sollen, wird kontrovers zwischen „Gutes gedeiht im Verborgenen" und „Tue Gutes und rede darüber" diskutiert und ist demnach offensichtlich eine Einzelfallentscheidung. Daher soll auch die Corporate Foundation, deren Kommunikationsbedürfnis unbestritten ist, im Zentrum der folgenden Ausführungen stehen.

[5] *Schmidt/Holze*, S. 284.

Für die Kommunikation von Corporate Foundations bedeutet dieses 5-Ebenen-Modell: Wenn eine Corporate Foundation mit dem Themenumfeld verschmelzen will, muss sie sich zunächst legitimieren, indem sie die Ernsthaftigkeit ihres Engagements unter Beweis stellt. Dies erfolgt auf der „Ebene der eigenen Aktivität". Diese Ebene wird meist durch die Förderprojekte besetzt. Hier muss es zum realen Kontakt zwischen der Corporate Foundation und dem definierten Themen- bzw. Handlungsumfeld kommen („Grassroot Activities"). Auf Ebene 4. geht es den Aufbau eines Beziehungsnetzwerks zu den relevanten, meinungsbildenden Medien des Themenumfelds, z. B. über eine regelmäßige Ansprache, Autorentätigkeit oder sonstige Gemeinschaftsinitiativen. Auf der „Ebene der Institutionen" geht es darum, in Kontakt mit den wichtigen Institutionen (Verbände, Vereine, ggf. auch Unternehmen) zu treten und gemeinschaftliche Aktivitäten zu initiieren und diese kommunikativ zu verwerten. Auf der Ebene 2. erfolgt die Einbindung der Meinungsführer. Hier bieten sich beispielsweise gemeinsame Forschungsprojekte oder Veröffentlichungen an. Auf der „Ebene der Events" tritt die Corporate Foundation auf bei den maßgeblichen Veranstaltungen innerhalb eines Themenumfelds. Sollte eine solche Veranstaltung nicht existieren, ist auch denkbar, dass die Corporate Foundation eine aktive Rolle bei der Initiierung und Implementierung eines solchen Events spielt.

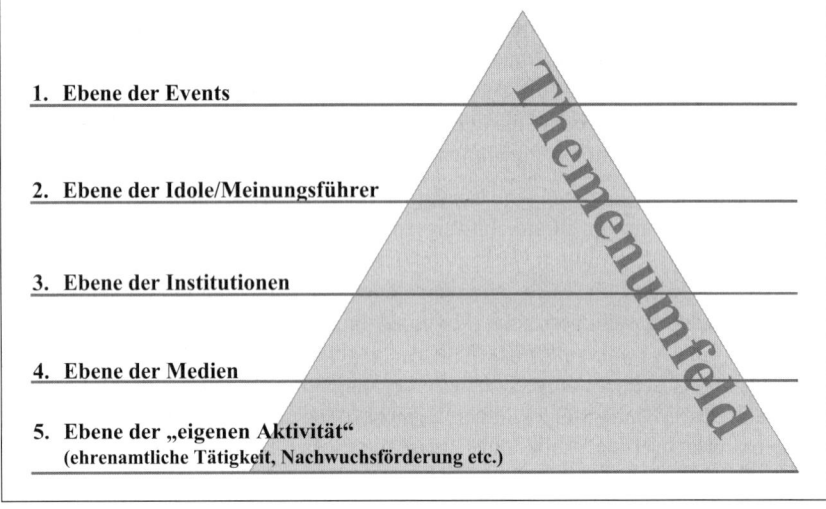

Abb. 1: Ebenen der Themenbelegung; eigene Darstellung

Bei der Besetzung der verschiedenen Ebenen und damit der Verschmelzung mit dem Themenfeld verfügen Corporate Foundations über einen zentralen Vorteil: Sie sind aufgrund ihres tatsächlichen Engagements ein glaubwürdiger Partner. Die Institution der Corporate Foundation wirkt als „Neutralitäts-Katalysator" zwischen

8.4 Events und Awards: Aktuelle Impulse für die Kommunikation

dem stiftenden Unternehmen und den verschiedenen Ziel- und Bezugsgruppen in dem zu besetzenden Themenumfeld. Die Langfristigkeit der Ausrichtung stützt die Verlässlichkeit der Corporate Foundation als Partner, die inhaltliche Arbeit, die den Schwerpunkt der Stiftungstätigkeit ausmacht, unterstreicht die Ernsthaftigkeit und Glaubwürdigkeit des Engagements.

Strategische Zielsetzung einer Themenbelegung wie oben beschrieben ist der Aufbau einer starken Position innerhalb eines Themenfeldes, möglichst die Ausübung einer sog. „Meinungsführerschaft". Dieser Begriff umfasst eine Positionierung als Akteur, dem die höchste Kompetenz in themenbezogenen Fragestellungen attestiert wird bzw. dessen Stimme bei der Meinungsfindung ein maßgebliches Gewicht hat.

Dieser hohe Anspruch sollte in der Definition der Kommunikationsziele von ambitionierten Corporate Foundations, wenn auch ggf. in abgeschwächter Form, festgeschrieben werden. Durch die sukzessive Besetzung der verschiedenen Ebenen kann eine Corporate Foundation durch die Kombination von Stiftungstätigkeit und kommunikativer Begleitung mittelfristig zu einer festen Größe werden, die in bestimmte Themenfelder so tief verwoben ist, dass sie als authentischer, organischer Bestandteil dieses Umfelds mit einer positiv prägenden Funktion wahrgenommen wird.

Aus der Perspektive des hinter der Corporate Foundation stehenden Unternehmens kann allerdings der kommunikative Effekt, der aus den Themenbelegungs-Aktivitäten auf den o.g. fünf Ebenen erwächst, nicht zufrieden stellend sein. Um den positiven Abstrahleffekt, der über die Tätigkeit der Corporate Foundation generiert werden soll auch tatsächlich zur Entfaltung zu bringen, muss die Nachricht des Stiftungsengagements auch in weiter gefasste Publikumssegmente hineingetragen werden. Was uns wieder zurückführt zur Breitenkommunikation von Corporate Foundations[6].

Aufgrund der Budgets, die den Corporate Foundations üblicherweise für Kommunikation zur Verfügung stehen, liegt im Bereich der medialen Kommunikation üblicherweise die Hauptaufmerksamkeit auf den nicht-klassischen Maßnahmen der Public Relations (Öffentlichkeitsarbeit). Dieses Instrument umfasst grundsätzlich „sämtliche Maßnahmen, bei denen der Absender über seine vielfältigen Aktivitäten informiert und bei ausgewählten Zielgruppen für Verständnis und Vertrauen wirbt."[7] Dabei ist die jeweilige Maßnahmen-Auswahl natürlich abhängig von den spezifischen Kommunikationszielen der Corporate Foundation.

Das breite Spektrum möglicher PR-Maßnahmen bietet für die Stiftungskommunikation den zentralen Vorteil, den Spannungsbogen zwischen dem persön-

---

[6] Hiermit sind sowohl die durch die Corporate Foundation selbst initiiert Aktivitäten gemeint, als auch die Maßnahmen, die von anderer Stelle (z. B. durch die PR-Abteilung des stiftenden Unternehmens) unter Thematisierung der Stiftungsarbeit durchgeführt werden.

[7] *Bruhn*, 1997, S. 175.

lichen, direkten Dialog und medialer Kommunikation abdecken zu können. Dieses breite Spektrum berücksichtigend differenziert *Schulz* in Anlehnung an *Zerfaß* zwischen vier Grundtypen von Maßnahmen bzw. Kommunikationssituationen im PR-Maßnahmenplan, die allerdings untereinander Schnittmengen vorweisen[8]

1. Persönliche Ansprache,
2. Präsenzveranstaltungen,
3. Direkte mediale Ansprache,
4. Massenmedien.

Bezogen auf die PR-Arbeit von Corporate Foundations bezeichnet die „persönliche Ansprache" (1.) Situationen, in denen es zu einem direkten Kontakt zwischen Corporate Foundation und ausgesuchten Vertretern der Bezugsgruppen (Journalisten, sonstige Multiplikatoren etc.) kommt. Charakteristisch für Maßnahmen dieses Typus sind z. B. die sog. „Kamingespräche", bei denen im kleinen Kreis die Interessen, Fördermaßnahmen und Ziele der Corporate Foundation gezielt artikuliert werden. Diese Maßnahmen bilden die Grundlagen beim „Aufbau eines Beziehungsnetzwerks mit Journalisten und Entscheidungsträgern, auf das man bei Gelegenheit zurückgreifen will"[9].

„Präsenzveranstaltungen" (2.) bezeichnen im PR-Alltag einer Corporate Foundation die Begegnungen mit einer größeren Anzahl von Vertretern relevanter Bezugsgruppen, die durch eigene Initiative herbeigeführt wurden.

Eine „direkte mediale Ansprache" (3.) kann über die unterschiedlichsten Kommunikationskanäle erfolgen. Ob über den konventionellen postalischen Versand, via Fax oder per E-Mail – die moderne Kommunikationstechnik bietet PR-Verantwortlichen vielfältige Möglichkeiten, die relevanten Informationen über die Corporate Foundation zu distribuieren. Auch die Gestaltungsvarianten sind zahlreich. Vom klassischen Briefbogen bis hin zur aufwendig gestalteten DVD sind dem Einfallsreichtum keine Grenzen gesetzt. Für die Unterscheidung wichtig ist jedoch, dass es bei diesem Maßnahmentypus um die selbständige Gestaltung von Kommunikationsmitteln geht, über die sich die Corporate Foundation an ihre Bezugsgruppen wendet.

Bei einer Nutzung von „Massenmedien" (4.) sehen sich die Verantwortlichen mit der Herausforderung konfrontiert, dass aufgrund der redaktionellen Freiheit nur bei bezahlten Maßnahmen absolute Sicherheit in Bezug auf den medialen Output, z. B. bei Anzeigen oder Spots, gewährleistet ist. Diese Maßnahmen sind als Werbung kenntlich zu machen und verlieren dadurch den Glaubwürdigkeitsvorsprung, den redaktionelle Inhalte genießen und der sie aus Sicht von Kommunikationsverantwortlichen besonders attraktiv macht. Zudem sind diese „bezahlten" Maßnahmen sehr kostenintensiv. Vor diesem Hintergrund stellt die eigentliche

---

[8] *Schulz,* 2002, S. 537 ff.
[9] *Schulz,* a. a. O., S. 538.

Königsdisziplin der Public Relations die unentgeltliche Platzierung der eigenen Themen in den Massenmedien dar. Und zwar in einer Aufbereitung, die das Anliegen der Corporate Foundation und die angestrebte Darstellung der Aktivitäten nach außen zielführend unterstützt.

Um die aus Stiftungssicht relevanten Nachrichten erfolgreich in den Medien zu platzieren, müssen diese Inhalte eine journalistische bzw. redaktionelle Relevanz haben. Diese Relevanz leitet sich grundsätzlich daraus ab, wie viele „Nachrichtenfaktoren" erfüllt werden. Schulz charakterisiert den Begriff der Nachrichtenfaktoren wie folgt: „Nachrichtenfaktoren ... haben die Funktion, die Nachrichten beachtenswert, interessant und „schmackhaft" zu machen. Die Journalisten orientieren sich dabei an bestimmten Vorstellung davon, was nach ihrer Auffassung den Bedürfnissen des Publikums entspricht. Nachrichtenfaktoren sind also Kriterien der Selektion und Verarbeitung von Nachrichten."[10]

Wie der Begriff der „Nachrichtenfaktoren" schon vermuten lässt, ist dieses Modell entstanden im Zusammenhang mit der Erforschung der Verbreitung politischer Nachrichten. Vom Grundsatz müssen jedoch in allen Redaktionen bzw. Medien anhand bestimmter Kriterien die Inhalte ausgewählt werden, die in die redaktionelle Berichterstattung aufgenommen werden sollen. Daher ist davon auszugehen, dass das Modell der Nachrichtenfaktoren im Grundsatz überall dort gilt, wo Journalisten bzw. Redakteure aus einer Vielzahl von Informationen auswählen.

Die Fachliteratur liefert zahlreiche Ansätze zur Strukturierung der verschiedenen Nachrichtenfaktoren. Am übersichtlichsten fällt dabei die Darstellung von *Cornelsen* aus, die hier aufgegriffen werden soll[11]. *Cornelsen* gliedert die Nachrichtenfaktoren wie folgt:

- Aktualität,
- Prominenz,
- Fortschritt,
- Human Interest,
- Nähe,
- Folgenschwere,
- Dramatik,
- Konflikt,
- Kuriosität,
- Sex / Liebe.

Höherer Stellenwert im Sinne eines Eingangskriteriums kommt dabei sicherlich der Aktualität einer Meldung zu. Für die PR-Arbeit von Corporate Founda-

---

[10] *Schulz,* 1990, S. 13.
[11] *Cornelsen,* 2002, S. 122.

tions kommt es also u. a. darauf an, Nachrichten („Stories") zu finden, die einen aktuellen Bezug, einen Neuigkeitswert haben. Je weiter der Kreis von anzusprechenden Medien gefasst wird, d. h. je weniger nur inhaltlich spezialisierte Fach- oder Special-Interest-Medien zu einer Berichterstattung bewegt werden sollen, desto wichtiger wird es, neben der Aktualität auch weitere Nachrichtenfaktoren zu bedienen. *Schulz* spricht in diesem Zusammenhang von der „Medialisierung von Ereignissen" und erläutert den Begriff der Medialisierung wie folgt[12]: „Unter Medialisierung versteht man die Zurichtung von Ereignissen im Hinblick auf die Medienlogik, damit sie den Selektions- und Darstellungsanforderungen der Massenmedien besser entsprechen. Dazu gehört z. B. eine für die Berichterstattung günstige Terminierung, die Bereitstellung geeigneter Arbeitsbedingungen für die Berichterstattung (z. B. Interviewzone, Presseraum und Telekommunikationsverbindungen für Reporter, Ausleuchtung für das Fernsehen) wie auch die „Anreicherung" des Ereignisses mit nachrichtenwürdigen Elementen, z. B. die Beteiligung prominenter Personen (siehe auch die Bildbeispiele in der folgenden Case Study).

Für die erfolgreiche Planung und Durchführung von PR-Aktivitäten durch Corporate Foundations lässt sich vor diesem Hintergrund das folgende Zwischenfazit ziehen: Um mit der Stiftung und ihrer Arbeit den Sprung in die redaktionelle Berichterstattung zu realisieren, müssen Nachrichten generiert werden, die für die Medien interessant und aufgrund ihrer Aktualität einem bestimmten Zeitpunkt besonders attraktiv sind. Wenn zudem nicht nur die thematisch nahestehenden Fach- und Special-Interest Medien mit realistischen Erfolgsaussichten angesprochen werden sollen, ist es zudem erforderlich, die o. g. „Anreicherung" vorzunehmen, also zusätzliche, interessante Anknüpfungspunkte für redaktionelle Berichterstattung zu kreieren und den Medien anzubieten. Auf zwei, durchaus miteinander verwandte Ansätze für die Erzeugung dieser zusätzlichen aktuellen Anknüpfungspunkte soll im Folgenden beispielhaft eingegangen werden.

Events und Awards als aktuelle PR-Anlässe

Die Bezeichnung „Event" wird heute, obwohl in seiner eigentlichen Bedeutung anspruchsvoller definiert, in der Kommunikationspraxis weitgehend synonym mit dem Begriff der „Veranstaltung" verwendet. Dass es sich dabei um eine Herabsetzung handelt ist unbestritten und wird besonders offensichtlich, wenn man sich die anspruchsvollen Definitionen des Event-Begriffs vor Augen führt. So weisen Zanger/Sistenich auf die verschiedenen Ingredienzen hin, die eine Veranstaltung eigentlich erst zu einem echten Event werden lassen[13]: „Inszenierte Veranstaltungen in Form erlebnisorientierter firmen- und/oder produktbezogener Veranstaltungen und Aktionen, die dem Adressaten firmen- oder produktbezogene Kommuni-

---

[12] *Schulz*, 2002, S. 541.
[13] *Zanger/Sistenich*, 1996, S. 234.

kationsinhalte vermitteln, d. h. emotionale und physische Reize darbieten, die zu einem starken Aktivierungsprozess führen."

Aufgrund der sehr unterschiedlichen, teils auch sehr ernsthaften Stiftungsinhalte von Corporate Foundations sind z. B. über Art und Intensität der gebotenen Erlebnisorientierung bzw. Aktivierung individuell zu entscheiden. Vor diesem Hintergrund soll, die Sache vereinfachend, in diesem Beitrag von Events gemäß folgender Definition gesprochen werden: Ein Event ist eine besondere Veranstaltung oder ein spezielles Ereignis, das multisensitiv vor Ort ausgewählten Rezipienten präsentiert und als Plattform zur Stiftungskommunikation genutzt wird.[14]

In Anlehnung an Bruhn ist zwischen zwei grundsätzlichen Zielbereichen für Events zu unterscheiden[15]:

1. Kontaktziele, d h. über die Events soll der direkte Kontakt zwischen der Corporate Foundation und den verschiedenen Zielgruppen herstellen.

2. Kommunikationsziele, d. h. bei den Zielgruppen sollen konkrete Beeinflussungswirkungen erzielt werden (z. B. Gedächtniswirkungen, Verhaltensänderungen).

Diese Mehrdimensionalität realisierbarer Zielsetzungen macht es denn auch möglich, verschiedene der von *Schulz* (s. o.) genannten Grundtypen von PR-Maßnahmen im Rahmen von Event-Initiativen miteinander zu kombinieren: Zunächst können im Rahmen der „persönlichen Ansprache" wichtige Personen zum Event eingeladen, bzw. für eine aktive Rolle gewonnen werden. Der Kontakt im Rahmen des Events bildet den Ausgangspunkt in eine persönliche Beziehung zwischen den Vertretern der Corporate Foundation und der Zielperson bzw. einen Anlass die Beziehung zu erneuern oder zu festigen. Zweitens erhält die Corporate Foundation im Sinne der „Präsenzveranstaltung" die Gelegenheit, sich selbst zu präsentieren und über die Stiftungstätigkeit zu informieren. Die „direkte mediale Ansprache" (3.) kann über die Verteilung von Kommunikationsmitteln während des Events bzw. anlässlich des Events erfolgen. Und auch die Ansprache von „Massenmedien" (4.) ist begleitend zu Event-Initiativen, unter Einhaltung der beschriebenen „Medialisierungs-Anforderungen" grundsätzlich möglich.

Anlässe für Events können sich direkt ableiten aus dem Stiftungsbetrieb selbst, z. B. die Errichtung der Foundation selbst, der Start eines neuen Förderprojekts, Einweihungen von Stiftungseinrichtungen, regelmäßige Bilanzen der Fördertätigkeiten. Zweitens können diese auch gründen auf weitergehenden Initiativen, wie z. B. die Durchführung von Symposien, Ausstellungen, die Organisation von Kongressen oder eben auch der Verleihung von Preisen (im Folgenden auch „Awards"), worauf im Folgenden vertiefend eingegangen werden soll.

In der zu diesem Thema existierenden Literatur wird die Initiierung von Awards bzw. den dazugehörigen Verleihungs-Events eher kritisch bewertet. *Schmidt*

---

[14] In Anlehnung an *Inden* 1993, S. 29.
[15] *Bruhn*, a. a. O., S. 792 – 793.

kommt in seinem bereits 1998 erschienenen Artikel mit dem bezeichnenden Titel „Preise – Inflation ohne Konzept?" zu folgendem ernüchternden Fazit[16]: „Preise sind auf den ersten Blick ein verführerisches Instrument von Stiftungs- und Sponsoringarbeit: Nahezu jedes Anliegen lässt sich bepreisen, die Abwicklung eines Preises erscheint simpel, der PR-Effekt gesichert und die Kostenschwelle sehr niedrig. Dabei verspricht die Preisverleihung einen öffentlichen Akt der Dankbarkeit gegenüber dem Geldgeber, wie er bei kaum einer anderen Förderung so stilvoll zu zelebrieren ist. Eine konzeptionelle Vertiefung wird darüber schnell vernachlässigt und ungünstigenfalls trägt der Preis nur irgendwie zu irgendwas bei."

Schmidt stellt folgenden Ansatz einer Funktionstypologie für Awards vor:

Funktionstypologie von Preisen	
„Leistungspreise"	Geehrt werden Einzeltaten, -produkte oder -erkenntnisse. Machen Innovationen und ihre Schöpfer bekannt. Ihre allgemeine Vorbild- oder Anreizfunktion darf bezweifelt werden.
„Warentest-Preise"	Prämieren ein im weitesten Sinne marktgängiges Produkt. Setzen Standards und helfen dem Publikum „das Beste" herauszufinden. Erfordern hohe Reputation und Kompetenz des Vergabegremiums.
„Vorbildpreise"	Zeichnen wiederholenswerte und wiederholbare Verfahren / Modelle aus. Nur sinnvoll, wenn die Anliegen über die Preisverleihung hinaus nachhaltig verfolgt werden.
„Promotion-Preise"	Dienen der Aufklärung bzw. Beeinflussung der öffentlichen Meinung im Sinne einer Weltanschauung oder politischen Überzeugung. Schmaler Grat zwischen höchst ehrenwerten Awards und durchsichtigen Lobby-Preisen, deren Annahme eher diskreditierend sein könnte.
„Dank- und Ermutigungspreise"	Würdigen Akte der Zivilcourage oder stillen Hilfe, die sonst kaum wahrgenommen würden. Geben moralisches Vorbild, propagieren keine Modelle / Lösungen.
„Lebenswerk-Preise"	Weisen, wie die o. g. „Dank- und Ermutigungspreise", eine moralische Komponente auf. Sind mit herausragenden professionellen Leistungen und wohl auch öffentlicher Bedeung der geehrten Person verbunden.

---

[16] *Schmidt*, 1998, S. 12.

8.4 Events und Awards: Aktuelle Impulse für die Kommunikation

„Prominenten-Preise"	Setzen weniger bei spezifischen Leistungen als bei der herausgehobenen öffentlichen Bedeutung des Empfängers an. Negativ-Beispiel: Die unbekannte Institution A möchte durch Ehrung des allgegenwärtigen B in die Medien kommen.
„Talentpreise"	Richten sich an den wissenschaftlichen und besonders künstlerischen Nachwuchs, der sich noch wenig beweisen konnte. Der Preisstifter kann erst gewinnen, wenn aus den Talenten anerkannte Persönlichkeiten geworden sind.
„Förderpreise"	Können an einer höheren Stufe ansetzen und z. B. auch den Professor oder den ausgewiesenen Künstler unterstützen. Sind meist nicht auf die Person bezogen, sondern unterstützen ein spezifisches Projekt oder bieten über Geld hinaus besondere Bereicherungen.

Abb. 2: Funktionstypologie von Preisen[17]

Die Vielzahl existierender Awards belegen vorliegende Zahlen. Bereits 2001 wurden in den Statistiken zum deutschen Stiftungswesen[18] 630 durch deutsche Stiftungen verliehene Awards ausgewiesen. Diese Zahl dürfte sich in den vergangenen Jahren weiter erhöht haben. Ebenfalls als Indikator für die hohe Anzahl existierender Preise zu werten ist die Tatsache, dass die Fachzeitschrift „Stiftung und Sponsoring" seit ihrer Erstausgabe in 1998 eigens für dieses Thema die Rubrik „Preise" eingerichtet hat.

Bei näherer Betrachtung der bestehenden Awards wird jedoch sehr schnell offensichtlich, dass hier, zumindest was den Stellenwert in Kommunikation außerhalb des jeweiligen Fachbereichs angeht, mit extrem unterschiedlichen Maßstäben zu messen ist. Aber warum nun genießen nur vergleichsweise wenige dieser vielen Awards so intensives öffentliches Interesse wie z. B. der Nobel-Preis? Zur Beantwortung dieser Frage sind wenigstens vier Argumente heranzuziehen, ohne dabei bereits einen Anspruch auf Vollständigkeit zu erheben.

Erstens haben zahlreiche Awards aufgrund ihrer sehr spitzen fachlichen Ausrichtung nicht das Potenzial zu wirklicher Popularität. Sie fokussieren inhaltlich zu eng auf einen spezifischen Themenkomplex, als dass sie breitenwirksam kommuniziert werden könnten. Sie sind daher schon aufgrund ihrer Konzeption dazu bestimmt, ein Nischendasein zu fristen.

Zweitens ist ein zurückhaltender kommunikativer Auftritt nach wie vor offensichtliches Handlungsprinzip zahlreicher preisverleihender Stiftungen. Der Schwerpunkt soll hier eindeutig auf dem Inhalt liegen, weniger auf der Kommunikation nach außen.

---

[17] Nach *Schmidt,* 1998, S. 12 – 13.
[18] *Sprengel,* 2001, S. 73.

Drittens scheinen die Gesetze für eine erfolgreiche Medialisierung von zahlreichen Award Organisationen nicht ausreichend berücksichtigt zu werden. Auch dieser Punkt scheint aus Praxissicht nachvollziehbar: Oft fordert die eigentliche Auswahl und Verleihung des Preises die vorhandenen Ressourcen bereits in vollem Umfang, so dass die darüber hinausgehenden, durchaus aufwändigen Tätigkeiten für eine PR-Verwertung der Award Verleihung vernachlässigt bzw. auf das Notwendigste beschränkt werden müssen. Dabei könnte der kommunikative Output bei zahlreichen Awards durch die Umsetzung einer Auswahl von Maßnahmen, die zu den entsprechenden Anknüpfungspunkten für redaktionelle Berichterstattung führen (siehe auch Nachrichtenfaktoren), ohne Zweifel potenziert werden.

Viertens vermitteln nicht wenige der für diesen Artikel recherchierten Preise den Eindruck, nur ein weiteres Förderprojekt unter zahlreichen anderen im Stiftungs-Portfolio zu sein. Mit anderen Worten: Das integrative Potenzial, über das Awards über alle fünf der vorgestellten Durchdringungsebenen besitzen, wird nicht genutzt. Aus externer Perspektive scheinen vor allem die Anknüpfungspunkte, über die Awards im Hinblick auf den Aufbau bzw. die Intensivierung des Networking mit anderen Personen und Institutionen eines Themengebiets verfügen, vielfach ungenutzt zu bleiben. Dabei liefert die Praxis zahlreiche Erfolgsbeispiele: Personell hochkarätig besetzte Jurys, einflussreiche Kuratorien, die im Hintergrund ihre Kontakte nutzen, begleitende Kooperationen mit Fachmedien, die Implementierung von Award Events oder fachliche Begleitveranstaltungen sind nur einige Ansätze zur Optimierung des kommunikativen Effekts in der Fach- und in der Breitenkommunikation.

Vor dem Hintergrund dieser vier Argumente soll abschließend als Praxisbeispiel ein Award dargestellt werden, der sich in vergleichsweise kurzer Zeit zu einer festen Größe in seinem Umfeld, aber auch in der öffentlichen Wahrnehmung entwickeln konnte.

Case Study: Der Laureus Word Sports Award

2000 wurden in Monaco erstmals die *Laureus World Sport Awards* vergeben. Mit diesen Auszeichnungen werden die Leistungen von Sportlerinnen und Sportlern verschiedener Herkunft in diversen Kategorien geehrt, z. B. Sportler/in des Jahres, Mannschaft des Jahres oder Newcomer des Jahres. In seiner viel beachteten Eröffnungsrede beschrieb Nelson Mandela die völkerverbindende Komponente des Sports wie folgt: *„Sport has the power to change the world. It has the power to unite people in a way that little else does. It speaks to youth in language they understand. Sport can create hope where once there was only despair. It is more powerful than governments in breaking down racial barriers."*

8.4 Events und Awards: Aktuelle Impulse für die Kommunikation   731

© Laureus / David Cannon, Laureus World Sports Award 2000.

Abb. 3: Nelson Mandela und Mitglieder der Sport for Good Academy

© Laureus / Jon Hrusa, Laureus World Sports Award 2001.

Abb. 4: Einsatz für den Stiftungszweck – Die englische Fußball-Legende Sir Bobby Charlton bei einem Besuch bei der Mathare Youth Sports Association in den Mathare Slums, Nairobi, Kenia.

Hinter dem Laureus World Sports Award steht ein Joint-Venture der Konzerne DaimlerChrysler[19] und Richemont, die Ende der 90er Jahre mit dem Anspruch angetreten sind, die maßgebliche Auszeichnung der Sportwelt zu implementieren. Aufgrund des weltweiten Interesses, das dem Sport entgegengebracht wird, konnten die Initiatoren des Laureus World Sports Award davon ausgehen, dass der Laureus World Sports Award über das Potenzial für eine internationale mediale Resonanz verfügt.

Um von Beginn an Akzeptanz und Verwurzelung dieses Awards in der Sportwelt, bei den Journalisten und in der Konsequenz auch beim Publikum sicher zu stellen, beschlossen die Partner, an der Glaubwürdigkeit ihres Engagements keinen Zweifel aufkommen zu lassen und gründeten 2000 die *Sports for Good Foundation,* deren Arbeit beide Partner mit einer jährliche Spende sowie der Initiierung weiterer Foundraising-Aktivitäten, deren Erlöse der Sport for Good Foundation zugute kommen, unterstützen. Die Stiftung arbeitet durch Sport an der Linderung der größten sozialen Probleme unserer Zeit, darunter Armut, Obdachlosigkeit, Krieg, Gewalt, Drogen, Diskriminierung von Minderheiten, Rassismus und AIDS. Weltweit fördert die Sport for Good Foundation derzeit 21 soziale Sportprojekte und unterstützt damit Hilfsbedürftige überall auf der Welt. Hierzu gehören u. a. obdachlose Jugendliche im *Street Universe Project* in Kapstadt und den *Inner City Games* in New York, Kindersoldaten in Sierra Leone, behinderte Kinder in China, islamische Frauen in Marokko und viele andere.

Diese Initiative wurde in der Sportwelt begeistert aufgenommen. So konnten die größten lebenden Sportlegenden für eine Mitarbeit in der *Sport for Good Academy* gewonnen werden, deren Mitgliederliste sich liest wie das Who is Who des Sports. Unter dem Vorsitz von Edwin Moses besteht das Gremium aktuell aus zweiundvierzig Mitgliedern, darunter u. a. Michael Jordan, Alberto Tomba, Robby Naish, Sergey Bubka oder Franz Beckenbauer. Die Mitglieder der Laureus World Sports Academy treten weltweit als Botschafter für die Laureus Sport for Good Foundation in Erscheinung und tragen maßgeblich dazu bei, das Interesse der Öffentlichkeit für die Projekte der Stiftung zu wecken. Die enge Zusammenarbeit mit der Sport for Good Stiftung ermöglicht es den Mitgliedern der Academy, ihr Anliegen weltweit zu kommunizieren und so, neben öffentlicher Aufmerksamkeit, auch weitere finanzielle Mittel zu mobilisieren.

Neben der Mitarbeit in den Förderprojekten treten die Sportler auch bereitwillig bei Events der Founding Patrons DaimlerChrysler auf, um bei der Akquise zusätzliche Fördergelder für ihre Projekte mitzuwirken. So waren beispielsweise bei der Versteigerung des ersten Mercedes-Benz SLR McLaren bei Christie's in New York zugunsten von Sports for Good Boris Becker, Nadia Comaneci, Emerson Fittipaldi,

---

[19] Betreut wird das Projekt LWSA in der Konzernzentrale von DaimlerChrysler in Stuttgart im „Center of Competence Sport", das in der Fachabteilung für Alternative Kommunikation von Mercedes-Benz, MKP/A, angesiedelt ist. Verantwortlicher Abteilungsleiter ist Burghard Graf Vitzthum.

8.4 Events und Awards: Aktuelle Impulse für die Kommunikation 733

© Jamie McDonald / Getty Images for Laureus.

Abb. 5: Präsenz der Sport for Good Foundation auf medienwirksamen Plattformen – Prominente Mitglieder der Sport for Good Academy (Nawal El Moutawakei, links, Edwin Moses, 3. von links) mit Fußball-Star Luis Figo (Mitte) auf einer Pressekonferenz bei den Laureus World Sports Awards 2004 in Estoril, Portugal.

© Clive Mason / Allsports 2001.

Abb. 6: Prominenz sorgt für Medieninteresse – Roter Teppich und Blitzlicht-Gewitter für den Auftritt des deutschen Top-Models Heidi Klum bei der Laureus World Sports Awards Gala 2001 im Grimaldi Forum, Monaco.

Tony Hawk, John McEnroe, Edwin Moses und Robby Naish als Academy Mitglieder anwesend. Ihre Anwesenheit gab der Veranstaltung einen würdigen Rahmen – für den SLR wurde an diesem Abend die Versteigerungssumme von 1,7 Mio. Euro erzielt.

Die jährliche Galaveranstaltung zur Verleihung der Laureus World Sports Awards bildet die größte öffentliche Plattform für die Sports for Good Foundation. Während des Veranstaltungszeitraums trifft sich die internationale Prominenz aus Sport und Entertainment und erzeugt einen glamourösen Rahmen, der für zahlreiche Medien Berichtenswertes bietet. Auch 2004 weckte dieser Event hohes mediales Interesse und erreichte weltweit ein Milliarden-Publikum.

Möglich wird diese Resonanz sicherlich auf der einen Seite durch die Popularität des Themas Sport als solches sowie die intensive PR-Begleitung der World Sports Awards und der Aktivitäten der Mitglieder der World Sports Academy. Auf der anderen Seite zeigt dieses Beispiel aber auch sehr überzeugend, welche Kommunikationseffekte aus Stiftungsarbeit entstehen können, wenn die Gesetze einer erfolgreichen Medialisierung Beachtung finden und die Schubkraft aktueller Impulse in Kombination mit anderen nachrichtenrelevanten Faktoren konsequent genutzt wird.

8.5 Praxis der Entwicklung von Fördergrundsätzen

Von Fokke Peters

Erscheinungsformen von Fördergrundsätzen

Die meisten Stiftungen veröffentlichen in der einen oder anderen Form, sei es über Printmedien oder das Internet, und mit unterschiedlichen Bezeichnungen (z. B. „Förderrichtlinien"; „Leitbild") die Grundsätze, nach denen sie ihre satzungsgemäßen Ziele verfolgen wollen. Sie tragen damit der großen Bedeutung Rechnung, die die Kommunikation ihrer Tätigkeit und Ziele für Stiftungen generell hat. So unterschiedlich wie die Anliegen der verschiedenen Stiftungen sind, so unterschiedlich müssen auch die Zielsetzungen, Inhalte und Darstellungsweisen derartiger Grundsätze sein. Immerhin lassen sie sich nach den zwei Hauptgruppen möglicher Stiftungstätigkeit recht klar unterteilen:

Abgrenzen lassen sich *Fördergrundsätze im engeren Sinn* von den grundsätzlichen Überlegungen, die rein operativ tätige Stiftungen kommunizieren, Stiftungen also, die ihre Stiftungszwecke allein durch eigene Tätigkeit verwirklichen.

Für operativ arbeitende Stiftungen steht der Aspekt der Öffentlichkeitsarbeit im Vordergrund. Stiftungen operativen Typs werben häufig aktiv für die eigene Tätigkeit und versuchen mit dieser Absicht, der Öffentlichkeit möglichst klar darzustellen, welches ihre Ziele sind. Mit dieser Aktivität tragen sie dem zivilgesellschaftlichen Gedanken Rechnung, der in aller Regel die Grundlage für die Stiftungserrichtung bildet: Den Mitakteuren in der Zivilgesellschaft kann und soll der Stifterwille nicht aufgezwungen werden, andererseits soll aber die hinter der Stiftung stehende Zwecksetzung möglichst nachhaltige Wirksamkeit in der Gesellschaft finden. Dieses Spannungsverhältnis macht Überzeugungsarbeit notwendig, um andere für die eigene Idee zu gewinnen. Gelingen wird dies nur, wenn für die eigene Zielsetzung eine möglichst klare, konkrete und knappe Form gefunden wird. Schon die dafür erforderliche Suche nach dem angemessenen Inhalt bzw. der richtigen Form schärft das Selbstverständnis der Stiftung und fördert damit nicht nur ihre Darstellung nach außen, sondern auch ihre inhaltliche Arbeit.

„Fördergrundsätze" im engeren begrifflichen Sinn sind die so präzisierten Grundsätze der eigenen Arbeit jedoch gleichwohl nicht, da die operative Stiftung eben nicht ihre Praxis, Dritte zu fördern, beschreibt oder regelt, sondern lediglich ihren eigenen Arbeitsbereich sachlich abgrenzt. Derartige Leitsätze sollten dementsprechend als „Grundsätze"; „Arbeitsprogramm"; „Leitbild" bezeichnet werden, aber nicht als „Fördergrundsätze".

Im Gegensatz zu ausschließlich operativ tätigen Stiftungen veröffentlichen diejenigen Stiftungen, die ihre satzungsgemäßen Ziele ausschließlich oder zumindest auch durch Förderung Dritter verfolgen[1], häufig zu einem gewissen Grad formalisierte Fördergrundsätze. Die oben angesprochenen generellen Motive „Verbesserung der Öffentlichkeitsarbeit" und „Klärung der eigenen Zielsetzung" behalten auch für Förderstiftungen ihre Bedeutung. Bei ihnen tritt allerdings die spezifische Funktion von *Fördergrundsätzen im engeren Sinn* in den Vordergrund, indem diese Grundsätze bei der konkreten Überlegung über die Förderung der Vorhaben Dritter als Richtschnur dienen, und zwar in zwei Richtungen: Zunächst soll derjenige, der nach Fördermöglichkeiten sucht, möglichst frühzeitig eindeutig informiert werden, ob er bzw. ein von ihm geplantes Vorhaben für eine Förderung in Betracht kommt. Fördergrundsätze konkretisieren damit die Zielsetzung und Tätigkeit der Stiftung; es ist selbstverständlich, dass sie den insoweit geltenden Bestimmungen der Satzung nicht widersprechen dürfen. Stiftungen, die dem öffentlichen Recht unterliegen, können im übrigen sogar gezwungen sein, hinreichend detaillierte Fördergrundsätze aufzustellen, da ihre Entscheidungen ansonsten aufgrund von Verstößen gegen das Willkürverbot vor Gericht angreifbar sind.[2]

In einer entgegengesetzten Richtung dienen die Fördergrundsätze als zumindest mittelfristige Selbstbindung der Stiftungsgremien dahingehend, welche potentiellen Antragsteller bzw. Projekte eine Chance haben sollen. Mit dieser Zielrichtung wird gleichzeitig eine wichtige Zusatzfunktion abgedeckt: Die Stiftungsgremien gewinnen zusätzliche Legitimation nach außen; sie können sich notfalls auch hinter derartigen Grundsätzen „verstecken", um Projekte ohne beiderseitigen Gesichtsverlust zurückweisen zu können. Dieser Aspekt kann erhebliche arbeitsökonomische und auch kommunikative Bedeutung gewinnen, wenn die Zahl der eingereichten Förderwünsche oder Anträge die Möglichkeiten der Stiftung deutlich übersteigt, was nicht selten der Fall sein wird.

Risiken bei der Verwendung von Fördergrundsätzen

Für die Erarbeitung von Fördergrundsätzen sprechen damit gute Gründe. Auf der anderen Seite sind mit der Formulierung und Veröffentlichung von Fördergrundsätzen Risiken verbunden, die minimiert werden sollten. Dazu gehören vor allem Missverständnisse, die vermeidbaren Arbeitsaufwand herbeiführen und damit die Effizienz des Arbeitsteams erheblich verringern können. Derartige kommunikative Schwierigkeiten können zudem ein breites Spektrum mangelhaft infor-

---

[1] Nach Erhebungen für das Jahr 2001 nahezu 8 % aller Stiftungen, vgl. *Adloff,* in: Maecenata Institut (Hrsg.), Opusculum Nr. 9, März 2002, S. 5.

[2] OVGNW, Urteil v. 23. 6. 2004, ZSt 11/2004, 312, 314 verlangt hierzu, ein inhaltlich hinreichend konkretes Verteilungsprogramm in Form von Richtlinien zu erstellen, das veröffentlicht werden und auch Anforderungen an Antragsunterlagen und Verfahrensvorgaben wie z. B. Stichtage festlegen sollte.

mierter Antragsteller zur aussichtslosen Antragstellung verleiten und so Verärgerung hervorrufen. Interne und externe Probleme dieser Art wirken sich zwangsläufig nachteilig auf Arbeitserfolg und öffentliche Anerkennung der Stiftung aus.

Ein zusätzliches Problem, das durch die richtige oder fehlerhafte Gestaltung der Fördergrundsätze verringert bzw. verschärft werden kann, stellt der mögliche Widerspruch abgewiesener Antragsteller dar, der von der einfachen Beschwerde bis hin zu gerichtlichem Vorgehen reichen kann. Generell besteht dieses Problem sowohl für Stiftungen bürgerlichen Rechts als auch für diejenigen, die öffentlich-rechtlich gegründet oder sonst an öffentliches Recht gebunden sind (dies kann aufgrund besonderer öffentlich-rechtlicher Bindungen der einer Stiftung gewährten Fördermittel der Fall sein). Stiftungen aus dem öffentlich-rechtlichen Bereich sind aber im besonderen Maß betroffen, da allein in diesem Sektor relevante Aussichten bestehen, die ablehnende Entscheidung einer Fördereinrichtung gerichtlich anzugreifen: Antragsteller haben gegen sie zwar keinen Anspruch auf Leistung, aber zumindest auf ermessensfehlerfreie Entscheidung über ihre Anträge[3] und insbesondere Gleichbehandlung mit anderen Antragstellern (beruhend auf Art. 3 Abs. 1 GG[4]). Rein privatrechtlich agierende Stiftungen dagegen sind in der Auswahl ihrer Destinatäre aufgrund der für Stiftungen geltenden Privatrechtsautonomie grundsätzlich frei; ein Vorgehen gegen ihre Förderentscheidungen dürfte selbst dann aussichtslos sein, wenn es sich auf fehlerhafte Fördergrundsätze oder deren fehlerhafte Anwendung beruft.[5]

Die Arbeit an Fördergrundsätzen sollte jedoch noch ein weiteres, wenn auch nicht im engeren Sinn rechtliches Risiko berücksichtigen: Zu Recht wurde darauf hingewiesen, dass die Festlegung detaillierter Regelwerke nahezu immer zur Errichtung von Verwaltungsstrukturen führt, die deren Einhaltung überwachen.[6] Insbesondere kleinere Stiftungen sollten daher darauf achten, den Prozess der Formalisierung einzugrenzen, um nicht derartige Tendenzen zur Bürokratisierung zu riskieren. Dies kann im Extremfall sogar dafür sprechen, von der Formulierung detaillierter Fördergrundsätze gänzlich abzusehen.

---

[3] Vgl. OVGNW, Urteil v. 23. 6. 2004, ZSt 11/2004, 312, 314.

[4] Vgl. v. *Köckritz/Ermisch/Dittrich/Lamm,* Bundeshaushaltsordnung, Kommentar, Loseblattslg., Stand Januar 2003, § 44 BHO, RdNr. 6.2.1. (S. 59). Für die Entscheidungen des öffentlichen Förderers erzeugen die Fördergrundsätze die sog. Selbstbindung, die auf Seiten des Antragstellers subjektive Rechte erzeugt (BVerfGE 40, 237, 254 – „Justizverwaltungsakt"). In der Praxis sind diese Risiken zwar klein, aber durchaus real, wie zwei kürzlich gegen die Bundesstiftung „Erinnerung, Verantwortung und Zukunft" eingeleitete Verfahren verdeutlicht haben.

[5] Zwar wäre auch hier denkbar, innerhalb der zivilrechtlichen Normen die Geltung des Gleichbehandlungsgrundsatzes zu konstruieren, dies ist jedoch eher von theoretischer Relevanz, vgl. Seifart/v. Campenhausen-*Hof,* Handbuch des Stiftungsrechts, 2. Aufl. 1999, § 8 RdNr. 143.

[6] Seifart/v. Campenhausen-*Hof,* a. a. O., § 9 RdNr. 188.

Leitlinien für die Erarbeitung von Fördergrundsätzen

Die angemessene Formulierung von Fördergrundsätzen wird dadurch erschwert, dass die verschiedenen Ziele, die mit ihrer Veröffentlichung verfolgt werden, teilweise im Widerspruch zueinander stehen: Im Dienste der Öffentlichkeitsarbeit muss nach einer eingängigen Formulierung, im Interesse der rechtlichen Klarheit nach Präzision gesucht werden; im Dienst der internen Zielklärung sollten die großen Züge für die Ausrichtung der Stiftung, im Dienste der Klarstellung gegenüber dem Förderempfänger die eingehende Angabe von Details im Zentrum stehen. Auch wenn diese strukturellen Widersprüche Verallgemeinerungen erschweren, lassen sich die folgenden Vorgaben analysieren, die generell beachtet werden sollten. Der erforderlichen pragmatischen Anpassung lassen sie weiten Raum.

Fördergrundsätze sollten so knapp wie möglich formuliert werden und keine Leerformeln verwenden, sondern möglichst konkrete Festlegungen der Ziele und Voraussetzungen einer Förderung. In den meisten Fällen ist es sinnvoll, die Fördergrundsätze mit Nummern oder Paragraphen zu gliedern sowie Untergliederungen vorzusehen, obwohl derartige Darstellungsformen für den Leser weniger eingängig sind als ein Fließtext und daher in der Perspektive der Öffentlichkeitsarbeit nachteilig erscheinen. Gleichwohl zwingt ein gegliederter Aufbau zu noch größerer „technischer" Sorgfalt bei der Darstellung – dies ist sowohl im Sinn der eigenen Zielpräzisierung als auch der Kommunikation nach außen der Faktor, der im Regelfall im Vordergrund stehen sollte.

Schwerer zu beantworten ist dagegen die Frage, ob und wann juristischer Sachverstand bei der Formulierung der Grundsätze eingebunden werden sollte. Generell ist es ratsam, die Grundsätze zunächst eigenständig innerhalb der Stiftung zu erarbeiten, sie dann aber in einer letzten Kontrollrunde juristisch auf Konsistenz prüfen zu lassen. Bei „zu frühzeitiger" Einschaltung des Juristen tendieren derartige Regelwerke zu übertrieben technischem Sprachgestus, der sie für die Anwendung weniger geeignet werden lässt. Eine Ausnahme besteht allerdings im Bereich derjenigen Stiftungen, deren Fördertätigkeit öffentlich-rechtlichen Bindungen unterliegt: Aufgrund der dichteren rechtlichen Anforderungen und größeren Risiken sollte hier bereits in einem frühen Stadium der Entwicklung von Fördergrundsätzen juristischer Rat beteiligt werden.

Für die Formulierung der Grundsätze sind einerseits Festlegungen ratsam, die die Form der Antragstellung betreffen, andererseits Vorgaben für die inhaltliche Seite der Förderentscheidung:

Möchte die fördernde Stiftung dem Aspekt der Gleichbehandlung der Antragsteller besonders hohe Bedeutung einräumen, ist es sinnvoll, Stichtage festzulegen (*Einsendeschluss*). Eine solche Festlegung engt zwar den Handlungsspielraum ein und ist daher bei rein privatrechtlich agierenden Stiftungen meist weder erforderlich noch angebracht. Dagegen ist sie für Stiftungen, die öffentlich-rechtlichen Bindungen unterliegen, ein Muss, da sich ansonsten abgelehnte Antragsteller nur

8.5 Praxis der Entwicklung von Fördergrundsätzen

allzu leicht auf Willkürlichkeit der Ablehnung berufen können.[7] Zumeist wird hier der Poststempel als Beleg der Fristwahrung zugelassen; hierfür spricht die bessere Dokumentierbarkeit. Wird dagegen in Orientierung an den Vorgaben des BGB verlangt, dass statt dieses Beleges für die Versendung *der Zugang* der Anträge bis zum Einsendeschluss maßgeblich sein soll, kann dies zu unschönen Diskussionen mit Antragstellern führen, die sich ohne eigenes Verschulden durch den Postlauf benachteiligt sehen.

Zusammen mit dieser Festlegung sollte die *Form der Zusendung* geregelt werden: Wird Telefax oder sogar Email zugelassen oder nur die schriftliche Form; sollen nur Anträge gelten, die vorgefertigte Formulare verwenden? Hier lassen sich kaum generelle Vorgaben formulieren, derartige Entscheidungen werden sich an Struktur und Anzahl der angesprochenen Förderempfänger, dem Zielgebiet und der Arbeitskraft des Teams der jeweiligen Stiftung orientieren müssen.

Der wohl wichtigste Bestandteil der Fördergrundsätze ist eine möglichst *konkrete sachliche Umschreibung der möglichen Maßnahmen* (z. B. allein Förderung von Kunst*ankäufen;* allein Förderung kultureller *Projekte*) oder *Sachgebiete* (z. B. Kulturförderung allein im Bereich des *Tanztheaters;* Förderung allein des internationalen *Jugendaustausches*), in denen die Stiftung unterstützen will. Hier kann es – etwa um Kriterien für die Bearbeitung einer großen Anzahl erwarteter Förderanträge bereitzustellen – sinnvoll sein, eine detailliert gegliederte Regelung zu formulieren, die eine starke „Filterwirkung" entfaltet. Auf der anderen Seite verringern derart konkrete Festlegungen den Handlungsspielraum der Stiftung. Bewährt hat sich in der Praxis eine Gegenüberstellung plastischer Beispiele, denen Förderung gewährt werden könnte, mit einem „Negativkatalog". Ansonsten fällt es schwer, generelle Vorgaben zu formulieren. Nicht selten wird erst nach längerer Erprobung in der Praxis und entsprechenden Überarbeitungen eine angemessene sachliche Eingrenzung gelingen.

Eine häufig gewählte Eingrenzung zum Entwicklungsstand der Projekte sieht das öffentliche Recht für Zuwendungen an Förderprojekte zwingend vor, sie ist aber auch für diejenigen Stiftungen angeraten, die im ausschließlich privatrechtlichen Bereich Förderungen durchführen wollen: Die Beschränkung der Förderung ausschließlich auf Projekte, die noch nicht begonnen wurden. Diese Vorgabe ist generell sinnvoll, da der Beginn eines Projektes Sachzwänge zur Fortführung erzeugt, die demjenigen, dem eine Förderung möglich wäre, eine Ablehnung unerwünscht erschweren können. Gleichwohl sollte sie präzisiert werden. Die entsprechende Regelung sollte zum einen festhalten, was als „Beginn" zu verstehen ist. Das öffentliche Recht nimmt dies an, wenn Ausgaben für das Projekt durchgeführt oder vertragliche Bindungen eingegangen werden.[8] Im rein privatrechtlichen Bereich können allerdings abweichende Anknüpfungspunkte durchaus sinnvoll sein, z B. der Beginn öffentlicher Veranstaltungen oder die erste Information

---

7 Vgl. OVGNW, Urteil v. 23. 6. 2004, ZSt 11/2004, 312, 314.

8 *v. Köckritz / Ermisch / Dittrich / Lamm,* a. a. O., § 44 BHO, RdNr. 16.2.1 (S. 79).

der Öffentlichkeit über das geplante Vorhaben. Darüber hinaus sollte geregelt werden, zu welchem Zeitpunkt dieser Beginn noch nicht eingetreten sein darf (möglich: vor dem Einsendeschluss für Anträge; besser: vor dem Zeitpunkt der Entscheidung über sie, z. B. in der Sitzung einer Jury).

Antragsteller fragen häufig, welche *Materialien* eingereicht werden müssen. Fördergrundsätze sollten[9] diese Information liefern; der Inhalt richtet sich dabei nach den Vorhaben, denen die Förderung gelten soll: Projektförderung setzt z. B. eine inhaltliche Beschreibung und eine verlässliche Planung von Einnahmen und Ausgaben voraus, evtl. auch schriftliche Zusagen weiterer Förderer oder Partner; die Vergabe von Stipendien, einen Lebenslauf und eine Beschreibung des Forschungsvorhabens usw. Ist eine große Anzahl von Förderungen geplant, bietet es sich an, ausschließlich formalisierte Anträge zuzulassen und eine bestimmte Anzahl von Kopien zu verlangen. Derartige Festlegungen stellen allerdings für den möglichen Antragsteller bürokratische Hürden auf, die ungewollt abschreckend wirken können.

Ein weiterer wichtiger Punkt ist die Frage, ob die Stiftung eine zusätzliche *Förderung durch Dritte* verlangt. Da viele Antragsteller zumindest im Bereich der Projektförderung davon ausgehen, dass Derartiges verlangt wird, sollte zur Vermeidung von Unklarheiten ausdrücklich festgehalten werden, ob ein Antragsteller nur gefördert werden kann, wenn sich schon ein weiterer Förderer für ihn entschieden hat. Ein Verzicht auf diese Anforderung kann für Förderempfänger ein wichtiges Signal sein: Da viele Förderer (Stiftungen oder andere Einrichtungen) dazu übergegangen sind, sich die Zusage eines weiteren Förderers vorlegen zu lassen, kann es zum strukturellen Problem werden, überhaupt eine „Erstförderung" zu erhalten. Auf der anderen Seite kann es für die Stiftung besonders dann sinnvoll sein, eine derartige Förderung durch Dritte zu verlangen, wenn sie eine unabhängige Vorprüfung des Vorhabens wünscht: Erklärt sich ein vertrauenswürdiger Dritter zur Förderung bereit, spricht dies wie ein „Anscheinsbeweis" für die Seriosität des Antragstellers und die Förderungswürdigkeit des Vorhabens. Die Berücksichtigung dieses Arguments setzt allerdings voraus, dass der Antragsteller die Zusage des „Dritten" in eindeutiger schriftlicher Form vorlegt; auch dies sollten die Fördergrundsätze festhalten.

Einige Praxisrelevanz hat ferner eine Aussage dazu, in welcher Form eine Förderung gewährt werden kann. Der häufigste Fall dürften „verlorene" Zuschüsse sein, also Zahlungen ohne Gegenleistung und ohne Rückzahlungspflicht bei zweckentsprechender Verwendung. In Betracht kommen aber auch z. B. zinslose Darlehen.

Der Eingrenzung der in Betracht kommenden *Antragsteller-Kreise* und damit der Arbeitserleichterung dient eine Festlegung, ob z. B. nur gemeinnützige Träger

---

[9] Bei Stiftungen öffentlichen Rechts: Müssen! Vgl. OVGNW, Urteil v. 23. 6. 2004, ZSt 11 / 2004, 312, 314.

8.5 Praxis der Entwicklung von Fördergrundsätzen

(Vereine, Stiftungen, Gesellschaften) in Frage kommen oder ob ausschließlich bzw. auch Privatpersonen Anträge stellen können (bzw. bestimmte Gruppen unter ihnen, z. B. nur Künstler, die sich im Studium befinden, aber noch keine Einzelausstellung durchgeführt haben; promovierte Wissenschaftler, die ihr Habilitationsvorhaben bereits angemeldet haben usw.). Auch eine regionale Eingrenzung (z. B. Staaten, Bundesländer) kann sinnvoll sein.

Schließlich sollten die Fördergrundsätze klarstellen, wer und wann über die Föderanträge entscheidet und innerhalb welcher Zeiträume der Antragsteller mit einer *Eingangsbestätigung* bzw. einer Nachricht über die Entscheidung rechnen kann. In diesem Zusammenhang wichtig auch die Behandlung der abgelehnten Antragsteller: Dürfen sie erneut einreichen, erhalten sie die eingereichten Materialien (alle? kostenfrei? – die unterschiedlichsten Varianten können sinnvoll sein) zurück?

Ein für die Praxis problemträchtiger Punkt, der in Fördergrundsätzen nur ansatzweise geregelt werden kann, ist die Festlegung, in welcher Weise die Stiftung als Förderer genannt werden soll (sog. *„Credits"*). Dies ist besonders für diejenigen Stiftungen, die sich in der Öffentlichkeit eine bestimmte Wahrnehmung erarbeiten wollen, von höchster Bedeutung. Durch rechtliche Regelungen lässt sich die angemessene Nennung des Förderers in der Praxis allerdings kaum durchsetzen und auch durch arbeitsintensives Nachhalten der eigenen Öffentlichkeitsarbeit nur zum Teil in den Griff bekommen.

Als sinnvolle Klarstellung am Schluss kann ein Hinweis auf den *Geltungszeitraum* der Fördergrundsätze aufgenommen werden.

Fördergrundsätze sind generell zentrale Regelwerke, die maßgeblich prägen, wie sich die Stiftung gegenüber der Öffentlichkeit verhält. Sie präzisieren den satzungsmäßigen Auftrag für die Geschäftsführung der Stiftung und sind daher in aller Regel Unterlagen, deren Verabschiedung einer Entscheidung des Gremiums bedarf, das zu den Leitentscheidungen der Stiftung berufen ist. Unabhängig von der jeweiligen Bezeichnung kann dies der Vorstand oder ein übergeordneter Stiftungsrat bzw. Kuratorium oder Stiftungsbeirat sein, sofern ein solches Organ eingerichtet ist.[10] Die *Vorbereitung und Ausarbeitung* der Grundsätze zählt aber auch in diesem Fall zu den Maßahmen der ständigen Geschäftsführung, die dem geschäftsführenden Vorstand obliegen.

Unterliegt die Stiftung öffentlich-rechtlichen Bindungen, sollte sorgfältig geprüft werden, ob die Einhaltung der besonderen Verfahren erforderlich ist, die die

---

[10] Zu kritisieren Seifart / v. Campenhausen-*Hof,* a. a. O., § 9 RdNr. 183, der davon ausgeht, dass die Kompetenz zur Setzung der Richtlinien für die Förderung immer dem gleichen Organ zusteht, das auch die Förderentscheidungen trifft. Dies dürfte auch dann nicht zutreffen, wenn die Satzung keine ausdrückliche Zuweisung dieser Kompetenz an den Stiftungsrat umfasst: Die Richtlinienkompetenz obliegt stets dem Organ, das die grundlegenden Weichenstellungen festlegt, häufig also einem Stiftungsrat. Dann ist generell der geschäftsführende Vorstand zur Entscheidung über die Förderungen im Einzelnen befugt, weil es sich um Maßnahmen der laufenden Geschäftsführung handelt.

Bundeshaushaltsordnung bzw. die Haushaltsordnungen der Länder für die Verabschiedung derartiger Regelwerke vorsehen. Erhält die Stiftung Fördermittel aus öffentlichen Haushalten, wird dies in der Regel der Fall sein, da die öffentliche Hand in ihren Zuwendungsbescheiden zumeist die Geltung des Haushaltsrechts und der entsprechenden Nebenbestimmungen vorsieht.[11] Gelten diese Sondervorschriften für die Förderung einer Stiftung, wird bei Verabschiedung von Fördergrundsätzen ein zeitraubendes Abstimmungsverfahren erforderlich, das über diejenige staatliche Stelle eingeleitet werden muss, die die Förderung gewährt und inhaltlich sowohl eine Stellungnahme des zuständigen Finanzressorts als auch des Rechnungshofs umfasst.[12]

Mustertexte

Die beschriebene Komplexität der Regelungsmaterie unterstreicht die Warnung, Mustertexte nicht unkritisch zu übernehmen. Eine sinnvolle erste Orientierung für alle Stiftungen, die mit einer Mehrzahl von Antragstellern rechnen müssen, kann das nachstehende Gliederungsschema leisten, das sich im öffentlichen Förderwesen bewährt hat. Stiftungen, die mit größeren Anzahlen von Anträgen rechnen, sollten mehr Details liefern, wofür zwei unterschiedlich stark formalisierte Beispiele folgen.

Das folgende Gliederungsschema[13] sollte als Anregung für die Findung einer in sich schlüssigen Formulierung betrachtet werden. Insofern leistet es auch gute Dienste (vor allem für kleinere Förderstiftungen sinnvoll) als Leitfaden bei den erforderlichen Überlegungen für die Formulierung eines ganz knappen „Fließtextes" mit guter Öffentlichkeitswirksamkeit:

1. Förderzweck; Gegenstand der Förderung (satzungsmäßige Vorgaben; in Betracht kommende Vorhaben).
2. Förderempfänger (natürliche bzw. juristische Personen; besondere Personenkreise; Gebiet: In- und Ausland, Regionen).
3. Sachliche Fördervoraussetzungen (Eingrenzung entsprechend den Zielen der Stiftung).
4. Art der Förderung (Darlehen; Zuschüsse), Umfang (Laufzeiten; Anteile Dritter), Höhe der Förderung (Summenbegrenzung).
5. Verfahren bei und nach der Auswahl (Antragstellung, z. B. Formulare, zusätzliche Unterlagen, Stichtage; Entscheidungsvorgänge; Benachrichtigungen über Zusagen und Ableh-

---

[11] Vgl. hierzu Kapitel 7.7.

[12] *v. Köckritz / Ermisch / Dittrich / Lamm*, a. a. O., § 44 BHO, RdNr. 6.3 (S. 60). In der Praxis kann sich dies aufgrund der langen Abstimmungswege durchaus mehrere Monate hinziehen.

[13] Vgl. die weitgehend entsprechende Muster-Gliederung für Förderrichtlinien im öffentlichen Sektor mit weiteren Erläuterungen; MinBlFin. 1983 S. 217; abgedruckt bei *v. Köckritz / Ermisch / Dittrich / Lamm*, a. a. O., § 44 BHO, Anlage 2.

nungen; Rücksendung von Unterlagen bei Ablehnung; weiteres Verfahren bei der Zusage; Dokumentation des Vorhabens und Nachweis der Mittelverwendung).

6. Zusätzliche Bestimmungen.
7. Geltungszeitraum.

Einen guten Anhaltspunkt für *Fördergrundsätze „mittlerer" Größenordnung* bietet die folgende aus der Praxis stammende Formulierung, die eine passende Balance zwischen flüssiger Darstellung und griffiger inhaltlicher Aussage hält:

Die A. Kulturstiftung wendet sich in erster Linie an junge, besonders begabte Menschen aus allen Bereichen der Kunst, Kultur und Bildung, von denen die Stiftung erwartet, dass sie das 21. Jahrhundert aktiv mitgestalten werden. Das Aktionsfeld ist dabei Europa im weitesten Sinne. Unterstützt werden vornehmlich multinationale und interkulturelle Kooperationsprojekte, die den europäischen Integrationsprozess wirkungsvoll und nachhaltig unterstützen. Dringlichkeit und europäische Dynamik sind essentielle Kriterien für die Projektauswahl ebenso wie eine hervorragende künstlerische, wissenschaftliche oder pädagogische Qualität oder eine besondere Relevanz im Sinne der Vermittlung europäischer Kulturgeschichte.

Die Förderkriterien der A. Kulturstiftung sind weit genug gefasst, um eine Einengung des Kulturbegriffs oder die Ausgrenzung bestimmter Sparten zu vermeiden. Der Förderschwerpunkt liegt auf gattungs- bzw. medienübergreifenden, zeitgenössischen Konzepten und Initiativen. Besonderes Augenmerk verwendet die A. Kulturstiftung dabei auf die Unterstützung von Projekten, die innovativ in Inhalt oder Methode sind und die neue Ansätze in Kunst, Kultur und Bildung im Moment ihrer Entstehung bewusst wahrnehmen. Die Projekte haben also oftmals Werkstattcharakter, wobei aktive Wissensproduktion und Erfahrungsaustausch während des Projektverlaufs ebenso eine Bedeutung haben wie das Endergebnis. Die zu fördernden Projekte sollen darüber hinaus geeignet sein, langfristige Breitenwirkung zu erzielen und Folgeprojekte nach sich zu ziehen.

Von der Förderung ausgeschlossen sind im Sinne des Stiftungsprogramms in der Regel:
– Unterstützung von Einzelpersonen, sofern diese nicht an spezielle Projekte der A. Kulturstiftung gebunden ist, wie z. B. Seminare, Wettbewerbe, Austauschprogramme.
– Förderung von einzelnen externen Publikationen.
– Institutionelle Förderung ohne konkreten Projektbezug.
– Refinanzierung bereits abgeschlossener Projekte.
– Veranstaltungen im Unterhaltungsbereich oder solche, bei denen die A. Kulturstiftung im Sinne kommerzieller Sponsoringaktivitäten angefragt wird.

Die Dauer der Projektförderung ist in jedem Fall zeitlich begrenzt. Die Antragstellung erfolgt formlos und ist nicht an bestimmte Abgabefristen gebunden. An die Stiftung gerichtete Förderanträge sollten das Projektvorhaben im Anschreiben skizzieren und darüber hinaus eine detaillierte Projektkonzeption sowie einen Zeit- und Finanzierungsplan enthalten. Als zeitlicher Vorlauf für die Antragsbearbeitung sind 6–8 Monate bis zum Start des geplanten Projekts notwendig.

Falls die Fördergrundsätze der Stiftung erfüllt sind, wird der Projektantrag zunächst im interdisziplinär zusammengesetzten Kuratorium zur Diskussion gestellt; denn dieser wissenschaftlich-künstlerische Beirat trägt mit Verantwortung für die Qualität der Projektauswahl. Das

Kuratorium gibt dann seine konkrete Empfehlung an den Stiftungsrat, der mit seiner Richtlinienkompetenz die abschließende Entscheidung für das Förderprogramm fällt.

Nur dann, wenn eine so große Anzahl von Antragstellern erwartet wird, dass eine individuelle Kommunikation kaum noch leistbar sein kann, ist es angeraten, *bis ins Detail gehende Regelwerke* zu verwenden. Hier sollte versucht werden, dennoch eine auch für Nichtjuristen noch erträgliche Formulierungsweise zu retten. Anschließend folgt ein Beispiel aus der Praxis, das in vergleichbarer Form bereits mehrfach verwendet wurde:

1. Allgemeine Grundsätze

    (1) Die „Stiftung" wurde 19... von NN gegründet. Sie fördert Kunst und Kultur im Gebiet NN. Ein Schwerpunkt ist dabei die Förderung innovativer Programme und Projekte.

    (2) Die „Stiftung" unterstützt künstlerische Produktionen und gewährt Förderung für Projekte. Die Förderung kann für folgende Bereiche gewährt werden: Musik, Tanz, Film, Literatur, spartenübergreifende Projekte. Die „Stiftung" fördert keine bereits laufenden Projekte, sondern allein für die Zukunft geplante Vorhaben.

    (3) Neben der Förderung von Projekten Dritter entwickelt die „Stiftung" eigene Programme in ihren drei Fachbereichen: Archiv NN, Sammlung NN, Akademie NN Medien. Diese Programme sind nicht Gegenstand der Projektförderung.

    (4) Im Bereich der Projektförderung beschließt der Vorstand der Stiftung die Vergabe der Fördergelder. Grundlage seiner Entscheidung ist die Bewertung durch Expertenkreise nach rein qualitativen Kriterien. Diese Kreise bereiten die Entscheidung des Vorstandes zur Förderung geeigneter Projekte vor.

2. Förderungsempfänger

    Die „Stiftung" kann Förderungen an nicht kommerziell ausgerichtete Projekte der Freien Szene aus NN vergeben. Die Rechtsform einer antragstellenden Institution (z. B. Stiftung, Verein, öffentlich-rechtliche oder privatrechtliche Körperschaft) ist für die Entscheidung über die Förderung unerheblich.

3. Förderkriterien

    Die „Stiftung" fördert Projekte, die

    a) den Förderbereichen Musik, Tanz, Film, Literatur, spartenübergreifende Projekte zuzurechnen sind;

    b) ihre Premiere oder Uraufführung in NN haben;

    c) nicht kommerziell ausgerichtet sind;

    d) die sich durch ein besonderes Bemühen auszeichnen, das künstlerische und kulturelle Anliegen des Projektes an Kinder und Jugendliche zu vermitteln;

    e) die einen kulturellen Mehrwert für die Stadt NN bedeuten;

    f) die sich um die Nachwuchsförderung junger, professioneller Künstler bemühen;

    g) die der multikulturellen Realität unserer Stadtgesellschaft Rechnung tragen;

    h) die die kulturelle Infrastruktur der Stadt NN verbessern und der freien Szene bzw. einer Sparte der freien Szene zugute kommt.

8.5 Praxis der Entwicklung von Fördergrundsätzen

  i) Die Stiftung fördert Projekte, die diesen Kriterien entsprechen und inhaltlich besondere Bedeutung für den aktuellen oder gesellschaftlichen Diskurs besitzen.

4. Ausschlusskatalog

   Von der Förderung grundsätzlich ausgeschlossen sind:
   a) Vorhaben außerhalb des Fördergebietes der „Stiftung" (Stadtgebiet NN);
   b in erster Linie kommerziell orientierte Einrichtungen oder Veranstaltungen;
   c) laufende Kosten kultureller Einrichtungen oder Initiativen sowie Einrichtungs- und Ausstattungsgegenstände;
   d) Projekte, deren Veröffentlichung oder erste Veranstaltung schon begonnen hat oder Projekte, die bereits abgeschlossen sind;
   e) ...

5. Form der Anträge

   (1) Antragsadresse ist:
   „Stiftung"
   Projektförderung
   Straße
   NN

   (2) Für die Föderanträge stellt die „Stiftung" Formulare bereit. Diese sind für die Antragsteller zu verwenden und in Maschinenschrift in Deutsch auszufüllen und per Post an die o. g. Adresse zu schicken.

   (3) Förderanträge können nur berücksichtigt werden, wenn sie
   den Antragsteller eindeutig bezeichnen und einen ständig erreichbaren Ansprechpartner nennen,
   eine klar umrissene, vollständige Projektbeschreibung von mindestens einer, maximal zwei Seiten DIN-A4 enthalten und
   einen nach Einnahmen und Ausgaben gegliederten, sachlich zutreffenden und vollständigen Kosten- und Finanzierungsplan des Projektes umfassen, aus dem sich die bisher zur Verfügung stehenden Eigenmittel, zugesagte oder in Aussicht gestellte Drittmittel sowie die beantragten Fördersummen ergeben.

   (4) Förderanträge sollten außerdem Materialien enthalten, mit denen sich Charakter und Bedeutung des Projektes aussagekräftig und übersichtlich verdeutlichen lassen (z. B. zusätzlich erläuternde Texte, Abbildungen, Bild- und Tonmedien). Antragsteller sollten leicht präsentierbare Materialien verwenden, um der Stiftung die Bearbeitung der Förderanträge zu erleichtern. Die „Stiftung" archiviert die Förderanträge. Die Materialien können aus Kostengründen nicht zurückgesandt werden. Sie können nach vorheriger Terminabsprache in der „Stiftung" wieder abgeholt werden.

6. Antragsfristen

   (1) Förderanträge können zu folgenden Antragsfristen ausschließlich per Post eingereicht werden:
   1. für eine Förderung von Projekten im Jahr 2004: 31. 10. 2003 / 31. 03. 2004
   2. für eine Förderung von Projekten im Jahr 2005: 31. 10. 2004 / 31. 03. 2005
   usw.

Der Stiftungsvorstand beschließt die Förderung aufgrund der Empfehlungen der Expertenkreise, die zweimal im Jahr zusammentreffen. Förderanträge, die nicht fristgerecht eingehen, werden nicht berücksichtigt. Ausschlaggebend ist der Poststempel.

(2) Die „Stiftung" fördert nur Projekte, deren Durchführung noch nicht begonnen hat. Führt das Versäumnis der in Ziff. 1 genannten Fristen dazu, dass sich die Expertenkreise erst nach Beginn der Durchführung mit dem Antrag befassen können, ist die Förderung bereits deshalb ausgeschlossen.

7. Durchführung der Förderung

(1) Die „Stiftung" erbringt ihre Förderung durch die Gewährung von Finanzmitteln als Mit- oder Alleinfinanzierung. Die Expertenkreise können ihre Empfehlung zur Förderung eines Projektes unter bestimmte Bedingungen stellen, z. B. die nachgewiesene Bereitschaft weiterer Träger zur Übernahme eines Anteils der Finanzierung.

(2) Die Verwendung der von der „Stiftung" gewährten Mittel wird von der Stiftung überprüft. Die Stiftung zahlt die Förderbeträge nur nach Unterzeichnung eines von ihr vorgegebenen Fördervertrags, dessen Bestimmungen über die Mittelverwendung, die Durchführung des Projekts und die Veröffentlichung des Ergebnisses oder von Dokumentationen streng beachtet werden muss. Der jeweilige Fördervertrag bestimmt auch, in welcher Form die zweckentsprechende Verwendung der Mittel gegenüber der Stiftung nachgewiesen werden muss (Verwendungsnachweis). Missachtet der Geförderte die Regelungen des Fördervertrages, kann die „Stiftung" die gewährten Mittel ganz oder teilweise zurückfordern.

8. Antragsprüfung

Die Stiftung übermittelt jedem Antragsteller unverzüglich eine Eingangsbestätigung. Dies kann auch per E-Mail geschehen. Hiernach wird in der Stiftung geprüft, ob die eingehenden Förderanfragen die oben erläuterte Form der Anträge, die Antragsfristen und die Fördervoraussetzungen einhalten und teilt das Ergebnis dem Antragsteller mit. Die „Stiftung" nimmt in der Regel nicht von sich aus Kontakt mit den Antragstellern auf, um Unklarheiten oder Unvollständigkeiten des Förderantrages zu beseitigen.

9. Geltung der Fördergrundsätze

Diese Fördergrundsätze gelten ab dem 1. September 2003.

Die „Stiftung" beabsichtigt, sie entsprechend den Erfahrungen ihrer Fördertätigkeit anzupassen.

Aktuelle Entwicklungen lassen erwarten, dass die Bedeutung von Fördergrundsätzen zukünftig noch steigen wird. Beherrschender Faktor ist hier, dass die öffentliche Hand ihre Kulturförderung deutlich zurückfährt. Diese Verknappung der für Projektarbeit und vergleichbare kulturelle Zwecke verfügbaren Ressourcen verstärkt das berechtigte Interesse potentieller Antragsteller, möglichst präzise Anleitungen zu erhalten, inwieweit ihre Anträge Erfolg versprechen. Dieses Informationsbedürfnis wird, soweit es den öffentlichen Fördersektor betrifft, noch durch die deutlich erkennbare Tendenz verstärkt, langfristige institutionelle Förderungen zugunsten kurzfristiger Projektförderungen zu verringern. Damit verstärkt sich der Druck, Antragskriterien operationalisierbar zu machen. Gleichzeitig steigt das Risiko rechtlicher Auseinandersetzungen, so dass auch rechtliche Präzision gefragt ist.

8.5 Praxis der Entwicklung von Fördergrundsätzen

Im Reflex betrifft die beschriebene Entwicklung auch diejenigen Förderstiftungen, die vollständig ohne Bindung an öffentliches Recht im privaten Sektor arbeiten. Auch sie geraten unter stärkeren „Antragsdruck". Für rein private Stiftungen dürfte jedoch eine zweite Entwicklung eine noch größere Rolle spielen: Die Zahl der Stiftungen steigt nach wie vor jährlich an.[14] Gleichzeitig entwickeln sich sehr wünschenswerte Bemühungen, alle denkbaren Förderprofile im Kulturbereich, insbesondere im Stiftungssektor, für die Öffentlichkeit übersichtlich und handhabbar zu machen[15]. Beide Faktoren verstärken den „Wettbewerb der Ideen" zwischen Stiftungen und vergleichbaren Förderern um die Profilierung gegenüber der Öffentlichkeit. Gut formulierte Fördergrundsätze können hierzu wesentlich beitragen.

---

[14] Nach einem leichten Rückgang der Gründungszahlen in 2002, 2003 verzeichnet der Bundesverband Deutscher Stiftungen für 2004 sogar einen erneuten Rekord gegenüber der bisher bei weitem höchsten jemals erzielten Zahl von Anmeldungen im Jahr 2001, vgl. *Bundesverband Deutscher Stiftungen,* Stiftungen in Zahlen, Stand: 10. Februar 2005.

[15] Mit dem „Deutschen Informationszentrum Kulturförderung" entwickelt die Kulturstiftung der Länder zur Zeit ein ambitioniertes Pilotprojekt, das von einer Kooperation mehrerer namhafter Partner wie z. B. des Bundesverbandes Deutscher Stiftungen, der Bosch-Stiftung und der Kulturstiftung des Bundes getragen wird.

8.6 Krisenmanagement für Stiftungen

Von Carolin Ahrendt

So sehr der in den letzten Jahren zu beobachtende Aufschwung an Stiftungsgründungen an sich zu begrüßen ist – allein *quantitatives* Wachstum kann der Stiftungsbranche nicht dienlich sein. Hinsichtlich der *Qualität* der Stiftungsarbeit jedoch (selbst wenn hier natürlich nicht verallgemeinert werden kann) ist zu beobachten, daß in vielen Stiftungen immer wieder – schwerere oder leichtere – Krisen auftreten. Sieht man genauer hin, resultieren viele dieser Krisen allein aus der besonderen Rechtsform bzw. aus der Tatsache, daß Stiftern wie auch Stiftungsmanagern die spezielle Problematik, die mit dieser Rechtsform einhergeht (ihre eigene Funktionsweise, die besondere Gesetzeslage), nicht vertraut ist.

Der vorliegende Beitrag will hier Abhilfe schaffen, indem er stiftungsinhärente Krisenursachen identifiziert und Lösungsansätze aufzeigt. Der Beitrag bietet Stiftern und Stiftungsmanagern eine Grundlage, um sich mit der Thematik vertraut zu machen. Er will für das Thema sensibilisieren und Anlaß sein, sich mit den Problemen in der eigenen Stiftung zu beschäftigen, um zu einem effizienten, d. h. im Hinblick auf die Erfüllung des Stiftungszwecks optimalen, Management zu kommen.

Charakteristikum der Krise ist, daß sie weder geplant noch gewollt ist und sich zunächst in (meistens) destruktiven Auswirkungen bemerkbar macht, so daß Krisenmanagement in der Regel unter Zeitdruck stattfindet. Es gilt also für die Stiftungen, vorbereitet zu sein, um im Ernstfall schnell reagieren zu können.

Die Theorie von Krise und Management

Als Krise wird generell eine schwierige Lage bezeichnet. Nach Wolfgang Staehle ist die Krise allgemein eine „unbeabsichtigte und unerwartete nachhaltige Störung eines Systems (Person oder Institution) oder wesentlicher, für dessen Überleben zentraler Teile"[1]. Der Fortbestand einer Organisation kann durch eine Krise also substantiell gefährdet oder sogar unmöglich gemacht werden.[2]

In einer Verlaufsbetrachtung ist die Unternehmenskrise[3] ein zeitlich begrenzter Prozeß mit einem – in der Regel nur *ex post* zu bestimmenden – Anfang, einem

---

[1] *Staehle,* S. 851.

[2] Vgl. *Krystek,* Unternehmungskrisen, S. 6 f. (im Original kursiv).

[3] Naturgemäß bezieht sich der Begriff Unternehmens- bzw. Unternehmungskrise in der betriebswirtschaftlichen Literatur auf Organisationen mit nachhaltig ertragbringender Lei-

Wendepunkt und einem Ende. Eine Krise muß also nicht, wie im herkömmlichen Sprachgebrauch üblich, zwangsläufig destruktiv sein, sondern ihr zunächst ambivalenter Charakter löst sich ab dem Wendepunkt der Krise in einen endgültig positiven oder negativen Verlauf auf. Bei einem negativen Verlauf mündet die Krise schließlich in die Katastrophe, die die Wiederherstellung des Unternehmens in der alten Struktur, Ziel- und Zwecksetzung ausschließt und mit der Vernichtung des Unternehmens endet.[4] Wenn der Verlauf nach dem Wendepunkt aber positiv ist, so handelt es sich „nur" um eine Krise, d. h. die Chance auf einen Neuanfang ist gegeben.

Allgemein gesprochen werden Krisen (indirekt) durch Erfolge ausgelöst: Eine Organisation, der es gut geht, wird – mangels Notwendigkeit – immer weniger feinfühlig gegenüber Ereignissen innerhalb und außerhalb ihres Systems, verliert den Realitätsbezug und die Fähigkeit, auf Umweltereignisse zu reagieren und überschätzt gleichzeitig ihre eigene Leistungsfähigkeit.[5] Konkret kann bei einer Krise jedoch nicht von *der* Ursache gesprochen werden, sondern *Krisenursachen* sind in der Regel multikausal sowie multilokal.[6]

Es können endogene und exogene Krisenursachen unterschieden werden. Für Stiftungen relevante exogene Ursachen (externe Einflüsse) sind z. B. Zuwendungen der öffentlichen Hand, Gesetzgebung oder Aktionen und Reaktionen der Öffentlichkeit und der Medien. Endogene Ursachen können alle am Stiftungsleben Beteiligten sein, die Organisationsstruktur, der Stiftungszweck, die Projektarbeit sowie das Vermögen der Stiftung. Das Zusammenwirken all dieser Ursachenkomplexe kann grundsätzlich nicht voneinander getrennt werden. Durch vielfältige Interdependenzen tragen letztlich alle Ursachenkomplexe mit unterschiedlichem Gewicht zur Entstehung der Krise bei.

Bei den *Wirkungen* von Unternehmenskrisen ist zu unterscheiden zwischen destruktiven oder konstruktiven Wirkungen einerseits sowie endogenen oder exogenen Wirkungen andererseits. Destruktive *endogene* Wirkungen verhindern, daß die Ziele von den Personen, die die Arbeit der Stiftung bestimmen (also Stifter und Mitglieder der Stiftungsgremien), erreicht werden. Destruktive *exogene* Wirkungen sind schädliche Einflüsse der Krise auf die Umsystemsegmente wie die gesamte Volkswirtschaft, der Dritte Sektor, verbundene Institutionen, Spender oder Destinatäre. Doch Krisen bieten eben auch stets die Chance zur konstruktiven Wandlung: Eine Krise kann Auslöser sein, um lange fällige Änderungen endlich durchzuführen, um neue, zukunftsorientierte Konzeptionen zu entwickeln und durchzusetzen oder um erstarrte Strukturen aufzubrechen. Krisen setzen durch die plötzliche substantielle Bedrohung innovative Kräfte frei, und bislang vorhandene

---

stung; in dem vorliegenden Beitrag wird der Begriff jedoch sinngemäß für Stiftungen angewendet.

[4] Vgl. *Krystek,* Unternehmungskrisen, S. 9.
[5] Vgl. *Starbuck/Nystrom,* Sp. 1275 f.
[6] Vgl. *Krystek,* Unternehmungskrisen, S. 67.

Widerstände gegen Veränderungen werden abgebaut, da man in der Veränderung nun das kleinere Übel sieht.[7]

Durch Krisenmanagement sollen Prozesse, die die Stiftung gefährden, vermieden oder bewältigt werden. Damit ist Krisenmanagement zum einen „eine besondere Form der Führung von höchster Priorität"[8]. Darüber hinaus ist Krisenmanagement aber sogar soziale Verpflichtung gegenüber den Stakeholdern der Organisation:[9] Arbeitsplätze müssen gesichert, der Idee des Stifters Rechnung getragen werden, Zuwendungen müssen dem ihnen durch den Spender bestimmten Zweck zugeführt werden, Destinatäre sollen die ihnen zugesagte Förderung erhalten, es soll ein Beitrag zur gesellschaftlichen Verantwortung geleistet werden.

Krisenmanagement umfaßt immer bestimmte Parameter:[10]

– *Identifikation* einer Krise; damit die richtigen Gegenmaßnahmen rechtzeitig eingeleitet werden können, ist es wichtig, Krisen frühzeitig zu erkennen (anhand entsprechender Analysen, Prognosen und Frühwarninformationen) und sie in allen Parametern genau zu beschreiben.
– *Planung* von Zielen, die mit der Krisenvermeidung oder -bewältigung verfolgt, sowie von Strategien und Maßnahmen, mit denen diese Ziele erreicht werden sollen.
– *Steuerung und Realisation* des Krisenprogramms; idealerweise in Projektorganisation, d. h. mit temporären Arbeitsgruppen aus Mitarbeitern von allen Unternehmensbereichen, die für das Krisenmanagement wichtig sind.
– *Kontrolle,* ob die geplanten Verfahren eingehalten und welches Ergebnis erzielt wird; außerdem Kontrolle, wie sich die Krisenprojekte auf das reguläre Tagesgeschäft der Organisation auswirken.
– *Krisenaktoren* als die Personen oder Personengruppen, die maßgeblich beteiligt sind an Planung, Durchführung und Kontrolle des Krisenmanagements; also die faktische Führung während des Krisenprozesses (zumeist die reguläre Geschäftsführung in Verbindung mit den Aufsichtsgremien der Organisation sowie – vor allem, wenn es um Krisenbewältigung geht – externen Beratern).
– Die einzelnen *Elemente* der Krisenvermeidung bzw. -bewältigung werden besonders deutlich, wenn man die gängige Aufteilung in aktives und reaktives Krisenmanagement noch in antizipatives und präventives sowie repulsives und liquidatives Krisenmanagement untergliedert.[11] Das *aktive* Krisenmanagement zielt auf die *Vermeidung* von Unternehmenskrisen; mögliche oder versteckte Krisenprozesse sollen gedanklich vorweggenommen, ihr Ausbruch mit Hilfe

---

[7] Vgl. *Krystek,* Unternehmungskrisen, S. 82.
[8] Ebd., S. 90.
[9] Vgl. *Müller,* S. 52.
[10] Vgl. *Krystek,* Krisenmanagement, S. 1987–1991.
[11] Vgl. ebd., S. 1989.

von Früherkennung und präventiven Maßnahmen verhindert werden. *Reaktives Krisenmanagement* hingegen bezieht sich auf die *Bewältigung* bereits eingetretener Krisen. Die jeweiligen Bezugspunkte sowie zentralen Aufgaben dieser Elemente werden detailliert in Tabelle 1 dargestellt und im folgenden näher erläutert.

Tab. 1: Elemente des Krisenmanagements[12]

	aktives Krisenmanagement		reaktives Krisenmanagement	
	antizipativ	präventiv	repulsiv	liquidativ
Bezugspunkt	potentielle Krise	latente Krise	akut / beherrschbare Krise	akut / nicht beherrschbare Krise
zentrale Aufgaben	gedankliche Vorwegnahme möglicher Krisen; Ableitung von Alternativplänen	Früherkennungssysteme; Planung, Realisation und Kontrolle präventiver Strategien, um Krisenausbruch zu vermeiden	Planung, Realisation und Kontrolle von Repulsivmaßnahmen (zur Zurückschlagung der Krise)	planvolle Liquidation, um die Beteiligten vor noch größeren Verlusten zu schützen

Krisen sind zwar weder gewollt noch geplant, daraus läßt sich allerdings nicht ableiten, daß es sich bei einer Krise um einen unvermeidlichen Schicksalsschlag handelt. Krisen sind immer das Resultat von falschen bzw. unterlassenen Entscheidungen. Daraus folgt, daß eine maßgebliche Aufgabe des Krisenmanagements bei der Unternehmensführung liegt: Krisen durch entsprechende und frühzeitige Entscheidungen zu vermeiden und sie gar nicht erst akut werden zu lassen.

Potentielle Krisen können vermieden werden, indem man sie zunächst ermittelt, und die Organisation sich dann dementsprechend dagegen absichert (*antizipatives Krisenmanagement*). Zur Ermittlung möglicher Krisen muß eine systematische Prognose potentieller Gefährdungsbereiche durchgeführt, sowie Prämissen der regulären Unternehmensplanung überprüft werden. Eine Absicherung gegen die identifizierten Risiken kann durch verschiedene Maßnahmen erfolgen:

– Diversifikation oder Entdiversifikation,
– Risk-Management (i. e. S.: Absicherung gegen reine, d. h. versicherbare Risiken; i. w. S.: Bewußtmachung des Risiko-Phänomens bei allen Führungs- und Durchführungsprozessen, d. h. risikobewußte Unternehmensführung),
– Alternativplanung (fertig ausgearbeitete Grob- und Detailpläne, die für eventuell eintretende Situationen bereitgehalten werden).

---

[12] *Krystek,* Krisenmanagement, S. 1989 f.

Die Vermeidung latenter Krisen (*präventives Krisenmanagement*) kann durch entsprechende scanning-Techniken oder Früherkennungssysteme erfolgen, wie z. B. Kennzahlen und Simulationsmodelle,[13] oder auch durch eine Präventivplanung (Ziel- und Maßnahmenplanung, die speziell auf die latente Krise ausgerichtet ist).

Bei Krisenbewältigung handelt es sich aufgrund der akuten Existenzbedrohung der Organisation und wegen des hohen Zeit- und Entscheidungsdrucks um die wohl bedeutungsvollste Führungsaufgabe: Auf die destruktiven Auswirkungen, die bereits spürbar sind, muß reagiert werden. Daher sollte der Stiftungsmanager auch nicht zögern, externe Stellen (Stiftungsberater, Vermögensverwalter, Stiftungsaufsicht u. a.) zur Unterstützung heranzuziehen.

Eine erfolgreiche Krisenbewältigung ermöglicht die Weiterführung der Organisation; wenn die Rettungsmaßnahmen jedoch scheitern, führt dies bei Unternehmen zur freiwilligen oder zwangsweisen Liquidation, bei Stiftungen zur Auflösung.

Stiftungsinhärente Krisenursachen und Lösungsansätze

Grundsätzlich haben bei gravierenden Stiftungs-Krisen die Aufsichtsbehörden das Recht – im Sinne der Erfüllung des Stifterwillens – einzugreifen, indem sie den Vorstand abberufen und die Stiftung unter Zwangsverwaltung stellen. Derartige Eingriffe sind allerdings eher selten; in den meisten Fällen akuter Krisen ist eine Bewältigung durch die Stiftung selbst, in Absprache mit Stiftungsaufsicht und Finanzamt, möglich. Aber selbst wenn die meisten Krisen relativ schnell behoben werden können und der materielle Schaden, den sie anrichten, gering ausfällt, so ziehen sie in der Regel als exogene destruktive Wirkungen einen Vertrauensschaden bei Behörden, Projektpartnern und Destinatären nach sich sowie Imageschäden, wenn die Krise öffentlich wird. Gerade die Stiftung genießt jedoch aufgrund ihrer gemeinwohl-orientierten und von Eigentümern unabhängigen Arbeit großes Vertrauen in der Gesellschaft, das sie nicht leichtfertig aufs Spiel setzen sollte. Außerdem riskiert die Stiftung, später von den Aufsichtsbehörden um so genauer geprüft zu werden, wenn sie bereits einmal wegen Regel-Verstößen aufgefallen ist.

Zwar reift eine Organisation an ihren individuellen (bewältigten) Krisen; anzustreben ist aber, daß die Institution „Stiftung" als solche reift, d. h. Stiftungen auch voneinander lernen statt jeden Fehler selbst zu machen. Deshalb geht es – während bislang nur von Krisen im Allgemeinen die Rede war – nun darum, Krisenursachen zu beschreiben, die gerade für die Stiftung[14] typisch und wesentlich sind. Sie lassen sich zu folgenden Themenbereichen zusammenfassen, die die Stiftungs-

---

[13] Einen Überblick über mögliche Verfahren bieten *Staehle,* S. 605 ff. sowie das Gabler Wirtschafts-Lexikon unter dem Stichwort „strategische Frühaufklärung".

[14] Der vorliegende Beitrag geht in seinen Ausführungen grundsätzlich von der rechtsfähigen öffentlichen Stiftung des bürgerlichen Rechts aus.

arbeit maßgeblich determinieren[15]: die Stiftung als Bestandteil des Dritten Sektors, die Stiftungs-Satzung und die in der Regel vorliegende Gemeinnützigkeit.

Außerdem sollen aus den vorne beschriebenen allgemeinen Krisenvermeidungsstrategien, nun jeweils einige konkrete Lösungsansätze für die typischen Krisen der Stiftung abgeleitet werden. Diese Ansätze können jedoch lediglich als Hinweis oder Anregung dienen; zur Vertiefung der Sachverhalte wird auf die entsprechende Literatur sowie auf professionelle Berater verwiesen.

1. Dritter Sektor

Einzelne Facetten, die Einrichtungen des Dritten Sektors charakterisieren, bergen besonderes Krisenpotential für die Stiftungsarbeit:

Ehrenamt[16]

In der Regel treffen in einer Stiftungsorganisation hauptamtliche Mitarbeiter (Profis) und Ehrenamtliche aufeinander: sei es im Zusammenspiel von Vorstand und Stiftungsrat oder von Geschäftsführung und Vorstand. In der Zusammenarbeit von Haupt- und Ehrenamtlichen lassen sich drei wesentliche Spannungsfelder erkennen:

(1) Ehrenamtliche verfügen bei ihrer Arbeit für die Stiftung nur über *begrenzte Kapazitäten* an Zeit, Informationen sowie Know-how über Nonprofit-Organisationen. Daher werden bezüglich der Stiftung die Profis in diesen Punkten immer einen Vorsprung haben.

(2) Strategische und inhaltliche Entscheidungen, die auf Stiftungsrats-Sitzungen getroffen werden, bereitet der (hauptamtliche) Vorstand vor. Der ehrenamtliche Stiftungsrat kann zum Zeitpunkt des Beschlusses häufig nicht mehr maßgeblich in den Entscheidungsprozeß eingreifen, da fertig ausformulierte Beschlußvorlagen präsentiert werden (*"Completed Staff-work"*), bei denen automatisch Vorentscheidungen bereits getroffen sind, und außerdem die Ehrenamtlichen durch die verwendete Fachterminologie eventuell überfordert sind.

(3) Die Ehrenamtlichen sehen sich als die eigentlichen Entscheidungsträger und „Kopf" der Stiftung und die Profis lediglich als Gehilfen, die ihnen – nach genauer Anweisung – lästige Arbeit abnehmen. Die Profis hingegen argumentieren, daß sie diejenigen sind, die das Tagesgeschäft erledigen und in ihrer Arbeit stets die Interessen der Stiftung vertreten müssen und aus diesem Grund *Handlungsspielraum* brauchen.

Aus diesen Spannungsfeldern folgt, daß die Ehrenamtlichen viel Zeit auf unwesentliche Dinge verwenden, und die Profis dazu tendieren, ihre Informations-

---

[15] Diese Einteilung ist ein Versuch, die Ursachen zu systematisieren, und erhebt keinen Anspruch auf Konsistenz oder Vollständigkeit.

[16] Vgl. *Schwarz* und *Schulz.* Siehe zum Ehrenamt außerdem Kapitel 9.3.

vorsprünge als Machtmonopol auszunutzen. Wenn der Stiftungsvorstand nicht in der Lage ist, diese Spannungsfelder abzubauen, können hieraus im Laufe der Zeit Krisen erwachsen, die sowohl die Motivation der Mitarbeiter als auch die Effizienz der Stiftungsarbeit beeinträchtigen.

- Zur Reduzierung dieser Spannungsfelder bieten sich im Sinne von Präventivplanung und intraorganisationaler Kooperation folgende Maßnahmen an:
  – Es muß eine *klare Aufgabentrennung* herrschen (z. B. mit Stellenbeschreibungen), damit Kompetenzverteilung und Entscheidungsbefugnisse für alle Beteiligten eindeutig geregelt sind.
  – Ehrenamtliche und Profis müssen gemeinsam zu grundsätzlichen Entscheidungen kommen. Um endlose Diskussionen bis zur Konsensfindung zu vermeiden, bietet sich der Einsatz der Managementphilosophien *„management by objectives"* und *„management by exception"* an: Ziele und Sollvorgaben werden gemeinsam erarbeitet; wie diese Vorgaben dann im einzelnen erreicht werden, entscheidet der Vorstand. Bei Fällen, die den abgesteckten Kompetenzrahmen des Vorstands überschreiten, muß dann der Stiftungsrat hinzugezogen werden.
  – Um kompetent im Sinne des Stiftungszwecks handeln zu können, sollte Ehrenamtlichen für bestimmte Themen eine *Weiterbildung* ermöglicht werden (z. B. korrekte Mittelverwendung, Stiftungsrecht o. ä.). Dabei muß allerdings deutlich sein, daß dies nicht der Beweis für die mangelnde Eignung ist, sondern im Gegenteil eine Gratifikation für die ehrenamtliche Arbeit.
  – Grundsätzlich muß eine persönliche *Kooperationsbereitschaft* aller Beteiligten vorliegen, d. h. die Bereitschaft, „zu einem gleichgewichtig-partizipativen Arbeiten zwischen Ehrenamtlichen und Profis zu kommen".

Fehlende Steuerungs-Mechanismen

Nonprofit-Organisationen unterliegen nicht den normalen marktlichen oder staatlichen Steuerungs- und Kontrollmechanismen: Der Preis ihrer Güter und Dienstleistungen ergibt sich nicht aus Angebot und Nachfrage, und es herrscht kein Wettbewerb um Ressourcen, Kunden oder Wählerstimmen,[17] so daß auch keine Steuerung und Kontrolle über „Abwanderung" (Entzug von Käufer- oder Wählerunterstützung) stattfindet.[18] Aufgrund dieser fehlenden Mechanismen neigen Einrichtungen des Dritten Sektors besonders zu *Ineffizienz und Mißmanagement*.[19] Dies führt dann zur Krise, wenn es publik wird, denn die Öffentlichkeit macht in ihrem Anspruch auf effiziente Leistungserstellung und korrektes Manage-

---

[17] Vielmehr ist es „ein eher freundschaftlicher Wettbewerb, die gegenseitige Befruchtung mit Ideen und Erfahrungen steht im Vordergrund". (*Löwer*, S. 405).
[18] Vgl. *Seibel*, S. 286.
[19] Vgl. ebd., S. 286 f.

ment keinen Unterschied zwischen Wirtschaftsunternehmen, Behörde oder Stiftung. Derartige Krisen ziehen daher in der Regel Vertrauens- und Imageschäden für die Stiftung nach sich.

- Den Beteiligten muß bewußt sein, daß es bei der Stiftung andere Mechanismen für Steuerung und Kontrolle gibt, und sie müssen diese anderen Mechanismen auch als solche akzeptieren: So kann intern die Steuerung mit Hilfe einer durchdachten *Satzung* und kompetenter *Organ-Mitglieder* stattfinden, die Kontrolle wechselseitig durch die Organe vorgenommen werden – wenn dies satzungsmäßig so bestimmt wird (Präventivplanung). Externe Steuerung und Kontrolle erfolgen durch kompetente *Stiftungsaufsichtsbehörde und Finanzamt;* externe Kontrolle kann darüber hinaus durch die Öffentlichkeit vorgenommen werden, sofern die Stiftung die dafür erforderliche *Transparenz* zuläßt (Öffentlichkeitsarbeit, Informationspolitik).

Harmonieneigung

Nonprofit-Organisationen werden ausdrücklich gegründet, um nichtmonetäre Ziele zu verfolgen; sie sind also besonders ideologisch oder politisch geprägt.[20] Dies dient der Stiftung zwar einerseits als Integrationsmechanismus, andererseits führt es aber oft dazu, daß bei den Mitarbeitern ein fast zwanghaftes Zusammengehörigkeitsgefühl entsteht und ein „forciertes *Bedürfnis nach Einheit und Harmonie*"[21]. Latente oder akute Krisen und Konflikte werden dann selektiv ausgeblendet oder umgedeutet anstatt sich konstruktiv damit auseinanderzusetzen und nach Lösungen zu suchen (kognitive Dissonanz).[22]

- Die Stiftung arbeitet nie um ihrer selbst willen. Es ist zwar die Ideologie, die alle Stiftungs-Beteiligten in der Motivation für ihre Arbeit eint, noch mehr einen sollte aber die *Umsetzung* dieser Ideologie, d. h. der Wunsch nach effizienter Arbeit, um den Stiftungszweck optimal erfüllen zu können. Dazu gehört auch, sich offen mit Konflikten auseinanderzusetzen.

Informalitätstendenz

Häufig ist bei Stiftungen eine „*Neigung zu informellen Aushandlungen* beobachtbar"[23]. Sie resultiert meist aus der persönlichen Verbundenheit – in der Regel wählt der Stifter ihm persönlich oder geistig nahestehende Personen für die Arbeit in der Stiftung aus. Es besteht daher die Gefahr, daß – wenngleich nicht aus böser Absicht – gegen Regelungen der Stiftungs-Satzung verstoßen wird: Man will dem Stifter den Gefallen tun oder weiß tatsächlich nicht, daß es derartige Vorschriften

---

[20] Vgl. *Strachwitz,* 1994, S. 162 f.
[21] *Zauner,* S. 125 (im Original nicht kursiv).
[22] Vgl. ebd., S. 125 f.
[23] Ebd., S. 126 (im Original nicht kursiv).

gibt. So kann es passieren, daß plötzlich Projekte bewilligt werden, die auf der letzten Stiftungsrats-Sitzung mehrheitlich abgelehnt wurden oder Stiftungsräte berufen werden, obwohl die Vorgänger noch nicht rechtswirksam zurückgetreten sind. In derartigen Fällen ist es abhängig vom Verhandlungsgeschick des Stiftungsvorstands und dem Wohlwollen der zuständigen Stiftungsaufsicht, ob der Schaden unbürokratisch behoben werden kann oder daraus eine Krise erwächst.

- Auch wenn typischerweise persönliche Netzwerke in die Organisation integriert sind, müssen trotz dieser persönlichen Bindungen und daraus resultierenden „kurzen Wege" bei Informationen und Verwaltung die in der *Satzung* getroffenen Regelungen stets eingehalten werden.

2. Stiftungs-Satzung

Die Satzung ist die zentrale Existenz- und Arbeitsgrundlage der Stiftung und „auch eine wichtige Absicherung für Dissens und Krisensituationen"[24] – oder aber sie verursachen Krisen, wenn auf ihre Erstellung nicht genügend Sorgfalt verwendet wurde. Zumal die Satzung bei Stiftungen (im Gegensatz zu anderen Rechtsformen) grundsätzlich statisch ist und Änderungen nur unter bestimmten Bedingungen möglich ist. Es ist also unerläßlich, daß sich der Stifter im Vorfeld Wissen über das Thema „Stiftung" aneignet oder sich bei Erstellung der Satzung fachkundig beraten läßt, um vorausschauende Regelungenzu treffen.

Errichtung

Bis zur Erlangung der Rechtsfähigkeit durch die behördliche Anerkennung können bereits sogenannte *Gründungskrisen* auftreten.

Die erste Krise kann entstehen, wenn die *Satzung erarbeitet* wird. Z. B. weil eine Gruppe von Stiftern aufgrund ihrer basisdemokratischen Struktur nicht zu tragfähigen Entscheidungen gelangt, oder der Einzelstifter seinen vagen Wunsch nicht in Worte fassen kann oder ihm erst nach mehrmonatigen Vorbereitungen die Tragweite seines Entschlusses bewußt wird – daß er nämlich mit Errichtung der Stiftung das Eigentum an diesem Vermögen verliert – und er daraufhin mit der Errichtung zögert oder die Idee gar verwirft.

Auch bei *Errichtung*[25] kann es zu Krisen kommen, die sogar in vielen Fällen in die Katastrophe münden:

– Die Person der Erbin (die Stiftung von Todes wegen) wird im Testament nicht hinreichend klar bestimmt, d. h. es fehlen genaue Angaben zu Bezeichnung und Zweckbestimmung der Institution, so daß die gewünschte Erbeinsetzung scheitert.

---

[24] *Strachwitz,* 1994, S. 177.
[25] Vgl. im folgenden und für nähere Ausführungen *von Oertzen.*

- Die Stiftung von Todes wegen muß unvorhergesehene Pflichtteilsansprüche bedienen, was eine Reduzierung ihres Stiftungsvermögens zur Folge hat – und u. U. eine Anerkennung aufgrund mangelnden Vermögens sogar unmöglich macht.
- Rechtsstreitigkeiten wegen Pflichtteilsansprüchen verzögern das Anerkennungsverfahren z. T. um mehrere Jahre, so daß die Stiftung ihre Arbeit nicht aufnehmen kann.

• Die Errichtung unter Lebenden ist der Stiftung von Todes wegen auf jeden Fall vorzuziehen: Nicht nur, weil die oben dargestellten Szenarien vermieden werden, sondern nur so hat der Stifter noch die Möglichkeit, durch *eigene Mitarbeit* die Arbeitsweise der Stiftung zu prägen und eine „Stiftungskultur" herzustellen.

Um nicht Gefahr zu laufen, daß die Stiftungsaufsichtsbehörde die Genehmigung versagt, sollten außerdem wichtige Punkte der Satzung bereits im Vorfeld der Errichtung mit der Behörde *abgesprochen* werden (Präventivplanung).

Stiftungszweck

Der Stiftungszweck ist Dreh- und Angelpunkt für die Stiftungstätigkeit. Aus einem „falsch" formulierten Zweck können z. B. folgende Krisen resultieren:

Der Stifter zieht sich *frustriert* aus der aktiven Mitarbeit zurück, weil die Stiftungsarbeit doch nicht in seinem ursprünglichen Sinne verläuft – da er vielleicht nicht in der Lage war, präzise zu formulieren, was sein eigentliches Anliegen war. Die Stiftung verliert damit u. U. ihr „Zugpferd" und die Identifikationsperson für die anderen Beteiligten.

Eine Stiftung mit einem geringen Vermögen ist in ihrer Arbeit maßgeblich auf Spenden angewiesen. Ist der Zweck jedoch ungeschickt formuliert und spricht die Menschen nicht an, oder die Stiftung verfolgt einen Zweck, den potentielle Spender bereits über viele andere Organisationen unterstützen, dann können nicht ausreichend *Spenden* akquiriert werden. Die Stiftung muß dann mangels Mittel ihre Tätigkeiten einschränken oder wird sogar gänzlich arbeitsunfähig.

Auch besteht die Möglichkeit, daß das Finanzamt die Anerkennung der *Gemeinnützigkeit* verweigert, was zur Folge hat, daß die Stiftung zum einen Steuern zahlen muß und ihr dadurch weniger Mittel für die Verfolgung des Stiftungszwecks zur Verfügung stehen, zum anderen ist diese Stiftung dann weniger attraktiv für Spender, da sie keine Zuwendungsbestätigungen ausstellen darf.

• Krisen können also vermieden werden, wenn der formulierte Stiftungszweck von vornherein den unterschiedlichen Anforderungen genügt (Präventivplanung):
- dem *Anliegen des Stifters* entsprechen; eine präzise Formulierung ist aber in der Regel schwierig und bedarf daher oft viel Zeit;[26]

---

[26] Vgl. *Schiffer/Bach,* Teil 2, S. 22.

- gewisse *Marketingaspekte* berücksichtigen: Er soll andere für sich begeistern, so daß sie entweder gerne und überwiegend ehrenamtlich für diesen Zweck tätig werden oder die Stiftungsarbeit mittels Spenden unterstützen, und er ist zentrales Signal für potentielle Destinatäre;[27]
- den Vorschriften der Abgabenordnung zur *Gemeinnützigkeit* gerecht werden, wenn die Stiftung in den Genuß von steuerlichen Begünstigungen kommen will;
- *Dauerhaftigkeit* der Stiftung: Mit einer engen Formulierung läuft man Gefahr, daß der Zweck in absehbarer Zeit erfüllt ist und die Stiftung infolgedessen u. U. aufgelöst wird. Damit der Stiftung eine dauerhafte Arbeit möglich ist, muß der Zweck also „möglichst flexibel und weitsichtig formuliert werden, um spätere Eventualitäten zu berücksichtigen und dem Stifter bzw. den Stiftungsorganen einen Handlungsspielraum bei der Stiftungsführung zu geben"[28].

Vermögen

Das Vermögen der Stiftung ist die Basis für ihre Arbeit: Aus seinen Erträgen wird in der Regel der Stiftungszweck verwirklicht. Um dies auf Dauer sicherzustellen, muß das Vermögen erstens in ausreichender Menge vorhanden sein und zweitens in seinem Wert erhalten bleiben.

Die *Höhe des Stiftungsvermögens* wird im Rahmen des Anerkennungsverfahrens durch die Stiftungsaufsichtsbehörde geprüft. Wenn sie – im Verhältnis zum satzungsmäßigen Stiftungszweck – als zu gering erachtet wird, so wird die Anerkennung versagt,[29] und die Stiftung gerät in eine akute Gründungskrise.

Die Vorschrift der Werterhaltung kann in Zusammenhang mit der Satzung insofern zu einer Krise führen, als dort zunächst festgelegt ist, in welcher Art das Stiftungsvermögen vorliegt – als Immobilie, Kunstgegenstände, Wertpapiere, Bargeld o. ä. Einige Anlageformen gehen automatisch mit *Vermögensverlusten* einher, wie Abnutzung der Immobilie oder Kursverluste bei Wertpapieren. Nichtsachgerechte Vermögensverwaltung führt dann zu einer Wertminderung des Stiftungsvermögens, was die Erfüllung des Stiftungszwecks beeinträchtigt. Bei anderen Anlageformen sind ähnliche Liquiditätskrisen zwar nicht zwingend, aber dennoch möglich: Das Unternehmen, an dem die Stiftung Anteile hält, gerät in wirtschaftliche Schwierigkeiten, das Gemälde verbrennt, Barvermögen wird durch galoppierende Inflation vernichtet. Dieses Krisenpotential wird u. U. dadurch verstärkt, daß der Stifter Umschichtungen beim Stiftungsvermögen satzungsmäßig ausgeschlossen hat,[30] d. h. daß beispielsweise der Verkauf der Immobilie und die Anlage des erzielten Erlöses in Wertpapieren nicht möglich ist.

---

[27] Vgl. *Strachwitz,* 1994, S. 174.
[28] *Schiffer/Bach,* Teil 2, S. 22.
[29] Vgl. *Seifart/v. Campenhausen,* § 7 Rdnr. 271 f.
[30] Vgl. *Lex,* S. 4.

Die Stiftungsaufsicht ist in allen diesen Fällen verpflichtet einzugreifen, um für die Wiederherstellung des ursprünglichen Vermögens zu sorgen – wodurch der Stiftungszweck bis auf weiteres nicht mehr oder nur noch eingeschränkt erfüllt werden kann (absolute bzw. relative Ausschüttungssperre) – bzw. um die Stiftung wegen dauerhaften Vermögensverlustes aufzulösen.[31]

- Das Stiftungsvermögen muß daher in seiner Höhe dem Stiftungszweck *angemessen* sein. Bevor die Stiftung abhängig gemacht wird von unsicheren Spenden oder öffentlichen Zuschüssen, sollte der Stifter überlegen, den Zweck entsprechend dem Vermögen geringer zu fassen. Oder die *Zuwendungsgeber* müssen zumindest breit gestreut sein, damit die Stiftung nicht ausschließlich von einer Finanzierungsquelle abhängig ist (Diversifikation).

Es muß außerdem eine für die Stiftung *sinnvolle Anlageform* gefunden werden. Da dies jedoch nur für den überschaubaren Zeitrahmen möglich ist, sollte *Vermögensumschichtung* satzungsmäßig zugelassen sein, um für die Zukunft Flexibilität zu gewährleisten (Präventiv- bzw. Alternativplanung).

Organe

Folgendes Szenario ist denkbar: Zwei Mitglieder des Stiftungsrates legen in einem Brief an den Stifter ohne nähere Angabe von Gründen mit sofortiger Wirkung ihr Amt nieder, woraufhin dieser kurzerhand zwei neue Mitglieder bestimmt, die ihre Arbeit auch sofort aufnehmen und sich an aktuellen Beschlüssen über neue Projekte beteiligen. Interne Kontrollmechanismen werden bei dieser latenten Krise wahrscheinlich versagen: Kaum ein Stiftungsrat kennt auswendig die genauen Vorschriften für Bestellung und Abberufung von Organmitgliedern; wenn doch, so wird man sich nicht gegen den Willen des Stifters auflehnen wollen. Die Krise wird akut, wenn die Stiftungsaufsicht bei ihrer jährlichen Überprüfung die gefaßten Beschlüsse für nichtig erklärt, da der Rücktritt nicht vorschriftsmäßig erfolgt war und die Stimmen der neuen Mitglieder daher keine rechtliche Grundlage hatten. Die Arbeit der Stiftung wird verzögert, weil erst nach korrekter Neuwahl der Stiftungsratsmitglieder erneut über die Projekte entschieden werden kann.

Der Stifter verfügt hinsichtlich der Gestaltung der Stiftungsorgane zwar über jegliche Freiheit,[32] allerdings nur bei der Formulierung der Satzung. Mit Anerkennung der Stiftung hat diese „sich verselbständigt und ist seinem Einfluß entzogen"[33] – außer er hat sich qua Satzung Sonderrechte einräumen lassen. Daher ist der Stifter, wie im geschilderten Fall, nicht befugt, eigenmächtig neue Organ-Mitglieder einzusetzen. Die in der Satzung festgelegten Regularien für Bestellung, Rücktritt und Abberufung haben auch für ihn zwingend bindende Wirkung. Bei

---

31 Vgl. *Carstensen*, S. 11 sowie *Seifart/v. Campenhausen*, § 12 Rdnrn. 45, 49.
32 Vgl. *Werner*, Bestellung, S. 19.
33 Ebd., S. 19.

Zuwiderhandlung interveniert die Stiftungsaufsichtsbehörde und nimmt eine Ersatzbestellung bzw. Abberufung vor.[34]

- Um zu gewährleisten, daß die Stiftung nur Organmitglieder hat, die ihr Amt gerne ausüben, muß ihnen die Möglichkeit eingeräumt werden, gegebenenfalls vorzeitig aus ihrem Amt zu scheiden. D. h. Stiftungen, die die Amtszeit ihrer Organmitglieder satzungsmäßig begrenzen, müssen auch ausdrückliche *Kündigungsfristen* festlegen – ansonsten „wäre eine willkürliche Amtsniederlegung vor Ablauf der Amtszeit nicht möglich"[35] (Präventivplanung).

Die Struktur der Stiftung muß außerdem auf Zweck und Vermögen hin ausgerichtet sein. Dabei sollte jedoch immer auch die *Praktikabilität* beachtet werden (z. B. Ehrenamt). So empfiehlt es sich, prominente Persönlichkeiten statt über den Stiftungsrat, der regelmäßig tagen und Beschlüsse fassen muß, nur mittels eines beratenden Gremiums (Beirat oder Kuratorium) in die Stiftung einzubinden; denn je mehr eine Person in der Öffentlichkeit steht, desto weniger Zeit wird sie für Gremiums-Sitzungen haben (Präventivplanung).[36]

3. Gemeinnützigkeit

Durch den Status der Gemeinnützigkeit wird die Stiftung von ihrer Steuerlast befreit. Der Stiftungsmanager, ist sich jedoch oft der daraus resultierenden Verpflichtungen (Selbstlosigkeit und zeitnahe Mittelverwendung) nicht bewußt, oder er unterschätzt die steuerliche Tragweite seiner täglichen Entscheidungen. Die Krise wird akut, wenn das Finanzamt aufgrund von Mißmanagement partielle Steuernachzahlungen fordert oder gar die Gemeinnützigkeit aberkennt; in diesem Fall können Nachzahlungen an den Fiskus rückwirkend für bis zu zehn Jahre fällig werden, die u. U. das Vermögen der Stiftung vollständig vernichten.[37]

Selbstlosigkeit

Die Stiftung darf „nicht in erster Linie eigenwirtschaftliche Zwecke"[38] verfolgen, nicht den wirtschaftlichen Interessen des Stifters oder seiner Angehörigen nachgehen und für ihre Arbeit keine Gegenleistung erwarten.[39]

Betrachtet der Stifter aber das Vermögen, mit dem er die Stiftung ausgestattet hat, nach wie vor als sein Eigentum, entnimmt er u. U. Geld aus dem Stiftungsvermögen für eigene Zwecke – natürlich in der Absicht, es zurückzuzahlen. Mit

---

[34] Vgl. *Werner,* Bestellung, S. 21 f. bzw. *ders.,* Abberufung, S. 18.
[35] *Werner,* Abberufung, S. 16.
[36] Vgl. *Strachwitz,* 1994, S. 107 f.
[37] Vgl. *Schiffer/Bach,* Teil 1, S. 18.
[38] s. § 55 Abs. 1 AO.
[39] Vgl. *Kießling/Buchna,* S. 85 ff.

dieser *Geldentnahme* reduziert er die Mittel, aus denen der Stiftungszweck erfüllt werden soll, handelt dem Prinzip der Selbstlosigkeit zuwider und löst damit eine latente Liquiditätskrise aus. Gleiches gilt für *Zuwendungen an Dritte* (z. B. an Mitglieder der Stiftungsgremien), wenn sie nicht dem Stiftungszweck entsprechen oder unverhältnismäßig hoch sind. Auch *Kosten für Verwaltung, Öffentlichkeitsarbeit und Spendeneinwerbung* dürfen nicht unangemessen hoch sein.[40]

Des weiteren entsteht eine latente strategische Krise (die in der Folge zur Liquiditätskrise werden kann), wenn die Stiftung z. B. ein Projekt fördert, das *inhaltlich* nicht tatsächlich dem satzungsmäßigen Zweck entspricht. Dies klingt zwar trivial, aber wenn Gremienmitglieder emotional von einem Projekt berührt sind, dann besteht durchaus die Gefahr, daß der Satzungszweck zu großzügig interpretiert oder ganz außer acht gelassen wird.

Selbstlosigkeit schließt überdies die Betätigung in einem *wirtschaftlichen Geschäftsbetrieb* aus, d. h. übermäßige Aufwendungen für Festveranstaltungen oder für einen Museums-Shop lassen darauf schließen, daß nicht in erster Linie die satzungsmäßigen Stiftungszwecke verwirklicht wurden.[41]

Neben der Aberkennung der Gemeinnützigkeit riskieren – auch ehrenamtliche – Stiftungsmanager hier, persönlich für Verstöße gegen die Abgabenordnung haftbar gemacht zu werden.[42]

Grundsatz der zeitnahen Mittelverwendung

Die gemeinnützige Stiftung unterliegt in ihrer Arbeit dem Grundsatz der zeitnahen Mittelverwendung, die zufließenden Mittel müssen also bis zum Ende des nachfolgenden Kalender- oder Wirtschaftsjahres für die satzungsgemäßen Zwecke verwendet werden.

Es ist daher nicht zulässig, wenn die Stiftung über ein Jahr lang keine Projekte fördert bzw. durchführt – sei es aufgrund mangelnder Zeit der ehrenamtlichen Mitglieder, aufgrund fehlender Ideen, geeigneter Destinatäre o. ä. Wenn ein derartiger *Verwendungsrückstand* vorliegt, so kann das Finanzamt nach eigenem Ermessen eine Frist für die Verwendung der Mittel setzen; wird diese Frist eingehalten, so ist der Verstoß gegen den Grundsatz der zeitnahen Mittelverwendung geheilt. Bleibt die Thesaurierung jedoch bestehen, so kann auch hier die Gemeinnützigkeit aberkannt werden – mit den oben dargestellten Folgen.[43]

---

[40] Vgl. *Geserich,* S. 19. Vgl. zum Thema Verwaltungskosten außerdem Opusculum Nr. 11 („Die Verwaltungskosten von Nonprofit-Organisationen") des Maecenata Instituts für Philanthropie und Zivilgesellschaft, Berlin 2003.

[41] Vgl. *Thiel,* S. 12 f.

[42] Vgl. *Schiffer/Bach,* Teil 1, S. 18 sowie beispielsweise § 12 StiftG DDR. Zur Haftung siehe Kapitel 9.4.

[43] Vgl. *Thiel,* S. 5.

Daß *Dividenden* aus Wertpapieren des Stiftungsvermögens laufende Erträge darstellen und damit zu den *freien* Mitteln zählen, die zeitnah für den Stiftungszweck verwendet werden müssen, ist unmittelbar einleuchtend. Bei komplizierteren Sachlagen kann wahrscheinlich durch Beratung mit dem zuständigen Finanzamt eine einvernehmliche Lösung gefunden und eine Krise damit verhindert bzw. bewältigt werden.

- Voraussetzung für den korrekten Umgang mit den Stiftungsmitteln ist das *Wissen* um die gesetzlichen Vorschriften der Abgabenordnung. Wenn dies nicht jedem Organ-Mitglied zugemutet werden soll, so empfiehlt es sich, per Satzung einen Fachmann in die Stiftung zu integrieren bzw. ansonsten bei wichtigen Aktionen fachkundige Beratung hinzuzuziehen. Die Vermögensverwaltung sollte in kompetente Hände gegeben werden, d. h. zu einer Bank, die sich mit dem Stiftungswesen auskennt (Kooperation). Darüber hinaus kann eine *Vermögensschaden-Haftpflichtversicherung* für die Stiftung abgeschlossen werden; sie schützt das Stiftungs-Vermögen vor finanziellen Verlusten, die durch fahrlässige Pflichtverletzung von Stiftungs-Organen oder -Mitarbeitern entstehen (Risk-Management).

Ausblick

Grundsätzlich kann die Stiftung viele Krisen vermeiden, wenn sich die Beteiligten an die *Regelungen der Satzung* halten, sich in ihrer Arbeit stets am Stifterwillen orientieren und die Förderung des Gemeinwohls anstreben. Bei konkreten Problemen oder Unsicherheiten sollten direkt die zuständigen *Aufsichtsbehörden* kontaktiert werden. Darüber hinaus gibt es verschiedene *Institutionen,* die sowohl potentielle Stifter als auch bereits bestehende Stiftungen umfassend beraten, oder Weiterbildungsseminare zu bestimmten Themen der Stiftungsarbeit (z. B. Vermögensverwaltung, Rechnungslegung oder Projektarbeit) anbieten – eine Auflistung derartiger Institutionen ist dem Anhang dieses Buches zu entnehmen.

Die Bedeutung von Stiftungen hat in den letzten Jahren stark zugenommen und wird auch weiterhin steigen, angesichts der Vermögensmasse, die in naher Zukunft vererbt wird, sowie dem wachsenden Bewußtsein gesellschaftlicher Verantwortung sowohl bei Privatpersonen wie auch bei Unternehmen. Das hohe Ansehen, das Stiftungen in der Gesellschaft genießen, und die Wirksamkeit ihrer Arbeit verlangen allerdings ein qualifiziertes Management; nur professionell geführte Stiftungen sind langfristig in der Lage, einen nachhaltigen Ertrag für die Gesellschaft zu erzielen. Gezielte Weiterbildungsmaßnahmen bezüglich spezieller Themengebiete des Stiftungsmanagements sind daher unerläßlich. Je selbstverständlicher der Umgang mit derartigen Themen ist, um so weniger krisenanfällig ist die Stiftung – und je weniger sich die Stiftung mit ihrer eigenen Verwaltung auseinandersetzen muß, um so mehr kann sie sich der Erfüllung des Stiftungszwecks widmen.

8.7 Evaluation und Effektivitätskontrolle

Von Berit Sandberg

Von gemeinwohlorientierten Stiftungen wird zunehmend erwartet, dass sie Rechenschaft über ihr Tun geben und darlegen, wie sie das Vermögen, das ihnen in Form von Widmungskapital und Zuwendungen anvertraut ist, einsetzen. Die Erwartungen der Gesellschaft an die Qualität von Stiftungsleistungen und den Erfolg von Stiftungsarbeit erzwingen die Transparenz von Programmen, Förderprojekten und Ressourceneinsatz.

Eine Stiftung, die dem Stifterauftrag gerecht werden und sich zugleich nach außen legitimieren will, muss Methoden und Instrumente finden, mit denen sie Maßnahmen und Prozesse bewerten und überprüfen kann. Erfolgsmaßstab ist dabei nicht allein die Effizienz des Mitteleinsatzes, sondern auch die Effektivität der Aktivitäten. Die Kernfrage lautet: „Welchen Beitrag hat ein Programm oder ein einzelnes Projekt zur Lösung eines bestimmten gesellschaftlichen Problems geleistet?" Anders formuliert: „Welche Wirkung hat die Stiftung durch den Einsatz finanzieller und personeller Mittel in Bezug auf den Nutzen für die Zielgruppen bzw. das Gemeinwohl erzielt?"

Evaluation hat im Stiftungsbereich somit zwei Perspektiven. Die externe Perspektive betont die Transparenz des Stiftungshandelns gegenüber den gesellschaftlichen Anspruchsgruppen. Mit zunehmender Verbreitung stärkt Evaluation die Glaubwürdigkeit und das Standing von Stiftungen in der öffentlichen Wahrnehmung und im politischen Diskurs. Aus der internen Perspektive ist Evaluation ein Managementinstrument, das Informationen liefert, mit denen strategische und operative Entscheidungen fundiert und optimiert werden können.

Der Ursprung des Wortes „Evaluation" liegt im lateinischen „valor" für „Wert" und „ex" für „aus". Evaluation heißt demnach Bewertung, wobei mehrere Bedeutungsebenen auszumachen sind. Im allgemeinen Sprachgebrauch ist der *Begriff* „Evaluation" mit „Bewerten" bzw. „Bewertung" belegt. Im weitesten Sinn ist Evaluation ein „Prozeß der Beurteilung des Wertes eines Produktes, Prozesses oder Programms, was nicht notwendigerweise systematische Verfahren oder datengestützte Beweise zur Untermauerung einer Beurteilung erfordert".[1] Demgegenüber betonen sozialwissenschaftliche Definitionen von Evaluation die Anwendung wissenschaftlicher Forschungsmethoden. „Als Evaluation [gilt] jede methodisch kontrollierte, verwertungs- und bewertungsorientierte Form des Sammelns, Aus-

---

[1] *Wottawa/Thierau*, S. 13.

wertens und Verwertens von Informationen."[2] So verstanden zeichnet sich Evaluation dadurch aus, dass die Beurteilung durch den Einsatz empirischer Methoden zur Informationsgewinnung und systematischer, objektivierter Verfahren zur Informationsbewertung fundiert wird. Bewertungsmaßstab sind transparente Kriterien, die für alle Beteiligten verbindlich sind und die das Ergebnis intersubjektiv nachprüfbar machen. Über diese prozessorientierte Sichtweise hinaus lässt sich Evaluation auch als Ergebnis eines Evaluationsprozesses verstehen.[3]

Gegenstand von Evaluationen können Sachverhalte, Programme, Maßnahmen und Prozesse, aber auch ganze Organisationen sein. Bei Förderstiftungen wie operativen Stiftungen geht es vor allem um Programme, Projekte und Dienstleistungen, und zwar um eigene oder um die geförderter Einrichtungen.

Das *Erkenntnisinteresse,* das Evaluation motiviert, richtet sich vor allem auf folgende Aspekte:

– Evaluation soll Informationen zur Relation von Mitteleinsatz und Wirksamkeit von Programmen und Maßnahmen liefern, also u. a. aufzeigen, ob ein Programm die anvisierten Zielgruppen erreicht, ob es die angestrebten Wirkungen erzielt und ob die Mittel sinnvoll verwendet wurden. Letztlich geht es vor dem Hintergrund des Stiftungszwecks und der verfolgten Ziele um die Frage, für welche Aufgaben das verfügbare Budget am besten eingesetzt wird.

– Die Evaluation laufender Programme und Projekte soll vor allem bei innovativen Ansätzen Anhaltspunkte für eine Steigerung der Wirksamkeit, d. h. für die Optimierung der Zielerreichung geben.

– Evaluation soll Rahmenbedingungen identifizieren, unter denen eine erfolgreiche Programmimplementation in einen anderen Kontext transferiert werden kann.

– Mit Hilfe eines Vergleichs verschiedener Lösungsansätze soll Evaluation eine Best Practice für die Bearbeitung eines Problemfeldes identifizieren.

Evaluation bedeutet im Stiftungswesen allerdings mehr als bloße Erfolgsmessung und Zielerreichungs- bzw. Effektivitätskontrolle. Stiftungen unterliegen hinsichtlich ihrer Leistungen allenfalls einem moderaten Wettbewerb. Stifterwillen und Stiftungskapital garantieren in der Regel Existenz und Fortbestehen der Stiftung und definieren den Handlungsspielraum. Meistens existieren weder Marktsignale, die als Orientierungshilfe für die Auswahl von Programmen und Projekten dienen könnten, noch objektive (monetäre) Erfolgsmaßstäbe. In dieser Situation ist Evaluation ein Ersatz für Marktwettbewerb und andere externe Steuerungs- und Kontrollmechanismen, die das Management im Sinne einer bestmöglichen Erfüllung des gemeinnützigen Stiftungszwecks disziplinieren.[4]

---

[2] *Kromrey,* S. 106.
[3] Vgl. *Wottawa / Thierau,* S. 14; *Kromrey,* S. 106 f.
[4] Vgl. *Then / Timmer,* S. 11.

8.7 Evaluation und Effektivitätskontrolle

Anders als in den USA ist für das deutsche Stiftungswesen zu konstatieren, dass Verbreitung und Akzeptanz in der Praxis den Funktionen und dem potenziellen Nutzen von Evaluation nicht annähernd entsprechen. Bislang sind es überwiegend größere Stiftungen, die ihre Arbeit bzw. wichtige Projekte evaluieren lassen. Obwohl sich allmählich ein Bewusstsein für die Notwendigkeit von Evaluation zu entwickeln scheint und der Bedarf und das Interesse an der Thematik zunehmen, nutzen die meisten Stiftungen das Instrument Evaluation noch nicht.[5]

Der vorliegende Beitrag soll daher sowohl Funktionen und Nutzen von Evaluation aufzeigen als auch einen Überblick über die Vielfalt von Ansätzen und Methoden geben. Einheitliche Standards für Stiftungsevaluation existieren nicht, denn jedes Evaluationsvorhaben muss in Zielrichtung, Gegenstand und Umfang individuell auf die betreffende Stiftung zugeschnitten sein. Mit den Hinweisen zu Ablauf und Konzeption von Evaluationsprojekten werden sowohl allgemeingültige Erfolgsfaktoren für einen nutzbringenden Einsatz von Evaluation aufgezeigt als auch Problembereiche und verbreitete Befürchtungen angesprochen, die die Akzeptanz dieses Instruments beeinträchtigen können.

Ein Grund für die zurückhaltende Aufnahme von Evaluation durch die Praxis scheint darin zu liegen, dass Evaluation nicht selten als Kontrollinstrument missverstanden wird. Häufig wird der Begriff Evaluation fälschlich mit den Begriffen Kontrolle und Monitoring gleichgesetzt.

Anders als diese ist Evaluation aber nicht in erster Linie taktisch-operativ ausgerichtet. Evaluation ist mehr als deskriptive Erfolgskontrolle am Ende eines Projektes oder kontinuierliches Monitoring des Programm- bzw. Projektvollzugs. Sie wird einmalig zu einem bestimmten Zeitpunkt durchgeführt und ggf. wiederholt, ist jedoch keine Daueraufgabe. Evaluation soll nicht nur den Zielerreichungsgrad und die Wirkungen von Aktivitäten erfassen, sondern auch eine Kritik an den Planungsprämissen ermöglichen. Somit ist Evaluation als systematische Bewertung des Erfolges wie auch der Ziele, Strategien und Maßnahmen der Stiftung konzipiert und soll damit deren Leistungsfähigkeit kontinuierlich verbessern.

Das macht Evaluation zu einem *Instrument des strategischen Stiftungsmanagements.* Ziele, Strategien, Programme und umgesetzte Projekte, deren Ergebnisse und Wirkungen, aber auch die Organisation administrativer Prozesse können evaluiert werden, um über die Rückkopplung zu Zielen und Strategien die Grundlage für die weitere Planung zu liefern. Evaluation ist also weniger Kontrollinstrument als Planungs- und Entscheidungshilfe.

Als Baustein in einem Managementsystem hat Evaluation zum einen Bezüge zum (Performance) Controlling, zum anderen kann sie mit dem ihr eigenen Grundgedanken, die Stiftungsarbeit einem kontinuierlichen Verbesserungsprozess zu unterwerfen, Teil eines Qualitätsmanagementsystems sein.[6]

---

[5] Vgl. *Eilinghoff,* S. 3; *Then/Timmer,* S. 11 f.
[6] Zur Abgrenzung von Evaluation, Controlling und Qualitätsmanagement s. *Stockmann,* S. 19–33.

Im Vorfeld jeder Evaluation ist zu klären, wer die Evaluationsergebnisse auf welche Weise nutzen wird. Als *Adressaten* kommen bei Stiftungen folgende Gruppen in Frage:

- Mittelgeber: staatliche Finanziers und private Zuwendungsgeber, letztere insbesondere im Hinblick auf Zustiftungen.
- Stiftungsorgane und Mitarbeiter: Stiftungsvorstand, Stiftungsrat, Stiftungsmanagement, insbesondere die für Förderprojekte Verantwortlichen, (ehrenamtliche und freiwillige) Mitarbeiter.
- Destinatäre: bei Förderstiftungen Vorstand, Management und Mitarbeiter geförderter Projektträger, bei operativen Stiftungen Klienten, Bürger etc.
- Öffentlichkeit: allgemeine Öffentlichkeit, Politik, Wissenschaft, Medien, Berater, aber auch Praktiker in Stiftungen und anderen Nonprofit-Organisationen, die im gleichen Feld arbeiten.

In Nonprofit-Organisationen wie Stiftungen werden Evaluationen im Allgemeinen vor allem mit Blick auf die Mittelgeber durchgeführt. Weitere wichtige Zielgruppen sind Programmverantwortliche und -mitarbeiter sowie die Leitungsorgane.

Das für Stiftungen typische komplexe Geflecht von Anspruchsgruppen prägt die Funktionen von Evaluation, denn Evaluation ist kein Selbstzweck, sondern muss in Bezug auf die Anspruchsgruppen betrachtet werden. Evaluation soll Programme, Projekte und Prozesse nach innen und außen transparent machen und die Wirkungen der Stiftungsaktivitäten auf das Gemeinwohl dokumentieren. Evaluationsergebnisse fließen u. a. in Entscheidungen über die Bewilligung von Fördergeldern ein, können administrative Veränderungen auslösen und Spendenentscheidungen untermauern. Evaluation ist also grundsätzlich entscheidungsorientiert. Dabei erfüllt sie im Wesentlichen die *Zwecke* Rechenschaft, Selbstinformation und Förderung organisationalen Lernens.

Stiftungen müssen den gesellschaftlichen Nutzen ihrer Aktivitäten nachweisen und belegen, dass sie die ihnen vom Stifter und anderen zugeeigneten Mittel im Rahmen ihrer Programme bestmöglich einsetzen. Damit ist die *Rechenschaft* gegenüber Dritten, d. h. gegenüber Stifter, Mittelgebern und Gesellschaft angesprochen. Neben der Rechenschaft gegenüber Außenstehenden ist die des Stiftungsmanagements gegenüber dem Stiftungsvorstand zu sehen. Rechenschaft über Ergebnisse und Wirkungen des Stiftungshandelns setzt deren Überprüfung und Bewertung voraus. Evaluation liefert Informationen darüber, ob Programme wie geplant umgesetzt werden, ob die Ziele der Stiftung bzw. die der Destinatäre erreicht wurden oder nicht und wie Abweichungen zu erklären sind. Damit fungiert Evaluation zugleich als eine Form der Kontrolle der Verantwortlichen.

Rechenschaft ist eine wichtige Voraussetzung für Vertrauen und Akzeptanz der Anspruchsgruppen. Evaluation kann genutzt werden, um den diesbezüglichen Dialog z. B. mit Projektträgern zu intensivieren. Inwieweit Evaluation eine Legitimations- und Dialogfunktion übernimmt, hängt allerdings davon ab, wie mit ihren Ergebnissen umgegangen wird. Häufig werden diese nur für interne Zwecke verwendet und nicht über kommunikationspolitische Aktivitäten einer breiteren Öffentlichkeit bekannt gemacht.

Intern erfüllt Evaluation neben der Funktion Rechenschaft den Zweck der *Selbstinformation*. Durch Information des Stiftungsmanagements verbessert sie die Entscheidungsgrundlagen der Programmpolitik. Im Rahmen der Programm- und Projektplanung kann Evaluation einen Beitrag zur Zielformulierung und zur Identifikation von Zielgruppen leisten und Informationen über das benötigte Budget, mögliche Risiken und andere Aspekte liefern. Die projektbegleitende Evaluation ermöglicht die Rückkopplung zwischen Projektstatus und eventuellen Abweichungen zu den ursprünglichen Zielen, Strategien und Maßnahmen, was zu einer Anpassung der Projektkonzeption einschließlich der Revision von Projektzielen führen kann. Schließlich fundiert eine Bewertung der Qualität, der Ergebnisse und Wirkungen abgeschlossener Projekte die weitere Programmentwicklung. Evaluation kann insofern sowohl eine Entscheidungs- als auch eine Durchsetzungshilfe sein.

Über die grundlegenden Programmentscheidungen hinaus kann Evaluation durch das gezielte Assessment der Qualität und die Rückkopplung von Ergebnissen einen Beitrag zur Optimierung von Programmen leisten, den Erfolg von Projekten steigern und die Leistungsfähigkeit der Stiftung insgesamt verbessern.

Außerdem unterstützt Evaluation *organisationales Lernen*. Evaluation kann ein Motor für Veränderungen sein und zur Erneuerung der Stiftung beitragen, denn sie gibt Hinweise darauf, ob der Stiftungszweck noch auf zeitgemäße Art und Weise umgesetzt wird, und unterstützt die Anpassung der Stiftung an eine sich wandelnde Umwelt.

Im Sinne eines partnerschaftlichen Verhältnisses zu ihren Destinatären nutzen Stiftungen Evaluation immer häufiger nicht als Kontrollinstrument, sondern um auf beiden Seiten Lernprozesse zu initiieren und die Performance zu verbessern. Evaluationen generieren Wissen darüber, welche Lösungen für bestimmte Anliegen die effizientesten sind, welche Ansätze für welche Zielgruppen erfolgreich sind und warum. Der Bestand an Daten, die bei wiederholten Evaluationen erhoben werden, kann eine wertvolle Informationsquelle für zukünftige Stiftungsmitarbeiter oder Dritte sein und Evaluation zum Bestandteil eines systematischen Wissensmanagements machen.

Mit Blick auf die dauerhafte und nachhaltige Verwirklichung des Stiftungszwecks ist das Managementideal die strategisch ausgerichtete, so genannte lernende Organisation, die ihre Programmatik und ihr Handeln kontinuierlich an sich wandelnde gesellschaftliche Anforderungen anpasst. Evaluation kann solche Lernprozesse fördern, vorausgesetzt in der Stiftung herrscht eine entsprechende Kultur der Offenheit und Bereitschaft zur Selbstkritik.

Anlass zur Evaluation besteht nicht etwa erst dann, wenn in einem Projekt Schwierigkeiten auftreten, sondern unter Umständen bereits in der Phase der Programm- oder Projektplanung. Je nach Arbeitsschwerpunkt der Stiftung kann z. B. ein Förderantrag Anlass für eine kritische Überprüfung der Förderungswürdigkeit eines Projektes sein; die Evaluation wird mit dem Bewerbungs- und Gewährungsprozess verknüpft.

Ob eine Stiftung ein Evaluationsvorhaben initiiert, hängt in erster Linie vom Charakter der geplanten bzw. realisierten Projekte und vom Umfang des eingesetzten Budgets ab. Evaluation empfiehlt sich vor allem bei innovativen Projekten, bei Maßnahmen mit großer Reichweite, also z. B. bei einer großen Zielgruppe, und bei bedeutenden Vorhaben. So ist sie vor allem bei öffentlichkeitswirksamen, womöglich kontrovers diskutierten Projekten und bei interkulturell oder international ausgerichteten Vorhaben angezeigt.[7]

Auch in einem veränderlichen Umfeld, das schwer abzugrenzen ist oder (z. B. hinsichtlich sozioökonomischer Rahmenbedingungen) einem starkem Wandel unterliegt, besteht Anlass zu einer systematischen Analyse, da in solchen Situationen zahlreiche Einflussfaktoren vorliegen, die den Erfolg tangieren können und ein sorgfältiges Management sowie entsprechende Entscheidungsgrundlagen erfordern.

Evaluationen können nach Abschluss definierter Phasen, nach bestimmten Meilensteinen und zum Abschluss eines Programms oder Projektes durchgeführt werden. Der Evaluationsanlass ist somit mit ausschlaggebend dafür, welcher Evaluationsansatz gewählt wird.

So wie der Evaluationsbegriff selbst mehrdimensional ist, lassen sich nach den Dimensionen Gegenstand, Zielrichtung und Zeitpunkt, Betrachtungsebene sowie *Träger* des Vorhabens verschiedene Evaluationstypen unterscheiden. Aus der Kombination von Ausprägungen dieser Dimensionen ergeben sich typische Merkmale, mit denen sich ein konkretes Evaluationsprojekt beschreiben lässt. Je nach Fragestellung und Ausgangsproblem kann es sinnvoll sein, verschiedene Betrachtungsebenen und Herangehensweisen gleichzeitig zu verfolgen.

Eine Kombination von Fragestellungen empfiehlt sich bei Stiftungen vor allem aufgrund der Komplexität des Evaluationsobjektes. Bei der Frage „Was wird evaluiert?" sind verschiedene Dimensionen von Erfolg zu berücksichtigen, da das Zielsystem von Stiftungen in der Regel vielschichtig ist. Je nachdem, ob die Prozess-, die Ergebnis- und / oder die Wirkungsebene betrachtet wird, lassen sich entsprechende Evaluationstypen unterscheiden.[8]

Bei der *Prozessevaluation* (Management Audit) liegt der Focus auf der Implementation von Programmen bzw. der Durchführung von Projekten. Die Leistungs-

---

[7] Vgl. *Jacobmeyer,* S. 10; s. auch *Council on Foundations,* p. 24 – 25.
[8] Vgl. zum Folgenden *Kromrey,* S. 117; *Weger,* S. 6 f.; *Stockmann,* S. 15 f.

8.7 Evaluation und Effektivitätskontrolle

prozesse im Rahmen stiftungseigener Aktivitäten oder geförderter Vorhaben Dritter werden im Hinblick auf die Zielerreichung bewertet. Ziele und Programmdesign werden dabei als vorgegeben angenommen. Prozessevaluation bezieht sich nicht auf die Ergebnisse des Programms oder Projektes, sondern auf die Planung und Umsetzung sowie auf die Rahmenbedingungen, die förderlich bzw. erschwerend wirken. Dazu gehört u. a. die Analyse des Einsatzes von Methoden, Instrumenten und Maßnahmen. Eine Prozessevaluation soll aufklären, inwieweit bestimmte Ergebnisse und Wirkungen von Programmen auf Einflussfaktoren, wie das Projektmanagement, die Kommunikation und die Kooperation zwischen Projektpartnern, zurückzuführen sind. Bezogen auf die Stiftung insgesamt kann es z. B. um administrative Prozesse, um die Vermögensverwaltung, um den Dialog mit Destinatären oder um das Anfrage- und Antragsmanagement im Rahmen der Projektförderung gehen. Eine solche Prozessbetrachtung hat den Zweck, ggf. Korrekturen im Programm- oder Projektvollzug vorzunehmen oder die Aufbau- und Ablauforganisation der Stiftung zu verändern. Die Resultate einer Programmevaluation sind häufig die Basis für die nächsten Stufen Ergebnis- und Wirkungsevaluation.

Die *Ergebnisevaluation* (Output- oder Produktevaluation) konzentriert sich auf die Ergebnisse des Handelns, während die Prozesse im Hintergrund bleiben. Sie soll überprüfen, ob die Leistungsziele erreicht wurden. Gemessen wird der Output, d. h. die „Produkte", die Leistungen, die im Rahmen eines Programms erbracht werden. In diesem Zusammenhang ist auch die Frage nach der Wirtschaftlichkeit der Aktivitäten zu stellen: „Wurden mit den verfügbaren finanziellen und personellen Ressourcen die quantitativ und qualitativ bestmöglichen Leistungen erzielt?" Oder als Frage nach dem sparsamen Mitteleinsatz formuliert: „Hätte das gleiche Ergebnis mit weniger Mitteln erzielt werden können?" Darüber hinaus ist nach den Opportunitätskosten eines Programms zu fragen, also danach, welches Ergebnis bei einem anderen Einsatz der Mittel hätte erreicht werden können. Die Effizienz von Programmen oder Maßnahmen wird ermittelt, indem die Ressourcen (Input), dem Output gegenübergestellt werden. Durch den Vergleich des Ressourceneinsatzes unterschiedlicher Programme können Rationalisierungspotenziale aufgedeckt werden.

Die *Wirkungsevaluation* (Outcome- bzw. Impact-Evaluation) richtet sich auf die Effektivität von Programmen, d. h. auf den Zielerreichungs- bzw. Wirkungsgrad von Maßnahmen. Im Mittelpunkt stehen die Effekte, die von Programmen hervorgerufen werden. Ziel einer Wirkungsevaluation ist die Bestimmung der Netto-Wirkungen einer Intervention, d. h. der Effekte, die allein auf die Aktivitäten im Rahmen eines Programms oder Projektes und nicht auf andere Einflussfaktoren zurückzuführen sind. Wirkungsanalysen können ganz umfassend angelegt sein und das gesamte Wirkungsfeld eines Programms zu erfassen versuchen, d. h. solche Effekte einbeziehen, die gar nicht beabsichtigt waren.

Dabei sind zwei Wirkungsebenen zu unterscheiden. Der Impact umfasst die Wirkungen, die ein Programm in Bezug auf seine Zielgruppe entfaltet, wie z. B. den Erwerb von Wissen oder Fähigkeiten, Einstellungs- oder Verhaltensänderungen. Der Begriff Outcome steht für die Wirkungen im Umfeld, und zwar sowohl für kurzfristige Wirkungen als auch für gesellschaftliche Veränderungen im betreffenden Aufgabenfeld. Die Wirtschaftlichkeit von Programmen oder Projekten lässt sich auch auf der Wirkungsebene abbilden, etwa durch Gegenüberstellung von Input und Outcome im Rahmen einer Kosten-Nutzen-Analyse (Cost-Benefit Analysis).

Die Definition von Erfolgskriterien und die Festlegung von Zielwerten, anhand derer der Wirkungsgrad gemessen werden kann, ist unverzichtbar, wenn sich die Beurteilung nicht lediglich auf die Implementation von Programmen beziehen soll. Der Zweck von Wirkungsevaluationen geht über die reine Erfolgskontrolle hinaus. Sie sollen vielmehr eine Grundlage liefern, um die angestrebten Ziele in Frage zu stellen und die Programmplanung ggf. anders auszurichten.

Der Gegenstand der Evaluation hängt maßgeblich davon ab, in welcher Phase der Programmentwicklung und Durchführung sie eingesetzt wird und welches Erkenntnisinteresse dementsprechend im Vordergrund steht.[9]

Die *proaktive Evaluation* wird als ex ante-Evaluation in der Planungsphase durchgeführt. Sie soll die materiellen, personellen, institutionellen, finanziellen und theoretischen Rahmen- und Ausgangsbedingungen für einen Programmbereich bzw. ein Projekt untersuchen. Dazu gehören die Eingrenzung des Problemfeldes und Bedarfsanalysen im Hinblick auf Dringlichkeit, Ziele und Zielgruppen sowie Machbarkeitsstudien, die die Umsetzbarkeit und Erfolgsaussichten geplanter Maßnahmen, Durchführungsprobleme und negative Begleiterscheinungen einschätzen. Die proaktive Evaluation ist prognostisch orientiert. Ihre Funktion besteht darin, während der Programmentwicklung und -formulierung möglichst frühzeitig die Planungsgrundlagen zu verbessern und einen Beitrag zum Programm- bzw. Projektdesign zu leisten.

Als *formative Evaluation* wird die programm- bzw. projektbegleitende Evaluation in der Implementationsphase bezeichnet. Sie soll Informationen über Programm- bzw. Projektverlauf und erste Ergebnisse liefern und den Umsetzungsprozess bewerten. Eine solche Zwischenbilanz kann auch Wirkungsstudien beinhalten und die Klarheit und Stimmigkeit von Programmzielen überprüfen. Die formative Evaluation regt ggf. eine frühzeitige Korrektur des Programmdesigns an und liefert Entscheidungshilfen für die Projektsteuerung, hat also programmformende, d. h. formative Funktion. Sie kann dazu beitragen, laufende Programme kontinuierlich zu verbessern, zu profilieren und ggf. an veränderte Umweltbedingungen anzupassen.

Die *summative Evaluation* ist als ex post-Evaluation nach Programm- bzw. Projektende angesiedelt. Normalerweise ist sie als Kombination aus Prozess-, Ergebnis- und Wirkungsevaluation angelegt, d. h. sie bewertet Prozesse, Leistungsumfang und -qualität sowie erzielte Wirkungen. Dabei interessieren vor allem

---

[9] Vgl. zum Folgenden *Council on Foundations,* p. 12–13; *Kromrey,* S. 118; *Stockmann,* S. 12–15.

8.7 Evaluation und Effektivitätskontrolle

die Kausalbeziehungen zwischen diesen Erfolgskomponenten und Prognosen zur Nachhaltigkeit von Programmwirkungen. Mit einer solchen Bilanz eines Programms oder Projektes können sowohl zukünftige Entscheidungen fundiert als auch Anforderungen an die Rechenschaft der Stiftung erfüllt werden.

Evaluation ist allerdings dann am effektivsten, wenn sie bereits zu Beginn eines Projektes einsetzt und nicht erst an dessen Ende. Läuft die Evaluation zeitgleich mit der Programmplanung, kann sie zu Programmkonzeption und Projektdesign beitragen. Zwischenauswertungen loten die Beeinflussbarkeit von Erfolgsfaktoren aus und dienen der permanenten Programm- bzw. Projektoptimierung.

Eine häufige Ursache für Unzufriedenheit mit Evaluation ist, dass die Ergebnisse zu spät vorliegen, um daraus Schlüsse für die nächste Generation von Projekten oder Programmen ziehen zu können. Die Evaluation hinkt in solchen Fällen der Programm- und Projektkonzeption hinterher, ohne zu einem strategischen Stiftungsmanagement beizutragen.[10]

Die im Zusammenhang mit Gegenstand und Zielrichtung von Evaluationen genannten Fragestellungen können sich auf Maßnahmen, auf einzelne Programme, auf Projekte und Modellvorhaben sowie auf ganze Einrichtungen beziehen.

Die *Projektevaluation* hat unterschiedliche Schwerpunkte, je nachdem, ob es sich um eine Förderstiftung oder um eine operative Stiftung handelt. Bei Förderstiftungen steht zunächst der prognostizierte Erfolg der externen Projektträger im Mittelpunkt. Es geht um eine Einschätzung, ob der Empfänger die angestrebten Projektziele erreichen und welche Wirkungen das Vorhaben mit sich bringen wird. Projektanträge sind u. a. danach zu evaluieren, ob realistische Ziele formuliert wurden, ob das Konzept tragfähig ist, welche möglichen Risiken das Projekt birgt, welche Ressourcen es erfordert und welche Synergien mit anderen Projekten im Programm bestehen. Neben der Projektsteuerung kann Evaluation zur Bewertung von Projektergebnissen eingesetzt werden.[11] Evaluation ist allerdings mehr als ein Instrument, mit dem Entscheidungen über die Verlängerung von Fördermaßnahmen getroffen werden können. Sie liefert sowohl der Stiftung als auch dem Projektträger Erkenntnisse darüber, wie der Erfolg eines Förderprojektes gesteigert werden kann.

Konzentriert die Stiftung ihre Evaluationsbemühungen zu stark auf einzelne Projekte, ohne bei der Erhebung auf eine Integration der Daten abzustellen, besteht die Gefahr, dass Informationen generiert werden, die zur Fundierung strategischer Entscheidungen ungeeignet sind. Insofern kann es sowohl bei Stiftungen, die ihre Programme selbst umsetzen, als auch bei Projektförderung angezeigt sein, Gruppen von Projekten im Rahmen einer *Programmevaluation* nach übergreifenden Kriterien zu evaluieren.[12] Eine mögliche Fragestellung wäre z. B., welche Wirkun-

---

[10] Vgl. *Patrizi/McMullan*, S. 22–23.
[11] s. dazu *Bender*, Qualitätssicherung I und II.
[12] Vgl. *Patrizi/McMullan*, S. 22–23; *Beywl*, S. 14.

gen alle geförderten Einrichtungen in einem bestimmten Aufgabenbereich insgesamt erzielt haben.

Die schwierigste und komplexeste Form von Evaluation ist die umfassende Bewertung von Prozessen, Ergebnissen und / oder Wirkungen auf der Ebene einer Stiftung, einer zugehörigen Einrichtung oder einer geförderten Organisation. Typische Fragestellungen einer solchen *Organisationsevaluation* sind: „Hat die Stiftung einen messbaren Beitrag zum Erfolg des geförderten Projektträgers geleistet?" oder „Welche Wirkung hat die Förderpolitik der Stiftung, und welche Verbesserungsmöglichkeiten gibt es?" Auf diesem Level kann schließlich sogar die Rolle einer bestimmten Stiftung in der Gesellschaft evaluiert werden.

Neben den Mitarbeitern der Stiftung selbst kommen folgende Akteure als Träger eines Evaluationsvorhabens in Frage:

– Mitarbeiter der Organisation, deren Projekt von der Stiftung gefördert wird,
– externe Experten, die nicht in die Entwicklung und Umsetzung der zu evaluierenden Programme bzw. Projekte involviert sind,
– Kooperationspartner.

Welche Akteure eingebunden werden, hängt von Kriterien wie dem Umfang des zu evaluierenden Programms bzw. Projektes, dem erforderlichen Know how, dem zu erwartenden finanziellen Aufwand und nicht zuletzt den Anforderungen an die Objektivität des Verfahrens ab.[13]

Für die *interne Evaluation* (Selbstevaluation) ist charakteristisch, dass die Stiftung zugleich Subjekt und Objekt des Verfahrens ist. Das Evaluationsvorhaben ist stiftungsintern angesiedelt. Verantwortlich ist häufig der Leiter des zu bewertenden Projektes. Dieses Vorgehen ist weniger aufwändig als die Einbindung Dritter und hat den Vorteil, dass Ergebnisse unmittelbar umgesetzt werden können. Problematisch ist dagegen, dass interne Evaluatoren zwar über erhebliche Sachkenntnis, aber nicht unbedingt über die erforderliche Methodenkompetenz verfügen. Zudem fehlt es stiftungsinternen Mitarbeitern tendenziell an der für eine objektive Beurteilung nötigen Unabhängigkeit und kritischen Distanz, was Selbstevaluation insbesondere bei ideologisch motivierten Stiftungen und solchen mit vage definierten Zielen problematisch macht.

Die *externe Evaluation* (Fremdevaluation) wird von unabhängigen Personen oder Einrichtungen durchgeführt, die nicht der Stiftung angehören. Dabei sind verschiedene Varianten denkbar. Eine, die häufig bei begleitender Projektevaluation gewählt wird, ist die Institutionalisierung der Expertenbeteiligung in Form eines Fachbeirates oder Gesprächskreises. Die externe Evaluation hat den Vorteil, dass die Evaluatoren i. d. R. über einschlägiges Methodenwissen verfügen und sie der Anforderung Objektivität besser gerecht wird als die interne Evaluation. Von der Fremdevaluation sind eher Anstöße zu Veränderungen zu erwarten, und gerade bei

---

[13] Vgl. *Weger*, S. 8.

innovativen Projekten finden Programm- und Projektergebnisse bei Dritten größere Akzeptanz, wenn die Evaluation extern durchgeführt wurde. Zu berücksichtigen ist allerdings, dass mit Fremdevaluation höhere Kosten verbunden sind.[14]

Bei der Entscheidung zwischen Selbst- und Fremdevaluation ist im Hinblick auf die Kompetenz und Unabhängigkeit der Evaluatoren abzuwägen: Wird der Evaluationsprozess zu sehr von Programmbeteiligten dominiert, droht „Betriebsblindheit"; wird er personell vom Programm abgekoppelt, besteht die Gefahr, dass der Problembezug verloren geht. Die Lösung liegt in der Kombination aus interner und externer Expertise im Rahmen eines von der Stiftungsleitung koordinierten Teams aus internen und externen Akteuren, die in der Lage sind, unterschiedliche Sichtweisen einzunehmen. Grundsätzlich sollten diejenigen Personen, die aus den Evaluationsergebnissen den größten Nutzen ziehen, auch in die Planung und Durchführung des Evaluationsvorhabens eingebunden werden. Evaluation sollte partizipativ angelegt sein und die Sichtweisen und Anliegen der verschiedenen Anspruchsgruppen und Betroffenen berücksichtigen. Dies erhöht die Glaubwürdigkeit der Ergebnisse und verbessert die Umsetzungschancen von Handlungsempfehlungen.

Wichtig sind klare Vereinbarungen zur Aufgabenverteilung und zur Verfügungsmacht über die Evaluationsergebnisse, ggf. auf vertraglicher Grundlage. Die für das zu evaluierende Programm bzw. Projekt Verantwortlichen sollten Informationen über Ziele und Leistungen beitragen, während das Design des Evaluationsprozesses und der Prozess selbst von Externen übernommen werden. Dabei ist auch die Rolle externer Berater (Berater, Moderator, Organisationsentwickler etc.) zu definieren.

Ein Evaluationsprozess vollzieht sich in den drei *Phasen* Planung, Implementation mit Informationssammlung bzw. -erhebung und -auswertung sowie schließlich Berichterstattung und Kommunikation der Ergebnisse.

Am Beginn eines Evaluationsvorhabens steht die Abstimmung der Grundzüge des Evaluationskonzeptes mit Stiftungsvorstand und Stiftungsrat, auf deren grundlegende Ziele jede Evaluation ausgerichtet sein sollte. Ggf. sollten Angehörige dieser Organe in die Planungsarbeit eingebunden werden.

In der *Planungsphase* sind folgende Aufgaben zu bewältigen:
– Definition von Adressaten und Zwecken der Evaluation,
– Definition von Zielsetzungen und Fragestellungen,
– Festlegung der Evaluationsbereiche,
– Bereitstellung von Ressourcen,
– Festlegung eines Zeitrahmens,
– Festlegung von Verantwortlichkeit für die Evaluation,

---

[14] Vgl. *Weger*, S. 8; *Stockmann*, S. 18 f.

- Wahl zwischen interner und externer Evaluation, Definition der Reichweite des Evaluationsauftrages,
- Einsetzen eines Evaluationsteams, Verteilung der Aufgaben in den Bereichen Datensammlung und -erhebung, Auswertung und Kommunikation,
- Integration interner und externer Beteiligter, Vereinbarung von Modi der Beteiligung von Programmverantwortlichen und -mitarbeitern,
- Konkretisierung des Informationsbedarfs, Entwurf eines leicht handhabbaren und flexiblen Evaluationsdesigns: Auswahl von Evaluationskriterien (Output-, Impact-, Outcome-Indikatoren), Festlegung eines Mix aus quantitativen und qualitativen Methoden der Datenerhebung und -aufbereitung (Dokumentenanalyse, Befragung, Fallstudien etc.).[15]

Ein entscheidender Aspekt ist die Fixierung von Evaluationszielen. Wenn Ziele und Zwecke der Evaluation unscharf formuliert werden, besteht die Gefahr, dass die Ergebnisse nicht focussiert genug sind, um eindeutige Handlungsempfehlungen ableiten zu können.

Ein weiterer wichtiger Planungsparameter sind die Kosten des Evaluationsprojektes, die sich auf einige 100 Euro für ein Gutachten über ein abgeschlossenes Förderprojekt belaufen, aber bei komplexen Evaluationen, die dem Anspruch wissenschaftlicher Genauigkeit genügen, durchaus sechsstellige Beträge erreichen können.[16] Der mit der Evaluation betriebene Aufwand muss in einem vernünftigen Verhältnis zu den personellen und finanziellen Ressourcen der Stiftung stehen und zum Budgetvolumen passen, das durch die zu evaluierenden Programme gebunden wird. Als Faustregel für eine angemessene Ressourcenausstattung gilt ein Ansatz in Höhe von 5–10 % der Programmkosten.

In der *Implementationsphase* des Evaluationsprojektes werden die relevanten Informationen gesammelt. Reichen die vorliegenden Daten nicht aus, um das Erkenntnisinteresse abzudecken – etwa weil sie unvollständig oder nicht valide sind –, müssen Daten mit Hilfe geeigneter Methoden der empirischen Sozialforschung gezielt erhoben werden.

Im Anschluss an die Informationssammlung oder -erhebung werden die Informationen entsprechend der Fragestellung der Evaluation aufbereitet und ausgewertet. Häufig ist zur Beurteilung eines Sachverhaltes eine Benchmark nötig, anhand derer sich die relative Leistungsfähigkeit der Stiftung einschätzen lässt. Das kann z. B. eine Einrichtung sein, die von Größe, Aufgabenstellung und Rahmenbedingungen her vergleichbar ist, oder auch die eigene Stiftung, die im Zeitverlauf betrachtet wird.

An die Informationsauswertung schließt sich die – ggf. fortlaufende – *Kommunikation* von (Zwischen-)Ergebnissen mit Hilfe von Evaluationsberichten an.

---

[15] s. dazu *Council on Foundations,* p. 13–15, 278–287; *Jacobmeyer,* S. 10.
[16] Vgl. *Council on Foundations,* p. 15–17.

Der *Evaluationsbericht* ist ein Abschluss- oder Zwischenbericht bzw. ein Gutachten, das Ergebnisse und Schlussfolgerungen zusammenfasst. Adressaten sind – je nach Tragweite der Ergebnisse – die Betroffenen bzw. an der Evaluation Beteiligten, Interessierte sowie nicht zuletzt der Stiftungsvorstand. Manche Informationen werden sich allein für interne Zwecke eignen, andere Evaluationsergebnisse können und sollten öffentlichkeitswirksam breiter gestreut werden. Als Kommunikationsinstrumente eignen sich neben Publikationen und Ausstellungen vor allem Formen des mündlichen Reporting, wie Mitarbeiterbesprechungen, Vorstandssitzungen, Symposien, Kolloquien etc.[17]

Kommunikation im Rahmen von Evaluationsprojekten bezieht sich jedoch nicht nur darauf, (Zwischen-)Ergebnisse zu vermitteln, sondern auch darauf, Transparenz über den Nutzen sowie Ziele, Methoden und Standards der Evaluation zu schaffen und den Informationsaustausch im Rahmen des Evaluationsprojektes sicherzustellen. Kommunikation trägt wesentlich dazu bei, die Akzeptanz des Instrumentes zu fördern und eine Evaluationskultur zu entwickeln.

Die Berichterstattung umfasst Schlussfolgerungen für die Zukunft von Programmen und Projekten und Empfehlungen für die weitere Programmentwicklung. Die Umsetzung von Empfehlungen ist jedoch nicht mehr Bestandteil der Evaluation. Die mangelnde Umsetzung von Evaluationsergebnissen führt regelmäßig zu Unzufriedenheit mit dem Konzept als solchem. Evaluationsergebnisse dürfen nicht folgenlos bleiben.

Dass Evaluation im deutschen Stiftungswesen noch keinen hohen *Stellenwert* hat, mag an grundsätzlichen Befürchtungen liegen. So scheinen Stiftungen trotz der positiven Effekte den mit Evaluation verbundenen Aufwand zu scheuen, weil dieser Ressourcen von den Kernaufgaben abzieht. Problematisch ist zudem das Spannungsverhältnis zwischen Evaluation und strategischer Programmentwicklung. Im ungünstigsten Fall dominiert Evaluation die Programmentwicklung anstatt daran anzuknüpfen. Das gilt auch für das Projektdesign. Vor allem die formative Evaluation von Förderprojekten erschwert es der Stiftung, die erforderliche Distanz zu wahren. Evaluation führt auf Seiten der Projektträger tendenziell zu angepasstem, risiko-aversem Verhalten. Wenn auf eine Evaluation Sanktionen wie Mittelkürzungen folgen, bestehen Anreize, im Rahmen der Erhebung falsche Angaben zu machen. Auch die Stiftung selbst läuft Gefahr, konventionelle statt innovative Förderpolitik zu betreiben, wenn nur noch solche Programme und Projekte bewilligt werden, die leicht zu evaluieren und Erfolg versprechend sind.[18] Viele Stiftungen und viele Destinatäre sehen Evaluation als „Bestrafungsinstrument". Es fehlt an Vertrauen, dass Evaluationsergebnisse auf faire Art und Weise verwendet werden.

Das Hauptproblem in der Anwendung von Evaluation besteht in der Gefahr, dass sie zu einem statischen Kontrollinstrument wird, anstatt zur Kultur einer

---

[17] Vgl. *Beywl*, S. 14 f.; *Jacobmeyer*, S. 11; *Then/Timmer*, S. 13 f.
[18] Vgl. *Breiteneicher*, S. 79; *Then/Timmer*, S. 15 f.

lernenden Organisation beizutragen. Die These, dass kontinuierliche Programmevaluation die Fähigkeit von Stiftungen zu nachhaltiger Veränderung verbessert und Möglichkeiten zur effektiveren Verwirklichung des Stiftungszwecks eröffnet, ist noch nicht empirisch belegt. Der Nachweis, dass ein systematisches Stiftungsmanagement langfristig den Erfolg von Stiftungsarbeit steigert, ist schwer zu erbringen. Aus diesem Grund wäre ein intensiverer Austausch der Stiftungen untereinander über Evaluationsansätze und Ergebnisse zu begrüßen – Basis für eine fundierte Evaluation von Stiftungsevaluation.

9. Die Mitarbeiter einer Stiftung

9.1 Grundsätze der Aufbauorganisation einer Stiftung

Von Volker Then

Die geltenden Rechtsnormen des BGB verlangen von einer Stiftung bürgerlichen Rechts im Gegensatz zu anderen juristischen Personen nur eine einstufige Organstruktur.[1] Rechtlich muss eine Stiftung über einen Vorstand verfügen. Ihm obliegt es, die Stiftung im Rechtsverkehr zu vertreten, die Verwirklichung der satzungsgemäßen Zwecke zu steuern, das Vermögen der Stiftung zu sichern und zu verwalten sowie den zivil- und steuerrechtlichen Erfordernissen zu genügen und darüber Rechenschaft abzulegen.

Stiftungen können auch in der Rechtsform der gemeinnützigen GmbH errichtet werden, so dass deren Organstruktur kurz berücksichtigt werden sollte: Hier verlangt die Rechtslage nur zwei Organe, nämlich einen Geschäftsführer/eine Geschäftsführung und die Gesellschafterversammlung. Der Gesellschaftsvertrag kann weitere (beratende) Gremien vorsehen. Anders als die Stiftung bürgerlichen Rechts ist die Stiftungs-GmbH durch das Vorhandensein von Gesellschafteranteilen gekennzeichnet, was Gesellschafter notwendig macht. „Üblicherweise halten Vertrauenspersonen des ‚Stifters' als Treuhänder die Geschäftsanteile einer Stiftungs-GmbH."[2] Notwendigerweise muss hier auch eine Regelung für die Nachfolge dieser Treuhänder getroffen werden (Einbeziehung von Erben, Besetzungsregel, weitere GmbH als Nachfolgerin des letzten Treugebers).[3] Die sieben Gesellschafter der Robert Bosch Stiftung GmbH kooptieren ihre Nachfolger.[4]

Zivilrechtlich zeichnet sich die Stiftungs-GmbH dadurch aus, dass das Anerkennungsverfahren und die Stiftungsaufsicht entfallen. Auch die Prüfung der Angemessenheit der Stiftungszwecke entfällt im zivilrechtlichen Sinne. Lediglich

---

[1] § 81 BGB Stiftungsgeschäft; § 86 S. 1 in Verbindung mit § 26 BGB, Anwendung des Vereinsrechts. Vgl. hierzu auch *Seifart,* Werner/*Campenhausen,* Axel Freiherr von, Handbuch des Stiftungsrechts, 2. Völlig überarbeitete Aufl., München 1999, § 7, 158 ff.
Auch Hüttemann und Rawert betonen in ihrem Modellentwurf für ein Landesstiftungsgesetz ausdrücklich, dass über das BGB hinausgehende Vorschriften „über die Befugnisse und Verantwortlichkeiten der Organe" der Überprüfung bedürften. Entsprechend enthält ihr Entwurf keine solchen Vorschriften. Vgl. *Hüttemann,* Rainer/*Rawert,* Peter, Der Modellentwurf eines Landesstiftungsgesetzes, in: ZIP, Zeitschrift für Wirtschaftsrecht, Nr. 45, 2002, S. 2019–2028, hier S. 2020, 2022 f.

[2] *Seifarth/v. Campenhausen,* § 13, 122.

[3] Ebd., § 13, 123–125.

[4] *Hennerkes,* Brun-Hagen/*Schiffer,* K. Jan, Stiftungsrecht, Frankfurt am Main 1996, Überarbeitete Neuausgabe, Frankfurt am Main 2001, S. 36 f.

die Gemeinnützigkeit der Stiftung muss beim Finanzamt beantragt werden. Die Gesellschafterversammlung einer gGmbH bestellt und überwacht die Geschäftsführung. Entsprechende Details regelt die Satzung der Stiftung. Da die Organstruktur einer GmbH dem Gesellschaftsrecht entstammt, ist hier die Kontrollfunktion der Gesellschafterversammlung bereits vorgegeben. Die Geschäftsführung trägt Verantwortung für die Vermögensverwaltung und Zweckverwirklichung der Stiftung und berichtet an die Gesellschafterversammlung.

Die Stiftung in ihrer unselbständigen Rechtsform entsteht durch einen Vertragsakt zwischen Stifter und Träger, d. h. einem Treuhänder, der für die Erfüllung der der Stiftungszwecke und die Verwaltung des Vermögens sorgt. Der Treuhänder nimmt in dieser Rechtsform die Aufgaben wahr, für die in der selbständigen Stiftung der Vorstand verantwortlich ist. Auch in der unselbständigen Stiftung gibt es keine rechtliche Pflicht zu einer mehrgliedrigen Struktur (von Organen kann aufgrund der fehlenden Eigenschaft der juristischen Person keine Rede sein), aber gute Gründe für die Einrichtung eines Kontrollorgans (Beirat oder Kuratorium genannt), das den Treuhänder überwacht und vom Stifter von Anfang an vorgesehen werden muss. „Die Aufgabenverteilung zwischen dem Stifter und einem solchen Organ muss vom Stifter vorab mit dem vorgesehenen Treuhänder abgestimmt werden."[5]

Es ist allerdings ins Belieben des Stifters einer Stiftung bürgerlichen Rechts gestellt, auch ohne ausdrückliches Rechtserfordernis eine mehrgliedrige Organstruktur vorzusehen und die Satzung der Stiftung entsprechend auszugestalten. Eine Reihe von guten Gründen sprechen für ein solches Vorgehen:

1. Verbesserte Kontrolle der Entscheidungsqualität und der Entscheidungsträger.
2. Trennung von Exekutivfunktion und Überwachungsaufgaben.
3. Trennung von Entscheidungsfunktionen und beratenden Aufgaben.

Wird eine mehrgliedrige Organstruktur eingerichtet, so müssen die entsprechenden Regelungen in der Satzung der Stiftung die Kompetenzen der einzelnen Organe und deren Verhältnis zueinander klar regeln. Ergänzend können Geschäftsordnungen der einzelnen Organe die Umsetzung der satzungsgemäßen Anforderungen sichern. Wichtig ist hier der Grundsatz der Eindeutigkeit und der Konfliktfreiheit. Häufig folgen Satzungen dem Vorbild des Gesellschaftsrechts und sehen eine mindestens zweigliedrige Organstruktur vor.

Die Entscheidung für die Ausgestaltung der Organstruktur muss sich von einer Reihe grundsätzlicher Kriterien leiten lassen, um den Arbeitserfordernissen der betreffenden Stiftung gerecht zu werden.[6] Zentral sind hier

---

5 Ebd., § 36, 76.

6 Vgl. zu diesen Kriterien auch *Kennedy,* Craig / *Rumberg,* Dirk / *Then,* Volker, Die Organisation von Stiftungen: Personalentwicklung und Ressourcenmanagement, in: Bertelsmann Stiftung (Hrsg.), Handbuch Stiftungen, Wiesbaden 1998, S. 426; 2. Vollständig überarbeitete Auflage, 2003, S. 395 f.; *Meyer,* Petra / *Meyn,* Christian / *Timmer,* Karsten, Ratgeber Stiften,

1. die Höhe des Stiftungsvermögens,
2. die Komplexität der Zwecksetzung,
3. die Arbeitsweise,
4. die Arbeit mit hauptamtlichem Personal.

Grundsätzlich gilt für jede Organstruktur, dass sie der besonderen Situation der Stiftung als eigentümerloser, zweckgebundener Vermögensmasse gerecht werden muss. Mehrstufige Organstrukturen dienen daher einer Verstärkung der Binnenkontrolle in Stiftungen, die nicht durch Eigentümer, Gesellschafter oder Mitglieder kontrolliert werden. Auch die Kontrolle durch die Öffentlichkeit findet dank fehlender Publizitätspflicht nur eingeschränkt (nämlich auf freiwilliger Berichtsgrundlage) statt. Es bleibt selbstverständlich die Stiftungsaufsicht, die jedoch nicht die Rolle einer inhaltlich arbeitenden Fachaufsicht wahrnimmt, sondern lediglich die der Rechtsaufsicht.

Während eine kleine, fördernde Einzweckstiftung sicherlich nicht des Aufwandes einer mehrgliedrigen Organstruktur zu ihrer Leitung bedarf, müssen die Führungs- und Kontrollmechanismen einer kapitalstarken, operativen Stiftung mit hauptamtlichem Personal in der Praxis wesentlich höheren Anforderungen genügen. Im nächsten Abschnitt werden daher die Aufgaben der Organe kurz im Überblick dargestellt, ehe Formen der Aufbauorganisation vorgestellt werden können. Auf die Managementorganisation unterhalb der Leitungsgremien wird in diesem Beitrag nicht näher eingegangen, weil es den Umfang sprengen würde. Hinweise finden sich jedoch in der Literatur.[7]

Die Leitung einer Stiftung umfasst unabhängig von den rechtlichen Mindestanforderungen Aufgaben, die Organstrukturen und die Auswahl der tatsächlichen Mitglieder dieser Gremien definieren. Zum einen gehört zu diesen Aufgaben die Vertretung der Stiftung nach außen und die Geschäftsführung nach innen. Hauptaufgaben sind dabei die Verwaltung des Stiftungsvermögens und die Steuerung der Zweckverwirklichung. Die Stiftung braucht eine ordnungsgemäße, den Anforderungen der Landesstiftungsgesetze entsprechende Rechnungslegung. Den Aufsichtsbehörden ist Rechenschaft zu geben von der Tätigkeit. Soweit lassen sich Grundaufgaben benennen. Für jede dieser Aufgaben können die Organmitglieder die Unterstützung professioneller Dienstleister in Anspruch nehmen, bleiben jedoch gebunden an die Satzung und verantwortlich für das Handeln der Stiftung.

Obwohl Stiftungsvorstände sehr häufig die wesentlichen Entscheidungen zur Anlage des Stiftungsvermögens entweder im Einzelfall selbst treffen (in regelmäßigen Abständen das Portfolio überprüfen) oder entsprechende Anlagerichtlinien erarbeiten und damit die Anlagetätigkeit dienstleistender Banken oder An-

---

Bd. 1: Planen – Gründen – Recht und Steuern, Gütersloh 2003, S. 58–62; S. 71 für die unselbständige Stiftung.

[7] *Kennedy/Rumberg/Then.*

lageberater steuern, stehen für diese Aufgabe doch am ehesten marktförmige Angebote bereit, deren Qualitäten durchaus transparent und vergleichbar sind. Zudem dient hier der Wettbewerb der Sicherung möglichst hoher Erträge bei gleichzeitiger Beachtung der Sicherung des Stiftungsvermögens.

Auch für die Verwaltung der Stiftung im engeren Sinne können sich die Organe der Unterstützung von Steuerberatern und Wirtschaftsprüfern sowie von Stiftungsverwaltungsanbietern versichern. Deren Angebot schließt die Berichtspflichten gegenüber den Behörden mit ein.

Die Steuerung der Zweckverwirklichung erfordert ggf. Sachverstand zu den Inhalten der Förderzwecke und kann die komplexeste Aufgabe darstellen. Insbesondere stehen hier nicht ohne weiteres kompetente Partner für ein Outsourcing bereit. Wird für Förder- und Vergabeentscheidungen geplant, auf externen Sachverstand zurückzugreifen, müssen die Organe der Stiftung doch über Kenntnisse verfügen, um geeignete Juroren bzw. Berater auswählen und überwachen zu können. Solche beratenden Gremien können für die gesamte Stiftung oder auch für einzelne Förderschwerpunkte konzipiert werden. Dies wird wiederum davon abhängig sein, ob die Stiftung mehrere klar unterschiedene Programmschwerpunkte zur Verwirklichung ihrer Satzungszwecke umfasst oder nur mit einem Themenschwerpunkt arbeitet.

Größere Stiftungen werden jedoch Vergabeentscheidungen in solcher Zahl und solchem Umfang zu treffen haben, dass nicht nur die Entscheidungen selbst, sondern auch die Umsetzung der einzelnen Zusagen bzw. die Entscheidungsvorbereitung bis hin zu umfassend angelegten öffentlichen Ausschreibungen bzw. Wettbewerben hohen Aufwand erfordern und u. U. mit hauptamtlichen Mitarbeitern betrieben werden (müssen), deren Führung Anforderungen stellt. Dabei wird es für die Organstruktur vor allem darauf ankommen, satzungsgemäße Mittelverwendung mit leistungsfähiger, also effektiver Verwirklichung der gemeinnützigen Aufgaben zu verbinden.

Den Rechtserfordernissen genügt eine Stiftung mit der Führung durch einen Vorstand. Die Mindestzahl der Mitglieder ist nicht allgemeingesetzlich geregelt, es entspricht jedoch gängiger Praxis der Anerkennungsbehörden, mehr als ein Vorstandmitglied zur Vertretung der Stiftung nach innen und außen zu empfehlen.[8] Daneben haben sich jedoch eine Reihe weiterer Modelle herausgebildet, die zudem mit unterschiedlichen Begriffen bezeichnet werden.

Mitglieder dieser Organe werden bei der Gründung vom Stifter bestellt. Die Satzung sieht das Verfahren zur weiteren Bestellung von Mitgliedern nach der Gründungsgeneration vor. In der Regel werden Stiftungsvorstände in einstufigen Organstrukturen zu Lebzeiten auch weiterhin vom Stifter ernannt (bei juristischen Personen als Stifter wäre dies theoretisch auch für die Dauer der Existenz der Stifterperson denkbar), nach dessen Ableben werden die Organe durch Kooptation

---

[8] Vgl. auch *Seifart / v. Campenhausen,* § 9, 19 – 25, v. a. 19.

bzw. durch Wahl durch das nächst höhere Organ (bei mehrgliedrigen Strukturen) besetzt.

Kuratorium, Stiftungsrat und Vorstand

Zweigliedrige Organstrukturen weisen in der Regel ein Kuratorium, auch als Stiftungsrat bezeichnet, und einen Vorstand auf. Sie folgen dem Modell der Aktiengesellschaften. Entsprechend ist der Vorstand das eigentliche Entscheidungsorgan, während Kuratorium oder Stiftungsrat einerseits Aufsichtsfunktionen analog einem Aufsichtsrat und andererseits in inhaltlichen Strategiefragen beratende Funktionen wahrnehmen. Das Kuratorium beruft und entlastet in solchen Strukturen den Vorstand, beschließt die Planung für ein Jahresbudget, nimmt einen Rechenschaftsbericht entgegen und überwacht die Entscheidungen des Vorstandes insbesondere zur Vermögensverwaltung und zur Zweckverwirklichung. Weiterhin legt das Kuratorium ggf. laut Landesstiftungsgesetz genehmigungspflichtige Rechtsgeschäfte den Aufsichtsbehörden vor und bestellt die Wirtschaftsprüfer.[9] Dieses Binnenverhältnis wird in der Satzung begründet und in Geschäftsordnungen ausformuliert. In zweistufigen Gremienmodellen wird der Stiftungsrat / das Kuratorium durch Kooptation (und zu Lebzeiten ggf. weiterhin durch den Stifter) besetzt.

Kuratorium und geschäftsführender Vorstand bzw. Geschäftsführung

Gelegentlich finden sich Organe, bei denen einem eingliedrigen Vorstand im Sinne des Gesetzes, der auch als Kuratorium bezeichnet werden kann, einzelne Mitglieder als so genannte geschäftsführende Vorstände angehören. Diese Praxis verweist auf eine andere Anforderung an die Organe: Die Regelung exekutiver Aufgaben, d. h. der Führung einer Organisation zur Umsetzung der Entscheidungen, die der Vorstand trifft. Selbstverständlich können auch zweigliedrige Organstrukturen diese Differenzierung aufweisen, so dass hier Aufsicht, Entscheidung und Umsetzung jeweils klar unterschiedenen Personen zugewiesen sind.

Kuratorium, Vorstand und Geschäftsführung

Werden diese drei Funktionen jeweils getrennten Organen zugewiesen, entsteht eine (aufgrund des hohen Aufwandes seltene) dreigliedrige Organstruktur. Unter Umständen ist in diesem Fall das Kuratorium ein beratendes Gremium, während die eigentlichen Entscheidungen im Vorstand getroffen werden (oder bis zu einer durch Geschäftsordnung geregelten Finanzsumme allein ohne Votum des Kuratoriums getroffen werden dürfen). Die Aufgaben des Kuratoriums können sich in

---

[9] Vgl. hierzu etwa die Mustersatzung der Regierung von Niederbayern, www.regierung.niederbayern.bayern.de / wirfuersie / genehmigungen / muster03.pdf.

einem solchen Fall aber auch auf die Entgegennahme eines Rechenschaftsberichts und die Berufung und Entlastung des Vorstandes beschränken.

Die Ausdifferenzierung zwei- oder dreigliedriger Organstrukturen ist vor allem dann sinnvoll, wenn die Stiftung entweder aufgrund ihres großen Vermögens oder ihrer operativen Arbeitsweise komplexe Betriebsstrukturen benötigt. Unter Umständen können diese bei operativen Stiftungen mehrere tausend Mitarbeiter umfassen, so dass der Betrieb mittleren, wirtschaftlich tätigen Konzernen vergleichbare Komplexität erreicht.

Die Debatte um „good corporate governance" besitzt auch für den Stiftungssektor große Bedeutung. Publizität und Transparenz, klare Entscheidungs- und Kontrollbefugnisse der Organe und Regelungen zur Vermeidung von Interessenkonflikten besitzen um so größere Bedeutung, als die Stiftung bürgerlichen Rechts als an den ursprünglichen Stifterwillen gebundenes Zweckvermögen nicht über körperschaftliche Kontrollinstrumente verfügt (und um der Klarheit der Rechtform willen auch nicht verfügen sollte)[10] und daher hohe Anforderungen an die Amtsführung der Organe zu stellen sind. Die Trennung von Entscheidungs- und Kontrollbefugnissen wird dabei in der Literatur immer wieder betont.[11] In der US-Debatte steht insbesondere die Vermeidung von Interessenkonflikten im Brennpunkt inzwischen sogar öffentlichen Interesses, seit der Finanzausschuss des US-Senats am 22. 6. 2004 eine Anhörung zu diesen Fragen abgehalten hat.[12] De lege ferenda aus diesen Beratungen folgende Schritte sind noch nicht absehbar.

Auch ohne eigene gesetzgeberische Befassung mit dem Thema sollten Stiftungen die entsprechenden Fragen in der Gestaltung ihrer Satzung, bei der Besetzung ihrer Gremien, bei der Ausarbeitung von Geschäftsordnungen und durch eigene Richtlinien zum Umgang mit Interessenkonflikten berücksichtigen. Mindestanforderungen können darin bestehen, dass Gremienmitglieder im Falle auftretender Interessenkonflikte an den Beratungen und Abstimmungen nicht mitwirken. Gegen die Auftragsvergabe an den entscheidenden Personen verbundene Anbieter bzw. gegen persönliche Honorierung von Leistungen über die Gremienmitwirkung hinaus sollten grundsätzlich Vorkehrungen getroffen werden. Diese Überlegungen haben auch dann ihren Platz, wenn keine gesetzliche Veröffentlichungspflicht, wie

---

[10] *Rawert,* Peter, Der Stiftungsbegriff und seine Merkmale – Stiftungszweck, Stiftungsvermögen, Stiftungsorganisation – in: Hopt, Klaus J. / Reuter, Jürgen, Stiftungsrecht in Europa, Stiftungsrecht und Stiftungsrechtsreform in Deutschland, den Mitgliedsstaaten der Europäischen Union, der Schweiz, Liechtenstein und den USA, Köln 2001, S. 109–137, besonders S. 128 f.

[11] *Hennerkes / Schiffer,* S. 94; *Seifarth / v. Campenhausen,* § 9, 53–54.

[12] Zu Berichterstattung, die Anlass zu diesen Untersuchungen gegeben hat, vgl. z. B. Boston Globe, 9. Oktober 2003 („Some officers of charities steer assets to selves"), 9. November 2003 („Charity money funding perks"), 3. Dezember 2003 („Foundations veer into business"), 17. Dezember 2003 („Foundation lawyers enjoy priviledged position"), 21. Dezember 2003 („Philanthropist's millions enrich family retainers"), 29. Dezember 2003 („Foundations' tax returns left unchecked").

sie in der Reformdiskussion des Jahres 2002 abgelehnt wurde, einen Rahmen dafür vorgibt, die Governance der Stiftung so einzurichten, dass sie jederzeit dem kritischen Blick der Öffentlichkeit standhält.

Besonders in den Mittelpunkt der Aufmerksamkeit rücken solche Fragen für die zukünftige Gestaltung europäischen Rechts, etwa den Entwurf einer Europäischen Stiftung.[13]

Körber Stiftung – dreigliedrige Organstruktur

Als große teils operative, teils fördernde Stiftung arbeitet die Körber Stiftung mit einem dreiköpfigen Vorstand als Exekutive „für die Erfüllung der Satzungszwecke durch operative Arbeit und Förderung".[14] Der Vorstand hat einen Vorsitzenden und einen stellvertretenden Vorsitzenden. Der Stiftungsrat überwacht die Arbeit des Vorstandes bezogen auf „die gemeinnützige Tätigkeit"[15], besteht aus sieben Mitgliedern und besitzt einen Vorsitzenden, der nach seinem Eintritt in den Ruhestand als Vorstandvorsitzender in dieses Amt wechselte. Das Kuratorium bildet mit ebenfalls sieben Mitgliedern das zweite Überwachungsorgan der Stiftung, überwacht ausschließlich die Vermögensverwaltung und „entscheidet über die Ausübung von Rechten bei Gesellschaften, an deren Kapital die Stiftung mit über 20 Prozent beteiligt ist".[16] Im graphischen Überblick ergibt sich daraus für die Körber Stiftung die folgende Organstruktur:

Stiftungsrat	Kuratorium	Vorstand
(7 Mitglieder) überwacht Zweckverwirklichung	(7 Mitglieder) überwacht Vermögensverwaltung	(3 Mitglieder) Exekutive1

Abb. 1: Organstruktur Körber-Stiftung

---

13 Ein Projekt der Bertelsmann Stiftung in Zusammenarbeit mit dem Max-Planck-Institut für ausländisches und internationales Privatrecht, Hamburg, und der Bucerius Law School (Institut für Stiftungsrecht und Recht der gemeinnützigen Organisationen), Hamburg mit Unterstützung der ZEIT-Stiftung und der Compagnia di San Paolo, Turin, arbeitet gegenwärtig am Entwurf der Rechtsform einer Europäischen Stiftung. Für Ergebnisse vgl. Bertelsmann Stiftung, The European Foundation Project – For a New European Legal Form, Bertelsmann Stiftung 2005; für den vollen kommentierten Entwurf vgl. *Hopt,* Klaus J./*Walz,* Rainer/ *Then,* Volker/*von Hippel,* Thomas (Hrsg.), The European Foundation – For a New European Legal Form, erscheint Gütersloh und Cambridge 2005.

14 Körber Stiftung (Hrsg.), Reflexion und Initiative, Zur Arbeit der Körber Stiftung, Bd. III, Hamburg 2001, S. 164.

15 Ebd.

16 Ebd.

Den Gremien der Körber Stiftung gehören einzelne Mitglieder in Mehrfachfunktionen an: Ein Vorstand sowie der Vorsitzende des Stiftungsrats sind zugleich Mitglied des Kuratoriums. Die Körber Stiftung verfügte am 31. 12. 2000 über ein Stiftungsvermögen von € 381 Mio, davon € 125 Mio. (= 100%) nominales Grundkapital der Körber AG, einer international tätigen Maschinenbaugruppe.[17]

Die Stiftung erfüllt die eingangs als Unterscheidungsmerkmal genannten Kriterien der Größe, Komplexität und Arbeitsweise. Sie arbeitet sowohl operativ als auch fördernd, verfügt über erhebliches Stiftungsvermögen, beschäftigt eine zweistellige Zahl hauptamtlicher Mitarbeiter und verfügt zudem über eine wesentliche Mehrheitsbeteiligung an einem Unternehmen.

Karl Kübel Stiftung für Kind und Familie – zweigliedrige Organstruktur

Als große, fast ausschließlich operativ arbeitende Stiftung arbeitet die Karl Kübel Stiftung mit 148 Mitarbeitern. Sie wird geleitet von einem zweiköpfigen (laut Satzung bis zu dreiköpfigen) Vorstand, dessen Tätigkeit von einem Stiftungsrat mit aktuell sieben Mitgliedern (einem Vorsitzenden, zwei stv. Vorsitzenden, bis zu fünf ordentliche Mitglieder) überwacht wird. Dem Stiftungsrat obliegt dabei neben der Überwachung des Vorstandes sowie dessen Berufung die Außenvertretung der Stiftung. An der Spitze der Stiftungsorganisation steht der Stifter Karl Kübel. Der Vorstand führt den Stifterwillen bzw. die Entscheidungen des Stiftungsrates aus und bildet daher die Exekutive der Stiftung.[18]

Stifter	
Stiftungsrat	Vorstand
(bis zu 8 Mitglieder) überwacht Zweckverwirklichung	(bis zu 3 Mitglieder) Exekutive

Abb. 2: Organstruktur Karl Kübel Stiftung für Kind und Familie

Auch die Karl Kübel Stiftung arbeitet operativ und mit entsprechend hohen Anforderungen. Ihr Stiftungsrat nimmt allerdings gegenüber dem Vorstand alle Überwachungsfunktionen in einem Gremium wahr. Das Stiftungsvermögen beläuft sich ebenfalls auf einen dreistelligen Millionenbetrag.[19]

---

[17] Ebd., S. 168. Stiftungsetat 2003 gestiegen auf € 516 Mio., vgl. Bundesverband Deutsche Stiftungen, Stiftungen in Zahlen 2003.

[18] www.kkstiftung.de, dort vor allem „Wer wir sind" / Organigramm.

[19] Die Angaben der Stiftung nennen das Stiftungsvermögen bei Gründung der Stiftung mit 72 Mio. DM, www.kkstiftung.de, Chronik.

9.1 Grundsätze der Aufbauorganisation einer Stiftung

ZEIT-Stiftung Ebelin und Gerd Bucerius – zweigliedrige Organstruktur

Auch die ZEIT-Stiftung Ebelin und Gerd Bucerius arbeitet mit einer zweigliedrigen Organstruktur, bestehend aus einem dreiköpfigen Vorstand mit einem geschäftsführenden Mitglied sowie einem dreizehnköpfigen Kuratorium, das darüber hinaus von zwei Beratern unterstützt wird.[20] Hier ist neben der Zweistufigkeit ein Mitglied des Vorstandes hauptamtlich mit geschäftsführenden Aufgaben betraut.

Robert Bosch Stiftung gGmbH

Die Robert Bosch Stiftung arbeitet in der Rechtsform einer gemeinnützigen GmbH. Entsprechend verfügt sie über eine andere Gremienstruktur als Stiftungen bürgerlichen Rechts. Auch ihre Struktur ist zweigliedrig, besteht jedoch aus Gesellschafterversammlung / Kuratorium und Geschäftsführung. Das Kuratorium bestellt die Geschäftsführung, überwacht deren Tätigkeit und trifft die Vergabeentscheidungen der Stiftung auf Vorschlag der Geschäftsführung.[21]

---

[20] ZEIT-Stiftung Ebelin und Gerd Bucerius, Stiftungsaktivitäten 2001–2002, Hamburg 2003.

[21] www.bosch-stiftung.de.

9.2 Change Management für Stiftungen – Wenn interne Kommunikation Intervention braucht

Von Robert Wreschniok

„Foundation leaders are increasingly concerned with understanding and assessing the overall performance of their foundations convinced that better performance assessment will lead to greater effectiveness and, in turn, to more social impact on the people and issues they affect.[1]"

Lange wurde diskutiert, ob es nötig ist, den Aspekt „Interne Kommunikation von Stiftungen" im vorliegenden Handbuch zu berücksichtigen. Und in der Tat erscheint die klassische Auseinandersetzung mit dem Thema interne Kommunikation angesichts einer durchschnittlichen Stiftungsmitarbeiterzahl von acht bis zehn Personen zu viel des Guten. Grundsätzlich stellt sich die Frage, ob es für Stiftungen sinnvoll ist, die Werkzeuge zu kopieren, die Unternehmen mit 50, 1.000 oder 150.000 Mitarbeitern anwenden: Intranet, Imagebroschüren, Info-Letter oder Führungsbriefe. Diese Instrumente haben vor allem zum Ziel, Probleme der Binnenkomplexität abzubauen. Das heißt, Unternehmen sind mit wachsender Mitarbeiterzahl gezwungen, sich auf das Management der „Masse der Mitarbeiter" zu konzentrieren, um diese lenkungsfähig zu halten.

Bei den meisten Stiftungen ist die Herausforderung eine andere. Das Engagement eines kleinen und wendigen „Sozial-Entrepreneurs" als „Impulsgeber gesellschaftlicher Innovationen"[2] erlaubt es, sich direkt mit der persönlichen Involvierung der Mitarbeiter auseinander zu setzen – und nicht nur mit der Übermittlung oder dem Delegieren von Informationen.

Die Frage der internen Kommunikation bei Stiftungen lautet also in erster Linie nicht „Wie sage ich es meinen Mitarbeitern?", sondern „Wie gestalte ich gemeinsam mit meinen Mitarbeitern?".

Konkreter lassen sich die Herausforderungen einer Stiftung in folgende Fragen fassen:
– Stimmen der tatsächliche Stifterwille und der definierte Stiftungszweck in der operativen Arbeit überein?
– Wie sollen Stifter, Stiftungsräte und Mitarbeiter ihr *Verhalten* verändern, um Stifterwillen und Stiftungszweck optimal zu verwirklichen?

---

[1] *Center for Effective Philanthropy* 2002, S. 1.
[2] *Rüegg-Stürm,* 2004, S. 91 ff.

– Erreicht die Stiftung Wirkung bei Menschen und bei den Problemfeldern, denen sie sich verschrieben hat[3] und wurde definiert, wie sich diese Wirkung zeigen soll?

Ein Nachahmen der „industriellen" *Mitarbeiterkommunikation* wird darauf keine Antworten geben[4]. Es genügt auch nicht, einen geschulten Werbefachmann mit der Beantwortung dieser Fragen beispielsweise in Form einer Image-Broschüre oder eines Intranets zu beauftragen.

Erst indem man beginnt die Arbeitsprozesse, in denen alle Tätigen einer Stiftung in ihrer täglichen Arbeit verankert sind, zu untersuchen und ermittelt, welches eingeübte Verhalten die Stiftungsarbeit prägt, können künftige *Verhaltensziele* definiert werden. Nur diese Verhaltensziele können eine Antwort auf die oben genannten Fragen geben – wenn sie tatsächlich von allen Mitarbeitern umgesetzt werden.

Das Anliegen dieses Beitrags ist die Entflechtung des eng verzahnten Verhältnisses von Arbeitsumfeld und Arbeitsverhalten. Hier setzt das so genannte *Change Management* an, das über die Methoden der klassischen internen Kommunikation hinausgeht. Das Change Management rückt das gewünschte Handeln der Zielpersonen in den Mittelpunkt der Überlegungen und berücksichtigt erst an nachgeordneter Stelle Fragen und Instrumente der Informationsvermittlung.

Im Folgenden wird diskutiert, wie das Verhalten der Bezugsgruppen[5] einer Stiftung zum einen durch ihre Arbeitsabläufe beeinflusst wird und zum anderen durch die gegenseitige hierarchisch oder funktional geprägte Orientierung aneinander. Bevor man beispielsweise beginnt, durch gezielte Kommunikationsmaßnahmen festgefahrene Verhaltensmuster zu verändern, sollten vorab die Gründe für das Handeln der Führungskräfte und Mitarbeiter, aber auch beispielsweise das der Destinatäre[6], verstanden werden. (Erst) im Anschluß macht es Sinn, Maßnahmen entlang festzulegender Zielgrößen wie Gemeinnützigkeit oder Reputation zu entwickeln[7], die auf eine nachhaltige und fokussierte Optimierung der Stiftungsarbeit hinwirken.

---

[3] s. Eingangszitat.

[4] s. *Steinbruch,* 1987 und *Dotzler,* 1995.

[5] Bezugsgruppen werden im Folgenden im Sinne des Begriffs Stakeholder verwendet. Gemeint sind alle Personen, die durch die Stiftungsaktivitäten direkt oder indirekt beeinflusst werden, wie z. B. der Stifter selbst, Stiftungsräte, Geschäftsführer, Mitarbeiter, Experten, Meinungsführer aus Wirtschaft, Gesellschaft und Politik, Medien, etc.

[6] Unter Destinatären werden die Personengruppen zusammengefasst, denen gemäß des Stiftungszwecks Leistungen der Stiftungen zukommen sollen. Sie sind die wichtigsten Partner einer Stiftung, die eine Verwirklichung des Stiftungszweckes erst ermöglichen. *Sprecher,* 2002, S. 47 ff.

[7] Der Anspruch der Gemeinnützigkeit umschreibt die gesetzliche und steuerliche Legitimation der Stiftung entlang ihres theoretisch unbegrenzten Wirkungszeitraumes. Die Anerkennung der Arbeit und des Wirkens der Stiftung durch Dritte, also die Reputation der Stiftung, weist der Stiftung eine gesellschaftlich anerkannte Position zu und legitimiert ihr Handeln.

Viel mehr als Worte und hübsche Broschüren schafft die persönliche Einbindung ausgewählter Bezugsgruppen Möglichkeiten, die Wirkung des Stiftungszwecks zu entfalten. Persönliche Einbindung kann unter anderem durch gemeinsame Projekterfahrungen entstehen. So können Evaluationsprogramme eines zwischen Stiftung und Destinatär vereinbarten Projektes nicht nur der Erfolgs- und Effizienzkontrolle dienen, sondern auch helfen, die Verhaltensstrukturen der Beteiligten zu verstehen. Grundsätzlich ist bei jedem Versuch, den Stiftungszweck zu verwirklichen, die gemeinsame Diskussion und Umsetzung der zentralen (Leit-) Gedanken gerade in kleinen Organisationseinheiten wie Stiftungen eine zu bewältigende Herausforderung. Eine transparente Arbeitsatmosphäre erlaubt Mitarbeitern, aber auch potenziellen Destinatären, nachzuvollziehen und zu verstehen, warum Projekte ausgewählt wurden und wie man diese gemeinsam entwickeln kann. Es gilt, allen *Partnern des Stiftungszwecks* das Gefühl zu geben, dass ihre Meinung gehört und verstanden wurde. Erst wenn die Partner selbst in die Zweckverwirklichung involviert sind, bekommen sie die Möglichkeit zu begreifen, dass sie persönlich zu dem beisteuern müssen, was die Stiftung in der Gesellschaft bewirken möchte. Aus Angestellten werden Schritt für Schritt Mitarbeiter und *Unternehmer*, die sozialen Wandel und soziale Wirkung selbst in die Hand nehmen. Sie lernen eine Verbindung herzustellen zwischen sich und den Dingen, die sie hören, sehen und fördern. Gelingt es, diese Prozesse sichtbar für die internen und externen Öffentlichkeiten zu gestalten, dann verdient sich die Stiftung durch ihr nachvollziehbares und wirkungsorientiertes Handeln eine Legitimation in der Gesellschaft und schafft nachhaltiges Vertrauen. In diesem Sinne werden Stiftungen dem Anspruch der Gemeinnützigkeit auch gegenüber ihren Mitarbeitern gerecht.[8]

Aber wie erreicht man diese persönliche Involvierung? Zentral ist dabei, dass, neben dem informativen Charakter von Kommunikation, mit der auf Intervention ausgelegten Methodik des Change Managements gearbeitet wird. Erst gezielte Interventionen zum Beispiel in der Struktur der Organisationsidentität einer Stiftung werden das Fundament für Informationen legen, die ihre Wirkung nicht verfehlen und für Kommunikation, die über Image-Effekte hinausgeht. Richtig verstandene Kommunikation setzt viel mehr auf die Reputation. Das heißt, die nachhaltige Bestätigung der Botschaften und Bilder, die jede Stiftung, ob sie Kommunikation nun strategisch steuert oder „einfach laufen lässt"[9], automatisch nach außen sendet.

---

[8] Interessanterweise ist zu beobachten, dass in diesem Moment die Stiftung beginnt, gegenüber Dritten Reputation aufzubauen Denn Reputation bildet sich maßgeblich durch die Bewertung und Erfahrung von Taten und nicht durch verheißungsvolle Worte.

[9] In diesem Zusammenhang sei auf den Satz „Man kann nicht nicht kommunizieren" von Paul Watzlawick hingewiesen. Jede Stiftung macht ihren Standpunkt auch dann kommunikativ deutlich, wenn sie bewusst keine aktive Kommunikation betreibt. Sogar oder selbst diese Form der Kommunikation vermittelt Botschaften und führt nachgewiesen zu einem Image in den Köpfen der Stakeholder, die mit der Stiftung direkt oder indirekt in Kontakt kommen – und sei es das Bild einer intransparenten elitären Einrichtung, deren Mittel augenscheinlich auf „geheimen Wegen" Zwecke erfüllen, deren Nutzen für Dritte nicht nachvollziehbar ist.

Die Akteure einer Stiftung sind ihre wesentlichen Erfolgsfaktoren. Anhand zweier Szenarien, die idealtypische Stiftungsrealitäten skizzieren, soll veranschaulicht werden, wie die Stifterpersönlichkeit, die Organisationsidentität und die operative Gestaltung der Projekt- und Förderarbeit das Verhalten der Mitarbeiter prägen[10]. Das erste Szenario bietet einen idealen Nährboden für gelungene und gezielte Kommunikation nach innen und außen. Das zweite Szenario gibt eine Stiftungsrealität wieder, die von vornherein jede Investition in Kommunikation in Frage stellt. In dem zweiten Szenario wäre als Ergebnis etwaiger Kommunikationsmaßnahmen weder ein gesteigertes Involvement der Mitarbeiter, noch eine verbesserte Reputation nach außen zu erwarten. Im Gegenteil – Bezugsgruppen dieser Stiftung würden zu Recht von Imagepolitur und PR-Effekten sprechen.

Es ist keine Seltenheit, dass beispielsweise ein 65jähriger Unternehmer, nachdem er durch sein Wirken den Markt über Jahrzehnte erfolgreich geprägt hat, auch im zivilgesellschaftlichen Bereich etwas bewegen möchte[11]. Der Stiftungszweck einer durch diesen Unternehmer initiierten Stiftung könnte sich dann wie folgt lesen:

Die Stiftung bezweckt die Förderung von Projekten im Bereich des Sozialen und der Wissenschaft[12]. Hierzu werden punktuelle Vergaben gemacht, die den gesellschaftlichen Nutzen gezielt steigern.

Bezugsgruppen dieser Stiftung werden daraufhin mit zwei möglichen Szenarien konfrontiert, die sich grob unterscheiden lassen in einer konsequenten Übereinstimmung des oben formulierten Stiftungszwecks mit gelebtem unternehmerischem Stifterwillen oder einer durch Widersprüche geprägten Zweck-Willen-Beziehung.

Szenario 1: Übereinstimmung von Wille und Zweck

Optimal für eine mitarbeitergetriebene Stiftung ist eine stringente Verfolgung des Stiftungszwecks. Der erfolgreiche Unternehmer sucht selbstbewusst eine aktive Rolle in der Gesellschaft. Die operative Arbeit seiner Stiftung würde sich in diesem Fall über eine stark öffentlich geprägte Organisationsidentität auszeichnen.

---

[10] Die Szenarien basieren methodisch auf den Ergebnissen einer qualitativen Analyse des Lehrstuhls Foundation Excellence der Universität St. Gallen und orientieren sich an den in dieser Studie ermittelten Leitstrukturen Organisationsidentität, Projekt-Referenzen und Governance Strukturen.

[11] 60 % der Stifter in Deutschland sind laut einer aktuellen Studie der Bertelsmannstiftung älter als 60 Jahre. 56 % der Stiftungen, die in den letzten 10 Jahren gegründet wurden, sind durch Unternehmer oder Freiberufler initiiert. Als Grund des Stiftens geben 68 % der Befragten an, etwas bewegen zu wollen.

[12] Aktuelle Erhebungen des Lehrstuhles Foundation Excellence der Universität St. Gallen ergaben, dass beispielsweise in der Schweiz das mit weitem Abstand meiste Kapital je Tätigkeitsschwerpunkt und Jahr sozialen Zwecken zufließt (1001 Millionen Schweizer Franken) gefolgt von wissenschaftlichen Zwecken (472 Millionen Schweizer Franken).

Die Stiftung selbst hebt sich in der Öffentlichkeit durch ihre zweckorientierte und aktive Arbeitsweise positiv von „Verwaltungsstiftungen" ab, weil der Stifter den Zweck mit Blick auf das zu Gestaltende umsetzt. Dieses aktive Bemühen wird Wirkung erzielen und in ausgewogene, stabile Organisationsstrukturen münden, weil es dem Stifter gelingt, sein unternehmerisches Know How auf die Arbeitsstrukturen der Stiftung zu übertragen. Die Literatur zu diesem Thema spricht hier von einer Venture Philanthropy oder einer High Engagement Philanthropy[13]. An einer so arbeitenden Stiftung kann exemplarisch nachvollzogen werden, wie der unternehmerisch geprägte Stifterwille zu einem professionellen, systematischen und anspruchsvollen Umsetzen des Stiftungszweckes führt. Interessant ist, dass dieser *Unternehmer-Geist* oft alle Bezugsgruppen erfasst und neben den Mitarbeitern auch potenziellen Destinatären signalisiert, dass sie mit einer Stiftung in Kontakt treten, die sie als Partner begreift – mit allen Rechten und Pflichten einer Partnerschaft. Stiftern und Partnern ist bewusst, dass man sich nicht auf die reine Vergabe von Geldern beschränken möchte. Denn den künftigen Destinatären ist aus Gesprächen mit bereits Geförderten oder den Mitarbeitern der Stiftung klar, dass nur anspruchsvolle Projekte, die der strategischen Ausrichtung der Stiftung entsprechen, eine reelle Chance haben gefördert zu werden. Deshalb beginnt die gemeinsame Arbeit erst mit der Bewilligung der Fördergelder. Die Partner wissen, dass die Verwirklichung des Stiftungszweckes und dessen systematische Evaluation den Erfahrungsschatz aller Stiftungsmitarbeiter erweitert und so die Arbeitsweise und das stifterische Selbstverständnis entscheidend prägt. Die effektive Verwirklichung des Zweckes wird zum Angelpunkt der Stiftungsaktivität. Bei den Akteuren entsteht das *Bewusstsein,* sozialen Wandel und Wirkung selbst in die Hand zu nehmen.

Zuletzt legt eine solch prägende Stifterpersönlichkeit die Vermutung nahe, dass sogar, selbst nach dessen Ableben seine Prinzipien und sein Wille in einer starken Stiftungskultur weiterleben.

Szenario 2: Widersprüchliche Zweck-Willen-Beziehung

Weniger optimal, aber ebenso häufig in der Stiftungspraxis anzutreffen ist eine konträre Zweck-Willen-Beziehung. Die operative Arbeit der Stiftung ist hier auf eine sehr egozentrisch motivierte Organisationsidentität zurückzuführen. Der Stifter profiliert sich mit „seiner" Stiftung in erster Linie auf der Ebene privater Netzwerke. Die Arbeit der Stiftung wird unabhängigen Dritten eher durch personenorientierte Zuwendungen auffallen, weil der Stifter Mittel „in eigener guter Sache" flexibel einsetzen möchte. Insgesamt kann dieses Verhalten zu kontroversen und instabilen Organisationsstrukturen führen. Der Stiftungsrat agiert sprunghaft und ohne klare Leitlinien, Unstimmigkeiten stehen auf der Tagsordnung und eventuell beauftragte Geschäftsführer exekutieren routiniert den Stifterwillen und

---

[13] s. *Emerson* 1996.

verlieren nicht selten dabei den Stiftungszweck aus den Augen. Eine solche Stiftung fühlt sich dementsprechend nur bedingt an die konkrete Umsetzung des Stiftungszweckes gebunden. Ihre Mitarbeiter haben gelernt, dies zu akzeptieren. Potenzielle Destinatären nutzen es aus, dass man vom Stifter bei einem abendlichen Plausch in guter Runde zu verschiedensten Projekten unbürokratische Zuweisungen bekommen kann. Ein Verhalten, das sich schnell herumsprechen wird – auch in der Öffentlichkeit. In der Stiftungspraxis wird dies wiederum dazu führen, dass der Arbeitsalltag ins Reaktive und Administrative abrutscht, da Angestellte mangels nachvollziehbarer strategischer Ausrichtung von Gesuchen überschwemmt werden. Gleichzeitig wird sich der Geschäftsführer einer solchen Stiftung vermehrt darüber ärgern müssen, dass die Angestellten nicht genug mitdenken, sondern sich nur noch an Checklisten und Antragsbescheidskatalogen orientieren. Er wird Telefongespräche am Rande verfolgen, bei denen er sich sicher ist, dass der Gesprächspartner am anderen Ende der Leitung, z. B. ein interessierter Journalist, nicht weiß, wofür die Stiftung wirklich steht, welchen Zweck sie eigentlich verfolgt und warum dies von irgendeiner öffentlichen Relevanz sein sollte.

Zieht sich der Stifter aus der aktiven Arbeit zurück, wird von dessen gut gemeinten aber eher planlosen Aktionismus oft nur eine ausgeprägte Verwaltungsmentalität übrigbleiben. Denn durch das Verhalten der Stiftung und ihres Stifters ist eine negative Reputation entstanden, an der sich die Bezugsgruppen bewusst oder unbewusst auch in Zukunft orientieren werden.

Beide Szenarien machen deutlich, dass Stiftungen und ihre Stifter vor allem durch ihr Handeln wahrgenommen werden. Menschen, die in einer Organisation zusammenarbeiten, leiten das Selbstverständnis ihrer Arbeit von dem ab, was sie tun. Ihre operative Arbeit und nicht die Stiftungsziele stehen deshalb im Mittelpunkt. Umgangssprachlich spricht man von Betriebsblindheit, die den Blick auf einzelne Arbeitsschritte reduziert und das große Ganze in den Hintergrund treten lässt. Philipp Egger, von der Gebert Rüf Stiftung[14] bringt es auf den Punkt: „Wir sind global unschlagbar bei der Perfektionierung der Verwaltung von Antragsgesuchen, dabei hätten wir als Stifter eigentlich die Freiheit mehr zu tun, als nur administrativ zu arbeiten."

Alle Stiftungen haben die Freiheit mehr zu tun – wenn sie ihre Möglichkeiten nutzen. Die beiden oben skizzierten Szenarien verdeutlichen idealtypisch die beiden Extrema, zwischen denen sich die meisten Stiftungen bewegen. Dieser Artikel bietet eine Diskussionsgrundlage, um Verantwortlichen im Stiftungsbereich bewusst zu machen, wo sie ansetzen können, wenn sie ihre Position zwischen den Polen verändern möchten. Taten und individuelles Lernen prägen die Stifterarbeit entscheidend. Nicht das gesprochene Wort, sondern das, was tatsächlich getan wird, wirkt verbindlich.

---

[14] Podiumsdiskussion während einer Veranstaltung zum strategischen Stiftungsmanagement in Basel am 08. 03. 2005.

Interne Kommunikation wird für Stiftungen erst dann sinnvoll, wenn sie in einem Umfeld angewandt wird, das sich an dem Ideal des ersten beschrieben Szenarios orientiert. Hier ist zu erwarten, dass gezielt eingesetzte Kommunikationsmittel tatsächlich Wirkung entfalten, indem die Dialogpartner *befähigt* werden, nachvollziehbare Ziele zu erreichen und nicht nur darüber *informiert* werden, wohin die Reise zu gehen hat.

Nicht erst mit dem Artikel „Stiftungen im 21. Jahrhundert: Change Management" im aktuell erschienenen Band der Foundation Governance Reihe ist der Begriff des Change Management als Grundhaltung einer Professionalisierung der Arbeit im Stiftungsbereich auf die Agenda gekommen. Dabei gibt es viele Perspektiven, unter denen der Begriff beleuchtet werden kann[15]: Man liest von Change-Anlässen (z. B. bei Veränderungen von Richtlinien im Finanzmanagement von Stiftungen), von Change-Bereichen (z. B. bei der Entwicklung der Fördertätigkeiten), von Change-Wirkungen (z. B. bei der Etablierung klassischer Entrepreneuransätze bei den Mitarbeitern) oder von Change-Instrumenten (z. B. Wirksamkeit einzelner Methoden). Ebenso lang und ausdifferenziert ist inzwischen die Liste der Definitionen vom Wandel. Sie wird angeführt von einem *prozessorientierten Verständnis,* das Change Management als eine kontinuierliche Entwicklung zur Sicherstellung von Veränderungsergebnissen charakterisiert. Die *ergebnisorientierte Definition* erklärt Change Management als die aktive und gesteuerte Begleitung von Veränderungsprozessen mit dem Ziel, festgelegte Geschäftsziele zu erreichen. Daneben existieren die *ursachenorientierte,* die *systemorientierte,* die *stakeholderorientierte* und die *planungsorientierte* Definition.[16]

Die Ausführungen dieses Artikels folgen einem ergebnis- und stakeholderorientierten Verständnis von Wandel. D. h. der Autor ist überzeugt, dass die Menschen selbst den Unterschied machen müssen. Nur ein respektvoller und authentischer Umgang mit den Bezugsgruppen einer Stiftung führt aus der eindimensionalen Sender-Empfänger-Kommunikation zu einer relationalen Interaktion, die Dritte in den Dialog einbindet und Reputationsbildung ermöglicht.

Der Dritte Sektor ist in Bewegung. Die Chance, hier Verantwortung wahrzunehmen, führt zu einem Umdenken bei vielen Stiftern. Die Entscheidung den vorliegenden Denkanstoß in die eigene Stiftungsrealität zu übersetzen, bleibt letztlich dem Leser überlassen. Für ihn stellen sich die Fragen nach den Zielen seiner Stiftung: Welche Barrieren stehen einer effektiveren Umsetzung des Stiftungszweckes im Weg? Wie kann mit den gleichen Mitteln entscheidend mehr soziale Wirkung erreicht werden? Wie verhalten sich die eigenen Mitarbeiter, Destinatäre, Meinungsführer und Experten aus Wirtschaft, Politik und Gesellschaft, Medien?

---

[15] s. *CapGemini,* S. 18 ff. u. 30 ff.

[16] Laut einer aktuellen CapGemini Studie, verstehen Unternehmen unter Change, die planungsorientierte Definition (31 %), die stakeholderorientierte Definition (24 %) oder die ergebnisorientierte Definition (20 %). Weitere „freie" Definitionen spielen mit Begriffen wie: „systemische Intervention" oder „lernende Organisation".

Warum verhalten sie sich so und welches neue Verhalten dieser Bezugsgruppen würde den Zielen der Stiftung entgegenkommen? Welche Maßnahmen, welche Kommunikationsaktivitäten und welches „vorgelebte Engagement" würden sich positiv auf das Verhalten der Bezugsgruppen auswirken?

Welche Probleme würden auftauchen, wenn die Stiftung die Herausforderung, wünschenswerte Verhaltensziele zu realisieren, angeht? Und zu guter Letzt: Welche Folgen hätte es, dies nicht zu tun?

9.3 Ehrenamtliche Mitarbeit in der Stiftung

Von Hugbert Flitner

Ehrenamt

Ehrenamtliche Mitarbeit in der Stiftung – ist das nicht das non plus ultra gemeinnützigen Engagements? Der Stifter, selbst ein Freiwilliger, der sein Vermögen dem Gemeinwohl widmet; der Freiwillige, der seine Arbeitskraft stiftet, um sie zum Wohle der Gemeinschaft in eine Vermögensstiftung einzubringen. Man würde denken, dass dieser Zusammenhang häufig untersucht und dargestellt worden wäre. Bei weitem nicht. Weder in der Stiftungsliteratur wird auf den Stifter besonders eingegangen, der die Hingabe von Vermögenswerten an die Gemeinschaft durch seinen persönlichen Einsatz als Freiwilliger ergänzt und aktualisiert, noch findet in den Darstellungen des Ehrenamts und seiner gesellschaftlichen Bedeutung der Zeitspender für Stiftungen besondere Beachtung. In den großen Erhebungen zur Verwendung der Zeit und zum ehrenamtlichen Engagement wird dieser Zusammenhang nicht besonders erfasst und ausgewiesen, sodass man schon Zweifel haben kann, ob er überhaupt besteht. Dieser Zweifel prägt auch die nachfolgende Untersuchung. Es ist, wie wenn man einen Strom von zwei gegenüberliegenden Ufern ansieht: dem Ufer der Stiftung, die die Erträgnisse ihres Vermögens dem Gemeinwohl widmet, und dem Ufer des ehrenamtlich Engagierten, der seine Lebenszeit, seine Ideen und seine innere Beteiligung in diesen gemeinnützigen Strom fließen lässt.

In der nachfolgenden Untersuchung werden die wenigen Teile betrachtet, die gemeinsam verwendet werden könnten. Hilfreicher wäre es, wenn künftige Erhebungen zu Ehrenamt und Stiftungswesen mehr Material dazu zusammenbrächten.

Freiwilliges Engagement

Langjährige Stagnation nach kurze wirtschaftliche Boom, steigende Arbeitslosigkeit, die mit Zukunftsängsten auch in der jüngeren Generation verbunden ist, Investitionshemmnisse in der Wirtschaft und Konsumschwäche in der Bevölkerung sowie zunehmende Sparzwänge der öffentlichen Hand kennzeichnen die *wirtschaftliche Situation* zu Beginn des 21. Jahrhunderts in Deutschland. Ihr entspricht eine gesellschaftliche Lage, die durch eine tief greifende politische Enttäuschung und ein breites Bewusstsein politischer Alternativenlosigkeit geprägt ist. Begleitet wird beides durch einen demografischen Wandel, der weniger deutsche Kinder und Jugendliche, dafür mehr jüngere Migranten und vor allem mehr ältere Menschen aufzeigt. Abnehmende Kirchenbindung und stärke Zuwendung an traditionellen kulturellen Werte anstelle von Neuerungen bestimmen das kulturelle Umfeld.[1]

Staat und Kommunen sind durch diese Entwicklung nicht nur finanziell, sondern vor allem inhaltlich überfordert. Sie sehen in einer stärkeren Aktivierung aller Bürger eine Chance, die Krise zu bewältigen. Mit der Zauberformel vom bürgerschaftlichen Engagement hoffen sie, eine solche Aktivierung zu fördern. So hat der Deutsche Bundestag 1999 eine Enquete-Kommission „Zukunft des Bürgerschaftlichen Engagements" konstituiert,[2] deren erster Bericht 1999 vorgelegt wurde und deren zweiter Bericht von 2004 vor der Veröffentlichung steht.[3] Im Auftrag der Kommission wurde ferner im Jahre 2002 ein Rechtsgutachten zu den rechtlichen Rahmenbedingungen bürgerschaftlichen Engagements erstellt,[4] dem die nachfolgenden Ausführungen Rechnung tragen. Die Einführung eines Tages des Ehrenamts (5. Dezember) und zahlreichen lokale, nationale und internationale Aktionen sollen zur Aufwertung ehrenamtlicher Tätigkeit beitragen und scheinen damit auch Erfolg zu haben.

Nach den *Freiwilligensurveys 1999–2004* engagieren sich 36 % aller Bürgerinnen und Bürger über 14 Jahren in ihrer Freizeit ehrenamtlich in Verbänden, Institutionen und Projekten, davon 8 % zweifach und 5 % drei- und mehrfach. Weitere 32 % sind aktiv in Vereinen oder in Gruppen tätig, ohne freiwillige oder ehrenamtliche Aufgaben zu übernehmen.[5]

Den Schwerpunkt bilden dabei Vereine, vor allem Sportvereine. Stiftungen sind in diesen Zahlen mit enthalten, aber bisher nicht gesondert ausgewiesen.[6]

---

[1] Einführungsstichworte zum Referat von *Thomas Gensicke / Sabine Geiss*, TNS Infratest Sozialforschung München auf der 15. Sitzung des Arbeitskreises „Bürgerschaftliches Engagement" der Friedrich Ebert Stiftung am 1. 10. 2004 in Berlin: „Die *Freiwilligensurveys 1999–2004*, Erste Ergebnisse und Trends", für deren freundliche Überlassung ich den Autoren besonders danken möchte.

[2] *Deutscher Bundestag* (Hrsg.), Enquete-Kommission „Zukunft des Bürgerschaftlichen Engagements" Drucksache 14/8900, 2002.

[3] *Bundesministerium für Familie, Senioren, Frauen und Jugend:* Freiwilliges Engagement in Deutschland – *Freiwilligensurvey 1999*, Ergebnisse der Repräsentativerhebung zu Ehrenamt, Freiwilligenarbeit und bürgerschaftlichem Engagement, Schriftenreihe Band 194, 1–3; Stuttgart/Berlin/Köln 2001; Die *Freiwilligensurveys 1999–2004*. Kurzzusammenfassung des TNS Infratest Sozialforschung München, Oktober 2004. Die Veröffentlichung ist für Herbst 2005 vorgesehen.

[4] *Gerhard Igl* unter Mitarbeit von *Monika Jachmann* und *Eberhard Eichenhofer:* Rechtliche Rahmenbedingungen bürgerschaftlichen Engagements, Zustand und Entwicklungsmöglichkeiten, in: Schriftenreihe Enquete-Kommission „Zukunft des Bürgerschaftlichen Engagements" Deutscher Bundestag (Hrsg.), Band 5, Opladen 2002; *Gerhard Igl / Monika Jachmann / Eberhard Eichenhofer:* Ehrenamt und bürgerschaftliches Engagement im Recht – ein Ratgeber, Opladen 2002.

[5] Die Aussagen und Grafiken wurden der Kurzzusammenfassung des Freiwilligensurvey 2004 entnommen, die mir *Reichenau* vom Deutschen Verein für öffentliche und private Fürsorge, Berlin, vorab zur Verfügung gestellt wurden, wofür ich *Jan Rosenau* besonders danken möchte.

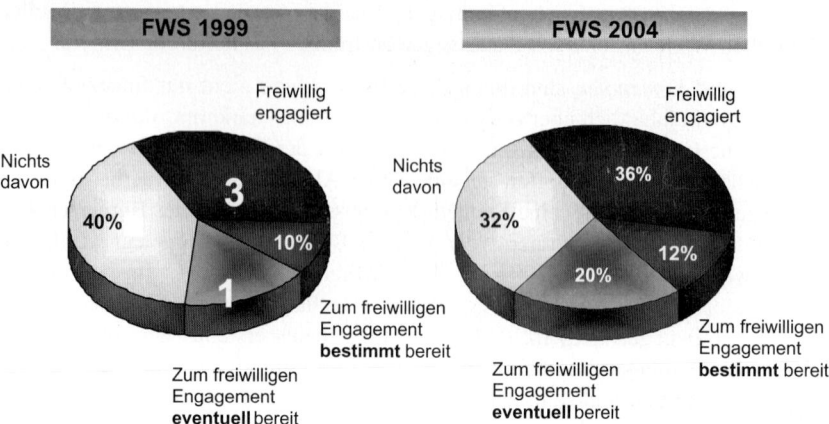

Abb. 1: Bereitschaft zum freiwilligen Engagement 1999–2004

In der *Zeitbudgetstudie* des Bundesfamilienministeriums von 2001/02 wird die ehrenamtliche Tätigkeit nicht gesondert ausgewiesen, sondern, je nach Darstellungszusammenhang, entweder in die unbezahlte Arbeit oder in die Gruppe der Haus- und Pflegetätigkeiten einbezogen.[7] In diesem Kontext ist bemerkenswert, dass in Deutschland täglich etwa dreieinhalb Stunden für Haushalt und Familie und mit Ehrenämtern verbracht werden, bei Frauen etwas mehr, bei Männern etwas weniger. Das Ehrenamt wird offenbar der rein privaten Sphäre, in anderen Statistiken dem Hobby zugeordnet.

Die Verteilung der Freiwilligen auf *Altersgruppen* zeigt, dass neben den überwiegend im Sportbereich aktiven Jugendlichen am meisten die mittleren Jahrgänge zwischen 36 und 65 Jahren sich bürgerschaftlich engagieren und in den vergangenen fünf Jahren besonders bei den älteren Jahrgängen eine Zunahme an ehrenamtlichem Engagement zu verzeichnen ist.

Bei einem Vergleich der Engagementsbereiche hat den größten Zuwachs der Soziale Bereich, gefolgt von Jugendarbeit und Bildung, Schule und Kindergarten, Kultur und Musik sowie Umwelt und Tierschutz, während Sport und Gesundheit offenbar stagnieren. Auch das Bürgerengagement hat relativ stark zugelegt. Das Engagement verteilt sich auf folgende *Bereiche*, die auch für das Stiftungswesen von Bedeutung sind:

---

[6] *Rainer Sprengel:* Statistik zum deutschen Stiftungswesen 2001 (Maecenata 2001) S. 93: Für den Dritten Sektor werden 14.7 Mio ehrenamtlich Tätige mit 2.666 Mio Stunden errechnet, bei denen es sich überwiegend um in Vereinen Tätige handelt. Vgl. auch in diesem Handbuch Kapitel 1.7.

[7] Wo bleibt die Zeit? Die Zeitverwendung der Bevölkerung in Deutschland 2001/02. Herausgeber Bundesministerium für Familie, Senioren, Frauen und Jugend/Statistisches Bundesamt 2003, unbezahlte Arbeit S. 6, 9–11; Haushaltsführung, Betreuung der Familie, Ehrenamt S. 7, 38.

9.3 Ehrenamtliche Mitarbeit in der Stiftung

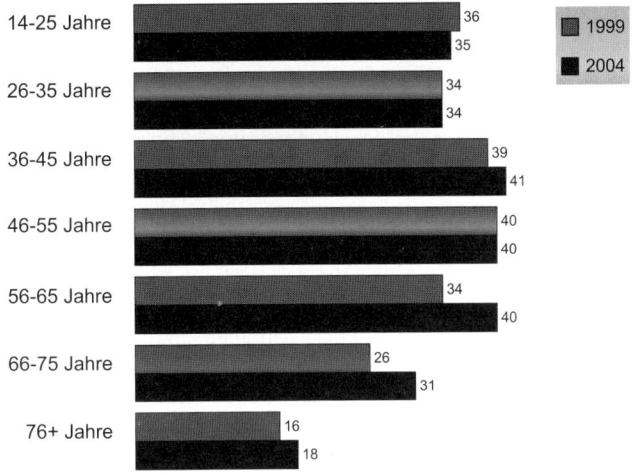

Abb. 2: Engagementquoten nach Alter 1999–2004[8]

Engagementbereiche in %	1999	2004
Sport und Bewegung	11	11
Schule und Kindergarten	6	7
Kultur und Musik	5	5,5
Sozialer Bereich	4	5,5
Umwelt und Tierschutz	2	2,5
Jugendarbeit und Bildung	1,5	2,5
Lokales Bürgerengagement	1,5	2
Gesundheitsbereich	1	1

Abb. 3: Engagement in verschiedenen Engagementsbereichen 1999–2004[9]

Definitionen

Das *Ehrenamt* hat zwei Wurzeln, die zu seiner unterschiedlichen Ausformung beigetragen haben:

Das „klassische" Ehrenamt bezeichnete die freiwillige Übernahme eines öffentlichen, unentgeltlich (honoris causa) ausgeübten Amtes in Verbänden und Selbstverwaltungsorganisationen (*Funktionsehrenamt*). Es kann auf eine lange Tradition verweisen, die von den mittelalterlichen Ämtern am Hof über die kommunalen Ämter der Reform des Freiherrn vom Stein von 1808 bis in die moderne Gerichts-

---

[8] Freiwilligensurvey 2004 (s. Fn. 5).
[9] Freiwilligensurvey 2004 (s. Fn. 5).

verfassung mit ihren Schöffen reicht. Parallel dazu entwickelte sich mit staatlicher Unterstützung ein kräftiges Vereins- und Verbandswesen, von den patriotischen Zusammenschlüssen über Gesangs- und Turnvereine bis zu den zahlreichen gesellschaftlichen Vereinigungen für Bildung, Kultur und Heimatpflege. Die Gesellschaft des 19. Jahrhunderts wurde von diesen „Honoratioren" geprägt, in denen Männer den Ton angaben und das Nationale dominierte.

Die andere Wurzel des Ehrenamts ist Frauen der bürgerlichen Schicht zu verdanken, deren soziales Engagement auch als „Liebestätigkeit" (für Gottes Lohn) bezeichnet wurde.[10] Es umfasst vor allem den Bereich der allgemeinen Gesundheitspflege und Wohlfahrt. Dieses *soziale Ehrenamt* entwickelte sich nach den großen Kriegen des 19. Jahrhunderts zunächst in Form nationaler Frauenvereine für die Pflege der Verwundeten und zur Linderung der allgemeinen Not in den Städten der beginnenden Industrialisierung. Alle noch heute aktiven großen Wohlfahrts- und Hilfsorganisationen, vom Diakonischen Werk (1849) bis zum Deutschen Roten Kreuz (1869), von der Caritas (1897) bis zur Arbeiterwohlfahrt (1919) oder dem Paritätischen Wohlfahrtsverband (1920) sind in den 100 Jahren der großen europäischen Kriege und des strukturellen Wandel zur Industriegesellschaft entstanden.[11] Sie haben ihre Aufgaben stets als mitmenschliches Engagement verstanden und damit eine Form des Ehrenamts geschaffen, die in den „Grünen Damen" in Krankenhäusern und freiwilligen Hilfskräften in Altenheimen und Kinderkrippen noch heute stark von Frauen geprägt ist.[12]

Mit der heutigen Erweiterung des Aufgabenfeldes für ehrenamtliche Tätigkeit auf nahezu alle Bereiche gemeinwohlorientierten Handelns verändert sich sowohl seine bisherige geschlechtsspezifische Zuordnung als auch sein Selbstverständnis. Je mehr begriffen wird, dass „Wir sind der Staat" auch heißt, an seiner Stelle Verantwortung zu übernehmen, wird aus der subsidiären Funktion des Ehrenamts eine tragende Kraft in der Gesellschaft, die einerseits über nationale Grenzen hinweg sieht, andererseits sich dem Regionalen zuwendet. In dieser Entwicklung begegnen sich Ehrenamt und *Stiftungswesen,* dem eine vergleichbare gesellschaftliche Aufgabe zukommt.

Der moderne Begriff des *bürgerschaftlichen Engagements* hat zum Ziel, Bürger für eine gemeinwohlorientierte Tätigkeit zu aktivieren, und bekommt dadurch eine politische Bedeutung, die dem klassischen Ehrenamt in dem Maße bisher nicht

---

[10] *Hilde von Balluseck:* Bezahlte versus unbezahlte Sozialarbeit von 1885 bis 1945 in: Soziale Arbeit 1/1984, S. 187 ff.; ferner 1950–1980 in: Soziale Arbeit 1/1984 S. 390 ff.; *Ministerin für Frauen, Bildung, Weiterbildung und Sport des Landes Schleswig-Holstein,* Kiel: Ehrenamtliche Arbeit von Frauen und Männern in Schleswig-Holstein, Gutachten im Auftrage der Ministerin für Frauen, Bildung, Weiterbildung und Sport des Landes Schleswig-Holstein erstellt durch *konsalt Forschung & Beratung,* o. J. (1993).

[11] *Gertrud Backes:* Frauen und soziales Ehrenamt. Zur Vergesellschaftung weiblicher Selbsthilfe, Augsburg 1987.

[12] *Karin Beher:* Strukturwandel des Ehrenamts, Gemeinwohlorientierung im Modernisierungsprozess, 2000, S. 17 ff.

zukam.[13] Das macht Sinn, wo eine Gesellschafts- und Wirtschaftspolitik daran gemessen werden soll, ob und in welchem Umfange es gelingt, neben dem Staat auch den Bürger in die Verantwortung für das Gemeinwohl unmitttelbar einzubinden.

Was als Ehrenamt angesehen werden kann, wird unstreitig durch drei *Kriterien* bestimmt. Ein viertes Kriterium kommt in den modernen Beschreibungen des bürgerschaftlichen Engagements zu kurz, ist aber nicht weniger wichtig.

Die breiteste Akzeptanz genießt das Kriterium der *Freiwilligkeit,* das dem im englischsprachigen Ausland verbreiteten „volunteering" entspricht.[14] Obwohl vom Wort her verwandt, sind die bei Stiftungen gern beschäftigten Volontäre und Praktikanten nicht zu den Freiwilligen zu zählen, da ihre Tätigkeit in deren Verständnis nicht frei ist, sondern zu Ausbildungszwecken erfolgt.[15]

Ebenso allgemein akzeptiert ist das Kriterium der *Gemeinwohlorientierung* des Ehrenamts. Es liegt in der Nähe der steuerlichen Gemeinnützigkeit, welche die Förderung der Allgemeinheit und die Selbstlosigkeit der Zweckverwirklichung als gesetzliche Zwecke vorgibt.

Unter die *Förderung der Allgemeinheit* fällt eine Tätigkeit, die über einen fest abgeschlossenen oder dauernd kleinen Kreis von Personen hinausgeht, also nicht nur einem inneren Zirkel zukommt (vgl. § 52 Abs. 2 AO).

Die *Selbstlosigkeit der Zweckverwirklichung* bildet einen Gegensatz zum Eigennutz und ist in § 55 AO beschrieben. Es ist keineswegs ein Widerspruch zu einer ehrenamtlichen Tätigkeit, wenn sie zugleich auch im eigenen Interesse liegt, ja oft ist ihr treibendes Motiv, dass sie auch zur Befriedigung und Erfüllung eigener Lebensziele beiträgt, wozu auch gehört, dass die Arbeit Spaß macht.[16]

Ein Ehrenamt ist immer *unentgeltlich.* Den Gegensatz dazu bilden beispielsweise das Dienstverhältnis (§ 611 ff. BGB) und der Werkvertrag (§§ 631 ff. BGB), die beide vergütet werden. Bei einem *Dienstvertrag* wird eine Dienstleistung (§ 611 BGB), bei einem *Werkvertrag* die Herstellung eines eigenverantwortlichen, abgegrenzten Arbeitserfolgs vereinbart (§ 631 BGB). Beides kann auch durch vergütete *Geschäftsbesorgungsverträge* nach § 675 BGB erreicht werden.[17]

Während das bürgerschaftliche Engagement für ein Ehrenamt nur Freiwilligkeit, Gemeinwohlorientierung und Unentgeltlichkeit verlangt, geht der traditionelle Begriff des Ehrenamts davon aus, dass es darüber hinaus in einem *institutionellen Rahmen,* also in Organisationen geleistet werden muss, um als solches anerkannt zu werden. Mit diesem Kriterium wird beispielsweise die soziale *Nachbarschaftshilfe* im privaten Umfeld von der Betreuung abgegrenzt, die im Rahmen

---

[13] *Igl/Jachmann/Eichendorfer,* S. 29 ff.
[14] Ebd., S. 50.
[15] *Staudinger/Richardi* (95) Vorbem. vor §§ 611 ff. Rn. 334 ff.
[16] *Igl/Jachmann/Eichendorfer,* S. 112 ff.
[17] Zur Abgrenzung *Staudinger/Peters* (2000) vor § 631 Rn. 22 ff.

einer Wohlfahrtsorganisation durchgeführt wird. Der institutionelle Rahmen dient auch dazu, die ehrenamtliche Tätigkeit von dem außerhalb eines solchen organisatorischen Zusammenhangs stehenden, unverbindlichen *Gefälligkeitsverhältnis.* abzugrenzen.[18] Es liegt auf der Hand, dass ohne ein solches eingrenzendes Kriterium die Zahlen zum bürgerschaftlichen Engagement sehr viel positiver aussehen und politisch besser verwendet werden können. Im nachfolgenden Zusammenhang wird von Ehrenamt, Freiwilligen oder bürgerschaftlich Engagierten nur gesprochen, wenn alle vier oben aufgeführten Kriterien erfüllt sind.

Mitarbeit in Stiftungen

Obwohl *Verein und Stiftung* einander rechtlich nahe stehen, unterscheiden sie sich doch grundsätzlich in einem Merkmal, auf das es beim Ehrenamt ankommt: Vereine haben Mitglieder und damit Personen, die sich in ihnen ehrenamtlich betätigen können, ja, den Verein selbst als Gegenstand ihres Engagements ansehen. Stiftungen haben dagegen keine Mitglieder und definieren sich über ihr Vermögen. Es ist davon auszugehen, dass Stiftungen schon deswegen in geringerem Umfange von ehrenamtlicher Mitarbeit geprägt sind als Vereine. Eine Ausnahme bilden die Gemeinschaftsstiftungen, die zwar keine Mitglieder, aber eine Vielzahl von Stiftern haben, die an ihrer Gestaltung beteiligt werden. Damit haben sie eine vereinsähnliche Struktur, die auf ehrenamtliche Mitarbeit ausgerichtet ist.

Aufgabenbereiche

Ehrenamtliche können in allen *Stiftungsaufgaben* verwendet werden. Nach dem Freiwilligensurvey 1999 waren 48 % der Engagierten für die Organisation und Durchführung von Veranstaltungen und Treffen tätig (Schwerpunkt Gesundheitsbereich), 35 % in praktischen Arbeiten eingesetzt (Schwerpunkt Umwelt und Tierschutz), 23 % in der Pädagogischen Betreuung oder Anleitung einer Gruppe (außerschulische Jugendarbeit, Erwachsenenbildung), also alles inhaltlich geprägte Arbeitsfelder.

Für die mehr zur Geschäftsführung zählende Informations- und Öffentlichkeitsarbeit engagierten sich 25 %, für Beratungsaufgaben 20 %, für Fundraising 13 % und für Vernetzungsarbeit 6 %.[19]

Die *fachlichen Qualitätsanforderungen* an eine ehrenamtliche Tätigkeit im Stiftungswesen richten sich nach ihrem Einsatzfeld.

Sie sind im Gesundheitswesen oder der Jugend- und Bildungsarbeit höher als im sozialen Bereich oder bei bürgerschaftlichen Aktivitäten, bedürfen aber gleich-

---

[18] *Staudinger/Schmidt* (95) Einl. 241 Rn. 214 ff., 231.
[19] *Rosenbladt,* S. 97.

wohl stets der Schulung und Weiterbildung.[20] Jeder vierte Ehrenamtliche gibt dazu an, dass eine vergleichbare Arbeit von anderen Personen beruflich ausgeübt zu werden pflegt. Von hier aus erklärt sich die ständige Befürchtung der auf dem gleichen Gebiet beruflich Tätigen, dass ihnen durch die Einstellung eines Freiwilligen der Arbeitsplatz streitig gemacht werden könnte.

Während sich auf Freiwilligenbörsen immer wieder zeigt, dass für die inhaltlichen Aufgaben einer gemeinnützigen Einrichtung sehr viel leichter Freiwillige gewonnen werden können, fällt die Anwerbung ehrenamtlicher Mitarbeiter für die damit verbundenen *administrativen Aufgaben* schwerer. Dabei sind sie gerade auf diesem Gebiet auf ehrenamtliche Mitarbeiter angewiesen, um die Verwaltungskosten gering zu halten. Die Innenverwaltungskosten von gemeinnützigen und mildtätigen Stiftungen sind nämlich nach den meisten Stiftungsgesetzen der Länder,[21] möglichst niedrig zu halten und müssen auch nach dem Gemeinnützigkeitsrecht die für satzungsmäßige Zwecke ausgegebenen Mittel wesentlich unterschreiten.[22]

Am ehesten sind ehrenamtliche Kräfte für *leitende oder repräsentative Funktionen* in Stiftungen zu gewinnen, bei denen öffentliche Aufmerksamkeit und Anerkennung das bürgerschaftliche Engagement honorieren. Auch die verhältnismäßige Unabhängigkeit einer Stiftungsorganisation und die unbürokratischen Handlungsspielräume sind für eine freiwillige Mitwirkung bei Stiftungen attraktiv. Andererseits steigen gerade auch bei den Verwaltungen die Anforderungen an die Fähigkeiten für Administration und Kulturmanagement.[23]

Funktionen

Zu unterscheiden ist auch hier zwischen den Funktionsträgern in den Organen der Stiftung, die in der Regel ehrenamtlich tätig sind, und den Hilfskräften, die entweder in der Leitung und Verwaltung einer Stiftung oder in der Aufgabenerfüllung eingesetzt werden, was überwiegend der Fall sein dürfte.

Jede Stiftung hat notwendigerweise mindestens ein Vorstandsmitglied (§ 86 i.V.m. § 26 BGB). Das gilt zunächst für die rechtsfähige Stiftung. Bei den unselbständigen Stiftungen, die rechtlich durch ihre Treuhänder vertreten werden, ist in der Satzung meist ein Gremium vorgesehen, das bis auf die rechtliche Vertretung Vorstandsaufgaben wahrnimmt.[24]

---

[20] Ebd., S. 102 ff.; *Krings/Schulz,* Ehrenamt S. 53 ff. weisen auf die hohen fachlichen Qualitätsanforderungen im Kulturbereich besonders hin.

[21] Z. B. in den Stiftungsgesetzen Baden-Württemberg 7,1; Bayern 14; Brandenburg 11,1; Mecklenburg-Vorpommern 8; Niedersachsen 6,4; NRW 9,1; Rheinland-Pfalz 16,1; DDR (Sachsen) 14,3.

[22] BFH DStR 98,1674. Eine Ausnahme gilt nur für die Aufbauphase nach der Gründung gemeinnütziger Stiftungen, die für längstens vier Jahre anerkannt wird, wenn sie der Einwerbung von Spenden dienen soll.

[23] *Krings/Schulz,* Ehrenamt S. 103 ff.

Bei rund 15.000 rechtfähigen und unselbständigen nichtkirchlichen Stiftungen[25] ist von mindestens derselben *Zahl an Vorstandsmitgliedern* auszugehen. Nach Größen untergliedert sind davon 60 % kleinere Stiftungen mit einem Vermögen bis zu 500 T €, 26,8 % mittlere Stiftungen mit einem Vermögen bis zu 25 Mio. € und die restlichen 3,2 % Großstiftungen.[26] Während bei den kleinen Stiftungen mindestens ein Vorstandsmitglied tätig ist, sind bei mittleren und größeren Stiftungen und auch bei den Gemeinschaftsstiftungen mindestens dreiköpfige Vorstände anzunehmen. Danach kann bei den 60 % kleineren Stiftungen von etwa 9.000, bei den übrigen 40 % von etwa 18.000, mindestens also insgesamt von 27.000 Vorstandsmitgliedern ausgegangen werden. Da sich nur mittlere und größere Stiftungen hauptamtliche Vorstandsmitglieder leisten können und bei einigen in den Satzungen festgelegt ist, dass die Verwaltung ehrenamtlich erfolgen soll, dürfte die Zahl der ehrenamtlichen Vorstandsmitglieder die der hauptamtlichen mehrfach überwiegen.

Zu den ehrenamtlichen Kräften einer Stiftung gehören ferner die Mitglieder der verantwortlichen *Aufsichtsorgane,* welche Beirat, Kuratorium, Aufsichts- oder Stiftungsrat heißen und denen nach der Stiftungssatzung die Berufung und Abberufung des Vorstandes. seine Entlastung und ähnliche Leitungs- und Überwachungsaufgaben anvertraut sind, vielfach auch Grundsatzentscheidungen und Beratungsfunktionen bei der Erfüllung des Stiftungszwecks. Obwohl ihnen oft Sitzungsgelder und Aufwandsentschädigungen gezahlt werden, ist die unentgeltliche ehrenamtliche Mitwirkung bei ihnen die Regel.

Die Größe dieser Gremien variiert nach Stiftungstyp und Stiftung zwischen einem und 300 Mitgliedern.[27] Das hängt auch davon ab, wie breit das Aufgabenspektrum einer Stiftung ist, in welchem Umfange sie operativ tätig ist und ob sie ihr eigenes Vermögen verwaltet oder durch längerfristiges Fundraising ihre Arbeitsmittel und ihr Sammelvermögen einwerben muss.

Organ der Stiftung ist auch der lebende *Stifter.* Wenn er sich aktiv in den Organen der Stiftung beteiligt, gehört er auch in den Kreis der ehrenamtlichen Mitarbeiter.[28] In den seltensten Fällen und dann meist als *Einzelstifter* wirkt er nur in dieser Eigenschaft mit. Oft übt er ein führendes Amt im Vorstand, dem Stiftungsrat oder

---

[24] *Karsten Schmidt:* Ersatzformen der Stiftung – Unselbständige Stiftung, Treuhand und Stiftungskörperschaft, in: Klaus Hopt / Dieter Reuter (Hrsg.): Stiftungsrecht in Europa. Köln 2001, S. 175 ff. Staudinger / *Rawert* (95) vor §§ 80 Rn 151 ff.

[25] *Sauerbrey,* S. 23 Anzahl der Datensätze 10.034, größte Datengrundlage 9.663, von insgesamt ausgewerteten 7.963 Stiftungen waren 6.326 privat, 1.168 öffentlich und 449 kirchlich. *Sprengel,* Statistik S. 12 ff. geht für April 2001 von 9.012 erfassten Stiftungen aus, von denen 629 nicht rechtsfähig waren. Neuere Zahlen im Beitrag Sprengel in diesem Handbuch.

[26] *Sauerbrey,* S. 8.

[27] Ebd., S. 24.

[28] *Alfred Toepfer, Kurt Körber* und andere bedeutende Stifter haben zeitlebens in ihren Stiftungsgremien und -verwaltungen mit erheblichen Zeitanteilen aktiv mitgearbeitet.

dem Kuratorien seiner Stiftung aus.[29] Selbst wenn ihm aus den Stiftungserträgen Lebensunterhalt gezahlt wird, was steuerrechtlich zulässig ist (§ 58 Nr. 5 AO), ist seine aktive Mitwirkung in den Stiftungsgremien als unentgeltlich anzusehen.

Bei *Gemeinschaftsstiftungen* ist eine Mehrzahl von Stiftern vorhanden, die ihre Vermögenszuwendungen dauerhaft einem gemeinsamen Zweck gewidmet haben.

Gemeinschaftsstiftungen sind vor allem die Bürgerstiftungen, die nach dem englischsprachigen Vorbild der community foundations sich seit dem Ende des vorigen Jahrhunderts in Deutschland verbreiten.[30] Sie sehen in ihren Satzungen vielfach eine Repräsentation ihrer zahlreichen Gründungs- und Zustifter in Form von *Stifterversammlungen* vor, der auch verantwortliche Funktionen bei der Wahl zum Stiftungsrat oder Vorstand sowie bei der Ausrichtung des Programms zukommt.[31] Ob diese Beteiligungsform an der Leitung der Stiftung rechtlich unbedenklich ist[32] und den bürokratischen Aufwand lohnt, ist noch nicht erwiesen.

Ehrenamtliche Hilfskräfte werden in allen oben genannten Funktionen eingesetzt. Die Anzahl der in Stiftungen tätigen ehrenamtlichen Hilfskräfte ist bisher nur durch eine Studie der Bertelsmann Stiftung (2004) erfasst, die lebende Stifter u. a. dazu befragt hat.[33] Danach beschäftigten von den nach 1990 errichteten privaten Einzelstiftungen 65 % keine, die übrigen weniger als zwei hauptamtliche Mitarbeiter. Sofern die Stifter die Arbeit in ihnen nicht selbst erledigten (15 %), hatten 15 % der Stiftungen einen Mitarbeiter, je 20 % zwei bzw. drei, 10 % vier, 7 % fünf und die übrigen zwischen sechs und zehn ehrenamtliche Mitarbeiter. Bekannt ist ferner, dass bei den Anstaltsträger-Stiftungen die Zahl der vollzeitig tätigen Hauptamtlichen viereinhalb mal so hoch ist wie die Zahl der Ehrenamtlichen und umgekehrt bei den Nicht-Anstaltsträger-Stiftungen über vier mal so viele Ehrenamtliche tätig sind wie hauptamtliche Vollzeitkräfte.[34] Bei den anderen großen deutschen Stiftungen überwiegen die hauptamtlichen Mitarbeiter.[35]

---

[29] *Staudinger/Rawert* (95) § 86 Rn 5.

[30] *Bertelsmann Stiftung* (Hrsg.): Handbuch Bürgerstiftungen, Ziele, Gründung, Aufbau, Projekte. Gütersloh 2000; *Bundesverband Deutscher Stiftungen* (Hrsg.): Bürgerstiftungen in Deutschland, Entstehung, Struktur, Projekte, Netzwerke. Berlin 2002 mit Satzungsbeispielen.

[31] Vgl. § 8 der Satzung Bürgerstiftung für den Landkreis Fürstenfeldbruck in: Bürgerstiftungen in Deutschland. S. 357.

[32] *Staudinger/Rawert* (95) Vorbem. zu §§ 80 ff. Rn 26.

[33] *Karsten Timmer,* Stiften in Deutschland. Die Ergebniße der StifterStudie Gütersloh 2005: S. 20 ff. Von 1666 befragten Stiftern waren 306 inzwischen verstorben und antworteten 629.

[34] *Bundesverband Deutscher Stiftungen* (Hrsg.): Zahlen, Daten, Fakten zum deutschen Stiftungswesen, bearb. *Gundula Sauerbrey,* Berlin, 3. Aufl. 2001 S. 48. Von den der Erhebung zugrunde liegenden 9.663 Stiftungen hatten 5.011 Daten geliefert, denen zufolge auf die Anstaltsträger 6.421, auf die Nicht-Anstaltsträger 24.012 Ehrenamtliche entfielen.

[35] Beispiele 2003: VW-Stiftung 91, Bertelsmann-Stiftung 304, Zeit-Stiftung(2002) 25, Körber-Stiftung 50 (sowie 87 Ehrenamtliche im Seniorenbereich).

Recht und Praxis des Ehrenamts in Stiftungen

Stiftungsrecht ist Satzungsrecht. Es wird in erster Linie durch das *Stiftungsgeschäft* bestimmt (§ 80 BGB), dessen Randbedingungen sich nach Bundesrecht und den Landesstiftungsgesetzen richten. Auf das Ehrenamt wird dabei nicht eingegangen.

Das Bundesrecht verweist auf das Vereinsrecht (§ 86 BGB) und dieses wiederum auf Auftragsrecht (§ 27 Abs. 3 BGB). Vereins- und Auftragsrecht bestimmen auch das Ehrenamt in Stiftungen.

Stiftungsrecht

Die *Organfunktion* des Vorstandes ist vom Gesetzgeber des BGB ursprünglich als Ehrenamt verstanden worden. In vielen Stiftungssatzungen wird es ebenfalls so behandelt.[36]

Die *Bestellung* des Vorstandes weicht bei Stiftungen von der bei Vereinen zum Teil erheblich ab.[37] Er wird von dem Stiftungsorgan berufen und abberufen, das in der Satzung oder in den Landesstiftungsgesetzen dafür vorgesehen ist.[38] Die ersten Vorstände werden zuweilen bereits im Stiftungsgeschäft vom Stifter festgelegt, der sich sogar selbst zum Vorstand bestellen kann.[39] In einzelnen Landesstiftungsgesetzen gibt es Zustimmungsvorbehalte der Stiftungsaufsicht.[40]

Die *Amtszeiten* des Vorstands sind ebenfalls in der Satzung festgelegt. Sie variieren zwischen zwei und fünf Jahren,[41] können aber auch lebenslang sein, wenn z. B. der Stifter selbst oder Mitglieder seiner Familie ihm angehören sollen.

Vom Organverhältnis ist zu unterscheiden ein etwaiges Anstellungsverhältnis des Vorstandsmitgliedes zur Stiftung.[42] Er wird unabhängig von der Bestellung zum Organ als *Dienstvertrag* nach § 611 BGB abgeschlossen.[43] Der Dienstvertrag wird im Allgemeinen auf die Dauer des Vorstandsamtes begrenzt. Bei gemeinnützigen und mildtätigen Stiftungen ist zweckmäßig, die Vergütung mit der Stiftungsaufsicht abzustimmen, die sich dazu mit der Finanzverwaltung ins Benehmen setzen wird.

---

36 § 7 Satz 1 der Satzung der Stiftung F.V.S. vom 27. 1. 1932 in: *Georg Kreis, Gerd Krum-eich, Henri Ménudier, Hans Mommsen, Arnold Sywottek* (Hrsg.): Alfred Toepfer, Stifter und Kaufmann. Bausteine einer Biographie-Kritische Bestandsaufnahme, Hamburg 2000, S. 297; Staudinger / *Rawert* (95) § 86 Rn 5.

37 § 86 BGB verweist deswegen nicht auf § 27 Abs. 1 und 2 BGB.

38 Staudinger / *Rawert* (95) § 86 Rn 3, *Lenk / Rawert*, S. 93 ff.

39 Ebd., § 86 Rn 5; Beispiel: § 7 Satz 2 der Satzung der Stiftung F.V.S. in: *Kreis,* S. 297.

40 Nachweisungen bei Staudinger / *Rawert* (95) § 86 Rn 2.

41 Beispiele: Bürgerstiftungen in Deutschland, S. 351; 359 366 379; *Kreis* u. a., S. 314.

42 Hierzu eingehend *Lenk / Rawert* S. 91 ff.

43 Ebd., S. 103.

Wird dieses durch vorzeitige Abberufung beendet, endet das Dienstverhältnis nicht automatisch zum selben Zeitpunkt, sondern muss mit der Folge gekündigt werden, dass hierüber im Streitfall die Arbeitsgerichte zu entscheiden hätten. Zuständig für den Abschluss und die Kündigung des Dienstvertrages ist das Stiftungsorgan, das auch die Berufung und Abberufung beschließt. Die Satzung und Geschäftsordnung kann dazu abweichende Regelungen treffen.

Obwohl es Organmitglied bleibt, scheidet das Vorstandsmitglied aufgrund seines Dienstvertrages aus dem Kreis der Ehrenamtlichen aus.

Auftragsrecht

Der Auftrag ist durch Unentgeltlichkeit und Fremdnützigkeit geprägt. Die Unentgeltlichkeit gehört schon zur Definition der ehrenamtlichen Mitarbeit, die Fremdnützigkeit folgt aus der Gemeinwohlorientierung der Stiftungstätigkeit. Die ehrenamtliche Tätigkeit in Stiftungen lässt sich danach weitgehend durch Auftragsrecht beschreiben.

Aus dem *Auftragsverhältnis* ergeben sich Verpflichtungen und Rechte, die den ehrenamtlichen Mitarbeitern meistens nicht bekannt sind. So darf er ohne entsprechende Ermächtigung der Stiftung die ihm aufgetragenen Aufgaben nicht einem Dritten übertragen; ist ihm das aber gestattet, hat er nur für dessen Auswahl und Einweisung einzustehen (§ 664 BGB). Er muss ferner die Stiftung über seine Tätigkeit informieren und über die Erledigung berichten (§ 666 BGB). Selbstverständlich muss er über ihm anvertraute Gelder und Fördermittel abrechnen und Überschüsse herausgeben (§ 667 BGB) und etwaige selbst in Anspruch genommenen Beträge verzinsen (§ 668 BGB).

Das Gesetz geht davon aus, dass der Beauftragte für die Stiftung als Auftraggeber wie ein Selbständiger handelt, also zunächst die erforderlichen Beträge vorstreckt. Deswegen kann der ehrenamtliche Mitarbeiter für seine Auslagen *Vorschüsse* anfordern (§ 669 BGB).

Der Beauftragte kann grundsätzlich *Ersatz der Aufwendungen* einfordern, die er den Umständen nach für erforderlich halten konnte (§ 670 BGB). Damit trägt er seinerseits ein Risiko, falls es zum Streit mit der Stiftung über die Erforderlichkeit kommt. Es besteht eine widerlegbare Vermutung, dass ehrenamtliche Mitarbeiter ihre Leistungen für die Stiftung ohne *Aufwendungsersatzanspruch* erbringen.[44] Sie müssen also darlegen und eventuell beweisen, dass sie nicht darauf verzichtet haben.

Zu den *ersatzpflichtigen Aufwendungen* gehören alle zur Durchführung des Auftrages erforderlichen *finanziellen Einbußen,* im Allgemeinen jedoch nicht ein etwaiger Verdienstausfall.[45] Dieser Aufwendungsersatzanspruch kann durch Ver-

---

[44] *Kirchhof,* § 10 b Rn. 35.
[45] Staudinger / *Wittmann* (95) § 670 Rn. 5 ff.

trag eingeschränkt werden,[46] beim Vorstand auch durch das Stiftungsgeschäft, die Satzung oder eine Geschäftsordnung.

Sieht die Satzung der Stiftung, ein mit ihr abgeschlossener Vertrag oder ein Vorstandsbeschluss vor Beginn der aufwandbegründenden Tätigkeit einen Ersatzanspruch vor, ist die Erstattung nicht als Vergütung anzusehen und begründet kein lohnsteuer- oder sozialversicherungspflichtiges Beschäftigungsverhältnis. Überschreiten Aufwandsentschädigungen etwa in Form von Pauschalsätzen den Aufwendungsrahmen erheblich, gelten sie als *steuerpflichtige Einkünfte* aus selbstständiger Tätigkeit.[47]

Ehrenamtliche Mitarbeiter haben die Möglichkeit, auf eine Erstattung ihrer Aufwendungen zu verzichten und der Stiftung den Wert des Verzichts als Spende zukommen zu lassen. Diese kann als Sonderausgaben nach § 10b Abs. 3 EStG berücksichtigt werden (*Aufwandszuwendung*). Voraussetzung ist, dass die Körperschaft zum Empfang steuerlich abzugsfähiger Spenden legitimiert ist (§ 49 Nr. 2 EStDV). In der entsprechenden *Zuwendungsbescheinigung* der Stiftung für derartige Spenden ist der Verzicht auf die Erstattung von Aufwendungen ausdrücklich anzugeben.[48]

Die Aufwendungen von Mitgliedern des Vorstandes und anderen verantwortlichen Organen der Stiftung können nicht in Aufwandszuwendungen umgewandelt werden, weil ihre Erstattung nicht durch die Stiftungssatzung oder vertraglich eingeräumt wurde, sondern kraft Gesetzes nach §§ 80, 27 Abs. 3 und 670 BGB.[49]

Obwohl das Ehrenamtsverhältnis wegen seiner Unentgeltlichkeit kein Dienstverhältnis ist, führt die betriebliche Eingliederung des Freiwilligen in die Stiftung doch zur Anwendung arbeitsrechtlicher *Schutzbestimmungen*. Das ergibt sich aus dem Gedanken des § 618 BGB, der eine allgemeine Fürsorgeverpflichtung für alle Mitarbeiter im Betrieb schafft.[50]

So hat der ehrenamtliche Mitarbeiter die gleichen Ansprüche an Betriebssicherheit, Gesundheitsschutz und Arbeitsplatzergonomie wie der Arbeitnehmer[51], ist aber der Arbeitnehmervertretung im Betrieb nicht unterworfen.[52]

Im Interesse des ehrenamtlichen Mitarbeiters und auch der Stiftung liegt es, mit dem ehrenamtlichen Mitarbeiter einen *Rahmenvertrag* zu schließen, der die Tätigkeit zeitlich wie örtlich bestimmt, die Teilnahme an Koordinationssitzungen fest-

---

[46] Ebd., § 670 Rn. 4.
[47] *Kirchhof*, § 19 Rn. 30.
[48] Ebd., § 10b Rn. 90.
[49] Ebd., § 10b Rn. 36.
[50] Münch/*Larenz*, § 618 Rn. 4; *Christoph Engel*, Ehrenamt und Arbeitsrecht, 1994, S. 155 ff.
[51] *Igl*, Zukunft S. 415, Staudinger/*Röthel* (02) § 844 Rn. 27.
[52] *Igl*, Zukunft S. 416 f.

9.3 Ehrenamtliche Mitarbeit in der Stiftung

legt und klarstellt, in welchem Umfange die Stiftung Aufwendungen ersetzt und Versicherungsleistungen übernimmt.

Haftung und Versicherung

Freiwillige wollen gerne mit einer ihrer Qualifikation entsprechenden verantwortlichen Aufgabe betraut sein. Mit einer solchen Tätigkeit sind aber auch Risiken verbunden, die sowohl Dritte als auch die Stiftung und die Freiwilligen selbst treffen können. Das Risikospektrum reicht hier von Vertrags- und Rechtsverletzungen bis zu Personen-, Sach- und Vermögensschäden. Die meisten Stiftungen sind auf derartige Risiken wenig vorbereitet.

Nach §§ 86, 31 BGB haftet die Stiftung für die *zum Schadensersatz verpflichtenden Handlungen* des Vorstandes, seiner Mitglieder oder eines verfassungsgemäß berufenen Vertreters, die sie in Ausführung der ihnen zustehenden Verrichtung begangen haben. Der Vertreter muss nicht unbedingt durch die Satzung berufen sein; es genügt, wenn ihm aufgrund der allgemeinen Betriebsregelung und Handhabung bedeutsame, wesensmäßige Funktionen zur selbständigen, eigenverantwortlichen Erfüllung zugewiesen sind und er die Stiftung insoweit repräsentiert.[53] Diese Organhaftung der Stiftung mag durch unerlaubte Handlungen (§§ 831 ff. BGB), durch Vertragsverletzungen (§§ 276, 280, 286, 325 f. BGB), vertragsähnliche Vorgänge (§§ 122, 307, 463 BGB) oder schuldloses, zum Schadensersatz verpflichtendes Handeln (§§ 228 Satz 2, 231 ,904 BGB) begründet sein.

Daneben besteht eine Haftung für Schäden, die ein Stiftungsorgan als gesetzlicher Vertreter oder eine Person verschuldet hat, derer er sich zur Erfüllung einer Verbindlichkeit bedient (§ 278 BGB). Hauptanwendungsfall dieser Haftung für einen *Erfüllungsgehilfen* ist die Verletzung vertraglicher Schutzpflichten etwa bei einer von der Stiftung durchgeführten Veranstaltung.[54] Die Stiftung kann sich gegen vorsätzliche Fehler des ehrenamtlichen Mitarbeiters, sofern sie nicht als Organ tätig sind, durch Haftungsausschluss nach § 278 Satz 2 BGB schützen.[55] Im Übrigen liegt es nahe, in analoger Anwendung des hinter §§ 708, 1359 und 1664 BGB stehenden Gedankens die Haftung für Erfüllungsfehler bei Freiwilligen auf deren eigenübliche Sorgfalt zu begrenzen.[56]

Außerhalb solcher Verbindlichkeiten kann die Stiftung für Schäden haften, die eine von ihr bestellte Person in Ausführung einer ihr aufgetragenen Verrichtung einem Dritten widerrechtlich zufügt (§ 831 Abs. 1 BGB). Unter diese *Verrichtungsgehilfen* fallen aber nur diejenigen, die einem Weisungsrecht der Stiftung unterliegen. Bei Freiwilligen ist das eher die Ausnahme. Die Stiftung darf außerdem

---

[53] Ebd., S. 387 ff.; *Staudinger/Wieck* (95) § 31 Rn. 2.
[54] *Igl/Jachmann/Eichenhofer*, S. 244.
[55] Staudinger/*Otto* (95) § 278 Rn. 120.
[56] Staudinger/*Vieweg* (02) § 840 Rn 64.

nachweisen, dass sie bei der Auswahl des Verrichtungsgehilfen die im Verkehr erforderliche Sorgfalt beobachtet hat oder der Schaden selbst dann entstanden wäre (§ 831 Abs. 1 Satz 2 BGB).

Neben der Stiftung haftet auch der ehrenamtliche Verrichtungsgehilfe als *Gesamtschuldner,* wenn er für den Schaden verantwortlich ist, insbesondere, wenn er eine Aufsichtspflicht verletzt hat (§ 840 Abs. 1 BGB). Im Innenverhältnis findet dann ein Ausgleich nach Schuldanteilen statt, der im Ergebnis dazu führt, dass der Verrichtungsgehilfe den Schaden allein tragen muss (§ 840 Abs. 2 BGB).[57] Der ehrenamtliche Mitarbeiter kann aber in solchen Fällen wie ein Arbeitnehmer behandelt werden, der vom Arbeitgeber von der Haftung für gewisse, diesem zuzurechnende Gefahren freizustellen ist.[58]

Es wird empfohlen, dass private Stiftungen ihren *Haftpflicht-Versicherungsschutz* auf ihre ehrenamtlichen Mitarbeiter pauschal erstrecken.[59] Hat eine Stiftung keinen solchen Versicherungsschutz, sollte der ehrenamtliche Mitarbeiter seine private Haftpflichtversicherung auf die Haftpflicht im Zusammenhang mit ehrenamtlichen Tätigkeiten erweitern.

Private *Rechtsschutz-Versicherungen* umfassen in der Regel auch Streitigkeiten aus ehrenamtlicher Tätigkeit, was jedoch vorsorglich mit der Versicherung abgeklärt werden sollte.

Mit einer *Dienstreise-Kaskoversicherung* kann die Stiftung Schäden abdecken, die ein Mitarbeiter bei einem ehrenamtlichen Einsatz mit seinem Kfz erleidet.

Wird ein ehrenamtlicher Mitarbeiter einer Stiftung bei der Ausübung seines Ehrenamtes selbst körperlich oder materiell von einem *Dritten* geschädigt, hat dieser für den Schaden aufzukommen.

Ist der Mitarbeiter krankenversichert, hat bei *Körperschäden* zunächst seine Krankenversicherung einzutreten. Diese kann sich dann an den Schädiger halten, sofern jenen ein Verschulden trifft oder er für Gefährdung einstehen muss. Ist der Körperschaden beim *Transport mit einem Kfz der Stiftung* entstanden, kommt die Kfz-Haftpflichtversicherung der Stiftung dafür auf.

Durch die gesetzliche *Unfallversicherung* werden Arbeits- und Wegeunfälle (§ 8 SGB VII) und Berufskrankheiten (§ 9 SGB VII) auch von ehrenamtlichen Organen und Mitarbeitern von Körperschaften, Anstalten oder Stiftungen des öffentlichen Rechts sowie die Teilnahme an Ausbildungsveranstaltungen versichert (§ 2 Abs. 1 Nr. 10, 1.Halbsatz SGB VI). Die Anmeldung erfolgt über die Berufsgenossenschaft, die auch für die hauptamtlichen Mitarbeiter zuständig wäre. Ehrenamtliche Mitarbeiter in sonstigen Körperschaften, Anstalten und Stiftungen

---

[57] Der Gedanke der eigenüblichen Sorgfalt muss auch hier gelten.
[58] *Igl,* Zukunft S. 442; *Staudinger/Richardi* (99) § 611 Rn. 493 ff.; BGHZ 89, 157.
[59] Beispiel: Die Körber Stiftung versichert ihre ehrenamtlichen Mitarbeiter pauschal gegen Haftpflicht und Unfall.

sind bisher in diese Versicherung nicht einbezogen und sollten sich privat versichern, sofern die Stiftung das nicht für sie tut.

Bei *materiellen Schäden* ist es Sache des Ehrenamtlichen, sich vom Schädiger Ersatz zu holen. Hat die Stiftung bei der Übertragung der Aufgabe den Mitarbeiter schuldhaft unzureichend über die damit verbundenen Gefahren aufgeklärt, hat auch sie für den Schaden nach § 31 BGB einzustehen.

Bei *Zufallsschäden,* die von keinem der Beteiligten verschuldet sind, wird zu prüfen sein, ob der Schaden unter dem Gesichtspunkt des Aufwendungsersatzes (§ 670 BGB) reguliert werden kann.

Sozialversicherung und Steuer

Unbezahlte ehrenamtliche Mitarbeiter stehen zur Stiftung nicht in einem Arbeitsverhältnis, sodass keine Lohnsteuer anfällt. Sie sind auch nicht der *Sozialversicherung* unterworfen, denn diese knüpft an ein vergütetes Arbeitsverhältnis an (§ 5 Abs. 1 Nr. 1 SGB V). Damit entfällt ihre Einbeziehung in die gesetzliche Kranken- und Pflegeversicherung (§ 20 SGB XI).

Nebenberufliche Tätigkeiten als *Übungsleiter, Ausbilder, Erzieher, Betreuer oder auch künstlerischen oder Pflegetätigkeiten* im Auftrage einer inländischen juristischen Person des öffentlichen Rechts oder einer unter § 5 Abs. 1 Nr. 9 des Körperschaftssteuergesetzes fallenden Einrichtung zur Förderung gemeinnütziger, milder und kirchlicher Zwecke sind sozialabgabefrei, sofern die Einnahmen 1.848 Euro im Jahr nicht überschreiten (§ 3 Nr. 26 EStG). Da gemeinnützige Stiftungen in der Regel zu diesen Einrichtungen gehören, können sie sozialabgabefrei derartige Personen bei sich beschäftigen. Deren Einkünfte aus dieser nebenberuflichen Tätigkeit bleiben aber steuerpflichtig.

Für Arbeitnehmer, deren *nebenamtliche ehrenamtliche Tätigkeit* zu Lasten des Hauptamtes geht, sieht die Rentenversicherung in § 163 SGB VI Vergünstigungen vor, die eine Schlechterstellung in ihrer Versichertenbiografie vermeiden helfen soll.

Sind sie in einer öffentlichrechtlichen oder einer privaten gemeinnützigen, mildtätigen oder kirchlichen Stiftung (§ 5 Abs. 1 Nr. 9 KStG) ehrenamtlich tätig und wird deswegen ihr Arbeitsentgelt gemindert, gilt auf Antrag des Arbeitnehmers der Betrag zwischen dem tatsächlich erzielten und dem Arbeitsentgelt, das ohne die ehrenamtliche Tätigkeit erzielt worden wäre, bis zur Beitragsbemessungsgrenze (*Unterschiedsbetrag*) als Arbeitsentgelt (§ 163 Abs. 3 SGB VI). Den Beitrag hierfür haben sie selbst zu tragen.

Bei Stiftungen des öffentlichen Rechts gilt darüber hinaus das *Beitragsprivileg* des § 163 Abs. 4 SGB VI. Danach können Personen, die dort in ihrem Ehrenamt ein Entgelt beziehen und daher versicherungspflichtig sind, sich für jeden Betrag zwischen dem Arbeitsentgelt und der Beitragsbemessungsgrenze freiwillig versichern, wobei der Unterschiedsbetrag als versichertes Arbeitsentgelt angesehen wird.

Arbeitslosigkeit schließt eine ehrenamtliche Betätigung nicht aus, wenn dadurch die berufliche Eingliederung nicht beeinträchtigt wird (§ 118a SGB III). Oft ist sie eine Chance für eine spätere geringfügige Beschäftigung, die dann auch ihrerseits sozialversicherungsfrei sein würde (§ 27 Abs. 2 Nr. 3 SG III). Ehrenamtliche Tätigkeiten, die 15 Stunden in der Woche übersteigen, sind allerdings der Arbeitsagentur anzuzeigen, da dann möglicherweise die Verfügbarkeit für eine berufliche Eingliederung beeinträchtigt wird.[60]

Nach § 16 Abs. 1 SGB II erhalten erwerbsfähige Arbeitslose, die Arbeitslosengeld II beziehen, *Eingliederungsleistungen* in Form von Lohnkostenzuschüssen, Einstiegsgeld oder berufsvorbereitenden Maßnahmen.

Ab Januar 2005 ist auch die Förderung von so genannten *Zusatzjobs* vorgesehen (§ 16 Abs. 3 SGB II). Für diesen bekommen sie eine sog. Mehraufwandsentschädigung in Höhe von ein bis zwei Euro pro gearbeiteter Stunde. Ein Zusatzjob muss gemeinnützig und zusätzlich erfolgen, also ergänzend zu den Aufgaben, die auf diesem Gebiet üblicherweise geleistet werden und damit keinen bezahlten Arbeitsplatz gefährden. Die Zuteilung solcher Jobs erfolgt auf Antrag der Stiftung durch die zuständige Arbeitsagentur oder deren Arbeitsgemeinschaften mit den Kommunen.

Mit der Neuregelung der geringfügigen (*Minijobs*) und der *kurzzeitigen Beschäftigungen* können Arbeitgeber ab 1. April 2005 bei einer Vergütung bis zu 400 Euro pro Monat Mitarbeiter gewinnen, die möglicherweise die bis dahin ehrenamtlich Tätigen verdrängen.[61] Was arbeitsmarktpolitisch vorteilhaft erscheint, mag sich bei den gemeinnützigen Einrichtungen auf das bürgerschaftliche Engagement negativ auswirken, zumal die Zahlung einer Vergütung oder pauschalierten Aufwandsentschädigung die intrinsische Motivation Freiwilliger durchaus beeinträchtigen kann.[62]

Zusammenfassung

Ehrenamt und Stiftung hängen innerlich nicht unbedingt zusammen. Beide sind zwar darauf ausgerichtet, einen Beitrag zum Gemeinwohl zu erbringen. Beide bringen sie ihre ideellen Vorstellungen dazu ein, beide spenden etwas zum gemeinen Nutzen: der Freiwillige seine Zeit und vielleicht auch seine Verbindungen, der Stifter sein Geld oder sogar sein gesamtes Vermögen. Aber sie stehen auf verschie-

---

[60] § 2 der Verordnung über die ehrenamtliche Betätigung von Arbeitslosen v. 24. 05. 2002 BGBl. I S. 1783.

[61] Einzelheiten im Internet www.minijobzentrale.de.

[62] s. *Frey/Lorenz Götte:* Ohne Preis keinen Fleiss? in: VM (Verbandsmanagement) 29. Jahrgang, S. 20 ff.

9.3 Ehrenamtliche Mitarbeit in der Stiftung

denen Seiten der Gesellschaft: Der Stifter mit seiner finanziellen und als deren Voraussetzung auch wirtschaftlichen und gesellschaftlichen Macht oben, der Freiwillige als einzelner Privater trotz aller seiner gesellschaftlichen Verbindungen und Zusammenschlüsse doch eher an der Basis. Der Stifter legt in der Stiftung seine Zielvorstellungen zur Gesellschaft nachhaltig fest und sichert dies finanziell ab. Der bürgerschaftlich Engagierte ist darauf angewiesen, sich mit anderen zu verbinden, um seine Ziele verfolgen zu können. Er tut das in Gruppen, Vereinen und Verbänden, auch in Gesellschaften und anderen Organisationsformen, die von ihren Mitgliedern und deren finanziellen Beiträgen, vor allem aber von ihren sich wandelnden Zielvorstellungen abhängig bleiben. Dadurch wird die Nachhaltigkeit ihres Engagements gefährdet.

Diese unterschiedliche Grundbefindlichkeit zeigt sich auch bei der ehrenamtlichen Mitwirkung in der Stiftung. Während in allen von Mitgliedern getragenen Körperschaften ehrenamtliche Tätigkeit die Basis bildet, sind Stiftungen nur dort darauf angewiesen, wo sie in ihrer Arbeit etwa im sozialen Bereich freiwillige und persönliche Unterstützung benötigen. Obwohl es hierzu keine speziellen Erhebungen gibt, deutet alles darauf hin, dass Stiftungen dank ihres Vermögens im Allgemeinen auf ehrenamtliche Mitarbeit weniger angewiesen sind als andere gemeinnützige Organisationen.

Erst in neuester Zeit scheint sich das zu ändern. Mit der Entwicklung von Gemeinschaftsstiftungen, insbesondere mit der Entstehung von Bürgerstiftungen, kommt durch die Vielzahl von Stiftern ein mitgliedschaftliches Element in das Stiftungswesen. Es erlaubt vielen eine Identifikation mit den Zielen dieser auf die Stärkung des bürgerschaftlichen Engagements ausgerichteten Einrichtungen und lädt damit auch zur ehrenamtlichen Mitwirkung ein. Für das Stiftungswesen, das von seiner Tradition her und als Institution selbst eher hierarchisch strukturiert ist, zeigt dies eine Hinwendung zu demokratischen Strukturen, denen man Zukunft wünscht.

9.4 Die Haftung der Stiftungsorgane

Von Stefan Friederich

Den Stiftungsvorstand, aber – je nach Satzung – auch die anderen Organe treffen bei Übernahme und Ausführung ihrer Ämter besondere Handlungspflichten und Haftungsrisiken[1]. Die Haftung wird in erster Linie durch § 27 Abs. 3 BGB und seinen Verweis in die Vorschriften des Auftragsrechts bestimmt. Der Pflichtenkreis – und damit das Haftungsrisiko – eines Stiftungsvorstandes hängt stark von dem ihm übertragenen satzungsmäßigen Aufgaben und der Größe und Geschäftstätigkeit einer Stiftung ab. Daneben treten unter Umständen Haftungsrisiken aus der Betreuung des Stiftungsvermögens sowie strafrechtliche und steuerrechtliche Haftungsrisiken. In zahlreichen Landesgesetzen finden sich denn auch Ansätze, diese Haftungstatbestände gerade für die ehrenamtlich tätigen Stiftungsvorstände nicht ausufern zu lassen.[2] Der nachfolgende Beitrag erläutert die einzelnen Haftungsrisiken und geht auf dieses Spannungsverhältnis ein. Dabei ist zu unterscheiden zwischen den rechtsfähigen Stiftungen auf der einen Seite, die den Regelungen der §§ 80 ff. BGB unterliegen, und den treuhänderischen Stiftungen auf der anderen Seite.

Rechtsfähige Stiftungen

I. Haftungsbegründung im Innenverhältnis

Für den Stiftungsvorstand gelten über §§ 86 S. 1 i.V.m. § 27 Abs. 3 BGB die allgemeinen Vorschriften des BGB. Die Stiftung ist zwar eine juristische Person, es existieren für sie selbst wie aber auch für den Verein, dessen Recht durch die Rückverweisung in § 86 BGB auch auf die Stiftung anzuwenden ist, keine gesetzlichen Organhaftungsvorschriften. Dies hat zur Folge, dass als Haftungsgrund für den Stiftungsvorstand im Innenverhältnis nur ein Schadensersatzanspruch aus

---

[1] Wenn im Folgenden von dem Stiftungsvorstand gesprochen wird, so gelten die Ausführungen entsprechend für die anderen satzungsmäßigen Organe, soweit Ihnen entprechende Aufgaben eingeräumt wurden.

[2] Generell beschränkt auf Vorsatz und grobe Fahrlässigkeit z. B. Bayern (Art 14 S. 2 BayStiftG) und Hessen (§ 8 S. 2 Hess. StiftG), beschränkt auf Vorsatz und grobe Fahrlässigkeit nur bei ehrenamtlichen Organmitgliedern, z. B in Mecklenburg-Vorpommern (§ 8 Abs. 2 S. 2 MVStiftG) und Sachsen-Anhalt (§ 12 Abs. 2 S-Anh.StiftG), nur beschränkbar auf Vorsatz und grobe Fahrlässigkeit in Niedersachsen (§ 6 Abs. 3 NiedersächsStiftG) und im Saarland (§ 5 Abs. 2 S. 3 SaarlStiftG).

§ 280 Abs. 1 BGB wegen schuldhafter Verletzung der sich aus §§ 86 S. 1, § 27 Abs. 3 i.V. m. §§ 664 bis 670 BGB ergebenden Pflichten in Frage kommt. Daneben kann jedoch auch die allgemeine Haftung aus einem Geschäftsbesorgungsvertrag, einem Anstellungsvertrag oder aus allgemeinem Deliktsrecht treten.[3]

Einige Landesstiftungsgesetze sehen ausdrücklich eigene haftungsbegründende Normen vor.[4] Deren Verfassungsmäßigkeit wird überwiegend zu Recht bezweifelt[5], soweit sie aufgrund der vorgenannten Haftungstatbestände nicht ohnehin als verzichtbar bezeichnet werden.[6]

1. Pflichtverletzungen des Vorstandes

a) Pflichten aus der Geschäftsführung

Die wichtigste Pflicht des Vorstandes ist die Pflicht zur Verwirklichung des Stiftungszwecks. Dabei besteht naturgemäß die Problematik, dass die Ausfüllung des Stiftungszweckes nicht nur auf eine Art möglich und sinnvoll sein kann, sondern dem Vorstand ein gewisser Handlungsspielraum verbleiben muss.[7] Es erscheint wenig hilfreich, diesen Handlungsspielraum allein durch die Sorgfalt eines ordnungsgemäß wirtschaftenden Kaufmanns zu beschreiben.[8] Rechtsprechung und Literatur haben sich, wenn auch zurückhaltend aus verschiedenen Richtungen der Bestimmung dieses Pflichtenkreises genähert. Hierdurch können natürlich nur die Umrisse einer solchen Pflicht bestimmt werden.

Die Pflicht zur Ausfüllung des Stiftungszwecks kann schon durch die Satzung erheblich konkretisiert sein, etwa durch Vorgaben des Stifters hinsichtlich der Auswahl der begünstigten Destinatäre.[9] Ähnliches ist sicher auch vorstellbar, wenn neben der Satzung eine Geschäftsordnung die grundsätzliche Ausfüllung des Stiftungszweckes beschreibt. Der Handlungsspielraum kann hier durch den Stifter erheblich beschränkt werden. Verstöße hiergegen werden regelmäßig eine Pflichtverletzung darstellen.

In den übrigen Fällen ist jedoch oft zweifelhaft, ab wann von einer Pflichtverletzung auszugehen ist. In einer bekannten Entscheidung formulierte das BVerwG die „Eingriffsschwelle" für die Stiftungsaufsicht wie folgt und gab damit gleichzeitig einen Rahmen vor, wie es sich den Handlungsspielraum eines Vorstandsmit-

---

[3] *Meyn/Richter*, Die Stiftung, Rdnr. 569
[4] Z. B. § 19 RhPflStiftG, § 14 BayStiftG, § 8 HessStiftG,
[5] Vgl. *Rawert/Staudinger* BGB, § 86 Rdnr. 13.
[6] *Meyn/Richter*, a. a. O., Rdnr. 570.
[7] *Schwintek*, Vorstandskontrolle in rechtsfähigen Stiftungen des bürgerlichen Rechts, 2001, S. 130.
[8] So *Menges*, Stiftungsvorstand – Haftungsrisiko ohne Ende, in Stiftung und Sponsoring 2003, Heft 3, S. 19 ff.
[9] BGH NJW 1957, 708.

gliedes vorstellt. Demnach kommt ein Tätigwerden der Stiftungsaufsichtsbehörden erst dann in Betracht, wenn das Handeln der Stiftungsorgane mit einer vernünftigen wirtschaftlichen Betrachtungsweise unvereinbar ist oder offensichtlich dem Stifterwillen oder dem Stiftungszweck zuwidergehandelt wird.[10]

Teile der Literatur gehen sogar darüber hinaus und definieren den Handlungsspielraum noch weiter. Sie halten das Handeln des Stiftungsvorstandes für pflichtgemäß, wenn dieser sein Verhalten für die gebotene Form der bestmöglichen Verwirklichung halten darf, also nicht erst, wenn es tatsächlich die gebotene Form der bestmöglichen Verwirklichung ist.[11] So werden nach dieser Ansicht wohl auch die Kenntnisse und Fähigkeiten des Vorstandes, sowie die Größe der Stiftung eine Rolle bei der Frage spielen, welches Verhalten er für geboten halten durfte.

Als äußere Grenze des pflichtgemäßen Handelns ist das Verbot anzusehen, auf Kosten der Stiftung eigene Interessen oder Interessen Dritter zu verfolgen.[12] Der Abschluss solcher für die Stiftung benachteiligenden Rechtsgeschäfte stellt immer eine Pflichtverletzung dar, unabhängig davon auf welcher Seite das Organmitglied tätig wird.

Fasst man die unterschiedlichen Ansätze zusammen so lässt sich folgender Pflichtenkreis formulieren: Der Vorstand hat – unter Zurückstellen seiner eigenen Interessen – die wirtschaftlichen und sonstigen Belange der Stiftung zu fördern. Sein Handeln muss auf die möglichst erfolgreiche Zweckverwirklichung gerichtet sein. Pflichtwidrig sind wirtschaftlich nicht mehr zu vertretende, die Stiftung oder die Zweckerfüllung schädigende Handlungen. Bei der Beurteilung ist dem Stiftungsvorstand ein gewisser Handlungsspielraum zuzubilligen. Als subjektives Element ist in einer ex ante Betrachtungsweise zusätzlich zu prüfen, ob aus der Sicht eines vernünftig handelnden Stiftungsorgans die getroffene Maßnahme als geboten erscheint.[13]

b) Pflichtverletzungen hinsichtlich der Vermögensbetreuungspflicht

Wichtigste Konsequenz aus der Pflicht, den Stiftungszweck dauerhaft zu erfüllen, ist die ebenso bestehende Pflicht, das Stiftungsvermögen zu erhalten. Dabei ist die inhaltliche Ausgestaltung des Vermögenserhaltungsgebotes umstritten. Die Landesgesetze helfen hierbei nicht weiter. So statuiert Art. 11 Abs. 2 S. 1 BayStiftG recht unpräzise, dass das Stiftungsvermögen sicher und wirtschaftlich zu verwalten sei. Es lassen jedoch in der Literatur im Wesentlichen drei Ansichten unterscheiden:[14]

---

[10] BVerwG DVBl. 1973, 796.

[11] *Reuter*, Haftung des Stiftungsvorstandes gegenüber der Stiftung, Dritten und dem Fiskus, in Non Profit Law Yearbook 2002, S. 157, 164.

[12] *Hof*, in: Seifart / v. Campenhausen (Hrsg.), Handbuch des Stiftungsrechts, 2. Aufl. 1999, § 4, Rdnr. 113.

[13] Vgl. zur ex-ante Betrachtungsweise: *Schwintek*, Vorstandskontrolle, S. 190.

Als überholt dürfte die Ansicht anzusehen sein, die auf die reine Substanzerhaltung abstellt. Danach ist dem Vermögenserhaltungsgebot genüge getan, wenn die Wirtschaftsgüter als in ihrer ursprünglichen Form erhalten bleiben. Werden also ertragsbringend Güter oder Werte gestiftet, so spielt es keine Rolle, wenn diese – etwa im Fall von Kursverlusten bei Aktien – nicht mehr rentierlich sind, solange sie körperlich noch vorhanden sind. Dies ist nach Auffassung des Verfassers abzulehnen, da es eine aktive Bewirtschaftung des Stiftungsvermögens und die davon abhängende Zweckerreichung offenkundig unmöglich machen würde. In der Praxis verfügen jedoch oft Stifter, dass die gestifteten Güter in ihrer Substanz zu erhalten seien.[15] Dies stellt vor allem die Vorstände gestifteter Kunstsammlungen vor große Probleme. Obgleich im Besitz wertvoller Kunstwerke und mit der Pflicht ausgestattet, diese auszustellen, dürfen sie kein einziges Bild verkaufen, um das Geld für Räume, Personal und laufende Kosten zu erwirtschaften.

Weit verbreitet ist heute die Ansicht, im Rahmen des Vermögenserhaltungsgebotes sei allein auf die Werterhaltung abzustellen, unabhängig von dem gestifteten Gegenstand. Kursverluste können innerhalb dieser Ansicht daher eine Kollision mit dem Vermögenserhaltungsgebot bedeuten, solange der Vorstand riskante Anlagestrategien gewählt hat, oder auf Kursverluste nicht adäquat reagiert. Teilweise wird darüber hinaus sogar noch diskutiert, ob der nominelle Wert zu erhalten ist oder die Inflation in diese Wertberechnung mit einzufließen hat.[16] Bestätigt wird diese Ansicht durch die neue Fassung des § 80 II BGB, der „die dauernde und nachhaltige Erfüllung des Stiftungszwecks" fordert, und damit klarstellt, dass das Stiftungsvermögen Mittel zum Zweck der Erfüllung des Stiftungszweckes ist und nicht die Erhaltung seiner Substanz um jeden Preis im Vordergrund steht.[17]

Im Vordringen befindet sich darüber hinaus eine Ansicht, die eine allgemein zulässige Aussage verneint. Vielmehr solle der Stifterwille alleine entscheidend für die Bestimmung des Inhalts des Vermögenserhaltungsgebotes sein. Ist der Stiftung ein Mietshaus übertragen, so sollen die Zwecke auch nur mit den Mieterträgen erfüllt werden. Ein Wechsel in eine andere Vermögensanlage soll ausgeschlossen sein.[18] Zu Recht wird hiergegen eingewandt, dass dies leicht dazu führt, dass nicht mehr der eigentliche Stiftungszweck – die optimale Erfüllung desselben – in den Vordergrund gerät, sondern die Erhaltung des gestifteten Vermögens als Selbstzweck.[19]

---

[14] *Hüttemann,* in: Festschrift für Werner Flume zum 90. Geburtstag, 1998, S. 59 ff. *Schwintek,* Vorstandskontrolle, 2001, S. 102 f.

[15] *Reuter,* Haftung des Stiftungsvorstandes gegenüber der Stiftung, Dritten und dem Fiskus, in Non Profit Law Yearbook 2002, S. 157, 160 ff.

[16] Zusammenfassung bei *Hüttemann,* a. a. O., 1998, S. 94; *Rödel,* Rechtsfolgen einer verlustbringenden Anlage des Stiftungsvermögens in Aktien, NZG 2004, S. 754, 755.

[17] *Reuter,* a. a. O., S. 157, 160 ff.

[18] *Hüttemann,* a. a. O., 1998, S. 59, 68 ff.

[19] *Reuter,* a. a. O., S. 160 f.

Richtig dürfte es sein, in den meisten Fällen vom Vorstand die nominelle Werterhaltung des Stiftungsvermögens zu fordern. Ein generelles Umschichtungsverbot ist nicht erforderlich. Ein solches kommt lediglich dort in Betracht, wo das Stiftungsvermögen unmittelbar zur Erfüllung des Stiftungszweckes dient, etwa beim Betrieb eines Krankenhauses. In allen anderen Fällen ist mit dem Stifterwillen allein kein Umschichtungsverbot zu rechtfertigen. Kommt es dem Stifter darauf an ein Landgut zu erhalten[20], so kann er dies als (wohl nicht gemeinnützigen) Stiftungszweck formulieren, will er damit in Not geratene Menschen unterstützen, so kann sein durch diesen Zweck antizipierter Wille auch lauten, dieses Landgut jedenfalls dann zu verkaufen, wenn die Erträge hieraus in einer anderen Anlageform deutlich höher sind.[21] Das Gesamtvermögen der Stiftung darf nach Ansicht der nominalen Werterhaltungstheorie nicht unter den Wert seines satzungsmäßigen Grundstockvermögens fallen.[22] Dies ist auf der Grundlage der Verkehrswerte der Aktiva zu ermitteln.[23]

Mit den Erträgen ist im Übrigen sparsam umzugehen. Dies verbietet bei kleinen bis mittleren Stiftungen hohe Vergütungen für Vorstandsmitglieder oder teure Repräsentationskosten. Ein übermäßiger Verbrauch der Mittel für nicht unmittelbar dem Stiftungszweck dienende Maßnahmen kann daher auch eine Pflichtverletzung darstellen.[24] Hat der Stiftungsvorstand die Mittel jedoch für entsprechende Aufwendungen satzungswidrig verwandt, und war der Stiftungsaufsicht dies voll umfänglich bekannt, so haftete er der Stiftung dann nicht, wenn die Aufsicht nicht gegen ihn eingeschritten ist.[25]

c) Sonstige Pflichtverletzungen

Einige Landesstiftungsrechte formulieren weitere Anforderungen an die Stiftungsorgane und zeigen damit gleichzeitig weitere denkbare Pflichtverletzungen auf.[26] So müssen sie etwa über vertrauliche Angaben Stillschweigen behalten[27], keine Rechtsgeschäfte in eigener Sache oder als Vertreter eines Dritten mit der Stiftung abschließen[28] oder an Beratungen über solche Geschäfte teilnehmen.[29]

---

[20] Beispiel von *Hüttemann,* a. a. O.
[21] *Reuter,* a. a. O., S. 161.
[22] *Rödl,* Rechtsfolgen einer verlustbringenden Anlage des Stiftungsvermögens in Aktien, NZG 2004, S. 754, 756.
[23] *Hof,* in: Seifart / v. Campenhausen (Hrsg.), Handbuch des Stiftungsrechts, § 10 Rdnr. 35.
[24] Einige Landesstiftungsgesetze formulieren eine solches Gebot zur Sparsamkeit.
[25] KG StiftRSpr. III 35 ff.
[26] Übersicht bei *Hof,* a. a. O., § 9 Rdnr. 189.
[27] RhPfStiftG § 13 II.
[28] BayStifG Art. 22.
[29] RhPfStiftG § 18.

Einige Landesstiftungsgesetze sehen außerdem immer noch Anzeige- und Genehmigungspflichten für bestimmte Geschäfte voraus.[30]

Problematisch ist, welche Folgen ein pflichtwidriges Geschäft hat, das der Behörde entweder angezeigt wurde oder sogar von ihr genehmigt worden ist. Hier wird zwar eine Pflichtverletzung des Vorstandes anzunehmen sein, die jedoch nicht schuldhaft sein dürfte.[31]

d) Richtiger Sorgfaltsmaßstab

Zur Anwendung kommt zunächst der allgemeine Haftungsmaßstab des § 276 Abs. 1 BGB, nach welchem der Vorstand vorsätzliche und fahrlässige Pflichtverletzungen zu vertreten hat, d. h. stets dann, wenn er die im Geschäftsverkehr erforderlichen Sorgfaltspflichten außer Acht lässt. Bei der konkreten Ermittlung des Sorgfaltsmaßstabes ist ferner auf die Größe der Stiftung abzustellen. An den hauptamtlichen Geschäftsführer großer Stiftungen werden daher andere Anforderungen zu stellen sein als an den ehrenamtlichen Vorstand einer kleinen Stiftung.[32]

aa) Eine milderer Haftungsmaßstab über die Anwendung der Grundsätze der Arbeitnehmerhaftung kommt nach Rechtsprechung des BGH[33] auch bei einem ehrenamtlich tätig werdenden Vorstand nicht in Betracht. Diese Haftungsmodifizierung kommt nur bei Arbeitnehmern zur Anwendung, nicht aber bei Organen von juristischen Personen.

bb) Daneben bestehen in einigen Bundesländern landesrechtliche Vorschriften, welche die Haftung von unentgeltlich tätig werdenden Organen auf Vorsatz und grobe Fahrlässigkeit beschränken[34]. Diese landesrechtlichen Vorschriften dürften aber zumindest als verfassungsrechtlich bedenklich einzuordnen sein, da die bundesrechtliche Regelung bezüglich des privatrechtlichen Verhältnisses zwischen Stiftung und Organmitgliedern als abschließend anzusehen ist, und die landesrechtliche Regelungskompetenz nur das hoheitliche Verhältnis zwischen Stiftung und Staat berührt[35]. Teilweise wird die Auffassung vertreten, diese Regelungen seien so auszulegen, dass sie eine landesrechtliche Ermächtigung darstellen, um Organmitglieder von der Haftung für leichte Fahrlässigkeit frei zuzeichnen[36]. Einer solchen Genehmigung bedarf es indes gar nicht, da sie schon nach bundesrechtlichen allgemeinen Vorschriften zulässig ist. Dies ergibt sich aus §§ 86 Abs. 1, § 27 Abs. 3 BGB, da diese Normen in das Auftragsrecht (§§ 664 ff. BGB) verweisen, wo der

---

30 *Hof,* a. a. O., § 9 Rdnr 190, § 10 Rdnr. 40 ff.
31 *Schwintek,* Vorstandskontrolle, S. 193.
32 *Hof / Hartmann / Richter,* Stiftungen, Beck-Rechtsberater 2004, S. 75.
33 BGHZ 89, 153 (159).
34 § 19 Abs. 2 RhPfStiftG; Art. 14 BayStiftG; § 6 Abs. 3 S. 3 NdsStiftG.
35 So auch *Meyn / Richter,* a. a. O., Rn. 571.
36 So wohl *Rawert,* in: Staudinger, BGB, § 80 Rn. 13.

Grundsatz der Privatautonomie gilt, der eine Erleichterung der Haftung in den Grenzen des § 276 III BGB ermöglicht.[37] Von dieser Gestaltungsmöglichkeit sollte in der Satzung auch Gebrauch gemacht werden, da der Stiftungsvorstand in der Regel unentgeltlich tätig sein dürfte und andernfalls die Bereitschaft ein solches Amt zu übernehmen nicht gefördert würde.

dd) Teilweise werden für den Bereich der Vermögensverwaltung verschärfte Sorgfaltsmaßstäbe, abgeleitet aus denen der professionellen Vermögensverwaltung verlangt. So seien jedenfalls das Gebot der produktiven Vermögensverwaltung, das Verbot der Spekulation und das Gebot der Risikominderung durch Diversifikation zu beachten.[38] Es erscheint sehr fraglich, ob an den durchschnittlichen Stiftungsvorstand derartige Anforderungen gestellt werden können, jedoch sollte auf jeden Fall in der Satzung von der Möglichkeit Gebrauch gemacht werden, die Haftung auf Vorsatz und grobe Fahrlässigkeit zu beschränken. Dies gilt umso mehr, wenn der Vorstand selbst in die Vermögensverwaltung involviert ist.

Die Gegenmeinung hierzu will bei Verstößen gegen das Vermögenserhaltungsgebot einen Rückgriff gegen die Stiftungsorgane nur bei deutlich erkennbaren, konkreten Vermögensverlusten und grob pflichtwidrigen Unterlassungen von im Einzelfall tatsächlich und rechtlich verfügbaren und erfolgversprechenden Maßnahmen zulassen.[39]

Angesichts der Rechtswirklichkeit, in der Stiftungen in Betracht ziehen, einen Teil ihres Vermögens auch in riskantere Anlagemöglichkeiten zu stecken und angesichts des Zurücktretens der staatlichen Kontrolle erscheint letztere Ansicht überholt. Jedoch sollten auch für die Stiftungsvorstände, die selber die Vermögensverwaltung betreiben, keine allzu hohen Anforderungen aufgestellt werden. Richtig erscheint es daher, den Sorgfaltsmaßstab anhand der Größe der Stiftung und der damit verbundenen Komplexität der Aufgabe festzusetzen. Dies entbindet jedoch auch den ehrenamtlich tätigen Vorstand einer kleinen Stiftung nicht davon, im Zweifelsfalle dort qualifizierten Rat einzuholen, wo die Aufgabe seine Fähigkeiten übersteigt.

2. Entfallen der Haftung

Ein vollkommener Ausschluss jeglicher Haftung in der Satzung zugunsten der Stiftungsorgane, sowohl im Innen- als auch im Außenverhältnis, kommt schon wegen § 276 Abs. 3 BGB nicht in Betracht.

---

[37] Wobei zu überlegen ist, ob dies auch für grobe Fahrlässigkeit gelten soll. Insofern könnten die landesrechtlichen Normen, zumindest in Bayern und in Hessen wieder entgegenstehen.

[38] So *Rödl,* Rechtsfolgen einer verlustbringenden Anlage des Stiftungsvermögens in Aktien, NZG 2004, S. 754, 757 m. w. N.

[39] *Seifart / v. Campenhausen,* Handbuch des Stiftungsrechts, § 10 Rdnr. 122.

a) Die Haftung des Stiftungsvorstandes wird dadurch ausgeschlossen, dass die Stiftungsaufsicht das Handeln des Stiftungsvorstandes trotz Kenntnis nicht beanstandet hat mit der Folge, dass dann eine Haftung der Aufsichtsbehörde wegen Verletzung von Amtspflichten gegenüber der Stiftung in Betracht kommt[40]. Nachteil dieser Rechtssprechung ist, dass die Stiftungsaufsichtsbehörden aus Sorge vor Amtshaftungsansprüchen häufig nicht die notwendigen Maßnahmen ergreifen, sondern sich mit den Stiftungsvorständen „einigen".[41]

b) Ungeklärt ist auch, welche Wirkung einem möglichen Entlastungsbeschluss zukommt. Im Vereinsrecht hat ein solcher Beschluss zur Folge, dass auf alle Schadensersatz- und etwa konkurrierende Bereicherungsansprüche, verzichtet wird[42], soweit diese bei sorgfältiger Prüfung erkennbar waren.[43] Dies trägt dem Umstand Rechnung, dass die Vereinsmitglieder hier über das Vereinsvermögen, das sie selbst eingebracht haben, entscheiden. Grundsätzlich anders verhält sich dies bei der Stiftung, da hier ein Verzicht auf Ansprüche das Vermögen der Stiftung, also fremdes Vermögen betreffen würde[44]. Wegen der treuhänderischen Vermögensbetreuungspflicht des Vorstandes dürfte einem solchen Beschluss daher materiellrechtlich keine Bedeutung zukommen. Dies gilt auch dann, wenn in die Satzung eine entsprechende Entlastungsmöglichkeit aufgenommen wurde.[45]

3. Verjährung

Die Verjährung der Ansprüche der Stiftung gegen den Vorstand richtet sich nach den allgemeinen Vorschriften der §§ 195, 199 BGB, wobei die Regelverjährungsfrist für schuldhafte Pflichtverletzungen 3 Jahre beträgt. Bei Schadensersatzansprüchen sind die Abweichungen in § 199 Abs. 2, Abs. 3 BGB zu beachten.

4. Durchsetzbarkeit der Ansprüche

Umstritten ist weiterhin, wem das Recht zusteht, die Ansprüche der Stiftung gegen die Vorstandsmitglieder durchzusetzen. In einigen Ländergesetzen ist geregelt, dass dieses Recht der Stiftungsaufsicht zustehen soll[46]. In den meisten Ländern, in denen dies nicht positivgesetzlich geregelt worden ist, steht dieses Recht grundsätzlich dem Vorstand zu, so dass dann nur die Möglichkeit für die Stiftungs-

---

[40] So wohl *Seifart/v. Campenhausen,* Handbuch des Stiftungsrechts, § 9 Rn. 219, KG StiftRSpr. III, S. 35 ff.
[41] *Reuter,* a. a. O., S. 157, 171.
[42] *Palandt/Heinrichs,* BGB, § 27 Rn. 5.
[43] BGH 24, 47; 97, 38.
[44] A.A. wohl *Hof,* a. a. O., § 9 Rn. 223.
[45] So auch *Meyn/Richter,* a. a. O., Rn. 574.
[46] *Hof,* a. a. O., § 9 Rn. 221 m. w. N.; *Meyn/Richter,* a. a. O., Rn. 578 m. w. N.; positiv geregelt z. B. in Brandenburg, Nordrhein Westfalen, Rheinland Pfalz.

aufsicht verbleibt, die betreffenden Vorstandsmitglieder abzuberufen und durch neue Mitglieder mit der Weisung zu ersetzen, um anschließend die betreffenden Ansprüche der Stiftung gegen den abberufenen Vorstand durchzusetzen[47]. Hat der Stifter ein Kontrollorgan geschaffen, so sollte er dieses in der Satzung auch mit einem Klagerecht ausstatten, um die Vorstandshaftung effektiv auszugestalten. Den Destinatären steht nach h. L. hingegen kein originäres Klagerecht gegen den Vorstand zu. Diese können allenfalls dann gegen die Stiftung selbst direkt vorgehen, wenn ihnen diesbezügliche Ansprüche in der Satzung konkret eingeräumt wurden, oder der Destinatär in der Satzung jedenfalls so genau bestimmt ist, dass dem Stiftungsorgan kein Auswahlrecht mehr zusteht.[48]

Zu Recht wird dieser Umstand als misslich angesehen.[49] Die Stiftungsaufsicht ist oft gar nicht in der Lage, Haftungsfälle aufzudecken. So ist in letzter Zeit wieder die früher vom Reichsgericht für eine Familienstiftung anerkannte Destinatärklage[50] in die Diskussion gekommen. Danach steht den von der Satzung Begünstigten ein eigenes Klagerecht zu, ähnlich der Klage einzelner Vereinsmitglieder.

Die Diskussion zeigt, dass das Stiftungswesen mit seinen Bedürfnissen wesentlich weiter ist, als die Regelungen des bestehenden materiellen Rechts. Daran hat auch die Reform nichts geändert. Die Stiftungsaufsicht als verwaltungsrechtliches Instrument passt nicht mehr zu den zivilrechtlichen Problemen moderner Stiftungen. Wo anderswo Gesellschafter und Mitglieder wesentlich effizienter tätig werden, muss die Stiftung darauf hoffen, das Haftungsfälle von der Aufsicht erkannt und verfolgt werden. Alleine bis der Vorstand abberufen und ein neuer Vorstand rechtswirksam eingesetzt ist, der dann die Interessen der Stiftung verfolgt, vergeht viel wertvolle Zeit mit der Gefahr der möglichen Verjährung. Außerdem weist Reuter zu Recht auf den Bumerangeffekt für die Stiftungsaufsicht hin. In den meisten bekannt gewordenen Fällen sind die Pflichtverletzungen derart gravierend, dass sie gleichzeitig eine Amtpflichtverletzung für die Behörde darstellen. So nimmt dann der neu eingesetzte Vorstand zuerst den alten Vorstand in Anspruch und dann folgerichtig den Träger der Stiftungsaufsicht auf Schadensersatz aus Amtshaftung.[51] Seit das BVerwG in einem solchen Fall einen Amtshaftungsanspruch bejaht hat[52], dürfte eine ordnungsgemäße Verfolgung möglicher Haftungsansprüche regelmäßig entsprechende Konsequenzen haben.[53]

---

[47] *Meyn/Richter*, a. a. O., Rn. 578.
[48] Zuletzt BGHZ 99, 344, 353.
[49] So *Reuter*, a. a. O., S. 157, 177.
[50] RG, JW 1909, S. 160.
[51] *Reuter*, a. a. O., S. 157, 171, BVerwGE 40, 347.
[52] BVerwGE 40, 347.
[53] Vgl. *Härtl*, Ist das Stiftungsrecht reformbedürftig?, 1990, S. 154 f.

II. Die Haftungsbegründung im Außenverhältnis

Bei der Außenhaftung des Vorstandes und der Stiftung gibt es keine Besonderheiten, diese unterliegt den allgemeinen deliktsrechtlichen Regelungen[54]. Eine Haftung des Vorstandes kann sich somit aus den §§ 823 Abs. 1, Abs. 2, 826 aber auch aus 311 Abs. 2, 241 Abs. 2 BGB ergeben. Dabei ist zu beachten, dass die Stiftung über § 86 S1 i.V.m. § 31 BGB für den Schaden ebenfalls verantwortlich ist. Allerdings ist § 31 BGB keine haftungsbegründende, sondern nur eine haftungszuweisende Norm[55], das Handeln und Verschulden der Organe wird der Stiftung somit als eigenes Handeln zugerechnet. Dies gilt aber nur für Schäden, die vom Organ in Ausübung der Verrichtung seines Amtes begründet wurden, eine Schadenszufügung nur gelegentlich einer Tätigkeit als Organ erfüllt die Voraussetzungen des § 31 BGB nicht[56].

Die Haftungszuweisung des § 31 BGB gilt aber nicht für Ansprüche gegen den Vorstand aus § 179 BGB, also für Ansprüche wegen Überschreitung der Vertretungsmacht seitens des Vorstandes[57]. § 179 BGB stellt insofern eine lex specialis zu § 31 BGB dar, da die Haftungsfolgen in dieser Vorschrift ausschließlich zu Lasten des Vertreters geregelt sind. Eine weitergehende Haftung der Stiftung gegenüber dem Gläubiger aufgrund des § 179 BGB ist nicht geboten.

Zu beachten ist ferner, dass gemäß § 840 BGB Gesamtschuldnerschaft zwischen der Stiftung und dem Organmitglied, das die schädigende Handlung vorgenommen hat, besteht. Die Gläubiger können jeden der beiden zum Ersatz Verpflichteten in voller Höhe in Regress nehmen. Der Ausgleich zwischen Vorstand und Stiftung vollzieht sich dann im Innenverhältnis, wobei die Frage des Ausgleichs zwischen Vorstand und Stiftung auch durch Satzung geregelt werden kann. Damit kann z. B. geregelt werden, dass bei einem vorsätzlichen oder grob fahrlässigen Verhalten des Vorstandes dieser den Schaden letztendlich zu 100 % zu übernehmen hat[58].

Unselbständige Stiftung

Die unselbstständige Stiftung kennt keine Organe von Gesetzes wegen. Es obliegt vielmehr dem Stifter, solche im Rahmen der Satzung zu schaffen, etwa in Form eines Stiftungsvorstandes. Besteht ein solcher, so haftet dieser ebenfalls aus Auftragsverhältnis gegenüber dem Stifter oder seinen Erben. Dabei ist selbstver-

---

54 So für den Verein, *Thümmel,* Persönliche Haftung von Managern und Aufsichtsräten, Rn. 37.
55 *Palandt,* BGB, § 31 Rn. 2.
56 *Seifart/von Campenhausen,* a. a. O., § 9 Rn. 214.
57 Ebd., § 9 Rn. 214.
58 So für den Verein *Reichert,* Handbuch des Vereins- und Verbandsrechts, S. 715, Rn. 1907.

ständlich eine Haftung nur hinsichtlich der Pflichten denkbar, die dem Vorstand auch im Stiftungsgeschäft übertragen worden sind. So wird z. B. die Vermögensverwaltung im Falle der unselbstständigen Stiftung regelmäßig dem Treuhänder belassen werden. Eine Haftung des Vorstandes gegenüber der Stiftung scheidet mangels eigener Rechtspersönlichkeit aus, insoweit fehlt es auch an einem Innenverhältnis zwischen Stiftung und Vorstand.

Anders verhält sich dies mit der Haftung des Treuhänders. Er ist kein Organ der Stiftung, sondern, je nach Ansicht und Auslegung des Stiftungsgeschäfts, Beauftragter oder unter Auflage Beschenkter.[59] Er haftet gegenüber dem Stifter oder seinen Erben für schuldhafte Pflichtverletzungen mit seinem eigenen Vermögen.[60]

Nach h. M.[61] haftet der Treuhänder daneben voll und unbeschränkt für Verbindlichkeiten aus Rechtsgeschäften, die er im Wege der Stiftungsverwaltung vorgenommen hat. Diese Haftung kann allerdings durch ausdrückliche Erklärung seitens des Treuhänders auf das Stiftungsvermögen begrenzt werden. Dies ergibt sich aus dem Grundgedanken des § 164 Abs. 1, Abs. 2 BGB, nach dem der Handelnde selbst rechtsgeschäftlich Verpflichteter ist, wenn sein Wille, für einen Dritten zu handeln, für Außenstehende nicht erkennbar ist. Auch eine Haftungsbeschränkung nach § 277 BGB auf die in eigenen Angelegenheiten zu beachtende Sorgfalt ist möglich, muss aber zuvor im Stiftungsgeschäft ausdrücklich vereinbart werden.[62] Die §§ 86, 31 BGB finden auf die unselbstständige Stiftung keine entsprechende Anwendung, da das Stiftungsvermögen nicht hinreichend organisatorisch verselbstständigt ist. Der Treuhänder haftet somit auch deliktisch persönlich und unbeschränkt, eine gesamtschuldnerische Haftung zwischen dem Stiftungsträger und dem Stiftungsvermögen kann bei der unselbstständigen Stiftung nicht vorliegen.

Strafrechtliche Haftungsrisiken

Grundsätzlich besteht bei rechtswidriger schuldhafter Pflichtverletzung auch die Möglichkeit einer strafrechtlichen Verantwortung, vor allem wegen der Tatbestände Untreue, Betrug, Diebstahl und Unterschlagung. Zu beachten ist aber, dass strafrechtliche Haftung nur natürliche Personen treffen kann. Da die Stiftung eine juristische Person und als solche nicht schuldfähig ist, betrifft diese selbst

---

[59] Die Einordnung ist äußerst strittig. Indes ist der Streit praktisch nicht zu hoch zu bewerten, wie die Stiftungswirklichkeit der treuhänderischen Stiftungen zeigt. Richtig dürfte es sein mit Karsten Schmidt eine „virtuelle juristische Person" zu sehen und sich von dem im Schuldrecht nicht vorhandenen Typenzwang zu lösen. *Karsten Schmidt,* Ersatzformen der Stiftung – unselbstständige Stiftung, Treuhand und Stiftungskörperschaft, in Bucerius Law School (Hrsg.), Europäische Stiftungen.

[60] *Westebbe,* Die Stiftungstreuhand, S. 125.

[61] BGH WM 1964, 179; *Seifart / v. Campenhausen,* a. a. O., § 36 Rn. 133; *Meyn / Richter,* a. a. O., Rn. 603.

[62] *Hof,* a. a. O. § 36 Rn. 134.

nicht die strafrechtliche Haftung, sondern die jeweils handelnde Person hat für rechtswidrige Taten persönlich einzustehen, auch wenn sie diese im Interesse der Stiftung begeht.[63]

Steuerrechtliche Haftung des Stiftungsvorstandes

Im Rahmen des Steuerrechts ergeben sich im Wesentlichen zwei Haftungsrisiken für den Vorstand einer Stiftung. Zum einen besteht ein solches im Rahmen der allgemeinen Pflichten der Stiftung als Steuerschuldnerin, wenn infolge vorsätzlicher oder grob fahrlässiger Pflichtverletzungen aus dem Steuerschuldverhältnis Steuern nicht oder nicht rechtzeitig festgesetzt oder erfüllt werden können. Dasselbe gilt, wenn Steuererstattungen ohne rechtlichen Grund aufgrund einer Pflichtverletzung erfolgen. In diesen Fällen kann neben der Stiftung auch der Vorstand gem. §§ 69 i.V. m. § 34 AO haften. Das zweite praktisch relevante Haftungsrisiko ergibt sich aus der persönlichen Spendenhaftung des Stiftungsvorstandes gem. § 10b Abs. 4 S. 2 EStG, wenn es sich um eine gemeinnützige Stiftung handelt.

Im laufenden Geschäftsbetrieb haftet der Stiftungsvorstand für Pflichtverletzungen aus dem Steuerschuldverhältnis, wenn der Fiskus hierdurch weniger Steuern erhält, als ihm zustehen. Diese Haftung betrifft sowohl Unternehmenssteuern als auch Abzugssteuern. Eine Haftung des Vorstandes kommt bei Stiftungen regelmäßig dann vor, wenn der Stiftung wegen Verletzung der §§ 51 ff. AO die Gemeinnützigkeit nachträglich aberkannt wird und deshalb Steuernachzahlungen zu leisten sind, die Stiftung aber nicht mehr leistungsfähig ist.[64] Dabei haftet der Stiftungsvorstand jedoch nicht auf die gesamten dadurch anfallenden Steuerzahlungen, sondern nur auf den Betrag, der von der Stiftung aufgrund ihrer Finanzlage nicht erlangt werden kann.[65]

Hinsichtlich der persönlichen Spendenhaftung ist § 10b Abs. 4 S. 2 EStG einschlägig. Entsprechende Normen finden sich auch in § 9 Abs. 3 Satz 2 KStG und § 9 Nr. 5 Satz 9 Alt.2 GewStG.[66] Demnach haftet der Vorstand einer gemeinnützigen Stiftung im Rahmen der so genannten Ausstellerhaftung (1. Alt) für die aufgrund einer unrichtigen Zuwendungsbestätigung beim Steuerschuldner entgangene Einkommenssteuer[67]. Voraussetzung hierfür ist jedoch, dass dem Vorstand Vorsatz oder grobe Fahrlässigkeit nachzuweisen ist.

Anders verhält sich dies im Rahmen der so genannten Veranlasserhaftung (§ 10b Abs. 4 Satz 2 Alt.2 EStG). Hier kommt unabhängig von Vorsatz oder grober Fahrlässigkeit eine Haftung dann in Betracht, wenn die Zuwendung objektiv

---

[63] Ebd., § 9 Rn. 224.
[64] Zu den Einzelheiten der Gemeinnützigkeit s. Kapitel 5.2.
[65] *Reuter*, a. a. O., S. 157, 177.
[66] Im Folgenden werden nur die einkommenssteuerrechtlichen Vorschriften genannt.
[67] Vordrucke für Stiftungen vom Bundesfinanzministerium in BStBl I 2000, 1557.

fehl verwendet, d. h. durch den Stiftungsvorstand nicht für den in der Zuwendungsbestätigung angegebenen Zweck verwendet wurde.[68]

Der Spender darf sich grundsätzlich nach der Vertrauensschutznorm des § 10 b Abs. 4 S. 1 EStG gegenüber dem Fiskus auf die Richtigkeit der Spendenbescheinigung berufen.[69] Dies findet jedoch dort seine Grenze, wo der Spender die unrichtige Bescheinigung durch unlautere Mittel oder falsche Angaben erwirkt hat oder die Unrichtigkeit gekannt oder grob fahrlässig nicht erkannt hat.[70] Der Vorstand kann sich dann durch Darlegung und Beweis[71] der Bösgläubigkeit des Spenders exkulpieren.

Zusammenfassung

In der Praxis sind nur wenige Haftungsfälle von Stiftungsorganen bekannt. Das liegt weniger an einer gut funktionierenden staatlichen Stiftungsaufsicht, wie teilweise vermutet wird, sondern vornehmlich an dem nur schwer zu bestimmenden Pflichtenkreis eines Stiftungsorgans und der schwachen Durchsetzbarkeit haftungsrechtlicher Ansprüche. Die Stiftungsaufsichten, vom BVerwG auf die Rechtsaufsicht verwiesen, können bestenfalls die gröbsten Fälle verfolgen. Letztlich würde hier nur eine allgemeine Klagebefugnis für Destinatäre Abhilfe schaffen, deren formelle Hürden gering zu halten wären.[72]

Aus Sicht des Stifters sollte bei der selbständigen Stiftung schon bei der Errichtung darauf geachtet werden, die möglichen Spielräume für die Haftungsgestaltung des Vorstandes auszunutzen. Weiterhin sollte der Innenausgleich für den Fall der Haftung zwischen Vorstand und Stiftung geregelt werden, um späteren internen Streitigkeiten vorzubeugen. Im Falle der unselbstständigen Stiftung sollten die Pflichten der „Organe" besonders sorgfältig formuliert werden. Dies dient der Klarheit bei späteren Haftungsfragen, insbesondere bei der Abgrenzung zum Aufgabenbereich des Treuhänders.

---

[68] Ausführlich in *Meyn/Richter*, a. a. O., Rn. 829 ff.
[69] *Schmidt*, Einkommensteuer Kommentar 2004, § 10 b EStG, Rn. 48.
[70] Ebd., Rn. 49 f.
[71] OFD Frankfurt am Main in DB 1994, S. 1900.
[72] So *Reuter*, a. a. O., S. 157, 177, der darüber hinaus sogar eine subsidäre Popularklage erwägt.

9.5 Das Arbeitsrecht für Stiftungsmitarbeiter

Von Ingo Fessmann

Eigene, speziell auf die Belange der Stiftung und deren Mitarbeiter ausgerichtete arbeitsrechtliche Regelungen gibt es nicht. Es kann daher hier nur darum gehen, einige der allgemeinen Regeln darzustellen, welche dafür mehr oder weniger häufig eine Rolle spielen.

Dabei ist das Arbeitsrecht (wie man sich immer wieder vor Augen halten muss) ähnlich wie z. B. das Urheberrecht ein gleichsam „einseitiges" Recht, nämlich ein Schutzrecht, geschaffen, um das bei reiner Anwendung der Vertragsfreiheit bestehende wirtschaftliche wie soziale Ungleichgewicht zwischen einerseits dem Kapital / Arbeitgeber und andererseits der Arbeitskraft des einzelnen / Arbeitnehmer auszugleichen und den hierbei im Prinzip Schwächeren, den einzelnen Beschäftigten, vor evtl. Missbräuchen zu schützen.

Das Arbeitsrecht greift also nur ein, soweit es um Personen geht, die in abhängiger Beschäftigung tätig sind, entweder als (festangestellte) Arbeitnehmer oder als ähnlich wie diese Tätige, zum Beispiel Heimarbeiter oder sog. arbeitnehmerähnlich Beschäftigte. Außerdem „existiert" es nur insoweit, als dafür spezielle (gesetzliche) Regelungen bestehen, während hingegen sonst die allgemeinen Vorschriften des Zivilrechts gelten.

Der Abschluss eines Beschäftigungsvertrags, seine Laufzeit, Fragen der Kündigung, der Anfechtung usf. – all das richtet sich also nach dem BGB. Hinzu treten dann je nach Einzelfall die speziellen Ausformungen des Arbeitsrechts wie vor allem die Gesetze über Kündigungsschutz, Urlaub, Fortzahlung des Lohns im Krankheitsfall und Mutterschutz, wobei diese wiederum z. T. eng verbunden sind mit den – dem Arbeitnehmerschutz dienenden – Regelungen über die Mitbestimmung bzw. Mitwirkung des Betriebsrats / Personalrats.

Da Stiftungen in der Regel nur über einen kleinen Mitarbeiterstab verfügen und zudem häufig in Mischformen der freien Mitarbeit organisiert sind, tauchen in der Praxis immer wieder Fragen der Abgrenzung auf zwischen den (echten) Arbeitnehmern – in der Regel Angestellten – und denjenigen Beschäftigten, die, je nachdem wie intensiv ihre Tätigkeit für die betreffende Stiftung ist, als sog. arbeitnehmerähnliche Beschäftigte oder auch als (Schein-)Selbständige tätig sind.

Leitgedanke der Abgrenzung ist dabei das jeweilige Ausmaß an betrieblicher Eingliederung. Danach befindet sich derjenige, dessen Tätigkeit nur rechtlich-formal als Dienst- oder Werkvertrag deklariert ist, sich indes tatsächlich durch nichts von der Tätigkeit eines Festangestellten unterscheidet, in einem sog. „faktischen" Arbeitsverhältnis mit der Folge, dass er ggf. Anspruch auf Festanstellung hat und insbesondere dieselben Gehalts-, Urlaubs- und sonstigen Leistungen des Beschäftigungsgebers beanspruchen kann wie dessen festangestellte Mitarbeiter. Ist seine Tätigkeit andererseits in vielerlei Hinsicht, doch nicht vollständig bzw. umfassend mit der Tätigkeit eines Festangestellten vergleichbar und ist sie hierbei (ebenso wie dort) auf Dauer ausgerichtet und in Abhängigkeit zum Beschäftigungsgeber angelegt, zählt der Betreffende zu den sog. arbeitnehmerähnlichen Personen, die analog zum Arbeitsrecht zumindest teilweise den den Arbeitnehmern gewährten rechtlichen Schutz genießen, und zwar dies aus dem Schutzgedanken des Arbeitsrechts heraus, damit dieser nicht etwa (vom Arbeitgeber) unterlaufen bzw. umgangen wird. Und nur derjenige, der in der Tat seine Arbeit im Wesentlichen frei bestimmt, ist (echter) freier Mitarbeiter bzw. Selbständiger mit der Folge, dass für ihn das Arbeitsrecht keine Wirkung entfaltet.

Die Abgrenzung ist im Einzelnen oft schwierig. Rspr. und Literatur stellen hierbei auf eine ganze Reihe von Faktoren bzw. Abgrenzungskriterien ab. Und manchmal auch, dass erst das Gesamtbild der Tätigkeit entscheidet, ob und inwieweit deren Erscheinungsbild mit dem eines Arbeitsverhältnisses vergleichbar ist und somit Arbeitsrecht zur Anwendung gelangt.

Dabei kommt es auf den Willen der Vertragspartner nicht an, maßgeblich ist vielmehr allein das Faktische. Unerheblich ist dementsprechend auch, wie die Vereinbarung bezeichnet wurde; die Titulierung als „Werk-" oder „Dienstvertrag" schützt also den Beschäftigungsgeber nicht, falls es sich tatsächlich doch um ein Arbeitsverhältnis handelt. Andererseits zählt infolgedessen allein die praktische Handhabung. So genügt z. B. für den Vertragsabschluss oder für die Kündigung eines Beschäftigungsverhältnisses das bloße schlüssige Handeln.

Die wichtigsten Merkmale, welche Rspr. und Literatur zur Abgrenzung zwischen dem Begriff des Arbeitnehmers und dem des arbeitnehmer-ähnlichen Beschäftigten bis hin zu dem des Selbständigen entwickelt haben, sind: Weisungsrecht des Beschäftigungsgebers, innerbetriebliche Einbindung bzw. Eingliederung, Festlegung der Arbeitszeit, Angewiesensein auf den (technischen) Apparat des Beschäftigungsgebers sowie Gewährung von Urlaub, Urlaubsgeld und ähnlichen Leistungen, welche auch die festangestellten Mitarbeiter regelmäßig erhalten.

Arbeitnehmer kann im Übrigen nur ein Einzelner sein, nicht dagegen derjenige, der seine Arbeit in der Rechtsform einer juristischen Person erbringt (z. B. als Steuerberater) oder wer dabei andere Menschen für sich arbeiten lässt (z. B. als Leiter eines Schreibbüros).

Zu beachten ist, dass dem Arbeitnehmer-Begriff das Merkmal der wirtschaftlichen Abhängigkeit bzw. sozialen Schutzbedürftigkeit fehlt. Beides ist zwar, wie in der Rspr. wiederholt geäußert wurde, die Ratio und in gewisser Weise auch das Motiv für die arbeitsrechtlichen Schutznormen, Kriterium, welches die Arbeitnehmer-Eigenschaft definiert, sind beide Merkmale jedoch nicht.

9.5 Das Arbeitsrecht für Stiftungsmitarbeiter

Wie schon erwähnt, ist die Frage, ob ein Arbeitsverhältnis oder arbeitnehmerähnliches Beschäftigungsverhältnis vorliegt, im Unterschied zur Tätigkeit des „echten" freien Mitarbeiters bzw. Selbständigen vor allem dort relevant, wo es um Leistungen des Arbeitgebers geht, welche er fortlaufend – d. h. nicht lediglich einmalig oder unregelmäßig – (nur) seinen Festangestellten gewährt entweder aufgrund tarifvertraglicher Regelung oder rein faktisch durch entsprechende betriebliche Übung. Denn insoweit kommt dann das im Grundgesetz verankerte Gleichheitsgebot zum Zuge, hier in der Form des Grundsatzes der (betrieblichen) Gleichbehandlung. Ein Beschäftigungsgeber, der beispielsweise allen seinen Festangestellten ein Urlaubsgeld zahlt, kann dies nicht denjenigen Mitarbeitern verweigern, die als arbeitnehmerähnliche Beschäftigte bei ihm tätig sind usf. Diese haben vielmehr hierauf ebenfalls (arbeitsvertraglichen) Anspruch.

Immer dort, wo es um über das einzelne Beschäftigungsverhältnis hinausgehende (gesamt-)betriebliche Regeln oder Handhabungen geht, können in diesem Zusammenhang außerdem – jedenfalls, wenn die Anzahl der Beschäftigten eine gewisse Größe hat – Vorschriften der betrieblichen Mitbestimmung in Betracht kommen. Sie sind im Betriebsverfassungsgesetz bzw. (wenn es sich um öffentlichrechtliche Stiftungen handelt) in den landesrechtlichen Personalvertretungsgesetzen geregelt und haben im „Nebeneffekt" auch den Arbeitnehmerschutz zum Gegenstand.

In der Praxis spielt neben dem Dienstvertrag (als rechtliche Grundformation des Arbeitsvertrags) und dem Werkvertrag (der vorliegt, wenn statt einer zeitlich bestimmten Leistung vielmehr ein irgendwie in sich abgeschlossenes, bestimmbares Werk geschuldet wird, z. B. ein Projektabschluss, ein Schlussbericht, ein bestimmter Vorschlag) in erster Linie der befristete Arbeitsvertrag eine größere Rolle, der also zeitlich begrenzt ist bzw. nur für eine bestimmte Dauer gelten soll. Typischer Fall dafür ist die Anstellung als Urlaubsvertreter oder die Beschäftigung auf Probe. Ebenso häufig findet der befristete Arbeitsvertrag dort Anwendung, und zwar sogar als Regeltypus für die betreffende Beschäftigungsform, wo der Arbeitgeber ein verständliches und ihm zuzugestehendes Interesse hieran hat, so z. B. weil die Tätigkeit mit einem zeitlich befristeten wissenschaftlichen Projekt verbunden ist oder sie zum unmittelbaren Feld des Publizistischen oder Künstlerischen gehört, bei dem ein generelles Bedürfnis dafür besteht, den Bestand der programmlichen Mitarbeiter immer mal wieder auszuwechseln und durch neue Kräfte zu ersetzen.

Damit der arbeitsrechtliche Schutz nicht unterlaufen oder auch nur etwa ausgehöhlt wird, verlangen Rspr. und Literatur hierfür ähnlich wie z. B. im Wohnungsmietrecht für die rechtliche Zulässigkeit eines befristeten Arbeitsvertrags einen konkreten sachlichen Grund. Nur, wenn er gegeben ist, hält die Befristung rechtlich stand. Dabei muss die zeitliche Begrenzung aus sich heraus bestehen und ausdrücklich auch als Grund für die Befristung des Arbeitsvertrags vorhanden bzw. den Vertragspartnern bewusst sein. (Weshalb es sich empfiehlt, ihn in der Regel mit in den Vertrag aufzunehmen, d. h. schriftlich festzuhalten.)

Der sachliche Grund kann dabei gelegentlich wegfallen mit der Folge, dass sich dann in dem Moment das befristete Arbeitsverhältnis in ein zeitlich unbefristetes umwandelt. Eine ähnliche Wirkung tritt ein, wenn ein und derselbe sachliche Grund mehrfach hintereinander als Grundlage für den Abschluss eines neuen, wiederum nur befristeten Arbeitsvertrags genommen wird, wie es insbesondere im Wissenschaftsbereich und bei der Durchführung von einzelnen (in sich zeitlich befristeten) Projekten häufig geschieht. Irgendwann „trägt" dann nämlich besagter Sachgrund nicht mehr und liegt vielmehr dem Gesamtbild nach ein sog. Kettenarbeitsverhältnis vor. Solch ein Kettenarbeitsverhältnis nehmen Rspr. und Literatur in der Regel schon nach dem Ablauf des zweiten befristeten Arbeitsvertrags an; d. h. bei Abschluss des dritten solchen Vertrags „schlägt" dieser in ein nunmehr unbefristetes Arbeitsverhältnis um.

Neben den allgemeinen arbeitsvertraglichen Pflichten wie die Pflicht zur Einhaltung der vom Arbeitgeber bestimmten Arbeitszeiten, die Beantragung des Urlaubs u. ä., kommt es in der Praxis – dies zumal bei kleineren Unternehmungen wie Stiftungen – immer wieder zu Streitigkeiten darüber, inwieweit Schweigepflicht besteht, wie weit die evtl. Haftung reicht und wann unter dem Gesichtspunkt des Wettbewerbsverbots ein Mitarbeiter angehalten werden kann, während der Anstellung oder auch danach, sich solcher Tätigkeit (eine Zeit lang) zu enthalten.

Was die Schweigepflicht angeht, so ist sie Teil bzw. Ausfluss der allgemeinen Treuepflicht, einer (wie zuweilen den Vertragsparteien in Erinnerung zu rufen ist) durchaus zweiseitigen, d. h. Arbeitnehmer wie Arbeitgeber beide betreffenden Verpflichtung. Sie umfasst dabei zwangsläufig in erster Linie den innerbetrieblichen Bereich, kann sich jedoch auch auf das außerbetriebliche Verhalten erstrecken. Wo im Einzelfall die Grenzen sind, bestimmt sich nach der jeweiligen Handhabung und nach der Verkehrsanschauung.

In Haftung nehmen kann der Arbeitgeber den eigenen Beschäftigten andererseits nur in äußerst begrenztem Umfang, und zwar egal, ob es sich um einen beim Arbeitgeber entstandenen Schaden handelt (z. B. Haftung für Schlechterfüllung) oder ob der Arbeitnehmer in Ausübung seiner Tätigkeit Dritte geschädigt hat. Haftung setzt in jedem Fall Verschulden voraus. Nach der Rspr. kommt hierfür uneingeschränkt nur – der seltene oder jedenfalls nur selten nachweisbare Fall von – Vorsatz in Betracht; bei Vorsatz hat der Arbeitnehmer uneingeschränkt bzw. in voller Höhe für den (von ihm verursachten) Schaden einzustehen. Liegt demgegenüber Fahrlässigkeit vor, wird hinsichtlich des Verschuldens (anders als sonst im Zivilrecht) zwischen der groben, der mittleren und der leichten Fahrlässigkeit unterschieden, wobei volle Haftung lediglich bei grob fahrlässigem Handeln in Betracht kommt. (Das Handeln muss gleichsam unentschuldbar sein, der Mitarbeiter muss übersehen, nicht beachtet haben, „was jedem einleuchten musste", wie es einmal der BGH formulierte). Demgegenüber haftet der Arbeitnehmer bei leichter Fahrlässigkeit überhaupt nicht, während er im Fall der sog. mittleren Fahrlässigkeit je nachdem, wie hoch der Verschuldensanteil ist, anteilig zum Schadensausgleich herangezogen wird. Hierbei sind vor allem die Gesamtumstände und Erwägungen der Billigkeit und der Zumutbarkeit zu berücksichtigen.

In punkto Wettbewerbsverbot ist die Rechtslage insofern relativ einfach und klar, als ja in aller Regel vom Arbeitgeber erlassene oder gewollte Wettbewerbsverbote rechtlich überhaupt nur zulässig sind, wenn sie ausdrücklich vereinbart wurden und wenn der Arbeitgeber dem Mitarbeiter dafür (und nur dafür) zusätzlich etwas bezahlt. Die Rspr. lässt sie zudem nur unter strengen – an §§ 74 ff. HGB orientierten – Voraussetzungen gelten.

Noch ein Satz zu der im Zusammenhang damit oft aufgeworfenen Frage nach den rechtlichen Möglichkeiten einer Zweit- bzw. Nebenbeschäftigung. Im Gegensatz zum Vorgenannten sind die Grenzen hier sehr weit gefasst. D. h. im Prinzip darf jeder Arbeitnehmer daneben durchaus einer oder gar mehreren weiteren Beschäftigungen nachgehen, wenn er nur hierdurch seine (Haupt-)Tätigkeit nicht beeinträchtigt. Man kann sich vorstellen, dass auch dies im Einzelfall oft nur schwer abzugrenzen und konkret zu bestimmen ist.

Die weitaus häufigsten Fälle, welche an die Arbeitsgerichte herangetragen werden, betreffen Probleme des Kündigungsschutzes, sei es, dass befristet Beschäftigte gegen die zeitliche Begrenzung ihres Arbeitsverhältnisses vorgehen (siehe oben: Stichwort „Kettenarbeitsverhältnis") oder sei es, dass sich Arbeitnehmer gegen die vom Arbeitgeber ausgesprochene Kündigung zur Wehr setzen. In der Tat ist ja der Erhalt des Arbeitsplatzes für den Beschäftigten von elementarer und teilweise sogar existenzieller Bedeutung. Hier wird dementsprechend auch am ehesten „emotional" zwischen den Arbeitsvertragsparteien gestritten.

Dabei kommt es in der Praxis nämlich zur Frage, ob das Kündigungsschutzgesetz tatsächlich zur Anwendung gelangt oder nicht, auf einen Faktor an, der eigentlich nichts mit dem jeweiligen Arbeitsverhältnis zu tun hat – die bloße Anzahl der Beschäftigten. Hiernach, allein nach der Anzahl der Beschäftigten im Betrieb des Arbeitgebers insgesamt, bestimmt sich die Geltung des Gesetzes (derzeit sind das 5 Beschäftigte), wobei Halbtagsbeschäftigte, Lehrlinge usf. durchaus mitzuzählen sind. Die Zahl schwankt freilich immer wieder, der Gesetzgeber hat sie jedenfalls schon wiederholt geändert. Es empfiehlt sich daher speziell an dieser Stelle (wie grundsätzlich wohl auch sonst), sich in Kündigungsfällen fachlichen Rat einzuholen. Namentlich hier kann er besonders hilfreich sein.

9.6 Haftungsfragen bei der Insolvenz von Stiftung und gGmbH

Von Andreas Richter

Im Falle der Insolvenz einer Stiftung oder gGmbH treffen den Vorstand besondere Handlungspflichten und Haftungsrisiken. Besondere Schwierigkeiten ergeben sich daraus, dass gesetzliche Bestimmungen nicht eindeutig sind bzw. fehlen. Ziel des vorliegenden Beitrags soll es daher sein, die wichtigsten insolvenzspezifischen Fragen darzulegen. Dabei wird zusätzlich der Frage nachgegangen, ob auch der Stifter bzw. der Gesellschafter in der Insolvenz von Dritten in Anspruch genommen werden kann.

Allgemeine Handlungspflichten des Vorstandes

Um die Handlungspflichten in der Insolvenz nachvollziehen zu können, soll zunächst ein Überblick über die allgemeinen Vorstandspflichten gegeben werden. Dabei wird bereits deutlich werden, dass das Stiftungsrecht weitaus lückenhafter ist als das der GmbH.

Handlungspflichten eines gGmbH-Geschäftsführers

Der Geschäftsführer der gGmbH hat die Geschäfte so zweckfördernd und gewinnbringend wie möglich zu führen. Alle Mitarbeiter, denen er Aufgaben delegiert hat, hat er zu überwachen und sich über alle die GmbH betreffenden Angelegenheiten zu informieren. Er muss die gGmbH so organisieren, dass er jederzeit ausreichend Übersicht über die wirtschaftliche und finanzielle Situation hat. Dabei hat er auch seinen Rechnungslegungspflichten nachzukommen. Aus der intensiven Treuepflicht zur gGmbH ergeben sich die Verschwiegenheitspflicht, das Wettbewerbsverbot, die Pflicht zur Wahrnehmung der Geschäftschancen der GmbH und Loyalitätspflichten. Folglich darf er Kenntnisse von Geschäftsvorteilen, die er außerhalb des privaten Bereiches erlangt hat, nur zugunsten der gGmbH verwerten, er muss selbst bei persönlichen Nachteilen die Eigeninteressen zurückstellen, zudem ist er verpflichtet, stets an der Verbesserung des Rufs der gGmbH zu arbeiten. Gleichfalls muss der Geschäftsführer allen Pflichten gegenüber dem Handelsregister nachkommen.[1]

---

[1] Eine kurze Zusammenfassung findet sich bei *Roth/Altmeppen,* GmbHG, § 43, Rn. 3 bis 27.

Handlungspflichten des Stiftungsvorstandes

Der Stiftungsvorstand ist bei Pflichtverletzungen der Stiftung gem. §§ 86 S. 1 i.V.m. 27 Abs. 3, 280 Abs. 1 BGB zum Schadensersatz verpflichtet. Grundsätzlich haftet der Stiftungsvorstand für Vorsatz und jede Form der Fahrlässigkeit, d. h. stets dann, wenn er die im Geschäftsverkehr erforderlichen Sorgfaltspflichten außer Acht lässt. Der BGH hat entschieden, dass eine Entlastung über die analoge Anwendung der Grundsätze über Arbeitnehmerhaftung selbst dann ausscheidet, wenn der Stiftungsvorstand ehrenamtlich tätig ist.[2] Da der Stiftungsvorstand gerade hinsichtlich der Vermögensinteressen der Stiftung eine treuhänderische Funktion besitzt, sind im Falle des Fehlens von Kontrollgremien, höhere Pflichten zur Vermögensüberwachung zu stellen als bei normalen Anstellungsverträgen. Der Nachteil ist aber, dass unter den Vorständen eine Rückversicherungsmentalität entsteht. Deshalb sollte von der in § 27 Abs. 2 S. 2 BGB vorgeschlagenen Möglichkeit Gebrauch gemacht werden und die Haftung der Stiftungsorgane auf Vorsatz und grobe Fahrlässigkeit begrenzt werden. Grobe Fahrlässigkeit liegt vor, wenn die im Verkehr erforderliche Sorgfalt in außergewöhnlich hohem Maße außer Acht gelassen wird.[3] Zu beachten ist aber, dass die landesrechtlichen Vorschriften, die die Haftung mildern, nicht direkt wirken, sondern auch allenfalls eine Ermächtigung darstellen, in der Stiftungssatzung den Sorgfaltsmaßstab zu modifizieren.[4]

Die Pflichten selbst lassen sich nicht so unproblematisch wie bei denen des gGmbH-Geschäftsführers bestimmen. Hier fehlt es an einer umfangreichen Rechtsprechung.

Vertreter des Schrifttums verweisen darauf, dass die Vorstandstätigkeit vornehmlich in der ordnungsgemäßen Verwaltung des Stiftungsvermögens und seinem Einsatz zur bestmöglichen Verwirklichung des Stiftungszwecks besteht. Landesrechtliche Genehmigungsvorbehalte für bestimmte Rechtsgeschäfte konkretisieren diese Pflichten. Darüber hinaus können Geschäftsführungsaufgaben durch die Satzung, Geschäftsordnungen oder im Rahmen von Anstellungsverträgen näher spezifiziert werden.[5]

Der Vorstand hat das Vermögen Instand zu halten, Rücklagen zu bilden, Risiken zu vermeiden und unter Umständen das Vermögen umzuschichten. Dabei ist darauf zu achten, den Stiftungszweck nicht zugunsten der Vermögenserhaltung außer Kraft zu setzen. Es ist aber unzulässig, die Vermögensstruktur zu ändern.[6]

---

[2] BGHZ 89, 153.
[3] *Seifart/v. Campenhausen/Hof,* § 9, Rn. 218.
[4] *Rawert* im Staudinger Kommentar zum BGB, § 86, Rn. 13.
[5] Ebd., § 86 Rn. 12.
[6] Umfangreiche Untersuchung bei *Schwintek,* Vorstandskontrolle in rechtsfähigen Stiftungen bürgerlichen Rechts, S. 105, 107, 109, 121, zusammenfassend auf S. 395.

Die Stiftungsstruktur darf auch nur geändert werden, wenn die Satzung das vorsieht.[7] Außerdem treffen den Vorstand Treuepflichten. Er muss sich loyal verhalten, darf nicht eigennützig handeln und ihm ist der Wettbewerb auf den Gebieten versagt, auf denen sich die Stiftung unternehmerisch betätigt.[8] Der Stiftungsvorstand ist rechenschaftspflichtig, er muss eine Einnahmen- und Ausgabenrechnung vorlegen. Das ergibt sich aus §§ 86 S. 1, 27 Abs. 3, 666, 259, 260 BGB. Eine Gewinn- und Verlustrechnung muss er aber nicht vorlegen. Hinzu kommt die Pflicht, eine Vermögensübersicht aufzustellen, um Ausschüttungssperren zu vermeiden. Er muss über die Erfüllung des Stiftungszwecks berichten.[9] Ihn treffen auch die Buchführungs- und Rechnungslegungspflichten gegenüber dem Fiskus.[10]

Im Gegensatz zum Geschäftsführer der gGmbH kann der Stiftungsvorstand nur entlastet werden, wenn dies der Stifterwille so anordnet und der Entlastungsbeschluss nicht pflichtwidrig war.[11]

Sehr problematisch ist noch, ob die Haftung ausgeschlossen ist, wenn die Stiftungsaufsicht das Tun des Stiftungsvorstands nicht beanstandet hat. Das wird teilweise grundsätzlich bejaht.[12]

Dem ist nicht zu folgen. Die Stiftungsaufsicht ist nicht primärer Verantwortungsträger. Nur wenn ein Organmitglied die Behörde nach der Rechtmäßigkeit einer konkreten Maßnahme befragt hat, kann der Verschuldensvorwurf ausscheiden. Ansonsten kann es nicht als grundsätzlich sorgfältig angesehen werden, wenn das Stiftungsorgan mit Wissen der Aufsicht tätig wird, da dies von der falschen Prämisse ausgeht, dass die Stiftungsaufsicht bei jedem pflicht- und rechtswidrigen Verhalten einschreite.[13]

Pflichten und Haftung des Vorstandes in der Insolvenz

Insolvenzspezifische Handlungspflichten treten dann ein, wenn das Vermögen der Stiftung bzw. der gGmbH nicht mehr voll umfänglich vorhanden ist.

Die Pflicht eines Geschäftsführers einer gGmbH, einen Insolvenzantrag zu stellen, ergibt sich aus § 64 Abs. 1 GmbHG.

Die Pflicht des Stiftungsvorstands, im Fall der Überschuldung oder der Zahlungsunfähigkeit einen Insolvenzantrag zustellen, ergibt sich aus §§ 86 S. 1 i.V.m. 42 Abs. 2 BGB.

---

[7] *Schwintek*, S. 138.
[8] Ebd., S. 150 ff.
[9] Ebd., S. 164 bis 170.
[10] Ebd., S. 174.
[11] Ebd., S. 203.
[12] KG, StiftRspr. III, 35, 37 f.; *Seifart/v. Campenhausen/Hof*, § 9, Rn. 219.
[13] *Schwintek*, S. 193.

Zur Haftung von Stiftungsvorständen ergeben sich die gleichen Fragen und Probleme wie bei § 64 GmbHG.

Vorfeld der Insolvenz

Handlungspflichten des Vorstandes können schon bei den ersten Anzeichen einer Krise vorliegen.

Gemäß § 49 Abs. 3 GmbHG ist der Geschäftsführer einer GmbH bei einem Verlust der Hälfte des Gesellschaftsvermögens verpflichtet, diesen durch die unverzügliche Einberufung einer Gesellschafterversammlung anzuzeigen. Dabei richtet sich die Prüfung, ob die Hälfte des Stammkapitals verbraucht ist, nach den Ansatz- und Bewertungsregeln der Jahresbilanz.[14] Sinn dieser Regelung ist es, den Gesellschaftern die Möglichkeit zu gewähren, über die weitere Geschäftspolitik zu diskutieren und Sanierungsmaßnahmen einzuleiten. Verletzt die Geschäftsführung diese Anzeigepflicht, kann sie sich gemäß § 43 Abs. 2 GmbHG gegenüber der Gesellschaft haftbar machen. Daneben ist eine Strafbarkeit aus § 84 Abs. 1 Nr. 1 GmbHG gegeben, die nach Abs. 2 auch fahrlässiges Handeln umfasst.

Im Stiftungsrecht existiert eine vergleichbare Regelung nicht. Der Stiftungsvorstand hat aber im Rahmen seiner jährlichen Berichtspflichten gegenüber der Stiftungsaufsicht auf das Vorliegen bzw. auf erste Anzeichen einer Verschlechterung der Vermögensverhältnisse hinzuweisen. Darüber hinaus wird bei unerwarteten Entwicklungen von einer Anzeigepflicht ausgegangen.[15]

Verpflichtete

Verpflichtet zur Insolvenzantragstellung ist nur der Vorstand. Wenn dieser aus mehreren Personen besteht, ist jedes Vorstandsmitglied zur Stellung des Insolvenzantrages berechtigt und verpflichtet. Voraussetzung ist allerdings die Glaubhaftmachung eines Antragsgrundes gem. § 15 Abs. 2 S. 1 InsO.[16] Hingegen trifft besondere Stiftungsvertreter (§§ 86 S. 1 i.V. m. 30 BGB) nicht diese Pflicht.[17]

Da aber § 42 Abs. 2 S. 2 BGB Schutzvorschrift im Sinne des § 823 Abs. 2 BGB ist, haften diejenigen, die den Vorstand bei der Pflichtverletzung unterstützen oder ihn dazu anstiften, gem. § 830 BGB ebenso. Die Amtsniederlegung befreit den Stiftungsvorstand genauso wenig von seiner Haftung.[18]

Gleiches gilt für die gGmbH. Hier ist der Geschäftsführer zur Stellung des Insolvenzantrags verpflichtet.

---

14 *Baumbach/Hueck,* GmbHG, 17. Auflage, § 84, Rn. 11.
15 *Schauhoff/Gotthardt,* Handbuch der Gemeinnützigkeit, 1. Auflage, § 18, Rn. 20.
16 *Reuter* im Münchener Kommentar zum BGB, § 42, Rn. 1.
17 *Reichert,* Handbuch des Vereins- und Verbandsrechts, 9. Auflage, Rn. 1942.
18 Ebd., Rn. 1944.

Neben den Insolvenzantragsgründen der Überschuldung (§ 19 InsO) und der Zahlungsunfähigkeit (§ 17 InsO) existiert noch der Eröffnungsgrund der drohenden Zahlungsunfähigkeit (§ 18 InsO). Dieser Tatbestand soll verhindern, dass ein Insolvenzverfahren zu spät eröffnet wird und mangels Masse abgewiesen werden muss. Daneben soll dem Antragsteller die Chance gegeben werden, sich rechtzeitig unter den Schutz eines Insolvenzverfahrens zu stellen und durch einen Insolvenzplan mit Hilfe der Gläubiger eine Sanierung herbeizuführen. Sowohl der Vorstand einer Stiftung als auch der Geschäftsführer einer gGmbH ist daher nach § 18 InsO zum Insolvenzantrag berechtigt, aber nicht verpflichtet, wenn eine drohende Zahlungsunfähigkeit vorliegt. Nur wenn ein Gesamtvorstand besteht, fehlt es den einzelnen Vorstandsmitgliedern an der Antragsberechtigung bei lediglich drohender Insolvenz (§ 18 Abs. 3 InsO). Ein verfrühter Antrag kann allerdings zu Schadensersatzpflichten führen, so dass dem Vorstand zu empfehlen ist, eine Gesellschafterversammlung einzuberufen bzw. die Stiftungsaufsicht zu benachrichtigen, um den Insolvenzantrag durch einen entsprechenden Beschluss bestätigen zu lassen.

Umfang des Antrags

Fraglich ist, in welcher Form ein Insolvenzantrag zu stellen ist. Einerseits könnte die Einreichung eines Insolvenzantrags genügen,[19] andererseits wird zusätzlich gefordert, dass sich aus dem Antrag nachvollziehbare Angaben zur Vermögens- und Finanzlage ergeben müssten.[20] Begründet wird letztere Ansicht mit dem Argument, dass der Grundsatz der Amtsermittlung (§ 5 InsO) bis zur Stellung eines ordnungsgemäßen Antrags nicht greife. Die erste Ansicht will hingegen den Vorstand einer juristischen Person vor der schnell einsetzenden Strafbarkeit z. B. nach § 84 GmbHG schützen. Die Verweise von Haas sind nicht schlüssig.[21] Der Antragsteller gab im Fall AG Dresden[22] deswegen keinen ordentlichen Antrag ab, weil er lediglich den Insolvenzantrag stellte, ohne eine Anschrift, unter der die Schuldnerin zu erreichen gewesen wäre, zu hinterlassen. Allerdings existiert keine dem § 84 GmbHG entsprechende Vorschrift im Vereins- und Stiftungsrecht. Gleichwohl droht die strenge Vorstandshaftung gem. § 42 Abs. 2 BGB.

Daher muss eine Antragstellung unter Abgabe einer aktuellen richtigen Adresse genügen. Eine Entscheidung des BGH existiert noch nicht. Das Insolvenzgericht hat jedoch vor einer Unzulässigkeitserklärung des Antrags mittels einer Zwischenverfügung auf einen Mangel des Eröffnungsantrags hinzuweisen, wenn davon ausgegangen werden kann, dass dieser innerhalb einer angemessenen Frist behoben wird.[23]

---

[19] BayObLG NZI 2001, 50, 51; ebenso z. B. *Smid,* Kommentar zur InsO, § 13, Rn. 26.
[20] *Haas,* DStR 2003, S. 423, 426, 1.2.3. mit Verweis auf mehrere AG- und LG-Urteile.
[21] Ebd.
[22] EWiR 2002, 721 f.
[23] *Schmahl,* MüKO-Insonvenzrecht, Band 1, § 13, Rn. 96.

Maßstab der Pflichtverletzung

Der Vorstand muss schuldhaft den Insolvenzantrag nicht gestellt haben. Aber es genügt einfache Fahrlässigkeit. Das Vertretungsorgan handelt fahrlässig, wenn es die im Geschäftsverkehr gebotene Sorgfalt außer Acht lässt. Fehlendes Wissen entlastet auch bei einer gemeinnützigen Stiftung mit einem ehrenamtlichen Vorstand nicht. Nimmt der Vorstand hingegen qualifizierte fachliche Beratung in Anspruch, darf er sich auf deren Hinweise verlassen. In diesem Fall ist er nur für Fehler verantwortlich, die ihm bei der Auswahl des Beraters schuldhaft unterlaufen. Anweisungen der Mitgliederversammlung, den Insolvenzantrag nicht zu stellen, darf er aber nicht befolgen.[24]

Zur Einschlägigkeit der §§ 86 S. 1 i.V.m. 42 Abs. 2 BGB muss keine Jahres- oder Zwischenbilanz vorliegen. Es genügt der Eintritt der Überschuldung. Grundsätzlich steht aber dem Stiftungsvorstand ein Beurteilungsspielraum zu, ob die Krise behoben werden kann oder nicht.[25] Wer die (schwierige) Beweislast für die positive Fortbestehensprognose trägt, ist durch den BGH nicht entschieden. Das OLG Saarbrücken hat für die GmbH dem Geschäftsführer die Darlegungslast auferlegt.[26]

Bei all dem ist zu beachten, dass es sich um eine Pflicht zugunsten der Gläubiger handelt; eine Haftungsmilderung zugunsten des Stiftungsvorstands, die sich aus der Satzung ergibt, wirkt nicht bei Pflichtverletzungen, die zu Lasten Dritter geschehen.

Als Beispiel kann der Fall dienen, dass die Stiftung von der landesrechtlichen Regelung Gebrauch macht, ihre Organe nur für grobe Fahrlässigkeit und Vorsatz haften zu lassen. Der Vorstand verletzt leicht fahrlässig die Insolvenzantragspflicht. Er kann nun von den Neugläubigern gem. § 823 Abs. 2 BGB i.V.m. § 42 Abs. 2 BGB direkt in Anspruch genommen werden. Den Quotenschaden der Altgläubiger macht gem. § 92 InsO der Insolvenzverwalter geltend. Außerdem kann die Stiftung gem. § 86 S. 1 BGB i.V.m. § 27 Abs. 3 BGB den Vorstand in Anspruch nehmen. Lediglich bei diesem Anspruch wirkt die Haftungsmilderung in der Stiftungssatzung zugunsten des Vorstands. Bezüglich der Zahlungen, die der Stiftungsvorstand bei leicht fahrlässiger Pflichtverletzung zu leisten hat, kann er bei der Stiftung Regress nehmen. Das hilft ihm aber praktisch nicht. Die Stiftung wird wegen der Insolvenz liquidiert werden, so dass sein Regressanspruch wertlos wird.

Die Ausführungen gelten genauso für die gGmbH. Weisungen der Gesellschafterversammlung bewirken auch hier nur im Innenverhältnis einen Haftungsausschluss.[27]

---

[24] *Reichert*, Rn. 1944.
[25] Für § 64 Abs. 1 GmbHG: *Haas*, DStR 2003, 423, 425, 1.2.2.
[26] NZG 2001, 414, 415.
[27] BGH NJW 1974, 1088, 1089.

Antragsfrist

§§ 86 S. 1 i.V. m. 42 Abs. 2 S. 2 BGB normiert die Haftung des Stiftungsvorstandes, wenn er die Stellung des Insolvenzantrags verzögert. Eine Dreiwochengrenze als Höchstfrist wie in § 64 Abs. 1 GmbHG existiert nicht. Zu dem Problem, dass diese objektive Höchstgrenze im Vereins- und Stiftungsrecht des BGB nicht geregelt ist, finden sich weder Rechtsprechung noch Literaturanmerkungen. M. E. muss bei der unternehmerisch tätigen Stiftung aber derselbe Grundsatz gelten. Die §§ 130 a Abs. 1 S. 3 HGB, 92 Abs. 2 S. 1 AktG und 64 Abs. 1 S. 1 GmbHG bringen ein allgemeines Prinzip zum Ausdruck. Bei einem unternehmerisch tätigen Verband, bei dem keine natürliche Person den Gläubigern persönlich haftet, stellt die Dreiwochengrenze stets die Höchstfrist dar. Eine unternehmerisch tätige Stiftung bekommt schließlich zu jeder Zeit neue Gläubiger, die geschützt werden müssen. Die Dreiwochenfrist ist aber m. E. nicht anwendbar, wenn eine Chance zur Sanierung besteht und es sich um eine Stiftung handelt, die kein Unternehmen betreibt.

Wann die Dreiwochenfrist beginnt, ist umstritten. Es existiert hierzu noch keine Rechtsprechung des BGH. Die mildere Ansicht, die die Frist erst bei positiver Kenntnis laufen lässt, kann sich allenfalls auf frühere BGH-Rechtsprechung berufen, die aber nach der Gesetzesänderung im Jahr 1986 nicht mehr uneingeschränkt gültig ist. Zu streng ist wohl auch die Ansicht, die auf die objektive Einschlägigkeit des Tatbestandes abstellt, denn so würde die Überlegungszeit des Geschäftsführers oder Vorstands ausgehebelt. Es muss vielmehr darauf abgestellt werden, wann die die Überschuldung oder Zahlungsunfähigkeit begründenden Zahlen und Fakten objektiv zutage lagen und der Geschäftsführer oder Vorstand sie kannte oder kennen musste.[28]

Zu beachten ist aber, dass die Dreiwochenfrist eine objektive Höchstfrist darstellt und lediglich die Organpflichten konkretisiert. Stellen sich Sanierungsbemühungen schnell als unsinnig heraus, ist sofort der Insolvenzantrag zu stellen und die Frist darf nicht zugewartet werden.[29]

Für die gGmbH stellen sich aufgrund der direkten Anwendbarkeit des § 64 Abs. 1 GmbHG dieselben Probleme. Unstreitig gilt aber aufgrund der direkten Anwendbarkeit der Norm die Dreiwochenfrist des § 64 Abs. 1 GmbHG.

Schaden

Durch den BGH ist es mittlerweile geklärt, dass Altgläubiger (= Personen, die schon vor dem die Insolvenzantragspflicht auslösenden Ereignis Gläubiger waren) den Schaden ersetzt verlangen können, der sich dadurch ergibt, dass der Insolvenz-

---

[28] *K. Schmidt* im Scholz Kommentar zum GmbHG, § 64, Rn 18.
[29] Ebd., § 64, Rn. 16.

antrag verspätet gestellt wurde.[30] Es ist also die Differenz der hypothetischen Insolvenzmasse bei rechtzeitigem Antrag und der gegenwärtigen Insolvenzmasse zu bilden. Dieser Anspruch wird gem. § 92 InsO vom Insolvenzverwalter geltend gemacht. Neugläubiger können sogar verlangen, so gestellt zu werden, als hätten sie den Vertrag nie geschlossen. Da es sich hierbei um einen sog. Individualschaden handelt, kann dieser Anspruch nach h. M. von diesen persönlich geltend gemacht werden.[31] Andere Stimmen in der Literatur argumentieren, dass aufgrund der Schwierigkeit bei der Einstufung als Alt- oder Neugläubiger die Aktivlegitimation immer beim Insolvenzverwalter liegt.[32]

Wie Neugläubiger werden nach Urteilen mehrerer OLGe Vertragspartner behandelt, die vor Überschuldung zwar den Vertrag schlossen, jedoch nach Ablauf der Antragsfrist vorleisteten.[33]

Das gilt jeweils für die Stiftung und die gGmbH.

Verjährung

Der Anspruch der Gläubiger aus § 823 Abs. 2 i.V.m. § 86 S. 1 i.V.m. § 42 Abs. 2 BGB verjährt in 3 Jahren nach Kenntnis der Gläubiger gem. § 195 BGB. Auch ohne Kenntnis der Gläubiger verjährt der Anspruch in maximal 10 Jahren gem. § 199 Abs. 3 S. 1 Nr. 1 BGB. Spezielle Fünfjahresfristen wie in § 64 Abs. 2 S. 3 GmbHG existieren für das Stiftungs- und Vereinsrecht des BGB nicht.

Handelt es sich um eine gemeinnützige GmbH, ist es umstritten, ob der § 64 Abs. 2 S. 3 GmbHG mit seiner absoluten Verjährungsfrist auch die Ansprüche aus § 823 Abs. 2 BGB i.V.m. § 64 Abs. 1 GmbHG umfasst oder nur die aus § 64 Abs. 2 GmbHG. Höchstrichterliche Rechtsprechung existiert nicht, die OLGe sind unterschiedlicher Auffassung.[34]

Strafrechtliche Folgen

Der Geschäftsführer der gGmbH, der die Insolvenz nicht rechtzeitig beantragt, macht sich gem. § 84 GmbHG strafbar. Diese Vorschrift umfasst sowohl Vorsatz als auch Fahrlässigkeit.

Es gibt im Stiftungs- und Vereinsrecht keine den §§ 84 GmbHG, 401 AktG oder 130b, 177a S. 1 HGB entsprechende Vorschrift, die den Vorstand deswegen mit Strafe belegt, weil er den nötigen Insolvenzantrag nicht gestellt hat. Eine Analogie

---

[30] BGHZ 134, 333.
[31] *Brandes,* MüKo-Insolvenzrecht, Band 1, § 92, Rn. 36.
[32] *Schauhoff/Gotthardt,* Handbuch der Gemeinnützigkeit, 1. Auflage, § 18, Rn. 54.
[33] OLG Celle, NZG 2002, 730, 732 und OLG Saarbrücken, NZG 2001, 414, 415.
[34] Nachweise bei *Haas,* DStR 2003, 423, 430, 2.4.

kommt nicht in Betracht, da im Strafrecht die Analogie zu Lasten des Angeklagten verboten ist. Bestehen bleiben die möglichen Straftatbestände Bankrott (§ 283 StGB), Betrug (§ 263 StGB) und Untreue (§ 266 StGB).

Haftung des gGmbH-Geschäftsführers gem. § 64 Abs. 2 S. 1 GmbHG

Der Geschäftsführer einer gGmbH haftet der Gesellschaft für alle Zahlungen, die nach Eintritt der Überschuldung oder Zahlungsunfähigkeit zugunsten eines Gläubigers geleistet werden. Die Norm bezweckt, dass alle Gläubiger gleichbehandelt werden. Somit kann hier keine Frist abgewartet werden. Weiterhin darf der Geschäftsführer natürlich Zahlungen vornehmen, die nur zu einem Aktivtausch führen; d. h. wenn die Gesellschaft einen Gegenwert bekommt.

Fehlen eines dem § 64 Abs. 2 GmbHG vergleichbaren Tatbestands

Im Recht der GmbH existiert auch das Verbot, nach Eintritt der Zahlungsunfähigkeit oder Feststellung ihrer Überschuldung Zahlungen an Dritte zu leisten. Diese Zahlungen sind durch den Geschäftsführer der GmbH zu erstatten. Das ergibt sich aus § 64 Abs. 2 GmbHG. Diese gläubigerschützende Vorschrift gilt auch wieder zu Lasten eines Geschäftsführers einer gemeinnützigen GmbH.

Vergleichbare Regelungen finden sich in § 92 Abs. 3 S. 1 AktG und § 130a Abs. 2 S. 1 HGB. Im Stiftungsrecht des BGB oder im Vereinsrecht, auf das durch § 86 BGB verwiesen wird, findet sich keine vergleichbare Norm.

In Rechtsprechung und Literatur finden sich keine Stellungnahmen zu diesem Thema. Bei diesen Normen handelt es sich um Regelungen des Gläubigerschutzes. Alle Gläubiger sollen gleichbehandelt werden; die gesonderte Befriedigung eines Gläubigers vorab ist unzulässig. Wenn die Stiftung Schuldner ist, besteht für die Gläubiger ein ähnliches Schutzbedürfnis wie bei einer gGmbH. Die Gläubiger können nur noch auf die vorhandene Vermögensmasse der Stiftung zugreifen. Somit ist auch in diesem Fall eine Gleichbehandlung aller Gläubiger geboten. Eine Gesamtanalogie der oben dargestellten Normen zu Lasten des Stiftungsvorstands drängt sich folglich auf.

Die Stiftungsorgane dürfen folglich keine Zahlungen an Gläubiger leisten, wenn die Stiftung überschuldet oder zahlungsunfähig ist. Es genügt, dass die Überschuldung erkennbar ist.[35] Die oben vorgestellte Dreiwochenfrist ist hier auch nicht anwendbar.[36] Allerdings fallen Bargeschäfte, die auf einen bloßen Aktivtausch hinauslaufen, nicht unter den Tatbestand.[37]

---

[35] Für die GmbH: BGHZ 143, 184, 185.
[36] Für die Parallelnorm § 92 Abs. 3 AktG: *Habersack* im GK zum AktG § 92, Rn. 93.
[37] *K. Schmidt* im Scholz Kommentar zum GmbHG, 9. Auflage, § 64, Rn. 24.

Haftung des Stifters

Für den Stifter kommt eine Haftung aus mehreren Anlässen in Betracht. Er könnte den Stiftungsgläubigern direkt haften, genauso besteht die Möglichkeit der Haftung für das zugesagte Vermögen und als Letztes kommt eine Haftung im Falle der Stiftungsinsolvenz in Betracht.

Direkte Haftung des Stifters gegenüber den Gläubigern

Bei Ansprüchen der Stiftung gegen den Stifter ist ein Durchgriff der Gläubiger gegen den Stifter ausgeschlossen. Dieser ist nicht Vertragspartner gegenüber den Gläubigern.[38] Selbst im Insolvenzfall haftet der Stifter den Gläubigern nicht direkt.

Anders läge es nur in dem Fall der sittenwidrigen Gläubigerschädigung gem. § 826 BGB. Die bloße Verlagerung eines risikobehafteten Unternehmens auf die Stiftung unter Firmenfortführung durch die Stiftung genügt noch nicht. Schließlich behält der Gläubiger zumindest für 5 Jahre gem. § 26 Abs. 1 HGB seine Ansprüche gegen den bisherigen Inhaber des Handelsgeschäfts. Anders sähe es nur aus, wenn der Stifter durch weitere Zustiftungen die Stiftung immer mit gerade so vielen liquiden Mitteln ausstatten würde, dass diese die fälligen Verbindlichkeiten zahlen könnte. Nach fünf Jahren stellt er diese Zustiftungen ein. Alle Altgläubiger müssen sich nun endgültig an die Stiftung halten und sehen sich einer insolventen Stiftung gegenüber.

Fraglich ist die Situation bei der Auslagerung risikoreicher Geschäfte auf eine Stiftung. Als Beispiel dient die Ausgliederung der risikoreichen Forschungsabteilung auf eine Stiftung. Vor dem großen wirtschaftlichen Zusammenbruch stattet der Stifter die Stiftung jährlich mit ausreichend Mitteln aus, damit sie ihre Verbindlichkeiten bezahlen kann.

Eine Vertrauenshaftung (§ 311 Abs. 2 BGB i.V. m. § 241 Abs. 2 BGB) kann mangels Kontaktes Stifter – Gläubiger nicht einschlägig sein. Zudem erscheint es fraglich, ob ein Gläubiger einer juristischen Person darauf vertrauen kann, dass diese von einem Dritten (hier der Stifter) mit genügend Mitteln periodisch ausgestattet wird. Diese Frage ist zu verneinen; selbst ein Konzernvertrauen wird abgelehnt.

In Frage kommt aber die Durchgriffshaftung. Einer theoretischen Auseinandersetzung mit dieser Figur, die die Eigenständigkeit von juristischen Personen durchbricht, bedarf es hier nicht. Zentral bei der Frage nach dem Durchgriff ist das Verständnis, dass hinter einer juristischen Person immer natürliche Personen als Anteilseigner stehen. Diese können ihre Interessen durch Zwischenschaltung einer juristischen Person zu Lasten der Gläubiger missbrauchen. Die Stiftung ist hin-

---

[38] *Seifart / v. Campenhausen / Hof*, § 7, Rn. 45.

gegen eine juristische Person ohne Mitglieder. Auch die Unterkapitalisierung ist nicht über die Durchgriffshaftung zu lösen, es muss schließlich dabei beachtet werden, dass die Stiftungsbehörde die Genehmigung der Stiftung ja gerade von einer ausreichenden Mittelausstattung abhängig machen muss. Somit erscheint eine Durchgriffshaftung gegen den Stifter nicht angebracht.

Im Ergebnis kann eine Haftung des Stifters gegenüber den Stiftungsgläubigern nicht begründet werden.

Haftung des Stifters für zugesagtes Vermögen

Der Stifter verspricht, der Stiftung bestimmte Werte oder Gegenstände zukommen zu lassen. Ohne eine ihrem Zweck entsprechende Ausstattung erhielte sie auch nicht die Genehmigung der Stiftungsbehörde.

Umstritten ist die Haftung des Stifters für das zugesagte Vermögen. Grundsätzlich ist dies aber nur eine Haftung gegenüber der Stiftung und nicht gegenüber deren Gläubigern. Rechtsprechung existiert hierzu nicht. Eine Ansicht meint, den Stifter nach Grundsätzen des Schenkungsrechts haften zu lassen. Das hätte für ihn den Vorteil, sich auf die Haftungsmilderung des § 521 BGB berufen zu können, der den Schenker für Umfang und Güte seiner Leistung nur mit einer Haftung für Vorsatz und grobe Fahrlässigkeit belegt.[39]

Dagegen vertritt v. a. Reuter eine differenzierte Lösung. Soweit Dritte zu schützen sind, soll der Stifter nach allgemeinen schuldrechtlichen Grundsätzen haften, u. a. ohne das Haftungsprivileg des § 521 BGB.[40] Begründet wird dies neben dem Drittschutzargument damit, dass keine Schenkung vorläge, sondern ein Akt der Mittelausstattung bei einer neu gegründeten juristischen Person. Gerade von der Mittelausstattung ist die Genehmigung der Stiftung abhängig. Lediglich wenn Vorschriften des Schenkungsrechts Dritte schützen, sollen diese hier auch Anwendung finden.[41] Die strenge Ansicht überzeugt. Zu beachten ist, dass dem Stiftungsgläubiger ansonsten als Schuldner keine natürliche Person und auch keine juristische Person mit einem garantierten Kapital gegenüberstehen. Daher ist die strenge Haftung vorzuziehen.

Folglich haftet der Stifter für die Mangelhaftigkeit der eingebrachten Sachen und Vermögenswerte nach den §§ 275 ff. BGB.[42] Handelt es sich um eine Geldleistung, ist diese immer zu erbringen. Sachvermögenswerte und Rechte sind mangelfrei in die Stiftung einzubringen.

---

[39] Nachweise bei *Seifart/v. Campenhausen/Hof,* § 7, Rn. 36.

[40] *Reuter* im Münchener Kommentar zum BGB, 4. Auflage, § 80, Rn. 14 und § 82, Rn. 3 und 4.

[41] Bsp.: Die Pflichtteilsergänzung gegenüber deutlich benachteiligten Erben und Pflichtteilsberechtigten gem. §§ 2325, 2329 BGB.

[42] Vgl. für Pflichten der Vereinsmitglieder: *Reuter* im Münchener Kommentar zum BGB, 4. Auflage, § 38, Rn. 39 ff.

Der BGH hat dieses Problem zur GmbH schon entschieden.[43] Dort will er allenfalls analog die Kauf- und Werkvertragsregeln heranziehen. Schließlich handelt es sich bei der Verpflichtung, eine Einlage zu leisten, um einen körperschaftlichen Akt.

Bringt der Stifter mit wirtschaftlichen Risiken belastete Unternehmen in die Stiftung ein, ohne dass dieser schlechte Zustand im Stiftungsgeschäft festgelegt worden wäre, kann er unproblematisch von der Stiftung auf Nacherfüllung oder auf Schadensersatz in Anspruch genommen werden. Ähnliches muss gelten, wenn der Stifter der Stiftung Anteile an einem Unternehmen verspricht und deren Wert beziffert und sich anschließend die fehlende Bonität der Anteile herausstellt. Hier kann häufig eine garantierte Bonitätshaftung angenommen werden. Allerdings steht nur der Stiftung dieser Anspruch zu. Der Gläubiger der Stiftung kann diesen Anspruch nur pfänden.[44]

Handelsrechtliche Haltung des Stifters

Bei der Einbringung von Anteilen an einer Kapitalgesellschaft oder von Kommanditanteilen ergibt sich keine persönliche Haftung des Stifters oder der Stiftung gegenüber Gesellschaftsgläubigern.

Anders verhält sich der Sachverhalt, wenn der Stifter ein Handelsgeschäft in die Stiftung oder gGmbH einbringt. Schließt die Stiftung die Haftung für bisherige Verbindlichkeiten durch Eintragung ins Handelsregister aus (§ 25 Abs. 2 HGB) oder führt sie die Firma nicht fort (§ 25 Abs. 3 HGB), verbleibt die Haftung für Altschulden beim Stifter. Haftet die Stiftung hingegen als Erwerberin des Handelsgeschäfts wegen der Firmenfortführung, dann erlischt die Haftung des Stifters für Unternehmensverbindlichkeiten nach spätestens 5 Jahren gem. § 26 Abs. 1 HGB.

Haftung des Gesellschafters einer gGmbH

Für den Gesellschafter einer gGmbH gilt nichts anderes als für den Stifter. Auch er hat nur seine Einlage zu erbringen und haftet allenfalls den GmbH-Gläubigern gem. § 25 HGB.

Für seine Person ist die Durchgriffshaftung allerdings problematischer. Das Argument bei der Stiftung, dass hinter ihr keine Anteilseigner oder Mitglieder stehen, ist bei der GmbH nicht einschlägig. Auch wenn diese gemeinnützig ist, hat diese Gesellschafter, die die Rechtsform der GmbH missbrauchen können.

Es gibt verschiedene Durchgriffstatbestände.

---

[43] BGHZ 45, 338, 345.
[44] Zum Ganzen für die GmbH: *H. Winter* im Scholz Kommentar zum GmbHG, § 5.

In Betracht kommt die Sphären- und Vermögensvermischung. Das liegt vor, wenn völlig unklar ist, ob vorhandenes Vermögen der gGmbH oder ihrem Gesellschafter zuzuordnen ist. Die Unterkapitalisierung ist gegeben, wenn die gGmbH mit einem Stammkapital gegründet wurde, welches offensichtlich nicht zur Erreichung des Satzungszwecks reichen wird. Als Beispiel dient die Verlagerung einer teuren und risikoreichen Forschungsabteilung auf eine mit nur 25.000 € ausgestattete Gesellschaft. Letztlich kommt nun auch der Tatbestand der Gesellschaftsbeherrschung in Betracht. Das ist dann gegeben, wenn die gGmbH von ihrem Gesellschafter so abhängig ist, dass sie kein Eigenleben mehr führen darf, ihre Ressourcen an ihren Gesellschafter nach dessen Willen abzuführen hat und dadurch finanziell und wirtschaftlich so ausgepresst ist, dass sie alleine nicht auf dem Markt überleben wird.

Zusammenfassend kann folgender Verhaltenshinweis gegeben werden: Der Gesellschafter darf nicht pflichtwidrig in das Gesellschaftsvermögen in der Form eingreifen, dass er rücksichtslos die Fähigkeit der gGmbH zur Bedienung ihrer Verbindlichkeiten außer Acht lässt. Eine Haftung ergibt sich dann, wenn die gGmbH dadurch unfähig wird, ihre Verbindlichkeiten auch nur teilweise zu erfüllen und der Ausgleich der zugefügten Nachteile nach den §§ 30, 31 GmbHG nicht möglich ist.

Es lassen sich Fallgruppen bilden, in denen die Gefahr wahrscheinlich ist, dass ein pflichtwidriger Eingriff vorliegt, der Haftungsfolgen auslöst. Bedenklich sind der Abzug von dauerhaft zur Gewinnerzielung erforderlichem Vermögen; der Abschluss von riskanten Verträgen, deren Vorteile nicht der Gesellschaft, sondern dem Gesellschafter und ihm nahe stehenden Unternehmen zugute kommen; Spekulation auf Gläubigerkosten; Verzicht auf Wahrnehmung von Geschäftschancen der gGmbH zugunsten des Gesellschafters; Abzug von nicht bilanziertem, aber für die Erzielung von Einnahmen erforderlichem Vermögen oder auch der Abzug von personellen Ressourcen, ohne die eine dauerhafte Gewinnerzielung nicht möglich ist.[45]

Denkt der Stifter daran, sich einen großen Einfluss vorzubehalten, dann ist die effektive Wahl die gGmbH. Hier hat er als Gesellschafter das Recht zu Weisungen gegenüber den Geschäftsführern. Allerdings kommt dabei die Haftung gegenüber den Gläubigern in Betracht, wenn die dargestellten Fallgruppen der Unterkapitalisierung, Vermögens- und Sphärenvermischung sowie der Beherrschung erfüllt sind.

Neben einer Durchgriffshaftung bestehen aber auch Haftungsrisiken bei verschleierten Sachgründungen und Sachkapitalerhöhungen.[46] Eine verdeckte Sacheinlage liegt vor, wenn der Gesellschaft anstelle der versprochenen Bareinlage ein anderer Gegenstand geleistet wird. Die Missachtung des Kapitalaufbringungsrechts kann bei der Gründung oder Kapitalerhöhung den Gesellschaftern viele For-

---

45 Zusammenfassend: *Vetter,* ZIP 2003, 601 und 602.
46 Vertiefend: *Azhari,* BuW 2000, 154 ff.

malien ersparen. Allerdings wird der Gesellschafter nicht von seiner Einlagepflicht befreit, da es nicht auf die Werthaltigkeit der geleisteten Sache ankommt, sondern nur darauf, ob der Gesellschaft tatsächlich Bargeld zugeflossen ist. Außerhalb der Insolvenz kann der Gesellschafter den Gegenstand jederzeit nach § 812 Abs. 1 Satz 1 BGB zurückfordern. Die Gesellschaft behält ihren Anspruch auf Einbringung der geschuldeten Bareinlage. Nach Insolvenzeröffnung kann der Gesellschafter seinen Bereicherungsanspruch jedoch nur noch zur Insolvenztabelle anmelden. Der Insolvenzverwalter wird aber regelmäßig noch auf die Zahlung der Einlage bestehen, da diese ja noch nicht wirksam geleistet wurde.[47] Daneben besteht eine subsidiäre Ausfallhaftung der übrigen Gesellschafter nach § 24 GmbHG.

Bei der Verletzung der Vorschriften des Kapitalaufbringungsrechts kommt es nicht auf den Vorsatz oder die Kenntnis der Beteiligten an. Daher ist eine Heilung durch einen nachträglichen satzungsändernden Gesellschafterbeschluss, der von einer Bar- zu einer Sacheinlage übergeht, möglich. Voraussetzung ist allerdings, dass jetzt die gesetzlichen Vorschriften für eine Sachgründung bzw. Sachkapitalerhöhung beachtet werden.

Haftung anderer einflussreicher Personen wie ein Vorstand

Die Vorschrift des § 42 Abs. 2 BGB gilt auch zu Lasten eines faktisch tätigen Vorstands.[48] Auch hier kann wieder auf die Rechtsprechung des BGH für den faktischen GmbH-Geschäftsführer hingewiesen werden.[49] Einerseits fällt der unwirksam bestellte Geschäftsführer darunter, andererseits derjenige, der das Unternehmen tatsächlich führt. Auf die Stiftung bezogen bedeutet dies, dass einerseits der unwirksam bestellte Vorstand sich nicht auf die fehlende Bestellung berufen kann, dass andererseits aber auch Personen der Pflicht und Haftung des § 42 Abs. 2 BGB unterliegen, die die Stiftung eigentlich führen. Sie müssen den Vorstand aber nicht vollständig verdrängt haben. Selbiges gilt auch für die gGmbH.[50]

Besondere Gefahren ergeben sich hier v. a. für den Gesellschafter der gGmbH. Dieser kann durch eine intensive Einflussnahme der Pflicht des § 64 Abs. 1 GmbHG unterliegen. Jedoch kann auch faktischer Geschäftsführer nur eine natürliche Person und keine juristische Person sein.[51]

---

[47] BGHZ 110, 47, 79.
[48] *Reichert*, Rn 1942.
[49] BGHZ 104, 44.
[50] Zusammenfassend für die GmbH: *K. Schmidt* im Scholz Kommentar zum GmbHG, § 64, Rn 7.
[51] BGH DStR 2002, 1010, 1012.

Ergebnis

Die vorstehenden Ausführungen haben gezeigt, dass der Vorstand in der Insolvenz durch krisenspezifische Handlungspflichten einer Vielzahl von Haftungsrisiken ausgesetzt ist. Dies ist vor allem auf den Umstand zurückzuführen, dass viele Einzelfragen im Zusammenhang mit der Stellung des Insolvenzantrages nicht geklärt sind. Dabei ist der Vorstand nicht nur haftungsrechtlichen Risiken auf Gläubigerseite ausgesetzt. Er kann sich zudem auch gegenüber der Stiftung bzw. der gGmbH haftbar machen. Letztere Haftung lässt sich allerdings durch einen Beschluss der Stiftungsaufsichtsbehörde bzw. der Gesellschafterversammlung, der die beabsichtigten Handlungen befürwortet, ausschließen oder zumindest reduzieren.

Die Vorstände der Stiftung unterliegen allerdings gegenüber Dritten einer strengen Haftung gem. § 86 S. 1 BGB i.V.m. § 42 Abs. 2 S. 2 BGB, wenn sie nicht rechtzeitig die Insolvenz beantragen. Mangelnde Fachkenntnis und ehrenamtliche Tätigkeit entlasten sie nicht. Auch die interne Haftungsfreistellung hilft nicht, da es sich hier um drittschützende Normen handelt. Wahrscheinlich trifft sie sogar eine Haftung für Zahlungen an Gläubiger nach Eintritt der Zahlungsunfähigkeit oder Überschuldung. Diese steht zwar nicht im Gesetz, jedoch ergibt dies eine Gesamtanalogie zu den §§ 64 Abs. 2 S. 1 GmbHG, 130a Abs. 2 S. 1 HGB und 92 Abs. 3 S. 1 AktG.

Die Geschäftsführer einer gGmbH unterliegen neben den Haftungstatbeständen der §§ 43 Abs. 2, 64 Abs. 2 GmbHG auch einer strafrechtlichen Haftung aus § 84 GmbHG. Aufgrund fehlender gesetzlicher Bestimmungen und des Analogieverbotes des Art. 103 Abs. 2 GG gilt dies nicht für den Stiftungsvorstand.

Dem Vorstand gleichgestellt ist der faktische Vorstand einer Stiftung oder gGmbH. Dieser kann sich im Haftungsfall nicht auf die fehlende Geschäftsführungsbefugnis berufen.

Der Stifter haftet nur der Stiftung gegenüber für die Mangelfreiheit der eingebrachten Sachen oder der eingebrachten Rechte. Eine direkte Haftung gegenüber den Stiftungsgläubigern scheidet stets aus. Dies gilt auch im Fall der Unterkapitalisierung. Die Ausnahme besteht, wenn er die Stiftung zur sittenwidrigen Gläubigerschädigung errichtet.

Die handelsrechtliche Haftung gem. §§ 25, 26 HGB für die Altschulden des auf die Stiftung übertragenen Handelsgeschäfts besteht mindestens 5 Jahre fort. Dieser Haftung unterliegt auch ein gGmbH-Gesellschafter. Dieser kann zudem im Wege der Durchgriffshaftung als auch bei Verstößen gegen die Vorschriften des Kapitalaufbringungsrechts einer Haftung unterliegen.

9.7 Fort- und Weiterbildung im Stiftungsmanagement

Von Thomas Kreuzer

Mit der Zunahme von Stiftungsneugründungen seit Ende der Neunzigerjahre des letzten Jahrhunderts wächst der Bedarf an angemessenen Qualifizierungsangeboten. Diese sind aber zum jetzigen Zeitpunkt noch rar und erst im Entstehen. Dabei spielt ein Aspekt eine Rolle, der für das Fortbildungsdesign von ausschlaggebender Bedeutung ist: Viele der neu gegründeten Stiftungen sind konstitutiv darauf angewiesen, Zustiftungen einzuwerben, weshalb qualitativ hochwertige Aus- und Fortbildungsangebote darauf achten müssen, sich nicht nur auf ein schmales juristisches Fachwissen zu begrenzen, sondern Grundlagen des (Sozial-)Marketings einzuholen. Denn häufig genug geht es zunächst darum, die Neugründungen zuerst in der Öffentlichkeit bekannt zu machen und zu positionieren, bevor die „eigentliche" Stiftungsarbeit beginnen kann. Die Aufmerksamkeit bei der Ausarbeitung curricularer Fragen eines Studienganges Stiftungsmanagement wird sich also nicht auf die im engeren Sinne fachlichen Fragen des Stiftungswesens beschränken können, weil häufig genug zunächst und vor allem Fragen der Bekanntheit und des Profils im Fokus der Stiftungsarbeit stehen. Dies gilt, wie schon angedeutet, umso mehr für solche Stiftungen, bei denen das Stiftungsmanagement sich in den ersten Jahren fast ausschließlich auf Wachstum und Organisationsentwicklung konzentrieren muss.

Der zweite virulente Punkt, der unsere Ausgangslage bestimmt, ist das häufig genannte Vorurteil, Führungskräfte verfügten über nicht ausreichend zeitliche Ressourcen, um sich vertiefend und über einen längeren Zeitraum in eine für sie neue Materie einzuarbeiten; und deshalb sollte man im Aus-, Fort- und Weiterbildungsangebot den Schwerpunkt auf eintägige Seminare legen. Nun handelt es sich bei dieser Überzeugung unserer Erfahrung nach um ein kategoriales und riskantes Missverständnis im Management von Dritter-Sektor-Organisationen, wenn konzeptionelle und strategische Ausrichtungen über Jahre unterbestimmt bleiben. Wissen braucht Zeit, und die Veränderung, das Wachstum und die Steuerung von Organisationen ebenso. Entweder qualifiziert man sich als Führungskraft selbst oder delegiert es an Referenten. Das zurzeit häufig zu beobachtende Phänomen des (Weiter-)Arbeitens ohne Vorgaben, Ziele, Business-Pläne und Controlling-Instrumente unterschreitet jedes professionelle Niveau des Managements kategorisch. Wir sind deshalb der Meinung, dass Tagesveranstaltungen nur einführenden oder vertiefenden Charakter haben können, Professionalität aber einschlägige (Kurz-)Studiengänge verlangt, die eine solide Qualität der eigenen Arbeit absichern.

Dies führt uns, drittens, zu Fragen der didaktischen Umsetzung solcher Aus-, Fort- und Weiterbildungen. Bislang bewegen wir uns auf diesem Terrain in den Bahnen klassischer Vorlesungsarten. Dies ist richtig und wichtig, da gerade Grundlagenwissen kaum anders angeeignet werden kann. Die Herausforderung aber liegt in der kontextuellen Ausrichtung der Bildungsangebote, und dieser Forderung wird allem Anschein nach in keiner Weise entsprochen. Was wir also benötigen, sind Fortbildungskonzepte, die auf die Notwendigkeit spezifischer Kontexte zugeschnitten sind; das ist die eigentlich anspruchsvolle Aufgabe für die Anbieter auf dem Fortbildungsmarkt, die über das einfache Buchen und Abspulen von Fakten hinausgeht, die man sich in derselben Zeit durch Selbststudium umfassender aneignen kann.

Ich werde mich in einem nächsten Schritt curricularen Fragen zuwenden, um dann zu diskutieren, wie eine Konzeption aussehen kann, die der angesprochenen Kontextualität entspricht. Abschließend fasse ich meine Ausführungen zusammen.

Doch über welche Kompetenzen und Qualifikationen müssen Leitungskräfte und Mitarbeiter/innen verfügen, die das Stiftungsmanagement aufbauen, ausbauen und professionalisieren? Zunächst sei vorausgeschickt, dass längst schon Personen in diesem Bereich qualifiziert und erfolgreich arbeiten; so genannte Quereinsteiger, die nicht über ein reichhaltiges Angebot an Fort- und Weiterbildungsmöglichkeiten verfügen, sondern sich die Fertigkeiten via *training on the job* angeeignet haben. Diese Personen sind diejenigen, die die Professionalisierung maßgeblich vorangetrieben haben und nun das über Jahre angereicherte Wissen an die nachfolgende Berufsgeneration in Seminaren und Workshops und nicht zuletzt an die eigenen Mitarbeiter großzügig weitergeben. Für Neueinsteiger wird jedoch der Nachweis von Praxiserfahrung *und* dokumentierten einschlägigen Qualifizierungsmaßnahmen immer mehr an Bedeutung gewinnen. Das belegen sowohl die Anforderungen der Stellenanzeigen als auch die steigende Nachfrage von Arbeitgebern bei Einrichtungen wie der Fundraising Akademie.

Wir plädieren dafür, der Aus- und Fortbildung einen angemessenen Zeitrahmen zukommen zu lassen. Wenn Fundraising in einer Organisation auf- oder ausgebaut werden soll, ist es sinnvoll, sich Unterstützung und Know-how – sei es beratend oder fortbildend – von außen einzukaufen und dauerhaft zu implementieren. Denn der Aufbau des Stiftungsmanagements bedeutet für die gesamte Organisation einen Lern- und Entwicklungsprozess, der nicht von heute auf morgen umsetzbar ist. Und die Empirie gibt diesem Ansatz Recht: Nur dort, wo Stiftungsmanagement eine unternehmerische Entscheidung darstellt, entsprechende finanzielle Mittel zur Verfügung gestellt werden und es als Leitungsaufgabe verstanden wird, ist es erfolgreich. Deshalb ist es ratsam, die Qualifikation der Mitarbeiter/innen mit einer Qualifikation der Einrichtung zu verschränken.

Ein anspruchsvolles und zugleich praxistaugliches Stiftungsmanagement-Curriculum sollte gegenwärtig folgende Themen berücksichtigen:
– *Grundlagen des Stiftens.* Traditionen des Stiftens. Motive des Stiftens. Philanthropie und Mäzenatentum. Berufsprofil Stiftungsmanagement.

- *Stiftungsgründung.* Rechtliche Grundlagen. Stiftungssatzung. Stiftungszweck. Operative und fördernde Stiftungen. Stiftung vs. andere Rechtsformen. Landesgesetze. Staatliche Aufsicht.
- *Stiftungsmarkt.* Stifter, Zustifter und Förderer im Profil. Stiftungswesen in Deutschland und Europa. Soziodemographische Daten.
- *Stiftungsformen.* Öffentlich-rechtliche oder privatrechtliche Stiftung. Rechtlich selbstständige oder rechtlich unselbstständige Stiftung. Örtliche Stiftung. Kirchliche Stiftung. Familienstiftung. Unternehmensstiftung. Bürgerstiftung/ Stadtstiftung.
- *Strategien des Stiftungsmanagements.* Stiftungsmanagement und Stiftungsleitung. Konzeptionslehre. Markenpolitik, Corporate Identity und Corporate Design. Kooperationen und Netzwerke. Media-Planung.
- *Organisation des Stiftungsmanagements.* Strukturelle Voraussetzungen. Aufbauorganisation und Organe. Adress-Management. Database-Management. Einbindung Ehrenamtlicher.
- *Finanzmanagement der Stiftung.* Anlage und Verwaltung des Stiftungsvermögens. Budgetplanung und Budgetsteuerung. Statistik und Controlling. Rechnungslegung. Jahresabschluss, Steuererklärung und Prüfung. Rücklagen und Rückstellungen.
- *Fundraising.* Grundlagen des Fundraisings. Fundraising-Märkte. Formen, Methoden und Instrumente des Fundraisings. Fundraising-Strategien. Donor-Relationship-Management. Medien im Fundraising. Öffentlichkeitsarbeit. Transparenz. Events und Preise.

Gegenwärtig erlebt der Markengedanke eine Renaissance, der auch für die Wahrnehmung von Stiftungen ausschlaggebend ist. Auch Förderer im NGO-Sektor handeln markenorientiert und spenden an „ihre" Marken. Deshalb wird es eine zentrale Aufgabe des Stiftungsmanagements in den kommenden Jahren sein, die Positionierung der Markenpersönlichkeit im Wettbewerb nachhaltig zu gestalten. Sie müssen anhaltend erkunden, ob sich die Vorstellung der Marke mit der Wahrnehmung der Marke im relevanten Markt deckt. Im Sinne des „Branding" erfordert dies eine qualifizierte Marktanalyse und Wettbewerbsbeobachtung, aber auch die interne und externe Erkennbarkeit der NGO-Marke in Abgrenzung zu den Mitbewerbern. Die Kompetenzen, die für diese Anstrengung unverzichtbar sind, beziehen sich auf fundierte Marketing-Kenntnisse einschließlich des Wissens über Leitbildprozesse, Corporate Culture und Corporate Design.

Zudem sollte Wert auf die Auswahl der Personen gelegt werden, die Stiftungen vorstehen. Denn Personen, die Stiftungen managen und leiten, sind Generalisten. Dementsprechend sind die Kompetenzen, die gebraucht werden, unterschiedlicher Natur: Fachliche und hier vor allem juristische Kompetenzen sind notwendig, um die Methodenvielfalt des Stiftungsmanagements vollständig nutzen zu können; organisatorische Kompetenzen und Leitungskompetenzen sind nötig, damit die

Stiftungsarbeit Erfolg zeitigen kann; und kommunikative und soziale Kompetenzen sind erforderlich, um Kommunikationsprozesse *in* der Stiftung in Gang zu setzen und um *nach außen* zu überzeugen; schließlich müssen Persönlichkeitskompetenzen (weiter-)gebildet werden, da die Performance einer Person häufig genug darüber entscheidet, ob eine Stiftung für seriös und unterstützenswert gehalten wird oder nicht.

Neben dieser Generalisten-Rolle sind Stiftungsmanager heute Akteure, die für einen gesellschaftlichen Wandel stehen, diesen begleiten, ihn auch forcieren. Dies ist im Alltag zumeist die schwierigste Rolle und wiederum eine doppelte Aufgabe nach innen und außen: in der Stiftung zu plausibilisieren, dass die Organisation umdenken, lernen und sich entwickeln muss, um – nach außen – auf dem Markt mit einem konturierten Profil erkennbar zu sein. Deshalb sind auch Stiftungen gehalten, das eigene Umfeld zu analysieren und sich als Organisation auf der sozialen, ökonomischen und politischen Landkarte so zu positionieren, dass die jeweilige *Unique Selling Proposition* offensichtlich wird.

Die einschlägigen Vertiefungsangebote, die es zurzeit auf dem Markt gibt, bewegen sich noch immer in den Bahnen herkömmlicher Vorlesungen. Eine wichtige Neuerung ist, Tagungsteilnehmern durchgehend oder im Anschluss an die Veranstaltung die Möglichkeit einer Erstberatung zu geben. Damit tritt der entscheidende Punkt zutage, der künftig in der Konzeption von Fort- und Weiterbildungen eine Rolle spielen wird: Es ist die Frage, inwieweit man Service- und Consulting-Aspekte in das Curriculum zu integrieren vermag. Studiengänge und umfassende Fortbildungsreihen entstehen gegenwärtig aus der Krise der Tagesveranstaltungen, die genau diesen Bedarf nicht zu decken vermögen. Es geht im Fort- und Weiterbildungsbereich von neuen oder innovativen Themen wie Stiftungsmanagement oder Fundraising immer stärker darum, die Teilnehmer in die Lage zu versetzen, Konzepte für ihr spezifisches Tätigkeitsfeld maßzuschneidern und einen passgenauen Transfer des Erlernten zu vollziehen.

Dementsprechend geht es darum, anspruchsvolle Fortbildungskonzepte in den Blick zu nehmen, die in der Lage sind, den Aufbau und die *Umgestaltung* von Organisationen zu begleiten und *zu gestalten.* Deshalb ist es wichtig, der Fort- und Weiterbildung einen Zeitraum einzuräumen, der diesem Prozess auch entspricht. Das wird im Idealfall mindestens ein Jahr umfassen, kürzere Terms sind dann sinnvoll, wenn es um die Vertiefung einzelner Module geht. Es ist dabei von Bedeutung, die Teilnehmer der Fort- und Weiterbildung nicht nur mit Grundwissen zu versorgen, sondern vielmehr sie dabei zu begleiten und zu beraten, um anstehende Aufbau- oder Umsteuerungsprozesse in ihrem Unternehmen zu gestalten. Worum es also geht, ist ein Ineinander von Lehre und Beratung.

Da immer mehr Stiftungen gegründet werden, die ihren Kapitalstock zuallererst aufbauen, wird man bei der Auswahl der Leitungspersonen künftig stärker darauf achten müssen, dass über das rechtliche Wissen hinaus solide Kenntnisse in Fundraising und Marketing vorhanden sind. Denn bei den meisten Stiftungen, die gegenwärtig konstitutiv darauf angewiesen sind, Kapital zu akkumulieren, um überhaupt ihre Satzungszwecke angemessen verfolgen zu können, wird es in den ersten Jahren um eben dieses Einwerben von Zustiftern gehen und darum, die Stiftung in der Öffentlichkeit zu positionieren. Zudem werden Stiftungen weiterhin auch auf das Einwerben von Spendenmitteln ausgerichtet, weshalb Fundraising-Qualifikationen zunehmend eine Rolle spielen werden.

Obwohl sich der gesamte Dritte Sektor im Umbruch befindet, sind viele Stiftungen noch immer zurückhaltend, Leitungskräfte und Mitarbeiter in neuen Themenfeldern zu qualifizieren. Auf der anderen Seite haben wir in den Bereichen Stiftungsmanagement und Fundraising mit die größte Professionalisierung im gemeinnützigen Sektor überhaupt.

Im Rahmen der Demokratie-Theorie stellt der Dritte Sektor diejenige Sphäre in der Gesellschaft dar, in der eine räsonierende Bürgerschaft sich in Formen rechtlich verfasster oder frei flottierender Assoziationen zusammenschließt und ihren Beitrag zur Gestaltung der Gesellschaft leistet. Stiftungen sind Teil dieses bürgerschaftlichen Engagements. Dementsprechend ist auch für Stiftungen die Gesellschaftsauffassung in Geltung, die hinter der Forderung steht, den Dritten Sektor als eine dritte Kraft in der Gesellschaft zu stärken. Denn damit ist keine instrumentelle Gesellschaftsauffassung intendiert, die Sozialität nur als Instrumentarium versteht, individuelle Ziele zu erreichen und den eigenen Nutzen zu maximieren; auch nicht die Reduzierung der Bürger auf Personen, die in einem Tauschverhältnis Steuern abgeben und dafür wiederum Leistungen erhalten. In diesem Sinne kann angenommen werden, dass Stiftungen ebenso wie die anderen Zusammenschlüsse und Organisationen des gemeinnützigen Sektors einen wesentlichen Beitrag für ein einigendes soziales Band in der Gesellschaft leisten und hier *shared values* vorgefunden, generiert und weiterentwickelt werden. Entsprechend sind Stiftungen wie der Dritte Sektor insgesamt als Orte zu identifizieren, an denen die Bedingungen für die Identitätsbildung von Individuen in besonderer Weise aufgenommen und auch thematisiert werden, wie auch hier die Bedingungen von Solidarität und sozialen Netzwerken überhaupt weitergeschrieben werden.

Ökonomisch gesehen bleibt der Dritte Sektor vermutlich weiterhin auf dem eingeschlagenen Wachstumskurs. Die Umstrukturierungen der öffentlichen Hand und die Knappheit finanzieller Ressourcen werden einerseits aller Voraussicht nach beträchtliche Wandlungen in den Organisationen und hinsichtlich ihrer Finanzierung zur Folge haben. Deshalb ist es sinnvoll, wenn Organisationen qualifizierte Kräfte vorhalten, die diese Aufgaben bewerkstelligen können.

Stiftungen sind als Teil des Dritten Sektors konstitutiv für die Genese und Geltung moderner Gesellschaften und als solche einer ihrer wesentlichen Wachstumsmotoren. Es ist deshalb angemessen, in die Qualifizierung von Personen für diesen Bereich zu investieren.

10. Stiftungen im internationalen Kontext

10.1 Die Zukunft der Stiftungen im internationalen Kontext

Von Andreas Schlüter

Die Jahrhunderte alte Tradition der auf Dauer angelegten Widmung von privatem Vermögen für Aufgaben im Interesse der Allgemeinheit (m. a. W. die Idee der Stiftung) erlebt gegenwärtig einen neuen Aufschwung. Das wachsende Verständnis für die gesellschaftliche Bedeutung der Stiftung wird begleitet von einer – mit unterschiedlicher Intensität geführten, jedoch nie abbrechenden – Diskussion über die Neugestaltung der rechtlichen Rahmenbedingungen von Stiftungen. Die Forderung nach einer Reform des Stiftungsrechts in Deutschland wird dabei begründet mit der genauso pauschalen wie plakativen, aber einprägsamen Begründung, in puncto Stiftungswesen zähle Deutschland in der westlichen Welt zu den Entwicklungsländern[1]. Insbesondere der Vergleich mit den Vereinigten Staaten scheint diese These auf den ersten Blick zu belegen.[2] Inwieweit die These tatsächlich zutrifft, werden die folgenden Beiträge belegen.

Die Tendenz zur Fortentwicklung der Rahmenbedingungen für Stiftungen ist in vielen westlichen Ländern deckungsgleich; es geht im Kern um die Förderung des Stiftungswesens in einer modernen Gesellschaft. In allen westlichen Rechtsordnungen ist das Institut der Stiftung seit Jahrhunderten bekannt. Stiftungen können in allen Ländern auf eine lange Tradition zurückblicken, die auch nationale Umbrüche und Systemänderungen weitgehend unbeschadet überstanden hatte. Der Ausgangspunkt für die „Neuentdeckung"[3] der Stiftung gegen Ende des zwanzigsten Jahrhunderts liegt in der Erkenntnis ihrer Bedeutung für die Organisation bürgerschaftlichen Engagements und der Wirkung dieser Einrichtungen auf die Produktion öffentlicher Güter und Dienstleistungen.

---

[1] *Reuter,* Neue Impulse für das gemeinwohlorientierte Stiftungswesen?, in: Kötz/Rawert/Schmidt/Walz, Non Profit Law Yearbook 2001, S. 59 f.

[2] Die Zahl der amerikanischen Stiftungen belief sich in 1999 auf über 50.000 (zum Vergleich Deutschland: 9000); von den amerikanischen Stiftungen wurden 25.000 seit 1985 gegründet (Deutschland: 4000 im Zeitraum von 1985 bis 1999); pro Jahr entstehen 3000 neue Stiftungen (Deutschland: ca. 300 Neugründungen im Durchschnitt der Jahre 1990 bis 1999); Quellen: Foundation Center, New York, zit. bei *Toepler,* Bewertung von Stiftungsvermögen in den USA im Vergleich zu Deutschland, in: Doppstadt/Koss/Toepler, Vermögen von Stiftungen – Bewertung in Deutschland und den USA, S. 100; Bundesverband Deutscher Stiftungen, Verzeichnis Deutscher Stiftungen 2000, A 18.

[3] *Anheier/Toepler,* Philanthropic Foundations, in: Private Funds, Public Purposes, S. 3 ff.

Deutschland

Das Stiftungsrecht ist in Deutschland seit langem Gegenstand juristischer Diskussionen. Im Anschluss an eine lange Phase des wissenschaftlichen Desinteresses an einer Stiftungsrechtsreform unmittelbar nach dem In-Kraft-Treten des BGB[4] lebte die Diskussion im Jahr 1962 mit dem 44. Deutschen Juristentag[5] wieder auf. Dieser Juristentag beschäftigte sich mit der Frage: „Soll das Stiftungsrecht vereinheitlicht und reformiert werden, gegebenenfalls mit welchen Grundsätzen?". Am Ende der Diskussion standen die „Vorschläge zur Reform des Stiftungsrechts"[6], die im Kern für den Erlass eines einheitlichen Bundesstiftungsgesetzes und die Abschaffung des Konzessionssystems eintraten.[7] Diese Reformdiskussion wurde Anfang der 70er Jahre von der Bundesregierung erneut aufgegriffen. Die von ihr eingesetzte interministerielle Arbeitsgruppe hatte den Auftrag, die neuen Tendenzen im Stiftungswesen zu erforschen, und sollte prüfen, ob eine bundeseinheitliche Reform notwendig sei.[8] Der abschließende Bericht, in dem kein konkreter Bedarf für eine gesetzgeberische Initiative festgestellt wurde, beendete zunächst die Grundsatzdiskussion über eine Vereinheitlichung des Stiftungsrechts.

Neue Impulse erhielt die Diskussion wieder gegen Ende der 90er Jahre durch den Vorstoß der Bundestagsfraktion Bündnis 90 / Die Grünen zur Reform des Stiftungs- und Gemeinnützigkeitsrechts.[9] Ausgangspunkt der Überlegungen war die Rolle von Stiftungen in der Bürgergesellschaft und ihre Stellung im System der Gemeinnützigkeit. Erklärtes Ziel der politischen Initiative war die Stärkung von Stiftungen als Instrumente zur Organisation von bürgerschaftlichem Engagement für das gemeine Wohl. Erstes konkretes Ergebnis der Diskussion[10] war das am 26. 7. 2000 beschlossene Gesetz zur weiteren steuerlichen Förderung von Stiftungen vom 16. 7. 2002.[11] Es folgten die Reform des BGB in den §§ 80 ff. und die daran anknüpfenden neuen Stiftungsgesetze der Länder.

---

[4] Gegenstand einer intensiven rechtsdogmatischen Diskussion war die Stiftung in der zweiten Hälfte des 19. Jahrhunderts; sie bildete einen zentralen Teil in der Auseinandersetzung um das „Wesen" der juristischen Person, siehe dazu die Auswertung der Literatur bei *Richter,* German and American Law of Charity, in: Helmholz / Zimmermann, Itinera Fiduciae, S. 427, 433 ff.

[5] Siehe hierzu Verhandlungen des 44. DJT, Bd. I, 5. Teil und Bd. II, Teil G.

[6] Bericht der Studienkommission des DJT, Vorschläge zur Reform des Stiftungsrechts, 1968.

[7] Zu den Vorschlägen siehe auch *Goerdeler / Ulmer,* Der Stiftungszweck in der Reform des Stiftungsrechts, AG 1963, S. 292, 328; Duden, Für ein Bundesstiftungsgesetz, JZ 1968, S. 1 ff.

[8] Bericht der interministeriellen Arbeitsgruppe Stiftungsrecht, in: Deutsches Stiftungswesen 1966–1976, S. 359 ff.; dazu auch *Seifart,* Kein Bundesstiftungsgesetz, ZRP 1978, S. 144 ff.

[9] Zu den Vorschlägen in der Reformdiskussion und den ersten gesetzgeberischen Initiativen siehe Bertelsmann Stiftung / Maecenata Institut für Dritter-Sektor-Forschung, Expertenkommission zur Reform des Stiftungs- und Gemeinnützigkeitsrechts, 1999.

[10] Zu den einzelnen politischen Vorschlägen und Gesetzesentwürfen siehe auch *Wachter,* Stiftungen, Zivil- und Steuerrecht in der Praxis, S. 264 ff.

Die US-amerikanische Reformdiskussion

Umfangreiche Reformdiskussionen wurden nicht nur in Deutschland, sondern auch in anderen Rechtssystemen geführt. In den USA[12] fand bereits zu Beginn der 60er Jahre eine intensive Auseinandersetzung mit den Chancen und Risiken statt, die private Stiftungen im gesellschaftlichen Prozess entfalten können.[13] Die Diskussion war einerseits getragen von dem Versuch einer Begrenzung der entstehenden Einflusspotentiale durch Akkumulation großer Vermögensmassen, insbesondere solcher, die durch eine enge Verbindung und Vermischung der Interessen der von den Stiftungen getragenen Unternehmen entstehen konnten. Auf der anderen Seite stand die Erkenntnis, dass die Stiftungen einen beachtlichen Beitrag zur Lösung zentraler gesellschaftlicher Probleme leisten konnten. Um vermutete Risiken zu begrenzen, wurden auf bundesstaatlicher Ebene eine Reihe gesetzlicher Regelungen erlassen. Einerseits sollten mögliche Formen des Missbrauchs begrenzt werden. Andererseits sollten die neuen Regeln dazu beitragen, verlässliche Rahmenbedingungen zu schaffen, in denen die Gründung und das Wachstum der Stiftungen gedeihen konnten.

Ein zentraler Punkt der Diskussion war des Verhältnis von Stiftungen zu großen und einflussreichen Wirtschaftsunternehmen. Die Geschichte des amerikanischen Stiftungswesens ist eng verbunden mit der Geschichte großer Unternehmen.[14] Die heute noch führenden Stiftungen wurden fast ausschließlich von Unternehmern errichtet, die das von ihnen aufgebaute Unternehmen oder maßgebliche Teile daran in eine Stiftung einbrachten. Über lange Zeit bestand eine intensive Verbindung zwischen den Unternehmen und den von ihnen abhängigen Stiftungen, geprägt durch finanzielle Verbindungen und insbesondere durch enge personelle und organisatorische Überschneidungen. Die Unterschiede zwischen Stiftungen einerseits und Unternehmen andererseits waren nach außen kaum erkennbar. Parallel hierzu wurde in der Öffentlichkeit zunehmend deutlicher, über welche wirtschaftliche Macht und damit gesellschaftliche Einflussmöglichkeiten diese Einrichtungen verfügten. Die daraus abgeleiteten Befürchtungen schlugen sich in zahlreichen rechtspolitischen Diskussionen[15] nieder. Auf der einen Seite

---

[11] BGBl. I 2002, S. 2634 ff.; erste krit. Stellungnahmen dazu von *Reuter,* Neue Impulse für das gemeinwohlorientierte Stiftungswesen?, in: Kötz / Rawert / Schmidt / Walz, Non Profit Law Yearbook 2001, S. 27 ff.; *Hüttemann,* Das Gesetz zur Modernisierung des Stiftungsrechts, ZHR 167 (2003), S. 35 ff.

[12] s. Kapitel 10.10.

[13] Zum Hintergrund und den wesentlichen Ergebnissen der Diskussion siehe *Edie,* Congress and Private Foundations: An Historical Analysis, Washington 1987; *Troyer,* The 1969 Private Foundation Law: Historical Perspective on ist Origins and Underpinnings, Washington 2000.

[14] Siehe beispielsweise die Porträts der großen amerikanischen Unternehmer Morgan, Rockefeller, Mellon, Guggenheim, Kellog, Ford, die ihre Beteiligungen an Unternehmen in eine Stiftung eingebracht haben, bei *Fest,* Die großen Stifter Lebensbilder – Zeitbilder, Berlin 1997.

[15] *Richter,* Das US-amerikanische Stiftungsmodell, in: Kötz / Rawert / Schmidt / Walz, Nonprofit Law Yearbook 2001, S. 223, 243.

lag das rechtspolitische Ziel darin, die gesellschaftliche Wirkung und die Unabhängigkeit der Stiftungen zu fördern; hierdurch versprach man sich die Erschließung zahlreicher Möglichkeiten zur Entlastung des Staates. Gleichzeitig wurde es zunehmend als notwendig empfunden, potentiellen Machtmissbrauch aufgrund wirtschaftlicher Größe und Verbindungen mit Unternehmen zu verhindern. Dieses doppelte Bestreben, das Missbrauchspotential einzugrenzen und gleichzeitig Stiftungsgründungen zu fördern, ist kennzeichnend für das gesamte amerikanische Stiftungsrecht. *Sedes materiae* der zu entscheidende rechtspolitischen Fragen war in erster Linie das Bundessteuerrecht; Ergebnis der Diskussion war der *Tax Reform Act 1969*. In der jüngeren Entwicklung hat sich die Diskussion auf die Kodifizierung des *Nonprofit Corporation Law* als Teil des allgemeinen Gesellschaftsrechts in die Einzelstaaten verlagert. Die zentrale Organisationsform für Stiftungen wurde die *Nonprofit Corporation*. Sie ist nach wie vor Gegenstand einer intensiven Reformdebatte.[16]

Europäische Länder

Ähnliche Diskussionen fanden – mit zeitlicher Verzögerung – auch in anderen westlichen Gesellschaften statt. In Frankreich wurde die Jahrhunderte alte Tradition der Stiftungen 1987 erstmals über die verwaltungsrechtliche Praxis hinaus Gegenstand einer ausdrücklichen gesetzlichen Regelung,[17] die unter anderem mit der Rechtsfigur der *fondation d'entreprise*[18] für Unternehmen eine Möglichkeit eröffnete, sich in und über Stiftungen für das gemeine Wohl zu engagieren. Im Vereinigten Königreich wurde das auf den *Charitable Uses Act 1601* zurück reichende Recht der gemeinnützigen Einrichtungen im Jahr 1993 umfassend überarbeitet.[19] Die Diskussion über die gesellschaftliche Sonderrolle dieser Einrichtungen dauert hier noch immer unverändert an.[20] In Italien erfuhren Stiftungen durch eine Reihe gesetzlicher Maßnahmen wesentliche Impulse. Jüngstes Ergebnis dieser Reformbestrebungen ist die Neuregelung und Vereinfachung des Gründungsverfahrens für Stiftungen.[21] Ähnliche Reformanstrengungen unternahmen die Länder

---

[16] *Hansmann*, A Reform Agenda for the Law of Nonprofit Organizations, in: Hopt/Reuter, Stiftungsrecht in Europa, S. 241 ff.

[17] Gesetz Nr. 87–571 vom 23. 7. 1987, Text bei: *Hopt/Reuter,* Stiftungsrecht in Europa, S. 643 ff., siehe auch unten § 5 III. 1.

[18] Gesetz Nr. 90–559 vom 4. 7. 1990, Text bei: *Hopt/Reuter,* Stiftungsrecht in Europa, S. 649 ff.; siehe auch unten § 5 III. 2.

[19] s. Kapitel 10.7

[20] Zu den zentralen Themen der Diskussion Bater, UK Voluntary Sector under Review, SEAL Winter 2001–2002, S. 35 ff.; Charity Commission, The Review of the Register, London 1999.

[21] Italien vollzieht damit den Schritt von einem Konzessionssystem zu einem System der gebundenen Behördenentscheidung, siehe dazu *De Giorgi,* Stiftungen im italienischen Recht, in: Hopt/Reuter, Stiftungsrecht in Europa, S. 381, 391 und unten den Beitrag von Zoppini.

10.1 Die Zukunft der Stiftungen im internationalen Kontext

Schweden[22], Norwegen[23], Dänemark[24], Österreich[25], Spanien[26] sowie eine Reihe von Staaten in Mittel- und Osteuropa[27], die sich vor die Aufgabe gestellt sahen, diesen Themenkomplex erstmals zu erfassen und zu kodifizieren.[28]

Die älteste Kodifikation gemeinnütziger Einrichtungen in Form von Stiftungen kennt das englische Recht. Der *Charitable Uses Act 1601* legte erstmals fest, welche Zweckverfolgungen durch Private als Anliegen im öffentlichen Interesse angesehen werden können. Diese Jahrhunderte alte Tradition im Vereinigten Königreich wurde Anfang der 90er Jahre durch den *Charities Act* aus dem Jahr 1993[29] unter Beibehaltung der über 400 Jahre alten Vorgaben in neue Formen gegossen. Ziel der umfassenden Überarbeitung war ein öffentlich kontrolliertes System, das die Transparenz der gesellschaftlichen Bedeutung dieser Einrichtungen fördert, auf der anderen Seite organisatorische Hilfe bei der Gründung und inhaltlichen Arbeit der gemeinnützigen Stiftungen anbietet. Der *Charities Act 1993* begründet einen neuen Ansatz in der Erfassung der gesellschaftlichen Position von Stiftungen,[30] indem er die Handlungsmöglichkeiten von Stiftungen erweiterte, sie dabei gleichzeitig einer stärkeren – sowohl öffentlichen wie staatlichen – Kontrolle unterwirft, wodurch ihre gesellschaftliche Wirkung gestärkt und ihre öffentliche Verantwortung betont wird sollte. Die ersten Erfahrungen mit dem *Charities Act 1993* gaben gleichwohl erneut Anlass, über weitere Reformschritte nachzudenken. Ein vom *National Council for Voluntary Organizations* (NCVO) 1998 gegründete Experten-

---

[22] „Stiftelselag" (1994) und „Stiftelseförordning" (1995), abgedr. in: Hopt/Reuter, Stiftungsrecht in Europa, S. 811 ff. u. 824 ff., dazu *Helmström*, ebd. S. 455 ff., *Wijkström*, Sweden, in: Schlüter/Then/Walkenhorst, Foundations in Europe, S. 233 ff.

[23] In Norwegen wurde das Recht der Stiftungen erstmals 1980 gesetzlich geregelt, vgl. Gesetz vom 23. Mai 1980, dazu *Lorentzen*, Norway, in: Schlüter/Then/Walkenhorst, Foundations in Europe, S. 206 ff.

[24] Stiftungen wurden erstmals im Jahr 1984 gesetzlich geregelt, „Bekendtgörelse af low om fonde og visse foreninger" (FFL) Nr. 300 vom 6. 6. 1984 und „Bekendtgörelse af low om erhversdrivende fonde" (EFL) Nr. 756 vom 18. 11. 1991, abgedr. in: Hopt/Reuter, Stiftungsrecht in Europa, S. 603 ff. u. 614 ff., dazu *Hansen*, ebd. S. 287 ff. und *Hellmann/Parving*, Denmark, in: Schlüter/Then/Walkenhorst, Foundations in Europe, S. 103 ff.

[25] Das österreichische Stiftungsrecht basiert zum einen auf dem Bundesstiftungs- und Fondsgesetz (BGBl. 1975/11) und zum anderen auf dem Privatstiftungsgesetz aus dem Jahr 1993 (BGBl. 1993/694), s. Kapitel 10.3.

[26] Spanisches Stiftungsgesetz 30/1994 vom 24. November 1994, dazu u. a. *Olabuénaga*, Spain, in: Schlüter/Then/Walkenhorst, Foundations in Europe, S. 223 ff.

[27] Dazu *Pinter*, The Role of Foundations in the Transformation Process in Central and Eastern Europe, in: Schlüter/Then/Walkenhorst, Foundations in Europe, S. 282 ff.; *Drobnig*, Grundzüge des Stiftungsrechts in Mittel- und Osteuropa, in: Hopt/Reuter, Stiftungsrecht in Europa, S. 541 ff.

[28] Siehe die Übersicht über den Stand der Gesetzgebung bei Bourjaily, Overview of NGO Legislation in NIS, SEAL Autumn 2002, S. 5 ff.

[29] Abgedr. in: *Hopt/Reuter*, Stiftungsrecht in Europa, S. 661 ff.

[30] *Leat*, United Kingdom, in: Schlüter/Then/Walkenhorst, Foundations in Europe, S. 268, 273.

kommission (*Charity Law Reform Advisory Group*) hat in ihrem vorläufigen Abschlussbericht 2001 eine Reihe von Vorschlägen erarbeitet, die sich insbesondere mit dem Verfahren und den Voraussetzungen einer Anerkennung als *public charity* auseinandersetzen.[31]

In der rechtspolitischen Diskussion Frankreichs spielt das Verhältnis von Stiftungen zu Unternehmen kaum eine Rolle.[32] Die französische Situation war und ist geprägt durch ein generelles Misstrauen des Staates gegenüber privat gegründeten und privat organisierten Einrichtungen, die Anliegen im öffentlichen Interesse verfolgen. Der Formenkreis des Stiftens war über Jahrhunderte Gegenstand staatlicher Einschränkungen. Es bestand große Zurückhaltung gegenüber jenen gesellschaftlichen Kräften, die dem Staat das Monopol des Gemeinwohls streitig machen konnten. Dieses Misstrauen des Staates gegenüber Stiftungen hatte seine Ursache nicht zuletzt darin, dass es keine natürliche oder juristische Person hinter der Stiftung gab, auf die der Staat hätte zurückgreifen können. Die Möglichkeit, Vermögen auf ewig zu binden und es so dem allgemeinen Verkehr und dem staatlichen Zugriff zu entziehen, wurde darüber hinaus als gesellschaftspolitisch nicht wünschenswert erachtet. Diese seit langer Zeit bestehende französische „Tradition" beginnt erst seit kurzem aufzubrechen; die neueren Regelungen zur rechtsfähigen Stiftung und zur Unternehmensstiftung haben das erklärte Ziel, die Gründung von Stiftungen zu fördern und deren rechtliche Rahmenbedingungen zu verbessern.[33]

In Italien spielten die mit privatem Vermögen gegründeten Stiftungen bis weit in das 19. Jahrhundert eine herausragende gesellschaftliche Rolle. Sie hatten maßgebliche Anteile in den Bereichen Bildung und Erziehung, Gesundheitsvorsorge sowie der Armen- und Krankenfürsorge. Italienische Stiftungen waren in ihren gesellschaftlichen Funktionen auf engste Weise mit der katholischen Kirche verbunden. Sie waren entweder unmittelbarer Teil der Kirche oder organisatorisch unmittelbar angegliedert und von ihrer Administration beherrscht. Von dem Bestreben des Nationalstaates, den gesellschaftlichen Einfluss der katholischen Kirche in Italien zurückzudrängen, war auch das Schicksal von Stiftungen unmittelbar betroffen. In unterschiedlichen administrativen und legislativen Wellen wurden im 19. Jahrh. Stiftungen aufgelöst, verstaatlicht oder ihr Vermögen an andere Organisationen übertragen. Erst gegen Ende des 20. Jahrhunderts wurde die Idee der Stiftung in Italien wieder neu entdeckt. Eine Reihe von gesetzgeberischen Maßnahmen

---

[31] National Council for Voluntary Organizations (NCVO), For the public benefit? A consultation document on charity law reform, 2001; siehe auch *Bater,* UK Voluntary Sector under Review, SEAL Winter 2001–2002, S. 35 ff.

[32] Stiftungen dürfen zwar Gesellschaftsanteile in ihrem Vermögen halten, aber nur minderheitlich in der Gesamtheit des Vermögens, um durch die wirtschaftlichen Risiken die Dauerhaftigkeit der Vermögensausstattung nicht zu gefährden, *Capitant,* Stiftungen im französischen Recht, in: Hopt/Reuter, Stiftungsrecht in Europa, S. 343, 349.

[33] Zu den gesetzlichen Regelungen der Jahre 1987 und 1991 liegen umfangreiche Veränderungsvorschläge vor, dazu Conseil d'État, Rendre plus attractif le droit des fondations, 1997 und s. Kapitel 10.7.

hat in der Zwischenzeit dazu beitragen, dem Rechtsinstitut der Stiftung in Italien neue Impulse zu verleihen.

Die Internationalisierung der Stiftungstätigkeit

Die Situation der Stiftungen wird nicht nur durch ihre gewandelte Rolle in einer modernen Bürgergesellschaft beschrieben, sondern zugleich durch eine zweite Entwicklungstendenz gekennzeichnet: die Internationalisierung der Stiftungstätigkeit. Diese Linie läuft parallel zu den vielbeschriebenen Phänomenen der wirtschaftlichen Internationalisierung und Globalisierung. Eine Internationalisierung des Bezugsrahmens für die Stiftungstätigkeit zeigt sich in einem immer stärker werdenden – über die Grenzen des Gründungslandes hinausgehenden – Aktionsradius der Stiftungen. Gegründet als lokale Einrichtungen mit einem lokal definierten und zugleich – faktisch wie rechtlich – lokal begrenztem Tätigkeitsfeld haben viele Stiftungen den nationalen Rahmen verlassen und folgen einer von nationalen Grenzen unabhängigen Zwecksetzung. Die Ursache hierfür sind nicht zuletzt die Größenordnungen, die einzelne Stiftungen gegen Ende des 20. Jahrhunderts erreicht haben.

Ein Phänomen, welches sich verstärkt auf die inhaltliche Arbeit von Stiftungen auswirkt, ist das der Globalisierung. Viele der Aufgaben, deren Bearbeitung sich Stiftungen zum Ziel gesetzt haben, lassen sich nur in einer internationalen, d. h. grenzüberschreitenden Perspektive oder in internationalen Kooperationen nachhaltig verfolgen. Nicht zuletzt die fortschreitende europäische Integration trägt dazu bei, dass die Agenda der Herausforderungen in einer modernen Gesellschaft nicht mehr ausschließlich in den Grenzen der alten Nationalstaaten definiert wird. Insbesondere Themen wie Migration, Umweltschutz, Arbeitslosigkeit oder die Bekämpfung der Kriminalität, fordern grenzüberschreitende Antworten. Deshalb finden die gesellschaftlichen Entwicklungen in diesen Bereichen und die sich dadurch stellenden Herausforderungen ihren Niederschlag im Arbeitsprofil und im Handeln von Stiftungen. Dies zeigt sich unter anderem in einem wachsenden Anteil der grenzüberschreitenden Mittelvergabe, deutlich zu beobachten an dem Förderverhalten amerikanischer Stiftungen[34] oder dem gestiegenen Kooperationsinteresse innerhalb der europäischen Stiftungslandschaft.[35] Die Gestaltung dieser grenzüberschreitenden Stiftungstätigkeit wirft eine Reihe neuer, bislang nur unzureichend beantworteter Rechtsfragen auf.

---

[34] Sog. „Cross Border Giving", dazu *Bater,* The Tax Treatment of Cross Border Donations, Loseblatt Ausgabe, Amsterdam 1994–1998; *Gallop,* Cross-border Issues facing Foundations and their Donors, in: Schlüter/Then/Walkenhorst, Foundations in Europe, S. 744 ff.

[35] Siehe etwa die Darstellung der Kooperationsprojekte bei *Richardson,* Das European Foundation Center (EFC), in: Bertelsmann Stiftung, Handbuch Stiftungen, S. 891 ff.; EFC, Cross-Frontier Partnerships and Corporate Grandmakers, EFC AGM-Report November 1992.

Grenzüberschreitende Stiftungstätigkeit

Stiftungen und andere gemeinnützige Einrichtungen sind Institutionen mit einem starken lokalen Bezug. Dies resultiert aus der historischen Entwicklung, den in der überwiegenden Zahl der Fälle begrenzten finanziellen Möglichkeiten, die eine starke Ausweitung des Tätigkeitsgebietes nicht zuließen, und schließlich aus der selbst auferlegten Zielsetzung des Stifters, sich vornehmlich für die Förderung konkreter Anliegen in einem lokal oder thematisch begrenzten Feld einzusetzen. Die Gründung, die Aufgaben und Ziele, die Rolle in der Gesellschaft und ihr Verhältnis zum Staat sind eng mit den nationalen Kulturen verwoben und vom nationalen Recht geprägt.[36] Obwohl ihre Wurzeln auf eine gemeinsame Tradition zurückgehen, die ihren Ursprung in den mit der katholischen Kirche[37] verbundenen karitativen Einrichtungen des Mittelalters finden,[38] haben diese Einrichtungen mit der Entstehung der Nationalstaaten eine Entwicklung durchlaufen, die unmittelbar auf die soziale und kulturelle Situation der einzelnen Staaten bezogen ist. In ihrer rechtlichen Ausgestaltung durch die verschiedenen gesetzlichen Rahmenbedingungen kommt die gesellschaftliche Einstellung gegenüber den vom Staat unabhängigen für das gemeine Wohl engagierten Einrichtungen zum Ausdruck. Bis weit in die zweite Hälfte des 20. Jahrhunderts hinein war der Aktionsraum von Stiftungen mit dem sie prägenden Kultur- und Rechtsraum identisch.

Diese Situation beginnt sich zu verändern.[39] Von den vielzitierten Phänomenen der Internationalisierung, supranationalen Vergemeinschaftung und Globalisierung sind auch diese im jeweiligen nationalen Kontext entstandenen und geprägten Stiftungen nicht unberührt geblieben. Es sind Stiftungen entstanden, deren Vermögen das von vergleichbaren Einrichtungen gegen Ende des 19. Jahrhunderts und zu Beginn des 20. Jahrhunderts um ein Vielfaches übersteigt. Hierzu zählen nicht nur die Vermögensmassen, die in amerikanischen Stiftungen akkumuliert sind, angefangen bei den großen Industriestiftungen[40] der Familien Guggenheim, Rockefeller, Mellon oder Ford, bis hin zu der verhältnismäßig jungen Bill and Melinda Gates Foundation, sondern auch große europäische Stiftungen wie die Knut und Alice Wallenberg Stiftung[41] aus Schweden, der englische Wellcome-Trust, die italienischen

---

[36] *Gallop,* Cross-border Issues facing Foundations and their Donors, in: Schlüter/Then/Walkenhorst, Foundations in Europe, S. 744.

[37] Die katholische Kirche prägte die Moral des Spendens, entwickelte die rechtlichen Rahmenbedingungen für Stiftungen und trat selber als Verwalterin von Stiftungen auf; in ihrer Obhut waren die Stiftungen gleichsam den Zugriffen des Staates entzogen, vgl. *Hondius,* Das internationale rechtliche Umfeld, in: Bertelsmann Stiftung, Handbuch Stiftungen, S. 1155, 1158 f.

[38] Siehe hierzu *Smith/Borgmann,* Foundations in Europe: The Historical Context, in: Schlüter/Then/Walkenhorst, Foundations in Europe, S. 8 ff.

[39] *Kronke,* Die Stiftung im internationalen Privat- und Zivilverfahrensrecht, in: von Campenhausen/Kronke/Werner, Stiftungen in Deutschland und Europa, 1999, S. 360 ff.

[40] *Fest,* Die großen Stifter. Lebensbilder – Zeitbilder, Berlin 1997.

[41] *Hondius/Van der Ploeg,* Foundations, S. 7.

10.1 Die Zukunft der Stiftungen im internationalen Kontext

Bankenstiftungen oder deutsche Industriestiftungen wie die von Bosch, Krupp, Bertelsmann oder als jüngeres Beispiel die Tschira-Stiftung.[42] Viele Stiftungen verfügen über Vermögen, das sich in mehreren Staaten befindet; ihre Interessensgebiete gehen längst über den eigenen nationalen Kontext hinaus. Insbesondere unternehmensverbundene Stiftungen verfolgen Zielsetzungen, die vielmals nicht an den Grenzen des Landes Halt machen, in dem sich der Sitz der Einrichtung oder des Unternehmens befindet, sondern erstrecken ihre Tätigkeiten auch auf andere Länder, in denen das Unternehmen wirtschaftlich aktiv ist. Neben dieser Ausweitung der finanziellen Möglichkeiten haben sich auch die Interessenfelder und Zielsetzungen vieler Stiftungen verändert.

Mit diesem Auslandsengagement von Stiftungen werden eine Reihe von Fragen aufgeworfen, die bislang nur wenig geklärt sind.[43] Stiftungen und andere gemeinnützige Einrichtungen wollen ihre Aktivitäten auf andere Staaten ausdehnen, dort eigenständige Niederlassungen gründen und betreiben, mit anderen lokalen Institutionen kooperieren[44] oder ihren Sitz dorthin verlegen. Gleichzeitig versuchen sie, die Basis für ihre Mitteleinwebung und Finanzierung zu verbreitern. Sie erstrecken ihre *Fundraising*-Aktivitäten auf mehrere Länder und kooperieren mit internationalen und supranationalen Einrichtungen, die ihre Aktivitäten unterstützen. In allen Fällen dieser grenzüberschreitenden Aktivitäten ergeben sich Fragen nach der grundsätzlichen Zulässigkeit und den rechtlichen Gestaltungsmöglichkeiten dieser grenzüberschreitenden Tätigkeit. Die jeweiligen Antworten finden sich im nationalem Zivil-, Gesellschafts- und Gemeinnützigkeits-Recht. Besondere Schwierigkeiten bereitet dabei die Überlagerung von drei unterschiedlichen Ausgangspunkten für die rechtliche Einordnung (die Anerkennung der Rechtsform, die Zulässigkeit der Stiftungszwecke, Stiftungen als besonderes Steuersubjekt).

Zunächst stellt sich die Frage nach der Anerkennung der rechtlichen Organisationsform, d. h. die Frage, ob die ausländische Rechtsordnung die Stiftung – in Form einer Gesellschaft, eines Zusammenschlusses von Mitgliedern oder einer selbständigen Vermögensmasse – grundsätzlich anerkennt und ihr erlaubt, in ihrem Land tätig zu werden (insbesondere Vermögen zu erwerben und Zuwendungen entgegenzunehmen). Die zweite Frage betrifft den Status als gemeinnützige Einrichtung und die damit verbundenen Privilegien und Einschränkungen (z. B. die Festlegung auf einzelne Zielsetzungen oder Bestimmungen über die Registrierung als gemeinnützige Einrichtung, die über die rechtsformbezogenen Vorschriften hinausgehen). Schließlich stellt sich die Frage nach der steuerlichen Behandlung der Einrichtung im Gastland sowie die steuerliche Einordnung ihrer grenzüberschrei-

---

[42] Siehe dazu *Dingwort-Nusseck,* Laudatio auf K. Tschira, in: Bundesverband Deutscher Stiftungen, 55. Jahrestagung, S. 438 ff.

[43] Dazu grundl. Schlüter, Stiftungsrecht zwischen Privatautonomie und Gemeinwohlbindung, s. Kapitel 4.2. und Kapitel 10.2.

[44] Zur rechtlichen Gestaltung der Kooperation von Stiftungen siehe *Schlüter,* Kooperation von Stiftungen in: Bertelsmann Stiftung, Handbuch Stiftungen, S. 833 ff.

tenden Aktivitäten im Heimatland. Damit ist insbesondere die Frage verbunden, inwieweit die Verlagerung von Aktivitäten ins Ausland auch im Inland als gemeinnützig anerkannt wird und die an die gemeinnützige Zwecksetzung anknüpfenden steuerlichen Erleichterungen unberührt lässt.

Stiftungen im Europäischen Recht

Die in diesem Zusammenhang auftauchenden Fragen sind bislang nur unzureichend geklärt. Dem Bemühen um internationale Präsenz und die Ausweitung gemeinnütziger Aktivitäten über die nationalen Grenzen hinaus stehen eine Reihe von Hindernissen entgegen, die zu besonderen Gestaltungsformen eines Auslandengagements von Stiftungen geführt haben. Die europäischen Institutionen haben die Bedeutung der gemeinnützigen Organisationen für die europäische Entwicklung und das Zusammenwachsen in Europa erkannt; das Europäische Recht hält gleichwohl bislang kaum Lösungen bereit, sondern stellt mit seinen Wettbewerbsregeln zusätzliche Grenzen auf. Auch in bilateralen oder multilateralen Staatsverträgen sind nur wenige Antworten für grenzüberschreitende Aktivitäten von gemeinnützigen Einrichtungen zu finden. Gleichwohl gibt es nachhaltige Forderungen nach einer Normierung der Regeln für Stiftungen auch im Europäischen Recht. Hierzu liegen erste Diskussionsentwürfe vor.[45]

Festzuhalten ist bislang ein Befund. Die Beantwortung der offenen Rechtsfragen für ein grenzüberschreitendes Engagement ist weit hinter den Anforderungen zurückgeblieben, die die neuen Tätigkeitsfelder von Stiftungen stellen. Die folgenden Beiträge sollen dazu beitragen, einige dieser Fragen einer Klärung näher zu bringen.

---

[45] s. Kapitel 10.9.

10.2 Zweckerfüllung und Einnahmenerzielung über nationale Grenzen

Von Veronika Hofmann

Die immer weiter fortschreitende Globalisierung und Internationalisierung sind Erscheinungen unserer Zeit, die mittlerweile beinahe alle Lebensbereiche beeinflussen. Viele Unternehmen unterhalten Standorte in mehreren Ländern, Investitionen werden längst über Landesgrenzen hinaus getätigt, die Mobilität der Bürger hat stark zugenommen, das Internet ermöglicht weltweit Kommunikation und Handel rund um die Uhr und viele aktuelle Probleme wie die Klimaerwärmung können nur auf globaler Ebene gelöst werden.

Von diesen Entwicklungen bleiben auch gemeinnützige Organisationen wie Stiftungen und Vereine, die traditionellerweise eher regional tätig waren, nicht unberührt. Auch sie öffnen sich zunehmend einer internationalen Tätigkeit. Dies bringt für die Organisationen sowohl im Inland als auch im Ausland einige Herausforderungen mit sich, denen sie aufgrund der eher schlechten Informationslage oftmals ratlos gegenüberstehen. Der folgende Beitrag versucht deshalb, die besonderen Gegebenheiten, denen sich im Ausland tätige Stiftungen stellen müssen, zusammengefasst darzulegen. Das Hauptaugenmerk liegt dabei auf den Voraussetzungen im Heimatland, auf einige allgemeine Grundsätze, die für eine Tätigkeit im Ausland gelten, wird aber hingewiesen.

Im ersten Themengebiet geht es vornehmlich um die Zweckverwirklichung im Ausland. Zunächst werden die Rechtsgrundlagen, die für steuerbegünstigte Stiftungen relevant sind, auf ihre Gültigkeit für Tätigkeiten im Ausland überprüft. Danach werden konkrete Verordnungen aufgeführt, welche die Aktivitäten von fördernden und operativen Stiftungen im Ausland betreffen. Den ersten Teil beenden einige Hinweise zum Nachweis der Mittelverwendung.

Im zweiten Teil steht das Einwerben von Spenden im Ausland im Mittelpunkt. Sowohl Probleme beim Fundraising als auch Lösungsmöglichkeiten werden besprochen.

Am Schluss folgt eine kurze Zusammenfassung sowie ein Ausblick auf mögliche zukünftige Entwicklungen.

Zweckverwirklichung

Die Auslandstätigkeit von Stiftung mit Sitz in Deutschland wird in den für sie gültigen Rechtsgrundlagen kaum explizit angesprochen.[1] So finden sich in den §§ 80–88 im BGB über Stiftungen sowie in den einzelnen Landesstiftungsgesetzen keine Angaben zur Zweckverwirklichung im Ausland weder hinsichtlich der Anerkennung einer rechtsfähigen Stiftung, noch für die anschließende Überprüfung der Zweckverwirklichung. Prinzipiell ist eine Stiftung nach § 80 BGB anzuerkennen, wenn das Stiftungsgeschäft den Anforderungen des § 81 Abs. 1 genügt, die dauernde und nachhaltige Erfüllung des Stiftungszwecks gesichert erscheint und der Stiftungszweck das Gemeinwohl nicht gefährdet.[2] Das schließt eine Förderung im Ausland nicht aus. Wichtig ist hier nur, dass der vom Stifter gewünschte Zweck nicht gegen deutsches Recht verstößt, und dass eine eventuelle Zweckverwirklichung im Ausland in der Satzung verankert ist. Auch für die Überprüfung der Zweckverwirklichung im Ausland gibt es in den §§ 80–88 BGB sowie in den einzelnen Landesstiftungsgesetzen keine gesonderten Vorschriften. Allerdings kann es sein, dass die Stiftungsaufsicht bei der Kontrolle misstrauischer reagiert als bei einer Inlandstätigkeit, da sich die Überprüfung der tatsächlichen Betätigung im Ausland schwieriger gestalten kann und befürchtet wird, dass Auslandsaktivitäten von Stiftungen entweder nicht mit den Satzungszwecken übereinstimmen oder der Verwirklichung des gemeinnützigen Zwecks im Heimatland abträglich sein könnten.

Auch in den §§ 51 bis 68 AO, in denen die Steuerbegünstigung von Körperschaften geregelt ist, wird die Auslandstätigkeit von Stiftungen nicht untersagt. Nach § 52 AO verfolgt eine Körperschaft gemeinnützige Zwecke, „wenn ihre Tätigkeit darauf gerichtet ist, die Allgemeinheit auf materiellem, geistigem oder sittlichem Gebiet selbstlos zu fördern."[3] Die Förderung der Allgemeinheit setzt nicht voraus, dass die Förderung Bewohnern oder Staatsangehörigen der Bundesrepublik Deutschland zugute kommt. Grundsätzlich kann auch jeder steuerbegünstigte Zweck im Ausland verwirklicht werden. Erforderlich ist, dass die Verwirklichung im Ausland positive Rückwirkungen auf das Inland hat oder sich zumindest nicht zum Nachteil für die Bundesrepublik Deutschland auswirkt. Dies ist z. B. im Umweltschutz der Fall. Die Zerstörung des Regenwaldes hat verheerende Folgen für alle Klimazonen der Erde, und der Kampf gegen die immer weiter voranschreitende Rohdung hat letztlich auch positive Auswirkungen für Deutschland.[4]

Wie in Deutschland ist auch in den meisten anderen europäischen Ländern die Auslandstätigkeit von Stiftung erlaubt. Es gibt nur wenige, die grenzüberschreitende Tätigkeiten ausdrücklich einschränken. Hierzu gehören Österreich, Bulga-

---

[1] Zu den Rechtsgrundlagen für Stiftungen gehören: BGB §§ 80–88 und die Landesstiftungsgesetze sowie AO §§ 51–68.
[2] Vgl. *Sontheimer*, Das neue Stiftungsrecht, S. 137.
[3] AO/FGO, S. 28.
[4] Vgl. *Buchna*, Gemeinnützigkeit im Steuerrecht, S. 34.

rien, Zypern und Ungarn. Österreich z. B. verlangt, dass sich eine gemeinnützige Stiftung in Österreich betätigt, außer wenn es sich um eine Entwicklungshilfeorganisation handelt oder für diese Stiftung eine spezielle steuerrechtliche Regelung auf Gegenseitigkeit gilt. Bulgarien, Zypern und Ungarn verlangen für den Transfer von Mitteln ins Ausland vorab eine Genehmigung.[5]

Wenn eine Stiftung in einem anderen Land operativ tätig werden will, dann ist unter Umständen die Anerkennung der Rechtspersönlichkeit unabdingbar, z. B. für den Abschluss von Verträgen oder bei Gerichtsfällen. Die Anerkennung der Rechtspersönlichkeit ist dabei meist gegeben, sofern die Stiftung gemäß den Gesetzen ihres Heimatlandes errichtet wurde und dort Rechtspersönlichkeit besitzt. Unter welchen Voraussetzungen eine ausländische Stiftung anzuerkennen ist, regeln die Vorschriften des internationalen Privatrechts.[6] Dies bedeutet allerdings nicht, dass auch die Gemeinnützigkeit bzw. die Steuerbegünstigung anerkannt wird, sondern nur, dass die Stiftung alle Rechte und Pflichten entsprechend einer inländischen Rechtsperson hat. Auch wenn die Rechtspersönlichkeit von Gesetzes wegen anerkannt ist, können aber Schwierigkeiten auf die Stiftung warten. Z. B. haben Behörden, Vermieter und Banken mit den vorgelegten ausländischen Dokumenten über den Rechtsstatus einer Stiftung des Öfteren Schwierigkeiten und verlangen deshalb eine offizielle Übersetzung, die zudem häufig beglaubigt und überbeglaubigt sein muss. Dadurch können unvorhergesehen Kosten und Belastungen auf die Stiftung zukommen.[7]

Die Anerkennung der Steuerbegünstigung einer Stiftung im Ausland ist ungleich schwieriger als die Anerkennung der Rechtspersönlichkeit. Es gibt keine Vorschriften, nach denen die europäischen Staaten gemeinnützigen ausländischen Organisationen die gleichen Steuervorteile einräumen müssten, wie vergleichbaren inländischen Organisationen. Oft ist die Anerkennung der Steuerbegünstigung für ausländische Stiftungen daher ausgeschlossen, z. B. in Deutschland.[8] Die Gewährung von steuerlichen Vergünstigungen für ausländische Körperschaften wird im deutschen Steuerrecht nicht als gerechtfertigt angesehen, weil bei diesen die Möglichkeit der Überprüfung der Voraussetzungen und der Überwachung im Allgemeinen nicht besteht. Die Gemeinnützigkeit von ausländischen Stiftungen muss daher vom Bundesverwaltungsamt geprüft werden. Es werden dabei dieselben Maßstäbe angelegt, wie bei einer inländischen Stiftung. Einerseits erscheinen solche Beschränkungen als ein Erschwernis bei der Tätigkeit im Ausland, andererseits kann

---

[5] Vgl. *Gallop*, Grenzüberschreitende Aktivitäten von Stiftungen, Stiftern und Spendern, S. 93.

[6] In Deutschland scheint die Anerkennung der Rechtspersönlichkeit ausländischer Stiftungen keine großen Probleme zu bereiten. Eine nach ausländischem Recht wirksam errichtete Stiftung mit Sitz im Ausland wird in der Regel ohne formalen hoheitlichen Akt als juristische Person anerkannt. Vgl. *v. Hippel:* Zur Idee einer Europäischen Stiftung, S. 123.

[7] Vgl. *Gallop,* loc. cit. S. 987 f.

[8] Laut § 5 Abs. 2 Nr. 2 KStG (Ausschluss der Befreiung für beschränkt Steuerpflichtige im Sinne von § 2 Nr. 1 KStG).

das Gastland dadurch inländische Spender und Stifter schützen und die öffentliche Ordnung sicherstellen. Und natürlich ist in diesem Zusammenhang die Frage berechtigt, warum eine ausländische Stiftung gegenüber einer inländischen bevorzugt behandelt werden sollte.

Wenn Stiftungen im Ausland aktiv werden, kann es sein, dass sie im Gastland eine formelle Genehmigung für ihre Aktivitäten einholen müssen. Stiftungen und NPOs können sich nämlich nicht auf dieselben Rechte wie Bürger und Unternehmer berufen, die von einer Rechtsordnung zur anderen wechseln und wirtschaftliche Chancen wahrnehmen können.[9] In Österreich, Zypern, Estland und Italien z. B. müssen ausländische Stiftungen, die in diesen Ländern tätig werden wollen, nicht nur ihre Rechtspersönlichkeit amtlich anerkennen lassen, sondern es ist auch eine Genehmigung mit besonderem Antragsverfahren erforderlich. In Frankreich bedarf es bei regelmäßiger Tätigkeit einer offiziellen Anerkennung der Gemeinnützigkeit („utilité publique"). Dies gilt nicht für eine gelegentliche Tätigkeit.[10]

Die Angaben über die Voraussetzungen im gewünschten Zielland können nur allgemeinen Charakter haben und es empfiehlt sich vor Beginn einer Tätigkeit im Ausland den Rat eines Experten einzuholen. In der deutschen Rechtsprechung sind im Hinblick auf Aktivitäten im Ausland nur die §§ 51–68 AO relevant. Im BGB und in den Landesstiftungsgesetzen gibt es keine Anforderungen hierzu. Daher werden sich die nachfolgenden Ausführungen über konkrete Verordnungen für Tätigkeiten von fördernden und operativen Stiftung im Ausland hauptsächlich auf die entsprechenden Passagen in der AO beziehen.

Fördernde Tätigkeit im Ausland

Die Aktivitäten von Förderstiftungen, d. h. die Weitergabe von Mitteln an eine andere Organisation, würden eigentlich dem Grundsatz der Unmittelbarkeit aus § 57 AO widersprechen. In § 58 AO sind aber verschiedene Vorgänge aufgeführt, die ausnahmsweise für die Steuerbegünstigung unschädlich sind, obwohl sie gegen die Grundsätze der Ausschließlichkeit, Unmittelbarkeit oder der Selbstlosigkeit verstoßen. Dort heißt es in Satz 1:

„Die Steuerbegünstigung wird nicht dadurch ausgeschlossen, dass:
1. eine Körperschaft Mittel für die Verwirklichung der steuerbegünstigten Zweck einer anderen Körperschaft oder für die Verwirklichung steuerbegünstigter Zwecke durch eine Körperschaft des öffentlichen Rechts beschafft; die Beschaffung von Mitteln für eine unbeschränkt steuerpflichtige Körperschaft setzt voraus, dass diese selbst steuerbegünstigt ist,"[11]

---

[9] Vgl. *Gallop,* loc. cit. S. 990.
[10] Vgl. ebd., S. 991.
[11] AO/FGO, S. 31.

Der erste Teilsatz regelt, dass das Sammeln von Mitteln für eine andere Körperschaft erlaubt ist. Handelt es sich um eine Empfängerorganisation in Deutschland (unbeschränkt steuerpflichtige Körperschaft), so muss diese selbst steuerbegünstigt sein (siehe Teilsatz 2). Dies weist man den Finanzbehörden in der Regel durch die Vorlage des Freistellungsbescheides der Empfängerorganisation nach.

Handelt es sich um eine Empfängerorganisation im Ausland (beschränkt steuerpflichtig), so muss diese nicht nach deutschem Recht als gemeinnützig anerkannt sein, sie muss die Mittel nur für der Art nach steuerbegünstigte Zwecke verwenden.[12] Voraussetzung ist jedoch, dass der Empfänger im Ausland eine Körperschaft, Personenvereinigung oder Vermögensmasse im Sinne des § 1 KStG ist.[13] Um dies nachweisen zu können, ist ggf. eine Satzung in deutscher Übersetzung anzufordern. Im Zweifel kann zum Rechtsformvergleich mit deutschen Körperschaften eine Auskunft des Bundesamtes für Finanzen eingeholt werden, dem hierzu ausländische Gesetzesmaterialien zur Verfügung stehen.[14]

Die Förderstiftung haftet in diesem Fall nicht für eine eventuelle gemeinnützigkeitsschädliche Mittelverwendung durch die Empfängerkörperschaft.

Operative Tätigkeit im Ausland

Eine der Satzung nach operative Stiftung verwirklicht ihre Zwecke größtenteils durch eigene Maßnahmen. In der Regel wird die Stiftung dann in dem jeweiligen Zielland eine eigene Niederlassung haben.[15] Will die Stiftung vor Ort keine eigene Organisationseinheit gründen, so kann zur Erfüllung der Zwecke die in § 57 Abs. 1 Satz 2 AO definierte Hilfsperson auch im Ausland tätig werden. Die Einschaltung von Hilfspersonen wird allerdings nur akzeptiert, wenn „insbesondere nach den rechtlichen und tatsächlichen Beziehungen, die zwischen der Körperschaft und der Hilfsperson bestehen, das Wirken der Hilfsperson wie eigenes Wirken der Körperschaft anzusehen ist."[16] Hilfspersonen in diesem Sinne können natürliche oder juristische Personen sein (nicht notwendigerweise Angestellte) und müssen, wenn sie juristische Personen sind, nicht selbst steuerbegünstigt sein. Unmittelbares Wirken ist z. B. anzunehmen, wenn die gesamte Führung einer Kran-

---

[12] Vgl. AEAO Tz. 1 Satz 3 zu § 58 AO.

[13] Dazu gehören: Kapitalgesellschaften (AG, KG, GmbH), Erwerbs- und Wirtschaftsgenossenschaften, Versicherungsvereine auf Gegenseitigkeit, sonstige juristische Personen des privaten Rechts, nichtrechtsfähige Vereine, Anstalten, Stiftungen und andere Zweckvermögen des privaten Rechts, Betriebe gewerblicher Art von juristischen Personen des öffentlichen Rechts.

[14] Vgl. OFD München Vfg. v. 23. 11. 2001, S. 3.

[15] Die komplette Verlegung des Stiftungssitzes ins Ausland ist dabei jedoch kaum möglich, denn diese ist in den meisten europäischen Staaten verboten, so auch in Deutschland. Vgl. *v. Hippel,* loc. cit. S. 124.

[16] AO / FGO, S. 30.

kenanstalt einer anderen Person übertragen wird und unmittelbare Möglichkeiten zur Einwirkung bestehen.

Beruft sich eine Körperschaft darauf, eine Hilfsperson sei für sie tätig geworden, so muss sie dies durch Vorlage von Vereinbarungen nachweisen. Aus den Dokumenten muss hervorgehen, dass die Körperschaft den Inhalt und Umfang der Tätigkeit der Hilfsperson bestimmen konnte.[17] In diesem Fall haftet im Gegensatz zur fördernden Stiftung die operative Stiftung für eine eventuelle gemeinnützigkeitsschädliche Mittelverwendung durch die Empfängerkörperschaft.

§ 58 AO Abs. 2,[18] in welchem geregelt ist, dass eine operative Stiftung zu einem gewissen Teil ihre Mittel auch einer anderen gemeinnützigen Körperschaft zur Verfügung stellen kann, ohne gegen das Gebot der Unmittelbarkeit zu verstoßen, gilt im Falle eine Auslandstätigkeit nicht.[19] Die Weitergabe von Mitteln an eine ausländische Körperschaft ist im Unterschied zu fördernden Organisationen nur dann unschädlich, wenn die im Ausland ansässige Körperschaft im Verhältnis zur inländischen als Hilfsperson einzustufen ist.

Bei der Erfüllung der Zwecke im Ausland, sei es fördernd, operativ oder durch eine Hilfsperson, ist neben der Pflicht zur ordnungsgemäßen Aufzeichnung nach § 63 Abs. 3 AO auch § 90 Abs. 2 AO zu berücksichtigen, der von der Stiftung lückenlose Nachweisführung verlangt. Je nach Lage und Größenordnung des Falles kann das zuständige Finanzamt unter Berücksichtigung des Grundsatzes der Verhältnismäßigkeit entscheiden, welche Nachweise gefordert werden. Als Nachweise der satzungsgemäßen Mittelverwendung im Ausland können nach Angaben der OFD München[20] folgende – erforderlichenfalls ins Deutsche übersetzte – Unterlagen dienen:

– die im Zusammenhang mit der ausländischen Mittelverwendung abgeschlossenen Verträge und entsprechende Vorgänge,
– Belege über den Abfluss der Mittel ins Ausland und Quittungen des Zahlungsempfängers über den Erhalt der Mittel,
– Ausführliche Tätigkeitsbeschreibungen der im Ausland entfalteten Aktivitäten,
– Material über die getätigten Projekte (Presse, Prospekte), Gutachten z. B. eines örtlichen Wirtschaftsprüfers bei großen und andauernden Projekten,
– Zuwendungsbescheide ausländischer Behörden, wenn die Maßnahmen dort öffentlich gefördert werden,

---

[17] Vgl. *Buchna,* loc. cit. S. 147 f.

[18] AO/FGO, S. 31: „Die Steuerbegünstigung wird nicht dadurch ausgeschlossen, dass eine Körperschaft ihre Mittel teilweise einer anderen, ebenfalls steuerbegünstigten Körperschaft oder einer Körperschaft des öffentlichen Rechts zur Verwendung zu steuerbegünstigten Zwecken zuwendet."

[19] Vgl. *Seifart/v. Campenhausen,* Handbuch des Stiftungsrechts, S. 175. Siehe auch OFD München Vfg. v. 23. 11. 2001.

[20] Vfg. v. 23. 11. 2001, S. 2.

– Bestätigung einer deutschen Auslandsvertretung, dass die behaupteten Projekte durchgeführt werden.

Englische Unterlagen werden oft akzeptiert, die Finanzverwaltung kann aber auf deutsche Übersetzungen bestehen. Abrechnungs- und Buchführungsunterlagen sind nach § 146 Abs. 2 AO außerdem zwingend im Inland aufzubewahren.

Mitteleinwerbung und Spenden im Ausland

Aus Sicht der Körperschaft gibt es für den Empfang von Zuwendungen aus dem Ausland europaweit kaum Beschränkungen. Nur in Ungarn und Bulgarien ist eine Genehmigung der Währungsbehörde bei Zahlungen in ausländischen Währungen vorgeschrieben. Auf Sachspenden aus dem Ausland können unter Umständen Zölle erhoben werden. Es gibt aber EU-weit einheitlich eine Reihe von Zollbefreiungen auf bestimmte Güter, z. B. erzieherische Gegenstände, lebenswichtige Waren, Büromaterialien für Wohlfahrtspflege usw. Die Regelungen werden allerdings sehr uneinheitlich gehandhabt, je nach Auslegung der Zollbehörden. In Deutschland gibt es für den Empfang von Zuwendungen aus dem Ausland keinerlei Beschränkungen. Für bestimmte Sachwerte (z. B. Immobilien, Kunstwerke) können aber besondere Bestimmungen gelten.

Das größte Hindernis für grenzüberschreitendes Spenden ist momentan, dass Zuwendungen an eine ausländische Körperschaft bzw. Einrichtung in der Regel nicht steuerlich geltend gemacht werden können. Wie bereits anfangs erwähnt, ist die Anerkennung der Rechtspersönlichkeit einer ausländischen Stiftung meist gegeben, die Anerkennung der Gemeinnützigkeit und damit das Gewähren von Steuervergünstigungen aber kommt grenzüberschreitend praktisch nicht vor. Diese mangelnde Abzugsfähigkeit grenzüberschreitender Spenden ist eines der größten Hemmnisse für internationales bürgerschaftliches Engagement und gilt in fast allen europäischen Ländern. Vor allem für Stiftungen, die auf Spenden angewiesen sind und diese gerne auch im Ausland generieren wollen, ist dies eine große Hürde.

Nur in fünf Ländern können grenzüberschreitende Zuwendungen steuerlich geltend gemacht werden: Italien und Dänemark ohne weiteres, Bulgarien und Niederlande mit Genehmigung des Finanzministeriums, Frankreich, wenn die ausländische Stiftung gemeinnützige Aktivitäten in Frankreich durchführt

So lange dieses Problem besteht, müssen Körperschaften andere Möglichkeiten nutzen, um Spenden im Ausland einzuwerben und den Spendern trotzdem die steuerliche Abzugsfähigkeit zu erhalten. Eine mögliche Lösung ist natürlich, in dem gewünschten Land eine eigene Organisation zu gründen. Dies ist allerdings mit einigem Zeitaufwand und vor allem Kosten verbunden und kommt hauptsächlich für größere Organisationen mit international angelegtem Tätigkeitsfeld in Betracht oder für solche Stiftungen, die mit einem großen Spenderkreis in dem jeweiligen Land rechnen können.

Für Wirtschaftsunternehmen besteht die Möglichkeit, Spenden u. U. als Sponsoring und somit als Betriebsausgaben steuermindernd geltend machen zu können und zwar dann, wenn eine Zuwendung den Unternehmenszielen förderlich ist oder als Aufwand für Werbemaßnahmen betrachtet werden kann.

Eine weitere Möglichkeit, den Verlust der Steuerabzugsfähigkeit von Spenden zu vermeiden, ist das Einschalten von inländischen Vermittlerorganisationen. Der deutsche Spender würde in diesem Fall seine Spende zunächst an eine inländische Organisation überweisen, die ihm dafür eine Zuwendungsbestätigung ausstellt und die Spende an die gewünschte Empfängerorganisation im Ausland weiterleitet.

Dieses Prinzip der Kooperation mit gemeinnützigen Organisationen vor Ort haben sich auch 4 große europäische Stiftungen, die Charities Aid Foundation – Großbritannien, die Fondation de France – Frankreich, die Fondation Roi Baudouin – Belgien und der Oranje Fonds[21] – Niederlande, zu eigen gemacht und 1998 das Netzwerk Transnational Giving Europe gegründet. Deutscher Partner ist seit 2001 der Verein Maecenata International e.V., nach weiteren Partner wird gegenwärtig in Spanien, Italien, Portugal und der Schweiz gesucht.[22] Die Kooperationspartner möchten mit diesem Netzwerk grenzüberschreitendes Spenden einfacher und transparenter gestalten. Vor allem aber möchten sie die steuerliche Absetzbarkeit von Spenden über Landesgrenzen hinaus ermöglichen. Die beteiligten Organisation helfen sich dabei gegenseitig bei der Beschaffung notwendiger Unterlagen und der Organisation des Spendentransfers.[23]

Zusammenfassend lässt sich sagen, dass die Schwierigkeiten bei der Arbeit deutscher Stiftungen im Ausland hauptsächlich im Bereich der Steuergesetzgebung zu finden sind. Im Ausland tätige Stiftungen müssen vor allem darauf Acht geben, Stiftungsmittel an die richtigen Stellen weiterzugeben. Hier gelten für fördernde und operative Stiftungen unterschiedliche Voraussetzungen. Bei Unsicherheit empfiehlt sich im Einzelfall eine Rücksprache mit dem zuständigen Finanzamt. Nicht zuletzt gilt es auch, bei den mit solcher Arbeitsweise oft nicht vertrauten ausländischen Partnern Verständnis für die Strenge deutscher Finanzbehörden zu wecken.

Die größte Hürde stellt die mangelnde Abzugsfähigkeit von Spenden in das Ausland dar. In Zeiten der Globalisierung ist die Behinderung internationaler

---

[21] Früher Juliana Welzijn Fonds.

[22] Die Ausdehnung des Netzwerks gestaltet sich aber trotz des großen Interesses schwierig, da einerseits die Finanzgesetzgebung in den einzelnen Ländern zum Teil sehr unterschiedlich ist und andererseits in Europa kaum Stiftungen existieren, welche die Voraussetzungen für eine Partnerschaft vor allem hinsichtlich der dafür notwendigen Zweckvielfalt erfüllen können. Vgl. Report of the EFC Tax Seminar March 22nd 2004: How to improve Cross-border Giving in Europe. Barriers and solutions – foundations' perspective. Zu finden unter http://www.efc.be/ftp/public/eu/tax/report_taxseminar2004.pdf.

[23] Die Fondation Roi Baudouin wird außerdem in kürze eine Datenbank im Internet veröffentlichen (unter www.givingineurope.org), die konkrete Informationen und praktische Lösungsmöglichkeiten für Spender und Organisationen in ganz Europa zur Verfügung stellen soll.

10.2 Zweckerfüllung und Einnahmenerzielung über nationale Grenzen

Arbeit von gemeinnützigen Organisationen durch solche restriktiven nationalen Gesetze eigentlich nicht mehr zu rechtfertigen. So lange die Gesetzgebung allerdings bei den einzelnen Ländern liegt, wird es schwer sein, gravierende Änderungen herbeizuführen. Dazu bedarf es Änderungen auf Europaebene.

10.3 Österreich – Stiftungsrecht mit dem Schwerpunkt Privatstiftung

Von Teresa Draxler

Die Rechtsgrundlagen für die Gründung von Stiftungen in Österreich sind vielfältig. Stiftungen können heute errichtet werden nach:

- dem Privatstiftungsgesetz (PSG);
- dem Sparkassengesetz in Verbindung mit PSG;
- dem Bundes-Stiftungs- und Fondsgesetz (BStFG);
- den neun Landes-Stiftungs- und Fondsgesetzen;
- dem Bundesgesetz über den Österreichischen Rundfunk;
- dem *Codex Iuris Canonici*.

Bis zum Jahr 1993 war in Österreich von Gesetzes wegen ausschließlich die Gründung von Stiftungen nach dem Bundes-Stiftungs- und Fondsgesetz (BStFG) sowie nach den auf diesem beruhenden und diesem nachgebildeten Landes-Stiftungs- und Fondsgesetzen (LStFG), vorgesehen.

1993 wurden in Österreich zusätzlich die gesetzlichen Voraussetzungen für Gründung einer Privatstiftung geschaffen. Die Möglichkeit zur Gründung einer Stiftung nach BStFG oder LStFG besteht weiterhin. Da in Österreich die Privatstiftungen heute weitaus größere praktische Bedeutung haben als die Stiftungen nach BStFG oder LStFG, wird der Schwerpunkt dieser Arbeit der Privatstiftung gewidmet und letztere lediglich in einer Kurzdarstellung am Ende dieser Arbeit behandelt.

Die Privatstiftung

Die Rechtsform der Privatstiftung wurde in Österreich im Jahr 1993 mit In-Kraft-Treten des Privatstiftungsgesetzes (PSG) geschaffen und ist auf denkbar fruchtbaren Boden gestoßen. Seit ihrer Einführung wurden über 2600 Privatstiftungen errichtet (Stichtag 28. 2. 2005).

Die Privatstiftung, im Folgenden auch kurz als „Stiftung" bezeichnet, ist ein eigentümerloses Rechtssubjekt, dem zu einem bestimmten Zweck Vermögen auf Dauer gewidmet wird. Die Stiftung hat Begünstigte, welche die Adressaten der Zweckverwirklichung sind.

Der Stifter gibt bei Errichtung der Stiftung eine Erklärung ab, worin er sich verpflichtet, ein bestimmtes Vermögen dauernd aus seinem Vermögen auszuscheiden und zu einem bestimmten Zweck rechtlich zu verselbständigen. Daraus resultiert eine Trennung der Privatstiftung vom rechtlichen Schicksal des Stifters und seiner Rechtsnachfolger. Die Stiftung ist rechtsfähig und eine juristische Person.

Zweck, Organe und innere Ordnung der Stiftung können im Rahmen der Ziele des PSG weitgehend frei von den Stiftern bestimmt werden.

Privatstiftungen werden vor allem aus folgenden Gründen errichtet:

– Erhaltung ererbten oder erwirtschafteten Vermögens;
– Versorgung von Familienmitgliedern oder auch Dritter;
– Sicherung der Unternehmenskontinuität unabhängig davon, ob die Nachfolger für die Unternehmensführung geeignet oder ungeeignet sind;
– Vermeidung der Zersplitterung von Gesellschaftsanteilen aufgrund der Geltendmachung von Pflichtteilsansprüchen;
– Vermeidung von Streit um Mitbestimmungs- und Mitspracherechte auf Gesellschafter-und/oder Geschäftsführungsebene oder durch Kündigung und Veräußerung von Gesellschaftsanteilen;
– Verbindung des Namens des Stifters mit einer wissenschaftlichen, einer wirtschaftlichen, einer karitativen oder sozialen Einrichtung.

Privatstiftungen können grundsätzlich zu jedem erlaubten *Zweck* errichtet werden. Der Stifter bestimmt den Zweck. Dieser ist so zu konkretisieren, dass er den Stiftungsorganen als Richtschnur für deren Handlungsweise dienen kann. Eine Privatstiftung ohne Stiftungszweck ist unzulässig.

Ausdrücklich durch das PSG untersagt sind die Ausübung einer gewerbsmäßigen Tätigkeit, welche über eine bloße Nebentätigkeit hinausgeht, die Übernahme der Geschäftsführung einer Handelsgesellschaft sowie die Stellung als persönlich haftender Gesellschafter einer Personenhandelsgesellschaft oder einer eingetragenen Erwerbsgesellschaft.

Hingegen kann eine gewerbsmäßige Tätigkeit von einer Gesellschaft, an der die Privatstiftung beteiligt ist, geführt werden. Weiters kann die Privatstiftung Kommanditist einer Kommanditgesellschaft (KG) bzw Kommanditerwerbsgesellschaft (KEG) oder Gesellschafter einer stillen bzw atypisch stillen Gesellschaft oder einer Gesellschaft bürgerlichen Rechts sein. Zulässig ist auch eine konzernleitende Tätigkeit, insbesondere als Holding-Stiftung.

Nach dem Stiftungszweck und dem Kreis der Begünstigten kann zwischen *gemeinnützigen* und *eigennützigen* Privatstiftungen unterschieden werden. Gemeinnützig sind solche Privatstiftungen, die die Allgemeinheit begünstigen. Die übrigen Stiftungen sind eigennützige Stiftungen. Innerhalb dieser wird unterschieden zwischen:

1. Familienstiftung:

   Funktion der Familienstiftungen ist es, das Familienvermögen über die Generationenfolge hinaus vor einer Zersplitterung oder Veräußerung zu bewahren.

2. Versorgungsstiftung:

   Versorgungsstiftungen dienen überwiegend der Versorgung von natürlichen Personen.

3. Verbrauchsstiftung:

   Unter einer Verbrauchsstiftung ist eine Stiftung zu verstehen, deren Vermögenssubstanz Begünstigten zugewendet werden soll[1].

4. Arbeitnehmerförderungs- und Belegschaftsbeteiligungs-Stiftung:

   Solche Privatstiftungen werden aus betrieblichem Anlass errichtet.

Abgabenrechtlich bestehen je nach Stiftungszweck, Begünstigtenkreis, und Ausgestaltung der Privatstiftung mitunter erhebliche Differenzierungen, und zwar insbesondere zwischen gemeinnützigen und eigennützigen Privatstiftungen.

Privatstiftungen können auf *bestimmte* oder *unbestimmte Dauer* errichtet werden.

Die Privatstiftung wird durch eine *Stiftungserklärung (Stiftungsurkunde)* errichtet. Es handelt sich dabei um eine einseitige Erklärung des Stifters, die bei der Privatstiftung unter Lebenden der Form eines Notariatsaktes bedarf. Die Privatstiftung entsteht mit Eintragung in das Firmenbuch.

Das PSG sieht einen *notwendigen* und einen *fakultativen Inhalt* der Stiftungserklärung (Stiftungsurkunde) vor. Zwingend in diese aufzunehmen sind:

– die Widmung des Vermögens, wobei ein Mindestvermögen von EUR 70.000 zu widmen ist;

– der Stiftungszweck;

– die Bezeichnung des/der Begünstigten oder die Angabe der Person/Stelle, die die Begünstigten festzustellen hat;

– den Namen und den Sitz der Privatstiftung, wobei der Name den Zusatz „Privatstiftung" zu enthalten hat und der Sitz im Inland sein muss;

– den Namen und die Anschrift sowie Geburtsdatum der Stifter[2];

– die Angabe, ob die Stiftung auf bestimmte oder unbestimmte Dauer errichtet wird.

---

[1] Das PSG kennt keinen generellen Kapitalerhaltungsgrundsatz. Zu beachten ist lediglich die Gläubigerschutzbestimmung des § 17 Abs 2 2. Satz PSG. Demnach dürfen Ansprüche von Gläubigern der Privatstiftung durch Leistungen der Privatstiftung an Begünstigte zur Erfüllung des Stiftungszwecks nicht gefährdet werden.

[2] Bei (österreichischen) juristischen Personen auch die Firmenbuchnummer.

Zusätzlich ist die Aufnahme fakultativer Bestimmungen in die Stiftungsurkunde nicht nur möglich, sondern auch unbedingt zu empfehlen. Es handelt sich hierbei insbesondere um folgende Regelungen:

- Regelungen über die Bestellung, Abberufung und Funktionsdauer der Stiftungsorgane sowie deren innere Ordnung;
- Regelungen über die Änderung und den Widerruf der Stiftung;
- Regelungen über die Einrichtung von weiteren Stiftungsorganen;
- die Widmung weiteren, über das Mindestvermögen hinaus gehenden Vermögens.

Da die Stiftungsurkunde in der Urkundensammlung des zuständigen Firmenbuchgerichts hinterlegt wird, sind die darin enthaltenen Angaben der Öffentlichkeit zugänglich.

Zusätzlich zur Stiftungsurkunde kann eine *Stiftungszusatzurkunde* errichtet werden, welche nicht dem Firmenbuch vorgelegt werden muss, wohl aber dem Finanzamt. Diese kann insbesondere Bestimmungen enthalten, die nicht der Stiftungsurkunde vorbehalten sind und die nicht der Öffentlichkeit zugänglich gemacht werden sollen. Die Stiftungszusatzurkunde ist vor allem zur Aufnahme von Bestimmungen über die Begünstigten und Zuwendungen aus der Stiftung an diese geeignet.

Die Stiftung kann entweder als *Stiftung unter Lebenden* oder als *Stiftung von Todes wegen* errichtet werden. Neben der Form des Notariatsakts bedarf die Privatstiftung von Todes wegen der Form einer letztwilligen Verfügung[3].

Stifter können eine oder mehrere, in- oder ausländische natürliche oder juristische Personen sein. Die Stifterstellung kann nur bei Errichtung der Privatstiftung, nicht jedoch durch einen späteren Rechtsakt erworben werden. Um die Möglichkeit einer Änderung der Stiftungserklärung auch nach Ableben des/der Erststifter/s zu gewährleisten, empfiehlt es sich, auch Kinder und Kindeskinder als Stifter aufzunehmen. In diesem Zusammenhang ist darauf zu achten, dass die Stiftungserklärung eines minderjährigen Stifters nicht nur der Vertretung durch beide obsorgeberechtigten Elternteile, sondern auch der pflegschaftsgerichtlichen Genehmigung bedarf; dies auch dann, wenn der minderjährige Stifter kein eigenes Vermögen gewidmet hat.

Die *Privatstiftung von Todes wegen* kann nur einen Stifter haben. Es besteht jedoch die Möglichkeit der Errichtung einer Privatstiftung unter Lebenden durch mehrere Stifter, wobei die über das Mindestvermögen hinaus gehende Vermögenswidmung erst von Todes wegen erfolgt.

Zur Vermeidung der Offenlegung der Identität des Stifters besteht weiters die Möglichkeit der Errichtung der Stiftung durch einen Treuhänder.

---

[3] Beiziehung von zwei Zeugen.

Das *Vermögen* der Stiftung hat mindestens EUR 70.000 zu betragen und muss in der Stiftungserklärung gewidmet werden. Es kann bar oder in Sachwerten aufgebracht werden.[4] Grundsätzlich ist die Widmung jeder Art von Vermögen an die Stiftung möglich, wie z. B. Bar- und Kapitalvermögen, Beteiligungen, Immobilien oder Sachgesamtheiten. Über das Mindestvermögen hinausgehendes Vermögen kann auch in der Stiftungszusatzurkunde gewidmet werden, um der Öffentlichkeit keinen Einblick zu gewähren.

Es kann auch nachträglich, d. h. nach Eintragung der Stiftung in das Firmenbuch, Vermögen gewidmet werden. Derartige *Nach- oder Zustiftungen* sind grundsätzlich formfrei, sofern die Stiftungserklärung nichts anderes bestimmt. Aus Beweisgründen ist es jedoch sinnvoll, Nach- oder Zustiftungen schriftlich festzuhalten.

Die *Begünstigten* der Stiftung sind im Wesentlichen frei bestimmbar. Diese können in der Stiftungserklärung konkret bestimmt oder aufgrund objektiver Umstände individualisiert werden. Eine nähere Ausgestaltung der Begünstigtenrechte in der Stiftungserklärung ist möglich, wie z. B. eine Festlegung der Begünstigtenquoten, Beginn und Ende der Begünstigtenstellung, Bedingungen oder Auflagen für eine Begünstigung. Der Stifter hat dadurch die Möglichkeit, Nachfolgeregelungen zu schaffen. Innerhalb gewisser, durch das Pflichtteilserbrecht bedingter Grenzen können Nachkommen auch ganz ausgeschlossen werden oder aus mehreren Erben bestimmte Nachkommen begünstigt werden. Eine Präzisierung der Begünstigten und deren Stellung können auch in der Stiftungszusatzurkunde erfolgen.

Der Stifter kann auch die Feststellung der Begünstigten durch eine „Stelle" anordnen. Die Einsetzung einer solchen Stelle hat in der Stiftungserklärung zu erfolgen. Wird keine Stelle bezeichnet, so entscheidet der Stiftungsvorstand.

Jedem Begünstigten ist von Gesetzes wegen ein Auskunftsanspruch gegenüber der Privatstiftung eingeräumt, der nicht eingeschränkt oder ausgeschlossen werden kann. Der Auskunftsanspruch erstreckt sich auf die Erteilung von Auskünften über die Erfüllung des Stiftungszwecks sowie die Einsichtnahme in den Jahresabschluss, den Lagebericht, den Prüfungsbericht, die Bücher, in die Stiftungsurkunde und in die Stiftungszusatzurkunde.

Adressat des Auskunftsanspruchs ist der Stiftungsvorstand als Vertreter der Privatstiftung. Kommt die Privatstiftung dem Auskunftsverlangen in angemessener Frist nicht nach, so kann das Gericht auf Antrag des Begünstigten die Einsicht, gegebenenfalls durch einen Buchsachverständigen, anordnen.

Letztbegünstigter ist derjenige, dem ein nach Abwicklung der Privatstiftung verbleibendes Vermögen zukommen soll. Die Bestimmung der Letztbegünstigten kann sowohl in der Stiftungsurkunde als auch in der Stiftungszusatzurkunde enthalten sein. Die Letztbegünstigten können konkret bestimmt werden. Es reicht aber aus, wenn die Letztbegünstigten bestimmbar sind.

---

[4] Wird das Mindestvermögen nicht bar aufgebracht, so hat eine Gründungsprüfung stattzufinden.

Wird die Stiftung infolge Widerruf des Stifters aufgelöst und ist in der Stiftungserklärung nichts Abweichendes geregelt, so ist der Stifter Letztbegünstigter.

Das Privatstiftungsgesetz sieht zwingend zwei Organe vor: Stiftungsvorstand und Stiftungsprüfer. Fakultativ können die Stifter weitere Organe zur Wahrung des Stiftungszwecks vorsehen. Ferner kann die Privatstiftung bei Vorliegen bestimmter Voraussetzungen aufsichtsratspflichtig werden.

Dem *Stiftungsvorstand* kommt die Kompetenz zur Geschäftsführung und Vertretung der Privatstiftung zu. Er besteht aus mindestens drei Mitgliedern, von denen wenigstens zwei ihren gewöhnlichen Aufenthalt in einem EU- oder EWR-Mitgliedsstaat haben müssen. Ausgeschlossen von der Funktion des Vorstandes sind die Begünstigten sowie deren Angehörige sowie gegebenenfalls Angehörige, die an von der Privatstiftung begünstigten juristischen Personen beteiligt sind. Juristische Personen können nicht Vorstand sein. Der Stifter selbst kann auch Vorstand sein, vorausgesetzt, er ist nicht Begünstigter oder Angehöriger eines Begünstigten.

Der erste Vorstand wird vom Stifter bestellt. Weitere Regelungen über die Bestellung, Abberufung und Funktionsperiode des Vorstands können in der Stiftungsurkunde festgelegt werden. So können z. B. die Bestellung und Abberufung des Vorstands einem weiteren Organ überlassen werden. Soweit einem weiteren Organ, das mehrheitlich von Begünstigten besetzt ist, das Recht eingeräumt wird, Mitglieder des Stiftungsvorstandes abzuberufen, ist dieses Abberufungsrecht zwingend auf wichtige Gründe zu beschränken.[5]

Der Stiftungsvorstand hat für die Erfüllung des Stiftungszwecks zu sorgen und ist dabei verpflichtet, die Bestimmungen der Stiftungserklärung einzuhalten. Der Stiftungsvorstand haftet gegenüber der Privatstiftung für die Erfüllung seiner Pflichten. Er hat seine Aufgaben sparsam und mit der Sorgfalt eines gewissenhaften Geschäftsleiters zu erfüllen. Zu beachten hat er die Gläubigerschutzvorschrift des PSG, dass der Stiftungsvorstand Leistungen an Begünstigte zur Erfüllung des Stiftungszwecks nur dann und soweit vornehmen darf, als dadurch Ansprüche von Gläubigern der Privatstiftung nicht geschmälert werden. Bei Verletzung dieser Pflicht kann der Stiftungsvorstand für den daraus entstehenden Schaden persönlich haftbar gemacht werden. Er hat die zwingende Kompetenz zur Feststellung der Höhe des an die Begünstigten auszuschüttenden Betrags. Zu den weiteren Pflichten des Vorstands gehört insbesondere die Führung der Bücher der Privatstiftung.

Der Vorstand unterliegt der Kontrolle durch den Stiftungsprüfer, ein allfälliges weiteres Organ, die Begünstigten und einen allfälligen Aufsichtsrat.

Aufgabe des *Stiftungsprüfers* ist die Prüfung des Jahresabschlusses einschließlich der Buchführung und des Lageberichts, weiters, ob die Rechnungslegungsvorschriften des HGB beachtet wurden und ob der vom Stifter verfolgte Zweck eingehalten wurde. Stiftungsprüfer können nur Wirtschaftsprüfer/Buchprüfer und Steuerberater bzw. entsprechende Gesellschaften sein. Der Stiftungsprüfer wird

---

5 So die Rspr. des OGH.

zwingend durch das Gericht oder, wenn ein Aufsichtsrat besteht, durch diesen, bestellt. In der Regel enthalten die Stiftungserklärungen jedoch Vorschlagsrechte hinsichtlich des Stiftungsprüfers, wobei die Gerichte in der Praxis den Vorschlägen entsprechen und die vorgeschlagenen Stiftungsprüfer auch bestellen. Die Aufnahme von Regelungen zur Funktionsperiode des Stiftungsprüfers in die Stiftungsurkunde ist empfehlenswert.

Ein *Aufsichtsrat* muss bestellt werden, wenn
- die Anzahl der Arbeitnehmer der Privatstiftung 300 übersteigt oder
- die Privatstiftung inländische Kapitalgesellschaften oder inländische Genossenschaften einheitlich leitet[6] oder auf Grund einer unmittelbaren Beteiligung von mehr als 50% beherrscht und in beiden Fällen die Anzahl der Arbeitnehmer dieser Gesellschaften beziehungsweise Genossenschaften im Durchschnitt 300 übersteigt und sich die Tätigkeit der Privatstiftung nicht nur auf die Verwaltung von Unternehmensanteilen der beherrschten Unternehmen beschränkt.

Der Stifter kann aber auch fakultativ einen Aufsichtsrat bestellen. Dem Aufsichtsrat kommen umfassende Kontroll- und Einsichtsrechte zu. Die Regelungen des Arbeitsverfassungsgesetzes[7] über die Mitbestimmungsrechte der Arbeitnehmer im Aufsichtsrat sind entsprechend anzuwenden.

Dem Stifter ist die Einrichtung *weiterer Organe* zur Einhaltung des Stiftungszwecks freigestellt. Derartige Organe werden in der Praxis häufig als *Beirat* oder *Versammlung der Begünstigten* bezeichnet. Die Einrichtung dieser Organe sowie zumindest eine grobe Umschreibung ihrer Kompetenzen und der Organisationsstruktur sind in die Stiftungsurkunde aufzunehmen. Allfällige nähere Regelungen der Bestellung und/oder Abberufung der Organmitglieder haben ebenfalls in der Stiftungsurkunde zu erfolgen.

Der Aufgabenbereich derartiger Organe erstreckt sich i. d. R. auf die Kontrolle und Beratung des Stiftungsvorstands. Ausgeschlossen hingegen ist die generelle Bindung des Stiftungsvorstands an die Zustimmung anderer Organe. Der Vorstand darf nicht zu einem bloßen Vollzugsorgan degradiert werden.

Zu beachten ist, dass nach Entstehen der Privatstiftung eine *Änderung* der Stiftungserklärung nur dann möglich ist, wenn der Stifter sich in der Stiftungserklärung Änderungen derselben vorbehalten hat. Wurde keine entsprechende Vorsorge für eine Änderung getroffen oder ist eine solche aus anderen Gründen nicht erzielbar, so kann der Stiftungsvorstand nur unter Wahrung des Stiftungszwecks und mit Genehmigung des Gerichts Änderungen zur Anpassung an geänderte Verhältnisse vornehmen.

Auch die Änderung der Stiftungsurkunde bedarf eines Notariatsakts und ist beim Firmenbuch anzumelden.

---

[6] § 15 Abs 1 AktG.
[7] § 110 ArbVG.

Auch für einen *Widerruf* muss der Stifter entsprechende Vorkehrungen in der Stiftungsurkunde treffen: Der Stifter kann die Privatstiftung nur dann widerrufen, wenn er sich den Widerruf in der Stiftungserklärung vorbehalten hat. Grundsätzlich ist der Vorbehalt des Widerrufs nur dann möglich, wenn der Stifter eine natürliche Person ist.

Die Privatstiftung wird *aufgelöst,* sobald

1. die in der Stiftungserklärung vorgesehene Dauer abgelaufen ist;
2. über das Vermögen der Privatstiftung der Konkurs eröffnet worden ist;
3. der Beschluss, durch den die Eröffnung des Konkurses mangels eines zur Deckung der Kosten des Konkursverfahrens voraussichtlich hinreichenden Vermögens abgelehnt wird, Rechtskraft erlangt hat;
4. das Gericht die Auflösung beschlossen hat oder
5. der Stiftungsvorstand einen einstimmigen Auflösungsbeschluss gefasst hat. Einen solchen hat der Stiftungsvorstand insbesondere dann zu fassen, wenn die Stiftung zulässigerweise vom Stifter widerrufen wurde, der Stiftungszweck erreicht ist oder nicht mehr erreichbar ist oder andere in der Stiftungserklärung genannte Gründe dafür gegeben sind. Weiters ist ein solcher zu fassen, wenn eine nicht gemeinnützige Privatstiftung, deren überwiegender Zweck die Versorgung von natürlichen Personen ist, 100 Jahre gedauert hat, es sei denn, dass alle Letztbegünstigten einstimmig beschließen, die Privatstiftung für einen weiteren Zeitraum, längstens jedoch jeweils für 100 Jahre, fortzusetzen. Kommt ein Auflösungsbeschluss trotz Vorliegens eines Auflösungsgrundes nicht zustande, so kann jedes Mitglied eines Stiftungsorgans, jeder Begünstigte oder Letztbegünstigte, jeder Stifter und jede in der Stiftungserklärung dazu ermächtigte Person die Auflösung durch das Gericht beantragen.

Der Auflösung folgt die Abwicklung durch den Stiftungsvorstand mit Gläubigeraufruf und einjähriger Sperrfrist. Nach Ablauf der Sperrfrist kann das nach Befriedigung bzw. Sicherstellung der Gläubiger verbleibende Vermögen auf die Letztbegünstigten aufgeteilt werden. Bei Nichtvorhandensein von Letztbegünstigten oder Ablehnung durch diese fällt das verbleibende Vermögen der Republik Österreich anheim. Es ist daher ratsam, die Modalitäten der Abwicklung in der Stiftungserklärung möglichst genau zu regeln und die Aufteilungsgrundsätze festzulegen.

Nach Beendigung der Abwicklung ist diese zum Firmenbuch anzumelden. Die Stiftung wird somit im Firmenbuch gelöscht.

Der Stiftungsvorstand hat die Bücher zu führen und innerhalb der ersten fünf Monate des Geschäftsjahres einen Jahresabschluss samt Lagebericht für das vergangene Geschäftsjahr aufzustellen. Die *Rechnungslegung* der Privatstiftung erfolgt im Wesentlichen nach den für Kapitalgesellschaften geltenden Rechnungslegungsvorschriften des HGB. Wenn die Privatstiftung als Konzernholding fungiert, sind ein Konzernabschluss und Konzernlagebericht zu erstellen. Die Privatstiftung unterliegt jedoch keinerlei Offenlegungs- und Veröffentlichungspflichten.

Meist ist die Gründung einer Privatstiftung steuerlich motiviert. Abgabenrechtliche Aspekte dürfen daher bei einer Darstellung des Privatstiftungsrechts nicht fehlen. Eine umfassende steuerrechtliche Betrachtung wäre angesichts der komplizierten Bestimmungen und der vielfältigen Gestaltungsmöglichkeiten an dieser Stelle zu umfangreich. Im Folgenden wird daher nur eine grobe, auf das Wesentliche beschränkte Darstellung der abgabenrechtlichen Aspekte geboten. Weiters wird darauf hingewiesen, dass sich die steuerlichen Rahmenbedingungen für Privatstiftungen in den vergangenen Jahren bereits mehrmals geändert haben und weitere Änderungen auch in der Zukunft zu erwarten sind.[8]

Zuwendungen von Vermögen an die Privatstiftung durch den/die Stifter unterliegen der Erbschafts- und Schenkungssteuer, wobei der Steuersatz 5 % beträgt.[9, 10] Dieser ermäßigte Steuersatz gilt auch für allfällige spätere Zu- oder Nachstiftungen, sofern diese durch den/die Stifter erfolgen.

Nachträgliche Zuwendungen Dritter hingegen sind steuerlich nicht begünstigt, sondern fallen mangels Verwandtschaftsverhältnisses in die höchste Steuerklasse V. des Erbschafts- und Schenkungssteuergesetzes.[11]

Grundsätzlich sind unentgeltliche Zuwendungen von Grundstücken von der Grunderwerbsbesteuerung ausgenommen. Als Ausgleich für die Befreiung wird jedoch im Rahmen des Erbschafts- und Schenkungssteuergesetzes das Grunderwerbsteuer-Äquivalent eingehoben. Der Erbschafts- und Schenkungssteuersatz erhöht sich dadurch in Bezug auf den Einheitswert der Grundstücke um 3,5 %; insgesamt beträgt der Steuersatz für die Zuwendung inländischer Grundstücke daher 8,5 %.[12]

Die Übernahme von Belastungen durch die Stiftung gilt als Zuwendung der Stiftung an den Stifter und unterliegt daher der Kapitalertragsteuer (KESt).[13]

Keine steuerpflichtige Belastung im dargestellten Sinn liegt vor, wenn sich der Stifter ein Nutzungs- oder Fruchtgenussrecht hinsichtlich der gewidmeten Vermögenswerte vorbehält. Durch Einräumung von Fruchtgenussrechten kann somit

---

[8] Stand der steuerrechtlichen Darstellungen: Jänner 2005.

[9] Voraussetzung für diesen ermäßigten Steuersatz: Das gestiftete Vermögen wird zumindest 10 Jahre ab der jeweiligen Widmung von der Stiftung gehalten – bei Auflösung der Stiftung innerhalb von 10 Jahren kommt es zur Nachversteuerung zum Normalsteuersatz!

[10] Ist der Stifter selbst eine Privatstiftung oder verfolgt diese gemeinnützige, mildtätige oder kirchliche Zwecke, beträgt der Steuersatz 2,5 %.

[11] Abhängig von der Höhe der Zuwendung beträgt dieser 14–60 %.

[12] Bei ausländischen Liegenschaften beträgt der Steuersatz nur 5 %, Bemessungsgrundlage ist aber hier der Verkehrswert, welcher idR den Einheitswert weit übersteigt.

[13] Ausnahme: Belastungen im Zusammenhang mit Liegenschaften.

unter Umständen ein steuersparender Effekt erzielt werden. Vorsicht ist dabei allerdings geboten, da auf eine Reihe von Steuerfallen geachtet werden muss.

Aufgrund steuerlicher Kontinuität zwischen Stifter und Stiftung gibt es grundsätzlich keine Ertragsteuerpflicht durch Vermögenswidmung.[14]

Einkünfte der eigennützigen Privatstiftung unterliegen grundsätzlich mit dem gesamten Welteinkommen der *Körperschaftsteuer* mit einem Steuersatz von 25%[15]. Privatstiftungen sind unbeschränkt steuerpflichtig, soweit sie nicht ausdrücklich von der unbeschränkten Steuerpflicht ausgenommen sind. Die Steuerpflicht der Privatstiftung erstreckt sich im Wesentlichen auf Einkünfte aus Land- und Forstwirtschaft, aus Gewerbebetrieb und aus Vermietung und Verpachtung. Von der Körperschaftssteuer befreit sind in- und ausländische Beteiligungserträge sowie Veräußerungsgewinne von Beteiligungen unter 1% außerhalb der einjährigen Spekulationsfrist.

Spezielle Steuerbestimmungen gelten für

– Zinsen aus Geldeinlagen und sonstigen Forderungen bei in- und ausländischen Kreditinstituten;

– Zinsen aus Forderungswertpapieren, Wandel- und Gewinnschuldverschreibungen, obligationenähnliche Genussrechte, wenn im Rahmen eines *public placements* begeben (unabhängig vom Ort der kuponauszahlenden Stelle und unabhängig davon, ob ein in- oder ausländischer Emittent vorliegt);

– Erträge aus in- und ausländischen Anteilen an Investmentfonds, soweit sie bei der Privatstiftung zu den Einkünften aus Kapitalvermögen gehören;

– 20% bestimmter Substanzgewinne[16] von inländischen und weißen[17] ausländischen Investmentfonds;

– Veräußerungsgewinne aus einer mindestens 1%-igen Beteiligung an einer in- oder ausländischen Körperschaft nach Ablauf der einjährigen Spekulationsfrist.[18]

---

[14] Ausnahme: Einkommenssteuerpflicht beim Stifter bei Zuwendung von Vermögenswerten aus dessen betrieblichem Vermögen.

[15] Erstmals ab dem Veranlagungsjahr 2005 anzuwenden (bisher 34%).

[16] Substanzgewinne sind realisierte Gewinne (saldiert mit den realisierten Substanzverlusten) aus der Veräußerung von Vermögenswerten eines Investmentfonds durch den Investmentfonds selbst, einschließlich Bezugsrechten.

[17] Weiße Fonds sind Fonds, die im Inland steuerlich vertreten, zum öffentlichen Vertrieb zugelassen sind und tatsächlich öffentlich angeboten werden. Trifft einer dieser Punkte nicht zu, spricht man von grauen (steuerlich vertreten) oder schwarzen (steuerlich nicht vertreten) Fonds.

[18] Diese Zwischenbesteuerung kann jedoch insoweit vermieden werden, als im Kalenderjahr der Veräußerung bzw innerhalb von zwölf Monaten ab der Veräußerung der Überschuss aus der Beteiligungsveräußerung in eine mehr als 10%ige Beteiligung an einer (in- oder ausländischen) Körperschaft re-investiert werden wird und der Veräußerungsgewinn auf die Anschaffungskosten dieser Beteiligung übertragen wird (Übertragung der stillen Reserven auf die neue Beteiligung).

Diese Erträge unterliegen einer *Zwischensteuer* von 12,5 %. Diese Besteuerung setzt zunächst mit dem Anfallen der Erträge an. Die Zwischensteuer soll die Zinsen- und Veräußerungsgewinne jedoch nur solange belasten, als die Gewinne in der Stiftung thesauriert werden (daher „Zwischenbesteuerung"). Werden in der Folge Zuwendungen der Privatstiftung an Begünstigte getätigt, kommt zu einer Gegenrechnung der Zwischensteuer mit der auf die Zuwendung entfallenden 25 %igen *Kapitalertragsteuer* (KESt), welche beim Begünstigen anfällt und welche von der Privatstiftung im Abzugsweg abzuführen ist.

Voraussetzung für die Anwendbarkeit dieser steuerlichen Begünstigungen ist, dass gegenüber dem zuständigen Finanzamt alle Stiftungsurkunden und Zusatzurkunden sowie allfällige Treuhandschaften offengelegt werden.

Ausschließlich gemeinnützige, mildtätige oder kirchliche Privatstiftungen sind von der unbeschränkten Körperschaftsteuerpflicht befreit.[19] Diese sind lediglich mit bestimmten kapitalertragsteuerpflichtigen Einkünften wie insbesondere Einkünfte aus Bankeinlagen und Forderungswertpapieren sowie vergleichbaren ausländischen Einkünften „beschränkt" steuersteuerpflichtig, wobei sich die Steuerpflicht gleichzeitig auf die Kapitalertragsteuer beschränkt.

Gemischt- oder doppelnützige Privatstiftungen sind solche, die sowohl eigennützigen als auch gemeinnützigen, mildtätigen oder kirchlichen Zwecken dienen. Sie werden abgabenrechtlich wie eigennützige Privatstiftungen behandelt.

Für betriebliche Privatstiftungen (Privatstiftungen, die dem Betriebszweck des stiftenden Unternehmers dienen) gelten diese Befreiungen nicht, da sie immer Einkünfte aus Gewerbebetrieb, d. h. betriebliche Einkünfte, erzielen.

Zuwendungen der Privatstiftung an Begünstigte unterliegen der *Kapitalertragsteuer* (KESt) von 25 %. Wenn der Begünstigte eine natürliche Person ist, sind die Zuwendungen mit der KESt endbesteuert, d. h. sie sind beim Begünstigten nicht mehr einkommensteuerpflichtig, oder nur mit dem Hälftesteuersatz[20] besteuert, wenn dieser niedriger als die KESt ist.

Ist im Falle des Widerrufs einer Privatstiftung der Stifter als Begünstigter zu behandeln (§ 32 Z 4 EStG), unterliegt das „rückübertragene" Stiftungsvermögen (grundsätzlich auch die Stiftungssubstanz) einer Kapitalertragsteuer von 25 %.

In folgenden drei Fällen sind Zuwendungen von Privatstiftungen beim Empfänger von der Einkommensteuer befreit:

– Zuwendungen von Privatstiftungen, die (ausschließlich) gemeinnützigen, mildtätigen oder kirchlichen Zwecken dienen, wegen Hilfsbedürftigkeit;
– Zuwendungen von (gemein- und eigennützigen) Privatstiftungen zur unmittelbaren Förderung der Kunst (Abgeltung von Aufwendungen oder Ausgaben);

---

[19] Ebenso Arbeitnehmerförderungs- und in gewissen Grenzen auch Belegschaftsbeteiligungs-Privatstiftungen.

[20] D. h. mit dem halben Durchschnittssteuersatz der Einkommensteuer.

10.3 Österreich – Stiftungsrecht mit dem Schwerpunkt Privatstiftung

– Zuwendungen von (gemein- und eigennützigen) Privatstiftungen zur unmittelbaren Förderung von Wissenschaft und Forschung (Abgeltung von Aufwendungen oder Ausgaben).

Von einer betrieblichen Privatstiftung wird abgabenrechtlich dann gesprochen, wenn die Vermögenszuwendung des Stifters an die Privatstiftung aus dem Betriebsvermögen erfolgt und als Betriebsausgabe anzusehen ist. Es werden drei Arten von Betrieblichen Privatstiftungen unterschieden:

Zuwendungen an Privatstiftungen sind dann Betriebsausgaben, wenn der Zweck der Privatstiftung ausschließlich dem Betriebszweck des stiftenden Unternehmers oder mehrerer finanziell verbundener Unternehmen dient. Dies betrifft eine Privatstiftung, deren Zweck z. B. die betriebliche Forschung in einem Konzern oder Kultursponsoring ist. Ob die Zuwendung als Betriebsausgabe oder als ausnahmsweise aktivierungspflichtige Aufwendung zu werten ist, hängt von den Umständen des Einzelfalls ab. Zudem hängt die zeitliche Abzugsfähigkeit der Geld- oder Sachzuwendungen von der Behandlung bei der Privatstiftung ab. Verteilt die Privatstiftung die Betriebseinnahme auf den Zweckerfüllungszeitraum, maximal jedoch auf zehn Jahre, ist der Betriebsausgabenabzug auf den gleichen Zeitraum zu verteilen.

Da Zuwendungen von Unternehmenszweckförderungsstiftungen ausschließlich an das begünstigte verbundene Unternehmen fließen dürfen, sind diese Zuwendungen an die Begünstigten bzw. Letztbegünstigten Betriebsausgaben bei der Stiftung. Beim Begünstigten ist die Zuwendung KESt-pflichtig (25 %).

Zuwendungen eines stiftenden Arbeitgebers an eine Privatstiftung, deren Zweck die Unterstützung von betriebszugehörigen Arbeitnehmern ist, sind nur in einem bestimmten Ausmaß (10 % der Lohn- und Gehaltssumme) und unter restriktiven Voraussetzungen als Betriebsausgabe abzugsfähig. Auf Grund dieser Einschränkungen ist die Arbeitnehmerförderungs-Privatstiftung i. d. R. nicht sehr attraktiv.

Zuwendungen des Arbeitgebers von Beteiligungen am Unternehmen des Arbeitgebers oder an mit diesem verbundenen Konzernunternehmen an die Stiftung sind grundsätzlich betraglich unbegrenzt als Betriebsausgabe abzugsfähig.

Die *steuerlichen Vorteile* der Privatstiftung ergeben sich aus folgenden Umständen:

– Einmalig anfallende Schenkungs- bzw. Erbschaftssteuer von i. d. R. 5 % statt bis zu 60 % bei jedem Erbfall je nach Steuerklasse und Höhe der Zuwendung.
– Günstige Zwischenbesteuerung von Zinsen und Überschüssen aus der Veräußerung von Beteiligungen.

Als *steuerlicher Nachteil* ist den Vorteilen der so genannte „Mausefalle-Effekt" gegenüberzustellen: Bei der Privatstiftung wird die Zuwendung der Substanz an den (Letzt-)Begünstigten (Einlagenrückzahlung) genauso besteuert wie die Zuwendung von Erträgnissen. Im Gegensatz dazu wird bei einer Kapitalgesellschaft die vergleichbare Einlagenrückzahlung steuerlich nicht erfasst.

Stiftungen nach dem Bundes-, Stiftungs- und Fondsgesetz bzw. nach dem Landes-Stiftungs- und Fondsgesetz

Wie bereits zu Beginn dieser Arbeit erwähnt, kommt den Stiftungen nach BStFG und LStFG im Gegensatz zur Privatstiftung nur untergeordnete Bedeutung zu, weshalb diesen hier eine Kurzdarstellung gewidmet wird.

Ein Vergleich zwischen den beiden Stiftungsarten zeigt neben Gemeinsamkeiten auch deutliche Unterschiede. Aufgrund dieser Unterschiede kann man nicht von einem einheitlichen Stiftungsbegriff bzw. Stiftungswesen in Österreich sprechen.

Das BStFG sowie die einzelnen LStFG finden auf Stiftungen und Fonds Anwendung, deren Vermögen durch privatrechtlichen Widmungsakt zur Erfüllung *gemeinnütziger*[21] und *mildtätiger*[22] Aufgaben bestimmt ist. Diese Stiftungen werden definiert als „durch eine Anordnung des Stifters dauernd gewidmetes Vermögen mit Rechtspersönlichkeit, deren Erträgnisse der Erfüllung gemeinnütziger oder mildtätiger Zwecke dienen."

Die Eigenart der Stiftung nach dem BStFG und den LStFG im Gegensatz zur Privatstiftung bestehen im Wesentlichen darin, dass erstere ausschließlich zu diesen gemeinnützigen oder mildtätigen Zwecken errichtet werden können, während Privatstiftungen jedem beliebigen Zweck dienen können. In ihrer *Tätigkeit* ist die Stiftung nach BStFG/LStFG nicht beschränkt, während die Privatstiftung den Beschränkungen unterliegt.

Für diese Stiftungen besteht die Möglichkeit der Umwandlung in eine Privatstiftung.[23]

Die Errichtung einer Stiftung nach dem BStFG/LStFG bedarf jedoch der *Genehmigung der Stiftungsbehörde* als konstitutiven Akt. Man kann daher von einem „Konzessionssystem" sprechen. Nach der Errichtung erhält die Stiftungsbehörde umfassende Einsichts-, Kontroll- und Weisungsrechte.

Die staatliche Aufsicht über Privatstiftungen ist hingegen auf bestimmte Mitwirkungs- bzw. Kontrollrechte des Firmenbuchgerichts beschränkt

Darüber hinaus unterliegen die Bundes- bzw. Landesstiftungen und Privatstiftungen unterschiedlichen Vollzugsbereichen: Erstere unterliegen dem verwaltungsbehördlichen Vollzugsbereich, während für Letztere die Gerichte zuständig sind. Beide genießen Rechtspersönlichkeit.

Bundes- bzw. Landesstiftungen werden in einem eigenen *Stiftungsregister* eingetragen. Hingegen werden Privatstiftungen im Firmenbuch[24] der Handelsgerichte registriert.

---

[21] Gemeinnützige Zwecke: Durch deren Erfüllung wird die Allgemeinheit gefördert.
[22] Mildtätige Zwecke: Auf die Unterstützung hilfsbedürftiger Personen gerichtet.
[23] § 38 PSG.
[24] Entspricht dem deutschen Handelsregister.

Stiftungen nach BStFG/LStFG können nur *auf Dauer* eingerichtet werden. Eine *Auflösung* ist nur in Ausnahmefällen möglich, wie z. B. bei Verlust des Vermögens oder Unmöglichkeit der Zweckerreichung, wogegen Privatstiftungen in ihrer Dauer von vornherein beschränkt werden können.

Stiftungen nach dem BStFG/LStFG können nur Erträge der Stiftung an Begünstigte ausschütten, während bei Privatstiftungen zusätzlich auch Ausschüttungen der Substanz erlaubt sind. Im Anwendungsbereich des PSG entfällt somit der traditionelle Unterschied zwischen Stiftungen und Fonds.

Da die Stiftungen nach BStFG/LStFG weitgehend vom Stifter abstrahiert sind, können nachträgliche *Änderungen* nur bei Vorliegen strenger gesetzlicher Voraussetzungen vorgenommen werden. Bei der Privatstiftung ist es hingegen ohne weiteres möglich, Änderungen in der Stiftungserklärung vorzusehen.

Die Einrichtung von *Organen* unterliegt der Gestaltungsfreiheit des Stifters. Gemäß BStFG/LStFG sind lediglich Vertretungs- und Verwaltungsorgane einzurichten, die auch mit juristischen Personen besetzt werden können. Interne Aufsichtsorgane müssen nicht bestellt werden. Vergleiche dazu die wesentlich strengeren Anforderungen bei der Privatstiftung.

Der Begriff „*Familienstiftung*" ist – im Gegensatz zu manchen Nachbarländern Österreichs – weder dem BStFG noch dem PSG bekannt. Allerdings finden sich in einigen Landesgesetzen Regelungen, welche eine Familienstiftung ausschließen. Insbesondere wird die Gemeinnützigkeit u.U. dann nicht angenommen, wenn sich der Kreis der Begünstigten nach Verwandtschaft oder Schwägerschaft bestimmt.

Im Übrigen, d. h. im Anwendungsbereich von PSG und BStFG und anderen Landesgesetzen ist die Familienstiftung – bei Erfüllung der sonstigen Voraussetzungen – grundsätzlich zulässig und wird teilweise mit dem Gedanken der Gemeinnützigkeit als vereinbar angesehen.

Die *Widmung von Vermögen,* an eine Stiftung nach BStFG/LStFG unterliegt der Schenkungssteuer in höhe von 2,5 %.

Da Stiftungen nach dem Bundes- Stiftungs- und Fondsgesetz bzw. nach dem Landes-Stiftungs- und Fondsgesetz ausschließlich gemeinnützigen und/oder mildtätigen Zwecken dienen müssen, sind sie bei Vorliegen dieser Voraussetzungen von der *unbeschränkten Körperschaftsteuerpflicht befreit.* Beschränkte Steuerpflicht besteht jedoch für Gewerbebetriebe und land- und forstwirtschaftliche Betriebe sowie für wirtschaftliche Geschäftsbetriebe, die keine unentbehrlichen Hilfsbetriebe sind.

Nachwort zur Österreichischen Stiftungslandschaft

Durch die Rechtsform der Privatstiftung weist die österreichische Stiftungslandschaft im Gegensatz zu anderen westlichen Ländern eine Besonderheit auf, da diese ermöglicht, privates Vermögen steuersparend zu akkumulieren. Dies macht die Privatstiftung zu einem bei ihren Nutznießern beliebten, andererseits aber auch zu einem umstrittenen Instrument. Es gibt Kritiker, die den Gedanken der Gemeinnützigkeit in Österreich vernachlässigt sehen wollen und die Privatstiftung als ein von der Regierung den Reichen zur Verfügung gestelltes Instrument zur Akkumulierung weiteren Vermögens sehen.

Auf den ersten Blick mag dies stimmen: Ein Vergleich zwischen der Stiftungslandschaft in Deutschland und Österreich zeigt, dass der Gemeinnützigkeitsanteil in Österreich unter 10 % liegt, in Deutschland über 90 %. Eigennützige Stiftungen sind in Österreich hingegen mit 80–90 % vertreten, in der Bundesrepublik nur mit 4 %.

Auch wurde das PSG – wie in den Erläuterungen zur Gesetzesvorlage der Bundesregierung ausdrücklich erwähnt – als steuerlich begünstigtes Instrument zu einer attraktiven Gestaltung der Vermögensanlage geschaffen mit dem Ziel, die Abwanderung von Vermögen ins Ausland zu verhindern und sogar einen Anreiz zu schaffen, ausländisches Vermögen in Österreich einzubringen.

Den Kritikern der Privatstiftung entgegenzusetzen ist, dass die steuerlichen Begünstigungen für gemeinnützige Privatstiftungen noch weiter gehend als diejenigen für „eigennützige" Privatstiftungen sind. Es bleibt somit jedem Stifter selbst überlassen, ob er sein Vermögen gemeinnützigen Zwecken widmet. Die steuerlichen Anreize sind jedenfalls vorhanden. Dem Argument, dass die Einführung des Privatstiftungsgesetzes 1993 dem Gedanken des Gemeinwohls geschadet hat bzw. die allgemeine Einstellung zur Gründung gemeinnütziger Einrichtungen verändert hat, ist nicht zu folgen. Auch vor Einführung des PSG war die Zahl der gemeinnützigen Stiftungen nicht größer als heute. Die Wurzeln für die verhältnismäßig geringe Anzahl gemeinnütziger Stiftungen in Österreich sind wohl anderswo zu suchen: Österreich ist ein starker Wohlfahrtsstaat mit verhältnismäßig geringem privaten Vermögen. Da auch Kunst und Kultur im Wesentlichen von staatlicher Seite finanziert und gefördert werden, haben Stiftungen in diesem Bereich eine vergleichsweise geringe quantitative Bedeutung. Sie erfüllen allerdings wichtige Funktionen für spezifische Interessen oder Randgruppen.

10.4 Liechtenstein

Von Markus Wanger

Nicht zuletzt sind es die Stiftungen, die die Grundlage für den Wohlstand in Liechtenstein bilden. Bis heute wurden mehr als 50.000 Stiftungen in Liechtenstein gegründet. Die liechtensteinischen Treuhänder, Anwälte und Richter verfügen über ein breit gefächertes Spezialwissen im Stiftungsrecht und bieten auch Gewähr für eine entsprechende Rechtsfortbildung. Die liechtensteinische Stiftung wurde in Panama rezipiert und in wesentlichen Teilen auch in Österreich mit der Einführung des Privatstiftungsrechtes. In Österreich bedarf die Errichtung einer Stiftung der Genehmigung der Stiftungsbehörde (Konzessionssystem). Im Unterschied zu liechtensteinischen haben die Behörden in Österreich nach der Errichtung der Stiftung umfassende Kontroll-, Einsichts- und Weisungsrechte.

Das liberale Stiftungsrecht in Liechtenstein bietet die verschiedensten Arten von Stiftungen, etwa die öffentlich-rechtliche Stiftung, die kirchliche Stiftung, die reine Familienstiftung, die gemischte Familienstiftung, die Unternehmensstiftung, die Personalfürsorgestiftung und andere.

Von den in Liechtenstein registrierten Stiftungen sind etwa 600 als gemeinnützige Stiftungen registriert.

Über 90 Milliarden Schweizer Franken, welche von den liechtensteinischen Banken verwaltet werden, sind reinen oder gemischten Familienstiftungen zuzuordnen. Etwa eine Milliarde wird von gemeinnützigen Stiftungen gehalten.

Nicht nur ausländische Personen gründen liechtensteinische Stiftungen, sondern auch liechtensteinische. Mit der Stiftungsgründung wollen die Gründer meist eine Familienstiftung errichten. Manchmal sind es auch gemeinnützige Zwecke. Daneben gibt es aber auch noch andere Gründe, etwa das Zusammenhalten von Familienvermögen zur Führung von Unternehmen oder auch die Unterstützung von sozial schwächeren oder behinderten Personen, um nur einige zu nennen.

Die neuen liechtensteinischen Vorschriften bezüglich Geldwäsche- und Terrorismusbekämpfung gelten selbstverständlich auch für die Stiftungen. Die Vorschriften sind äusserst streng und werden von den Behörden kontinuierlich überwacht. Die Bestimmung, den Kunden und Vertragspartner jederzeit kennen zu müssen (*know your customer*), führt dazu, dass sich niemand mehr hinter einer Stiftung verstecken kann. Stiftungen stellen damit kein Instrument mehr zur Finanzierung von dubiosen Gruppierungen oder internationalen Verbrechen dar. Hingegen kann nach wie vor mittels Stiftungen eine fachmännische Steuerplanung gemacht und Vermögen angelegt werden. Das Vermögen kann zweckmässig, vorhersehbar und ohne Gefahr durch negative Einflüsse geschützt werden. Die Schweiz führte mit dem Zivilgesetzbuch das Institut der Stiftung ein, und Liechtenstein folgte dem schweizerischen Vorbild, als es 1926 das Personen- und Gesellschaftsrecht einführte.

Das liechtensteinische Stiftungsrecht ist in der zweiten Abteilung, 5. Titel, 2. Abschnitt, Art. 552–570 PGR geregelt. Die Verweisungsnorm des Artikels 552 Absatz 4 PGR bestimmt, dass die Vorschriften über das Treuunternehmen mit Persönlichkeit der Stiftungen Anwendung finden. Dies gilt insbesondere hinsichtlich der Stiftungsbeteiligten (Stifter, Stiftungsvorstand und Stiftungsgeniesser). Dies allerdings nur, soweit sich aus den Bestimmungen des Artikels 552 ff. PGR, aus den Statuten oder aus den Vorschriften über die Anmeldungspflicht der Treuunternehmen nicht Abweichungen ergeben.

Seit vielen Jahrzehnten werden Stiftungen gegründet und die Gründe sind dieselben geblieben. Hauptsächlich werden Stiftungen aus familienrechtlichen Gründen, gesellschaftsrechtlichen Gründen und zum Schutz von Vermögenswerten errichtet. Dabei spielen folgende Überlegungen eine Rolle:

– Die Kinder oder Enkelkinder sind zu jung und unerfahren und würden zuviel und zu früh erben.

– Die Stiftung soll gegründet werden, um die Vermögenswerte so lange zu halten bis die Kinder oder Enkelkinder älter und erfahrener sind.

– Es besteht eine größere Kunstsammlung und diese soll nach dem Ableben des Sammlers nicht verkauft werden. Die Kunstsammlung wird in eine Stiftung eingebracht, sodass die Sammlung nicht aufgelöst wird.

– Jemand sorgt zu Lebzeiten für einen Verwandten oder Freund und möchte, dass diese Hilfe auch nach dem Tod weitergeführt wird. Die Stiftung stellt sicher, dass genügend Kapital vorhanden ist. Nach dem Tod des Pflegebefohlenen wird das Geld an die eigene Familie ausgeschüttet.

– Eines der Kinder ist behindert, lebt in einer unstabilen Partnerschaft, hat Geldprobleme oder kann aus anderen Gründen seine eigenen Angelegenheiten nicht wahrnehmen. In einem solchen Fall kann über die Stiftung sichergestellt werden, dass die Kinder oder Enkelkinder versorgt werden, bis dieser Zustand beendet ist.

– Im Falle der eigenen Handlungsunfähigkeit sollen die eigenen Angelegenheiten nicht durch ein Vormundschaftsgericht wahrgenommen werden. In einem solchen Fall werden zu Lebzeiten die Vermögenswerte oder Firmenanteile in die Stiftung eingebracht. Nur Stiftungsräte, die absolutes Vertrauen genießen, verwalten diese Vermögenswerte nach schriftlich geäußerten Wünschen und garantieren so den gewohnten Lebensstandard.

– Es soll verhindert werden, dass das Eigentum an ihrer Firma nach dem Ableben in mehrere Teile aufgeteilt wird und nicht mehr als Familienunternehmen weitergeführt wird. Durch Einbringung sämtlicher Anteile des Unternehmens in

die Stiftung wird sichergestellt, dass die Firma in ihrem Bestand weitergeführt wird und nicht etwa durch Pflichtteilsansprüche zersplittert wird.
- Sicherung der Unternehmenskontinuität. Mit der Gründung einer Stiftung können Generationen übersprungen werden, wenn es um die Übernahme der Geschäftsführung von Unternehmen geht. In diesem Fall übernehmen Personen des Vertrauens die Verwaltung, solange bis die Nachfahren selbst die Geschäfte übernehmen können und wollen.
- Vermeidung von ungewollten Mitsprache- und Mitbestimmungsrechten auf Eigentümerebene.
- Durchsetzung von Gesellschafterverträgen und Aktionärbindungsverträgen auf Stiftungsebene.

Rechtliche Rahmenbedingungen

Die Stiftung erlangt das Recht der Persönlichkeit erst mit der Eintragung ins Öffentlichkeitsregister als Stiftungsregister (Art. 557 PGR). Die Eintragung hat konstitutive Wirkung und zwar mangels abweichender Gesetzesvorschrift selbst dann, wenn die Voraussetzungen der Eintragung tatsächlich nicht vorhanden waren (Art. 106 Abs. 1 PGR).

Verfolgt die Stiftung allerdings einen unsittlichen oder widerrechtlichen Zweck, kann eine Stiftung das Recht der Persönlichkeit von Gesetzes wegen überhaupt nicht erlangen (Art. 107 Abs. 5 PGR).

Nur kirchliche Stiftungen, reine und gemischte Familienstiftungen sowie Stiftungen, deren Genussberechtigte bestimmt oder bestimmbar sind, erlangen ohne Eintragung ins Öffentlichkeitsregister das Recht der Persönlichkeit (nach Art. 557 Abs. 2 PGR).

Jene Stiftungen, die ein nach kaufmännischer Art geführtes Gewerbe betreiben, sind zur Eintragung verpflichtet und erlangen erst mit der Eintragung des Recht der Persönlichkeit (Art. 557 PGR).

Die durch letztwillige Verfügung errichtete Stiftung wird erst nach dem Tode des Stifters eingetragen. Beim Erbvertrag, sofern dieser keine anderen Regelungen vorsieht, erfolgt die Eintragung nach dem Tode eines der Stifter (Art. 557 Abs. 4 PGR).

Kirchliche Stiftungen, reine und gemischte Familienstiftungen sowie Stiftungen, deren Genussberechtigte bestimmt oder bestimmbar sind, müssen nicht ins Öffentlichkeitsregister eingetragen werden. Obwohl sie auch ohne Eintragung ins Öffentlichkeitsregister das Recht der Persönlichkeit erlangen, sind diese dennoch beim Registeramt zu hinterlegen (Art. 557, 554 PGR).

Diese Hinterlegung dient zur Überwachung der Eintragungspflicht und Verhütung von Stiftungen mit widerrechtlichem oder unsittlichem Zweck sowie zur Vermeidung von Umgehungen einer allfälligen Aufsicht (Art. 554 PGR).

Der Stiftungsvorstand, der Repräsentant oder das Verlassenschaftsgericht haben bei der Errichtung einer Stiftung die Stiftungsurkunde oder eine beglaubigte Abschrift der letztwilligen Verfügung oder des Erbvertrages und bei Abänderung des Stiftungszweckes die entsprechende Urkunde zu hinterlegen (Art. 554 PGR). Es kann auch anstelle der Hinterlegung eine Anmeldung zur Eintragung ins Öffentlichkeitsregister erfolgen.

Die meisten der etwa 50.000 liechtensteinischen Stiftungen sind so genannte hinterlegte Stiftungen. Bei solchen hinterlegten Stiftungen ist sowohl die Einsicht- als auch die Abschriftnahme durch Dritte eingeschränkt. Die Regierung des Fürstentums Liechtenstein erliess am 21. Oktober 1997 eine Weisung bezüglich Auskunftserteilung hinsichtlich hinterlegter Stiftungen. Die Weisung ist an das Öffentlichkeitsregisteramt gerichtet und soll allgemein verbindlich für Auskunftserteilungen sein. Im Einzelnen lautet die Weisung wie folgt:

a) Auskünfte an Dritte durch das Öffentlichkeitsregisteramt über Tatsachen im Zusammenhang mit hinterlegten Stiftungen sind, mit Ausnahme der Mitteilung über den Bestand oder Nichtbestand einer hinterlegten Stiftung, die auch mündlich und insbesondere auch telefonisch geleistet werden kann, nur auf schriftlichen und begründeten Antrag hin zu gewähren.

b) Ebenso bedarf die Einsicht- und Abschriftnahme durch Dritte aus den Registerakten des Öffentlichkeitsregisteramtes bei hinterlegten Stiftungen eines schriftlichen und begründeten Antrages.

c) Der schriftliche Antrag ist dem liechtensteinischen Repräsentanten der betroffenen hinterlegten Stiftung zur Stellungnahme zu übermitteln.

d) Nach Eingang der Stellungnahme des liechtensteinischen Repräsentanten ist über den Antrag Beschluss zu fassen.

e) Die Einsicht- und Abschriftnahme sowie die Auskunftserteilung darf erst nach Eintritt der Rechtskraft dieses Beschlusses erfolgen.

Wird für die Stiftung gehandelt, bevor oder ohne dass die Stiftung die Persönlichkeit erlangt hat, so haften die Handelnden, insbesondere die Gründer oder bereits als Organe bezeichneten Personen nach den Bestimmungen über die einfache Gesellschaft. Gegen die sonstigen Beteiligten besteht ein Rückgriffsrecht (Art. 108 Abs. 1 PGR).

Haben Personen für die Stiftung in Gründung gehandelt, kann diesen Personen, die durch ihre Handlungen mit oder ohne Vollmacht unbeschränkt haftbar geworden sind, diese Haftung durch die Stiftung binnen drei Monaten, nachdem sie die Persönlichkeit erlangt hat, übernommen werden. Dies allerdings nur dann, wenn die Verpflichtung durch die Handelnden ausdrücklich im Namen der zu gründenden Stiftung eingegangen wurde und diese nach Gesetz oder Statuten zur Übernahme der Haftung überhaupt befugt erscheint (Art. 108 Abs. 3 PGR).

Es ist daher ratsam, darauf zu achten, dass Personen, welche für die Stiftung in Gründung handeln, dies durch den Zusatz „handelnd für Stiftung XY in Gründung" ersichtlich machen.

Nach der Übernahme der Haftung durch die Stiftung haftet den Gläubigern nur noch die Stiftung selbst (Art. 108 PGR).

Die Stiftung hat von Gesetzes wegen die gleichen Rechte wie die natürlichen Personen, soweit sie nicht natürliche Zustände oder Eigenschaften des Menschen, wie Geschlecht, Alter oder Verwandtschaft zur notwendigen Voraussetzung haben (Art. 109, 552 Abs. 4 PGR, § 7 Abs. 2 TrUG).

Die Stiftung kann durch ihre zur Vertretung bestellten Organe oder Vertreter unter ihrem Namen vor allen Gerichts- und Verwaltungsbehörden und in allen Verfahren als Partei, Intervenient, Beigeladener, Beteiligter oder in ähnlicher Eigenschaft für ihre Rechte auftreten und Eintragungen in öffentliche Register, wie Grundbuch, Öffentlichkeitsregister, Patentregister und dergleichen erwirken und Rechtsschutz verlangen (Art. 109 Abs. 3 PGR).

Die Stiftung ist nur dann handlungsfähig, wenn die nach Gesetz und Statuten unentbehrlichen Organe entsprechend bestellt sind (Art. 110 PGR).

Mitglied eines Organs können sowohl natürliche Personen als auch juristische Personen sein (Art. 111 PGR). Die Organe der Stiftung bringen den Willen derselben zum Ausdruck. Besteht das beschlussfassende Organ aus mehreren Mitgliedern, so bedürfen die Beschlüsse des Stiftungsrates zu ihrer Gültigkeit der einfachen Mehrheit der zählbaren Stimmen, vorbehaltlich statutarischer oder anderer gesetzlicher Vorschriften (Art. 112 Abs. 2 PGR).

Sofern es die Statuten nicht anders bestimmen, befindet sich der Sitz der Stiftung an dem Ort, wo sich der Mittelpunkt ihrer Verwaltungstätigkeit befindet (Art. 113 PGR). Es ist daher darauf zu achten, dass die Stiftung in Liechtenstein verwaltet wird, damit nicht der Ort der Geschäftsleitung ins Ausland verlagert wird und damit im Ausland unter anderem eine Steuerpflicht begründet wird.

Zur Gründung der Stiftung sind schriftliche Urkunden (Statuten) notwendig (Art. 116 , Art. 552, Art. 555 PGR i.V.m. § 9 TrUG). Sofern eine öffentliche Beurkundung von Gesetzes wegen für die Statuten vorgeschrieben ist, gilt dies nur für den gesetzlich notwendigen Inhalt der Statuten. Für alle übrigen Bestimmungen, etwa die Beistatuten, genügt die einfache Schriftlichkeit (Art. 116 Abs. 2 PGR). In den Statuten muss die Stiftung als solche bezeichnet sein (Art. 116 Abs. 3 PGR).

Die Auflösung der Stiftung erfolgt gemäss Gesetz oder gemäss den Statuten. Daneben kann die Stiftung auch durch gerichtliches Urteil aufgelöst werden oder durch die Eröffnung des Konkurses wegen Zahlungsunfähigkeit oder Überschuldung. Neben den allgemeinen Auflösungsgründen gibt es noch jene wegen Widerrechtlichkeit oder wegen wesentlicher Mängel der Statuten (Art. 123 ff. PGR).

Stiftungsbegriff

Die Stiftung ist ein von einem oder mehreren Stiftern in einer Urkunde bekundeter Wille zur Verwirklichung eines Zweckes eine Stiftung für eine bestimmte Dauer zu errichten und diese mit Vermögenswerten auszustatten und mit einer entsprechenden Organisation zu versehen. Dieses, auf diese Art und Weise gewidmete Vermögen, erlangt entweder erst mit der Eintragung ins Öffentlichkeitsregister die Persönlichkeit (Art. 557) oder in wenigen Ausnahmefällen bereits mit der entsprechenden Errichtung. Eine Legaldefinition der Stiftung gibt es nicht, zu vielfältig sind die möglichen Ausgestaltungen.

Das zweckgewidmete Vermögen scheidet aus dem Privatvermögen des Stifters aus und bildet das Vermögen der Stiftung. Dies geht soweit, dass die Aufsichtsbehörde, der Vertreter des öffentlichen Rechtes oder Interessenten verlangen können, dass das in der Stiftungsurkunde zugesicherte Vermögen auf die Stiftung übertragen werden muss (Art. 558 Abs. 1 PGR).

Sofern zur Übertragung der Rechte eine Abtretungserklärung genügt, gehen diese mit der Entstehung von Gesetzes wegen auf die Stiftung über (Art. 558 Abs. 2 PGR).

Neben der einmaligen Vermögenswidmung gibt es auch noch die Widmung von Renten, wenn etwa der Stifter oder ein Dritter sich verpflichtet, jährlich oder in sonst bestimmten Zeitabschnitten einen festen oder veränderlichen Betrag oder sonstige Vermögenswerte an die Stiftung zu leisten (Art. 558 Abs. 4 PGR).

Neben den selbständigen Stiftungen (Vermögenswidmungen mit Persönlichkeit) kennt das Gesetz noch unselbständige Stiftungen (Vermögenswidmungen ohne Persönlichkeit). Diese unselbständigen (treuhänderischen oder fiduziarischen) Stiftungen besitzen keine Rechtspersönlichkeit, sondern es werden Vermögenswerte an schon bestehende Verbandspersonen oder Einzelpersonen oder Gesellschaften übertragen, mit der Auflage, diese Vermögenswidmung gesondert zu verwalten, einen besonderen Namen zu geben und für einen besonderen Zweck zu verwenden (Art. 552 Abs. 2 PGR).

Diese unselbständigen, treuhänderischen oder fiduziarischen Stiftungen unterliegen nicht dem Stiftungsrecht, sondern es sind besondere Vorschriften anwendbar, wie jene über die Schenkung oder das Erbrecht oder auch die Vorschriften über das stillschweigende Treuhandverhältnis (Art. 552 Abs. 2 PGR).

In Liechtenstein hat die unselbständige Stiftung nur wenig Bedeutung erlangt, im Gegensatz zum Ausland. Häufig wird nämlich die Rechtsform der unselbständigen Stiftung gewählt, wenn für kleinere Vermögen der Aufwand einer selbständigen Stiftungsgründung nach Landesrecht nicht empfehlenswert wäre. Es entfallen dann auch die im Ausland vorgeschriebenen stiftungsrechtlichen Genehmigungsverfahren und die entsprechende Stiftungsaufsicht.

Erscheinungsformen

Einleitend sei kurz auf die verschiedenen Stiftungsarten eingegangen. In der Praxis sind reine Formen eher selten. Meist werden die Zwecke gemischt. Etwa Familienstiftungen mit kirchlichen Elementen oder auch einer gemeinnützigen Ausgestaltung.

Öffentlichrechtliche Stiftung

Das liechtensteinische Stiftungsrecht regelt lediglich die privatrechtliche Stiftung. Daneben gibt es noch die öffentlichrechtliche Stiftung, welche nicht gesetzlich ausgestaltet ist. Im Wesentlichen liegt aber der Unterschied darin, dass Stiftungen öffentlichen Rechts verschiedene öffentlichrechtliche Merkmale aufweisen, etwa die Eingliederung in das System der staatlichen Verwaltung, die Betreuung mit öffentlichen Aufgaben und ähnliches. Liechtenstein kennt als öffentlichrechtliche Stiftungen unter anderem die liechtensteinische Landesbibliothek, die liechtensteinische Staatliche Kunstsammlung, das liechtensteinische Landesmuseum. Die Errichtung und Auflösung dieser Stiftungen erfolgt jeweils gemäss dem die Stiftung errichtenden Gesetz. Der Stiftungsvorstand wird entweder durch die Regierung oder über Vorschlag der Regierung vom Landtag für eine bestimmte Dauer bestellt. Auch für die Änderung der Statuten und die Verwendung des Vermögens nach der Auflösung der Stiftung gibt es besondere Vorschriften, welche jeweils in dem die Stiftung errichtenden Gesetz geregelt sind. Die Erscheinungsformen der liechtensteinischen Stiftung sind vielfältiger als jene des Auslandes.

Die öffentlichrechtlichen Stiftungen sind nicht mit den öffentlichen Stiftungen zu verwechseln. Bei diesen handelt es sich um Stiftungen, welche stets die Allgemeinheit begünstigen. Als öffentliche Zwecke sind international anerkannt: Religion, Wohltätigkeit, Wissenschaft, Kunst, Kultur, Bildung, Erziehung, Unterricht, Sport, Denkmalpflege und Heimatschutz[1].

Kirchliche Stiftung

Das liechtensteinische Recht bezeichnet als kirchliche Stiftungen jene Stiftungen, die zu kirchlichen Zwecken errichtet sind (Art. 553 Abs. 1 PGR). Was unter kirchlichen Zwecken zu verstehen ist, ist im Gesetz nicht geregelt. Der Begriff ist jedoch nicht eng auszulegen. Kirchliche Zwecke können sicherlich auch die Krankenpflege, die Förderung des Kultus, des Unterrichtes oder sonstige wohltätige Zwecke, kirchliche Zwecke sein. Die Verfassung selbst garantiert den Religionsgesellschaften das Eigentum und alle anderen Vermögensrechte an ihren für Kultus- Unterrichts- und Wohltätigkeitszwecken bestimmten Stiftungen (Art. 38 Verfassung).

---

[1] Dazu auch *Seifart / v. Campenhausen*, Handbuch des Stiftungsrechts, § 1, RZ 10.

Reine Familienstiftung

Unter einer reinen Familienstiftung versteht man jene Stiftungen, deren Vermögen dauernd zum Zwecke der Bestreitung der Kosten der Erziehung und Bildung, der Ausstattung oder Unterstützung von Angehörigen einer oder mehrerer bestimmter Familien oder zu ähnlichen Zwecken verwendet werden muss (Art. 553 Abs. 2 PGR).

Gemischte Familienstiftung

Unter einer gemischten Familienstiftung versteht man eine Stiftung, deren Stiftungsvermögen ausserdem oder ergänzend auch ausserhalb der Familie liegenden, kirchlichen oder sonstigen Zwecken dienen soll. Sehr häufig wird diesen Stiftungen die Aufgabe zukommen, bedürftige Personen allgemein zu unterstützen oder auch schützenswerte Kulturgüter zu erhalten.

Gemeinnützige Stiftung

Der Begriff der Gemeinnützigkeit ist aus dem Steuerrecht entnommen. So bezeichnet man als gemeinnützig Stiftungen, deren Tätigkeit der Fürsorge für Arme und Kranke oder der Förderung des Kultus, der Wissenschaft, des Unterrichtes oder anderen gemeinnützigen oder sozialen Zwecken dient (Art. 32 Abs. 1 lit. e Steuergesetz).

Unternehmensstiftung

Als Unternehmensstiftung bezeichnet man eine Stiftung, die mit einer wirtschaftlichen Unternehmung verbunden ist. Es ist zu beachten, dass die Stiftung ein nach kaufmännischer Art geführtes Gewerbe nur dann betreiben darf, wenn es der Erreichung ihres nichtwirtschaftlichen Zweckes dient oder Art und Umfang der Haltung von Beteiligungen einen kaufmännischen Betrieb erfordern (Art. 552 Abs. 1 PGR).

Als Unternehmensstiftung bezeichnet man aber auch Stiftungen, die nicht selbst unternehmerisch tätig sind, aber Anteile an einem Unternehmen halten.

Vermögensverwaltungsstiftung

Als Vermögensverwaltungsstiftung gilt jene Stiftung, deren Zwecke im Wesentlichen in der Verwaltung von Vermögen und Verteilung von Vermögen und Vermögenserträgnissen besteht.

10.4 Liechtenstein

Personalfürsorgestiftung

Macht der Arbeitgeber Zuwendungen für die Personalfürsorge oder leisten auch die Arbeitnehmer Beiträge daran, und dienen diese Beiträge dem Zwecke der Altersversorgung oder als Kranken-, Unfall-, Lebens-, Invaliden- oder Todfallversicherung, spricht man von einer Personalfürsorgestiftung. Das Gesetz hat diese Personalfürsorgestiftungen im allgemeinen bürgerlichen Gesetzbuch ausgestaltet (§ 1173 a Art. 37 ff. ABGB).

Daneben gibt es noch eine Vielzahl weiterer Stiftungsarten, welche ebenfalls gesetzlich anerkannt sind.

Die Stiftung selbst hat keine Mitglieder oder Anteilshaber, dies im Gegensatz zur Körperschaft. Der Stifter hat auch keinerlei Eigentumsrechte an dem verselbständigten Vermögen.

Die Stiftung dient dazu, den Stifterwillen zu erfüllen. Hierzu steht das Stiftungsvermögen zur Verfügung. Die Stiftung hat zwar Begünstigte, doch sind dies nicht die Eigentümer einer Stiftung, sondern diesen kommt gemäss den Stiftungsstatuten oder Beistatuten irgendein gegenwärtiger oder zukünftiger Vorteil aus der Stiftung zu, haben sie einen Anspruch darauf oder nicht.

Ermessens-*(Discretionary)* Stiftung

Unter einer Ermessens-(*Discretionary*) Stiftung, versteht man jene Stiftung, bei der der Stiftungsrat frei ist, bestimmten oder bestimmbaren Begünstigten eine Begünstigung zukommen zu lassen oder nicht. Der Begünstigte selbst hat kein Recht, auch kein klagbares, eine Begünstigung einzuklagen. Meist wird in den Statuten noch ausdrücklich gemäss Art. 567 PGR geregelt, dass der Stiftungsgenuss der Begünstigten durch die Gläubiger auf dem Wege des Sicherungsverfahrens, der Zwangsvollstreckung oder des Konkurses nicht entzogen werden kann.

Das liechtensteinische Recht lässt solche Stiftungen zu. So spricht Art. 557 von „... Stiftungen, deren Genussberechtigte bestimmt oder bestimmbar sind ...". Es genügt also, dass die Begünstigten bestimmbar sind. Dies kann entweder in den Statuten oder in den Beistatuten erfolgen. Und die Bestimmungen über das Treuunternehmen (Art. 932 a par. 105 PGR) gehen gar noch weiter. Die Bestimmungen über das Treuunternehmen finden entsprechende Anwendung und zwar insbesondere jene hinsichtlich der Stiftungsbeteiligten (Stifter, Stiftungsvorstand und Stiftungsgeniesser). Die Bestimmungen sind nicht subsidiär, sondern gleichwertig und ergänzend anzuwenden. Die Bestimmungen über die Stiftungen (Art. 552 bis 570 PGR) sind also niemals isoliert zu betrachten. Die Vorschriften über das Treuunternehmen enthalten eine gesetzliche Vermutung, nämlich jene, dass mangels oder wegen mangelhafter Bestimmungen der Treugeber zu Lebenszeit begünstigt sein soll und mangels Verfügung unter Lebenden oder von Todes wegen über die Nachfolge die gesetzlichen Erben das Recht zur Nachfolge in die Begünstigung zukommt.

Die gegenwärtigen Diskussionen, dass eine Stiftung nicht sein soll, wenn die Erben nicht zum Zeitpunkt der Stiftungserrichtung bestimmt sind, gehen so ins Leere. Es muss lediglich klar sein, wer Stifter ist, dann gilt die gesetzliche Vermutung oder wenn sie bestimmbar sind, kann das zuständige Organ (meist der Stifter oder der Stiftungsrat) die Bestimmung vornehmen.

Daraus ergeben sich bedeutende Vorteile:

- So akzeptieren auch die Liechtensteinischen Banken solche Ermessens-(*Discretionary*) Stiftungen. Bei der Eröffnung eines Kontos wird nicht der wirtschaftliche Stifter namentlich als Begünstigter festgestellt. Dies könnten sie auch gar nicht, da es keinen wirtschaftlich Berechtigten gibt.
- Auch die Verordnung zum Sorgfaltspflichtgesetz trägt dem Rechung. Art 21 bestimmt, dass der Stiftungsrat eine Erklärung vorlegen muss. Diese Erklärung muss bestätigen, dass es sich um eine Ermessens-(*Discretionary*) Stiftung handelt und weiters wer der effektive Gründer ist, wer gegenüber dem Stiftungsrat weisungsbefugt ist, wer zum Begünstigtenkreis gehört und welche weiteren Personen Einfluss auf die Stiftung nehmen können, wie etwa Protektoren, Kuratoren oder andere.
- Das Vermögen scheidet aus dem Vermögen des Stifters eindeutig aus. Es könnte bei einer Errechnung des Zugewinns bei einer allfälligen Scheidung nicht mitberücksichtigt werden.
- Gläubiger können weder im Sicherungsverfahren noch im Wege der Zwangsvollstreckung oder des Konkurses auf den Stiftungsgenuss eines Begünstigungsanwärters zugreifen.

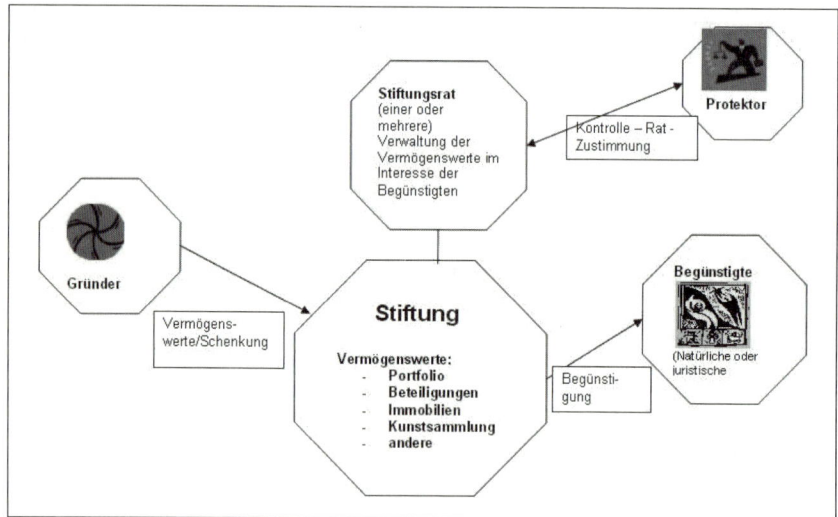

Abb. 1: Ermessens-(*Discretionary*) Stiftung

- Erbauseinandersetzungen können über Generationen hinaus vermieden werden.
- Kunstsammlungen, Archive, Liegenschaftsbesitz etc können über Jahrzehnte zusammengehalten werden.
- Je nach Herkunftsland des Stifters erfolgt weder eine steuer- noch eine zivilrechtliche Zurechnung des Stiftungsvermögens in das Vermögen des Stifters oder des Anwartschaftsberechtigten, wenn eine eigentliche Ermessens-(*Discretionary*) Stiftung vorliegt und der Stifter keinen Einfluss mehr, weder direkt noch indirekt auf das Stiftungsgeschehen nimmt.

Zweck der Stiftung

Das liechtensteinische PGR definiert anders als andere Rechtsordnungen den Stiftungszweck nicht. Es geht lediglich davon aus, dass der Zweck bestimmt bezeichnet sein muss, (auch Art. 552, Absatz 1 PGR). Die Zweckbezeichnung erfolgt in der Stiftungsurkunde (Stiftsbrief) oder im Statut (Art. 555 PGR). Dies bedeutet, dass die Zweckbestimmung zwar frei gewählt werden kann, jedoch muss klar definiert sein, welchen Zweck die Stiftung als solche erreichen muss. Während verschiedene Staaten nur Stiftungen mit gemeinnützigem Charakter anerkennen, kennen etwa Österreich und Panama auch die Privatrechtsstiftung. Bestrebungen in Europa gehen dahin, dass ein vereinheitlichtes Stiftungsgesetz geschaffen werden soll, wobei solche Stiftungen immer einem *Public Purpose* also einem öffentlichen Zweck dienen müssen.

Liechtenstein ist davon noch weit entfernt, doch wird auch Liechtenstein nicht umhin kommen, entweder das bestehende Stiftungsrecht zu novellieren oder neben das bestehende Stiftungsgesetz ein eigenes Gesetz bezüglich gemeinnütziger / *Public-Purpose-Stiftungen* zu normieren.

Im Rahmen des bestimmt bezeichneten Zwecks nennt das PGR in Art. 552, Abs. 1 Zweckbestimmungen insbesondere kirchliche, familien- und gemeinnützige Zwecke. Daneben gibt es allerdings auch noch weitere Stiftungsarten insbesondere auch jegliche Art von Mischformen.

Eine weitere Definition bezüglich Stiftungszweck findet sich auch bei den Vorschriften über das Treuunternehmen mit Persönlichkeit, auf das das Gesetz verweist (Art. 552, Abs. 4 PGR).

Dort ist vorgesehen, dass die Stiftung zu irgend einem beliebigen, bestimmten, vernunftgemässen und möglichen Zwecke der nicht widerrechtlich, unsittlich oder staatsgefährlich ist, errichtet werden kann, insbesondere auch zu Anlage von Vermögen, Verteilung von Erträgnissen, Zusammenfassung von Unternehmen durch Übertragung von Anteilen zur treuen Hand oder zum Erwerbe, zu familienfürsorglichen, gemeinnützigen, wohltätigen, anderen persönlichen, unpersönlichen oder ähnlichen Zwecken. (Art. 552 Abs. 4 PGR i.V.m. § 3 TrUG). Es sei an dieser Stelle erwähnt, dass die Verweisung des Art. 552 Abs. 4, PGR zwar überall abgedungen werden kann, aber der Art. 3 TrUG dennoch die verschiedenen Zweckmöglichkeiten einschränkt. Sicherlich nicht wegbedungen werden können Bestimmungen, die darauf hinweisen, dass eine Stiftung nicht widerrechtlich, unsittlich oder staatsgefährdend sein darf. Aus den Bestimmungen des Art. 944 ff. PGR über das Öffentlichkeitsregister ergeben sich auch die Sanktionen, nämlich dass in solchen Fällen keine zulässige Eintragung möglich ist und im Prüfungsverfahren gemäss Art. 964 PGR die Registerbehörde auch von Amtes wegen im Rechtsfürsorgeverfahren eine entsprechende Entscheidung trifft nämlich Nichteintragung der Stiftung oder Nichtannahme. Dokumente im Falle der Hinterlegung (a. A. Hier: „Die Unternehmensstiftung in Liechtenstein", siehe 21, Anm. 49, der davon ausgeht, dass es im PGR überhaupt keine Sanktionsmöglichkeiten gibt).

Das liechtensteinische Recht kennt überdies auch die reine Unterhaltsstiftung. Eine Unterhaltsstiftung ist eine Stiftung, deren ausschliesslicher Zweck darin besteht, den Lebensunterhalt einer Familie oder deren Nachkommen zu bestreiten. Die Zulässigkeit dieser Art der Stiftung in Liechtenstein ergibt sich daraus, das in Liechtenstein die Fideikommisse erlaubt sind. Das Verbot des Familien-Fideikommisses in verschiedenen Ländern wird damit begründet, dass ein Vermögen nicht über Generationen hinaus gebunden werden soll.

Ein nach kaufmännischer Art geführtes Gewerbe darf die Stiftung nur dann betreiben, wenn es der Erreichung ihres nichtwirtschaftlichen Zweckes dient oder Art und Umfang der Haltung von Beteiligungen einen kaufmännischen Betrieb erfordern (Art. 552 Abs. 1 PGR).

Für den Fall aber, dass ein nach kaufmännischer Art geführtes Gewerbe betrieben wird, muss eine Kontrollstelle bestellt werden (Art. 192 Abs. 6 PGR). Darüber hinaus besteht dann aber auch die Pflicht zur Bilanzeinreichung und die Pflicht zur Führung von Geschäftsbüchern nach entsprechenden kaufmännischen Grundsätzen (Art. 1045 ff. PGR).

In der Praxis findet man folgende Zweckumschreibungen:

Unternehmensstiftung

Bis heute gibt es bei der Stiftung keine Definition der Unternehmensstiftung.[2] Damit eine Stiftung zur Unternehmensstiftung wird, muss das Unternehmen der Stiftung zugeordnet werden. Um überhaupt von einem Unternehmen sprechen zu können, müssen bestimmte Kriterien erfüllt sein: nämlich: Einsatz von Personal, Mitteln, und es müssen wirtschaftliche Zwecke verfolgt werden. Dies alles in organisatorischer Form. Die Zuordnung eines solchen Unternehmens zur Stiftung kann wie folgt sein:
– Die Stiftung ist selbst Trägerin des Unternehmens, indem das Unternehmen in der Rechtsform der Stiftung geführt wird. (Unternehmensträgerstiftung – Stiftung im engeren Sinn)

---
[2] Siehe dazu *Hier*, „Unternehmensstiftung in Liechtenstein", 9 ff.

- Die Stiftung ist am Unternehmen selbst beteiligt. Die Beteiligung muss allerdings massgeblich sein, da ansonsten jede Stiftung, die Aktien oder Anteile eines Unternehmens hält, eine Unternehmensstiftung wäre, was sichtlich nicht so sein kann. Man spricht hier von einer Holdingstiftung oder Stiftung im weiteren Sinn.
- Die Stiftung wird auf vertraglicher Ebene eines Unternehmens betrieben oder betrieben lassen. Die Einflussnahme auf das Unternehmen muss dazu allerdings wie bei der Holdingstiftung ebenfalls gegeben sein.[3]

Gemeinnützige Stiftung

Zweck der Stiftung ist die Unterstützung und Förderung von künstlerischen, kulturellen, humanitären und karitativen Institutionen, die Unterstützung von Projekten der Forschung und Ausbildung, die Ausrichtung von Leistungen an Begünstigte zur Bestreitung der Kosten für die Erziehung und die Ausbildung oder zur Sicherung des standesgemässen Unterhalts.

Familienstiftung

Zweck der Stiftung ist die Anlage und Verwaltung des Stiftungsvermögens, die Zuwendung von Begünstigungen durch Verteilung von Erträgnissen des Stiftungsvermögens und / oder Verteilung von Stiftungsvermögen selbst an die Begünstigten.

In der Praxis wird der Zweck in den Stiftungsstatuten nicht eng umschrieben, sondern in Reglementen oder Beistatuten näher bezeichnet. Dies gewährleistet die Flexibilität der Stiftung an sich und die Anonymität der Begünstigten.

Wenn auch die Stiftung ein nach kaufmännischer Art geführtes Gewerbe in besonderen Fällen betreiben darf, empfiehlt es sich auch in diesen Fällen, dieses Gewerbe nicht durch die Stiftung selbst zu betreiben, sondern es durch Gesellschaften, welche von der Stiftung kapitalmässig beherrscht werden, betreiben zu lassen.

Ausblick

Die Rechtsform der Stiftung hat in Liechtenstein eine ganz besondere Bedeutung, sind doch die Mehrzahl der in Liechtenstein registrierten Verbandspersonen (über 80 000) Stiftungen, wovon die meisten hinterlegte Stiftungen, also nicht eingetragene Stiftungen sind und davon wiederum die Mehrzahl reine oder gemischte Familienstiftungen.

Die Tendenz in Europa zur Normierung einheitlicher Gesetze auch im Bereich des Stiftungsrechtes wird auch in Liechtenstein ihren Niederschlag finden müssen.

---

[3] Dazu auch *Grüninger:* „Die Unternehmensstiftung in der Schweiz", 1984, S. 11 ff.

Gerade im Bereich der gemeinnützigen Stiftungen wird es einen europaweiten Standard geben, welchem sich auch Liechtenstein nicht verschliessen darf. Gerade der Bereich der gemeinnützigen Stiftungen wird auch in Liechtenstein immer mehr an Bedeutung gewinnen, und es wäre wichtig, einem Stifter, welcher seine Vermögenswerte auf eine gemeinnützige Stiftung übertragen möchte, Europastandards zu bieten insbesondere was die Überwachung der Stiftung betrifft.

Der Autor geht davon aus, dass die Novellierung des derzeitigen Stiftungsrechtes an diametral verschiedenen Interessen scheitern wird und dass als möglicher Ausweg die Schaffung eines neuen Gesetzes über die gemeinnützige Stiftung unausweichlich sein wird.

10.5 Schweiz – Neues aus dem Land der Stifter und Banker. Eine Übersicht aus dem Blickwinkel der fördernden und operativen Stiftungen privaten Rechts

Von Benno Schubiger

Die Schweiz als ein klassisches Land der Stiftungen und als ein Zentrum internationaler Kapitalströme erlebt im Bereich des Dritten Sektors einige signifikante Veränderungen. Der Stiftungssektor selber erlebt dank einer aktuellen Änderung der Stiftungsgesetzgebung, dank Initiativen der Selbstregulierung innerhalb der Stiftungen und schliesslich dank verschiedner Forschungsprojekte eine interessante Phase des Aufbruchs. Diese Themenkreise sollen im Folgenden in eine Charakterisierung der schweizerischen Eigenheiten des Stiftungswesens einbettet werden, um dadurch dem Leser ein abgerundetes Gesamtbild zu ermöglichen.

„Stiftungsparadies Schweiz" heisst der – durchaus auch ironisch gemeinte – Übertitel einer neuen Publikation über das Stiftungswesen in der Schweiz.[1] Tatsächlich hat die schweizerische Stiftungslandschaft auf der Grundlage des liberalen Stiftungsrechts von 1907 (welches 1912 in Kraft getreten ist und seither fast unverändert blieb) in den vergangenen neunzig Jahren eine überaus prosperierende Entwicklung erlebt.

Im Kontrast dazu ist hingegen festzustellen, dass die Stiftungen als Akteure innerhalb des Dritten Sektors kaum als fassbare Branche zur Kenntnis genommen werden, wie sie auch selber nur ansatzweise Branchenbewusstsein entwickeln.[2] Indiz dafür ist etwa der Umstand, dass erst seit 15 Jahren ein nationaler Stiftungsverband existiert. Ende 2004 vereinigte er gerade Mal 178 Stiftungen, was den nach wie vor tiefen Organisierungsgrad der Schweizer Stiftungen zeigt.[3] Über juristische oder organisatorische Fragestellungen hinaus waren bis in die jüngste Vergangenheit stiftungsrelevante Themen kaum Gegenstand von Fachliteratur, wie in der Schweiz auch kein Periodikum existiert, welches sich regelmässig mit stif-

---

[1] *Egger* (Hrsg.), Stiftungsparadies Schweiz.

[2] *Purtschert/v. Schnurbein/Beccarelli,* Länderstudie Schweiz, bieten auf S. 33 ff. einen guten Überblick über die Einschätzung und Selbsteinschätzung des Stiftungsplatzes Schweiz.

[3] 1990 gründete sich die AGES Arbeitsgemeinschaft gemeinnütziger Stiftungen der Schweiz, 2002 umbenannt in proFonds, Dachverband gemeinnütziger Stiftungen in der Schweiz.

tungsspezifischen Fragen beschäftigt. Untersuchungen, welche die Beschaffenheit des gesamten Stiftungsplatzes Schweiz und seine Leistungen systematisch erfassen und quantitativ und qualitativ darstellen, existieren keine.

Und so ist es kaum verwunderlich, dass die Stiftungen bloss beschränktes öffentliches Interesse finden. Bei der Neugründung grosser Vergabestiftungen, vor allem aber bei vermutetem Fehlverhalten einzelner Stiftungen oder wenn Börsenturbulenzen den Stiftungen Ertragseinbussen bescheren, wird der Stiftungsbereich Gegenstand eines – jeweils kurzlebigen – Medieninteresses. Fast macht es den Anschein, dass die Stiftungsbranche – traditionellerweise eine Domäne der Anwaltskanzleien und der Banken – die Kultur der Verschwiegenheit und Diskretion in diesen beiden Branchen auch bei sich verinnerlicht hätte.

Das Fehlen von repräsentativen Zahlen und Daten zum Stiftungswesen in der Schweiz führt auch dazu, dass nicht alle relevanten Fragen zu diesem Sektor innerhalb dieses Beitrags behandelt oder befriedigend beantwortet werden können.

Immerhin lassen einige Entwicklungen der jüngeren Zeit darauf schliessen, dass die gemeinnützig tätigen Stiftungen künftig vermehrt ihre Verantwortung gegenüber der Gesamtöffentlichkeit wahrnehmen: Der allgemeine Trend zu Kommunikation und zu Vernetzung lockt – gestützt durch eine Generationenablösung bei den Entscheidungsträgern – zunehmend Stiftungen aus ihrer Reserve. Sodann brachte die Revision der Stiftungsgesetzgebung auf Bundesebene im Zeitraum zwischen 2001 und 2004 eine willkommene Gelegenheit, die Strukturen und die Aufgaben des Stiftungswesens sowie seiner Rahmenbedingungen einer breiteren Öffentlichkeit zu vermitteln. Schliesslich führte 2001 die Gründung eines zweiten, kleineren Vereins für den Sektor der Vergabestiftungen zu einer Intensivierung der Verbandsarbeit bei den spezifischen Fragen der fördernden Stiftungen.

Dass der Stiftungsplatz Schweiz sich im Umbruch befindet, belegt nicht nur die kürzlich erfolgte Revision der Gesetzgebung für die Stiftungen, sondern es zeigen dies auch einzelne äussere Indikatoren: In öffentlichen Tagungen, die sich nicht mehr nur an Stiftungen selber richten, wird ein modernes Stiftungsverständnis vermittelt. Und schliesslich entdecken auch Universitäten den Stiftungssektor als Feld für Forschung und Weiterbildung. Auf Grund von Forschungsarbeiten entstehen Publikationen, die sich jenseits von juristischen Themenkreisen mit den Kernaufgaben der klassischen Stiftungen auseinandersetzen.

Es sind verschiedene Faktoren, welche zur blühenden Schweizer Stiftungslandschaft in der heutigen Form geführt haben und die wir hier im Überblick darlegen möchten: Es sind das liberale Rechtsempfinden (festgelegt in einem einfachen Stiftungsgesetz), das föderalistische System der unbürokratisch agierenden Stiftungsaufsichten (welches dem jeweiligen Wirkungskreis der Stiftungen entsprechend lokale, kantonale oder eidgenössische Kontrollinstanzen zuweist), die Kontinuität der staatlichen und gesamtgesellschaftlichen Strukturen (dank anhaltender politischer Stabilität), die wirtschaftliche Prosperität des Landes (dank Verschonung vor Kriegen und anderen grossen Krisen), der Zuzug beträchtlicher ausländischer

Kapitalien (dank kontinuierlicher Rechtssicherheit, vorteilhafter Arbeitgeberbedingungen und einer leistungsfähigen Finanzindustrie).

Das Stiftungsrecht der Schweiz ist durch eine bescheidene Regelungsdichte gekennzeichnet und auf eine ausgeprägte Stifterfreiheit ausgerichtet, die erst bei Widerrechtlichkeit und Unsittlichkeit ihre Grenzen findet. Das Schweizerische Zivilgesetzbuch (ZGB Art. 80 bis 89 bis) definiert die Stiftung nur indirekt, indem es festhält: „Zur Einrichtung einer Stiftung bedarf es der Widmung eines Vermögens für einen besonderen Zweck". Für eine Stiftungsgründung bedarf es keiner Bewilligung, sondern nur eines Eintrags im Handelsregister.

Stifter können natürliche oder juristische Personen sein, welche das Vermögen aus ihrem Rechtskreis ausscheiden und mit eigener Rechtspersönlichkeit ausstatten. Eine Stiftung ist demnach ein verselbständigtes Zweckvermögen ohne Teilhaber. Eine Gründung ist unwiderruflich; eine Rückübertragung der Vermögenswerte an den Stifter ist nicht statthaft. Unselbständige Stiftungen sind möglich, aber eher selten.

Als materielle Grundlage einer Stiftung können Vermögenswerte wie Kapital, Immobilien, Kunstgegenstände und andere Wertsachen übertragen werden. Gesetzliche Vorschriften, wonach das Einlagekapital in einer vernünftigen Proportion zu dem zu erfüllenden Stiftungszweck stehen soll, existieren nicht. Dies hat dazu geführt, dass Geld suchende Stiftungen (*grant seeking foundations*) in der Schweiz zahlreicher sind als Geld vergabende Stiftungen (*grant making foundations*). Immerhin sind einige Aufsichtsbehörden dazu übergegangen, eine Mindestkapitaleinlage bei Stiftungsgründung zu verlangen (die Eidgenössische Stiftungsaufsicht z. B. verlangt CHF 50.000.–).

Wesentliches konstituierendes Element einer Stiftung ist die Formulierung eines Stiftungszwecks. Diese kann sehr allgemein gehalten sein, aber auch sehr spezifisch abgefasst sein; nicht einmal Anekdotisches muss ausgeschlossen sein.[4]

Verfolgt eine Stiftung einen gemeinnützigen Zweck, ist die Vermögensübertragung für einen Stifter bis zu einem gewissen Grade steuerlich absetzbar. Die Abzugsquote ist bei der Kantonssteuer kantonal unterschiedlich; verbreitet sind dort 10 % des steuerbaren Einkommens.[5] Die am 8. Oktober 2004 durch das Bundesparlament beschlossene Revision des Eidgenössischen Stiftungsrechts sieht bei der Bundessteuer eine Verdoppelung der Abzugsquote von bisher 10 % auf 20 %.

---

[4] So gründete 2002 ein Ehepaar im Kanton St. Gallen eine Stiftung mit dem Zweck, einerseits Bergbauernfamilien in Ostschweizer Kantonen den Besuch des Zirkus Knie zu ermöglichen, andererseits den Insassinnen eines Frauenklosters an drei bestimmten Festtagen je ein Schokolade-Osterei, ein Glacé-Dessert und einen gefüllten Biberfladen sowie 100 gr. Pralinés zu bezahlen.

[5] Übersichtstabelle über die steuerliche Behandlung von Spenden durch die Kantone per 1. Januar 2003 in: *Purtschert/von Schnurbein/Beccarelli*, Länderstudie Schweiz, Tabelle 1, S. 11.

Dies wird die fiskalische Attraktivität des Schweizer Stiftungsplatzes gegenüber dem deutschen, der nur 5 % oder 10 % abzugsfähig macht, nochmals steigern. Stiftungen in der Schweiz sind von der Gewinn- und Kapitalsteuer befreit (nicht aber von der Mehrwertsteuer oder etwa von der Handänderungssteuer). Diese Regelung hat Gültigkeit, sofern eine Stiftung ausschliesslich und unwiderruflich gemeinnützige Zwecke verfolgt.

Je nach dem Wirkungsgebiet einer Stiftung wird diese von den eidgenössischen, kantonalen oder kommunalen Stiftungsaufsichten kontrolliert. Eine national oder international tätige Stiftung untersteht der Eidgenössischen Stiftungsaufsicht in Bern; kantonal oder regional tätige Stiftungen sind der Aufsicht des jeweiligen Kantons zugeordnet.[6] Ausnahmen sind dabei möglich. Einer staatlichen Aufsicht bedarf es zum Schutz der Interessen der Allgemeinheit und Privater. Die Allgemeinheit ist angesprochen, wenn es sich um eine steuerbefreite Stiftung handelt oder um eine Stiftung, die Spendengelder verwaltet. Private Interessen betreffen besonders jene des Stifters. Der Kreis der potentiellen Destinatäre untersteht nicht dem direkten Schutz der Stiftungsaufsicht; sie können jedoch Beschwerden an die Aufsichtsbehörden richten.

Da das Stiftungsgesetz sich nur ganz lapidar über die Funktionsweise der Stiftungsaufsicht äussert, besteht für diese Behörde ein grosser Ermessensspielraum. Allgemein darf davon ausgegangen werden, dass er in liberalem Sinne ausgelegt wird. Von Kanton zu Kanton ergeben sich dennoch gewisse Unterschiede in der Art und Weise, die Aufsicht der Stiftungen wahrzunehmen. Einige Kantone beispielsweise sind restriktiver bei der Bewilligung von Änderungen beim Stiftungszweck oder intervenieren schneller, wenn sie die Vermögensverwaltung nicht optimal gewährleistet sehen. Schliesslich gilt es zu wissen, dass die Prioritätensetzung der Stiftungsaufsichten von der grossen Zahl der Personalvorsorgestiftungen und deren spezifischen Problematiken geprägt ist.[7]

Bernhard Hahnloser, der frühere Leiter der Eidgenössischen Stiftungsaufsicht, hat jüngst die Aufgabe der Stiftungsaufsicht mit folgenden Worten zusammengefasst:

„Hauptsächlich prüft die Aufsichtsbehörde jährlich den vorgeschriebenen Rechenschaftsbericht im Hinblick darauf,

– ob die Stiftungsorgane im Sinne des statutarischen Zweckes tätig waren, und zwar in Übereinstimmung mit den übrigen öffentlich- und privatrechtlichen Bestimmungen,

---

[6] Die Aufsichtsbehörden der Kantone sind in der Konferenz der Kantonalen BVG- und Stiftungsaufsichtsbehörden organisiert.

[7] Die Personalvorsorgestiftungen (PVS) als gesetzlich verankerte Sonderform innerhalb der Stiftungen sind als Träger der beruflichen Alters-, Hinterlassenen- und Invalidenvorsorge in der Schweiz ausserordentlich verbreitet; dies zumal sie durch steuerliche Vorteile staatlich gefördert werden.

- ob eine korrekte Erfolgsrechnung und Bilanz vorliegt und ob diese samt der Buchhaltung durch eine neutrale Person oder Revisionsstelle geprüft worden sind (Revisionsbericht),
- ob die Vermögenslage der Stiftung die weitere Verfolgung des Stiftungszweckes gewährleistet."[8]

Beachtenswert in diesem Zusammenhang sind auch die Ausführungen des gegenwärtigen Leiters der Eidgenössischen Stiftungsaufsicht, Bruno Ferrari-Visca, die dieser 2004 anlässlich einer Tagung von proFonds zum Spannungsfeld Stiftungsaufsicht und Stiftungsautonomie gehalten hat. Sie geben einen guten Einblick in das Aufgabenverständnis dieser Behörde.[9]

Die Revision des Stiftungsrechts von 2004 aus der Optik der Vergabestiftungen

Am 8. Oktober 2004 beschlossen die beiden Parlamentskammern in Bern eine revidierte schweizerische Stiftungsgesetzgebung. Den Anstoss zu dieser Revision hatte eine sog. Parlamentarische Initiative von Fritz Schiesser, freisinnig-demokratischer Ständerat (FDP) für den Kanton Glarus, vom 14. Dezember 2000 gegeben.[10]

Bereits in den neunziger Jahren des letzten Jahrhunderts hatte eine Revision des Stiftungsrechts auf der politischen Agenda gestanden. Kernpunkte eines Vernehmlassungsentwurfs aus der Feder von Hans Michael Riemer, Professor an der Universität Zürich, bildeten damals: ein Verbot neuer Stiftungen mit überwiegend wirtschaftlichem Zweck (also neuer Unternehmensstiftungen), die Einführung eines amtlichen Vorprüfungsverfahrens bei der Gründung, ein angemessenes Verhältnis zwischen Stiftungsvermögen und Stiftungszweck als Voraussetzung für die zulässige Errichtung der Stiftung, Einführung einer Revisionsstelle, Unterstellung der Stiftungen unter die Konkursbetreibung.[11] Im Rahmen der Anhörungen von Interessensgruppen manifestierte sich klare Opposition gegen die ersten drei Punkte (insbesondere auch durch die Stiftungsverbände SAKS und AGES, wobei letztere den Entwurf als „etatistisch" bezeichnete). Dies hatte zur Folge, dass die Revisionsbestrebungen seit 1995 faktisch sistiert waren.

---

[8] *Hahnloser,* Stiftungsland Schweiz, S. 15 f.

[9] *Ferrari-Visca,* Stiftungsaufsicht.

[10] Mitunterzeichner war Gian-Reto Plattner, sozialdemokratischer Ständerat für den Kanton Basel-Stadt. Der Ständerat als Länderkammer entspricht in etwa dem deutschen Bundesrat.

[11] Der Vorentwurf des Gesetzestextes von 1993 ist abgedruckt in: *Schmid,* Die Unternehmensstiftung, S. 255 ff. – Zu den Hintergründen: *Riemer,* Aktuelle Revisionsbestrebungen im schweizerischen Stiftungsrecht (Unternehmensstiftungen und allgemeines Stiftungsrecht). Schriftenreihe des Dachverbandes gemeinnütziger Stiftungen der Schweiz proFonds, Heft 2, Basel 1991.

Der ausgearbeitete Entwurf von Ständerat Fritz Schiesser vom Dezember 2000 schlug mehrere gesetzgeberische Massnahmen vor, welche nach Vorstellung der Initianten vor allem die Stiftungsfreudigkeit in der Schweiz steigern sollten. Die Kernpunkte des Entwurfs waren:

– Alle Stiftungen sollten künftig eine Revisionsstelle haben, welche künftig teilweise Aufgaben der staatlichen Stiftungsaufsicht übernehmen könnte.
– Der Stifter könnte den Stiftungszweck ändern, wenn er bei der Gründung einen entsprechenden Vorbehalt angebracht hätte.
– Der Stifter könnte die Stiftung liquidieren und das Vermögen auf sich oder seine Erben rückübertragen, falls dies der Stifter in der Urkunde vorgesehen hätte.
– Für die Steuerbefreiung waren bisher Allgemeininteresse und Uneigennützigkeit Voraussetzung. Neu sollte allein das Allgemeininteresse ausschlaggebend sein (Uneigennützigkeit wäre demnach nicht mehr entscheidend, Einschränkung auf einen bestimmen Destinatärskreis möglich).
– Die steuerliche Abzugsfähigkeit bei der direkten Bundessteuer sollte von 10 % auf 30 % erhöht werden.

Die Stossrichtung dieser „liberalistischen" Initiative war offensichtlich durch Vorstellungen aus Zürcher Privatbankenkreisen geleitet, welche bereits am 19. Februar 1999 in der Neuen Zürcher Zeitung in einer Zuschrift mit acht finalen Thesen ausgebreitet worden waren. Unter deren Autoren waren Hans Vontobel, Ehrenpräsident der Bank Vontobel, und Eveline Oechslin, Verwaltungsrats-Präsidentin von Martin Ebners BZ-Bank.[12]

Der Gesamtständerat liess sich durch die Argumentation seines Mitglieds Schiesser sowie durch eine vorberatende Kommission von der Notwendigkeit einer Gesetzesrevision überzeugen und nahm mit Beschluss vom 8. Juni 2001 dieses Projekt auf die Traktandenliste seiner Geschäfte auf. Die Detailberatungen übertrug der Rat vorerst in einer Subkommission.

Was sich auf den ersten Blick als idealistisches Projekt zum Wohle eines Gemeinnützigkeitsideals anschaute, entpuppte sich im politischen Härtetest als ein Geschäft mit unerwarteten Fallstricken. Ab dem Sommer 2001 ging ein Schrei durch die Schweizer Stiftungslandschaft: Die beiden Stiftungsverbände proFonds und SwissFoundations stellten in Hearings vor der Subkommission, in Lobbying-Aktionen bei Parlamentariern, in Verlautbarungen in Stiftungskreisen[13] und in Zei-

---

12 *Vontobel / Oechslin / Reetz:* Reformbedürftiges Stiftungsrecht. Ein neuer Weg zur Entlastung des öffentlichen Haushalts, S. 143–150. – Ein zweiter Anlauf, nun mit zahlengestützter Argumentation, folgte ein Jahr darauf: *Vontobel / Oechslin:* Mehr privates Engagement durch Steueranreize. Dringender Revisionsbedarf beim Stiftungs- und Steuerrecht, S. 11.

13 Die proFonds orientierte ihre Mitglieder mündlich und schriftlich an ihren Tagungen, Jahresversammlungen und in den Jahresberichten. SwissFoundations orientierte ihre Mitglieder und die Öffentlichkeit in seinen Newsletters und auf ihrer Website; die Verlautbarungen sind abgedruckt in: *Egger* (Hrsg.), Stiftungsparadies Schweiz, S. 151 ff.

tungsartikeln[14] die zweifelhaften Punkte im Revisionsvorschlag in Frage. Stiftungsrechtsexperten meldeten ihre schweren Bedenken gegen den Entwurf des neuen Stiftungsgesetzes sogar in einer gesonderten Buchpublikation an.[15]

Die Opposition richtete sich vor allem gegen zwei Anliegen des Entwurfs, nämlich gegen den geplanten Verzicht der Uneigennützigkeits-Klausel, sodann gegen die Möglichkeit einer Rückübertragung von Vermögen einer Stiftung bei deren Widerruf. Bei beiden Punkten befürchtete man ein Missbrauchspotential und eine Reputationsgefahr für die Stiftungen. Beides hätte nämlich den tradierten Wertbegriff eines ausschliesslich auf das Gemeinwohl orientierten Stiftungsverständnisses über Bord geworfen. Ambivalent wurde eine liberalere Regelung bei der Stiftungszweck-Änderung beurteilt, wohlwollend dagegen ein Obligatorium der Revisionsstelle, die freilich nicht die Aufgaben der Stiftungsaufsicht konkurrenzieren sollte. Stiftungskreise begrüssten verständlicherweise den Vorschlag für eine markante Anhebung der Steuerabzüge. Dieser stiess dafür selbstredend in den Vernehmlassungen auf den Widerstand der Kantone (die einen Zugzwang zu einer Reduktion bei den kantonalen Abzugsquoten befürchteten), ebenso auf den Widerstand der eidgenössischen Steuerbehörden (welche hohe Ausfälle bei der Bundessteuer erwarteten).[16]

Aus einem zweijährigen Meinungsbildungsprozess innerhalb der ständerätlichen Kommissionen resultierte schliesslich ein moderater Gesetzesentwurf, der in beiden Parlamentskammern mehrheitsfähig war. Er verzichtete auf die fragwürdigen „Liberalisierungen" des Initiativtextes und beschränkte den politischen Diskussionsstoff auf die Höhe der Steuerabzüge.

Das spätestens ab 1. Januar 2006 geltende Schweizer Stiftungsgesetz markiert auch nach der jüngsten Revision eine liberale Grundhaltung in wohlmeinendem Sinne. Es erfährt folgende begrüssenswerten Veränderungen:

– Eine Stiftungserrichtung von Todes wegen ist nicht nur durch Testament, sondern auch durch Erbvertrag möglich.
– Ein Stifter kann in der Stiftungsurkunde für sich eine Änderung des Stiftungszwecks vorbehalten.
– Die Aufsichtsbehörde kann unwesentliche Änderungen der Stiftungsurkunde bewilligen.
– Für Stiftungen wird ein Obligatorium für eine Revisionsstelle eingeführt.
– Der Spendenabzug bei der direkten Bundessteuer wird von 10 % auf 20 % des Reineinkommens resp. des Reingewinns des Spenders erhöht; dabei können auch andere Vermögenswerte als Geld in Abzug gebracht werden, z. B. Immobilien, Kunstgegenstände etc.

---

14 *Schubiger:* „Liberalisierung" des Stiftungswesens? Gefährdung bewährter Prinzipien, S. 13.

15 *Schildknecht,* Aktuelle Fragen zum Stiftungsrecht.

16 Dazu: *Koller,* Attraktiveres Schweizer Stiftungsrecht.

– Für Stiftungen und weitere gemeinnützige Organisationen entstehen Erleichterungen bei der Mehrwertsteuer, indem Nennung von Beitragszahlern oder deren Erwähnung mit Logos nicht mehr eine steuerpflichtige Gegenleistung darstellen.[17]

Abschliessend kann festgehalten werden, dass sich der Revisionsprozess der Stiftungsgesetzgebung für die Stiftungen gelohnt hat. Schon rein die Präsenz des Stiftungswesens in einer grundsätzlichen politischen Debatte konnte die Bedeutung dieses Sektors unterstreichen, überdies den Stiftungsverbänden eine Plattform für ihre Anliegen bieten. Wenn auf der einen Seite Extremforderungen wie die Rückübertragungsmöglichkeit glücklicherweise nicht durchgesetzt werden konnten, ist auf der anderen Seite die nur limitierte Anhebung des Steuerabzugs auf 20 % – immerhin ein Schritt in die richtige Richtung – ein Wermutstropfen. Ernüchternd fällt dagegen das Urteil des Leiters der Eidgenössischen Stiftungsaufsicht, Bruno Ferrari-Visca, über die abgeschlossene Revision aus: „Sie weist nicht mehr sehr viel Substanz aus. Ihre Auswirkungen auf den Vollzug werden deshalb eher bescheiden sein."[18]

Einige der Akteure dürften auch ihre Lehren gezogen haben. Ein Mitglied einer vorbereitenden Kommission des Ständerats meinte, es sei ein Fehler gewesen, die Stiftungskreise nicht von Beginn weg einzubeziehen. Diese selber mussten zur Kenntnis nehmen, dass Wissen über die Stiftungen in Politikerkreisen wenig verbreitet war. Im Nationalrat manifestierte sich im Rahmen der Debatte über die Höhe der Steuerabzüge gar ein gewisses Misstrauen gegenüber dem Stiftungsbereich. Es herrscht in der Schweiz ein Informationsdefizit, dessen Ursachen teilweise bei den Stiftungen selber zu suchen sind.

Welchen Zuwachs an Gemeinnützigkeitsleistungen das revidierte Stiftungsgesetz dereinst bringen wird, ist kaum zu prognostizieren. Bedenkliches Faktum ist nämlich, dass im Rahmen des politischen Prozesses ausschliesslich diskutiert wurde, auf welche Weise den Stiftungen mehr Kapital zugeführt werden könne. Der letztlich entscheidenden Frage, durch welchen Mechanismus mehr Erträge aus den Stiftungsvermögen dem Gemeinnutzen zugeführt werden könnten, widmete die vierjährige Diskussion keinen einzigen Gedanken.[19] Sie war nämlich durch eine

---

[17] Sämtliche amtlichen Materialien zu dieser Gesetzesrevision sind zugänglich auf der Website www.parlament.ch, und zwar unter der Rubrik „Amtliches Bulletin / Die Wortprotokolle." Der Gesetzestext des Schweizerischen Zivilgesetzbuches trägt die Rubrik Bundesblatt 2004, 5435 ff.

[18] *Ferrari-Visca,* Stiftungsaufsicht, S. 1.

[19] SwissFoundations verwies in seiner Stellungnahme vom Juli 2002 auf die Notwendigkeit einer künftigen Regelung für ein Ausschüttungsgebot. Die bisherige Regelung der Eidg. Steuerverwaltung (festgehalten im sog. Kreisschreiben Nr. 12 vom 8. Juli 1994 betr. Steuerbefreiung juristischer Personen, die öffentliche oder gemeinnützige Zwecke und Kultuszwecke verfolgen) ist relativ unverbindlich formuliert: „Stiftungen, deren Hauptzweck die blosse Kapitalansammlung darstellt, indem sie aus Erträgen Rücklagen bilden, die in keinem vernünftigen Verhältnis mehr zu allfällig zukünftigen Aufgaben stehen (Thesaurus-Stiftungen)

reine „Input-Orientierung" geprägt; „Output-Orientierung" war allenfalls mitgemeint, aber niemals angesprochen. An einem Beispiel ausgedrückt: Die Befürworter hoher Steuerabzüge priesen die grossen Vorteile der grosszügigen Steuerabzugspraxis in den USA, sie verschwiegen aber, dass die rigorose amerikanische Lösung eine Ausschüttungsquote von 5 % und die Besteuerung nicht ausgeschütteter Stiftungserträge in den beiden folgenden Jahren vorschreibt.[20]

Die in der Schweiz bisher vernachlässigte Frage eines möglichen Ausschüttungsgebots für steuerbefreite Vergabestiftungen gilt es m. E. nachträglich doch noch zu diskutieren, damit die Glaubwürdigkeit dieses Sektors gestärkt wird und die wünschenswerte Steigerung seiner Leistungsfähigkeit möglich wird. Als Vorbild sehen wir weder die strenge amerikanische Regelung noch das deutsche Modell einer zu zeitnahen Mittelverwendung, welche den notwendigen langfristigen Planungshorizont der Stiftungen zu wenig berücksichtigt. Ein Lösungsvorschlag in liberaler schweizerischer Stiftungsrechtstradition sollte mit Durchschnittserträgen einer Mehrjahresperiode operieren.[21]

Denn die Stiftungen haben in Erfüllung des Stifterwillens Leistungserbringer zu sein. Dabei sollen sie in der Gegenwartsperiode gemeinnützig tätig sein und haben nicht für eine unbestimmte Zukunft Erträge anzusparen. Selbstredend sind für eine solche Art der nachhaltigen und auf Effektivität bedachten Stiftungsarbeit moderne Management-Grundsätze zu befolgen.

Die Schweizer Stiftungslandschaft quantitativ und qualitativ umschrieben

Die öffentliche Hand – Bund oder Kantone – sehen sich nicht in der Lage, der Öffentlichkeit aktuelle statistische Daten zur Verfügung zu stellen, welche umfassende und verlässliche Angaben über die Zahl existierender Stiftungen machen und Aufschluss über vorhandene Stiftungskapitalien und die Verwendung deren Erträge geben könnten. Die neuesten Zahlen verdanken wir der Länderstudie Schweiz des internationalen Projekts *Visions and Roles of Foundations in Europe.*[22]

---

haben auch nach neuem Recht keinen Anspruch auf Steuerbefreiung." Wie diesem Grundsatz Nachachtung verschafft wird, entzieht sich unserer Kenntnis.

[20] Angaben über Ausschüttungsvorschriften in anderen Ländern verdanke ich den Herren Peppi Schnieper und Niklas Lang von Foundation Excellence in St. Gallen sowie Andreas Richter und Sebastian Sturm von Pöllath + Partner in Berlin.

[21] Ein solcher Vorschlag könnte dieser einfachen Formel folgen: Stiftungen haben jährlich mindestens den Durchschnitt der Nettoerträge (nach Abzug von Teuerung und Verwaltungskosten) der vorherigen fünf Jahre auszuschütten. Es dürfen nur innerhalb einer fünfjährigen Anfangsphase Rücklagen, die über den Teuerungsausgleich hinausgehen, steuerfrei getätigt werden. Diese liberale Lösung verzichtet auf eine Mindestzinssatz-Vorschrift; eine solche schiene uns wenig praktikabel und politisch schwer durchsetzbar. Stiftungen, die chronisch nicht marktkonforme Renditen ausweisen würden, wären durch die Stiftungsaufsicht zur Rechenschaft zu ziehen.

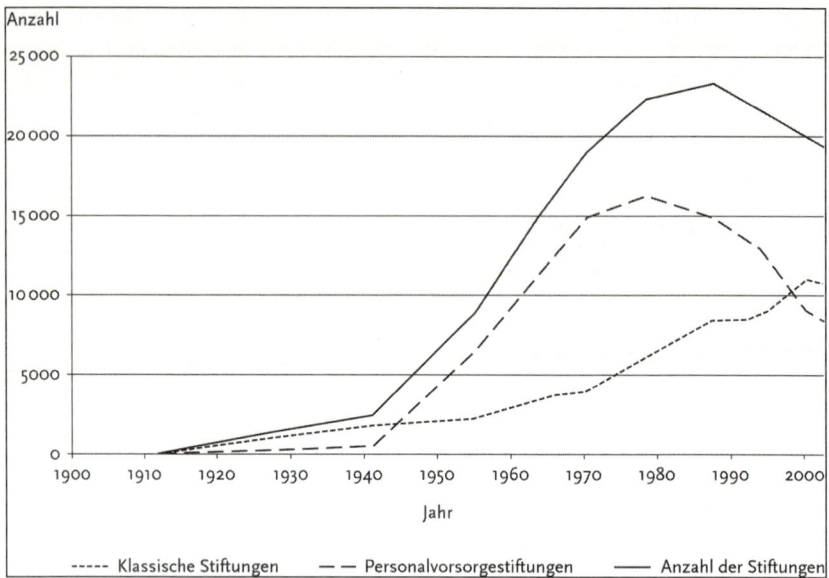

Abb. 1: Stiftungen in der Schweiz

Sie dokumentieren einen eindrücklichen Zuwachs der klassischen Stiftungen in der Schweiz, deren Zahl sich seit 1940 ungefähr verachtfachte. Das Schweizer Forschungsprojekt *Foundation Excellence,* welches nur die fördernden und operativen Stiftungen unter eidgenössischer Aufsicht analysierte, kann für die achtziger Jahre und insbesondere für die neunziger Jahre des letzten Jahrhunderts einen eigentlichen Stiftungsgründungs-Boom belegen. Im Einklang mit der Entwicklung der Finanzmärkte flachte dieser nach 2000 etwas ab.[23]

Gemeinhin stützt man sich auf die Zahlen des Schweizerischen Handelsregisteramts; dieses wies für das Jahr 2002 in der ganzen Schweiz 10.914 klassische Stiftungen aus, was gegenüber dem Höchststand von 11.107 im Jahr 2000 eine geringfügige Abnahme bedeutet.[24] Recht eindrücklich sind die Zahlen für die verwalteten Kapitalien der Stiftungen und deren Ausschüttungen: „Nach Schätzungen der Eidgenössischen Stiftungsaufsicht umfasst das gesamte Stiftungsvermögen der

---

[22] *Purtschert / v. Schnurbein / Beccarelli,* loc. cit.. Da sich die Familienstiftungen und die kirchlichen Stiftungen nicht bei den Handelsregisterämtern eintragen lassen müssen, sind die Zahlen nicht für den ganzen Stiftungssektor repräsentativ.

[23] *Rüegg-Stürm / Schnieper / Lang,* Stiftungen im 21. Jahrhundert, Abb. 12, S. 86.

[24] *Purtschert / v. Schnurbein / Beccarelli,* loc. cit., Abb. 6., S. 22. – Allerdings ist die Zahl mit Vorsicht zu geniessen: Die Zahlen, welche die Stiftungsaufsichten aufweisen sind etwas tiefer und betragen für das Jahr 2000 (je nach Lesart) zwischen 8.000 und 9.000 klassische Stiftungen. Vgl. dazu: *Purtschert / v. Schnurbein / Beccarelli,* loc. cit., Tabelle 4, S. 17.

10.5 Schweiz – Neues aus dem Land der Stifter und Banker

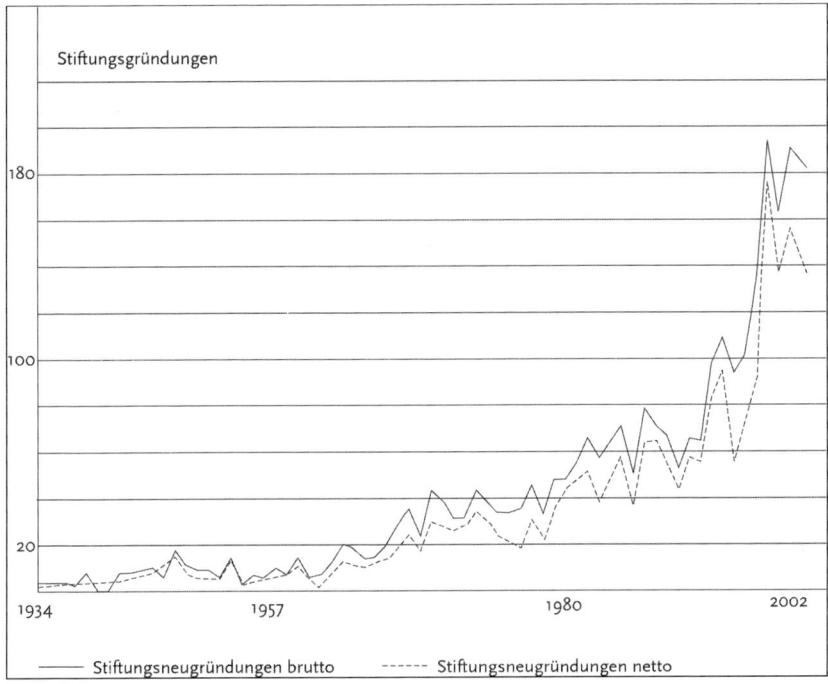

Abb. 2: Stiftungsneugründungen in der Schweiz

gemeinnützigen Stiftungen rund 30 Mrd. CHF. Das jährliche Ausschüttungsvolumen dürfte bei 1 Mrd. CHF liegen, was ungefähr 2 % des Bundeshaushaltes entspricht."[25] Im Vergleich mit anderen Ländern kann der Schweizer Stiftungssektor als sehr gross bezeichnet werden: Die genannte Länderstudie hat für die Schweiz pro Einwohner ein Stiftungsvermögen von über 1500 CHF errechnet (für Deutschland eines von gut 800 CHF und für Grossbritannien eines von gut 530 CHF).

Angesichts der Vielgestaltigkeit der Stiftungslandschaft überrascht natürlich nicht, dass die Kapitalien sehr unterschiedlich auf die verschiedenen Stiftungen verteilt sind. Dies belegt die Grafik von *Foundations Excellence* mit den Zahlen aus dem Jahr 2002, welche sich auf die insgesamt 2129 Stiftungen damals aktiven fördernden und operativen Stiftungen unter eidgenössischer Stiftungsaufsicht beziehen.[26]

---

[25] Zitat nach *Purtschert/v. Schnurbein/Beccarelli,* loc. cit., S. 18. Berufung auf ein Gespräch mit dem Leiter der Eidgenössischen Stiftungsaufsicht. Die genannten Zahlen verstehen sich ohne die Fördergelder der öffentlich-rechtlichen Stiftungen.

[26] *Rüegg-Stürm/Schnieper/Lang,* loc. cit., Abb. 13, S. 87.

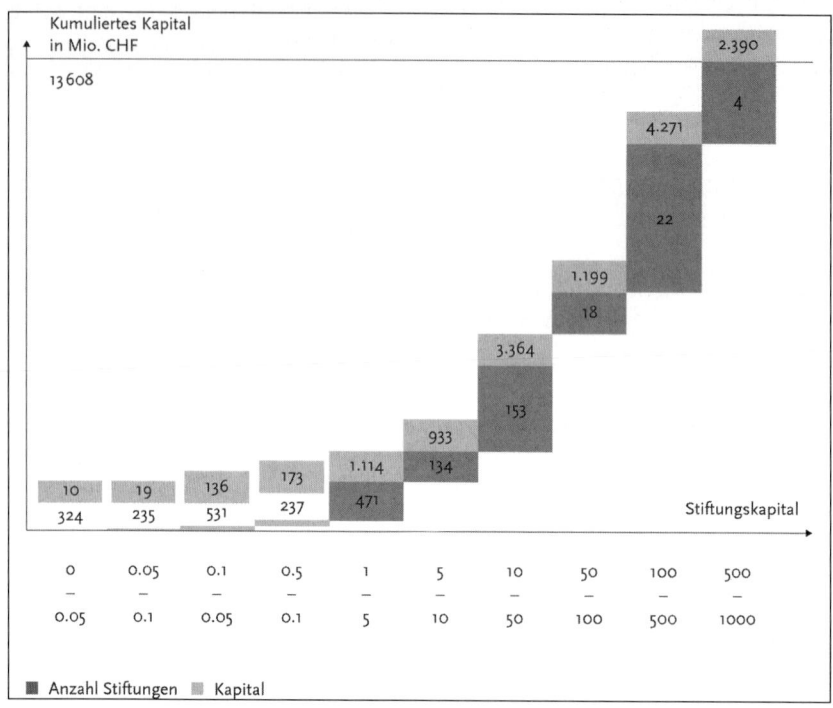

Abb. 3: Kumuliertes Kapital

Demnach wiesen 1327 Stiftungen in ihren Bilanzen weniger als 1 Mio CHF Kapital aus; oder – am oberen Ende der Skala – besassen allein die vier grössten Stiftungen ca. 17,5% aller bilanzierten Stiftungskapitalien.[27] Eine vergleichbare Verteilungskurve dürfte sich bei den Stiftungen unter kantonaler Aufsicht zeigen.

Ein nützliches Hilfsmittel für die quantitative Einschätzung eines Teils der Schweizer Stiftungen bildet das Stiftungsverzeichnis der Stiftungsaufsicht im Eidgenössischen Departement des Innern. Es umfasst gemeinnützige Stiftungen, welche – aufgrund ihres gesamtschweizerischen oder internationalen Charakters – unter Bundesaufsicht stehen. Dieses Verzeichnis ist in einer Buchversion 2004 (mit Stand Ende November 2003) erschienen; es ist aber auch in einer aktualisierten Internet-Version zugänglich.[28] Da der Eintrag freiwillig ist, listet das Buch von den in Bern beaufsichtigten Stiftungen nur gut die Hälfte auf; in der Internet-Version

---

[27] Ebd., S. 83 ff.

[28] Eidgenössisches Departement des Innern, Stiftungsaufsicht (Hrsg.): Stiftungsverzeichnis. Edition 2004. Die Internet-Version ist über folgende Adresse zugänglich: www.edi.admin.ch / esv. Darin nicht aufgeführt sind die sehr zahlreichen Stiftungen zur Altersvorsorge. – Gemäss Angaben der Eidgenössischen Stiftungsaufsicht betrug die Anzahl der von ihr überwachten Stiftungen am 31. Dezember 2004 2531 Stiftungen.

10.5 Schweiz – Neues aus dem Land der Stifter und Banker

sind es bloss etwas über 40 %.[29] Für die Stiftungen unter der Aufsicht der Kantone und der Gemeinden existiert kein öffentlich zugängliches Gesamtverzeichnis.

Die beiden neuesten Forschungsprojekte liefern nicht nur quantitative Resultate sondern auch einige Resultate einer qualitativen Betrachtungsweise.

Der Schweizer Länderstudie von *Visions and Roles of Foundations in Europe* verdanken wir einen interessanten Raster von Unterscheidungskriterien von Stiftungen nach acht Kriterien und deren verschiedenen Ausprägungsmerkmalen.[30]

Unterscheidungskriterien von Stiftungen				
Kriterium	**Ausprägungsmerkmale**			
Stifter	Öffentliche Hand	Juristische Person		*Natürliche Person*
Rechtsform	Öffentlich-rechtlich	*Privat-rechtlich*		
		Personalvorsorgestiftung	Kirchliche Stiftung	Familienstiftung	*Klassische Stiftung*
Strategische Ausrichtung	Operativ	Fördernd		Kombination von beiden
Zweckerfüllung	Trägerschaftsstiftung	Finanzierungsstiftung	Unternehmensträgerstiftung	*Förderstiftung*
Wirkungsradius	Lokal	Regional	*National*	International
Aufsichtsbehörde	Kommunale Aufsichtsbehörde	Kantonale Aufsichtsbehörde		*Eidgenössische Aufsichtsbehörde*
Steuerbefreiung	*Gemeinnützig/ Steuererleichterungen*		Nicht gemeinnützig	
Tätigkeitsgebiet	Klassifizierung nach ICNPO			

Abb. 4: Unterscheidungskriterien von Schweizer Stiftungen

Die Komplexität der Ausformung der Schweizer Stiftungslandschaft und deren erschwerte Fassbarkeit werden durch dieses Modell plausibel. In ihrem Kapitel „Funktionen und Visionen der Stiftungen" sowie in einer Sample-Matrix im Anhang liefert die Länderstudie Kurzportraits einer Anzahl von Stiftungen, die einen anschaulichen Einblick vermitteln.[31]

Das Forschungsprojekt *Foundation Excellence* bietet in einer Publikation seiner ersten Resultate u. a. eine Statistik mit der Entwicklung und der Aufschlüsselung der Tätigkeitsfelder der klassischen Stiftungen unter Bundesaufsicht sowie deren Vermögensbilanz. Daraus kann z. B. geschlossen werden, dass etwa gleich viele Stiftungen im Bereich Soziales tätig sind wie im Bereich Ausbildung, Wissenschaft, Forschung und im Bereich Sport, Kunst und Kultur zusammen genommen.

---

[29] Im Vergleich zur Ausgabe 2000 wird ein Rückgang der Eintragungsquote festgestellt. Als Hauptgrund sieht die Stiftungsaufsicht vorab erhebliche administrative Mehraufwände bei den Stiftungen im Zusammenhang mit massenhaften Gesuchseingängen zufolge der allgemeinen Verschlechterung der wirtschaftlichen Lage.
[30] *Purtschert/v. Schnurbein/Beccarelli,* loc. cit., Tab. 5, S. 19.
[31] Ebd., S. 33 ff., S. 80 ff.

Bei der Vermögensverteilung ist die Dominanz des Sozialbereichs noch ausgeprägter, indem er die anderen genannten Bereiche um die Hälfte übertrifft.

Selbstregulierung von Stiftungen in Verbänden und Vereinen

1. SAKS, Schweizerische Arbeitsgemeinschaft kultureller Stiftungen (gegründet 1980, aufgelöst 2001)[32]

Recht spät, nämlich im Juni 1980, war in der Schweiz mit der Gründung der SAKS ein erster Zusammenschluss von Stiftungen entstanden. Er war aus einem informellen Netzwerk von Stiftungen hervorgegangen, welches sich 1978 herausgebildet hatte. Dieser Verein verfolgte nicht das Ziel einer Vertretung der ganzen Stiftungsbranche, sondern wollte vor allem ein institutionelles Gefäss für den Gedankenaustausch und für Kooperationen von Stiftungen mit Arbeitsgebiet im Bereich der Kultur bilden. Das Mitgliederspektrum umfasste sowohl „gebende" wie „nehmende" Stiftungen, schloss dabei auch Förderinstitutionen mit anderer Rechtsnatur und nicht einmal Privatpersonen von einer Mitgliedschaft aus.[33]

Ein frühes Verdienst der SAKS war 1983 die erstmalige Herausgabe des Handbuchs der öffentlichen und privaten Kulturförderung in Zusammenarbeit mit dem Bundesamt für Kultur. Seit 1998 ist dieses Verzeichnis der Kulturförderstellen, darunter vieler Stiftungen, aus dem Internet abrufbar.[34] In den neunziger Jahren initiierte die SAKS einige kulturpolitische Debatten und begleitete den schwierigen Weg der Verankerung eines Kulturartikels in der schweizerischen Verfassung.[35] In mehreren Fällen gelang es der SAKS auch, Mitgliedstiftungen für die gemeinschaftliche Finanzierung von Projekten zu gewinnen.[36]

Das heterogene Mitgliederprofil aber hinderte letztlich die SAKS an einer grösseren Schlagkraft. Ende der neunziger Jahre bildeten sich in der Schweiz neue Netzwerke, welche Kulturförderung im Allgemeinen und Förderarbeit durch Privatstiftungen im Speziellen reflektieren und weiterentwickeln wollten. Es entstand einmal das Forum Kultur und Ökonomie, welches kommunale, kantonale und eid-

---

[32] Der Sitz der SAKS befand sich in Zürich.

[33] Im Jahr 2001 umfassste die SAKS ca. 75 Mitglieder.

[34] Die Adresse lautet: www.kulturfoerderung.ch. Letztmalige Publikation in Buchform: Handbuch der öffentlichen und privaten Kulturförderung in der Schweiz, Hrsg. vom Bundesamt für Kultur und der Schweizerischen Arbeitsgemeinschaft kultureller Stiftungen.

[35] Zu erwähnen ist v. a. die Tagung „Mehr private Kulturförderung?" (1995) im Anschluss an die Ablehnung eines Kulturartikels in der Bundesverfassung, welche dazu führte, dass sich im Schoss der SAKS Exponenten verschiedener Kulturförderstellen fortan zu informellen Gesprächen trafen. Zu vereinzelten Gesetzgebungsverfahren mit kulturpolitischem Inhalt gab die SAKS Stellungnahmen ab.

[36] Für die Restaurierungsarbeiten im Kloster St. Johann in Müstair, für den Schweizer Auftritt an der Frankfurter Buchmesse 1998 und für ein Ausstellungsprojekt die Expo.02 kamen auf diese Weise namhafte Beiträge zusammen.

genössische Förderinstitutionen mit kommerziellen Sponsoren und Privatstiftungen in einen Methodendiskurs brachte.[37] Ungefähr gleichzeitig hatten private Förderstiftungen die Initiative für einen Zusammenschluss ergriffen, der im Mai 2001 unter dem Namen SwissFoundations als Verein der Vergabestiftungen in der Schweiz gegründet wurde und der SAKS den Schritt zur Selbstauflösung erleichterte, die im September 2001 erfolgte.[38]

2. proFonds, Dachverband gemeinnütziger Stiftungen der Schweiz (gegründet 1990. Bis 2002 nannte er sich AGES, Arbeitsgemeinschaft für gemeinnützige Stiftungen)[39]

Mit der AGES formierte sich 1989 aus dem Umfeld einer Basler Privatbank[40] ein Netzwerk innerhalb des Schweizer Stiftungswesens, welches den Anspruch auf Interessensvertretung für die ganze Stiftungsbranche erhob und dies im Dezember 1990 mit der Gründung als Verein bekräftigte. Als eines ihrer Hauptziele bezeichnete sie die Wahrung der Interessen gemeinnütziger Stiftungen und Vereine, vor allem im Bereich des Zivil-, Aufsichts- und Steuerrechts. Ausserdem intendiert sie die Förderung des Wissens- und Erfahrungsaustauschs im Gemeinnützigkeitswesen und pflegt den Kontakt mit Organisationen des Stiftungswesens in anderen Ländern.

Dass die Gründung eines schweizerischen Stiftungsverbands einem Bedürfnis entsprach, zeigte sich bald an der wachsenden Zahl von Mitgliedern. 1994 zählte die AGES 100 Mitglieder. Die heutige proFonds umfasste Ende 2004 294 Mitglieder, darunter zahlreiche anderer Rechtsnatur als Stiftungen, sowie Privatpersonen.[41] Der Verein bietet seinen Mitgliedern und weiteren Interessierten stiftungsspezifische Beratungsleistungen an und organisiert für sie jährlich eine Tagung, bei der jeweils juristische, fiskalische und stiftungsorganisatorische Vortragsthemen im Vordergrund stehen. Integrierende Bestandteile dieser Tagungen bilden schriftlich unterlegte Informationsblöcke mit Aktualitäten zum Schweizer Stiftungs- und Gemeinnützigkeitswesen. Eine breitere Fachwelt orientiert proFonds mittels einer Schriftenreihe zu verschiedenen Problemstellungen des Stiftungsbereichs. Bisher sind sieben Hefte erschienen.[42]

---

[37] Die Arbeit des Forums Kultur und Ökonomie spiegelt sich v. a. in Tagungen und kann verfolgt werden über www.kulturundoekonomie.ch.

[38] Das Archiv der SAKS wird heute bei SwissFoundations in Zürich aufbewahrt.

[39] Der Sitz von proFonds befindet sich in Basel. Aktuelle Informationen sind zugänglich über www.profonds.org.

[40] Initiator war Dr. Cyrill Bürgel, Direktor der Scobag AG, dem Family Office der Aktionärsfamilien Hoffmann und Oeri der F. Hoffmann-La Roche AG in Basel.

[41] Der Mitgliederbestand der proFonds schlüsselte sich Ende 2004 wie folgt auf: 178 Stiftungen, 44 andere juristische Personen, 72 natürliche Personen.

[42] Schriftenreihe des Dachverbandes gemeinnütziger Stiftungen der Schweiz proFonds, Heft 1 – 7, Basel 1989 – 2004.

Das zentrale Arbeitsfeld von proFonds ist die intensive Begleitung von Gesetzgebungsvorhaben mit dem Ziel eines möglichst liberalen Arbeitsumfelds für die Stiftungen. Effizientes Mittel bildet – zusätzlich zu Gesprächen, Kampagnen, Lobbying – die Teilnahme an den sog. Vernehmlassungsverfahren, also den Stellungnahmen und Anhörungen, welche in der Schweiz den Interessensvertretern (wie Kantonen, Parteien und eben Verbänden) zu einem frühen Zeitpunkt einen massgeblichen Einfluss auf einen laufenden Gesetzgebungsprozess ermöglichen. Auf diese Arten hat sich proFonds bei Fragen zur Mehrwertsteuer, zur Steuerbefreiung, zum Fusions- und Rechnungslegungsgesetz und insbesondere zur jüngsten Stiftungsrechtsrevision einbringen können. Sie ist also ein wichtiger Partner der Behörden in den laufenden Gesetzgebungsverfahren.

3. SwissFoundations, Verein der Vergabestiftungen in der Schweiz (gegründet 2001)[43]

In den Jahren 1999 und 2000 trafen sich auf Initiative von Basler Stiftungen die Geschäftsführungen grösserer Förderstiftungen aus der deutschen Schweiz zum Gedankenaustausch und zu Informationsveranstaltungen, um im direkten Gespräch die spezifischen Anliegen ihrer Stiftungen in einem sich wandelnden Umfeld zu thematisieren. Während proFonds die starke Positionierung der Rechtsform der Stiftung in einem liberalen gesetzgeberischen Umfeld als Hauptziel verfolgt, wollten diese Vergabestiftungen die Leistungsfähigkeit und -bereitschaft ihrer Institutionen zum Wohl der Gesellschaft fördern. Zu diesem Zwecke schlossen sich im Mai 2001 elf Stiftungen zum Verein SwissFoundations zusammen. Mittlerweile teilen 29 Stiftungen[44] dessen Ziele der Professionalisierung, der Kooperation, der Transparenz und der Visibilität. Mitglied von SwissFoundations können nur Stiftungen werden, welche zur kontinuierlichen gegenseitigen Offenlegung ihrer sämtlichen Förderleistungen bereit sind und dadurch Teilhabe an einem einzigartigen Vertrauensraum gewinnen wollen.[45]

SwissFoundations will im Rahmen eines Prozesses der Selbstregulierung ein offeneres Verständnis von Förderarbeit in der Schweiz schaffen. Kernanliegen ist die Steigerung der Effektivität des Förderns. Dabei bewahrt die einzelne Stiftung ihre absolute Unabhängigkeit. Vor dem Hintergrund dieser Anliegen ist auch der *Swiss Foundation Code* zu sehen, der gegenwärtig durch eine Expertengruppe des Vereins für den Bereich der Vergabestiftungen erarbeitet wird und 2005 publiziert werden soll. Weitere Arbeitsgruppen widmen sich spezifischen Förderthematiken und der Herausgabe der eigenen Buchreihe *Foundation Governance*.[46]

---

[43] Der Sitz von SwissFoundations befindet sich in Zürich. Aktuelle Informationen sind zugänglich über www.swissfoundations.ch.

[44] Ende 2004 umfasste das Netzwerk von SwissFoundations 29 Stiftungen, nämlich 28 Vollmitglieder und 1 assoziierte Partnerstiftung ohne volle Mitgliederrechte.

[45] SwissFoundations betrachtet sich nicht als Dachverband und ist selber Mitglied von proFonds (wie auch einige seiner Vereinsmitglieder).

Zentrale Anliegen von SwissFoundations sind auch die strukturierte Weiterbildung von Entscheidungsträgern in den Stiftungen und die Sensibilisierung einer interessierten Öffentlichkeit für die Aufgaben des Stiftungswesen mittels Hintergrundsinformationen und Forschungsresultaten. Dabei bedient sich der Verein qualifizierter Partnerschaften mit Schweizer Universitäten. In Zusammenarbeit mit dem Studienzentrum Kulturmanagement der Universität Basel bietet SwissFoundations einen sechstägigen Kurs „Strategisches Stiftungsmanagement" und zweitägige Seminare zu Themen der Stiftungspraxis an. Damit in Zusammenhang hat SwissFoundations eine deutschsprachige Software für Vergabestiftungen entwickeln lassen, welche als Open Source-Lösung per Internet frei zugänglich ist.[47] Ebenfalls als Novität für die Schweiz organisiert der Verein öffentlich ausgeschriebene Symposien zu aktuellen Fragen der Stiftungswelt. Der Aufbereitung von mehr Daten und Fakten zur Schweizer Stiftungslandschaft diente die Schweizer Länderstudie *Visions and Roles of Foundations in Europe* für die London School of Economics, welche durch SwissFoundations finanziert und inhaltlich begleitet wurde. Von grundsätzlicherer Bedeutung ist die Lernpartnerschaft mit dem Institut für Betriebswirtschaft an der Universität St. Gallen, wo im Rahmen des Projekts *Foundation Excellence* die Entwicklung eines generischen Management-Modells für gemeinnützige Stiftungen betrieben wird.[48]

4. AGFA, Association Genevoise des Fondations Académiques
(gegründet 1998)

In Genf gründeten im März 1998 fünf Stiftungen mit Sitz im Kanton Genf den Verein AGFA, Association Genevoise des Fondations Académiques.[49] Er sieht sich als Forum für gegenseitigen Informationsaustausch und für Diskussionen zu Stiftungsthemen; er betreibt Interessenswahrung für die Stiftungen, besonders gegenüber den Behörden. Den geographischen Arbeitsschwerpunkt bildet der Kanton Genf; im Mittelpunkt steht dabei die gemeinschaftliche Projektförderung zu Gunsten der Universität Genf und anderer Hochschulinstitutionen der Region.

Ausblick

Dieser Artikel wollte aufzeigen, wie verschiedene Faktoren dazu beitragen, dass die schweizerische Stiftungsszene sich gegenwärtig im Wandel befindet. Die Gesetzesrevision hat die Stiftungen einen Moment lang ins Interesse politischer

---

[46] Anfang 2005 bestanden bei SwissFoundations fünf Arbeitsgruppen, nämlich für Kultur, für Soziales, für Bildung, Forschung, Innovation, für den Swiss Foundation Code und schliesslich für die Buchreihe Foundation Governance (erscheinend bei Helbing & Lichtenhahn in Basel).

[47] Die Adresse für das Programm myGesuad lautet: www.collector.ch.

[48] Informationen darüber unter www.foundationexcellence.org.

[49] Ende 2004 betrug der Mitgliederbestand der AGFA zehn Mitglieder.

Vorgänge gerückt. Die systematische Beschäftigung mit dem Stiftungswesen durch das Institut für Verbandsmanagement der Universität Freiburg, durch das Institut für Betriebswirtschaft der Universität St. Gallen und durch das Studienzentrum Kulturmanagement der Universität Basel zeigen, dass sich Stiftungen auch als Studienobjekt mit Langzeitwirkung eignen. Ein wichtiges Signal bildet die Bereitschaft profilierter Persönlichkeiten aus Politik, Wissenschaft und Lehre, sich auf grundsätzlicher Ebene für Stiftungsfragen zu engagieren. Die fruchtbare Arbeitsteilung von proFonds und SwissFoundations, welche ohne sich konkurrenzieren zu wollen, die Stiftungswelt stärken können, gibt einen schnellen Takt der Entwicklung an.

Häufig sind Kooperation, Vernetzung, Transparenz und Good Governance modische Worthülsen. Für den heutigen Stiftungssektor in der Schweiz bilden sie aber gute Katalysatoren und Indikatoren positiver Veränderungen.

10.6 Italien[1]

Von Andrea Zoppini

Im letzten Jahrzehnt konnte man nicht nur im italienischen Recht eine Renaissance des Rechtsinstituts der Stiftung beobachten, das bekanntermaßen von der Mehrheit der Rechtsordnungen, insbesondere der französischen und italienischen, abgelehnt wurde.

Im letzten Jahrhundert gab es in unserer Rechtsordnung ein offenes Misstrauen gegenüber ideellen Rechtsformen. Die Aufnahme von Stiftungen in die modernen Kodifikationen liberaler Rechtsordnungen wurde zunächst vermieden. Später waren Stiftungen durch die Präsenz und Kontrolle politisch-administrativer Macht gekennzeichnet.[2]

Die geringe Entwicklung des Stiftungsmodells in der Vergangenheit ist eng verknüpft mit der verhaltenen Entwicklung des pluralistischen Prinzips in unserer Rechtsordnung. Das Verhältnis zwischen Zivilgesellschaft und Staat, die Akzeptanz des Pluralismus als Lebensregel, die Fähigkeit und Kraft von Gruppen, sich gegen die Autorität der öffentlichen Macht durchzusetzen, haben mehr als auf anderen Gebieten auf der politischen Entwicklung und auf dem Gebiet des Stiftungsrechts gelastet.

Überspitzt formuliert lässt sich das Ziel dieser Ausführungen im Einklang mit der herrschenden Lehre in Italien wie folgt formulieren:[3] In Italien ist, im Gegensatz zu den Erfahrungen in anderen europäischen Ländern, die Entwicklung des Pluralismus langsam vorangeschritten und mündete im Prinzip des „hilfsweisen Pluralismus" („pluralismo assistito"[4]), ohne dass dem Einzelnen wirklich Raum zur Pflege von Gemeinschaftsinteressen gelassen wurde.

---

[1] Abdruck mit freundlicher Genehmigung der Bucerius Law School, Institut für Stiftungsrecht und das Recht der Non-Profit-Organisationen.

[2] *Rescigno*, Fondazioni bancarie e regime delle persone giuridiche private, in Persona e comunità, III, Padova, 1999, S. 303.

[3] *Rescigno,* loc.cit.; *Zoppini,* L'autonomia statutaria delle fondazioni di origine bancaria, in Banca Borsa e titoli di cred., 2000, S. 403.

[4] Der Ausdruck stammt von *Rescigno*, Conclusioni., in AAVV, Riforma costituzionale e nuova disciplina delle fondazioni bancarie, 2003, S. 89, der herausstellt, wie der Staat durch Zugeständnis von Privilegien eingreift, indem er gesellschaftlichen Organisationen Vergünstigungen einräumt, wenn sie rein formale Anforderungen erfüllen. In diesem Sinne siehe auch *Rigano*, La libertà assistita, Padova, 1996.

Betrachtet man die Erfahrungen nordamerikanischer und skandinavischer Länder, die überwiegend dieses Prinzip angewendet haben, das unserer Rechtsordnung derzeit noch fehlt, erkennt man, dass die Stiftung vielleicht das am besten geeignete Instrument zur Pflege kollektiver und allgemeiner Interessen ist.

Das Glück, welches das Rechtsinstitut der Stiftung in diesen Ländern gehabt hat, ist in der Tat auf zwei grundlegende ideologische Motive des Pluralismus zurückzuführen: Einerseits die Überzeugung, dass sich der Staat nicht einmischen dürfe – und auch nicht vorgeben dürfe, sich einzumischen – in Aufgaben, die ein spontanes Organisieren der Zivilgesellschaft wirksamer und ökonomischer lösen kann.[5] Andererseits die Anerkennung einer Unterscheidung nach Klassen, Ständen, Aufgaben, Berufen, Sprache usw., die mittlerweile fest in der modernen Gesellschaft verankert ist.[6]

Aktuell gewinnt gleichwohl das Phänomen der Stiftung neue Bedeutung angesichts veränderter kultureller, politischer und rechtlicher Rahmenbedingungen.[7]

Die Renaissance des Instituts der Stiftung vollzieht sich im Einzelnen nicht so sehr im Rückgriff auf die Rechtsform, die das 1. Buch des Codice Civile bietet, sondern führt zum Entstehen neuer Typologien,[8] die teilweise der Praxis[9] anderer Spezialgesetze angenähert sind.

Diese letzte Hypothese lässt sich sicherlich auf das weitverbreitete Phänomen der Deregulierung zurückführen, wie es seit einiger Zeit von bedeutenden Vertretern der Lehre hervorgehoben wird.[10] Die Gründe für diese Entwicklung, die sich generell und insbesondere auf dem Gebiet der Stiftungen vollzieht, sind bekannt.

Die derzeitige Regelung in unserem Codice Civile ist zweifellos den aktuellen Bedürfnissen völlig unangemessen. Es ist daher notwendig, speziellere und sekto-

---

[5] Gegenwärtig bestätigt sich dieser Aspekt allmählich auch in Italien, (ohne Anspruch auf Komplettheit) sei verwiesen auf *Cassese,* L'aquila e le mosche. Principio di sussidiarietà e diritti amministrativi nell'area europea, in Foro it., 1995, IV, S. 373; *Chiti,* Principio di sussidiarietà, pubblica amministrazione e diritto amministrativo, in Riv. It. Dir. pubbl. comunit., 1995, S. 505; *Rescigno,* Principio di sussidiarietà orizzontale e diritti sociali, in Dir. pubbl., 2002, S. 5.

[6] *Rescigno*, Le fondazioni: prospettive e linee di riforma, in Persona e Comunità, III, Padova, S. 231.

[7] Bezugspunkt ist erneut art. 118 Cost., quarto comma, betreffend das horizontale Subsidiaritätsprinzip. Jenseits der Gründe, die historisch gesehen die Basis dieser Renaissance bilden, ist der deutlichste und interessanteste zweifellos die enge Verbindung zwischen „Stiftungen" und „Zivilgesellschaft". Diese Verbindung zeigt – dank der Stärkung des Subsidiaritätsprinzips – neue Freiräume und neue Garantien auch auf der Verfassungsebene auf. Vgl. „Le fondazioni in Italia. Libro bianco.", in Queste istituzioni, 127, 2002, S. 7.

[8] Vgl. die Lehrmeinung, die schon seit geraumer Zeit diese Entwicklung aufzeigt: *Zoppini,* Le fondazioni. Dalla tipicità alle tipologie. Napoli, 1995.

[9] *De Giorgi*, Il nuovo diritto degli enti senza scopo di lucro; dalla povertà delle forme codicistiche al groviglio delle leggi speciali, in Riv. dir. civ., 1999, S. 287 ff.

[10] *Iriti*, L'età della decodificazione, Milano, 1989; *De Giorgi,* loc. cit.; S. 298 ff.

rale Regelungen im Hinblick auf eine Reform zu entwickeln, ausgehend von der Vereinheitlichung oder Ausarbeitung einzelner sektoraler Regelungen.[11]

Der Codice Civile hat uns bis jetzt ein Ausgangsmodell geboten,[12] ein „neutrales" Modell,[13] aus dem sich einzelne Regelungen entsprechend den einzelnen Bedürfnissen entwickeln lassen. Dies hat „die Funktion neutrale Modelle zu liefern, die für alle Aktivitäten und Zwecke geeignet sind, sofern diese nicht gewinnorientiert sind, und damit eine Norm geliefert, die sich mit dem 2. Titel des 4. Buchs des Codice Civile vergleichen lässt, eine Art generelle Regelung für Non-Profit Organisationen, die sich auf die Formenvielfalt von Organisationen anwenden lässt, die aufgrund von spezialgesetzlichen Regelungen geschaffen worden sind, und diese ergänzen, sofern letztere nichts anderes vorsehen".[14] Aktuell darf man sich nicht das Problem vertagend an eine Reform des Gesetzgebers halten, die auch die neuen Prinzipien berücksichtigt, die in der Verfassung seit ihrem In-Kraft-Treten gelten und zur Einführung des Subsidiaritätsprinzips geführt haben.

Mit der Verfassung wurde der Katalog der Rechte tatsächlich um neue Rechtsformen bereichert, die mit einer anderen Bewertung des Menschen und der ökonomischen und sozialen Beziehungen verbunden sind. Das Individuum wird nicht nur per se, sondern – da sie zwischen der politischen Macht und der Vielfalt des einzelnen Individuums anzusiedeln sind – neue Bedeutung gewinnen und mit neuen Garantien versehen werden.[15]

Auch wenn der Schwerpunkt des kodifizierten Rechts durch ein System repräsentiert wird, das von der Idee der öffentlichen Kontrolle dominiert wird oder worden ist, was sich von Beginn an im Leben der Organisation mit der staatlichen Anerkennung widerspiegelt,[16] so hat der verfassungsrechtliche Gesetzgeber im

---

[11] *Rescigno*, Le fondazioni e i gruppi bancari, in Persone e comunità, cit.; laut Autor könnte eben der Bereich der Bankenstiftungen den Ausgangspunkt für eine Reform des Codice Civile oder zumindest für ein allgemeines Gesetz für Nonprofit-Organisationen darstellen.

[12] Im Sinne der Brauchbarkeit des vom Codice angebotenen Ausgangsmodells siehe die Beobachtungen von *Guarino*, Le fondazioni tra Stato, società e mercato, in Atti del convegno „Il problema delle fondazioni", Roma, 1–2 aprile 2004.

[13] Der Ausdruck stammt von *De Giorgi*, loc. cit. S. 298.

[14] Op. loc. ult. cit. Angesichts der starken Zunahme von Spezialgesetzen verändert sich die Rolle des Codice Civile: Es handelt sich nicht mehr um ausschließliches und einheitliches Recht der privaten Beziehungen, sondern um allgemeines Recht, das auch breitere und grundsätzliche Tatbestände einschließt. Vgl. *Irti*, L'età della decodificazione., cit.

[15] *Irti*, op. cit. Laut Autor geht die Krise des Codice Civile mit einer Krise des Staates einher. Diese Meinung kann man dann teilen, wenn man das Wort ‚Krise' als Krise des Staates in seiner Form des vergangenen Jahrhunderts versteht..

[16] *De Carli*, Le problematiche dello scopo negli enti „non profit" tra pubblico e privato, in Gli enti „non profit" in Italia, a cura di *Ponzanelli*, 1994, 50, wonach der Gesetzgeber sich einzig um den Erlass einer Regelung gekümmert hat, die in der Lage sein soll, „eine große Bandbreite gesellschaftlicher Erscheinungen zu kontrollieren und zu kanalisieren"; in diesem Sinne vgl. *De Giorgi*, Il nuovo diritto, cit., S. 297.

Gegenteil sein Hauptaugenmerk auf die Regelung bestimmter Aktivitäten und Zwecke kollektiver Organisationen gerichtet, die durch eine evidente öffentliche Relevanz oder genereller durch den sozialen Nutzen für die Allgemeinheit oder einen Teil der Allgemeinheit charakterisiert sind.[17]

Und heute verändern sich in diesem Sinne auch die Gesetze auf dem Gebiet der „neuen Stiftungen".

Nach dieser kurzen Einleitung ist es nunmehr möglich einige Aspekte herauszugreifen, die eine Reform des Stiftungsrechts enthalten sollte.

Eine erste Bemerkung bleibt sicherlich dem Begriff der Stiftung vorbehalten. Die Lehre hat mehrfach hervorgehoben, dass im Codice Civile eine präzise Definition der Stiftung fehlt. Wenn vielleicht gerade dieser Aspekt die Entwicklung und das Entstehen einer Vielzahl von Stiftungen mit sehr unterschiedlichen Grundzügen erlaubt hat, wird deshalb jetzt die Notwendigkeit immer dringender, einen präzisen Begriff der Stiftung herauszuarbeiten, der zumindest folgende Elemente klarstellt: Das ökonomische Element, die Art der Stiftungsverwaltung und Kontrolle jeder Stiftung und schließlich, ob es sich um eine fördernde oder operative Stiftung handelt.

Die Reform sollte ferner, wie bereits oben angedeutet und wie sich auch aus dem Streit der Lehrmeinungen ergibt, auch den Stiftungszweck behandeln.

In der Vergangenheit schloss ein Großteil der Lehre die Zulässigkeit einer Stiftung aus, wenn sie keinen zulässigen Zweck verfolgt. Die Präsenz solcher durchgreifenden Schranken der Privatautonomie wurde nur dann als legitim angesehen, wenn ein öffentliches Interesse oder wenigstens ein öffentlicher Nutzen vorlag. Gerade aus dieser kulturellen Vorgabe resultierten die publizistischen Merkmale, die der Codice Civile von 1942 diktiert, insbesondere das Erfordernis einer staatlichen Genehmigung als Voraussetzung für den Erwerb der Rechtspersönlichkeit.

Heute hat sich dieses Problem gleichwohl teilweise erledigt: Die Neuregelung über die Anerkennung privater juristischer Personen, umgesetzt durch die Verordnung des Staatspräsidenten (Decreto del Presidente della Repubblica) vom 10. 2. 2000 n. 361, legt im Hinblick auf eine größere Vereinfachung und Liberalisierung des Stiftungszwecks in Art. 1 Abs. 3 fest, dass es zum Ziel der Anerkennung notwendig ist, dass der Stiftungszweck möglich und zulässig ist.

Auf diese Weise wurde jeder mögliche Bezug auf das Relikt des öffentlichen Nutzens eliminiert, welcher gleichwohl oft präsent ist und besondere Garantien erfordert.

Man gewinnt also den Eindruck, dass es, ungeachtet der Notwendigkeit einer einheitlichen Definition, wenig nützlich und folglich schwierig zu realisieren ist,

---

[17] In diesem Sinne auch *Napolitano*, Le associazioni private a rilievo pubblicistico, in *Riv.* crit. Dir. priv. 1995, S. 585.

10.6 Italien

eine „gemeinsame" Regelung für alle Stiftungen zu finden. Die gemeinsame Normierung sollte die tatsächlichen Unterschiede der verfolgten Zwecke und der Dimensionen der Stiftungen berücksichtigen.

Vor allem in Bezug auf den Zweck wäre daher eine Reform vorzuziehen, die insbesondere eine differenzierte Regelung vorsieht, je nachdem welcher Zweck möglich und zulässig oder von öffentlichem Nutzen ist. Aus dieser Perspektive scheinen sich kürzlich die Spezialgesetze auf dem Gebiet privater Organisationen in Form von Stiftungen zu verändern – dies gilt insbesondere für das Gesetz über Bankenstiftungen. Auch das Reformprojekt des 1. Buches des Codice Civile legt in Art. 6 fest, dass die Reform von folgenden Prinzipien geleitet ist: „Die Bestimmung des Vermögens zu einem zulässigen Zweck wird als charakteristisches Merkmal der Stiftung festgelegt; ferner ist zu unterscheiden zwischen Stiftungen, die *überwiegend einen privaten Zweck* verfolgen, und Stiftungen, die *kollektive Interessen verwirklichen oder sich an die Allgemeinheit wenden*". Auf dieser Basis erläutert der Gesetzesentwurf im Gegensatz zum Codice Civile, der auf diesem Gebiet vor Definitionen zurückschreckt, was unter Stiftungen, die überwiegend einen privaten Zweck verfolgen, zu verstehen ist: Dazu zählen „diejenigen, die einen Zweck verfolgen, der sich auf einen bestimmten geschlossenen Personenkreis bezieht, der weder öffentliche Spenden, noch Schenkungen beansprucht oder erhält (Art. 6 Abs. 2).

Bleiben wir beim Stiftungszweck: Die Lehre[18] hat auch eine Reform befürwortet, die es dem Stifter oder einem internen Stiftungsorgan ermöglicht, den Stiftungszweck zu ändern, um ihn veränderten Bedingungen anzupassen. Diesbezüglich ist die Lehre allerdings nicht einig, sondern gespalten in diejenigen, die diese Möglichkeit befürworten und diejenigen, die ihr vehement entgegentreten.

Bezüglich des Gesetzesentwurfs über die Neuordnung dieser Materie zeigen sich – wie oben dargestellt – zwei Lösungen, je nachdem, ob die Stiftung überwiegend private Zwecke oder Zwecke von öffentlichem Nutzen verfolgt.

Im ersten Fall bestimmt Art. 6 Abs. 2 lit. b Folgendes: „Die Möglichkeit und Grenzen des Einschreitens des Stifters oder eines von ihm in der Gründungsurkunde bestimmten Rechtssubjekts ist vorgesehen, inklusive der Möglichkeit, die Stiftung auch nach ihrer Anerkennung zu widerrufen und so die Auflösung oder Umwandlung der Stiftung zu bewirken".

In Bezug auf die zweite Kategorie von Stiftungen sieht dagegen Art. 6 Abs. 3 Folgendes vor: „Die Reform sieht Regelungen vor, die die Stabilität und die Kontinuität der Verfolgung des sozialen Zwecks gewährleisten" (lit. b); der Gesetzgeber könnte folglich gestatten, Folgendes zu realisieren: „rein akzessorische Satzungsänderungen, soweit sie dazu dienen, den Stiftungszweck besser und vernünftiger zu verwirklichen" (lit. d).

---

[18] In diesem Zusammenhang *Rescigno*, Le fondazioni: prospettive e linee di riforma, in Persone e Comunità, cit, S. 255 ff.

Für den ersten Stiftungstyp bestätigt der Gesetzesvorschlag, was bereits in den ersten Artikeln klargestellt ist, und legt fest, dass die Reform darauf gerichtet ist, „eine breite Gestaltungsfreiheit anzuerkennen hinsichtlich der organisatorischen Strukturen, der Geschäftsführung und der Vertretung, Entscheidungsprozeduren, Rechten der Destinatäre sowie hinsichtlich weiterer Instrumente zum Schutz der betroffenen Interessen" (Art. 6 lit. a).

Nachdem jetzt der Zweck klarer definiert wurde und dadurch das Rechtsgebiet präzisiert ist, kann die Reform es sicherlich nicht unterlassen, den ohne Zweifel problematischsten Punkt zu klären: Das Verhältnis „Privatautonomie / Staatlicher Eingriff". Das Problem ist übrigens von großer Aktualität angesichts der kürzlich ergangenen Privatisierungsgesetze, welche aufgrund des starken öffentlichen Einflusses auf das Leben der privatisierten Stiftungen eher als formal als als materiell angesehen werden. Auf diesem Gebiet teilt sich die Lehre in diejenigen, die die Abschaffung jeglicher Kontrolle aufgrund der privatrechtlichen Natur der Rechtssubjekte befürworten und diejenigen, die andere, weniger eingreifende Kontrollen bevorzugen.

Bekanntermaßen ist ein erster Schritt zum Zurückdrängen des staatlichen Eingreifens dadurch erfüllt worden, dass, wie bereits gesagt, das Gründungssystem der Stiftung von einem Konzessionssystem zu einem Normativsystem übergegangen ist.

Eine weitere Reform im Sinne einer Reduzierung staatlichen Einschreitens kann nicht die damit verbundene Materie der Stiftungsorgane und ihrer Zusammensetzung außer Acht lassen. Es wird in der Tat behauptet, dass „die öffentliche Kontrolle über Stiftungen den Schutz der Interessen der Stiftung dient, soweit interne Kontrollen fehlen, und dass sie dazu dient, die Grenzen des Vermögens-Zweckbestimmungsrechts des Stifters festzulegen".[19] Die Reform sollte genauer die Funktionen und die Zusammensetzung des Stiftungsvorstands regeln sowie eventuell außerdem die Präsenz eines Geschäftsführungsorgans und eines Kontrollorgans vorsehen.

Innerhalb der ersten beiden Organe wäre es ohne Zweifel im Hinblick auf einen besseren Schutz und eine bessere Garantie notwendig, Repräsentanten der Destinatäre, der Stifter und der Finanziers vorzusehen – neben Repräsentanten der lokalen Kommunen, sofern das aufgrund der damit verbundenen Interessen notwendig ist.

Die Reform der öffentlichen Kontrolle über Stiftungen wird jetzt notwendig infolge der veränderten Interessen und Rahmenbedingungen, die in der Vergangenheit zu der geltenden Regelung des Codice Civile geführt haben. Heute gibt es Interessen, die nur in allgemeiner Weise öffentlich genannt werden können, insofern als dass sie über die eng-individuelle Sphäre des Stifterwillens und die von ihm festgelegten Stiftungszwecke hinausgehen.

---

[19] Tar Lombardia, sez. III, 23 giugno 2000, n.4598.

Die Neuregelung der Stiftungen sollte folglich neue Kontrollformen entwickeln, die möglicherweise der öffentlichen Hand entzogen sind, nämlich Formen, die auch den Destinatären der Stiftungsaktivität und eventuell auch den privaten Finanziers Relevanz und Stimme geben.

Unter diesem bis hierhin skizzierten Profil sieht der Entwurf für die Reform des Codice Civile, der bereits mehrfach zitiert wurde, interessante Lösungen vor.

Die erste Lösung betrifft sicherlich die Übertragung der Kontrolle nicht an die ordentliche Gerichtsbarkeit, was auch vorgeschlagen wird, sondern an eine spezielle „authority", wie es auch auf anderen delikaten Rechtsgebieten wie zum Beispiel dem Wettbewerbsrecht und allgemein bei Privatisierungen der öffentlichen Dienstleistungen geschehen ist.

Die unabhängige Kontrollautorität soll gemäß Art. 9 Folgendes beaufsichtigen: Die Beachtung des Gesetzes und der Satzungen, das ökonomische Gleichgewicht und die effektive Realisierung der Interessen der Destinatäre; sie soll außerdem die Verfolgung des Stiftungszwecks und den Erhalt des Stiftungsvermögens überwachen. Sie übt eine soziale Haftungsklage gegenüber dem Stiftungsvorstand aus; sie wird außerdem die Transparenz und Korrektheit der Ausschüttungen beaufsichtigen und soll ferner Beschwerden der Betroffenen über unregelmäßige Ausschüttungen entgegennehmen und die notwendigen Maßnahmen zum Schutz ihrer Interessen treffen.

Die Autorität kann Informationen und Einsicht in Dokumente verlangen sowie Inspektionen veranlassen. Falls gravierende Unregelmäßigkeiten festgestellt werden sollten, kann sie den Stiftungsvorstand auflösen und einen Verwalter bestimmen.

Hinsichtlich der Organisation nennt der Gesetzesvorschlag – bezüglich der Stiftungen, die kollektive Interessen verfolgen, unter Bestätigung der oben angesprochenen Ungeeignetheit einer „gemeinsamen Regelung" – die Präsenz von drei Organen – in Analogie zu den Regelungen für Bankenstiftungen: Den Stiftungsvorstand (Verwaltungsorgan), der die Zusammensetzung, die erforderlichen Voraussetzungen und Unvereinbarkeiten anzeigt und insbesondere darauf achtet, dass „ein Drittel der Vorstandsmitglieder im Hinblick auf die mit dem Stiftungszweck verbundenen Interessen gewählt wird". Ferner wird ein internes Kontrollorgan über die Geschäftsführung oder ein Kontrollorgan über die Buchführung und den Vorstand vorgeschlagen. Schließlich ist in einigen Fällen die Einrichtung eines Geschäftsführungsorgans vorgesehen, das auch in diesen Fällen teilweise mit Vertretern der von der Aktivität der Stiftung betroffenen Interessen besetzt ist.

Der Gesetzesentwurf berührt zu Recht auch das Problem des Schutzes der Destinatäre der Aktivität von Stiftungen, die ein gemeinsames Interesse fördern wollen. Art. 6 Abs. 5 legt fest, dass die Satzung geeignete und präzise Transparenzpflichten gegenüber den Destinatären vorsehen muss. So ist einerseits die Möglichkeit vorgesehen, bei einem internen Kontrollorgan um die Erfüllung der Stiftungspflichten zu ersuchen; andererseits sollen bei der Kontrollautorität grobe Unregelmäßigkeiten in der Pflichterfüllung des Vorstandes angezeigt werden können, soweit sie potenzielle Destinatäre, die in der Satzung genannt sind, betreffen.

Schließlich ist sicherlich nicht unwichtig, dass die Reform das Thema der Ausübung von wirtschaftlichen Tätigkeiten durch die Stiftung berührt. Dieses Thema hat in der Vergangenheit zu hitzigen Debatten in der Lehre geführt und interessiert bis heute die Mehrheit der Autoren, die sich unter verschiedenen Aspekten mit diesem Thema beschäftigen.

Derzeit wird sowohl von der Rechtsprechung als auch von der Lehre die Möglichkeit zugestanden, dass die Stiftung ein Unternehmen führt. Unproblematisch ist zweckorientierte wirtschaftliche Tätigkeit, problematischer und sicherlich interessanter ist der Fall einer Stiftung, die direkt und überwiegend wirtschaftlich tätig wird.

Wenn im ersten Fall die Stiftung, die ein gewinnorientiertes Unternehmen betreibt, um den Gewinn für den eigenen altruistischen Stiftungszweck zu verwenden, nicht der Satzung des Unternehmens unterworfen ist, weil es sich ausschließlich um eine zweckorientierte Unternehmenstätigkeit handelt, gilt etwas anderes für das „Stiftungs-Unternehmen". In diesem Fall sollte man danach fragen, ob und gegebenenfalls wie auf ein Non-Profit Unternehmen die Regeln des Marktes und Wettbewerbs anwendbar sind.[20]

Das Auftauchen dieser neuen Problematik, die dem kodifizierten Recht völlig fremd ist, da sich das Problem der Überlagerung und Konkurrenz von Non-Profit Organisationen und gewinnorientierten Unternehmen absolut nicht stellte, hat zur Ausarbeitung einer neuen interessanten Rechtsfigur geführt: Dem *Sozial-Unternehmen,* das kürzlich Gegenstand eines Gesetzesentwurfs war. Man liest darin, dass unter den Begriff des Sozial-Unternehmens Non-Profit Organisationen fallen, die hauptsächlich und dauerhaft eine ökonomische Tätigkeit durch Produktion und Austausch von Gütern und Dienstleistungen ausüben und einen gemeinnützigen Zweck verwirklichen sollen.

Dieser Unternehmenstyp sollte ausschließlich in Bereichen von besonderer sozialer Relevanz agieren – wie im Gesundheitswesen, Pflegedienst, Sozialarbeit, Ausbildung, Umweltschutz und im Bereich der Kunst. Das Unternehmen sollte sich dabei an das Verbot halten, die Gewinne in irgendeiner, und sei es auch nur in indirekter Weise, zu verteilen und sich verpflichten, eventuelle Gewinne aus seiner Tätigkeit zu reinvestieren. Es wird ferner die Möglichkeit verneint, dass private oder öffentliche gewinnorientierte Rechtssubjekte die Kontrolle innehaben können, etwa durch die Möglichkeit, die Mehrheit der Vorstandsmitglieder zu ernennen.

Der genannte Gesetzentwurf enthält neben den bereits kurz genannten Regeln eine Reihe von Prinzipien und Direktiven, an die sich die Regierung bei der Rege-

---

[20] Weiterführend: *Zoppini,* Enti non profit ed enti for profit: quale rapporto?

lung der neuen Rechtsfigur halten sollte. Zu demselben Punkt sieht dagegen der Gesetzesentwurf zur Reform des 1. Buches des Codice Civile vor, dass die Regelung bzgl. der Stiftungsunternehmen das Ausmaß der unternehmerischen Tätigkeit benennen müsse und die Aufgaben und Verantwortung der Organe klar und präzise definieren müsse. Ferner ist eine organisatorische Struktur vorgesehen, die geeignet ist, die Effizienz und Korrektheit der Führung des Sozial-Unternehmens zu fördern. Ebenso sind die Voraussetzungen für die Anwendung der Satzung des kommerziellen Unternehmens zu definieren und zu bestätigen, dass diese auch dann angewendet wird, wenn das Unternehmen zweckorientierte oder sekundäre Tätigkeiten ausübt. Es ist die Pflicht zur separaten Buchführung vorzusehen, um die sozialen Tätigkeiten von den unternehmerischen zu unterschieden; schließlich sollte die Neuregelung die Grenzen festlegen, außerhalb derer eine gesetzliche Kontrolle der Buchführung unabhängig von der Kontrolle des Vorstands durchzuführen ist.

Auf einer Linie mit den getroffenen Entscheidungen in den eben dargestellten Normen beschließt der Gesetzgeber auch bei der Materie des Stiftungsunternehmens unterschiedliche Regelungen je nach Bedeutung und Dimension der Stiftung und des Stiftungszwecks. Tatsächlich bestimmt Art. 8 Abs. 2 für solche Stiftungen Folgendes: Die Reform müsse eine Grenze vorsehen für die Ausübung nicht direkt zweckorientierter Tätigkeiten und eine weitere quantitative Grenzen für Beteiligungen an Gesellschaften, die nicht dem Stiftungszweck entsprechende Tätigkeiten verfolgen.

10.7 Frankreich

Von Rainer Sprengel

Das Thema Stiftungswesen in Frankreich kann man auf zwei fundamental unterschiedlichen Pfaden thematisieren.

Auf dem ersten Pfad hält man Ausschau nach Menge und Ausstattung von Stiftungen in Frankreich im Vergleich zu Deutschland, nach zentralen gesetzlichen Rahmenbedingungen und nach politisch-diskursiver Einbettung und Tradition. Folgt man diesem Pfad für Frankreich wird man schnell die These begründen können: Frankreich sei stiftungspolitisches Entwicklungsland. Aus der Perspektive des deutschen Stiftungswesens führt dieser Pfad am ehesten noch zu Überlegungen, ob und wie man der Stiftungslandschaft jenseits des Rheins helfen könnte.

Auf dem zweiten Pfad folgt man demgegenüber der Überlegung, dass möglicherweise da, wo die Not besonders groß ist, auch interessante Ideen in Theorie und/oder Praxis entstehen. Aus der Perspektive des deutschen Stiftungswesens kann man sich dann von Frankreich inspirieren lassen.

Um vom ersten Pfad auf den zweiten wechseln zu können, wird man genau identifizieren müssen, was die tatsächlichen Gründe für ein gehemmtes Stiftungswesen in Frankreich sind, um den Blick auf jene Aspekte freizubekommen, die zwar auch zum dortigen Stiftungswesen gehören, ohne aber dieses zu hemmen.

Damit ist der Gang der folgenden Ausführungen umrissen.

Im ersten Abschnitt wird das französische Stiftungswesen als ein entwicklungspolitisches Thema dargestellt. Das gibt Gelegenheit zu einer Übersicht auch über die rechtlichen Grundlagen. Anschließend werden jene Aspekte identifiziert, die als hauptursächlich für eine fortdauernde Hemmung des Stiftungswesens in Frankreich verantwortlich gemacht werden können. Im letzten Teil des Beitrags wird es dadurch möglich, jene Elemente hervorzuheben und zu bedenken, die gegenüber den Verhältnissen im deutschen Stiftungswesen durchaus positiv zu würdigenden Innovationscharakter hätten.

Das französische Stiftungswesen ist von seinem Umfang wie von seinen Strukturen her im Vergleich zum deutschen Stiftungswesen sehr überschaubar.[1] Von der

---

[1] Ein systematischer Vergleich politischer, historischer, aktueller und rechtlicher Aspekte findet sich bei: *Elbogen,* Stiftungen in Deutschland und Frankreich – Traditionen, Entwicklungen, Perspektiven, dfi compact, Ludwigsburg 2005 (im Erscheinen).

Menge her gibt es aktuell gut 2.000 Stiftungen in Frankreich, die sich auf drei unterschiedliche Formen verteilen:

– Fondation reconnue d'utilité publique,
– Fondation abritée,
– Fondation d'Entreprise.[2]

Diesen drei Rechtsformen ist es vorbehalten, das Wort *Fondation* („Stiftung") im Namen zu führen – und nur die erste Form darf sich Stiftung *tout court*, ohne weitere Präzisierung nennen, ist also im heutigen französischen Verständnis die ‚eigentliche' Stiftung. Im Unterschied zu Deutschland kennt das französische Stiftungsrecht nicht das Prinzip der Allzweckstiftung, d. h. es sind nur solche Stiftungen zulässig, die als gemeinnützig anerkannt werden.

Die 441 *Fondations reconnues d'utilité publique,* die im Jahr 2004 gezählt wurden, entsprechen am ehesten dem, was wir in Deutschland unter rechtsfähigen Stiftungen verstehen.

Mengenmäßig erheblich größer sind mit ca. 1.600 Stiftungen die *Fondations abritées,* die am ehesten in den treuhänderischen oder nicht rechtsfähigen Stiftungen eine Entsprechung finden. Der wesentliche Unterschied zu Deutschland besteht darin, dass nur einige wenige Einrichtungen dazu befugt sind, Treuhänder solcher Stiftungen zu sein. Über 500 treuhänderische Stiftungen sind unter dem Dach der Fondation de France vereint, an die 1.000 unter dem Dach des Institut de France. Bei der Fondation de France handelt es sich um eine auf Initiative von Charles de Gaulle und André Malraux hin 1969 gegründete, private Veranstaltung, während das 1795 gegründete Institut de France staatlicher Natur ist.

Der dritte Typus, die 77 *Fondations d'entreprise,* sind eine spezifisch französische Erfindung. Deren Erfinder ist die 1979 gegründete Organisation ADMICAL (Association pour le Développement du Mécénat Industriel et Culturel), die sich die Förderung der Philanthropie insbesondere im Bereich der Kultur und besonders durch Unternehmen auf die Fahnen geschrieben hat. Zentrale Person ist dabei Jacques Rigaud, der als eine Art grauer Eminenz in diesem Bereich in den letzten zwei Jahrzehnten angesehen werden kann. Er war Kabinettschef von Jacques Duhamel im Kulturressort, der die von de Gaulle und Malraux verfolgte Kulturpolitik unter Georges Pompidou fortsetzte.[3]

Bei den *Fondations d'entreprise* handelt es sich um eine spezifische Art der Unternehmenskommunikationsstiftung. Am besten kann man sie als eine Art stiftungsartiges *Corporate Citizenship*-Engagement auf Zeit beschreiben. Ihr wesentliches Charakteristikum ist zunächst einmal, dass sie auf 5 bzw. 6 Jahre hin errich-

---

[2] Zu den rechtlichen Aspekten vgl. auch: *Schlüter,* Stiftungsrecht zwischen Privatökonomie und Gemeinwohlbindung: Ein Rechtsvergleich; *ders.,* Typologie der französischen Stiftungen, S. 39.

[3] Vgl. *Rigaud,* L'exception culturelle – Culture et pouvoirs sous la Ve République.

tet wird. Für diesen Zeitraum muss das stiftende Unternehmen neben der Zwecksetzung eine detaillierte Finanzplanung machen und diese für den gesamten Zeitraum z. B. durch eine Bankbürgschaft absichern. Die Stiftung kann dann wieder entsprechend für einen weiteren Zeitraum verlängert werden. Dieser Stiftungstyp ist eine Option, d. h. ein Unternehmen kann sich stifterisch auch der anderen Formen bedienen.

Lt. einer Studie des *Observatoire de la générosité et du mécénat de la Fondation de France,* deren ersten Ergebnisse im April 2005 veröffentlicht wurden, haben im Jahr 2001 französische Stiftungen 3,1 Milliarden Euro ausgegeben, über 8 Milliarden Euro Aktiva und 3,6 Milliarden Euro Grundstockvermögen verfügt sowie 47.000 Angestellte und 28.000 Ehrenamtliche beschäftigt.[4] In die Berechnung gingen nicht die 1.000 treuhänderische Stiftungen ein, die beim Institut de France angesiedelt sind.

Lässt man diese zunächst oberflächliche Betrachtung des französischen Stiftungswesens vorurteilsfrei auf sich wirken, kann man sich schon fragen, warum es eigentlich kein seit langem boomendes Stiftungswesen in Frankreich gibt?

Offenkundig verfügt das französische Stiftungswesen über eine klare und eindeutige Aufstellung:

– alle Stiftungen sind gemeinnützig;
– es gibt Entsprechungen für jene beiden Stiftungshauptformen, die in Deutschland jenseits des Bereichs kirchlicher Stiftungen benutzt werden;
– es herrscht durch die geringe Anzahl der Stiftungsformen und deren gesetzliche Definition Klarheit und Übersichtlichkeit. Nicht zuletzt fehlt auch jede Vermischung mit staatlicher Tätigkeit, da es keine Stiftungen öffentlichen Rechts gibt.

Dieses Erstaunen kann man noch dadurch verstärken, dass seit gut 25 Jahren der politische Raum seine gesetzlichen Initiativen im Bereich des Stiftungswesens unter dem Primat der Förderung angegangen ist. Dazu gehörte auch, dass 1987 das Stiftungswesen überhaupt aus dem Windschatten administrativer Staatstätigkeit geholt wurde. Bis dahin hatten Stiftungen keine eigene, originäre gesetzliche Grundlage gehabt, sondern wurden vom Staatsrat auf dem Verwaltungswege mit geregelt.

Bedenkt man, dass gleichwohl de Gaulle und Malraux Ende der 1960er Jahre die Fondation de France mit anregten, in den 1970er Jahren Jacques Rigaud begann, Freiräume zu vergrößern, bis dann mit dem Regierungswechsel zu den Sozialisten und dem Kulturminister Jacques Lang die ausdrückliche Förderung von privatem Mäzenatentum und Stiftungen zu konkreten Gesetzesvorhaben reifte, kann man schon von fast vierzig Jahren politischer, nach und nach sich verstärken-

---

[4] Contact – la Lettre mensuelle de la Fondation de France, Paris, avril 2005, numéro spécial.

der Aufmerksamkeit für Philanthropie und Stiftungswesen reden, auch wenn damit über die Intensität und den erreichten allgemeinen öffentlichen Stellenwert noch nicht viel gesagt ist.

Tatsächlich kann man sich des Eindrucks nicht erwehren, als ob den politischen und öffentlichen Debatten um Stiftungen in Frankreich ein wenig die Breite und der Unterbau fehlen. Bedenkt man, dass im Jahr 2003, als das Stiftungs-, Vereins- und Gemeinnützigkeitsrecht in Frankreich kräftig reformiert wurden, in den vielen Debatten in Parlament und Senat als einziger externer Name immer wieder Jacques Rigaud genannt wurde und den Parlamentariern und Senatoren nach ADMICAL und der Fondation de France kaum jemand einfällt, so muss man feststellen, dass das politisch bewegende Element der letzten Jahrzehnte letztlich Ergebnis einiger weniger Personen ist, ohne intensive Rückbindung an öffentliche Diskurse.

Aus der Reihe anderer Gründe, die das französische Stiftungswesen hemmen, sollen lediglich drei thematisiert werden: Traditionslinien politisch-rechtlicher Vorstellungen, staatlich belagerte und gefesselte Stifterfreiheit sowie geringe komparative Vorteile gegenüber anderen Organisationsformen.

Traditionslinien politisch-rechtlicher Natur

Schon vor der Französischen Revolution, im *Ancien Régime,* hatte eine Unterdrückung des Stiftungswesens eingesetzt. Mit dem Loi Le Chapelier aus dem Jahre 1791 wurde dann eine Entwicklung zu einem Höhepunkt getrieben, das im Anschluss an Rousseau (freiwillig) keinen Raum zwischen Staat und dem einzelnen Bürger zulassen will. Mit diesem Gesetz wurde das Monopol des Staates auf den öffentlichen Aufgaben bei gleichzeitigem Verbot aller intermediären Strukturen wie Vereinen, Zünften oder Stiftungen durchgesetzt. Wie die Revolution selbst hatte dieses Gesetz selbst ja keinen Ewigkeitscharakter, obgleich die Republik nach 1871 phasenweise sich als Erbe der Revolutionsideen verstand. Doch trotz allen Misstrauens und aller Verbote und Enteignungen kam auch die französische Republik nicht umhin, im Jahre 1901 eine umfassende Vereinigungsfreiheit zu ermöglichen und damit zu akzeptieren, dass eine moderne Gesellschaft ohne intermediäre Institutionen zwischen Staat und Bürger, die auch Gemeinwohlansprüche vertreten und verfolgen, schlechterdings nicht möglich ist.

Gleichwohl hat ein in der Regel als jakobinistisch bezeichnetes Staatsverständnis in Form eines Misstrauens gegenüber privater Gemeinwohlinitiative überlebt und ist in diffuser Form partei- und milieuübergreifend in Frankreich präsent und stilbildend. Besonders gut wird das an einem weitgehend geteilten Begriff von Zivilgesellschaft, der *société civile* erkenntlich. Diese verfügt seit de Gaulle sogar über eine eigene Kammer, das so genannte dritte Parlament, das die Repräsentanten der französischen Zivilgesellschaft versammeln soll: der französische Wirtschafts- und Sozialrat, eine Institution, die über die EU allgemeinere Verbreitung gefunden hat.

Das zugrunde liegende Verständnis von Zivilgesellschaft hat allerdings wenig mit dem angelsächsischen oder deutschen Verständnis zu tun. Im genannten Rat sind vor allem Unternehmer und ihre Verbände sowie Gewerkschaftsvertreter versammelt, daneben auch einzelne Vereinsverbände und einige renommierte Bürger. Im Grunde meint Zivilgesellschaft in diesem Kontext den privaten Raum als Gegensatz zum Staat, also den Raum, in dem der *bourgeois* zu Hause ist und sich im Unterschied zum *citoyen* austobt. Deshalb ist dort vor allem der Wirtschaftssektor vertreten. Das hat sich auch prägend auf die analogen europäischen Institutionen ausgewirkt, in denen die Vertreter einer Zivilgesellschaft im Sinne eines Dritten Sektors lange Jahre brauchten, um die anderen Mitglieder aus Wirtschaft und Gewerkschaft zu überzeugen, dass dieser dritte Bereich allemal dort mitzureden hat.

Mit anderen Worten: das Misstrauen gegen intermediäre Institutionen ist zwar nicht mehr durch Verbote sanktioniert, aber schon durch eine allgemeine politische Idee behindert, nach der das öffentliche Wohl genuin des Staates bleibt, während das private Engagement für das Gemeinwohl zuallererst eines sei: privat, bourgeois.

Mit der Begriffs- und Vorstellungswelt von *citoyen/bourgeois* kommt man einer modernen Gesellschaft nur mit Kunstgriffen bei. Der einfachste Kunstgriff zu den intermediären Organisationen führt über die Idee, dass sich die Privatbürger für ihre eigenen Interessen organisieren, sei es um zusammen Sport zu treiben, sei es um das Gemeinsame an ihren egoistischen Interessen zu vertreten. Erkennbar führt diese Brücke zum Verein, nicht aber zur Stiftung als mitgliederloser Einrichtung. Mit anderen Worten: die 800.000 Vereine in Frankreich lassen sich mit solchen Kunstgriffen in eine binäre Poltik- und Gemeinwohlvorstellung einbauen, während die 2.000 Stiftungen eigentlich kaum erklärbar bleiben, außer durch den schon in der Aufklärung des 18. Jahrhunderts erhobenen Vorwurf einer besonders eitlen und egoistischen Weltsicht des Stifters, der seinen eigenen Willen auf Dauer als Maßstab verewigen wolle.

Staatlich belagerte und gefesselte Stifterfreiheit

Als 2003 das französische Stiftungs-, Vereins- und Gemeinnützigkeitsrecht reformiert wurde, nahm dies seinen Anfang eigentlich mit der Intention der Regierung, lediglich das Stiftungs- und Spendenrecht zu reformieren. Als dies in das Parlament eingebracht wurde, wurde dort sofort moniert, dass doch die Initiative der Franzosen vor allem den Weg über die Vereine nähme. Im Ergebnis führte dies dazu, dass vor allem auch das Vereinsrecht geändert wurde. Die Regierungspolitiker ließen sich dabei auch nicht von dem Argument abbringen, dass die Ausdehnung von Förderimpulsen über das (kleine) Stiftungswesen hinaus auf das 400 mal so umfängliche Vereinswesen deutlich mehr kosten würde. Das ist beeindruckend, wenn man an die deutsche Reform des Stiftungssteuerrechts im Jahr 2000 zurückdenkt, die nur gelang, weil das Finanzministerium dies angesichts der relativ geringen Zahl für noch verkraftbar hielt.

Die Kehrseite davon in Frankreich ist allerdings, dass man einer Reihe von Politikern aller Lager anmerkte, dass sie den realen wie möglichen Beitrag von Stiftungen zur Gemeinwohlproduktion eher gering veranschlagen, ja Stiftungen für ein sehr spezielles Instrument für sehr spezielle Vorhaben oder Konstellationen halten.

Die Diskussionen in Parlament und Senat unterstrichen deutlich die konsensuale Grundlage einer konstitutiven Schwäche im französischen Stiftungswesen, wobei der Konsens von der konservativen Regierung bis hin zur Kommunistischen Partei reicht. Dieser Konsens sieht im Stifter ein Problem, das einzuhegen und satzungsmäßig zu belagern ist. So weist die Regierung immer wieder darauf hin, dass zwar die Freiheit bei der Festlegung und Bestellung der Organe vergrößert werden soll und insbesondere die bei rechtsfähigen Stiftungen bis 2003 bestehende Vorschrift, dass mindestens 1/3 der Organmitglieder Staatsfunktionäre aus den fachlich zuständigen Ministerien um eine Alternative bereichert werden soll (bei dieser Alternative werden diese Mitglieder durch einen beratenden Staatskommissar ersetzt, der wie eine Art permanent an allen Sitzungen beteiligter Stiftungsaufsicht zu verstehen ist). Trotz dieser partiellen Entstaatlichung versichert die Regierung zugleich, dass sie mit der Kommunistischen Partei natürlich die Auffassung teilt, dass es wichtig und garantiert bleibt, dass der Stifter nicht die Mehrheit der Organmitglieder der Stiftung bestellen darf.

Damit ist ein zentraler Grund für das lahmende Stiftungswesen in Frankreich erkenntlich: die angekettete Stifterfreiheit. Um die Reichweite dieser Beschränkung zu ermessen, kann man die StifterStudie der Bertelsmann Stiftung zu Rate ziehen. Danach ist in Deutschland das hervorstechende Motiv lebender Stifter, warum sie selber eine Stiftung errichten, darin zu sehen, dass sie über ‚ihre' Stiftung eine Kontrolle über den Einsatz der Stiftungsmittel behalten, die sie als Spender an eine dritte Organisation oder als Mitglied irgendwo niemals hätten. Genau dieses Motiv aber kann in Frankreich gar nicht zum Tragen kommen – genau die Möglichkeit dieser Kontrolle wird dem Stifter verweigert.

Geringe komparative Vorteile der Stiftung

Der komparative Vorteil der Stiftung in Form der Gestaltungsfreiheit der Organe und bei der Bestellung der Organmitglieder, wie sie in Deutschland tragend für den Stiftungsbegriff ist, fehlt weitgehend in Frankreich. Bei der rechtsfähigen Stiftung gibt es zwei vom Staatsrat erlassene Mustersatzungen, an denen man sich orientieren muß, im Bereich der nicht rechtsfähigen Stiftungen wird man als Stifter an einige wenige Einrichtungen verwiesen und bei der französischen Sonderform der *Fondation d'entreprise* gibt es analoge Einschränkungen der Gestaltungsfreiheit wie bei der rechtsfähigen Stiftung.

Damit fehlt ein ganz zentraler komparativer Vorteil der Stiftung gegenüber Verein, GmbH oder anderen Rechtsformen.

Sucht man nach anderen komparativen Vorteilen, so machen sich diese auch rar. Besondere Steuervorteile für den Stifter im Unterschied zur Spende an den Verein, wie sie seit 2000 in Deutschland in Form höherer Abschreibemöglichkeiten gelten? Fehlanzeige. Das wollte die Regierung 2003 einführen, doch die diesbezüglichen Regeln wurden auf alle gemeinnützigen Organisationen ausgeweitet.

Lukrative Steuervorteile für die Stiftung als Vermögensbesitzer? Auch hier Fehlanzeige: Stiftungen sind in Frankreich steuerpflichtig, wenn auch der Freibetrag 2003 von 15.000 auf 50.000 Euro angehoben worden ist.

Schlimmer noch: Bis 2003 verfügten lediglich Stiftungen über das Recht bestimmte Formen von Erbschaften annehmen. Diese Privilegien, deren Details hier nicht weiter von Belang sind, wurden auf große nationale Mitgliedervereine ausgeweitet, sodass Stiftungen am Ende eines Reformprozesses, der das Stiftungswesen stärken sollte, auch noch einzelne *differentia specifica* verloren haben.

Ohne die Details im Stiftungswesen weiter zu vertiefen, kann man feststellen, dass Stiftern in Frankreich einiges an Beschränkungen zugemutet wird, die ihnen deutlich mitteilen, dass sie eher ein Problem als denn Teil einer Lösung wären, ohne dass dies durch irgendwelche Kompensationen in anderer Hinsicht aufgewogen wird. Insofern ist es kein Wunder, dass das französische Stiftungswesen zwar existent ist, aber ohne die Dynamik, die es in vielen Ländern in den letzten drei Jahrzehnten bekommen hat.

Wie der Teufel im Detail, so ist manche Innovation an den Rändern verborgen. Im vorliegenden Fall ist die Innovation von ADMICAL / Jacques Rigaud gemeint, die *Fondations d'entreprise*. Dass auch sie nicht recht von der Stelle zu kommen scheint, spricht nicht zwingend gegen sie, da sie mit all jenen Akzeptanzproblemen zu kämpfen hat, die in Frankreich dem ganzen Stiftungswesen gegenüber existieren. Nur ein Beispiel, wie zumindest bis 2003 dieses Instrument behindert wurde. So war es Mitarbeitern von Unternehmen verboten, ihrer *Fondation d'entreprise* Spenden zukommen zu lassen. Hintergrund war die Befürchtung, dass hier eine Grauzone entstehen könnte, in der einerseits Beschäftigte zu Spendenleistungen genötigt werden könnten oder aber andererseits buchtechnische Kreisläufe entstehen, in denen via steuerliche Spendensubvention Gehaltsanteile bei Mitarbeitern darstellbar werden.

Geht man hingegen auf die Grundkonstruktion zurück, so hat die *Fondation d'entreprise* einen fast ästhetisch zu nennenden Vorteil gegenüber den Unternehmenskommunikationsstiftungen, wie sie in Deutschland in der Regel als rechtsfähige Stiftung bürgerlichen Rechts errichtet werden. Unter Unternehmenskommunikationsstiftungen sind solche Stiftungen zu verstehen, die von einem Unternehmen errichtet werden, typischerweise eine weitgehende Namensidentität haben und durch ihr Wirken im öffentlichen Raum via den Stiftungsnamen das stiftende Unternehmen mit positiven Konnotationen, mit einem positiven Ruf ausstatten. Damit es zu keiner Divergenz zwischen Stiftung und Unternehmen kommt, etwa dazu, dass die Firmen-Umweltstiftung XY zusammen mit Greenpeace vor dem

Geschäftssitz des stiftenden Unternehmens dessen Umweltsünden anprangert, gibt es in der Regel organisatorische Verklammerungen zwischen Unternehmen und Stiftung.

Gegenüber dieser Art des Vorgehens, das abgesehen von der organisatorischen Verklammerung, im Prinzip auch in Frankreich machbar ist, bietet die *Fondation d'entreprise* einen interessanten Mehrwert.

Erstens wird diese Art der Stiftung prinzipiell immer nur für einen überschaubaren Zeitraum errichtet und diese Errichtung erlaubt. Das gilt auch für die jeweiligen Verlängerungen, wenn diese gewünscht werden. Das ist gerade dann besonders hoch anzusetzen, wenn es sich nicht um eigentümergeführte Unternehmen handelt, die stiften. Mit den gleichen Argumenten, mit denen man politischen Institutionen wie Parlament und Regierung das Recht streitig machen kann, überhaupt Stiftungen zu errichten, deren Ausstattung nicht wieder für spätere Gesetzgeber zurückholbar sind, kann man dies auch gegenüber managerial geführten Unternehmen tun. Insofern Manager nicht über ihr eigenes persönliches Vermögen verfügen, bleibt es sehr problematisch, dass sie durch die Errichtung einer auf Ewigkeit angelegten Unternehmenskommunikationsstiftung spätere Managergenerationen binden, ohne dass dies durch die unmittelbare Geschäftstätigkeit zwingend wäre.

Mit der *Fondation d'entreprise* wird jedem neuen Management die Chance gegeben, den Stiftungsakt zu erneuern, ihn zu modifizieren bzw. auch einzustellen.

Zweitens ist es für das Unternehmen kostengünstiger: Es muß nur das an Mitteln zur Verfügung gestellt werden, was tatsächlich im Verlaufe der fünf Jahre zwingend ausgegeben werden soll, nicht aber ein vielfach höheres Vermögen.

Insofern wird die *Fondation d'entreprise* den tatsächlichen Zeithorizonten eines Unternehmens gerechter, ohne sich deshalb der Beliebigkeit einer sich ständig wechselnden Marketing- oder Spendenagenda anzunähern. Mit dem stifterischen Akt wird ein fünfjähriges Arbeitsprogramm mit Finanz- und Personalausstattung festgezurrt, das während der Zeit zwar noch umfänglicher, aber nicht geringer ausfallen kann.

10.8 Großbritannien

Von Richard Fries

Stiftungen spielen in Großbritannien eine große Rolle. Sie sind Teil einer langen Tradition von Philanthropie mit einer andauernden Geschichte die sich auf über tausend Jahre erstreckt. (Es gibt Schulen, Krankenhäuser, Armenhäuser, und andere Institutionen, die auf eine Jahrhunderte lange Geschichte zurückblicken können). Auch die gesetzliche Grundlage hat eine lange Geschichte, die sich in dem Gewohnheitsrecht für Gemeinnützigkeit (*common law*) widerspiegelt.[1] Der wesentliche Punkt über Stiftungen und ihre rechtlichen Grundlagen ist der, dass keine der Gerichtsbarkeiten, aus denen das Vereinigte Königreich besteht (England und Wales, Schottland und Nordirland – wobei jedes Land seine eigenen gesetzlichen Merkmale aufweist, obwohl sich der Beitrag bei weitem auf England und Wales konzentriert) ein Gesetz für Stiftungen als solches aufweist. Der Begriff Stiftung, obwohl weit verbreitet benutzt und verstanden, besitzt keine gesetzliche oder technische Definition. Stiftungen nehmen eine Vielzahl von institutionellen Formen an und sind in vielen Bereichen und auf viele Arten und Weisen aktiv, einschließlich Lieferdiensten, als Befürworter und in politischen Kampagnen, aber der allgemeine Gebrauch des Konzepts ist es, die philanthropischen Beihilfe gewährenden Institutionen von denen zu unterscheiden, deren Kernaktivitäten woanders liegen. So hat der Verein der gemeinnützigen Stiftungen (ACF – Association of Charitable Foundations, der Schirmherr für UK Stiftungen) unter seinen Mitgliedern eine Vielzahl von Beihilfe gewährenden *Trusts* und Stiftungen (das breitgefasstere Etikett, das ACF vorzieht), mit der Betonung auf Unabhängigkeit und eine „sichere Finanzierungsquelle" als Schlüsselvoraussetzungen.

Die gesetzliche Basis von Stiftungen, wie anschließend näher erläutert, behält im Grundsätzlichen die Wurzeln des Gewohnheitsrechts bei, besonders das Treuhandrecht. Es gibt eine Anzahl von institutionellen Formen, die eine Stiftung annehmen kann, aber der Zweck des öffentlichen Nutzens und nicht die Form sind das unterscheidende gesetzliche Element. So sind philanthropische Stiftungen fast immer gemeinnützige Organisationen per Gesetz.

Mangels einer vereinbarten, viel weniger noch einer gesetzlichen Definition der Stiftung im britischen „dritten Sektor" ist jede Schätzung der Anzahl der Stiftungen in Großbritannien ungenau, mehr noch sogar willkürlich. Die ACF schätzt,

---

[1] In diesem Beitrag wurde Charity durchgehend mit dem im allgemeinen Sprachgebrauch üblichen Wort Gemeinnützigkeit übersetzt.

10.8 Großbritannien

dass es über 8800 unabhängige Beihilfe gewährende *Trusts* und Stiftungen in Großbritannien gibt, die jährlich etwa 2 Billionen britische Pfund als Beihilfe leisten.

Stiftungen sind auf fast allen Gebieten, die durch Gemeinnützigkeit abgedeckt sind, tätig. Das Profil erstreckt sich vom Wellcome Trust, einer der größten Stiftungen der Welt, die Beihilfen von jährlich 400 Millionen Pfund für die medizinische Forschung gewährt, zu kleinen lokalen *Trusts*. Ihr Alter und Ursprung sind ebenso unterschiedlich wie ihre finanziellen Mittel.

Die urtypische Form der Stiftung ist die, die durch einen Wohltäter begonnen wurde, entweder zu seinen Lebzeiten oder in einem Testament nach seinem Tod. Beispiele schließen die größeren allgemeine Beihilfe gewährenden Stiftungen ein, wie die Henry Smith's Charity (1628 gegründet), den Peabody Trust (1862, der Wohnungen für Bedürftige bereitstellt) den Carnegie United Kingdom Trust, der durch eine 2 Millionen Pfund Spende des schottisch-amerikanischen Unternehmers und Philanthrops gegründet wurde, der Wellcome Trust, oben bereits erwähnt, gegründet durch das Testament von Sir Henry Wellcome (noch ein Amerikaner!) der von den Gewinnen des (verwirrend genannten) Wellcome Foundation Pharmageschäfts profitiert. Ein bekannter britischer Industrieller und Philanthrop war Lord Nuffield, der den Nuffield Provincial Hospital Trust gründete (heute verwirrendermaßen einfach nur als Nuffield Trust bekannt), ebenso wie die wissenschaftlich tätige Nuffield Foundation. Obwohl Besorgnis herrscht über den Niedergang der Philanthropie, der sich in weniger Wohltätigkeiten durch die „neuen Reichen" zeigt (ein Thema, das von Theresa Lloyd in ihrer Studie „Warum die reichen Leute geben"), werden auch weiterhin neue Stiftungen gegründet, ein Beispiel ist der Sutton Trust, 1997 von Sir Peter Lampl gegründet, um die schulischen Chancen für junge Leute mit unterprivilegiertem Hintergrund zu fördern. Viele neuere Stiftungen sind auf Corporate Philanthropie zurückzuführen, besonders im Bankensektor z. B. die gemeinnützigen Organisationen, von Lloyds TSB, die in jedem Teil von Großbritannien gegründet wurden um allgemeine Beihilfen zu gewähren.

Alte Stiftungen spielen weiterhin eine große Rolle. Aus der rechtlichen Perspektive ist der im 12. Jahrhundert gegründete Bridge House Estates Trust. Er wurde errichtet um die Brücken über der Themse in Stand zu halten. Nach den Befugnissen des *Charity Act* ist er zu einer gemeinnützigen Organisation geworden, die Beihilfen für Gesamtlondon gewährt. Der City Parochial Fund ist ein weiterer Beihilfe gewährender Wohltäter in London, der aus alten Londoner Pfarrei-Organisationen entstanden ist. Ebenso die Organisation Sir Walter St. John's Educational Charity, ursprünglich in 1700 gegründet, um eine Schule in London zu unterhalten, wurde durch das *Charity Commission Scheme* in eine gemeinnützige Organisation für schulische Beihilfen umgewandelt.

Obwohl gesichertes Einkommen, gewöhnlich in Form einer Stiftung, die normale Form für Stiftungen ist, werden heute viele durch öffentliche Aufrufe unterstützt. Beispiele sind Help the Aged, die Unterstützung für alte Leute bietet, die Fernseh-Aufrufe, Comic Relief und Children in Need, in einer besonderen Kategorie, der Diana, Princess of Wales Memorial Fund, der gegründet wurde, als es zu einem Spendenaufschwung nach dem Tod der Prinzessin kam. Vergleichbar mit diesen auf lokaler Ebene ist der Versuch, ein Netzwerk von Gemeindestiftungen zu schaffen, als ein Mittel für lokale Spenden und Beihilfen. Eine besondere Initiative ist die Schaffung der Ethnic Minority Stiftung, deren Ziel es ist, eine Schenkung von 100 Millionen Pfund für die Beihilfe der Bedürfnisse der ethnischen Minoritäten zu etablieren.

Zum Schluss, um den Reichtum der Philanthropie zu illustrieren und den gesetzlichen Rahmen in Großbritannien, sollte noch die UnLtd. erwähnt werden, die Stiftung der sozialen Entrepreneurs, die aus einem 100 Million Pfund Legat von der Millenium Commission (eine der Ausschüttungsinstitutionen der Nationalen Lotterie, die 1994 gegründet wurde) errichtet wurde, um soziales Unternehmertum zu fördern.

Der rechtliche Rahmen für gemeinnützige Stiftungen

Der *Charity Act* gründet sich grundsätzlich auf das Gewohnheitsrecht. Das heißt, das Gesetz, welches bestimmt, was eine gemeinnützige Stiftung ist, entstand aus Urteilen der Gerichtshöfe. In neuerer Zeit wurde es darüber hinaus stark durch die Interpretationen der *Charity Commission* geprägt.

Solches (schriftliches) Gesetzesrecht wirkt mit bei der Gemeinnützigkeit, definiert sie aber nicht. Ein Gesetz des Elisabethanischen Parlaments, der *Charitable Uses Act* von 1601 erläutert in der Präambel was in jenem Zeitalter als Gemeinnützigkeit angesehen wurde. Das moderne Konzept der Gemeinnützigkeit wurde in den folgenden 400 Jahren entwickelt, in bekannten Urteilen bestätigt, wie dem Pemsel Fall in 1891 und heute in einem Gesetzesrahmen in die neue Gemeinnützigkeits-Gesetzgebung gebracht. Ein *Charities Bill* wurde 2004 ins Parlament eingeführt aber beendete den Gesetzgebungsprozess nicht vor den Wahlen. Nun wird diese *Charities Bill* noch einmal im neuen Parlament eingeführt. Sie zählt 11 Zwecke auf, die den konventionellen Bereich des öffentlichen Nutzens abdecken wie die Erleichterung der Armut, Bildung, Gesundheit, Kultur, Kulturerbe und Umwelt. Das Gesetz macht jedoch deutlich, dass die Interpretation dieser Ziele auf der Tradition des Gewohnheitsrechts basiert. Der Gewohnheitsrechts-Mechanismus sorgt dafür, dass neue Verwendungszwecke hinzukommen können. Dass gemeinnützige Zwecke der Öffentlichkeit dienen, ist der wesentliche Unterschied zu privaten nicht-gemeinnützigen Zwecken. Das Gesetz bestärkt die Prüfung (die von der *Charity Commission* durchgeführt wird), was zum öffentlichen Nutzen ist, obwohl dies wiederum auf Gewohnheitsrecht-Prozessen und Tradition beruht.

Es gibt andere Merkmale, die eine Stiftung aufweisen muss (oder jede andere Organisation), wenn sie als gemeinnützige Organisation im Gesetz akzeptiert werden will. Sie muss eine unabhängige profitlose und nicht-politische Institution sein.

Unabhängigkeit und besonders Unabhängigkeit von Regierung und Staat, ist gekennzeichnet und gesetzlich belegt, durch die Rolle und die Pflichten der Charity Treuhänder. Jede gemeinnützige Organisation, wie auch immer die gesetzliche Form ist, hat Treuhänder – seine Direktoren. Laut Gesetz haben sie die absolute Verantwortung für die Aktivitäten ihrer Organisation bei der Verfolgung ihrer Ziele. Es ist ihre allgemeine Pflicht ihre Befugnisse zu nutzen und die Ressourcen, zum Besten der Organisation und deren Ziele einzusetzen. Praktische Punkte kommen natürlich noch dazu, besonders in der modernen Welt, wo gemeinnützige Organisationen oft mit öffentlichen Behörden kontrahieren, um öffentliche Dienstleistungen aus öffentlichen Ressourcen zu leisten. Aber das Prinzip, dass die Treuhänder alleine, und nur sie, die gesetzlich Verantwortlichen sind, ist die gesetzliche Garantie der Unabhängigkeit der gemeinnützigen Organisationen.

Die Bedingung der Profitlosigkeit, streng genommen eine profitlose Verteilung, ist eine gesetzliche Bedingung, damit die gesamten Mittel letztendlich direkt oder indirekt für Ziele der gemeinnützigen Organisation ausgegeben werden. Natürlich hat eine solche Organisation auch administrative Kosten, stellt Mittel bereit z. B. für Spendenaktionen, Kampagnen und Werbung, aber der allgemeine Zweck und die Rechtfertigung für diese Ausgaben muss die Zuteilung für den gemeinnützigen Zweck der Stiftung sein. Und die Treuhänder müssen in der Lage sein, ihre Ausgaben zu rechtfertigen auf der Basis, dass es vernünftige Ausgaben sind, die der Zielerfüllung dienen. Kommerzielle Aktivitäten und Handel sind innerhalb dieses Rahmens erlaubt, obwohl sie der Überprüfung standhalten muss, dass diese Ausgaben dem gemeinnützigen Zweck dienen.

Die nicht-politische Voraussetzung ist komplizierter. Im Grunde verlangt das Gesetz, dass gemeinnützige Einrichtungen und ihre Treuhänder Aktivitäten vermeiden, die politisch unangebracht sind sowie keine politischen Ziele verfolgen. Dass diese Einrichtungen nicht parteipolitisch sein sollen, im Sinne dass sie mit einer politischen Partei assoziiert sind oder diese unterstützen, ist nicht kontrovers. Das *Charity Law* geht in der Interpretation von politisch noch weiter, um die Änderung von Gesetz oder Regierungspolitik abzudecken. Das Gesetz erlaubt gemeinnützigen Organisationen allerdings Kampagnen zu führen und zur öffentlichen Debatte beizutragen, wenn es um politische Belange geht, vorausgesetzt, sie sind relevant um ihre gemeinnützigen Ziele zu erreichen. Dies ist wichtig, da gemeinnützige Organisationen eine bedeutende Rolle in der öffentlichen Debatte und bei der Bildung von öffentlicher Meinung spielen.

Zusammengefasst kann man gemeinnützige Organisationen als Institutionen kennzeichnen, die im öffentlichen Interesse tätig sind. Sie werden verwaltet und gelenkt von unabhängigen Treuhändern. Ihre finanziellen Mittel werden nur zur

Erfüllung der gemeinnützigen Zielsetzung eingesetzt, und sie sind nicht politisch tätig. Der Wert dieses Status ist, dass diese Organisationen spürbare steuerliche Vorteile haben und eine hohe öffentliche Meinung genießen. Gesetzlich genießt ihr Vermögen besonderen Schutz.

Gemeinnützige Organisationen können verschiedene Ausgestaltungen annehmen – eine Zählung ergab 9 übliche Formen, von nicht eingetragenen Vereinen zu Institutionen, die durch Satzungen oder Royal Charter entstanden sind. Die 3 Standardmodelle sind Verein, Trust und gemeinnützige Unternehmen. Es gibt kein Gesetz für die gemeinnützige Form als solche. Diese Vereine, Trusts und natürlich Unternehmen gibt es in vielerlei Formen; der Zweck macht die Organisation aus. Vereine und Trusts sind jedoch die ursprüngliche Form der Gemeinnützigkeit: Vereine reflektieren das Prinzip der Versammlungsfreiheit und bieten die Mitgliedschaft in einer gemeinnützigen Organisation an.

Der Trust, die traditionelle Form von Philanthropie, existierte lange vor dem 1601 Gesetz. Er stammt aus dem frühen englischen Gesetz, besonders dem Kirchenrecht, und bildet einen Gesetzeszweig, der als Gleichheitsrecht bekannt ist. Das grundsätzliche Konzept ist die einfache Auffassung des vollstreckbaren Versprechens – Geld oder Grundbesitz wird einer Person, nicht als persönliches Eigentum, im Interesse Dritter übergeben bzw. anvertraut. Diese Form bietet sich für gemeinnützige Zwecke an, wobei der Spender einen Trust aufbaut, der bestimmte Ziele verfolgt, die der Treuhänder verwirklicht. Im Prinzip ist die gesetzliche Form flexibel und informell. Der normale Weg, einen Trust aufzubauen ist durch ein Testament oder eine Urkunde – das Dokument soll den vorgesehenen Zweck der Spende angeben. Dies sollte natürlich ein sorgfältig aufgesetztes gesetzmäßiges Dokument sein; rechtlich ist dies aber nicht notwendig. Viele *Trusts* wurden durch informell aufgesetzte Dokumente in Testamenten geschaffen und tatsächlich gab es viele Schwierigkeiten und nachfolgende Streitigkeiten durch ungenau aufgesetzte Entwürfe. (Das Testament von Sir Henry Wellcome, der den Wellcome Trust gegründet hat, heute die größte gemeinnützige Organisation in Großbritannien, ist ein Beispiel eines eigentümlichen Gründungsdokuments – erst umgeschrieben erfüllt es die modernen Bedürfnisse). Tatsächlich kann ein Trust ohne schriftliches Dokument gebildet werden. Nur Geld oder Grundbesitz muss vorhanden sein, das für einen bestimmten Zweck gespendet wird. So wurde gesagt, dass Trusts eher durch ein Verhältnis definiert werden – zwischen Spender, Kurator und Nutznießer – als durch eine organisatorische Struktur. Dies ist wichtig, um Kontrollen und Regelungen einzubauen bei Sammlungen, die z. B. als Reaktion zu Katastrophen und Notfällen gemacht wurden. Laut Gesetz sind solche Gelder ‚impressed with charity'. Zweck der Spende ist es, für gemeinnützige Zwecke ausgegeben zu werden, was unter den Erfordernissen des *Charity Law* schon einen gemeinnützigen Trust darstellt. Natürlich ist es normale Praxis, einen gemeinnützigen Trust durch eine korrekt aufgesetzte Urkunde oder Testament zu gründen; denn der Schutz des Gesetzes von Anfang an kann wichtig sein.

So ist es deutlich, dass der Trust als rechtliche Form nicht mit der Stiftung identisch ist. Im Sinne des Gemeinwohlgesetzes ist es jedoch die Entsprechung beim natürlichen Gewohnheitsrecht und die natürliche Form für Gemeinnützigkeit, einen Kapitalbetrag zum Zweck der Einkommensgenerierung für einen gemeinnützigen Zweck zu schaffen. Die Idee des wohltätigen Trusts durchdringt das ganze *Charity Law*. Die Tatsache, dass die Verantwortlichen in gemeinnützigen Organisation, ob Verein, Unternehmen oder andere Formen, Treuhänder genannt (was auch immer der genaue Titel sein mag, wie Direktor im Falle von gemeinnützigen Unternehmen) und durch das Gesetz bestimmt sind, ist ein Aspekt davon. Eine weitere Betrachtungsweise des Gedankens der Treuhänderschaft über die Mittel gemäß den Absichten des Spenders ist die Tatsache, dass die Mittel einer gemeinnützigen Organisation, wie auch immer die Form ist, dem Zweck gewidmet sein müssen und dass dieser Zweck geschützt ist. Das Gesetz für eine Modifizierung der Zwecke der gemeinnützigen Organisationen ist begrenzt und nicht nur bezüglich der Gemeinnützigkeit in reiner Trustform. Als eine spezifische gesetzliche Form werden Trusts, die durch eine Trusturkunde geschaffen wurden, als passend für gemeinnützige Aufgaben mit erheblichem Vermögen angesehen oder sehr sicherer Finanzausstattung und ohne Mitglieder. Diese Trustform eignet sich für reiche persönliche Wohltäter, die eine Stiftung für einen bestimmten gemeinnützigen Zweck gründen wollen.

Mit bestimmten Ausnahmen müssen gemeinnützige Stiftungen und andere gemeinnützige Organisationen, die in England und Wales gegründet werden, bei der *Charity-Commission* registriert werden. Diese Kommission muss jede Organisation registrieren, die die Erfordernisse des *Charity Law,* wie oben beschrieben, erfüllt, insbesondere ein exklusives gemeinnütziges Ziel haben. Als Folge der Registrierung ist die ausdrückliche und gesetzlich bindende Zustimmung zum gemeinnützigen Status.

Das Register der gemeinnützigen Organisationen erfüllt eine Anzahl von Zielen. Es ist eine Quelle von öffentlichen Informationen über gemeinnützige Organisationen, auf die man Zugriff auf der Website der Kommission hat. Der hauptsächliche Zweck ist jedoch die Regulierung bzw. Regelung des gemeinnützigen Bereiches. Die Registrierung bei der Kommission ist tatsächlich der Eintritt in ein Unterstützungs- und Überwachungsverhältnis. Das Konzept der *charity regulation* wurde bereits unter dem 1601 Gesetz etabliert, dieses Gesetz selbst ermöglicht Korrekturen bei Missbrauch des gemeinnützigen Trusts. So sollte sichergestellt werden, dass gemeinnützige Zwecke tatsächlich auch umgesetzt werden. Die Übertragung dieses grundsätzlichen Prinzips auf die heutigen Anforderungen unterstreicht die regulierende Aufgabe der *Charity Commission*. Sie soll sicherstellen, dass gemeinnützige Mittel dem öffentlichen Interesse dienen und nur für diese öffentlichen Zwecke verwendet werden.

Die *Charity-Commission,* wie sie heute konstituiert ist, ist eine öffentliche Institution mit etwa 600 Angestellten und einem jährlichen Budget von fast 30 Millionen Pfund. Dies wird aus öffentlichen Mitteln bezahlt und die Kommission ist gegenüber dem Innenministerium für einen reibungslosen Ablauf verantwortlich. Die Kommission ist unabhängig von politischen Prozessen in der Ausübung ihrer Gesetze und den Gerichten gegenüber verantwortlich für ihre Aktionen mit den gemeinnützigen Organisationen. (Das *Charity Law* schlägt die wertvolle Erneuerung eines *Charity Appeal Tribunal* vor, um Revisionen von Entscheidungen der Kommission zu ermöglichen.)

Die Kommission hat (und wird nach dem neuen Gesetzesvorschlag auch weiterhin haben) 5 breit gefächerte Funktionen: Registrierung, Rechenschaftspflicht, Überwachung, Unterstützung und Durchsetzung. Das vorrangige Ziel der Kommission ist es, gemeinnützige Bemühen und öffentliche Vertrauen in gemeinnützige Organisationen zu fördern, im Gegensatz zur Gesetzgebung, wo Regulierungen steuerlich orientiert sind. Diese Funktion wird durch den neuen Gesetzesvorschlag noch verstärkt. Die Kommission ist ein unabhängiger Partner des gemeinnützigen Sektors, der seine Kraft nutzt, um die Glaubwürdigkeit in das Konzept und das *Charity Law* zu stützen und die hohen Standards der gemeinnützigen Organisationen zu fördern. Dies spiegelt sich in seinem hauptsächlichen Ziel wider, nämlich, das öffentliche Vertrauen in die Integrität der gemeinnützigen Organisationen zu stützen. Ein großer Teil der Arbeit der Kommission besteht darin, Organisationen zu unterstützen und nicht als regulierende Behörde tätig zu sein.

Die Registrierungsfunktion der Kommission ist sowohl gesetzlich als auch administrativ. Die Rolle der Kommission, zu bestimmen, welche Organisationen einen gemeinnützigen Status haben, macht sie zum ersten und hauptsächlichen bestimmenden Faktor des *Charity Law*. Verhältnismäßig wenige Fälle kommen wegen des Gemeinnützigkeits-Status vor Gericht, deshalb ist die Rolle der Kommission so entscheidend. Dies ist deshalb so wichtig, da das Konzept des Gewohnheitsrechts der Gemeinnützigkeit daraus besteht, dass es sich den sich verändernden Bedürfnissen und Umständen anpasst. 1997 richtete die Kommission eine Bewertung des gemeinnützigen Status ein. Daraus entstehen wichtige Ansatzpunkte von gesetzlicher und öffentlicher Politik über die Rolle und die Befugnisse der Kommission, das Gesetz zu entwickeln. Dies ist ein zentraler Punkt in der Reformdebatte des *Charity Law* und wird ein Schlüsseltest für die neue Rechtsprechung.

Während die gesetzliche Statusbestimmung der Kern der Registrierungsentscheidung der Kommission ist, soll der Registrierungsprozess auch Sicherstellen, dass die gemeinnützigen Organisationen korrekt gebildet bzw. aufgestellt sind. Während das Recht der Registrierung nicht abhängig von dieser Überprüfung gemacht werden kann, ist es ein notwendiger erster Schritt zu weiteren Überprüfungen, die durch die neue Gesetzgebung erforderlich werden.

Ein Hauptanteil an der Erstarkung der Kommission war es, die Rechenschaftspflicht der gemeinnützigen Organisationen zu verbessern. Das Gesetz verlangt jetzt, dass diese Organisationen einen jährlichen Bericht über Aktivitäten und Kon-

10.8 Großbritannien

ten in vorgeschriebener Form abgeben. Dies ist abgestuft je nach Größe der Organisation, kleine müssen einen einfachen Bericht abgeben, in dem dargestellt wird, was während des Jahres unternommen wurde, unterstützt durch eine einfache Aufstellung der Einzahlungen und Quittungen. Diese müssen für die Inspektionen der Kommission oder jeden bona fide Prüfer verfügbar sein, müssen aber nicht routinemäßig an die Kommission geschickt werden. Der Bericht und die Kontenaufstellung zusammen mit den Buchprüfungserfordernissen erhöhen sich mit der Komplexität und dem Umfang der Aktivitäten der Organisationen.

Die Gründe für die Rechenschaftspflicht der gemeinnützigen Organisationen sind, dass diese ihren Status und ihre Privilegien durch ihr Engagement für das öffentliche Interesse verdienen. Die allgemeine Öffentlichkeit ist deshalb berechtigt zu wissen, was die gemeinnützigen Organisationen aus den Mitteln machen und wie sie ihren Zweck erfüllen. Der Rahmen der Rechenschaftspflicht, den die Kommission gesetzt hat, basiert auf *SORP – Statement of Recommended Accounting Practice for Charities* (Bericht der empfohlenen Buchhaltungspraxis für gemeinnützige Organisationen). Die an die Größe der Organisation angepassten Anforderungen wurden entworfen, um den Führungs- und Managementbedarf der Organisation zu reflektieren. Wie bereits erwähnt, wurden diese Anforderungen mit dem Ziel gestaltet, die Transparenz der gemeinnützigen Organisationen zu gewährleisten. Dies zeigt sich in den detaillierten Berichterfordernissen, die der *Charity-Commission* auch helfen, ihre Wächterfunktion über die gemeinnützigen Organisationen zu erfüllen.

Der Kern der aufsichtsführenden Rolle der Kommission ist die Kontrolle des jährlichen Einkommens von den etwa 60.000 größeren gemeinnützigen Organisationen (die Schwelle liegt bei 10.000 Pfund Umsatz). Hierzu gibt es zwei Teile, zum einen das Einkommen zu überwachen, um sicherzustellen, dass die SORP Bedingungen eingehalten werden (Erfüllung) und zum anderen Probleme nachzuverfolgen, die aufgrund von Berichten Fragen aufzuwerfen scheinen (Überwachung). Das Erfüllungsstadium ist Teil des Prozesses, um sicherzustellen, dass registrierte Organisationen die Rechenschaftspflicht und Transparenzerfordernisse erfüllen. Tatsächlich soll damit sichergestellt werden, dass die Organisationen offen ihre Gepflogenheiten und Aktivitäten darlegen. Nach und nach wird das Register auf der Website der Kommission Informationen über Aktivitäten und Finanzen der Organisationen enthalten, und damit den Menschen die Gelegenheit geben, sofort zu sehen, welche Organisation was mit dem Geld macht, das sie erhält. Überwachung ist Teil des aktiven Verhältnisses, das die Kommission mit den registrierten Organisationen unterhält. Sie konzentriert sich auf Punkte, bei denen die Machtbefugnis oder Erfahrung der Kommission zum Tragen kommt. Der Kern der Überwachung ist es, sicherzustellen, dass Organisationen innerhalb des Gesetzes arbeiten – und eine Verfassung haben, die sie am besten in die Lage versetzt, ihre Ziele zu erfüllen; und ein gutes Geschäftsgebaren ausüben, in der Art wie sie ihre Angelegenheiten durchführen. Die Kommission überwacht nicht direkt, wie wirksam Organisationen ihre Ziele erfüllen. Es gilt das Prinzip der Unabhängigkeit der Organisationen. Es liegt an den Treuhändern, und nicht an der Kommission, zu bestimmen, wie sie ihre Ziele, die sie zu einer gemeinnützigen Organisation machen, erfüllen.

Der größte Teil der täglichen Arbeit der Kommission kann als rat- und führungsgebende Einrichtung beschrieben werden. Dies umfasst ein weites Spektrum von Aktivitäten. Um zu vermeiden, dass gemeinnützige Organisationen vor Gericht ziehen würden, was viel Zeit und Geld verschlingen würde, nutzt die Kommission ihre gesetzlichen Machtbefugnisse. Sie gibt aber auch Rat zu rechtlichen Angelegenheiten und gutem Geschäftsgebaren. Eine besonders wichtige gesetzliche Rolle der Kommission ist es, so genannte Pläne zu erarbeiten, um die Konstitution der gemeinnützigen Organisation zu verbessern. Dazu kann gehören, dass neue Befugnisse verliehen werden, Verfahren modernisiert und sogar Ziele ergänzt werden. Unter dem *Charity Law* kann das ursprüngliche Ziel der Organisation, wie in dem Gründungsdokument niedergelegt, nur unter streng eingeschränkten Bedingungen geändert werden. Das Ausmaß, in dem Änderungen gemacht werden können, hängt von der genauen Form der Organisation ab, am leichtesten ist es im Fall von gemeinnützigen Unternehmen, am meisten beschränkt bei gemeinnützigen *Trusts*. Der Mechanismus ist die schon lange etablierte Lehre des *cy pres* mit welcher unerfüllbare Verwendungszwecke geändert werden können, damit ein gemeinnütziger Trust weiterhin funktionieren kann. Es ist der Gang des fundamentalen Prinzips des Trustkonzepts, wie auch der Stiftung, dass die Intentionen des Wohltäters geschützt sein sollten. Tatsächlich ist dies das Herzstück der Regulierung von Trusts und Stiftungen, sowohl historisch als auch konzeptionell. Ein schwieriger Punkt für Rechtsprechung und Politik ist das Ausbalancieren zwischen den Wünschen und Zielen des Gründers und den sich ändernden Bedürfnissen und Werten. Diesen Punkt ist auch deshalb von aktueller Bedeutung, da es Ziel ist die neuen wohlhabenden Bürger und Bürgerinnen anzuregen wohltätige Initiativen zu gründen, wie in das in der Vergangenheit der Fall war. Wo die ursprünglichen Intentionen überholt oder ineffektiv sind, gestattet das englische Recht ein Maß an Flexibilität, so dass Trusts modifiziert werden können. Die *Charity Commission* hat die Befugnis, zu diesem Zwecke Entwürfe zu machen. Der Änderung des Bridge House Estate Trust, der errichtet wurde um Brücken, wie die Tower Bridge über die Themse in der City of London zu unterhalten, in eine fördernde Stiftung, zeigt wie flexibel das Gesetz sein kann. Die neue Gesetzgebung versucht Bedingungen zu schaffen, die es den Organisationen erleichtert, tatsächlich sozial und wirtschaftlich etwas zu bewirken. Dies versetzt Stiftungen wohl möglich in die Lage, ihre Zwecke in Zukunft ungehinderter umzusetzen.

Die unterstützende Rolle der Kommission verbindet sich mit Ihrer Erfüllungsrolle – eine Kombination, die fragwürdig ist. Aus ihren Ursprüngen hatte die Kommission Befugnisse der Gerichte, um sich bei gemeinnützigen Organisationen einzumischen, wenn es zu Missmanagement oder Gefährdung der Mittel gekommen ist. Diese wurden gestärkt, und versetzen die Kommission in die Lage, vermuteten Missbrauch oder Missmanagement zu untersuchen und wiederherstellende Maßnahmen zu ergreifen, wie die Entlassung des Treuhänders und das Einfrieren des

Vermögens. Doch der Gebrauch dieser Befugnis der Intervention ist der letzte Ausweg und die Kommission zielt darauf ab, die Probleme früh zu erkennen und korrigierende Maßnahmen zu suchen, bevor eine Erzwingung notwendig ist. Um Verwirrung bei der „Freund"- und „Kontrolleurs"-Rolle zu vermeiden, die von den Kritikern der Kommission befürchtet werden, unterhält die Kommission eine Trennung der Unterstützungs- und Investigations-Funktionen mit einem Evaluierungsprozess, bevor die Fälle zugeordnet werden.

Im Laufe der Geschichte hat die Gemeinnützigkeit eine große Rolle bei der Erfüllung sozialer Bedürfnisse gespielt. Dies wieder einzuführen war das Ziel des *Charity Uses Act* von 1601. Die Tradition der kleinen Regierung hat während der Aufstände im Zusammenhang mit der Industriellen Revolution vieles der Philanthropie überlassen. Die allmähliche Professionalisierung von vielen sozialen Maßnahmen, die in der Schaffung des Wohlfahrtstaates gipfelte, erhob die Frage über einen Platz der Gemeinnützigkeit in der Gesellschaft im 20. Jahrhundert und insbesondere die Rolle der Trusts und Stiftungen. Anfangs war der Hauptdruck auf zusätzlichen gesetzlichen Maßnahmen und insbesondere Innovationen. Dies war immer ein sehr einfacher Blickwinkel – abgesehen von den Bereichen wie Tierschutz, die zum großen Teil oder ganz auf gemeinnützigen Organisationen basiert. Gemeinnützige Organisationen waren weiterhin die größten Versorger in zentralen Bereichen der sozialen Bereitstellung wie für Gesundheit und Kinder. Seit etwa 1970 hat es im Verhältnis zwischen öffentlichem und ehrenamtlichem Sektor einen Umschwung gegeben. Regierungen haben angestrebt, die Partnerschaft zwischen öffentlichen Behörden und gemeinnützigen Organisationen zu fördern. Als Ergebnis davon ist ein erheblicher Teil von öffentlichen Geldern durch ehrenamtliche Institutionen geflossen. Ein Rahmenwerk von Prinzipien für diese Partnerschaft, bekannt als „Pakt" wurde zwischen der Regierung und dem VCS (voluntary and community sector) geschlossen. Obwohl dies die Unabhängigkeit des VCS stärkt, gibt es viele, die fürchten, dass finanzielle Abhängigkeit unweigerlich zu programmatischer und politischer Abhängigkeit führt, was zur Folge hat, dass die gesetzliche Unabhängigkeit der gemeinnützigen Organisationen kontinuierlich den Verlust von materieller Unabhängigkeit deckt. Dies wurde besonders deutlich ausgedrückt von Lord Dahrendorf in seiner 1999 veröffentlichten Goodman Lecture.

Was auch immer richtig oder falsch an dieser Debatte ist, es stellt die Stiftungen vor neue Herausforderungen. Verallgemeinernd ist es das Ziel der Stiftungen, wie durch den ACF (Association of Charitable Foundations) ausgedrückt, das zu bezahlen, was die Regierung nicht mehr bezahlt. Dies wird in den folgenden sechs Punkten deutlich:

– neue Methoden, um Probleme zu bewältigen;
– Benachteiligte und Minderheiten, die Probleme mit der Inanspruchnahme von allgemeine Dienstleistungen oder die einen unzureichenden Zugriff auf Dienstleistungen haben;

- Antworten auf neue oder neu entdeckte Bedürfnisse und Probleme;
- Arbeit, die schwer durch konventionelle Spenden zu finanzieren ist;
- einmalige Erwerbungen oder Projekte;
- kurze und mittelfristige Arbeit, die wahrscheinlich einen langfristigen Vorteil und/oder langfristige Spenden von andernorts anziehen.

Die Wichtigkeit alternativer Spendenquellen für die Garantie der Vielschichtigkeit der Bereitstellung ist klar, ebenso aber die Gefahr, dass Spenden abgezweigt werden für Bereitstellungen, welche die Regierung zahlen sollte. Wie das Gleichgewicht aussehen soll, kann nur von Bereich zu Bereich entschieden werden – und hat viel mit der sozialen Haltung und mit Traditionen zu tun. Aber es gibt eine breite Akzeptanz, dass Stiftungen innovativ arbeiten sollen und Angelegenheiten in Angriff nehmen, welche die öffentlichen Behörden entweder nicht wollen oder nicht unterstützen können. Eine kürzliche Äußerung dieser Ansicht kann man nachlesen in *From Charity to Creativity* von Helmut Anheier und Diana Leat.

Neben dem Gewähren von Zuschüssen, ist es die Rolle der Stiftungen und des VCS im Allgemeinen, einen sehr wichtigen Beitrag zu öffentlichen Politikdebatten und auch zu den tatsächlichen Kampagnen für die Reform zu leisten. Die Joseph Rowntree Stiftungen, (Joseph Rowntree Charitable Trust, Joseph Rowntree Foundation und Joseph Rowntree Reform Trust) sind nur ein Beispiel der Stiftungen, die sich dieser Rolle verpflichten. Die Tatsache, dass der JRRT (der die Anheier/Leat Studie gesponsert hat) keine gemeinnützige Organisation ist, unterstreicht die Tatsache, dass einige Stiftungen darauf abzielen, eine Rolle zu spielen, welche das *Charity Law* als zu politisch erachtet.

Parallel zu den Punkten, die den Stiftungssektor angesichts des sich ändernden Verhältnisses zwischen Regierung und Wohlfahrt konfrontieren wird die grundlegende Struktur für gemeinnützige Gesetze und Regulierungen überarbeitet. Zum Zeitpunkt dieses Schriftstücks sind das Gesetzgebungsverfahren zur Modernisierung von *Charity Law* und das Gesetz zur Rolle und Verfassung der *Charity Commision* vor der Wiedereinführung ins Parlament. (Dies gilt für England und Wales, eine Parallelinitiative ist in Schottland auf dem Weg und auch in Nordirland wird eine Reform beabsichtigt).

Hier ist es nicht notwendig, näher auf die Bestimmungen einzugehen, was eine gemeinnützige Organisation ausmacht, ausgenommen der Tatsache, dass die Betonung auf einer stärkeren Überprüfung des öffentlichen Nutzens liegt. Das Gesetz bleibt jedoch verwurzelt in der Betrachtungsweise des Gewohnheitsrechts, eher untermauert als festgelegt durch einen neuen gesetzlichen Rahmen. Die Bestimmungen bestärken auch die Regulierung. Die *Charity Commission* wird auf eine neue gesetzliche Basis gestellt mit weiteren gesetzlichen Zielen, Funktionen und Pflichten, die dazu bestimmt sind ihre Rolle zu stärken, um das Vertrauen in die Integrität und Effektivität gemeinnütziger Organisationen zu sichern. Als Antwort auf Kommentare, nicht zuletzt vom ACF und dem Stiftungssektor, wurde das

Gesetz, wie im Parlament vorgestellt, geändert insbesondere, um mehr Nachdruck auf den effektiven Nutzen der gemeinnützigen Mittel zu legen, anstatt noch stärker auf die soziale und wirtschaftliche Wirkung abzuzielen.

10.9 Stiftungsreform in Europa

Von Thomas von Hippel

Dieser Beitrag diskutiert die Idee einer Europäischen Stiftung. Nach einer Einleitung (I) folgen ein Überblick über die bisherigen Initiativen zur Einführung einer Europäischen Stiftung (II), die Argumente für und gegen eine Europäische Stiftung (III), die Leitgedanken des Gesetzesvorschlag des „European Foundation Project" (IV), sowie Überlegungen zur Umsetzung dieses Vorschlags (V), der im Anhang abgedruckt ist (VI).

I. Einleitung: Stiftungsreform in Europa

In nahezu allen kontinentaleuropäischen Ländern gibt es die Rechtsform der Stiftung. Auch die angloamerikanischen Rechtsordnungen kennen ein oder mehrere Organisationsformen, die als funktionales Äquivalent angesehen werden können (z. B. in England den Charitable Trust, die Charitable Company und (voraussichtlich demnächst) die Charitable Incorporated Organisation[1], sowie in den USA die Nonprofit Corporation[2]).

Allerdings zeigt eine nähere Untersuchung, dass zwischen den verschiedenen nationalen Rechtsvorschriften erhebliche, historisch gewachsene Unterschiede bestehen: So haben die Niederlande seit Ende des 19. Jahrhunderts ein äußerst liberales Stiftungsrecht, das jeden rechtmäßigen Zweck zulässt, kein Anfangsvermögen verlangt, nur eine sehr eingeschränkte Staatsaufsicht (durch den Staatsanwalt) vorsieht und unternehmerische Aktivitäten weitgehend erlaubt[3]. Es ist denn auch nicht verwunderlich, dass niederländische Stiftungen sehr unterschiedliche Funktionen wahrnehmen[4] und dass die Anzahl der niederländischen Stiftungen mit 140.976

---

[1] Siehe zur geplanten Einführung dieser Organisationsform *Richter/Sturm*, Die Reform des englischen Gemeinnützigkeitsrechts, ZSt 2003, 127 ff.; *dies.*, Die Reform des englischen Stiftungsrechts, RIW 2004, 346 ff., sowie die Angaben unter http://www.charity-commission.gov.uk.

[2] Siehe hierzu näher *Richter*, Rechtsfähige Stiftung und Charitable Corporation (2001), passim; *ders.*, Das US-amerikanische Stiftungsmodell, Non Profit Law Yearbook 2001, 223 ff.

[3] Siehe hierzu näher *van der Ploeg*, Stiftungen im niederländischen Recht, in: Hopt/Reuter (Hrsg.), Stiftungsrecht in Europa (2001), S. 405 ff.; zur historischen Entwicklung siehe *Klostermann*, Die niederländische privatrechtliche Stiftung (2003), S. 23 ff.

sogar die Zahl der Vereine (115.150) übersteigt⁵. Demgegenüber bestanden in Frankreich zur gleichen Zeit gerade einmal 473 anerkannte gemeinnützige Stiftungen⁶; diese geringe Zahl beruht auf den wesentlich strengeren Anforderungen des französischen Stiftungsrechts: eine französische Stiftung muss einen gemeinnützigen Zwecks verfolgen, benötigt ein Anfangsvermögen von 762.000 €⁷ und unterliegt einer recht intensiven staatlichen Aufsicht. Die Stiftung wird regelmäßig nur genehmigt, wenn eine von der Behörde erarbeitete, detaillierte Mustersatzung übernommen wird, die noch bis 2002 unter anderem vorsah, dass ein Drittel der Mitglieder des Stiftungsvorstands durch staatliche Vertreter zu besetzen war⁸. Immerhin ist diese Bestimmung im Zusammenhang mit der Reform des Spenden-, Vereins- und Stiftungswesens im Jahr 2003 liberalisiert worden⁹.

Nicht nur in Frankreich, sondern auch in mehreren anderen Staaten ist seit den neunziger Jahren ein Trend zu beobachten, das Stiftungsrecht zu reformieren, und zwar ganz überwiegend im Sinne eines liberaleren und flexibleren Modells¹⁰. Gleichwohl werden die nationalen Unterschiede auf unabsehbare Zeit so groß bleiben, dass eine europäische Harmonisierung der nationalen Stiftungsrechte weder realistisch noch erstrebenswert erscheint¹¹ und anscheinend auch bisher von niemandem vorgeschlagen worden ist¹².

---

4 Siehe etwa *van der Ploeg* (Fn. 3), S. 405 (406 f.); *Schumann,* Die konzernverbundene Stiftung (1999), S. 45 ff.

5 So der Stand vom März 2003; siehe *Hamers/Schwarz/Zaman,* Almanak voor stichting en vereniging (2003).

6 Siehe Exposé du ministre de la culture, JO déb.AN, 1ᵉʳ avril 2003.

7 So die französische Verwaltungspraxis; siehe *Capitant,* Stiftungen im französischen Recht, in: Hopt/Reuter (Hrsg.), Stiftungsrecht in Europa (2001), S. 343 (349).

8 So Art. 3 der zwingend zu übernehmenden behördlichen Mustersatzung; siehe *Capitant* (Fn. 7), S. 343 (352).

9 Ergebnis dieser Reform war unter anderem. eine Änderung der Mustersatzung, wonach der Vertreter des Staates nur noch in beratender Funktion an den Vorstandssitzungen teilnehmen muss; vgl. hierzu sowie zur Reform generell *Charhon,* Reform des Spenden-, Vereins- und Stiftungsrechts in Frankreich 2003, Maecenata Actuell 2004, 3 (7); *Sprengel,* Die politische Debatte bei der Reform des Spenden-, Vereins- und Stiftungsrechts in Frankreich im Vergleich zu Deutschland, Maecenata Actuell, 2004, 9 ff.

10 Am markantesten zeigt sich dieser Trend in den weitreichenden Reformen in Österreich (1993) und Belgien (2002). Es gibt aber auch in mehreren anderen Staaten unauffälligere Änderungen.

11 Es kann daher dahingestellt bleiben, inwieweit eine solche Harmonisierung überhaupt europarechtlich zulässig wäre; ablehnend etwa *Hommelhoff,* Stiftungsrechtsreform in Europa, in: Hopt/Reuter (Hrsg.), Stiftungsrecht in Europa (2001), S. 227 (227 f.) weil Art. 151 Abs. 5 EGV eingreife, der es ausschließt, die Rechts- und Verwaltungsvorschriften im Kulturbereich zu harmonisieren; diskutabel ist allerdings die dort vertretene These, dass Stiftungsrecht „weithin ... normierte Sozial-" und vor allem Kulturpolitik" sei; sie dürfte in dieser Form nicht für alle Mitgliedstaaten (wie etwa die Niederlande) zutreffen.

12 So weitgehend dürfte auch nicht die Anregung der *Europäischen Kommission* zu verstehen sein, die im Jahre 1997 in ihrer Mitteilung über „die Förderung der Rolle gemeinnütziger Vereine und Stiftungen in Europa" (KOM (97) 241 endg.), S. 17 ausgeführt hat, die

Diskutabel ist dagegen, eine Europäische Stiftung als zusätzliche supranationale Rechtsform neben den Stiftungsformen der Einzelstaaten einzuführen, so wie es bereits in anderen Fällen geschehen ist, nämlich bei der Europäischen Wirtschaftsgemeinschaft (EWIV), der Europäischen Aktiengesellschaft (Societas Europaea SE) und der Europäischen Genossenschaft (Societas Cooperativa Europaea SCE).

II. Initiativen zur Einführung einer Europäischen Stiftung

Bis zur Jahrtausendwende blieb die Idee einer Europäischen Stiftung so gut wie undiskutiert.

1. Die ersten Impulse von wissenschaftlicher Seite entstanden im Anschluss an eine internationale Konferenz über das „Stiftungsrecht in Europa", die vom Max-Planck-Institut für ausländisches und internationales Privatrecht (Hamburg) und vom Institut für Wirtschafts- und Steuerrecht der Universität Kiel im Mai 2000 veranstaltet wurde[13]. Klaus J. Hopt, Direktor am Max-Planck-Institut für ausländisches und internationales Privatrecht (Hamburg), stellte die Idee einer Europäischen Stiftung im Jahr 2001 erstmals ausdrücklich vor[14]. Die Überlegungen gingen auch in die Diskussionen der *High Level Group of Company Law Experts* („Winter-Kommission") ein[15], die im September 2001 von der Europäischen Kommission eingesetzt wurde, um Vorschläge für die Modernisierung des europäischen Gesellschaftsrechts zu erarbeiten[16].

2. Die High Level Group hält in ihrem Abschlussbericht unter anderem auch die Einführung einer Europäischen Stiftung (sowie weiterer europäische Rechtsformen) für erwägenswert[17], weist allerdings darauf hin, dass es ausreiche, wenn diese Europäischen Rechtsformen langfristig eingeführt würden, weil sie für grenzüberschreitende Tätigkeiten innerhalb Europas nicht unbedingt notwendig seien[18]. Außerdem müsse eine Europäische Stiftung so konzipiert werden, dass es

---

Mitgliedsstaaten mögen „untersuchen, in welchem Umfang die rechtlichen Rahmenbedingungen geklärt und angepasst werden können, damit das Potential des gemeinnützigen Sektors auf nationaler, regionaler und lokaler Ebene voll ausgeschöpft werden kann."

[13] Siehe hierzu den auf Grundlage dieser Konferenz entstandenen Band *Hopt/Reuter* (Hrsg.), Stiftungsrecht in Europa (2001) und hieraus insbesondere *Hommelhoff* (Fn. 11), S. 227 ff., der allerdings die Möglichkeit einer Europäische Stiftung nicht anspricht.

[14] Siehe *Hopt,* Stiftungsrecht in Europa?, in: Kötz/Rawert/K. Schmidt (Hrsg.), Bürgersinn – Stiftungssinn – Gemeinsinn (2001), S. 35 (40), mit Hinweisen auf die Europäische Aktiengesellschaft und die Tätigkeit der High Level Group.

[15] *Prof. Dr. Dr. Klaus J. Hopt* war das deutsche Mitglied in der High Level Group.

[16] Siehe Report of the High Level Group of Company Law Experts on a Regulatory Modern Framework for Company Law in Europa (2002), p. 1.

[17] *High Level Group* (Fn. 16), p. 120 ff., insbe. p. 122.

[18] *High Level Group* (Fn. 16), p. 121, 127.

nicht zu Friktionen mit dem nationalen Stiftungsrecht komme, zumal gerade im Stiftungsrecht besonders große Unterschiede zwischen den einzelnen Mitgliedstaaten bestünden[19]. Im übrigen ergaben die Stellungnahmen zum Zwischenbericht der High Level Group unter anderem, dass die Vertreter des Stiftungssektors eine europarechtliche Harmonisierung der nationalen Stiftungsrechte ganz überwiegend ablehnten, der Einführung einer Europäischen Stiftung dagegen mehrheitlich zustimmten[20].

3. Die Europäische Kommission hat in ihrem Aktionsplan zum Europäischen Gesellschaftsrecht vom 21. 5. 3003[21] diese Überlegungen aufgegriffen und unter anderem erklärt, sie wolle mittelfristig (im Zeitraum 2006–2008) prüfen, ob sie einen Vorschlag für eine Europäische Stiftung ausarbeiten werde.

4. Auch in der europäischen Stiftungslandschaft besteht mittlerweile ein deutliches Interesse an einer Europäischen Stiftung. So hat sich das European Foundation Centre (EFC), der Interessenverband der europäischen Stiftungen, dem über 200 Stiftungen und Förderer aus ganz Europa angehören, für die Einführung einer Europäischen Stiftung ausgesprochen. Außerdem haben drei große Stiftungen (die Bertelsmann Stiftung, die ZEIT-Stiftung Ebelin und Gerd Bucerius sowie der italienischen Compagnia di San Paolo) ein Forschungsprojekt initiiert, in dessen Rahmen ein Gesetzesentwurf für die Europäische Stiftung erarbeitet werden soll[22]. An diesem „European Foundation Project" sind 25 ausgesuchte Stiftungs- und Steuerrechtsexperten aus verschiedenen Länder beteiligt; die Expertengruppe wird von Prof. Dr. Dr. Klaus J. Hopt und Prof. Dr. W. Rainer Walz (Leiter des Instituts für Stiftungsrecht und das Recht der Non Profit Organisationen an der Bucerius Law School Hamburg) geleitet[23]. Der Entwurf mit erläuternden Anmerkungen und rechtsvergleichenden Querschnittsberichten wird Ende des Jahres 2005 erscheinen[24]. Das European Foundation Centre hat sich entschlossen, einen eigenen Gesetzesentwurf zu erarbeiten, der jedoch in vielen Punkten dem wissenschaftlichen Vorschlag ähnlich ist.

---

[19] *High Level Group* (Fn. 16), p. 122.

[20] Siehe näher hierzu *v. Hippel,* Zur Idee einer Europäischen Stiftung, ZSt 2004, 120 (121 f.).

[21] *Europäische Kommission,* Communication from the Commission to the Council and the European Parliament. Modernizing company law and enhancing Corporate Governance in the European Union – a plan to move forward, COM (2003) 284 final.

[22] Alle drei Stiftungen sind auch Mitglieder des EFC.

[23] Der Autor dieses Beitrags ist als Mitglied des „Core Teams" an dem Projekt beteiligt.

[24] *Hopt/Walz/v. Hippel/Then* (Eds.), The European Foundation – a New European Legal Instrument.

III. Argumente für eine Europäische Stiftung

1. Erleichterung grenzüberschreitender Stiftungsaktivitäten

a) Internationalisierungstendenzen im Stiftungswesen

Auch wenn Stiftungen in der Regel bisher eher national oder regional als international tätig sind, lassen sich doch in mehrfacher Hinsicht Tendenzen einer zunehmenden Internationalisierung ausmachen[25]. Die Gründe hierfür sind vielfältig: Zum einen haben immer mehr (potenzielle) Stifter (seien es Privatpersonen oder Unternehmen) Vermögensgegenstände in mehreren Staaten, die sie als Kapital in eine Stiftung einbringen können. Zweitens sind diejenigen Stiftungen, die eng mit einem in mehreren Ländern operierenden Unternehmen verbunden sind, immer auch Imageträger des Unternehmens und daher regelmäßig auch daran interessiert, die Stiftungsaktivitäten in allen Ländern durchzuführen, in denen das Unternehmen präsent ist[26]. Drittens haben viele moderne Themen, mit denen sich Stiftungen beschäftigen, einen Auslandsbezug (z. B. Umweltschutz, Dritte Welt, politische Verfolgung, Minderheiten)[27]. Viertens können sich grenzüberschreitende Aktivitäten auch dadurch ergeben, dass Stiftungen in mehreren Staaten um Spenden oder Zustiftungen werben (z. B. eine Stiftung zur Förderung eines Museums mit internationalem Liebhaberkreis oder zur Förderung einer Universität durch ihre ehemaligen im Ausland lebenden Alumni)[28]. Schließlich gibt es auch Stiftungen, die als Dienstleister (und zwar gemeinhin als Anbieter sozialer Dienste) in mehreren Ländern tätig werden.

b) Hindernisse

Behinderungen für grenzüberschreitende Tätigkeiten finden sich sowohl im Zivil- als auch im Steuerrecht.

aa) Aus zivilrechtlicher Sicht sind die traditionellen Probleme der Anerkennung ausländischer juristischer Personen sowie der Sitzverlegung relevant[29].

---

[25] Siehe zum Folgenden auch *Schlüter,* Stiftungsrecht zwischen Privatautonomie und Gemeinwohlbindung (2004), S. 453 ff.

[26] Dies gilt namentlich für global tätige Unternehmen mit Hauptsitz in den USA, welche die in der US-amerikanischen Wirtschaft verbreitete Praxis der „Corporate Citizenship" (sich durch wohltätige Aktivitäten als good corporate citizen zu erweisen) auch auf andere zentralen Standorten des Unternehmens (u a. auch in Europa) ausgeweitet haben. Hierzu näher statt vieler *Habisch,* Corporate Citizenship (2003).

[27] Nach einer Schätzung des *Deutschen Spendeninstituts Krefeld* aus dem Jahr 1999 gehen ca. 25 % der deutschen Spenden an Projekte im Ausland; vgl. bsm-Newsletter 1/99, S. 11.

[28] Traditionellerweise werden solche Aufgaben in Deutschland durch einen Förderverein wahrgenommen, dies ist aber nicht zwingend notwendig und auch im europäischen Ausland gelegentlich anders; siehe z. B. *van der Ploeg* (Fn. 3), S. 405 (414 f.), wonach in den Niederlanden diese Aufgaben oft durch Stiftungen wahrgenommen werden.

Hinsichtlich der Anerkennung ausländischer Stiftungen haben sich bisher im deutschen Internationalen Privatrecht keine großen praktischen Schwierigkeiten ergeben[30]. Im Ausland scheinen die Hindernisse insoweit bisweilen größer zu sein[31].

bb) Aus steuerrechtlicher Sicht bestehen insbesondere bei grenzüberschreitenden (Zu)Stiftungen oder Spenden Hindernisse[32]: So darf in Deutschland eine Spende an eine gemeinnützige Organisation nur von dann von der Einkommensteuer (bzw. Körperschaftssteuer) des Spenders abgesetzt werden, wenn der Empfänger eine inländische gemeinnützige Organisation ist[33]. In fast allen anderen Staaten bestehen entsprechend restriktive Regelungen[34]. Derzeit gibt es zwei Möglichkeiten, um diese Hindernisse zu überwinden: Die ausländische gemeinnützige Organisation kann entweder eine gemeinnützige Tochterorganisation im Staat des Spenders einrichten[35], was zu einem beträchtlichen Verwaltungsaufwand führt[36], oder ein eigens für grenzüberschreitende Spenden eingerichtetes „Netzwerk" ein-

---

[29] Zur Frage, inwieweit sich insoweit die neue Rechtsprechung des EuGH zu ausländischen Kapitalgesellschaften auswirkt, siehe sogleich unter III. 1. c).

[30] Siehe *Kronke,* Die Stiftung im Internationalen Privat- und Zivilverfahrensrecht, in: v. Campenhausen / Kronke / Werner (Hrsg.), Stiftungen in Europa (1998), S. 361 (373 ff.) mit einem Überblick über die seit 1930 ergangenen 12 Urteile, die sich mit dem IPR der Stiftung befassen.

[31] Siehe *Gallop,* Cross-border Issues facing Foundations and their Donors, in: Schlüter / Then / Walkenhorst (Eds.), Foundations in Europe (2001), p. 744 (750), unter Hinweis auf einen unveröffentlichten Fall, in dem eine niederländische Stiftung vor einigen Jahren Schwierigkeiten hatte, in Belgien anerkannt zu werden; siehe auch die Nachweise von *Gallop,* Grenzüberschreitende Aktivitäten von Stiftungen, Stiftern und Spendern in: Bertelsmann Stiftung (Hrsg.), Handbuch Stiftungen, 2. Aufl., Wiesbaden 2003, S. 983 (991), wonach einige Staaten besondere Anerkennungsverfahren für ausländische Stiftungen haben.

[32] Siehe auch den Hinweis im Bericht der *High Level Group* (Fn. 16), p. 157 f., mehrere Vertreter aus dem Stiftungssektor hätten sich im Rahmen der Fragebogenaktion für Verbesserungen bei grenzüberschreitenden Spenden ausgesprochen.

[33] Siehe OFD München, Verfügung vom 23. 11. 2001 – S 2223 – 145 St 41, DStR 2002, 806.

[34] Großzügiger sind die Niederlande, bei denen eine Genehmigung des Finanzministers möglich ist; dasselbe gilt auch für Frankreich, wenn die ausländische Stiftung in Frankreich registriert ist und gemeinnützige Aktivitäten in Frankreich durchführt; vgl. *Gallop* (Fn. 31), S. 983 (994). Nach *Gallop,* a. a. O., S. 983 (994), sind ferner in Dänemark und Italien die Zuwendungen an ausländische gemeinnützige Organisationen ohne weiteres steuerlich absetzbar; abweichend insoweit allerdings der dänische Länderbericht von *Andersen,* in: Bater (Hrsg.), The tax treatment of cross-border donations (Losebl. 2002) sowie die entsprechenden country profiles auf der Homepage des European Foundation Centre (http://www.efc.be/projects/eu/legal/index.asp).

[35] Ein Beispiel hierfür wäre eine US-amerikanische Universität, die ihren im Ausland lebenden Alumnis den Spendenabzug ermöglichen möchte.

[36] In jedem Land muss die jeweils am besten passende – m. a. W., die am einfachsten und billigsten zu gründende und zu unterhaltende – Organisationsform ausgesucht werden. In Deutschland dürfte ein gemeinnütziger Verein oder eine gemeinnützige unselbständige Stiftung am sinnvollsten sein.

schalten, bei dem die beteiligten Organisationen („intermediaries") die Spende an den ausländischen Kooperationspartner transferieren und die für das Finanzamt erforderlichen Nachweise über die Verwendung im Ausland zu erbringen[37]. Durch diese Tätigkeit wird der Spendenabzug ermöglicht, erhalten bleibt freilich ein Resthindernis in Form einer Kostenbarriere, weil die Partner des Netzwerks für ihre Dienstleistung ein Entgelt erheben.

c) Relevanz der Hindernisse

Es fragt sich, ob diese Hindernisse so schwerwiegend sind, dass es zur Abhilfe einer Europäischen Stiftung bedarf und ob die Europäische Stiftung überhaupt das richtige Mittel hierfür ist.

aa) Zum einen ist zu prüfen, ob die Hindernisse durch die neuere Rechtsprechung des Europäischen Gerichtshofs zum europäischen Gesellschaftsrecht hinfällig geworden sind.

Hinsichtlich der zivilrechtlichen Hindernisse dürfte aus den Leitentscheidungen des EuGH in den Fällen Centros[38], Überseering[39] und Inspire Art[40] folgen, dass sich zumindest wirtschaftlich tätige Stiftungen[41] auf die Niederlassungsfreiheit berufen dürfen und sich daher auch im Ausland niederlassen dürfen[42]. Allerdings dürfte eine Wegzug der Stiftung ins Ausland nach wie vor nicht möglich sein, weil die Rechtsprechung des EuGH nach überwiegender Ansicht diese Fälle nicht erfasst[43]. Abgesehen davon verlangt das deutsche Stiftungsrecht für den Fall des Wegzugs einer Stiftung die Auflösung der Stiftung, die von der deutschen Stiftungsaufsicht in aller Regel nicht zugelassen werden wird[44], weil eine solche Maß-

---

[37] Ein solches Netzwerk ist z. B. Transnational Giving Europe (TGE); näher hierzu *von Hippel,* Zur Idee einer Europäischen Stiftung, ZSt 2004, 120 (124). Schwierigkeiten ergeben sich allerdings, wenn ein deutscher Stifter eine Stiftung im Ausland gründen möchte – hier ist das sogenannte „endowment"-Verbot zu beachten, das es einer Stiftung grundsätzlich untersagt, ihre zu verwendende Mittel einer anderen Stiftung als Grundstockvermögen zur Verfügung zu stellen; siehe *Schlüter* (Fn. 25), S. 481.

[38] EuGH, Urt. v. 9. 3. 1999 – Rs. C-212/97, NJW 1999, 2027.

[39] EuGH, Urt. v. 5. 11. 2002 – Rs. C-208/00, NJW 2002, 3614.

[40] EuGH, Urt. v. 30. 9. 2003 – Rs. C-167/01, NJW 2003, 3331.

[41] Art. 48 Abs. 2 EGV verlangt einen „Erwerbszweck", die herrschende Ansicht stellt insoweit darauf ab, ob eine die unternehmerische Tätigkeit ausgeführt wird.

[42] Während die Anmerkungen zu den Konsequenzen für das Kapitalgesellschaftsrecht kaum noch übersehbar sind (siehe stellvertretend für alle *Bayer,* Die EuGH-Entscheidung „Inspire Art" und die deutsche GmbH im Wettbewerb der europäischen Rechtsordnungen, BB 2003, 2357 ff.; *Ulmer,* Gläubigerschutz bei Scheinauslandsgesellschaften, NJW 2004, 1201 ff. m. w. N.), gibt es zum Stiftungsrecht bislang kaum Beiträge.

[43] Siehe z. B. *Schön/Schindler,* Seminar D: Zur Besteuerung der grenzüberschreitenden Sitzverlegung einer Europäischen Aktiengesellschaft, IStR 2004, 571 (572 f.).

[44] Das Zustimmungserfordernis ist in den Landesstiftungsgesetzen geregelt, siehe z. B. § 14 Abs. 2 StiftG Baden-Württemberg.

nahme nicht dem Stifterwillen entsprechen dürfte[45]. Im Übrigen führt die Verlegung bei steuerbegünstigten Stiftungen gemeinhin zum Verlust der Steuervergünstigung[46].

Im Hinblick auf die steuerrechtlichen Hindernisse beim Spendenabzug spricht viel dafür, dass die geltenden Beschränkungen auf nationale Organisationen zwar nicht gegen die Niederlassungsfreiheit verstoßen (Art. 48 EGV), wohl aber eine Beschränkung der Kapitalverkehrsfreiheit (Art. 56 EGV) sind[47], die sich schwerlich rechtfertigen lässt[48]. Bejaht man einen Verstoß gegen die Kapitalverkehrsfreiheit, so besteht bereits de lege lata ein Diskriminierungsverbot: die Staaten müssen dann den Spendenabzug bei Zuwendungen an ausländische Organisationen zulassen, sofern diese Organisationen die nationalen Voraussetzungen des Spendenrechts erfüllen. Freilich ist nicht zu erwarten, dass sich die Finanzverwaltung diese Ansicht ohne ein entsprechendes Urteil des EuGH zueigen machen wird. Deshalb ist eine ausdrückliche Regelung, die Klarstellung schafft, in jedem Falle sinnvoll.

bb) Freilich hat Einführung einer Europäischen Stiftung keine direkten Auswirkungen auf das Steuerrecht. Man mag daher einwenden, dass eine steuerrechtliche Harmonisierung wichtiger als die Einführung einer Europäischen Stiftung sei oder gar, dass eine Europäische Stiftung ohne begleitende steuerrechtliche Harmonisierung nutzlos sei[49]. Indessen erscheint es angesichts der politischen Erfahrungen alles andere als ratsam, die Einführung der Europäischen Stiftung (oder einer der anderen europäischen Rechtsformen) von einer vorherigen oder gleichzeitigen steuerrechtlichen Vereinheitlichung abhängig zu machen. Die Verhandlungen bei der Europäischen Aktiengesellschaft haben gezeigt, dass es schon schwierig genug war, sich auch nur über die fundamentalen zivilrechtlichen Strukturen der Europäischen Aktiengesellschaft zu einigen[50] – hätte man in den Verhandlungen zur Bedingung gemacht, auch noch das Steuerrecht einzubeziehen, wäre die Europäische Aktiengesellschaft wohl kaum Realität geworden. Es spricht übrigens manches dafür, dass die Europäische Aktiengesellschaft wegen der fehlenden steuerrechtlichen Vereinheitlichung in der Praxis selten bleiben

---

[45] Siehe *Gallop* (Fn. 31), S. 983 (1002).

[46] Siehe *Gallop* (Fn. 31), S. 983 (1001).

[47] Zu nennen sind insbesondere der Inhalt der Nomenklatur der Kapitalverkehrsrichtlinie, die nach einhelliger Ansicht als Auslegungshilfe für den Begriff des Kapitalverkehrs heranzuziehen ist, sowie die Argumentation des EuGH in der Entscheidung „*Erben von H. Barbier*" (ZEV 2004, 74 ff.); siehe ausführlich *von Hippel,* Fremdnützige Vermögenstransfers – ein Anwendungsfall der Kapitalverkehrsfreiheit, EuZW 2005, 7 ff.

[48] Siehe hierzu näher *Zeininger,* Die deutsche Stiftung nach der Reform des Stiftungssteuerrechts durch Gesetz vom 14. Juli 2000 und ihre transnationale Offenheit anhand eines Vergleichs mit dem Stiftungsrecht in Österreich (2003), S. 180 ff., 184 ff.; *Schäfers,* Die steuerrechtliche Behandlung gemeinnütziger Stiftungen in grenzüberschreitenden Fällen (2005), S. 319 ff., 349 ff.

[49] In diese Richtung etwa *Schlüter* (Fn. 25), S. 570.

[50] Siehe auch unten unter IV. 4.

wird. Gleichwohl bedeutet sie einen Fortschritt in der europäischen Entwicklung, die auch ein Schritt auf dem Weg zu einer stärkeren Vereinheitlichung des Steuerrechts sein kann[51].

cc) Schließlich könnte mancher Betrachter versucht sein, eine Europäische Stiftung als unerwünschten europäischen „Eingriff" in das nationale Stiftungsrecht anzusehen, der wegen des Subsidiaritätsprinzips nur bei zwingender Erforderlichkeit vorgenommen werden sollte. Gegen eine solche Einschätzung sprechen indessen zwei Argumente: Zum einen engt eine Europäische Stiftung das nationale Stiftungsrecht nicht ein, sondern erweitert die Möglichkeiten für (potenzielle) Stifter, indem neben Stiftungen in den einzelnen Ländern auch eine Europäische Stiftung als supranationale Rechtsform zur Wahl gestellt wird. Zweitens würden übersteigerte Anforderungen an die Einführung einer Europäischen Stiftung den Wertungen widersprechen, die bereits bei den anderen Europäischen Rechtsformen anerkannt sind. So hat bislang niemand die Einführung der Europäische Aktiengesellschaft mit dem Argument abgelehnt, dass sie nicht nötig sei, weil nationale Kapitalgesellschaften grenzüberschreitend in Europa tätig sein dürfen[52].

Im Ergebnis spricht daher viel dafür, die Einführung einer Europäischen Stiftung (mit der High Level Group[53]) als erwägenswert anzusehen, auch wenn man bezweifeln mag, dass eine Europäische Stiftung zwingend notwendig ist, um bestehende Hindernisse zu beseitigen.

2. Imagevorteile und Vorbildcharakter

Neben der Erleichterung der grenzüberschreitenden Tätigkeit hat die Rechtsform der europäischen Stiftung auch psychologische Vorteile.

Der Name „Europäische Stiftung" kann das Image einer Stiftung positiv beeinflussen, weil er gut mit einer internationalen Zielsetzung harmoniert und psychologische Vorbehalte von Spendern und Zustiftern gegenüber einer ausländischen Rechtsform beseitigt[54]. Darüber hinaus kann eine Europäische Stiftung im günstigen Fall auch die Funktion eines Vorbilds gewinnen und Reformen des nationalen Stiftungsrechts von Mitgliedsstaaten oder Drittstaaten beeinflussen.

---

[51] Der Gesetzesvorschlag des European Foundation Project enthält denn auch einen zivilrechtlichen und einen steuerrechtlichen Teil, siehe unten unter IV. und VI.

[52] Dies dürfte spätestens nach der neuen Rechtsprechung des EuGH (siehe Fn. 38–40) feststehen.

[53] Siehe oben unter II. 2.

[54] Vgl. *J. Wagner,* Der Europäische Verein (2000), S. 289, für den Europäischen Verein.

IV. Gesetzesvorschlag des „European Foundation Project"

Der Gesetzesvorschlag des „European Foundation Project", der im Anhang abgedruckt ist[55] enthält folgende Leitgedanken[56].

1. Eindeutige funktionale Bestimmung

Eine (bereits erwähnte) Schwierigkeit für die Europäische Stiftung liegt in der großen Unterschiedlichkeit der einzelnen nationalen Stiftungsrechte, woraus zwangsläufig folgt, dass es in manchen Ländern erhebliche Unterschiede zwischen dem nationalen Stiftungsrecht und der Europäischen Stiftung geben wird. Wie bereits ausgeführt, können diese Unterschiede vorteilhaft sein, weil sie Reformen des nationalen Stiftungsrechts beeinflussen können, aber auch nachteilig, wenn es zu Reibungen zwischen dem nationalen Stiftungsrecht und dem Recht der Europäischen Stiftung kommt[57].

Diese Gefahr lässt sich durch eine sachgerechte Beschränkung des Rechts der Europäischen Stiftung vermeiden. Die Mitglieder des wissenschaftlichen European Foundation Project haben daher beschlossen, die Funktion der Europäischen Stiftung auf karitativ-fördernde Tätigkeiten zu beschränken, die in allen europäischen Staaten anerkannt sind. Daher muss die Stiftung einen public benefit purpose verfolgen (a) und darf nur beschränkt unternehmerisch tätig werden (b).

a) Verfolgung eines public benefit purpose

Wie in rund der Hälfte aller europäischen Staaten[58] hat auch eine Europäische Stiftung gemäß Art. 1 des Gesetzesvorschlags einen public benefit purpose zu verfolgen. Der Vorschlag ist damit enger als das deutsche Stiftungsrecht, das jeden gemeinwohlkonformen Zweck anerkennt. Allerdings ist der in Art. 1.2 vorgeschlagene Katalog so breit, dass im Ergebnis nur wenige Zwecke ausgeschlossen sind. Einschränkungen ergeben sich insbesondere für Familienstiftungen, die freilich auf nationaler Ebene weiterhin dort möglich sind, wo das nationale Recht sie anerkennt. Um dem Stifter eine hinreichende Versorgung seiner engsten Familienangehörigen zu ermöglichen, sieht Art. 1.3 Abs. 2 des Vorschlags vor, dass der Stifter seine Stiftung in den Vermögensgrundstock mit der Auflage versehen darf, dass bis zu 30 Prozent der Ausschüttungen an seinen Partner oder seine Kinder ausgezahlt werden.

---

[55] Siehe unten unter VI.
[56] Hierzu demnächst ausführlich *Hopt / Walz / v. Hippel / Then* (Fn. 24).
[57] Siehe die entsprechenden Befürchtungen der High Level Group oben unter II. 2.
[58] Siehe zu den folgenden rechtsvergleichenden Ausführungen demnächst ausführlich die rechtsvergleichenden Berichte in *Hopt / Walz / v. Hippel / Then* (Fn. 24).

b) Beschränkung für wirtschaftliche Tätigkeiten

Nach Art. 6.2 des Vorschlags darf eine Europäische Stiftung nur mittels einer Tochtergesellschaft wirtschaftlich tätig werden. Diese Regelung soll verhindern, dass die Europäische Stiftung eingesetzt wird, um zwingende Vorschriften des nationalen Rechts für unternehmerische Tätigkeiten zu umgehen[59]. Damit soll zugleich den Befürchtungen Rechnung getragen werden, die namentlich von deutscher Seite gegenüber dem Entwurf des Status zu einem Europäischen Verein vorgetragen worden sind[60]. Bekanntlich hat die Europäische Kommission bereits 1993 einen Entwurf für den Europäischen Verein vorgestellt[61], der sich bislang trotz wiederholter Initiativen[62] politisch nicht durchsetzen konnte.

2. Keine europäische Dimension

Die Wissenschaftliche Expertengruppe schlägt vor, keine europäische Dimension hinsichtlich des Zwecks und der Tätigkeit (a) der Europäischen Stiftung oder ihrer Verwaltung und Aufsicht (b) zu verlangen.

a) Zweck und Tätigkeit

Aus Art. 1.1 und Art. 2.1 Abs. 1 des Vorschlags geht hervor, dass eine auch Europäische Stiftung auch zulässig ist, wenn ihr Zweck und / oder ihre Tätigkeiten sich nur auf einen nationalen Bereich beschränken.

Dies mag prima vista befremdlich erscheinen, zumal bei den anderen Europäischen Rechtsformen regelmäßig eine auf mehrere Mitgliedsstaaten bezogene Zwecksetzung und / oder Tätigkeit verlangt wird[63]. Indessen ist dies weniger sachlich als politisch motiviert und daher auch bei den anderen Europäischen Rechtsformen durchaus zweifelhaft.

---

[59] Eine politische Frage ist, ob diese strikte Regelung durch Ausnahmen abgemildert werden sollte, was jedenfalls für geringfügige wirtschaftliche Tätigkeiten (z. B. den Verkauf von Postkarten) nahe liegt.

[60] Siehe exemplarisch die Kritik von *Weisbrod*, Europäisches Vereinsrecht (1994), S. 281 f.; *Nissel*, ZSt 2003, 89 (90 ff.), dass die unternehmerischen Betätigungsfelder des vorgeschlagenen Europäische Verein außerhalb der Grenzen des deutschen Vereinsrechts seien und die diese Grenzen daher umgangen werden könnten.

[61] KOM (93) 252 endg., ABl. EG Nr. C 236, S. 1 ff.

[62] Ende 2002 hat die Kommission einen neuen geänderten Verordnungsvorschlag für eine Verordnung des Rates über das Statut des Europäischen Vereins vorgestellt, der bei der deutschen Regierung nach wie vor auf keine große Gegenliebe stößt. Siehe näher den Bericht des Leiters des für das Vereins- und Stiftungsrecht zuständigen Referats im Bundesministerium der Justiz *Nissel*, Europarechtliche Regelungen für einen Europäischen Verein sowie eine Europäische Stiftung, ZSt 2003, 89 (90 ff.).

[63] Vgl. etwa die vier Varianten zur Gründung einer Europäischen Aktiengesellschaft in Art. 2 SE-VO, näher hierzu *Hirte*, Die Europäische Aktiengesellschaft, NZG 2002, 1 (3 f.).

Verlangt man stattdessen einen europäischen Zweck, wären zudem Abgrenzungsprobleme vorprogrammiert: Entschieden werden müsste dann, ob der Zweck bereits „europäisch" ist, wenn es sich um ein Kulturgut mit übernationaler Bedeutung handelt oder ob es insoweit eine Rolle spielt, dass durch eine europaweite Unterstützung die „europäische" Völkerverständigung gefördert wird. Auch wäre fraglich, ob z. B. die Förderung der University of Oxford ein europäischer Zweck ist. Soll es darauf ankommen, dass ein bestimmter Prozentsatz internationaler Gaststudenten die Universität besucht? Oder liegt ein europäischer Zweck vor, wenn dieselbe Stiftung außerdem noch die Universität von Uppsala unterstützt? Ist eine Tätigkeit in mehreren Staaten bereits gegeben, wenn dort um Spenden oder Zustiftungen geworben wird?

Diese schwierigen Abgrenzungsprobleme befriedigen umso weniger, als es eines der wichtigsten Argumente für eine Europäische Stiftung ist, grenzüberschreitende Zuwendungen zu erleichtern[64]. Unterstützenswert ist dieses Anliegen auch, wenn der Spender eine Organisation unterstützen will, die nur einen regionalen Zweck- oder Tätigkeitsbereich hat.

b) Registrierungsbehörde und Staatsaufsicht

Hinsichtlich der Registrierung und der Staatsaufsicht hat sich die Wissenschaftliche Expertengruppe gegen eine zentrale Europäische Behörde entschieden und es stattdessen dem nationalen Gesetzgeber überlassen, die entsprechenden Behörden festzulegen (vgl. Art. 3.5, Art. 7 des Vorschlags). Zwar hätte eine zentrale Behörde Vorteile einer vereinheitlichten Praxis, wie etwa der Frage, welcher Zweck unter die Generalklausel „public benefit purpose" fällt. Gleichwohl würde eine solche Behörde vermutlich eine relativ große Bürokratie erfordern und deutlich mehr Kosten verursachen, da eine solche Behörde in allen Mitgliedsstaaten Zweigstellen einrichten müsste und sich auf die verschiedenen Sprachen und national höchst unterschiedliche Traditionen einstellen müsste. Demgegenüber erscheint es einfacher und effizienter, es den Mitgliedstaaten zu überlassen, eine geeignete Instanz zu bestimmen und insoweit nur Rahmenregeln zu erlassen, so dass aus europäischer Ebene ein ähnliches System entsteht wie im deutschen föderalen Stiftungswesen. Zum Gelingen dieses europäischen Modells ist freilich eine Koordination der nationalen Instanzen notwendig, wie sie auch schon in anderen europarechtlich geregelten Bereichen besteht[65]. Fehlerhafte oder divergente Anwendungen des Rechts der Europäischen Stiftung könnten durch Klagen bei den nationalen Gerichten und in letzter Instanz beim EuGH vermieden werden, der für die Auslegung des europäischen Rechts zuständig ist[66].

---

[64] Siehe oben unter III. 1. b) bb).

[65] Siehe näher hierzu unten IV. 4.

[66] Siehe zur Frage einer Vorlagepflicht der nationalen Gerichte an den EuGH im Falle der Auslegung unbestimmter Rechtsbegriffe aus dem sekundären Gemeinschaftsrecht näher

3. Betonung privater Kontrollmechanismen, begrenzte Staatsaufsicht

Die Wissenschaftliche Expertengruppe hat sich dafür entschieden, das Verhalten der Vorstandsmitglieder lieber durch verstärkte private Kontrollmechanismen als durch eine intensive Staatsaufsicht zu überwachen: Durch die Installierung privater Kontrollmechanismen soll gewährleistet werden, dass die Vorstandsmitglieder zumindest einer gewissen Kontrolle unterliegen, obwohl bei einer Stiftung „Eigentümer" fehlen, die materielle Anreize zur Überwachung der Vorstände haben.

Traditionell wurde dieses Kontrollproblem in vielen Ländern durch eine intensive Staatsaufsicht beantwortet. Für die Betonung der privaten Kontrollmechanismen gegenüber der Staatsaufsicht spricht dagegen zum einen, dass die Intensität der nationalen Stiftungsaufsicht sehr unterschiedlich ist und eine zentrale europäische Aufsicht weder realistisch, noch wünschenswert erscheint. Zum anderen zeigt auch ein rechtsvergleichender Blick, dass seit den neunziger Jahren in mehreren Ländern die Kontrolldichte der Staatsaufsicht zurückgenommen und gleichzeitig private Kontrollmechanismen gestärkt wurden[67].

a) Private Kontrollmechanismen

Art. 4 des Vorschlags enthält unter anderem vergleichsweise detaillierte Mindestvorgaben für die interne Organisation (Governance) der Stiftung: Der Vorstand muss mindestens mit drei unabhängigen Mitgliedern besetzt sein (Art. 4.1.2), die Amtszeit eines Vorstandsmitglieds darf höchstens vier Jahre betragen; eine Wiederwahl ist zulässig (Art. 4.1.3 Abs. 2 des Vorschlags). Wenn in der Satzung nicht eindeutig festgelegt ist, wer den Vorstand berufen soll, werden neue Vorstandsmitglieder durch den Aufsichtsrat (falls vorhanden) oder durch ein Kooptationsverfahren der alten Mitglieder berufen (Art. 4.1.3 Abs. 1 des Vorschlags). Ab einer bestimmten Größenordnung ist außerdem ein Aufsichtsrat zu bestellen, für dessen Mitglieder sinngemäß denselben Regeln wie für Vorstandsmitglieder gelten (Art. 4.2 des Vorschlags).

Außerdem haben der Stifter (oder Zustifter und Spender von größeren Beträgen) sowie Destinatäre das Recht, die Stiftungsaufsicht anzurufen, um mitzuteilen, dass der Vorstand ihrer Ansicht nach seine Pflichten verletzt – die Stiftungsaufsicht hat hierauf innerhalb von 60 Tagen mit einer begründeten Stellungnahme zu antworten (Art. 4.3. und Art. 4.4 des Vorschlags).

Art. 5 des Vorschlags enthält Vorgaben für Berichte und Rechnungslegung: Jede Stiftung hat jährlich über ihre Tätigkeiten zu berichten und einen Jahresabschluss

---

Remien, Die Vorlagepflicht bei Auslegung unbestimmter Rechtsbegriffe, RabelsZ 2002, 503 ff., insb. 514 f.

[67] Dies gilt etwa für die (bereits erwähnten) Reformen in Österreich und Belgien, aber auch für die meisten osteuropäischen Staaten.

nach anerkannten buchhalterischen Maßstäben aufzustellen. Ab einer bestimmten Größenordnung ist ein unabhängiger Wirtschaftsprüfer herbeizuziehen. Jedermann ist berechtigt, Einsicht in die letzten drei Jahresberichte oder Jahresabschlüsse zu nehmen.

b) Rudimentäre Rahmenvorgaben für die Staatsaufsicht

Die Wissenschaftliche Expertengruppe hat sich entschlossen, nur rudimentäre Mindestvorgaben für die Staatsaufsicht innerhalb der einzelnen Länder zu geben. Hierdurch wird den unterschiedlichen Traditionen Rechnung getragen[68].

Die Mitwirkung der Stiftungsaufsicht ist insbesondere bei Änderungen der Satzung, des Zwecks oder der Auflösung der Stiftung vorgesehen (Art. 8 des Vorschlags). Außerdem soll die Staatsaufsicht die Jahresberichte und Jahresabschlüsse entgegennehmen und kontrollieren, wenn kein Aufsichtsrat besteht (Art. 7 Abs. 2 des Vorschlags) bzw. kein Wirtschaftsprüfer eingeschaltet ist (Art. 7 Abs. 3 des Vorschlag). Schließlich soll die Stiftungsaufsicht die „erforderlichen" Maßnahmen treffen, dass Pflichtverletzungen korrigiert werden (Art. 4 Abs. 4 des Vorschlags). Der Entwurf stellt damit klar, dass nur eine Rechtsaufsicht (und keine Fachaufsicht) besteht und überlässt es den Mitgliedstaaten, das Verfahren zu konkretisieren, was wiederum die unterschiedlichen Traditionen berücksichtigt[69]. Nach Ansicht der Wissenschaftlichen Expertengruppe würde auch eine vergleichsweise zurückhaltende Aufsicht durch die nationale Stiftungsbehörde für eine adäquate Sicherheit sorgen, weil hinreichende private Kontrollmechanismen vorgesehen sind (vgl. oben unter 3 a).

4. Beschränkung auf Rahmenregelungen und Ergänzung durch das Stiftungsrecht des Gründungsstaates und das Stiftungsaufsichtsrecht des Sitzstaates

a) Rahmenregelung

Der Entwurf beschränkt sich an mehreren Stellen bewusst auf Rahmenregelungen. Dies gilt sowohl für die Staatsaufsicht, als auch z. B. für die Einzelheiten der Registrierung (siehe Art. 3.5 des Vorschlags). Hierfür gibt sowohl es sachliche Gründe (Verschiedenheit der nationalen Systeme) als auch politische Gründe: Die Erfahrungen bei der Europäischen Aktiengesellschaft haben gezeigt, dass die Mitgliedstaaten detaillierte europäische Vorgaben ablehnen und nur Rahmenregeln akzeptieren[70].

---

[68] Abgesehen davon ist auch aus grundsätzlichen (sogleich unter IV. 4. behandelten) Gründen eine Beschränkung auf Rahmenregelungen sinnvoll.

[69] So darf etwa in manchen Ländern die nationale Stiftungsaufsicht bestimmte Maßnahmen nur auf der Grundlage eines richterlichen Beschlusses durchführen.

Freilich ergeben sich aus dieser Rahmenregelungs-Konzeption auch Schwierigkeiten: So ist jede unterschiedliche Regelung, die sich durch ergänzendes nationales Recht ergibt, auch eine Regelung, die das Ziel einer möglichst einheitlichen Europäischen Stiftung hindert. Die Wissenschaftliche Expertengruppe hat bewusst davon abgesehen, generell die schwierige und hochgradig politische Frage zu beantworten, inwieweit die europäische Regelung abschließend sein soll, so dass keine nationalen Ergänzungen zulässig sind.

b) Ergänzendes nationales Recht

Hinsichtlich des ergänzenden nationalen Rechts verweist Art. 9 des Vorschlags auf das (Stiftungs-)Recht des Gründungsstaates. Zwar widerspricht diese Regelung der Verordnung zur Europäischen Aktiengesellschaft, welche insoweit auf das Recht des Sitzstaats verweist[71]. Indessen ist diese Bestimmung insoweit überholt, als sie noch aus der Zeit stammt, in der das internationale Gesellschaftsrecht der meisten Mitgliedstaaten der sog. „Sitztheorie" folgte – die (bereits referierte) neuere Rechtsprechung des EuGH hat demgegenüber die Sitztheorie in weiten Teilen für europarechtswidrig erklärt[72]. Die Wissenschaftliche Expertengruppe hat beschlossen, diesen Änderungen Rechnung zu tragen. Sofern eine Stiftung in mehreren Ländern Niederlassungen unterhält, wird eine gewisse Koordination der Aufsichtsbehörden nötig sein, wie sie auch jetzt schon bei der Banken- oder Versicherungsaufsicht besteht (siehe hierzu auch Art. 7 Abs. 1 des Vorschlags).

5. Steuerrecht: Alternativvorschläge der Harmonisierung und der Nichtdiskriminierung

Auch wenn keine europarechtliche Kompetenz zur Harmonisierung des Steuerrechts besteht und (demzufolge) die Überlegungen der Europäischen Kommission nur das Zivilrecht betreffen, hat das Thema gleichwohl auch eine steuerrechtliche Komponente. Die Verantwortlichen des European Foundation Project haben daher beschlossen, auch einen Vorschlag für ein harmonisiertes Steuerrecht zu machen. Da ein derartiger Vorschlag wünschenswert, aber nicht besonders realistisch erscheint, wird als weniger ambitionierte zweite Variante ein Nichtdiskriminierungsgebot vorgeschlagen. Es ist unklar, ob ein solches Diskriminierungsverbot sich bereits aus dem Europäischen Vertrag ergibt, wie einige Autoren meinen[73]. Selbst

---

[70] Siehe hierzu näher z. B. *Pluskat,* Die neuen Vorschläge für die Europäische Aktiengesellschaft, EuZW 2001, 524 ff.

[71] Siehe Art. 7 Satz 1 der EG-Verordnung Nr. 2157/2001 des Rates vom 08. 10. 2001 über das Statut der europäischen Gesellschaft (SE), ABl. L 294, S. 1 ff. Entsprechende Regelungen gelten auch für die anderen, bisher eingeführten Europäischen Rechtsformen.

[72] Siehe EuGH (Fn. 38–40).

[73] Siehe oben die Angaben in Fn. 48.

dann aber wäre eine Kodifizierung wünschenswert, um die derzeitige Rechtsunsicherheit zu beenden.

V. Umsetzungsfragen

Hinsichtlich der Umsetzung ist vor allem die Frage von Interesse, auf welche Rechtsgrundlage sich ein Statut über eine Europäische Stiftung stützen kann. Die Europäische Kommission geht in ihrem Aktionsplan ohne weitere Erläuterung davon aus, dass eine solche Rechtsgrundlage besteht.

Die Präambel des Gesetzesvorschlags verweist insoweit auf Art. 95 und Art. 308 EGV. Dies ist zwar ungenau, weil diese beiden Rechtsgrundlagen einander ausschließen, aber für die Zwecke des Vorschlags ausreichend, weil sicher ist, dass eine der beiden Vorschriften einschlägig ist (die Unterschiede betreffen nur das anzuwendende Beschlussverfahren).

Einschlägig ist eine dieser beiden Rechtsgrundlagen, wenn die Europäische Stiftung der Verwirklichung der vom EGV gewährleisteten Freiheiten dient. Bei den bisherigen Europäischen Rechtsformen (EWIV, SE und SEC) geht es um die Förderung der Niederlassungsfreiheit (Art. 48 EGV), die jedoch wohl nur Stiftungen mit wirtschaftlicher Tätigkeit erfasst[74]. Freilich ist nicht in erster Linie die Erleichterung einer grenzüberschreitenden wirtschaftlichen Tätigkeit das Anliegen der Europäischen Stiftung[75], sondern die Erleichterung von grenzüberschreitenden Spenden, die eine typische nicht-wirtschaftliche Tätigkeit ist. Es spricht aber viel dafür, dass grenzüberschreitende Spenden von der Kapitalverkehrsfreiheit (Art. 56 EGV) erfasst sind[76].

Im Ergebnis kann sich daher eine Europäische Stiftung, die sich wirtschaftlich betätigt, auf die Niederlassungsfreiheit berufen und eine Europäische Stiftung, die Zuwendungen (Spenden, (Zu-)Stiftungen) entgegennimmt, auf die Kapitalverkehrsfreiheit.

---

[74] Siehe oben unter Fn. 41.

[75] Im Gegenteil sprechen gute Gründe für eine Beschränkung der wirtschaftlichen Tätigkeit. Der Entwurf sieht denn auch eine Beschränkung auf Holdingstiftungen vor, siehe oben unter IV. 1. b).

[76] Siehe oben unter Fn. 47.

VI. Anhang: Gesetzesvorschlag des European Foundation Project (Stand: 19. 07. 2005)

Part 1: Private Law

Based on EC Treaty Art. 95 and 308 the following proposition is made

Preamble

This draft for the European Foundation is intended to promote foundations in Europe (especially within the European Union). European Foundations shall exemplify generally accepted best practice in their activities and administration, especially in following high standards in matters of accountability and serving the public interest, and could therefore benefit from a favourable tax status, especially for cross border relationships.

Art. 1 Definitions

1.1 General Definition

European Foundations are separately constituted and independently managed bodies with their own governing board, having been irrevocably provided with valuable goods, rights or other resources and/or having at their disposal an income, having no members, and serving a public benefit purpose (see 1.2).

1.2 Public Benefit Purpose

European Foundations serve public benefit purposes at domestic and/or international level either by supporting individuals, associations, institutions or other entities or by operating their own programmes.

European Foundations serve public benefit purposes if the purpose for which they are established is within one or more of the following categories:

(a) Amateur sports;

(b) Arts & culture;

(c) Children and youth;

(d) Civil or human rights;

(e) Consumer protection;

(f) Democracy;

(g) Disaster relief;

(h) Ecology & protection of the natural environment;

(i) Education;

(j) Elimination of discrimination;

(k) European and international understanding;

(l) Handicapped people;

(m) Health & medical care;

(n) Historical preservation (conservation of the built environment);

(o) Prevention and relief of poverty;

(p) Protection or care of animals;

(q) Refugees and immigrants;

(r) Religion;

(s) Science;

(t) Social or economic development;

(u) Social welfare;

(v) Other public benefit purposes.

1.3 Non-Distribution Constraint, Split-Interest Endowments

Benefits shall not be distributed either directly or indirectly to any founder, director, officer or employee of the foundation other than by way of reasonable and proper remuneration under a contract of service or a contract for services entered into for the benefit of the foundation and/or its beneficiaries, nor extended to any related person thereof unless the latter belongs to a class of beneficiaries in the sense of Art. 1.2. (but cf. 4.1.1 para. 2).

The founder can restrict his donation in such a way that he, his spouse and his children are entitled to receive up to 30 percent of the foundation's available revenue for distribution from that source for their lifetime. In any year this private distribution shall not exceed the foundation's aggregate distribution for public benefit purposes.

The European Foundation shall distribute a reasonable proportion of its available revenue in due time to its beneficiaries.

Art. 2 Legal Status

The European Foundation has legal personality (with full capacity and limited liability) which is acquired upon registration (see 3.5).

Art. 3 Formation

3.1 Right to Establish

Anybody has the right to establish a European Foundation as long as that person complies with the prescribed rules as to form and content.

3.2 Form of Establishment

The formation of a European Foundation ensues

(a) in the form of a public deed or a written declaration;

(b) by testamentary disposition or (provided it is in accordance with national law) by inheritance agreement.

3.3 Formation Deed

The formation deed of a European Foundation must

(a) express the intention to establish a foundation;

(b) express the intention to donate to the foundation;

(c) determine the foundation's (initial) assets; and

(d) determine the public benefit purpose of the foundation.

3.4 No State Approval

The coming into existence of a European Foundation does not depend on any acknowledgement or approval by a court or other State supervisory body (see Art. 7.).

3.5 Registration

Every European Foundation shall be registered in an independent national Public Register in the member state where the registered office is located, certifying the existence of the foundation for the purpose of its recognition in all other member States of the European Union.

The initial registration entry and any notified changes of particulars are to be published in the Official Journal by the Public Registrar.

Any person shall be entitled to inspect the statutes and other documents of the European Foundation which are deposited with the Public Register without having to prove any specific interest.

All decisions of the Public Register shall be appealable to the courts.

3.6 Statutes

The statutes of the European Foundation shall determine

(a) the name of the foundation, followed by the abbreviation "EF";
(b) the public benefit purpose;
(c) the address of the one and only registered foundation office; and
(d) the process for appointing members of the Board of Directors (and, where applicable, the Supervisory Board).

If the formation deed or statutes of a European Foundation do not make adequate provision for the necessary governance, the State supervisory authority (see Art. 7, para. 1) must ensure that the statutes are amended (see Art. 8.1.1).

Art. 4 Governance

4.1 Board of Directors

4.1.1 Responsibilities, Rights and Duties

The Board of Directors is responsible for the proper management of the foundation and for all duties not having been delegated to any other organ of the foundation by the statutes or the law.

The members of the Board of Directors shall observe a duty of loyalty in the exercise of their responsibilities, they shall act with due diligence and care, and shall act in compliance with the law and, subject thereto, with the statutes of the foundation.

The European Foundation may provide reasonable financial compensation to the members of the Board of Directors, and may reimburse all reasonable expenses.

The members of the Board of Directors and of the Supervisory Board are personally liable to the European Foundation for losses deemed attributable to any negligence, reckless acts or willful defaults on their part.

4.1.2 Board Members

The Board of Directors is composed of at least three competent, independent and unrelated natural persons.

4.1.3 Admission, Expulsion and Resignation

Members of the Board of Directors are elected by the Supervisory Board (if existing) or by the Board of Directors or any other person/institution specified in the statutes. The first Board of Directors is determined by the founder.

The members of the Board of Directors serve for a period of not more than four years at a time. Re-election is possible.

Members of the Board of Directors can resign at any time but they must provide for the proper continuation of the foundation's administration.

The electing organ (see Art. 4.1.3, para. 1) can dismiss a member of the Board of Directors by a 2/3 majority vote at any time or for exceptional reasons by a simple majority vote.

4.2 Supervisory Board

European Foundations may have a Supervisory Board, which shall be composed of at least three members.

European Foundations with annual gross revenues in excess of Euro * and/or gross assets in excess of Euro * in any of the last three fiscal years shall have a Supervisory Board.

Members of the Supervisory Board shall have right of access to all books, records, and information concerning the foundation's functioning, the investment of its funds and its activities and affairs generally.

If the Supervisory Board discovers serious irregularities which, after reasonable written notice, the Board of Directors fails to correct or prevent, it shall report these facts to the auditors (see Art. 5.3) and/or to the State supervisory authority (see Art. 7, para. 1) as may be appropriate.

In all other respects, the external regulation of the Board of Directors shall be applied by analogy to the foregoing except where specific provision is made in this Statute/Regulation or, failing that, in national legislation.

4.3 Rights of the Founder

The founder of a European Foundation and also any subsequent donor of a significant contribution has the right to intervene with the State supervisory authority if the Board of Directors and/or the Supervisory Board fail to comply with their responsibilities; the State supervisory authority must produce a substantive statement on this intervention within 60 days.

4.4 Rights of the Beneficiaries

Any person with a legitimate interest wether, or not a beneficiary of, a European Foundation may submit a report to the State supervisory authority if the Board of Directors and/or the Supervisory Board do not comply with their responsibilities; the State supervisory authority must produce a substantive statement on this report within 60 days.

4.5 Rights of Third Parties

Donors, creditors, employees, tenants and other third parties whose own interests are affected by the activities of a European Foundation may notify the State supervisory authority if in their view the Board of Directors and/or the Supervisory Board are failing to comply with their responsibilities; the State supervisory authority has full discretion as to how best to respond.

Art. 5 Reporting, Transparency and Disclosure

5.1 Public Accountability

The Board of Directors must deliver to the State supervisory authority (see Art. 7, para. 1) every year, within 6 months after the end of the foundation's financial year, an annual report and annual accounts (and where applicable an audit report) for that financial year.

The annual accounts for all European Foundations are required to show a true and fair view. The accounts shall be prepared in accordance with International Financial Reporting Standards (IFRS), where applicable, or else with national or international standards commonly recognized for public benefit purpose institutions.

European Foundations must keep complete and accurate records of all financial transactions and retain the records of the last three financial years in addition to the current year.

5.2 Disclosure

Everyone can inspect the last three annual reports and accounts (and where applicable audit reports) of a European Foundation filed with the State supervisory authority (see At. 7, para. 1) without having to prove any specific interest.

5.3 Auditor

European Foundations may have an auditor.

A European Foundation with annual gross revenues in excess of Euro */ and or gross assets in excess of Euro * in any of the last three fiscal years, shall have its accounts for the year audited by an independent company auditor or other regulated auditor subject to internationally recognised professional auditing standards and eligible under the rules of the relevant regulatory body to act as a charity auditor.

The auditor is appointed by the Board of Directors or (where applicable) by the Supervisory Board.

The auditor must report to the appointing Board, and in terms that accord with generally recognised professional auditing standards, on the annual accounts within 6 months after the end of the accounting year.

The auditor must inform the State supervisory authority promptly in writing about any serious irregularities coming to notice in the course of acting in that capacity.

Art. 6 Activities

6.1 Asset Management

The foundation's statutes can prescibe that the European Foundation shall preserve the real value of its permannent capital against devaluation of money (inflation) and distribute only its available revenue.

6.2 Economic Activities (Trading)

A European Foundation must not engage in permanent trading as a direct activity.

A European Foundation may hold a controlling interest in another undertaking which engages in permanent trading only if such trading is within the foundation's public benefit purpose or ancillary with a view to furthering it (related economic activities) or in the circumstances described in the next paragraph.

A European Foundation may hold a controlling interest in another undertaking which engages in any other kind of permanent trading with a view to profit (unrelated economic activities) only if (i) the profits derived therefrom are used solely for the furtherance of the foundation's public benefit purpose and (ii) the interests of that other undertaking do not conflict with the furtherance of the foundation's purpose.

6.3 Political Activities

European Foundations may engage freely in research, education, publicity and other activities with respect to any issue affecting public affairs, including criticism of policies or politicians.

Subject to the preceding rule in para. 1. European Foundations may not engage in fundraising or campaigning to support or oppose any political party or candidate for public office.

Art. 7 State Supervision

European Foundations are subject to the supervision of a public authority (State supervisiory authority) in the member state where the European Foundation has its registered office – with the support of the State supervisory authority of the member State where the foundation has other offices.

If a European Foundation has no Supervisory Board (see Art. 4.2, para. 2), the State supervisory authority must review the annual report.

If a European Foundation has no certified auditor (see Art. 6.3, para. 2), the State supervisory authority must review the annual accounts.

The State supervisory authority has the right to intervene in the event of any significant breach of the law or the statutes, but has no right to review the Board of Directors' (and where applicable the Supervisory Board's) discretionary decisions for any other reason. Once a written notice of non-compliance has been given and an adequate opportunity to correct any defect has been provided, the State supervisory authority may take any supervisory measures deemed necessary.

All decisions of the State supervisory authority shall be appealable to the courts.

Art. 8 Fundamental Decisions

8.1 Amendment of Statutes

8.1.1 Changes of Administrative Provisions

If the administrative provisions of a European Foundation for any reason become unreasonable or outdated the Board of Directors may amend the statutes (see Art. 3.6) and/or formation deed (see Art. 3.3) accordingly.

Changes to the statutes are to be in the same form as for the establishment of the European Foundation (see Art. 3.2(a)) and must be notified to the appropriate Public Registrar (see Art. 3.5).

The State supervisory authority (see Art. 7, para. 1) shall be entitled to reject the change of Statutes if this is deemed necessary in order to prevent the original intentions of the founder, or the reasonable expectations of the foundation's beneficiaries, or the legal rights of other persons affected, from being compromised.

The Supervisory Board (see Art. 4.2), the founder (see Art. 4.3), the beneficiaries (see art. 4.4) and any other persons whose rights or interests are affected by the change of the statutes may lodge an appeal against the State's acceptance or rejection of any such amendment with the competent court.

In the absence or inactivity of the Board of Directors, the State supervisory authority may itself amend the statutes to eliminate impediments to the effective furtherance of the foundation's purpose. The Board of Directors may lodge an appeal with the competent court against any such amendment.

8.1.2 Variation of Purpose

If the original purpose of a European Foundation has acquired a completely different meaning or effect, or for any other reason is no longer viable as a public benefit purpose in its present form, and as a result of this the foundation is obviously estranged from the intentions of the founder (especially if the purpose is incapable of achievement, inadmissible, irrelevant or unreasonable) the Board of Directors (or in its absence or inactivity the State supervisory authority) may amend the statutes (see Art. 8.1.1) subject to the written consent of the State supervisory authority by changing the purpose of the foundation or cancelling or amending requirements or conditions which impair the foundation's purpose. The new purpose must be similar to the old purpose.

In the absence or inactivity of the Board of Directors, the State supervisory authority may intervene to vary the foundation's purpose to the extent deemed necessary to avoid the impending or potential frustration of that purpose. The Board of Directors may lodge an appeal with the competent court against any such variation.

8.2 Liquidation

The Board of Directors, or if it is non-existent or inactive the State supervisory authority, must liquidate a foundation as soon as the purpose cannot be achieved, if it even by changing that purpose (see Art. 8.1.2), or when, owing to inadequate assets, the duties of the foundation can no longer be fulfilled, or if the duration specified in the statutes or foundation deed has expired.

Any residual proceeds of liquidation must be transferred to a foundation with a similar purpose. If there is no foundation with a similar purpose, the proceeds go to the government to distribute it in line with the purpose of the foundation.

Art. 9 Applicable Law

A European Foundation shall be governed

(a) by this regulation, or

(b) in matters of foundation law not covered by this regulation, by the law of the member State where the foundation is established (registered).

TAX LAW

Preamble

There is no basis within the laws of the European Union for a regulation on the tax treatment of European Foundations. Nevertheless it seems worthwhile to explore a common tax treatment on the basis of tax law in Europe. Therefore this paper offers two solutions, a complete harmonization of the tax law within the countries of the EU as a Model Tax Law for the treatment of a European Foundation (Part 2A) and the introduction of non-discrimination rules and double tax treaty amendments within the context of national tax laws (Part 2B).

As it is unclear whether a general non-discrimination rule (as suggested in Part 2B) already follows from actual European Union law, this part proposes codified non-discrimination rules in order to provide a clear solution and avoid legal uncertainty.

Part 2A: Harmonized Tax Law

Art. 1 Definitions

1.1 General Definition

European Foundations are separately constituted and independently managed bodies with their own governing Board, having been irrevocably provided with valuable goods, rights or other resources and/or having at their disposal an income, having no members, and serving a public benefit purpose (see Art. 1.2).

1.2 Public Benefit Purpose

European Foundations serve public benefit purposes at domestic and/or international level either by supporting individuals, associations, institutions or other entities or by operating their own programmes.

European Foundations serve public benefit purposes if the purpose for which they are established and the benefit of their activities is within one or more of the following activities:

(a) Amateur sports;
(b) Arts & culture;
(c) Children and youth;
(d) Civil or human rights;
(e) Consumer protection;
(f) Democracy;
(g) Disaster relief;
(h) Ecology & protection of the natural environment;
(i) Education;
(j) Elimination of discrimination;
(k) European and international understanding;
(l) Handicapped people;
(m) Health & medical care;
(n) Historical preservation (conservation of the built environment);
(o) Prevention and relief of poverty;
(p) Protection or care of animals;
(q) Refugees and immigrants;
(r) Religion;
(s) Science;
(t) Social or economic development;
(u) Social welfare.

1.3 Non-Distribution Constraint, Split-Interest Endowments

Benefits shall not be distributed either directly or indirectly to any founder, director, officer or employee of the foundation other than by way of reasonable and proper remuneration under a contract of service or a contract for services, nor extended to any closely related person thereof unless and to the extent that the latter belongs to a class of beneficiaries in the sense of article 1.2.

The founder can restrict his donation in such a way that he, his spouse and his children are entitled to receive up to 30 percent of the foundation's available revenue for distribution from that source for their lifetime. In any year this private distribution shall not exceed the foundation's aggregate distribution for public benefit purposes.

The European Foundation shall distribute a reasonable proportion of its available revenue within a reasonable time to or for the benefit of its beneficiaries (see also Art. 4.2).

Art. 2 Competence and procedural rules

The competence of tax authorities to determine whether the European Foundation serves public benefit purposes rests with the tax authority of the member State where the foundation is domiciled.

Art. 3 Tax Benefits

3.1 Foundation

European Foundations shall be tax exempt from income tax on income and capital gains derived from their assets and to a refund of tax withheld from such income and gains, unless article 5.2 applies.

European Foundations shall be exempt from gift tax and inheritance tax on both their initial endowment and subsequent gifts.

European Foundations shall be exempt from capital taxes on the value of their assets.

European Foundations shall be exempt from taxes on the transfer of their assets.

European Foundations shall be eligible for a rebate of irrecoverable VAT incurred on expenditure attributable to their non-business public benefit activities.

European Foundations shall be able to opt to tax at a super-reduced VAT rate their supplies of goods and services that are currently exempt.

3.2 Donors

Individuals and communities giving to any European Foundation shall be entitled to deduct the net amount of donations/contributions from their personal income tax base up to the amount of Euro * or to a tax credit up to the amount of Euro *.

Companies and other corporate bodies giving to any European Foundation shall be entitled to deduct the net amount of donations from their corporate income tax base up to the amount of Euro * or to a tax credit up to the amount of Euro *.

3.3 Beneficiaries

Beneficiaries receiving a grant or other benefit from a European Foundation for a public benefit purpose according to article 1.2. shall not be liable to taxation on the benefit received.

3.4 Volunteers

Reasonable reimbursement of expenses incurred by volunteers shall not be regarded as income of the volunteer for income tax or social security purposes.

Art. 4 Use of funds and timely disbursement

4.1 De minimis rule

In case of deviation between public benefits allowed by article 1.2 Private Law and by article 1.2 Tax Law, the European Foundation does not lose its tax exempt status, if not more than

10 percent of its overall distributions in a tax year are directed to purposes according to article 1.2 Private Law which are not covered by article 1.2 Tax Law.

4.2 Timing rule

A European Foundation shall not in any year withhold from distribution an unreasonable part of its available income.

Art. 5 Economic Activities

5.1 Related Business income

European Foundations shall be exempt from tax on income derived from a related business, provided the exemption is not likely to create distortion of competition such as to disadvantage enterprises that are not tax-exempt and provided the profits are used for the furtherance of the foundation's purpose.

5.2 Unrelated Business income

European Foundations shall not be exempt from tax on income derived from an unrelated business above the turnover ceiling specified in article 5.3.

5.3 Turnover ceiling for tax-exempt Unrelated Business activities

European Foundations shall be exempt from tax on the income derived from the conduct of a small unrelated business or economic activities up to a ceiling of Euro * gross trading revenue.

5.4 Passive Income

European Foundations shall be exempt from tax on all passive income.

Art. 6 Restructuring

Any change of legal form into a European Foundation, restructuring of a European Foundation, or change of location of a European Foundation within the European Union, shall be tax-neutral (especially by rolling over the existing tax basis for asset values and preserving the status of tax-exempted reserves) and shall not endanger existing tax privileges.

Part 2B: Non-Discrimination in a non-harmonized context

Art. 1 General Rule

Within the scope of application of this regulation, and without prejudice to any special provisions contained therein, European Foundations shall not be subject to any discrimination on grounds of nationality or residence.

Art. 2 Tax Treatment

2.1 Tax Treatment of the European Foundation

In respect of taxes on income and capital gains, on gifts and inheritances, on capital or net wealth, transfer of assets, and on occupation of real estate, a European Foundation shall be subject to the tax regime applicable to public benefit organisations resident in the member State where it is resident.

Any European Foundation resident in one member State shall not be subject in any other member State to any taxation or any requirement connected therewith which is other or more burdensome than the taxation and connected requirements to which European Foundations resident in that other member State in similar circumstances, are or may be subject. This provision shall not exclude any reliefs to which the European Foundation may be entitled under international agreements.

2.2 Tax treatment of Donors

Any individual or corporate donor giving to a European Foundation within or across borders shall receive the same tax reliefs as if the donation was given to a public benefit organisation established in the State in which the donor is resident.

2.3 Tax Treatment of Beneficiaries

Grants or other benefits received by individuals or public benefit organisations from a European Foundation resident in any member State shall be treated as if they were given by a public benefit organisation resident in the member State in which the recipient is resident.

10.10 Das Stiftungswesen in den USA

Von Stefan Toepler

Gemeinhin gelten die USA als das Musterland der Philanthropie, was sich mitunter auch auf die reine Zahl und das Finanzpotential der amerikanischen Stiftungen zurückführen läßt. Anfang der 1990er Jahre zählte das Foundation Center in New York, die zentrale Informationsstelle über das amerikanische Stiftungswesen, etwas mehr als 32.000 Stiftungen. Die letzten Berechnungen des Foundation Centers geben dagegen knapp 65.000 Stiftungen an für das Berichtsjahr 2003. Das akkumulierte Stiftungsvermögen hat sich in den letzten zehn Jahren nahezu dreifacht und wuchs von $163 Milliarden in 1991 auf $435 Milliarden in 2002. Gleichsam verdreifachten sich die vorhandenen Fördermittel zwischen 1992 und 2002 von $10 Milliarden auf knapp $30 Milliarden. Das amerikanische Stiftungswesen hat somit in den letzten zehn bis fünfzehn Jahren einen deutlichen Wachstumsschub erfahren. Insgesamt lassen sich vier Gründe anführen, die diesen neuen Stiftungsboom ausgelöst haben.

Erstens halten amerikanische Stiftungen – im Gegensatz zu vielen europäischen Stiftungen – hoch diversifizierte Investment-Portfolios und haben entsprechend von dem *stock market boom* in der zweiten Hälfte der 1990er Jahre profitiert. Das Stiftungsvermögen der Ford Foundation wuchs beispielsweise von $8.2 Milliarden im Rechnungsjahr 1996 auf $9.6 Milliarden im Rechnungsjahr 1997. Im Jahre 1996 war das Lilly Endowment mit einem Vermögen $6.8 Milliarden die fünftgrößte Stiftung. Mit einem Vermögen von $11.5 Milliarden in 1997 verdrängte es die Ford Foundation erstmals von ihrer Spitzenreiterposition als die größte amerikanische Stiftung, die Ford seit 1949 unangefochten eingehalten hatte. Das Lilly Endowment hält 16 Prozent der Anteile an dem Pharmakonzern Eli Lilly & Co, Hersteller des Anti-Depressionsmittels Prozak, und die 70prozentige Steigerung des Stiftungsvermögens in nur einem Jahr ließ sich auf ein exzellentes Börsenjahr für Eli Lilly and Company zurückführen. Obwohl ähnliche Gewinne in den letzten drei Jahren nicht mehr realisiert werden konnten und nahezu alle Stiftungen ihre Vermögen wieder schrumpfen sahen (im Berichtsjahr 2003 verfügte das Lilly Endowment dennoch über $10.8 und Ford über $10 Milliarden), dürfte ein rein investitionsbedingtes Wachstum des Stiftungswesens auch in der Zukunft wieder zu erwarten sein. Da Stiftungen in den USA, wie weiter unten ausgeführt, einer Mindestausschüttungsverpflichtung von fünf Prozent unterliegen, ist der Wertzuwachs der Stiftungsvermögen gleichsam auch mit einem signifikanten Wachstum ihrer Ausschüttungen verbunden.

Des weiteren steht auch in den USA ein beachtlicher Vermögenstransfer an, der ursprünglich auf $10 Billionen veranschlagt wurde, nach neueren Schätzungen aber auch zwischen $41 und $136 Billionen über die nächsten 50 Jahre ausfallen kann (Havens und Shervish 1999); und von dem sich das Stiftungswesen – und insbesondere der Bürgerstiftungsbereich (*community foundations*) – einen beachtlichen Mitteleinfluß erhofft. Diese Hoffnung beruht auf der traditionellen Spendenfreudigkeit der Amerikaner in Kombination mit relativ hohen Erbschaft- und Schenkungsteuern. Allerdings ist die Zukunft der Erbschaftsteuer bestenfalls fraglich in der derzeit von Republikanern beherrschten politischen Landschaft. Die stufenweise Abschaffung der Erbschaftsteuer würde wiederum bedeuten, daß der gemeinnützige Bereich nur zu einem geringeren Teil von dem anstehenden Vermögenstransfer profitieren wird als derzeit erhofft.

Drittens, unter dem sich verschärfenden Wettbewerbsdruck durch kommerzielle Krankenhäuser im Gesundheitsbereich beginnt eine wachsende Zahl gemeinnütziger Krankenhäuser, sich in kommerzielle Einrichtungen umzuwandeln. Für viele Krankenhäuser wiegen die Vorteile der Nonprofit-Form (insbesondere die Steuerbefreiung und die Abzugsfähigkeit von Spenden) die Nachteile (insbesondere bei der Kapitalbeschaffung) nicht mehr aus. Da auch in den USA das Vermögen von Nonprofit Organisationen der Gemeinnützigkeitsbindung unterliegt, resultieren i.d.R. neue Stiftungen mit bedeutenden Mitteln aus diesen Umwandlungen.

Nicht zuletzt beginnt neuer Reichtum seinen Weg in das Stiftungswesen zu finden, der sich vorwiegend aus den wirtschaftlichen Wachstumsbranchen der Informationstechnologie, der Finanzwelt und den Medien rekrutiert. Medienmogul Ted Turners Versprechen von einer Milliarde Dollar für seine UN-Stiftung in 1997, obgleich viel beachtet, ist eher unter die kleineren Stiftungsinitiativen zu rechnen. Im Jahre 1996 hinterließ David Packard, Mitbegründer des Computerherstellers Hewlett & Packard, seiner Stiftung mit $5 Milliarden ein Vermächtnis der Superlative. Die David and Lucile Packard Foundation mit einem Gesamtvermögen von nun knapp $6 Milliarden (das zwischenzeitlich auf über $9 Milliarden angewachsen war, aber wieder ein Drittel eines Wertes verloren hat) ist derzeit die sechstgrößte Stiftung in den USA. Anfang 1998 verkündeten Microsofts Bill Gates und seine Frau Melinda Zustiftungen in Höhe von $3.3 Milliarden an die William H. Gates und die Gates Learning Foundations. Bill Gates hielt damit den Größenrekord für inter vivos Stiftungsleistungen, den er allerdings seither mehrmals selbst gebrochen hat. Die nunmehr konsolidierte Gates Foundation hielt in 2001 ein Gesamtvermögen von knapp $26.8 Milliarden, nahezu dreimal so viel wie die Ford Foundation.

Trotz dieses Wachstumsschubes sind die Förderinteressen des amerikanischen Stiftungswesens relativ stabil geblieben. Wie aus Abbildung 1 ersichtlich fließen ca. 60 Prozent der Stiftungsmittel in die allgemeine Wohlfahrtspflege, darunter das Gesundheitswesen mit 18 Prozent der Fördermittel, das Bildungswesen mit 26 Prozent und soziale Dienstleistungen mit 15 Prozent. Kunst und Kultur (12 %) und Staat und Gesellschaft (11 %) sind weitere Schwerpunkte. Der Rest der Fördermittel verteilt sich auf Umweltschutz, Wissenschafts- und Technologieförderung, Religion und internationale Angelegenheiten.

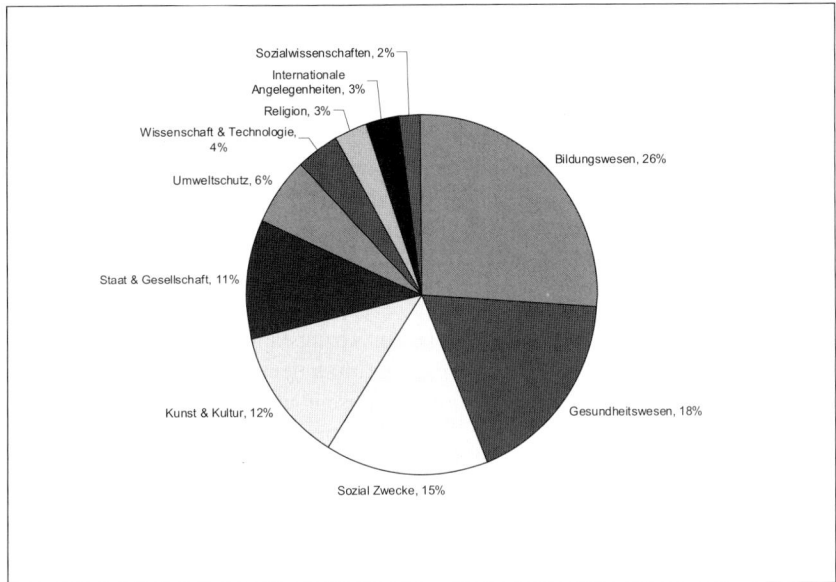

Abb 1: Förderzwecke Amerikanische Stiftungen, 2002[1]

Rechtliche Einordnung

Obgleich derzeit einige spezifische Änderungen in der steuerrechtlichen Regulation von Stiftungen zur Debatte stehen, hat sich die allgemeine rechtliche Lage seit einer Grundrevision mit dem Steuerreformgesetz von 1969 kaum verändert.[2]

In den USA treten Stiftungen entweder in *trust* Form unter treuhänderischer Verwaltung oder als rechtsfähige corporation auf. Spezifische allgemein rechtliche Normen, die eine eindeutige Stiftungsdefinition erlaubten, existieren nicht. Zulassung und Aufsicht unterliegen der einzelstaatlichen Jurisdiktion. Die Gründung eines *charitable trust* erfolgt grundsätzlich ohne behördliche Genehmigung, wäh-

---

[1] Foundation Giving Trends. 2004 ed. New York: Foundation Center.

[2] Für weitergehende Ausführungen zu den stiftungsrechtlichen Sachverhalten im folgenden, s. *Internal Revenue Service,* Publication 578 – Tax Information for Private Foundations and Foundation Managers; *Hopkins / Blazek,* Private Foundations – Tax Law and Compliance; *Toepler,* Das gemeinnützige Stiftungswesen. Für allgemeine rechtliche Rahmenbedingungen für den genmeinnützigen Bereich, gerade under Einbeziehung der einzelstaatlichen Regelungen, s. *Fremont-Smith,* Marion: Governing Nonprofit Organizations – Federal and State Law and Regulation.

rend für *charitable corporations* die Ausfertigung einer den einzelstaatlichen Vorschriften entsprechenden Inkorporationsbescheinigung nötig ist. Die Mehrzahl der amerikanischen Stiftungen ist mittlerweile inkorporiert, aber auch der *trust* als Rechtsform besteht weiter. Die Stiftungsregulation der Einzelstaaten ist zwar unterschiedlich stark ausgeprägt, beschränkt sich aber gewöhnlich auf eine reine Rechtsaufsicht und Mißbrauchskontrolle. In der Mehrzahl der Bundesstaaten wird dazu auf eine Registrierung der Stiftungen bei der Generalstaatsanwaltschaft verzichtet.

Auf der Ebene der Steuerbefreiung wird weder in Deutschland noch in den USA zwischen Stiftungen und anderen Nonprofit-Organisationen unterschieden. Auch gleichen sich die Vorschriften hinsichtlich verschiedener organisatorischer Einschränkungen wie Selbstlosigkeit, Zweck- und Vermögensbindung in beiden Ländern.

Während in Deutschland sich die Höhe der Abzugsfähigkeit nach den Zwecken richtet, bestimmt sie sich in den USA nicht nur nach den verfolgten Zwecken, sondern auch nach der Art der Organisation. Im wesentlichen sind Zuwendungen nur Organisationen abzugsfähig, die unter der Sektion 501(c)(3) des Steuergesetzes (*Internal Revenue Code*) zu klassifizieren sind. Innerhalb dieser Kategorie bestehen weder Einschränkungen noch Präferenzen bezüglich bestimmter Zwecke; die abzugsfähigen Höchstsätze differieren allerdings zwischen verschiedenen Organisationsklassen in steuerrechtlicher Definition.

Die Klassifikation der 501(c)(3) Organisationen erfolgt auf der Basis gesetzlich geregelter Ausnahmen. Da aus dem allgemeinen Recht keine positiven Definitionsmerkmale für den Begriff *foundation* ableitbar sind, anhand derer eine institutionelle Abgrenzung zwischen Stiftung und anderen Nonprofit Organisationen vorgenommen werden könnte, sind in der steuerlichen Taxonomie zunächst alle als 501(c)(3) eingestuften Organisationen *private foundations,* solange sie nicht den weiter spezifizierten Ausnahmeregelungen unterliegen. Die Ausnahmekategorien für *public charities,* also für alle Organisationen, die nicht als Stiftungen zu gelten haben, finden sich in Sektion 509(a) des Steuergesetzes. Die Klassifikationsregeln sind relativ komplex. In jeder Kategorie müssen bestimmte Voraussedingungen (Tests) erfüllt sein. Da die sich daraus ergebenden Einteilungen haben weitreichende Folgen für die Struktur des amerikanischen Stiftungswesens.

Die zentrale Kategorie bildet Sektion 509(a)(1). Hierunter fallen Kirchen oder Zusammenschlüsse von Kirchen, Bildungseinrichtungen wie Schulen und Hochschulen, Krankenhäuser oder medizinische Forschungseinrichtungen, die in Zusammenhang mit einem Krankenhaus betrieben werden, Organisationen zugunsten bestimmter staatlicher oder kommunaler Hochschulen *(endowment funds),* staatliche Körperschaften und Dienststellen sowie öffentlich unterstützte Organisationen. Andere Organisationen müssen sich zur Klassifikation unter Sektion 509(a)(1) einem *support test* unterziehen, wonach sie sich dann qualifizieren, wenn mindestens ein Drittel ihrer Einnahmen im Regelfall aus staatlichen Quellen und/oder

10.10 Das Stiftungswesen in den USA

aus Zuwendungen einer breiteren Öffentlichkeit stammt. Unter Sektion 509(a)(2) werden Organisationen ausgenommen, die zwar u. U. auch in der ersten Kategorie qualifiziert werden können, aber im stärkeren Maße von Einkommen aus nichtzweckbezogener Tätigkeit abhängig sind. Mit Ausnahme der explizit aufgeführten Organisationstypen, gilt für beide Kategorien, daß Einnahmen aus einer Vielzahl von Quellen stammen müssen, um der Einstufung als *private foundation* zu entgehen. Eine einzige Ausnahme läßt Sektion 509(a)(3) zu. Sog. *supporting organizations* können als public charity eingeordnet werden, auch wenn die Einnahmen ausschließlich von einer einzelnen Person, dessen oder deren Familie oder einer Körperschaft stammen. Die Bedingungen dafür lauten, daß zum einen enge Beziehungen zu einer 509(a)(1) oder (2) Organisation bestehen, zu deren ausschließlichen Nutzen die Einrichtung gegründet ist, und zum anderen, daß die Überwachung und Kontrolle einer solchen Einrichtung einer öffentlich unterstützten Organisation obliegt.

Alle 501(c)(3) Organisationen, die nicht unter die Ausnahmeregelungen von 509(a) fallen, sind Stiftungen in der Terminologie des amerikanischen Steuerrechts. Ihnen ist gemeinsam, daß sie eigenständig sind und keinen signifikanten Anteil öffentlicher Unterstützung aufweisen. Für Steuerzwecke wird weiterhin zwischen operativen und Förderstiftungen (*nonoperating foundations*) unterschieden. Operative Stiftungen müssen grundsätzlich mindestens 85 Prozent entweder ihres Nettoeinkommens oder des Gegenwerts von fünf Prozent des Marktwertes ihrer Finanzanlagen für die Ausführung satzungsgemäßer eigener Aktivitäten anwenden und weiterhin einige weitere Vorbedingungen erfüllen.

Die abzugsfähigen Höchstsätze variieren nach dem Status der Organisation. Von der persönlichen Einkommensteuer können finanzielle Zuwendungen an *public charities* und an operative Stiftungen bis zu 50 Prozent des Bruttoeinkommens abgezogen werden, an andere Stiftungen nur bis zu 30 Prozent. Bei Spenden von Gütern (*property gifts*) betragen die Höchstsätze 30 Prozent resp. 20 Prozent bei Förderstiftungen. Bei Zuwendungen von Seiten gewinnorientierter Unternehmen gelten diese Unterschiede nicht. Geld- und Sachspenden sind aber nur bis zu zehn Prozent des Einkommens abzugsfähig. Bei Überschreiten der Höchstsätze ist sowohl für natürliche Personen als auch Körperschaften eine Verteilung auf die folgenden fünf Jahre zulässig. Neben der Einkommensteuer sind weiterhin die Regelungen der Erbschaftsteuer von Bedeutung für Stiftungsgründungen von Todes wegen. Grundsätzlich unterliegt, sowohl in den USA als auch in Deutschland, die Erbmasse, die gemeinnützigen Stiftungen als Erbnehmern überlassen wird, nicht der Erbschaftsteuerpflicht.

Weiterhin bestehen stiftungs-spezifische steuerrechtliche Regelungen, die auf die Stiftungsentwicklung unmittelbaren Einfluß haben, indem sie entweder die Anreizstruktur für den Stifter ändern oder aber den Aktions- und Entscheidungsspielraum der Stiftung einschränken. Im amerikanischen *Internal Revenue Code* (IRC) finden sich derartige Bestimmungen in den Sektionen 4940 (*excise tax*), 4941 (*self-dealing*), 4942 (*required distributions*), 4943 (*excess business holdings*),

4944 (*speculative investments*) und 4945 (*taxable expenditures*). Im folgenden werden diese Problemstellungen daher entsprechend der Reihenfolge des IRC besprochen: Stiftungssteuer, Selbstkontrahierung, Ausgabenvorschriften, Unternehmen in Stiftungshand, Investitionsbeschränkungen und Verwendungsrichtlinien.

Stiftungssteuer: Obwohl Stiftungen generell nicht der Einkommensteuer unterliegen, unterläuft in den USA eine spezielle Stiftungssteuer (*excise tax*) die allgemeine Steuerbefreiung. Die Steuer beträgt zwei Prozent des Netto-Investitionseinkommens aus Zinserträgen, Dividenden, Mieteinnahmen, Honoraren und dem realisierten Wertzuwachs aus dem Verkauf von Wirtschaftsgütern und dient theoretisch der Finanzierung der fiskalischen Kontrolle der Stiftungen durch den *Internal Revenue Service*. Unter bestimmten Bedingungen ist eine Reduktion der Stiftungssteuer auf ein Prozent möglich, wobei Stiftungen erlaubt wird, die Hälfte der Steuer durch höhere zweckbezogene Ausgaben zu substituieren. Betroffen von der Steuer sind sowohl operative als auch Förderstiftungen mit Ausnahme einer weiteren Hybrid-Klassifikation der befreiten operativen Stiftung (*exempt operating foundation*). Als befreite operative Stiftungen können im wesentlichen operative Stiftungen qualifiziert werden, deren Stiftungsratsmitglieder eine weitere Öffentlichkeit repräsentieren unter der weiteren Bedingung, daß disqualifizierte Personen nicht mehr als 25 Prozent des Stiftungsrats ausmachen und auch ansonsten keine weiteren Funktionen innerhalb der Stiftung ausüben. Disqualifizierte Personen sind vornehmlich Stifter und Zustifter, Anteilseigner von Sperrminoritäten in Körperschaften, die wesentliche finanzielle Zuwendungen der Stiftung zukommen lassen, sowie deren Familienmitglieder. Die Einführung der Steuer beruhte auf der Annahme, daß Stiftungen im Gegensatz zu anderen gemeinwohlorientierten Einrichtungen aufgrund ihres Vermögens in der Lage sind, für ihre Überwachung durch den Staat selbst aufzukommen.

Selbstkontrahierung: Nach Sektion 4941 unterliegen sämtliche geschäftliche und finanzielle Transaktionen zwischen einer Stiftung und disqualifizierten Personen einer Strafsteuer. Zu den disqualifizierten Personen zählen außer den weiter oben genannten zusätzlich bestimmte Regierungs- und Behördenvertreter. Zu den untersagten Transaktionen gehören der Verkauf, Tausch und die Vermietung von Grundbesitz und Immobilien, Darlehen und andere Kreditgeschäfte, die Bereitstellung von Gütern, Leistungen und Einrichtungen der Stiftung, der Transfer von Stiftungsvermögen oder Einkommen zum Gebrauch durch eine disqualifizierte Person, die Kompensation oder der Ersatz von Auslagen von disqualifizierten Personen, die einen nötigen und vernünftigen Rahmen übersteigen, und letzlich die Bezahlung von Regierungsvertretern. Generell sind die amerikanischen Bestimmungen vergleichsweise rigide. Verkäufe vom Stifter an die Stiftung beispielsweise unterliegen als *self-dealing* auch dann der Strafsteuer, wenn die Transaktion der Stiftung eindeutige Vorteile einbrächte.

Ausgabenvorschriften: Dem deutschen Gebot der zeitnahen Ertragsverwendung steht in den USA eine Mindestausschüttung gegenüber. Die amerikanische Ausschüttungsverpflichtung (*pay-out requirement*) verlangt zulässige Ausgaben (*qualifying distributions*) in Höhe von mindestens fünf Prozent des Marktwertes des Stiftungsvermögens. Operative Stiftungen sind hiervon ausgenommen. Zulässige Ausgaben enthalten die Antragsförderung und andere Unterstützungsmaßnahmen gemeinnütziger Organisationen, Aufwendungen für zweckbezogene eigene Programme und Projekte, Aufwand für den Ankauf von Wirtschaftsgütern, die zur Ausführung der zweckbestimmten Aufgaben nötig sind, sich im Rahmen des üblichen bewegende Verwaltungsausgaben und Rücklagen für Projektförderung, wenn diese innerhalb der fünf folgenden Jahre ausgezahlt werden. Wird die Fünf-Prozent-Regel in einem gegebenen Jahr überschritten, können die darüber hinausgehenden Ausgaben auf bis zu fünf der folgenden Jahre umgelegt werden.

Unternehmen in Stiftungshand: Die Kontrolle von Wirtschaftsunternehmen durch Stiftungen ist in den USA traditionell mit äußerster Skepsis betrachtet worden (Whitaker 1974). Dem entsprechen recht strikte Regelungen über *excess business holdings,* die es Stiftungen grundsätzlich nicht ermöglichen wesentliche Anteile an Unternehmen zu halten. Konkret untersagt Sektion 4943, daß eine Stiftung und ihre disqualifizierten Personen (darunter hier auch andere Stiftungen desselben Stifters) zusammen mehr als 20 Prozent der Anteile einer Kapitalgesellschaft halten. In Fällen, in denen andere, nicht disqualifizierte Aktionäre die Gesellschaft effektiv kontrollieren, erhöht sich der zulässige Anteil auf 35 Prozent. Betroffen sind hiervon Stammaktien, nicht aber Vorzugsaktien ohne Stimmrecht, solange disqualifizierte Personen nicht mehr als 20 resp. 35 Prozent der Stimmrechtsaktien halten. Die Beschränkungen beziehen sich analog auch auf andere nicht-börsennotierte Unternehmen (Partnerschaften etc.). Im Fall des Einzelunternehmens (*sole proprietorship*) sind Stiftungen überhaupt keine Besitzanteile erlaubt. Kommt die Stiftung durch Schenkung oder Erbschaft in den Besitz derartiger übermäßiger Gesellschaftsanteile müssen sie innerhalb von fünf Jahren durch Verkauf auf das zulässige Maß reduziert werden.

Investitionsbeschränkungen: Die amerikanischen Bestimmungen zur Verhinderung von besonders risikoreichen oder spekulativen Investitionen lassen im wesentlichen einen weiten Spielraum für die Anlageentscheidungen der Stiftungen. Im wesentlichen wird nur die Einhaltung der sog. *prudent man rule* eingefordert, so daß die fiduziarische Verantwortung nicht verletzt wird. Dies wird gemeinhin bereits durch eine Risikobegrenzung im Rahmen eines diversifizierten Portfolios erreicht.

Verwendungsrichtlinien: Die letzte Problemstellung in diesem Zusammenhang bezieht sich auf die Frage, wie der Empfängerkreis von Stiftungszuwendungen eingeschränkt ist. In den USA kann durchgängig eine Vielzahl von Organisationen und Einrichtungen von Stiftungen unterstützt werden, solange bestimmte Restriktionen und Voraussetzungen erfüllt sind. Am unkompliziertesten sind Zuwendungen an Organisationen, die unter Sektion 509(a)(1)–(3) klassifiziert sind (*public charities*). Die Förderung beantragende Organisation muß der Stiftung mit dem Antrag lediglich eine Kopie ihres letzten IRS-Bescheides einreichen, aus dem der

509(a) Status hervorgeht. Darüber hinaus ist ferner die Förderung von Einzelpersonen, anderen Stiftungen, befreiten Organisationen, die nicht unter Sektion 501(c)(3) fallen wie etwa Gewerkschaften o. ä., und sogar von Wirtschaftsunternehmen möglich, solange mit der Förderung gemeinnützige Ziele erreicht werden. Stiftungen müssen dabei aber eine Ausgabenverantwortung (*expenditure responsibility*) ausüben, die im Vergleich zur Förderung von *public charities* wesentlich aufwendiger ist. Im Fall der Förderung von Einzelpersonen (außer durch Werkverträge) muß die Vergabe auf objektiven und nicht diskriminierenden Richtlinien beruhen. Das Auswahlverfahren muß zudem im Vorhinein durch das Schatzamt begutachtet und genehmigt sein. Individuelle Förderung beschränkt sich auf die Vergabe von Stipendien, Preisen und Mitteln, die den Destinatär in die Lage versetzen ein abgestecktes Ziel zu erreichen. Weiterhin ist es aber auch möglich, Bedürftige direkt zu unterstützen. Mit Ausnahme der Preisvergabe sind Stiftungen auch hier für ihre Ausgaben verantwortlich, d. h. sie müssen u. a. sicherstellen, daß die Fördermittel nicht vom Destinatär für andere Zwecke als die ursprünglich vereinbarten verwendet werden. Der mit der Ausübung der Ausgabenverantwortung verbundene erhöhte Verwaltungs- und Kontrollaufwand und das Risiko bei Verstößen, Geldbußen verhängt zu bekommen, führen zu einer weitgehenden faktischen Selbstbeschränkung des Destinatärskreises oder bei Stipendienprogrammen zu einer Delegation des Auswahlverfahrens an Universitäten und anderen Bildungseinrichtungen.

Im wesentlichen wurden diese stiftungs-spezifischen Restriktionen im Rahmen des Steuerreformgesetzes von 1969 eingeführt und veränderten grundlegend den rechtlichen Spielraum für das Stiftungswesen, das bis dato weitgehend unreguliert war. Entsprechend traf ihre Einführung das Stiftungswesen wie ein Schock und ein in den 1970er Jahren verzeichneter Rückgang der Stiftungsneugründungen wird weitgehend auf diese Reformen zurückgeführt.

Neuere Entwicklungen

Auf der anderen Seite hat die Einführung dieser Regeln auch zu eindeutig positiven Auswirkungen geführt. Trotz verbleibender Mängel ist das amerikanische Stiftungswesen deutlich professioneller und auch problembewußter als noch vor dreißig Jahren. Mit den signifikanten neuen Mitteln, die in den letzten Jahren in das Stiftungswesen geflossen sind, sind Stiftungen jedoch wieder einmal in den Blickpunkt der Kritik gerückt. Zu den wichtigsten Kritikpunkten zählen eine vermeidbare mangelnde Generosität der Stiftungen. Die Großstiftungen halten sich meistenteils streng und sehr rigide an die 5 Prozent Ausschüttungsverpflichtung. Die Förderbudgets sind somit den Schwankungen der Börse unterlegen. Für kritische Betrachter stellen Stiftungen dabei ihr Selbstinteresse über das Gemeinwohlinteresse. Das National Network of Grantmakers (NNG), ein links-liberaler Verband von Stiftungen und Stiftungssachbearbeitern, begann 1999 eine Kampagne, mit der Stiftungen aufgerufen wurden, sich freiwillig auf eine Mindestausschüttung von 6% zu verpflichten. Andere Interessenverbände, wie das Council on Foundations, argumentierten in Gegenstudien, daß höhere Ausschüttungsraten langfristig die finanzielle Gesundheit des Stiftungswesens unterminieren würden.[3] Eine Gesetzesvorlage, die im Sommer 2003 im Kongress debattiert wurde, sah dagegen vor, Stiftungen in der Zukunft zu verbieten, ihre Verwaltungskosten in die Kalkulierung der fünfprozentigen Ausschüttung einfliessen zu lassen. Dies hätte eine indirekte Erhöhung der Mindestausschüttung zur Folge, die einigen Schätzungen zu Folge bis zu $3 Milliarden in zusätzlichen Fördermitteln resultieren könnte.[4]

Ein weiteres Problemfeld hat sich mit der Infragestellung von Leistungsentgelten für Stiftungskuratorien ergeben. Im Gegensatz zu der Mehrzahl der gemeinnützigen Einrichtungen, in denen die Vorstandsarbeit auf freiwilliger Basis entrichtet wird, ist es durchaus nicht unüblich für Stiftungen ihre Kuratoriumsmitglieder zu renumerieren. Nach einer Reihe von kritischen Medienberichten sind diese Kompensationspraktiken zunehmend unter Beschuß geraten mit Hinblick auf Selbstbereicherung und Mißbrauch von dem Gemeinwohl gewidmeten Mitteln.[5] Dies wiederum führte zu Untersuchungen im amerikanischen Senat und der Berufung einer Kommission durch den Interessenverband Independent Sector im Sommer 2004, die den Senat durch Verbesserungsvorschläge bzgl. der Transparenz und Rechenschaftslegung von Stiftungen und dem Nonprofit Sektor im allgemeinen beraten soll.

---

[3] *Toepler,* Ending Pay-out.

[4] *National Center for Responsive Philanthropy,* Closing the Loophole: Removing Foundation Overhead Costs from Payout.

[5] *Ahn/Eisenberg/Khamvongsa,* Foundation Trustee Fees; *Cohen,* Time to Stop Excusing the Inexcusable.

10.11 Stiftungen im Islam

Von Franz Kogelmann, Astrid Meier und Johannes Pahlitzsch

Vom 7. Jahrhundert bis zum Ende des Mamlukenreiches (1517)

(Johannes Pahlitzsch)

Die Ursprünge des islamischen Stiftungswesens liegen weitgehend im Dunkeln. Da die islamische Stiftung (*waqf*/Pl. *auqaf*) sowohl in ihrer rechtlichen Konstruktion und Organisationsform als auch in ihrem religiösen Sinngehalt große Ähnlichkeit zum abendländischen Stiftungswesen aufweist, entwickelte sich schon früh in der Forschung die Theorie, der *waqf* stamme von den als *piae causae* bezeichneten byzantinischen Stiftungen ab. Von iranistischer Seite wurde dagegen die Auffassung vertreten, sasanidische Stiftungen für das Seelenheil, die *ruwanagan,* hätten dem *waqf* als Vorbild gedient, während wieder andere darauf hinwiesen, dass der Einfluss vorislamischer Traditionen der Arabischen Halbinsel nicht übersehen werden dürfe.[1]

Das Hauptproblem für die Beschäftigung mit der Frühgeschichte der islamischen Stiftung besteht im begrenzten Quellenmaterial. Stiftungsurkunden oder Aufzeichnungen jeder Art fehlen völlig für das 7. und 8. Jahrhundert. Erst vom 9. Jahrhundert an sind vereinzelte Dokumente überliefert. In den Diskussionen islamischer Juristen nimmt der *waqf* allerdings zu dieser Zeit einen größeren Raum ein. So entstand offenbar auch der Bericht über die Gründung des Prototyps aller islamischer Stiftungen durch Umar ibn al-Khattab (gest. 644), den Weggefährten Mohammeds und zweiten Kalifen, der auf Anraten des Propheten in Khaibar gestiftet haben soll, in der Mitte des 8. Jahrhunderts im Zusammenhang mit der Auseinandersetzung über die Rechtmäßigkeit der islamischen Stiftung.[2] Auf dieser schmalen Quellenbasis lässt sich nur feststellen, dass um 800 die islamische Stiftung noch keineswegs allgemeine Verbreitung gefunden hatte und als Institution des islamischen Rechts durchaus noch umstritten war. Vor dem Hintergrund der generellen Entwicklung der frühen islamischen Kultur, die als ein sich über einen längeren Zeitraum erstreckender interaktiver Prozess zwischen muslimischen Eroberern und der unterworfenen Bevölkerung zu sehen ist, überzeugt die These Peter Hennigans, dass sich der *waqf* aus verschiedenen regional unterschiedlichen Praktiken und Rechtstraditionen unter dem Einfluss byzantinischer, sasanidischer und jüdischer Vorbilder entwickelte. Erst mit der Festlegung und Systematisierung

---

[1] *Cahen,* S. 55 f.; *Macuch,* S. 163–180; zusammenfassend *Hennigan,* S. 50–70.
[2] Dazu *Hennigan,* S. 114–130, 153 f.

des klassischen, im Wesentlichen unverändert gebliebenen islamischen Stiftungsrechts in der Mitte des 9. Jahrhunderts durch die beiden Traktate der irakischen Richter Hilal ar-Ra'y (gest. 859) und al-Khassaf (gest. 874) fand der *waqf* als legitime islamische Institution allgemeine Anerkennung.[3]

Wie die christliche Stiftung läßt sich auch der *waqf* als die Bereitstellung eines bestimmten Vermögens durch den Stifter beschreiben, aus dessen Einkünften ein vom Stifter festgelegter, dauerhafter Zweck finanziert werden soll. Im Gegensatz zur Schenkung handelt es sich somit beim *waqf* nicht um einen einfachen Akt, sondern um eine ständig wiederholte, auf unbestimmte Zeit angelegte Gabe. Tatsächlich hatte eine gültige islamische Stiftung zumindest ab der Festlegung des klassischen Stiftungsrechts im 9. Jahrhundert von vornherein auf Dauerhaftigkeit angelegt zu sein. Stiftungen waren somit grundsätzlich unveränderlich und unveräußerlich. Außerdem war es aus diesem Grunde schon zu dieser Zeit üblich, nach dem dem Tode aller anderen vorgesehenen Begünstigten die Armen als letztendlich Begünstigte einzusetzen, um auf diese Weise die Gruppe der Nutznießer so weit zu umfassen, dass der Stiftungszweck bis zum Ende der Welt gesichert war.[4]

Der *waqf* wird in der Rechtsliteratur auch als *sadaqa mauqufa*, feststehendes, immerwährendes Almosen, bezeichnet. Allerdings lässt sich der Begriff *sadaqa* nur bedingt als Almosen übersetzen, vielmehr gilt jede gute Tat als *sadaqa*.[5] Stiftungen stellen somit ein gottgefälliges Werk dar, das einen Gott näher bringt, eine so genannte *qurba,* und zwar unabhängig davon, ob es sich um eine Stiftung zugunsten der Armen, die Gründung einer Madrasa, eine Familienstiftung oder eine andere Art von Stiftung handelt. Dementsprechend machen die Rechtsgelehrten zwischen einer öffentlichen Stiftung, die der Allgemeinheit zugute kommt (*waqf khayri*), und einer Familienstiftung (*waqf ahli*) keinen Unterschied. Ebenso wie bei der Leistung einer *sadaqa* verband sich mit der Einrichtung einer Stiftung die Hoffnung auf himmlischen Lohn. Für die Errichtung einer auf Dauerhaftigkeit angelegten Stiftung war dabei von besonderer Bedeutung, dass der Verdienst einer *sadaqa* sich nicht auf die Lebenden beschränkte. Auch nach dem Tod war es somit möglich, durch die Einrichtung einer Stiftung gute Werke zu vollbringen, die einen himmlischen Lohn anhäuften. Ab dem 12. Jahrhundert findet sich daher in großer Regelmäßigkeit in den Stiftungsurkunden die Bezeichnung des *waqfs* als *sadaqa jariya*, d. h. als immerwährendes Almosen.[6]

Die Errichtung einer Stiftung wird mit einer Stiftungsurkunde (*waqfiyya*) abgeschlossen, die einem festgelegten Formular folgt, wie es sich schon weitgehend in der ältesten erhaltenen *waqfiyya* für die Familienstiftung des Rechtsgelehrten ash-Shafi'i (gest. 820) findet.[7] Dem Formular zufolge versichert der Stifter zu-

---

[3] *Hennigan*, S. 66–70.
[4] *Schacht*, S. 446–449; *Cahen*, S. 44 f.; Art. „wakf", EI2, Band 11, S. 61.
[5] Art. „sadaka", EI2, Band 8, S. 710–712.
[6] Zum *waqf* als *sadaqa* s. *Pahlitzsch* (2001), S. 329–332.
[7] Eine Übersetzung dieser Urkunde findet sich in *Hennigan*, S. 203–207.

nächst geschäftsfähig, d. h. volljährig, frei und bei klarem Verstand, sowie körperlich gesund zu sein. Der Hinweis auf die Gesundheit steht im Zusammenhang mit den strengen koranischen Erbrechtsvorschriften, nach denen der Testator lediglich über ein Drittel seines Besitzes frei verfügen konnte. Tatsächlich diente gerade die Familienstiftung im Islam vor allem der Umgehung des koranischen Erbrechts. Um nun zu vermeiden, dass noch auf dem Totenbett Stiftungen, die dem Erbrecht zuwiderliefen, errichtet wurden, entwickelte sich die Regelung, dass solche testamentarischen Stiftungen dem Erbrecht unterlägen und ebenfalls nicht mehr als ein Drittel des Besitzes des Stifters umfassen dürften.

Weiterhin muss der Stifter versichern, dass sich das Stiftungsgut in seinem uneingeschränkten Eigentum befand, er also frei darüber verfügen konnte. Gestiftet werden können nur tatsächlich existierende Objekte. Aufgrund der Dauerhaftigkeit des *waqfs* wird die Stiftung von Immobilien von den verschiedenen islamischen Rechtsschulen bevorzugt. Güter, die zum Verbrauch bestimmt sind wie Lebensmittel sind, von einer Stiftung ausgeschlossen. Die Haltung zur Stiftung beweglicher Güter differiert je nach Rechtsschule. Doch auch bei den in diesem Punkt einer strengen Auslegung folgenden Hanafiten gibt es etwa für Tiere, Waffen oder Koranexemplare Ausnahmeregelungen. Anschließend folgt im Formular der Stiftungsurkunden die genaue Beschreibung des Stiftungsguts sowie die Nennung des Stiftungszwecks und der Begünstigten. Der Stiftungszweck kann dabei alles umfassen, solange er nicht dem islamischen Recht widerspricht. Unter Berücksichtigung dieser Einschränkung ist es auch Nicht-Muslimen möglich, eine nach islamischem Recht gültige Stiftung zu errichten. In einem weiteren Abschnitt, den so genannten Vertragsbedingungen (*shurut*), kann der Stifter die Form der Verwaltung seiner Stiftung einschließlich aller einzurichtender Ämter mit ihren jeweiligen Aufgaben bis in das kleinste Detail festlegen. Besondere Bedeutung haben hier Regelungen für die Bestimmung des Verwalters (*mutawalli, nazir*) der Stiftung. Dieses Amt hatte zu Lebzeiten oft der Stifter selbst inne. Für die Zeit nach seinem Tod bestimmte er häufig sowohl bei Familien- wie auch bei öffentlichen Stiftungen in einem genau festgelegten Auswahlverfahren seine Nachkommen als zukünftige Verwalter. Formeln über die Unwiderrufbarkeit und Unveränderlichkeit der Stiftung schließen die Urkunde in der Regel ab. Insgesamt hatte der Stifter also größtmögliche Freiheit in der Ausgestaltung seiner Stiftung.[8]

Im 9. Jahrhundert scheint die reine Familienstiftung, die wie erwähnt der materiellen Absicherung der Nachkommen und der Umgehung des islamischen Erbrechts diente, die bestimmende Form der Stiftung gewesen zu sein. Hierbei handelte es sich in der Regel um die einfache Stiftung eines Hauses oder von Grundbesitz, dessen Einkünfte den Nachkommen des Stifters zugute kommen sollten. Aber auch öffentliche Stiftungen waren üblich, etwa die Stiftung von Moscheen mit Ausnahme der großen Freitagsmoscheen, deren Errichtung und Unterhalt als

---

[8] *Krcsmárik;* Art. „wakf", EI2, Band 11, S. 60–62. Zum Erbrecht s. *Powers* (1990), S. 11–29.

staatliche Aufgabe galt, die Stiftung von Grundbesitz zur Einrichtung von Friedhöfen, von Brunnen und Gasthäusern für Reisende, Pilger und Glaubenskrieger besonders in Mekka oder in Hafenstädten, von Wegen und Brücken, aber auch schon vereinzelt von Hospitälern. Neben den ebenfalls verbreiteten Stiftungen für Arme, Witwen und Waisen bestand die Funktion öffentlicher Stiftungen also vor allem darin, die Infrastruktur für Reisende aller Art, seien es nun Händler, Pilger oder Glaubenskrieger auszubauen. Die Unterstützung von Pilgerfahrt und *jihad* als spezifisch islamische Handlungen eignete sich dabei besonders für die Verrichtung eines gottgefälligen Werkes, wie ein *waqf* es darstellt. Ab dem 10. Jahrhundert nimmt die Zahl der öffentlichen Stiftungen immer mehr zu. So wurden etwa um 900 vermehrt vom Kalifen, von Mitgliedern seiner Familie oder von hohen Regierungsbeamten Hospitäler in Bagdad gestiftet. Eine ähnliche Entwicklung lässt sich für die Errichtung von wissenschaftlichen Institutionen und öffentlichen Bibliotheken feststellen, die zuvor noch aus der Staatskasse finanziert worden waren.[9]

Schließlich wurden auch eigentlich staatliche Aufgaben von Herrschern durch Stiftungen finanziert, wie etwa Ende des 9. Jahrhunderts bei der Stiftung einer großen Freitagsmoschee in Kairo durch Ahmad ibn Tulun (gest. 884). Die Herrscher handelten hier zumindest theoretisch als Privatleute, hatte eine Stiftung doch wie erwähnt aus dem Privateigentum des Stifters zu erfolgen. Eine Stiftung aus öffentlichem oder staatlichem Eigentum war dagegen rechtlich unzulässig. In der Staatstheorie wurde ebenfalls klar zwischen der Privatschatulle eines Herrschers (*bait al-mal al-khassa*) und der Staatskasse (*bait al-mal*) unterschieden. Dennoch verwischen hier die Grenzen zwischen privater und staatlicher Initiative. So ist etwa für das „Haus der Weisheit (*dar al-hikma*)" des fatimidischen Kalifen al-Hakim (gest. 1021) in Kairo bekannt, dass zwar die Ausstattung aus einer Stiftung finanziert wurde. Für die Gehälter der angestellten Gelehrten kam aber die Staatskasse auf.[10] Die Errichtung von Stiftungen aus der Staatskasse war auch im 12. Jahrhundert unter Saladin üblich und entwickelte sich in mamlukischer und osmanischer Zeit zur gängigen Praxis. Die islamischen Rechtsgelehrten entwickelten dazu eine eigene Rechtfertigung. Nur dem Herrscher war diese als *irsad* bezeichnete Praxis erlaubt und auch nur für Stiftungen, die dem Allgemeinwohl der Muslime (*maslaha*) dienten, da die Einnahmen der Staatskasse doch ohnehin in diesem Sinne zu verwenden waren.[11] Durch diese scheinbar private Tat der Errichtung einer Stiftung beabsichtigten die Herrscher vermutlich eine Steigerung ihres Prestiges und ihres Einflusses, um somit die Legitimität ihrer Herrschaft abzusichern. So hatte sich etwa der oben genannte Ahmad ibn Tulun als von den abbasidischen Kalifen unabhängiger Herrscher in Ägypten etabliert.

Ab dem 10. Jahrhundert lässt sich eine allgemeine, sich immer mehr beschleunigende Zunahme von öffentlichen Stiftungen in der islamischen Welt feststellen.

---

9 *Hamarneh,* S. 368 f.; *Eche.*
10 *Halm,* S. 206–208.
11 Art. „wakf", in EI2, Band 11, S. 64 f.; *Cuno,* S. 136–163; *Pahlitzsch* (2004), S. 55–57.

Mit der ökonomischen Erholung ab der Mitte des 11. Jahrhunderts und der damit einhergehenden so genannten „Renaissance der Städte" in Syrien nahm im städtischen Rahmen die Zahl öffentlicher Stiftungen sprunghaft zu, vor allem von Madrasas, d. h. Rechtsschulen, oder klosterähnlichen Einrichtungen für die mystisch ausgerichteten, einem Armutsideal folgenden Sufis (*zawiya, ribat*), denen oftmals ein Mausoleum des Stifters angegliedert war.[12] Der Zerfall der staatlichen Strukturen des abbasidischen Großreiches Ende des 10. Jahrhunderts trug in diesem Zusammenhang wesentlich zu einer Zunahme und Ausweitung des Stiftungswesens bei. Gewann doch die Etablierung persönlicher Bindungen, wie sie zwischen Stifter und Begünstigten entstehen, in den islamischen Herrschaftsgebilden, die nach der Aufsplitterung des abbasidischen Reiches entstanden, sicher an Bedeutung, während die Loyalität gegenüber dem Staat abnahm. So verfolgte Nizam al-Mulk (gest. 1092), der für die Stiftung eines ganzen Netzwerks von Madrasas berühmte Wezir der Seldschukensultane, mit diesen Stiftungen ohne Zweifel politische Absichten, indem er ihm als Stifter persönlich verbundene Gruppen von Rechtsgelehrten in verschiedenen Städten seines Reiches etablierte.[13]

Unter der Herrschaft der Mamluken von 1250 bis 1517 erreichte diese Entwicklung ihren Höhepunkt. Zahlreiche rivalisierende Emire und Sultane errichteten eine Vielzahl von Stiftungen oft verbunden mit Mausoleen, die das Bild der Städte Ägyptens und Syriens bestimmten. In der Auseinandersetzung der verschiedenen miteinander konkurrierenden mamlukischen Gruppen kam besonders der Förderung der Familienmemoria durch Familiengrabstätten ein hoher Stellenwert zu. Hierbei ist zu betonen, dass die Mamluken im Kindesalter als Sklaven nach Ägypten kamen, also selbst erst eine Familie gründen mussten. Tatsächlich kam Stiftungen in der islamischen Welt mit der Etablierung der Grabmadrasa ab dem 11. Jahrhundert eine entscheidende Bedeutung bei der Bewahrung des Totengedächtnisses zu. Durch die dauerhafte Bereitstellung von Mitteln und die Schaffung einer als Träger der Memoria fungierenden Personengruppe stellte die Stiftung – wie übrigens auch im christlichen Abendland – das ideale Mittel zu Institutionalisierung der Memoria dar.[14] Aber auch aus finanziellen Motiven stifteten Mamluken, ließ sich doch so das aufgrund ihrer Stellung erworbene Vermögen an die Familie weitergeben, das nach den Regeln der mamlukischen Kriegerkaste eigentlich an den Staat hätte zurückfallen müssen. Oft überstiegen die Einkünfte des Stiftungsguts der großen mamlukischen Stiftungen bei weitem die für den Unterhalt der eigentlichen Stiftung notwendige Summe.[15]

Ein besonderes Merkmal mamlukischer Stiftungen bestand darin, dass die neuen Gründungen häufig eine Vielzahl von Institutionen in sich vereinigten. Das

---

[12] Zum Begriff der „Renaissance der Städte" s. *Heidemann* (1999). Für das Beispiel Aleppos s. *Tabbaa,* für Damaskus *Chamberlain.*

[13] Zur Madrasa s. *Makdisi.*

[14] *Pahlitzsch* (im Druck).

[15] *Petry,* S. 51–60; *Sabra;* Art. „wakf", in EI2, Band 11, S. 64 f.

herausragende Beispiel hierfür stellt der 1285 vollendete Stiftungskomplex des Sultans Qalawun dar, der neben einem monumental gestalteten Mausoleum für den Sultan und seine Familie eine Madrasa und vor allem ein groß angelegtes Hospital umfasste. Gerade das weithin berühmte, bis in das 19. Jahrhundert existierende Hospital war sicher als echte soziale Dienstleistung für die Bewohner Kairos gedacht. Dennoch wird die lang ausgestreckte Fassade vom Mausoleum und seiner Kuppel dominiert. Die Demonstration herrscherlichen Anspruchs, nicht nur für sich sondern gerade auch für die Familie, verband sich hier mit sozialer Wohltätigkeit und religiösen Motiven.[16]

Vom 16. Jahrhundert bis zum Ersten Weltkrieg

(Astrid Meier)

Bis ins 20. Jahrhundert hinein blieben Stiftungen eine wichtige Institution vieler islamisch geprägter Gesellschaften. Im 16. Jahrhundert war das Stiftungsrecht in seinen unterschiedlichen Ausprägungen durch die schiitische und die vier sunnitischen Rechtsschulen seit langem festgelegt.[17] Doch in der Praxis kam es auch auf der normativen Ebene immer wieder zu Anpassungen und Veränderungen. Der Platz der Stiftungen im religiösen, politischen, wirtschaftlichen und sozialen Leben wurde aber ebenso von lokalen Faktoren bestimmt.[18] So spielten Stiftungen in den stark islamisierten und bürokratisierten Staatswesen wie im Osmanischen Reich, im safawidischen und kadscharischen Iran und in Marokko eine herausragende Rolle. Von Bedeutung war das Stiftungswesen auch in den zentralasiatischen Emiraten und an der ostafrikanischen Küste. Dagegen scheint es im Mogulreich und in den westafrikanischen Regionen nur wenig ausgeprägt gewesen zu sein. Wenig wissen wir über die Situation in den südostasiatischen Regionen vor dem 19. Jahrhundert. Im Folgenden kann auf diese regionalen Entwicklungen nicht im Einzelnen eingegangen werden, sondern einige wichtige allgemeine Punkte sollen hervorgehoben werden, die sich in erster Linie auf osmanische Verhältnisse beziehen.

Zu Beginn des 16. Jahrhunderts war das Stiftungsrecht in allen Rechtsschulen in einem hohen Maße ausformuliert. Doch die Frage, welche Norm unter welchen Umständen in die Praxis umzusetzen sei, beschäftigte die Juristen als Rechtsgelehrte, aber auch als Richter (*qadi*) oder Rechtsgutachter (*mufti*) immer wieder von neuem. So kam es ständig, wenn oft auch nur noch in Details, zu Veränderun-

---

[16] Zu Qalawuns Mausoleum s. *Northrup*, S. 119–140. Zur Funktion der mamlukischen Stiftungen als Symbol politischer Legitimierung s. *Humphreys*, S. 69–119; *Berkey*, S. 130–134.

[17] Für einen Überblick über die wichtigsten Punkte s. Art. „wakf", EI2, Band 11, S. 59; für Einzelheiten zu den einzelnen Rechtsschulen s. *Krcsmárik; Powers* (1993) und *Santillana*, Band 2, S. 412–451.

[18] Für Einzelheiten vgl. die Unterartikel des Artikels „wakf" in der EI2, Band 11, S. 59–98.

gen der geltenden Normen. Regelungen wurden sanktioniert, die in vielem den Formulierungen der frühen Rechtstexte widersprachen, wohl nicht selten, weil sie sich in der Praxis bereits durchgesetzt hatten. Zum Beispiel hatte die hanafitische Rechtsschule seit langem Stiftungen akzeptiert, in denen Stiftende sich selbst als erste Begünstigte einsetzten, was dem Grundgedanken des Almosens (*sadaqa*) eigentlich widerspricht.[19] Besonders häufig erscheint diese Bedingung (*shart*) bei den bescheidenen Familienstiftungen von einem Wohnhaus oder einem Hausteil, die in osmanischer Zeit den weitaus größten Anteil an der Gesamtzahl der Stiftungen ausmachten. Nur wenige Stiftende wollten schon zu Lebzeiten auf die alleinige Kontrolle ihres Eigentums verzichten, und diese Konzession scheint eine wichtige Motivation für die Verbreitung von Stiftungen über Elitenkreise hinaus gewesen zu sein.

Neue Lösungen mussten nach den großen Eroberungsbewegungen des 15. und des frühen 16. Jahrhunderts im Osmanischen Reich auch für das Problem gefunden werden, wie mit dem landwirtschaftlich nutzbaren Boden umzugehen sei. Im Gegensatz zu städtischen Immobilien und Obst- und Weingärten in der unmittelbaren Umgebung von Städten und Dörfern, die in Privatbesitz blieben, betrachtete der osmanische Staat solchen Boden als Staatseigentum. Die Einkünfte daraus vergab er als Pfründen oder Steuerpachten. Dieser Anspruch kollidierte in den anatolischen und arabischen Provinzen, v. a. Syrien und Ägypten, mit der seit langem eingeführten Praxis einflussreicher Kreise, landwirtschaftliche Einkünfte von Dörfern zu stiften. Auch in osmanischer Zeit schlossen Sultane, ihre Familienangehörigen und hohe Würdenträger die Steuerabgaben von Dörfern und Farmen in ihre Stiftungen ein, doch immer seltener konnten auch andere auf diese Ressource zurückgreifen. Im 18. Jahrhundert war es dann eher üblich, das zu stiften, was auf dem Boden gepflanzt oder ausgesät wurde oder das Recht zu pflanzen oder zu säen an und für sich (*mashadd maska*). Die Stiftungen als Rechtsinstitution profitierten von der neuen Staatslanddoktrin, da nach ihren Grundsätzen auch *waqf*-Land – zumindest theoretisch – stärker als vorher vor Missbrauch geschützt wurde.[20]

Die Regelungen in Bezug auf das Staatsland und den Umgang mit bereits bestehenden Stiftungen gehen in ihren Grundzügen auf die Gutachten des berühmten Rechtsgelehrten und Shaikh al-Islam Ebu's-Su'ud (starb 1574) zurück.[21] Seine Intervention war wohl auch ausschlaggebend dafür, dass sich eine weitere umstrittene Stiftungsform zumindest in einigen Teilen des Osmanischen Reiches etablieren konnte, nämlich Geldstiftungen (*waqf an-nuqud*).[22] In Istanbul zum Beispiel gab es laut Steuerregistern bereits in der ersten Hälfte des 16. Jahrhunderts eine große Anzahl solcher Stiftungen. Dabei wurde ein Geldbetrag gestiftet, der unter bestimmten Bedingungen, die in der Stiftungsurkunde festgehalten wurden, aus-

---

[19] *Abu Zahra*, S. 198–208.
[20] Zu diesen Fragen s. *Johansen* (1988); *Cuno;* und *Meier* (im Druck).
[21] *Imber*, S. 115–138.
[22] Zum Folgenden s. *Imber*, S. 142–146; *Yediyildiz*, S. 100–102.

geliehen wurde. Mit dem daraus resultierenden Gewinn sollte dann der eigentliche Stiftungszweck finanziert werden. Mitte des 16. Jahrhunderts kam es zu einer heftigen Kontroverse unter Juristen und anderen frommen Zeitgenossen darüber, ob solche Stiftungen nicht prinzipiell abzulehnen seien, da sie dem Stiftungsrecht, das nur in Ausnahmefällen die Stiftung von Mobilien erlaubte, und dem Zinsverbot widersprachen.[23] In der Praxis der zentralen osmanischen Reichsteile und im Balkan setzte sich jedoch die pragmatische Haltung von Ebu's-Su'ud durch. Auch wenn es sich bei diesen Geldstiftungen um einfache Kreditgeschäfte handelte, wie sie auch sonst üblich waren, waren komplizierte juristische Argumentationen nötig, um sie in das Rechtssystem zu integrieren. Das zeigt sich klar an einem Rechtsgutachten von Ebu's-Su'ud, in dem er sein Konstrukt der „legalen Transaktion (mu'amala shar'iyya)" vorstellt:

Frage: Um gültig zu sein, wie soll eine solche „legale Transaktion" aussehen?

Antwort: Der Verwalter verkauft legal eine Ware für 1100 Piaster an Amr. Die Ware wird übergeben, und nachdem er sie in Besitz genommen hat, verkauft sie Amr an Bakr für 1000 Piaster. Nachdem er sie in Empfang genommen hat, sagt Bakr (zu Amr): „Gib das Geld dafür an Zaid!" und übergibt die Ware an den Stiftungsverwalter als Sicherheit für 1000 Piaster. Dieses Vorgehen betrachtet man als zulässig.[24]

Diese juristische Konstruktion verlangt neben Kreditgeber (Stiftungsverwalter) und Kreditnehmer (Zaid) zwei weitere beteiligte Personen (Amr, Bakr). In der Praxis spielte dieses Vorgehen wohl niemals eine Rolle. Als akzeptabler Zinssatz für Kredite galten allgemein 15 Prozent, was aber im Falle von Stiftungen wie im angeführten Rechtsgutachten oft auf 10 Prozent reduziert wird.

Um die fortwährende Existenz der Stiftungen zu gewährleisten, hatten die Verwaltungsorgane weitreichende Kompetenzen. Sie rücken das Rechtsinstitut *waqf* in die Nähe einer juristischen Person – ein Konzept, das den islamischen Rechtsauffassungen sonst fremd ist. Alle Stiftungen unterstanden einem oder mehreren Verwaltern (*mutawalli*); viele größere Stiftungen hatten zusätzlich auch Inspektoren (*nazir*). Große Stiftungen beschäftigen nicht selten auch professionelle Buchhalter und Liegenschaftsverwalter. Dieses Personal wurde aus Stiftungseinkommen bezahlt. Wenn auch weitgehend autonom, konnte das Stiftungsmanagement doch jederzeit zur Rechnungslegung vor den lokalen Richter gerufen werden.[25] In osmanischer Zeit scheinen die Rechnungsbücher der einzelnen Stiftungen den Gerichten alljährlich zur Bestätigung vorgelegt worden zu sein. Die Verteilung der Erträge folgte im Detail dem in der Stiftungsurkunde festgelegten Stifterwillen, solange genügend Einkommen vorhanden war. War die Existenz einer Stiftung selber gefährdet, konnte der Richter eingreifen. In diesen Fällen galt als oberste Priorität,

---

[23] s. *Mandaville*.
[24] *Imber*, S. 145 (meine Übersetzung aus dem Englischen).
[25] Zum Folgenden s. *Hoexter* (1995).

die Stiftungsgüter so instand zu setzen, dass neues Einkommen generiert werden konnte. Saläre für das Stiftungspersonal und andere Ausgaben waren dann zweitrangig.

Dem Stiftungsmanagement standen verschiedene Instrumente zur Verfügung, das nötige Einkommen zu sichern. In den meisten Fällen war vorgesehen, die gestifteten Güter zu vermieten. Die Juristen bestanden darauf, dass Mietverträge für städtische Immobilien für nicht länger als ein Jahr und für landwirtschaftlich nutzbare Böden bis zu drei Jahren zulässig waren. Längerfristige Vermietungen bargen in ihren Augen die Gefahr, dass das Stiftungsgut verloren ging. In der Praxis konnten sich diese Beschränkungen nicht durchsetzen. Neben der Ausdehnung der Mietdauer entwickelten sich andere Vertragsformen, die auf eine langfristige Nutzung von Stiftungsgut abzielten, deren Ausprägung und Benennung oft lokal unterschiedlich waren.[26] Wichtig war u. a. die Form des so genannten *Idjaratain*-Vertrags. Dabei handelte es sich, wie der Name sagt, um eine doppelte Vermietung: bei Vertragsabschluss zahlte der Mieter eine vertraglich festgesetzte Summe an die Stiftung, um dann für die Dauer des Mietvertrages jährlich einen festen Betrag als Miete an die Stiftung abzuliefern. Verbreitet war auch die einfache Form der Bodenpacht (*hikr, kirdar*): Stiftungsboden wurde ohne zeitliche Beschränkung einem Pächter, der auch eine andere Stiftung sein konnte, überlassen gegen die Zahlung einer meist bescheidenen jährlichen Pachtsumme, die sich den Marktverhältnissen anpassen konnte. Was auf dem Boden gebaut oder gepflanzt wurde, gehörte uneingeschränkt den Pächtern. Auch Investitionen für den Unterhalt von gemieteten Gebäuden oder Pflanzungen gaben der Mieterseite Rechte auf eine langfristige Nutzung (*mursad*). Wenn ein Stiftungsgut keinen Ertrag mehr einbrachte, konnte es durch das Management gegen eine andere Immobilie und zunehmend auch gegen Geld ausgetauscht werden (*istibdal*).

Immer wieder haben im Lauf der Geschichte Herrscher versucht, zumindest ein gewisses Maß an Kontrolle über das Stiftungswesen auszuüben. Ins Blickfeld gerieten dabei in erster Linie religiös, politisch und wirtschaftlich bedeutende Stiftungen von imperialer Ausstrahlung und nicht die Vielzahl an kleinen und kleinsten Familienstiftungen. Wie bereits im ersten Kapitel ausgeführt, waren Stiftungen seit langem ein wichtiges Instrument der Herrscherrepräsentation. Auch im hier betrachteten Zeitraum hinterließen Dynastien und hohe Staatsbeamte an vielen Orten große Stiftungskomplexe aus Moscheen, Medresen, Krankenhäusern, Armenküchen und Wirtschaftsgebäuden, die das Erscheinungsbild der Städte zum Teil bis heute prägen.

Des Weiteren gehörte es zum Image des Herrschers, als Schutzpatron der wichtigsten Pilgerstätten aufzutreten. Beispiele dafür sind die bekannten schiitischen Schreine in Iran und Irak oder Mazar al-Sharif im heutigen Afghanistan.[27] Für die

---

[26] Zum Folgenden s. Artikel „wakf", EI1, Band 4, S. 1190 f.; *Krcsmárik*, S. 562–569; *Hoexter* (1997); *Deguilhem-Schoem; Barnes*, S. 50–66.

[27] s. *McChesney*.

Osmanen besonders wichtig waren die beiden „heiligen Stätten" auf der Arabischen Halbinsel, Mekka und Medina, aber auch Jerusalem und Hebron, wo das Andenken an den Propheten Abraham bewahrt wurde.[28] Zu ihren Gunsten gab es zentral verwaltete Stiftungen, deren Güter über das ganze Reich verteilt waren. Sie waren zusammen mit den eigentlichen Sultansstiftungen als einzige generell von Abgaben an den Staat befreit. Andere Stiftungen mussten auf ihre landwirtschaftlichen Einkünfte Steuern abliefern, in vielen Fällen einen Anteil von 10 Prozent.[29]

Verwaltet wurden die sultanischen und imperialen Stiftungen meist *ex officio* durch einen hohen Beamten des Sultanshofes. Für andere Stiftungen hatte bis ins 18. Jahrhundert hinein der örtliche Richter die Oberaufsicht, die aber mangels Eingriffsmöglichkeiten oft nur nominell gegeben war. Seit dem späten 18. Jahrhundert verstärkte sich an vielen Orten die Einmischung des Staates in entscheidendem Maße. In Indien und in Algerien waren es europäische Mächte wie Großbritannien und Frankreich, die direkt in die Stiftungsverwaltung eingriffen, weil sie alle Stiftungen mit öffentlichem Charakter (sog. *waqf khairi*) direkt kontrollieren wollten. Im Osmanischen Reich und in Ägypten waren es die Herrscher, die Maßnahmen einleiteten, die schließlich das gesamte Stiftungswesen unter staatliche Kontrolle brachten.[30] Dafür wurden im Laufe des 19. Jahrhunderts neue Kontroll- und Verwaltungsorgane eingesetzt, im Osmanischen Reich z. B. wurde in den späten 1820er und frühen 1830er Jahren schrittweise ein Stiftungsministerium geschaffen, das nach 1840 auch Beamte in die Provinzen schickte und so in die lokalen Verhältnisse eingriff. Waren die Einkünfte der einzelnen Stiftungen bis dahin zweckgebunden nach dem Stifterwillen verwendet worden, bestimmte jetzt in zunehmendem Maße diese zentrale Verwaltungsstelle, wofür das Einkommen ausgegeben wurde. Das Stiftungspersonal wurde aus diesem Budget bezahlt und verlor so weitgehend seine Autonomie. Allfällige Überschüsse wurden nicht mehr zugunsten der Stiftung investiert, sondern wanderten in die immer bedürftige Staatskasse.

Dabei stützten sich die Herrscher im Namen einer Erneuerung und Modernisierung ihrer Gesellschaften auf die Kritik am Stiftungswesen, die während des 19. Jahrhunderts immer lauter wurde: Die große Verbreitung der Stiftungen sei ein Grund für die ökonomische Rückständigkeit islamischer Gesellschaften, weil durch die „Tote Hand" die Stiftungsgüter dem Wirtschaftskreislauf entzogen waren. Zudem begünstigten Familienstiftungen (*waqf dhurri* oder *ahli*) ein unproduktives Rentierdasein und sicherten gerade jenen Kreisen ein regelmäßiges Einkommen, die sich gegen jeglichen Fortschritt stemmten, in erster Linie die Gelehrten (*ulama'*). Kritisiert wurde weiter, dass Stiftungen nicht durch den Koran legitimiert waren. Gerade Familienstiftungen konnten auf diese Weise als eine Umgehung der

---

28 Art. „al-Haramayn", EI2, Band 3, S. 175.
29 Art. „wakf", EI2, Band 11, S. 90.
30 Zu diesem Themenkomplex s. *Powers* (1989); *Kozlowski; Barnes*, S. 67–156; *Meier* (2002); *Kogelmann* (1999), S. 38–66.

koranisch verankerten Erbteilung diskreditiert werden, was sich in der Zukunft als äußerst folgenreich erweisen würde.

Trotz dieser widrigen Rahmenbedingungen verschwanden Stiftungen aber nicht einfach. Ein letztes Beispiel soll für die Anpassungsfähigkeit der Institution stehen: Auch ein Symbol des Fortschritts wie die 1908 eröffnete Eisenbahnlinie zwischen Aleppo im Norden Syriens und Medina, die berühmte Hedschasbahn, wurde als islamische Stiftung eingerichtet, und sie funktionierte erfolgreich bis in den Ersten Weltkrieg hinein.[31]

Das islamische Stiftungswesen nach Ende des Ersten Weltkriegs

(Franz Kogelmann)

Die Neuordnung der nahöstlichen Staatenwelt seit dem Ende des Ersten Weltkriegs hat die politische Landkarte im östlichen Mittelmeerraum nachhaltig und grundlegend verändert. Aus dem Osmanischen Reich ist die türkische Republik sowie aus dessen arabischen Provinzen eine Reihe neuer Staaten entstanden. Der Hoffnung der arabischen Führer auf staatliche Selbstbestimmung gaben die Siegermächte nicht statt, vielmehr fiel der Fruchtbare Halbmond mit Billigung des Völkerbundes unter britische (Palästina, Irak) und französische Mandatsherrschaft (Syrien/Libanon). Ein Großteil der heutigen Golfstaaten wiederum war britischer Herrschaft unterworfen. Auch Ägypten blieb nach der offiziellen Aufhebung des Protektorats im Jahr 1922 britischem Einfluss unterstellt. Das faschistische Italien durchdrang das Gebiet des heutigen Libyen im Laufe der 1920er Jahre mit militärischen Mitteln und in den Maghrebstaaten Tunesien, Algerien und Marokko war nach dem Ende des Ersten Weltkriegs die französische Herrschaft gefestigter denn je. Letztendlich fand die Epoche des Kolonialismus in den muslimischen Staaten erst im Laufe der zweiten Hälfte des 20. Jahrhunderts ein Ende. Die schließlich in die Unabhängigkeit entlassenen Staaten haben jedoch weder in ihrer politischen Verfasstheit noch in ihrer gesellschaftlichen und wirtschaftlichen Entwicklung einheitliche Wege beschritten. Vielmehr waren und sind diese mehrheitlich vom Islam geprägten Gesellschaften den Einflüssen unterschiedlichster Ideologien und Regierungssysteme unterworfen. Demokratische Prinzipien fanden bislang jedoch bei den meisten politischen Machthabern nur wenig Anklang und dem Aufkeimen zivilstaatlicher Strukturen treten die herrschenden Eliten mit Argwohn entgegen.

Inner- sowie zwischenstaatliche Neuordnungen und Verwerfungen hatten auch auf die Institution der islamischen Stiftung Auswirkungen. Die Vorstellung von einer seit der Frühzeit des Islam unveränderten, gleichsam statischen Institution, die die Entwicklung einer muslimischen Gesellschaft als solche überhaupt erst ermöglichte, hat mit der historischen Realität natürlich wenig zu tun. Selbst wenn der häufig wiederkehrende Hinweis auf die Anpassungsfähigkeit und Flexibilität

---

[31] s. *Ochsenwald*.

des islamischen Stiftungssystems an die zeitlich und lokal bedingten Umstände als gängiger Gemeinplatz erscheint, ist es nicht von der Hand zu weisen, dass die Institution des *waqfs* eine enorme Kontinuität aufweist. Diese Kontinuität ist heutzutage in einer Reihe muslimischer Länder durch staatliche Interventionen durchbrochen worden. Gerade in der Beziehung zwischen dem Staat und der islamischen Stiftung offenbart sich ein grundlegender Bruch mit der Tradition. Konnte sich in der Vergangenheit eine islamische Stiftung weitgehend unabhängig von staatlicher Einmischung und im Rahmen der mannigfaltigen Möglichkeiten, die das islamische Recht dem Stiftungswesen bietet, entfalten, war mit dem Aufkommen eines modernen Staatsverständnisses nach europäischem Vorbild dem ein Ende gesetzt.

Die häufig noch unter muslimischen Herrschern während des 19. Jahrhunderts in Angriff genommenen staatlichen Reformen fanden selbstredend unter europäischer Fremdherrschaft kein abruptes Ende, sondern wurden vielmehr gezielt weitergeführt und waren von eindeutig machtpolitischen Interessen geleitet. Die meisten muslimischen Staaten unterstellten das islamische Stiftungswesen einer hierarchisch gegliederten und zentralisierten Ministerialbürokratie.[32] So verfügt spätestens seit dem 20. Jahrhundert nahezu jedes muslimische Land über ein Ministerium, das für das islamische Stiftungswesen sowie für islamische bzw. religiöse Angelegenheiten zuständig ist. Verwaltungsexperten und Technokraten bestimmten fortan über das „Investment" und die Verteilung der aus dem islamischen Stiftungswesen erwirtschafteten Ressourcen. Eine zeitgenössische und sich an rationalen Methoden orientierende Administration islamischer Stiftungen war jedoch nicht automatisch ein Garant für eine von politischen Entscheidungen freie Verwaltung im Sinne des Stifters und zum Wohle der Nutznießer. Gerade die durch einen anonymen bürokratischen Apparat, der zum Teil sogar unter der Kontrolle der Fremdherrschaft stand, geschaffene Distanz zwischen der Stiftung und den Begünstigten zog häufig Kritik auf sich. Eine weitere Tendenz dieser derart reformierten Stiftungsverwaltungen war die Absicht auch über bislang autonom verwaltete Stiftungen, wie die privatnützigen Familienstiftungen oder die Stiftungen der Sufi-Bruderschaften, eine unmittelbare Kontrolle auszuüben.

Von dem Bestreben des zeitgenössischen Staates, das islamische Stiftungswesen direkt zu kontrollieren, waren vor allem die islamischen Gelehrten, die *ulama'*, betroffen. Als Sachwalter des prophetischen Erbes hatten sie ehedem über die Wahrung des Stifterwillens zu wachen, für den Erhalt der Stiftung zu sorgen sowie eine gerechte Verteilung der erwirtschafteten Überschüsse zu bewerkstelligen. Durch diese Aufsichtsfunktionen waren islamische Stiftungen eine Quelle der Macht der *ulama'* und ihres Wohlstandes, da sie häufig selbst zum Kreis der Begünstigten zählten. Die Unterstellung des islamischen Stiftungswesens unter direkte staatliche Kontrolle hatte letztendlich gravierende Auswirkungen u. a. auf die gesellschaftliche Stellung der *ulama'*.

---

[32] s. *Busson de Janssens; Cezikca*, S. 71 – 234; *Kogelmann* (1999), S. 38 – 66.

Eine Kontrolle über das islamische Stiftungswesen bedeutete nicht nur, einen direkten Zugang zu den materiellen Ressourcen der religiösen Infrastruktur eines Landes in Form von Moscheen, Schulen oder eben den Einnahmen aus dem Stiftungswesen zu haben, sondern auch über die Oberhoheit der im Rahmen dieser islamischen Infrastruktur vermittelten Inhalte zu verfügen. Für die Vermittlung dieser Inhalte sind nach wie vor die *ulama'* verantwortlich, doch nachdem sie ihre Unabhängigkeit weitgehend verloren haben und als „Beamte" in die Abhängigkeit des Staates geraten sind, entsprechen sie nicht mehr dem Ideal von Mittlern zwischen muslimischer Bevölkerung und Herrschern und haben viel von ihrer Glaubwürdigkeit eingebüßt. So werden sie heutzutage von Oppositionellen, die sich in ihrer politischen Argumentation vielfach einer religiösen Rhetorik bedienen, häufig als *ulama' as-sulta* (Gelehrte der Macht) angegriffen und ihre Legitimation, im Namen des Islam zu sprechen, wird in Frage gestellt.

Umfassende politische und gesellschaftliche Umstrukturierungen – d. h. ebenso notwendige wie kostspielige Reformen – machten jedoch ein effektives Abschöpfen nationaler Ressourcen mittels einer zentralisierten und an zeitgenössische Erfordernisse angepassten Bürokratie unumgänglich. In Anbetracht der Tatsache, dass in einigen muslimischen Ländern weite Teile des Immobilienbestands als islamische Stiftung deklariert waren, hat eine Reihe muslimischer Reformer die beiden Grundkonstanten des islamischen Stiftungswesens – die ewige Dauer sowie die Unveräußerlichkeit eines *waqf* – als Hindernis für die nationale Entwicklung erachtet und in der Öffentlichkeit für grundlegende Reformen des Stiftungswesens geworben sowie für eine Einbindung ihres Immobilienreichtums in die Kreisläufe der nationalen Volkswirtschaften plädiert.[33] Während der Zwischenkriegszeit war diesen Reformbemühungen nur wenig Erfolg beschieden. Erst mit der Wiedererlangung staatlicher Unabhängigkeit und vor allem mit dem Machtantritt revolutionärer Regime fand in zahlreichen Ländern im Bereich der islamischen Stiftungen eine Zäsur statt.[34]

Verhinderten in der Zwischenkriegszeit einflussreiche Interessenkoalitionen Reformen radikaler Natur, kamen in Ländern wie Syrien und Ägypten mittels Staatsstreiche Regime an die Macht, die durchaus gewillt waren, die Herrschaftsgrundlagen der etablierten Eliten zu zerstören.[35] Da diese neuen Machthaber weder mit den einflussreichen Großgrundbesitzern oder Händlerfamilien verbunden noch Mitglieder angesehener *ulama'*-Familien waren, machten ihre radikalen Schritte in Sachen Bodenreform auch vor dem islamischen Stiftungswesen nicht halt. In beiden Ländern wurden die gemeinnützigen Stiftungen unter strikte Kontrolle der

---

[33] Für das Beispiel Ägypten s. *Sékaly*.

[34] Für die Länder Marokko, Algerien und Ägypten s. *Kogelmann* (2001 und 2004); zu den aktuellen rechtlichen Rahmenbedingungen des islamischen Stiftungswesen in Ägypten sowie im Vergleich zu Deutschland und der Schweiz s. *Kemke*.

[35] Zu Syrien s. *Deguilhem-Schoem,* S. 144–51; *Deguilhem;* zu Ägypten s. *Kogelmann* (2004), S. 366–371.

staatlichen Verwaltung islamischer Stiftungen gestellt und die *ulama'* endgültig zu vom Staat bezahlten Angestellten gemacht. Weitaus radikaler war jedoch der Umgang mit den privatnützigen Familienstiftungen, die in beiden Ländern sehr zahlreich waren und deren Neugründung durch die Machthaber untersagt wurde. Des Weiteren wurden durch öffentliche Versteigerungen die Liquidierung dieser Stiftungen eingeleitet. Ein in der Tat recht nachhaltiger aber auch langwieriger Prozess, denn bis heute – fünfzig Jahre später – sind noch Gerichte mit der Auflösung dieser islamischen Stiftungen beschäftigt. Sowohl Syrien als auch Ägypten verfügen heutzutage über ein Stiftungsministerium, das aber ausschließlich die verbliebenen gemeinnützigen Stiftungen verwaltet. Ähnlich radikal ging die tunesische Staatsführung unmittelbar nach Wiedererlangung staatlicher Souveränität vor, nur dass im gegenwärtigen Tunesien nicht einmal mehr ein Stiftungsministerium vorhanden ist.[36] In Algerien wiederum band der Staat im Laufe der 1970er Jahre nahezu alle Stiftungsländereien in die so genannte Agrarrevolution ein. Später wurde diese Entwicklung aber wieder rückgängig gemacht.[37] Der Übergang vom Osmanischen Reich zur türkischen Republik war für das Stiftungswesen tiefgreifend. Das Ministerium für islamische Stiftungen wurde aufgelöst und der Großteil der islamischen Stiftungen der osmanischen Oligarchie nationalisiert. Die noch verbliebenen unterstellte die Republik einer Generaldirektion. Stiftungen wie Ländereien, Kultusgebäude oder Wasserleitungen gingen an Kommunen und Betriebe über. So genannte Bargeldstiftungen (*waqf an-nuqud*) gingen 1954 gemeinsam mit nationalisierten Stiftungen in der *Vakiflar Bankasi* (Stiftungsbank) auf. Gleich der Generaldirektion für Stiftungen weist diese Bank allerdings keinen religiösen Charakter mehr auf.[38] Marokko ist in dieser Reihe eine Ausnahme. Einzig das marokkanische Stiftungswesen, das unmittelbar im Anschluss an die Errichtung des französischen Protektorats reformiert wurde, zeichnet sich durch eine außergewöhnliche hohe Kontinuität aus. Allerdings spielten im Gegensatz zu vielen anderen muslimischen Staaten privatnützige Familienstiftungen im äußersten Westen der islamischen Welt kaum eine Rolle und auch die herrschende Elite war im 20. Jahrhundert keinen gravierenden Brüchen unterworfen.[39]

So unterschiedlich die historischen Voraussetzungen und die politischen sowie gesellschaftlichen Entwicklungen in den einzelnen muslimischen Staaten im Laufe des 20. Jahrhunderts waren, so identisch ist das Bild, das das gegenwärtige islamische Stiftungswesen dem Betrachter heutzutage bietet. Vom ursprünglichen Glanz und der Bedeutung der islamischen Stiftungen ist wenig geblieben und die Bereitschaft der Muslime islamische Stiftungen zu gründen ist gegenwärtig gleich null. In nahezu allen muslimischen Staaten ist das islamische Stiftungswesen einer strikten staatlichen Kontrolle unterworfen und dient dem Unterhalt der religiösen

---

[36] s. *Bouslama*.
[37] *Kogelmann* (2004), S. 371–378.
[38] *Cizakca*, S. 79–110.
[39] *Kogelmann* (2004), S. 378–382.

Infrastruktur zur Verbreitung eines staatlich sanktionierten Islamverständnisses. Im Grunde handelte es sich bei diesen staatlichen Zentralisierungsmaßnahmen um die Eingliederung religiöser Bereiche in weltliche Herrschaftsbereiche. Dieser Prozess, in dem „mehr und mehr Bereiche des gesellschaftlichen Lebens (...) der Hegemonie der Religion entzogen und zu weltlichen Tätigkeitsfeldern erklärt"[40] werden, wird allgemein als eine Säkularisierung von Politik und Gesellschaft bezeichnet.

Das Wissen um die Bedeutung des islamischen Stiftungswesens hat sich nicht nur bei Wissenschaftlern, die sich mit muslimischen Gesellschaften beschäftigen, sondern auch bei transnational aktiven Organisationen herumgesprochen. So wirbt die Organisation der Islamischen Konferenz (OIC) für eine Wiederbelebung des *waqfs*.[41] Offenbar um dieser Forderung Nachdruck zu verleihen, gründete die OIC in Regionen, in denen islamische Stiftungen bislang unbekannt waren, zwei Islamische Universitäten. Sowohl die Islamische Universität von Uganda als auch ihr Gegenstück in der Republik Niger werden offiziell als *waqf* bezeichnet. Einige islamische Hilfsorganisationen sind sich über die Assoziationen, die das islamische Stiftungswesen bei Muslimen hervorruft, bewusst und tragen den Begriff *waqf* in ihrem Namen.[42] Neben diesen Organisationen, die gezielt mit der arabischen Bezeichnung für islamische Stiftung operieren, ist in jüngster Vergangenheit eine Vielzahl muslimischer Organisationen gegründet worden, die in ihrer englischen bzw. französischen Bezeichnung die Begriffe *foundation* und *fondation* verwenden. In ihren arabischen Bezeichnungen kommt jedoch der Begriff *mu'assasa* zur Anwendung, der so viel wie Institution oder Organisation bedeutet und keinesfalls mit der islamischen Stiftung verwechselt werden darf. *Waqf* umschreibt eine konkrete Rechtsfigur, *mu'assasa* hingegen sagt über die tatsächliche rechtliche Verfasstheit dieser „Stiftungen" wenig aus. Auch ist ihr Rechtsstatus vom betreffenden Gesetzgeber selten klar definiert. Häufig handelt es sich hierbei um eine der zahlreichen seit den 1990er Jahren aktiven muslimischen Nichtregierungsorganisationen, die unter kein wie auch immer geartetes Stiftungsrecht fallen, sondern als Vereine registriert sind und somit auf einer völlig anderen rechtlichen Grundlage als islamische Stiftungen stehen.[43]

Neben diesen muslimischen Organisationen gibt es zur Zeit auch Versuche von Staaten ihr islamisches Stiftungswesen wiederzubeleben. So hat die algerische Regierung offenkundig unter dem Eindruck der bürgerkriegsähnlichen Zustände der 1990er Jahre das nationale islamische Stiftungswesen auf vollständig neue rechtliche Grundlagen gestellt und ausdrücklich die Bürger des Landes aufgefordert, wieder zu stiften.[44] Es bleibt abzuwarten, ob diese Gesetzesinitiative mehr als toter

---

[40] *Johansen* (1982), S. 3.

[41] Resolution No. 24/25-C on promoting waqfs and their role in the development of Islamic societies, s. www.oic-un.org/25icfm/25cs.htm.

[42] s. z. B. www.yusufislam.org.uk/charity.htm.

[43] *Kogelmann* (2003), S. 25.

[44] *Kogelmann* (2004), S. 376–378.

Buchstabe ist. Das gleiche trifft auf die im Frühjahr 2004 weithin beachtete Rede von König Muhammad VI von Marokko zu. Darin hat er gefordert, dass das marokkanische Stiftungswesen reformiert werden müsse, damit es für die Muslime wieder Anreize bietet, zu stiften.[45] Beachtlich sind auch die Bemühungen des kuwaitischen Stiftungsministeriums, ein internationales Netzwerk der nationalen Stiftungsministerien aufzubauen, mit dem Ziel, die traditionsreiche Institution des *waqfs* mit neuen Inhalten und Ideen anzureichern, damit es für die Herausforderungen der Gegenwart gewappnet sei.[46] Neben den Anstrengungen, das islamische Stiftungswesen mit Vorstellungen islamischen Wirtschaftens zu verknüpfen, sind – geisteswissenschaftlich betrachtet – gegenwärtig die Publikationen islamischer Denker, die das islamische Stiftungswesen als Bestandteil einer genuin islamischen Zivilgesellschaft, die es wiederzubeleben gelte, am interessantesten.[47]

---

[45] *Kogelmann* (2004b).
[46] *Bendjilali; Kahf* (1998a, 1998b).
[47] *Ghanim* (1998, 2001a, 2001b, 2004).

11. Stiftungen in der Praxis

11.1 Externes Stiftungsmanagement

Von Philipp Hof

Viele Stifter stehen schon bei der Gründung einer Stiftung vor der Frage, wie sie für ihre Stiftung eine effiziente Organisationsstruktur aufbauen können. In der Praxis findet man in Deutschland vor allem die folgenden drei Organisationsformen des Stiftungsmanagements:

1. Das ehrenamtliche Stiftungsmanagement

Häufig wird ein ehrenamtliches Gremium etabliert, das sich auch um die Details der Stiftungsarbeit kümmert. Zur Unterstützung wird punktuell externe Hilfe in Anspruch genommen, beispielsweise in den Bereichen Buchhaltung, Kommunikation oder Fundraising. Alle maßgeblichen Entscheidungen der Stiftungsarbeit werden jedoch vom ehrenamtlichen Gremium getroffen, das auch die Koordinierung der einzelnen Aufgaben übernimmt.

2. Das hauptamtliche Stiftungsmanagement

Finanzstarke Stiftungen übertragen die Stiftungsaufgaben in vielen Fällen einem oder mehreren hauptamtlichen Mitarbeitern. Diese Form ist in Deutschland insbesondere bei Stiftungen verbreitet, die über Stiftungserträge von mehr als einer Million Euro pro Jahr verfügen und sich damit die Kosten für Personal und Büro leisten können.

3. Das externe Stiftungsmanagement

Diese Organisationsform zeichnet sich im Wesentlichen dadurch aus, dass viele maßgebliche Aufgaben von einem externen Dienstleister übernommen werden. Das externe Stiftungsmanagement erledigt diese im Auftrag der Stiftungsgremien und stellt seinen Aufwand zu festgelegten Konditionen in Rechnung. Bei rechtlich unselbstständigen Stiftungen, auch Treuhandstiftungen genannt, ist es in der Regel der Treuhänder, der das Stiftungsmanagement übernimmt.

Je mehr man sich bewusst wird, mit wie vielen unterschiedlichen Parteien die Verantwortlichen des Stiftungsmanagements in Kontakt treten, desto deutlicher wird, dass die Wahl der richtigen Organisationsform von zentraler Bedeutung für die Effektivität der Stiftungsarbeit ist.

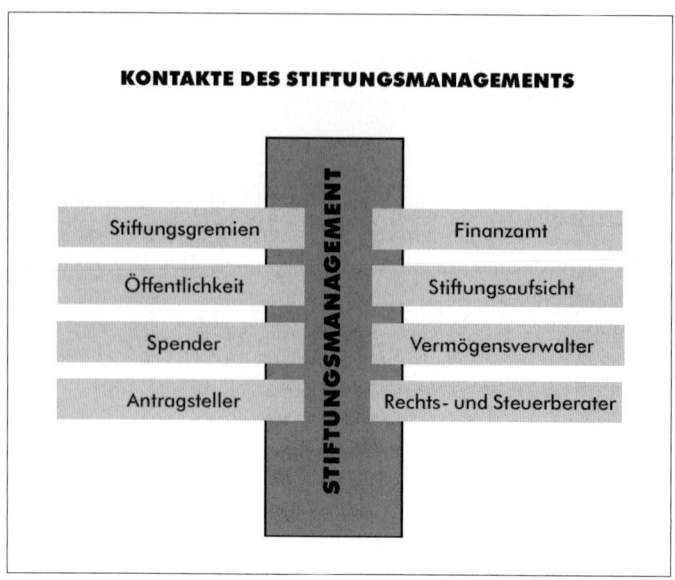

Abb. 1: Kontakte des Stiftungsmanagements

Im Rahmen des folgenden Beitrags soll zunächst aufgezeigt werden, welche Anforderungen an ein externes Stiftungsmanagement in der Praxis gestellt werden und welche Arten von Anbietern in Deutschland existieren. Abschließend werden die Möglichkeiten des externen Stiftungsmanagements bewertet.

Grundsätzlich lassen sich die verschiedenen Anforderungen, die in der Praxis an ein externes Stiftungsmanagement gestellt werden, in sechs Bereichen zusammenfassen.

Wenn es um die Zweckverwirklichung einer Stiftung geht, besteht eine mögliche Anforderung an das externe Stiftungsmanagement darin, für den Stifter oder die Stiftungsgremien eine Strategieberatung durchzuführen. Damit eine Stiftung effektiv arbeiten kann, muss frühzeitig geklärt werden, welchen Stiftungszweck sie mit welchen Mitteln verfolgen möchte. Neben den rein strategischen Überlegungen muss auch die Umsetzung der Strategie und die Frage nach den Kosten geklärt werden. Häufig beginnt diese Beratung schon vor der Stiftungsgründung.

Hat sich eine Stiftung beispielsweise dafür entschieden, ihren Stiftungszweck durch die Förderung bestehender Einrichtungen zu realisieren, muss das Stiftungsmanagement ein effektives Prozedere etablieren, das die Antragstellung, die Bearbeitung und die Prüfung von Projektanträgen sicherstellt. Gegebenenfalls müssen

11.1 Externes Stiftungsmanagement

besondere Projekte nach individuellen Vorgaben der Stiftung gesucht werden. In jedem Fall ist das Stiftungsmanagement verpflichtet, die Projektförderung zu dokumentieren. Bei der Förderung von Projekten im Ausland sind Hilfspersonenverträge nach den Maßgaben des Finanzamtes zu erstellen und die entsprechenden Belege einzuholen. Umfangreich ist die Vorauswahl, Prüfung und Abwicklung von Einzelfallhilfen. Je nachdem, ob eine Person aufgrund ihrer körperlichen, seelischen oder finanziellen Situation auf Hilfe angewiesen ist, sind dem Finanzamt unterschiedliche Belege vorzuweisen.

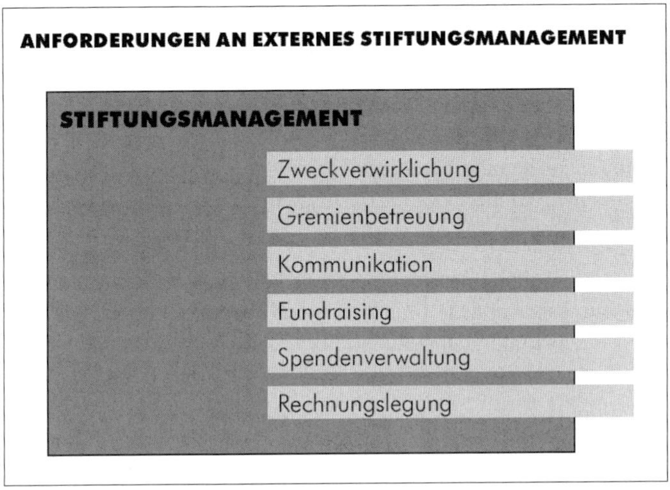

ANFORDERUNGEN AN EXTERNES STIFTUNGSMANAGEMENT

STIFTUNGSMANAGEMENT
- Zweckverwirklichung
- Gremienbetreuung
- Kommunikation
- Fundraising
- Spendenverwaltung
- Rechnungslegung

Abb. 2: Anforderungen an externes Stiftungsmanagement

Zeitaufwendig und komplex können die Anforderungen an das Stiftungsmanagement werden, wenn die Stiftung eigene operative Projekte realisieren will. Setzt sich eine Stiftung beispielsweise das Ziel, ein eigenes Kinderheim aufzubauen, muss das Stiftungsmanagement zunächst das Konzept zur Vorgehensweise erstellen. Des weiteren muss es eine geeignete Immobilie finden, notwendige Genehmigungen einholen, Mitarbeiter einstellen, die Finanzierung sicherstellen und vieles mehr. Auch bei der Verleihung von Preisen, der Vergabe von Stipendien, der Abwicklung von Hilfstransporten oder der Organisation von Stiftungsveranstaltungen sind vom Stiftungsmanagement eine Vielzahl von Anforderungen zu bewältigen.

Für bestehende Stiftungsgremien wie Stiftungsvorstand, Stiftungsrat, Beirat, Kuratorium oder eingesetzte Expertengruppen muss das Stiftungsmanagement Sitzungen vorbereiten, Termine koordinieren, Vorlagen erarbeiten und Protokolle erstellen. Darüber hinaus wünschen Stifter oder einzelne Gremienmitglieder bei der Erledigung ihrer Aufgaben häufig individuelle Unterstützung durch das Stiftungsmanagement. So sind beispielsweise spezielle Aufgaben im Vorfeld einer

Sitzung zu erledigen, steuerliches oder rechtliches Know-how einzuholen und vieles mehr.

Im Bereich der Kommunikation brauchen Stiftungen unterschiedlich starke Unterstützung seitens des Stiftungsmanagements: Sie reicht von einer grundlegenden Beratung über Art und Einsatz von Kommunikationsinstrumenten bis hin zu ihrer konkreten Erstellung. Neben Stiftungsbroschüren werden Internetauftritte, Pressearbeit, Newsletter und Jahresberichte in gedruckter und elektronischer Form, Info-Telefone sowie Kommunikationsmöglichkeiten per E-Mail nachgefragt. Bei besonderen Stiftungsaktivitäten hat das Stiftungsmanagement häufig die Aufgabe, eine filmische Dokumentation zu erstellen bzw. erstellen zu lassen.

Besonders anspruchsvoll sind Stiftungen, die für die Realisierung ihres Stiftungszwecks in erster Linie auf Kommunikationsinstrumente angewiesen sind. Hat es sich eine Stiftung etwa zur Aufgabe gemacht, das öffentliche Bewusstsein im Hinblick auf ein konkretes Thema zu sensibilisieren, muss das Stiftungsmanagement eine Vielzahl einzelner Kommunikationsinstrumente auf das Erreichen dieses Zieles abstimmen.

Immer mehr Stiftungen wollen oder können ihre Arbeit nicht ausschließlich mit den Erträgen ihres Stiftungsvermögens finanzieren und versuchen daher zur Umsetzung des Stiftungszwecks Fundraising zu betreiben, also zusätzliche Gelder von Dritten einzuwerben.

In diesem Fall ist es die Aufgabe des externen Stiftungsmanagements, eine grundlegende Fundraisingstrategie zu erstellen und die gewählten Fundraising-Instrumente effektiv einzusetzen. Häufig müssen Spendenaufrufe abgewickelt, Sponsoren-Verträge geschlossen oder Anträge bei öffentlichen Stellen oder privaten Fördereinrichtungen gestellt werden. Das Stiftungsmanagement kann sich im Namen der Stiftung um den Erhalt von Bußgeldern bemühen, Benefizveranstaltungen organisieren oder Förderstiftungen für die eigene Arbeit aufbauen. Gegebenenfalls muss das Stiftungsmanagement Großspender oder Erblasser betreuen, die der Stiftung einen Teil ihres Vermögens hinterlassen wollen. In anderen Fällen müssen wirtschaftliche Geschäftsbetriebe abgewickelt oder eine Tombola veranstaltet werden.

Sobald eine Stiftung Spendenaufrufe durchführt, ist es von großer Wichtigkeit, dass sie über eine gut funktionierende Spendenverwaltung verfügt. Das Stiftungsmanagement hat dafür zu sorgen, dass Spender zeitnah eine Zuwendungsbestätigung erhalten und dass dabei alle vom Finanzamt vorgegebenen rechtlichen und formalen Bedingungen erfüllt werden. So dürfen Zuwendungsbestätigungen nur unter ganz bestimmten Voraussetzungen der Abgabenordnung ausgestellt werden und ihre Form muss einer Vielzahl von Vorschriften der Finanzverwaltung genügen. Für das Stiftungsmanagement ist es unumgänglich, diese Details genau zu kennen, da die Person, die eine Zuwendungsbestätigung unterzeichnet, für eventuelle Fehler und damit verbundene Steuerausfälle persönlich haftet.

Außerdem benötigen Stiftungen, die aktiv Spenden sammeln, häufig Unterstützung bei der Online-Spende sowie bei der Betreuung von Paten oder Großspendern. Hohe Anforderungen an das Stiftungsmanagement werden gestellt, wenn Privatpersonen oder Unternehmen einen eigenen Spendenaufruf zu Gunsten einer Stiftung durchführen wollen. Wer immer sein Umfeld zum Spenden aufruft, möchte zeitnah über die Spendeneingänge informiert werden. Insbesondere für Unternehmen, die bei ihren Mitarbeitern oder Geschäftspartnern um Spenden bitten, ist es wichtig, schnell zu erfahren, ob und wie viel jemand gespendet hat. Schließlich kann es zu erheblichem Unmut führen, wenn einem Kunden für eine größere Spende nicht zeitnah gedankt wird. Aus diesem Grund haben manche Stiftungsmanagement-Anbieter automatisierte Report-Systeme etabliert, die täglich per E-Mail, Internet oder postalisch über die Bewegungen auf den Spendenkonten informieren können.

Die Verwaltung von Zustiftungen erfordert größtenteils das gleiche Know-how wie die Spendenverwaltung und kann daher als Spezialgebiet der Spendenverwaltung betrachtet werden. Da es sich bei Zustiftungen allerdings auch um Immobilienwerte handeln kann, muss das Stiftungsmanagement gegebenenfalls auch die Verwaltung von Immobilien sicherstellen können.

Um die Rechnungslegung für eine Stiftung korrekt durchführen zu können, muss das Stiftungsmanagement nicht nur die Buch- und Kontoführung übernehmen, sondern auch die Ablage einer Stiftung so effizient organisieren, dass Prüfungen durch das Finanzamt und die Stiftungsaufsicht kein Problem darstellen. In diesen Bereich gehören auch die Erstellung einer Jahresrechnung, der Aufbau eines Controlling-Systems und die Vorbereitung spezifischer Vermögensübersichten für die Aufsichtsbehörden. Besondere Aufgaben hat das externe Stiftungsmanagement wahrzunehmen, wenn Gremienmitglieder regelmäßige Informationen über die finanzielle Entwicklung der Stiftung wünschen. In solchen Fällen muss ein geeignetes Report-System etabliert werden, das den Ansprüchen der Gremienmitglieder genügt, ohne hohe Kosten zu verursachen. Wenn Stiftungsaufsicht, Finanzamt oder Wirtschaftsprüfung die Stiftung prüfen, sollte das externe Stiftungsmanagement alle relevanten Unterlagen zeitnah zur Verfügung stellen können. Zusätzliche Anforderungen kommen hinzu, wenn Stiftungen einen wirtschaftlichen Geschäftsbetrieb oder einen Zweckbetrieb unterhalten, wenn Stiftungen die Verwendung von Bußgeldern gegenüber Gerichten dokumentieren müssen oder wenn Fördergelder von öffentlichen oder privaten Geldgebern zur Abrechnung kommen.

Anbieter externen Stiftungsmanagements

Nicht alle Anbieter externen Stiftungsmanagements in Deutschland bieten ihre Dienste sowohl für rechtsfähige Stiftungen als auch für Treuhandstiftungen an. Darüber hinaus haben sich viele Anbieter konkrete Schwerpunkte gesetzt: Sie arbeiten entweder ausschließlich für Stiftungen, die in einer bestimmten Region, beispielsweise einer Stadt, aktiv sind oder konzentrieren sich auf Stiftungen, die sich für einen bestimmten Zweck, beispielsweise die Kinderhilfe, engagieren. Eine dritte Gruppe externer Stiftungsmanager richtet sein Augenmerk auf Stiftungen, die ausschließlich die Projekte eines bestimmten Trägers, beispielsweise der katholischen Kirche, fördern. Vor diesem Hintergrund lassen sich die bestehenden Anbieter externen Stiftungsmanagements in folgende vier Gruppen einteilen.

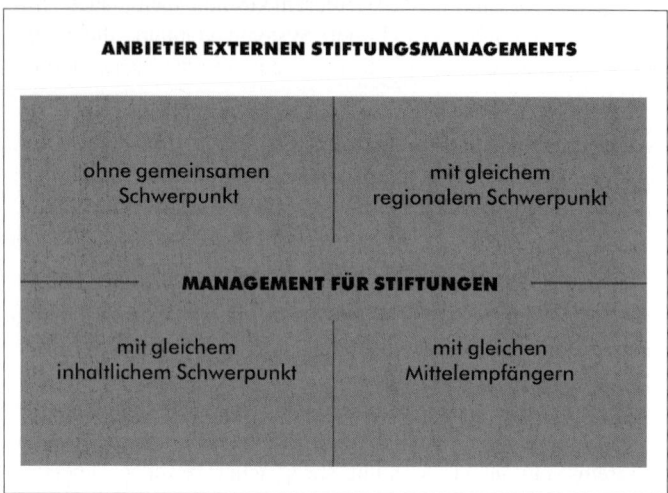

Abb. 3: Anbieter externen Stiftungsmanagements

Eine Reihe von Anbietern stellt externes Stiftungsmanagement ohne regionale, inhaltliche oder empfängerspezifische Beschränkungen zur Verfügung. Beispiele hierfür sind das Deutsche Stiftungszentrum des Stifterverbandes, die Deutsche Stiftungsagentur, die Stiftung Mondo, Blue Capital, die Maecenata Management GmbH, das HSBC Stiftungszentrum, die Stiftungszentrum.de Servicegesellschaft mbH sowie die Stiftungsabteilungen der Deutschen Bank, der Dresdner Bank oder der Commerzbank.

Einige Anbieter konzentrieren sich auf Stiftungen, die sich in einer bestimmten Region engagieren, beispielsweise die Stiftungsverwaltungen von München, Essen oder Kehlheim, die Bürgerstiftungen der Städte Bonn, Dresden, Hamburg, Braunschweig und Hannover sowie die Hamburgische Kulturstiftung oder die Stiftung Niedersachsen.

Einige Anbieter haben sich auf die Betreuung von Stiftungen spezialisiert, die gleiche oder ähnliche Stiftungszwecke verfolgen. Typische Vertreter für diese Form des Stiftungsmanagements sind das Kinderfonds Stiftungszentrum für den

Bereich der Kinder und Jugendhilfe, der Stifterverband für die Förderung der Wissenschaft, die Deutsche Stiftung Denkmalschutz, die Stiftung Transpari für soziale Aufgaben oder die Bildung Jugendhilfe Modellprojekte GmbH.

Stiftungen, die ausschließlich denselben Empfänger fördern wie beispielsweise kirchliche Organisationen, eine Universität oder eine gemeinnützige Einrichtung, erhalten von den Empfängerorganisationen oftmals externe Hilfen beim Stiftungsmanagement. Konkrete Beispiele für empfängerbezogene Anbieter von Stiftungsmanagement sind das Don Bosco Stiftungszentrum, die Schulstiftung im Bistum Osnabrück, das Malteser Stiftungszentrum, das Steyler Stiftungszentrum, die Kindernothilfe oder die Ketteler Stiftung.

Wenn die Aktivitäten einer Stiftung nicht besonders komplex sind, kann es sinnvoll sein, das Stiftungsmanagement auf ehrenamtliche Gremien zu verteilen. In der Praxis zeigt sich häufig, dass sehr engagierte und erfahrene Gremienmitglieder auch aufwändige Stiftungsarbeit ehrenamtlich leiten und koordinieren können. Für diese Organisationsform spricht vor allem, dass ehrenamtliches Stiftungsmanagement nur geringe Kosten verursacht.

Hauptamtliches Stiftungsmanagement kommt in der Regel nur für solche Stiftungen in Frage, die über jährliche Vermögenserträge von über einer Million Euro verfügen. Bei diesen Stiftungen ist die hauptamtliche Struktur unter Umständen von Vorteil, weil sie die Anforderungen der Stiftung schnell, gezielt und professionell erfüllen kann. Es gibt auch Stiftungen, die das Stiftungsmanagement an hauptamtliche Teilzeitkräfte übergeben. Diese Variante kann bereits für Stiftungen sinnvoll sein, deren jährliche Erträge über 250.000 Euro liegen. Für Stiftungen mittlerer Größe kann diese Organisationsform auch der Einstieg in ein hauptamtliches Stiftungsmanagement darstellen.

Das externe Stiftungsmanagement ist besonders für Stiftungen geeignet, die komplexe Stiftungsaufgaben realisieren wollen, aber weder über große Stiftungserträge noch über erfahrene Gremienmitglieder verfügen, die sich zeitlich umfassend ehrenamtlich engagieren können. Hier kommen die folgenden Vorteile externen Stiftungsmanagements zum Tragen:

1. Know-how: Es besteht in der Regel ein umfangreiches Know-how über die wesentlichen Aufgaben des Stiftungsmanagements, das den einzelnen Stiftungen zugute kommt. Von besonderer Bedeutung ist dabei das Wissen in sämtlichen Bereichen des Stiftungsmanagements. So kann etwa die Umsetzung einer konkreten Fundraising-Maßnahme erhebliche Auswirkungen auf die Bereiche Öffentlichkeitsarbeit, Rechnungslegung und Spendenverwaltung haben.

2. Kapazität: Insbesondere in der Aufbauphase einer Stiftung oder eines Stiftungsprojekts sind umfangreiche Aufgaben zu leisten. Hier kann das externe Stiftungsmanagement zeitlich befristet Kapazitäten zur Verfügung stellen. Umgekehrt können in Zeiten geringerer Stiftungsaktivität die Kapazitäten einfach an die Rahmenbedingungen der Stiftung angepasst werden.

3. Synergien: Insbesondere in der Verwaltung von Stiftungen ist der Einsatz von entsprechender Spezialsoftware sinnvoll, deren Erwerb sich aber in der Regel nicht für die Verwaltung einer einzelnen Stiftung lohnt. Eine weitere Synergie kann durch die verstärkte Verhandlungsposition eines externen Stiftungsmanagements entstehen. So können beispielsweise die Kosten für Vermögensverwaltung oder Rechtsberatung durch entsprechende Rahmenverträge für alle Stiftungen verringert werden.

4. Netzwerke: Externe Stiftungsmanager verfügen häufig über ein ausgeprägtes Netz an Kontakten zu relevanten Fachleuten, die für die Arbeit der einzelnen Stiftungen eingesetzt werden können.

5. Spezialisierung: Durch die Vielfältigkeit der Anforderungen an das Stiftungsmanagement sind auch die anfallenden Tätigkeiten sehr unterschiedlich. Externe Stiftungsmanager haben hier die Möglichkeit, für einzelne Aufgaben wie Zuwendungsbestätigungen, Rechnungslegung, Öffentlichkeitsarbeit oder Projektbetreuung Fachkräfte mit entsprechenden Qualifikationen einzusetzen.

Vor diesem Hintergrund sollten auf der Basis der individuellen Voraussetzungen einer Stiftung die jeweils Verantwortlichen die Frage der Organisationsform im Vorfeld genau prüfen.

11.2 Die Gemeinschaftsstiftung – Ein Bericht aus der Praxis. CaritasStiftung in der Diözese Rottenburg-Stuttgart

Von Thomas Reuther

In seinem zweiten Brief an die Korinther schreibt der Apostel Paulus „Gott liebt fröhliche Geber" (9,7). Jahrzehntelang oder vielleicht noch länger hat die Caritas das Geld ihrer Spender angenommen und mit qualifizierten Projekten sinnvolle notwendige Aufgaben erfüllt. Das war's. Die Geber verschwanden dabei schnell aus dem Blick. Spendern zu verhelfen „fröhliche Geber" zu werden, daran hat nun wirklich niemand gedacht.

Die Finanznot tut hier Gutes. Ich spreche hier nicht nur von der Finanznot der Caritas, sondern eher von der allgemeinen Not in Kirche und Sozialstaat, qualifizierte Projekte der Vorsorge, der Bildung, der Begleitung, der Orientierung, Beratung und die Hilfe zur Selbstverantwortung weiterhin für Menschen in Armut, Ausgrenzung und Not zu finanzieren. Wir von der Caritas haben nachgedacht, sind bei kirchlichen wie auch nichtkirchlichen Organisationen in Beratung gegangen. Entdeckt haben wir dabei nicht so sehr Stiftungen sondern eher und vielmehr Stifterinnen und Stifter.

Das Land der Dichter und Denker als Land der Stifter und Spender? Bei der Entwicklung der vergangenen Jahre mit Tausenden von neuen Stiftungsgründungen in Deutschland drängt sich dieser Gedanke auf. Stifter sein wird populär. Es sind eigensinnige und eigenwillige Frauen und Männer, also Menschen mit eigenem Sinn und Gestaltungswillen. „Meine Vision einer Gesellschaft von morgen kann durch meine Stiftung Wirklichkeit werden", so denken Stifter. Eine langfristige Hilfestruktur kann entstehen, „fröhliche" Stifter spüren eine tiefe Genugtuung, wenn sie etwas bewegen können. Stifter stellen sich, wenn sie es denn wollen, selber auf ein Podest. Dort dürfen sie eine öffentliche Anerkennung erwarten.

Stifter können ihre Stiftungsgelder wesentlich sichtbarer, zielgenauer und effizienter einsetzen als der Staat die Steuergelder. Stifter und ihre Stiftungen arbeiten flexibler und kostengünstiger als die öffentliche Hand, weil sie keinen großen Verwaltungsapparat vorhalten, die Abstimmungsprozesse auf ein Minimum reduzieren und nur ihrem Stifterwillen verpflichtet sind. In ihrer Flexibilität, Kostengünstigkeit und Motivation sind Stiftungen jeder öffentlichen Förderung überlegen.

Stiftungen werden von Stifterinnen und Stifter getragen. Diese wollen nicht staatliche Deckungslücken finanzieren. Sie wollen nicht dort einspringen, wo der

Staat sich aus Gründen der Finanzknappheit zurückzieht. Sie wollen nicht Lückenbüßer sein. Dies ist nicht ihre Absicht. Daher irrt jeder, der eine Partnerschaft öffentlich-rechtlich mit privat als Finanzierung der öffentlichen Hand mit privaten Mitteln betrachtet.

Stifterinnen und Stifter sehen ihre Aufgabe vielmehr darin, vieles auszuprobieren, was noch nicht den Segen aller Bedenkensträger auf sich versammelt. Stiftungen sind einer der wenigen verbliebenen Orte, wo noch nicht jeder Cent in längst erstarrten Haushaltsplänen fest veranschlagt ist, sondern wo Stifter etwas Neues wagen und auf gestellte gesellschaftliche Fragen Antworten geben. Stifter wollen Modelle auf dem Gebiet des Gemeinwohls entwickeln, die übertragbar sind. Sie wollen tatsächlich ein wirkungsvolles Instrument etablieren, nachhaltige gesellschaftliche Entwicklungen anstoßen, beschleunigen und die Zukunft gestalten.

Auf all diesem Hintergrund hat der Caritasverband der Diözese Rottenburg-Stuttgart die CaritasStiftung in der Diözese Rottenburg-Stuttgart gegründet. In ihrem Namen zeigen sich beide zum verwechseln ähnlich: Der Caritasverband und die CaritasStiftung. Das ist so gewollt. Denn beide dienen der Erfüllung des diakonischen Auftrags unserer Kirche jenseits aller Trägerschaften und Strukturen. Kirchenleitung und Kultusministerium als Stiftungsaufsichtsbehörden sowie das zuständige Finanzamt haben die CaritasStiftung als eine rechtsfähige kirchliche gemeinnützige Stiftung bürgerlichen Rechts anerkannt.

Im derzeitig stiftungsfreundlichen Deutschland ist unsere neue kirchliche Förderstiftung als solche nicht besonders herausragend. Außergewöhnlich ist jedoch zumindest für Neugründungen im kirchlichen Raum ihre Stiftungsintention. Sie gründet auf der Vision, Motivation und dem Durchsetzungswillen der oben genannten Stifterinnen und Stifter. Mit Hilfe einer Vielzahl und auch Vielfalt von entstehenden Treuhandstiftungen und Stiftungsfonds verwirklichen Menschen ihre eigenen sozialen, kirchlichen und gesellschaftspolitischen Ziele. Darüber hinaus können Stifterinnen und Stifter in ihrer eigenen Treuhandstiftung selber aktiv mitwirken – dies ist jedoch kein Muss. Sozial- und Bildungsprojekte in Kirche, Gesellschaft und Sozialstaat sollen entstehen, vor Ort, regional, spezifisch, innovativ. Die CaritasStiftung versteht sich dabei als Gemeinschaft von Stifterinnen und Stiftern und bietet den Treuhandstiftungen einen Rahmen der Rechtsfähigkeit an.

Damit verbindet die Caritas eine Vision. Wir wollen neue Formen von Beteiligungen schaffen, Solidarität stiften, in neuer Qualität die Übernahme von Verantwortung fördern und die Mitwirkung an kirchlichen Aufgaben durch Einzelne und durch Gruppen gewährleisten. Die CaritasStiftung bietet hierfür vielfältige Erprobungsfelder an.

Stiftungen sind kein Allheilmittel, schon gar nicht ein Ersatz für staatliche Förderung. Sie sind vielmehr Ausdruck von privatem Engagement und bringen Philanthropie – Menschenliebe – zum Tragen.

Den Motiven von Stifterinnen und Stiftern wollen wir nachspüren:
- Mein Wunsch nach gesellschaftlicher Anerkennung geht in Erfüllung.
- Ich kann eigene Ziele nach außen darstellen.
- Ich kann für mein erfolgreiches Leben danken und meine Dankbarkeit zeigen.
- Ich kann etwas zurückgeben an die Gesellschaft.
- Ich verwandle meine persönliche Betroffenheit in konstruktives Handeln.
- Ich gebe meinem Vermögen einen von mir ausgehenden Sinn und einer von mir ausgehenden Überzeugung.

Und weiter:
- Ich kann „schneller" etwas bewegen.
- Ich schaffe aus meinem Lebensentwurf ein Lebenswerk.
- Ich suche nach Lösungen, nicht nach Problemen.
- Die Lösungsansätze beruhen auf Erfahrungswerten meines eigenen Lebens.

Darüber hinaus:
- Ich regle die Verteilermasse an meine Kinder und Erben.
- Ich spare Steuern.
- Ich schenke mir eine Aufgabe im Ruhestand.
- Ich gewährleiste mit einer Stiftung das Andenken an einen mir lieben verstorbenen Menschen.

Stifterinnen und Stifter wollen mehr geben als Geld. Sie wollen etwas gelten, etwas sein und werden. Das Angebot der CaritasStiftung an Einzelne, Gruppierungen, kirchliche Vereinigungen und Kirchengemeinden lautet daher:

„Sie können sich eine eigene Stiftung mit Ihrem Namen und Ihrer Zielsetzung schaffen". Einzig der breite Rahmen aller Caritastätigkeiten bindet sie.

Dabei liegen die Vorteile einer Treuhandstiftung auf der Hand. Der rechtliche Rahmen dafür besteht bereits durch die CaritasStiftung und wird gewährleistet. Das Genehmigungsverfahren ist unproblematisch, Stiftungtätigkeit und auch mögliche Satzungsänderungen sind im wesentlichen unbeeinflusst von staatlicher Aufsicht. Die Anerkennung der Gemeinnützigkeit ist einfach, es entstehen keine Gründungskosten und die Kosten für die laufende Verwaltung sind ausgesprochen niedrig. Wir nehmen Stifterinnen und Stifter die Angst vor übermäßigem und nicht durchschaubaren bürokratischem Aufwand.

Ich bringe die Ziele und Aufgaben der CaritasStiftung auf den Punkt:

Motive, Vorstellungen und Wünsche der Stifterinnen und Stifter sollen in Schwingung gebracht werden zum kirchlich-diakonischen Auftrag der Caritas. Die CaritasStiftung will der Erfüllung dieses Auftrags jenseits aller Trägerschaften und Strukturen dienen.

- Menschen sollen ihr eigenes Lebenswerk in die Zukunft tragen.
- Das „Lebenswerk Zukunft" von Stifterinnen und Stifter soll der Erfüllung von Caritasaufgaben dienen:
  - Bekämpfung von Armut,
  - Stärkung von Familie und Jugend,
  - Integration von Randgruppen,
  - Pflege von alten Menschen und Betreuung von Menschen mit Behinderung.

Materielles Vermögen wird so in bleibendes soziales, kulturelles und bildungsmäßiges Kapital transformiert. Dazu sollen Stifterinnen und Stifter als Teilhaber ganz persönlich am Stiftungswesen beitragen.

Um daraus einen dauerhaften Gewinn zu erwirtschaften, dürfen Stifterinnen und Stifter aus ihrer in Deutschland noch weit verbreiteten falschen Bescheidenheit über ihre guten Werke heraustreten. Dem oft zitierten PR-Motto entsprechend genügt es nicht, Gutes zu tun. Wir müssen die heutige Mediengesellschaft nutzen, um das Gute auch öffentlich zu machen. Auf diese Weise tragen wir zu einer ansteckenden Stiftungskultur bei. Bürgerinnen und Bürger können sich mit kleinen oder großen Zustiftungen und Treuhandstiftungen an einer Werte orientierten Zukunftsgestaltung beteiligen. Dann ehren Stiftungen nicht nur die Stifter, sondern sie können auch als eine Danksagung an das Land und die Menschen verstanden werden, die zum gestifteten Reichtum beigetragen haben.

Wir haben uns bei der Gründung der CaritasStiftung zur Umsetzung dieser Ziele professionelle Berater gesucht und diese in einem neuen, innovativen, kirchennahen Institut für Social Marketing gefunden. Dieses ISM hat mit uns eine durchgehende Marketingstrategie entwickelt, ein Logo geschaffen und die Dachmarke „Lebenswerk Zukunft" kreiert. All dies war auf einer kleinen demoskopischen Umfrage gestützt. Lebenswerk Zukunft zielt auf die eingangs genannten fröhlichen und zufriedenen Geber, weil eben mit dem erarbeiteten geschaffenen Vermögen durch eine Stiftung das eigene Ich, die eigene Vision und der eigene Gestaltungswille weiterleben.

Seit April 2004 bieten wir dieses Lebenswerk Zukunft zielgruppengestützt interessierten Menschen an. Und siehe da, erste Ergebnisse klingen hoffnungsvoll:

CaritasStiftung in der Diözese Rottenburg-Stuttgart, Rechtsfähige kirchliche Stiftung des bürgerlichen Rechts;

Gründung: 09. 09. 2003

Anfangskapital: 1.200.000 Euro

Zielsetzung: Stärkung von Familie und Jugend, Integration von Randgruppen, Pflege von alten und pflegebedürftigen Menschen, Betreuung von Menschen mit Behinderungen, Bekämpfung von Armut und Ausgrenzung, Hilfestellung bei der Gründung und der Begleitung von Treuhandstiftung

Caritas-Stiftung Wangen im Allgäu
Gründung: 23. 03. 2004
Anfangskapital: 50.000 Euro
Zielsetzung: Förderung der Caritasarbeit in Wangen, Bekämpfung von Armut, Stärkung von Familie und Jugend, Integration von Randgruppen, Pflege von alten Menschen, Betreuung von Menschen mit Behinderung

Wolfsteiner-Stiftung
Gründung: 31. 03. 2004
Anfangskapital: 100.000 Euro
Zielsetzung: Förderung der ideellen und materiellen Caritasarbeit in Hüttlingen und im Ostalbkreis, Bekämpfung von Armut für in Not geratene Personen und Familien mit Kindern, Stärkung von Familie und Jugend, Pflege von alten Menschen und Menschen mit Behinderung

Stiftung Zukunft Familie
Gründung: 01. 05. 2004
Anfangskapital: 70.000 Euro
Zielsetzung: Stärkung der Familie mit Kindern und Jugendlichen
Bei Familien mit den Problemfeldern psychische Krankheit, Behinderung, Tumorerkrankung sowie bei schwierigem sozialen Umfeld sollen die erforderlichen Einsätze der Familienpflege und der Organisierten Nachbarschaftshilfe unterstützt werden in der Diözese Rottenburg-Stuttgart

Heinz-Hack-Stiftung
Gründung: 01. 06. 2004
Anfangskapital: 59.000
Zielsetzung: Kinder von Eltern mit geringem Einkommen, insbesondere von Alleinerziehenden fördern Migranten in Deutschland Wissen und Orientierung im Sinn von Hilfe zur Selbsthilfe zu vermitteln Ergänzende medizinische Hilfen ermöglichen für alte, kranke und behinderte Menschen, Schwerpunkt in der Caritasregion Fils-Neckar-Alb

Stiftung Arbeit und Solidarität Paul-Schobel-Stiftung zur Förderung der Betriebsseelsorge in der Diözese Rottenburg-Stuttgart
Gründung: 29. 06. 2004
Anfangskapital: 50.000
Zielsetzung: Ideelle und materielle Unterstützung der Arbeit der Betriebsseelsorge in der Diözese Rottenburg-Stuttgart sowie Gewährleistung konkreter solidarischer Hilfen für Menschen in finanzieller Not

Katholische Sozialstiftung Böblingen

Gründung: 30. 06. 2004

Anfangskapital: 50.000 Euro

Zielsetzung: Ideelle und finanzielle Förderung der kirchlichen und sozial-karitativen Einrichtungen der katholischen Gesamtkirchengemeinde Böblingen und ihrer Partner in ökumenischer Zusammenarbeit. Zeitgemäße Verwirklichung des Auftrags, kranken und alten Menschen und Menschen mit Behinderungen zu helfen sowie die Pflegekräfte zu unterstützen

Caritas-Pilgerstiftung in der Diözese Rottenburg-Stuttgart

Gründung: 01. 07. 2004

Anfangskapital: 50.000 Euro

Zielsetzung: Förderung des Pilgerwesens in der Diözese

Unterstützung kirchlich-karitativer Projekte und Beihilfen für Menschen, die gerne eine Pilgerfahrt mitmachen wollen, die sich aber aus finanziellen Gründen dies nicht leisten können

Jelena-Brajsa-Stiftung Caritas-Kinder-Stiftung-Zagreb

Gründung: 08. 07. 2004

Anfangskapital: 50.000 Euro

Zielsetzung: Förderung der ideellen und materiellen Caritasarbeit in Zagreb speziell auf dem Gebiet der persönlichen, erzieherischen, sozialen sowie medizinischen Hilfe für und der religiösen Begleitung von benachteiligten Kindern und Jugendlichen

Steht unter der Schirmherrschaft von Ihrer Durchlaucht Marie Fürstin von und zu Liechtenstein

Caritas-Stiftung St. Konrad in Plochingen

Gründung: 25. 07. 2004

Anfangskapital: 50.000 Euro

Zielsetzung: Förderung von Projekten für Familie und Kinder, Randgruppen, alte und kranke Menschen, Menschen mit Behinderung.

Eigene Namens-Stiftungen sollen die Zielsetzung der Caritas-Stiftung St. Konrad ergänzen

Caritas-Hospiz-Stiftung Peter Michael

Gründung: 01. 08. 2004

Anfangskapital: 50.000 Euro

Zielsetzung: Förderung von Caritasarbeit insbesondere auf dem Gebiet des Hospizwesens in Rottweil einschließlich der Planung einer stationären Hospizeinrichtung

Heinrich und Roswitha Kottmann-Caritas-Stiftung

Gründung: 08. 08. 2004

Anfangskapital: 790.000 Euro

Zielsetzung: Förderung der ideellen und materiellen Caritasarbeit in der Region Bodensee-Oberschwaben, Eingliederungsprojekte für Arbeitslose, Projekte für Familie, Kinder und Jugendliche, Unterstützung von mildtätigen Projekten. Konkrete solidarische Hilfen für Menschen in finanzieller Not

Jürgen und Helga Hägele-Caritas-Stiftung

Gründung: 09. 08. 2004

Anfangskapital: 100.000 Euro

Zielsetzung: Förderung der Caritasarbeit in der Diözese Rottenburg-Stuttgart bei der Stärkung von Familie, Kinder und Jugendlichen und bei der Bekämpfung von Armut und Ausgrenzung

Pflege-Hospiz-Stiftung Ostalb

Gründung: 17. 09. 2004

Anfangskapital: 50.000 Euro

Zielsetzung: Förderung der Katholischen Sozialstation Vinzenz von Paul in Aalen und des Hospiz-Dienstes in Ostwürttemberg

Förderung der Pflege von kranken und alten Menschen, sterbenden Menschen, Menschen mit Behinderung

Unterstützung hilfsbedürftiger Familien insbesondere in der Familienpflege

Dorothea-Gregori-Caritas-Stiftung

Gründung: 01. 10. 2004

Anfangskapital: 50.000 Euro

Zielsetzung: Förderung der ideellen und materiellen Caritasarbeit bei der begleitenden Hilfe der Caritas für Menschen im Alter und in Krankheit in der Diözese Rottenburg-Stuttgart

Margarete-Grau-Caritas-Stiftung

Gründung: 19. 11. 2004

Anfangskapital: 50.000 Euro

Zielsetzung: Förderung der ideellen und materiellen Caritasarbeit auf dem Gebiet der Beratung von sowie Hilfen für Familien und ihren Kindern und Jugendlichen in Not, vornehmlich im Landkreis Reutlingen mit der Zielrichtung „Stärkung von Familie und Jugend"

Werner-Groß-Stiftung

Gründung: 20. 11. 2004

Anfangskapital: 50.000 Euro

Zielsetzung: Förderung der ideellen und materiellen Caritasarbeit bei der begleitenden Hilfe der Caritas für Menschen im Alter und in Krankheit, vornehmlich in der Caritasregion Bodensee-Oberschwaben

Franz-Xaverius-Caritas-Stiftung

Gründung: 28. 11. 2004

Anfangskapital: 50.000 Euro

Zielsetzung: Integration und Förderung von Randgruppen, vor allem der in Deutschland lebenden Flüchtlinge, Asylbewerber und anderen Migranten, insbesondere in Ulm und im Alb-Donau-Kreis, spezifisch Jugendliche kurdischer Volkszugehörigkeit auf deutschem, türkischem und irakischem Staatsgebiet durch Bildung und Ausbildung, Hilfe bei der Rückkehr von Migranten in ihre Heimat

Hugo und Maria Gulden-Caritas-Stiftung

Gründung: 01. 12. 2004

Anfangskapital: 120.000 Euro

Zielsetzung: Förderung der ideellen und materiellen Caritasarbeit durch Projekte der Beratung von und Hilfen für Familien und ihren Kindern und Jugendlichen in schwierigem sozialen Umfeld, vornehmlich im Landkreis Tuttlingen mit der Zielrichtung „Stärkung von Familie und Jugend"

Karl-Efinger Caritas-Stiftung

Gründung: 14. 12. 2004

Anfangskapital: 25.000 Euro

Zielsetzung: Förderung projektbezogener Aus- und Weiterbildung für Caritasaufgaben zugunsten von Familie, Kinder und Jugendliche sowie von Projekten zur Förderung des Gemeinwohls, der Völkerverständigung und der sozialen Verantwortung

Die Kultur der Anerkennung und der Wertschätzung werden wir als Verantwortliche der CaritasStiftung stärken und weiterentwickeln, ebenso die Möglichkeit den guten Namen der Stifterinnen und Stifter zu verewigen. Wir setzen auf die Nachahmung: Stifter schaffen in eigenen Angelegenheiten die beste Werbung (Promotion). Sie setzen eigene Ziele am besten um. Sie stecken an.

Sie kennen das Gleichnis von den Talenten. Wer Talente, also Werte besitzt, je mehr je besser, diese einbringt, umsetzt, gestaltet und vermehrt, der ist der Gewinner. Wer sie hütet und vergräbt ist der Verlierer. Investitionen ins Soziale sollen durch persönliche Wertschätzung gefördert und belohnt werden. In diesem Zusammenhang bringen wir theologische Weisheit und banales wirtschaftliches Handeln in Einklang miteinander. Stifterinnen und Stifter sind in der Regel im Seniorenalter. In ihnen bündeln sich die Talente des Lebens. Wir wollen es uns nicht weiter leisten, diese Talente brach liegen zu lassen.

Und noch ein letztes: Durch soziales Stiftungsengagement wird Not und Ausgrenzung sichtbar, es erhält ein Gesicht. Engagierte Stifter zwingen damit die öffentliche Hand zu sozialstaatlichem Handeln. Sie tragen so zum gesellschaftlichen, politischen, bürgerschaftlichen und zivilgesellschaftlichen Engagement bei. Wir müssen unter den Stifterinnen und Stiftern eine Art Verschwörung organisieren – menschlich ermutigend zu wirken mit Stiftungen für Kultur, Kunst, Wissenschaft, Sport, Entwicklungszusammenarbeit und Soziales. Stifterinnen und Stifter können dadurch hochpolitische Anstöße geben.

Sie sehen jetzt, was so ein banal klingender Satz vom Apostel Paulus auslösen kann „Gott liebt fröhliche Geber".

11.3 Zielsetzung der Organisationsentwicklung und deren Umsetzung: das Beispiel der Stiftung Liebenau

Von Berthold Broll und Markus Nachbaur

Operativ tätige Sozialstiftungen haben in Deutschland eine sehr lange Tradition.[1] Die Rahmenbedingungen, unter denen diese Stiftungen, die teilweise mehr als 1000 Jahre alt sind und damit, abgesehen von Religionsgemeinschaften, konkurrenzlos älter als alle anderen sozialen Organisationen, haben sich stets verändert. Augenscheinlich besitzen viele dieser Stiftungen eine erhebliche Anpassungsfähigkeit an sich verändernde Rahmenbedingungen. In den vergangenen Jahrzehnten hat sich unter den Erbringern sozialer Dienstleistungen eine insgesamt heterogene aber gleichwohl konvergente Entwicklung hin zu einem starken unternehmerisch geprägten Selbstverständnis entwickelt.[2] Die Zielsetzung dieses vorliegenden Beitrages liegt in der empirisch fundierten beispielhaften Darlegung eines Organisationsentwicklungsprozesses am Beispiel der Stiftung Liebenau.

Der Prozess der Entwicklung eines unternehmerischen Selbstverständnisses ist in den letzten Jahrzehnten in verschiedenen Teilbranchen der sozialen Dienste mit unterschiedlicher Geschwindigkeit und erheblichen Auswirkungen auf die Denk- und Arbeitsweise abgelaufen. Bedeutsam hierfür ist aber auch die unterschiedliche ideelle Orientierung der vielfach gemeinnützigen Sozialunternehmen, die allerdings in der nahen Vergangenheit einen erheblichen Wettbewerbsdruck durch gewerbliche Anbieter in fast allen Bereichen erfahren haben, was den Reformdruck verstärkt hat.

Deshalb stellt sich für zahlreiche Sozialunternehmen, darunter auch die Sozialstiftungen, die Frage einer strategischen Zukunftsperspektive und deren Abbildung in organisatorischen Strukturen. Dies hat vielfach zu Aufspaltung von Betrieben, zur Bildung differenzierter Organisationen und insbesondere auch zu konzernähnlichen Holdinglösungen geführt.

Die Stiftung Liebenau wurde 1870 von Kaplan Adolf Aich und Bürgern der Stadt Tettnang als soziales Reformprojekt gegründet. Ausgangspunkt für die Gründer der „Pfleg- und Bewahranstalt für Unheilbare in Liebenau", wie sie damals hieß, war der starke Wunsch, eine bessere soziale Versorgung und Betreuung

---

[1] s. *Frankenberg / Hartwig,* S. 22 ff.
[2] s. *Staiber / Kuhn,* S. 68 ff.

für nicht oder unterversorgte Menschen in besonderen sozialen Notsituationen (Behinderung, Pflege, Krankheit) zu schaffen. Die Gründer legten ein hohes Maß an Unabhängigkeit von äußeren Einflüssen fest und statteten die Stiftung mit einem deutlichen Reformauftrag aus. Dabei wurden die Gründer von zeitlosen und modernen Gedanken getragen. So findet sich in der Gründungssatzung beispielsweise der folgende Satz: „Der Charakter der Anstalt soll der einer Privatanstalt sein, hervorgegangen aus christlicher Liebe; bestehend durch die freitätige christliche Liebe; ruhend auf katholisch-kirchlicher Grundlage. Unterstützungen aus öffentlichen Kassen können den Charakter der Anstalt als eine Privat-Anstalt nicht ändern."[3]

Angesichts des heutigen Systems sozialer Sicherung, das in wesentlichen Teilen staatlich verantwortet, reguliert und finanziert wird, ist diese Verpflichtung in der Gründungssatzung sicher von besonderer Relevanz und bedarf der steten Beachtung.

Im 1. Jahrhundert ihrer Tätigkeit konzentrierte sich die Stiftung Liebenau auf die Arbeit für geistig und schwerstmehrfach behinderte Menschen. Diese Arbeit differenzierte sich im Folgenden auf (z. B. Fachkrankenhaus für behinderte Menschen, berufliche Rehabilitation für lernbehinderte Jugendliche, Kinder- und Jugendhilfe, Differenzierung in verschiedenen Arbeitsfeldern). Danach kamen weitere soziale Felder hinzu, insbesondere im Bereich der Hilfen für ältere Menschen sowie zeitweise im Krankenhausbereich. All diese Aufgaben wurden bis zum Jahr 1994 in der einheitlichen Rechtsträgerschaft der Stiftung Liebenau wahrgenommen. Die Stiftung Liebenau war vom Zeitpunkt ihrer Gründung bis zum Jahr 1978 eine Stiftung bürgerlichen Rechts, seither führt sie den Status einer kirchlichen Stiftung des privaten Rechts.

Infolge eines starken quantitativen Wachstums und einer weitgehenden fachlichen Differenzierung unterschiedlicher Arbeitsgebiete setzte die Stiftung Liebenau – für die gemeinnützigen Sozialunternehmen in Deutschland sehr frühzeitig – zum 01. 01. 1995 eine Holding-Lösung mit einer Ausgliederung der verschiedenen sozialen Aufgabengebiete in verschiedene gemeinnützige GmbHs um.[4]

Mit dieser Ausgliederung ging der Hauptteil der Mitarbeiterschaft auf die gemeinnützigen GmbHs über, die fortan für die Erbringung der sozialen Dienste in einem rechtlich selbständigen und unternehmerisch ausgerichteten Rahmen zuständig waren. Die verselbständigten Tochtergesellschaften sollten eigenständig, eigenverantwortlich und marktnah ihre Dienstleistungen für Behinderte, Alte, Kranke und anderweitig betreuungsbedürftige Menschen anbieten. Zu dem Zeitpunkt der Ausgliederung verfügte die Stiftung Liebenau über rd. 2.500 Mitarbeiter (1968: 225) an 20 Standorten. Heute sind im Verbund der Stiftung Liebenau rd. 4.500 Mitarbeiter beschäftigt. Erst nach der erfolgten organisatorischen Veränderung mit

---

[3] s. *Gründungssatzung Stiftung Liebenau,* Präambel.
[4] s. *Senn,* S. 13 ff.

Bildung einer Holdingstruktur erfolgte eine schrittweise Internationalisierung der Tätigkeiten. Gegenwärtig sind die Stiftung Liebenau und ihre Beteiligungen in Deutschland in den Bundesländern Baden-Württemberg, Bayern und Sachsen tätig, im Ausland in Österreich, der Schweiz und in Bulgarien.

Die Grundstruktur, in welcher die Stiftung Liebenau als Mutter ihrer Tochtergesellschaften und Beteiligungen fungiert, wurde in den zurückliegenden 10 Jahren nicht verändert, sondern lediglich erweitert und differenziert. Waren es zum Zeitpunkt der Ausgründung 1995 fünf ausschließlich gemeinnützige Tochtergesellschaften, so ist heute die Stiftung Liebenau an 12 gemeinnützigen sowie einer gewerblichen GmbH unmittelbar beteiligt. Hinzu kommen die mittelbaren Beteiligungen ihrer Tochtergesellschaften sowie die jenseits des Handelsrechtes im Stiftungsrecht verankerten Rechtsbeziehungen zu weiteren selbständigen Stiftungen, für die die Stiftung Liebenau das Patronat oder die Kuratur inne hat. Die 1995 grundgelegte Unternehmensstruktur diente zur Schaffung klarer rechtlicher und organisatorischer Zuständigkeiten und Verantwortlichkeiten. Die Stiftung Liebenau lagerte als Rechtsträger damit ihre unmittelbare Zuständigkeit für die Erbringung sozialer Dienste auf operativ zuständige Gesellschaften aus, deren jeweilige Geschäftsführung umfassend verantwortlich ist. Die dezentralisierte Unternehmensstruktur sollte es in besonderer Weise ermöglichen, markt- und zeitnah auf die Bedürfnisse und Wünsche der jeweiligen Zielgruppen individuell und flexibel einzugehen. Auch sollte die Wirtschaftlichkeit des Handelns durch eine gesteigerte Verantwortlichkeit gefördert werden. Konsequent wurde daher die Aufgabenverteilung zwischen der Stiftung Liebenau und ihren Tochtergesellschaften dahingehend geregelt, dass diese von den Gesellschaften, zuständig für die Kundenbeziehung, den Markt und damit auch für die Angebotsentwicklung, getragen werden. Im Rahmen ihrer bereits vor der Ausgliederung 1995 erfolgten Satzungsentwicklung gab sich die Stiftung Liebenau eine zukunftsgerichtete, moderne innere Verfassung mit einer klaren Rollentrennung zwischen Aufsicht, die beim Aufsichtsrat liegt, und exekutiver Verantwortung, für die der Vorstand zuständig ist. Dabei ähnelt die Rollenverteilung zwischen Vorstand und Aufsichtsrat derjenigen bei Aktiengesellschaften.[5]

Die zugrunde gelegte Konzernstruktur hat sich als anpassungsfähig, dynamisch und zeitgemäß erwiesen. Die Konzerstruktur ist heute ganz maßgeblich dadurch geprägt, dass diverse Tochter- und Beteiligungsgesellschaft ihrerseits wiederum diverse Beteiligungsverhältnisse eingegangen sind, um somit zielgenau und bedarfsgerecht die für die jeweilige Aufgabenerfüllung notwendige Organisationsstrukturen zu schaffen und vorzuhalten. Die bestehende Organisationsstruktur bietet insoweit ein sehr anpassungsfähiges Korsett für gegenwärtige und künftige Entwicklungen, die durch unterschiedliche Anforderungen geprägt sind. Veränderungen der Aufbauorganisation werden insbesondere durch Wachstum, nicht zuletzt im europäischen Ausland, tarifliche, steuerrechtliche und organisatorische Not-

---

[5] s. *Aktuelle Satzung Stiftung Liebenau vom 09. 12. 1998.*

wendigkeiten bestimmt. Die unterschiedlichen Anforderungen sind dabei aber nicht immer kongruent.

Die Satzung der Stiftung Liebenau sieht für den Aufsichtsrat gegenüber den Entscheidungen des Vorstands eine Reihe von Genehmigungsvorbehalten vor. Diese beziehen sich insbesondere auf herausgehobene unternehmerische Entscheidungen, wie z. B. Konzernstrukturierung, Aufbau oder Abgabe neuer Geschäftsfelder sowie bedeutsame einzelne geschäftliche Entscheidungen. Personelle Entscheidungen unterhalb des Vorstandes unterliegen keinerlei Genehmigungspflichten gegenüber dem Aufsichtsrat. Mit dieser Grundausrichtung soll die Handlungsfähigkeit des Vorstandes gegenüber den Gesellschaften gestärkt werden. Dem Selbstverständnis eines Aufsichtsrates entsprechend beschränkt sich dessen Kompetenzwahrnehmung auf die Beaufsichtigung des Vorstandes, die insbesondere die Kontrolle der Strategie- und Wirtschaftsführung beinhaltet. Dem gegenüber liegt die Verantwortung für die Strategiebildung sowie deren Umsetzung beim Vorstand als Exekutivorgan.

Das Verhältnis zwischen Gesellschafter (Stiftung Liebenau) und Gesellschaften ist auf der formalen Ebene durch Vorgaben im Gesellschaftsvertrag, Geschäftsführeranweisung und den Konzernrichtlinien geregelt. Insbesondere obliegen diverse geschäftliche Angelegenheiten von Bedeutung einem Genehmigungsvorbehalt des Gesellschafters. Eine besonders große Freiheit für die Gesellschaften besteht jedoch insbesondere in Personalfragen und Fragen der operativen Geschäftsführung. Eine entscheidende Verknüpfung zwischen der Stiftung und ihren Gesellschaften erfolgt in der überwiegenden Zahl der Einzelunternehmungen über die Aufspaltung von Immobilienbesitz einerseits und Betriebsführung andererseits. Der Immobilienbesitz liegt im Regelfall bei der Stiftung Liebenau, der Betrieb der jeweiligen Immobilien bei der Tochter- oder Beteiligungsgesellschaft. Dies führt zu einem deutlichen Abstimmungsprozess bei Investitionsentscheidungen, die einen nachhaltigen Diskussionsprozess über langfristige Erwartungen und Perspektiven erfordert.

Ausgehend von der ursprünglich rechtlichen Verselbständigung einzelner Teilbereiche der zentral organisierten Stiftung Liebenau in selbständige Tochtergesellschaften lässt sich im Zeitverlauf ein unternehmenskulturell betrachteter Prozess einer tatsächlichen Verstärkung der Selbständigkeit der einzelnen Gesellschaften bei der Wahrnehmung ihrer eigenen Belange beobachten. Die unternehmenskulturelle Entwicklung folgt insofern der rechtlichen.

Vor dem Hintergrund, die Komplexität des Unternehmensverbundes der Stiftung Liebenau praxisgerecht aufzulösen, sowie das Problembewusstsein, die Innovationskraft (Wettbewerbsfähigkeit), flexible Organisationsstrukturen und effiziente Abläufe zu verstärken, sollte eine systematische Beurteilung der Strukturqualität im Verbund erfolgen.

Qualitätssicherungssysteme setzen auf der Führungsebene an und verlangen ein planvolles, sinnvoll geregeltes Handeln mit dokumentierten Handlungsanweisungen (z. B. Aufzeichnungs- und Buchführungspflichten, Abgrenzung des steuerpflichtigen wirtschaftlichen Geschäftsbetriebes, Mittelverwendungsrechnung) sowie ein professionelles Führungsinstrumentarium.[6] Auch die Auswirkungen von Basel II deuten in dieselbe Richtung.

In der Literatur gibt es diverse Veröffentlichungen und Hilfestellungen, wie z. B. der Fragebogen des Instituts der Wirtschaftsprüfer (IDW), entsprechend angepasst auf gemeinnützige Organisationen, wobei folgende Fragenkreise hierbei besonders zu berücksichtigen sind bzw. als Prämissen für nachhaltigen Unternehmenserfolg gelten:[7]

- Wissensmanagement und Humanressourcenmanagement (Innovation, motivationsfördernde Arbeitsbedingungen) auf der Basis des Selbstverständnisses der Stiftung Liebenau
- Beurteilung der Führungsorganisation, des Führungsinstrumentariums sowie des Überwachungs-, Controllings- und Qualitätssicherungssystems (Strukturqualität)
- Bewertung zukunftsrelevanter Erfolgsfaktoren (auch gemessen am Sozialleistungssystem sowie der Angebotsstruktur)
- Ordnungsmäßigkeit der tatsächlichen Geschäftsführungstätigkeit
- Vermögens-, Finanz- und Ertragslage (zur nachhaltigen Sicherung der Stiftungsaufgaben)

Die Professionalisierung des Managements geht einher mit dem Auf- oder Ausbau der betriebswirtschaftlichen Effizienz der betreffenden Organisation verbunden mit den Einflussfaktoren, die der Stiftung den inhaltlichen Erfolg bringen: Strategiebildung, Programmentwicklung und Projektmanagement auf der Ebene der Einzelorganisation sowie der Differenzierung, Arbeitsteilung, Spezialisierung auf der Ebene der „Märkte".[8]

Inwieweit eine Stiftung sich als gesellschaftspolitischer Veränderungsmotor / Katalysator versteht (Sozialstiftungsgedanke) oder eher eine bewahrende Strategie fährt, hat gravierende Auswirkungen auf den Arbeitsprozess innerhalb der Gesamtorganisation.[9] Die Auseinandersetzung mit der Frage, wie die Stiftungsressourcen in einem Unternehmensverbund effektiv und effizient eingesetzt werden können, damit eben die Katalysatorfunktionen einer gedeihlichen gesellschaftlichen Weiterentwicklung optimal gerecht werden können, ist von zentraler Bedeutung.[10] Neben der ökonomischen Rationalität bestehen auch ideelle Rationalitäten (Pastorale Dienste, etc.), die es in einem anerkannten „Managementstandard" einzubinden

---

[6] s. *Schröder*, S. 2.
[7] Ebd.
[8] s. *Then*, S. 14.
[9] Ebd.
[10] s. *Rüegg-Stürm / Schnieper / Lang*, S. 5 f.

gilt. Dies bedeutet vor allem eine professionelle Ziel- und Rollenklärung innerhalb und zwischen den Organen und Gremien, eine konsequente Vermeidung von Interessenkonflikten und die Transparenz von Entscheidungsprozessen.[11]

Mittlerweile hat auch die Balanced Scorecard als strategisches Führungsinstrument erfolgreichen Einzug in die Non-Profit-Organisationen gehalten.[12]

Die grundsätzlichen Arbeitsweisen dienen einer einheitlichen Orientierung und einer gemeinsamen Basis im Verbund. Durch die Regelungen wird gewährleistet, dass Zweck, Strategie und Ziele der Stiftung auch in einer Konzernstruktur mit verschiedenen eigenständigen Rechtspersönlichkeiten erreicht und überwacht werden können. Gerade im Verbund werden hierdurch vorrangig Synergieeffekte erzielt. Der Verbund soll „gelebt werden" zum Wohl der Stiftung. Dies bedingt auch das Einfordern von Solidarität.

Die nachfolgenden Regelungen gelten insbesondere für die 100%-Tochtergesellschaften und Mehrheitsbeteiligungen. Sowohl für die Stiftung als auch für die Gesellschaften ergeben sich daraus Rechte und Pflichten. Ausführungen des KontraG, TransPuG und DCGK sind entsprechend eingearbeitet.[13]

Die Konzernsteuerung hat die Aufgabenfelder Sozialstiftung und Tochtergesellschaften als Dienstleistungsunternehmen optimal und innovativ zu kombinieren, damit effektive Hilfesysteme zu Lösung sozialer Probleme entwickelt werden können. Die Förderung der Stiftung erstreckt sich besonders auf soziale und sozialpolitische Innovationen sowie Hilfsangebote für besonders hilfebedürftige Menschen. Die Tochtergesellschaften erbringen qualifizierte Dienstleistungen vor dem Hintergrund der Subsidiarität. Dabei hat die Stiftung Liebenau ein besonderes Augenmerk auf die Zusammenarbeit mit dem gesellschaftlichen Umfeld und die Bewusstmachung der christlichen Glaubensgrundlage als gemeinsame geistige Orientierung und Motivation in den einzelnen Bereichen zu legen. Insgesamt sind vielfältige Kombinationsmöglichkeiten zwischen Sozialstiftungs- und Dienstleistungstätigkeit möglich. Das wirtschaftliche Fundament der Stiftung wird nachhaltig gesichert und wächst mit den Aufgaben mit.

Einheitliche Vorgaben der Muttergesellschaft gewährleisten erst die Möglichkeit zur kontrollierten Konzernsteuerung, sowie die Vergleichbarkeit und die Einhaltung rechtlicher Vorgaben. Bestimmte Mechanismen und Instrumentarien werden zentral vorgegeben zur Synergieerzielung und somit zur Kostenminimierung.

Zur Konkretisierung von Satzung und Philosophie werden Strategien für die Stiftung und darauf aufbauend für ihre einzelnen Gesellschaften entwickelt.

Die Strategieentwicklung findet innerhalb des Unternehmens in Strategieworkshops, Klausuren und geschäftsfeldbezogenen Strategieforen (z. B. Altenhilfe,

---

[11] Ebd.
[12] s. *Lange/Lampe*, S. 101 ff.
[13] s. *Solidaris*.

Behindertenhilfe) statt. Die Stiftung Liebenau arbeitet mit einem 13-Punkte-Programm, das detailliert ausgearbeitet und mit dem Aufsichtsrat abgestimmt ist. Weiterhin sucht die Stiftung Liebenau den Austausch über Netzwerke und sonstigen Verbünden (z. B. Brüsseler Kreis). Auch Kooperationen mit Organisationen, die in anderen Sozialleistungssystemen beheimatet sind, werden abgeschlossen, um sich gegenseitig auszutauschen.

Die Strategieumsetzung sowie die geschäftsfeldbezogene Konkretisierung wird längerfristig anhand des Instrumentariums 5-Jahresplanung und kurz- bis mittelfristig mit Erstellung des Wirtschafts- und Investitionsplans begleitet und überwacht (Soll-Ist-Vergleich).

Die Tochtergesellschaften erhalten im Hinblick auf ihre Geschäftstätigkeit eine angemessene Kapitalausstattung. Ihnen wird die Betriebs- und Geschäftsausstattung im erforderlichen Umfang übertragen. Das Immobilienvermögen verbleibt bei der Holding (Betriebsaufspaltung). Der Erhalt der bisher erfolgten Zuwendungen ist möglich, d. h. die Zuwendungsgeber verlangen lediglich den Nachweis, dass die Zweckbindung erhalten bleibt.

Als Hauptzwecksetzung der Betriebsaufspaltung lassen sich Haftungsbeschränkungen und die Erhöhung der Flexibilität der Geschäftsführungstätigkeit benennen. Weiterhin dient die Verselbständigung der Tochterunternehmen einer möglichen zukünftigen gemeinnützigkeitsrechtlichen Unabhängigkeit, sollte die reine Dienstleistungstätigkeit der Tochtergesellschaften als gewerblich eingestuft werden. Hierbei sind laufend die einschlägigen gemeinnützigkeitsrechtlichen und steuerrechtlichen Auswirkungen zu beachten und im Einzelnen mit der zuständigen Finanzbehörde abzustimmen.[14]

Außerdem wurde eine getrennte Buchführung für die Gesellschaften entwickelt. Mit Umsetzung der Dezentralisierung hatte jede Gesellschaft ihren eigenen Jahresabschluss zu erstellen. Ein Holdingabschluss (Stiftung Liebenau) wird freiwillig erstellt, ebenso wie der Konzernabschluss. Bei der Holding werden Zentral-Ressorts angesiedelt, die übergreifende Steuerungsaktivitäten übernehmen sowie einheitliche Verfahren gewährleisten sollen. Dies sind im Einzelnen:

1. Forschung und Entwicklung.
2. Zentrale Finanzen:
   - cash management (Hausbankfunktion),
   - Investitions- und Finanzierungsplan,
   - Finanzcontrolling,
   - Vermögensverwaltung,
   - Bau- und Betriebstechnik (facility management),
   - Fundraising.

---

[14] s. *Schauhoff*, S. 15 ff.; *Schick*.

3. Controlling, Finanzsysteme, Informationstechnologie:
   - Finanz- und Gehaltsbuchhaltung,
   - Informationstechnik,
   - Konzernrichtlinien, Konzernbilanzierung,
4. Personalmanagement, Aus-, Fort- und Weiterbildung,
5. Sozialpolitik,
6. Öffentlichkeitsarbeit.

Die Umsetzung der strategischen Ziele von Verbund und einzelnen Gesellschaften wird durch interne Prüfungsmechanismen überwacht.

Das Controlling findet anhand einer Quartalsberichtserstattung mit Abweichungsanalyse und kurzfristigem Frühwarnsystem (EDV-gestützt) und einer Gewinn- und Verlustrechnung sowie einer Kapitalflussrechnung statt.

Wichtige unternehmensspezifische Kennzahlen sowie ein kurzer Bericht über den Stand der Entwicklung (v. a. im Hinblick auf Zielerreichung) runden das Controlling ab.

Vor dem Hintergrund knapper werdender Ressourcen ist ein einrichtungsinternes fachliches Controlling erforderlich, das wiederum eine differenzierte Hilfeplanung für den hilfebedürftigen Menschen (Personenzentrierung) voraussetzt, ebenso wie die fortlaufende Überprüfung der Hilfenotwendigkeit, der Bedarfsgerechtigkeit und der damit erzielten Ergebnisse durch den Leistungserbringer selbst.[15]

Als interne Revisionsstelle fungiert das Ressort Finanzen. Die Stiftung Liebenau hält somit keine eigene Revisionsabteilung vor. Es finden v. a. Stichprobenprüfungen statt (Kassenprüfungen, Zahlungsanweisungen, Lohnkontrollen, etc.). Einzelfallrevisionen werden bei Bedarf angeordnet. Ebenso werden die Einhaltung des Vier-Augen-Prinzips und die Regelung von Vollmachten, Vertretungsberechtigung sowie von Zustimmungsvorbehalten bei zentralen Fragestellungen überprüft. Prinzipiell ist eine gemeinsame Vertretung durch zwei Geschäftsführer in den Gesellschaften vorgesehen. Bei zentralen Fragen der Gesellschaft hat die Zustimmung der Gesellschafter zu erfolgen. Weiterhin ist die Zustimmung des Aufsichtsrates und gegebenenfalls der Stiftungsbehörde bei zentralen Fragen der Stiftung zu berücksichtigen.

Die Archivierungspflicht sowie die Absicherung von Restrisiken über die D&O-Versicherung seien hier nur ergänzend erwähnt.

Externe Prüfer (Wirtschaftsprüfer, Finanzbehörden) prüfen in erster Linie die Einhaltung gesetzlicher Bestimmungen, weniger inhaltliche Fragestellungen. Sie bilden jedoch ein wichtiges Feedback-System für den Verbund (z. B. Überprüfung der Gemeinnützigkeit, Mittelverwendungsrechnung, Aufdecken von Schwachstellen in der bisherigen Unternehmensorganisation).

---

[15] s. *Tripp*, S. 1 ff.

11.3 Das Beispiel der Stiftung Liebenau

Die Stiftungsbilanz wird freiwillig erstellt, die geprüften Jahresabschlüsse für jede Gesellschaft mit Anhang und Lagebericht, die Wirtschaftsprüfer nehmen an der Bilanzsitzung des Aufsichtsrates teil. Es sind verschiedene Wirtschaftsprüfer im Konzern tätig, um kein Abhängigkeitsverhältnis zu erzeugen und den inhaltlichen Austausch zu fördern. Weiterhin wird eine konsolidierte Konzernbilanz auf freiwilliger Basis erstellt.

In enger Abstimmung mit den Wirtschaftsprüfern und vor dem Hintergrund der zunehmenden Bedeutung der EDV-Systeme (Komplexität) hat die Stiftung Liebenau eine externe Überprüfung des EDV-Systems (Systemprüfung) vorgenommen. Weiterhin werden diverse Sachverständige und Behörden (z. B. Finanzbehörden) in laufende Prozesse eingebunden.

Die behördliche Aufsicht übt derzeit das Bischöfliche Ordinariat aus. Die operative Aufsichtsfunktion über die Stiftung ist weitgehend an den Aufsichtsrat als unabhängiges Kontrollorgan im Sinne des Stiftungsgesetzes Baden-Württemberg delegiert. Der Aufsichtsrat ist hierbei ehrenamtlich tätig. Es finden regelmäßige Sitzungen mit verschiedenen Schwerpunkten statt (Bilanz, Strategie, mehrjährige Vorschau, Investitionsschwerpunkte, Unternehmensorganisation, Personal- und Managemententwicklung, Unternehmensplanung, Wirtschaftsplanung). Ein besonderes Gewicht ist der qualifizierten Zusammensetzung und der Unabhängigkeit des Organs zuzumessen. Interessenskonflikte bei Besetzung von Aufsichtsratpositionen sind zu vermeiden.

Die Aufsicht über die Tochtergesellschaften im Verbund übt die Stiftung Liebenau über die Gesellschafterversammlung bzw. die Mitgliederversammlung aus (Aufsicht über Gesellschaften, Beteiligungen, Vereine).

Die Stiftung Liebenau legt großen Wert auf Transparenz. So sind bereits zur Gründungszeit detaillierte Veröffentlichungen auch zur wirtschaftlichen Lage dokumentiert. Im Rahmen der Offenlegung wird die Entwicklung des Verbundes und der einzelnen Gesellschaften mit Darstellung wichtiger Kennzahlen sowie der Bericht des Vorstandes und des Aufsichtsrates niedergelegt. Es finden Pressekonferenzen für die Stiftung und die jeweiligen Gesellschaften statt.

Im Rahmen der Mitarbeiterversammlung werden die Beschäftigten detailliert informiert. Sowohl Print- als auch sonstige Medien kommen hierbei zum Einsatz.

Über die intern eingerichtete Ethikkommission werden Werte und Überzeugungen der Stiftung nach innen (Mitarbeiter) und außen (Öffentlichkeit, Politik) transportiert. Weiterhin unterhält die Stiftung Liebenau zusammen mit weiteren befreundeten Unternehmen sowie der Pädagogischen Hochschule in Weingarten ein Ethikinstitut.

Auf ein funktionierendes Beschwerdemanagement ist intern wie extern zu achten. Die Einhaltung und die laufende Pflege sollten hierbei Chefsache sein.

Die Erfolgshaftigkeit der Vielzahl der oben genannten Regelungen, Instrumentarien und Mechanismen soll durch ein einfach zusammengefasstes Regelungswerk mit entsprechenden Kommentaren erreicht werden. Ein Ausufern der Regelungsvielfalt birgt per se Gefahren in sich – zu viel kann eine Überforderung sein. Die Betroffenen sollen die Regeln überschauen, verstehen und anwenden können.[16]

Zusammenfassend soll die u. a. Darstellung die Gesamtzusammenhänge in der Stiftung Liebenau aufzeigen.

Die Mitte der 1990er Jahre im Branchenvergleich vorausschauende Organisationsentwicklung der Stiftung Liebenau hin zu einer funktional gegliederten Konzernstruktur hat sich als insgesamt sehr erfolgreich und für die weitere Entwicklung des Stiftungsverbundes zwingend notwendig erwiesen. Nicht zuletzt in der Erprobung und fortlaufenden Anpassung der gelebten Unternehmenskultur im Bereich der Wahrnehmung und Führung auf den unterschiedlichen Ebenen hat es sich überaus günstig ausgewirkt, dass der Gesamtverbund sich über einen längeren zeitlichen Prozess hin, an eine neu gestaltete rechtliche Struktur anpassen konnte. Die Unternehmenskultur lässt sich grundsätzlich weniger rasch als eine rechtliche Struktur verändern und für entsprechende Veränderungsprozesse sind regelmäßig längere Zeitabschnitte einzuplanen, um hier erfolgreiche Veränderungen nachhaltig zu bewirken. Erheblich gestärkt wurden durch die Schaffung rechtlich selbständiger Einheiten die Verantwortlichkeit der Führungskräfte und die Wahrnehmung der unternehmerischen Belange durch diese. Der Stiftungsverbund kann sich insofern auf eine breite Basis in der Praxis erprobter Führungskräfte stützen, die jeweils definierte eigene Verantwortlichkeiten besitzen. Dies führt insgesamt zu einer Stabilisierung, die sich gerade angesichts dynamischer Wachstumsprozesse als überaus hilfreich erweist.

Gesteigerte Anforderungen stellt eine Konzernstruktur, wie sie die Stiftung Liebenau besitzt, an interne Steuerungs- und Controllingsysteme, welche die Differenziertheit des Verbundes entsprechend abbilden und begleiten müssen. Die entsprechenden Instrumentarien bedürfen einer laufenden Überprüfung und Weiterentwicklung und sind Grundvoraussetzung, um eine effektive Konzernsteuerung wahrnehmen zu können. Soweit nicht aufgrund der Rechtsform bereits gefordert, sind die rechtlichen Regelungen des Gesetzes zur Kontrolle und Transparenz im Unternehmensbereich (KonTraG) zumindest fakultativ zu beachten, um den üblichen Sorgfaltspflichten in der Wahrnehmung der Aufsicht und Führung zu entsprechen.

Ausgliederungsprozesse in zentral organisierten Stiftungen oder auch anderen Sozialunternehmen bedürfen daher einer umfassend definierten Strategie und eines definierten Maßnahmenplans. Dabei müssen die unterschiedlichen Ebenen der betrieblichen Führung jeweils berücksichtigt werden. Eine Beschränkung nur auf formale Organisationsstrukturen würde der Vielschichtigkeit einer erfolgreichen Unternehmensstrukturpolitik nicht gerecht werden. Bewertungsmaßstab für die Zielerfüllung muss die Nachhaltigkeit bei der Aufgabenerfüllung und ihrer Absicherung sein.

---

[16] s. *Neuhoff*, S. 13.

11.3 Das Beispiel der Stiftung Liebenau

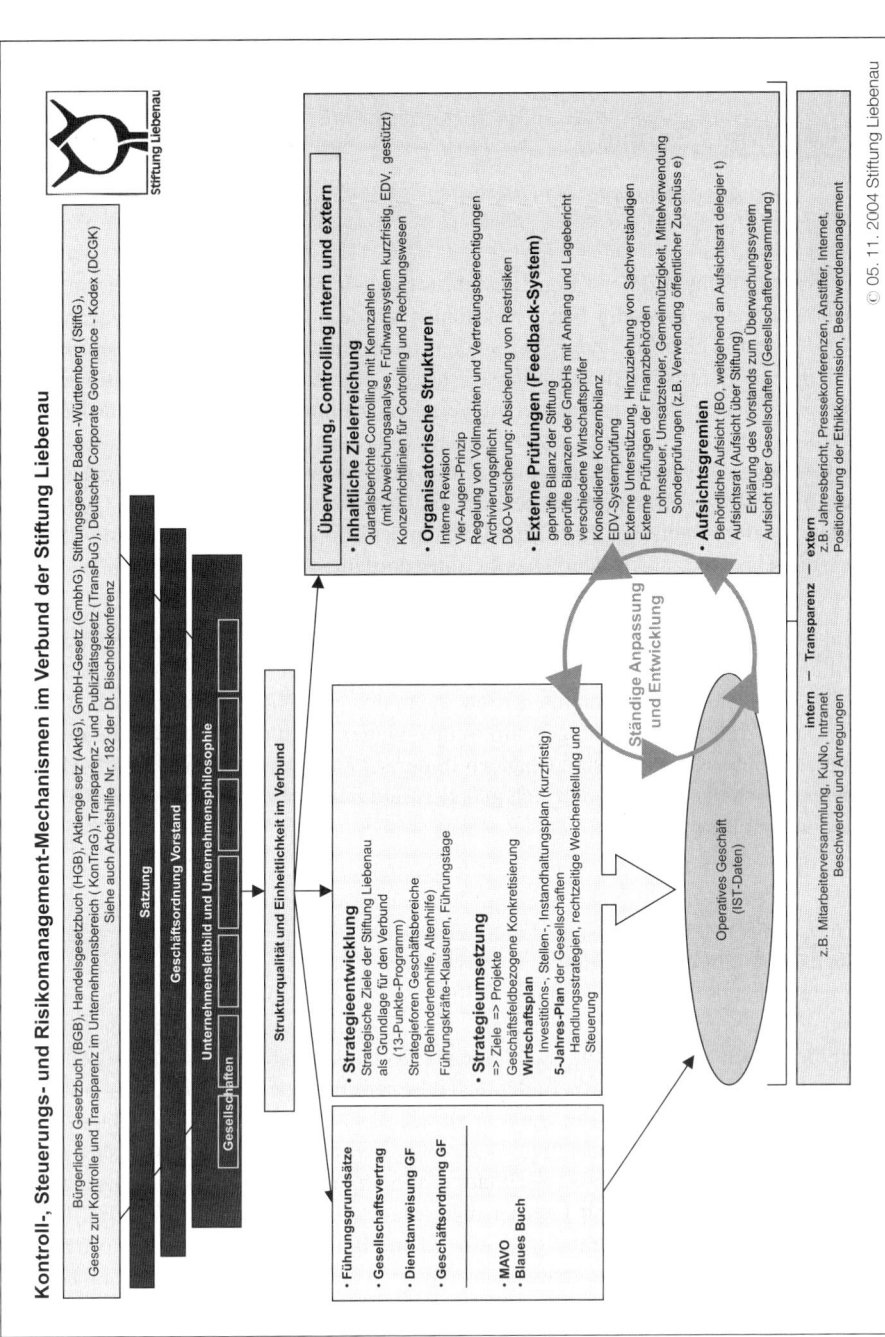

11.4 Nihals Schule

Von Anetta Kahane

Wie sollte eine Bürgerstiftung aussehen, fragte ich mich vor einiger Zeit, in der sich auch meine Freundin Nihal wohlfühlen würde und Lust hätte mitzumachen? Nihal wohnt in einer mittleren Stadt in den Neuen Bundesländern, hat Betriebswirtschaft studiert, war in Amerika, danach hat sie eine zeitlang an der Uni in Berlin gearbeitet und später eine Galerie geleitet, denn sie interessiert sich sehr für Kunst und kann gut mit Menschen umgehen. Jetzt führt sie das Büro ihres Mannes, der sich Anfang der 90er Jahre mit seiner Firma in jener mittleren Stadt niedergelassen hat. Sie hat zwei Kinder, eines besucht die Grundschule, das andere das Gymnasium. Nihal ist Deutsche, ihre Eltern leben in der Türkei. Inzwischen sind sie Rentner, doch bis vor einigen Jahren hat ihr Vater dort eine große Klinik geleitet.

Nihal hat sich eingerichtet in der Stadt, doch wirklich zufrieden war sie anfangs nicht. Sie hatte entschieden, ganz in die ostdeutsche Stadt zu ziehen, bis dahin teilten sie und ihr Mann nur die Wochenenden miteinander – mal in Berlin, mal in jener Stadt, meist jedoch im alten Kietz, denn dort war Nihal auch politisch aktiv. Sie gab in ihrer Freizeit jungen türkischen Müttern Deutschunterricht, damit sie und auch ihre Kinder bessere Chancen in der schwierigen deutschen Gesellschaft hätten. Doch die Dinge hatten sich geändert und nun wohnte sie ganz in der Stadt südlich von Berlin.

Und sie ist ganz normal, diese Stadt – jedenfalls für ostdeutsche Verhältnisse: mehr als 20 % der Bevölkerung sind arbeitslos, im ländlichen Umfeld deutlich mehr, viele neue Straßen und Laternen wurden gebaut, wegen der seenreichen Landschaft gibt es einige Hotels für Urlauber aus Berlin und anderswo. Der Dom, einige Gebäude im Stadtzentrum und Teile der alten Stadtmauer zeugen von einer langen und wechselvollen Geschichte. Das „sozialistische" Neubaugebiet wurde für die Arbeiter des nunmehr geschlossenen Kombinats gebaut, einst der größte Arbeitgeber in der Gegend. Jetzt findet man dort verschiedene Gebäude, die an mittelständische Betriebe vermietet werden. So wie die Werkstatt von Nihals Mann, der immerhin zehn Leute beschäftigt. Der größte Teil des Areals aber ist bisher leer geblieben. Dennoch gibt es in der Stadt ein funktionierendes Theater, Kinos, eine Technische Hochschule mit Lehrpersonal, Studenten und einem Wohnheim. Und etwas außerhalb am Waldrand steht eine kleine Barackensiedlung – da wo früher junge Pioniere ihre Freizeit verbrachten. Nun sind hier Flüchtlinge untergebracht.

Die Zeiten sind längst vorbei, als Rechtsradikale das Straßenbild beherrschten. Damals kam es regelmäßig zu Übergriffen. Das Asylbewerberheim wurde belagert, am Bahnhof hatte sich eine Art „national befreite Zone" gebildet. Wer von den Reisenden den Nazis nicht gefiel, wurde angepöbelt, belästigt oder geschlagen. Die Zustände passten in das Bild jener Jahre und es war sogar noch ein bisschen schlimmer, weil einer der Angegriffenen so schwer verletzt worden war, dass er behindert blieb. Darauf kamen Journalisten in die Stadt und berichteten. Doch das gefiel den Bürgern weit weniger als die Tatsache marodierender Nazis selbst. Man fürchtete einen Imageverlust, redete die schrecklichen Ereignisse klein und fand, die Stadt wäre Opfer einer missgünstigen Kampagne.

Das alles geschah bevor Nihal dorthin zog; sie hatte es dennoch hautnah verfolgt. Sie war in der Zeit stets mit dem Auto in die Stadt gekommen, denn sonst hätte sie auf dem Bahnhof riskiert, selbst in eine gefährliche Situation zu geraten. Nun aber ist es ruhiger geworden, eine Spezialeinheit der Polizei hat entschlossen durchgegriffen und die spektakuläre Gewalt im Zentrum der Stadt hat abgenommen. Die Neonazis sind auch deshalb nicht mehr so auffällig, weil sie seit einiger Zeit nicht mehr durch Glatze, Bomberjacke und Stiefel erkennbar sind, denn Mode und Vorgehensweise haben sich geändert. In den Neubaugebieten ist es trotzdem noch unangenehm, Nihal geht dort niemals einkaufen, meidet die Treffpunkte der jungen Nazis und abends bleibt sie auch nicht allein im Büro.

Nein, wirklich zufrieden war sie nicht, denn am Klima in der Stadt hatte sich nur wenig geändert. Ihre Kinder berichteten noch immer von Pöbeleien, rassistischen Sprüchen und es tauchte sogar eine rechtsextreme Schülerzeitung auf. Immer wieder versuchten NPD und die Kameradschaften, auch öffentlich auf ihre politischen Ziele aufmerksam zu machen, sie erschienen bei Demonstrationen, bei denen es um die soziale Situation oder um Frieden ging. Sie forderten ihre Mitglieder auf, sich als Schöffen bei Gericht zu bewerben, in die Freiwillige Feuerwehr einzutreten oder sich als Polizeischüler zu bewerben. In der Nähe des Flüchtlingsheims hatten einige aus der Szene eine alte Villa gekauft und veranstalteten dort manchmal Konzerte und Partys, denn das macht sich dort doch besser als im Jugendclub der Stadt. Natürlich waren danach Pöbeleien, Bedrohungen und Übergriffe auf die Flüchtlinge an der Tagesordnung. Viele rechte Jugendliche kamen jeden Abend in die Villa und dummerweise mussten die Flüchtlinge, wenn sie telefonieren wollten in der einzigen Zelle, dort vorbeilaufen. Ab und zu erschien auch die Polizei, doch Anzeige zu erstatten ist für die Flüchtlinge schwierig; sie sind in einer prekären Situation, weil ihnen die Abschiebung droht, sie können wenig Deutsch und wenn die Verletzungen nicht zu schwer sind, hielten sie sich lieber zurück.

Nihal wusste davon, weil einige Mitschüler ihres Sohnes in diesem Wohnheim leben und ihm erzählen, was sie oder ihre Eltern sich ausdenken, um ungesehen an der Villa vorbeizukommen. Die Lehrer in der Schule, so sagte ihr Sohn, verstehen nicht viel von all dem. Sie fragen auch nicht. Nur wenn die Kinder keine Hausaufgaben gemacht haben, dann schimpfen sie. Manche sind sehr nett und manche richtig gemein zu den Kindern aus dem Heim, besonders zu den Afrikanischen. Nihal war dort, hat die Kinder und ihre Eltern besucht und wollte Deutschunterricht geben. Am liebsten in der Schule, denn die Bedingungen im Heim waren denkbar schlecht. Es gab dort keinen Raum und – ein weiteres Problem für die Flüchtlinge in ihrem Alltag – die Betreiber des Heims zeigten sich wie so oft sehr unkooperativ. Die Schule leider auch, denn die Vorstellung, dass sich dort tagsüber „irgendwelche Asylanten" aufhielten, gefiel der Schulleiterin gar nicht. Eines ihrer Argumente war, dass sie befürchte, das könne die Rechtsradikalen in der Umgebung provozieren.

Aber Nihal ist schon immer eine Optimistin gewesen. Schließlich wurde in der Stadt eine Bürgerstiftung gegründet, das fand sie sehr gut. Die Bürger wollten selbst gestalten und nicht immer nur auf Verwaltung und Staat setzen. Sie war nicht gleich von Anfang an dabei, denn es hat eine Weile gedauert, bis auch sie die ersten Aktivitäten der Stiftung wahrgenommen hatte. Es gab wohl einen Gründungsakt und davon stand auch etwas in der Zeitung, doch sie hatte es übersehen und wohl auch nicht richtig verstanden. Doch nach und nach tauchten mehr Berichte in der Presse auf und Nihals erster Eindruck, es handele sich bei der Bürgerstiftung um etwas, das mit dem Bürgermeister zu tun hat, der jetzt auch eine Stiftung leitet, löste sich langsam auf. Dann brauchte sie immer noch einige Zeit, weil ihr nicht klar war, was sie eigentlich dort einbringen oder erwarten könnte und in welcher Form hier in Deutschland Bürger sich an diese Stiftung wenden können. Es gab ein Faltblatt, da stand die Adresse drauf und wer die ersten Stifter sind und welche Aktivitäten geplant werden.

Bei der Eröffnung einer Ausstellung von Fotografien Jugendlicher, die sie über ihre Stadt gemacht hatten, traf Nihal zum ersten Mal einige derjenigen, die mit der Bürgerstiftung zu tun hatten: den Theaterintendanten, einen Professor der Fachhochschule, den Leiter des kleinen Museums, einen ortsbekannten Maler, die Pastorin, eine Lehrerin, den Chef der Regionalzeitung und jemanden von der Unternehmensleitung des Betriebes, der die schmale Nachkommenschaft des einstigen Kombinates darstellte. Der Bürgermeister war nicht da, dafür aber einige Jungendliche, die an dem Projekt „Ich fotografiere meine Heimatstadt" teilgenommen hatten. Nihal fand die Idee mit den Fotos sehr gut und sah sie sich mit Interesse an: die Stadt, porträtiert von ihren jungen Bewohnern. Man sah einige historische Orte auf den Bildern, auch etwas von der Ödnis im Neubaugebiet, man begegnete einigen Menschen, die meisten selbst Jugendliche. Sie standen vor dem Fußballplatz, zwei Mädchen lachend am Kino und einige auf dem Schulhof, geknipst wie sie heimlich rauchen. Einige der Bilder fand sie ausgezeichnet und fragte sich, wie und wo diese jungen Fotografen gefunden wurden. Also fragte sie die Jugendlichen und die erzählten ihr von einer Arbeitsgemeinschaft Fotografie und dass die Lehrerin ihnen gesagt hätte, das Projekt wäre für die Bürgerstiftung, die Fotos würden nämlich ausgestellt und verkauft und der Erlös ginge dann an die Stiftung.

An dem Tag sprach Nihal noch mit einigen der Anwesenden und nahm sich vor, ihrem Mann davon zu erzählen. Vielleicht, dachte sie, könnten ja beide etwas spenden und Mitglied werden. Und so geschah es auch. Die beiden gingen einige Tage

11.4 Nihals Schule

später ins Büro der Bürgerstiftung, holten sich die Satzung und andere Unterlagen ab und erklärten sich bereit, ihren Beitrag zu leisten. Dabei ging es besonders Nihal nicht um die 150 Euro, die sie zunächst einzahlten, sondern auch um Ideen und um die Zeit, die sie investieren wollte. Sie hatte eine bestimmte Vorstellung von dem, was eine Bürgerstiftung sein und was sie hier auch tun könnte. Sie wollte, dass sich diese Stadt zu einem Ort in der Welt verwandeln könnte, dass sie herauskäme aus dem Dunst des Provinziellen, unter dem sie für viele Jahrzehnte wie durch eine Glocke festgehalten zu sein schien.

Nihal hatte ja einige Jahre in einer Stadt in den USA gelebt und dort gab es eine *community foundation*. Die Bürger hatten ein beträchtliches Vermögen zusammengebracht im Laufe der Jahre und damit viele interessante und gute Projekte finanziert. Selbstverständlich waren im *board* etliche Vertreter der Minderheiten, die über die Vergabe der Mittel und der Entwicklung neuer Projekte entschieden. Die Prioritäten der Stiftung leiteten sich aus den in der Präambel klar festgelegten Standards und Werten ab, nach denen es keine Diskriminierung geben dürfe und die Stiftung mit ihren Zielen sich der Überwindung sozialer, kultureller und ethnischer Ausgrenzung verschrieben hatte. Anerkennung, Respekt, Gleichheit, Förderung, Menschenrechte – das waren die entscheidenden Begriffe, nach denen sich die Politik der Stiftung zu richten hatte. Und darauf wurde streng geachtet. Nihal hatte damals ehrenamtlich in einem Krankenhaus gearbeitet, das eng mit seiner Nachbarschaft kooperierte, um die Vielfalt des Wissens um Gesundheit und Heilung der verschiedenen ethnischen Gruppen einzubeziehen und gleichzeitig bei administrativen Fragen von Krankenversicherung und kulturellen oder sprachlichen Barrieren zu helfen. Ein Geben und Nehmen also, das ein zentrales Thema aller Menschen – die Gesundheit – aufgriff und so auch eine positive Kommunikation aller untereinander in gegenseitigem Respekt ermöglichte. Das war nicht immer so in dieser Nachbarschaft, doch das Projekt half, die Konflikte zu überwinden und sie in Bereicherung für alle zu verwandeln. Ein gemeinsames Thema, eine gemeinsame Aufgabe, die nie von staatlicher Seite hätte kommen können.

Nihal hatte damals eine Ausstellung organisiert, bei der verschiedene Heilmethoden und natürliche Heilmittel der Bewohner dieser sehr multiethnischen Nachbarschaft vorgestellt wurden, von der Babymassage bis zur Pflanzenkunde. Und daran war sie erinnert, als sie nun von den Fotos der Jugendlichen in den Räumen dieser neuen Bürgerstiftung gehört hatte. Das Gesundheitsprojekt damals hatte geholfen einen provinziellen Streit über große und kleinliche Differenzen im Zusammenleben zu überwinden, um daraus etwas Einzigartiges, Neues und Innovatives zu schaffen – etwas, das die Nachbarschaft weit über die Grenzen der Stadt hinaus bekannt machte und später auch begeisterte Nachahmer fand.

Nun war die Situation hier in Deutschlands Osten eine ganz andere und dennoch gab es große Probleme, bei deren Bewältigung die Bürgerstiftung eine wichtige Rolle spielen könnte. Nihal dachte dabei vor allem an den Mangel an demokratischer Kultur in der Stadt. Denn es könne nicht sein, dass Menschen in einem Gemeinwesen um Leib und Leben fürchten müssten, wenn sie eine Straße entlanggingen. Und dass es offenbar in der Stadt kaum jemanden wirklich zu interessieren schien, da es sich „nur" um Asylbewerber handelte. Sie konnte auch nicht darüber hinwegsehen, wie gleichmütig auf die Nazis überall reagiert wurde. Sollte man wirklich den Blick abwenden, weil ihre Gewalt sich auf Randgruppen wie Ausländer und die vereinzelt anzutreffenden alternativen Jugendlichen beschränkte? Sollte man tatsächlich schulterzuckend zur Kenntnis nehmen, dass sie inzwischen nunmehr fast unter sich waren im örtlichen Schützenverein, in dem die Mitglieder ganz legal an Waffen ausgebildet wurden und danach ein Anrecht auf Schusswaffenbesitz erwarben? Sollte es so bleiben, dass die gelegentlichen, nächtlichen Angriffe auf das China-Restaurant, das einer vietnamesischen Familie gehörte, als Delikt simplen Vandalismus eingestuft und somit übergangen wurde?

Nihal hatte nach einem der Angriffe, bei dem das Schaufenster zerstört worden war, mit den Besitzern gesprochen. Sie lächelten höflich als Nihal danach fragte, was die Polizei denn unternommen habe. Sie sagten, es sei schlimm genug, denn es gäbe große Probleme mit der Versicherung, die nun endgültig ablehnte, den Laden weiter zu versichern. Doch was die beiden besonders traf war etwas anderes. Niemand hatte bisher auch nur anerkennen wollen, was das Motiv dieser Angriffe war. Und das, so sagte die Frau, mache einsam. Manchmal würde sie den Gästen zusehen, wie sie aßen und sich unterhielten und niemals hatte einer der Kunden irgendetwas gesagt dazu. Sie hätten beide aufgegeben, auf den rassistischen Hintergrund der Überfälle hinzuweisen. Es war einfach so. Die Überfälle und das Gefühl von Einsamkeit schienen eine Art Naturgesetz zu sein.

In der Präambel der Bürgerstiftung stand viel über Bürgergesellschaft und bürgerschaftliches Engagement. Sie fand auch Passagen über Mitverantwortung, Nachhaltigkeit, Völkerverständigung und Toleranz. Das ist ein guter Anfang, dachte Nihal. Manche Dinge sind wohl eben so selbstverständlich, dass man sie einfach tut und nicht mehr darüber nachdenken muss, egal ob dafür Regelungen bestehen oder nicht. Doch wie werden Dinge eigentlich so selbstverständlich, dass man nie wieder darüber sprechen muss? Ist es in dieser Stadt eigentlich der Fall oder eher nicht? Ist es nun selbstverständlich, dass niemandem Schaden zugefügt werden darf, dass man niemanden schlagen oder umbringen darf, unter keinen Umständen, nicht einmal wegen seiner Hautfarbe? Und wie ist es mit anderen Tugenden wie der des Respekts, deren Fehlen das Zusammenleben in einem Gemeinwesen grundsätzlich in Frage stellt? Weshalb gab es in der *community foundation* dazu ausführliche Erläuterungen bis in die Details der Gremienarbeit hinein, hier in Deutschland aber nur einige vage Begriffe. Und das besonders in einer Stadt wie dieser, die ob man es nun wollte oder nicht, ein Problem mit Rassismus und Rechtsradikalismus hatte. Gerade weil hier niemand darüber nachdenken wollte.

Eigenverantwortung in einer Zeit gesellschaftlichen Zauderns und wirtschaftlichen Zögerns ist sehr wichtig, Entwicklung und Beteiligung sind toll, aber wobei und wofür, das müsste in einer Schule der Demokratie gelernt werden, die weit mehr vermittelt als die Technik und Methode ihrer selbst. Geht es bei Demokratie um Formen der Partizipation, Diskussion und Mehrheiten? Geht es um Kultur,

Sport oder das Zusammenleben der Generationen? Das reicht nicht und das sagt nichts über die Inhalte. Kann ein Gemeinwesen wirklich demokratisch handeln, wenn es die großen Brüche in der Gesellschaft wie der Nachbarschaft einfach übergeht? Kann es sich demokratisch nennen, wenn unter den Augen der Bürgergesellschaft und an ihrer Aufmerksamkeit vorbei, Menschen keinen Schutz finden vor Ausgrenzung und Gewalt? Nihal dachte darüber nach und fand: nein, das kann nicht der Sinn einer demokratischen Institution sein. Und sie begann, sich die Bürgerstiftung als den Ort vorzustellen, der das zu tun vermag, was weder Staat noch die Summe der Bürger bisher vermochten.

Wie macht man eine Schule der Demokratie? Nihal fing damit an, Personen zu suchen, die auch zu sehen bereit waren, was sie an Defiziten sah. Und diese Leute müssten nicht nur wahrnehmen können, sondern auch die Fähigkeit besitzen, etwas daraus zu machen: ein gutes Projekt zum Beispiel für das man wiederum Geld braucht und jemanden, der es umsetzt. Sie dachte daran, den Frauen aus dem Flüchtlingsheim Deutsch beizubringen – in der Schule und während die Kinder im Unterricht sitzen. Sie überlegte, wie man die Telefonzelle verlegen könnte und gleichzeitig Bürger dafür gewinnt, den Rechten in der Villa klarzumachen, dass sie ihre Nachbarn nicht zu bedrohen hätten. Absprachen mit der Polizei sind gewiss wirkungsvoller, wenn Anwohner darauf bestehen, dass hier Schutz gewährleistet wird. Dies nicht allein den Betroffenen zu überlassen, fand sie selbstverständlich. Nihal dachte auch daran, in der Schule und der Nachbarschaft Veranstaltungen zu organisieren, auf denen die Flüchtlinge als Personen erscheinen konnten, um von ihren Erfahrungen, Hintergründen und ihrem Alltag zu erzählen – eine andere Art von Geographie und politischer Bildung also, die für alle Beteiligten ein Gewinn wäre – für die einen Gewinn an Respekt und vielleicht so auch an Schutz und für die anderen an Kenntnis, an Erfahrung und an Erweiterung des Horizonts. Vielleicht gäbe es auch die Möglichkeit an der Situation der Flüchtlinge etwas zu verbessern; manche waren schon lange genug da und dürften nach geltendem Recht eigentlich gelegentlich arbeiten. Das vietnamesische Ehepaar könnte man fragen, ob es sich nicht in der Bürgerstiftung engagieren möchte. Vielleicht würden die beiden sich dann besser aufgehoben fühlen und beitragen, die Stadt aus ihrer Perspektive zu sehen. Und überhaupt: man müsste auch mit den Leitern der Jugendeinrichtungen sprechen und deutlich machen, dass Volksverhetzung von Jungnazis auch dann Volksverhetzung ist, wenn sie gesungen daherkommt.

Nihal fand einige Leute, die ihr zustimmten. Nicht viele, aber ein Anfang war gemacht. Das Problem lag jetzt jedoch woanders. Die Schule wollte nicht, dass Erwachsene dort lernten. Sie sei nicht zuständig. Die Jugendeinrichtungen wollten nicht mit der Schule zusammenarbeiten, die Polizei meinte, sie könne keine Sozialarbeit machen und für eine Veranstaltungsreihe fand sich partout kein geeigneter Raum. Jeder hatte dafür seine bürokratische Gründe. Also war es auch das: in den Lücken staatlichen Handelns aktiv zu sein, das genau ist die Aufgabe einer Stiftung. Diese Zwischenräume mit Ideen für Projekte zu füllen und die Kommunikation von Zuständigen zustande zu bringen, dafür ist eine Stiftung mit kommunalem Ansehen, die als Ausdruck des Willens von Bürgern gilt, besonders gut geeignet. Auch hier kann man sagen: wenn ihr miteinander zu einer Übereinkunft kommt, können wir als Stiftung etwas dazu tun. Einen Raum mieten, Fahrkosten erstatten, eine Lehrerin engagieren, eine gemeinsame Fortbildung ermöglichen – egal, manchmal liegt der Verdruss im Detail, meistens sogar und, um den wirklichen Problemen an den Kragen zu gehen, kann man sich den lästigen Weg durch die Details nicht ersparen. Tut man es doch, weil er zu mühsam scheint, dann mag es sein, dass auch etwas zustande kommt, aber es hat dann möglicherweise nichts mit den realen Problemen zu tun oder es ist nett, aber nach einem Jahr vielleicht nur noch ein Foto in der Vitrine des Heimatmuseums. Auch das hat seine Berechtigung, denn natürlich hilft es auch, wenn die Bürgerstiftung neue Sportgeräte anschafft, einen Spielplatz saniert oder den Turm in der Stadtmauer zum Heimatmuseum umgestaltet. Mit solchen Aktivitäten erreicht man Bürger, die etwas Gutes und Sichtbares schaffen wollen. Doch irgendwann beginnt auch die Zeit der sinnvollen Mühe mit den Details. Und beides irgendwie hinzukriegen, das ist die Kunst. So sagte es Nihal auf einer der Sitzungen der Bürgerstiftung.

Viele der Leute dort fanden Nihals Vorschläge und Aktivitäten übertrieben. Sie wollten es bei Medizinbällen und Heimatmuseum belassen. Ob sie sich nur überfordert fühlten oder eben doch der Meinung waren, Neonazis und ihre Opfer sind ein zu peripheres und zu politisches Thema, das konnte sie nicht sagen. Doch in solchen Momenten kränkte es sie schon, wenn einige meinten, sie täte das alles ohnehin nur, weil sie selbst Ausländerin sei. Das traf sie deshalb besonders, weil sie ja nun schon lange Deutsche war und weil man ihr so unterstellte, dass es bei ihrer Wahrnehmung nicht um universelle Menschenrechte ging, sondern um eine diffuse, ethnisch motivierte Solidarität zwischen „Andersartigen". Also brauchte sie, um weiterzukommen zweierlei: Öffentlichkeit, auch jetzt, wo es gerade keine schwerverletzten Opfer rechter Gewalt gab. Nihal hat lange diskutiert, es strengte sie an, doch sie bekam Unterstützung. Der Chefredakteur der Regionalzeitung sagte, er würde gern eine Reportage über das Leben der Asylbewerber in seiner Zeitung sehen.

Später machte sie einen der Reporter mit Sina aus Tschechenien und Christophe aus dem Sudan bekannt. Beide konnten etwas Deutsch und hatten eine dramatische Geschichte von Armut, Verfolgung und Flucht hinter sich. Und sie erzählten wie sie lebten, mit wem sie sich befreundet hatten und wie gefährlich es für sie war, dort am Stadtrand klarzukommen. Die Geschichte in der Zeitung hatte eine große Wirkung. Es gab endlich wieder Diskussionen, es gab Beschimpfungen, aber auch sehr viel Hilfsbereitschaft. Einige Lehrer in der Schule begannen die Kinder endlich zu fragen, nach ihren Erfahrungen und auch danach wie und wo sie eigentlich ihre Hausaufgaben erledigen würden.

Nihal begann nun furchtbar viel zu lesen über Zivilgesellschaft und Demokratie, sie hat mit Leuten aus anderen Stiftungen gesprochen und sogar ihre alten Kollegen in Amerika angerufen. Sie hat einige Experten eingeladen in ihre Stadt, die über solche Fragen sprachen und dann hat sie alles zusammengetragen. Sie meinte, dass Universelles nicht gegen Kommunales stehen müsse. Denn das Universelle wie Menschenrechte, Emanzipation, Gerechtigkeit, Gleichheit spielt sich doch immer vor der eigenen Haustür ab, wo sonst? Ohne diese Werte aber geht gar nichts, alles bleibt leer und hohl, wenn sie fehlen. Solche Werte sind im Demokratischen natürlich, es gibt um sie keinen Umweg. Doch man müsse sich öffentlich darüber verständigen, dann könne man Brücken bauen, auch über Konflikte, die mit starker Ausgrenzung zu tun haben. Demokratisches spielt sich immer auch im Sozialraum ab und nicht nur in einer fernen Politik. Und wenn man beides weiß, das heißt wie wichtig der eigene Sozialraum ist und wie unumgänglich die Werte des Demokratischen, dann weiß man auch, was man fördern muss und kann in der Jugendarbeit, der Opferberatung, der Schulöffnung, der Kultur oder auch des Sports. Und so hat auch das Heimatmuseum einen wichtigen Platz, wenn es in der Welt steht und Teil des Universellen und Unverzichtbaren ist. Ihre Frage war dann, wer das alles machen kann oder wie man lernt, es zu tun. Denn, um dieses große Wort von der Stiftung als einer Schule der Demokratie benutzen zu können – manchmal braucht es eben solchen Wörter um etwas für die Realität wirklich deutlich zu machen, hatte Nihal gesagt – muss man ziemlich viele Fähigkeiten haben. Und wie sie es sagte, dachte ich, sie hätte schon eine Idee wie des ganze engagierte Team dieser Stiftung zu diesen Fähigkeiten kommt. Eine Stiftung ist für so was immer gut, denn sie kann Geld mobilisieren, es sinnvoll einsetzen und das gleiche tut sie auch mit den Fähigkeiten der Bürger.

Sie sprach auch über Zivilgesellschaft. Viele benutzen den Begriff besonders, und das ist uns aufgefallen, seit dem Ende des Ostblocks. Damals vermutete man unter Repressiven der Regime eine Gesellschaft von Oppositionellen, die dann als Bürger die Werte des Zivilen tragen in die neue Ära könnten. Es zeigte sich jedoch, dass die Opposition allein nicht demokratisch im Sinne der universellen Werte sein musste. So wie hier in dieser Stadt gab es im Osten viele Kräfte, die zwar vielleicht gegen das Alte ausgerichtet und es dennoch in sich aufnehmend, eher nationalistisch und oft auch autoritär gesinnt und geprägt waren. Überall in den ehemaligen sozialistischen Ländern kam es zu aggressiv rassistischen, antiziganistischen und antisemitischen Stimmungswellen, oft getragen von jenen Eliten, die man sich aus dem Westen heraus als zivilgesellschaftliche Kräfte zurecht geträumt hatte. Nein, die Opposition zum Bestehenden in autoritären Gesellschaften allein macht noch keine moderne, zivile Gesellschaft aus. Dass der Begriff der Zivilgesellschaft auch für Rechtsextreme, die sich am gesellschaftlichen Leben beteiligen, gelten könnte, widerspricht der Geschichte, in der es immer um Brückenbau und Schutz der Individuen ging und nicht um deren Ausgrenzung und Verfolgung.

In der Geschichte des Begriffs Zivilgesellschaft und ihrer Theoretiker über nun fast 250 Jahre ging es immer um die Ausformung von Rechten und Freiheiten. Gegen die absolutistische Macht des Königs sprach Locke von Zivilgesellschaft als Schutz des Einzelnen durch ein lebendiges Parlament. Später meinte Montesquieu, dass es zwischen dem Einzelnen und dem Parlament große vermittelnde Organisationen geben muss, die ebenfalls zur Zivilgesellschaft gehören. Tocqueville sagte, das reiche nicht und lebendige Innovation durch kleine freiwillige Assoziationen gehöre ebenfalls dazu, wir nennen sie heute NGO's. Gramscis revolutionäres Konzept schloss die Meinungsführer aller Ebenen des kulturellen Alltags ein, und Habermas schließlich findet, dass es keine Zivilgesellschaft gibt ohne öffentliche Kommunikation, die es erlaubt, herrschaftsfrei über Werte zu reden. Darum geht es also: 1. Schutz der Individuen im Gemeinwesen und zwar aller, unabhängig von ihrem Status oder ihrer Herkunft. 2. geht es um die Überwindung von gesellschaftlicher Kluft und Ausgrenzung bestimmter Gruppen. 3. um Innovation in Lücken staatlichen Handelns, und dass die Bürger ihre Angelegenheiten selbst in die Hand nehmen und wirklich nach Lösungen suchen, auch antizyklisch nicht nach der Mode politischer Themen und schließlich 4. geht es darum Öffentlichkeit herzustellen für verhinderte Entwicklungen, für *common interests* und *community* wie Habermas sagt, das heißt für gemeinsames Nachdenken und sich öffentlich über Werte verständigen. Doch diese Werte können nicht sich selbst und den Bürgern allein überlassen werden – man muss sie in der Demokratie auch setzen und verteidigen.

Alles zusammen braucht einen Ort, der natürlich eine geldgebende Einrichtung sein kann – eine Stiftung, in der Menschen lernen können wie man es macht, dass die globalen und universellen Probleme und Herausforderungen auch im Gemeinwesen eine Antwort finden. Schutz, Integration, Soziales, Emanzipation und Öffentlichkeit – das alles kann durch eine Bürgerstiftung auch in Augsburg oder in Eberswalde an Realität und Leben gewinnen.

Nach und nach begannen einige Projekte und die ersten Erfolge machten allen Mut weiter zu denken. Das Klima beginnt sich zu verändern. Die Stadt hatte Nihal gefunden, oder Nihal diese Stadt mit ihrer noch kleinen Stiftung. Nihal erzählt mir nun manchmal von Leuten, die ich nicht kenne, doch die Namen tauchen immer häufiger auf. Sie hat, glaube ich, einen Ort gefunden, an dem sie sich trotz aller Probleme doch wohlfühlt. So wie die Stiftung vielleicht nach und nach zu einer Schule der Demokratie werden kann. Für sie selbst und für viele andere.

12. Anhang: A – Z für Stiftungen

12.1 Stiftungsaufsichtsbehörden der Länder

Von Bernhard Matzak

Baden-Württemberg

Oberste Stiftungsbehörde
Referat 21
Dorotheenstraße 6
70173 Stuttgart
Tel.: 07 11 / 2 31 32 12
Fax: 07 11 / 2 31 50 00
Internet: www.im.baden-wuerttemberg.de
Informationen zur Stiftungserrichtung

Regierungspräsidium Stuttgart
Ruppmannstraße 21
70565 Stuttgart
Tel.: 07 11 / 9 04 24 89
Fax: 07 11 / 9 04 25 83
Internet: www.rp.baden-wuerttemberg.de / stuttgart
Informationen zur Stiftungserrichtung

Regierungspräsidium Freiburg
Kaiser-Joseph-Straße 167
79093 Freiburg i.Br.
Tel.: 07 61 / 2 08 10 57
Fax: 07 61 / 2 08 10 80
Internet: www.rp.baden-wuerttemberg.de / freiburg
Informationen zur Stiftungserrichtung
Stiftungsverzeichnis

Regierungspräsidium Karlsruhe
Schloßplatz 1 – 3
71630 Karlsruhe
Tel.: 07 21 – 9 26 62 56
Fax: 07 21 – 9 29 62 11
Internet: www.rp.baden-wuerttemberg.de / karlsruhe
Informationen zur Stiftungserrichtung

Regierungspräsidium Tübingen
Konrad-Adenauer-Straße 20
72072 Tübingen
Tel.: 0 70 71 / 7 57 31 66
Fax: 0 70 71 / 75 79 31 66
Internet: www.rp.baden-wuerttemberg.de / tuebingen

Bayern

Bayerisches Staatsministerium des Innern
Odeonsplatz 3
80539 München
Tel.: 0 89 / 21 92 25 82
Fax: 0 89 / 2 19 21 22 66
Internet: www.stmi.bayern.de
Informationen zur Stiftungserrichtung

Bayerisches Staatsministerium für Unterricht und Kultus, sowie
Wissenschaft, Forschung und Kunst
Salvatorstraße 2
80333 München
Tel.: 0 89 / 21 86 12 22
Fax: 0 89 / 21 86 12 81
Internet.: www.stmukwk.bayern.de

Regierung von Schwaben
Fronhof 10
86152 Augsburg
Tel.: 08 21 / 3 27 25 46
Fax: 08 21 / 3 27 23 86
Internet: www.regierung.schwaben.bayern.de
Informationen zur Stiftungserrichtung

Regierung von Oberfranken
Ludwigstraße 20
95444 Bayreuth
Tel.: 09 21 / 6 04 12 39
Fax: 09 21 / 6 04 42 39
Internet: www.regierung.oberfranken.bayern.de
Informationen zur Stiftungserrichtung

Regierung von Mittelfranken
Promenade 27
91522 Ansbach
Tel.: 09 81 / 5 36 18
Fax: 09 81 / 5 32 06
Internet: www.regierung.mittelfranken.bayern.de
Informationen zur Stiftungserrichtung

Regierung von Unterfranken
Peterplatz 9
97070 Würzburg
Tel.: 09 31 / 3 80 15 53
Fax: 09 31 / 3 80 25 53
Internet: www.regierung.unterfranken.bayern.de

12.1 Stiftungsaufsichtsbehörden der Länder

Regierung von Oberbayern
Maximilianstraße 39
80538 München
Tel.: 0 89 / 21 76 27 07
Fax: 0 89 / 21 76 28 52
Internet: www.regierung.oberbayern.bayern.de
Informationen zur Stiftungserrichtung

Regierung von Niederbayern
Regierungsplatz 540
84028 München
Tel.: 08 71 / 8 08 10 78
Fax: 08 71 / 8 08 13 17
Internet. www.regierung.niederbayern.bayern.de
Informationen zur Stiftungserrichtung

Regierung der Oberpfalz
Emmeramsplatz 8 / 9
93047 Regensburg
Tel.: 09 41 / 5 68 05 90
Fax: 09 41 / 5 68 01 99
Internet: www.regierung.oberpfalz.bayern.de
Informationen zur Stiftungserrichtung

Berlin

Senatsverwaltung für Justiz
Salzburger Straße 21 – 25
10825 Berlin
Tel.: 0 30 / 90 13 33 82
Fax: 0 30 / 90 13 20 08
Internet: www.berlin.de / SenJust
Informationen zur Stiftungserrichtung
Stiftungsverzeichnis

Brandenburg

Ministerium des Innern des Landes Brandenburg
Henning-v.-Tresckow-Straße 9 – 13
14467 Potsdam
Tel.: 03 31 / 8 66 23 79
Fax: 03 31 / 8 66 23 02
Internet: www.mi.brandenburg.de
Informationen zur Stiftungserrichtung
Stiftungsverzeichnis

Hansestadt Bremen

Der Senator für Inneres, Kultur und Sport
Contrescarpe 22 / 24
28203 Bremen
Tel.: 04 21 / 3 61 90 47
Fax: 04 21 / 3 62 90 09
Internet: www.bremen.de / info / innensen
Informationen zur Stiftungserrichtung

Hansestadt Hamburg

Justizbehörde Hamburg
Justizamt
20354 Hamburg
Tel.: 0 40 / 4 28 43 52 72
Fax: 0 40 / 42 43 52 76
Internet: fhh.hamburg.de / stadt / Aktuell / behoerden / justizbehoerde / start.html
Informationen zur Stiftungserrichtung
Stiftungsdatenbank

Hessen

Hessisches Ministerium des Innern und für Sport
Friedrich-Ebert-Allee 12
68185 Wiesbaden
Tel.: 06 11 / 35 36 92
Fax: 06 11 / 35 33 43
Internet: www.hmdi.hessen.de

Regierungspräsidium Kassel
Dezernat 21.1
Steinweg 6
34117 Kassel
Tel.: 05 61 / 1 06 21 26
Fax: 05 61 / 1 06 16 37
Internet: www.rp-kassel.de
Information zur Stiftungserrichtung
Stiftungsverzeichnis

Regierungspräsidium Darmstadt
Abteilung II – Dezernat 21
Wilhelminenstraße 1 – 3
64278 Darmstadt
Tel.: 0 61 51 / 12 54 01
Fax: 0 61 51 / 12 59 26
Internet: www.rpda.de
Informationen zur Stiftungserrichtung

12.1 Stiftungsaufsichtsbehörden der Länder

Regierungspräsidium Gießen
Abteilung II – Dezernat 21
Landgraf-Philipp-Platz 1 – 7
35390 Gießen
Tel.: 06 41 / 3 03 28 13
Internet: www.rp-giessen.de
Informationen zur Stiftungserrichtung

Mecklenburg-Vorpommern

Innenministerium
Arsenal am Pfaffenteich
Karl-Marx-Straße 15
19053 Schwerin
Tel.: 03 85 / 5 88 22 20
Internet: www.mv-regierung.de / im
Informationen zur Stiftungserrichtung

Niedersachsen

Niedersächsisches Innenministerium
Lavesallee 6
30169 Hannover
Tel.: 05 11 / 1 20 47 72
Fax: 05 11 / 1 20 48 85
Internet: www.mi.niedersachsen.de
Informationen zur Stiftungserrichtung
Stiftungsverzeichnisse

Bezirksregierung Braunschweig
Bohlweg 38
38100 Braunschweig
Tel.: 05 31 / 4 84 32 22
Fax: 05 31 / 4 84 33 14
Internet: www.bezirksregierung-braunschweig.de
Informationen zur Stiftungserrichtung
Stiftungsverzeichnis

Bezirksregierung Lüneburg
Auf der Hude 2
21332 Lüneburg
Tel.: 0 41 31 / 15 23 80
Fax: 0 41 31 / 15 27 29
Internet: www.bezirksregierung-lueneburg.de
Informationen zur Stiftungserrichtung
Stiftungsverzeichnis

Bezirksregierung Hannover
Postfach 203
30002 Hannover
Tel.: 05 11 / 1 06 72 86
Fax: 05 11 / 1 06 99 72 86
Internet: www.bezreg-hannover.niedersachsen.de
Informationen zur Stiftungserrichtung
Stiftungsverzeichnis

Bezirksregierung Weser-Ems
Theodor-Tantzen-Platz 8
26122 Oldenburg
Tel.: 04 41 / 7 99 26 81
Internet: www.bezirksregierung-weser-ems.de
Stiftungsverzeichnis

Nordrhein-Westfalen

Innenministerium des Landes Nordrhein-Westfalen
Haroldstr. 5
40213 Düsseldorf
Tel.: 02 11 / 8 71 25 80
Fax: 02 11 / 8 71 33 55
Internet: www.im.nrw.de
Informationen zur Stiftungserrichtung
Stiftungsverzeichnis

Bezirksregierung Arnsberg
Seibertzstraße 1
59817 Arnsberg
Tel.: 0 29 31 / 82 26 98
Fax: 0 29 31 / 8 24 05 31
Internet: www.bezreg-arnsberg.nrw.de
Informationen zur Stiftungserrichtung
Stiftungsverzeichnis

Bezirksregierung Detmold
Leopoldstraße 13 – 15
32756 Detmold
Tel.: 0 52 31 / 71 15 06
Fax: 0 52 31 / 71 12 95
Internet: www.bezreg-detmold.nrw.de
Informationen zur Stiftungserrichtung

Bezirksregierung Köln
Zeughausstraße 2 – 10
50667 Köln
Tel.: 02 21 / 1 47 33 54
Fax: 02 21 / 1 47 28 78
Internet: www.bezreg-koeln.nrw.de
Informationen zur Stiftungserrichtung

Bezirksregierung Düsseldorf
Am Bonnsehof 6
40474 Düsseldorf
Tel.: 02 11 / 4 75 22 86
Fax: 02 11 / 4 75 19 98
Internet: www.bezreg-duesseldorf.nrw.de
Informationen zur Stiftungserrichtung

Bezirksregierung Münster
Am Domplatz 1 – 3
48143 Münster
Tel.: 02 51 / 4 11 11 49
Fax: 02 51 / 4 11 16 16
Internet: www.bezreg-muenster.nrw.de
Informationen zur Stiftungserrichtung

Rheinland – Pfalz

Ministerium des Innern des Landes Rheinland-Pfalz
Schillerplatz 3 – 5
55116 Mainz
Tel.: 0 61 31 / 16 0
Fax: 0 61 31 / 16 35 95
Internet: www.ism.rlp.de
Informationen zur Stiftungserrichtung

Aufsichts- und Dienstleistungsdirektion Trier
Referat 23
Postfach 13 20
54203 Trier
Tel.: 06 51 / 9 49 48 01
Fax: 06 51 / 9 49 487
Internet: www.add.rlp.de
Informationen zur Stiftungserrichtung

Saarland

Ministerium für Inneres und Sport
Mainzer Straße 163
66121 Saarbrücken
Tel.: 06 81 / 9 62 16 30
Fax: 06 81 / 9 62 16 05
Internet: www.innen.saarland.de
Informationen zur Stiftungserrichtung

Sachsen

Sächsisches Staatsministerium des Innern
Wilhelm-Buck-Straße 2
01079 Dresden
Tel.: 03 51 / 5 64 32 16
Fax: 03 51 / 5 64 38 69
Internet: www.sachsen.de /
Informationen zur Stiftungserrichtung

Regierungspräsidium Chemnitz
Haroldtstraße 5
09105 Chemnitz
Tel.: 03 71 / 5 32 11 40
Fax: 03 71 / 5 32 19 29
Internet: www.rpc.sachsen.de
Informationen zur Stiftungserrichtung

Regierungspräsidium Dresden
Stauffenbergallee 2
01099 Dresden
Tel.: 03 51 / 8 25 21 15
Fax: 03 51 / 8 25 92 18
Internet: www.rp-dresden.de

Regierungspräsidium Leipzig
Braustraße 2
04107 Leipzig
Tel.: 03 41 / 9 77 14 60
Fax: 03 41 / 9 77 14 99
Internet: www.rpl.sachsen.de

Sachsen-Anhalt

Ministerium des Innern des Landes Sachsen-Anhalt
Halberstädterstraße 2
39112 Magdeburg
Tel.: 03 91 / 5 67 54 02
Fax: 03 91 / 5 67 54 90
Internet: www.mi.sachsen-anhalt.de / index2
Informationen zur Stiftungserrichtung

Regierungspräsidium Dessau
Abt. 2 – Dezernat 21
Kühnauer Straße 161
06846 Dessau
Tel.: 03 40 / 6 50 63 49
Fax: 03 40 / 6 50 63 27
Internet: www.mi.sachsen-anhalt.de / rpd

12.1 Stiftungsaufsichtsbehörden der Länder

Regierungspräsidium Magdeburg
Abt. 2 – Dezernat 21
Olvenstädter Straße 1 – 2
39104 Magdeburg
Tel.: 03 91 / 5 67 22 42
Fax: 03 91 / 5 67 26 88
Internet: www.mi.sachsen-anhalt.de / rpm

Regierungspräsidium Halle
Abt. 2 – Dezernat 21
Dessauer Straße 70
06118 Halle
Tel.: 03 45 / 5 14 21 88
Fax: 03 45 / 5 14 21 18
Internet: www.mi.sachsen-anhalt.de / rph

Schleswig – Holstein

Innenministerium von Schleswig-Holstein
Düstenbrooker Weg 92
24105 Kiel
Tel.: 04 31 / 9 88 30 91
Fax: 04 31 / 9 88 28 33
Internet: www.landesregierung.schleswig-holstein.de
Informationen zur Stiftungserrichtung

Thüringen

Thüringer Innenministerium
Referat 20b – Verwaltungsrecht
Steigerstraße 24
99104 Erfurt
Tel.: 03 61 / 3 79 34 19
Fax: 03 61 / 3 79 34 32
Internet: www.thueringen.de / de / tim / index

Thüringer Landesverwaltungsamt
Abteilung Inneres – Referat Hoheitsangelegenheiten
Postfach 2249
99403 Weimar
Tel.: 03 61 / 37 73 71 20
Internet: www.thueringen.de / de / tlvwa /

12.2 Interessenvertretungen, Initiativkreise

Von Bernhard Matzak

Interessenvertretungen

Akademie für Ehrenamtlichkeit Deutschland (fjs e.V.)
Comeniushof
Gubener Str. 47
10243 Berlin-Friedrichshain
Tel.: 0 30 / 2 75 49 38
Fax: 0 30 / 2 79 01 26
Internet: www.ehrenamt.de

Aktive Bürgerschaft e.V.
Albrechtstrasse 22
D-10117 Berlin-Mitte
Tel.: 0 30 / 2 40 00 88 – 0
Fax: 0 30 / 2 40 00 88 – 9
E-Mail: info@aktive-buergerschaft.de
Internet: www.aktive-buergerschaft.de

Bundesarbeitsgemeinschaft
Sozialmarketing BSM – Deutscher
Fundraising Verband e.V.
Bachstr. 10
63785 Obernburg
Tel.: 0 60 22 / 68 15 – 63
Fax: 0 60 22 / 68 15 – 61
E-Mail: info@sozialmarketing.de
Internet: www.sozialmarketing.de

Bundesarbeitsgemeinschaft der Freiwilligenagenturen e.V.
bagfa
Torstr. 231
10115 Berlin
Tel.: 0 30 / 20 45 33 66
Fax: 0 30 / 28 09 46 99
E-Mail: bagfa@bagfa.de
Internet: www.bagfa.de

12.2 Interessenvertretungen, Initiativkreise

Bundesverband Deutscher Stiftungen
Haus Deutscher Stiftungen
Mauerstr. 93
10117 Berlin
Tel.: 0 30 / 89 79 47 0
Fax: 0 30 / 89 79 47 11
E-Mail: bundesverband@stiftungen.org
Internet: www.stiftungen.org
Verzeichnis Deutscher Stiftungen
Internet: www.stiftungsindex.de

Initiative Bürgerstiftungen
Haus Deutscher Stiftungen
Mauerstr. 93
10117 Berlin
Tel.: 0 30 / 89 79 47 – 0
Fax: 0 30 / 89 79 47 – 11
E-Mail: buergerstiftungen@stiftungen.org
Internet: www.buergerstiftungen.de

Stifterverband für die Deutsche Wissenschaft
Barkhovenallee 1
45239 Essen
Tel.: 02 01 / 84 01 – 0
Fax: 02 01 / 84 01 – 3 01
E-Mail: mail@stifterverband.de
Internet: / www.stifterverband.org / flash / intro.html

Stiftung Fundraising & Fundraising Akademie
Postfach 50 05 50
60394 Frankfurt am Main
Tel.: 0 69 / 5 80 98 – 1 24
Fax: 0 69 / 5 80 98 – 2 71
Internet: www.nonprofit.de / fundraisingakademie / akademie.htm

SwissFoundations
Verein der Vergabestiftungen in der Schweiz
Bundesgasse 16 / Postfach 7426
CH-3001 Bern
Tel.: +41 (0)31 310 42 41
Fax: +41 (0)31 311 21 52
E-Mail: info@swissfoundations.ch
Internet: www.swissfoundations.ch /

Wegweiser Bürgergesellschaft
Internet: www.wegweiser-buergergesellschaft.de
Stiftung Mitarbeit
Bundesgeschäftsstelle
Bornheimer Str. 37
53111 Bonn
Tel.: 02 28 / 6 04 24 – 0
Fax: 02 28 / 6 04 24 – 22

Initiativkreise

Arbeitsgemeinschaft Augsburger Stiftungen
Eva-Maria Müller M. A.
Hinterer Lech 15
86150 Augsburg
Tel.: 08 21 / 15 58 43
Fax: 08 21 / 15 58 43
E-Mail: eva.mueller@gmx.net

Initiative Frankfurter Stiftungen e. V.
Eschenheimer Anlage 31a
60318 Frankfurt am Main
Tel.: 0 69 / 15 68 02 0
Fax: 0 69 / 1 5 68 02 24
E-Mail: Info@frankfurter-stiftungen.de
Internet: www.frankfurter-stiftungen.de
Stiftungsverzeichnis Frankfurter Stiftungen

Initiativkreis „Anstiften"
Im Langenfeld 21
61350 Bad Homburg
Tel.: 0 61 72 / 39 09 98
Fax: 0 61 72 / 39 09 98
E-Mail: webmaster@anstiften.de
Internet: www.anstiften.de

Initiativkreis der Stiftungen in der Region Hannover
Landeshauptstadt Hannover
Büro des Oberbürgermeisters
Theda Minthe
Trammplatz 2
30159 Hannover
Tel.: 05 11 / 16 84 62 51
Fax: 05 51 / 16 84 40 25

Initiativkreis Hamburger Stiftungen
Patriotische Gesellschaft von 1765
Trostbrücke 4 – 6
20457 Hamburg
Tel.: 0 40 / 37 50 18 23
Fax. 0 40 / 37 80 94
E-Mail: Info@patriotische-gesellschaft.de

Initiativkreis Stuttgarter Stiftungen
Dr. Susanne Dieterich
Europahaus
Nadlerstraße 4
70173 Stuttgart
Tel.: 07 11 / 2 16 62 62
E-Mail: susanne.dieterich@stuttgart.de
Internet: www.domino1.stuttgart.de / stiftungen / index.nsf / htmlmedia / index.html

12.2 Interessenvertretungen, Initiativkreise

Kompetenzkreis Stiftungen
Ansprechpartner: Christoph Sochart
Stiftung Pro Ausbildung
Achenbachstraße 28
40237 Düsseldorf
Tel.: 02 11 / 6 69 08 12
Fax: 02 11 / 6 69 08 30
Internet: www.kompetenzkreis-stiftungen.de

Stiftung Schleswig-Holsteiner Stiftungstag
Dr. Michael Eckstein
Nachtigallenweg 8
22926 Ahrensburg
Tel.: 0 41 02 / 67 84 89
Fax. 0 41 02 / 67 84 89
E-Mail: stiftungstag@schleswig-holstein.de
Internet: www.stiftungstag-schleswig-holstein.de

Stiftungsnetzwerk der Stadt Freiburg i. Br.
Stadt Freiburg i. Br.
Ansprechpartner: Bernd Mutter
Koordinations- und Regionalstelle
Rathausplatz 2 – 4
79095 Freiburg
Tel.: 07 61 / 2 01 10 62
Fax: 07 61 / 2 01 10 99
E-Mail: koordination@stadt.freiburg.de
Internet: www.freiburg.de

12.3 Forschung, Information, Dokumentation

Von Bernhard Matzak

Berliner Institut für Sozialforschung GmbH (BIS)
Geschäftsführende Gesellschafter: Dr. Sibylle Meyer
und Dr. Eva Schulze
Ansbacher Straße 5
10787 Berlin
Tel.: 0 30 / 31 00 09 – 0
Fax: 0 30 / 31 00 09 66
E-Mail: bis@bis-berlin.com
Internet: www.bis-berlin.de

Bertelsmann Stiftung
Carl-Bertelsmann-Straße 256
33311 Gütersloh
Tel.: 0 52 41 / 8 17 – 0
Fax: 0 52 41 / 81 66 77
E-Mail: info@bertelsmann-stiftung.de
Internet: www.bertelsmann-stiftung.de

Bucerius Law School
– Hochschule für Rechtswissenschaft –
Jungiusstraße 6
20355 Hamburg
Institut für Stiftungsrecht und das Recht
der Non-Profit-Organisationen
Tel.: 0 40 / 3 07 06 – 2 71
Fax: 0 40 / 3 07 06 – 2 75
Internet: www.law-school.de /
Internet: www.lawschool.de / stiftungsrecht /

Deutsches Musikinformationszentrum
Weberstraße 59
53113 Bonn
Tel.: 02 28 / 20 91 – 1 80
Fax: 02 28 / 20 91 – 2 80
E-Mail: info@miz.org
Internet: www.miz.org

12.3 Forschung, Information, Dokumentation

DZI – Deutsches Zentralinstitut für soziale Fragen
Wissenschaftliches Dokumentationszentrum
Stiftung bürgerlichen Rechts
Ansprechpartner: Burkhard Wilke
Bernadottestraße 94
14195 Berlin
Tel.: 0 30 / 8 39 00 10
Fax: 0 30 / 83 47 50
E-Mail: sozialinfo@dzi.de
Internet: www.dzi.de

Historisches Seminar der Ludwig-Maximilians-Universität München
– Lehrstuhl Prof. Hockerts –
Priv. Doz. Dr. Elisabeth Kraus
Schellingstraße 12
80799 München
Tel.: 0 89 / 21 80 24 95
E-Mail: E.Kraus@lrz.uni.muenchen.de
Internet: www.geschichte.uni-muenchen.de / ngzg / hockerts / personen_kraus.shtml

Institut für ausländisches und internationales Privat- und Wirtschaftsrecht
Ruprecht-Karls-Universität Heidelberg
Prof. Dr. Herbert Kronke
Augustinergasse 9
69117 Heidelberg
Tel.: 0 62 21 / 54 22 42
Fax: 0 62 21 / 54 36 32
E-Mail: kronke@ipr.uni-heidelberg.de
Internet: www.ipr.uni-heidelberg.de

Institut für Betriebswirtschaft
Universität St.Gallen
Lehrstuhl Prof. Dr. Ruegg-Stürm
Dufourstrasse 40a
CH-9000 St.Gallen
Tel.: +41 / 71 / 224 2360
Fax: +41 / 71 / 224 2355
Internet: www.ifb.unisg.ch /

Institut für deutsches und europäisches Gesellschafts- und Wirtschaftsrecht
Ruprecht-Karls-Universität Heidelberg
Prof. Dr. Peter Hommelhoff
Lehrstuhl für Bürgerliches Recht, Handelsrecht, Gesellschafts-
und Kapitalmarktrecht
Friedrich-Ebert-Platz 2
69117 Heidelberg
Tel.: 0 62 21 / 54 72 74
Fax: 0 62 21 / 54 72 54
E-Mail: peter.hommelhoff@urz.uni-heidelberg.de
Internet: www.uni-heidelberg.de / institute / fak2 / hff

Institut für Lokale Sozialpolitik und Nonprofit-Organisationen
Universität Bremen
Prof. Dr. Rudolph Bauer
Postfach 33 04 40
28334 Bremen
Tel.: 04 21 / 2 18 31 64 – 25 77
Fax: 04 21 / 2 18 72 18
E-Mail: rubauer@uni-bremen.de
Internet: www.uni-bremen.de / ~sozarbwi /

Institut für Marketing und Handel
Lehrstuhl Prof. Dr. Günter Silberer
Georg-August-Universität Göttingen
Nikolausberger Weg 23
37073 Göttingen
Tel.: 05 51 / 39 7269
Fax: 05 51 / 39 5849
E-Mail: khahne2@gwdg.de
Internet: www.marketing.uni-goettingen.de / index1.html

Fachhochschule für Technik und Wirtschaft
Fachbereich 3 / Wirtschaftswissenschaften
Frau Prof. Dr. Berit Sandberg
Public Management
Treskowallee 8
10318 Berlin
Tel.: 0 30 / 50 19 – 25 29
Fax: 0 30 / 50 19 – 23 14
E-Mail: sandberg@fhtw-berlin.de
Internet: www.f3.fhtw-berlin.de / Professoren / Sandberg /

Institut für Technik- und Umweltrecht
Technische Universität Dresden
Prof. Dr. Martin Schulte
Lehrstuhl für Öffentliches Recht unter bes. Berücksichtigung
von Umwelt- und Technikrecht
Bergstraße 53
01069 Dresden
Tel.: 03 51 / 46 33 73 64
Fax: 03 51 / 46 33 72 20
E-Maill: boerner@jura.tu-dresden.de
Internet: www.tu-dresden.de / jura / Schulte.html

Institut für vergleichende Geschichte Europas im Mittelalter
Humboldt Universität zu Berlin
Prof. Dr. Michael Borgolte
Unter den Linden 6
10099 Berlin
Tel.: 0 30 / 20 93 22 33
Fax: 0 30 / 20 93 24 31
E-Mail: BorgolteM@geschichte.hu-berlin.de
Internet: www.geschichte.hu-berlin.de / ivgem / index.htm

12.3 Forschung, Information, Dokumentation

Institut für Steuerrecht
Universität Bonn
Prof. Dr. Rainer Hüttemann
Adenauerallee 24 – 42
53113 Bonn
Tel.: 02 28 / 73 – 91 22
Fax: 02 28 / 73 – 91 21
E-Mail: sekretariat.huettemann@jura.uni-bonn.de
Internet: www.jura.uni-bonn.de / index.php?id=1219

Lehrstuhl für Bürgerliches Recht, Zivilprozeßrecht, Handels-,
Gesellschafts- und Wirtschaftsrecht
Prof. Dr. Olaf Werner
Institut für Stiftungswesen
Carl-Zeiss-Straße 3
07743 Jena
Tel.: 0 36 41 / 94 25 20
Fax. 0 36 41 / 94 21 02
E-Mail: stiftungsinstitut@recht.uni-jena.de
Internet: www.recht.uni-jena.de / z07 / institut.html

Lehrstuhl für Öffentliches Recht, Völker- und Europarecht
Martin-Luther-Universität Halle-Wittenberg
Prof. Dr. Michael Kilian
Advokatenweg 37
06114 Halle
Tel.: 03 45 / 5 52 31 71
Fax: 03 45 / 5 52 72 01
E-Mail: kilian@jura.uni-halle.de
Internet: www.verwaltung.uni-halle.de / dez5 / fobi96 / FB200 / kilian.htm

Lehrstuhl für Steuerrecht
Otto-Friedrich-Universität Bamberg
Prof. Dr. Georg Crezelius
Feldkirchenstraße 21
96045 Bamberg
Tel.: 09 51 / 8 63 0
Fax: 09 51 / 8 63 25 88
E-Mail: georg.crezelius@sowi.uni-bamberg.de
Internet: www.uni-bamberg.de / sowi / steuerrecht /

Lehrstuhl Prof. Dr. Eckart Pankoke
Fachbereich 1 – Soziologie
Universität Essen
Universitätsstr. 12
45117 Essen
Tel.: 02 01 / 1 83 36 11
E-Mail: e.pankoke@uni-essen.de
Internet: www.uni-essen.de / ~gso300 / frameset_d.htm

Lehrstuhl Prof. Dr. Fritz-René Grabau
Wirtschaftsrecht und Steuerlehre
Hochschule Magdeburg-Stendal
Osterburger Str. 25
39576 Stendal
Tel.: 0 39 31 / 21 874 8 27
Fax: 0 39 31 / 21 874 8 70
E-Mail: fritz-rene.grabau@stendal.hs-magdeburg.de
Internet: sdlweb.stendal.hs-magdeburg.de / hochschule / staff / staff_frame.htm

Maecenata Institut für Philanthropie und Zivilgesellschaft an der
Humboldt-Universität zu Berlin
Albrechtstrasse 22
10117 Berlin-Mitte
Tel.: 0 30 / 28 38 79 09
Fax: 0 30 / 28 38 79 10
E-Mail: mi@maecenata.de
Internet: www.maecenata.de

Max-Planck-Institut für ausländisches und
internationales Privatrecht
Projekt Stiftungsrecht und Stiftungsrechtsreform in Europa
Mittelweg 187
20148 Hamburg
Tel.: 0 40 / 4 19 00 – 0
Fax: 0 40 / 4 19 00 – 2 88
Presse und Öffentlichkeitsarbeit
E-Mail: Witt@mpipriv-hh.mpg.de
Internet: www.mpipriv-hh.mpg.de /

Prof. Dr. Peter Rawert
Notar in Hamburg, Honorarprofessor an der Rechtswissenschaftlichen Fakultät
der Christian-Albrechts-Universität zu Kiel
Tel.: 0 40 / 32 01 01 23
Fax: 0 40 / 32 01 01 88
E-Mail: rawert@notariat-ballindamm.de
Internet: www.notariat-ballindamm.de / de / partner / notar5.htm

12.4 Beratungs- und Dienstleistungseinrichtungen

Von Bernhard Matzak

Aktive Bürgerschaft e.V.
Albrechtstrasse 22
10117 Berlin-Mitte
Tel.: 0 30 / 2 40 00 88 – 0
Fax: 0 30 / 2 40 00 88 – 9
E-Mail: info@aktive-buergerschaft.de
Internet: www.aktive-buergerschaft.de / vab / kontakt / adresse_und_stadtplan /

DS Deutsche Stiftungsagentur GmbH
Vockrath
41472 Neuss
Tel.: 0 21 82 / 57 07 57
Fax: 0 21 82 / 57 07 58
E-Mail: info@stiftungsagentur.de
Internet: www.stiftungsagentur.de /

IBPro – Institut für Beratung und Projektentwicklung
Dieter Harant, Peter Lindlacher
Einsteinstr. 173
81675 München
Tel.: 0 89 / 47 50 61
Fax: 0 89 / 4 70 59 20
E-Mail: info@ibpro.de
Internet: www.ibpro

Initiative Bürgerstiftungen
Haus Deutscher Stiftungen
Mauerstr. 93
10117 Berlin
Tel.: 0 30 / 89 79 47 – 0
Fax: 0 30 / 89 79 47 – 11
E-Mail: buergerstiftungen@stiftungen.org
Internet: www.buergerstiftungen.de

Institut für Stiftungsberatung
Dr. H.-D. Weger & Partner GmbH
Thaddäusstraße 33
33415 Verl
Tel.: 0 52 46 / 92 19 – 0
Fax: 0 52 46 / 92 19 – 99
Internet: www.stiftungsberatung.de / isb / frame_kontakt.html

Maecenata Management GmbH
Herzogstraße 60
80803 München
Tel.: 0 89 / 8 44 52
Fax: 0 89 / 28 37 74
E-Mail: mm@maecenata-management.de
Internet: www.maecenata-management.de / homekon.htm

Privates Institut für Stiftungsrecht e. V.
Maximiliansplatz 12 / III
80333 München
Tel.: 0 89 / 25 54 20 60
Fax: 0 89 / 25 54 20 66
E-Mail: vorstand@stiftungsrecht.org
Internet: www.stiftungsrecht.org /

Pues GmbH
Steuerberatungsgesellschaft
Isabellastr. 30 / 32
45130 Essen
Tel.: 02 01 / 7 20 08 – 0
Fax: 02 01 / 7 20 08 – 30
Internet: www.pues.de

Schiffer.Peters.Ziegler
Rechtsanwälte Steuerberater
Dr. K. Jan Schiffer
Rechtsanwalt
Mainzer Str. 47
53179 Bonn
Tel.: 02 28 / 95 34 50
Fax: 02 28 / 9 53 45 20
E-Mail: Bonn@schiffer.de
Internet: www.schiffer.de

Stiften in NRW
Innenministerium
des Landes Nordrhein-Westfalen
Haroldstraße 5
40213 Düsseldorf
Postanschrift:
Innenministerium NRW
40190 Düsseldorf
Tel.: 02 11 / 8 71 – 01
Fax: 02 11 / 8 71 – 33 55
E-Mail: poststelle@im.nrw.de
Internet: www.im.nrw.de / bue / 2.htm

Stiften ist Menschlich
Hanns Lilje-Stiftung
Goehtestr. 29
30169 Hannover
Tel.: 05 11 / 12 41 – 7 80
Internet: www.stiften-ist-menschlich.de /

Stiftungszentrum.de Servicegesellschaft mbH
Sollner Straße 43
81479 München
Tel.: 0 89 / 7 44 20 02 10
Fax: 0 89 / 7 44 20 03 00
E-Mail: info@stiftungszentrum.de
Internet: www.stiftungszentrum.de

12.5 Internationale Einrichtungen

Von Bernhard Matzak

Association of Charitable Foundations (ACF)
2 Plough Yard, Shoreditch High Street
London EC2A 3LP
UK
Tel.: +44 207 / 4 22 86 00
Fax: +44 207 / 4 22 86 06
E-Mail: anja@acf.org.uk
Internet: www.acf.org.uk

BoardSource
Suite 510 – W
2000 L Street, NW
Washington DC 20036 – 4907
Tel.: +1 202 / 452 – 6262 oder 800 – 883 – 6262
Fax: +1 202 / 452 – 6299
E-Mail: ncnb@ncnb.org
Internet: www.boardsource.org

Council on Foundations
1828 L Street,
NW Washington, DC 20036
Tel: +1 202 / 466 – 6512
E-Mail: webmaster@cof.org
Internet:: www.cof.org /

EFC European Foundation Centre
51, rue de la Concorde
B-1050 Brussels, Belgium
Tel.: +32 2 / 512 8938
Fax: +32 2 / 512 3265
E-Mail: efc@efc.be
Internet: www.efc.be

Eidgenössische Stiftungsaufsicht
Inselgasse 1
CH-3003 Bern
Tel.: +41 31 / 322 78 20
Fax: +41 31 / 322 80 32
Internet: www.edi.admin.ch / esv /

12.5 Internationale Einrichtungen

Fondation de France
40, avenue Hoche
F-75008 Paris
Tel.: +33 1 / 44 21 31 00
Fax: +33 1 / 44 21 31 01
E-Mail : fondation@fdf.org
Internet: www.fdf.org

Fondazione Giovanni Agnelli-Centro di Documentazione sulle Fondazionie
Via Giocosa 38
IT-10125 Torino
Tel.: +39 11 / 6500500
Fax: +39 11 / 6502777
E-Mail: info@fondazioni.it
Internet: www.fondazioni.it

Funders Online
51 rue de la Concorde
B-1050 Brussels
Tel.: +32 2 / 512 938
Fax: +32 2 / 512 3265
E-Mail: webmaster@fundersonline.org
Internet: www.fundersonline.org

Maecenata International e.V.
c / o Maecenata Management GmbH
Herzogstraße 60
D-80803 München
Tel.: +49 89 / 28 44 52
Fax: +49 89 / 28 37 74
E-Mail: mint@maecenata-management.de
Internet: www.maecenata-management.de /

The Foundation Center
79 Fifth Avenue / 16th Street
New York, NY 10003 – 3076
USA
Tel.: +1 212 / 620 – 4230 oder (800) 424 – 9836
Fax: +1 212 / 807 – 3677
Internet: www.foundationcenter.org

The International Center for
Not-for-Profit Law
Washington, DC Office
1126 16th Street, NW, Suite 400
Washington, DC 20036
USA
Tel.: +1 202 / 452 – 8600
Fax: +1 202 / 452 – 8555
Internet: www.icnl.org /

The World of NGOs
Spiegelgasse 8/5
A-1010 Wien
Tel.: +43 1/513 17 28
Fax: +43 1/512 60 89
E-Mail: info@ngo.at
Internet: www.ngo.at/home.htm

Transatlantic Community Foundation Network (TCFN)
Ansprechpartner: Peter Walkenhorst
Bertelsmann Stiftung
Carl-Bertelsmann-Str. 256
D-33311 Gütersloh
Tel.: +49 5241/81-81172
Fax: +49 5241/81-81958
E-mail: peter.walkenhorst@bertelsmann.de
Internet: www.tcfn.efc.be

Wirtschaftsuniversität Wien
Institut für Allgemeine Soziologie und Wirtschaftssoziologie
Prof. Dr. Ruth Simsa
Augasse 2-6
A-1090 Wien
Tel.: +43 1/31336-4737
Fax: +43 1/31336-707
E-Mail: Soziologie@wu-wien.ac.at
Internet: www.wu-wien.ac.at/inst/sozio/

Worldwide Initiatives for Grantmaker Support
c/o Council on Foundations
1828 L Street NW, Suite 300
Washington, DC 20036
USA
Tel.: +1 202/467 0399
Fax: +1 202/785 3926
E-Mail: wings@cof.org
Internet: www.wingsweb.org

Verbandsmanagement Institut (VMI)
Universität Freiburg – Schweiz
Prof. Dr. Robert Purtschert
Postfach 1559
CH-1701 Freiburg
Tel.: +41 26/30084 00
Fax: +41 26/30097 55
E-Mail: info@vmi.ch
Internet: www.vmi.ch/

12.5 Internationale Einrichtungen

Institute for Volunteering Research
Dr. Justin Davis Smith (Director)
Regent's Wharf 8
All Saints Street
London N1 9RL
UK
Tel.: +44 020 / 7520 8900
Fax: +44 020 / 7520 8910
E-Mail: Instvolres@aol.com
Internet: www.ivr.org.uk

StiftungsZentrum.ch GmbH
Morellweg 12
Postfach 8350
CH-3001 Bern
Tel.: +41 (0)31 310 42 48
Fax: +41 (0)31 311 21 51
Internet: www.stiftungszentrum.ch

12.6 Kirchliche Einrichtungen

Von Bernhard Matzak

Erzbischhöfliche Finanzkammer, Rechtsabteilung
Dr. Burkhard Pimmer-Jüsten
Maxburgstr. 3
80333 München
Tel.: 0 89 / 21 37 – 14 92 – 0

Evangelisches Bildungswerk München
Alexander Gregory
Herzog-Wilhelm-Str. 24
80331 München
Tel.: 0 89 / 55 25 80 – 0
Fax: 0 89 / 5 50 19 40
E-Mail: alexander.gregory@ebv-muenchen.de
Internet: www.ebw-muenchen.de

Initiative „Stiften gehen"
Evangelisch-Lutherische Landeskirchenstelle
Bischof-Meiser-Straße 16
91522 Ansbach
Tel.: 09 81 / 9 69 91 – 0
E-Mail: Landeskirchenstelle@elkb.de
Internet: www.bayern-evangelisch.de

Kirchenrechtliches Institut der EKD
Leiter: Prof. Dr. Axel Freiherr von Campenhausen
Goßlerstraße 11
37073 Göttingen
Tel.: 05 51 / 5 77 11
Fax: 05 51 / 53 10 51

Zentralinstitut für kirchliche Stiftungen (zks)
c / o Bischöfliches Ordinariat
Postfach 15 60
55005 Mainz
Tel.: 0 61 31 / 25 32 65
Fax: 0 61 31 / 25 33 87
E-Mail: stiftungen@Bistum-Mainz.de
Internet: www.kath.de / bistum / mainz / zks

12.6 Kirchliche Einrichtungen

„Stiften ist menschlich" / Hanns-Lilje-Stiftung
Stiftungskampagne
Goethestr. 29
30169 Hannover
Tel.: 05 11 / 12 41 – 7 80
Internet: www.stiften-ist-menschlich.de

Zentralinstitut für kirchliche Stiftungen
Peter E. Geipel (Vorstand)
c / o Dresdner Bank AG
Wilhelmstr. 12
65185 Wiesbaden
Tel.: 06 11 / 3 60 – 3 60
Fax: 06 11 / 3 60 – 6 26
E-Mail: zks@dresdner-bank.com
Internet: Peter.E.Geipel.Stiftungen@t-online.de

12.7 Informationen im Internet: Stiftungsseiten, Stiftungsverzeichnisse, Recht

Von Bernhard Matzak

Arnsberg
Stiftungsverzeichnis der Bezirksregierung Arnsberg / Bezirksregierung
Arnsberg. – Arnsberg, 2003. – 5 S.
www.bezreg-arnsberg.nrw.de /

Bayern
Bayrisches Staatsministerium des Innern. Bürger und Staat. Stiftungen.
www.stmi.bayern.de /

Berlin
Senatsverwaltung für Justiz – Stiftungsaufsicht. Stiftungen und Stiftungsaufsicht.
Stiftungsverzeichnis.
www.berlin.de /

Brandenburg
Stiftungen im Land Brandenburg. Ministerium des Inneren Brandenburg (MI).
Stiftungsverzeichnis und Informationen zum Stiftungswesen.
www.brandenburg.de /

Braunschweig
Bezirksregierung Braunschweig. Stiftungsverzeichnis und Informationen
zum Stiftungswesen.
www.bezirksregierung-braunschweig.de /

Bremen
Der Senator für Inneres, Kultur und Sport. download einer pdf-Datei
„Stiftungen im Lande Bremen"
www.bremen.de / innensenator

Düsseldorf
Bezirksregierung Düsseldorf. Stiftungen, Vereine, Fiskuserbschaft, Datenschutz.
Stiftungsangelegenheiten.
www.brd.nrw.de /

Frankfurt
Initiative Frankfurter Stiftungen e.V. Stiftungswesen. Stiftungen A–Z
www.frankfurter-stiftungen.de /

12.7 Informationen im Internet: Stiftungsseiten, Stiftungsverzeichnisse, Recht

Freiburg
Stadt Freiburg im Breisgau. Stiftungen in Freiburg. Allgemeines zu Stiftungen.
www.freiburg.de /

Hamburg
Justizbehörde – Justizverwaltungsamt. Hamburger Stiftungsdatenbank.
Informationen zur Stiftungserrichtung.
fhh.hamburg.de /

Hannover
Bezirksregierung Hannover. Stiftungsverzeichnis. Rechtsgrundlagen im Stiftungswesen.
www.bezirksregierung-hannover.de /

Kassel
Regierungspräsidium Kassel. Stiftungsverzeichnis und Informationen zum Stiftungswesen.
www.rp-kassel.de /

Lüneburg
Bezirksregierung Lüneburg. Stiftungsverzeichnis und Informationen zum Stiftungswesen.
www.bezirksregierung-lueneburg.de /

Münster
Bezirksregierung Münster. Stiftungen.
www.bezreg-muenster.nrw.de /

Nordrhein-Westfalen
Innenministerium Nordrhein-Westfalen. Stiften in NRW. Informationen zum Stiftungswesen.
www.im.nrw.de /

Sachsen-Anhalt
Stiftungen in Sachsen-Anhalt.
www.sachsen-anhalt.de /

Schleswig-Holstein
schleswig-holstein.de. Stiftungen helfen! – Machen Sie mit.
www.wir.schleswig-holstein.de /

Überregional

Kulturportal Deutschland
Stiftungen. Bundesweit. Genehmigungs- und Aufsichtsbehörden der Länder.
Landesstiftungsverzeichnisse. Regional.
www.kulturportal-deutschland.de /

Bundesverband Deutscher Stiftungen
Stiftungswesen, Stiftungsdatenbank
www.stiftungen.org /

Maecenata Institut für Philanthropie und Zivilgesellschaft an der
Humboldt-Universität zu Berlin.
Informationscentrum: Stiftungsdatenbank, Bibliothekskatalog; Publikationen; Links.
www.maecenata.de /

Recht im Internet

dejure.org
Gesetze und Rechtsprechung zum europäischen, deutschen
und baden-württembergischen Recht
dejure.org /

Gesetze im Internet

Das Bundesministerium der Justiz stellt in einem gemeinsamen Projekt
mit der juris GmbH, Saarbrücken Gesetzestexte im Internet bereit
bundesrecht.juris.de / bundesrecht / index.html

Projekt „Deutschsprachiges Fallrecht (DFR)"
www.oefre.unibe.ch / law / dfr

Der Bundesgerichtshof
www.bundesgerichtshof.de /

beck.de
u. a. juristische Datenbanken, Gesetze, neueste Rechtsprechung
Verlag C.H.Beck
rsw.beck.de / rsw / default.asp

Wirtschaftsrecht aktuell
Recherche BGH-Entscheidungen ab 1999 im Volltext
www.rws-verlag.de

Neue Juristische Wochenschrift
Inhaltsverzeichnisse der einzelnen Hefte mit Recherchemöglichkeit
rsw.beck.de / rsw /

Humboldt Forum Recht
Die juristische Internet-Publikation an der Humboldt-Universität zu Berlin
Im Mittelpunkt der veröffentlichten Beiträge stehen grundsätzliche Fragen
an Recht und Gesellschaft
www.humboldt-forum-recht.de /

Stiftungsrecht aktuell Newsletter
Fachinformationen zu Stiftung, Steuern und Finanzen, Arbeitsrecht, Management.
Verlag Dashöfer
www.stiftungsrecht-aktuell.de /

www.privatstiftung.info
LexisNexis Verlag ARD Orac GmbH & Co KG; ARNOLD Rechtsanwalts-Partnerschaft
(Hrsg.), Die Website versteht sich als Ergänzung zum im LexisNexis ARD Orac Verlag
erschienenen Kommentar von Nikolaus Arnold zum Privatstiftungsgesetz Österreich, Wien.

Bibliographie*

Abu Zahra, Muhammad: Muhadarat fi l-waqf. 2. Aufl., Kairo 1971.

Achilles, Wilhelm-Albrecht: Die Aufsicht über die kirchlichen Stiftungen der evangelischen Kirchen in der BRD, Tübingen 1986.

Ackerman, Bruce / *Alstott,* Anne: Die Stakeholder-Gesellschaft. Ein Modell für mehr Chancengleichheit, Frankfurt am Main 2001.

Adam, Thomas: Bürgerliches Engagement und Zivilgesellschaft in deutschen und amerikanischen Städten des 19. Jahrhunderts im Vergleich, in: Ralph Jessen / Sven Reichardt / Ansgar Klein (Hrsg.), Zivilgesellschaft als Geschichte, Wiesbaden 2004, S. 157 f.

Adloff, Frank: Wozu sind Stiftungen gut? Zur gesellschaftlichen Einbettung des deutschen Stiftungswesens, in: Leviathan: Zeitschrift für Sozialwissenschaft, 32. Jg., Heft 2, 2004, S. 269 – 285.

– Förderstiftungen. Eine Untersuchung zu ihren Destinatären und Entscheidungsprozessen, Opusculum Nr. 9, Maecenata Institut für Dritter-Sektor-Forschung, Berlin 2002.

– (Hrsg.): Untersuchungen zum Deutschen Stiftungswesen 2000 – 2002. Vier Forschungsberichte, Arbeitshefte des Maecenata Instituts für Dritter-Sektor-Forschung, Heft 8, Berlin 2002.

Adloff, Frank / *Anheier,* Helmut K. / *Schwertmann,* Philipp / *Sprengel,* Rainer / *Strachwitz,* Rupert Graf: Visions and Roles of Foundations in Europe. The German Report, with a comparative chapter by Helmut K. Anheier and Siobhan Daly, Arbeitshefte des Maecenata Instituts für Philanthropie und Zivilgesellschaft, Heft 15, 1. Aufl., Berlin 2004.

Adloff, Frank / *Becker,* Elke: Evaluation der Stadt Stiftung Gütersloh. Gutachten für die Bertelsmann Stiftung, Berlin 2000.

Adloff, Frank / *Schwertmann,* Philipp: Leitbilder und Funktionen deutscher Stiftungen, in: Frank Adloff et al. (Hrsg.): Visions and Roles of Foundations in Europe. The German Report, Arbeitshefte des Maecenata Instituts für Philanthropie und Zivilgesellschaft, Heft 15, 2004, S. 95 – 130.

Adloff, Frank / *Sigmund,* Steffen: Die *gift economy* moderner Gesellschaften. Zur Soziologie der Philanthropie, in: Frank Adloff / Steffen Mau (Hrsg.), Vom Geben und Nehmen. Zur Soziologie der Reziprozität, Frankfurt am Main / New York 2005, S. 211 ff.

Adloff, Frank / *Velez,* Andrea: Stiftungen in Körperschaftsform. Eine empirische Studie als Beitrag zur Klärung des Stiftungsbegriffs, Opusculum Nr. 7, Maecenata Institut für Dritter-Sektor-Forschung, Berlin 2001.

– Operative Stiftungen. Eine sozialwissenschaftliche Untersuchung zu ihrer Praxis und ihrem Selbstverständnis, Opusculum Nr. 8, Maecenata Institut für Dritter-Sektor-Forschung, Berlin 2001.

---

* Erstellt von Bernhard Matzak.

Ahn, Christine / *Eisenberg,* Pablo / *Khamvongsa,* Channapha: Foundation Trustee Fees: Use and Abuse, Washington 2003.

Aktive Bürgerschaft e.V. (Hrsg.): Kurzübersicht Bürgerstiftungen, in: Fundraising für Bürgerstiftungen, Berlin 2003, S. 24.

Althaus, Rüdiger: Kommentar zu cc. 1299–1310 CIC (Fromme Willensverfügungen im Allgemeinen und fromme Stiftungen), in: Klaus Lüdicke (Hrsg.), Münsterischer Kommentar zum Codex Iuris Canonici unter besonderer Berücksichtigung der Rechtslage in Deutschland, Österreich und der Schweiz (Loseblattsammlung), Essen seit 1985 (aktueller Stand: 38. Lieferung, Juli 2004).

– Die Stiftung nach kanonischem Recht, in: Bundesverband deutscher Stiftungen (Hrsg.), Auf dem Weg zur Bürgergesellschaft. Die Rolle der Stiftungen. Bericht über die 57. Jahrestagung vom 30. Mai bis 1. Juni 2001 in Köln, Berlin 2002, S. 219–230.

– 75 Jahre Preußisches Kirchenvorstandsgesetz – Bewährung trotz verfassungsrechtlicher Bedenken, in: Theologie und Glaube 90, 2000, S. 274–298.

Altmeppen, Holger / *Roth,* Günter H.: Gesetz betreffend die Gesellschaften mit beschränkter Haftung (GmbHG), 4. neubearb. Aufl., München 2003.

Andersen, Uwe: Der Spielraum, den das Grundgesetz bietet. Zur Rolle des Staates im Bereich der Wirtschafts- und Sozialordnung der Bundesrepublik, in: Landeszentrale für politische Bildung (Hrsg.), Zuviel Staat? Die Grenzen der Staatstätigkeit, Stuttgart 1982.

Anderson, Benedict: Die Erfindung der Nation. Zur Karriere eines folgenreichen Konzepts, Frankfurt am Main / New York 1996.

Andrews, F. E.: Art. „Foundation", in: International Encyclopedia of the Social Science, Vol. 5, New York 1968, p. 542.

Andrick, Bernd: Die kirchliche Stiftung im modernisierten Stiftungsrecht, in: Kirche und Recht, 9, 2003, S. 15–21 (= 270, S. 13–19).

– Stiftungsrecht und Stiftungsaufsicht unter besonderer Berücksichtigung der nordrhein-westfälischen Verhältnisse, Baden-Baden 1988.

Andrick, Bernd / *Süerbaum,* Joachim: Stiftung und Aufsicht, München 2001.

Anheier, Helmut K.: Das Stiftungswesen in Deutschland. Eine Bestandsaufnahme in Zahlen, in: Bertelsmann Stiftung (Hrsg.), Handbuch Stiftungen. Ziele, Projekte, Management, Rechtliche Gestaltung, 2. Aufl., Wiesbaden 2003, S. 43–85.

– Foundations in Europe. a Comparative Perspective, in: Andreas Schlüter / Volker Then / Peter Walkenhorst (Hrsg.), Foundations in Europe. Society, Management and Law, London 2001, S. 35–81.

– Stiftungen: Investitionen in die Zukunft der Gesellschaft, in: Bertelsmann Stiftung / Industrie-Club e.V. Düsseldorf / Rechts- und Staatswissenschaftliche Vereinigung e.V., Düsseldorf (Hrsg.), Stiftungen – Investitionen in die Zukunft der Gesellschaft. Gütersloh 2000, 9–16.

– u. a.: Der dritte Sektor in Deutschland – Organisationen zwischen Staat und Markt im gesellschaftlichen Wandel, Berlin 1997.

Anheier, Helmut K. / *Appel,* Anja: Stiftungen in der Bürgergesellschaft: Grundlegende Fragen zu Möglichkeiten und Grenzen, in: Aus Politik und Zeitgeschichte, B 14 / 2004, S. 8 ff.

Anheier, Helmut K. / *Leat,* Diana: From Charity to Creativity. Philanthropic Foundations in the 21st Century, 1. Aufl., London 2002.

Anheier, Helmut K. / *Then,* Voker (Hrsg.): Zwischen Eigennutz und Gemeinwohl. Neue Formen und Wege der Gemeinnützigkeit, Gütersloh 2004.

Anheier, Helmut K. / *Toepler,* Stefan (Hrsg.): Philanthropic Foundations: An International Perspective, in: Helmut K. Anheier / Stefan Toepler (Hrsg.), Private Funds and Public Purpose, New York 1999, S. 3–26.

Arbeitskreis Bürgerstiftungen des Bundesverbandes Deutscher Bürgerstiftungen (Hrsg.): Merkmale einer Bürgerstiftung, Berlin 2000.

Archiv für katholisches Kirchenrecht (Zeitschrift), Fortlaufende Dokumentation kirchlicher Rechtsquellen, Paderborn 1857–.

Arnim, Hans Herbert von: Rechtsfragen der Privatisierung, Wiesbaden 1995.

– Zur „Wesentlichkeitstheorie" des Bundesverfassungsgerichts, DVBl, 1987, 1241 ff.

Arnold, Nikolaus: Privatstiftungsgesetz, Kommentar, Wien 2002.

Assmann, Jan: Herrschaft und Heil. Politische Theologie in Altägypten, Israel und Europa, Frankfurt am Main 2002.

– Stein und Zeit, Mensch und Gesellschaft im alten Ägypten, München 1991.

Augsten, Ursula: Die Neuregelung des Spendenrechts zum 1. 1. 2000, in: Deutsches Steuerrecht, Jg. 38, Nr. 15, 14. April 2000, S. 621–624.

Ax, Rolf / *Große,* Thomas / *Melchior,* Jürgen: Abgabenordnung und Finanzgerichtsordnung, 18. Aufl., Stuttgart 2003.

Azhari / Rassan: Haftungsrisiken bei verschleierten Sachgründungen und Sachkapitalerhöhungen sowie deren Heilungsmöglichkeiten, in: Betrieb und Wirtschaft, 2000, S. 154 ff.

Backer, Thomas E. / *Smith,* Ralph / *Barbell,* Ira: Who Comes to the Table? Stakeholder Interactions in Philanthropy, International Network on Strategic Philanthropy, Baltimore 2004.

Backes, Gertrud: Frauen und soziales Ehrenamt. Zur Vergesellschaftung weiblicher Selbsthilfe, Augsburg 1987.

Baerns, Barbara: Kommunikationsprozesse durchschauen und gestalten. Ein gemeinsames Projekt der Kommunikationswissenschaft und· der Öffentlichkeitsarbeit, in: Public Relations Forum für Wissenschaft und Praxis, 1. Jg., Heft 1, 1995, S. 5–7.

BAGFW-Bundesarbeitsgemeinschaft der freien Wohlfahrtspflege (Hrsg.): Die Spitzenverbände der freien Wohlfahrtsverbände, Aufgaben und Finanzierung, Freiburg i. Br. 1985.

Ballerstedt, Kurt: Gutachten für den 44. Juristentag, Verhandlungen des deutschen Juristentages in Hannover 1962, Tübingen 1962.

– Soll das Stiftungsrecht bundesgesetzlich vereinheitlicht und reformiert werden, ggf. mit welchen Grundzügen?, in: Verhandlungen des 44. Deutschen Juristentages, Bd. I (Gutachten), Tübingen 1962, S. 38 ff.

Balluseck, Hilde von: Bezahlte versus unbezahlte Sozialarbeit von 1885 bis 1945, in: Soziale Arbeit, 1 / 1984.

Bamberger, Heinz Georg / *Roth,* Herbert: Kommentar zum Bürgerlichen Gesetzbuch, Bearbeiter Günther Christian Schwarz, München 2003.

Bardout, Jean-Claude: L'histoire étonnante de la loi 1901. Le droit des associations avant et après Pierre Waldeck-Rousseau, Lyon, 2001.

Barnes, John Robert: An Introduction to Religious Foundations in the Ottoman Empire, 2. Aufl., Leiden 1987.

Bater, Paul: The Tax Treatment of Cross Border Donations, Loseblatt Ausgabe, Amsterdam 1994 – 1998.

– UK Voluntary Sector under Review, SEAL, Winter 2001 – 2002, S. 35 ff.

Bauerreiß, Romuald: Einführung, in: Kloster Andechs (Hrsg.), Der Schatz vom Heiligen Berg Andechs, München 1967, S. 9.

Baumbach, Adolf / *Hueck,* Alfred: GmbH-Gesetz. Gesetz betreffend die Gesellschaften mit beschränkter Haftung, 17. erw. und völlig überarb. Aufl., München 2000.

Bayer, Walter: Die EuGH-Entscheidung „Inspire Art" und die deutsche GmbH im Wettbewerb der europäischen Rechtsordnungen, in: Der Betriebs-Berater 2003, S. 2357 – 2366.

Bayerische Vereinsbank (Hrsg.): Münchner Biedermeier, Ausstellungskatalog, München 1991.

Bayerisches Stiftungsgesetz (BayStG), (BayRS 282 – 1-1-UK / WFK); In der Fassung der Bekanntmachung vom 19. Dezember 2001 (GVBl 2002 S. 10).

Beauftragter der Bundesregierung für Angelegenheiten der Kultur und der Medien (Hrsg.): Kulturstiftungen. Ein Handbuch für die Praxis, Berlin 2002.

Beck, Ulrich / *Giddens,* Anthony (u. a. Hrsg.): Reflexive Modernisierung. Eine Kontroverse, Frankfurt 1996.

Becker, Lisa: Von der Werkbank in den Konzertsaal, in: Frankfurter Allgemeine Zeitung, 11. 2. 2002.

Beckert, Jens: Unverdientes Vermögen. Soziologie des Erbrechts, Frankfurt am Main / New York 2004.

Beck'scher Bilanzkommentar, 3. Aufl. München 1995.

Beher, Karin: Strukturwandel des Ehrenamts, Gemeinwohlorientierung im Modernisierungsprozess, Weinheim / München 2000.

Behrens, Frank: Von Wirkung zu Wertung. Auf der Suche nach einer Formel, in: PR Report, August 2004, S. 28 ff.

Beitz, Wolfgang: Ein Plädoyer für die Eigenverantwortung der Bürger – die Publikumsstiftung, in: Roland Schatz (Hrsg.), Unternehmen Stiftung, Bonn 1992, S. 97, 100.

Bellezza, Enrico / *Kilian,* Michael / *Vogel,* Klaus: Der Staat als Stifter. Stiftungen als Public-Private-Partnerships im Kulturbereich, Gütersloh 2003.

Bender, Roland: Qualitätssicherung – Gute Ideen erfolgversprechend verwirklichen, Teil I, Anfrage und Antragsmanagement, in: Stiftung & Sponsoring, Heft 4 / 2002, S. 10 – 12.

– Qualitätssicherung – Gute Ideen erfolgversprechend verwirklichen, Teil II, Projektsteuerung, in: Stiftung & Sponsoring, Heft 5 / 2002, S. 8 – 10.

Bendjilali, Boualem: Les formes contemporaines du Waqf: Le cas du Koweit, in: Boualem Bendjilali (Hrsg.), La Zakat et le Wakf: Aspects historiques, juridiques, institutionnels et économiques. Actes de Seminaire, Dschidda 1998, S. 279 – 295.

Bericht der interministeriellen Arbeitsgruppe „Stiftungsrecht" zu Fragen einer Neugestaltung des Stiftungsrechts, in: Rolf Hauer u. a. (Hrsg.), Deutsches Stiftungswesen 1966–1976, Tübingen 1977, S. 359 ff.

Bericht der Studienkommission des Deutschen Juristentages, Vorschläge zur Reform des Stiftungsrechts, München 1968.

Berkey, Jonathan: The Transmission of Knowledge in Medieval Cairo. A Social History of Education (Princeton Studies of the Near East), Princeton 1992.

Berndt, Hans: Stiftung und Unternehmen. Rechtsvorschriften, Besteuerung, Zweckmäßigkeit, 7. Aufl., Herne 2003.

– Zur aktuellen Besteuerung der Familienstiftungen und ihrer Destinatäre, in: Stiftung & Sponsoring Heft 3/2004, S. 16 ff.

Bertelsmann Stiftung (Hrsg.): The European Foundation Project – For a New European Legal Form, Gütersloh 2004.

– Stifterstudie, Karsten Timmer (Bearb.), www.bertelsmann-stiftung.de / stifterstudie, Gütersloh 2004.

– Handbuch Stiftungen, 2. Aufl., Wiesbaden 2003.

– Striving for Philanthropic Success. Effectiveness and Evaluation in Foundations, International Foundation Symposium 2000, Gütersloh 2001.

– Handbuch Bürgerstiftungen. Ziele, Gründung, Aufbau, Projekte, Gütersloh 2000.

– Operative Stiftungsarbeit. Strategien – Instrumente – Perspektiven, Gütersloh 1997.

Bertelsmann Stiftung / Initiativkreis Bildung (Hrsg.): Zukunft gewinnen Bildung erneuern, Gütersloh 1999.

Bertelsmann Stiftung / Maecenata Institut für Dritter-Sektor-Forschung (Hrsg.): Expertenkommission zur Reform des Stiftungs- und Gemeinnützigkeitsrechts. Materialien, Gütersloh 1999.

Beywl, Wolfgang: Mit zielgeführter Evaluation wirksames Stiftungshandeln gestalten, in: Stiftung & Sponsoring, Heft 3/2001, S. 13–15.

Biedenkopf, Kurt: Stiftungen in einer zukunftsorientierten Gesellschaft, in: Stifterverband für die Deutsche Wissenschaft (Hrsg.), Stiftungen in der Reformdiskussion, Essen-Bredeney 1972, S. 9, 12.

Biesecker, Adelheid / *Elsner,* Wolfram / *Grenzdörffer,* Klaus (Hrsg.): Ökonomie der Betroffenen und Mitwirkenden. Erweiterte Stakeholder-Prozesse, Pfaffenweiler 1998.

Bilicki, Jan: R/3 statt Gin Fizz. Die Stadt stellt ihre Buchhaltung auf moderne Kostenrechnung um, in: Süddeutsche Zeitung (Bayern-Ausgabe), Jg. 59, Nr. 5, 8. Jan. 2003, S. 38.

Binz, Mark K. / *Sorg,* Martin H.: Aktuelle Erbschaftsteuerprobleme der Familienstiftung, in: Deutsches Steuerrecht 1994, S. 229 ff.

Birk, Dieter: Steuerrecht I, Allgemeines Steuerrecht, München 1988.

Birk, Ulrich-Arthur (Hrsg.): Lehr- und Praxiskommentar zum Bundessozialhilfegesetz, 6. Aufl., Baden-Baden 2003.

Bitz, Horst: Änderung der Rechtslage bei der Betriebsaufspaltung – Gefahren der Betriebsaufspaltung bei Verbänden / gemeinnützigen Organisationen, in: Deutsches Steuerrecht, 2002, S. 752 ff.

Böckenförde, Ernst-Wolfgang: Die Bedeutung der Unterscheidung von Staat und Gesellschaft im demokratischen Sozialstaat der Gegenwart, in: Ernst-Wolfgang Böckenförde (Hrsg.), Staat, Gesellschaft Freiheit, Frankfurt am Main 1976, S. 185 ff.

– Die Entstehung des Staates als Vorgang der Säkularisation, in: Ernst-Wolfgang Böckenförde, Staat, Gesellschaft, Freiheit, Frankfurt am Main 1976, S. 42 f.

– Die Organisationsgewalt im Bereich der Regierung, Berlin 1964.

Boettcher, Carl / *Leibrecht,* Dieter: Kommentar zur Gemeinnützigkeitsverordnung, München 1956.

Boetticher, Arne von: Die frei-gemeinnützige Wohlfahrtspflege und das europäische Beihilfenrecht, Baden-Baden 2003.

Bopp, Ulrich: Das Merkmal der Selbstlosigkeit bei der Verfolgung steuerbegünstigter Zwecke i. S. der §§ 51 ff. AO 1977, in: Deutsche Steuer-Zeitung, 1999, S. 123 ff.

– Jenseits von Staatsfürsorge und Gewinnabsicht – Zur Bedeutung privater Stiftungen für die Bürgergesellschaft, in: Zeitschrift zum Stiftungswesen, Heft 5, 2004, S. 115, 118.

Borgolte, Michael: Von der Geschichte des Stiftungsrechts zur Geschichte der Stiftungen, in: Hans Liermann, Geschichte des Stiftungsrechts, Tübingen 2002, S. 13 – 69.

– (Hrsg.): Stiftungen und Stiftungswirklichkeiten vom Mittelalter bis zur Gegenwart, Berlin 2000.

– Stiftungen, Staat und sozialer Wandel. Von der Gegenwart zum Mittelalter, in: Stiftungen sichern Qualität, Forum Deutscher Stiftungen, Bd. 11. Bundesverband Deutscher Stiftungen, Berlin 2001, S. 18 – 39.

– „Totale Geschichte" des Mittelalters? Das Beispiel der Stiftungen, Berlin 1992.

– Die Stiftungen des Mittelalters in rechts- und sozialhistorischer Sicht, in: Zeitschrift der Savigny-Stiftung für Rechtsgeschichte, Bd. 105, 1988, S. 71 – 94.

Borgolte, Michael / *Becker,* Hans-Jürgen: Stiftungen, Kirchliche, in: Theologische Realenzyklopädie, Bd. 32, Berlin, 2001, S. 167 – 174.

Börner, Helmut: Die Stiftungen der Stadt Memmingen. Eine Rede, in: Maecenata Actuell, Nr. 16, 1999, S. 19 – 24.

Boulding, Kenneth E.: Über eine neue Theorie der Stiftungen, Essen-Bredeney 1973.

Bourjaily, Natalia: Overview of NGO Legislation in NIS, SEAL Autumn 2002, S. 5 ff.

Bouslama, Abdelmajid: La réforme du régime des Habous en Tunisie, in: Revue juridique et politique, Bd. 24, 1970, S. 1113 – 1118.

Brady, Brooks / *Bos,* Roger J.: Record Defaults in 2001 the Result of Poor Credit Quality and a Weak Economy, in: Standard & Poors, Heft 2, 2002, S. 5 ff.

Brandmüller, Gerhard: Gewerbliche Stiftungen – Unternehmensstiftung, Stiftung & Co., Familienstiftung, 2. Aufl., Bielefeld 1998.

Brandmüller, Gerhard / *Lindner,* Reinhold: Gewerbliche Stiftungen, 3. Aufl., Berlin 2005.

Braun, Jerome / *Lotter,* Dennis: Franchising im Stiftungswesen – ein Instrument zur Multiplizierung sozialer Konzepte?, in: Stiftung & Sponsoring, Heft 6 / 2004, S. 8 – 10.

Braun, Sebastian: Bürgerschaftliches Engagement – Konjunktur und Ambivalenz einer gesellschaftspolitischen Debatte, in: Leviathan, 29, 2001, S. 83 – 109.

– Die Wiederentdeckung des Vereinswesens im Windschatten gesellschaftlicher Krisen, in: Forschungsjournal Neue Soziale Bewegungen: Zwischen Meier und Verein. Modernisierungspotentiale im Ehrenamt, 2004, S. 26 – 35.

Braverman, Marc T. / *Constantine,* Norman A. / *Slater,* Jana K. (Hrsg.): Foundations and Evaluation. Contexts and Practices for Effective Philanthropy, San Francisco 2004.

Breinl, Arne-Gernot: Typologie der Privatstiftung. Eine empirische Analyse der ersten 365 Stiftungsurkunden, Wien 1997.

– Ein Jahr Privatstiftungsgesetz. Analyse der Stiftungsurkunden und Firmenbuchauszüge, Wien 1995.

Breiteneicher, Joseph C.K. / *Marble,* Melinda G.: Strategic Programme Management, in: Andreas Schlüter / Volker Then / Peter Walkenhorst (Hrsg.), Foundations in Europe. Society Management and Law, London 2001, S. 508 – 586.

– Innovation in conflict with evaluation?, in: Bertelsmann Foundation (Hrsg.), Striving for Philanthropic Success, Effectiveness and Evaluation in Foundations, International Foundation Symposium 2000, Gütersloh 2001, S. 78 – 81.

Brendl, Heinrich / *Weyher,* Herbert / *Pölnitz-Eglofstein,* Freiherr von (Hrsg.), im Auftr. der Arbeitsgemeinschaft Deutscher Stiftungen und des Verbandes Deutscher Wohltätigkeitsstiftungen, Arbeitsgemeinschaft Deutscher Stiftungen: Lebensbilder Deutscher Stiftungen. Stiftungen aus Vergangenheit und Zukunft, Tübingen 1971 – 1993.

Brinckerhoff, Peter C.: Mission-Based Marketing, Hoboken 2003.

Bringmann, Klaus / *Steuben,* Hans von (Hrsg.): Schenkungen hellenistischer Herrscher an griechische Städte und Heiligtümer, Teil 1, Zeugnisse und Kommentare, Berlin 1995.

Brinkhus, Jörn: Die älteste bestehende Stiftung Deutschlands. Vorläufige Ergebnisse zur institutionellen Kontinuität, in: Deutsche Stiftungen. Mitteilungen des Bundesverbands Deutscher Stiftungen, Nr. 1 / 2003, S. 121 – 122.

Brockes, Hans-Willy (Hrsg.): Leitfaden Sponsoring & Event-Marketing für Unternehmen, Sponsoring-Nehmer & Agenturen, 1995 – 2000.

Broll, Berthold: Caritas und Diakonie, in: Handbuch Kirchen und Gemeinden, 2004.

– Steuerung kirchlicher Wohlfahrtspflege durch die verfassten Kirchen, 1997.

Broll, Berthold / *Staiber,* Helmut / *Worrings,* Dieter (Hrsg.): In Freiheit Beziehungen gestalten. Erfahrungen, Standpunkte und Perspektiven aus der Stiftung Liebenau, Freiburg i. Br. 2002.

Brömmling, Ulrich: Die Kunst des Stiftens. 20 Perspektiven auf Stiftungen in Deutschland, Berlin 2005.

– Förderanträge richtig stellen, in: Evangelisches Bildungswerk München / Institut für Beratung und Projektentwicklung (Hrsg.), Stiftungen nutzen – Stiftungen gründen, Neu-Ulm 2002, S. 74 ff.

Bruhn, Manfred: Sponsoring. Systematische Planung und integrativer Einsatz, 4. Aufl., Wiesbaden 2003.
- Sponsoring, 4. Aufl., Berlin 2002.
- Kommunikationspolitik: Grundlagen der Unternehmenskommunikation, München 1997.

Buchna, Johannes: Gemeinnützigkeit im Steuerrecht, Achim bei Bremen 2003.
- Die Aussagekraft der Stiftungsabschlüsse. Rechnungslegung von Stiftungen aus der Sicht der Finanzverwaltung, in: Deutsche Stiftungen. Mitteilungen des Bundesverbandes Deutscher Stiftungen, Nr. 2/2000, S. 60–61.

Büermann, Wulf: Stiftungsautonomie und Staatsaufsicht, in: Bertelsmann Stiftung (Hrsg.), Handbuch Stiftungen: Ziele – Projekte – Management – Rechtliche Gestaltung, 2. Aufl., Wiesbaden 2003, S. 835 ff.

Bühler, Theo / *Fels,* Sylvia / *Theißen-Boljahn,* Wilfried: Wie Stiftungen fördern, Bonn 1997.

Bull, Hans Peter: Die Staatsaufgaben nach dem Grundgesetz, 2. Aufl., Kronberg 1977.
- Die Aufgaben nach dem Grundgesetz, Frankfurt am Main 1973.

Bulmer, Martin: The History of Foundations in the United Kingdom and the United States. Philanthropic Foundations in Industrial Society, in: Helmut K. Anheier / Stefan Toepler (Hrsg.), Private Funds and Public Purpose, New York 1999, S. 27–53.
- Some Observations on the History of Large Philanthropic Foundations in Britain and the United States, Voluntas, 1995, Vol. 6, S. 275–291.

Bulmer, Martin / *Bulmer,* Joan: Philanthropy and the Social Science in the 1920's: Beardsley Ruml and the Laura Spellman Rockefeller Memorial, 1922–1929, in: Minerva 19, 1987, S. 347–407.

Bundesgesetzblatt für die Republik Österreich, Österreich (Hrsg.), Wien.

Bundesministerium der Finanzen (Hrsg.): Haushaltsaufstellungsschreiben Nr. 15.1. des Bundesministeriums der Finanzen für das Haushaltsjahr 2004.

Bundesministerium für Familie, Senioren, Frauen und Jugend (Hrsg.): Perspektiven für Freiwilligendienste und Zivildienst in Deutschland, Bericht der Kommission Impulse für die Zivilgesellschaft vom 15. Januar 2004, www.bmfsfj.de / Kategorien / Publikationen / Publikationen,did=14910.html.
- Freiwilliges Engagement in Deutschland – Freiwilligensurvey 1999 – Ergebnisse der Repräsentativerhebung zu Ehrenamt, Freiwilligenarbeit und bürgerschaftlichem Engagement, Stuttgart / Berlin / Köln 2001.

Bundesministerium für Familie, Senioren, Frauen und Jugend / Statistisches Bundesamt (Hrsg.): Wo bleibt die Zeit. Die Zeitverwendung der Bevölkerung in Deutschland 2001/02, Berlin 2003.

Bundesverband Deutscher Stiftungen (Hrsg.): Stiftungen in Zahlen, Stand: 10. Februar 2005.
- Zahlen, Daten, Fakten zum Deutschen Stiftungswesen, 5. Aufl., Berlin 2005.
- Bürgerstiftungen stellen sich vor, Berlin 2004.
- Kulturstiftungen. Ein Ratgeber für die Praxis, 2. Aufl., Berlin 2004.
- Stifterland Baden-Württemberg, Berlin 2004.
- Stiftungen in Zahln 2004, www.bundesverband-deutscher-stiftungen.de/.

- Die Errichtung einer Stiftung, 6. Aufl., Berlin 2003.
- Neue Wege kommunaler Stiftungen. Überprüfung der Tarifstrukturen und regionale Standortsicherung als Chancen für die Zukunftsfähigkeit der Stiftungen im kommunalen Bereich, Dokumentation der Zweiten Herbsttagung des Arbeitskreises Deutscher Stiftungen, Berlin 2003.
- Bürgerstiftungen in Deutschland, Entstehung, Struktur, Projekte, Netzwerke, Berlin 2002.
- Bürgerstiftungen in Deutschland, in: Forum Deutsche Stiftungen, Bd. 15, Berlin 2002.
- Stiftungen als Träger von Kultureinrichtungen. Dokumentation der 4. Tagung des Arbeitskreises Kunst- und Kulturstiftungen, Berlin 2002.
- Zahlen, Daten, Fakten zum Deutschen Stiftungswesen, 3. Aufl., Berlin 2001.
- Öffentlichkeitsarbeit von Stiftungen, Berlin 2000.
- Verzeichnis Deutscher Stiftungen, Darmstadt 2000.
- Kulturstiftungen als Impulsgeber in einem zusammenwachsenden Europa. Dokumentation der 1. Tagung des Arbeitskreises Kunst- und Kulturstiftungen in Gotha, Schloß Friedenstein vom 20. bis 22. August 1998, Forum Deutscher Stiftungen, Bd. 2, 1. Aufl., Bonn 1999.
- Die Verwaltung einer Stiftung. Ratgeber für Stiftungsverwalter, 2., akt. Aufl., Bonn 1998.

Bureau du Conseil Économique et Social (Hrsg.): La Société civile, Contribution au débat, adoptée par le Bureau dans sa réunion du mardi 14 mai 2002, Paris, 2002.

Burghartz, Franz-Josef, in: Zur Reform des Stiftungsrechts in Nordrhein-Westfalen, Essen-Bredeney 1972, S. 18.

Burkart, Roland / *Probst,* Sabine: Verständigungsorientierte Öffentlichkeitsarbeit: eine kommunikationstheoretisch begründete Perspektive, in: Publizistik, Jg. 36, Heft 1, 1991, S. 56 – 76.

Burmeister, Joachim: Die Privatrechtsfähigkeit des Staates – Symptom verfassungskontroverser Theoriebildung im öffentlichen Recht, in: H. Prütting (Hrsg.), Recht und Gesetz im Dialog III, Annales Universitatis Saraviensis, Köln 1986, S. 1 ff.

Busch, Michaela / *Heuer,* Carl-Heinz: Die österreichische Privatstiftung und die liechtensteinische Familienstiftung im Lichte des deutschen Steuerrechts, in: Die Roten Seiten zum Magazin Stiftung & Sponsoring, Heft 1 / 2003.

Busch, Wolfgang: Die Vermögensverwaltung und das Stiftungsrecht im Bereich der katholischen Kirche, in: Joseph Listl / Dietrich Pirson (Hrsg.), Handbuch des Staatskirchenrechts der Bundesrepublik Deutschland, 2. Aufl., Bd. I, Berlin 1994, S. 947 – 1008.

Busson de Janssens, Gérard: Les Wakf dans l'Islam contemporain, in: Revue de études islamiques, Band 19 und 21, 1951 und 1953, S. 5 – 72, 43 – 76.

Cahen, Claude: Réflexions sur le waqf ancien, in: Studia Islamica, Bd. 14, 1961, S. 37 – 56.

Caillé, Alain: Die doppelte Unbegreiflichkeit der Gabe, in: Frank Adloff / Steffen Mau (Hrsg.), Vom Geben und Nehmen. Zur Soziologie der Reziprozität, Frankfurt am Main / New York 2005, S. 157 ff.

Campenhausen, Axel Freiherr von: Geschichte des Stiftungswesens, in: Bertelsmann Stiftung (Hrsg.), Handbuch Stiftungen, Ziele-Projekte-Management-Rechtliche Gestaltung, 2. Aufl., Wiesbaden 2003.

- Kirchliche Stiftungen, in: ders. (Hrsg.), Handbuch des Stiftungsrechts, 2. Aufl., Berlin 1999, S. 473–496.

CapGemini (Hrsg.): Veränderungen erfolgreich gestalten, Change Management 2003/2008 – Bedeutungen, Strategien, Trends, Berlin 2003.

Capitant, David: Stiftungen im französischen Recht, in: Klaus Hopt/Dieter Reuter (Hrsg.), Stiftungsrecht in Europa, Köln 2001, S. 353–358.

Carroll, Archie B./*Buchholtz,* Ann K.: Business and Society. Ethics and Stakeholder Management, Ohio 2000.

Carstensen, Carsten: Vermögensverwaltung, in: Bertelsmann Stiftung (Hrsg.), Handbuch Stiftungen: Ziele – Projekte – Management – Rechtliche Gestaltung, 2. Aufl., Wiesbaden 2003, S. 535 ff.

- Grundsätze einer modernen Vermögensverwaltung nach stiftungs- und steuerrechtlichen Vorschriften, in: Rolf-Christof Dienst (Hrsg.), Neue Wege der Vermögensverwaltung von Stiftungen, München 1998, S. 9–24.

Carstensen, Carsten/*Ballwieser,* Wolfgang/*Ordelheide,* Dieter (Hrsg.): Vermögensverwaltung, Vermögenserhaltung und Rechnungslegung gemeinnütziger Stiftungen, 2. Aufl., Frankfurt am Main 1996.

Cartellieri, Wolfgang: Die Großforschung und der Staat. Gutachten über die zweckmäßige rechtliche und organisatorische Ausgestaltung der Institutionen für die Großforschung, Teile I und II, München 1967/1969.

Cassese, S.: L'aquila e le mosche. Principio di sussidiarietà e diritti amministrativi nell'area europea, in: Foro it., 1995, IV, 373.

Center for Effective Philanthropy (Hrsg.): Indicators of Effectiveness: Understanding and Improving Foundation Performance, Boston 2002, S. 1.

Chamberlain, Michael: Knowledge and Social Practice in Medieval Damascus 1190–1350 (Cambridge Studies in Islamic Civilization), Cambridge 1994.

Chandler, Alfred. D.: Strategy and Structure, Cambridge/London 1962.

Charhon, Francis: Reform des Spenden-, Vereins- und Stiftungsrechts in Frankreich 2003, in: Maecenata Actuell, Nr. 44, 2004, S. 3–8.

Charity Commission for England and Wales (Hrsg.): The Review of the Register, London 1999.

Chiti, M.P.: Principio di sussidiarietà, pubblica amministrazione e diritto amministrativo, in: Riv. It. Dir. pubbl. comunit., 1995, 505.

Citigroup: Citigroup Citizenship Report 2002, www.citigroup.com/citigroup/citizen/community/annualreport.htm (01. 11. 2004) S. 19, 27.

Cizakca, Murat: A History of Philanthropic Foundations: The Islamic World From the Seventh Century to the Present, Istanbul 2000.

Codex Iuris Canonici – Codex des kanonischen Rechtes. Lat.-dt. Ausg., 5. neugestaltete und verb. Aufl., Kevelaer 2001.

Cohen, Rick: Time to Stop Excusing the Inexcusable: Foundation Trustees who Play by their own Rules. In: The Nonprofit Quarterly, Heft 4, 2003.

Coing, Helmut: Die Treuhand kraft privaten Rechtsgeschäfts, München 1973.

Cornelsen, Claudia: Das 1 × 1 der PR: Öffentlichkeitsarbeit leicht gemacht, Freiburg i. Br./ Berlin 2002.

Corsmeyer, Anja: Der Beitrag von Stiftungen zum Denkmalschutz in den neuen Bundesländern und Berlin, Berlin 2004.

Council of Foundations (Hrsg.): Evaluation for Foundations. Concepts, Cases, Guidelines, and Resources, San Francisco 1993.

Credit Suisse (Hrsg.): First Boston Hedge Index. Hedge Equity Market Neutral, www.hedgeindex.com, 05. 10. 2004.

Crezelius, Georg / *Rawert,* Peter: Das Gesetz zur weiteren Förderung von Stiftungen, in: Zeitschrift für Erbrecht und Vermögensnachfolge, 2000, S. 421 ff.

Cuno, Kenneth M.: Ideology and Juridical Discourse in Ottoman Egypt. The Uses of the Concept of Irsâd, in: Islamic Law and Society, Bd. 6, 1999, S. 136–163.

Cutt, James / *Murray,* Vic: Accountability and Effectiveness, Evaluation in Non-Profit Organisations, London / New York 2000.

Dahrendorf, Ralf: Die Bürgergesellschaft, in: Armin Pongs (Hrsg.), In welcher Gesellschaft leben wir eigentlich?, München 1999, S. 89–104.

Das Aktionsbündnis Gemeinnützigkeit und sein 10-Punkte-Programm, in: Zeitschrift zum Stiftungswesen, Heft 11, 2004, S. 318.

Davenport, K.: Corporate Citizenship: A Stakeholder Approach for Defining Corporate Social Performance and Identifying Measures for Assessing It, Dissertation Abstract, in: Business&Society, Vol. 39, No. 2, 2000, S. 210–219.

De Carli, N.: Le problematiche dello scopo negli enti „non profit" tra pubblico e privato, in: Gli enti „non profit" in Italia, a cura di Ponzanelli, Padova, 1994, 50.

De Giorgi, Maria Vita: Stiftungen im italienischen Recht, in: Hopt / Reuter (Hrsg.), Stiftungsrecht in Europa, Köln 2001, S. 381, 391.

– Il nuovo diritto degli enti senza scopo di lucro; dalla povertà delle forme codicistiche al groviglio delle leggi speciali, in Riv. dir. civ., 1999, 287 ss.

De Viti de Marco, Alberto: Grundlagen der Finanzwissenschaft, Tübingen 1932.

Debbasch, Charles / *Langeron,* Pierre: Les fondations. Paris, PUF, 1992.

Deguilhem, Randi: On the Nature of Waqf. Pious Foundations in Contemporary Syria: A Break in the Tradition, in: Randi Deguilhem / Abdelhamid Hénia (Hrsg.), Les foundations pieuses (waqf) en Méditerranée enjeux de société, enjeux de pouvoir, Kuwait 2004, S. 395–430.

Deguilhem-Schoem, Randi: The Loan of Mursad on Waqf Properties, in: Farhad Kazemi / Robert D. McChesney (Hrsg.), A Way Prepared. Essays on Islamic Culture in Honor of Richard Bayly Winder, New York 1988, S. 68–79.

– History of Waqf and Case Studies from Damascus in Late Ottoman and French Mandatory Times, unveröffentlichte Dissertation der New York University 1986.

Delahaye Medialink: Media Reputation Index. PR Measurement For The Board Room, 2004, S. 1, www.reputationinstitute.com / sections / research / rsch.html (20. 07. 2004).

Delhaes, Daniel: Die Welt in der Welt sichtbar machen, in: Andreas Grosz / Daniel Delhaes (Hrsg.), Die Kultur AG,. München 1999, S. 9.

Demandt, Alexander / *Demandt,* Barbara (Hrsg.): Römische Kaisergeschichte. Nach den Vorlesungs-Mitschriften von Sebastian und Paul Hensel 1882 / 86 / Theodor Mommsen, München 1992.

Denecke, Heiko: Die vermögensrechtliche Anspruchsberechtigung der selbständigen privatrechtlichen Stiftung, Berlin 2004.

Deutscher Bundestag (Hrsg.): Bericht der Enquete-Kommission „Zukunft des Bürgerschaftlichen Engagements", Drucksache 14 / 8900, 2002.

Deutscher Kulturrat (Hrsg.): Ehrenamt in der Kultur. Stand und Perspektiven ehrenamtlicher Arbeit im Kulturbereich, Bonn 1996.

Deutsches Stiftungszentrum (Hrsg): Schilling-Professuren – eine Erfolgsgeschichte. Erfahrungen mit einem Nachwuchsförderprogramm in der medizinischen Grundlagenforschung, Positionen 2002, Essen 2002.

Dewald, Stephan: Die privatrechtliche Stiftung als Instrument zur Wahrnehmung öffentlicher Zwecke, Frankfurt am Main 1990.

Dierkes, Meinolf: Die Sozialbilanz. Ein gesellschaftsbezogenes Informations- und Rechnungssystem, Frankfurt am Main 1974.

Dingwort-Nusseck, Julia: Laudatio auf Dr. hc. Klaus Tschira, in: Bundesverband Deutscher Stiftungen (Hrsg.), 55. Jahrestagung des Bundesverbandes Deutscher Stiftungen, Berlin 1999, S. 438 ff.

Diözesanbestimmungen über Stiftungen und Stiftungsvermögen in den Kirchengemeinden des Bistums Trier vom 15. August 2000, in: Kirchliches Amtsblatt für das Bistum Trier 144 (2000), S. 263 – 264.

Dittmann, Armin: Die Bundesverwaltung. Verfassungsgeschichtliche Grundlagen, grundgesetzliche Vorgaben und Staatspraxis ihrer Organisation, Tübingen 1983.

Doppstadt, Joachim / *Koss,* Claus / *Toepler,* Stefan: Vermögen von Stiftungen. Bewertung in Deutschland und den USA, Gütersloh 2002.

Dötsch, Ewald (u. a. Hrsg.): Die Körperschaftsteuer – Erklärung für 1995 / 1996 / 1997 / 2004 §§ 1 – 8 Abs. 3 KStG n. F., Bonn 1996 / 1997 / 1998 / 2004.

Dotzler, Hans Jürgen: Systematische Mitarbeiterkommunikation als Instrument der Qualitätssicherung, in: M. Bruch (Hrsg.), Internes Marketing, Wiesbaden 1995.

Drobnig, Ulrich: Grundzüge des Stiftungsrechts in Mittel- und Osteuropa, in: Hopt / Reuter, Stiftungsrecht in Europa (Hrsg.), Köln 2001, S. 541 ff.

Duden, Konrad: Für ein Bundesstiftungsgesetz, in: Juristenzeitung, 1968, S. 1 ff.

Ebersbach, Harry: Handbuch des Deutschen Stiftungsrechts, Göttingen 1972.

Ebker, Nikola: Politische Ökonomie der Kulturförderung: Entwicklungen zwischen Staat, Markt und 3. Sektor, Bonn 2000.

Eche, Youssef: Les bibliothèques arabes publiques et semi-publiques en Mésopotamie, en Syrie et en Égypte au Moyen âge, Damaskus 1967.

Edie, John A.: Congress and Private Foundations: An Historical Analysis, Washington 1987.

Egger, Philipp (Hrsg.): Stiftungsparadies Schweiz. Zahlen, Fakten und Visionen. Zwischen unternehmerischem und gemeinnützigem Handeln. Foundations Governance, Bd. 1, Basel 2004.

Ehlers, Dirk: Verwaltung in Privatrechtsform, Berlin 1984.

Ehmke, Horst: „Staat" und „Gesellschaft" als verfassungsrechtliches Problem, in: Staatsverfassung und Kirchenordnung, Festgabe für Rudolf Smend, Tübingen 1962, S. 23 ff.

Eichler, Hermann: Die Verfassung der Körperschaft und Stiftung, Berlin 1986.

Eicker, Klaus: Grenzüberschreitende gemeinnützige Tätigkeit. Das deutsche Gemeinnützigkeits- und Spendenrecht im Spannungsfeld zwischen nationalen Steuervergünstigungen, Doppelbesteuerrungsabkommen und EG-Recht, Frankfurt am Main 2004.

Eilinghoff, Dirk: Using evaluation in foundations as a management tool, Basic understanding and implementation (Draft), www.insp.efc.be / show.php?d=53 (Stand 03. 05. 2004).

Eilinghoff, Dirk / *Meyn,* Christian: Gemeinsam mehr erreichen – Stiftungen als Partner in Kooperationen, in: Bertelsmann Stiftung (Hrsg.), Handbuch Stiftungen. Ziele – Projekte – Management – Rechtliche Gestaltung. 2. Aufl., Wiesbaden 2003, S. 725 – 738.

Eilinghoff, Dirk / *Meyn,* Christian / *Timmer,* Karsten (Hrsg.): Ratgeber Stiften. Bd. 2, Strategieentwicklung – Förderprojekte – Öffentlichkeitsarbeit, Gütersloh 2004.

Eisenegger, Mark / *Imhof,* Kurt: Reputationsrisiken moderner Organisationen, in: Ulrike Röttger (Hrsg.), Theorien der Public Relations, 2004 S. 235 – 256.

– Reputationskonstitution in der Mediengesellschaft, in: Otfried Jarren / Kurt Imhof / Toger Blum (Hrsg.), Mediengesellschaft, Opladen 2003.

Eisenhardt, Kathleen: Agency theory: An assessment and review, in: Academy of Management Review, Vol. 14, 1989, Nr. 1, S. 57 – 74.

Elbogen, Katarina: Stiftungen in Deutschland und Frankreich – Traditionen, Entwicklungen, Perspektiven, dfi compact, Ludwigsburg 2005 (im Erscheinen).

Ellwein, Thomas / *Zoll,* Ralf: Zur Entwicklung der öffentlichen Aufgaben in der BRD, Baden-Baden 1973.

Emerson, Jed: Social Entrepreneurs: The Success, Challenge and Lessons of Nonprofit Enterprise Creation, San Francisco 1996.

Emsbach, Heribert: Rechte und Pflichten des Kirchenvorstandes, 8. Aufl., Köln 2000.

Empt, Martin: Corporate Social Responsibility. Das Ermessen des Managements zur Berücksichtigung von Nichtaktionärsinteressen im US-amerikanischen und deutschen Aktienrecht, Berlin 2004.

Engel, Christoph: Ehrenamt und Arbeitsrecht, Bayreuth 1994.

Enquete-Kommission „Zukunft des Bürgerschaftlichen Engagements" Deutscher Bundestag (Hrsg.): Bürgerschaftliches Engagement und Zivilgesellschaft, Bürgergesellschaft, Enquete-Kommission „Zukunft des Bürgerschaftlichen Engagements" des Deutschen Bundestages", Schriftenreihe Bd. 1, Opladen 2002.

– Bericht: Bürgerschaftliches Engagement: auf dem Weg in eine zukunftsfähige Bürgergesellschaft, Enquete-Kommission „Zukunft des Bürgerschaftlichen Engagements des Deutschen Bundestages", Schriftenreihe Bd. 4, Opladen 2002.

Enßlen, Carola / *König,* Doris / *Walz,* Rainer W. (Hrsg.): Interessenvertretung durch NGOs auf EU-Ebene. Beiträge zum Symposium am 11. Juni 2004 an der Bucerius Law School, Hamburg 2004.

Enzyklopaedie des Islam, geographisches, ethnographisches und biographisches Wörterbuch der muhammedanischen Völker, Leiden 1934 / 2000.

Erman, Walter / *Westermann,* Harm Peter (Hrsg.): Bürgerliches Gesetzbuch, 11. Aufl., Bearbeiter Olaf Werner, Köln 2004.

Esch, Franz-Rudolf: Strategie und Technik der Markenführung, 2. Aufl., München 2004.

Esch, Franz-Rudolf / *Wicke,* Andreas: Herausforderungen und Aufgaben des Markenmanagements, in: Franz-Rudolf Esch (Hrsg.), Moderne Markenführung, 2. Aufl., Wiesbaden 2000.

Eschenbach, Rolf / *Horak,* Christian: Rechnungswesen und Controlling in NPOs, in: Christoph Badelt, (Hrsg.), Handbuch der Nonprofit Organisation, Stuttgart 1999, S. 331 ff.

− Führungsinstrumente für die Nonprofit Organisation, Stuttgart 1998.

EU-Kommission (Hrsg.): Die Förderung der Rolle gemeinnütziger Vereine und Stiftungen in Europa, Luxemburg 1997.

Eulenburg, Soscha Gräfin zu: Der Europäische Wirtschafts- und Sozialausschuß (EWSA) und seine Rolle für die Zivilgesellschaft, in: Maecenata Actuell, Nr. 41, 2003, S. 3 – 5.

Europäische Kommission (Hrsg.): Communication from the Commission to the Council and the European Parlament. Modernizing company law and enhancing Corporate Governance in the European Union − a plan to move forward, COM (2003) 284 final.

− Mitteilung über „die Förderung der Rolle gemeinnütziger Vereine und Stiftungen in Europa" (KOM (97) 241 endg.).

European Foundation Centre (Hrsg.): Foundations for Europe. Rethinking our Legal and Fiscal Environments, Brüssel 2003.

− EFC, Cross-Frontier Partnerships and Corporate Grantmakers, EFC AGM-Report November 1992.

Eversberg, Horst: Der steuerpflichtige wirtschaftliche Geschäftsbetrieb − besondere Problemstellungen, in: Die Rote Seiten zum Magazin Stiftung & Sponsoring, 5 / 2001.

Fasselt, Martin: Nachfolge im Familienunternehmen, Stuttgart 1992.

Fauser, Margit / *Wierth,* Torsten: Stadt und Stadtstiftung, Gelsenkirchen 2001.

Fecher, Hans: Persönliche allgemeine Vermögensteuer, in: Fritz Neumark (Hrsg.), Handbuch der Finanzwissenschaft, Bd. II, 3. Aufl., Tübingen 1980, S. 452, 465.

Feil, Hubert G.: The Power of Sponsoring. Vortrag. Deutscher Sponsoring Kongress, Nov. 2002 in Augsburg.

Felix, Günter: Förderung der Allgemeinheit als Voraussetzung der Gemeinnützigkeit, in: Finanz-Rundschau, 1961, S. 336.

Ferrari-Visca, Bruno: Stiftungsaufsicht und Stiftungsautonomie. Typoskript eines Vortrags anlässlich der 16. Seminartagung von proFonds vom 18. November 2004, www.edi.admin.ch / esv.

Fiedler, Albrecht: Staatliches Engagement im Stiftungswesen zwischen Formenwahlfreiheit und Formenmissbrauch, Berlin 2004.

Fischbach, Christian: Partizipationsmöglichkeiten in deutschen Bürgerstiftungen. Analyse der beteiligten Personengruppen und der Förderung des bürgerschaftlichen Engagements, Magisterarbeit, Leipzig 2001.

Fischer, Hardy: o. T., in: Zeitschrift für Erbrecht und Vermögensnachfolge, 2004, S. 86 f.
- Besteuerung von Stiftungen im Gründungsstadium? Eine kritische Analyse aktueller Finanzgerichtsurteile, in: Stiftung & Sponsoring, Heft 4 / 2003, S. 21 – 24.

Fischer, P.: o. T., in: Finanz-Rundschau, 2004, S. 148.

Flämig, Christian: Die intranationale Harmonisierung des Stiftungsrechts und des steuerlichen Gemeinnützigkeitsrechts, in: Dienst an der Hochschule. Festschrift für Dieter Leuze zum 70. Geburtstag, Klaus Anderbrügge (Hrsg.), 2003, S. 221 – 228.
- Glanz und Elend des Stiftungswesens in Deutschland, in: Wissenschaftsrecht, Bd. 34, 2001, S. 148, 149 f.
- Die Erhaltung der Leistungskraft von gemeinnützigen Stiftungen, in: MatSZ 1992, Heft 16, S. 3.
- Wissenschaftsstiftungen, in: Christian Flämig u. a. (Hrsg.), Handbuch des Wissenschaftsrechts, Bd. 2, Berlin / Heidelberg / New York 1982, S. 1197 ff.
- Zur Interdependenz von Stiftungs- und Steuerrecht, in: Entwicklungstendenzen im Stiftungsrecht, Arbeitsgemeinschaft Deutscher Stiftungen e.V. (Hrsg.), Bonn 1987, S. 165 ff.
- Der Fiskus straft die Wohltäter, in: Deutsche Universitätszeitung, 1981, S. 330 f.
- Die Erhaltung der Leistungskraft von gemeinnützigen Stiftungen, Materialien aus dem Stiftungszentrum, Heft 16, Essen-Bredeney 1984, S. 12 f., Nachdruck in: Rolf Hauer u. a. (Hrsg.), Deutsches Stiftungswesen 1966 – 1976, Tübingen 1977, S. 185 ff.

Fleischmann, Joel L.: Stiftungsführung und Unternehmenskontrolle in Deutschland und den Vereinigten Staaten für das Gemeinwohl, in: Bertelsmann Stiftung (Hrsg.), Handbuch Stiftungen: Ziele – Projekte – Management – Rechtliche Gestaltung, 2. Aufl., Wiesbaden 2003, S. 351 ff.

Flitner, Andreas / *Petry,* Christian / *Richter,* Ingo (Hrsg.): Wege aus der Ausbildungskrise, Opladen 1999.

Flory, Maurice: Der Standort der Stiftungen im Forschungssystem, Essen-Bredeny 1974.

Fombrun, Charles J.: Three Pillars of Corporate Citizenship: Ethics, Social Benefit, Profitability, in: Noel M. Tichy / Andrew R. McGill / Lynda St. Clair (Hrsg.), Corporate Global Citizenship: Doing Business in the Public Eye, New York 1997, S. 27 – 42.

Fombrun, Charles J. / *Wiedmann,* Klaus-Peter: Unternehmensreputation auf dem Prüfstand. Welche Unternehmen haben die beste Reputation in Deutschland, in: Planung & Analyse, 28. Jg., Nr. 4, 2004 S. 60 – 64.

Fondation de France (Hrsg.): Enquête nationale auprès des fondations: Les premiers résultats, in: Contact. La lettre mensuelle de la Fondation de France, avril 2005, numéro spécial, www.fdf.org.

Forrest, Ludwig: Crossing European Borders, in: Philanthropy in Europe, Heft 18, 2004, S. 12 f.

Förster, Lutz: Stiftung und Nachlass, Berlin 2004.

Frankenberg, Hartwig / *Kritzmöller,* Monika: Stiften gehen oder: Wann macht Geld glücklich?, Rothenburg ob der Tauber 2000.

Franz, Albert K.: Das große Stiftungssterben in Mitteldeutschland, in: Albert K. Franz u. a. (Hrsg.), Deutsches Stiftungswesen 1948 – 1966, Tübingen 1968, S. 435 ff.

Freeman, R. Edward: Strategic Management. A Stakeholder Approach, Bosten 1984.

Freimann, Jürgen: Unternehmen und Stakeholder. Management zwischen Ökonomie und Politik, in: Adelheid Biesecker/Wolfram Elsner/Klaus Grenzdörffer (Hrsg.), Ökonomie der Betroffenen und Mitwirkenden. Erweiterte Stakeholder-Prozesse, Pfaffenweiler 1998.

Fremont-Smith, Marion: Governing Nonprofit Organizations – Federal and State Law and Regulation, Cambridge 2004.

Frerk, Carsten: Finanzen und Vermögen der Kirchen in Deutschland, Aschaffenburg 2002.

Frey, Bruno S.: Arts & Economics: Analysis & Cultural Policy, 2nd Edition, 2003.

Frey, Bruno S. / *Götte,* Lorenz: Ohne Preis keinen Fleiss?, in: Verbandsmanagement, 29. Jg., S. 20 ff.

Frooman, J.: Stakeholder Influence Strategies, in: Academy of Management Review, Vol. 24, No. 2, 1999, S. 191–205.

Frotscher, Gerrit / *Maas,* Ernst (Hrsg.): Körperschaftsteuergesetz, Umwandlungssteuergesetz: KStG, UmwStG, Freiburg, Losebl.-Ausg.; (dt.), bis Erg.-Lfg. 51 (1997) u. d. T.: Körperschaftsteuergesetz. – Ab Lfg. 74 (2004) mit CD-ROM-Ausg. u. d. T.: Körperschaftsteuergesetz, Umwandlungssteuergesetz.

Frowein, Jochen Abraham: Grundrecht auf Stiftung, Essen-Bredeney 1976.

Frumkin, Peter: Private Foundations as Public Institutions. Regulation, Professionalization, and the Redefinition of Organized Philanthropy, in: Ellen Condliffe Lagemann (Hrsg.), Philanthropic Foundations, Bloomington 1999, S. 69 ff.

Frumkin, Peter / *Kim,* Mark T.: Strategic Positioning and the Financing of Nonprofit Organizations – Is Efficiency Rewarded in the Contributions Marketplace?, in: Public Administration Review, Vol. 61, 2001, No. 3, pp. 266–275.

Fuhrmann, Horst: Überall ist Mittelalter. Von der Gegenwart einer vergangenen Zeit, München 1996.

Füser, Karsten: Modernes Management. Lean Management, Business Reengineering, Benchmarking und viele andere Methoden, München 1999.

Gabler Wirtschafts-Lexikon, Taschenbuch-Kassette, 13. Aufl., Wiesbaden 1993.

Gabriel, Oscar W. et al. (Hrsg.): Sozialkapital und Demokratie. Zivilgesellschaftliche Ressourcen im Vergleich, Wien 2002.

Galli, Albert: Anforderungen an das externe Rechnungswesen nichtwirtschaftlicher gemeinnütziger Vereine. Buchführung Bilanzierung Kostenrechnung, F. 4, S. 1723–1728 (= Nr. 18 v. 19. September 1997, S. 905–910).

Gallop, Bradley: Cross-border Issues facing Foundations and their Donors, in: Schlüter / Then / Walkenhorst (Hrsg.), Foundations in Europe, London 2001, p. 744–795.

– Grenzüberschreitende Aktivitäten von Stiftungen, Stiftern und Spendern, in: Bertelsmann Stiftung (Hrsg.), Handbuch Stiftungen: Ziele – Projekte – Management – Rechtliche Gestaltung, 1. Aufl., Wiesbaden 1998, S. 983.

Gather, Gernot: Umrisse eines Bundesstiftungsgesetzes, in: Bürgerinitiative, Offene Welt, Nr. 97/98, 1968, S. 352 (356 ff.).

Gazdar, Kaevan / *Kirchhoff,* Klaus Rainer: Corporate Citizenship als Herausforderung, in: Kommunikations Management Strategien, Wissen, Lösungen, 1.20, 2004, S. 10, S. 85.

Gebel, Dieter: Betriebsvermögensnachfolge, 2. Aufl., München 2002.

– Erbschaftsteuer bei Stiftung von Todes wegen, in: Der Betriebs-Berater 2001, S. 2554 ff.

Gensicke, Thomas / *Gensicke,* Sabine: Die Freiwilligensurveys 1999 – 2004. Erste Ergebnisse und Trends, TNS Infratest Sozialforschung München (Hrsg.), München 2004.

Gerlach, Sonja: Vertrauensschutz und Haftung im Spendenrecht, Frankfurt am Main 2004.

Gerloff, Wilhelm: Steuerwirtschaftslehre, in: Wilhelm Gerloff / Fritz Neumark (Hrsg.), Handbuch der Finanzwissenschaft, 2. Bd., 2. Aufl., Tübingen 1956, S. 203, 240, 262 ff., 272 ff.

Geserich, Stephan: Verlust der Gemeinnützigkeit bei unangemessen hohen Kosten für die Verwaltung oder Spendeneinwerbung, in: Stiftung & Sponsoring, Heft 6 / 1999, S. 18 – 20.

Gesetz über die Verwaltung des katholischen Kirchenvermögens im Bistum Görlitz (Kirchenvermögensverwaltungsgesetz – KiVVG Görlitz) vom 1. Januar 2000, in: Amtsblatt des Bistums Görlitz 2000, Nr. 1, S. 1 – 13 (präzisiert am 26. Januar 2000: ebd., Nr. 5, S. 2).

Gesetz über die Verwaltung und Vertretung des Kirchenvermögens im Bistum Trier (Kirchenvermögensverwaltungsgesetz – KVVG) vom 1. Dezember 1978, in: Kirchliches Amtsblatt für das Bistum Trier 122 (1978), S. 215 – 221 (dazu spätere Novellierungen).

Gesetz über die Verwaltung und Vertretung des Kirchenvermögens in der Diözese Fulda (Kirchenvermögensverwaltungsgesetz – KVVG) in der Fassung des ersten Gesetzes zur Änderung des KVVG vom 12. Dezember 1995 und des Einführungsgesetzes zum KVVG für den thüringischen Teil des Bistums Fulda vom 30. September 1996, in: Kirchliches Amtsblatt für die Diözese Fulda 113 (1997), S. 8 – 13.

Ghanim, Ibrahim al-Bayumi (Hrsg.): Nizam al-waqf wa-l-mujtama' al-madani fi l-watan al-arabi, Beirut 2004.

– Nahwa ta'il daur nizam al-waqf fi tauthiq ilaqat al-mujtama' bi-d-daula, in: al-Mustaqbal al-Arabi, Bd. 266, 2001a, S. 38 – 54.

– at-Takwin at-tarikhi li-wazifat al-waqf fi l-mujtama' al-arabi, in: al-Mustaqbal al-Arabi, Bd. 266, 2001b, S. 92 – 120.

– Nahwa ihya daur al-waqf fi t-tanmiya al-mustaqilla, in: al-Mustaqbal al-Arabi, Bd. 235, 1998, S. 94 – 135.

Godbout, Jaques T. (mit Alain Caillé): The World of the Gift, Montreal 1998.

Goerdeler, Reinhard: Zur Problematik der Unternehmensstiftung, in: Neue juristische Wochenschrift 1992, S. 1487 ff.

– Die Stiftung als Rechtsform für Unternehmen, in: Zeitschrift für das gesamte Handelsrecht und Wirtschaftsrecht, 113, S. 145 ff.

Goerdeler, Reinhard / *Ulmer,* Michael J.: Der Stiftungszweck in der Reform des Stiftungsrechts, AG 1963, S. 292, 328.

Goerdeler, Reinhard / *Ulmer,* Peter: Die Besteuerung von Stiftung, in: Der Betriebs-Berater, 1964, S. 975 ff.

– Der Stiftungszweck in der Reform des Stiftungsrechts, in: Die Aktiengesellschaft, 1963, S. 328 ff.

Goldscheid, Rudolf: Staat, öffentlicher Haushalt und Gesellschaft, in: Rudolf Hickel (Hrsg.), Die Finanzkrise des Staates, Frankfurt am Main, 1976, S. 253, 272.

- Staatssozialismus und Staatskapitalismus, Wien 1917, Nachdruck in: Rudolf Hickel (Hrsg.), Die Finanzkrise des Steuerstaates. Beiträge zur politischen Ökonomie der Staatsfinanzen, Frankfurt am Main 1976, S. 40 ff.
- Staat, öffentlicher Haushalt und Gesellschaft, in: Handwörterbuch der Finanzwissenschaft, Bd. 1, Tübingen 1926, S. 253, 315.

Gölz, Heide: Der Staat als Stifter. Bundesstiftungen als Organisationsform mittelbarer Bundesverwaltung und gesellschaftlicher Selbstverwaltung, Diss., Bonn 1999.

Götzenberger, Anton-Rudolf: Steueroase Liechtenstein. Bankgeheimnisse, Versicherungen, Treuhandwesen, Stiftungen und Trusts, Wien / Frankfurt am Main 2000.

Grendi, Edoardo: Micro-analisi es storia sociale, 1977, S. 512, zit. nach Benjamin Scheller, Memoria an der Zeitenwende. Die Stiftungen Jakob Fuggers des Reichen vor und während der Reformation (ca. 1505 – 1555, 1. Aufl., Berlin 2004. S. 28.

Grimm, D.: Kulturauftrag im staatlichen Gemeinwesen, VVDStRL 42, 1984, S. 46 (64, 67).

Groh, Manfred: Der Erbe als Durchgangsunternehmer, in: Der Betrieb 1992 S. 1312 ff.

Groys, Boris: Über das Neue. Versuch einer Kulturökonomie, 2. Aufl., München 2002.

Grunig, James E. / *Grunig,* Larissa A. / *Dozier,* David M.: Das situative Modell exzellenter Public Relations. Schlußfolgerungen aus einer internationalen Studie, in: Günter Bentele / Horst Steinmann / Ansgar Zerfaß (Hrsg.), Dialogorientierte Unternehmenskommunikation, Berlin 1996, S. 199 – 229.

Grunig, James E. / *Hunt,* Todd: Managing Public Relations, New York 1984.

Guarino, G.: Le fondazioni tra Stato, società e mercato, in: Atti del convegno „Il problema delle fondazioni", Roma, 1 – 2 aprile 2004.

Gutachten der Unabhängigen Sachverständigenkommission zur Prüfung des Gemeinnützigkeits- und Spendenrechts, Bonn 1988.

Haas, Ulrich: Aktuelle Rechtsprechung zur Insolvenzantragspflicht des GmbH-Geschäftsführers nach § 64 Abs. 1 GmbHG, in: Deutsches Steuerrecht, 2003, S. 423 – 433.

Häberle, Peter: Grundrechte im Leistungsstaat, in: Veröffentlichung der Vereinigung Deutscher Staatsrechtslehrer, Bd. 30, 1972, S. 61.
- Öffentliches Interesse als juristisches Problem, Bad Homburg v.d.H. 1970.

Habisch, André: Corporate Citizenship – Gesellschaftliches Engagement von Unternehmen in Deutschland, Berlin 2003.

Hahn, Ottokar / *Schindler,* Ambros: Die Besteuerung der Stiftung, 2. Aufl., Baden-Baden 1977.

Hahnloser, Bernhard: Stiftungsland Schweiz. Ein Überblick für die Praxis mit Schwergewicht auf der Stiftungsaufsicht, Basel 2004.

Haibach, Marita: Handbuch Fundraising – Spenden, Sponsoring, Stiftungen in der Praxis, Frankfurt am Main / New York 2002.
- Handbuch Fundraising. Spenden, Sponsoring, Stiftungen in der Praxis, Frankfurt am Main / New York 1998.
- Fundraising: Spenden, Sponsoring, Stiftungen. Ein Wegweiser für Vereine, Initiativen und andere Nonprofit-Organisationen, 2. Aufl., Frankfurt am Main / New York 1996.

Haller, Heinz: Rationales Steuersystem und empirische Steuerwirkungen, in: Fritz Neumark (Hrsg.), Handbuch der Finanzwissenschaft, Bd. II, 3. Aufl., Tübingen 1980, S. 182.

– Finanzpolitik, 3. Aufl., Tübingen 1965.

– Die Steuern, Tübingen 1964.

– Die Kalifen von Kairo. Die Fatimiden in Ägypten 973–1074, München 2003.

Hamarneh, Sami: Development of Hospitals in Islam, in: Journal of the History of Medicine, Bd. 17, 1962, S. 366–384.

Hamers, J.J.A. / *Schwarz,* C.A. / *Zaman,* D.F.M.M.: Almanak voor de stichting en de vereniging. Handleiding voor bestuurders, commissarissen en adviseurs, 2003.

Handy, Charles: Types of Voluntary Organizations, in: Julian Batleer et al. (Hrsg.), Voluntary and Non-profit Management, Wokingham u. a. 1991, S. 13–17.

Hansmann, Henry: A Reform Agenda for the Law of Nonprofit Organizations, in: Hopt / Reuter, Stiftungsrecht in Europa, Köln 2001, S. 241 ff.

Hansmeyer, Karl Heinrich (Hrsg.): Staatsfinanzierung im Wandel, Tübingen 1983.

Happes, Wolfgang: Vereinsstatistik 2001, Konstanz 2001.

Harder, Paul: Evaluation Techniques and Methods, in: Bertelsmann Foundation (Hrsg.), Striving for Philanthropic Success, Effectiveness and Evaluation in Foundations, International Foundation Symposium 2000, Gütersloh 2001, S. 69–75.

Hässig, Kurt: Prozessmanagement. Erfolgreich durch effiziente Strukturen. Zürich 2000.

Hauriou, Maurice: Die Theorie der Institution und zwei andere Aufsätze, Roman Schnur (Hrsg.), Berlin 1965.

Heidemann, Stefan: Die Renaissance der Städte in Nordsyrien und Nordmesopotamien (Islamic History and Civilization. Studies and Texts 40), Leiden 2002.

Heimerl, Hans / *Pree,* Helmuth: Handbuch des Vermögensrechts der katholischen Kirche unter besonderer Berücksichtigung der Rechtsverhältnisse in Bayern und Österreich, Regensburg 1993.

– Handbuch des Vermögensrechts der Katholischen Kirche, Regensburg 1993.

Heimerl-Wagner, Peter / *Simsa,* Ruth: Grenzen ziehen und sich öffnen – und das auch noch gleichzeitig? Kooperationen und Netzwerke von NPOs, in: Ruth Simsa: Management der Nonprofit Organisation, Stuttgart 2001. S. 187–202.

Heintel, Peter: „Vision" und Selbstorganisation, in: U. Sollmann / R. Heinze (Hrsg.), Visionsmanagement, Zürich 1993, 120–151.

Heissmann GmbH (Hrsg.): Anlage des Stiftungsvermnögens und strategische Auswahl von Förderprojekte bei deutschen Stiftungen, Wiesbaden 2003.

Hellmann, Gunilla / *Parving,* Jeppe: Denmark, in: Schlüter / Then / Walkenhorst (Hrsg.), Foundations in Europe, London 2001, S. 103 ff.

Helmström, Carl: Foundations in Swedish Law, in: Hopt / Reuter (Hrsg.), Stiftungsrecht in Europa, Köln 2001, S. 455 ff.

Hemmati, Minu: Multi-stakeholder Processes for Governance and Sustainability. Beyond Deadlock and Conflict, London 2002.

Hennerkes, Brun-Hagen / *Schiffer,* Jan K.: Stiftungsrecht. Gutes tun und Vermögen sichern – privat und im Unternehmen, Frankfurt am Main 2001.
- Stiftungsrecht, Frankfurt am Main 1996.

Hennigan, Peter C.: The Birth of a Legal Institution. The Formation of the Waqf in Third Century A.H. Hanafi Legal Discourse (Studies in Islamic Law and Society 18), Leiden / Boston 2004.

Hensel, Albert: Steuerrecht, 3. Aufl., Berlin 1933.
- Steuerrecht, Berlin 1924.

Herb, Wolfgang / *Zecha,* Michael: Aufbau und Gestaltung von Sponsoringverträgen, in: Wolfgang Herb / Michael Zecha, Rechtliche und steuerliche Rahmenbedingungen für Sonderwerbeformen (Sponsoring etc.), Stuttgart 2003, S. 8.

Herbert: Die Mittel- und Vermögensbindung gemeinnütziger Körperschaften, in: Der Betriebs-Berater, 1991, S 178 ff.

Hesse, Konrad: Bemerkungen zur heutigen Problematik und Tragweite der Unterscheidung von Staat und Gesellschaft, in: Die Öffentliche Verwaltung, 1975, S. 437 ff.
- Grundriss des Verfassungsrechts der Bundesrepublik Deutschland, 4. Aufl., Karlsruhe 1970.

Heuberger, Frank / *Oppen,* Maria / *Reimer,* Sabine: Der deutsche Weg zum bürgerschaftlichen Engagement von Unternehmen. Thesen zu Corporate Citizenship in Deutschland, in: Arbeitskreis Bürgergesellschaft und Aktivierender Staat (Hrsg.), betrifft: Bürgergesellschaft, Nr. 12, Bonn 2004.

Heuel, Markus: Die Entwicklung der Unternehmensträgerstiftung in Deutschland, Baden-Baden 2001.

Heuer: Kommentar zum Bundeshaushaltsrecht, Loseblattsammlung, Stand: Dezember 2004.

Heuer, Carl-Heinz / *Habighorst,* Oliver: Besteuerung steuerbegünstigter Stiftungen, in: Bertelsmann Stiftung (Hrsg.), Handbuch Stiftungen: Ziele – Projekte – Management – Rechtliche Gestaltung, 2. Aufl., Wiesbaden 2003, S. 919 ff.

Heusser, Hans-Jörg / *Wittig,* Martin / *Stahl,* Barbara: Kulturengagement von Unternehmen – integrierter Teil der Strategie. Schweizerisches Institut für Kunstwissenschaft, Roland Berger Strategy Consultants (Hrsg.), München 2004.

Hier, Karl J.: Die Unternehmensstiftung in Liechtenstein, Vaduz 1995.

High Level Group of Company Law Experts (Hrsg.): Final Report on a Regulatory Modern Framework for Company Law in Europe (2002), http://europa.eu.int/comm/internal_market/en/company/company/modern/consult/report_en.pdf.

Hillebrecht, Arno: Zwei Menschenalter Gemeinnützigkeitsrecht der Stiftungen, Essen-Bredeney 1978.

Hippel, Thomas von: Fremdnützige Vermögenstransfers – ein Anwendungsfall der Kapitalverkehrsfreiheit, in: Europäische Zeitschrift für Wirtschaftsrecht 2005, 7–10.
- Zur Idee einer Europäischen Stiftung, in: Zeitschrift zum Stiftungswesen, 2004, S. 120–127.
- Einleitung zu: Operative Stiftungen in: Frank Adloff (Hrsg.): Untersuchungen zum deutschen Stiftungswesen 2000–2002, Berlin 2002.

Hirte, Heribert: Die Europäische Aktiengesellschaft, in: Neue Zeitschrift für Gesellschaftsrecht, 2002, S. 1–10.

Hoexter, Miriam: Adaptation to Changing Circumstances. Perpetual Leases and Exchange Transactions in *Waqf* Property in Ottoman Algiers, in: Islamic Law and Society, Bd. 4, 1997, S. 319–333.

Hof, Hagen: § 9: Stiftungsorganisation, in: Seifart/von Campenhausen (Hrsg.), Handbuch des Stiftungsrechts, 2. Aufl., 1999, S. 218 f.

– Vermögen und Erträge, in: Seifart/von Campenhausen (Hrsg.), Handbuch des Stiftungsrechts, 2. Aufl., München 1999, S. 251 ff.

Hof, Hagen/*Hartmann,* Maren/*Richter,* Andreas: Stiftungen. Errichtung, Gestaltung, Geschäftstätigkeit, München 2004.

Homann, Karl/*Bloome-Drees,* Franz: Wirtschafts- und Unternehmensethik, Göttingen 1992.

Hommelhoff, Peter: Stiftungsreform in Europa, in: Klaus Hopt/Dieter Reuter (Hrsg.), Stiftungsrecht in Europa, Köln 2001, S. 227–240.

Hondius, Frits W./*Van der Ploeg,* Tymen J.: Foundations, Tübingen 2000, S. 7.

– Das internationale rechtliche Umfeld, in: Bertelsmann Stiftung (Hrsg.), Handbuch Stiftungen: Ziele – Projekte – Management – Rechtliche Gestaltung, 1. Aufl., Wiesbaden 1998, S. 1155 ff.

Hopkins, Bruce/*Blazek,* Jody: Private Foundations – Tax Law and Compliance, New York 2003.

Hoppe, Konstantin: Die abhängige Stiftung. Grenzen der Stiftungsautonomie, Berlin 2004.

Hopt, Klaus J.: Stiftungsrecht in Europa? in: Hein Kötz/Peter Rawert/Karsten Schmidt (Hrsg.), Bürgersinn – Stiftungssinn – Gemeinsinn, Köln 2001, S. 35–41.

Hopt, Klaus J./*Hippel,* Thomas von/*Then,* Volker/*Walz,* Rainer: European Foundation. A New Legal Appoach, Gütersloh 2005.

Hopt, Klaus J./*Reuter,* Dieter (Hrsg.): Stiftungsrecht in Europa. Stiftungsrecht und Stiftungsrechtsreform in Deutschland, den Mitgliedsstaaten der Europäischen Union, der Schweiz, Liechtenstein und den USA, 1. Aufl., Köln 2001.

Horak, Christian/*Heimerl-Wagner,* Peter: Management von NPOs – eine Einführung, in: C. Badelt (Hrsg.), Handbuch der Nonprofit Organisation, Stuttgart 1999, S. 142 f.

– Besonderheiten des Controlling in Nonprofit-Organisationen, in: Rolf Eschenbach (Hrsg.), Controlling, Stuttgart 1994, S. 603.

Huber, Ernst R.: Deutsche Verfassungsgeschichte, Bd. 2, Stuttgart 1963.

Huber, Norbert/*Staiber,* Helmut: Dezentralisierung und Reorganisation bei der Stiftung Liebenau, in: Unternehmen Barmherzigkeit, 1996.

Hübschmann, Walter/*Spitaler,* Ernst/*Hepp,* Armin: Kommentar zur Abgabenordnung und zur Finanzgerichtsordnung, 10. Aufl., Köln, Loseblattsammlung, Stand 2003.

Hummel, Marlies: Quantitative Aspekte privater Kulturförderung, in: Rupert Graf Strachwitz/Stefan Toepler (Hrsg.), Kulturförderung. Mehr als Sponsoring, Wiesbaden 1993, S. 60 f.

Humphreys, R. Stephen: The Expressive Intent of the Mamluk Architecture of Cairo: A Preliminary Essay, in: Studia Islamica 35, 1972, S. 69 – 119.

Huquq Allah and huquq al-ibad as Reflected in the Waqf Institution, in: Jerusalem Studies in Arabic and Islam, Bd. 19, 1995, 133 – 156.

Hüttemann, Rainer: Das Merkmal der Selbstlosigkeit bei der Verfolgung steuerbegünstigter Zwecke i. S. der §§ 51 ff. AO 1977, in: DStJG 26, 2003, S. 49, 67 f.

– Das Gesetz zur Modernisierung des Stiftungsrechts, Zeitschrift für das gesamte Handels- und Wirtschaftsrecht, 167, 2003, S. 35 ff.

– Der neue Anwendungserlass zum Gemeinnützigkeitsrecht (§§ 51 bis 68 AO), in: Finanz-Rundschau 2002, S. 1337 ff.

– Das Gesetz zur weiteren Förderung von Stiftungen, in: Der Betrieb, 2000, S. 1584 ff.

– Zeitnahe Mittelverwendung und Erhaltung des Stiftungsvermögens nach zivilem Stiftungsrecht und steuerlichen Gemeinnützigkeitsrecht, in: Axel Freiherr von Campenhausen u. a. (Hrsg.), Deutsches Stiftungswesen 1988 – 1998, Tübingen 2000, S. 191, 201 f.

– Der Grundsatz der Vermögensverwaltung im Stiftungsrecht, In: Festgabe für Werner Flume zum 90. Geburtstag, 1998, S. 59 ff.

– Wirtschaftliche Betätigung und steuerliche Gemeinnützigkeit, Köln 1991.

Hüttemann, Rainer / *Herzog,* Rainer: Steuerfragen bei gemeinnützigen nichtrechtsfähigen Stiftungen, in: Der Betrieb, 2004, S. 1001 – 1009.

Hüttemann, Rainer / *Rawert,* Peter: Der Modellentwurf eines Landesstiftungsgesetzes, in: ZIP, Zeitschift für Wirtschaftsrecht, Nr. 45, 2002, S. 2019 – 2028.

Igl, Gerhard / *Jachmann,* Monika (Mitab.) / *Eichenhofer,* Eberhard (Mitarb.): Rechtliche Rahmenbedingungen bürgerschaftlichen Engagements, Zustand und Entwicklungsmöglichkeiten, in: Deutscher Bundestag (Hrsg.), Schriftenreihe: Enquete-Kommission „Zukunft des Bürgerschaftlichen Engagements", Bd. 5, Opladen 2002.

Igl, Gerhard / *Jachmann* Monika / *Eichenhofer,* Eberhard: Ehrenamt und bürgerschaftliches Engagement im Recht – ein Ratgeber, Opladen 2002.

Imber, Colin: Ebu's-Su'ud. The Islamic Legal Tradition, Edinburgh 1997.

Imhof, Kurt / *Gaetano,* Romano: Die Diskontinuität der Moderne. Zur Theorie des sozialen Wandels, Frankfurt am Main / New York 1996.

Inden, Thomas: Alles Event? – Erfolg durch Erlebnismarketing, Landsberg am Lech 1993.

Initiativkreis Hamburger Stiftungen, Freie und Hansestadt Hamburg, Staatskanzlei (Hrsg.): Bürger und Gesellschaft. Stiftungen in Hamburg, Hamburg 2003.

Institut der Wirtschaftsprüfer IDW (Hrsg.): IDW RS HFA 5, IDW, PS 740, Rechnungslegung von Stiftungen, Düsseldorf 2000.

– Stiftungen – Rechnungslegung, Kapitalerhaltung, Prüfung und Besteuerung, Düsseldorf 1997.

Internal Revenue Service: Publication 578 – Tax Information for Private Foundations and Foundation Managers. Washington, DC 1989.

Ipsen, Jörn: Staat und Stiftung in: Rolf Hauer u. a. (Hrsg.), Deutsches Stiftungswesen 1977 – 1988, Augsburg / Bonn 1989, S. 151, 163.

Irti, N.: L'età della decodificazione, Milano, 1989.

Isensee, Josef: Steuerstaat als Staatsform, in: Rolf Stödter / Werner Thieme (Hrsg.), Hamburg. Deutschland. Europa, Festschrift für Hans Peter Ipsen, Tübingen 1977, S. 406- 422.

– Subsidiaritätsprinzip und Verfassungsrecht, Berlin 1968.

Jachmann, Monika: Reformbedarf im Gemeinnützigkeitsrecht in: Zeitschrift zum Stiftungswesen, Heft 2, 2003, S. 35 – 38 ff.

– (Hrsg.): Gemeinnützigkeit. 27. Jahrestagung der Deutschen Steuerjuristischen Gesellschaft e.V., Erfurt, 23. und 24. September 2002, Hamburg 2003.

Jacobmeyer, Hannah: Evaluation von Stiftungsprojekten in Theorie und Praxis, in: Stiftung & Sponsoring, Heft 6 / 2001, S. 10- 12.

Jakobi, Franz-Josef: Ein verpflichtendes Erbe – Stiftungen, Armenfürsorge und Sozialpolitik in Münster im Wandel der Jahrhunderte, in: Annette Zimmer / Stefan Nährlich (Hrsg.), Engagierte Bürgerschaft. Traditionen und Perspektiven, Opladen 2000, S. 248 – 261.

Jansen, Harald: Ersetzen Steuerbegünstigungen für gemeinnützige Stiftungen Ausschüttungsvorschriften?, in: Zeitschrift zum Stiftungswesen, Heft 9, 2004, S. 227, 230 f.

Jansen, Rudolf: Verlust der Gemeinnützigkeit bei Verstoß gegen die Rechtsordnung, insbesondere bei Steuerverkürzungen?, In: Finanz-Rundschau, 2002, S. 996 ff.

Jensen, Michael / *Mecking,* William: Theory of the Firm: Managerial Behavior, Agency Costs and Ownership Structure, in: Journal of Financial Economics, Vol. 3. Nr. 4, 1976, S. 305 – 360.

Joas, Hans: Ungleichheit in der Bürgergesellschaft. Über einige Dilemmata des Gemeinsinns, in: Aus Politik und Zeitgeschichte, B 25 – 26, 2001, S. 15 ff.

Johansen, Baber: The Islamic Law on Land Tax and Rent. The Peasants' Loss of Property Rights as Interpreted in the Hanafite Legal Literature of the Mamluk and Ottoman Periods, London 1988.

– Islam und Staat. Abhängige Entwicklung, Verwaltung des Elends und religiöser Antiimperialismus, Berlin 1982.

Jülicher, Marc: Brennpunkt der Besteuerung der inländischen Familienstiftung im ErbStG, in: Steuer und Wirtschaft 1999, S. 363 ff.

Kaehlbrandt, Roland: Öffentlichkeitsarbeit für Stiftungen, in: Bertelsmann Stiftung (Hrsg.), Handbuch Stiftungen: Ziele – Projekte – Management – Rechtliche Gestaltung, 2. Aufl., Wiesbaden 2003, S. 439 ff.

– Public Relations für Stiftungen, in: Bertelsmann Stiftung (Hrsg), Handbuch Stiftungen: Ziele – Projekte – Management – Rechtliche Gestaltung, 1. Aufl., Wiesbaden 1998, S. 475 ff.

Kahf, Monzer: Gestion des investissements des biens Waqf, in: Boualem Bendjilali (Hrsg.): La Zakat et le Wakf: Aspects historiques, juridiques, institutionnels et économiques. Actes de Seminaire, Dschidda 1998a, S. 297 – 317.

– Formes Modernes du Waqf, in: Boualem Bendjilali (Hrsg.): La Zakat et le Wakf: Aspects historiques, juridiques, institutionnels et économiques. Actes de Seminaire, Dschidda 1998b, S. 319 – 361.

Kalupner, Sibylle: Das Stiftungswesen im politischen Diskurs 1983 – 2000, Berlin 2000.

Kaper, Aaltje: Die Stiftung bürgerlichen Rechts und die unselbständige Stiftung als Organisationsformen für Bürgerstiftungen, Diss., Lübeck 2004.

Kaplan, R. S. / *Norton,* D. P.: Immaterielle Werte – Grünes Licht für Ihre Strategie, in: Harvard Business Manager, 26. Jg., Nr. 5, 2004, S. 18 – 33.

Karpen, Ulrich: Die Unterscheidung von Staat und Gesellschaft als Bedingung der rechtsstaatlichen Freiheit, in: Juristische Arbeitsblätter, 1986, S. 299 ff.

– Gemeinnützige Stiftungen im pluralistischen Rechtsstaat, Frankfurt am Main 1980.

Kaufmann, Franz-Xaver: Diskurse über Staatsaufgaben, Köln 1991.

Kayser, Joachim / *Richter,* Andreas / *Steinmüller,* Jens: Alternative Investments für Stiftungen, in: Die Roten Seiten zum Magazin Stiftung & Sponsoring Heft 4 / 2004.

Kelders, Christian: Wettbewerb als effizientere Form der Caritas. Der Volkswirt und Philosoph Karl Homann über die Ökonomie moralischer Regeln, in: Süddeutsche Zeitung, 12. 02. 2002.

Kemke, Andreas H. E.: Privatautonome Rechtsgestaltung im modernen Staat. Stiftungen in Ägypten, Deutschland und der Schweiz, Berlin 1998.

Kempen, Bernhard: Die Formenwahlfreiheit der Verwaltung. Die Öffentliche Verwaltung zwischen öffentlichem und privatem Recht, München 1989.

Kennedy, Craig / *Rumberg,* Dirk / *Then,* Volker: Die Organisation von Stiftungen. Personalentwicklung und Ressourcenmanagement, in: Bertelsmann Stiftung (Hrsg.), Handbuch Stiftungen: Ziele – Projekte – Management – Rechtliche Gestaltung, 2. Aufl., Wiesbaden 2003, S. 393 ff.

Kennedy, Craig / *Rumberg,* Dirk / *Then,* Volker: The Organization of Foundations – Management of Human Resources, in: Andreas Schlüter / Volker Then / Peter Walkenhorst (Hrsg.): Foundations in Europe. Society, Management and Law, London 2001.

Kieser, Alfred / *Kubicek,* Herbert: Organisation, Stuttgart 1983.

Kießling, Heinz / *Buchna,* Johannes: Gemeinnützigkeit im Steuerrecht: die steuerlichen Begünstigungen für Vereine, Stiftungen und andere Körperschaften – steuerliche Spendenbehandlung, 7. Aufl., Achim bei Bremen 2000.

Kilian, Michael: Der erbrechtliche Pflichtteilsanspruch aus der Sicht des Eigentums – und Erbrechtsgrundrechtes Art. 14 Abs. 1 GG, in: Zeitschrift zum Stiftungswesen, Heft 7 – 8, 2004, S. 204 ff.

– Inhalt und Grenzen staatlicher Organisationshoheit im Bezug auf staatliche Stiftungen, in: Zeitschrift zum Stiftungswesen, Heft 7, 2003, S. 179, 187.

– Stiftungserrichtung durch die öffentliche Hand, in: Bertelsmann Stiftung (Hrsg.), Der Staat als Stifter, Gütersloh 2003, S. 11 – 134.

Kirchenvermögensverwaltungsgesetz (KVVG) für die Erzdiözese Hamburg vom 30. März 1998, in: Kirchliches Amtsblatt für die Erzdiözese Hamburg 4 (1998), Beilage zu Nr. 4.

Kirchenvermögensverwaltungsgesetz für die Diözese Hildesheim vom 15. November 1987, in: Kirchlicher Anzeiger für das Bistum Hildesheim 1987, S. 293 – 303 (dazu spätere Novellierungen).

Kirchenvermögensverwaltungsgesetz für die Diözese Osnabrück vom 15. November 1987, in: Kirchliches Amtsblatt für die Diözese Osnabrück 103 (1987), S. 305 – 309 (dazu spätere Novellierungen).

Kirchhain, Christian: Stiftungsbezüge als Einkünfte aus Kapitalvermögen? – „Völlige Verkennung des Rechtsinstituts der Stiftung?", in: Zeitschrift zum Stiftungswesen, Heft 1, 2004, S. 22 ff.

Kirchhof, Paul: EStG Kompaktkommentar Einkommensteuergesetz, 3. Aufl. Heidelberg 2003.

– Gemeinnützigkeit – Erfüllung staatsähnlicher Aufgaben durch selbstlose Einkommensverwendung, in: Monika Jachmann (Hrsg.), Gemeinnützigkeit, Köln 2003, S. 1 – 6 f.

– Stifterengagement im Steuerrecht – Steuerliche Anerkennung privater Freiheitskultur, in: Bundesverband Deutscher Stiftungen (Hrsg.), Vom Steuerstaat zum Stifterengagement, Berlin 2003, S. 12 – 15.

Klein, Ansgar: Der Diskurs der Zivilgesellschaft. Politische Hintergründe und demokratietheoretische Folgen, Opladen 2001.

Klein, Franz / *Orlopp,* Gerd: Abgabenordnung einschließlich Steuerstrafrecht, 8. Aufl., München 2003.

Klein, Friedrich (Hrsg.): Abgabenordnung, 8. Aufl., München 2003.

Kloetzer, Wolfgang: Über das Stiften – zum Beispiel Frankfurt am Main, in: Bernhard Kirchgaessner / Hans-Peter Becht (Hrsg.), Stadt und Mäzenatentum, Sigmaringen 1997.

Klostermann, Guido: Die niederländische privatrechtliche Stiftung, Münster 2003.

Kluge, Jürgen: Antriebsfeder Eigennutz, Rede auf dem Symposium Initiative Freiheit und Verantwortung, Corporate Citizenship, www.freiheit-und-verantwortung.de / 3_2.htm (01. 11. 2004), S. 3.

Köbl, Ursula / *Brünner,* Frank (Hrsg.): Abschied von der Objektförderung?, Tagungsband des Deutschen Caritasverbandes e.V. und des Instituts für Sozialversicherungsrecht an der Universität Freiburg, 2004.

Koch, Karl / *Scholz,* Rolf-Detlev: Kommentar zur Abgabenordnung, 5. Aufl., Köln u. a. 1996.

Köck, Wolfgang: Risikovorsorge als Staatsaufgabe, in: Archiv des öffentlichen Rechts, 12, 1996, S. 1 ff.

Kocka, Jürgen: Die Rolle der Stiftungen in der Bürgergesellschaft der Zukunft, in: Aus Politik und Zeitgeschichte, B14 / 2004, S. 3 ff.

– Das Bürgertum als Träger von Zivilgesellschaft – Traditionslinien, Entwicklungen, Perspektiven, in: Enquete-Kommission „Zukunft des Bürgerschaftlichen Engagements" Deutscher Bundestag (Hrsg.): Bürgerschaftliches Engagement und Zivilgesellschaft, Opladen 2002, S. 15 – 22.

Köckritz, Sieghardt von / *Ermisch,* Günter / *Dittrich,* Norbert / *Lamm,* Christel: Bundeshaushaltsordnung, Kommentar, Loseblattslg., München / Berlin, Stand Januar 2003.

Koeckstadt, Wolfgang: Ausgewählte Aspekte des Stiftungsmanagements. Rechnungswesen – Controlling – Personal-, Adress- und Wissensmanagement, in: Bertelsmann Stiftung (Hrsg.), Handbuch Stiftungen: Ziele – Projekte – Management – Rechtliche Gestaltung, 2. Aufl., Wiesbaden 2003, S. 461 ff.

Kogelmann, Franz: Habous in Contemporary Morocco: Reformed Tradition or Traditional Reform? Vortrag gehalten am 25. September 2004 in Damaskus im Rahmen des Internationalen Symposiums, Breaking with the Past: Pious Wakf Foundations in Post-Colonial Muslim Societies and Eastern Christian Communities. IFPO, Damas.

– Some Aspects of the Development of the Islamic Pious Endowments in Morocco, Algeria and Egypt in the 20th Century, in: Randi Deguilhem / Abdelhamid Hénia (Hrsg.), Les foundations pieuses (waqf) en Méditerranée enjeux de société, enjeux de pouvoir, Kuwait 2004, S. 343–393.

– Die rechtlichen Grundlagen und die gesellschaftliche Verankerung des islamischen und anderen Stiftungswesens, in: Sigrid Faath (Hrsg.): Islamische Stiftungen und wohltätige Einrichtungen mit entwicklungspolitischen Zielsetzungen in arabischen Staaten, Hamburg 2003, S. 15–26.

– Der Wandel des islamischen Stiftungswesens im 20. Jahrhunderts am Beispiel von Marokko, Algerien und Ägypten, in: Thomas Koszinowski / Hanspeter Mattes (Hrsg.) Nahost Jahrbuch 2000, Politik, Wirtschaft und Gesellschaft in Nordafrika und dem Nahen und Mittleren Osten, Hamburg 2001, S. 219–224.

– Islamische fromme Stiftungen und Staat. Der Wandel der Beziehungen zwischen einer religiösen Institution und dem marokkanischen Staat seit dem 19. Jahrhundert bis 1937, Würzburg 1999.

Kohl, Reinhard: Brauchen wir ein Stiftungskonzernrecht, in: Neue Juristische Wochenschrift, 1992, S. 1922.

Kohtes&Klewes: Kulturinvest Top 500. Kohtes&Klewes Studie zum Status quo von Kulturförderung und Kultursponsoring in 15 Branchen und den 500 größten Unternehmen Deutschlands, Düsseldorf 1977.

Koller, Heinrich: Attraktiveres Stiftungsrecht in Sicht?, in: Philipp Egger (Hrsg.), Stiftungsparadies Schweiz, S. 65 ff.

König, Dominik Freiherr von: Kulturstiftungen in Deutschland, in: Aus Politik und Zeitgeschichte, Bd. 49 / 2004, S. 18.

Koppenhöfer, Jörg: Gefährden Verluste aus Vermögensverwaltung die Gemeinnützigkeit?, in: Stiftung & Sponsoring, Heft 3 / 2003, S. 30 ff.

– Die Behandlung von Erträgen aus der Umschichtung von Stiftungsvermögen, in: Stiftung & Sponsoring, Heft 2 / 2000, S. 24 f.

Koschmieder, Kurt-Dieter: Plädoyer für eine ökonomische Analyse der Stiftung, in: Zeitschrift zum Stiftungswesen, 2004, S. 179 ff.

Koss, Claus: Das Rechnungswesen einer Stiftung. Berlin 2004.

– Rechnungslegung von Stiftungen. Von der Buchführung zur Jahresrechnung, Düsseldorf 2003.

– Die Einrichtung der Buchhaltung einer Stiftung, in: Stiftung & Sponsoring, Heft 6 / 2002, S. 5–8.

– Geld-Bewegungen. Die Einnahmen- / Ausgaben-Rechnung für Stiftungen, in: Deutsche Stiftungen. Mitteilungen des Bundesverbandes Deutscher Stiftungen, Nr. 2 / 2001, S. 51–52.

Kotler, Philip: Marketing für Nonprofit Organisationen, Stuttgart 1978.

Kötz, Hein / *Rawert*, Peter / *Schmidt*, Karsten / *Walz*, Rainer (Hrsg.): Non Profit Law Yearbook 2001 / 2002 / 2003 / 2004, Köln 2001 / 2002 / 2003 / 2004.

Kozlowski, Gregory: The Changing Political and Social Contexts of Muslim Endowments. The Case of Contemporary India, in: Randi Deguilhem-Schoem (Hrsg.), Le *waqf* dans l'espace islamique. Outil de pouvoir socio-politique, Damaskus 1995, S. 277–291.

Krag, Hermann: Kirchliche Stiftungen: Tradition mit Zukunft, in: Bertelsmann Stiftung (Hrsg.), Handbuch Stiftungen. Ziele – Projekte – Management – Rechtliche Gestaltung, 1. Aufl., Wiesbaden 1998, S. 225 ff.

Kramer, David: Die Evaluierung von Stiftungsarbeit, in: Stiftung & Sponsoring, Heft 2 / 1998, S. 24–26.

Kramer, Mark: Who exactly, are the <Customers> of a Nonprofit Organization? Cambridge 2002.

Krämer / Schmidt: Zuwendungsrecht, Zuwendungspraxis, Loseblattslg., Stand Dezember 2004.

Krcsmárik, J.: Das Wakfrecht vom Standpunkte des Sharî'atrechtes nach der hanefitischen Schule, in: Zeitschrift der Deutschen Morgenländischen Gesellschaft, Bd. 45, 1891, S. 533–576.

Krebs, Peter: Verbraucher, Unternehmer oder Zivilpersonen, in: Der Betrieb 2002, S. 517, 520.

Kreis, Georg / *Krumeich / Ménudier*, Gerd / *Mommsen*, Henri / *Sywottek*, Hans Arnold (Hrsg): Alfred Toepfer, Stifter und Kaufmann. Bausteine einer Biographie-Kritische Bestandsaufnahme, Hamburg 2000.

Kreis-Muzzulini, Angela: Medienarbeit für Soziale Projekte, Stuttgart 2000.

Kretschmann, Carsten: Wissenskanonisierung und -popularisierung in Museen des 19. Jahrhunderts – das Beispiel des Senckenberg-Museums in Frankfurt am Main, in: Lothar Gall / Andreas Schulz (Hrsg.), Wissenskommunikation im 19. Jahrhundert, Stuttgart 2003, S. 182 ff.

Krockow, Christian Graf von: Demokratisches Bewusstsein, in: PVS, Heft 6, 1963, S. 113 ff.

Kromrey, Helmut: Evaluation – Ein vielschichtiges Konzept. Begriff und Methodik von Evaluierung und Evaluationsforschung, Empfehlungen für die Praxis, in: Sozialwissenschaften und Berufspraxis, 24. Jg., 2001, H. 2, S. 105–131.

Kronke, Herbert: Familien- und Unternehmensträgerstiftungen, in: Hopt / Reuter (Hrsg.), Stiftungsrecht in Europa – Stiftungsrecht und Stiftungsrechtsreform in Deutschland, den Mitgliedsstaaten der Europäischen Union, der Schweiz, Liechtenstein und den USA, Köln 2001, S. 159–173.

– Die Stiftung im Internationalen Privat- und Zivilverfahrensrecht, in: Axel Freihr. von Campenhausen / Herbert Kronke / Olaf Werner (Hrsg.), Stiftungen in Deutschland und Europa, Düsseldorf 1998, S. 361–382.

– Die Stiftung im internationalen Privat- und Zivilverfahrensrecht, in: von Campenhausen / Kronke / Werner, (Hrsg.), Stiftungen in Deutschland und Europa, Düsseldorf 1998, S. 361 ff.

– Organkompetenzen in Stiftung, Kapital- und Personengesellschaft, in: Zeitschrift für Unternehmens- und Gesellschaftsrecht, 1996, S. 18 ff.

- (Bearb.): Stiftungen in der Rechtssprechung, Düsseldorf, 1993.
- Stiftungstypus und Unternehmensträgerstiftung, Tübingen 1988.

Krüger, Herbert: Allgemeine Staatslehre, 2. Aufl., Stuttgart 1966.
- Allgemeine Staatslehre, Stuttgart 1964.

Krull, Wilhelm: Stiftungen für Wissenschaft und Forschung. Ziele, Zwecke und neue Entwicklungen seit 1987, in: Axel Frhr. v. Camphausen / Rolf Hauer (Hrsg.), Deutsches Stiftungswesen 1988–1998, Tübingen 2002, S. 97–111.

Kruse, Heinrich Wilhelm: Steuerrecht, I. Allgemeiner Teil, 3. Aufl., München 1973.

Krystek, Ulrich: Krisenmanagement, in: Gabler Wirtschafts-Lexikon, Taschenbuch-Kassette, 13. Aufl., Wiesbaden 1993, S. 1987–1991.
- Unternehmungskrisen. Beschreibung, Vermeidung und Bewältigung überlebenskritischer Prozesse in Unternehmungen, Wiesbaden 1987.

Kulturkreis der deutschen Wirtschaft im BDI e.V (Hrsg.): Steuerliche Behandlung von Spenden, Sponsoring und Werbung. Ein Leitfaden für Kunst und Kultur, Hamburg 2003.

Kümpel, Achim: Anforderungen an die tatsächliche Geschäftsführung bei steuerbegünstigten (gemeinnützigen) Körperschaften, in: Deutsches Steuerrecht, 2001, S. 152 ff.

Landtag Brandenburg (Hrsg.): Lesung des Stiftungsgesetzes für das Land Brandenburg (StiftGBbg), Gesetzentwurf der Landesregierung, Drucksache 3/7024 vom 10. Februar 2004.

Landtag des Saarlandes (Hrsg.): Saarländisches Stiftungsgesetz, Drucksache 12/1086 vom 3. März 2004.

Landtag Nordrhein-Westfalen (Hrsg.): Stiftungsgesetz für das Land Nordrhein-Westfalen, Drucksache 13/5987 vom 22. September 2004.

Landtag von Baden-Württemberg (Hrsg.): Gesetz zur Änderung des Stiftungsgesetzes, Drucksache 13/2622 vom 18. November 2003.

Lange, Hermann: Aufgabenkritik und Entbürokratisierung – berechtigte Hoffnung oder Selbsttäuschung?, in: Die Öffentliche Verwaltung, 1985, S. 169 ff.

Lange, Wilfried / *Lampe,* Stefanie: Balanced Scorecard als ganzheitliches Führungsinstrument in Non-Profit-Organisationen, in: Kostenrechnungs-Praxis: Zeitschrift für Controlling, Accounting und System-Anwendungen, Heft 2, 2002.

Langenbeck, Jochen: Das Rechnungswesen der Vereine. Buchführung Bilanzierung Kostenrechnung, F. 4, S. 1427–1434 (= Nr. 17 v. 3. September 1990).

Larenz, Karl: Juristische Methodenlehre, 4. Aufl., München 1979.

Laum, Bernhard: Stiftungen in der griechischen und römischen Antike, 2. Bd., Leipzig 1914.

Leat, Diana: United Kingdom, in: Schlüter / Then / Walkenhorst (Hrsg.), Foundations in Europe, London 2001, S. 268, 273.

Le fondazioni in Italia. Libro bianco, in: Queste istituzioni, 127, 2002, 7.

Lehmann, Axel P.: Die Kapitalerhaltung bei Stiftungen, in: Stiftung & Sponsoring, 6/2004, S. 22 ff.

Leisner, Walter (Hrsg.): Stiftungen in der Rechtssprechung, 2 Bd., Heidelberg, Karlsruhe 1980, 1982.

Lex, Peter: Steuerliche Änderungen für Stiftungen und Spenden durch das Gesetz zur weiteren steuerlichen Förderung von Stiftungen, in: Deutsches Steuerrecht, 2000, S. 1939 ff.

– Stiftungsvermögen, Grundstockvermögen und Bestandserhaltung, in: Stiftung & Sponsoring, Heft 5/1999, S. 3–6.

– Die Mehrheitsbeteiligung einer steuerbegünstigten Körperschaft an einer Kapitalgesellschaft: Vermögensverwaltung oder wirtschaftlicher Geschäftsbetrieb?, in: Der Betrieb 1997, S 349 ff.

Ley, Ursula: Neuregelungen des Spenden- und des Gemeinnützigkeitsrechts, in: Kölner Steuerdialog, 2000, S. 12658 ff.

– Rücklagenbildung aus zeitnah zu verwendenden Mitteln gemeinnütziger Körperschaften, in: Der Betriebs-Berater, 1999, S. 626 ff.

Liechtensteinische Steuerverwaltung (Hrsg.): Merkblatt betreffend die Voraussetzungen für die Befreiung gemeinnütziger Institutionen, insbesondere Stiftungen, von der persönlichen Steuerpflicht, Vaduz 2000.

Liermann, Hans: Geschichte des Stiftungsrechts, 2. Aufl., Tübingen 2002.

– Die kirchliche Stiftung. Rechtslage und Rechtsfragen, in: Heckel/Obermayer/Pirson (Hrsg.), Der Jurist und die Kirche – Ausgewählte kirchenrechtliche Aufsätze und Gutachten von Hans Liermann, München 1974.

– Die Stiftung als Rechtspersönlichkeit, in: Albert K. Franz u. a. (Hrsg.), Deutsches Stiftungswesen 1948–1966, Tübingen 1968, S. 153 ff.

– Handbuch des Stiftungsrechts, I. Band: Geschichte des Stiftungsrechts, 1. Aufl., Tübingen 1963.

Lietaer, Bernard: The 2004 geopolitical situation and the role of the US, in: Maecenata Actuell, 2005 (im Erscheinen).

Lindner, Reinhold: Die Umwandlung einer Stiftung in eine Aktiengesellschaft am Fallbeispiel der Carl-Zeiss-Stiftung. Zugleich eine Untersuchung der Eignung der Stiftung als Unternehmensform, Berlin 2004.

Listl, Joseph/*Pirson,* Dietrich (Hrsg.): Handbuch des Staatskirchenrechts der Bundesrepublik Deutschland, Berlin 1994.

Lloyd, Theresa: Why rich people give, 1. Aufl., London 2004.

Loeser, Roman: Das Bundes-Organisationsgesetz, Baden-Baden 1988.

Logan, David: Corporate Citizenship Company, in: Kaevan Gazdar/Klaus Rainer Kirchhoff (Hrsg.), Unternehmerische Wohltaten: Last oder Lust?, Neuwied 2004.

Long, Carolyn M.: Participation of the Poor in Development Initiatives. Taking Their Rightful Place, London 2001.

Lorentzen, Hakon: Norway, in: Schlüter/Then/Walkenhorst (Hrsg.), Foundations in Europe, London 2001, S. 206 ff.

Löwe, Christian von: Familienstiftung und Nachfolgegestaltung. Deutschland – Österreich – Schweiz – Liechtenstein, Düsseldorf 1999.

Löwe, Marion: Rechnungslegung von Nonprofit-Organisationen. Anforderungen und Ausgestaltungsmöglichkeiten unter Berücksichtigung der Regelungen in Deutschland, USA und Grtoßbritannien, Berlin 2003.

Löwer, Volkmar: Stiftungen und Unternehmen im Spannungsverhältnis, in: Bertelsmann Stiftung (Hrsg.), Handbuch Stiftungen: Ziele – Projekte – Management – Rechtliche Gestaltung, 1. Aufl., Wiesbaden 1998, S. 401–421.

Lucks, Christoph: Stadt der Stiftungen, in: Bürger und Gesellschaft – Stiftungen in Hamburg, Hamburg 2003, S. 27.

Lunk, Stefan / *Rawert,* Peter: Bestellung, Abberufung, Anstellung und Kündigung von Stiftungsvorständen, in: Hein Kötz / Peter Rawert / Karsten Schmidt / Rainer Walz (Hrsg.), Non Profit Law Yearbook 2001, Köln 2002.

Lutter, Marcus / *Hommelhoff,* Peter: GmbHG. Kommentar, 16. Aufl., Köln 2004.

Maaß, Frank / *Clemens,* Reinhard: Corporate Citizenship: Das Unternehmen als ‚guter Bürger', in: Institut für Mittelstandsforschung Bonn (Hrsg.), Schriften zur Mittelstandsforschung, Nr. 94 NF, Wiesbaden 2002.

Macuch, Maria: Die sassanidische Stiftung „für die Seele" – Vorbild für den islamischen *waqf?*, in: Petr Vavrousek (Hrsg.), Iranian and Indo-European Studies. Memorial Volume of Otakar Klíma, Prag 1994, S. 163–180.

Maier, Jochen: Die Besteuerung der Stiftung nach der Reform, in: Der Betriebs-Berater, 2001, S. 494 ff.

Makdisi, George: The Rise of the Colleges. Institutions of Learning in Islam and the West, Edinburgh 1981.

Malik, Fredmund: Die Malik-Kolumne. Lasst falsche Theorien sterben und nicht Unternehmen, in: manager-magazin, 9. 12. 2002.

Mandaville, Jon E.: Usurious Piety. The Cash Waqf Controversy in the Ottoman Empire, in: International Journal of Middle East Studies, Bd. 10, 1979, S. 289–308.

Marcuzzi, Piero Giorgio: Le fondazioni pie (cann. 1303–1310 CIC), in: I beni temporali della Chiesa, Roma 1999, S. 223–259.

Markowitz, H. M.: Portfolio Selection – Efficient Diversification of Investments, New York 1959.

Marquardt, Jens: Corporate Foundation als PR-Instrument: Rahmenbedingungen – Erfolgswirkungen – Management, 2001.

Marquardt, Jens / *Blank,* Melanie: Öffentlichkeitsarbeit deutscher Stiftungen. Arbeitspapier, Günter Silberer (Hrsg.), Universität Göttingen, Institut für Marketing und Handel, Göttingen 1999.

Martens, Wolfgang: Öffentlich als Rechtsbegriff, Bad Homburg 1969.

Martin, Jörg / *Wiedemeier,* Frank / *Hesse,* Ulrike: Fundraising-Instrument Stiftungen. Die neuen Möglichkeiten für soziale Dienstleister, Regensburg 2002.

Mauss, Marcel: Die Gabe, Frankfurt am Main 1968 (1923 / 24).

Mauvillon, Jakob: Physiokratische Briefe an den Herrn Professor Dohm, Braunschweig 1780, Nachdr. Königstein / Ts., 1979, 17. Brief, S. 265.

McChesney, Robert D.: *Waqf* in Central Asia. Four Hundred Years in the History of a Muslim Shrine, 1480–1889, Princeton 1991.

McIlnay, Dennis P.: How Foundations work. What Grant Seekers need to know about the many Faces of Foundations, San Francisco 1998.

Mecking, Christoph / *Schulte,* Martin (Hrsg.): Grenzen der Instrumentalisierung von Stiftungen, Tübingen 2003.

– Keine Grunderwerbsteuer bei Übertragung von Immobilienvermögen auf gemeinnützige Stiftungen, in: Zeitschrift zum Stiftungswesen, Heft 9, 2003, S. 266.

– Überschießende Instrumentalisierung von Stiftungen, in: Grenzen der Instrumentalisierung von Stiftungen, Christoph Mecking / Martin Schulte (Hrsg.), Tübingen 2003, S. 1 ff.

– 4 222 Stiftungen geglückt, 735 Vorhaben gescheitert. Weitere Schlussfolgerungen aus dem Bericht der Bund-Länder-Arbeitsgruppe, in: Deutsche Stiftungen. Mitteilungen des Bundesverbandes Deutscher Stiftungen, Jg. 2001, Nr. 3 / 2001, S. 80 – 81.

– Das Gesetz zur weiteren steuerlichen Förderung von Stiftungen, in: Neue Juristische Wochenschrift, 2001, S. 203 ff.

Meffert, Heribert: Key Success Factors in Foundation Management, Bertelsmann Stiftung, Berlin 2005.

– Innovation in Non-Profit-Organizations. The Example of an Operating Foundation, Wissenschaftliche Gesellschaft für Marketing und Unternehmensführung, Workingpaper, Nr. 172, Münster 2005.

– Markenführung in Stiftungen – Beispiel Bertelsmann Stiftung, in: Die Roten Seiten zum Magazin Stiftung & Sponsoring, Heft 5 / 2004.

– Entwicklung einer Markenarchitektur für die Bertelsmann Stiftung, in: Hajo Riesenbeck / Jesko Perrey (Hrsg.), Mega-Macht Marke, Frankfurt am Main / Wien 2004, S. 174 – 179.

Meffert, Heribert / *Burmann,* Christoph: Theoretisches Grundkonzept der identitätsorientierten Markenführung, in: Heribert Meffert / Christoph Burmann / Martin Koers (Hrsg.), Markenmanagement, Wiesbaden 2002, S. 35 – 72.

Meffert, Heribert / *Burmann,* Christoph / *Koers,* Martin: Stellenwert und Gegenstand des Markenmanagement, in: dies. (Hrsg.), Markenmanagement, Wiesbaden 2002, S. 3 – 15.

Meier, Astrid: „Le plus avantageux pour le waqf". Villages, fondations et agents fiscaux aux environs de Damascus dans la première moitié du 18e siècle, in: La société rurale en Egypte, dans le Bilad al Sham et en Anatolie / Balkans, hrsg. vom Institut français d'archéologie orientale, Kairo (im Erscheinen).

– „Waqf Only in Name, Not in Essence". Early Tanzimat Waqf Reforms in the Province of Damascus, in: Jens Hanssen / Thomas Philipp / Stefan Weber (Hrsg.), The Empire in the City. Arab Provincial Capitals in the Late Ottoman Empire, Beirut 2002, S. 201 – 218.

Meincke, Jens Peter: Erbschaftsteuer- und Schenkungsteuergesetz, 14. Aufl. 2004.

Menges, Evelyne: Stiftungsvorstand- Haftungsrisiko ohne Ende, in: Stiftung & Sponsoring, Heft 3 / 2003, S. 19 ff.

– Dominica: Die kirchliche Stiftung in der Bundesrepublik Deutschland. Eine Untersuchung zur rechtlichen Identität der kirchlichen Stiftung staatlichen Rechts mit der kanonischen Stiftung, St. Ottilien 1995 (= Münchener Theologische Studien III. Kanonistische Abteilung, Bd. 48).

Mercker, Florian / *Mues,* Gabor: Große Spendierhosen – Endlich kommt die Reform des Stiftungsprivatrechts, in: Frankfurter Allgemeine Zeitung, Nr. 174, 30. Juli 2002, S. 41.

Merl, Franz: Die Rechnungslegung und Prüfung von Stiftungen, in: Bertelsmann Stiftung (Hrsg.), Handbuch Stiftungen: Ziele – Projekte – Management – Rechtliche Gestaltung, 2. Aufl., Wiesbaden 2003, S. 889 ff.

Merl, Franz / *Koss,* Claus: Bilanzierung, Bewertung, Rücklagenbildung und Prüfung, in: Bertelsmann Stiftung (Hrsg.), Handbuch Stiftungen. Ziele – Projekte – Management – rechtliche Gestaltung, 1. Aufl., Wiesbaden 1998, S. 1041–1091.

Mestmäcker, Ernst-Joachim: Recht und ökonomisches Gesetz, Baden-Baden 1978.

– Soll das Stiftungsrecht bundesgesetzlich vereinheitlicht und reformiert werden, ggf. mit welchen Grundzügen?, in: Verhandlungen des 44. Deutschen Juristentages (Referat), Tübingen 1964.

Meyer, Christian: Die Vermögensverwaltung und das Stiftungsrecht im Bereich der evangelischen Kirche, in: Handbuch des Staatskirchenrechts der Bundesrepublik Deutschland, Bd. 1, Berlin 1994, S. 907 ff.

Meyer, Petra / *Meyn,* Christian / *Timmer,* Karsten: Ratgeber Stiften. Bd. 1, Planen – Gründern – Recht und Steuern, Gütersloh 2003.

Meyn, Christian / *Richter,* Andreas: Die Stiftung. Umfassende Erläuterungen, Beispiele und Musterformulare für die Rechtspraxis, Berlin 2004.

– Die Natur der Stiftung, in: Frankfurter Allgemeine Zeitung, 7. 8. 2002, S. 6.

Michalski, Joseph H.: Financial Altruism or Unilateral Resource Exchanges? Toward a Pure Sociology of Welfare, in: Sociological Theory, Vol. 21, 2003, No. 4, S. 341 ff.

Michalski, Lutz: Kommentar zum Gesetz über die Gesellschaften mit beschränkter Haftung (GmbH-Gesetz), München 2002.

Middelhoff, Thomas / *Schulte-Hillen,* Gerd / *Thiehlen,* Gunter (Hrsg.): Reinhard Mohn. Unternehmer, Stifter, Bürger, Gütersloh 2001.

Milatz, Jürgen E. (Hrsg.): Stiftungen im Zivil- und Steuerrecht: Ein Praxisleitfaden, Heidelberg 2004.

Ministerin für Frauen, Bildung, Weiterbildung und Sport des Landes Schleswig-Holstein, Abteilung 2 – Frauen – Kiel (Hrsg.): Ehrenamtliche Arbeit von Frauen und Männern in Schleswig-Holstein, Gutachten im Auftrage der Ministerin für Frauen, Bildung, Weiterbildung und Sport des Landes Schleswig-Holstein erstellt durch konsalt Forschung & Beratung, 1993.

Mittelsteiner, Karl-Heinz / *Schaumburg,* Harald: Materialien zur Abgabenordnung 1977, Köln 1976.

Mittmann, Gert: Demokratiegebot und rechtsstaatliche Überwachung bei selbständigen Stiftungen und Anstalten, Diss., Darmstadt 1971.

M.M. Warburg Research (Hrsg.): Kapitalmarktperspektiven September 2004, Hamburg 2004.

Model, Otto / *Haegele,* Karl: Testament und Güterstand des Unternehmens, 5. Aufl., Köln 1966.

Mohn, Reinhard: Die Rolle von Stiftungen in einer modernen Gesellschaft, in: Bertelsmann Stiftung (Hrsg.), Handbuch Stiftungen. Ziele, Projekte, Management, Rechtliche Gestaltung, 2. Aufl., Wiesbaden 2003, S. VII.

Morgan Stanley (Hrsg.): Asset allocation Principles – A Resource for Private Investors, New York 2002.

Müller, Rainer: Krisenmanagement in der Unternehmung: Vorgehen, Maßnahmen und Organisation, 2. Aufl., Frankfurt am Main 1986.

Müller/Schubert: Die Stifterfamilie und die Sicherstellung ihrer Versorgung im Rahmen einer gemeinnützigen Stiftung – Gestaltungsmöglichkeiten aus zivil- und steuerrechtlicher Sicht, in: Deutsches Steuerrecht, 2000, S. 1289, S. 1294.

Münchener Kommentar zum Bürgerlichen Gesetzbuch, Bd. 1: Allgemeiner Teil: §§ 1–240, AGB-Gesetz, 4. Aufl., München 2001.

Münkler, Herfried/*Bluhm,* Harald (Hrsg.): Gemeinwohl und Gemeinsinn, 4 Bd., Berlin 2001.

Muscheler, Karlheinz: Bundesrechtliche Vorgaben und Grenzen für eine Reform der Landesstiftungsrechte, in: Zeitschrift zum Stiftungswesen, Heft 01–02, 2004, S. 3 ff.

Musgrave, Richard A.: Finanztheorie, 2. Aufl., Tübingen 1969.

Myßen, Michael: Abzug von Spenden bei der Einkommensteuer. In: Neue Wirtschafts Briefe, F. 3, S. 10979–10996 (= Nr. 10 v. 6. März 2000, S. 849–866).

Nagel, Hans-Georg: in: Kultur & Recht, Gereon Röckrath/Alexander Unverzagt (Hrsg.), Loseblattslg., Berlin, Stand: November 2004, I.2.1., S. 16 ff.

Nährlich, Stefan: Fundraising für Bürgerstiftungen. Erfolgreich Stifter, Zustifter und Spender gewinnen, Berlin 2003.

– Zukunft Bürgerstiftung! Warum Bürgerstiftungen genau die richtigen Organisationen zur richtigen Zeit sind, in: Maecenata Actuell, Nr. 34, 2002, S. 17–26.

– Innerbetriebliche Reformen in Nonprofit-Organisationen, Wiesbaden 1998.

Napolitano, G.: Le associazioni private a rilievo pubblicistico, in: Riv. crit. Dir. priv. 1995, 585.

National Center for Responsive Philanthropy (Hrsg.): Closing the Loophole: Removing Foundation Overhead Costs from Payout, Washington, DC 2003.

National Council for Voluntary Organizations (NCVO) (Hrsg.): For the public benefit? A consultation document on charity law reform, London 2001.

Naucke, Maria: Der Kulturbegriff in der Rechtsprechung des Bundesverfassungsgerichts, Diss., Hamburg 2000.

Nauer, Ernst: Organisation als Führungsinstrument. Ein Leitfaden für Vorgesetzte. Bern 1999.

Naumann, Stefan: Kulturförderpolitik. Ein systemtheoretischer Ansatz zur Identifikation von Effizienzkriterien beim Vergleich öffentlicher und unternehmenspolitischer motivierter Kulturförderung, 1. Aufl., Marburg 2002.

Nef, Robert/*Renninger,* Suzann-Viola (Hrsg.): Stiftungen. Quellen des Gemeinwohls, Dossier: Stiftungen, in: Schweizer Monatshefte, Zeitschrift für Politik Wirtschaft Kultur, 85. Jg., Februar 2005.

Neuhoff, Klaus: Grundsätze ordnungsgemäßer Stiftungsverwaltung – Versuch einer Stiftungs-Ethik, in: Die Roten Seiten zum Magazin Stiftung & Sponsoring, Heft 2/2003.

- Die gemeinwohlkonforme Allzweckstiftung als Gegenstand des Stiftungsrechts, in: Rolf Hauer u. a. (Hrsg.), Stiftungswesen 1977 – 1988, Augsburg / Bonn 1989, S. 73 ff.
- Stiftungen §§ 80 – 88 BGB, in: Soergel, Theodor: Bürgerliches Gesetzbuch, Bd. I Allgemeiner Teil, 13. Aufl., Stuttgart / Berlin / Köln / Mainz 1972.
- Die Bereitstellung von Unternehmenskapital für Stiftungen, Diss. Köln 1964.

Neumark, Fritz: Steuern I: Grundlagen, in: Handwörterbuch der Wirtschaftswissenschaft, Willi Albers u. a. (Hrsg), 7. Bd., Stuttgart / New York / Tübingen / Göttingen / Zürich 1977, S. 295, 300 f.

- Grundsätze gerechter und ökonomisch rationaler Steuerpolitik, Tübingen 1970.
- Wirtschafts- und Finanzprobleme des Interventionsstaates, Tübingen 1961.

Niedersächsischer Landtag (Hrsg.): Entwurf eines Gesetzes zur Änderung des Niedersächsischen Stiftungsgesetzes, Drucksache 15 / 1129 vom 15. Juni 2004.

Nietzer, W. / *Stadie,* V.: Die Familienstiftung & Co. KG – eine Alternative für die Nachfolgeregelung bei Familienunternehmen, in: Neue Juristische Wochenschrift, 2000, S. 3457 ff.

Nissel, Reinhard: Europarechtliche Regelungen für einen Europäischen Verein sowie eine Europäische Stiftung, in: Zeitschrift zum Stiftungswesen, Heft 3 / 2003, S. 89 – 92.

- Das neue Stiftungsrecht. Stiftungen bürgerlichen Rechts, 1. Aufl., Baden-Baden 2002.

Northrup, Linda: Qalawun's Patronage of the Medical Sciences in Thirteenth-Century Egypt, in: Mamluk Studies Review, Bd. 5, 2001, S. 119 – 140.

o₂ Germany: Geschäftsgrundsätze: Der Leitfaden von o_2 für unsere Arbeitsweise und Unternehmensführung, www.de.o2.com / ext / standard / index?page_id=24&state=online&style= standard (01. 11. 2004), S. 3.

Oberfinanzdirektion Nürnberg (Hrsg.): Merkblatt zur Reform des steuerlichen Spendenrechts, Stand: Juni 2000, www.steuerformulare.de, 14. April 2001, OFD Nürnberg, Merkblatt, 2000.

Ochsenwald, William: The Hijaz Railway, Charlottesville 1989.

Oertzen, Christian von / *Müller,* Thorsten: Die Familienstiftung nach Stiftungszivilrechts- und Unternehmenssteuerreform, in: Die Roten Seiten zum Magazin Stiftung & Sponsoring, Heft 6 / 2003.

- Auswirkungen der Unternehmenssteuerreform auf inländische Familienstiftungen, in: Stiftung & Sponsoring, Heft 2 / 2001, S. 24 ff.
- Die Stiftung von Todes wegen – Gestaltungsgefahren und Gestaltungsmöglichkeiten, in: Die Roten Seiten zum Magazin Stiftung & Sponsoring, Heft 1 / 1999.
- Versorgung der Stifterfamilie und gemeinnützige Stiftung, in: Stiftung & Sponsoring, Heft 3 / 1998, S. 16 f.

Oetinger, Bolko von: Das Boston Consulting Group Strategie-Buch. Die wichtigsten Managementkonzepte für den Praktiker, Düsseldorf 1998.

Olabuénaga, José I Ruiz: Spain, in: Schlüter / Then / Walkenhorst (Hrsg.), Foundations in Europe, London 2001, S. 223 ff.

o.N.: Kalkulierte Wohltat pflegt Marken, in: Horizont. Weekly Marketing Magazine, 29. 11. 2001, S. 7.

o.N.: Wahrnehmung von Sponsoring, in: Sponsor 7/2003, S. 32.

Ordnung für kirchliche Stiftungen in den bayerischen (Erz-)Diözesen (KiStiftO) (Fassung vom 5. März 1997), in: Sebastian Anneser/Eugen Kleindienst/Josef Binder (Hrsg.), Ordnung für kirchliche Stiftungen. Satzungen und Wahlordnungen für die gemeindlichen und die gemeinschaftlichen kirchlichen Steuerverbände in den bayerischen (Erz-)Diözesen, 15. überarb. und erw. Aufl., München 2000, S. 1–35.

Ordnung über die Verwaltung des katholischen Kirchenvermögens im Erzbistum Freiburg (Kirchliche Vermögensverwaltungsordnung) – KVO – (Teile III, V, VI) vom 23. Juni 1994 in: Amtsblatt der Erzdiözese Freiburg 1994, S. 410–420 (dazu spätere Novellierungen).

Orth, Manfred: Stiftungen und Unternehmenssteuerreform, in: Deutsches Steuerrecht, 2001, S. 325, 331 ff.

– Stiftungsvermögen im Zeitraum zwischen Todestag des Stifters und Genehmigung der Stiftung, in: Zeitschrift für Erbschaft und Vermögensnachfolge, 1997, S. 327 ff.

– Zur Rechnungslegung der Stiftungen, in: Der Betrieb, 1997, S. 1341 ff.

Ossenbühl, Fritz: Öffentliches Recht und Privatrecht in der Leistungsverwaltung, in: Deutsches Verwaltungsblatt, 1974, S. 541 ff.

Osservatorio sulle Fondazioni, Universita' degli studi di Pavia (Hrsg.): The legislation on foundations in the European Union countries. A comparative Framework, Pavia Quaderno, Nr. 5, 2003.

Ostrower, Francie: Why the Wealthy Give. The Culture of Elite Philanthropy, Princeton 1195/1997.

OVGNW: Urteil v. 23. 6. 2004, in: Zeitschrift zum Stiftungswesen, Heft 11/2004, S. 312, 314.

Pahlitzsch, Johannes: Memoria und Stiftung im Islam. Die Entwicklung des Totengedächtnisses bis zu den Mamluken, in: Michael Borgolte (Hrsg.), Stiftungen in Christentum, Judentum und Islam vor der Moderne. Auf der Suche nach ihren Gemeinsamkeiten und Unterschieden in religiösen Grundlagen, praktischen Zwecken und historischen Transformationen (im Druck).

– The Transformation of Latin Religious Institutions into Islamic Endowments by Saladin in Jerusalem, in: Johannes Pahlitzsch/Lorenz Korn (Hrsg.), Governing the Holy City. The Interaction of Social Groups in Medieval Jerusalem, Wiesbaden 2004, S. 47–69.

– The Concern for Spiritual Salvation and *Memoria* in Islamic Public Endowments in Jerusalem (XII–XVI c.) as Compared to the Concepts of Christendom, in: Urbain Vermeulen/Jo van Steenbergen, Egypt and Syria in the Fatimid, Ayyubid and Mamluk Eras III. Proceedings of the 6th, 7th and 8th International Colloquium organized at the Katholieke Universiteit Leuven in May 1997, 1998 and 1999, Leuven 2001, S. 329–344.

Pahlke, Armin/*Koenig,* Ulrich (Hrsg.): Abgabenordnung, §§ 1 bis 368, Kommentar, mit Steueränderungsgesetz 2003 und Steueramnestiegesetz, München 2004.

Palandt, Otto: Bürgerliches Gesetzbuch, mit Einführungsgesetz (Auszug), BGB-Informationspflichten-Verordnung, Unterlassungsklagengesetz, Produkthaftungsgesetz, Erbbaurechtsverordnung, Wohnungseigentumsgesetz, Hausratsverordnung, Lebenspartnerschaftsgesetz, Gewaltschutzgesetz (Auszug), 63./64. neuberab. Aufl., München 2004/2005.

Pankoke, Eckart: Stiftung und Ehrenamt, in: Bertelsmann Stiftung (Hrsg.), Handbuch Stiftungen: Ziele – Projekte – Management – Rechtliche Gestaltung, 2. Aufl., Wiesbaden 2003, S. 593 ff.

Patrizi, Patricia / *McMullan,* Bernard: Evaluation in Foundations. The Unrealized Potential, Battle Creek, MI 1998.

Pauly, Edward: The Role of Evaluation in Strategic Philanthropy. A discussion draft for INSP Working Group III, Andechs 2002.

Pavel, Uwe: Eignet sich die Stiftung für den Betrieb erwerbswirtschaftlicher Unternehmen?, Bad Homburg / Berlin / Zürich 1967.

Peters, Hans: Öffentliche und staatliche Aufgaben, in: Festschrift für H. C. Nipperdey, München 1965, S. 877 ff.

– Öffentliche und staatliche Aufgaben, in: Festschrift für Hans Carl Nipperdey zum 70. Geburtstag, Bd. 2, München 1965, S. 877 ff.

Petry, Carl: A Geniza for Mamluk Studies? Charitable Trust (Waqf) Documents as a Source for Economic and Social History, in: Mamluk Studies Review, Bd. 2, 1998, S. 51 – 60.

Petry, Christian: Thesen zur Einleitung der Diskussion in der Themengruppe „Kooperation als Instrument nachhaltiger Wirkung". Werkstattgespräch des Arbeitskreises „Bildung und Ausbildung", Wiesbaden 2004, www.hertie-stiftung.de.

Pettigrew, Andrew M. / *Fenton,* Evelyn M. (Hrsg.): The innovating organization, London 2000.

Pfannenberg, Jörg: Cultural Due Diligence: Ansatzpunkte für die Bewertung von Kommunikationsleistungen, www.jppr.de / newsimages / News-Service%20CDD.pdf (01. 11. 2004).

Philanthropy's New Agenda: Creating Value. Harvard Business Review, November / December 1999, S. 121 ff.

Picht, Robert: Education Funding in Europe. A Pilot Study on Innovating Education and Learning – The Role of Foundations and Corporate Funders, European Foundation Centre, Brüssel 1998.

Piduch, Erwin Adolf: Bundeshaushaltsrecht, Kommentar, Loseblattslg., Stand: August 2003.

Pierer, Heinrich von / *Homann,* Karl / *Lübbe-Wolf,* Gertrude: Zwischen Profit und Moral. Für eine menschliche Wirtschaft, München 2003.

Pinter, Frances: The Role of Foundations in the Transformation Process in Central and Eastern Europe, in: Schlüter / Then / Walkenhorst, Foundations in Europe, London 2001, S. 282 ff.

Piwko, Rudi: Fundraising als Chance. Arbeitshilfe zur Mittelbeschaffung und Organisationsentwicklung in Vereinen, Bonn 2004.

– Arbeitshilfe Fundraising, Bonn / Berlin 1999.

Pleimes, Dieter: Irrwege der Dogmatik des Stiftungsrechts, Köln 1954.

– Die Rechtsproblematik im Stiftungswesen, Diss. Leipzig / Weimar 1938.

– Weltliches Stiftungsrecht, Weimar 1938.

Pleon Kohtes Klewes (Hrsg.): Im Geheimer Mission. Deutsche Unternehmen im Dialog mit kritischen Stakeholdern. Eine Umfrage unter den 150 größten Unternehmen, Bonn / Berlin 2004.

PLEON Kohtes Klewes / Fishburn Hedges (Hrsg.): Global Stakeholder Report 2003: Geteilte Werte? Die erste weltweite Stakeholder-Befragung zum Non-financial Reporting, Bonn / London 2003.

Ploeg, Tymen van der: Stiftungen im niederländischen Recht, in: Klaus Hopt / Dieter Reuter (Hrsg.), Stiftungsrecht in Europa, Köln 2001, S. 405–418.

Pluskat, Sonia: Die neuen Vorschläge für die Europäische Aktiengesellschaft, in: Europäische Zeitschrift für Wirtschaftsrecht, 2001, S. 524–528.

Pöllath, Reinhard: § 13. Unternehmensstiftung, in: von Campenhausen / Seifart (Hrsg.), Handbuch des Stiftungsrechts, 2. Aufl., München 1999, S. 366–401.

Pölnitz-Eglofstein, Freiherr von / *Hauer,* Rolf / *Pilgrim,* Hans Winfrid (Hrsg.): Deutsche Stiftungen. Wissenschaft und Praxis, Tübingen 1977.

Pomey, Michel: Traité des fondations d'utilité publique, Paris, 1980.

Porter, Michael E. / *Kramer,* Mark R.: Philanthropy's New Agenda. Creating Value, in: Harvard Business Review, Nov / Dec 1999, S. 121–130.

Powers, David S.: The Maliki Family Endowment: Legal Norms and Social Practices, in: International Journal of Middle Eastern Studies Band 25, 1993, S. 379–406.

– The Islamic Inheritance System: A Socio-Historical Approach, in: Islamic Family Law (Arab and Islamic Laws Series), hg. v. Chibli Mallat u. Jane Connors, London / Dordrecht / Boston 1990, S. 11–29.

– Orientalism, Colonialism, and Legal History. The Attack on Family Endowments in Algeria and India, in: Comparative Studies in Society and History, Band 31, 1989, S. 535–571.

Prabhakar, Rajiv: Stakeholding and New Labour, New York 2003.

Pree, Helmuth: Ortskirchenvermögen. Kath., in: Lexikon für Kirchen- und Staatskirchenrecht, Bd. 3, Paderborn 2004, S. 128–130.

– Aufsicht über kirchliche Stiftungen, in: Andreas Weiß / Stefan Ihli, Flexibilitas Iuris Canonici. Festschrift für Richard Puza zum 60. Geburtstag, Frankfurt am Main 2003 (= Adnotationes in Ius Canonicum, Bd. 28), S. 421–437:

Prellberg, Michael: Geld geben und gutes Image gewinnen, in: Financial Times Deutschland, 15. 5. 2002.

Preuß, Ulrich Klaus: Zum staatsrechtlichen Begriff des Öffentlichen, Stuttgart 1969.

Prewitt, Kenneth: Auftrag und Zielsetzung einer Stiftung: Stifterwille, Stiftungspraxis und gesellschaftlicher Wandel, in: Bertelsmann Stiftung (Hrsg.), Handbuch Stiftungen. Ziele – Projekte – Management – Rechtliche Gestaltung, 2. Aufl., Wiesbaden 2003, S. 315–349.

– The Importance of Foundations in an Open Society, in: Bertelsmann Foundation (Hrsg.), The Future of Foundations in an Open Society. Gütersloh 1999, S. 17–29.

Priller, Eckhard: Zum Stand empirischer Befunde und sozialwissenschaftlicher Theorie zur Zivilgesellschaft und zur Notwendigkeit ihrer Weiterentwicklung, in: Enquete-Kommission „Zukunft des Bürgerschaftlichen Engagements" Deutscher Bundestag (Hrsg.): Bürgerschaftliches Engagement und Zivilgesellschaft, Opladen 2002, S. 39–54.

Priller, Eckhard et al.: Germany, in: Lester M. Salamon et al. (Hrsg.), Global Civil Society. Dimensions of the Nonprofit Sector, The Johns Hopkins Center for Civil Society Studies, Baltimore 1999, S. 99–118.

proFonds (Hrsg.): Dachverband gemeinnütziger Stiftungen der Schweiz, Schriftenreihe, Heft 1–7, Basel 1989–2004.

Pross, Harry: Gemeinnützige Aktivitäten sind kein Privileg der öffentlichen Hand, in: Offene Welt Nr. 94, 1977, S. 20.

Pues, Lothar / *Scheerbart,* Walter: Gemeinnützige Stiftungen im Zivil- und Steuerrecht, 2. Aufl., München 2004.

Purtschert, Robert: Markenpolitik für Nonprofit-Organisationen, in: Ernst-Bernd Blümle et al. (Hrsg.), Öffentliche Verwaltung und Nonprofit-Organisationen, Wien 2003, S. 483–494.

– Marketing für Verbände und weitere Nonprofit-Organisationen, Bern 2001.

– Visions and Roles of Foundations in Europe. Länderstudie Schweiz, in: Philipp Egger, Stiftungsparadies Schweiz, S. 53 ff.

Purtschert, Robert / *Schnurbein,* Georg von / *Beccarelli,* Claudio: Visions and Roles of Foundations in Europe. Länderstudie Schweiz, Bd. 1 der VMI Forschungsreihe, Freiburg 2003.

Putnam, Robert D.: Making Democray Work. Civic Traditions in Modern Italy, Princeton 1993.

– Turning in, turning out: The strange disappearance of social capital in America, in: Political Science and Politics, Heft 28 (4), 1993, S. 664–683.

Püttmann, Michael: Sponsoring. Erfolgreiche Symbiose zwischen Wirtschaft und Gesellschaft, in: Friedrich Loock (Hrsg.), Kulturmanagement. Kein Privileg der Musen, Wiesbaden 1991, S. 243.

Puza, Richard: Der Erwerb von Kirchenvermögen, in: Joseph Listl / Heribert Schmitz (Hrsg.), Handbuch des katholischen Kirchenrechts, 2. Aufl., Regensburg 1999, S. 1068–1077.

– Die Verwaltung des Kirchenvermögens, in: Joseph Listl / Heribert Schmitz (Hrsg.), Handbuch des katholischen Kirchenrechts, 2. Aufl., Regensburg 1999, S. 1093–1102.

Radlanski, Heide: Stiftungsprofessuren – ein flexibles Förderinstrument, in: Stiftung & Sponsoring, Heft 6/2003, S. 7–9.

Raggamby, Nikolaus von: Punktstrahler statt Flutlicht. Kultursponsoring hat sich als Alternative zur klassischen Werbung etabliert. Firmen profitieren vom Imagetransfer, in: Financial Times Deutschland, 10. 4. 2002.

Rassem, Mohammed (Hrsg.): Stiftung und Leistung. Essais zur Kultursoziologie, Mittenwald 1979.

– Die Stiftung als Modell, in: ders. Hrsg., Stiftung und Leistung, Essais zur Kultursoziologie, Mittenwald 1979, S. 193.

– Entwurf einer Stiftungslehre, in: ders. Hrsg., Stiftung und Leistung, Essais zur Kultursoziologie, Mittenwald 1979, S. 180.

Rawert, Peter: Bürgerstiftungen – Ausgewählte Rechts- und Gestaltungsfragen, in: Bertelsmann Stiftung (Hrsg.), Handbuch Bürgerstiftungen, 2. Aufl., 2004, S. 151 ff.

- Der Sinn des Stiftens, in: Bürgersinn – Stiftungssinn – Gemeinsinn, Hein Kötz u. a. (Hrsg.), Köln / Berlin / Bonn / München 2001, S. 19, 23.
- Der Stiftungsbegriff und seine Merkmale – Stiftungszweck, Stiftungsvermögen, Stiftungsorganisation, in: Klaus J. Hopt / Dieter Reuter (Hrsg.), Stiftungsrecht in Europa, 2001, S. 109 ff.
- Der Einsatz der Stiftung zu unternehmensfremden Zwecken, in: Zeitschrift für Erbrecht und Vermögensnachfolge, 1999, S. 294 ff.
- Stiftung und Unternehmen, in: Nonprofit Law Yearbook 2003, Köln 2004, S. 1 – 16.
- Stiftungen im Rahmen der Rechtsordnung, in: Frankfurter Allgemeine Zeitung, 08. 05. 1998, S. 10.
- Vorbemerkung zu §§ 80 ff. Rn. 48 ff., in: Staudinger, Bürgerliches Gesetzbuch, Kommentar, 13. Aufl., Berlin 1995.
- Die Genehmigungsfähigkeit der unternehmensverbundenen Stiftung, Frankfurt am Main 1990.

Rawert, Peter / *Schlosshan,* Sabine: Stiftungsrecht im 20. Jahrhundert. Auswahlbibliographie, Buch und CD-ROM, Köln 2004.

Rebmann, Kurt / *Sächer* Franz Jürgen / *Pinzecker,* Roland (Hrsg.): Münchner Kommentar zum BGB, München 1997.

Reichard, Sven: Civil Society – A Concept for Comparative Historical Research, in: Annette Zimmer / Eckhard Priller (Hrsg.), Future of Civil Society. Making Central European Nonprofit-Organizations Work, Wiesbaden 2004, S. 35 – 55.

Reichert, Bernhard: Handbuch des Vereins- und Verbandsrechts, 9. Aufl., München 2003.

Reimer, Sabine: Corporate Citizenship in Diskussion und Praxis, in: Holger Backhaus-Maul / Sabine Reimer / Thomas Wettenmann, Aktuelle Beiträge zu Corporate Citizenship, Diskussionspapiere zum Nonprofit-Sektor, Nr. 26, Berlin 2004.
- In vielen Unternehmen fehlt ein Konzept. Gesellschaftliches Engagement in deutschen Firmen geschieht oft noch eher zufällig – Kritische Anmerkungen zu einem Modebegriff, in: Frankfurter Rundschau, 13. 10. 2004, S. 26.

Remien, Oliver: Die Vorlagepflicht bei der Auslegung unbestimmter Rechtsbegriffe, in: Rabels Zeitschrift für ausländisches und internationales Privatrecht, 2002, S. 503 – 530.

Report of the EFC Tax Seminar March 22nd 2004: How to improve Cross-border Giving in Europe. Barriers and solutions – foundations' perspective, www.efc.be / ftp / public / eu / tax / report_taxseminar2004.pdf, 22. 09. 2004, 16:15 Uhr.

Rescigno, P.: Conclusioni., in: AAVV, Riforma costituzionale e nuova disciplina delle fondazioni bancarie, 2003, 89.
- Fondazioni bancarie e regime delle persone giuridiche private, in: Persona e comunità, III, Padova, 1999, 303.
- Le fondazioni e i gruppi bancari, in: Persone e comunità, cit., 255 ss.
- Le fondazioni: prospettive e linee di riforma, in: Persona e Comunità, III, Padova, 231, 255 ss.
- Principio di sussidiarietà orizzontale e diritti sociali, in Dir. pubbl., 2002, 5.

Reuber, Hans-Georg: Die Besteuerung der Vereine, Loseblattsammlung, Stuttgart, 1996 ff.

Reuter, Dieter: Haftung des Stiftungsvorstandes gegenüber der Stiftung, Dritten und dem Fiskus, in: Non Profit Law Yearbook 2002, Köln 2003, S. 157 ff.

– Neue Impulse für das gemeinwohlorientierte Stiftungswesen, in: Non Profit Law Yearbook 2001, Köln 2001, S. 27 – 64.

– Vorbemerkung § 80, in: Kurt Rebmann / Franz J. Säcker (Hrsg.), Münchener Kommentar zum Bürgerlichen Gesetzbuch, Bd. 1, 4. Aufl., München 2001.

– Münchner Kommentar BGB § 80, 3. Aufl., München 1998.

Reuter, Edzard: Wirtschaft und Kunst. Ein neuer Feudalismus? Schriftenreihe des Verbandes der Wirtschaft Baden-Württemberg, Stuttgart 1989, S. 5 ff.

Rhiemer, Klaus: Körperschaften als Stiftungsorganisationen, Baden-Baden 1993.

Richardson, John: Das European Foundation Center (EFC), in: Bertelsmann Stiftung (Hrsg.), Handbuch Stiftungen, 1. Aufl., Wiesbaden 1998, S. 891 ff.

Richter, Andreas: Die Unternehmensstiftung – ein Instrument der Unternehmensnachfolge?, in: Berater-Brief Vermögen, 1 / 2004, S. 17 ff.

– Die Reform des Stiftungsrechts auf Landesebene, in: Zeitschrift für Erbschaft und Vermögensnachfolge, 2003, S. 314 f.

– Die wirtschaftliche Besteuerung gemeinnütziger Stiftungen und ihre ertragssteuerliche Behandlung in Deutschland, Großbritannien und den USA, in: Bertelsmann Stiftung (Hrsg.), Handbuch Stiftungen: Ziele – Projekte – Management – Rechtliche Gestaltung, 2. Aufl., Wiesbaden 2003, S. 955 ff.

– Steuerpflicht bei der Veräußerung einbringungsgeborener Anteile, in: Stiftung & Sponsoring, Heft 5 / 2003, S. 14 f.

– Stiften und Unternehmensnachfolge – eine integrierte Lösung, Gütersloh 2003.

– Stiftungsrechtsreform und Novellierung der Landesstiftungsgesetze, in: Bundesverband Deutscher Stiftungen (Hrsg.), Vom Steuerstaat zum Stifterengagement, 59. Jahrestagung des Bundesverbandes Deutscher Stiftungen, Berlin 2003, S. 44 – 62.

– Die rechtliche und steuerliche Gestaltung der Unternehmensnachfolge / Legal and tax planning in issues of business succession, in: Dieter Krimphove / Dagmar Tytko, Praktiker-Handbuch Unternehmensfinanzierung. Kapitalbeschaffung und Rating für mittelständische Unternehmen, Stuttgart 2002, S. 609 ff.

– Das US-amerikanische Stiftungsmodell, in: Kötz / Rawert / Schmidt / Walz (Hrsg.), Nonprofit Law Yearbook 2001, Köln 2002, S. 223 – 244.

– Rechtsfähige Stiftung und Charitable Corporation. Überlegungen zur Reform des deutschen Stiftungsrechts auf der Grundlage einer historisch-rechtsvergleichenden Untersuchung der Entstehung des modernen deutschen und amerikanischen Stiftungsmodells, 1. Aufl, Berlin 2001.

– German and American Law of Charity, in: Helmholz / Zimmermann, Itinera Fiduciae, S. 427, 433 ff.

– Die Reform der Stiftungsgesetze der Länder, in: Zeitschrift zum Stiftungswesen, 01 – 02, 2004, S. 19 ff.

Richter, Andreas / *Meyn,* Christian: Die Stiftung. Umfassende Erläuterungen, Beispiele und Musterformulare für die Rechtspraxis, Berlin 2004.

Richter, Andreas / *Sturm,* Sebastian: Die Beteiligung gemeinnütziger Stiftungen an Personen- und Kapitalgesellschaften, in: Stiftung & Sponsoring, Heft 6 / 2004, S. 11 ff.

- Die Reform des englischen Gemeinnützigkeitsrechts, in: Zeitschrift zum Stiftungswesen, Heft 5, 2004, S. 127 – 132.

- Die Reform des englischen Stiftungsrechts, in: Recht der internationalen Wirtschaft, 2004, S. 346 – 351.

Richter, Andreas / *Welling,* Berthold: Die Erbschaftsteuer auf dem verfassungsrechtlichen Prüfstand, in: Der Betriebs-Berater, 2002, S. 2305 ff.

Riemer, Hans Michael: Stiftungsrecht in der Schweiz, Bucerius Law-School Discussion-Paper, Heft 2, Hamburg 2003.

Riemer, Hans Michael / *Schildknecht,* Reto: Aktuelle Fragen zum Stiftungsrecht, unter Einbezug der geplanten Gesetzesrevision (Parlamentarische Initiative Schiesser), Bern 2002.

Rigano, F.: La libertà assistita, Padova, 1996.

Rigaud, Jacques: L'exception culturelle – Culture et pouvoirs sous la Ve République, Paris, Éditions Grasset, 1995.

Rimmerl / Stork, A.: Wahl der Rechtsform im gemeinnützigen Nonprofit-Bereich, in: Neue Zeitschrift für Gesellschaftsrecht, 2001, S. 440 ff.

Rindt, Susanne / *Sprengel,* Rainer: Stipendien deutscher Stiftungen. Eine empirische Untersuchung, Opusculum Nr. 1, Maecenata Institut für Dritter-Sektor-Forschung, Berlin 2000.

Rinken, Alfred: Das Öffentliche als verfassungstheoretisches Problem, dargestellt am Rechtsstatus der Wohlfahrtsverbände, Berlin 1971.

Ritchie, Robin J. B. / *Swami,* Sanjeev / *Weinberg,* Charles B.: A brand new world for nonprofits, in: International Journal of Nonprofit and Voluntary Sector Marketing, Vol. 4, 1999, No. 1, S. 26 – 42, zugl. www.sauder.ubc.ca / faculty / research / docs / weinberg / IJNVSM_Brand.pdf (Stand 15. 03. 2004).

Robert Bosch Stiftung, Kommission Jugendgemeinschaftsdienste in Deutschland und Europa (Hrsg.): Jugend erneuert Gemeinschaft. Manifest für Freiwilligendienste in Deutschland und Europa, Stuttgart 1998.

Röder, Hein Ulrich: Entwicklung der kirchlichen Stiftungen seit 1945, in: Axel Freiherr von Campenhausen u. a. (Hrsg.), Deutsches Stiftungswesen 1988 – 1998. Wissenschaft und Praxis, Tübingen 2000, S. 153 – 161.

Roolf: Die Beteiligungen einer gemeinnützigen Körperschaft an Personen- und Kapitalgesellschaften und der wirtschaftliche Geschäftsbetrieb, in: Der Betrieb 1985, S. 1156 ff.

Rosenkranz, Olaf: Die Stiftung als Unternehmensform, Diss., Köln 1957.

Rotberg, Konrad von / *Broe,* Volker: Stiftungsgesetz Baden-Württemberg, Kommentar, Essen-Bredeney 1997.

Rüegg-Stürm, Johannes: Das neue St. Galler Management-Modell. Grundkategorien einer integrierten Managementlehre: Der HSG-Ansatz. 2. Aufl., Bern 2003.

Rüegg-Stürm, Johannes / *Lang,* Niklas / *Schnieper,* Peppi: Grundsätze des Stiftungsmanagements, in: Rupert Graf Strachwitz / Volker Then (Hrsg.), Kultureinrichtungen in Stiftungsform, Gütersloh 2004, S. 58–66.

– Stiftungen im 21. Jahrundert: Change Management, in: Philipp Egger (Hrsg.), Stiftungsland Schweiz, 2004, S. 83 ff.

– Stiftungsmanagement im Wandel des gesellschaftlichen Kontexts, in: Stiftung & Sponsoring, Heft 3 / 2004, S. 5–7.

Rüegg-Stürm, Johannes / *Müller,* M. / *Tockenbürger,* L. / *Koller,* W.: Optimierung in Unternehmen, in: R. Dubs / D. Euler / J. Rüegg-Stürm / Ch. Wyss (Hrsg.), Einführung in die Managementlehre, Bd. 4, Bern 2004, 223–252.

Rupp, Hans Heinrich: Die Unterscheidung von Staat und Gesellschaft, in: Josef Isensee / Paul Kirchhof (Hrsg.), Handbuch des Staatsrechts, Bd. I, 3. Aufl., Heidelberg 2004, S. 879, 896.

Sabra, Adam: Poverty and Charity in Medieval Islam. Mamluk Egypt, 1250–1517, Cambridge 2000.

Sachs, Michael: Kein Recht auf Stiftungsgenehmigung, in: Josef Isensee / Helmut Lecheler (Hrsg.), Festschrift für Walter Leissner, Berlin 1999, S. 955, 964.

Sachße, Christoph: Stufen der Gemeinwohlförderlichkeit: Bürgerschaftliche Organisationen und Steuerprivileg, Gütersloh 2001.

– Traditionslinien bürgerschaftlichen Engagements, in: Enquete-Kommission „Zukunft des Bürgerschaftlichen Engagements" Deutscher Bundestag (Hrsg.), Bürgerschaftliches Engagement und Zivilgesellschaft, Opladen 2002, S. 23–28.

Sachße, Christoph / *Tennstedt,* Florian (Hrsg.): Bettler, Gaukler und Proleten. Armut und Armenfürsorge in der deutschen Geschichte. Ein Bild-Lesebuch, Frankfurt am Main 1998.

Sacksofsky, Ute / *Arndt,* Nina: Das haushaltsrechtliche Besserstellungsverbot – ein geeignetes Steuerungsmodell?, in: Die Öffentliche Verwaltung 2003, S. 561 ff.

Saenger, Ingo: Die Stiftung als Geldsammlerin für Pflichtteilsberechtigte, veramte Schenker und Sozialkassen?, in: Zeitschrift zum Stiftungswesen, Heft 7–8, 2004, S. 183 (188).

Saenger, Ingo / *Arndt,* Ingo: Reform des Stiftungsrechts: Auswirkungen auf unternehmensverbundene und privatnützige Stiftungen, in: Zeitschrift für Rechtspolitik, Heft 1, 2000, Heft.

Salamon, Lester M. et al.: Global Civil Society. Dimensions of the Nonprofit Sector, The Johns Hopkins Center for Civil Society Studies, Baltimore 1999.

Sandberg, Berit: Nonprofit Branding – Chance oder Risiko?, in: Dieter Witt / Robert Purtschert / Reinbert Schauer (Hrsg.), Funktionen und Leistungen von NPO, Wiesbaden 2004, S. 227–243.

– Stiftungen als Marken, in: Stiftung & Sponsoring, 2004, H. 4, S. 29–32.

– Stiftungskostenrechnung, Grundzüge einer Kosten- und Leistungsrechnung für Stiftungen, in: Die Roten Seiten zum Magazin Stiftung & Sponsoring, Heft 1, 2001.

– Grundsätze ordnungsmäßiger Jahresrechnung für Stiftungen. Entwurf eines stiftungsspezifischen GoB-Pendants, Baden-Baden 2001, zugl. Habil. Göttingen 2000.

– Neue Wege in der Rechnungslegung von Stiftungen (Teil 1), Anforderungen an den Jahresabschluss der Stiftung, in: bilanz & buchhaltung, 46. Jg., 2000, H. 9, S. 347–350.

- Neue Wege in der Rechnungslegung von Stiftungen (Teil 2), Stiftungsgerechte Bilanzierungsgrundsätze, in: bilanz & buchhaltung, 46. Jg., 2000, H. 11, S. 423–426.
- Rechnungslegung von Stiftungen. Überlegungen zur Anwendung handelsrechtlicher Vorschriften, in: Zeitschrift für das gesamte Handelsrecht und Wirtschaftsrecht, Bd. 164, 2000, H. 2, S. 155–175.

Santillana, David: Instituzioni di diritto musulmano malichita con riguardo anche al sistema sciafita, 2 Bd., Rom 1943.

Sax, Emil: Die Wertungstheorie der Theorie, in: Zeitschrift für Volkswirtschaft und Sozialpolitik, NF. Bd. 4, 1924, S. 191 ff.

Saxton, Joe: Polishing the Diamond – Values, Image and Brand as a Source of Strength for Charities, London 2002.

Schacht, Joseph: Early Doctrines on Waqf, in: 60. dogum yili münasebetiyle Fuad Köprülü armagani (Mélanges Fuad Köprülü), Istanbul 1953, S. 443–52.

Schäfer, Henry / *Hauser-Ditz*, Axel / *Preller*, Elisabeth C.: Transparenzstudie zur Beschreibung ausgewählter international verbreiteter Rating-Systeme zur Erfassung von Corporate Social Responsibility, Gütersloh 2004.

- Das Anlageverhalten deutscher Stiftungen und ihre Bereitschaft zu ethisch geleiteter Kapitalanlage, in Maecenata Actuell, Nr. 41, 2003, S. 19 ff.
- Nicht-finanzielle Bestimmungsfaktoren des Anlageverhaltens deutscher Stiftungen, in: Sparkasse. Manager-Magazin für die Sparkassen-Finanzgruppe, Heft 7, Jg. 120, 2003, S. 309 ff.

Schäfers, Bernadette: Die steuerrechtliche Behandlung gemeinnütziger Stiftungen in grenzüberschreitenden Fällen. Baden-Baden 2005.

Schauhoff, Stephan (Hrsg.): Handbuch der Gemeinnützigkeit. Verein – Stiftung – GmbH: Recht, Steuern, Personal, München 2000.

- Gefahren für die Gemeinnützigkeit, in: Stiftung & Sponsoring, Heft 5/2004, S. 15–17.
- Verlust der Gemeinnützigkeit durch Verluste?, in: Deutsches Steuerrecht, 1998, S. 701.
- Gemeinnützige Stiftung und Versorgung des Stifters und seiner Nachkommen, in: Der Betrieb 1996, S. 1693–1696.

Schaumburg, Harald / *Rödder*, Thomas (Hrsg.): Unternehmenssteuerreform 2001, München 2000.

Scheller, Benjamin: Memoria an der Zeitenwende. Die Stiftungen Jakob Fuggers des Reichen vor und während der Reformation (ca. 1505–1555), 1. Aufl., Berlin 2004.

Schervish, Paul G.: The Modern Medici: Patterns, Motivations and Giving Strategies of the Wealthy, Boston 2000.

Schervish, Paul G. / *Havens*, John J.: The Boston Area Diary Study and the Moral Citizenship of Care, in: Voluntas, Vol. 13, 2002, No. 1, S. 47 ff.

- The Mind of the Millionaire. Findings from a National Survey on Wealth with Responsibility, in: Eugene Tempel (Hrsg.), Philanthropic Fundraising, Heft 32, 2001, S. 75–107.
- Social Participation and Charitable Giving: A Multivariate Analysis, in: Voluntas, Vol. 8, 1997, No. 3, S. 235 ff.

Schick, Gerhard: Stiftungsallianz „Bürgernaher Bundesstaat" – erfolgreiche Kooperation durch dezentrale Organisation, in: Stiftung & Sponsoring, Heft 5/2004, S. 13–15.

Schick, Stefan/*Meinhold,* Marianne: Rechts- und Unternehmensformen, Baden-Baden, 2003.

– Kooperationen von Stiftungen. Formen, Ausgestaltung und steuerliche Fallstricke, in: Stiftung & Sponsoring, Heft 4/2003, S. 15–17.

– Umstrukturierung von Anstaltsträgerstiftungen – Ausgliederung, Outsourcing und Kooperation, in: Die Roten Seiten zum Magazin Stiftung & Sponsoring, Heft 6/2000.

– Die Beteiligung einer steuerbegünstigten Körperschaft an Personen- und Kapitalgesellschaften, in: Der Betrieb 1999, S 1187 ff.

– Die Beteiligung einer gemeinnützigen Körperschaft an einer GmbH und der wirtschaftliche Geschäftsbetrieb, in: Der Betrieb 1985, S. 1812 ff.

Schiffer, Eckart: Verfassungs- und organisationsrechtliche Probleme der Erfüllung öffentlicher Aufgaben durch autonome Organisationen. Eine Problemskizze aus Bundessicht, Bonn 1974.

Schiffer, Jan K.: Verschärfte Haftungsfragen bei der Stiftung?, in: Stiftung & Sponsoring, 5/2004, S. 15 ff.

– Die Stiftung in der anwaltlichen Praxis, Bonn 2003.

– Aktuelles Beratungs-Know-how Gemeinnützigkeits- und Stiftungsrecht, in: Deutsches Steuerrecht, 2003, S. 14 ff.

– Regelung der Unternehmensnachfolge durch Stiftungskonstruktionen, in: Der Betriebs-Berater, 1992, S. 437 ff.

– Aktuelles Beratungs-Know-how Gemeinnützigkeits- und Stiftungsrecht, in: Deutsches Steuerrecht, 2002, S. 1206 ff.

– Stiftungen und Unternehmensnachfolge: Verständnis und Missverständnisse, in: Der Betriebs-Berater, 2002, S. 265, 267 f.

Schiffer, Jan K./*Bach,* Alexander: Stiftungswirklichkeit contra Stiftungssatzung? Überlegungen zur Stiftungsberatung und zur „Stiftungsreife" (Teil 1), in: Stiftung & Sponsoring, 4/1999, S. 16–18.

– Stiftungswirklichkeit contra Stiftungssatzung? Überlegungen zur Stiftungsberatung und zur „Stiftungsreife" (Teil 2), in: Stiftung & Sponsoring, 5/1999, S. 21–23.

Schiffer, Jan K./*Schubert,* Michael von: Stiftung und Unternehmensnachfolge: Verständnis und Missverständnisse, in: Der Betriebs-Berater, 2002, S. 265 ff.

– Unternehmensnachfolger als Gründer: Einsatz unternehmens-verbundener Stiftungen?, in: Der Betrieb 2000, S. 437 ff.

Schiller, Friedrich von: Demetrius, in: Schillers Sämtliche Werke, 7. Bd., Stuttgart 1838, S. 268.

Schiller, Theo: Stiftungen im gesellschaftlichen Prozess. Ein politikwissenschaftlicher Beitrag zu Recht, Soziologie und Sozialgeschichte der Stiftungen in Deutschland, Baden-Baden, 1969.

Schindler, Ambros: Auswirkungen des Gesetzes zur weiteren steuerlichen Förderung von Stiftungen, in: Der Betriebs-Bertater, 2000, S. 2077 ff.

– Familienstiftungen – Recht, Steuer, Betriebswirtschaft, Berlin 1975.

Schleswig-Holsteinischer Landtag (Hrsg.): Entwurf eines Gesetzes zur Änderung des Stiftungsgesetzes. Gesetzentwurf der Landesregierung, Drucksache 15/2831 vom 12. August 2003.

Schlüter, Andreas: Stiftungsrecht zwischen Privatökonomie und Gemeinwohlbindung. Ein Rechtsvergleich, Deutschland, Frankreich, Italien, England, USA, München 2004.

– Typologie der französischen Stiftungen, in: Stiftung & Sponsoring, Heft 2/2004, S. 39 f.

– Die gemeinnützige GmbH I und II, in: GmbH-Rundschau, 2002, S. 535 ff., 578 ff.

– Kooperation von Stiftungen, in: Bertelsmann Stiftung (Hrsg.): Handbuch Stiftungen. Ziele – Projekte – Management – Rechtliche Gestaltung. 1. Aufl., Wiesbaden 1998, S. 833–853.

Schlüter, Andreas/*Walkenhorst,* Peter/*Then,* Volker (Hrsg.): Foundations in Europe. Society Management and Law, London 2001.

Schmahl, Hermannjosef: in: Kirchhof/Lwowski/Stürner (Hrsg.), Münchener Kommentar zur Insolvenzordnung, Band 1 (§§ 1–102, Insolvenzrechtliche Vergütungsverordnung (InsVV)), 1. Auflage 2001.

Schmehl, Arndt: Das Äquivalenzprinzip im Recht der Staatsfinanzierung, Tübingen 2004.

Schmid, Roger: Die Unternehmensstiftung im geltenden Recht, im Vorentwurf zur Revision des Stiftungsrechts und im Rechtsvergleich, Schweizer Schriften zum Handels- und Wirtschaftsrecht, Bd. 181, Zürich 1997.

Schmidt, Frank/*Holze,* Burkhardt: Sportsponsorship und Sportevents: Kommunikationsplattformen für Marken, in: Arnold Hermanns/Florian Riedmüller, (Hrsg.), Sponsoring und Events im Sport, München 2003, S. 281 ff.

Schmidt, Karsten: Ersatzformen der Stiftung- Unselbständige Stiftung, Treuhand und Stiftungskörperschaft, in: Klaus Hopt/Dieter Reuter (Hrsg), Stiftungerecht in Europa. Köln 2001, S. 175–195.

Schmidt, Kurt: Grundprobleme der Besteuerung in: Fritz Neumark (Hrsg.), Handbuch der Finanzwissenschaft, Bd. II, 3. Aufl., Tübingen 1980, S. 137 ff., 141, ff, 145 f.

Schmidt, Ludwig: Einkommensteuergesetz. Kommentar, 23. Aufl. München 2004.

Schmidt, Wolf: Stiftungen als Innovationsagenturen und Wohltäter der Gesellschaft, in: Bertelsmann Stiftung (Hrsg.), Handbuch Stiftungen. Ziele, Projekte, Management, Rechtliche Gestaltung, 2. Aufl., Wiesbaden 2003, S. 87–125.

– Preise – Inflation ohne Konzept?, in: Stiftung und Sponsoring, Heft 4/1998, S. 12–13.

Schmidt & Kaiser GmbH (Hrsg.): Fundraising. Beispiele in der Kultur. Unveröffentlichtes Manuskript, Frankfurt am Main 2002.

Schmied, Alexandra: Der strategische Vermögensaufbau von Bürgerstiftungen, in: Bertelsmann Stiftung (Hrsg.), Handbuch Bürgerstiftungen, 2. Aufl. 2004, S. 215 ff.

– Der Bürger als Stifter, Bürgerstiftungen in Deutschland. Eine moderne Form des bürgerschaftlichen Engagements, in: DEMO, Die Monatszeitschrift für Kommunalpolitik, Heft 9, 2003, S. 10–11.

– Bürgerstiftungen in Deutschland, in: Die Roten Seiten zum Magazin Stiftung & Sponsoring, 4/2002.

– Gemeinschaftsstiftungen, in: Bertelsmann Stiftung (Hrsg.), Handbuch Stiftungen: Ziele – Projekte – Management – Rechtliche Gestaltung, 2. Aufl., Wiesbaden 2003, S. 227 ff.

Schmölders, Günter: Finanzpolitik, 3. Aufl., Berlin/Heidelberg/New York 1970.

Scholz, Franz: Kommentar zum GmbH-Gesetz: mit Nebengesetzen und den Anhängen Konzernrecht sowie Umwandlung und Verschmelzung, 9. neubearb. und erw. Aufl., Köln 2000/2002.

Schön, Wolfgang/*Schindler,* Clemens Philipp: Seminar D: Zur Besteuerung der grenzüberschreitenden Sitzverlegung einer Europäischen Aktiengesellschaft, in: Internationales Steuerrecht, 2004, S. 571–576.

Schönborn, Gregor/*Langen,* Ralf/*Fischer,* Holger: Corporate Agenda: Unternehmenskommunikation in Zeiten unternehmerischer Transformation, Neuwied 2001.

Schrader, Eberhard: Werbung tötet die Liebe, in: Absatzwirtschaft, Heft 12, 2004, S. 6 ff.

Schröder, Friedrich: Anforderungen an die tatsächliche Geschäftsführung gemeinnütziger Organisationen, in: Seminarunterlagen AWT Horwath GmbH Wirtschaftsprüfungsgesellschaft, Probleme und Lösungen für gemeinnützige Organisationen, 2003.

Schrumpf, Heinz: Familienstiftung im Steuerrecht, Köln 1979.

Schubiger, Benno: Nicht nur an die Steueroptimierung denken. Wie sich das Stiftungswesen weiterentwickeln soll, in: Neue Zürcher Zeitung, 18. Juni 2005, S. 18 f.

Schulte, Martin: Chancen und Risiken der Stiftungen des öffentlichen Rechts, unveröffentlichter Vortrag auf der Tagung des Bundesverbands Deutscher Stiftungen, Die Autonomie der Stiftungen der öffentlichen Hand, Berlin 11. Oktober 2004.

– Staat und Stiftung. Verfassungsrechtliche Grundlagen und Grenzen des Stiftungsrechts und der Stiftungsaufsicht, Heidelberg 1989.

Schulte, Martin/*Risch,* Ben Michael: Quo vadis, Landesstiftungsrecht? Gedanken zur Reform der Stiftungsgesetze der Länder, in: Zeitschrift zum Stiftungswesen, Heft 01–02, 2004, S. 11 ff.

Schulz, Gabriele: Das Amt und die Ehre. Ehrenamt in Vereinigungen des Kultur- und Medienbereiches, in: Handbuch Kulturmanagement, Berlin 1998, C 3.1.

Schulz, Winfried: Public Relations/Öffentlichkeitsarbeit, in: Elisabeth Noelle-Neumann/Winfried Schulz/Jürgen Wilke (Hrsg.), Fischer Lexikon Publizistik/Massenkommunikation, Frankfurt am Main, 2002, S. 517 ff.

– Die Konstruktion von Realität in den Nachrichtenmedien: Analyse der aktuellen Berichterstattung, München 1990.

Schulze, Reiner: Historischer Hintergrund des Stiftungsrechts in: Rolf Hauer u. a. (Hrsg.), Deutsches Stiftungswesen 1977–1988, Augsburg/Bonn 1989, S. 29, 33 f., 41 ff.

Schumacher, Almut: Rechnungslegung von gemeinnützigen Stiftungen, Aachen 2001.

Schumann, Christoph: Die konzernverbundene Stiftung. Münster 1999.

Schumpeter, Josef: Die Krise des Steuerstaates, Graz/Leipzig 1918, Nachdruck in: Rudolf Hickel (Hrsg.), Die Finanzkrise des Steuerstaates. Beiträge zur politischen Ökonomie der Staatsfinanzen, Frankfurt am Main 1976, S. 327, 329 ff., 334, 345 f.

Schuppert, Gunnar Folke/*Bakay,* Zoltàn/*Zinnbauer,* Markus: Hohe Reputation stärkt bei Banken und Sparkassen die Kundenbindung, in: Betriebswirtschaftliche Blätter 06/2004, S. 271–274.

Schuppert, Gunnar Folke/*Hupp,* Oliver: Corporate Reputation Management – Herausforderung für die Zukunft, in: Planung & Analyse, 3/2003b, S. 58–64.

Schuppert, Gunnar Folke/*Hupp,* Oliver/*Högl,* Siegfried: Wie die Potenziale der Unternehmensmarke auszuschöpfen sind, in: Absatzwirtschaft, 12/2003a, S. 34–39.

Schuppert, Gunnar Folke/*Neidhardt,* Friedhelm (Hrsg.): Gemeinwohl – Auf der Suche nach Substanz, Berlin 2002.

– Components and parameters of corporate reputation – an empirical study, in: Schmalenbach Business Review, Vol. 56, 2004, S. 46–71.

Schuppert, Gunnar Folke/*Steiner-Kogrina,* Anastasia: Untersuchung der Wirkung des Kultursponsorings auf die Bindung von Bankkunden, www.aks-online.org/steckbriefdownload.shtml?dbAlias=aks&identifier=184&version=4&content=file.pdf (07. 09. 2004).

Schwalbach, Joachim: Reputation: www.wiwi.hu-berlin.de/im/publikdl/2004-2.pdf (23. 08. 2004), 2004, (Hall 1992).

– Unternehmensreputation als Erfolgsfaktor, in: M. Reese/A. Söllner/B. P. Utzig (Hrsg.), Relationship Marketing. Standortbestimmung und Perspektiven, Berlin 2002, S. 225–238.

– Unternehmensreputation als Erfolgsfaktor, in: M. Reese/A. Söllner/B. P. Utzig (Hrsg.), Relationship Marketing. Standortbestimmung und Perspektiven: www.ecc-kohtes-klewes.com/media/pdf/Studien/Reputation_Erfolgsfaktor.pdf (23. 08. 2004), 2002.

– Image, Reputation und Unternehmenswert, in: B. Baerns (Hrsg.), Information und Kommunikation in Europa. Forschung und Praxis. Transnational Communication in Europe. Research and Practice, Berlin 2000, S. 287–297.

– Image, Reputation und Unternehmenswert, in: B. Baerns (Hrsg.), Information und Kommunikation in Europa. Forschung und Praxis. Transnational Communication in Europe. Research and Practice, www.wiwi.hu-berlin.de/im/publikdl/2000-2.pdf.

Schwarz, C. A./*Hamers,* J. J. A./*Zaman,* D. F. M. M.: Almanak voor stichting en vereniging, vierde druk. Zutphen 2003.

Schwarz, Gerhard: Moral muss sich auszahlen. Die wirtschaftsethische Konzeption Karl Homanns, in: Neue Züricher Zeitung, 18. 01. 2002.

Schwarz, Günter C.: Die Stiftung als Instrument für die mittelständische Unternehmensnachfolge, in: Der Betriebs-Berater, Heft 47, 2001, S. 2381 ff., 2386, 2389.

Schwarz, Peter: Effiziente Aufgabenteilung und Zusammenarbeit zwischen Stiftungsrat und Geschäftsleitung, Basel/Frankfurt am Main 1996.

– Management-Brevier für Nonprofit-Organisationen, Bern/Stuttgart/Wien 1996.

Schwertmann, Philipp: Nachhaltigkeit als Organisations- und Arbeitsprinzip von Stiftungen, in: Martin Sebaldt, (Hrsg.), Sustainable Development – Utopie oder realistische Vision? Karriere und Zukunft einer entwicklungspolitischen Strategie, Hamburg 2002, S. 253–276.

Schwintek, Sebastian: Zur Reform der Landesstiftungsgesetze, in: Stiftung und Sponsoring, Heft 1/2003, S. 19 ff.

- Vorstandskontrolle in rechtsfähigen Stiftungen bürgerlichen Rechts. Eine Untersuchung zu Pflichten und Kontrolle von Leitungsorganen im Stiftungsrecht – insbesondere in Unternehmensträgerstiftungen, Baden-Baden 2001.

Seer, Roman: Gemeinwohlzwecke und steuerliche Entlastung, in: Monika Jachmann (Hrsg.), Gemeinnützigkeit, Köln 2003, S. 11, 22 ff.

Seibel, Wolfgang: Funktionaler Dilettantismus. Erfolgreich scheiternde Organisationen im „Dritten Sektor" zwischen Markt und Staat, Baden-Baden 1992.

Seifart, Werner / *Campenhausen,* Axel Freiherr von: Handbuch des Stiftungsrechts, 2. Aufl., München 1999.

- Kein Bundesstiftungsgesetz, in: Zeitschrift für Rechtspolitik, 1978, S. 144 ff.

Seitz, Bernhard: Corporate Citizenship. Rechte und Pflichten der Unternehmung im Zeitalter der Globalität, Wiesbaden 2002.

- Corporate Citizenship: Zwischen Idee und Geschäft, Stuttgart / Konstanz / New York 2002.

Sékaly, A.: Le problème des wakfs en Egypte, in: Revue des études islamiques (Sonderdruck), 1929.

Sendler, Horst: Die Öffentliche Verwaltung zwischen Scylla und Charybdis, in: Neue Juristische Wochenschrift, 1986, S. 1084 ff.

Senn, Joachim: Fit für die Zukunft. Die Stiftung Liebenau und ihre Tochtergesellschaften, in: In Freiheit Beziehungen gestalten, 2002.

Serick, Rolf: Rechtsform und Realität zur juristischen Person, in: Beiträge zum ausländischen und internationalen Privatrecht, Bd. 26, Berlin / Tübingen 1955, S. 16 ff.

Sievers, Norbert / *Wagner,* Bernd / *Wiesand,* Andreas: Objektive und transparente Förderkriterien staatlicher Kulturfinanzierung – Vergleiche mit dem Ausland, November 2004 (noch unveröffentlicht).

Sigmund, Steffen: Grenzgänge – Stiften zwischen zivilgesellschaftlichem Engagement und symbolischer Anerkennung, in: Berliner Journal für Soziologie 2000, S. 333–348.

Silber, Ilana: Modern Philanthropy: Reassessing the Viability of a Maussian Perspective, in: James, Wendy / N. J. Allen (Hrsg.), Marcel Mauss. A Centenary Tribute, New York 1998, S. 134 ff.

Silberer, Günther: Wertewandel und Verantwortung – Welchen Anforderungen muss ein Unternehmen heute genügen?, in: Christian Scholz / Erich Staudt / Ulrich Steger (Hrsg.), Die Zukunft der Arbeitsgesellschaft, Technologie und Qualifikation, Frankfurt am Main / New York, 1992, S. 136–154.

Smid, Stefan: Deutsches und Europäisches Internationales Insolvenzrecht, Kommentar; Verordnung (EG) Nr. 1346/2000 des Rates vom 29. Mai 2000 über Insolvenzverfahren (Europäische Insolvenzverordnung – EurInsVO); Einführungsgesetz zur Insolvenzordnung (EGInsO) Art 102 Durchführung der EurInsVO; Insolvenzordnung (InsO): Elfter Teil – Internationales Insolvenzrecht (§§ 335–358 InsO); Insolvenzordnung (InsO): ausgewählte Vorschriften mit internationalem Bezug, Stuttgart 2004.

Smilie, Ian / *Helmich,* Henny (Hrsg.): Stakeholders. Government-NGO Partnerships for International Development, London 2005.

Smith, Adam: Finanzpolitik. Buch G, aus: Der Wohlstand der Nationen (Übertragung aus dem Englischen von H. C. Recktenwald), München 1974, S. 73.

Smith, James Allen / *Borgmann,* Karsten: Foundations in Europe: The Historical Context, in: Schlüter / Then / Walkenhorst (Hrsg.), Foundations in Europe, London 2001, S. 8 ff.

Soergel, Hans Th.: Bürgerliches Gesetzbuch mit Einführungsgesetz und Nebengesetzen, Bd. 1: Allgemeiner Teil 1, §§ 1 – 103, 13. Aufl., Stuttgart 2000.

– Kommentar zum Bürgerlichen Gesetzbuch, Bd. 1, §§ 1 – 240 BGB, 13. Aufl., Stuttgart 1999.

Sohn, Karl-Heinz: Stiftungen in einer zukunftsorientierten Gesellschaft, in: Stifterverband für die Deutsche Wissenschaft (Hrsg.), Stiftungen in der Reformdiskussion, Essen-Bredeney 1972, S. 23, 25 f.

Solidaris (Hrsg.): Arbeitshilfe zu KonTraG, TransPuG und DCGK, Zweite, vollständig überarbeitete Auflage, Köln 2003.

Sontheimer, Jürgen: Das neue Stiftungsrecht, 2. Aufl., Freiburg / Berlin / München 2003.

– Das neue Stiftungsrecht, Freiburg / Berlin / München, 2002.

Sorg, Martin H.: Die Familienstiftung, Baden-Baden 1984.

Spiegel, Harald: Neue Wege in der Finanzierung von Stiftungsarbeit. Referate der 4. Maecenata Stiftungsmanagement-Tagung am 15. 11. 1999 in München, München 2001.

Sprecher, Thomas: Die schweizerische Stiftung, Zürich 2002.

Sprecher, Thomas / *Salis-Lütolf,* Ulysses von: Die schweizerische Stiftung. Ein Leitfaden, Zürich 1999.

– Die schweizerische Stiftung, NKF-Schriftenreihe 9, Zürich 2002.

Sprengel, Rainer: Die politische Debatte bei der Reform des Spenden-, Vereins- und Stiftungsrechts in Frankreich im Vergleich zu Deutschland, in: Maecenata Actuell, Nr. 44, 2004, S. 8 – 18.

– Statistiken zum deutschen Stiftungswesen 2001. Ein Forschungsbericht, Arbeitsheft Nr. 5, Maecenata Institut für Dritter-Sektor-Forschung, Berlin 2001.

Sprengel, Rainer / *Rindt,* Susanne / *Strachwitz,* Rupert Graf, unter Mitarbeit von Sabine Walker und Carolin Ahrendt: Die Verwaltungskosten von Nonprofit-Organisationen. Ein Problemaufriss anhand einer Analyse von Förderstiftungen, Opusculum Nr. 22, Maecenata Institut für Dritter-Sektor-Forschung, Berlin 2003.

Staehle, Wolfgang H.: Management: eine verhaltenswissenschaftliche Perspektive, 7. Aufl., überarb. von Peter Conrad und Jörg Sydow, München 1994.

Stahlschmidt, M.: Die Änderungen des Anwendungserlasses zur AO zum Gemeinnützigkeitsrecht, in: Der Betriebs-Berater 2003, S. 665 ff.

Staiber, Helmut / *Kuhn,* Ulrich: Stiftung Liebenau. Mehr Menschlichkeit durch soziales Unternehmertum, in: Gabriele Mobs / Johannes Zacer (Hrsg.), Zukunft der Sozialwirtschaft, Freiburg i. Br. 2000.

Starbuck, William H. / *Nystrom,* Paul C.: Führung in Krisensituationen, in: Alfred Kieser (Hrsg.), Handbuch der Führung, Stuttgart 1987, Sp. 1274 – 1284.

Statistische Ämter des Bundes und der Länder (Hrsg.): Kulturfinanzbericht, 2004.

Statistisches Bundesamt (Hrsg.): Statistisches Jahrbuch 2004 für die Bundesrepublik Deutschland, Wiesbaden 2004.

Staudinger, Julius von: Kommentar zum Bürgerlichen Gesetzbuch, Bd. 1, 13. Bearbeitung, Bearbeiter Peter Rawert, Berlin 1995.

Stein, Lorenz von: Lehrbuch der Finanzwissenschaft, Teil II, 5. Aufl., Leipzig 1885.

– Geschichte der sozialen Bewegung Frankreichs von 1789 bis auf unsere Tage, Bd. III, Leipzig 1850, S. 218 f.

Steinbruch, Karl: Maßlos informiert, München 1987.

Steiner, Manfred / *Bruns,* Christoph: Wertpapiermanagement, Stuttgart 1998.

Steinhoff, Heinrich: Die betrieblichen Stiftungen, Diss., Köln 1929.

Stern, Klaus: Das Staatsrecht der Bundesrepublik Deutschland, Bd. II, München 1989.

– in: Bonner Kommentar, Hamburg 1955 ff., Art. 28 Rdnr. 2; a. M.

Steuck, Heinz-Ludwig: Die Stiftung als Rechtsform für wirtschaftliche Unternehmen, Berlin 1967.

Stickrodt, Georg: Unternehmen unter frei gewählter Stiftungssatzung, Baden-Baden 1956.

– Steuerberater-Jahrbuch 1953/54.

Stifterverband für die Deutsche Wissenschaft (Hrsg.): Stiftungsprofessuren als Instrument privater Wissenschaftsförderung. HRK-Umfrage zu Stiftungsprofessuren 1997, in: Wirtschaft und Wissenschaft, Heft 1, 1998. S. 2–3.

Stiftung Liebenau (Hrsg.): Satzungen: 1868, 1873, 1998.

Stiftungserrichtung in Deutschland – ein bürokratischer Hindernislauf, in: Kölner Steuerdialog, 2004, S. 14387 f.

Stöber, Kurt: Handbuch zum Vereinsrecht, 9. Aufl., Köln 2004.

Stockmann, Reinhard: Qualitätsmanagement und Evaluation – Konkurrierende oder sich ergänzende Konzepte?, CEval-Arbeitspapiere, Nr. 3, Saarbrücken 2002.

Stödter, Helga / *Haibach,* Marita / *Sprengel,* Rainer: Frauen im Deutschen Stiftungswesen. Analysen, Adressen, Arbeitshefte des Maecenata Instituts für Dritter-Sektor-Forschung, Heft 6, Berlin 2001.

Strachwitz, Rupert Graf: Die Stiftung des Barons von Brukenthal, in: Archiv für Familiengeschichtsforschung, Heft 1, 2005, S. 52–55.

– (Hrsg.): Reform des Stiftungs- und Gemeinnützigkeitsrecht. Ein Projektbericht an die Bertelsmann Stiftung, Maecenata Institut für Philanthropie und Zivilgesellschaft, 1. Aufl., Arbeitshefte des Maecenata Instituts für Philanthropie und Zivilgesellschaft, Heft 13, Berlin 2004.

– Die Rolle der Stiftungen bei der Förderung der Forschung und der Europäischen Zusammenarbeit, in: Auf dem Weg zu einer europäischen Wissensgesellschaft, Como 2004, S. 149–155.

– Reform des Gemeinnützigkeitsrechts. Ein Problemaufriss als Diskussionspapier, Maecenata Institut für Philanthropie und Zivilgesellschaft, Berlin, Stand: 7. Februar 2004.

– Wie alt sind Deutschlands älteste Stiftungen?, in: Maecenata Actuell, Nr. 46, Berlin, 2004, S. 6–8.

- Die Kultur der Zivilgesellschaft stärken – ohne Kosten für den Staat. Gutachten für den Deutschen Kulturrat, Opusculum Nr. 12, Maecenata Institut für Dritter-Sektor-Forschung, Berlin 2003.
- Die Zukunft des Stiftungswesens Anmerkungen aus sozialwissenschaftlicher Sicht, in: Zeitschrift zum Stiftungswesen, Heft 7, 2003, S. 197–202.
- Ein kritischer Diskurs ist erforderlich. Stiftungen im öffentlichen Meinungsbild, in: Das Parlament, 11./18. 08. 2003, S. 1.
- Gestiegene Präsenz im öffentlichen Bewusstsein, in: Verbands-Management, 29. Jg., Heft 3, 2003, S. 32–39.
- Strategische Optionen für Stifter – Überlegungen zu einer investiven Philanthropie. in: Bertelsmann Stiftung (Hrsg.), Handbuch Stiftungen: Ziele – Projekte – Management – Rechtliche Gestaltung, 2. Aufl., Wiesbaden 2003, S. 629–648.
- Ein Reförmchen für die Stiftungen, www.maecenata.de, 2002.
- Leserbriefe. Reförmchen des Stiftungsrechts, in: Frankfurter Allgemeine Zeitung, 3. 8. 2002, S. 6.
- Stiftungen – Agenten sozialen Wandels, in: Das Parlament, 2001, Nr. 32–33, 2001, S. 3–4.
- Gründung, Aufbau und Organisation von Bürgerstiftungen, in: Bertelsmann Stiftung (Hrsg.), Handbuch Bürgerstiftungen, Gütersloh 2000, S. 111–134.
- Operative und fördernde Stiftungen: Anmerkungen zur Typologie, in: Bertelsmann Stiftung (Hrsg.), Handbuch Stiftungen. Ziele – Projekte – Management – Rechtliche Gestaltung, 1. Aufl., Wiesbaden 1998.
- Zu den Rahmenbedingungen für das Stiftungswesen in Deutschland, in: Helmut K. Anheier (Hrsg.), Stiftungen für eine zukunftsfähige Bürgergesellschaft. Gedanken einer Generation von Erben, München 1998, S. 31–50.
- Ernst Abbe. 1840-1905, in: Joachim Fest (Hrsg.), Die großen Stifter. Lebensbilder– Zeitbilder, Berlin 1997, S. 135–159.
- Der Zweite und der Dritte Sektor. Was heißt Corporate Community Investment?, München 1995.
- Stiftungen – nutzen, führen und errichten: Ein Handbuch, Frankfurt am Main 1994.
- Unternehmen als Sponsoren, Förderer, Spender und Stifter, in: Rupert Graf Strachwitz/Stefan Toepler (Hrsg.), Kulturförderung. Mehr als Spnsoring, Wiesbaden 1993, S. 251–263.
- Die Stiftung als Modell privater Kulturförderung. Gibt es neue Ansätze?, in: Europäischer Kulturföderalismus. Positionen und Aufgaben der Kulturstiftungen, Dokumentation eines Kongresses der Hessischen Kulturstiftung am 23./24. November 1990 in Frankfurt am Main.
- Mäzenatentum und Kunst – zur Förderung der Kunst durch Stiftungen, in: Kunst & Antiquitäten 1, 1989, S. 22–26.

Strachwitz, Rupert Graf/*Delhaes,* Daniel: Rupert Graf Strachwitz im Gespräch mit Daniel Dalhaes: Der Staat hat einfach versagt, in: Daniel Delhaes/Andreas Grosz (Hrsg.), Die Kultur AG. Neue Allianzen zwischen Wirtschaft und Kultur, München 1999, S. 61 ff.

Strachwitz, Rupert Graf / *Then,* Volker (Hrsg.): Kultureinrichtungen in Stiftungsform, Gütersloh, 2004.

Strachwitz, Rupert Graf / *Toepler,* Stefan (Hrsg.): Kulturförderung. Mehr als Sponsoring, Wiesbaden 1993.

Strahl, Martin: Gemeinnützige Körperschaften: Gepräge, Unmittelbarkeit, Ausgliederung, in: Kölner Steuerdialog 2004, S. 14291 ff.

– Die Ausgliederung von wirtschaftlichen Geschäftsbetrieben als Gestaltungsziel, in: Kölner Steuerdialog 2000, S. 12527 ff.

Strickrodt, Georg: Stiftungen als urbildhaftes Geschehen im Gemeinwesen, Baden-Baden 1983.

– Stiftungsrecht, Baden-Baden, 1977.

– Ordnungsaufgabe und Leistungsidee der Funktionsträgerstiftung – zugleich ein Beitrag zur speziellen Rechtstatsachenforschung, in: Rolf Hauer u. a. (Hrsg.), Deutsches Stiftungswesen 1966–1976, Tübingen 1977, S. 323, 336.

– Neues Stiftungswesen unter Gemeinnützigkeitsbewahrung, in: Archiv für öffentliche und freigemeinnützige Unternehmen, Bd. 8, 1966, S. 58 ff.

– Stiftungsrecht und Stiftungswirklichkeit. Zur Kritik von Gründungsprojekten, in: Juristenzeitung, 1961, S. 111 ff.

– Die Stiftung als neue Unternehmensform, 2. Aufl., Braunschweig 1951.

– Stiftungsunternehmen, in: Handwörterbuch der Sozialwissenschaften, Göttingen 1951, Bd. 10 S. 205 ff.

Surmatz, Hanna / *Wehmeier,* Klaus: Aus Erfahrung lernen, in: Deutsche Stiftungen. Mitteilungen des Bundesverbandes Deutscher Stiftungen, Heft 2, 2003, S. 50–52.

Tabbaa, Yasser: Constructions of Power and Piety in Medieval Aleppo, University Park 1997.

Tar Lombardia, sez. III, 23 giugno 2000, n. 4598.

Terhalle, Fritz: Die Finanzwirtschaft des Staates und der Gemeinden, Berlin 1948.

The Encyclopaedia of Islam. New Edition, Leiden 1994.

Then, Volker: Effektive Stiftungsarbeit – eine Frage der Arbeitsteilung?, in: Stiftung & Sponsoring, Heft 2 / 2004, S. 14–16.

Then, Volker / *Timmer,* Karsten: Foreword, in: Bertelsmann Foundation (Hrsg.), Striving for Philanthropic Success, Effectiveness and Evaluation in Foundations, International Foundation Symposium 2000, Gütersloh 2001, pp. 9–16.

Theuvsen, Ludwig: Stakeholder-Management. Möglichkeiten des Umgangs mit Anspruchsgruppen, Münster 2001.

Thiel, Jochen: Die Neuordnung des Spendenrechts, in: Der Betrieb, Jg. 53, Nr. 8, 25. Februar 2000, S. 392–396.

– Mittelverwendung, in: Die Roten Seiten zum Magazin Stiftung & Sponsoring, Heft 3 / 1998.

– Die gemeinnützige GmbH, in: GmbH-Rundschau 1997, S. 10 ff.

– Die zeitnahe Mittelverwendung – Aufgabe und Bürde gemeinnütziger Körperschaften, in: Der Betrieb, 1992, S. 1900 ff.

Thiel, Markus: Die verwaltete Kunst: Rechtliche und organisatorische Aspekte öffentlicher Kulturverwaltung, Diss., Speyer 2002.

Thomsen, Renate: Probleme „staatsnaher" Stiftungen unter besonderer Berücksichtigung ihrer Autonomie, Diss., Hamburg 1991.

Timmer, Karsten: Stiften in Deutschland. Die Ergebnisse der Stifterstudie, Gütersloh 2005.

Tipke, Klaus: Die Steuerrechtsordnung, Bd. I, Köln 1993.

Tipke, Klaus / *Kruse,* Heinrich Wilhelm: Abgabenordnung – Finanzgerichtsordnung. Kommentar (Loseblatt), Köln 2003.

– Abgabenordnung. Finanzgerichtsordnung, Kommentar, 11. Aufl., Köln 1983.

– Kommentar zur Abgabenordnung und Finanzgerichtsordnung, Loseblattslg., Köln, 1961.

Tipke, Klaus / *Lang,* Joachim: Steuerrecht, 17. Aufl., Köln 2002.

Toepler, Stefan: Ending Payout as We Know It: A Conceptual and Comparative Perspective on the Payout Requirement for Foundations, in: Nonprofit and Voluntary Sector Quarterly, Heft 4, 2004, S. 729–738.

– Organisations- und Finanzstruktur der Stiftungen in Deutschland, in: Annette Zimmer / Stefan Nährlich (Hrsg.), Engagierte Bürgerschaft. Traditionen und Perspektiven, Opladen 2000, S. 213–230.

– Operating in a Grantmaking World. Reassessing the Role of Operating Foundations, in: Helmut K. Anheier / Stefan Toepler (Hrsg.), Private Funds, Public Purpose. Philanthropic Foundations in International Perspective, New York 1999.

– Foundations and Their Institutional Context: Cross-Evaluating Evidence from Germany and the United States, in: Voluntas, Vol. 9, No. 2, 1998, S. 153 ff.

– Das gemeinnützige Stiftungswesen in der modernen demokratischen Gesellschaft, München 1996.

Toepler, Stefan / *Sprengel,* Rainer: Quellen und Grundlagen externer Finanzierung, in: Bertelsmann Stiftung (Hrsg.), Handbuch Stiftungen: Ziele – Projekte – Management – Rechtliche Gestaltung, 2. Aufl., Wiesbaden 2003, S. 563 ff.

Totenhöfer-Just, Gerald: Öffentliche Stiftungen – Ein Beitrag zur Theorie der intermediären Finanzgewalten, Baden-Baden 1973.

– Öffentliche Stiftungen. Ein Beitrag zur Theorie der intermediären Finanzgewalten, Baden-Baden 1973.

Tripp, Wolfgang (Hrsg.): Caritasverband der Diözese Rottenburg-Stuttgart, in: Informationsbroschüre, Krise als Chance, Stuttgart 2004.

Troll, Max: Besteuerung von Verein, Stiftung und Körperschaft des öffentlichen Rechts, 3. Aufl., München 1983.

Troyer, Thomas A.: The 1969 Private Foundation Law: Historical Perspective on its Origins and Underpinnings, Washington 2000.

Twehues, Margit: Rechtsfragen kommunaler Stiftungen, Köln 1996.

Ulmer, Peter: Gläubigerschutz bei Scheinauslandsgesellschaften, in: Neue Juristische Wochenschrift, 2004, S. 1201–1210.

Ulrich, Hans: Unternehmungspolitik, Bern 1987.

Ulrich, Peter: Normative Orientierungsprozesse, in: R. Dubs / D. Euler / J. Rüegg-Stürm / Ch. Wyss (Hrsg.), Einführung in die Managementlehre, Bd. 2, Bern / Stuttgart / Wien 2004, S. 23–37.

– Republikanischer Liberalismus und Corporate Citizenship – Von der ökonomistischen Gemeinwohlfunktion zur republikanisch-ethischen Selbstbindung wirtschaftlicher Akteure, Universität St. Gallen, Institut für Wirtschaftsethik, Berichte des Instituts für Wirtschaftsethik, Nr. 88, St. Gallen, 2000.

– Was ist „gute" Unternehmensführung? Zur normativen Diskussion der Shareholder-Stakeholder-Debatte, in: Briji N. Kumar et al. (Hrsg.), Unternehmensethik und die Transformation des Wettbewerbs, Shareholder-Value – Globalisierung – Hyperwettbewerb, Festschrift für Horst Steinmann, Stuttgart 1999, S. 27–53.

– Die Großunternehmung als quasi-öffentliche Institution: eine politische Theorie der Unternehmung, Stuttgart 1977.

Van Veen, Wino J. M.: Stiftungsrecht in Liechtenstein, Bucerius Law-School Discussion-Paper, Heft 4, Hamburg 2004.

Venzin, Markus: Der Strategieprozess, Frankfurt am Main 2003.

Verbandsmanagement Institut (VMI) (Hrsg.): Das Stiftungswesen zwischen Aufbruch und Bewahrung, VM Fachzeitschrift für Verbands- und Nonprofit-Management, Freiburg i. Br. 3 / 2003.

Vetter, Jochen: Rechtsfolgen existenzvernichtender Eingriffe, in: Zeitschrift für Wirtschaftsrecht, Heft 14, 2003, S. 601 ff.

Vez, Parisima : La fondation, lacunes et droit désirable. Une analyse critique et systématique des articles 80 à 89 CC. Etudes de droit suisse. Nouvelle série, fasc. 687, Berne 2004.

VFA zur Bewertung von Kapitalanlagen bei Versicherungsunternehmen, in: Fachnachrichten IDW, Nr. 1 / 2002, S. 667 f.

Vincent, Jeremy / *Pharoah,* Cathy: Patterns of Independent Grant-Making in the UK. A Survey of Grants Made by Independent Trusts and Foundations, Kings Hill 2000.

Vogel, Klaus: Der Finanz- und Steuerstaat, in: Josef Isensee / Paul Kirchhof (Hrsg.), Handbuch des Staatsrechts, Bd. II, 3. Aufl., Heidelberg 2004, S. 843, 871 f.

Voll, Otto / *Voll,* Josef: Die Verfassungsmäßigkeit der Vorschriften des Bayerischen Stiftungsgesetzes über die kirchlichen Stiftungen, in: Archiv für katholisches Kirchenrecht, Heft 132, 1963, S. 147 ff.

Voswinkel, Stephan: Anerkennung und Reputation. Die Dramaturgie industrieller Beziehungen. Mit einer Fallstudie zum Bündnis für Arbeit, Konstanz 1999.

Wachter, Thomas: Gemeinnützigkeit von Stiftungen mit Sitz im EU-Ausland, in: Finanz-Rundschau, 2004, S. 1220 ff.

– Steuerpflichtige Veräußerungsgewinne bei steuerbegünstigten Stiftungen, in: Deutsches Steuergesetz, 2003, S. 67 ff.

– Rechtliche Fragen bei der Anlage von Stiftungsvermögen, in: Die Roten Seiten zum Magazin Stiftung & Sponsoring, Heft 6 / 2002.

– Stiftungen. Zivil- und Steuerrecht in der Praxis, Köln 2001.

Wagner, Jens: Der Europäische Verein. Baden-Baden 2000.

Walkenhorst, Peter / *Schlüter,* Andreas (Hrsg.): Handbuch Bürgerstiftungen. Ziele, Gründung, Aufbau, Projekte, 2. Aufl., Gütersloh 2004.

– Innovation und Tradition. Die Entwicklung von Bürgerstiftungen in Deutschland, in: Bertelsmann Stiftung (Hrsg.), Handbuch Bürgerstiftungen, 2. Aufl., 2004, S. 61 ff.

– Dauerverlustbetriebe gemeinnütziger und öffentlich-rechtlicher Körperschaften, in: Deutsches Steuergesetz, 2004, S. 711 ff.

– Netzwerke als Instrumente operativen Projektmanagements, in: Bertelsmann Handbuch (Hrsg.), Handbuch Stiftungen. Ziele – Projekte – Management – Rechtliche Gestaltung. 2. Aufl., Wiesbaden 2003, S. 739 – 763.

Wallenhorst, Rolf: Die Besteuerung gemeinnütziger Vereine, Stiftungen und der juristischen Person des öffentlichen Rechts, 5. Aufl., München 2004.

Wallenhorst, Rolf / *Halaczinsky,* Raymond: Die Besteuerung gemeinnütziger Vereine und Stiftungen, München 2000.

Walter, Christoph: Lernen für Zukunft und Wandel. Bildung und Erziehung im deutschen Stiftungswesen 1989 – 1998, in: Neue Sammlung, Herbst 1999.

Walz, W. Rainer: Rechnungslegung und Transparenz im Dritten Sektor, Köln 2004.

– Grundrecht oder Menschenrecht auf Anerkennung der gemeinwohlkonformen Allzweckstiftung?, in: Zeitschrift zum Stiftungswesen, Heft 5, 2004, S. 133.

– Die Selbstlosigkeit gemeinnütziger Non-Profit-Organisationen im Dritten Sektor zwischen Staat und Markt; in: Juristenzeitung, 2002, S. 268 ff.

Warburg Invest Kapitalanlagegesellschaft mbH (Hrsg.): Annualisierte rollierende Erträge und Standardabweichungen, 31. 12. 1978 – 30. 06. 2004, Hamburg 2004.

Watzlawick, Paul: Menschliche Kommunikation, Bern 1969.

Weber, Peter W.: Controlling in Nonprofit Organisationen, in: Der Controlling-Berater, Freiburg i. Br., 2001, Heft 7.

– Controlling in Nonprofit-Organisationen – ein leistungsorientiertes Steuerungskonzept, in: (Hrsg.), Neue Wege in der Führung von Stiftungen, München 1999 R. v. Benningen.

Weber, Werner: Rechtsgutachtliche Äußerung über die Frage, ob die „Stiftung Volkswagenwerk" der Rechnungsprüfung aufgrund der Reichshaushaltsordnung unterlag, Göttingen 1965.

Weger, Hans-Dieter: Kompetenz einer Stiftung – Aufbau und Erweiterung. Teil 4: Kooperation, Allianzen, Netzwerke., in: Stiftung & Sponsoring, Heft 4 / 2003, S. 5 – 8.

– Evaluation – ein Management-Instrument für Stiftungen, in: Stiftung & Sponsoring, Heft 6 / 2001, S. 5 – 9.

– Gemeinschaftsstiftungen – eine Form der Teilnahme an der Gesellschaftsentwicklung, in: Axel Freiherr von Campenhausen u. a. (Hrsg.), Deutsches Stiftungswesen 1988 – 1998, Tübingen 2000, S. 63 ff.

Weick, Karl E. / *Sutcliffe,* Kathleen M.: Das Unerwartete managen: wie Unternehmen aus Extremsituationen lernen, Stuttgart 2003.

Weisbrod, Christian: Europäisches Vereinsrecht, Frankfurt am Main 1999.

Weisser, Gerhard: Gemeinnützigkeit heute: in: Wirtschaftspolitischen Gesellschaft von 1947 e.V. (Hrsg.), Offene Welt, Nr. 94., S. 11 ff.

Weitz, Barbara (Hrsg.): Rechtshandbuch für Stiftungen. Das aktuelle Recht in der Praxis für alle Stiftungsformen, Hamburg 2004.

Wemmer, Wilhelm: Der Bund und die private Kulturförderung, in: Rupert Graf Strachwitz / Stefan Toepler (Hrsg.), Kulturförderung. Mehr als Sponsoring, Wiesbaden 1993, S. 151 – 158.

Werner, Olaf: Perpetuierung einer GmbH durch Stiftungsträgerschaft, in: GmbH-Rundschau, 2003, 331 ff.

– Abberufung der Organmitglieder in einer privatrechtlichen Stiftung, in: Stiftung & Sponsoring, Heft 3 / 2000, S. 15 – 19.

– Bestellung der Organmitglieder in einer privatrechtlichen Stiftung, in: Stiftung & Sponsoring, Heft 2 / 2000, S. 19 – 22.

Westebbe, Achim / *Logan,* David: Corporate Citizenship. Unternehmen im gesellschaftlichen Dialog, Wiesbaden 1995.

– Die Stiftungstreuhand, Schriftenreihe zum Stiftungswesen, Bd. 16, Baden-Baden 1993.

Wiederhold, Johannes: Stiftung und Unternehmen im Spannungsverhältnis, Diss., Mannheim 1971.

Wiedmann, Klaus-Peter / *Buxel,* Holger: Reputationsmanagement. Stellenwert und Umsetzung in deutschen Unternehmen – empirische Ergebnisse und kritische Einschätzung, in: PR Magazin, 8 / 2004, S. 51 – 58.

Wijkström, Filip: Sweden, in: Schlüter / Then / Walkenhorst (Hrsg.), Foundations in Europe, London 2001, S. 233 ff.

Willmann, Urs: Wie man sich in Deutschland im Verein gesellt, in: Die Zeit, Nr. 9, 19. Februar 2004, S. 38.

Willmott, Michael: Citizen Brands: Corporate Citizenship, Trust and Branding, in: Brand Management, Vol. 10, No. 4 – 5, S. 361 – 369.

Wirtschaftskammer Österreich (Hrsg.): Wirtschaftspolitische Blätter. Stiftungen und Gemeinnützigkeit, Wien 2002.

Wochner, Georg: Die Stiftungs-GmbH, in: Deutsches Steuerrecht, 1998, S. 1835 – 1841.

Wolff, Hans Julius: Rechtsformen gemeindlicher Einrichtungen, in: Archiv für Kommunikationswissenschaften, 1963, S. 149 ff.

Wolter, Gerhard: Treuhandrecht im Umbruch? Saarbrücker Studien, Bd. 69, Saarbrücken 1999.

Wood, Donna J. / *Logsdan,* Jeanne M.: Theorising Business Citizenship, in: Jörg Andrioff / Malcolm McIntosh, Perspectives on Corporate Citizenship, Sheffield 2001, S. 84 – 103.

Wottawa, Heinrich / *Thierau,* Heike: Lehrbuch Evaluation, 3. Aufl., Bern 2003.

Woywode, Uwe: Wörterbuch Rechnungslegung und Steuern einschließlich wichtiger Rechts- und Finanzterminologie, Deutsch-Englisch, Englisch-Deutsch, Willingshausen, 2000.

Yediyildiz, Bahaeddin: Institution du Vaqf au XVIIIe siècle en Turquie, Etude socio-historique, Ankara 1985.

Zanger, C. / *Sistenich,* F.: Eventmarketing, in: Marketing ZFP, Nr. 4 / 1996, S. 233 – 242.

Zauner, Alfred: Von Solidarität zu Wissen. Nonprofit Organisationen in systemtheoretischer Sicht, in: Christoph Badelt (Hrsg.), Handbuch der Nonprofit Organisation. Strukturen und Management, 2. Aufl., Stuttgart 1999, S. 119 – 135.

Zeininger, Emilio: Die deutsche Stiftung nach der Reform des Stiftungssteuerrechts durch Gesetz vom 14. Juli 2000 und ihre transnationale Offenheit anhand eines Vergleichs mit dem Stiftungsrecht in Österreich, Frankfurt am Main 2003.

Zimmer, Annette: Introduction and Terminology, in: Annette Zimmer / Eckhard Priller (Hrsg.), Future of Civil Society. Making Central European Nonprofit-Organizations Work, Wiesbaden 2004, S. 9 – 27.

– Public-Private Partnerships: Staat und Dritter Sektor in Deutschland, in: Helmut K. Anheier u. a. (Hrsg.), Der Dritte Sektor in Deutschland. Organisationen zwischen Staat und Markt im gesellschaftlichen Wandel. Berlin 1997, S. 75 ff.

– Amerikanische Stiftungen – Funding Intermediaries des Dritten Sektors, in: Zeitschrift für öffentliche und gemeinwirtschaftliche Unternehmen, Bd. 17, Heft 1, 1994, S. 60 – 86.

Zimmer, Annette / *Hallmann,* Thorsten: Mit vereinten Kräften. Ergebnisse der Befragung „Vereine in Münster", Zentrum für Nonprofit Management, Münster 2005.

Zimmer, Annette / *Priller,* Eckhard: Gemeinnützige Organisationen im gesellschaftlichen Wandel. Ergebnisse der Dritten Sektor Forschung, Wiesbaden 2004.

Zinnbauer, Markus / *Schwaiger,* Manfred: Verantwortung und Qualität erhöhen die Reputation von Kreditinstituten, in: Sparkasse, 12 / 2003, S. 572 – 575.

Zoppini, Andrea: Stiftungsrecht in Italien, Bucerius Law-School Discussion-Paper, Heft 5, Hamburg 2004.

– L'autonomia statutaria delle fondazioni di origine bancaria, in: Banca Borsa e titoli di cred., 2000, 403.

– Enti non profit ed enti for profit: quale rapporto?, in: Terzo settoro e nueve categorie giuridiche: le organizzazioni non lucrative di utilita' sociale, Pisa 1998.

– Le fondazioni. Dalla tipicità alle tipologie. Napoli, 1995.

Autorenverzeichnis

Dr. *Frank Adloff,* geb. 1969, Studium der Soziologie, Philosophie und Volkswirtschaftslehre in Marburg, Jena und der FU Berlin (Diplom 1996); Promotion in Soziologie am John F. Kennedy-Institut für Nordamerikastudien der FU Berlin (2002); Wissenschaftlicher Mitarbeiter beim Maecenata Institut für Philanthropie und Zivilgesellschaft, Berlin (2000 – 2002), seit 2002 wissenschaftlicher Assistent am Zentrum für Europa- und Nordamerikastudien und am Institut für Soziologie, Universität Göttingen; 2004: Theodor Heuss Lecturer an der New School University, NYC. Neuere Veröffentlichungen: Im Dienste der Armen. Katholische Kirche und amerikanische Sozialpolitik im 20. Jahrhundert. Frankfurt am Main / New York: Campus 2003; Zivilgesellschaft. Theorie und politische Praxis. Frankfurt am Main / New York: Campus 2005. Vom Geben und Nehmen. Zur Soziologie der Reziprozität. Frankfurt am Main / New York: Campus 2005 (Hrsg. zusammen mit Steffen Mau).

Carolin Ahrendt, Diplom-Kauffrau, Diplom-Kulturmanagerin, geboren 1973. Studium der Betriebswirtschaftslehre und des Kulturmanagements in Mainz und Weimar. Seit 2001 Mitarbeiterin bei Maecenata Management GmbH in München, Schwerpunkt Kulturstiftungen. Seit 2004 Vorstand der Dr. Franz und Astrid Ritter-Stiftung, Straubing. Korrespondentin Kulturmanagement Network; Referentin zum Stiftungsmanagement.

Nina Lorea Beckmann, Rechtsanwältin, geboren 1976. Studium der Rechtswissenschaften in München. 1998 Leva, Espi, Rochmann & Associés, Paris. 2001 Buades, Delgado, von Rotenhan, Palma de Mallorca. 2003 Mannheimer Büro der Kanzlei Shearman & Sterling LLP; Rechtsabteilung der Deutsch-Belgisch-Luxemburgischen Auslandshandelskammer. Seit 2003 Rechtsanwältin in München. 2004 Beginn einer Promotion im Stiftungsrecht am Lehrstuhl von Prof. Dr. Olaf Werner, Friedrich-Schiller-Universität Jena. Mitarbeiterin der Stiftung Evangelische Akademie Thüringen.

Dr. *Marcus Beiner,* Jahrgang 1968, Studium der Philosophie, Geschichte und Germanistik an den Universitäten Bonn und Frankfurt am Main. Magister Artium 1993. Promotion in an der Technischen Hochschule (RWTH) Aachen 1997. 1994 bis 1998 Referent der Interdisziplinären Foren und Geschäftsführer des Forums Technik und Gesellschaft der RWTH. Seit 2000 Referent in der Abteilung Geistes- und Gesellschaftswissenschaften der Volkswagen-Stiftung in Hannover.

Dr. *Arne von Boetticher,* Volljurist und Diplom Sozialpädagoge / Sozialarbeiter (FH), geboren 1970. Studium der Sozialpädagogik und der Rechtswissenschaften in Berlin, juristischer Vorbereitungsdienst am Kammergericht Berlin. Langjährige Tätigkeit in der individuellen Schwerstbehindertenbetreuung bei „ambulante dienste e.V.", Berlin. Promotion im Jahr 2003 an der Humboldt-Universität zu Berlin bei Prof. Dr. Rebhahn zum Verhältnis des europäischen Beihilfenrechts zur deutschen Gemeinnützigkeitsförderung. Freier Mitarbeiter von Prof. Johannes Münder an der TU-Berlin. Seit 2004 Justitiar beim AOK-Bundesverband, derzeit abgeordnet an das Bundessozialgericht als wissenschaftlicher Mitarbeiter. Veröffentlichungen vorwiegend zum Leistungserbringungsrecht des SGB mit Bezügen zum Wettbewerbsrecht, Vergaberecht und dem Recht der Daseinsvorsorge.

Ulrich Brömmling, M. A., Journalist, geboren 1969. Studium der Skandinavistik und Germanistik in Berlin und Bergen (Norwegen). Referent Vertragsmanagement der Bundesanstalt für vereinigungsbedingte Sonderaufgaben, später dort Redakteur des PE-Telegramms. 1999– 2003 Leiter Medien und Information des Bundesverbandes Deutscher Stiftungen. Seit 2004 Head of Marketing and External Communications der Hertie School of Governance, Berlin. Mitglied des Kuratoriums der Kurt-Pauli-Stiftung, Remagen, Mitglied des Beirates der Ilsetraut Glock-Grabe-Stiftung, Nordhausen. Forschungsschwerpunkt: Stiftungen und Zivilgesellschaft in Norwegen. Zahlreiche Vorträge und Veröffentlichungen zu Stiftungsthemen, Öffentlichkeitsarbeit und Marketing.

Dr. *Berthold Broll,* Vorstand der Stiftung Liebenau, Diplom-Verwaltungswissenschaftler, geb. 1967. Studium der Politik-, Sozial- und Verwaltungswissenschaft in Konstanz, Diplomarbeit zum Thema: „Koordinierung in der Altenhilfeplanung". Seit 1991 bis 2000 im Bereich der gewerblichen Wirtschaft tätig (IHK, mittelständischer Konzern, zuletzt Vorstand einer Aktiengesellschaft), nebenberufliche Promotion zum Dr. rer. soc. an der Universität Konstanz mit Abschluss 1997 (Titel der Dissertation: „Steuerung kirchlicher Wohlfahrtspflege durch die verfassten Kirchen"). 2000 Eintritt in die Stiftung Liebenau, seit 01. 01. 2002 Vorstand der Stiftung Liebenau.

Joachim Doppstadt, Wirtschaftsprüfer und Steuerberater, geboren 1955. Studium der Betriebswirtschaftslehre in Essen. Seit 1981 Tätigkeit als Prüfungs- und Steuerassistent bei Dr. Mohren und Partner in München. 1985 Bestellung zum Steuerberater, 1989 Bestellung zum Wirtschaftsprüfer. Ab 1994 selbständige Tätigkeit und seit Januar 2000 Partner der interdisziplinär tätigen Kanzlei Peters, Schönberger und Partner in München. Mitglied des Arbeitskreises Rechnungslegung und Prüfung von Stiftungen beim Institut der Wirtschaftsprüfer in Deutschland e.V. Tätigkeit als Aufsichtsrat und Beirat. Zahlreiche Veröffentlichungen zum Stiftungsrecht.

Mag. iur. *Teresa Draxler,* Rechtsanwaltsanwärterin, geboren 1976. Studium der Rechtswissenschaften in Wien, Innsbruck und Bologna mit Abschluß 1999. Rechtspraktikantin am Handelsgericht Wien. Anwaltliche Ausbildung in Wien bei Freshfields Bruckhaus Deringer 2001 bis 2002 und Draxler & Partner Rechtsanwälte von 2002 bis 2004. Rechtsanwaltsprüfung im Juni 2004 in Wien. Anschließend Volontariat für die Österreichische Vertretung bei den Vereinten Nationen in New York im Bereich Menschenrechte. Seit Anfang 2005 Unternehmensjuristin im Wiener Shopping Center Nord. Veröffentlichungen zum österreichischen Privatstiftungsrecht. Seit 2003 Mitglied des „Privaten Instituts für Stiftungsrecht e.V.".

Dr. *Ingo Fessmann,* geb. 1941, Rechtsanwalt in Berlin. Zuvor Tätigkeit. Zuvor Tätigkeit beim Bayerischen Rundfunk, WDR, Deutschen Bühnenverein (Bundesverband deutscher Theater) und insbesondere in der Berliner Senats-Kulturverwaltung (Abteilungsleiter).

Thomas Fischer, Diplom-Kaufmann (FH), geboren 1962. European Business Studies in Osnabrück und in England. Seit 1998 Mitglied der Geschäftsleitung des Bankhauses Marcard, Stein & Co Bankiers, Hamburg und seit 2004 zum Partner des Bankhauses ernannt. Leiter des Family Offices der Bankengruppe M.M. Warburg & CO. Mit dem Family Office bietet Marcard, Stein & Co eine Dienstleistung an, bei der Neutralität und die ganzheitliche Betrachtung bei der Steuerung von großen Familienvermögen ab 80 25 Mio. im Vordergrund stehen.

Professor Dr. *Christian Flämig,* Rechtsanwalt, geboren 1936. Studium der Rechts- und Wirtschaftswissenschaften in München, Montpellier, London und Darmstadt. Referendariat beim Freistaat Bayern und im Land Hessen. Wissenschaftlicher Assistent am Lehrstuhl für-

Finanz- und Steuerrecht der Technischen Hochschule Darmstadt (Prof. Dr. Georg Strickrodt). Universitätsprofessor für Öffentliches Recht (Schwerpunkt Finanz- und Steuerrecht) an der Technischen Universität Darmstadt, der Universität Osnabrück und der Philipps-Universität Marburg (1971–1986). Richter im Nebenamt an dem Finanzgericht Kassel (1985–1986), Leiter des Direktionsbereiches Recht, Patente, Steuern der E. Merck/Merck KGaA (1986–2001). Honorarprofessor an der Philipps-Universität Marburg (seit 1987). Beirats- und Vorstandsfunktionen in Institutionen des Steuerrechts sowie des Stiftungsrechts (u. a. Deutsches Wissenschaftliches Steuerinstitut e. V., Bundesverband Deutscher Stiftungen e.V., Deutsches Institut für Internationale Pädagogische Forschung). Gutachter für Stiftungen. Veröffentlichungen auf den Gebieten des Finanz- und Steuerrechts, des Wissenschaftsrechts (u. a. als Mitherausgeber der Zeitschrift „Wissenschaftsrecht") sowie des Stiftungsrechts (u. a. „Alternative Stiftungsuniversität?", in: WissR Bd. 8/1975, S. 1 ff.; „Unternehmensnachfolge mittels stiftungshafter Gebilde", in: Der Betrieb 1978, Beilage zu Heft 45 v. 10. 11. 1978; „Die Erhaltung der Leistungskraft von gemeinnützigen Stiftungen", Essen-Bredeney 1984, 109 Seiten).

Dr. *Hugbert Flitner,* Sen.Dir. i.R. geboren 1928. Studium der Rechtswissenschaften in Hamburg, Freiburg i. Br., Heidelberg. Assessor Hamburg 1958, Promotion Hamburg 1961, Justizdienst Hamburg, langjährige Erfahrungen in der Hochschulverwaltung (NRW/Niedersachsen/Kanzler Uni Hamburg), Großforschungsbereich (Vorstand Gesellschaft für Mathematik und Datenverarbeitung-GMD, St.Augustin) und Stiftungswesen (VW-Stiftung, Hannover, Ford-Foundation, New York, Vorstand Fritz-Thyssen-Stiftung, Köln, ehrenamtlich Kulturvorstand Alfred Toepfer-Stiftung FVS, Hamburg, Geschäftsführer/Stiftungsrat Bürgerstiftung Hamburg, Vorstand/Kuratorium Stiftung Europa-Kolleg, Hamburg, Dozent Studiengang Kulturmanagement HfM Hamburg), zahlreiche Veröffentlichungen zum Hochschul-, Stiftungs- und Kulturmanagement.

Verena Freyer, geboren 1978. Studium der Neueren Deutschen Literatur, Soziologie und Publizistik- und Kommunikationswissenschaft in Berlin. Von 2002 bis 2004 Referentin Medien und Information beim Bundesverband Deutscher Stiftungen e.V., zuständig u. a. für verschiedene Arbeitskreise, Stiftungstage und -netzwerke. Seit 2004 Referentin beim Deutschen Sparkassen- und Giroverband, Abteilung Medien und Kommunikation. Ehrenamtliche Koordinatorin des Stiftungsnetzwerkes Berlin und Mitarbeiterin bei der Berliner Stiftung Zurückgeben. Veröffentlichungen zum Thema Stiftungstage und Frauenstiftungen.

Stefan Friederich, Rechtsanwalt, geb. 1941 in München. 1961/1962 Studium VWL und Psychologie, LMU München. 1963–1966 Studium der Rechtswissenschaften in Berlin und Freiburg. Studienbegleitende Ausbildung als Trainee beim Unilever Konzern und bei der Dresdner Bank. 1969 Managementassistent beim Bundesverband der Deutschen Industrie (BDI) in London. 1970 Gründung einer Rechtsanwaltskanzlei in München zusammen mit Hans A. Engelhard, dem späteren (1982–1991) Bundesminister der Justiz. Seit 2002 Seniorpartner der Kanzlei Ulsenheimer & Friederich in München. Leiter der wirtschaftsrechtlichen Abteilung mit Schwerpunkt Gesellschafts-, Erb- und Stiftungsrecht. Veranstalter der Vortragsreihe „Landwirtschaftliches Erbrecht" und des „Münchner Symposium für Wirtschaftsrecht". Gründungsmitglied des Privaten Institutes für Stiftungsrecht mit Sitz in München.

Richard Fries, 1940 geboren, studierte Philosophie am King's College, Cambridge Universität, England. Beamter im britischen Innenministerium 1963–1992, Hauptkommissar der Charity-Kommission 1992–1999. Seit 2000 Gastdozent, Centre for Civil Society, London School of Economics und Vorstandsvorsitzender, International Center for Not-for-Profit Law (ICNL), Washington DC, USA.

Dr. *Heide Gölz,* Ministerialrätin, geboren 1951. Studium der Anglistik, Romanistik und der Rechtswissenschaften in Bonn und Freiburg. Philologische Zwischenprüfung und erstes juristisches Staatsexamen an der Universität Bonn. Referendariat am Oberlandesgericht Köln. 1980 zweites juristisches Staatsexamen, Richterin am Bonner Landgericht. 1981 Eheschließung und Geburt der ersten Tochter, 1984 Geburt der zweiten Tochter, 1984 als Rechtsanwältin zugelassen am Amts- und Landgericht Bonn. 1985 Referentin im Bundesministerium für innerdeutsche Beziehungen, 1992 Justiziarin und Frauenbeauftragte im Bundesministerium für Familie und Senioren, danach Leiterin eines Gesetzgebungsreferats im Bundesministerium für Familie, Senioren, Frauen und Jugend. 1995 bis 1996 Beurlaubung aus familiären Gründen, Ende 1996 bis Ende 1999 Referatsleiterin in der Gruppe Zivildienst, 1999 Promotion an der Universität Bonn bei Professor Dr. Fritz Ossenbühl zum Thema „Der Staat als Stifter. Bundesstiftungen als Organisationsform mittelbarer Bundesverwaltung und gesellschaftlicher Selbstverwaltung". 2000 bis 2003 Referatsleiterin Gleichstellungsgesetze. 2003 – 2005 Leiterin des Projektmanagements zur Kommission „Impulse für die Zivilgesellschaft – Perspektiven für Zivildienst und Freiwilligendienste in Deutschland" und zur Umsetzung von deren im Januar 2004 abgegebenen Empfehlungen. Seit Mai 2005 Leiterin des Arbeitsstabs Zivildienst im Bundesministerium für Familie, Senioren, Frauen und Jugend.

Professor *P. Stephan Haering* OSB, geboren 1959, Benediktiner der Abtei Metten, Priesterweihe 1984. Studium der katholischen Theologie, Germanistik, Geschichte und des kanonischen Rechts in Salzburg, München und Washington D.C. Dr. theol. 1987, M.A. 1993, Lic. iur. can. 1994, Habilitation für Kirchenrecht und kirchliche Rechtsgeschichte (Dr. iur. can. habil.) 1996. 1997 – 2001 Professor für Kirchenrecht an der Bayerischen Julius-Maximilians-Universität Würzburg, seit 2001 Professor für Kirchenrecht, insbesondere für Verwaltungsrecht sowie kirchliche Rechtsgeschichte, am Klaus-Mörsdorf-Studium für Kanonistik der Ludwig-Maximilians-Universität München; Mitglied der Arbeitsgruppe Kirchenrecht der Deutschen Bischofskonferenz, Berater der Glaubenskommission der Deutschen Bischofskonferenz, Richter am Konsistorium und Metropolitangericht München.

Dr. *Marita Haibach,* frühere hessische Staatssekretärin und Landtagsabgeordnete, ist seit 1991 als Fundraising-Beraterin tätig. Seit Anfang 2003 leitet sie als Managing Director die deutsche Niederlassung des internationalen Fundraising-Beratungsunternehmens Brakeley. Sie ist Vorsitzende des Prüfungsausschusses der Fundraising Akademie und Präsidentin der European Fundraising Association (EFA). Von 1996 bis 2002 war sie als stellvertretende Vorsitzende maßgeblich am Aufbau des Deutschen Fundraising Verbands beteiligt. Von 2001 bis Anfang 2004 fungierte sie als ehrenamtlich als geschäftsführende Vorsitzende der Stiftung FILIA, die sie als eine der Erststifterinnen ins Leben rief. Sie ist zudem eine der Initiatorinnen des Erbinnen-Netzwerks in Deutschland. Zum Thema Fundraising und Erbinnen veröffentlichte Dr. Marita Haibach in den vergangenen Jahren mehrere Bücher und zahlreiche Aufsätze in Sammelwerken und Zeitschriften.

Maren Hartmann, LL.M., Rechtsanwältin, geboren 1970. Anwaltszulassungen in München und New York. Studium der Rechtswissenschaften in Erlangen, Würzburg und New York – Fordham University. 1998 – 1999 Anwältin in New Yorker Rechtsanwaltskanzlei. Seit 1999 Rechtsanwältin bei P+P Pöllath+Partner mit dem Schwerpunkt Unternehmensnachfolge, Truststrukturierung und Gemeinnützigkeitsrecht. Veröffentlichungen und Vorträge insbesondere zum Gemeinnützigkeitsrecht.

Eva Maria Hinterhuber, Diplom-Politologin, geboren 1973. Studium der Politikwissenschaft, Slavistik und Rechtswissenschaft in Innsbruck, St. Petersburg und Berlin; Promotionsstipendiatin der Europa-Universität Viadrina, Frankfurt (Oder) und der Humboldt-Universität zu Berlin; Lehraufträge am Otto-Suhr-Institut sowie am Osteuropa-Institut der Freien Universität Berlin, an der Europa-Universität Viadrina, dem European University Center for Peace Studies (Österreich) und der Fachhochschule Potsdam; seit 2002 wissenschaftliche Mitarbeiterin am Maecenata Institut für Philanthropie und Zivilgesellschaft an der Humboldt-Universität zu Berlin; Veröffentlichungen in den Bereichen Dritter-Sektor-Forschung, Transformationsforschung, Gender Studies, Friedens- und Konfliktforschung.

Dr. *Thomas v. Hippel,* geb. 1972; 1992–97 Studium der Rechtswissenschaft an der Universität Göttingen; 1998–2000 Referendariat am Hanseatischen Oberlandesgericht Hamburg. 1997 Wissenschaftlicher Mitarbeiter am Lehrstuhl von Professor Joachim Münch (Zivilrecht, Zivilprozessrecht) an der Universität Göttingen. 1997–2000 Wissenschaftlicher Mitarbeiter am Max-Planck-Institut für ausländisches und internationales Privatrecht (Hamburg). 2000 Promotion an der Universität Göttingen. 2000–2002 Referent beim Gesamtverband der Deutschen Versicherungswirtschaft (GDV) und dem Versicherungsombudsmann e.V. Mitwirkung beim Aufbau des Versicherungsombudsmann e.V. als Schlichtungsstelle für Beschwerden von Verbrauchern gegen ihre Versicherungsunternehmen. 2001–2002 Mitwirkung in der Enquette Kommission des Bundestages „Zukunft des Bürgerschaftlichen Engagements". Seit 2002 Wissenschaftlicher Assistent beim Institut für Stiftungsrecht und das Recht der Nonprofit Organisationen an der Bucerius Law School (Hamburg) und Referent am Max-Planck-Institut für ausländisches und internationales Privatrecht (Hamburg).

Professor Dr. iur. *Hagen Hof,* Jahrgang 1947, Studium der Rechtswissenschaft an der Universität Regensburg, Referendariat am OLG Köln, tätig in der Forschungsförderung bei der VolkswagenStiftung, Hannover, in der Abteilung Geistes- und Gesellschaftswissenschaften, Honorarprofessor der Universität Lüneburg. Seine Veröffentlichungen betreffen das Stiftungsrecht, das Umweltrecht, die Juristische Methodenlehre, die Rechtsgeschichte und Forschungsfragen der Wechselbeziehungen zwischen Recht und Verhalten.

Philipp Hof, Diplom-Kaufmann, Jahrgang 1967, ist in München geboren und aufgewachsen. Sein Studium der Betriebswirtschaftslehre machte er an der LMU München und in Berkeley, Kalifornien. Sein Engagement für die Lösung gesellschaftlicher Aufgaben begann während seiner Zivildienstzeit in der Haunerschen Kinderklinik. Außerdem verbrachte Philipp Hof insgesamt 24 Monate seines Lebens in Entwicklungsländern, in denen er über 100 Kinderhilfsprojekte kennen lernte. 1992 übernahm er die Geschäftsführung der Thomas Gottschalk Stiftung. Ab 1994 baute er unter anderem das Kinderfonds Stiftungszentrum auf, dessen wesentlicher Bestandteil von Anfang an eine nonprofit orientierte Servicegesellschaft war: die heutige Stiftungszentrum.de Servicegesellschaft mbH. Als Geschäftsführer von Stiftungszentrum.de engagiert sich der Vater von zwei Kindern insbesondere für die Planung, das Management und die Finanzierung größerer Stiftungsvorhaben.

Veronika Hofmann, Germanistin, geboren 1975. Studium der Neueren Deutschen Literatur, Germanistischen Linguistik und Englischen Literaturwissenschaft in München mit Abschluss Magister Artium und 1. Staatsexamen für das Lehramt an Gymnasien. Seit 2000 Mitarbeiterin bei Maecenata Management, seit 2002 in hauptamtlicher Beschäftigung als Projektleiterin tätig. Außerdem Doktorandin an der Ludwig-Maximilians-Universität München im Fach Neuere Deutsche Literatur.

Burkhardt Holze, Kommunikationsforscher und Medienwissenschaftler. Marktforscher, Konzeptioner, später Bereichsleiter Konzeption bei Sponsor Partners / BBDO. Seit 1999 Unitleiter „Strategische Planung und Beratung" bei Schmidt und Kaiser, Frankfurt am Main.

Professor Dr. *Rainer Hüttemann,* Jahrgang 1963. Studium der Volkswirtschaftslehre und Rechtswissenschaften in Bonn. Promotion 1990. Habilitation in Bonn 1998. Von 1998 bis 2004 Professor an der Universität Osnabrück. Seit 2004 Professor für Bürgerliches Recht, Handels-, Bilanz und Steuerrecht an der Universität Bonn und Geschäftsführender Direktor des Instituts für Steuerrecht. Seit 2002 Vorstandsmitglied im Bundesverband Deutscher Stiftungen und Leiter des Gesprächskreises Stiftungssteuerrecht. Zahlreiche Publikationen zum Gemeinnützigkeits- und Stiftungsrecht.

Anetta Kahane, geboren 1954, 1974–1979 Studium der Lateinamerika-Wissenschaft und Übersetzerin in Afrika, 1980 – 1983 Sprachunterricht an der Humboldt-Universität, 1983 – 1989 Literarische Übersetzungen, Frühjahr 1989 Engagement in Arbeitsgruppe Ausländerfragen des Neuen Forum, Januar 1990 Ausländerbeauftragte des Magistrats von Ostberlin, 1991 – 2003 Geschäftsführerin der Regionalen Arbeitsstellen für Ausländerfragen e.V., Leiterin der Regionalen Arbeitsstelle für Ausländerfragen Berlin. Seit 1991 Mitgliedschaften in Vorständen der Regionalen Arbeitsstellen (Mecklenburg-Vorpommern und Sachsen) 1992 Gründung des Arbeitskreis Roma und Sinti; seit 1997 u. a. aktive Unterstützung der Internationalen Liga für Menschenrechte, 1997 Gründung des Zentrum Demokratische Kultur als Projekt der RAA zum Thema Rechtsextremismus, 1997 Gründungsmitglied der Amadeu Antonio Stiftung (Dezember 1998) und seitdem Vorsitzende des Kuratoriums / Vorstandes der Amadeu Antonio Stiftung, 2002 Verleihung des Moses–Mendelssohn–Preises des Landes Berlin und der Hermann–Tempel-Medaille, Seit 2003 Hauptamtliche Vorsitzende des Vorstandes der Amadeu Antonio Stiftung, 2004, Veröffentlichung der Autobiografie „Ich sehe was, was du nicht siehst. Meine deutschen Geschichten." Verlegt bei Rowohlt Berlin; Mitglied u. a. im Beirat der Deutschen Kinder- und Jugendstiftung, der Theodor-Heuss-Stiftung und dem Forum gegen Rassismus.

Dr. *Franz Kogelmann,* Islamwissenschaftler, geboren 1965. Studium der Islamwissenschaft, Ethnologie und Geschichte Afrikas in München und Bayreuth. 1992–1996 wissenschaftlicher Mitarbeiter des DFG-Sonderforschungsbereichs 214 Identität in Afrika an der Universität Bayreuth, 2000 – 2004 wissenschaftlicher Mitarbeiter am Deutschen Orient-Institut Hamburg, DFG-Projekt: Die Entwicklung der islamischen frommen Stiftungen in Marokko, Algerien und Ägypten im 20. Jahrhundert, 2002 – 2003 wissenschaftlicher Mitarbeiter am Lehrstuhl für Religionswissenschaft I der Universität Bayreuth, Projektleitung des Volkswagen Stiftungsprojekts: The Sharia Debate and the Shaping of Christian and Muslim Identities in Northern Nigeria since 1999, seit 2005 wissenschaftlicher Mitarbeiter des DFG-Sonderforschungsbereichs / Kulturwissenschaftlichen Forschungskolleg 560 Lokales Handeln in Afrika im Kontext globaler Einflüsse der Universität Bayreuth, Forschungsaufenthalte in Ägypten, Marokko, Frankreich und Nigeria, Promotion in Islamwissenschaft zu islamischen Stiftungen in Marokko, zahlreiche Veröffentlichungen zum Islamismus, islamischen Stiftungswesen und islamischen Recht.

Professor Dr. *Claus Koss,* Diplom-Kaufmann (Regensburg 1995); englischer Masterabschluss EMBSc (Regensburg und Birmingham / England 1992 / 5). Ausbildung zum Redakteur an Tageszeitungen. Studium der Betriebswirtschaftslehre und Rechtswissenschaft an den Universitäten Regensburg und Birmingham / England. Fünfjährige Tätigkeit bei einer der großen Wirtschaftsprüfungs- und Steuerberatungsgesellschaften, einjährige Tätigkeit bei einer mittelständischen Sozietät aus Steuerberatern, Rechtsanwälten und einem Wirtschaftsprüfer. Seit 2002 in eigener Kanzlei als Steuerberater und Abschlussprüfer tätig. Dozent an der Fachhochschule Regensburg für Betriebswirtschaftslehre, insbesondere Steuern und Wirtschaftsprüfung. Lehrbeauftragter an der Business School der The Open University, Milton Keynes/ England. Lehrbeauftragter an der Hertie School of Governance, Berlin (ab 2005).

Uwe Koß, Pfarrer, Fundraiser (FA), geboren 1968. Studium der Ev. Theologie, Philosophie und Judaistik in Bethel, Prag und München. 1996–1997 Geschäftsführer der Stadtbäckerei Schaller, Weiden. Schwerpunkt Marketing und Verkauf, Personalwesen. Vikariat in der bayerischen Landeskirche, 2000 bis 2003 Spiritual beim Windsbacher Knabenchor. Aufbaustudium Fundraising bei der Fundraising-Akademie, Frankfurt. Seit 2003 Fundraiser bei der EKD-Stiftung zur Bewahrung kirchlicher Baudenkmäler, Hannover. Veröffentlichungen zum Thema Stiftung und Fundraising. Referent und Berater bei Organisationen und Fundraising-Akademie.

Dr. *Uli Kostenbader* ist Vizepräsident des Deutschen Musikrates mit Sitz in Berlin und Bonn. Der Wirtschafts- und Sozialwissenschaftler war langjähriger Leiter des Sponsoring-Bereiches der DaimlerChrysler AG in Stuttgart, wo er für die Themenbereiche Wissenschaft, Ökologie, Kultur und Soziales verantwortlich zeichnete. Kostenbader ist Mitglied zahlreicher Institutionen in den Bereichen Kultur und Wissenschaft, u. a. im Kulturkreis des Bundesverbandes der Deutschen Industrie, der Akademie für wissenschaftliche Weiterbildung in Ludwigsburg, der Gesellschaft zur Förderung des Stiftungsgedankens, der Freundeskreise des Radiosymphonieorchesters Stuttgart und des Festspielhauses Baden-Baden usw. Die Sponsoringprojekte, die von Uli Kostenbader entwickelt wurden, sind in den vergangenen Jahren mit zahlreichen Preisen ausgezeichnet worden, u. a. mit dem Europäischen Kulturpreis der Stiftung Pro Europa, dem Media Save Art Prize der UNESCO, dem Internationalen Sponsoring Award, dem Deutschen Multi Media Award, der Silver World Medal des New York New Media Festivals sowie dem Preis des transatlantischen Ideenwettbewerbs USable der Körber-Stiftung. Kostenbader war über viele Jahre hinweg Dozent der Berufsakademie Stuttgart und hat einen Lehrauftrag im Studiengang „Kulturmanagement" an der Hochschule für Musik Franz Liszt in Weimar inne.

Dr. *Thomas Kreuzer,* Kommunikationswirt und Theologe, Studium in Frankfurt am Main, Rom und Heidelberg. Promotion im Jahr 1998 an der Universität Frankfurt am Main bei Prof. Dr. Yorick Spiegel, freie Mitarbeit bei Ogilvy and Mather in Frankfurt, danach Vikariat in der Evangelischen Kirche in Hessen und Nassau. Seit 1999 Leitung und Geschäftsführung der Fundraising Akademie in Frankfurt am Main. Veröffentlichungen zu den Themen Sozialphilosophie, Ethik, Dritter Sektor und Fundraising-Management.

Niklas Lang, lic.oec. HSG: Studium der Betriebswirtschaftslehre an der Universität St. Gallen, lic.oec. HSG 2002; seit 2001 Assistent am Lehrstuhl Prof. Peter Gomez/Prof. Johannes Rüegg-Stürm; seit 2002 Doktorand und wissenschaftlicher Assistent am Institut für Betriebswirtschaft; Research Associate zum Thema Stiftungsmanagement, Projekt „Foundation Excellence".

Dr. *Peter Lex,* Rechtsanwalt, Jahrgang 1941, Studium der Rechtswissenschaft in München, Freiburg und Zürich. Seit 1969 Rechtsanwalt mit Tätigkeitsschwerpunkt des Rechts der steuerbegünstigten Körperschaften; Partner der Kanzlei Dr. Mohren & Partner in München; geschäftsführender Gesellschafter der Dr. Mohren Treuhand GmbH Wirtschaftsprüfungsgesellschaft. Vorsitzender des Vorstandes der Dr. Leo Mohren-Stiftung und der Karg-Stiftung für Hochbegabtenförderung, Mitglied des Vorstandes der Karg'schen Familienstiftung sowie in vielen weiteren Stiftungen; Vorsitzender des Bayerischen Landesausschusses für das Stiftungswesen; Mitglied des Beirats des Bundesverbandes Deutscher Stiftungen. Zahlreiche Veröffentlichungen und Vorträge zu stiftungsrechtlichen Themen.

Professor Dr. iur. *Gerhard Lingelbach,* Hochschullehrer, geboren 1948. Studium der Rechtswissenschaft in Leipzig, Promotion und Habilitation Universität Jena, 1993/94 Max-Planck-Institut Frankfurt am Main, Schwerpunkte Rechtsgeschichte, Stiftungsrecht, Deliktsrecht.

Christoph Lucks, Regierungsdirektor, geboren 1966. Studium der Rechtswissenschaften in Bochum und Bonn. Referendariat in Kiel, Bad Doberan, an der Hochschule für Verwaltungswissenschaften Speyer und in Bonn. Seit 1996 im höheren allgemeinen Verwaltungsdienst der Freien und Hansestadt Hamburg. 1997 bis 2001 Referent für Stiftungen, Angelegenheiten der Kirchen und Religionsgemeinschaften und allgemeine Rechtsangelegenheiten in der Senatskanzlei der Freien und Hansestadt Hamburg. 2001 bis 2003 stellvertretender Leiter des Senatsamts für die Gleichstellung. Seit 2003 Leiter des Referats Familienpolitik in der Behörde für Soziales und Familie. Veröffentlichungen zum Stiftungsrecht.

Bernhard Matzak, M.A., Wissenschaftlicher Dokumentar, geboren 1958. Studium der Kunstgeschichte, Germanistik und Pädagogik in Bonn. Postgraduiertenausbildung zum Wissenschaftlichen Dokumentar beim Südwestfunk in Baden-Baden und dem Institut für Information und Dokumentation in Potsdam. 1991 bis 2001 tätig als Wissenschaftlicher Dokumentar in Medienarchiven der ARD. Seit 2002 Wissenschaftlicher Bibliothekar mit der Weiterqualifizierung zum Nonprofit-Infobroker am Maecenata Institut für Philanthropie und Zivilgesellschaft an der Humboldt-Universität zu Berlin. Nonprofit-Infobroker und Wissenschaftlicher Mitarbeiter am Maecenata Institut in Berlin und seit 2005 dort als Wissenschaftlicher Bibliothekar tätig. Erstellung von Studien zum Stiftungswesen, Corporate Citizenship sowie Publikationen und Informationsprodukte zum Nonprofit-Bereich.

Dr. *Astrid Meier,* Historikerin, geboren 1962. Studium der allgemeinen Geschichte, der arabischen und der lateinischen Sprache und Literatur in Zürich und Damaskus. Lehrbeauftragte am Historischen und am Orientalischen Seminar der Universität Zürich. 1994 Promotion in allgemeiner Geschichte zu vor- und frühkolonialen Hungerkrisen im Nordtschad. Aktuelles Forschungsprojekt, gefördert u. a. durch den Schweizerischen Nationalfonds, den Kanton Zürich und die Gerda-Henkel-Stiftung: Familien und ihre Stiftungen, Damaskus 16. bis 18. Jahrhundert. Forschungsschwerpunkte: Kolonialgeschichte, Imperialismus; Hungerkrisen; Osmanische Geschichte, insbesondere Syrien; Rechts- und Sozialgeschichte des waqf; Historiographiegeschichte. Zahlreiche Veröffentlichungen zur Sozial- und Rechtsgeschichte von Stiftungen, u. a. Artikel „waqf in Syria up to 1914", Encyclopedia of Islam (EI2), Supplement 2004.

Dr. *Florian Mercker,* Rechtsanwalt, geboren 1972. Seeoffizier der Reserve. Studium der Rechtswissenschaften, Kunstgeschichte und Politik in München und Cambridge/Großbritannien. Münchener Büro der Kanzlei CMS Hasche Sigle Rechtsanwälte Steuerberater. 1998 Vorstandsassistenz bei Lord Charles Hindlip, Chairman Christie's International plc., in London. 2000 Vorstandsassistenz bei Thomas Krens, Director der Solomon R. Guggenheim Foundation, in New York. Aufbau des for-profit Internet-Portals guggenheim.com als verantwortlicher Jurist. Seit 2001 Rechtsanwalt im Münchener Büro der Kanzlei Ulsenheimer & Friederich Rechtsanwälte mit Schwerpunkt im Urheber-, Medien- und Stiftungsrecht. Vorsitzender des Privaten Instituts für Stiftungsrecht e.V. mit Sitz in München (www.stiftungsrecht.org). Promotion im Urheberrecht. Regelmäßige Veröffentlichungen zu aktuellen Entwicklungen im Kunst- und Stiftungsrecht, u. a. in der Frankfurter Allgemeinen Zeitung und in der KSLaktuell, der quartalsweise erscheinenden Publikation des Freundeskreises der Kulturstiftung der Länder.

Petra Anna Meyer, Rechtsanwältin, geboren 1974 in Leipzig. Studium der Rechtswissenschaft in Heidelberg und Berlin. Referendariat am Landgericht Berlin sowie unter anderem bei Frantzen & Wehle Rechtsanwälte und bei der Kanzlei Heller Ehrmann, San Francisco. Im Jahre 2001 Praktikantin, später freie Mitarbeiterin der Bertelsmann Stiftung, Bereich Stiftungswesen. Sie ist Mitautorin des Buches „Ratgeber Stiften – Gründen, Planen, Recht und Steuern", welches im Verlag Bertelmann Stiftung erschienen ist. Seit 2004 arbeitet Frau Meyer als Rechtsanwältin in Berlin.

Dr. *Gabor Mues,* Rechtsanwalt, geboren 1973. Studium der Rechtswissenschaften und der Philosophie an den Universitäten München und Berlin (FU). Von 2000 bis 2001 Masterstudium (Magister Juris) am St. Anne's College, University of Oxford, UK. Promotion im Jahre 2003 an der Universität Potsdam bei Prof. Jürgen Oechsler zu Vertragsverhältnissen im Kunsthandel. Wissenschaftlicher Mitarbeiter von Prof. Dr. Peter Raue (Hogan & Hartson Raue, Berlin) im Bereich Kunst- und Presserecht. Referendariat beim Kammergericht in Berlin mit Stationen bei der Senatsverwaltung für Wissenschaft, Forschung und Kultur, CMS Rechtsanwälte, Berlin sowie Lovells Rechtsanwälte, München. Seit 2004 als Rechtsanwalt bei Pöllath & Partner, München mit Schwerpunkt M&A tätig. Regelmäßige Veröffentlichungen in der FAZ und SZ zu den Themen Stiftungsrecht, Kunstrecht und Urheberrecht.

Dr. *Markus Nachbaur,* Ressortleiter Finanzen / Vermögensverwaltung der Stiftung Liebenau Diplom-Kaufmann, geboren 1964. Nach Abitur, Ausbildung zum Bankkaufmann und Studium der Betriebswirtschaft an der Universität Erlangen Nürnberg war er wissenschaftlicher Mitarbeiter am Lehrstuhl für Allgemeine-, Bank- und Versicherungsbetriebswirtschaftslehre bei Prof. Dr. Oswald Hahn, Erlangen-Nürnberg. Die Promotion erfolgte 1995. Anschließend Aufnahme der Tätigkeit bei der Stiftung Liebenau, seit 2002 Leiter des Ressorts Finanzen / Vermögensverwaltung.

Dr. iur. can. *Marcus Nelles,* wissenschaftlicher Mitarbeiter am Klaus-Mörsdorf-Studium für Kanonistik in München, geboren 1974. 1992–1996 Studium der Rechtswissenschaft in Köln, 1997–2002 Studium des Kirchenrechts und der Theologie in Münster und München. Promotion zum Lic. iur. can. im Jahr 1999 in Münster bei Prof. Dr. Klaus Lüdicke zum Nullapoena-sine-lege-Grundsatz im Kirchenrecht, Promotion zum Lic. theol. im Jahr 2001 in Theologie bei Prof. Dr. Dr. Antonio Autiero zum staatsbürgerlichen Rechtsgehorsam des Christen, Promotion zum Dr. iur. can. im Jahr 2004 in München bei Prof. Dr. Winfried Aymans zum Verhältnis von Einzelfallgerechtigkeit und Rechtssicherheit im kirchlichen Recht.

Dr. *Klaus Neuhoff,* Leiter, Institut Stiftung und Gemeinwohl, Universität Witten / Herdekke, geb. 1938 in Gelsenkirchen-Buer. Studium der Betriebswirtschaftslehre an den Universitäten Hamburg und Köln. Abschluß als Diplom-Kaufmann im Jahre 1962. Im Jahre 1965 an der Universität Köln zum Dr. rer. pol. promoviert, mit einer Untersuchung über die Einbringung von Unternehmensvermögen in Stiftungen (bei Prof. Erich Gutenberg). 1965–1967 Forschungsaufenthalt am Foundation Center in New York. Von 1968 bis 1994 freier Mitarbeiter beim Stifterverband für die Deutsche Wissenschaft e.V. in Essen; dort Aufbau des Stiftungszentrums und der Treuhandverwaltung und Begründer der ‚Schriftenreihe zum Stiftungswesen' sowie Mitherausgeber von drei Stiftungsverzeichnisssen. Gründungsmitglied und jahrelang Vorstandsmitglied von INTERPHIL (International Standing Conference on Philanthropy), Genf. Ebenfalls lange Jahre Präsidiumsmitglied des Bundesverbandes Deutscher Volks- und Betriebswirte e.V., Düsseldorf. Seit Mai 1994 Leiter des Instituts Stiftung und Gemeinwohl an der Privaten Universität Witten / Herdecke gGmbH in Witten. Über 150

Publikationen (deutsch und englisch) zu den Themenkomplexen Stiftungs- und Spendenwesen, Gemeinnützigkeit, Mäzenatentum, Civil Society / Dritter Sektor.

Dr. *Simone Paar,* Dipl.-Kauffrau, geboren 1976. Studium der Betriebswirtschaftslehre an der Universität St. Gallen. Anschließend bei der Unternehmensberatung L.E.K. Consulting tätig. Ab 2002 Promotion am Lehrstuhl für Marketing und Handel bei Prof. Christian Belz an der Universität St. Gallen zur Kommunikation von Corporate Citizenship. Seit 2005 Projektleiterin bei Maecenata Management.

Dr. *Johannes Pahlitzsch,* Historiker, geboren 1963. Studium zunächst der Kirchenmusik, dann der Geschichte, Arabistik und Byzantinistik an der Freien Universität Berlin. 1998 Promotion zum griechisch-orthodoxen Patriarchat von Jerusalem zur Zeit der Kreuzzüge. Lehrbeauftragter am Seminar für Semitistik und Arabistik der Freien Universität Berlin. Aktuelles Forschungsprojekt gefördert von der Gerda Henkel Stiftung: Das byzantinische und islamische Stiftungswesen im Vergleich. Im Frühjahr 2004 Member des Institute of Advanced Study in Princeton. Forschungsschwerpunkte: die Beziehungen zwischen Christen und Muslimen im östlichen Mittelmeer im Mittelalter sowie das Stiftungswesen in Byzanz und im Islam. Zahlreiche Veröffentlichungen zum christlichen Orient und zum Stiftungswesen.

Dr. *Fokke Christian Peters,* Rechtsanwalt, geboren 1967. Studium der Kunstgeschichte, Philosophie und der Rechtswissenschaften in Hamburg. Referendariat am Kammergericht Berlin, unter anderem bei der Generaldirektion der Stiftung Preussischer Kulturbesitz und bei Oppenhoff & Rädler, Linklaters & Alliance, Berlin und London. Promotion im Jahr 2000 am Kunstgeschichtlichen Institut der Universität Hamburg bei Prof. Martin Warnke zur Architekturtheorie Schinkels. Anwaltszulassung seit 1999; von 2000 bis 2002 Anwalt bei Hogan & Hartson Raue; Mitarbeiter von Prof. Peter Raue mit Schwerpunkt im Kunstrecht, Presserecht und Stiftungsrecht. Seit 2002 Justitiar der Kulturstiftung des Bundes; Veröffentlichungen zum Stiftungsrecht und zu kulturtheoretischen Themen.

Professor Dr. *Robert Picht,* geboren 1937. Studium der Romanistik, Philosophie und Soziologie u. a. bei Theodor W. Adorno und Pierre Bourdieu. 1965–1972 Mitarbeiter der Pariser Zweigstelle des DAAD und Lektor an verschiedenen Pariser Hochschulen. 1972–2000 Direktor des Deutsch-Franzosischen Instituts in Ludwigsburg. Seit 1987 zunächst Visiting Professor am Europa-Kolleg in Brügge, seit 1994 Leiter des interdisziplinären Programms, seit 2001 Hendrik Brugmans Chair for Interdisiciplinary European Studies, 2002 Rektor ad interim, 2004 / 2005 Leiter des Warschauer Campus. 1973–1995 Member of the Board of Governors der Europaeischen Kulturstiftung in Amsterdam, seit 1976 Präsident des Exekutiv-Komitees, seit 1978 Vize-Präsident der Stiftung. Seit 1999 Mitglied des Vorstands der Theodor Heuss Stiftung. Seit 2000 Präsident des Kuratoriums der Allianz Kulturstiftung.

Professor Dr. *Peter Rawert,* LL.M., Notar in Hamburg. Er wurde 1959 in Hünfeld / Hessen geboren. Nach dem Studium der Rechtswissenschaft an den Universitäten Gießen, Mainz, Kiel und Surrey (GB) legte er 1983 sein Erstes Staatsexamen ab. An der University of Exeter (GB) erwarb er 1984 den Grad eines Master of Laws. Im Anschluss an einen Forschungsaufenthalt an der Harvard University (USA) und sein Zweites Staatsexamen 1988 promovierte er an der Universität Kiel im Stiftungsrecht. 1989 nahm er seine Berufstätigkeit auf, und zwar zunächst als Rechtsanwalt. 1994 wurde er in Hamburg zum Notar ernannt. Peter Rawert lehrt Vertragsgestaltung an der Universität Kiel. Seit 1999 ist er dort Honorarprofessor. Er ist ferner Lehrbeauftragter an der Bucerius Law School in Hamburg. Seine beruflichen und wissenschaftlichen Schwerpunkte liegen in der Vertragsgestaltung im Gesellschafts-, Immobilien- und Erbrecht sowie im Stiftungsrecht.

Sabine Reimer, Diplomsoziologin, 1975 geboren, hat Soziologie mit den Nebenfächern Publizistik- und Kommunikationswissenschaften und Psychologie in Berlin studiert. Während ihres Studiums war sie unter anderem an der Freien Universität Berlin im Bereich Methodenlehre, am Wissenschaftszentrum Berlin für Sozialforschung und im Bereich der Öffentlichkeitsarbeit (unter anderem Deutscher Bundestag) tätig. Publikationen unter anderem zum Themenfeld Corporate Citizenship. Seit 2003 ist sie wissenschaftliche Mitarbeiterin des Maecenata Instituts.

Thomas Reuther, Jahrgang 1944, Dipl. Verw. Wirt (FH). Mehrjährige Leitung eines Einsatzes der Kirchlichen Not- und Katastrophenhilfe in Asien, dann hauptberuflich tätig in der Kirchlichen Jugendverbandsarbeit. Viele Jahr lang in unterschiedlichen Feldern der Caritas-Sozialarbeit und Sozialpolitik verantwortlich mit den Schwerpunkten Migration, Familie und Marketing. Seit 2003 Geschäftsführender Vorstand der neu gegründeten CaritasStiftung in der Diözese Rottenburg-Stuttgart.

Dr. *Andreas Richter* LL.M. (Yale) ist Rechtsanwalt bei P+P Pöllath + Partner und Geschäftsführer des Berliner Steuergespräche e.V. Als Anwalt ist er spezialisiert auf die rechtliche und steuerliche Beratung von privaten Großvermögen / Family Offices und Stiftungen. Zuvor war er im New Yorker Büro einer internationalen Großkanzlei tätig. Seit mehreren Jahren ist Richter Dozent im Studiengang „Master of International Taxation" an der Universität Hamburg und Lehrbeauftragter an der Hochschule Sankt Gallen.

Götz Freiherr v. Rotenhan, Rechtsanwalt, Jahrgang 1975, Studium der Rechtswissenschaften in Passau, Lausanne und München (1996–2001), Referendariat in München (2001–2003), Wahlstation bei der Bertelsmann Stiftung, Stabstelle für Recht und Politik, seit Mitte 2004 Promotion bei Prof. Vieweg, Erlangen zu einem stiftungsrechtlichen Thema. 2004 Zulassung als Rechtsanwalt. Freie Mitarbeit in der Kanzlei Ulsenheimer-Friederich, München. Gründungsmitglied des privaten Instituts für Stiftungsrecht.

Professor Dr. *Johannes Rüegg-Stürm:* Studium der Betriebswirtschaftslehre an der Hochschule St. Gallen mit Promotion zum Dr.oec., 1989–1992 praktische Tätigkeit im Konzernbereich Finanz und Control bei der Ciba-Geigy AG in Basel, Habilitation zum Thema Unternehmenstransformation. Derzeit ordentlicher Professor für Organizational Behavior an der Universität St. Gallen, Direktor des Instituts für Betriebswirtschaft. Forschungsgebiete: Management strategischer Veränderungsprozesse, Kulturwandel in komplexen Organisationen, neue Führungs- und Organisationsformen, Prozessmanagement, Wandel- und Erneuerungsfähigkeit von Organisationen, Management von Stiftungen, Management von Healtch & Care Organisationen, systemisch-konstruktivistische Ansätze und Methoden in der Managementforschung und Managementpraxis.

Professor Dr. *Berit Sandberg,* Diplom-Kauffrau, geboren 1965. Studium der Betriebswirtschaftslehre in Göttingen. 1992 bis 2001 wissenschaftliche Mitarbeiterin bzw. Assistentin am Institut für Rechnungs- und Prüfungswesen privater und öffentlicher Betriebe, Prof. Dr. Helmut Brede. 1994 Promotion, 2000 Habilitation mit der Schrift „Grundsätze ordnungsmäßiger Jahresrechnung für öffentliche Stiftungen". 2001 bis 2003 Regierungsdirektorin im Niedersächsischen Ministerium für Wissenschaft und Kultur, Hannover, Abteilung Hochschulen und Forschung, u. a. Projektleitung „Stiftungshochschulen". Seit 2003 Professorin für Öffentliche Betriebswirtschaftslehre / Public Management (Schwerpunkt Marketing) an der FHTW

Berlin, zugleich Privatdozentin an der Universität Potsdam. Forschungsschwerpunkte: Non-Business Marketing, Controlling nichtkommerzieller Institutionen, Stiftungsmanagement, Hochschulmanagement; Veröffentlichungen u. a. zu Rechnungslegung, Controlling und Marketing von Stiftungen.

Sascha R. Sander, Betriebswirt (VWA) und Finanzökonom (EBS), geboren 1974. Berufsbegleitendes Studium der Wirtschaftswissenschaften an der Verwaltungs- und Wirtschaftsakademie, Koblenz sowie Finanzökonomie an der European Business School, Oestrich-Winkel. Lizenzierung zum Certified Financial Planner (CFP) durch den Deutschen Verband Financial Planners (DEVFP) im Jahr 2001. Seit 2002 in der Bankengruppe M.M.Warburg & CO, Hamburg tätig. Dort im Family Office bei Marcard, Stein & Co für die Vermögensstrukturierung und Finanzplanung komplexer Familienvermögen verantwortlich.

Dr. habil. *Andreas Schlüter,* Rechtsanwalt und Generalsekretär des Stifterverbandes für die Deutsche Wissenschaft, geboren 1956. Studium der Rechtswissenschaften an der Universität Bielefeld und Zweitstudium der Betriebswirtschaftslehre an der Fernuniversität Hagen. Promotion 1986 an der Universität Bielefeld. Von 1986 bis 1995 in unterschiedlichen Funktionen bei der Bertelsmann AG, Gütersloh. Von 1995 bis 2000 erster Geschäftsführer der Bertelsmann Stiftung. Seit 2000 Rechtsanwalt in der Kanzlei Brandi Dröge Piltz Heuer & Gronemeyer mit Sitz in Gütersloh. 2003 Habilitation an der Universität Köln für eine Arbeit mit dem Titel „Stiftungsrecht zwischen Privatautonomie und Gemeinwohlbindung – Ein Rechtsvergleich Deutschland, Frankreich, Italien, England, USA". Von Januar 2004 bis Februar 2005 Generalsekretär des Goethe-Instituts, München. Mitglied im Beirat des Bundesverbandes Deutscher Stiftungen. Lehrbeauftragter der Universität Hannover. Seit Februar 2005 Generalsekretär des Stifterverbandes für die Deutsche Wissenschaft, Essen.

Frank Schmidt, Volkswirtschaftler und Marktforscher, Abteilungsleiter Sponsoring und Eventmarketing bei der Agentur Dr. Kuhl, Hauptabteilungsleiter Sportmarketing und Produkt-PR bei Mercedes-Benz. 1992 Mitbegründer und Geschäftsführer der Agentur Schmidt und Kaiser, seit 2001 CEO der auratis AG, seit 2003 zusätzlich Mitglied im International Board des Radiate Netzwerks innerhalb der Omnicom Group.

Professor Dr. jur. *Edzard Schmidt-Jortzig,* geb. 1941 in Berlin; Studium der Rechtswissenschaften in Bonn, Lausanne und Kiel, 1968 Promotion ebendort; 1970 Kommunaljurist in Göttingen, 1976 Habilitation ebd.; Univ-Professor in Münster 1977–1982, seither in Kiel; ehemals haupt- und nebenamtlicher Richter; 1994–2002 Mitglied des Bundestages, 1995–1998 Bundesminister der Justiz; Mitglied zuletzt u. a. der EKD-Synode (1997), der Enquête-Kommission des Deutschen Bundestages „Recht und Ethik der modernen Medizin" (2000) und der „Kommission zur Modernisierung der bundesstaatlichen Ordnung" (2003). Ratsvorsitzender der Deutschen Stiftung Eigentum.

Dr. *Alexandra Schmied,* Rechtsanwältin, geb. 1967. Studium der Rechts- und Volkswissenschaften in Münster. Referendariat am Landgericht Bielefeld. Promotion im Jahr 1999 an der Westfälischen Wilhelmsuniversität Münster bei Professor Dr. Bernhard Großfeld zur Wirtschafts- und Rechtsgeschichte Englands. Anwaltszulassung seit 1999. Seit 1999 Mitarbeiterin des Bereichs Stiftungsentwicklung der Bertelsmann Stiftung; von 2001 bis 2004 Leitung der „Initiative Bürgerstiftungen" in Berlin – einem Gemeinschaftsprojekt der Bertelsmann Stiftung des Bundesverbandes Deutscher Stiftungen, der Klaus Tschira Stiftung und der Körber-Stiftung. Veröffentlichungen zum Thema Gründung von Bürger- und Gemeinschaftsstiftungen, Stiftungsmanagement und zum Stiftungsrecht.

Peppi Schnieper, lic.oec. HSG: Studium der Betriebswirtschaftslehre an der Universität St. Gallen, lic.oec. HSG 2002; seit 2001 Assistent am Lehrstuhl Prof. Peter Gomez/Prof. Johannes Rüegg-Stürm; seit 2002 Doktorand und wissenschaftlicher Assistent am Institut für Betriebswirtschaft; Research Associate zum Thema Stiftungsmanagement, Projekt „Foundation Excellence".

Dr. *Benno Schubiger,* Kunsthistoriker, geboren 1952. Studium der Kunstgeschichte, Geschichte und Germanistik in Zürich. 1982 Promotion bei Prof. Adolf Reinle an der Universität Zürich mit einer Architektenmonographie über den Friedrich von Gärtner-Schüler Felix Wilhelm Kubly. 1979–1983 Wissenschaftlicher Assistent am Kunstgeschichtlichen Seminar der Universität Zürich. 1983–1993 Wissenschaftlicher Mitarbeiter an der Kunsttopographie der Gesellschaft für Schweizerische Kunstgeschichte („Die Kunstdenkmäler des Kantons Solothurn"). Gleichzeitig Konservator des Museums Schloss Waldegg bei Solothurn. 1992–1994 Nachdiplomstudium Museologie an der Universität. 1993–1998 Konservator am Historischen Museum Basel. Seit 1998 Geschäftsführer der Sophie und Karl Binding Stiftung mit Sitz in Basel. Seit 2001 Mitglied des Vorstandes von SwissFoundations (2001–2005 deren Gründungspräsident), des Vereins der Vergabestiftungen in der Schweiz. Ko-Leiter der Weiterbildungskurse „Strategisches Stiftungsmangement" am Studienzentrum Kulturmanagement der Universität Basel. Seit 2004 Mitglied des Vorstandausschusses der Gesellschaft für Schweizerische Kunstgeschichte sowie des Stiftungsrats des Architekturmuseums Basel. Publikationen zu architekturgeschichtlichen und kulturhistorischen Themen, v.a. des 18. und 19. Jahrhunderts.

Dr. *Rainer Sprengel,* Sozialwissenschaftler, geboren 1960. Studium der Soziologie, Politologie, Romanistik und Pädagogik in Nancy und Hannover. 1990–1992 Stipendiat der Konrad-Adenauer-Stiftung. 1993–1995 Referent an der Niedersächsischen Landesbibliothek. Promotion im Jahr 1994 an der Universität Hannover bei Prof. Oskar Negt zum politischen Raumbegriff. 1996–1997 Wissenschaftlicher Mitarbeiter an der Universität Paris-X-Nanterre (Marie-Curie-Fellowship). Seit November 1998 Wissenschaftlicher Mitarbeiter am Maecenata Institut in Berlin mit den Themen- und Publikationsschwerpunkten Stiftungswesen, Zivilgesellschaft und Soziologie der Nonprofit-Organisation. Seit 2003 Stellvertretender Direktor des Maecenata Instituts für Philanthropie und Zivilgesellschaft an der Humboldt-Universität zu Berlin.

Rupert Graf Strachwitz, M.A., geboren 1947, Studium der Politischen Wissenschaft, der Geschichte und er Kunstgeschichte an der Colgate University (USA) und der Ludwig-Maximilian-Universität, München. Seit 1989 geschäftsführender Gesellschafter der Maecenata Management GmbH, München, seit 1997 auch Direktor des Maecenata Instituts für Philanthropie und Zivilgesellschaft an der Humboldt-Universiät zu Berlin, Vorstand mehrere Stiftungen, u. a. Kulturstiftung Haus Europa; Mitglied des Stiftungsrates u. a. der Fondazione Cariplo, Mailand. Veröffentlichungen u. a. Stiftungen führen, einrichten und nutzen – ein Handbuch (1994), Dritter Sektor, dritte Kraft (Hg. 1998), Kultureinrichtungen in Stiftungsform (Hg., 2004).

Dr. *Volker Then,* geb. 1961 in Stuttgart; 1988 Magisterabschluss an der Universität Bielefeld nach Studium der Geschichte, Volkswirtschaftslehre und Soziologie an den Universitäten Tübingen, Bielefeld und Oxford (St. Antony's College); Februar 1994 Promotion mit einem Thema der Wirtschafts- und Sozialgeschichte an der Freien Universität Berlin bei Prof. Dr. Dr. h.c. Jürgen Kocka; 1994–1995 Referent Geistige Orientierung der Bertelsmann Stiftung; 1995–1998 Projektleiter Geistige Orientierung der Bertelsmann Stiftung; seit 1. 1. 1999 Projektleiter Stiftungsentwicklung der Bertelsmann Stiftung. Seit 2000 Mitglied im Governing Council des European Foundation Centre; 2000–2004 Mitglied des International Committee, Council on Foundations, Washington D.C.; Mitglied des National Advisory Committee des New Ventures in Philanthropy Projekts, Washington D.C.; Vorsitzender des Stiftungsrates der Stiftung Fundraising, Frankfurt/Main; Mitglied der Executive Session in Philanthropy des Hauser Centre for Nonprofit Organizations von 1999–2002 (Kennedy School of Government an der Harvard University); Mitglied des Editorial Board der internationalen Fachzeitschrift „@lliance", UK; Mitglied im Stiftungsrat der Stiftung Evangelische Akademie Thüringen; Mitglied des Advisory Board, „Meaningful Assets" Donor Advised Fund, Citigroup, New York.

Dr. *Karsten Timmer* ist Projektleiter im Bereich Stiftungsentwicklung der Bertelsmann Stiftung in Gütersloh. Er ist Mitautor der Reihe „Ratgeber Stiften" und berät Stifter in bei der Gründung und Führung ihrer Stiftungen. Darüber hinaus verantwortet er die StifterStudie; die erste bundesweite Untersuchung zu den Beweggründen und Erfahrungen deutscher Stifter. Timmer ist Vorstandsmitglied der Stiftung „Stiftungszentrum.de", die sich für die Förderung des Stiftungsgedankens einsetzt.

Professor Dr. *Stefan Toepler,* Studium der Wirtschaftswissenschaften an der Freien Universität Berlin (Dipl.-Kfm., 1991; Dr. rer. pol., 1995), 1992–1995 DFG-Stipendiat im Graduiertenkolleg am John F. Kennedy-Institut für Nordamerikastudien der FU Berlin, 1993–1994 Philanthropy Fellow, 1995–98 wissenschaftlicher Mitarbeiter, 1999–2002 Mitglied der Forschungsfakultät am Institute for Policy Studies, Johns Hopkins University, Baltimore. Seit 2002, Lehrtätigkeit im Bereich Nonprofit Management am Dept. of Public & International Affairs, George Mason University, Virginia; Wissenschaftlicher Partner des Maecaenata Instituts in Berlin und Mit-Herausgeber des Journal of Arts Management, Law and Society; zahlreiche Veröffentlichungen auf Deutsch und English zum Stiftungswesen, dem Nonprofit Sektor auf internationaler Ebene und zur Kulturpolitk und -ökonomie.

Sabine Walker, Diplom Soz. Päd., geboren 1973. Studium an der kath. Stiftungsfachhochschule München, Abteilung Benediktbeuern. Verschiedene Tätigkeiten und Gremienarbeit im sozialen Bereich. Seit Februar 1999 bei Maecenata Management tätig, seit 2001 Leiterin des Münchner Büros, seit 2004 Prokuristin.

Prof. Dr. W. *Rainer Walz,* LL.M., Inhaber des Lehrstuhls für Steuerrecht und Direktor des Instituts für Stiftungsrecht und das Recht der Non-Profit-Organisationen an der Bucerius Law School, Hamburg. Studium der Rechtswissenschaften in Köln und Tübingen, LL.M. an der University of California in Berkeley, Mitarbeiter und Assistent bei Professor Dr. Friedrich Kübler an den Universitäten Gießen und Konstanz, Promotion 1972 bei Prof. Dr. Ludwig Raiser, Universität Tübingen, 1976 bis 2002 Inhaber des Lehrstuhls für Bürgerliches Recht, Handels- und Wirtschaftsrecht am Fachbereich Rechtswissenschaft II (Reformierte Juristenausbildung) der Universität Hamburg, Forschungsschwerpunkte und zahlreiche Veröffentlichungen im Grenzbereich zwischen Privatrecht und ökonomischer Theorie, Bilanzrecht und Betriebswirtschaft, Steuerrecht und Zivilrecht, insbesondere Stiftungsrecht, Vereinsrecht, steuerliches Gemeinnützigkeitsrecht, Mitherausgeber der Schriftenreihe des Instituts für Stiftungsrecht und das Recht der Non-Profit-Organisationen.

Dr. iur. *Markus H. Wanger,* Rechtsanwalt, FCIArb. geboren 1955; Studium der Rechtswissenschaften in Innsbruck und Salzburg. Doktorat 1981. Gründer und Senior Partner der international tätigen Wirtschaftskanzlei Wanger in Vaduz, Liechtenstein, mit Niederlassungen im Ausland und Geschäftsführender Verwaltungsrat bei Industrie- und Finanzkontor, Vaduz. Markus Wanger ist Fellow of the Chartered Institute of Arbitration (FCIArb), London, und Arbitrator of the Court of Arbitration for Sport, Lausanne. Er ist Mitglied vieler internationaler Fachorganisationen. Er war Rekursrichter der Verwaltungsbeschwerdeinstanz und ist Mitglied der Prüfungskommission für Rechtsanwälte und Dozent für liechtensteinisches Gesellschafts- und Steuerrecht bei der HWT Hochschule für Wirtschaft und Tourismus, Chur, Schweiz; Veröffentlichungen zum Stiftungsrecht und zu juristischen Themen.

Professor Dr. *Peter W. Weber* lehrt Betriebswirtschaft, insbesondere Controlling, an der internationalen Wirtschaftsfakultät der Universität Stettin. Ebenfalls mit dem Schwerpunkt Controlling leitet er das von ihm gegründete Institut für angewandte Betriebswirtschaft in Gauting bei München. Seit 2004 steht er dem als Initiative der Hochschule Wismar und der Universität Stettin ins Leben gerufenen Institut für Europäische Studien vor.

Robert Wreschniok, Unternehmensberater für Reputations- und Kommunikationsmanagement sowie Corporate Social Responsibility, geb. 1977. Grundstudium der Geschichte Politik und Philosophie Universität Dresden. Hauptstudium und M.A. Abschluss der International Relations an der University of Sussex / England. Master-Thesis (2001): Change and International Relations Theory. Mitarbeit im Referat für Wirtschaftsfragen an der Deutschen Botschaft in Kairo und in der Abteilung für Außenwirtschaft am Bayerischen Ministerium für Wirtschaft, Verkehr und Technologie in München. Mitglied im Privaten Institut für Stiftungsrecht und im Verein für Kunst und Kulturförderung in den Neuen Ländern. Seit 2002 Berater bei der auf Reputations- und Kommunikationsmanagement sowie Public Affairs spezialisierten Unternehmensberatung PLEON Kohtes Klewes. Artikel: „Der CEO und die Reputation des Unternehmens" (15. 03. 2004) in der Unternehmenszeitung von PLEON Kohtes Klewes.

Professor Dr. *Annette Zimmer,* geb. 1954, studierte Politikwissenschaft, Geschichte, Volkswirtschaft und Philosophie in Mannheim und Heidelberg; 1986 Promotion zum Dr. phil.; 1986–1988 Visiting Fellow an der Yale University (Program on Nonprofit Organizations); 1989–1995 Hochschulassistentin an der Universität Gesamthochschule Kassel im Fachbereich Wirtschaftswissenschaften; 1998–1999 Visiting Professor am Centre for International Studies der University of Toronto; seit 1996 Professorin für Sozialpolitik und Vergleichende Politikwissenschaft am Institut für Politikwissenschaft der Universität Münster. Forschungsschwerpunkte: gemeinnützige Organisationen (NPOs); New Public Management; Policy Analyse, insbesondere Sozial- und Kulturpolitik, Verbände- und Interessengruppenforschung.

Professor Dr. *Andrea Zoppini.* Studium in Cambridge und Heidelberg. Visiting Scholar an der Yale University und der New York University, Professor für Institutionen des Privatrechts und Vergleichendes Privatrecht an der Universität Sassari. Von 2001 bis 2004 Mitglied der Kommission zur Reform des Gesellschaftsrechts. Leiter der Untersuchung der Abgeordnetenkammer über Sozialunternehmen (2000). Heute ordentlicher Professor für Vergleichendes Privatrecht und ökonomische Rechtsanalyse an der Universität Roma Tre. Rechtsanwalt. Veröffentlichungen zu verschiedenen rechtswissenschaftlichen Themen, u. a. zum Stiftungsrecht.

Stichwortverzeichnis

Abberufung 247, 258, 270, 292, 296, 331, 346, 759, 760, 804, 807, 877, 879, 880
Abgaben 70, 995
Abgabenordnung 43, 90, 95, 97, 98, 100, 102, 135, 138, 139, 140, 151, 152, 157, 177, 178, 188, 196, 207, 209, 210, 212, 235, 308, 312, 315, 322, 333, 375, 387, 392, 401, 463, 496, 542, 557, 570, 571, 572, 601, 607, 618, 700, 758, 761, 762, 1008
Ablauforganisation 672, 691, 769
Abwicklung 267, 298, 445, 674, 682, 728, 878, 881, 1007
Agenda-setting 590, 591
Aktien 301, 478, 480, 493, 494, 501, 506, 509, 510, 511, 512, 513, 514, 515, 516, 576, 817, 818, 820, 901
Alleinvertretungsanspruch 86, 99
Allzweckstiftung 81, 102, 308, 931
Altenfürsorge 406
Altenhilfe 151, 152, 154, 156, 345, 384, 404, 406, 451, 1026, 1031
Altmaterial 560
Anerkennungsverfahren 207, 214, 215, 220, 221, 224, 258, 275, 297, 398, 757, 758, 779, 955
Anfallklausel 389, 394
Anfallsbegünstigungen 395
Anfallsberechtigten 213, 219, 240, 268, 427
Angehörige 44, 193, 212, 326, 328, 386, 402, 421, 426, 430, 431, 443, 469, 562, 563, 760, 773, 879, 896
Angestellte 48, 118, 188, 215, 240, 479, 697, 705, 790, 793, 827, 869, 932, 943, 989, 999
Anlageformen 320, 493, 499, 500, 501, 502, 503, 510, 511, 514, 758
Anlagerichtlinien 496, 500, 502, 781
Anlageuniversum 500, 515

Anlagevermögen 484, 572, 575, 576
Anleihen 152, 501, 504, 505, 510, 511, 513, 514, 515, 516
Ansparrücklage 561, 569
Anspruchsgruppen 581, 583, 672, 673, 675, 677, 678, 690, 704, 705, 706, 708, 710, 763, 766, 773
Anstaltsstiftung 16, 17, 19, 137, 181, 354, 467, 470, 574, 576
Anteile 242, 245, 246, 247, 248, 249, 254, 310, 311, 315, 316, 320, 322, 324, 327, 420, 423, 424, 428, 431, 485, 486, 571, 742, 758, 843, 860, 883, 890, 896, 899, 901 977, 983
Antragsbearbeitung 165, 682, 684, 743
Antragsgesuch 793
Apostolischer Stuhl 358
Äquivalenzprinzip 71
Arbeitnehmer 379, 445, 637, 808, 809, 811, 819, 827, 828, 830, 831, 880, 885, 897
Arbeitnehmerförderungsstiftung 876, 884, 885
Arbeitsgemeinschaft 67, 449, 601, 812, 903, 916, 1034
Arbeitslosigkeit 796, 812, 861
Arbeitsplatz 803, 812, 831
Arbeitsumfeld 789, 918
Arbeitsverhalten 789
Arbeitsverhältnis 302, 789, 811, 828, 829, 830, 831
Arbeitsvertrag 829, 830, 831
Architektur 189, 354
Assekuranztheorie 74
Asset Allocation 501, 502, 512, 514, 515, 516
Assetklassen 501, 502, 503, 513, 514, 515, 516
Aufbauorganisation 671, 672, 690, 691, 781, 849, 1023
Aufgabenbereiche 166, 188

Aufgabenfelder 673, 696, 1026
Aufgabenkritik 368
Aufgabenprivatisierung 370
Aufhebung 38, 82, 187, 190, 192, 193, 194, 197, 198, 205, 206, 207, 208, 217, 226, 276, 290, 294, 297, 362, 388, 394, 416, 427, 428, 591, 996
Auflage 56, 169, 172, 214, 217, 221, 222, 224, 225, 226, 227, 238, 240 309, 326, 328, 329, 334, 343, 357, 411, 417, 418, 419, 453, 460, 464, 473, 574, 622, 643, 780, 824, 835, 839, 840, 842, 878, 894, 959
Aufsichtsorgane 804, 887
Aufsichtsrat 323, 331, 636, 783, 879, 880, 962, 963, 1023, 1024, 1027, 1028, 1029, 1031
Auftragsforschung 472, 492
Aufwandsentschädigungen 388, 404, 804, 808, 812
Aufwandszuwendung 808
Aufwendungen 178, 289, 355, 424, 431, 438, 487, 497, 518, 519, 521, 539, 543, 549, 550, 551, 574, 636, 718, 761, 807, 808, 809, 818, 884, 885, 983
Ausgabenvorschriften 982
Ausgestaltung 9, 64, 67, 78, 79, 90, 95, 100, 162, 170, 171, 198, 200, 242, 243, 285, 288, 304, 312, 321, 331, 500, 582, 624, 633, 675, 711, 780, 816, 862, 876, 878, 894, 895, 942, 988
Ausgleichsverbot 488
Auskunftsanspruch 303, 878
Auslandstätigkeit 866, 870
Ausschüttungen 160, 311, 402, 421, 429, 430, 453, 475, 483, 488, 516, 622, 887, 912, 927, 959, 977, 985
Ausschüttungsgebot 96, 910, 911

Balanced Scorecard 531, 535, 536, 585, 1026
Beirat 213, 246, 247, 250, 258, 349, 539, 673, 679, 686, 689, 743, 760, 780, 804, 880, 1008
Beitragsprivileg 811
Bemessungsgrundlage 376, 378, 379, 418, 419, 425, 426, 488, 541, 882
Benefit-Theorie 74

Berechtigte 49, 232, 273, 274, 278, 298, 300, 413, 421, 422, 746, 898
Besserstellungsverbot 647, 652, 1114
Bestandserhaltung 253, 319, 466, 497, 499
Bestandsverzeichnis 458, 466
Bestellung 217, 247, 258, 265, 266, 268, 292, 296, 326, 347, 759, 760, 782, 806, 845, 877, 879, 880, 935
Besteuerungsgrundlagen 377, 487, 545
Bestimmungsfaktoren 105, 496
Beteiligungen 245, 248, 315, 316, 318, 321, 428, 432, 479, 483, 493, 502, 503, 512, 515, 516, 857, 878, 883, 885, 896, 900, 929, 1014, 1023, 1029
Beteiligungsträgerstiftung 242, 245, 316, 329, 333
Betriebsaufspaltung 483, 484, 485, 1027
Betriebsausgaben 178, 379, 424, 429, 484, 872, 885
Betriebsmittelrücklage 569
Betriebsvermögen 128, 389, 413, 417, 418, 419, 420, 422, 423, 424, 425, 426 ,427, 428, 429, 485, 550, 885
Bezugsgruppen 149, 613, 614, 615, 616, 617, 618, 619, 620, 642, 705, 723, 724, 789, 790, 791, 792, 793, 794, 795
Bezugsrechte 464, 478, 481, 883
Bilanz 230, 248, 390, 458, 466, 542, 544, 548, 549, 550, 551, 552, 568, 572, 574, 575, 654, 727, 771, 907, 914, 1029, 1031
Binnenkomplexität 788
Bischofskonferenz 358, 1031
Bonding social capital 119
Bridging social capital 119
Buchführung 217, 518, 537, 538, 539, 540, 541, 542, 543, 547, 834, 879, 927, 929, 1027
Buchnachweis 394, 451
Buchwert 389, 413, 428, 550, 575, 577
Buchwertfortführung 428, 429
Budgetierung 520, 525, 533, 600, 648, 689
Budgetplanung 517, 518, 524, 849
Budgetsteuerung 523, 849
Bundeshaushaltsordnung 643, 644, 737, 742
Bundes-Organisationsgesetz 366, 367
Bundes-Stiftung 874, 887
Bundes-Stiftungsgesetz 367
Bundesstiftungsliste 367

Bundesverband Deutscher Stiftungen 84, 90, 93, 99, 104, 105, 107, 113, 114, 115, 117, 136, 178, 179, 280, 343, 345, 608, 694, 747, 805, 855, 863
Bund-Länder-Arbeitsgruppe Stiftungsrecht 269, 271, 276, 277, 281, 282, 283, 286, 287, 297, 318
Bürgerschaftliches Engagement 9, 13, 24, 44, 106, 341, 797, 871, 1036

Centros 956
Change Management 789, 790, 794
Charitable Company 950
Charitable Incorporated Organisation 950
Charitable Trust 948, 950, 979
Charity Commission 103, 858, 939, 940, 943, 945, 948, 950
Civil Society Organization 586
Codex Iuris Canonici 356, 363, 874
Conseil d'Etat 103
Controllerdienst 528, 530, 534
Controlling 525
Controlling-Instrumentarium 526
Controlling-Konzept 525, 526
Controlling Management 526
Corporate Citizenship 613, 614, 615, 616, 617, 619, 620, 623, 624, 632, 719, 931, 954
Corporate Design 695, 704, 716, 720, 849
Corporate Governance 630, 784, 953, 1031
Corporate Social Responsibility 613, 614, 632
CSO 586, 588, 589, 590

Dachverband 603, 903, 907, 917, 918
Dauerverluste 479
Deckungsbeitrag 533, 534, 536
Deckungsbeitragsrechnung 533, 534
Denkmalschutz 105, 176, 177, 187, 354, 384, 1011
Diskriminierungsverbot 957, 964
Diversifikation 509, 514, 820
Doppelstiftung 332, 431, 432
Dritter Sektor 278, 324, 847, 856
Druckkostenzuschüsse 161

Ehrenamt 796
Eigennützigkeit 49, 79, 82, 85, 101, 102, 230, 247, 329, 401, 592, 719, 801, 834, 875, 876, 883, 884, 885, 888
Eigenorganisation 78, 79
Eigentümer 26, 36, 44, 128, 130, 221, 225, 229, 230, 233, 236, 250, 323, 324, 509, 533, 582, 586, 589, 752, 781, 897, 962
Eigentumsgarantie 60, 298, 333
Eigenwirtschaftlicher Zweck 98, 385
Einkommensteuer 75, 76, 377, 384, 413, 415, 981, 982
Einnahmen- / Ausgabenrechnung 518, 533, 536
Eintragung 217, 243, 251, 252, 255, 264, 271, 280, 288, 293, 294, 297, 312, 540, 843, 876, 878, 891, 892, 893, 894, 900
Einzweckstiftung 116, 781
Eliten 20, 26, 29, 119, 692, 996, 998, 1039
Entscheidungsverfahren 262
Erben 23, 49, 65, 206, 211, 214, 227, 237, 239, 242, 246, 247, 248, 309, 326, 327, 329, 330, 332, 385, 387, 418, 425, 779, 823, 824, 842, 878, 890, 897, 898, 908, 957, 1015
Erbersatzsteuer 43, 80, 81, 332, 334, 335, 416, 423, 425, 426, 427, 428, 430, 432
Erbschaftsmarketing 467, 473, 661
Erbschaftsteuer 81, 82, 396, 416, 417, 419, 420, 421, 425, 978, 981
Erfolgsfaktoren 505, 598, 624, 625, 668, 672, 765, 771, 791, 1025
Ergebnisevaluation 769
Errichtung von Todes wegen 254
Errichtungszahl 108, 109
Erwachsenenbildung 189, 354, 802
Erwerb von Todes wegen 424
Erziehung 51, 115, 116, 117, 143, 149, 157, 177, 188, 189, 191, 248, 345, 354, 384, 452, 622, 628, 860, 895, 896, 901
Ethical Code of Conduct 675, 676, 678, 679, 681
Europäische Aktiengesellschaft 952, 957, 958, 960, 964
Europäische Kommission 150, 953, 960, 965
Europäische Rechtsformen 952

European Foundation Centre 141, 143, 603 953, 955
European Foundation Project 785, 950, 953, 958, 959, 964
Evaluationsbericht 774, 775
Evaluationsdesign 774
Evaluationskriterien 774
Events 119, 661, 665, 722, 727, 730, 732, 849
Excess Business Holdings 326, 981, 983

Familienbegünstigung 388, 425, 430
Familienstiftung 328
Fehlbedarfsfinanzierung 649, 650
Fehlverwendung 389, 448
Fellowship 161
Festsetzungsverjährung 389, 397
Feststellung 69, 88, 93, 99, 128, 176, 295, 502, 840, 878, 879
Finanzbedarfsermittlung 535
Finanzbehörde 93, 95, 99, 103, 152, 227, 334, 447, 448, 451, 480, 496, 537, 557, 665, 869, 872, 1027, 1028, 1029, 1031
Finanzberichtswesen 535
Finanzbuchhaltung 533, 343
Finanzcontrolling 535, 1027
Finanzplan 533
Finanzplanung 647, 648, 932, 1142
Firmenbuch 876, 877, 878, 880, 881, 886
Fondation d'Entreprise 858, 931, 935, 936, 937
Fondation de France 144, 872, 931, 932, 933
Förderbedarf 159, 162, 163
Förderbereiche 164, 610, 744
Förderentscheidungen 737, 741
Förderinitiativen 164
Förderschwerpunkte 595, 596, 674, 690, 697, 711, 782
Fördervereine 12, 392
Formvorschriften 366, 371
Forschergruppen 161, 163, 164
Forschung 10, 19, 34, 52, 84, 115, 116, 117, 158, 159, 161, 162, 163, 164, 166, 167, 168, 169, 171, 172, 173, 175, 182, 193, 278, 324, 384, 602, 623, 800, 856, 885, 901, 904, 915, 919, 939, 986, 1027
Forschungsaufenthalte 161, 163

Forschungsbereiche 174
Forschungseinrichtungen 158, 161, 162, 168, 322, 492, 627, 980
Forschungsgebiete 164, 168, 169, 170, 171
Forschungsprojekte 164 722, 903, 915
Forschungsreisen 161
Forschungsstand 32, 164
Fortbildung 695, 847, 848, 850, 1038
Foundation Excellence 791, 911, 912, 915, 919
Foundation Governance 673, 678, 794, 918, 919
Frankreich 39, 40, 73, 88, 143, 144, 145, 147, 858, 860, 868, 871, 872, 930, 931, 932, 933, 934, 935, 936, 937, 951, 955, 995
Freibetrag 378, 404, 420, 452, 936
Freistellung 99, 162, 379, 398, 617, 693
Freistellungsbescheid 398, 438, 439, 448, 491, 608, 869
Freiwilligendienste 149, 369
Freiwilligkeit 595, 665, 801
Fremdevaluation 772, 773
Fremdnützigkeitsprinzip 80, 82, 83
Früherkennungssysteme 752
Fundamentalirrtümer 93, 95, 97
Funktionsehrenamt 799
Funktionsperiode 879, 880
Funktionstypologie 728
Fürsorgeverpflichtung 808

Gebundene Mittel 476, 572
Geldstiftungen 992, 993, 999
Gemeinnützige Familienstiftung 333, 334, 430, 431, 999
Gemeinnützige Zwecke 15, 154, 156, 157, 241, 248, 311, 334, 383, 389, 392, 394, 410, 440, 441, 444, 476, 488, 655, 866, 886, 889, 899, 906, 910, 940, 942, 943
Gemeinschaftsstiftung 338, 343, 346, 348, 802, 804, 805, 813
Gemeinwohlinitiative 89, 103, 933
Gemeinwohlorientierung 14, 17, 20, 21, 618, 800, 801, 807
Genehmigungsermessen 269
Gesamtschuldner 810, 823, 824
Geschäftsordnung 215, 262, 780, 783, 784, 807, 808, 815, 833, 1031

Geschichtliche Entwicklung 199, 351
Gesellschaft bürgerlichen Rechts 240, 601, 875
Gesellschafterversammlung 246, 247, 249, 779, 780, 787, 835, 836, 837, 846, 1029, 1031
Gesellschaftliches Engagement 623, 627, 632, 635
Gesetzesvorschlag 926, 927, 944, 950, 958, 959, 965
Gesetzgebungskompetenz 269, 271, 274, 282, 283, 285, 286, 288, 290, 291, 366
Gewaltmonopol 69
Gewerbesteuer 81, 252, 332, 334, 375, 377, 378, 379, 380, 381, 396, 415, 423, 483, 485, 489, 541, 542, 557, 558, 559, 562
Gewinnorientierung 532, 535, 588
Gläubigeraufruf 298, 881
Gläubigerschutz 840, 876, 879, 956
Gleichheitssatz 76
Global governance 581
Good corporate citizenship 623, 624
Gottesdienst 188, 191, 192, 200, 353, 356, 357, 409, 473
Graduiertenkollegs 160, 164
Grenzüberschreitende Spenden 955, 965
Großbritannien 103, 141, 143, 582, 872, 938, 939, 940, 942, 995
Großspendenregelung 405, 414
Großstiftungen 24, 111, 137, 337, 804, 984
Grunderwerbsteuer 82, 381, 382, 383, 882
Grunderwerbsteuer-Äquivalent 882
Gründungsakt 14, 15, 123, 124, 230, 235, 467, 1034
Gründungskrise 756, 758

Haftungsfreistellung 846
Harmonisierung 67, 273, 951, 953, 957, 964
Haushaltsplan 517, 518, 519, 520
Hedge Fund 512, 515, 516
High Engagement Philanthropy 792
High Level Group of Company Law Experts 952
Hilfsbedürftigkeit 153, 155, 156, 157, 400, 401, 402, 403, 404, 405, 406, 407, 412, 430, 560, 561, 732, 884, 886, 1019

Hilfsbetrieb 490, 887
Hilfsperson 136, 392, 393, 469, 479, 485, 869, 870, 1007
Hochkultur 183
Holding 326, 875, 881, 901, 965, 981, 983, 1021, 1022, 1023, 1027
Holdingstruktur 1023

Ideelle Sphäre 457, 466, 471, 472
Immobilien 82, 123, 211, 254, 357, 458, 465, 466, 467, 470, 479, 480, 482, 499, 502, 503, 516, 589, 602, 871, 878, 905, 909, 982, 988, 992, 994, 998, 1009, 1024, 1027
Impact 769, 774, 788
Impact-Evaluation 769
Indikatoren 532, 536, 774, 904, 920
Individualinteresse 101
Initiative Bürgerstiftungen 337, 343, 603
Innenverhältnis 221, 229, 239, 250, 258, 260, 783, 810, 814, 823, 824, 837
Innovationsfunktion 182, 183
Insolvenz 831
Institutionelle Förderung 136, 372, 606, 643, 644, 646, 653, 743, 746
Interessenlage 229, 231, 232, 236, 237
Interessentheorie 74
International Network on Strategic Philanthropy 603
Internationalisierung 861, 862, 865, 954, 1023
Interne Kommunikation 788, 794
Internetauftritt 700, 701, 703, 1008
Investment 131, 472, 479, 501, 504, 506, 514, 515, 516, 575, 689, 719, 883, 969, 977, 982, 997
Investmentfonds 883
Islamische Stiftungen 997, 999, 1000
Italien 133, 143, 149, 858, 860, 861, 862, 868, 871, 872, 921, 922, 953, 955, 996

Jahresabschluss 248, 518, 539, 542, 546, 548, 552, 554, 558, 563, 568, 574, 577, 849, 878, 879, 881, 962, 1027
Jugendarbeit 148, 354, 798, 802, 1039
Jugendgemeinschaftsdienste 369

Kapitalanlageformen 501
Kapitalausfall 510, 512
Kapitalerhaltung 66, 245, 252, 512, 551, 555, 876
Kapitalerhöhungen 245, 464, 561, 571, 844
Kapitalertragsteuer 424, 429, 430, 483, 882, 884
Kapital-Kampagne 467
Kapitalverkehrsfreiheit 957, 965
Kennzahlen 536, 752, 1028, 1029, 1031
Kirchenfonds 362
Kirchenmusik 189, 200, 354, 410, 411, 627
Kirchenrecht 356
Kirchenstiftung 33, 36, 43, 123, 127, 130, 187, 294, 363, 473
Kirchliche Zwecke 151, 177, 188, 191, 200, 207, 209, 242, 333, 364, 381, 409, 410, 411, 430, 542, 607, 882, 895
Kommanditerwerbsgesellschaft 875
Kommanditgesellschaft 315, 319, 377, 875
Kontenplan 548
Kontrollmechanismen 754, 759, 764, 781, 962, 963
Konzernabschluss 882, 1027
Konzessionssystem 205, 217, 282, 856, 858, 886, 889, 926
Körperschaftssteuer 43, 227, 234, 332, 334, 335, 608, 818, 883, 955
Korrespondenzprinzip 81
Kosten- und Finanzierungsplan 647, 745
Kostenmanagement 528
Kosten-Nutzen-Analyse 770
Krisenbewältigung 750, 752
Krisenmanagement 601, 748, 750, 751, 754
Krisenursache 748, 749, 752
Krisenvermeidung 750, 753
Kulturausgaben 180, 645
Kulturfinanzierung 180, 645
Kulturförderung 176, 178, 179, 181, 182, 183, 348, 443, 621, 625, 626, 627, 739, 746, 747, 916
Kultursponsoring 621, 623, 625, 885
Kulturstiftung 147, 150, 179, 180, 181, 183, 185, 187, 590, 641, 645, 708, 743, 747, 1011
Kündigungsschutz 827, 831

Kuratorium 164, 213, 247, 249, 258, 260, 296, 323, 346, 500, 693, 741, 743, 744, 760, 780, 783, 785, 786, 787, 804, 1008

Landesstiftungsrecht 212, 282, 308, 312, 459, 463, 818
Legitimation 19, 26, 28, 91, 183, 274, 370, 447, 593, 610, 674, 680, 736, 789, 790, 998
Legitimität 125, 127, 168, 175, 587, 589, 592, 989
Leistungsoptimierung 528, 532
Leistungsziele 530, 531, 769
Letztbegünstigte 878, 879, 881, 885
Liebhaberei 474
Liechtenstein 335, 784, 889, 890, 892, 893, 894, 895, 897, 898, 899, 900, 901, 902, 1018
Liquidation 206, 268, 752, 972
Liquiditätssicherung 535
Lohnsteuer 379, 445, 446, 575, 808, 811, 1031

Markengestaltung 714, 715, 716
Markenidentität 635, 707, 708, 709, 717
Markenmanagement 705, 707, 708, 717
Markenphilosophie 707, 708, 710, 711, 714
Markenpolitik 704, 705, 706, 707, 717, 718, 849
Markenstrategie 713, 714
Marketing 146, 178, 599, 613, 620, 622, 623, 668, 704, 710, 711, 716, 719, 758, 847, 849, 850, 937, 1016
Material 14, 92, 105, 112, 151, 398, 625, 740, 741, 745, 796, 870, 910
Materialspenden 625
Mausefalle-Effekt 885
Mäzenatentum 123, 130, 622, 644, 848, 932
Medialisierung 726, 727, 730, 734
Mehrzweckstiftung 117
Meinungsführerschaft 641, 723
Mildtätige Zwecke 157, 343, 400, 401, 405, 407, 408, 412, 442, 443, 560, 886, 895
Mindestausschüttung 977, 982, 984, 985
Mindestvermögen 214, 244, 245, 876, 877, 878
Mitarbeiterkommunikation 789

Mitbestimmungsrechte 346, 347, 526, 880, 891
Mittelvergabe 343, 349, 457, 465, 606, 609, 610, 861
Mittelverwendungsgebot 96, 388
Mittelverwendungsnachweis 608
Mittelverwendungsrechnung 390, 535, 542, 1025, 1028
Monitoring 140, 765
Multistakeholder-Prozess 585
Mustersatzungen 95, 209, 935

Nachbesteuerung 389
Nachhaltigkeit 23, 50, 146, 181, 185, 339, 466, 471, 586, 589, 633, 636, 771, 813, 1030, 1036
Nachkommen 23, 27, 37, 38, 44, 452, 453, 832, 878, 900, 988, 1034
Nachlassverbindlichkeiten 419
Nachlassverpflichtungen 574
Nachstiftung 882
Nachweispflichten 440, 647
Nachwuchsförderung 160, 163, 625, 722, 744
Nachwuchsgruppen 160
Nettovermögen 388
Netzwerke 594
Nichtrechtsfähige Stiftung 221, 234, 253, 334, 349, 375, 381, 452, 453, 463
Niederlassungsfreiheit 956, 957, 965
Nonprofit Corporation 858, 950
Normativer Orientierungsprozess 676
Notariatsakt 876, 877, 880
Notvorstand 264, 265

Öffentliche Stiftung 66, 71, 92, 187, 207, 209, 371, 721, 988
Operative Stiftung 30, 114, 123, 130, 131, 135, 136, 137, 138, 181, 322, 323, 472, 595, 604, 606, 633, 637, 656, 735, 771, 869, 870, 872, 924, 981, 982, 983
Opfertheorie 75, 82
Optimierung 133, 174, 330, 426, 497, 514, 515, 634, 673, 674, 685, 690, 730, 764, 767, 789
Ordinarius 358, 359, 360, 361, 631
Organisationsentwicklung 660, 847, 1021, 1030

Organisationsevaluation 772
Organisationsgewalt 201, 366
Organisationsidentität 790, 791, 792
Organisationsstruktur 223, 280, 338, 342, 343, 346, 524, 749, 792, 880, 1005, 1023, 1024, 1030
Organmitglieder 2, 31, 216, 263, 285, 287, 289, 292, 296, 458, 759, 760, 781, 814, 819, 880, 935
Organstruktur 111, 327, 347, 359, 779, 780, 781, 782, 783, 784, 785, 787
Ortskirchenstiftung 187
Ortsordinarius 358, 360
Österreich 89, 127, 229, 335, 623, 624, 859, 866, 867, 868, 874, 876, 881, 886, 887, 888, 889, 899, 951, 957, 962, 1023
Outcome 769, 770, 774
Output 139, 341, 463, 530, 533, 724, 730, 769, 774, 911

Parteienstiftungen 251
Partizipation 256, 337, 340, 347, 581, 593, 655, 1036
Partnerschaft 154, 270, 595, 597, 598, 605, 612, 626, 706, 767, 792, 872, 890, 919, 947, 983, 1014
Pensionsrückstellungen 484, 573
Personalentwicklung 780
Personengesellschaft 78, 128, 321, 381, 432, 482, 486, 559
Pflegschaftsgericht 877
Pflichtteil 104, 205, 206, 224, 226, 299, 303, 327, 424, 432, 757, 842, 875, 878, 891
Pfründe 187, 353, 362, 992
Pfründestiftung 36, 109, 187, 189, 193, 194, 199, 351, 362, 363, 473
Pia causa 37, 42, 44, 84
Planbilanz 533
Planungshierarchie 533
Portfoliotheorie 513, 515
Präsenz 9, 61, 86, 99, 129, 169, 697, 701, 702, 717, 864, 910, 921, 924, 926, 927
Präventivplanung 752, 754, 755, 757, 760
Privatrechtsform 366, 369
Privatstifter 111, 118
Privilegierung 26, 319, 333, 421, 427, 470
Produktevaluation 769

Professionalisierung 13, 528, 534, 535, 628, 634, 659, 674, 717, 794, 848, 851, 918, 947, 1025
ProFonds 903, 907, 908, 917, 918, 920
Programmevaluation 769, 771, 776
Programmplanung 626, 770, 771
Programmstiftung 96, 686
Projektbudget 519, 648, 651
Projektbudgetierung 519
Projektergebnisrechnung 535
Projektevaluation 688, 771, 772
Projektförderung 136, 168, 337, 644, 645, 646, 648, 649, 654, 693, 740, 743, 744, 745, 746, 769, 771, 919, 983, 1007
Projektorientierte Steuerung 526
Projektträgerstiftungen 115, 131, 138, 139
Projektverantwortlich 520
Prozessevaluation 768, 769
Prozesskategorien 675
Prozessorientierung 673, 674
Prüfung des Jahresabschlusses 879
Public Relations 613, 614, 693, 694, 697, 701, 702, 723, 725
Publikumsstiftung 103
Publizitätspflicht 781

Qualitätsmanagement 765

Rechenschaft 323, 360, 617, 649, 679, 689, 763, 766, 767, 771, 779, 781, 911
Rechnungslegung 537
Rechnungswesen 533, 534, 537, 538, 543, 544, 552, 1031
Rechtsformen 30, 61, 234, 241, 251, 252, 308, 310, 312, 313, 317, 332, 338, 346, 432, 453, 484, 602, 756, 849, 921, 923, 931, 935, 952, 957, 958, 960, 964, 965
Rechtsnachfolge 227, 239, 268, 290, 299, 376, 875
Rechtsnatur 195, 197, 242, 311, 916, 917
Rechtspersönlichkeit 34, 76, 77, 219, 220, 224, 230, 235, 312, 331, 335, 357, 607, 608, 824, 867, 868, 871, 886, 894, 905, 924, 1026
Registrierung 282, 863, 943, 944, 961, 963, 980
Reisekosten 521, 648, 652

Religionsgemeinschaft 59, 188, 191, 192, 199, 200, 274, 292, 352, 353, 409, 410, 1021
Religiöse Zwecke 58, 188, 189, 191, 410
Renditeoptimierung 592
Reproduktivitätstheorie 70
Revision 65, 695, 767, 904, 905, 907, 909, 910, 944, 1031
Risikomanagement 1031
Risk-Management 751, 762
Rolling Forecast 520
Rücklagenbildung 96, 97, 212, 289, 385, 396, 561, 569, 570
Rückstellungen 484, 542, 572, 573, 574, 575, 849
Rückübertragung 239, 389, 427, 905, 909, 910

Sacheinlagen 389
Sachspenden 350, 625, 871, 981
Sale-and-Lease-Back 426
Satzungsänderung 194, 195, 198, 213, 222, 243, 244, 246, 259, 273, 275, 277, 280, 287, 290, 293, 296, 297, 304, 334, 347, 388, 395, 397, 402, 428, 453, 925, 1015
Satzungsauslegung 394
Satzungsmäßige Vermögensbindung 301, 388, 394, 397
Satzungsmäßige Zuwendungen 429
Satzungsmäßigkeit 301, 382, 393, 395, 396, 443, 451
Satzungsrecht 296, 806
Schadensersatz 238, 809, 814, 821, 822, 833, 836, 843
Schadenspotential 587, 590
Schenkungssteuer 43, 335, 413, 882, 887
Schonvermögen 404
Schweigepflicht 830
Schweiz 903
Selbstbewirtschaftung 648
Selbstevaluation 772
Selbstkontrahierung 260, 982
Selbstlosigkeit 97, 98, 99, 178, 384, 385, 386, 388, 389, 395, 400, 401, 402, 467, 468, 487, 488, 497, 618, 760, 761, 801, 868, 980
Selbstnützigkeit 79
Selbstregulierung 903, 918

Selbstzweckstiftung 318
Shareholder 585, 615, 616, 618, 623
Sommerschulen 160, 164
Sozial-Entrepreneurs 788
Soziale Zwecke 115
Soziales Ehrenamt 800
Soziales Kapital 685
Sozialkapital 11, 15, 612
Sozialleistungsstaat 86
Sozialraum 106, 118, 119, 1039
Sozialsponsoring 623
Sozialstaat 20, 71, 73, 87, 88, 89, 91, 100, 1013, 1014, 1020
Sozialstiftung 116, 117, 590, 1018, 1021, 1025, 1026
Sozialversicherung 30, 808, 811, 812
Soziokultur 176, 178
Sparkassenstiftungen 111, 112
Spartenergebnisrechnung 533, 534
Spendenabzug 382, 384, 388, 389, 405, 406, 407, 408, 411, 415, 440, 442, 909, 955, 956, 957
Spendenaufrufe 523, 561, 569, 699, 1008
Spendeneinwerbung 473, 761
Spendenhöchstbeträge 394
Spendensammelvereine 392
Spendensiegel 467
Spendenverwaltung 1008, 1009, 1012
Spendenvolumen 622
Spendenwerbung 466, 467
Spitalstiftung 459, 470
Spitzenverbände der freien Wohlfahrtspflege 153, 154
Sponsor 621
Sponsoringvolumen 622
Sportsponsoring 623
Staatsauffassung 74, 75, 87, 95
Staatsaufsicht 207, 311, 950, 961, 962, 963
Staatsbürgerschaft 70, 71, 72, 75, 101
Staatsrechtswissenschaft 69, 70, 91
Staatsverwaltung 294, 365, 366, 369, 372
Stakeholder-Ansatz 583, 585, 587, 592, 593
Stakeholder-Management 582, 586
Stakeholderpolitik 582
Startfinanzierung 161, 162, 169, 170, 175
Statistik 24, 39, 44, 105, 108, 112, 113, 115, 117, 118, 136, 179, 694, 729, 798, 804, 849, 915

Steuererklärung 113, 558, 560, 561, 563, 849
Steuerfreiheit 93, 399, 475, 476, 477, 489
Steuergewalt 2, 90, 91, 92
Steuerklassenprivileg 422, 427
Steuerlastverteilung 74, 75, 76, 87
Steuerrechtswissenschaft 66, 67, 68, 69, 76
Steuerrückstellungen 573
Steuersubjekt 68, 78, 80, 81, 82, 92, 234, 235, 254, 255, 335, 377, 543, 863
Steuerungsanforderungen 525
Stifterfreiheit 58, 62, 64, 65, 103, 269, 280, 284, 288, 325, 496, 905, 933, 935
Stifterversammlung 251, 266, 338, 339, 340, 346, 666, 805
Stiftung bürgerlichen Rechts 58, 107, 108, 241, 242, 243, 244, 249, 250, 270, 280, 294, 328, 338, 365, 494, 633, 737, 779, 780, 784, 787, 833, 936, 1014, 1022
Stiftung GmbH 241, 246, 248, 249, 252, 779
Stiftung kirchlichen Rechts 351
Stiftung und Co. KG 555
Stiftung unter Lebenden 62, 211, 222, 418, 876, 877
Stiftung von Todes wegen 53, 62, 214, 224, 309, 370, 417, 426, 435, 756, 757, 877
Stiftung zu Lebzeiten 47, 51, 53, 206, 211, 418
Stiftungsallianz 595, 596
Stiftungsbegriff 34, 35, 77, 284, 285, 288, 318, 589, 591, 784, 886, 935
Stiftungsbehörde 191, 192, 195, 196, 197, 210, 214, 217, 244, 258, 261, 264, 267, 269, 271, 272, 274, 275, 276, 277, 278, 279, 286, 290, 292, 294, 310, 312, 328, 609, 657, 842, 886, 889, 963, 1028
Stiftungsboom 17, 977
Stiftungserklärung 876, 877, 878, 879, 880, 881, 887
Stiftungsersatzformen 68
Stiftungsfonds 659, 1014
Stiftungskultur 757, 792, 1016
Stiftungsleistungen 81, 83, 213, 763, 978
Stiftungsmittel 78, 96, 158, 277, 460, 477, 555, 608, 762, 872, 935, 978
Stiftungsnetzwerk 602, 603, 604
Stiftungsordnungen 205, 354, 363

Stiftungspolitik 675, 676, 679, 680, 681, 683, 690
Stiftungsprofessuren 148, 158, 162, 163, 168, 169, 170, 171, 172, 173, 174, 175
Stiftungsprojekte 143
Stiftungsprüfer 879, 880
Stiftungsrechtspolitik 67
Stiftungsrechtsreform 64, 67, 109, 329, 784, 856, 951
Stiftungsrechtswissenschaft 67, 68
Stiftungsreform 264
Stiftungsregister 216, 217, 261, 264, 282, 297, 886, 891
Stiftungssenat 103, 104
Stiftungssteuerrecht 51, 66, 67, 78, 79, 82, 84, 89, 90, 93, 95, 328, 434, 934, 957
Stiftungsurkunde 35, 421, 435, 876, 877, 878, 879, 880, 881, 884, 892, 894, 899, 909, 986, 987, 988, 992, 993
Stiftungsverband 903, 917
Stiftungsverpflichtungen 357, 358, 359, 361
Stiftungsverwaltung 40, 218, 225, 287, 358, 360, 459, 473, 782, 824, 924, 995, 997, 1011
Stiftungsverzeichnis 113, 271, 272, 273, 274, 275, 276, 278, 280, 281, 283, 284, 285, 287, 288, 292, 293, 297, 361, 693, 694, 914
Stiftungsziel 4, 15, 18, 123, 179, 184, 185, 200, 244, 320, 331, 494, 526, 596, 689, 704, 711, 793
Stiftungszusatzurkunde 877, 878
Stipendien 52, 119, 124, 132, 136, 138, 143, 144, 148, 160, 182, 452, 595, 608, 740, 984, 1007
Strategiefindung 531, 684
Strategische Philanthropie 24, 137, 342
Strategischer Entwicklungsprozess 676, 684
Strategisches Management 584
Strukturbesonderheiten 526
Strukturqualität 1024, 1025, 1031
Stufenstiftung 426
Subjektive Steuerbegünstigung 382, 475
Subsidiarität 217, 584, 585, 1026
Subsidiaritätsprinzip 25, 73, 91, 367, 922, 923, 958
Substanzerhaltungsgebot 480
Substanzerhaltungsrücklage 561, 571

Subvention 85, 93, 131, 470, 472, 474, 498, 646
Szenarien 757, 791, 793

Target Costing 533
Themenbelegung 723
Thesaurierung 96, 97, 464, 468, 497, 498, 761
Tochtergesellschaften 1022, 1023, 1024, 1026, 1027, 1029
Transnational Giving Europe 872, 956
Transparenzprinzip 78, 79, 80, 81, 82
Trennungsprinzip 78, 79, 80, 81, 82
Treugeber 35, 220, 221, 233, 242, 246, 250, 311, 779, 897
Treuhänderische Stiftung 3, 41, 43, 228, 234, 235, 236, 237, 238, 239, 308, 931, 932,
Treuhandverhältnis 223, 225, 226, 227, 231, 240, 552, 894
Treuhandvertrag 221, 222, 223, 225, 226, 229, 231, 232, 235, 239, 311, 334

Überschuss 268, 379, 459, 460, 464, 470, 471, 472, 535, 538, 541, 542, 549, 554, 560, 570, 883
Überwachung 331, 689, 780, 785, 786, 804, 833, 867, 891, 902, 943, 944, 945, 962, 981, 982, 1025, 1031
Umsatzsteuer 153, 375, 377, 380, 381, 383, 396, 413, 415, 423, 488, 489, 492, 559, 562, 563, 573, 575, 601, 648, 651, 652, 1031
Umschichtungsrücklage 499, 572, 576, 577
Umwandlung 191, 192, 193, 194, 197, 206, 207, 290, 361, 427, 428, 609, 656, 657, 886, 925, 978
Umweltsponsoring 622
Umweltstiftungen 603, 694
Uneigennützigkeit 230, 385, 908, 909
Unentgeltlichkeit 231, 801, 807, 808
Unesco 176, 585
Unfallversicherung 810
Universalitätsprinzip 368
UNO 585
Unterhaltspflichten 401
Unternehmenseigentümerin 315

Unternehmenskommunikationsstiftung 931, 936, 937
Unternehmensnachfolge 81, 326, 327
Unternehmenspolitik 614, 618, 620, 629, 642
Unternehmensstiftung 313, 315, 613, 617, 618, 619, 620, 625, 627, 629, 632, 633, 634, 635, 637, 638, 639, 640, 641, 642, 649, 860, 889, 896, 900, 901, 907
Unternehmensträger 66, 326
Unternehmensträgerstiftung 77, 85, 97, 103, 247, 249, 315, 316, 317, 318, 326, 327, 329, 333, 571, 589, 618, 900
Unternehmenszweckförderungsstiftung 885
Unternehmerisches Engagement 613, 619, 625
Unterricht 148, 188, 189, 193, 200, 280, 287, 292, 295, 352, 353, 354, 553, 895, 896, 1037
Unterstützungsprozesse 610, 675, 676, 684, 688, 689, 690
Urkundensammlung 877
USA 977

Venture Philanthropy 792
Veranlagungszeitraum 393, 396, 397, 405, 412, 431
Veranstaltungen 89, 118, 160, 163, 164, 167, 171, 177, 560, 660, 661, 665, 667, 684, 702, 722, 726, 739, 743, 745, 802, 1037
Verbindlichkeiten 216, 225, 226, 233, 299, 542, 572, 573, 574, 575, 809, 824, 841, 843, 844
Verbrauchsstiftung 210, 267, 308, 310, 390, 550, 876
Vereinsrecht 206, 257, 258, 260, 261, 262, 263, 264, 266, 267, 289, 312, 313, 317, 346, 779, 806, 821, 839, 840, 934, 960
Vereinswesen 106, 934
Verlustausgleich 387, 492
Vermögensanlage 190, 316, 320, 477, 478, 479, 480, 481, 494, 497, 500, 516, 522, 576, 602, 677, 817, 888
Vermögensausgleich 387
Vermögensausstattung 52, 54, 78, 79, 214, 244, 252, 270, 283, 289, 414, 418, 493, 494, 549, 860

Vermögensbindung 212, 301, 383, 385, 388, 389, 393, 394, 396, 397, 435, 441, 444, 980
Vermögenserhalt 275, 276, 285, 289, 497, 498, 547, 833
Vermögenserhaltung 275, 276, 285, 289, 497, 498, 547, 833
Vermögensmanagement 590, 591
Vermögensmasse 34, 42, 90, 225, 234, 235, 241, 329, 330, 424, 437, 453, 460, 462, 463, 762, 781, 840, 857, 862, 863, 869
Vermögensnutzung 478, 479
Vermögensumschichtung 196, 280, 321, 464, 480, 493, 497, 498, 499, 500, 503, 759
Vermögensumschlag 479, 480
Vermögensverwalter 53, 360, 479, 502, 752
Vermögensverwaltungsgesetz 363
Vermögenswidmung 64, 65, 253, 458, 877, 883, 894
Verrichtungsgehilfe 216, 809, 810
Versorgungsstiftung 282, 876
Verstaatlichung 88, 89
Vertragstheorie 74
Vertretungsbescheinigungen 216, 261, 264, 272, 278, 287, 288, 297
Vertretungsmacht 215, 216, 255, 258, 259, 260, 261, 262, 266, 270, 289, 445, 823
Verwaltungskosten 52, 276, 277, 461, 463, 465, 466, 467, 469, 520, 521, 574, 660, 712, 761, 803, 911, 985
Verwaltungstreuhand 221, 230
Verwendungsnachweis 652, 653, 654, 746
Visions and Roles 24, 105, 134, 911, 915, 919
Vollzugsprozesse 675, 676, 680, 683, 685, 690
Volontär 801, 1132
Vorläufige Bescheinigung 99, 398, 399, 438, 439, 440, 557
Vorsitzender 445, 785

Wahrnehmungsquote 623
Weiterbildung 689, 754, 800, 803, 848, 850, 904, 919, 1020, 1028
Weltbank 585
Werbungskosten 424, 429
Werkvertrag 230, 801, 827, 829, 843

Wertausgleich 389
Wertberichtigungen 499, 575, 576
Wertpapiere 481, 493, 575, 576, 758, 762
Wertschöpfungsprozess 671, 672, 673, 674, 675, 676, 682, 684, 685, 686, 688
Wertungswidersprüche 83, 84, 97, 100
Wesensmerkmale 78
Wesentliches Familieninteresse 421
Wesentlichkeitstheorie 370
Wettbewerbsneutralität 450, 491
Wettbewerbsverbot 830, 831, 832
Wettbewerbsvorteile 617, 624, 632, 635, 640, 706
Widerruf 223, 226, 227, 231, 239, 258, 398, 447, 877, 879, 881, 884, 909, 925
Widmung 58, 223, 237, 334, 855, 876, 877, 878, 882, 887, 894, 905
Wirkungsevaluation 769, 770
Wirkungsfelder 675, 676, 677, 678, 680, 681, 682, 683, 686, 689
Wirkungsziele 530, 682, 683
Wirtschaftlicher Geschäftbetrieb 321, 377, 449, 451, 452, 459, 468, 470, 472, 477, 478, 483, 485, 486, 488, 490, 491, 542, 543, 558, 559, 573
Wirtschaftsgüter 424, 461, 468, 473, 477, 481, 485, 487, 817, 982, 983

Wissenschaftsstiftungen 84, 87, 100
Wissensmanagement 767, 1025
Wohlfahrtspflege 152, 153, 154, 155, 157, 187, 188, 191, 200, 352, 355, 407, 408, 491, 561, 871, 978
Wohlfahrtsverband 153
Wohlfahrtswesen 39, 151, 152, 153, 154, 155, 156, 157, 384, 407

Zeitplan 523, 524
Zielerreichung 117, 526, 528, 532, 764, 769, 1028, 1031
Zielorientierung 588
Zivildienst 369
Zuwendungsbescheinigung 411, 543, 551, 608, 808
Zuwendungsbestätigungen 396, 398, 411, 413, 660, 667, 757, 825, 826, 872, 1008, 1009, 1012
Zuwendungsrecht 644, 645
Zwangsverwaltung 752
Zweckänderung 192, 198, 208, 213, 244, 296, 458
Zwecksteuer 71
Zweckvermögen 77, 246, 253, 254, 375, 434, 436, 437, 453, 454, 462, 463, 551, 784, 869, 905